ISBN 978-0-260-84935-9
PIBN 10976266

FB &c Ltd, Dalton House, 60 Windsor Avenue, London, SW19 2RR.
Company number 08720141. Registered in England and Wales.

For support please visit www.forgottenbooks.com

DOCUMENTS DE LA SESSION

VOLUME 2

TROISIÈME SESSION DU HUITIÈME PARLEMENT

DU

CANADA

SESSION 1898

OTTAWA
IMPRIMES PAR S. E. DAWSON, IMPRIMEUR DE SA TRÈS EXCELLENTE
MAJESTÉ LA REINE
1899

VOLUME XXXII.

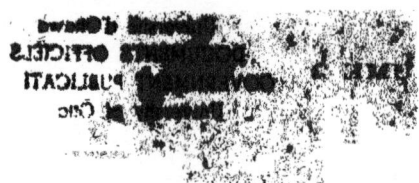

☞Voir aussi la liste numérique, page 4.

INDEX ALPHABÉTIQUE

DES

DOCUMENTS DE LA SESSION

DU

PARLEMENT DU CANADA

TROISIÈME SESSION, HUITIÈME PARLEMENT, 1898.

NOTE.—Pour trouver promptement si un document a été imprimé ou non, on a ajouté les lettres (p. i.) en regard de ceux qui ne sont pas imprimés ; on comprendra que ceux qui ne sont pas ainsi marqués sont imprimés. On trouvera de plus amples renseignements concernant chaque document dans la liste qui commence à la page 4.

A

B

C

☞Voyez aussi l'Index alphabétique, page 1.

LISTE DES DOCUMENTS DE LA SESSION

Arrangée par ordre numérique, avec leur titre au long; les dates auxquelles ils ont été ordonnés et présentés aux deux Chambres du parlement; le nom du député qui a demandé chacun de ces documents, et si l'impression en a été ordonnée ou non.

CONTENU DU VOLUME N° 1.

1. Rapport de l'auditeur général pour 1897. Présenté le 10 février 1898, par l'hon. W. S. Fielding.
Imprimée pour la distribution et les documents de la session.

CONTENU DU VOLUME N° 2.

2. Comptes publics du Canada, pour l'exercice expiré le 30 juin 1897. Présenté le 8 février 1898, par l'hon. W. S. Fielding............*Imprimé pour la distribution et les documents de la session.*

2a. Estimations des sommes requises pour le service du Canada, pour l'année expirant le 30 juin 1899. Présentées le 28 mars 1898, par l'honorable W. S. Fielding.
Imprimées pour la distribution et les documents de la session.

2b. Budget supplémentaire pour l'année expirant le 30 juin 1898. Présenté le 17 mai 1898, par l'hon. W. S. Fielding......................*Imprimé pour la distribution et les documents de la session.*

2c. Estimations supplémentaires pour l'année expirant le 30 juin 1899. Présentées le 30 mai 1898, par l'hon. W. S. Fielding...............*Imprimées pour la distribution et les documents de la session.*

2d. Estimations supplémentaires additionnelles pour l'année expirant le 30 juin 1899. Présentées le 7 juin 1898, par l'hon. W. S. Fielding. *Imprimées pour la distribution et les documents de la session.*

2e. Estimations supplémentaires additionnelles pour l'année expirant le 30 juin 1898. Présentées le 7 juin 1898, par l'hon. W. S. Fielding...*Imprimées pour la distribution et les documents de la session.*

3. Liste des actionnaires des banques chartées de la puissance du Canada, à la date du 31 décembre 1897. Présentée le 10 juin 1898, par l'hon. W. S. Fielding.
Imprimée pour la distribution et les documents de la session.

3a. Rapport des dividendes restant impayés et des soldes non-réclamés dans les banques chartées du Canada, depuis cinq années ou plus, avant le 31 décembre 1897.
Imprimé pour la distribution et les documents de la session.

CONTENU DU VOLUME N° 3.

4. Rapport du surintendant des assurances pour l'année terminée le 31 décembre 1897.
Imprimé pour la distribution et les documents de la session.

4a. Relevés préliminaires des affaires des compagnies d'assurances sur la vie, au Canada, pour l'année 1897. Présentés le 9 juin 1898, par l'hon. W. S. Fielding.
Imprimés pour la distribution et les documents de la session.

4b. Sommaires des rapports des compagnies d'assurances au Canada, pour l'année 1897. Présentés le 9 juin 1898, par l'hon. W. S. Fielding....*Imprimés pour la distribution et les documents de la session.*

CONTENU DU VOLUME N° 4.

5. Rapport du département du Commerce, pour l'année expirée le 30 juin 1897. Présenté le 22 février 1898, par sir Richard Cartwright........*Imprimé pour la distribution et les documents de la session.*

CONTENU DU VOLUME N° 5.

6. Tableaux du Commerce et de la Navigation du Canada, pour l'exercice clos le 30 juin 1897. Présentés le 7 février 1898, par l'hon. W. Paterson.
Imprimés pour la distribution et les documents de la session.

CONTENU DU VOLUME N° 6.

7. Rapport, relevés et statistiques du Revenu de l'intérieur du Canada pour l'exercice clos le 30 juin 1897. Présentés le 7 février 1898, par sir Henri Joly de Lotbinière.
Imprimés pour la distribution et les documents de la session.

7a. Inspection des poids et mesures, gaz et lumière électrique, pour l'exercice clos le 30 juin 1897. Présenté le 7 février 1898, par sir Henri Joly de Lotbinière.
Imprimé pour la distribution et les documents de la session.

7b. Rapport du Revenu de l'intérieur, Falsification des substances alimentaires, pour l'année expirée le 30 juin 1897. Présenté le 16 février 1898, par sir Henri Joly de Lotbinière.
Imprimé pour la distribution et les documents de la session.

8. Rapport du ministre de l'Agriculture, pour l'année 1897. Présenté le 9 mars 1898, par l'hon. S. A. Fisher.......................*Imprimé pour la distribution et les documents de la session.*

8a. Rapport du directeur et des officiers des fermes expérimentales pour 1897. Présenté le 7 juin 1898, par l'hon. S. A. Fisher............. *Imprimé pour la distribution et les documents de la session.*

CONTENU DU VOLUME N° 7.

8b. Rapport sur les archives du Canada, 1897... *Imprimé pour la distribution et les documents de la session.*

8c. Rapport du commissaire de l'agriculture et de la laiterie.
Imprimé pour la distribution et les documents de la session.

8d. Statistique criminelle pour l'année 1897...*Imprimée pour la distribution et les documents de la session.*

CONTENU DU VOLUME N° 8.

9. Rapport annuel du ministre des Travaux publics, pour l'exercice clos le 30 juin 1897. Présenté le 3 mai 1898, par l'hon. J. I. Tarte....... *Imprimé pour la distribution et les documents de la session.*

10. Rapport annuel du ministre des Chemins de fer et Canaux pour l'exercice 1897. Présenté le 7 mars 1898, par l'hon. A. G. Blair............*Imprimé pour la distribution et les documents de la session.*

CONTENU DU VOLUME N° 9.

11. Rapport annuel du département de la Marine et des Pêcheries (marine), pour l'exercice clos le 30 juin 1897. Présenté le 3 février 1898, par sir Louis Davies.
Imprimé pour la distribution et les documents de la session.

11a. Rapport annuel du département de la Marine et des Pêcheries (pêcheries), 1897. Présenté le 1er mars 1898, par sir Louis Davies............*Imprimé pour la distribution et les documents de la session.*

11b. Rapport sur l'expédition à la Baie d'Hudson et au golfe de Cumberland avec le steamer *Diana*, sous le commandement de William Wakeham, Marine et Pêcheries, Canada, 1897. Présenté le 21 avril 1898, par sir Louis Davies.........*Imprimé pour la distribution et les documents de la session.*

11c. Rapport du président du Conseil d'inspection des bateaux à vapeur, etc., pour l'année terminée le 31 décemcre 1897........................*Imprimé pour la distribution et les documents de la session.*

CONTENU DU VOLUME N° 10.

12. Rapport du maître général des Postes pour l'année expirée le 30 juin 1897. Présenté le 31 mars 1898, par l'hon W. Mulock............ .....*Imprimé pour la distribution et les documents de la session.*

13. Rapport annuel du département de l'Intérieur pour 1897. Présenté le 21 avril 1898, par l'honorable C. Sifton............................ *Imprimé pour la distribution et les documents de la session.*

CONTENU DU VOLUME N° 11.

13*a*. Rapport sommaire de la Commission Géologique pour l'année 1897. Présenté le 20 mai 1898, par l'hon. C. Sifton........................*Imprimé pour la distribution et les documents de la session.*

14. Rapport annuel du département des Affaires des Sauvages, pour l'année expirée le 30 juin 1897. Présenté le 9 mars 1898, par l'hon. C. Sifton..*Imprimé pour la distribution et les documents de la session.*

CONTENU DU VOLUME N° 12.

15. Rapport du Commissaire de la police à cheval du Nord-Ouest, 1897. Présenté le 14 avril 1898, par sir Wilfrid Laurier....................*Imprimé pour la distribution et les documents de la session.*

16. Rapport du Secrétaire d'Etat pour 1897. Présenté le 24 mars 1898, par sir Wilfrid Laurier. *Imprimé pour la distribution et les documents de la session.*

16*a*. Rapport des membres canadiens de la Commission Internationale sur l'approfondissement des voies fluviales entre les grands lacs et l'Atlantique. Présenté le 9 juin 1898, par l'hon. A. G. Blair. *Imprimé pour la distribution et les documents de la session.*

16*b*. Liste du Service civil du Canada, 1897. Présentée le 7 février 1898, par l'hon. C. Fitzpatrick. *Imprimée pour la distribution et les documents de la session.*

16*c*. Rapport du Bureau des Examinateurs du Service civil, pour l'année 1897. Présenté le 26 avril 1898, par sir Wilfrid Laurier..... .. .. *Imprimé pour la distribution et les documents de la session.*

16*d*. Rapport annuel du département de l'Imprimerie et de la Papeterie publiques pour l'année expirée le 30 juin 1897. Présenté le 3 juin 1898, par l'hon. S. A. Fisher. *Imprimé pour la distribution et les documents de la session.*

17. Rapport des bibliothécaires conjoints du parlement, pour l'année 1897. Présenté le 3 février 1898, par l'hon. Orateur......................................*Imprimé pour les documents de la session.*

CONTENU DU VOLUME N° 13.

18. Rapport du ministre de la Justice sur les pénitenciers du Canada, pour l'exercice clos le 30 juin 1897 .... *Imprimé pour la distribution et les documents de la session.*

19. Rapport du département de la Milice et de la Défense du Canada, pour l'année expirée le 31 décembre 1897. Présenté le 23 mars 1897, par l'hon. F. W. Borden. *Imprimé pour la distribution et les documents de la session.*

20. Copie d'un ordre en conseil concernant la délivrance de licences aux navires de pêche des Etats-Unis. Présentée le 3 février 1898, par sir Louis Davies ... .*Pas imprimée.*

20*a*. Reponse à un ordre de la Chambre des Communes, en date du 12 avril 1897,—Etat faisant connaître le nombre de licences données pour faire la pêche dans le lac Erié en face de Elgin-Est et Ouest au moyen de seines, de rets à enclos ou de rets à mailler, et à qui elles ont été accordées, pendant les années 1895 et 1896; aussi, les noms de tous ceux qui ont demandé des licences pour l'année 1897, et les noms de ceux qui ont obtenu une licence et le montant payé par chacun. Aussi, copie de tous télégrammes, lettres, rapports et correspondance se rapportant en quelque manière à l'octroi ou au refus de ces licences. Présentée le 13 avril 1898.—*M. Ingram*.. .... *Pas imprimée.*

21. Réponse à un ordre de la Chambre des Communes en date du 12 avril 1897,—Etat faisant connaître tous les contrats pour le transport des malles qui ont été annulés ou qui ont pris fin dans Elgin-Est et Ouest, depuis le 15 juillet 1896. Aussi, copie de toute correspondance, rapports, soumissions reçues et contrats passés peur le transport des malles, depuis le 15 juillet 1896, avec les noms et les montants. Présentée le 4 février 1898.—*M. Ingram*............................ *Pas imprimée.*

CONTENU DU VOLUME N° 13—*Suite.*

21*a*. Réponse à un ordre de la Chambre des Communes, en date du 5 mai 1897,—Copie de toute correspondance et papiers annulant le contrat passé avec M. Finkle pour le transport des malles de Newburg à Kingston, *via* Camden-Est, Wilton, Odessa, etc. ; et copie des soumissions pour le transport des malles de Newburg à Kingston, *via* Camden-Est, Wilton, Odessa, etc., et de toute correspondance, rapports et papiers se rapportant à ce contrat. Présentée le 4 février 1898 —*M. Wilson.*
Pas imprimée.

21*b*. Réponse à un ordre de la Chambre des Communes, en date du 3 mai 1897,—Copie de tous papiers et correspondance concernant les soumissions pour le contrat du service postal entre Shubénacadie et Dean, N.-E., y compris un état des soumissions reçues et un exposé des raisons qui ont fait donner le contrat à un nommé Guild. Présentée le 4 février 1898.—*Sir C. Hibbert Tupper.*
Pas imprimée.

21*c*. Réponse à un ordre de la Chambre des Communes en date du 3 mai 1897,—Etat faisant connaître,—1. Chaque contrat pour le transport des malles annulé depuis le 1er juillet 1896, la localité couverte par chaque contrat et le comté et la province. 2. Le nom de chaque entrepreneur. 3. Le prix de chaque contrat à l'époque de son annulation. 4. Le prix de chaque contrat dans le cas où de nouveaux contrats ont été passés. 5 La raison de l'annulation de chaque contrat. Présentée le 4 février 1898.—*M. Cameron*............................*Imprimée pour les documents de la session.*

21*d*. Réponse à une adresse de la Chambre des Communes à Son Excellence le gouverneur général en date du 30 mars 1898,—Copie de tous Ordres en Conseil, correspondance, rapports, soumissions, s'il en est, et papiers concernant le transport des malles entre Golden, C.-A., et Saint-Eugène, depuis juillet 1896, le nombre de voyages faits par chaque courrier et le montant payé à chacun. Présentée le 31 mai 1898.—*M. Foster*..*Pas imprimée.*

22. Rejets par le conseil du Trésor des décisions de l'auditeur général entre la seconde session du huitième parlement, 1897 et la session de 1898. Présentés le 7 février 1898, par l'honorable W. S. Fielding..*Pas imprimée.*

23. Règles et ordres de la cour de l'Echiquier du Canada. Présentés le 7 février 1898, par l'honorable C. Fitzpatrick...*Pas imprimés.*

23*a*. Règle générale de la cour Suprême, n° 87. Présentée le 25 mars 1898, par l'hon. C. Fitzpatrick.
Pas imprimée.

24. Réponse à un ordre de la Chambre des Communes en date du 7 juin 1897,—Copie de toute correspondance conservée dans le département de l'intérieur concernant la garde et l'entretien des chevaux du gouvernement par S. J. Donaldson, de Prince-Albert, Saskatchewan, depuis octobre 1894 jusqu'à mai 1895, et se rapportant en quelque manière au fait que les dits chevaux ont été enlevés de la garde de Joseph Letellier de St. Just pour être confiés au dit S. J. Donaldson. Aussi, copie de tous comptes reçus de S. J. Donaldson pour la garde des dits chevaux et d'autres propriétés du gouvernement. Présentée le 7 février 1898.—*M. Davis*..........................*Pas imprimée.*

25. Copie de l'ordre en conseil et du contrat passé entre Sa Majesté et MM. Mackenzie et Mann pour la construction d'un chemin de fer entre la rivière Stikine et le lac Teslin. Présentés le 8 février 1898, par l'hon. A. G. Blair. *Voir "les Procès-verbaux," page* 37.

26. Relevé des mandats du gouverneur général émis depuis la dernière session du parlement à compte de l'exercice 1897-98. Présenté le 8 février 1898, par l'hon. W. S. Fielding.............*Pas imprimé.*

27. Rapport du commissaire de la police fédérale, pour l'année 1897. Présenté le 8 février 1898, par l'hon. C. Fitzpatrick...*Pas imprimé.*

28. Relevé des dépenses à compte de frais imprévus, du 1er juillet 1897 au 3 février 1898. Présenté le 10 février 1898, par l'hon. W. S. Fielding...*Pas imprimé.*

29. Réponse à un ordre de la Chambre des Communes en date du 17 mai 1897,—Copie de tous papiers, rapports et correspondance concernant la pratique illégale de la pêche dans les eaux de la Colombie-Anglaise, et de tous papiers, rapports et correspondance au sujet de la contrebande sur le littoral de la Colombie-Anglaise. Présentée le 11 février 1898.—*M. Prior*.................*Pas imprimée.*

30. Rapport de M. W. T. Jennings, I.C., sur les routes conduisant au Yukon. Présenté le 11 février 1898, par l'hon. C. Sifton...........*Imprimé pour la distribution et les documents de la session.*

CONTENU DU VOLUME N° 13—*Suite.*

30a. Relevé du montant approximatif d'or récolté dans le district du Yukon depuis 1886 jusqu'à 1897, inclusivement. Présenté le 15 février 1898, par l'hon. C. Sifton.
Imprimé pour les documents de la session.

30b. Copie des papiers qui suivent, savoir :—1. Détails sur le type et la largeur de voie du chemin de fer de Kaslo à Slocan. 2. Proposition faite par J. Wesley Allison, représentant un syndicat, pour la construction du chemin de fer de Skagway, lac Bennett et Dawson-City. 3. Proposition faite par un syndicat, représenté par Lord Charles Montague, M. Clarence H. Mackay et M. H. Maitland Kersey, pour la construction d'un chemin de fer entre la rivière Stikine et le lac Teslin. 4. Lettres adressées au ministre de l'Intérieur par M. H. Maitland Kersey, en date des 22 et 23 janvier 1898. Présentée le 15 février 1898, par l'hon. C. Sifton. *Imprimée pour les documents de la session.*

30c. Réponse à un ordre de la Chambre des Communes en date du 22 février 1898, pour copie de tous papiers concernant toute proposition de M. Hamilton Smith pour la construction d'un chemin de fer vers le Yukon. Présentée le 22 février 1898, par sir Wilfrid Laurier.
Imprimée pour les documents de la session.

30d. Réponse à une adresse du Sénat, à Son Excellence le gouverneur général en date du 17 mars 1898,—Etat indiquant toutes les offres reçues par le gouvernement pour la construction du chemin de fer Stikine-Teslin, ou pour la construction de tout chemin de fer ou tramway devant relier les eaux du Yukon avec l'océan Pacifique ; aussi tous les plans, devis et autres documents s'y rapportant et toute la correspondance échangée sur ce sujet. Présentée (au sénat) le 3 mai 1898.—*Hon. M. Wood.*
Pas imprimée

31. Réponse supplémentaire à une adresse du Sénat à Son Excellence le gouverneur général, en date du 9 avril 1897,—Etat indiquant les noms, l'âge, les fonctions et le traitement de toutes les personnes employées dans les divisions intérieure et extérieure de chaque département du service civil ; aussi, les noms de ceux qui, ne faisant pas partie du service civil et étant employés par le gouvernement dans un département, ont été destitués, mis à leur retraite ou autrement démis de leurs fonctions depuis le 13 juillet 1896 dans les cas où il n'y a pas eu de commission d'enquête d'instituée ; le dit état spécifiant de quelle manière et pour quelles raisons la démission a été faite, la durée de l'avis donné aux personnes renvoyées, et le montant de la pension ou de la gratification accordée ; cet état indiquant aussi le nom, l'âge, l'emploi et le salaire ou la rétribution de chaque personne nommée dans le service civil à la place d'un employé démis ou en conséquence de cette démission. Présentée (au Sénat) le 16 mars 1898.—*Hon. M. Kirchhoffer.*
Imprimée pour les documents de la session.

31a. Réponse partielle à une adresse du Sénat à Son Excellence le gouverneur général en date du 9 avril 1897,—Etat indiquant :—(1.) Le nombre de commissions délivrées et le nombre et les noms de tous les commissaires nommés par arrêtés du conseil ou autrement, depuis le onze juillet dernier, pour faire une enquête et un rapport sur les accusations portées contre des employés publics temporaires ou permanents d'avoir commis des actes blessants de partisannerie pendant la dernière élection fédérale ou en tout autre temps. (2.) Le nombre de commissions délivrées et le nombre et les noms de tous commissaires nommés pour faire une enquête et un rapport sur les accusations portées contre des employés publics temporaires ou permanents autres que ceux indiqués au paragraphe précédent. (3.) Le nombre et les noms de tous commissaires nommés pour s'enquérir de toutes réclamations faites contre le gouvernement, et la décision de ces commissaires sur ces réclamations. (4.) La date de chaque commission ainsi délivrée et la date de la nomination de chaque commissaire, ses noms, résidence et qualité. (5.) Le temps consacré à chaque enquête par chaque commissaire. (6.) Le montant payé ou à payer à chaque commissaire en honoraires, allocation quotidienne, rétribution, frais de route, dépenses incidentes de toute sorte. (7.) Le nombre de témoins assignés dans chaque cas à comparaître devant les commissaires enquêteurs. (8.) Le montant payé ou à payer à chaque témoin comme rémunération, allocation quotidienne, frais de route ou pour toute autre nature de services rendus. (9.) Le nombre d'huissiers et de constables employés dans chaque cas, et le montant payé ou à payer à chacun d'eux pour services rendus à quelque titre que ce soit. (10.) Les noms des avocats ou conseils retenus ou engagés par la Couronne pour conduire chaque cas et le montant payé ou à payer à chacun d'eux. (11.) Copie de tous rapports adressés à des chefs de départements ou à Son Excellence le gouverneur général en conseil par ces commissaires, faisant connaître leur décision en chaque cas ; aussi, une indication des mesures prises à la suite par tout chef de département ou par le gouverneur général en conseil. (12.) Le nom, l'âge, l'emploi et le salaire des personnes nommées à quelque charge ou

CONTENU DU VOLUME N° 13—*Suite.*

emploi sous le gouvernement au lieu de celles qui auraient été destituées en conséquence des rapports présentés par les dits commissaires. Présentée (au Sénat) le 16 mars 1898. *Hon. sir Mackenzie Bowell*.......................................*Imprimée sous forme abrégée.*

31b. Réponse supplémentaire au n° 31*a*. Présentée (au Sénat) le 25 mars 1898.—*Hon. sir Mackenzie Bowell*.......................................*Voir* 31*a*.

31c. Réponse supplémentaire au n° 31*a*. Présentée (au Sénat) le 18 mai 1898.—*Hon. sir Mackenzie Bowell*.......................................*Voir* 31*a*.

31d. Réponse supplémentaire au n° 31*a*. Présentée (au Sénat) le 27 mai 1898.—*Hon. sir Mackenzie Bowell*.......................................*Voir* 31*a*.

31e. Réponse supplémentaire au n° 31*a*. Présentée (au Sénat) le 31 mai 1898.—*Hon. sir Mackenzie Bowell*.......................................*Voir* 31*a*.

32. Etat relatif aux dépenses pour primes de pêche pour l'exercice 1896-97. Présenté le 15 février 1898, par sir Louis Davies.......................................*Pas imprime*

33. Etat de toutes les pensions et allocations de retraite accordées à des employés du service civil, donnant le nom et le grade de chaque employé pensionné ou mis à la retraite, son âge, son traitement et ses années de service, son allocation et la cause de sa retraite, et indiquant si la vacance créée a été remplie par promotion ou nouvelle nomination, et le salaire du nouveau titulaire, durant l'année expirée le 31 décembre 1897. Présenté le 16 février 1898, par l'hon. W. S. Fielding. *Pas imprimé.*

34. Relevé détaillé de toutes les obligations enregistrées dans le département du Secrétaire d'Etat, depuis le dernier relevé du 5 avril 1897, soumis au parlement du Canada, en conformité de la clause 23, chap. 19, des Statuts Revisés du Canada. Présenté le 16 février 1898, par l'hon. C. Fitzpatrick.......................................*Pas imprimé.*

35. Relevé conforme à la clause 17 de l'Acte d'assurance du service civil, pour l'année expirée le 30 juin 1897. Présenté le 18 février 1898, par l'hon. W. S. Fielding.......................................*Pas imprimé.*

36. Réponse à un ordre de la Chambre des Communes en date du 22 février 1898, pour copie de tous papiers concernant l'établissement d'une ligne de navires entre le Canada et la France. Présentée le 22 février 1898, par sir Wilfrid Laurier............*Imprimée pour les documents de la session.*

37. Réponse à une adresse de la Chambre des Communes à Son Excellence le gouverneur général en date du 17 mai 1897,—Copie de toutes dépositions, déclarations, rapports, ordres en conseil, correspondance, etc., concernant la destitution de M. P. Laberge, ci-devant député-maître de poste de la cité de Québec. Présentée le 2 mars 1898.—*M. Casgrain*.......................................*Pas imprimée.*

37a. Réponse à une Adresse de la Chambre des Communes à Son Excellence le gouverneur général en date du 14 février 1898.—Copie de toute correspondance, plaintes, preuve et rapports dans l'affaire de Benjamin Palmer, gardien de phare à Palmer's Point, comté de Kent, N.-B. Présentée le 3 mars 1898.—*M. Foster*.......................................*Pas imprimée.*

37b. Réponse à une Adresse de la Chambre des Communes à Son Excellence le gouverneur général en date du 14 mars 1898.—Copie du rapport adressé au gouvernement par M. Jean B. B. Prevost, qui a été chargé de faire une enquête sur la conduite de D. Desroches, percepteur du revenu pour la division de l'accise de Terrebonne. Présentée le 22 mars 1898.—*M. Chauvin*.......... *Pas imprimée.*

37c. Réponse supplémentaire à un Ordre de la Chambre des Communes en date du 5 avril 1897,—Etat donnant les noms de tous les commissaires nommés par le gouvernement ou par aucun des ministres pour entendre les accusations et faire une enquête sur la conduite des employés civils du gouvernement ou d'aucun de ses départements, depuis juillet 1896, ainsi que le chiffre du traitement ou des allocations de chacun d'eux, et le temps pendant lequel chacun a été employé, et le montant total payé. Aussi, copie de tous rapports faits par ces commissaires au gouvernement ou à aucun de ses membres, et copie de l'autorisation et des instructions données à ces commissaires. Présentée le 25 mars 1898.—*M. Foster*.......................................*Pas imprimée.*

37d. Réponse à un Ordre de la Chambre des Communes en date du 14 mars 1898,—Copie de toute correspondance et papiers concernant la nomination de R. S. Thompson. comme maître de poste de la ville d'Oxford, comté de Cumberland, N.-E., la destitution de Henry Smith, titulaire de cet emploi, des demandes faites pour cette charge et de la correspondance à ce sujet. Aussi, copie de

CONTENU DU VOLUME N° 13—*Suite.*

CONTENU DU VOLUME N° 13—*Suite.*

37o. Réponse à un Ordre de la Chambre des Communes, en date du 18 avril 1898,—Copie de toutes lettres, télégrammes et correspondance au sujet de la destitution de Thos. Walton, ci-devant agent de la bande des Sauvages de l'Ile Parry. Aussi copie du rapport de l'enquête faite à ce sujet. Présentée le 6 mai 1898,—*M. McCormick*........ ... .*Pas imprimée.*

37p. Réponse à une adresse du Sénat à Son Excellence le gouverneur général, en date du 14 mars 1898, demandant,—1. Copie de toutes plaintes portées par affidavit ou autrement contre John Taylor, ci-devant maître de poste de la cité de Belleville; 2. Copie de tout arrêté en conseil retranchant le bureau de Belleville de la classe des bureaux de cité pour le mettre dans celle des bureaux de ville; 3. Un état donnant les noms des employés du dit bureau qui ont été renvoyés, leur âge, leur temps de service, le montant de la gratification accordée à ceux qui avaient servi moins de dix ans, et le montant de la pension de retraite allouée à ceux qui avaient dix ans ou plus de service; 4. Un état donnant les noms des employés qui ont été réintégrés et les salaires qu'ils reçoivent actuellement en sus de leur pension de retraite; 5. Les raisons pour lesquelles mademoiselle I. M. Newberry et W. B. Walker n'ont pas été employés de nouveau et ont été remplacés par deux personnes sans expérience; 6. Copie de toute correspondance échangée entre des membres de l'association de réforme de Belleville ou toutes autres personnes relativement au transfert du bureau de poste de Belleville de la classe des bureaux de cité à celle des bureaux de ville; ainsi qu'à la révocation ou destitution du maître de poste ou de commis du dit bureau; et copie de toutes pièces produites par les députations qui sont venues à Ottawa par rapport à l'affaire du dit bureau. Présentée (au Sénat) le 3 mai 1898.—*Hon. sir Mackenzie Bowell*........*Pas imprimée.*

37q. Réponse à un Ordre de la Chambre des Communes, en date du 30 mars 1898,—Copie de toute accusation, preuve et rapport d'enquête, correspondance et papiers concernant la destitution de Thomas H. Miller, comme préposé à l'engagement au port de Bear-River, comté d'Annapolis, N.-E., et la nomination d'Albert Harris. Présentée le 9 mai 1898.—*M. Mills*..... .... *Pas imprimée.*

37r Réponse à un ordre de la Chambre des Communes, en date du 14 mars 1898,—Copie de toute correspondance, preuve faite devant des commissaires, rapports, recommandations et autres papiers concernant la destitution de Josep Steeves, ci-devant maître de poste à Elgin, comté d'Albert, N.-B., et la nomination de son successeur. Présentée le 12 mai 1898.—M. *McInerney*......*Pas imprimée.*

37s. Réponse à une adresse de la Chambre des Communes à Son Excellence le gouverneur général, en date du 25 avril 1898,—Copie de tous ordres en conseil, rapports de l'inspecteur ou autres officiers du département des Postes, et de toute correspondance concernant le renvoi ou la retraite de M. M. G. McLeod, du service des postes dans la Nouvelle-Ecosse. Présentée le 13 mai 1898.
Sir C. Hibbert Tupper .. ..*Pas imprimée.*

37t. Réponse à un ordre de la Chambre des Communes, en date du 14 mars 1898,—Copie de tous papiers, rapports et correspondance concernant la destitution de D. Bain, écr., agent à la station de Port-Mulgrave, sur la ligne de l'Intercolonial. Présentée le 17 mai 1898.
Sir C. Hibbert Tupper.. ....*Pas imprimée.*

37u. Réponse à une adresse de la Chambre des Communes à Son Excellence le gouverneur général, en date du 2 mai 1898,—Copie de tous ordres en conseil, plaintes, dépositions, rapports, correspondance, papiers et documents en rapport avec la destitution de M. Elzéar Lanouette, maître de poste de Sainte-Anne de la Pérade, et la nomination de son successeur. Présentée le 18 mai 1898.
M. Marcotte.... ....*Pas imprimée.*

37v. Réponse à un ordre de la Chambre des Communes, en date du 14 mars 1898,—Copie de toute correspondance, preuve faite devant des commissaires, rapports, recommandations et autres papiers concernant la destitution de Joshua L. Steeves, ci-devant percepteur des douanes à Hillsboro, comté d'Albert, N.-B., et la nomination de son successeur. Présentée le 25 mai 1898.
M. McInerney.............................. . ...*Pas imprimée.*

37w. Réponse à une adresse de la Chambre dee Communes à Son Excellence le gouverneur général, en date du 30 mars 1898,—Copie de tous ordres en conseil, papiers, correspondance, preuve et rapports se rapportant à l'enquête sur les accusations portées contre M. A. F. Cameron, du service des douanes à Sherbrooke, Nouvelle-Ecosse, et sur son renvoi d'office. Présentée le 25 mai 1898.
Sir C. Hibbert Tupper........................... ....*Pas imprimée.*

37x. Réponse à une adresse de la Chambre des Communes à Son Excellence le gouverneur général, en date du 30 mars 1898,—Copie de toute correspondance, ordres en conseil et pétitions, avec les noms des signataires, concernant la destitution de James M. Aitken, sous-percepteur des douanes au port extérieur de Montague, I.P.-E., et les motifs de sa destitution. Présentée le 25 mai 1898.
M. Macdonald (King's). ....*Pas imprimée.*

CONTENU DU VOLUME N° 13—*Suite.*

37y. Réponse à une adresse de la Chambre des Communes à Son Excellence le gouverneur général, en date du 9 mai 1898,—Copie de tous papiers concernant la destitution de John F. Tennant, ci-devant percepteur des douanes à Gretna, Manitoba. Présentée le 30 mai 1898.—*M. Quinn*. .*Pas imprimée.*

37z. Réponse à un ordre de la Chambre des Communes, en date du 25 avril 1898,—Etat donnant : 1. Les noms de toutes les personnes qui, après avoir été au service du gouvernement dans les Territoires du Nord-Ouest, ont cessé d'être employées depuis juin 1896 ; 2. La date à laquelle leur service a pris fin et la raison de leur destitution dans chaque cas. Présentée le 2 juin 1898.—*M. Davin.* *Pas imprimée.*

37aa. Réponse à un ordre de la Chambre des Communes, en date du 3 juin 1898, pour un état indiquant tous les changements opérés parmi les officiers et employés du département des douanes dans le comté du Cap-Breton, depuis juin 1896 ; et aussi, pour copie de toutes lettres, papiers, pétitions, télégrammes et correspondance recommandant ces changements ou s'y rapportant. Présentée le 3 juin 1898.—*Hon. W. Paterson*...*Pas imprimée.*

37bb. Répose à une adresse du Sénat à Son Excellence le gouverneur général, en date du 17 juin 1897, demandant copie de toute correspondance échangée entre les différents départements ou leurs employés et M. Choquette, député de Montmagny, au sujet de la destitution des personnes suivantes : Charles Bouffard, directeur du bureau de poste à Berthier ; Louis Lavoie, directeur du bureau de poste à l'Ile aux Grues ; Joseph Bossinotte, directeur du bureau de poste au Cap Saint-Ignace ; Michel St. Pierre, directeur du bureau de poste à Saint-Paul du Buton ; Mme Cyp. Dunne, directrice du bureau de poste à Saint-Pierre, Rivière du Sud ; Napoléon Dugal, directeur du bureau de poste à Beaubien ; Cléophas Bélanger, directeur du bureau de poste à Landvilla ; Mme Ignace Mercier, directrice du bureau de poste à Mercier ; Alfred Dubé, employé sur l'Intercolonial ; J.-B. Proulx, employé sur l'Intercolonial ; Xavier Simoneau, employé sur l'Intercolonial ; Xavier Poitras, employé sur l'Intercolonial ; Sifroid Fortier, employé sur l'Intercolonial ; Télesphore Gendreau, maître du havre de Montmagny ; Maxime Dubé, officier de douane (*preventive officer*) ; Télesphore Gendreau, gardien du quai de Saint-Thomas. Présentée (au Sénat) le 7 juin 1898.—*Hon. M. Landry*..*Pas imprimée.*

38. Commission du major Walsh en qualité d'officier exécutif du Yukon. Présentée le 4 mars 1898, par Sir Wilfrid Laurier....................................*Imprimée pour les documents de la session.*

38a. Copie des ordres en conseil des 17 et 26 août 1897, nommant James Morrow Walsh, écr, principal officier exécutif du gouvernement dans les Territoires du Yukon. Présentée le 7 mars 1898, par l'hon. C. Sifton......................................*Imprimée pour les documents de la session.*

38b. Réponse à une Adresse du Sénat à Son Excellence le gouverneur général en date du 17 mars 1898,—Copie des lettres et rapports reçus par le gouvernement ou quelqu'un des ministères du commissaire Walsh au cours de son voyage au district du Yukon ou depuis qu'il y est rendu. Présentée (au Sénat) le 3 mai 1898.—*Hon. M. Ferguson*..........*Imprimée pour les documents de la session.*

38c. Réponse à une Adresse de la Chambre des Communes à Son Excellence le gouverneur général, en date du 30 mars 1898,—Copie de tous ordres en Conseil, commission, instructions, correspondance et papiers concernant la nomination et les devoirs du major Walsh, commissaire du district du Yukon, y compris tous avis concernant ses devoirs avant comme après son arrivée à Dawson-City. Présentée le 23 mai 1898.—*Sir C. Hibbert Tupper*........*Imprimée pour les documents de la session.*

39. Réponse à une adresse de la Chambre des Communes à Son Excellenee le gouverneur général, en date du 7 mars 1898, demandant copie de la correspondance échangée entre Sir Wilfrid Laurier et M. Foster, des Etats-Unis d'Amérique, à la suite de la réunion des arbitres sur la question des phoques à fourrure de la mer de Behring. Présentée le 7 mars 1898.—*Sir Wilfrid Laurier.* *Imprimée pour la distribution et les documents de la session.*

40. Etat des affaires de la Compagnie de prêt et de placement Anglo-Canadienne (à responsabilité limitée), à la date du 31 décembre 1897. Présentée le 7 mars 1898.—*M. l'Orateur*...*Pas imprimée.*

41. Copie de l'ordre en conseil du 15 juillet 1897, en vertu duquel le droit de dragage dans la rivière Saskatchewan du Nord a été concédé à M. G. A. Drolet, et dans lequel sont énoncées les conditions de la dite concession. Présentée le 7 mars 1898.—Par l'Orateur...............*Pas imprimée.*

41a. Réponse à une adresse de la Chambre des Communes à Son Excellence le gouverneur général, en date du 30 mars 1898,—Copie de l'acte de concession minière accordée au chevalier Drolet. Présentée le 7 mars 1898, par l'hon. C. Sifton ....*Imprimée pour les documents de la session.*

CONTENU DU VOLUME N° 13—*Suite.*

CONTENU DU VOLUME N° 13—*Suite.*

51*a*. Réponse à une adresse du Sénat, à Son Excellence le gouverneur général, en date du 11 mars 1898,—Correspondance, par lettres ou télégrammes, échangée entre le gouvernement fédéral à Ottawa et Son Honneur le lieutenant-gouverneur des Territoires du Nord-Ouest, relativement aux permis donnés pour l'introduction des liqueurs dans le district du Yukon dans les derniers six mois; aussi la correspondance échangée avec le gouvernement des Territoires du Nord-Ouest, concernant le droit de ce gouvernement d'accorder des permis pour l'introduction des liqueurs enivrantes dans le district du Yukon. Présentée (au Sénat) le 3 mai 1898.—*Hon. M. Perley.*
Imprimée pour les documents de la session.

52. Réponse à un ordre de la Chambre des Communes, en date du 7 juin 1897,—Etat faisant connaître le nombre de tonnes de houille grasse et de charbon menu importé des Etats-Unis en 1896, aux différents ports d'entrée, et le montant des droits perçus à ces ports, ainsi que le droit payé par les chemins de fer du Grand-Tronc et du Pacifique Canadien. Présentée le 31 mars 1898.—*M. Roche.*
Pas imprimée.

53. Réponse à une adresse de la Chambre des Communes à Son Excellence le gouverneur général, en date du 3 mai 1897,—Copie de la cédule B, déposée sur la table de la Chambre à la dernière session, faisant connaître les recommandations du bureau de la Trésorerie telles que soumises par un rapport du conseil à Son Excellence le gouverneur général les 6 et 7 juillet 1896, et destinées à être approuvées par lui; aussi, un état démontrant l'action prise par le gouvernement sur chacune de ces nominations telles que faites par le dit ordre en conseil approuvé par Son Excellence, ou, dans le cas où aucune action n'a été prise, la raison de ce faire. Présentée le 13 avril 1898.—*Sir Charles Tupper*.. ....*Imprimée pour les documents de la session.*

54. Réponse à une adresse de la Chambre des Communes à Son Excellence le gouverneur général, en date du 17 mai 1897,—Copie de toute correspondance, etc., non encore soumise à la Chambre, entre le gouvernement du Canada et celui de Terreneuve au sujet de l'entrée de cette Ile dans la Confédération; aussi, copie de toute correspondance entre le gouvernement du Canada et celui de Terreneuve au sujet de l'établissement de relations commerciales plus libres entre Terreneuve et le Canada. Présentée le 13 avril 1898.—*M. Martin.* .....*Imprimée pour les documents de la session.*

55. Réponse à un ordre de la Chambre des Communes, en date du 30 mars 1898,—Etat indiquant le nombre de minots de blé placés dans les élévateurs à Fort-William, du 15 septembre 1897 au 15 janvier 1898, et les diverses qualités (*grades*) de ce blé, tel qu'attesté par l'inspecteur de grains nommé par le gouvernement à cet endroit. Aussi, le nombre de minots de blé expédiés de ces élévateurs durant la même période et les diverses qualités de ce blé tel qu'attesté par le dit inspecteur. Présentée le 13 avril 1898.—*M. Richardson*.......................... . . .*Pas imprimée.*

55*a*. Réponse à une adresse du Sénat à Son Excellence le gouverneur général, en date du 11 mars 1898,—Etat indiquant la quantité de blé importée dans le Dominion depuis le 30 juin dernier; la quantité de blé exportée durant la même période; la quantité de blé exportée du Manitoba pendant la même période. Présentée (au Sénat) le 3 mai 1898.—*Hon. M. Wark* ....*Pas imprimée.*

56. Correspondance au sujet de l'immigration japonaise. Présentée le 13 avril 1898, par sir Wilfrid Laurier ....*Pas imprimée.*

57. Copies de tous arrangements, non encore déposés sur la table, qui ont été conclus entre le département des Chemins de fer et la Compagnie du Grand-Tronc de chemin de fer au sujet du prolongement vers Montréal du chemin de fer Intercolonial. Présentées le 19 avril 1898, par l'hon. A. G. Blair.
Imprimées pour la distribution et les documents de la session.

58. Réponse à une adresse de la Chambre des Communes à Son Excellence le gouverneur général, en date du 14 mars 1898,—Copie de toute correspondance entre le gouvernement britannique et celui du Canada au sujet de la conférence des premiers ministres des colonies tenue à Londres en juin 1897, conformément à l'invitation de M. Chamberlain du 28 janvier précédent, et copie des minutes de cette conférence. Présentée le 20 avril 1898.—*M. Foster*..*Imprimée pour les documents de la session.*

59. Réponse à une adresse de la Chambre des Communes à Son Excellence le Gouverneur général, en date du 14 mars 1898,—Copie de toutes dépositions et papiers en rapport avec la cause de la Reine *vs* H. B. Cameron pour libelle, soit devant le magistrat de police ou la cour du Banc de la Reine à Montréal, y compris copie du jugement prononcé par le juge Wurtele sur la motion demandant que les cautions soient libérées. Présentée le 20 avril 1898.—*M. Bostock.* .... *Pas imprimée.*

CONTENU DU VOLUME N° 13—*Suite.*

60. Réponse à un ordre de la Chambre des Communes, en date du 14 février 1898,—Etat indiquant le coût des *Débats* chacune des années 1890 à 1897 inclusivement, y compris le coût de la sténographie, transcription, traduction, impression, reliure, transport par malle et *express*, et toutes autres dépenses se rattachant au système actuellement suivi pour la publication des *Débats* de la Chambre. Présentée le 21 avril 1898.—*M. Ellis*.......................................*Pas imprimée.*

61. Réponse à un ordre de la Chambre des Communes, en date du 7 juin 1897,—Copie de toutes demandes ou recommandations pour des emplois comme facteurs des postes dans la cité de Brantford, dans le service de distribution gratuite promis par le ministre des postes. Présentée le 24 avril 1898.—*M. Clancy*.......................................*Pas imprimée.*

62. Réponse à un ordre de la Chambre des Communes, en date du 30 mars 1898,—Etat donnant,—(*a*) les noms et nominations des membres de l'état-major et des employés du Collège Militaire Royal du Canada, qui ont été retranchés de la force entre le 30 juin 1896 et le 31 décembre 1897 ; (*b*) les dates correspondantes ; (*c*) les conditions respectives de leur engagement quant à la durée ; (*d*) la longueur respective du service qu'ils ont fait ; (*e*) l'allocation de retraite, s'il en est, donnée à chacun ; (*f*) les raisons pour lesquelles ces allocations ont été données, et les principes en vertu desquels elles sont données, avec explication des exceptions, s'il en est ; (*g*) les nominations qui ont été faites, après la création des vacances, et les dates de ces nominations ; (*h*) les dépenses supplémentaires causées au public par ces nouvelles nominations (en dehors des nominations faites pour cause de décès), y compris les dépenses de voyage, d'hôtel et autres dépenses occasionnées à cet effet ; (*i*) dans le cas de vacances résultant de décès, les montants accordés aux familles des employés décédés.—Présentée le 21 avril 1898.—*M. Tyrwhitt*.......................................*Pas imprimée.*

62*a*. Réponse à un ordre de la Chambre des Communes, en date du 30 mars 1898,—Copie de toute correspondance et rapports directs ou indirects, et de toutes communications verbales entre les autorités impériales, les autorités du Canada et le commandant du Collège Militaire Royal du Canada au sujet des commissions données, dans les années 1898 et 1899, dans les forces régulières de Sa Majesté, à des cadets du Collège Militaire Royal du Canada. Présentée le 21 avril 1898.—*M. Tyrwhitt*.......................................*Pas imprimée.*

63. Réponse à une adresse de la Chambre des Communes à Son Excellence le gouverneur général, en date du 5 avril 1897,—Copie de tous mémoires, déclarations et autres documents du gouvernement de la province du Manitoba au sujet d'une réclamation non réglée originant du fait que les frais de construction d'édifices publics ont été mis à la charge de cette province ; et copie de toute correspondance à ce sujet. Présentée le 21 avril 1898.—*M. LaRivière.*

Imprimée pour les documents de la session.

64. Réponse à une adresse de la Chambre des Communes à Son Excellence le gouverneur général, en date du 30 mars 1898,—Copie de tous ordres en conseil, correspondance et papiers se rapportant en quelque manière à la réclamation de E. J. Walsh, écr, contre les autorités des Iles-sous-le-Vent. Présentée le 25 avril 1898.—*Sir C. Hibbert Tupper*.......................................*Pas imprimée.*

65. Réponse à un ordre de la Chambre des Communes, en date du 30 mars 1898,—Copie de tous papiers se rapportant au congé définitif de William J. Spencer, de la police à cheval du Nord-Ouest, qui a été blessé le 14 mai 1885, pendant qu'il faisait la patrouille dans les Buttes à l'Aigle avec un détachement faisant partie de la colonne du colonel Otter ; aussi, copie du rapport et de la recommandation de la commission à laquelle cette question avait été soumise. Présentée le 25 avril 1898.—*M. Davin*.......................................*Pas imprimée.*

66. Rapport des commissaires chargés de faire une enquête et un rapport sur l'état et l'administration du pénitencier de Saint-Vincent-de-Paul. Présenté le 26 avril 1898, par l'hon. C. Fitzpatrick.

Pas imprimé.

67. Réponse à une adresse de la Chambre des Communes à Son Excellence le gouverneur général, en date du 14 février 1898,—Copie de toute correspondance, estimés, soumissions, rapports et pétitions adressés au gouvernement concernant la submersion annuelle des fermes à Sainte-Geneviève, dans le comté de Jacques-Cartier, causée par l'exécution de travaux publics dans la rivière Ottawa. Présentée le 26 avril 1898.—*M. Monk*.......................................*Pas imprimée.*

68. Réponse à une adresse de la Chambre des Communes à Son Excellence le gouverneur général, en date du 14 février 1898,—Copie de toute correspondance, estimés, soumissions, rapports et pétitions adressés au gouvernement au sujet de la construction d'un quai à la Pointe-Claire, dans le comté de Jacques-Cartier. Présentée le 26 avril 1898.—*M. Monk*.......................................*Pas imprimée.*

CONTENU DU VOLUME N° 13—*Suite.*

CONTENU DU VOLUME N° 13—*Suite.*

75. Réponse à une adresse du Sénat à Son Excellence le Gouverneur général, en date du 25 mars 1898,—Copie de toute la correspondance échangée entre M. J. A. J. McKenna, le représentant du ministère de l'intérieur, et tout membre du gouvernement de la Colombie-Britannique, relativement au projet de transfert des sauvages de la réserve Songhees, dans la cité de Victoria, à quelqu'autre endroit de la Colombie-Britannique. Présentée (au Sénat) le 3 mai 1898.—*Hon. M. Templeman.* *Pas imprimée.*

76. Réponse à une adresse du Sénat à Son Excellence le Gouverneur génerel, en date du 9 avril 1897,—Etat indiquant le nombre des billets de chemins de fer qui ont été vendus durant l'année 1896 par les différentes compagnies de chemins de fer du Canada, et distinguant ceux au-dessous du taux de deux cents par mille d'avec ceux au-dessus de ce taux. Aussi, le nombre de polices d'assurances sur la vie en vigueur, d'après l'échelle suivante : $500 et au-dessus, $1,000, $2,000, $5,000. $10,000, $25,000, $50,000. Aussi, le nombre d'assurances sur les enfants et le montant de cette classe d'assurances. Présenté (au Sénat) le 3 mai 1898.—*Hon. M. Boulton*.......... .... *Pas imprimée.*

77. Réponse à une adresse du Sénat à Son Excellence le Gouverneur général, en date du 28 mars 1898,—Copie des documents, lettres, télégrammes, rapports, recommandations, contrats, états de paiements, et de la correspondance échangée entre le ministre de la milice et toute personne quelconque ; aussi, des rapports et arrêtés du conseil relatifs à l'équipement de la force de milice et concernant les patentes Oliver, Lewis et Merrian. Présentée (au Sénat) le 4 mai 1898.—*Hon. M. Landry*.. *Pas imprimée.*

77a. Réponse supplémentaire au N° 77. Présentée (au Sénat) le 30 mai 1898.—*Hon. M. Landry.* *Pas imprimée.*

78. Réponse à un ordre de la Chambre des Communes, en date du 18 avril 1898, —Copie de tous les divers tarifs, supplémentaires, réguliers et spéciaux, qui ont été appliqués de temps à autre sur l'Intercolonial depuis la nomination de M. Harris. Présentée le 5 mai 1898.—*M. Foster*..*Pas imprimée.*

78a. Réponse à un ordre de la Chambre des Communes en date du 30 mars 1898—Copie de tous papiers et correspondance, y compris copie de l'annonce se rapportant à l'adjudication du contrat de l'Inter colonial pour barrières de fermes, durant l'hiver de 1896-97 ; copie de contrat de l'Intercolonial avec le nommé McNeil, de New-Glasgow, N.-E., et copie des soumissions et des dépôts faits par divers soumissionnaires pour ces travaux. Présentée le 5 mai mai 1898.—*Sir C. Hibbert Tupper.* *Pas imprimée.*

79. Réponse à un ordre de la Chambre des Communes en date du 14 mars 1898,—Copie de tous papiers et correspondance entre les officiers du département des Chemins de fer et Canaux et autres départements au sujet d'une réclamation de D. Connors, écr, Bayfield, Antigonish, pour pertes causées par le feu, comme aussi entre le réclamant et autres et le département. Présentée le 5 mai 1898—*Sir C. Hibbert Tupper*...*Pas imprimée.*

80. Réponse à une adresse de la Chambre des Communes à Son Excellence le Gouverneur général, en date du 18 avril 1898,—Copie du rapport adressé au gouvernement par M. Wilfrid Mercier, qui a été chargé de faire une enquête sur la conduite des employés de l'écluse Sainte-Anne, sur la rivière Ottawa. Présentée le 5 mai 1898.—*M. Monk*......... ....*Pas imprimée.*

81. Réponse à un ordre de la Chambre des Communes, en date du 18 avril 1898,—Copie des comptes de M. H. H. Robertson, registraire de la cour d'élection lors du procès d'élection qui a eu lieu dans la cité de London dans l'automne de 1897, pour contester le droit de Thomas Beattie, écr, de siéger comme député de la cité de London, en rapport avec le dit procès, et copie des pièces justificatives, des certificats, et de toute correspondance à ce sujet. Présentée le 10 mai 1898.—*M. Calvert.* *Pas imprimée.*

82. Réponse à une adresse de la Chambre des Communes à Son Excellence le Gouverneur général, en date du 18 avril 1898,—Copie de toutes pétitions, rapports, demandes, lettres, télégrammes, preuve, dépositions, arguments, papiers, écrits, correspondance, adresses de juges, ordres en conseil et autres documents de toute espèce concernant la commutation de la sentence prononcée par Son Honneur le juge Ritchie, de la cour Suprême de la Nouvelle-Ecosse, contre Lyman Dart, ou concernant son pardon, ou toute demande de commutation ou de pardon ; aussi, copie de tous documents qui ont été pris en considération par le ministre de la Justice ou par le Solliteur général, ou par Son Excellence le Gouverneur général en conseil en rapport avec la dite commutation ou le dit pardon. Présentée le 10 mai 1898.—*M. Borden (Halifax)*.........................*Pas imprimée.*

CONTENU DU VOLUME N° 13—*Suite.*

83. Réponse à une adresse de la Chambre des Communes à Son Excellence le Gouverneur général, en date du 14 février 1898,—Copie de toute correspondance, demandes de soumissions et soumissions reçues, rapports et ordres en conseil et liste de tous permis ou licences accordés, comprenant les noms des personnes auxquelles ils ont été accordés, l'étendue de terrain comprise et les conditions attachées à chacun de ces permis, le montant payé et à payer, en rapport avec les terrains aurifères à exploiter au moyen de travaux de mines ou de dragage dans les Territoires du Nord-Ouest et le district du Yukon. Présentée le 11 mai 1898.—*M. Foster.*
Imprimée pour la distribution et les documents de la session.

83a. Réponse à une adresse du Sénat à Son Excellence le Gouverneur général, en date du 18 mars 1898,—Etat indiquant tous les permis de dragage sur la rivière Saskatchewan et ses tributaires donnés par le gouvernement durant les derniers dix-huit mois, le nom des personnes à qui ils ont été donnés, le montant du loyer et la somme payée, les travaux faits en vertu de ces permis, ainsi que les rapports officiels, s'il en existe, qui ont engagé le gouvernement à les accorder aux conditions qu'ils portent. Présentée (au Sénat) le 18 mai 1898. —*Hon. M. Lougheed.*
Imprimée pour les documents de la session.

84. Réponse à une adresse de la Chambre des Communes à Son Excellence le Gouverneur général, en date du 18 avril 1898,—Copie de tous ordres en conseil, correspondance, réclamations, mémorandums, déclarations, mémoires, etc., se rapportant au gouvernement de l'Ile du Prince-Edouard et à une délégation composée de M. Warburton, premier ministre de la province, M. H. C. McDonald, procureur général de la province, et autres, au sujet de questions pendantes entre le gouvernement de l'Ile du Prince-Edouard et la Puissance du Canada. Présentée le 12 mai 1898.—*M. Martin.*
Imprimée pour les documents de la session.

85. Réponse à un ordre de la Chambre des Communes, en date du 7 juin 1897,—Copie de toutes pétitions, lettres et documents concernant les réclamations des vétérans des troubles de 1837-38 pour pensions ou autre compensation, de toutes réponses administratives à ces réclamations, et de tous autres papiers s'y rapportant. Présentée le 12 mai 1898.—*M. Cameron*....... .. ..*Pas imprimée.*

86. Réponse à un ordre de la Chambre des Communes, en date du 30 mars 1898,—Copie de toutes pétitions, rapports, lettres, correspondance et papiers, y compris toutes lettres, communications ou correspondance entre les différents départements du gouvernement, et particulièrement la lettre du ministre de la marine et des pêcheries sous la dernière administration adressée au ministre des travaux publics d'alors, et la lettre de l'honorable M. Dickey citée dans cette dernière, faisant allusion à l'enlèvement des restes des piliers du vieux pont à l'embouchure de la rivière Bear, N.-E. Présentée le 13 mai 1898.—*M. Mills*............................ ....*Pas imprimée.*

87. Réponse à un ordre de la Chambre des Communes, en date du 18 avril 1898,—Copie du rapport de W. L. McKing, concernant la fabrication en Canada d'habillements pour la milice. Présentée le 16 mai 1898. *M. Belcourt*...................... ....*Imprimée pour la distribution.*

87a. Réponse à un ordre de la Chambre des Communes, en date du 14 mars 1898,—Etat indiquant :—1. Tous les contrats pour habillements militaires conclus par le gouvernement du Canada, depuis le 1er septembre 1896 ; 2. Le nom de chaque entrepreneur et le montant de son contrat ; 3. Le mode suivi pour demander des soumissions dans chaque cas, et les noms et montants mentionnés par chaque soumissionnaire. Présentée le 6 juin 1898.—*M. Monk*............. ...*Pas imprimée.*

88. Réponse à un ordre de la Chambre des Communes, en date du 7 juin 1897,—Copie de toute correspondance et télégrammes échangés entre le ministre de l'Agriculture ou aucun membre ou officier du gouvernement et toute personne quelconque au sujet du retrait ou du retrait projeté de l'aide ou du contrôle du gouvernement en ce qui concerne les beurreries et les fromageries dans l'Ile du Prince-Edouard. Aussi, copie de toute correspondance, etc., entre aucun membre ou officier du gouvernement et aucune personne quelconque représentant toute beurrerie ou fromagerie que l'on se propose d'établir et d'exploiter dans l'Ile du Prince-Edouard. Présentée le 16 mai 1898. *M. Martin*..*Pas imprimée.*

89. Réponse à un ordre de la Chambre des Communes, en date du 3 mai 1897,—Copie de toutes lettres, papiers, correspondance, etc., concernant la fermeture, en mars dernier, du bureau de poste de Oak-Bay Mills, Québec. Présentée le 17 mai 1898.—*M. McAlister*..... .... *Pas imprimée.*

CONTENU DU VOLUME N° 13—*Suite.*

CONTENU DU VOLUME N° 13—*Suite.*

de steamers, ou la chambre de commerce de Charlottetown, relativement à l'établissement d'un service d'emmagasinage à froid sur les steamers entre Charlottetown et les ports de la Grande-Bretagne ou des Indes Occidentales, et à la construction d'entrepôts frigorifiques à Charlottetown. Présentée (au Sénat) le 12 mai 1898.—*Hon. M. Ferguson*........................*Pas imprimée.*

99. Règlements relatifs à la rivière Stikine et aux rivières et aux lacs qui s'y déchargent. Présentés (au Sénat) le 18 mai 1898, par l'honorable R. W. Scott. ....*Pas imprimée.*

100. Réponse à une adresse du Sénat à Son Excellence le gouverneur général, en date du 4 juin 1897,—Copie de toute correspondance échangée entre le gouvernement impérial et celui du Dominion au sujet du traité français. Présentée (au Sénat) le 25 mai 1898.—*Hon. M. Landry*....*Pas imprimée.*

101. Réponse à une adresse du Sénat à Son Excellence le Gouverneur général, en date du 17 mars 1898,—Etat détaillé fourni par le ministère de l'Intérieur, des articles des dépenses autorisées de M. W. H. Sowden, pendant la durée de son emploi comme agent d'immigration ; aussi les noms de toutes les personnes qui, en conséquence des représentation de M. Sowden dans les comtés de Midland, sont allées au Nord-Ouest canadien et qui, comme l'a dit le ministre dirigeant au Sénat et comme le pense le gouvernement, seraient allées sans cela aux Etats-Unis ; aussi la résidence de ces personnes avant leur départ pour le Nord-Ouest et le lieu où elles se sont établies dans le Nord-Ouest. Présentée (au Sénat) le 25 mai 1898.—*Hon. M. Kirchhoffer*...............*Pas imprimée.*

102. Réponse à une adresse du Sénat à Son Excellence le Gouverneur général, en date du 5 mai 1898,—Copie de toute la correspondance et des arrêtés du conseil relativement à l'occupation, par la Compagnie du chemin de fer d'Esquimalt et Nanaïmo, de la réserve des sauvages Songhees, à Victoria, Colombie-Britannique. Présentée (au Sénat) le 26 mai 1898.—*Hon. M. Templeman.* *Pas imprimée.*

103. Réponse à une adresse du Sénat à Son Excellence le Gouverneur général, en date du 18 mars 1898,—Copie de la correspondance échangée entre le gouvernement et les autorités impériales relativement au rapatriement du 100e régiment Royal Canadien. Présentée (au Sénat) le 26 avril 1898.—*Hon. M. Boulton*........................*Pas imprimée.*

104. Réponse à un ordre de la Chambre des Communes, en date du 14 mars 1898,—Copie de toute déclaration à l'entrée et à la sortie de tout port du Canada par le steamer des Etats-Unis, le *Yantic*, lorsqu'il a remonté le Saint-Laurent en 1897, et de tous papiers ou correspondance concernant son passage par le dit fleuve ou les canaux du Saint-Laurent. Présentée le 30 mai 1898.—*Sir C. Hibbert Tupper*........................*Pas imprimée.*

105. Réponse à un ordre de la Chambre des Communes en date du 30 mai 1898, pour copie d'une lettre du major général Gascoigne, concernant certaines déclarations faites en parlement blâmant sa conduite comme officier commandant la milice du Canada. Présentée le 30 mai 1898.—*Sir Wilfrid Laurier*........................*Imprimée pour la distribution et les documents de la session.*

106. Réponse à un ordre de la Chambre des Communes, en date du 25 avril 1898,—Copie de tous papiers, reçus et documents en la possession du gouvernement se rapportant en quelque manière à une demande d'indemnité adressée au gouvernement par Hugh Richardson, écr, juge de la cour Suprême des Territoires du Nord-Ouest, pour pertes subies à Battleford pendant le soulèvement du Nord-Ouest en 1885. Présentée le 31 mai 1898.—*M. Davis*........................*Pas imprimée.*

107. Réponse à un ordre de la Chambre des Communes, en date du 9 mai 1898,—Copie de tous rapports et plans se rapportant en quelque manière à une route à travers les Territoires du Nord-Ouest vers le district du Yukon *via* Prince-Albert, la Saskatchewan, le lac Vert, l'Ile à la Crosse, la rivière Eau-Claire et le Fort-McMurray sur la rivière Athabaska. Présentée le 31 mai 1898.—*M. Davis*........................*Pas imprimée.*

108. Réponse à une adresse du Sénat à Son Excellence le Gouverneur général, datée du 15 mars 1898 demandant copie de tous les rapports adressés au département de la marine et des pêcheries par les officiers en charge du steamer *Petrel*, relativement au service exécuté par ce steamer pendant l'hiver de 1896-97, ainsi qu'un état détaillé des dépenses faites pour ce service et les recettes perçues pour le fret et les passagers. Présentée (au Sénat) le 30 mai 1898.—*Hon. M. Ferguson.* *Pas imprimée.*

109. Réponse à un ordre de la Chambre des Communes, en date du 2 mai 1898.—Copie de toute correspondance et rapports adressés au département de la milice concernant le cas d'un fermier du nom de Larose, de la paroisse de Saint-Laurent, dans le comté de Jacques-Cartier, qui a été blessé accidentellement au champ de tir de la côte Saint-Luc. Présentée le 1er juin 1898. *M. Monk*........................*Pas imprimée.*

CONTENU DU VOLUME N° 13—*Suite.*

CONTENU DU VOLUME N° 13—*Fin.*

120. Réponse à une adresse du Sénat à Son Excellence le Gouverneur général, en date du 12 mai 1898, demandant copie des documents suivants se rapportant à la nouvelle adjudication de contrats pour la construction des sections 1, 2, 4, 5, 6 et 7 du canal Soulanges. 1. Copie de l'avis demandant des soumissions pour la nouvelle adjudication des sections 4, 5, 6 et 7 du canal Soulanges. 2. Copie des devis pour la nouvelle adjudication des sections 4, 5, 6 et 7 du canal Soulanges. 3. Copie de la soumission de M. J. M. Hogan. 4. Copie de la soumission de M. Andrew Onderdonk. 5. Copie de l'arrêté du conseil, ou du ministre des chemins de fer et canaux, ou de l'ingénieur en chef des chemins de fer et canaux, abrégeant le délai fixé pour l'achèvement des sections 4, 5, 6 et 7, de la fin d'octobre 1899 à la fin d'octobre 1898. 6. La minute ou le mémoire d'une convention ou d'une conversation entre M. Andrew Onderdonk, entrepreneur des sections 4, 5, 6 et 7 du canal Soulanges et le ministre des chemins de fer et canaux, ou l'ingénieur en chef, faite ou tenue entre le 17 et le 20 mars 1897, ces deux jours inclusivement, ou à une date ultérieure, à l'effet que si M. J. M. Hogan, le plus bas soumissionnaire pour les sections 4, 5, 6 et 7 refusait de signer le contrat, A. Onderdonk entreprendrait les travaux aux prix donnés dans sa (Onderdonk) soumission et s'engagerait à les terminer à la fin d'octobre 1898. 7. Copie d'une lettre, ou d'une dépêche, adressée à M. J. M. Hogan, entre le 17 et le 22 mars 1897, ces deux jours inclusivement, le notifiant qu'il était le plus bas soumissionnaire pour les sections 4, 5, 6 et 7. 8. Lettre de M. J. M. Hogan au ministre des chemins de fer et canaux, entre le 17 et le 22 mars 1897, ces deux jours inclusivement, refusant de signer le contrat pour les sections 4, 5, 6 et 7 pour lesquelles il était le plus bas soumissionnaire. 9. Copie du contrat passé avec A. Onderdonk pour les sections 4, 5, 6 et 7 du canal Soulanges. 10. Copie de l'arrêté du conseil, résiliant le contrat d'Archibald Stewart pour les sections 1 et 2 du canal Soulanges. 11. Copie de l'arrêté du conseil relatif à la nouvelle adjudication des sections 1 et 2 du canal Soulanges. 12. Copie des avis publics ou des autres avis imprimés demandant des soumissions pour la nouvelle adjudication des sections 1 et 2 du canal Soulanges. 13. Copie de l'avis envoyé à Hugh Ryan lui demandant de soumissionner pour la nouvelle adjudication des sections 1 et 2 du canal Soulanges. 14. Copie de l'avis envoyé à John Ryan, lui demandant de soumissionner pour la nouvelle adjudication des sections 1 et 2 du canal Soulanges. 15. Copie de l'avis envoyé à Allan R. McDonnell, lui demandant de soumissionner pour la nouvelle adjudication des sections 1 et 2 du canal Soulanges. 16. Copie de l'avis envoyé à W. J. Poupore, lui demandant de soumissionner pour la nouvelle adjudication des sections 1 et 2 du canal Soulanges. 17. Copie de l'avis envoyé à un nommé Cleveland, lui demandant de soumissionner pour la nouvelle adjudication des sections 1 et 2 du canal Soulanges. 18. Copie de l'avis adressé à M. P. Davis, ou à Wm. Davis et Fils, lui demandant ou leur demandant de soumissionner pour la nouvelle adjudication des sections 1 et 2 du canal Soulanges. 19. Copie des avis adressés à d'autres entrepreneurs leur demandant de soumissionner pour la nouvelle adjudication des sections 1 et 2 du canal Soulanges. 20. Copie des devis et de la forme des soumissions pour la nouvelle adjudication des sections 1 et 2 du canal Soulanges. 21. Copie de toutes les soumissions *verbatim* et *litteratim* pour la nouvelle adjudication des sections 1 et 2 du canal Soulanges. 22. Copie *verbatim* et *litteratim* du contrat de MM. Ryan et Macdonnell au sujet des sections 1 et 2 du canal Soulanges. 23. Copie de l'avis ou des renseignements donnés aux soumissionnaires des sections 1 et 2 du canal Soulanges, au sujet du matériel dont ils auraient l'usage, et des conditions auxquelles ils pourraient s'en servir. 24. Etat du montant et de la nature du cautionnement donné par MM. Ryan et Macdonnell pour l'accomplissement de leur contrat relativement aux sections 1 et 2 du canal Soulanges. 25. Copie de l'avis aux soumissionnaires pour la nouvelle adjudication des sections 1 et 2 du canal Soulanges que le gouvernement fournirait une carrière pour l'usage des entrepreneurs. 26. Copie du contrat passé avec MM. Ryan et Macdonnell au sujet de la carrière de Rockland. 27. Etat de la *royalty* devant être payée par MM. Ryan et Macdonnell au département sur la pierre extraite de la carrière de Rockland. 28. Copie de l'arrêté du conseil, tenu entre le 15 et le 29 mai 1897 (ces deux jours inclusivement), au sujet du paiement de $10,000 à M. Archibald Stewart. 29. Copie d'une lettre ou d'une dépêche du département des chemins de fer et canaux adressée à un nommé C. W. Ross, commis dans le ministère des chemins de fer et canaux, dans le mois de décembre 1897 ou de janvier 1898, lui ordonnant d'entrer de force dans le bureau de M. Archibald Stewart, à sa carrière à Rockland. 30. Copie des lettres ou dépêches adressées par le ministère des chemins de fer et canaux à un nommé Middleton, inspecteur du gouvernement à Rockland, pendant le mois de décembre 1897 et jusqu'au 13 janvier 1898. Présentée (au Sénat) le 11 juin 1898.—*Hon. M. Lougheed*.......... ... .*Pas imprimée.*

CANADA

COMPTES PUBLICS

DE

L'EXERCICE CLOS LE 30 JUIN

1897

IMPRIMÉ PAR ORDRE DU PARLEMENT

OTTAWA:
IMPRIMÉ PAR S. E. DAWSON, IMPRIMEUR DE SA TRES EXCELLENTE
MAJESTÉ LA REINE
1897

[N° 2—1898.]

Ministère des Finances—Comptes publics.

A Son Excellence le Très honorable comte d'Aberdeen, etc., etc., gouverneur général du Canada, etc., etc., etc.

PLAISE À VOTRE EXCELLENCE :

Le soussigné a l'honneur de présenter à Votre Excellence les Comptes Publics du Canada, pour l'exercice clos le 30 juin 1897.

Le tout respectueusement soumis.

W. S. FIELDING,
Ministre des finances.

OTTAWA, 18 décembre 1897.

Ministère des Finances—Comptes publics.

TABLE DES MATIÈRES

ÉTATS AUXILIAIRES

PARTIE I.

ÉTATS DU REVENU.

PARTIE II.

ÉTATS DIVERS.

Ministère des Finances—Comptes publics.

Ministère des Finances—Comptes publics.

DÉPARTEMENT DES FINANCES.

OTTAWA, 26 novembre 1897.

A l'honorable W. S. FIELDING,
Ministre des finances, Ottawa.

MONSIEUR,—J'ai l'honneur de vous soumettre les comptes publics du Canada pour l'exercice terminé le 30 juin 1897.

Les recettes du fonds consolidé ont été de $37,829,778.40, et les dépenses de $38, 349,759.84, accusant un déficit de $519,981.44.

La dépenses à compte du capital a été comme suit :—

Chemins de fer et canaux—

Chemin de fer Intercolonial	$ 149,112 52	
Annapolis et Digby	41,457 29	
Canal Lachine	282,052 48	
Travaux de la rivière Ottawa	1,908 44	
Canal Rideau	10,720 50	
Fleuve Saint-Laurent et canaux	1,355,535 62	
Canal du Saut Sainte-Marie	209,561 82	
Canal de la Trent	486,575 70	
Canal Welland	2,282 35	
		$2,539,206 72

Travaux publics—

Fleuve Saint-Laurent	$ 107,308 39	
Havre de Collingwood	3 89	
Rivière La Pluie	5,205 80	
Havre de Port-Arthur	9,094 43	
Havre de Nanaïmo	7,625 25	
		129,237 76
Terres fédérales		91,411 86
Milice		745,964 75
Formant un total de		$3,505,821 09

Et il a été payé au chemin de fer *Canadien du Pacifique* .... $ 14,054 50

Des subventions au montant de $416,955.30 ont été payées aux chemins de fer suivants :—

Chemin de fer Atlantique et Nord-Ouest	$ 186,600 00	
" " Canadien du Pacifique	52,000 00	
" " du Cap de la Madeleine	7,424 00	
" " de la Rive du Golfe	28,635 05	
" " Irondale, Bancroft et Ottawa	48,000 00	
" " du Lac-Témiscamingue	6,476 25	
" " Lotbinière et Mégantic	22,400 00	
" " Montréal et Ottawa	32,000 00	
" " Ontario, Belmont et du Nord	30,720 00	
" " des Comtés-Unis	2,700 00	
		$ 416,955 30

La somme au crédit des déposants dans les banques d'épargnes, à la fin de l'exercice, était de $48,934,975.72, soit une augmentation de $2,135,657.14 comparativement à l'année antérieure. $1,622,091.80 de ce montant se composaient de l'intérêt ajouté aux dépôts, et il y avait $513,565.34 de dépôts d'agent en sus des retraits.

La circulation des billets du Canada a augmenté de $1,945,881.14, et s'élevait à la fin de l'année à $22,318,096.26.

La circulation des billets fédéraux de chiffre minime chaque année durant les mois de septembre et d'octobre, alors que les récoltes sont amenées au marché, est regardée jusqu'à un certain point comme un indice de l'activité des affaires du pays. Il peut donc être intéressant de publier les véritables chiffres de cette circulation pendant les six dernières années.

—	1892.	1893.	1894.	1895.	1896.	1897.
	$	$	$	$	$	$
Septembre...............	6,845,354	7,190,426	6,897,527	7,060,977	7,326,434	7,702,507
Octobre...	7,266,569	7,266,937	7,031,368	7.295,368	7,583,712	7,940,520

Tout en indiquant une forte circulation croissante pendant la période entière, l'état accuse une expansion considérable pour la présente année. La réduction du chiffre de la circulation courante en novembre, quand la diminution commence à se faire sentir, a été cette année si légère que l'on est porté à croire que par suite de la reprise des affaires constatée en général par tout le Dominion, il faudra dans un avenir prochain un plus fort volume de valeurs et dépassant la moyenne de ce qu'il a fallu pendant les quelques dernières années.

La somme placée aux fonds d'amortissement a été de $2,101,813.80, formant un total de $38,516,189.33. En tournant à la page 4 des états des dépenses (partie II) on verra les placements pour chaque emprunt et le taux d'intérêt qu'ils portent. Toutes les garanties achetées étaient des garanties fédérales. Le montant des diverses dettes rachetées s'élevait à $692,594.38, dont les détails sont donnés à la page 9, partie II.

Durant l'année la dette a augmenté de $3,041,163.69, et au 30 juin elle se chiffrait par $261,538,596.46.

Cette augmentation s'explique comme suit :—

Dépensé pour le compte du capital et le chemin de fer Canadien du Pacifique, tel qu'indiqué ci-dessus..........................	$3,519,875 59
Excédent des dépenses sur les recettes, fonds consolidé............	519,981 44
Subventions à des chemins de fer..................................	416,955 30
Rébellion des Territoires du Nord-Ouest............................	3,284 64
Sommes portées au compte du fonds consolidé, y compris les paiements par suite d'obligations prises antérieurement au 30 juin 1896, ministère des postes	682,880 52
	$5,142,977 49
Moins—Placements au fonds d'amortissement..................	2,101,813 80
	$3,041,163 69

Le taux moyen de l'intérêt sur la dette brute a été de $3.20 pour 100, contre $3.23, tandis que le taux net a été de $2.76, contre $2.80 l'année précédente.

Ainsi que je le mentionnais dans mon rapport de l'an dernier, la question relative à l'obligation conjointe des provinces d'Ontario et de Québec pour les augmentations d'annuités payables d'après les traités Robinson, a été soumise aux arbitres et plaidée devant eux pendant plusieurs jours à partir du 18 courant. La décision n'a pas encore été prononcée. Une sentence arbitrale, laquelle est publiée plus loin, a été rendue par eux, et cette sentence règle plusieurs points. Le jugement de la cour suprême du Canada sur l'appel de la décision des arbitres au sujet du fonds des écoles communes n'a pas encore été rendu.

Bien que cela ne concerne point les affaires du dernier exercice, le résultat de l'emprunt de £2,000,000 souscrit à Londres en octobre dernier est une chose d'un si grand intérêt qu'il est bon d'en parler dans le présent rapport. On trouvera ci-joint un état des différentes soumissions.

L'emprunt, ainsi qu'on le sait, était à 2½ pour 100 sterling, le premier de ce taux offert par une colonie, et le prix moyen obtenu a été £91 10ch. 5d. Si l'on tient compte du fait que l'abaissement du taux d'emprunt avait le désavantage accompagnant tout nouveau mode de conduite, et que pendant plusieurs mois auparavant le marché monétaire était plus actif, le succès de l'emprunt est très satisfaisant. Il est très important que le Canada ait réussi à lancer un emprunt de 2½ pour 100, si l'on se rappelle qu'en sus de son autorisation à emprunter une somme de $9,351,705.85 dont il n'a pas fait usage, des obligations deviendront échues presque chaque année de 1903 à 1910. Ces obligations s'élèvent à plus de £30,000,000 sterling, et la réduction du taux de l'intérêt actuellement payable à celui du dernier emprunt produira des épargnes considérables au Trésor canadien.

Je soumettrai respectueusement que l'on devra se rappeler la prochaine échéance de ce montant considérab'e d'obligations quand l'on étudiera quelque projet ayant en vue le développement des ressources du pays, car tout ce qui pourra affecter la position financière du pays ne manquera pas d'influencer le succès des opérations concernant ces obligations sur un marché où les finances coloniales sont d'année en année mieux examinées de même que soumises à une critique plus rigoureuse.

Je suggérerai de plus que l'on fasse de vigoureux efforts afin d'obtenir que les fidéicommissaires et exécuteurs puissent faire des placements en valeurs canadiennes. Il ne me paraît y avoir aucune raison, autant que je puis voir, de mettre les fonds publics du Canada sur un pied d'infériorité à cet égard à ceux du gouvernement des Indes. Mais la chose étant ainsi, la valeur vénale des deux fonds est d'à peu près 3 pour 100 en faveur des Indes. Si l'on pouvait faire disparaître ce désavantage la différence dans la valeur vénale des deux fonds deviendrait non seulement nulle, mais il est tout probable que les fonds publics du Canada atteindraient le niveau des fonds des grandes corporations municipales de la mère-patrie, lesquels, avec 2½ pour 100, ainsi que le font voir les taux du marché, sont à peu près au pair.

Dans mon rapport à la préface des comptes publics de 1895, j'ai donné un tableau indiquant le nombre et les appointements des fonctionnaires publics soumis aux dispositions de l'Acte des pensions le 1er juillet des années 1892, 1893 et 1894. Cet état est publié de nouveau et l'on y a ajouté les renseignements semblables pour les deux années suivantes. On se rappellera que la modification apportée à cet acte en 1893 établissait un fonds spécial auquel l'on devait débiter les allocations faites à ceux qui entrerait dans le service public après cette date. Le nombre des fonctionnaires soumis aux dispositions antérieures doit en conséquence diminuer. Le tableau montre que le 1er 1892 il y avait 4,236 de ces fonctionnaires. Le 1er juillet 1896 ce nombre était réduit à 3,680. A cette dernière date ceux qui contribuaient à ce que l'on appelle la caisse n° 2, en vertu de l'Acte de 1893, s'élevaient au chiffre de 432. En additionnant les deux chiffres l'on verra que le nombre total des fonctionnaires placés sous l'Acte des pensions a graduellement diminué de 4,236 en 1892, à 4,112 en 1896, en sorte que sous le rapport du nombre l'obligation résultant de l'acte diminue.

En terminant il me fait grand plaisir de témoigner publiquement de l'aide loyale reçue en tout temps du personnel de ce département dans l'administration des affaires.

J'ai l'honneur d'être, monsieur,

Votre obéissant serviteur,

J. M. COURTNEY,
Sous ministre des finances.

		$	$				$	$	$	$				$	$	$	$				$	$	$	$
Bur. du sec. du gouverneur général	6	6,900	6,900	5	1	6	6,550	500	7,050	7,050	5	1	6	6,700	500	7,200	7,200	5	1	6	6,850	500	7,350	7,
Conseil privé	16	22,025	22,025	19	3	22	23,725	2,350	26,075	26,075	19	3	22	24,100	2,500	26,600	26,600	19	9	28	25,000	6,680	31,680	31,
Bureau du haut commissaire	6	7,834	7,834	6	....	6	8,200	....	8,200	8,200	6	....	6	8,650	....	8,650	8,650	6	....	6	8,900	....	8,900	8,
Justice	16	25,980	....	16	....	14	26,740	....	26,740	....	15	1	17	27,170	1,400	28,570	....	16	1	17	25,950	1,400	27,350	....
Cour suprême	10	11,800	....	10	....	10	11,800	....	11,800	....	10	....	10	11,950	....	11,950	....	9	....	9	9,750	....	9,750	....
Cour de l'échiquier	4	4,500	....	4	1	5	4,687	400	5,087	....	4	1	5	4,787	450	5,237	....	4	1	5	4,937	500	5,437	....
Arbitres officiels	2	2,000	....	2	....	2	2,000	....	2,000	....	2	....	2	2,000	....	2,000	....	2	....	2	2,000	....	2,000	....
Pénitencier de Kingston	5	8,300	....	4	....	4	7,100	....	7,100	....	4	....	4	7,100	....	7,100	....	4	....	4	7,300	....	7,300	....
" de St-Vincent-de-Paul	4	6,800	....	4	....	4	6,800	....	6,800	....	4	....	4	6,800	....	6,800	....	4	....	4	6,800	....	6,900	....
" de Dorchester	4	6,150	....	4	....	4	6,200	....	6,200	....	4	....	4	6,250	....	6,250	....	4	....	4	6,500	....	6,500	....
" du Manitoba	3	4,350	....	3	....	3	4,000	....	4,000	....	2	....	2	3,000	....	3,000	....	2	....	2	3,100	....	3,100	....
" de la Col.-Britanniq.	2	3,600	73,460	2	....	2	3,600	....	3,600	73,327	2	....	2	3,650	....	3,650	74,557	1	....	1	1,400	....	1,400	69,
Milice et défense	31	42,700	....	30	....	30	41,900	....	41,900	....	29	1	30	41,250	500	41,750	....	28	5	33	41,350	2,500	43,850	....
Extérieur	1	3,200	45,900	1	....	1	3,200	....	3,200	45,100	1	....	1	3,200	....	3,200	44,950	1	....	1	3,200	....	3,200	47,
Secrétariat d'État	34	38,510	38,510	35	....	35	41,470	....	41,470	41,470	35	1	36	42,600	450	43,050	43,050	29	1	30	35,700	600	36,300	36,
Impressions et papeterie	21	22,450	22,450	21	2	23	23,580	1,872	25,452	25,452	21	2	23	24,460	1,972	26,432	26,432	21	3	24	25,240	2,800	28,040	28,
Intérieur	90	96,126	....	90	....	90	97,026	....	97,026	....	88	2	90	98,116	700	98,815	....	83	3	86	95,546	1,230	96,776	....
Terres fédérales et agences des bois de la couronne	30	44,785		26	....	26	40,185	....	40,185	....	25	....	25	39,390	....	39,390	....	23	....	23	34,040	....	34,040	....
Immigration	7	7,700	148,571	6	....	6	6,530	....	6,530	143,741	6	....	6	6,730	....	6,730	144,936	6	....	6	6,730	....	4,730	137,
Commission géologique	31	47,640	47,640	31	....	31	48,740	....	48,740	48,740	29	1	30	45,700	1,400	47,100	47,100	28	3	31	45,267	3,674	48,941	48,
Police à cheval du Nord-Ouest	7	9,450	....	7	....	7	9,730	....	9,730	....	7	....	7	9,900	....	9,900	....	7	....	7	10,050	....	10,050	....
Extérieur	52	57,700	67,150	48	2	50	54,300	2,000	56,300	66,030	47	3	50	53,500	3,000	56,500	66,430	41	3	44	46,300	3,000	49,300	59,
Bureau de l'auditeur général	26	29,110	29,110	27	....	27	30,700	....	30,700	30,700	26	....	26	30,070	....	30,070	30,070	24	2	26	29,200	900	30,100	30,1
Finances	34	49,020	....	34	....	34	49,860	....	49,860	....	33	....	33	49,110	....	49,110	....	32	1	33	49,150	300	49,450	....
Extérieur	28	36,150	....	26	1	27	34,800	650	34,850	....	24	4	28	32,350	2,250	34,600	....	21	5	26	27,050	2,050	30,000	....
Division des assurances	4	7,200	92,370	4	1	5	7,250	800	8,050	92,760	4	1	5	7,300	850	8,150	91,860	4	1	5	7,450	900	8,350	87,8
Revenu de l'intérieur	25	38,130	....	24	....	24	37,520	....	37,620	....	23	....	23	37,230	....	37,230	....	22	1	23	35,230	300	35,530	....
Extérieur	406	387,897	425,927	398	5	403	392,512	2,800	395,412	433,032	389	12	401	388,139	6,250	394,389	431,619	377	14	391	377,617	7,325	385,142	490,
Douanes	29	34,730	....	27	....	27	30,870	....	30,870	....	28	....	28	32,830	....	32,830	....	27	3	30	31,450	1,800	33,250	....
Extérieur	1,004	650,220	685,010	940	9	949	655,020	4,200	659,220	690,090	910	15	925	638,085	7,000	645,085	678,515	889	35	924	626,885	18,875	645,760	679,0
Postes	210	197,000	....	209	....	209	201,420	....	201,420	....	206	3	209	202,750	1,300	204,050	....	192	10	202	191,400	4,300	195,700	....
Extérieur	1,284	941,070	1,138,160	1,316	40	1,356	977,980	16,420	994,400	1,195,820	1,276	112	1,388	974,760	46,680	1,021,440	1,225,490	1,240	181	1,421	975,360	80,610	1,055,970	1,201,6
Agriculture	43	50,770	....	43	1	44	52,950	400	53,350	....	40	3	43	51,540	1,150	52,690	....	37	8	45	49,300	4,152	53,452	....
Extérieur	11	10,092	60,862	11	....	11	10,092	....	10,092	63,442	10	....	10	9,892	....	9,892	62,582	10	....	10	9,892	....	9,892	63,34
Marine et pêcheries	33	43,180	....	34	1	35	43,080	900	43,980	....	33	5	38	42,580	3,600	46,180	....	33	4	37	44,980	2,630	47,610	....
Extérieur	224	111,240	154,420	214	....	214	108,630	....	108,630	152,610	198	4	202	99,455	4,550	104,005	150,135	196	....	196	93,760	....	93,760	141,3
Travaux publics	25	36,520	....	26	3	29	40,630	2,230	42,860	....	26	5	31	41,430	3,080	44,510	....	28	5	33	43,450	3,310	46,760	....
Extérieur	22	14,647	51,167	20	....	20	13,432	....	13,432	56,292	19	....	19	12,618	....	12,618	57,128	18	....	18	11,888	....	11,888	58,64
Chemins de fer et canaux	28	46,550	....	26	....	26	43,500	....	43,500	....	27	1	28	42,750	450	43,200	....	25	1	26	38,700	500	39,200	....
Extérieur	201	152,117	198,667	235	....	235	144,374	....	144,374	187,874	214	....	214	134,179	....	134,179	177,379	198	....	198	123,393	....	123,393	162,5
Affaires indiennes	47	49,850	....	45	....	45	46,560	....	46,560	....	45	1	46	49,090	500	49,590	....	44	2	46	48,620	950	49,570	....
Extérieur	22	29,650	79,500	20	....	20	26,770	....	26,770	73,330	18	....	18	23,070	....	23,070	72,660	18	....	18	23,070	....	23,070	72,64
Commerce	....	....	....	2	1	3	3,700	1,100	4,800	....	3	1	4	5,100	1,150	6,250	....	3	3	6	5,100	2,650	7,750	....
Extérieur	....	....	....	1	....	1	800	....	800	5,600	1	....	1	800	....	800	7,050	1	....	1	800	....	800	8,55
Sénat du Canada	27	32,950	32,950	26	1	27	32,550	600	33,150	33,150	26	....	26	33,200	....	33,200	33,200	26	1	27	32,350	1,200	33,550	33,55
Chambre des communes	60	82,000	82,000	60	....	60	83,900	....	83,900	83,900	57	3	60	81,850	2,700	84,550	84,550	57	4	61	83,900	3,110	87,016	87,61
Bibliothèque du parlement	13	16,700	16,700	13	....	13	16,750	....	16,750	16,750	13	....	13	17,000	....	17,000	17,000	13	....	13	17,100	....	17,100	17,10
Totaux	4,236	....	3,537,283	4,157	72	4,229	3,563,403	37,122	....	3,600,525	4,015	187	4,202	3,515,181	93,932	....	3,609,113	3,878	311	4,189	3,429,005	159,746	3,588,751	3,588,75

suivant
fonds s
service
antérie
4,236 d
dernièr
l'Acte (
verra q
ment c
nombre

En
reçue e

Ministère des Finances—Comptes publics.

15 OCTOBRE 1897.

LISTE des soumissions pour l'emprunt du Canada à $2\frac{1}{2}$°/₀ ... £2,000,000.

	Prix. £	s.	d.	Actions. £
1 soumission à	96	0	0	100
3 "	95	0	0	4,500
1 "	94	10	0	3,000
3 "	94	0	0	5,000
1 "	93	10	0	100
1 "	93	6	0	100
1 "	93	5	0	100
1 "	93	2	6	100
1 "	93	1	6	100
1 "	93	0	0	1,000
3 "	92	10	6	70,000
2 "	92	10	0	55,000
2 "	92	5	6	55,000
6 "	92	5	0	75,000
1 "	92	2	6	2,000
3 "	92	0	6	75,000
15 "	92	0	0	149,600
1 "	91	18	0	20,000
4 "	91	15	6	75,200
1 "	91	13	0	20,000
3 "	91	12	6	1,600
3 "	91	11	0	45,000
3 "	91	10	6	75,000
10 "	91	10	0	195,500
1 "	91	9	6	10,000
1 "	91	8	6	200
1 "	91	8	0	10,000
3 "	91	7	6	12,200
1 "	91	6	6	500
5 "	91	6	0	37,100
3 "	91	5	6	40,000
12 "	91	5	0	79,300
2 "	91	4	6	20,000
4 "	91	4	0	37,000
2 "	91	3	6	30,000
4 "	91	3	0	12,000
7 "	91	2	6	139,900
9 "	91	2	0	1,501,300
6 "	91	1	6	37,500
8 "	91	1	0	63,000
3 "	91	0	6	2,350
40 "	91	0	0	1,245,110
183				£4,205,460

NEUVIÈME DÉCISION ARBITRALE.

A tous ceux qui ces présentes verront :—

L'honorable John Alexander Boyd, de la cité de Toronto, province de l'Ontario, chancelier de la dite province; l'honorable sir Louis Napoléon Casault, de la cité de Québec, dans la province de Québec, juge en chef de la cour supérieure de la dite province de Québec, et l'honorable George Wheelock Burbidge, de la cité d'Ottawa, dans la province d'Ontario, juge de la cour d'échiquier du Canada, SALUT :

Considérant que dans et par un acte du parlement du Canada, 54-55 Victoria, ch. 6, dans et par un acte de l'Assemblée législative de l'Ontario, 54 Victoria, ch. 2, et dans et par un acte de la législature de Québec, 54 Victoria, ch. 4, il a été entre autres choses décrété que pour le règlement décisif et final de certaines questions et de certains comptes qui se sont présentés ou qui pourraient se présenter ultérieurement dans le règlement des comptes entre la Puissance du Canada et les provinces de l'Ontario et de Québec, tant conjointement que séparément, et aussi entre ces provinces, à l'égard desquelles il n'a encore été conclu aucun arrangement, le gouverneur général en conseil pourra nommer, conjointement avec les gouvernements des provinces de l'Ontario et de Québec, trois arbitres, qui seront des juges, auxquels seront renvoyées les questions que le gouverneur général et les lieutenants-gouverneurs des deux provinces conviendront entre eux de leur soumettre.

Et considérant que nous, les soussignés, John Alexander Boyd, sir Louis Napoléon Casault et George Wheelock Burbidge, avons été régulièrement nommés sous l'empire de ces dits actes et que nous avons assumé ces charges ;

Et considérant qu'il est stipulé dans et par les dits actes que ces arbitres ou deux quelconques d'entre eux auraient le pouvoir de rendre une ou plusieurs décisions arbitrales, et de les rendre à toutes époques ;

Et considérant que les questions mentionnées ci-après nous ont été soumises en notre qualité d'arbitres et que nous avons entendu les parties aux présentes et ce qui a été allégué par conseil en leur nom.

Sachez maintenant que nous, les dits arbitres, exerçant notre autorité de rendre une décision arbitrale distincte à présent sur ces questions, décidons, ordonnons et adjugeons dans les prémisses comme suit :

1. Que relativement à la réclamation faite au nom du Dominion contre les provinces de l'Ontario et de Québec à raison de certaines sommes d'argent payées à Robert H. McGreevy, MM. Ward et O'Leary et Charles Garth, ainsi qu'énoncé dans la déclaration produite et le plaidoyer à l'encontre de la juridiction produit par la province de l'Ontario et argué sous réserve des droits de la province de Québec, nous ordonnons qu'il soit fait et produit une réponse en défense au nom de la province de l'Ontario à cette déclaration de réclamation, et que les parties procèdent à l'audition de leur cause, tout en réservant cependant à la province d'Ontario le droit de soulever dans cette réponse en défense, de même qu'à l'audition, la question du prétendu défaut de juridiction à titre de question de droit, et de renouveler par là l'objection que la réclamation n'est point du ressort de l'arbitrage. La même défense est réservée et permise à la province de Québec, dans le plaidoyer que cette province devra produire.

2. Que relativement à la réclamation faite par le Dominion de débiter au compte de la province de l'Ontario certaines sommes d'argent payées par le Dominion à compte des appointements de l'honorable James Cockburn en sa qualité de solliciteur général pour le Canada-Ouest du Ier juillet au 4 novembre 1867, ainsi que pour certaines dépenses faites par lui, le tout s'élevant à $1,073.57, nous décidons, ordonnons et adjugeons que cette réclamation soit renvoyée, et que le montant ainsi débité soit biffé du compte de la province de l'Ontario.

3. Que relativement à la réclamation faite par le Dominion contre la province de l'Ontario qu'il soit déduit dans les comptes entre le Canada et la province de l'Ontario la somme de trois mille dollars recouvrée en vertu d'une obligation souscrite pour la comparution d'un nommé John Stewart, un employé du Revenu de l'Intérieur, afin de répondre à l'accusation d'avoir illégalement et félonieusement aidé, secouru et excité

certaines personnes à soustraire une quantité de liqueurs spiritueuses d'un entrepôt, laquelle obligation a été duement renvoyée et l'argent perçu sous son autorité versé dans le trésor de la province de l'Ontario, nous nous abstenons de rendre aucune décision. car la chose n'est point possible, à notre avis, sans vouloir décider et décidant d'une question constitutionnelle en contestation.

M. le juge Burbidge, auquel on avait soumis la question mentionnée dans ce paragraphe alors qu'il remplissait les fonctions de sous-ministre de la justice, n'a pris aucune part à cette décision.

En foi de quoi, nous, les dits John Alexander Boyd, sir Louis Napoléon Casault et George Wheelock Burbidge avons apposé aux présentes nos sceings et sceaux ce quinzième jonr de mai A.D. 1897.

(Signé) J. A. Boyd, [Sceau.]
" L. N. Casault, [Sceau.]
" Geo. W. Burbidge [Sceau.]

(Signé) L. A. Audette.

BILAN du Canada pour

Dt.	Montant.	Total.
	$ c.	$ c.
Placements.		
Fonds d'amortissement.		
Emprunt canadien réduit à 4 pour 100	15,062,025 72	
" du chemin de fer Intercolonial à 4 pour 100	7,069,776 01	
" garanti de la Terre de Rupert "	746,105 17	
Emprunts garantis de 1875-78	4,618,578 69	
Emprunt du Canada de 1874	3,595,628 51	
" 1875	832,827 26	
" 1876	1,858,840 14	
1878-79	2,799,421 02	
" 1884	1,932,986 81	
		38,516,189 33
Divers placements.		
Compte d'emprunt de la Compagnie du chemin de fer Albert	14,725 56	
Fonds consolidé, compte de placement	224,621 80	
Cie du pont de ch. de fer Frédéricton et Sainte-Marie, compte d'emprunt	300,000 00	
Commission du port de Montréal	1,190,000 00	
Compte des obligations du chemin de fer du Nord	73,000 00	
Bons du port de Québec	3,748,519 62	
" Trois-Rivières	81,760 97	
Compagnie de prolongement du chemin de fer et du pont de Saint-Jean	433,900 00	
Cie des chemins à barrières de Montréal	195,000 00	
		6,261,527 95
Intérêt sur comptes spéciaux.		
Emprunt du chemin de fer Albert	8,380 75	
Bons du port de Trois-Rivières	34,828 42	
Emprunt du pont de Frédéricton et Sainte-Marie	96,000 00	
Bons du de Québec	1,155,374 23	
		1,294,583 40
Travaux publics.		
Canaux.		
Canal de la Baie Burlington	308,328 32	
Canal Chambly et rivière Richelieu	436,302 83	
Amélioration de la Trent	559,067 70	
Canal Murray	1,247,470 26	
Canal Lachine	7,417,920 59	
Lac Saint-Pierre	1,164,235 08	
Travaux de l'Ottawa	6,712,287 96	
Canal Rideau	10,720 50	
Canaux du Saint-Laurent	19,577,116 09	
Canal Saint-Pierre	492,232 32	
Canal du Saut-Sainte-Marie	3,657,573 65	
Navigation de la rivière Tay	476,128 73	
Canal de la rivière Trent	1,715,422 86	
Canal Welland	23,549,415 76	
Chemins de fer.		
Chemin de fer Digby et Annapolis	660,683 09	
" Intercolonial	55,417,447 46	
" de l'Île du Prince-Edouard	3,750,565 38	
" de la Ligne courte	333,942 72	
A reporter	127,486,861 30	46,072,300 68

exercice terminé le 30 juin 1897.

Av.	Montant.	Total.
	$ c.	$ c.
DETTE PUBLIQUE.		
Payable à Londres.		
Emprunt garanti à 4 pour 100 de l'Intercolonial	14,600,000 00	
" à 4 pour 100 de la Terre de Rupert	1,460,000 00	
" non garanti à 5 pour de l'Intercolonial	2,433,333 34	
Emprunt du Canada à 4 pour 100, 1874	19,466,666 67	
do 4 do 1875	4,866,666 66	
do 4 do 1875, garanti	7,300,000 00	
do 4 do 1876	12,166,666 66	
do 4 do 1878-79	21,900,000 00	
do 4 do 1878, garanti	8,273,333 34	
do 3½ do 1884	24,333,333 33	
do réduit à 4 pour 100	31,356,595 88	
do 4 pour 100, 1885	19,466,666 66	
do 3 do 1888	21,402,241 01	
do 3 do 1892	18,250,000 00	
do 3 do 1894	10,950,000 00	
Emprunt de la banque de Montréal	2,920,000 00	
Emprunt de la banque National Provincial d'Angleterre	1,946,666 66	
		223,092,170 21
Payable au Canada.		
Emprunt de la province du Canada, bons à 5 pour 100	400 00	
Emprunt du Canada, bons à 4 pour 100, 1883	1,208,000 00	
do do 4 do inscriptions	1,644,000 00	
do do 3½ do 1896	500,000 00	
Emprunt de la province du Nouveau-Brunswick, bons à 6 pour 100	1,100 00	
Effets du Canada, émission A, 6 pour 100	8,000 00	
do A, 3½ do	114,048 34	
do B, 3½ do	825,700 00	
do C, 3½ do	49,066 34	
do D, 5 do	282,623 70	
do E, 3½ do	1,500,000 00	
do 3½ do 1891	661,700 00	
		6,794,638 38
COMPTE DE LA SUBVENTION AU CHEMIN DE FER DE QUÉBEC		2,394,000 00
BILLETS DU CANADA		22,318,096 26
BILLETS PROVINCIAUX, NOUVELLE-ECOSSE		39,438 04
MANDATS IMPAYÉS, ILE DU PRINCE-EDOUARD		549 59
CAISSES D'ÉPARGNES.		
Postes	32,380,829 09	
Canada	16,549,922 20	
Nouvelle-Ecosse, compte indéterminé	1,195 89	
do do d'intérêt	2,282 42	
Nouveau-Brunswick, compte indéterminé	240 15	
do do d'intérêt	505 97	
		48,934,975 72
TENURE SEIGNEURIALE :		
Compensation aux seigneurs	117,012 66	
do townships	275 00	
		117,287 66
BONS DE L'ÉCHIQUIER, 5 pour 100	17,250,000 00	
MOINS—En possession du receveur général	17,250,000 00	
A reporter		303,691,155 86

Bilan du Canada pour

Dt.	Montant.	Total.
	$ c.	$ c.
Report	127,486,861 30	46,072,300 68
TRAVAUX PUBLICS—*Fin.*		
Divers travaux.		
Havre du Cap Tourmente	236,860 63	
Havre de Collingwood	3 89	
Bassin de radoub d'Esquimalt	928,300 93	
Edices publics, Ottawa	4,887,538 46	
Améliorations du Saint-Laurent	3,732,047 67	
Bassin de radoub de Kingston	510,493 23	
Lignes aériennes et câbles sous-marins	261,998 49	
Bassin de radoub de Lévis	910,000 00	
Havre de Nanaïmo	7,625 25	
Havre de Port-Arthur	675,283 38	
Rivière La-Pluie	5,205 80	
		139,642,219 03
MILICE		1,745,964 75
COMPTES DES PROVINCES.		
Province du Canada, compte indéterminé	38,445 01	
do du Canada, compte de sa dette	71,839 21	
do d'Ontario do	4,827,640 09	
do de Québec do	2,095,781 48	
do de la Nouvelle-Ecosse, compte indéterminé de sa dette	40,533 93	
do du Nouveau-Brunswick " "	240 15	
do de l'Ile du Prince-Edouard, comptes des terres	780,512 14	
do d'Ontario compte d'immigration	6,572 20	
do de Québec, compte courant	625,000 00	
do de Québec, compte indéterminé	862,847 03	
do d'Ontario do	1,256,641 20	
		10,606,052 44
DIVERS ET COMPTES DE BANQUES.		
Banque de Montréal, Londres	351,241 26	
Banque de Montréal, compte indéterminé, billets provinciaux	29,224 01	
Banque du Haut-Canada, compte spécial	1,150,000 01	
do compte des avances	88,699 39	
do compte des syndics	150,000 00	
do compte courant	29,027 35	
Banque de Liverpool, compte de liquidation	3,152 30	
Chemin de fer Calgary et Edmonton, compte spécial	504,340 59	
Caisse	1,790,865 79	
do compte indéterminé	814 00	
Chemin de fer Canadien du Pacifique, compte ouvert	241 67	
Banque Centrale, compte de liquidation	400 00	
Banque d'Echange, compte de liquidation	77,337 03	
Caisse d'épargne du gouvernement, compte de défalcation	26,258 19	
Chemin de fer Intercolonial, compte ouvert	198,228 54	
do compte du matériel	638,832 89	
do embranch. Windsor, compte ouvert	10,694 28	
do " compte du matériel	2,180 40	
Immigration islandaise	47,700 00	
Commission des terres marécageuses du Manitoba	6,499 07	
Payeur de la milice	605 49	
Chemin de fer de l'Ile du Prince-Edouard, compte ouvert	6,240 44	
do do compte du matériel	97,195 64	
Entrepreneur des impressions	2,365 87	
Chemin de fer Qu'Appelle, Lac-Long et Saskatchewan, compte spécial	596,408 34	
Rails, compte d'emprunt	90,355 99	
A reporter	5,898,908 54	198,066,536 90

l'exercice terminé le 30 juin 1897—*Suite.*

Av.	Montant.	Total.
	$ c.	$ c.
Report		303,691,155 86
Fonds de dépôts.		
Fonds des écoles communes	2,457,688 62	
do des sauvages	3,692,516 01	
do de l'éducation supérieure, Bas-Canada	412,314 25	
do des écoles de grammaire, Haut-Canada	312,769 04	
do des bâtisses	1,597,076 59	
Pensions des veuves et subventions non commuées, Bas-Canada	14,165 52	
Fonds de la circulation des banques	1,923,257 97	
		10,409,788 00
Comptes des provinces.		
Province d'Ontario et Québec, comptes de subvention	10,037,000 55	
do do compte spécial	112,170 67	
do de la Colombie-Britannique, compte de sa dette	583,021 40	
do du Manitoba do	3,311,914 77	
do de la Nouvelle-Ecosse do	1,056,142 24	
do du Nouveau-Brunswick do	530,679 29	
do de l'Ile du Prince-Edouard do	775,791 83	
		16,406,720 75
Divers et comptes de banques.		
Compte des terres des écoles d'Assiniboïa	5,954 41	
do do d'Alberta	57,401 65	
Banque du Haut-Canada, compte de liquidation	363,209 49	
Association médicale et générale sur la vie dite Britann., compte spécial	521 91	
Rivière Colombie, compte spécial	2,989 16	
Garantie des entrepreneurs, nouvelles	734,526 36	
do do anciennes	3,118 20	
Droits d'auteur	76 37	
Banque commerciale, Manitoba	5,905 00	
Fonds d'assurances	5,256 72	
Fonds d'assurances sur terres, compte spécial	23,311 05	
Honoraires judiciaires, cour maritime, Ontario	408 25	
Compte des terres des écoles, Manitoba	448,674 13	
Pont du Portage-du-Fort, compte spécial	302 85	
Comptes des postes	288,351 78	
Imprimeur de la reine, compte d'avance	8,355 77	
Terres des écoles, Saskatchewan	914 44	
Fonds de retraite	22,497 77	
Fonds d'amortissement du port des Trois-Rivières	866 17	
Havre de Toronto, compte spécial	838 27	
Coupons impayés	37,508 40	
Débentures impayées	973 33	
Dividendes impayés—		
Canada	4,783 18	
Effets fédéraux	2,651 98	
Nouveau-Brunswick	1,324 00	
Nouvelle-Ecosse	795 80	
Ile du Prince-Edouard	867 25	
Colombie-Britannique	33 67	
Mandats impayés des années précédentes	49 36	
		2,022,466 72
A reporter		332,530,131 33

Bilan du Canada, pour

Dt.	Montant.	Total.
	$ c.	$ c.
Report	5,898,908 54	198,066,536 90
Divers et comptes des banques—*Fin.*		
Grain de semence aux colons	20,480 15	
do avances, 1895	45,680 20	
Services et discours impayés	152 77	
Argent, pièces de 20 centins	6,044 20	
Réserve en espèces	10,723,649 87	
Compte des existences du bureau de la papeterie	62,849 43	
		16,757,765 16
Comptes des chemins de fer.		
Chemin de fer Canadien du Pacifique		62,733,469 20
Grand-Tronc, compte de débentures	15,142,633 34	
do do d'intérêt	10,457,458 01	
do do spécial	7,302 18	
		25,607,393 53
Comptes des Territoires.		
Organisation des Territoires du Nord-Ouest	1,460,000 00	
Rachat do	1,460,000 00	
Ajoutez—Capital des terres fédérales jusqu'au 30 juin 1897	3,842,499 99	
	6,762,499.99	
Moins recettes	4,275,526 11	
	2,486,973.88	
Dépenses se rattachant à la rébellion du Nord-Ouest	881,398 51	
		3,368,372 39
Fonds consolidé.		
Balance, 30 juin 1897		25,996,594 15
Total		332,530,131 33

l'exercice terminé le 30 juin 1897—*Fin.*

Av.	Montant.	Total.
	$ c.	$ c.
Report		332,530,131 33
Total		332,530,131 33

ÉTAT DU FONDS CONSOLIDÉ DU CANADA, y compris divers

Date.	Av.	Montant.	Total.
1896.		$ c.	$ c.
1er juillet.	Balance d'après les comptes publics de 1895-96		26,646,736 00
	Montant payé en 1896-97 à compte des dépenses des bur. de poste pour le passif d'années précédentes		683,121 72
	Montant payé pour subvent. de ch. de fer (pour détails *voir* p. xxix)		416,955 30
	do des paiements (pour détails *voir* page xxv)	38,349,759 84	
	MOINS—Fonds d'amortissement	2,101,813 80	
			36,247,946 04
1897.			63,994,759 06
1er juillet.	Balance reportée		25,996,594 15

item reportés à ce fonds pendant l'exercice terminé le 30 juin 1897.

Date.	Av.	Montant.	Total.
1897.		$ c.	$ c.
30 juin....	Remboursement du montant payé pour droits d'auteur..........	....	34 90
	Compte de la dette de la province du Nouveau-Brunswick pour montant des frais judiciaires payés en 1883-84 et 1885-86 dans la cause de Tibbitts *et al vs* la Reine.............	....	206 30
	Montant des intérêts perçus au 30 juin 1897, sur les avances à ces corporations—		
	Cie du chemin de fer Albert.	883 52	
	Cie du pont de Frédéricton et Sainte-Marie........	12,000 00	
	Commission du port de Québec....................	149,940 78	
	" " de Trois-Rivières...........	5,321 01	
			168,145 31
	Montant des recettes (pour détails *voir* page xxiv)..........	....	37,829,778 40
	Balance reportée..	....	25,996,594 15
			63,994,759 06

ÉTAT des recettes et déboursés du Canada,

Recettes.		Montant.	Total.
Fonds consolidé.		$ c.	$ c.
Douanes	$19,386,277 69		
do immigration chinoise	91,969 50		
		19,478,247 19	
Accise	9,074,796 38		
do spiritueux pyroxyliques	95,582 54		
		9,170,378 92	
Postes		3,202,938 42	
Revenu des travaux publics		109,766 01	
do menus travaux publics		25,835 41	
do chemins de fer		3,066,784 36	
do canaux		384,780 53	
Intérêt sur placements		1,443,003 84	
Honoraires de brevets		110,009 10	
Casuel		119,210 05	
Terres de l'artillerie		9,831 27	
Amendes et confiscations		21,037 07	
Primes, escompte et change		34,853 92	
Fonds des marins		54,294 09	
Inspection de la lumière électrique		6,805 25	
do des bateaux à vapeur		25,033 95	
do du gaz		17,256 75	
Poids et mesures		36,772 94	
Honoraires des inspecteurs-mesureurs de bois		10,428 12	
Timbres judiciaires		4,302 53	
Pénitenciers		83,807 57	
Inspection des assurances		10,183 81	
Pêcheries		98,884 40	
Modus vivendi		7,585 15	
Gazette du Canada		5,291 49	
Fonds de retraite		59,218 14	
Phares et service côtier		2,774 66	
Vapeurs fédéraux		9,982 19	
Collège militaire		16,522 72	
Milice		23,839 87	
Honoraires des examinateurs du service civil		3,386 00	
Rapports des cours suprême et de l'échiquier		4,219 03	
Terres fédérales		172,513 65	
			37,829,778 40
Emprunts.			
Effets à 3½ pour 100 de 1896		165,320 42	
Banque National Provincial d'Angleterre, emprunt temporaire		1,946,666 66	
Banque de Montréal, emprunt temporaire		973,333 34	
Caisses d'épargnes		2,135,657 14	
			5,220,977 56
Fonds de dépôts.			
Fonds des sauvages		303,898 63	
Circulation de banque, fonds de rachat		52,918 31	
			356,816 94
Comptes des provinces.			
Compte de la dette de la province de la Nouvelle-Ecosse			36 97
Billets fédéraux			1,945,881 14
Placements.			
Dépôt des chemins à barrières de Montréal		5,000 00	
Compte de placement du fonds consolidé		1,100 00	
			6,100 00
A reporter			45,359,591 01

pour l'exercice terminé le 30 juin 1897.

Paiements.	Montant.	Total.
Fonds consolidé.	$ c.	$ c.
Intérêt sur la dette publique	10,645,663 27	
Frais d'administration	196,220 73	
Fonds d'amortissement	2,101,813 80	
Prime, escompte et change	119,093 42	
Gouvernement civil	1,418,846 69	
Administration de la justice	774,761 69	
Police fédérale	23,788 82	
Législation	1,134,772 94	
Pénitenciers	409,598 23	
Arts, agriculture et statistique	224,389 63	
Immigration	127,438 14	
Quarantaine	120,161 60	
Pensions	90,881 89	
Fonds de retraite	307,792 66	
Milice	1,667,588 20	
Police à cheval	526,162 05	
Fonds consolidé des travaux publics	1,463,718 54	
Fonds consolidé des chemins de fer et canaux	134,405 10	
Subventions postales et subventions aux paquebots	553,812 08	
Service par voie de mer et à l'intérieur	183,257 60	
Phares et service côtier	445,742 72	
Hôpitaux de marine	38,130 68	
Inspection de bateaux à vapeur	26,837 83	
Surintendance des assurances	10,611 56	
Pêcheries	443,586 85	
Commission géologique	67,000 00	
Institutions scientifiques	79,994 12	
Subventions aux provinces	4,238,059 08	
Sauvages	908,063 98	
Gouvernement des Territoires du Nord-Ouest	320,535 66	
Divers	210,113 99	
Douanes	945,245 33	
Accise	464,426 75	
Poids, mesures et gaz	85,081 93	
Inspection et mesurage du bois	16,618 75	
Inspection des denrées	2,921 38	
Falsification des substances alimentaires	24,008 80	
Postes	3,789,478 34	
Perception du revenu des travaux publics	147,567 92	
do do chemins de fer et canaux	3,725,689 92	
Menus revenus	859 10	
Terres fédérales	111,415 12	
Commerce	14,604 24	
Inspection de la lumière électrique	8,998 71	
		38,349,759 84
Rachat de la dette.		
Province du Nouveau-Brunswick, emprunt à 6 pour 100	500 00	
Effets "A"	192,463 61	
do "B"	101,400 00	
do "D"	103,633 24	
do de 1896 3½ pour 100	287,520 42	
Indemnité aux seigneurs	7,040 14	
Billets provinciaux, Nouvelle-Écosse	36 97	
		692,594 38
Fonds de dépôts.		
Fonds des sauvages		261,912 00
Comptes des provinces.		
Compte indéterminé de la province de la Nouvelle-Écosse	36 97	
do de terre de l'Ile du Prince-Edouard	19,690 58	
do de la dette du Nouveau-Brunswick	229 15	
		19,956 70
A reporter		39,324,222 92

ÉTAT DES RECETTES ET DÉBOURSÉS DU CANADA,

Recettes.	Montant.	Total.
	$ c.	$ c.
Report		45,359,591 01
Divers comptes.		
Terres des écoles d'Assiniboïa	260 74	
do d'Alberta	2,199 26	
Banque de Montréal, compte indéterminé, billets provinciaux	241 86	
Banque Commercial, Manitoba	5,905 00	
Garanties des entrepreneurs	199,989 69	
Fonds d'assurance	2,565 84	
Chemin de fer Intercolonial, compte ouvert	30,272 61	
do compte du matériel	127,016 00	
do embranchements de Windsor, compte ouvert	35 60	
Fonds d'assurance des terres, compte spécial	1,954 96	
Compte des terres des écoles du Manitoba	22,184 14	
do marécageuses do	19,428 31	
Compte des postes	77,792 00	
Chemin de fer de l'Ile du Prince-Edouard, compte du matériel	18,067 24	
Compte d'avance de l'imprimeur de la reine	19,142 17	
Terres des écoles de la Saskatchewan	97 39	
Grain de semence aux colons	694 48	
Avances pour grain de semence, 1895	2,827 54	
Compte du matériel pour le bureau de la papeterie	1,058 17	
Fonds de retraite	8,410 88	
Fonds d'amortissement du port des Trois-Rivières	33 63	
Dividendes impayés, Canada	60 00	
do effets du Canada	164 00	
		540,401 51
Compte de caisse.		
Paiements		60,611,109 96
A reporter		106,511,102 48

pour l'exercice terminé le 30 juin 1897—*Suite.*

Paiements.	Montant.	Total.
	$ c.	$ c.
Report		39,324,222 92
Intérêt, comptes spéciaux.		
Cie du chemin de fer Albert	883 52	
Cie du pont Frédéricton et Sainte-Marie	12,000 00	
Bons du port de Québec	149,940 78	
do des Trois-Rivières	5,321 01	
		168,145 31
Placements.		
Commission du port de Montréal		190,000 00
Divers.		
Banque de Montréal, Londres	436,806 86	
Chemin de fer Calgary et Edmonton, compte spécial	89,573 87	
Caisse indéterminée	60 00	
Banque Centrale, compte de liquidation	400 00	
Droit d'auteur	139 83	
Chemin de fer Intercolonial, embranchem. de Windsor, compte du matériel	1,254 65	
do de l'Ile du Prince-Edouard, compte ouvert	6,654 09	
do Qu'Appelle, Lac-Long et Saskatchewan, compte spécial	94,415 22	
Rivière Sainte-Anne-de-la-Pérade, compte spécial	3 83	
Pièces en argent de 20 centins	1,258 00	
Réserve en espèces	1,965,397 04	
Coupons impayés	38 93	
Dividendes impayés, Nouveau-Brunswick	120 00	
		2,596,122 32
Compte de caisse.		
Recettes		59,777,761 19
Chemins de fer et canaux—Capital.		
Chemin de fer Intercolonial	149,112 52	
do Annapolis et Digby	41,457 29	
Canal Lachine	282,052 48	
Rivière Ottawa, travaux	1,908 44	
Canal Rideau	10,720 50	
Fleuve Saint-Laurent et canaux	1,355,535 62	
Canal du Saut-Sainte-Marie	209,561 82	
Canal de la Trent	486,575 70	
Canal Welland	2,282 35	
		2,539,206 72
Travaux publics—Capital.		
Fleuve Saint-Laurent	107,308 39	
Havre de Collingwood	3 89	
Rivière La-Pluie	5,205 80	
Havre de Port-Arthur	9,094 43	
de Nanaïmo	7,625 25	
		129,237 76
Terres fédérales		91,411 86
Milice		745,964 75
Chemin de fer Canadien du Pacifique		14,054 50
A reporter		105,576,127 33

ÉTAT DES RECETTES ET DÉBOURSÉS DU CANADA.

Recettes.	Montant.	Total.
	$ c.	$ c.
Report		106,511,102 48
Total		106,511,102 48

pour l'exercice terminé le 30 juin 1897—*Suite.*

Paiements.	Montant.	Total.
	$ c.	$ c.
Report	526,840 73	105,576,127 33
Subventions aux chemins de fer.		
Chemin de fer Atlantique et Nord-Ouest	186,600 00	
do Canadien du Pacifique	52,000 00	
do du Cap de la Madeleine	7,424 00	
do de la Rive du Golfe	28,635 05	
do d'Irondale, Bancroft et Ottawa	48,000 00	
do du Lac Témiscamingue	6,476 25	
do de Lotbinière et Mégantic	22,400 00	
do de Montréal et Ottawa	32,000 00	
do d'Ontario, Belmont et Northern	30,720 00	
do des Comtés-Unis	2,700 00	
		416,955 30
Comptes des Territoires.		
Rébellion de 1885 des Territoires du Nord-Ouest	4,147	
Moins—Remboursements	862	
		3,284 64
Fonds consolidé.		
Balance des transferts		514,735 21
		106,511,102 48

TABLE I.—DETTE du Canada, du 1er
(*Pour détails, voir*

Année.	Dette totale.	Total de l'actif.	Dette nette.	Augmentation de la dette.	Diminution de la dette.
	$ c.	$ c.	$ c.	$ c.	$ c.
1867....	93,046,051 73	17,317,410 36	75,728,641 37	....	....
1868....	96,896,666 20	21,139,531 46	75,757,134 74	28,493 37	....
1869....	112,361,998 39	36,502,679 19	75,859,319 20	102,184 46	....
1870....	115,993,706 76	37,783,964 31	78,209,742 45	2,350,423 25	....
1871....	115,492,682 76	37,786,165 11	77,706,517 65	....	503,224 80
1872....	122,400,179 36	40,213,107 32	82,187,072 04	4,480,554 39	....
1873....	129,743,432 19	29,894,970 55	99,848,461 64	17,661,389 60	....
1874....	141,163,551 33	32,838,586 91	108,324,964 42	8,476,502 78	....
1875....	151,663,401 62	35,655,023 60	116,008,378 02	7,683,413 60	....
1876....	161,204,687 86	36,653,173 78	124,551,514 08	8,543,136 06	....
1877....	174,675,834 97	41,440,525 94	133,235,309 03	8,683,794 95	....
1878 ...	174,957,268 96	34,595,199 05	140,362,069 91	7,126,760 88	....
1879....	179,483,871 21	36,493,683 85	142,990,187 36	2,628,117 45	....
1880....	194,634,440 68	42,182,852 07	152,451,588 61	9,461,401 25	....
1881. ..	199,861,537 51	44,465,757 11	155,395,780 40	2,944,191 79	....
1882....	205,365,251 97	51,703,601 19	153,661,650 78	....	1,734,129 62
1883....	202,159,104 30	43,692,389 84	158,466,714 46	4,805,063 68	....
1884....	242,482,416 21	60,320,565 95	182,161,850 26	23,695,135 80	....
1885....	264,703,607 43	68,295,915 29	196,407,692 14	14,245,841 88	....
1886 ...	273,164,341 11	50,005,234 02	223,159,107 09	*26,751,414 95	....
1887....	273,187,626 43	45,872,850 99	227,314,775 44	4,155,668 35	....
1888....	284,513,841 89	49,982,483 73	234,531,358 16	7,216,582 72	....
1889....	287,722,062 76	50,192,021 11	237,530,041 65	2,998,683 49	....
1890....	286,112,295 10	48,579,083 33	237,533,211 77	3,170 12	....
1891 ...	289,899,229 62	52,090,199 11	237,809,030 51	275,818 74	....
1892....	295,333,274 10	54,201,839 66	241,131,434 44	3,322,403 93	....
1893....	300,054,524 74	58,373,485 13	241,681,039 61	549,605 17	....
1894....	308,348,023 96	62,164,994 48	246,183,029 48	4,501,989 87	....
1895....	318,048,754 87	64,973,827 78	253,074,927 09	6,891,897 61	....
1896....	325,717,536 73	67,220,103 96	258,497,432 77	5,422,505 68	....
1897....	332,530,131 33	70,991,534 87	261,538,596 46	3,041,163 69	....
				188,047,309 51	2,237,354 42

*Ce montant comprend la somme de $10,199,520.33, pour laquelle on a pris des terres de la Compagnie du chemin de fer Canadien du Pacifique.

1er juillet 1867 au 30 juin 1897.
Tableaux III, IV, V et VI.)

Intérêt payé sur la dette.	Intérêt provenant des placements.	Taux de l'intérêt payé sur la dette totale.	Taux de l'intérêt provenant de placements.	Taux net de l'intérêt payé.	Subventions aux provinces, dépenses à compte du capital, y compris le chemin de fer Canadien du Pacifique et la rébellion du N.-O	Augmentation ou diminution de la dette sur la dépense à compte du capital, etc.	Année.
$ c.	$ c.				$ c.	$ c.	
....	....	....	....	....	.. ..	. ...	1867
4,501,568 33	126,419 84	4·64	·59	4·51	574,208 32	545,714 95	+1868
4,907,013 71	313,021 20	4·36	·85	4·08	514,023 11	411,838 65	+1869
5,047.054 24	383,955 91	4·35	·96	4·02	3,671,104 36	1,320,681 11	+1870
5,165,304 24	554,383 72	4·47	1·46	3·99	3,670,396 51	4,173,621 31	+1871
5,257,230 64	488,041 54	4·29	1·21	3·89	7,898,549 79	3,417,995 40	+1872
5,209,205 97	396,403 94	4·01	1·32	3·70	19,864,319 00	2,202,929 40	+1873
5,724,436 31	610,863 00	4·05	1·85	3·61	10,181,758 96	1,705,256 18	+1874
6,590,790 19	840,886 65	4·34	2·35	3·78	6,923,185 33	760,228 27	—1875
6,400,902 07	798,905 95	3·97	2·17	3·47	7,154,118 69	1,389,017 37	—1876
6,797,227 25	717,684 31	3·89	1·73	3·47	7,599,731 85	1,084,063 10	—1877
7,048,883 55	605,774 22	4·02	1·75	3·68	6,657,200 36	469,560 52	—1878
7,194,734 14	592,500 04	4·00	1·62	3·67	5,648,331 66	3,020,214 21	+1879
7,773,868 75	834,792 67	3·99	1·97	3·56	8,241,173 98	1,220,227 27	—1880
7,591,144 88	751,513 49	3·79	1·69	3·42	8,176,316 50	5,232,124 71	+1881
7,740,804 47	914,009 27	3·76	1·76	3·32	7,351,052 61	9,085,182 23	+1882
7,668,552 89	1,001,192 96	3·79	2·29	3·29	14,171,413 96	9,366,350 28	+1883
7,700,180 61	986,698 37	3·17	1·63	2·76	23,977,702 44	282,566 64	+1884
9,419,482 19	1,997,035 51	3·55	2·92	2·80	13,220,185 35	1,025,656·53	—1885
10,137,008 66	2,299,078 91	3·71	4·59	2·86	9,589,734 19	17,161,680 76	—1886
9,682,928 87	990,886 69	3·54	2·16	3·18	4,439,938 72	284,270 37	+1887
9,823,313 00	932,025 35	3·45	1·86	3·12	4,437,460 16	2,779,122 56	—1888
10,148,931 97	1,305,392 25	3·52	2·60	3·07	4,420,313 66	1,421,630 17	+1889
9,656,841 16	1,082,271 36	3·37	2·23	2·99	†6,778,663 08	6,775,492 96	+1890
9,584,136 74	1,077,228 14	3·35	2·07	2·93	3,115,860 04	2,840,041 30	+1891
9,763,978 34	1,086,419 93	3·30	2·00	2·93	2,164,456 78	1,157,947 15	—1892
9,806,888 45	1,150,166 51	3·26	1·97	2·88	3,088,317 60	2,538,702 43	+1893
10,212,59[illegible] 13	1,217,808 97	3·31	1·96	2·91	3,862,969 67	639,020 20	—1894
10,466,294 44	1,336,046 94	3·29	2·05	2·87	3,030,490 40	3,861,407 21	—1895
10,502,429 90	1,370,000 56	3·23	2·04	2·80	3,781,311 21	1,641,194 47	—1896
10,645,663 27	1,443,003 84	3·20	2·00	2·76	3,523,160 23	481,996 54	+1897

† Y compris $2,725,504.10 dépensés les années précédentes pour améliorations du Saint-Laurent, et transférés cette année au capital.

TABLEAU II.—Recettes et dépenses du Canada
(*Pour détails, voir*

Année.	Recettes.				
	Taxes.	De différentes sources.	Total.	Frais sur la dette.	Subventions aux provinces.
	$ c.	$ c.	$ c.	$ c.	$ c.
1867-68...	11,700,681 08	1,987,247 41	13,687,928 49	4,860,757 62	2,753,966 46
1868-69...	11,112,573 01	3,266,601 51	14,379,174 52	5,372,670 32	2,604,050 13
1869-70...	13,087,882 67	2,424,342 98	15,512,225 65	5,387,053 70	2,588,604 96
1870-71...	16,320,368 70	3,015,192 11	19,335,560 81	5,591,959 08	2,624,940 23
1871-72...	17,715,552 04	2,999,261 64	20,714,813 68	5,603,642 69	2,930,113 10
1872-73...	17,616,554 78	3,196,914 67	20,813,469 45	5,387,850 47	2,921,399 87
1873-74...	20,129,185 17	4,075,907 37	24,205,092 54	5,989,120 82	3,752,757 48
1874-75...	20,664,878 96	3,983,836 08	24,648,715 04	6,817,991 02	3,750,961 88
1875-76...	18,614,415 02	3,973,172 03	22,587,587 05	6,609,050 62	3,690,355 15
1876-77...	17,697,924 82	4,361,349 29	22,059,274 11	7,005,102 78	3,655,850 58
1877-78...	17,841,938 19	4,533,073 69	22,375,011 88	7,240,969 89	3,472,807 87
1878-79...	18,476,613 35	4,040,768 79	22,517,382 14	7,472,657 57	3,442,764 34
1879-80...	18,479,576 44	4,827,830 25	23,307,406 69	8,062,954 24	3,430,846 31
1880-81...	23,942,138 95	5,693,158 59	29,635,297 54	7,819,588 99	3,455,517 73
1881-82...	27,549,046 45	5,834,409 07	33,383,455 52	7,935,848 05	3,530,999 48
1882-83...	29,269,698 81	6,524,950 99	35,794,649 80	7,902,722 45	3,606,672 61
1883-84...	25,483,199 19	6,378,762 54	31,861,961 73	7,930,085 85	3,603,714 38
1884-85...	25,384,529 32	7,412,471 90	32,797,001 22	9,806,977 70	3,959,326 91
1885-86...	25,226,456 21	7,950,584 18	33,177,040 39	10,483,929 52	4,182,525 91
1886-87...	28,687,001 93	7,067,991 32	35,754,993 25	9,970,671 25	4,169,341 04
1887-88...	28,177,413 18	7,731,050 35	35,908,463 53	10,166,905 12	4,188,513 53
1888-89...	30,613,522 51	8,169,347 72	38,782,870 23	10,422,521 99	4,051,427 62
1889-90...	31,587,071 73	8,292,853 68	39,879,925 41	9,887,250 11	3,904,922 12
1890-91...	30,314,151 15	265,159 73	38,579,310 88	9,846,205 15	3,903,756 61
1891-92...	28,446,157 31	8,475,714 29	36,921,871 60	9,947,916 40	3,935,913 56
1892-93...	29,321,367 42	8,847,241 43	38,168,608 85	10,020,682 08	3,935,764 80
1893-94...	27,579,203 09	8,795,489 98	36,374,693 07	10,393,571 92	4,206,654 77
1894-95...	25,446,198 71	8,531,930 76	33,978,129 47	10,745,244 66	4,250,674 46
1895-96...	27,759,285 42	8,859,305 30	36,618,590 72	10,751,005 75	4,235,664 24
1896-97...	28,648,626 11	9,181,152 29	37,829,778 40	10,960,977 42	4,238,059 03

à compte du fonds consolidé.
Tableaux VII et VIII.)

Dépenses.				Surplus.	Déficit.	Année.
Fonds d'amortissement.	Perception du revenu.	Autres dépenses.	Dépenses totales.			
$ c.	$ c.	$ c.	$ c.	$ c.	$ c.	
355,266 66	1,885,804 20	3,630,298 02	13,486,092 96	201,835 53	....	1867-68
426,806 66	2,175,071 47	3,459,485 42	14,038,084 00	341,090 52	....	1868-69
126,533 33	2,351,724 89	3,891,592 70	14,345,509 58	1,166,716 07	....	1869-70
421,666 24	2,374,114 36	4,610,401 81	15,623,081 72	3,712,479 09	....	1870-71
470,606 67	2,711,587 33	5,873,519 03	17,589,468 82	3,125,344 86	....	1871-72
407,826 62	3,395,475 60	7,062,095 36	19,174,647 92	1,638,821 53	....	1872-73
513,920 00	4,736,442 28	8,324,076 17	23,316,316 75	888,775 79	....	1873-74
555,773 32	4,719,654 78	7,868,690 04	23,713,071 04	935,644 00	....	1874-75
822,953 32	4,796,238 91	8,569,774 11	24,488,372 11	....	1,900,785 06	1875-76
828,373 59	5,194,896 64	6,835,078 18	23,519,301 77	....	1,460,027 66	1876-77
945,746 02	5,301,124 20	6,542,510 27	23,503,158 25	....	1,128,146 37	1877-78
1,037,219 76	5,561,162 19	6,941,577 70	24,455,381 56	....	1,937,999 42	1878-79
1,165,867 22	5,227,113 89	6,963,852 79	24,850,634 45	....	1,543,227 76	1879-80
1,250,731 20	5,683,153 15	7,293,563 35	25,502,554 42	4,132,743 12	....	1880-81
1,290,724 90	6,016,069 58	8,293,461 57	27,067,103 58	6,316,351 94	....	1881-82
1,344,136 83	6,622,755 12	9,253,870 44	28,730,157 45	7,064,492 35	....	1882-83
1,403,863 61	6,875,727 78	11,294,314 63	31,107,706 25	754,255 48	....	1883-84
1,482,051 48	7,193,876 66	*12,594,827 37	35,037,060 12	....	2,240,058 90	1884-85
1,606,270 77	7,808,751 36	†14,930,134 70	39,011,612 26	....	5,834,571 87	1885-86
1,592,952 62	8,376,026 87	11,548,688 38	35,657,680 16	97,313 09	....	1886-87
1,939,077 79	8,789,764 34	11,634,234 01	36,718,494 79	....	810,031 26	1887-88
1,736,644 34	8,873,338 81	11,833,902 00	36,917,834 76	1,865,035 47	....	1888-89
1,887,237 20	9,182,941 10	11,131,680 94	35,994,031 47	3,885,893 94	....	1889-90
1,938,078 57	9,453,312 02	11,202,206 61	36,343,567 96	2,235,742 92	....	1890-91
2,027,860 79	9,426,067 20	11,428,136 23	36,765,894 18	155,977 42	....	1891-92
2,095,513 89	8,993,924 73	11,768,167 40	36,814,052 90	1,354,555 95	....	1892-93
2,131,360 81	9,132,616 13	11,720,821 89	37,585,025 52	....	1,210,332 45	1893-94
2,002,311 36	9,129,416 48	12,004,358 09	38,132,005 05	....	4,153,875 58	1894-95
2,055,287 52	9,291,169 23	10,616,015 29	36,949,142 03	....	330,551 31	1895-96
2,101,813 80	9,336,916 29	11,711,993 25	38,349,759 84	....	519,981 44	1896-97
				39,873,069 07	23,069,589 08	

* Y compris $1,697,851.33 à compte de la rébellion du Nord-Ouest.
† do 3,177,220.50 do do

TABLEAU III.—SOMMAIRE DU PASSIF DU CANADA du

(*Pour détails, voir*

Année.	Dette fondée, payable à Londres.	Dette fondée, payable en Canada. — Obligations, effets et garanties du ch. de fer du Pacifique, etc.	Billets fédéraux.	Billets provinciaux.	Caisses d'épargnes.	Indemnité aux seigneurs.
	$ c.	$ c.	$ c.	$ c.	$ c.	$ c.
1867. ...	67,069,115 92	3,999,175 03	3,113,700 00	605,859 12	1,422,046 87	3,869,810 02
1868. . .	66,795,609 27	6,016,073 69	3,795,000 00	552,325 79	1,686,126 31	3,869,810 02
1869	75,847,175 94	6,950,496 12	4,830,000 00	467,743 12	2,452,118 72	3,869,810 02
1870. . ..	75,847,175 94	7,768,236 23	7,479,353 33	334,301 05	3,367,072 44	3,860,645 58
1871.....	75,811,162 61	7,828,451 36	7,367,340 74	115,091 80	4,515,445 78	3,811,065 13
1872. ..	76,486,655 93	7,974,572 89	10,510,541 21	61,685 04	5,187,586 42	3,725,553 71
1873......	76,137,715 94	8,199,396 16	11,284,131 69	51,028 04	6,119,690 65	3,500,593 57
1874......	85,798,049 15	8,914,513 96	12,175,578 62	47,013 05	7,210,260 83	3,476,822 29
1875......	99,961,022 52	8,398,909 21	10,778,873 00	44,665 38	7,171,181 20	825,477 88
1876......	112,133,529 18	8,123,051 45	11,533,891 48	43,228 79	7,044,118 09	466,387 88
1877....	122,477,629 18	8,308,523 45	10,680,492 88	42,527 03	7,470,630 83	407,061 20
1878.....	121,244,415 85	8,933,230 66	10,460,734 81	41,845 76	8,497,013 35	400,427 41
1879......	128,307,409 18	9,998,778 39	10,789,710 04	41,397 04	9,207,683 20	391,330 96
1880......	137,024,582 53	11,595,160 16	13,565,159 46	41,039 84	11,052,956 18	385,840 31
1881	135,601,082 53	11,580,141 84	14,538,965 05	40,810 17	15,836,672 00	394,595 90
1882	132,122,875 86	10,901,004 55	15,807,910 91	40,595 08	21,768,661 69	244,936 10
1883.....	130,187,402 54	5,924,403 45	15,997,854 73	40,358 61	26,219,107 55	200,085 45
1884.	153,157,095 87	21,988,565 93	15,360,281 32	40,237 01	29,217,536 84	198,162 11
1885.... .	154,105,122 54	19,930,644 25	15,633,255 58	40,164 06	32,979,076 39	195,378 79
1886... .	172,247,082 55	20,382,614 03	16,297,453 36	40,084 29	37,173,813 88	188,764 80
1887.	171,675,735 89	18,749,402 05	15,059,836 06	39,880 87	40,832,275 37	188,764 80
1888......	176,601,775 89	17,572,668 28	16,249,318 53	39,792 31	41,371,058 23	179,153 81
1889......	188,239,435 90	15,511,362 16	15,426,280 83	39,767 98	42,956,357 68	181,776 48
1890......	187,616,502 55	13,674,428 47	15,357,892 71	39,743 64	41,012,465 04	179,416 33
1891.... .	188,040,133 54	11,833,539 47	16,176,317 23	39,624 89	39,400,026 16	166,959 98
1892......	198,804,342 12	10,362,566 33	17,282,698 66	39,584 99	39,529,547 63	166,559 98
1893	201,615,480 55	8,218,152 40	18,448,493 80	39,570 39	41,849,656 10	166,309 98
1894......	207,275,504 62	7,181,711 11	20,061,719 45	39,534 38	43,036,012 32	164,732 32
1895......	218,225,503 55	7,095,624 51	19,520,233 12	39,519 79	44,450,498 85	131,386 90
1896......	218,225,503 55	9,708,835 23	20,372,215 12	39,475 01	46,799,318 58	124,327 80
1897......	218,225,503 55	9,188,638 38	22,318,096 26	39,438 04	48,934,975 72	117,287 66

1er juillet 1867 au 30 juin 1897.
Tableau V.)

Emprunts temporaires.	Fonds de dépôts.	Comptes des provinces.	Comptes divers.	Total.	Année.
$ c.	$ c.	$ c.	$ c.	$ c.	
....	6,408,779 93	2,573,292 92	3,984,271 92	93,046,051 73	1867
....	6,454,799 24	3,499,678 45	4,227,243 43	96,896,666 20	1868
6,575,410 05	6,477,618 45	4,664,510 82	227,115 15	112,361,998 39	1869
2,224,353 70	6,535,102 56	6,224,159 32	2,353,306 61	115,993,706 76	1870
....	6,595,677 85	7,951,628 12	1,496,819 37	115,492,682 76	1871
....	6,655,248 83	10,319,741 47	1,478,593 86	122,400,179 36	1872
....	6,686,346 61	14,477,825 70	4,321,370 17	130,778,098 53	1873
....	6,752,846 71	16,119,309 36	669,157 36	141,163,551 33	1874
....	6,822,523 78	14,984,382 27	2,676,366 38	151,663,401 62	1875
....	6,881,938 05	14,384,864 21	593,678 73	161,204,687 86	1876
....	6,899,347 34	13,910,660 10	4,478,962 96	174,675,834 97	1877
....	6,860,331 40	13,313,435 34	5,205,834 38	174,957,268 96	1878
....	6,834,477 14	12,605,298 47	5,798,669 43	183,974,753 85	1879
.. ..	6,893,453 12	12,569,014 44	5,998,117 28	199,125,323 32	1880
....	6,941,146 22	12,424,853 45	2,503,270 35	199,861,537 51	1881
....	6,999,035 43	12,596,072 17	4,884,160 18	205,365,251 97	1882
....	7,003,187 70	12,573,490 79	4,013,213 48	202,159,104 30	1883
....	7,055,899 45	14,285,698 73	1,178,938 95	242,482,416 21	1884
18,985,907 97	7,041,841 15	14,219,479 69	1,572,737 01	264,703,607 43	1885
1,262,444 46	7,060,526 23	17,310,531 30	1,201,026 21	273,164,341 11	1886
1,241,000 00	7,080,835 85	17,282,987 33	1,036,908 21	273,187,626 43	1887
5,651,459 33	7,098,643 59	17,194,048 29	2,555,923 63	284,513,841 89	1888
....	7,200,385 51	16,927,883 96	1,238,812 26	287,722,062 76	1889
1,946,666 66	8,184,794 08	16,907,532 78	1,192,852 84	286,112,295 10	1890
7,786,666 65	8,217,992 88	16,907,414 03	1,330,554 79	289,899,229 62	1891
....	9,113,817 36	16,407,374 13	3,626,782 90	295,333,274 10	1892
1,460,000 00	10,111,141 16	16,407,359 53	1,738,360 83	300,054,524 74	1893
2,433,333 33	10,205,365 74	16,407,323 52	1,542,787 17	308,348,023 96	1894
....	10,263,694 31	16,407,031 65	1,915,262 19	318,048,754 87	1895
1,946,666 66	10,314,883 06	16,406,986 87	1,779,324 85	325,717,536 73	1896
4,866,666 66	10,409,788 00	16,406,720 75	2,023,016 31	332,530,131 33	1897

TABLEAU IV.—SOMMAIRE DE L'ACTIF du Canada, du 1er juillet 1867 au 30 juin 1897.

(*Pour détails, voir tableau VI.*)

Année.	Fonds d'amortissement.	Autres placements.	Comptes des provinces.	Comptes divers.	Total.
	$ c.	$ c.	$ c.	$ c.	$ c.
1867	1,207,222 26	4,578,560 04	10,045,533 63	1,486,094 43	17,317,410 36
1867-68	1,562,488 92	4,573,957 00	11,723,359 51	3,279,726 03	21,139,531 46
1868-69	1,989,295 58	13,348,757 25	14,776,812 35	6,387,814 01	36,502,679 19
1869-70	2,115,828 91	11,125,437 25	17,193,583 67	7,349,114 48	37,783,964 31
1870-71	2,537,495 15	9,369,951 94	19,126,530 78	6,752,187 24	37,786,165 11
1871-72	3,450,481 82	7,468,891 90	20,901,517 14	8,392,216 46	40,213,107 32
1872-73	3,598,422 46	5,717,694 42	11,537,690 00	10,041,163 67	30,894,970 55
1873-74	4,112,348 46	6,313,565 10	11,524,637 57	10,888,035 78	32,838,586 91
1874-75	4,668,121 78	7,119,180 61	11,521,697 70	12,346,023 51	35,655,023 60
1875-76	5,491,075 10	9,157,463 90	11,974,808 36	10,029,826 62	36,653,173 98
1876-77	6,387,515 10	7,786.874 41	12,367,515 84	14,898,620 59	41,440,525 94
1877-78	7,400,268 45	4,551,637 84	12,274,893 35	10,368,399 41	34,595,199 05
1878-79	8,531,564,62	4,152,654 81	13,030,018 76	10,779,445 66	36,493,683 85
1879-80	9,747,372 58	5,932,433 66	13,535,092 05	12,967,953 78	42,182,852 07
1880-81	10,964,525 91	6,798,964 16	13,314,114 95	13,388,152 09	44,465,757 11
1881-82	12,190,731 71	11,443,103 98	13,013,285 71	15,056,479 79	51,703,601 19
1882-83	12,941,658 37	7,850,894 54	13,146,291 01	9,753,545 92	43,692,389 84
1883-84	14,292,158 37	28,337,490 82	7,499,069 39	10,191,847 37	60,320,565 95
1884-85	15,855,353 21	34,497,966 54	7,502,723 71	10,439,871 83	68,295,915 29
1885-86	17,461,623 98	8,249,817 13	7,508,754 51	16,785,038 40	50,005,234 02
1886-87	19,054,576 60	8,874,105 59	7,518,401 82	10,425,766 98	45,872,850 99
1887-88	20,993,654 39	10,549,695 87	7,545,149 99	10,893,983 48	49,982,483 73
1888-89	22,730,298 73	9,749,154 91	7,973,556 47	9,739,011 00	50,192,021 11
1889-90	24,617,535 93	6,179,281,07	9,412,337 15	8,369,929 18	48,579,083 33
1890-91	26,555,614 50	6,199,581 07	9,910,524 45	9,424,479 09	52,090,199 11
1891-92	28,583,475 29	5,179,535 53	10,412,417 39	10,026,411 45	54,201,839 66
1892-93	30,678,989 18	5,263,137 95	10,921,105 92	11,510,252 08	58,373,485 13
1893-94	32,356,776 65	5,263,137 95	10,917,856 12	13,627,223 76	62,164,994 48
1894-95	34,359,088 01	5,487,461 94	10,923,487 40	14,203,790 43	64,973,827 78
1895-96	36,414,375 53	6,077,627 95	10,586,398 83	14,141,701 65	67,220,103 96
1896-97	38,516,189 33	6,261,527 95	10,606,052 44	15,607,765 15	70,991,534 87

TABLEAU V.—Passif du Canada, du 1er juillet 1867 au 30 juin 1897.

Obligations et effets payables à Londres.

Année.	Bons de la Colombie-Britannique, 6 pour 100.	Bons canadiens, 5 pour 100.	Bons canadiens, 6 pour 100.	Bons à 5 pour 100 de l'emprunt canadien consolidé.	Effets à 5 pour 100 de l'emprunt canadien consolidé.	Emprunt fédéral de 1874, 4 pour 100.	Emprunt fédéral de 1875, 4 pour 100.	Emprunt fédéral de 1876, 4 pour 100.	Emprunt fédéral de 1878, 4 pour 100.	Emprunt fédéral de 1879, 4 pour 100.	Emprunt fédéral de 1884, 3½ pour 100.	Emprunt fédéral de 1885, 4 pour 100 (Réduit.)
	$ c.	$ c.	$ c.	$ c.	$ c.	$ c.	$ c.	$ c.	$ c.	$ c.	$ c.	$ c.
1867..	....	267,666 70	24,947,506 71	27,784,461 92	3,770,153 93	....	....	....	....	....	....	....
1868..	....	267,666 70	24,945,073 38	27,082,201 92	4,472,413 93	....	....	....	....	....	....	....
1869..	....	267,666 70	24,942,640 05	26,899,127 06	4,657,488 79	....	....	....	....	....	....	....
1870..	....	267,666 70	24,942,640 05	26,375,473 74	5,181,142 11	....	....	....	....	....	....	....
1871..	....	267,666 70	24,942,640 05	25,882,267 49	5,674,348 36	....	....	....	....	....	....	....
1872..	1,168,000 00	96,846 70	24,782,040 04	25,111,357 39	6,445,258 46	....	....	....	....	....	....	....
1873..	924,666 67	21,900 05	24,778,146 69	24,197,770 91	7,332,078 28	....	....	....	....	....	....	....
1874..	924,666 67	21,900 05	24,751,866 71	23,418,308 53	7,956,780 64	....	....	....	....	....	....	....
1875..	924,666 67	21,900 05	23,020,793 39	22,789,048 54	8,586,040 63	19,466,666 67	....	....	....	....	....	....
1876..	924,666 67	20,926 72	23,020,793 39	22,353,481 88	9,021,607 29	19,466,666 67	[illegible]	....	....	....	....	....
1877..	924,666 67	20,440 06	21,199,200 06	22,179,741 88	9,194,860 62	19,466,666 67	4,866,666 66	1266, 666 66	....	....	....	....
1878..	924,666 67	20,440 06	19,965,986 73	22,050, 288 55	9,324,313 95	19,466,666 67	866, 666 66	1266, 666 66	....	....	....	....
1879..	924,666 67	20, 440 06	12,428,980 06	21,768,802 99	9,605,799 51	19,466,666 67	866,666 66	1266, 666 66	7,300,000 00	....	....	....
1880..	924,666 67	118,260 00	6,448,333 33	21,476,316 37	9,898,286 17	19,466,666 67	466, 666 66	12 166, 666 66	7,300,000 00	14,600,000 00	....	....
1881..	924,666 67	118,260 00	5,024,833 33	21,040,206 47	10,334,396 07	19,466,666 67	846, 666 66	1266, 666 66	7,300,000 00	14,600,000 00	....	....
1882..	924,666 67	2,433 33	2,485,893 33	20,595,393 14	10,779,209 40	19,466,666 67	866, 666 66	1266,666 66	7,300,000 00	14,600, 000 00	....	....
1883..	486,666 67	....	1,342,226 66	20, 70499 81	11,366,129 40	19,466,666 67	466, 666 66	12166, 666 66	7,300,000 00	14,600, 000 00	....	....
1884..	486,666 67	....	12,653 33	19,536,406 48	11,837,222 73	19,466,666 67	466, 666 66	1266, 666 66	7,300,000 00	14,600, 000 00	, 3333 33	....
1885..	486,666 67	....	4,379 99	....	....	19,466,666 67	866,666 66	1266,666 66	7,300,000 00	14,600, 000 00	, 3333 33	31,356,595 88
1886..	486,666 67	....	....	....	....	19,466,666 67	846, 666 66	1266, 666 66	7,300,000 00	14,600, 000 00	4333,333 33	31,356,595 88
1887..	486,666 67	....	....	....	....	19,466,666 67	6866 66	1266, 666 66	7,300,000 00	14,600, 000 00	, 3333 33	31,356,595 88
1888..	486,666 67	....	....	....	....	19,466,666 67	6866 66	1266,666 66	7,300,000 00	14,600,000 00	, 3333 33	31,356,595 88
1889..	453,573 34	....	....	....	....	19,466,666 67	(3866 66	, 6866 66	7,300,000 00	14,600, 000 00	, 3333 33	31,356,595 88
1890..	453,573 34	....	....	....	....	19,466,666 67	; 8666 66	, 6866 66	7,300,000 00	1600, 000 00	, 3333 33	31,356,595 88
1891..	453,573 34	....	....	....	....	19,466,666 67	6866 66	, 6866 66	7,300,000 00	14,600, 000 00	, 3333 33	31,356,595 88
1892..	453,573 34	....	....	....	....	19,466,666 67	(3866 66	1266, 666 66	7,300,000 00	14,600, 000 00	, 3333 33	31,356,595 88
1893..	453,573 34	....	....	....	....	19,466,666 67	6866 66	, 6866 66	7,300,000 00	1600, 000 00	, 3333 33	31,356,595 88
1894..	....	....	....	....	....	19, 4666 67	; 8666 66	, 66,666 66	7,300,000 00	14 600, 000 00	, 3333 33	31,356,595 88
1895..	....	....	....	....	....	19,466,666 67	866, 666 66	, 6866 66	7,300,000 00	1400, 000 00	, 3333 33	31,356,595 88
1896..	....	....	....	....	....	19, 4666 67	(3866 66	12, 1666 66	7,300,000 00	14,600, 000 00	, 3333 33	31,356,595 88
1897..	....	....	....	....	....	19, 4666 67	8666 66	12, 6666 66	7,300,000 00	1600, 000 00	, 3333 33	31,356,595 88

Tableau V.—Passif du Canada, du 1er juillet 1867 au 30 juin 1897—*Suite.*

Année.	Obligations et effets payables à Londres.								Obligations payables au Canada.				
	Emprunt fédéral de 1885, 4 pour 100.	Emprunt fédéraux de 1888, 1892 et 1894, 3 pour 100.	Emprunt ayant la garantie impériale, (ancien), 4 pour 100.	Emprunt ayant la garantie impériale, 4 pour 100.	Emprunt du ch. de fer Intercolonial, 5 pour 100.	Bons du Nouveau-Brunswick, 6 pour 100.	Bons de la Nouvelle-Ecosse, 6 pour 100.	Bons de l'Ile du Prince-Edouard, 6 pour 100.	Bons convertibles en effets, 6 pour 100.	Bons du Canada, (anciens), 5 pour 100.	Bons du Canada, (anciens), 6 pour 100.	Bons du Canada, 7 pour 100.	Bons fédéraux, 5 pour 100.
	$ c.	$ c.	$ c.	$ c.	$ c.	$ c.	$ c.	$ c.	$ c.	$ c.	$ c.	$ c.	$ c.
1867.	....	....	681,333 34	....	....	[illegible]	[illegible]	....	....	[illegible]	[illegible]	873,200 00	....
1868.	....	....	681,333 34	....	....	[illegible]	[illegible]	....	600,000 00	[illegible]	[illegible]	873,200 00	....
1869.	....	....	....	7,300,000 00	[illegible]	[illegible]	4,460,300 00	....	578,000 00	[illegible]	[illegible]	300 00	....
1870.	....	....	....	7,300,000 00	[illegible]	[illegible]	4,460,300 00	....	576,000 00	[illegible]	[illegible]	300 00	....
1871.	....	....	....	[illegible]	[illegible]	[illegible]	4,460,300 00	....	566,000 00	[illegible]	[illegible]	300 00	80,000 00
1872.	....	....	....	[illegible]	[illegible]	[illegible]	[illegible]	....	541,000 00	[illegible]	[illegible]	300 00	80,000 00
1873.	....	....	....	7,300,000 00	[illegible]	[illegible]	[illegible]	....	541,000 00	[illegible]	[illegible]	300 00	80,000 00
1874.	....	....	....	[illegible]	[illegible]	[illegible]	[illegible]	1,091,106 54	540,000 00	[illegible]	183,057 72	300 00	80,000 00
1875.	....	....	....	16,060,000 00	[illegible]	[illegible]	[illegible]	1,091,106 54	539,000 00	[illegible]	[illegible]	....	....
1876.	....	....	....	23,360,000 00	[illegible]	[illegible]	[illegible]	1,091,106 54	538,000 00	[illegible]	17,500 00	....	....
1877.	....	....	....	[illegible]	[illegible]	[illegible]	[illegible]	1,091,106 54	538,000 00	[illegible]	10,120 00	....	....
1878.	....	....	....	23,360,000 00	[illegible]	[illegible]	[illegible]	1,091,106 54	538,000 00	[illegible]	4,120 00	....	....
1879.	....	....	....	30,660,000 00	[illegible]	[illegible]	[illegible]	1,091,106 54	[illegible]	[illegible]	[illegible]	....	....
1880.	....	....	....	30,660,000 00	[illegible]	[illegible]	[illegible]	1,091,106 66	[illegible]	[illegible]	[illegible]	....	....
1881.	....	....	....	[illegible]	[illegible]	[illegible]	[illegible]	1,091,106 66	[illegible]	[illegible]	[illegible]	....	....
1882.	....	....	....	30,660,000 00	[illegible]	[illegible]	[illegible]	277,399 99	[illegible]	[illegible]	[illegible]	....	....
1883.	....	....	....	30,660,000 00	2,433,333 34	[illegible]	[illegible]	....	[illegible]	38,200 00	....	....	....
1884.	....	....	....	[illegible]	[illegible]	[illegible]	[illegible]	....	538,000 00	[illegible]	....	....	....
1885.	....	....	....	[illegible]	[illegible]	[illegible]	[illegible]	....	538,000 00	[illegible]	....	....	....
1886.	[illegible]	....	....	[illegible]	[illegible]	[illegible]	....	....	[illegible]	400 00	....	....	....
1887.	[illegible]	....	....	[illegible]	[illegible]	[illegible]	....	....	[illegible]	[illegible]	....	....	....
1888.	[illegible]	[illegible]	....	[illegible]	[illegible]	[illegible]	....	....	[illegible]	400 00	....	....	....
1889.	[illegible]	[illegible]	....	[illegible]	[illegible]	[illegible]	....	....	[illegible]	400 00	....	....	....
1890.	[illegible]	[illegible]	....	31,633,333 34	[illegible]	73,000 00	....	....	238,000 00	[illegible]	....	....	....
1891.	[illegible]	[illegible]	....	[illegible]	[illegible]	73,000 00	....	....	[illegible]	400 00	....	....	....
1892.	[illegible]	[illegible]	....	[illegible]	[illegible]	....	....	....	[illegible]	400 00	....	....	....
1893.	[illegible]	[illegible]	....	[illegible]	[illegible]	....	....	....	....	400 00	....	....	....
1894.	[illegible]	[illegible]	....	[illegible]	[illegible]	....	....	....	....	400 00	....	....	....
1895.	[illegible]	[illegible]	....	[illegible]	[illegible]	....	....	....	....	[illegible]	....	....	....
1896.	[illegible]	[illegible]	....	[illegible]	[illegible]	....	....	....	....	[illegible]	....	....	....
1897.	[illegible]	[illegible]	....	[illegible]	[illegible]	....	....	....	....	400 00	....	....	....

TABLEAU V.—Passif du Canada, du 1er juillet 1867 au 30 juin 1897.

Année.	Débentures payables au Canada. Effets fédéraux 4 pour 100.	Nouveau-Brunswick, 6 pour 100.	Nouvelle-Ecosse, 6 pour 100.	Bons en souffrance, province du Canada.	Ile du Prince-Edouard, 6 pour 100.	Ile du Prince-Edouard, 5 pour 100.	Banque de Montréal, divers.	Chemin de fer Canadien du Pacifique, 4 pour 100. Dette fondée	Effets fédéraux, 6 pour 100.	Effets fédéraux, 5 pour 100.	Effets fédéraux, 4 pour 100.	Effets fédéraux, 3½ pour 100.
	$ c.	$ c.	$ c.	$ c.	$ c.	$ c.	$ c.	$ c.	$ c.	$ c.	$ c.	$ c.
1867		196,900 00	1,481,900 00				2,249,416 67					
1868		196,900 00	1,481,900 00				2,500,000 00		[illegible] 66			
1869		196,900 00	1,481,900 00						[illegible] 09			
1870		196,900 00	[illegible] 00				2,022,805 51		[illegible] 20			
1871		196,900 00	[illegible] 00				1,247,699 84		4,295,223 75			
1872		196,900 00	1,481,900 00				501,793 36		4,516,499 51	631,593 33		
1873		196,900 00	[illegible] 00						[illegible] 54	1,020,837 57		
1874		189,300 00	1,481,900 00		[illegible] 44	137,402 24			4,405,605 97	1,363,485 26		
1875		189,300 00	[illegible] 00	9,614 39	308,977 79	135,455 57			[illegible] 83	1,803,583 69		
1876		130,100 00	[illegible] 34	9,614 39	308,004 46				[illegible] 83	1,923,433 15		
1877		126,900 00	[illegible] 34	9,614 39	[illegible] 46				[illegible] 83	[illegible] 82		
1878		[illegible] 00	951,920 01	9,614 39	[illegible] 58				[illegible] 25	[illegible] 82		
1879		[illegible] 00	[illegible] 01	8,641 06	[illegible] 31				[illegible] 25	3,945,739 82		
1880		[illegible] 00	[illegible] 01	8,641 06	[illegible] 00				[illegible] 57	[illegible] 58		
1881		[illegible] 00	[illegible] 01	10,101 06	[illegible] 00				[illegible] 22	[illegible] 61		
1882		[illegible] 00	[illegible] 01	9,614 40	[illegible] 00				8,000 00	[illegible] 54		
1883		[illegible] 00	[illegible] 01	9,514 40	2,500 00				8,000 00	[illegible] 44		
1884	27,000 00	[illegible] 00	[illegible] 01	9,514 40	1,000 00			15,286,497 90	8,000 00	4,096,148 02	[illegible] 00	
1885	316,000 00	[illegible] 00	2,920 07		1,000 00			13,934,572 42	8,000 00	3,928,851 76	[illegible] 00	
1886	1,244,000 00	[illegible] 00						[illegible] 15	8,000 00	1,184,062 05	[illegible] 83	
1887	1,269,000 00	[illegible] 00						11,064,661 52	8,000 00	1,120,817 70	4,625,622 83	
1888	1,276,000 00	[illegible] 00						9,542,173 84	8,000 00	1,054,371 61	[illegible] 83	
1889	1,276,000 00	[illegible] 00						7,958,177 66	8,000 00	[illegible] 67	4,923,322 83	
1890	1,276,000 00	[illegible] 00						6,310,188 03	8,000 00	[illegible] 61	[illegible] 83	
1891	1,276,000 00	[illegible] 00						4,595,619 62	8,000 00	834,160 51	4,705,959 34	52,500 00
1892	1,776,000 00	[illegible] 00						2,811,782 65	8,000 00	753,202 39	4,593,281 29	59,000 00
1893	1,768,000 00	[illegible] 00						[illegible] 67	8,000 00	[illegible] 77	4,542,527 96	152,300 00
1894	1,762,000 00	[illegible] 00							8,000 00	[illegible] 15	4,474,327 96	235,300 00
1895	1,708,000 00	[illegible] 00							8,000 00	484,896 55	[illegible] 96	298,700 00
1896	1,708,000 00	1,600 00							8,000 00	[illegible] 94	4,428,678 29	781,900 00
1897	1,708,000 00	1,100 00							8,000 00	[illegible] 70	1,644,000 00	3,150,514 68

TABLEAU V.—Passif du Canada, du 1er juillet 1867 au 30 juin 1897—*Suite.*

Année.	Billets de l'échiquier.	Indemnité aux seigneurs et townships, 6 pour 100.	Agents de Londres, divers.	Divers.	Billets du Canada.	Billets de la Nouvelle-Ecosse.	Bons d'obligations de concessions de terre, ch. de fer du Pacifique, 4 pour 100.	Comptes des provinces d'Ontario et Québec, 5 pour 100.	Compte de la dette de la province de la Nouvelle-Ecosse, 5 pour 100.	Compte spécial de la dette de la province de la Nouvelle-Ecosse, 4 pour 100.	Compte de la dette de la province du Nouveau-Brunswick, 5 pour 100.	Compte de la dette de la province de la Colombie-Britannique, 5 pour 100.
	$ c.	$ c.	$ c.	$ c.	$ c.	$ c.	$ c.	$ c.	$ c.	$ c.	$ c.	$ c.
1867		3,869,810 02	1,226,548 53	508,306 72	3,113,700 00	605,859 12		358,822 01	1,260,527 30		953,943 61	
1868		3,869,810 02	1,372,873 87	354,369 56	3,795,000 00	552,325 79		2,151,192 13	843,857 72		504,628 60	
1869	6,575,410 05	3,869,810 02	49,080 91	178,034 24	4,830,000 00	467,743 12		4,010,802 64	653,708 18			
1870	2,224,353 70	[illegible] 58	[illegible] 75	135,533 40	7,479,353 33	334,301 05		5,753,946 06	470,213 26			
1871		[illegible] 13		269,608 32	7,367,340 74	115,091 80		7,501,361 93	450,266 19			
1872		[illegible] 71	[illegible] 08	[illegible] 42	[illegible] 21	61,685 04		9,248,686 99	405,259 51			[illegible] 97
1873		[illegible] 57	2,880,809 96	[illegible] 21	[illegible] 69	51,028 04	1,001,333 00	10,986,365 67	1,734,034 63		417,322 49	[illegible] 83
1874		[illegible] 29	151,699 51	[illegible] 37	[illegible] 62	47,013 05		10,960,335 35	1,929,213 74		443,257 92	[illegible] 34
1875		825,477 88	[illegible] 47	[illegible] 71	[illegible] 00	44,665 38		10,942,245 31	1,708,522 53		417,980 94	[illegible] 24
1876		466,387 88	[illegible] 13	[illegible] 40	[illegible] 48	43,228 79		10,922,628 25	1,322,801 99		412,615 74	[illegible] 24
1877		[illegible] 20	[illegible] 87	[illegible] 00	[illegible] 88	42,527 03		10,903,147 14	1,018,913 66		261,781 07	501,871 24
1878		[illegible] 41	[illegible] 93	[illegible] 36	[illegible] 81	41,845 76		10,882,478 77	700,983 90		33 510 42	[illegible] 24
1879		391,330 96		1,298,515 03	[illegible] 04	41,397 04		10,862,209 35	54,800 87			[illegible] 24
1880		385,840 31		1,498,043 99	[illegible] 46	41,039 84		10,841,820 64	40,394 26			[illegible] 53
1881		394,595 90		[illegible] 70	[illegible] 05	40,810 17	1,000,000 00	10,821,221 01	17,383 91			[illegible] 52
1882		[illegible] 10		[illegible] 19	15,807,910 91	40,595 08	3,566,800 00	10,800,486 28	259,337 36			[illegible] 52
1883		[illegible] 45		[illegible] 34	[illegible] 73	40,358 61	2,694,186 15	10,778,518 53	259,098 73			[illegible] 52
1884		[illegible] 11		[illegible] 96	[illegible] 32	40,237 01		10,757,123 34	1,052,345 84		563,449 29	[illegible] 40
1885		[illegible] 79		[illegible] 42	[illegible] 58	40,164 06		10,735,556 86	1,057,693 28		[illegible] 29	[illegible] 40
1886		[illegible] 80		1, [illegible] 62	[illegible] 36	40,084 29		10,714,021 11	1,057,613 51	24,333 33	[illegible] 29	[illegible] 40
1887		[illegible] 80		[illegible] 62	[illegible] 06	39,880 87		10,691,985 55	1,057,410 09	24,333 33	[illegible] 29	[illegible] 40
1888		[illegible] 81		[illegible] 04	[illegible] 53	39,792 31		10,669,549 47	1,057,321 53		[illegible] 29	[illegible] 40
1889		[illegible] 48		[illegible] 67	[illegible] 83	39,767 98		10,649,234 49	1,056,472 18		551,449 29	583,021 40
1890		[illegible]		[illegible] 25	15,357,892 71	39,743 64		10,649,171 22	1,056,447 84		531,185 72	583,021 40
1891		166,959 98		[illegible] 20	[illegible] 23	39,624 89		10,649,171 22	1,056,329 09		[illegible] 72	583,021 40
1892		[illegible] 98	2,323,399 04	1, [illegible] 27	[illegible] 66	39,584 99		10,149,171 22	1,056,289 19		531,185 72	583,021 40
1893		166,309 98	179,025 51	[illegible] 73	18,448,493 80	39,570 39		10,149,171 22	1,056,274 59		[illegible] 72	[illegible] 40
1894		[illegible] 32		[illegible] 58	[illegible] 45	39,534 38		10,149,171 22	1,056,238 58		531,185 72	[illegible] 40
1895		131,386 90		[illegible] 60	[illegible] 12	39,519 79		10,149,171 22	1,056,223 99		530,908 44	[illegible] 40
1896		[illegible] 80	85,565 60	1,693,209 66	[illegible] 12	39,475 01		10,149,171 22	1,056,179 21		530,908 44	[illegible] 40
1897		[illegible] 66		[illegible] 72	[illegible] 26	39,438 04		10,149,171 22	1,056,142 24		530,679 29	[illegible] 40

TABLEAU V.—Passif du Canada, du 1er juillet 1867 au 30 juin 1897—*Suite.*

Année.	Province du Manitoba, 5 pour 100.	Province de l'Ile du Prince-Edouard, 5 pour 100.	Subvention au chemin de fer de Québec.	Caisses d'épargnes des postes, 4 pour 100; 3½ pour 100 après le 1er octobre 1889.	Caisses d'épargnes de l'Etat, 4 pour 100; 3½ pour 100 après le 1er octobre 1889.	Emprunts temporaires.	Fonds de dépôts, 6 pour 100.	Fonds de dépôts, 5 pour 100.	Fonds de dépôts, 4 pour 100; 3½ pour 100 après 1891.	Fonds de dépôts, 3 pour 100.	Mandats impayés, Ile du Prince-Edouard.	Total du passif.
	$ c.	$ c.	$ c.	$ c.	$ c.	$ c.	$ c.	$ c.	$ c.	$ c.	$ c.	$ c.
[illegible]	....	....	....	....	[illegible] 87	....	1,178,410 58	5,230,369 35	....	....	....	[illegible] 73
[illegible]	....	....	....	[illegible] 89	[illegible] 42	....	1,178,410 58	5, [illegible] 66	....	....	....	[illegible] 20
[illegible]	....	....	....	856, [illegible] 26	[illegible] 46	....	1,178,410 58	5, [illegible] 87	....	....	....	112 [illegible] 39
[illegible]	....	....	....	[illegible] 41	[illegible] 03	....	1,178,410 58	5,336,088 93	....	....	....	[illegible] 76
[illegible]	....	....	....	[illegible] 29	2,062,[illegible] 49	....	1,178,410 58	5,396,778 48	....	....	....	[illegible] 76
[illegible]	....	....	....	[illegible] 90	[illegible] 52	....	1,178,410 58	5, [illegible] 25	....	....	....	[illegible] 36
[illegible]	496,025 08	....	....	[illegible] 26	[illegible] 39	....	1,178,410 58	5, [illegible] 03	....	....	....	[illegible] 53
[illegible]	6,[illegible] 65	1, [illegible] 36	....	[illegible] 46	[illegible] 37	....	1,178,410 58	5, [illegible] 13	....	....	3,869 48	141 [illegible] 33
1875	393,060 89	[illegible] 36	....	[illegible] 48	[illegible] 72	....	1,178,410 58	5, [illegible] 20	....	....	1,157 81	[illegible] 62
1876	[illegible] 89	[illegible] 10	....	[illegible] 59	[illegible] 50	....	1,178,410 58	5,703,527 47	....	....	87 81	[illegible] 86
[illegible]	[illegible] 89	[illegible] 10	....	[illegible] 47	[illegible] 36	....	1,178,410 58	5, [illegible] 76	....	....	[illegible] 70	[illegible] 97
[illegible]	393,060 89	[illegible] 12	....	2,754,484 03	[illegible] 32	....	1,178,410 58	5, [illegible] 82	....	....	[illegible] 70	[illegible] 96
[illegible]	393,060 89	[illegible] 12	....	[illegible] 80	[illegible] 40	....	[illegible] 58	[illegible] 56	....	....	[illegible] 70	[illegible] 21
[illegible]	[illegible] 89	[illegible] 12	....	[illegible] 11	[illegible] 07	....	[illegible] 58	5,[illegible] 54	....	....	[illegible] 59	[illegible] 68
[illegible]	[illegible] 89	[illegible] 12	....	[illegible] 77	[illegible] 23	....	[illegible] 34	[illegible] 88	....	....	[illegible] 59	[illegible] 51
[illegible]	[illegible] 89	[illegible] 12	....	9,473,661 53	12,295,000 16	....	[illegible] 81	5,89[illegible] 62	....	3,000 00	[illegible] 59	205 [illegible] 97
[illegible]	[illegible] 89	[illegible] 12	....	[illegible] 31	[illegible]42,870 24	....	[illegible] 93	[illegible] 64	1,467,156 28	2,416 85	[illegible] 59	[illegible] 30
[illegible]	[illegible] 96	[illegible] 90	....	13,245,552 64	15,971,984 20	....	[illegible] 71	[illegible] 44	[illegible]49,189 45	1,216 85	[illegible] 59	249 [illegible] 21
[illegible]	203,885 96	[illegible] 90	....	[illegible]90,540 31	[illegible] 08	18,985,907 97	[illegible] 68	[illegible] 43	1,418,767 04	....	[illegible] 59	[illegible] 43
[illegible]	[illegible] 76	[illegible] 90	....	17,159,372 09	[illegible] 79	1,262,444 46	1,117,803 92	[illegible] 05	[illegible]468,670 26	....	[illegible] 59	[illegible] 11
[illegible]	3, [illegible] 77	[illegible] 90	....	19,497,750 15	[illegible] 22	1,241,000 00	[illegible] 98	[illegible] 61	[illegible] 26	....	[illegible] 59	[illegible] 43
[illegible]	3,311,914 77	[illegible] 83	....	20,689,032 62	[illegible] 61	5,651,459 33	[illegible] 98	[illegible] 01	[illegible] 60	....	[illegible] 59	[illegible] 89
[illegible]	3,[illegible] 77	[illegible] 83	....	[illegible] 57	19 [illegible] 11	....	1, [illegible] 98	[illegible] 07	[illegible] 46	....	[illegible] 59	287, [illegible] 76
[illegible]	3,311,914 77	5[illegible]791 83	....	[illegible] 49	[illegible] 55	1,946,666 66	2,[illegible] 55	[illegible] 17	1, [illegible] 36	....	[illegible] 59	286, 2,[illegible] 10
[illegible]	3 [illegible] 77	[illegible] 83	....	[illegible] 09	[illegible] 07	7,786,666 65	[illegible] 99	[illegible] 45	1,696,295 44	....	[illegible] 59	289, [illegible] 62
[illegible]	[illegible] 77	[illegible] 83	....	22[illegible]8,401 65	[illegible] 98	....	[illegible] 59	5,[illegible] 02	[illegible] 85	871,692 90	[illegible] 59	295, [illegible] 10
[illegible]	3,311,914 77	[illegible] 83	....	[illegible] 66	17,693,462 44	1,460,000 00	[illegible] 34	5,411,414 02	[illegible] 83	1,814,571 97	[illegible] 59	300, [illegible] 74
[illegible]	[illegible] 77	[illegible] 83	....	[illegible] 14	17,778,144 18	2,433,333 33	[illegible] 59	[illegible] 56	[illegible] 09	1,871,408 50	[illegible] 59	308, [illegible] 96
[illegible]	[illegible] 77	[illegible] 83	....	[illegible] 47	1 [illegible] 38	....	[illegible] 59	[illegible] 61	[illegible] 02	1,875,474 09	[illegible] 59	318, [illegible] 87
[illegible]	[illegible]914 77	5[illegible]791 83	2,394,000 00	28 [illegible] 68	17,866,388 90	1,946,666 66	[illegible] 59	[illegible] 95	[illegible] 86	1,870,339 66	[illegible] 59	325, [illegible] 73
[illegible]	[illegible]914 77	5[illegible]791 83	2,394,000 00	[illegible] 09	[illegible] 63	4,866,666 66	[illegible] 59	5,397,734 95	[illegible] 49	1,923,257 97	[illegible] 59	[illegible] 33

TABLEAU VI.—Actif du Canada, du 1er juillet 1867 au 30 juin 1897.

Année.	Compte d'emprunt de la Cie du ch. de fer Albert.	Balance du compte d'emprunt du Canada, 3½ pour 100.	Dépôts des banques, 1¼ pour 100.	Dépôts des banques 2¼ pour 100.	Dépôts des banques, 3 pour 100.	Dépôts des banques, 3½ pour 100.	Dépôts des banques, 4 pour 100.	Dépôts des banques, 4½ p. 100.	Dépôts des banques, 5 pour 100.	Dépôts des banques, taux variables.	Dépôts des banques, compte spécial de la circulation, 5 pour 100.	Banque de Montréal, monnaie d'argent.
	$ c.	$ c.	$ c.	$ c.	$ c.	$ c.	$ c.	$ c.	$ c.	$ c.	$ c.	$ c.
1867												
1868												572,443 47
1869												72,443 47
1870												
1871												
1872							950,000 00					
1873									2,864,666 69		1,000,000 00	
1874									3,399,450 02		1,400,000 00	
1875							1,119,999 98		3,580,838 90			
1876							4,153,255 49		1,658,699 99	486,666 67		
1877							4,495,532 66		317,500 00			
1878							1,256,526 66		282,500 00			
1879							377,696 65		385,000 00			
1880						1,000,000 00	[illegible]		10,000 00			
1881					390,000 00	2,100,000 00	55,000 00					
1882					15,000 00	3,853,066 67	[illegible]					
1883					15,000 00		2,455,000 00	140,000 00	350,000 00			
884		4,087,093 28					205,000 00		200,000 00			
1885							[illegible]					
1886							[illegible]					
1887	11,436 81						[illegible]					
1888	14,548 94		4,900,000 00				[illegible]					
1889	14,725 56			3,756,442 21			30,000 00					
890	14,725 56						30,000 00					
189	14,725 56											
892	14,725 56											
1893	14,725 56											
894	14,725 56											
1895	14,725 56											
1896	14,725 56											
1897	14,725 56											

TABLEAU VI.—Actif du Canada, du 1er juillet 1867 au 30 juin 1897—*Suite.*

Année.	Bons des caisses d'épargnes, 5 pour 100.	Bons du chemin de fer Intercolonial, 5 pour 100.	Bons du Nouveau-Brunswick, 6 pour 100.	Bons d'obligations de concessions de terres, C.C.P., 5 pour 100.	Comptes de la Cie du C.C.P.	En caisse.	Bons de la cité de Saint-Jean, 6 pour 100.	Emprunt consolidé canadien, 4 pour 100.	Bons de Cobourg, 6 pour 100.	Bons de Cobourg, 5 pour 100.	Billets de l'échiquier.	Agents financiers, variables.
	$ c.	$ c.	$ c.	$ c.	$ c.	$ c.	$ c.	$ c.	$ c.	$ c.	$ c.	$ c.
1867						589,085 23		53,533 33	21,210 47	23,587 77		22,403 59
1868						1,425,786 00		53,533 33	21,210 47	23,587 77		10,569 18
1869		234,000 00				2,916,930 73		53,533 33	21,210 47	23,587 77	6,575,410 05	1,118 259 68
1870	9,000 00	157,106 66				2,275,101 50		53,533 33	21,210 47	23,587 77	2,224,353 70	12,204 42
1871	1,362,666 66		374,886 67			3,499,502 26			21,210 47	23,587 77		335,997 57
1872			469,633 35			3,935,945 95	21,560 00	526,573 32	21,210 47	23,587 77		839,103 91
1873			385,926 71		1,001,333 00	4,717,571 49	21,560 00	264,746 66	21,210 47	23,587 77		157,498 79
1874			200,506 72			4,431,347 40	21,560 00	118,260 00	21,210 47	23,587 77		255,400 85
1875			88,573 38			6,037,361 08	21,560 00	118,260 00	21,210 47	23,587 77		544,297 38
1876			38,933 39			4,825,529 33	21,560 00	118,260 00	21,210 47	23,587 77		885,914 87
1877			38,933 39			4,802,766 05	21,560 00	118,260 00	21,210 47	23,587 77		5,053,763 38
1878			2,433 39			5,184,327 57	21,560 00	118,260 00	21,210 47	23,587 77		305,837 05
1879			2,433 39			5,599,554 64	21,560 00	118,260 00	21,210 47	23,587 77		423,118 23
1880			2,433 39			7,339,770 44	21,560 00	118,260 00	21,210 47	23,587 77		822,003 84
1881			2,433 39			7,208,311 95	21,560 00	118,260 00	21,210 47	23,587 77		1,253,379 21
1882			2,433 39		1,155,736 09	7,506,853 56	21,560 00	40,393 33	21,210 47	23,587 77		880,643 35
1883			2,433 39		1,254,488 09	3,351,510 29	21,560 00	39,906 66	21,210 47	23,587 77		563,428 67
1884			2,433 39	29,000 00	18,439,374 00	5,228,982 85	21,560 00	39,906 66	21,210 47	23,587 77		288,254 19
1885			2,433 39	29,000 00	28,035,812 00	5,521,076 89	21,560 00	39,906 66	21,210 47	23,587 77		170,923 26
1886			2,433 39	29,000 00		7,758,485 68	21,560 00	39,906 66	21,210 47	23,587 77		1,989,952 34
1887			2,433 39	29,000 00		5,080,636 68	21,560 00	39,906 66	21,210 47	23,587 77		461,469 58
1888			2,433 39	29,000 00		5,211,965 76	21,560 00	39,906 66	21,210 47	23,587 77		
1889				29,000 00		4,441,272 95	21,560 00	39,906 66	21,210 47	23,587 77		
1890				29,000 00		2,884,540 59	21,560 00	39,906 66				
1891				29,000 00		2,487,078 38	21,560 00	39,906 66				
1892				29,000 00		2,822,968 48	21,560 00					
1893				29,000 00		3,071,183 48	21,560 00					
1894				29,000 00		2,790,663 60	21,560 00					
1895				29,000 00		3,931,348 13	21,560 00					
1896				29,000 00		2,624,214 56	21,560 00					
1897				29,000 00		1,790,865 79	21,560 00					

Tableau VI.—Actif du Canada, du 1er juillet 1867 au 30 juin 1897—*Suite.*

Année.	Cie de pont de chemin de fer de Frédéricton et Ste-Marie.	Bons postaux du Grand-Tronc, variables.	Actions privilégiées du Grand-Tronc, variables.	Bassin de radoub, Québec, 5 pour 100.	Bons du Grand-Occidental (variables jusqu'à 1869), 4 pour 100.	Coupons d'Hamilton.	Améliorations du St-Laurent, 4 pour 100 (5 pour 100, antérieurem. à 1884).	Bons des Indes 5 pour 100.	Compte de construction de l'Intercolonial, 3½ pour 100.	Compte de l'émission et de la réserve en espèces.	Compte d'emprunt des Mennonites, 6 pour 100.	Divers fonds consolidés, placements variables.
	$ c.	$ c.	$ c.	$ c.	$ c.	$ c.	$ c.	$ c.	$ c.	$ c.	$ c.	$ c.
1867	....	121,666 66	121,739 66	....	2,810,500 00	22,218 89	....	681,333 34	....	757,140 00	....	98,350 25
1868	....	121,666 66	121,739 66	....	2,810,500 00	19,345 85	....	681,333 34	....	938,440 00	....	98,350 25
1869	....	121,666 66	121,739 66	....	2,768,234 70	16,781 35	....	681,333 34	2,000,000 00	1,899,000 00	....	98,350 25
1870	....	121,666 66	121,739 66	....	2,076,176 03	16,781 35	....	681,333 34	4,883,089 49	2,883,436 67	....	98,350 25
1871	....	121,666 66	121,739 66	....	1,384,117 36	16,781 35	....	....	5,055,492 89	1,974,492 75	....	98,350 25
1872	....	121,666 66	121,739 66	....	692,058 69	16,781 35	....	....	3,584,778 18	2,458,546 24	....	98,350 25
1873	....	121,666 66	121,739 66	....	....	16,781 35	....	....	....	2,526,358 45	....	58,350 25
1874	....	121,666 66	121,739 66	....	....	16,781 35	275,000 00	....	....	3,307,964 51	....	58,350 25
1875	....	121,666 66	121,739 66	....	....	16,781 35	544,000 00	....	....	2,789,108 42	....	58,350 25
1876	....	121,666 66	121,739 66	....	....	16,781 35	736,000 00	....	....	3,034,849 26	....	58,350 25
1877	....	121,666 66	121,739 66	....	....	16,781 35	858,000 00	....	....	2,706,966 61	....	58,350 25
1878	....	....	121,739 65	....	....	16,781 35	988,000 00	....	....	2,519,845 93	....	57,286 35
1879	....	....	121,739 65	50,000 00	....	16,781 35	1,166,000 00	....	....	2,860,211 44	....	56,633 33
1880	....	....	121,739 65	125,000 00	....	16,781 35	1,306,000 00	....	....	2,755,257 52	....	56,108 83
1881	....	....	121,739 65	300,000 00	....	16,781 35	1,306,000 00	....	....	3,018,683 39	....	55,639 33
1882	....	....	121,739 65	350,000 00	....	16,781 35	[illegible]	....	....	3,719,389 28	....	51,719 15
1883	....	....	121,739 65	425,000 00	....	16,781 35	1,780,000 00	....	....	2,597,655 07	....	51,523 05
1884	....	....	121,739 65	562,000 00	....	16,781 35	1,890,000 00	....	....	2,415,189 11	74,704 27	51,523 05
1885	....	....	121,739 65	672,000 00	....	16,781 35	2,190,000 00	....	....	2,478,307 85	65,343 09	51,523 05
1886	....	....	121,739 65	724,000 00	....	16,781 35	2,339,504 10	....	....	3,939,194 10	46,327 61	51,523 05
1887	....	....	121,739 65	744,000 00	....	16,781 35	2,530,504 10	....	....	2,777,814 59	34,315 64	51,523 05
1888	274,947 00	....	121,739 65	....	....	16,781 35	....	....	....	3,897,636 31	18,205 25	45,640 80
1889	300,000 00	....	121,739 65	....	....	16,781 35	....	....	....	3,261,115 59	....	37,650 80
1890	300,000 00	....	121,739 65	....	....	16,781 35	....	....	....	3,285,515 34	....	37,650 80
1891	300,000 00	....	121,739 65	....	....	16,781 35	....	....	....	3,887,027 96	....	37,350 80
1892	300,000 00	....	121,739 65	....	....	16,781 35	....	....	....	5,061,577 26	....	37,350 80
1893	300,000 00	....	121,739 65	....	....	16,781 35	....	....	....	6,449,348 36	....	37,150 80
1894	300,000 00	....	121,739 65	....	....	16,781 35	....	....	....	8,292,405 61	....	37,150 80
1895	300,000 00	....	121,739 65	....	....	16,781 35	....	....	....	7,761,084 48	....	261,474 79
1896	300,000 00	....	121,739 65	....	....	16,781 35	....	....	....	8,758,252 83	....	36,640 80
1897	300,000 00	....	121,739 65	....	....	16,781 35	....	....	....	10,723,649 87	....	35,540 80

TABLEAU VI.—Actif du Canada, du 1er juillet 1867 au 30 juin 1897—*Suite.*

Année.	Divers.	Bons du port de Montréal, 5 pour 100, $3\frac{1}{2}$ pour 100 après 1895.	Bons des ch. à barrières de Montréal, 6 pour 100, $3\frac{1}{2}$ p. 100, après 1895.	Bons du Nouveau-Brunswick, 6 pour 100.	Nouveau-Brunswick, compte de sa dette, 5 pour 100.	Nouveau-Brunswick, compte indéterminé, 5 pour 100.	Bons du chemin de fer du Nord, 6 pour 100.	Bons du chemin de fer du Nord, 5 pour 100.	Compte de bons du chemin de fer de la Rive-Nord, 5 pour 100.	Bons de la Nouvelle-Ecosse, 6 pour 100.	Nouvelle-Ecosse, compte indéterminé.	Province du Canada, compte de sa dette, 5 pour 100.	Comptes provinciaux, 5 pour 100.
	$ c.	$ c.	$ c.	$ c.	$ c.	$ c.	$ c.	$ c.	$ c.	$ c.	$ c.	$ c.	$ c.
1867	117,465 61	211,266 68	67,200 00	83,706 66	....	....	243,333 33	....	....	....	....	10,045,533 63	....
1868	332,487 38	211,266 68	67,200 00	83,706 66	....	....	243,333 33	....	....	....	....	10,782,660 07	940,699 44
1869	331,180 13	211,266 68	67,200 00	83,706 66	319,822 77	....	243,333 33	....	....	....	125,054 61	10,489,769 30	3,842,165 67
1870	242,727 14	211,266 68	67,200 00	83,706 66	575,298 29	....	243,333 33	....	....	....	156,349 81	10,504,355 49	5,957,580 08
1871	613,018 96	260,000 00	67,200 00	97,333 33	671,936 45	5,732 74	243,333 33	....	....	111,446 66	141,894 39	10,504,466 16	7,802,501 04
1872	531,530 06	260,000 00	67,200 00	97,333 33	680,603 57	3,199 04	243,333 33	....	....	111,446 66	73,238 88	10,506,088 84	9,638,386 81
1873	877,458 77	260,000 00	67,200 00	97,333 33	....	1,893 65	243,333 33	....	....	111,446 66	62,207 37	964 28	11,472,624 70
1874	913,290 41	260,000 00	67,200 00	97,333 33	....	1,782 17	243,333 33	....	....	111,446 66	54,347 98	4,625 94	11,463,881 48
1875	907,806 60	260,000 00	67,200 00	81,273 33	....	1,578 84	243,333 33	....	....	48,666 66	48,753 47	5,781 94	11,465,583 45
1876	1,035,818 16	385,000 00	67,200 00	81,273 33	....	1,578 84	243,333 33	....	....	48,666 66	47,250 32	9,185 93	11,916,793 27
1877	2,216,000 12	385,000 00	67,200 00	81,273 33	....	1,019 07	243,333 33	....	....	48,666 66	45,953 92	14,409 17	12,306,133 68
1878	2,242,109 43	385,000 00	67,200 00	81,273 33	....	805 75	243,333 33	....	....	48,666 66	45,134 57	21,419 61	12,207,533 42
1879	1,771,133 92	385,000 00	67,200 00	81,273 33	17,214 44	639 69	243,333 33	....	....	48,666 66	44,036 89	34,831 09	12,933,296 65
1880	1,972,782 55	385,000 00	67,200 00	81,273 33	22,233 76	474 06	243,333 33	73,000 00	....	48,666 66	43,064 53	37,225 09	13,432,094 61
1881	1,823,557 37	385,000 00	67,200 00	81,273 33	33,449 87	463 39	243,333 33	73,000 00	....	48,666 66	42,759 41	41,064 48	13,196,377 80
1882	1,703,694 91	385,000 00	67,200 00	81,273 33	40,038 87	463 39	243,333 33	73,000 00	....	48,666 66	42,517 19	44,937 69	12,885,328 57
1883	1,976,680 60	385,000 00	67,200 00	81,273 33	40,038 87	463 39	243,333 33	73,000 00	....	48,666 66	42,279 52	80,547 30	12,982,961 93
1884	2,067,642 95	385,000 00	67,200 00	81,273 33	....	463 39	243,333 33	73,000 00	....	48,666 66	42,157 92	82,394 42	7,374,053 66
1885	2,204,147 24	385,000 00	67,200 00	81,273 33	....	463 39	243,333 33	73,000 00	....	48,666 66	42,084 97	82,394 42	7,377,780 93
1886	3,047,911 77	385,000 00	67,200 00	74,946 66	....	463 39	243,333 33	73,000 00	970,000 00	....	42,005 20	83,285 39	7,383,000 53
1887	2,062,377 79	385,000 00	67,200 00	43,799 99	....	463 39	243,333 33	73,000 00	970,000 00	....	41,801 78	85,595 70	7,390,540 95
1888	1,753,643 86	385,000 00	67,200 00	42,339 99	....	463 39	....	73,000 00	970,000 00	....	41,713 22	102,872 49	7,400,100 89
1889	2,034,153 66	385,000 00	....	17,033 39	....	463 39	....	73,000 00	970,000 00	....	40,863 87	61,776 68	7,870,452 53
1890	2,195,040 25	385,000 00	....	....	....	240 15	....	73,000 00	970,000 00	....	40,839 53	65,588 61	9,305,668 86
1891	3,042,946 75	385,000 00	....	....	....	240 15	....	73,000 00	970,000 00	....	40,720 78	65,588 61	9,803,974 91
1892	2,132,940 31	385,000 00	....	....	....	240 15	....	73,000 00	....	....	40,680 88	66,127 46	10,305,368 90
1893	1,978,300 14	385,000 00	....	....	....	240 15	....	73,000 00	....	....	40,646 28	66,127 46	10,814,072 03
1894	2,543,844 85	385,000 00	....	....	....	240 15	....	73,000 00	....	....	40,630 27	66,127 46	10,810,858 24
1895	2,508,600 12	385,000 00	....	....	....	240 15	....	73,000 00	....	....	40,615 68	71,773 33	10,810,858 24
1896	2,754,448 06	1,000,000 00	200,000 00	....	....	240 15	....	73,000 00	....	....	40,570 90	71,839 21	10,473,748 57
1897	3,087,205 29	1,190,000 00	195,000 00	....	....	240 15	....	73,000 00	....	....	40,533 93	71,839 21	10,493,439 15

Tableau VI.—Actif du Canada, du 1er juillet 1867 au 30 juin 1897—*Suite.*

Année.	Port de Québec, 4 pour 100.	Port de Québec, 5 pour 100.	Receveur général, inscriptions, 4 pour 100.	Compte de dépôt de monnaie d'argent.	Compte de la monnaie d'argent.	Fonds d'amortissement. Emprunt canadien consolidé. 5 pour 100.	Fonds d'amortissement. Emprunt canadien consolidé. 4 pour 100.	Fonds d'amortissement. Emprunt canadien réduit. 4 pour 100.	Fonds d'amortissement. Emprunt canadien réduit. 3½ pour 100	Fonds d'amortissement. Emprunt canadien réduit. 3 pour 100.	Fonds d'amortissement. Emprunt du chemin de fer Intercolonial. 6 pour 100.
	$ c.	$ c.	$ c.	$ c.	$ c.	$ c.	$ c.	$ c.	$ c.	$ c.	$ c.
1867						1,207,222 26					
1868						1,562,488 92					
1869						1,952,795 58					
1870			10,138 88	1,277,818 49	657,826 25	2,001,462 24					
1871			10,138 88		329,175 70	2,349,641 82					24,333 33
1872			10,138 88		627,090 30	2,625,581 82					92,953 33
1873			10,138 88		262,382 85	2,909,795 15					161,086 65
1874		724,140 00	10,138 88		733,338 74	3,196,928 48					265,719 98
1875		724,140 00	10,138 88		799,310 03	3,496,715 14					401,013 32
1876		724,140 00	10,138 88		247,715 00	3,655,855 14	187,366 66				401,013 32
1877		724,140 00	10,138 88		119,124 43	3,655,855 14	582,053 33				401,013 32
1878		799,140 00	10,138 88		116,279 43	3,655,855 14	986,959 99				390,306 66
1879		949,140 00	10,138 88		125,427 43	3,655,855 14	1,410,025 75				319,253 33
1880		1,149,140 00	10,138 88		78,139 43	3,655,855 14	1,833,218 29				296,866 67
1881		1,351,140 00	10,138 88		84,220 17	3,911,841 80	1,980,678 29				224,840 00
1882		1,405,000 00	10,138 88		162 60	4,098,329 87	2,212,402 09				189,800 00
1883	1,471,540 00		10,138 88		9,783 20	4,536,816 54	2,229,435 42				162,546 67
1884	1,672,069 00		10,138 88		12,074 00	4,796,209 87	2,451,842 09				100,740 01
1885	1,955,000 00		10,138 88		73 50			7,297,205 29	494,015 64		100,740 01
1886	2,389,493 85		10,138 88		3,166 90	Canada Reduc-		7,554,167 17	747,034 83		32,606 68
1887	2,822,289 17		10,138 88		9,152 70	ed Loan.		7,851,505 94	941,005 76		32,120 01
1888	2,845,000 00		10,138 88		12,532 30			8,069,899 85	1,230,999 45	222,666 29	26,766 69
1889	3,365,717 20		10,138 88		2,468 80			8,069,899 85	1,230,999 45	784,870 27	17,033 35
1890	3,614,117 20		10,138 88		4,833 00			8,118,566 52	1,279,666 11	1,261,575 25	7,300 02
1891	3,664,717 20		10,138 88		7,426 00			8,221,739 85	1,314,204 40	1,711,525 25	
1892	3,664,717 20				8,925 40			8,271,785 40	1,314,204 40	2,284,455 27	
1893	3,748,519 62				11,420 10			8,271,785 40	1,314,204 40	2,929,527 08	
1894	3,748,519 62				309 70			8,324,248 47	1,314,204 40	3,528,781 23	
1895	3,748,519 62				2,757 70			8,649,408 42	1,314,204 40	3,813,641 80	
1896	3,748,519 62				4,786 20	17,520 00		8,705,375 09	1,348,271 07	4,346,951 69	
1897	3,748,519 62				6,044 20	17,520 00		9,013,960 29	1,358,004 40	4,672,541 03	

TABLEAU VI.—Actif du Canada, du 1er juillet 1867 au 30 juin 1897—*Suite.*

FONDS D'AMORTISSEMENT—*Suite.*

Année.	Emprunt du chemin de fer Intercolonial. 5 pour 100.	Emprunt du chemin de fer Intercolonial. 4 pour 100.	Emprunt du chemin de fer Intercolonial. 3½ pour 100.	Emprunt du chemin de fer Intercolonial. 3 pour 100.	Emprunt de la Terre de Rupert. 6 pour 100.	Emprunt de la Terre de Rupert. 5 pour 100.	Emprunt de la Terre de Rupert. 4 pour 100.	Emprunt de la Terre de Rupert. 3½ pour 100.	Emprunt de la Terre de Rupert. 3 pour 100.	Emprunt de la Colombie-Britannique. 6 pour 100.	Emprunt de la Colombie-Britannique. 5 pour 100.	Emprunt de la Colombie-Britannique. 4 pour 100.
	$ c.	$ c.	$ c.	$ c.	$ c.	$ c.	$ c.	$ c.	$ c.	$ c.	$ c.	$ c.
1867												
1868												
1869	36,500 00											
1870	114,366 67											
1871	163,520 00											
1872	163,520 00				34,553 33					356,726 67	177,146 67	
1873	163,520 00				50,126 65					227,273 34	86,626 67	
1874	222,406 67				66,673 32					273,993 34	86,626 67	
1875	222,406 67				75,433 32		10,706 66			320,713 34	86,626 67	
1876	252,093 33	210,726 67			75,433 32		32,119 99			370,353 34	86,626 67	
1877	252,093 33	415,613 34			75,433 32		53,533 32			411,720 00	93,440 01	4,866 67
1878	252,093 33	659,433 35			70,566 65		84,193 32			404,420 00	126,533 34	38,933 34
1879	252,093 33	971,873 35			69,106 65		110,473 32			306,113 33	126,533 34	212,186 68
1880	252,093 33	1,226,886 68			69,106 65		134,806 65			272,046 67	123,613 34	314,873 34
1881	252,093 33	1,527,160 01			57,913 32		170,333 32			246,740 00	123,613 34	404,906 68
1882	321,200 00	1,717,933 34			47,693 32	6,813 32	197,586 67			149,406 67	123,613 34	557,233 34
1883	467,200 00	1,838,140 00			25,793 32	21,413 32	229,220 00			85,653 34	37,473 34	191,746 67
1884	503,700 00	2,114,566 66				32,606 65	269,613 32			34,066 68	37,473 34	259,880 00
1885	242,360 00	2,493,193 32	159,626 67				315,359 97	15,086 67		34,066 68	20,440 00	283,986 12
1886	242,360 00	2,760,373 32	237,493 34				336,286 63	22,386 67		34,066 68	20,440 00	291,084 09
1887	242,360 00	2,987,159 98	286,160 01				357,699 96	29,700 07		34,066 68	20,440 00	291,084 09
1888	242,360 00	3,126,346 64	432,160 01	76,943 13			379,113 29	37,000 07		34,066 68	20,440 00	296,282 91
1889	242,360 00	3,277,213 31	432,160 01	230,636 79			394,199 95	37,000 07	15,400 47	973 35	18,006 67	305,990 00
1890	242,360 00	3,440,733 30	432,160 01	383,635 78			410,746 62	37,000 07	30,628 64	973 35	17,520 00	305,990 00
1891	242,360 02	3,672,873 29	444,214 29	485,787 11			431,186 62	37,000 07	46,037 49	973 35	17,520 00	305,990 00
1892	242,360 02	3,678,713 29	444,214 29	841,685 89			435,068 86	37,000 07	79,117 23	973 35	17,520 00	305,990 00
1893	242,360 02	3,678,713 29	444,214 29	1,212,712 08			435,068 86	37,000 07	117,488 17	973 35	17,520 00	305,990 00
1894	242,360 02	3,678,713 29	513,987 08	1,515,943 83			435,068 86	37,000 07	156,960 36			
1895	242,360 02	3,743,458 08	513,987 08	1,815,154 04			435,068 86	37,000 07	195,669 69			
1896	242,360 02	3,743,458 08	513,987 08	2,188,282 06			435,068 86	37,000 07	234,183 35			
1897	242,360 02	3,743,458 08	513,987 08	2,569,970 83			435,068 86	37,000 07	274,036 24			

TABLEAU VI.—Actif du Canada, du 1er juillet 1867 au 30 juin 1897—*Suite.*

FONDS D'AMORTISSEMENT—*Suite.*

Année.	Emprunt de la Colombie-Britannique.		Emprunt fédéral, 1874.				Emprunts fédéraux garantis de 1875-78.				Emprunt fédéral de 1875.	
	3½ pour 100.	3 pour 100.	5 pour 100.	4 pour 100.	3½ pour 100.	3 pour 100.	5 pour 100.	4 pour 100.	3½ pour 100.	3 pour 100.	5 pour 100.	4 pour 100.
	$ c.	$ c.	$ c.	$ c.	$ c.	$ c.	$ c.	$ c.	$ c.	$ c.	$ c.	$ c.
1867												
1868												
1869												
1870												
1871												
1872												
1873												
1874												
1875				54,506 66								
1876				165,466 66				54,020 00				
1877				278,860 00				163,033 32				
1878			54,020 00	337,746 67				208,780 00			12,653 33	54,506 66
1879			54,020 00	460,139 16				336,286 67			12,653 33	81,009 13
1880			54,020 00	584,725 83				506,133 33			12,653 33	113,507 33
1881			54,020 00	705,905 83				672,573 34			12,653 33	142,707 33
1882			115,826 67	767,914 22			19,953 33	820,519 99			19,953 33	164,894 95
1883			251,120 00	767,914 22			165,953 33	854,586 67			52,073 33	164,894 94
1884			393,713 33	767,914 22			311,953 33	897,413 34			73,973 33	177,061 61
1885	7,804 74		54,020 00	1,181,094 22	82,413 14			1,264,360 00	156,706 67		12,653 33	255,901 61
1886	10,441 72		54,020 00	1,261,270 91	161,064 23			1,405,006 67	237,006 66		12,653 33	274,769 41
1887	30,535 01		54,020 00	1,383,423 96	196,590 89			1,546,626 65	315,019 52		12,653 33	312,447 80
1888	40,478 96		54,020 00	1,547,298 47	196,590 89			1,695,546 65	392,886 19		12,653 33	351,651 61
1889	47,078 45		54,020 00	1,547,298 47	196,590 89	177,233 28		1,771,466 65	392,886 19	164,274 40	12,653 33	351,651 61
1890	49,145 38	13,774 36	54,020 00	1,547,298 47	196,590 89	382,762 98		1,856,146 66	392,886 19	326,714 64	12,653 33	351,651 61
1891	49,460 48	29,331 91	54,020 00	1,558,005 14	199,813 78	560,862 47		1,970,513 32	392,886 19	491,077 85	12,653 33	354,571 61
1892	62,145 55	33,110 98	54,020 00	1,558,005 14	199,813 78	762,119 33		1,995,831 08	441,552 86	693,976 64	12,653 33	354,571 61
1893	71,277 64	41,655 20	54,020 00	1,558,005 14	199,813 78	968,495 42		1,995,831 08	441,552 86	986,873 10	12,653 33	354,571 61
1894			54,020 00	1,558,005 14	199,813 78	1,180,488 98		1,995,831 08	441,552 86	1,288,281 04	12,653 33	354,571 61
1895			54,020 00	1,651,742 51	199,813 78	1,285,423 06		1,995,831 08	441,552 86	1,583,797 19	12,653 33	376,766 80
1896			54,020 00	1,751,668 15	199,813 78	1,383,804 53		1,995,831 08	441,552 86	1,877,404 50	12,653 33	391,506 65
1897			54,020 00	1,946,124 76	199,813 78	1,395,669 97		1,995,831 08	441,552 86	2,181,194 75	12,653 33	435,114 14

Tableau VI.—Actif du Canada, du 1er juillet 1867 au 30 juin 1897—*Suite.*

Fonds d'administration—*Suite.*

Année.	Emprunt fédéral de 1875.		Emprunt fédéral de 1876.				Emprunt fédéral de 1878-79.				Emprunt fédéral de 1884.
	3½ pour 100.	3 pour 100.	5 pour 100.	4 pour 100.	3½ pour 100.	3 pour 100.	5 pour 100.	4 pour 100.	3½ pour 100.	3 pour 100.	4 pour 100.
	$ c.	$ c.	$ c.	$ c.	$ c.	$ c.	$ cts.	$ c.	$ c.	$ c.	$ c.
1867											
1868											
1869											
1870											
1871											
1872											
1873											
1874											
1875											
1876											
1877											
1878			30,660 00	32,606 67							
1879			30,660 00	101,108 99				19,173 12			
1880			30,660 00	170,591 89				95,714 11			
1881			30,660 00	238,725 22				207,160 77			
1882			65,356 79	273,641 60			28,226 67	292,432 20			
1883			141,276 79	273,641 60			120,693 33	324,065 54			
1884			201,136 79	293,594 93			177,146 67	397,552 20			
1885	19,826 60		30,660 00	505,438 39	45,855 47			641,858 87	74,825 47		
1886	38,621 85		30,660 00	550,089 92	89,945 09			713,412 64	146,956 40		
1887	38,621 85		30,660 00	638,483 85	89,945 09			858,023 34	146,956 40		
1888	38,621 85		30,660 00	730,448 17	89,945 09			1,008,477 37	146,956 40		129,860 67
1889	38,621 85	42,399 38	30,660 00	730,448 17	89,945 09	99,461 82		1,008,477 37	146,956 40	162,717 70	264,968 66
1890	38,621 85	91,150 98	30,660 00	730,448 17	89,945 09	214,356 67		1,008,477 37	146,956 40	348,495 80	264,968 66
1891	38,718 66	134,082 04	30,660 00	736,288 17	91,873 87	314,350 06		1,017,237 37	149,642 33	513,437 05	264,968 66
1892	38,718 66	182,214 96	30,660 00	736,288 17	91,873 87	427,274 99		1,017,237 37	149,642 33	698,101 20	268,861 99
1893	38,718 66	231,547 40	30,660 00	736,288 17	91,873 87	542,968 72		1,017,237 37	149,642 33	887,400 48	268,861 99
1894	38,718 66	282,260 91	30,660 00	736,288 17	91,873 87	661,926 41		1,017,237 37	149,642 33	1,082,012 19	268,861 99
1895	38,718 66	307,346 54	30,660 00	812,270 40	91,873 87	694,400 85		1,130,751 66	149,642 33	1,146,809 71	345,503 54
1896	38,718 66	340,865 19	30,660 00	845,387 38	91,873 87	773,264 52		1,187,718 37	149,642 33	1,272,283 24	396,711 68
1897	38,718 66	346,341 13	30,660 00	909,336 66	91,873 87	826,969 61		1,306,201 07	149,642 33	1,343,574 62	454,652 45

Tableau VI.—Actif du Canada, du 1er juillet 1867 au 30 juin 1897—*Fin.*

Année.	Fonds d'administration—*Fin.* Emprunt fédéral de 1884. 3½ pour 100.	Fonds d'administration—*Fin.* Emprunt fédéral de 1884. 3 pour 100.	Fonds d'amortissement, compte spécial d'inscription, 4 pour 100.	Compte spécial de la circulation.	Bons sterling.	Cie de pont et de prolongement du chemin de fer de Saint-Jean, 4 pour 100.	Bons du port de Trois-Rivières, 4 pour 100.	Chemins de Toronto, 6 pour 100.	Chemins d'York, 6 pour 100.	Total de l'actif.
	$ c.	$ c.	$ c.	$ c.	$ c.	$ c.	$ c.	$ c.	$ c.	$ c.
1867								18,883 00		17,317,410 36
1868								17,183 00		21,139,531 46
1869					14,600 00			12,803 00		36,502,679 19
1870					14,600 00			7,263 00		37,783,964 31
1871										37,786,165 11
1872									31,500 00	40,213,107 32
1873				533,226 66					28,000 00	30,929,636 89
1874				247,553 87					21,000 00	32,838,586 91
1875			1,094,999 99						21,000 00	35,655,023 60
1876									21,000 00	36,653,173 98
1877									14,000 00	41,440,525 94
1878									7,000 00	34,595,199 05
1879									7,000 00	36,493,683 85
1880									7,000 00	42,182,852 07
1881									7,000 00	44,465,757 11
1882									7,000 00	51,703,601 19
1883									7,000 00	43,692,389 84
1884						143,600 00			7,000 00	60,320,565 95
1885	65,854 33					278,800 00				68,295,915 29
1886	197,405 74					433,900 00	81,557 97			50,005,234 02
1887	197,405 74					433,900 00	81,760 97			45,872,850 99
1888	197,405 74					433,900 00	81,760 97			49,982,483 73
1889	197,405 74	146,339 74				433,900 00	81,760 97			50,192,021 11
1890	197,405 74	303,549 02				433,900 00	81,760 97			48,579,083 33
1891	198,924 08	456,931 06				433,900 00	81,760 97			52,090,199 11
1892	198,924 08	622,789 30				433,900 00	81,760 97			54,201,839 66
1893	198,924 08	792,559 94				433,900 00	81,760 97			58,373,485 13
1894	198,924 08	965,885 24				433,900 00	81,760 97			62,164,994 48
1895	198,924 08	1,050,633 30				433,900 00	81,760 97			64,973,827 78
1896	198,924 08	1,167,613 96				433,900 00	81,760 97			67,220,103 96
1897	244,287 98	1,234,046 38				433,900 00	81,760 97			70,991,534 87

TABLEAU VII.—État comparatif des recettes du fonds consolidé, du 1er juillet 1867 au 30 juin 1897.

Année.	Recettes des droits. Douanes.	Recettes des droits. Accise.	Recettes des droits. Timbres d'effets de commerce.	Recettes des droits. Total, recettes provenant des droits.	Impôts sur les banques.	Casuel.	Honoraires des inspecteurs-mesureurs de bois.	Escompte sur indemnité seigneuriale aux townships.	Terres fédérales.	Steamers fédéraux.
	$ c.	$ c.	$ c.	$ c.	$ c.	$ c.	$ c.	$ c.	$ c.	$ c.
1867-68	8,578,380 09	3,002,588 16	119,712 83	11,700,681 08	11,689 44	6,936 84	69,797 01	...	...	...
1868-69	8,272,879 78	2,710,028 42	129,664 81	11,112,573 01	18,193 09	6,683 09	58,376 76	...	...	...
1869-70	9,334,212 98	3,619,622 47	134,047 22	13,087,882 67	15,443 17	6,272 80	69,475 10	...	...	...
1870-71	11,841,104 56	4,295,944 72	183,319 42	16,320,368 70	39,588 96	5,663 84	61,197 08	...	...	...
1871-72	12,787,982 02	4,735,651 65	191,918 37	17,715,552 04	7,068 56	5,691 24	76,665 79	16,350 69	...	...
1872-73	12,954,164 05	4,460,681 81	201,708 92	17,616,554 78	3,819 12	30,758 58	81,038 35	6,070 79	26,239 45	24,732 72
1873-74	14,325,192 64	5,594,903 84	209,088 69	20,129,185 17	3,946 73	75,823 50	92,771 93	...	29,980 80	12,449 20
1874-75	15,351,011 56	5,069,687 21	244,180 19	20,664,878 96	3,806 90	28,613 96	78,966 22	...	27,641 15	2,975 12
1875-76	12,823,837 94	5,563,487 12	227,089 96	18,614,415 02	2,207 07	84,092 45	57,125 57	...	8,545 94	12,439 84
1876-77	12,546,987 99	4,941,897 91	209,038 92	17,697,924 82	2,487 60	20,554 59	74,216 34	...	3,799 86	5,509 31
1877-78	12,782,824 35	4,858,671 63	200,442 21	17,841,938 19	3,114 91	69,201 37	53,521 38	...	19,424 86	2,285 83
1878-79	12,900,659 29	5,390,763 17	185,190 89	18,476,613 35	2,853 03	17,569 42	24,715 45	...	23,828 09	1,612 09
1879-80	14,071,343 13	4,232,427 16	175,806 15	18,479,576 44	3,086 74	46,497 88	27,092 63	...	120,479 43	5,282 40
1880-81	18,406,092 13	5,343,022 09	193,024 73	23,942,138 95	4,057 74	154,041 64	36,176 56	...	131,124 02	7,050 33
1881-82	21,581,570 05	5,884,859 95	82,616 45	27,549,046 45	5,179 13	119,222 18	45,753 34	...	...	16,744 60
1882-83	23,009,582 48	6,260,116 33	...	29,269,698 81	4,566 65	127,419 94	40,162 93	...	...	7,327 06
1883-84	20,023,890 14	5,459,309 05	...	25,483,199 19	1,923 35	86,941 81	37,062 71	...	...	8,598 90
1884-85	18,935,428 10	6,449,101 22	...	25,384,529 32	...	55,786 22	31,732 37	...	...	20,007 68
1885-86	19,373,551 26	5,852,904 95	...	25,226,456 21	...	97,642 47	27,141 05	...	...	5,617 34
1886-87	22,378,800 78	6,308,201 15	...	28,687,001 93	...	129,294 20	23,202 89	...	191,781 78	8,701 37
1887-88	22,105,926 32	6,071,486 86	...	28,177,413 18	...	171,086 65	16,827 42	...	217,083 07	9,163 51
1888-89	23,726,783 83	6,886,738 68	...	30,613,522 51	...	114,456 83	20,861 89	...	237,820 61	16,367 05
1889-90	23,968,953 60	7,618,118 13	...	31,587,071 73	...	152,930 01	18,223 69	...	220,141 00	10,721 82
1890-91	23,399,300 77	6,914,850 38	...	30,314,151 15	...	99,328 79	16,733 14	...	264,592 28	16,011 02
1891-92	20,501,059 36	7,945,097 95	...	28,446,157 31	...	219,194 38	14,357 37	...	322,796 38	7,255 22
1892-93	20,954,003 47	8,367,363 95	...	29,321,367 42	...	139,456 34	10,944 72	...	285,596 07	15,006 47
1893-94	19,198,114 20	8,381,088 89	...	27,579,203 09	...	201,941 47	12,066 24	...	210,096 50	14,638 96
1894-95	17,640,466 00	7,805,732 71	...	25,446,198 71	...	89,145 34	7,106 57	...	167,869 58	9,534 74
1895-96	19,833,279 48	7,926,005 94	...	27,759,285 42	...	210,557 63	11,405 02	...	166,256 49	11,414 02
1896-97	19,478,247 19	9,170,378 92	...	28,648,626 11	...	119,210 05	10,428 12	...	172,513 65	9,982 19

TABLEAU VII.—État comparatif des recettes du fonds consolidé, etc.—*Suite.*

Année.	Inspection d'éclairage électrique.	Amendes, confiscations et saisies.	Pêcheries.	Timbres d'inspection du gaz et judiciaires.	Intérêt sur placements.	Surintendance des assurances.	Contribution impériale à l'île de Sable, etc.	Milice.	Recettes diverses.	Service de transport, Territoires du Nord-Ouest.	Terres de l'artillerie.	Droits sur passagers (immigration).
	$ c.	$ c.	$ c.	$ c.	$ c.	$ c.	$ c.	$ c.	$ c.	$ c.	$ c.	$ c.
1867-68.	....	30,305 49	19,556 97	....	174,073 46	....	29,537 32	26,155 70	3,377 05	....	42,332 99	31,064 04
1868-69.	....	20,649 58	13,583 97	....	824,424 46	....	....	12,095 04	8,681 80	....	45,248 50	40,398 00
1869-70.	....	41,680 69	16,622 43	....	383,955 91	....	....	16,535 75	18,421 31	....	49,915 40	39,855 24
1870-71.	....	47,877 28	12,408 97	....	554,383 72	....	....	7,393 58	53,012 57	....	95,216 35	36,750 65
1871-72.	....	48,333 67	10,458 00	....	488,041 54	....	....	38,966 51	18,151 93	46,178 44	54,043 00	15,361 50
1872-73.	....	17,850 45	10,338 24	....	396,403 94	....	....	18,495 78	38,346 23	12,492 00	54,308 43	7,383 00
1873-74.	....	14,296 04	14,012 83	....	610,863 00	....	....	42,756 85	40,189 22	24,485 03	214,384 30	....
1874-75.	....	20,422 11	14,764 20	....	840,886 65	....	....	12,137 13	50,907 87	3,651 57	45,016 93	5,092 70
1875-76.	....	16,836 39	13,571 12	....	798,905 95	....	....	24,344 73	38,011 51	....	51,350 80	....
1876-77.	....	16,778 85	13,364 85	3,270 83	717,684 31	7,422 35	....	12,627 14	51,169 02	....	87,689 28	....
1877-78.	....	26,664 12	14,113 11	3,776 21	791,757 60	235 11	....	12,796 43	22,977 07	....	44,219 37	....
1878-79.	....	32,148 81	17,738 34	3,172 36	592,500 04	6,134 38	....	16,031 14	15,325 77	....	40,849 56	....
1879-80.	....	50,778 04	19,423 16	3,394 75	834,792 67	8,005 91	....	20,555 69	32,079 06	....	30,091 37	....
1880-81.	....	38,216 58	24,596 94	2,529 99	751,513 49	9,647 90	....	19,346 32	15,003 64	....	50,747 33	....
1881-82.	....	17,677 13	23,687 45	3,772 26	914,009 27	9,315 44	4,263 99	18,579 93	9,177 89	....	42,989 13	....
1882-83.	....	27,185 56	21,337 16	3,797 62	1,001,192 96	9,301 27	2,909 94	16,081 50	9,411 76	....	19,402 69	....
1883-84.	....	41,276 15	20,006 50	7,167 42	986,698 37	9,855 13	2,634 66	22,211 73	9,672 55	....	14,138 70	....
1884-85.	....	51,847 75	26,627 86	8,078 93	1,997,035 50	9,714 93	695 00	18,943 63	9,021 70	....	24,540 61	....
1885-86.	....	99,227 38	26,088 50	9,004 94	2,299,078 91	10,197 86	4,575 34	24,331 51	9,573 47	....	26,483 16	....
1886-87.	....	19,736 64	25,947 53	8,164 22	990,886 69	8,285 54	2,810 66	23,428 66	10,954 62	....	21,676 57	....
1887-88.	....	12,291 73	44,998 12	9,409 04	932,025 35	9,702 14	905 00	20,719 52	10,329 78	....	36,239 88	....
1888-89.	....	18,576 19	56,426 26	12,247 10	1,305,392 25	7,758 98	105,023 84	22,712 55	10,834 13	....	42,072 07	....
1889-90.	....	68,277 92	69,643 33	12,232 60	1,082,271 36	7,706 70	2,911 67	43,209 15	7,347 89	....	29,921 61	....
1890-91	....	2,429 66	70,794 42	10,543 65	1,077,228 11	7,693 81	915 00	43,358 27	9,210 28	....	54,229 69	....
1891-92.	....	9,586 53	62,785 89	13,176 55	1,086,419 93	7,913 44	978 00	40,372 65	8,969 21	....	42,360 80	....
1892-93.	....	82,535 42	111,540 32	18,164 78	1,150,166 51	8,126 27	990 00	42,584 81	10,027 89	....	33,776 90	....
1893-94.	....	12,339 64	79,601 59	20,749 23	1,217,808 97	8,977 79	6,795 00	42,527 09	11,641 59	....	22,318 20	....
1894-95.	....	22,469 39	94,970 04	23,550 85	1,336,046 94	9,793 70	4,815 33	39,445 03	11,148 24	....	22,645 97	....
1895-96.	8,066 25	2,992 58	88,822 66	23,447 05	1,370,000 56	9,985 78	2,771 66	42,716 80	22,411 75	....	17,550 28	....
1896-97.	6,805 25	21,037 07	106,469 55	21,559 28	1,443,003 84	10,183 81	2,774 66	40,362 59	12,896 52	....	9,831 27	....

TABLEAU VII.—État comparatif des recettes du fonds consolidé, etc.—*Fin.*

Année.	Honoraires de brevets.	Péni-tenciers.	Postes, y compris frais de port transatlantique et mandats-poste.	Travaux publics, y compris chemins de fer et canaux.	Prime et escompte.	Inspection des bateaux à vapeur.	Fonds de retraite.	Droits de tonnage (police riveraine).	Droits de tonnage (fonds des marins).	Poids et mesures.	Total des recettes.
	$ c.	$ c.	$ c.	$ c.	$ c.	$ c.	$ c.	$ c.	$ c.	$ c.	$ c.
1867 68.	8,948 13	64,040 98	525,691 80	901,466 41	....	5,682 36	....	11,918 76	24,672 66	....	13,687,928 49
1868-69.	13,241 04	75,935 16	535,315 14	918,932 80	608,510 12	11,914 63	....	21,400 06	33,018 27	....	14,379,174 52
1869-70.	13,822 26	93,550 89	573,565 84	1,006,844 67	14,533 56	9,369 67	....	23,490 91	30,987 38	....	15,512,225 65
1870-71.	14,073 34	124,817 85	612,630 67	1,146,240 25	92,019 59	10,692 13	49,470 59	21,345 28	30,409 41	....	19,335,560 81
1871-72.	13,076 31	108,132 05	692,374 98	1,211,729 08	24,077 64	10,860 58	53,213 80	26,744 51	33,741 79	....	20,714,813 68
1872 73.	28,333 73	98,087 94	833,657 21	1,316,635 90	52,477 16	18,284 12	54,757 30	28,041 09	38,363 14	....	20,813,469 45
1873 74.	29,915 17	95,066 90	1,139,973 15	1,509,915 04	4,968 18	15,106 12	34,620 18	28,650 39	41,732 81	....	4,205,092 54
1874-75.	34,672 17	97,072 90	1,155,332 09	1,432,359 95	13,415 29	16,144 25	36,678 71	25,620 09	37,658 12	....	24,648,715 04
1875-76.	35,673 31	95,408 80	1,102,540 32	1,479,231 61	32,635 60	13,768 87	38,476 00	26,499 09	41,507 06	....	22,587,587 05
1876-77.	33,583 27	98,752 70	1, 4[illegible]45 78	1,917,455 19	....	15,879 93	40,890 26	28,598 10	44,245 83	50,423 90	22,059,274 11
1877-78.	35,111 33	35,784 06	1,207,790 15	2,034,483 53	....	12,431 93	41,856 62	26,805 75	44,668 85	30,054 10	22,375,011 88
1878-79.	30,051 81	53,115 10	1,172,418 14	1,863,149 07	460 82	12,331 16	41,959 20	21,361 65	37,757 39	13,685 97	22,517,382 14
1879-80.	38,440 76	31,504 12	1,252,498 22	2,167,401 00	777 78	12,762 02	43,531 80	21,510 15	42,472 10	15,372 57	23,307,406 69
1880-81.	46,333 12	30,344 16	1,352,109 64	2,759,591 06	90,685 47	13,953 49	44,995 80	27,375 09	49,771 41	33,946 87	29,635,297 54
1881-82.	58,769 93	24,224 63	1,587,888 15	2,711,134 30	64,991 35	15,277 78	46,426 39	21,420 33	45,914 77	27,989 70	33,383,455 52
1882-83.	64,561 61	22,156 64	1,800,391 37	3,101,138 04	83,363 09	12,577 36	46,372 03	28,060 02	47,632 36	28,601 43	35,794,649 80
1883-84.	73,039 78	17,848 72	1,755,674 49	3,055,792 09	52,414 05	15,371 79	51,882 21	28,497 25	48,666 65	31,387 53	31,861,961 73
1884-85.	65,172 31	13,468 69	1,841,372 22	3,065,502 59	16,444 04	12,942 66	52,701 33	20,698 79	38,994 90	31,142 19	32, 7[illegible]001 22
1885-86.	70,246 02	17,882 15	1,901,690 25	3,082,410 58	70,313 93	13,835 78	57,075 43	24,089 97	40,848 05	33,230 09	33,177,040 39
1886-87.	76,394 30	19,863 17	2,020,623 51	3,270,782 18	40,508 74	12,701 20	62,600 96	22,934 46	42,334 92	34,376 51	35,754,993 25
1887 88	72,194 93	9,645 00	2,379,241 57	3,556,101 24	47,016 07	12,550 14	62,967 43	21,072 73	41,669 64	37,810 39	35,908,463 53
1888-89.	77,040 64	10,607 29	2,220,503 66	3,642,557 38	77,397 64	12,624 43	63,031 46	19,688 27	39,306 29	36,040 91	38,782,870 23
1889-90.	89,163 61	14,567 87	2,357,388 95	3,800,110 42	118,503 12	19,930 33	61,513 05	17,816 95	47,881 75	40,438 88	39,879,925 41
1890-91.	90,087 25	13,069 43	2,515,823 44	3,685,630 29	118,352 42	21,239 23	62,824 60	7,649 19	43,829 68	33,586 05	38,579,310 88
1891-92.	83,972 06	9,156 35	2,652,745 79	3,575,167 83	141,080 11	21,169 64	63,862 79	8,714 79	45,381 92	38,296 66	36,921,871 60
1892-93.	87,182 02	10,321 01	2,773,507 71	3,761,474 07	126,925 91	25,283 55	64,433 27	3,792 90	46,200 03	39,204 46	38,168,608 85
1893-94.	83,104 01	11,162 18	2,809,341 06	3,702,745 74	151,071 35	24,866 33	63,974 67	....	49,090 85	38,631 52	36,374,693 07
1894-95.	94,603 17	24,623 84	2,792,789 64	3,5 1,689 42	18,875 86	25,092 61	63,274 88	291 25	42,715 08	39,433 29	33,978,129 47
1895-96	98,864 54	42,493 24	2,964,014 23	3,594,264 48	3,162 05	23,934 16	61,390 99	....	45,726 11	37,056 94	36,618,590 72
1896-97.	[illegible]09 10	83,807 57	3,[illegible]02,938 42	3,587,166 31	34,853 92	25,033 95	59,218 14	....	54,294 09	36,772 94	37,829,778 40

TABLEAU VIII.—État comparatif des dépenses à compte du fonds consolidé, depuis le 1er juillet 1867 jusqu'au 30 juin 1897.

Année.	Imputables sur la dette publique.				Dépenses diverses.					
	Intérêt sur la dette publique.	Frais d'administration.	Prime, escompte et change.	Fonds d'amortissement.	Administration de la justice.	Arts, agriculture et statistique.	Commission de la frontière des Etats-Unis et du Canada.	Recensement.	Gouvernement civil.	Troupes fédérales, Manitoba.
	$ c.	$ c.	$ c.	$ c.	$ c.	$ c.	$ c.	$ c.	$ c.	$ c.
1867-68	4,501,568 33	285,512 75	73,676 54	355,266 66	291,242 73	5,580 59	....	....	594,441 82	....
1868-69	4,907,013 71	397,400 90	68,255 71	426,806 66	315,215 10	7,020 14	....	....	559,643 06	....
1869-70	5,047,054 24	332,599 45	7,400 01	126,533 33	304,299 61	6,226 84	....	....	620,348 73	....
1870-71	5,165,304 24	396,036 82	30,618 02	421,666 24	314,410 98	6,173 64	....	159,506 37	642,300 50	....
1871-72	5,257,230 64	293,522 51	52,889 54	470,606 67	346,847 55	6,411 00	....	217,604 68	663,189 43	....
1872-73	5,209,205 97	172,981 06	5,663 44	407,826 62	398,966 41	19,690 52	....	57,565 44	750,874 40	147,367 91
1873-74	5,724,436 31	238,003 52	26,680 99	513,920 00	459,037 49	19,091 97	81,723 60	39,470 34	883,685 53	209,169 42
1874-75	6,590,790 19	197,839 17	29,361 66	555,773 32	497,405 08	11,935 76	121,741 66	18,392 18	909,265 73	133,227 10
1875-76	6,400,902 07	189,596 91	18,551 64	822,953 32	544,091 20	67,552 16	134,105 18	10,191 05	841,995 39	81,916 53
1876-77	6,797,227 25	183,544 24	24,331 29	828,373 59	565,597 84	65,767 18	....	7,546 75	812,193 03	29,969 17
1877-78	7,048,883 55	189,566 54	2,519 80	945,746 02	564,920 11	92,365 62	43,905 69	1,053 66	823,369 80	11,210 18
1878-79	7,194,734 14	275,559 37	2,364 06	1,037,219 76	577,896 58	63,068 23	....	....	861,107 85	....
1879-80	7,773,868 75	245,731 40	43,354 09	1,165,867 22	574,311 41	25,068 24	....	....	898,605 16	....
1880-81	7,594,144 88	218,307 48	7,136 63	1,250,731 20	583,957 46	22,408 13	....	127,033 56	915,958 78	....
1881-82	7,740,804 47	191,075 06	3,968 52	1,290,724 90	581,695 72	20,741 89	....	252,671 42	946,031 65	....
1882-83	7,668,552 89	194,255 80	39,913 76	1,344,136 83	615,588 48	24,730 58	....	38,163 49	986,721 47	....
1883-84	7,700,180 61	179,766 58	50,138 66	1,403,863 61	615,044 90	38,187 55	....	29,579 88	1,084,417 9	....
1884-85	9,419,482 19	232,641 02	154,854 49	1,482,051 48	627,252 56	86,322 16	....	5,059 44	1,139,495 49	....
1885-86	10,137,008 66	282,390 85	64,530 01	1,606,270 77	707,832 47	203,312 02	....	....	1,190,370 68	....
1886-87	9,682,928 87	195,759 40	91,982 98	1,592,952 62	657,114 57	253,759 10	....	....	1,211,850 63	....
1887-88	9,823,313 00	205,363 29	138,228 83	1,939,077 79	678,814 65	311,159 17	....	....	1,258,618 15	....
1888-89	10,148,931 97	202,276 25	71,313 77	1,736,644 34	685,806 78	161,629 29	....	....	1,281,713 [illegible]	....
1889-90	9,656,841 16	186,336 97	44,071 98	1,887,237 20	709,784 12	153,398 44	....	....	1,308,846 95	....
1890-91	9,584,136 74	184,711 47	77,356 94	1,938,078 57	726,592 27	158,053 05	....	252,134 38	1,334,200 59	....
1891-92	9,763,978 34	176,036 62	7,901 44	2,027,860 79	750,723 23	6,563 92	....	269,939 40	1,325,087 20	....
1892-93	9,806,888 45	212,090 83	1,102 80	2,095,513 89	736,457 40	258,635 32	33,271 03	27,917 98	1,367,570 29	....
1893-94	10,212,596 13	166,444 39	14,531 40	2,131,360 81	745,504 00	264,879 66	61,869 85	....	1,402,279 49	....
1894-95	10,466,294 44	162,590 31	116,359 91	2,002.311 36	755,682 97	216,740 30	44,565 00	....	1,422,227 97	....
1895-96	10,502,429 90	166,315 43	82,260 42	2,055,287 52	758,270 08	210,877 61	28,358 14	....	1,396,628 36	....
1896-97	10,645,663 27	196,220 73	119,093 42	2,101,813 80	774,761 69	224,389 63	....	....	1,418,846 69	....

Tableau VIII.—Etat comparatif des dépenses à compte du fonds consolidé, etc.—*Suite.*

Diverses dépenses—*Suite.*

Année.	Pêcheries.	Commission géologique et observatoires.	Immigration.	Quarantaine.	Sauvages.	Surintendance des assurances.	Législation.	Phares et service côtier.	Subventions pour service des malles par paquebots.
	$ c.	$ c.	$ c.	$ c.	$ c.	$ c.	$ c.	$ c.	$ c.
1867-68	30,572 06	28,600 00	36 049 76	24,346 47	....	....	595,810 48	174,982 78	177,349 33
1868-69	33,001 84	38,350 00	26,951 80	16,195 75	....	....	409,613 70	190,670 68	253,746 67
1869-70	61,312 57	39,550 60	55,965 99	15,968 85	6,080 00	....	379,753 06	229,682 46	288,999 02
1870-71	97,827 51	45,779 82	54,004 20	17,785 83	6,080 00	....	356,205 84	334,692 56	286,098 97
1871-72	93,325 18	53,296 22	109,953 90	19,012 78	43,934 79	....	393,963 89	345,682 58	342,107 98
1872-73	97,878 20	64,630 54	265,717 79	21,651 04	63,776 00	....	614,487 09	480,375 57	363,447 98
1873-74	76,247 11	97,814 38	291,296 57	27,276 30	146,068 31	....	784,048 15	537,057 63	285,882 29
1874-75	66,584 68	93,829 76	278,776 99	23,993 69	195,499 59	....	572,273 41	490,256 58	287,772 40
1875-76	108,183 73	97,055 32	338,179 10	47,666 26	276,325 00	8,032 91	627,230 67	545,848 62	261,588 89
1876-77	96,348 08	95,558 85	309,352 90	44,598 14	301,596 00	7,512 76	596,006 34	471,278 49	314,941 50
1877-78	93,262 28	96.049 74	154,351 42	6,340 02	421,503 66	8,577 48	618,035 38	461,967 71	257,534 08
1878-79	82,319 07	110,785 92	186,403 06	25,820 99	489,327 29	8,517 16	748,007 58	447,566 92	257,701 51
1879-80	86,162 55	96,053 67	161,213 32	21,991 03	694,512 72	9,551 73	598,105 16	426,304 18	235,833 34
1880-81	80,560 35	111,352 80	214,251 05	36,561 94	805,097 17	9,579 71	611,375 73	443,724 36	201,503 34
1881-82	92,700 71	112.018 40	215,339 24	37,721 78	1,183,414 40	9,072 87	582,200 36	461,880 74	210,930 00
1882-83	168,977 35	112,235 65	373,957 71	63,776 73	1,106,961 46	9,874 83	740,768 26	491,546 35	237,500 79
1883-84	286,700 14	115,929 92	511,208 83	64,117 89	1,116,153 87	9,854 54	662,767 23	520,524 38	238,054 01
1884-85	273,174 78	115,841 42	423,860 90	82,547 11	[illegible]4 06	10,223 32	649,538 35	532,446 12	261,778 89
1885-86	374,394 76	135,456 02	257,354 93	90,220 62	1,195,093 38	8,577 92	1,037,778 68	553,515 08	271,457 20
1886-87	415,443 21	113,213 10	341,236 39	121,627 31	1,201,301 32	9,250 09	977,302 17	512,811 76	273,496 65
1887-88	416,182 38	117,523 62	244,789 09	67,701 47	1,000,802 33	7,244 31	807,424 63	489,258 01	342,613 33
1888-89	355,595 93	119,532 98	202,499 26	90,052 68	1,112,775 67	7,773 46	701,170 42	511,779 37	304,254 17
1889-90	328,893 66	120,548 31	110,091 76	72,245 19	1,107,824 31	7,647 15	932,187 30	466,115 86	286,315 13
1890-91	374,202 16	129,071 58	181,045 38	77,243 90	987,435 15	7,664 88	596,486 67	492,596 99	321,117 96
1891-92	384,610 66	129,134 76	177,604 82	80,083 30	894,265 54	8,541 87	1,302,876 50	503,639 12	273,207 37
1892-93	482,381 47	124,512 13	180,677 43	101,954 31	956,552 39	9,094 27	867,231 83	503,011 66	413,938 59
1893-94	466,750 76	158,010 14	202,235 52	113,571 43	968,563 17	9,578 20	698,006 64	476,635 07	530,702 66
1894-95	443,822 95	145,392 97	195,652 97	101,320 11	955,403 77	10,017 54	941,570 41	475,903 32	513,268 03
1895-96	74250 58	134,368 42	120,199 00	95,247 16	880,408 48	10,038 79	904,687 95	64057 55	534,916 63
1896-97	443,586 85	146,994 12	127,438 14	120,161 60	908,063 98	10,611 56	1,134,772 94	445,742 72	553,812 08

TABLEAU VIII.—État comparatif des dépenses à compte du fonds consolidé, etc.—*Suite.*

DIVERSES DÉPENSES—*Suite.*

Année.	Hôpitaux de la marine.	Milice et défense.	Divers.	Police à cheval.	Gouvernement des Territoires du Nord-Ouest.	Service par voie de mer et à l'intérieur.	Pénitenciers.	Pensions.	Police.	Travaux publics.
	$ c.	$ c.	$ c.	$ c.	$ c.	$ c.	$ c.	$ c.	$ c.	$ c.
1868	21,048 22	1,013,015 69	93,451 95	....	....	92,162 24	209,369 42	56,421 60	49,176 17	126,269 78
1869	34,837 16	937,513 35	129,784 51	....	....	63,510 31	269,817 26	50,564 18	46,321 12	65,015 27
1870	36,742 09	1,245,972 83	97,682 90	....	....	54,309 45	211,981 62	53,586 28	49,494 21	120,031 02
1871	35,551 58	908,732 86	159,636 05	....	....	72,939 86	219,212 25	52,611 49	39,547 35	597,274 96
1872	44,536 16	1,654,255 34	39,422 02	....	....	81,905 46	205,111 23	62,251 42	37,281 24	839,786 26
1873	48,150 43	1,248,663 93	63,848 57	....	....	92,742 34	270,661 20	49,204 04	49,813 99	1,297,999 11
1874	66,462 53	1,122,282 27	102,160 20	199,599 14	12,729 91	121,818 14	395,551 76	56,453 84	56,387 54	1,778,915 88
1875	59,021 93	1,013,943 84	75,382 96	333,583 90	32,497 10	165,699 89	337,593 55	63,656 58	54,563 06	1,756,010 11
1876	60,971 57	978,530 41	86,026 20	369,518 39	4,282 47	284,941 07	312,015 31	110,201 04	13,427 73	1,948,241 82
1877	62,408 52	550,451 87	87,733 30	352,749 05	17,774 13	147,393 57	303,168 98	112,531 13	11,355 62	1,262,823 27
1878	57,484 60	618,136 58	62,968 61	334,748 50	18,199 20	144,837 82	308,101 69	105,842 05	10,616 44	997,469 70
1879	58,237 34	777,698 90	91,027 25	344,823 77	10,574 90	141,175 25	308,482 61	107,795 04	11,122 08	1,013,023 10
1880	55,031 23	690,018 93	174,191 46	332,855 12	9,527 07	149,501 52	270,381 54	102,888 95	12,368 05	1,046,341 97
1881	52,183 27	667,000 51	91,649 95	289,845 23	18,279 85	227,936 29	307,366 29	96,388 66	13,525 77	1,108,814 85
1882	53,100 57	772,811 79	97,408 01	368,456 47	19,305 20	187,809 29	293,616 76	101,196 96	12,841 11	1,342,000 48
1883	49,879 31	734,354 25	209,624 64	477,825 45	29,048 22	200,982 42	286,424 86	98,446 13	18,490 19	1,765,255 64
1884	51,312 62	989,498 22	301,732 93	485,983 66	34,637 07	231,519 23	296,996 32	95,542 72	20,124 49	2,908,851 65
1885	55,391 28	†2,707,757 77	431,112 29	564,249 64	48,547 76	280,275 58	287,551 67	89,879 38	18,953 14	2,302,362 74
1886	49,359 67	1,178,659 10	433,413 38	1,029,369 20	*3,234,587 61	206,476 02	310,782 46	88,319 37	17,341 23	2,046,552 32
1887	52,252 32	1,193,692 77	207,156 02	781,664 42	110,373 95	205,031 10	311,267 45	102,109 24	16,678 44	2,133,315 59
1888	49,445 29	1,273,178 59	359,646 71	862,965 06	104,801 94	211,462 27	320,776 61	120,333 85	16,812 20	2,162,116 29
1889	52,332 34	1,323,551 56	415,707 68	829,701 46	177,015 45	318,098 91	319,436 26	116,029 78	18,306 88	2,299,231 24
1890	41,729 11	1,287,013 59	174,066 18	753,093 50	180,692 89	164,046 70	349,839 40	107,391 45	20,464 61	1,972,501 18
1891	35,167 74	1,279,513 65	181,795 33	740,979 07	249,237 50	199,277 26	353,158 32	103,850 35	21,459 87	1,937,545 72
1892	34,102 71	1,266,308 05	164,787 12	701,932 32	244,768 56	177,185 37	344,528 66	92,456 67	21,788 76	1,627,851 24
1893	36,143 97	1,419,745 89	251,407 72	615,479 21	276,446 03	193,349 78	346,35[illegible] 93	90,309 06	22,157 25	1,927,832 45
1894	38,403 94	1,284,517 17	187,974 04	611,263 21	276,951 99	211,922 67	446,134 16	86,927 18	21,947 47	2,033,954 91
1895	38,589 05	1,574,013 76	172,645 57	646,125 17	303,626 74	205,092 65	449,599 81	84,349 36	21,943 13	1,742,316 89
1896	36,683 36	1,136,713 54	172,363 61	533,014 17	330,702 99	181,451 71	385,227 58	86,080 31	22,703 38	1,299,768 89
1897	38,130 68	1,667,588 20	210,113 99	526,162 05	320,535 66	183,257 60	409,598 23	90,881 89	23,788 82	1,463,718 54

† Cette somme comprend $1,697,851.52 pour la dépense de la rébellion du Nord-Ouest.
* $3,177,220.50 do do

TABLEAU VIII.—ÉTAT comparatif des dépenses à compte du fonds consolidé, etc.—*Suite.*

Année.	Diverses dépenses—*Fin.*					Perception du revenu.			
	Chemins de fer et canaux.	Fonds de secours des colons, Manitoba.	Inspection des bateaux à vapeur.	Subventions aux provinces.	Fonds de retraite.	Falsification des substances alimentairss.	Inspection et mesurage de bois.	Douanes.	Terres fédérales.
	$ c.	$ c.	$ c.	$ c.	$ c.	$ c.	$ c.	$ c.	$ c.
1867-68	....	....	10,406 93	2,753,966 46	....	....	69,450 93	477,503 82	....
1868-69	413 53	....	11,299 99	2,604,050 13	....	....	67,089 33	496,049 94	....
1869-70	6,208 21	....	7,396 96	2,588,604 96	....	....	74,096 60	505,109 31	....
1870-71	168,583 73	....	8,321 00	2,624,940 23	12,880 49	....	62,130 22	500,441 49	14,243 97
1871-72	25,777 30	....	3,500 00	2,930,113 10	38,842 81	....	65,697 26	528,735 62	200,519 81
1872-73	299,614 64	....	13,266 00	2,921,399 87	53,026 03	....	69,691 90	567,765 36	237,676 19
1873-74	47,085 15	....	10,291 58	3,752,757 48	64,442 84	....	82,886 43	*727,629 36	282,696 28
1874-75	1,065 53	....	12,199 81	3,750,961 88	77,298 25	....	81,956 33	682,673 65	185,218 92
1875-76	700 00	83,405 80	13,081 86	3,690,355 15	101,627 16	2,601 83	66,596 95	721,008 60	212,841 27
1876-77	....	....	13,073 01	3,655,850 58	104,826 99	4,903 46	68,171 76	721,604 95	90,521 71
1877-78	1,125 00	....	14,315 82	3,472,807 87	106,588 91	5,964 94	49,940 38	714,527 77	87,628 52
1878-79	570 00	....	13,157 38	3,442,764 34	113,531 63	7,797 02	4,670 02	719,711 29	91,773 29
1879-80	5,584 90	....	11,854 34	3,430,846 31	127,792 22	8,887 37	44,651 89	716,126 23	147,802 98
1880-81	29,951 08	....	12,149 15	3,455,517 73	147,362 10	8,149 10	51,079 65	717,704 31	67,745 97
1881-82	81,440 26	....	14,835 97	3,530,999 48	160,319 95	9,968 06	51,360 65	723,913 85	81,899 57
1882-83	94,543 59	....	16,209 02	3,606,672 61	186,236 67	9,722 07	56,228 79	757,245 62	115,746 90
1883-84	204,090 12	....	21,893 28	3,603,714 38	192,692 70	11,754 49	54,866 17	798,837 96	166,898 69
1884-85	86,026 44	....	23,211 58	3,959,326 91	203,636 21	14,948 08	50,580 00	791,537 91	178,727 29
1885-86	87,456 20	....	21,799 03	4,182,525 91	200,655 25	13,523 79	49,284 56	800,107 34	194,965 58
1886-87	121,629 13	....	22,825 80	4,169,341 04	202,285 85	21,334 01	51,120 43	819,131 62	195,725 71
1887-88	176,389 89	....	21,430 45	4,188,513 53	212,743 72	25,622 06	49,596 23	851,025 36	184,548 04
1888-89	188,660 00	....	22,313 03	4,051,427 62	218,933 65	23,667 79	48,307 56	864,590 46	188,759 22
1889-90	214,189 97	....	20,989 52	3,904,922 12	241,764 66	23,259 37	30,781 16	873,400 10	173,574 29
1890-91	199,083 59	....	22,183 76	3,903,756 61	241,110 49	24,725 12	28,599 75	900,491 82	158,483 11
1891-92	219,732 61	....	22,736 59	3,935,913 56	253,679 88	23,387 94	26,143 22	904,800 50	132,807 24
1892-93	237,638 91	....	24,386 95	3,935,764 80	263,710 15	24,249 78	27,628 69	901,946 10	136,179 17
1893-94	133,996 60	....	25,939 89	4,206,654 77	262,302 07	24,006 67	25,281 18	921,039 92	133,305 06
1894-95	252,716 00	....	26,385 88	4,250,674 46	265,385 77	24,284 44	23,299 16	917,632 39	129,727 51
1895-96	126,443 94	....	26,321 27	4,235,664 24	311,231 79	24,312 98	17,237 38	896,332 50	119,908 08
1896-97	134,405 10	....	26,837 83	4,238,059 08	307,792 66	24,008 80	16,618 75	945,245 33	111,415 12

* Y compris $69,330.02 remboursés les années précédentes.

TABLEAU VIII.—ETAT comparatif des dépenses à compte du fonds consolidé, etc.—*Suite.*

Année.	Perception du revenu—*Fin.*									Total.
	Accise.	Inspection des denrées.	Acte des licences pour la vente des liqueurs.	Menus revenus.	Postes.	Travaux publics.	Chemins de fer et canaux.	Commerce.	Poids, mesures, gaz et éclairage électrique.	
	$ c.	$ c.	$ c.	$ c.	$ c.	$ c.	$ c.	$ c.	$ c.	$ c.
1867-68	78,939 00			16,841 91	616,802 21	44,783 22	581,503 11			13,486,092 96
1868-69	109,414 56			21,778 26	787,886 32	51,039 41	641,813 65			14,038,084 00
1869-70	119,461 48			32,804 16	808,622 77	68,560 13	743,070 44			14,345,509 58
1870-71	129,563 56			35,436 78	815,470 59	78,300 12	752,771 60			15,623,081 72
1871-72	142,732 09			39,369 95	929,609 33	92,206 63	913,236 45			17,589,468 82
1872-73	171,704 85			22,262 12	1,067,866 09	118,021 66	1,378,163 62			19,174,647 92
1873-74	206,935 28			11,371 03	1,387,270 48	128,859 65	2,260,820 07			23,316,316 75
1874-75	199,253 72	1,499 52		23,867 04	1,520,861 21	157,680 64	1,981,892 75		69,969 92	23,713,071 04
1875-76	218,359 81	537 72		20,024 02	1,622,827 10	147,215 00	1,897,282 83		99,785 05	24,488,372 11
1876-77	211,157 18	648 64		20,181 01	1,705,311 54	112,486 17	2,239,346 23		111,085 70	23,519,301 77
1877-78	215,024 50	1,020 08		21,785 45	1,724,938 52	97,123 93	2,374,313 97		96,484 66	23,503,158 25
1878-79	211,064 71	622 94		27,888 26	1,784,423 88	110,618 25	2,570,360 85		84,004 97	24,455,381 56
1879-80	219,284 91	966 94		28,732 52	1,818,271 05	103,170 01	2,226,456 21		60,566 76	24,850,634 45
1880-81	247,577 05	573 73		3,575 08	1,876,657 96	99,948 28	2,603,717 46		74,170 53	25,502,554 42
1881-82	280,573 51	933 44		5,916 41	1,980,567 25	137,679 97	2,755,832 95		69,323 49	27,067,103 58
1882-83	278,910 51	460 17		5,445 20	2,176,089 09	147,411 14	3,117,465 50		73,777 03	28,730,157 45
1883-84	303,617 28	706 40	3,840 65	2,824 78	2,312,965 27	180,688 65	3,122,103 01		83,523 12	31,107,706 25
1884-85	309,268 29	847 96	2,230 45	2,587 92	2,488,315 36	180,360 91	3,268,221 85		84,977 93	35,037,060 12
1885-86	310,022 06	1,797 38	53,515 86	6,478 11	2,763,186 41	191,836 30	3,339,670 25		84,363 72	39,011,612 26
1886-87	344,690 93	1,801 80	186,342 30	3,973 35	2,818,907 22	173,612 82	3,673,894 35		85,492 33	35,657,680 16
1887-88	373,348 44	2,549 22	6,340 29	3,868 59	2,889,728 59	154,187 05	4,160,332 20		88,618 27	36,718,494 79
1888-89	362,833 42	2,370 00	338 48	3,773 66	2,982,321 48	215,085 51	4,095,300 97		85,990 26	36,917,834 76
1889-90	362,996 45	2,040 51	268 08	5,221 91	3,074,469 91	186,345 83	4,362,200 26		88,383 23	35,994,031 47
1890-91	378,236 81	1,930 41	1,230 84	3,810 97	3,161,675 72	196,580 19	4,505,516 35		92,038 93	36,343,567 96
1891-92	400,049 52	2,258 46		3,529 84	3,316,120 03	190,386 22	4,337,876 96		88,707 27	36,765,894 18
1892-93	387,673 27	1,659 56	15 00	4,478 38	3,421,203 17	149,390 98	3,848,403 53		91,097 10	36,814,052 90
1893-94	484,949 72	2,208 06		5,532 27	3,517,261 31	154,257 24	3,760,549 82	9,249 30	94,975 58	37,585,025 52
1894-95	471,864 90	2,354 73		1,585 49	3,593,647 47	151,698 22	3,704,126 48	11,022 02	98,173 67	38,132,005 05
1895-96	470,869 86	2,576 94	12 61	1,833 73	3,665,011 30	159,460 22	3,826,225 51	9,462 80	97,925 32	36,949,142 03
1896-97	464,426 75	2,921 38		859 10	3,789,478 34	147,567 92	3,725,689 92	14,604 24	94,080 64	38,349,759 84

TABLEAU IX.—ÉTAT COMPARATIF de la dette fondée du Canada payable à Londres, du 1er juillet 1867 au 1er juillet 1897, selon le taux d'intérêt qu'elle porte.

Année.	A 3 pour 100 d'intérêt.	A 3½ pour 100 d'intérêt.	A 4 pour 100 d'intérêt.	A 5 pour 100 d'intérêt.	A 6 pour 100 d'intérêt.	Total.	Intérêt.	Moyenne de l'intérêt.
	$ c.	$ c.	$ c.	$ c.	$ c.	$ c.	$ c.	
1867			681,333 34	31,822,282 55	34,565,500 03	67,[illegible]615 92	3,692,297 45	5·55
1868			681,333 34	31,822,282 55	34,291,993 38	66,795,609 27	3,675,887 05	5·50
1869			7,300,000 00	34,257,615 89	34,289,560 05	75,847,175 94	4,062,254 39	5·35
1870			7,300,000 00	34,257,615 89	34,289,560 05	75,847,175 94	4,062,254 39	5·35
1871			7,300,000 00	34,257,615 89	34,253,546 72	75,811,162 61	4,060,093 59	5·35
1872			7,300,000 00	34,086,795 89	35,099,860 04	76,486,655 93	4,102,331 39	5·36
1873			7,300,000 00	33,985,082 58	34,852,633 36	76,137,715 94	4,082,412 15	5·36
1874			16,060,000 00	33,830,322 56	35,907,726 59	85,798,049 15	4,488,379 71	5·23
1875			35,526,666 67	33,830,322 56	30,604,033 29	99,961,022 52	4,948,824 77	4·95
1876			47,693,333 33	33,829,349 23	30,610,846 62	112,133,529 18	5,435,851 58	4·84
1877			59,859,999 99	33,828,375 90	28,789,253 29	122,477,629 18	5,813,173 97	4·74
1878			59,859,999 99	33,828,375 90	27,556,039 96	121,244,415 85	5,739,181 19	4·73
1879			74,459,999 99	33,828,375 90	20,019,033 29	128,307,409 18	5,870,960 78	4·57
1880			89,059,999 99	33,926,195 88	14,038,386 66	137,024,582 53	6,101,012 98	4·45
1881			89,059,999 99	33,926,195 88	12,614,886 66	135,601,082 53	6,015,602 99	4·43
1882			89,059,999 99	33,807,935 88	9,254,939 99	132,122,875 86	5,808,093 20	4·39
1883			89,059,999 99	33,806,962 55	7,320,440 00	130,187,402 54	5,691,974 52	4·37
1884		24,333,333 33	89,059,999 99	33,806,962 55	5,956,800 00	153,157,095 87	6,461,822 79	4·22
1885		31,619,241 30	128,689,929 21	2,433,333 34	5,948,526 66	168,691,030 51	6,732,848 86	3·99
1886		24,333,333 33	140,856,595 87	2,433,333 34	4,623,820 01	172,247,082 55	6,885,026 35	3·99
1887		24,333,333 33	140,856,595 87	2,433,333 34	4,052,473 35	171,675,735 89	6,850,745 57	3·99
1888	6,375,333 33	21,333,333 33	140,856,595 87	2,433 333 34	2,603,180 02	176,601,775 89	6,955,047 97	3·94
1889	19,466,666 67	24,333,333 33	140,856,595 87	2,433,333 34	1,149,506 69	188,239,435 90	7,260,567 58	3·85
1890	19,466,666 67	24,333,333 33	142,803,262 53	2,433,333 34	526,573 34	189,563,169 21	7,301,058 23	3·85
1891	19 890,297 66	24,333,333 33	148,643,262 52	2,433,333 34	526,573 34	195,826,800 19	7,547,367 16	3·85
1892	30,727,506 24	24,333,333 33	140,856,595 87	2,433,333 34	453,573 34	198,804,342 12	7,556,636 75	3·80
1893	33,538,644 67	24,333,333 33	142,316,595 87	2,433,333 34	453,573 34	203,075,480 55	7,699,370 91	3·79
1894	39,652,242 08	24,333,333 33	143,289,929 20	2,433,333 34		209,708,837 95	7,894,497 77	3·76
1895	50,602,241 01	24,333,333 33	140,856,595 87	2,433,333 34		218,225,503 55	8,125,664 40	3·72
1896	50,602,241 01	24,333,333 33	140,856,595 87	2,433,333 34		218,225,503 55	8,125,664 40	3·72
1897	50,602,241 01	24,333,333 33	140,856,595 87	2,433,333 34		218,225,503 55	8,125,664 40	3·72

TABLEAU X.—État comparatif du passif et de l'actif du Canada, du 1er juillet 1867 au 1er juillet 1897, selon le taux d'intérêt qu'ils portent.

PASSIF.

Année.	Sans intérêt.	A des taux variables.	A $2\frac{1}{2}$ pour 100 d'intérêt.	A 3 pour 100 d'intérêt.	A $3\frac{1}{2}$ pour 100 d'intérêt.	A 4 pour 100 d'intérêt.	A 5 pour 100 d'intérêt.	A 6 pour 100 d'intérêt.	A 7 pour 100 d'intérêt.
	$ c.	$ c.	$ c.	$ c.	$ c.	$ c.	$ c.	$ c.	$ c.
1867	5,540,631 46	1,475,965 20				1,326,020 36	39,105,464 06	42,724,770 65	2,873,200 00
1868	7,357,516 08	1,372,873 87				1,482,309 41	38,842,604 18	44,468,162 66	3,373,200 00
1869	16,126,758 75	49,080 91				8,462,349 19	41,450,757 78	46,273,051 76	
1870	15,992,256 24	215,570 75				10,988,455 77	41,715,796 57	47,081,627 43	
1871	15,309,448 81					10,784,737 01	42,421,848 16	46,976,648 78	
1872	20,798,013 74					11,535,686 42	42,982,700 32	47,083,778 88	
1873	24,148,529 23	1,460,000 00				12,182,426 95	45,507,104 92	46,445,371 09	
1874	23,852,384 38					22,000,630 30	47,581,309 06	47,729,227 59	
1875	22,435,678 60	2,006,471 47				41,407,278 48	46,506,339 70	39,307,633 37	
1876	23,109,916 35					53,484,907 35	46,281,617 45	38,328,246 71	
1877	22,211,254 14	3,893,875 87				66,048,861 22	46,085,697 04	36,436,146 70	
1878	22,144,318 79	4,446,574 93				67,007,001 66	46,180,932 79	35,178,440 79	
1879	22,867,335 83	133,767 39				82,308,380 33	46,646,224 26	27,528,163 40	
1880	25,955,254 58					98,729,249 29	52,110,026 68	17,839,910 13	
1881	26,904,266 58					105,896,671 99	51,071,759 81	15,988,839 13	
1882	27,969,352 45					114,395,461 68	50,707,998 26	12,292,439 58	
1883	28,138,176 05					119,440,449 97	44,328,819 89	10,251,658 39	
1884	16,580,674 13				24,333,333 33	136,095,224 18	56,663,970 74	8,809,213 83	
1885	16,888,486 64				31,976,911 31	182.816,345 06	25,088,176 22	7,933,688 20	
1886	17,538,563 86				24,333,333 33	199,315,109 78	25,378,045 41	6,599,288 73	
1887	16,137,025 14				25,574,333 33	200,240,843 18	25,200,173 65	6,035,251 13	
1888	17,164,248 57			6,375,333 33	24,333,333 33	206,885,433 60	25,179,146 25	4,576,346 81	
1889	16,358,590 82			19,466,666 67	24,333,333 33	199,916,662 75	24,825,223 04	2,821,586 15	
1890	16,590,489 19			19,466,666 67	65,345,798 37	156,809,439 75	25,712,231 90	2,187,669 22	
1891	17,546,896 91			19,890,297 66	63,785,859 49	160,917,136 92	25,588,639 33	2,170,399 31	
1892	18,220,323 23	2,323,399 04		31,599,199 14	66,050,115 09	150,037,659 81	25,011,633 88	2,090,943 91	
1893	19,310,137 44			35,353,216 64	69,032,049 50	149,583,741 79	24,926,312 66	1,858,066 71	
1894	20,737,413 23			41,907,887 40	69,954,096 20	149,526,257 16	24,823,701 97	1,398,667 91	
1895	20,512,348 06			52,477,715 10	71,938,811 96	147,038,124 05	24,712,924 63	1,368,831 07	
1896	21,131,308 81			54,419,247 33	74,900,235 63	146,994,106 70	27,019,137 10	1,253,501 16	
1897	23,082,647 91		4,866,666 66	52,525,498 98	79,674,046 43	144,208,595 87	26,914,412 74	1,258,262 74	

TABLEAU X.—État comparatif du passif et de l'actif du Canada, du 1er juillet 1867 au 1er juillet 1897, etc.—*Suite.*

	PASSIF.			ACTIF.					
Année.	Total de la dette.	Total de l'intérêt	Moyenne du taux d'intérêt.	Sans intérêt.	A des taux variables.	A 1¼ pour 100 d'intérêt.	A 3 pour 100 d'intérêt.	A 3½ pour 100 d'intérêt.	A 4 pour 100 d'intérêt.
	$ c.	$ c.		$ c.	$ c.	$ c.	$ c.	$ c.	$ c.
1867	93,046,051 73	4,851,710 70	5·21	1,463,690 84	3,[illegible]60 16				
1868	96,896,666 20	4,974,279 93	5·13	4,209,856 29	3,162,825 75				
1869	112,361,998 39	5,188,641 90	4·62	15,812,184 66	1,[illegible]616 25		2,000,000 00		2,768,234 70
1870	115,993,706 76	5,355,614 96	4·61	15,675,193 64	353,960 99			4,883,089 49	2,076,176 03
1871	115,492,682 76	5,371,082 30	4·65	14,366,317 84	[illegible]754 14			5,055,492 89	1,384,117 36
1872	122,400,179 36	5,435,599 19	4·44	18,107,041 19	341,756 57			3,584,778 18	1,642,058 69
1873	129,743,432 19	5,549,374 57	4·33	20,513,788 37	301,756 57				
1874	141,163,551 33	6,122,844 30	4·28	21,408,907 41	301,756 57				
1875	151,663,401 62	6,340,056 39	4·18	22,107,852 14	787,703 70				2,280,213 29
1876	161,204,687 86	6,753,171 89	4·18	21,167,884 23	1,615,987 86				4,802,955 47
1877	174,675,834 97	7,132,408 11	4·08	22,256,314 13	5,297,169 70				5,993,492 64
1878	174,957,268 96	7,100,033 17	4·05	22,316,036 10	484,863 05				3,659,686 66
1879	179,483,871 21	7,281,018 07	4·00	23,334,300 66	601,491 21				4,082,972 82
1880	194,634,440 68	7,625,065 90	3·91	24,778,812 88	999,852 32			[illegible],00 00	6,025,457 45
1881	199,861,537 51	7,748,785 21	3·87	26,627,752 69	177,378 98		390,000 00	2,100,000 00	5[illegible]50 79
1882	205,365,251 97	7,848,764 76	3·82	26,829,052 85	173,458 80		15,000 00	3,853,066 67	11,265,294 49
1883	202,159,104 30	7,609,158 49	3·76	21,524,762 67	173,262 70		15,000 00		10,583,133 14
1884	242,482,416 21	9,657,227 00	3·98	9,723,888 91	[illegible]616 89			4,087,093 28	19,617,019 37
1885	264,703,607 43	10,162,275 80	3·84	10,203,605 48	344,185 96			1,122,015 40	19,493,197 79
1886	273,164,341 11	10,489,130 64	3·84	14,748,758 45	2,163,215 04			1,888,356 53	20,549,916 68
1887	273,187,626 43	10,526,859 14	3·85	10,283,517 25				2,713,862 18	22,234,816 47
1888	284,513,841 89	10,851,882 13	3·81	10,921,419 03		4,900,000 00	434,717 42	2,923,825 72	21,141,398 83
1889	287,722,062 76	10,842,889 48	3·79	9,945,182 80			5,564,375 59	2,959,469 42	21,808,474 06
1890	286,112,295 10	10,560,352 24	3·69	8,576,100 98			3,356,644 12	2,860,377 73	22,514,851 09
1891	289,899,229 62	10,675,555 38	3·68	9,615,076 45			4,743,422 29	2,916,738 15	23,067,691 07
1892	295,333,274 10	10,683,742 63	3·62	10,202,283 25			6,624,845 79	2,978,089 89	23,102,731 08
1983	300,054,524 74	10,817,967 50	3·60	11,700,649 44			8,711,227 59	2,987,221 98	23,186,533 50
1894	308,348,023 96	11,001,880 41	3·57	13,858,251 39			10,662,540 19	2,985,717 13	22,933,006 57
1895	318,048,754 87	11,291,490 91	3·55	14,734,803 47			11,892,876 18	2,985,717 13	23,629,3[illegible]5 93
1896	325,717,536 73	11,560,016 73	3·54	13,729,712 84			13,584,653 04	4,219,783 80	24,633,665 77
1897	332,530,131 33	11,675,583 46	3·51	15,118,098 48			14,844,344 56	4,459,921 03	25,522,878 94

TABLEAU X.—État comparatif du passif et de l'actif du Canada, du 1er juillet 1867 au 1er juillet 1897, etc.—*Suite.*

Année.	ACTIF. A 4½ pour 100 d'intérêt.	A 5 pour 100 d'intérêt.	A 6 pour 100 d'intérêt.	Total de l'actif.	Total de l'intérêt.	Moyenne du taux de l'intérêt.	Total de la dette.	Total de l'actif.
	$ c.	$ c.	$ c.	$ c.	$ c.		$ c.	$ c.
1867	....	12,244,725 90	434,333 46	17,317,410 36	783,187 38	4·35	93, 46, 9[illegible] 73	17,317,410 36
1868	....	13,334,215 96	432,633 46	21,139,531 46	806,968 26	3·77	96,896,666 20	21,139,531 46
1869	....	14,019,390 12	442,853 46	36,502,679 19	929,268 20	2·53	112,361,998 39	36,502,679 19
1870	....	14,358,230 70	437,313 46	37,783,964 31	1,001,452 06	2·65	115,993,706 76	37,783,964 31
1871	....	15,362,739 09	939,743 79	37,786,165 11	1,068,269 50	2·88	115,492,682 76	37,786,165 11
1872	....	15,011,582 22	1,525,890 47	40, [illegible]107 32	1,033,282 50	2·57	122,400,179 36	40,213,107 32
1873	....	7,686,488 47	1,392,937 14	29,894,970 55	467,900 65	1·56	129,743,432 19	29,894,970 55
1874	....	9,735,918 01	1,392,094 92	32,838,586 91	570,316 19	1·[illegible]	141,163,551 33	32,838,586 91
1875	....	9,087,249 55	1,392,004 92	35,655,023 60	629,091 29	1·76	151,663,401 62	35,655,023 60
1876	....	7,674,341 29	1,394,002 93	36,653,173 78	673,955 49	1·83	161,204,687 86	38,653,173 78
1877	....	6,467,177 88	1,426,371 59	41,440,525 94	648,680 89	1·55	174,675,834 97	41,440,525 94
1878	....	6,674,614 98	1,359,998 26	34,495,199 05	566,718 20	1·63	174,957,268 96	34,595,199 05
1879	....	7,309,328 67	1,165,590 49	36,493,683 85	616,765 49	1·69	179,483,871 21	36,493,683 85
1880	....	8,176,112 25	1,202,617 17	42,182,852 07	756,980 93	1·79	194,634,440 68	42,182,852 07
1881	....	8,041,276 38	1,024,198 27	44,465,757 11	798,243 11	1·79	199,861,537 51	44,465,757 11
1882	....	8,686,123 44	881,604 94	51,703,601 19	1,078,325 32	2 08	105,365,251 97	51,708,601 14
1883	140,000 00	10,487,533 05	768,698 28	43,692,389 84	1,005,771 77	2·29	202,159,104 30	51,703,601 19
1884	....	25,750,419 36	680,628 14	60,320,565 95	2,272,240 77	3·76	242,482,416 21	60,320,565 95
1885	....	36,468,643 70	664,266 96	68,295,915 29	2,694.333 14	3·94	264,703,607 43	68,295,915 29
1886	....	10,111,302 50	543,684 82	50,005,234 02	1,501,927 85	3·00	273,164,341 11	50,005,234 02
1887	....	10,130,043 15	511,476 32	45,873,715 37	1,521,568 57	3·31	273,187,626 43	45,873,713 37
1888	....	9,412,791 32	248,331 41	49,982,483 73	1,507,820 83	3·02	284,513,841 89	49,982,483 73
1889	....	9,821,983 12	92,536 12	50,192,021 11	1,649,894 04	3·28	287,722,062 76	50,192,021 11
1890	....	11,226,550 48	44,558 93	48,579,083 33	1,655,407 64	3·41	286,112,295 10	48,579,083 33
1891	....	11,724,737 80	22,533 35	52,090,199 11	1,753,333 02	3·36	289,899,229 62	52,090,199 11
1892	....	11,271,356 30	22,533 35	54,202,162 04	1,792,007 65	3·30	295,333,274 10	54,201,839 66
1893	....	11,765,319 27	22,533 35	58,373,485 13	1,882,968 88	3·23	300,054,524 74	58,373,485 13
1894	....	11,703,919 20	21,560 00	62,164,994 48	1,928,186 11	3·10	308,348,023 96	62,164,994 48
1895	....	11,709,565 07	21,560 00	64,973,827 78	1,993,230 45	3·07	318,048,754 87	64,973,827 78
1896	....	11,030,728 51	21,560 00	67.220,103 96	2,093,408 67	3·11	325,717,536 73	67,220,103 96
1897	....	11,024,731 86	21,560 00	70,991,534 87	2,174,872 90	3·06	332,530,131 33	70,991,534 87

TABLEAU X.—État comparatif du passif et de l'actif du Canada, du 1er juillet 1867 au 1er juillet 1897, etc.—*Fin.*

Année.	Dette nette.	Intérêt (calculé sur les balances à la fin de l'année).			Moyenne.	Intérêt payé.	Moins intérêt sur placements.	Intérêt net.
		Sur le passif.	Sur l'actif.	Intérêt net.				
	$ c.	$ c.	$ c.	$ c.		$ c.	$ c.	$ c.
1867	75,728,641 37	4,851,710 70	753,187 48	4,098,523 22	5·41	4,501,568 33	126,419 84	4,375,148 49
1868	75,757,134 74	4,974,279 93	806,968 26	4,167,311 67	5·50	4,907,013 71	313,021 20	4,593,992 51
1869	75,859,319 20	5,188,641 90	929,268 20	4,259,373 70	5·63	5,047,054 24	383,955 91	4,663,098 33
1870	78,209,742 45	5,355,614 96	1,001,452 06	4,354,162 90	5·56	5,165,304 24	554,383 72	4,610,920 52
1871	77,706,517 65	5,371,082 30	1,068,269 50	4,302,812 80	5·54	5,257,230 64	488,041 54	4,769,189 10
1872	82,187,072 04	5,435,599 19	1,033,282 50	4,402,316 69	5·38	5,209,205 97	396,403 94	4,812,802 03
1873	99,848,461 64	5,549,374 57	467,900 85	5,081,473 92	5·09	5,724,436 31	610,863 00	5,113,573 31
1874	108,324,964 42	5,122,844 30	570,316 19	5,552,528 11	5·12	6,590,790 19	840,886 65	5,749,903 54
1875	116,008,378 02	6,340,056 39	629,091 29	5,710,965 10	4·92	6,400,902 07	798,905 95	5,601,996 12
1876	124,551,514 08	6,753,171 89	673,955 49	6,079,216 40	4·88	6,797,227 25	717,684 31	6,079,542 94
1877	133,235,309 03	7,132,408 11	648,680 89	6,483,727 22	4·85	7,048,883 55	605,774 22	6,443,109 33
1878	140,362,069 91	7,100,033 17	566,718 20	6,533,314 97	4·65	7,194,734 14	592,500 04	6,602,234 10
1879	142,990,187 36	7,281,018 07	616,765 49	6,664,252 58	4·52	7,773,868 75	834,792 67	6,939,076 08
1880	152,451,588 61	7,625,065 90	756,980 93	6,868,084 97	4·50	7,594,144 88	751,513 49	6,842,631 39
1881	155,395,780 40	7,748,785 21	798,243 11	6,950,542 10	4·47	7,740,804 47	914,009 27	6,826,795 20
1882	153,661,650 78	7,848,764 76	1,078,325 32	6,770,439 44	4·42	7,668,552 89	1,001,192 96	6,667,359 93
1883	158,466,714 46	7,609,158 49	1,005,771 77	6,603,386 72	4·16	7,7[illegible],180 61	986,698 37	6,713,482 24
1884	182,161,850 26	9,657,227 00	2,272,240 77	7,384,986 23	4·06	9,419,482 19	1,997,035 51	7,422,446 68
1885	196,407,692 14	10,162,275 80	2,694,333 14	7,467,942 66	3·80	10,137,008 66	2,299,078 91	7,837,929 75
1886	223,159,107 09	10,489,130 64	1,501,927 85	8,987,202 79	4·02	9,682,928 87	990,886 69	8,692,042 18
1887	227,313,911 06	10,526,859 14	1,521,568 57	9,005,290 57	3·96	9,823,313 00	932,025 35	8,891,287 65
1888	234,531,358 16	10,849,424 13	1,507,820 83	9,341,603 30	3·99	10,148,931 97	1,305,392 25	8,843,539 72
1889	237,530,041 65	10,842,889 48	1,649,894 04	9,192,995 44	3·86	9,656,841 16	1,082,271 36	8,574,569 80
1890	237,533,211 77	10,560,352 24	1,655,407 63	8,904,944 61	3·75	9,584,136 74	1,077,228 14	8,506,908 60
1891	237,809,030 51	10,675,555 38	1,753,333 02	8,922,222 36	3·75	9,763,978 34	1,086,419 93	8,677,558 41
1892	241,131,434 44	10,683,742 63	1,792,007 65	8,891,734 98	3·68	9,806,888 45	1,150,166 51	8,656,722 30
1893	241,681,039 61	10,817,967 50	1,882,968 88	8,934,998 62	3·69	10,212,596 13	1,217,808 97	8,994,787 16
1894	246,183,029 48	11,001,880 41	1,928,186 11	9,073,694 30	3·69	10,466,294 44	1,336,046 94	9,130,247 50
1895	253,074,927 09	11,291,490 91	1,993,230 45	9,29[illegible],260 46	3·67	10,502,429 90	1,370,000 56	9,132,429 34
1896	258,497,432 77	11,560,016 73	2,0[illegible]3,408 67	9,466,607 06	3·66	10,645,663 27	1,443,003 84	9,202,659 43
1897	261,538,596 46	11,675,583 46	2,174,872 90	9,500,710 56	3·63	....	....	....

État de la partie de la DETTE FÉDÉRALE PAYABLE À

	A 3 pour 100 d'intérêt.	A 3½ pour 100 d'intérêt.	A 4 pour 100 d'intérêt.
	£ s. d.	£ s. d.	£ s. d.
Acte 31 Vic., chap. 13, et acte impérial 30 Vic., chap. 16, emprunt impérial garanti	....	....	1,500,000 0 0
Acte 31 Vic., chap. 13	....	....	....
Acte 32 et 33 Vic., chap. 1, 31 Vic., chap. 13, et acte impérial 30 Vic., chap. 16	....	....	1,500,000 0 0
do do	....	....	300,000 0 0
Acte 37 Vic., chap. 2	....	....	4,000,000 0 0
Acte 38 Vic., chap. 3	....	....	1,000,000 0 0
do	....	....	1,500,000 0 0
Acte 39 Vic., chap. 1	....	....	2,500,000 0 0
Acte impérial 37 Vic., chap. 45	....	....	1,700,000 0 0
Acte 35 Vic., chap. 6, acte 38 Vic., chap. 4, acte 42 Vic., chap. 1, et 41 Vic., chap. 4	....	....	4,500,000 0 0
Acte 47 Vic., chap. 3	....	5,000,000 0 0	....
Acte 22 Vic., chaps. 84 et 18, et 46 Vic., chap. 3	....	....	6,443,136 2 9
Acte 47 Vic., chaps. 2 et 3	....	....	4,000,000 0 0
Acte 51 Vic., chap. 2	4,397,720 15 0	....	....
Acte 54-55 Vic., chap. 3	6,000,000 0 0	....	....
Total portant intérêt	10,397,720 15 0	5,000,000 0 0	28,943,136 2 9
Total, intérêt	311,931 12 6	175,000 0 0	1,157,725 8 9

LONDRES, le 30 juin 1897, et de l'intérêt annuel qu'elle porte.

A 5 pour 100 d'intérêt.	Total, sterling.	Total, cours du Canada.	Echéane.
£ s. d.	£ s. d.	$ c.	
....	1,500,000 0 0	7,300,000 00	1903, 1er octobre.
500,000 0 0	500,000 0 0	2,433,333 34	do
....	1,500,000 0 0	7,300,000 00	1908, 1er avril.
....	300,000 0 0	1,460,000 00	1904 do
....	4,000,000 0 0	19,466,666 67	1904, 1er mai.
....	1,000,000 0 0	4,866,666 66	1905, 1er novembre.
....	1,500,000 0 0	7,300,000 00	1910, 1er octobre.
....	2,500,000 0 0	12,166,666 66	1906, 1er novembre.
....	1,700,000 0 0	8,273,333 34	1913, 1er octobre.
....	4,500,000 0 0	21,900,000 00	1908, 1er novembre.
....	5,000,000 0 0	24,333,333 33	1909, (après 6 mois d'avis) ou 1934, 1er juin.
....	6,443,136 2 9	31,356,595 88	1910, 1er janvier.
....	4,000,000 0 0	19,466,666 66	1910, (après 6 mois d'avis) ou 1935, 1er janvier.
....	4,397,720 15 0	21,402,241 01	1938, 1er juillet.
....	6,000,000 0 0	29,200,000 00	do
500,000 0 0	44,840,856 17 9	218,225,503 55	
25,000 0 0	1,669,657 1 3	8,125,664 40	

ÉTAT de la partie de la DETTE FONDÉE EN CANADA le 30 juin 1897, et l'intérêt annuel qu'elle porte.

	Le Canada.				Total.	Echéance.
	Portant 3½ pour 100 d'intérêt.	Portant 4 pour 100 d'intérêt.	Portant 5 pour 100 d'intérêt.	Portant 6 pour 100 d'intérêt.		
	$ c.	$ c.	$ c.	$ c.	$ c.	
Fonds d'emprunt, B.C.					400 00	Passé échéance.
Acte 28 Vic., chap. 11; Nouveau-Brunswick					600 00	do
Acte 27 Vic., chap. 3 do					500 00	do
Acte 31 Vic., chap. 4				8,000 00	8,000 00	
Acte 34 Vic., chap. 6			282,623 70		282,623 70	Diverses dates.
Acte 46 Vic., chap. 2		2,852,000 00			2,852,000 00	1er nov. 1903.
do	500,000 00				500,000 00	1er déc. 1901.
Acte 53 Vic., chap. 1	3,150,514 68				3,150,514 68	Diverses dates.
Acte 47 Vic., chap. 8, et 57-58 Vic., chap. 5			2,394,000 00		2,394,000 00	
	3,650,514 68	2,852,000 00	2,676,623 70	8,000 00	9,188,638 38	
Moins—Débentures impayées					1,500 00	
Total portant intérêt	3,650,514 68	2,852,000 00	2,676,623 70	8,000 00	9,187,138 38	
Total, intérêt	127,768 01	114,080 00	133,831 18	480 00	376,159 19	

ÉTAT indiquant les EMPRUNTS AUTORISÉS et les BONS ÉMIS ET RACHETÉS, du 1er juillet 1896 au 30 juin 1897, et la BALANCE NÉGOCIABLE en vertu des dispositions des divers actes du parlement.

Dt.			Av.		
1896.		$ c.	1897.		$ c.
1er juillet.	Balance	8,613,422 36	30 juin	Montant de l'emprunt à 3½ pour 100 de 1896 émis	165,320 42
	Acte 60-61 Vic., chap. 3	15,000,000 00		Dépôts aux caisses d'épargne	2,135,657 14
1897.				Emprunt temporaire	2,920,000 00
30 juin	Montant des dettes rachetées durant l'année finissant le 30 juin 1897	692,594 38		Balance négociable reportée	19,085,039 18
		24,306,016 74			24,306,016 74
1897.					
1er juillet.	Balance	19,085,039 18			

ÉTAT des fonds d'amortissement du Canada, indiquant le montant des placements au 30 juin 1897.

Détails.	Cours.
	$ c.
Montant reporté de l'année précédente d'après les comptes publics de 1895-96	36,414,375 53
Montant des obligations et effets achetés durant l'année 1896-97 à compte de—	
Emprunt canadien réduit à 4 pour 100	643,907 87
do du chemin de fer Intercolonial à 4 pour 100	381,688 77
do garanti de la Terre de Rupert	39,852 89
Emprunts garantis de 1875-78	303,790 25
Emprunt de 1874	206,322 65
do 1875	49,083 43
do 1876	117,654 37
do 1878-79	189,777 08
do 1884	169,737 09
	38,516,189 33

DÉPENSES pour les chemins de fer, canaux, autres travaux publics, terres Pacifique, les dettes allouées aux provinces,

Année.	Canaux.	Chemin de fer Canadien du Pacifique.	Dettes allouées aux provinces.	Terres fédérales.	Chemin de fer Intercolonial et ses raccordements.	Autres travaux publics.
	$ c.	$ c.	$ c.	$ c.	$ c.	$ c.
1868	51,498 18	....	....	....	455,249 77	....
1869	130,141 80	....	....	....	282,615 18	....
1870	....	....	....	....	1,693,228 83	....
1871	....	30,148 32	....	....	2,866,376 44	....
1872	255,645 75	489,428 16	1,666,200 00	....	5,131,141 51	....
1873	256,547 27	561,818 44	13,859,079 84	....	5,019,239 70	....
1874	1,189,591 91	310,224 88	4,927,060 74	....	3,614,898 81	....
1875	1,714,830 37	1,546,241 67	....	....	3,426,099 55	....
1876	2,388,733 46	3,346,567 06	....	....	1,108,321 59	....
1877	4,131,374 30	1,691,149 97	....	....	1,318,352 19	....
1878	3,843,338 62	2,228,373 13	....	....	408,816 74	....
1879	3,064,098 61	2,240,285 47	....	....	226,639 19	....
1880	2,123,368 34	4,044,522 72	....	....	2,048,014 60	....
1881	2,077,028 49	4,968,503 93	....	334,681 41	608,732 80	175,138 01
1882	1,647,758 54	4,589,075 79	....	511,882 32	585,568 79	33,635 43
1883	1,763,001 97	10,033,800 04	....	556,869 77	1,616,632 96	49,449 05
1884	1,577,295 42	11,192,722 02	7,172,297 92	723,658 01	2,689,689 49	445,691 98
1885	1,504,621 47	9,900,281 53	5,420 39	303,592 66	1,247,006 45	142,088 78
1886	1,333,324 80	3,672,584 81	3,113,333 80	130,653 66	765,967 03	451,855 51
1887	1,783,698 16	915,057 49	....	162,391 67	926,029 69	254,983 47
1888	1,033,118 34	52,098 65	....	135,047 82	1,713,487 46	842,058 56
1889	972,918 43	86,716 07	....	130,684 85	2,623,137 30	443,256 97
1890	1,026,364 24	40,980 54	....	133,832 20	2,351,787 45	*3,124,260 23
1891	1,280,725 15	37,367 00	....	94,847 06	1,184,317 34	454,129 30
1892	1,463,279 19	66,211 39	....	86,735 33	316,783 96	220,879 27
1893	2,069,573 30	413,836 49	....	115,038 39	299,080 95	181,877 63
1894	3,027,164 19	146,539 87	....	149,146 58	439,209 14	102,058 94
1895	2,452,273 65	49,209 77	....	99,842 25	327,605 06	102,392 80
1896	2,258,778 97	65,669 49	....	82,184 15	260,395 54	114,825 58
1897	2,348,636 91	14,054 50	....	91,411 86	190,569 81	129,237 76
	48,768,727 83	62,733,469 20	30,743,392 69	3,812,499 99	45,744,995 3	7,267,819 27

* Y compris $2,725,504.10 pour améliorations du Saint-Laurent, dépensés les années précédentes par la

fédérales, et la milice, imputables sur le capital, le chemin de fer Canadien du et les dépenses des Territoires du Nord-Ouest.

Edifices publics, Ottawa.	Chemin de fer de l'Ile du Prince-Edouard.	Territoires du Nord-Ouest.	Milice.	Total.	Augmentation et diminution de la dette.	Dépenses du capital en sus de l'augmentation de la dette.
$ c.	$ c.	$ c.	$ c.	$ c.	$ c.	$ c.
41,689 63	...	...	...	548,437 58	+ 28,493 37	519,944 21
8,548 29	...	19,113 13	...	440,418 40	+ 102,184 46	338,233 94
...	...	1,821,887 35	...	3,515,116 18	+ 2,350,423 25	1,164,692 93
...	...	773,871 75	...	3,670,396 51	— 503,224 80	4,173,621 31
68,745 52	...	241,888 85	...	7,853,049 79	+ 4,480,554 39	3,372,495 40
99,517 00	...	63,238 92	...	19,859,441 17	+ 17,661,389 60	2,198,051 57
135,963 72	...	...	...	10,177,740 06	+ 8,476,502 78	1,701,237 28
189,484 11	46,086 63	...	...	6,922,742 33	+ 7,683,413 60	— 760,671 27
267,839 73	42,546 10	...	...	7,154,007 94	+ 8,543,136 06	— 1,389,128 12
258,833 09	200,000 00	...	...	7,599,709 55	+ 8,683,794 95	— 1,084,085 40
170,120 01	6,551 86	...	...	6,657,200 36	+ 7,126,760 88	— 469,560 52
77,179 34	40,129 05	...	...	5,648,331 66	+ 2,628,117 45	3,020,214 21
8,730 50	16,539 82	...	...	8,241,173 98	+ 9,461,401 25	— 1,220,227 27
12,231 86	...	...	...	8,176,316 50	+ 2,944,191 79	5,232,124 71
37,314 16	402 03	...	...	7,405,637 06	— 1,734,129 62	9,139,766 68
70,419 95	57,186 02	...	...	14,147,359 76	+ 4,805,063 68	9,342,296 08
45,681 22	130,663 38	...	...	23,977,702 44	+ 23,695,135 80	282,566 64
40,217 51	76,956 56	...	...	13,220,185 35	+ 14,245,841 88	— 1,025,656 53
117,346 25	4,668 33	...	...	9,589,734 19	+ 26,751,414 95	— 17,161,680 76
98,060 45	5,800 00	293,917 79	...	4,439,938 72	+ 4,155,668 35	284,270 37
121,719 46	...	539,929 87	...	4,437,460 16	+ 7,216,582 72	— 2,779,122 56
132,151 27	...	31,448 77	...	4,420,313 66	+ 2,998,683 49	1,421,630 17
96,665 32	...	4,773 10	...	*6,778,663 08	+ 3,170 12	6,775,492 96
61,572 77	...	2,901 42	...	3,115,860 04	+ 275,818 74	2,840,041 30
3,510 37	8,300 49	— 1,243 22	...	2,164,456 78	+ 3,322,403 93	— 1,157,947 15
...	...	8,910 84	...	3,088,317 60	+ 549,605 17	2.538,712 43
...	...	— 1,149 05	...	3,862,969 67	+ 4,501,989 87	— 639,020 20
...	...	— 833 13	...	3,030,490 40	+ 6,891,897 61	— 3,861,407 21
...	...	— 542 52	1,000,000 00	3,781,311 21	+ 5,422,505 68	— 1,641,194 47
...	...	3,284 64	745,964 75	3,523,160 23	+ 3,041,163 69	481,996 54
2,163,544 53	635,830 27	3,801,398 51	1,745,964 75	207,447,642 36	185,809,955 09	21,637,687 27

commission du port de Montréal.

État expliquant l'augmentation de la dette du 1er juillet 1867 au 30 juin 1897.

Item qui augmentent la dette.

Année.	Chemins de fer, canaux, chemin de fer Canadien du Pacifique, et autres travaux publics.	Terres fédérales.	Transferts du fonds consolidé.	Subventions aux chemins de fer, y compris la subvention du chemin de fer de Québec.	Frais et escompte sur emprunts.	Déficits.	Territoires.	Allocations aux provinces.	Milice.
	$ c.	$ c.	$ c.	$ c.	$ c.	$ c.	$ c.	$ c.	$ c.
1868	548,437 58		37,157 98						
1869	421,305 27		429,663 24				19,113 13		
1870	1,693,228 83		155,988 18				1,821,887 35		
1871	2,896,524 76						773,871 75		
1872	5 944,960 94		223,456 13				241,888 85	1,666,200 00	
1873	5,937,122 41		5,718 48				63,238 92	13,859,079 84	
1874	5,250,679 32		4,018 90					4,927,060 74	
1875	6.922,742 33		40,300 37						
1876	7,154,007 91		110 75		2,212,796 80	1,900,785 06			
1877	7,599,709 55		28,750 68		315,653 65	1,460,027 66			
1878	6,657,200 36		372,650 65		1,360,233 70	1,128,146 37			
1879	5.648,331 66				12,762 34	1,037,999 42			
1880	8,241,173 98				676,225 30	1,543,227 76			
1881	7,841,635 09	334,681 41	117,771 74		949,947 68				
1882	6,893,754 74	511,882 32	201,884 75						
1883	13,590,489 99	556,869 77	21,368 75						
1884	16,081,746 51	723,658 01	12,481 23	208,000 00	2,554,971 61			7,172,297 92	
1885	12,911,172 30	303,592 66		403,245 00	502,587 06	2,240,058 90		5,420 39	
1886	6,345,746 73	130,653 66	*10,220,180 21	2,701,249 00	314,792 86	5,834,571 87		3,113,333 80	
1887	3,983,629 26	162,391 67		1,406,533 00			293,917 79		
1888	6,487,986 57	135,047 82	155,623 07	1,027,041 92		810,031 26	539,929 87		
1889	4,258,180 04	130,684 85	10,517 34	846,721 83	1,322,810 47		31,448 77		
1890	3,914,553 68	133,832 20	44,946 56	1,678,195 72			4,773 10		
1891	3,018,111 56	94,847 06	33,377 69	1,265,705 87	34,696 63		2,901 42		
1892	2,078,964 67	86,735 33	971,027 91	1,248,215 93	1,122,541 52		—1,243 22		
1893	2,964,368 37	115,038 39	12 18	811,394 07	139,951 16		8,910 84		
1894	3,714,972 14	149,146 58		1,229,885 10	330,353 60	1,210,332 45	—1,149 05		
1895	2,931,481 28	99,842 25	94 67	1,310,549 10	399,199 22	4,153,875 58	—833 13		
1896	2,699,669 58	82,184 15	137,185 19	†3,228,745 49		330,551 31	—542 52		1,000,000 00
1897	2,682,773 52	91,411 86	682,780 52	416,955 30		519,981 44	3,284 64		745,964 75
	167,314,660 96	3,842,499 99	13,907,067 17	17,782,437 33	12,249,523 60	23,069,589 08	3,801,398 51	30,743,392 69	1,745,964 75

* Terres remises par le ch. de fer Canadien du Pacifique au montant de $10,189,521.33. † Subvent. du ch. de fer Québec, sur laquelle l'intérêt est payé, $2,394,000.

ÉTAT expliquant l'augmentation de la dette du 1er juillet 1867 au 30 juin 1896—*Fin.*

Année.	Augmentation brute de la dette.	Item qui diminuent la dette.						Diminution brute de la dette.	Augmentation nette de la dette.
		Fonds d'amortissement.	Surplus.	Transferts du fonds consolidé.	Recettes de primes sur emprunts.	Terres fédérales.	Remises de vente de travaux publics. (Capital.)		
	$ c.	$ c.	$ c.	$ c.	$ c.	$ c.	$ c.	$ c.	$ c.
1868	585,595 56	355,266 66	201,835 53					557,102 19	28,493 37
1869	870,8[illegible] 64	426,806 66	341,090 52					767,897 18	102,184 46
1870	3,671,104 36	126,533 33	1,166,716 07	27,431 71				1,320,681 11	2,350,423 25
1871	3,670,396 51	421,666 24	3,712,479 09	39,475 98				4,173,621 31	—503,224 80
1872	8,076,505 92	470,606 67	3,125,344 86					3,595,951 53	4,480,554 39
1873	19,865,159 65	407,826 62	1,638,821 53	156,121 90			1,000 00	2,203,770 05	17,661,389 60
1874	10,181,758 96	513,920 00	888,775 79	6,962 36	287,814 46		7,783 57	1,705,256 18	8,476,502 78
1875	9,175,839 50	555,773 32	935,644 00				1,008 58	1,492,425 90	7,683,413 60
1876	9,370,557 40	822,953 32		4,468 22				827,421 54	8,543,136 06
1877	10,448,721 59	896,440 00		†867,486 44			1,000 00	1,764,926 44	8,683,794 95
1878	8,170,759 72	1,012,753 35		28,233 26			3,012 23	1,043,998 84	7,126,760 88
1879	8,262,556 38	1,131,296 17		‡4,503,142 76				5,634,438 93	2,628,117 45
1880	10,734,349 42	1,215,807 96		57,140 21				1,272,948 17	9,461,401 25
1881	8,294,088 24	1,217,153 33	4,132,743 12					5,349,896 45	2,944,191 79
1882	7,607,521 81	1,226,205 80	6,316,351 94	54,637 21		1,744,456 48		9,341,651 43	—1,734,129 62
1883	14,168,728 51	1,290,153 33	7,064,492 35			1,009,019 15		9,363,664 83	4,805,063 68
1884	26,753,155 28	1,350,500 00	754,255 48		1,627 50	951,636 50		3,058,019 48	23,695,135 80
1885	16,366,076 31	1,563,194 84		22,938 06	140,483 33	393,618 20		2,120,234 43	14,245,841 88
1886	28,660,528 13	1,606,270 77			126,046 63	176,795 78		1,909,113 18	26,751,414 95
1887	5,846,471 72	1,592,952 62	97,313 09	537 66				1,690,803 37	4,155,668 35
1888	9,155,660 51	1,939,077 79						1,939,077 79	7,216,582 72
1889	6,600,363 30	1,736,644 34	1,865,035 47					3,601,679 81	2,998,683 49
1890	5,776,301 26	1,887,237 20	3,885,893 94					5,773,131 14	3,170 12
1891	4,449,640 23	1,938,078 57	2,235,742 92					4,173,821 49	275,818 74
1892	5,506,242 14	2,027,860 79	155,977 42					2,183,838 21	3,322,403 93
1893	4,039,675 01	2,095,513 89	1,354,555 95				40,000 00	3,490,069 84	549,605 17
1894	6,633,540 82	2,131,360 81		190 14				2,131,550 95	4,501,989 87
1895	8,894,208 97	2,002,311 36						2,002,311 36	6,891,897 61
1896	7,477,793 20	2 055,287 52						2,055,287 52	5,422,505 68
1897	5,142,877 49	2,101,813 80						2,101,813 80	3,041,163 69
	274,456,259 54	38,119,267 06	39,873,069 07	5,768,765 91	555,971 92	4,275,526 11	53,804 38	88,646,404 45	185,809,955 09

† Chemin de fer du Nord, composition.

‡ Indemnité des pêcheries, $4,490,882.64.

Relevé des opérations des caisses d'épargnes

PÉRIODE.	Nombre de caisses d'épargnes postales, fin de chaque période.	Nombre de dépôts reçus pendant la période indiquée.	Montant total de ces dépôts, même période.	Montant moyen des dépôts, même période.	Montant des comptes des déposants transférés des caisses d'épargne de l'État pendant la période.	Nombre des retraits, même période.
			$	$	$	
Trois mois expirés le 30 juin 1868........	81	3,247	212,507	65.44	....	166
Année expirée le 30 juin 1869............	213	16,653	927,885	55.71	....	4,787
Année expirée le 30 juin 1870............	226	24,994	1,347,901	53.93	....	9,478
Année expirée le 30 juin 1871....	230	33,256	1,917,576	57.66	....	15,148
Année expirée le 30 juin 1872..	235	39,489	2,261,631	57.27	....	20,154
Année expirée le 30 juin 1873............	239	44,413	2,306,918	51.94	....	23,800
Année expirée le 30 juin 1874............	266	45,329	2,340,284	51.63	....	25,814
Année expirée le 30 juin 1875......... ...	268	42,508	1,942,346	45.69	....	25,954
Année expirée le 30 juin 1876............	279	38,647	1,726,204	44.66	....	24,152
Année expirée le 30 juin 1877......	287	36,126	1,521,000	42.10	....	22,484
Année expirée le 30 juin 1878............	295	40,097	1,724,371	43.00	....	21,944
Année expirée le 30 juin 1879............	297	43,349	1,973,243	45.52	....	23,226
Année expirée le 30 juin 1880............	297	56,031	2,720,216	48.55	....	26,716
Année expirée le 30 juin 1881............	304	71,747	4,175,042	58.19	....	28,510
Année expirée le 30 juin 1882............	308	97,380	6,435,989	66.09	....	35,859
Année expirée le 30 juin 1883............	330	109,489	6,826,266	62.35	....	45,253
Année expirée le 30 juin 1884............	343	109,388	6,441,439	58.88	....	56,026
Année expirée le 30 juin 1885............	355	116,576	7,098,459	60.89	....	59,714
Année expirée le 30 juin 1886........... .	392	126,322	7,645,227	60.52	....	62,205
Année expirée le 30 juin 1887............	415	143,076	8,272,041	57.81	....	65,853
Année expirée le 30 juin 1888.......	433	155,978	7,722,330	49.51	217,385.10	78,229
Année expirée le 30 juin 1889...........	463	166,235	7,926,634	47.67	1,085,979.72	84,572
Année expirée le 30 juin 1890............	494	154,678	6,599,896	42.67	167,501.53	90,151
Année expirée le 30 juin 1891............	634	147,672	6,500,372	44.02	389,169.28	84,963
Année expirée le 30 juin 1892............	642	145,423	7,056,002	48.52	. . ..	77,381
Année expirée le 30 juin 1893..	673	148,868	7,708,888	51.78	. ...	73,361
Année expirée le 30 juin 1894............	699	145,960	7,524,286	51.55	218,173.60	84,941
Année expirée le 30 juin 1895............	731	143,685	7,488,028	52.11	493,889.23	85,588
Année expirée le 30 juin 1896.., ...	755	155,398	8,138,947	52.37	449,981.61	87,221
Année expirée le 30 juin 1897...	779	161,151	8,223,000	51.02	1,856,474.31	91,398

postales du Canada, par exercice, du 1er avril 1868 au 30 juin 1897.

Montant total des retraits, même période.	Moyenne de chaque retrait, même période.	Nombre de comptes ouverts dans le cours de la période.	Nombre des comptes de déposants transférés des caisses d'épargne de l'Etat pendant la période.	Nombre des comptes clos durant la même période.	Nombre de comptes ouverts à la fin de la période.	Intérêt alloué aux déposants.	Montant total restant à l'avoir de tous comptes ouverts, intérêt compris, à la fin de la période.	Montant moyen au crédit de chaque compte ouvert à la fin de la période.
$	$					$	$	$
8,857.48	53.35	2,146	....	44	2,102	939.37	204,588.89	97.33
296,754.35	61.99	6,429	....	1,319	7,212	21,094.72	856,814.26	118.80
664,555.51	70.11	7,823	....	2,857	12,178	48,689.08	1,588,848.83	130.41
1,093,438.86	72.10	9,424	....	4,449	17,153	84,273.68	2,497,259.65	145.59
1,778,565.19	81.33	10,846	....	6,940	21,059	116,174.55	3,096,500.01	147.04
2,323,299.32	86.91	11,995	....	9,528	23,526	126,932.88	3,207,051.57	136.32
2,468,643.42	86.01	12,048	....	10,606	24,968	126,273.31	3,204,965.46	128.36
2,341,979.04	82.88	10,516	....	11,190	24,294	120,758.06	2,926,090 48	120.44
2,021,457.97	77.11	10,218	....	10,097	24,415	110,116.08	2,740,952.59	112.27
1,726,082.98	70.49	8,971	....	9,312	24,074	104,067.86	2,639,937.47	109.60
1,713,658.73	70.55	10,058	....	8,597	25,535	103,834.29	2,754,484.03	107.87
1,733,448.79	66.07	10,755	....	8,845	27,445	110,912.56	3,105,190.80	113.1
2,015,813.16	69.89	14,407	....	10,487	31,365	136,075.47	3,945,669.11	125.80
2,097,389.15	73 56	18,731	....	10,491	39,605	184,904.81	6,208,226.77	156.75
3,461,619.31	96.53	25,778	....	13,920	51,463	291,065 07	9,473,661.53	184.08
4,730,995.39	104.54	27,127	....	17,531	61,059	407,305.17	11,976,237.31	196.13
5,649,611.13	100 84	26,562	....	20,939	66,682	477,487.46	13,245,552.64	198.63
5,793,031.84	97.01	27,591	....	20,951	73,322	539,560.51	15,090,540 31	205.81
6,183,470.60	99.40	29,103	....	21,555	80,870	607,075.38	17,159,372.09	212.18
6,626,067.51	100.62	31,874	....	22,585	90,159	692,404.57	19,497,750.15	216.26
7,514,071.78	96.05	37,515	723	26,704	101,693	765,639.15	20,689,032.62	203.44
7,532,145.56	89.06	38,049	2,962	29,581	113,123	841,921.79	23,011,422.57	203 41
8,575,041.98	95.12	32,127	570	33,499	112,321	786,875.37	21,990,653.49	195.78
7,875,977.57	92.67	29,791	1,124	32,006	111,230	734,430.89	21,738,648.09	195.44
7,230,839.14	93.44	28,943	....	29,368	110,805	734,590.70	22,298,401.65	201.24
6,631,578.97	90.39	29,502	....	26,032	114,275	777,482.98	24,153,193.66	211.36
7,473,585.46	87.98	29,116	662	27,033	117,020	835,800.34	25,257,868.14	215.84
7,310,291·97	85.41	27,998	1,647	26,037	120.628	876,049.07	26,805,542.47	222.22
7,406,066.13	84.91	30,100	1,959	26,245	126,442	944,524.73	28,932,929.68	228.82
7,656,086.64	83.76	30,236	5,722	26,663	135,737	1,024,511.74	32,380,829.09	238.55

TABLEAU des opérations annuelles des caisses d'épargnes de l'État dans la Nouvelle-Ecosse, du 1er juillet 1896 au 30 juin 1897.

Caisses.	Balance, 30 juin 1896.	Dépôts.		Total.	Retraits.	Balance, 30 juin 1897.
		Caisse.	Intérêt.			
	$ c.	$ c.	$ c.	$ c.	$ c.	$ c.
Acadia-Mines ..	36,273 71	3,781 00	1,231 81	41,286 52	5,484 31	35,802 21
Amherst	289,240 75	67,153 00	10,110 32	366,504 07	59,403 97	307,100 10
Annapolis	252,105 94	28,089 00	6,519 96	286,714 99	286,714 99	....
Arichat	200,665 43	19,773 00	6,820 55	227,258 98	27,471 91	199,787 07
Barrington	18 ,503 66	17,165 00	6,165 13	203,833 79	22,037 33	181,796 46
Bridgewater....	137,648 58	26,875 00	4,789 96	169,313 54	22,488 32	146,825 22
Guysboro'	11,426 36	11,720 00	3,847 58	129,994 55	17,940 98	112,053 57
Halifax	2,703,384 49	501,630 42	93,925 43	3,298,940 34	506,176 79	2,792,763 55
Kentville.	313,056 72	59,131 00	10,696 48	382,884 20	65,474 58	317,409 62
Liverpool . ..	257,4 4 68	39,505 00	8,809 11	305,778 79	45,416 10	260.362 69
Lunenburg	301,534 40	60,384 00	10,409 60	372,328 00	44,590 45	327,737 55
Maitland	65,072 29	10,096 00	2,239 99	77,408 28	12,795 65	64,612 63
New-Glasgow ..	392,878 69	48,859 00	10,274 60	452,012 19	452,012 19	. ...
Parrsboro' .. .	125,839 54	27,338 00	4,176 45	157,353 99	37,547 28	119,806 71
Pictou	301,335 30	36,979 16	10.525 90	348,840 45	41,685 36	307,155 09
Port-Hood . .	122,526 19	10,359 53	4,154 88	137,040 60	15,216 25	121,824 35
Shelburne......	120,531 64	15,879 00	4,168 44	140.577 08	16,779 73	123,797 35
Sherbrooke.....	73,105 68	9,071 00	2,515 12	84,691 80	9,893 75	74,798 05
Wallace.... ...	73,482 78	15,198 00	2,543 79	91,224 52	14,728 23	76,496 29
Weymouth... .	103,933 92	22,308 00	3,720 24	129,962 16	17,752 75	112,209 41
Yarmouth	646,596 00	40,880 00	9,348 07	696,824 07	696,824 07	....
Total	6,811,606 69	1,072,172 81	216,993 41	8,100,972 91	2,418,434 99	5,682,337 92

Transféré au ministère des postes, Annapolis....	$	238,540 76
do do New-Glasgow		386,528 25
do do Yarmouth		641,297 06
Total............	$	1,266,366 07

Caisse d'épargne.........	$	5,678,959 61
do compte indéterminé.		1,095 89
do do intérêt........		2.282 42
	$	5,682,337 92

TABLEAU des opérations annuelles des caisses d'épargnes du gouvernement dans le Nouveau-Brunswick, du 1er juillet 1896 au 30 juin 1897.

Caisses.	Balance, 30 juin 1896.	Dépôts.		Total.	Retraits.	Balance, 30 juin 1896.
		Argent.	Intérêt.			
	$ c.	$ c.	$ c.	$ c.	$ c.	$ c.
Chatham.	283,317 55	47,828 00	10,028 23	341,173 78	33,673 95	307,499 83
Dalhousie	392,305 76	54,867 00	13,669 30	460,842 06	66,486 51	394,355 55
Frédéricton	682,061 00	137,421 00	23,956 61	843,438 61	120,082 26	723,356 35
Newcastle. ...	242,089 22	32,583 00	8,223 89	282,896 11	39,960 64	242,935 47
Saint-André	295,690 84	28,608 45	9,335 89	333,635 18	333,635 18	*
Saint-Jean	4,244,801 51	690,209 00	148,759 74	5,083,770 25	601,432 29	4,482,337 96
Woodstock	513,204 35	86,532 00	17,469 63	617,205 98	101,667 13	515,538 85
Total .. .	6,653,470 23	1,078,048 45	231,443 29	7,962,961 97	1,296,937 96	6,666,024 01

* Ccompris dans le montant des retraits, Saint-André, est le montant transféré au ministère des postes, $280,939.06.

Caisses d'épargne	....	$ 6,665,277 89
do	compte indéterminé........	240 15
do	do intérêt..................	505 97
		$ 6,666,024 01

TABLEAU des opérations annuelles des caisses d'épargne du gouvernement, dans l'Ontario, le Manitoba, l'Ile du Prince-Edouard et la Colombie-Britannique, du 30 juin 1896 au 30 juin 1897.

Caisses.	Balance, 30 juin 1896.	Dépôts.		Total.	Retraits.	Balance, 30 juin 1897.
		Argent.	Intérêt.			
Ontario.	$ c.	$ c.	$ c.	$ c.	$ c.	$ c.
Toronto..........	579,057 65	131,562 54	19,893 77	730,513 96	129,572 50	600,941 46
Manitoba.						
Winnipeg........	777,330 49	242,979 00	27,235 88	1,047,545 37	231,345 59	816,199 78
Col.-Britannique.						
Victoria..........	875,309 01	337,979 92	30,841 62	1,244,130 55	288,326 44	955,804 11
Ile du Prince-Ed.						
Charlottetown....	1,845,754 25	284,111 30	62,057 73	2,191,923 28	359,083 93	1,832,839 35
Summerside......	323,860 58	39,727 00	9,114 36	372,701 94	372,701 94	....
Total..	2,169,614 83	323,838 30	71,172 09	2,564,625 22	*731,785 87	1,832,839 35

RÉCAPITULATION.

Nouve le-Ecosse...	6,811,606 69	1,072,172 81	216,993 41	8,100,772 91	2,418,434 99	5,682,337 92
Nouv.-Brunswick.	6,653,470 23	1,078,048 45	231,443 29	7,962,961 97	1,296,937 96	6,666,024 01
Ontario	579,057 65	131,562 54	19,893 77	730,513 96	129,572 50	600,941 46
Manitoba	777,330 49	242,979 00	27,235 88	1,047,545 37	231,345 59	816,199 78
Col.-Britannique..	875,309 01	337,979 92	30,841 62	1,244,130 55	288,326 44	955,804 11
Ile du Prince-Ed..	2,169,614 83	323,838 30	71,172 09	2,564,625 22	731,785 87	1,832,839 35
Total........	17,866,388 90	3,186,581 02	597,580 06	21,650,549 98	5,096,403 35	16,554,146 63

* Compris dans les retraits, Ile du Prince-Edouard, est le montant transféré au ministère des postes pour Summerside, $309,169.18.

CAISSES D'ÉPARGNES.

RÉCAPITULATION des opérations annuelles des caisses d'épargnes, du 1er juillet 1867 au 30 juin 1897.

Balances, 1er juillet.	Dépôts. En caisse.	Dépôts. Intérêt.	Dépôts. Total.	Caisses.	Retraits.	Balances, 30 juin.	Total.
1867.				1867-68.		1868.	
$ c.	$ c.	$ c.	$ cts.		$ c.	$ c.	$ c.
....	212,507 00	939 37	213,446 37	Des postes	8,857 48	204,588 89	213,446 37
644,687 01	202,311 35	25,152 50	872,150 86	Halifax, N.-E	202,513 68	669,637 18	872,150 86
777,359 85	90,682 99	40,925 15	908,967 99	Nouveau-Brunswick	95,386 16	813,581 83	908,967 99
1,422,046 86	505,501 34	67,017 02	1,994,565 22		306,757 32	1,687,807 90	1,994,565 22
1868.				1868-69.		1869.	
204,588 89	927,885 00	21,094 72	1,153,568 61	Des postes	296,754 35	856,814 26	1,153,568 61
669,637 18	227,128 02	26,303 82	923,069 02	Halifax, N.-E.	200,649 09	722,419 93	923,069 02
813,581 83	96,010 00	43,224 22	952,816 05	Nouveau-Brunswick	80,711 04	872,105 01	952,816 05
1,687,807 90	1,251,023 02	90,622 76	3,029,453 68		578,114 48	2,451,335 20	3,029,453 68
1869.				1869-70.		1870.	
856,814 26	1,347,901 00	48,689 08	2,253,404 34	Des postes	664,555 51	1,588,848 83	2,253,404 34
722,419 93	298,217 31	29,926 63	1,050,563 87	Halifax, N.-E.	215,515 32	835,048 55	1,050,563 87
872,105 01	164,263 89	47,200 99	1,083,569 89	Nouveau-Brunswick	96,048 39	987,521 50	1,083,569 89
2,451,339 20	1,810,382 20	125,816 70	4,387,538 10		976,119 22	3,411,418 88	4,387,538 10
1870.				1870-71.		1871.	
1,588,848 83	1,917,576 00	84,273 68	3,590,698 51	Des postes	1,093,438 86	2,497,259 65	3,590,698 51
835,048 55	379,864 77	34,848 47	1,249,761 79	Halifax, N.-E.	306,420 91	943,340 88	1,249,761 79
987,521 50	176,804 13	53,408 36	1,217,733 99	Nouveau-Brunswick	89,037 61	1,128,696 38	1,217,733 99
3,411,418 88	2,474,244 90	172,530 1	6,058,194 29		1,488,897 38	4,569,296 91	6,058,194 29

CAISSES D'ÉPARGNES.

RÉCAPITULATION des opérations annuelles des caisses d'épargnes, du 1er juillet 1867 au 30 juin 1897—*Suite.*

Balances, 1er juillet.	Dépôts.			Caisses.	Retraits.	Balances, 30 juin.	Total.
	En caisse.	Intérêt.	Total.				
1871.				1871-72.		1872.	
$ c.	$ c.	$ c.	$ c.		$ c.	$ c.	$ c.
2,497,259 65	2,261,631 00	116,174 55	4,875,065 20	Des postes	1,778,565 19	3,096,500 01	4,875,065 20
943,340 88	418,909 94	39,753 47	1,402,004 29	Halifax, N.-E.	356,650 49	1,045,353 80	1,402,004 29
1,128,696 38 38,417 41	448,358 0	58,648 35	1,674,120 84	Nouveau-Brunswick	672,597 27	1,001,523 57	1,674,120 84
....	185,430 75	2,250 22	187,680 97	Toronto	99,057 65	88,623 32	187,680 97
....	32,590 00	183 39	32,773 39	Winnipeg	14,040 56	18,732 83	32,773 39
4,607,714 32	3,346,920 39	217,009 98	8,171,644 69		2,920,911 16	5,250,733 53	8,171,644 69
1872.				1872-73.		1873.	
3,096,500 01	2,306,918 00	126,932 88	5,530,350 89	Des postes	2,323,299 32	3,207,051 57	5,530,350 89
88,623 32	148,563 68	3,943 07	241,130 07	Toronto	127,976 32	113,153 75	241,130 07
18,732 83	133,543 75	2,193 86	154,470 44	Winnipeg	95,495 85	58,974 59	154,470 44
1,045,353 80	822,099 90	45,195 29	1,912,648 99	Nouvelle-Ecosse	656,119 12	1,256,529 87	1,912,648 99
1,001,523 57	630,903 02	32,802 15	1,665,228 74	Nouveau-Brunswick	672,380 26	992,848 48	1,665,228 74
....	707,807 00	9,757 35	717,564 35	Colombie-Britannique	180,900 65	536,663 70	717,564 35
5,250,733 53	4,749,835 35	220,824 60	10,221,393 48		4,056,171 52	6,165,221 96	10,221,393 48
1873.				1873-74.		1874.	
3,207,051 57	2,340,284 00	126,273 31	5,673,608 88	Des postes	2,468,643 42	3,204,965 46	5,673,608 88
113,153 75	228,724 01	5,591 71	347,469 47	Toronto	179,786 93	167,682 54	347,469 47
58,974 59	93,009 87	2,407 60	154,392 06	Winnipeg	93,887 67	60,504 39	154,392 06
1,256,529 87	1,070,427 46	54,097 52	2,381,054 85	Nouvelle-Ecosse	850,073 35	1,530,981 50	2,381,054 85
992,848 48	717,758 07	43,313 74	1,753,920 29	Nouveau-Brunswick	602,176 73	1,151,743 56	1,753,920 29
536,663 70	907,653 60	35,048 25	1,479,365 55	Colombie-Britannique	711 835 02	757,530 53	1,479,365 55
249,941 40	190,115 57	14,032 20	454,089 17	Ile du Prince-Edouard	117,236 32	336,852 85	454,089 17
6,415,163 36	5,547,972 58	280,764 33	12,243,900 27		5,033,639 44	7,210,260 83	12,243,900 27
1874.				1874-75.		1875.	
3,204,965 46	1,942,346 00	120,758 06	5,268,069 52	Des postes	2,341,979 04	2,926,090 48	5,268,069 52
167,682 54	205,009 98	5,628 14	378,320 66	Toronto	219,779 89	158,540 77	378,320 66
60,504 39	68,329 00	1,990 59	130,823 98	Winnipeg	86,632 71	44,191 27	130,823 98
1,530,981 50	1,201,708 80	63,551 53	2,796,241 83	Nouvelle-Ecosse	1,185,987 52	1,610,254 31	2,796,241 83

1,151,743 56	706,532 24	47,735 29	1,906,011 09	....Nouveau-Brunswick..............	710,306 67	1,195,704 42	1,906,011 09
757,530 53	1,027,369 75	45,444 38	1,830,344 66	....Colombie-Britannique	940,475 27	889,869 39	1,830,344 66
336,852 85	361,339 00	13,546 01	711,737 86	....Ile du Prince-Edouard	365,207 30	346,530 56	711,737 86
7,210,260 83	5,512,634 77	298,654 00	13,021,549 60		5,850,368 40	7,171,181 20	13,021,549 60
				1875-76.			
1875.						1876.	
2,926,090 48	1,726,204 00	110,116 08	4,762,410 56	....Des postes..............................	2,021,457 97	2,740,952 59	4,762,410 56
158,540 77	188,928 49	6,329 89	353,799 15	....Toronto	186,009 85	167,789 30	353,799 15
44,191 27	53,299 40	1,648 67	99,139 34	....Winnipeg..............................	58,453 59	40,685 75	99,139 34
1,610,254 31	1,208,548 75	64,922 50	2,883,725 56	....Nouvelle-Ecosse..........................	1,211,687 05	1,672,038 51	2,883,725 56
1,195,704 42	686,799 14	46,909 96	1,929,413 52	....Nouveau-Brunswick....................	739,986 22	1,189,427 30	1,929,413 52
889,869 39	873,147 66	46,461 07	1,809,478 12	....Colombie-Britannique..................	881,523 15	927,954 97	1,809,478 12
346,530 56	211,949 00	12,300 18	570,779 74	....Ile du Prince-Edouard	265,510 07	305,269 67	570,779 74
7,171,181 20	4,948,876 44	288,688 35	12,408,745 99		5,364,627 90	7,044,118 09	12,408,745 99
				1876-77.			
1876.						1877.	
2,740,952 59	1,521,000 00	104,067 86	4,366,020 45	....Des postes..............................	1,726,082 98	2,639,937 47	4,366,020 45
167,789 30	182,732 13	6,434 63	356,956 06	....Toronto..............................	201,974 35	154,981 71	356,956 06
40,685 75	32,135 00	1,362 93	74,183 68	....Winnipeg..............................	42,130 27	32,053 41	74,183 68
1,672,038 51	1,567,305 85	72,261 2	3,311,605 58	....Nouvelle-Ecosse..........................	1,366,311 00	1,945,294 58	3,311,605 58
1,189,427 30	768,127 23	48,063 58	2,005,618 11	....Nouveau-Brunswick....................	726,138 56	1,279,479 55	2,005,618 11
927,954 97	898,596 2	47,063 64	1,873,614 73	....Colombie-Britannique..................	856,245 13	1,017,369 60	1,873,614 73
305,269 67	462,679 39	14,970 39	782,919 45	....Ile du Prince-Edouard	381,404 94	401,514 51	782,919 45
7,044,118 09	5,432,575 72	294,224 25	12,770,918 06		5,300,287 23	7,470,630 83	12,770,918 06
				1877-78.			
1877.						1878.	
2,639,937 47	1,724,371 00	103,834 29	4,468,142 76	....Des postes..............................	1,713,658 73	2,754,484 03	4,468,142 76
154,981 71	236,190 42	7,064 83	398,236 96	....Toronto..............................	209,016 21	189,220 75	398,236 96
32,053 41	64,404 51	1,290 41	97,748 33	....Winnipeg..............................	56,241 50	41,506 83	97,748 33
1,945,294 58	1,606,962 87	81,293 80	3,633,551 25	....Nouvelle-Ecosse..........................	1,423,531 90	2,210,019 35	3,633,551 25
1,279,479 55	1,733,188 76	70,634 86	3,083,303 17	....Nouveau-Brunswick....................	1,293,106 81	1,790,196 36	3,083,303 17
1,017,369 60	1,451,975 48	57,277 55	2,526,622 63	....Colombie-Britannique..................	1,386,110 95	1,140,511 68	2,526,622 63
401,514 51	273,636 00	15,254 76	690,405 27	....Ile du Prince-Edouard	319,330 92	371,074 35	690,405 27
7,470,630 83	7,090,729 04	336,650 50	14,898,010 37		6,400,997 02	8,497,013 35	14,898,010 37
				1878-79.			
1878.						1879.	
2,754,484 03	1,973,243 00	110,912 56	4,838,639 59	....Des postes..............................	1,733,448 79	3,105,190 80	4,838,639 59
189,220 75	234,565 42	8,383 35	432,169 52	....Toronto..............................	209,702 28	222,467 24	432,169 52
41,506 83	108,157 85	2,040 41	151,705 09	....Winnipeg..............................	76,440 34	75,264 75	151,705 09
2,210,019 35	1,974,757 19	91,867 39	4,276,643 93	....Nouvelle-Ecosse..........................	1,777,237 37	2,499,406 56	4,276,643 93
1,790,196 36	979,569 24	68,890 24	2,838,655 84	....Nouveau-Brunswick....................	1,132,874 04	1,705,781 80	2,838,655 8
1,140,511 68	920,790 56	56,108 97	2,117,411 21	....Colombie-Britannique..................	938,008 35	1,179,402 86	2,117,411 21
371,074 35	331,450 00	15,374 92	717,899 27	....Ile du Prince-Edouard	297,730 08	420,169 19	717,899 27
8,497,013 35	6,522,533 26	353,577 84	15,373,124 45		6,165,441 25	9,207,683 20	15,373,124 45

CAISSES D'ÉPARGNES.

RÉCAPITULATION des opérations annuelles des caisses d'épargnes, du 1er juillet 1867 au 30 juin 1897—*Suite.*

Balances, 1er juillet.	Dépôt. En caisse.	Dépôt. Intérêt alloué.	Dépôt. Total.	Caisses.	Retraits.	Balances, 30 juin.	Total.
$ c.	$ c.	$ c.	$ c.		$ c.	$ c.	$ c.
1879.				1879-80.		1880.	
3,105,190 80	2,720,216 00	136,075 47	5,961,482 27	Des postes	2,015,813 16	3,945,669 11	5,961,482 27
222,467 24	260,595 54	9,679 85	492,742 63	Toronto	232,881 62	259,861 01	492,742 63
75,264 75	208,830 84	3,748 60	287,844 19	Winnipeg	169,544 70	118,299 49	287,844 19
2,499,406 56	2,406,735 72	107,815 82	5,013,958 10	Nouvelle-Ecosse	1,997,602 32	3,016,355 78	5,013,958 10
1,705,781 80	1,024,485 65	70,139 59	2,800,407 04	Nouveau-Brunswick	888,458 79	1,911,948 25	2,800,407 04
1,179,402 86	937,336 66	58,940 83	2,175,680 35	Colombie-Britannique	891,510 47	1,284,169 88	2,175,680 35
420,169 19	402,211 00	18,403 39	840,783 58	Ile du Prince-Edouard	324,130 92	516,652 66	840,783 58
9,207,683 20	7,960,411 41	404,803 55	17,572,898 16		6,519,941 98	11,052,956 18	17,577,898 16
1880.				1880-81.		1881.	
3,945,669 11	4,175,042 00	184,904 81	8,305,615 92	Des postes	2,097,389 15	6,208,226 77	8,305,615 92
259,861 01	506,405 19	15,575 20	781,841 40	Toronto	298,701 29	483,140 11	781,841 40
118,299 49	310,129 50	5,349 72	433,778 71	Winnipeg	241,267 27	192,511 44	433,778 71
3,016,355 78	2,961,021 33	137,771 36	6,115,148 47	Nouvelle-Ecosse	1,897,944 03	4,217,204 44	6,115,148 47
1,911,948 25	1,346,276 74	86,873 47	3,345,098 46	Nouveau-Brunswick	733,581 08	2,611,517 38	3,345,098 46
1,284,169 88	1,004,393 00	57,000 66	2,345,563 54	Colombie-Britannique	835,839 82	1,509,723 72	2,345,563 54
516,652 66	366,414 00	21,303 44	904,370 10	Ile du Prince-Edouard	290,021 96	614,348 14	904,370 10
11,052,956 18	10,669,681 76	508,778 66	22,231,416 60		6,394,744 60	15,836,672 00	22,231,416 60
1881.				1881-82.		1882.	
6,208,226 77	6,435,989 00	291,065 07	12,935,280 84	Des postes	3,461,619 31	9,473,661 53	12,935,280 84
483,140 11	440,903 07	19,420 89	943,464 07	Toronto	361,577 95	581,886 12	943,464 07
192,511 44	1,018,006 55	12,597 28	1,223,115 27	Winnipeg	664,486 26	558,629 01	1,223,115 27
4,217,204 44	2,585,309 79	176,337 77	6,978,852 00	Nouvelle-Ecosse	1,877,808 96	5,101,043 04	6,978,852 00
2,611,517 38	1,411,829 12	115,086 30	4,138,432 80	Nouveau-Brunswick	775,642 91	3,362,789 89	4,138,432 80
1,509,723 72	1,048,612 87	60,955 17	2,619,291 76	Colombie-Britannique	824,071 85	1,795,219 91	2,619,291 76
614,348 14	585,772 13	27,551 20	1,227,671 47	Ile du Prince-Edouard	332,239 28	895,432 19	1,227,671 47
15,836,672 00	13,526,422 53	703,013 68	30,066,108 21		8,297,446 52	21,768,661 69	30,066,108 21

1882.				1882-83.		1883.	
9,473,661 53	6,826,266 00	407,305 17	16,707,232 70	....Des postes	4,730,995 39	11,976,237 31	16,707,232 70
581,886 12	408,361 53	23,665 85	1,013,913 50	....Toronto	340,092 95	673,820 55	1,013,913 50
558,629 01	735,914 29	20,404 24	1,314,947 54	....Winnipeg	729,747 20	585,200 34	1,314,947 54
5,101,043 04	2,569,298 34	207,048 45	7,877,389 83	....Nouvelle-Ecosse	2,086,756 78	5,790,633 05	7,877,389 83
3,362,789 89	1,426,610 90	139,980 89	4,929,381 68	....Nouveau-Brunswick	1,033,093 77	3,896,287 91	4,929,381 68
1,795,219 91	1,306,842 07	74,380 87	3,176,442 85	....Colombie-Britannique	1,038,942 79	2,137,500 06	3,176'442 85
895,432 19	620,363 00	39,907 40	1,555,702 59	....Ile du Prince-Edouard	396,274 26	1,159,428 33	1,555,702 59
21,768,661 69	13,893,656 13	912,692 87	36,575,010 69		10,355,903 14	26,219,107 55	36,575,010 69
1883.				1883-84.		1884.	
11,976,237 31	6,441,439 00	477,487 46	18,895,163 77	....Des postes	5,649,611 13	13,245,552 64	18,895,163 77
673,820 55	424,231 82	26,821 85	1,124,874 22	....Toronto	366,542 79	758,331 43	1,124,874 22
585,200 34	579,133 78	23,862 01	1,188,196 13	....Winnipeg	534,684 15	653,511 98	1,188,196 13
5,790,633 05	2,473,295 33	233,988 71	8,497,917 09	....Nouvelle-Ecosse	2,004,639 78	6,493,277 31	8,497,917 09
3,896,287 91	1,277,579 85	157,527 86	5,331,395 62	....Nouveau-Brunswick	1,024,692 49	4,306,703 13	8,331,395 62
2,137,500 06	1,431,701 54	85,002 77	3,654,204 37	....Colombie-Britannique	1,306,738 98	2,347,465 39	5,654,204 37
1,159,428 33	621,689 65	49,449 27	1,830,567 25	....Ile du Prince-Edouard	417,872 29	1,412,694 96	1,830,567 25
26,219,107 55	13,249,070 97	1,054,139 93	40,522,318 45		11,304,781 61	29,217,536 84	40,522,318 45
1884.				1884-85.		1885.	
13,245,552 64	7,098,459 00	539,560 51	20,883,572 15	....Des postes	5,793,031 84	15,090,540 31	20,883,572 15
758,331 43	410,593 62	30,069 53	1,198,994 58	....Toronto	388,938 94	810,055 64	1,198,994 58
653,511 98	444,918 86	25,351 61	1,123,782 45	....Winnipeg	436,855 01	686,927 44	1,123,782 45
6,493,277 31	3,052,329 79	268,481 93	9,814,089 03	....Nouvelle-Ecosse	2,225,035 39	7,589,053 64	9,814,089 03
4,306,703 13	1,343,396 06	176,298 58	5,826,397 77	....Nouveau-Brunswick	1,004,681 99	4,821,715 78	5,826,397 77
2,347,465 39	1,110,271 50	84,478 25	3,542,215 14	....Colombie-Britannique	1,318,522 15	2,223,692 99	3,542,215 14
1,412,694 96	808,969 77	61,027 11	2,282,691 84	....Ile du Prince-Edouard	525,601 25	1,757,090 59	2,282,691 84
29,217,536 84	14,268,938 60	1,185,267 52	44,671,742 96		11,692,666 57	32,979,076 39	44,671,742 96
1885.				1885-86.		1886.	
15,090,540 31	7,645,227 00	607,075 38	23,342,842 69	....Des postes	6,183,470 60	17,159,372 09	23,342,842 69
810,055 64	407,681 93	32,619 02	1,250,356 59	....Toronto	362,693 71	887,662 88	1,250,356 59
686,927 44	599,668 70	29,782 65	1,316,378 79	....Winnipeg	424,636 09	891,742 70	1,316,378 79
7,589,053 64	3,109,668 89	311,454 88	11,010,177 41	....Nouvelle-Ecosse	2,417,056 38	8,593,121 03	11,010,177 41
4,821,715 78	1,518,689 61	199,642 25	6,540,047 64	....Nouveau-Brunswick	1,047,698 71	5,492,348 93	6,540,047 64
2,223,692 99	1,179,714 31	83,669 83	3,487,077 13	....Colombie-Britannique	1,297,949 32	2,189,127 81	3,487,077 13
1,757,090 59	697,645 30	71,376 55	2,526,112 44	....Ile du Prince-Edouard	565,674 00	1,960,438 44	2,526,112 44
32,979,076 39	15,158,295 74	1,335,620 56	49,472,992 69		12,299,178 81	37,173,813 88	49,472,992 69

CAISSES D'EPARGNES.

RECAPITULATION des opérations annuelles des caisses d'épargnes, du 1er juillet 1867 au 30 juin 1897—*Suite.*

Balances, 1er juillet.	Dépôts. En caisse.	Dépôts. Intérêt.	Dépôts. Total.	Banques.	Retraits.	Balances, 30 juin.	Total.
$ c.	$ c.	$ c.	$ c.		$ c.	$ c.	$ c.
1886.				1886-87.		1887.	
17,159,372 09	8,272,041 00	692,404 57	26,123,817 66	Des postes	6,626,067 51	19,497,750 15	26,123,817 66
887,662 88	312,578 77	33,093 35	1,233,335 00	Toronto	358,992 21	874,342 79	1,233,335 00
891,742 70	469,530 00	36,009 08	1,397,281 78	Winnipeg	408,072 08	989,209 70	1,397,281 78
8,593,121 03	2,444,940 45	340,263 50	11,378,324 98	Nouvelle-Ecosse	2,313,495 35	9,064,829 63	11,378,324 98
5,492,348 93	1,439,672 26	224,433 38	7,156,454 57	Nouveau-Brunswick	1,017,720 55	6,138,734 02	7,156,454 57
2,189,127 81	844,670 49	82,210 91	3,116,009 21	Colombie-Britannique	1,003,536 22	2,112,472 99	3,116,009 21
1,960,438 44	623,519 44	79,154 57	2,663,112 45	Ile du Prince-Edouard	508,176 36	2,154,936 09	2,663,112 45
37,173,813 88	14,406,952 41	1,487,569 36	53,068,335 65		12,236,060 28	40,832,275 37	53,068,335 65
1887.				1887-88.		1888.	
19,497,750 15	7,939,715 10	765,639 15	28,203,104 40	Des postes	7,514,071 78	20,689,032 62	28,203,104 40
874,342 79	185,911 18	32,068 55	1,092,322 52	Toronto	297,395 55	794,926 97	1,092,322 52
989,209 70	301,009 04	36,831 08	1,327,049 82	Winnipeg	378,522 68	948,527 14	1,327,049 82
9,064,829 63	1,324,766 75	346,257 28	10,735,853 66	Nouvelle-Ecosse	1,856,268 78	8,879,584 88	10,735,853 66
6,138,734 02	923,741 84	240,362 74	7,302,838 60	Nouveau-Brunswick	1,033,250 83	6,269,587 77	7,302,838 60
2,112,472 99	421,791 37	74,937 99	2,609,202 35	Colombie-Britannique	980,233 55	1,628,968 80	2,609,202 35
2,154,936 09	383,923 74	82,891 07	2,621,750 90	Ile du Prince-Edouard	461,320 85	2,160,430 05	2,621,750 90
40,832,275 37	11,480,859 02	1,578,987 86	53,892,122 25		12,521,064 02	41,371,058 23	53,892,122 25
1888.				1888-89.		1889.	
20,689,032 62	9,012,613 72	811,921 79	30,543,568 13	Des postes	7,532,145 56	23,011,422 57	30,543,568 13
794,926 97	173,277 05	29,372 13	997,576 15	Toronto	244,871 00	752,705 15	997,576 15
948,527 14	271,626 01	35,191 52	1,255,344 67	Winnipeg	363,307 68	892,036 99	1,255,344 67
8,879,584 88	1,484,982 69	331,590 30	10,696,157 87	Nouvelle-Ecosse	2,284,646 70	8,411,511 17	10,696,157 87
6,269,587 77	903,824 53	232,846 61	7,406,258 91	Nouveau-Brunswick	1,360,913 15	6,045,345 76	7,406,258 91
1,628,968 80	399,048 43	63,072 87	2,091,090 10	Colombie-Britannique	492,144 21	1,598,945 89	2,091,090 10
2,160 430 05	412,429 71	85,226 73	2,658,086 49	Ile du Prince-Edouard	413,696 34	2,244,390 15	2,658,086 49
41,371,058 23	12,657,802 14	1,619,221 95	55,648,082 32		12,691,724 64	42,956 357 68	55,648,082 32

1889.				1889-90.		1890.	
23,011,422 57	6,767,397 53	786,875 37	30,565,695 47	Des postes	8,575,041 98	21,990,653 49	30,565,695 47
752,705 15	145,627 39	24,807 95	923,140 49	Toronto	263,788 25	659,352 24	923,140 49
892,036 99	232,615 86	29,709 93	1,154,362 78	Winnipeg	339,489 20	814,873 58	1,154,362 78
8,411,511 17	1,180,511 74	290,002 20	9,882,025 11	Nouvelle-Ecosse	1,893,076 32	7,988,948 79	9,882,025 1
6,045,345 76	797,069 03	212,755 81	7,055,170 60	Nouveau-Brunswick	1,042,425 02	6,012,745 58	7,055,170 60
1,598,945 89	402,748 53	53,681 41	2,055,375 83	Colombie-Britannique	657,100 69	1,398,275 14	2,055,375 83
2,244,390 15	328,362 90	77,459 69	2,650,212 74	Ile du Prince-Edouard	502,596 52	2,147,616 22	2,650,212 74
42,956,357 68	9,854,332 98	1,475,292 36	54,285,983 02		13,273,517 98	41,012,465 04	54,285,983 02
8901				1890-91.		1891.	
21,990,653 49	6,889,541 28	734,430 89	29,614,625 66	Des postes	7,875,977 57	21,738,648 09	29,614,625 66
659,352 24	117,897 18	20,227 87	797,477 29	Toronto	230,701 24	566,776 05	797,477 29
814,873 58	234,790 50	26,026 97	1,075,691 05	Winnipeg	321,691 93	753,999 12	1,075,691 05
7,988,948 79	1,068,430 53	258,647 03	9,316,026 35	Nouvelle-Ecosse	1,921,677 24	7,394,349 11	9,316,026 35
6,012,745 58	797,091 14	202,837 43	7,012,674 15	Nouveau-Brunswick	1,070,782 11	5,941,892 04	7,012,674 15
1,398,275 14	281,365 48	34,335 56	1,713,976 18	Colombie-Britannique	829,743 64	884,232 54	1,713,976 18
2,147,616 22	358,959 49	72,019 51	2,578,595 22	Ile du Prince-Edouard	458,466 01	2,120,129 21	2,578,595 2
41,012,465 04	9,748,075 60	1,348,525 26	52,109,065 90		12,709,039 74	39,400,026 16	52,109,052 90
89 1				1891-92.		1892.	
21,738,648 09	7,056,002 00	734,590 70	29,529,240 79	Des postes	7,230,839 14	22,298,401 65	29,529,240 79
566,776 05	124,846 37	18,418 79	710,041 21	Toronto	177,803 16	532,238 05	710,041 21
753,999 12	250,147 23	24,704 37	1,028,850 72	Winnipeg	299,180 18	729,670 54	11,028,850 72
7,394,349 11	1,216,995 56	242,102 82	8,853,447 49	Nouvelle-Ecosse	1,744,880 2	7,108,567 27	8,853,447 49
5,941,892 04	884,774 68	202,028 68	7,028,695 40	Nouveau-Brunswick	1,026,001 33	6,002,694 07	7,028,695 40
884,232 54	252,340 73	26,550 16	1,163,123 43	Colombie-Britannique	439,843 69	723,279 74	1,163,123 43
2,120,129 21	426,239 18	72,184 48	2,618,552 87	Ile du Prince-Edouard	483,856 56	2,134,696 31	2,618,552 87
39,400,026 16	10,211,345 75	1,320,580 00	50,931,957 91		11,402,404 28	39,529,547 63	50,931,951 91
1892.				1892-93.		1893.	
22,298,401 65	7,708,888 00	777,482 98	30,784,772 63	Des postes	6,631,578 97	24,153,193 66	30.784,772 63
532,238 05	130,294 28	18,106 94	680,639 27	Toronto	126,325 45	554,313 82	680,639 27
729.670 54	238,216 1	23,338 64	991,225 29	Winnipeg	299,586 35	691,638 94	991,225 29
7,108,567 27	1,277,145 33	241,927 47	8,627,640 07	Nouvelle-Ecosse	1,420,641 82	7,206,998 25	8,627,640 07
6,002,694 07	1,065,390 34	208,336 27	7,276,420 68	Nouveau-Brunswick	976,116 19	6,300,304 49	7,276,420 68
723,279 74	212,259 16	23,457 12	958,996 02	Colombie-Britannique	262,903 62	696,092 40	958,996 02
2,134,696 31	486,787 90	73,153 02	2,694,637 23	Ile du Prince-Edouard	447,520 77	2,247,116 46	2,694,637 23
39,529,547 63	11,118,981 12	1,365,802 44	52,014,331 19		10,164,673 17	41,849,658 02	52,014,331 19

CAISSES D'EPARGNES.

RÉCAPITULATION des opérations annuelles des caisses d'épargnes, du 1er juillet 1867 au 30 juin 1897—*Fin.*

Balances, 1er juillet.	Dépôts. En caisse.	Dépôts. Intérêt.	Dépôts. Total.	Banques.	Retraits.	Balances, 30 juin.	Total.
$ c.	$ c.	$ c.	$ c.		$ c.	$ c.	$ c.
1893.				1893-94.		1894.	
24,153,193 66	7,742,459 60	835,800 34	32,731,453 60	Des postes	7,473,585 46	25,257,868 14	32,731,453 60
554,313 82	114,165 15	18,810 32	687,289 29	Toronto	134,042 78	553,246 51	687,289 29
691,638 94	263,898 71	23,605 47	979,143 12	Winnipeg	277,903 35	701,239 77	979,143 12
7,206,998 25	1,245,513 53	244,025 82	8,696,537 60	Nouvelle-Ecosse	1,536,350 79	7,160,186 81	8,696,537 60
6,300,304 49	1,065,118 15	214,956 85	7,580,379 49	Nouveau-Brunswick	1,220,073 17	6,360,306 32	7,580,379 49
696,092 40	275,426 11	23,572 33	995,090 84	Colombie-Britannique	276,026 12	719,064 72	995,090 84
2,247,116 46	434,951 00	76,449 07	2,758,516 53	Ile du Prince-Edouard	475,800 01	2,282,716 52	2,758,516 53
....	1,383 53	....	1,383 53	Compte indéterminé	....	1,383 53	1,383 53
41,849,658 02	11,142,915 78	1,437,220 20	54,429,794 00		11,393,781 68	43,036,012 32	54,429,794 00
1894.				1894-95.		1895.	
25,257,868 14	7,981,917 23	876,049 07	34,115,834 44	Des postes	7,310,291 97	26,805,542 47	34,115,834 44
553,246 51	130,152 52	18,747 70	702,146 73	Toronto	132,071 78	570,074 95	702,146 73
701,239 77	231,783 00	23,589 06	956,611 83	Winnipeg	242,812 80	713,799 03	956,611 83
7,160,186 81	1,229,010 65	237,721 00	8,626,918 46	Nouvelle-Ecosse	1,675,747 00	6,951,171 46	8,626,918 46
6,360,306 32	1,012,069 65	213,780 07	7,586,156 04	Nouveau-Brunswick	1,145,018 94	6,441,137 10	7,586,156 04
719,064 72	301,256 31	24,734 77	1,045,055 80	Colombie-Britannique	275,589 71	769,466 09	1,045,055 80
2,282,716 52	339,389 32	75,710 67	2,697,816 51	Ile du Prince-Edouard	498,508 76	2,199,307 75	2,697,816 51
1,383 53	— 1,383 53	....	....	Compte indéterminé	....	....	....
43,036,012 32	11,224,195 15	1,470,332 34	55,730,539 81		11,280,040 96	44,450,498 85	55,730,539 81
1895.				1895-96.		1896.	
26,805,542 47	8,583,928 61	944,524 73	36,338,995 81	Des postes	7,406,066 13	28,932,929 68	36,338,995 81
570,074 95	126,519 69	19,363 02	715,957 66	Toronto	136,900 01	579,057 65	715,957 66
713,799 03	247,665 93	24,915 13	986,380 09	Winnipeg	209,049 60	777,330 49	986,380 09
6,951,171 46	1,206,831 48	230,654 82	8,388,657 76	Nouvelle-Ecosse	1,577,051 07	6,811,606 69	8,388,657 76
6,441,137 10	1,070,707 99	221,817 76	7,733,662 85	Nouveau-Brunswick	1,080,192 62	6,653,470 23	7,733,662 85
769,466 09	309,099 39	27,751 56	1,106,317 04	Colombie-Britannique	231,008 03	875,309 01	1,106,317 04
2,199,307 75	332,553 97	73,942 76	2,605,804 48	Ile du Prince-Edouard	436,189 65	2,169,614 83	2,605,804 48
44,450,498 85	11,882,307 06	1,542,969 78	57,875,775 69		11,076,457 11	46,799,318 58	57,875,775 69

1896.				1896-97.		1897.	
28,932,929 68	10,079,474 31	1,024,511 74	40,036,915 73	....Des postes....................	7,656,086 64	32,380,829 09	40,036,915 73
579,057 65	131,562 51	19,893 77	730,513 96	....Toronto........................	129,572 50	600,941 46	730,513 96
773,330 49	242,979 00	27,235 88	1,047,545 37	....Winnipeg........................	231,345 59	816,199 78	1,047,545 37
6,811,606 69	1,072,172 81	216,993 41	8,100,772 91	....Nouvelle-Ecosse..................	2,418,434 99	5,682,337 92	8,100,772 91
6,653,470 23	1,078,048 45	231,443 29	7,962,961 97	....Nouveau-Brunswick...............	1,296,937 96	6,666,024 01	7,962,961 97
875,309 01	337,979 92	30,841 62	1,244,130 55	....Colombie-Britannique.............	288,326 44	955,804 11	1,244,130 55
2,169,614 83	323,838 30	71,172 09	2,564,625 22	....Ile du Prince-Edouard	731,785 87	1,832,839 35	2,564,625 22
46,799,318 58	13,266,055 33	1,622,091 80	61,687,465 71		12,752,489 99	48,934,975 72	61,687,465 71

CAISSES D'ÉPARGNES.

RÉCAPITULATION GÉNÉRALE.

Année.	Dépôts.	Intérêt.	Totaux.	Retraits.	Augmentation ou diminution des dépôts sur les retraits.	Total.
	$ c.	$ c.	$ c.	$ c.	$ c.	$ c.
1867-68....	505,501 34	67,017 02	572,518 36	306,757 32	+ 265,761 04	572,518 36
1868-69...	1,251,023 02	90,622 76	1,341,645 78	578,114 48	+ 763,531 30	1,341,645 78
1869-70....	1,810,382 20	125,816 70	1,936,198 90	976,119 22	+ 960,079 68	1,936,198 90
1870-71....	2,474,244 90	172,530 51	2,646,775 41	1,488,897 38	+ 1,157,878 03	2,646,775 41
1871-72....	3,385,337 80	217,009 98	3,602,347 78	2,920,911 16	+ 681,436 62	3,602,347 78
1872-73...	4,749,835 35	220,824 60	4,970,659 95	4,056,171 52	+ 914,488 43	4,970,659 95
1873-74. .	5,797,913 98	280,764 33	6,078,678 31	5,033,639 44	+ 1,045,038 87	6,078,678 31
1874-75....	5,512,634 77	298,654 00	5,811,288 77	5,850,368 40	— 39,079 63	5,811,288 77
1875-76....	4,948,876 44	288,688 35	5,237,564 79	5,364,627 90	— 127,063 11	5,237,564 79
1876-77....	5,432,575 72	294,224 25	5,726,799 97	5,300,287 23	+ 426,512 74	5,726,799 97
1877-78....	7,090,729 04	336,650 50	7,427,379 54	6,400,997 02	+ 1,026,382 52	7,427,379 54
1878-79....	6,522,533 26	353,577 84	6,876,111 10	6,165,441 25	+ 710,669 85	6,876,111 10
1879-80....	7,960,411 41	404,803 55	8,365,214 96	6,519,941 98	+ 1,845,272 98	8,365,214 96
1880-81....	10,669,681 76	508,778 66	11,178,460 42	6,394,744 60	+ 4,783,715 82	11,178,460 42
1881-82....	13,526,422 53	703,013 68	14,229,436 21	8,297,446 52	+ 5,931,989 69	14,229,436 21
1882-83....	13,893,656 13	912,692 87	14,806,349 00	10,355,903 14	+ 4,450,445 86	14,806,349 00
1883-84....	13,249,070 97	1,054,139 93	14,303,210 90	11,304,781 61	+ 2,998,429 29	14,303,210 90
1884-85....	14,268,938 60	1,185,267 52	15,454,206 12	11,692,666 57	+ 3,761,539 55	15,454,206 12
1885-86....	15,158,295 74	1,335,620 56	16,493,916 30	12,299,178 81	+ 4,194,737 49	16,493,916 30
1886-87....	14,406,952 41	1,487,569 36	15,894,521 77	12,236,060 28	+ 3,658,461 49	15,894,521 77
1887-88....	11,480,859 02	1,578,987 86	13,059,846 88	12,521,064 02	+ 538,782 86	13,059,846 88
1888-89....	12,657,802 14	1,619,221 95	14,277,024 09	12,691,724 64	+ 1,585,299 45	14,277,024 09
1889-90....	9,854,332 98	1,475,292 36	11,329,625 34	13,273,517 98	— 1,943,892 64	11,329,625 34
1890-91....	9,748,075 60	1,348,525 26	11,096,600 86	12,709,039 74	— 1,612,438 88	11,096,600 86
1891-92....	10,211,345 75	1,320,580 00	11,531,925 75	11,402,404 28	+ 129,521 47	11,531,925 75
1892-93....	11,118,981 12	1,365,802 44	12,484,783 56	10,164,673 17	+ 2,320,110 39	12,484,783 56
1893-94....	11,142,915 78	1,437,220 20	12,580,135 98	11,393,781 68	+ 1,186,354 30	12,580,135 98
1894-95....	11,224,195 15	1,470,332 34	12,694,527 49	11,280,040 96	+ 1,414,486 53	12,694,527 49
1895-96....	11,882,307 06	1,542,969 78	13,425,276 84	11,076,457 11	+ 2,348,819 73	13,425,276 84
1896-97....	13,266,075 33	1,622,091 80	14,888,167 13	12,752,489 99	+ 2,135,677 14	14,888,167 13
	265,201,907 30	25,119,290 96	290,321,198 26	242,808,249 40	+ 51,235,423 12	290,321,198 26
					— 3,722,474 26	
Augmentation des dépôts sur les retraits					47,512,948 86	
Balance, 1er juillet 1867					1,422,046 86	
					48,934,995 72	

État comparatif du ministère des finances.

——	Renvois au conseil de la Trésorerie.	Emission et rachat de monnaie.	Comptes des caisses d'épargnes restant ouverts.	Appointements du personnel.
		$ c.	Nombre.	$ c.
1878-79	329	2,946,010 00	22,622	51,968 33
1879-80	372	4,900,941 00	25,468	51,454 91
1880-81	313	3,262,903 60	28,212	52,058 28
1881-82	1,297	4,006,583 00	33,748	52,694 90
1882-83	703	3,095,612 00	38,758	54,377 78
1883-84	897	3,770,990 00	43,406	56,034 19
1884-85	810	6,967,579 00	46,601	54,632 92
1885-86	1,040	8,377,952 00	51,592	55,427 57
1886-87	1,070	5,760,852 00	53,519	51,129 78
1887-88	990	7,334,852 00	57,367	52,382 41
1888-89	1,115	6,862,953 00	58,114	52,090 71
1889-90	1,134	6,899,973 00	57,297	51,347 50
1890-91	1,707	6,769,398 00	56,149	51,764 88
1891-92	1,659	8,906,805 00	54,794	48,482 52
1892-93	1,492	7,179,351 00	55,039	49,770 00
1893-94	1,366	8,114,390 00	55,815	50,492 50
1894-95	1,778	8,333,474 00	54,932	49,690 00
1895-96	1,966	7,562,761 00	54,186	49,893 89
1896-97	827	9,679,714 00	47,081	50,418 14

Montant total des émissions et rachats de billets fédéraux, du 1er juillet 1878 au 30 juin 1897.

Année.	Émissions.	Rachats.	Augmentation	Diminution.
	$	$	$	$
1878-79	1,650,412	1,295,598	354,814	
1879-80	3,838,195	1,062,746	2,775,449	
1880-81	2,104,213	1,158,690	945,523	
1881-82	2,645,819	1,360,764	1,285,055	
1882-83	1,652,159	1,443,453	208,706	
1883-84	1,555,110	2,215,880	....	660,770
1884-85	3,523,167	3,444,412	78,755	
1885-86	4,622,088	3,755,864	866,224	
1886-87	2,452,500	3,308,352	....	855,852
1887-88	4,263,667	3,071,185	1,192,482	
1888-89	3,017,958	3,844,995	....	827,037
1889-90	3,413,793	3,486,180	....	72,387
1890-91	3,793,911	2,975,487	818,424	
1891-92	5,006,593	3,900,212	1,106,381	
1892-93	4,172,573	3,006,778	1,165,795	
1893-94	4,863,808	3,250,582	1,613,226	
1894-95	3,895,994	4,437,480	....	541,486
1895-96	3,906,764	3,655,997	250,767	
1896-97	5,812,806	3,866,908	1,945,898	
	66,191,530	54,541,563	14,607,499	2,957,532

Circulation au 30 juin 1896	$ 20,372,198
do do 1897	22,318,096
Augmentation pour l'année 1896-97	$ 1,945,898

N° 1.—*Liste des chemins de fer subventionnés en vertu d'actes du indiquant les paiements faits pour travaux exécutés, et

Année.	Acte.	Chemin de fer.	Description de la ligne subventionnée.
1884	47 Vic., c. 8	Albert-Sud	Hopewell à Alma
1883	46 Vic., c. 25	Baie-des-Chaleurs	Métapédia à Paspébiac
1884	47 Vic., c. 8		Métapédiac, vers l'est
1887	50-51 Vic., c. 24	Jonction de Beauharnois	Jonction Saint-Martin
1885	48-49 Vic., c. 59	Belleville et Hasting-Nord	Madoc à El Dorado
1886	49 Vic., c. 10		do do
1887	50-51 Vic., c. 4	Brantford, Waterloo et Lac-Erié	Brantford à Watford
1894	57-58 Vic., c. 4		Solde de crédit voté de nouveau, $4,790
1885	48-49 Vic., c. 59	Brockville, Westport et Saut-Sainte-Marie.	Brockville à Westport
1894	57-58 Vic., c. 4		Solde de crédit voté de nouveau
1886	49 Vic., c. 10	Bouctouche et Moncton	Moncton à Bouctouche
1887	50-51 Vic., c. 24		A l'ouest deux milles jusqu'à Moncton
1892	55-56 Vic., c. 5		Voté de nouveau, $35,380
1885	48-49 Vic., c. 59	Canada-Atlantique	Valleyfield à l'ouest de Johnson et à Lacolle.
			Terminus d'Ottawa aux Chutes des Chaud.
1886	49 Vic., c. 10		Ile Clarke à Valleyfield et Lacolle à la frontière internationale
1887	50-51 Vic., c. 24		Pont au-dessus du Saint-Laurent à Coteau.
1874	37 Vic., c. 14	Canada-Central	Pembroke à Callandar
1883	46 Vic., c. 25		Pour rembourser la ville de Pembroke
1884	47-48 Vic., c. 4	Canada-Est	Frédéricton à la rivière Miramichi
1885	48-49 Vic., c. 59		A Boiestown
1886	49 Vic., c. 10		Supplémentaire entre Frédéricton et Indiantown
1885	48-49 Vic., c. 59		Indiantown à la jonction avec le ch. de f. O.
1894	57-58 Vic., c. 4		Chatham à Blackbrook et embranch. Nelson.
1894	57-58 Vic., c. 4		Prolong. de l'extrém. O. du ch. de f. C.C.P.
1881	44 Vic., c. 1	Canadien du Pacifique—Ligne-mère	Callandar à Port-Arthur et Selkirk à Kamloops
1834	47 Vic., c. 8	do Prolongem.	Jonction Saint-Martin à Québec
1885	48-49 Vic., c. 58		do do supplém
1884	47 Vic., c. 8		Reliant Jonc. Jacques-Cartier av. la Rive-N.
1892	55-56 Vic., c. 5	do do	Revelstoke à Head-Arrow Lake, C.-B.
1884	47 Vic., c. 8		
1894	57-58 Vic., c. 4	Cap-de-la-Madeleine	Cap de la Madeleine au C.C.P
1883	46 Vic., c. 25	Caraquette	Bathurst à Caraquette
1884	47 Vic., c. 8		Caraquette au havre Shippegan
1887	50-51 Vic., c. 24		Caraquette inférieure à Shippegan
1889	52 Vic., c. 3	Central du Nouveau-Brunswick	Tête du Gr. Lac au ch. de f. I., Sussex, N.-B.
1890	53 Vic., c. 2		Prolongement ; crédit en moins
1894	57-58 Vic., c. 4		Station Chipman à la cour à h. de Newcastle.
1887	50-51 Vic., c. 24	Vallée-de-la-Cornwallis	Kentville à Kingsport
1889	52 Vic., c. 3		
1890	53 Vic., c. 2	Colombie et Kootenay	Lac Kootenay à la jonction des rivières Kootenay et Colombie
1887	50-51 Vic., c. 24	Cie de h. et de ch. de fer Cumberland.	De Springhill au village d'Oxford
1887	50-51 Vic., c. 24	Cie de Chaux du Canada	Québec-Central à la carrière de chaux de Dudswell
1892	55-56 Vic., c. 5	Cie de houille du Canada	Bridgeport à Louisburg
1887	50-51 Vic., c. 24	Comté de Drommond	Drummondville vers Nicolet.
1889	52 Vic., c. 3		Quai Ball, Saint-Laurent
1890	53 Vic., c. 2		Drummondville à Sainte-Rosalie
1892	55-56 Vic., c. 5		Prolongement jusqu'à l'île Rosalie
1894	57-58 Vic., c. 4		Saint-Léonard à la jonction des Chaudières.
1883	46 Vic., c. 25	Elgin, Petitcodiac et Havelock	Petitcodiac à Havelock-Corner
1884	47 Vic., c. 8	Erié et Huron	Wallaceburg à Sarnia
1884	47 Vic., c. 8	Esquimalt et Nanaïmo	Esquimalt et Nanaïmo, C.-B
1889	52 Vic., c. 3	Cie de pont Frédéricton et Ste-Marie.	Au pont de la rivière Sainte-Marie
1893	56 Vic., c. 2	G.-T., Baie-Georgienne et Lac-Erié	Station Parkhead à Owen-Sound

*Ces états de subventions aux chemins de fer sont compilés au ministère des chemins de fer et canaux.

gouvernement fédéral, pour lesquels des contrats ont été signés, ce qui restait dû le 30 juin 1897.

Détails de la subvention.				État des comptes de subvention, 30 juin 1897.			Balance en cours.
Taux par mille.	Nombre de milles.	Total pour chaque entreprise.	Total de l'entreprise.	Argent payé.	Subvention annulée ou périmée.	Déduction totale de la subvention.	
$		$	$	$ c.	$ c.	$ c.	$ c.
3,200	16	51,200	51,200	50,460 00	740 00	51,200 00	.....
.....	70	320,000	620,000	620,000 00	.....	620,000 00	.....
.....		300,000					
3,200	19·50	96,000	96,000	62,400 00	33,600 00	96,000 00	.....
1,500	6·84	10,500	22,400	21,888 00	512 00	22,400 00	.....
1,700		11,900					
3,200	18	57,600	57,600	57,600 00	.....	57,600 00	.....
3,200	44·50	128,000	128,000	105,200 00	22,800 00	128,000 00	.....
	30	96,000					
3,200	1·75	6,400	102,400	101,600 00	800 00	102,400 00	.....
1,600	.....	96,000					
3,200	.....						
	54·05	38,400	314,400	282,355 20	32,044 80	314,400 00	.....
3,200							
15p.c. du coût	.....	180,000					
12,000	120	1,440,000	1,525,250	1,525,250 00	.....	1,525,250 00	.....
.....	.....	85,250					
3,200		128,000					
3,200		19,200					
3,200	107	32,000	355,200	342,400 00	12,800 00	355,200 00	.....
3,200		140,800					
3,200		32,000					
3,200		3,200					
.....	1,905	25,000,000	25,000,000	25,000,000 00	.....	25,000,000 00	.....
.....	.....	960,000					
6,000	.....	340,000					
.....	185	200,000	1,580,000	1,580,000 00	.....	1,580,000 00	.....
3,200	.....	80,000					
3,200	3	9,600	9,600	7,424 00	.....	7,424 00	2,176 00
3,200	36	115,200					
3,200	24	76,800	224,000	224,000 00	.....	224,000 00	.....
3,200	7	32,000					
3,200	40	128,000					
3,200	4·50	14,400	190,400	75,639 00	5,300 00	80,939 00	109,461 00
3,200	15	48,000					
3,200	14	44,800	44,800	44,800 00	.....	44,800 00	.....
3,200	27·75	112,000	112,000	88,800 00	23,200 00	112,000 00	.....
3,200	14	44,800	44,800	39,850 00	4,950 00	44,800 00	.....
3,200	4·80	22,400	22,400	15,360 00	7,040 00	22,400 00	.....
3,200	27·44	89,600	89,600	87,808 00	1,792 00	89,600 00	.....
3,000		96,000					
3,000		14,400					
3,000	93·10	76,800	297,920	287,936 00	.....	287,936 00	9,984 00
3,000		14,720					
3,000		96,000					
3,200	12	38,400	38,400	38,400 00	.....	38,400 00	.....
3,200	30	96,000	96,000	96,000 00	.....	96,000 00	.....
Som. ronde.	71	750,000	750,000	750,000 00	.....	750,000 00	.....
Boni.	1·33	30,000	30,000	30,000 00	.....	30,000 00	.....
3,200	12·42	48,000	48,000	39,744 00	8,256 00	48,000 00	.....

N° 1.—Liste des chemins de fer subventionnés

Année.	Acte.	Chemin de fer.	Description de la ligne subventionnée.
1886	49 Vic., c. 10	Grand-Oriental	Yamaska à la Rivière-Saint-François
1887	50-51 Vic., c. 24		Saint-François à Saint-Grégoire
1891	54-55 Vic., c. 8		
1889	52 Vic., c. 3		Saint-Grégoire vers Jonction des Chaudières, C.I.
1893	56 Vic., c. 2		
1890	53 Vic., c. 2		Pont des rivières Nicolet et Saint-François.
1884	47 Vic., c. 8	Grand-Nord	Saint-Jérôme à New-Glasgow
1886	49 Vic., c. 10		New-Glasgow à Montcalm
1891	54-55 Vic., c. 8		Montant périmé voté de nouveau
1893	56 Vic., c. 2		do do
1886	49 Vic., c. 10		Saint-André à Lachute
1889	52 Vic., c. 3		Montant périmé voté de nouveau, $22,400
1890	53 Vic., c. 2		Près Montcalm à un point entre Joliette et Saint-Félix-de-Valois—Nouveau crédit
1894	57-58 Vic., c. 4		De l'extrémité est des 15 milles subventionnés par 56 Vic., c. 2.
1894	57-58 Vic., c. 4		De Saint-Tite vers l'ouest au lieu de Mas-Maskinongé et Nipissingue.
1894	50-51 Vic., c. 24.	Rive du Golfe	D'un point sur le chemin de fer Caraquette près Pokemouche vers Tracadie
1887	50-51 Vic., c. 24	Jonction de Guelph	Campbellville et C.C.P. à Guelph
1887	50-51 Vic., c. 24	Embranchement Harvey	Term. sud du ch. de fer Albert à Harvey.
1894	57-58 Vic., c. 4	do do	Balance, nouveau crédit, $4,046.43,
1886	49 Vic., c. 24	Hereford	Hereford au chemin de fer International
1889	52 Vic., c. 3.	do	Cookshire au Québec-Central à Dudswell
1883	46 Vic., c. 25	International	Sherbrooke à la frontière internationale
1884	47 Vic., c. 8	Irondale, Bancroft et Ottawa	Emb. Victoria du ch. de f. Midland à Bancroft
1893	56 Vic., c. 2	do do	Mont. périmé v. de nouv., balance, $145,000
1886	49 Vic., c. 10	Joggins	Station McCann à Joggins
1887	50-51 Vic., c. 24	do	Du terminus nord vers les quais
1884	47 Vic., c. 3	Kingston et Pembroke	Mississipi à Pembroke
1883	46 Vic., c. 25	Kingston, Napanee et Western	Napanee à Tamworth
1886	49 Vic., c. 10		Tamworth à Tweed
1887	50-51 Vic., c. 24.		Du term. N. de la sect. subvention. à Tweed.
1889	52 Vic., c. 3		A ou près de Harrowsmith à Sydenham
1892	55-56 Vic., c. 5		Yarker à Harrowsmith
1892	55-56 Vic., c. 5		Prolongement jusqu'au comté Hastings et les mines de fer
1886	49 Vic., c. 10	L'Assomption	L'Assomption à L'Epiphanie
1887	50-51 Vic., c. 24	Lac-Erié et Rivière-Détroit	Walkerville à Cedar-Creek
1892	55-56 Vic., c. 2		Cedar-Creek à Ridgetown
1885	48-49 Vic., c. 59.	Lac-Témiscamingue	Long-Sault au pied du lac Témiscamingue
1887	50-51 Vic., c. 24.		Nouveau crédit et construction de quais
1894	57-58 Vic., c. 4		Mattawa au lac Kippewa
1894	57-58 Vic., c. 4.		Pont à fermes en bois près de Mattawa
			Balance de 1887
1885	48-49 Vic., c. 59.	Leamington et Lac-Saint-Clair	Cumber au lac Erié
1887	50-51 Vic., c. 24.		Prolongement
1892	55-56 Vic., c. 5	Lotbinière et Mégantic	Saint-Jean-Deschaillons vers Glen Loyd
1894	57-58 Vic., c. 4		Prolongement
1894	57-58 Vic., c. 4	Midland	De Newport à Windsor, à un point sur l'embranch. prop. du ch. de fer Intercolonial, aussi pont sur la rivière Shubénacadie
1885	57-58 Vic., c. 59.	Montréal et Sorel	Saint-Lambert à Sorel
1890	53 Vic., c. 2.		Pour compléter la ligne
1885	48-49 Vic., c. 59.	Montréal et Jonction de Champlain	Brosseau à Dundee
1887	50-51 Vic., c. 24.		Rivière-au-Saumon à Port-Covington
1888	51 Vic., c. 3		Du terminus de la ligne subventionnée

en vertu d'actes, etc.—*Suite.*

Détails de la subvention.				État des comptes de subvention, au 30 juin 1897.			Balance en cours.
Taux par mille.	Nombre de milles.	Total pour chaque entreprise.	Total de l'entreprise.	Argent payé.	Subvention annulée ou périmée.	Déduction totale de la subvention.	
$		$	$	$ c.	$ c.	$ c.	$ c.
3,200		32,000					
3,200		96 000					
....	12·50	....	229,500	40,345 00	189,155 00	229,500 00	....
32½		....					
3,200		64,000					
Bulk.		37,500					
3,200		32,000					
3,200		57,600					
3,200		22,400					
	99·59		326,400	142,688 00	183,712 00	326,400 00	....
3,200		48,000					
.....		70,400					
....		96,000					
3,200	12	38,400	38,400	28,635 05	....	28,635 05	....
3,200	15·25	51,200	51,200	46,000 00	5,200 00	51,200 00	....
3,200	3	9,600	9,600	5,553 57	4,046 43	9,600 00	....
3,200	48·50	108,800	156,800	155,200 00	1,600 00	156,800 00	....
3,200		48,000					
3,200	49	156,800	156,800	156,800 00	....	156,800 00	....
3,200	50	160,000	160,000	144,000 00	16,000 00	160,000 00	....
....	....	....	....	....	....	....	....
3,200	12·00	38,400	42,400	37,500 00	4,900 00	42,400 00	....
3,200		4,000					
3,200	15	48,000	48,000	48,000 00	....	48,000 00	....
3,200	61·35	268,400	268,400	208,732 80	59,667 20	268,400 00	....
3,200	3·50	11,200	11,200	11,200 00	....	11,200 00	....
3,200	84·04	118,400	342,400	338,731 00	3,669 00	342,400 00	....
3,200		224,000					
....	....	25,600					
....	....	27,160					
4,950	45·84	247,500	327,700	310,335 95	17,364 05	327,700 00	....
15 p. 100	....	15,000					
....	....	12,440					
3,200	16	44,800	51,200	51,200 00	....	51,200 00	....
3,200		6,400					
3,200	30	48,000	96,000	96,000 00	....	96,000 00	....
3,200		48,000					
3,200	90	300,000	300,000	....	....	....	300,000 00
1,600	44·67	72,000	112,000	93,757 57	18,242 43	112,000 00	....
Bulk.	....	40,000					
500	60	30,000					
....	20	64,000	103,600	103,600 00	....	103,600 00	....
3,200	3	9,600					

N° 1.—Liste des chemins de fer subventionnés

Année.	Acte.	Chemin de fer.	Description de la ligne subventionnée.
1887	50-51 Vic., c. 24...	Montréal et Ottawa.............. ..	Vaudreuil à Hawkesbury.... ....
1894	57-58 Vic., c. 4....	do do	Voté de nouveau, solde $22,400............
1894	57-58 Vic., c. 4....	do do	De l'extrémité ouest vers Ottawa... ......
1890	53 Vic., c. 2..	Montreal et de l'Ouest..............	Saint-Jéi ôme vers le Désert..............
1886	49 Vic., c. 10....	Montréal et Lac-Maskinongé	Saint-Félix au lac Maskinongé....... .....
1890	53 Vic., c. 2.....		Prolongement ....
1893	56 Vic., c. 2. ...	Colonisation de Montford..........	Lachute à Saint-Jérôme ....
1894	57-58 Vic., c. 4..		Fin de 21 milles subventionnés à l'ouest de la Rivière-Rouge..... ....
1894	57-58 Vic., c. 4....	Nakusp et Slocan	Nakusp aux Fourches à Carpenter-Creek...
1885	48-49 Vic., c. 59...	Nouv.-Brunswick et Ile du P.-Edouard	Sackville jusque près du Cap Tormente....
1892	55-56 Vic., c. 5....	Cie de fer, de h. et de C.F. N.-Glasgow	Jonction d'Eureka à Sunnybrae..........
1882	45 Vic., c. 14....	Nord et Jonction du Pacifique.....	Gravenhurst à Callandar........... .....
1883	46 Vic., c. 25....		Supplémentaire ....
1887	50-51 Vic., c. 24..	Central de la Nouvelle-Ecosse......	Lunenburg à New-Germany, aussi quai de chemin de fer à Bridgewater......... .
1888	51 Vic., c. 3. ...		
1893	56 Vic., c. 2.....		Voté de nouveau, $4,500 ....
1892	55-56 Vic., c. 25..	Ontario, Belmont et Nord	Mines de fer de Belmont au C.C.P. et Ontario-Central......... ....
1892	55-56 Vic. c. 25 ...	Ontario et Pacifique................	Cornwall à Ottawa ....
1891	54-55 Vic., c. 2....	Oshawa.	Port-Oshawa à la rue Mill, à l'hôtel de ville et à la gare du chemin de fer Grand Tronc
1893	56 Vic., c. 2.	do	Voté de nouveau, 54-55 Vic., c. 2.........
1890	53 Vic., c. 2......	Montagne d'Orford.	Eastman à Kingsbury..... ....
1889	52 Vic., c. 3..	Ottawa et Vallée de la Gatineau....	Gare de Hull vers le Désert. .. ..
1893	56 Vic., c. 2.	do do	Voté de nouveau, solde $89,248 ....
1892	55-56 Vic., c. 5....	Ottawa, Arnprior et Parry-Sound..	D'un point sur le C.C.P. à Eganville ......
			Eganville à la Baie Barry. . ...
1889	52 Vic., c. 3.....	Colonisation de Parry-Sound.......	Baie Barry à la Jonction du ch. de f. Pac.-N.
			Parry-Sound à Sandridge. ....
1894	57-58 Vic., c. 4..		Voté de nouveau le solde périmé ..,... ....
1893	56 Vic., c. 2.....	Jonction de Pontiac au Pacifique...	Hull à Aylmer......... ... .
1894	57-58 Vic. c. 4..		Aylmer à Pembroke. . ...
1894	57-58 Vic., c. 4..		Pont sur la rivière Ottawa à Culbute et ligne à Pembroke......... .. ..
1892	55-56 Vic., c. 5....	Jonction de Philipsburg............	Stanbridge à Phillipsburg (voté de nouveau, $2,912, 57-58 Vic., c. 4, 1894, bal. non dép.)
1889	52 Vic., c. 3.	Pontiac et Renfrew	Braeside à la Jonction Pontiac du Pacifique
1888	51 Vic., c. 3.......	Port-Arthur, Duluth et Ouest	Port-Arthur au Lac-Flint.... ....
1884	47 Vic., c. 8.....	Québec-Central..................	Jonction de la Beauce vers la frontière. ...
1888	51 Vic., c. 3.....		D'un point près de la gare de Tring à un point sur C.F.I. près du lac Mégantic...
1894	57-58 Vic., c. 4..		
1882	45 Vic., c. 14....	Québec et Lac-Saint-Jean	Saint-Raymond au lac Saint-Jean .. ..
1883	46 Vic., c. 25....		do do ....
1886	48-49 Vic., c. 50.		Jonction de la Rive-Nord à St-Raymond...
1886	49 Vic., c. 10....		50 milles au n. de St-Raymond au lac St-Jean
1887	50-51 Vic., c. 24.		Québec au lac Saint-Jean (supplémentaire).
1888	51 Vic., c. 3. ...		Saint-Jean vers Chicoutimi.............
1889	52 Vic., c. 3. ...		Prolongement vers Chicoutimi ....
1890	53 Vic., c. 2.....		Pont Saint-Charles et 12 milles de Lorette à Charlesbourg. ....
1894	57-58 Vic., c. 4..		Vers l'est pour ligne en eau profonde à Chicoutimi.. ....
1889	52 Vic., c. 3.......	Québec, Montmorency et Charlevoix.	Rive Est à la rivière Saint-Charles près du Cap Tourmente ....
1889	52 Vic., c. 3.......	Shuswap et Okanagan..............	Sicamous à un point sur le lac Okanagan...
1887	50-51 Vic., c. 24...	Norfolk-Sud	Port-Rowan à Simcoe...... .. ..
1887	50-51 Vic., c. 24...	Sainte-Catherine et Niagara-Central.	Sainte-Catherine à la rivière Niagara......
1889	52 Vic., c. 3... ...	Tunnel de la frontière Saint-Clair....	Sarnia-Ouest à Port-Huron..............

en vertu d'actes, etc.—*Suite.*

Détails de la subvention.				État des comptes de subvention, au 30 juin 1897.			Balance en cours.
Taux par mille.	Nombre de milles.	Total pour chaque entreprise.	Total de l'entreprise.	Argent payé	Subvention annulée ou périmée.	Déduction totale de la subvention.	
$		$	$	$ c.	$ c.	$ c.	$ c.
3,200		96,000					
....	60	....	192,000	105,600 00	....	105,600 00	86,400 00
3,200		96,000					
5,161	70	361,270	361,270	361,270 00	....	361,270 00	....
3,200	12·90	32,000	42,200	41,280 00	920 00	42,200 00	....
3,200		10,200					
3,200	21	67,200	106,600	67,200 00	....	67,200 00	38,400 00
3,200	12	38,400					
3,200	38	121,600	121,600	117,760 00	....	117,760 00	3,840 00
3,200	35·45	118,400	118,400	113,440 00	4,960 00	118,400 00	....
3,200	12·00	40,000	40,000	39,840 00	160 00	40,000 00	....
6,000	110	660,000	1,320,000	1,320,000 00	....	1,320,000 00	....
6,000		660,000					
3,200	73·50	108,800	256,000	230,700 00	25,300 00	256,000 00	....
3,200		147,200					
3,200	10	32,000	32,000	30,720 00	....	30,720 00	1,280 00
3,200	53·87	172,400	172,400	....	....	....	172,400 00
3,200	7	22,400	22,400	22,400 00	....	22,400 00	....
....	....	....	....	....	....	....	....
3,200	26·50	99,200	99,200	84,800 00	14,400 00	99,200 00	....
....	56·50	320,000	320,000	284,128 00	35,872 00	320,000 00	....
....	....	....	....	....	....	....	....
3,200		70,400					
3,200	107	96,000	430,400	430,400 00	....	430,400 00	....
4,800		264,000					
3,200	60	128,000	192,000	152,800 00	39,200 00	192,000 00	....
....		64,000					
3,200		24,000					
3,200	70	257,600	313,100	193,578 00	119,522 00	313,100 00	....
Som. brute.		31,500					
3,200	6·75	21,600	21,600	21,600 00	....	21,600 00	....
3,200	4·25	19,200	19,200	13,600 00	5,600 00	19,200 00	....
3,200	84·75	271,200	271,200	271,200 00	....	271,200 00	....
3,200	74·86	60,342	348,342	348,342 00	....	348,342 00	....
3,200		288,000					
3,200	....	384,000					
3,200	....	80,000					
3,200	....	96,000					
Som. brute.	....	186,295					
3,200	245·85	28,800					
3,200	....	96,000	1,009,895	1,006,743 50	3,151 50	1,009,895 00	....
3,200	....	64,000					
3,200	....	30,000					
		38,400					
3,200	....	6,400					
3,200	30	96,000	96,000	96,000 00	....	96,000 00	....
3,200	51	163,200	163,200	163,200 00	....	163,200 00	....
3,200	17	54,400	54,400	54,400 00	....	54,400 00	....
3,200	12	38,400	38,400	38,400 00	....	38,400 00	....
Som. brute.	2·23	375,000	375,000	375,000 00	....	375,000 00	....

N° 1.—Liste des chemins de fer subventionnés

Année.	Acte.	Chemin de fer.	Description de la ligne subventionnée
1891	54-55 Vic., c. 8....	Saint-Laurent, Basses-Laurentides et Saguenay.......	Grandes-Piles à sa jonct. aveo le Lac-St-Jean
1884	47 Vic., c. 8.	St-Louis, Richibouctou ét Bouctouche	Saint-Louis à Richiboucto................
1890	53 Vic., c. 2.....	Saint-Laurent et Adirondack.......	Valleyfield à Huntingdou...... ......
1892	55-56 Vic., c. 5..		Term. à Huntingdon et term. à la ligne fr.
1891	54-55 Vic., c. 8....	Mille-Iles...	Saint-Laurent près Gananoque...........
1894	57-58 Vic., c. 4....	Saint-Stephen et Milltown.....	Saint-Stephen à Milltown........ ... ..
1882	45 Vic., c. 14....	Témiscouata.	Rivière-du-Loup à Edmundston..... . . .
1885	48-49 Vic., c. 8..		do do ....
1888	51 Vic., c. 3.....		Prolongement vers la rivière Saint-François.
1890	53 Vic., c. 2.....		do do ..
1892	55-56 Vic., c. 5..		Supplément à 53 Vic., c. 3. ... .
1894	57-58 Vic., c. .4...	Tilsonburg, Lac-Erié et Pacifique....	Port-Burwell à Tilsonburg... .. ..
1891	54-55 Vic., c. 3..	Vallée de la Tobique..............	Perth-Centre à Plaister-Rock. ....
1890	53 Vic., c. 2. ...		Prolongement.. ....
1892	55-56 Vic., c. 5...		do ....
1886	49 Vic., c. 10......	Toronto, Grey et Bruce.............	Glenannan à Wingham . ...
1893	56 Vic., c. 2.......	Comtés-Unis............	Iberville à Saint-Hyacinthe.............
1894	57-58 Vic., c. 4....	do	Saint-Hyacinthe à Sorel...... ....
1890	53 Vic., c. 2	Jonction de Waterloo..............	Waterloo à Elmira.......................
		Comtés de l'Ouest..................	Digby à Annapolis... . . ..
1890	53 Vic., c. 2......	Ontario-Ouest et Pacifique et Ontario et Québec.	Woodstock à Chatham............ .....

en vertu d'actes, etc.—*Fin.*

Détails de la subvention.				Etat des comptes de subvention, au 30 juin 1897.			Balance en cours.
Taux par mille.	Nombre de milles.	Total pour chaque entreprise.	Total de l'entreprise.	Argent payé.	Subvention annulée ou périmée.	Déduction totale de la subvention.	
$		$	$	$ c.	$ c.	$ c.	$ c.
....	38·85	217,600	217,600	217,600 00	....	217,600 00	....
3,200	7	22,400	22,400	22,400 00	....	22,400 00	....
3,200 3,200	20·31	57,600 25,024	82,624	65,001 60	17,622 40	82,624 00	....
....	4·33	54,400	54,400	24,400 00	30,000 00	54,400 00	....
3,200	3·5	11,200	11,200	9,635 89	....	9,635 89	1,564 11
3,200 - 3,200	112·95	240,000 258,000 100,000 51,200 21,600	670,800	645,950 00	24,850 00	670,800 00	....
3,200	16	51,200	51,200	51,200 00	....	51,200 00	....
	27·87	134,016	134,016	134,016 00	....	134,016 00	....
3,200	4·60	16,000	16,000	14,656 00	1,344 00	16,000 00	....
3,200 3,200	64	102,400 102,400	204,800	187,328 00	....	187,328 00	17,472 00
3,200	10·25	35,200	35,200	32,800 00	2,400 00	35,200 00	....
Som. brute.	20	500,000	500,000	500,000 00	....	500,000 00	....
3,200	80	256,000	256,000	256,000 00	....	256,000 00	....
....	5,564 29	....	43,474,017	41,738,582 13	982,692 81	42,782,735 94	752,742 06

N° 2.—TABLEAU indiquant les chemins de fer recevant des subventions en argent (non compris dans le tableau n° 1), de montants fixes, payables annuellement ou semi-annuellement pour une période fixe d'années, ou l'intérêt jusqu'à ce que le capital accordé soit payé.

Année	Désignation de l'acte.	Numéros successifs sur la liste des subventions.	DESCRIPTION DES LIGNES SUBVENTIONNÉES.	Construits.	Non construits.	Milles subventionnés.	Montant du versement.	Dates auxquelles le paiement doit commencer, savoir, six mois après que l'ingén. aura signé le certificat de l'achèvem. des travaux.	Nombre de versem. payés à date.	Montant total payé à la fin de l'exercice terminé le 30 juin 1897.
				Milles	Milles.					$
1885	48-49 Vic., c. 58.	61	Cie de chemin de fer International (Atlant. et N.-Ouest), de Montréal aux ports de Saint-Jean et Halifax.	252	....	252	$93,300.00 tous les 6 m. p. 20 ans.	30 juin 1889...	16	1,492,800
1890 1892	53 Vic., c. 2... 54-55 Vic., c. 8.	171, 198, 239	Cie de chemin de fer Kingston, Smith's-Falls et Ottawa..... ...	.....	56	56	6,267.00 do 20 do	... .	....	Rien.
1884	47 Vic., c. 8.....	18, 19	Gouvernement provincial de Québec, de Montréal à Québec $954,000)....	159		279	*59,850.00 do	7 janv. 1884...	25	1,496,250
			Gouvernement provincial de Québec, de Montréal à Ottawa ($1,440,000)..	120	....					
			Total......................	531	56					
			Grand total de milles subv...	......	... .	587				

*Intérêt annuel au taux de 5 pour 100. Subvention encore due.

N° 3.—État indiquant les chemins de fer subventionnés par des prêts.

Numéros consécutifs des crédits.	Année.	Désignation de l'acte.	Description des lignes subventionnées.	Montant du prêt autorisé.	Montant du prêt payé à la compagnie	Montant du prêt non retiré.
			Emprunts	$	$ c.	$ c.
95	1886	49 Vic., c. 10...	Compagnie de chemin de fer Albert, de Salisbury à Hopewell...	15,000	14,725 56	274 44
165	1889	52 Vic., c. 3....	Compagnie du pont Frédéricton et Sainte-Marie......	300,000	300,000 00	....
17	1883	46 Vic., c. 26...	Pont Saint-Jean et Cie de Prolongement de chemin de fer....................	500,000	433,900 00	66,100 00

N° 4.—Tableau indiquant les chemins de fer subventionnés au moyen de vieux rails évalués au montant indiqué par acte spécial.

Numéros consécutifs des crédits.	Année.	Désignation de l'acte.	—	Tonneaux de rails employés.	—	Payé.	Encore dû le 30 juin 1892.
					$ c.	$ c.	$ c.
143	1888	51 Vic., c. 3..	Cie de ch. de fer Central du Nouveau-Brunswick......	4,052	83,612 54	83,612 54	....
144			Ch. de fer Elgin, Petitcodiac et Havelock........	2,201	44,252 82	44,252 82	....
145			Ch. de fer Kent-Northern du Nouveau-Brunswick......	2,549	58,334 27	....	58,334 27
146			Filature de coton d'Halifax.	233	4,335 00	....	4,335 00
147			Cie d'aciérie du Canada....	597	11,964 66	....	11,964 66
148			Cie de ch. de fer d'Albert...	726	14,665 45	....	14,665 45
149			Embranchem. de Chatham.	958	24,439 84	24,439 84	....
			Low, Reid et Cie	52	1,056 61	....	1,056 61
			Total.............	....	242,661 19	152,305 20	90,355 99
185	1889	52 Vic., c. 5....	Acte spécial—Cie de rails et de bateaux à vapeur de Qu'Appelle, Lac-Long et Saskatchewan.........	Pour transport des hommes, approvisonnements, matériaux et malles pour 20 ans, $80,000 par année sur conditions.			
230	1890	53 Vic., c. 5....	Acte spécial—Cie de ch. de f. de Calgary et Edmonton		do	do	do

PARTIE I.

ÉTATS DU REVENU.

No

ÉTAT du revenu provenant des DROITS DE DOUANES, etc., du Canada,

DT. PROVINCE

Balance au Dt le 1er juillet 1896.	Balance à l'Av. le 1er juillet 1896.	Droits de douane.	Honoraires d'entrepôt de douanes. 1	Honoraires d'emmagasinage. 2	Divers. 3	Recettes totales, y compris les colonnes 1, 2 et 3.	Total.
$ c.	$ c.	$ c.	$ c.	$ c.	$ c.	$ c.	$ c.
	0 01	13,786 81			41 48	13,828 29	13,828 28
296 63		50,535 85	80 00			50,615 85	50,912 48
6,708 42		57,359 91	60 00		9 90	57,429 81	64,138 23
	0 09	5,656 77			1 10	5,657 87	5,657 78
	58 90	130,906 58	70 00		4 30	130,980 88	130,921 98
	0 05	109,361 93	40 00		51 30	109,453 23	109,453 18
		47,148 16			2 00	47,150 16	47,150 16
		6,877 72			1 30	6,879 02	6,879 02
	0 02	12,373 89			6 20	12,380 09	12,380 07
		18,094 20				18,094 20	18,094 20
		10,491 17			0 05	10,491 22	10,491 22
	0 27	216,668 52			745 24	217,413 76	217,413 49
		55,219 11	40 00		2 55	55,261 66	55,261 66
		37,001 63				37,001 63	37,001 63
		16,453 81			0 50	16,454 31	16,454 31
35 71		25,307 30	20 00		0 30	25,327 60	25,363 31
		65,674 21				65,674 21	65,674 21
	0 03	554,702 70	426 52		15 39	555,144 61	555,144 58
		12,959 17			10 90	12,970 07	12,970 07
		91,992 26	40 00		14 13	92,046 39	92,046 39
		11,766 10				11,766 10	11,766 10
0 75		447,875 54	280 00			448,155 54	448,156 29
		4,185 42			5 80	4,191 22	4,191 22
		10,331 59				10,331 59	10,331 59
164 84		88,005 88			181 28	88,187 16	88,352 00
		20,378 47				20,378 47	20,378 47
		334,277 57	280 00	340 71		334,898 28	334,898 28
		16,460 93			122 60	16,583 53	16,583 53
		8,089 67			3 60	8,093 27	8,093 27
3,821 35		52,185 40	60 00			52,245 40	56,066 75
		11,576 40			0 20	11,576 60	11,576 60
	0 10	66,604 80	80 00	2 00	24 94	66,711 74	66,711 64
		66,471 43	40 00		3 50	66,514 93	66,514 93
		111,002 91	40 00		2 40	111.045 31	111,045 31
		114,677 96			0 80	114,678 76	114,678 76
		118,907 57	40 00			118,947 57	118,947 57
524 02		52,272 92			59 77	52,332 69	52,856 71
		86,705 93			1 70	86,707 63	86,707 63
526 94		47,575 70	40 00		3 50	47,619 20	48,146 14
5,303 02		3,619,764 30	1,034 98	2,383 78	237 92	3,623,420 98	3,628,724 00
		5,387 07			6 70	5,393 77	5,393 77
		4,051 64				4,051 64	4,051 64
	3 95	4,831 44				4,831 44	4,827 49
	0 03	192,175 44	100 00		13 56	192,289 00	192,258 97
		66,602 60			1 35	66,603 95	66,603 95
17,381 68	63 45	7,100,736 38	2,771 50	2,726 49	1,576 26	7,107,810 63	7,125,128 86

1.

pour l'exercice terminé le 30 juin 1897, et les frais de perception, etc.

D'ONTARIO. Av.

Ports.	Balance au Dt le 30 juin 1897.	Balance à l'Av. le 30 juin 1897.	Total déposé au crédit du receveur général.	Totaux.	Mémoire des frais de perception.
	$ c.	$ c.	$ c.	$ c.	$ c.
Amherstburg		0 01	13,828 29	13,828 28	4,727 42
Belleville	296 63		50,615 85	50,912 48	3,753 74
Berlin	6,708 42		57,429 81	64,138 23	1,745 23
Bowmanville		0 09	5,657 87	5,657 78	1,430 18
Brantford		58 90	130,980 88	130,921 98	3,526 29
Brockville		0 05	109,453 23	109,453 18	5,193 79
Chatham			47,150 16	47,150 16	4,472 42
Cobourg			6,879 02	6,879 02	4,029 27
Collingwood		0 02	12,380 09	12,380 07	2,873 86
Cornwall			18,094 20	18,094 20	2,622 88
Deseronto			10,491 22	10,491 22	909 80
Fort-Erié		0 27	217,413 76	217,413 49	7,234 20
Fort-William			55,261 66	55,261 66	1,099 93
Galt			37,001 63	37,001 63	1,792 32
Gananoque			16,454 31	16,454 31	1,857 82
Goderich	35 71		25,327 60	25,363 31	4,352 88
Guelph			65,674 21	65,674 21	3,402 91
Hamilton		0 03	555,144 61	555,144 58	29,338 27
Hope			12,970 07	12,970 07	2,545 76
Kingston			92,046 39	92,046 39	13,748 36
Lindsay			11,766 10	11,766 10	1,018 23
London	0 75		448,155 54	448,156 29	14,284 03
Morrisburg			4,191 22	4,191 22	1,353 99
Napanee	474 55		9,857 04	10,331 59	1,462 63
Niagara-Falls	164 84		88,187 16	88,352 00	16,095 47
Oshawa			20,378 47	20,378 47	885 38
Ottawa			334,898 28	334,898 28	17,459 42
Owen-Sound			16,583 53	16,583 53	2,400 80
Paris			8,093 27	8,093 27	1,677 20
Peterboro'	3,821 35		52,245 40	56,066 75	1,892 44
Picton			11,576 60	11,576 60	1,980 90
Port-Arthur		0 10	66,711 74	66,711 64	3,017 53
Prescott			66,514 93	66,514 93	6,091 45
Sainte-Catherine			111,045 31	111,045 31	5,889 40
Saint-Thomas			114,678 76	114,678 76	4,130 02
Sarnia			118,947 57	118,947 57	9,453 04
Saut-Sainte-Marie	524 02		52,332 69	52,856 71	9,170 09
Simcoe			86,707 63	86,707 63	3,219 97
Stratford	526 89		47,619 25	48,146 14	4,836 06
Toronto	5,303 02		3,623,420 98	3,628,724 00	71,191 84
Trenton	0 12		5,393 65	5,393 77	629 16
Wallaceburg			4,051 64	4,051 64	1,719 30
Whitby		3 95	4,831 44	4,827 49	1,606 81
Windsor		0 03	192,289 00	192,288 97	13,700 32
Woodstock			66,603 95	66,603 95	4,645 27
Total	17,856 30	63 45	7,107,336 01	7,125,128 86	300,468 08

N° 1.—ÉTAT du revenu provenant des DROITS DE DOUANES, etc., du Canada,

DT.

PROVINCE DE

Balance au Dt le 1er juillet 1896.	Balance à l'Av. le 1er juillet 1896.	Droits de douane.	Honoraires d'entrepôt de douane. 1	Honaraires d'emmagasinage. 2	Divers. 3	Recettes totales, y compris les colonnes 1, 2 et 3.	Total.
$ c.	$ c.	$ c.	$ c.	$ c.	$ c.	$ c.	$ c.
		9,614 55			146 80	9,761 35	9,761 35
		5,234 94			38 10	5,273 04	5,273 04
	2 60	901 30			0 85	902 15	899 55
		6,673 87			27 74	6,701 61	6,701 61
	0 05	6,765,771 85	2,743 36	2,643 84	749 30	6,771,908 35	6,771,908 30
	4 22	4,648 68	80 00		1 98	4,730 66	4,726 44
		559 00				559 00	559 00
10 00		1,332 91			23 68	1,356 59	1,366 59
		767,867 50	720 00	291 03	35 09	768,913 62	768,913 62
10 00		1,295 57				1,295 57	1,305 57
		4,026 58			2 18	4,028 76	4,028 76
	0 10	48,067 21	80 00	5 90	4 35	48,157 46	48,157 36
	8 18	86,890 49	181 67		7 05	87,079 21	87,071 03
1,577 56		86,533 82	80 00		137 30	86,751 12	88,328 68
		9,130 27	80 00		1 85	9,212 12	9,212 12
		19,286 14			118 20	19,404 34	19,404 34
		5,593 52			74 97	5,668 49	5,668 49
	0 04	22,646 59	40 00			22,686 59	22,686 55
1,597 56	15 19	7,846,074 79	4,005 03	2,940 77	1,369 44	7,854,390 03	7,855,972 40

PROVINCE DU

57 15		2,740 63				2,740 63	2,797 78
		16,453 94	50 00		0 20	16,504 14	16,504 14
		9,481 69			0 30	9,481 99	9,481 99
		39,154 94	80 00			39,234 94	39,234 94
	0 53	74,170 28	100 00		8 58	74,278 86	74,278 33
	25 03	9,969 59			6 00	9,975 59	9,950 56
		2,689 43				2,689 43	2,689 43
0 10		3,420 81			5 46	3,426 27	3,426 37
		748,111 89	560 00		40 69	748,712 58	748,712 58
		42,979 57	160 00		2 65	43,142 22	43,142 22
56 42		18,620 50	20 00		8 90	18,649 40	18,705 82
113 67	25 56	967,793 27	970 00		72 78	968,836 05	968,924 16

PROVINCE DE LA

		30,979 40	40 00		2 00	31,021 40	31,021 40
0 48		7,593 16	40 00		11 93	7,645 09	7,645 57
		8,487 93			0 10	8,488 03	8,488 03
0 25		1,785 07			3 40	1,788 47	1,788 72
	0 30	1,257 86			6 00	1,263 86	1,263 56
		329 14			2 30	331 44	331 44
		1,163 24			6 10	1,169 34	1,169 34
		1,881 35			0 48	1,881 83	1,881 83
	0 10	2,854 75			10 96	2,865 71	2,865 61
	0 02	1,290,216 77	1,633 34		20 53	1,291,870 64	1,291,870 62
1 00		23,405 06			12 65	23,417 71	23,418 71
		4,872 28	40 00		18 95	4,931 23	4,931 23
	0 92	1,165 44	40 00		14 30	1,219 74	1,218 82
	5 33	12,984 01	140 00		82 95	13,206 96	13,201 63
		159 08				159 08	159 08

* Sis mois seulement, au 31 décembre 1896. De cette date réduit à un port extérieur.

pour l'exercice terminé le 30 juin 1897, etc.—*Suite.*

QUÉBEC. Av.

Ports.	Balance au Dt le 30 juin 1897.	Balance à l'Av. le 30 juin 1897.	Total déposé au crédit du receveur général.	Totaux.	Mémoire des frais de perception.
	$ c.	$ c.	$ c.	$ c.	$ c.
....Coaticook.			9,761 35	9,761 35	4,377 36
... Cookshire			5,273 04	5,273 04	2,430 92
....Gaspé		2 60	902 15	899 55	1,263 01
....Hemmingford.			6,701 61	6,701 61	2,678 69
....Montréal		0 32	6,771,908 62	6,771,908 30	143,934 07
....New-Carlisle		4 22	4,730 66	4,726 44	1,894 33
....Percé			559 00	559 00	1,081 13
....Potton	10 00		1,356 59	1,366 59	2,249 92
... Québec		1 84	768,915 46	768,913 62	36,045 58
...Rimouski	10 00		1,295 57	1,305 57	719 92
....Saint-Armand			4,028 76	4,028 76	2,221 16
....Saint-Hyacinthe		0 10	48,157 46	48,157 36	791 50
....Saint-Jean	0 08		87,070 95	87,071 03	6,306 62
....Sherbrooke.	1,577 56		86,751 12	88,328 68	3,791 38
....Sorel			9,212 12	9,212 12	625 00
....Stanstead			19,404 34	19,404 34	4,447 44
....Sutton			5,668 49	5,668 49	1,198 71
....Trois-Rivières		0 04	22,686 59	22,686 55	1,610 75
Totaux	1,597 64	9 12	7,854,383 88	7,855,972 40	217,667 49

NOUVEAU-BRUNSWICK.

Ports.	Balance au Dt le 30 juin 1897.	Balance à l'Av. le 30 juin 1897.	Total déposé au crédit du receveur général.	Totaux.	Mémoire des frais de perception.
....Bathurst.	56 74		2,741 04	2,797 78	3,309 70
...Chatham.			16,504 14	16,504 14	4,845 84
....Dalhousie.			9,481 99	9,481 99	1,746 53
....Frédéricton			39,234 94	39,234 94	3,885 05
....Moncton		0 53	74,278 86	74,278 33	6,152 26
....Newcastle.		25 03	9,975 59	9,950 56	2,024 69
....Sackville			2,689 43	2,689 43	1,567 80
....Saint-André	0 10		3,426 27	3,426 37	2,684 82
....Saint-Jean			748,712 58	748,712 58	47,126 75
....Saint-Stephen.			43,142 22	43,142 22	9,532 13
....Woodstock.	56 42		18,649 40	18,705 82	7,971 44
Total	113 26	25 56	968,836 46	968,924 16	90,847 01

NOUVELLE-ÉCOSSE.

Ports.	Balance au Dt le 30 juin 1897.	Balance à l'Av. le 30 juin 1897.	Total déposé au crédit du receveur général.	Totaux.	Mémoire des frais de perception.
....Amherst.			31,021 40	31,021 40	3,918 68
....Annapolis	0 48		7,645 09	7,645 57	2,215 85
....Antigonish			8,488 03	8,488 03	1,451 32
....Arichat.	0 25		1,788 47	1,788 72	2,538 77
....Baddeck		0 30	1,263 86	1,263 56	2,057 09
....Barrington			331 44	331 44	1,341 15
...*Bridgetown			1,169 34	1,169 34	430 00
....Canso			1,881 83	1,881 83	2,027 15
....Digby		0 10	2,865 71	2,865 61	2,302 46
....Halifax.		0 02	1,291,870 64	1,291,870 62	49,595 95
....Kentville	1 00		23,417 71	23,418 71	3,077 98
....Liverpool			4,931 23	4,931 23	2,169 45
... Lockeport		0 92	1,219 74	1,218 82	611 45
... Lunenburg		5 33	13,206 96	13,201 63	3,776 66
...*Margaretsville			159 08	159 08	350 00

ÉTAT du revenu provenant des DROITS DE DOUANE, etc., du

DT. PROVINCE DE LA

Balance au Dt le 1er juillet 1896.	Balance à l'Av. le 1er juillet 1896.	Droits de douane.	Honoraires. d'entrepôts de douanes. 1	Droits d'entreposage. 2	Divers. 3	Recettes totales, y compris les colonnes 1, 2 et 3	Total.
$ c.	$ c.	$ c.	$ c.	$ c.	$ c.	$ c.	$ c.
....	....	1,389 29	....	....	0 50	1,389 79	1,389 79
....	....	13,320 82	20 00	....	....	13,340 82	13,340 82
....	71 40	3,656 34	....	....	3 03	3,659 37	3,587 97
....	....	35,938 58	40 00	....	0 64	35,979 22	35,979 22
....	....	654 63	....	....	0 10	654 73	654 73
....	....	2,804 18	....	....	1 00	2,805 18	2,805 18
0 47	....	1,617 37	40 00	....	11 06	1,668 43	1,668 90
....	....	17,096 70	....	....	....	17,096 70	17,096 70
417 40	....	80,174 41	100 00	....	9 60	80,284 01	80,701 41
....	....	3,062 53	....	....	3 83	3,066 36	3,066 36
....	....	8,738 24	....	....	21 03	8,759 27	8,759 27
....	2 05	54,071 48	280 00	....	11 40	54,362 88	54,360 83
419 60	80 12	1,611,659 11	2,413 34	....	254 84	1,614,327 29	1,614,666 77
							PROVINCE DU
....	0 10	644,280 55	560 00	....	49 05	644,889 60	644,889 50
							PROVINCE DE LA
....	....	46,462 77	60 00	....	14 60	46,537 37	46,537 37
....	....	349,000 05	240 00	....	43 05	349,283 10	349,283 10
0 17	....	110,577 54	140 00	....	80 68	110,798 22	110,798 39
....	....	390,981 81	700 00	....	31 82	391,713 63	391,713 63
....	....	661,867 03	640 00	13 00	358 47	662,878 50	662,878 50
0 17	....	1,558,889 20	1,780 00	13 00	528 62	1,561,210 82	1,561,210 99
							PROVINCE DE L'ILE DU
....	....	102,232 63	210 00	....	45 40	102,488 03	102,488 03
....	....	7,905 53	....	....	53 90	7,959 43	7,959 43
....	....	110,138 16	210 00	....	99 30	110,447 46	110,447 46
							TERRITOIRES
22 31	....	42,552 07	23 33	....	18 50	42,593 90	42,616 21
....	....	9,873 24	....	....	....	9,873 24	9,873 24
22 31	....	52,425 31	23 33	....	18 50	52,467 14	52,489 45

Canada, pour l'exercice terminé le 30 juin 1897, etc.—*Suite.*

NOUVELLE-ÉCOSSE—*Fin.* Av.

Ports.	Balance au Dt le 30 juin 1897.	Balance à l'Av. le 30 juin 1897.	Total déposé au crédit du receveur général.	Totaux.	Mémoire des frais de perception.
	$ c.	$ c.	$ c.	$ c.	$ c.
....Middleton			1,389 79	1,389 79	658 70
....Sydney-Nord			13,340 82	13,340 82	2,261 33
....Parrsboro'		71 40	3,659 37	3,587 97	1,579 60
....Pictou			35,979 22	35,979 22	6,700 35
....Port-Hawkesbury			654 73	654 73	1,643 71
....Port-Hood			2,805 18	2,805 18	985 52
....Shelburne	0 47		1,668 43	1,668 90	983 65
....Sydney			17,096 70	17,096 70	3,016 70
....Truro	417 40		80,284 01	80,701 41	3,702 12
....Weymouth			3,066 36	3,066 36	2,025 06
....Windsor			8,759 27	8,759 27	2,649 99
....Yarmouth		2 05	54,362 88	54,360 83	5,627 58
....Total	419 60	80 12	1,614,327 29	1,614,666 77	109,698 27

MANITOBA.

....Winnipeg		0 10	644,889 60	644,889 50	32,604 92

COLOMBIE-BRITANNIQUE.

....Nanaïmo			46,537 37	46,537 37	4,448 88
....Nelson			349,283 10	349,283 10	11,790 16
....New-Westminster	0 17		110,798 22	110,798 39	12,780 75
....Vancouver			391,713 63	391,713 63	14,706 42
....Victoria			662,878 50	662,878 50	23,044 10
....Total	0 17		1,561,210 82	1,561,210 99	66,770 31

PRINCE-ÉDOUARD.

....Charlottetown			102,488 03	102,488 03	14,612 72
....Summerside			7,959 43	7,959 43	3,108 86
....Total			110,447 46	110,447 46	17,721 58

DU NORD-OUEST.

....Calgary	22 31		42,593 90	42,616 21	8,528 11
....Fort-Cudahy			9,873 24	9,873 24	3,938 78
....Total	22 31		52,467 14	52,489 45	12,466 89

N°. 1.—ÉTAT du revenu provenant des DROITS DE DOUANE, etc., du

DT. RÉCAPITU

Balance au Dt le 1er juillet 1896.	Balance à l'Av. le 1er juillet 1896.	Droits de douanes.	Honoraires d'entrepôt de douane. 1	Droits d'entrepo-sage. 2	Divers. 3	Recettes totales, y compris les colonnes nos 1, 2 et 3.	Total.
$ c.	$ c.	$ c.	$ c.	$ c.	$ c.	$ c.	$ c.
17,381 68	63 45	7,100,736 38	2,771 50	2,726 49	1,576 26	7,107,810 63	7,125,128 86
1,597 56	15 19	7,846,074 79	4,005 03	2,940 77	1,369 44	7,854,390 03	7,855,972 40
113 67	25 56	967,793 27	970 00	....	72 78	968,836 05	968,924 16
419 60	80 12	1,611,659 11	2,413 34	....	254 84	1,614,327 29	1,614,666 77
....	0 10	644,280 55	560 00	....	49 05	644,889 60	644,889 50
0 17	....	1,558,889 20	1,780 00	13 00	528 62	1,561,210 82	1,561,210 99
....	....	110,138 16	210 00	....	99 30	110,447 46	110,447 46
22 31	....	52,425 31	23 33	....	18 50	52,467 14	52,489 45
19,534 99	184 42	19,891,996 77	12,733 20	5,680 26	3,968 79	19,914,379 02	19,933,729 59
						527,620 97	527,620 97
19,534 99	184 42	19,891,996 77	12,733 20	5,680 26	3,968 79	19,386,758 05	19,406,108 62

Canada, pour l'exercice terminé le 30 juin 1897—*Fin*.

LATION. Av.

Provinces.	Balance au Dt le 30 juin 1897.	Balance à l'Av. le 30 juin 1897.	Total déposé au crédit du receveur général.	Totaux.	Mémoire des frais de perception.
	$ c.	$ c.	$ c.	$ c.	$ c.
....Ontario	17,856 30	63 45	7,107,336 01	7,125,128 86	300,468 08
....Québec	1,597 64	9 12	7,854,383 88	7,855,972 40	217,667 49
....Nouveau-Brunswick	113 26	25 56	968,836 46	968,924 16	90,847 01
....Nouvelle-Ecosse	419 60	80 12	1,614,327 29	1,614,666 77	109,698 27
....Manitoba		0 10	644,889 60	644,889 50	32,604 92
....Colombie-Britannique	0 17		1,561,210 82	1,561,210 99	66,770 31
....Ile du Prince-Edouard			110,447 46	110,447 46	17,721 58
....Territoires du Nord-Ouest	22 31		52,467 14	52,489 45	12,466 89
............Total	20,009 28	178 35	19,913,898 66	19,933,729 59	848,244 55
AJOUTEZ—Inspection					49,564 90
Divers					23,861 02
Bureau des douanes et service douanier extérieur					1,672 76
Bureau des douanes re épreuves polariscopiques du sucre					3,715 56
Str. *Constance*					18,086 54
Grat. à Vincent Mullins					100 00
MOINS—Droits remis. $276,704 12; Retenues.... 164,023 18; Prim. sur sucre de betterave. 86,893 67			527,620 97	527,620 97	
	20,009 28	178 35	19,386,277 69	19,406,108 62	945,245 33

No 1*a*.

ÉTAT des recettes provenant de l'immigration chinoise déposées au crédit du receveur général, pour l'exercice terminé le 30 juin 1897.

			$ cts.
Port de Montréal, Qué			400 00
Saint-Armand, Qué			1 00
Saint-Jean, N.-B			50 00
Halifax, Nouvelle-Ecosse			50 00
Winnipeg, Man			50 00
Nanaïmo, C.-B			50 00
New-Westminster, C.-B			1 50
Vancouver, C.-B			62,604 00
Victoria, C.-B			58,963 00
Calgary, T. N.-O			950 00
Total			123,119 50
MOINS—Payé par la province de la Colombie-Britannique en vertu de l'Acte de l'immigration, pour l'exercice terminé le 30 juin 1897		$29,900 00	
Remboursé à des particuliers	do do	1,250 00	
			31,150 00
Recettes nettes			91,169 50

No

DT. REVENU DE L'ACCISE ET FRAIS DE

Balances dues le 1er juillet 1896.	MONTANTS PERÇUS DURANT L'EXERCICE, Y COMPRIS DROITS DE LICENCES.							
	Spiritueux.	Liqueur de malt.	Malt.	Tabac.	Cigares.	Inspection du pétrole.	Fabrication en entrepôt.	Autres recettes.
$ c.	$ c.	$ c.	$ c.	$ c.	$ c.	$ c.	$ c.	$ c.
2,983 43	203,161 49	50 00	4,160 27	6,296 60	1,167 60	233 50	....	120 00
234 18	27,122 93	150 00	10,352 90	8,111 70	18,375 81	144 40	1,586 77	485 00
....	11,031 15	....	....	3,442 77	....	2 40	....	185 00
23 10	410,580 20	400 00	82,906 08	11,620 27	29,046 48	176 90	....	2,360 87
2,015 43	231,863 16	150 00	70,591 49	323,318 02	25,186 35	1,068 10	4,582 80	1,292 50
112 20	47,435 35	100 00	62,757 72	24,395 77	21,132 36	1,681 10	1,547 25	545 95
2,589 24	89,930 74	300 00	90,297 11	49,672 83	130,941 81	10,610 24	....	310 00
138 75	173,726 54	200 00	4,355 79	45,264 25	....	1,838 70	....	215 50
472 30	18,587 16	175 00	18,999 84	30,433 77	4,120 65	306 70	....	80 00
257 21	65,656 31	50 00	100 00	12,112 78	4,704 99	273 90	....	313 00
345 70	20,148 98	200 00	20,526 90	9,577 94	918 00	338 60	....	100 00
....	10,754 00	50 00	....	1,956 49	....	170 58	....	60 00
....	114,566 95	150 00	32,252 86	160 80	5,862 72	278 99	300 00	151 25
693 15	16,564 58	100 00	14,700 68	3,553 63	10,637 25	123 30	....	100 00
346 21	36,295 30	250 00	56,956 49	4,256 80	7,895 70	435 90	....	80 00
1,459 17	652,954 80	650 00	244,300 22	190,049 78	34,348 17	6,695 36	14,659 08	4,493 26
1,368 52	545,214 74	210 70	17,341 94	4,041 60	7,436 67	208 38	100 00	576 50
430 23	....	....	....	....	....	....	....	....
....	....	....	....	....	....	....	....	....
13,468 82	2,675,594 38	3,185 70	730,600 29	728,265 80	301,774 56	24,587 05	22,775 90	11,468 83
78 10	30,156 64	50 00	642 20	13,663 57	1,540 31	....	....	60 00
10,415 25	905,226 70	600 00	146,529 36	1,070,784 94	252,795 87	6,557 20	10,906 27	3,012 48
1,499 98	276,758 14	200 00	36,421 90	117,583 59	10,755 38	3 40	3,255 14	920 00
70 91	123,371 08	150 00	4,308 00	69,265 35	51,810 96	46 30	300 00	170 62
....	21,137 53	....	....	....	....	....	....	60 00
....	55,181 16	....	....	....	....	....	....	40 00
270 00	12,289 93	50 00	389 46	2,345 88	16,778 70	....	....	20 00
304 29	53,240 24	....	....	1,523 88	6,542 94	285 00	....	80 00
....	....	....	....	....	....	....	....	....
12,638 53	1,477,361 42	1,050 00	188,290 92	1,275,167 21	340,224 16	6,891 90	14,461 41	4,363 10
....	127 50	....	....	7,812 14	....	....	....	40 00
2,202 18	101,351 79	100,00	10,338 57	123,654 46	11,547 30	4,776 75	....	328 00
....	....	....	....	....	....	....	....	....
2,202 18	101,479 29	100 00	10,338 57	131,466 60	11,547 30	4,776 75	....	368 00
....	....	....	....	8,844 25	....	65 65	....	20 00
740 85	91,992 94	200 00	32,993 82	111,961 80	2,010 90	1,517 82	....	400 00
....	....	....	....	22,447 00	....	....	....	80 00
17 40	....	....	....	14,277 02	526 50	27 05	....	80 00
5,860 50	....	....	....	....	....	....	....	....
6,618 75	91,992 94	200 00	32,993 82	157,530 07	2,537 40	1,610 52	....	580 00
157 25	391 75	50 00	1,080 00	44,038 20	....	280 90	....	20 00

2.

PERCEPTION POUR L'EXERCICE 1896-97. Av.

Total des droits perçus.	Total au débit.	Divisions.	Déposé au crédit du receveur général.	Balances dues le 30 juin 1897.	Total à l'avoir.	Memoire des frais de perception.
$ c.	$ c.		$ c.	$ c.	$ c.	$ c.
215,189 46	218,172 89	....Belleville..........	218,151 89	21 00	218,172 89	6,888 52
66,329 51	66,563 69	....Brantford............	66,280 96	282 73	66,563 69	7,693 47
14,661 32	14,661 32	... Cornwall................	14,661 32	....	14,661 32	1,120 15
537,090 80	537,113 90	....Guelph........	536,969 90	144 00	537,113 90	16,813 58
658,052 42	660,067 85	...Hamilton..........	659,673 83	394 02	660,067 85	16,537 31
159,595 50	159,707 70	....Kingston..	159,578 83	128 87	159,707 70	20,734 53
372,062 73	374,651 97	.. London.................	373,043 81	1,608 16	374,651 97	10,751 02
225,600 78	225,739 53	....Ottawa................	225,739 53	....	225,739 53	6,312 88
72,703 12	73,175 42	....Owen-Sound..	73,119 92	55 50	73,175 42	4,862 21
83,210 98	83,468 19	....Perth..............	83,415 07	53 12	83,468 19	6,097 46
51,810 42	52,156 12	....Peterborough......	52,156 12	....	52,156 12	4,684 71
12,991 07	12,991 07	....Port-Arthur........	12,991 07	....	12,991 07	1,050 58
153,723 57	153,723 57	....Prescott	153,179 52	544 05	153,723 57	11,028 96
45,779 44	46,472 59	...Sainte-Catherine..... ..	46,342 39	130 20	46,472 59	3,847 56
106,170 19	106,516 40	....Stratford.......	105,567 50	948 90	106,516 40	6,961 10
1,148,150 67	1,149,609 84	. Toronto.....	1,148,873 09	736 75	1,149,609 84	40,306 55
575,130 53	576,499 05	....Windsor................	576,241 38	257 67	576,499 05	19,517 63
....	430 23	....Compte indéterminé.....	....	430 23	430 23	....
....	....	...Inspecteurs de district. ..	....	....	....	9,014 38
4,498,252 51	4,511,721 33	........*Ontario*.............	4,505,986 13	5,735 20	4,511,721 33	194,222 60
46,112 72	46,190 82	....Joliette.... ...., ...	46,103 50	87 32	46,190 82	2,377 11
2,396,412 82	2,406,828 07	....Montréal.......... .	2,401,247 26	5,580 81	2,406,828 07	43,034 50
445,897 55	447,397 53	....Québec............	446,341 23	1,056 30	447,397 53	11,789 31
249,422 31	249,493 22	... Sherbrooke	249,121 36	371 86	249,493 22	7,069 56
21,197 53	21,197 53	....Sorel.............. . .	21,197 53	.. ..	21,197 53	995 50
55,221 16	55,221 16	....Saint-Hyacinthe...... .	55,221 16	....	55,221 16	1,050 00
31,873 97	32,143 97	....Terrebonne........	31,929 77	214 20	32,143 97	1,046 37
61,672 06	61,976 35	...Trois-Rivières	61,599 81	376 54	61,976 35	2,573 36
....	.. ..	...Inspecteurs de district....	....	. . ....	....	5,510 24
3,307,810 12	3,320,448 65	...*Québec.*	3,312,761 62	7,687 03	3,320,448 65	75,445 95
7,979 64	7,979 64	....Chatham.........	7,979 64	....	7,979 64	1,019 00
252,096 87	254,299 05	.. Saint-Jean.........	252,854 38	1,444 67	254,299 05	9,805 94
....	....	....Inspecteur de district...	....	... .	....	2,779 96
260,076 51	262,278 69	*Nouveau-Brunswick.*	260,834 02	1,444 67	262,278 69	13,604 90
8,929 90	8,929 90	....Cap-Breton.............	8,929 90	....	8,929 90	848 77
241,077 28	241,818 13	....Halifax	241,636 03	182 10	241,818 13	10,101 41
22,527 00	22,527 00	....Pictou	22,527 00	... ...	22,527 00	1,019 21
14,910 57	14,927 97	... Yarmouth	14,915 37	12 60	14,927 97	1,881 83
....	5,860 50	....Compte indéterminé.....	....	5,860 50	5,860 50	....
287,444 75	294,063 50	*Nouvelle-Ecosse.*	288,008 30	6,055 20	294,063 50	13,851 22
45,860 85	46,018 10	... Charlottetown, *I.P.E.*...	45,700 55	317 55	46,018 10	2,296 34

Dr. N° 2.—REVENU DE L'ACCISE ET FRAIS DE

Balances dues le 1er juillet 1896.	Montants perçus pendant l'exercice, y compris les droits de licences.							
	Spiritueux.	Liqueur de malt.	Malt.	Tabac.	Cigares.	Inspection du pétrole.	Fabrication en entrepôt.	Autres recettes.
$ c.	$ c.	$ c.	$ c.	$ c.	$ c.	$ c.	$ c.	$ c.
371 62	218,775 43	819 00	27,322 45	150,168 52	12,124 26	1,162 31	....	445 00
98 98	9,381 02	150 00	7,608 19	676 25	....	30 48	....	80 00
....	....	....	....	....	....	....	....	....
470 60	228,156 45	969 00	34,930 64	150,844 77	12,124 26	1,192 79	....	525 00
1,491 65	107,271 94	900 00	14,870 55	34,676 77	12,412 35	2,404 15	....	410 00
565 17	90,121 40	350 00	19,622 34	35,021 93	9,659 64	273 55	....	20 00
....	....	....	....	....	....	....	....	....
2,056 82	197,393 34	1,250 00	34,492 89	69,698 70	22,071 99	2,677 70	....	430 00
37,612 95	4,772,369 57	6,804 70	1,032,727 13	2,557,011 35	690,279 67	42,017 61	37,237 31	17,964 93
....	39,383 30	200 45	48,081 55	7,481 96	181 29	....	....	20 00
....	4,732,986 27	6,604 25	984,645 58	2,549,529 39	690,098 38	42,017 61	37,237 31	17,944 93

PERCEPTION POUR L'EXERCICE 1896-97—*Fin*. Av.

Total des droits perçus.	Total au débit.	Divisions.	Déposé au crédit du receveur général.	Balances dues le 30 juin 1897.	Total à l'avoir.	Mémoire des frais de perception.
$ c.	$ c.		$ c.	$ c.	$ c.	$ c.
410,926 97	411,298 59	...Winnipeg, *Man.*	411,271 88	26 71	411,298 59	14,270 67
17,925 94	18,024 92	....Calgary, *T. N.-O.*	18,024 92	....	18,024 92	3,806 37
....	....	....Inspecteurs de districts..	... .	....	....	3,400 35
428,852 91	429,323 51	....*Manitoba et T. N.-O.*	429,296 80	26 71	429,323 51	21,477 39
172,945 76	174,437 41	....Vancouver	172,055 20	2,382 21	174,437 41	7,863 05
155,168 86	155,734 03	....Victoria	155,602 31	131 72	155,734 03	5,219 70
....	....	....Inspecteurs de districts..	....	....	... .	3,159 70
328,114 62	330,171 44	....*Colombie-Britannique*	327,657 51	2,513 93	330,171 44	16,242 45
9,156,412 27	9,194,025 22	..Totaux	9,170,244 93	23,780 29	9,194,025 22	337,140 85
95,348 55	....	Moins—Remboursement.	95,348 55	....	....	....
9,061,063 72	....	....Revenu net	9,074,896 38			
		Ajoutez—Recettes des spiritueux pyroxyliques.	95,482 54			
		Revenu total	9,170,378 92			

Inspecteur en chef du revenu de l'intérieur	401 29
Inspecteur des fabriques en entrepôt	200 21
Dépenses en général	21,022 65
Frais judiciaires	5,833 41
Impressions	4,030 55
Papeterie	954 70
Lithographie, gravure, etc	455 25
Service douanier	9,337 72
Commission aux officiers de douane	5,490 23
do sur la vente d'estampilles de tabac canadien en torquettes	58 63
Droit payé aux officiers en charge des établissements les plus importants	6,285 63
Dépenses à compte de spiritueux pyroxyliques	73,215 63
Total	464,426 75

Nº 3.

ÉTAT du revenu et de la dépense du ministère des postes du Canada pour l'exercice terminé le 30 juin 1897.

—		$
Balances dues par les directeurs de poste à compte du revenu, le 30 juin 1896		24,075 79
Timbres-poste, cartes-poste, etc., vendus	$ 4,063,491 73	
MOINS—Timbres fournis au bureau international de l'Union Postale.	14 70	
		4,063,477 03
Frais de port sur lettres non payées ; moins—Réclamations pour effets retournés pour frais additionnels et pour effets envoyés au bureau des lettres de rebut		16,435 23
Loyers des boîtes et tiroirs		27,003 13
Commission reçue sur mandats-poste		105,332 57
Profit sur le change dans les transactions de mandats-poste avec d'autres pays		1,694 01
Montant reçu pour frais de transit sur correspondance d'autres pays		40,654 07
Montant reçu sur le change de colis postaux avec d'autres pays		31,130 40
Mandats-poste annulés, c'est-à-dire, mandats-poste émis entre le 1er octobre 1894 et le 30 juin 1895, dont le paiement n'avait pas eté réclamé au 30 juin 1897		1,440 91
Revenu brut		4,311,243 14
DÉDUCTIONS.		
Appointements, allocations pour expéditions en passe, allocations pour loyer, combustible et éclairage, et compensation aux directeurs de poste sur transactions de mandats-poste	$951,348 15	
Escompte aux vendeurs de timbres	18,641 11	
Montant payé pour le rachat de timbres-poste	23,507 08	
Montant des frais de port remboursés	48 26	
Pertes par incendie, vol avec effraction, etc	1,010 38	
Balance de commissions payée à d'autres pays sur transact. de mandats-poste.	354 57	
Montant payé pour frais de transit sur correspondance pour d'autres pays.	82,130 10	
Montant sur le change de colis postaux avec d'autres pays	4,736 54	
Balance dues par les directeurs de poste sur le compte du revenu le 30 juin 1897	26,528 53	
		1,108,304 72
Revenu net		3,202,938 42

No. 3.—État des dépenses du ministère des postes du Canada, pour l'exercice terminé le 30 juin 1897.

Dépenses.	Payé par chèque à même le crédit parlementaire.
	$ c.
Transport des malles par terre	847,660 08
do do bateaux à vapeur, etc	83,734 73
do do chemins de fer	1,350,786 82
Confection et réparation des sacs de malle et serrures	24,402 33
	2,306,583 96
Appointements payés par chèques	1,250,609 90
Frais de voyages	11,582 32
Mémoires de fournisseurs	92,350 47
Loyers et taxes	1,642 34
Papeterie, impressions et annonces	60,779 60
Divers déboursés payés par chèques	65,929 75
Montant total imputable sur le crédit des postes pour l'exerc. terminé comme ci-dessus.	3,789,478 34

N° 4.

Dr. TRAVAUX PUBLICS, REVENU DES CHEMINS DE FER ET CANAUX. Av

Revenu des canaux.				Total du revenu des canaux.	Loyers de chutes d'eau, etc.	Total.	Divisions de perception.	Déposé au crédit du receveur général.		Total.	Mémoires des dépenses et réparations.
Péages.	Quaiage et emmagasinage.	Amendes.	autres recettes.					Au compte du revenu des canaux.	Au compte de loyers de chutes d'eau, etc.		
$ c.	$ c.	$ c.	$ c.	$ c.	$ c.	$ c.		$ c.	$ c.	$ c.	$ c.
							Canal Welland.				133,783 06
132,739 98	.....	40 00	39 92	132,819 90	879 50	133,699 40	Port-Colborne	132,819 90	879 50	133,699 40	3,740 53
51,038 13	.....	49 00	20 18	51,107 31	709 15	51,816 46	Port-Dalhousie	51,107 31	709 15	51,816 46	2,302 61
306 62	.....	.....	.....	306 62	318 34	624 96	Dunnville	306 62	318 34	624 96	778 00
48 99	.....	.....	.....	48 99	.....	48 99	Port-Maitland	48 99	.....	48 99	579 12
725 46	.....	.....	.....	725 46	4,209 43	4,934 89	Sainte-Catherine	725 46	4,209 43	4,934 89	211 00
81 05	.....	.....	.....	81 05	5 00	86 05	Chippawa	81 05	5 00	86 05	130 00
184,940 23	.....	89 00	60 10	185,089 33	6,121 42	191,210 75	Totaux	185,089 33	6,121 42	191,210 75	141,524 32
							Canaux du Saint-Laurent.				173,347 65
1,028 34	.....	20 00	.....	1,048 34	2,334 50	3,382 84	Beauharnois	1,048 34	2,334 50	3,382 84	1,367 74
31,092 58	.....	60 00	.....	31,152 58	4,351 75	35,504 33	Cornwall	31,152 58	4,351 75	35,504 33	2,065 12
721 82	.....	25 00	.....	746 82	3,602 95	4,349 77	Cardinal	746 82	3,602 95	4,349 77	1,191 00
2,510 02	18 54	.....	975 29	3,503 85	.....	3,503 85	Lachine	3,503 85	.....	3,503 85	2,230 25
25,169 31	2,503 80	.....	14,474 50	42,147 61	24,048 57	66,196 18	Montréal	42,147 61	24,048 57	66,196 18	7,543 44
9,500 72	.....	.....	.....	9,500 72	.....	9,500 72	Kingston	9,500 72	.....	9,500 72	1,197 21
70,022 79	2,522 34	105 00	15,449 79	88,099 92	34,337 77	122,437 69	Totaux	88,099 92	34,337 77	122,437 69	188,942 41
							Canal Chambly.				34,725 38
12,388 13	.....	5 00	.....	12,393 13	10 00	12,403 13	Chambly	12,393 13	10 00	12,403 13	1,587 80
11,385 86	.....	.....	.....	11,385 86	50 00	11,435 86	Saint-Jean	11,385 86	50 00	11,435 86	1,691 00
590 83	.....	.....	.....	590 83	.....	590 83	Saint-Ours	590 83	.....	590 83	614 40
24,364 82	.....	5 00	.....	24,369 82	60 00	24,429 82	Totaux	24,369 82	60 00	24,429 82	38,618 58

							Canaux de l'Ottawa.				29,923 92
24,913 34	.....	.....	.....	24,913 34	.....	24,913 34	Ottawa	24,913 34	.....	24,913 34	.....
6,520 72	.....	.....	8 00	6,528 72	13 00	6,541 72	Grenville	6,528 72	13 00	6,541 72	1,063 73
933 14	.....	.....	.....	933 14	3 00	936 14	Carillon	933 14	3 00	936 14	856 15
1,033 76	.....	.....	.....	1,033 76	.....	1,033 .6	Ecluse Sainte-Anne	1,033 76	.....	1,033 76	891 61
33,400 96	.....	.....	8 00	33,408 96	16 00	33,424 96	Totaux	33,408 96	16 00	33,424 96	32,735 41
							Canal Rideau.				62,949 44
2,699 31	42 76	.....	94 50	2,836 57	3,783 25	6,619 82	Ottawa	2,836 57	3,783 25	6,619 82	2,418 05
1,144 53	.....	.....	.....	1,144 53	130 00	1,274 53	Kingston-Mills	1,144 53	130 00	1,274 53	369 85
524 16	.....	.....	33 92	558 08	80 20	638 28	Smith's-Falls	558 08	80 20	638 28	483 32
4,368 00	42 76	.....	128 42	4,539 18	3,993 45	8,532 63	Totaux	4,539 18	3,993 45	8,532 63	66,220 66
											2,729 58
4,530 69	.....	.....	12 00	4,542 69	.....	4,542 69	*Canal Saint-Pierre*	4,542 69	.....	4,542 69	236 76
											2,966 34
							Canal Murray.				9,788 52
595 79	.....	.....	.....	595 79	4 00	599 79	Brighton	595 79	4 00	599 79	337 05
											10,125 57
							Canal de la vallée de la Trent.				8,463 29
53 53	.....	.....	.....	53 53	.....	53 53	Burleigh	53 53	.....	53 53	1 35
334 75	.....	.....	118 00	452 75	.....	452 75	Bobcaygeon	452 75	.....	452 75	36 90
41 86	.....	.....	2 90	44 76	54 00	98 76	Trenton-Falls	44 76	54 00	98 76	3 25
20 45	.....	.....	0 25	20 70	.....	20 70	Hastings	20 70	.....	20 70	10 00
285 37	.....	.....	.....	285 37	3 00	288 37	Peterborough	285 37	3 00	288 37	34 28
44 52	.....	.....	.....	44 52	.....	44 52	Buckhorn	44 52	.....	44 52	.....
780 48	.....	.....	121 15	901 63	57 00	958 63	Totaux	901 63	57 00	958 63	8,549 07
											24,718 38
.....	.....	10 00	.....	10 00	10 00	20 00	*Canal du Saut-Sainte-Marie*	10 00	10 00	20 00	.....
							Dragueurs	.....	.....	.....	8,998 46
							Inspection	.....	.....	.....	1,920 05
							Départ. des imp. et de la papeterie	.....	.....	.....	940 25
							En général	.....	.....	.....	3,470 8
323,003 76	2,565 10	209 00	15,779 46	341,557 32	44,599 64	386,156 96	Totaux	341,557 32	44,599 64	386,156 96	529,730 34
							Moins remises	1,376 43	.....	1,376 43	
							Revenu net	340,180 89	41,599 64	384,780 53	

N° 4.—REVENU DES TRAVAUX PUBLICS, CHEMINS DE FER ET CANAUX, 1896-97.

Balances dues le 1er juillet 1896.	Droits acquis pendant l'exercice.	Intérêt sur droits avant le 31 décembre 1896.	Total.	—	Montants déposés au crédit du receveur général.	Balances dues le 30 juin 1897.	Total.
$ c.	$ c.	$ c.	$ c.		$ c.	$ c.	$ c.
				REVENU DES GLISSOIRS ET ESTACADES.			
				District d'Ottawa.			
55,653 90			55,653 90	John Poupore, arrérages		55,653 90	55,653 90
1,151 75			1,151 75	H. J. Chaloner, do		1,151 75	1,151 75
7,745 48	51,533 04	47 63	59,326 15	Edward T. Smith	51,818 17	7,507 98	59,326 15
64,551 13	51,533 04	47 63	116,131 80		51,818 17	64,313 63	116,131 80
				District du Saint-Maurice.			
14,690 73			14,690 73	S. Dumoulin, arrérages		14,690 73	14,690 73
	22,090 50		22,090 50	Edward T. Smith	22,090 50		22,090 50
				District de Newcastle.			
6,058 34			6,058 34	Edward T. Smith		6,058 34	6,058 34
85,300 20	73,623 54	47 63	158,971 37		73,908 67	85,062 70	158,971 37
				BASSINS DE RADOUB.			
	Dues.	Charges.					
	7,480 29	34 60	7,514 89	Esquimalt, C.-B	7,514 89		7,514 89
	6,229 60	131 00	6,360 60	Kingston, Ont	6,360 60		6,360 60
	12,292 57	54 00	12,346 57	Lévis, Qué	12,346 57		12,346 57
	26,002 46	219 60	26,222 06		26,222 06		26,222 06
				Moins remises (Lévis)	200 00		
					26,022 06		
				ÉCLUSES.			
	Tolls.						
	264 91		264 91	Rivière Yamaska	264 91		264 91
	198 45		198 45	Rivière du Lièvre	198 45		198 45
	463 36		463 36		463 36		463 36

N° 4.—TRAVAUX PUBLICS, CHEMINS DE FER ET CANAUX, 1896–97.

TRAVAUX PUBLICS SECONDAIRES.

Situation des travaux.	Déposé au crédit du receveur général.
Ontario.	$ c.
Ile Cockburn	44 12
Fort-William	154 50
Goderich	869 21
Kingsville	31 43
Rondeau	85 70
Saut-Sainte-Marie	485 99
Southampton	12 19
Wiarton	42 12
Québec.	
Anse-Saint-Jean	110 94
Baie-Saint-Paul	181 64
Beauport	13 13
Berthier	29 11
Cap-à-l'Aigle	16 50
Carleton	61 45
Chicoutimi	216 73
Coteau-Landing	9 21
Grande-Rivière	185 74
Ile-aux-Grues	1 10
Lacolle	41 10
Les Eboulements	45 00
Longueuil	50 37
Malbaie	226 76
New-Carlisle	219 64
Percé	21 81
Port-Daniel	48 06
Rivière-du-Loup	109 58
Rivière-Ouelle	5 60
Saint-Alphonse	225 96
Saint-Jean-d'Orléans	116 92
Saint-Jean	40 00
Saint-Laurent	40 46
Saint-Thomas	5 08
Tadoussac	173 42
Nouvelle-Ecosse.	
Barrington	162 03
Bayfield	36 47
Anse-Belliveau	134 85
Cap-Canso	5 50
Cap-Sainte-Marie	12 17
Centreville	62 42
Pointe-de-l'Eglise	85 69
Baie-des-Vaches	279 74
Anse-Delap	10 00
Digby	1,646 61
Baie-Jordan-Est	21 29
Grand-Narrows	170 00
Hampton	18 99
Harbourville	45 44
Margaretsville	49 89
Nouvelle-Ecosse—Fin.	$ c.
Anse-Météghan	51 20
Rivière-Météghan	56 07
Pointe-du-Chêne (Kingsport)	200 00
Ogilvie	29 28
Parrsboro'	43 16
Plympton	6 00
Port-George	124 73
Port-Lorne	42 69
Port-Maitland	49 33
Saulniersville	40 74
Tidnish	15 00
Victoria	9 33
Nouveau-Brunswick.	
Buctouche	29 27
Campbellton	319 67
Cap-Tormentine	575 31
Chatham	38 00
Clifton (Stonehaven)	18 38
Dalhousie	94 34
Dalhousie	15 50
Débarcadère d'Edgett	2 41
Hillsboro	82 00
Cap-Hopewell	70 95
Tracadie	1 65
Ile du Prince-Edouard.	
Baie-View	17 66
Belfast	92 90
Quai Brush	90 60
Pointe-de-la-Chapelle	14 97
Georgetown	21 56
Pointe-Hurd	8 25
Kier's-Shore (Malpèque)	99 10
Pointe-Lewis	62 12
Montague	29 00
Malbaie	13 21
Newport (Cardigan-N.)	26 77
Pownall	54 28
Rustico-Sud (*Oyster Bed Bridge*)	8 25
Rivière-à-l'Esturgeon	42 40
Tignish	54 30
Rivière-Vernon	96 33
Victoria, Crapaud	116 73
Ile Boisées	6 63
Colombie-Britannique.	
Vancouver	33 50
Victoria et Esquimault	26 50
Total	9,491 73

N° 4.—REVENU DES TRAVAUX PUBLICS, CHEMINS DE FER ET CANAUX, 1896-97—*Suite.*

Dr. TRAVAUX PUBLICS SECONDAIRES. Av.

Balances dues le 1er juillet 1896.	Acquis pendant l'exercice terminé le 30 juin 1897.	Totaux.	Travaux.	Rabais autorisé.	Déposé au crédit du receveur général.	Balances dues le 30 juin 1897.	Totaux.
$ c.	$ c.	$ c.	*Ponts.*	$ c.	$ c.	$ c.	$ c.
2,600 62		2,600 62	Dunnville			2,600 62	2,600 62
			Passages d'eau.				
50 00	25 00	75 00	Bridgeburgh et Black Rock	25 00	25 00	25 00	75 00
	10 00	10 00	Bristol		10 00		10 00
	50 00	50 00	Buckingham et Cumberland		50 00		50 00
200 00		200 00	Buffalo et un endroit près de la Pointe Albinot	200 00			200 00
10 00	10 00	20 00	Cardinal et Ogdensburg		10 00	10 00	20 00
50 00	50 00	100 00	Chippewa, débarcadère de Schlosser	50 00	50 00		100 00
	10 00	10 00	Cross Point et Campbellton		10 00		10 00
20 00		20 00	Edmundston et Maine			20 00	20 00
	50 00	50 00	Fitzroy et Onslow		50 00		50 00
	50 00	50 00	Fort-Érié et Buffalo		50 00		50 00
77 22	155 00	232 22	Hull (nouveau locataire)		77 22	155 00	232 22
1,736 79		1,736 79	Hull (ancien locataire)			1,736 79	1,736 79
	30 00	30 00	Gower Point et Lapasse		30 00		30 00
	6 00	6 00	Montebello et Alfred		6 00		6 00
	100 00	100 00	New-Edinburgh et Gatineau (nouveau locataire)		50 00	50 00	100 00
75 00		75 00	New-Edinburgh et Gatineau (ancien locataire)	75 00			75 00
	50 00	50 00	Niagara et Youngstown (nouveau locataire)			50 00	50 00
	41 67	41 67	Niagara et Youngstown (ancien locataire)		41 67		41 67
	1 00	1 00	Ile ile, Détroit		1 00		1 00
	12 00	12 00	Papineauville et quai de Brown		12 00		12 00
	202 00	202 00	Pembroke et Ile aux Allumettes (nouveau locataire)		202 00		202 00
1 00		1 00	Pembroke et Ile aux Allumettes (ancien locataire)			1 00	1 00
	200 00	200 00	Prescott et Ogdensburg		200 00		200 00
	10 00	10 00	Queenston (nouveau locataire)		10 00		10 00
150 00	50 00	200 00	Queenston et Lewiston		200 00		200 00
	50 00	50 00	Rockliffe et Gatineau		50 00		50 00
	100 00	100 00	Saut-Sainte-Marie		100 00		100 00
30 00		30 00	Saint-Léonard et Van-Buren			30 00	30 00
50 00		50 00	Victoria et Black-Rock	50 00			50 00

Dr. N° 4.—REVENU DES TRAVAUX PUBLICS, CHEMINS DE FER ET CANAUX, 1896-97—*Suite.* Av.

Balances dues le 1er juillet 1896.	Acquis pendant l'exercice terminé le 30 juin 1897.	Totaux.	Travaux publics secondaires.	Rabais autorisé.	Déposé au crédit du receveur général.	Balances dues le 30 juin 1897.	Totaux.
$ c.	$ c.	$ c.	*Divers.*	$ c.	$ c.	$ c.	$ c.
8,000 00	....	8,000 00	Dundas et chemin de Waterloo	....	....	8,000 00	8,000 00
2,520 00	7,963 39	10,483 39	Lignes télégraphiques du gouvernement	....	10,483 39	....	10,483 39
....	175 00	175 00	Partie d'édifice, Portland, N.-B., (nouveau locataire)	....	175 00	....	175 00
142 50	0 90	143 40	Partie d'édifice, Portland, N.-B., (ancien locataire)	....	143 40	....	143 40
....	25 00	25 00	Quais de Wiarton	....	25 00	....	25 00
15,713 13	9,426 96	25,140 09	Totaux	400 00	12,061 68	12,678 41	25,140 09

N° 4.—REVENU DES TRAVAUX PUBLICS, CHEMINS DE FER ET CANAUX, 1896-97—*Suite.*

DT. LOYERS DE CHUTES D'EAU ET AUTRES. AV.

Balances dues le 1er juillet 1896.	Acquis pendant l'exercice terminé le 30 juin 1897.	Totaux.	—	Rabais autorisé.	Déposé au crédit du receveur général.	Balances dues le 30 juin 1897.	Totaux.
$ c.	$ c.	$ c.	*Ministère du revenu de l'intérieur.*	$ c.	$ c.	$ c.	$ c.
2,610 84	3,700 00	6,310 84	Chutes des Chaudières et rivière Ottawa	....	4,068 00	2,242 84	6,310 84
5 00	5 00	10 00	Rivière Saguenay	10 00	....	....	10 00
....	27 00	27 00	Fleuve Saint-Laurent	....	27 00	....	27 00
60 00	40 00	100 00	Rivière Saint-Maurice	....	20 00	80 00	100 00
60 00	10 00	70 00	Rivière du Loup	....	....	70 00	70 00
738 91	43 00	1,151 91	Diverses propriétés	....	167 00	984 91	1,151 91
			Ventes de terres.				
15,573 50	....	15,573 50	Comptes du principal	....	....	15,573 50	15,573 50
9,474 83	....	9,474 83	do de l'intérêt	....	....	9,474 83	9,474 83
28,523 08	4,195 00	32,718 08	Totaux	10 00	4,282 00	28,426 08	32,718 08

N° 4.—REVENU DES TRAVAUX PUBLICS, CHEMINS DE FER ET CANAUX, 1896-97—*Suite.*

LOYERS DE CHUTES D'EAU ET AUTRES.

Balances dues le 1er juillet 1896.	Acquis pendant l'exercice terminé le 30 juin 1897.	Totaux.	——	Rabais autorisé.	Déposé au crédit du receveur général.	Balances dues le 30 juin 1897.	Totaux.
$ c.	$ c.	$ c.	*Ministère des chemins de fer et canaux.*	$ c.	$ c.	$ c.	$ c.
28,132 79	6,295 89	34,428 86	Canal Welland		6,121 42	28,307 26	34,428 68
3,365 62	608 33	3,973 95	do Williamsburg		3,692 95	371 00	3,973 95
1,697 50	3,991 75	5,689 25	do Cornwall		4,351 75	1,337 50	5,689 25
8,093 50	1,657 33	9,750 83	do Beauharnois	710 00	2,334 50	6,706 33	9,750 83
23,595 24	19,485 11	43,080 35	do Lachine	1,249 74	24,048 57	17,782 04	43,080 35
276 84	145 00	421 84	do Chambly		60 00	361 84	421 84
2,717 89	3,335 65	6,053 54	do Rideau	2 00	3,993 45	2,058 09	6,053 54
73 00	56 00	129 00	do Vallée de la Trent		57 00	72 00	129 00
	10 00	10 00	do Saut-Sainte-Marie		10 00		10 00
	116 00	116 00	do Carillon et Grenville		16 00	100 00	116 00
4 00	4 00	8 00	Divers canaux		4 00	4 00	8 00
354 18		354 18	Chemin de fer Intercolonial	354 18			354 18
68,310 56	35,705 06	104,015 62	Totaux	2,315 92	* 44,599 64	57,100 06	104,015 62

* A reporter dans la page 17.

N° 4.—REVENU DES TRAVAUX PUBLICS, CHEMINS DE FER ET CANAUX, 1896-97—*Fin.*

Voyageurs.	Marchandises.	Malles et divers.	Total.	Nom.		Déposé au crédit du receveur général.	Frais de perception.
$ c.	$ c.	$ c.	$ c.			$ c.	$ c.
979,005 57	1,687,050 42	199,972 03	2,866,028 02	Chemin de fer	Intercolonial	2,866,028 02	2,925,968 67
....	....	40,588 13	40,588 13	do	Embranchement Windsor	40,588 13	10,821 04
62,695 07	69,872 66	20,875 40	153,443 13	do	Ile du Prince-Edouard	153,443 13	240,489 90
....	....	6,725 08	6,725 08	do	Baie-des-Chaleurs	6,725 08	18,679 97
1,041,700 64	1,756,923 08	268,160 64	3,066,784 36			3,066,784 36	3,195,959 58

RÉCAPITULATION GÉNÉRALE.

Balances, 1er juillet 1896.	Péages perçus.	Autres recettes.	Total.	—	Rembour-sements et rabais autorisés.	Déposé au crédit du receveur général.	Balances, 30 juin 1897.	Total.	Frais de perception.
$ c.	$ c.	$ c.	$ c.		$ c.	$ c.	$ c.	$ c.	$ c.
....	3,066,784 36	....	3,066,784 36	Chemins de fer	....	3,066,784 36	....	3,066,784 36	3,195,959 58
96,833 64	362,903 82	18,553 56	478,291 02	Canaux et loyers de chutes d'eau	3,702 35	389,062 53	85,526 14	478,291 02	529,730 34
85,300 20	73,623 54	47 63	158,971 37	Glissoirs et estacades	....	73,908 67	85,062 70	158,971 37	55,533 69
....	26,002 46	219 60	26,222 06	Bassins de radoub	200 00	26,022 06	....	26,222 06	33,146 26
....	463 36	....	463 36	Ecluses	....	463 36	....	463 36	1,635 29
....	9,371 92	....	9,371 92	Télégraphes	....	9,371 92	....	9,371 92	53,370 53
....	....	....	....	Canal de la baie Burlington	....	....	....	....	1,682 87
15,713 13	18,918 69	....	34,631 82	Menus travaux publics	400 00	21,553 41	12,678 41	34,631 82	....
....	....	....	....	Colombie-Britannique, en général	....	....	....	....	2,199 28
197,846 97	3,558,068 15	18,820 79	3,774,735 91		4,302 35	3,587,166 31	183,267 25	3,774,735 91	3,873,257 84

N° 5.

REVENU DES INSPECTEURS-MESUREURS DE BOIS, 1896-97.

DT. Av.

Balances, 1er juillet 1896.	Montants perçus pour le mesurage et l'inspection du bois de construction, durant l'exercice terminé le 30 juin 1896.	Totaux.	—	Déposé au crédit du receveur général.	Balances, 30 juin 1897.	Totaux.
$ c.	$ c.	$ c.		$ c.	$ c.	$ c.
38,239 96	10,355 97	48,595 93	Québec....	10,428 12	38,167 81	48,595 93
289 77	....	289 77	Plamondon, M. A	.. . .	289 77	289 77
38,529 73	10,355 97	48,885 70	.......Totaux.	10,428 12	38,457 58	48,885 70

N° 6.

ÉTAT du revenu provenant des droits de tonnage sur les navires, applicables au "FONDS DES MARINS MALADES", pendant l'exercice terminé le 30 juin 1897.

DT. AV.

Balance au Dt le 1er juillet 1896.	Balance à l'Av. le 1er juillet 1896.	Droits perçus pendant l'exercice terminé le 30 juin 1897.	Total.	Ports.	Balance au Dt le 30 juin 1897.	Balance à l'Av. le 30 juin 1897.	Total déposé au crédit du receveur général pendant l'exercice terminé le 30 juin 1897.	Total.
$ c.	$ c.	$ c.	$ c.	*Québec.*	$ c.	$ c.	$ c.	$ c.
		57 32	57 32	Gaspé			57 32	57 32
		6,892 12	6,892 12	Montréal			6,892 12	6,892 12
		273 12	273 12	New-Carlisle		0 08	273 20	273 12
		68 18	68 18	Percé			68 18	68 18
	10 00	6,781 34	6,771 34	Québec			6,771 34	6,771 34
		363 34	363 34	Rimouski			363 34	363 34
		11 96	11 96	Saint-Armand			11 96	11 96
		1,237 84	1,237 84	Saint-Jean			1,237 84	1,237 84
		90 16	90 16	Sorel			90 16	90 16
		22 41	22 41	Stanstead			22 41	22 41
		477 22	477 22	Trois-Rivières			477 22	477 22
	10 00	16,275 01	16,265 01	Total		0 08	16,265 09	16,265 01
				Nouveau-Brunswick.				
0 15		265 82	265 97	Bathurst	0 15		265 82	265 97
		1,164 64	1,164 64	Chatham			1,164 64	1,164 64
		956 88	956 88	Dalhousie			956 88	956 88
0 01		1,621 38	1,621 39	Moncton	0 01		1,621 38	1,621 39
		981 70	981 70	Newcastle		33 10	1,014 80	981 70
		374 20	374 20	Sackville			374 20	374 20
		19 80	19 80	Saint-André			19 80	19 80
		6,902 52	6,902 52	Saint-Jean			6,902 52	6,902 52
		102 78	102 78	Saint-Stephen			102 78	102 78
0 16		12,389 72	12,389 88	Total	0 16	33 10	12,422 82	12,389 88
				Nouvelle-Ecosse.				
		783 38	783 38	Amherst			783 38	783 38
		114 58	114 58	Annapolis			114 58	114 58
		2 22	2 22	Antigonish			2 22	2 22
3 83		81 10	84 93	Arichat	3 83		81 10	84 93
0 30		196 28	196 58	Baddeck		5 96	202 54	196 58
		10 06	10 06	Barrington			10 06	10 06
		4 40	4 40	Bridgetown			4 40	4 40
		80 54	80 54	Canso			80 54	80 54
		175 56	175 56	Digby			175 56	175 56
		8,060 86	8,060 86	Halifax			8,060 86	8,060 86
		6 00	6 00	Kentville			6 00	6 00
		61 72	61 72	Liverpool			61 72	61 72
		48 16	48 16	Lockeport			48 16	48 16
		427 72	427 72	Lunenburg			427 72	427 72
4 13		10,052 58	10,056 71	A reporter	3 83	5 96	10,058 84	10,056 71

N° 6.—Fonds des marins malades—*Fin.*

Dt. | Av.

Balance au Dt le 1er juillet 1896.	Balance à l'Av. le 1er juillet 1896.	Droits perçus pendant l'exercice terminé le 30 juin 1897.	Total.	Ports.	Balance au Dt le 30 juin 1897.	Balance à l'Av. le 30 juin 1897.	Total déposé au crédit du receveur général pendant l'exercice terminé le 30 juin 1897.	Total.
$ c.	$ c.	$ c.	$ c.	*Nouvelle-Ecosse*—Fin.	$ c.	$ c.	$ c.	$ c.
4 13	...	10,052 58	10,056 71	...... Report	3 83	5 96	10,058 82	10,056 71
.....	.....	1 98	1 98	....Middleton	..	......	1 98	1 98
......	.....	1,060 50	1,060 50	....Sydney-Nord	....	....	1,060 50	1,060 50
...	.....	1,191 86	1,191 86	...Parrsborough	......	....	1,191 86	1,191 86
......	...	411 90	411 90	....Pictou	....	....	411 90	411 90
68 27	.....	30 78	99 05	....Port-Hawkesbury	68 27	......	30 78	99 05
....	......	23 08	23 08	....Port-Hood	.. .	....	23 08	23 08
.....	.....	102 18	102 18	...Shelburne	.....	....	102 18	102 18
0 93	......	2,963 14	2,964 07	....Sydney	0 93	....	2,963 14	2,964 07
.....	.....	5 98	5 98	....Truro	......	......	5 98	5 98
....	....	130 94	130 94	....Weymouth	......	....	130 94	130 94
.....	....	730 46	730 46	....Windsor	......	......	730 46	730 46
......	.....	378 22	378 22	....Yarmouth	...	1 46	379 68	378 22
73 33	......	17,083 60	17,156 93	........Total	73 03	7 42	17,091 32	17,156 93
				Colombie-Britannique.				
......	....	2,803 94	2,803 94	....Nanaïmo	....	..	2,803 94	2,803 94
.....	....	55 22	55 22	.. New-Westminster	.....	.....	55 22	55 22
.....	....	1,657 64	1,657 64	....Vancouver	....	.....	1,657 64	1,657 64
.....	....	3,539 42	3,539 42	....Victoria	......	....	3,539 42	3,539 42
...	...	8,056 22	8,056 22	........Total	....	....	8,056 22	8,056 22
				Ile du Prince-Edouard.				
......	.....	372 70	372 70	...Charlottetown	....	....	372 70	372 70
......	....	117 36	117 36	....Summerside	......	.....	117 36	117 36
....	.....	490 06	490 06	.........Total	.....	......	490 06	490 06
73 49	10 00	54,294 61	54,358 10	...........Grands totaux	73 19	40 60	54,325 51	54,358 10
				Moins—Remises	......	.....	31 42	
				Revenu net	.....	....	54,294 09	

N° 7.

ÉTAT des droits et honoraires perçus durant l'exercice terminé le 30 juin 1897, formant le "FONDS D'INSPECTION DES BATEAUX À VAPEUR".

DT. AV.

Balance au Dt. le 1er juillet 1896.	Droits et honoraires perçus pendant l'exercice terminé le 30 juin 1897.	Total.	Ports.	Balance au Dt. le 30 juin 1897.	Balance à l'Av. le 30 juin 1897.	Montant déposé au crédit du receveur général pendant l'exercice terminé le 30 juin 1897.	Total.
$ c.	$ c.	$ c.	*Province d'Ontario.*	$ c.	$ c.	$ c.	$ c.
	51 04	51 04	Amherstburg			51 04	51 04
	33 16	33 16	Belleville			33 16	33 16
	72 84	72 84	Brockville			72 84	72 84
	99 92	99 92	Chatham			99 92	99 92
	1,174 92	1,174 92	Collingwood		0 02	1,174 94	1,174 92
	145 32	145 32	Cornwall			145 32	145 32
	199 28	199 28	Deseronto			199 28	199 28
	50 96	50 96	Fort-Erie			50 96	50 96
	131 41	131 41	Goderich			131 41	131 41
	498 78	498 78	Hamilton			498 78	498 78
	1,456 24	1,456 24	Kingston			1,456 24	1,456 24
	126 72	126 72	Lindsay			126 72	126 72
	11 56	11 56	London			11 56	11 56
	24 28	24 28	Morrisburg			24 28	24 28
	15 44	15 44	Napanee			15 44	15 44
	1,068 08	1,068 08	Ottawa			1,068 08	1,068 08
	714 28	714 28	Owen-Sound			714 28	714 28
68 16	100 25	168 41	Peterborough	68 16		100 25	168 41
0 10	206 52	206 62	Picton	0 10		206 52	206 62
0 98	502 72	503 70	Port-Arthur	0 98		502 72	503 70
	49 68	49 68	Prescott			49 68	49 68
	526 88	526 88	Sainte-Catherine			526 88	526 88
	45 48	45 48	Saint-Thomas			45 48	45 48
	468 64	468 64	Sarnia			468 64	468 64
	343 46	343 46	Saut-Sainte-Marie			343 46	343 46
	45 24	45 24	Simcoe			45 24	45 24
	154 68	154 68	Stratford			154 68	154 68
	2,281 36	2,281 36	Toronto			2,281 36	2,281 36
	36 16	36 16	Trenton			36 16	36 16
	103 88	103 88	Wallaceburg			103 88	103 88
	669 36	669 36	Windsor			669 36	669 36
69 24	11,408 54	11,477 78	Total	69 24	0 02	11,408 56	11,477 78
			Province de Québec.				
	12 80	12 80	Cookshire			12 80	12 80
	3,816 10	3,816 10	Montréal			3,816 10	3,816 10
	1,421 28	1,421 28	Québec			1,421 28	1,421 28
	85 60	85 60	Saint-Jean			85 60	85 60
	86 88	86 88	Sorel			86 88	86 88
	78 03	78 03	Stanstead			78 03	78 03
	24 12	24 12	Trois-Rivières			24 12	24 12
	5,524 81	5,524 81	Total			5,524 81	5,524 81
			Province du Nouveau-Brunswick.				
	18 00	18 00	Bathurst			18 00	18 00
	58 68	58 68	Chatham			58 68	58 68
	131 76	131 76	Dalhousie			131 76	131 76
	41 56	41 56	Frédéricton			41 56	41 56
	250 00	250 00	A reporter			250 00	250 00

DT. No. 7.—FONDS D'INSPECTION DES BATEAUX À VAPEUR—*Fin.* AV.

Balance au Dt le 1er juillet 1896.	Droits et honoraires perçus pendant l'exercice terminé le 30 juin 1897.	Total.	Ports.	Balance au Dt le 30 juin 1897.	Balance à l'Av. le 30 juin 1897.	Montant déposé au crédit du receveur-général pendant l'exercice terminé le 30 juin 1897.	Total.
$ c.	$ c.	$ c.	*Province du N.-Brunswick*—Fin.	$ c.	$ c.	$ c.	$ c.
	250 00	250 00	Report			250 00	250 00
	51 40	51 40	Newcastle			51 40	51 40
	13 28	13 28	Sackville			13 28	13 28
	12 16	12 16	Saint-André			12 16	12 16
	986 12	986 12	Saint-Jean			986 12	986 12
	24 84	24 84	Saint-Stephen			24 84	24 84
	1,337 80	1,337 80	Totaux			1,337 80	1,337 80
			Province de la Nouvelle-Ecosse.				
	18 92	18 92	Amherst			18 92	18 92
	14 64	14 64	Annapolis			14 64	14 64
	10 28	10 28	Arichat			10 28	10 28
	25 32	25 32	Baddeck			25 32	25 32
	11 44	11 44	Barrington			11 44	11 44
	8 76	8 76	Canso			8 76	8 76
	7 40	7 40	Digby			7 40	7 40
	1,650 52	1,650 52	Halifax			1,650 52	1,650 52
	11 32	11 32	Kentville			11 32	11 32
	8 28	8 28	Liverpool			8 28	8 28
	21 72	21 72	Lunenburg			21 72	21 72
	34 72	34 72	Sydney-Nord			34 72	34 72
	112 08	112 08	Pictou			112 08	112 08
	118 64	118 64	Port-Hawkesbury			118 64	118 64
	106 48	106 48	Sydney			106 48	106 48
	12 16	12 16	Weymouth			12 16	12 16
	86 08	86 08	Windsor			86 08	86 08
	468 44	468 44	Yarmouth	0 02		468 42	468 44
	2,727 20	2,727 20	Totaux	0 02		2,727 18	2,727 20
			Province du Manitoba.				
	387 74	387 74	Winnipeg			387 74	387 74
			Province de la Colombie-Britannique.				
	5 72	5 72	Nanaïmo			5 72	5 72
	646 40	646 40	Nelson			646 40	646 40
	441 36	441 36	New-Westminster			441 36	441 36
	407 16	407 16	Vancouver			407 16	407 16
	1,226 28	1,226 28	Victoria			1,226 28	1,226 28
	2,726 92	2,726 92	Totaux			2,726 92	2,726 92
			Province de l'Ile du Prince-Edouard				
	311 12	311 12	Charlottetown			311 12	311 12
	7 56	7 56	Summerside			7 56	7 56
	318 68	318 68	Totaux			318 68	318 68
69 24	24,431 69	24,500 93	Totaux	69 26	0 02	24,431 69	24,500 93
	619 50	619 50	AJOUTEZ—Honoraires pour l'examen des mécaniciens			619 50	619 50
	80 00	80 00	Inspection de barges			80 00	80 00
69 24	25,131 19	25,200 43	Grands totaux	69 26	0 02	25,131 19	25,200 43
	97 24	97 24	MOINS—Remboursements			97 24	97 24
69 24	25,033 95	25,103 19	Recettes brutes	69 26	0 02	25,033 95	25,103 19

Nº 8.

ÉTAT des recettes provenant des terres de l'artillerie, Canada, pour l'exercice terminé le 30 juin 1897.

	$ c.
Montant reçu des terres de l'artillerie	9,831 27

Nº 9.

ÉTAT des recettes à compte du ministère de la milice, pour l'exercice terminé le 30 juin 1897.

	$ c.
Munitions	11,637 66
Approvisionnements et habillements	2,439 58
Divers revenus	4,538 67
Loyers	5,223 96
Collège militaire royal	16,522 72
Total	40,362 59

Nº 10.

ÉTAT des recettes provenant des phares et du service côtier du Canada, pour l'exercice terminé le 30 juin 1897.

De qui reçu.	Dans quel but.	Montant.
		$ c.
Le percepteur des douanes, Halifax, N.-E.	Station de signaux	828 00
Gouvernement impérial	Contribution à l'île au Sable	1,946 66
	Total	2,774 66

No 11.

TIMBRES JUDICIAIRES ET D'INSPECTION DU GAZ, 1896–97.

Dt. — Distributeurs de timbres judiciaires en compte avec le ministère du revenu de l'intérieur. — Av.

Balances dues par les inspecteurs, 1er juillet 1896. — Timbres disponibles.	Balances dues par les inspecteurs, 1er juillet 1896. — En caisse.	Timbres émis aux inspecteurs et autres.	Comptes transférés à.	Totaux.	Districts.	Comptes transférés de	Timbres remis ou détruits	Commission allouée aux distributeurs de timb. judic.	Déposé au crédit du receveur général.	Balances dues par les inspecteurs, 30 juin 1897. — Timbres disponibles.	Balances dues par les inspecteurs, 30 juin 1897. — En caisse.	Totaux.
$ c.	$ c.	$ c.	$ c.	$ c.		$ c.	$ c.	$ c.	$ c.	$ c.	$ c.	$ c.
903 75		200 00		1,103 75	Barrie				145 25	958 50		1,103 75
209 50		375 00		584 50	Belleville				161 25	423 25		584 50
307 50		175 00		482 50	Berlin				202 50	280 00		482 50
341 25		12 50		353 75	Brockville				93 00	260 75		353 75
265 50		350 00		615 50	Cobourg				237 50	376 00	2 00	615 50
219 75				219 75	Cornwall				37 00	182 75		219 75
395 25		237 50		632 75	Guelph				107 00	525 75		632 75
1,283 50	123 50	1,225 00		2,632 00	Hamilton				988 50	1,492 25	151 25	2,632 00
1,159 25		375 00		1,534 25	Kingston				424 25	1,110 00		1,534 25
320 50				320 50	[illegible]el				58 50	262 00		320 50
812 25	116 25	2,150 00		3,078 50	London				2,107 00	793 50	178 00	3,078 50
314 25		87 50		401 75	Napanee				111 00	290 75		401 75
1,048 00		400 00		1,448 00	Ottawa				524 75	923 25		1,448 00
610 25				610 25	Owen-Sound				60 25	550 00		610 25
862 75				862 75	Peterborough				159 25	703 50		862 75
351 50		75 00		426 50	Sarnia				135 75	290 75		426 50
1,006 00				1,006 00	Stratford				155 50	850 50		1,006 00
6,164 80		3,250 00		9,414 80	[illegible]to				4,315 25	5,099 55		9,414 80
16,575 55	239 75	8,912 50		25,727 80	*Ontario*				10,023 50	15,373 05	331 25	25,727 80
2,311 00		3,650 00		5,961 00	Montréal				4,776 75	1,184 25		5,961 00
860 25		600 00		1,460 25	Québec				360 75	1,099 50		1,460 25
642 75				642 75	Sherbrooke				39 50	603 25		642 75
3,814 00		4,250 00		8,064 00	*Québec*				5,177 00	2,887 00		8,064 00

N° 11.—TIMBRES JUDICIAIRES ET D'INSPECTION DU GAZ 1896-97—*Suite.*

Dr. Divisions d'inspection en compte avec le revenu. Av

Balances dues par les inspecteurs, 1er juillet 1896.		Timbres émis aux inspecteurs et autres.	Comptes transférés à.	Totaux.	Districts.	Comptes transférés de.	Timbres endommagés.	Commission allouée aux distributeurs de timbres judic.	Déposé au crédit du receveur général.	Balances dues par les inspecteurs, 30 juin 1897.		Totaux.
Timbres disponibles.	En caisse.									Timbres disponibles.	En caisse.	
$ c.	$ c.	$ c.	$ c.	$ c.		$ c.	$ c.	$ c.	$ c.	$ c.	$ c.	$ c.
738 25	....	475 00	....	1,213 25	..Frédéricton........	......	......	......	83 75	1,129 50	....	1,213 25
1,376 75	....	....	....	1,376 75	..Moncton........	795 50	531 25	......	50 00	....	....	1,376 75
605 00	....	750 00	795 00	2,150 50	..Saint-Jean........	......	......	......	836 25	1,314 25	....	2,150 50
2,720 00	....	1,225 00	795 50	4,740 50	.......*Nouveau-Brunswick*.......	795 50	531 25	....	970 00	2,443 75	....	4,740 50
1,049 75	111 50	775 00	....	1,936 25	..Halifax........	......	......	......	469 25	1,354 00	113 00	1,936 25
110 25	....	....	....	110 25	..Pictou........	... .	110 25	....	....	....	... .	110 25
1,160 00	111 50	775 00	....	2,046 50	.......*Nouvelle-Ecosse*........	... .	110 25	... .	469 25	1,354 00	113 00	2,046 50
1,164 25	18 00	....	....	1,182 25	.......*Charlottetown, I.P.-E.*.......	....	....	....	67 25	1,115 00	....	1,182 25
599 00	....	450 00	....	1,049 00	.......*Winnipeg, Man*........	....	....	....	187 75	861 25	....	1,049 00
976 75	....	....	... .	976 75	..Nanaïmo........	....	....	... ...	42 00	934 75	....	976 75
1,169 00	31 25	....	... .	1,200 25	..New-Westminster........	....	....	....	49 25	1,133 00	18 00	1,200 25
974 75	20 50	....	... .	995 25	..Vancouver........	... .	....	... ...	123 00	848 75	23 50	995 25
867 50	....	....	....	867 50	..Victoria........	....	....	....	147 75	719 75	....	867 50
3,988 00	51 75	....	.... ..	4,039 75	.......*Colombie-Britannique*.......	....	....	.....	362 00	3,636 25	41 50	4,039 75
30,020 80	421 00	15,612 50	795 50	46,849 80	.......Grands totaux........	795 50	641 50	....	17,256 75	27,670 30	485 75	46,849 80
....	....	4,529 00	... .	4,529 00	.......Timbres judiciaux........	....	....	226 45	4,302 53	....	0 02	4,529 00

N° 12.

POIDS ET MESURES, 1896-97.

Dr. Divisions d'inspections en compte avec le revenu. **Av.**

Balances dues par les inspecteurs, 1er juillet 1896.		Timbres émis aux inspecteurs.	Autres recettes.	Transferts.*	Totaux.	Divisions.	Transferts.*	Timbres remis ou détruits.	Déposé au crédit du receveur général.	Balances dues par les inspecteurs, 30 juin 1897.		Totaux.
Timbres disponibles.	En caisse.									Timbres disponibles.	En caisse.	
$ c.	$ c.	$ c.	$ c.	$ c.	$ c.		$ c.	$ c.	$ c.	$ c.	$ c.	$ c.
1,872 22	4 00	1,410 00	....	1,365 83	4,652 05	Belleville	....	3 10	2,034 80	2,606 70	7 45	4,652 05
2,350 65	1,336 17	7,639 00	28 45	....	11,354 27	Hamilton	....	....	7,393 99	2,736 85	1,223 43	11,354 27
1,749 54	....	856 00	....	....	2,605 54	Kingston	1,365 83	....	1,239 71	....	....	2,605 54
988 71	....	2,197 50	....	....	3,186 21	London	941 21	....	2,245 00	....	....	3,186 21
2,914 94	44 94	1,970 00	....	....	4,929 88	Orillia	3,487 02	....	1,442 86	....	....	4,929 88
576 15	....	2,559 00	96 00	157 76	3,388 91	Ottawa	....	618 75	1,492 51	1,220 82	56 83	3,388 91
3,024 90	451 62	2,000 00	....	3,487 02	8,963 54	Toronto	157 76	....	3,992 01	4,404 47	409 30	8,963 54
1,846 16	....	2,356 00	....	941 21	5,143 37	Windsor	....	22 10	1,419 98	3,701 29	....	5,143 37
15,323 27	1,836 73	20,987 50	124 45	5,951 82	44,223 77	*Ontario*	5,951 82	643 95	21,260 86	14,670 13	1,697 01	44,223 77
9,059 73	367 75	7,600 00	....	....	17,027 48	Montréal	....	1 50	7,959 28	8,751 95	314 75	17,027 48
3,387 85	184 20	2,230 00	5 00	....	5,807 05	Québec	....	218 90	2,105 05	3,339 04	144 06	5,807 05
2,453 91	....	....	....	....	2,453 91	Trois-Rivières	....	....	775 18	1,678 73	....	2,453 91
14,901 49	551 95	9,830 00	5 00	....	25,288 44	*Québec*	....	220 40	10,839 51	13,769 72	458 81	25,288 44
911 23	....	200 00	....	....	1,111 23	King	796 48	....	314 75	....	....	1,111 23
2,252 93	....	365 00	....	796 48	3,414 41	Saint-Jean	....	640 48	944 92	1,829 01	....	3,414 41
3,164 16	....	565 00	....	796 48	4,525 64	*Nouveau-Brunswick*	796 48	640 48	1,259 67	1,829 01	....	4,525 64

N° 12.—POIDS ET MESURES, 1896-97—*Suite*.

Dr. Divisions d'inspections en compte avec le revenu. Av.

Balances dues par les inspecteurs, 1er juillet 1896.		Timbres émis aux inspecteurs.	Autres recettes.	Transferts.	Totaux.	Divisions.	Transferts.	Timbres remis ou détruits.	Déposé au crédit du receveur général.	Balances dues par les inspecteurs, 30 juin 1897.		Totaux.
Timbres disponibles.	En caisse.									Timbres disponibles.	En caisse.	
$ c.	$ c.	$ c.	$ c.	$ c.	$ c.		$ c.	$ c.	$ c.	$ c.	$ c.	$ c.
783 53	13 75				797 28	Cap-Breton			102 30	694 98		797 28
540 92	29 85	311 50			882 27	Halifax			544 75	262 37	75 15	882 27
543 81		625 00			1,168 81	Pictou		6 55	352 80	787 71	21 75	1,168 81
537 17					537 17	Yarmouth			294 12	243 05		537 17
2,405 43	43 60	936 50			3,385 53	*Nouvelle-Ecosse*		6 55	1,293 97	1,988 11	96 90	3,385 53
528 91		225 00			753 91	*Charlettetown, I.P.-E.*		1 50	192 90	559 51		753 91
4,054 06	25 40				4,079 46	*Winnipeg, Man.*		130 50	1,500 83	2,448 13		4,079 46
590 04		280 00			870 04	*Victoria, C.-B.*			436 95	430 29	2 80	870 04
40,967 36	2,457 68	32,824 00	129 45	6,748 30	83,126 79	Grands totaux	6,748 30	1,643 38	36,784 69	35,694 90	2,255 52	83,126 79
						Moins remises			11 75			
									36,772 94			

* Les montants dans la colonne " Transferts " représentent la valeur des timbres appartenant à certaines divisions abolies durant l'année.

N° 13.

PRIME, ESCOMPTE ET CHANGE.

De quelle source.	Taux de l'escompte.	Temps.	Sommes sur lesquelles l'escompte à été reçu.	Montant de l'escompte.	Total.
			£. s. d.	$ c.	$ c
Esc. au-dessous du pair (4.86\frac{2}{3}$ à la livre sterl.) sur change remis en Angleterre..	4·81944	90 jours.	10,000 0 0	472 22	
	4·82	do ..	40,000 0 0	1,866 65	
	4·82375	do ..	20,000 0 0	858 33	
	4·8275	do ..	10,000 0 0	391 66	
	4·82777	do ..	10,000 0 0	388 89	
	4·82875	do ..	10,000 0 0	379 16	
	4·83055	do ..	20,000 0 0	722 22	
	4·8325	do ..	30,000 0 0	1,024 99	
	4·8350	do ..	10,000 0 0	316 67	
	4·83611	do ..	10,000 0 0	305 55	
	4 84722	do ..	30,000 0 0	583 32	
	4·85	do ..	45,000 0 0	749 99	
	4·855	do ..	40,000 0 0	466 65	
	4·85555	do ..	20,000 0 0	222 22	
	4·8575	do ..	10,000 0 0	91 66	
	4·86	do ..	40,000 0 0	266 67	
	4·861111	do ..	20,000 0 0	111 10	
	4·8625	do ..	20,000 0 0	83 33	
	4·86375	do ..	20,000 0 0	58 32	
	4·863888	do ..	20,000 0 0	55 54	
	4·865	do ..	20,000 0 0	33 32	
	4·815	60 jours.	10,000 0 0	516 66	
	4·816666	do ..	10,000 0 0	500 00	
	4·82222	do ..	110,000 0 0	4,888 90	
	4·823611	do .	100,000 0 0	4,305 55	
	4·825	do ..	130,000 0 0	5,416 66	
	4·827777	do ..	90,000 0 0	3,500 00	
	4 8325	do ..	10,000 0 0	341 67	
	4·85	do ..	10,000 0 0	166 66	
	4·854166	do ..	5,000 0 0	62 50	
	4·85461	do ..	50,000 0 0	590 28	
	4·85555	do ..	95,000 0 0	1,055 54	
	4·85833	do ..	30,000 0 0	250 00	
	4·85972	do ..	15,000 0 0	104 16	
	4·860416	do ..	80,000 0 0	500 00	
	4·861111	do ..	190,000 0 0	1,055 54	
	4·8625	do ..	60,000 0 0	250 00	
	4 863194	do ..	100,000 0 0	347 22	
	4·863888	do ..	115,000 0 0	319 47	
	4·865	do ..	10,000 0 0	16 66	
	4·865277	do ..	70,000 0 0	97 22	
					33,733 15
Prime sur traite à New-York, $61,875....	$\frac{1}{64}$ p.c.	A vue...	....	....	9 66
Prime sur change venant de l'Angleterre..	9$\frac{3}{8}$	do ..	200,000 0 0	....	1,111 11
					34,853 92

N° 14.

INTÉRÊT SUR PLACEMENTS.

De quelle source, et nature du placement.	Durée.	A quelle date payé.	Taux de l'intérêt.	Montant placé.	Intérêt réalisé. Sterling.	Intérêt réalisé. Cours canadien.
			p. c.	£ s. d.	£ s. d.	$ c.
FONDS D'AMORTISSEMENT.						
Emp. du Canada réduit à 4 p. 100.						
Garanties canadiennes...........	1 ann.	1er avril 1897	4	25,500 0 0	1,020 0 0	4,964 00
do	1 do	do 1897	5	3,600 0 0	180 0 0	876 00
do	1 do	1er mai 1897	4	567,542 9 0	22,701 14 0	110,481 60
do	½ do	do 1897	4	15,392 5 4	307 16 1	1,498 18
do	1 do	1er juin 1897	3½	277,022 0 0	9,696 9 4	47,189 46
do	½ do	do 1897	3½	2,000 0 0	35 0 1	170 36
do	1 do	1er juillet 1897	4	1,198,827 12 10	47,953 2 2	233,371 78
do	½ do	do 1897	4	18,788 3 9	375 15 2	1,828 69
do	1 do	do 1897	3	906,388 3 0	27,191 12 10	132,332 67
do	½ do	do 1897	3	30,003 0 2	450 0 11	2,190 21
					109,911 10 7	534,902 95
Emprunt de la Terre de Rupert.						
Garanties canadiennes..........	1 ann.	1er mai 1897	4	70,997 14 4	2,839 18	13,820 88
do	1 do	1er juin 1897	3½	7,602 15 1	266 2	1,295 02
do	1 do	1er juillet 1897	4	18,400 0 0	736 0	3,581 86
do	1 do	do 1897	3	51,145 18 6	1,534 7	7,467 30
do	½ do	do 1897	3	4,025 13 0	60 7 8	293 88
					5,436 15 5	26,458 94
Emprunt du chemin de fer Intercolonial.						
Garanties canadiennes...........	1 ann.	1er avril 1897	5	49,800 0 0	2,490 0 0	12,118 00
do	1 do	1er mai 1897	4	550,600 0 0	22,024 0 0	107,183 46
do	1 do	1er juin 1897	3½	105,613 15 8	3,696 8 8	17,989 55
do	1 do	1er juillet 1897	4	218,603 14 6	8,744 3 0	42,554 85
do	1 do	do 1897	3	463,511 5 7	13,905 6 10	67,672 66
do	½ do	do 1897	3	38,992 11 9	584 17 11	2,846 49
					51,444 16 5	250,365 01
Emprunt de 1874.						
Garanties canadiennes....... . .	1 ann.	1er avril 1897	5	11,100 0 0	555 0 0	2,701 00
do	1 do	do 1897	4	12,500 0 0	500 0 0	2,433 33
do	1 do	1er mai 1897	4	199,629 9 3	7,985 3 8	38,861 22
do	½ do	do 1897	4	19,707 14 7	394 3 1	1,918 22
do	1 do	1er juin 1897	3½	41,057 12 7	1,437 0 4	6,993 48
do	1 do	1er juillet 1897	4	147,802 7 0	5,912 1 10	28,772 18
do	1 do	do 1897	3	285,557 3 3	8,566 14 4	41,691 36
do	½ do	do 1897	3	1,224 7 1	18 7 3	89 35
					25,368 10 6	123,460 14

N° 14.—Intérêt sur placements—*Suite.*

De quelle source, et nature du placement.	Durée	A quelle date payé.	Taux de l'intérêt.	Montant placé.	Intérêt réalisé. Sterling.	Intérêt réalisé. Courant.
Fonds d'amortissement—*Fin.*			p. c.	£ s. d.	£ s. d.	$ cts.
Emprunt de 1875.						
Garanties canadiennes....	1 ann.	1er avril 1897	5	2,600 0 0	130 0 0	632 66
do	1 do	do 1897	4	3,000 0 0	120 0 0	584 00
do	1 do	1er mai 1897	4	43,473 10 5	1,738 18 10	8,462 86
do	½ do	do 1897	4	4,206 4 4	84 2 5	409 38
do	1 do	1er juin 1897	3½	7,955 17 9	278 9 2	1,355 16
do	1 do	1er juillet 1897	4	33,973 1 3	1,358 18 6	6,613 43
do	1 do	do 1897	3	70,871 4 11	2,126 2 8	10,347 18
do	½ do	do 1897	3	294 14 11	4 8 6	21 53
					5,841 0 1	28,426 20
Emprunt de 1876.						
Garanties canadiennes...... ...	1 ann.	1er avril 1897	5	6,300 0 0	315 0 0	1,533 00
do	1 do	do 1897	4	6,800 0 0	272 0 0	1,323 74
do	1 do	1er mai 1897	4	82,270 6 4	3,290 16 2	16,015 28
do	½ do	do 1897	4	3,893 15 9	77 17 7	379 02
do	1 do	1er juin 1897	3½	18,878 3 11	660 14 8	3,215 57
do	1 do	1er juillet 1897	4	84,639 8 4	3,385 11 6	16.476 46
do	1 do	do 1897	3	167,255 9 0	5,017 13 4	24,419 30
do	½ do	do 1897	3	2,669 16 6	40 0 11	194 89
					13,059 14 2	63,557 26
Emprunt de 1878-79.						
Garanties canadiennes..	1 ann.	1er avril 1897	4	11,700 0 0	468 0 0	2,277 60
do	1 do	1er mai 1897	4	116,117 14 4	4,644 14 4	22,604 28
do	½ do	do 1897	4	11,499 19 10	229 19 11	1,119 31
do	1 do	1er juin 1897	3½	30,748 8 6	1,076 3 10	5,237 46
do	1 do	1er juillet 1897	4	116,234 0 3	4,649 7 2	22,626 87
do	1 do	do 1897	3	263,420 6 4	7,902 12 2	38,459 36
do	½ do	do 1897	3	12,656 12 10	189 17 0	923 94
					19,160 14 5	93,248 82
Emprunt de 1884.						
Garanties canadiennes..........	1 ann.	1er avril 1897	4	500 0 0	20 0 0	97 33
do	1 do	1er mai 1897	4	41,401 7 4	1,656 0 10	8,059 40
do	1 do	1er juin 1897	3½	40,874 16 3	1,430 12 6	6,962 38
do	½ do	do 1897	3½	4,321 7 0	75 12 5	368 02
do	1 do	1er juillet 1897	4	51,520 7 5	2,060 16 4	10,029 31
do	1 do	do 1897	3	240,743 8 7	7,222 6 0	35,148 52
do	½ do	do 1897	3	8,298 9 9	124 9 10	605 86
					12,589 17 11	61,270 82
Emprunt de 1875-78.						
Garanties canadiennes....... ..	1 ann.	1er mai 1897	4	272,002 5 8	10,880 1 10	52,949 78
do	1 do	1er juin 1897	3½	90,730 0 10	3,175 11 0	15,454 33
do	1 do	1er juillet 1897	4	138,100 0 0	5,524 0 0	26,883 47
do	1 do	do 1897	3	408,622 2 5	12,258 13 4	59,658 84
do	½ do	do 1897	3	30,704 5 6	460 11 5	2,241 45
					32,298 17 7	157,187 87
Total, fonds d'amortissement.	......	....	.....	....	275,111 17 1	1,338,878 01
A reporter	....	....	.....	....	....	1.338,878 01

N° 14.—INTÉRÊT SUR PLACEMENTS—*Fin.*

De quelle source, et nature du placement.	Durée	A quelle date payé.	Taux de l'intérêt.	Montant placé.	Intérêt réalisé	
			p.c.	£ s. d.	$ c.	$ c.
Report	. . .	....	. . .	....	....	1,338,878 01
Commiss. du port de Montréal.						
Obligations	5 jrs.	5 janvier 1896	4	76,000 00	41 64	
do	59 do	31 déc. 1896	3½	100,000 00	565 75	
do	½ ann.	30 juin 1897	3½	100,000 00	1,750 00	
do	5 jrs..	do 1897	3½	90,000 00	43 15	
do	1 ann.	do 1897	3½	1,000,000 00	35,000 00	
						37,400 54
Municipalité de la cité de St-Jean.						
Bons	1 ann.	1er juin 1897	6	21,560 00	....	1,293 60
Ch. de fer Canadien du Pacifique.						
Bons d'octrois de terre	1 ann.	1er avril 1897	5	29,000 00	....	1,450 00
Chemin de fer du Nord.						
Bons	1 ann.	1er juillet 1897	5	73,000 00	....	3,650 00
Cie de pont et de chemin de fer de prolongement de Saint-Jean.						
Avances	1 ann.	30 juin 1897	4	433,900 00	....	17,356 00
Montreal Turnpike Trust.						
Bons	½ ann.	31 déc. 1896	3½	200,000 00	3,500 00	
do	34 jrs	3 février 1897	3½	5,000 00	16 30	
						3,516 30
Province du Manitoba.						
Avances à compte de la commission des terres marécageuses	1 ann.	30 juin 1897	5	17,269 91	863 49	
do do	9 mois	do 1897	5	953 25	35 74	
do do	8 do	do 1897	5	953 25	31 77	
do do	7 do	do 1897	5	922 50	26 90	
do do	6 do	do 1897	5	682 00	17 05	
do do	5 do	do 1897	5	660 00	13 75	
do do	4 do	do 1897	5	440 00	7 33	
					996 03	
MOINS—Intérêt sur recettes	½ ann.	do 1897	5	15,978 41	399 46	
						596 57
Cie de chemin de fer Qu'Appelle, Lac-Long et Saskatchewan	1 ann.	do 1897	4	501,993 12	20,079 72	
do do	½ do	do 1897	4	40,000 00	800 00	
					20,879 72	
MOINS—Intérêt sur recettes	......	....	.....	....	106 66	
						20,773 06
Cie ch. de f. Calgary et Edmonton	1 ann.	30 juin 1897	4	414,766 72	16,590 66	
do do	½ do	do 1897	4	40,000 00	800 00	
					17,390 66	
MOINS—Intérêt sur recettes	......	....	.....	....	124 38	
						17,266 28
Banque de Montréal, Londres. Intérêt sur comptes courants	.....	....	.....	....	....	430 13
Son Excellence le gouverneur général.						
Int. sur coût du wag. "Victoria"	1 ann.	30 juin 1897	3	13,111 87	....	393 35
						1,443,003 84

N° 15.

ÉTAT du revenu provenant des pêcheries payé au crédit du receveur général du Canada, pour l'exercice terminé le 30 juin 1897.

Provinces.	——	$ c.
Ontario	Loyers, honoraires de licences, ventes et amendes	32,814 66
Québec	do do	7,876 12
Nouvelle-Ecosse	do do	5,238 55
Nouveau-Brunswick	do do	10,111 77
Ile du Prince-Edouard	do do	2,032 25
Manitoba	do do	1,719 00
Territoires du Nord-Ouest	do do	344 13
Colombie-Britannique	do do	39,888 82
		100,025 30
	MOINS—Remises	1,140 90
		98,884 40

N° 16.

ÉTAT des recettes à compte des terres fédérales, pour l'exercice terminé le 30 juin 1897.

Détails.	Caisse.
	$ c.
Honoraires de homesteads	21,179 00
do d'annulation	2,065 00
do d'inspections, etc	2,300 00
Améliorations	3,737 01
Ventes générales de terres	49,335 53
Ventes de cartes géographiques et honoraires de bureau	795 05
Honoraires d'examen des arpenteurs	70 00
Parc des Montagnes-Rocheuses du Canada	2,132 11
Honoraires d'arpentage	3,735 12
Cie de la Baie-d'Hudson	8,176 76
Dépôts des colons	40 10
Compte indéterminé	3,519 20
Droits sur bois de construction	68,992 82
Terres à pâturages	4,715 01
Terrains houillers	81 00
Permis de coupe de foin	5,243 68
Honoraires de mines	3,162 00
Carrières de pierre	31 50
Honoraires *re* demandes de patentes	4,162 50
Droits d'irrigation	115 50
Permis de vente de liqueurs dans le district de Yukon	3,160 50
Divers	674 80
	187,424 19
Remboursements déduits	14,910 54
	172,513 65

N.B.—A part les recettes en argent indiquées plus haut, il a été reçu en paiement de terres et pour loyer du scrip au montant de $19,429.38.

Nº 17.

REVENU DES PÉNITENCIERS, 1896–97.

Pénitenciers.	$
Kingston	75,397 57
Saint-Vincent-de-Paul	2,892 21
Dorchester	3,110 16
Manitoba	1,538 15
Colombie-Britannique	862 42
Prison de Régina	7 06
	83,807 57

Nº 18.

ÉTAT des amendes et confiscations, y compris les saisies, pour l'exercice terminé le 30 juin 1897.

——	Total.
	$ c.
Amendes perçues et déposées au crédit du receveur général par—	
Le lieutenant-gouverneur des Territoires du Nord-Ouest	1,316 23
La cour suprême des Territoires du Nord-Ouest	75 00
Greffiers de la paix —	
Peterborough	14 90
Assiniboïa-Ouest	5 00
Saint-Rémi	1 98
Carleton-Place	10 00
Portage-la-Prairie	12 40
Owen-Sound	8 20
Trois-Rivières	21 00
Sorel	7 00
Montréal	192 61
Police à cheval du Nord-Ouest	14 40
Violation des actes concernant—	
La marine	125 00
Les postes	440 00
Les sauvages	50 00
Les banques	500 00
L'inspection du gaz	15 00
L'inspection des poids et mesures	11 00
Shérif Benson	230 00
Shérif d'Assiniboïa	200 00
La Reine *vs* Weldon	63 45
J. Rutherford	5 00
A reporter	3,318 17

N° 18.—État des amendes, confiscations, etc.—*Suite*.

Ports.	Montant payé au crédit du receveur général pendant l'exercice terminé le 30 juin 1897.	Rémissions et parts des saisies des officiers et dénonciateurs, et dépenses payées par chèques du département.	Total.
	$ c.	$ c.	$ c.
Report			3,318 17
SAISIES DES DOUANES.			
Ontario.			
Amherstburg	54 25	425 07	
Brockville	52 20	30 19	
Chatham		26 60	
Collingwood	15 25		
Cornwall	431 20	278 72	
Fort-Erié	45 00	145 86	
Guelph	760 00		
Hamilton	643 28	828 90	
Kingston	449 76	70 31	
London		57 75	
Chutes-Niagara	2,587 27	1,687 08	
Ottawa	105 65	60 42	
Port-Arthur	70 22	58 62	
Prescott	25 00	6 50	
Sainte-Catherine	173 50	1 13	
Sarnia	1,283 37	795 95	
Saut-Sainte-Marie	459 87	1,190 02	
Toronto	749 05	486 05	
Windsor	99 08	518 00	
	8,003 95	6,667 17	
Québec.			
Coaticook	45 86	30 25	
Gaspé		105 69	
Hemmingford	42 00	58 11	
Montréal	7,306 68	4,625 71	
Potton	104 00	26 63	
Québec	1,032 21	3,834 56	
Rimouski	1,086 50	704 78	
Saint-Armand		23 48	
Saint-Jean	240 93	50 82	
Sherbrooke	393 03	289 06	
Stanstead	14 40	89 96	
Bas du Saint-Laurent	3 35		
	10,268 96	9,839 05	
Nouveau-Brunswick.			
Moncton	1 45	0 89	
Saint-André		18 33	
Saint-Jean	307 99	100 28	
Saint-Stephen	332 95	291 36	
Woodstock	314 00	181 35	
	956 39	592 21	
Nouvelle-Ecosse.			
Antigonish	33 47	15 58	
Baddeck	50 00		
Barrington	77 34	2 65	
Canso		36 69	
Halifax	22 30	934 43	
Lunenburg	61 67	32 07	
Sydney-Nord	100 00		
Port-Hawkesbury		119 33	
Sydney	1,137 00	1,008 78	
A reporter	1,478 78	2,149 53	3,318 17

N° 18.—État des amendes, confiscations, etc.—*Suite.*

Ports.	Montant payé au crédit du receveur général pendant l'exercice terminé le 30 juin 1896.	Rémissions et parts des saisies des officiers et dénonciateurs, et dépenses payées par chèques du département.	Total.
	$ c.	$ c.	$ c.
Report			3,318 17
Saisies des douanes—*Fin.*			
Manitoba.			
Winnipeg	702 00	791 01	
Colombie-Britannique.			
Nanaïmo	766 00	125 29	
Nelson	148 50	953 66	
New-Westminster	504 83	529 22	
Vancouver	1,225 98	741 82	
Victoria	898 32	324 35	
	3,543 63	2,674 34	
Territoires du Nord-Ouest.			
Calgary	121 55	146 72	
Division spéciale	37,127 65	18,047 63	
Fonds spécial		1,467 93	
Saisies en général		80 07	
Service douanier	50 00	105 51	
Totaux.			
Ontario	8,003 95	6,667 17	
Québec	10,268 96	9,839 05	
Nouveau-Brunswick	956 39	592 21	
Nouvelle-Ecosse	1,481 78	2,149 53	
Manitoba	702 00	791 01	
Colombie-Britannique	3,543 63	2,674 34	
Territoires du Nord-Ouest	121 55	146 72	
Division spéciale	37,127 65	18,047 63	
Fonds spécial		1,467 93	
Saisies en général		80 07	
Service douanier	50 00	105 51	
	62,255 91	42,561 17	
Recettes nettes			19,694 74
Saisies de l'accise.			
Ontario.			
Cornwall		7 78	
London		201 60	
Ottawa	4 00	19 50	
Owen-Sound		37 10	
Peterborough		25 41	
Stratford	67 60		
Sainte-Catherine		33 40	
Toronto		127 28	
Windsor	334 44		
A reporter	406 04	452 07	

N° 18.—État des amendes, confiscations, etc.—*Suite.*

Ports.	Montant payé au crédit du receveur général pendant l'exercice terminé le 30 juin 1897.	Rémissions et parts des saisies des officiers et dénonciateurs, et dépenses payées par chèques du département.	Total.
	$ c.	$ c.	$ c.
Report	406 04	452 07	....
SAISIES DE L'ACCISE.—*Fin*			
Québec.			
Joliette	102 80	123 62	
Montréal	1,331 68	1,127 41	
Québec	487 35	1,102 39	
Sherbrooke	314 34	707 67	
Sorel	30 00	111 10	
Saint-Hyacinthe	30 00	494 94	
Terrebonne	150 00	351 27	
Trois-Rivières	130 60	138 76	
Nouveau-Brunswick.			
Saint-Jean	150 00	77 85	
Nouvelle-Ecosse.			
Cap-Breton	....	302 04	
Halifax	....	25 00	
Pictou	....	1 50	
Yarmouth	10 00	113 62	
Manitoba.			
Winnipeg	100 00	54 31	
Colombie-Britannique.			
Vancouver	....	143 10	
Victoria	100 00	....	
Service douanier	....	2 00	
	3,352 81	5,328 65	
Payments en sus des recettes	....	....	1,975 84
			21,037 07

N° 19.

ÉTAT des recettes totales à compte du FONDS DE RETRAITE, pour l'exercice terminé le 30 juin 1897.

De qui reçu, et nature de la recette.	Revenu sur le fonds de retraite, R.S.C., chap. 18.		Fonds de retraite. 58 Vic., chap. 12.	
	$ c.	$ c.	$ c.	$ c.
Administration de la justice—				
Personnel de la cour suprême	198 50		77 88	
Cour de l'échiquier	111 72			
Arbitres officiels	40 00	350 22		77 88
Gouvernement civil—				
Bureau de l'auditeur général	590 40		44 23	
Bureau du secrétaire du gouverneur général	128 25		15 00	
Bureau du haut commissaire	182 99			
Ministère de l'agriculture et de la statistique	851 62		153 05	
do des douanes	630 50		144 00	
do des finances	961 25		10 13	
Commission géologique	807 05		218 46	
Département des affaires indiennes	928 86		36 51	
Ministère du revenu de l'intérieur	678 15		55 31	
do de l'intérieur	1,900 10		109 01	
do de la justice	518 19		82 31	
do de la marine et des pêcheries	777 18		367 96	
do de la milice et défense	736 06		155 87	
Département de la police à cheval du Nord-Ouest	200 50			
Ministère des postes	3,474 85		194 65	
Département des impressions et de la papeterie	513 74		101 06	
Conseil privé	400 50		207 94	
Ministère des travaux publics	800 19		284 77	
do des chemins de fer et canaux	719 50		126 60	
Secrétariat d'Etat	711 40		19 87	
Ministère du commerce	112 75	16,624 03	58 84	2,385 57
Frais d'administration—				
Bureau du sous-receveur général, Halifax	89 00		12 00	
do do Saint-Jean	76 88		21 00	
do do Toronto	54 00			
do do Victoria	56 00		16 50	
do do Winnipeg	109 00			
do do Charlottetown	75 00	459 88		49 50
Arts, agriculture et statistique		35 00		
Falsification des substances alimentaires		138 15		0 49
Douanes		10,295 41		1,611 76
Bureau des inspecteurs-mesureurs de bois		100 96		
Terres fédérales		447 80		
Accise		5,557 47		513 18
Inspection du gaz		242 97		18 64
Immigration		106 60		
Agences des sauvages		473 77		
Surintendance des assurances		157 00		33 25
Législation—				
Chambre des Communes	1,260 35		187 34	
Sénat	460 64		39 35	
Bibliothèque	298 81	2,019 80	3 77	230 46
Marine et pêcheries		1,220 81		
A reporter		38,229 87		4,920 73

N°. 19.—ÉTAT des recettes totales à compte du FONDS DE RETRAITE, etc.—*Fin*

De qui reçu, et nature de la recette.	Revenu sur le fonds de retraite, S.R.C., Cap. 18.		Fonds de retraite, 56 Vic., chap. 12.	
	$ c.	$ c.	$ c.	$ c.
Report		38,229 87		4,920 73
Police à cheval du Nord-Ouest		924 34		115 22
Pénitenciers		935 94		
Ministère des postes		17,486 44		2,941 25
Travaux publics		118 76		
Quarantaine		143 37		
Chemins de fer et canaux		1,786 21		
Commerce		32 00		
Poids et mesures		779 86		48 20
Intérêt sur réductions				1,054 83
Total		60,436 79		9,080 23
MOINS—Remboursement de retenues pour fonds de retraite aux personnes suivantes :—				
Ministère de l'intérieur—				
John Flesher	155 61			
E. Brokovski	136 00			
E. H. Taylor	132 00			
T. B. Ferguson	90 00			
John Mackenzie	102 90			
Mme. M. R. Scott	14 47			
C. E. Phipps	74 06			
J. Hoolahan	9 64			
Ministère des chemins de fer et canaux—				
Thomas Foreman	190 97			
Alexander Pridham	313 00			
		1,218 65		
Gratifications aux personnes suivantes :—				
Ministère des travaux publics—				
Olivier Durocher			171 88	
Joseph E. Marion			114 56	
Maxime Belliveau			52 07	
I. Champagne			95 00	
Ministère de l'agriculture, div. de la statistique :—				
Mme. A. K. Mills			125 00	
Postes—				
Rosario Destroismaisons			110 84	
				669 35
Total		59,218 14		8,410 88

Nº 20.

État du revenu casuel payé au receveur général, pour l'exercice terminé le 30 juin 1897.

De qui reçu, et nature de la recette.	$ c.	$ c.
Secrétariat d'Etat :—		
Honoraires......	....	9,483 05
Département des impressions et de la papeterie :—		
Vente de publications..	4,667 09	
éo de papier de rebut, etc.	1,133 12	
Profits du bureau de la papeterie	2,495 52	
		8,295 73
Ministère de l'agriculture :—		
Honoraires d'examen du bétail	1,584 39	
Ventes, fermes expérimentales	6,757 38	
Remboursement par M. Montague sur compte de papeterie, 1895-96	6 00	
Inspection d'un cheval	1 00	
Vente de tuberculine	0 80	
		8,349 57
Ministère des finances :—		
Chèques impayés	4,335 50	
Acquit de conscience	25 00	
Remboursement, dépenses de voyages, 1895-96, C. J. Anderson	32 34	
do des dépenses des années précédentes, F. Toller	30 53	
do do do du haut-commissaire	12 12	
do de timbres d'effets de commerce—billets du Trésor annulés.	973 33	
Vente de Rapport des Assurances	0 10	
Caisses d'épargnes—compte clos, biffés et payés en moins	8 22	
Garanties d'entrepreneurs confisquées	7,817 14	
Profit sur monnaie de cuivre	6,911 23	
Paiement d'appointements en moins	2 92	
		20.148 45
Ministère des travaux publics :—		
Vente d'outillage, Pointe-du-Chêne	9 00	
do de matériaux, Havre de Cascumpec	9 70	
do de vieux fer, etc	53 90	
do de poussier de houille	287 25	
do d'estacade au lac Saint-Jean	100 00	
de de madriers	1 20	
do de clés, bureau de poste de Saint-Jean	15 00	
do d'un cheval, Saskatoon	5 00	
do de l'ancienne propriété du bureau de poste d'Hamilton	12,250 00	
do de bois de construction, île Stoney	16 40	
do de munitions, Halifax	29 00	
do de bois de sciage, Quaco	40 05	
do de phot. sur papier bleu	162 75	
do de vieux plomb, douane de Kingston	22 79	
do de vieux tapis, Victoria, C.A	30 00	
Remboursement, dépenses des années précédentes, b. de p. de Richmond, Q.	19 20	
do do	28 85	
do do réparations aux édifices, Ottawa.	14 00	
do divers	0 65	
do de frais, Styles *vs.* la Reine	4 95	
Déduct. sur compte du gaz, Toronto	67 17	
do sur transport	19 05	
Loyer du remorqueur *Victoria*	135 00	
do d'un hangar au charbon, Ottawa	15 00	
Service d'un dragueur	100 00	
Re dragueur *Laval*	5,589 55	
		19,025 46
A reporter	....	65,302 26

N° 20.—ÉTAT du revenu casuel payé au receveur général, pour l'exercice terminé le 30 juin 1897—*Suite.*

De qui reçu, et nature de la recette.	$ c.	$ c.
Report	....	65,302 26
Ministère de l'intérieur—		
Honoraires d'enregistrement, Territoires du Nord-Ouest	8,997 24	
Remboursement à compte d'hypothèques, 1876	790 15	
do do d'avance de grain de semence, 1894	1,854 63	
do do do do 1896	3,480 02	
do do d'avance aux colons du lac Sheho, 1893	18 69	
do do à la police à cheval du N.-O., grain, 1893	1,019 11	
do par Peter Fleming, dépenses de l'année précédente	5 29	
do par ch. de fer C. du P., frais de transport	79 20	
do années précédentes—arpentage, 1896	297 42	
do do frontière de l'Alaska	17 15	
do do J. Johnson, frais de voyages	278 59	
do do W. F. King, do	292 28	
do do frais de voyages	9 55	
do commission sur colons en perspective	8 00	
do honoraires d'examen medical	5 00	
Produit de la vente d'un vieux boghei	10 00	
do de vieux bois de construction et de deux vieux poêles	9 50	
do de brique et chaux, R. M. Park	7 72	
do de publications	3 00	
		17,182 54
Département des affaires indiennes :—		
Remboursement à compte de chariot, etc., vendus aux sauvages	44 06	
do dépenses de l'année précédente	12 25	
do de somme payée pour permis de mariage de sauvages	3 00	
do payé en plus, subv. à l'école industrielle de Norway-House	13 90	
do par sauvages pour moissonneuse fournie, 1894	5 00	
do par J. J. Campbell pour transport	52 55	
do par E. McColl, frais de voyages, années précédentes	316 63	
do payé en plus en annuités	75 00	
do par sauvages pour transport	13 50	
do pour travaux faits à l'école industrielle, Terre de Rupert	275 99	
do pour médicaments fournis	0 55	
do pour travaux faits, agence du lac Croche	142 37	
do do do de Hobbema	10 95	
do par A. McGibbon, frais de voyages payés en plus	549 24	
do par T. R. Wadsworth, do do	467 36	
do par A. E. Lavery, bal. de deniers avancés p. frais de voy.	217 00	
Droits de mouture	3 55	
Vente d'une vache	35 00	
do d'objets de l'Exposition	63 25	
do de bœuf à la police à cheval du Nord-Ouest, juin 1896	11 95	
do de ble, école industrielle de Brandon	304 25	
do de fourrage, moulin de l'agence du lac Croche	2 00	
do de chariot	30 00	
do d'un bœuf par Peau d'Ermine	35 00	
Loyer, propriété achetée pour l'école industrielle de Calgary	9 10	
do bureau de poste de Kamloops	30 00	
Amende imposée à un sauvage pour avoir blessé un bœuf	5 00	
do do tué do	50 00	
Norriture d'un cheval, école industrielle de la Terre de Rupert	2 00	
		2,780 45
Ministère des douanes—		
Acquit de conscience	259 46	
Améliorations au havre	29 40	
Vente de vieux papier	24 10	
do d'un vieux poêle	1 50	
do de publications	1 20	
do d'échantillons de gants achetés *re* saisie	77 50	
Remboursement d'appointements de l'année précédente	52 02	
do de frais judiciaires do	200 00	
do de dépenses do	15 00	
do pour serrure d'entrepôt brisée	1 50	
Head money	84 00	
		745 68
A reporter	....	86,010 93

N° 20.—ÉTAT du revenu casuel payé au receveur général, pour l'exercice terminé le 30 juin 1897.

De qui reçu, et nature de la recette.	$ c.	$ c.
Report	....	86,010 93
Ministère de la justice:—		
Vente de vieux matériel, pénitencier de Saint-Vincent-de-Paul	24 85	
do do do Kingston	22 26	
do do do Manitoba	195 03	
do d'approvisionnements achetés, 1895, pénitencier du Manitoba	99 62	
do de machine à coudre, pénitencier de la Colombie-Britannique	5 00	
Arrérages de loyer, Cie de scierie Brunelle	30 00	
		376 76
Ministère de la milice et défense:—		
Remboursement des années précédentes, exercice annuel	66 19	
do do frais de voyages	42 00	
do do transport	1 50	
do do dépenses	11 00	
do de billet de chemin de fer non employé	7 56	
		128 25
Ministère des chemins de fer et canaux:—		
Remboursement des années précédentes, dommages aux canaux	3,784 84	
do do do	100 00	
Balance en faveur de H. H. Collier, décédé	0 10	
Vente de bois, réserve du canal Rideau	126 50	
do de vieux bois de construction, canal Rideau, Newboro'	18 00	
do de vieux matériaux, usines du canal Chambly	12 44	
Frais taxés en cours suprême et de l'échiquier—Ross *vs* la Reine	530 59	
		4,572 47
Ministère de la marine et des pêcheries:—		
Examen des capitaines et seconds	3,754 00	
Vente de formules d'expédition	102 75	
do d'une partie de l'île Wallace, fleuve Saint-Laurent	100 00	
do de douze caisses de homards	47 97	
do de la goélette *Prince Edward*	153 00	
do de barils à huile vides, boîtes, etc	856 07	
do de poneys, etc., île au Sable	637 51	
do de cartes marines, publications et photog. sur pap. bleu	29 92	
do de la goélette préposée à la protection des pêcheries *Vigilant*	2,000 00	
do de vieux fer, câble en fil métallique, etc	100 98	
do de vieux bateaux	61 45	
do de chaudière	15 00	
do de propriété, Pointe Anne, station du sifflet de brume	100 00	
do de farine endommagée	2 00	
Pour pension sur steamers du gouvernement	54 00	
Gages et effets de matelots décédés	27 08	
Lot riverain à Rondeau	187 50	
Loyer d'appartement, piscifacture de Magog	35 00	
Usage de l'étang d'eau salée, île au Loup marin	2 00	
Usage d'un bac	10 00	
Mouillage, str *Campana*	48 57	
Balance du prix d'achat, hôpital de la Marine, Chicoutimi	1,550 00	
Remboursement par la Chambre de Commerce de Londres, d'un marin par SS. *Empress of India* à la Colombie-Britannique	9 49	
Remboursement de somme payée pour soins au matelot F. E. Kay, Vancouver	76 99	
do de prime de pêche illégalement reçue, 1891	19 50	
do do non réclamée et annulée	45 00	
do de l'année précédente, frais de voyages, W. P. Anderson	63 95	
do do do W. H. Noble	200 00	
do do service météorologique	233 52	
do do phares et service côtier, déboursés	291 82	
do do do const. de lumières	494 83	
do do do entretien do	121 25	
do do service de protection des pêcheries	94 84	
do do primes de pêche	148 98	
do do pisciculture	1 80	
do do ostréiculture	200 00	
A reporter	11,876 77	91,088 41

N° 20.—ÉTAT DU REVENU CASUEL payé au receveur général, pour l'exercice terminé le 30 juin 1897—*Fin.*

De qui reçu, et nature de la recette.	$ c.	$ c.
Report	11,876 77	91,088 41
Ministère de la marine et des pêcheries—Fin.		
Remboursement, dépenses des années précédentes, pour l'insp. des bat. à v.	34 71	
do do do F. Gourdeau	3 05	
do do do approv. de houille, str *Newfield*	63 50	
do do do paiement en plus sur fournit. aux steamers du gouvernement	54 00	
Remboursement du coût du *Dolphin* abordé par le str *City of St. John*	49 40	
	12,081 43	
MOINS—Remboursement sur compte d'inspection du bétail	436 07	
		11,645 36
Ministère du revenu de l'intérieur :—		
Honoraires à compte de l'Acte concernant les engrais	293 25	
Revenu de l'Acte concernant la falsification des substances alimentaires	453 80	
Vente d'un vieux bâtiment, Territoires du Nord-Ouest	1 00	
do de publications	0 60	
do d'un vieux poêle	12 00	
Remboursement, dépenses des années précédentes	8 60	
		769 25
Chambre des communes :—		
Honoraires de bills privés	12,888 54	
Remboursement, dépenses des années précédentes	13 50	
		12,902 04
Sénat :—		
Honoraires de bills privés	214 48	
Copies certifiées d'actes	15 70	
Remboursement, indemnités des années précédentes	50 80	
		280 98
Ministère des postes :—		
Divers item	1,565 38	
Perte de livrets	34 00	
Remboursement des années précédentes, W. White	25 00	
Billets de banque de Terreneuve	31 00	
		1,655 38
Commission de géologie :—		
Vente de publications	674 33	
Remboursement des années précédentes, T. Burke, dépenses courantes	78 25	
		752 58
Police à cheval du Nord-Ouest :—		
Garantie pour entreprise confisquée	4 70	
Vente de deux bœufs, propriétaire inconnu	80 00	
do d'un cheval volé par les sauvages	18 00	
Chèque en circulation, inspecteur Baker	13 35	
		116 05
Total		119,210 05

PARTIE II

ÉTATS DIVERS

INTÉRÊT SUR LA DETTE PUBLIQUE.

A QUI PAYÉ.	NATURE DE LA DETTE.	Temps pour lequel l'intérêt a été payé.	Date à laquelle l'intérêt a été payé.	Taux de l'intérêt.	Montant du principal.	Intérêt payé.	Total.
				p. c.	$ c.	$ c.	$
	DETTE FONDÉE.						
	BONS ET EFFETS INSCRITS.						
	Payable à Londres.						
Banque de Montréal....	Emprunt du Canada réduit....	1 an ..	30 juin 1897....	4	31,356,595 88	1,254,263 81	
	do garanti du chemin de fer Intercolonial, 1869...	1 do	1er avril 1897....	4	14,600,000 00	584,000 00	
	do do de la Terre de Rupert	1 do	1er do 1897....	4	1,460,000 00	58,400 00	
	do non garanti du ch. de fer Intercolonial, 1873...	1 do	1er do 1897....	5	2,433,333 34	121,666 67	
	do garanti, 1875....	1 do	1er do 1897....	4	7,300,000 00	292,000 00	
	do do 1878....	1 do	1er do 1897....	4	8,273,333 34	330,933 34	
	do non garanti, 1874....	1 do	1er mai 1897....	4	19,466,666 67	778,666 67	
	do do 1875....	1 do	1er do 1897....	4	4,866,666 66	194,666 66	
	do do 1876....	1 do	1er do 1897....	4	12,166,666 66	486,666 66	
	do do 1878-9....	1 do	1er do 1897....	4	21,900,000 00	876,000 00	
	do do 881....	1 do	1er juin 1897....	3½	24,333,333 33	851,666 66	
	do do 8851....	1 do	1er juillet 1897..	4	19,466,666 66	778,666 66	
	do do 8881....	1 do	1er do 1897..	3	21,402,241 01	642,067 25	
	do do 89 2....	1 do	1er do 1897..	3	18,250,000 00	547,500 00	
	do do 894....	1 do	1er do 1897..	3	10,950,000 00	328,500 00	8,125,664 38
	Payable au Canada.						
Diverses personnes......	Emprunt de 1883....	1 an	1er mai 1897....	4	2,852,000 00	....	114,080 00
	do 1891....	½ do ...	31 déc 1896	4	500,000 00	10,000 00	
	do 1896....	½ do ...	30 juin 1897....	3½	500,000 00	8,750 00	18,750 00
	do 1891....	½ do ...	1er sept. 1896...	3½	650,000 00	11,375 00	
	do 1891....	½ do ...	1er mars 1897...	3½	523,800 00	9,166 50	
	do 1891....	Variable..	1er sept. 1896...	3½	142,800 00	1,721 43	
	do 1891....	do	1er mars 1897...	3½	67,500 00	410 65	
	do 1891....	do	Variable....	3½	Variable.	1,302 20	23,975 78
	Effets "A"....	1 an ..	31 mars 1897....	6	8,000 00	....	480 00
	do "A"....	½ do ..	31 déc 896..	4	308,511 95	6,170 23	
	do "A"....	½ do ...	30 avril 8971...	4	221,161 95	4,423 23	

	do "A"	Variable	Variable	4	Variable.	1,073 60	11,667 15
	do "B"	6 mois	31 oct. 1896	4	919,700 00	18,394 00	
	do "B"	6 do	30 avril 1897	4	870,500 00	17,410 00	
	do "B"	Variable	Variable	4	49,200 00	545 62	36,349 62
	do "C"	1 an	30 avril 1897	4	49,066 34		1,962 64
Speyer Frères	do "D"	6 mois	30 sept. 1896	5	386,256 94	9,656 42	
	do "D"	6 do	30 avril 1897	5	335,080 03	8,377 00	18,033 42
Caisse d'épargnes de la cité et du district	do "E"	1 an	30 juin 1897	3½	1,500,000 00		52,500 00
	NON FONDÉE.						
Diverses personnes	Déposé aux caisses d'épargnes—						
	Ministère des postes	1 an	30 juin 1897	3½	*32,390,164 98	1,024,511 74	
	Ministère des finances	1 do	do 897	3½	*15,546,992 99	597,580 06	1,622,091 80
L'honorable trésorier provincial, Québec	Subventions aux chemins de fer	1 do	1er avril 897	5	2,394,000 00		119,700 00
Fonds des sauvages	Fonds de dépôts	1 do	30 juin 897	6	1,105,220 59	66,313 24	
	do	1 do	30 do 897	5	603,720 93	30,186 04	
	do	1 do	30 do 897	3½	1,941,587 87	67,955 57	164,454 85
L'honorable trésorier provincial, Ontario	do (à compte)						71,057 10
L'honorable trésorier provincial, Québec	do (à compte)						30,385 1
Fonds des écoles :—							
Alberta	do	Variable	30 juin 1897	3½	*57,401 55	1,949 87	
Assiniboïa	do	do	30 do 897	3½	* 5,954 41	199 21	
Manitoba	do	do	30 do 1897	3½	*448,674 13	15,192 88	
Saskatchewan	do	do	30 do 897	3½	* 914 44	29 84	17,371 80
Fonds d'amortiss. du port des Trois-Rivières	do	1 an	30 do 897	4	832 54	33 30	
	do	6 mois	30 do 897	4	16 65	0 33	33 63
Fonds de l'assurance des terres	do	1 an	30 do 897	3½			747 46
Diverses personnes	Cautionnements des entrepreneurs	Variable	30 do 897	3½	* 734,526 36		18,578 84
do banques	Fonds de rachat de billets de banque en circulation	do	30 do 897	3	*1,923,257 97		55,358 74
Banque de Montréal	Escompte sur change	do	Variable	Variabl.			15,556 41
	Escompte sur effets du trésorier	181 jours	30 juin 1897	3½	2,920,000 00	50,679 94	
	do	123 do	2 nov. 897	2½	2,920,000 00	24,599 98	75,279 92
Provinciale Nationale	do	181 do	30 juin 897	3	1,946,666 66	28,958 95	
Banque d'Angleterre	do	123 do	2 nov. 897	2½	1,946,666 66	16,400 00	45,359 95
Banque de Montréal	Intérêt sur compte courant	Variable	30 juin 897	Variabl.			15 67
	A reporter						10,639,454 27

* Balance au 30 juin 1897.

INTÉRÊT SUR LA DETTE PUBLIQUE—*Fin.*

A QUI PAYÉ.	NATURE DE LA DETTE.	Temps pour lequel l'intérêt a été payé.	Date à laquelle l'intérêt a été payé.	Taux de l'intérêt.	Montant du principal.	Intérêt payé.	Total.
	NON FONDÉE—*Fin.*			p. c.	$ c.	$ c.	$ c
	Report						10,639,454 27
Diverses personnes	Compensation aux seigneurs	6 mois	31 juillet 1896	6	76,582 00	2,297 46	
	do	6 do	31 déc. 1896	6	76,629 66	2,293 89	
	do	Variable	Variable	6	6,490 14	300 57	4,896 92
do	Compensation aux townships	6 mois	1er janv. 1897	5	675 00	16 87	
	do	353 jours	12 juin 1897	5	400 00	15 80	
	do	13 do	13 juillet 1896	5	150 00	0 26	32 93
Fonds des assurances	Intérêt sur primes	Variable	30 juin 1897	6	* 5,256 72		224 32
Fonds de retraite n° 2	do rabais	do	30 do 1897	6	* 22,497 87		1,054 83
	Total						10,645,663 27

* Balance au 30 juin 1897.

FONDS D'AMORTISSEMENT.

A QUI PAYÉ.	EMPRUNTS.	Nature des placements.	Taux de l'intérêt.	Montant acheté.	Total.
			p. c.	$ c.	$ c.
Banque de Montréal	Emprunt du Canada réduit	Effets du Canada	4	308,585 20	
	do		3½	9,733 33	
	do		3	325,589 34	643,907 87
do	Emp. du ch. d. f. Intercolonial.		3	140,310 35	
Banque d'Angleterre	do do		3	241,378 42	381,688 77
do	Emprunt de la terre de Rupert.		3	25,551 87	
Banque de Montréal	do do		3	14,301 02	39,852 89
do	Emprunts de 1875-78		3	152,602 05	
Banque d'Angleterre	do		3	151,188 20	303,790 25
Banque de Montréal	do 1874		4	194,456 61	
			3	11,865 44	206,322 05
do	do 1875		4	43,607 49	
			3	5,475 94	49,083 43
do	do 1876		4	63,949 28	
			3	53,705 09	117,654 37
do	do 1878-79		4	118,485 70	
			3	71,291 38	189,777 08
do	do 1884		4	57,940 77	
			3½	45,363 90	
			3	66,432 42	169,737 09
	Total				2,101,813 80

FRAIS DE GESTION.

A QUI PAYÉ.	SERVICE.	$ c.	$ c.
	DETTE PUBLIQUE.		
Banque de Montréal....	Services d'agents du gouvernement à Londres pour l'année expirée le 30 juin 1897, au taux de £150 par million sur le montant des emprunts.....	32,733 80	
	Pour ⅛ de 1 pour 100 de commission sur le montant des paiements sur comptes courants.... ..	3,135 10	
	Pour ¼ de 1 pour 100 de courtage et timbres sur effets achetés pour placement dans les fonds d'amortissement.....	4,209 45	
	Montant payé pour timbres d'effets de commerce.	8,854 89	
	do câblegrammes..	88 57	
	do commutation de droit de timbres et transfert d'effets...	1,967 99	
	do frais de port	402 77	
	do frais de messageries..........	27 68	
	do impressions et annonces......	331 43	
			51,751 68
Banque d'Angleterre....	Pour ¼ de 1 p. 100 de courtage et timbres sur montant d'effets achetés pour fonds d'amortissement..	1,045 34	
	Montant payé pour timbres d'effets de commerce.	5 60	
			1,050 94
	CAISSES D'ÉPARGNE ET BUREAUX DES SOUS-RECEVEURS GÉNÉRAUX, ETC.		
	Bureau du sous-receveur général, Toronto.		
D. Creighton..........	Appointements, jusqu'au 30 juin 1897........... ...	3,000 00	
J. G. Ridout...........	do do	1,500 00	
C. E. Fleming..........	do do	600 00	
G. S. Kirkpatrick... ...	do do	800 00	
M. Stewart............	do do	600 00	
D. Creighton	Dépenses imprév., y compris impressions et papeterie.	239 20	
			6,739 20
	Bureau du sous-receveur général, Montréal.		
Caisse d'épargnes de la Cité et du District	Montant payé à cette institution pour agir comme sous-receveur général, pour l'année expirée le 30 juin 1897..	5,500 00	
	Dép. imprévues, y compris impressions et papeterie..	46 29	
			5,546 29
	Bureau du sous-receveur général, Halifax.		
J. R. Wallace..........	Appointements, jusqu'au 30 juin 1897...............	2,200 00	
Lewis Parker..........	do do	1,300 00	
A. C. Johnston.........	do do	1,250 00	
J. A. Balcom..........	do do	950 00	
J. T. Lithgow..........	do do	950 00	
M. J. Ring............	do do	400 00	
J. R. Wallace..........	Dép. imprévues, y compris impressions et papet., etc..	714 85	
			7,764 85
	A reporter..........	....	72,852 96

FRAIS DE GESTION.

A QUI PAYÉ.	SERVICE.	$ c.	$ c.
	Report		72,852 96
	CAISSES D'ÉPARGNES ET BUREAUX DES SOUS-RECEVEURS GÉNÉRAUX, ETC.—*Suite.*		
	Bureau du sous-receveur général, Saint-Jean.		
H. D. McLeod	Appointements, jusqu'au 30 juin 1897	2,200 00	
G. F. Sancton	do do	1,300 00	
J. E. Rourke	do do	600 00	
R. S. Cowan	do do	800 00	
R. Ewing	do do	600 00	
Thomas H. Lawson	do do	550 00	
H. D. McLeod	Dép. imprévues, y compris impressions et papeterie	219 94	
			6,269 94
	Bureau du sous-receveur général, Winnipeg.		
H. M. Drummond	Appointements, jusqu'au 30 juin 1897	2,250 00	
A. C. McMicken	do do	1,400 00	
E. W. H. Armstrong	do do	1,200 00	
C. B. Deacon	do jusqu'au 31 décembre 1896	600 00	
H. M. Drummond	Dép. imprévues, y compris impressions et papeterie	404 67	
			5,854 67
	Bureau du sous-receveur général, Victoria.		
J. H. McLaughlin	Appointements, jusqu'au 30 juin 1897	1,800 00	
D. B. McConnan	do do	1,000 00	
K. A. Finlayson	do do	550 00	
J. H. McLaughlin	Dép. imprévues, y compris impressions et papeterie	416 74	
			3,766 74
	Bureau du sous-receveur général, Charlottetown.		
P. Pope	Appointements, jusqu'au 30 juin 1897	1,950 00	
W. Leitch	do do	1,000 00	
F. Loughran	do do	800 00	
P. Pope	Dép. imprévues, y compris impressions et papeterie	255 10	
			4,005 10
	Caisses d'épargnes, Nouvelle-Écosse.		
George Romans	Une année d'appointements, Acadia-Mines	250 00	
Chas. H. Bent	do Amherst	400 00	
W. M. DeBlois	do Annapolis	300 00	
Peter Gruchy	do Arichat	400 00	
F. W. Homer	do Barrington	300 00	
Wm. M. Duff	do Bridgewater	300 00	
Geo. E. Jost	do Guysboro'	300 00	
John Redden	do Kentville	400 00	
Robbie S. Sterns	do Liverpool	400 00	
J. M. Rudolf	do Lunenburg	400 00	
C. P. McDougall	do Maitland	300 00	
John Cameron	do New-Glasgow	300 00	
A. S. Townshend	do Parrsboro'	300 00	
A. C. Baillie	do Pictou	450 00	
E. D. Tremaine	do Port-Hood	300 00	
W. W. Atwood	do Shelburne	300 00	
Thos. Campbell	do Sherbrooke	250 00	
John W. Morris	do Wallace	250 00	
Norman B. Jones	do Weymouth	300 00	
J. W. H. Rowley	Quatre mois d'appointements, Yarmouth	150 00	
			6,350 00
	A reporter		99,099 41

FRAIS DE GESTION.

A QUI PAYÉ.	SERVICE.	$ cts.	$ cts.
	Report.....	....	99,099 41
	CAISSES D'ÉPARGNEP ET BUREAUX DES SOUS-RECEVEURS GÉNÉRAUX, ETC.—*Fin.*		
	Caisses d'épargnes, Nouveau-Brunswick.		
Daniel Ferguson........	Une année d'appointements, Chatham.....	400 00	
Wm. Montgomery......	do Dalhousie........	400 00	
A. F. Street	do Frédéricton......	400 00	
W. A. Park.......	do Newcastle...........	400 00	
C. M. Gove........	Onze mois do St-Andrew........	366 66	
D. F. Merritt	Une année do Woodstock...........	400 00	
			2,366 66
	Caisses d'épargnes, Ile du Prince-Édouard.		
James Gourlie..........	Six mois d'appointements, Summerside....	200 00	
Emma Muncey.........	Quatre do do do (agent intérim.)	133 33	
			333 33
	Caisses d'épargnes, en général.		
Diverses personnes ..	Dépenses imprévues, y compris impressions, reliure et papeterie......	.....	2,070 02
	DIVERS.		
Cie de billets de banque de l'Am. Brit. du Nord	Imprimer des billets	83,656 15	
Cie de mess. Dominion..	Frais de messagerie..........	2,291 93	
Cie de mess. Canadienne.	do	1,106 75	
Diverses personnes......	Annuler et signer des billets........	4,610 56	
O'Connor et Hogg.	Services professionnels	188 65	
Bompas, Bischoff et Cie.	do	51 10	
W. B. A. Ritchie, C.R..	do	40 55	
D. E. Galipeault........	do	4 00	
N. Perodeau..........	do	25 00	
W. J. Topley..........	Photographies	14 00	
B. de Montréal, Londres.	do	4 32	
D. O'Leary	Frais de voyage	25 85	
A. P. Sherwood.........	do	11 10	
J. Fraser..............	do	149 35	
C. J. Anderson	do	145 90	
Sous-receveur général—Montréal	Divers paiements....	26 10	
			92,351 31
	Total....	....	196,220 73

RACHAT DE LA DETTE PUBLIQUE.

A QUI PAYÉ.	SERVICE.	$ c.	$ c.
Diverses personnes	Montant des effets ci-dessous mentionnés rachetés :—		
	"A"......	192,463 61	
	"B"......	101,400 00	
Speyer, Frères..........	"D"......	103,633 24	
Diverses personnes.....	Effets de 1891 à 3½ pour 100......	287,520 42	
			685,017 27
Secrétaire-trésorier de la municipalité de—			
Port-Daniel-Ouest...	Montant des droits seigneuriaux rachetés....	150 00	
York..............	do do	400 00	
Diverses personnes	do do	6,490 14	
			7,040 14
Sous-receveur général, Halifax.	Montant des billets de la Nouvelle-Ecosse rachetés...	....	36 97
Sous-receveur général, Saint-Jean....... ...	do effets du Nouveau-Brunswick à 6 p 100.	....	500 00
	Total..................	....	692,594 38

PRIME, ESCOMPTE ET CHANGE.

—	Sommes sur lesquelles l'escompte a été reçu.	Taux de l'escompte par £ sterling.	Prime.	Total.
	£ s. d.		$ c.	$ c.
Payé à diverses banques sur le montant du change sterling à remettre à l'Angleterre	30,000 0 0	4·8675	24 99	
do do	20,000 0 0	4·86805	27 78	
do do	145,000 0 0	4·869445	402 77	
do do	30,000 0 0	4·8725	175 00	
				630 54
Bons du Canada et effets achetés pour fonds d'amortissement :—		Taux par £100.		
4 pour 100	6,000 0 0	105½	1,606 00	
do	5,000 0 0	105¾	1,399 17	
do	10,000 0 0	106½	3,163 33	
do	12,500 0 0	106¾	4,106 25	
do	3,500 0 0	106 13/16	1,160 39	
do	2,395 9 8	106⅞	801 50	
do	7,000 0 0	107⅜	2,512 42	
do	1,300 0 0	107½	474 50	
do	8,500 0 0	107¾	3,205 92	
do	20,113 15 5	108	7,830 94	
do	6,400 0 0	108¼	2,569 60	
do	3,886 18 8	108⅞	1,678 83	
do	10,500 0 0	109½	4,854 49	
do	1,500 0 0	110¼	748 25	
do	5,200 0 0	110⅜	2,625 56	
do	20,000 0 0	110¾	10,463 33	
do	3,000 0 0	111	1,606 00	
do	4,500 0 0	111½	2,518 50	
do	4,000 0 0	112	2,336 00	
do	10,000 0 0	112½	6,083 33	
do	12,133 2 1	113	7,676 21	
do	4,288 3 9	113½	2,817 33	
3½ pour 100	5,000 0 0	106½	1,581 66	
do	2,000 0 0	107⅛	693 50	
do	2,321 7 0	107 3/16	812 04	
do	2,000 0 0	107¼	705 67	
3 pour 100	10,000 0 0	100¾	365 00	
do	17,651 4 3	101	859 01	
do	3,000 0 0	101¼	182 50	
do	5,000 0 0	101⅝	395 42	
do	3,613 12 6	101¾	307 76	
do	1,217 11 1	102	118 50	
do	5,000 0 0	102⅜	577 92	
do	3,000 0 0	102⅝	383 25	
do	26,581 4 4	102¾	3,557 45	
do	12,212 15 0	102⅞	1,708 77	
do	17,689 18 10	103	2,582 72	
do	10,000 0 0	103⅝	1,764 17	
do	9,757 1 3	103¾	1,780 65	
do	3,419 6 4	104⅛	686 46	
do	8,104 8 10	104¼	1,655 57	
do	10,000 0 0	104½	2,190 00	
do	7,056 9 5	104¾	1,631 22	
do	10,137 4 10	104⅞	2,405 07	
do	37,500 0 0	105	9,125 00	
do	15,082 10 3	105⅛	3,761 83	
do	11,184 18 7	105¼	2,857 74	
do	9,131 12 8	105¾	2,555 34	
do	3,358 19 7	106	980 81	
				118,462 88
				119,093 42

État de toutes les allocations ou compensations accordées à titre d'allocation de retraite ou de pension, dans toutes les divisions du service public, payées durant l'exercice expiré le 30 juin 1897.

Année mis à la retraite.	Allocation annuelle.	Age lors de la retraite.	Nombre d'années de service.	Nombre d'années ajoutées.	Cause de la retraite.	Nom et nature du service à l'époque de la retraite.	Appointements à l'époque de la retraite.	Moyenne des appointements les trois années précédentes.	Montant payé durant l'exercice.	Nombre de mois payés.
	$ c.						$ c.	$ c.	$ c.	
1878	588 00	59	25	....	Mauvaise santé	Agnew, William, employé de la douane, Hamilton	1,200 00	1,200 00	588 00	12
1893	168 00	72	24	....	Age et infirmité	Amero, M., gardien de phare, ligne E, Pubnico, N.-E	240 00	240 00	168 00	12
1884	620 00	71	31	....	Age	Amos, James Smith, commis, douane, Hamilton	1,000 00	1,000 00	619 92	12
1895	385 00	69	44	....	do	Anderson, Wm., garde-clefs, douanes, Chatham, N.-B	550 00	550 00	384 96	12
1895	392 00	70	14	....	Age et pour augmenter l'efficacité et l'économie	Anderson, Thomas, agent des terres fédér. et des bois de la cour.	1,400 00	1,400 00	391 92	12
1888	252 00	49	21	....	Mauvaise santé	Argyle, Thomas, gardien de phare, Race Rocks, C.-B.	600 00	600 00	273 00	13
1885	666 96	47	29	....	do	Armstrong, G. H., commis, bureau de poste, Hamilton	1,200 00	1,150 00	666 96	12
1895	180 00	80	15	....	Age	Armstrong, Thomas, préposé au débarquement, Winnipeg, Man.	600 00	600 00	180 00	12
1894	518 40	71	27	....	do	Ashdown, W. C., commis de 2e classe, bureau de poste, Toronto	960 00	960 00	518 40	12
1888	1,671 25	64	45	....	Pour augmenter l'efficacité et l'économie dans la réorganisation du département	Ashworth, J., caissier, ministère des poste	2,400 00	2,387 50	1,671 24	12
1889	560 00	61	35	....	Mauvaise santé	Angers, Arthur E. S., commis, bureau de poste, Montréal	800 00	800 00	559 92	12
1883	990 00	53	26	4	Mauvaise santé et pour augmenter l'efficacité et l'économie	Austin, F. P., commis, ministère de l'intérieur	1,700 00	1,650 00	990 00	12
1895	308 00	83	22	....	Age	Baby, W. L., préposé au débarquement, Windsor, Ont	700 00	700 00	307 92	12
1891	2,240 00	65	46	....	do	Baillairgé, G. F., sous-ministre des travaux publics	3,200 00	3,200 00	2,239 92	12
1891	879 96	68	30	....	do et incapacité	Baillargeon, Vital, commis de 1re classe, bur. de poste, Montréal.	1,500 00	1,466 00	879 96	12
1890	275 48	72	23	....	do	Bannister, William, messager, bureau de l'inspecteur des postes, Saint-Jean, N.-B	600 00	598 88	275 40	12
1895	744 00	76	31	....	do	Barber, Jas., commis, douanes, Saint-Jean, N.-B	1,200 00	1,200 00	744 00	12
1884	224 00	51	14	....	Pour augmenter l'efficacité et l'économie	Barcello, J. E., commis, bureau de poste, Montréal	800 00	800 00	223 92	12
1887	216 48	61	33	....	Age	Bare, Robert, journalier d'écluse, Cardinal, Rapides des Galops	328 00	328 00	216 48	12
1883	181 04	60	31	....	Mauvaise santé	Barette, P., gardien de pont, canal Beauharnois	292 00	292 00	180 96	12
1892	612 50	74	39	....	Age et faiblesse	Barrett, T. B., percepteur des douanes, Dover, Ont	875 00	875 00	612 48	12
1895	240 00	61	20	....	do et p. augmenter l'économie	Barnstead, B. H., garde-clefs, douanes, Halifax	600 00	600 00	240 00	12
1888	168 00	72	14	....	do	Bartlett, Wm., sous-percepteur des douanes, Cartwright, Ont	600 00	600 00	168 00	12
1894	528 00	40	22	....	Mauvaise santé	Bascom, Benjamin, commis de 2e classe, bur. de poste, Toronto	1,200 00	1,200 00	528 00	12
	13,609 07	....	....	....		A reporter	24,545 00	24,397 38	13,629 36	

ÉTAT de toutes les allocations ou compensations accordées à titre d'allocation de retraite ou de pension, etc.—*Suite.*

Année mis à la retraite.	Allocation annuelle.	Age lors de la retraite.	Nombre d'années de service.	Nombre d'années ajoutées.	Cause de la retraite.	Nom et nature du service à l'époque de la retraite.	Appointements à l'époque de la retraite.	Moyenne des appointements les trois années précédentes.	Montant payé durant l'exercice.	Nombre de mois payés.
	$ c.						$ c.	$ c.	$ c.	
	13,609 07	...	...	...	....	........Report	24,545 00	24,397 38	13,629 36	
1891	1,365 00	63	41	...	Pour augmenter l'efficacité et l'économie	Baxter, R. W., compte des dép. imprévues, ministère des finances.	2,000 00	1,950 00	1,365 00	12
1895	1,680 00	63	33	..	Age et pour augmenter l'économie et l'efficacité........	Bauset, S. P., commis de 1re cl., minist. de la mar. et d. pêcheries	2,400 00	2,400 00	1,680 00	12
1896	221 00	62	17	...	Age........	Beattie, Thos., sous-inspecteur des poids et mesures........	650 00	650 00	239 33	13
1887	624 00	58	26	...	Mauvaise santé........	Beatty, John, commis des douanes, Toronto........	1,200 00	1,200 00	624 00	12
1894	652 80	55	34	...	do	Beatty, Wm., courrier sur ch. de f., 1re classe, division de Toronto	960 00	960 00	652 80	12
1894	216 00	64	18	...	Age et infirmité........	Beaulens, F. O., facteur, bureau de poste, Montréal........	600 00	600 00	216 00	12
1895	290 00	54	29	...	Pour augmenter l'efficacité.....	Beazley, J., garde-clefs, Halifax........	500 00	500 00	289 92	12
1895	288 00	62	18	...	Mauvaise santé........	Bell, J. P., commis de 3e classe, bureau de poste, Saint-Jean...	800 00	800 00	288 00	12
1892	280 00	62	10	...	Abolition de la charge........	Bennett, Thomas, agent d'immigration, Winnipeg........	1,400 00	1,400 00	279 96	12
1885	991 92	54	32	...	Pour augmenter l'efficacité et l'économie........	Bélanger, J. A., commis de 1re classe, secrétariat d'Etat........	1,600 00	1,550 00	991 92	12
1891	237 33	79	20	...	Age et mauvaise vue........	Bell, George, gardien de bureau, Saint-Jean, N.-B........	600 00	593 33	237 24	12
1889	384 00	45	26	...	Abolition de la charge........	Belland, J. E., bureau des inspecteurs-mesureurs de bois, Québec.	700 00	700 00	384 00	12
1879	588 00	48	27	...	Vue faible........	Benoit, Ulric, commis, bureau de poste, Montréal........	1,100 00	1,100 00	588 00	12
1890	540 00	39	18	...	Mauvaise santé........	Bent, E. A., courrier sur chemin de fer, Nouvelle-Ecosse........	1,500 00	1,500 00	540 00	12
1893	1,750 00	72	38	...	Age........	Bellemere, R., inspecteur, revenu de l'intérieur, Montréal........	2,500 00	2,500 00	1,749 96	12
1887	156 00	46	13	...	Mauvaise santé........	Bergin, W., facteur, bureau de poste, Montréal........	600 00	600 00	156 00	12
1895	131 68	59	23	...	do	Best, Edw., journalier d'écluse, canal Rideau........	286 25	286 25	131 64	12
1895	748 00	66	22	...	Age........	Beique, J. F, surintendent du canal Beauharnois........	1,700 00	1,700 00	747 96	12
1894	76 00	70	19	...	do	Bigsley, C. W., gardien de phare, Isaac Harbour, N.-E........	200 00	200 00	75 96	12
1889	180 00	67	15	...	do et infirmité........	Bissonnette, J. B., préposé au débarquement, Saint-Armand....	600 00	600 00	180 00	12
1891	171 00	65	19	...	do et mauvaise santé........	Black, J. H., sous-percepteur des douanes, Pugwash, N.-E........	450 00	450 00	171 00	12
1881	96 20	35	13	...	Mauvaise santé........	Blackadar, T., journalier d'écluse, canal Cornwall........	270 00	370 00	96 20	12
1895	172 50	64	15	...	Age........	Bois, G. A., sous-percepteur des douanes, Edmonston........	600 00	575 00	172 44	12
1878	166 60	63	17	...	Mauvaise santé........	Boily, Joseph, messager, ministère de l'agriculture........	500 00	500 00	166 56	12
1890	980 00	62	35	...	Age et pour augm. l'efficacité..	Bolduc, J. E., sous-directeur de poste, Québec........	1,400 00	1,400 00	979 92	12
1895	168 00	50	14	...	Efficacité et économie........	Bonness, J. D., douanier, Saint-Stephen........	600 00	600 00	168 00	12
1896	1,478 32	61	28	...	Age........	Borradale, R., inspecteur du revenu de l'intérieur, division de la Nouvelle-Ecosse et de l'Ile du Prince-Edouard........	2,500 00	2,463 88	1,478 24	12

1891	336 00	55	24	....	Pour augmenter l'économie et l'efficacité	Bouiez, O., commis, entrepôt de vérification, ministère des douanes, Montréal	700 00	700 00	336 00	12
1893	384 00	68	24	....	Age et infirmité	Bourassa, Geo., préposé à l'accise, division de Québec	800 00	800 00	384 00	12
1892	210 00	70	40	....	do	Bourneuf, A., sous-percepteur des douanes, Weymouth	300 00	300 00	227 50	13
1887	347 37	66	38	....	Age et mauvaise santé	Bourbonnais, Olivier, éclusier, écluse n° 8, canal Beauharnois	496 25	496 25	347 40	12
1885	360 00	51	30	....	Mauvaise santé	Bowden, Alfred G., vérificateur et peseur, douane, Québec	600 00	600 00	360 00	12
1894	270 20	62	40	....	Perte de vue et rhumatisme	Boyle, R. W., éclusier, canal Welland	386 00	386 00	270 12	12
1894	216 00	29	12	....	Mauvaise santé	Bradbury, Jas., commis de 2e classe, bureau de poste d'Ottawa	900 00	900 00	216 00	12
1884	160 30	71	40	....	Age	Brady, Philip, journalier d'écluse, Kingston-Mills	224 00	224 00	160 20	12
1873	128 88	57	6	10	Abolition de la charge	Brennan, M., huissier, maison de la Trinité, Montréal	433 33	433 33	128 89	12
1892	190 00	56	25	....	Blessures danger. en devoir	Bowie, John, éclusier, canal Cornwall	380 00	380 00	189 96	12
1895	308 00	68	11	....	Age	Brookfield, E. W., percepteur des douanes, Fort-Erié, Ont.	1,400 00	1,400 00	307 92	12
1895	1,116 00	60	31	....	do et pour augm. l'économie	Brousseau, E., commis de 1re classe, minist. du secrétaire d'Etat	1,800 00	1,800 00	1,116 00	12
1895	252 00	67	21	....	do	Brown, John, préposé au débarquement, Amherstburg	600 00	600 00	252 00	12
1884	132 00	56	12	....	Mauvaise santé	Brown, Robert, garde-clefs, douanes, Halifax	550 00	550 00	132 00	12
1883	102 00	58	17	....	Pour augmenter l'économie et l'efficacité	Brown, W., douanier et garde-clefs, Richiboucton	300 00	300 00	102 00	12
1894	380 00	65	19	....	Age et mauvaise santé	Brown, J. F., commis de 3e classe, ministère du revenu de l'intér	1,000 00	1,000 00	379 92	12
1891	1,260 00	60	35	....	do et santé faible	Buck, P. E., commis de 1re classe, ministère des postes	1,800 00	1,800 00	1,260 00	12
1889	486 00	55	27	....	Mauvaise santé	Buteau, E. E., ministère de la marine, Québec	900 00	900 00	486 00	12
1892	354 37	71	43	....	Age	Cass, Edward, éclusier, canal Cornwall	513 25	506 28	354 36	12
1887	720 00	73	24	....	do	Caldwell, S. R., contrôleur des douanes, Halifax	1,500 00	1,500 00	720 00	12
1877	252 24	....	3	10	Abolition de la charge	Cameron, rév. John, commis, bureau de la statistique, Halifax	1,000 00	1,000 00	252 24	12
1891	323 00	52	19	....	Mauvaise santé, et pour augmenter l'économie	Camyré, J. M., [illegible]sé à l'accise, Winnipeg	850 00	850 00	215 28	8
1891	408 00	63	24	....	Age	Carman, Hiram percepteur des douanes, Morrisburg, O	850 00	850 00	408 00	12
1894	169 63	78	25	....	do et mauvaise santé	Carroll, Jas., aide-gardien de pont, canal Lachine	359 26	359 26	169 63	12
1889	96 00	71	12	....	do	Card, Nelson, gardien de phare, Ile Haute, N.-E	400 00	400 00	96 00	12
1894	460 00	43	23	..	Mauvaise santé	Carleton, W. B., commis de 3e [illegible]e, minist. de la marine et pêc.	1,000 00	1,000 00	460 00	12
1895	108 92	80	21	....	Age	Campbell, Duncan, gardien de pont, canal Welland	259 33	259 33	108 88	12
1895	1,320 00	75	12	10	do	Campbell, C. J., sous-receveur général, Toronto	3,000 00	3,000 00	1,320 00	12
1894	288 00	62	18	..	do	Carson, G. A., percepteur des douanes, Whitby	800 00	800 00	288 00	12
1894	304 00	40	19	....	Mauvaise santé	Carman, J. A., [illegible]er sur chemin de fer, Winnipeg	800 00	800 00	303 96	12
1881	560 00	60	40	....	Abolition de la charge	Carmichael, James E., surveillant du débarquement et jaugeur, et inspecteur des navires, Chatham, N.-B.	800 00	800 00	559 92	12
1895	2,240 00	61	36	....	Age	Catellier, L. A., sous-secrétaire d'Etat	3,200 00	3,200 00	2,239 92	12
1895	226 80	79	21	....	do	Charlebois, L. A., employé au aual Lachine	540 00	540 00	226 80	12
1895	805 00	75	39	....	do	Channell, C. S., percepteur des douanes, Stanstead	1,150 00	1,150 00	804 96	11
1889	160 00	49	16	....	Maladie	Ct, Louis Z., gardien des modèles, ministère de l'agriculture	500 00	500 00	159 96	12
1889	816 00	65	7	10	Pour augmenter l'économie et l'efficacité	Chaloner, H. J., percepteur des glissoirs et estacades, Québec	2,400 00	2,400 00	816 00	12
1891	1,664 00	64	21	5	Age	Chamberlain, B., imprimeur de la reine	3,200 00	3,200 00	1,663 92	12
1879	143 55	54	25	....	Mauvaise santé	Chatigney, Pierre, éclusier, canal Beauharnois	290 00	290 00	143 52	12
1885	1,760 00	63	12	10	do	Cherriman, J. B., surintendant des assurances	4,000 00	4,000 00	1,759 95	12
1895	276 00	64	23	....	Age et pour augmenter l'économie et l'efficacité	Chevalier, S., sous-percepteur des douanes, Port-Windsor	600 00	600 00	276 00	12
1893	341 00	74	31	....	Age	Chipman, W. A., garde-clefs, douanes, Halifax	550 00	550 00	340 92	12
....	48,558 76	....	....	....		A reporter	94,992 67	94,670 29	48,623 54	

ÉTAT de toutes les allocations ou compensations accordées à titre d'allocation de retraite ou de pension, etc.—*Suite.*

Année mis à la retraite.	Allocation annuelle.	Age lors de la retraite.	Nombre d'années de service.	Nombre d'années ajoutées.	Cause de la retraite.	Nom et nature du service à l'époque de la retraite.	Appointements à l'époque de la retraite.	Moyenne des appointements les trois années précédentes.	Montant payé durant l'exercice.	Nombre de mois payés.
	$ c.						$ c.	$ c.	$ c.	
	48,558 76	....	..	....		Report	94,992 67	94,670 29	48,623 54	
1894	197 40	57	21	....	Mauvaise santé	Clark, Timothy, gardien de phare, port de Saint-Jean	470 00	470 00	197 40	12
1894	598 00	75	52	....	Age et mauvaise santé	Chisholm, R. K., percpt. des douanes, gardien de phare, Oakville	900 00	900 00	597 96	12
1884	330 00	47	15	....	Mauvaise santé	Chestnut, E. W., commis au bureau du sous-receveur général, Saint-Jean, N.-B.	1,100 00	1,100 00	330 00	12
1878	254 80	61	39	....	Age et infirmité	Clark, B., éclusier, canal Welland	364 00	364 00	254 76	12
1895	255 97	73	41	....	do et mauvaise santé	Cogan, J., éclusier do	365 67	365 67	255 96	12
1890	338 52	53	36	....	do et infirmité	Collette, Jacques, gardien de pont, Chambly	483 67	483 67	338 52	12
1890	278 40	73	32	....	do et mauvaise santé	Collins, Geo., gardien de phare, Ile Nottawasaga	600 00	435 00	278 40	12
1895	420 00	64	21	....	do et pour augm. l'économie	Collins, G., commis de 3e classe, minist. du secrétaire d'Etat	1,000 00	1,000 00	420 00	12
1891	240 00	58	24	....	Pour augmenter l'économie	Collins, P., douanier, ministère des douanes, Petit Bras d'Or, C. B	500 00	500 00	240 00	12
1873	178 56	56	16	....	Mauvaise santé	Condon, William, gardien de phare, île aux Œufs	600 00	600 00	178 56	12
1874	60 84	54	22	....	Incapacité physique	Cook, Celia, gardien, bureau du canal Welland	144 00	144 00	60 84	12
1894	840 00	60	39	....	Age et infirmité	Cooper, Alfred, commis de 2e classe, bureau de poste, Toronto	1,200 00	1,200 00	840 00	12
1894	132 00	74	33	....	do et mauvaise santé	Corbet, A. G., percepteur des douanes, Cinq-Iles, N.-E	200 00	200 00	132 00	12
1895	105 00	79	46	....	do	Corbett, E., sous-percepteur des douanes, Havre au Bouche	150 00	150 00	105 00	12
1895	244 80	71	17	....	do	Coulter, Robt., percepteur des douanes, Port-Robinson, Ont	720 00	720 00	244 80	12
1895	840 00	63	41	....	do	Cowan, M. P. B., commis des douanes, Windsor, Ont	1,200 00	1,200 00	840 00	12
1886	720 00	61	30	....	do et mauvaise santé	Corke, Alfred, commis de 1re classe, bureau de poste, Toronto	1,200 00	1,200 00	720 00	12
1891	440 00	88	22	....	do	Cowan, James, arbitre officiel	1,000 00	1,000 00	439 92	12
1895	297 00	66	27	....	do	Crabb, Geo., commis des douanes, Summerside	550 00	550 00	297 00	12
1895	700 00	61	38	....	do	Curtis, N. W., commis de 3e classe, ministère des postes	1,000 00	1,000 00	700 00	12
1881	828 00	60	27	....	Pour augmenter l'efficacité et l'économie	Cox, George, sous-inspecteur, bureau de poste, London, Ont	1,600 00	1,533 33	828 00	12
1891	224 00	51	14	....	Faiblesse de la vue	Crevier, L. C., courrier sur chemin de fer, Montréal	800 00	800 00	223 92	12
1891	1,400 04	72	46	....	Pour augmenter l'efficacité et l'économie	Crispo, F., commis en chef, ministère des douanes, Montréal	2,000 00	2,000 00	1,400 04	12
1894	154 00	64	22	....	Mauvaise santé	Crooks, Seth, gardien de phare, Liscombe, N.-E.	350 00	350 00	153 96	12
1893	1,540 00	70	35	....	Age	Crookshank, R. W., sous-receveur général, Saint-Jean	2,200 00	2,200 00	1,539 96	12
1881	152 00	84	19	....	do	Crotty, Thomas, portier, bureau de poste de Toronto	400 00	400 00	151 92	12
1885	139 92	61	14	....	do et augmenter l'efficacité	Crowe, J. F., percepteur des douanes, Truro, N.-E.	500 00	500 00	151 58	13

1884	210 00	61	16	5	Mauvaise santé et pour augmenter l'économie	Cunningham, H. H., douanier, Amherstburg	500 00	500 00	210 00	12
1880	188 00	46	7	3	Mauvaise santé	Dagneault, E., comptable, pénitencier, Saint-Vincent de Paul	1,000 00	1,000 00	187 92	12
1890	88 68	60	12	....	Age et mauvaise santé	Daigle, F., sous-percepteur, Middle Saint-Francis, N.-B.	400 00	369 44	88 68	12
1892	414 72	78	18	....	Age avancé et mauvaise santé	Davies, B., payeur et auditeur-voyageur, chem. de fer, I. P.-E.	1,200 00	1,200 00	414 72	12
1895	1,960 00	58	32$\frac{8}{12}$	....	Pour augmenter l'économie	Davies, John, inspecteur en chef des distilleries	2,800 00	2,800 00	1,959 96	12
1895	288 00	43	16	....	do	Daveluy, Geo., inspecteur-mesureur de bois, Québec	900 00	900 00	288 00	12
1888	84 00	60	21	....	Age	Dawson, John, douanier, île Wolfe	200 00	200 00	84 00	12
1895	812 00	67	30	....	Age et pour augmenter l'efficacité et l'économie	DeBoucherville, J. V., commis de 2e classe, affaires indiennes	1,400 00	1,400 00	811 92	12
1895	255 06	53	17	....	Pour augmenter l'économie	DeMartigny, C. R., inspecteur-mesureur de bois, Québec	750 00	750 00	276 25	13
1893	204 00	64	17	....	Age et infirmité	Denahy, John, facteur, London, Ont	600 00	600 00	204 00	12
1893	537 60	52	28	....	Mauvaise santé	Denis, A., commis de la malle, division de Montréal	960 00	960 00	537 60	12
1894	166 66	50	26	....	Blessures reçues au service	Drunenny, J., aide-gardien de pont, Cornwall	320 41	320 41	166 56	12
1889	80 00	33	9$\frac{8}{12}$	....	Abolition de la charge	Desorres, Gus., bureau des inspecteurs-mesureurs de bois, Québec	400 00	400 00	40 00	6
1888	122 07	72	18	....	Age et mauvaise santé	Deschamps, Joseph, éclusier, canal Lachine	339 08	339 08	122 04	12
1884	600 00	53	30	....	Pour augmenter l'efficacité	DeGaspé, A. A., commis de 2e classe, bureau de poste, Montréal	1,000 00	1,000 00	600 00	12
1888	84 00	91	14	....	Age	DeLamorandière Charles, préposé au débarquement, Killarney	300 00	300 00	84 00	12
1895	350 00	60	35	....	do et mauvaise santé	Deslauriers, J. D., messager, ministère des chem. de fer et canaux	500 00	500 00	349 92	12
1891	159 60	75	15	....	do	DesRivières, T. L., sous-inspecteur des poids et mesures, Montréal	600 00	532 22	159 60	12
1889	1,960 00	68	46	....	Mauvaise santé	Dewe, John, inspecteur en chef des bureaux de poste	2,800 00	2,800 00	1,959 97	12
1895	468 00	68	13	....	Pour augmenter l'économie	Dingman, A., inspecteur des agences indiennes	1,800 00	1,800 00	468 00	12
1891	80 04	49	10	....	Abolition de la charge	Dion, Samuel D., gardien, cor de brume, Pointe Ste-Anne, Gaspé	400 00	400 00	80 00	12
1888	150 00	76	15	....	Age	Dill, Robert, percepteur des douanes, Londonderry, N.-E.	500 00	500 00	137 50	11
1894	196 00	71	14	....	do	Dillon, S. inspecteur des poids et mesures, Montreal	700 00	700 00	195 96	12
1881	416 00	62	26	....	do et infirmité	Dixon, J. D., percepteur des douanes, Sackville, N.-B.	800 00	800 00	415 92	12
1895	578 00	76	34	....	do et pour augmenter l'écon.	Dixon, H. A. L., commis des douanes, Hamilton	850 00	850 00	577 92	12
1893	900 00	73	25	5	Age	Dodd, John, sous-percepteur, revenu de l'intérieur, Montréal	1,500 00	1,500 00	900 00	12
1892	924 00	76	28	....	Abolition de la charge	Donaldson, J. A., agent d'immigration, Toronto	1,650 00	1,650 00	924 00	12
1881	276 00	67	23	....	Age	Douglas, R., sous-percepteur des douanes, Bouctouche	600 00	600 00	276 00	12
1887	360 00	63	23	2	Mauvaise santé et pour augmenter l'efficacité	Dozois, Pierre, percepteur des douanes, Lacolle, Qué	600 00	600 00	300 00	12
1882	196 56	51	28	....	Mauvaise santé	Driscoll, M., éclusier et gardien de pont, canal Welland	351 00	351 00	196 56	12
1886	223 68	66	23	....	Age et mauvaise santé	Dubuc, Mme Charlotte, gardienne de pont, canal Chambly	486 25	486 25	223 68	12
1886	840 00	66	35	....	Age	Duff, Alex., garde-clefs et jaugeur, douane, Toronto	1,200 00	1,200 00	840 00	12
1883	90 00	65	15	....	do	Dugdale, Henry, préposé aux arrivages, Kingston	300 00	300 00	90 00	12
1887	187 85	66	17	....	do	Dunbar, Henry, messager, bureau de poste, Kingston	600 00	552 00	140 85	9
1895	979 92	57	38	....	Pour augmenter l'efficacité	Dunlevie, H. G., commis de 2e classe, ministère des postes	1,400 00	1,400 00	979 92	12
1891	242 28	48	16	....	Mauvaise santé	Dunn, Thos., courrier de 2e classe sur ch. de fer, Barrie, Ont.	800 00	757 00	242 40	12
1894	532 00	72	19	....	Age et abolition de la charge	Dunn, E. D., employé au canal Welland	1,400 00	1,400 00	531 96	12
1894	280 00	43	14	....	Mauvaise santé	Dunn, D., commis de 3e classe, ministère de l'intérieur	1,000 00	1,000 00	279 96	12
1887	1,100 00	50	25	....	do	Dupont, C. J., inspecteur du revenu de l'intérieur, C.-B	2,200 00	2,200 00	1,100 00	12
1895	235 44	73	41	....	Age et mauvaise santé	Duval, F., éclusier, Saint-Ours	336 00	336 00	235 44	12
1889	200 00	60	10	....	Age et pour augmenter l'efficacité et l'économie	Duvar, J. Hunter, inspecteur des pêcheries, I. P.-E.	1,000 00	1,000 00	199 92	12
1877	499 56	42	24	....	Mauvaise santé	Eager, J. B., commis, bureau de poste, Hamilton	1,100 00	1,073 00	499 56	12
1888	520 00	75	20	....	Age	Easton, George, percepteur des douanes, Brockville	1,300 00	1,300 00	519 96	12
	79,447 73	....	....	....	....	A reporter	156,432 75	155,662 36	79,444 69	....

ÉTAT de toutes les allocations ou compensations accordées à titre d'allocation de retraite ou de pension, etc.—*Suite.*

Année mis à la retraite.	Allocation annuelle.	Age lors de la retraite.	Nombre d'années de service.	Nombre d'années ajoutées.	Cause de la retraite.	Nom et nature du service à l'époque de la retraite.	Appointements à l'époque de la retraite.	Moyenne des appointements les trois années précédentes.	Montant payé durant l'exercice.	Nombre de mois payés.
	$ cts.						$ c.	$ c.	$ c.	
	79,447 73	....	....	....		Report	156,432 75	155,662 36	79,444 69	
1894	146 68	68	19	....	Vue défectueuse	Edgecroft, R., éclusier, canal Welland	386 00	386 00	146 64	12
1881	210 00	55	15	....	Mauvaise santé	Elliott, R. N., bureau de l'accise, Windsor, Ont	700 00	700 00	210 00	12
1891	1,400 04	66	42	....	Age	Emery, Michael, sous-directeur de poste, Montréal	2,000 00	2,000 00	1,400 04	12
1891	259 20	69	22	....	do	Evarts, John, messager, bureau de poste, Québec	600 00	589 16	259 20	12
1882	226 30	62	31	....	do	Fahey, Patrick, éclusier et gardien de pont, canal Welland	365 00	365 00	226 20	12
1888	336 00	75	21	....	Mauvaise santé	Farmer, John, percepteur des douanes, Campobello, N.-B.	800 00	800 00	308 00	11
1888	600 00	54	27	....	Abolition de la charge	Ferguson, James, courrier sur paquebots	1,000 00	1,000 00	600 00	12
1888	240 00	35	15	....	Mauvaise santé	Ferguson, Horace, commis de 3e classe, bureau de l'inspecteur des bureaux de poste, Victoria	800 00	800 00	240 00	12
1875	241 92	37	13	....	do	Ferland, S., commis, ministère de l'agriculture	1,100 00	1,100 00	241 92	12
1890	1,080 00	67	30	....	Age et infirmité	Finlaison, C. S., premier commis, douanes, C.-B	1,800 00	1,800 00	1,080 00	12
1880	456 00	47	5	7	Abolition de la charge	Flinn, John, préfet, pénitencier d'Halifax	2,000 00	2,000 00	456 00	12
1895	1,680 00	61	35	....	Age	Fissiault, H. A., gref. en loi, ministère des chem. de fer et canaux	2,400 00	2,400 00	1,680 00	12
1892	204 00	60	17	....	Mauvaise santé	Flooks, W. G., facteur, Hamilton	600 00	600 00	204 00	12
1882	1,228 50	44	27	....	do	Foot, Thomas, comptable, chemin de fer Intercolonial, Moncton	2,400 00	2,275 00	1,228 44	12
1888	504 44	52	20	....	Abolition de la charge	Forsyth, John, commis de 1re classe, bureau de l'insp. B. P., Barrie	1,300 00	1,261 14	504 36	12
1895	480 00	77	24	....	Age et pour augmenter l'efficac.	Fortier, J. G., commis de 3e classe, ministère des postes	1,000 00	1,000 00	480 00	12
1880	840 00	62	28	7	do	Fox, J. J., percepteur des douanes, îles de la Madeleine	1,200 00	1,200 00	840 00	12
1890	136 80	49	17	....	Faiblesse de la vue	Fraser, James, journalier d'écluse, canal Cornwall	402 50	402 50	136 80	12
1992	490 00	67	36	....	Age	Fraser, Chas., percepteur des douanes, Wallaceburg, Ont.	700 00	700 00	449 13	11
1890	672 00	60	27	....	Pour augmenter l'efficacité et l'économie	Frechette, O., commis de 2e classe, bureau de poste, Québec	1,200 00	1,200 00	672 00	12
1886	251 28	73	17	....	Age	Frederickson, J., préposé de l'accise, Saint-Jean, N.-B.	750 00	739 16	251 28	12
1890	214 09	54	22	....	Mauvaise santé	Fryer, Thos., gardien de pont, canal Chambly	486 58	486 58	214 08	12
1890	339 96	59	17	....	do	Fullerton, August, percepteur des douanes, Annapolis, N.-E.	1,000 00	1,000 00	339 96	12
1886	250 00	67	25	....	Age	Fulker, Benj., gardien de phare, île du Diable, port d'Halifax, N.-E	500 00	500 00	249 96	12
1889	182 23	56	22	....	Perte de la vue	Gaffney, Lawrence, éclusier, canal Cornwall	414 16	414 16	182 16	12
1892	260 00	79	13	....	Abolition de la charge	Gardner, S., agent d'immigration, Saint-Jean, N.-B	1,000 00	1,000 00	259 92	12
1890	263 16	59	26	....	Mauvaise santé	Gearin, John, contremaître, canal Welland	506 00	506 00	263 16	12
1890	112 20	69	19	....	Age	Gendron, Charles, journalier, canal Beauharnois	295 30	295 30	112 20	12
1881	64 40	63	11	....	do	Glover, H., journalier, canal Rideau	365 00	365 00	64 32	12
1874	217 76	62	27	....	do	Godin, Léandre, éclusier, canal Beauharnois	399 41	399 41	217 68	12

1895	1,960 00	70	33 $\frac{5}{12}$	....	do et pour augm. l'économie.	Godson, H., inspecteur en chef du revenu de l'intérieur	2,800 00	2,800 00	1,959 96	12
1881	594 00	56	27	....	Pour augmenter l'efficacité et l'économie	Gordon, J., commis, bureau de poste de London	1,200 00	1,150 00	594 00	12
1894	150 00	37	5	10	Abolition de la charge	Gouin, W. G., ministère du revenu de l'intérieur, Trois-Rivières	500 00	500 00	150 00	12
1895	420 00	59	21	....	Pour augmenter l'économie	Gowan, E., inspecteur-mesureur de bois, Québec	1,000 00	1,000 00	420 00	12
1881	600 00	73	30	....	Age	Graham, Richard, percepteur des douanes, Fort-Erié	1,000 00	1,000 00	600 00	12
1890	1,860 00	64	31	....	do et mauvaise santé	Graham John, sous-receveur général, Victoria, C.-B	3,000 00	3,000 00	1,860 00	12
1883	450 00	31	15	....	Mauvaise santé	Grant, G. W., commis, ministère des douanes	1,600 00	1,500 00	449 95	12
1892	594 00	54	33	....	do	Grant, J. B., préposé au débarquement, douanes, Coaticook	900 00	900 00	594 00	12
1883	1,260 00	53	33	2	Pour augmenter l'efficacité et l'économie	Green, James A., contrôleur des douanes, Québec	1,800 00	1,800 00	1,260 00	12
1885	350 00	65	32	3	Perte de la vue	Grenier, B., messager, bureau du Conseil privé	500 00	500 00	349 92	12
1895	130 71	59	22	....	Mauvaise santé	Grenier, E., éclusier, canal Beauharnois	297 08	297 0	130 68	12
1891	145 56	71	21	....	Age et débilité nerveuse	Grennan, Thomas, éclusier, canal Lachine	346 56	346 56	145 56	12
1891	576 00	69	24	...	do	Grey, Samuel, bureau de l'accise, division d'Hamilton	1,200 00	1,200 00	576 00	12
1888	2,240 00	76	57	....	do	Griffin, W. H., sous-directeur général des postes	3,200 00	3,200 00	2,239 92	12
1894	224 00	65	16	....	do et débilité physique	Griffin, W. W., sous-inspecteur des poids, mesures et gaz, Brockville	700 00	700 00	223 92	12
1891	169 08	46	22	....	Débilité physique	Gollinger, W. G., éclusier, canal Welland	384 17	384 17	169 08	12
1889	187 00	34	17	....	Abolition de la charge	Grogan, S. P., bureau des inspecteurs-mesureurs de bois, Québec	550 00	550 00	171 38	11
1892	180 00	63	18	....	Age et mauvaise santé	Groom, Wm., messager du Conseil privé	500 00	500 00	180 00	12
1895	240 00	48	15	..	Mauvaise santé	Guévremont, J. R., commis de 2e classe sur ch. de fer, Sherbrooke	800 00	800 00	240 00	12
1894	187 00	68	17	....	Age	Haddington, M. J., commis, douanes, Kingston	550 00	550 00	186 96	12
1894	489 60	60	30	....	do et abolition de la charge	Hamilton, A., employé, canal Welland	816 00	816 00	489 60	12
1890	2,356 00	....	31	....	do et pour augm. l'efficacité	Hamley, Hon. W., percepteur des douanes, Victoria, C.-B.	3,800 00	3,800 00	2,355 96	12
1892	624 00	62	26	....	do	Hanford, Wm., commis de 2e classe, bureau de poste, Québec	1,200 00	1,200 00	624 00	12
1895	361 20	67	39	....	do et mauvaise santé	Hannah, Geo., éclusier, canal Welland	516 00	516 00	361 20	12
1894	840 00	80	74	....	do	Harding, W., médecin-inspecteur, Saint-Jean	1,200 00	1,200 00	840 00	12
1895	960 00	77	24	....	do	Harding, J. H., agent, marine et pêcheries, Saint-Jean	2,000 00	2,000 00	960 00	12
1892	188 74	40	19	....	Mauvaise santé	Hartley, H. E., gardien d'écluse, Chute à Blondeau	496 67	496 67	188 64	12
1893	816 00	60	33	....	Age et infirmité	Hartstone, A., commis de 2e classe, bureau de poste, Toronto	1,200 00	1,200 00	816 00	12
1889	96 00	71	12	....	do	Harrison, Thomas, gardien de phare, Rondeau, Ont.	400 00	400 00	96 00	12
1880	460 00	50	20	....	Pour augmenter l'efficacité	Hart, D. W., percepteur du revenu de l'intérieur, Paris	1,200 00	1,200 00	459 96	12
1895	379 50	39	22	....	Pour augmenter l'efficacité et l'économie	Hatch, Walter, commis de 3e classe, ministère de l'intérieur	900 00	862 50	379 44	12
1883	150 00	63	25	....	Age	Harn, James, douanier, Arichat, N.-E.	300 00	300 00	150 00	12
1895	700 00	71	47	....	do	Hawkins, Alf. G., commis, douanes, Québec	1,000 00	1,000 00	699 96	12
1888	129 00	39	15	....	Blessures reçues au service	Heath, Daniel, journalier d'écluse, canal Cornwall	430 00	430 00	129 00	12
1895	672 00	67	28	....	Age	Henry, J. M. B., percepteur du revenu de l'intérieur, Ottawa	1,200 00	1,200 00	672 00	12
1884	336 00	67	28	..	Mauvaise santé	Hickman, John, aîné, percepteur des douanes, Dorchester, N.-B.	600 00	600 00	308 00	11
1884	1,260 00	64	47	....	Age	Higgins, Moore A., commis de 1re classe, ministère des finances	1,800 00	1,800 00	1,260 00	12
1893	240 00	69	10	..	do et pour augmenter l'efficacité et l'économie	Hilliard, W. M., agent des terres fédérales	1,200 00	1,200 00	240 00	12
1880	1,122 00	56	33	....	Mauvaise santé	Himsworth, F. A., commis, Conseil privé	1,750 00	1,700 00	1,122 00	12
1895	384 00	61	32	....	do et pour augm. l'économie	Hodges, R. W., garde-clefs, douanes, Halifax	600 00	600 00	384 00	12
1889	300 00	64	18	..	Age et pour augm. l'efficacité	Horan, G. J., commis et préposé au débarquem., douanes, Ottawa	850 00	833 33	300 00	12
1895	224 00	74	28	....	do et mauvaise santé	Horne, Edwin, gard. de phares, Peggy's-Point et Meagher's-Beach	400 00	400 00	223 92	12
1883	616 00	67	22	....	Mauvaise santé	Hood, H. A., percepteur des douanes, Yarmouth, N.-E.	1,400 00	1,400 00	615 96	12
	119,256 08	....	....	....		A reporter	222,989 18	221,779 08	119,139 11	

ÉTAT de toutes les allocations ou compensations accordées à titre d'allocation de retraite ou de pension, etc.—*Suite.*

Année mis à la retraite.	Allocation annuelle.	Age lors de la retraite.	Nombre d'années de service.	Nombre d'années ajoutées.	Cause de la retraite.	Nom et nature du service à l'époque de la retraite.	Appointements à l'époque de la retraite.	Moyenne des appointements les trois années précédentes.	Montant payé durant l'exercice.	Nombre de mois payés.
	$ c.						$ c.	$ c.	$ c.	
	119,256 08	....	....	....	....	..................Report	222,989 18	221,779 08	119,139 11	
1896	224 00	74	28	...	Age et mauvaise santé........	Home, E., gardien de phare, Peggy's-Point	400 00	400 00	223 97	12
1883	193 14	67	29	....	do	Howe, James, employé, canal Welland.	333 00	333 00	193 08	12
1876	1,400 00	62	40	...	Mauvaise santé	Howe, John, directeur de poste, Saint-Jean, N.-B.	2,000 00	2,000 00	1,399 92	12
1883	204 16	69	29	....	Age......	Howe, John, employé, canal Welland.............	352 00	352 00	204 14	12
1887	1,216 00	44	22	10	Abolition de la charge... . ..	Howe, Sydenham, auditeur fédéral, Halifax, N.-E.	1,900 00	1,900 00	1,215 96	12
1891	1,050 00	63	45 5/12	....	Age.........	Huddell, Hy. A. R., commis de 1re classe, bur. de poste, Montréal	1,500 00	1,500 00	1,050 00	12
1895	576 00	73	32	...	do	Humphrey, John, preposé au débarquement, Saint-Jean, N.-B...	900 00	900 00	576 00	12
1895	252 00	65	21	...	do	Hunt, H. G., commis, douanes, Saint-Jean, N.-B....	600 00	600 00	252 00	12
1890	576 00	65	24	...	Mauvaise santé	Hunter, John, commis de 2e classe, bureau de poste, London....	1,200 00	1,200 00	576 00	12
1879	137 81	40	24	....	Réduction du personnel	Hurst, Benjamin, ordonnance, quarantaine, Grosse-Isle.........	290 00	290 00	137 76	12
1895	556 80	63	29	....	Age et incompétence	Hynes, Patrick, courrier sur chemin de fer, Barrie......... ...	960 00	960 00	556 80	12
1889	216 00	53	18	. ..	Pour augmenter l'efficacité et l'économie	Jackson, J., messager, glissoirs et estacades, Ottawa........	600 00	600 00	216 00	12
1895	216 00	56	11	....	Infirmité..	Jacques, P., facteur, Montréal..	600 00	600 00	216 00	12
1891	980 04	67	34	1	Pour augment r l'efficacité et l'économie	Jarvis, G. M., commis de 2e classe, ministère des finances..	1,400 00	1,400 00	980 04	12
1883	92 00	64	23	....	Abolition de la charge........	Jeffs, William, gardien du feu d'alignement, port de Montréal ...	200 00	200 00	91 56	12
1882	900 00	66	15	10	Mauvaise santé	Jenkins, C. W., commis, div. des mandats-poste, min. des postes.	1,800 00	1,800 00	900 00	12
1885	100 00	62	10	...	Age.....	Johnston, G. R., messager, douanes, Ottawa...	500 00	500 00	108 29	13
1884	692 28	65	31	...	do	Johnston, Samuel, commis, bureau de poste, Montréal....	1,150 00	1,116 66	692 28	12
1891	172 56	70	30	...	do	Johnson, Thomas, journalier d'écluse, canal Rideau...........	287 50	287 50	172 56	12
1892	165 00	60	33	....	do et infirmité...	Johnson, Geo. H., gardien de phare, Lancaster, Ont.	250 00	250 00	137 50	10
1894	800 00	69	20	....	Mauvaise santé	Johnstone, W. J., inspecteur en chef des types..	2,000 00	2,000 00	799 92	12
1895	1,364 00	71	31	....	Age....	Johnson, H. W., agent, min. de la marine et des pêcheries, Halifax	2,200 00	2,200 00	1,363 92	12
1879	141 38	47	15	...	Réduction du personnel	Jolicœur, Edouard, charretier, Grosse-Isle, Québec......... ..	476 00	476 00	141 36	12
1882	228 00	68	19	....	Age.....	Jones, Stern, percepteur des douanes, Weymouth, N.-E....	600 00	600 00	228 00	12
1891	200 00	64	25	...	do	Juneau, Chas., chauffeur, douanes, Québec.....	400 00	400 00	200 04	12
1894	308 00	72	11	....	do et mauvaise santé.........	Jukes, A., médecin, police à cheval du Nord-Ouest..	1,400 00	1,400 00	307 92	12
1895	560 00	71	42	...	do do	Kavanagh, J. J., percepteur des douanes, Gaspé	800 00	800 00	559 92	12
1887	403 06	69	27	...	do	Kavenagh, L., sous-percepteur des douanes et gardien de phare, Louisbourg, N.-E.	610 00	610 00	402 96	12
1885	174 72	62	26	....	do	Keeler, George, journalier d'écluse, canal Williamsburg, Iroquois.	336 25	336 25	174 72	12
1887	294 00	49	15	....	Mauvaise santé..	Kelly, Robert, commis, bureau de poste, Hamilton..........	1,020 00	980 00	294 00	12
1889	374 00	67	22	....	Age..............	Kennedy, J. D., préposé à l'accise, Guelph.........	850 00	850 00	373 92	12

894	216 00	45	18	....	Mauvaise santé	Kennedy, John, facteur, London	600 00	600 00	216 00	12
1895	252 00	60	21	....	Age et infirmité	Kenny, W. do bureau de poste, Toronto	600 00	600 00	252 00	12
1892	167 04	47	29	....	Blessures reçues au service	Keys, Jas., journalier d'écluse, Upper-Brewer, canal Rideau	288 00	288 00	167 04	12
1895	209 00	33	11	....	Réorganisation du bureau des examinateurs du service civil et pour augm. l'économie	Keys, J. A., commis, secrétariat d'Etat	1,000 00	950 00	208 92	12
1882	1,5[illegible]4 00	61	24	....	Mauvaise santé	Kidd, John, premier commis, bur. du secrétaire du gouv. général	2,350 00	2,300 00	1,563 96	12
1875	1,048 80	59	23	....	do	Kimber, R., gentilhomme huissier de la Verge Noire	2,500 00	2,400 00	1,048 80	12
1894	1,820 00	63	47	....	Age et mauvaise santé	King, C. F., inspecteur des postes, Montréal	2,600 00	2,600 00	1,819 92	12
1895	432 00	78	24	....	do	Kirby, Wm., percepteur des douanes, Niagara	900 00	900 00	432 00	12
1895	595 00	75	41	....	do	King, J. D., préposé au débarquement, Amherstburg, Ont	850 00	850 00	594 96	12
1873	357 12	....	12	....	Infirmité	Knight, Thos., inspecteur des ports, N.-E.	1,000 00	1,000 00	357 12	12
1895	72 00	68	18	....	do	Knight, Jos., inspecteur du gaz, Charlottetown	200 00	200 00	72 00	12
1880	282 20	61	34	....	Incapacité par maladie chron.	Labossière, E., journalier, canal Chambly	415 00	415 00	282 12	12
1895	440 00	47	22	....	Pour augmenter l'efficacité et l'économie	Lacasse, L. T., commis de 3e classe, ministère de l'intérieur	1,000 00	1,000 00	439 92	12
1892	244 14	58	26	....	Economie	Lacroix, F., aide-gardien d'estacades, Les Piles	469 00	469 00	244 08	12
1894	595 00	65	36	....	Age	Lacroix, H., préposé au débarquement, Coaticook	850 00	850 00	594 96	12
1894	138 00	64	23	....	Mauvaise santé	Lazier, R., éclusier, Shannonville	300 00	300 00	138 00	12
1892	600 00	47	25	....	do	Loftus, A., commis de 2e classe, Montréal, Qué	1,200 00	1,200 00	600 00	12
1892	512 00	55	32	....	do	Lefebvre, E., courrier sur chemin de fer, Montréal	800 00	800 00	511 92	12
1892	480 00	60	25	....	Age et infirmité	Lapointe, G., do do Quebec	960 00	960 00	480 00	12
1895	420 00	66	37	....	do	Laird, Chas., messager, douanes, Saint-Jean	600 00	600 00	420 00	12
1895	420 00	38	15	....	Mauvaise santé	La Mothe, H. G., commis, secrétariat d'Etat	1,400 00	1,400 00	316 17	9
1891	2,000 00	67	16½	8½	Age	Lamothe, Guillaume, directeur de poste, Montréal	4,000 00	4,000 00	1,999 92	12
1888	90 00	68	15	....	Services non requis	Lanigan, P., préposé au débarquement, Summerside, I.P.-E.	300 00	300 00	90 00	12
1879	109 80	59	15	....	Réduction du personnel	Langlois, Auguste, maître d'équip. et charpentier, Grosse-Isle, Qué.	370 00	370 00	109 80	12
1885	1,260 00	56	35	....	Pour augmenter l'efficacité	Laperrière, Auguste, commis de 1re classe, bibliot. du parlement	1,800 00	1,800 00	1,260 00	12
1888	144 00	46	12	....	Mauvaise santé	Laramée, Siméon, facteur, Montréal	600 00	600 00	144 00	12
1888	528 39	78	30	....	Age	Larue, Lévi, surintendant, écluse Saint-Ours	880 66	880 66	528 36	12
1895	335 80	68	23	....	do et mauvaise santé	Larue, T. L., gardien d'estacades, station de la Grand'Mère	730 00	730 00	335 76	12
1895	1,440 00	70	24	....	do	Lavell, M., préfet, pénitencier de Kingston	3,000 00	3,000 00	1,440 00	12
1883	90 56	56	16	....	Mauvaise santé	Lauzon, A., éclusier, Sainte-Anne	287 50	283 00	90 48	12
1886	420 84	48	25	....	do	Leahy, Mary, directrice, pénitencier de Kingston	850 00	841 66	420 84	12
1895	420 00	43	22	....	do	Leahy, P. T., commis de 3e classe, ministère des postes	1,000 00	1,000 00	420 00	12
1895	354 20	64	45	....	Age et mauvaise santé	Le Blanc, P., éclusier, canal Chambly	506 00	506 00	354 12	12
1888	100 00	60	24	....	do	Leclerc, Moïse, gardien de phare, Pointe-Claire, lac Saint-Louis	300 00	300 00	99 96	12
1889	299 00	67	23	....	Abolition de la charge	Lavasseur, Z., bureau des inspecteurs-mesureurs de bois, Québec	6[illegible]0 00	650 00	298 92	12
1890	288 00	59	24	....	Mauvaise santé	Leclerc, Pascal, préposé aux arrivages, Montréal	600 00	600 00	288 00	12
1889	322 00	54	23	....	Abolition de la charge	Lacomte, Salem, bureau des inspecteurs-mesur. de bois, Quebec	700 00	700 00	321 96	12
1885	169 92	58	29	....	Mauvaise santé	Leduc, G., éclusier, canal Beauharnois	267 [illegible]0	293 00	169 92	12
1895	158 05	57	27	....	Age et mauvaise santé	Le France, M., journalier d'écluse, canal Grenville	272 50	272 50	158 04	12
1882	1,543 92	60	35	....	Mauvaise santé	Leprohon, J. P., greffier-adjoint, Chambre des Communes	2,205 56	2,205 56	1,543 92	12
1879	2,450 00	65	30	....	Age	Leslie, Joseph, directeur de poste, Toronto	3,500 00	3,500 00	2,449 92	12
1891	210 00	48	21	....	Mauvaise santé	Leveille, Joseph, réparateur de modèles, ministère de l'agriculture	500 00	500 00	210 00	12
1895	142 80	45	12	....	do	Lilly, J. H., facteur, Winnipeg	600 00	595 00	142 80	12
1876	783 36	42	24	10	Abolition de la charge	Lindsay, Alex., sous-secrétaire-trésorier, Maison de la Trinité, Qué.	1,200 00	1,200 00	783 36	12
1891	180 00	53	18	....	Pour augm. l'efficacité et l'écon.	Locke, Henry, gardien de phare, Cap-Norman	500 00	500 00	180 00	12
	158,563 97	....	....	....		A reporter	297,005 65	295,529 87	158,261 65	

ÉTAT de toutes les allocations ou compensations accordées à titre d'allocation de retraite ou de pension, etc.—*Suite.*

Année mis à la retraite.	Allocation annuelle.	Age lors de la retraite.	Nombre d'années de service.	Nombre d'années ajoutées.	Cause de la retraite.	Nom et nature du service à l'époque de la retraite.	Appointements à l'époque de la retraite.	Moyenne des appointements les trois années précédentes.	Montant payé durant l'exercice.	Nombre de mois payés.
	$ c.						$ c.	$ c.	$ c.	
	158,563 97					Report	297,005 65	295,529 87	158,261 65	
1885	144 00	64	16		Age	Love, William, gardien de phare, Quaco	448 00	448 00	144 00	12
1886	360 00	49	14		Mauvaise santé	Low, H. J., commis de 2e classe, ministère de la justice	1,300 00	1,283 33	360 00	12
1895	2,240 00	71	25	10	Age	Lowe, John, sous-ministre de l'agriculture	3,200 00	3,200 00	2,239 92	12
1895	142 80	68	15		do	Lynch, Patrick, sous-inspecteur des poids et mesures, Ottawa	500 00	500 00	224 96	12
1891	180 36	61	18		do et mauvaise santé	Lynch, John, éclusier, canal Chambly	501 00	501 00	180 36	12
1895	272 00	70	17		do	Lyons, J., sous-inspecteur des poids et mesures, Orillia, Ont	800 00	800 00	272 04	12
1895	476 00	55	17		Abolition de la charge et pour augmenter l'économie	Macdonell, A. R., surintendant, police à cheval du N.-O	1,400 00	1,400 00	475 92	12
1887	264 00	64	22		do	Madden, H. H., préposé aux arrivages et garde-clefs, Montréal	600 00	600 00	264 00	12
1883	207 60	65	30		Abolition et intérêt du service	Madill, James, employé, canal Welland	346 00	346 00	207 60	12
1896	280 00	65	28		Age et mauvaise santé	Mailleux, S., emballeur, douanes, Montréal	500 00	500 00	279 96	12
1894	108 00	37	18		Abolition de la charge	Malone, Thos., sous-surintendant des inspect.-mesureurs de bois	300 00	300 00	108 00	12
1895	222 45	75	14		Age	Marier, P., préposé au débarquement, Ottawa	800 00	704 45	222 36	12
1871	152 88	56	2-		Abolition de la charge	Martele, Angèle, gardien, Maison de la Trinité, Québec	300 00	300 00	152 88	12
1882	196 00	34	14		Mauvaise santé	Marter, W. P., préposé à l'accise, Simcoe	700 00	7 0 00	195 96	12
1891	840 00	61	36		Age et incapacité physique	Mason, Geo. John, commis de 2e classe, bureau de poste, Barrie	1,200 00	1,200 00	840 00	12
1893	490 00	69	38		do	Meagher, Thos., préposé au débarquement, Kingston	700 00	700 00	490 00	12
1887	894 48	57	21		Efficacité et économie	Measam, F., commis, ministère du revenu de l'intérieur	1,800 00	1,788 88	894 48	12
1885	231 00	59	35		Mauvaise santé	Mellon, J., garde-clés, écl. Cardinal, canal des Rapides des Galops	286 25	330 00	231 00	12
1894	769 28	63	22		Age	Meneilly, W. J., président, breau des inspect. de bat. à vapeur	1,800 00	1,748 38	769 20	12
1878	2,520 00	62	32	3	Long service et incap. p. maladie	Meredith, E. A., sous-ministre de l'intérieur	3,6(0 00	3,600 00	2,?20 00	12
1891	980 04	68	38		Pour augmenter l'efficacité et l'économie	Meyer, Edward, préposé au débarquement en chef, Montréal	1,400 00	1,400 00	980 04	12
1888	320 00	46	18	2	Abolition de la charge	Mickleburgh, F. X., courrier sur paquebots	800 00	800 00	319 94	12
1889	280 00	40	$5\frac{9}{12}$	$4\frac{3}{12}$	Pour augmenter l'efficacité et l'économie	Miller, H. J., sous-percepteur des glissoirs et estacades, Québec	1,400 00	1,400 00	279 96	12
1894	54 00	82	15		Age et infirmité	Miller, G. S., gardien de phare, Owen-Sound	180 00	180 00	54 00	12
1895	131 67	61	23		do et incapacité permanente	Miller, P., éclusier, canal Rideau	286 25	2-6 25	131 64	12
1887	2,508 00	63	33		do	Mingaye, W. R., percepteur et inspecteur des douanes, Winnipeg	3,800 00	3,800 00	2,508 00	12
1892	480 00	66	20		do et abolition de la charge	Mitchell, James, inspecteur des phares, Nouveau-Brunswick	1,200 00	1,200 00	480 00	12
1891	4 [illegible]	71	14		Pour augmenter l'efficacité et l'économie	Moir, Archibald, estimateur d'épiceries à Montréal	1,800 00	1,800 00	504 00	12

1895	672 00	65	28	....	Age et mauvaise santé	Monaghan, John, commis de 3e classe, Toronto	1,200 00	1,200 00	672 00	12
1896	560 00	76	28	....	do	Moore, Wm., préposé à l'accise, 1re classe, London, Ont	1,000 00	1,000 00	559 92	12
1895	170 00	70	17	....	do et mauvaise santé	Morash, John, préposé aux arrivages, Lunenburg	500 00	500 00	169 92	12
1888	350 00	68	35	....	do	Moreau, B., messager, ministère de l'agriculture	500 00	500 00	349 92	12
1895	1,260 00	63	42	....	Pour augmenter l'économie	Morgan, H. J., commis de 1re classe, secretariat d'Etat	1,800 00	1,800 00	1,260 00	12
1890	72 16	69	11	....	Mauvaise santé	Morgan, Rodney, maître d'écluse, Pointe Farran, canal Williamsburg	328 00	328 00	72 12	12
1886	100 00	60	25	....	Age et mauvaise santé	Morris, Henry, sous-percepteur des douanes, Harbourville, N.-E.	200 00	200 00	99 96	12
1889	336 00	57	28	....	Infirmité physique	Morrison, John, préposé aux arrivages, Montréal	600 00	600 00	336 00	12
1895	840 00	73	44	....	Age	Morton, W., inspecteur des douanes, Windsor, Ont	1,200 00	1,200 00	840 00	12
1895	2,048 00	69	22	....	do	Moylan, J. G., inspecteur des pénitenciers	3,200 00	3,200 00	2,047 92	12
1881	112 00	65	14	....	do	Munro, Alexander, gardien de phare, île Caribou, comté de Pictou, N.-E	400 00	400 00	111 96	12
1895	1,371 75	60	31	....	do et mauvaise santé	McBride, A. H., préfet, pénitencier de la Colombie-Britannique	2,300 00	2,212 50	1,371 72	12
1896	528 00	68	22	....	do	McBeath, A., estimateur, douanes, Saint-Jean	1,200 00	1,200 00	528 00	12
1879	222 69	59	32	....	Mauvaise santé	McCabe, James, maître d'écluse, canal Welland	351 33	351 33	222 60	12
1884	270 00	50	27	....	do	McCaffrey, F., messager, ministère des finances	500 00	500 00	270 00	12
1884	120 00	30	13	....	do	McCaffrey, J. F., do do	490 00	460 00	120 00	12
1895	322 00	72	23	....	Age	McClain, Wm., préposé au débarquement, douanes, Toronto	700 00	700 00	321 96	12
1895	384 00	69	32	....	do	McCurdy, J., éclusier, douanes, Halifax	600 00	600 00	384 00	12
1886	276 00	75	23	....	do	McClelland, James, préposé au débarquement, Darlington, Ont.	600 00	600 00	276 00	12
1895	248 16	63	33	....	do et mauvaise santé	McCoppen, Jas., éclusier, canal Welland	376 00	376 00	248 16	12
1879	415 80	72	28	....	do	McColl, Evan, préposé au débarquement, Kingston, Ontario	750 00	750 00	415 80	12
1873	505 12	39	14	....	Infirmité	McCrea, W. H., commis en chef, douanes, Colombie-Britannique	1,940 00	1,940 00	505 15	12
1895	1,050 00	66	40	....	Age	McCarthy, A., courrier sur chemin de fer	1,500 00	1,500 00	1,050 00	12
1895	420 00	62	21	....	do et pour augmenter l'efficacité et l'économie	McDermid, A. J., commis de 3e classe, ministère des postes	1,000 00	1,000 00	420 00	12
1895	528 80	68	26	....	do et mauvaise santé	McDonald, D., contrem.-charpentier et plongeur, canal Cornwall	960 00	1,016 00	528 84	12
1880	408 00	58	12	5	Incapacité physique provenant de blessures	McDonald, J. A., insp. de district, revenu de l'intérieur, I. P.-E.	1,200 00	1,200 00	408 00	12
1889	1,120 00	72	55	....	Age	McDonald, D. A., surintendent du canal Cornwall	1,600 00	1,600 00	1,119 84	12
1882	176 00	38	11	....	Mauvaise santé	McDonald, D. A., commis, bureau de poste, Charlottetown	800 00	800 00	131 94	9
1895	400 00	64	19	....	Age	McDonald, D. A. C., commis de 3e classe, ministère des postes	1,000 00	1,000 00	400 02	12
1895	511 00	71	35	....	do et infirmité	McDonald, Norman, éclusier, douanes, Halifax	730 00	730 00	510 96	12
1892	285 60	67	34	....	do et débilité physique	McDougall, L., gardien de phare, Ingonish, N.-E	420 00	420 00	*880 60	12
1889	108 00	75	18	....	do	McDougall, Alexander, sous-gardien de glissoir, Des Joachims	300 00	300 00	108 00	12
1886	99 00	61	15	....	Mauvaise santé	McDougall, H., journalier d'écluse, canal Williamsburg	330 00	330 00	99 00	12
1889	290 00	69¾	29	....	Pour augmenter l'économie	McEachern, A., percepteur du revenu de l'intérieur, Beauharnois	500 00	500 00	289 92	12
1889	372 00	74	31	....	Age	McGruar, Daniel, douanier, Newcastle, N.-B	600 00	600 00	372 00	12
1895	229 01	71	49	....	do	McGowan, P., gardien de pont, Rapides de Burritt	327 00	327 00	228 96	12
1895	140 40	67	13	....	do et infirmité	McKeon, Edw., maître d'écluse, canal Lachine	540 00	540 00	140 40	12
1891	1,050 00	61	38	....	do et incapacité	McKeon, John, commis de 1re classe, bureau de poste, Montréal	1,500 00	1,500 00	1,050 00	12
1892	255 28	41	16	....	Mauvaise santé	McIntyre, A., commis de 3e classe, bureau de poste, Toronto	800 00	797 78	255 24	12
1881	912 00	59	19	....	Pour augmenter l'efficacité	McKay, H. B., sous-direct. du pénitencier de Saint-Vincent-de-Paul	2,400 00	2,400 00	912 00	12
1890	51 24	65	16	....	Mauvaise santé	McKay, Donald J., g. de phare, Pointe McKenzie, Baddeck, N.-E.	160 00	160 00	51 24	12
1895	570 00	69	19	....	Age	McKenzie, A. J., inspecteur des douanes, Hamilton	1,500 00	1,500 00	120 00	4
	196,442 45					A reporter	370,600 67	368,929 93	196,356 84	

* Arrérages, $595.00.

ÉTAT de toutes les allocations ou compensations accordées à titre d'allocation de retraite ou de pension, etc.—*Suite.*

Année mis à la retraite.	Allocation annuelle.	Age lors de la retraite.	Nombre d'années de service.	Nombre d'années ajoutées.	Cause de la retraite.	Nom et nature du service à l'époque de la retraite.	Appointements à l'époque de la retraite.	Moyenne des appointements les trois années précédentes.	Montant payé durant l'exercice.	Nombre de mois payé.
	$ c.						$ c.	$ c.	$ c.	
	196,442 45	....	....	....	....	Report..........	370,600 67	368,929 93	196,356 84	
1895	209 91	31	11	....	Mauvaise santé	McLean, D. Von R., commis de 2e classe, bur. de poste, Victoria.	945 16	945 16	174 90	10
1894	1,260 00	68	35	....	do	McLaughlin, S., photographe, chemins de fer et canaux..........	1,800 00	1,800 00	1,260 00	12
1881	60 00	65	10	....	Age..........	McLaren, W. R., sous-gard. de glissoir, Portage-du-Fort, T.R.O.	300 00	300 00	60 00	12
1877	488 88	41	11	10	Abolition de la charge.....	McMillan, Rev. H., secrétaire, bureau de la statistique, Halifax..	1,200 00	1,200 00	488 88	12
1892	572 00	61	22	....	do	McPherson, R., agent d'immigration, Kingston.	1,300 00	1,300 00	572 00	12
1895	720 00	56	20	....	Pour augmenter l'efficacité et l'économie..........	McPherson, J. P., commis de 1re classe, min. des travaux publics	1,800 00	1,800 00	720 00	12
1887	96 00	67	16	..	Abolition de la charge	McQueen, Alexander, douanier, Shédiac..........	300 00	300 00	96 00	12
1895	378 00	65	37	....	Age	Newman, R., employé, canal Lachine	540 00	540 00	378 00	12
1895	420 00	63	21	....	do et mauvaise santé	Nicholson, P., percepteur des douanes, Port-Arthur..........	1,000 00	1,000 00	420 00	12
1895	329 30	55	17	....	Abolition de la charge et pour augmenter l'économie.......	Norman, F., surintendant, police à cheval du N.-O	1,400 00	1,400 00	329 28	12
1877	145 56	....	5	10	Abolition de la charge.	Nutting, C. M., commis, [illegible]au de la statistique, Halifax..	500 00	500 00	145 56	12
1895	272 00	53	17	....	Mauvaise santé	[illegible]r, Jas., courrier sur ch. de fer de 2e classe, London, Ont..	800 00	800 00	113 30	5
1895	288 00	60	18	....	Abolition de la charge	O'Donnell, P. J., [illegible]s de 3e classe, bureau de poste, Hamilton.	800 00	800 00	288 00	12
1892	249 96	67	38	....	Age et mauvaise santé.........	O'Keiff, Owen, éclusier, canal [illegible]wall	357 00	357 00	249 96	12
1887	520 00	52	23	3	do	O'Hara, James, courrier de la malle sur paquebots..........	1,000 00	1,000 00	519 96	12
1889	273 00	80	21	....	Age et infirmité..........	Olive, W. H., éclusier, Saint-Jean, N.-B..........	650 00	650 00	273 00	12
1889	308 00	67	11	....	Abolition de la charge	Ormond, H. St. A., inspecteur de police de rade, Montréal.	1,400 00	1,400 00	307 92	12
1885	128 40	32	11	....	Vue défectueuse	Osborne, Joseph, facteur, Toronto..........	600 00	583 33	128 40	12
1895	720 00	71	30	....	Age et infirmité..........	Otty, H. P., commis de 2e classe, bureau de poste, Saint-Jean....	1,200 00	1,200 00	720 00	12
1879	1,540 00	67	48	....	do	Passow, F. M., inspecteur de bureau de poste, Halifax	2,200 00	2,200 00	1,540 20	12
1881	237 22	50	14	....	Infirmité	Patterson, James, premier commis, douane, Pictou, N.-E........	850 00	847 22	237 12	12
1885	1,440 00	58	30	....	Pour augmenter l'efficacité et l'économie	Peachy, J. W., premier commis, ministère des douanes..........	2,400 00	2,400 00	1,440 00	12
1875	114 00	35	10	....	Mauvaise santé	Peatman, Wm., préposé aux arrivages, Montréal	600 00	600 00	104 50	11
1895	320 00	34	16	....	do	Pelletier, A. E., commis de 3e classe, Chambre des communes....	1,000 00	1,000 00	319 92	12
1892	840 00	67	41	....	do	Pennefather, J. G., percepteur des douanes, Chatham, Ont....	1,200 00	1,200 00	840 00	12
1892	289 00	57	17	....	do	Pennoyer, H. J., préposé à l'accise, division de Sherbrooke.	850 00	850 00	288 96	12
1880	58 58	64	13	....	Age..........	Perrin, George, journalier d'écluse, Jones'-Falls, canal Rideau....	225 00	225 00	58 56	12
1891	143 27	55	22	....	Mauvaise santé..........	Perrier, Wm., journalier d'écluse, canal Carillon..........	325 62	325 62	143 28	12
1888	90 00	64	30	....	do	Perry, R., sous-perc. des douan., Riv.-au-Castor, Yarmouth, N.-E.	150 00	150 00	98 75	13
1890	1,050 00	62	36	....	Mauvaise santé et pour augmenter l'efficacité et l'économie...	Phillips, Edward, percepteur des douanes, Emerson, Man........	1,500 00	1,500 00	1,050 00	12

1890	353 50	58	36	....	Mauvaise santé	Phillips, Wm., maître-éclusier, canal Cornwall	505 00	505 00	353 40	12
1892	180 00	71	18	....	Age	Pidgeon, G. H., messager, douanes, Kingston	500 00	500 00	180 00	12
1883	108 80	47	16	....	Mauvaise santé	Plumsted, Horton, employé, canal Welland	345 00	340 00	108 72	12
1895	240 00	47	12	....	Pour augmenter l'efficacité et l'économie	Poper, J. C., commis de 3e classe, ministère de l'intérieur	1,000 00	1,000 00	240 00	12
1873	142 80	50	12	....	Mauvaise santé	Pouliot, Joseph, gardien de phare, Pointe de Monts	640 00	640 00	142 80	12
1889	2,240 00	70	50 5/12	....	Age	Powell, Grant, sous-secrétaire d'Etat	3,200 00	3,200 00	2,239 92	12
1889	1,020 00	52	17	....	Mauvaise santé	Powell, I. W., M.D., surintendant des sauvages, Victoria, C.-B.	3,000 00	3,000 00	1,020 00	12
1896	2,240 00	67	33	2	Age	Powell, Col. Walker, adjudant-général de la milice	3,200 00	3,200 00	2,239 92	12
1895	176 00	44	11	....	Pour augmenter l'efficacité et l'économie	Power, R., inspecteur-mesureur de bois Québec	800 00	800 00	175 92	12
1891	186 33	55	19	....	Mauvaise santé	Poirier, Antoine, maître-éclusier, canal Beauharnois	490 35	490 35	186 24	12
1887	139 92	56	14	....	do	Powers, W., chaloupier, Halifax	500 00	5 0 00	139 92	12
1872	377 64	48	28	....	Blessures corporelles	Prendergast, James, comm. de la spéc., bur. des insp.-mes., Québec	725 00	725 00	377 64	12
1891	744 00	64	31	....	do	Pridham, Frederick, commis de 2e classe, bur. de poste, Montréal	1,200 00	1,200 00	744 00	12
1894	216 34	72	29	....	Age	Proudfoot, Alex. D., maître d'écluse, Fort-Coulonge	373 00	373 00	216 24	12
1891	1,120 08	66	36	....	Pour augmenter l'efficacité et l'économie	Purcell, J. P., commis en ch. de la stat., dép. des douanes, Montréal	1,600 00	1,600 00	1,120 08	12
1877	366 72	60	21	....	Abolition de la charge	Purcell, James, douanier spécial, do, N.-E.	900 00	900 00	366 48	12
1885	420 00	47	30	....	Mauvaise santé	Radeliffh, R., commis, douanes, Guelph	700 00	700 00	420 00	12
1887	100 00	46	10	....	do	Rand, A. H., mécanicien, sifflet d'alarme, Cap-d'Or, N.-E.	500 00	500 00	99 96	12
1893	500 00	70	25	....	Age	Rance, Geo., commis de 3e classe, ministère des postes	1,000 00	1,000 00	499 92	12
1894	552 00	73	23	....	Mauvaise santé	Rankin, John, percepteur des douanes, Bowmanville	1,200 00	1,200 00	552 00	12
1873	356 88	77	26	....	Age	Ranney, G. W., surintendant des travaux, district de Newcastle	730 00	730 00	356 88	12
1894	200 00	68	40	....	do et mauvaise santé	Redmond, John, éclusier, canal Rideau	286 00	286 00	200 28	12
1895	378 00	69	49	....	do	Redmond, P., employé, canal Lachine	540 00	540 00	378 00	12
1889	338 00	60	26	....	do	Regnier, P., percept. du revenu de l'intérieur, Iberville, P.Q.	650 00	650 00	337 92	12
1873	405 96	57	38	....	Mauvaise santé	Reid, Alexander, gardien du phare, île aux Perdrix	580 00	580 00	405 96	12
1891	140 04	61	10	....	do	Renaud, A., sous-percepteur des douanes et sous-percepteur du revenu de l'intérieur, Bouctouche, N.-B.	700 00	700 00	140 04	12
1888	130 00	45	13	....	do	Reynolds, W., messager, bureau du Conseil privé	500 00	500 00	129 96	12
1882	207 00	67	30	....	Vue défectueuse	Riley, John, gardien d'écluse, canal Welland	345 00	345 00	207 00	12
1895	368 00	72	23	....	Age	Ridgeway, R., commis, douanes, Toronto	800 00	800 00	367 92	12
1889	928 00	53	29	....	Pour augmenter l'efficacité et l'économie	Ritchie, James, comptable, glissoirs et estacades, Ottawa	1,600 00	1,600 00	927 96	12
1886	462 00	51	33	....	Mauvaise santé	Roberge, O., messager, Chambre des communes	700 00	700 00	462 00	12
1888	65 00	75	13	....	Age	Robichaud, D. J. B., gard. de phare, île aux Oies, Mi ou, N.-B.	250 00	250 00	64 92	12
1892	418 00	62	19	....	do et mauvaise santé	Robinson, James, bureau du sous-receveur général, Saint-Jean	1,100 00	1,100 00	417 96	12
1896	260 00	72	26	....	do et infirmité	Robinson, Geo. F., préposé au débarquement, Charlottetown	500 00	500 00	324 94	15
1879	680 00	59	16	....	Pour augmenter l'efficacité	Romaine, C., inspecteur du revenu de l'intérieur, London	2,200 00	2,200 00	679 92	12
1885	112 00	55	14	....	Mauvaise santé	Ross, Angus, gardien de phare, île aux Oiseaux	400 00	400 00	111 96	12
1887	1,820 00	66	47	....	Age	Ross, Thomas, comptable de l'extraordinaire	2,600 00	2,600 00	1,819 92	12
1889	840 00	61	14	....	do et pour augm. l'efficacité	Ross, l'hon. William, percepteur des douanes, Halifax	3,000 00	3,000 00	840 00	12
1887	278 40	76	29	....	do	Rowan, Sames, gardien de gliss., Pétéwawa, trav. sur la riv. Ottawa	480 00	480 00	278 40	12
1893	767 20	62	35	....	do et mauvaise santé	Rousseau, James, gardien de glissoirs et d'estacades, St-Maurice	1,096 00	1,096 00	703 23	1
1889	93 12	40	16	....	Mauvaise santé	Roy, James, éclusier, canal Beauharnois	290 83	290 83	93 12	12
1895	140 64	67	24	....	Age et mauvaise santé	Roy, M., do do	293 00	293 00	140 64	12
1871	1,663 20	65	34	1	do	Rubidge, F. P., sous-ingénieur, travaux publics	2,400 00	2,400 00	1,663 20	12
	231,009 19					A reporter	441,467 44	439,772 28	230,763 68	

ÉTAT de toutes les allocations ou compensations accordées à titre d'allocation de retraite ou de pension, etc.—*Suite.*

Année mis à la retraite.	Allocation annuelle.	Age lors de la retraite.	Nombre d'années de service.	Nombre d'années ajoutées.	Cause de la retraite.	Nom et nature du service à l'époque de la retraite.	Appointements à l'époque de la retraite.	Moyenne des appointements les trois années précédentes.	Montant payé durant l'exercice.	Nombre de mois payés.
	$ cts.						$ c.	$ cts.	$ cts.	
	231,009 19	...	....	.	....	.... Report............................	441,467 44	439,772 28	230,763 68	
1891	140 00	80	41	....	Age	Ruggles, B. H., sous-percepteur des douanes, Westport, N.-É....	200 00	200 00	139 92	12
1884	1,550 00	43	15	10	Mauvaise santé	Russell, Lindsay, arpenteur général	3,200 00	3,100 00	1,549 92	12
1895	672 00	43	28	....	Abolition de la charge et pour augmenter l'économie..... ..	Russell, A. J. H., commis, ministère des travaux publics...	1,200 00	1,200 00	672 00	12
1877	75 72	...	3	10	Abolition de la charge.........	Ryan, W. A., messager, bureau de la statistique, Halifax........	300 00	300 00	75 72	12
1896	163 30	71	17	....	Age	St. Marie, J. W., gardien de pont, canal Chambly.............	480 28	480 28	163 20	12
1896	340 20	74	42	...	do et mauvaise santé	Sauvage. M., gardien de pont, canal Chambly.	486 00	486 00	340 20	12
1895	141 70	63	26	....	do do	Sauvé, F., journalier d'écluse, canal Grenville.	272 50	272 50	141 02	12
1895	252 00	60	21	....	do et augmenter l'efficacité et l'économie.	Schryer, Jas. préposé au débarquement, douanes, Fort Erié.......	600 00	600 00	252 00	12
1871	380 00	49	17	....	Mauvaise santé.	Scott, F. G., commis, ministère des finances	1,400 00	1,400 00	380 80	12
1888	1,080 00	72	17	10	Age	Scott, capt. P. A., M.R., président, bureau des examinateurs, des capitaines et seconds	2,000 00	2,000 00	1,080 00	12
1887	1,254 00	73	23	10	Abolition de la charge	Seely, William auditeur fédéral, Saint-Jean, N.-B................	1,900 00	1,900 00	1,254 00	12
1895	2,000 00	70	25	....	Age	Selwyn, A. R. C., sous-ministre et directeur de la comm. géolog..	4,000 00	4,000 00	1,999 92	12
1882	73 66	32	10	....	Mauvaise senté.	Shaver, George, éclusier, canal Cornwall	368 33	368 33	73 56	12
1895	812 00	75	29	...	Age et pour augmenter l'efficacité et l'économie......	Shaw, R. J., commis de 2e classe, ministère des postes...... ..	1,400 00	1,400 00	811 92	12
1888	403 20	44	21	....	Mauvaise santé	Shaw, G. A., courrier sur chemins de fer	960 00	960 00	403 20	12
1893	552 00	64	23	...	Age et infirmité	Shaw, C., commis, bureau de poste, Ottawa..................	1,200 00	1,200 00	552 00	12
1881	480 00	70	25	....	Mauvaise santé..	Sheppard, William, courrier sur chemins de fer	960 00	960 00	480 00	12
1888	120 36	54	17	...	do	Sherer, Frederick, éclusier, canal Welland................ .	354 00	354 00	90 27	9
1883	46 00	36	10	...	do	Sherwood, Thomas, journalier d'écluse, Jones'-Falls, riv. Rideau.	230 00	230 00	42 13	11
1884	182 40	54	19	....	do	Silverthorne, D., messager, bureau de poste d'Halifax	480 00	480 00	182 40	12
1891	230 00	63	12	...	do	Simard, Jos., arbitre officiel......	1,000 00	1,000 00	240 00	12
1888	128 00	63	16	...	do	Sing, C. R., sous-percepteur des douanes, Meaford, Ont........	400 00	400 00	128 00	12
1894	1,680 00	64	$34\frac{3}{12}$	....	Pour réorganiser et augmenter l'efficacité et l'économie. ...	Sinclair, R., 1er commis et comptable, dépt. des affaires indiennes.	2,400 00	2,400	1 680 00	12
1896	1,264 60	65	28	....	Age et pour augmenter l'efficacité et l'économie......	Small, H. B., secrétaire, ministère de l'agriculture...	2,350 00	2,258 53	1,264 56	12
1892	520 00	68	26	..	Abolition de la charge........	Smith, A. G., agent d'immigration, London, Ont.............. .	1,000 00	1,000 00	519 96	12
1888	98 80	62	13	....	Mauvaise santé et âge........	Smith, W. L., maître-éclusier, canal Welland..................	380 00	380 00	98 76	12

1895	93 00	71	31	...	Age	Smith, Seth, douanier, Barrington	150 00	150 00	93 00	12
1895	184 00	68	15	..	do	Smithers, R. H., gardien de phare, île Mohawk, lac Erié	500 00	500 00	183 96	12
1895	1,820 00	61	35	....	do et mauvaise santé	Smithson, W. H., greffier en chef et comptable, ministère des postes	2,600 00	2,600 00	1,820 00	12
1894	544 00	70	21	....	do et abolition de la charge	Smyth, J. B., employé, canal Welland	1,296 00	1,296 00	544 32	12
1894	340 67	71	20	....	do et infirmité	Simmons, J. W., éclusier, canal Rideau	486 67	486 67	340 56	12
1891	595 20	49	31	....	Mauvaise santé	Somerville, Andrew, courrier sur chemins de fer, 1re classe, division de Montréal	960 00	960 00	595 20	12
1883	312 00	70	24	....	Age et intérêt du service public	Steele, J., garde-clefs, douanes, Halifax	650 00	650 00	312 00	12
1881	440 00	40	22	....	Mauvaise santé	Stephens, Chas. Lett, commis, bur. de l'inspect. des postes, Toronto	1,000 00	1,000 00	439 92	12
1886	252 00	70	28	....	Age	Sterling, John, préposé au débarquement, Windsor, N.-E.	500 00	450 00	252 00	12
1891	396 00	61	11	....	do	Stevenson, Jas., estimateur de tissus, douanes, Montréal	1,800 00	1,800 00	395 95	12
1881	192 00	62	16	....	Abolition de la charge	Stewart, Alexander, 1er commis, port sec. de Georgetown, I. P.-E.	600 00	600 00	192 00	12
1892	135 00	86	27	....	Age	Stuart, J. V., sous-percepteur des douanes, Anse Belliveau	250 00	250 00	135 00	12
1892	495 00	54	33	...	Mauvaise santé	Stewart, E. N. S., préposé aux arrivages, Saint-Jean	750 00	750 00	495 00	12
1892	44 00	74	11	....	Age	Stymast, James, gardien de phare, île aux Perdrix, St-Jean N.-B.	200 00	200 00	44 00	12
1890	519 36	37	19	....	Mauvaise santé	Storey, John D., aide au bur. de l'inspecteur des postes, Halifax	1,400 00	1,366 66	519 36	12
1875	150 00	37	10	...	do	St. Amour, Israel, commis, bureau de poste, Montréal	900 00	753 60	150 72	12
1882	130 00	40	10	..	do	Sullivan, M. H., garde-clefs, Halifax, N.-E	650 00	650 00	129 96	12
1884	214 32	53	32	..	do	Summers, Charles A., journalier d'écluse, Rapides Farran	335 00	335 00	214 32	12
1886	195 48	61	23	....	Age	Sweetman, Fred., gardien de phare, île des Faux-Canards, Ont.	425 00	425 00	146 55	9
1893	784 00	73	28	...	do et abolition de la charge	Tanguay, C., commis au ministère de l'agriculture	1,400 00	1,400 00	783 96	12
1883	48 00	38	10	....	Mauvaise santé et pour augmenter l'efficacité et l'économie	Taylor, William, douanier, Baddeck, N.-E	240 00	240 00	48 00	12
1892	140 00	65	10	....	Age	Ternent, D. W., commis, cour suprême	700 00	700 00	139 92	12
1892	361 20	77	42	....	do	Thrush, Chas., canal Welland	516 00	516 00	361 20	12
1889	760 00	49	9	10	Abolition de la charge	Thibault, Charles, secrétaire, bureau des arbitres fédéraux	2,000 00	2,000 00	59 96	12
1880	140 00	69	19	....	Mauvaise santé	Thivierge, E., gardien de phare, Bellechasse	370 00	370 00	140 52	12
1894	240 00	73	20	..	Age et infirmité	Thibideau, James, facteur, Montréal	600 00	600 00	220 00	1
1895	368 00	57	23	...	Mauvaise santé	Thompson, John, commis, bureau de poste de Montréal	800 00	800 00	367 92	12
1896	840 00	73	46	..	do	Tidmarsh, J., préposé au débarquement, Montréal	1,200 00	1,200 00	630 00	9
1891	1,536 00	55	24	....	Economie	Tilton, John, sous-ministre des pêcheries	3,200 00	3,200 00	1,536 00	12
1880	158 60	60	24	...	Blessures	Tobin, James, journalier d'écluse, canal Cornwall	336 25	330 42	158 53	12
1886	1,300 00	70	16	10	Age	Tomlinson, J., aîné, ingénieur dans le min. des ch. de fer et canaux	2,500 00	2,500 00	1,299 96	12
1891	232 87	68	23	....	Mauvaise santé	Toye, Robt., éclusier, Rapide Plat	506 25	506 25	232 80	12
1887	720 00	....	1½	10	Abolition de la charge	Travis, J., magistrat stipendiaire, T. N.-O.	3,000 00	3,000 00	720 00	12
1894	360 00	59	20	....	Mauvaise santé	Trestler, H. R. S., commis, douanes, Montréal	900 00	900 00	360 00	12
1889	330 00	48	11	..	Intérêt du service public	Trudel, B., prép. à l'enreg. des navires et chef de la police riveraine	1,500 00	1,500 00	330 00	12
1875	114 00	62	10	....	Age	Tuck, George, douanier, Stanstead	600 00	600 00	114 00	12
1883	88 40	66	13	....	do	Uppei, John, employé, canal Welland	340 00	340 00	88 32	12
1894	2,112 00	57	23	..	Pour augmenter l'efficacité et l'économie	Vankoughnet, Lawrence, sous-surint. général des affaires indiennes	3,200 00	3,200 00	2,111 91	12
1892	68 00	77	17	....	Age	Valois, Félix, gardien de phare, île à Cadieux, bas de l'Ottawa	200 00	200 00	67 92	12
1885	408 00	60	17	..	Mauvaise santé	Vradenburgh, Henry, commis, douanes, Saint-Jean, N.-B.	1,200 00	1,200 00	408 00	12
1886	480 00	54	25	...	do	Vallée, Joseph, courrier sur chemins de fer, 1re classe, division postale de Montréal	960 00	960 00	480 00	12
	264,300 23	....	....	...		A reporter	512,709 72	510,587 32	263,741 88	

ÉTAT de toutes les allocations ou compensations accordées à titre d'allocation de retraite ou de pension, etc.—*Suite.*

Année mis à la retraite.	Allocation annuelle.	Age lors de la retraite.	Nombre d'années de service.	Nombre d'années ajoutées.	Cause de la retraite.	Nom et nature du service à l'époque de la retraite.	Appointements à l'époque de la retraite.	Moyenne des appointements les trois années précédentes.	Montant payé durant l'exercice.	Nombre de mois payés.
	$ c.						$ c.	$ c.	$ c.	
	264,300 23	....	....			Report	512,709 72	510,587 32	263,741 88	....
1889	792 00	67	22	....	Age et pour augmenter l'économie dans le service public.	Venning, Wm H., inspecteur des pêcheries, N.-B.	1,800 00	1,800 00	792 00	12
1888	560 00	78	35	....	Age	Viets, Botsford, percepteur des douanes, Digby, N.-E.	800 00	800 00	559 92	12
1872	420 00	62	35	....	do	Vincent, Olvier, messager de la biblioth., Chambre des communes.	600 00	600 00	420 00	12
1887	190 40	66	37	....	Mauvaise santé	Wallace, Martin, journalier d'ecluses, Ottawa	272 00	272 00	174 46	11
1888	912 00	67	14	....	Age	Wallace, Robert, [illegible]teur de poste, Victoria, C.-B.	2,400 00	2,400 00	912 00	12
1889	1,050 00	53	35	...	Abolition de la charge	Walsh, T. J., bureau des inspecteurs-mesureurs de bois, Québec.	1,500 00	1,500 00	1,050 00	12
1894	223 20	70	31	....	Age et santé chancelante	Walsh, Jas., gardien de pont, canal Welland	360 00	360 00	223 20	12
1883	82 08	62	12	....	do	Ward, James, employé, canal Welland	342 00	3.2 00	82 08	12
1882	122 76	67	18	....	do	Waters, James, gardien d'écluse et de pont, canal Welland	341 00	341 00	122 76	12
1895	372 00	71	31	....	do	Watson, Jno., préposé au débarquement, Windsor, Ont	600 00	600 00	372 00	12
1892	493 00	66	25	....	do	Watts, Samuel, percepteur des douanes, Jonction McAdam	1,000 00	986 11	492 96	12
1894	228 00	51	19	.	Mauvaise santé	Weatherbee, Jas. Howe, facteur, bureau de poste de London	600 00	600 00	228 00	12
1888	1,260 00	56	35	...	do	Weatherly, H. S., commis de 1re classe, serv. int., min. des postes.	1,800 00	1,800 00	1,260 00	12
1883	313 60	58	16	...	do	Webber, Augustus, commis, bureau de poste, Toronto	980 00	980 00	313 56	12
1894	700 00	60	32	3	Pour augmenter l'efficacité et l'économie	Wheeler, Alfred, surveillant des arrivages, douanes, Québec	1,000 00	1,000 00	699 96	12
1894	980 00	62	35	..	Mauvaise santé	Weston, T. C., commis de 2e classe, commission géologique	1,400 00	1 400 00	979 92	12
1892	312 00	70	26	....	Age	White, Stephen, préposé aux arrivages, Halifax	600 00	600 00	312 00	12
1892	1,280 00	58	20	..	Pour augmenter l'efficacité et l'économie	Whitney, H. A., surintendant des mécaniciens, ch. de fer In'ercol.	3,200 00	3,200 00	1,279 92	12
1895	784 00	75	28	....	Age	Whyte, R. L., premier commis, douanes, Hamilton	1,400 00	1,400 00	783 96	12
1887	2,380 00	88	59	....	do	Wicksteed, G. W., greffier en loi, Chambre des communes	3,400 00	3,400 00	2,379 96	12
1888	1,960 00	76	48	....	Mauvaise santé	Wicksteed, H. A., comptable, ministère des postes	2,800 00	2,800 00	1,959 96	12
1889	770 00	70	45	....	do	Wilson, Joseph, percepteur des douanes, Saut-Sainte-Marie	1,100 00	1,100 00	769 92	12
1894	880 00	75	22	...	Age	Wilson, Z., percepteur des douanes, Ottawa	2,000 00	2,000 00	879 96	12
1895	1,680 00	73	29	6	do et pour augment. l'économie	Wilmot, S., surintendant de piscifacture	2,400 00	2,400 00	1,680 00	12
1883	102 60	62	15	....	do	Winslow, Alexander, employé, canal Welland	342 00	342 00	102 60	12
1887	134 08	43	16	....	Mauvaise santé	Winters, W., journalier d'écluse, canal Cornwall	419 00	419 00	134 04	12
1895	223 20	73	31	....	do	Wolfe, Enis, gardien de phare, LaHave, N.-E	360 00	360 00	223 20	12
1895	580 00	69	29	..	do	Woodward, H. W., premier commis, douanes, Hamilton	1,000 00	1,000 00	579 96	12
1875	1,552 32	62	33	....	do	Woodgate, A., inspecteur des postes, N.-E	2,400 00	2,400 00	1,552 44	12

1893	220 80	64	24	Mauvaise santé	Woodward, H. H., gardien de phare, Longue-Pointe	460 00	460 00	220 80	12
1889	108 00	70	18	do et infirmité	Wooster, T., sous-percepteur des douanes, Grand-Manan	300 00	300 00	108 00	12
1894	168 00	61	14	Pour augmenter l'efficacité et l'économie	Wright, Richard, facteur boîtier, B.P. de London	600 00	600 00	168 00	12
1889	1,680 00	67	45	Mauvaise santé	Wright, W. R., ministère de la milice et de la défense	2,400 00	2,400 00	1,680 00	12
1891	672 00	59	36	do et pour augmenter l'efficacité et l'économie	Wynn, John, courrier sur ch. de fer (1re classe), division de London	960 00	960 00	672 00	12
1889	36 00	83	12	Age	Young, Reuben, gardien de phare, baie Waller, Ontario	150 00	150 00	36 00	12
1889	168 00	67	14	do	Young, William, facteur, Saint-Jean, N.-B.	600 00	600 00	168 00	12
1895	120 00	74	20	do	Zinc, Abraham	300 00	300 00	120 00	12
					PERSONNES MISES À LA RETRAITE DURANT L'ANNÉE.				
1897	176 00	59	22	Age et abolition de la charge	Allard, Wm., préposé au débarquement, New-Carlisle	400 00	400 00	73 30	5
1897	332 50	67	42	do et améliorat. du personnel	Anderson, Andrew, interprète, Quarantaine de la Grosse-Ile	475 00	475 00	55 40	2
189.	150 00	74	30	do	Beaton, A. R., gard. de phare, Pointe-Est, comté de King, I.P.-E.	250 00	250 00	50 00	4
1897	560 00	62	18	Pour augmenter l'efficacité et l'économie	Bolster, G. I., inspecteur, poids et mesures, Orillia	1,000 00	1,000 00	60 00	2
1897	404 60	60	36	Age et mauvaise santé	Bolton, R., éclusier, canal Rideau	578 00	578 00	101 13	3
1897	211 12	66	22	do do	Charles, W. H., éclusier, canal Welland	548 00	548 00	60 2[illegible]	3
1897	88 00	59	11	Abolition de la charge	Chadd, G. F., sous-percepteur, baie Weller	400 00	400 00	36 65	5
1897	487 14	74	40	Age et infirmité	Cockburn, Alex., employé sur dragueur, Valleyfield, P.Q	695 91	695 91	202 95	5
1897	468 00	67	18	Pour augmenter l'efficacité et l'économie	Code, A., inspecteur des poids et mesures, Ottawa	1,300 00	1,300 00	78 00	2
1897	360 00	74	15	Age	Collin, H. H., percepteur des douanes, Sainte-Catherine	1,200 00	1,200 00	30 00	1
1897	200 00	71	40	do et infirmité	Doyle, Jas., journalier d'écluse, Kingston Mills	287 08	287 08	15 74	1
1897	288 00	69	24	do do	Dubé, L., facteur, Montréal	600 00	600 00	48 00	2
1897	219 98	74	31	do et mauvaise santé	Edmonds, Jas., gardien de pont, canal Welland	354 80	354 80	91 65	5
1897	432 00	67	18	Pour augmenter l'efficacité et l'économie	Egan, Jas., inspecteur des poids et mesures, London, Ont	1,200 00	1,200 00	72 00	2
1897	936 00	71	17	Age et augmenter l'économie	Ellis, Wm., surintendant du canal Welland	2,900 00	2,900 00	246 48	3
1897	840 00	63	38	do et mauvaise santé	Falkiner, H. F., commis de 2e classe, bureau de poste, Toronto	1,200 00	1,200 00	140 00	2
1897	288 00	71	18	do et infirmité	Forbes, G. N., commis de 3e classe, bur. de poste, Montréal	800 00	800 00	48 00	2
1897	2[illegible]4 00	60	22	do do	Gorman, S., facteur, bureau de poste, Montréal	600 00	600 00	41 00	2
1897	696 00	83	29	do	Gove, C. M., percepteur des douanes, St-Andrew	1,200 00	1,200 00	58 00	1
1897	150 00	68	25	do et infirmité (aveugle)	Grant, H., sous-gardien des glissoirs, Ottawa	300 00	300 00	25 00	2
1897	96 00	69	32	do et abolition de la charge	Graves, W., sous-percepteur des douanes, Port-Lorne	150 00	150 00	16 00	2
1897	238 00	68	17	do	Harper, M., estimateur, Pictou, N.-E	700 00	700 00	59 49	3
1897	400 00	54	20	Mauvaise santé	Hudon, A., prépo é à l'accise, Montréal	1,000 00	1,000 00	66 66	2
1897	560 00	63	20	Pour augmenter l'efficacité et l'économie	Huggard, R. T., inspecteur du gaz et des poids et mesures	1,400 00	1,400 00	93 32	2
1897	180 00	69	15	Age et pour augm. l'efficacité	Jeffs, Jos., messager, bureau de poste de Windsor	600 00	600 00	30 00	2
1897	60 00	60	15	do	Kearney, Chas., douanier, Florenceville	200 00	200 00	10 00	2
1897	324 00	66	27	do et infirmité	Lapointe, P., facteur, Montréal	600 00	600 00	54 00	2
1897	980 00	62	36	do do	Larseneur, T. F., commis de 1re classe, bur. de poste, Montréal	1,400 00	1,400 00	163 32	2
1897	552 00	58	23	Incapac. et abolit. de la charge	Lebel, J. A. W., commis de 2e classe, bureau de poste, Québec	1,200 00	1,200 00	46 00	1
1897	420 00	44	14	Abolition de la charge	Lawlor, R. A., perc. du r. de l'int. et insp. du gaz, Chatham, N.-B.	1,500 00	1,500 00	105 00	3
	300,081 61				A reporter	580,734 51	578,598 22	290,416 78	

ÉTAT de toutes les allocations ou compensations accordées à titre d'allocation de retraite ou de pension, etc.—*Suite.*

Année mis à la retraite.	Allocation annuelle.	Age lors de la retraite.	Nombre d'années de service.	Nombre d'années ajoutées.	Cause de la retraite.	Nom et nature du service à l'époque de la retraite.	Appointements à l'époque de la retraite.	Moyenne des appointements les trois années précédentes.	Montant payé durant l'exercice.	Nombre de mois payés.
	$ c.					PERSONNES MISES À LA RETRAITE DURANT L'ANNÉE—*Suite.*	$ c.	$ c.	$ c.	
	300,081 61					Report	580,734 51	578,598 22	290,416 78	
1897	160 00	74	32		Abolition de la charge	Maclean, Wm. Hy., préposé au débarquement, Picton, Ont	250 00	250 00	66 65	5
1897	840 00	63	35		Age et infirmité et pour augmenter l'économie	Meyer, G., commis de 2e classe, Montréal	1,200 00	1,200 00	140 00	2
1897	408 09	57	17		Pour augmenter l'efficacité et l'économie	Meloche, F. X., sous-directeur de poste, Windsor	1,200 00	1,200 00	68 00	2
1897	700 00	56	25		Mauvaise santé	McPherson, A. T., comptable, revenu de l'intérieur, Hamilton	1,400 00	1,400 00	291 65	5
1897	140 00	63	36		Age et abolition de la charge	McCurdy, Jas., sous-percepteur des douanes, Clifton	200 00	200 00	23 32	2
1897	840 00	63	41		do et infirmité	McNally, Thos., commis, péages des canaux, Montréal	1,200 00	1,200 00	140 00	2
1897	1,140 41	81	39		do	Nettle, R., commis de 1re classe, minist. du revenu de l'intérieur	1,700 00	1,629 16	475 15	5
1897	436 80	73	48		do et infirmité	Neagle, J., gardien d'estacade, canal Lachine	624 00	624 00	182 00	5
1897	156 00	38	13		Insanité	Nugent, Jas., facteur, Montréal	600 00	600 00	26 00	2
1897	132 00	59	22		Abolition de la charge	O'Doherty, Cath., directrice, station de quarant., St-Jean, N.-B.	300 00	300 00	22 00	2
1897	255 20	72	29		Age	Perkins, L. A., sous-percept. du rev. de l'intér., Sherbrooke, P.Q.	440 00	440 00	106 25	5
1897	120 00	77	30		Abolition de la charge	Pringer, John, douanier, Picton	200 00	200 00	50 00	5
1897	312 00	59	26		Age et infirmité	Plante, J. B., facteur, Montréal	600 00	600 00	52 00	2
1897	672 00	69	43		do do	Purdon, P., courrier sur ch. de fer (1re classe), London, Ont	960 00	960 00	112 00	2
1896	179 00	66	25		do	Rentier, Jacob, gardien d'écluse, canal Welland	358 36	358 36	179 16	12
1897	420 00	74	18		do	Reddin, Jas., insp. de poids et mesures, Charlottetown, I.P.-E.	1,200 00	1,200 00	55 74	1½
1897	840 00	47	15		Mauvaise santé	Rouleau, F. F., greffier-adjoint, Chambre des communes	2,800 00	2,800 00	70 00	1
1897	720 00	64	30		Age et infirmité (aveugle)	Rochette, L. A., commis de 1re classe, bureau de poste, Québec	1,200 00	1,200 00	120 00	2
1897	288 00	72	18		Pour augmenter l'efficacité e l'économie	Scovil, W. B., inspecteur des poids et mesures, Sussex, N.-B.	800 00	800 00	48 00	2
1897	624 00	70	24		Age et mauvaise santé	Siddons, John, estimateur, London	1,300 00	1,300 00	104 00	2
1897	1,590 00	50	13	5	Améliorer l'organisation du département	Smith, H. H., commissaire des terres fédérales, Winnipeg, Man	4,000 00	4,416 66	397 50	3
1897	680 00	68	17		Age	Shannon, J., directeur de poste, Kingston	2,000 00	2,000 00	80 42	1½
1897	390 00	65	15		Mauvaise santé	Sutherland, G. D., estimateur, London	1,300 00	1,300 00	65 00	2
1897	180 00	48	15		A compte p. blessures le rend. incapable de faire son devoir	Turbide, T., gard. de ph., Rocher aux Oiseaux, Iles de la Madeleine	600 00	600 00	195 00	13
1897	288 00	60	12		Mauvaise santé	Thayne, C. S., commis de 1re classe, bibliothèque du parlement	1,200 00	1,200 00	96 00	4
1897	150 00	49	17		Pour augmenter l'efficacité et l'économie	Verreault, J. E., commis de 3e classe, ministère des trav. publics	1,000 00	1,000 00	37 50	3

1897	680 00	66	17	....	Age	Witton, H. B., inspecteur du revenu des canaux, Hamilton, Ont.	2,000 00	2,000 00	113 32	2
1897	1,120 00	64	38	....	do et mauvaise santé.....	Woodrow, Jas., sous-directeur de poste, Saint-Jean.....	1,600 00	1,600 00	279 99	3
1897	840 00	49	37	....	Mauvaise santé	Yorick, John, commis de 1re classe, bur. de l'inspecteur, Stratford.	1,200 00	1,200 00	140 00	2
						PERSONNES DÉCÉDÉES DURANT L'ANNÉE.				
1894	700 00	71	36	...	Mauvaise santé	Abbott, F., payeur, canal Rideau......	1,000 00	1,000 00	700 08	12
1886	1,248 00	70	26	..	Pour augmenter l'efficacité et l'économie....	Anderson, C. E., sous-surintendant des assurances......	2,400 00	2,400 00	936 00	9
1875	88 00	63	11	....	Age et abolition de la charge...	Boudreau, A., sous-percepteur des douanes, Rockland, N.-B	400 00	400 00	21 90	3
1894	306 00	63	18	....	do et mauvaise santé	Carter, C. H., employé, canal Welland.	850 00	850 00	201 00	8
1878	396 90	80	27	....	do	Clute, J. S., percepteur des douanes, Picton......	750 00	750 00	165 35	5
1895	92 82	56	13	....	Mauvaise santé	Dawson, F., journalier d'écluse......	357 00	357 00	30 92	4
1887	1,350 00	56	27	....	Pour augmenter l'efficacité et l'économie......	Doré, J. F., bureau du haut-commissaire, Londres, Ang......	2,500 00	2,500 00	337 50	3
1882	198 94	62	29	....	Age et infirmité.	Gamble, R., éclusier et gardien de pont, canal Welland....	3 3 00	343 00	182 27	11
1895	200 00	75	20	....	do	Harris, R., messager, Chambre des communes.	500 00	500 00	83 30	5
1880	174 25	61	30	....	do et infirmité.	Henault, M., journalier d'écluse, canal Cornwall......	290 42	290 42	72 60	5
1888	630 00	68	30	5	Pour augmenter l'efficacité. ...	Hogan, J., éclusier et préposé au débarquement, Toronto......	900 00	900 00	420 00	8
1892	2,800 00	76	35	...	Age......	Johnston, Jas., commissaire des douanes......	4,000 00	4,000 00	1,399 98	6
1893	486 00	70	27	....	......	Jost, T. P., préposé au débarquement, Halifax, N.-E...	900 00	900 00	283 50	7
1875	608 04	46	6	10	Abolition de la charge.....	King, J. M., directeur des pénitenciers......	2,000 00	2,000 00	253 35	5
1893	240 00	66	20	....	Age..	Kirk, K., chargeur, bureau de poste de Toronto.	600 00	600 00	200 00	10
1877	675 12	50	29	....	Mauvaise santé....	Lacroix, H., préposé au débarquement, Montréal	1,200 00	1,200 00	450 08	8
1895	684 00	46	15⅔	....	do et pour augmenter l'efficacité et l'économie ..	Lynch, J. B., comptable, ministère de l'agriculture	1,950 00	1,900 00	513 00	9
1895	644 00	88	13	10	Age et infirmité......	Meacham, J. N., directeur de poste, B.P. de Belleville	1,400 00	1,400 00	590 26	11
1895	380 00	63	16	....	do et mauvaise santé......	Medlow, C., commis de 2e classe, secrétariat d'Etat	1,250 00	1,187 50	158 30	5
1889	840 00	58	3.	....	Pour augm. l'efficac. et l'écon..	Miller, P., bureau des glissoirs et estacades, Québec......	1,200 00	1,200 00	700 00	10
1885	363 66	49	29	....	Mauvaise santé	Morrison, R., gardien d'écluse, canal Welland......	516 00	627 00	212 10	7
1889	263 04	52	12	....	Abolition de la charge......	Murphy, G., chef de la police riveraine, Montréal......	1,096 00	1,096 00	65 76	3
1895	392 00	83	14	...	Age et mauvaise santé......	McKenzie, T. H., inspecteur des poids et mesures, Hamilton.....	1,400 00	1,400 00	65 32	2
1889	416 00	60	13	....	do do	Norris, J. G., sous-percepteur des douanes, Kootenay, C.-B.....	1,600 00	1,600 00	311 94	9
1882	360 00	65	25	5	do	Perkins, Thomas, préposé au débarquement, Windsor......	600 00	600 00	30 00	1
1896	221 00	62	17	....	do	Perry, G. T., sous-inspecteur des poids et mesures......	650 00	650 00	95 00	4
1889	180 00	60	15	..	Abolition de la charge......	Poliquin, F., bureau des inspecteurs-mesureurs de bois, Québec...	600 00	600 00	60 00	4
1889	264 00	64	12	....	Age et mauvaise santé......	Rusk, J., percepteur des douanes, Richibouctou......	1,100 00	1,100 00	132 00	6
1896	2,520 00	75	54	....	do	Smith, W., sous-ministre, ministère de la marine et des pêcheries.	3,600 09	3,600 00	1,890 00	9
1894	450 00	70	21	...	do et abolition de la charge...	Smith, J., employé, canal Welland......	1,296 00	1,296 00	112 50	3
1873	116 04	68	13	....	do	Stalker, C., gardien de phare, Shelburne, N.-E......	480 00	480 00	9 67	1
1895	390 00	69	13	....	do et santé chancelante......	Stevenson, W. H., agent des terres fédérales, Régina	1,500 00	1,500 00	97 50	3
1895	112 00	80	28	....	do et mauvaise santé......	Thurber, J., sous-percepteur des douanes, New-Port, N.-E......	200 00	200 00	9 33	1
1886	1,112 50	68	20	5	do et pour augmenter l'efficacité et l'économie, et pour aider à la réorganisation du département..	Torrance, J. A., teneur de livres fédéral, ministère des finances...	2,275 00	2,225 00	370 80	4
1887	376 06	66	35	...	Mauvaise santé	Weaver, W., éclusier, canal Welland	538 00	538 00	282 42	9
	335,661 99	....	....	....	......	A reporter	656,408 29	654,566 32	305,600 25	

ÉTAT de toutes les allocations ou compensations accordées à titre d'allocation de retraite ou de pension, etc.—*Fin.*

Année mis à la retraite.	Allocation annuelle.	Age lors de la retraite.	Nombre d'années de service.	Nombre d'années ajoutées.	Cause de la retraite.	Nom et nature du service à l'époque de la retraite.	Appointements à l'époque de la retraite.	Moyenne des appointements les trois années précédentes.	Montant payé durant l'année.	Nombre de mois payés.
	$ c.						$ c.	$ c.	$ c.	
	335,661 99	....	....	....	....	Report....	656,408 29	654,566 32	305,600 25	
						GRATIFICATIONS.				
1897	87 48	30	2	...	Abolition de la charge....	Seymour, D. J., sous-percepteur des douanes à Hagersville....	50 00	350 00	87 48	....
1897	544 44	36	$8\frac{1}{6}$	...	Mauvaise santé....	Scribner, J. F., commis de 3e classe, ministère des postes....	60 00	750 00	544 44	....
1897	200 00	40	3	...	Pour augmenter l'économie ...	Jenks, J. N., douanier, Coaticook....	80 00	800 00	200 00	....
1897	84 72	71	$5\frac{1}{12}$	....	Abolition de la charge....	Niles, S. P., sous-percepteur des douanes, Wellington....	20 00	200 00	84 72	....
1897	163 89	57	$9\frac{10}{12}$	....	do	Shannon, Jno., douanier, Picton....	20 00	200 00	163 89	....
1897	565 00	34	$9\frac{5}{12}$	....	Mauvaise santé et pour augmenter l'efficacité et l'économie..	Batterton, Wm., commis, bureau de poste de Québec....	720 00	680 00	65 00	....
1896	546 88	30	9	....	Mauvaise santé....	Redden, C. J., préposé à l'accise, division de Toronto....	750 00	750 00	546 88	....
	337,854 40						660,428 29	658,296 32	307,792 66	....

SOMMAIRE.

Montant payé aux personnes mises à la retraite avant le 1er juillet 1896....	$ 288,235 42
do do do durant 1896-97....	5,918 01
do do décédées pendant 1896-97....	11,446 82
do comme gratifications pendant 1896-97....	2,192 41
	$ 307,792 66

Ministère des Finances—Comptes publics.

DÉPENSES, 1896-97.

SERVICE.	$ c.	$ c.	$ c.
INTÉRÊT SUR LA DETTE PUBLIQUE (*Voir* page 2)	....	....	10,645,663 27
FRAIS DE GESTION (*Voir* page 4)	....	....	196,210 73
FONDS D'AMORTISSEMENT (*Voir* page 8)	....	....	2,101,813 80
PRIME, ESCOMPTE ET CHANGE (*Voir* page 9)	....	....	119,093 42
GOUVERNEMENT CIVIL.	Appointements.	Dépenses imprévues.	
Gouverneur général	48,666 66	....	48,666 66
Lieutenant-gouverneur d'Ontario	10,000 00	....	10,000 00
do de Québec	10,000 00	....	10,000 00
do de la Nouvelle-Ecosse	9,000 00	....	9,000 00
do du Nouveau-Brunswick	8,608 06	....	8,608 06
do du Manitoba et Kéwatin	10,000 00	....	10,000 00
do des Territoires du Nord-Ouest	7,000 00	....	7,000 00
do de la Colombie-Britannique	9,000 00	....	9,000 00
do de l'Ile du Prince-Edouard	7,000 00	....	7,000 00
Bureau du haut-commissaire du Canada en Angleterre	19,150 01	11,338 59	30,488 60
Bureau du secrétaire du gouverneur général	13,036 69	13,498 01	26,534 70
Bureau du Conseil privé de la reine pour le Canada	39,356 33	8,003 26	47,359 59
Ministère de la justice	41,764 20	12,262 09	54,026 29
do de la milice et défense	51,066 67	9,178 55	60,245 22
Secrétariat d'Etat	44,442 34	5,481 60	49,923 94
Bureau des impressions et de la papeterie	28,974 12	4,852 77	33,826 89
Ministère de l'intérieur	104,835 49	15,611 44	120,446 93
Département de la commission géologique	49,983 31	....	49,983 31
do des affaires indiennes	48,368 19	6,178 42	54,546 61
Bureau du contrôleur de la police à cheval du Nord-Ouest	10,212 50	....	10,212 50
do de l'auditeur général	31,758 25	3,052 31	34,810 56
Ministère des finances	57,286 39	6,218 84	63,505 23
do du revenu de l'intérieur	42,265 07	6,310 92	48,575 99
do des douanes	44,941 12	6,269 20	51,210 32
do de l'agriculture	60,875 66	16,490 17	77,365 83
do de la marine et des pêcheries	62,438 05	12,247 94	74,685 99
do des travaux publics	56,555 62	7,112 23	63,667 85
do des chemins de fer et canaux	47,570 39	8,555 01	56,125 40
do des postes	199,825 81	42,938 54	242,764 35
do du commerce et de la navigation	15,343 52	4,494 91	19,838 43
Bureau des examinateurs du service civil	2,449 82	....	2,449 82
Ministères en général	....	26,977 62	26,977 62
	1,191,774 27	227,072 42	1,418,846 69
ADMINISTRATION DE LA JUSTICE.			
Cour suprême du Canada:—			
Appointements	55,525 00		
Dépenses imprévues	10,644 36		
		66,169 36	
Cour d'échiquier du Canada:—			
Appointements	18,524 68		
Dépenses imprévues	3,483 16		
		22,007 84	
Ontario:—			
Cour d'appel	20 699 91		
do du banc de la reine	16,000 00		
do des plaids communs	16,000 00		
do de chancellerie	20,583 34		
Cours de comté	150,274 40		
Allocations de tournée	13,700 00		
		237,257 65	
Québec:—			
Cour du banc de la reine	31,000 00		
do supérieure	135,000 00		
Allocations de tournée	21,012 00		
Cour de district de Montréal	6,000 00		
		193,012 00	
A reporter	....	518,446 85	....

DÉPENSES, 1896-97—*Suite.*

SERVICE.	$ c.	$ c.	$ c.
Report		518,446 85	
ADMINISTRATION DE LA JUSTICE—*Fin.*			
Nouvelle-Ecosse:—			
Cour suprême	29,000 00		
Cours de comté	18,011 77		
Allocations de tournée	3,700 00		
		50,711 77	
Nouveau-Brunswick:—			
Cour suprême	25,000 00		
Cours de comté	16,078 43		
Allocations de tournée	4,600 00		
		45,678 43	
Manitoba:—			
Cour du banc de la reine	17,000 00		
Cours de comté	12,094 43		
Allocations de tournée	2,391 60		
		31,486 03	
Colombie-Britannique:—			
Cour suprême	19,870 94		
Cours de comté	11,026 66		
Allocations de tournée	12,998 55		
		43,896 15	
Ile du Prince-Edouard:—			
Cour suprême	11,000 00		
Cours de comté	7,800 00		
		18,800 00	
Territoires du Nord-Ouest:—			
Cour suprême	20,000 00		
Allocations de tournée	2,879 65		
Shérifs	2,458 24		
		25,337 89	
Divers	36,789 57		
Arbitres officiels	2,000 00		
Dépenses en vertu du chap. 181, R.S.C.	700 00		
Hautes cours de justice à London et Ottawa	915 00		
		40,404 57	
			774,761 69
POLICE FÉDÉRALE			23,788 82
PÉNITENCIERS.			
Kingston		182,152 96	
Saint-Vincent-de-Paul		85,810 27	
Dorchester		46,160 80	
Manitoba		37,192 35	
Colombie-Britannique		39,919 43	
Prison de Régina		8,168 74	
En général		10,193 68	
			409,598 23
LÉGISLATION.			
Sénat		249,827 83	
Chambre des communes		697,847 16	
Bibliothèque du parlement		32,851 13	
Impressions, reliure et distribution des lois		4,621 97	
do papier à imprimer et reliure		98,217 53	
Dépenses d'élection		51,407 32	
			1,134,772 94

DÉPENSES, 1896-97—*Suite.*

SERVICE.	$ c.	$ c.	$ c.
ARTS, AGRICULTURE ET STATISTIQUE.			
Archives		6,783 58	
Patent Record		8,501 23	
Statistique criminelle		1,509 67	
Statistique, impression de l'Annuaire et relevé de la statistique du Canada		7,573 82	
Statistique en général		4,498 66	
Recensement		173 35	
Recensement du Manitoba		1,700 00	
Fermes expérimentales, entretien		76,000 06	
Industrie laitière		29,398 78	
Pour augmenter les intérêts de l'industrie laitière		6,032 87	
Aide aux sociétés d'agriculture, Territoires du Nord-Ouest		6,841 37	
Exposition de Stockholm		1,122 87	
Expositions dans les Territoires du Nord-Ouest		11,823 16	
Impression et distribution des rapports, etc., de la ferme expérimentale		4,000 00	
Gratification à Mme Jones		416 66	
Edifices permanents à Trois-Rivières		4,131 20	
Emmagasinage frigorifique		39,657 57	
Beurreries dans les Territoires du Nord-Ouest		14,224 78	
			224,389 63
IMMIGRATION			127,438 14
QUARANTAINE			120,161 60
PENSIONS.			
Liste civile, juges, etc		64,251 68	
Nouvelles pensions des miliciens (invasion fénienne)		2,893 70	
Vétérans de la guerre de 1812—Haut-Canada		1,520 00	
Compensation aux pensionnaires au lieu de terre		243 25	
Rébellion de 1885—			
Miliciens		18,864 22	
Police à cheval, volontaires et éclaireurs de Prince-Albert		2,917 04	
Pensions de l'asile militaire		192 00	
			90,881 89
MISE À LA RETRAITE (pour détails, *voir* pages 10 à 20)			307,792 66
MILICE.			
Solde d'état-major, corps permanents et milice active, y compris les allocations		364,997 70	
Exercices annuels		430,165 39	
Appointements et gages des employés civils		67,868 56	
Propriétés militaires, travaux de construction		112,641 69	
Approvisionnements militaires et autres		39,666 46	
Habillement et nécessaires		232,166 81	
Provisions, fournitures et remontes		115,899 75	
Transport et fret		43,998 39	
Subventions aux sociétés de tir et aux corps de musique		34,950 00	
Divers et dépenses imprévues		13,048 35	
Collège militaire royal du Canada		60,327 18	
Cartoucherie du Canada		58,492 31	
Défense d'Esquimalt		45,119 21	
Gratification		300 00	
A reporter		1,619,641 80	

DÉPENSES, 1896-97—*Suite.*

SERVICE.	$ c.	$ c.	$ c.
Report		1,619,641 80	
MILICE—*Fin.*			
Quartiers permanents à Bisley		5,000 00	
Équipement de camp		10,560 48	
Chemin, Charlottetown		4,000 00	
Monuments		310 10	
Dépenses imprévues du Jubilé de Diamant		27,875 82	
Médailles de Bisley		200 00	
			1,667,588 20
MILICE—CAPITAL.			
Armes et munitions			745,964 75
CHEMINS DE FER ET CANAUX—CAPITAL.			
Chemin de fer canadien du Pacifique :—			
Construction	1,415 26		
Frais d'arbitrage	12,639 24		
		14,054 50	
Chemin de fer Intercolonial :—			
Matériel roulant	14,996 04		
Construction primitive	724 09		
Embranchement d'Indiantown	664 80		
Amélioration du service à Moncton	29,877 32		
Hangar à houille à Mulgrave	58 32		
Prolongement au terminus en eau profonde à Sydney	5 00		
Amélioration du service à Halifax	22,274 97		
Embranchement de Dartmouth	37,206 44		
Embranchement, Filature de coton, Halifax	1,839 47		
Puits aux gares	499 52		
Amélioration du service à Pictou	5,000 00		
Hangar à marchandises à Truro	1,095 00		
Amélioration du service à Saint-Flavien	1,488 93		
Fournir l'eau à Grand-Narrows	25 73		
Gare et voie de garage à No Man's Brook	7 02		
Caisson au Cap-Breton	1,498 28		
Écluse à Etchemin	1,500 00		
Améliorations à Petit-Métis	1,197 82		
Améliorations à Sussex, Trenton et Orangedale	653 46		
Paraneiges	5,633 69		
Améliorations au quai à Dalhousie	3,026 86		
Amélioration du service à Lévis	28 20		
Réclamations pour tuf	405 00		
Voies de garage à Saint-Valier, Saint-Pierre, etc	3,604 07		
Gare à la Rivière-du-Loup	1,598 17		
Maison de section, etc., à Sacré-Cœur	1,500 00		
Amélioration du service à Sayabec	796 05		
do Causapscal	686 92		
Élévateurs aux ateliers de construction	400 00		
Maison de section à Lakeside	1,453 34		
do Hendersons	1,479 96		
Améliorations à la gare de Saint-François	349 76		
Dom. aux terrains, chemin de fer du Cap-Breton et Oxford et New-Glasgow	3,472 77		
Chemin de fer d'Oxford et New-Glasgow	3,565 52		
Horloge à Saint Jean, N.-B	500 00		
		149,112 52	
Chemin de fer d'Annapolis et Digby		41,457 29	
Canaux—			
Canal Cornwal		438,487 51	
do des Galops		262,793 78	
do Grenville		1,908 44	
do Lachine		282,052 48	
A reporter		1,189,866 52	

DÉPENSES, 1896-97—*Suite.*

SERVICE.	$ c.	$ c.	$ c.
Report		1,189,866 52	
CHEMINS DE FER ET CANAUX—CAPITAL—*Fin.*			
Canaux—Fin.			
Chenal du lac Saint-Louis		73,300 41	
Canal Rideau		10,720 50	
do du Rapide-Plat		205,480 55	
do du Saut-Sainte-Marie		209,561 82	
do Soulanges		363,126 06	
Fleuve Saint-Laurent et canaux		12,347 31	
Canal de la Trent		486,575 70	
do Welland		2,282 35	
			2,553,261 22
CHEMINS DE FER ET CANAUX—REVENU.			
Canaux :—			
Beauharnois	9,813 15		
Carillon et Grenville	4,939 20		
Chambly	12,665 88		
Pointe-Farran	2,880 00		
Iroquois	1,000 76		
Lachine	14,664 21		
Rideau	19,079 11		
Trent	13,880 37		
Welland	22,283 06		
Divers travaux	2,479 33		
Arpentages et inspections—Canaux	458 14		
do Chemins de fer	3,574 94		
Statistique des chemins de fer	1,310 28		
Appointements de commis surnuméraires, etc	1,135 39		
do d'ingénieurs, etc	17,991 50		
Rapport de la preuve devant le comité des chemins de fer du Conseil privé	136 44		
Frais de litige	6,016 01		
Congrès international à Bruxelles	97 33		
			134,405 10
TRAVAUX PUBLICS—IMPUTABLES SUR LE CAPITAL.			
Québec :—			
Fleuve Saint-Laurent—Chenal des navires		107,308 39	
Ontario :—			
Améliorations du havre de Collingwood	3 89		
Amélioration de la rivière La-Pluie	5,205 80		
Rivière Kaministiquia	9,094 43		
		14,304 12	
Colombie-Britannique :—			
Havre de Nanaïmo—Amélioration du chenal sud		7,625 25	
			129,237 76
TRAVAUX PUBLICS—IMPUTABLES SUR LE REVENU.			
Edifices publics—			
Nouvelle-Ecosse :—			
Halifax, édifice fédéral	40 00		
do salle d'exercice	81,167 89		
do bâtiments de l'immigration	12,314 17		
Lunenburg, bureau de poste, etc	474 98		
Pictou, bureau de poste	1,150 00		
		95,147 04	
Nouveau-Brunswick :—			
Lazaret de Tracadie		1,171 67	
Provinces maritimes en général :—			
Edifices fédéraux—Renouvellements, etc		9,077 59	
A reporter		105,396 30	

DÉPENSES, 1896-97—*Suite.*

SERVICE.	$ c.	$ c.	$ c.
Report ..		105,396 30	
TRAVAUX PUBLICS—REVENU—*Suite.*			
Québec :—			
Coaticook, bureau de poste, etc	1,287 00		
Edifices fédéraux—Renouvellements	11,602 90		
Grosse-Ile, station de la quarantaine	5,818 12		
Montréal, édifices publics	5,137 89		
Québec, bureau de poste	2,599 45		
do bâtiments de l'immigration sur la jetée Louise et brise-lames, et bâtiments du quai de la Reine	3,430 00		
Richmond, bureau de poste, etc	9,251 50		
Rimouski, bureau de poste et douane	9,944 63		
Saint-Vincent-de-Paul, pénitencier	4,766 59		
		53,838 08	
Ontario :—			
Arnprior, bureau de poste, douane, etc	5,082 60		
Brantford do do réclamation de la ville pour trottoirs et égout	932 34		
Edifices fédéraux—Renouvellements, etc	15,640 70		
Maison de réforme fédérale	281 80		
Kingston, douane—Appareil de chauffage	266 65		
Ottawa, édifices publics—Renouvellement des chaudières, bloc de l'Est	4,583 60		
Ottawa, édifices publics—Terrains, nouveaux trottoirs et chemins	5,701 73		
Ottawa, édifices publics—Réparations au bloc de l'Ouest	36,989 34		
Ottawa, bureau de poste—Asphalter l'esplanade	1,500 00		
Ottawa, imprimerie de l'Etat—Echelles de sauvetage	1,100 00		
Petrolea, bureau de poste	342 76		
Toronto, édifices fédéraux—Améliorations, renouvellements, réparations, etc	5,596 68		
		78,018 20	
Manitoba :—			
Edifices fédéraux—Renouvellements, etc	5,167 34		
Portage-la-Prairie, bureau de poste, etc	8,150 90		
Winnipeg, bur. de poste—Répar., etc., appar. de chauf.	679 22		
		13,997 46	
Territoires du Nord-Ouest :—			
Palais de justice, violon et logement de la police, T.N.-O.	393 19		
Edifices fédéraux—Renouvellements, etc	3,883 90		
Moosomin, palais de justice—Rallonges, réparations, ameublement, etc	2,253 22		
Prince-Albert, palais de justice et commodités à la prison—Nouveaux travaux et réparations	6,097 40		
Prince-Albert, bureau des terres et d'enregistrement	69 40		
Régina, hôtel du gouvernement—Emplacement	1,590 00		
Régina, bur. des terres—Reconstruct. de l'édifice brûlé.	100 00		
		14,387 11	
Colombie-Britannique :—			
Edifices fédéraux—Renouvellements, etc	1,853 12		
New-Westminster, salle d'exercices	3,188 68		
Victoria, salle d'exercices et édifices accessoires	319 66		
Victoria, nouveau bureau de poste	99,831 17		
Williams-Head, station de la quarantaine—Protection contre l'incendie, ajustages, etc	4,995 19		
		110,187 82	
Edifices publics en général		8,119 36	
Fermes expérimentales :—			
Nouveaux édifices, améliorations, renouvellements, etc.		6,886 87	
Réparations, ameublement, chauffage, etc. :—			
Edifices d'Ottawa—Réparations, etc	117,612 04		
Loyers, édifices fédéraux	17,533 10		
Rideau-Hall	22,341 83		
A reporter	157,486 97	390,831 20	

DÉPENSES, 1896-97—*Suite.*

SERVICE.	$ c.	$ c.	$ c.
Report....	157,486 97	390,831 20	
TRAVAUX PUBLICS—REVENU—*Suite.*			
Réparations, ameublement, chauffage, etc.—Suite.			
Ameublement, édifice publics	4,998 35		
Immigration—Edifices publics—Réparations, etc.	582 33		
do Quarantaine—Entretien	1,449 06		
Edifices—Chauffage, etc	58,072 13		
do Gaz et lumière électrique	25,295 60		
do Service du teléphone	3,799 50		
do Eau, y compris Rideau-Hall	14 997 26		
Edifices publics, Ottawa—Terrains	4,888 00		
do do Parc de la côte du Major	2,659 85		
do do Enlever la neige, y compris Rideau-Hall	1,106 32		
Rideau-Hall, allocation pour combustible et éclairage	8,000 00		
Appointements des mécaniciens, chauffeurs, etc	73,055 97		
Fournitures pour do do	2,282 92		
Chauffage—Edifices publics	45,005 06		
Eclairage do do	47,177 15		
Eau do do	15,450 17		
		466,306 64	
Ports et rivières.			
Nouvelle-Ecosse—			
Arisaig—Réparations au quai	1,239 38		
Boulardcrie, traverse Ross	2,758 75		
Church-Point—Agrandissement du brise-lames	3,974 32		
Pointe Cribbon	1,552 44		
Jetée de Digby	2,781 69		
Georgeville—Agrandissement des quais	845 12		
Grand-Etang	497 23		
Bassin de radoub d'Halifax	10,000 00		
Hantsport—Quai	174 13		
Joggins—Réparations au brise-lames	1,499 12		
Margaree—Protection de la grève	199 99		
Margaretville—Reconstruction de la jetée	5,015 83		
Morden—Réparations au quai	1,963 91		
Etang aux Huîtres—Réparations au brise-lames	698 46		
Port-Hood—Réparations au quai	1,500 00		
do Maitland, comté de Yarmouth—Réparations au brise-lames	3,303 73		
Pugwash—Nouveau quai	137 41		
Seaside—Quai	4,991 00		
Anse à la Truite—Réparations au brise-lames	3,903 02		
Wallace—Nouveau quai	1,461 00		
Port de Yarmouth—Répar. aux trav. de protection	2,937 34		
		51,433 87	
Ilé du Prince-Edouard—			
Belfast—Réparations à la jetée	499 94		
Pointe de Chine—Réparations aux jetées	284 32		
Rive Kier—Agrandissem de la jetée, réparations et dragage	62 05		
New-London—Réparations	747 41		
Port-Selkirk—Réparations au quai	597 46		
Réparations aux jetées et aux brise-lames	1,924 17		
Souris, Knight's-Point—Reconstruction du brise-lames	21,861 69		
Tignish—Réparations au brise-lames	2,157 22		
		28,134 26	
Nouveau-Brunswick—			
Anderson's-Hollow—Réparations au brise-lames	1,018 79		
Gardner's-Greek—Nouveau quai	5,308 75		
Anse au Hareng—Réparations au brise-lames	793 89		
Quaco—Réparations au brise-lames	981 95		
Rivière Saint-Jean, y compris ses tributaires	838 62		
A reporter	8,942 00	936,705 97	

DÉPENSES, 1896-97—*Suite.*

SERVICE.	$ c.	$ c.	$ c.
Report	8,942 00	936,705 97	
TRAVAUX PUBLICS—REVENU—*Suite.*			
Ports et rivières—Suite.			
Nouveau-Brunswick—*Fin.*			
Rivière St-Jean, dragage entre la riv. et le Grand-Lac	1,498 81		
Port de St-Jean—Pointe du Nègre, brise-lames	8,465 24		
do Réparations et prolongement des trav. de protection à la base du fort Dufferin	3,398 70		
		22,304 75	
Provinces maritimes en général—			
Ports et rivières, réparations et améliorations en général		7,130 30	
Québec—			
Anse à l'Eau ou Tadoussac—Jetée	1,474 93		
Berthier—Brise-glace	2,584 16		
Cap à l'Aigle—Réparations et prolongem. du quai	816 49		
Chicoutimi—Prolongement du quai	4,992 96		
Coteau du Lac—Réparations au quai	441 36		
Coteau Landing do	984 29		
Etang du Nord—Réparations	764 13		
Grande Rivière—Pour compléter le port de refuge en prolongeant le quai	1,881 41		
Grand Pabos—Réparations au brise-lames	500 00		
Ports, rivières et ponts—Réparations en général et améliorations	6,753 98		
Kamouraska—Réparations au quai	995 62		
Lac Saint-Jean—Jetées, y compris les améliorations des abords	1,107 02		
Laprairie—Brise-glace, dragage du chenal des bateaux à vap., etc	9,811 48		
L'Assomption—Améliorations de la rivière	998 31		
L'Islet—Réparations au quai	396 80		
Longueuil—Réparations au quai	284 56		
Lotbinière—Nouveau quai	148 63		
Saint-Laurent inférieur—Places de débarquement pour les bateaux de pêche	1,103 15		
Montmagny—Reconstruction	3,971 51		
New-Carlisle—Réparations	849 87		
Phillipsburg—Jetée	546 08		
Port-Daniel—Réparations	1,992 75		
Rivière du Lièvre, écluse—Réparations	1,665 65		
Rivière du Sud—Travaux de protection	3,930 08		
Rivière Ouelle—Réparations	845 39		
Rivière Richelieu—Chenal de Belœil, jetées	2,170 12		
Rivière Sainte-Anne de la Pérade—Réparations aux travaux de protection	3,000 00		
Rivière Saint-Maurice—Chenal entre les Grandes-Piles et Latuque, matériel de dragage, etc	162 33		
Ste-Anne du Saguenay—Prolong. du quai à la rive	5,000 00		
Ste-Famille—Réparations	1,161 91		
Saint-Irénée—Réparations et prolongement du quai à la rive	3,588 31		
Saint-Jean, Ile d'Orléans	389 38		
Saint-Jean Port-Joli—Réparations	474 56		
Saint-Valentin—Nouveau quai et abord	174 10		
Trois-Rivières—Réparations au brise-glace	499 79		
		66,461 11	
Ontario—			
Chenal Burlington—Réparations aux jetées	1,328 24		
Collingwood—Réparations au brise-lames	37 75		
Goderich—Reconstruction du brise-lames et réparations aux jetées	1,440 98		
A reporter	2,806 97	1,032,602 13	

DÉPENSES, 1896-97—*Suite.*

SERVICE.	$ c.	$ c.	$ c.
Report	2,806 97	1,032,602 13	
TRAVAUX PUBLICS—REVENU—*Suite.*			
Ports et rivières—Fin.			
Ontario—*Fin.*			
Ports, rivières et ponts—Réparations générales, etc.	2,028 87		
Kincardine—Réparations aux jetées	2,265 42		
Port de Kingston	963 16		
Kingsville—Réparations à la jetée du débarcadère.	173 55		
Lacs Simcoe et Couchiching—Aménagement des eaux	4,540 55		
L'Orignal—Reconstruction du quai	191 15		
Port d'Owen-Sound—Dragage, etc	5,728 11		
Penetanguishene—Réparations au quai	597 28		
Port-Stanley—Brise-lames	1,982 82		
Rivière Thames—Dragage au mois	5,259 46		
Thornbury—Réparations au quai	20 00		
Port de Toronto—Entrée de l'est, etc	6,287 76		
		32,845 10	
Manitoba—			
Ports, rivières et ponts—Réparations générales, etc	812 73		
Quai sur le lac Winnipeg	153 95		
		966 68	
Territoires du Nord-Ouest—			
Ports, rivières et ponts, y compris les abords—Réparations générales, etc		3,436 91	
Colombie-Britannique—			
Rivière Colombie	4,141 60		
Rivière Duncan—Améliorations	1,919 41		
Rivière Fraser—Améliorations du chenal	12,028 70		
Ports, rivières et ponts—Réparations générales, etc.	2,553 14		
Rivière Skeena	1,330 88		
Station de la quarantaine de Williams-Head—Réparations au quai et amélioration du service d'eau.	3,558 92		
		25,532 65	
Ports et rivières en général		3,401 19	
Dragueurs—Réparations	26,730 26		
Nouvel outillage de dragage	37,287 72		
Dragage	122,255 91		
		186,273 89	
Glissoirs et estacades :—			
Glissoirs et estacades en général		4,954 62	
Chemins et ponts :—			
Cité d'Ottawa—Ponts sur la rivière Ottawa, les glissoirs, le canal Rideau	7,083 03		
Cité d'Ottawa—Ponts des Sapeurs et Dufferin	7,203 70		
do Pont Union	6,999 16		
Chenal Burlington—Ponts tournants	16,520 92		
Edmonton, T.N.-O.—Ponts sur la Saskatchewan.	600 00		
Ponts de l'Etat par tout le Canada	237 50		
		38,644 31	
Lignes télégraphiques :—			
Lignes terrestres et câbles, golfe Saint-Laurent, etc.—			
Rive nord du Saint-Laurent, prolongement de la Pointe-aux-Esquimaux	4,677 16		
Ile aux Coudres	1,643 19		
Station de la rivière Pentecôte	508 64		
Ligne du Saguenay	2,495 24		
Ligne entre Margaree et Chéticamp	125 25		
Lignes télégraphiques, Ontario	1,500 00		
A reporter	10,949 48	1,328,657 48	

DÉPENSES, 1896-97—*Suite.*

SERVICE.	$ c.	$ c.	$ c.
Report	10,949 48	1,328,657 48	
TRAVAUX PUBLICS—REVENU—*Fin.*			
Lignes télégraphiques—Fin.			
Lignes télégraphiques, Colombie-Britannique—			
Pour pourvoir à une ligne alternative raccordant les caps Beale et Carmanah avec Victoria par le prolongement de la ligne française Creek-Alberni du sud à la côte S.-O., île de Vancouver	400 00		
		11,349 48	
Divers :—			
Arpentages et inspections	14,836 84		
Galerie nationale des Beaux-Arts (Ottawa)	1,359 10		
Bureau de l'ingénieur en chef—Appointements des ingénieurs, dessinateurs et commis	44,734 23		
Bureau de l'architecte en chef—Appointements des architectes, dessinateurs et commis	24,236 09		
Service télégraphique—Appointements du personnel	2,900 00		
Services temporaires de commis aux écritures et autres, y compris ceux des personnes qui ont été employées après le 1er juillet 1882, nonobstant toute disposition contraire de l'Acte du service civil	24,465 80		
Monument à Champlain dans la cité de Québec—Contribution	3,000 00		
Pour pourvoir à la moitié des appointements du photographe du département	524 97		
Pour payer à la veuve de feu Thomas Carbray, réparateur du télégraphe, Ile d'Anticosti, une gratification équivalant à 3 mois de salaire	120 00		
Célébration du jubilé de la reine	5,945 76		
Funérailles de sir John Thompson	1,588 79		
		123,711 58	
			1,463,718 54
SUBVENTIONS POSTALES ET AUX PAQUEBOTS.			
Baddeck, Grand-Narrows et Iona		6,913 34	
Canada et Australie		121,666 67	
Canada et Japon		73,000 00	
Bassin de Gaspé et Dalhousie		12,291 67	
Grand-Manan et terre ferme		4,000 00	
Grande-Bretagne et Canada		125,316 65	
Halifax et Terreneuve *via* les ports du Cap-Breton		2,000 00	
Liverpool, Grande-Bretagne et Saint-Jean, N.-B.		20,000 00	
Terre ferme et les îles de la Madeleine		8,850 00	
Pictou et Chéticamp		2,000 00	
Pictou, Murray-Harbour, Georgetown et Montague-Bridge		1,200 00	
Port-Mulgrave, Arichat et Canso		5,948 75	
Ile du Prince-Edouard et la terre ferme		10,000 00	
Saint-Jean et Digby		12,500 00	
Saint-Jean et Glasgow		7,500 00	
Saint-Jean, Dublin et Belfast		6,375 00	
Saint-Jean et Halifax *via* Yarmouth		7,000 00	
Saint-Jean et les ports dans le bassin de Minas		3,000 00	
Saint-Jean et Halifax et London		36,250 00	
Saint-Jean et Halifax et les Indes Occidentales et l'Amérique du Sud		78,000 00	
Victoria et San-Francisco		10,000 00	
			553,812 08
SERVICE OCÉANIQUE ET FLUVIAL.			
Vapeurs fédéraux		136,940 11	
Examen des capitaines et seconds		3,536 29	
A reporter		140,476 40	

DÉPENSES, 1896-97—*Suite.*

SERVICE.	$ c.	$ c.	$ c.
Report		140,476 40	
SERVICE OCÉANIQUE ET ELUVIAL—*Fin.*			
Récompenses pour sauvetage de vies		5,955 19	
Enquêtes sur les naufrages		565 25	
Enregistrement des navires		531 65	
Observations de la marée		13,166 20	
Enlèvement d'obstacles dans les rivières navigables		631 86	
Service de la malle en hiver		21,931 05	
			183,257 60
PHARES ET SERVICE CÔTIER.			
Appointements et allocations des gardiens de phares		202,663 54	
Agences, loyers et dépenses imprévues		15,011 49	
Entretien et réparations des phares		209,375 71	
Service des signaux		5,986 12	
Réparations aux quais		1,795 56	
Construction de phares		10,910 30	
			445,742 72
INSTITUTIONS SCIENTIFIQUES.			
Observatoire de Toronto et observatoire magnétique		3,324 05	
do Kingston		500 00	
do Montréal		500 00	
Service météorologique		63,073 66	
Levés hydrographiques, y compris la baie Georgienne et Anticosti		12,352 99	
Professeur C. H. McLeod, services professionnels		243 42	
			79,994 12
HÔPITAUX DE LA MARINE ET MARINS MALADES ET SANS RESSOURCES.			
Hôpital de Kingston		235 80	
Hôpital de Sainte-Catherine		500 00	
Hôpitaux de marine, provinces maritimes		35,097 24	
Marins naufragés et sans ressourses		2,297 64	
			38,130 68
INSPECTION DES BATEAUX À VAPEUR			26,837 83
PÊCHERIES.			
Appointements et allocations des gardes-pêche et gardiens		99,864 97	
Piscifactures et homarderies		27,330 73	
Navires pour la protection des pêcheries		109,349 38	
Construire une passe-migratoire et nettoyer la rivière		176 46	
Frais judiciaires et dépenses imprévues		5,223 84	
Exposition canadienne des pêcheries		829 29	
Distribution des primes de pêche		4,997 93	
Primes de pêche		154,389 77	
Culture des huîtres		4,359 49	
Commission internationale des pêcheries		31,563 08	
Dépenses des commissaires relatives aux partisans politiques		1,243 74	
Enquête d'un expert au sujet des phoques		3,388 86	
Exposition de pêcherie et de yacht		389 99	
Percepteurs des douanes—Primes de pêche des Etats-Unis.		479 32	
			443,586 85
SURINTENDANCE DES ASSURANCES			10,611 56
COMMISSION GÉOLOGIQUE			67,000 00

DÉPENSES, 1896-97—*Suite.*

SERVICE.	$ c.	$ c.	$ c.
SAUVAGES.			
Ontario, Québec et provinces maritimes		99,498 84	
Nouvelle-Ecosse		8,045 02	
Nouveau-Brunswick		5,168 97	
Ile du Prince-Edouard		1,537 18	
Territoires du Nord-Ouest		701,503 83	
Colombie-Britannique		92,310 14	
			908,063 98
POLICE À CHEVAL DU NORD-OUEST			526,162 05
GOUVERNEMENT, TERRITOIRES DU NORD-OUEST			320,535 66
SUBVENTIONS AUX PROVINCES.			
Ontario		1,339,287 28	
Québec		1,086,713 48	
Nouvelle-Ecosse		432,808 96	
Nouveau-Brunswick		483,555 82	
Manitoba		470,335 74	
Colombie-Britannique		242,689 46	
Ile du Prince-Edouard		182,668 34	
			4,238,059 08
DIVERS.			
Académie des arts		2,000 00	
Arbitrage sur compte des provinces		7,288 85	
Armée et marine, commutation des droits de douanes		2,077 50	
Sources thermales de Banff		6,303 02	
Association britannique pour l'avancement des sciences		10,000 00	
Frontière entre le Canada et les Etats-Unis		15,484 14	
Gazette du Canada		4,377 98	
Classification d'anciennes archives		1,000 00	
Compensation à la police à cheval du Nord-Ouest pour blessures lorsque en devoir		1,996 79	
Distribution des documents parlementaires		946 51	
Fabre, M., appointements et dépenses imprévues		3,500 00	
Gouvernement de Kéwatin		1,493 74	
Avis d'homme de loi à l'auditeur général		473 00	
Affaires en litige, ministère de la justice		5,743 88	
do do l'intérieur		998 04	
Entretien des aliénés et autres, à Kéwatin		2,267 80	
Impressions diverses		26,296 54	
Outillage du bureau de l'imprimerie		3,277 30	
Rapports parlementaires		289 37	
Secours à des Canadiens sans ressources		455 06	
Achat de "Parliamentary Companion"		1,000 00	
Commission royale sur le trafic des liqueurs		169 50	
Société royale		5,000 00	
Remonter la police à cheval du Nord-Ouest pour secours aux métis		381 03	
Dépenses imprévues		18,298 09	
Exploration dans le district du Yukon		5,998 47	
Payer J. B. Davis pour terrains		1,000 00	
Payer les tarières pour puits		2,970 40	
Dépenses de l'hon. A. R. Dickey, *in re* la question des écoles du Manitoba		279 00	
Frais de liquidation, Woodburn *vs* la Reine		750 00	
Remboursement à J. J. Foster, pour bois de construction		255 00	
Monument aux soldats de la rébellion du Nord-Ouest		500 00	
Assemblée de l'Association Médicale de Montréal		5,000 00	
Expédition par eau à la baie d'Hudson		19,091 32	
A reporter		156,962 33	

DÉPENSES, 1896-97—*Suite.*

SERVICE.	$ c.	$ c.	$ c.
Report		156,962 33	
DIVERS—*Fin.*			
Transport de Son Excellence Li Hung Chang		3,000 00	
Pour ceux qui ont souffert par l'éboulis de Québec		38,768 48	
Dépen. de la commission en rapp. avec l'éboulis de Québec		1,838 50	
Pour payer aux dépositaires dans les banques d'épargnes des bureaux de poste de Saint-Jean et Ottawa, le montant des sommes mal appropriées		4,768 31	
Pour rapatriement des Canadiens du Brésil		3,776 37	
Ecrin et adresse à Sa Majesté		750 00	
Contribut. pour la bibliothèque de loi canadienne à Londres		250 00	
			210,113 99
DOUANES.			
Appointements et dépenses imprévues		848,244 55	
Inspection des ports		22,622 10	
Bureau des douanes		26,942 80	
Laboratoire des douanes		3,715 56	
Divers		23,861 02	
Croiseur *Constance*		18,086 54	
Dépenses générales et imprévues		1,672 76	
Compensation à Vincent Mullen pour perte d'un cheval		100 00	
			945,245 33
ACCISE.			
Appointements		301,558 49	
Dépenses imprévues		49,478 01	
Service douanier		9,340 13	
Supplément aux officiers des grandes distill. et manufactures		5,490 20	
Supplémentaire		795 43	
Estampilles		19,000 00	
Allocations aux percepteurs des douanes		5,490 23	
Commission sur les estampilles à tabac		58 63	
Spiritueux pyroxyliques		73,215 63	
			464,426 75
MESURAGE DE BOIS DE CONSTRUCTION.			16,618 75
POIDS ET MESURES.			
Appointements		50,166 87	
Dépenses imprévues		15,776 06	
			65,942 93
INSPECTION DU GAZ.			
Appointements		14,907 85	
Dépenses imprévues		4,231 15	
			19,139 00
INSPECTION DE LA LUMIÈRE ÉLECTRIQUE			8,998 71
INSPECTION DES DENRÉES			2,921 38
FALSIFICATION DES SUBSTANCES ALIMENTAIRES			24,008 80
MENUS REVENUS.			
Dépenses par le ministère du revenu de l'intérieur		186 21	
do de l'intérieur		672 89	
			859 10

DÉPENSES, 1896-97—*Suite.*

SERVICE.	$ c.	$ c.	$ c.
CHEMINS DE FER ET CANAUX.			
Chemins de fer :—			
Intercolonial	2,925,968 67		
Ile du Prince-Edouard	240,489 90		
Embranchement de Windsor	10,821 04		
Baie-des-Chaleurs	18,679 97		
		3,195,959 58	
Canaux :—			
Appoint. et dépenses imprévues des empl. des canaux	36,444 26		
Beauharnois	35,875 62		
Cornwall	31,978 75		
Carillon et Grenville	25,388 24		
Chambly	31,882 72		
Lachine	83,353 95		
Murray	9,493 28		
Rideau	60,997 49		
Sainte-Anne	4,045 63		
Saint-Ours	2,842 66		
Saint-Pierre	2,729 58		
Saut-Sainte-Marie	23,053 38		
Trent	8,463 29		
Welland	129,343 01		
Williamsburgh	16,908 25		
Dragueurs—Réparations	8,998 46		
Divers	2,475 01		
Travail le dimanche	14,859 39		
Dépenses d'enquêtes sur chemins de fer et canaux	597 39		
		529,730 34	
			3,725,689 92
TRAVAUX PUBLICS—PERCEPTION DU REVENU.			
Glissoirs et estacades, perception des droits		2,099 05	
Chenal Burlington		1,682 87	
Bassin de radoub d'Esquimalt		10,770 28	
do de Kingston		4,657 10	
do de Lévis		7,718 88	
District d'Ottawa, travaux		40,009 54	
Rivière Trent et district de Newcastle, travaux		2,822 03	
Upper Ottawa Improvement Co		1,722 92	
Rivière du Lièvre		949 53	
Rivière Yamaska		685 76	
District du Saguenay		277 24	
District du Saint-Maurice		14,055 71	
Rép. aux havres, rivières, glissoirs et estacades, en général		4,547 20	
Lignes aériennes et cables sous-marins :—			
Bas du fleuve Saint-Laurent et golfe	23,622 81		
Territoires du Nord-Ouest	15,092 87		
Ile du Prince-Edouard et la terre ferme	2,919 99		
Colombie-Britannique	9,656 29		
En général	2,078 57		
		53,370 53	
Agence des travaux publics, Colombie-Britannique		2,199 28	
			147,567 92
POSTES.			
Appointements et allocations		1,250,609 90	
Service de la malle		2,306,371 55	
Divers		232,496 89	
			3,789,478 34

DÉPENSES, 1896-97—*Fin.*

SERVICE.	$ c.	$ c.	$ c.
TERRES FÉDÉRALES—REVENU			
Appointements	....	79,223 51	
Dépenses imprévues	....	27,664 43	
Bureau des examinateurs des inspecteurs des terres fédérales	....	270 00	
Appointements des commis surnuméraires	....	4,257 18	
			111,415 12
TERRES FÉDÉRALES—CAPITAL	....	....	91,411 86
COMMERCE ET NAVIGATION.			
Acte de l'immigration chinoise	....	2,959 19	
Agences commerciales	....	11,045 05	
Bureau international des douanes	....	600 00	
			14,604 24

ÉTAT des mandats des années précédentes émis et restant impayés le 30 juin 1897.

Année de l'émission.	A qui payable.	Montant.
		$ c.
1875	Robert Kempt	49 36

ÉTAT des recettes du fonds des RÉSERVES DU CLERGÉ, BAS-CANADA, en vertu de la 18e Vict., chap. 2, pour l'exercice terminé le 30 juin 1897.

Date.	——	Dt.	Av.
1896.		$ cts.	$ c.
30 juin	Balance d'après les comptes publics de 1895-96	....	14,165 52

CHEMIN DE FER INTERCOLONIAL.

ÉTAT des comptes ouverts le 30 juin 1897.

Détails.	Dt.	Av.
	$ cts.	$ c.
Chemin de fer Québec-Central	2,775 34	
do Central du N.-B.	32 40	
do Canada-Est, trafic	5,891 09	
do Drummond et Athabaska, trafic	838 52	
Caisse	1,253 23	
Loyers	2,957 16	
Gares	48,874 10	
Ministère de la milice et de la défense	4,132 16	
do des postes	21,092 50	
do de l'agriculture	484 25	
Chemin de fer Canadien du Pacifique, matériel roulant	22,446 90	
Ministère des travaux publics	147 88	
do de la marine et des pêcheries	6 78	
Chemin de fer D. A., en général	1,304 33	
do Canadien du Pacifique, en général	7,292 55	
do du Nouveau-Brunswick	4,015 43	
do de Caraquette	521 12	
do de l'Ile du Prince-Edouard	0 55	
do de Kent-Nord	3 66	
do de la Baie-des-Chaleurs	165 91	
do Canada-Est, en général	4,955 54	
do du Nouveau-Brunswick et de l'Ile du Prince-Edouard	7 45	
do d'Elgin et Havelock	5 95	
do de Boston et Maine	13 57	
do de Bouctouche et Moncton	7 00	
do N. Y., N. H. et H	2 44	
do Central du Vermont	51 99	
do Salisbury et Harvey	12 63	
do de la Vallée de la Tobique	2,341 50	
Compagnie de wagons-palais Pullman	930 49	
Imperial Tank Line	0 95	
Lignes de wagons Armour	1 11	
Chemin de fer Canada-Atlantique	14 00	
do Grand-Tronc, en général	3,926 37	
Ligne Great-Eastern	0 43	
Chemin de fer Michigan-Central	0 40	
do Great-Northern	535 26	
do Chicago, Burlington et Quincy	29 91	
Minneapolis, Saint-Paul et Saut-Sainte-Marie	0 58	
Chemin de fer Côtier de la Nouvelle-Ecosse	0 91	
do de Fitchburg	9 55	
do de Rutland	0 40	
Morris Refrigerator Line	1 00	
Ligne de messagerie Nationale	0 64	
Chemin de fer de P. et Rumford-Falls	3 00	
D. H. Appleby	138 60	
W. Pugsley	100 00	
Compagnie de messagerie du Canada	4,531 99	
Compagnie de charbon Intercoloniale	13 00	
Chemin de fer de Cumberland et Compagnie Houillère	627 72	
Compagnie houillère et de chemin de fer Dominion	11 84	
Compagnie houillère Dominion	122 17	
Compagnie houillère d'Acadie	2,103 35	
Compagnie d'aciérie de la Nouvelle-Ecosse	465 26	
Waterson et Prould	0 01	
Steamer *Admiral*	1,704 34	
I. C. R. employees R. and I. Association	39 61	
Compagnie de télégraphe Western Union	5 27	
Voiture "Victoria"	1,142 42	
The Gray and Lawrence Brs. Co	6 75	
Compagnie d'engins de locomotives du Canada	320 00	
A. M. Peterson	412 43	
I. et E. R. Burpee	99 11	
Voiture "Ottawa"	14 03	
A reporter	148,946 83	

ÉTAT des comptes ouverts le 30 juin 1897—*Fin.*

Détails.	Dt.	Av.
	$ c.	$ c.
Report	148,946 83	
"Germanic", Ligne T.	0 45	
J. T. C. McKean	300 00	
Geo. McDougall et Cie	1,460 00	
Ligne de SS. Allan	1,892 13	
J. R. Harrison	1,343 41	
Union Bearing Co.	928 18	
Compagnie de filature de coton d'Halifax	5,801 97	
Chemin de fer d'embranchement d'Elgin	726 10	
Poulson Iron Works	273 25	
Ville de Dartmouth	32,000 00	
Compagnie des chars urbains de Saint-Jean	31 00	
Ontario Car and Foundry Co.	1,276 00	
Pickford et Black	132 28	
L. N. Pouliot	352 20	
R. A. et J. Stewart	41 39	
W. Ross	33 70	
J. Richards et Fils	116 24	
T. Cook et Fils	19 80	
Remises détruites	788 81	
Gare de Nauwigewauk	3 00	
do Glengarry	5 00	
do Bloomfield	25 21	
Goélette *Mary Jane*	71 30	
Gare d'embranchement des houillères	65 84	
Gare de Welford	55 00	
P. E. Gallant	173 36	
Gare de Sainte-Luce	80 00	
do Saint-Arsène	107 12	
Chemin de fer des Comtés de l'Ouest, en général	15,893 35	
do do trafic	64 57	
do de Spring-Hill et Parrsboro'	3,161 99	
do d'Halifax et Cap-Breton	1,151 42	
Laminoirs de Coldbrook	1,967 41	
Gare du Bic	22 00	
A. Forbes	82 18	
H. J. Cameron	1,679 07	
J. J. McLeod	644 16	
Gare de Dalhousie	19 69	
do de Valley	6 65	
do d'Iona	72 71	
do de Nappan	40 00	
do de la jonction de Kent	28 38	
do de l'Ile Verte	25 00	
do de la jonction de Gloucester	78 87	
do de Campbellton (march.)	25 00	
H. M. Hamilton	316 66	
R. Hamilton	1,131 52	
H. Atkinson	12 80	
Gare de la jonction de Derby	231 04	
T. Atkinson	49 87	
Comptes indéterminés		6,245 18
Chemin de fer Canadien du Pacifique (D. du N.-B.) trafic		2 20
Fret non réclamé		46 12
Chemin de fer de Témiscouata		58 67
Cie de navigation à vapeur de l'Ile du P.-E		3 66
Chemin de fer de Chatham		0 07
J. B. Snowball		6 14
Dubs et Cie		98 63
Chemin de fer Canadien du Pacifique, trafic		10,234 90
do du Grand-Tronc, trafic		8,273 43
do de la Rive du Golfe		29 50
C. G. Beaulieu		3 32
Lignes Canada-Atlantique et Plant		479 55
Balance		198,228 54
Totaux	223,759 91	223,759 91

CHEMIN DE FER INTERCOLONIAL.

ÉTAT COMPARATIF du revenu et des frais d'exploitation, pour les exercices terminés les 30 juin 1896 et 1897.

——	1896.	1897.	Augmentation ou diminution en 1897.
REVENU.	$ c.	$ c.	$ c.
Voyageurs	971,426 26	979,005 57	+ 7,579 31
Marchandises	1,788,813 18	1,687,050 42	— 101,762 76
Malles et divers	197,400 66	199,972 03	+ 2,571 37
	2,957,640 10	2,866,028 02	— 91,612 08
FRAIS D'EXPLOITATION.			
Traction	993,801 39	995,247 29	+ 1,445 90
Dépenses des wagons	659,525 46	708,513 01	+ 48,987 55
Entretien de la voie et des travaux d'art	774,556 25	624,454 43	— 150,101 82
Dépenses des gares	383,895 37	384,982 77	+ 1,087 40
Frais généraux	199,985 80	207,107 39	+ 7,121 59
Parcours des wagons par mille	1,063 35	5,663 78	+ 4,600 43
	3,012,827 62	2,925,968 67	— 86,858 95
Différence entre les recettes et les frais d'exploitation	+ 55,187 52	+ 59,940 65	+ 4,753 13

CHEMIN DE FER DE L'ILE DU PRINCE-ÉDOUARD.

ÉTAT des comptes ouverts pour l'exercice terminé le 30 juin 1897.

Détails.	Dt.	Av.
	$ c.	$ c.
Caisse	1,554 26	
Gares	930 96	
Ministère des postes	4,744 90	
Ministère de la milice	354 89	
Cie de télégraphe Anglo-Américaine	46 43	
Juge Weatherbee	30 00	
Sidney Gray	25 00	
Prolongement du chemin de fer, Charlottetown	812 83	
Embranchement du chemin de fer de Belfast	261 43	
Chemin de fer Intercolonial	105 38	
Assurances contre les accidents		2,625 65
Balance reportée		6,240 43
	8,866 08	8,866 08

CHEMIN DE FER DE L'ILE DU PRINCE-ÉDOUARD.

ÉTAT COMPARATIF du revenu et des frais d'exploitation, pour les exercices terminés les 30 juin 1896 et 1897.

—	1896.	1897.	Augmentation ou diminution en 1897.
REVENU.	$ c.	$ c.	$ c.
Voyageurs	62,358 12	62,695 07	+ 336 95
Marchandises	65,391 92	69,872 66	+ 4,480 74
Malles et divers	18,726 50	20,875 40	+ 2,148 90
	146,476 54	153,443 13	+ 6,966 59
FRAIS D'EXPLOITATION.			
Traction	54,165 88	55,991 60	+ 1,825 72
Dépenses des wagons	34,221 54	41,967 07	+ 7,745 53
Entretien de la voie et des travaux d'art	84,342 54	84,965 58	+ 623 04
Dépenses des gares	27,802 13	28,858 47	+ 1,056 34
Frais généraux	9,763 01	11,328 29	+ 1,565 28
Parcours des wagons par mille	14,843 46	17,378 89	+ 2,535 43
	225,138 56	240,489 90	+ 15,351 34
Différence entre les recettes et les frais d'exploitation	78,662 02	87,046 77	+ 8,384 75

FONDS DES SAUVAGES.

ÉTAT des transactions en rapport avec ce fonds durant l'année expirée le 30 juin 1897.

	$ c.
Balance au crédit du fonds, 30 juin 1896	3,650,529 38
Intérêt perçu durant l'année sur les fonds entre les mains du gouvernement fédéral	164,454 85
Perceptions sur le compte des ventes de terres, droits sur bois de construction, droits sur pierre de carrière, loyers, amendes et ventes durant l'année	100,524 20
Subventions du gouvernement	49,946 00
	3,965,454 43
Dépense durant l'année	272,938 42
Balance à l'avoir, 30 juin 1897	3,692,516 01

BUREAU DE LA PAPETERIE DU GOUVERNEMENT.

ÉTAT GÉNÉRAL des comptes, ou bilan, pour l'exercice terminé le 30 juin 1897.

DT.

—	£	s.	d.	Montant. $ c.	Total. $ c.
Balance, 1er juillet 1896					63,907 60
Alex. Pirie et Fils, à resp. lim.	805	7	3	3,919 44	
Waterlow et Fils, à resp. lim.	83	16	0	407 83	
Wm. Mitchell	236	2	3	1,149 08	
Geo. Rowney et Cie	133	15	4	651 00	
Perry et Cie	8	4	4	39 99	
J'hn Walker et Cie	2,005	16	0	9,761 55	
F. A. Brockhaus	10	17	8	52 96	
Wostenholm et Fils	337	1	7	1,640 46	
John Heath et Cie.	138	13	10	674 97	
Rendall, Underwood et Cie.	101	5	0	492 75	
Ch. Gaulon.	6	15	9	33 03	
Winterbottom Book Cloth Co.	189	18	2	924 22	
Geo. Waterston et Fils	338	6	4	1,646 48	
A. W. Faber	9	8	1	45 77	
Johann Faber	327	4	1	1,592 39	
H. Morrell	10	17	4	52 88	
H. C. Stephens	38	11	3	187 67	
Wm. F. Stanley	3	19	6	19 34	
Faber, Frères.	51	14	3	251 65	
Eyre et Spottiswoode	670	15	11	3,264 54	
J. D. Potter	17	11	0	85 41	
Sampson, Low et Cie	256	0	1½	1,245 91	
Alex. Cowan et Fils	2,045	8	4	9,954 35	
Jas. Chestermann et Cie	11	8	9	55 66	
Rose et Stumbles	65	19	6	321 08	
Evans, Adlard et Cie	194	18	8	948 68	
M. Myers et Fils.	13	11	9	66 12	
Ormiston et Glass.	73	11	1	357 96	
Joseph Rodgers et Fils	432	5	8	2,103 77	
Henry Stephens et Sons et Stiles	2	15	4	13 46	
Grosvenor, Chater et Cie	560	6	1	2,726 82	
Bernard Quaritch.	22	5	0	108 28	
Cooper, Dennison et Walkden	50	5	6	244 67	
Winsor et Newton.	44	0	10	214 34	
Ernest E. Sabel	181	6	7	882 47	
Marcus Ward et Cie	79	6	9	386 11	
Maggs, Frères	0	15	4	3 73	
Elliott, Frères	190	10	6	927 22	
Spottiswoode et Cie	11	2	10	54 22	
L. Antoine et Fils Cie	9	0	10	44 00	
Steinbach et Cie	25	10	8	124 26	
Bureau de la papeterie de Sa Majesté, Londres	2	13	9	13 08	
E. Dufosse	2	10	11	12 39	
Conseil météorologique, Londres.	9	0	0	43 80	
A reporter				47,745 69	63,907 60

—	£	s.	d.	Montant. $ c.	Total. $ c.
Report				47,745 69	63,907 60
Wilson et Fils	9	4	0	44 77	
C. Gerhardt	38	10	9	187 55	
Theodor Schuchardt Gorlitz	29	2	1	141 64	
Dr. Stohrer et Sohn	11	10	4	56 05	
Gurney et Jackson	21	4	10	103 38	
Edward Nield	0	9	3	2 25	
Harrison et Fils	13	3	11	64 22	
Heinrich Lesser	1	1	7	5 25	
James G. Commin	0	11	4	2 76	
Gilbert et Rivington	0	11	3	2 74	
Louis P. Cassella.	29	2	10	141 82	
Troughton et Simms	11	10	0	55 97	
Julius Springer	0	19	9	4 81	
Francis Edwards	2	18	6	14 24	
Comptoir géologique de Paris	0	6	4	1 54	
Ellen Brunchorst	1	15	0	8 52	
	9,982	17	5½	48,583 30	
					48,583 30
Tower Manufacturing Co.				1,399 06	
Eagle Pencil Co				479 24	
Burr Index Co.				132 50	
Baker et Taylor et Cie.				509 80	
Judd Paper Co				1,556 97	
Greenough, Adams et Cushing				130 48	
W. H. Lowdermilk et Cie.				109 03	
Holmes, Booth et Haydns.				404 57	
Keuffell et Esser Co.				1,400 41	
Caw's Pen and Ink Co				6 50	
The Boston Book Co.				12 00	
Mackey Print Paper Co.				203 80	
W. et L. E. Gurley				66 20	
S. Raymond Roberts.				20 00	
Littley Brown et Cie.				10 00	
Bangs et Cie				4 96	
Rand, McNally et Cie				11 75	
Howard Lockwood et Cie.				4 00	
Peter Adams et Cie				10 98	
Eberhard Faber				827 69	
Rogers Manifold and Carbon Paper Co.				5 25	
The Carters Ink Co				51 84	
The Peter Adams Paper Co.				1,574 65	
					8,931 68
A S. Clark				6 38	
Estes et Lauriat				15 00	
Justins Roe et Fils				44 00	
Science.				15 00	
A. M. Collins Manufacturing Co.				24 65	
MacMillan et Cie.				7 75	
E. S. Allen				2 50	
R. R. Bowker				3 00	
The Illinois Iron and Paper Co.				146 03	
A reporter				264 31	121,422 58

BUREAU DE LA PAPETERIE DU GOUVERNEMENT.

ÉTAT GÉNÉRAL des comptes, ou bilan, pour l'exercice terminé le 30 juin 1897—*Suite.*

DT.

—	Montant.	Total.
	$ c.	$ c.
Report	264 31	121,422 58
Egbert T. Sees	20 00	
The American Angler Co	2 00	
Henry Lindenmeyr et Fils	32 00	
S. E. Casino	2 60	
Lemcke et Buchner	2 20	
The Scientific Publishing Co.	34 54	
The Harris Publishing Co	6 00	
G. Cramer	75 00	
Geo. L. English et Cie	10 00	
David Mackay	2 20	
The "Inland Printer"	2 00	
Université de Chicago	10 35	
J. Dorfler	1 70	
The C. A. Nichols Co	28 32	
The Seymour Cutlery Co	45 00	
The Columbia Typewriter Manufacturing Co	146 05	
The National Railway Publishing Co	15 00	
N. L. Britton	3 00	
Clark W. Bryant et Cie	2 00	
The Typewriter Cushion Key Co	0 60	
The Fairbanks Co	108 00	
L. E. Waterman et Cie	3 00	
Crane et Cie	704 63	
G. R. Gilbert	5 00	
Dr Frank Baker	2 00	
Bausch et Lomb Optical Co.	9 75	
The American Naturalist	4 00	
Edward J. Nolan	2 50	
Francis P. Harper	9 00	
Torrey Botanical Club	5 00	
The Chemical Publishing Co.	3 75	
Typographical Journal	1 75	
The Engineering Magazine	3 50	
		1,566 75
A. et W. MacKinlay	120 86	
Alex. Buntin et Fils	2,699 57	
The Canada Paper Co. (Montréal)	3,451 24	
Rice, Sharpley et Fils	317 76	
The Rolland Paper Co	26,476 75	
The Brown Bros. [à resp. l.]	3,256 95	
John Lovell et Fils	301 50	
W. V. Dawson	909 35	
J. C. Wilson et Cie	4,174 48	
Cie de mucilage Auld	294 90	
The Montreal News Co	2 16	
Barnes et Cie	19 50	
Alex. Taylor	76 10	
The Royal Paper Mills Co	4,114 62	
W. J. et G. Mulrooney	173 45	
The Toronto Paper Co	19,267 55	
F. Nisbet	75 15	
Mlle C. Martin	10 20	
The Barber & Ellis Co	14,698 86	
Buntin, Reid et Cie	233 46	
The Canada Paper Co. (Toronto)	15 00	
The Carswell Co. [à resp. l.]	974 97	
A reporter	81,664 38	122,989 33

—	Montant.	Total.
	$ c.	$ c.
A reporter	81,664 48	122,958 33
The Office Specialty Manufacturing Co	682 61	
Tingley & Stewart Manufacturing Co.	184 83	
John Underwood et Cie	2,803 47	
Buntin et Gillies	68 62	
W. J. Gage et Cie	3,317 36	
Richardson Stationery and Manufacturing Co	70 80	
Morton, Phillips et Cie	3 75	
M. B. Perine et Cie	1,266 10	
D. McFarlane et Cie	3,331 46	
W. L. Carrie	40 60	
Tees et Cie	65 07	
Union Card and Paper Co	177 82	
R. D. Richardson et Cie	4 20	
Might Directory Co	611 00	
D. et J. Sadlier et Cie	220 88	
T. N. Hibben et Cie	138 95	
The Alpha Rubber Co	1,613 58	
Cie Neostyle	416 52	
Dovercourt Twine Mills Co	888 00	
Cie E. B. Eddy	960 76	
Hearn et Harrison	558 35	
Spackman et Archbald (Montréal)	1,203 90	
V. Marentette	34 75	
Selby et Cie	57 96	
The Gazette Printing Co	22 50	
Imprimeur de la reine, Winnipeg	12 50	
N. A. Bosworth	3 50	
The Henderson Directory Co	187 50	
Imprim. de la reine, Québec.	19 20	
Alex. Scott	4 75	
P. Lamont	24 60	
Rowsell et Hutchison	24 00	
W. H. Irwine et Cie	65 00	
Boulanger et Marcotte	141 00	
Imprim. de la reine, Victoria.	21 00	
The Lincoln Paper Mills Co.	561 23	
H. M. Tomlinson	17 85	
Edouard Arpin	10 65	
James Smart Manufacturing Co	138 92	
Fred. Steinberger et Cie	142 53	
John Britnell	10 50	
Funk & Wagnalls Co	89 00	
P. V. Ayotte	10 55	
J. et A. MacMillan	60 83	
H. A. Cropley	21 35	
Copp, Clark et Cie	2 00	
The Western Law Times	1 50	
Bailey Frères	23 94	
J. G. Foster et Cie	127 00	
Chas. F. Dawson	4 50	
Secrétaire provincial Frédéricton	0 60	
The Canada Printing Ink Co	5 40	
Geo. Carter et Cie	14 40	
Harrison et Cie	23 90	
A reporter	102,177 92	122,989 33

BUREAU DE LA PAPETERIE DU GOUVERNEMENT.

ÉTAT GÉNÉRAL des comptes, ou bilan, pour l'exercice terminé le 30 juin 1897—*Suite.*

DT.

—	Montant.	Total.
	$ c.	$ c.
Report	102,177 92	122,989 33
Yarmouth Duck and Yarn Co	1,828 13	
Ritchie et Ramsay	2,163 71	
Wm. Foster Brown et Cie	3 25	
C. Theoret	112 75	
The Hamilton Cotton Co	607 72	
Thomson, Frères	31 45	
D. McAlpines et Fils	275 00	
Wells et Richardson	280 05	
McAinsh et Kilgour	84 00	
The Canada Law Journal Co	182 50	
The Union Publishing Co	166 00	
T. O'Brien et Cie	31 95	
Warwick Frères et Rutter	1,296 50	
Imprim. de la reine, Toronto	44 90	
C. O. Beauchemin et Fils	91 53	
Reid, Craig et Cie	274 65	
J. R. C. Dodds et Cie	653 11	
Martin et Lamont	19 75	
Steinberger, Hendry et Cie	107 25	110,432 12
Directeur de poste, Québec	0 58	
Wm. Watson	1 30	
Agence des march., Victoria	20 00	
Graves, Frères	1 40	
Le *Star*, Montréal	136 00	
Royer et Burrage	2 50	
Maxime Hudon	10 50	
Williamson et Cie	2 00	
Albert Britnell	10 75	
John B. Snider	58 83	
Charles L. Nelles	0 90	
Henry C. Vernon	6 00	
Love, McAllister et Cie	2 40	
Cie de la Baie-d'Hudson	20 25	
J. K. Patton	2 60	
A. McKim et Cie	4 00	
Raoul Rinfret	12 00	
Association des banquiers du Canada	1 00	
The Butcher Typewriters Corporation	12 00	
J. H. Walker	7 25	
J. L. Magrath	4 75	
Fred W. Terrill	2 50	
Geo. Stewart	6 75	
G. M. Rose et Fils	4 00	
Mail Publishing Co	66 90	
D. Lyal et Cie	6 25	
International Railway Publishing Co	8 00	
G. et J. Esplin	55 00	
Wm. Tyrrell et Cie	2 50	
Wm. Keys	25 00	
Geo. M. Fairweather	18 70	
T. Langton	33 60	
Wm. Briggs	2 00	
Comparative Synoptical Chart Co	99 49	
E. N. Moyer et Cie	137 25	
The Canadian Map Publishing Co	34 75	
A reporter	819 70	233,421 45

—	Montant.	Total.
	$ c.	$ c.
Report	819 70	233,421 45
R. W. L. Tippitts	1 50	
McLean's Trade Journal	2 20	
John Dougall et Fils	7 75	
H. Marcil	3 50	
Wm. H. Gibbs	2 00	
Chas. W. Davies	1 50	
Industrial Advocate, Halifax	1 00	
Newsome et Cie	2 30	
N. R. Butcher	27 00	
Haight et Cie	5 00	
Geo. N. Morang	9 00	
W. R. Haight	5 00	
O'Connor et Allen	3 50	
H. Morrey et Cie	7 50	
D. Battersby	0 50	
Goodwin Law Book and Publishing Co	80 00	
Canadian Legal Publishing Co	65 25	
J. A. Carveth et Cie	9 50	
H. W. Thomson	5 25	
J. P. Taylor	55 82	
D. Forget	7 30	
The Carters Ink Co. (Montréal)	10 50	
Barreau de la Province la Québec	0 80	
Nap. Laliberté	23 65	
A. F. Church et Cie	6 00	
Le Baron Robertson	4 00	
A. P. Watts et Cie	7 00	
Mahaffy et Clinkskill	1 25	
Geo. W. Baker	6 00	
H. A. MacLean	5 00	
H. S. Scott et Cie	0 15	
Spackman et Archbald (Toronto)	64 50	
The Ontario Publishing Co	15 00	
Chas. Potter	5 00	
Julian Sale Leather Goods Co	7 00	
J. H. Asdown	1 00	
E. L. Christie	2 00	
W. T. Slavin	3 30	
Lewis Frères et Cie	1,141 44	
Kinkead et Cline	1 00	
C. Pitt	19 00	
N. Rosa	2 00	
J. S. R. McCann	4 50	
Geo. Barrington Fils et Cie	35 00	
Wm. Slaughter	1 50	
The Claxton Co	325 45	
C. Grifton	8 40	
Collège Militaire Royal	3 60	
W. A. Davis	32 70	
The Mining Record, Victoria	2 00	
The Manufacturing Stationer Co	30 00	
Bishop Engraver & Printing Co	1 00	
Cadieux et Derome	1 00	
A reporter	2,892 81	233,421 45

BUREAU DE LA PAPETERIE DU GOUVERNEMENT.

ÉTAT GÉNÉRAL des comptes, ou bilan, pour l'exercice terminé le 30 juin 1897—*Suite.*

DT.

—	Montant.	Total.
	$ c.	$ c.
Report	2,892 81	233,421 45
T. C. Allen et Cie	5 00	
J. J. Sidey	1 00	
H. H. Lennie et Cie	5 30	
G. W. Robinson et Cie	6 00	
James Hope et Fils	3,678 49	
John Durie et Fils	654 31	
George Cox	126 40	
Pritchard et Andrews	1,137 17	
J. M. Garland	405 00	
C. H. Thorburn	25 99	
S. et H. Borbridge	514 30	
Robert Orr	18 00	
Grand et Toy	224 35	
McKinley et Northwood	278 99	
F. Roger	158 65	
Wm. M. Mortimer	289 80	
Butterworth et Cie	5 80	
F. E. Smith	875 55	
Eclipse Office Furniture Co.	3,205 23	
Directeur de poste, Ottawa	104 50	
Registraire de la cour suprême	26 00	
W. D. Lemieux	60 00	
R. A. L. Sproule	73 00	
Wm. J. Topley	14 00	
Geo. L. Blatch	3 00	
R. A. McCormick	4 88	
I. E. Cross	58 60	
Geo. May et Fils	16 80	
J. L. Orme et Fils	4 40	
Canadian Mining Review	26 00	
T. G. Bell	106 50	
A. E. Mortimer	81 50	
L. A. Audette	72 00	
Thoburn et Cie	427 00	
Mortimer et Cie	303 50	
R. A. Crouch	12 65	
J. H. Smith	142 90	
J. P. et F. W. Esmonde	489 04	
H. Kitchaman	63 60	
Writer's Supply Co.	469 17	
Robert Thackray	113 95	
Dr K. D. Graham	180 65	
Cole's National Manufacturing Co.	306 75	
A reporter	17,668 53	233,421 45

—	Montant.	Total.
	$ c.	$ c.
Report	17,668 53	233,421 45
W. H. Fligg	2,847 20	
Bell et Bell	83 10	
E. Leblanc	218 60	
Clément et Cusson	1,787 42	
		22,604 85
Olmstead et Hurdman	1 00	
The Walker Mining Co.	130 00	
P. Thomas	58 00	
Fotheringham et Popham	1 30	
R. J. Devlin	1,810 80	
Geo. Low	13 50	
H. Washington	8 00	
W. H. Smith	6 25	
Geo. Bailey	0 25	
J. A. Seybold	2 50	
Lady Marjorie Gordon	15 50	
E. Beliveau	24 00	
Dépt. de la Comm. géologique	0 30	
T. H. Selwyn	13 50	
Rémi Tremblay	4 50	
A. Duncan	18 00	
Frank Jarman	20 01	
E. Crepeau	12 00	
Geo. M. Bristow	18 85	
Ottawa Field Naturalist Club	30 00	
J. F. Whiteaves	3 00	
Ministère des douanes	125 00	
L. C. A. Casgrain	43 50	
C. C. Rogers	15 00	
W. H. Stimpson	4 00	
M. Monaghan	2 50	
Mlle Ida C. Pope	4 50	
		2,385 76
Département de la papeterie et des impressions publiq.	....	7,128 13
Cie du ch. de fer Can. du Pac.	1,815 56	
do Canada-Atl.	1,334 10	
Cie de messagerie Canadienne	221 64	
do Dominion	47 46	
		3,418 76
Gages	....	5,584 47
Profit	....	2,495 52
		277,038 94

BUREAU DE LA PAPETERIE DU GOUVERNEMENT.

État des fournitures aux départements durant l'année finissant le 30 juin 1897.

Av.

Ministères.	Intérieur.	Extérieur.
	$ c.	$ c.
Agriculture	1,522 74	
Ferme expérimentale		437 85
Quarantaine		221 21
Laiterie		521 65
Recensement du Manitoba		112 50
Douanes	1,217 07	2,956 34
Commerce	445 46	
Finances	685 40	
Division des assurances		67 88
Frais de gestion		258 62
Enquête du tarif	57 35	
Bureau du gouverneur général	338 64	
Hôtel du gouvernement	451 96	
Revenu de l'intérieur	1,401 35	1,362 48
Justice	2,470 22	
Solliciteur général	1,152 13	
Division des pénitenciers	365 75	
Pénitencier de Kingston		801 50
do Saint-Vincent-de-Paul		182 94
do Dorchester		281 65
do la Colombie-Britannique		41 20
do la Montagne-de-Pierre		231 47
do New-Westminster		200 30
Cour suprême		452 62
do de l'échiquier		250 26
Préparer les rapports		61 52
Police fédérale		51 55
Bibliothèque, livres de jurisprudence, Régina		713 82
Prison de Régina		0 78
Commission des pénitenciers		5 95
Marine et pêcheries	2,345 13	1,550 34
Milice et défense	1,783 13	6,059 43
Conseil privé	1,401 79	
Travaux publics	1,626 21	7,099 65
Chemins de fer et canaux	2,889 18	1,421 07
Chemin de fer Intercolonial		4,934 85
Postes	3,588 79	11,159 12
Secrétariat d'Etat	964 83	
Division du registraire	159 54	
Haut-commissaire pour le Canada à Londres	45 38	
Examinateurs du service civil	72 18	
Impressions publiques et papeterie	272 10	1,943 35
Compte de l'ouvrage fait		93,114 83
Commission géologique		1,620 84
Intérieur	6,156 75	
Terres fédérales		1,746 44
Frontière internationale		25 02
Gouvernement du Nord-Ouest		1,802 55
Immigration		580 63
Affaires des sauvages	1,304 24	1,651 48
Fournitures d'écoles pour les sauvages		2,317 63
Ministères en général	290 51	
Bibliothèque du parlement		298 01
Auditeur général	478 89	
Police à cheval du Nord-Ouest		2,911 91
Greffier de la couronne en chancellerie	42 71	
Sénat du Canada		11,211 68
Chambre des Communes du Canada		19,869 37
	33,529 53	
Total pour le service extérieur		180,532 29
do intérieur		33,529 53
		214,061 82
Comptes non réglés, 1894-95, payés, 1896-97, greffier de la couronne en chancellerie		39 32
do 1895-96, payés, 1896-97 do do		44 57
do 1895-96, agriculture, payés en 1896-97		43 80
Effets en magasin le 30 juin 1897, vérifiés		62,849 43
		277,038 94

COMPTES DES PROVINCES.

N° 1.—Province du Canada—Compte de sa dette.

Date.	—	Dt.	Av.
1897.		$ c.	$ c.
1er juillet.	Balance, d'après les comptes publics de 1895-96............ ..	71,839 21	

N° 2.—Province du Canada—Compte indéterminé.

Date.	—	Dt.	Av.
1897.		$ c.	$ c.
1er juillet.	Balance, d'après les comptes publics de 1895-96.......... ...	38,445 01	

N° 3.—Province d'Ontario—Compte de sa dette.

Date.	—	Dt.	Av.
1896.		$ c.	$ c.
1er juillet.	Balance, d'après les comptes publics de 1895-96............ ..	4,827,640 09	

N° 4.—Province d'Ontario—Compte indéterminé.

Date.	—	Dt.	Av.
1897.		$ c.	$ c.
1er juillet.	Balance, d'après les comptes publics de 1895-96.....	1,256,641 20	

N° 5.—Province d'Ontario—Compte d'émigration.

Date.	—	Dt.	Av.
1897.		$ c.	$ c.
1er juillet.	Balance, d'après les comptes publics de 1895-1896...............	6,572 20	

N° 6.—Provinces d'Ontario et de Québec—Compte de subvention.

Date.	—	Dt.	Av.
1897.		$ c.	$ c.
1er juillet.	Balance, d'après les comptes publics de 1895-96	....	10,037,000 55

N° 7.—Provinces d'Ontario et de Québec—Compte spécial.

Date	—	Dt.	Av.
1897.		$ c.	$ c.
1er juillet.	Balance, d'après les comptes publics de 1895-96		112,170 67

N° 8.—Province de Québec—Compte de sa dette.

Date.	—	Dt.	Av.
1895.		$ c.	$ c.
1er juillet.	Balance, d'après les comptes publics de 1895-96	2,095,781 48	

N° 9—Province de Québec—Compte indéterminé.

Date.	—	Dt.	Av.
1897.		$ c.	$ c.
1er juillet.	Balance, d'après les comptes publics de 1895-96	862,847 03	

N° 10.—Province de Québec—Compte courant.

Date.	—	Dt.	Av.
1897.		$ c.	$ c.
1er juillet.	Balance, d'après les comptes publics de 1895-96	625,000 00	

N° 11.—Province de la Nouvelle-Écosse—Compte de sa dette.

Date.	—	Dt.	Av.
1896.		$ c.	$ c.
1er juillet.	Balance, d'après les comptes publics de 1895-96		1,056,179 21
1897.			
30 juin	Montant des billets provinciaux rachetés durant l'année	36 97	
	Balance	1,056,142 24	
1897.		1,056,179 21	1,056,179 21
1er juillet.	Balance		1,056,142 24

N° 12.—Province de la Nouvelle-Écosse—Compte indéterminé.

Date.	—	Dt.	Av.
1896.		$ c.	$ c.
1er juillet.	Balance, d'après les comptes publics de 1895-96	40,570 90	
1897.			
30 juin	Compte de la dette de la province de la Nouvelle-Ecosse		36 97
	Balance		40,533 93
		40,570 90	40,570 90
1er juillet.	Balance	40,533 93	

N° 13.—Province du Nouveau-Brunswick—Compte de sa dette.

Date.	—	Dt.	Av.
1896.		$ c.	$ c.
1er juillet.	Balance, d'après les comptes publics de 1895-96		530,908 44
1897.			
30 juin	Dépenses se rapportant à la poursuite de Tibbets *et al vs* la Reine	229 15	
	Balance	530,679 29	
		530,908 44	530,908 44
1er juillet.	Balance		530,679 29

N° 14.—Province du Nouveau-Brunswick—Compte indéterminé.

Date.	—	Dt.	Av.
1897.		$ c.	$ c.
1er juillet.	Balance, d'après les comptes publics de 1895-96	240 15	

N° 15.—PROVINCE DE L'ILE DU PRINCE-ÉDOUARD—Compte de sa dette.

Date.	—	DT.	AV.
1897.		$ c.	$ c.
1er juillet.	Balance, d'après les comptes publics de 1895-96................	....	775,791 83

N° 16.—PROVINCE DE L'ILE DU PRINCE-ÉDOUARD—Compte des terres.

Date.	—	DT.	AV.
1896.		$ c.	$ c.
1er juillet.	Balance, d'après les comptes publics de 1895-96	760,821 56	
26 août...	Montant payé pour achat de la succession de Mme Sydney Smith	19,690 58	
1897.			
1er juillet.	Balance..................	780,512 14	

N° 17.—PROVINCE DE LA COLOMBIE-BRITANNIQUE—Compte de sa dette.

Date.	—	DT.	AV.
1897.		$ c.	$ c.
1er juillet.	Balance, d'après les comptes publics de 1895-96...........	....	583,021 40

N° 18.—PROVINCE DU MANITOBA—Compte de sa dette.

Date.	—	DT.	AV.
1897.		$ c.	$ c.
1er juillet.	Balance, d'après les comptes publics de 1895-96................	....	3,311,914 77

N° 19.—PROVINCE D'ONTARIO—Compte de subvention.

Date.	—	DT.	AV.
1896.		$ c.	$ c.
1er juillet.	6 mois de subvention sur une population de 1,396,091...........	....	558,436 40
	do subvention augmentée en vertu de 47 Vic., c. 4..........	....	71,207 24
	do d'allocation pour le gouvernement	....	40,000 00
	Caisse..................	669,643 64	
1897.			
1er janv..	6 mois de subvention et allocation comme ci-dessus	....	669,643 64
	Caisse..	669,643 64	
		1,339,287 28	1,339,287 28

N° 20.—Province de Québec—Compte de subvention.

Date.	—	Dt.	Av.
1896.		$ c.	$ c.
1er juillet.	6 mois de subvention sur une population de 1,111,566		444,626 40
	do de subvention augmentée en vertu de 47 Vic., c. 4		63,730 34
	do d'allocation pour le gouvernement		35,000 00
	Caisse	543,356 74	
1897.			
1er janv.	6 mois de subvention et allocation comme ci-dessus		543,356 74
	Caisse	543,356 74	
		1,086,713 48	1,086,713 48

N° 21.—Province de la Nouvelle-Écosse—Compte de subvention.

Date.	—	Dt.	Av.
1896.		$ cts.	$ c.
1er juillet.	6 mois de subvention sur une population de 400,000		160,000 00
	do d'allocation pour le gouvernement		30,000 00
	do d'intérêt sur $1,056,179.21		26,404 48
	A caisse	216,404 48	
1897.			
1er janv.	6 mois de subvention et allocation comme ci-dessus		190,000 00
	do d'intérêt sur $1,056,179.21		26,404 48
	Caisse	216,404 48	
		432,808 96	432,808 96

N° 22.—Province du Nouveau-Brunswick—Compte de subvention.

Date.	—	Dt.	Av.
1896.		$ c.	$ c.
1er juillet.	6 mois de subvention sur une population de 321,263		128,505 20
	do d'allocation pour le gouvernement		25,000 00
	do do pour droit d'exportation		75,000 00
	do d'intérêt sur $530,908.44		13,272 71
	Caisse	241,777 91	
1897.			
1er janv.	6 mois de subvention et allocation comme ci-dessus		228,505 20
	do d'intérêt sur $530,908.44		13,272 71
	Caisse	241,777 91	
		483,555 82	483,555 82

N° 23.—Province du Manitoba—Compte de subvention.

Date.	—	Dt.	Av.
1896.		$ c.	$ c.
1er juillet.	6 mois de subvention sur une population de 193,425.		77,370 00
	do d'allocation pour le gouvernement		25,000 00
	do do pour terres		50,000 00
	do d'intérêt sur $3,311,914.77		82,797 87
	Caisse	235,167 87	
1897.			
1er janv.	6 mois de subvention, allocation et intérêt comme ci-dessus		235,167 87
	Caisse	235,167 87	
		470,335 74	470,335 74

N° 24.—Province de la Colombie-Britannique—Compte de subvention.

Date.	—	Dt.	Av.
1896.		$ cts.	$ cts.
1er juillet.	6 mois de subvention sur une population de 98,173		39,269 20
	do d'allocation pour le gouvernement		17,500 00
	do do au lieu de terres		50,000 00
	do d'intérêt sur $583,021.40		14,575 53
	Caisse	121,344 73	
1897.			
1er janv.	6 mois de subvention, allocation et intérêt comme ci-dessus		121,344 73
	Caisse	121,344 73	
		242,689 46	242,689 46

N° 25.—Province de l'Ile du Prince-Édouard—Compte de subvention.

Date.	—	Dt.	Av.
1896.		$ c.	$ c.
1er juillet.	6 mois de subvention sur une population de 109,078		43,631 20
	do d'allocation pour le gouvernement		15,000 00
	do do au lieu de terres		22,500 00
	do do comme subvention supplémentaire		10,000 00
	do d'intérêt sur $775,791.83		19,394 79
	do do $760,821.56	19,020 54	
	Caisse	91,505 45	
1897.			
1er janv.	6 mois de subvention, allocation et intérêt comme ci-dessus		110,525 99
	do d'intérêt sur $760,821.56	19,020 54	
	127 jours d'intérêt sur $19,690.58	342 56	
	Caisse	91,162 89	
		221,051 98	221,051 98

CANADA

BUDGET

DE

L'EXERCICE QUI FINIRA LE 30 JUIN

1899

IMPRIMÉ PAR ORDRE DU PARLEMENT

OTTAWA:
IMPRIMÉ PAR S. E. DAWSON, IMPRIMEUR DE SA TRÈS EXCELLENTE
MAJESTÉ LA REINE
1898

BUDGET

DE L'EXERCICE QUI FINIRA LE 30 JUIN 1899.

INDEX DES ITEM PAR NUMÉROS.

SOMMAIRE

Des prévisions budgétaires pour l'exercice qui finira le 30 juin 1899, et des crédits votés pour l'exercice qui finira le 30 juin 1898, avec indication de l'augmentation ou de la diminution pour chaque service.

N°	Service.	Total, 1897-98.	A voter, **1898-99.**	Autorisé par la loi.	Total, **1898-99.**	Comparaison avec le budget de 1897-98. Augmentation.	Diminution.
		$ c.	$ c.	$ c.	$ c.	$ c.	$ c.
I.	Dette publique, y compris le fonds d'amortissement	13,016,857 86	....	12,833,397 56	12,833,397 56	....	183,460 30
II.	Frais de gestion	150,650 00	152,843 80	....	152,843 80	2,193 80	....
III.	Gouvernement civil	1,420,866 91	1,182,371 50	236,066 66	1,418,438 16	....	2,428 75
IV.	Administration de la justice	777,875 00	98,375 00	694,400 00	792,775 00	14,900 00	....
V.	Police	22,100 90	22,000 00	....	22,000 00	....	100 90
VI.	Pénitenciers	422,650 00	[illegible] 00	....	417,200 00	....	5,450 00
VII.	Législation	709,783 08	366,550 50	338,900 00	705,450 50	....	4,332 58
VIII.	Arts, agriculture et statistique	357,200 00	332,000 00	....	332,000 00	....	25,200 00
IX.	Quarantaine	113,600 00	114,000 00	....	[illegible] 00	400 00	....
X.	Immigration	[illegible] 00	200,000 00	....	[illegible] 00	....	....
XI.	Pensions	91,891 95	27,535 72	73,142 50	100,678 22	8,786 27	....
XII.	Fonds de retraite	315,240 00	240 00	334,000 00	334,240 00	19,000 00	....
XIII.	[illegible]	1,411,696 00	1,388,171 50	9,200 00	1,397,371 50	....	14,324 50
XV.	Chemins de fer et canaux (revenu)	313,762 83	378,372 33	....	378,372 33	64,609 50	....
XVII.	Travaux publics (do)	2,420,211 72	1,646,950 00	10,000 00	1,656,950 00	....	763,261 72
XVIII.	Subventions postales et aux paquebots	646,910 40	387,733 33	244,666 67	632,400 00	....	14,510 40
XIX.	Service maritime et fluvial	136,400 00	136,000 00	....	[illegible] 00	....	400 00
XX.	Phares et service côtier	514,610 00	506,510 00	....	506,510 00	....	8,100 00
XXI.	Institutions scientifiques	79,639 00	80,700 00	....	80,700 00	1,061 00	....
XXII.	Hôpitaux de la marine, et marins malades et sans ressources	38,000 00	38,000 00	....	38,000 00	....	....
XXIII.	Inspection des bateaux à vapeur	27,300 00	28,300 00	....	28,300 00	1,000 00	....
XXIV.	Pêcheries	432,185 45	243,000 00	160,000 00	403,000 00	....	29,185 45
XXV.	Contrôle des compagnies d'assurances	11,500 00	8,000 00	3,500 00	11,500 00	....	....
XXVI.	Subventions aux provinces	4,239,500 00	....	4,237,500 00	4,237,500 00	....	2,000 00
XXVII.	Commission géologique	57,000 00	60,000 00	....	60,000 00	3,000 00	....
XXVIII.	Affaires des Sauvages	978,320 78	940,523 00	....	940,523 00	....	37,797 78
XXIX.	Police à cheval du Nord-Ouest	385,000 00	353,750 00	....	353,750 00	....	31,250 00
XXX.	Gouvernement des Territoires du Nord-Ouest	341,699 00	357,859 00	....	357,859 00	16,160 00	....
XXXI.	Gouvernement du district provisoire du Yukon	....	396,450 00	....	396,450 00	396,450 00	....
XXXII.	Terres fédérales—Revenu	90,938 25	94,233 25	....	94,233 25	3,295 00	....

XXXIV.	Divers	207,819 91	135,910 00	....	135,910 00	....	71,909 91
XXXV.	Douanes	973,015 00	983,780 00	....	983,780 00	10,765 00	....
XXXVI.	Accise	467,674 25	451,776 25	....	451,776 25	....	15,898 00
XXXVII.	Inspection et mesurage du bois	18,450 00	19,350 00	....	19,350 00	900 00	....
XXXVIII.	Inspection des poids et mesures, du gaz et de l'électricité	93,160 00	81,860 00	....	81,860 00	....	11,300 00
XXXIX.	Inspection des denrées	4,500 00	4,500 00	....	4,500 00	....	....
XL.	Falsification des substances alimentaires	25,000 00	25,000 00	....	25,000 00	....	....
XLI.	Menus revenus	1,200 00	1,200 00	....	1,200 00	....	....
XLII.	Chemins de fer et canaux—Perception du revenu	3,939,222 50	4,500,200 00	....	4,500,200 00	560,977 50	....
XLIII.	Travaux publics do	171,700 00	169,450 00	....	169,450 00	....	2,250 00
XLIV.	Postes	3,637,917 00	3,596,311 00	....	3,596,311 00	....	41,606 00
XLV.	Commerce	19,100 00	24,100 00	....	24,100 00	5,000 00	....
	Total—Imputable sur le fonds consolidé	39,282,147 79	19,951,106 18	19,174,773 39	39,125,879 57	1,108,498 07	1,264,766 29
I.	Rachat de la dette	108,879 68	....	114,391 71	114,391 71	5,512 03	....
XIII.	Milice	330,000 00	231,600 00	....	231,600 00	....	98,400 00
XIV.	Travaux publics—(capital)	393,000 00	321,000 00	....	321,000 00	....	72,000 00
XVI.	Chemins de fer et canaux—(capital)	5,771,696 00	4,969,700 00	....	4,969,700 00	....	801,996 00
XXXIII.	Terres fédérales do	95,000 00	150,000 00	....	150,000 00	55,000 00	....
	Total—Imputable sur le capital	6,698,575 68	5,672,300 00	114,391 71	5,786,691 71	60,512 03	972,396 00
	Grand total	45,980,723 47	25,623,406 18	19,289,165 10	44,912,571 28	....	1,068,152 19

BUDGET DU CANADA

POUR

L'EXERCICE QUI FINIRA LE 30 JUIN 1899.

I.—DETTE PUBLIQUE.

Dépenses de l'exercice autorisées par le parlement, estimées comme suit :—

Rachat de la dette	$ 114,391 71
Imputable sur le fonds consolidé	12,833,397 56
	$ 12,947,789 27

Détails comparés avec 1897–98.

	Capital. — 1897-98.	Capital. — 1898-99.	Intérêt. — 1897-98.	Intérêt. — 1898-99.	Comparaison avec le budget de 1897-98. Augmentation	Diminution.
INTÉRÊT SUR LA DETTE PUBLIQUE.	$ c.	$ c.	$ c.	$ c.	$ c.	$ c.
Dette fondée payable à Londres.						
Effets émis par le Canada à 2½ pour 100		9,733,333 33		243,333 33	243,333 33	
do do 3 do	50,602,241 01	50,602,241 01	1,518,067 23	1,518,067 23		
do do 3½ do	24,333,333 33	24,333,333 33	851,666 67	851,666 67		
do do 4 do	140,856,595 87	140,856,595 87	5,634,263 83	5,634,263 83		
do do 5 do	2,433,333 33	2,433,333 33	121,666 67	121,666 67		
	218,225,503 54	227,958,836 87	8,125,664 40	8,368,997 73	243,333 33	

Payable en Canada.

Effets émis par le Canada à 4 pour 100	1,208,000 00	1,208,000 00	48,320 00	48,320 00		
do 3½ do	500,000 00	500,000 00	17,500 00	17,500 00		
do "A" effets à 6 pour 100	8,000 00	8,000 00	480 00	480 00		
do "A" do 3½ do	299,311 95	113,848 34	10,475 91	3,984 69		6,491 22
do "B" do 3½ do	850,000 00	725,000 00	29,750 00	25,375 00		4,375 00
do "C" do 3½ do	49,066 34	49,066 34	1,717 32	1,717 32		
do "D" do 5 do	255,739 60	145,499 00	12,786 98	7,274 95		5,512 03
do "E" do 3½ do	1,500,000 00	1,500,000 00	52,500 00	52,500 00		
do 1883, emprunt à 4 pour 100	1,644,000 00	1,644,000 00	65,760 00	65,760 00		
do 1896 do 3½ do	600,000 00	672,900 00	21,000 00	23,551 50	2,551 50	
Caisses d'épargnes à 2½ pour 100	49,500,000 00	50,500,000 00	1,485,000 00	1,262,500 00		222,500 00
Fonds des sauvages à 6 pour 100 } Solde, 30 juin 1897	1,105,200 00	1,097,657 70	66,312 00	65,859 46		452 54
do 5 do } Solde, 30 juin 1897	603,720 93	603,161 02	30,186 04	30,158 06		27 98
do 3 do } Solde, 30 juin 1897	1,941,587 86	1,991,697 29	67,955 57	59,750 91		8,204 66
Subventions aux chemins de fer, Québec, à 5 pour 100	2,394,000 00	2,394,000 00	119,700 00	119,700 00		
Indemnité aux seigneurs, à 6 pour 100	117,060 32	78,598 00	7,023 61	4,715 88		2,307 73
do townships, à 5 pour 100	675 00	275 00	33 75	13 75		20 00
Circulation des billets de banque, fonds de garantie	1,900,000 00	2,000,000 00	57,000 00	60,000 00	3,000 00	
Somme qui sera probablement nécessaire pour faire face à d'autres obligations			500,000 00	250,000 00		250,000 00
	282,701,865 54	293,190,539 56	10,719,165 58	10,468,159 25		251,006 33

DETTE PUBLIQUE—*Suite.*

—	1897-98.	**1898-99.**	Comparaison avec le budget de 1897-98. Augmentation.	Diminution.
	$ c.	$ c.	$ c.	$ c.
2.—PRIME, ESCOMPTE ET CHANGE..............	10,000 00	10,000 00		
3.—FONDS D'AMORTISSEMENT.				
Emprunt du chemin de fer Intercolonial.				
1 pour 100 sur $14,600,000..........$146,000 00 Placement de dividendes...... .... 272,328 75	408,714 54	418,328 75	9,614 21	
Emprunt de la Terre de Rupert.				
1 pour 100 sur $1,460,000 ....$ 14,600 00 Placement de dividendes........... 28,494 51	42,307 65	43,094 51	786 86	
Emprunt fédéral à 4 pour 100, 1874.				
½ pour 100 sur $19,466,666.66........$ 97,333 33 Placement de dividendes........... 138,066 29	226,954 77	235,399 62	8,444 85	
Emprunts fédéraux à 4 pour 100, 1875-8-9.				
1 pour 100 sur $15,573,333.33........$155,733 33 ½ do 26,766,666.67........ 133,833 33 Placement de dividendes........... 310,219 31	585,702 58	599,785 97	14,083 39	
Emprunt fédéral à 4 pour 100, 1876.				
½ pour 100 sur $12,166,666.67........$ 60,833 33 Placement de dividendes 70,666 92	128,220 10	131,500 25	3,280 15	
Emprunt fédéral à 3½ pour 100, 1884.				
½ pour 100 sur $24,333,333.33........$121,666 67 Placement de dividendes........... 72,669 75	186,381 94	194,336 42	7,954 48	
Emprunt canadien réduit.				
½ pour 100 sur $31,356,595.88........$156,782 82 Placement de dividendes........... 576,009 97	709,410 70	732,792 79	23,382 09	
	2,287,692 28	2,355,238 31	67,546 03	

I.—DETTE PUBLIQUE—*Fin.*

—	1897-98.	**1898-99.**	Comparaison avec le budget de 1897-98. Augmentation.	Comparaison avec le budget de 1897-98. Diminution.
4.—RACHAT DE LA DETTE.	$ c.	$ c.	$ c.	$ c.
Payable en Canada.				
Effets à 5 pour 100 "D," payables 30 sept. 1898..	53,767 74	56,489 73	2,721 99	
do do 31 mars 1899..	55,111 94	57,901 98	2,790 04	
	108,879 68	114,391 71	5,512 03	

SOMMAIRE.

	1897-98.	1898-99.	Augmentation.	Diminution.
1. Intérêt sur la dette publique..	10,719,165 58	10,468,159 25	....	251,006 33
2. Prime, escompte et change......	10,000 00	10,000 00		
3. Fonds d'amortissement..	2,287,692 28	2,355,238 31	67,546 03	
4. Rachat de la dette	108,879 68	114,391 71	5,512 03	
	13,125,737 54	12,947,789 27	....	177,948 27

II.—FRAIS DE GESTION.

Montant à voter...$152,843 80

Nº du crédit.	—	1897-98.	1898-99.	Comparaison avec le budget de 1897-98. Augmentation.	Diminution.
		$ c.	$ c.	$ c.	$ c.
1	Bureau du sous-receveur général, Toronto.....	7,000 00	7,000 00		
	do do Montréal.....	5,600 00	5,600 00		
	do do Halifax	8,000 00	8,000 00		
	do do Saint-Jean....	6,400 00	6,400 00		
	do do Winnipeg.....	5,600 00	5,400 00	....	200 00
	do do Victoria......	3,900 00	3,900 00		
	do do Charlottetown.	4,200 00	4,200 00		
	Caisses d'épargnes rurales, Nouveau-Brunswick et Nouvelle-Écosse :				
	Appointements	8,050 00	5,850 00	....	2,200 00
	Dépenses casuelles.....................	1,600 00	1,500 00	....	100 00
	Commission pour paiement de l'intérêt sur la dette publique, achat de fonds d'amortissement et transfert d'effets..............	34,500 00	34,193 80	.. ..	306 20
	Courtage sur achat d'effets pour fonds d'amortiss.	5,800 00	5,800 00		
	Timbres anglais, frais de port, télégrammes, etc.	5,000 00	5,000 00		
	Dépenses se rattachant à l'émission et au rachat des billets fédéraux....	5,000 00	5,000 00		
	Impressions de billets fédéraux	35,000 00	40,000 00	5,000 00	
	Impressions, annonces, inspection, frais de transport et frais divers, y compris commutation de droits de timbres.....................	15,000 00	15,000 00		
		150,650 00	152,843 80	2,193 80	

III.—GOUVERNEMENT CIVIL.

A voter d'après le tableau A $1,182,137 50

N° du crédit.	—	Détails.	1897-98.	**1898-99.**	Comparaison avec le budget de 1897-98. Augmentation.	Diminution.
	(**A**) ESTIMATIONS DES DÉPENSES SUJETTES À UN CRÉDIT DU PARLEMENT.		$ c.	$ c.	$ c.	$ c.
2	Bureau du secrétaire du Gouverneur général...	*a*	11,400 00	11,450 00	50 00	
3	Bureau du Conseil privé de la Reine pour le Canada..........	*b*	29,750 00	29,750 00		
4	Département de la Justice, y compris une allocation au secrétaire particulier du solliciteur général, nonobstant toute disposition de l'*Acte du service civil*..........	*c*	24,955 00	25,160 00	205 00	
5	Département de la Justice, div. des pénitenciers	*d*	3,150 00	3,150 00		
6	do de la Milice et de la Déf., y compris $24,00 à J. W. Borden, $2,800 au lieut-col. D. A. Macdonald, et $1,400 au lt-col. Guy, nonobstant toute disposition de l'*Acte du service civil*..........	*e*	43,750 00	41,250 00	....	2,500 00
7	Département du Secrétaire d'Etat..........		36,400 00	36,500 00	100 00	
8	do des impressions et de la papeterie..........	*g*	29,100 00	27,800 00	....	1,300 00
9	Département de l'Intérieur..........	*h*	104,814 00	104,824 00	10 00	
10	Bureau du contrôleur de la police à cheval du Nord-Ouest..........	....	10,350 00	10,350 00		
11	Département des Affaires des Sauvages..........	*i*	45,090 00	45,070 00	....	20 00
12	Bureau de l'auditeur général..........	*j*	27,350 00	26,750 00	....	600 00
13	Département des Finances..........	*k*	50,460 00	50,840 00	380 00	
14	do des Douanes..........	....	38,600 00	38,750 00	150 00	
15	do du Revenu de l'intérieur..........	....	37,440 00	37,340 00	....	100 00
16	do de l'Agriculture..........	....	49,542 50	48,422 50	....	1,120 00
17	do de la Marine et des Pêcheries..........	....	55,798 75	55,830 00	31 25	
18	do des Travaux publics..........	....	48,600 00	45,550 00	....	3,050 00
19	do des Chemins de fer et Canaux..........	....	39,230 00	39,680 00	450 00	
20	do de la Commission géologique..........	....	50,600 00	51,950 00	1,350 00	
21	do du Commerce, y compris $1,550 pour les appointements de J. P. Nutting, nonobstant toute disposition de l'*Acte du service civil*..........	....	9,500 00	8,780 00	....	720 00
22	Département des Postes..........	....	196,020 00	197,160 00	1,140 00	
23	Bureau du haut-commissaire pour le Canada à Londres, y compris $1,700 à C. F. Just, nonobstant toute disposition de l'*Acte du service civil*..........	....	9,150 00	9,300 00	150 00	
24	Dépenses casuelles, loyer et assurance du bureau, taxes du revenu, combustible, éclairage, papeterie, etc., et $2,000 pour dépenses casuelles (eau, éclairage, combustible, louage de voitures et frais de chem. de fer) du haut-commissaire, et $2,200 pour dépenses casuelles (taxes, assurance, loyer de terrain, etc.) de la résidence officielle, y compris la taxe du revenu sur le traitement du haut-commissaire.	...	11,200 00	11,700 00	500 00	
25	Département des Postes—Pour payer les employés de la division des caisses d'épargne chargés de balancer les comptes des déposants et de calculer les intérêts au 30 juin 1898..........	....	2,850 00	2,950 00	100 00	
	A reporter..........	....	965,100 25	960,306 50	4,616 25	9,410 00

III.—GOUVERNEMENT CIVIL—*Suite.*

N° du crédit.	—	Détails.	1897-98.	**1898-99.**	Comparaison avec le budget de 1897-98. Augmentation.	Diminution.
	(A) Estimation des dépenses—*Fin.*		$ c.	$ c.	$ c.	$ c.
	Report	....	965,100 25	960,306 50	4,616 25	9,410 00
26	Traitement des examinateurs et autres dépenses découlant de l'*Acte du service civil*, y compris $250 pour le secrétaire et $100 pour un commis, lesquelles sommes peuvent être payées à des membres du service civil, nonobstant toute disposition de l'*Acte du service civil*	....	2,450 00	2,275 00	....	175 00
	*Dépenses casuelles telles que détaillées	....	217,250 00	219,790 00	2,540 00	....
			1,184,800 25	1,182,371 50	....	2,428 75

	1897-98.	1898-99.	Augmentation.	Diminution.
(B) Dépenses autorisées par la loi.				
Traitement du Gouverneur général	48,666 66	48,666 66		
do du haut-commissaire du Canada en Angleterre	10,000 00	10,000 00		
do du lieut.-gouverneur d'Ontario	10,000 00	10,000 00		
do do de Québec	10,000 00	10,000 00		
do do de la Nouvelle-Ecosse	9,000 00	9,000 00		
do do du Nouveau-Brunswick	9,000 00	9,000 00		
do do du Manitoba et du district de Kéwatin	10,000 00	10,000 00		
do do des territoires du N.-O.	7,000 00	7,000 00		
do do de la Col.-Britannique	9,000 00	9,000 00		
do do de l'Ile du Pr.-Edouard	7,000 00	7,000 00		
do de douze ministres, 1 à $8,000, 11 à $7,000, 2 à $5,000	95,000 00	95,000 00		
do du solliciteur général	5,000 00	5,000 00		
do du secrétaire du Gouverneur général	2,400 00	2,400 00		
do de l'auditeur général	4,000 00	4,000 00		
	236,066 66	236,066 66		
RÉSUMÉ.				
A voter	1,184,800 25	1,182,371 50	....	2,428 75
Autorisé par la loi	236,066 66	236,066 66	....	....
	1,420,866 91	1,418,438 16	....	2,428 75

* Des sommes affectées aux dépenses casuelles des différents départements, il pourra être payé (en outre des $600 autorisées par l'*Acte du service civil* ou autrement) une somme n'excédant pas $600 à chacun comme appointements des secrétaires particuliers des ministres des divers départements, ainsi que du solliciteur général, lorsque les dits secrétaires particuliers ne seront pas, lors de leur nomination, membres du service civil permanent, et une autre somme de $300 à chacun des secrétaires particuliers dont les appointements n'excéderont pas par là $1,500 ; de plus, les dites sommes pourront être payées nonobstant toute disposition de l'*Acte du service civil.*

III.—GOUVERNEMENT CIVIL—*Suite.*

DÉTAILS comparés avec le budget de 1897-98.

Nombre. 1897-98.	Nombre. 1898-99.	Ministères.	Appointements. 1897-98.	Appointements. 1898-99.
		(*a*) BUREAU DU SECRÉTAIRE DU GOUVERNEUR GÉNÉRAL.	$ c.	$ c.
1	1	Secrétaire du Gouverneur général	600 00	600 00
....	....	Allocation pour aides de camp	3,000 00	3,000 00
1	1	Premier commis	2,400 00	2,400 00
2	2	Commis de 1re classe, 1 à $1,800, 1 à $1,450	3,200 00	3,250 00
1	1	do 2e do	1,100 00	1,100 00
1	1	Messager	600 00	600 00
1	1	Ordonnance	500 00	500 00
7	7		11,400 00	11,450 00
		(*b*) BUREAU DU CONSEIL PRIVÉ.		
1	1	Député du ministre, greffier du conseil	3,200 00	3,200 00
1	1	Premier commis, greffier adjoint du conseil	1,800 00	1,800 00
1	1	Greffier de la couronne en chancellerie	2,400 00	2,400 00
3	3	Commis de 1re classe, 1 à $1,800, 2 à $1,600	5,000 00	5,000 00
1	1	Commis de 2e classe, dessinateur et comptable	1,400 00	1,400 00
6	6	do do 1 à $1,350, 3 à $1,250, 2 à $1,100	7,300 00	7,300 00
8	8	Commis de 3e classe, 2 à $1,000, 1 à $850, 1 à $800, 1 à $750, 2 à $700, 1 à $550	6,350 00	6,350 00
....	....	Allocation du secrétaire particulier	600 00	600 00
1	1	Gardien et messager	700 00	700 00
2	2	Messagers à $500	1,000 00	1,000 00
24	21		29,750 00	29,750 00
		(*c*) MINISTÈRE DE LA JUSTICE.		
1	1	Député du ministre	4,000 00	4,000 00
2	2	Premier commis, 1 à $2,600, 1 à $2,400	4,975 00	5,000 00
4	4	Commis de 1re classe, 3 à $1,800, 1 à $1,550	6,900 00	6,950 00
5	5	do 2e do 2 à $1,400, 1 à $1,350, 1 à $1,150, 1 à $1,100	6,350 00	6,400 00
1	1	Commis de 3e classe	700 00	750 00
....	....	Allocation du secrétaire particulier du ministre	600 00	600 00
....	....	Allocation du secrétaire particulier du solliciteur général. (Cette somme peut être payée à un membre du service civil, nonobstant toute disposition de l'*Acte du service civil*)	600 00	600 00
2	2	Messagers, 1 à $500, 1 à $360	830 00	860 00
15	15		24,955 00	25,160 00
		(*d*) DIVISION DES PÉNITENCIERS.		
1	1	Commis de 1re classe et comptable des pénitenciers	1,800 00	1,800 00
1	1	Commis de 2e classe	1,350 00	1,350 00
2	2		3,150 00	3,150 00

III.—GOUVERNEMENT CIVIL—*Suite.*

DÉTAILS comparés avec le budget de 1897–98.

Nombre. 1897-98.	Nombre. 1898-99.	Ministères.	Appointements. 1897-98.	Appointements. **1898-99.**
		(*e*) MINISTÈRE DE LA MILICE ET DE LA DÉFENSE.	$ c.	$ c.
1	1	Député du ministre	3,200 00	3,200 00
1	1	Premier commis	2,050 00	2,050 00
1	1	do nonobstant toute disposition de l'*Acte du service civil*	2,400 00	2,400 00
1	1	do do do	3,000 00	2,800 00
8	7	Commis de 1re classe, 2 à $1,750, 2 à $1,550, 3 à $1,400	12,950 00	10,800 00
11	11	do 2e do 6 à $1,400, 2 à $1,250, 1 à $1,150, 2 à $1,100.	14,100 00	13,950 00
5	5	do 3e do 2 à $1,000, 1 à $800, 1 à $600, 1 à $550	3,950 00	3,950 00
....	....	Allocation du secrétaire particulier	600 00	600 00
3	3	Messagers à $500	1,500 00	1,500 00
31	30		43,750 00	41,250 00
		(*f*) SECRÉTARIAT D'ETAT.		
1	1	Député du ministre	3,200 00	3,200 00
1	1	Premier commis, gardien des archives	2,400 00	2,400 00
1	1	do correspondance	2,250 00	2,250 00
6	6	Commis de 1re cl., 1 à $1,800, 2 à $1,650, 1 à $1,600, 2 à $1,550	9,800 00	9,800 00
8	8	do 2e cl., 5 à $1,400, 1 à $1,350, 1 à $1,200, 1 à $1,100	10,650 00	10,650 00
7	7	do 3e classe, 1 à $1,000, 1 à $950, 1 à $850, 2 à $750, 2 à $650	5,500 00	5,600 00
....	....	Allocation du secrétaire particulier	600 00	600 00
4	4	Messagers	2,000 00	2,000 00
28	28		36,400 00	36,500 00
		(*g*) DÉPARTEMENT DES IMPRESSIONS PUBLIQUES ET DE LA PAPETERIE.		
1	1	Député du ministre	3,200 00	3,200 00
2	2	Prem. com's, 1 compt. à $2,250, et 1 surint. des impr. à $1,950.	4,200 00	4,200 00
2	2	Commis, 1re classe, 1 surint. de la papet. à $1,600 et 1 à $1,500.	3,100 00	3,100 00
6	5	do 2e do à $1,400	8,300 00	7,000 00
10	10	do 3e 4 à $1,000, 1 à $950, 1 à $900, 1 à $800, 2 à $700 et 1 à $600	8,650 00	8,650 00
1	1	Gardien	700 00	700 00
2	2	Messagers, 1 à $500 et 1 à $450,	950 00	950 00
24	23		29,100 00	27,800 00
		(*h*) MINISTÈRE DE L'INTÉRIEUR.		
1	1	Député du ministre	3,200 00	3,200 00
1	1	Premier commis, secrétaire	2,800 00	2,800 00
1	1	do arpenteur général	2,600 00	2,600 00
1	1	do des patentes	2.400 00	2,400 00
1	1	do comptable	2,350 00	2,350 00
1	1	do greffier en loi	2,000 00	2,000 00
1	1	do	1,900 00	1,900 00
....	1	do bois et mines	....	1,800 00
4	4	Fonctionnaires spéciaux de la division technique (Annexe A, *Acte du service civil*), 1 à $2,100, géographe ; 1 à $2,100, astronome en chef ; 2 astronomes à $1,800	7,800 00	7,800 00
10	9	Commis de 1re classe, 4 à $1,800, 1 à $1,700, 1 à $1,650, 1 à $1,600, 1 à $1,550, 1 à $1,500	17,050 00	15,200 00
17	19	Commis de 2e classe, 10 à $1,400, 3 à $1,350, 3 à $1,200, 3 à $1,100	22,750 00	24,950 00
43	41	Commis de 3e classe, 15 à $1,000, 1 à $910, 2 à $950, 2 à $900, 1 à $850, 2 à 797, 4 à $750, 9 à $700, 2 à $650, 2 à $600, 1 à $500	36,554 00	34,354 00
....	....	Allocation du secrétaire particulier	600 00	600 00
6	6	Messagers, 4 à $500, 1 à $450 et 1 à $390	2,810 00	2,870 00
87	87		104,814 00	104,824 00

III.—GOUVERNEMENT CIVIL—*Suite.*

DÉTAILS comparés avec le budget de 1897-98.

Nombre. 1897-98.	Nombre. 1898-99.	Ministères.	Appointements. 1897-98.	Appointements. 1898-99.
		(*i*) BUREAU DU CONTRÔLEUR DE LA POLICE À CHEVAL DU NORD-OUEST.	$ c.	$ c.
1	1	Contrôleur	3,200 00	3,200 00
1	1	Premier commis	2,000 00	2,000 00
1	1	Commis de 1re classe	1,600 00	1,600 00
1	1	do 2e classe	1,100 00	1,100 00
2	2	do 3e classe, 1 à $1,000, 1 à $950	1,950 00	1,950 00
1	1	Messager	500 00	500 00
7	7		10,350 00	10,350 00
		(*j*) DÉPARTEMENT DES AFFAIRES DES SAUVAGES.		
3	4	Premier commis, 1 secrétaire à $2,000, 1 greffier en loi à $2,000, 1 comptable à $1,950, 1 secrétaire-adjoint à $1,800.	5,950 00	7,750 00
6	5	Commis de 1re classe, 1 à $1,700, 2 à $1,650, 1 à $1,500, 1 à $1,400	9,700 00	7,900 00
7	9	Commis de 2e classe, 5 à $1,400, 1 à $1,200, 3 à $1,100	9,600 00	11,500 00
23	21	do 3e classe, 6 à $1,000, 1 à $900, 1 à $800, 2 à $750, 6 à $700, 3 à $650, 1 à $550, 1 à $500	18,350 00	16,400 00
....	....	Allocation du secrétaire particulier	600 00	600 00
1	1	Emballeur	500 00	500 00
1	1	Messager	390 00	420 00
41	41		45,090 00	45,070 00
		(*k*) BUREAU DE L'AUDITEUR GÉNÉRAL.		
3	3	Premier commis, 1 à $2,150, 2 à $2,100	6,350 00	6,350 00
4	4	Commis de 1re classe, 1 à $1,800, 3 à $1,400	6,000 00	6,000 00
4	4	do 2e classe, 1 à $1,400, 1 à $1,300, 1 à $1,200, 1 à $1,100	5,000 00	5,000 00
13	12	Commis de 3e classe, 3 à $1,000, 1 à $850, 2 à $750, 1 à $700, 1 à $650, 2 à $600, 2 à $500	9,250 00	8,900 00
2	1	Messager	750 00	500 00
26	24		27,350 00	26,750 00
		(*l*) MINISTÈRE DES FINANCES ET CONSEIL DE LA TRÉSORERIE.		
1	1	Député du ministre et secrétaire de la Trésorerie	4,200 00	4,200 00
1	1	Premier commis, teneur de livres féderal	2,400 00	2,400 00
1	1	do caisse d'épargnes	2,400 00	2,400 00
1	1	do contrôleur des billets fédéraux	2,600 00	2,600 00
1	1	do secrétaire	2,050 00	2,100 00
6	6	Commis de 1re classe, 4 à $1,800, 1 à $1,700, 1 à $1,500	10,300 00	10,400 00
16	16	do 2e classe, 15 à $1,400, 1 à $1,250	22,050 00	22,250 00
2	2	do 3e classe, 2 à $1,000	2,000 00	2,000 00
....	....	Allocation du secrétaire particulier	600 00	600 00
4	4	Messagers, 3 à $500, 1 à $390	1,860 00	1,890 00
33	33		50,460 00	50,840 00
		(*m*) MINISTÈRE DES DOUANES.		
1	1	Commissaire	2,800 00	2,800 00
9	9	Commis de 1re classe, 3 à $1,750, 2 à $1,700, 1 à $1,650, 1 à $1,450 et 2 à $1,400	14,450 00	14,550 00
11	12	Commis de 2e classe, 1 à $1,400, 3 à $1,350, 1 à $1,300, 2 à $1,250, 1 à $1,200, 1 à $1,150 et 3 à $1,100	14,050 00	14,900 00
7	6	Commis de 3e classe, 1 à $1,000, 1 à $800, 3 à $700 et 1 à $500	5,200 00	4,400 00
1	1	Emballeur	500 00	500 00
....	....	Allocation du secrétaire particulier	600 00	600 00
2	2	Messagers à $500	1,000 00	1,000 00
31	31		38,600 00	38,750 00

III.—GOUVERNEMENT CIVIL—*Suite.*

DÉTAILS comparés avec le budget de 1897-98.

Nombre. 1897-98.	Nombre. 1898-99.	Ministères.	Appointements. 1897-98.	Appointements. **1898-99.**
		(*n*) MINISTÈRE DU REVENU DE L'INTÉRIEUR.	$ c.	$ c.
1	1	Commissaire	3,200 00	3,200 00
1	1	Commissaire adjoint et inspecteur en chef	3,000 00	3,000 00
1	1	Premier commis et secrétaire	2,400 00	2,400 00
1	1	do et premier comptable	2,000 00	2,000 00
6	6	Commis de 1re classe, 4 à $1,800, 1 à $1,450, 1 à $1,400	10,050 00	10,050 00
11	11	do 2e classe, 5 à $1,400, 2 à $1,350, 1 à $1,150, 3 à $1,100	14,200 00	14,150 00
2	2	do 3e classe, 1 à $630, 1 à $550	1,230 00	1,180 00
....	....	Allocation du secrétaire particulier (A. Clément)	600 00	600 00
2	2	Messagers, 1 à $430, 1 à $330	760 00	760 00
25	25		37,440 00	37,340 00
		(*p*) MINISTÈRE DE L'AGRICULTURE.		
1	1	Député du ministre	3,200 00	3,200 00
5	5	Premier commis, 1 à $2,400, 1 à $2,250, 1 à $2,150, 1 à $2,012.50, 1 à $1,850	10,512 50	10,662 50
5	6	Commis de 1re classe, 1 à $1,750, 1 à $1,700, 2 à $1,650, 1 à $1,500, 1 à $1,400	8,200 00	9,650 00
7	7	Commis de 2e classe, 1 à $1,300, 2 à $1,200, 1 à $1,150, 3 à $1,100	8,600 00	8,150 00
21	18	Commis de 3e classe, 8 à $1,000, 1 à $950, 1 à $930, 1 à $850, 2 à $800, 1 à $750, 1 à $650, 2 à $600, 1 à $450	17,530 00	15,380 00
2	2	Messagers, 2 à $390	750 00	780 00
....	....	Allocation du secrétaire particulier	600 00	600 00
1	....	*Inspecteur des quarantaines*	150 00	....
42	39		49,542 50	48,422 50
		(*q*) MINISTÈRE DE LA MARINE ET D PÊCHERIES.		
1	1	Député du ministre	3,200 00	3,200 00
1	1	Premier commis	2,400 00	2,400 00
1	1	do et comptable	1,800 00	1,800 00
2	2	do 1 à $2,000 et 1 à $1,850	3,850 00	3,850 00
1	1	Ingénieur en chef	2,600 00	2,600 00
1	1	do adjoint	2,050 00	2,050 00
1	1	Commissaire des pêcheries	2,200 00	2,200 00
6	6	Fonctionnaires spéciaux, 1 à $1,800, 1 à $1,100, 2 à $800, 1 à $700, 1 à $600	5,818 75	5,800 00
6	6	Commis de 1re classe, 3 à $1,700, 2 à $1,450, 1 à $1,400	9,400 00	9,400 00
8	8	do 2e classe, 5 à $1,400, 1 à $1,300, 1 à $1,150, 1 à $1,100	10,550 00	10,550 00
13	13	Commis de 3e classe, 5 à $1,000, 1 à $900, 1 à $800, 2 à $700, 1 à $550, 1 à $500, 2 à $450	10,000 00	10,050 00
....	....	Allocation du secrétaire particulier	600 00	600 00
3	3	Messagers, 2 à $500, 1 à $330	1,330 00	1,330 00
44	44		55,798 75	55,830 00
		(*r*) MINISTÈRE DES TRAVAUX PUBLICS.		
1	1	Député du ministre	3,200 00	3,200 00
1	1	Premier commis, secrétaire	2,100 00	2,100 00
1	1	do comptable	2,400 00	1,800 00
1	1	do division des ingénieurs	2,400 00	2,400 00
1	1	Ingénieur en chef	3,400 00	3,400 00
1	1	Architecte do	3,000 00	3,000 00
4	3	Commis de 1re classe, 1 à $1,800, 1 à $1,650, 1 à $1,400	6,400 00	4,850 00
10	9	A reporter	22,900 00	20,750 00

III.—GOUVERNEMENT CIVIL—*Suite.*

DÉTAILS comparés avec le budget de 1897-98.

Nombre. 1897-98.	Nombre. 1898-99.	Ministères.	Appointements. 1897-98.	Appointements. 1898-99.
		(*r*) MINISTÈRE DES TRAVAUX PUBLICS—*Suite.*	$ c.	$ c.
10	9	...............Report....................	22,900 00	20,750 00
14	14	Commis de 2e classe, 5 à $1,400, 1 à $1,350, 1 à $1,300, 2 à $1,250, 2 à $1,200, 3 à $1,100	17,750 00	17,850 00
7	6	Commis de 3e classe, 4 à $1,000, 1 à $900, 1 à 450	6,350 00	5,350 00
....	....	Allocation du secrétaire particulier du ministre	600 00	600 00
2	2	Messagers, 2 à $500	1,000 00	1,000 00
33	31		48,600 00	45,550 00
		(*s*) MINISTÈRE DES CHEMINS DE FER ET CANAUX.		
1	1	Député du ministre et ingénieur en chef	6,000 00	6,000 00
1	1	Secrétaire et premier commis, bureau du député du ministre et de l'ingénieur en chef	2,000 00	2,000 00
1	1	Comptable, premier commis	2,000 00	2,000 00
1	1	Premier commis, en charge du person. prép. à l'enregistrement.	1,950 00	1,950 00
6	6	Commis de 1re classe, 4 à $1,800, 2 à $1,450	10,100 00	10,100 00
8	8	do 2e classe à $1,400, 4 à $1,350, 2 à $1,150	10,200 00	10,500 00
8	8	do 3e do 3 à $1,000, 1 à $600, 2 à $550, 1 à $500, 1 à $500	5,550 00	5,700 00
....	....	Allocation du secrétaire particulier du ministre	600 00	600 00
2	2	Messagers, 1 à $500, 1 à $330	830 00	830 00
28	28		39,230 00	39,680 00
		(*t*) DÉPARTEMENT DE LA COMMISSION GÉOLOGIQUE.		
1	1	Directeur et député du ministre	3,200 00	3,200 00
21	22	Fonction. spéciaux (art 4 *a*, *b*, *c*, *Acte de la Commission geol.*, annexe A, art. *b*, *Acte du service civil*), 3 à $2,400, 1 à $2,200, 2 à $2,050, 3 à $1,850, 2 à $1,600, 1 à $1,550 (J. M. Macoun), 1 à $1,500, 4 à $1,450, 1 à $1,400, 1 à $1,350 1 à $1,200, 1 à $1,150, 1 à $1,050	35,900 00	37,250 00
2	2	Commis de 1re classe—		
		1 comptable	1,800 00	1,800 00
		1 géographe.	1,500 00	1,500 00
4	4	Commis de 2e classe, 2 à $1,400, 2 à $1,200	5,200 00	5,200 00
1	1	Commis de 3e classe	1,000 00	1,000 00
1	1	Bibliothécaire	800 00	800 00
1	1	Gardien-concierge	700 00	700 00
1	1	Messager	500 00	500 00
32	33		50,600 00	51,950 00
		(*u*) MINISTÈRE DU COMMERCE.		
1	1	Député du ministre	3,200 00	3,200 00
1	1	Commis de 1re classe	1,450 00	1,550 00
1	1	do 2e do	1,100 00	1,100 00
4	3	do 3e do 1 à $700, 2 à $500	2,350 00	1,700 00
....	....	Allocation du secrétaire particulier du ministre	600 00	400 00
2	2	Messagers, 1 à $500, 1 à $330..	800 00	830 00
9	8		9,500 00	8,780 00

III.—GOUVERNEMENT CIVIL—*Suite.*

DÉTAILS comparés avec le budget de 1897-98.

Nombre. 1897-98.	Nombre. 1898-99.	Ministères.	Appointements. 1897-98.	Appointements. 1898-99.
		(o) MINISTÈRE DES POSTES.	$ c.	$ c.
1	1	Député du ministre	3,200 00	3,200 00
1	1	Premier commis, secrétaire	2,600 00	2,600 00
1	1	do comptable	1,850 00	1,800 00
1	1	do surintend. de la division des mandats-poste.	2,400 00	2,400 00
1	1	do do do des caisses d'éparg.	2,400 00	2,400 00
1	1	do contrôleur du matériel	2,400 00	2,400 00
1	1	do surintend. de la division des lettres de rebut.	2,100 00	2,100 00
1	1	do do do malles	2,200 00	2,200 00
1	1	do do do timbres	1,850 00	1,850 00
1	1	Contrôleur du service des malles sur ch. de fer	3,000 00	2,500 00
10	13	Commis de 1re classe, 2 à $1,800, 2 à $1,600, 4 à $1,500, 3 à $1,450, 2 à $1,400	15,775 00	19,950 00
35	36	Commis de 2e classe, 26 à $1,400, 2 à $1,350, 2 à $1,200, 2 à $1,150, 4 à $1,100	48,150 00	48,200 00
110	108	Commis de 3e classe, 40 à $1,000, 16 à $950, 1 à $930, 5 à $900, 6 à $850, 1 à $840, 1 à $820, 4 à $800, 1 à $790, 1 à $770, 3 à $750, 1 à $720, 5 à $700, 1 à $690, 5 à $650, 1 à $630, 4 à $600, 6 à $550, 4 à $450, 2 à $400	94,182 50	91,490 00
....	....	Augmentation des appointements de 7 emballeurs, trieurs et messagers, $30 chaque	......	210 00
5	5	Messagers, 5 à $500	2,500 00	2,500 00
23	23	Emballeurs, 16 à $500, 5 à $420, 1 à $360, 1 à $300	10,812 50	10,760 00
....	....	Allocation du secrétaire particulier du ministre	600 00	600 00
193	195		196,020 00	197,160 00
		(v) BUREAU DU HAUT-COMMISSAIRE.		
1	1	Secrétaire	3,000 00	3,000 00
2	2	Commis de 1re classe, 1 à $1,800 et 1 à $1,700 (C. F. Just), nonobstant les dispositions de l'*Acte du service civil*	3,350 00	3,500 00
1	1	Commis de 2e classe	1,250 00	1,250 00
2	2	do 3e classe	1,550 00	1,550 00
6	6		9,150 00	9,300 00

III.—GOUVERNEMENT CIVIL—*Suite.*

N° du crédit.	——	1897-98.	1898-99.	Comparaison avec le budget de 1897-98. Augmentation.	Diminution.
	DÉPENSES CASUELLES.	$ c.	$ c.	$ c.	$ c.
27	Bureau du secrétaire du Gouverneur général—				
	Aide aux écritures et autre	1,000 00	1,100 00	100 00	
	Impressions et papeterie	1,200 00	1,200 00		
	Divers	11,300 00	11,200 00	....	100 00
		13,500 00	13,500 00		
28	Conseil privé de la Reine pour le Canada—				
	Aide aux écritures et autre	1,865 00	1.500 00	....	365 00
	Impressions et papeterie	3,000 00	3,000 00		
	Divers	3,000 00	3,000 00		
		7,865 00	7,500 00	....	365 00
29	Ministère de la Justice—				
	Aide aux écritures et autre	1,900 00	1,900 00		
	Impressions et papeterie	4,000 00	4,000 00		
	Divers	3,700 00	3,700 00		
		9,600 00	9,600 00		
30	Ministère de la Milice et de la Défense—				
	Aide aux écritures et autre	1,500 00	1,500 00		
	Impressions et papeterie	2,600 00	2,600 00		
	Divers	3,000 00	3,000 00		
		7,100 00	7,100 00		
31	Secrétariat d'Etat—				
	Aide aux écritures et autre	1,900 00	1,900 00		
	Impressions et papeterie	2,000 00	2,000 00		
	Divers	1,600 00	1,600 00		
		5,500 00	5,500 00		
32	Département des impressions et de la papeterie—				
	Aide aux écritures et autre	2,000 00	2,000 00		
	Impressions et papeterie	1,200 00	1,200 00		
	Divers	1,800 00	1,800 00		
		5,000 00	5,000 00		
33	Ministère de l'Intérieur—				
	Aide aux écritures et autre, y compris $700 pour J. A. Bollard et $395 pour T. W. Hodgins, nonobstant les dispositions de l'*Acte du service civil*	2,895 00	2,895 00		
	Impressions et papeterie	8,500 00	8,500 00		
	Divers	7,000 00	7,000 00		
		18,395 00	18,395 00		
34	Département des Affaires des Sauvages—				
	Aide aux écritures et autre	1,630 00	2,040 00	410 00	
	Impressions et papeterie	3,050 00	3,050 00		
	Divers	3,000 00	3,000 00		
		7,680 00	8,090 00	410 00	

III.—GOUVERNEMENT CIVIL—*Suite.*

N° du crédit.	—	1897-98.	1898-99.	Comparaison avec le budget de 1897-98. Augmentation.	Diminution.
		$ c.	$ c.	$ c.	$ c.
35	Bureau de l'Auditeur général—				
	Aide aux écritures et autre	2,500 00	2,000 00	....	500 00
	Impressions et papeterie	1,250 00	1,250 00		
	Divers	450 00	450 00		
		4,200 00	3,700 00	....	500 00
36	Ministère des Finances et Conseil de la Trésorerie				
	Aide aux écritures et autre	1,350 00	1,630 00	280 00	
	Impressions et papeterie	2,600 00	2,460 00	....	140 00
	Divers	2,850 00	2,710 00	....	140 00
		6,800 00	6,800 00	280 00	280 00
37	Département des Douanes—				
	Aide aux écritures et autre	2,770 00	2,320 00	....	450 00
	Impressions et papeterie	2,000 00	2,000 00		
	Divers	2,730 00	2,730 00		
		7,500 00	7,050 00	....	450 00
38	Département du Revenu de l'intérieur—				
	Aide aux écritures et autre	1,250 00	1,250 00		
	Impressions et papeterie	2,000 00	2,000 00		
	Divers	3,000 00	3,000 00		
		6,250 00	6,250 00		
39	Ministère des Travaux publics—				
	Impressions et papeterie	3,100 00	3,800 00	700 00	
	Divers	4,145 00	3,200 00	....	945 00
		7,245 00	7,000 00	....	245 00
40	Ministère des Postes—				
	Aide aux écritures et autre	20,600 00	23,855 00	3,255 00	
	Impressions et papeterie	15,500 00	15,500 00		
	Divers	4,500 00	3,500 00	....	1,000 00
		40,600 00	42,855 00	2,255 00	
41	Ministère de l'Agriculture—				
	Aide aux écritures et autre, y compris $600 chacun pour C. Thompson et John T. Farmer, nonobstant les dispositions de l'*Acte du service civil*	9,415 00	10,000 00	585 00	
	Impressions et papeterie	3,250 00	3,250 00		
	Divers	3,250 00	3,250 00		
		15,915 00	16,500 00	585 00	
42	Ministère de la Marine et des Pêcheries—				
	Aide aux écritures et autre	2,000 00	3,000 00	1,000 00	
	Impressions et papeterie	6,000 00	6,000 00		
	Divers	2,000 00	2,000 00		
		10,000 00	11,000 00	1,000 00	
43	Ministère des Chemins de fer et Canaux—				
	Impressions et papeterie	6,000 00	5,500 00	....	500 00
	Divers	2,000 00	2,500 00	500 00	
		8,000 00	8,000 00		

III.—GOUVERNEMENT CIVIL—*Fin.*

N° du crédit.		1897-98.	**1898-99.**	Comparaison avec le budget de 1897-98. Augmentation.	Diminution.
		$ c.	$ c.	$ c.	$ c.
44	Ministère du Commerce—				
	Divers, y compris aide aux écritures et autre	4,350 00	4,700 00	350 00	
	Impressions et papeterie..........	2,000 00	1,500 00	....	500 00
		6,350 00	6,200 00	....	150 00
45	Soin et nettoyage des édifices de l'administration, y compris la somme nécessaire pour le service du canon du midi, $100, somme qui peut être payée à un membre du service civil, nonobstant toute disposition de l'*Acte du service civil.*	28,000 00	28,000 00		
46	Imprimerie de l'Etat, nettoyage, etc...	1,750 00	1,750 00		

IV.—ADMINISTRATION DE LA JUSTICE.

Montant à voter..$98,375 00

N° du crédit.	—	1897-98.	1898-99.	Comparaison avec le budget de 1897-98. Augmentation.	Diminution.
	(A) DÉPENSES SUJETTES À UN CRÉDIT.	$ c.	$ c.	$ c.	$ c.
47	Dépenses diverses, y compris les territoires du Nord-Ouest....	37,000 00	37,000 00		
	Traitement de trois juges de la cour de district, Montréal, à $3,000....	6,000 00	9,000 00	3,000 00	
	Frais de voyage des juges dans les territoires du Nord-Ouest ...	3,000 00	3,000 00		
	Allocations de tournée, Colombie-Britannique..	10,000 00	13,000 00	3,000 00	
	do voyage aux juges de la cour du Banc de la Reine et des cours de comté, Manitoba....	2,500 00	2,500 00		
	Allocations de tournée des juges *ad hoc*.....	200 00	200 00		
	Frais de voyage des juges qui siègent hebdomadairement en Haute cour de Justice à London et Ottawa....	1,500 00	1,500 00		
	Dépenses sous l'empire du chapitre 181, S.R.C..	700 00	700 00		
	Cour Suprême du Canada.				
48	Rapporteur de la cour....	1,850 00	1,850 00		
	Rapporteur adjoint, commis de 1re classe....	1,450 00	1,450 00		
	Commis du bureau du registraire, commis de 2e classe....	1,150 00	1,150 00		
	Deuxième commis du bureau du registraire, commis de 3e classe	750 00	750 00		
	Bibliothécaire	1,150 00	1,150 00		
	1 commis de 3e classe....	900 00	900 00		
	Concierge....	700 00	700 00		
	3 messagers à $500 chacun....	1,500 00	1,500 00		
	Dépenses casuelles et déboursés, appointements des officiers (shérif, registraire en qualité de rédacteur et éditeur des rapports, huissiers, etc.), le reste pour l'impression du catalogue et pour livres pour les juges, sans dépasser $300..	4,000 00	4,000 00		
	Impression, reliure et distribution des décisions de la cour Suprême....	4,000 00	3,500 00	....	500 00
	Achat de rapports judiciaires et de livres de droit pour la bibliothèque....	3,000 00	4,000 00	1,000 00	
	Cour de l'Echiquier du Canada.				
49	Commis de 1re classe	1,450 00	1,500 00	50 00	
	do 2e	1,000 00	1,000 00		
	do 3e	550 00	550 00		
	Messagers	450 00	450 00		
	Dépenses casuelles, frais de voyage du juge et du registraire, traitement des shérifs, impr. et papeterie, etc., et $50 de livres pour le juge.	4,000 00	4,000 00		
	Impression, reliure et distribution des rapports de la cour de l'Echiquier....	800 00	800 00		
	Surcroît de traitement au registraire en sa qualité de rédacteur et éditeur des rapports....	300 00	300 00		
	Augmentation des appointements de M. L. A. Audette, du 1er juillet 1898 au 30 juin 1899, tel qu'antérieurement autorisé	275 00	275 00		
	A Charles Morse, pour fournir aux publications périodiques de jurisprudence des rapports des décisions de la cour de l'Echiquier, nonobstant les dispositions de l'*Acte du service civil*.	50 00	50 00		
	Appointem. du registraire en Amirauté, Québec.	666 66	666 66		
	do prévôt do do ..	333 34	333 34		
	Local pour la cour de l'Echiquier en Amirauté, au besoin	300 00	300 00		
	Frais de voyage des juges locaux et autres officiers....	300 00	300 00		
		91,825 00	98,375 00	6,550 00	

IV.—ADMINISTRATION DE LA JUSTICE—*Suite.*

——	1897-98.	**1898-99.**	Comparaison avec le budget de 1897-98. Augmentation.	Diminution.
	$ c.	$ c.	$ c.	$ c.
(**B**) DÉPENSES AUTORISÉES PAR LA LOI.				
Cour Suprême du Canada.				
Traitement du juge en chef	8,000 00	8,000 00		
Traitements de cinq juges puînés, à $7,000 chacun	35,000 00	35,000 00		
Traitement du registraire	2,600 00	2,600 00		
Cour de l'Echiquier du Canada.				
Traitement du juge	6,000 00	6,000 00		
do local en Amirauté, district de Toronto.	600 00	600 00		
do do district de Québec	2,000 00	2,000 00		
do do do de la Nouvelle-Ecosse	1,000 00	1,000 00		
do do do du Nouveau-Brunswick.	1,000 00	1,000 00		
do do do de l'Ile du Pr.-Edouard.	800 00	800 00		
do do do de la Col.-Britannique.	1,000 00	1,000 00		
do registraire de la cour de l'Echiquier	2,000 00	2,000 00		
Province d'Ontario.				
Cour d'Appel—				
Traitement du juge en chef d'Ontario et juge en chef de la cour d'Appel	6,000 00	6,000 00		
Traitements de quatre juges à $5,000 chacun	15,000 00	20,000 00	5,000 00	
Haute cour de Justice pour Ontario—				
Traitem. du juge en chef de la cour du Banc de la Reine	6,000 00	6,000 00		
Division du Banc de la Reine—				
Traitements de deux juges, à $5,000 chacun	10,000 00	10,000 00		
Division des Plaids communs—				
Traitement du juge en chef des Plaids communs	6,000 00	6,000 00		
Traitements de deux juges, à $5,000 chacun.	10,000 00	10,000 00		
Division de la Chancellerie—				
Traitement du chancelier d'Ontario	6,000 00	6,000 00		
Traitements de trois juges, à $5,000	15,000 00	15,000 00		
Allocations de tournée	13,000 00	13,000 00		
Cours de comté—				
Traitements de quarante et un juges, variant de $2,000 à $2,600 chacun	96,100 00	96,300 00	200 00	
Traitem. de vingt-trois juges puînés, à $2,000 chacun.	46,000 00	46,000 00		
Frais de voyage de soixante-quatre juges de cours de comté, à $200 chacun	12,800 00	12,800 00		
Province de Québec.				
Cour du Banc de la Reine—				
Traitement du juge en chef	6,000 00	6,000 00		
Traitements de cinq juges puînés	25,000 00	25,000 00		
A reporter	332,900 00	338,100 00	5,200 00	

IV.—ADMINISTRATION DE LA JUSTICE—*Suite.*

——	1897-98.	**1898-99.**	Comparaison avec le budget de 1897-98. Augmentation.	Comparaison avec le budget de 1897-98. Diminution.
	$ c.	$ c.	$ c.	$ c.
Report	332,900 00	338,100 00	5,200 00	....
Province de Québec—Fin.				
Cour Supérieure—				
Traitement du juge en chef	6,000 00	6,000 00		
do du doyen des juges à Montréal	6,000 00	6,000 00		
Traitements de douze juges à $5,000 chacun	60,000 00	60,000 00		
do de quinze juges à $4,000 chacun	56,000 00	60,000 00	4,000 00	
do de deux juges à $3,500 chacun	7,000 00	7,000 00		
Allocations de tournée	16,000 00	16,000 00		
Province de la Nouvelle-Ecosse.				
Cour Suprême de la Nouvelle-Ecosse—				
Traitement du juge en chef	5,000 00	5,000 00		
do de la cour d'Equité	4,000 00	4,000 00		
Traitements de cinq juges puînés, à $4,000 chacun	20,000 00	20,000 00		
Allocations de tournée	4,000 00	4,000 00		
Cours de comté—				
Traitem. de six juges à $2,400 chacun, et un à $2,000	16,400 00	16,400 00		
Frais de voyage des juges de cours de comté	1,400 00	1,400 00		
Province du Nouveau-Brunswick.				
Cour Suprême du Nouveau-Brunswick—				
Traitement du juge en chef	5,000 00	5,000 00		
Traitements de quatre juges puînés, à $4,000 chacun	16,000 00	16,000 00		
Traitement du juge de la cour d'Equité	4,000 00	4,000 00		
Allocations de tournée	4,000 00	4,000 00		
Cours de comté—				
Traitements de six juges, 1 à $3,000, 5 à $2,400	15,000 00	15,000 00		
Frais de voyage des juges de cours de comté	1,200 00	1,200 00		
Province du Manitoba.				
Cour du Banc de la Reine—				
Traitement du juge en chef	5,000 00	5,000 00		
do de trois juges puînés, à $4,000 chacun	12,000 00	12,000 00		
Cours de comté—				
Traitements de cinq juges de cours de comté, à $2,400 chacun, un à $2,000	14,000 00	14,000 00		
Province de la Colombie-Britannique.				
Cour Suprême—				
Traitement du juge en chef	5,000 00	5,000 00		
do de quatre juges puînés, à $4,000 chacun	16,850 00	16,000 00	....	850 00
Cours de comté—				
Traitement de cinq juges, à $2,400 chacun	12,000 00	12,000 00		
A reporter	644,750 00	653,100 00	9,200 00	850 00

IV.—ADMINISTRATION DE LA JUSTICE—*Fin.*

—	1897-98.	**1898-99.**	Comparaison avec le budget de 1897-98. Augmentation.	Diminution.
	$ c.	$ c.	$ c.	$ c.
Report	644.750 00	653,100 00	9,200 00	850 00
Province de l'Ile du Prince-Edouard.				
Cour Suprême—				
Traitement du juge en chef	4,000 00	4,000 00		
do du maître des rôles	3,200 00	3,200 00		
do du vice-chancelier	3,200 00	3,200 00		
Allocations de tournée	600 00	600 00		
Cours de comté—				
Traitements de trois juges, à $2,400 chacun	7,200 00	7,200 00		
Frais de voyage des juges de cours de comté	600 00	600 00		
Territoires du Nord-Ouest.				
Traitements de cinq juges de la cour Suprême, à $4,000 ch.	20,000 00	20,000 00		
do de cinq shérifs à $500 chacun	2.500 00	2,500 00		
Total	686,050 00	694,400 00	8,350 00	
SOMMAIRE.				
A voter	91,825 00	98,375 00	6,550 00	
Autorisé par la loi	686,050 00	694,400 00	8,350 00	
	777,875 00	792,775 00	14,900 00	

V.—POLICE FÉDÉRALE.

Montant à voter..$ 22,000,00

N° du crédit.	—	1897-98.	**1898-99.**	Comparaison avec le budget de 1897-98. Augmentation.	Diminution.
		$ c.	$ c.	$ c.	$ c.
50	Police fédérale..............................	22,100 00	22,000 00	....	100 00

VI.—PÉNITENCIERS.

Montant à voter..$ 417,200 00

N° du crédit.	—	1897-98.	**1898-99.**	Comparaison ave le budget de 1897-98. Augmentation.	Diminution.
		$ c.	$ c.	$ c.	$ c.
51	Dépenses générales..............................	3,400 00	3,400 00	....	
52	Kingston..............................	167,300 00	167,000 00	....	300 00
53	Saint-Vincent-de-Paul..............................	97,500 00	96,200 00	....	1,300 00
54	Dorchester..............................	49,000 00	48,700 00	....	300 00
55	Manitoba..............................	40,400 00	40,400 00	....	
56	Colombie-Britannique..............................	44,200 00	45,700 00	1,500 00	
57	Prison de Régina..............................	9,850 00	9,800 00	....	50 00
58	do Prince-Albert..............................	6,000 00	6,000 00	....	
	Gratifications à des officiers qui sortiront de charge..............................	5,000 00	....	....	5,000 00
		422,650 00	417,200 00	....	5,450 00
	DÉPENSES GÉNÉRALES.				
	Traitement de l'inspecteur..............................	2,600 00	2,600 00	....	
	Dépenses casuelles, y compris aide aux écritures..............................	800 00	800 00	....	
		3,400 00	3,400 00	....	

VI.—PÉNITENCIERS—*Suite.*

——	1897-98.	**1898-99.**	Comparaison avec le budget de 1897-98. Augmentation.	Diminution.
PÉNITENCIER DE KINGSTON.	$ c.	$ c.	$ c.	$ c.
Appointements et salaires	63,300 00	62,300 00	....	1,000 00
Uniformes	3,500 00	3,500 00		
Gratification de retraite	2,000 00	2,000 00		
Repas des gardes	1,000 00	1,000 00		
Entretien des détenus	20,000 00	20,000 00		
Frais de libération	3,500 00	3,500 00		
Mobilier	3,000 00	5,400 00	2,400 00	
Economie générale	20,000 00	20,000 00		
Industries	40,000 00	39,000 00	....	1,000 00
Bâtiments	9,500 00	9,000 00	....	500 00
Diverses, ordinaires	1,000 00	900 00	....	100 00
* do spéciales	500 00	400 00	....	100 00
	167,300 00	167,000 00	....	300 00
PÉNITENCIER DE SAINT-VINCENT-DE-PAUL.				
Appointements et salaires	45,700 00	43,600 00	....	2,100 00
Uniformes	2,900 00	2,900 00		
Gratification de retraite	2,000 00	2,000 00		
Repas des gardes	500 00	500 00		
Entretien des détenus	20,000 00	22,000 00	2,000 00	
Frais de libération	3,000 00	3,000 00		
Economie générale	13,000 00	14,500 00	1,500 00	
Mobilier	2,000 00	2,000 00		
Industries	2,300 00	2,300 00		
Murs, bâtiments, etc	5,000 00	2,500 00	....	2,500 00
Diverses, ordinaires	700 00	600 00	....	100 00
* do spéciales	400 00	300 00	....	100 00
	97,500 00	96,200 00	....	1,300 00
PÉNITENCIER DE DORCHESTER.				
Appointements et salaires	28,900 00	28,800 00	....	100 00
Uniformes	1,100 00	1,200 00	100 00	
Gratification de retraite	1,500 00	1,500 00		
Repas des gardes	300 00	300 00		
Entretien des détenus	9,000 00	8,400 00	....	600 00
Frais de libération	1,100 00	1,600 00	500 00	
Economie generale	4,400 00	3,600 00	....	800 00
Mobilier	700 00	1,000 00	300 00	
Industries	1,000 00	1,200 00	200 00	
Bâtiments, terrains, etc	300 00	500 00	200 00	
Diverses, ordinaires	400 00	400 00		
* do spéciales	300 00	200 00	....	100 00
	49,000 00	48,700 00	....	300 00

* NOTE.—Prix pour l'exercice au tir, salle de lecture et de récréation du personnel et autres dépenses, sauf l'autorisation spéciale du ministre de la Justice.

VI.—PÉNITENCIERS—*Fin.*

—	1897-98.	**1898-99.**	Comparaison avec le budget de 1897-98. Augmentation.	Comparaison avec le budget de 1897-98. Diminution.
Pénitencier du Manitoba.	$ c.	$ c.	$ c.	$ c.
Appointements et salaires	22,800 00	23,100 00	300 00	
Uniformes	1,000 00	800 00	....	200 00
Gratification de retraite	1,000 00	1,000 00	....	
Repas des gardes	100 00	100 00	....	
Entretien des détenus	3,200 00	3,800 00	600 00	
Frais de libération	1,100 00	1,000 00	....	100 00
Economie générale	7,500 00	7,500 00	....	
Mobilier	500 00	600 00	100 00	
Industries	1,300 00	1,000 00	....	300 00
Murs, etc	1,200 00	1,000 00	....	200 00
Diverses, ordinaires	500 00	300 00	....	200 00
* do spéciales	200 00	200 00	....	
	40,400 00	40,400 00		
Pénitencier de la Colombie-Britannique.				
Appointements et salaires	22,900 00	23,500 00	600 00	
Uniformes	1,000 00	1,000 00	....	
Gratification de retraite	....	1,000 00	1,000 00	
Entretien des détenus	8,000 00	8,000 00	....	
Frais de libération	1,200 00	1,200 00	....	
Economie générale	6,500 00	7,000 00	500 00	
Mobilier	1,000 00	600 00	....	400 00
Industries	1,500 00	1,[illegible]00 00	....	100 00
Murs et bâtiments	1,500 00	1,[illegible]00 00	....	
Diverses, ordinaires	400 00	[illegible]00 00	....	100 00
* do spéciales	200 00	[illegible]0 00	....	
	44,200 00	45,700 00	1,500 00	
Prison de Régina.				
Appointements et salaires	4,310 00	4,200 00	....	110 00
Uniformes	300 00	400 00	100 00	
Entretien des détenus	2,200 00	2,200 00		
Frais de libération	300 00	300 00		
Economie générale	2,300 00	2,300 00		
Mobilier	200 00	200 00		
Industries	100 00	100 00		
Diverses	140 00	100 00	....	40 00
	9,850 00	9,800 00	....	50 00
Prison de Prince-Albert.				
(A voter de nouveau.)				
Appointements et salaires :—				
1 geôlier ... $800 00				
1 sous-geôlier ... 750 00				
1 guichetier et pompier ... 500 00				
1 directrice ... 200 00				
Soins de médecin à $10 par mois ... 120 00	2,370 00	2,370 00		
Uniformes	300 00	300 00		
Entretien des détenus	1,500 00	1,500 00		
Frais de libération	130 00	130 00		
Economie générale	1,000 00	1,000 00		
Mobilier	500 00	500 00		
Diverses	200 00	200 00		
	6,000 00	6,000 00		

* Note.—Prix pour l'exercice au tir, salle de lecture et de récréation du personnel et autres dépenses sauf l'autorisation spéciale du ministre de la Justice.

VII.—LÉGISLATION.

Montant à voter.................................. $366,550.50

N° du crédit.	——	1897-98.	**1898-99.**	Comparaison avec le budget de 1897-98. Augmentation.	Diminution.
	(A) ESTIMATION DES DÉPENSES SUJETTES À UN CRÉDIT.	$ c.	$ c.	$ c.	$ c.
	Sénat.				
59	Appointements et dépenses casuelles du Sénat..	63,188 00	63,338 00	150 00	
	Chambre des Communes.				
60	Traitement de l'Orateur suppléant	2,000 00	2,000 00		
61	Appointements..............................	71,250 00	70,000 00	....	1,250 00
62	Dépenses des comités, commis surnuméraires de la session, etc	14,200 00	14,200 00		
63	Dépenses casuelles, y compris $300 à un secrétaire pour le chef de l'opposition................	17,400 00	17,400 00		
64	Publication des *Débats*....................	40,000 00	40,000 00		
65	Prévisions du sergent-d'armes approuvées......	33,852 50	33,862 50	10 00	
66	Dépenses casuelles au sujet des listes électorales............................	2,500 00	2,500 00		
	Crédits qui ne sont pas nécessaires pour 1898-99..	3,242 58	....	....	3,242 58
	Bibliothèque du parlement.				
67	Appointements des employés de la bibliothèque.	16,650 00	16,650 00		
68	Livres pour la bibliothèque du parlement, y compris les frais de reliure, etc..................	12,000 00	12,000 00		
69	Ouvrages sur l'histoire de l'Amérique..... .	1,000 00	1,000 00		
70	Dépenses casuelles	2,600 00	2,600 00		
	Dépenses générales.				
71	Impressions, reliure et distribution des lois......	6,000 00	6,000 00		
72	Impressions, papier à imprimer et reliure... ...	85,000 00	85,000 00		
	Total	370,883 08	366,550 50	....	4,332 58

VII.—LÉGISLATION—*Suite.*

DÉTAILS comparés avec le budget de 1897-98.

Numéro. 1897-98.	Numéro. 1898-99.	Service.	1897-98.	1898-99.	Comparaison avec le budget de 1897-98. Augmentation.	Comparaison avec le budget de 1897-98. Diminution.
		APPOINTEMENTS ET DÉPENSES CASUELLES DU SÉNAT.	$ c.	$ c.	$ c.	$ c.
1	1	Greffier, maître en chancellerie, caissier et comptable	3,400 00	3,400 00		
1	1	Greffier adjoint, maître en chancellerie et chef des traducteurs français	2,500 00	2,500 00		
1	1	Rédacteur des lois, maître en chancellerie, greffier des comités et traducteur anglais	2,500 00	2,500 00		
1	1	Aumônier	400 00	400 00		
1	1	Premier commis anglais et commis des journaux anglais	1,800 00	1,800 00		
1	1	Deuxième commis anglais et commis des bills privés	1,650 00	1,600 00	....	50 00
1	1	Troisième commis anglais et commis de la routine et des procédures	1,400 00	1,600 00	200 00	
1	1	Premier traducteur français	2,000 00	2,000 00		
1	1	Second do	1,200 00	1,200 00		
1	1	Sergent d'armes et commis du journal français	1,600 00	1,600 00		
1	1	Commis adjoint du journal français	1,000 00	1,000 00		
1	1	Comptable adjoint	1,500 00	1,500 00		
1	1	Commis de classe cadette	950 00	1,000 00	50 00	
1	1	Huissier de la verge noire	1,350 00	1,350 00		
1	1	Directeur de la poste	1,400 00	1,400 00		
1	1	Concierge	1,000 00	1,000 00		
1	1	Préposé au cabinet de lecture	850 00	700 00	....	150 00
1	1	Huissier	900 00	900 00		
1	1	Messager du président	800 00	800 00		
1	1	Gardien du vestiaire	700 00	700 00		
1	1	Messager de la banque	850 00	850 00		
1	1	Menuisier	700 00	700 00		
1	3	Messagers permanents à $650 chac.	650 00	1,950 00	1,300 00	
4	2	do $600 chac.	2,400 00	1,200 00	....	1,200 00
27	27		33,500 00	33,650 00	1,550 00	1,400 00
		DIVERS.				
		Pages	900 00	900 00		
		Messagers de la session	1,750 00	1,750 00		
		Femmes de journée	1,600 00	1,600 00		
		Papeterie	5,988 00	5,988 00		
		Journaux	1,800 00	1,800 00		
		Frais de port et transport des malles	800 00	800 00		
		Diverses notes de fournisseurs	3,225 00	3,225 00		
		Débats du Sénat	10,500 00	10,500 00		
		Autres dépenses	3,125 00	3,125 00		
		Total des appoint. et dépenses casuelles	63,188 00	63,338 00	150 00	....

VII.—LÉGISLATION—*Suite.*

Nombre. 1897-98.	Nombre. 1898-99.	Service.	1897-98.	**1898-99.**	Comparaison avec le budget de 1897-98. Augmentation.	Comparaison avec le budget de 1897-98. Diminution.
		APPOINTEMENTS—CHAMBRE DES COMMUNES.	$ c.	$ c.	$ c.	$ c.
		Fonctionnaires de la Chambre.				
1	1	Le greffier	3,400 00	3,400 00		
1	1	Le sergent-d'armes	2,400 00	2,400 00		
1	1	Le greffier adjoint	2,000 00	2,000 00		
1	1	Suppléant du sergent-d'armes et commis de 3e classe	1,200 00	1,200 00		
		Division principale.				
4	4	Premiers commis, à $2,400	9,600 00	9,600 00		
5	4	Commis de 1re classe, 2 à $1,800, avec $200 de plus à l'un d'eux, en sa qualité d'examinateur des bills privés, 2 à $1,750	8,950 00	7,300 00	....	1,650 00
5	6	Commis de 2e classe, 3 à $1,400, 1 à $1,200, 1 à $1,150, 1 à $1,100	6,550 00	7,650 00	1,100 00	
1	1	Commis de 3e classe à $1,000	1,000 00	1,000 00		
		Division des lois et de la traduction.				
1	1	Rédacteur des lois	3,200 00	3,200 00		
3	3	Premiers commis, 2 à $2,400, 1 à $1,800	6,600 00	6,600 00		
4	4	Commis de 1re classe à $1,800	7,200 00	7,200 00		
4	4	Commis de 2e classe, 3 à $1,400, 1 à $1,100	5,300 00	5,300 00		
		Division des services divers.				
1	1	Comptable	2,000 00	2,000 00		
2	1	Commis de 1re classe	3,450 00	1,650 00	....	1,800 00
3	4	Commis de 2e classe, 1 à $1,300, 1 à $1,250, 2 à $1,100	3,650 00	4,750 00	1,100 00	
5	5	Commis de 3e classe, 3 à $1,000, 1 à $900, 1 à $850	4,750 00	4,750 00		
42	42		71,250 00	70,000 00	....	1,250 00

DÉPENSES DES COMITÉS, COMMIS SURNUMÉRAIRES DE LA SESSION, ETC.

Nombre. 1897-98.	Nombre. 1898-99.	—	1897-98.	**1898-99.**
			$ c.	$ c.
1	1	Secrétaire de l'orateur	300 00	300 00
11	11	Commis surnuméraires permanents de la session	4,600 00	4,600 00
19	19	do do	5,700 00	5,700 00
2	2	Commis pour la session	600 00	600 00
....	....	Dépenses des comités, témoins, sténographes, etc	1,000 00	1,000 00
....	....	Traduction française	2,000 00	2,000 00
33	33		14,200 00	14,200 00

VII.—LÉGISLATION—*Suite.*

——	1897-98.	**1898-99.**
DÉPENSES CASUELLES.	$ c.	$ c.
Papeterie, etc.	8,000 00	8,000 00
Frais de port	2,000 00	2,000 00
Journaux et publicité	2,000 00	2,000 00
Deux voitures pour faire le service entre la Chambre et l'imprimerie	600 00	600 00
Divers (y compris le secrétaire du chef de l'opposition)	3 800 00	3,800 00
Dépenses imprévues, par ordre de la commission	1,000 00	1,000 00
	17,400 00	17,400 00

Nombre.		——	Montant.	
1897-98.	1898-99.		1897-98.	**1898-99.**
		SERGENT-D'ARMES, CHAMBRE DES COMMUNES.	$ c.	$ c.
1	1	Messager en chef	1,300 00	1,300 00
1	1	Aide-messager en chef	1,000 00	1,000 00
8	8	Messagers permanents, 5 à $700, 1 à $650, 1 à $600, 1 à $530	5,270 00	5,280 00
1	1	do pour la salle de lecture	490 00	490 00
1	1	Huissier	360 00	360 00
2	2	Gardiens de nuit, 1 à $650, 1 à $600	1,250 00	1,250 00
1	1	Menuisier	700 00	700 00
45	45	Messagers pour la session à $2.50 par jour	11,250 00	11,250 00
16	16	Pages à $1.50 par jour	2,400 00	2,400 00
4	4	Serviteurs pour cabinet de toilette, etc., 3 à $2, 1 à $2.50 par jour	850 00	850 00
11	11	Femmes de journée, permanentes	2,007 50	2,007 50
17	17	do supplémentaires pendant la session, à 50c. par jour	850 00	850 00
		Dépenses casuelles—Département du messager en chef	1,000 00	1,000 00
1	1	Préposé au gaz, pendant la session	125 00	125 00
		Fournisseurs et autres	5,000 00	5,000 00
109	109		33,852 50	33,862 50

VII.—LÉGISLATION—*Fin.*

——	1897-98.	**1898-99.**	Comparaison avec le budget de 1897-98. Augmentation.	Diminution.
BIBLIOTHÈQUE DU PARLEMENT.	$ c.	$ c.	$ c.	$ c.
Bibliothécaire général	3,200 00	3,200 00		
do du parlement	3,200 00	3,200 00		
Commis de 1re classe, 1 à $1,800, 1 à $1,750	3,500 00	3,550 00		
do 2e do 1 à $1,400, 1 à $1,100	2,500 00	2,500 00		
do 3e do 1 à $650, 1 à $550, 1 à $400	1,600 00	1,600 00		
Messagers, 1 à $900, 1 à $700, 2 à $500	2,600 00	2,600 00		
	16,650 00	16,650 00		
(**B**)—ESTIMATION DES DÉPENSES AUTORISÉES PAR LA LOI.				
Sénat.				
Traitement du Président (par 36 Vic., chap. 31)	4,000 00	4,000 00		
Indemnité aux sénateurs	81,000 00	81,000 00		
Frais de route	11,900 00	11,900 00		
Chambre des Communes.				
Traitement de l'Orateur (par 36 Vic., chap. 31)	4,000 00	4,000 00		
Indemnité aux députés	213,000 00	213,000 00		
Frais de route	20,000 00	20,000 00		
Dépenses d'élection.				
Pour faire face aux dépenses d'élections	5,000 00	5,000 00		
	338,900 00	338,900 00		

RÉSUMÉ.

A voter	370,883 08	366,550 50	....	4,332 58
Autorisé par la loi	338,900 00	338,900 00	....	....
Total	709,783 08	705,450 50	....	4,332 58

VIII.—ARTS, AGRICULTURE ET STATISTIQUE.

Montant à voter..$332,000 00

N° du crédit.	—	1897-98	**1898-99.**	Comparaison avec le budget de 1897-98. Augmentation.	Diminution.
		$ c.	$ c.	$ c.	$ c.
73	Archives..	8,000 00	8,000 00		
74	*Patent Record*..	9,000 00	9,000 00		
75	Préparation de la statistique criminelle (ch. 60, S. R. C.)..	1,800 00	1,800 00		
76	*Statistical Year-Book*..	4,000 00	4,000 00		
77	Statistique générale..	3,200 00	3,200 00		
78	Subventions aux sociétés d'agriculture, T.N.-O.	7,000 00	7,000 00		
79	*Recensement du Manitoba*..	200 00	....	....	200 00
80	Exposition de Paris (Préparatifs pour l')......	....	20,000 00	20,000 00	
81	Stations agronomiques..	75,000 00	75,000 00		
82	Stations agronomiques, impression et distribution des bulletins et des rapports...........	4,000 00	4,000 00		
83	Industrie laitière..	30,000 00	30,000 00		
	Pour encourager l'établissement et l'entretien des crémeries dans les territoires du Nord-Ouest..	15,000 00	5,000 00	....	10,000 00
84	Pour encourager l'industrie laitière en faisant des avances sur le lait et la crème, et pour la fabrication du beurre et du fromage, le montant des ventes de ce beurre et de ce fromage devant être placé au crédit du fonds consolidé du revenu..	100,000 00	80,000 00	....	20,000 00
85	Pour des réfrigérateurs dans les steamers, sur les chemins de fer, aux entrepôts et aux crémeries, pour faire face aux dépenses des expéditions d'essai de produits, et pour en faire apprécier la qualité en dehors du Canada..	100,000 00	85,000 00	....	15,000 00
		357,200 00	332,000 00	....	25,200 00

IX.—QUARANTAINE.

Montant à voter..$114,000 00

N° du crédit.	—	1897-98.	**1898-99.**	Comparaison avec le budget de 1897-98. Augmentation.	Diminution
		$ c.	$ c.	$ c.	$.
86	Appointements et dépenses casuelles pour les quarantaines organisées et la salubrité publique dans d'autres districts............	50,000 00	50,000 00		
87	Lazaret de Tracadie	4,600 00	5,000 00	400 00	
88	Hôpitaux de Winnipeg et de Saint-Boniface..	4,000 00	4,000 00		
89	Quarantaines des bestiaux	30,000 00	30,000 00		
90	Imdemnité pour l'abattage des porcs et moutons, et toutes autres dépenses s'y rattachant	5,000 00	10,000 00	5,000 00	
91	Pour empêcher la dissémination de la tuberculose parmi les bestiaux dans tout le Canada.	20,000 00	15,000 00	....	000
		113,600 00	114,000 00	400 00	

X.—IMMIGRATION.

Montant à voter..$200,000 00

N° du crédit.	—	1897-98.	**1898-99.**	Comparaison avec e budget de 1897-98. Augmentation.	Diminution.
		$ c.	$ c.	$ c.	$ c.
92	Appointem. des agents et employés au Canada.	35,000 00	40,000 00	5,000 00	
93	Appointements des agents et employés dans la Grande-Bretagne	25,000 00	20,000 00	....	5,000 00
94	Appointem. des agents dans les pays étrangers	17,500 00	22,000 00	4,500 00	
95	Société protect. d'mmigration pour les femmes	1,000 00	1,000 00		
96	Dépenses casuelles pour l'immigration dans les agences canadiennes, britanniques et étrangères ; dépenses générales d'immigration, et appointements de commis surnuméraires au bureau principal	121,500 00	117,000 00	....	4,500 00
		200,000 00	200,000 00		

XI.—PENSIONS.

A voter..$ 27,535 72

N° du crédit.	—	1897-98.	**1898-99.**	Comparaison avec le budget de 1897-98. Augmentation.	Diminution.
	(**A**)—Estimation des pensions sujettes à un crédit.	$ c.	$ c.	$ c.	$ c.
	Pension annuelle à :—				
97	Mme Delaney..............................	400 00	400 00		
97	Mme Gowanlock..............................	400 00	400 00		
97	Mlle Harriet Fraser..............................	250 00	250 00		
97	M. Roderick Fraser..............................	150 00	150 00		
98	Pensions payables par suite de l'invas. fénienne	2,892 00	2,892 00		
99	Pour subvenir à la pension des vétérans de la guerre de 1812..............................	90 00	90 00		
100	Indemnité aux pensionnaires au lieu de terre	233 52	214 06	....	19 46
101	Pensions payables par suite de la rébellion de 1885, aux miliciens et pour service actif en général..............................	20,000 00	20,000 00		
102	Pensions payables par suite de la rébellion de 1885, à la police à cheval, aux volontaires de Prince-Albert et aux éclaireurs........	2,674 28	2,920 66	246 38	
103	Mme Colebrooke et enfant..................	219 00	219 00		
	Crédits non requis pour 1898-99..................	2,107 40	....	....	2,107 40
		29,416 20	27,535 72	....	1,880 48
	(**B**)—Estimation des pensions autorisées par la loi—Pensions aux juges.				
	Québec.				
	L'hon. J. A. Berthelot..............................	3,333 34	....	....	3,333 34
	L'hon. C. M. Buchanan..............................	2,666 66	2,666 66		
	L'hon. L. F. G. Baby..............................	3,333 34	3,333 34		
	L'hon. C. W. Chagnon..............................	2,666 66	2,666 66		
	L'hon. A. C. Papineau..............................	3,333 34	3,333 34		
	L'hon. M. Doherty..............................	3,333 34	3,333 34		
	L'hon. E. T. Brooks..............................	2,666 66	....	....	2,666 66
	L'hon. W. G. Malhiot..............................	....	2,666 66	2,666 66	
	L'hon. M. A. Plamondon..............................	....	2,666 66	2,666 66	
	Ontario.				
	J. R. Gowan, juge, cour de comté..................	1,733 33	1,733 33		
	G. M. Clark do	1,600 00	1,600 00		
	J. J. Kingsmill do	1,600 00	1,600 00		
	L'hon. W. Proudfoot, juge, cour de Chancellerie.....	3,333 34	3,333 34		
	L'hon. sir Thomas Galt do des Plaids communs	4,000 00	4,000 00		
	L'hon. J. H. Hagarty do d'Appel..........	....	4,000 00	4,000 00	
	S. J. Jones, juge, cour de comté..................	....	1,733 32	1,733 32	
	J. P. Wood do	....	1,600 00	1,600 00	
	W. A Ross do	....	1,600 00	1,600 00	
	Nouvelle-Ecosse.				
	M. B. DesBrisay, juge, cour de comté...............	1,600 00	1,600 00		
	B. E. Tremaine do	1,600 00	1,600 00		
	L'hon. H. Macdonald, juge, cour Suprême..........	2,666 66	2,666 66		
	Nouveau-Brunswick.				
	L'hon. sir J. C. Allan, cour Suprême...............	3,333 34	3,333 34		
	L'hon. A. L. Palmer do	2,666 66	2,666 66		
	A reporter..................	45,466 67	53,733 31	14,266 64	6,000 00

XI.—PENSIONS—*Fin.*

—	1897-98.	**1898-99.**	Comparaison avec le budget de 1897-98. Augmentation.	Diminution.
	$ c.	$ c.	$ c.	$ c.
Report	45,466 67	53,733 31	14,266 64	6,000 00
PENSIONS DIVERSES.				
Colombie-Britannique.				
L'hon. H. P. P. Crease, cour Suprême	3,233 28	3,233 28		
Capit. P. H. Hankin, R.N., ci-devant secrét. colonial.	2,595 56	2,595 56		
Sir G. Phillippo, ci-devant procureur général	584 00	584 00		
L'hon. sir J. W. Trutch	2,595 60	2,595 60		
H. M. Ball, juge de la cour de comté	2,266 56	....	....	2,266 56
P. O'Reilly do	....	2,000 00	2,000 00	
E. H. Sanders do	1,999 92	1,999 92		
W. R. Spalding do	1,622 16	1,622 16		
J. F. McCreight, juge de la cour Suprême	....	2,666 67	2,666 67	
PENSIONS DES MILICIENS.				
Miliciens et veuves de miliciens, Haut-Canada (guerre de 1812)	1,920 00	1,920 00		
PENSIONS POUR L'ASILE MILITAIRE				
Dépense autorisée par 44 Vic., chap. 18	192 00	192 00		
	62,475 75	73,142 50	10,666 75	

SOMMAIRE.

Total à voter	29,416 20	27,535 72	....	1,880 48
Total autorisé par la loi	62,475 75	73,142 50	10,666 75	
	91,891 95	100,678 22	8,786 27	

XII.—FONDS DE RETRAITE.

Montant à voter.. $240 00

N° du crédit.		1897-98.	**1898-99.**	Comparaison avec le budget de 1897-98.	
				Augmentation.	Diminution.
		$ c.	$ c.	$ c.	$ c.
104	Allocation supplémentaire à M. Wallace, ci-devant directeur de poste à Victoria, C.-B.	240 00	240 00		
	AUTORISÉ PAR LA LOI.				
	Montant nécessaire probable..................	315,000 00	334,000 00	19,000 00	
		315,240 00	334,240 00	19,000 00	

XIII.—MILICE.

Montant à voter { Revenu $1,388,171 50
Capital 231,600 00

N° du crédit.	Service.	1897-98.	**1898-99.**	Comparaison avec le budget de 1897-98. Augmentation.	Diminution.
	IMPUTABLE SUR LE REVENU.	$ c.	$ c.	$ c.	$ c.
105	Solde et allocations, etc	338,806 00	335,600 00	....	3,206 00
106	Exercices annuels de la milice	300,000 00	300,000 00	....	
107	Appointements et gages des employés civils	60,000 00	60,000 00	....	
108	Propriétés militaires, travaux et bâtiments	100,000 00	100,000 00	....	
109	Munitions de guerre et autres	50,850 00	39,000 00	....	11,850 00
110	Habillement et nécessaires	90,000 00	150,000 00	60,000 00	
111	Provisions et fournitures	110,000 00	110,000 00	....	
112	Transport et fret	30,000 00	30,000 00	....	
113	Aide aux associations de carabiniers et d'artillerie	37,000 00	37,000 00	....	
114	Dépenses diverses et imprévues	15,000 00	15,000 00	....	
115	Collège militaire Royal du Canada	60,000 00	55,000 00	....	5,000 00
116	Fabrique de cartouches du Canada	59,000 00	65,000 00	6,000 00	
117	Défense d'Esquimalt, etc	76,500 00	76,500 00	....	
118	Gratifications aux officiers	42,940 00	15,000 00	....	27,940 00
119	Pour payer la réclamation de Thos. B. Winnett	....	71 50	71 50	
	Crédits non requis pour 1898-99	35,000 00	....	....	35,000 00
		1,405,096 00	1,388,171 50	....	16,924 50
	AUTORISÉ PAR LA LOI.				
	Solde du gén. commandant, de l'adj. général et quartier-maître	6,600 00	9,200 00	2,600 00	
	Total	1,411,696 00	1,397,371 50	....	14,324 50
	IMPUTABLE SUR LE CAPITAL.				
119½	Armes, munitions, etc	330,000 00	231,600 00	....	98,400 00

XIII.—MILICE—*Suite.*

Sous-titre.	Service.	Voté, 1897-98.	Requis pour **1898-99**.
	SOLDE DE L'ÉTAT-MAJOR, CORPS PERMANENTS ET MILICE ACTIVE, Y COMPRIS LES ALLOCATIONS.	$ c.	$ c.
"A"	Etat-major au quartier général	9,600 00	7,800 00
	Etat-major de district	21,206 00	19,800 00
	Total, état-major	30,806 00	27,600 00
"B"	Solde des corps permanents, y compris solde de command., allocation de campagne pour camps militaires et surcroît de solde pour service au camp, indemnités de logement et allocation pour table d'officiers et bibliothèques de troupe, fourniment d'hiver et d'effets d'habillement appropriés	215,000 00	215,000 00
"C"	Solde de la milice active fréquentant les écoles militaires	35,000 00	35,000 00
"D"	Allocations à la milice active pour le soin des armes, instruction militaire, timbres-poste et papeterie	55,000 00	55,000 00
"E"	Solde des gardes d'honneur, escortes, salves, etc	3,000 00	3,000 00
	SOMMAIRE.		
"A"	Solde de l'état-major	30,806 00	27,600 00
"B"	Solde, etc., des corps permanents	215,000 00	215,000 00
"C"	Solde de la milice fréquentant les écoles militaires	35,000 00	35,000 00
"D"	Soin des armes, instruction militaire, timbres-poste, etc., papeterie, milice active	55,000 00	55,000 00
"E"	Gardes d'honneur, etc	3,000 00	3,000 00
	Total	338,806 00	335,600 00
	EXERCICES ANNUELS DE LA MILICE, ET DÉPENSES, CAMPS, ETC.		
	Exercices annuels de la milice, 12 jours d'exercices pour toute la milice active: corps de volontaires des villes—à leurs dépôts locaux; exercices dans les camps d'instruction, savoir: solde et allocation pour les officiers, soldats et chevaux, rations, fourrage, approvisionnements et transport, et dépenses casuelles des camps	300,000 00	300,000 00
	APPOINTEMENTS ET GAGES DES EMPLOYÉS CIVILS.		
	Surintendants des magasins et payeurs, armuriers, gardes-magasins et gardiens, gardiens des salles d'exercices et salles d'armes, gardiens des propriétés militaires et champs de tir, et employés divers	60,000 00	60,000 00
	PROPRIÉTÉS MILITAIRES, TRAVAUX ET BATIMENTS.		
"A"	Soin et entretien de salles d'exercices militaires, champs de tir et bâtiments, etc	32,000 00	32,000 00
"B"	Construction et réparations	68,000 00	68,000 00
	Champ de tir à Ottawa—Pour l'achat d'un terrain, etc	25,000 00	
	MUNITIONS DE GUERRE ET AUTRES.		
A"	Matériel à acheter— Nécessaires d'armes; Sellerie; Etoupilles à friction; Accoutrements des sous-officiers; Matériel d'artillerie et équipement	38,500 00	28,000 00
B	Matériel divers et de casernes	8,000 00	8,000 00
'C	Entretien des magasins	4,350 00	3,000 00
	Total	50,850 00	39,000 00

XIII.—MILICE—*Suite.*

Sous-titre.	Service.	Crédit pour 1897-98.	A voter pour 1898-99.
	HABILLEMENTS ET NÉCESSAIRES.	$ c.	$ c.
"A"	Habillements	70,000 00	130,000 00
"B"	Nécessaires et chaussures	15,000 00	15,000 00
"C"	Allocation au lieu d'habill. pour la milice active et les corps permanents.	5,000 00	5,000 00
	Total	90,000 00	150,000 00
	PROVISIONS, FOURNITURES ET REMONTES.		
"A"	Rations, fourrage, combustible pour les corps permanents et la milice active suivant les écoles d'instruction	95,000 00	95,000 00
"B"	Remontes, 10 pour 100 de l'effectif	3,000 00	3,000 00
"C"	Médicaments d'hôpital et des vétérinaires, ferrage de chevaux et boutique des artilleurs, papeterie et timbres-poste pour les corps permanents	7,000 00	7,000 00
"D"	Service des casernes, mobilier et ustensiles, et dépenses casuelles auxquelles il n'est pas autrement pourvu	5,000 00	5,000 00
	(Fournitures, camps militaires. *Voir* le crédit—Exercices annuels)		
	Total	110,000 00	110,000 00
	TRANSPORT ET FRET.		
"A"	Transport de l'état-major et des officiers et district en tournée d'inspection, y compris les frais de route ou dépenses personnelles	9,000 00	9,000 00
"B"	Transport des corps permanents et de la milice active suivant les écoles d'instruction	11,000 00	11,000 00
"C"	Transport des approvisionnements militaires, etc. (Pour le transport, camps militaires, *voir* le crédit—Exercices annuels)	10,000 00	10,000 00
	Total	30,000 00	30,000 00
	SUBVENTIONS AUX ASSOCIATIONS D'ARTILLERIE ET DE CARABINIERS ET AUX MUSICIENS.		
"A"	Subvention aux associations de tir du Canrda	10,000 00	10,000 00
"B"	do à l'association d'artillerie du Canada	2,000 00	2,000 00
	do do do	900 00	900 00
"C"	do aux associations de carabiniers provinciales	8,300 00	8,300 00
"D"	do do do locales et de bataillon	7,500 00	7,500 00
"E"	do aux musiciens de corps de milice active	8,000 00	8,000 00
"F"	do aux instituts militaires	300 00	300 00
	Total	37,000 00	37,000 00
	DÉPENSES DIVERSES IMPRÉVUES.		
	Dépenses diverses et imprévues	15,000 00	15,000 00
	COLLÈGE MILITAIRE ROYAL DU CANADA.		
	Collège militaire Royal du Canada—Toutes dépenses s'y rattachant, excepté les réparations aux bâtiments	60,000 00	55,000 00
	FABRIQUE DE CARTOUCHES DU CANADA.		
	Fabrique de cartouches du Canada à Québec, y compris les munitions gratuites aux sociétés de tir	......	......
	Solde du personnel, gages, coût du matériel, machines et toutes dépenses excepté les bâtiments	59,000 00	65,000 00

XIII.—MILICE—*Fin.*

Sous-titre.	Service.	Crédit pour 1897-98.	A voter pour **1898-99**.
	DÉFENSE D'ESQUIMALT, C.-B.	$ c.	$ c.
	Csntribution de l'Etat anx dépenses à même le capital pour travaux et édifices	29,000 00	29,000 00
	Solde d'un détachement de l'artillerie de la marine royale ou des ingénieurs royaux	47,500 00	47,500 00
	Total	76,500 00	76,500 00
	Gratification aux officiers à mettre à la retraite	42,940 00	15,000 00
	Pour payer la réclamation de Thos. B. Winnett		71 50
	Total du budget de la milice imputable sur le revenu		1,388,171 50
	IMPUTABLE SUR LE CAPITAL.		
	Armes, munitions et défenses.		
	Artillerie de campagne, etc.—Artillerie moderne	330,000 00	231,600 00
	Imputable sur le revenu		1,388,171 50
	Imputable sur le capital		231,600 00
	Total du budget de la milice, 1898-99		1,619,771 50
	Autorisé par la loi		9,200 00
	Total		1,628,971 50

XIV.—CHEMINS DE FER ET CANAUX—IMPUTABLE SUR LE CAPITAL.

Montant à voter.................................... $4,969,700 00

N° du crédit.	—	A voter de nouveau.	Crédit pour 1897-98.	A voter pour **1898-99.**
	CHEMINS DE FER.	$ c.	$ c.	$ c.
	Chemin de fer Canadien du Pacifique			
120	Pour solde d'ouvrage en vertu de la sentence arbitrale......	....	....	8,600 00
	Pour dommages aux terres, etc......	....	2,000 00	2,000 00
			2,000 00	10,600 00
	Chemin de fer Intercolonial.			
121	Agrandissement et nouveaux travaux à Halifax.	125,000 00	135,000 00	135,000 00
	Pour terrains et dommages, divisions d'Oxford, New-Glasgow et Cap-Breton	....	2,000 00	2,000 00
	Construction première....	....	2,000 00	2,000 00
	Prolongement en eau profonde à Sydney-Nord	....	20,000,00	30,100 00
	Agrandissement et nouveaux travaux à Moncton	....	55,000 00	20,000 00
	Pour augmenter la solidité des ponts en fer	....	....	50,000 00
	Pour salle à voyageurs et hangar aux march. à Richmond...	....	....	1,500 00
	Pour construire des clôtures paraneige sur les divisions d'Oxford, New-Glasgow et Cap-Breton....	....	....	6,000 00
	Pour draguer un débarcdère à Pictou.........	....	....	3,000 00
	Pour draguer au quai de Pictou.....	....	....	1,000 00
	Pour améliorer les travaux à Mulgrave...................	....	....	1,000 00
	Pour fournir un appar. d'éclair. électr. au str *Mulgrave*.....	....	....	3,000 00
	Pour agrandir les gares et autres travaux à divers endroits	....	....	6,000 00
	Matériel roulant, wagons à marchandises	....	10,000 00	20,000 00
	Crédits non requis pour 1898-99....	....	174,000 00	
		40,000 00	398,000 00	280,600 00
	Chemin de fer de l'Ile du Prince-Edouard.			
122	Pour raccourcir la ligne-mère en redressant certaines courbes sur cette ligne	....	10,000 00	15,000 00
	Pour matériel roulant additionnel........................	....	....	3,500 00
	Crédits non requis pour 1898-99..........	....	9,000 00	
		....	19,000 00	18,500 00

XIV.—CHEMINS DE FER ET CANAUX—IMPUTABLE SUR LE CAPITAL.

N° du crédit.	—	A voter de nouveau.	Crédit pour 1897-98.	A voter pour **1898-99.**
	CANAUX.	$ c.	$ c.	$ c.
	Construction et agrandissement, etc.			
123	Soulanges—Construction	500,000 00	1,250,000 00	1,610,000 00
124	Cornwall—Agrandissement	55,000 00	185,000 00	150,000 00
125	Pointe-Farran do	100,000 00	375,000 00	325,000 00
126	Rapide Plat do		115,000 00	60,000 00
127	Galops do	835,000 00	1,635,000 00	1,225,000 00
128	Chenal Nord—Redressement et approfondissement	125,000 00	375,000 00	250,000 00
129	Galops do do	15,000 00	50,000 00	50,000 00
130	Biefs de rivière	35,000 00	50,000 00	50,000 00
131	Lac Saint-François—Enlèvement de cailloux, etc	50,000 00	75,000 00	50,000 00
132	Trent—Construction	300,000 00	650,000 00	600,000 00
133	Saut-Sainte-Marie—Construction	45,000 00	75,000 00	45,000 00
134	Lachine—Agrandissement		216,000 00	125,000 00
135	do Approfondissement de la rivière Saint-Pierre	15,000 00	40,000 00	15,000 00
136	Chenal du lac St-Louis—Redressement et approfondissem.	23,700 00	86,000 00	65,000 00
137	Grenville—Agrandissement	40,000 00	90,000 00	40,000 00
	Crédits non requis pour 1898-99		35,696 00	
		2,138,700 00	5,302,696 00	4,660,000 00
	SOMMAIRE.			
	Chemin de fer Intercolonial	40,000 00	398,000 00	280,600 00
	do Canadien du Pacifique		2,000 00	10,600 00
	do de l'Ile du Prince-Edouard		19,000 00	18,500 00
	Canaux	2,138,700 00	5,302,696 00	4,660,000 00
		2,184,700 00	5,791,696 00	4,969,700 00

XV.—CHEMINS DE FER ET CANAUX—IMPUTABLE SUR LE REVENU.

Mentant à voter................................$378,372 33

N° du crédit.		A voter de nouveau.	Crédit, 1897-98.	Total à voter pour **1898-99.**
	Chemin de fer Intercolonial.	$ c.	$ c.	$ c.
138	Prol. jusq. Montréal, pour payer à la Cie du chem. de fer du Grand-Tronc et à la Cie de ch. de fer du comté de Drummond, le loyer de ch. de fer depuis la Chaudière jusqu'à Montréal à exploit. comme part. du ch. de fer Intercolon.	....	157,500 00	210,000 00
	Canal Lachine.			
139	Pour réparer le pont Black à Montréal........	....	....	15,000 00
	Crédits non requis pour 1898-99..................	....	900 00	
	Canal Chambly.			
140	Pour construire un pont tournant à l'Ile Sainte-Thérèse....	....	....	2,000 00
	Crédits non requis pour 1898-99	....	31,500 00	
	Canal de la Trent.			
141	Pour enlever de la roche pétardée en amont de Hastings....	....	....	2,500 00
	Pour construire une marie-salope....................	....	....	700 00
	Crédits non requis pour 1898-99..................	....	9,600 00	
	Canal Cornwall.			
142	Pour réparations aux écluses nos 15 et 17..................	....	2,000 00	10,000 00
	Canaux de Williamsburg.			
143	Pour un lève-porte et lève-pierre combiné pour le service sur les biefs de rivière	....	....	5,000 00
	Pour construire uue paire de portes pour l'écluse..........	....	....	4,000 00
	Canal Murray.			
144	Pour un débarcadère flottant au bureau du percepteur.......	....	....	1,000 00
	Canal Rideau.			
145	Pour renouveler et agrandir le barrage à Kilmarnock.......	....	....	750 00
	Pour ciment de Portland pour les fondations	....	....	125 00
	Crédits non requis pour 1898-99..................	....	14,300 00	
	Canaux divers.			
	Crédits non requis pour 1898-99..................	....	51,815 50	
	A reporter.........................	....	267,615 50	251,075 00

XV.—CHEMINS DE FER ET CANAUX—IMPUTABLE SUR LE REVENU.—*Fin.*

Nº du crédit.	——	A voter de nouveau.	Crédit, 1897-98.	Total à voter pour **1898-99.**
		$ c.	$ c.	$ c.
	Report		267,615 50	251,075 00
	DIVERS.			
146	Travaux divers auxquels il n'est pas autrement pourvu		5,000 00	5,000 00
	Arbitrage et sentences arbitrales		4,000 00	4,000 00
	Etudes et inspections—Canaux		3,000 00	3,000 00
	do do Chemins de fer		5,000 00	8,000 00
	do do Ch. de fer de la P. du Nid de C			3,000 00
	Statistique des chemins de fer		1,600 00	1,600 00
	Appointements de commis surnuméraires, de copistes et de messagers, autres que ceux qui ont passé les examens du service civil, nonobstant toute disposition de l'*Acte du service civil*		2,000 00	2,000 00
	Appointem. des ingénieurs, dessinateurs, commis et messagers surnuméraires, d'après l'état ci-dessus. Les appointements ci-dessous pourront être payés nonobstant toute disposition de l'*Acte du service civil* :—1 à $2,800, 1 à $2,600, 1 à $2,400, 1 à $1,800, 1 à $1,670, 1 à $1,650, 3 à $700, 1 à $650, 1 à $600, 2 à $540, 1 à $500, 1 à $450, 2 à $400		18,950 00	19,100 00
	Rapport des témoignages pris devant le comité des chemins de fer du Conseil privé et devant le ministre		500 00	500 00
	Pour frais de litige au sujet des chemins de fer et canaux		6,000 00	6,000 00
	Souscription annuelle au Congrès international de chemins de fer à Bruxelles		97 33	97 33
	Pour frais d'une exploration pour s'assurer de la route la plus praticable pour un chemin de fer entièrement canadien, à partir d'un point sur un chemin de fer existant jusque dans le district du Klondike			40,000 00
	Pour une exploration et un rapport sur une route de chemin de fer entre la rivière Stikine et un port océanique dans la Colombie-Britannique			35,000 00
			313,762 83	378,372 33

XVI.—TRAVAUX PUBLICS—IMPUTABLE SUR LE CAPITAL.

Montant à voter..................................$321,000 00

N° du vote.	Détails.	A voter de nouveau.	Crédit, 1897-98.	Total à voter pour **1898-99.**
	PORTS ET RIVIÈRES.	$ c.	$ c.	$ c.
	Québec.			
147	Chenal des navires dans le fleuve Saint-Laurent..........	....	200,000 00	256,000 00
	Ontario.			
148	Rivière Kaministiquia....................................	....	18,000 00	15,000 00
	EDIFICES PUBLICS.			
	Ottawa.			
149	Edifices publics, Ottawa—Pour la reconstruction de la partie de l'édifice de l'ouest détruite par l'incendie le 11 février 1897....................................	....	100,000 00	50,000 00
	Crédits non requis pour 1898-99...........................	....	75,000 00	
		....	393,000 00	321,000 00

XVII.—TRAVAUX PUBLICS—IMPUTABLE SUR LE REVENU.

Montant à voter..................................$1,646,950 00

N° du crédit.	Détails.	A voter de nouveau.	Crédit, 1897-98.	Total à voter pour **1898-99.**
	ÉDIFICES PUBLICS.	$ c.	$ c.	$ c.
	Nouvelle-Écosse.			
150	Salle d'exercices d'Halifax. (Montant périmé)............	18,000 00	122,000 00	18,000 00
	Edifices publics à Kentville......................	3,000 00	5,000 00	5,000 00
	Edifices publics à Liverpool........................	3,000 00	5,000 00	5,000 00
		24,000 00	132,000 00	28,000 00
	Nouveau-Brunswick.			
151	Edifices publics de Marysville....................	8,000 00	8,000 00	8,000 00
	Crédits non requis pour 1898-99..................	....	1,000 00	
		8,000 00	9,000 00	8,000 00
	Provinces maritimes en général.			
152	Edifices publics fédéraux—Réfections, améliorations, réparations, etc....................	....	8,000 00	8,000 00
	Québec.			
153	Edifices publics fédéraux—Réfections, améliorations, réparations, etc....................	....	12,000 00	12,000 00
	Stations de quarantaine de la Grosse-Isle	....	3,000 00	2,000 00
	Edifices publics fédéraux à Montréal—Améliorations, changements, réfections, réparations, etc..............	....	5,000 00	5,000 00
	Bureau de poste de Québec—Nouvelle aile, y compris les changements et les réparations au vieux bâtiment, mobilier, etc....................	....	3,500 00	3,500 00
	Remise des immigrants de Québec sur le quai de la Reine, levée Louise, et brise-lames..................	....	5,000 00	2,000 00
	Bureau de poste, douane, etc., de Montmagny	7,500 00	7,500 00	7,500 00
	Crédits non requis pour 1898-99..................	....	57,108 15	
		7,500 00	93,108 15	32,000 00
	Ontario.			
154	Edifices publics fédéraux—Réfections, améliorations, réparations, etc....................	....	10,000 00	10,000 00
	Edifices publics fédéraux à Toronto—Améliorations, réfections, réparations, etc....................	....	5,000 00	7,000 00
	Bureau de poste, douane, etc., Arnprior, sous contrat. (Montant périmé)....................	4,900 00	19,000 00	4,900 00
	Salle d'exercices de Kingston....................	10,000 00	10,000 00	10,000 00
	Parc du Colonel—Pour complét. la clôture en pierre et en fer.	4,500 00	4,500 00	4,500 00
	Edifice public, Ingersoll	....	5,000 00	5,000 00
	Edifice public, Port-Colborne—Toit mansard pour le logement du gardien, etc	....	1,100 00	1,200 00
	Woodstock—Edifice public	....	5,000 00	5,000 00
	Edifice public—Portage-du-Rat—Emplacement donné gratuitement par la municipalité	....	5,000 00	5,000 00
	Edifices publics, Ottawa—Terrains—Nouveaux trottoirs et traverses sur la place du parlement	....	15,000 00	9,000 00
	Edifices publics, Ottawa—Terrains—Enlèvement des vieux hangars en arrière de l'édifices de la cour Suprême et d'une nouvelle serre....................	4,000 00	5,000 00	5,000 00
	A reporter....................	23,400 00	84,600 00	66,600 00

XVII.—TRAVAUX PUBLICS—IMPUT. SUR LE REVENU—*Suite.*

Nº du crédit.	Détails.	A voter de nouveau.	Crédit, 1897-98.	Total à voter pour 1898-99.
	EDIFICES PUBLICS—*Suite.*	$ c.	$ c.	$ c.
	Ontario—Suite.			
	A reporter....	23,400 00	84,600 00	66,600 00
154	Edifice public de Sarnia........	....	5,000 00	5,000 00
	Ecole de réforme d'Alexandria	9,000 00	9,000 00	14,000 00
	Crédits non requis pour 1898-99........	....	7,142 91	
		32,400 00	105,742 91	85,600 00
	Manitoba.			
155	Edifices publics fédéraux—Réfections, améliorations, réparations, etc	....	5,000 00	5,000 00
	Bureau de poste du Portage-la-Prairie, etc........	8,000 00	24,000 00	8,000 00
	Crédits non requis pour 1898-99........	....	8,350 00	
		8,000 00	37,350 00	13,000 00
	Territoires du Nord-Ouest.			
156	Palais de justice, salle de police et logement des agents de sûreté........	....	1,000 00	1,000 00
	Edifices publics fédéraux—Réfections, améliorations, réparations, etc........	....	4,000 00	4,000 00
	Crédits non requis pour 1898-99........	....	6,350 00	
		....	11,350 00	5,000 00
	Colombie-Britannique.			
157	Edifices publics fédéraux—Réfections, améliorations, réparations, etc........	....	5,000 00	5,000 00
	Edifice public de Victoria—Voûte du trésorier........	....	63,000 00	16,000 00
	Station de quarantaine de William's-Head—Logement pour le personnel, changements, améliorations, mobilier, instruments, etc........	....	7,000 00	4,000 00
	Crédits non requis pour 1898-99........	....	5,700 00	
		....	80,700 00	25,000 00
	Edifices publics en général.			
158	Edifices publics en général........	....	5,000 00	5,000 00
	Stations agronomiques.			
159	Nouveaux édifices, etc., et améliorations, réfections, réparations, etc., aux bâtiments actuels, clôture, etc........	....	6,000 00	6,000 00
	Loyers, réparations, mobilier, chauffage, etc.			
160	Edifices publics, Ottawa, y compris la ventilation et l'éclairage—Réparations, matériaux, mobilier, etc........	....	75,000 00	75,000 00
	Rideau-Hall, y compris terrains—Réfections, améliorations, réparations, mobilier et entretien........	....	18,000 00	17,000 00
	Allocation pour combustible et éclairage, Rideau-Hall........	....	8,000 00	8,000 00
	Terrains, édifices publics, Ottawa........	....	5,000 00	5,000 00
	Enlèvement de la neige, édifices publics, Ottawa, y compris Rideau-Hall........	....	2,000 00	2,000 00
	Chauffage, édifices publics, Ottawa, y compris les salaires des mécaniciens, chauffeurs, prép. aux ascenseurs et gardiens	....	65,000 00	65,000 00
	Gaz et éclairage électrique, édifices publics, Ottawa, y compris chemins et ponts........	....	25,000 00	13,000 00
	A reporter........	....	198,000 00	185,000 00

XVII.—TRAVAUX PUBLICS—IMPUT. SUR LE REVENU—*Suite.*

Nº du crédit.	Détails.	A voter de nouveau.	Crédit, 1897-98.	Total à voter pour **1898-99.**
	EDIFICES PUBLICS—*Fin.*	$ c.	$ c.	$ c.
	Ontario—Fin.			
	A reporter		198,000 00	185,000 00
	Eau, édifices publics, Ottawa, y compris Rideau-Hall		16,500 00	16,500 00
	Service téléphonique, édifices publics, Ottawa		4,000 00	5,000 00
	Parc de la Côte du Colonel, Ottawa		3,500 00	3,500 00
	Loyers—Edifices publics fédéraux		18,000 00	18,000 00
	Mobilier		5,000 00	5,000 00
	Salaires des mécaniciens, chauffeurs, gardiens, etc., des édifices publics fédéraux		70,000 00	70,000 00
160	Chauffage des édifices publics fédéraux, combustible, etc		55,000 00	55,000 00
	Eclairage do		45,000 00	45,000 00
	Eau pour les do en général.		16,000 00	16,000 00
	Diverses fournitures pour les gardiens, mécaniciens, chauffeurs, etc., édifices fédéraux		5,000 00	5,000 00
	Bâtiments fédéraux de l'immigation, réparat., mobilier, etc.		2,000 00	2,000 00
	do de quarantaine—Entretien		4,000 00	4,000 00
			442,000 00	430,000 00
	PORTS ET RIVIÈRES.			
	Nouvelle-Ecosse.			
	Oyster-Pond, comté de Guysboro—Travaux de protection de la grève	2,100 00	2,100 00	2,100 00
	Port-Hood—Réparations au quai		400 00	500 00
	Arisaig—Réparations au quai		800 00	600 00
	Pointe de Cribbon—Réparations au quai		1,500 00	400 00
	Judique—Nouveau quai	4,000 00	4,000 00	4,000 00
	Morden—Réparations au quai		2,000 00	500 00
	Margaree—Prolongement de la jetée	4,000 00	4,000 00	4,000 00
	Rivière du Nord, quai de Sainte-Anne à la Pointe Seymour	2,000 00	2,000 00	2,000 00
	Ile East-Ragged—Quai	1,000 00	1,000 00	2,500 00
161	Passage de l'Est—Havre du Bateau	2,000 00	2,000 00	2,000 00
	Brise-lames de Meteghan—Réparations		3,100 00	1,000 00
	Port de Windsor—Barrage de déviation, digues, et approfondissement du chenal, rivière Avon		3,300 00	4,000 00
	L'Ardoise—Réparations au brise-lames	2,000 00	2,000 00	3,500 00
	Whycocomagh—Quai	1,000 00	4,000 00	1,000 00
	Port-Joli—Réparations au quai		300 00	1,800 00
	Port-Latour—Brise-lames, etc	4,000 00	4,000 00	4,000 00
	Havre de Clark—Brise-lames, etc	5,000 00	5,000 00	5,000 00
	Crédits non requis pour 1898-99		73,500 00	
		27,100 00	115,000 00	38,900 00
	Ile du Prince-Edouard.			
	Réparations générales aux jetées et brise-lames		6,000 00	6,000 00
	Souris—Renforcir le brise-lames	5,000 00	17,500 00	15,000 00
	New-London—Réparations		300 00	750 00
	Quai de la Pointe-Ouest	3,000 00	6,000 00	7,400 00
	Tignish—Réparations au brise-lames et prolongement	5,000 00	10,000 00	7,000 00
162	Belfast—Abords de la jetée		500 00	500 00
	Brae—Brise-lames	1,000 00	1,000 00	1,000 00
	Achat de piles créosotées pour les réparations générales à faire aux quais, jetées et brise-lames		5,000 00	2,000 00
	Quai de la Pointe-Rouge—Réparations			1,000 00
	Crédits non requis pour 1898-99		46,593 16	
		14,000 00	92,893 16	40,650 00

XVII.—TRAVAUX PUBLICS—IMPUT. SUR LE REVENU—*Suite.*

N° du crédit.	Détails.	A voter de nouveau.	Crédit, 1897-98.	Total à voter pour **1898-99.**
	PORTS ET RIVIÈRES—*Suite.*	$ c.	$ c.	$ c.
	Nouveau-Brunswick.			
163	Brise-lames de la Pointe du Nègre—Port de Saint-Jean....	5,000 00	15,000 00	5,000 00
	Rivière Saint-Jean, y compris les tributaires	16,000 00	16,000 00	16,000 00
	Port de Saint Jean—Réparations et prolongement des travaux de protection à la base du fort Dufferin	....	500 00	1,400 00
	Dragage entre la rivière Saint-Jean et le Grand-Lac.......	....	1,500 00	1,500 00
	Deux-Rivières—Quai........	3,000 00	3,000 00	3,000 00
	Dalhousie—Réparations au quai de délestage.............	....	2,000 00	3,800 00
164	Havre de Shippegan—Prolongement et réparations aux travaux de protection.......	....	10,000 00	4,000 00
	Clifton—Réparations au brise-lames....................	....	850 00	500 00
	Cap-Tourmentin—Réparations au brise-lames........	8,000 00	12,000 00	8,000 00
	Crédits non requis pour 1898-99...........	....	8,767 50	....
		32,000 00	69,617 50	43,200 00
	Provinces maritimes en général.			
165	Réparations et améliorations en général des ports et rivières........	....	10,000 00	10,000 00
	Québec.			
166	Grande-Rivière—Réparations au quai....	....	700 00	800 00
	Réparations et améliorations générales des constructions et des ponts, ports et rivières	....	10,000 00	10,000 00
	Laprairie—Travaux aux brise-glace, dragage du chenal des bateaux à vapeur, etc	5,000 00	9,000 00	5,000 00
	Jetées—Lac Saint-Jean, y compris les améliorat. aux abords	....	2,500 00	2,500 00
	Rivière Richelieu—Jetées conductrices du chenal à Belœil..	....	6,000 00	5,500 00
	Bas du Saint-Laurent—Enlèvement de roches............	3,000 00	3,000 00	3,000 00
	Port-Daniel—Réparations au quai..........	600 00	800 00	800 00
	Saint-Irénée—Rép. au quai et son prolong. jusqu'au rivage.	.. . .. .	4,000 00	3,000 00
	Rivière Touladie—Améliorations....	3,000 00	3,000 00	3,000 00
	Saint-Anicet—Quai en aile ou en retour au bout, et réparat..	1,500 00	3,000 00	1,500 00
	Saint-Roch-des-Aulnaies—Quai.........	1,000 00	1,000 00	1,000 00
	Anse-à-Beaufils—Améliorations à l'entrée du port..........	1,000 00	1,600 00	1,000 00
	Saint-Jean-Deschaillons—Améliorations du port.....	....	5,000 00	5,000 00
	Pointe-Claire—Quai..	4,000 00	4,000 00	4,000 00
	Ile Perrot—Addition au quai, côté nord	2,500 00	2,500 00	2,500 00
	Rivière Beauport——Amélioratiou du chenal de la rivière sur la plage du Saint-Laurent, aussi du port de marée à l'embouchure de la rivière...	4,000 00	5,000 00	4,000 00
	Cacouna—Prolongement du quai	5,000 00	5,000 00	5,000 00
	Rivière-à-la-Pipe—Quai sur le lac Saint-Jean près de l'embouchure de la rivière.......................	... .	4,000 00	2,000 00
	Saint-Fulgence—Jetée et améliorations..............	... .	3,000 00	1,500 00
	Quai de Ste-Anne-du-Saguenay—Travaux de construction..	....	2,000 00	1,000 00
	Saint-Nicolas—Construction d'un quai public..............	7,000 00	7,000 00	7,000 00
	Anse-aux-Gascons (Port-Daniel-est)—Brise-lames	5,000 00	5,000 00	5,000 00
	Matane—Prolong. de la jetée de dériv. dans une direct. sud.	5,000 00	5,000 00	5,000 00
	Brise-glace à Sainte-Anne-de-Sorel..	....	3,600 00	3,600 00
	Berthier (en haut)—Dragage du chenal de Berthier........	....	7,000 00	7,000 00
	Iberville—Quai..	8,000 00	8,000 00	8,000 00
	Crédits non requis pour 1898-99.......	. ...	65,450 00	
		55,600 00	176,150 00	97,700 00

XVII.—TRAVAUX PUBLICS—IMPUT. SUR LE REVENU—*Suite.*

N° du crédit.	Détails.	A voter de nouveau.	Crédit, 1897-98.	Total à voter pour **1898-99.**
	PORTS ET RIVIÈRES—*Fin.*	$ c.	$ c.	$ c.
	Report			
	Ontario.			
167	Port de Collingwood—Améliorations	30,000 00	80,000 00	30,000 00
	Rivière La Pluie—Amélioration du chenal navigable	15,000 00	20,000 00	15,000 00
	Réparations et améliorations générales des ports, rivières et ponts		10,000 00	10,000
	Port de Kingston, lac Ontario	4,000 00	6,500 00	15,000
	Port d'Owen-Sound—Dragage, etc		35,000 00	10,
	Port de Toronto—Construction à l'entrée de l'est, etc		20,000 00	20,
	Chenal de Burlington—Réparations aux piliers		8,000 00	8,
	Goderich—Reconstr. du brise-lames et réparat. aux jetées	33,000 00	53,000 00	33,
	Kincardine—Réparations aux jetées		12,000 00	2,000 00
	L'Orignal—Reconstruction du quai	6,000 00	16,500 00	6,000 00
	Port-Burwell—Améliorations au havre, pourvu que les intéressés y dépensent une somme de $50,000	25,000 00	25,000 00	25,
	Thornbury—Réparations au quai		1,000 00	1,
	Port-Stanley—Réparations aux jetées et dragage	11,000 00	16,000 00	11,
	Port de Bowmanville		4,000 00	2,
	Port-Stanley—Aide pour les améliorations à faire à ce port	10,000 00	10,000 00	10,000
	North-Bay—Quai en pilotis	15,000 00	15,000 00	15,000 00
	Meaford—Pilotage et dragage	8,500 00	8,500 00	8,500 00
	Rivière Ottawa—Améliorat. du chenal des bateaux à vapeur au détroit de Pétéwawa, en amont de Pembroke	7,200 00	7,200 00	7,200 00
	Port-Elgin—Prolongement du brise-lames, etc	5,000 00	5,000 00	5,000 00
	Crédits non requis pour 1898-99		46,500 00	
		169,700 00	399,200 00	234,200 00
	Manitoba.			
168	Réparations et améliorations générales des constructions et des ponts, ports et rivières		3,000 00	3,000 00
	Lac Manitoba—Création de nouvelles décharges pour empêcher le débordement du lac et le maintenir à un niveau régulier pour les fins de la navigation	25,000 00	25,000 00	25,000 00
	Crédits non requis pour 1898-99		8,500 00	
		25,000 00	36,500 00	28,000 00
	Territoires du Nord-Ouest.			
169	Réparations et améliorations générales des constructions et des ponts, ports et rivières, y compris les abords		5,000 00	5,000 00
	Colombie-Britannique.			
170	Port de Nanaïmo—Amélioration du chenal sud, etc		6,000	10,000 00
	Rivière Colombie—Améliorations en amont de Golden		5,000 00	5,000 00
	Rivière Fraser—Amélioration du chenal		70,000 00	20,000 00
	Réparations et améliorations générales des constructions et des ponts, ports et rivières		3,000 00	3,000 00
	Rivière Skeena		3,500 00	3,500 00
	Riv. Colombie—Enlèv. de roches en amont de Revelstoke		2,000 00	2,000 00
	Rivière Duncan—Amélioration		3,000 00	3,000 00
	Rivière Colombie—Améliorations du détroit entre les lacs La Flèche d'en haut et d'en bas	5,000 00	10,000 00	5,000 00
	Crédits non requis pour 1898-99		7,250 00	
		5,000 00	109,750 00	51,500 00
	En général.			
171	Ports et rivières en général		5,000 00	5,000 00

XVII.—TRAVAUX PUBLICS—IMPUT. SUR LE REVENU—*Suite.*

N° du crédit.	Détails.	A voter de nouveau	Crédit, 1897-98.	Total à voter pour **1898-99.**
	DRAGAGE.	$ c.	$ c.	$ c.
172	Nouvel outillage de dragage	....	60,000 00	60,000 00
	Dragues—Réparations	....	30,000 00	30,000 00
	Dragage—Nouvelle-Ecosse } do Ile du Prince-Edouard } do Nouveau-Brunswick }	....	50,000 00	60,000 00
	do Québec et Ontario	....	50,000 00	60,000 00
	do Manitoba	....	8,000 00	8,000 00
	do Colombie-Britannique	....	15,000 00	15,000 00
	do Service en général	....	5,000 00	5,000 00
			218,000 00	238,000 00
	GLISSOIRS ET ESTACADES.			
173	Glissoirs et estacades	....	5,000 00	5,000 00
	Crédits non requis pour 1898-99	....	550 00	
			5,550 00	5,000 00
	PONTS ET CHAUSSÉES.			
174	Ponts—Cité d'Ottawa, sur la rivière Ottawa, les glissoirs, le canal Rideau, et leurs abords—Réparations ordinaires	....	7,000 00	7,000 00
	Ponts—Entretien à la charge de l'Etat, y compris les abords	....	5,000 00	5,000 00
	Pont sur la Saskatchewan à Edmonton, T.N.-O.	25,000 00	50,000 00	25,000 00
	Pont des Sapeurs, Ottawa—Réparations extraordinaires	....	3,000 00	2,000 00
	Pont de la rue Maria, sur le canal Rideau, Ottawa—Reconstruction	10,000 00	10,000 00	10,000 00
	Crédits non requis pour 1898-99	....	8,500 00	
		35,000 00	83,500 00	49,000 00
	LIGNES TÉLÉGRAPHIQUES.			
175	Lignes télégraphiques et câbles sous-marins pour le service des côtes maritimes et des îles du bas du fleuve, du golfe Saint-Laurent et des provinces maritimes :—			
	Ligne aérienne sur la rive nord du Saint-Laurent—Pour améliorer et réparer la ligne et en faciliter l'exploitation entre Godbout et la Pointe-aux-Esquimaux	....	3,000 00	1,000 00
	Ligne aérienne sur la rive nord du St-Laurent—Prolongement à partir de la Pointe-aux-Esquimaux en gagnant l'est	....	19,000 00	15,000 00
	Lignes télégraphiques, Colombie-Britannique—Pour une ligne alternative reliant le cap Beale et Carmenah à Victoria en prolongeant la ligne de la Crique-aux-Français, ligne d'Alberni, dans une direction sud jusqu'aux côtes sud-ouest de l'île Vancouver	4,600 00	4,600 00	4,600 00
	Crédits non requis pour 1898-99	....	4,600 00	
		4,600 00	31,200 00	20,600 00

XVII.—TRAVAUX PUBLICS—IMPUT. SUR LE REVENU—*Fin.*

Nº du crédit.	Détails.	A voter de nouveau.	Crédit, 1897-98.	Total à voter pour 1898-99.
	DIVERS.	$ c.	$ c.	$ c.
176	Etudes et inspections	....	25,000 00	25,000 00
	Galerie Nationale des Beaux-Arts	....	2,000 00	2,000 00
	Appointements des ingénieurs, dessinateurs et commis du bureau de l'ingénieur en chef	....	42,000 00	42,000 00
	Appointements des architectes, dessinateurs et commis du bureau de l'architecte en chef	....	20,000 00	20,000 00
	Appointements du personnel du service télégraphique	....	2,900 00	2,900 00
	Services temporaires de commis et autres services, y compris ceux de toutes personnes nécessaires qui ont été employées après le 1er juillet 1882, nonobstant toute disposition de l'*Acte du service civil*	....	20,000 00	25,000 00
	Monument à l'honorable Alexander Mackenzie	....	5,000 00	7,000 00
	Statue de Sa Majesté la Reine, en mémoire de son jubilé de diamant	....	5,000 00	7,000 00
	Moitié des appointements du photographe du département, le département des Chemins de fer et Canaux ayant fourni l'autre moitié	....	700 00	700 00
	Pour couvrir les balances de dépenses de constructions dont les crédits peuvent être insuffisants. (Le montant dépensé d'après ce crédit sera indiqué sous le chef des différentes constructions)	....	....	3,000 00
			122,600 00	131,600 00
	AUTORISÉ PAR LA LOI.			
	Contribution au bassin de radoub à Halifax	....	10,000 00	10,000 00
		430,900 00	2,420,211 72	1,656,950 00

XVIII.—SUBVENTIONS POSTALES ET AUX PAQUEBOTS.

Montant à voter..$387,733 33

N° du crédit.	Service.	1897-98	**1898-99.**	Comparaison avec le budget de 1897-98.	
				Augmentation.	Diminution.
		$ c.	$ c.	$ c.	$ c.
	En attendant qu'on ait conclu l'arrangement pour l'établissement d'une ligne de service rapide :—				
177	Montant requis pour le service de la malle sur l'océan, entre la Gr.-Bretagne et le Canada...	126,533 33	126,533 33		
178	Service à la vapeur tous les quinze jours entre Saint-Jean et Liverpool, Grande-Bretagne, pendant l'hiver de 1898-99, pas moins de dix voyages d'aller et retour...........	20,000 00	20,000 00		
179	Pour service à la vapeur entre Halifax, Saint-Jean, Terreneuve et Liverpool, du 1er juillet 1897 au 30 juin 1898.........	25,000 00	20,000 00	....	5,000 00
180	Pour service à la vapeur entre Saint-Jean et Glasgow, pendant l'hiver de 1898-99.... ..	7,500 00	7,500 00		
181	Pour service à la vapeur entre Saint-Jean, Dublin et Belfast, pendant l'hiver de 1898-99	7,500 00	7,500 00		
182	Pour une ou des lignes de steamers faisant le service entre Saint-Jean, Halifax et Londres	25,000 00	25,000 00		
183	Pour une ou des lignes faisant le service durant les mois d'hiver entre Saint-Jean et Londres, directement..........	15,000 00	15,000 00		
184	Communication à la vapeur entre Saint-Jean et Digby, du 1er juillet 1898 au 30 juin 1899............	12,500 00	12,500 00		
185	Pour une ou des lignes de steamers faisant le service entre Saint-Jean et Halifax, ou l'un d'eux, et les Antilles et l'Amérique du Sud..	78,000 00	78,000 00		
186	Service à la vapeur entre Victoria et San-Francisco.......	5,000 00	5,000 00		
187	Communication à la vapeur entre Halifax et Terreneuve, *via* les ports du Cap-Breton....	2,000 00	2,000 00		
188	Communication à la vapeur durant la saison de 1898, *i. e.*, depuis l'ouverture jusqu'à la fermeture de la navigation, entre la terre ferme et les îles de la Madeleine	9,000 00	9,000 00		
189	Communication à la vapeur durant la saison de 1898, *i. e.*, depuis l'ouverture jusqu'à la fermeture de la navigation, entre l'île du Prince-Edouard et la terre ferme..........	10,000 00	10,000 00		
190	Communication à la vapeur du 1er juillet 1898 au 30 juin 1899, entre Grand-Manan et la terre ferme............	4,000 00	4,000 00		
191	Communication à la vapeur durant l'exercice 1898, *i. e.*, depuis l'ouverture jusqu'à la fermeture de la navigation, entre le Bassin de Gaspé et Dalhousie.....	12,500 00	12,500 00		
192	Communication à la vapeur durant la saison de 1898, *i. e.*, depuis l'ouverture jusqu'à la fermeture de la navigation, entre Pictou et Chéticamp..............	2,000 00	2,000 00		
193	Communication à la vapeur durant la saison de 1898, *i. e.*, depuis l'ouverture jusqu'à la fermeture de la navigation, entre Baddeck, Grand-Narrows et Iona, service quotidien; entre Port-Mulgrave et Saint-Pierre; entre Grand-Narrows, East-Bay et Irish-Cove....	7,000 00	7,000 00		
	A reporter....	368,533 33	363,533 33	....	5,000 00

XVIII.—SUBVENTIONS POSTALES ET AUX PAQUEBOTS—*Fin.*

N° du crédit.	Service.	1897-98.	**1898-99.**	Comparaison avec le budget de 1897-98. Augmentation.	Diminution.
		$ c.	$ c.	$ c.	$ c.
	Report..........................	368,533 33	363,533 33	....	5,000 00
194	Communication à la vapeur durant la saison de 1898, *i. e.*, pour pas moins de 32 voyages d'aller et retour entre Saint-Jean et Halifax, *viâ* Yarmouth et les ports intermédiaires...	7,000 00	7,000 00		
195	Communication à la vapeur durant la saison de 1898, *i. e.*, depuis l'ouverture jusqu'à la fermeture de la navigation, entre Saint-Jean et les ports du Bassin des Mines...	3,000 00	3,000 00		
196	Communication à la vapeur, du 1er juillet 1898 au 30 juin 1899, entre Pictou, Murray-Harbour, Georgetown et Montague-Bridge	1,200 00	1,200 00		
197	Communication à la vapeur, du 1er avril 1898 au 31 mars 1899, entre Port-Mulgrave, Arichat et Canso, service quotidien, et entre Port-Mulgrave et Guysboro', quatre voyages par semaine, et du 1er avril 1898 au 30 novembre 1898, entre Port-Mulgrave et Port-Hood, service semi-hebdomadaire, ces voyages devant être poussés une fois par semaine jusq. Margaree et Chéticamp	8,000 00	8,000 00		
198	Communication à la vapeur, du 1er juillet 1898 au 30 juin 1899, entre Québec et le Bassin de Gaspé, en faisant escale aux ports intermédiaires................	5,000 00	5,000 00		
	Crédits non requis pour 1898-99	9,510 40	....	.. ..	9,510 40
		402,243 73	387,733 33	....	14,510 40
	AUTORISÉ PAR LA LOI.				
	Montant autorisé par la loi	244,666 67	244,666 67	....	....
		646,910 40	632,400 00	....	14,510 40

XIX.—SERVICE MARITIME ET FLUVIAL.

Montant à voter..$136,000 00

Nº du crédit.	—	1897-98.	1898-99.	Comparaison avec le budget de 1897-98.	
				Augmentation.	Diminution.
		$ c.	$ c.	$ c.	$ c.
199	Entretien et réparations des steamers de l'Etat	112,400 00	112,000 00	....	400 00
	Pour les examens des capitaines et seconds....	5,000 00	5,000 00		
	Pour récompenser les personnes qui ont fait des sauvetages....	7,000 00	7,000 00		
	Pour la tenue d'enquêtes sur les naufrages, etc.	1,000 00	1,000 00		
	Enregistrement des navires du Canada.......	500 00	500 00		
	Observations des marées.....	2,500 00	2,500 00		
	Pour enlever les obstacles dans les riv. navigables	1,000 00	1,000 00		
	Service postal pendant l'hiver	7,000 00	7,000 00		
		136,400 00	136,000 00	....	400 00

XX.—PHARES ET SERVICE COTIER.

Montant à voter....................................$506,510 00

N° du crédit.	Service.	1897-98.	1898-99.	Comparaison avec le budget de 1897-98. Augmentation.	Diminution.
		$ c.	$ c.	$ c.	$ c.
200	Salaires et allocations des gardiens de phares..	205,000 00	207,000 00	2,000 00	
	Agences, loyers et dépenses casuelles.........	15,510 00	15,510 00		
	Entretien et réparations des phares, etc......	230,000 00	230,000 00		
	Construction, etc., de phares..................	55,100 00	45,000 00	....	10,100 00
	Service de signaux..........................	6,000 00	6,000 00		
	Réparations aux quais........................	3,000 00	3,000 00		
		514,610 00	506,510 00	....	8,100 00
	Détails.				
	Salaires.				
	Ontario.......................................	52,500 00	52,500 00		
	Québec.......................................	48,000 00	48,000 00		
	Nouveau-Brunswick.........................	28,000 00	28,000 00		
	Nouvelle-Ecosse............................	57,500 00	57,800 00	300 00	
	Ile du Prince-Edouard......................	7,100 00	7,100 00		
	Colombie-Britannique......................	11,900 00	13,600 00	1,700 00	
		205,000 00	207,000 00	2,000 00	
	Agences.				
	Québec—				
	J. U. Gregory	2,200 00	2,200 00		
	L. A. Blanchet	1,250 00	1,250 00		
	1 commis.....................................	800 00	800 00		
	Dépenses casuelles........................	1,000 00	1,000 00		
		5,250 00	5,250 00		
	Nouveau-Brunswick—				
	J. F. Harding	1,400 00	1,400 00		
	Messager.....................................	500 00	500 00		
	Dépenses casuelles........................	300 00	300 00		
		2,200 00	2,200 00		
	Nouvelle-Ecosse—				
	J. Parsons..................................	1,600 00	1,600 00		
	A. D. B. Tremnaine.........................	950 00	950 00		
	1 commis.....................................	400 00	400 00		
	Messager.....................................	400 00	400 00		
	Dépenses casuelles........................	450 00	450 00		
		3,800 00	3,800 00		
	Ile du Prince-Edouard—				
	A. Lord.......................................	1,400 00	1,400 00		
	Messager.....................................	240 00	240 00		
	Dépenses casuelles........................	250 00	250 00		
		1,890 00	1,890 00		
	Colombie-Britannique—				
	J. Gaudin....................................	1,500 00	1,500 00		
	1 commis.....................................	400 00	400 00		
	Messager.....................................	120 00	120 00		
	Dépenses casuelles........................	350 00	350 00		
		2,370 00	2,370 00		

XXI.—INSTITUTIONS SCIENTIFIQUES ET RELEVÉS HYDROGRAPHIQUES.

Montant à voter.. $ 80,700 00

Nº du crédit.	Service.	1897-98.	**1898-99.**	Comparaison avec le budget de 1897-98. Augmentation.	Diminution.
		$ c.	$ c.	$ c.	$ c.
201	Observatoire, Toronto..............................	2,700 00	2,700 00		
	Service météorologique....................	60,939 00	62,000 00	1,061 00	
	Relevés hydrographiques..................	16,000 00	16,000 00		
	DÉTAILS.	79,639 00	80,700 00	1,061 00	
	Service météorologique.				
	Appointements..........................	33,249 00	34,310 00	1,061 00	
	Télegraphie..........................	20,000 00	20,000 00		
	Instruments et appareils....................	1,600 00	1,600 00		
	Frais de port et papeterie....................	2,300 00	2,300 00		
	Fret et charriage..........................	390 00	390 00		
	Dépenses aux stations....................	1,200 00	1,200 00		
	Frais de voyage..........................	1,000 00	1,000 00		
	Divers..........................	1,200 00	1,200 00		
		60,939 00	62,000 00	1,061 00	

XXII.—HOPITAUX DE MARINE.

Montant à voter.. .... $ 38,000 00

Nº du crédit.	Service.	1897-98.	**1898-99.**	Comparaison avec le budget de 1897-98. Augmentation.	Diminution.
		$ c.	$ c.	$ c.	$ c.
202	Soin des matelots aux hôpitaux de marine et autres dans les provinces maritimes.........	35,000 00	35,000 00		
	Matelots naufragés..........................	3,000 00	3,000 00		
		38,000 00	38,000 00		

XXIII.—INSPECTION DES BATEAUX À VAPEUR.

Montant à voter.. $ 28,300 00

N° du crédit.	Service.	1897.98.	1898-99.	Comparaison avec le budget de 1897-98. Augmentation.	Diminution.
		$ c.	$ c.	$ c.	$ c.
203	Inspection des bateaux à vapeur..............	26,000 00	27,000 00	1,000 00	
	Inspection des steamers fédéraux et des cornets de brume........................	1,300 00	1,300 00		
		27,300 00	28,300 00	1,000 00	

XXIV.—PÊCHERIES.

Montant à voter..$ 243,000 00

N° du crédit.	Service.	1897-98.	1898-99.	Comparaison avec le budget de 1897-98. Augmentation.	Diminution.
		$ c.	$ c.	$ c.	$ c.
204	Appointements et déboursés des inspecteurs, gardes-pêche, etc..........................	90,000 00	95,000 00	5,000 00	
	Construction et entretien des piscifactures et des homarderies........................	34,500 00	34,500 00		
	Service de protection des pêcheries..........	95,000 00	95,000 00		
	Construction de passes migratoires et nettoyage des rivières..........................	2,000 00	1,500 00	....	500 00
	Dépenses judiciaires et imprévues............	4,000 00	4,000 00		
	Exposition des pêcheries du Canada........	1,000 00	1,000 00		
	Frais se rattachant à la distribution des primes de pêche au ministère de la Marine et des Pêcheries, nonobstant toute disposition de l'*Acte du service civil*............	5,000 00	5,000 00		
	Ostréiculture..................................	7,000 00	7,000 00		
	Crédits non requis pour 1898-9.	33,685 45	....	....	33,685 45
		272,185 45	243,000 00	....	29,185 45
	Autorisé par la loi.				
	Primes de pêche..............................	160,000 00	160,000 00		

XXV.—CONTROLE DES COMPAGNIES D'ASSURANCES.

Montant à voter....................................$8,000 00

N° du crédit.	Service.	1897-98.	**1898-99.**	Comparaison avec le budget de 1897-98. Augmentation.	Diminution.
		$ c.	$ c.	$ c.	$ c.
205	Dépenses se rattachant à ce service.....	8,000 00	8,000 00		
	DÉPENSE AUTORISÉE PAR LA LOI, 38 VIC., CHAP. 20, ART. 23 ($4,000).				
	Appointements du surintendant des assurances	3,500 00	3,500 00		
	Total.........................	11,500 00	11,500 00		

XXVI.—SUBVENTIONS.

Somme autorisée par la loi.................... **$4,237,500 00**

Service.	1897-98	**1898-99.**	Comparaison avec le budget de 1897-98. Augmentation.	Diminution.
	$ c.	$ c.	$ c.	$ c.
Ontario Québec Nouvelle-Ecosse Nouveau-Brunswick Manitoba Colombie-Britannique Ile du Prince-Edouard	4,239,500 00	4,237,500 00	....	2,000 00
Total	4,239,500 00	4,237,500 00	....	2,000 00

XXVII.—COMMISSION DE GÉOLOGIE.

Montant à voter................................ **$60,000 00**

N° du crédit.	—	1897-98.	**1898-99.**	Comparaison avec le budget de 1897-98. Augmentation.	Diminution.
		$ c.	$ c.	$ c.	$ c.
206	Explorations et études. Impressions et publicat. de rapports et cartes. Appoint. de géologues adjoints, dessinateurs, commis et autres (des personnes ayant des aptitudes spéciales ou connaissances techniques telles que définies par l'*Acte de la Commission géologique*, 53 Vic., c. 11, art. 4, pourront être employées et rémunérées à même ce crédit au taux de plus de $400 par année, nonobstant toute disposition de l'*Acte du service civil*) Achat de spécimens, livres, instrum., papet., matériel pour le mont. des cartes, entretien du musée, appar. de laborat., subst. chim., etc.; avances aux géologues, frais de messagerie, télégrammes, etc	50,000 00	50,000 00		
	Pour continuer le creusage de puits artésiens dans les territoires du Nord-Ouest	7,000 00	10,000 00	3,000 00	
		57,000 00	60,000 00	3,000 00	

XXVIII.—DÉPARTEMENT DES AFFAIRES DES SAUVAGES.

Montant à voter.................................$940,523 00

N° du crédit.	——	1897-98.	1898-99.	Comparaison avec le budget de 1897-98.	
				Augmentation.	Diminution.
	DIVERS.	$ c.	$ c.	$ c.	$ c.
207	Secours et grains de semence, province de Québec..................	3,500 00	3,600 00	100 00	
	Secours et soins de médecins, Ontario........	1,100 00	1,100 00		
	Couvertures de laine et habillements, Ontario et Québec	500 00	500 00		
	Ecoles : Ontario, Québec et provinces maritimes..................	33,940 00	35,490 00	1,550 00	
	Appointements des chefs des bandes de Gibson et du Cap-Croker et de l'agent à Saint-Régis	150 00	150 00		
	Transport des Sauvages du lac des Deux-Montagnes d'Oka à Gibson..................	200 00	200 00		
	Paiement des annuités aux termes du traité Robinson..................	16,806 00	16,806 00		
	Arpentage des réserves des Sauvages.........	500 00	500 00		
	Pour couvrir les découverts suivants :—Fonds d'administration des terres des Sauvages, fonds des Sauvages de la province de Québec, fonds des écoles des Sauvages........	14,000 00	14,000 00		
	Aide à la Société d'agriculture des Munceys de la Thames..................	90 00	90 00		
	Frais de poursuites intentées contre les personnes vendant des liqueurs aux Sauvages des bandes des anciennes provinces n'ayant pas de fonds propres..................	500 00	500 00		
	Dépenses à faire à Caughnawaga............	1,000 00	....	....	1,000 00
		72,286 00	72,936 00	1,650 00	1,000 00

XXVIII.—DÉPARTEMENT DES AFFAIRES DES SAUVAGES—*Suite.*

N° du crédit.	——	1897-98.	1898-99.	Comparaison avec le budget de 1897-98. Augmentation.	Diminution.
	NOUVELLE-ECOSSE.	$ c.	$ c.	$ c.	$ c.
208	Appointements	1,200 00	1,100 00	....	100 00
	Secours et grain de semence	2,100 00	2,000 00	....	100 00
	Soins de médecins et médicaments	2,200 00	2,300 00	100 00	
	Dépenses diverses et imprévues	100 00	100 00		
		5,600 00	5,500 00	100 00	200 00
	NOUVEAU-BRUNSWICK.				
209	Appointements	1,705 00	1,260 00	....	445 00
	Secours et grain de semence	2,300 00	2,300 00		
	Soins de médecins et médicaments	1,295 00	1,740 00	445 00	
	Dépenses diverses et imprévues	300 00	300 00		
		5,600 00	5,600 00	445 00	445 00
	ILE DU PRINCE-EDOUARD.				
210	Appointements et frais de route	300 00	300 00		
	Secours et grain de semence	925 00	925 00		
	Soins de médecins et médicaments	350 00	350 00		
	Dépenses de bureau et diverses	75 00	75 00		
	Enseignement de l'agriculture aux Sauvages de l'île Lennox	200 00	200 00		
		1,850 00	1,850 00		
	MANITOBA ET TERRITOIRES DU NORD-OUEST.				
211	Annuités et commutations	124,525 00	122,750 00	....	1,775 00
	Instruments aratoires, outils et ferronnerie	6,750 00	8,000 00	1,250 00	
	Grain de semence	1,325 00	1,570 00	245 00	
	Bestiaux	12,032 00	10,600 00	....	1,432 00
	Provisions pour les Sauvages sans ressources	177,943 00	177,943 00		
	Habillements—distribution triennale	4,210 00	2,752 00	....	1,458 00
	Externats, pensionnats et écoles d'industrie	302,231 00	283,528 00	....	18,703 00
	Arpentages	3,000 00	3,425 00	425 00	
	Sioux	5,196 00	5,233 00	37 00	
	Moulins à farine et scieries	3,037 00	1,100 00	....	1,937 00
	Dépenses générales	123,755 78	112,151 00	....	11,604 78
		764,004 78	729,052 00	1,957 00	36,909 78
	COLOMBIE-BRITANNIQUE.				
212	Appointements	18,660 00	19,840 00	1,180 00	
	Secours	3,500 00	3,500 00		
	Grain de semence	1,000 00	1,000 00		
	Soins de médecins et médicaments	10,000 00	8,500 00	....	1,500 00
	Externats	6,700 00	7,375 00	675 00	
	Pensionnats et écoles d'industrie	57,900 00	60,650 00	2,750 00	
	Frais de voyage	5,000 00	5,000 00		
	Dépenses de bureau et diverses	10,820 00	10,920 00	100 00	
	Steamer *Vigilant*	2,000 00	2,000 00		
	Arpentages et commission des réserves	10,000 00	3,200 00	....	6,800 00
		125,580 00	121,985 00	4,705 00	8,300 00

XXVIII.—DÉPARTEMENT DES AFFAIRES DES SAUVAGES—*Fin.*

N° du crédit.	Service.	1897-98.	**1898-99.**	Comparaison avec le budget de 1897-98. Augmentation.	Diminution.
	EN GÉNÉRAL.	$ c.	$ c.	$ c.	$ c.
213	Inspecteur des agences et réserves des Sauvages	1,400 00	1,400 00		
	Inspecteur de bois de construction	1,000 00	1,000 00		
	Frais de voyage de ces fonctionnaires	1,000 00	1,200 00	200 00	
		3,400 00	3,600 00	200 00	

SOMMAIRE.

Ontario et Québec	72,286 00	72,936 00	650 00	
Nouvelle-Ecosse	5,600 00	5,500 00	....	100 00
Nouveau-Brunswick	5,600 00	5,600 00	....	
Ile du Prince-Edouard	1,850 00	1,850 00	....	
Manitoba et territoires du Nord-Ouest	764,004 78	729,052 00	....	34,952 78
Colombie-Britannique	125,580 00	121,985 00	....	3,595 00
En général	3,400 00	3,600 00	200 00	
Total	978,320 78	940,523 00	....	37,797 78

XXIX.—POLICE À CHEVAL DU NORD-OUEST.

Montant à voter.................................... **$353,750.00**

N° du crédit.	Service.	1897-98.	**1898-99.**	Comparaison avec le budget de 1897-98. Augmentation.	Diminution.
		$ c.	$ c.	$ c.	$ c.
214	Solde de l'effectif	200,000 00	182,500 00	....	17,500 00
	Subsistance, fourrage, combustible et éclairage.	90,000 00	107,125 00	17,125 00	
	Uniformes, réparations et renouvellements, remonte, armes et munitions, drogues et médicaments, et papeterie	35,000 00	34,125 00	....	875 00
	Eclaireurs, guides, logement, transport d'hommes, de chevaux et d'approvisionnements, et dépenses casuelles	40,000 00	20,000 00	....	20,000 00
	Nouveaux bâtiments et réparations	15,000 00	10,000 00	....	5,000 00
	Chaloupe à vapeur pour le Yukon supérieur	5,000 00	....	....	5,000 00
		385,000 00	353,750 00	....	31,250 00

XXX.—GOUVERNEMENT DES TERRITOIRES DU NORD-OUEST.

Montant à voter....................................$357,859 00

N° du crédit.	Service.	1897-98.	**1898-99.**	Comparaison avec le budget de 1897-98.	
				Augmentation.	Diminution.
		$ c.	$ c.	$ c.	$ c.
215	Dépenses se rattachant au bureau du lieutenant-gouverneur........................	5,880 00	5,880 00		
	Dépenses casuelles, justice, etc.................	2,840 00	2,000 00	....	840 00
	Régistrateurs, etc............................	15,000 00	15,000 00		
	Aliénés malades, T.N.-O., à l'asile du Manitoba	30,000 00	50,000 00	20,000 00	
	Ecoles, commis, impressions, etc., à payer d'avance tous les six mois	282,979 00	282,979 00		
	Ecoles dans les districts non organisés...	5,000 00	2,000 00	....	3,000 00
		341,699 00	357,859 00	16,160 00	

XXXI.—GOUVERNEMENT DU DISTRICT PROVISOIRE DU YUKON.

Montant à voter..................................$396,450 00

N° du crédit.	Service.	1897-98.	**1898-99.**	Comparaison avec le budget de 1897-98.	
				Augmentation.	Diminution.
		$ c.	$ c.	$ c.	$ c.
216	Appointements et dépenses se rattachant à l'administration du district provisoire du Yukon....................................	....	50,200 00	50,200 00	
217	Services de la police à cheval du Nord-Ouest dans le district provisoire du Yukon.......	....	346,250 00	346,250 00	
		....	396,450 00	396,450 00	

XXXII.—TERRES FÉDÉRALES—IMPUTABLE SUR LE REVENU.

Montant à voter.................................... $94,233 25

N° du crédit.	Service.	1897-98.	1898-99.	Comparaison avec le budget de 1897-98. Augmentation.	Diminution.
		$ c.	$ c.	$ c.	$ c.
218	Appointements du commissaire.........	3,200 00	3,200 00		
	do du surintendant des mines....	3,000 00	3,000 00		
	do des inspect. d'établissements..	8,400 00	8,400 00		
	do des agents des terres fédérales et bois de la Couronne. ...	16,945 00	16,945 00		
	do de commis, etc., service extér.	24,961 25	27,256 25	2,295 00	
	Frais d'inspection ; frais de voyage du surintendant des mines et des inspecteurs d'établissements ; dépenses imprévues des agents des terres fédérales et bois de la Couronne et du bur. principal, frais de déménagem., etc., papeterie et impress., et protection des forêts	31,000 00	31,000 00		
	Membres du bureau des examinateurs des arpenteurs des terres fédérales, y compris dépenses imprévues du bureau (l'autorité requise par l'Acte du service civil est par le présent donnée pour payer sur cette somme les services des membres du bureau qui font partie du service civil)....	700 00	700 00		
	Appointements de commis surnuméraires au bureau principal, annonces, etc............	2,000 00	3,000 00	1,000 00	
	Salaire d'un charpentier	732 00	732 00		
		90,938 25	94,233 25	3,295 00	

XXXIII.—TERRES FÉDÉRALES—IMPUTABLE SUR LE CAPITAL

Montant à voter.................................... $150,000 00

219	Arpentages, examen des rapports d'exploration, impressions, plans, etc.............	95,000 00	150,000 00	55,000 00	

XXXIV.—DIVERS.

Montant à voter.................................... $135,910 00

N° du crédit.	—	1897-98.	**1898-99.**	Comparaison avec le budget de 1896-97. Augmentation.	Diminution.
		$ c.	$ c.	$ c.	$ c.
220	*Gazette du Canada*	6,000 00	6,000 00		
221	Impressions diverses..........................	25,000 00	25,000 00		
222	Dépenses se rattachant à la distribution des documents parlementaires.................	1,000 00	1,000 00		
223	Matériel fixe pour l'imprimerie de l'Etat......	5,000 00	5,000 00		
224	Dépenses imprévues sujettes à un arrêté du conseil, et dont un compte en détail sera soumis au parlement dans les quinze premiers jours de la prochaine session..........	20,000 00	20,000 00		
225	Commutation au lieu de remise de droits sur articles importés pour l'usage de l'armée et de la marine.	2,250 00	2,250 00		
226	Dépenses du gouvernement pour le district de Kéwatin..........	1,660 00	1,660 00		
227	Entretien des aliénés de Kéwatin........	3,000 00	3,000 00		
228	Somme destinée aux secours des Canadiens indigents en pays étrangers autres que les Etats-Unis........	500 00	500 00		
229	Entretien, construction de chemins, ponts et autres travaux nécessaires à la réserve des sources thermales près de la station de Banff, T.N.-O..................................	5,500 00	5,500 00		
230	Frais de délimitation de la frontière entre le Canada et les Etats-Unis...........	36,500 00	25,000 00	....	11,500 00
231	Frais d'affaires en litige (Intérieur).	1,000 00	1,000 00		
232	Frais d'affaires en litige, qui pourront être payés pour services relatifs aux litiges conduits dans le ministère de la Justice, nonobstant toute disposition de l'*Acte du service civil*...............	15,000 00	15,000 00		
233	Dépenses se rattachant à la mise à exécution de l'*Acte de Tempérance du Canada*........	500 00	500 00		
234	Indemnité aux membres de la police à cheval du Nord-Ouest pour blessures reçues au service.........	2,000 00	2,000 00		
235	Appointements et dépenses casuelles du bureau de l'agence de Paris...........	3,500 00	3,500 00		
236	Commis auxiliaires employés à la préparation des réponses aux ordres du parlement	5,000 00	2,500 00	....	2,500 00
237	Académie des Beaux-Arts....	2,000 00	2,000 00		
238	Aide à la publication des procès-verbaux de la Société Royale......	5,000 00	5,000 00		
239	Frais de l'arbitrage relatif aux comptes entre le Canada et les provinces d'Ontario et de Québec. (Des paiements pour services rendus pourront être faits à des membres du service civil, nonobstant toute disposition de l'*Acte du service civil*).....	7,500 00	5,000 00	....	2,500 00
	A reporter.........	147,910 00	131,410 00	....	16,500 00

XXXIV.—DIVERS—*Fin.*

N° du crédit.	——	1897-98.	**1898-99.**	Comparaison avec le budget de 1897-98. Augmentation.	Diminution.
		$ c.	$ c.	$ c.	$ c.
	Report........	147,910 00	131,410 00	....	16,500 00
240	Frais d'enquête au sujet des comptes publics et des rapports de ces enquêtes à l'auditeur général, sous l'autorité de l'article 57 de l'*Acte du revenu consolidé et de l'audition* ; et pour payer les conseils d'avocats à l'auditeur général	500 00	500 00		
241	Classement des anciennes archives du Canada dans le bureau du Conseil privé—paiement de ce service pouvant être fait nonobstant toute disposition de l'*Acte du service civil.*	1,000 00	1,000 00		
242	Pour pourvoir à l'achat de cinq cents exemplaires des délibérations de la première convention annuelle de l'association internationale des voies de grande navigation tenue à Cleveland, Ohio, les 24, 25 et 26 septembre 1895.	....	1,000 00	1,000 00	
243	Aide à la réunion annuelle, en 1898, de l'Association américaine de salubrité publique, devant être tenue à Ottawa	....	1,000 00	1,000 00	
244	Pour l'achat de 500 exemplaires du *Parliamentary Companion*....	....	....	1,000 00	1,000 00
	Crédits non requis pour 1898-99...............	58,409 91	....	....	58,409 91
		207,819 91	135,910 00	....	71,909 91

XXXV.—DOUANES.

Montant à voter............................... $983,780

N° du crédit.	—	1897-98.	**1898-99.**	Comparaison avec le budget de 1897-98. Augmentation.	Diminution.
		$ c.	$ c.	$ c.	$ c.
	Appointements et dépenses casuelles des différents ports.				
245	Province de la Nouvelle-Ecosse............	108,915 00	107,270 00	....	1,645 00
	do du Nouveau-Brunswick............	91,385 00	88,250 00	....	3,135 00
	do de l'Ile du Prince-Edouard..........	18,200 00	18,500 00	300 00	
	do de Québec........................	215,185 00	212,295 00	....	2,890 00
	do d'Ontario........................	302,395 00	300,455 00	....	1,940 00
	do du Manitoba......................	32,300 00	32,945 00	645 00	
	do des Territoires du Nord-Ouest........	12,050 00	12,050 00		
	do de la Colombie-Britannique.........	71,285 00	75,915 00	4,630 00	
	En général—Pour couvrir les dépenses imprévues..............................	5,000 00	5,000 00		
	Appointements et frais de voyage des inspecteurs de ports, et frais de voyage d'autres préposés en tournée d'inspection et de service préventif....................... Commission des douanes—Dépenses s'y rattachant, y compris les appointements de $800 du commissaire des douanes, comme président de la commission..................	60,000 00	60,000 00		
	Laboratoire de la douane—Frais des épreuves des mélasses, etc., y compris les appointements des fonctionnaires nommés ou employés à cette fin..........................	4,100 00	4,100 00		
	Divers—Journaux, grands-livres, reliure, impressions et papeterie, abonnement à des journaux de commerce, drapeaux, étampes à date, serrures, instruments, etc., pour divers ports d'entrée, et pour frais judiciaires..........	20,000 00	25,000 00	5,000 00	
	Frais d'entretien du croiseur fédéral le *Constance*, pour le service préventif dans le bas du Saint-Laurent........................	17,000 00	25,000 00	....	2,000 00
	Frais d'entretien d'autres croiseurs du revenu et du service préventif..................	10,000 00			
	Somme à verser au département de la Justice, pour qu'il la débourse et qu'il lui en soit rendu compte, pour le service préventif secret..................................	5,000 00	5,000 00		
	Pour rémunérer John Reid de ses services.....	200 00	....	....	200 00
	Autre service douanier dans la Colombie-Britannique et le district du Yukon..........	....	12,000 00	12,000 00	
		973,015 00	983,780 00	10,765 00	....

XXXV.—DOUANES—*Suite.*

DÉTAILS du budget du service extérieur comparés à ceux du budget de 1897-98.

Ports.	1897-98.			1898-99.			Comparaison avec le budget de 1897-98.	
	Traitements permanents et supplémentaires.	Loyers de bureaux et dép. casu'lles	Totaux.	Traitem. perm. et supplémentaires.	Loyers de bureaux et dép. casu'lles	Totaux.	Augmentation.	Diminution.
Nouvelle-Ecosse.	$	$	$	$	$	$	$	$
Amherst	3,910	75	3,985	3,910	60	3,970	....	15
Annapolis	2,510	75	2,585	2,510	65	2,575	....	10
Antigonish	1,400	40	1,440	1,400	40	1,440		
Arichat	2,400	125	2,525	2,400	125	2,525		
Baddeck	2,000	50	2,050	2,000	50	2,050		
Barrington	1,260	100	1,360	1,260	100	1,360		
Canso	1,880	120	2,000	1,780	100	1.880	....	120
Digby	2,190	160	2,350	2,190	125	2,315	....	35
Halifax	45,490	2,600	48,090	42,850	3,500	46,350	....	1.740
Kentville	2,860	225	3,085	2,910	225	3,135	50	
Liverpool	2,100	75	2,175	2,100	75	2,175		
Lockeport	600	10	610	600	10	610		
Lunenburg	3,650	150	3,800	3,650	125	3,775	....	25
Middleton	1,110	100	1,210	1,110	100	1,210		
Sydney-Nord	2,350	50	2,400	2,350	50	2,400		
Parrsboro'	1,500	75	1,575	1,500	75	1,575		
Pictou	6,800	100	6,900	6,900	100	7,000	100	
Port-Hawkesbury	1,540	100	1,640	1,590	100	1,690	50	
Port-Hood	950	25	975	950	25	975		
Shelburne	950	50	1,000	950	50	1,000		
Sydney	2,950	50	3,000	3,050	50	3,100	100	
Truro	3,575	100	3,675	3,375	100	3,475	....	200
Weymouth	1,950	75	2,025	1,950	75	2,025		
Windsor	2,610	50	2,660	2,610	50	2,660		
Yarmouth	5,650	150	5,800	5,850	150	6,000	200	
	104,185	4,730	108,915	101,745	5,525	107,270	500	2,145
Nouveau-Brunswick.								
Bathurst	3,160	150	3,310	3,160	150	3,310		
Chatham	4,510	225	4,735	4,600	200	4,800	65	
Dalhousie	1,800	175	1,975	1,800	150	1,950	....	25
Frédéricton	3,750	75	3,825	3,750	75	3,825		
Moncton	6,040	200	6,240	5,640	250	5,890	....	350
Newcastle	1,800	50	1,850	1,800	50	1,850		
Sackville	1,300	200	1,500	1,150	200	1,350	....	150
Saint-Jean	46,600	1,600	48,200	45,450	1,500	46,950	....	1,250
St-Stephen	11,150	700	11,850	10,000	675	10,675	....	1,175
Woodstock	7,500	400	7,900	7,250	400	7,650	....	250
	87,610	3.775	91,385	84,600	3,650	88,250	65	3,200
Ile du Prince-Edouard.								
Charlottetown	14,190	800	14,990	14,290	800	15,090	100	
Summerside	3,110	100	3,210	3,360	50	3,410	200	
	17,300	900	18,200	17,650	850	18,500	300	

XXXV.—DOUANES—*Suite.*

DÉTAILS du budget du service extérieur comparés à ceux du budget de 1897-98.

PORTS.	1897-98.			1898-99.			Comparaison avec le budget de 1897-98.	
	Traitements permanents et supplémentaires.	Loyers de bureaux et dép. casuell's	Totaux.	Traitem. perm. et supplémentaires.	Loyers de bureaux et dép. casuell's	Totaux.	Augmentation.	Diminution.
Québec.	$	$	$	$	$	$	$	$
*Abercorn	....	....	....	1,200	70	1,270	1,270	
Coaticook	3,550	135	3,685	3,950	135	4,085	400	
Cookshire	2,600	125	2,725	2,600	125	2,725		
Gaspé	1,200	75	1,275	1,200	75	1,275		
Hemmingford	2,250	225	2,475	2,300	175	2,475		
‡Mansonville	....	....	....	2,200	100	2,300	2,300	
Montréal	132,475	8,500	140,975	129,175	8,750	137,925	....	3,050
†New-Carlisle	1,500	180	1,680	....	....	....	....	1,680
†Paspébiac	....	....	....	1,600	160	1,660	1,660	
Percé	1,050	25	1,075	1,050	25	1,075	....	
‡Potton	2,200	100	2,300	....	....	....	....	2,300
Québec	33,800	2,400	36,200	34,050	2,400	36,450	250	
Rimouski	650	50	700	650	50	700		
Saint-Armand	2,050	150	2,200	2,050	150	2,200		
Saint-Hyacinthe	1,250	50	1,300	1,250	50	1,300		
Saint-Jean	6,250	100	6,350	6,250	100	6,350		
Sherbrooke	4,200	150	4,350	4,200	150	4,350		
Sorel	600	40	640	600	40	640		
Stanstead	4,180	180	4,360	3,700	200	3,900	....	460
*Sutton	1,200	70	1,270	....	....	....	....	1,270
Trois-Rivières	1,600	25	1,625	1,600	15	1,615	....	10
	202,605	12,580	215,185	199,525	12,770	212,295	5,880	8,770
Ontario.								
Amhersburg	4,300	250	4,550	3,900	200	4,100	....	450
Belleville	3,600	100	3,700	3,600	100	3,700		
Berlin	2,300	40	2,340	2,300	40	2,340		
Bowmanville	1,500	120	1,620	1,500	120	1,620		
Brantford	3,700	50	3,750	3,700	50	3,750		
Brockville	4,500	125	4,625	4,500	125	4,625		
Chatham	4,250	80	4,330	3,850	100	3,950	....	380
Cobourg	4,350	190	4,540	3,300	190	3,490	....	1,050
Collingwood	2,950	50	3,000	2,950	50	3,000		
Cornwall	2,600	175	2,775	2,600	175	2,775		
Deseronto	700	130	830	700	130	830		
Fort-Erié	6,300	500	6,800	6,300	500	6,800		
Fort-William	1,300	250	1,550	1,300	250	1,550		
Galt	1,700	75	1,775	1,700	75	1,775		
Gananoque	1,800	30	1,830	1,700	30	1,730	....	100
Goderich	4,100	350	4,450	4,100	350	4,450		
Guelph	3,100	125	3,225	3,100	125	3,225		
Hamilton	26,800	2,500	29,300	26,060	2,500	28,560	....	740
Hope	2,500	25	2,525	1,950	25	1,975	....	550
Kingston	13,310	440	13,750	12,110	440	12,550	....	1,200
Lindsay	1,000	30	1,030	900	30	930	....	100
London	13,550	1,100	14,650	13,450	1,100	14,550	....	100
Morrisburg	1,500	300	1,800	1,300	300	1,600	....	200
A reporter	111,710	7,035	118,745	116,870	7,005	113,875	....	4,870

* Sutton remplacé par Abercorn, 1er juillet 1897.
† New-Carlisle do Paspébiac, do
‡ Potton do Mansonville do

XXXV.—DOUANES—*Suite.*

Détails du budget du service extérieur comparés à ceux de 1897-98.

Ports.	1897-98.			**1898-99.**			Comparaison avec le budget de 1897-98.	
	Appointements permanents et supplémentaires.	Loyers de bureau et dép. cas'lles.	Totaux.	Appointements perman. et suppl.	Loyers de bureau et dép. cas'lles.	Totaux.	Augmentation.	Diminution.
Ontario—Fin.	$	$	$	$	$	$	$	$
Report..............	111,710	7,035	118,745	106,870	7,005	113,875	....	4,870
Napanee..............	1,300	25	1,325	1,300	25	1,325		
Niagara-Falls..........	15,550	600	16,150	15,600	550	16,150		
Oshawa....	800	100	900	1,300	100	1,400	500	
Ottawa................	16,500	1,300	17,800	16,700	1,100	17,800		
Owen-Sound	2,050	300	2,350	2,050	300	2,350		
Paris	1,600	75	1,675	1,600	75	1,675		
Peterboro'..............	1,800	50	1,850	1,800	50	1,850		
Picton	1,000	300	1,300	1,000	300	1,300		
Prescott................	5,720	275	5,995	5,720	275	5,995		
Port-Arthur	2,890	200	3,090	3,440	250	3,690	600	
Sarnia	9,430	525	9,955	9,430	525	9,955		
Saut-Ste-Marie..........	8,850	550	9,400	8,450	650	9,100		300
Simcoe.................	2,800	275	3,075	2,900	350	3,250	175	
Stratford..	4,450	300	4,750	4,450	300	4,750		
Ste-Catherine.	5,250	300	5,550	5,350	300	5,650	100	
St-Thomas............	3,800	225	4,025	3,900	225	4,125	100	
Toronto.......	65,600	6,000	71,600	67,540	6,000	73,540	1,940	
Trenton	600	10	610	600	10	610		
Wallaceburg	1,700	100	1,800	1,700	100	1,800		
Whitby	1,500	75	1,575	1,200	90	1,290		285
Windsor	13,600	500	14,100	14,300	500	14,800	700	
Woodstock............	4,350	425	4,775	3,750	425	4,175		600
	282,850	19,545	302,395	280,950	19,505	300,455	4,115	6,055
Manitoba.								
Winnipeg.	30,300	2,000	32,300	31,195	1,750	32,945	645	
Territoires du Nord-Ouest.								
Calgary................	8,050	500	8,550	8,100	450	8,550		
Fort-Cudahy...........	3,000	500	3,500	3,000	500	3,500		
	11,050	1.000	12,050	11,100	950	12,050		
Colombie-Britannique.								
Kaslo..................	....	....	....	3,580	750	4,330	4,330	
Nanaïmo...............	4,350	125	4,475	4,350	100	4,450	....	25
Nelson.................	12,160	2,000	14,160	4,600	750	5,350	.... ..	8,810
New-Westminster........	12,240	1.000	13,240	14,170	1,500	15,670	2,430	
Rossland...............	....	....	....	5,260	750	6,010	6,010	
Vancouver.............	15,060	200	15,260	15,780	175	15,955	695	
Victoria...............	22,150	2,000	24,150	22,070	2,080	24,150		
	65,960	5,325	71,285	69,810	6,105	75,915	13,465	8,835
Inspection, commission de la douane et service spécial extérieur.........	40,000	20,000	60,000	40,000	20,000	60,000		
Laboratoire de la douane.	3,350	750	4,100	3,350	750	4,100		
Divers................	....	20,000	20,000	....	25,000	25,000	5,000	
Dépenses imprévues	....	5,000	5,000	....	5,000	5,000		

XXXV.—DOUANES—*Fin.*

Ports.	1897-98.			1898-99.			Comparaison avec le budget de 1897-98.	
	Appointements permanents et supplémentaires.	Loyers de bureau et dép. cas'les.	Totaux.	Appointements perman. et suppl.	Loyers de bureau et dép. cas'les.	Totaux.	Augmentation.	Diminution.
	$	$	$	$	$	$	$	$
Entretien du croiseur le *Constance* et autres croiseurs du revenu et du service préventif	....	27,000	27,000	....	25,000	25,000	....	2,000
Pour rémun. John Reid de ses services........	....	200	200	....	....	....	....	200
Autre service douanier dans la Colombie-Britannique et le district du Yukon............	....	....	....	....	12,000	12,000	12,000	
Somme à verser au département de la Justice pour qu'il la débourse et qu'il lui en soit rendu compte, pour le service préventif secret	....	5,000	5,000	....	5,000	5,000		

XXXVI.—ACCISE.

Montant à voter..$451,776 25

N° du crédit.	Service.	1897-98.	1898-99.	Comparaison avec le budget de 1897-98. Augmentation.	Diminution.
		$ c.	$ c.	$ c.	$ c.
246	Appointements des préposés et inspecteurs de l'accise, et augmentations d'appointements d'après le résultat des examens de l'accise.	307,974 25	305,076 25	....	2,898 00
	Services supplémentaires des préposés à la surveillance des grandes distilleries et fabriques.	6,000 00	6,000 00		
	Rémunération pour longues heures de service autres que pour inspections spéciales.......	1,000 00	1,000 00		
	Service préventif	10,000 00	12,000 00	2,000 00	
	Frais de voyage, loyers, combust., papet., etc.	48,000 00	48,000 00		
	Timbres des tabacs canadiens et étrangers....	19,000 00	19,000 00		
	Pour payer aux percepteurs des douanes une alloc. sur les droits perçus par eux en 1897-8.	5,500 00	5,500 00		
	Commission aux vendeurs de timbres de tabac canadien en torquettes....................	100 00	100 00		
	L. A. Fréchette, pour traduction spéciale ...	100 00	100 00		
	Pour permettre au département de fournir de l'alcool méthylique aux fabricants, qui en rembourseront le prix de revient; et pour loyer, éclairage, force motrice, appointements, etc..........................	70,000 00	55,000 00	....	15,000 00
		467,674 25	451,776 25	....	15,898 00

XXXVII.—INSPECTION ET MESURAGE DU BOIS.

Montant à voter....................................$19,350.00

N° du crédit.	Nombre. 1897-78.	Nombre. 1898-99.	Inspection et mesurage du bois.	1897-98.	1898-99.	Comparaison avec le budget de 1897-98. Augmentation.	Diminution.
				$ c.	$ c.	$ c.	$ c.
247	1	1	Appointem. de l'inspecteur.	2,100 00	2,100 00		
	3	4	Commis	2,250 00	3,000 00	750 00	
	1	1	Teneur de livres	750 00	750 00		
	7	7	Appoint. des mesur. de bois	4,900 00	4,900 00		
	31	28	Mesur. de bois à la retraite..	6,200 00	5,600 00	....	600 00
			Dépenses casuelles..........	2,250 00	3,000 00	750 00	
	43	41		18,450 00	19,350 00	900 00	

XXXVIII.—INSPECTION DES POIDS ET MESURES, DU GAZ ET DE LA LUMIÈRE ÉLECTRIQEE.

Montant à voter.. $81,860.00

N° du crédit.	—	1897-98.	**1898-99.**	Comparaison avec le budget de 1897-98. Augmentation.	Diminution.
		$ c.	$ c.	$ c.	$ c.
248	Appointements des employés, inspecteurs et sous-inspecteurs des poids et mesures.......	49,010 00	42,010 00	....	7,000 00
	Appointements des inspecteurs du gaz.......	15,150 00	14,850 00	....	300 00
	Loyer, combustible, frais de voyage, frais de port, papeterie, etc. Poids et mesures......	16,000 00	16,000 00		
	Loyer, combustible, frais de voyage, frais de port, papeterie, etc. Inspection du gaz et de la lumière électrique...............	8,000 00	6,000 00	....	2,000 00
	Pour l'achat d'instruments étalons, et les traitements, etc., relativement à l'inspection de la lumière électrique..................	5,000 00	3,000 00	....	2,000 00
		93,160 00	81,860 00	....	11,300 00

XXXIX.—INSPECTION DES DENRÉES.

Montant à voter.. $4,500.00

N° du crédit.	—	1897-98.	**1898-99.**	Comparaison avec le budget de 1897-98. Augmentation.	Diminusion.
		$ c.	$ c.	$ c.	$ c.
249	Pour achat et distribution d'échantillons de grains et de farine, et autres dépenses nécessitées par la loi.........................	4,500 00	4,500 00		

XL.—INSPECTION DES SUBSTANCES ALIMENTAIRES ET DES ENGRAIS, ET APPLICATION DE L'ACTE CONCERNANT LES MARQUES DE COMMERCE FRAUDULEUSES.

Montant à voter.. $25,000.00

N° du crédit.	——	1897-98.	**1898-99.**	Comparaison avec le budget de 1897-98. Augmentation.	Diminution.
		$ c.	$ c.	$ c.	$ c.
250	Dépenses qu'entraîne la mise en vigueur de cet acte..........................	25,000 00	25,000 00		

XLI.—MENUS REVENUS.

Montant à voter. $1,200.00

N° du crédit.	Service.	1897-98.	**1898-99.**	Comparaison avec le budget de 1897-98. Augmentation.	Diminution.
		$ c.	$ c.	$ c.	$ c.
251	Revenu de l'intérieur..........................	200 00	200 00		
	Terrains de l'artillerie..........................	1,000 00	1,000 00		
		1,200 00	1,200 00		

XLII.—CHEMINS DE FER ET CANAUX—PERCEPTION DU REVENU.

Montant à voter......................................$4,500,200 00

N° du crédit.	—	Crédits de 1897-98.	A voter pour **1898-99.**
		$ c.	$ c.
	Chemins de fer.		
252	Chemin de fer Intercolonial, y compris le prolongement de Montréal....	3,100,000 00	3,650,000 00
153	do de l'Ile du Prince-Edouard	245,000 00	245,000 00
254	Embranchement de Windsor	20,000 00	20,000 00
	Crédits non requis pour 1898-99....................	3,400 00	
		3,368,400 00	3,915,000 00
	Canaux.		
255	Réparations et frais d'exploitation....................	521,222 50	535,600 00
256	Appointements et dépenses casuelles des employés des canaux	34,600 00	34,600 00
	Supplément d'appointements à des employés permanents du service public, et rémunération à toutes autres personnes pour services rendus relativement aux navires passant par les canaux du Canada, de minuit, le samedi, à minuit, le dimanche, nonobstant toute disposition de l'*Acte du service civil*....................	15,000 00	15,000 00
		570,822 50	585,200 00

Détails.	Crédits de 1897-98.			A voter pour 1898-99.		
	Personnel et dépenses casuelles.	Réparations.	Total.	Personnel et dépenses casuelles.	Réparations.	Total.
CANAUX.	$ c.	$ c.	$ c.	$ c.	$ c.	$ c.
Lachine....................	57,282 50	28,500 00	85,782 50	56,000 00	39,000 00	95,000 00
Beauharnois....................	17,950 00	14,200 00	32,150 00	20,800 00	12,600 00	33,400 00
Cornwall....................	16,600 00	16,500 00	33,100 00	16,000 00	16,500 00	32,500 00
Williamsburg....................	10,900 00	10,000 00	20,900 00	10,700 00	10,000 00	20,700 00
Welland....................	86,010 00	64,000 00	150,000 00	86,300 00	64,000 00	150,300 00
Trent....................	5,350 00	5,000 00	10,350 00	5,400 00	6,500 00	11,900 00
Sainte-Anne....................	2,060 00	1,700 00	3,760 00	2,000 00	2,000 00	4,000 00
Carillon et Grenville....................	14,000 00	11,000 00	25,000 00	12,300 00	11,500 00	23,800 00
Rideau....................	30,770 00	26,600 00	57,370 00	31,600 00	28,200 00	59,800 00
Saint-Ours....................	2,200 00	1,400 00	3,600 00	2,300 00	1,500 00	3,800 00
Chambly....................	18,250 00	12,500 00	30,750 00	18,400 00	12,000 00	30,400 00
Saint-Pierre....................	3,000 00	500 00	3,500 00	3,000 00	500 00	3,500 00
Murray....................	6,150 00	7,000 00	13,150 00	6,000 00	7,000 00	13,000 00
Saut-Sainte-Marie....................	20,600 00	11,000 00	31,600 00	21,200 00	12,100 00	33,300 00
Dragueurs, Lachine....................	....	2,000 00	2,000 00	....	2,000 00	2,000 00
do Rideau....................	....	7,000 00	7,000 00	....	7,000 00	7,000 00
Divers....................	3,000 00	8,200 00	11,200 00	3,000 00	8,200 00	11,200 00
Total....................	294,122 50	227,100 00	521,222 50	295,000 00	240,600 00	535,600 00

XLIII.—TRAVAUX PUBLICS—PERCEPTION DU REVENU.

Montant à voter........................$169,450.00

N° du crédit.		Détails.	1897-98.	**1898-99.**	Comparaison avec le budget de 1897-98. Augmentation.	Diminution.
			$ c.	$ c.	$ c.	$ c.
257	Percept. des droits de glissoirs et estacades	....	4,000 00	4,000 00		
	Frais de réparations et d'exploitation, ports, bassins et glissoirs.............	*a*	96,400 00	96,400 00		
	Compagnie d'amélioration du haut de l'Ottawa. Allocation autorisée pour régie, etc., relativement au bois passant par l'estacade des Chenaux, rivière Ottawa, pendant l'exercice 1898-99...	....	1,800 00	1,800 00		
	Ligne de télégraphe entre l'Ile du Prince-Edouard et la terre ferme.....	....	2,000 00	2,000 00		
	Lignes télégraphiques et câbles sous-marins pour le service des côtes et des îles du bas du fleuve, du golfe Saint-Laurent et des prov. maritim., y compris les dépenses du *Newfield* ou d'autres vapeurs employés au service des câbles	*b*	28,000 00	28,000 00		
	Lignes télégraph., territ. du Nord-Ouest.	*b*	20,000 00	20,000 00		
	do Colombie-Britannique..	*b*	14,250 00	12,000 00	....	2,250 00
	Serv. télég. et serv. des signaux en général	....	2,750 00	2,750 00		
	Agence des trav. publics, Col.-Britannique	....	2,500 00	2,500 00		
			171,700 00	169,450 00	....	2,250 00

XLIII.—TRAVAUX PUBLICS—PERCEPTION DU REVENU—*Fin.*

Détails.	Personnel. — 1897-98.	Réparations, etc. — 1897-98.	Personnel. — **1898-99.**	Réparations, etc. — **1898-99.**	Comparaison avec le budget 1898. Augmentation.	Diminution.
(*a*) Ports, bassins et glissoirs.	$ c.	$ c.	$ c.	$ c.	$ c.	$ c.
District du Saint-Maurice, glissoirs et estacades, etc........	6,500 00	7,100 00	6,500 00	7,100 00		
District d'Ottawa, glissoirs et estacades, etc.....	26,000 00	15,000 00	26,000 00	15,000 00		
Rivière Trent et district de Newcastle, glissoirs et estacades, etc...........	2,400 00	1,000 00	2,400 00	1,000 00		
Canal de Burlington	2,000 00	1,300 00	2,000 00	1,300 00		
Rivière Yamaska, écluse, barrage, etc..	800 00	400 00	800 00	400 00		
Rivière du Lièvre do ..	800 00	800 00	800 00	800 00		
Bassin de radoub de Lévis	4,500 00	2,500 00	4,500 00	2,500 00		
do Kingston.........	3,500 00	1,500 00	3,500 00	1,500 00		
do Esquimalt.... ..	8,300 00	5,000 00	8,300 00	5,000 00		
Réparations générales et entretien, ports, rivières, glissoirs et estacades	....	7,000 00	... .	7,000 00		
Total	54,800 00	41,600 00	54,800 00	41,600 00		
(*b*) Télégraphes.						
Lignes télégraphiques et câbles sous-marins pour le service des côtes et des îles du bas du fleuve, du golfe Saint-Laurent et des provinces maritimes, y compris les dépenses du vapeur *Newfield* ou d'autres vapeurs employés au service des câbles...	14,880 00	13,120 00	14,880 00	13,120 00		
Lignes télégraphiques, territoires du Nord-Ouest..	12,000 00	8,000 00	12,000 00	8,000 00		
Lignes télégraphiques, Colombie-Britannique....................	10,500 00	3,750 00	9,065 00	2,935 00	....	2,250 00
Total	37,380 00	24,870 00	35,945 00	24,055 00	....	2,250 00

XLIV.—POSTES—SERVICE EXTÉRIEUR.

Montant à voter.................................$3,596,311.00.

N° du crédit.	Classification des dépenses.	1897-98.	**1898-99.**	Comparaison avec le budget de 1897-98. Augmentation.	Diminution.
		$ c.	$ c.	$ c.	$ c.
258	Service du transport des malles	2,257,137 00	2,207,000 00	....	50,137 00
259	Appointements et allocations................	1,173,660 00	1,171,081 00	....	2,579 00
259	Augmentation des appointements de 105 facteurs à $30 chacun, et 24 commis à $40 ch.	... .	4,110 00	4,110 00	
260	Divers..................	207,120 00	212,120 00	5,000 00	
261	Allocation de commisération.................	...	2,000 00	2,000 00	
		3,637,917 00	3,596,311 00	....	41,606 00

XLIV.—POSTES—SERVICE EXTÉRIEUR—*Suite.*

Nombre. 1897-98.	1898-99.	Classification des dépenses.	1897-98.	**1898-99.**	Comparaison avec le budget de 1897-98. Augmentation.	Diminution.
		APPOINTEMENTS.	$ c.	$ c.	$ c.	$ c.
		Bur. de l'inspect. en chef—				
1	1	Inspecteur en chef..	2,800 00	2,800 00		
1	1	Sous-inspecteur.	1,600 00	1,600 00		
1	....	*Dessinateur*	1,400 00	. . ..	....	1,400 00
2	1	Commis de 3e classe..........	1,270 00	520 00	....	750 00
2	....	Commis de la malle anglaise...	1,920 00	....	... .	1,920 00
		Division de Toronto—				
1	1	Inspecteur.	2,600 00	2,200 00	. .. .	400 00
2	2	Sous-inspecteur	3,150 00	3,150 00		
1	2	Commis de 1re classe........	1,500 00	3,000 00	1,500 00	
3	3	do 2e do	3,600 00	3,600 00		
1	1	Messager......	600 00	600 00		
		Division de London—				
1	1	Inspecteur..........	2,400 00	2,200 00	....	200 00
1	2	Sous-inspecteur.....	1,600 00	3,150 00	1,550 00	
1	1	Commis de 1re classe.........	1,500 00	1,500 00		
3	4	do 2e do	3,410 00	4,410 00	1,000 00	
....	1	do 3e do employé temporaire.........	... . ..	400 00	400 00	
1	1	Messager	600 00	600 00		
		Division de Barrie—				
1	....	*Inspecteur*...	2,000 00	....	....	2,000 00
1	....	*Sous-inspecteur*	1,600 00	. ...	. ...	1,600 00
2	....	*Commis de 2e classe*..........	2,350 00	....	... .	2,350 00
2	....	*do 3e do*	1,400 00	....	... .	1,400 00
28	22	A reporter............	37,300 00	29,730 00	4,450 00	12,020 00

XLIV.—POSTES—SERVICE EXTÉRIEUR—*Suite.*

Nombre. 1897-98.	Nombre. 1898-99.	Classification des dépenses.	1897-98.	1898-99.	Comparaison avec le budget de 1897-98. Augmentation.	Comparaison avec le budget de 1897-98. Diminution.
			$ c.	$ c.	$ c.	$ c.
28	22	......Report	37,300 00	29,730 00	4,450 00	12,020 00
		APPOINTEMENTS—*Suite.*				
		Division de Kingston—				
1	1	Inspecteur.	2,000 00	2,000 00		
1	1	Sous-inspecteur.	1,437 50	1,450 00	12 50	
1	1	Commis de 1re classe.	1,250 00	1,250 00		
2	1	do 2e do	2,287 50	1,200 00	....	1,087 50
1	....	*do 3e do*	800 00	....	....	800 00
		Division d'Ottawa—				
1	1	Inspecteur.	2,200 00	2,200 00		
2	2	Sous-inspecteurs	3,037 50	3,050 00	12 50	
1	1	Commis de 1re classe	1,300 00	1,300 00		
1	1	Commis de 2e classe	1,200 00	1,200 00		
2	4	Commis de 3e classe, y compris 2 employés temporaires	1,590 00	2,100 00	510 00	
1	1	Messager	600 00	600 00		
		Division de Stratford—				
1	....	*Inspecteur*	2,200 00	....	....	2,200 00
1	....	*Sous-inspecteur.*	1,575 00	....	....	1,575 00
2	....	*Commis de 2e classe.*	2,062 50	....	....	2,062 50
2	....	*Commis de 3e classe*	1,290 00	....	....	1,290 00
1	....	*Messager*	472 50	....	....	472 50
		Division de Montréal—				
1	1	Inspecteur	2,000 00	2,000 00		
2	2	Sous-inspecteurs	3,200 00	3,200 00		
3	1	Commis de 2e classe.	3,300 00	1,200 00	....	2,100 00
1	3	Commis de 3e classe, y compris 2 employés temporaires	800 00	1,600 00	800 00	
1	....	*Messager*	600 00	....	....	600 00
		Division de Sherbrooke—				
1	....	*Inspecteur*	2,000 00	....	....	2,000 00
1	....	*Sous-inspecteur*	1,250 00	....	....	1,250 00
1	....	*Commis de 3e classe*	800 00	....	....	800 00
		Division de Québec—				
1	1	Inspecteur	2,000 00	2,000 00		
1	1	Sous-inspecteur	1,462 50	1,450 00	....	12 50
1	3	Commis de 2e classe	1,125 00	3,200 00	2,075 00	
3	5	Commis de 3e classe, y compris 1 employé temporaire	1,920 00	2,640 00	720 00	
1	1	Messager	487 50	480 00	....	7 50
		Div. des Trois-Rivières—				
1	....	*Inspecteur*	2,000 00	....	....	2,000 00
1	....	*Sous-inspecteur*	1,600 00	....	....	1,600 00
1	....	*Commis de 2e classe*	1,050 00	....	....	1,050 00
1	....	*Messager.*	472 50	....	....	472 50
		Div. du Nouv.-Brunswick—				
1	1	Inspecteur	2,200 00	2,200 00		
1	1	Sous-inspecteur.	1,600 00	1,600 00		
1	1	Commis de 1re classe	1,400 00	1,400 00		
2	2	Commis de 2e classe	2,325 00	2,300 00	....	25 00
2	2	Commis de 3e classe	1,240 00	1,240 00		
1	1	Messager	540 00	540 00		
79	62	A reporter	97,975 00	73,130 00	8,580 00	33,425 00

XLIV.—POSTES—SERVICE EXTÉRIEUR—*Suite.*

Nombre. 1897-98.	Nombre. 1898-99.	Classification des dépenses.	1897-98.	**1898-99.**	Comparaison avec le budget de 1897-98. Augmentation.	Comparaison avec le budget de 1897-98. Diminution.
			$ c.	$ c.	$ c.	$ c.
79	62	.........Report	97,975 00	73,130 00	8,580 00	33,425 00
		APPOINTEMENTS—*Suite.*				
		Division de la N.-Ecosse—				
1	1	Inspecteur	2,400 00	2,400 00		
2	2	Sous-inspecteur..................	2,987 50	2,950 00	....	37 50
3	3	Commis de 2e classe..........	3,487 50	3,500 00	12 50	
4	2	do 3e do	1,790 00	1,240 00	....	550 00
1	1	Messager.....................	502 50	510 00	7 50	
		Division du Manitoba—				
1	1	Inspecteur.....................	2,400 00	2,400 00		
2	2	Sous-inspecteur..............	3,037 50	3,050 00	12 50	
1	1	Commis de 1re classe..........	1,500 00	1,500 00		
2	2	do 2e do	2,375 00	2,350 00	....	25 00
2	4	do 3e do y compris 1 employé temporaire.......	1,580 00	2,600 00	1,020 00	
1	1	Messager.....................	600 00	600 00		
		Div. de la Col.-Britannique—				
1	1	Inspecteur..................	2,200 00	2 200 00		
1	1	Sous-inspecteur...............	1,600 00	1,600 00		
1	1	Commis de 1re classe....	1,450 00	1,350 00	....	100 00
1	1	do 2e do	1,200 00	1,200 00		
....	2	do 3e do employé temporaire	....	800 00	800 00	
1	1	Messager.....................	390 00	390 00		
		Allocat. provisoire sur les appoint. ordinaires à raison de la cherté de l'existence au Manitoba, dans les territoires du Nord-Ouest et dans la Colombie-Britannique........	900 00	915 00	15 00	
104	89		128,375 00	104,685 00	....	23,690 00
		SERVICE POSTAL DES CHEMINS DE FER.				
10	9	Surintendant	15,000 00	13,500 00		1,500 00
3	3	Commis de 2e classe..........	3,600 00	3,600 00		
9	9	do 3e do	5,980 00	6,020 00	*40 00	
60	60	Courriers de 1re cl. s. ch. de fer.	57,410 00	57,600 00	190 00	
141	141	do 2e do	111,210 00	111,210 00		
139	139	do 3e do	75,280 00	75,280 00		
	2	Employés de la malle anglaise..	....	1,920 00	1,920 00	
11	11	Agents p. le transfert des malles	6,170 00	6,170 00		
		Allocation de voyage..........	106,000 00	106,000 00		
		Allocat. provisoire sur les appoint. ordinaires à raison de la cherté de l'existence au Manitoba.........	2,476 00	2,476 00		
373	374		383,126 00	383,776 00	650 00	

XLIV.—POSTES—SERVICE EXTÈRIEUR—*Suite.*

Nombre. 1897-98.	Nombre. 1898-99.	Classification des dépenses.	1897-98.	1898-99.	Comparaison avec le budget de 1897-98. Augmentation.	Comparaison avec le budget de 1897-98. Diminution.
		APPOINTEMENTS—*Suite.*	$ c.	$ c.	$ c.	$ c.
		BUREAUX DE POSTE DES VILLES.				
		Belleville—				
1	......	*Directeur de poste*	1,600 00	....	....	1,600 00
1	......	*Sous-directeur de poste*	1,350 00	....	....	1,350 00
1	......	*Commis de 2e classe*	1,200 00	....	....	1,200 00
7	......	*do 3e do*	4,760 00	....	....	4,760 00
		Hamilton—				
1	1	Directeur de poste	2,800 00	2,800 00		
1	1	Sous-directeur de poste	2,000 00	2,000 00		
2	2	Commis de 1re classe	2,900 00	2,900 00		
4	4	do 2e do	4,550 00	4,500 00	....	50 00
24	24	do 3e do	17,670 00	17,680 00	10 00	
41	43	Facteurs, y compris 3 employés temporaires	22,730 00	23,180 00	450 00	
2	2	Messagers	1,200 00	1,200 00		
		Kingston—				
1	1	Directeur de poste	2,000 00	2,000 00		
1	1	Sous-directeur de poste	1,400 00	1,400 00		
1	......	*Commis de 1re classe*	1,500 00	....	....	1,500 00
1	1	Commis de 2e classe	1,050 00	1,050 00		
9	13	do 3e do y compris 4 employés temporaires	6,320 00	7,900 00	1,580 00	
9	11	Facteurs, y compris 2 employés temporaires	4,950 00	5,710 00	760 00	
1	1	Messager	600 00	600 00		
		London—				
1	1	Directeur de poste	2,200 00	2,200 00		
1	1	Sous-directeur de poste	1,600 00	1,600 00		
3	3	Commis de 2e classe	3,600 00	3,600 00		
16	13	do 3e do	11,570 00	9,820 00	....	1,750 00
29	31	Facteurs, y compris 4 employés temporaires	16,497 50	16,910 00	412 50	
......	2	Assortisseurs et timbreurs	....	720 00	720 00	
1	1	Messager	600 00	600 00		
		Ottawa—				
1	1	Directeur de poste	3,000 00	3,000 00		
1	1	Sous-directeur de poste	1,700 00	1,700 00		
1	1	Commis de 1re classe	1,400 00	1,400 00		
7	7	do 2e do	7,862 50	7,800 00	....	62 50
34	42	do 3e do y compris 8 employés temporaires	22,670 00	25,850 00	3,180 00	
42	43	Facteurs, y compris 3 employés temporaires	22,377 50	22,310 00	....	67 50
2	2	Messager	1,110 00	1,110 00		
		Toronto—				
1	1	Directeur de poste	4,000 00	4,000 00		
1	1	Sous-directeur de poste	2,000 00	2,000 00		
5	5	Commis de 1re classe	7,000 00	6,950 00	....	50 00
12	11	do 2e do	13,412 50	12,150 00	....	1,262 50
64	67	do 3e do y compris 3 employés temporaires	45,460 00	46,530 00	1,070 00	
133	134	Facteurs, y compris 2 employés temporaires	71,205 00	70,770 00	....	435 00
463	473	A reporter	319,845 00	313.940 00	8,182 50	14,087 50

XLIV.—POSTES—SERVICE EXTÉRIEUR—*Suite.*

Nombre. 1897-98.	Nombre. 1898-99.	Classification des dépenses.	1897-98.	**1898-99.**	Comparaison avec le budget de 1897-98. Augmentation.	Comparaison avec le budget de 1897-98. Diminution.
			$ c	$ c.	$ c.	$ c.
463	473	... ... Report	319,845 00	313,940 00	8,182 50	14,087 50
		APPOINTEMENTS—*Suite.*				
		BUREAUX DE POSTE DES VILLES.				
		Toronto—*Suite.*				
4	8	Messagers et gardiens de bureaux, y compris 4 employés temporaires	2,077 50	3,480 00	1,402 50	
....	5	Timbreurs et assortisseurs	....	1,800 00	1,800 00	
		Windsor -				
1	1	Directeur de poste	1,600 00	1,600 00		
1	1	Commis de 2e classe	1,200 00	1,200 00		
8	8	Commis de 3e classe	5,850 00	5,840 00	....	10 00
		Montréal—				
1	1	Directeur de poste	4,000 00	4,000 00		
1	1	Sous-directeur de poste	2,000 00	2,000 00		
6	6	Commis de 1re classe	8,000 00	8,000 00		
17	17	do 2e classe	19,237 50	19,350 00	112 50	
69	78	do 3e classe, y compris 9 employés temporaires	49,720 00	53,050 00	3,330 00	
92	117	Facteurs, y compris 25 employés temporaires	47,685 00	55,770 00	8,085 00	
6	6	Messagers et chargeurs	3,120 00	3,120 00		
		Québec—				
1	1	Directeur de poste	2,200 00	2,200 00		
1	1	Sous-directeur de poste	1,600 00	1,600 00		
1	....	*Commis de 1re classe*	1,200 00	....	....	1,200 00
5	3	Commis de 2e classe	5,237 50	3,100 00	....	2,137 50
16	16	Commis de 3e classe, y compris employés temporaires	10,820 00	9,720 00	....	1,100 00
25	34	Facteurs, y compris 9 employés temporaires	14,300 00	17,090 00	2,790 00	
1	1	Messager	397 50	390 00	....	7 50
		Sherbrooke—				
1	1	Directeur de poste	1,600 00	1,600 00		
1	1	Sous-directeur de poste	1,200 00	1,200 00		
4	6	Commis de 3e classe, y compris 2 employés temporaires	2,070 00	2,800 00	730 00	
		Frédéricton—				
1	1	Directeur de poste	1,600 00	1,600 00		
1	1	Commis de 1re classe	1,300 00	1,200 00	....	100 00
2	2	do 2e do	2,287 50	2,300 00	12 50	
2	2	do 3e do	1,520 00	1,520 00		
1	1	Facteurs	472 50	480 00	7 50	
		Saint-Jean—				
1	1	Directeur de poste	2,200 00	2,200 00		
1	....	Sous-directeur de poste	1,600 00	....	....	1,600 00
2	2	Commis de 1re classe	2,600 00	2,600 00		
7	7	do 2e do	8,100 00	8,050 00	....	50 00
17	17	do 3e do	10,840 00	10,760 00	....	80 00
22	23	Facteurs, y compris 1 employé temporaire	11,817 50	12,170 00	352 50	
1	1	Messager	457 50	450 00	....	7 50
783	844	........A reporter	549,755 00	556,180 00	26,805 00	20,380 00

XLIV.—POSTES—SERVICE EXTÉRIEUR—*Suite.*

Nombre. 1897-98.	Nombre. 1898-99.	Classification des dépenses.	1897-98.	1898-99.	Comparaison avec le budget de 1897-98. Augmentation.	Comparaison avec le budget de 1897-98. Diminution.
		APPOINTEMENTS—*Suite.*	$ c.	$ c.	$ c.	$ c.
783	844	......Report....................	549,755 00	556,180 00	26,805 00	20.380 00
		BUR. DE POSTE DES VILLES—*Suite.*				
		Halifax—				
1	1	Directeur de poste...........	2,400 00	2,400 00		
1	1	Sous-directeur de poste.........	1,800 00	1,800 00		
2	2	Commis de 1re classe..........	2,500 00	2,500 00		
4	4	do 2e do	4,550 00	4,550 00		
16	17	do 3e do y compris 1 employé temporaire........	11,990 00	12,360 00	370 00	
20	21	Facteurs, y compris 1 employé temporaire	11,390 00	11,690 00	300 00	
1	1	Messager....................	600 00	600 00		
		Charlottetown—				
1	1	Dir. de poste et sous-inspecteur	2,200 00	2,200 00		
1	1	Commis de 1re classe..........	1,200 00	1,200 00		
5	5	do 2e do	5,412 50	5,450 00	37 50	
6	6	do 3e do	4,080 00	4,080 00		
		Winnipeg—				
1	1	Directeur de poste	2,800 00	2,800 00		
1	1	Sous-directeur de poste......	2,000 00	2,000 00		
1	1	Commis de 1re classe.........	1,500 00	1,500 00		
5	5	do 2e do	5,887 50	5,900 00	12 50	
15	20	do 3e do y compris 5 employés temporaires ...	9,340 00	11,240 00	1,900 00	
18	20	Facteurs, y compris 2 employés temporaires	9,350 00	9,980 00	630 00	
2	4	Messagers et chargeurs, y compris 2 employés temporaires..	1,005 00	1,710 00	705 00	
		Victoria—				
1	1	Directeur de poste	2,000 00	2,000 00		
1	1	Sous-directeur de poste........	1,400 00	1,400 00		
3	3	Commis de 2e classe..	3,587 50	3,600 00	12 50	
6	15	do 3e do y compris 9 employés temporaires.. ...	3,580 00	7,160 00	3,580 00	
6	12	Facteurs, y compris 6 employés temporaires	2,587 50	4,740 00	2,152 50	
2	2	Messagers.........	1,200 00	1,200 00		
		Vancouver—				
1	1	Directeur de poste...........	2,000 00	2,000 00		
1	1	Sous-directeur de poste..	1,400 00	1,400 00		
2	1	Commis de 2e classe.	1,887 50	950 00	....	937 50
2	7	do 3e do y compris 5 employés temporaires......	890 00	2,880 00	1,990 00	
3	9	Facteurs, y compris 6 employés temporaires...	1,132 50	3,270 00	2,137 50	
......	2	Timbreurs et assortisseurs.....	....	720 00	720 00	
912	1011	........A reporter	651,425 00	671,460 00	41,352 50	21,317 50

XLIV.—POSTES—SERVICE EXTÉRIEUR—*Fin.*

Nombre. 1897-98.	Nombre. 1898-99.	Classification des dépenses.	1897-98.	**1898-99.**	Comparaison avec le budget de 1897-98. Augmentation.	Comparaison avec le budget de 1897-98. Diminution.
		APPOINTEMENTS—*Fin.*	$ c.	$ c.	$ c.	$ c.
		BUREAUX DE POSTE DES VILLES—*Fin.*				
912	1011	Report	651,425 00	671,460 00	41,352 50	21,317 50
		Brantford—				
6	6	Facteurs	1,260 00	2,160 00	900 00	
....	....	Allocation provisoire sur les appointements ordinaires à raison de la cherté exceptionnelle de l'existence au Manitoba, dans les territoires du Nord-Ouest et dans la Colombie-Britannique	9,474 00	9,000 00	....	474 00
918	*a*1,017	..Total, bureaux de poste des villes.	662,159 00	682,620 00	20,461 00	
104	*b*89	..Appointements des inspecteurs	128,375 00	104,685 00	....	23,690 00
373	*c*374	..Appointements du service postal sur chemins de fer	383,126 00	383,776 00	650 00	
1,395	1,480	..Total des appointements	1,173,660 00	1,171,081 00	....	2,579 00

DIVERS.

	1897-98.	1898-99.	Augmentation.	Diminution.
Commission aux directeurs de poste sur les affaires des caisses d'épargnes	16,000 00	18,000 00	2,000 00	
Loyer, etc., pour les bureaux de poste des villes	1,500 00	1,500 00		
Alloc. de voyage des inspecteurs et frais de voyage d'autres officiers dans l'exercice de leurs fonctions.	20,500 00	12,000 00	....	8,500 00
Papeterie, impressions et annonces	65,000 00	71,500 00	6,500 00	
Coût des timbres-poste, cartes-poste, enveloppes, bandes, etc	45,000 00	45,000 00		
Timbres, balances et poids pour les bureaux de poste..	9,000 00	9,000 00		
Divers autres articles du service postal	50,120 00	50,120 00		
Pour couvrir les dépenses d'une commission nommée pour s'enquérir et faire rapport sur les systèmes existants et toute amélioration sur ces systèmes de paiement de services postaux faits par les compagnies de chemin de fer	. . ..	5,000 00	5,000 00	
Total, divers	207,120 00	212,120 00	5,000 00	

	Montant.
	$ c.
Allocation de commisération à la veuve et aux enfants de feu J. O'Connor, courrier de la malle sur chemin de fer, lequel a reçu des blessures graves qui ont miné sa santé et causé sa mort, par suite d'un accident de chemin de fer survenu durant l'exercice de ses fonctions, devant être appliquée dans l'intérêt des bénéficiaires de la manière qui sera déterminée par arrêté du conseil	2,000 00

a Y compris 120 employés temporaires.
b do 9 do
c do 32 do

XLV.—DÉPARTEMENT DU COMMERCE.

Montant à voter..$24,100,00.

N° du crédit.	—	1897-98.	**1898-99.**	Comparaison avec le budget de 1897-98. Diminution.	Augmentation.
		$ c.	$ c.	$ c.	$ c.
262	Pour pourvoir à l'application de l'*Acte concernant l'immigration chinoise*, y compris la rétribution accordée aux employés des ministères du Commerce et des Douanes....................	3,500 00	3,500 00		
	Pour couvrir la proportion des dépenses payables par le Canada pour le Bureau international des douanes	600 00	600 00		
	Agences commerciales, y compris les dépenses se rattachant à la négociation des traités ou à l'extension des relations commerciales.......	15,000 00	20,000 00		5,000 00
		19,100 00	24,100 00		5,000 00

BUDGET SUPPLÉMENTAIRE DU CANADA

POUR L'EXERCICE FINISSANT AU 30 JUIN 1898.

N° du crédit.	Service.	$ c.	$ c.	$ c.
	FRAIS D'ADMINISTRATION.			
1	Autre montant nécessaire pour impression de billets de banque...	....	....	10,000 00
	GOUVERNEMENT CIVIL.			
2	*Bureau du secrétaire du Gouverneur général*:—Autre montant nécessaire pour dépenses casuelles.....			
	Impressions et papeterie....	150 00		
	Divers......	2,700 00		
			2,850 00	
3	*Conseil privé de la Reine pour le Canada*:—Allocation au secrétaire privé de l'honorable R. R. Dobell, à payer nonobstant les dispositions de l'*Acte du service civil*..	....		
			600 00	
4	*Département du Revenu de l'Intérieur*:-Autre montant nécessaire pour dépenses casuelles....	....		
			150 00	
5	*Département des Affaires des Sauvages*:—Montant supplémentaire pour pourvoir au paiement de commis et messagers auxiliaires	475 00		
	Pour pourvoir au paiement d'une gratification égale à deux mois de salaire à la veuve de James Kearns, messager......	55 00		
			530 00	
6	*Département des Chemins de fer et Canaux*:—Pour payer à J. L. Payne, commis de deuxième classe, la différence entre le montant des appointements de $1,100 de F. Beard, comme commis de deuxième classe, et les appointements de $1,250 de J. L. Payne, qu'il touchait quand il est passé du département de la Milice et Défense à celui des Chemins de fer et Canaux......	....	150 00	
7	*Département de la Justice*:—Salaire de Hector Verret, à $200 par année, pour 44 jours, du 3 février 1898 au 18 mars 1898 inclusivement....	24 11		
	Pour porter le salaire du messager G. R. Cleland à $360 par année, à compter du 1er janvier 1898.....	30 00		
	Autre montant nécessaire pour dépenses contingentes..	2,500 00		
			2,554 11	
8	*Département de l'Agriculture*:—Pour payer à MM. J. C. Farmer et C. Thompson la différence de salaire entre $400 et $600 pour dix mois, à compter du 30 juin 1898, nonobstant toute disposition de l'*Acte du service civil*......	....	333 34	
9	*Département des Travaux publics*:—Pour payer à C.O. Beauchemin et Fils, 12 volumes intitulés: *Rapports Judiciaires Revisés du Juge Mathieu*, commandés par l'honorable J. A. Ouimet, ministre des Travaux publics, le 24 décembre 1894	72 00		
	Autre montant pour impressions et papeterie..........	700 00		
			772 00	
10	*Département de la Marine et des Pêcheries*:—Service de commis pour le reste de l'exercice 1897-98;—A rembourser au crédit pour dépenses imprévues, A. C., 13 avril 1898..........	700 00		
	Impressions et papeterie	1,000 00		
	Divers....	500 00		
			2,200 00	
	A reporter......	....	10,139 45	10,000 00

BUDGET SUPPLÉMENTAIRE—*Suite.*

N° du crédit.	Service.	$ c.	$ c.	$ c.
	Report		10,139 45	10,000 00
	GOUVERNEMENT CIVIL—*Fin.*			
11	*Département de la Milice et Défense* :—Pour payer au lieutenant-colonel D. A. Macdonald la différence d'appointements entre ceux de commis de 1re classe à $1,800 par année, et ceux de premier commis et surintendant militaire à $2,800, du 1er octobre 1897, date à laquelle il est entré en fonctions, au 30 juin 1898, nonobstant toute disposition de l'*Acte du service civil*	750 00		
	Dépenses casuelles— Aide aux écritures et autre 1,000 00 Impressions et papeterie 1,400 00 Divers 500 00	2,900 00		
			3,650 00	
12	*Département des Postes* :—Aide aux écritures et autre	1,500 00		
	Impressions et papeterie	3,000 00		
			4,500 00	
13	*Bureau du haut commissaire à Londres* :—Pour traitement de $3,300 à J. G. Colmer, C.M.G		300 00	
				18,589 45
	ADMINISTRATION DE LA JUSTICE.			
14	*Cour Suprême du Canada* :—			
	Supplément de traitement au juge McGuire, comme juge de la circonscription judiciaire du Yukon, sur le pied de $1,000 par année, du 16 août 1897 au 30 juin 1898	873 97		
	Montant supplémentaire pour allocation de tournée, Colombie-Britannique	2,000 00		
	Montant supplémentaire pour allocation de tournée, Manitoba	500 00		
	Pour payer à M. le juge Drake ses services comme juge suppléant de l'Amirauté pour la circonscription de la Colombie-Britannique, à compter du 7 mars 1898, à $1,000 par année	320 54		
	Pour payer les appointements de G. Neilson, shérif de la circonscription judiciaire de la Saskatchewan, du 20 novembre 1897 au 7 décembre 1897	21 92		
	Pour payer un mois de traitement à deux juges de la cour de district, Ontario	333 33		
				4,049 76
	LÉGISLATION.			
	CHAMBRE DES COMMUNES.			
15	Montant supplémentaire pour la publication des *Débats*. (A voter de nouveau : $6,949)	20,000 00		
	Montant supplémentaire pour frais de traduction française pendant la vacance (Rapport de la station agronomique, $468, et Rapport du commissaire de la laiterie, $250, compris)	3,000 00		
	Montant supplémentaire pour commis de la session, y compris deux secrétaires pour les *whips*	3,568 00		
	A reporter	26,568 00		32,639 21

BUDGET SUPPLÉMENTAIRE—*Suite.*

N° du crédit.	Service.	$ c.	$ c.	$ c.
	Report..................................	26,568 00	....	32,639 21
	LÉGISLATION—*Fin.*			
	CHAMBRE DES COMMUNES—*Fin.*			
16	Montant supplémentaire nécessaire pour comité :—témoins, sténographes, etc	1,000 00		
	Montant supplémentaire pour abonnement aux journaux...	300 00		
	Pour payer l'indemnité de session de feu F. Dupont, M.P..	1,000 00		
	Pour payer l'indemnité de session et balance des frais de route de feu S. F. Perry, suivant que le répartira et fixera le Conseil du Trésor..............................	1,105 80		
	Pour paiement de la balance de l'indemnité de session de feu Dalton McCarthy..................................	975 00		
	Montant nécessaire pour payer des malles en cuir délivrées depuis la dernière session........$ 1,298 00			
	10 malles pour de nouveaux députés.......... 220 00			
		1,518 00		
	Messagers de la session	4,185 00		
	Pages	974 00		
	Allocation au maître d'hôtel, sur le pied de $2.50 par jour.	312 50		
	Chambres de bain, lavoirs, etc., des domestiques..........	213 00		
	Femmes de journée pour la session......................	306 00		
	Préposé au gaz	32 50		
	Pour payer à James Akister, sous-officier-rapporteur à l'élection générale de Victoria-Sud, le montant retenu par l'officier-rapporteur	11 10		
			38,500 90	
	SÉNAT.			
17	Pour pourvoir aux dépenses imprévues de comités spéciaux du Sénat à la présente session du parlement...........	....	5,000 00	
	BIBLIOTHÈQUE DU PARLEMENT.			
18	Pour pourvoir au paiement des messagers suivants durant la session de 1898, savoir :—			
	H. J. Meiklejohn, du 3 février au 30 juin, 148 jours à $2.50 par jour ....$ 370 00			
	Philéas Huot, du 7 février au 30 juin, 144 jours à $2.50 par jour.................. 360 00			
		730 00		
	Pour payer à John Smith la différence entre $1,000 et $1,100 par année, du 1er octobre 1896 au 1er avril 1897, conformément à l'arrêté du conseil du 4 mars 1897..	50 00		
			780 00	
				44,280 90
	ARTS, AGRICULTURE ET STATISTIQUES.			
19	Autre montant pour payer des comptes non soldés relativement à l'exposition des territoires du Nord-Ouest tenue à Régina en 1894, y compris $3,625.97, à voter de nouveau, ce crédit n'ayant pas été employé en 1896-97..........	....	4,000 00	
	Autre montant nécessaire pour encourager l'établissement et le maintien de crémeries dans les territoires du Nord-Ouest..	....	10,000 00	
	Pour payer une gratification de trois mois de salaire à la veuve de feu J. Kirkpatrick..............................	....	100 00	
				14,100 00
	A reporter..	....	....	91,020 11

BUDGET SUPPLÉMENTAIRE—*Suite.*

N° du crédit.	Service.	$ c.	$ c.	$ c.
	Report			91,020 11
	QUARANTAINE.			
20	Pour payer une gratification à W. McK. McLeod, ex-médecin inspecteur à Sidney, N.-E.		500 00	
	Autre montant nécessaire pour payer des appointements et dépenses casuelles des districts organisés, et du service de salubrité dans d'autres districts		12,500 00	
	Stations agronomiques		2,500 00	
	Exposition Trans-Mississippi d'Omaha		5,000 00	
	Pour payer à W. H. Lynch 12,000 exemplaires de *Scientific Dairying*, placés dans le département en 1888 et non payés		720 00	
				21,220 00
21	QUARANTAINE DES BESTIAUX.			
	Autre montant nécessaire comme indemnité pour abattage de porcs et de moutons, et toutes dépenses s'y rattachant			12,000 00
	MILICE.			
22	Pour pourvoir aux appointements du major Cartwright, A. A.G., au quartier général, du 15 février 1898 au 30 juin 1898, sur le pied de $2,800		1,050 00	
	Autre montant nécessaire pour la solde des corps permanents, des écoles d'instruction, etc.		25,000 00	
	Pour appointements et salaires d'employés civils du service extérieur		5,500 00	
	Autre montant nécessaire pour vivres et approvisionnements des corps permanents		10,000 00	
	Approvisionnements, transport et dépenses de la force militaire envoyée au Yukon		100,000 00	
	Autre montant nécessaire pour le transport		10,000 00	
	Cartoucherie du Canada—Autre somme nécessaire pour couvrir les salaires, gages et dépenses générales		10,000 00	
				161,550 00
	CHEMINS DE FER ET CANAUX—CAPITAL.			
	CHEMINS DE FER.			
	Chemin de fer Intercolonial—			
23	Pour payer des créances et des dommages-intérêts à certains propriétaires de terrains, les services d'ingénieurs, etc., relativement à l'embranchement d'Indiantown	4,000 00		
	Pour améliorations au quai de Dalhousie	3,600 00		
	Accroissement des facilités de trafic à Moncton	40,000 00		
	Pour remplacer un viaduc en bois par un ponceau en maçonnerie et remblai plein	2,450 00		
	Pour dragage à la tête de ligne en eau profonde à Saint-Jean	5,000 00		
	Pour compl. l'accroissement des facilités à Causapscal	250 00		
	Pour pourvoir le distr. du Cap-Breton d'un chasse-neige	2,500 00		
	Pour allonger les stalles à locomot. et tables tournantes	5,000 00		
	Pour payer aux commissaires du havre de Pictou la propriété d'un quai et les frais s'y rattachant, savoir : Propriété acquise .... $ 2,500 00; Frais 221 50	2,721 50		
	Pour payer à Stewart et Jones, intérêt à 6 pour 100 sur $38,915.37, montant du jugement du commissaire re demande d'indemnité (*hard-pan claim*), savoir : Sur $30,055.37, du 7 janvier 1893—date du jugement—au 20 septembre 1893—date du paiement ; et sur $860 du 7 janvier 1893—date du jugement—au 9 octobre 1894—date du paiement—s'élevant en tout à	1,694 99		
			67,216 49	
	A reporter		67,216 49	285,790 11

BUDGET SUPPLÉMENTAIRE—*Suite.*

N° du crédit.	Service.	$ c.	$ c.	$ c.
	Report		67,216 49	285,790 11
	CHEMINS DE FER ET CANAUX—CAPITAL—*Fin.*			
	CANAUX.			
24	*Canal du Saut Sainte-Marie* — Pour payer à MM. Hugh Ryan et Cie, entrepreneurs de la construction du canal du Saut Sainte-Marie, la différence entre le montant de $4.50 par verge cube payé pour la construction d'un mur de revêtement bâti en grès, et le prix du contrat, $7 50 par verge cube, pour ce mur en pierre calcaire		27,525 00	94,741 49
	CHEMINS DE FER ET CANAUX—REVENU.			
	CHEMINS DE FER.			
25	*Chemin de fer de la Passe du Nid-de-Corbeau*—Pour payer les appointements et les dépenses de l'ingénieur-surintendant	2,500 00		
	Chemin de fer du Comté de Drummond—Pour payer les appointements et les dépenses de l'ingénieur-inspecteur	2,000 00	4,500 00	
	CANAUX.			
26	*Canal de la Trent*—Pour compléter les travaux à Burleigh	1,400 00		
27	*Canal Rideau*— Pour payer à J. K. Read, ci-devant éclusier à Hogsback, certains bâtiments et améliorations à la maison d'écluse faits par lui à ses propres frais. .. 200 00 Pour recons. le seuil de l'écluse n° 2 à Long-Island 750 00 Pour démolir et reconstruire le mur en aile d'amont à Burritts 30 00 Pour réparer le barrage à Old Slys 450 00 Pour compléter le paiement pour les dommages aux terres aux moulins de Kingston 350 00	1,780 00	3,180 00	
	DIVERS.			
28	Pour défrayer les dépenses d'un arpentage d'exploration pour s'assurer de la route la plus praticable pour un chemin de fer tout canadien à partir d'un point quelconque sur un ch. de fer en existence jusque dans le dist. du Klondike		5,000 00	12,680 00
	CHEMINS DE FER ET CANAUX—IMPUTABLE SUR LA PERCEPTION DU REVENU.			
	CHEMINS DE FER.			
	Chemin de fer Intercolonial			
29	Pour payer à A. Kirk des domm. causés par un incendie		689 37	
	CANAUX.			
30	*Canal de Culbute*—Pour rép. le pont tournant sur les écluses		100 00	
31	*Canal Lachine*—Réparations		5,000 00	
32	*Canal de Beauharnois*—Dépenses casuelles et réparations		4,700 00	
33	*Canal de Williamsburg*—Pour payer une gratification égale à trois mois d'appointements comme percepteur des péages sur les canaux, à George Reid, ci-devant percepteur, qui a été remercié de ses services		187 50	
34	*Canal Cornwall*—Pour payer trois mois d'appointements comme gratification de retraite à l'ex-surintendant A. P. Rope, dont la charge a été abolie		350 00	
35	*En général*—Dépenses d'enquêtes sur les chemins de fer et les canaux de l'Etat		2,500 00	13,526 87
	A reporter			406,738 47

BUDGET SUPPLÉMENTAIRE—*Suite.*

N° du crédit.	Service.	$ c.	$ c.	$ c.
	Report............................	....	....	406,738 47
	TRAVAUX PUBLICS—REVENU.			
	EDIFICES PUBLICS.			
	Nouvelle-Ecosse.			
36	Edifice fédéral d'Halifax—Pour remodeler le présent système d'éclairage électrique, examiner les conduites de gaz, etc., à voter de nouveau la somme périmée.......	1,000 00		
	Edifice public de Windsor—Reconstruction de l'édifice détruit par l'incendie du 17 octobre 1897 (mandat du Gouverneur général)........................	15,000 00		
	Salles d'exercices militaires de Windsor—Reconstruction de l'édifice détruit par l'incendie du 17 octobre 1897 (mandat du Gouverneur général)........................	3,000 00		
			19,000 00	
	Québec.			
37	Rimouski, bureau de poste et douane, etc., pour compléter les paiements	....	1,500 00	
	Ontario.			
38	Edifice du revenu de l'intérieur de Toronto—Pour payer à la municipalité de Toronto la part du gouvernement fédéral dans le coût du pavage en asphalte des ruelles qui entourent cet édifice, d'après la convention........	534 29		
	Toronto, bur. de poste, etc.—Pour aménager les chambres louées dans la gare Union du ch. de fer du Gd-Tronc.	1,000 00		
	Edifices publics, Ottawa—Pavage en briques de scories du tramway conduisant à la chambre des chaudières, édifices du parlement, etc..........................	2,033 50		
			3,567 79	
	Territoires du Nord-Ouest.			
39	Palais de justice et prison de Prince-Albert—Nouveaux ouvrages et réparations (mandat du Gouverneur général) à voter de nouveau la somme périmée..................	6,900 00		
	Edifices du conseil à Régina, etc.—Pour rembourser au gouvernement des territoires la somme dépensée pour les réparations, réfections, etc..........................	855 69		
			7,755 69	
	LOYERS, RÉPARATIONS, AMEUBLEMENT, CHAUFFAGE, ETC.			
40	Edifices publics, Ottawa—Pour augmenter l'appareil de chauffage et l'appareil à gaz, etc., édifice Langevin....	1,700 00		
	Edifices fédéraux de la quarantaine, entretien—A voter de nouveau la somme périmée (Ile aux Perdrix).......	4,265 00		
	Edifices publics, Ottawa—Pour payer les comptes de Geo. Bailey, pour ouvrage de serrurerie, de ferblanterie, de forgeron, de fondeur en cuivre et de finisseur, faits dans l'édifice Langevin de 1889 à 1896, y compris les garnitures, etc., fournies..........................	1,560 00		
	Edifices publics, Ottawa—Réparations, matériaux, ameublement, etc., sommes urgentes et imprévues dépensées pour les ouvrages auxquels il n'a pas été pourvu lorsque les estimations budgétaires ont été préparées pour l'exercice 1897-98, savoir :—			
	Imprimerie Nationale, réparations du toit, etc. $ 727 00			
	A reporter 727 00	7,525 00	31,823 48	406,738 47

BUDGET SUPPLÉMENTAIRE—*Suite.*

N° du crédit.	Service.		$ c.	$ c.	$ c.
	Report.......................$	727 00	7,525 00	31,823 48	406,738 47
	TRAVAUX PUBLICS—IMPUTABLE SUR LE REVENU.				
	LOYERS, RÉPARATIONS, AMEUBLEMENT, CHAUFFAGE, ETC.—*Fin.*				
40	Cour Suprême—Réparations des murs et des plafonds, etc.	500 00			
	Musée géologique—Aménagement de la bâtisse louée (Baskerville), cloisons, tables, fournaise, etc.	1,800 00			
	Bureau des traducteurs français, rue Sussex—Agrandissement des bureaux, etc.	300 00			
	Secrétariat d'Etat—Armoire pour les liasses de documents	330 00			
	Conseil privé—Casiers, doubles-châssis, etc.	825 00			
	Edifice Langevin—Département de l'Intérieur, cloisons, meubles, doubles-châssis dans l'attique, changements, etc.	3,390 00			
	Département de l'Agriculture—Cloisons, poser des tablettes en fer dans la grande chambre pour placer les archives, couvertures en cuir pour les tablettes, déménagement des modèles de l'édifice Langevin au bloc Slater, rue Sparks, etc., aménagement d'un bureau de poste dans la chambre des messagers.	3,380 00			
	Département des Douanes—Casier, etc.	250 00			
	Département des Postes, meubles, etc., nattes en acier et tablettes de fer dans les voûtes du trésor, pour emmagasiner l'approvisionnement des timbres-poste, etc.	950 00			
	Edifice Langevin—Appareil de sauvetage dans l'attique	600 00			
	Edifice de l'est—Linoléum dans les passages.	886 79			
	Kiosque—Réparations et peinturage, etc.	600 00			
	Département de la Marine—Aménagement de chambres au-dessus de la banque Molson.	100 00			
	Départ. du Revenu de l'intérieur—Changem. dans la chambre d'épreuve de l'électricité.	100 00			
	Sommes additionnelles pour remplacer les meubles détruits et réparer les dommages causés par l'incendie du 11 fév. 1897, aux divers départem. de l'édifice de l'ouest, savoir :—				
	Département des Douanes..................$	950 00			
	Département de la Marine et des Pêcheries..	1,040 00			
	Département du Commerce	350 00			
	Chambres de la police à cheval du Nord-Ouest	800 00			
	Département des Travaux publics	800 00			
	Département de la Milice et Défense.	2,340 00			
	Divers ouvrages urgents dans les différents départements en mai et juin	2,750 00			
			23,766 79		
	Edifices publics fédéraux—Pour fournir la force électrique et autre servant au fonctionnement des ascenseurs, des machines à oblitérer les timbres, etc.		1,500 00		
				32,791 79	
	PORTS ET RIVIÈRES.				
	Nouvelle-Ecosse.				
41	Grand-Etang (comté d'Inverness) pour ouvrage fait—A voter de nouveau		1,000 00		
	Georgeville—Prolongement du quai, somme additionnelle nécessaire. Pour ouvrage fait.		700 00		
	A reporter		1,700 00	64,615 27	406,738 47

BUDGET SUPPLÉMENTAIRE—*Suite.*

Nº du crédit.	Service.	$ c.	$ c.	$ c.
	Report	1,700 00	64,615 27	406,738 47
	TRAVAUX PUBLICS—IMPUTABLE SUR LE REVENU—*Suite*			
	PORTS ET RIVIÈRES—*Fin.*			
	Nouvelle-Ecosse—Fin.			
41	Port de Yarmouth—Réparations au brise-lames. Pour ouvrage fait	234 51		
	Météghan—Réparations au brise-lames, somme additionnelle nécessaire—Pour ouvrage fait	42 00		
			1,976 51	
	Nouveau-Brunswick.			
42	Port de Saint-Jean—Relevé hydrographique, somme additionnelle nécessaire—Pour déboursés en 1897-98	....	178 72	
	Québec.			
43	Coteau-Landing—Dragage	....	11,000 00	
	Ontario.			
44	Port de Kingston—Dragage	....	6,000 00	
	Colombie-Britannique.			
45	Rivière Stikine—Relevés, etc	....	14,000 00	
	DRAGAGE.			
46	Dragage—Nouvelle-Ecosse, Ile du Prince-Edouard et Nouveau-Brunswick	10,000 00		
	Dragage—Québec et Ontario	10,000 00		
			20,000 00	
	CHEMINS ET PONTS.			
47	Pont sur la rivière de l'Arc, à Banff, réparations	....	2,500 00	
	LIGNES DE TÉLÉGRAPHE.			
48	Ligne de télégraphe entre Margarie et Chéticamp—Poser des poteaux neufs. A voter de nouveau $874.25 (périmé)	....	1,228 00	
	DIVERS.			
49	Pour payer à W. C. Harris, architecte, pour services professionnels rendus de 1887 à 1894, au sujet de la construction et de l'entretien des édifices publics, travaux dans les ports, etc., dans l'Ile du Prince-Edouard	142 05		
	Pour payer à la veuve de feu William Comper, une gratification égale à trois mois d'appointements en qualité de gardien des édifices publics à Saint-Jean, P.Q	37 50		
	Pour payer à la veuve de feu D. McFarlane, sous-préposé aux glissoires à la station des Chats, sur la rivière Ottawa, une gratification égale à 3 mois de ses appoint.	140 00		
	Pour payer à la veuve de feu William Byrne, messager dans l'édifice public, Charlottetown, une gratification égale à trois mois de ses appointements	112 50		
			432 05	121,930 55
	A reporter	....	....	528,669 02

BUDGET SUPPLÉMENTAIRE—*Suite.*

N° du crédit.	Service.	$ c.	$ c.	$ c.
	Report....			528,669 02
	TRAVAUX PUBLICS—IMPUTABLE SUR LA PERCEPTION DU REVENU.			
	TÉLÉGRAPHES.			
50	Ligne de télégraphe aérien et sous-marin sur les côtes de la mer et les îles du bas du fleuve et du golfe Saint-Laurent et des provinces maritimes, y compris les frais du steamer *Newfield* ou autres navires qui seront employés au service du télégraphe sous-marin....			2,000 00
	SUBVENTIONS POSTALES ET AUX STEAMERS.			
51	Pour une ligne de steamers faisant le service entre Saint-Jean, Halifax et Londres (à voter de nouveau)		25,000 00	
52	Pour service d'une ligne de steamers pendant l'hiver 1897-98 entre Saint-Jean et Londres, Liverpool ou Manchester (à voter de nouveau)		15,000 00	
53	Pour service d'une ligne de steamers entre Halifax, Saint-Jean de Terreneuve et Liverpool, dans le cours de l'exercice terminé le 30 juin 1897 (à voter de nouveau)....		15,000 00	
54	Communication à la vapeur et service postal entre Liverpool et le Canada ; voyage de surcroît en juillet 1897....		1,216 67	
				56,216 67
	SERVICE MARITIME ET FLUVIAL.			
55	Radoub du steamer *Stanley*....		5,000 00	
	Pour payer au département des impressions et de la papeterie le coût de livres d'enregistrement destinés à remplacer ceux qui ont été détruits par l'incendie		436 40	
	Nouvelle somme nécessaire pour la station de sauvetage de l'île aux Phoques, et pour rembourser le gouvernement britannique des gratuités payées pour services rendus à des marins canadiens....		600 00	
	Nouvelle somme nécessaire pour service postal d'hiver....		2,800 00	
	Nouvelle somme nécessaire pour le service de l'observation des marées, pour l'exercice courant....		500 00	
				9,336 40
	INSTITUTIONS SCIENTIFIQUES.			
56	Somme nécessaire pour l'achat d'un terrain pour le nouvel observatoire de Toronto		400 00	
	Nouvelle somme nécessaire pour appointements des agents du service météorologique....		500 00	
				900 00
	PÊCHERIES.			
57	Radoub des steamers du service de la protection des pêcheries....		10,000 00	
	Pour payer à certains agents de douane et autres pour la compilation et l'envoi de bordereaux quotidiens au bureau de renseignements sur les pêches pour 1897, savoir : $15 chacun à J. P. Brennan, C. P. Lelâcheur, E. G. Randall, T. C. Cook, J.M. Veits, R. McLean, Chas. Cwen, J. C. Bourinot, J. H. Dunlop, J. R. Ruggles, P. O'Toole, L. McKeen, J. M. McNutt, M. A. Dunn, Geo. Rowlings, A. G. Hamilton, P. T. Fougère, E. D. Tremaine, J. W. Taylor, E. E. Letson, D. Murray, J. A, D'Entremont, R. H. Bolman, W. S. Henley, D. McCaulay, D. Urquhart ; $10 à C. E. Aucoin, et $5 chacun à S. Aucoin et J. Clarke....		410 00	
	A reporter....		10,410 00	759,122 09

BUDGET SUPPLÉMENTAIRE—*Suite.*

Nº du crédit.	Service.	$ c.	$ c.	$ c.
	Report..........	....	10,410 00	597,122 09
	PÊCHERIES—*Fin.*			
57	Pour payer les services des percepteurs de douane dans la distribution des licences de pêche aux navires américains en 1897	... .	244 57	
	Pour indemnité aux parents de Weldon Outhouse, membre de l'équipage de la croisière *Curlew*, noyé au service, 12 mois de solde..............	....	180 00	
	Pour payer le solde des frais judiciaires de l'appel au Conseil privé relatif aux pêcheries.....	....	5,608 38	
	Nouvelle somme nécessaire pour la commission des réclamations relatives à la mer de Behring......	....	20,000 00	36,442 95
	IMMIGRATION.			
58	Nouvelles sommes nécessaires pour les services suivants :—			
	Appointements d'agents et employés au Canada.......	... .	3,800 00	
	Appointements d'agents en pays étrangers......... ...	....	5,000 00	
	Dépenses casuelles des agences canadiennes, britanniques et étrangères ; dépenses générales pour l'immigration, et appointements de commis surnuméraires au bureau central.....	....	60,000 00	68,800 00
	AFFAIRES DES SAUVAGES.			
	Ontario et Québec.			
59	Pour le remboursement, en conformité d'une convention faite le 27 septembre 1881, au séminaire de Saint-Sulpice, de la valeur à 50c. l'acre, de 21,209 acres de terre non employés par les Sauvages dans le township de Gibson, Ontario, avec intérêt du 26 janvier 1892 au 30 juin 1898.	14,696 05		
	Pour remettre au compte ouvert pour le paiement des annuités en vertu du traité Robinson, la somme de 5 pour 100 payée de trop sur ce compte, savoir :— Ojibbewas du lac Huron......... .... $826 46 do lac Supérieur................ 576 68	1,403 14		
	Pour fourneaux et bureaux pour l'hospice de Shingwauk...	330 20		
	Nouvelle somme nécessaire pour secours et grains de semence, province de Québec	1,000 00	17,429 39	
	Nouvelle-Ecosse.			
60	Nouvelle somme nécessaire pour soins de médecins et médicaments...............	1,000 00		
	Pour la construction d'une clôture entre la réserve des Sauvages, comté d'Antigonish, et les terres de D. Chisholm.	100 00	1,100 00	
	Nouveau-Brunswick.			
61	Nouvelle somme nécessaire pour soins de médecins et médicaments.....	....	500 00	
	A reporter...........................	....	19,029 39	702,365 04

BUDGET SUPPLÉMENTAIRE—*Suite.*

Nº du crédit.	Service.	$ c.	$ c.	$
	Report		19,029 39	702,365 04
	AFFAIRES DES SAUVAGES—*Fin.*			
	Ile du Prince-Edouard.			
62	Nouvelle somme nécessaire pour soins de médecins, Ile du Prince-Edouard		300 00	
	Manitoba et territoires du Nord-Ouest.			
63	Appointements de J. H. Antliff, arpenteur fédéral, du 1er juillet au 30 septembre 1897	300 00		
	Nouvelle somme nécessaire pour les Sauvages indigents du Manitoba et des territoires du Nord-Ouest	6,000 00		
	Nouvelle somme pour arpentages dans le Manitoba et les territoires du Nord-Ouest	1,600 00		
			7,900 00	
	Service général.			
64	Nouvelle somme nécessaire pour les frais de voyage des inspecteurs Macrae et Chitty		500 00	
				27,729 39
	GOUVERNEMENT DES TERRITOIRES DU NORD-OUEST.			
65	Nouvelle somme nécessaire pour dépenses du bureau du lieutenant-gouverneur		750 00	
	Nouvelle somme nécessaire pour les aliénés dans les asiles du Manitoba		6,000 00	
				6,750 00
	TERRES FÉDÉRALES—IMPUTABLE SUR LE CAPITAL.			
66	Nouvelle somme nécessaire pour arpentages, examen des notes d'arpentage, impression de plans, etc		40,000 00	
	Gratuité à la veuve de feu J. I. Dufresne		250 00	
				40,250 00
	TERRES FÉDÉRALES—IMPUTABLES SUR LE REVENU.			
67	Nouvelle somme nécessaire pour appointements de commis surnuméraires à Ottawa, publicité, etc		700 00	
	Nouvelle somme nécessaire pour appointements de commis, etc., dans le service extérieur		3,200 00	
				3,900 00
	DISTRICT PROVISOIRE DU YUKON.			
68	Somme nécessaire pour les appointements et autres dépenses se rattachant à l'administration du district provisoire du Yukon (mandat du Gouverneur général, $45,000), et $5,000 pour gratuité à William Ogilvie, arpenteur fédéral, en reconnaissance de ses services publics éminents dans l'exploration de la région du Yukon		50,000 00	
69	Somme nécessaire pour maintenir un détachement de la police à cheval dans le district provisoire du Yukon, y compris $300,000 autorisées par mandat du Gouverneur général		500,000 00	
				550,000 00
	A reporter			1,330,994 43

BUDGET SUPPLÉMENTAIRE—*Suite.*

N° du crédit.	Service.	$ c.	$ c.	$ c.
	Report	....	....	1,330,994 43
	DIVERS.			
70	Frais de clôturage, etc., dans le parc des Montagnes-Rocheuses	2,500 00		
71	Frais se rattachant au règlement des réclamations relatives à des terres dans la zone du chemin de fer de l'Ile, etc., Colombie-Britannique	1,150 00		
72	Pour rembourser à la police à cheval du Nord-Ouest ses dépenses pour secours à des métis indigents dans le cours des exercices 1896-97 et 1897-98	500 00		
73	Frais de la commission d'enquête relative au chemin de fer de la Passe du Nid-de-Corbeau	6,500 00		
74	Somme nécessaire pour les dépenses de gouvernement dans le district de Kéwatin	856 00		
75	Paiements se rattachant à l'expropriation d'une partie du ¼ S.-O. 2-26-4 O. du 2e méridien, nécessaire à la Compagnie du chemin de fer Manitoba et Nord-Ouest	500 00		
76	Pour frais se rattachant à la mise à exécution de la loi contre l'emploi des aubains dans le Manitoba et les territoires du Nord-Ouest	2,000 00		
77	Solde de compte pour machines à creuser les puits artésiens, pour usage dans les territoires du Nord-Ouest	36 80		
78	Classification d'archives dans le bureau du Conseil privé, nonobstant les dispositions de l'*Acte du service civil*	1,000 00		
79	Pour frais d'O'Connor et Hogg dans la cause de Woodburn *vs* la Reine	300 00		
80	Nouvelle somme nécessaire pour les frais de la commission canadienne des grandes voies internationales de navigation	959 49		
81	Nouvelle somme nécessaire pour les frais de la commission des éboulements de terre de Québec et le paiement de réclamations, 1897	187 45		
82	Frais judiciaires au sujet des traités avec la Belgique et avec l'Allemagne	3,569 61		
83	Pour aider à la publicat. du vol. V de l'ouvrage intitulé : *Cases on the British North America Act*, par J. R. Cartwright	250 00		
84	Contribution pour la bibliothèque de droit du Canada à Londres, Ang	250 00		
85	Frais du juge en chef Strong se rattachant à sa présence aux séances du comité judiciaire du Conseil privé	1,000 00		
86	Pour secourir les victimes des incendies de forêts dans les comtés de Prescott et Russell pendant l'été de 1897	10,000 00		
87	Pour payer les soldes dues aux sténographes des *Débats* qui ont sténographié les témoignages entendus devant la commission royale du trafic des liqueurs, d'après le prix convenu avec le président de la commission, et confirmé par le jugement de la cour de l'Echiquier dans la cause de Bradley *vs* la Reine ; aussi, pour payer MM. Orton et Owens de leurs services pour le temps qu'ils ont agi en qualité de secrétaires de la commission, comme suit :			
	Mme Richardson, veuve de feu T. J. Richardson ....$ 349 55			
	S. A. Abbott 396 15			
	A. Horton 483 45			
	T. P. Owens 465 15			
	E. J. Duggan 87 00			
	J. O. Marceau 3 30			
	A. Desjardins 5 95			
		1,790 55		
	A reporter	33,349 90	....	1,330,994 43

BUDGET SUPPLÉMENTAIRE—*Suite.*

No. of Vote.	Service.	$ c.	$ c.	$ c.
	Report		33,349 90	1,330,994 43
	DIVERS—*Suite.*			
88	Nouvelle somme requise pour l'expédition de la baie d'Hudson, impression du rapport, etc		4,000 00	
89	Paiement à J.-C. Roland, gardien de quai au Sault-Sainte-Marie, la balance de ses appointements pour 1896		291 66	
90	Pour payer les frais d'enquête se rattachant aux questions de pilotage dans le district de Montréal		2,500 00	
				40,141 56
	DOUANES.			
91	Laboratoire du conseil des douanes	500 00		
91	Montant requis pour le service des douanes dans le district du Yukon (y compris le mandat du Gouverneur général au montant de $2,500)	6,000 00		
91	Divers—Nouvelle somme nécessaire pour impressions	5,000 00		
91	Montant requis pour les réparations au steamer de l'Etat *Argus*, à Halifax, N.-E	1,100 00		
				12,600 00
	ACCISE.			
92	Nouvelle somme nécessaire pour dépenses casuelles		4,500 00	
92	Nouvelle somme nécessaire pour le service préventif		3,000 00	
				7,500 00
	POIDS ET MESURES.			
93	Nouvelle somme nécessaire pour les dépenses casuelles de ce service		6,000 00	
93	Paiement de séries de poids et mesures métriques pour des fins d'éducation		200 00	
				6,200 00
	MESURAGE DU BOIS.			
94	Nouvelle somme nécessaire pour les appointements	620 00		
94	Pour permettre au département de payer à Geo. Bellerive les mêmes appointements que d'autres commis du bureau des mesureurs de bois à Quebec, du 1er janvier au 30 juin 1896	125 00		
			745 00	
94	Nouvelle somme nécessaire pour les dépenses casuelles		600 00	
				1,345 00
	MENUS REVENUS.			
95	Pour pourvoir à l'impression de timbres judiciaires			500 00
	POSTES.			
96	Pour pourvoir à la nomination à titre permanent de C. J. Hollister qui a servi en qualité de courrier temporaire sur chemin de fer, dans le district de London, depuis le 1er janvier 1895, à son salaire actuel de $480 par année à partir du 1er avril 1898, nonobstant toute disposition de l'*Acte du service civil*		120 00	
96	Pour indemniser B. F. Shepheard, commis de 3e classe au bureau de poste de Victoria à raison de services spéciaux rendus par lui et du dommage fait à ses vêtements pendant qu'il fumigeait les malles arrivant au port de Victoria, C.-B., nonobstant toute disposition de l'*Acte du service civil*		100 00	
96	Montant nécessaire pour payer une allocation par mille à F.W. Blizard, courrier sur chemin de fer dans le district du Nouveau-Brunswick, du 13 septembre 1897 au 30 juin 1898, lequel avait obtenu un congé d'absence sans privation de ses appointements à cause des blessures qu'il avait reçues pendant qu'il était de service, montant qui est basé sur l'allocation moyenne par mille de M. Blizard de $53.42 par mois		512 00	
				732 00
	A reporter			1,400,012 99

BUDGET SUPPLÉMENTAIRE—*Fin.*

N° du crédit.	Service.	$ c.	$ c.	$ c.
	Report..	....	....	1,400,012 99
	PÉNITENCIERS.			
97	Solde nécessaire pour faire face aux frais de commissions :—			
	Pénitencier de Kingston....................	....	1,817 00	
	Pénitencier de Saint-Vincent-de-Paul	....	17,727 76	
	Pénitencier du Manitoba..............................	....	2,402 55	
	Pénitencier de la Colombie-Britannique—			
	Pour payer à D. D. Bourke la différence des appointements en qualité de sous-préfet du pénitencier du Manitoba et ceux de la même charge au pénitencier de la Colombie-Britannique, du 5 août 1895 au 1er avril 1896, nonobstant toute disposition de l'*Acte des pénitenciers*.........	326 00		
	Allocation pour combustible pendant la même période...................................	50 00		
			376 00	22,323 31
	ITEM NON PRÉVUS, 1896-97.			
98	Montant nécessaire pour couvrir les item non prévus, d'après le rapport de l'Auditeur général de 1896-97 (page A—2).	....	....	38,018 61
				1,460,354 91

SOMMAIRE.

Imputable sur le capital..	$1,287,344 1
do revenu..	134,991 49
Item non prévus de 1896-97..	38,018 61
	1,460,354 91

BUDGET SUPPLÉMENTAIRE DU CANADA

POUR L'EXERCICE QUI PRENDRA FIN LE 30 JUIN 1899.

Numéro du crédit.	Service.	$ c.	$ c.	$ c.
	GOUVERNEMENT CIVIL.			
1	*Bureau de l'auditeur général*—Nouveau montant pour les frais de l'examen des comptes des officiers-rapporteurs en exécution de l'Acte du plébiscite, y compris $650 à payer à D. McLennan, gradué de l'université de Toronto, nonobstant les dispositions de la loi du service civil en vertu de laquelle il ne pourrait recevoir que $430.	....	1,000 00	
2	*Département de la Douane.*—Autre montant nécessaire pour aide aux écritures et autre, nonobstant les dispositions de la loi du service civil......	....	1,750 00	
3	*Département de la Commission géologique*—Pour augmenter de $50 chacun les traitements de MM. Ami, Fletcher et Ells, de $250 celui de R. G. McConnell, et de $200 celui de A. P. Lowe, officiers techniques de la commission...	600 00		
	Pour augmentation des appointements de James White, géographe, nonobstant les dispositions de la loi du service civil..........	100 00		
			700 00	
4	*Département du Revenu de l'Intérieur*--Pour augmentation statutaire des appointements de 1 commis, $25 ; 2 messagers, $30 chacun...............	....	85 00	
5	*Département des Affaires des Sauvages*—Pour aide supplémentaire aux écritures	....	1,000 00	
6	*Département de l'Intérieur*—Autre montant pour aide aux écritures, etc ...	....	330 00	
7	*Département de la Justice*—Pour porter le salaire de G. R. Clelland, messager, à $400 par année..................	....	100 00	
8	*Département de la Marine et des Pêcheries*—Pour suppléer le manquant dans la prévision budgétaire relative aux appointements de J. F. Fraser.	25 00		
	Pour les appointements de W. J. Quinn et Lucien Bance, commis surnuméraires, $600 chacun, nonobstant les dispositions de la loi du service civil................	1,200 00		
			1,225 00	
9	*Département de la Milice et de la Défense*—Pour les appointements d'un commis de première classe, F.-X. Lambert, non compris dans le budget principal	1,800 00		
	Pour un messager, A. E. Watterson........	360 00		
			2,160 00	
10	*Département des Postes*—Pour augmentation des appointements de deux premiers commis, E. P. Stanton et W. J. Johnstone, $50 chacun	100 00		
	Pour augmentation des appointements de 8 commis de 3e classe, $50 chacun...	400 00		
	Autre montant nécessaire pour impressions et papeterie..	3,000 00		
			3,500 00	
11	*Bureau du Conseil privé de la Reine pour le Canada*—Pour aide aux écritures et autre, nonobstant les dispositions de la loi du service civil	1,000 00		
	Pour payer Henry Potter, messager, nonobstant les dispositions de la loi du service civil	360 00		
			1,360 00	
	A reporter	....	13,210 00	

BUDGET SUPPLÉMENTAIRE—*Suite.*

Numéro du crédit.	Service.	$ c.	$ c.	$ c.
	Report		13,210 00	
	GOUVERNEMENT CIVIL—*Fin.*			
12	*Bureau du haut-commissaire pour le Canada en Angleterre*—Pour payer un traitem. de $3,300 à J. G. Colmer, C.M.G.		300 00	
13	*Département de l'imprimeur de la Reine.*—Pour augmenter les appointements de J.-O. Patenaude, commis de 3e classe, nonobstant les dispositions de la loi du service civil	150 00		
	Pour payer P. Mungovan, quatre mois de service, sur le pied de $400 par année, nonobstant les dispositions de la loi du service civil	133 33	283 33	
14	*Département du Secrétaire d'Etat*—Autre montant pour aide aux écritures et autre		250 00	
15	*Département du Commerce.*—Pour aide aux écritures : $140 de plus à W. A. Warne, et $70 à Mlle A. C. Kennedy, nonobstant les dispositions de la loi du service civil		210 00	
16	*Divers départements.*—Pour permettre de payer pour l'année 1897-98, nonobstant les dispositions de la loi du service civil, un surcroît d'appointements de $300 chacun à ceux des secrétaires particuliers qui ne reçoivent pas plus de $1,200 d'appointements, savoir : les secrétaires particuliers des ministres des Finances, du Revenu de l'Intérieur, des Douanes, de la Marine et des Pêcheries, des Postes, et du Secrétaire d'Etat		2,100 00	
				16,353 33
	ADMINISTRATION DE LA JUSTICE.			
17	Traitement additionnel du juge McGuire en sa qualité de juge du district judiciaire du Yukon		126 03	
	Pour les frais de voyages des juges, district du Yukon		1,000 00	
				1,126 03
	POLICE FÉDÉRALE.			
18	Pour l'achat d'instruments photographiques et de signalement dans le but de mettre en fonctionnement dans les cinq pénitenciers le système Bertillon pour l'identification des criminels, et pour l'installation d'un bureau central à Ottawa sous la direction du commissaire de la police fédérale pour la garde et la distribution des renseignements recueillis			1,000 00
	PÉNITENCIERS.			
19	Pour payer le chirurgien du pénitencier de Kingston de ses services en qualité de médecin surintendant du quartier des aliénés, nonobstant les dispositions de la loi du service civil			300 00
	LÉGISLATION.			
	CHAMBRE DES COMMUNES.			
20	Pour payer M. George F. Bruce, officier-rapporteur, et MM. Kerr, Macdonald, Davidson et Paterson, solliciteurs, Toronto, de frais et dépenses entraînés par le litige relatif à l'élection supplémentaire pour la Chambre des Communes, qui a eu lieu dans le riding nord du comté d'Ontario, le 4 février 1897	204 14		
	Somme nécessaire pour traduction française dans le cours de la vacance de la Chambre, 1898-99	2,500 00		
	Autre somme nécessaire pour journaux	300 00		
	Une femme de ménage de plus (Mrs Barrett)	75 00		
			3,079 14	
	A reporter		3,079 14	18,779 36

BUDGET SUPPLÉMENTAIRE—*Suite.*

Numéro du crédit.	Service.	$ c.	$ c.	$ c.
	Report....	....	3,079 14	18,779 36
	LÉGISLATION—*Fin.*			
	DIVERS.			
21	Pour les frais du plébiscite sur la question de la prohibition du commerce des spiritueux, y compris la préparation et l'impression des listes électorales................	....	250,000 00	
	ARTS, AGRICULTURE ET STATISTIQUE.			253,079 14
22	Pour une demeure à la station de laiterie, Nappan (N.-E.)..	....	1,200 00	
	Pour classification de tous les brevets canadiens, préparation des dessins pour la classification, et pour échange avec les Etats-Unis en retour de leurs brevets, à payer nonobstant les dispositions de la loi du service civil....	....	5,000 00	
	Autre somme nécessaire pour l'exposition Trans-Mississipienne à Omaha..........	....	3,000 00	
	Pour le Dr Wm Kingsford, pour recherches historiques.....	....	1,000 00	
	QUARANTAINE.			10,200 00
23	Autre somme nécessaire pour districts organisés, et pour l'hygiène publique dans d'autres circonscriptions	....	....	5,000 00
	MILICE.			
	REVENU.			
24	Terrain acheté pour le monument de Chrysler's-Farm......	....	200 00	
	Pour un nouveau champ de tir à Hamilton................	....	5,000 00	
	Pour un nouveau champ de tir à Victoria................	....	6,000 00	
	Pour entretien et réparations des biens militaires.........	....	10,000 00	
	Pour réparation des murs à Québec et Kingston.	....	10,000 00	
	Pour 25 acres de terre à London, pour un champ d'exercices et de campement, dont le propriétaire a été exproprié par un arrêté du conseil du 25 mars 1895	....	25,000 00	
	Pour médailles à donner aux militaires qui ont servi lors des invasions féniennes de 1866 et 1870...	....	5,000 00	
25	Pour gratuités aux personnes suivantes,—			
	Par suite d'erreurs sur les années de service dans le calcul des gratuités, l'année dernière, savoir :—			
	Le professeur R. C. Harris, collège militaire....... ...	45 00		
	Le professeur A. D. Duval	28 80		
	Le lieutenant-colonel C. T. Irwin................	652 00		
	Le major J. Fraser, directeur des effets militaires, à Winnipeg	1,127 00		
	Le lieut.-col. d'Orsonnens, D.A.G., à Saint-Jean (Qué.)	1,347 90		
			3,200 70	
	Les enfants de feu le lieut.-colonel Prevost, directeur de la fabrique de cartouches.................. . ..	....	333 33	
	Joseph Larose, tué à la Côte Saint-Luc	....	1,000 00	
	Lorenzo McCarroll, perte de la vue au service en qualité de marqueur..................	....	500 00	
	Veuve et enfants de Jas. Cosman, tué accidentellement par un boulet tiré par l'artillerie de garnison de Yarmouth	....	500 00	
	Le lieut.-col. P. B. Worsley, D.A.G., à Halifax.........	....	3,799 00	
	Thos. Moor, aîné, pour perte de son fils, tué à Batoche, en 1885........	....	1,500 00	
	Le lieut.-col. John Gray, inspecteur des effets militaires, 9 ans et 2 mois de service.	....	1,436 75	
	Mrs Thos. Christian, perte de son mari, tué par un coup de carabine à la salle d'exercices, Ottawa........	....	500 00	
26	Pour payer les frais encourus par la *Dominion Rifle Association* dans l'érection d'un édifice à Bisley, Angleterre.	....	5,000 00	
	Autre somme pour la *Dominion Artillery Association*, dont $2,000 pour la réception des tireurs anglais............	....	4,100 00	
	A reporter............	....	83,069 78	287,058 50

BUDGET SUPPLÉMENTAIRE—*Suite.*

Numéro du crédit.	Service.	$ c.	$ c.	$ c.
	Report		83,069 78	287,058 50
	MILICE—*Fin.*			
26	Pour la modification de 10,000,000 de cartouches défectueuses achetées du département de la guerre, cette somme devant être remboursée par le gouvernement impérial		15,000 00	
	Pour payer les frais de l'appel de la milice à l'aide des autorités civiles, en octobre 1897, à Windsor (Nouv.-Ecosse)		500 00	
27	Pour le contingent du Yukon, transport, vivres, etc., et 12 mois de solde		140,000 00	
				238,569 78
	COMPTE DU CAPITAL.			
28	Pour armes et accoutrements			50,000 00
	CHEMINS DE FER ET CANAUX—CAPITAL.			
	CHEMINS DE FER.			
29	*Ch. de fer Intercolonial :—*			
	Matériel roulant	600,000 00		
	Agrandissement du terrain à Saint-Jean (N.-B.)	250,000 00		
	Construction d'un entrepôt à grain à Saint-Jean (N.-B.)	75,000 00		
	Construction d'un entrepôt à grain à Halifax	75,000 00		
	Construction d'un pont sur la tranchée au nord de la rivière Elm-Tree	900 00		
	Gare et voie d'évitement à Humphreys	2,000 00		
			1,002,900 00	
	CANAUX.			
30	*Canal des Galops :*—Pour payer à J. G. Snetsinger, intérêts sur $12,000, depuis son expropriation, le 12 janvier 1894, jusqu'à la date du paiement, 13 août 1897		2,582 00	
31	*Canal Lachine :*—Approfondissement de la rivière Saint-Pierre (à voter de nouveau)		15,000 00	
32	*Canal du Saut-Sainte-Marie :*—Construction et équipement		60,000 00	
				1,080 482 00
	CHEMINS DE FER ET CANAUX—REVENU.			
	CANAUX.			
33	*Canal Beauharnois :—* Achat d'un terrain d'Auguste Langevin (Bergevin)		1,000 00	
34	*Canal Chambly :—* Continuation et achèvement des travaux de drainage et des aqueducs à Saint-Jean (Qué.)		14,000 00	
35	*Canal Lachine :—* Pour indemniser A. Aubertin de dommages causés à sa propriété par des fuites d'eau du canal Lachine, du 1er janvier 1893 au 1er octobre 1897, 3 ans et 9 mois, à $100 par année		375 00	
36	*Canal de la Trent :—* Construction de trois pertuis dans le barrage à Hastings		3,000 00	
37	*Canal Welland :—*			
	Pour continuer le renouvellement de la superstructure des piers à Port-Dalhousie	20,000 00		
	Pour continuer le renouvellement des caissons de protection du pont tournant	8,300 00		
	Pour renouveller le pont sur le coursier Welland et curage du coursier	3,000 00		
	Pour améliorer les fossés latéraux du canal d'alimentation	800 00		
	Pour renouveler le barrage et le pont de Dunnville	39,000 00		
	Pour enlever les éboulis du printemps	6,000 00		
			77,100 00	
	A reporter		95,475 00	1,656,110 28

BUDGET SUPPLÉMENTAIRE—*Suite.*

Numéro du crédit.	Service.	$ c.	$ c.	$ c.
	Report	....	95,475 00	1,656,110 28
	CHEMINS DE FER ET CANAUX—REVENU—*Fin.*			
38	*Divers:*—Pour la construction d'un mur de protection en pierre sur le bord du lac Saint-François..............	2,500 00		
	Pour les frais encourus par une commission de chemin de fer en recueillant des renseignements et autrement.....	5,000 00		
			7,500 00	
	SUBVENTIONS POSTALES ET AUX PAQUEBOTS.			102,975 00
39	Communication à la vapeur entre un port ou des ports dans l'Ile du Prince-Edouard et un port ou des ports dans la Grande-Bretagne	....	5,000 00	
40	Pour un service direct à la vapeur, tous les quinze jours, entre Montréal, Québec et Manchester (Angleterre), pendant l'été, et entre Saint-Jean, Halifax et Manchester, pendant l'hiver......	....	38,933 33	
41	Pour encourager l'établissement d'une ligne directe et développer le commerce entre le Canada et l'Afrique méridionale	... .	5,000 00	
42	Communication à vap., service quotidien, durant la saison de 1898, *i.e.*, depuis l'ouvert. jusqu'à la fermeture de la navigation, entre Baddeck, Grand-Narrows et Iona, avec un voyage tous les 15 jours à Big-Pond et East-Bay....	....	4,000 00	
43	Communication à la vapeur, service quotidien durant la saison de 1898, *i.e.*, depuis l'ouverture jusqu'à la fermeture de la navigation, entre Port-Mulgrave et Saint-Pierre, avec service 2 fois par semaine à Irish-Cove....	....	4,000 00	
				56,933 33
	SERVICE MARITIME ET FLUVIAL.			
44	Pour pourvoir à la construction d'un nouveau steamer devant remplacer le *Stanley* entre l'Ile du Prince-Edouard et la terre ferme	....	180,000 00	
45	Montant supplémentaire pour l'observation des marées.....	.. . ...	1,500 00	
	Pour pourvoir à l'établissement d'une station de biologie dans le golfe Saint-Laurent.............	....	7,000 00	
	Appointements, et frais de l'inspection du bétail..........	....	2,800 00	
	Pour couvrir les dépenses imprévues en général	....	5,000 00	
				196,300 00
	INSTITUTIONS SCIENTIFIQUES.			
46	Pour pourvoir aux frais de télégraphie pour les prédictions météorologiques dans la Colombie anglaise.	....	3,500 00	
	Construction d'un nouvel observatoire à l'université de Toronto, lequel est devenu nécessaire à cause des courants électriques dans Toronto, qui dérangent les observ.	....	3,000 00	
				6,500 00
	TRAVAUX ET EDIFICES PUBLICS—IMPUTABLE SUR LE REVENU.			
	EDIFICES PUBLICS.			
	Nouvelle-Ecosse.			
47	Salle d'exercices d'Halifax—A voter de nouv.. $20,000 00 / Nouveau crédit... 6,000 00	26,000 00		
	Edifice public de Windsor—Reconstruction du bâtiment incendié le 17 octobre 1897, à voter de nouveau........	11,000 00		
	Salle d'exercices de Windsor—Reconstruction du bâtiment incendié le 17 octobre 1897—Somme supplémentaire nécessaire	3,000 00		
			40,000 00	
	A reporter	....	40,000 00	2,018,818 61

BUDGET SUPPLÉMENTAIRE—*Suite.*

Numéro du crédit.	Service.	$ c.	$ c.	$ c.
	Report		40,000 00	2,018,818 61
	TRAVAUX ET EDIFICES PUBLICS—IMPUTABLE SUR LE REVENU—*Suite.*			
	EDIFICES PUBLICS—*Suite.*			
	Nouveau-Brunswick.			
48	Quarantaine de Saint-Jean—Ile-aux-Perdrix—Puits artésien		1,500 00	
	Québec.			
49	Bur. de poste de Montréal—Pour recouvr. le toit en cuivre.	8,000 00		
	Douane de Québec—Renouvellements, améliorations, réparations, etc	6,000 00		
	Bureau de poste de Québec—Améliorations, etc	2,600 00		
	Douane et entrepôt d'examen de Québec—Nouveau trottoir en ciment	1,400 00		
	Entrepôt d'examen de Montréal—Plancher neuf	3,000 00		
	Bâtiments d'immigration de Québec sur la levée Louise, brise-lames et bâtiments du quai de la Reine—Somme supplémentaire nécessaire	3,000 00		
			24,000 00	
	Ontario.			
50	Edifices publics, Ottawa—A la succession de feu Samuel Howell, en règlement complet et final de toutes réclamations pour dommages causés par l'eau tombant du toit du bloc du sud sur sa propriété de la rue Sparks	600 00		
	Edifice public d'Arnprior—A voter de nouveau	1,100 00		
	Edifices publics, Ottawa—Pour mettre plus effectivement à l'épreuve du feu les mansardes et le toit du bloc du sud—Y compris des rayons en acier et autres améliorations dans la voûte de sûreté	33,000 00		
	Edifices publics, Ottawa—4 nouv. chaudières, bloc de l'ouest	7,000 00		
	Edifices publics, Ottawa—Nouvel ascenseur, bloc de l'est	4,000 00		
	Bureau de poste de Belleville—Nouv. devanture de casiers.	1,600 00		
	Edifice public de Sainte-Catherine—Changements et améliorations, etc	800 00		
	Edifices publics, Ottawa—Réparations aux murs de maçonnerie du soubassement	4,000 00		
	Edifice public du Portage-du-Rat—La municipalité a fourni gratuitement un emplacement convenable	8,000 00		
	Edifice public de Sarnia	5,000 00		
	Edifice public de Woodstock	5,000 00		
	Edifice public d'Ingersoll	5,000 00		
	Parc de la côte du Major—Pour terminer la clôture en pierre, avenue McKenzie, et poser une balustrade en fer	3,880 00		
	Edifice public de Brockville—Nouvelles chaudières	700 00		
			79,680 00	
	Manitoba.			
51	Douane de Winnipeg—Réparations et améliorations		1,800 00	
	Territoires du Nord-Ouest.			
52	Palais de justice de Medicine-Hat, etc.—Pour remplacer le palais de justice détruit par le feu	6,000 00		
	Régina—Rayons mob. en acier p. le bur. des titres fonciers.	792 00		
	Bureau des titres fonciers de Régina	12,000 00		
	Bâtiment d'immigration de Yorkton	2,500 00		
			21,292 00	
	A reporter		168,272 00	2,018,818 61

BUDGET SUPPLÉMENTAIRE—*Suite.*

Numéro du crédit.	Service.	$ c.	$ c.	$ c.
	Report	....	168,272 00	2,018,818 61
	TRAVAUX ET ÉDIFICES PUBLICS—IMPUTABLE SUR LE REVENU—*Fin.*			
	ÉDIFICES PUBLICS—*Fin.*			
	Colombie-Britannique.			
53	Salle d'exercices de Vancouver.—District de New-Westminster—Emplacement donné gratuitement..... ...	20,000 00		
	Edifices publics de Kamloops	3,000 00		
	Bureau de poste de Vancouver—Améliorations, etc.	2,000 00		
			25,000 00	
	FERMES EXPÉRIMENTALES.			
54	Reconstruction du laboratoire détruit par l'incendie, et améliorations, renouvellements, etc., se rattachant aux édifices actuels, clôtures, etc.—Nouvelle somme nécessaire.	....	4,000 00	
	LOYERS, RÉPARATIONS, MEUBLES, CHAUFFAGE, ETC.			
55	Edifices fédéraux—Force électrique et autre pour les ascenceurs, les machines à annuler les timbres, etc......	....	5,000 00	
	PORTS ET RIVIÈRES.			
	Nouvelle-Ecosse.			
56	Iona—Quai.....	2,000 00		
	Ingonish—North-Bay—Protection de la grève....... ..	2,000 00		
	Englishtown—Quai....................................	1,500 00		
	Arichat-Ouest—Pour terminer les réparations du quai.....	700 00		
	Petit-de-Grat—Reconstruction des travaux de protection et dragage	1,500 00		
	Cow-Bay—Réparations du brise-lames....	5,000 00		
	New-Harbour—Brise-lames....	4,000 00		
	Rivière Ste-Marie—Dragage du chenal à travers la barre, etc.	5,000 00		
	Port-Hilford—Brise-lames	4,000 00		
	Rivière Salmon, comté d'Halifax—Quai	1,650 00		
	Ile Tancook—Réparations au quai	1,500 00		
	White-Point—Répar. du brise-lames et enlèvement de récif.	1,200 00		
	Western-Head—Réparations au brise-lames.	1,500 00		
	McNutt's-Island—Protection de la grève	1,000 00		
	Swim's-Point—Quai:.........	2,000 00		
	Jordan-Bay, Est—Réparation au brise-lames.............	2,500 00		
	Upper-Wood's Harbour—Quai..	2,500 00		
	Upper-Port Latour—Quai...	2,000 00		
	Louis-Head—Réparations aux caissons de protection......	600 00		
	Sanford (ou Cranberry-Head)—Brise-lames....	3,500 00		
	Coffin's-Island—Répar. et prol. des trav. p. la prot. de la grève	1,000 00		
	Port-Maitland, comté de Yarmouth—Réparation au brise-lames—à voter de nouveau..........................	700 00		
	Rivière Meteghan—Reconstruction de la superstructure, etc., du brise-lames	4,000 00		
	Anse Belliveau—Reconst. de la superst. du brise-l. du nord.	2,000 00		
	Hampton-Pier—Réparations..............	3,000 00		
	Hall's-Harbour—Reconst. la partie détruite du brise-lames.	3,600 00		
	Canada-Creek—Réparation du brise-lames	1,000 00		
	Village de la Rivière-Herbert—Quai......	1,200 00		
	Advocate-Harbour—Quai	2,000 00		
	Merigomish-Harbour—Prolongement du quai.......... ..	900 00		
	Ile de Pictou—Répar. des vieux travaux et du nouveau bloc	800 00		
	Phare de Pictou—Protection de la grève...	2,800 00		
	Grosse île Merigomish—Quai (à voter de nouveau, $900)....	950 00		
	A reporter..	69,600 00	202,272 00	2,018,818 61

BUDGET SUPPLÉMENTAIRE—*Suite.*

Numéro du crédit.	Service.	$ c.	$ c.	$ c.
	Report	69,600 00	202,272 00	2,023,818 61
	TRAVAUX ET ÉDIFICES PUBLICS—IMPUTABLE SUR LE REVENU—*Suite.*			
	PORTS ET RIVIÈRES—*Suite.*			
	Nouvelle-Écosse—Fin.			
56	Anse Livingston—Quai	3,000 00		
	Anse McNair—Réparations au quai	900 00		
	Tracadie-Est—Reconstruction du brise-lames	3,500 00		
	Harbour-au-Bouche—Dragage	4,000 00		
	Judique—Nouveau quai—Autre somme nécessaire	11,500 00		
	Port-Hood—Autre somme nécessaire pour réparations	600 00		
	Chéticamp—Réparations au quai	2,000 00		
			95,100 00	
	Nouveau-Brunswick.			
57	Haut de la rivière Tobique—Amélioration du chenal.	800 00		
	Rivière-Noire—Réparations au quai	450 00		
	Port de Saint-Jean—Pour compléter le relevé hydrographiq.	2,500 00		
	Mispec—Réparations au brise-lames	800 00		
	Pont de la rivière Main—Quai	1,200 00		
	Richibouctou—Jetées—Réparations et dragage	8,000 00		
	Bouctouche—Réparations au quai	1,000 00		
	Cocagne—Réparations au quai	3,000 00		
	Chatham—Réparations au quai de la douane	1,000 00		
	Tracadie—Nouveau pilier—Achat et réparations, etc.....	1,200 00		
	Brise-lames de Clifton—Pilier créosoté, talus en pierre et rép.	9,000 00		
	Caraquet—Réparations au quai	500 00		
	Campbellton—Réparations au quai de lestage	2,500 00		
	Dalhousie—Réparat. au quai de lestage, (à voter de nouveau)	1,700 00		
	Eglise brûlée—Quai	8,000 00		
			41,650 00	
	Ile du Prince-Edouard.			
58	China-Point—Reconstruction du pier principal.	2,000 00		
	Pier de Hickey—Réparations	750 00		
	Pier de McConnel—Renouvellement, etc	500 00		
	Pier de la baie Ste-Marie—Réparations	500 00		
	Pier de la baie St-Pierre—Reconstruction	500 00		
	Pier de la rivière Mink—Réparations	500 00		
	Travaux du port à Miminegash—Réparations .. 2,000 00 Addition au brise-lames du nord .. 2,500 00	4,500 00		
	Pier de McGee—Réparations et renforcement	1,500 00		
	Port de Summerside—A voter de nouveau	30,000 00		
			40,750 00	
	Québec.			
59	Saint-Laurent—Réparations du quai	2,000 00		
	Maria—Quai	5,000 00		
	Ile de la Madeleine—Brise-lames	5,000 00		
	Newport—Réparations au mur de soutènement	1,700 00		
	Rivière Cap-Chatte—Pier	3,500 00		
	Rimouski—Réparations urgentes au pier	1,800 00		
	Quai de Saint-Nicolas—Autre somme nécessaire	3,000 00		
	Saint-Alphonse (Bagotville)—Réparation au débarcadère.....	2,000 00		
	L'Anse Saint-Jean—Réparations au pier	1,000 00		
	Anse-à-l'Eau (Tadoussac)—Débarcadère, etc	1,500 00		
	A reporter	26,500 00	379,772 00	2,023,818 61

BUDGET SUPPLÉMENTAIRE—*Suite.*

Numéro du crédit.	Service.	$ c.	$ c.	$ c.
	Report	26,500 00	379,772 00	2,023,818 61
	TRAVAUX ET ÉDIFICES PUBLICS—IMPUTABLE SUR LE REVENU—*Suite.*			
	PORTS ET RIVIÈRES—*Suite.*			
	Québec—Fin.			
	Pointe-aux-Esquimaux—Quai	1,000 00		
	Rivière Saguenay, en aval de Chicoutimi—Dragage	3,000 00		
	Saint-Alexis, Baie des Ha ! Ha !—Jetée	4,000 00		
	Chicoutimi—Hangar sur le quai	1,500 00		
	Quai de la Rivière-du-Loup (en bas)—Réparations	3,800 00		
	Les Eboulements—Réparations au quai	1,500 00		
	Ile-aux-Coudres—Réparations au quai	1,000 00		
	Baie Saint-Paul, Cap-aux-Corbeaux—Prolongement de 200 pieds et réparations au quai	10,000 00		
	Saint-Irénée—Réparations au quai et son prolongement vers le rivage, achèvement	2,000 00		
	Saint-Roch des Aulnaies—Quai, somme supplém. nécessaire	4,000 00		
	L'Islet—Quai	1,500 00		
59	Lauzon—Réparations au ponton et construction d'une remise sur ce ponton	1,000 00		
	Grosse-Ile—Réparations au quai	2,000 00		
	Rivière-du-Sud—Travaux de protection	3,000 00		
	Berthier (en bas)—Réparations au quai	500 00		
	Kamouraska—Réparations au quai et son prolongement	7,000 00		
	Sillery Cove—Quai à la Pointe-à-Fizeau	5,000 00		
	Cap-Santé—Enlèvement de cailloux	650 00		
	Rivière Saint-Maurice—Amélioration du chenal entre les Grandes-Piles et La Tuque, dragage	2,500 00		
	Doucet's-Landing—Dragage	4,000 00		
	Rivière Yamaska—Dragage du chenal en aval de l'écluse	5,000 00		
	Rivière-du-Loup (en haut)—Dragage du chenal à partir du lac Saint-Pierre jusqu'à Louisville	6,000 00		
	Sainte-Anne de Sorel—Prolong. de la jetée jusqu'au rivage	1,600 00		
	Longueuil—Importantes réparations au quai	10,000 00		
	Laprairie—Dragage du chenal des bateaux à vapeur	7,000 00		
	Quai des Cèdres—Réparations, etc	1,500 00		
	Coteau-Landing—Dragage	10,000 00		
	Port-Lewis—Dragage	2,500 00		
	Rivière Châteauguay—Dragage	5,000 00		
	Rivière-du-Lièvre—Pour pourvoir au règlement des réclamations pour dommages causés aux prop. riveraines par suite d'inondat. due au barr. des Petits rapides	160 00		
			134,210 00	
	Ontario.			
	Port-Hope—Réparations aux jetées et dragage, etc	8,500 00		
	Bassin de radoub de Kingston—Eclairage électrique, etc	1,500 00		
	Port de Kingston—Dragage	15,000 00		
	Port de Picton—Dragage	7,000 00		
	Newcastle—Dragage et réparations aux jetées	1,750 00		
	Oshawa—Réparations à la jetée "à condition que le havre soit transféré à la corporation de la ville et que cette dernière s'engage à la maintenir à l'avenir"	8,000 00		
	Oakville—Réparations à la jetée et dragage	7,500 00		
	Port de Jordan—Dragage	5,000 00		
	Owen-Sound—Dragage—Pour rembourser à la ville la somme dépensée d'après l'autor. de l'ancien gouvernem.	3,263 21		
60	Port de Rondeau—Dragage 2,500 00			
	Réparations à la jetée 3,500 00			
		6,000 00		
	A reporter	63,513 21	513,982 00	2,023,818 61

BUDGET SUPPLÉMENTAIRE—*Suite.*

Numéro du crédit.	Service.	$ c.	$ c.	$ c.
	Report	63,513 21	513,982 00	2,018,818 61
	TRAVAUX ET ÉDIFICES PUBLICS—IMPUTABLE SUR LE REVENU—*Suite.*			
	PORTS ET RIVIÈRES—*Fin.*			
	Ontario—Fin.			
60	Creek Petit Ours—Dragage	2,000 00		
	Bayfield—Dragage	1,200 00		
	Port de Thornbury—Dragage	2,000 00		
	Port de Goderich—Dragage	10,000 00		
	Port-Albert—Dragage et réparations à la jetée	1,000 00		
	Rivière Sydenham—Dragage	5,000 00		
	Rivière Saugeen—Dragage	4,500 00		
	Southampton—Dragage	2,000 00		
	Hawkesbury, rivière Ottawa—Dragage	3,000 00		
	Mines de Bruce—Quai	5,000 00		
	Débarcadère de Richard, Ile de St-Joseph—Achat du quai	3,000 00		
			102,213 21	
	Manitoba.			
61	Quai sur le lac Winnipeg		5,000 00	
	Colombie-Britannique.			
62	Améliorations sur la rivière Kootenay en aval du fort Steele	5,000 00		
	Williams-Head—Station de quarantaine, plus grandes facilités de quaiage et amélioration du service de l'eau	6,000 00		
	Rivière Fraser—Amélioration du chenal, etc., montant supplémentaire nécessaire	20,000 00		
			31,000 00	
	District provisoire du Yukon.			
63	Rivière Stikine du fort Wrangel à Glenora, lac Teslin et rivières Lewes, Hootalinqua et Yukon—Levés et améliorations		16,000 00	
	PONTS ET CHAUSSÉES.			
64	Pont de la rue Maria sur le canal Rideau, Ottawa—Somme supplémentaire nécessaire pour la reconstruction	10,000 00		
	Pont des Joachims—Reconstruction, pourvu que les intéressés contribuent le reste	15,000 00		
	Rivière Spray—Pont neuf à Banff	2,500 00		
	Sentier conduisant d'Edmonton vers le district du Yukon	15,000 00		
			42,500 00	
	TÉLÉGRAPHES.			
	Lignes télégraphiques et câbles sous-marins pour le service des côtes et des îles du bas du fleuve, du golfe Saint-Laurent et des provinces maritimes.			
65	Ligne télégrap. entre Mabou et Margaree—Nouv. poteaux.	1,900 00		
	Ligne télégrap. entre Meat-Cove et Ingonish—Nouv. poteaux	2,500 00		
	Ligne de Dingwall à Meat-Cove—Raccordement télégraph.	600 00		
			5,000 00	
	A reporter		715,695 21	2,018,818 61

Budget supplémentaire—*Suite.*

N° du crédit.	Service.	$ c.	$ c.	$ c.
	Report	.....	715,695 21	2,018,818 61
	TRAVAUX ET ÉDIFICES PUBLICS—IMPUTABLE SUR LE REVENU—*Fin.*			
	TÉLÉGRAPHES—*Fin.*			
	Territoires du Nord-Ouest.			
66	Ligne télégraphique entre Battleford et la Traverse de Clark—Paiement à Thomas Dewan de poteaux fournis, etc., relativement à l'entreprise de G. F. Tupper, en date du 16 avril 1887, pour la livraison de poteaux de télégraphe entre Humbolt et la Traverse de Clark	.....	369 82	
	Colombie anglaise.			
67	Pour pourvoir au raccordement du lac Nicolas au réseau télégraphique du chemin de fer Canadien du Pacifique	.....	3,000 00	
	DIVERS.			
68	Paiement à M. W. B. A. Ritchie, Halifax, des frais à lui dus pour avoir occupé pour la défense dans les actions se rattachant aux funérailles de feu sir John Thompson	.....	750 00	719,815 03
	TRAVAUX PUBLICS—PERCEPTION DU REVENU.			
	GLISSOIRS ET ESTACADES.			
69	Perception des droits de glissoirs et d'estacades, y compris les appointements des commis de ce service	.....	.....	1,000 00
	IMMIGRATION.			
70	Autre montant nécessaire pour les services suivants :—			
	Appointements des agents et des employés au Canada	.....	5,000 00	
	Appointements dans les pays étrangers	.....	3,500 00	
	Frais contingents et dépenses générales d'immigration	.....	50,000 00	58,500 00
	TERRES FÉDÉRALES—IMPUTABLE SUR LE REVENU.			
71	Autre montant nécessaire pour les appointements des sous-agents, etc., dans le service extérieur	.....	.....	3,000 00
	COMMISSION DE GÉOLOGIE.			
72	Pour les frais extraordinaires d'exploration encourus par l'envoi de deux partis au district du Yukon	.....	.....	5,000 00
	SAUVAGES.			
	Ontario et Québec.			
73	Montant devant aider à réparer et remodeler les bâtiments de l'école d'industrie de Mount-Elgin, Munceytown (Ont)	.....	3,500 00	
	Nouvelle-Écosse.			
74	Pour pourvoir à la réparation des chemins sur les réserves des Sauvages de la Nouvelle-Ecosse	.....	725 00	
	A reporter	.....	4,225 00	2,806,133 64

BUDGET SUPPLÉMENTAIRE—*Suite.*

N° du crédit.	Service.	$ c.	$ c.	$ c.
	Report	....	4,225 00	2,806,133 64
	SAUVAGES.			
	Manitoba et territoires du Nord-Ouest.			
	Pour le transport et les dépenses de la Commission chargée de négocier les traités avec les Sauvages des districts d'Athabaska, du petit lac de l'Esclave et de la rivière de la Paix	6,000 00		
	Gratifications à 2,700 sauvages, $7 chacun	18,900 00		
	Annuité d'une année à ces sauvages, $5	13,500 00		
	Provisions et fournitures nécessaires à ces sauvages	4,765 00		
	Autre montant pour les pensionnats	8,820 00		
75	Autre montant pour les dépenses générales	9,922 00		
	Pour pourvoir à des améliorations au fossé d'irrigation de la réserve des Pieds-Noirs, pour acheter une paire de chevaux et réparer les dommages causés par l'inondation	850 00		
	Paiement à Thomas Nixon en qualité de fournisseur du département des Sauvages dans le Manitoba et les territoires du Nord-Ouest, du 10 février 1877 au 30 juin 1879, à $500 par année	1,194 93		
			63,951 93	
	EN GÉNÉRAL.			
76	Pour pourvoir à l'augmentation des appointements de M. G. L. Chitty, inspecteur des forêts	....	200 00	
				68,37[illegible]
	MENUS REVENUS.			
	Terrains de l'artillerie.			
77	Autre montant nécessaire pour pourvoir au paiement des arpentages	....	....	1,000 00
	GOUVERNEMENT DU DISTRICT PROVISOIRE DU YUKON.			
78	Pour pourvoir à l'achat et à l'équipement d'un bateau à vapeur et d'une ou plusieurs embarcations à l'usage des employés du gouvernement du district du Yukon, à voter de nouveau $5,000	....	....	25,000 00
	DIVERS.			
79	Autre montant nécessaire pour les dépenses se rattachant au parc des Montagnes-Rocheuses du Canada	....	1,000 00	
80	Pour pourvoir au paiement des gratifications de retraite aux employés du service extérieur du département de l'Intérieur	....	6,500 00	
81	Pour pourvoir au paiement des frais de contestation judiciaire causés par le nouvel arpentage du township 16, rang 16, à l'ouest du 1er méridien, illégalement autorisé par le département de l'Intérieur en 1895	....	2,300 00	
82	Pour pourvoir au remboursement à MM. Smith et Berry du montant payé par eux, en mars 1896, à raison de l'achat de la Ferme d'approvisionnement des sauvages de Pincher-Creek, la vente faite à MM. Smith et Berry ayant été annulée par suite d'un malentendu quant à ses conditions	....	1,875 00	
83	Aide à la publication de documents que fait imprimer le *Canadian Mining Institute*	....	1,000 00	
84	Paiement de la partie non contestée de la sentence arbitrale dans la cause de Woodburn *vs* la Reine pour travail fait avant 1896	....	26,000 00	
	A reporter	....	38,675 00	2,900,510 57

BUDGET SUPPLÉMENTAIRE—*Suite.*

Numéro du crédit.	Service.	$ c.	$ c.	$ c.
	Report		38,675 00	2,900,510 57
	DIVERS—*Fin.*			
85	Pour le paiement du solde du jugement et des frais de litige contre la couronne en 1894 et 1895, dans les causes de la *Canada Sugar Refining Co.*, et de la *Toronto Street Railway Co*		28,000 00	
86	Pour le paiement des frais se rattachant au litige relatif à la question des écoles du Manitoba		10,607 03	
87	Pour faire exécuter la loi contre l'emploi des aubains		3,000 00	
88	Pour payer à J. P. M. Lecourt le montant contribué par lui au fonds de retraite avec intérêt de 5 pour 100		273 30	
				80,555 33
	DOUANES.			
89	Bureau du laboratoire des douanes, autre somme nécessaire			4,000 00
	POIDS ET MESURES.			
90	Pour permettre au départem. d'acheter des collections spécimens des poids et mesures métriques, pour fins d'éducation			250 00
	BUREAU DE POSTE.			
91	Pour une augmentation des salaires de 148 employés à titre temporaire dans le service extérieur, dont les salaires ne dépassent pas $450 par année, $30 chacun		4,440 00	
	Pour une augmentation des appointements de 4 commis de 3e classe au bureau de poste de Victoria, $450 chacun		160 00	
	Pour une augmentation de $15 chacun aux salaires de 6 facteurs dont les salaires ne dépassent pas $360 par année au bureau de poste de Brantford, du 1er janvier au 30 juin 1899		90 00	
	Pour un commis de 2e classe de plus au bureau de poste de Toronto		900 00	
	Somme nécessaire pour augmenter, de $50 chacun, les appointements de H. S. Allen et J. A. Gorman, commis de 2e classe, au bureau de poste de Toronto		100 00	
	Pour un commis additionnel de 3e classe au bureau de l'inspecteur des postes à Toronto		400 00	
	Pour avancer de la 3e à la 2e classe M. W. E. Lemon, commis au bureau de poste de Toronto		100 00	
	Pour payer M. B. F. Shepheard, commis de 3e classe au bureau de poste de Victoria, de services spéciaux qu'il a rendus, et pour l'indemniser de dommages causés à ses vêtements dans la fumigation des malles à l'entrée du port de Victoria (Col.-Brit.), nonobstant les dispositions de l'Acte du service civil		50 00	
	Pour un facteur de plus au bureau de poste de Winnipeg		360 00	
	Pour augmentation, sauf les dispositions de la loi du service civil, des appointements du directeur de la poste à Halifax		400 00	
	Pour augmentation des appointem. de B. Trainer et de J. M. Campbell, du bureau de poste de Charlottetown, $50 chacun		100 00	
				7,100 00
	SUBVENTIONS AUX CHEMINS DE FER.			
92	Pour payer à la *Halifax Banking Company*, ayant cause de la *Nova Scotia Central Railway Company*, le solde de la somme à laquelle la compagnie avait acquis le droit, sur la subvention autorisée par la 56 Vic., ch. 2, en aide de la construction de ce chemin, le paiement en ayant été retardé par suite d'un différend quant à celui qui devait le recevoir		4,500 00	
93	Pour payer la somme restée impayée sur la subvention autorisée par les 52 Vic., ch. 3, et 53 Vic., ch. 2, en aide de la *Central Railway Company of New-Brunswick*, la date mentionnée au contrat pour l'achèvement de l'entreprise ayant expiré avant cet achèvement, mais la somme étant reconnue comme due, bien que les changements faits aux devis n'aient pas été autorisés légalement		61,461 00	
				65,961 00
				3,058,376 90

BUDGET SUPPLÉMENTAIRE—*Fin.*

SOMMAIRE.

Somme imputable sur le capital	$ 1,130,482 00
" " sur le revenu	1,861,933 90
" " sur les subventions	65,961 00
	$ 3,058,376 90

AUTRE BUDGET SUPPLÉMENTAIRE POUR L'EXERCICE FINANCIER QUI FINIRA LE 30 JUIN 1899.

N° du crédit.	——	$ c.	$ c.	$ c.
	CHEMINS DE FER ET CANAUX—IMPUTABLE SUR LE CAPITAL.			
	CHEMIN DE FER INTERCOLONIAL.			
1	Agrandissements à Lévis (à voter de nouveau).......... ..	....	....	48,500 00
	DIVERS.			
2	Pour les frais de la Haute Commission Internationale dont il est question entre la Grande-Bretagne et les Etats-Unis, pour le règlement des différends qui existent entre les deux pays au sujet du Canada..............	....	....	20,000 00
				68,500 00

SOMMAIRE.

Somme imputable sur le capital..........	$48,500 00
do do revenu....	20,000 00
	$68,500 00

AUTRE BUDGET SUPPLÉMENTAIRE POUR L'EXERCICE FINISSANT LE 30 JUIN 1898.

Nº du crédit.	—	$ c.	$ c.	$ c.
	LÉGISLATION.			
	CHAMBRE DES COMMUNES.			
1	Paiement à sir A. P. Caron du montant déduit de son indemnité sessionnelle par suite de son absence de la Chambre, à raison de blessures, pendant la session de 1898	....	150 00	
	Paiement à M. Thomas Beattie, absent de la Chambre par suite de maladie, de son indemnité sessionnelle	....	1,000 00	
	Montant supplémentaire nécessaire pour le paiement des commis et traducteurs sessionnels	....	488 00	
	Montant supplémentaire pour comités	....	400 00	
	Messagers sessionnels, pages, femmes de journée, etc	....	693 00	
				2,731 00

LISTE DES ACTIONNAIRES

DES

BANQUES AUTORISÉES

DU

CANADA

JUSQU'AU

31 DÉCEMBRE 1897

CONFORMÉMENT À L'ACTE DU PARLEMENT DU CANADA, 58 VIC., CHAP. 31, ART. 87.

OTTAWA
IMPRIMÉ PAR S. E. DAWSON, IMPRIMEUR DE SA TRES EXCELLENTE MAJESTÉ LA REINE
1898

A Son Excellence le Très-honorable comte d'Aberdeen, Gouverneur genéral du Canada, etc., etc., etc.

PLAISE À VOTRE EXCELLENCE :

Conformément à l'article 87 de l'acte 53 Victoria, chapitre 31, " Acte concernant les banques et le commerce de banque, le soussigné a l'honneur de présenter à Votre Excellence, des listes des actionnaires des diverses banques autorisées du Canada, jusqu'au 31 décembre 1897.

Le tout respectueusement soumis,

W. S. FIELDING,
Ministre des Finances.

MINISTÈRE DES FINANCES,
OTTAWA, 8 juin 1898.

Banques incorporées.

TABLE DES MATIÈRES.

PROVINCE D'ONTARIO.

PROVINCE DE QUÉBEC.

PROVINCE DE LA NOUVELLE-ECOSSE.

PROVINCE DU NOUVEAU-BRUNSWICK.

TABLE DES MATIÈRES—*Fin.*

PROVINCE DE LA COLOMBIE-BRITANNIQUE.

PROVINCE DE L'ILE DU PRINCE-ÉDOUARD.

CANADIAN BANK OF COMMERCE.

BANQUE CANADIENNE DE COMMERCE.

LIST of shareholders, as at close of business on the evening of the 31st December, 1896.

Value of Share, $50.—Valeur de chaque action, $50.

Names. — Noms.	Residence.	Number of Shares. — Nombre d'Actions.	Amount Paid. — Montant payé.	Amount Subscribed. — Montant souscrit.
			$	$
Acadia Fire Insurance Co	Halifax	625	31,250	31,250
Acheson, Agnes C	Toronto	10	500	500
Acheson, Alex. W	Montreal	80	4,000	4,000
Acres, Jonathan W	Paris	13	650	650
Adams, Edward D	Halifax	10	500	500
Adams. John, in trust	Toronto	18	900	900
Adamson, Jas. and Jno. Walsh, trustees for Thos. H. Derbishire	Ottawa	80	4,000	4,000
Agar, Florence	Toronto	5	250	250
Agar, Maria I	do	3	150	150
Ahern, Arthur, and Thos. B. Macaulay, in trust for Dame Eleanor E. Forster, usufructuary, and Dame Henrietta M. L. Macaulay	Quebec and Montreal	3	150	150
Ahern, Arthur, and Thos. B. Macaulay. in trust for Dame Eleanor E. Foster, usufructuary, and Catherine Jane Macaulay, Esther E. Macau a and Chas. F. Macaulay l. y	do	3	150	150
Aikens, Hon. J. C	Toronto	10	500	500
Aitken, Christina E	Hamilton	4	200	200
Aitken, Christina E., tutrix	do	6	300	300
Albro, Jessie H	Halifax	6	300	300
Alcorn, Samuel	Toronto	5	250	250
Aldwell, Thos. D	Salisbury, Eng	70	3,500	3,500
Alexander, Elizabeth J	Toronto	20	1,000	1,000
Alexander, Rev. F., surviving trustee	Montreal	20	1,000	1,000
Alexander, Rev. Finlow	do	24	1,200	1,200
Alexander, Kate	Berlin, Germany	20	1,000	1,000
Allan, Andrew, in trust for J. A. Benyon	Montreal	1	50	50
Allan, And. A., do Doris F. Allan	do	2	100	100
Allan, Jessie J	Harbour Grace	25	1,250	1,250
Allan, Mary Julia	do	46	2,300	2,300
Allison, Harriet	Halifax	22	1,100	1,100
Ames & Co., A. E	Toronto	15	750	750
Anderson, Dorothea S	Ottawa	16	800	800
Anderson, Mary L	Wakefield, Eng	20	1,000	1,000
Anderson, Septima	Montreal	28	1,400	1,400
Anderson, Walter N	Toronto	49	2,450	2,450
Anderson, Walter N., trustee	do	25	1,250	1,250
Antliff, Rev. J. C	Montreal	40	2,000	2,000
Antrobus, Annie	Berthier (en haut)	9	450	450
Archbold, Francis H. W	Halifax	27	1,350	1,350
Archer, Edward	Toronto	10	500	500
Archer, Robt	Montreal	50	2,500	2,500
Archibald, Wm. Henry	North Sydney, N.S	100	5,000	5,000
Armstrong, Edith A	Jermyn	22	1,100	1,100
Armstrong, Fan y S	Halifax	10	500	500
Armstrong, Rev. John	Huntingdon	14	700	700
Armstrong, Mary	Montreal	36	1,800	1,800
	Carried forward	1,602	80,100	80,100

Canadian Bank of Commerce—Banque Canadienne de Commerce.

Names. — Noms.	Residence.	Number of Shares. — Nombre d'Actions.	Amount Paid. — Montant payé.	Amount Subscribed. — Montant souscrit.
			$	$
	Brought forward...	1,602	80,100	80,100
Armstrong, Mary A., and Sophie Appel in trust	Montreal	1	50	50
Armstrong, Wm. James	Guelph	20	1,000	1,000
Arnold, Gustavus	New York	100	5,000	5,000
Ashley, W. J	Cambridge, Mass	10	500	500
Ashworth, Isabella	London, Eng	100	5,000	5,000
Audette, Mary Grace	Ottawa	26	1,300	1,300
Avery, Louisa Crane	Grand Pré, N.S	40	2,000	2,000
Avon Marine Insurance Co	Windsor do	100	5,000	5,000
Aylwin, Thos. C	Quebec	50	2,500	2,500
Badgley, Claudine S	Montreal	41	2,050	2,050
Badgley, James M. T	Edinburgh	61	3,050	3,050
Bailey, Ann	Nissouri West	1	50	50
Bain, Thomas	Dundas	22	1,100	1,100
Baines, Charles Ed	Philadelphia	20	1,000	1,100
Baker, Georgiana	Ayr	2	100	100
Baldwin, Ethel M S	Toronto	1	50	50
Balfour, Rev. And. J	Quebec	24	1,200	1,200
Ball, Florence S	Toronto	14	700	700
Ball, Louisa A., and Florence S., trustees	do	14	700	700
Barker, Edward J	do	6	300	300
Barker, Samuel	Hamilton	200	10,000	10,000
Barlow & Co	Montreal	25	1,250	1,250
Barnes, in trust Cristopher W	Toronto	50	2,500	2,500
Barnes, Henry W	Halifax	17	850	850
Barnfield, Benjamin R	Gravenhurst	9	450	450
Barnston, Frances S. F.	Montreal	16	800	800
Barnston, Margaret	do	7	350	350
Barrett, Mary A. E	do	200	10,000	10,000
Barrett, Capt. Reginald	Liverpool, Eng	137	6,850	6,850
Barrett, Thomas P.	Alsager, Eng	100	5,000	5,000
Bartlett, Elizabeth A	Teignmouth, Eng	110	5,500	5,500
Bartlett, Laura C	Los Angelos, Cal.	7	350	350
Bartlett, George R., in trust for H. C. W. Emberson	Toronto	4	200	200
Bassett, Annie	do	4	200	200
Bassett, Thomas	Bowmanville	4	200	200
Bate, Catherine	Ottawa	168	8,400	8,400
Bate, Florence M	do	10	500	500
Bate, Hy. A., in trust for Jas. M. Bate	do	5	250	250
Bate, Hy. A. do Morna A. Bate	do	2	100	100
Bate, Hy. A. do Claudia B. Bate	do	2	100	100
Bate, Hy. N., do Frank Bate	do	10	500	500
Bate, Henry N	do	627	31,350	31,350
Bate, Henry N. & Sons, in trust for L. Bate	do	15	750	750
Bate, Mary F	St. Catharines	20	1,000	1,000
Bate, Newell	Ottawa	50	2,500	2,500
Bate, Thos. B	St. Catharines	120	6,000	6,000
Bate, Wm. T	Ottawa	20	1,000	1,000
Batterbury, Elizabeth	Montreal	20	1,000	1,000
Battersby, Susan E	Port Dover	60	3,000	3,000
Baxter, Flora	Niagara	8	400	400
Baylis, Hilda E	Montreal	10	500	500
Bayne, And. N	Halifax	15	750	750
Beatty, Henry	Toronto	200	10,000	10,000
Beaven, Blanche	Niagara	8	400	400
Beaven, Mary Harriet	do	8	400	400
Bell, Annie	Toronto	22	1,100	1,100
Bell, Caroline L	Belleville	160	8,000	8,000
Bell, Emily	Hamilton	8	400	400
	Carried forward...	4,713	235,650	235,650

Canadian Bank of Commerce—Banque Canadienne de Commerce.

Names — Noms.	Residence.	Number of Shares. — Nombre d'Actions	Amount Paid. — Montant payé.	Amount Subscribed. — Montant souscrit.
			$	$
	Brought forward...	4,713	235,650	235,650
Bell, Maria	Halifax	2	100	100
Bell, Walter	London	333	16,650	16,650
Belleau, Alfred G., residuary legatee...	Quebec	80	4,000	4,000
Bellhouse, Percy M	Montreal	6	300	300
Bennett, Humphrey	Barrie	120	6,000	6,000
Bennetts, Celia	Sherbrooke	100	5,000	5,000
Bennetts, Francis K	Ottawa	20	1,000	1,000
Benson, George F., curator, and Mrs. Harriett F. Miller Institute	Montreal	33	1,650	1,650
Benson, Richard L	Toronto	5	250	250
Benson, Thos. M	Port Hope	4	200	200
Benson, Thos. M., and G. L. McCaul, trustees	do	14	700	700
Bentley, Katharine McK	Sutton, West	100	5,000	5,000
Berryman, Geo. S. and Harold B. Perry in trust for C. McK. Perry	Brondesbury, Eng	60	3,000	3,000
Bertram, Herbert A	Montreal	10	500	500
Bertrand, Charles	Green Island	6	300	300
Bethune, Mary L	London, Eng	229	11,450	11,450
Biddulph, Selina E., and Amelia M	London, South	11	550	550
Billett, Ruth M	Quebec	17	850	850
Bingay, Thos. Van B	Yarmouth	8	400	400
Binmore, Jane G	Montreal	61	3,050	3,050
Birch, Catherine L. M	do	38	1,900	1,900
Bird, Henry	Barrie	12	600	600
Bird, Margaret J	do	4	200	200
Biscoe, Kate V	Brantford	20	1,000	1,000
Bissonnette, Louis	St. Catharines	115	5,750	5,750
Black, Celia H	Halifax	170	8,500	8,500
Black, John F., M.D	do	37	1,850	1,850
Black, John, agent	St. Stephen	20	1,000	1,000
Black, Sam. G	Halifax	80	4,000	4,000
Blackburn, Mary A	Ottawa	100	5,000	5,000
Blackburn, Ruby	do	100	5,000	5,000
Blackstock, Emeline M	Toronto	10	500	500
Blagdon, Augusta A	Halifax	30	1,500	1,500
Blake, S. H., John Harvie and F. E. McDonald, trustees	Toronto	29	1,450	1,450
Blakeney, Henry	Ottawa	30	1,500	1,500
Blaquière, Rt. Hon. Lord de	Montreal	3	150	150
Bligh, Harris H	Ottawa	30	1,500	1,500
Blott, Annie M. M	Dunnville	2	100	100
Blott, Ellen Thornton	do	30	1,500	1,500
Board of Education of General Assembly Presbyterian Church of Canada	Halifax	80	4,000	4,000
Board of Presbyterian College	do	16	800	800
Boate, Emma E	Toronto	41	2,050	2,050
Bogart, Annie E	Belleville	20	1,000	1,000
Bond, John B	Montreal	50	2,500	2,500
Bond, John M	Guelph	20	1,000	1,000
Bond, Robert	St. John's, Nfld	51	2,550	2,550
Borden, H. C., and Lawrence G. Power, trustees for A. A. McCully	Halifax	50	2,500	2,500
Borden, Robert L	do	20	1,000	1,000
Boswell, A. R., trustee for Cruso Trust Est	Toronto	4	200	200
Boswell, A. R., and John Daintry Executors of Mary Cruso	do and Cobourg	26	1,300	1,300
Boswell, Charlett	Calgary	6	300	300
Boswell, Ella	Toronto	20	1,000	1,000
Boswell, St. George	Quebec	40	2,000	2,000
	Carried forward...	7,236	361,800	361,800

Canadian Bank of Commerce—Banque Canadienne de Commerce.

Names. — Noms.	Residence.	Number of Shares. — Nombre d'Actions.	Amount Paid. — Montant payé.	Amount Subscribed. — Montant souscrit.
			$	$
	Brought forward...	7,236	361,800	361,800
Botterell, Sarah	Quebec	200	10,000	10,000
Boulton, H. Rudyard, C. Constance and Elizabeth R., trustees	Toronto	80	4,000	4,000
Bourinot, Egerton W	Wiarton	50	2,500	2,500
Bouteiller, Jane	Windsor	11	550	550
Bower, Mary H., and J. B. Throop	Hamilton	2	100	100
Bowman, Harriet S	Montreal	35	1,750	1,750
Boyce, Annie	Toronto	12	600	600
Boyce, Elizabeth	Quebec	30	1,500	1,500
Boyce, James G	Toronto	25	1,250	1,250
Boyd, Mary S	Teddington, Eng	70	3,500	3,500
Boyd, Wm. T., in trust	Toronto	9	450	450
Bradburn, Thos	Peterborough	50	2,500	2,500
Bradshaw, Robt. C	Thornhill, Man	3	150	150
Braine, Robt. T	Halifax	40	2,000	2,000
Breden, Hannah F	Kingston	63	3,150	3,150
Bremner, Eliza G	Elgin, Scot	45	2,250	2,250
Briggs, Frances, executrix	Toronto	40	2,000	2,000
Britton, Byron M	Kingston	216	10,800	10,800
Brock, Jane C., in trust	Montreal	49	2,450	2,450
Brock, Jane C., tutrix	do	56	2,800	2,800
Brodie, Robt	Quebec	55	2,750	2,750
Brodie, William	do	55	2,750	2,750
Brookfield, Walter Geo	Halifax	20	1,000	1,000
Brookman, Phoebe	Sydney, C.B	50	2,500	2,500
Brooks, Ellen A	Montreal	42	2,100	2,100
Brotherhood, R. H	Hamilton	3	150	150
Brown, Ellen G	Yarmouth	8	400	400
Brown, Fayette, in trust	Montreal	63	3,150	3,150
Brown, George W	Toronto	36	1,800	1,800
Brown, Henry	do	40	2,000	2,000
Browne, James	Kingston	80	4,000	4,000
Bruce, Frank C	Hamilton	100	5,000	5,000
Bruce, John A	do	600	30,000	30,000
Bruce, Walter H	do	23	1,150	1,150
Brydon, Jennie E	Mount Brydges	8	400	400
Buchan, Christina	Dobb's Ferry	15	750	750
Buckley, Abigail	Halifax	31	1,550	1,550
Buckley, Margaret A	Hamilton	2	100	100
Bugbee, Abel G	Derby Line, Vt	20	1,000	1,000
Bull, Mary W	Hamilton	10	500	500
Burgess, Ralph K., in trust	Toronto	2	100	100
Burland, George B	Montreal	75	3,750	3,750
Burland, George B., in trust	do	200	10,000	10,000
Burmester, Margaret M	Halifax	10	500	500
Burnett & Co	Montreal	1	50	50
Burns, Elizabeth	Toronto	10	500	500
Burns, George B	do	10	500	500
Burstall, Fanny B	Quebec	120	6,000	6,000
Burstall, Fanny B. usufructuary legatee	do	4	200	200
Burton, Emma S	Barrie	140	7,000	7,000
Burton, Florence M	do	172	8,600	8,600
Burton, Frank L	Allandale	5	260	260
Burton, Warren F. and F. Sanderson	Hamilton	10	500	500
Bush, Wilhelmina E. H	Sherbrooke	2	100	100
Cadieux, Louis A., in trust	Montreal	3	150	150
Cameron, Agnes M	do	80	4,000	4,000
Cameron, Alexandrina	Ottawa	18	900	900
Cameron, Annie	Toronto	20	1,000	1,000
Cameron, David	Point St. Charles	37	1,850	1,850
Cameron, Margaret D	Kingston	15	750	750
	Carried forward...	10,577	525,850	525,850

Canadian Bank of Commerce—Banque Canadienne de Commerce.

Names. — Noms.	Residence.	Number of Shares. — Nombre d'Actions.	Amount Paid. — Montant Payé.	Amount Subscribed. — Montant souscrit.
			$	$
	Brought forward...	10,517	525,850	525,850
Cameron, Rev. James	Toronto	20	1,000	1,000
Cameron, Sarah	Halifax	34	1,700	1,700
Campbell, Ada C	Montreal	5	250	250
Campbell, A. H., jr	Toronto	100	5,000	5,000
Campbell, A. H., and J. H. Mayne Campbell, in trust	do	210	10.500	10,500
Campbell, Charlotte	do	20	1,000	1,000
Campbell, Eliza	Halifax	10	500	500
Campbell, Elizabeth	Hamilton	30	1,500	1,500
Campbell, George	Truro	33	1,650	1,650
Campbell, George, in trust	do	100	5,000	5,000
Campbell, James A	Winnipeg	24	1,200	1,200
Campbell, John	New York	20	1,000	1,000
Campbell, Rev. John R.	Dorchester	22	1,100	1,000
Campbell, J. Lorne	Toronto	3	150	150
Campbell, Marguerita B	Edinburgh	10	500	500
Campbell, Maria	Perth	12	600	600
Campbell, Maria, in trust for M. A. B. C.	do	2	100	100
Campbell, Mary P	Warkworth	5	250	250
Canada Life Assurance Co	Hamilton	1,360	68,000	68,000
Cantley, John C	London, Eng	25	1,250	1,250
Carlyle, Margr. A	Toronto	3	150	150
Carmichael, Caroline	New Glasgow, N.S	7	350	350
Carmichael, Edith G	do	9	450	450
Carmichael, Jessie	do	6	300	300
Carmichael, Jessie G. and Margt. C	Pictou, N.S	40	2,000	2,000
Carmichael, Margt. R	New Glasgow, N.S	8	400	400
Carmichael, Wilhelmina M	do	8	400	400
Carpenter, Edward R	Collingwood	102	5,100	5,100
Carpenter, Susan P	do	37	1,850	1,850
Carruthers, James	Montreal	200	10,000	10,000
Carter, Amelia	Bayswater, Eng	200	10,000	10,000
Carter, Louisa E	Quebec	20	1,000	1,000
Carter, Mary J., usufructuary legatee	Montreal	94	4,700	4,700
Carter, Wm. H	Quebec	33	1,650	1,650
Casselman, Owen D	Chesterville	35	1,750	1,750
Cassels, R. S. and Jas. S. Lovell, trustees for Mrs. R. Blake	Toronto	14	700	700
Cassils, Eva A	Highlands, Mass	20	1,000	1,000
Catto, Leila A	Toronto	30	1,500	1,500
Caverhill, Mary Jane	Montreal	200	10,000	10,000
Cawthra Anna C	Toronto	168	8,400	8,400
Cawthra, Ann Mabel	do	12	600	600
Cawthra, Elizabeth J	do	30	1,500	1,500
Cawthra, Elizabeth J. Wm. H. Cawthra and A. M. Cawthra, in trust for E. J. Cawthra	do	25	1,250	1,250
Cawthra, E. J. and W. H. Cawthra, in trust for A. M. C	do	37	1,850	1,850
Cawthra, Joseph	do	50	2,500	2,500
Chadwick, Jane	Eglington	5	250	250
Chafee, Rev. A. B	Coboconk	5	250	250
Chalmers, James, sr	St. Marys	60	3,000	3,000
Chalmers, Aurelia C	Ottawa	30	1,500	1,500
Chandler, Chas. A	Montreal	18	900	900
Chandler, Frances D	Chicago	15	750	750
Chapman, John R	Paris	8	400	400
Chauveau, Alexandre	Quebec	8	400	400
Cheney, Gilman	Montreal	613	30,650	30,650
Cheney, William G	do	75	3,750	3,750
Chillas, Christina	Toronto	23	1,150	1,150
	Carried forward	14,810	740,500	740,500

Canadian Bank of Commerce—Banque Canadienne de Commerce.

Names. — Noms.	Residence.	Number of Shares. — Nombre d'Actions.	Amount Paid. — Montant payé.	Amount Subscribed. — Montant souscrit.
			$	$
	Brought forward......	14,810	740,500	740,500
Chisholm, Wm.	Halifax	60	3,000	3,000
Chisholm, Wm., and N. H. Meagher, trustees for Lawrence G. Power	do	75	3,750	3,750
Choppin, Harold E.	Collingwood	28	1,400	1,400
Christie, Hon. W. J., in trust for J. G. Christie	Seely's Bay	10	500	500
Christopher, Telfer	Toronto	160	8,000	8,000
Chubb, Percy	New York	25	1,250	1,250
Chubb, Victoria E.	do	25	1,250	1,250
Church of the Redeemer	Halifax	200	10,000	10,000
Clapham, Leonora	Quebec	75	3,750	3,750
Clark, Alex. C., in trust	Montreal	10	500	500
Clark, A. C.	do	7	350	350
Clark, Alice M.	do	8	400	400
Clark, Andrew	Bullock's Corners	30	1,500	1,500
Clark, Georgina B., in trust	Montreal	13	650	650
Clark, Rev. George M.	Halifax	15	750	750
Clark, Horace	West Suffield, Conn.	72	3,600	3,600
Clark, Mary Alice	Halifax	20	1,000	1,000
Clark, Mary M.	Montreal	73	3,650	3,650
Clark, Orlando L.	do	8	400	400
Clark, William	West Flamboro'	30	1,500	1,500
Clarke, Caroline	Montreal	1	50	50
Clay, Albert E. B.	Halifax	3	150	150
Clay, Arthur T. S.	Malden, Mass.	2	100	100
Clay, Ella F.	Halifax	12	600	600
Clay, Jessie E.	do	3	150	150
Clemesha, J. W., M.D.	Port Hope	12	600	600
Clerk, Alexander	Montreal	25	1,250	1,250
Clerk, Brenda G.	do	31	1,550	1,550
Clerk, Harriet B.	do	50	2,500	2,500
Clewlo, Robert W.	Toronto	12	600	600
Cochran, Frances H.	Lennoxville	19	950	950
Cole, Maria B.	Montreal	12	600	600
Cole, William	Galt	70	3,500	3,500
Colley, Arthur W., tutor to Williamina C. C. Jones	Quebec	54	2,700	2,700
Colquhoun, William	Cornwall	25	1,250	1,250
Confederation Life Association, in trust	Toronto	60	3,000	3,000
Connell, Robt. K.	do	41	2,050	2,050
Conolly, Agnes C.	Dunnville	40	2,000	2,000
Cooch, Alfred C.	Toronto	10	500	500
Cooch, Herbert C.	do	10	500	500
Cook, Adeline M.	Calumet, Que	20	1,000	1,000
Cook, Catherine E.	Morrisburg	10	500	500
Cook, Louisa	Toronto	36	1,800	1,800
Cook, Margaret E.	Hamilton	16	800	800
Cook, Mary S.	do	16	800	800
Cook, Sarah P.	Morrisburg	10	500	500
Cook, William	Montreal	10	500	500
Cooke, Clara M.	do	25	1,250	1,250
Corbett, Frederick D.	Halifax	100	5,000	5,000
Cosens, Eleanor A.	Toronto	3	150	150
Coverton, C. W., M.D.	do	3	150	150
Cowie, Sarah M.	Liverpool, N.S.	40	2,000	2,000
Cox, Annie S.	Paris	40	2,000	2,000
Cox, Fred. G., manager, and Edward R. Wood, secretary, in trust	Toronto	53	2,650	2,650
Cox, Hon. George A.	do	3,280	164,000	164,000
Cox, Robert M.	Liverpool, Eng.	80	4,000	4,000
Craigie, Agnes M.	Toronto	14	700	700
	Carried forward......	20,002	1,000,100	1,000,100

Canadian Bank of Commerce—Banque Canadienne de Commerce.

Names. — Noms.	Residence.	Number of Shares. — Nombre d'Actions.	Amount Paid. — Montant payé.	Amount Subscribed. — Montant souscrit.
			$	$
	Brought forward...	20,902	1,000,100	1,000,100
Craigie, Helen R.	Toronto	42	2,100	2,100
Craigie, Rev. Jas. R.	Hanover	7	350	350
Craigie, Margaret T	Lewiston, N.Y	5	250	250
Crane, Mary A	Halifax	63	3,150	3,150
Crathern, James	Montreal	700	35,00)	35,000
Creighton, Elizabeth	Halifax	8	400	400
Creighton, Elizabeth M	do	9	450	450
Creighton, Henry D., in trust	do	6	300	300
Crerar, Henry H	Antigonish.	40	2,000	2,000
Crerar, John	Chicago	40	2,000	2,000
Crerar, Margaret	Antigonish	31	1,550	1,550
Crisp, Catherine E	Mingston	87	4,350	4,350
Crisp, Elizabeth H	Halifax	15	750	750
Crisp, Rev. John O	Kingston	8	400	400
Crisp, Sophia J	Halifax	14	700	700
Croft, Emily S	Toronto	15	750	750
Croft, Minnie M	do	15	750	750
Crofton, Emma C	Halifax	27	1,350	1,350
Croil, James	Montreal	100	5,000	5,000
Cross, Alexander S	do	16	800	800
Cross, Selkirk, in trust	do	3	150	150
Cross, Selkirk and Margt F. Macinnes.	do	100	5,000	5,000
Crowe, Wm., in trust	Halifax	2	100	100
Cruso, Catherine M	Cobourg	22	1,100	1,100
Cummer, Wm. L	Hamilton	20	1,000	1,000
Cummings, James	do	35	1,750	1,750
Cunningham, Geo., in trust	Halifax	38	1,900	1,900
Currey, Hannah K	Parkdale	14	700	700
Currey, Jessie	do	14	700	700
Currie, Annie	Toronto	15	750	750
Curry, Martha J	Windsor, N.S	85	4,250	4,250
Curtis, Margaret	Paris	22	1,100	1,100
Dalton, Emeline M	Stratford	20	1,000	1,000
Darch, Jane	London	1	50	50
Darey, Pierre J	Ottawa	20	1,000	1,000
Darling, Henry W., in trust	Schenectady	50	2,500	2,500
Davidson, John I., in trust for H. G. D.	Toronto	3	150	150
Davidson, John, do M. D. D.	do	3	150	150
Davidson, Nancy W	do	15	750	750
Davidson, Wm. and Rev. John Gray, trustees	do and Orillia	33	1,650	1,650
Davis, Francis	Kingston	30	1,500	1,500
Davis, Harry H	Hamilton	7	350	350
Davis, Lillie M.	do	41	2,050	2,050
Davis, Maud M.	do	5	250	250
Davis, Melvin H., tutor to Sam. H Davis	Montreal	9	450	450
Dawes, Thos. A	Lachine	150	7,500	7,500
Dawson, Ella Isabel	Bridgewater, N.S	50	2,500	2,500
Dawson, Martha E	do	50	2,500	2,500
Dawson, Robert	do	60	3,000	3,000
Dawson, Wm. V., in trust	Montreal	3	150	150
Dawson, Wm. V., in trust for H. G. D.	do	9	450	450
Dean, Wm. R	Quebec	35	1,750	1,750
DeCoverly, Chas. R	Brantford	13	650	650
DeGex Leonard M	London	85	4,250	4,250
DeLaporte, Anthony V	Toronto	287	14,350	14,350
Demaray, Eleanor A., in trust	Berthier (en haut)	30	1,500	1,500
DeMouilpied, Rev. Jos	Manchester, N.H	26	1,300	1,300
Denison, George T., in trust for Annie Dunsford	Toronto	24	1,200	1,200
	Carried forward...	22,679	1,133,950	1,133,950

Canadian Bank of Commerce—Banque Canadienne de Commerce.

Names. — Noms.	Residence.	Number of Shares. — Nombre d'Actions.	Amount Paid. — Montant payé.	Amount Subscribed. — Montant souscrit.
			$	$
	Brought forward..	22,679	1,133,950	1,133,950
Denison, Wm. Henry	Hillsboro' Bridge	12	600	600
Denny, John.	Toronto	100	5,000	5,000
DesBarres, Harriet A	Halifax	36	1,800	1,800
DesBarres, Louis W.	do	6	300	300
DesBarres, L. W. and Rev. T. C., in trust for Mrs. A. S. Hole	do and Toronto	36	1,800	1,800
Devitt, Jane	Wiarton	40	2,000	2,000
Dewart, Rev. E. H., D.D.	Toronto	30	1,500	1,500
Dewey, Sarah A. D.	Niagara Falls Centre	10	500	500
Dick, Christina	Toronto	35	1,750	1,750
Dick, Helen	do	40	2,000	2,000
Dick, Elizabeth C	Montreal	15	750	750
Dickey, Hon. Robt. B.	Amherst, N.S	68	3,400	3,400
Dickie, Joan	Truro, N.S	16	800	800
Dickson, Robt	St. Mary's	100	5,000	5,000
Dight, Norris	Lucan	10	500	500
Dight, Thomas	do	45	2,250	2,250
Dillon, Minerva M	Folkestone, Eng	151	7,550	7,550
Dillon, Lt.-Col. Robt	do	41	2,050	2,050
Dobbs, Isabella M. M	Kingston	43	2,150	2,150
Dobell, Henry, in trust E. C. Dobell	Montreal	5	250	250
Dobell, do E. V. Dobell	do	30	1,500	1,500
Dobell, do E. C. Dobell	do	2	100	100
Dobie, Wm.	Toronto	20	1,000	1,000
Docker, Emma	Dunnville	23	1,150	1,150
Docker, Emma H.	London	48	2,400	2,400
Dodd, Laura J	Sydney, C.B	38	1,900	1,900
Dolby, Elizabeth	Dartmouth	41	2,050	2,050
Donahoe, Edward	Halifax	40	2,000	2,000
Donaldson, Florence	Ayr	4	200	200
Donaldson, Morley	Ottawa	3	150	150
Donaldson, Robert	do	3	150	150
Dorr, Annie J	Dorchester, Mass	20	1,000	1,000
Doull, John	Halifax	51	2,550	2,550
Doyle, A. Frances	Toronto	20	1,000	1,000
Draney, Mary Jane	Crumlin	6	300	300
Drennan, Rev. Alex	Kingston	20	1,000	1,000
Drennan, Jennie G., M.D.	do	15	750	750
Drummond, Andrew	Ottawa	4	200	200
Drynan, Wm. R	Buckingham	10	500	500
Duclos, Albert F.	Toronto	10	500	500
Duff, Isabella C	Lunenburg, N.S	7	350	350
Duff, Margaret C	do	6	300	300
Duff, John	Kingston	80	4,000	4,000
Duffus, Catherine D	Halifax	20	1,000	1,000
Dumble, John Henry, trustee	Cobourg	36	1,800	1,800
Duncan, Allan	Wyoming	20	1,000	1,000
Duncan, Eliza	Montreal	950	47,500	47,500
Duncan, Harriet R	Duncan Station	9	450	450
Duncan, John T., M.D.	Toronto	7	350	350
Duncanson, Thomas	Halifax	20	1,000	1,000
Dundas, James	Southampton	3	150	150
Dunlop, Graham C	Montreal	45	2,250	2,250
Dunn, Timothy H	Quebec	200	10,000	10,000
Dunn, Rt. Rev. Andrew H, in trust for Bishops' College	do	7	350	350
Dunnet, Thomas	Toronto	100	5,000	5,000
Dunsford, Clara	Peterboro'	10	500	500
Dupuis, Annie J	Kingston	5	250	250
Durand, James	London	9	450	450
Eakins, Wm. George	Toronto	10	500	500
	Carried forward	25,470	1,273,500	1,273,500

Canadian Bank of Commerce—Banque Canadienne de Commerce.

Names. — Noms.	Residence.	Number of Shares. — Nombre d'Actions.	Amount Paid. — Montant payé.	Amount Subscribed. — Montant souscrit.
			$	$
	Brought forward...	25,470	1,273,500	1,273.500
Earle, Henry	Montreal	50	2,500	2,500
Eastern Trust Co., trustees for est. of A. de B. Merkel	Halifax	28	1,400	1,400
Eastern Trust Co., trustees for est. of the late John Stairs	do	14	700	700
Eastwood, John T	Toronto	124	6,200	6,200
Eastwood, Wm. N	do	77	3,850	3,850
Eaton, Emma F	Buckingham	14	700	700
Eden, James	Charlottetown	50	2,500	2,500
Edward, Catherine G	Colborne Thp	1	50	50
Edwards, Amy M. A. K	Gore's Landing	8	400	400
Edwards, Catherine M	Rockland	120	6,000	6,000
Edwards, Charlotte	Lucan	10	500	500
Edwards, Samuel	Warsaw	10	500	500
Egan, Henry K	Ottawa	35	1,750	1,750
Elder, Mary R.	Edinburgh, Scotland	21	1,050	1,050
Elliot, Mary M	Halifax	34	1,700	1,700
Elliott, George Henry.	Pictou, N.S.	12	600	600
Elliott, John	Leamington	6	300	300
Ellston, John	Thornhill	25	1,250	1,250
Empson, Rev. John	Montreal	20	1,000	1,000
Esson, Agnes	Halifax	30	1,500	1,500
Evans, Mary A	Montreal	18	900	900
Ewing, Andrew S., in trust	do	200	10,000	10,000
Ewing, Andrew S, in trust, No. 2	do	79	3,950	3,950
Ewing, Ellen K	Toronto	26	1,300	1,300
Estate of the late—				
Henry R. Archer	Newbury	200	10,000	10,000
Sam'l E. Molson and Wife	Montreal	141	7,050	7 050
Jane C. Osborne	Ottawa	13	650	650
John Alexander	Barrie	19	950	950
Almon, H. P	Windsor, N.S	40	2,000	2,000
Anderson, Duncan, sr	Arva	3	150	150
Anderson, Robt	Montreal	1,000	50,000	50,000
Archibald, Sir A. G	Halifax	56	2,800	2,800
Arnton, John J	Montreal	210	10,500	10,500
Badgley, Hon. Wm	do	10	500	500
Badgley, Margaret	Ottawa	25	1,250	1,250
Baker, Chas. D	Grafton	20	1,000	1,000
Barclay, John	Hyde Park	5	250	250
Bauld, William	Halifax	110	5,500	5,500
Belcher, Joseph S., in trust	do	72	3,600	3,600
Blackwood, Wm. M	Tatamagouche, N.S	18	900	900
Blair, William	Hamilton	20	1,000	1,000
Bown, John Y.	Brantford	127	6,350	6,350
Braithwaite, Rev. Jos.	Montreal	100	5,000	5,000
Brodie, John L	Toronto	40	2,000	2,000
Brodie, Thomas	Quebec	15	750	750
Brown, Chas. E	Halifax	74	3,700	3,700
Brown, Robert	Ottawa	300	15,000	15,000
Browne, Daniel M	Halifax	6	300	300
Bryson, Alex. H	Perth	65	3,250	3,250
Bucknall, late Jos M.	Montreal	150	7,500	7,500
Burns, Rev. Robt. F	Halifax	47	2,350	2,350
Campbell, Archibald	Perth	24	1,200	1,200
Campbell, the late Helena G	Strathlorne, N.S	70	3,500	3,500
Campbell, Robt., in trust	Montreal	8	400	400
Carey, William	Hamilton	150	7,500	7,500
Caverhill, John	Montreal	50	2,500	2,500
Chapman, Charles	London	5	250	250
Cockerline, Matthew	Toronto	27	1,350	1,350
	Carried forward ...	29,702	1,485,100	1,485,100

Canadian Bank of Commerce—Banque Canadienne de Commerce.

Names. — Noms.	Residence.	Number of Shares. — Nombre d'Actions.	Amount Paid. — Montant payé.	Amount Subscribed. — Montant souscrit.
			$	$
	Brought forward...	29,702	1,485,100	1,485,100
Estate of the late—				
Costley, John	Halifax	100	5,000	5,000
Crawford, Euphemia E	Toronto	50	2,500	2,500
Currie, Neil	do	188	9,400	9,400
Davidson, John	Belle Rivière	3	150	150
Dawson, John T	Quebec	80	4,000	4,000
Dickson, Jane	Goderich	20	1,000	1,000
Donaldson, Louisa E., in trust	Ottawa	8	400	400
Douglas, Eleanor	Montreal	46	2,300	2,300
Duffus, James B	Halifax	80	4,000	4,000
Edmondes, Rev. C. G	Lampeter, S. Wales	98	4,900	4,900
Egan, Ann M	Montreal	198	9,900	9,900
Elliott, George E., trustee	Plymouth, Eng.	15	750	750
Elliott, James E	do	4	200	200
Farncomb, Frederick	Newcastle	100	5,000	5,000
Finlayson, Roderick	Victoria, B.C	25	1,250	1,250
Fitzpatrick, John	Montreal	503	25,150	25,150
Folsetter, Malcolm	Paris	15	750	750
Forbes, John	Toronto	18	900	900
Foster, Henry M. V	Weston	26	1,300	900
Fuller, Chas. J., Sr	Arichat	21	1,050	1,050
Fulton, John, M.D	Toronto	50	2,500	2,500
Garrick, James	London	300	15,000	15,000
Gibb, James	Quebec	20	1,000	1,000
Grasett, Rev. E	Simcoe	13	650	650
Goddard, Julia B.	Sutton-Coldfield, Eng.	19	950	950
Gurd, Robt. S	Sarnia	40	2,000	2,000
Hall, Benjamin	Montreal	16	800	800
Hamilton, George C.	do	147	7,350	7,350
Hamilton, James	Glasgow, Scot	59	2,950	2,950
Harris, Lillian M.	Hamilton	14	700	700
Hartley, Jonathan	Antigonish	56	2,800	2,800
Hartney, James	Toronto	232	11,600	11,600
Hartshorne, Hugh	Halifax	150	7,500	7,500
Heaine, Matthew S.	Hamilton	7	350	350
Heyden, Judith M	Toronto	15	750	750
Heyden, Lawrence	do	75	3,750	3,750
Hodgson, Margaret E	do	116	5,800	5,800
Hoggarth, John	Burlington	11	550	550
Holmes, Gervas	Toronto	40	2,000	2,000
Holton, Eliza	Montreal	536	26,800	26,800
Hossack, James	Cobourg	8	400	400
James, Celeste M	Baltimore, U.S	64	3,200	3,200
Jones, Thomas H	Quebec	4	200	200
Kay, William	Goderich	18	900	900
Kerr, Margr. Ann	Galt	20	1,000	1,000
Learmont, Jane F	Montreal	40	2,000	2,000
Lesslie, Helen	Dundas	60	3,000	3,000
Lewis, Rev. Alex	Mono Mills	80	4,000	4,000
Lyman, Delia A, executrix	Montreal	1	50	50
Macnider, John	Quebec	8	400	400
Macpherson, Sir D. L	Toronto	200	10,000	10,000
Macrae, J. O	Hamilton	8	400	400
McCallum, P., and son	Cobourg	38	1,900	1,900
McConkey, B. Ross	Guelph	90	4,500	4,500
McCrae, Dr. James N., in trust	Keene	68	3,400	3,400
McCready, James	Montreal	33	1,650	1,650
McCulloch, Rev. Wm	Truro, N.S	20	1,000	1,000
McDougall, John	Strathroy	31	1,550	1,550
McFarren, Martha	Toronto	28	1,400	1,400
McGuffin, Julia M	Ballymote	2	100	100
	Carried forward...	34,037	1,701,850	1,701,850

Canadian Bank of Commerce—Banque Canadienne de Commerce.

Names. — Noms.	Residence.	Number of Shares. — Nombre d'Actions.	Amount Paid. — Montant payé.	Amount Subscribed. — Montant souscrit.
			$	$
	Brought forward...	34,037	1,701,850	1,701,850
Estate of the late—				
McIntosh, Alex	St. Andrews, Que.	240	12,000	12,000
McKay, John	Woodstock	30	1,500	1,500
McKenna, Anna M	Montreal	26	1,300	1,300
McNab, Annie	Halifax	32	1,600	1,600
Martell, Catherine	Wolfville, Que	40	2,000	2,000
Masson, Louis	Montreal	50	2,500	2,500
Masson, Marie G. S	Terrebonne.	87	4,350	4,350
Matheson, Hon. Rod	Perth	35	1,750	1,750
Michie, John	London	3	150	150
Mitchell, Andrew	Halifax	17	850	850
Molson, Jos. D., in trust	Lennoxville	13	650	650
Morrow, James B	Halifax	155	7,750	7,750
Moyle, William	Paris	13	650	650
Murray, William	Montreal	800	40,000	40,000
Mussen, Thomas	do	4	200	200
Neilson, Robert H., atty	Philadelphia	43	2,150	2,150
Nichols, Rev. E. E. B	Liverpool, N.S	35	1,750	1,750
Nicolls, Armine D	Lennoxville	5	250	250
Nicolls, Harriet M	do	4	200	200
O'Brien, Emma M	Montreal	168	8,400	8,400
Osborne, J. B	Toronto	30	1,500	1,500
Payzant, Godfrey P., in trust for Emma A. Paulin	Windsor, N.S	280	14,000	14,000
Penny, Eleanor E	Montreal	56	2,800	2,800
Perry, Horace P. A	Detroit	50	2,500	2,500
Peters, Henry	Halifax	69	3,450	3,450
Poston, William	Ottawa	125	6,250	6,250
Proudfoot, Caroline	Richmond, Que	56	2,800	2,800
Radford, Joseph	Tadousac	22	1,100	1,100
Reaves, George	Montreal	350	17,500	17,500
Reekie, Isabella	do	61	3,050	3,050
Risley, Samuel	Kingston	25	1,250	1,250
Ritchie, Mary	Halifax	25	1,250	1,250
Robinson, Francis	London	40	2,000	2,000
Rogers, Eliza J	Deans	69	3,450	3,450
Savage, Jean D	Montreal	16	800	800
Seels, John	Barrie	50	2,500	2,500
Sewell, Rev. Edmund W	Quebec	20	1,000	1,000
Sharples, Charles	do	60	3,000	3,000
Sharples, Charles	Bridgewater, N.S	194	9,700	9,700
Simpson, Wemyss McK	Sault Ste. Marie	89	4,450	4,450
Sinclair, Donald	Birr	10	500	500
Slater, Esther	Ottawa	80	4,000	4,000
Smart, Catherine S	Port Hope	16	800	800
Smith, Bennett	Halifax	210	10,500	10,500
Smith, Oliver S J	Elmvale	24	1,200	1,200
Smith, Sampson S. B	Halifax	34	1,700	1,700
Snider George	Owen Sound	86	4,300	4,300
Starr, George H	Halifax	32	1,600	1,600
Starr, George H., in trust	do	42	2,100	2,100
Strathy, Alexander	London	20	1,000	1,000
Strathy, James B	Kingston	10	500	500
Tamblyn, Thomas	Newcastle	80	4,000	4,000
Tandy, Thomas	Hamilton	20	1,000	1,000
Tessier, Hon. U. J	Quebec	120	6,000	6,000
Tunis, Susan	West Flamboro'	12	600	600
Turner, James W	Dartmouth, N S	20	1,000	1,000
Van Nostrand, John	Aurora	5	250	250
	Carried forward...	38,345	1,917,250	1,917,250

Canadian Bank of Commerce—Banque Canadienne de Commerce.

Names. — Noms.	Residence.	Number of Shares. — Nombre d'Actions.	Amount Paid. — Montant payé.	Amount Subscribed. — Montant souscrit.
			$	$
	Brought forward	38,345	1,917,250	1,917,250
Estate of the late—				
Vincent, Clara C.	Rupert's Land	26	1,300	1,300
Vincent, Eliza Anne	Moose Factory	26	1,300	1,300
Wainwright George H. R	Montreal	110	5,500	5,500
Walker, William	do	20	1,000	1,000
Weaver, George W	do	50	2,500	2,500
Webster Estate	do	65	3,250	3,250
Weir, Margaret M	Folkestone, Eng	172	8,600	8,600
West, Augustus W	Halifax	50	2,500	2,500
West, John C	do	100	5,000	5,000
Wilgress, George	Cobourg	25	1,250	1,250
Williams, Miles	Montreal	96	4,800	4,800
Wilson, Hon. Charles	do	175	8,750	8,750
Wilson, William	Cumberland	415	20,750	20,750
Wood, Stephen	Peterboro'	19	950	950
Wood, William	Port Rowan	41	2,050	2,050
Woodruff, Richard	St. Catharines	41	2,050	2,050
Young, John R	Quebec	80	4.000	4,000
Falconbridge, Elisa G	Toronto	65	3,250	3,250
Farlinger, Isabella F	Morrisburg	25	1,250	1,250
Farrell, Letitia	Halifax	50	2,500	2,500
Farrell, Teresa	do	50	2,500	2,500
Fauquier, Edward F	Toronto	300	15,000	15,000
Fauvel, John B	Point St. Peter, Que	10	500	500
Fay, Wilhelmina	Bridgetown, N.S	25	1,250	1,250
Fearman, Frances	Hamilton	2	100	100
Fearman, Frederick W	do	112	5,600	5,600
Feeney, Farrel C	Toronto	3	150	150
Fellowes, Mary	Montreal	25	1,250	1,250
Ferguson, Hugh M	Toronto	4	200	200
Ferguson, Socorro	Galt	40	2,000	2,000
Fergusson & Blaikie	Toronto	160	8,000	8,000
Ferral, Maggie	Oakville	2	100	100
Ferral, Robt	Galt	10	500	500
Ferrie, Alexander E	Hamilton	4	200	200
Ferrie, Maud	do	16	800	800
Finck, Jane	Lunenburg, N.S	70	3,500	3,500
Findlay, W. F. and W. R. Macdonald	Hamilton	68	3,400	3,400
Findlay, David	Sorel	40	2,000	2,000
Fisher, David, in trust	Bowmanville	60	3,000	3,000
Fisher, Eliza A	Montreal	1	50	50
Fisher, Caroline	Hamilton	21	1,050	1,050
Fisher, Margaret H	Montreal	44	2,200	2,200
Fisher, Susannah C	do	200	10,000	10,000
Fitton, Henry W	Orillia	30	1,500	1,500
Fitton, Lilias	Toronto	4	200	200
Fitzgerald, Ed. G., trustee	do	25	1,250	1,250
Fitzgerald, Georgina B	do	52	2,600	2,600
Flavelle, Joseph W	do	370	18,500	18,500
Fletcher, Rev. Donal H	Hamilton	10	500	500
Flint, Jerome T	Rock Island	10	500	500
Foley, Margt. A. J., usufructuary	Montreal	25	1,250	1,250
Foley, Michael S	do	5	250	250
Folingsby, Joseph B	Toronto	100	5,000	5,000
Forbes, Andrew L	Ottawa	43	2,150	2,150
Forbes, A. McKenzie	Montreal	1	50	50
Forbes, Matilda T	do	49	2,450	2,450
Ford, Annie R	Kingston	57	2,850	2,850
Forrest, Annie P	Halifax	31	1,550	1,550
Forrest, Samuel S	do	40	2,000	2,000
Forrester, William	Mitchell	2	100	100
	Carried forward	42,117	2,105,850	2,105,850

Canadian Bank of Commerce—Banque Canadienne de Commerce.

Names. — Noms.	Residence.	Number of Shares. — Nombre d'Actions.	Amount Paid. — Montant payé.	Amount Subscribed. — Montant souscrit.
			$	$
	Brought forward......	42,117	2,105,850	2,105,850
Forsythe, Rev. Joseph	Cardinal	42	2,100	2,100
Foster, Elizabeth	Weston	6	300	300
Fowler, Huldah	London	8	400	400
Francis, Wellington, in trust	Toronto	50	2,500	2,500
Fraser, Annie	New Glasgow, N.S	80	4,000	4,000
Fraser, Duncan A, M.D	Halifax	9	450	450
Fraser, Jane, in trust	Quebec	12	600	600
Fraser, Rev. James W	Pictou, N.S	114	5,700	5,700
Fraser, Jessie G	Halifax, N.S	33	1,650	1,650
Fraser, Robt. W	do	400	20,000	20,000
Fraser, Robt. W., in trust	do	60	3,000	3,000
Fraser, Thomas E	Toronto	80	4,000	4,000
Fraser, Thos. E., Jessie G. Fraser, and Jas. J. Bremner, in trust	do and Halifax	40	2,000	2,000
Fraser' William	Grafton	8	400	400
Fraser, Hon. Wm., in trust	Kildonan	4	200	200
Fraser, William J	Halifax	40	2,000	2,000
Freeman, Annie	Bridgetown, N.S	16	800	800
French, Helen	Los Angeles	125	6,250	6.250
French, Magdalene	Montreal	64	3,200	3,200
Fulton, Robt. Rennie	Woodstock	30	1,500	1,500
Gage, Wm. J	Toronto	200	1,00[illegible]	10,000
Gairdner, Ann S	Montreal	45	2,250	2,250
Gamble, Bertha G	Toronto	6	300	300
Gamble Clark *et al.*, trustees of the Boak Trust Fund	do	6	300	300
Garrett, Alex	Pottersburg	11	550	550
Garrett, Henry A	Niagara	60	3,000	3,000
Gash, Jane	Dunnville	10	500	500
Gauntlett, Harriet	Montreal	5	250	250
Gaviller, Edwin A	Hamilton	40	2,000	2,000
Geggie, David H	Quebec	35	1,750	1,750
Geddes, David	Etang du Nord, Magdalen Islands	16	800	800
Gemley, Charlotte M	Simcoe	5	250	250
Gentle, Anna H., curatrix	Montreal	50	2,500	2,500
Gibb, M. Caroline	do	150	7,500	7,500
Gibbons, Robert	Goderich	134	6,700	6,700
Gibson, Elizabeth M	Hamilton	40	2,000	2,000
Gilbert, Mary E	Toronto	4	200	200
Gilchrist, Agnes S	do	10	500	500
Gilder, Caledon F	Montreal	130	6,500	6,500
Gildersleeve, Lucretia A. M	Kingston	3	150	150
Gill, Jane E	Montreal	20	1,000	1,000
Gill, Robert	Ottawa	10	500	500
Gillespie, Alex	Hamilton	15	750	750
Gillies, Wm	Carleton Place	146	7,300	7,300
Gilmour, Alberta M	Ottawa	50	2,500	2,500
Gilmour, Allan & R. Gill, trustees	do	50	2,500	2,500
Gilmour, Thomas	Toronto	140	7,000	7,000
Gilson, Wm. Russell	Santa Ana, Cal	16	800	800
Girdwood, Fanny M	Montreal	13	650	650
Glenney, Wm. in trust	Oshawa	16	800	800
Goad, Chas. E	Toronto	50	2,500	2,500
Godkin, Benjamin	Bay City, Mich	63	3,150	3,150
Goldie, Alex. R	Galt	54	2,700	2,700
Goldie, Isabella M., Robt. Neilson, John Goldie & G. E. Goldie, guardians	do	111	5,550	5,550
Goldie, James	Guelph	20	1,000	1,000
Goldie, Margaret	Galt	95	4.750	4,750
Goldie, Rebecca G	do	80	4,000	4,000
	Carried forward ...	45,247	2,262,350	2,262,350

Canadian Bank of Commerce—Banque Canadienne de Commerce.

Names. — Noms.	Residence.	Number of Shares. — Nombre d'Actions.	Amount Paid. — Montant payé.	Amount Subscribed. — Montant souscrit.
			$	$
	Brought forward...	45,247	2,262,350	2,262,350
Gordon, Eliza S	Halifax	20	1,000	1,000
Gordon, George	Embro	5	250	250
Gordon, John W	Hawarden, Iowa	5	250	250
Gordon, Lucy K	Halifax	125	6,250	6,250
Gordon, Robert H	Toronto	20	1,000	1,000
Gossip, Helen W.	Halifax	5	250	250
Gouinlock, Geo	Toronto	4	200	200
Gourdeau, Monica	Quebec	2	100	100
Gourlay, Emily E. E., in trust	Hamilton	62	3,100	3,100
Governors of Dalhousie College	Halifax	290	14,500	14,500
Gowan, Hon. Jas. R	Barrie	90	4,500	4,500
Gowans, John	Toronto	53	2,650	2,650
Graham, Dugald	Ormstown	33	1,650	1,650
Grant, Alicia F	Halifax	10	500	500
Grant, Asenath	Hamilton	12	600	600
Grant, Caroline	London, Eng	26	1,300	1,300
Grant, Rev. Geo. M	Kingston	22	1,100	1,100
Grant, Harriet J	St. Stephen, N. B	10	500	500
Grant, Laura McN	Halifax	40	2,000	2,000
Grant, Robert	Quebec	20	1,000	1,000
Grantham, Chas. T	Yarmouth	60	3,000	3,000
Grasett, Henry J	Waterloo	50	2,500	2,500
Grasett, Margt. L. Y	Simcoe	27	1,350	1,350
Graves, Arthur B., Alex. Laird & F. A. Baker, special trustees in U. S. of Western "Assurance" Co	New York	800	40,000	40,000
Gray, Ann	Don, Ont	5	250	250
Gray, Rev. John, D.D., in trust	Orillia	71	3,550	3,550
Gray, Robt. Bruce	Pembroke	85	4,250	4,250
Gray, William	New York	4	200	200
Greer, Sarah A	Brantford	10	500	500
Gregor, Emily M	Halifax	16	800	800
Gregsten, John, in trust for E. H. G	Liverpool, Eng	45	2,250	2,250
Grier, Henry	Halifax	15	750	750
Grier, M. C. Beatrice	Toronto	5	250	250
Griffith, Mary J	Byron	4	200	200
Griffin, Henry W	Ottawa	10	500	500
Griffin, Wm. Henry, C.M.G	Claygate, Surrey, Eng	120	6,000	6,000
Griffin, Rev. W. S. and Edward Gurney, treasurers of superannuation fund of Methodist Church	Toronto	63	3,150	3,150
Grist, Henry	Ottawa	21	1,050	1,050
Grove, Penelope	Beaver Bank, N.S	18	900	900
Guillet, Elise	Cobourg	3	150	150
Gundry, Frederick	London, Eng	20	1,000	1,000
Gunn, Eliza M	London	11	550	550
Gunn, Henry J	Niagara Falls	8	400	400
Guy, Michael P., in trust	Montreal	60	3,000	3,000
Gzowski, Sir Casimir S	Toronto	232	11,600	11,600
Hackland, Marguerite	do	14	700	700
Hagar, Chas. W., curator for George F. Hagar	Montreal	56	2,800	2,800
Hague, George	do	70	3,500	3,500
Haig, Marion E	Brooklyn, N.Y	12	600	600
Hale, Frances A	Tunbridge Wells, Eng	30	1,500	1,500
Hale, Henrietta	do do	30	1,500	1,500
Hale, Jeffrey	Brantford	58	2,900	2,900
Hale, Louisa G	do	50	2,500	2,500
Halifax Fire Insurance Co	Halifax	200	10,000	10,000
Hall, Agnes	Montreal	12	600	600
Hall, Marion E	do	3	150	150
	Carried forward...	48,399	2,419,950	2,419,950

Canadian Bank of Commerce—Banque Canadienne de Commerce.

Names. — Noms.	Residence.	Number of Shares. — Nombre d'actions.	Amount Paid. — Montant payé.	Amount Subscribed. — Montant souscrit.
			$	$
	Brought forward...	48,399	2,419,950	2,419,950
Hall, Mary	Ottawa	30	1,500	1,500
Halson, Christian	Toronto	10	500	500
Halson, Kate E. and Margt. M	do	40	2,000	2,000
Haly, Geraldine M	London, Eng	64	3,200	3,200
Hamilton, Alice M	Montreal	55	2,750	2,750
Hamilton, Rt. Rev. Chas	Ottawa	119	5,950	5,950
Hamilton, Digby John	Winnipeg	12	600	600
Hamilton, Edmund C	3rd Regiment of Hussars	150	7,500	7,500
Hamilton, Frances L. H	Ottawa	9	450	450
Hamilton, Geo. W. and Frank Hilton Green, trustees	Montreal	77	3,850	3,850
Hamilton, George W. and Rev. Edmund Wood, in trust	do	76	3,800	3,800
Hamilton, Isabella	Quebec	73	3,650	3,650
Hamilton, Janet	Dundas	30	1,500	1,500
Hamilton, John	Quebec	50	2,500	2,500
Hamilton, John and Geo. W., in trust	Montreal	75	3,750	3,750
Hamilton, Rev. John B	Dundas	30	1,500	1,500
Hamilton, Robert	Quebec	309	15,450	15,450
Hamilton, Wm. B	Toronto	200	10,000	10,000
Hammond, Rachael S	Lockeport, U.S	6	300	300
Handyside, Charles	Montreal	25	1,250	1,250
Handyside, Charles, in trust	do	5	250	250
Handyside, Mary B	Ottawa	18	900	900
Harcourt, Hon. Richd., treasurer of Ontario, in trust *re* Currie Estate	Toronto	100	5,000	5,000
Hardie, Maria G	Greenock, Scot	25	1,250	1,250
Harris, Frances J	Hamilton	20	1,000	1,000
Harris, Frederick J	do	6	300	300
Harris, Julia A	do	20	1,000	1,000
Harris, Mary Ann	do	20	1,000	1,000
Harris, Mary Horwood	do	19	950	950
Harris, Wm. James, in trust	do	14	700	700
Hart, Catherine McL	Montreal	5	250	250
Hart, Isabella M	Winnipeg	4	200	200
Hart, Jairus	Halifax	20	1,000	1,000
Hartney, Annabella	Toronto	215	10,750	10,750
Hartney, Margaret R	do	232	11,600	11,600
Hartshorne, Mary A	London, Eng	20	1,000	1,000
Harvey, Emily F	Cambridge, Mass	7	350	350
Harvey, Isabella O	Cobourg	7	350	350
Haskell, Martha M	Derby Line, Vt., U.S.A	50	2,500	2,500
Hassard, Thomas	Caledonia	12	600	600
Hawley, Alex	Ottawa	20	1,000	1,000
Haynes, Maria D	St. Catharines	20	1,000	1,000
Heartz, Rev. Wm. H	Halifax	15	750	750
Hedges, Emma A. and Louisa E.	Newcastle	60	3,000	3,000
Hedges, Fredk. J	do	30	1,500	1,500
Helliwell, Abigail	Toronto	40	2,000	2,000
Helliwell, Minnie F	do	80	4,000	4,000
Helliwell, Thomas	do	80	4,000	4,000
Hendershot, Alice M	St. John, N.B	75	3,750	3,750
Henderson, Annie J	Boston	15	750	750
Henderson, John	Ottawa	40	2,000	2,000
Henderson, Lucy E	Hamilton	19	950	950
Hendrie, William	do	50	2,500	2,500
Henry, Arthur R	Quebec	40	2,000	2,000
Hepburn, Minnie	Montreal	50	2,500	2,500
Heward, Clarence E	Toronto	1	50	50
Hewson, Fanny M. B	Niagara Falls	17	850	850
Heyden, Barbara	Toronto	17	850	850
	Carried forward	51,327	2,566,350	2,566,350

Canadian Bank of Commerce—Banque Canadienne de Commerce.

Names. — Noms.	Residence.	Number of Shares. — Nombre d'Actions.	Amount Paid. — Montant payé.	Amount Subscribed. — Montant souscrit.
			$	$
	Brought forward...	51,327	2,566,350	2,566,350
Hicks, John and Benj. G. Gray	Halifax	8	400	400
Higgin, T. Chippindall	Dublin, Ireland	800	40,000	40,000
Higginson, Alex. T	Montreal	50	2,500	2,500
Hill, Hamnett, M.D	Ottawa	198	9,900	9,900
Hill, Harriet E. G	Toronto	5	250	250
Hill, Henrietta M	do	25	1,250	1,250
Hilton, William	Montreal	110	5,500	5,500
Hilton-Green, Louisa H	do	27	1,350	1,350
Hime, H. L. and H. W. Fitton, trustees	Toronto	14	700	700
Hind, Henry Y	Windsor, N.S	60	3,000	3,000
Hinde, George J	South Croydon, Eng	400	20,000	20,000
Hinds, Catharine, M. Shanacy and A. Urquhart, guardians	Barrie	13	650	650
Hislop, Sarah J. V	Cadellac, Mich	21	1,050	1,050
Hobson, Margaret A	Toronto	45	2,250	2,250
Hodgins, Frank E., trustee	do	46	2,300	2,300
Hodgins, Harry B	do	40	2,000	2,000
Holmes, Bertha E. P	Barrie	3	150	150
Holmes, Christina E	Parrsboro', N.S	6	300	300
Holt, Chas. M	Montreal	10	500	500
Holton, Edward	do	15	750	750
Holton, Helen	do	60	3,000	3,000
Home Savings and Loan Co., Limited, in trust	Toronto	127	6,350	6,350
Hooper, John	St. Pierre Miquelon	16	800	800
Hopkins, Kitty Rowell	Port Colborne	75	3,750	3,750
Hopkins, Samuel	do	300	15,000	15,000
Horsey, Alfred J., M.D	Ottawa	20	1,000	1,000
Horning, Margaret	Dundas	21	1,050	1,050
Hoskin, John, Q.C., LL.D	Toronto	100	5,000	5,000
Hoskin, Mary Agnes	do	47	2,350	2,350
Hossack, Alma J	Quebec	20	1,000	1,000
Hossack, Barbara	Cobourg	8	400	400
Hossack, Isabella B	Evanston, Ill	20	1,000	1,000
Houlton, Henry	Adelaide	62	3,100	3,100
House, Franklin	Cobourg	40	2,000	2,000
Housman, Eva V	Quebec	65	3,250	3,250
Howard, Matilda A	Lachine	27	1,350	1,350
Howe, Etna D	Toronto	5	250	250
Howell, Jessie R., tutrix	Montreal	20	1,000	1,000
Howitt, Chas. E	Guelph	40	2,000	2,000
Howitt, Chas. E., in trust	do	20	1,000	1,000
Howland, Lady Elizabeth M	Toronto	28	1,400	1,400
Hubbard, Arminger J	do	15	750	750
Hubertus, Isabella	do	10	500	500
Hudon, Rev. E. E	Pont Rouge	5	250	250
Hughes, R. W. Bulkeley	Bangor, N. Wales	20	1,000	1,000
Hunt, Aubrey S	Dartmouth, N.S	10	500	500
Hunter, David	Halifax	50	2,500	2,500
Hunter, David, trustee	do	20	1,000	1,000
Hunter, Georgina	Montreal	17	850	850
Husband, Agnes	Paspebiac	20	1,000	1,000
Hutchings, Rev. R. F	Arundel	5	250	250
Hutton, Frederick W	St. Mary's	5	250	250
Hutton, Sarah H	do	5	250	250
Hyslop, Margaret I	Toronto	244	12,200	12,200
Ilsley, Emma H., guardian of minor children of late J. Campbell	Kentville, N.S	15	750	750
Inglis, Katharine M	Lapeer, Mich	37	1,850	1,850
Innes, James	Guelph	30	1,500	1,500
	Carried forward ...	54,852	2,742,600	2,742,600

Canadian Bank of Commerce—Banque Canadienne de Commerce.

Names. — Noms.	Residence.	Number of Shares. — Nombre d'Actions.	Amount Paid. — Montant payé.	Amount u — Montant souscrit.
			$	$
	Brought forward...	54,852	2 742,600	2,742,600
Institution for Deaf and Dumb	Halifax	100	5,000	5,000
Ireland, Alex. H	Toronto	5	250	250
Ireland, Geo. E	Kingston	10	500	500
Ireland, Francis C	do	10	500	500
Ireland, Laura O'N	Toronto	31	1,550	1,550
Irvine, John	Harriston	35	1,750	1,750
Irvine, Matthew	do	38	1,900	1,900
Irving, Gugy A. E	New York	95	4,750	4,750
Irving, L. Homfray	Toronto	95	4,750	4,750
Irving, Paulus A. E	Victoria, B.C	95	4,750	4,750
Irving, Paulus A. E. and Gugy A. E.	do and New York	5	250	250
Irwin, Lt.-Col. de la C. T.	Ottawa	27	1,350	1,350
Irwin, Isabella	do	28	1,400	1,400
Irwin, James	Prescott	40	2,000	2,000
Irwin, Joseph M	Galt	6	300	300
Jack, Andrew M	Halifax	10	500	500
Jackson, Chas. A., tutor to Constance M. Jackson	Montreal	5	250	250
Jackson, George A	London	16	800	800
Jamieson, George A	Ship Harbour, N.S	20	1,000	1,000
Jamieson, Jessie L	Toronto	30	1,500	1,500
Jamieson, Robert C	Montreal	38	1,900	1,900
Jamieson, R. C., and And. S. Ewing, in trust	do	58	2,900	2,900
Janes, Erie Jane, usufructuary	do	11	550	550
Janes, Mary F., usufructuary	do	11	550	550
Jarman, Alice Mary	Toronto	28	1,400	1,400
Jarvis, Æmelius D. J., in trust	do	115	5,750	5,750
Jemmett, Francis G., in trust for Alex. and Phœbe L. Jemmett	Ottawa	4	200	200
Jemmett, Maria and Arthur R., trustees	Wimbledon, Eng	81	4,050	4,050
Jemmett, Maria, Arthur R. and M. H. Jemmett, trustees	do	35	1,750	1,750
Jermain, Edward J	Lee, Kent, Eng	21	1,050	1,050
Johnson, Alex	Montreal	37	1,850	1,850
Johnson, Alex. R., and Rev. B. Watkins, in trust	do and London	95	4,750	4,750
Johnson, Herbert	Stratford	30	1,500	1,500
Johnson, John	Drummondville	14	700	700
Johnson, Martin	Barrie	170	8,500	8,500
Johnson, Thomas	Bracebridge	10	500	500
Johnston, Mary	Oakville	67	3,350	3,350
Jones, Hon A. G, and H. T. Jones	Halifax	576	28,800	28,800
Jones, Hon. A. G., and H T. Jones, trustees	do	387	19,350	19,350
Jones, Edwin	Quebec	41	2,050	2,050
Jones, Rev. John	Montreal	25	1,250	1,250
Jones, Rt. Rev. Llewellyn, DD	St. John's, Nfld	40	2,000	2,000
Jones, Marion C	Stamford	6	300	300
Jones, Wm. J., M.D	Prescott	20	1,000	1,000
Jordan, Louis H., in trust	Toronto	102	5,100	5,100
Kaulbach, Rev. James A	Truro, N.S	40	2,000	2,000
Kaulbach, Sophia	do	3	150	150
Kay, Ellen C	Toronto	70	3,500	3,500
Kay, Frank	do	50	2,500	2,500
Kay, Helen	do	73	3,650	3,650
Keagey, Isabella	Dundas	150	7,500	7,500
Keith, Agnes	Toronto	12	600	600
Keith, Donald	Halifax	150	7,500	7,500
Kelley, Frederick W., Ph.D	Montreal	50	2,500	2,500
Kelley, Jean Livingstone	do	30	1,500	1,500
Kelly, John	Carillon	30	1,500	1,500
	Carried forward...	58,233	2,911,650	2,911,650

Canadian Bank of Commerce—Banque Canadienne de Commerce.

Names. — Noms.	Residence.	Number of Shares. — Nombre d'Actions.	Amount Paid. — Montant payé.	Amount Subscribed. — Montant souscrit.
			$	$
	Brought forward...	58,233	2,911,650	2,911,650
Kemp, David, in trust for Rebecca A. Goodfellow	Toronto	11	550	550
Kennedy, Anne	Hamilton	3	150	150
Kennedy, Aurora A. C	do	3	150	150
Kenny, Margaret	Brampton	10	500	500
Kenny, John	do	20	1,000	1,000
Kent, Thomas	London	26	1,300	1,300
Kerr, Emily M	Toronto	29	1,450	1,450
Kerr, John W	do	10	500	500
Kerr, Letitia A	Halifax	125	6,250	6,250
Kerr, Wm. A. H	Toronto	8	400	400
Kilgour, Jean	do	10	500	500
Kilgour, Joseph	do	11	550	550
Kilgour, Robert	do	250	12,500	12,500
Kilgour, Wm. A	Berlin	8	400	400
King, Edwin F	Kingston	250	12,500	12,500
King, Emma	Lyster	103	5,150	5,150
King, Frances	Kingston	50	2,500	2,500
Kingsley, Elizabeth M	Toronto	92	4,600	4,600
Kirk, David	Collingham, Eng.	164	8,200	8,200
Kirk, Jas. F., manager, in trust	Toronto	23	1,150	1,150
Kirk, Lavinia T	Antigonish	26	1,300	1,300
Kirkland, Thomas	Toronto	175	8,750	8,750
Kirkpatrick, Sir Geo. A	do	3	150	150
Kirkpatrick, Harriet B	Kingston	3	150	150
Kirvan, Elizabeth	Toronto	100	5,000	5,000
Kittermaster, Frederic W	Sarnia	20	1,000	1,000
Kittson, Alice H	Hamilton	2	100	100
Kittson, Edmund G	do	20	1,000	1,000
Kittson, Harriet	do	12	600	600
Klingenfeld, Marie M	Toronto	15	750	750
Knapp, Frederick A.	do	2	100	100
Knapp, L'Amie	do	13	650	650
Knowlan, Jane McL	Bedford, N.S	13	650	650
Knowlan, Lucy A	Halifax	7	350	350
Knowlton, Almas A	Waterloo, Que	40	2,000	2,000
Kynoch, Josephine	Galt	46	2,300	2,300
La Caisse d'Économie de Notre Dame de Québec, in trust	Quebec	320	16,000	16,000
Laidlaw, Robert	Toronto	40	2,000	2,000
Laidlaw, Robt, Angus McColl and W. D. Logie, executors	do and Hamilton	20	1,000	1,000
Laing, David A	Cachar, India	94	4,700	4,700
Laing, Donaldina J. W., universal legatee and executrix	London, Eng	264	13,200	13,200
Laing, Dora H. H	do	34	1,700	1,700
Laing, Nora P. S	do	34	1,700	1,700
Lairg, Alexander	New York	10	500	500
Lamb, Frederick H	Hamilton	18	900	900
Landon, Zebulon	Simcoe	200	10,000	10,000
Lannigan, Arvilla	Galt	1	50	50
Lathern, Mary E	Halifax	10	500	500
Laurie, Duncan	Quebec	120	6,000	6,000
Laurie, John W	Oakfield, N.S	40	2,000	2,000
Laurie, Mary Beatrice	do	31	1,550	1,550
Lawler, Annie L	Toronto	43	2,150	2,150
Lawler, E. Gertrude	do	43	2,150	2,150
Lawlor, Alex. E	Dartmouth	17	850	850
Lawson, Frances M	Halifax	8	400	400
Lawson, Sarah M.	do	20	1,000	1,000
Layfield, Isabella	Stornoway	8	400	400
Layton, David B	Toronto	20	1,000	1,000
	Carried forward	61,331	3,066,550	3,066,550

Canadian Bank of Commerce—Banque Canadienne de Commerce.

Names. — Noms.	Residence.	Number of Shares. — Nombre d'Actions.	Amount Paid. — Montant payé.	Amount Subscribed — Montant souscrit.
			$	$
	Brought forward......	61,331	3,066,550	3,066,550
Leach, James......	Toronto......	15	700	700
Leaper, Helen Murray......	Claremont......	8	400	400
Learmont, Agnes......	Montreal......	40	2,000	2,000
Learmont, Jos. and David L., in trust..	do	150	7,500	7,500
Learmont, William J......	do	40	2,000	2,000
Learmont, Wm. J., in trust......	do	30	1,500	1,500
Lee, Alice E. M......	Ottawa......	18	900	900
Lee, Alice J......	do	6	300	300
Lee, Isabella......	Angus	13	650	650
Lee, Rosamond L. W......	Ottawa......	17	850	850
Lee, Thomas J......	Angus......	12	600	600
Lefroy, Harold B......	Toronto	8	400	400
Leggat, Matthew......	Hamilton......	1,250	62,500	62,500
Le Mesurier, Wm. G., tutor to his three children......	Montreal	14	700	700
Lenfesty, John A......	Galt......	20	1,000	1,000
Lenoir, Alfred E......	Arichat, N.S......	6	300	300
LePan, Fred. N. D'O......	Owen Sound......	560	28,000	28,000
Le Pine, Robert T......	Halifax......	4	200	200
Leslie, Wm. Gasper......	Grindstone, Magdalen Is.	50	2,500	2,500
Levy, Henriette C......	Montreal......	6	300	300
Lewin, Georgiana......	Kingston......	6	300	300
Lewin, Mary......	do	30	1,500	1,500
Lewin, Rev. William......	do	12	600	600
Lewis, David A., and George E. Hague, in trust......	Montreal and Kingston...	6	300	300
Lewis, Ellen......	Toronto	6	300	300
Lewis, Helen......	Kingston	26	1,300	1,300
Lewis, Jane H......	Yarmouth	12	600	600
Lewis, Mary H......	Collingwood......	6	300	300
Lewis, Wm. Jarrett......	Halifax......	182	9,100	9,100
Liddell, Victoria and Robert M., tutors to Thos. G. Hanrahan......	Montreal	250	12,500	12,500
Lightbourn, Augusta S......	Toronto	5	250	250
Lightbourn, Ethel L......	do	5	250	250
Lightbourn, Laura A......	do	3	150	150
Lindsay, Ven. Arch. David......	Waterloo, Que......	25	1,250	1,250
Lindsay, James, in trust......	Montreal......	4	200	200
Lindsay, Jane......	Brantford......	15	750	750
Lindsay, Rev. Peter......	Toronto	10	500	500
Lindsay, Zoe......	Quebec......	12	600	600
Lister, Emily C., jr......	Hamilton......	3	150	150
Lithgow, James R., in trust......	Halifax......	30	1,500	1,500
Lithgow, J. R., and H. G. Bauld, in trust......	do	60	3,000	3,000
Little, Bettie......	Pelee Island......	40	2,000	2,000
Little, William N......	Kingston	20	1,000	1,000
Lloyd, Henrietta, tutrix......	Sherbrooke	42	2,100	2,100
Locke, Sarah E......	Weston	20	1,000	1,000
Lockwood, Eliza......	Delaware......	1	50	50
Logan, Jane......	Ticonderoga, U.S......	9	450	450
Logie, Margaret......	Hamilton......	150	7,500	7,500
Longworth, Israel, John Y. Payzant and Rev. Henry McN. Smith, executors in trust for Alice M. Smith......	Truro and Halifax......	69	3,450	3,450
Longworth, Israel, trustee for Mrs. St. Barbe Smith......	Truro, N.S......	23	1,150	1,150
Longworth, Israel and Margt. Smith, trustees for Agnes Saer......	Truro and Halifax......	71	3,550	3,550
Lonsdale, Thos. Henry, in trust......	Montreal......	27	1,350	1,350
Louis, Daniel......	Quebec......	200	10,000	10,000
	Carried forward....	64,978	3,248,900	3,248,900

Canadian Bank of Commerce—Banque Canadienne de Commerce.

Names. — Noms.	Residence.	Number of Shares. — Nombre d'Actions.	Amount Paid. — Montant payé.	Amount Subscribed. — Montant souscrit.
			$	$
	Brought forward...	64,978	3,248,900	3,248,900
Louis, Joseph	Quebec	21	1,050	1,050
Love, Rev. And. T	do	7	350	350
Lumsden, Elizabeth	Newcastle	100	5,000	5,000
Lunn, Emma H	Montreal	90	4,500	4,500
Lyman, Albert C	do	21	1,050	1,050
Lyman, Albert C., in trust for C. S. L.	do	1	50	50
Lyman, Florence A	do	2	100	100
Lyman, Fred S	do	25	1,250	1,250
Lyman, Mary C	do	37	1,850	1,850
Lyman, Walter E	do	4	200	200
Lynk, Donald	Sydney River, N.S	40	2,000	2,000
Lyon, Nettie	Toronto	10	500	500
Madden, Eliza	Burlington	21	1,050	1,050
Maddison, Esther A	Toronto	19	950	950
Malloch, Alice M	Hamilton	27	1,350	1,350
Malloch, Archibald E	do	8	400	400
Malloch, Arch. E., executor in trust for Harold Malloch	do	20	1,000	1,000
Malloch, Edward George	Perth	22	1,100	1,100
Malloch, Francis S. and A. E. Malloch, in trust for Harold Malloch	Hamilton	15	750	750
Malloch, Geo., in trust for A. M. Malloch	Arnprior	7	350	350
Malloch, Mary S	Hamilton	40	2,000	2,000
Malloch, Stewart E	do	26	1,300	1,300
Mallon, Alice	Montreal	10	500	500
Mallory, Geo J	Brockville	100	5,000	5,000
Malzard, Lillian	Beaumont, Jersey	17	850	850
Manuel, John	Ottawa	8,925	446,250	446,250
Marmand, Felix L	Moncton	14	700	700
Marsh, Anna B	Aurora	21	1,050	1,050
Marsh, Wm. A	Quebec	20	1,000	1,000
Marshall, Susannah H	Montreal	10	500	500
Martin, Catherine L	Hamilton	10	500	500
Martin, Edward	do	243	12,150	12,150
Martin, Edward, trustee for A. F. R. Martin	do	3	150	150
Martin, Edward, trustee for Mrs. Ethel M. S. Baldwin	do	80	4,000	4,000
Martin, Edward and Fred. Colquhoun, trustees	do	159	7,950	7,950
Martin, Emily F	do	10	500	500
Martin, Fred. O	Tp. Seneca	100	5,000	5,000
Martin, Mariana M	Hamilton	8	400	400
Mason, John	Belvidere, Ill	30	1,500	1,500
Mason, Laura A	London	10	500	500
Massey, Anna V	Toronto	100	5,000	5,000
Massey, Chester D	do	15	700	750
Massey, Hart A (deceased)	do	60	3,000	3,000
Massey, Mary C	do	6	300	300
Massue, Appoline E	Montreal	100	5,000	5,000
Matthew, Douglas F	Walkerville	25	1,250	1,250
Maurice, Rev. R. R	Knutsford, Eng	21	1,050	1,050
Maver, Jessie	Pickering	63	3,150	3,150
Mawdesley, James W	Thorold	2	100	100
May, Archie F	Ottawa	15	750	750
Maynard, Wm., jr., surviving trustee	Stratford	13	650	650
Merritt, Thos. R	St. Catharines	80	4,000	4,000
Metzler, Margaret F	Cardinal	17	850	850
Michie, Sophie	Toronto	97	4,850	4,850
Midgley, Mary Ann	do	14	700	700
Midgley, Nancy	Woodstock	11	550	550
	Carried forward	75,950	3,797,500	3,797,500

Canadian Bank of Commerce—Banque Canadienne de Commerce.

Names. — Noms.	Residence.	Number of Shares. — Nombre d'Actions.	Amount Paid. — Montant payé.	Amount Subscribed. — Montant souscrit.
			$	$
	Brought forward...	75,950	3,797,500	3,797,500
Millar, David E	Thorold	8	400	400
Millar, James E	Brantford	12	600	600
Millen, George H	Hull	60	3,000	3,000
Miller, Elizabeth F	Montreal	7	350	350
Miller, Pauline C. Lash	Toronto	90	4,500	4,500
Miller, Hon. Wm	Arichat, N.S	250	12,500	12,500
Miller, Wm. R., curator, and Etheldred N. Benson, Institute	Montreal	33	1,650	1,650
Mills, Rose A., tutor	Hamilton	33	1,650	1,650
Mills, James H	do	50	2,500	2,500
Mills, Lily	Toronto	35	1,750	1,750
Milne, Alice	Mansewood	16	800	800
Milne, Amy E	Montreal	80	4,000	4,000
Milne, James	Hamilton	2	100	100
Ministers' Widows and Orphans' Fund of the Synod of the Maritime Provinces of the Presbyterian Church in Canada	Halifax	27	1,350	1,350
Mitchell, Anna McL	do	6	300	300
Mitchell, Catherine J	do	14	700	700
Mitchell, George	do	3	150	150
Mitchell, George, in trust	do	3	150	150
Mitchell, Geo. and Arch. S., trustees	do	5	250	250
Mitchell, Geo. McG	do	6	300	300
Mitchell, Ida M	do	6	300	300
Mitchell, Mary E	Toronto	40	2,000	2,000
Moat, Robt	Ecceshall, Staffordshire, Eng	34	1,700	1,700
Moat, & Co., Robt	Montreal	69	3,450	3,450
Moderwell, Malcolm C	Stratford	20	1,000	1,000
Moloney, Mabel S	do	16	800	800
Molson, Agnes	Chelmsford, Eng	118	5,900	5,900
Molson, John Elsdale	Montreal	180	9,000	9,000
Molson, John T	do	800	40,000	40,000
Molson, Louisa G. F	do	100	5,000	5,000
Molson, Sarah E	London, Eng	22	1,100	1,100
Montizambert, Chas. E. and H. T. Machin, in trust	Quebec	251	12,550	12,550
Montreal City and District Savings B'k	Montreal	1,326	66,300	66,300
Montreal St. Bridget's Refuge	do	190	9,500	9,500
Montreal St. Patrick's Orphan Asylum	do	362	18,100	18,100
Moody, Catherine L	Yarmouth	31	1,550	1,550
Moore, Catharine A., Emily Moore and Eleanor S. Moore	Picton	10	500	500
Moore, Alvin J	Goderich	10	500	500
Moore, James	Montreal	80	4,000	4,000
Moore, Lillian A	Ottawa	25	1,250	1,250
Morden, Rebecca A	Hamilton	20	1,000	1,000
Morehouse, Henrietta L	Yarmouth	3	150	150
Morehouse, Lucy A	do	3	150	150
Morgan, Joseph	Walkerton	6	300	300
Morgan, Susan F	Barrie	12	600	600
Morrin, John and Hugh McCall	Belle Rivière & St. Joseph du Lac	3	150	150
Morris, H. H., in trust for Mrs. E. Morris	Barrie	28	1,400	1,400
Morris, Lucy	Halifax	10	500	500
Morton, David	Hamilton	100	5,000	5,000
Morton, Ed. D. and Henry H. Strathy, trustees	Toronto and Barrie	10	500	500
Morton, Lemuel J	Halifax	50	2,500	2,500
Morton, Willis W	Randolph, Vt	20	1,000	1,000
	Carried forward	80,645	4,032,250	4,032,250

Canadian Bank of Commerce—Banque Canadienne de Commerce.

Names. — Noms.	Residence.	Number of Shares. — Nombre d'Actions.	Amount Paid. — Montant payé.	Amount Subscribed. — Montant souscrit.
			$	$
	Brought forward......	80,645	4,032,250	4,032,250
Mountain, Catherine S........	Calverton, Eng...........	13	650	650
Mulligan, John.........	Port Hope..................	170	8,500	8,500
Mulock, Sarah E. C..........................	Toronto	12	600	600
Mulock, William........	do	40	2,000	2,000
Municipality of Ancaster........................	Ancaster..	8	400	400
Munro, Bessie G..............................	New York..................	20	1,000	1,000
Munro, John............	do	70	3,500	3,500
Munro, Mary Violet......	Toronto....................	14	700	700
Murchie, Frederick M..............................	St. Stephen..................	230	11,500	11,500
Murphy, Denis..............	Ottawa.......................	240	12,000	12,000
Murphy William..	Barrie........................	8	400	400
Murray, Agnes E................................	Montreal	4	200	200
Murray, Annabella................................	do	88	4,400	4,400
Murray, Eliza F. Curatrix.........................	Massawippi....................	12	600	600
Murray, George....................................	Churchville..................	11	550	550
Murray, Rev. J. G..............................	Grimsby........................	3	150	150
Murray, Katharine G............................	Brantford......................	4	200	200
Murray, Martha J. H..............................	Churchville....................	42	2,100	2,100
Murray, William A................................	Montreal......................	4	200	200
Murray, W. Gow and Wm. Geo. Murray, in trust..	do	20	1,000	1,000
Murton, John W & Fred Raper, trustees	Hamilton and Toronto....	20	1,000	1,000
Muttlebury, Francis W............................	Toronto	16	800	800
Macaulay, Charlotte J............................	Kingston	3	150	150
Macbean, Isabella & Mary...	Los Angles.....................	52	2,600	2,600
MacCoy, Jessie W..............................	Halifax........................	19	950	950
Macdonald, Alex.......	St. Johns, Que..............	100	5,000	5,000
Macdonald, Charles	Halifax.........................	20	1,000	1,000
Macdonald, M.D., Charles F......	Hamilton......................	35	1,750	1,750
Macdonald, Duncan	St. Johns, Que................	178	8,900	8,900
Macdonald, Elleonora C	Ft. Qu'Appelle	14	700	700
Macdonald, Frances M............................	Toronto,........................	50	2,500	2,500
Macdonald, Helen..................................	Montreal.......................	24	1,200	1,200
Macdonald, John Duff..............................	Hamilton........................	12	600	600
MacDonald, Peter..................................	Toronto........................	25	1,250	1,250
Macdonnell, Harriette J............................	Montreal........................	2	100	100
MacDougall, Dora Lucy..........	do	35	1,750	1,750
MacDougall, Harriet Lucy........................	do	72	3,600	3,600
Macdougall, Isabell.........	Toronto........................	8	400	400
Macdougall, Jean A................................	do	14	700	700
MacDougall, John, usufructuary.........	Picton...........................	25	1,250	1,250
MacDougall Bros..................................	Montreal	50	2,500	2,500
MacDowell, Catherine............................	Toronto........................	16	800	800
MacEachern, Catherine..........................	Montreal......................	2	100	100
Macfarlane, Ann T................................	do	21	1,050	1,050
Macfarlane, Ann T., in trust..................	do	29	1,450	1,450
Macfarlane, Eliza M..............................	do	35	1,750	1,750
MacFiggins, Malcolm............................	Colborne.......................	60	3,000	3,000
MacGarvey, Mary.....	Hamilton.......................	40	2,000	2,000
MacGill, Mary A..................................	Montreal.....	10	500	500
MacGillivray, Clara D...	Kingston..	10	500	500
MacGregor, Jessie....	Mount Forest..................	12	600	600
MacGregor, Kate B..............................	do	8	400	400
Macintosh, Grant.........	do	2	100	100
Macintosh, John..................................	do	125	6,250	6,250
Macintyre, Peter M......	Edinburgh, Scot......	430	21,500	21,500
Mackay, Elizabeth, and J. B. Turner, trustees for Eliz. M. Newton	Hamilton.......	40	2,000	2,000
Mackay, Hugh A..................................	Berlin..........................	500	25,000	25,000
Mackeen, Jane K..................................	Glace Bay, C. B.............	16	800	800
	Carried forward....	83,788	4,189,400	4,189,400

Canadian Bank of Commerce—Banque Canadienne de Commerce.

Names. — Noms.	Residence.	Number of Shares. — Nombre d'Actions.	Amount Paid. — Montant payé.	Amount Subscribed. — Montant souscrit.
			$	$
	Brought forward...	83,788	4,189,400	4,189,400
Mackenzie, Charles	Sarnia	50	2,500	2,500
Mackerras, Margaret	Kingston	106	5,300	5,300
MacKinley, Andrew & Hon. Jas. N. Ritchie, trustees	Halifax	32	1,600	1,600
Maclaren, Alexander	Buckingham	200	10,000	10,000
Maclaren, John J	Toronto	34	1,700	1,700
Maclaren, Mary E	do	66	3,300	3,300
Maclean, Annie S	do	60	3,000	3,000
Maclennan, Jane R	Charlottetown, P.E.I	20	1,000	1,000
Macleod, Jane	Woodstock	1,000	50,000	50,000
Macpherson, Annie C.	Ottawa	6	300	300
Macpherson, Margaret A	Weston	9	450	450
Macrae, Ada B	London, Eng	25	1,250	1,250
Macrae, John O	Antwerp, Belgium	6	300	300
Macrae, Lucy C	London, Eng	5	250	250
MacTavish, Flora S	Ottawa	5	250	250
McAndrew, Annie M	Toronto	60	3,000	3,000
McAndrew, Jane	do	60	3,000	3,000
McAndrew, John	do	100	5,000	5,000
McArdle, Edward	St. Catharines	20	1 000	1,000
McCall, Sarah	Simcoe	160	8,000	8,000
McCall, Sarah, in trust	do	40	2,000	2,000
McCarthy, J. A	Barrie	20	1,000	1,000
McClintock, Sir F. L	London, Eng	100	5,000	5,000
McColl, Elizabeth	Ayr	17	850	850
McCrea, Agnes and Eleanor	Keene	15	750	750
McCrea, Eleanor	do	5	250	250
McCready, Catharine	Montreal	150	7,500	7,500
McCuaig, Matilda L. B	Picton	44	2,200	2,200
McCulloch, Agnes H	Galt	20	1,000	1,000
McCulloch, Hugh, jr	do	30	1,500	1,500
McCullough, Annie	Hamilton	6	300	300
McCullough, Annie B	do	4	200	200
McCullough, John	do	11	550	550
McCullough, John, jr	do	11	550	550
McCullough, Peter	do	1	50	50
McDonald, Catherine	Toronto	2	100	100
McDonald, Charles	St. John, N.B.	4	200	200
McDonald, William C	Montreal	3,000	150,000	150,000
McDowall, Cecilia J	Sault Ste. Marie	20	1,000	1,000
McDowell, Alexander	Chicago	5	250	250
McElwaine, Samuel G	Montreal	35	1,750	1,750
McFarland, W. J	Markdale	50	2,500	2,500
McGregor, Peter	Keene	24	1,200	1,200
McGuffin, Henry	Ballymote	3	150	150
McHardy, Jane	Toronto	68	3,400	3,400
McIndoe, Greville E	Granby, Que	20	1,000	1,000
McIntyre, James	Stratford	50	2,500	2,500
McKechnie, Robt	Dundas	32	1,600	1,600
McKee, William, jr	Toronto	70	3,500	3,500
McKeeman, Mary Jane	Montreal	40	2,000	2,000
McKenna, Frank	Charlottetown, P.E.I	75	3,750	3,750
McKenzie, James H.	Pictou, N.S.	200	10,000	10,000
McKenzie, Murdock	Montreal	200	10,000	10,000
McKinnon, Harriet L	Lockeport, N.S.	20	1,000	1,000
McLachlan, M. Alice	Guelph	14	700	700
McLaren, Jane, Henry McLaren and Adam Brown, trustees	Hamilton	70	3,500	3,500
McLaren, John	Montreal	60	3,000	3,000
McLaren, John, in trust	do	5	250	250
	Carried forward	90,353	4,517,650	4,517,650

Canadian Bank of Commerce—Banque Canadienne de Commerce.

Names. — Noms.	Residence.	Number of Shares. — Nombre d'Actions.	Amount Paid. — Montant payé.	Amount Subscribed. — Montant souscrit.
			$	$
	Brought forward...	90,353	4,517,650	4,517,650
McLaren, John, in trust for John H. McLaren	Montreal	6	300	300
McLennan, Alma S	do	14	700	700
McLeod, Roderick	Isaac's Harbour, N.S.	10	500	500
McLimont, Alice H	Quebec	16	800	800
McLimont, Christina	do	16	800	800
McLimont, Helena	do	16	800	800
McLimont, Sarah A	do	16	800	800
McLimont, Sarah E	do	50	2,500	2,500
McLimont, Sarah E., usufructuary	do	155	7,750	7,750
McLimont, Sarah E., and John C., executors in trust for Robt. McLimont	do	16	800	800
McLimont, Sarah E., and John C., executors in trust for Ronald McLimont.	do	16	800	800
McMann, Alex	Port Hope	47	2,350	2,350
McManus, John	Stirling	12	600	600
McMaster, Andrew	Beragh, Ireland	235	11,750	11,750
McMaster, Chas. G	Toronto	2	100	100
McMaster, Daniel	do	20	1,000	1,000
McMaster, Jessie R	Montreal	3	150	150
McMaster, Maggie	do	8	400	400
McMaster, Sarah J	do	8	400	400
McMaster, Sarah J., in trust	do	12	600	600
McMaster, Susan M	Newport, R.I.	138	6,900	6,900
McMillan, John O	Toronto	6	300	300
McMillan, Rev. John, and Rupert C. Wright, trustees	Halifax	300	15,000	15,000
McMullin, Thomas	Mount Brydges	7	350	350
McNaughton, Duncan	Montreal	40	2,000	2,000
McNeil, James	Keene	425	21,250	21,250
McNeil, Robert	Pictou, N.S.	32	1,600	1,600
McPherson, Allan	Longford Mills	100	5,000	5,000
McRae, James	Galt	20	1,000	1,000
McTavish, Mary E. J	Colborne	19	950	950
McVean, Alex	Dresden	24	1,200	1,200
McVean & McVean	do	12	600	600
Naftel, Margaret A	Goderich	12	600	600
Nash, Frederick	Montreal	100	5,000	5,000
Needham, Margaret	Bryanston	5	250	250
Neeve, Chas. G	Quebec	1	50	50
Neilson, James	Toronto	212	10,600	10,600
Neilson, Robert	Ayr	15	750	750
Nelson, Albert D., in trust	Montreal	150	7,500	7,500
Nelson, Albert D., in trust, No. 2	do	50	2,500	2,500
Nevett, Wm	Fort William	4	200	200
Niblett, Ed. R	Mount Forest	12	600	600
Nichol, Hannah J	Montreal	32	1,600	1,600
Nichol, Sarah J	Dunnville	20	1,000	1,000
Nicholson, John S	Montreal	40	2,000	2,000
Nicholson, Lola E	do	6	300	300
Nickle, Ellen M	Kingston	25	1,250	1,250
Nickle, Wm. Folger	do	12	600	600
Nicol, John	Toronto	170	8,500	8,500
Nicolle, John	Kingston	25	1,250	1,250
Nicolls, Rev. Gus. G	Rivière du Loup	39	1,950	1,950
Nicolson, Florence E	Grenock, Scotland	50	2,500	2,500
Nichaus, Charles	Toronto	160	8,000	8,000
Noble, Major General Wm. Hatt	Reigate, Eng	62	3,100	3,100
Noble, John, jr	Norval	4	200	200
Norris, Elizabeth W	St. Catharines	50	2,500	2,500
North American Life Assurance Co	Toronto	990	49,500	49,500
	Carried forward	94,400	4,720,000	4,720,000

Canadian Bank of Commerce—Banque Canadienne de Commerce.

Names. — Noms.	Residence.	Number of Shares. — Nombre d'Actions.	Amount Paid. — Montant payé.	Amount Subscribed. — Montant souscrit.
			$	$
	Brought forward...	94,400	4,720,000	4,730,000
North British Society of Halifax	Halifax	15	750	750
O'Brien, Elizabeth,	Toronto	40	2,000	2,000
O'Connell, Rev. Daniel	Peterboro'	80	4,000	4,000
Odell, Elizabeth A	Halifax	52	2 600	2,600
Odell, Ella W	do	6	300	300
Odell, Fanny E	do	6	300	300
Odell, Mary K	do	6	300	300
O'Flynn, Elizabeth	Madoc	75	3,750	3,750
Ogden, Uzziel, M.D	Toronto	26	1,300	1,300
O'Hara, H. & Co	do	6	300	300
Oldright, Gertrude	Ottawa	10	500	500
Oliver, Wm	Ayr	10	500	500
O'Meara, Dominick D	Quebec	20	1,000	1,000
O'Meara, Dominick D., in trust	do	10	500	500
Ontario Incorporated Synod account, Cornwall Parochial School	Kingston	2	100	100
Open, Annie I., tutrix to her minor children	Toronto	5	250	250
O'Reilly, Elizabeth J	Hamilton	5	250	250
O'Reilly, E. B., M.D	do	20	1,000	1,000
Orkney, Elizabeth C	Montreal	100	5,000	5,000
Osborne, Anne B	Hamilton	24	1,200	1,200
Osborne, Annie Barr	do	34	1,700	1,700
Osborne, Henry C	Toronto	50	2,500	2,500
Osborne, James E. K	do	50	2,500	2,500
Osborne, James K	do	600	30,000	30,000
Osborne, John Woodburn	do	50	2,500	2,500
Osborne, S. Elizabeth	Hamilton	83	4,150	4,150
Osborne, Wm. Woodburn	do	28	1,400	1,400
O'Shaughnessy, Daniel	Montreal	40	2,000	2,000
Oswald, John	Ste. Thérèse	5	250	250
Owens, Marion J	Grenville	20	1,000	1,000
Owens, Robert	Stonefield, Que	20	1,000	1,000
Owens, Robt. tutor to Jas D. Reeves, a minor	do	20	1,000	1,000
Paddon, Edith H. M	Lennoxville	4	200	200
Paddon, Edith H. M., in trust	do	7	350	350
Paddon, Edith H. M., in trust for Mary E. Molson	do	25	1,250	1,250
Paisley, Rev. Chas. H	Sackville, N.B	15	750	750
Paisley, Rev. C. H., surviving trustee	do	24	1 200	1,200
Paisley, Louise F	do	31	1,550	1,550
Paisley, Louise H	do	4	200	200
Paisley, Marie	Toronto	18	900	900
Pangman, Bertha E	Montreal	57	2,850	2,850
Pangman, John	do	140	7,000	7,000
Pangman, Marie L	do	35	1,750	1,750
Park, Margaret B	Hudson	8	400	400
Parker, D. McN	Halifax	30	1,500	1,500
Parker, D. McN., and W. F. Parker, trustees for C. H. M. Black	do	64	3,200	3,200
Parker, Fanny H	do	156	7,800	7,800
Parker, George L	Buckingham, Q	16	800	800
Parker, Laura	do	16	800	800
Paterson, Florence J., in trust	Toronto	3	150	150
Paterson, John H., Rev. Thos. W. Paterson and D. R. Wilkie, trustees for children of late C. W. Paterson	do	17	850	850
	Carried forward...	96,588	4,829,400	4,829,400

Canadian Bank of Commerce—Banque Canadienne de Commerce.

Names. — Noms.	Residence	Number of Shares — Nombre d'Actions.	Amount Paid. — Montant payé	Amount Subscribed. — Montant souscrit.
			$	$
	Brought forward...	96,588	4,829,400	4,829,400
Patterson, John H., Rev. T. W. Paterson and D. R. Wilkie, trustees for Emily Paterson	Toronto	14	700	700
Paterson, John H., Rev. T. W. Paterson and D. R. Wilkie, trustees for M. L. Paterson	do	14	700	700
Paterson, John H., Rev. T. W. Paterson and D. R. Wilkie, trustees for Mrs. E. Roger	do	14	700	700
Paterson, Isabella	Orillia	54	2,700	2,700
Paterson, John H	Toronto	3	150	150
Paterson, Margaret E	Windsor	50	2,500	2,500
Paterson, Rose Emma	Quebec	82	4,100	4,100
Paterson, Thomas	Agincourt	2	100	100
Paterson, Rev. Thos. W	Deer Park	18	900	900
Pattee, Gordon B	Ottawa	200	10,000	10,000
Patterson, Elizabeth	Hillsborough, Ireland	11	550	550
Patterson, Margaret	do	11	550	550
Patterson, Mary J	do	11	550	550
Pattison, F. G. H	Grimsby	10	500	500
Patton, Helen L	Toronto	81	4,050	4,050
Patton, Martha M	do	81	4,050	4,050
Paul, Walter	Montreal	10	500	500
Pauley, Francis H	Dartmouth, N.S.	10	500	500
Payzant, John Y., executor	Halifax	25	1,250	1,250
Payzant, John Y., trustee for Mrs. L. Shortt	do	6	300	300
Payzant, John Y. and Gerald B. Ternan, trustees of Mary Ternan	do	90	4,500	4,500
Pearson, Matthew	Lansing	48	2,400	2,400
Peddie, Robert	Montreal	50	2,500	2,500
Peebles, Addie A., and Alice W. Sprague	Winnipeg	16	800	800
Pellatt and Pellatt	Toronto	4	200	200
Pemberton, Sophia L	do	59	2,950	2,950
Penner, Eliza M. A	Kingston	45	2,250	2,250
Pentland, Chas. A	Quebec	12	600	600
Perley, Herbert S	Ottawa	50	2,500	2,500
Perrin, Frederick	McNab's Island, N.S	20	1,000	1,000
Peters, George	Peterboro'	14	700	700
Peterson, Lisa G	Montreal	50	2,500	2,500
Petrie, Helena E	Cumberland	31	1,550	1,550
Pew, Ella V	Chicago	13	650	650
Phipps, Eleanor M. A	Port Dover	15	750	750
Phipps, Mary Helen	do	45	2,250	2,250
Piercy, Ernest E	Hamstead, Eng	7	350	350
Piers, Mary A	Montreal	10	500	500
Pinchin, Robert	Windsor	2	100	100
Pinhey, John H	Ottawa	100	5,000	5,000
Pinnell, John H	Collingwood	28	1,400	1,400
Pipon, Maude M	Toronto	30	1,500	1,500
Pipon, Sophia	St. Helens, Jersey	37	1,850	1,850
Pirie, Alex. F	Dundas	12	600	600
Pirie, Chas. N	do	21	1,050	1,050
Plaxton, George	Barrie	14	700	700
Plummer, Alfred E., manager, in trust	Toronto	503	25,150	25,150
Plummer, Thos. H	do	3	150	150
Pollok, Rev. Allan	Halifax	26	1,300	1,300
Poole, Mary Ann	Hamilton	20	1,000	1,000
Pope, Louisa F	Quebec	24	1,200	1,200
Porter, George	Rock Island	100	5,000	5,000
	Carried forward...	98,794	4,939,700	4,939,700

Canadian Bank of Commerce—Banque Canadienne de Commerce.

Names. — Noms.	Residence.	Number of Shares. — Nombre d'Actions	Amount Paid. — Montant payé.	Amount Subscribed. — Montant souscrit.
			$	$
	Brought forward...	98,794	4,939,700	4,939,700
Pottinger, Jane J	Hamilton	30	1,500	1,500
Powell, Carolina N	Lévis	19	950	950
Powell, Walker	Ottawa	40	2,000	2,000
Powell, Wilhelmina H	Lévis	21	1,050	1,050
Pratt, Marie M. R	Montreal	20	1,000	1,000
Pridham, Alexander	Grenville	115	5,750	5,750
Pridham, Emily B	Montreal	6	300	300
Priestman, John	London, Eng	25	1,250	1,250
Primrose, Howard	Pictou, N.S	13	650	650
Primrose, Howard, trustee for Margaret J. Maclean	do	10	500	500
Prince, Charlotte	Toronto	13	650	650
Pring, Mary H	New York	38	1,900	1,900
Proctor, George R	Beaverton	42	2,100	2,100
Proctor, John A	do	42	2,100	2,100
Pryor, Emily F	Greenwich, Eng	10	500	500
Pryor, J. Louisa	Halifax	10	500	500
Pryor, Mary E	do	10	500	500
Purvis, David H	Pictou, N.S	42	2,100	2,100
Quinlan, Alice	Barrie	10	500	500
Quinlan, Daniel J	do	15	750	750
Radley, Elizabeth J	Toronto	244	12,200	12,200
Rae, G. M. and J. F. Smith, trustees	do	9	450	450
Ramsay, William	do	50	2,500	2,500
Rankin, Colin	Mattawa	25	1,250	1,250
Ransom, Howard H., in trust	Montreal	25	1,250	1,250
Rathbun, Agnes E	Belleville	75	3,750	3,750
Ratté, Louis O	Methot's Mills	100	5,000	5,000
Ready, Ellen	Lennoxville	66	3,300	3,300
Ready, Ellen, in trust	do	2	100	100
Ready, Ellen, in trust, No. 2	do	2	100	100
Redpath, Annie J	Montreal	5	250	250
Reed, Ida Jane	Dunnville	6	300	300
Reedy, Jane	Barrie	65	3,250	3,250
Reid, Bessie	Branchton	12	600	600
Reid, Eleanor	Hamilton	58	2,900	2,900
Reid, George M	Tavistock	5	250	250
Reid, George P. and Clarence A. Denison, in trust	Toronto	55	2,750	2,750
Reid, Sarah M	Stoney Creek	18	900	900
Reid, William, in trust No. 2	Montreal	45	2,250	2,250
Reilly, Philip	do	44	2,200	2,200
Remon, Edward P	Ottawa	16	800	800
Remon, Mary E	do	7	350	350
Rennie, Rev. John	Manitowaning	8	400	400
Rent, George	Halifax	50	2,500	2,500
Revell, Robt. H. and Francis C. G. Minty, executors	Walkerville	5	250	250
Reynolds, Thos. W., M.D	Hamilton	7	350	350
Rhind, Elsie	Montreal	30	1,500	1,500
Rich, Irving B	Richville, Vt	13	650	650
Richardson, Rev. James E	North Gower	84	4,200	4,200
Riddell & Co., A. F	Montreal	1	50	50
Ridley, Henry, M.D	Hamilton	60	3,000	3,000
Ridout, Edith	Ottawa	5	250	250
Ridout, Jessie	do	8	400	400
Ridout, Jessie R	Port Elgin	3	150	150
Rielle, Norman T	Montreal	30	1,500	1,500
Riley, John	Deans	33	1,650	1,650
Ripley, Ella L. G	Greenfield, Mass	6	300	300
Risk, Margaret	Galt	12	600	600
	Carried forward...	100,614	5,030,700	,030,700

Canadian Bank of Commerce—Banque Canadienne de Commerce.

Names. — Noms.	Residence.	Number of Shares. — Nombre d'Actions.	Amount Paid. — Montant payé.	Amount Subscribed. — Montant souscrit.
			$	$
	Brought forward...	100,614	5,030,700	5,030,700
Risley, John F.	Kingston	12	600	600
Ritchie, Hon. Joseph N.	Halifax	31	1,550	1,550
Ritchie, Hon. Joseph N., in trust	do	8	400	400
Ritchie, Jos. N. and Thos., in trust No. 1	do	70	3,500	3,500
Ritchie, Jos. N. and Thos., in trust No. 2	do	70	3,500	3,500
Ritchie, Hon. Jos. N. and Wm. B. A. Ritchie, trustees	do	31	1,550	1,550
Ritchie, Thomas, in trust	do	40	2,000	2,000
Ritchie, Thos., trustee for Mary A. Uniacke	do	28	1,400	1,400
Ritchie, Thos. and Byron A. Weston, in trust	do	175	8,750	8,750
Roach, George	Hamilton	670	33,500	33,500
Roach, Casimir, M.D	Arichat, N.S	60	3,000	3,000
Roberts, Jane	Niagara Falls S.	20	1,000	1,000
Roberts, William	Hamilton	75	3,750	3,750
Robertson, Helen I.	Montreal	39	1,950	1,950
Robinson, Christopher, Q.C	Toronto	40	2,000	2,000
Robinson, George	do	110	5,500	5,500
Robson, Jeanette	Ilderton	7	350	350
Robson, Mary A	do	7	350	350
Roche Lena B.	Toronto	27	1,350	1,350
Roger, Helen S	Peterborough	10	500	500
Rolland, Albert E	Montreal	25	1,250	1,250
Romagosa, Manuel	Galt	45	2,250	2,250
Rose, George	Newmarket	2	100	100
Roseburgh, Thomas R	Toronto	8	400	400
Ross, Alexander, and Alex. Mackenzie, in trust for Lottie Noonan	do	29	1,450	1,450
Ross, Hon. Alex. M.	do	80	4,000	4,000
Ross, Charles H	Barrie	106	5,300	5,300
Ross, Hon. David A., in trust	Quebec	31	1,550	1,550
Ross, Frank T.	St. Stephen, N.B	30	1,500	1,500
Ross, Frank T., in trust	do	16	800	800
Ross, Frank W.	Quebec	23	1,150	1,150
Ross, George D., in trust	Montreal	10	500	500
Ross, Henry B	Calais, Me	28	1,400	1,400
Ross, John	Beachville	4	200	200
Ross, John T.	Quebec	100	5,000	5,000
Ross, John T., trustee for Frances E. Ross	do	100	5,000	5,000
Ross, John T., and James G. Scott, trustees	do	100	5,000	5,000
Ross, Josephine May	do	24	1,200	1,200
Ross, Leonora	Victoria, B.C	20	1,000	1,000
Ross, Mabel K.	Quebec	300	15,000	15,000
Ross, Mary I.	Kingston	62	3,100	3,100
Ross, William	Toronto	10	500	500
Rowat, Isaac S.	Simcoe	16	800	800
Rowley, J. W. Horsley	Yarmouth, N.S.	24	1,200	1,200
Rowley, Wm. H., in trust	Ottawa	4	200	200
Rowley, Wm. H., in trust for Mabel T. Richardson	do	4	200	200
Roy, James	Montreal	80	4,000	4,000
Rumsey, Alexander	Galt	20	1,000	1,000
Russell, Elizabeth	Montreal	75	3,750	3,750
Russell, Fanny	Quebec	24	1,200	1,200
Russell, Harriet	Kingston	57	2,850	2,850
Russell, James, M.D	Hamilton	15	750	750
Rutherford, Amy E	Toronto	15	750	750
Rutherford, Fanny	do	27	1,350	1,350
	Carried forward...	103,658	5,182,900	5,182,900

Canadian Bank of Commerce—Banque Canadienne de Commerce.

Names. — Noms.	Residence.	Number of Shares. — Nombre d'Actions.	Amount Paid. — Montant payé.	Amount Subscribed. — Montant souscrit.
			$	$
	Brought forward......	103,658	5,182,900	5,182,900
Rutherford, Mary M	Toronto	23	1,150	1,150
Rutherford, Mary M., and Edward Chas. Rutherford, trustees for Mrs. Emily L. Pipon	do	15	750	750
Ryan, Catherine	do	85	4,250	4,250
Ryan, Hugh	do	1,000	50,000	50,000
Ryerson, Mary A	do	8	400	400
Sanders, Juliana S	San Francisco, Cal	7	350	350
Sanderson Thomas	Toronto	10	500	500
Sandham, Maria Askin	Folkestone, Eng	100	5,000	5,000
Saunders, Edward M., in trust for M. F. Saunders	Chatham	8	400	400
Saunders, Edward M, in trust for Mrs. Maria K. F. Saunders	do	16	800	800
Saunders, Lois	Kingston	8	400	400
Saunders, Richard, trustee	Halifax	34	1,700	1,700
Savage, Bertha	Hamilton	8	400	400
Savage, Elizabeth	do	2	100	100
Scarth, Cecilia	Binscarth, Man	52	2,600	2,600
Scarth, Matthew S	do	31	1,550	1,550
Schurman, Prof. Jacob G	Ithaca, N. Y	20	1,000	1,000
Scott, Emily	Tokyo, Japan	22	1 100	1,100
Scott, E. G. & H. C. in trust No. 2	Montreal	18	900	900
Scott, do do No. 3	do	19	950	950
Scott, John	Toronto	505	25,250	25,250
Scott, John F. in trust	do	1	50	50
Scougall, Henrietta L	Quebec	36	1,800	1,800
Seath, Mary Pringle	Montreal	6	300	300
Sellar, Mary W	Huntingdon	6	300	300
Senkler, Frances I	Perth	22	1,100	1,100
Sewell, Janie E. H	Quebec	40	2,000	2,000
Sewell, Winifred E	Hamilton	34	1,700	1,700
Seymour, Elizabeth	St. Catharines	35	1,750	1,750
Sharpe, Robert	Montreal	5	250	250
Sharples, Henry H	Quebec	77	3,850	3.850
Sharples, Ignatius	do	6	300	300
Sharples, Hon. John, tutor to J. A. and H. R. G. Alleyn	do	40	2,000	2,000
Sharpley, Eliza	Montreal	100	5,000	5,000
Shatford, Arthur W	Hubbards Cove, N. S	5	250	250
Shatford, James E	Indian Harbor, N. S	60	3,000	3,000
Shatford, John Edward	Hubbards Cove, N. S	5	250	250
Shatford, Matilda	do	13	650	650
Shaw, Lydia T	Shawville	11	550	550
Shaw, Minnie M	Quebec	4	200	200
Shaw, Sarah	Truro, N. S	8	400	400
Shearer, George	Halifax	40	2,000	2,000
Shearing, Elizabeth	Montreal	23	1,150	1,150
Shearing, John H	do	22	1,100	1,100
Short, Georgianna	Sherbrooke	25	1,250	1,250
Short, Ellen	Addison	6	300	300
Shortt, Rev. W. K	Newboro	17	850	850
Shortt, Rev. Wm., and Mary A	Barrie	20	1,000	1,000
Shreve, Julia	Halifax	9	450	450
Sifton, Mary	Arva	8	400	400
Silver, Wm. N., trustee for Blanche Silver	Halifax	16	800	800
Silverthorn, Newman	Summerville	50	2,500	2,500
Sime, Frances M	Dunnville	12	600	600
Simons, John	Quebec	50	2,500	2,500
Simpson, Catherine E	Montreal	24	1,200	1,200
	Carried forward......	106,485	5,324,250	5,324,250

Canadian Bank of Commerce—Banque Canadienne de Commerce.

Names. — Noms.	Residence.	Number of Shares. — Nombre d'Actions.	Amount Paid. — Montant payé.	Amount Subscribed. — Montant souscrit.
			$	$
	Brought forward	106,485	5,324,250	5,324,250
Simpson, Arthur F	Lennoxville	44	2,200	2,200
Simpson, Arthur F., in trust	do	22	1,100	1,100
Simpson, Rev. Isaac S	Madison, South Dakota	10	500	500
Simpson, Lavinia	Toronto	7	350	350
Simpson, Mary Jane	Port Hope	4	200	200
Simpson, Minnie	New York	3	150	150
Sinclair, Caroline	Coll ngwood	12	600	600
Sinclair, Geo. L	Dartmouth, N.S	20	1,000	1,000
Sirois, Louis P., tutor to minor children of Pierre J. O. Chauveau	Quebec	9	450	450
Skeaff, Mary Ann	Toronto	43	2,150	2,150
Skene, Jane	Harwood	24	1,200	1,200
Skewes, Elizabeth A	Sault Ste Marie	27	1,350	1,350
Small, Catharine G	Sarnia	80	4,000	4,000
Small, Joseph S	do	10	500	500
Small, Wolstan N	Ottawa	12	600	600
Smart, Annie S	Port Hope	2	100	100
Smart, John	do	200	10,000	10,000
Smart, John E	do	10	500	500
Smith, Alice M	Halifax	20	1,000	1,000
Smith, Andrew	Roseneath	9	450	450
Smith, David	Toronto	30	1,500	1,500
Smith, Sir Donald A., in trust for M. Spencer	Montreal	2	100	100
Smith, Edith F	Detroit	93	4,650	4,650
Smith, Edward F	Halifax	69	3,450	3,450
Smith, Edward F., trustee	do	2	100	100
Smith, Elizabeth	Columbus	14	700	700
Smith, Florence C	Ottawa	10	500	500
Smith, Sir Frank, in trust	Toronto	29	1,450	1,450
Smith, George A., in trust	Peterborough	26	1,300	1,300
Smith, George B	Toronto	30	1,500	1,500
Smith, Hannah S	Montreal	42	2,100	2,100
Smith, Helen E	Peterborough	15	750	750
Smith, Henry F	Gretna Green, Scotland	141	7,050	7,050
Smith, John	St. Stephen, N.B	14	700	700
Smith, J. Elliott	Wolfville, N.S	85	4,250	4,250
Smith, J. Wesley	Halifax	25	1,250	1,250
Smith, Louisa L	Truro, N.S	27	1,350	1,350
Smith, Mary E	Vittoria	20	1,000	1,000
Smith, R. Wilson	Montreal	150	7,500	7,500
Smith, Rev. Thomas W	Halifax	10	500	500
Smith, William	Montreal	50	2,500	2,500
Smith, William O	do	154	7,700	7,700
Smith, William O., in trust	do	8	400	400
Smyth, Rev. David G	Ballygawley, Ireland	44	2,200	2,200
Snetsinger, Mary Isabella	Moulinette	8	400	400
Somerville, Robert	Toronto	10	500	500
Soper, John	Brockville	5	250	250
Sparkhall, Clara	Toronto	10	500	500
Sparkhall, Mark	do	10	500	500
Sparkhall, William	Eglinton	10	500	500
Spencer, Henry T	Montreal	160	8,000	8,000
Spinney, Annie W	Yarmouth, N.S	30	1,500	1,500
Sponagle, John Addy, M.D	Middleton, N.S	5	250	250
Spragge, Martha A	Montreal	152	7,600	7,600
Spragge, Saltern E. A	do	25	1,250	1,250
Spry, William	Toronto	23	1,150	1,150
St. Denis, Henrietta	Vankleek Hill, Ont	27	1,350	1,350
Stairs, Catherine M	Halifax	131	6,550	6,550
Stalker, Alexander P. R	Pictou, N.S	9	450	450
	Carried forward	108,758	5,437,900	5,437,900

Canadian Bank of Commerce—Banque Canadienne de Commerce.

Names. — Noms.	Residence.	Number of Shares — Nombre d'Actions	Amount Paid. — Montant payé.	Amount Subscribed — Montant souscrit.
			$	$
	Brought forward...	108,758	5,437,900	5,437,900
Stalker, Lavinia F	Pictou, N.S.	38	1,900	1,900
Stanley, Aljoe E	Lucan	31	1,550	1,550
Stanley, Bernard	do	92	4,600	4,600
Stanley, Charlotte M	do	29	1,450	1,450
Stanley, Mary E	do	50	2,500	2,500
Stanley, M. Lucretta	do	12	600	600
Stanley, William R	do	3	150	150
Stanley, William R., in trust for Pauline M. Stanley	do	8	400	400
Stark, John	Grand Haven	40	2,000	2,000
Starr, Alice E	Halifax	28	1,400	1,400
Starr, Rebecca A	do	36	1,800	1,800
Starr, Sarah E	Wolfville	5	250	250
Steele, Margaret	Ottawa	13	650	650
Steen, Fredk. J	Montreal	10	500	500
Stephens, Annie W	Collingwood	5	250	250
Stephens, Chas. E., trustee for E. M. Stephens	do	1	50	50
Stephens, Chas. E., trustee for C. T. Stephens	do	1	50	50
Stephens, Mary Ann, in trust	do	4	200	200
Sterling, Robert N	Toronto	16	800	800
Stewart, Rev. Alex	Orillia	58	2,900	2,900
Stewart, Catherine	Ottawa	6	300	300
Stewart, Chas. J	Halifax	20	1,000	1,000
Stewart, Donald C	Nairn	2	100	100
Stewart, Donald M	Montreal	40	2,000	2,000
Stewart, Eliza J. P	Aberdeen, Scotland	51	2,550	2,550
Stewart, George M	Belleville	140	7,000	7,000
Stewart, H. D., and Mary Ronald, trustees for Ronald Estate	Barrie	10	500	500
Stewart, Isabella	Stellarton, N.S	3	150	150
Stewart, Isabella	Ottawa	20	1,000	1,000
Stewart, Kenneth T., and R. G. W. Conolly, trustees	Toronto and Dunnville...	40	2,000	2,000
Stewart, Margaret	Milton	5	250	250
Stewart, Mary Ada, in trust	Belleville	1	50	50
Stewart, Samuel	London	5	250	250
Stitt, James	Toronto	4	200	200
Stoddart, Agnes	do	7	350	350
Stothers, Robt. J	North Dorchester	4	200	200
Strange, Orlando S	Kingston	4	200	200
Street, Gaina E. H	Toronto	5	250	250
Street, R. B., and Emma J. C., in trust	do	23	1,150	1,150
Strickland, Caroline C	Lakefield	12	600	600
Struthers, Janet S	Toronto	2	100	100
Stuart, Charles	Port Hope	76	3,800	3,800
Stuart, Maj.-Gen. Edward A	Quebec	117	5,850	5,850
Stuart, Lady Elmire C	do	40	2,000	2,000
Stuart, Gustavus G	do	14	700	700
Stuart, Mary and Gustavus G. Stuart, curator	do	58	2,900	2,900
Stuart, Robert	Chicago	450	22,500	22,500
Sutherland, Charlotte B. D	Montreal	117	5,850	5,850
Swain, William J	Collingwood	8	400	400
Swan, Bros	Toronto	100	5,000	5,000
Swymner, Sarah J	Lunenburg, N.S	7	350	350
Symes, Peter Barclay	Ottawa	20	1,000	1,000
Symons, Isabel T	Toronto	4	200	200
Symons, John H	Halifax	100	5,000	5,000
Tait, David	Milles Roches	10	500	500
	Carried forward...	110,763	5,538,150	5,538,150

Canadian Bank of Commerce—Banque Canadienne de Commerce.

Names. — Noms.	Residence.	Number of Shares. — Nombre d'Actions.	Amount Paid. — Montant payé.	Amount Subscribed. — Montant souscrit.
			$	$
	Brought forward...	110,763	5,538,150	5,538,150
Tait, Ernestine B.	Milles Roches	21	1,050	1,050
Tamblyn, Sarah	Newcastle	20	1,000	1,000
Tamblyn, Wm. W	Bowmanville	26	1,300	1,300
Taylor, Anna M	Toronto	3	150	150
Taylor, Edward H	Quebec	20	1,000	1.000
Taylor, Ellen	Toronto	100	5,000	5,000
Taylor, Ernest H	Winnipeg	3	150	150
Taylor, Florence E	Toronto	100	5,000	5,000
Taylor, George A	do	2	100	100
Taylor, Helen F	do	30	1,500	1,500
Taylor, Helen R	do	30	1,500	1,500
Taylor Henry J	St. Catharines	60	3,000	3,000
Taylor, John	London	10	500	500
Taylor, Lisette A	St. Catharines	40	2,000	2,000
Taylor, Maria and Albert G	Ottawa	20	1,000	1,000
Taylor, Martha J	Halifax	80	4,000	4,000
Taylor, Mary	Clarkson	6	300	300
Taylor, Sarah M	Perth	20	1,000	1,000
Taylor, Z. Ethel	Toronto	30	1,500	1,500
Taylor, Nancy Thos. B. Taylor and John H Taylor, trustees	do	400	20,000	20,000
Taylor, Thos., Wm. Walmsley and Wm. T. Taylor, trustees for Frank Hodgson	do	8	400	400
Teasdale, Sarah E	Lunenburg, N.S.	7	350	350
Temple, Margaret J. A.	Toronto	7	350	350
Tennant, Agnes	do	1	50	50
Tennent, Mary C. P.	Acomb, Eng.	62	3,100	3,100
Thistle, A. Louisa, F. Mary and Edith	Ottawa	40	2,000	2,000
Thom, Alex	Montreal	40	2,000	2,000
Thomas, Mary Ann	Hamilton	25	1,250	1,250
Thomas, William S.	Lyster, Que	10	500	500
Thomas, Wm J., in trust for Sarah A. Thomas	Toronto	7	350	350
Thomas, Wm. J., in trust for Etta F. Thomas	do	7	350	350
Thompson, Annie Maria	Brantford	15	750	750
Thompson, Charlotte E	Toronto	10	500	500
Thompson, Elizabeth	do	41	2,050	2,050
Thompson, Rev. Hedley V	Newmarket	8	400	400
Thompson, Rev. John, D.D.	Sarnia	220	11,000	11,000
Thompson, Margaret F	Perth	4	200	200
Thompson, Mary A	do	4	200	200
Thompson, Robert	Toronto	50	2,500	2,500
Thompson, William	Coaticook	3	150	150
Thomson, Ellen E	Kinghorn, Scotland	75	3,750	3,750
Thomson, Howard W	Stratford	12	600	600
Thomson, Hylda G	Quebec	40	2,000	2,000
Thomson, James and Judge, John F. Bain, trustees	Calgary	17	850	850
Thomson, Malcolm	Montreal	50	2,500	2,500
Thomson, Mary A	Halifax	50	2,500	2,500
Thomson, May S	Toronto	8	400	400
Thomson, Sophronia M	Allandale	60	3,000	3,000
Tilley, Lady Alice	Fredericton	40	2,000	2,000
Tinline, Elizabeth	Strange	2	100	100
Tofield, Sarah J	Quebec	16	800	800
Tofield, William	do	46	2,300	2,300
Tolson, William	Melbourne	90	4,500	4,500
	Carried forward...	112,859	5,642,950	5,642,950

Canadian Bank of Commerce—Banque Canadienne de Commerce.

Names. — Noms.	Residence.	Number of Shares. — Nombre d'Actions.	Amount Paid. — Montant payé.	Amount Subscribed — Montant souscrit.
			$	$
	Brought forward...	112,859	5,642,950	5,642,950
Tour, John E	Goderich	30	1,500	1,500
Tour, Mary Ann	Exeter	15	750	750
Tour, Nancy Jane	do	5	250	250
Tomlinson, R. H., manager, in trust	Toronto	9	450	450
Tooker, Eliza B	Yarmouth, N.S	24	1,200	1,200
Toronto General Trust Co., trustees for Mrs. Goldwin Smith	Toronto	100	5,000	5,000
Toronto General Trust Co., committee for A. F. E. Gunther	do	338	16,900	16,900
Toronto General Trust Co., trustees under marriage settlement of Alexander L. Doyle	do	28	1,400	1,400
Torrance, Rev. Robt., D.D	Guelph	27	1,350	1,350
Tracy, Thos. J.	Toronto	15	750	750
Treble, Lillian M	do	95	4,750	4,750
Trigge, Arthur St. L	Hamilton	3	150	150
Trigge, Elizabeth M. B	Cookshire, Que	8	400	400
Troop, Susan M	Dartmouth	7	350	350
Trott, Nancy	Thornhill	3	150	150
Trusts Corporation of Ontario	Toronto	20	1,000	1,000
do do trustees for Crookshank trusts	do	209	10,450	10,450
Tucker, Baruch, jr	Allanburgh	191	9,550	9,550
Tucker, Frances M	Clarence	30	1,500	1,500
Tucker, Fred. N	London, Eng	4	200	200
Tucker, John	Oakville	197	9,850	9,850
Tudor, Leila A. F	Hamilton	7	350	350
Tully, Kivas and C. J. Blomfield, trustees for Mrs. W. P. Band	Toronto	25	1,250	1,250
Turnbull, Elizabeth	Quebec	313	15,650	15,650
Turner, William	Hamilton	40	2,000	2,000
Tyre, Mrs. Hugh	Montreal	7	350	350
Uniacke, Rev. Jas. B	Halifax	50	2,500	2,500
Uniacke, Robie	do	20	1,000	1,000
Urquhart, Nettie V	Hamilton	46	2,300	2,300
Vass, Emily	Montreal	18	900	900
Venner, Thomas	Orillia	20	1,000	1,000
Verchère, Arthur G	New York	17	850	850
Vincent, Rev. Thomas	Moose Factory	28	1,400	1,400
Vondy, Agnes J	Halifax	17	850	850
Waddell, Elizabeth	Quebec	16	800	800
Wagner, George E. S	London, Eng	11	550	550
Wainwright, Fred. G	Halifax	14	700	700
Wainwright, Fred. G., in trust	do	3	150	150
Wainwright, Harriet F	Kingston on Thames, Eng	86	4,300	4,300
Waite, Miss Emma	Montreal	15	750	750
Waite, Mrs. Emma	do	40	2,000	2,000
Walbridge, Asa F	Newcastle	10	500	500
Waldron, Richard	Kingston	50	2,500	2,500
Walker, Charles J	Montreal	2	100	100
Walker, Harriet	do	20	1,000	1,000
Walker, Isabella M	Belleville	34	1,700	1,700
Walker, Isabella M	Moncton	6	300	300
Walker, James Murray	Perth	61	3,050	3,050
Walker, Spence	Norwich	26	1,300	1,300
Walker, William E	Montreal	5	250	250
Wall, Gilbert S	St. Stephen, N.B	117	5,850	5,850
Wallace, Rev. Chas. H	Clifton, Eng	20	1,000	1,000
Wallace, Elizabeth	Toronto	14	700	700
Wallace, Geo. H.	Wolfville, N.S	6	300	300
Waller, Frederick	Brandon, Man	5	250	250
	Carried forward...	115,386	5,769,300	5,769,300

Canadian Bank of Commerce—Banque Canadienne de Commerce.

Names. — Noms.	Residence.	Number of Shares. — Nombre d'Actions.	Amount Paid. — Montant payé.	Amount Subscribed. — Montant souscrit.
			$	$
	Brought forward...	115,386	5,769,300	5,769,300
Wallis, Adah	Milngavie, Scot	10	500	500
Wallis, Kate E	do	12	600	600
Walne, Thomas	Norwich, Eng.	60	3,000	3,C00
Walsh, Gertrude F.	Montreal	9	450	450
Walsh, John, trustee for Eliza Derbishire	Ottawa	38	1,900	1,900
Wandle, Jennie T	New York	75	3,750	3,750
Wanzer, Mary E	Hamilton	1	50	50
Warden, Rev. Robert H	Toronto	100	5,000	5,000
Wardroper, Edward	Pelee Island	88	4,400	4,400
Wardroper, John H	do	4	200	200
Warrack, Helen	Hamilton	5	250	250
Waters, Donald M	Belleville	10	500	500
Watson, Mary E	Goderich	59	2,950	2,950
Watt, Edith M	Halifax	2	100	100
Watt, Ellen	Montreal	30	1,500	1,500
Watt, Georgina	Hamilton	24	1,200	1,000
Watt, James	Toronto	10	500	500
Waugh, Jennie L	Stratford	17	850	850
Way, Gertrude E	Barrie	8	400	400
Way, Leila G	Los Angeles, Cal.	4	200	200
Way, Mary H	Barrie	9	450	450
Way, Mary K	Lausanne, Switzerland	19	950	950
Webb, Albert E., in trust	Toronto	10	500	500
Webb, E. Elliott, in trust for Geo. H. Perley and Mabel T. Webb	Quebec	50	2,500	2,500
Webb, Randolph	Dublin, Ireland	17	850	850
Webb, Wm., A. and I. Longworth, trustees for Susan McN. Whitman	Halifax and Truro	69	3,450	3,450
Weber, Louis S	Heidelberg, Ont	30	1,500	1,500
Webster, Margaret	do	23	1,150	1,150
Weir, Helen	West Flamboro'	52	2,600	2,600
Weir, Mary	do	30	1,500	1,500
Weir, Miss Nicholas	Brantford	15	750	750
Welch, John Y. and Robert C., in trust	Quebec	15	750	750
West, James	Montreal	2	100	100
Wethey, Chas. H	Toronto	18	900	900
Wetmore, Clara J	St. Stephen	16	800	800
Whetter, Francis	London	12	600	600
Whicher, John	Caledonia	18	900	900
Whitby, Oliver R	Paris	45	2,250	2,250
White, Alice	Providence, R.I	10	500	500
White, Dorothy J	Woodstock	244	12,200	12,200
White, George R	Quebec	2	100	100
White, Marianne V	Edinburgh	36	1,800	1,800
White, Susan H	Ottawa	20	1,000	1,000
Whitehead, Isabella	Quebec	21	1,050	1,050
Whitesmith, Hannah	Columbus	4	200	200
Whiteway, Sir Wm. Vallance	St. Johns, Nfld	100	5,000	5,000
Whiteford, trustees of Margaret C	Ottawa	12	600	600
Whyte, James G	do	220	11,000	11,000
Wickens, Richard	Toronto	100	5,000	5,000
Wier, Alice L	Cambridge, Mass.	7	350	350
Wier, Eliza A	do	8	400	400
Wier, M. Maud	do	8	400	400
Wier, Susan D.	do	8	400	400
Wiley, Lindon A	Rock Island	100	5,000	5,000
Wilkes, Mary J.	Montreal	20	1,000	1,000
Willett, George	Yarmouth	100	5,000	5,000
Williamson, James	Montreal	15	750	750
	Carried forward ...	117,437	5,871,850	5,871,850

Canadian Bank of Commerce—Banque Canadienne de Commerce.

Names. — Noms.	Residence.	Number of Shares. — Nombre d'Actions.	Amount Paid. — Montant payé.	Amount Subscribed. — Montant souscrit.
			$	$
	Brought forward...	117,437	5,871,850	5,871,850
Willis, John	Halifax	20	1,000	1,000
Wilmott, John H.	Beaumaris	25	1,250	1,250
Wilson, Alexander	Halifax	16	800	800
Wilson, Ann	Antoinette	30	1,500	1,500
Wilson, Caroline S. B.	Buckingham	44	2,200	2,200
Wilson, Caroline S. B., in trust for Amy Morrison	do	5	250	250
Wilson, Charles Arthur	St. Catharines	18	900	900
Wilson, Edith V.	Cumberland	31	1,550	1,550
Wilson, Elizabeth	Hamilton	16	800	800
Wilson, Fred. James	Buckingham	274	13,700	13,700
Wilson, Fred. James, in trust for Amy M. Morrison	do	33	1,650	1,650
Wilson, Ida F.	Cumberland	31	1,550	1,550
Wilson, J. Douglas	Hamilton	50	2,500	2,500
Wilson, John T.	Grenville	23	1,150	1,150
Wilson, Rev. Jos. E.	Allandale	2	100	100
Wilson, Thomas	Bennington, N.H.	35	1,750	1,750
Wilson, William J.	Ballymote	2	100	100
Winn, John, Captain	Halifax	40	2,000	2,000
Winthrop, Farbrace	Niagara	20	1,000	1,000
Wiswell, Wm. H.	Halifax	60	3,000	3,000
Wiswell, Wm. H., in trust	do	60	3,000	3,000
Witton, Agnes	Hamilton	2	100	100
Wood, Andrew T.	do	11	550	550
Wood, Peter	Brantford	100	5,000	5,000
Woodruff, Ann H.	Chicago	18	900	900
Woods, Henrietta M.	Clearwater, Man.	19	950	950
Woolverton, Algernon, M.D.	Hamilton	64	3,200	3,200
Woolverton, Theoron.	Grimsby	200	10,000	10,000
Workman, Euphemia A.	Stratford	100	5,000	5,000
Workman, Jane	do	45	2,250	2,250
Wright, Elizabeth	Springhill, N.S.	6	300	300
Wright, Henry P.	Ottawa	67	3,350	3,350
Wronkow, Herman	New York	20	1,000	1,000
Wurtele, Catherine.	Montreal	83	4,150	4,150
Wurtele, Mary A.	do	61	3,050	3,050
Yates, Burton W.	Detroit	100	5,000	5,000
Yates, Burton W. and Henry B. and Alex. Robertson, trustees	do and Brantford	100	5,000	5,000
Yates, Henry Brydges	Brantford	100	5,000	5,000
Young, Aaron N.	Chicago	400	20,000	20,000
Young, Amelia J.	Montreal	60	3,000	3,000
Young, Catherine M.	Hamilton	40	2,000	2,000
Young, Eliza M.	do	26	1,300	1,300
Young, John C.	Detroit	50	2,500	2,500
Young, Louisa M.	Dublin, Ire.	15	750	750
Young, jr., Andrew	Scarboro	16	800	800
Young, Rev. Wm. A.	Simcoe	25	1,250	1,250
	Total	120,000	6,000,000	6,000,000

Certified to be a correct list of the shareholders of the Canadian Bank of Commerce on the 31st December, 1897

J. H. PLUMMER,
Asst. General Manager.

H. C. SECORD,
Transfer Clerk.

Toronto, January 12th, 1898

3—2½

THE DOMINION BANK.

BANQUE DE LA PUISSANCE.

Value of Share, $50—Valeur de chaque action, $50.

Names. — Noms.	Residence.	Number of Shares. — Nombre d'Actions.	Amount Paid. — Montant payé.	Amount Subscribed. — Montant souscrit.
			$	$
Alcorn, Samuel	Toronto	230	11,500	11,500
Alma, Mrs. Elizabeth	Niagara	36	1,800	1,800
Arthurs, Mrs. Anne J., trustee	Spadina, County York	53	2,650	2,650
Arthurs, Mrs. Anne J., trustee Arthurs estate	do	93	4,650	4,650
Austin, James, estate	do	265	13,250	13,250
Austin, James and A. W., in trust	do	840	42,000	42,000
Austin, Mrs. Susan	do	5	250	250
Austin, A. W.	do	100	500	500
Bain, Mrs. Mary	Toronto	50	2,500	2,500
Baines, Mrs. Amelia	Napanee	10	500	500
Baines, Mrs. Annie Z	Toronto	14	700	700
Baines, W J. and A. R. Boswell, trustees	do	3	150	150
Barrett, Thomas P	Alsaga, Cheshire, Eng.	20	1,000	1,000
Beatty, John, V.S	Peterborough	16	800	800
Bell, Mrs. Annie	Toronto	7	350	350
Bethune, Miss Alice	do	2	100	100
Bethune, Rev. C. J. S., in trust	Port Hope	4	200	200
Bethune, Rev C. J. S., H. J. Bethune, and H. C. Hammond, trustees	do	150	7,500	7,500
Bethune, Miss Emily E.	Toronto	2	100	100
Bethune, Miss Fanny E	do	2	100	100
Bethune, Henry J	do	2	100	100
Bethune, Miss Marion L	do	3	150	150
Bethune, Miss Margaret V	do	5	250	250
Betley, executors of late Mrs. Diana E.	do	50	2,500	2,500
Bidwell, Miss Louisa	Brighton	17	850	850
Bidwell, Miss Mary C	do	11	550	550
Bitzer, Conrad	Berlin	1	50	50
Black, Miss Jessie C	Cobourg	14	700	700
Bolté, Mrs. M. E	Toronto	5	250	250
Bond, John M	Guelph	10	500	500
Boswell, A. R	Toronto	16	800	800
Boswell, A. R., trustee Cruso Trust estate	do	13	650	650
Boswell, Mrs. Ella	do	30	1,500	1,500
Boyden, Mrs. Katherine Orr	Cleveland, O.	5	250	250
Bright, Thomas G	Toronto	25	1,250	1,250
Brock, W. R.	do	100	5,000	5,000
Brown, F. D.	do	150	7,500	7,500
Brown, G. W	do	20	1,000	1,000
Brown, Miss Isabel G	do	8	400	400
Brown, Richard	do	24	1,200	1,200
Buck, Mrs. Mary E. R	Cobourg	100	5,000	5,000
Burnet, Miss Sophia R	Peterborough	32	1,600	1,600
Caisse d'Economie de Notre Dame de Québec, in trust	Quebec	426	21,300	21,300
Cameron, Mrs. Eliza	Grafton	3	150	150
Campbell, Mrs Elizabeth	Hornby	8	400	400
Campbell, A. H. & J. H. M. in trust	Toronto	100	5,000	5,000
Campbell, J. Lorne	do	10	500	500
Campbell-Renton, C. G. C., trustees under marriage settlement	do	7	350	350
	Carried forward	3,097	154,850	154,850

The Dominion Bank—Banque de la Puissance

Names. — Noms.	Residence.	Number of Shares. — Nombre d'Actions.	Amount Paid. — Montant payé.	Amount Subscribed — Montant souscrit.
			$	$
	Brought forward	3,097	154,850	154,850
Canada Life Assurance Co.	Hamilton	1,120	56,000	56,000
Carruthers, James	Toronto	100	5,000	5,000
Carswell, W. E	Uxbridge	215	10,750	10,750
Cassels, Mrs. Susan	Toronto	46	2,300	2,300
Cassels, W. G., executors of late	Oshawa	50	2,500	2,500
Cawthra, Miss A. Mabel	Toronto	8	400	400
Cawthra, Miss A. Mabel, trustees for	do	36	1,800	1,800
Cawthra, Mrs. Elizabeth J	do	17	850	850
Cawthra, Mrs. Elizabeth J., trustees for	do	16	800	800
Cawthra, Henry	do	151	7,550	7.550
Cawthra, Joseph, executors of late	do	86	4,300	4,300
Cawthra, W. H	do	40	2,000	2,000
Cayley, John	Bickley, Kent, Eng	175	8,750	8,750
Chaffee, Rev. A. B	Coboconk	4	200	200
Child, W. A	Hamilton	5	250	250
Christie, Duncan, executors of late	Epsom	10	500	500
Clarke, Joseph D	Belleville	9	450	450
Clewlo, Robert Wm	Toronto	4	200	200
Cockshutt, Charles	do	10	500	500
Colley, Arthur W., tutor min. W. C. C. Jones	Quebec	12	600	600
Confederation Life Association, in trust	Toronto	125	6,250	6,250
Colville, James	Bowmanville	8	400	400
Cook, Mrs. Louisa	Barrie	25	1,250	1,250
Crocker, William	Toronto	50	2,500	2,500
Crooks, Miss Jane M	do	3	150	150
Crookshanks, Mrs. Eliza S. M	Stirling	5	250	250
Crowther, William C	Toronto	100	5,000	5,000
Cruso, C. M., trustee for	do	24	1,200	1,200
Cruso, Mary, executors of late	do	10	500	500
Currie, Mrs. Annie	do	20	1,000	1,000
Currie, Mrs. Christina V	Port Perry	33	1,650	1,650
Currie, Neil, executors of late	Toronto	90	4,500	4,500
Darling, Frank, trustee Mrs. J. Darling	do	13	650	650
Davies, Mrs. Emma	do	60	3,000	3,000
Davies, Robert H	do	20	1,000	1,000
Davies, William	do	200	10,000	10,000
Davidson, Mrs Anne	Cobourg	10	500	500
Denison, Lt.-Col. George T	Toronto	10	500	500
Devine, Henry B	Brandon	1	50	50
Devine, James A	do	5	250	250
Devine, Mrs. Jane	do	43	2,150	2,150
Dewar, John F., executors of late	Port Hope	50	2,500	2,500
Dingle, Mrs. Anne	Davisville	51	2,550	2,550
Dixon, B. Homer	Toronto	75	3,750	3,750
Donnelly, John T	Montreal	20	1,000	1,000
Drynan, Mrs. Jane A	Toronto	16	800	800
Dumble, J. H., trustee	Cobourg	47	2,350	2,350
Dwyer, Mrs. Florence	Toronto	20	1,000	1,000
Eagan, Margaret M	do	32	1,600	1,600
Elliot, Andrew J	do	6	300	300
Farncomb, F., executors of late	Newcastle	40	2,000	2,000
Fisher, Mrs. Marion	Toronto	6	300	300
Fisher, Timothy	Oshawa	20	1,000	1,000
Fitzgerald, Edward G., trustee	Toronto	50	2,500	2,500
Fitzgerald, Mrs. Georgina B	do	40	2,000	2,000
Forbes, Mrs. Ella G	do	17	850	850
Forster, Harold E	London, Eng	100	5,000	5,000
Foy, John, in trust	Toronto	630	31,500	31,500
Francis, W. G	do	10	500	500
Franklin, Miss Sarah J	do	8	400	400
	Carried forward	7,304	365,200	365,200

The Dominion Bank—Banque de la Puissance.

Names. — Noms.	Residence.	Number of Shares. — Nombre d'Actions.	Amount Paid. — Montant payé.	Amount Subscribed. — Montant souscrit.
			$	$
	Brought forward......	7,304	365,200	365,200
Freeland, Mrs. Annie L.	Toronto	14	700	700
Freeland, Mrs. Margaret	do	20	1,000	1,000
Gage, William J.	do	50	2,500	2,500
Gamble, R. D.	do	11	550	550
Gamble, Miss Sarah	do	20	1,000	1,000
Gilbard, Thomas	Cobourg	60	3,000	3,000
Girls' Home	Toronto	4	200	200
Glasgow, A. Stuart	do	40	2,000	2,000
Glasgow, Mrs. Jane	Norwich, Conn.	12	600	600
Gowans, John	Toronto	55	2,750	2,750
Gray, Robert M.	do	30	1,500	1,500
Grier, Mrs. M. C. B.	do	6	300	300
Guillet, Miss Elise	Cobourg	3	150	150
Guillet, Walter J.	London, Eng.	7	350	350
Guarantee and Pension Fund Society of Dominion Bank	Toronto	1,000	50,000	50,000
Hamilton, John	Quebec	105	5,250	5,250
Hamilton, Robert	do	148	7,400	7,400
Hammond, H. C., in trust for Miss E. Butler	Toronto	4	200	200
Hammond, Mrs. Maria	do	12	600	600
Harris, Mrs. Annie J.	do	50	2,500	2,500
Harris, Arthur B.	Clarkson	6	300	300
Harris, Rev. Elmore	Toronto	25	1,250	1,250
Harris, Thomas, sr.	Gore's Landing	25	1,250	1,250
Hart, Jairus	Halifax	20	1,000	1,000
Harwood, H. S.	Toronto	2	100	100
Heal, Mrs. Mary A.	Port Perry	18	900	900
Henderson, William, executrix of late	Cobourg	25	1,250	1,250
Hendrie, William	Hamilton	500	25,000	25,000
Henry, Mrs. Elizabeth	Toronto	14	700	700
Heward, J. O., executors of late	do	40	2,000	2,000
Hethrington, Thomas	Quebec	100	5,000	5,000
Heyden, Mrs. B., executors of late	Toronto	53	2.650	2,650
Hewitt, Miss Sarah J.	do	16	800	800
Hickson, Lady Catharine	Montreal	50	2,500	2,500
Hodgins, Harry B.	Toronto	20	1,000	1,000
Holden, Mrs. Orrilla, in trust	Whitby	12	600	600
Holmes, Gervas, executor of late	Cobourg	100	5,000	5,000
Home Savings and Loan Co. (Ltd.) in trust	Toronto	3,707	185,350	185,350
Hossack, Mrs. Lucinda E.	do	36	1,800	1,800
Howard, Miss Julia S. M.	Stirling	5	250	250
Howard, Theodore H.	Aylmer, P.Q.	5	250	250
Hutton, Mrs. Annie	Toronto	14	700	700
Hyslop, Mrs. Margaret I.	do	20	1,000	1,000
Ince, William	do	100	5,000	5,000
Inches, Andrew	Fredericton, N. B.	91	4,550	4,550
Irwin, Lt.-Col. de la Cherois T.	Ottawa	20	1,000	1,000
Irwin, Mrs. Isabella	do	46	2,300	2,300
Jones, Anson	Brockville	473	23,650	23,650
Jones, Mrs. Margaret G.	Toronto	87	4,350	4,350
Jones, J. Gordon	do	2	100	100
Jordan, Rev. Louis H., in trust	do	30	1,500	1,500
Joseph, Frank J., executors of late	do	15	750	750
Julian, H. G., jr., in trust	New York, N. Y.	100	5,000	5,000
Kane, Miss Eleanor McL.	Toronto	1	50	50
Kane, Mrs. Jessie A.	do	8	400	400
Kane, Mrs. Jessie A., executrix	do	95	4,750	4,750
Kane, Percy H.	do	1	50	50
Kidd, David	Hamilton	100	5,000	5,000
	Carried forward....	14,937	746.850	746,850

The Dominion Bank—Banque de la Puissance.

Names. — Noms.	Residence.	Number of Shares. — Nombre d'Actions.	Amount Paid. — Montant payé.	Amount Subscribed. — Montant souscrit.
			$	$
	Brought forward...	14,937	746,850	746,850
Kiely, George W., executors of late	Toronto	440	22,000	22,000
Kiely, William T	do	2	100	100
King, Miss Emma	Lyster, Quebec	30	1,500	1,500
Kirk, J. F., Manager, in trust	Toronto	162	8,100	8,100
Kirkland, Thomas	do	32	1,600	1,600
Klingenfeld, Madame Marie M	Toronto	10	500	500
Lally, Mrs. Annie	Barrie	112	5,600	5,600
Lash, Z. A., *et al.*, trustees, Mrs. Harriet Russell	Toronto	42	2,100	2,100
Lash, Z. A., *et al.*, trustees, Mrs. Jessie Usborne	do	159	7,950	7,950
Leadlay, Edward	do	200	10,000	10,000
Lee, Walter S., chairman, J. Worthington estate	do	270	13,500	13,500
LeMoine, Mrs. Emma R	Quebec	8	400	400
LeMoine, Mrs. Henriette M	do	20	1,000	1,000
Levan, Isaac M	Paris, Ont	12	600	600
Lewis, Geo. W	Toronto	30	1,500	1,500
Ley, Miss Elizabeth A	Cobourg	10	500	500
Lindsay, Rev. Peter	Toronto	6	300	300
Long & Bros., Thomas	Collingwood	400	20,000	20,000
Love, Rev. Andrew T	Quebec	10	500	500
Love, H. G	Toronto	100	5,000	5,000
Macdonald, Miss Frances M	do	10	500	500
Macdonald, Peter	do	40	2,000	2,000
Mackenzie, H. Gordon	do	25	1,250	1,250
Macnachtan, Mrs. Margaret H	Cobourg	14	700	700
Mallory, Wilfred L	do	4	200	200
Martin, Mrs. Marianna M	Hamilton	21	1,050	1,050
Massey, Chester D	Toronto	50	2,500	2,500
Mathews, Wilmot D	do	200	10,000	10,000
Maurice, Rev. R. R	Knutsford, Cheshire, Eng	75	3,750	3,750
Meredith, Thomas	Toronto	74	3,700	3,700
Merritt, Thomas R	St. Catharines	20	1,000	1,000
Methot, Edward W	Quebec	50	2,500	2,500
Michie, Miss Euphemia	Toronto	2	100	100
Montgomery, J. D	do	25	1,250	1,250
Montreal City & District Savings Bank	Montreal	1,983	99,150	99,150
Molson, Jno. D	Smith's Falls	40	2,000	2,000
Mulock, Miss Ethel	Toronto	10	500	500
Mulock, Mrs. S. E. C	do	47	2,350	2,350
Mulock, William	do	132	6,600	6,600
Murray, Mrs. Marion M	do	100	5,000	5,000
Murray, Mrs. Sarah E. Cawthra	do	300	15,000	15,000
McAndrew, John	do	30	1,500	1,500
McArthur Bros. Co. (Ltd.), The	Quebec	335	16,750	16,750
McCallum, Charley Y	Cobourg	33	1,650	1,650
McCallum, Hon. Lachlan	Stromness	143	7,150	7,150
McCallum, Peter jr., executors of late	Cobourg	34	1,700	1,700
McCracken, Miss Margaret H	Toronto	40	2,000	2,000
McDougall, Hon. J. E., trustee estate late W. H. Jones	Ottawa	42	2,100	2,100
McHardy, Miss Jane	Toronto	18	900	900
McKay, Mrs. Matilda	do	7	350	350
McMurtray, Mrs. Sarah Jane	Port Hope	5	250	250
Newson, Mrs. Louisa Reeve	Brighton	33	1,650	1,650
Niven, J. K & Co	Toronto	10	500	500
Nordheimer, Samuel	do	5	250	250
North American Life Assurance Co	do	980	49,000	49,000
O'Reilly, Edward B	Hamilton	2	100	100
Osler, E. B	Toronto	400	20,000	20,000
	Carried forward	22,331	1,116,550	1,116,550

The Dominion Bank—Banque de la Puissance.

Names. — Noms.	Residence.	Number of Shares. — Nombre d'Actions.	Amount Paid. — Montant payé.	Amount Subscribed. — Montant souscrit.
			$	$
	Brought forward...	22,331	1,116,550	1,116,550
Osler, Mrs. E. B., trustees of	Toronto	100	5,000	5,000
Osler, Mrs. Harriet	York Mills	20	1,000	1,000
Osler & Hammond	Toronto	1	50	50
Page, Chas	do	48	2,400	2,400
Pellatt, Henry	do	50	2,500	2,500
Pellatt & Pellatt	do	20	1,000	1,000
Pipon, Mrs. Maude M	do	11	550	550
Plummer, A. E., manager, in trust	do	309	15,450	15,450
Price, Mrs. Sarah, in trust for J. D. P. Scholfield	do	3	150	150
Prentiss, Miss Josephine H	Aylmer, P Q	6	300	300
Prince, Mrs. Charlotte	Toronto	26	1,300	1,300
Purser, Alexander	Cobourg	20	1,000	1,000
Purser, John	do	25	1,250	1,250
Radley, Mrs. Elizabeth J	Toronto	20	1,000	1,000
Ramsay, William	do	50	2,500	2,500
Reed, Maria C. S	Brighton	12	600	600
Remon, Edward P., executors of late	Ottawa	20	1,000	1,000
Risley, John F	Toronto	20	1,000	1,000
Risley, Samuel, executors of late	do	40	2,000	2,000
Robinson, Christopher, Q.C	do	20	1,000	1,000
Robinson, George	do	45	2,250	2,250
Romain, W. F	Oakville	14	700	700
Ross, Aaron, estate	Port Perry	23	1,150	1,150
Ross, Clarissa J	do	6	300	300
Ross, Charles A	Toronto	66	3,300	3,300
Ross, Lucinda, *et al.*, trustees	Port Perry	200	10,000	10,000
Ross, Lucinda, *et al.*, in trust for Miss Sarah F. Ross	do	76	3,800	3,800
Ross, John F	Toronto	61	3,050	3,050
Ross, Mrs. Mabel Kate	Quebec	50	2,500	2,500
Ross, Robert	Lindsay	25	1,250	1,250
Ross, Robert, Ross, Wm. and Hossack, Rev. D. C., jointly	do	66	3,300	3,300
Ross, William	Port Perry	39	1,950	1,950
Rowntree, Mrs. Ann	Thistleton	150	7,500	7,500
Rutherford, Miss Amy E	Toronto	11	550	550
Rutherford, Miss Fannie	do	11	550	550
Rutherford, Mrs. Mary M	do	13	650	650
Rutherford, Mrs. M. M. and E. C., trustees E. L. Pipon	do	11	550	550
Ryerson, Mrs. Mary A	do	100	5,000	5,000
Sadleir, Miss Josephine G	St. John, N.B	20	1,000	1,000
Scholfield, Mrs. A. L., in trust	Toronto	8	400	400
Scott, James, executors late	do	140	7,000	7,000
Scott, Mrs Jessie	do	200	10,000	10,000
Scott, John	do	20	1,000	1,000
Scott and Walmsley, in trust for Millers and Manufacturers Insurance Co	do	132	6,600	6,600
Scott and Walmsley, in trust for Queen City Fire Insurance Co	do	243	12,150	12,150
Seagram, Miss Florence	do	6	300	300
Seels, J. H., executrix of late	Barrie	20	1,000	1,000
Smith, Andrew, V.S	Toronto	60	3,000	3,000
Smith, David	do	5	250	250
Smith, G. B	do	40	2,000	2,000
Smith, Mrs. Emma A	Oakville	20	1,000	1,000
Smith, Hon. Sir Frank	Toronto	1,700	85,000	85,000
Smith, Hon. Sir Frank, in trust	do	1,800	90,000	90,000
Smith, John T., executors of late	do	27	1,350	1,350
Square, John S	Stratford	22	1,100	1,100
	Carried forward ...	28,582	1,429,100	1,429,100

The Dominion Bank—Banque de la Puissance.

Names. — Noms.	Residence.	Number of Shares. — Nombre d'Actions.	Amount Paid. — Montant payé.	Amount Subscribed. — Montant souscrit.
			$	$
	Brought forward...	28,582	1,429,100	1,429,100
Square, John S., in trust for M. A. H. Franks	Stratford	23	1,150	1,150
Spry, William	Toronto	10	500	500
Stennett, Mrs. Julia A. V	Cobourg	120	6,000	6,000
Stewart, John	Toronto	25	1,250	1,250
Stewart, Robert, executors of late	do	75	3,750	3,750
Strathcona and Mount Royal, Lord, in trust for M. Spencer	Montreal	3	150	150
Stuart, John, in trust	Hamilton	30	1,500	1,500
Thomas, William	Toronto	20	1,000	1,000
Thomson, Mrs. Edith M	do	10	500	500
Thompson, Thomas, executors of late	Uxbridge	19	950	950
Thorburn, James, M.D	Toronto	20	1,000	1,000
Tobin, Miss Emily H	Fergus	10	500	500
Toronto General Trusts Co	Toronto	103	5,150	5,150
Toronto General Trusts Co., for Mrs. Goldwin Smith, in trust	do	50	2,500	2,500
Travers, Bernard	Paris, Ont	30	1,500	1,500
Treble, Mrs. Lillian Massey	Toronto	50	2,500	2,500
Vaustone, J. C	Bowmanville	10	500	500
Vaustone, Samuel	do	4	200	200
Wadsworth, T. R., administrators of late	Weston	30	1,500	1,500
Wakefield, Mrs. Elizabeth	Toronto	16	800	800
Walker, Captain H. S	do	200	10,000	10,000
Walmsley, Thomas	do	90	4,500	4,500
Warren, Mrs. Margaret S	Chicago, Ill	20	1,000	1,000
Waters, George, M.D	Cobourg	20	1,000	1,000
Webb, A. E	Toronto	5	250	250
Webb, Miss Carrie L	do	4	200	200
Weir, Mrs. M. M., executors of late	London, Eng	120	6,000	6,000
Whitney, Albert	Prescott	150	7,500	7,500
Wilkes, Alfred J	Brantford	2	100	100
Wilson, Charles S	Picton	80	4,000	4,000
Wilson, Miss Margaret E	Cobourg	10	500	500
Wilson, Miss Mary G	do	4	200	200
Williamson, W. H	Toronto	11	550	550
Williams, W. H	Bowmanville	6	300	300
Wise, Mrs. Clara J	Norwich, Conn., U.S.A.	8	400	400
Wood, E. R., manager in trust	Toronto	13	650	650
Wyatt, H. F	do	1	50	50
Young, Rev. Egerton R	Lancaster, Eng	8	400	400
Young, Mrs. Elizabeth	Toronto	8	400	400
	Total	30,000	1,500.000	1,500,000

Certified correct,

JNO. C. WEDD,
Transfer Clerk.

TORONTO, 31st December, 1897.

IMPERIAL BANK OF CANADA.

BANQUE IMPÉRIALE DU CANADA.

Value of each share, $100.—Valeur de chaque action, $100.

Names. — Noms.	Residence.	Number of Shares. — Nombre d'Actions.	Amount Paid. — Montant payé.	Amount Subscribed. — Montant souscrit.
			$	$
Aldwell, Thomas D	Glenmore, London, Rd., Salisbury, England	30	3,000	3,000
Anderson, Mrs. C. A.	Toronto	10	1,000	1,000
Archer, Edward	do	8	800	800
Armstrong, Ernest Rickatson	Fairoaks, Sacramento, Cal	5	500	500
Arthurs, Mrs. Anne Jane, trustee	Spadina	136	13,600	13,600
Armour, E. Douglas, Q.C	Toronto	14	1,400	1,400
Armour, E. Douglas and H. W. Mickle, in trust	do	10	1,000	1,000
Austin, Albert William	do	100	10,000	10,000
Austin, Mrs. Susan	Spadina	10	1,000	1,000
Bain, Mrs. Mary	Toronto	200	20,000	20,000
Baines, Mrs. Annie J	do	11	1,100	1,100
Bate, Thomas B., and Newell, trustees	Ottawa	100	10,000	10,000
Bate, James Charles	Toronto	40	4,000	4,000
Bate, Newell	Ottawa	8	800	800
Bate, Thomas B	St. Catharines	50	5,000	5,000
Bate, Miss Mary F	do	10	1,000	1,000
Baxter, Mrs. Amanda	Burlington	7	700	700
Beemer, Frank, M. D.	London	7	700	700
Benson, Miss Annie M	St. Catharines	8	800	800
Benson, Charles I., trustee	do	9	900	900
Benson, Richard L.	Toronto	1	100	100
Benson, Judge Thomas M., and G. L. McCaul, trustees	Port Hope	13	1,300	1,300
Berry, H. L	Corinth	5	500	500
Bessey, Mrs. E. H	Toronto	15	1,500	1,500
Bethune, Rev. C. J. S., in trust	Port Hope	120	12,000	12,000
Bethune, Mrs. R. H., trustees for	Toronto	50	5,000	5,000
Bethune, H. J., trustee	do	50	5,000	5,000
Beveridge, John A	San Francisco, Cal	25	2,500	2,500
Bingham, Mrs. Emma K	Aylmer	6	600	600
Bird, Miss Lizzie E.	Barrie	2	200	200
Bissonnette, Louis	St. Catharines	11	1,100	1,100
Black, Mrs. Henrietta	Cobourg	13	1,300	1,300
Black, Samuel Gay	Halifax	16	1,600	1,600
Black, William	Cobourg	33	3,300	3,300
Blake, S. H., John Harvey and Francis E. Macdonald, trustees	Toronto	44	4,400	4,400
Bolster, Thomas	Uxbridge	14	1,400	1,400
Boomer, Henry C.	Toronto	15	1,500	1,500
Boomer, Miss Gertude A	do	7	700	700
Boomer, Miss Helen A	do	3	300	300
Boomer, Miss Jessy J.	do	5	500	500
Boswell, A. R., trustee	do	15	1,500	1,500
Boswell, Mrs Ella	do	20	2,000	2,000
Botsford, Mrs. Elizabeth	Newmarket	5	500	500
Botterell, Mrs. Sarah	Quebec	50	5,000	5,000
Boulton, H. Rudyerd, Mrs. C. Constance R. Boulton and Mrs. Elizabeth R. Boulton, trustees	Toronto	10	1,000	1,000
	Carried forward	1,321	132,100	132,100

Imperial Bank of Canada—Banque Impériale du Canada.

Names. — Noms.	Residence.	Number of Shares. — Nombre d'Actions.	Amount Paid. — Montant payé.	Amount Subscribed. — Montant souscrit.
			$	$
	Brought forward...	1,321	132,100	132,100
Boyce, James Grant	Toronto	6	600	600
Boyle, Arthur	Niagara Falls	15	1,500	1,500
Bramley, Mrs. Lucinda C	St. Catharines	8	800	800
Brecken, Rev. Ralph	Sackville, N.B	20	2,000	2,000
Brown, F. D	Toronto	50	5,000	5,000
Brown, George W	do	10	1,000	1,000
Brown, Henry	do	53	5,300	5,300
Brown, James, M.D	do	3	300	300
Bruce, Mrs. Margaret C	Racine, Wis	17	1,700	1,700
Buell, Mrs. S. M	Keokuk, Iowa	4	400	400
Burgess, Ralph K	Toronto	60	6,000	6,000
Burland, Geo. B	Montreal	49	4,900	4,900
Caisse d'Conomie de Notre Dame de Quebec, in trust	Quebec	20	2,000	2,000
Cameron, Charles C	Toronto	25	2,500	2,500
Cameron, Mrs. Margaret	Grafton	4	400	400
Cameron, Mrs. Selina	do	15	1,500	1,500
Campbell, C. S., E. H. Kertland and H. G. Hopkirk, trustees	Toronto	25	2,500	2,500
Campbell, J. Lorne	do	2	200	200
Campbell, J. Lorne, in trust	do	20	2,000	2,000
Campbell, Mrs. Magdalene	do	16	1,600	1,600
Campbell, Robert	Hamilton	50	5,000	5,000
Canada Life Assurance Co	do	652	65,200	65,200
Cant, Joseph	Brantford	2	200	200
Carswell, Robert	Toronto	38	3,800	3,800
Carter, C. H	Port Colborne	13	1,300	1,300
Carter, L. G	do	6	600	600
Carvan, Miss Julia	St. Catharines	5	500	500
Case, Charles A	do	25	2,500	2,500
Cassels, Mrs. Susan	Toronto	32	3,200	3,200
Cassie, Mrs. Pamela	Port Hope	16	1,600	1,600
Cayley, John	Bickley, Kent, England	133	13,300	13,300
Cawthra, Miss Ann Mabel	Toronto	5	500	500
Cawthra, Mrs. E. Jane and W. H. Cawthra, in trust	do	3	300	300
Cawthra, Mrs. E. Jane, W. H. and Miss A. M. Cawthra, in trust	do	4	400	400
Christopher, Aaron N	Ingersoll	21	2,100	2,100
Christopher, George	do	6	600	600
Christopher, John	do	5	500	500
Christopher, Mrs. Matilda	Los Angeles, Cal	45	4,500	4,500
Confederation Life Association	Toronto	19	1,900	1,900
Cook, Samuel	Port Colborne	13	1,300	1,300
Colley, A. W., tutor for C. C. Jones	Quebec	4	400	400
Conolly, Robert G. W., manager in trust	Dunnville	20	2,000	2,000
Corsar, Miss Lydia S	Berlin, Germany	20	2,000	2,000
Crane, Robert, executors estate of late	Welland	30	3,000	3,000
Crawford, Miss Sarah C	Toronto	10	1,000	1,000
Cream, Miss Rachel	Quebec	20	2,000	2,000
Cream, Miss Rebecca Jane	do	10	1,000	1,000
Creelman, Mrs. Margaret Cumming	Toronto	13	1,300	1,300
Crocker, William	do	20	2,000	2,000
Crookshanks, Mrs. Eliz. S. M	Stirling	3	300	300
Cross, Francis Osborne	St. Catharines	10	1,000	1,000
Crowther, William C	Toronto	100	10,000	10,000
Crysler, Mrs. Catharine	St. Davids	3	300	300
Currie, Mrs. Annie	Toronto	27	2,700	2,700
Cuthbert, Mrs. Estella	River Falls, Wis	5	500	500
	Carried forward...	3,131	313,100	313,100

Imperial Bank of Canada—Banque Impériale du Canada.

Names. — Noms.	Residence.	Number of Shares. — Nombre d'Actions.	Amount Paid. — Montant payé.	Amount Subscribed. — Montant souscrit.
			$	$
	Brought forward...	3,131	313,100	313,100
Cutler, Eber	Ridgeway	10	1,000	1,000
Dalton, C. C	Toronto	80	8,000	8,000
Dalton, Mrs. Emeline M	Stratford	10	1,000	1,000
Dartnell, Miss Elizabeth M	Toronto	1	100	100
Davies, Mrs. Emma	do	30	3,000	3,000
Davies, Mrs. Mary E	do	10	1,000	1,000
Dennistoun, Mrs. Elizabeth O	Peterboro'	50	5,000	5,000
Dennistoun, Mrs. Katharine A	do	75	7,500	7,500
Denison, Mrs. Helen A	Toronto	10	1,000	1,000
Devitt, Miss Maggie	Wiarton	5	500	500
Dewar, Mrs. Annie J	Port Hope	30	3,000	3,000
Dewey, Mrs. Sarah A. D	Niagara Falls, Centre	5	500	500
Dewitt, Mrs. Louisa B	Erie, Pa	25	2,500	2,500
Disher, B. M	Ridgeway	13	1,300	1,300
Dixon, B. Homer (K.N.)	Toronto	100	10,000	10,000
Donald, Mrs. Elizabeth	do	20	2,000	2,000
Drynan, Mrs. Jane A	do	28	2,800	2,800
Dumble, Mrs. Hester A	do	7	700	700
Duncombe, Hon. Mrs. Jane Maria	Westwood, Mount Scarborough, England	12	1,200	1,200
Dwyer, Mrs. Florence	Toronto	47	4,700	4,700
Easton, Mrs. Carrie E	Galt	26	2,600	2,600
Eddis, John H	Toronto	8	800	800
Edwards, Miss Amy M. A. R	Gore's Landing	20	2,000	2,000
Elliot, Judge William	London	20	2,000	2,000
Englehardt, H. A	Deer Park	9	900	900
Evans, Mrs. Jane	Dungannon, Ireland	8	800	800
Estate of late—				
Arnold, Miss C. J	Picton	15	1,500	1,500
Baker, Chas. D	Grafton	5	500	500
Benson, Hon. James R	St. Catharines	117	11,700	11,700
Berston, William J	do	10	1,000	1,000
Brodie, John L	Toronto	12	1,200	1,200
Brough, Constantine	do	22	2,200	2,200
Currie, Neil	do	61	6,100	6,100
Dewar, John F., M.D	Port Hope	10	1,000	1,000
Dixon, William	Toronto	15	1,500	1,500
Duck, William	Grantham	14	1,400	1,400
Elliot, William	Toronto	30	3,000	3,000
Farncombe, Frederick	Newcastle	40	4,000	4,000
Forster, Thomas	Brampton	10	1,000	1,000
Fuller, Right Rev. T. B	Hamilton	1	100	100
Goulding, George	Toronto	26	2,600	2,600
Hann, James R	Port Colborne	5	500	500
Jones, W. Herbert	Ottawa	15	1,500	1,500
Junkin, S. S	St. Catharines	27	2,700	2,700
Lawrence, G. W		10	1,000	1,000
Merritt, Charles	St. John, N.B	303	30,300	30,300
Merritt, Wm. H., jr	St. Catharines	13	1,300	1,300
Morris, Hon. Alexander	Toronto	67	6,700	6,700
Morris, Hon. James for Mrs. M. W. Harman	do	10	1,000	1,000
Morris, Hon. James for Mrs. H. E. Spragge	do	10	2,000	1,000
McGillivray, John	Port Colborne	20	2,000	2,000
Richardson, Samuel, M.D	Toronto	16	1,600	1,600
Rolls, Henry, M.D	St. Catharines	15	1,500	1,500
Scott, James	Toronto	10	1,000	1,000
Smart, Mrs. Catharine S	Port Hope	12	1,200	1 200
Smith, John	Toronto	150	15,000	15,000
Spragge, J B	do	30	3,000	3,000
	Carried forward ...	4,891	489,100	489,100

Imperial Bank of Canada—Banque Impériale du Canada.

Names. — Noms.	Residence.	Number of Shares. — Nombre d'Actions.	Amount Paid. — Montant payé.	Amount Subscribed. — Montant souscrt.
			$	$
	Brought forward...	4,891	489,100	489,100
Estate of late—				
Stewart, Robert	Toronto	30	3,000	3,000
Vicars, Mrs. Marie E	do	15	1,500	1,500
Wadsworth, Tom R	Weston	165	16,500	16,500
Wadsworth, W. R	do	30	3,000	3,000
Ward, Mrs. C. M	Niagara Falls	4	400	400
Wilkie, Mrs. Angelica	Quebec	42	4,200	4,200
Wilson, Ann	Sandwich	5	500	500
Woodruff, Richard	St. Catharines	12	1,200	1,200
Young, J R	Quebec	30	3,000	3,000
Fairbanks, C. S. B	Cobourg	16	1,600	1,600
Farncombe, Mrs. Jane	Newcastle	53	5,300	5,300
Farrell, Dominick	Halifax	160	16,000	16,000
Farrell, Miss Letitia	do	16	1,600	1,600
Farrell, Miss Teresa	do	16	1,600	1,600
Fauquier, Edward Frederic	Toronto	100	10,000	10,000
Ferguson, Mrs. Mary E	do	65	6,500	6,500
Field, Mrs. Caroline	Cobourg	7	700	700
Field, Miss Emma Julia	do	10	1,000	1,000
Field, John Toms	do	6	600	600
Fitton, Chas. E., and Horace W. Fitton, trustees	Toronto	25	2,500	2,500
Fitzgerald, E. G	do	39	3,900	3,900
Fitzgerald, Mrs. Georgina B	do	78	7,800	7,800
Fleming, Mrs. Jessie	do	5	500	500
Forlong, Miss E. S	Port Hope	20	2,000	2,000
Forrest, John A. (W. S)	Edinburgh, Scotland	8	800	800
Forrest, Charles	Fergus	150	15,000	15,000
Forrest, Mrs. Edith T	do	2	200	200
Forster, Harold Ernest	London, England	136	13,600	13,600
Forster, J. W. L	Toronto	5	500	500
Forster, William	Brampton	29	2,900	2,900
Foster, Mrs. E	Weston	10	1,000	1,000
Foster, Henry M. V., executors estate of late	do	10	1,000	1,000
Foster, Mrs. Jane M	Toronto	15	1,500	1,500
Foulds, Archibald	Glasgow, Scotland	36	3,600	3,600
Foulds, Archibald, in trust	do do	24	2,400	2,400
Foulds, Mrs. Mary	Quebec	50	5,000	5,000
Foy, John, in trust	Toronto	336	33,600	33,600
Freeland, Mrs. Margaret	do	7	700	700
Fulton, Robert Rennie	Woodstock	70	7,000	7,000
Gage, W. J	Toronto	25	2,500	2,500
Gamble, Mrs. Anna	do	4	400	400
Gamble, R. D. and H. D., in trust	do	5	500	500
Gamble, Miss Sarah	do	20	2,000	2,000
Ganton, Stephen B	Oakville	24	2,400	2,400
Garrett, H. A	Niagara, Ont	13	1,300	1,300
Gates, Frederick W., and Adam Brown in trust	Hamilton	20	2,000	2,000
Gillbard, Thomas	Cobourg	30	3,000	3,000
Gillespie, Alexander	Hamilton	10	1,000	1,000
Gilmour, Miss Amelia C	Toronto	1	100	100
Gilmour, Miss Elizabeth, executors estate of	do	14	1,400	1,400
Goldie, Alexander R	Galt	24	2,400	2,400
Goldie, Miss C. Elenore	do	23	2,300	2,300
Goldie, Mrs. Isabella Moray	Ayr	7	700	700
Goldie, Mrs. Margaret	Galt	23	2,300	2,300
Gooch, Robert N	Toronto	25	2,500	2,500
Gooderham, Alfred	do	100	10,000	10,000
Gooderham, Charles H	do	68	6,800	6,800
	Carried forward...	7,164	716,400	716,400

Imperial Bank of Canada—Banque Impériale du Canada.

Names — Noms.	Residence.	Number of Shares. — Nombre d'Actions.	Amount Paid. — Montant payé.	Amount Subscribed. — Montant souscrit.
			$	$
	Brought forward......	7,164	716,400	716,400
Gordon, William..........	Toronto..........	16	1,600	1,600
Gould, Isaac James..........	Uxbridge..........	70	7,000	7,000
Gowans, John..........	Toronto..........	100	10,000	10,000
Graham, John..........	do..........	26	2,600	2,600
Grasett, Mrs. Jane Stuart..........	do..........	5	500	500
Grass, Mrs. Maria Catherine..........	St. Catharines..........	7	700	700
Greig, W. J., M.D..........	Toronto..........	5	500	500
Grist, Miss Amelia Charlotte..........	Ottawa..........	10	1,000	1,000
Grist, Miss Mary Livingston..........	do..........	10	1,000	1,000
Hale, Mrs. Louisa Galt..........	Brantford..........	20	2,000	2,000
Hale, Miss Frances A..........	Tunbridge Wells, Eng...	26	2,600	2,600
Hale, Miss Henrietta..........	do do ...	26	2,600	2,600
Hale, Jeffery..........	Brantford..........	20	2,000	2,000
Hallam, John..........	Toronto..........	13	1,300	1,300
Hamill, William J..........	St. Catharines..........	1	100	100
Hamilton, Right Rev. Chas., D. D......	Ottawa..........	40	4,000	4,000
Hamilton, James..........	Port Colborne..........	26	2,600	2,600
Hamilton, John..........	Quebec..........	32	3,200	3,200
Hamilton, Rev. J. B..........	Dundas..........	15	1,500	1,500
Hamilton, Mrs. Nancy..........	Byng..........	3	300	300
Hamilton, Robert..........	Quebec..........	37	3,700	3,700
Hamilton, William B..........	Toronto..........	26	2,600	2,600
Hall, Miss Florence..........	Fergus..........	10	1,000	1,000
Harcourt, Hon. Richard, in trust..........	Toronto..........	28	2,800	2,800
Hardie, Mrs. Maria G..........	Greenock, Scotland..........	13	1,300	1,300
Hargraft, Mrs. Florence..........	Cobourg..........	16	1,600	1,600
Harris, Rev. Elmore..........	Toronto..........	10	1,000	1,000
Harris, Mrs. Jessie M..........	Ottawa..........	13	1,300	1,300
Harris, Miss Lucy..........	Toronto..........	8	800	800
Harris, Mrs. Mary H. S. V..........	Clarkson..........	47	4,700	4,700
Haskins, Mrs. Catherine..........	Hamilton..........	2	200	200
Haskins, Mrs. Sarah E..........	Dunnville..........	2	200	200
Haskins, William, estate of late..........	Hamilton..........	4	400	400
Haskins, William F..........	Dunnville..........	25	2,500	2,500
Haskins, William F., in trust..........	do..........	38	3,800	3,800
Harvey, Thomas A..........	Cobourg..........	6	600	600
Heintzman & Company..........	Toronto..........	8	800	800
Helliwell, Mrs. Eleanor..........	do..........	9	900	900
Helm, John..........	Port Hope..........	100	10,000	10,000
Henderson & Small, in trust..........	Toronto..........	10	1,000	1,000
Henderson & Small, for Baldwin, trust.	do..........	15	1,500	1,500
Hendrie, William..........	Hamilton..........	300	30,000	30,000
Hendrie, William, in trust..........	do..........	30	3,000	3,000
Henry, Miss Jane..........	Don, P. O..........	29	2,900	2,900
Henry, John..........	do..........	4	400	400
Hethrington, Thomas..........	Quebec..........	78	7,800	7,800
Hickey, Percy A. S..........	London, England..........	29	2,900	2,900
Hill, Miss Henrietta Matilda..........	Toronto..........	15	1,500	1,500
Hipple, Mrs. Catherine..........	Beamsville..........	10	1,000	1,000
Hodgins, Frank E..........	Toronto..........	2	200	200
Hodgins, Frank E., trustee..........	do..........	5	500	500
Hodson, Harry F..........	do..........	10	1,000	1,000
Holden, John..........	St. John, N. B..........	20	2,000	2,000
Holden, John, and Geo. A. Scholfield, trustees..........	do..........	33	3,300	3,300
Home Savings and Loan Co., Limited, in trust..........	Toronto..........	294	29,400	29,400
Holmested, George S..........	do..........	2	200	200
Hopper, William..........	Cobourg..........	3	300	300
Hopper, William Henry..........	do..........	10	1,000	1,000
Horn, Thomas W..........	Toronto..........	50	5,000	5,000
	Carried forward......	8,986	898,600	898,600

Imperial Bank of Canada—Banque Impériale du Canada.

Names. — Noms.	Residence.	Number of Shares. — Nombre d'Actions.	Amount Paid. — Montant payé.	Amount Subscribed. — Montant souscrit.
			$	$
	Brought forward...	8,986	898 600	898,600
Howard, Miss Julia S. M.	Cobourg	11	1,100	1,100
Howard, Theodore Arnold	Aylmer, Que	3	300	300
Howland, Henry S.	Toronto	284	28,400	28,400
Howland, H. S., and B. B. Hughes, trustees	do	50	5,000	5,000
Howland, Mrs. Katharine	do	2	200	200
Hughes, Miss Anne Camilla	do	41	4,100	4,100
Hyslop, Mrs. Margaret I.	do	10	1,000	1,000
Inglis, Mrs. Christina	do	10	1,000	1,000
Irving, Æmelius	do	10	1,000	1,000
Irwin, Mrs. Isabella	Ottawa	32	3,200	3,200
Jack, Andrew McKinley	Halifax	42	4,200	4,200
Jaffray Robert	Toronto	68	6,800	6,880
Janes, Miss Erie Jane	Montreal	2	200	200
Janes, Miss Mary Frances	do	2	200	200
Japp, Mrs. Betsy S.	Teignmouth, England	30	3,000	3,000
Jennings, Bernard	Toronto	11	1,100	1,100
Jennings, W. T. & B. Jennings, in trust	do	15	1,500	1,500
Johnston, Samuel	do	6	600	600
Jones, Mrs. Annie I. B.	do	10	1,000	1,000
Jones, Anson	do	28	2,800	2,800
Jones, Clarkson	do	24	2,400	2,400
Jones, Mrs. Margaret G.	do	10	1,000	1,000
Jones, Mrs. Marion C.	Stamford	4	400	400
Jones, Mrs. Marjorie F. S.	Toronto	5	500	500
Jordan, Rev. Louis H., in trust	do	20	2,000	2,000
Junkin, Miss Eliza	St. Catharines	8	800	800
Kains, Robert	St. Thomas	6	600	600
Kane, Mrs. Jessie Adelaide	Toronto	12	1,200	1,200
Keefer, W. Napier, M.D.	Galt	26	2,600	2,600
Keith, D. S.	Toronto	10	1,000	1,000
Keith, George E.	do	3	300	300
Kenrick, Mrs. Emma M., Rev. Chas. B. Kenrick and Edward B. Kenrick, trustees	do	30	3,000	3,000
Kidd, David	Hamilton	100	10,000	10,000
Kidd, Mrs. Rachel	do	30	3,000	3,000
Kiely, William T.	Toronto	5	500	500
King, Miss Emma	Lyster, Que	13	1,300	1,300
King, Frank, M.D.	St. Catharines	4	400	400
Kinnard, J. D.	Humberstone	5	500	500
Kirk, James F., manager, in trust	Toronto	12	1,200	1,200
Kittson, Mrs. Alice H.	Hamilton	8	800	800
Kynoch, Mrs. Josephine	Galt	24	2,400	2,400
Lally, Mrs. Anne	Barrie	60	6,000	6,000
Langlois, W. H., in trust	Toronto	5	500	500
Lash, Z. A., and Claude McLachlin, trustees	do	34	3,400	3,400
Lash, Z A., Claud McLachlan and John Usborne, trustees	do	11	1,100	1,100
Lawler, Miss Annie Lee	do	50	5,000	5,000
Lawler, Rev. E. B.	do	56	5,600	5,600
Lawler, Miss Elizabeth G.	do	50	5,000	5,000
Lawler, Miss Louisa S.	do	1	100	100
Lawrence, Mrs. Jane	Quebec	10	1,000	1,000
Layton, David B.	Toronto	2	200	200
Layton, Mrs. Mary	do	2	200	200
Leigh, Sidney Charles	St. Paul, Minn	1	100	100
LeMesurier, George G.	Ingersoll	5	500	500
Lewin, Rev. William	Kingston	18	1,800	1,800
	Carried forward...	10,317	1,031,700	1,031,700

Imperial Bank of Canada—Banque Impériale du Canada.

Names. — Noms.	Residence.	Number of Shares. — Nombre d'Actions.	Amount Paid. — Montant payé.	Amount Subscribed. — Montant souscrit.
			$	$
	Brought forward...	10,317	1,031,700	1,031,700
Lewis, Wiliam Jarrett	Halifax	110	11,000	11,000
Lindsay, Rev. Peter	Toronto	4	400	400
Lockie, J. S, manager, in trust	do	206	20,600	20,600
Long, Thomas	Collingwood	151	15,100	15,100
Love, Rev. A. T	Quebec	3	300	300
Love, H. G	Toronto	45	4,500	4,500
Macartney, Alfred T, estate of late	Dunnville	3	300	300
Macdonald, Charles F	Hamilton	25	2,500	2,500
Macdonald, Miss Frances M	Toronto	10	1,000	1,000
Macdonald, Walter R	Hamilton	10	1.000	1,000
Macgachen, A. F D	Winnipeg	10	1,000	1,000
Macgregor, Mrs. Jessie	Mount Forest	6	600	600
Macgregor, Mrs. Kate B	Hamilton	3	300	300
Mack, Mrs C. J. and Charles J Benson, in trust	St. Catharines	6	600	600
Mackay, G. S., trustee	Toronto	22	2,200	2,200
Mackenzie, Charles	Sarnia	60	6,000	6,000
Mackenzie, Mervyn, in trust	Toronto	3	300	300
Macklem, Mrs. Charlotte E	Chippawa	5	500	500
Macklem, Oliver R	Toronto	10	1,000	1,000
Macklem, Oliver R., in trust	do	5	500	500
MacLaren, Mrs. Mary E	do	4	400	400
Macpherson, Mrs. Margaret A	Weston	3	300	300
Manning, Alexander	Toronto	20	2,000	2,000
Martin, Edward, Q.C	Hamilton	56	5,600	5,600
Martin, Louis Kossuth	Toronto	10	1,000	1,000
Massey, Mrs. S. M. D	do	50	5,000	5,000
Matthews, Mrs. Annie Jane	do	26	2,600	2,600
Matthews, Mrs. Susannah	Port Colborne	3	300	300
Maughan, Nicholas	Toronto	5	500	500
Merritt, J. P	St. Catharines	109	10,900	10,900
Merritt, Thomas R	do	667	66,700	66,700
Merritt, Thomas R., in trust	do	66	6,600	6,600
Meston, Thomas	Hamilton	5	500	500
Methodist Church in Canada	Toronto	10	1,000	1,000
Methot, Edouard Wencelas	Quebec	66	6,600	6,600
Miller, Mrs. Henrietta L	Winnipeg	59	5,900	5,900
Miller, Mrs. Marietta	St. Catharines	30	3,000	3,000
Miller, Mrs. Pauline C. Lash	Toronto	28	2,800	2,800
Minkler, Mrs. Mary Adelaide	do	16	1,600	1,600
Mitchell, Mrs. Mary A	Lindsay	1	100	100
Mitchell, W. A	Toronto	30	3,000	3,000
Moffatt, Mrs. Margaret Bell	do	3	300	300
Monk, Mrs. Rosamond P	do	10	1,000	1,000
Montgomery, Miss Elizabeth F	Cobourg	20	2,000	2,000
Montizambert, Mrs. Mary Jane	Quebec	80	8,000	8,000
Montreal City and District Savings Bank	Montreal	183	18,300	18,300
Moore, James J	Ridgeway	2	200	200
More, Mrs. D. Boyd	Quebec	5	500	500
Morin, James E	Welland	30	3,000	3,000
Morris, Miss Eleonora	Fergus	1	100	100
Morris, Miss Christine V. K	Toronto	1	100	100
Morrison, Mrs. Catharine	Port Colborne	10	1,000	1,000
Morse, Charles H	St. Catharines	33	3,300	3,300
Morse, J. Wilton	Toronto	3	300	300
Muir, Alexander	Port Dalhousie	14	1,400	1,400
Muir, Bryce	Grantham	13	1,300	1,300
Muir, William	Port Dalhousie	17	1,700	1,700
Mulock, Mrs. Sarah E. C	Toronto	3	300	300
Murray, Mrs. Marion M	do	210	21,000	21,000
McAndrew, John	do	10	1,000	1,000
	Carried forward...	12,926	1,292,600	1,292,600

Imperial Bank of Canada—Banque Impériale du Canada.

Names. — Noms.	Residence.	Number of Shares. — Nombre d'Actions.	Amount Paid. — Montant payé.	Amount Subscribed. — Montant souscrit.
			$	$
	Brought forward...	12,926	1,292,600	1,292,600
McCalla, Mrs. Maria S.	St. Catharines	20	2,000	2,000
McCarthy, Dalton, Q.C., M.P., in trust	Toronto	3	300	300
McCarthy, Dalton, Q.C., M.P., in trust for Mrs. Ethel Ince	do	4	400	400
McCraken, Miss Mary H.	do	2	200	200
McCraken, Thomas Ernest	do	3	300	300
McCulloch, Hugh, jr	Galt	25	2,500	2,500
McDonagh, John	Thorold	22	2,200	2,200
McFall, Arthur A	Bolton	20	2,000	2,000
McFarland, W. J	Markdale	50	5,000	5,000
McGee, Alexander	Toronto	6	600	600
McGee, David, in trust	do	18	1,800	1,800
McGee, Francis X	do	5	500	500
McGee, John A	do	7	700	700
McGee, William F	do	7	700	700
McGillivray, Donald	Port Colborne	46	4,600	4,600
McKee, Thomas W	Windsor	100	10,000	10,000
McMillan, Rev. John	Lindsay	3	300	300
McNeil, Alexander, M.P	Wiarton	26	2,600	2,600
McRitchie, Rev. George	Ottawa	20	2,000	2,000
Neilson, James, estate of late	Toronto	60	6,000	6,000
Nelson, Emily	do	11	1,100	1,100
Nesbitt, Wallace, Q.C., trustee	do	11	1,100	1,100
Newbigging, Lt. Col. R. G	do	8	800	800
Newcombe, Octavius	do	10	1,000	1,000
Nicol, Mrs. Jane	do	3	300	300
Nicolson, Mrs. Florence E	Kinghorn, Scotland	13	1,300	1,300
North American Life Assurance Co	Toronto	255	25,500	25,500
O'Brien, Henry, Q.C	do	15	1,500	1,500
Ogden, Lyndhurst	do	10	1,000	1,000
O'Hara, Miss Mary	do	21	2,100	2,100
Oille, L. S., M.D	St. Catharines	14	1,400	1,400
O'Reilly, Charles, M.D	Toronto	25	2,500	2,500
O'Reilly, E. B., M.D	Hamilton	6	600	600
O'Reilly, Miss Elizabeth J	do	12	1,200	1,200
Osborne, Miss Annie Barr	do	37	3,700	3,700
Osborne, Mrs. Anne Bryson	do	3	300	300
Osborne, James Kerr	Toronto	100	10,000	10,000
Osborne, Miss Sarah Eliz	Hamilton	17	1,700	1,700
Osler, Edmund B, M.P	Toronto	60	6,000	6,000
Osler, F., E. B. Osler and R. Cochran, trustees	do	60	6,000	6,000
Osler and Hammond	do	8	800	800
Osler, Mrs. Kate E	Cobourg	40	4,000	4,000
Osler, E. H	do	13	1,300	1,300
Packard, Miss Margaret E	Bayonne City, N. J.	4	400	400
Page, Charles	Toronto	50	5,000	5,000
Parker, Miss Catharine G	Brownshill-Chalsford, near Stroud, Worcestershire, Eng.	3	300	300
Paterson, C.W., trustees for children of	Toronto	11	1,100	1,100
Paterson, Mrs. Florence Isabella	do	14	1,400	1,400
Paterson, Mrs Florence Isabella, in trust	do	2	200	200
Paterson, John H	do	22	2,200	2,200
Paterson, Miss Mary L., trustees for	do	9	900	900
Paterson, Rev. T. W	Deer Park	21	2,100	2,100
Paterson, Rev. T. W., D. R. Wilkie and J.H. Paterson, trustees for Mrs. Emily Winstanley	Toronto	9	900	900
Patton Miss Jane, in trust	do	8	800	800
Perley, Mrs. Annie H	Ottawa	50	5,000	5,000
	Carried forward	14,328	1,432,800	1,432,800

3—4

Imperial Bank of Canada—Banque Impériale du Canada.

Name. — Noms.	Residence.	Number of Shares — Nombre d'Actions.	Amount Paid. — Montant payé	Amount Subscribed. — Montant souscrit.
			$	$
	Brought forward...	14,328	1,432.800	1,432,800
Perley, Herbert S	Ottawa	25	2,500	2,500
Perry, Robert D	Toronto	50	5,000	5,000
Pew, Mrs Ella V	Chicago, Ill	4	400	400
Phœnix Insurance Co	Hartford, Conn	133	13,300	13,300
Pipon, Mrs. Maud M	Toronto	2	200	200
Plummer, A. E., Manager, in trust	do	130	130,000	130,000
Prince, Mrs. Charlotte	do	3	300	300
Pringle, R. R	do	11	1,100	1,100
Radley, Mrs. Eliz. J	do	30	3,000	3,000
Raikes, Walter	Barrie	47	4,700	4,700
Ramsay, William	Bowland Stow, Scotland.	720	72,000	72,000
Ramsey, J. G	Toronto	30	3,000	3,000
Ranney, J. L	St. Catharines	25	2,500	2,500
Rannie, John	Toronto	100	10,000	10,000
Reeb, John	Port Colborne	5	500	500
Reed, Miss Maria C. S	Brighton	1	100	100
Reid, George M	Tavistock	1	100	100
Richardson, Mrs. A. M	Toronto	13	1,300	1,300
Risley, John Fisher	do	4	400	400
Risley, Samuel, Est of late	do	8	800	800
Rittenhouse, Mrs. W. B	Beamsville	3	300	300
Roach, George	Hamilton	100	10,000	10,000
Roberts, Mrs. Jane	Drummondville	4	400	400
Roberts, Miss Mary	Niagara Falls South	5	500	500
Robinson, Christopher, Q.C	Toronto	10	1,000	1,000
Robinson, George	do	82	8,200	8,200
Roebuck, Mrs. Mary E	Cobourg	15	1,500	1,500
Rogers, Mrs. Eleanor M	Brighton	9	900	900
Rogers, Elias	Toronto	60	6,000	6,000
Rogers, Mrs. Elizabeth, trustees for	do	9	900	900
Rolph, J. T	do	13	1,300	1.300
Romagosa, Manuel	Galt	14	1,400	1,400
Rooth, Mrs. Ann Eliza	Port Colborne	10	1,000	1,000
Roper, F. and John W. Murton, trustees	Hamilton	8	800	800
Rose, George McLean	Toronto	49	4,900	4,900
Rosebrugh Thomas R	do	4	400	400
Ross, Mrs. A. C. C , trustee for	Chicago, Ill	21	2,100	2,100
Ross, Mrs. Christina B	Lindsay	10	1,000	1,000
Ross, Mrs. Harriet A., executrix	Quebec	13	1,300	1,300
Ross, Mrs. Josephine May	Toronto	11	1,100	1,100
Ross, Mrs. Lucinda	Port Perry	5	500	500
Ross, Robert	Lindsay	15	1,500	1,500
Rowe, Lizette Ann	Newark, N.J	8	800	800
Ryan, Hugh	Toronto	400	40,000	40,000
Saunders, A	London, England	40	4,000	4,000
Scadding, Rev. Henry, D.D	Toronto	18	1,800	1,800
Scholfield, Mrs. Rebecca	Port Colborne	7	700	700
Scoley, E. K	Toronto	14	1,400	1,400
Scott, Mrs. Louisa M	Bromley, England	53	5,300	5,300
Scott, Miss Mary C	Inverness, Scotland	2	200	200
Scott, Robert F	Toronto	4	400	400
Scott and Walmsley, in trust for Hand in Hand Insurance Co	do	100	10,000	10,000
Silver, William Nyren, Executor	Halifax	12	1,200	1,200
Simes, Mrs. Frances M	Dunnville	5	500	500
Simpson, George	Gore's Landing	5	500	500
Simpson, Mrs. M y Ann	Toronto	20	2,000	2,000
Simpson, Robert, Estate of late	do	156	15,600	15,600
Switzel, Henry	do	10	1,000	1,000
Sisters of St. Joseph	do	4	400	400
Small, Alexander Thomas	Beamsville	12	1,200	1,200
	Carried forward....	17,010	1,701,000	1,701,000

Imperial Bank of Canada—Banque Impériale du Canada.

Names. — Noms.	Residence.	Number of Shares. — Nombre d'Actions.	Amount Paid. — Montant payé.	Amount Subscribed. — Montant souscrit.
			$ cts.	$ cts.
	Brought forward...	17,010	1,701,000	1,701,000
Small. John T	Toronto	12	1,200	1,200
Small, Wolstan N. J.	Ottawa	17	1,700	1,700
Smart, John	Port Hope	50	5,000	5,000
Smith, Professor Andrew, V.S	Toronto	40	4,000	4,000
Smith, David	do	15	1,500	1,500
Smith, Sir Frank, K.C.M.G	do	200	20,000	20,000
Smith, Sir Frank, K.C.M.G., in trust...	do	58	5,800	5,800
Smith, Sir Frank, K.C.M.G., in trust...	do	736	73,600	73,600
Smith, George B.	do	40	4,000	4,000
Smith, Mrs. Jean	Roseneath	6	600	600
Smith, John, estate of late	Ingersoll	5	500	500
Smith, Larratt W., Q.C	Toronto	10	1,000	1,000
Smith, Marcus, C.E	Ottawa	10	1 000	1,000
Sorby, Charles Frederick	Gore's Landing	10	1,000	1,000
Springer, Mrs. Eliza C.	Toronto	5	500	500
Spry, William	do	10	1,000	1,000
Square, John S	Stratford	26	2,600	2,600
Square, John S., in trust	do	10	1,000	1,000
Stark, & Co. John	Toronto	15	1,500	1,500
Stayner, Mrs. Harriet R	do	130	13,000	13,000
Stayner, T. Sutherland	do	100	10,000	10,000
Stewart, Mrs. G. M. L	do	3	300	300
Stewart, John	do	10	1,000	1,000
Stewart, Mrs. Juliette	Rochester, N.Y	28	2,800	2,800
Strathy, Mrs. Agnes S	Toronto	13	1,300	1,300
Struthers, Mrs. Janet S	do	2	200	200
Swan, Miss Janet	do	34	3,400	3,400
Symmes, Henry C	Niagara Falls South	100	10,000	10,000
Symons, John H	Halifax	25	2,500	2,500
Tane, Rev. F	Eastbourne, Sussex, Eng.	4	400	400
Taylor, Frederick C	Lindsay	10	1,000	1,000
Taylor, Henry J	St. Catharines	20	2,000	2,000
Taylor, Mrs. Lisette Ann, and Henry J. Taylor, in trust	do	7	700	700
Taylor, Mrs. Lizette Ann	do	19	1,900	1,900
Temple, J. Algernon, M.D	Toronto	10	1,000	1,000
Temple, Mrs. Jeanette	do	10	1,000	1,000
Temple, Miss Mary S	do	10	1,000	1,000
Tennent, Mrs. Mary, C. P	York, Eng	11	1,100	1,100
Teskey, Luke, M.D	Toronto	5	500	500
Thomas, William	do	20	2,000	2,000
Thompson, Robert	do	130	13,000	13,000
Thompson, Robert W	do	6	600	600
Thomson, Mrs. Ellen E.	Kinghorn, Scotland	10	1,000	1.000
Thorburn, James, M.D	Toronto	20	2,000	2,000
Tobin, C. A	Fergus	5	500	500
Tobin, Miss Emily H	do	10	1,000	1,000
Todd, Thomas	Toronto	26	2,600	2,600
Tomlinson, R. H., Manager, in trust	do	25	2,500	2,500
Toronto General Trusts Co., Limited	do	25	2,500	2,500
Urquhart, John, M.D	Oakville	20	2,000	2.000
Usborne, Mrs. Jessie, trustee for	Toronto	87	8,700	8,700
Vanstone, J. C	Bowmanville	5	500	500
Vanstone, Samuel	do	5	500	500
Walker, Miss Annie G	Toronto	3	300	300
Walker, Miss Helen Filmer	Quebec	70	7,000	7,000
Walker, Henry S	Toronto	100	10,000	10,000
Walker, J. R	do	9	900	900
Wallace, Mrs. E. A. B	Belleville	5	500	500
Walmsley, Thomas	Toronto	62	6,200	6,200
	Carried forward...	19,479	1,947,900	1,947,900

Imperial Bank of Canada—Banque Impériale du Canada.

Names. — Noms.	Residence.	Number of Shares. — Nombre d'Actions.	Amount Paid. — Montant payé.	Amount Subscribed. — Montant souscrit.
			$ cts.	$ cts.
	Brought forward...	19,479	1,947,900	1,947,900
Walmsley, Thomas, in trust	Toronto	50	5,000	5,000
Walton, Thomas C., M.D	Brooklyn, L.I	2	200	200
Wamon, Rev. Francis	Binghampton, N.Y	9	900	900
Ward, George Daniel	Cobourg	65	6,500	6,500
Waters, George, M.D	do	20	2,000	2,000
Wethey, Charles H	Toronto	7	700	700
White, Charles A	Stonebridge	6	600	600
Whitehead, Joseph	Quebec	58	5,800	5,800
Whiteman, John K	Stonebridge	6	600	600
Whittel, William	Kockburton, Huddersfield England	13	1,300	1,300
Wicksteed, Henry K	Cobourg	5	500	500
Wigmore, Miss Eva	Orillia	4	400	400
Wilkie, Miss Mary	Quebec	3	300	300
Wilkie, D. R.	Toronto	136	13,600	13,600
Wilson, Charles S	Picton	46	4,600	4,600
Wilson, Halcombe T	Toronto	3	300	300
Wilson, James O.	St. Catharines	5	500	500
Wilson, William	Toronto	20	2,000	2,000
Woodruff, Miss Anna H	Chicago	4	400	400
Woodruff, George W	Niagara Falls South	13	1,300	1,300
Woodruff, Miss Ida	St. Catharines	2	200	200
Woodruff, Richard E	Hamilton	4	400	400
Woodruff, William Walter	Niagara Falls South	13	1,300	1,300
Workman, Mrs. Jane	Stratford	13	1,300	1,300
Wright, J. V., acting manager in trust		11	1,100	1,100
Wright, Richard	Stevensville	1	100	100
Zavitz, Mrs. Melissa	Ridgeway	2	200	200
	Total	20,000	2,000,000	2,000,000

I hereby certify that the foregoing is a true and correct list of the shareholders of this bank, with the number of shares they respectively hold, and the par value of said shares as on the 31st December, 1897.

D. R. WILKIE,
General Manager.

J. M. MACKENZIE,
Transfer Clerk.

TORONTO, January, 1898.

ONTARIO BANK.

BANQUE ONTARIO.

Value of Share, $100—Valeur de chaque Action, $100.

Names. — Noms.	Residence.	Number of Shares. — Nombre d'Actions.	Amount Paid. — Montant payé.	Amount Subscribed. — Montant souscrit.
			$ cts.	$ cts.
Acadia Fire Insurance Co	Halifax	54	5,400 00	5,400 00
Accountant Supreme Court of Judicature for Ontario	Toronto	8	800 00	800 00
Adams, Francis	Montreal	15	1,500 00	1,500 00
Adams, Henry, estate of	Whitby	12	1,200 00	1,200 00
Aikins, Hon. J. C	Toronto	42	4,200 00	4,200 00
Allan, Bryce J	Montreal	10	1,000 00	1,000 00
Allison, Mrs. Mary	London	7	700 00	700 00
Allison, Miss Harriett	Halifax	4	400 00	400 00
Ambrose, R S., trustee	Hamilton	2	200 00	200 00
Ames & Co., A. E	Toronto	101	10,100 00	10,100 00
Ames, A. E., in trust for Ethel M. Ames	do	1	100 00	100 00
Ames, A. E	do	50	5,000 00	5,000 00
Armour, Robert	Hamilton	10	1,000 00	1,000 00
Augusta, Treasurer Township of	Algonquin	46	4,600 00	4,600 00
Archer, Robert	Montreal	20	2,000 00	2,000 00
Archbold, Rev. F. H. W	Halifax	43	4,300 00	4,300 00
Baldwin, Mrs. Elizabeth	Toronto	3	300 00	300 00
Baines, Allen M, M.D	do	25	2,500 00	2,500 00
Baptie, Mrs. E. J	Springville	1	100 00	100 00
Barnes, Henry W	Halifax	7	700 00	700 00
Barss, John W	Wolfville, N.S	68	6,800 00	6,800 00
Barss, Mrs. Ida P	Halifax	4	400 00	400 00
Baxter, Dighton W	Toronto	20	2,000 00	2,000 00
Beeston, Mrs. Maria L	Colborne	4	400 00	400 00
Beith, Alexander and Hector, trustees	Bowmanville	2	200 00	200 00
Bennet, Amy K	Hawkesbury	4	400 00	400 00
Bennet, Rev. Orr	do	4	400 00	400 00
Best, Samuel Henry	Peterboro'	12	1,200 00	1,200 00
Beswick, Martha Ann	Toronto	2	200 00	200 00
Bernard, Frances D	Richmond, Que	8	800 00	800 00
Bigelow, Silas	Lindsay	4	400 00	400 00
Birnie, Mrs. Grace J	Hamilton	2	200 00	200 00
Black, Hibbert C	Pugwash, N.S	28	2,800 00	2,800 00
Black, W. A	Halifax	3	300 00	300 00
Blagdon, Mrs. Augusta A	do	8	800 00	800 00
Bligh, Harris H	Ottawa	10	1,000 00	1,000 00
Boswell, Martha Ada	Quebec	3	300 00	300 00
Boulanger, Mrs. Annie C	Hamilton	2	200 00	200 00
Boyce, Elizabeth	Quebec	$2\frac{2}{3}$	266 66	266 66
Boyd, Miss Agnes	Montreal	6	600 00	600 00
Boyd, Janet	do	6	600 00	600 00
Boyd, Mrs. Mary A	do	2	200 00	200 00
Boyer, Joseph A. T	do	4	400 00	400 00
Boyer, John C. A	do	4	400 00	400 00
Boyer, Louis A	do	4	400 00	400 00
Boyer, Marie E. C	do	4	400 00	400 00
Boyer, Mary L. A	do	4	400 00	400 00
Boyle, Arthur	Dunnville	7	700 00	700 00
Bradford, John	Granby, Que	9	900 00	900 00
Bradley, Thos., estate of	Solina	$1\frac{1}{3}$	133 33	133 33
Bradshaw, Robt. C	Thornhill, Man	$2\frac{2}{3}$	266 66	266 66
Braine, R. F	Halifax	10	1,000 00	1,000 00
	Carried forward	$715\frac{2}{3}$	71,566 65	71,566 65

Ontario Bank—Banque Ontario.

Names. — Noms.	Residence.	Number of Shares. — Nombre d'Actions.	Amount Paid. — Montant payé.	Amount Subscribed. — Montant souscrit.
			$ cts.	$ cts.
	Brought forward...	715⅔	71,566 65	71,566 65
Braine, R. F., trustee	Halifax	4	400 00	400 00
Braithwaite, Elizabeth	Cavansville	6	600 00	600 00
Broad, Mrs. Grace	Haydon	2	200 00	200 00
Brookfield, Wm. H	Halifax	3	300 00	300 00
Brookfield, Walter G	do	10	1,000 00	1,000 00
Brown, Mary, usufructuary	Montreal	2⅔	266 66	266 66
Brown, Richard Hy	Sydney Mines, N.S	2	200 00	200 00
Brown, Mrs. Sarah A.	Toronto	2	200 00	200 00
Brown, W. F., Geo. F. Henderson and P. Larmonth, executors	Ottawa	33	3,300 00	3,300 00
Brown, Jas., M.D	Toronto	8	800 00	800 00
Boyce, Wm. Hy	Montreal	6	600 00	600 00
Buchanan, J. O., manager, in trust	Toronto	5	500 00	500 00
Bull, Mrs. Nettie N	do	35	3,500 00	3,500 00
Burk, Annabella J	Port Arthur	6⅔	666 66	666 66
Burland, Geo. B	Montreal	40	4,000 00	4,000 00
Burn, Wm	Three Rivers	22	2,200 00	2,200 00
Burnett & Co	Montreal	3	300 00	300 00
Bussell, Thos. W	do	17	1,700 00	1,700 00
Cahill, Edwin D., trustee	Hamilton	2	200 00	200 00
Caldwell, Mrs. Mary E	Pickering	2	200 00	200 00
Cameron, Rev. Jas	Toronto	4	400 00	400 00
Cameron, Mrs. Mary E	New York	10	1,000 00	1,000 00
Campbell, Geo., in trust	Truro, N. S.	34	3,400 00	3,400 00
Campbell, Geo., and D. H. Muir, executors	Halifax	8	800 00	800 00
Campbell, Wm.	Keene	6	600 00	600 00
Cann, Elizabeth	Bowmanville	4	400 00	400 00
Carlyle, James	Toronto	25	2,500 00	2,500 00
Carmichael, Caroline E	New Glasgow, N.S	1	100 00	100 00
Carmichael, Jessie E	do	2	200 00	200 00
Carmichael, Jessie G. and Marg't. C	Pictou, N S	7	700 00	700 00
Carmichael, Marg't. R	New Glasgow, N.S	1	100 00	100 00
Carpenter, Mrs. L. D. T	Del Notre, Col	4	400 00	400 00
Carter, Wm. H	Quebec	8	800 00	800 00
Casselman, O. D	Chesterville	14	1,400 00	1,400 00
Central Canada Loan and Savings Co.	Toronto	34	3,400 00	3,400 00
Chafers, Mrs. H., tutrix	Montreal	14	1,400 00	1,400 00
Chaplin, Mary J	Newcastle	2	200 00	200 00
Charlebois, L. B. A.	Laprairie, Que	13⅓	1,333 33	1,333 33
Cheney, Gilman	Montreal	27	2,700 00	2,700 00
Cheney, Wm. G	do	4	400 00	400 00
Chipman, Mrs. Mary B	Bridgetown, N.S.	8	800 00	800 00
Chisholm, Wm.	Halifax	20	2,000 00	2,000 00
Christie, Miss Florence T	Montreal	2	200 00	200 00
City and District Savings Bank	do	292	29,200 00	29,200 00
Clark, Daniel, M.D	Toronto	6	600 00	600 00
Clark, Andrew	Bullock's Corners	4	400 00	400 00
Clark, Mrs. Elizabeth	Springville	1	100 00	100 00
Clearihue, Miss E. Grace	Montreal	5	500 00	500 00
Clearihue, Miss Ethel M	do	5	500 00	500 00
Clearihue, J. B.	do	4	400 00	400 00
Clemens, Joseph	Bowmanville	6	600 00	600 00
Cobb, Clement, F. E	Toronto	10	1,000 00	1,000 00
Cockburn, G. R. R	do	317	31,700 00	31,700 00
Cody, Benjamin	Newmarket	2	200 00	200 00
Coleman, Chas. A., M. D	London, Eng	4	400 00	400 00
Confederation Life Assn., in trust	Toronto	103	10,300 00	10,300 00
Cook, Mrs. Marion A	Montreal	6	600 00	600 00
	Carried forward	1,944⅓	194,433 30	194,433 30

Ontario Bank—Banque Ontario.

Names. — Noms.	Residence.	Number of Shares. — Nombre d'Actions.	Amount Paid. — Montant payé.	Amount Subscribed. — Montant souscrit.
			$ cts	$ cts
	Brought forward......	1,944⅓	194,433 30	194,433 30
Costley, Charlotte, executrix, and Rev. D. M. Gordon and Wm. Compton, executors	Halifax	13	1,300 00	1,300 00
Covernton, Alice G	Toronto	1	100 00	100 00
Cowley, Daniel K	Ottawa	4	400 00	400 00
Cox, Wm. Hy., sole svrviving executor.	Montreal	13	1,300 00	1;300 00
Cox, F. G., manager, and E. R. Wood, secretary, in trust	Toronto	66	6,600 00	6,600 00
Craik, Jas., and Wm. Johnson, trustees	Colborne	4	400 00	400 00
Crerar, Wm. G	Pictou, N.S	20	2,000 00	2,000 00
Crisp, Elizabeth H	Halifax	4	400 00	400 00
Crisp, Rev. Jno. O	Kingston	2	200 00	200 00
Crisp, Sophia J	Halifax	4	400 00	400 00
Crocker, Wm	Toronto	10	1,000 00	1,000 00
Cumming, Mrs. Jane, estate of	Colborne	12	1,200 00	1,200 00
Cunningham, George, in trust	Halifax	12	1,200 00	1,200 00
Currier, J, E. W., in trust	Ottawa	3	300 00	300 00
Clark, G. Mortimer	Toronto	2	200 00	200 00
La Caisse d'Economie de Notre Dame du Quebec, in trust	Quebec	145	14,500 00	14,500 00
Darling, Andrew	Toronto	2	200 00	200 00
Davidson, Mrs. Elizabeth	Peterboro'	2	200 00	200 00
Davidson, John A	Township of Smith	7⅓	733 33	733 33
Davidson, Michael A	Waterdown	3	300 00	300 00
Davidson, Philip D	do	7	700 00	700 00
Davis, Gertrude M	Cornwall	3⅓	333 33	333 33
Dean, Helen Baptist	L'Orignal	⅔	66 66	66 66
Dean, Louis A	do	12⅔	1,266 66	1,266 66
Dean, Susan	do	⅔	66 66	66 66
Delany, Miss Martha A	Berwick, N.S	10	1,000 00	1,000 00
Denovan, Wm., estate of	Dalkeith	1⅓	133 33	133 33
Desforges, Anatole	Quebec	1	100 00	100 00
Devine, John, estate of	South Lancaster	3⅓	333 33	333 33
Dewar, Farquhar	Dunvegan	6	600 00	600 00
DeVeber, Edith G. C	New Glasgow, N.S	1	100 00	100 00
Dickie, Miss Cecilia	Truro, N.S	6	600 00	600 00
Dickson, R	St. Marys	70	7,000 00	7,000 00
Doherty, Hon. M	Montreal	2	200 00	200 00
Donaldson, R	Portsmouth, Eng	7⅓	733 33	733 33
Drummond, John	Spencerville	⅔	66 66	66 66
Drummond, Hon. Geo. A	Montreal	50	5,000 00	5,000 00
Duncan, Wm	do	6⅔	666 66	666 66
Dundas, Anna Emeline	Brandon, Man	1⅓	133 33	133 33
Dunlop, John, executor and trustee	Montreal	14	1,400 00	1,400 00
Dunn, Miss Laura	Quebec	5	500 00	500 00
Dunn, Miss Mary E	do	5	500 00	500 00
Dunn, Timothy H	do	50	5,000 00	5,000 00
Dunn, T. H., in trust Lura Dunn	do	10	1,000 00	1,000 00
Dunn, T.H., in trust Mary Dunn	do	10	1,000 00	1,000 00
Dunn, T.H. in trest, estate of L.H.Dunn	do	10	1,000 00	1,000 00
Dunn, T. H. in trust, Louisville and St. Ursule Endowment Fund	do	10	1,000 00	1,000 00
Dupuis, Mrs J. A. A., usufructuary	do	1⅓	133 33	133 33
Dupuis, Anne Jane	Kingston	4	400 00	400 00
Durnford, Sophia M. and Maria G	Montreal	1	100 00	100 00
Edwards, Henry	Warsaw	3	300 00	300 00
Eastwood, W. O., J. E. Farewell and H. B. Taylor, trustees	Whitby	13⅓	1,333 33	1,333 33
Edwards, Sam'l	Warsaw	3	300 00	300 00
Edwardsburg, Treas., township of	Prescott	30⅔	3,066 66	3,066 66
Elliott, Wm., estate of	Iroquois	13⅓	1,333 33	1,333 33
	Carried forward...	2,648⅓	264,833 23	264,833 23

Ontario Bank—Banque Ontario.

Names. — Noms.	Residence.	Number of Shares. — Nombre d'Actions.	Amount Paid. — Montant payé.	Amount Subscribed. — Montant souscrit.
			$ cts.	$ cts
	Brought forward...	2,648⅓	264,833 23	264,833 23
Elliott, John	Leamington	4	400 00	400 00
Elliott, Mary M	Halifax	8	800 00	800 00
Erskine, John S	Township of Cumberland	2	200 00	200 00
Evans, Thomas M	Toronto	10	1,000 00	1,000 00
Farlinger, Mrs. Ellen	Montreal	2⅔	266 66	266 66
Fay, Wilhelmina	Bridgetown, N.S	8	800 00	800 00
Fearon, James	Halifax	6	600 00	600 00
Ferguson, Alex. estate of	Lancaster	6	600 00	600 00
Ferguson, Miss Charlotte C	Hamilton	5⅓	533 33	533 33
Filer, Geo	Montreal	2	200 00	200 00
Filer, Geo. and Margt. Filer, executors	do	2⅔	266 66	266 66
Finlay, David	Sorel, Que	5	500 00	500 00
Fireman's Benevolent Association	Montreal	3	300 00	300 00
Fisk, Nathaniel C	Abbotsford, Que	31	3,100 00	3,100 00
Fisk, Charles A	do	3⅓	333 33	333 33
Flavelle, Jos. W	Toronto	50	5,000 00	5,000 00
Fleming, Mrs. A. J., estate of	Ottawa	13	1,300 00	1,300 00
Fleming, Sanford H	do	1	100 00	100 00
Forbes, Mrs. Janet	New Glasgow, N.S	2	200 00	200 00
Forsyth, Rev. Joseph	Cardinal	10	1,000 00	1,000 00
Foster, Frederick H	Richmond, Que	4⅔	466 66	466 66
Foster, Wm. M	Guelph	60	6,000 00	6,000 00
Fortin, Mrs. H. Eleanor	Brushton, N.Y	8	800 00	800 00
Fraser, Mrs. Mary A	Brockville	46	4,600 00	4,600 00
Fraser, Thos Edward	Toronto	5	500 00	500 00
Frothingham, Mrs. Louisa G	Montreal	34	3,400 00	3,400 00
Gabriel, James M	Halifax	1	100 00	100 00
Gairdner, Mrs. Janet	Orono	1⅓	133 33	133 33
Garrett, H. A	Niagara	14	1,400 00	1,400 00
Garvin, Eleanor G	Hamilton	3	300 00	300 00
Gaudet, Capt. F.M., J. E. Gaudet and C D Gaudet	Quebec	⅔	66 66	66 66
Geen, Robert	Montreal	2	200 00	200 00
Gillbard, Thomas	Cobourg	5	500 00	500 00
Gladman, Albert J	Toronto	4	400 00	400 00
Gladman, J. Geo	do	4	400 00	400 00
Glass, Margaret T	Quebec	2	200 00	200 00
Godson, Geo. R	London, Eng	48	4,800 00	4,800 00
Glotman, Samuel, in trust	Montreal	3⅓	333 33	333 33
Gooderham, Alfred, and J. K. Macdonald, in trust	Toronto	108⅔	10,866 66	10,866 66
Grantham, Charles T	Yarmouth, N.S	16⅔	1,666 66	1,666 66
Grass, R	Trenton	100	10,000 00	10,000 00
Gray, Archibald, trustee	Montrose	3	300 00	300 00
Gray, R. Bruce	Pembroke	16	1,600 00	1,600 00
Greenshields, E. B., in trust No. 1	Montreal	26	2,600 00	2,600 00
Greenshields, E. B., in trust No. 2	do	34	3,400 00	3,400 00
Greenshields, E. B., in trust No. 3	do	34	3,400 00	3,400 00
Gregston, John, trustee	London	2⅔	266 66	266 66
Grove, Miss Penelope	Halifax	4	400 00	400 00
Gzowski, Col. Sir C. S., A.D.C	Toronto	290	29,000 00	29,000 00
Gibbs, Mrs. A. M	do	10	1,000 00	1,000 00
Hacquoil, Francis	Quebec	12	1,200 00	1,200 00
Haines, Jacob	Morrisburg	2	200 00	200 00
Halifax Fire Insurance Co	Halifax	66	6,600 00	6,600 00
Hall, Adam	Peterboro'	6	600 00	600 00
Hall, Ezra	Orono	2	200 00	200 00
Hall, Mrs. Isabella M. E	Peterboro'	8	800 00	800 00
Hall, John, estate of	do	23	2,300 00	2,300 00
Hall, Mrs. Kate	Orono	4	400 00	400 00
Hallam, John	Toronto	14	1,400 00	1,400 00
	Carried forward	3,851⅓	385,133 17	385,133 17

Ontario Bank—Banque Ontario.

Names. — Noms.	Residence.	Number of Shares. — Nombre d'Actions.	Amount Paid. — Montant payé.	Amount Subscribed. — Montant souscrit.
			$ cts.	$ cts
	Brought forward...	3,851⅓	385,133 17	385,133 17
Harris, Rev. Dean	St. Catharines	12	1,200 00	1,200 00
Hartford Insurance Co	Montreal	43⅓	4,333 33	4,333 33
Harty, Hon. William	Kingston	137⅓	13,733 33	13,733 33
Harvey, Mrs. Jane	Toronto	6⅔	666 66	666 66
Haycock, Mrs. F. W., estate of	Brantford	2	200 00	200 00
Hazlitt, Thomas G	Peterboro'	12⅔	1,266 66	1,266 66
Hedges, F. J	Newcastle	8	800 00	800 00
Higgins, Elizabeth	Montreal	9	900 00	900 00
Hickson, Joseph W. A	do	10	1,000 00	1,000 00
Hickson, Lady Catharine D	do	160	16,000 00	16,000 00
Hill, Hamnett, M.D	Ottawa	13	1,300 00	1,300 00
Hoar, Thomas	Bowmanville	4	400 00	400 00
Holmes, Christina E	Parrsboro', N.S	6	600 00	600 00
Holt, John H	Quebec	4	400 00	400 00
Home, Mrs. Mary	do	18	1,800 00	1,800 00
Home Savings & Loan Co., Ltd., in trust	Toronto	164	16,400 00	16,400 00
Hughes, Miss Maria A	do	3⅓	333 33	333 33
Hunter, Georgina	Montreal	7	700 00	700 00
Hyde, John, in trust	do	48	4,800 00	4,800 00
Imrie, Thomas	do	7	700 00	700 00
Inglis, Miss Christina	Toronto	1	100 00	100 00
Ingham, Joshua	Doncaster	8	800 00	800 00
Innes, Robert	Peterboro'	46	4,600 00	4,600 00
Irving, A. S	Toronto	30	3,000 00	3,000 00
Irwin, James, estate of	Prescott	20⅔	2,066 66	2,066 66
Jamison, George A., M.D	Ship Harbour, N.S	4	400 00	400 00
Janes, Eva J. R., usufcty. legatee	Montreal	1⅓	133 33	133 33
Janes, Mary F. R., usufcty. legatee	do	1⅓	133 33	133 33
Joassim, Mrs. Margt., executrix and usufructury	Ville de Soulanges	7	700 00	700 00
Johnson, Thomas	Bracebridge	4	400 00	400 00
Johnston, Mrs. C	Crysler	20	2,000 00	2,000 00
Johnston, James	Toronto	4	400 00	400 00
Johnston, Miss Marianne	Quebec	2	200 00	200 00
Johnston, Wm	Kingston	4	400 00	400 00
Johnston, Mrs. Emily	Toronto	2	200 00	200 00
Jones, Dunham, estate of	Maitland	4	400 00	400 00
Jones, Rt. Rev. Lewellyn	St. John's, Nfld	2	200 00	200 00
Jones, Wm J., M.D	Prescott	37	3,700 00	3,700 00
Kaulback, Mrs. Sophia	Truro, N.S	3	300 00	300 00
Keith, David S	Toronto	3⅓	333 33	333 33
King, Edwin F	Montreal	4	400 00	400 00
King, Frances	do	2	200 00	200 00
King, Mrs. Elizabeth M	do	4	400 00	400 00
Kinnear, Jas., jr	Kinnear Mills, Que	40	4,000 00	4,000 00
Kinnear, Jas., sr	do	22	2,200 00	2,200 00
Kirby, Thomas	Montreal	4	400 00	400 00
Kirk, J. F., manager, in trust	Toronto	45	4,500 00	4,500 00
Labatt, Mrs. Mary S	Prescott	2	200 00	200 00
Lacroix, Edouard	Quebec	44	4,400 00	4,400 00
Laird, Miss Edith	Toronto	8	800 00	800 00
Lamothe, J. M., estate	Montreal	⅔	66 66	66 66
Langwill, Miss Susan A	do	8	800 00	800 00
Laurie, Maj.-Gen. J. W	Oakfield, N.S	14	1,400 00	1,400 00
Lawrie, Duncan	Quebec	40	4,000 00	4,000 00
Layton, Mrs Mary R	Montreal	4⅔	466 66	466 66
Lee, W. S., & A. McL. Howard, in trust	Toronto	100	10,000 00	10,000 00
Lister, Mrs. Abigail	Meaford	⅔	66 66	66 66
Lister, Chas. J	do	⅔	66 66	66 66
Lithgow, James R	Halifax	10	1,000 00	1,000 00
Lithgow, Jas. R., & H.G. Bauld, execut's	do	8	800 00	800 00
	Carried forward ...	5,093	509,299 77	509,299 77

Ontario Bank—Banque Ontario.

Names. — Noms.	Residence.	Number of Shares. — Nombre d'Actions.	Amount Paid. — Montant payé.	Amount Subscribed. — Montant souscrit.
			$ cts.	$ cts.
	Brought forward...	5,093	509,299 77	509,299 77
Little, James W., estate of	Brandon, Man.	3⅓	333 33	333 33
Little, William W	Ridgetown	5	500 00	500 00
Lloyd, Miss Charlotte L	Quebec	2⅔	266 66	266 66
Lockhart, Wm. T., Wm. Rickard and W. F. Eddy, executors	Newcastle, Ont.	5⅓	533 33	533 33
Logie, Mrs. Jessie M	Montreal	4	400 00	400 00
Longworth, Israel, and Margaret Smith, executors	Halifax	16	1,600 00	1,600 00
Longworth, Israel, J. Y. Payzant and H. McN. Smith, executors	do	23	2,300 00	2,300 00
Lowell, Wm. L	Newton, Mass.	2	200 00	200 00
Lowrie, James	Belleville	4	400 00	400 00
Luke, James	Oshawa	1⅓	133 33	133 33
Lumsden, George	Newcastle	60	6,000 00	6,000 00
Mann, Griffidus and D. Fisher trustees	Bowmanville	8	800 00	800 00
Mann, Mrs. Julia M., estate	do	5	500 00	500 00
Manuel, Jno	Ottawa	48	4,800 00	4,800 00
Mara, Mrs. Ann, estate,	Toronto	6	600 00	600 00
Mara, Edward	Lucan	32	3,200 00	3,200 00
Mashinter, Mrs. Isabella	Toronto	6	600 00	600 00
Mashinter, Watson	do	2	200 00	200 00
Masson, Mrs. Emily	Belleville	80	8,000 00	8,000 00
Massey, Mrs. Mary C	Toronto	7	700 00	700 00
Matthie, Mrs. Agnes	Montreal	5	500 00	500 00
Maughan, Nicholas	Toronto	7	700 00	700 00
Melville, Rev. A. H., estate	Spencerville	1⅓	133 33	133 33
Meredith, Miss Margaret F	Montreal	6⅔	666 66	666 66
Metzler, Mrs. Margaret	Cardinal	14	1,400 00	1,400 00
Middleton, Wm. E	Buckingham	2	200 00	200 00
Miller, Robt	London, Eng	20	2,000 00	2,000 00
Miller, Wm	Halifax	20	2,000 00	2,000 00
Miller, W. R., in trust	Montreal	81	8,100 00	8,100 00
Miller, Mrs. H F	do	17	1,700 00	1,700 00
Ministers, Widows and Orphans Fund of the Synod in the Maritime Provinces of the Presbyterian Church in Canada	Halifax	5	500 00	500 00
Mitchell, Geo	do	3	300 00	300 00
Molson, Thos., estate of	Montreal	40	4,000 00	4,000 00
Monk, Mrs. Eliza C., executrix	do	56⅔	5,666 66	5,666 66
Moorcraft, Wm., estate	Bowmanville	3	300 00	300 00
Moore, James	Montreal	76	7,600 00	7,600 00
Moore, James	Brooklin, Ont.	2	200 00	200 00
More, Mrs. Drucilla B	Quebec	10	1,000 00	1,000 00
Morris, Maurice, estate	Oshawa	9	900 00	900 00
Morrison, Elizabeth W	Montreal	⅔	66 66	66 66
Moss, Samuel H	Prescott	1	100 00	100 00
Mulligan, Mrs. Sarah	Montreal	13⅓	1,333 33	1,333 33
Murison, Miss Margaret	New Carlisle	2	200 00	200 00
Murison, Miss Mary	do	2	200 00	200 00
Muttlebury, F. W	Toronto	5	500 00	500 00
Molson, John Thomas	Montreal	134	13,400 00	13,400 00
Macbean, Isabella & Mary	Los Angeles	20	2,000 00	2,000 00
Macdonald, J. K., in trust	Toronto	4	400 00	400 00
Macdonald, Miss Sara B	Alexandria	6	600 00	600 00
Macdonell, Rev. Alex	Lochiel	3	300 00	300 00
Macdonell, Rev. Geo., estate	Kingston	7	700 00	700 00
Macfarlane, Catherine N	Montreal	3	300 00	300 00
Macfarlane, Mrs. Cecilia	do	6	600 00	600 00
MacFiggins, Malcolm	Colborne	4	400 00	400 00
MacIntosh, Treble, in trust	Montreal	4	400 00	400 00
	Carried forward....	6,007⅓	600,733 06	600,733 06

Ontario Bank—Banque Ontario.

Names. — Noms.	Residence.	Number of Shares. — Nombre d'Actions.	Amount Paid. — Montant payé.	Amount Subscribed. — Montant souscrit.
			$ cts.	$ cts.
	Brought forward...	6,007⅓	600,733 06	600,733 06
Mackay, Donald	Toronto	138	13,800 00	13,800 00
Mackay, Mrs. Jane	do	30	3,000 00	3,000 00
Mackay, Miss Leila	do	34	3,400 00	3,400 00
Mackay, Robt	Montreal	67	6,700 00	6,700 00
Mackay, Wm	Renfrew	7	700 00	700 00
Mackerras, Margaret	Peterborough	2	200 00	200 00
Macmeekin, Lizzie D	Ottawa	1⅓	133 33	133 33
Mackay, G. S., trustee	Toronto	45	4,500 00	4,500 00
Macpherson, R.	Kingston	24	2,400 00	2,400 00
Macrae, Wm. F	New York	12	1,200 00	1,200 00
McAuliff, Michael	Lachine	20	2,000 00	2,000 00
McDonald, W. C.	Montreal	450	45,000 00	45,000 00
McDonald, John	do	44	4,400 00	4,400 00
McEvilla, Mrs. Rebecca B	Roxton Falls, Que	8	800 00	800 00
McFarland, W. J	Markdale	17	1,700 00	1,700 00
McGee, David	Toronto	37	3,700 00	3,700 00
McGill, C., in trust	do	43⅔	4,366 66	4,366 66
McGregor, Jas. D	New Glasgow	3	300 00	300 00
McKenzie, J. Henry	Pictou, N.S.	20	2,000 00	2,000 00
McLaughlin, John	Haydon	6	600 00	600 00
McLean, Mrs. Mary Ann	Bowmanville	4	400 00	400 00
McLellan, Alex	St. Johns, Nfld.	33⅓	3,333 33	3,333 33
McMurray, W. J	Niagara Falls, Ont	4	400 00	400 00
McNaughton, Duncan	Montreal	7	700 00	700 00
McNeil, James	Keene	34	3,400 00	3,400 00
McNeil, Robert, estate of	Pictou, N.S.	10	1,000 00	1,000 00
McNeill, Alexander	Wiarton	8	800 00	800 00
McRitchie, Rev. Geo	Ottawa	12	1,200 00	1,200 00
Newcombe, Mrs. Sarah L	do	3	300 00	300 00
Nicholls, Miss Ann, estate of	Peterborough	16	1,600 00	1,600 00
Nichols, Rev. E. E. B., estate of	Liverpool, N.S.	5	500 00	500 00
Nordheimer, Samuel	Toronto	2	200 00	200 00
Ogilvie, Agnes	Montreal	16	1,600 00	1,600 00
Ogilvie, Frances	do	8	800 00	800 00
Oldright, Mrs. Gertrude	Halifax	3	300 00	300 00
Oswald Bros	Montreal	30	3,000 00	3,000 00
O'Farrell, Rev. M. J., estate of	Trenton, N.J	10	1,000 00	1,000 00
O'Shaughnessy, Daniel	Montreal	3⅓	333 33	333 33
O'Shaughnessy, Michael	do	2	200 00	200 00
Parslow, Jno	do	20	2,000 00	2,000 00
Paterson, James D	do	1⅓	133 33	133 33
Paterson, Jno H	Toronto	2	200 00	200 00
Paterson, John	Montreal	20	2,000 00	2,000 00
Paterson, Rev. T. W	Toronto	2	200 00	200 00
Pauley, Francis H	Halifax	4	400 00	400 00
Payne, Lazarus, estate of	Peterboro'	7	700 00	700 00
Peine, Louis	New Hamburg	4	400 00	400 00
Pennock, Wm., in trust	Ottawa	4	400 00	400 00
Pennock, Wm	do	6	600 00	600 00
Pension Fund Society of Bank of Montreal	Montreal	214	21,400 00	21,400 00
Perry, R. D	Toronto	40	4,000 00	4,000 00
Pellatt & Pellatt	do	10	1,000 00	1,000 00
Piddington, Thos A	Quebec	13	1,300 00	1,300 00
Pinhey, Chas H., estate of	Ottawa	13⅓	1,333 33	1,333 33
Pinhey, Jno. H	do	4	400 00	400 00
Polson, F. B	Toronto	55	5,500 00	5,500 00
Poussett, Sarah	Peterboro'	4	400 00	400 00
Pope, Frederick J	Newcastle, Ont	10	1,000 00	1,000 00
Potter, John S.	Toronto	10	1,000 00	1,000 00
Power, Elizabeth Ann	Bowmanville	2	200 00	200 00
	Carried forward...	7,670⅔	767,066 37	767,066 37

Ontario Bank—Banque Ontario.

Names. — Noms.	Residence.	Number of Shares. — Nombre d'Actions.	Amount Paid. — Montant payé.	Amount Subscribed. — Montant souscrit.
			$ cts.	$ cts.
	Brought forward...	7,670⅔	767,066 37	767,066 37
Power, E. G.	Bowmanville	3⅓	333 33	333 33
Primrose, Howard	Pictou, N.S.	12	1,200 00	1,200 00
Purdy, F. M.	Toronto	2	200 00	200 00
Purvis, David H.	Pictou, N.S.	5	500 00	500 00
Purves, Wm.	North Sydney, C.B.	7	700 00	700 00
Pyke, Miss Gertrude E.	Toronto	⅔	66 66	66 66
Pyke, Geo. J., in trust	do	⅔	66 66	66 66
Plummer, A. E., mgr. in trust	do	30	3,000 00	3,000 00
Rafter, John	St. Lin, Que	2	200 00	200 00
Rae, Geo. M. and Wm., trustees	Toronto	12	1,200 00	1,200 00
Rayside, Mrs. Margaret	South Lancaster	3	300 00	300 00
Read, Geo.	Keene	2	200 00	200 00
Reiffinstein, Geo. C., trustee	Ottawa	6	600 00	600 00
Remon, Mrs. Marie E. and Morley Donaldson, executors	do	6	600 00	600 00
Remon, Mrs. Marie E.	do	2	200 00	200 00
Reynolds, E. J. and Jos. Hardisty, trustees	Brockville	12	1,200 00	1,200 00
Richardson, Rev. Ezekiel, estate of	Stouffville	1	100 00	100 00
Richardson, James, estate of	Pickering	6	600 00	600 00
Risley, John F., in trust	Kingston	5	500 00	500 00
Ritchie, Hon. Jos. N.	Halifax	10	1,000 00	1,000 00
Ritchie, Jos. N. and Thos. Ritchie, in trust, No. 2	do	10	1,000 00	1,000 00
Ritchie, Thos., in trust	do	14	1,400 00	1,400 00
Roberts, Rev. E. R., estate of	Selwyn	13	1,300 00	1,300 00
Robins, Sampson P.	Montreal	2⅔	266 66	266 66
Robinson, Mrs. Emma J.	Waterloo, Que	4	400 00	400 00
Robinson, Wm. N.	do	1	100 00	100 00
Robinson, Mrs. Mary J.	Abbotsford, Que	2	200 00	200 00
Robinson, Christopher, Q.C.	Toronto	10	1,000 00	1,000 00
Robertson, Wilhelmina M. C.	Westville, N.S.	1	100 00	100 00
Roger, Isabella	Peterboro'	4	400 00	400 00
Rose, Mrs. Florence M.	Toronto	2	200 00	200 00
Rose, G. M.	do	102	10,200 00	10,200 00
Ross, Euphemia S.	Truro, N.S.	6	600 00	600 00
Ross, Miss Jessie	do	4	400 00	400 00
Ross, Thos.	New Lancaster	6	600 00	600 00
Ross, Jno. Theodore	Quebec	166	16,600 00	16,600 00
Rothwell, Mrs. Agnes W.	Ottawa	3	300 00	300 00
Rowe, Richard J.	De Lamar, Idaho	4	400 00	400 00
Roy, Rev. E.	Eastern Passage, N.S.	4⅔	466 66	466 66
Rutledge, Harriet	Whitby	13⅓	1,333 33	1,333 33
Rutledge, John, estate of	Bowmanville	5⅓	533 33	533 33
Ryan, John	Brockville	16⅔	1,666 66	1,666 66
Sanders, Mrs. Ellen	Toronto	1⅓	133 33	133 33
Sandham, Maj. Gen., R.	do	15	1,500 00	1,500 00
Saunders, Alex.	Montreal	4	400 00	400 00
Sawers, John	Peterboro'	1⅓	133 33	133 33
Schiller, Mary Z. V., usufructuary	Montreal	2	200 00	200 00
Scott, Mrs. Agnes, estate of	Peterboro'	24	2,400 00	2,400 00
Scott, Miss Christian	do	33	3,300 00	3,300 00
Scott, John	Ottawa	4	400 00	400 00
Scougall, Henrietta L.	Quebec	10	1,000 00	1,000 00
Seels, Mrs. Esther, and Bernard Saunders, trustees	Toronto	4	400 00	400 00
Seminaire St. Joseph	Three Rivers	3	300 00	300 00
Sewell, Willoughby De Q., executor	Quebec	4	400 00	400 00
Shand, Miss Eliza A.	Montreal	2	200 00	200 00
Shanly, Jas. and Rev. F. R. Tane	London	2	200 00	200 00
Shatford, Jas. E.	Indian Harbour, N.S.	14	1,400 00	1,400 00
	Carried forward....	8,318⅔	831,866 32	831,866 32

Ontario Bank—Banque Ontario.

Names. — Noms.	Residence.	Number of Shares. — Nombre d'Actions.	Amount Paid. — Montant payé.	Amount Subscribed. — Montant souscrit.
			$ cts.	$ ct
	Brought forward...	8,318⅔	831,866 32	831,866 32
Shatford, Jno. E	Hubbard's Cove, N.S	27	2,700 00	2,700 00
Shatford, Matilda	do do	1	100 00	100 00
Shaver, Emma Louisa	Prescott	3	300 00	300 00
Shaw, Samuel J	Quebec	14	1,400 00	1,400 00
Shaw, Rich., estate of	Bowmanville	6	600 00	600 00
Sheppard, John, estate of	Balsam	10	1,000 00	1,000 00
Simpson, Hon. John and D. Fisher, trustees	Bowmanville	1	100 00	100 00
Slack, Robt	Montreal	6	600 00	600 00
Smith, David, in trust	Toronto	15	1,500 00	1,500 00
Smith, David, in trust for Harold T. Smith	do	2	200 00	200 00
Smith, Edward F	Halifax	25	2,500 00	2,500 00
Smith, A. M., estate of	Toronto	150	15,000 00	15,000 00
Smith, George	Ottawa	64	6,400 00	6,400 00
Smith, George	Toronto	10	1,000 00	1,000 00
Smith, Sir Donald A	Montreal	500	50,000 00	50,000 00
Smith, Mrs. Janet	Martintown	2	200 00	200 00
Smith, John Thos., estate of	Toronto	6	600 00	600 00
Smith, Louisa L	Truro, N.S	6	600 00	600 00
Smith, Louisa W. W	Montreal	8	800 00	800 00
Smith, Mrs. Matilda	Quebec	26	2,600 00	2,600 00
Smith, Mrs. Florence C	Halifax	3	300 00	300 00
Smith, Herbert D, executor	Compton, Que	2	200 00	200 00
Smith, Alice M	Halifax	6	600 00	600 00
Smyth, Alex., estate of	Prescott	6	600 00	600 00
Spence, Mrs. Agnes B	Keene	1	100 00	100 00
Spier, Mrs. Annie J	Montreal	2	200 00	200 00
Spragge, Mrs. Martha A	do	23	2,300 00	2,300 00
Sproule, Miss Elizabeth J	Springfield-on-Credit	3	300 00	300 00
Spry, Wm	Toronto	14	1,400 00	1,400 00
Starr, Rebecca A	Halifax	9	900 00	900 00
Steele, Mrs. Zelie S., usufructuary	Montreal	2	200 00	200 00
Stewart, Rev. Alex., estate of	Orillia	10	1,000 00	1,000 00
Stewart, G. M	Belleville	14	1,400 00	1,400 00
Stewart, Louisa A. and Isabella E	Quebec	20	2,000 00	2,000 00
Stewart, Mrs. Wm	Ottawa	2	200 00	200 00
Stewart, Rev. Wm	Toronto	9	900 00	900 00
Stewart, E.H. and H.L. Snowden, in trust	Montreal	20	2,000 00	2,000 00
Stuart, Gustavus G	Quebec	2	200 00	200 00
Stuart, Rev. Jas	Somerset, Eng	13	1,300 00	1,300 00
Sweny, Mrs. Alice R	Toronto	18	1,800 00	1,800 00
Symons, Mrs. Rachel E	Halifax	7	700 00	700 00
Straker, Mrs. Charlotte M	Corbridge-on-Tyne, Eng.	14	1,400 00	1,400 00
Tait, David	Mille Roches	3⅓	333 33	333 33
Tait, Jane S	Montreal	⅔	66 66	66 66
Tamblyn, John, estate of	Newcastle	6	600 00	600 00
Tessier, Mrs. Florence M	Quebec	5	500 00	500 00
Thompson, Mrs. Elizabeth	Montreal	⅔	66 66	66 66
Thomson, Joseph, estate of	do	10	1,000 00	1,000 00
Thorburn, Mrs. Jane McK	Toronto	1⅓	133 33	133 33
Tinkham, Miss Martha F	Del. North, Col	4	400 00	400 00
Treasurer Female Orphan Asylum	Quebec	8	800 00	800 00
Trewin, Wm., sr., estate of	Haydon	1	100 00	100 00
Trotter, Miss Emily	Toronto	⅔	66 66	66 66
Trull, Allen	Oshawa	2	200 00	200 00
Trustees School Section No. 3	Darlington	1⅓	133 33	133 33
Trustees St. John's Church	Brockville	6	600 00	600 00
Tuffts, Rev. W. M	Shellarton, N. S	2⅔	266 66	266 66
Ullyot, D	Peterboro'	102	10,200 00	10,200 00
Vickat, Mrs. Miriam, & Ed. S. Bernard	Richmond, Que.	17⅓	1,733 33	1,733 33
	Carried forward ...	9,572⅔	957,266 28	957,266 28

Ontario Bank—Banque Ontario.

Names. — Noms.	Residence.	Number of Shares. — Nombre d'Actions.	Amount Paid. — Montant payé.	Amount Subscribed. — Montant souscrit.
			$ cts.	$ cts.
	Brought forward...	9,572⅔	957,266 28	957,266 28
Vincent, James....	Rupert's Land....	2⅔	266 66	266 66
Vroom, Mrs. Agnes J....	Windsor....	10⅔	1,066 66	1,066 66
Waddell, Mrs. Annie....	Orono....	10	1,000 00	1,000 00
Wallace, N. Clark....	Woodbridge....	14	1,400 00	1,400 00
Walsh, Wm....	Peterboro'....	3	300 00	300 00
Walton, Jos. and M. Martin....	do	2	200 00	200 00
Washington, Anthony, estate of....	Oakwood....	4	400 00	400 00
Watt, Mrs. Sarah....	Brantford....	20	2,000 00	2,000 00
Webb, W. H. and I. Longworth, trustees	Halifax....	16	1,600 00	1,600 00
Wetherald, Mrs. Mary A....	Pickering....	14	1,400 00	1,400 00
White, Mrs Marianne V....	Edinburgh, Scot....	33	3,300 90	3,300 00
White, Mrs. Minnie....	Toronto....	2	200 00	200 00
Whyte, Jas. G....	Ottawa....	66	6,600 00	6,600 00
Wilbur, Thos....	Enfield....	12	1,200 00	1,200 00
Williams, Mrs. Ann E., executrix, and Miles L. Williams, executor....	Montreal....	13⅓	1,333 33	1,333 33
Williams, R. S....	Toronto....	22	2,200 00	2,200 00
Wilson, Alex....	Halifax....	6	600 00	600 00
Wilson, Frederick J....	Buckingham....	4	400 00	400 00
Windatt, Wm., estate of....	Bowmanville....	12	1,200 00	1,200 00
Wiswell, Wm. H....	Halifax....	20	2,000 00	2,000 00
Wolfe, Mrs. Maud G....	Petrolea....	14	1,400 00	1,400 00
Woodrow, H. B....	Longueuil....	20	2,000 00	2,000 00
Worthington, John....	Brooklyn, N. Y....	6	600 00	600 00
Wright, John, estate of....	Pickering....	12	1,200 00	1,200 00
Woodhill, Mrs. Evelina....	Halifax....	4	400 00	400 00
Wadsworth, W. R. estate of....	Toronto....	20	2,000 00	2,000 00
Young, John C....	Detroit....	20	2,000 00	2,000 00
Adams, Richard Wm....	Montreal....	1	100 00	100 00
Burk, Harvey W....	Bowmanville....	3	300 00	300 00
Cole, John R., estate of....	Tyronne....	1⅓	133 33	133 33
Cowie, Catherine, estate of....	Montreal....	⅔	66 66	66 66
Edwards, Joseph....	Warsaw....	3	300 00	300 00
Haslett, Rachel C....	Hamilton....	1	100 00	100 00
Henshaw, Maria L....	Montreal....	1	100 00	100 00
Osborne, Janet M....	Beamsville....	⅔	66 00	66 66
Peters, George....	Peterboro'....	8	800 00	800 00
Ryan, Hugh....	Toronto....	10	1,000 00	1,000 00
Tomlinson, R. H. Mg'r., in trust....	do	15	1,500 00	1,500 00
To adjust fraction of shares....	....	....	0 42	0 42
	Total....	10,000	1,000,000 00	1,000,000 00

Certified correct,

J. G. Langton,
Chief Accountant.

C. McGILL,
General Manager.

Toronto, 7th January, 1898.

STANDARD BANK OF CANADA.

BANQUE STANDARD DU CANADA.

Value of Share, $50—Valeur de chaque action, $50.

Names. — Noms.	Residence.	Number of Shares. — Nombre d'Actions.	Amount Paid. — Montant payé.	Amount Subscribed. — Montant souscrit.
			$	$
Ames & Co	Toronto	4	200	200
Allen, W. F	Bowmanville	260	13,000	13,000
Allen, J. K	Newcastle	80	4,000	4,000
Aylesworth, A. B	Toronto	15	750	750
Armour, E. D. and G.F. Gordon, trustee	do	16	800	800
Alexander, K	Germany	20	1,000	1,000
Adams, M. J	Chicago	22	1,100	1,100
Ardagh, M. L	Barrie	22	1,100	1,100
Ashton, M. E	Haydon	12	600	600
Alexander, A. W	Guelph	120	6,000	6,000
Allen, Lucy	Bowmanville	80	4,000	4,000
Arnold, C. O	Niagara	9	450	450
Anderson, W. N	Toronto	68	3,400	3,400
Armour, E. Douglas	do	29	1,450	1,450
Adams, John, in trust	do	35	1,750	1,750
Adamson, E. A	St. Paul, U.S.A	12	600	600
Bidwell, L	Brighton	17	850	850
Bowles, Jas	Bradford	15	750	750
Bowles, H	do	8	400	400
Burk, H. W	Bowmanville	10	500	500
Burke, E. J	Colborne	8	400	400
Brandon Bros	Cannington	8	400	400
Bog, F. J	Campbellford	6	300	300
Burland, G. B	Montreal	149	7,450	7,450
Bird, Henry	Barrie	2	100	100
Baker, H. E., executrix	Grafton	20	1,000	1,000
Boyce, J. G	Toronto	8	400	400
Brien, Henry	New York	27	1,350	1,350
Brien, William	Ireland	60	3,000	3,000
Bickerstaff Bros	Toronto	22	1,100	1,100
Brown, Alexander	do	38	1,900	1,900
Burns, John	do	400	20,000	20,000
Burns, Mag't. L	do	20	1,000	1,000
Baillie, J. E	do	64	3,200	3,200
Boulton, C. H	Port Hope	12	600	600
Baines, Heswell, in trust	Toronto	3	150	150
Boomer, H. C., in trust	do	11	550	550
Boomer, Mrs. H.C., in trust	do	20	1,000	1,000
Bethune, F. E	do	4	200	200
Baines, C. C. and Z. A. Lash in trust	do	72	3,600	3,600
Bull, T. H	do	20	1,000	1,000
Beatty, H	do	100	5,000	5,000
Black, William	Cobourg	20	1,000	1,000
Brodrick, A.B.	Ottawa	10	500	500
Barker, S	Hamilton	70	3,500	3,500
Burns, John, jr	Vancouver	20	1,000	1,000
Burgess, R. K., in trust	Toronto	20	1,000	1,000
Brown, F. D	do	80	4,000	4,000
Binmore, J. G	Montreal	30	1,500	1,500
Brown, M. E	Toronto	8	400	400
Bethune, H.J., in trust	do	60	3,000	3,000
Boswell, Ella	do	18	900	900
	Carried forward	2,264	113,200	113,200

Standard Bank of Canada—Banque Standard du Canada.

Names. — Noms.	Residence.	Number of Shares. — Nombre d'Actions.	Amount Paid. — Montant payé.	Amount Subscribed. — Montant souscrit.
			$	$
	Brought forward	2,264	113,200	113,200
Bain, Mary	Toronto	50	2,500	2,500
Burton, M. E	do	3	150	150
Black, M	do	12	600	600
Brodie, A. J. H	do	100	5,000	5,000
Baker, E. S.	do	40	2,000	2,000
Buckley, M. A	Hamilton	1	50	50
Bird, E. E	Barrie	6	300	300
Brodie, A. J. H., et al, trustees	Toronto	220	11,000	11,000
Baines, A. F.	do	12	600	600
Boomer, E. A	do	10	500	500
Boomer, H. A	do	10	500	500
Brough, H. S, et al, executors	do	20	1,000	1,000
Confederation Life Association	do	8	400	400
Canada Life Assurance Co	Hamilton	537	26,850	26,850
Chapman, J. H	Colborne	1	50	50
Cumming, J. C	do	45	2,250	2,250
Cotter, S. M	Northport	23	1,150	1,150
Coolidge, J. A., estate	Demorestville	8	400	400
Cleghorn, J. P	Montreal	16	800	800
Cowan, John	Oshawa	285	14,250	14,250
Cowan, W. F	do	801	40,050	40,050
Cowan, W. F., in trust	do	169	8,450	8,450
Cowan, R. J	do	50	2,500	2,500
Cummer, H	Cadillac, Mich	47	2,350	2,350
Cummins, J. B	Oshawa	12	600	600
Cameron, Mrs. S	Grafton	40	2,000	2,000
Crosby, P.	Richmond Hill	30	1,500	1,500
Clark, P. M	Toronto	3	150	150
Catto, John	do	3	150	150
Carlyle, Jas., M.D	do	160	8,000	8,000
Cosens, E. A	do	5	250	250
Clark, H. G	do	6	300	300
Cole, T. S	do	50	2,500	2,500
Campbell, C. J., et al, in trust	do	40	2,000	2,000
Cullen, Mary	do	14	700	700
Carswell, H. T	Oshawa	20	1,000	1,000
Colquhoun, A. H. N., in trust	Toronto	10	500	500
Campbell, C. S., et al, in trust	do	40	2,000	2,000
Cruikshank, H	Scotland	20	1,000	1,000
Campbell, W. B	Campbellcroft	64	3,200	3,200
Chapman, John R	New York	14	700	700
Currie, Annie	Toronto	20	1,000	1,000
Duck, R	Bradford	8	400	400
Dingman, J	Picton	8	400	400
Davison, A	do	5	250	250
Dennistoun, K. A	Peterboro'	140	7,000	7,000
Dick, D. B	Toronto	64	3,200	3,200
Denison, F. C., estate	do	40	2,000	2,000
Dewdney, E., et al, trustees	Ottawa	100	5,000	5,000
Dixon, Alex	Toronto	5	250	250
Dennistoun, E. O	do	64	3,200	3,200
Dunnigan, T., et al, executors	Warkworth	30	1,500	1,500
Drynan, J. A	Toronto	20	1,000	1,000
Denison, H. A	do	20	1,000	1,000
Dickson, R	St. Mary's	30	1,500	1,500
Edwards, E	Derryville	6	300	300
Edwards, Amy M. A. R	Gore's Landing	32	1,600	1,600
Eastwood, J. T	Toronto	2	100	100
Fuller, C. W	Colborne	45	2,250	2,250
Ford, E. B	do	3	150	150
Fox, D	Northport	40	2,000	2,000
	Carried forward	5,951	297,550	297,550

Standard Bank of Canada—Banque Standard du Canada.

Names. — Noms.	Residence.	Number of Shares. — Nombre d'Actions.	Amount Paid. — Montant payé.	Amount Subscribed. — Montant souscrit.
			$	$
	Brought forward...	5,951	297,550	297,550
Fox, P. M.	Northport	8	400	400
Foster, H., estate	Newcastle	15	750	750
Farewell, Jane	Toronto	15	750	750
Fitzgerald, G B	do	73	3,650	3,650
Fitzgerald, E. G., trustee	do	36	1,800	1,800
Fitch, J. C., estate	do	80	4,000	4,000
Farncomb, F., estate	Newcastle	60	3,000	3,000
Ferguson & Blaikie	Toronto	10	500	500
Franklin, S. J	do	30	1,500	1,500
Fitton, L	do	8	400	400
Fulton, R. R	Woodstock	90	4,500	4,500
Fox, R. H	England	12	600	600
Fraser, M. A	Brockville	200	10,000	10,000
Fairbanks, C. S. B., M.D	Cobourg	24	1,200	1,200
Falconbridge, J. K., estate	Toronto	27	1,350	1,350
Floyd, M. A	Cobourg	6	300	300
Fraser, J. B. and W. H. A	Ottawa	68	3,400	3,400
Gordon, J. K	Whitby	8	400	400
Gowan, Hon. J. R	Barrie	80	4,000	4,000
Glenny, W.	Oshawa	50	2,500	2,500
Grimmer, J. D	St. Andrew's, N.B	10	500	500
George, Isabella	Toronto	23	1,150	1,150
George, M. M	do	18	900	900
George, Jas	do	64	3,200	3,200
Gray, R. M	do	50	2,500	2,500
Gordon, H. C	do	6	300	300
Grassick, M. A	Aberdeen, Scotland	18	900	900
Grassick, G	do	20	1,000	1,000
Grassick, C. S.	do	20	1,000	1,000
Grassick, Jane	do	12	600	600
Grasett, F. LeM., M.D	Toronto	10	500	500
Gooderham, A	do	200	10,000	10,000
Gooderham, C. H	do	120	6,000	6,000
Gowans, J	do	32	1,600	1,600
Gray, M. F	do	3	150	150
Gilpin, O	do	50	2,500	2,500
Gooderham, R. T.	do	75	3,750	3,750
Grier, C	England	5	250	250
Graham, T. S	Bradford	15	750	750
Ganton, S. B	Oakville	35	1,750	1,750
Garrick, A	London, Ont	80	4,000	4,000
Gwynne, M	Toronto	12	600	600
Grose, Wm	Newcastle	12	600	600
Grose, R	do	32	1,600	1,600
Gibson, T., executor	do	12	600	600
Gillespie, A	Hamilton	5	250	250
Grasett, J. S., trust	Toronto	10	500	500
Goldie, I. M	Ayr	4	200	200
Gilmour, T	Toronto	100	5,000	5,000
Gash, A. E	do	90	4,500	4,500
Gamble, Mrs. A	do	1	50	50
Gillbard, T	Cobourg	36	1,800	1,800
Gunn, R. J	Whitby	5	250	250
Gates, F. W. et al, trust	Hamilton	36	1,800	1,800
Home Savings & Loan Co., Ltd., trust	Toronto	65	3,250	3,250
Hurrell, W	Peterborough	13	650	650
Hill, C	Bradford	3	150	150
Hallett, J	Orono	15	750	750
Holston, Wm	Clarke	10	500	500
Houston, Jno	Cannington	10	500	500
Hall, J. G	Peterborough	12	600	600
	Carried forward...	8,200	410,000	410,000

Standard Bank of Canada—Banque Standard du Canada.

Names. — Noms.	Residence.	Number of Shares. — Nombre d'Actions.	Amount Paid. — Montant payé.	Amount Subscribed. — Montant souscrit.
			$	$
	Brought forward...	8,200	510,000	410,000
Hovey, A. H.	Springfield, Mass.	30	1,500	1,500
Hickson, Lady	Montreal	272	13,600	13,600
Hamilton, M.	Toronto	30	1,500	1,500
Hendrie, W.	Hamilton	408	20,400	20,400
Hendrie, W., jr.	do	12	600	600
Hamlin, R. S	Oshawa	100	5,000	5,000
Horton, M	Rochester, N.Y.	20	1,000	1,000
Houston, K.	Manchester, Eng.	130	6,500	6,500
Hawken, J.	Toronto	1	50	50
Hammond, M.	do	30	1,500	1,500
Henderson & Small, trust	do	40	2,000	2,000
Hart, J	Halifax	20	1,000	1,000
Hooper, C. E., estate	Toronto	30	1,500	1,500
Henderson, K	Montreal	12	600	600
Hendrie, A. M.	Hamilton	16	800	800
Hendrie, C. M.	do	15	750	750
Hodgson, M. E., estate	Toronto	2	100	100
Hendrie, M.	Hamilton	3	150	150
Hendrie, A. M. H	do	3	150	150
Hendrie, M. M., trust	do	3	150	150
Henegan, P., executor	Niagara on Lake	60	3,000	3,000
Houlé, M. M	Toronto	15	750	750
Hanratty, M. A.	do	20	1,000	1,000
Harris, Rev. E.	do	20	1,000	1,000
Harvey, T. A	Cobourg	12	600	600
Hale, H.	England	6	300	300
Hodson, H. F	Toronto	25	1,250	1,250
Hill, E. M. T., trust	Orillia	2	100	100
Hargraft, G. R., trust	Toronto	18	900	900
Harcourt, Hon. R., trust	do	60	3,000	3,000
Hunt, Wm.	Campbellford	20	1,000	1,000
Harman, M W., trustees	Toronto	43	2,150	2,150
Johnston, John	Pefferlaw	8	400	400
Junkin, W.	Cannington.	6	300	300
Johnston, W. R.	Toronto	402	20,100	20,100
Jones, M. G	do	65	3,250	3,250
Jemmett, M. & A. R., trustees	England	10	500	500
Jemmett, M., A. R. and M. H., trustees.	do	7	350	350
Jarvis, A. E., trust	Toronto	20	1,000	1,000
Kilkenny, T.	Bradford	8	400	400
Kerr, James	Rochester, N.Y.	6	300	300
Keith, Julia	Lakeport	2	100	100
Kay, W., estate	Goderich	20	1,000	1,000
Kidd, D	Hamilton	100	5,000	5,000
Kerr, Elizabeth	Toronto	33	1,650	1,650
Kerr, Elizabeth et al, executors	do	80	4,000	4,000
Kenrick trustees	do	14	700	700
Koch, M.	Markham	29	1,450	1,450
Kenrick, E. M	Toronto	25	1,250	1,250
Larke, C.	Colborne	5	250	250
Lumsden, E.	Newcastle	27	1,350	1,350
Lundy, J. J.	Peterborough	100	5,000	5,000
Le Moine, G	Quebec	40	2,000	2,000
Le Moine, E. R	do	8	400	400
Leitch, A.	Hamilton	24	1,200	1,200
Lewis, G. W.	Toronto	100	5,000	5,000
Lash, Z. A., et al, trustees	do	55	2,750	2,750
Lyman, Jno	do	200	10,000	10,000
Lawrence, A.	do	29	1,450	1,450
Love, H. G.	do	50	2,500	2,500
Le Moine, G., trust	Quebec	80	4,000	4,000
	Carried forward...	11,231	561,550	561,550

Standard Bank of Canada—Banque Standard du Canada.

Names. — Noms.	Residence.	Number of Shares. — Nombre d'Actions.	Amount Paid. — Montant payé.	Amount Subscribed. — Montant souscrit.
			$	$
	Brought forward...	11,231	561,550	561,550
Lyon, J. T	Lewiston, N.Y	1	50	50
Love, J. L., trust	Toronto	6	300	300
Lovell, J. S., et al, executors	do	42	2,100	2,100
Layton, D. B	do	7	350	350
Lawrence, Geo., estate	Stratford	10	500	500
Layton, M	Toronto	6	300	300
Lewin, G	Kingston	4	200	200
Laird, A. L	London	8	400	400
Laird, L. R	do	6	300	300
Laird, G. J	Winnipeg	6	300	300
Montreal City & District Savings Bank	Montreal	71	3,550	3,550
Montague, T	Newcastle	100	5,000	5,000
Morgan, T. & G	Markham	22	1,100	1,100
Morris, M., estate late	Oshawa	15	750	750
Masson, W	Whitby	45	2,250	2,250
Morton, G. D., estate	Toronto	150	7,500	7,500
Miller, Jno	Valentine	22	1,100	1,100
Michie, Sophia	Toronto	82	4,100	4,100
Michie, J. F., executors late	do	94	4,700	4,700
Monk, R. P	do	20	1,000	1,000
Merritt, T. R	St. Catharines	20	1,000	1,000
Maurice, Rev. R. R	England	82	4,100	4,100
Matthew, Jessie	Montreal	15	750	750
Méthot, E. W	Quebec	50	2,500	2,500
Martin, M. M	Hamilton	12	600	600
More, D. B	Quebec	20	1,000	1,000
Matthews, A. J	Toronto	48	2,400	2,400
Martin, E	Hamilton	10	500	500
Mallory, W. L	Bowmanville	30	1,500	1,500
Meredith, T., jr	Toronto	40	2,000	2,000
Meiklejohn, J., trustee	Hamilton	28	1,400	1,400
Meiklejohn, J., trustee	do	53	2,650	2,650
Moberly, J. J. J. L	Toronto	32	1,600	1,600
Meredith, A	do	92	4,600	4,600
Morton and Strathy, trustees	Barrie	12	600	600
McMillan, M	Bowmanville	38	1,900	1,900
McMurtry, S., estate	do	45	2,250	2,250
McMillan, J., estate	do	15	750	750
McDougall, J	Cannington	6	300	300
McKay, D	do	3	150	150
McTavish, E. J	Colborne	4	200	200
McNaughton, J	Newcastle	5	250	250
Macdonald, marriage Settlement, trust	Ottawa	46	2,300	2,300
McLean, Neil	Toronto	94	4,700	4,700
McHardy, C	Goderich	30	1,500	1,500
McRae, E	St. Mary's	8	400	400
McKay, D	Toronto	40	2,000	2,000
Mackenzie, M., trust	do	10	500	500
McCarthy, D	do	13	650	650
Macpherson, P	Montreal	7	350	350
McGregor, K. B	Hamilton	2	100	100
Macpherson, M. A	Weston	6	300	300
McRoberts, R	Toronto	40	2,000	2,000
McCallum, E	Cobourg	10	500	500
McMurtry, S. J	Port Hope	20	1,000	1,000
McMillan, J., jr., administrator	Bowmanville	15	750	750
McGiven, M	Toronto	4	200	200
McCraken, T. E	do	9	450	450
Macdonald, S. A., trustees	do	24	1,200	1,200
North American Life Association	do	441	22,050	22,050
Niven & Co., J. K	do	28	1,400	1,400
	Carried forward...	13,455	672,650	672,650

Standard Bank of Canada—Banque Standard du Canada.

Names. — Noms.	Residence.	Number of Shares. — Nombre d'Actions.	Amount Paid. — Montant payé.	Amount Subscribed. — Montant souscrit.
			$	$
	Brought forward...	13,455	672,650	672,650
Nelson, H. A., estate	Montreal	30	1,500	1,500
Neelands, Jno	Wingham	12	600	600
Nokes, Jane, administratrix	Palmerston	3	150	150
Nordheimer, S	Toronto	8	400	400
Nicol, J	do	1	50	50
Nelson, E	do	37	1,850	1,850
Ogden, L	do	20	1,000	1,000
O'Reilly, C., M.D	do	50	2,500	2,500
Osler, Mrs. E. B., trustees of	do	100	5,000	5,000
Osler, E. B., M.P., trust	do	2	100	100
Orme, J. W	London, Ont	8	400	400
Osler, F. G	Toronto	20	1,000	1,000
Paterson, J. H	do	3	150	150
Phillips, F. J	do	100	5,000	5,000
Pellow, M. F	Liverpool, Eng	50	2,500	2,500
Paterson, M. L., trustees	Toronto	15	750	750
Paterson, Emily, trustees	do	15	750	750
Paterson, trustees C. W.'s children	do	18	900	900
Paterson, Rev. T. W	do	19	950	950
Purser, Jno	Cobourg	17	850	850
Patton, M. M	Toronto	75	3,750	3,750
Patton, H. L	do	75	3,750	3,750
Poyser, W., estate	Bradford	8	400	400
Proctor, G. R	Beaverton	16	800	800
Payne, S. A	Toronto	20	1,000	1,000
Pope, N. W	Newcastle	64	3,200	3,200
Phillips, C. A	Toronto	5	250	250
Porte, P. J	Trenton	8	400	400
Palmatier, Z	Picton	8	400	400
Pellatt, H	Toronto	100	5,000	5,000
Pringle, R. R	do	20	1,000	1,000
Patton, Jane, trustee	do	4	200	200
Ross, Alex	Cannington	8	400	400
Raikes, W	Barrie	100	5,000	5,000
Ross, Jas	Montreal	20	1,000	1,000
Roger, E., trustees	Toronto	15	750	750
Reeve, J. F	Murray Bay	1	50	50
Ridley, H. T., estate	Hamilton	40	2,000	2,000
Ramsay, W	Toronto	260	13,000	13,000
Robinson, E. S	do	20	1,000	1,000
Rae, G. M., et al	do	40	2,000	2,000
Robinson, C	do	40	2,000	2,000
Ryan, C	do	100	5,000	5,000
Robinson, G	do	10	500	500
Robinson, L. A. E	Hamilton	100	5,000	5,000
Robson, P	Newcastle	53	2,650	2,650
Reive, T. B	Markham	15	750	750
Ross, J. M	Toronto	19	950	950
Roebuck, M. E	Cobourg	60	3,000	3,000
Robinson, A. M	Wingham	12	600	600
Reid, L. H	Bowmanville	40	2,000	2,000
Reid, J. H	do	12	600	600
Scanlon, M	Toronto	30	1,500	1,500
Scott & Graham	Bradford	15	750	750
St. Clair, J	do	15	750	750
Stephens, C. J	Bowmanville	15	750	750
Simmons, D. L	Colborne	26	1,300	1,300
Sproul, J	Cannington	9	450	450
Scarfe, J	Redgrave	8	400	400
Snell, T., jr	Strathroy	3	150	150
Stevens, J. C	Hawkesbury	20	1,000	1,000
	Carried forward...	15,492	774,600	774,600

Standard Bank of Canada—Banque Standard du Canada.

Names. — Noms.	Residence.	Number of Shares. — Nombre d'Actions.	Amount Paid. — Montant payé.	Amount Subscribed. — Montant souscrit.
			$	$
	Brought forward......	15,492	774,600	774,600
Strathy, H. H., Q.C	Barrie	38	1,900	1,900
Scott, Jas	Toronto	100	5,000	5,000
Spriggs, G. B	Cleveland, Ohio	190	9,500	9,500
Small, C	Sarnia	20	1,000	1,000
Small, J. S	do	20	1,000	1,000
Somerville A. J., trust	Toronto	45	2,250	2,250
Somerville, A. J	do	400	20,000	20,000
Sparrow, G., estate	do	4	200	200
Sims, E	do	11	550	550
Scott, Jas., estate of	do	20	1,000	1,000
Swan, Janet	do	53	2,650	2,650
Swan, Henry	do	64	3,200	3,200
Swan, Robert	do	43	2,150	2,150
Swan, Bros	do	150	7,500	7,500
Stitt, M. E	do	32	1,600	1,600
Smith, H. E. M	do	31	1,550	1,550
Stanton, Julia	do	40	2,000	2,000
Smith, Andrew	do	40	2,000	2,000
Smith, Hon. Sir Frank, K C.M.G	do	200	10,000	10,000
Smith, L. W	do	20	1,000	1,000
Square, J. S., trustee	Stratford	3	150	150
Square, J. S	do	3	150	150
Smith, J. E	Wolfville	20	1,000	1,000
Smith, G. B	Toronto	24	1,200	1,200
Stevenson, Jas., estate of	Quebec	9	450	450
Smith, A. M	Halifax	20	1,000	1,000
Spry, W	Toronto	20	1,000	1,000
Strathy, Agnes S	do	24	1,200	1,200
Scott, Mary	Sutton West	8	400	400
Smith, D	Toronto	15	750	750
Spragge, H. E., trustees	do	31	1,550	1,550
Treleaven, J	Newcastle	9	450	450
Tattersall, J	Navin	8	400	400
Tamblyn, J. J	Bowmanville	81	4,050	4,050
Thompson, A	Bradford	15	750	750
Taylor, Hon. Sir T. W	Winnipeg	41	2,050	2,050
Todd, A. T., estate of	Toronto	243	12,150	12,150
Taylor, W	do	104	5,200	5,200
Taylor, Samuel	Montreal	20	1,000	1,000
Thorburn, C	Toronto	10	500	500
Thorburn, Mary	do	18	900	900
Trusts Corporation of Ontario	do	100	5,000	5,000
Thomas, E. J. A	Markham	2	100	100
Trull, Mrs. E	Orono	8	400	400
Thompson, J	Sarnia	5	250	250
Teskey, L	Toronto	5	250	250
Vanstone, T	Bowmanville	10	500	500
Walbridge, A. F	Newcastle	69	3,450	3,450
Wilmot, S	do	5	250	250
Wait, Mary	Picton	15	750	750
Waddell, J	Orono	15	750	750
Woon, E	Oshawa	32	1,600	1,600
Woon, J. C	do	23	1,150	1,150
Woods, M	Toronto	22	1,100	1,100
Williams, R. S	do	12	600	600
Wyld, F	do	250	12,500	12,500
Woodhouse, J. J	do	6	300	300
Wood, T. R	do	600	30,000	30,000
Wyld, Mrs. M. L	do	212	10,600	10,600
Withall, W. J	Montreal	100	5,000	5,000
Walker, H. S	Toronto	200	10,000	10,000
	Carried forward	19,430	971,500	971,5 0

Standard Bank of Canada—Banque Standard du Canada.

Names. — Noms.	Residence.	Number of Shares. — Nombre d'Actions.	Amount Paid. — Montant payé.	Amount Subscribed. — Montant souscrit.
			$	$
	Brought forward......	19,430	971,500	971,500
Wetmore, C. J	St. Stephen	16	800	800
Wetherald, M. A	Pickering	10	500	500
Woods, W	Bowmanville	40	2,000	2,000
Wood, T. R., in trust	Toronto	100	5,000	5,000
Webb, A. A	Colborne	13	650	650
Wood, E. R., secy in trust	Toronto	4	200	200
Ward, G. D	Cobourg	40	2,000	2,000
Waters, D. M	Belleville	10	500	500
Wilson C. S	Picton	162	8,100	8,100
Wadsworth, W. R., estate of	Toronto	53	2,650	2,650
West, Ann	do	80	4,000	4,000
Woodrow, E	Woodrow	5	250	250
Worrell, J. A	Toronto	12	600	600
Waters, D	Warkworth	25	1,250	1,250
	Total	20,000	1,000,000	1,000,000

TORONTO, 12th January, 1898.

GEO. P. REID,
General Manager.

BANK OF TORONTO.

BANQUE DE TORONTO.

Value of Share, $100—Valeur de chaque action, $100.

Names. — Noms.	Residence.	Number of Shares. — Nombre d'Actions.	Amount Paid. — Montant payé.	Amount Subscribed. — Montant souscrit.
			$	$
Alcorn, Samuel	Toronto	81	8,100	8,100
Andros, Edwyn B	Port Hope	23	2,300	2,300
Ardagh, John A., and H. H. Strathy, trustees	Barrie	9	900	900
Auston, Frederick W	Brighton	7	700	700
Administrator of late Rev. Alexander Stewart	Deer park	8	800	800
Amys, Arthur L	Port Hope	12	1,200	1,200
Acheson, Mrs. Agnes C	Buffalo, N.Y	6	600	600
Auston, Archer L	Toronto	1	100	100
Acteson, Philip	L'Anse aux Gascons	15	1,500	1,500
Adams, Mrs. Jessie W	Montreal	10	1,000	1,000
Art Association of Montreal	do	100	10,000	10,000
Atkinson, Miss Clara	do	6	600	600
Allan, John	Prince Albert, N.W.T	4	400	400
Allan, Robert A	Montreal	4	400	400
Allan, Archibald A	do	4	400	400
Anderson, Mrs. Ann E	Westmount	2	200	200
Anderson, R. D., R. A. Allan and W. B. Dickson, trustees	Montreal	12	1,200	1,200
Allan W. A. and Robert Allan, Executors Est. late Harriet E. Watson	do	4	400	400
Baby, M. W	Quebec	199	19,900	19,900
Baldwin, Right Rev. Maurice S	London	44	4,400	4,400
Bate, Henry N	Ottawa	100	10,000	10,000
Beatty, William H	Toronto	300	30,000	30,000
Beatty, Henry	do	10	1,000	1,000
Bennett, Humphrey	Barrie	9	900	900
Benson, T. M., and George L. McCaul, trustees	Port Hope and Walkerton	25	2,500	2,500
Blackstock, Thomas G	Toronto	511	51,100	51,100
Boyd, Mrs. Mary S	Teddington, Eng	62	6,200	6,200
Braham, Alfred	London, Eng	34	3,400	3,400
Burnham, George, M.D	Peterboro'	21	2,100	2,100
Burnham, John Q.C	do	21	2,100	2,100
Burton, E. J., M.D	London, Eng.	166	16,600	16,600
Beatty, Wm. H., executor estate late J G. Worts, jr	Toronto	235	23,500	23,500
Burnham, Zaccheus	Peterboro'	4	400	400
Bright, Thomas G	Toronto	4	400	400
Butterworth, Miss Maria E	Ottawa	10	1,000	1,000
Blackstock, Mrs. Harriet V	Toronto	4	400	400
Blake, Hon. S. H., John Harvie and F. E. Macdonald, trustees	do	14	1,400	1,400
Bruce, Robert, and Alex. D. Bruce	Gormley	12	1,200	1,200
Bruce, Miss Janet	do	4	400	400
Bruce, Miss Jean L	do	4	400	400
Bruce, Miss Mary C	do	4	400	400
Burritt, Mrs. Mary M. B	Montclair, U.S	1	100	100
Ballendine, Mrs. Flora	Pasquia, N.W.T	1	100	100
	Carried forward	2,107	210,700	210,700

Bank of Toronto—Banque de Toronto.

Names. — Noms.	Residence.	Number of Shares. — Nombre d'Actions.	Amount Paid. — Montant payé.	Amount Subscribed. — Montant souscrit.
			$	$
	Brought forward ...	2,107	210,700	210,700
Barbeau, Edmond J	Montreal	30	3,000	3,000
Barnston, Miss Frances S. F	do	8	800	800
Barnston, Miss Margaret	do	8	800	800
Barrett, Mrs. Mary A. E	do	225	22,500	22,500
Bate, Mrs Florence M	Ottawa	8	800	800
Bell, Miss Susan	Montreal	17	1,700	1,700
Black, John	St. Stephen, N.B	3	300	300
Black, Miss Jessie C	Cobourg	2	200	200
Bond, Right Rev. William	Montreal	5	500	500
Botterell, Mrs. Sarah	Quebec	50	5,000	5,000
Brass, William	Hudson Bay Co	1	100	100
Budd, Alice H. M	St. Andrews, Man	2	200	200
Burland, George B., in trust	Montreal	50	5,000	5,000
Barlow & Co	do	11	1,100	1,100
Burroughs, Chas. S. & Wm. A. Burroughs	do	84	8,400	8,400
Burnett & Co	do	1	100	100
Cawthra, Henry	Toronto	250	25,000	25,000
Cawthra, Miss Ann M	do	3	300	300
Cawthra, Mrs. Elizabeth	do	5	500	500
Cawthra, Mrs. E. J., Wm. H. Cawthra and Miss A. M. Cawthra, in trust for Mrs. E. J. Cawthra	do	5	500	500
Cawthra, Mrs. E. J and W.H.Cawthra, in trust for Miss A. M. Cawthra	do	8	800	800
Cayley, John	London, Eng	40	4,000	4,000
Cook, Mrs. Louisa	Toronto	5	500	500
Cosby, Mrs Clara A	do	4	400	400
Crawford, Mrs. Nancy	Cobourg	12	1,200	1,200
Crowther, William C	Toronto	11	1,100	1,100
Cook, George J.	do	60	6,000	6,000
Cooch, Alfred C	do	7	700	700
Cooch, Herbert C	do	7	700	700
Campbell, Miss Marie	Campbellcroft	8	800	800
Campbell, W. B	do	10	1,000	1,000
Campbell, Mrs. Catherine	do	8	800	800
Chafee, Miss Frances A	Toronto	9	900	900
Cawthra, Mrs. Charlotte E. and William Mulock, trustees	do	20	2,000	2,000
Case, Charles A	St. Catharines	5	500	500
Campbell, A. K. & J. A. Mayne Campbell, in trust	Toronto	100	10,000	10,000
Canada Life Assurance Co	Hamilton	399	39,900	39,900
Cameron, Alexander	Ballenlish, Scot	79	7,900	7,900
Cameron, James A	Fir Hall, do	30	3,000	3,000
Cameron, Jas.A., executor of late Angus Cameron	do do	70	7,000	7,000
Cameron, Miss Grace	Aberdeen, do	38	3,800	3,800
Campbell, Miss Adelaide L	Montreal	50	5,000	5,000
Campbell, Miss Katherine M	do	43	4,300	4,300
Campbell, Miss Victoria S	do	30	3,000	3,000
Carmichael, Miss Mary	do	1	100	100
Carmichael, Miss Isabella	do	1	100	100
Chapman, Rev. John	Preston, Eng	17	1,700	1,700
Christie, Amelia M	Bath, Eng	70	7,000	7,000
Clerk, Mrs. Harriet B	Montreal	150	15,000	15,000
Clerk, Alexander	do	50	5,000	5,000
Clerk, Miss Sophia	do	1	100	100
Coyle, Peter, usufructuary legatee	do	33	3,300	3,300
Crawford, John	do	200	20,000	20,000
Cross, Miss Janet	Lachine	5	500	500
	Carried forward	4,456	445,600	445,600

Bank of Toronto—Banque de Toronto.

Names. — Noms.	Residence.	Number of Shares. — Nombre d'Actions.	Amount Paid. — Montant payé.	Amount Subscribed. — Montant souscrit.
			$	$
	Brought forward...	4,456	445,600	445,600
Cross, Miss Rebecca W	Lachine	5	500	500
Cross, Miss Janet and Miss R. W. Cross	do	3	300	300
Cumming, Mrs. Jane	Newton Stewart, Scot	29	2,900	2,900
Cusack, Mrs. Katherine	Montreal	3	300	300
Clayes, Mrs. Catherine, executrix	Brockville	7	700	700
Campbell, James A	Winnipeg, Man	11	1,100	1,100
Cross, Alexander G	Montreal	2	200	200
Clark, George M	do	31	3,100	3,100
Clayes, Frank E	Brockville	48	4,800	4,800
Chisholm, Mrs. Margaret	Belleville	2	200	200
Cramp, George B	Montreal	28	2,800	2,800
Clayes, George	Brockville	32	3,200	3,200
Duff, Jno., trustee for Mrs. M. A. Ferguson	Clover Hill	4	400	400
Dumble, John H	Cobourg	43	4,300	4,300
Devitt, Miss Lizzie	Wiarton	4	400	400
Dupee, Mrs. Blanche	Cobourg	6	600	600
Dowden, Miss Mary	Killinardrish, Ireland	7	700	700
Dalton, Mrs. Ophelia H	Toronto	7	700	700
Devine, Miss Mary E	Halifax, N.S	4	400	400
Davidson, Frederick L	Toronto	6	600	600
Darey, Pierre J	Ottawa	12	1,200	1,200
Dawes, Thomas A	Montreal	50	5,000	5,000
Dawson, John T	do	15	1,500	1,500
Dawson, Benjamin	do	25	2,500	2,500
Dawson, Mrs. Annie M	Ottawa	10	1,000	1,000
Dow, Miss Jessie	Montreal	100	10,000	10,000
Dow, Miss Mary	do	50	5,000	5,000
Drake, Walter	do	2	200	200
Drummond, Andrew	Ottawa	5	500	500
Duncan, Miss Eliza	Montreal	178	17,800	17,800
Dunlop, John, and Lorne Campbell, in trust	do	14	1,400	1,400
Dunlop, John and James Johnston, trustees	do	5	500	500
Dunlop, John and E. B. Greenshields, executors of the estate of the late Mrs. Elizabeth A. Ramsay	do	28	2,800	2,800
Dickson, William B	Longuepoint	2	200	200
Dickson, Robert A	Montreal	2	200	200
Executors of late James Thos. Eddy	Newcastle	4	400	400
Executors of late Joseph Cawthra	Toronto	55	5,500	5,500
Executors of late John Michie	London	15	1,500	1,500
Executors of late W. R. Wadsworth	Toronto	73	7,300	7,300
Executors and trustees of late James G. Worts	do	3	300	300
Executors of estate of late James Auston	Gananoque and Brighton	7	700	700
Executors and trustees of late Mrs. Charlotte J. Nicholls	Peterboro' and Toronto	50	5,000	5,000
Executrix late Mrs. Caroline Proudfoot	Richmond, Eng	50	5,000	5,000
Executors and trustees late Mrs. Eliza H. Blain	Toronto and Ancaster	9	900	900
Executor and trustee late Mrs. Eliza Ann Vincent	Albany, Hudson Bay	38	3,800	3,800
Executors and trustees estate of late J. G. Worts, in trust for Mrs. Charlotte L. Beatty	Toronto	235	23,500	23,500
Executors and trustees estate of late J. G. Worts, in trust for Mrs. Clara A. Cosby	do	235	23,500	23,500
Executors and trustees estate of late J. G. Worts, in trust for Mrs. Emilie A. Smart	do	235	23,500	23,500
	Carried forward ...	6,245	624,500	624,500

Bank of Toronto—Banque de Toronto.

Names. — Noms.	Residence.	Number of Shares. — Nombre d'Actions.	Amount Paid. — Montant payé.	Amount Subscribed. — Montant souscrit.
			$	$
	Brought forward...	6,245	624,500	624,500
Executors and trustees estate of late J. G. Worts, in trust for Mrs. Alice R. Cox	Toronto	235	23,500	23,500
Executors and trustees estate of late J. G. Worts, in trust for Mrs. Margaret E. Myles	do	235	23,500	23,500
Executors and trustees estate of late J. G. Worts, in trust for T. F. Worts	do	118	11,800	11,800
Executors of late George L. Beardmore	do	10	1,000	1,000
Executors of late Henry Covert	do	74	7,400	7,400
Executors of estate of late Neil Currie	do	10	1,000	1,000
Executors of late Jas. F. D. Black	Montreal	10	1,000	1,000
Executors of late Geo. Deschambault	Hudson Bay Co	51	5,100	5,100
Executors and trustees of late George C. Hamilton	Montreal	140	14,000	14,000
Executors of late Wm. L. Hardisty	Hudson Bay Co	14	1,400	1,400
Executors of late Ann Mulholland	Montreal	14	1,400	1,400
Executors of late John Polson	Winnipeg	12	1,200	1,200
Executors of late Robt. P. Howard, M.D.	Montreal	56	5,600	5,600
Executors of late Mrs. Agnes H. Ramsay	do	8	800	800
Executors estate of late Robert A. Ramsay	do	8	800	800
Executors estate of late Bennett Smith	Windsor, N.S.	20	2,000	2,000
Executors of estate of late Jas. D. Gibb	Montreal	50	5,000	5,000
Executors and trustees of estate of late Robert Brown	Ottawa	31	3,100	3,100
Executors of estate of late Charlotte J. Nicholls	Toronto and Peterboro'	110	11,000	11,000
Executor of estate of late Rev. Joseph Braithwaite	Westmount	17	1,700	1,700
Executors and trustees of late Mrs. Margaret Campbell	Montreal	60	6,000	6,000
Executors and trustees of late Wemyss McK. Simpson	Sault Ste. Marie	7	700	700
Executors and trustees of late Robert Lomas	Quebec	15	1,500	1,500
Executors and trustees of estate of late George K. Starke	Montreal	35	3,500	3,500
Executor late Robert Armour, in trust	do	22	2,200	2,200
Executrix of estate late J. Murray Smith	do	10	1,000	1,000
Executrices of late Mrs. Annie Grant	Pictou, N.S.	10	1,000	1,000
Executors of estate of late Robert W. Shepherd	Montreal	120	12,000	12,000
Executrices of estate of late Miss Mary Cameron	Newton Stewart, Scot	26	2,600	2,600
Estate of late Robert Anderson	Montreal	4	400	400
Executrix of late Sir Stephen V. Surtees	London, Eng	49	4,900	4,900
Fenning, James	do	26	2,600	2,600
Fulton, Robert R	Woodstock	51	5,100	5,100
Fowler, Mrs. Huldah	London	7	700	700
Farley, Mrs. Margaret	Quebec	38	3,800	3,800
Farley, Mrs. Elizabeth	Belleville	38	3,800	3,800
Farrell, Miss Letitia	Halifax, N.S.	12	1,200	1,200
Farrell, Miss Teresa	do	13	1,300	1,300
Fisher, Mrs. Susan C	Montreal	25	2,500	2,500
Flett, George	Hudson Bay Co	1	100	100
Foulds, Archibald	Glasgow, Scot	30	3,000	3,000
Foulds, Archibald, in trust	do	30	3,000	3,000
Fraser, Thos. E., Miss Jessie G. Fraser and J. J. Bremner, in trust	New Glasgow and Halifax	11	1,100	1,100
Francis, Fred'k W. and Emily F. Burroughs, his wife, in trust	Montreal	30	3,000	3,000
	Carried forward...	8,138	813,800	813,800

Bank of Toronto—Banque de Toronto.

Names — Noms.	Residence.	Number of Shares. — Nombre d'Actions.	Amount Paid. — Montant payé.	Amount Subscribed. — Montant souscrit.
			$	$
	Brought forward...	8,138	813,800	813,800
Gooderham, Alfred	Toronto	150	15,000	15,000
Gooderham, Albert E	do	129	12,900	12,900
Gooderham, Charles H	do	224	22,400	22,400
Gooderham, George	do	2,082	208,200	208,200
Gooderham, Henry	do	300	30,000	30,000
Gooderham, Robert T	do	100	10,000	10,000
Gooderham, William G	do	110	11,000	11,000
Gaviller, Edwin A	Hamilton	8	800	800
Gladman, Robert	London, Eng	39	3,900	3,900
Gowan, Hon. Senator Jas. R., C.M.G., L.L.D	Barrie	65	6,500	6,500
Grasett, Frederick LeM., M.D	Toronto	4	400	400
Green, Andrew, in trust for his childr'n	Kootenay, B.C	2	200	200
Green, Miss Elizabeth	Cobourg	18	1,800	1,800
Gzowski, Sir Casimir S., A.D.C., K.C. M.G	Toronto	54	5,400	5,400
Gairdner, Mrs. Christina	Ottawa	49	4,900	4,900
Graham, Mrs. Ada	Chicago, Ill	5	500	500
Gray, Robert M	Toronto	20	2,000	2,000
Gardner, Miss Eleanor R	Bournemouth, Eng	4	400	400
Gentle, Mrs. Anna Hampton, curatrix of H. S. Gentle	Montreal	10	1,000	1,000
Gibb, James	Quebec	10	1,000	1,000
Gillbard, Thomas	Cobourg	8	800	800
Gregory, Charles C	Antigonish, N.S	55	5,500	5,500
Gundry, Frederick	London, Eng.	10	1,000	1,000
Garland, Collins S	Montreal	15	1,500	1,500
Guaedinger, Emmanuel W., in trust	do	28	2,800	2,800
Gault, Percy R	do	4	400	400
Hamilton, Robert	Quebec	30	3,000	3,000
Harrison, Mrs. Kennethina J. McK	Toronto	13	1,300	1,300
Helm, John	Port Hope	50	5,000	5,000
Hetherington, Thomas	Quebec	100	10,000	10,000
Hicks, John	London, Eng	4	400	400
Hirst, Mrs. Kate	Godley, Eng	35	3,500	3,500
Hirst, Mrs. Kate, in trust	do	100	10,000	10,000
Hunter, Mrs. Isabella W	London, Ont	1	100	100
Hutchison, James	Millbrook	21	2,100	2,100
Hutchison, Mrs. Margaret	Peterboro'	3	300	300
Home Savings and Loan Co., Limited, in trust	Toronto	44	4,400	4,400
Hagar, Charles W., curator of the estate of George F. Hagar	Montreal	7	700	700
Hague, George	do	10	1,000	1,000
Hague, George E	Kingston	3	300	300
Hall, Richard, and C. McGill, in trust	Peterboro' and Toronto	48	4,800	4,800
Hamilton, Rev. Charles C	Wolverhampton, Eng	50	5,000	5,000
Hamilton, John	Quebec	20	2,000	2,000
Hamilton, Robert	do	40	4,000	4,000
Hamilton, Mrs. Frances L. H	do	2	200	200
Hamilton, Miss Alice M	Montreal	50	5,000	5,000
Hamilton, Edmund C	Ballincolly, Ireland	50	5,000	5,000
Hamilton, John, and George W. Hamilton, in trust	Montreal	73	7,300	7,300
Hamilton, George W., and F. Hilton Green, in trust	do	76	7,600	7,600
Hankey, Mrs. Minnie G	Quebec	4	400	400
Hardisty, Joseph	Montreal	10	1,000	1,000
Hardisty, Joseph, William Garson and William Armit executors of the late Joseph J. Hargrave	do	86	8,600	8,600
	Carried forward...	12,571	1,257,100	1,257,100

Bank of Toronto—Banque de Toronto.

Names. — Noms.	Residence.	Number of Shares. — Nombre d'Actions.	Amount Paid. — Montant payé.	Amount Subscribed. — Montant souscrit.
			$	$
	Brought forward...	12,571	1,257,100	1,257,100
Hart, Jairus	Halifax, N.S	20	2,000	2,000
Hodgson, John E. M., executor of late Dame A. McI. Hodgson	Eau Gallie, Florida	26	2,600	2,600
Holland, Henry M., tutor, in trust for Henry M. D. Holland	Montreal	1	100	100
Howard, Robert J. B., M.D	London, Eng.	19	1,900	1,900
Hunter, Michael, jr	Sheffield, Eng.	25	2,500	2,500
Hardisty, Alfred C.W	Montreal	1	100	100
Hume, John	Port Hope	25	2,500	2,500
Hickson, James C	Montreal	2	200	200
Howard, Mrs. Gertrude E	do	20	2,000	2,000
Irwin, Mrs. Isabella	Ottawa	21	2,100	2,100
Joly, Mrs. Marion H	Bengal, India	10	1,000	1,000
Jones, Alfred G., and James Thomson, trustees	Halifax, N.S	185	18,500	18,500
Jones, Alfred G., and James Thomson.	do	70	7,000	7,000
Jones, Mrs. Margaret G	Toronto	100	10,000	10,000
Julian, Mrs. Sallie, in trust	Brooklyn, N.Y	390	39,000	39,000
Jack, Andrew M.	Halifax, N.S	24	2,400	2,400
Jost, Henry M	Guysboro', N.S	10	1,000	1,000
Jones, Miss Mary	Clifton, Eng	25	2,500	2,500
Joseph, Mrs. Helen C	London, Eng	6	600	600
Kane, Mrs. Jessie A., executrix	Toronto	7	700	700
King, Miss Emma	Lyster, Que.	40	4,000	4,000
King, Mrs. Louisa S., in trust	Quebec	2	200	200
Kough, Mrs. Margaret	Toronto	20	2,000	2,000
Lash, Z. A., Q.C., Claude McLachlin and John Osborne, trustees for Mrs. Jessie Usborne	Toronto and Arnprior	32	3,200	3,200
Lash, Z. A., Q.C., and Claude McLachlin, trustees for Mrs. Harriet Russell.	Toronto, Arnprior and Ottawa	65	6,500	6,500
Lee, Walter S	Toronto	2	200	200
Lemoine, Gaspard, executor	Quebec	10	1,000	1,000
Lemoine, Mrs. Emma R	do	4	400	400
Lewin, Rev. William	Kingston	5	500	500
Lewis, George W.	London, Eng	11	1,100	1,100
Long, Thomas	Collingwood	50	5,000	5,000
Lundy, John J	Peterboro'	156	15,600	15,600
Lawson, Miss Sarah M	Halifax, N.S	2	200	200
La Caisse d'Economie de Notre Dame de Quebec in trust	Quebec	340	34,000	34,000
Laurie, Mrs. Sophia A	do	75	7,500	7,500
Laurie, Duncan	do	60	6,000	6,000
Les Sœurs de la Charité de l'Hôpital Général de St. Boniface	St. Boniface, Man	4	400	400
Lawlor, Alexander E	Dartmouth, N.S	6	600	600
Lowell, William L	Newton, Mass	10	1,000	1,000
Leney, Mrs. Lucinda	Montreal	2	200	200
Lunn, Miss Emma H	do	35	3,500	3,500
Lyman, Walter E	do	1	100	100
Merrett, Mrs. Katherine S	New York, N.Y	9	900	900
Monsell, Mrs. Jane	Port Hope	33	3,300	3,300
Mulock, Mrs. Sarah E. C	Toronto	21	2,100	2,100
Murray, Mrs. S. E. Cawthra	do	400	40,000	40,000
Martin, Miss Christina, and Miss Anne M. Martin	Cork, Ireland	5	500	500
Munson, Mrs. Mary	Cobourg	6	600	600
Martin, Miss Christina, and Miss Sarah Martin	Cork, Ireland	5	500	500
Mallory, George J	Brockville	50	5,000	5,000
	Carried forward...	15,019	1,501,900	1,501,900

Bank of Toronto—Banque de Toronto.

Names. — Noms.	Residence.	Number of Shares. — Nombre d'Actions.	Amount Paid. — Montant payé.	Amount Subscribed. — Montant souscrit.
			$	$
	Brought forward...	15,019	1,501,900	1,501,900
Methot, Edward W	Quebec	50	5,000	5,000
Miller, Miss Jane G	Montreal	1	100	100
Miller, Mrs. Elizabeth	do	1	100	100
Miller, Miss Mary L	do	14	1,400	1,400
Moat, Robert	do	700	70,000	70,000
Moat, Robert, in trust	do	250	25,000	25,000
Miller, W. R., in trust No. 2	do	22	2,200	2,200
Miller, W. R., in trust	do	8	800	800
Moore, James	do	30	3,000	3,000
Morrison, Hector	Rupert's Land	4	400	400
Muir, Robert	Wimbledon, Eng	500	50,000	50,000
Muir, Robert, in trust	do	20	2,000	2,000
Miller, Miss Elizabeth F	Montreal	9	900	9 00
Molson, Frederick W	do	50	5,000	5,000
Montreal City and District Savings Bank	do	377	37,700	37,700
Moat, R., & Co	do	14	1,400	1,400
McCann, Mrs. Almira	Toronto	6	600	600
Macdonell, Mrs. Mary M. F	Moosomin, N.W.T	10	1,000	1,000
McMurtry, Mrs. Sarah J	Port Hope	10	1,000	1,000
McGregor, John A	Peterboro' Co	1	100	100
Maclaren, J. J., Q.C., and Dr. A. B. Cook, trustees	Toronto	11	1,100	1,100
Macdonell, John	Australia	2	200	200
McDougall, Mrs. Helen O	Montreal	7	700	700
MacFiggin, Malcolm	Colborne	50	5,000	5,000
McGregor, James D	New Glasgow, N.S	10	1,000	1,000
McKay, William M	Hudson Bay Co	1	100	100
Mackenzie, George	London, Eng	8	800	800
Mackenzie, F. A. A., Wm. L. Ball and Andrew Mackenzie, executors late Mrs. Jane Mackenzie	Montreal	65	6,500	6,500
Mackenzie, F. A. A., Wm. L Ball and Andrew Mackenzie, executors late Roderick Mackenzie	do..	25	2,500	2,500
McKenzie, Peter	Mingan, Que	36	3,600	3,600
McKenzie, George	St. Francois Xavier, Man	14	1,400	1,400
Macnachtan, Mrs. Margaret H	Cobourg	2	200	200
Macrae, Mrs. Rose S. and Frederick W. Smith, in trust	Montreal	1	100	100
Macphie, Mrs. Catherine F	New Haven, Conn	12	1,200	1,200
Mackenzie, George, and Alexander G. Mackenzie	Fort Rose, Scot	16	1,600	1,600
MacDonald, Mrs. Elleonora C	Fort Qu'Appelle	10	1,000	1,000
McEwen, Charles H., and Mary Bowles, trustees, executors and administrators of the late Joseph Bowles	London, Eng	9	900	900
MacDougall Bros	Montreal	2	200	200
Newson, Mrs. Louisa Reeve	Brighton	9	900	900
Nelson, Mrs. Emily	Toronto	24	2,400	2,400
Nordheimer, Samuel	do	2	200	200
Nash, Fred., in trust, E. E. C	Montreal	35	3,500	3,500
North American Life Assurance Co	Toronto	100	10,000	10,000
Owens, Daniel	Glen Williams	12	1,200	1,200
O'Brien, James	Montreal	7	700	700
Pringle, Robert R	Toronto	10	1,000	1,000
Pettigrew, Miss Sarah C	do	10	1,000	1,000
Paterson, Stanley	Port Hope	85	8,500	8,500
Peck, James H	Montreal	38	3,800	3,800
Peck, Thomas	do	8	800	800
Penny, E. Goff	do	100	10,000	10,100
	Carried forward...	17,817	1,781,700	1,781,700

Bank of Toronto—Banque de Toronto.

Names. — Noms.	Residence.	Number of Shares. — Nombre d'Actions.	Amount Paid. — Montant payé.	Amount Subscribed. — Montant souscrit.
			$	$
	Brought forward...	17,817	1,781,700	1,781,700
Pratt, Fred., in trust	Montreal	20	2,000	2,000
Richardson, Robert	Belleville	1	100	100
Robinson, Christopher, Q.C	Toronto	9	900	900
Robinson, Mrs. Elizabeth S	do	5	500	500
Ryerson, Mrs. Mary A	do	5	500	500
Ryan, Mrs. Catharine	do	35	3,500	3,500
Reid, George M	Tavistock	1	100	100
Reford, Robert	Montreal	68	6,800	6,800
Reid, Robert	do	24	2,400	2,400
Remon, Mrs. Mary E	Ottawa	10	1,000	1,000
Rhodes, Armitage, and Godfrey W. Rhodes, trustees for Mrs. Caroline A. Williams	Quebec	5	500	500
Rhodes, Mrs. Anne C	do	25	2,500	2,500
Rhodes, William, jr	Philadelphia, Pa	4	400	400
Rhodes, Robert D	Quebec	20	2,000	2,000
Richardson, Mrs. Catharine	do	5	500	500
Robertson, Miss Flora E. B	Montreal	10	1,000	1,000
Robertson, Miss Amy E. S	do	10	1,000	1,000
Robertson, Miss Helen C	do	10	1,000	1,000
Rabund, Madame Georgina J	Marseilles, France	22	2,200	2,200
Ranken, Mrs. Agnes R	Montreal	4	400	400
Ranken, Mrs. Agnes R., in trust	do	4	400	400
Ransom, Howard H., in trust	do	25	2,500	2,500
Scadding, Rev. Henry, D.D	Toronto	64	6,400	6,400
Scott, Mrs. Louisa M	Croydon, Eng	56	5,600	5,600
Sellar, Mrs. Mary W	Huntingdon, Que	2	200	200
Small, Miss Catharine G	Sarnia	11	1,100	1,100
Small, Joseph S	do	16	1,600	1,600
Smith, Hon. Sir Frank	Toronto	33	3,300	3,300
Smith, Prof. Goldwin	do	30	3,000	3,000
Stanton, Mrs. Julia	do	20	2,000	2,000
Stayner, Rev. Thomas L	Overbury, Eng	12	1,200	1,200
Stayner, Frederick H	Toronto	12	1,200	1,200
Stothart, Miss Mary	Peterboro'	4	400	400
Stothart, Miss Ellenor	do	1	100	100
Stuart, Charles	Port Hope	185	18,500	18,500
Skeaff, Miss Mary A	Toronto	24	2,400	2,400
Stewart, Mrs. Juliette	Rochester, N.Y.	10	1,000	1,000
Sandham, Mrs. Maria A	Folkestone, Eng	50	5,000	5,000
Strathy, H. H. and H. J. Grasett, trustees for Mrs. J. A. Strathy	Barrie and Toronto	4	400	400
Smith, Hon. Sir Frank, in trust	Toronto	11	1,100	1,100
Stark John & Co	do	1	100	100
St. George's Society of Quebec	Quebec	11	1,100	1,100
Sayer, Edward	Blind River	23	2,300	2,300
Scholes, Francis	Montreal	30	3,000	3,000
Scott, E. G. & H. C. Scott, in trust No. 1	do	17	1,700	1,700
Scott, E. G. & H. C. Scott, in trust No. 3	do	16	1,600	1,600
Serrurier, Mrs. Caroline	Victoria, B.C	26	2,600	2,600
Simpson, George	Montreal	10	1,000	1,000
Strathcona and Mount Royal, Lord	do	85	8,500	8,500
Snowdon, H.L. and E H. Stuart, in trust	do	19	1,900	1,900
Spence, Gilbert	Hudson Bay Co	2	200	200
Spence, William	do	2	200	200
Spragge, Mrs. Martha A	Montreal	60	6,000	6,000
Stewart, Rev. Alexander	Newton Stewart, Scot	18	1,800	1,800
Smithers, Mrs. Frances C	Montreal	10	1,000	1,000
Smyth, Mrs. Sarah	do	10	1,000	1,000
Taylor, Samuel	do	10	1,000	1,000
Thompson, Mrs. Mary A	Bradford	4	400	400
	Carried forward ...	19,038	1,903,800	1,903,800

Banques incorporées.

Bank of Toronto—Banque de Toronto.

Names. — Noms.	Residence.	Number of Shares. — Nombre d'Actions.	Amount Paid. — Montant payé.	Amount Subscribed. — Montant souscrit.
			$	$
	Brought forward...	19,038	1,903,800	1,903,800
Thorburn, Mrs. Maria J. I	Ottawa	3	300	300
Toronto General Trusts Co., trustees	Toronto	117	11,700	11,700
Toronto General Trusts Co., trustees	do	100	10,000	10,000
Thomas, William	do	14	1,400	1,400
Tamblyn, Wm. W	Bowmanville	13	1,300	1,300
Tait, Wm. K	Toronto	10	1,000	1,000
Trustees estate late Austin B. Carpenter	Cobourg	9	900	900
Thomas, Mrs. Mary M	Lyster, Que	42	4,200	4,200
Thompson, William	Coaticook, Que	3	300	300
Taylor, William, trustees of late	Winnipeg	10	1,000	1,000
Uniacke, Robie	Halifax, N.S	10	1,000	1,000
Vassie, John	Dundas	24	2,400	2,400
Vincent, James and administrator of late Clara C. Vincent	Albany, Hudson Bay	44	4,400	4,400
Vincent, James, administrator of estate of late Clara C. Vincent	Rupert's House, Hudson Bay	39	3,900	3,900
Walbridge, Asa F	Newcastle	24	2,400	2,400
Walker, Henry S	Toronto	50	5,000	5,000
Weller, Charles A	Peterboro'	12	1,200	1,200
Wood, Thos. R	Toronto	100	10,000	10,000
Wallace, George H	Wolfville, N.S	5	500	500
Waddell, S. and F. Bond, in trust	Montreal	1	100	100
Walker, Charles J	do	5	500	500
Watson, Harrison	do	60	6,000	6,000
Watson, Mrs. Mabel S	Capetown, S. Africa	60	6,000	6,000
Whitehead, Joseph	Quebec	10	1,000	1,000
Wilkes, Mrs. Anna M	Eastbourne, Eng	9	900	900
Wilson, Thomas	Bennington, N.H	10	1,000	1,000
Withall, William J	Montreal	97	9,700	9,700
Wood, Rev. Edmund and G. W. Hamilton, in trust	do	71	7.100	7,100
Wurtele, Miss Daisy	Sorel	4	400	400
Wallace, Mrs. Ellen A. B	Belleville	4	400	400
Wanless, Mrs. Harriett	St. Catharines	2	200	200
	Total	20,000	2,000,000	2,000,000

Certified correct.

D. COULSON,
General Manager.

THE TRADERS BANK OF CANADA.

LA BANQUE DES NÉGOCIANTS DU CANADA.

Value of Share, $100.—Valeur de chaque action, $100.

Names. — Noms.	Residence.	Number of Shares. — Nombre d'Actions.	Amount Paid. — Montant payé.	Amount Subscribed. — Montant souscrit.
			$	$
Alton, Wm. H	Hamilton	3	300	300
Alley, J. A. M., in trust	Toronto	60	6,000	6,000
Anderson, Wm	Salmon Arm, B.C	4	400	400
Anderson, W. J	Hamilton	50	5,000	5,000
Ashton, M	Pt. Bruce	10	1,000	1,000
Armitage, Miss R	Hamilton	4	400	400
Aumann, Geo	Elmira	11	1,000	1,000
Aude, Rev. Jas	Grimsby	25	2,500	2,500
Anon, F	Tuscarora	3	300	300
Bauman, W. H	St. Jacobs	10	1,000	1,000
Barnes, Philander P., sr	Hamilton	5	500	500
Ballard, W. H	do	4	400	400
Bauer, Leo	do	48	4,800	4,800
Bain, F. W	Tilsonburg	10	1,000	1,000
Beatty, Jas. H	Thorold	40	4,000	4,000
Barry, H. L	Tilsonburg	10	1,000	1,000
Bell, Wm, in trust	Guelph	285	28,500	28,500
Bell, T. H	Wallaceburg	1	100	100
Bearman, Mrs. Sarah	Hamilton	16	1,600	1,600
Beattie, Thos	London	14	1,400	1,400
Bender, J	Elmira	4	400	400
Beamer, J. E	Winona	10	1,000	1,000
Berwick, F	Hamilton	6	600	600
Bingham, Mrs. Anna L	Aylmer	5	500	500
Bingham, W. C	do	22	2,200	2,200
Bingham, D. G	do	10	1,000	1,000
Bingham, Mrs. B. J	do	19	1,900	1,900
Bingham, J. W	Milwaukee, Wis	5	500	500
Bingham, Chas	Aylmer	5	500	500
Bird, Jacob	Elmira	10	1,000	1,000
Bird, Adam	Elora	2	200	200
Billiard, M. J. H. and L. R. Kelly, in trust	Ancaster	10	1,000	1,000
Blitz, Louis	Detroit, Mich	1	100	100
Blair, William	North Bay	2	200	200
Blair, Mrs. M. A	do	3	300	300
Bowman, N. S	Conestogo	20	2,000	2,000
Booker, Newman J. A	Hamilton	3	300	300
Boucher, Geo	St. Thomas	1	100	100
Boulanger, Mrs. A. C	Hamilton	11	1,100	1,100
Bredin, Mrs. Jane	do	4	400	400
Brick, Benj	Toronto	5	500	500
Brill, Jno. Jas	North Bay	10	1,000	1,000
Boyce, F., in trust	Toronto	1	100	100
Branton, H. T. A	St. Thomas	1	100	100
Brown, N. C	Dunboyne	4	400	400
Brown, F. D	Toronto	3	300	300
Brown, D. D.	Tilsonburg	5	500	500
Browne, Jos. Bloor	Hamilton	10	1,000	1,000
Brimblecomb, William	Drayton	10	1,000	1,000
Burns, Thomas	Hamilton	12	1,200	1,200
Burns, P. & Co	Toronto	50	5,000	5,000
Bull, Geo. H	Hamilton	5	500	500
	Carried forward	882	88,200	88,200

The Traders Bank of Canada—La Banque des Négociants du Canada.

Names. — Noms.	Residence.	Number of Shares. — Nombre d'Actions.	Amount Paid. — Montant payé.	Amount Subscribed. — Montant souscrit.
			$	$
	Brought forward...	882	88,200	88,200
Bull, John E.	St. Catharines	1	100	100
Buchanan, J., executors estate of	Dutton	1	100	100
Burland, Geo. B., in trust	Ottawa	100	10,000	10,000
Burland, Geo. B.	do	50	5,000	5,000
Burnside, John W	Alberton	5	500	500
Burnside, Jas	Hamilton	15	1,500	1,500
Burnside, Jas., jr	Alberton	5	500	500
Burton, Baptist	Bay City, Mich	10	1,000	1,000
Bucke, Julius P	Sarnia	1	100	100
Burnley, Miss Mary	do	3	300	300
Carpenter, Thos. H. P	Hamilton	25	2,500	2,500
Carpenter, T. H. P., in trust	do	20	2,000	2,000
Callaway, Mrs. Eva H	Hyderville, Vt	3	300	300
Cattanach, Mrs. Mary A	Sarnia	30	3,000	3,000
Carpenter, Mrs. S A	Hamilton	30	3,000	3,000
Campbell, Malcolm	Middlemiss	1	100	100
Campbell, R	Hamilton	4	400	400
Campbell, Miss E. J	do	2	200	200
Callaghan, Mrs. Mary T	do	10	1,000	1,000
Cameron, Mrs. Mary Ann	do	15	1,500	1,500
Carter, Mrs. E	Bartonville	10	1,000	1,000
Chant, Sperrin	St. Thomas	2	200	200
Chewett, Jas. H	Toronto	10	1,000	1,000
Charlesworth, Wm	Tilsonburg	3	300	300
Clark, W. B., jr., in trust	Sarnia	20	2,000	2,000
Clark, Mrs. Elizabeth	Brigden	17	1,700	1,700
Clarkson, Hillary	Hamilton	10	1,000	1,000
Cline, Miss M. A	Toronto	5	500	500
Cowan, John	Sarnia	13	1,300	1,300
Cockrain, Geo	St. Thomas	3	300	300
Corbett, Jas	Rothsay	2	200	200
Cornish, Rev. G. H	Niagara Falls	1	100	100
Cosby, A.M	Toronto	10	1,000	1,000
Counsell, G. S	Hamilton	18	1,800	1,800
Coad, Richard	Glencoe	5	500	500
Coyne, Mary Jane	do	1	100	100
Cooper, A. E	London	1	100	100
Coon, John Hervey	Hamilton	15	1,500	1,500
Colgan, Thos. N	North Bay	5	500	500
Coleman, H. J., in trust	Toronto	25	2,500	2,500
Corneil, Mrs. A	Melbourne	4	400	400
Crocker, G. K	St. Thomas	10	1,000	1,000
Crow, J. J	Dundas	3	300	300
Crozier, Agnes	Drayton	5	500	500
Crabtree, Mrs. Ann	Moorefield	6	600	600
Crowzier, Andrew	Hollen	15	1,500	1,500
Crosthwaite, L. B	Bartonville	20	2,000	2,000
Crane, James	Waterdown	10	1,000	1,000
Cruickshank, J. M	Lyons	21	2,100	2,100
Cruickshank, Mrs. M. J	do	20	2,000	2,000
Cronkhite, F., in trust	Courtright	15	1,500	1,500
Cunningham, Peter	Wardsville	1	100	100
Cummer, Jno. H	Hamilton	25	2,500	2,500
Cummer, W. C	do	25	2,500	2,500
Cummins, Chas. S	Millgrove	10	1,000	1,000
Cuzner, John	Hamilton	21	2,100	2,100
Cowan, W. P	Stony Creek	22	2,200	2,200
Cowan, W. P., in trust	do	3	300	300
Dancket, Henry	Hamilton	1	100	100
Darling, Thos	Wisawasa	5	500	500
Dale, Mrs. Sarah Jane	Tilsonburg	40	4,000	4,000
	Carried forward ...	1,671	167,100	167,100

The Traders Bank of Canada—La Banque des Négociants du Canada.

Names. — Noms.	Residence.	Number of Shares. — Nombre d'Actions.	Amount Paid. — Montant payé.	Amount Subscribed. — Montant souscrit.
			$	$
	Brought forward...	1,671	167,100	167,100
Davis & Henderson	Toronto	5	500	500
Davis, Chas. G	Freeman	10	1,000	1,000
Davis, Miss A	Port Bruce	5	500	500
Davis, Miss J	Hamilton	5	500	500
Davids, Mrs. M. A	Waterdown	5	500	500
Davidson, R	St. Thomas	2	200	200
Davidson, P. D	Waterdown	6	600	600
Dalton, John	Strathroy	1	100	100
Dalton, D	do	11	1,100	1,100
Dewart, Mrs. M	Toronto	5	500	500
Devitt, I	Freeman	10	1,000	1,000
Devitt, B., excutor estate of	Waterloo	5	500	500
Diebel, Jas	Stirton	7	700	700
Dippel, Rev. D	Elmira	20	2,000	2,000
Dippel, M. G	Drayton	10	1,000	1,000
Dippel, Miss S. C	Elmira	3	300	300
Dingwall, Miss I	Hamilton	17	1,700	1,700
Dickerson, E., jr	North Glanford	20	2,000	2,000
Dippell, Mrs. M. G	Drayton	2	200	200
Douglas, J. C	Sarnia	5	500	500
Douglas, John	Toronto	7	700	700
Douglas, Mrs. M. P	Montreal	20	2,000	2,000
Doherty, T	Sarnia	2	200	200
Dowd, J. W	Toledo, Ohio	50	5,000	5,000
Downie, J. W	Clachan	4	400	400
Dow, Thos	Windsor	22	2,200	2,200
Doerbecker, V	St. Jacobs	10	1,000	1,000
Drynan, John	Toronto	145	14,500	14,500
Drynan, John, in trust	do	173	17,300	17,300
Duffield, Mrs. M. A	Hamilton	4	400	400
Dunke, Mrs. R	Elmira	20	2,000	2,000
Dunn, A	Hamilton	43	4,300	4,300
Duncan, A	Wyoming	10	1,000	1,000
Duffy, James	Tilsonburg	30	3,000	3,000
Eaton, T	Toronto	10	1,000	1,000
Edmonstone, Mrs. M	Hamilton	30	3,000	3,000
Elsley, Mrs. L. A	Winterbourne	2	200	200
Elliott, Geo. C	Mayfair	5	500	500
Elwood, Mrs. M	Caledonia	10	1,000	1,000
Ellis, R. Y	Toronto	25	2,500	2,500
Emerson, T., in trust	Nelson	1	100	100
Emerson, T	do	35	3,500	3,500
Evans, J. D	Hamilton	124	12,400	12,400
Emory, W. A	Aldershot	4	400	400
Fairbrother, Mrs. C. M., executor	Beamsville	16	1,600	1,600
Farmer, J. H	Tilsonburg	5	500	500
Fallon, Jas	North Bay	10	1,000	1,000
Findlay, J. F	Carluke	5	500	500
Findlay, Wm. M	Hamilton	1	100	100
Findlay, Mrs. J	do	1	100	100
Fisher, H	do	15	1,500	1,500
Flagg, Mrs. M. H	Toledo, O	2	200	200
Fletcher, M	Hamilton	12	1,200	1,200
Forbes, Wm	Chatham	2	200	200
Foster, James	Lieury	1	100	100
Foster, E. L	Hamilton	7	700	700
Fry, Miss L	Elmira	5	500	500
Frost, Geo	Tilsonburg	20	2,000	2,000
Gage, C	Bartonville	10	1,000	1,000
Gage, J. W	do	10	1,000	1,000
Gage, R. R	Hamilton	35	3,500	3,500
	Carried forward...	2,768	276,800	276,800

The Traders Bank of Canada—La Banque des Négociants du Canada.

Names. — Noms.	Residence.	Number of Shares. — Nombre d'Actions.	Amount Paid. — Montant payé.	Amount Subscribed. — Montant souscrit.
			$	$
	Brought forward	2,768	276,800	276,800
Galley, E	Toronto	10	1,000	1,000
Garrett, H. A	Niagara	5	500	500
Gay, John B	Hamilton	10	1,000	1,000
Gemmell, R.	Guelph	1	100	100
Ghent, W. J	Hamilton	16	1,600	1,600
Ghent, T	Burlington	10	1,000	1,000
Gilmore, H. T	Convoyville	5	500	500
Gibson, Miss A	North Bay	10	1,000	1,000
Gillesby, Mrs. M. F	Hamilton	8	800	800
Gillies, Duncan	Glencoe	3	300	300
Gillies, John, M.D	Teeswater	40	4,000	4,000
Gissing, F. J	Los Angeles, Cal.	4	400	400
Gillespie, Mrs. J.	Hamilton	2	200	200
Good, J., estate of	Toronto	5	500	500
Gowan, Hon. J. R.	Barrie	35	3,500	3,500
Grant, Alex	Galt	3	300	300
Griffin, Mrs. A.	St. Thomas	2	200	200
Gray, Rev. John, D.D., trust	Orillia	5	500	500
Gunn, D., Bros & Co	Toronto	5	500	500
Gurd, R. S., estate of	Sarnia	3	300	300
Harron, R	Hamilton	10	1,000	1,000
Hamilton, Miss C. K	London, Eng.	10	1,000	1,000
Hausman, A.	Port Hope	6	600	600
Hall, Mrs. A.	Guelph	30	3,000	3,000
Hall, John	Hamilton	3	300	300
Haight, I. R	St. Thomas	4	400	400
Hanger, Mrs. H. H	Hydeville, Vt	7	700	700
Hanger, Samuel	do	3	300	300
Haines, William	Orinan	1	100	100
Hambridge, J. B	Aylmer	16	1,600	1,600
Harris, D	Bartonville.	4	400	400
Hendry, J. H	Hamilton	30	3,000	3,000
Henry, F. B	Winona	5	500	500
Heenan, M	St. Thomas	10	1,000	1,000
Hemingway, Mrs. T. A	Aylmer	1	100	100
Henderson, H	Wardsville	4	400	400
Henderson, E	Ancaster	10	1,000	1,000
Heintzman & Co	Toronto	1	100	100
Horman, M	Drayton	10	1,000	1,000
Hedges, E. A. and L. E	Newcastle	3	300	300
Hilborn, H. C	Berlin	10	1,000	1,000
Hill, Alexander	Guelph	20	2,000	2,000
Hoskings, Mrs. E.	Glenallan	2	200	200
Howe, C. J., estate of	Toronto	1	100	100
Hurst, Jos. G., executor	Conestogo	15	1,500	1,500
Hume, W. C	Aylmer	3	300	300
Hume, Mrs. S	Watford	17	1,700	1,700
Horton, H. G	Toronto	5	500	500
Hall, William	Hamilton	14	1,400	1,400
Innis, James	Guelph	1	100	100
Isaac, Mrs. A C	Drayton	32	3,200	3,200
Inglehart, H. F	Hamilton	17	1,700	1,700
Inglis, Mrs. M	do	10	1,000	1,000
Jennings, James	Kendall	4	400	400
Johnston, James	Courtwright	1	100	100
Johnston, Louis	Hamilton	20	2,000	2,000
Jones, A. F. H	Guelph	52	5,200	5,200
Jones, Seneca	Hamilton	15	1,500	1,500
Kennedy, T	Ancaster	3	300	300
Kennedy, J. F	Hamilton	2	200	200
Kelly, Rhoda	Glencoe	1	100	100
	Carried forward	3,363	336,300	336,300

The Traders Bank of Canada—La Banque des Négociants du Canada.

Names. — Noms.	Residence.	Number of Shares. — Nombre d'Actions.	Amount Paid. — Montant payé.	Amount Subscribed. — Montant souscrit.
			$	$
	Brought forward	3,363	336,300	336,300
Kennedy, R	Hamilton	4	400	400
Kershaw, Zena	Delaware	1	100	100
Killman, R. J	Elfrida	10	1,000	1,000
Kinsey, J	Aylmer	4	400	400
Kinpley, Mrs. E. M	Toronto	10	1,000	1,000
Kleiser, A	do	20	2,000	2,000
Kloepfer, C	Guelph	30	3,000	3,000
Knipfel, John	Conestogo	1	100	100
Krupp, Rev. Samuel	Glenshee	7	700	700
Krum, Mrs. S	Hamilton	25	2,500	2,500
Kuhl, J. S	Elmira	5	500	500
Kennedy, W. B., in trust	Guelph	10	1,000	1,000
Knight, Mrs. E M	Toronto	52	5,200	5,200
Lang, J. W	do	10	1,000	1,000
Lambert, L., in trust	Wyoming	5	500	500
Lafranière, James	Wisawasa	10	1,000	1,000
Lewis, John, in trust	Hamilton	20	2,000	2,000
Leitch, M	Knapdale	2	200	200
Lethbridge, Geo	Strathburn	2	200	200
Lister, J. F	Sarnia	5	500	500
Luckhardt, J. P	Elmira	10	1,000	1,000
Lynch, Miss K	Toronto	17	1,700	1,700
Lyons, Miss A	Hamilton	2	200	200
Magill, Lt.-Col. Chas	do	50	5,000	5,000
Mair, Geo	Windsor	1	100	100
Marsh. Miss A. B	Clarksburg	5	500	500
Marsham, George	Melbourne	5	500	500
Main, Alex	Hamilton	5	500	500
Magee, Wm., sr	do	30	3,000	3,000
Magee, F. J	do	10	1,000	1,000
Matheson, Miss I	Campbellton	3	300	300
Macpherson, Elizabeth	Hamilton	2	200	200
Medill, Mrs. N. C., executors	Drayton	14	1,400	1,400
Might, J., M.D	Port Hope	6	600	600
Mills, James	Guelph	10	1,000	1,000
Mills, Charles	Hamilton	3	300	300
Mills, Daniel C	Palmyra	2	200	200
Miller, Edward, executors of	St. Thomas	2	200	200
Miller, Jas	Hamilton	10	1,000	1,000
Mitchell, H. D., in trust	Glencoe	1	100	100
Mitchell, H. D	do	1	100	100
Mitchell, Eben	Hamilton	1	100	100
Mitchell, Robert	Guelph	1	100	100
Morphy, Thos	Brampton	16	1,600	1,600
Morris, J	Hamilton	45	4,500	4,500
Morrison, Jas	Toronto	25	2 500	2,500
Morrison, George, in trust	Callander	50	5,000	5,000
Milne, Mrs. A. S	Toronto	5	500	500
Mott, Mrs. M	Aylmer	4	400	400
Moore, Mrs. E. J. E	Hamilton	6	600	600
Moore, E. K	do	5	500	500
Moore, H. M	Toronto	5	500	500
Moore, Mrs. H	Caledonia	1	100	100
Muir, M. David	Toronto	14	1,400	1,400
Murray, Rev. J. G	Grimsby	28	2,800	2,800
Murray, Mrs. I	do	4	400	400
Mulock, Hon. Wm., M.P	Toronto	20	2,000	2,000
Mundy, M	Hamilton	40	4,000	4,000
McAulay, Mrs. S., in trust	do	5	500	500
McAulay, Mrs. S	do	20	2,000	2,000
McAndrew, Jno	Toronto	5	500	500
	Carried forward	4,085	408,500	408,500

The Traders Bank of Canada—La Banque des Négociants du Canada.

Names. — Noms.	Residence.	Number of Shares. — Nombre d'Actions.	Amount Paid. — Montant payé.	Amount Subscribed. — Montant souscrit.
			$	$
	Brought forward	4,085	408,500	408,500
McConnell, M.	Toronto	5	500	500
McCallum, N., executors of	Clachan	2	200	200
McCallum, Sarah	Rodney	1	100	100
McCall Miss C. A	Simcoe	3	300	300
McCall, Mrs. S., in trust	do	12	1,200	1,200
McCall, Mrs. Sarah	do	19	1,900	1,900
McClain, Wm. and E. Terry, trustees	Toronto	17	1,700	1,700
McCoy, J. N.	Wallaceburg	5	500	500
McCrae, Miss J.	Guelph	5	500	500
McConochie, S. W., M.D	Hamilton	35	3,500	3,500
McDermand, Jas	Lakeview	20	2,000	2,000
McEachren, D.	Glencoe	2	200	200
McEachren, A	do	2	200	200
McEachren, John, jr	Appin	2	200	200
McEachren, D	Chicago, Ill	2	200	200
McFarland, W. J	Markdale	18	1,800	1,800
McFarlane, R	Hamilton	5	500	500
MacGachen, Mrs E. F. M	Lindsay	2	200	200
McGarvey, Mrs. M	Hamilton	8	800	800
McGuire, W. J., & Co	Toronto	10	1,000	1,000
McIntosh, A K	do	20	2,000	2,000
McIlvenna, James	North Bay	1	100	100
McIlwraith, Miss J. C	Toronto	49	4,900	4,900
Mackay, R	St. Thomas	5	500	500
McKillop, D	Toronto	10	1,000	1,000
McKellar, A. B	Glencoe	2	200	200
McKellar, Mrs. M	do	1	100	100
McKinlay, J. E	Ridgetown	5	500	500
McKinnon, Mrs A. C	Glencoe	10	1,000	1,000
McKeracher, Mrs. M	Campbellton	5	500	500
McKitchan, J. R	Hamilton	2	200	200
McKitchan, J. R., in trust	do	1	100	100
McKitchan, J. R., in trust	do	1	100	100
McLaughlin, Miss E	Toronto	1	100	100
McLachlin, G. E	Hamilton	3	300	300
McKee, T. W	Windsor	100	10,000	10,000
McLarty, H	Glencoe	1	100	100
MacMahon, H. P	Aylmer	9	900	900
MacMahon, Jas., M.D	Toronto	50	5,000	5,000
McRae, D. R	Glencoe	2	200	200
McRae, Wm	Campbellton	1	100	100
McRae, D. A	Appin	2	200	200
McRitchie, Rev. G	Ottawa	10	1,000	1,000
McTaggart, A	Appin	1	100	100
Nasmith, J. D	Toronto	10	1,000	1,000
Newcomb, Mrs. S. L	Ottawa	2	200	200
Newcomb, S. P	do	2	200	200
Newcomb, G. H	do	6	600	600
Newbigging, executors of J	Strathburg	2	200	200
Nilol, Mrs. J. A	Elmira	10	1,000	1,000
Noecker, L. A	Drayton	16	1,600	1,600
Noecker, Mrs. L. C	do	2	200	200
Noecker, F	Waterloo	13	1,300	1,300
Nolan, John	Pt. Lambton	2	200	200
Nordheimer, S	Toronto	50	5,000	5,000
Nordheimer, A. & S	do	2	200	200
O'Connor, M	Freelton	10	1,000	1,000
Odell, Catherine	London	1	100	100
O'Donnell, Mrs. M	Elmira	15	1,500	1,500
Ogilvie, Mrs. E D	Aylmer	1	100	100
Oill, Elgin	Basingstoke	10	1,000	1,000
	Carried forward	4,706	470,600	470,600

The Traders Bank of Canada—La Banque des Négociants du Canada.

Names — Noms.	Residence.	Number of Shares. — Nombre d'Actions.	Amount Paid. — Montant payé.	Amount Subscribed. — Montant souscrit.
			$	$
	Brought forward......	4,706	470,600	470,600
O'Neil, Capt. John	Marmora	10	1,000	1,000
Olmsted, Mrs. C. E	Ancaster	9	900	900
Olmsted, J. R	do	8	800	800
Olmsted, Wm. N	Ryckman's Cors	8	800	800
O'Reilly, Chas., M.D	Toronto	4	400	400
Ord, Mrs A. C	Ingersoll	3	300	300
O'Hara, H., & Co	Toronto	3	300	300
Park, W. W	do	10	1,000	1,000
Parkes, Jas	do	10	1,000	1,000
Page, Jas	Hamilton	20	2,000	2,000
Paterson, executors of Thos. J	Moorefield	6	600	600
Palen, Wm	Hamilton	20	2,000	2,000
Penhale, Wm	St. Thomas	10	1,000	1,000
Penhale, John	do	1	100	100
Pellatt, H. M	Toronto	173	17,300	17,300
Philps, C	Drayton	11	1,100	1,100
Plastow, Miss H. E	Rockton	15	1,500	1,500
Potts, R	St. Thomas	5	500	500
Pringle, R. A., in trust	Hamilton	2	200	200
Pringle, R. A	do	2	200	200
Ratz, John, executors of	Elmira	30	3,000	3,000
Ratz, Bros	do	10	1,000	1,000
Reed, J. B	Toronto	10	1,000	1,000
Reid, Mrs. M. A	Hamilton	8	800	800
Reid, J. M	Blytheswood	5	500	500
Risch, John	Hamilton	20	2,000	2,000
Risch, Mrs. A. M	do	10	1,000	1,000
Richardson, Elizabeth	Drayton	5	500	500
Richardson, Miss E	Toronto	10	1,000	1,000
Riddell, J. E	Hamilton	15	1,500	1,500
Robinson, Mrs. L. A. E	do	30	3,000	3,000
Robinson, S. D	do	1	100	100
Roberts, Mrs. L	Drayton	10	1,000	1,000
Robertson, Jas	Glencoe	5	500	500
Robertson, Mrs. S. J	Hamilton	1	100	100
Roome, W. F., M.D	London	2	200	200
Ross, J. C	Tilsonburg	40	4,000	4,000
Rowland, E	Strathroy	5	500	500
Rumsey, M	New York	2	200	200
Rumsey, A	Galt	5	500	500
Rutherford, J. P., M.D	Chatham	1	100	100
Samuel, Benjamin & Co	Toronto	5	500	500
Saunders, Wm., executors of	St. Thomas	2	200	200
Samis, Mrs. A	Drayton	2	200	200
Scane, Jas	Ridgetown	5	500	500
Scane, Jos	do	5	500	500
Scane, John	do	5	500	500
Schneider, M., executors	Drayton	40	4,000	4,000
Schinbein, Mrs. C	Conestogo	5	500	500
Schinbein, Geo	do	2	200	200
Serson, John	Ridgetown	1	100	100
Shaw, Thos	Wallaceburg	10	1,000	1,000
Shepherd, R	St. Mary's	10	1,000	1,000
Shaver, W. H	Ancaster	25	2,500	2,500
Simpson, T	Strathburn	2	200	200
Simpson, J. W	Hamilton	30	3,000	3,000
Sleeman, Geo	Guelph	1	100	100
Slimmon, John	Winfield	15	1,500	1,500
Sloan, John	Toronto	3	300	300
Smith, John	Tilsonburg	100	10,000	10,000
Smith, Sarah	Morpeth	5	500	500
	Carried forward....	5,534	553,400	553,400

The Traders Bank of Canada—La Banque des Négociants du Canada.

Names. — Noms.	Residence.	Number of Shares. — Nombre d'Actions.	Amount Paid. — Montant payé.	Amount Subscribed. — Montant souscrit.
			$	$
	Brought forward......	5,534	553,400	553,400
Smith, M	Forest	10	1,000	1,000
Smith, L. H	do	10	1,000	1,000
Smith, Mrs. M. A	Strathroy	2	200	200
Smith, Mrs. C. J	Toronto	5	500	500
Smith, O. T	Binbrook	68	6,800	6,800
Smith, Mrs. C	do	6	600	600
Smith, Mrs. M	do	15	1,500	1,500
Smith, Mrs F. W	Aylmer	7	700	700
Smith, J. F	Glanford Station	15	1,500	1,500
Smith, H. D., in trust	Ridgetown	5	500	500
Small, Peter	Toronto	5	500	500
Snyder, J. B	Winterbourne	15	1,500	1,500
Snyder, L. P	North Bay	33	3,300	3,300
Snider, Mrs. E	Oakville	8	800	800
Snyder, J	Floradale	10	1,000	1,000
Snider, D. S	Elmira	30	3,000	3,000
Snider, Fred'k	Hamilton	15	1,500	1,500
Soules, Walter	do	53	5,300	5,300
Soules, Miss Susan	do	10	1,000	1,000
Soules, Walter, in trust	do	10	1,000	1,000
Specker, Mrs. M	Berlin	10	1,000	1,000
Springer, Miss B. J	Hamilton	10	1,000	1,000
Springer, Miss B. J., in trust	do	1	100	100
Strathy, H. S., in trust	Toronto	3	300	300
Strathy, H. S	do	120	12,000	12,000
Street, Mrs. D. K	Hamilton	1	100	100
Street, Mrs. D. K., in trust	do	7	700	700
Stewart, Wm	Berlin	5	500	500
Stewart, Kate	Caledonia	3	300	300
Stewart, Maggie	do	3	300	300
Stinson, F. J	Glencoe	1	100	100
Strome, A. R	Floradale	10	1,000	1,000
Stuart, Alex	Glencoe	5	500	500
Stalker, Jas., executors of	Crinan	2	200	200
Stauffer, I	Elmira	10	1,000	1,000
Stonehouse, W. D	Toronto	14	1,400	1,400
Stirton, John	Hamilton	5	500	500
Sullivan, Daniel	do	16	1,600	1,600
Symington, Wm., executors of	Sarnia	10	1,000	1,000
Symington, Thos	do	23	2,300	2,300
Tait, Wm	Strathburn	1	100	100
Taylor, A. J	Glencoe	1	100	100
Taylor, J	Hamilton	17	1,700	1,700
Templeman, P	do	15	1,500	1,500
Teeple, J. J	Kingswell	20	2,000	2,000
Theal, T	Fulton	1	100	100
Thomas, W. J., in trust	Toronto	11	1,100	1,100
Thomas, W. J., in trust	do	15	1,500	1,500
Thomas, W. J., in trust	do	15	1,500	1,500
Thomas, W. J	do	91	9,100	9,100
Thomas, W. H	North Bay	10	1,000	1,000
Thomson, John	Glencoe	3	300	300
Thomson, Robt	Hamilton	45	4,500	4,500
Thomson, Wm	Orillia	10	1,000	1,000
Thomson, John	Hamilton	10	1,000	1,000
Thomson, Mrs. A. L	do	2	200	200
Thomson, Wm	Blackheath	10	1,000	1,000
Thomson, Mrs. E	do	5	500	500
Tilley, Wm	Aylmer	15	1,500	1,500
Tolson, Wm	Melbourne	2	200	200
Treble, J. M	Toronto	10	1,000	1,000
	Carried forward......	6,434	643,400	643,400

The Traders Bank of Canada—La Banque des Négociants du Canada.

Names. — Noms.	Residence.	Number of Shares. — Nombre d'Actions.	Amount Paid. — Montant payé.	Amount Subscribed. — Montant souscrit.
			$	$
	Brought forward	6,434	643,400	643,400
Travis, M	Hamilton	1	100	100
Trott, Jos	Camlachie	10	1,000	1,000
Trott, W. D	Ingersoll	1	100	100
Trestain, John	Strathburn	2	200	200
Tucker, Miss S	Bosworth	2	200	200
Turner, F., in trust	Hamilton	20	2,000	2,000
Twiss, O. E	Tilsonburg	10	1,000	1,000
Ullyot, H., M.D	Elmira	10	1,000	1,000
Uffelman, J	Waterloo	13	1,300	1,300
Vogt, Geo	Elmira	10	1,000	1,000
Van Duzer, J. E	Winora	15	1,500	1,500
Walmsley, Mrs. C	Detroit, Mich	10	1,000	1,000
Warren, C. D	Toronto	30	3,000	3,000
Ward, Alfred	Hamilton	10	1,000	1,000
Walker, A	St. Marys	2	200	200
Waller, Geo	Bartonville	30	3,000	3,000
Waterhouse, Mrs. E	Tilsonburg	30	3,000	3,000
Webster, R	Appin	1	100	100
Webster, Wm	Strathburn	1	100	100
West, T. B	Wallaceburg	2	200	200
Weaver, C. E	Hamilton	6	600	600
Webber, Mrs M	do	10	1,000	1,000
Welch, Thos	Strathroy	10	1,000	1,000
Westland, Miss F. A	Wyoming	20	2,000	2,000
White, Chas	Drayton	22	2,200	2,200
White, A	Orwell	1	100	100
Whicher, John	Caledonia	71	7,100	7,100
Whitten & Co., W. J	Toronto	10	1,000	1,000
White, R. L	Hamilton	14	1,400	1,400
Williams, R. S	Toronto	3	300	300
Williams, H. G	St. Catharines	5	500	500
Williamson, Rev. J. S	Mount Forest	10	1,000	1,000
Willmott, Miss S	Milton	2	200	200
Wishart, K	Bullock's Corners	18	1,800	1,800
Wishart, K., in trust	do	12	1,200	1,200
Winger, H	Elmira	15	1,500	1,500
Wickett, John	Port Hope	10	1,000	1,000
Wickett, Wm	do	19	1,900	1,900
Winlow, G. C. F	London	5	500	500
Wilson, R. W	Tilsonburg	10	1,000	1,000
Wilson, Mrs. M	North Bay	10	1,000	1,000
Wilkinson, Mrs. E. F. M	Sarnia	13	1,300	1,300
Woodley, Samuel	Hamilton	2	200	200
West, Chas	do	10	1,000	1,000
White, J. A	Winona	10	1,000	1,000
Yorke, S	Brockville	6	600	600
Youell, Mrs. A. J	Aylmer	10	1,000	1,000
Young, Miss M	Dundas	4	400	400
Yule, Mrs. M	Guelph	10	1,000	1,000
Yeager, Mrs. M. C	Hamilton	3	300	300
Street, Mrs. D. K., in trust	do	5	500	500
	Total	7,000	700,000	700,000

I declare that the above statement has been prepared under my direction and is correct according to the books of the bank.

H. J. COLEMAN, *Chief Accountant.*

We declare that the above return is made up from the books of the bank, and that to the best of our knowledge and belief, it is correct.

H. S. STRATHY, *General Manager.* CHAS. D. WARREN, *President.*

TORONTO, 14th January, 1898.

BANK OF HAMILTON.

BANQUE D'HAMILTON.

Value of Share, $100.—Valeur de chaque action, $100.

Names. — Noms.	Residence.	Number of Shares. — Nombre d'Actions.	Amount Paid. — Montant payé.	Amount Subscribed. — Montant souscrit.
			$	$
Alexander, A. W	Guelph	100	10,000	10,000
Angus, James, jr	Hamilton	2	200	200
Bain, Thomas	Dundas	12	1,200	1,200
Baker, Miss Clara M	South London	5	500	500
Balfour, Rev. A. J	Quebec	10	1,000	1,000
Bartlett, C	Winnipeg	8	800	800
Beemer, Mrs. Mary E	Toronto	4	400	400
Beemer, Miss Clara	do	10	1,000	1,000
Bedells, Mrs. C. L	do	11	1,100	1,100
Beeston, Mrs. M. L	Shoal Lake, Man	10	1,000	1,000
Benson, T. M., and G. L. McCaul, trustees	Port Hope	12	1,200	1,200
Birely, Mrs. Sarah	Hamilton	52	5,200	5,200
Birss, Miss Elizabeth C	Montreal	9	900	900
Black, Mrs. Orpha A	Niagara Falls, Ont	31	3,100	3,100
Boulanger, Mrs. A. C	Hamilton	10	1,000	1,000
Boulton, Mrs. C. H	Toronto	12	1,200	1,200
Bowes, Mrs. Emily A	Hamilton	25	2,500	2,500
Boyd, Hon. John A	Toronto	27	2,700	2,700
Browne, Miss Clara B	Hamilton	6	600	600
Bruce, A., and Mrs. Ellen Jackson	do	25	2,500	2,500
Bruce, Ralph R	do	2	200	200
Bruce, John A	do	60	6,000	6,000
Bull, Mrs. Mary W	do	2	200	200
Burland, George B	Montreal	62	6,200	6,200
Burton, Miss Louisa G	Toronto	1	100	100
Burton, W. F., and A. G. Ramsay	Hamilton	28	2,800	2,800
Brown, F. D	Toronto	20	2,000	2,000
Barker, Samuel	Hamilton	20	2,000	2,000
Bruce, Mrs. Elizabeth	do	1	100	100
Barnes, C. W., in trust	Toronto	10	1,000	1,000
Brodie, Francis A	Montreal	2	200	200
Brennan, H. P. S	Hamilton	5	500	500
Boyle, Arthur	Niagara Falls, Ont	10	1,000	1,000
Bowles, Mrs. Isabella	Winnipeg, Man	2	200	200
Baker, Miss Helen L	Byron	1	100	100
Beemer, Miss Kate A	Toronto	4	400	400
Brittain, Joseph	Bowmanville	10	1,000	1,000
Bullen, Mrs. Annie and R. R. Bruce	Hamilton	10	1,000	1,000
Blake, Edward F	Toronto	14	1,400	1,400
Burritt, A. P. & Co	do	2	200	200
Cassels, Duncan D	do	5	500	500
Cassels, Miss Jessie	do	5	500	500
Cahill, Edward D	Hamilton	3	300	300
Cameron, Mrs. Selina	Grafton	10	1,000	1,000
Campbell, Miss Elizabeth	Hamilton	25	2,500	2,500
Campbell, Robert	do	60	6,000	6,000
Canada Life Assurance Co	do	1,006	100,600	100,600
Carcand, D	New Carlisle, Que	2	200	200
Cawthra, Mrs. Anna C	Toronto	53	5,300	5,300
Cayley, Mrs. Jane I	do	10	1,000	1,000
	Carried forward	1,826	182,600	182,600

Bank of Hamilton—Banque d'Hamilton.

Names. — Noms.	Residence.	Number of Shares. — Nombre d'Actions.	Amount Paid. — Montant payé.	Amount Subscribed. — Montant souscrit.
			$	$
	Brought forward......	1,826	182,600	182,600
Chambers, Miss Adeliza	Hamilton	20	2,000	2,000
Clark, William	West Flamboro'	22	2,200	2,200
Clarke, O. S.	Berlin	5	500	500
Cockburn, Mrs. Elizabeth	Paris	13	1,300	1,300
Cowan, W. F.	Oshawa	10	1,000	1,000
Cook, Mrs. Louisa	Barrie	20	2,000	2,000
Cox, George A., in trust	Toronto	40	4,000	4,000
Cruikshank, A. Scott	Hamilton	25	2,500	2,500
Currie, Neil, executors of	Toronto	5	500	500
Corsar, Miss Lydia S.	Berlin, Germany	10	1,000	1,000
Carpenter, Albert E.	Hamilton	10	1,000	1,000
Courtney, J. M., and Mrs. M. E. S.	Ottawa	9	900	900
Cuthbert, Mrs. Estella	River Falls, Wis	10	1,000	1,000
Clark, Andrew	Bullocks Corners	15	1,500	1,500
Cummer, William L.	Hamilton	15	1,500	1,500
Crawford, Miss Agnes	New York	2	200	200
Currie, Mrs. Annie	Toronto	5	500	500
Currie, Mrs. Annie and Jas. S. Lovell, executors estate, Neil Currie	do	27	2,700	2,700
Carter, John, C. R. Hanning and J. W. Hanning, trustees estate late Mary E. Bowhill	do	10	1,000	1,000
Crease, Anthony H.	do	5	500	500
Dalton, Chas. C.	do	10	1,000	1,000
Davis, Mrs. Maud W.	Hamilton	6	600	600
Davidson, Philip D.	Waterdown	4	400	400
Davies, Mrs. Mary E.	Toronto	10	1,000	1,000
Davis, Wm. R.	Hamilton	5	500	500
DeCoverly, C. R.	Brantford	25	2,500	2,500
Dickenson, John	North Glanford	25	2,500	2,500
Dolmage, Miss Fanny P.	Grimsby	10	1,000	1,000
Dolmage, Miss Florence P.	do	10	1,000	1,000
Dolmage, Mrs. Laura P.	do	31	3,100	3,100
Davis, Mrs. Lillie M.	Hamilton	3	300	300
Duggan, Mrs. Caroline	Grimsby	3	300	300
Denison, Miss Edith M.	Toronto	1	100	100
Dick, David B.	do	10	1,000	1,000
Denison, Mrs. Helen A.	do	10	1,000	1,000
Davidson, Michael A.	Waterdown	10	1,000	1,000
Edgar, William, executors of	Montreal	31	3,100	3,100
Eglauch, L., executors of	do	10	1,000	1,000
Ewing, Mrs. Jane R.	Hamilton	9	900	900
Evans, John D.	do	6	600	600
Eastwood, Mrs. E. M.	East Hamilton	76	7,600	7,600
Ewing, Mrs. Ellen K.	Toronto	5	500	500
Elliott, Mrs. Caroline	Hamilton	3	300	300
Fearman, F. W.	do	70	7,000	7,000
Fearman, H. H.	do	1	100	100
Fearman, R. C.	do	25	2,500	2,500
Fergus, Rev. David	England	10	1,000	1,000
Ferrie, Alex. Ewing	Hamilton	10	1,000	1,000
Ferrie, Campbell	do	30	3,000	3,000
Ferrie, Campbell, administrator estate John R. Ferrie	do	6	600	600
Findlay, Mrs. Annie	do	8	800	800
Findlay, W. F.	do	6	600	600
Findlay, W. F., and W. R. Macdonald	do	61	6,100	6,100
Findlay, W. F., and W. R. Macdonald	do	74	7,400	7,400
Fisher, Mrs. Julia, administrator of	do	20	2,000	2,000
Fitzgerald, Mrs. Georgina B.	Toronto	15	1,500	1,500
Findlay, W. F., and W. R. Macdonald	Hamilton	10	1,000	1,000
	Carried forward...	2,763	276,300	276,300

Bank of Hamilton—Banque d'Hamilton.

Names. — Noms.	Residence.	Number of Shares. — Nombre d'Actions.	Amount Paid. — Montant payé.	Amount Subscribed. — Montant souscrit.
			$	$
	Brought forward	2,763	276,300	276,300
Fitzgerald, Edward G., in trust	Toronto	10	1,000	1,000
Ferrie, Mrs. Maude	Hamilton	2	200	200
Garrow, Mrs. Diana	do	1	100	100
Gates, F. W.	do	75	7,500	7,500
Gates, F. W., and A. Brown, in trust	do	48	4,800	4,800
Gates, George E.	do	2	200	200
Gates, Harry G.	do	5	500	500
Gates, Herbert E.	London	7	700	700
Gibson, Mrs. Elizabeth M.	Hamilton	30	3,000	3,000
Goering, J. Wm., executrix of	do	25	2,500	2,500
Goode, Cephas	Toronto	50	5,000	5,000
Gould, Isaac J.	Uxbridge	15	1,500	1,500
Gowan, Hon. James R.	Barrie	55	5,500	5,500
Grassett, Rev. H. J., Clarke Gamble et al. trustees Boake Trust Fund	Toronto	3	300	300
Gundry, Frederick	London, Eng.	6	600	600
Gurney, Chas., executors of	Hamilton	75	7,500	7,500
Gibson, William, M.P.	Beamsville	100	10,000	10,000
Gordon, C. F., and E. D. Armour, trustees	Toronto	7	700	700
Goldie, James, in trust	Guelph	7	700	700
Glassco, W. H.	Hamilton	30	3,000	3,000
Glasgow, Mrs. Jane	Norwich, Conn	10	1,000	1,000
Grant, Mrs. Asenath	Hamilton	3	300	300
Grant, Mrs. Asenath, in trust for Mrs. Eva Howett	do	4	400	400
Gilroy, Thomas	Winnipeg	20	2,000	2,000
Harris, Rev. Elmore	Toronto	10	1,000	1,000
Hendrie, William, in trust	Hamilton	10	1,000	1,000
Halson, Christian	Toronto	10	1,000	1,000
Hamilton, Mrs. Nancy	Uxbridge	10	1,000	1,000
Hammond, Mrs. Maria	Toronto	20	2,000	2,000
Hanning, Clement G.	Preston	5	500	500
Harbin, Mrs. Alice E.	Byron	2	200	200
Harris, A. B. and A. Adamson, trustees	Clarkson	7	700	700
Harris, Miss Augusta J.	Hamilton	25	2,500	2,500
Harris, Miss Frances J.	do	16	1,600	1,600
Harris, Frederick J.	do	4	400	400
Harris, Miss Mary A.	do	24	2,400	2,400
Harris, William J.	do	4	400	400
Harvey, Miss Katharine P.	Albany, N.Y.	5	500	500
Hay, Mrs. Elizabeth S.	Toronto	50	5,000	5,000
Henderson, Mrs. Kate	Montreal	10	1,000	1,000
Hendrie, Miss Annie M.	Hamilton	10	1,000	1,000
Hendrie, John S.	do	100	10,000	10,000
Hendrie, Mrs. Mary M.	do	31	3,100	3,100
Hendrie, William	do	505	50,500	50,500
Hendrie, William, in trust	do	100	10,000	10,000
Hendrie, William, jr.	do	6	600	600
Hendrie, William, in trust for Phyllis C. Hendrie	do	10	1,000	1,000
Henshaw, Mrs. Maria L.	Montreal	2	200	200
Hicks, Mrs. Harriet A.	London	2	200	200
Hirst, Mrs. Kate	England	61	6,100	6,100
Holmes, Gervas, executors of	Cobourg	27	2,700	2,700
Howe, James	Southampton	12	1,200	1,200
Hunt, Mrs. Emma F.	Hamilton	75	7,500	7,500
Hunt, William	Campbellford	75	7,500	7,500
Howitt, Chas. E.	Guelph	10	1,000	1,000
Harris, Thos. M., executors of	Brantford	40	4,000	4,000
Hills, Rolland, in trust	Hamilton	30	3,000	3,000
	Carried forward	4,661	466,100	466,100

Bank of Hamilton—Banque d'Hamilton.

Names. — Noms.	Residence.	Number of Shares. — Nombre d'Actions.	Amount Paid. — Montant payé.	Amount Subscribed. — Montant souscrit.
			$	$
	Brought forward...	4,661	466,100	466,100
Hamilton, Rev. John B.	Dundas	10	1,000	1,000
Howell, Wm. A.	Hamilton	7	700	700
Hanning, C. R.	Preston	20	2,000	2,000
Higgins, David	Toronto	13	1,300	1,300
Home Savings and Loan Co., Ltd., in trust	do	16	1,600	1,600
Haskins, William F., in trust	Dunnville	13	1,300	1,300
Hendrie, Murray	Hamilton	7	700	700
Harris, Miss Eliz. M.	Toronto	7	700	700
Harris, Miss Lucy L.	do	6	600	600
Harris, Arthur B.	Clarkson	10	1,000	1,000
Hendrie, Miss Christina M.	Hamilton	10	1,000	1,000
Hay, Mrs. Eliz. S., in trust for W. H. Hay	Toronto	1	100	100
Hay, Mrs. Eliz. S., in trust for M. D. Hay.	do	1	100	100
Haskins, Mrs. Cath.	Hamilton	3	300	300
Hendrie, Miss Mary A. M.	do	10	1,000	1,000
Haskins, Mrs. Catharine, R. L. and G. M. Haskins, executrix, and executors late Wm. Haskins	do	10	1,000	1,000
Harcourt, Hon. Richard, in trust	Toronto	32	3,200	3,200
Hamilton, R. G.	do	6	600	600
Hendrie, Wm., jr., in trust	Hamilton	80	8,000	8,000
Holland, Miss Jennie	Toronto	1	100	100
Hindes, A.	Oshawa	12	1,200	1,200
Howell, W. A., in trust	Hamilton	17	1,700	1,700
Innes, James	Guelph	20	2,000	2,000
Irving, Æmilius	Toronto	1	100	100
Irving, L. Homfray	do	10	1,000	1,000
Johnson, Mrs. Jessie	Montreal	3	300	300
Jones, Mrs. Alice M.	Hamilton	4	400	400
Jones, William J., M.D.	Prescott	12	1,200	1,200
Jones, Mrs. Ann	Milton	9	900	900
Julian, Mrs. Sallie	New York	190	19,000	19,000
Japp, Mrs. Betsy S.	Teignmouth, Eng.	15	1,500	1,500
Jarvis, Mrs. Augusta	Toronto	10	1,000	1,000
Jordan, Rev. L. H., in trust	do	34	3,400	3,400
Jarman, Miss Alice M.	do	10	1,000	1,000
Jarvis, Æmilius, in trust	do	25	2,500	2,500
Kay, Mrs. Annie	do	35	3,500	3,500
Keating, Mrs. Helen C.	St. Catharines	15	1,500	1,500
Keating, Miss Margt. A.	do	1	100	100
Keefer, Wm. N.	Galt	55	5,500	5,500
Kidd, David	Hamilton	160	16,000	16,000
King, Miss Emma	Lyster, Que.	14	1,400	1,400
Kittson, Mrs. Alice H.	Hamilton	8	800	800
Kohl, Mrs Edith L.	Montreal	15	1,500	1,500
Kohl, Mrs. Ida M.	Brockville	16	1,600	1,600
Kittson, E. Graves, M.D.	Hamilton	5	500	500
Kingsley, Mrs Elizabeth M.	Toronto	13	1,300	1,300
Kerr, Mrs. Elizabeth	do	21	2,100	2,100
Keating, Edward H.	do	20	2,000	2,000
Kay, J. B. and Colin F. Gordon, trustees	do	20	2,000	2,000
Knox, Mrs. Ada M.	do	5	500	500
La Caisse d'Economie de Notre-Dame de Québec, in trust	Quebec	25	2,500	2,500
Ladies Benevolent Society	Montreal	6	600	600
Lahey, Wm.	St. Thomas	7	700	700
Laing, H. H., trustee, executrix of	Hamilton	1	100	100
Lamb, F. H.	do	10	1,000	1,000
	Carried forward...	5,748	574,800	574,800

Bank of Hamilton—Banque d'Hamilton.

Names. — Noms.	Residence.	Number of Shares. — Nombre d'Actions.	Amount Paid. — Montant payé.	Amount Subscribed — Montant souscrit.
			$	$
	Brought forward.....	5,748	574,800	574,800
Lapp, Philip	Uxbridge	12	1,200	1,200
Lee, A. B	Toronto	66	6,600	6,600
Leggat, Matthew	Hamilton	312	31,200	31,200
Leitch, Mrs. Anne	do	37	3,700	3,700
Lemoine, Mrs. Emma R	Quebec	5	500	500
Lemoine, Gaspard, executor	do	25	2,500	2,500
Lesslie, Miss Helen, executors of	Dundas	63	6,300	6,300
Lewin, Rev. Wm	Kingston	18	1,800	1,800
Lewis, Geo. F	Winona	4	400	400
Lewis, George W	Toronto	14	1,400	1,400
Lewis, Mrs. Harriet B	Winona	2	200	200
Livingstone, John, sr., administrator	Listowel	50	5,000	5,000
Lyman, Frederick S	Montreal	16	1,600	1,600
Lyman, Frederick S., in trust	do	30	3,000	3,000
Laing, Mrs. Christina	Burlington	15	1,500	1,500
Lyon, Mrs. Mary C	Hamilton	5	500	500
Laidlaw, Robert, Angus McColl and William A. Logie, executors	do	10	1,000	1,000
Langton, Miss Annie	Toronto	3	300	300
Langton, Miss Helen	do	2	200	200
Lockie, James S., manager, in trust	do	5	500	500
Lawler, Rev. E. B	do	13	1,300	1,300
Langton, Miss Emilie	do	2	200	200
Malloch, Mrs. Mary S	Hamilton	20	2,000	2,000
Morton, Edward D., M.D., and Henry H. Strathy, trustees	Barrie	7	700	700
Madden, Mrs. Eliza, administratrix	Burlington	8	800	800
Magill, Chas	Hamilton	125	12,500	12,500
Malloch, Archibald E., M.D	do	45	4,500	4,500
Manson, Donald, administrators of	Toronto	25	2,500	2,500
Martin, Edward, Q.C., and F. Colquhoun, trustees	Hamilton	25	2,500	2,500
Maurice, Rev. R. R	England	32	3,200	3,200
Melvin, Robert	Guelph	50	5,000	5,000
Merritt, Thomas R	St. Catharines	20	2,000	2,000
Meston, Thomas	Hamilton	5	500	500
Middleton, William	Toronto	21	2,100	2,100
Mills, James H	Hamilton	47	4,700	4,700
Moir, Mrs. Annie E	Southport, Eng	12	1,200	1,200
Moore, Alexander H	Hamilton	1	100	100
Moore, Edward J	do	20	2,000	2,000
Moore, George	do	40	4,000	4,000
Morden, Wellington J	do	2	200	200
Morris, Mrs. Jessie C	do	54	5,400	5,400
Morris, Mrs. L. K	Ottawa	10	1,000	1,000
Morris, Robert S	Hamilton	1	100	100
Morrison, Ferdinand	do	22	2,200	2,200
Murray, Charles S	do	50	5,000	5,000
Murray, William	do	50	5,000	5,000
Moore, Mrs. Emily J. E	do	125	12,500	12,500
Martindale, Joseph B	New York	5	500	500
Morgan, Joseph	Walkerton	4	400	400
Midgley, Miss Mary Ann	Toronto	4	400	400
Mills, Charles	Hamilton	5	500	500
Mills, Mrs. Rose A. T	do	6	600	600
Montreal City and District Savings Bank	Montreal	25	2,500	2,500
Massey, Chester D	Toronto	28	2,800	2,800
Macdonald, Walter R., and W. F. Findlay	Hamilton	8	800	800
Macdonald, John Duff, M.D	do	25	2,500	2,500
	Carried forward......	7,384	738,400	738,400

Bank of Hamilton—Banque d'Hamilton.

Names — Noms.	Residence.	Number of Shares. — Nombre d'Actions.	Amount Paid. — Montant payé.	Amount Subscribed. — Montant souscrit.
			$	$
	Brought forward......	7,384	738,400	738,400
Macdonald, Walter R.	Hamilton	54	5,400	5,400
Macdonald, Walter R., and W. F. Findlay	do	75	7,500	7,500
MacDougall, Hanbury Leigh	Montreal	46	4,600	4,600
MacGarvey, Mrs. Mary	Hamilton	30	3,000	3,000
MacGregor, Mrs. Kate B.	Montreal	7	700	700
McGregor, Peter	Keene	6	600	600
McInnes, Hugh, executor of	Hamilton	25	2,500	2,500
McKeand, Miss Catherine	Montreal	6	600	600
McLagan, Alexander, in trust	Hamilton	55	5,500	5,500
McLaren, Henry	do	47	4,700	4,700
McLaren, Mrs. Jane, Henry McLaren and Adam Brown, executors	do	7	700	700
McLean, The J. B. Publishing Co., Ltd.	Toronto	5	500	500
McRoberts, Mrs. Ruth	do	20	2,000	2,000
McTavish, Miss Mary E.	Colborne	10	1,000	1,000
McCullough, Mrs. Anne	Hamilton	12	1,200	1,200
McCullough, Mrs. Annie B.	do	47	4,700	4,700
McCullough, John, jr.	do	17	1,700	1,700
McCullough, John, sr.	do	12	1,200	1,200
McCullough, Peter T.	do	12	1,200	1,200
McBrayne, W. S.	do	2	200	200
McKeand, J. C., guardian	do	1	100	100
McGill, C.	Toronto	12	1,200	1,200
Macdonald, Walter R., W. W. Osborne and John Y. Osborne	Hamilton	61	6,100	6,100
McCalla, Mrs. Maria S.	St. Catharines	50	5,000	5,000
McIlwaine, Miss Maggie	Crowstand, N.W.T.	3	300	300
Macdonald, Charles F.	Hamilton	12	1,200	1,200
McKeand, Miss Marion M.	do	3	300	300
McKeand, Miss A. Emily	do	3	300	300
McLachlan, William, in trust	Guelph	2	200	200
McDowell, Alexander	Chicago	12	1,200	1,200
McPhail, Miss Clarice C.	Milton West	3	300	300
Niblett, E. R.	Dundas	20	2,000	2,000
Niblett, Miss Mary S.	do	9	900	900
Niehaus, Charles	Toronto	10	1,000	1,000
O'Reilly, Edward B., M.D.	Hamilton	1	100	100
Ogden Lyndhurst	Toronto	5	500	500
O'Reilly, Charles, M.D.	do	10	1,000	1,000
O'Reilly, Miss Elizabeth J.	Hamilton	6	600	600
Orr, Mrs. Margaret S.	Duluth, Minn	12	1,200	1,200
Orton, Mrs. Annie Elizabeth	Guelph	13	1,300	1,300
Osborne, James K.	Toronto	100	10,000	10,000
Osborne, James K., in trust	do	25	2,500	2,500
Osborne, John B., executors of	Beamsville	60	6,000	6,000
Osborne, Miss Sarah Elizabeth	Hamilton	22	2,200	2,200
Osler, Mrs. E. B., trustees of	Toronto	15	1,500	1,500
Osler, Mrs. Kate E.	Cobourg	35	3,500	3,500
Owen, James H.	Chemung, N.Y.	10	1,000	1,000
Owen, Jesse	Elmira, N.Y.	35	3,500	3,500
Osborne, Miss Annie Barr	Hamilton	9	900	900
Osborne, Mrs. Anne Bryson	do	4	400	400
Papps, George S., and Wm. A. Green, trustees	do	13	1,300	1,300
Park, John H.	do	2	200	200
Paterson, Miss Lucy	Albany, N.Y.	5	500	500
Paterson, Rev. Thomas W.	Toronto	16	1,600	1,600
Paton, George, executors of	Edinburgh	26	2,600	2,600
Pearson, Matthew	Lansing, Ont.	12	1,200	1,200
Philp, William, M.D.	Hamilton	25	2,500	2,500
	Carried forward......	8,541	854,100	854,100

Bank of Hamilton—Banque d'Hamilton.

Names. — Noms.	Residence.	Number of Shares. — Nombre d'Actions.	Amount Paid. — Montant payé.	Amount Subscribed. — Montant souscrit.
			$	$
	Brought forward...	8,541	854,100	854,100
Piers, Mrs. Mary A. E	Montreal	2	200	200
Porter, George	Bowmanville	37	3,700	3,700
Proctor, John	Hamilton	194	19,400	19,400
Proctor, John and Charles Cameron, in trust	do	20	2,000	2,000
Plummer, A. E., manager, in trust	Toronto	20	2,000	2,000
Pipon, Mrs. Maud M	do	5	500	500
Pope, Frederick J	Newcastle	4	400	400
Pinch, John S	Owen Sound	10	1,000	1,000
Ramsay, A. G	Hamilton	61	6,100	6,100
Ramsay, A. G., in trust	do	7	700	700
Ramsay, Miss Lily	do	5	500	500
Ramsay, Wm	Bowland, Stow., Scotland	71	7,100	7,100
Reid, Mrs. Sarah M	Stoney Creek	2	200	200
Reid, Mrs. Mary Ann	Hamilton	10	1,000	1,000
Richardson, Mrs. Margaret	St. Paul, Minn	50	5,000	5,000
Ridley, Mrs. Catherine M	Hamilton	58	5,800	5,800
Ridout, Arthur H	Port Elgin	3	300	300
Ridout, Mrs. Jessie	Ottawa	17	1,700	1,700
Ridout, Miss Matilda M	do	1	100	100
Roach, George	Hamilton	310	31,000	31,000
Robinson, Christopher, Q. C	Toronto	30	3,000	3,000
Robinson, Mrs. Lydia A. E	Hamilton	120	12,000	12,000
Roger, Mrs. Elizabeth	Toronto	30	3,000	3,000
Roger, Mrs. Elizabeth, trustee	do	7	700	700
Ross, Chas. George	Newmarket	10	1,000	1,000
Ross, Miss Mary Ann Logie	England	12	1,200	1,200
Rotherforth, Miss Sarah R	Burlington	5	500	500
Rutherford, Miss Amy E	Toronto	5	500	500
Rutherford, George	Hamilton	20	2,000	2,000
Rutherford, Miss Fannie	Toronto	6	600	600
Rutherford, Mrs. Mary M	do	8	800	800
Rutherford, Mrs. Mary M. and Edward C. Rutherford, trustees	do	2	200	200
Reynolds, Thos. W., M.D	Hamilton	3	300	300
Rogers, Mrs. Charlotte R	Prince Albert, N.W.T	4	400	400
Reynolds, Mrs. Mary L	Hamilton	3	300	300
Russell, James, M.D	do	35	3,500	3,500
Robinson, Frederick M	do	3	300	300
Roy, Alex. Wm	do	5	500	500
Ross, Miss Kate H	Skidigate, Q.C.Isl'ds, B.C	2	200	200
Ross, Robert	Lindsay	10	1,000	1,000
Scott, Robert F	Toronto	2	200	200
Savage, Mrs. Eliz	Hamilton	1	100	100
Scott, John	Toronto	71	7,100	7,100
Scott, John	Hamilton	7	700	700
Setterfield, Mrs. Mary M	England	2	200	200
Skinner, Jas. A	Woodstock	1	100	100
Slater, Mrs. Jane	Hamilton	35	3,500	3,500
Smith, Donald	do	31	3,100	3,100
Smith, Mrs. Jean	Roseneath	7	700	700
Spiers, David	Galt	25	2,500	2,500
Spriggs, Geo. B	Cleveland, O	100	10,000	10,000
Square, John S	Stratford	19	1,900	1,900
Square, John S., in trust	do	12	1,200	1,200
Square, John S., trustee	do	3	300	300
Stanton, Mrs. Julia, executrix	Toronto	40	4,000	4,000
Smith, Andrew, V.S	do	20	2,000	2,000
Steedman, Miss Jane Agnes	Hamilton	4	400	400
Stennett, Mrs. Julia A. V	Cobourg	46	4,600	4,600
Steven, H. S	Hamilton	10	1,000	1,000
	Carried forward...	10,184	1,018,400	1,018,400

Bank of Hamilton—Banque d'Hamilton.

Names. — Noms.	Residence.	Number of Shares. — Nombre d'Actions.	Amount Paid. — Montant payé.	Amount Subscribed. — Montant souscrit.
			$	$
	Brought forward......	10,184	1,018,400	1,018,400
Stewart, Mrs. Grace Jane	Island of Jersey	20	2,000	2,000
Stewart, Miss Isabella Eleanor......	Quebec........	4	400	400
Stewart, Miss Louisa Anne	do	8	800	800
Stirton, John........	Hamilton........	5	500	500
Stuart, Alexander........	do	23	2,300	2,300
Stuart, Mrs. Isabella M........	do	10	1,000	1,000
Stuart, John........	do	495	49,500	49,500
Stuart, John, in trust........	do	536	53,600	53,600
Stuart, John, and Alexander Bruce	do	6	600	600
Swan, Miss Janet........	Toronto........	15	1,500	1,500
Swan, Robert........	do	5	500	500
Sintzel, Henry........	do	5	500	500
Stuart, Peter, M.D........	Milton........	20	2,000	2,000
Scott, Mrs. Janet........	Bonny Bridge, Scot........	10	1,000	1,000
Spry, Wm........	Toronto	20	2,000	2,000
Sutherland, Mrs. Charlotte B. D........	Montreal........	12	1,200	1,200
Stewart, Thos., in trust........	Belleville........	4	400	400
Shaver, John W........	Ancaster........	2	200	200
Strathy, Mrs. Agnes S........	Toronto........	18	1,800	1,800
Sinclair, Geo. L., M.D........	Halifax, N.S........	10	1,000	1,000
Stewart, Mrs. Juliette........	Rochester, N.Y........	13	1,300	1,300
Stewart, Miss Josette M. M........	do	12	1,200	1,200
Smith, Geo. B........	Toronto........	26	2,600	2,600
Tait, Miss Elizabeth........	Montreal........	8	800	800
Tait, Miss Isabella........	do	8	800	800
Tait, Rev. James........	do	12	1,200	1,200
Tait, Wm., executor of........	do	64	6,400	6,400
Taylor, Samuel........	do	6	600	600
Trotter, Miss Emily........	Toronto........	6	600	600
Tucker, Frederick N........	Ottawa........	6	600	600
Tunis, Samuel, administrator........	Greensville........	8	800	800
Turnbull, James........	Hamilton........	23	2,300	2,300
Trusts Corporation of Ontario........	Toronto........	19	1,900	1,900
Turnbull, Mrs. L........	Hamilton........	36	3,600	3,600
Turner, Mrs. Antonia E........	England........	5	500	500
Turner, Mrs. Caroline H........	Hamilton........	20	2,000	2,000
Toronto General Trusts Co........	Toronto........	42	4,200	4,200
Temple, Chas. V. M. and Gertrude and L. Temple........	do	7	700	700
Thomson, Mrs. Christina H........	Mitchell........	13	1,300	1,300
Turnbull, James........	Hamilton........	24	2,400	2,400
Thomson, Mrs. Mary A........	Chicago, Ill........	2	200	200
Unsworth, Miss Charlotte........	Hamilton........	50	5,000	5,000
Veasey, George, executor........	Quebec........	25	2,500	2,500
Voelker, Mrs. Mary........	Hamilton........	7	700	700
Wadsworth, Vernon B. and Wm. R., executors and trustees........	Toronto........	24	2,400	2,400
Walker, Mrs. Ann Russell........	Hamilton........	24	2,400	2,400
Walker, Mrs. Margaret........	Scotland........	4	400	400
Ward, Geo. D........	Cobourg........	25	2,500	2,500
Weatherston, Mrs. Isabella........	Hamilton........	22	2,200	2,200
Weatherston, John, executor of, in trust	do	1	100	100
Weatherston, John, executor of, in trust	do	1	100	100
Wheelihan, David........	Campbellville........	13	1,300	1,300
Whicher, John........	Caledonia........	33	3,300	3,300
Widder, Miss Blanche........	Goderich........	3	300	300
Wigley, Arthur B........	Pittsburg, Pa........	25	2,500	2,500
Willmott, Austin, executors of........	Milton........	6	600	600
Wilson, James D........	Hamilton........	110	11,000	11,000
Wood, A. T., M.P........	do	100	10,000	10,000
Woolverton, Algernon, M.D........	do	2	200	200
	Carried forward....	12,247	1,224,700	1,224,700

Bank of Hamilton—Banque d'Hamilton.

Names. — Noms.	Residence.	Number of Shares. — Nombre d'Actions.	Amount Paid. — Montant payé.	Amount Subscribed. — Montant souscrit.
			$	$
	Brought forward...	12,247	1,224,700	1,224,700
Wilson, Chas. S.	Picton	50	5,000	5,000
Wood, Mrs. Jane W. and Miss E. White	Hamilton	100	10,000	10,000
Wanzer, Mrs. Mary E.	do	3	300	300
Widder, Miss Harriet E.	Goderich	7	700	700
Webb, A. E.	Toronto	10	1,000	1,000
Worrell, John A.	do	5	500	500
Weatherston, Wm. G.	Hamiltou	1	100	100
Willson, Benjamin	Winnipeg	45	4,500	4,500
Williamson, Mrs. Martha G.	Guelph	14	1,400	1,400
Wright, J. W., acting mngr., in trust of Trust Corporation of Ontario	Toronto	10	1,000	1,000
Young, Mrs. Cath. M.	Hamilton	8	800	800
	Total	12,500	1,250,000	1,250,000

Certified correct.

J. TURNBULL,
Cashier.

HAMILTON, 12th January, 1898.

BANK OF OTTAWA.

BANQUE D'OTTAWA.

Value of Share $100—Valeur de chaque action, $100.

Names. — Noms.	Residence.	Number of Shares. — Nombre d'Actions.	Amount Paid. — Montant payé.	Amount Subscribed. — Montant souscrit.
			$	$
Addison, Miss Isabella	Ottawa	1	100	100
Addison, Miss Mary Ann	do	1	100	100
Aikens, J. A. M	Winnipeg, Man	5	500	500
Aikens, J. A. M., and W. H. Culver	do	2	200	200
Alexander, Hugh	Ottawa	12	1,200	1,200
Allan, George	North Nation Mills, Q	1	100	100
Allan, J. Roberts	Ottawa	12	1,200	1,200
Alloway, W. F	Winnipeg, Man	20	2,000	2,000
Alloway, W. F., in trust	do	50	5,000	5,000
Astley, Mrs. Alinda C	Ottawa	2	200	200
Allen, Thos. A	Carleton Place	5	500	500
Allen, Richard T	Ottawa	10	1,000	1,000
Ballantyne, James	do	24	2,400	2,400
Bangs, C. W., George McLaurin, and R. Kirby, executors	do	7	700	700
Barnet, Alexander	Renfrew	75	7,500	7,500
Barnet, Mrs. Jane	do	45	4,500	4,500
Bate, Mrs. Catherine	Ottawa	75	7,500	7,500
Bate, Henry A., in trust	do	1	100	100
Bate, Henry Newell	do	274	27,400	27,400
Bate, Mrs. Florence M	do	70	7,000	7,000
Bate, Newell	do	174	17,400	17,400
Bate, Thomas B	St. Catharines	174	17,400	17,400
Bearman, James	Bell's Corners	5	500	500
Bessey, Mrs. E C., executrix	Hull, Que	4	400	400
Birkett, Thos	Ottawa	1	100	100
Blackburn, Robert, estate of	do	668	66,800	66,800
Blackburn, Miss M. A	do	6	600	600
Blackburn, Mrs. M. A	do	150	15,000	15,000
Blackburn, Miss Robina	do	26	2,600	2,600
Borbridge, Samuel and Henry	do	7	700	700
Bourgeau, Alexander, executor	Montreal, P.Q	55	5,500	5,500
Brown, W. F., P. Larmonth and G. F. Henderson, executors	Ottawa	45	4,500	4,500
Brunet, Rev. A	Portage du Fort	4	400	400
Bryson, Hon. Geo	Fort Coulonge	575	57,500	57,500
Bryson, Miss Jennie	do	230	23,000	23,000
Bryson, James W	do	230	23,000	23,000
Bryson, John, estate of	do	250	25,000	25,000
Bryson, Hon. George, jr	do	181	18,100	18,100
Bryson, Mrs. Ellen	do	20	2,000	2,000
Bryson, Hon. George, jr., in trust for Jas. C. Bryson	do	10	1,000	1,000
Bryson, Hon. George, jr., in trust for Mary B. Bryson	do	10	1,000	1,000
Bryson, Miss Robina	do	1	100	100
Bryson, Hon. George, jr., in trust for Jennie C. Bryson	do	1	100	100
Bryson, Hon. George, jr., in trust for Ella Bryson	do	1	100	100
	Carried forward	3,520	352,000	352,000

Bank of Ottawa—Banque d'Ottawa.

Names. — Noms.	Residence.	Number of Shares. — Nombre d'Actions.	Amount Paid. — Montant payé.	Amount Subscribed. — Montant souscrit.
			$	$
	Brought forward...	3,520	352,000	352,000
Bryson, Hon. George, jr., in trust for Flossie Bryson	Fort Coulonge	1	100	100
Bryson, Hon. George, jr., in trust for George Bryson, tertius	do	10	1,000	1,000
Burland, George B	Montreal	24	2,400	2,400
Burn, George	Ottawa	15	1,500	1,500
Cameron, Mrs. Alexina, estate of	do	10	1,000	1,000
Campbell, Duncan	Maple Ridge, Q	5	500	500
Campbell, Mrs. Eliza I	do	15	1,500	1,500
Campbell, Mrs. Eliza I., tutrix	do	5	500	500
Carswell, James	Renfrew	15	1,500	1,500
Christie, John, executor	Ottawa	75	7,500	7,500
Christie, Mrs. Margaret L	do	45	4,500	4,500
Christie, Mrs. Belle	do	6	600	600
Church, Levi R., estate of	Montreal, Q	399	39,900	39,900
Church, Mrs. Susan	Aylmer, Q	43	4,300	4,300
Church, Gardner	Chelsea, Q	24	2,400	2,400
Church, Selden	do	24	2,400	2,400
Church, Howard M	Montreal	26	2,600	2,600
Church, Charles Harold	Ottawa	26	2,600	2,600
Clark, Rev. G. M	Halifax, N.S	18	1,800	1,800
Clemow, Hon. Francis	Ottawa	28	2,800	2,800
Cosgrove, John	Buckingham, Q	16	1,600	1,600
Courtney, John M. and Mrs. M. E., trustees	Ottawa	5	500	500
Cowley, D. K., estate of the late	do	20	2,000	2,000
Cowley, Mrs. Mary	do	5	500	500
Cox, James	do	1	100	100
Cunningham, Frances M., administratrix	do	34	3,400	3,400
Cunningham, James F	do	9	900	900
Currier, Mrs. F. A	do	9	900	900
Davis, Mrs. Annie	Brockville	7	700	700
Dillabogh, Lemuel	Dunbar	4	400	400
Driscoll, Miss C. A. L	Aylmer, Q	10	1,000	1,000
Driscoll, Mrs. Eleanor C	do	13	1,300	1,300
Driscoll, Mrs. E. C., universal legatee	do	5	500	500
Durie, J. S., administrator	Ottawa	5	500	500
Earls, Miss M. A., in trust	do	3	300	300
Edwards, Alex. H	Carleton Place	38	3,800	3,800
Edwards, John C	Ottawa	50	5,000	5,000
Egan, H. K	do	34	3,400	3,400
Erskine, James	Clarence	24	2,400	2,400
Erskine, John S	Cumberland	24	2,400	2,400
Feeley, Wm	Hull, Q	12	1,200	1,200
Finnie, D. M	Ottawa	15	1,500	1,500
Fogarty, Richard	Aylmer, Q	10	1,000	1,000
Francis, Allan S., Jas. H. and Geo. F., executors	Renfrew	10	1,000	1,000
Fraser, Alex	Ottawa	525	52,500	52,500
Fraser, Miss Jessie	Westmeath	150	15,000	15,000
Fraser, James D	Ottawa	13	1,300	1,300
Gamble, John	Cumberland	10	1,000	1,000
Garrett, Rev. Thos	Ottawa	24	2,400	2,400
Gemmill, J. D	do	37	3,700	3,700
Glen, Andrew	Boissevain, Man	15	1,500	1,500
Goodwin, Mrs. Emma	Newcastle-on-Tyne, Eng	22	2,200	2,200
Gordon, Mrs. Eliza S	Halifax, N.S	28	2,800	2,800
Graham, C. E., M.D	Hull, Q	129	12,900	12,900
Grant, Hugh	Pembroke, Ont	15	1,500	1,500
Griffin, Mrs. Maria	Ottawa	25	2,500	2,500
Hall, Mrs. Mary	do	6	600	600
	Carried forward ...	5,696	569,600	569,600

Bank of Ottawa—Banque d'Ottawa.

Names. — Noms.	Residence.	Number of Shares. — Nombre d'Actions.	Amount Paid. — Montant payé.	Amount Subscribed. — Montant souscrit.
			$	$
	Brought forward	5,696	569,600	569,600
Harmon, Miss A. M	Ottawa	6	600	600
Harris, Mrs. Jessie M	do	45	4,500	4,500
Harrington, E., executor	Arnprior	40	4,000	4,000
Hartney, Mrs. M., executrix	Toronto	5	500	500
Hay, George	Ottawa	171	17,1C0	17,100
Henderson, John	do	26	2,600	2,600
Henderson, Mrs. Mary	do	24	2,400	2,400
Higginson, John F	Buckingham, Que	'3	300	300
Higginson, Mrs. Maria	do	1	100	100
Hyde, Henry	Hull, Que	10	1,000	1,000
Joyce, Miss Mary G	Ottawa	4	400	400
Jackson, Mrs. Esther L	do	3	300	300
Keefer, Thomas C	do	140	14,000	14,000
Keefer, Thomas C., in trust	do	32	3,200	3,200
Kenny, T. W., estate of	Arnprior	19	1,900	1,900
Kinnear, Jas., jr	Kinnear's Mills, Que	24	2,400	2,400
Kirby, Mrs. Eliza A. M	Chute-à-Blondeau.	7	700	700
Lash, Z. A., C. McLachlin and John Usborne	Toronto	6	600	600
Laverdure, E. G	Ottawa	15	1,500	1,500
Lash, Z. A., C. McLachlin and John Usborne, trustees Usborne trust	Toronto	25	2,500	2,500
Lash, Z. A., and C. McLachlin, trustees Russell trust	do	25	2,500	2,500
Magee, Charles	Ottawa	270	27,000	27,000
Magee Frederick A	do	2	200	200
Manuel, John	do	355	35,500	35,500
Masson, Andrew	do	45	4,500	4,500
Masson, Hugh	Billings' Bridge	13	1,300	1,300
Mather, John	Ottawa	150	15,000	15,000
May, George S	do	3	300	300
May, Wm. C	do	8	800	800
Meagher, Miss M	Belleville	30	3,000	3,000
Meizeng, Joseph and Adolphe	Hautes Alpes, France	30	3,000	3,000
Merrill, Mrs. S. E	Ottawa	10	1,000	1,000
Mohr, Mrs. Elizabeth	Arnprior	150	15,000	15,000
Munro, John, estate of late	Ottawa	10	1,000	1,000
Murphy, Denis	do	245	24,500	24,500
Montreal City and District Savings Bank	Montreal	824	82,400	82,400
Maclaren, Rev. Alexander	Hamilton	120	12,000	12,000
Maclaren, David	Ottawa	480	48,000	48,000
Maclaren, David, et al, executors	do	2,152	215,200	215,200
Maclaren, Rev. Wm	Toronto	80	8,000	8,000
Maclaren, Alexander	Buckingham	80	8,000	8,000
Maclaren, John	Brockville	320	32,000	32,000
Maclaren, James B	Ottawa	320	32,000	32,000
Maclaren, Albert	Buckingham	320	32,000	32,000
Maclaren, Mrs. Catherine A	Ottawa	120	12,000	12,000
Macpherson, Mrs. Annie C	do	10	1,000	1,000
Maclaren, W., tutor, and D. N. McDonald, sub-tutor	do	30	3,000	3,000
McAndrew, John	Toronto	5	500	500
McCallum, John	Cumberland	27	2,700	2,700
McDonald, Rev. D.	St. Agnes-de-Dundee, Q.	12	1,200	1,200
McGillivray, Mrs. H. D	Dalkeith	5	500	500
McKenzie, Mrs. Catherine	London, Ont	4	400	400
McKenzie, Mrs. Lizzie A	Ottawa	3	300	300
McLachlin Hugh F	Arnprior	15	1,500	1,500
McLachlin, Claude	do	25	2,500	2,500
McNab, Alexander J	Salmon City, Idaho, U S.	12	1,200	1,200
Nolan, Thomas	Ottawa	5	500	500
	Carried forward	12,617	1,261,700	1,261,700

Bank of Ottawa—Banque d'Ottawa.

Names. — Noms.	Residence.	Number of Shares. — Nombre d'Actions.	Amount Paid. — Montant payé.	Amount Subscribed. — Montant souscrit.
			$	$
	Brought forward...	12,617	1,261,700	1,261,700
O'Dell, Walter S	Ottawa	33	3,300	3,300
Owen, L. C., jr	do	10	1,000	1,000
Parker, G. L	Buckingham	6	600	600
Pattee, Gordon B	Ottawa	54	5,400	5,400
Pennock, H. P	do	1	100	100
Perley, Mrs. Georgiana M	do	29	2,900	2,900
Perley, George H	do	17	1,700	1,700
Perley, Herbert S	do	15	1,500	1,500
Petrie, John	Bobcaygeon	37	3,700	3,700
Pinhey, Mrs. Catherine	Ottawa	3	300	300
Pinhey, Charles H., estate	do	4	400	400
Pinhey, John H	do	24	2,400	2,400
Powell, Charles B	do	6	600	600
Rankin, Colin	Mattawa	24	2,400	2,400
Reid, George	Portage du Fort	45	4,500	4,500
Robertson, Miss Jean	Arnprior	4	400	400
Robertson, Neil S	do	6	600	600
Robertson, Thomas McKay	Bell's Corners	12	1,200	1,200
Robinson, H., curator	Ottawa	1	100	100
Robinson, H	do	3	300	300
Rosa, Joseph	Quebec	10	1,000	1,000
Rowe, Mrs. Lizette A	Newark, N.J	174	17,400	17,400
Russell, Mrs. Christina	Arnprior	1	100	100
Sawyer, William	Sawyersville, Que	49	4,900	4,900
Sayer, R H	Aylmer, Que	10	1,000	1,000
Scholfield, Edmund	Montreal	21	2,100	2,100
Shanley, Mrs. Ida H. L	do	30	3,000	3,000
Shaw, Mrs. Lydia T	Shawville, Que	10	1,000	1,000
Shaw, William	Navan	30	3,000	3,000
Sherwood, Mrs. Esther A	Ottawa	9	900	900
Simmons, Geo. and Wm., executors	Hull, Que	7	700	700
Sippell, Miss Medora A. and P. A. Peterson, executors	Montreal	2	200	200
Slater, Mrs. Esther, estate of	Ottawa	69	6,900	6,900
Slater, R. N., administrator	do	6	600	600
Smith, C. J., estate of	do	61	6,100	6,100
Smith, James W	Cumberland	16	1,600	1,600
Sparks, Miss Mary	Ottawa	75	7,500	7,500
Sparks, Miss Sarah	do	75	7,500	7,500
Spry, Thomas	Seymour, Wis	7	700	700
Steckel, L. J. R	Ottawa.	16	1,600	1,600
Stewart, Mrs. Catherine	do	12	1,200	1,200
Stewart, Donald	Renfrew	7	700	700
Stewart, Miss Isabella	Ottawa	6	600	600
Storey, John	Ballinamore, Ireland	8	800	800
Story, John, and Agnes McKillop, tutors	Maple Ridge, Que	5	500	500
Sumner, Mrs. Mary C	Carleton Place, Ont	12	1,200	1,200
Sweetland, John, M.D	Ottawa	90	9,000	9,000
Taylor, Mrs. Lisette A	St. Catharines	174	17,400	17,400
Todd, Mrs. Catherine	Ottawa	6	600	600
Thompson, Arthur W	do	14	1,400	1,400
Trusts Corporation of Ontario	Toronto	250	25,000	25,000
Van Valkenburg, C., executrix	Portage du Fort, Que	10	1,000	1,000
Walker, Mrs. Annie	Templeton	8	800	800
Walker, Mrs. Jessie	Hull, Que	1	100	100
Walsh, John, executor	Ottawa	3	300	300
Whelan, J. T	Aylmer, Que	15	1,500	1,500
Whyte, J. G	Ottawa	240	24,000	24,000
Wilson, Mrs. Caroline S. B	Buckingham, Que	177	17,700	17,700
Wilson, Mrs. Caroline S. B., in trust	do	85	8,500	8,500
	Carried forward	14,752	1,475,200	1,475,200

Bank of Ottawa—Banque d'Ottawa.

Names. — Noms.	Residence.	Number of Shares. — Nombre d'Actions.	Amount Paid. — Montant payé.	Amount Subscribed. — Montant souscrit.
			$	
	Brought forward...	14,752	1,475,200	1,475,200
Wilson, F. J.	Buckingham, Que.	131	13,100	13,100
Wilson, Mrs. Mary A.	do	3	300	300
Wilson, G. J., and W. C. Edwards, executors	Cumberland	33	3,300	3,300
Weymouth, Hannah F.	Aylmer, Que.	64	6,400	6,400
Woodburn, Mrs. Alice	Ottawa	10	1,000	1,000
York, William	do	1	100	100
Young, Hugh and Elizabeth	Renfrew	6	600	600
	Total	15,000	1,500,000	1,500,000

I certify that the foregoing is a correct list of the shareholders of this Bank as at 31st December, 1896.

L. C. OWEN,
Accountant.

GEO. BURN,
General Manager.

The Bank of Ottawa,
Ottawa, 15th January, 1898.

WESTERN BANK OF CANADA.

BANQUE DE L'OUEST DU CANADA.

Value of Share, $100—Valeur de chaque action, $100.

Names. — Noms.	Residence.	Number of Shares. — Nombre d'Actions.	Amount Paid. — Montant payé.	Amount Subscribed. — Montant souscrit.
			$ cts.	$
Adams, Mrs. M. J	Chicago, Ill	20	1,000 00	2,000
Allen, W. F	Bowmanville	103	5,216 20	10,300
Allen, Mrs. Lucy	do	5	330 75	500
Allen, Margt. F	do	2	175 00	200
Armstrong, Elizabeth	Whitby	5	500 00	500
Atkinson, W. T	Toronto	3	300 00	300
Bailey, Mrs. A. A	Bowmanville	9	900 00	900
Bain, Wm	Foley, Ont	20	2,000 00	2,000
Ball, Mrs. L. E	Toronto	5	450 00	500
Bean, M. A	Keyport, N.J	10	1,000 00	1,000
Bean, Rev. W. H	do	10	1,000 00	1,000
Bartlett, Miss P	Oshawa	26	1,300 00	2,600
Bassett, Thos	Bowmanville	15	1,500 00	1,500
Blamey, Mrs. Ann	Oshawa	15	1,500 00	1,500
Blair, Mrs. Elizabeth	do	10	914 52	1,000
Brien, Henry	New York	80	8,000 00	8,000
Brien, Robert	do	50	5,000 00	5,000
Brien, Mrs. C. F	do	25	2,500 00	2,500
Brien, Jas	Trillick, Ireland	7	700 00	700
Brien, Wm	do	110	11,000 00	11,000
Brodie, J. L., estate	Toronto	20	2,000 00	2,000
Butterworth, Ada L	Morristown, N. J	20	2,000 00	2,000
Butterworth, M. E	do	5	500 00	500
Butterworth, C. M	do	5	500 00	500
Butterworth, A. G	do	5	500 00	500
Butterworth, S. F	do	5	500 00	500
Burrows, R	Oshawa	10	1,000 00	1,000
Burnham, Helena	Whitby	10	1,000 00	1,000
Carmichael, James	Oshawa	10	1,000 00	1,000
Campbell, Mrs. Lydia	Prince Albert	5	500 00	500
Carswell, H. T	Oshawa	10	1,000 00	1,000
Carswell, Edward	do	8	800 00	800
Carruthers, John	Tilsonburg	5	500 00	500
Cashier Western Bank	Oshawa	40	1,200 00	4,000
Clarke, Miss Sarah	Clifton, York, Eng	4	400 00	400
Clark, Boyd	South Bend, Ind	10	1,000 00	1,000
Conant, Mrs. Margaret	Oshawa	10	1,000 00	1,000
Cowan, Mrs. Susan	do	100	5,000 00	10,000
Cowan, John	do	542	27,200 00	54,200
Cowan, Fred. W	do	100	10,000 00	10,000
Cowan, W. F	do	300	10,000 00	30,000
Cowan, W. F., trustee	do	93	9,300 00	9,300
Coulthard, W. W	do	3	150 00	300
Cuthbert, Mrs. Estelle	River Falls, Wis	31	3,100 00	3,100
Dale, Sarah J	Tilsonburg	10	1,000 00	1,000
Davis, Miss Annie	Oshawa	5	500 00	500
Davis, Miss Ellen	do	5	500 00	500
Dillon, Robert	do	25	2,500 00	2,500
Duffy, James	Springford	40	4,000 00	4,000
Farewell, Jeannie	Toronto	20	2 000 00	2,000
Foster, Richard	Bowmanville	84	8,400 00	8,400
	Carried forward	2,070	146,336 47	207,000

Western Bank of Canada—Banque de l'Ouest du Canada.

Names — Noms.	Residence.	Number of Shares. — Nombre d'Actions.	Amount Paid. — Montant payé.	Amount Subscribed. — Montant souscrit.
			$	
	Brought forward...	2,070	146,336 47	207,000
Foster, John	Bowmanville	20	2,000 00	2,000
Foster, Wrightson	do	15	1,500 00	1,500
Fisher, Timothy	Oshawa	20	2,000 00	2,000
Gairdner, Mrs. C	Ottawa	50	5,000 00	5,000
Gardineer, Fred	Oshawa	50	2,500 00	5,000
Gearing, Mrs. F. J. C	Brighton	8	800 00	800
Gibson, Jas. A	Oshawa	154	7,900 00	15,400
Greig, W. J., M.D	Toronto	10	1,000 00	1,000
Gullock, W. C	Ottawa	10	500 00	1,000
Gullock, Mrs. C. A	do	30	3,000 00	3,000
Griffith, J. J	Bowmanville	15	1,500 00	1,500
Gilbert School, The	Winsted, Conn	60	6,000 00	6,000
Hamlin, R. S	Oshawa	500	25,000 00	50,000
Hillier, S. C., M.D	Bowmanville	5	500 00	500
Hindes, Rev. R. W	Springfield-on-Credit	5	500 00	500
Hoar, Thos	Bowmanville	20	2,000 00	2,000
Hoig, D. S., M.D., trustee	Oshawa	1	100 00	100
Hoig, D. S., M.D., trustee	do	1	100 00	100
Hoskins, R. R	Bowmanville	20	2,000 00	2,000
Howden, J. D	Whitby	10	1,000 00	1,000
Hubbard, A. I	Toronto	6	600 00	600
Hubbard. Mrs. E. L	West Winsted, Conn	10	1,000 00	1,000
James, W. H	Toronto	5	500 00	500
Jennings, W. B	St. Thomas	10	1,000 00	1,000
Jennings, Stephen	Toronto	7	700 00	700
King, Josephine	Bowmanville	20	2,000 00	2,000
Larke, Chas	Colborne	2	200 00	200
Lauchland, Wm	Oshawa	10	1,000 00	1,000
Lick, Daniel, estate of	do	40	4,000 00	4,000
Lick, Jerry	East Whitby	10	1,000 00	1,000
Lyle, Alfred J	Burton-on-Trent, Eng	2	100 00	200
Lyman, John	Toronto	50	5,000 00	5,000
Lyons, Patrick	Oshawa	5	500 00	500
Lick, E. H	do	5	500 00	500
Lick, H. M	Toronto	5	500 00	500
Miller, Thos	Oshawa	5	500 00	500
Morris, Mrs. Mary	do	10	500 00	1,000
Morris, Thos	do	10	1,000 00	1,000
Morton, E. D	Toronto	40	2,000 00	4,000
Lang, Edith C	do	10	1,000 00	1,000
Murdock, Mrs. J. R	Glasgow, Scotland	30	1,500 00	3,000
Murton, James, estate	Oshawa	30	3,000 00	3,000
McConachie, Samuel	Bowmanville	60	6,000 00	6,000
McConachie, S. W., M.D	Hamilton	30	3,000 00	3,000
McGillivray, Mrs. C. D.	Kingston	30	3,000 00	3,000
McIntosh, Robt., M.D	Newcastle	100	5,000 00	10,000
McKay, Hugh, estate	Montreal	50	5,000 00	5,000
McLaughlin, John	Hayden, Ont.	23	2,300 00	2,300
McMillan, T. H	Oshawa	150	15,000 00	15,000
McMurtry. Mrs. L. A	Bowmanville	20	2,000 00	2,000
Nicholls, Mrs. H	Bridgeport, Conn.	5	500 00	500
North American Life Assurance Co	Toronto	50	5,000 00	5,000
Palmer, Miss A. J	Oshawa	12	1,200 00	1,200
Paterson, Thos	Bowmanville	160	16,000 00	16,000
Patterson, R. S, trust	Whitby	5	500 00	500
Pearson, George	Bowmanville	2	200 00	200
Pearson, Mrs. Cath	do	5	500 00	500
Pellow, Mrs. Mary F	Liverpool, Eng	50	2,500 00	5,000
Phillips, F. J	Toronto	50	5,000 00	5,000
Pinch, John	Bowmanville	40	4,000 00	4,000
Porter, George	do	25	2,500 00	2,500
	Carried forward...	4,263	316,536 47	426,300

Banques incorporées.

Western Bank of Canada—Banque de l'Ouest du Canada.

Names. — Noms.	Residence.	Number of Shares. — Nombre d'Actions.	Amount Paid. — Montant payé.	Amount Subscribed. — Montant souscrit.
			$ cts.	$
	Brought forward...	4,263	316,536 47	426,300
Porter, Marshall	Bowmanville	16	1,600 00	1,600
Priestman, John	London, Eng	50	5,000 00	5,000
Puddicombe, T. B	New Hamburg	20	2,000 00	2,000
Rankin, John	Bowmanville	5	500 00	500
Richardson, Miss A. E	Oshawa	10	1,000 00	1,000
Roskilly, John	do	10	1,000 00	1,000
Rowse, Mrs. Avis	do	20	2,000 00	2,000
Rutledge, Edward	Bowmanville	50	3,000 00	5,000
Scott, Mrs. Jessie	Toronto	69	6,900 00	6,900
Scott, Mrs. Edith	Tilsonburg	10	1,000 00	1,000
Scott, Robert F	Toronto	10	1,000 00	1,000
Scott, R. C	Tilsonburg	20	2,000 00	2,000
Scott, C. W	Oshawa	10	300 00	1,000
Sleep, Samuel	do	6	600 00	600
Smith, Wm	Columbus	10	600 00	1,000
Souch, Richard	Bowmanville	42	4,200 00	4,200
Souch, R. H	do	26	2,600 00	2,600
Steele, Mrs. H. G	Toronto	3	300 00	300
Richardson, H. & C	New York	7	700 00	700
Swan, Robert	Toronto	19	1,900 00	1,900
Swan Bros	do	10	1,000 00	1,000
Swan, Miss Janet	do	6	600 00	600
Swan, Henry, in trust	do	10	1,000 00	1,000
Sykes, Mrs. J. J	Oshawa	3	300 00	300
Tamblyn, Mrs. J. J	Bowmanville	50	5,000 00	5,000
Thomas, Mrs. J. R	Toronto	10	500 00	1,000
Thomson, Mrs. Jessie	Tilsonburg	10	1,000 00	1,000
Trustees, F. N. Lodge, I.O.O.F	Bowmanville	5	500 00	500
Trustees, W. and O. Fund	do	5	500 00	500
Veal, Thomas	do	15	1,500 00	1,500
Webb, A. E	Toronto	10	1,000 00	1,000
Wellington, W. E	do	20	1,000 00	2,000
Whiting, E. G	Oshawa	10	1,000 00	1,000
Whiting, E. W	do	10	1,000 00	1,000
Whiting, Mrs. M. H	do	50	5,000 00	5,000
Whitmore, Mrs. G. C	St. Thomas	5	500 00	500
Waterhouse, Eliz	Tilsonburg	25	2,500 00	2,500
Whitehead, Mrs. I. L	Quebec	13	1,300 00	1,300
Whitesmith, Hannah	Columbus, Ont	7	700 00	700
Woodruff, J. G	West Winsted, Conn	10	1,000 00	1,000
Woodruff, Florence G	do	10	1,000 00	1,000
Woon, Mrs. B	Oshawa	10	500 00	1,000
Woon, Miss Eliz	do	13	650 00	1,300
Woon, William	do	7	350 00	700
	Total	5,000	384,136 47	500,000

I hereby certify that the above is a true list of the shareholders of the Western Bank of Canada, as on 31st December, 1897.

T. H. McMILLAN,

Cashier.

OSHAWA, 10th January, 1898.

BANK OF BRITISH NORTH AMERICA.

LIST OF PROPRIETORS.

The figures prefixed to the names signify the number of votes to which the respective proprietors are entitled at a general court. Proprietors holding less than five shares are not entitled to vote at general courts.

Value of share, £50.

BANQUE DE L'AMÉRIQUE BRITANNIQUE DU NORD.

LISTE DES PROPRIÉTAIRES.

Les chiffres apposés aux noms indiquent le nombre de votes que les divers propriétaires ont droit de donner à une cour générale. Les propriétaires qui possèdent moins de cinq actions n'ont pas droit de voter aux cours générales.

Valeur de chaque action, £50.

Names. — Noms.	Residence.	Number of Shares. — Nombre d'Actions.	Amount Paid. — Montant payé.	Amount Subscribed. — Montant souscrit.
			£	£
Adair, Mrs. Georgiana Sarah	Bank of England, Plymouth	1	50	50
2 Adamson, Miss Joanna Maria	Thurlestain Hall, Cheltenham	20	1,000	1,000
1 Adlington, Miss Louisa Wilkinson	Brookfield, N.S.	14	700	700
Agnew, Miss Letitia French	Liverpool, Nova Scotia	2	100	100
3 Airey, Lieut.-Gen. Sir James Talbot, K.C.B.	United Service Club, Pall Mall, S.W	26	1,300	1,300
4 Alexander, Mrs. Julia Charlotte	128 Harley Street, W	50	2,500	2,500
4 Alexander, Philip, deceased	Sunnyside, Abergavenny, Monmouthshire	54	2,700	2,700
4 Alexander, Mrs. Ellen Charlotte	2 St. Helen's Place, E.C.	50	2,500	2,500
1 Alexander, Lady Emily Harriet Catherine	do	8	400	400
1 Allan, Henry Harrison, and Henry Allan	110 Leadenhall Street, London, E.C	9	450	450
1 Allan, Henry Harrison	do	9	450	450
2 Allan, Miss Margaret Wilson	Harbour Grace, Nfld	18	900	900
Allan, Mrs. Ann, and Arthur Percy Allan	Neptune Lodge, 58 Croydon Road, Penge	4	200	200
3 Allan, John Roberts	Ottawa, Canada	45	2,250	2,250
Allen, Thomas Carleton	Fredericton, N B	1	50	50
2 Allen, Vernon	Heathmount, East Liss, Hants	20	1,000	1,000
Alleyn, Charles Ernest	Quebec	2	100	100
Allin, Miss Rebecca	The College House, Youghal	3	150	150
1 Allison, Miss Harriet	Halifax, N.S.	6	300	300
1 Allison, James Walter Mrs. Sarah Allison, deceased	do Sackville, N.B	} 12	600	600
1 Almack, Rev. William	Ospringe Vicarage, Faversham	12	600	600
Almon, Mrs. Francis Anna Matilda	Halifax, N.S	1	50	50
Alumni of Kings College	Windsor, N.S	3	150	150
1 Ambrose, John Roxburgh	San Francisco	6	300	300
	Carried forward	376	18,800	18,800

Bank of British North America—Banque de l'Amérique Britannique du Nord.

Names — Noms.	Residence.	Number of Shares. — Nombre d'Actions.	Amount Paid. — Montant payé.	Amount Subscribed. — Montant souscrit.
			£	£
	Brought forward...	376	18,800	18,800
Amos, Miss Ann	28 Gladstone Terrace, Grantham	3	150	150
Anderson, Miss Christian, and Miss Margaret Anderson	3 Warriston Crescent, Edinburgh	4	200	200
3 Anderson, James	Guelph, Ont	32	1,600	1,600
1 Anderson, John Henry	Petpiswick, N.S	8	400	400
Anderson, John Henry	do			
George Rowlings	Musquodobit Harbour, N.S	2	100	100
2 Anderson, Rupert Darnley	Ravenhill, Rugeley, Staffs	20	1,000	1,000
4 Anderson, Mrs. Mary	Yewlands, Felsham, Bury St. Edmunds, Suffolk	50	2,500	2,500
1 Anderson, Mrs. Caroline	Halifax, N.S			
Fitzgerald, Uniacke Anderson	do	12	600	600
3 Ansell, Miss Sarah Elizabeth, and Miss Anne Frances Madeline Ansell		25	1,250	1,250
Archibald, Charles, and Geoffrey Morrow	Halifax, N.S	1	50	50
2 Archibald, Mrs. Margaret	Sydney Mines, N.S	22	1,100	1,100
1 Archibald, Mrs. Florence Augusta	Truro, N.S	10	500	500
3 Archibald, Charles	Halifax, N.S	40	2,000	2,000
4 Archibald, William Henry	North Sydney, Cape Breton, N.S	72	3,600	3,600
1 Archibald, Clarence Holford	Milton Lodge, Twickenham			
Edward Wadham	Millwood, Dalton-in-Furness	5	250	250
Charles Falcon Archibald	Rusland Hall, Ulverston			
1 Ardagh, William Stafford Ambrose, M.D	Haslemere, Surrey	10	500	500
1 Ardagh, Rev. Arthur William	The Rectory, Finglas, Co. Dublin	10	500	500
1 Ardagh, Vernon Langley	Pouldrew, Portlaw, Co Waterford	10	500	500
1 Ardagh, Henry	do do	10	500	500
1 Ardagh, Charles Ambrose	do do	10	500	500
1 Ardagh, Robert Michael	do do			
Rev. Arthur William Ardagh	The Reectory, Finglas, Co. Dublin	10	500	500
1 Ardagh, Miss Gertrude	Pouldrew, Portlaw, Co. Waterford	13	650	650
1 Ardagh, Miss Adelaide Rose	do do	10	500	500
1 Ardagh, Miss Ellen	do do	10	500	500
1 Ardagh, Miss Anne	do do	10	500	500
1 Armstrong, Jane Elizabeth	2 Victoria Road, Clapham, S.W	11	550	550
1 Armstrong, Edith	do do	11	550	550
1 Arnaud, Miss Annette Louisa	Kenton Cottage, Blackheath Park	9	450	450
2 Arnold, Rev. Charles Lowther	Waverton Rectory, Chester			
Rev. Henry Abel Arnold	Barrow Rectory, Chester	15	750	750
Woolfield Henry Fitzhardinge Hardinge, deceased	Elmshurst, Shooter's Hill, Kent			
Arnold, Rev. Henry Abel	Barrow Rectory, Chester	4	200	200
3 Arnold, Miss Emma Charlotte Georgiana	The Wilderness, Bournemouth	36	1,800	1,800
2 Arnold, Miss Mabel Caroline Frances	do do	18	900	900
	Carried forward ...	889	44,450	44,450

Bank of British North America—Banque de l'Amérique Britannique du Nord.

Names. — Noms.	Residence.	Number of Shares. — Nombre d'Actions.	Amount Paid. — Montant payé.	Amount Subscribed. — Montant souscrit.
			£	£
	Brought forward......	889	44,450	44,450
Arnold, Miss Ada Caroline Margaret	The Wilderness, Bournemouth	16	800	800
3 Ashton, Samuel Tudor	Burton Hall, Melton Mowbray	40	2,000	2,000
1 Ashton, Thomas Gair	36 Charlotte St., Manchester	10	500	500
1 Askin, Rev. William Booker	13 Leinster Road West, Rathmines, Dublin	7	350	350
1 Asquith, Mrs. Annie Elizabeth	BrierLodge, Southowram, Halifax	5	250	250
Atkins, Ringrose, M.D.	The Lunatic Asylum, Waterford	3	150	150
2 Atkinson, Charles Edwin	Maccan, N.S.	15	750	750
1 Atkinson, Miss Mary Georgina	8 Museum Villas, Oxford	10	500	500
2 Attwood, George Reginald	Glaslyn Court, Crickhowel. Breconshire	21	1,050	1,050
Charles Marcus Wakefield	Belmont, Uxbridge, Middlesex			
1 Attwood, Thomas Arthur Carless	Carlsruhe, Malvern Wells	7	350	350
1 Austin, Mrs. Myrrha Harriet	Maple Hurst, Megantic, Canada	6	300	300
Avery, Miss Louisa Crane	Grand Pre, N.S.	3	150	150
2 Avon Marine Insurance Company	Windsor, N.S.	24	1,200	1,200
1 Bagot, Lieut.-Col. Villiers Spencer	26 Charles St., Berkeley Square, W.	5	250	250
Bailey, Loring Woart	Fredericton, N.B.	6	300	300
2 Barrett, Charles Rollo	Whitehill Hall, Chester-le-street	20	1,000	1,000
Kennett Jeken Kingsford	8 Brunswick Gardens, Kensington, W.			
Barrett, Mrs. Mary Anne Elizabeth	Care of A. Clark, Esq., 2 Beaver Hall Square, Montreal	4	200	200
1 Barrie, Mrs. Emily	Cliff Lodge, Eldon street Greenock	7	350	350
1 Barry, Mrs. Agnes	1 Florentine Terrace, Hillhead, Glasgow	5	250	250
Barry, Thomas	Chester, Lunenberg, N.S	2	100	100
3 Barss, John William	Wolfville, N.S.	30	1,500	1,500
Barss, Mrs. Ida Pamelia	Halifax, N.S.	3	150	150
1 Bartram, Robert Appleby	South Dock, Sunderland.	7	350	350
Joseph Bentley	So'th Hylton, Co. Durham			
1 Bartrum, Walter Eccleston	58 Waldegrave Park, Strawberry Hill	5	250	250
2 Bate, Henry Newell	Ottawa	16	800	800
Bate, Mrs. Florence Mary	do	2	100	100
Bate, Mrs. Catherine	do	4	200	200
Battersby, Miss Mary	Oakville, Sea Bank, South Shore, Blackpool	2	100	100
Baxter, Miss Georgina	Branksome Firs, Princess Road, Bournemouth West	3	150	150
1 Bayne, Andrew Neilson	Halifax, N.S.	7	350	350
1 Bazalgette, Edward	Cherney, Lauriston Road, Wimbledon	12	600	600
1 Bazalgette, Sir Joseph William, C.B., deceased	St. Mary's, Wimbledon Park, S.W.	10	500	500
Frederick Robert Wickham	14 Essex Street, Strand			
2 Bazalgette, Miss Julia	12 Churchfield Road, East, Acton, W.	19	950	950
	Carried forward....	1,225	61,250	61,250

Bank of British North America—Banque de l'Amérique Britannique du Nord.

Names. — Noms.	Residence.	Number of Shares. — Nombre d'Actions.	Amount Paid. — Montant payé.	Amount Subscribed. — Montant souscrit.
			£	£
	Brought forward...	1,225	61,250	61,250
2 Bazalgette, Miss Laura Maria	St. Mary's, Wimbledon Park, S.W.	21	1,050	1,050
4 Bazalgette, Miss Theresa Philo	St. Mary's, Wimbledon Park	50	2,500	2,500
4 Bazalgette, Lt.-Col. William Joseph, and Miss Cecilia Jane Bazalgette	Keverel, Exmouth, Devonshire	69	3,450	3,450
4 Bazalgette, Edward	Cherney, Lauriston Road, Wimbledon			
Willoughby Bazalgette	St. Mary's, Wimbledon Park, Surrey	100	5,000	5,000
Frederick Robert Wickham	14 Essex St., Strand, W.C			
Beachcroft, Richard Melvill	18 King's Road, Bedford Row, W.C			
Henry Awdry Beachcroft	Caius College, Cambridge	2	100	100
Rev. Henry John Gepp, Fellow of New College	Oxford			
1 Beale, Miss Anna Chrysogon	63 Westwich Gardens, W.	8	400	400
Beck, Robert Alexander	Burma Villa, Lyndhurst Road, Worthing	3	150	150
Bedford, Gilbert	Campbellford, Canada	2	100	100
Bell, Mrs. Maria	Halifax, N.S.	2	100	100
Bell, Miss Elizabeth Jane	Care of Mr. Green, Chepstow, Minerva Road, Kingston-on-Thames	2	100	100
1 Bell, Major-Gen. Chas. Julian Ralph	East India United Service Club, 16 St. James' Square, S.W.	11	550	550
1 Benn, William Henry	Willaston, High Harrogate, Yorks	10	500	500
Benn, Joseph, deceased	Horton Grange, Bradford	2	100	100
2 Bennett, Charles	Allandale, Weymouth			
Edward Thwaites Carpenter	41 Wall Street, N. Y.	15	750	750
1 Benest, Miss Mary Ann	41 York Terrace, Regent's Park, N.W.	12	600	600
3 Benwell, John Pearson and Arthur Howard	72 Lombard Street, E C.	9	450	450
Bernau, William Henry	....			
Miss Edith Mary Bernau	6 Hervey road, Blackheath	2	100	100
Bernau, William Henry	do do	2	100	100
1 Bethune, Mrs. Mary Louisa	21 Earl's Court square, S.W.	8	400	400
2 Bethune, Strachan	Montreal	20	1,000	1,000
4 Biddulph, George Tournay	43 Charing Cross, S.W.			
William Henry Campbell	30 Lancaster Gate, W.	70	3,500	3,500
Bigger, Miss Margaret	The Wood House, Bessbrook, Co., Armagh	3	150	150
1 Billingsley, Mrs. Ann	Quebec	10	500	500
Binney, Mrs. Mary	Halifax, N.S.	2	100	100
1 Binney, Rev. William Hibbert	Northwich, Cheshire			
George Carter Coster	St. John, N.B.	14	700	700
Binney, Rev. William Hibbert	The Vicarage, Northwich	3	150	150
2 Bint, Mrs. Georgina	241 Ivydale Road, Waverley Park, Nunhead	17	850	850
1 Bird, Mrs. Martha Elizabeth	58 Cadogan Place, S.W.			
Rev. Edward Henry Lisle Reeve	Standon, Massey, Essex			
Herbert William Gibson	Chipping Ongar, Essex	10	500	500
William Barrett Montfort Bird	5 Gray's Inn square, London			
	Carried forward....	1,704	85,200	85,200

Bank of British North America—Banque de l'Amérique Britannique du Nord.

Names. — Noms.	Residence.	Number of Shares. — Nombre d'Actions.	Amount Paid. — Montant payé.	Amount Subscribed. — Montant souscrit.
			£	£
	Brought forward...	1,704	85,200	85,200
2 Bird Mrs. Martha Elizabeth..........	34 Ovington square, S.W.			
Lady Aline Cecilia Payne..........	4 Alfred-place W., South Kensington, S. W.......	15	750	750
3 Birkmyre, William	105 Pall Mall, S.W.........	38	1,900	1,900
2 Bischoff, Charles, deceased..	103 Gresham House, London, E.C			
Hubert Decimus Egerton..........	29 Fleet Street, E. C....	20	1,000	1,000
William Oswald Milne..........	77 Chancery Lane, W.C..			
2 Bischoff, Thomas William..........	4 Gt. Winchester St., E.C	20	1,000	1,000
Black, Hibbert Crane..........	Pugwash, N.S..........	4	200	200
1 Black, Miss Celia Hamilton..........	Halifax, N.S	13	650	650
1 Black, John Ferguson..........	do	8	400	400
2 Black, Samuel Gay..........	Windsor, N.S..........	22	1,100	1,100
Black, Samuel Henry..........	....			
George Lyde..........	Halifax..........	2	100	100
1 Black, Major-Gen. Wilsone, C.B.....	....	14	700	700
1 Blacker, Captain Frederick Henry.....	St. Heliers, Abbey Road, Great Mulvern..........	8	400	400
1 Blackwood, Mrs. Elizabeth..........	9 Park Place West, Sunderland..........	5	250	250
Blackwood, Hamilton..........	do do	3	150	150
1 Blackwood, John..........	do do	10	500	500
2 Blackwood, John, and James Albert Blackwood..........	do do	3	150	150
1 Blair, James Kent..........	Truro, N.S..........	8	400	400
2 Bland, Miss Frances Sarah Margaret.	Greenhill, Lympstone near Exeter..........	16	800	800
Bliss, Rev. John Worthington..........	Betteshanger Rectory, Dover, Kent	4	200	200
Bliss, Rev. William Blowers..........	Wicken Rectory, Newport, Essex	2	100	100
3 Board of Education of the Presbyterian College	Halifax, N.S..........	31	1,550	1,550
Boggs, Miss Elizabeth	do	3	150	150
Bolton, Charles Perceval..........	Brooke Lodge, Waterford	3	150	150
1 Bolton, Mrs. Ann..........	Halifax, N.S..........	12	600	600
4 Bompas, George Cox..........	4 Gt. Winchester St., E.C	50	2,500	2,500
1 Bonner, George William Graham......	Halifax N.S..........	5	250	250
Bond, Mrs. Margaret..........	Chester, N.S..........	1	50	50
1 Booth, Samuel, jr..........	Batts Hill, Knowle..........			
Col. John Ignatius Morris..........	21 Northumberland, Avenue, W.C..........	8	400	400
3 Booth, Richard Wilson..	33 Leeson, Park, Dublin..	40	2,000	2,000
1 Boothroyd, Benjamin..........	90 Madeley Road, Ealing, West..........	5	250	250
1 Borden, Robert Laird	Halifax, N.S..........	5	250	250
1 Bosanquet, Mrs. Eliza	....	13	650	650
Boswell, Mrs. Mary Jane	Quebec..........	2	100	100
1 Boswell, Mrs. Charlett..........	Ottawa, Canada..........	12	600	600
1 Boswell, St. George, C. E..........	Quebec..........	5	250	250
1 Boswell, Vesey	do	10	500	500
Boswell, Miss Marion	do	4	200	200
Boswell, Miss Martha Ada..........	do	4	200	200
Boswell, Miss Laura..........	do	4	200	200
Boswell, Miss Margaret Louisa	do	4	200	200
Boswell, Joseph Knight..........	do	4	200	200
Boswell, Andrew William..........	do	4	200	200
Boswell, Charles Edward Allen..........	do	2	100	100
Botterell, Mrs. Sarah	do	3	150	150
Bourne, Alfred..........	Cooper's Farm, Bromley, Kent..........	1	50	50
	Carried forward ...	2,154	107,700	107,700

Banques incorporées.

Bank of British North America—Banque de l'Amérique Britannique du Nord.

Names. — Noms.	Residence.	Number of Shares. — Nombre d'Actions.	Amount Paid. — Montant payé.	Amount Subscribed. — Montant souscrit.
			£	£
	Brought forward...	2,154	107,700	107,700
Bowen, Mrs. Eliza Jane.....................	18 Blandford Road, Bedford Park, Chiswick...	4	200	200
Bowen, Miss Mary..............................	The Palace, Londonderry	1	50	50
1 Bower, Mrs. Fanny............................	118 Knollys road, Streatham, S.W	10	500	500
Bowlby, Mrs. Sarah Blowers............	23 Lansdown Parade, Cheltenham	4	200	200
1 Bowles, Mrs. Mary Charles Henry McEuen..................	.... 24 Crystal Palace, Park Road, Sydenham.........	8	400	400
3 Bowles, Joseph, deceased	Care of H C. McEwen, Esq., Highwood, Crystal Palace Park Road, Sydenham.................	40	2,000	2,000
1 Bowley, Charles William................	2 Sydney Villas, Codrington Road, Ramsgate...	8	400	400
1 Boxer, Miss Mary Fox	7 York Mansions, Earl's Court Road, S.W.	7	350	350
2 Boyd, James Lawrence........................	55 Constitution Street, Leith	20	1,000	1,000
1 Boyd, Mrs. Laura............	Care of W. Boyd, Esq., W.S., 6 York Place, Edinburgh	8	400	400
[illegible] Brabazon, Miss Isabella.....................	21 Upper Leeson Street, Dublin........................	4	200	200
1 Bradford, Miss Emily Maud	Elmdene, near Maidenhead, Berks................	10	500	500
1 Bradford, Mrs. Elizabeth Mary.........	21 Thornford Road, Lewisham Park, S.E.........	10	500	500
Bradley, John	Moville............................	1	50	50
Bradshaw, Robert Connor	Thornhill, Nelson, Man...	3	150	150
2 Breakey, John	Quebec.............................	16	800	800
2 Bremner, Miss Eliza Grant................	33 Abbey Street, Elgin, Morayshire, Scotland...	19	950	950
2 Bremner, James John....................... George Mitchell.................................	.... Halifax, N.S........................	16	800	800
2 Briggs, Mrs. Sarah Ann	Hylton Castle, near Sunderland........................	20	1,000	1,000
3 Brodie, John Henry	43, 6 Threadneedle St., London, E. C.............	25	1,250	1,250
1 Brodie, Rev. Neil..................................	Montreal	9	450	450
1 Brookfield, William Herbert...........	Halifax, N.S.......................	10	500	500
2 Brookman, Miss Phœbe.....................	Sydney, Cape Breton......	21	1,050	1,050
4 Brooks, Henry.................................. Arthur Campbell .... Leonard Jeffrey	St. Peter's Chambers, St. Peter's Alley, Cornhill, E.C............................. The Constitutional Club, Northumberland Ave., S.W........................... Wargroves, Hurstmonceux, Hailsham, Sussex	60	3,000	3,000
3 Brooks, Henry .... John Brooks...	Hersham Lodge, Walton-on-Thames .... Wootton, Ulceby, Lincolnshire.........................	30	1,500	1,500
2 Brown, Mrs. Johanna	New Street, Waterford ...	19	950	950
1 Brown, Richard Henry	Sidney Mines, Cape Breton	8	400	400
1 Brown, William Leonard................	Halifax, N.S..........................	8	400	400
1 Brown, Adam..	Hyndhope, Selkirk.........	5	250	250
	Carried forward ...	2,558	127,900	127,900

Bank of British North America—Banque de l'Amérique Britannique du Nord.

Names. — Noms.	Residence.	Number of Shares. — Nombre d'Actions.	Amount Paid. — Montant payé.	Amount Subscribed. — Montant souscrit.
			£	£
	Brought forward......	2,558	127,900	1 7,9 00
1 Browne, Edmund Burke .... John Matthew Galwey Foley, D.L., R.I.C..................................	Grove Villa, Tulla, Co. Clare......................... Fountain Villa, Londonderry	12	600	600
1 Browne, Miss Hannah.......................	Summer Hill Place, Tramore, Co. Waterford...	7	350	350
Brownfield, Mrs. Annie Eliza	Kingston, Ont	4	200	200
1 Browning, Capt. Hugh Edmond.......	Clapham Park, near Bedford.........	10	500	500
3 Buchan-Hepburn, Mrs. Edith Agnes..	Smeaton-Hepburn, Prestonkirk, Scotland..	25	1,250	1,250
Buchanan, Mrs. Mary Jane................	Montreal	2	100	100
2 Buckley, Mark Arthur.........................	California	20	1,000	1,000
Buckley, Frederick Arthur................	Sydney, Cape Breton......	1	50	50
Bucknill, Samuel Pratt Berens.........	The Law Society's Hall, Chancery Lane, W.C ..	4	200	200
Bull, William James.........................	31 Essex St ,Strand,W.C.	4	200	200
1 Bull, Henry John Howard.. .... Arthur Reynolds	do do ... 41 Nevern Square, Earl's Court	5	250	250
Burchill, George	Nelson, N.B.........	4	200	200
Burgess, Edward Loftie	219 Stanhope Street, Regent's Park, N.W........	4	200	200
Burgess, Miss Sophia Louisa......	The Warren, Bayford, Hertford..	3	150	150
Burgess, William Arnold, B.A..........	6 Goldington Avenue, Bedford	2	100	100
1 Burkitt, Rev. James, M.A................	12 Dacre Park, Bl'kheath	5	250	250
1 Burkitt, Rev. Francis Hassard.........	Stradbally Rectory, Piltown, Co. Waterford...	8	400	400
1 Burkitt, Rev. Robert Scott Bradshaw	The Rectory, Cappoquin, Co. Waterford...	9	450	450
3 Burns, John.......................................	Care of Messrs. John Boyd & Co., P.O. Box 119, Vancouver, B.C...	27	1,350	1,350
1 Burns, Robert Easton...... .... John Edward Rothwell..................	Kingston, Ont................. Delamar, Nevada, U.S.A.	8	400	400
Burns, Rev. R. Ferrier, D.D., deceased	4 Tudor Road, Upper Norwood.	3	150	150
Burns, Samuel Wesley.......................	Shelburn, N.S......	4	200	200
Burstall, Mrs. Fanny Bell...	St. John's Park, Blackheath	4	200	200
Butlin, Henry Trentham.....................	82 Harley Street, W.........	3	150	150
2 Butterworth, Rev. George	Deerhurst, near Tewkesbury...........	20	1,000	1,000
1 Cabot, Mrs. Ann Susan..........	Halifax, N.S.....................	6	300	300
1 Cabot, Miss Anna Martha................	do	6	300	300
1 Cabot, Richard	do	10	500	500
2 Cabot, Miss Susan Jane....................	do	17	850	850
Call, Robert Randolph........................	Newcastle, Miramichi, N.B.........	3	150	150
Calvert, Thomas Crawford..............	Pallion Foundry, Sunderland	4	200	200
2 Cameron, Mrs. Sarah.........................	Halifax, N.S..	18	900	900
4 Campbell, Archibald Hamilton .... John Henry Mayne Campbell........	.... Toronto	100	5,000	5,000
4 Campbell, Arthur, and Stuart Campbell.................	The Constitutional Club, Northumberland Avenue, S.W......................	54	2,700	2,700
	Carried forward ...	2,974	148,700	148,700

Bank of British North America—Banque de l'Amérique Britannique du Nord.

Name. — Noms.	Residence.	Number of Shares. — Nombre d'Actions.	Amount Paid. — Montant payé.	Amount Subscribed. — Montant souscrit.
			£	£
	Brought forward...	2,974	148,700	148,700
1 Campbell, George	Truro, N.S.			
James Crosskill Mackintosh	Halifax, N.S.	8	400	400
Major Edward Primrose Tragurtha Goldsmith	Manchester, Eng.			
2 Campbell, Capt. Herbert Montgomery, R.H.A.	Care of Messrs. Cox & Co., 16 Charing Cross, S.W.	18	900	900
1 Campbell, Mrs. Eliza	Halifax, N.S.	6	300	300
4 Campbell, George	Truro, N.S.	56	2,800	2,800
1 Campbell, Mrs. Mary	Larkfield, Dunmurry, Co. Antrim	5	250	250
1 Campbell, Mrs. Mary Hester	St. John, N.B.			
Miss Margaret Letitia Campbell	do	8	400	400
2 Campbell, William Henry	30 Lancaster Gate, W.	19	950	950
1 Campbell, William Henry	do			
Augustus Des Monstiers Campbell	Hurstmonceux Place, Hailsham, Sussex			
Arthur Campbell	The Constitutional Club, Northumberland Avenue, S.W	9	450	450
4 Campbell, John Henry Mayne	Toronto	50	2,500	2,500
1 Canby, Miss Mary Augusta	Fredericton, N.B.	11	550	550
2 Cane, Richard Claude	St. Wolstans, Celbridge	17	850	850
Cant, Mrs. Emma Augusta	Brantford, Ont.	1	50	50
3 Cardale, Miss Agnes Blanche	Belmont, Uckfield, Sussex	46	2,300	2,300
4 Cardale, Miss Mary Louisa	do do	51	2,550	2,550
1 Carew, Bampfylde Leonard	Ballindud, Waterford	6	300	300
1 Carew, Lieut. Ponsonby May Lynn	Ballinamona Park, Waterford	9	450	450
1 Carey, Mrs. Kate Mackinlay	Care of Messrs. Cox & Co., 16, 17 Charing Cross, S.W.	6	300	300
1 Carey, Lt. Walter, R.N.	Care of Messrs. H. S. Lefevre & Co., 2 Copthall buildings, E.C.	11	550	550
Carmichael, James William	New Glasgow, N.S.	1	50	50
1 Carr, Rear Admiral Henry John, R.N	United Service Club, Pall Mall, S.W.	5	250	250
1 Carruthers, John Bell	Kingston	12	600	600
Carter, Mrs. Catherine	Montreal, P.Q., Canada	3	150	150
1 Carter, John Corrie	7 Fig Tree Court, Temple	5	250	250
Carter, John	The Mill House, Halstead, Essex	4	200	200
1 Carter, Mrs. Mary Jane	Care of Mr. Gudgeon, St. Georges Bdgs., Winchester	1	50	50
1 Carter, Mrs Louisa Elizabeth	Quebec	8	400	400
1 Carver, Mrs. Cornelia Augusta	Windsor, N.S.	10	500	500
Cassels, Mrs. Jessie	Toronto	1	50	50
3 Cater, John James	London and County Banking Co, Ltd., 21 Lombard Street, E.C.	28	1,400	1,400
Cater, Herbert Elliot	Southdown, The Downs, Wimbledon, Surrey	1	50	50
Cavagnari, Lady Mercy Emma	Hampton Court Palace, Middlesex	4	200	200
2 Cave, Miss Lucy Elizabeth	Beachcroft, Clevedon, Somerset			
Mrs. Anne Harris, deceased		15	750	750
2 Cazalet, William Marshall	Fairlawn, Tonbridge, Kent	20	1,000	1,000
	Carried forward	3,429	171,450	171,450

Bank of British North America—Banque de l'Amérique Britannique du Nord.

Names. — Noms.	Residence.	Number of Shares. — Nombre d'Actions.	Amount Paid. — Montant payé.	Amount Subscribed. — Montant souscrit.
			£	£
	Brought forward......	3,429	171,450	171,450
Chambers, William Dancey, deceased	Ottawa..........	1	50	50
1 Chambers, William Dancey, deceased / Henry Kelly Egan..........	do .... / do	10	500	500
Chambré, William..........	Commercial Buildings, Dame Street, Dublin ...	1	50	50
1 Champion, William Smith..........	Oakhurst, Cleve Road, West Hampstead, N.W.	10	500	500
3 Chance, William Edward, J.P.........	Aldby Park, York..........	41	2,050	2,050
Chandler, Mrs. Minnie..........	Dorchester, N.B..........	1	50	50
4 Chaplin, Charles John..........	Care of National Safe Deposit Co., 1 Queen Victoria Street, E.C..........	90	4,500	4,500
Chapman, Henry Mapleton.......... / Miss Laura Mary Anne Chapman...	St. Martin's Priory, Canterbury.......... / 8 Alexandra Road, Bedford..........	2	100	100
2 Chapman, Major Alfred Stephen...... / George Fletcher Jones..........	Tainfield, Taunton, Somerset.......... / 12 Old Jewry Chambers, E C..........	16	800	800
3 Charlebois, Jean Alfred, and Vildebon Wenceslas La Rue..........	Quebec..........	26	1,300	1,300
4 Charman, Miss Ellèn..........	....	200	10,000	10,000
1 Chermside, Mrs. Annie Price..........	27 University Avenue, Glasgow..........	7	350	350
Chitty, Arthur John..........	5 New Square, Lincoln's Inn, W.C..........	1	50	50
3 Cholmondeley, Lady Frances Isabella Catherine..........	East Burnham Lodge, Slough..........	14	700	700
1 Christian, Mrs. Cordelia Rawlin......	St. John, N.B..........	7	350	350
Christian, Joseph Henry..........	8A Whitehall Place, S.W.	3	150	150
Christian, Miss Sarah..........	13 Mansfield Street, W....	4	200	200
2 Christie, Alexander..........	38 Highbury New Park, N.	16	800	800
2 Christie, Miss Margaret, and Miss Anne Grayhurst Christie..........	16 Blackford Road, Edinburgh..........	16	800	800
1 Chubb, William..........	71 Grand Parade, Brighton..........	10	500	500
Church, Hon. Charles Edward.........	Halifax, N.S..........	2	100	100
Churchill, Henry..........	57 East Street, Brighton.	2	100	100
4 Clapham, Mrs. Leonora..........	Quebec..........	52	2,600	2,600
1 Clark, Mrs. Mary Alice..........	Halifax, N.S..........	6	300	300
Clarke, Miss Caroline Jeanette.........	Church House, Uckfield..	3	150	150
Clarke, Harshaw Bament..........	Halifax, N.S..........	4	200	200
Clay, Miss Edith M..........	do	2	100	100
1 Clayton, Miss Emma Jane Browne...	16 Lansdowne Place, Cheltenham..........	6	300	300
1 Cleeve, Miss Louisa, Miss Charlotte Mary Cleeve and Miss Janet Cleeve.	44 Magdalen Road, St. Leonards-on-Sea..........	10	500	500
Clemow, Mrs. Blanche Graham.......	101 Earl's Court Road, Kensington, W..........	3	150	150
Clerk, Mrs. Harriet Bousfield..........	2 Beaver Hall Square, Montreal..........	4	200	200
1 Clinch, Mrs. Helen Eliza..........	St. John, New Brunswick	10	500	500
1 Clunn, Miss Ethel Mary..........	Thanet House, Wallington, Carshalton, Surrey	6	300	300
Coffin, Miss Adele Josephine..........	Three Rivers..........	1	50	50
1 Cogswell, Robt. H..........	Halifax, Nova Scotia......	6	300	300
	Carried forward...	4,022	210,100	210,100

Banques incorporées.

Bank of British North America—Banque de l'Amérique Britannique du Nord.

Names. — Noms.	Residence.	Number of Shares. — Nombre d'Actions.	Amount Paid. — Montant payé.	Amount Subscribed. — Montant souscrit.
			£	£
	Brought forward...	4,022	201,100	201,100
3 Colby, Rev. Frederick Thomas, D.D.	12 Hillsborough Terrace, Ilfracombe	30	1,500	1,500
Sir Edward Robert Pearce Edgcumbe	Somerleigh, Dorchester...			
Captain Sir John Charles Ready Colomb, K.C.M.G.	75 Belgrave Road, S.W...			
Mrs. Isabella Susan Jane Colby, deceased............................	6 Lintaine Grove, West Kensington..................			
Coleman, Charles Alfred............	Streatham Common, S.W	3	150	150
Colfer, John..................................	Dungulph Mills, Fethard, Co., Wexford............	4	200	200
2 Collins, Robert, M.D.....................	Care of Messrs. Sir C. R. McGrigor, Bart. & Co., 25 Charles Street, St. James's Square..........	20	1,000	1,000
Collis, Miss Augusta Anne............	Champs Clairs, Trinity, Jersey........................	2	100	100
4 Colomb, Capt. Sir John Charles Ready, K.C.M.G..........................	Dromquinna, Kenmare, Co. Kerry, and 75 Belgrave Road, S. W........	100	5,000	5,000
1 Comerford, James William..............	1 Tokenhouse Buildings, King's Arms Yard, E.C.	8	400	400
3 Connor, Miss Emily Jane................	Glenbank, Bangor, Co. Down	26	1,300	1,300
1 Cooper, Mrs. Mary Jeken................	15 Alexandra Road, Gipsy Hill, Norwood...........	12	600	600
3 Corbett, Frederick Denior...............	Halifax, N.S.......................	33	1,650	1,650
Corbett, Miss Mary Beatrice	do	1	50	50
1 Cordery, James................................	4 New Square, Lincoln's Inn, W.C......................	10	500	500
1 Corrie, Miss Elizabeth......................	10 Moreton Gardens, London, S.W......................	12	600	600
1 Corse-Scott, Capt. Alexander James	Highfield, Southampton..	10	500	500
Hugh Blacklie Blundell McCalmont	Hampton Court, Middlesex..............................			
Capt. William de Courcy Stretton, R. A..	Shoeburyness			
Corvan, Rev. William Walsh..	Bannow Vicarage, New Ross, Ireland..............	2	100	100
3 Costley, Alfred	Halifax, N.S..................	45	2,250	2,250
1 Cotter, Richard, and Mrs. Mary Cotter	Baileys, New Street, Waterford.......................	5	250	250
3 Cotterell, Capt. John Richard Geers	Garnons, Hereford.........	28	1,400	1,400
Coulthard, George Edwin................	Fredericton, N.B..............	4	200	200
Coupe, Mrs. Sarah Elizabeth..........	St. John, N.B..................	4	200	200
1 Cowie, Andrew James, M.D.............	Halifax, N.S....................	9	450	450
3 Cox, Mrs. Charlotte Margaret	Thirlestaine Hall, Cheltenham	40	2,000	2,000
Major-General Geo. Rodney Brown	Cheltenham			
2 Cox, James Patrick	Widcombe House, Taunton, Somerset	15	750	750
3 Cox, Miss Margaret Elizabeth	3 Strathmore Gardens, Bognor, Sussex..........	32	1,600	1,600
2 Cox, Major-General William Hamilton, R.A...	Brandon Villa, Cheltenham..................................	19	950	950
1 Cox, Mrs. Charlotte Emily Matilda...	Care of Provincial Bank of Ireland, Ld., Fermoy, Co. Cork......................	5	250	250
	Carried forward ...	4,501	225,050	225,050

3—8½

Bank of British North America—Banque de l'Amérique Britannique du Nord.

Names. — Noms.	Residence.	Number of Shares. — Nombre d'Actions.	Amount Paid. — Montant payé.	Amount Subscribed. — Montant souscrit.
			£	£
	Brought forward...	4,501	225,050	225,050
1 Coxe, Philip Henry	4 Great Winchester St., E.C.	6	300	300
1 Coxe, Philip Henry	do			
John Francis Waggett	NewSquare,Lincoln's Inn	9	450	450
Rev. John Ernest Smith-Masters	Reading			
Lt.-Col. the Rt.Hon. Sir Fleetwood Isham Edwards, K.C.B., R.E.	....			
1 Coxe, Philip Henry	4 Great Winchester St., E.C.			
Charles Coltman Rogers	StannagePark,Brampton Bryan, Herefordshire	11	550	550
Robert Windsor Skipwith and Claude George Melville Pym	1 Fleet Street, E.C			
1 Coxe, Philip Henry	4 Great Winchester St., E.C.	12	600	600
Philip Edward Vizard	10 Ellerdale Road, Hampstead, N.W			
Crabtree, Rev. James	7 Burton crescent, Headingley, Leeds	4	200	200
1 Crawford, Rev. William, M.A	9 Kinnaird terrace, Belfast	10	500	500
Crawford, James	Halifax, N.S	1	50	50
Creak, Miss Lucy	6 Clarendon Road, Clapham, S.W	2	100	100
William Creak	do			
Creak, Miss Alice	do	2	100	100
William Creak	do			
Creak, George	Montreal, Canada	2	100	100
William Creak	6 Clarendon Road, Stockwell, S.W			
1 Crerar, James Peter	Ottawa	13	650	650
1 Crerar, John	Chicago, Ill., U.S.A.	13	650	650
3 Crerar, James Peter	Ottawa			
John Crerar	Chicago	1	50	50
Henry Hatton Crerar	Antigonish, N.S			
Crisp, Miss Elizabeth Harriet	Halifax, N.S	3	150	150
Crisp, John Orlebar	Pictou, N.S	1	50	50
Crisp, Miss Sophia Jane	Halifax, N.S	3	150	150
1 Cruikshank, Mrs. Frances Augusta / Frederick Sterling Sharpe	St. John, N.B	12	600	600
3 Croft, Joseph	ManorHouse, Birkenshaw, Leeds, Yorkshire	40	2,000	2,000
3 Cross, William Pennel, J.P	47 Raglan Road, Dublin	41	2,050	2,050
Cullen, Mrs. Alicia	Bedford, N.S	3	150	150
2 Cullinan, Frederick Fitz James, C.B.	55 Fitzwilliam Square, Dublin	15	750	750
Cumminger, Ebenezer	Wilmot, N.S	1	50	50
1 Cunningham, Rev. William Luke	Point Pleasant, N.J	10	500	500
1 Cunningham, Alfred George	Halifax, N.S	6	300	300
Mrs. Mary Elizabeth Belcher	do			
2 Cunynghame, Rev. John Macpherson, M.A	9 Roseber Crescent, Edinburgh	15	750	750
1 Cunynghame, Rev. Hugh Colin Robert	do	5	250	250
	Carried forward	4,742	237,100	237,100

Bank of British North America—Banque de l'Amérique Britannique du Nord.

Names — Noms.	Residence.	Number of Shares. — Nombre d'Actions.	Amount Paid. — Montant payé.	Amount Subscribed. — Montant souscrit.
			£	£
	Brought forward...	4,742	237,100	237,100
4 Currie, Lawrence	67 Lombard St., London, E.C	110	5,500	5,500
2 Cutler, Thomas Mattocks	Halifax, N.S	24	1,200	1,200
Dahse, Mrs. Elizabeth Kroger		4	200	200
1 Daly, Malachi Bowes, and Edward George Kenny	Halifax, N.S	7	350	350
4 Darby, Mrs. Susan Margaret, and Miss Harriet Elizabeth Wetherell...	Pashley, Ticehurst, Sussex	52	2,600	2,600
Darey, Pierre Jacques	Ottawa	4	200	200
1 Darnell, Rev. Daniel Charles West...	Cargilfield, Trinity, Edinburgh	10	500	500
Henry George Bailey	Havelock Road, Hastings			
Dart, Right Rev. John	See House, New Westminster	4	200	200
Darwall, Robert Cecil	National Signal Company, Dover	2	100	100
1 Davey, Miss Julia Mary Ann	24 Albert Road, Braintree, Essex	10	500	500
Davidson, Mrs. Susanna Ferrar	Toronto, Ont	1	50	50
1 Davidson, Mrs. Susanna Ferrar	do	5	250	250
John Cheyne Davidson	Peterboro', Ont			
1 Davies, David, deceased	Green Hall, Carmarthen.	10	500	500
Richard Thomas Dixie	Spring Gardens, St. Clears, Carmarthenshire			
1 Davis, Miss Catharine Eliza, Miss Isabella Frances Davis, Miss Mary Catharine Violet Mayor, and Miss Etheldreda Mayor	Care of C. H. Davis, Esq., 97 Church Road, Richmond	10	500	500
3 Davis, Mrs. Mary Ann	Kingston, Canada	29	1,450	1,450
Dawson, Miss Ann	Care of E. A. Hoare, Esq., 4 Roland gardens, South Kensington, S.W	1	50	50
1 Dawson, Miss Ella Isabel	Bridgewater, N.S	5	250	250
1 Dawson, Mrs. Martha Elizabeth	do	5	250	250
Deacon, Mrs. Mona	Kingston, Ontario	1	50	50
Deakin, William Augustus	The Cedars, Esher, Surrey	2	100	100
Dean, Andrew Lewis	East Helena, Montana, U.S.A	4	200	200
Dean, George	Chatham, N.B	3	150	150
Dean, Miss Elizabeth Marion	Quebec	3	150	150
Deane, Francis Henry, deceased	Uxbridge			
Ralph Hawtrey Deane	5 New Sq. Lincoln's Inn	4	200	200
John Hicks	Halifax, N.S			
1 De Blaquiere, The Right Hon. William, Baron	Woodborough House, near Bath	10	500	500
1 De Kersabiec, Dame Maria Alice Beatrice Isabeau Savense	Montreal	10	500	500
1 De Vesian, Roland Ellis	5 Crown Court, Cheapside, E.C	10	500	500
1 Deblois, Rev. Henry Despard	Annapolis, N.S	14	700	700
1 Deevy, Mrs. Mary	1 and 2 Michael Street, Waterford	5	250	250
Delage, Mrs. Marie Emma Elmire	Quebec	3	150	150
Dendy, Arthur	University College, Oxford	3	150	150
	Carried forward....	5,107	255,350	255,350

Bank of British North America—Banque de l'Amérique Britannique du Nord.

Names. — Noms.	Residence.	Number of Shares. — Nombre d'Actions.	Amount Paid. — Montant payé.	Amount Subscribed. — Montant souscrit.
			£	£
	Brought forward...	5,107	255,350	255,350
Dendy, Rev. Samuel	Lattiford House, Wincanton, Somerset	1	50	50
3 Deneke, Philipp Moritz	Care of Messrs. F. Huth & Co., 12 Tokenhouse Yard, E.C	25	1,250	1,250
1 Dennehy, Mrs. Florence Isabella	St. Lucia, West Indies...	6	300	300
1 Deprez, Miss Emilie Pauline Antoniette.	Care of Messrs. Samuel Dobree and Sons, 6 Tokenhouse-yard, E.C.	6	300	300
Des Rivieres, Mrs. Eugéne	Bedford, P.Q.	4	200	200
1 Des Barres, Lt.-Col. Alexander Hamilton	Glanatore, Tallow, Co. Waterford	14	700	700
2 Des Barres, Lt.-Col. Augustus Henry John, J.P	Mogeela, Tallow, Co. Waterford	19	950	950
1 Des Barres, Frederick Stewart	Care of Provincial Bank of Ireland, Fermoy	5	250	250
Des Barres, Lewis Wilkins	Halifax			
Thomas Cutler Des Barres	Toronto	2	100	100
1 Dessain, Charles Pierre Hubert	Malines, Belgium	5	250	250
1 Devany, Henry	Ballina, County Mayo	6	300	300
2 Dever, Hon. James	St. John, N. B.	20	1,000	1,000
1 Dewar, Mrs. Elizabeth, Thomas William Dewar, M.B. and C.M., and James Campbell Dewar, C. A.	8 Blackford road, Edinburgh	12	600	600
1 De Wolfe, Melville Gordon	Kentville, N. S.	7	350	350
1 Dickson, Mrs. Elizabeth	The Cottage, Woodlands, St. Mary's, Hungerford	6	300	300
Dickson, Mrs Edith Sophia	Care Wm. Whitely, Westbourne Grove, W.	2	100	100
4 Dixon, Henry Gould	Frankham, near Tunbridge Wells	51	2,550	2,550
1 Dobbs, Mrs. Mary	Kingston, Ontario	7	350	350
4 Dobell, Richard Reid	Quebec, Canada	50	2,500	2,500
3 Dobree, Harry Hankey / Edmond Charles Morgan	6 Tokenhouse Yard, E.C / 7 Roland Gardens, South Kensington, S.W.	35	1,750	1,750
1 Doggett, Thomas William	Newnham, Marlborough Road, Bournemouth	10	500	500
2 Dottridge, Mrs. Mary Miriam Dunsford	45 Lee Park, Blackheath, S.E.	20	1,000	1,000
1 Douglas, Duncan	Wilts and Dorset Bank, Southampton	8	400	400
Douglas, Miss Margaret Bruce	Berkhill Cottage, Mucart, Dollar, Scotland	4	200	200
Douglas-Hamilton, Mrs. Lillie	Holy Trinity Vicarage Halifax	2	100	100
Doull, John	Halifax, N.S.	2	100	100
Doveton, Lieut.-Col. Henry, R.E	Fairlawn, Bath Road, Reading	2	100	100
1 Dow, Alexander	Halifax, N.S.	5	250	250
4 Dow, William, deceased	Montreal	60	3,000	3,000
4 Drayner, Mrs. Flora Craigie Tapp	Quebec	50	2,500	2,500
1 Drillio, Mrs. Isabel Murdoch	Halifax, N.S.	11	550	550
2 Drysdale, George, M. D.	28 Carson Road, West Dulwich	20	1,000	1,000
1 Drysdale, John	Castellan House, Dunbar	6	300	300
1 Drysdrle, Miss Mary Arbuthnott	do do	5	250	250
	Carried forward	5,595	279,750	279,750

Banques incorporées.

Bank of British North America—Banque de l'Amérique Britannique du Nord.

Names. — Noms.	Residence.	Number of Shares. — Nombre d'Actions.	Amount Paid. — Montant payé.	Amount Subscribed. — Montant souscrit.
			£	$
	Brought forward......	5,595	279,750	279,750
1 Du Buisson, Edward William..........	Hereford....................	7	350	350
2 Duck, Jacob..........................	Malmesbury, Wiltshire...	15	750	750
2 Dunbar, William......................	Halifax, N.S..............	15	750	750
1 Dunscomb, Miss Alice Maude..........	New York..................	7	350	350
Dunsworth, Matthew..................	Halifax, N. S............	2	100	100
Earle, John Llewellyn................	High St., Beckhamstead..	4	200	200
3 Eastern Trust Company of Halifax, N.S., The..........................	Halifax, N.S.............	37	1,850	1,850
Eaton, Miss Emma....................	54 Offord Road, Caledonian Road, N..............	4	200	200
3 Eden, James..........................	Charlottetown, P.E.I.....	30	1,500	1,500
1 Eden, Mrs. Anne......................	do do	10	500	500
Edmunds, Walter, M.D................	75 Lambeth Palace Road, S. E.........................	3	150	150
1 Edwards, Rev. Arthur Wm. Henry...	Kintbury Vicarage, Hungerford.......................	7	350	350
Egan, Miss Mary Amelia..............	Ottawa......................	1	50	50
1 Egan, Mrs. Anne Margaret, deceased.	do	14	700	700
1 Elder, Mrs. Mary Eliza...............	38 Hyde Park Gardens, W..........................	8	400	400
Ellaby, Miss Catherine................	8 Sudeley Terrace, Brighton........................	4	200	200
Elliott, George Edwin } John Du Pre..........................	.... Plymouth, Devon..........	2	100	100
1 Elliott, John } Frank Elliott } Joseph Prosser Hill...................	Bush Lane House, Cannon Street, E.C......... 13 Sherborne Lane, E.C..	13	650	650
1 Elliott, Mrs. Madge Ellen Mary........	Rathkurby, Waterford....	8	400	400
Elliott, George Henry..................	Pictou, N.S................	3	150	150
1 Ellis, Edmond Viner....................	Sherborne House, Gloucester.......................	10	500	500
1 Ellis, Alfred Ernest......................	Montreal....................	5	250	250
Elwen, Thomas Hall....................	Eden Villa, Hurworth, Darlington................	2	100	100
3 Ely, Talfourd } Basil Field Arthur Jevons Mrs. Elizabeth Allen	73 Parliament Hill Road, Hampstead, N.W......... 36 Lincoln's Inn Fields, W.C.......................... Ben Veula, Lochgoilhead, by Greenock............... 12 Fitzjohn's Avenue, Hampstead, N.W.........	37	1,850	1,850
1 English, Arthur William, deceased... } Edgar English Arthur English	.... Cleveland House, Thorne Road, Doncaster......... Aislaby Lodge, Whitby, Yorkshire.................	10	500	500
Erazo, Felipe Diaz......................	28 Rue de l'Echiquier, Paris........................	4	200	200
Esson, Mrs. Agnes.......................	Halifax, N.S...............	4	200	200
Esson, Henry Isles, and Geo. Mitchell.	do	4	200	200
3 Evans, George..........................	Gortmerron, Dungannon, Co. Tyrone.................	30	1,500	1,500
Evans, Mrs. Mary Sophia...............	The Red House, Bushey, Herts.......................	4	200	200
Fairbanks, Miss Charlotte..............	Dartmouth, N.S............	3	150	150
1 Fairbanks, Miss Laleah................	Halifax, N.S...............	5	250	250
1 Fairie, Miss Annie Louisa..............	10 University Street, Montreal....................	10	500	500
Farish, James Collins....................	Liverpool, N.S.............	2	100	100
	Carried forward......	5,919	295,950	295,950

Bank of British North America—Banque de l'Amérique Britannique du Nord.

Names. — Noms.	Residence.	Number of Shares. — Nombre d'Actions.	Amount Paid. — Montant payé.	Amount Subscribed. — Montant souscrit.
			£	£
	Brought forward......	5,919	295,950	295,950
Faris, Mrs. Frances Jane	Liverpool, N S	2	100	100
1 Farquharson, John	Halifax, N.S	13	650	650
3 Farrer, Gaspard	Care of Messrs. H. S. Lefevre & Co., 2 Copthall Buildings, E.C	25	1,250	1,250
3 Farrer, Henry Richard	2 King Street, St. James', S.W., and Green Hammerton Hall, York	25	1,250	1,250
3 Farrer, Oliver Cooke / Bryan Farrer / Rev. Walter Farrer	Binnegar Hall, Wareham, Dorset / Lincoln's Inn, Middlesex / Binnegar Hall, Wareham, Dorset	49	2,450	2,450
4 Farrer, Lord	Abinger Hall, Dorking	113	5,650	5,650
1 Fawcett, Mrs. Milicent Garrett Miss Philippa Garrett Fawcett	2 Gower Street, W.C	11	550	550
Fayle, Alfred	Merlin, Clonmel	2	100	100
Fenton, Rev. Samuel	Bellaghy Rectory, Castledawson, Co. Derry	3	150	150
1 Fenton, Mrs. Mary Frances	Prospect House, Newtown, Waterford	6	300	300
2 Ferguson, Mrs. Margaret	Strand House, Limerick	20	1,000	1,000
1 Ferguson, George	The Stock Exchange, London	6	300	300
Ferguson, Miss Christina	Miramichi, N.B	1	50	50
Ferguson, William Dawson	do	1	50	50
4 Finlayson, Miss Sarah Susette	Victoria, B.C	50	2,500	2,500
Fisk, Rev. Ebenezer Edward	Milton House, Kirkgate, Shipley, Yorks	2	100	100
Fisk, Miss Eleanor	Bricket Road, St. Albans	2	100	100
1 Fisk, James	14 High Street, St. Albans	5	250	250
Fisk, Miss Sarah	Bricket Road, do	2	100	100
Fisk, Rev. Thomas	High Cliff, Kidderminst'r	2	100	100
Fisk, Rev. William	West End Villa, Rickmansworth, Herts	2	100	100
Fisk, Mrs. Sarah Foster	Montreal	4	200	200
1 FitzGerald, Mrs. Elizabeth Mary Regis	67 Baker St., Portman Square, W	5	250	250
1 Fletcher, Charles Reynolds	Halifax, N. S	6	300	300
4 Fletcher, James Douglas	Rosehaugh, Inverness	100	5,000	5,000
Fletcher, Mrs. Mary Caroline	Fredericton, N.B	3	150	150
Flick, Miss Jane	The Laurels, Saxmundham	2	100	100
1 Flinn, Thomas William Pallister, M.D. / James Fitzgerald Feely, M.D	Halifax / Brooklyn, U.S.A	6	300	300
1 Flint, Miss Florence Mary	52 Highbury Hill, London, N	10	500	500
2 Forbes, Duncan	Culloden, Inverness	15	750	750
1 Forbes, Francis Gordon, and William Le Vesconte	Halifax, N.S	10	500	500
Ford, Matthew Wharton	49 Fellows Road, South Hampstead, N.W	1	50	50
1 Ford, John	Tancred House, Potters Bar, S.O	6	300	300
Ford, Miss Beatrice Mary	do	4	200	200
Ford, Major-General Barnett	31 Queensborough Terrace, Hyde Park, W	4	200	200
3 Forrest, Samuel Stillman	Halifax, N.S	28	1,400	1,400
4 Forsyth, Lt.-Col. Frederick Arthur	Netherleigh, Leamington	52	2,600	2,600
	Carried forward	6,517	325,850	325,850

Banques incorporées.

Bank of British North America—Banque de l'Amérique Britannique du Nord.

Names. — Noms.	Residence.	Number of Shares. — Nombre d'Actions.	Amount Paid. — Montant payé.	Amount Subscribed. — Montant souscrit.
			£	£
	Brought forward...	6,517	325,850	325,850
2 Forsyth, Mrs. Catharine, deceased, and James Mortlach Forsyth......	Newcourt, Torquay........	21	1,050	1,050
2 Forsyth, James Mortlach	do and Kingston	19	950	950
2 Fortescue, Joseph........	Moose Factory................	20	1,000	1,000
3 Foster, Richard......	48 Moorgate Street, E.C..	27	1,350	1,350
3 Foulds, Archibald..........	29 Berkeley Terrace, Glasgow..........	38	1,900	1,900
Fowler, Mrs. Elizabeth Sarah..........	6 Duncairn Terrace, Bray, Co. Wicklow..	4	200	200
2 Frampton, Rev. Charles Thomas......	Chichester, Sussex.........	52	2,600	2,600
2 Francklyn, George Edward, and William Duffus..........	Halifax, N.S......	21	1,050	1,050
2 Fraser, Miss Annie........	do	22	1,100	1,100
3 Fraser, Miss Jessie Gordon..............	do	36	1,800	1,800
2 Fraser, Mrs. Mary Marshall..............	New Glasgow......	23	1,150	1,150
2 Fraser, Rev. Simon James Gordon...	Bramblys, Basingstoke, Hants......	20	1,000	1,000
1 Fraser, Thomas Edward.......	New Glasgow, N.S........	11	550	550
2 Fraser, Mrs. Frederica Eliza......... } The Eastern Trusts Company..... }	Halifax, N.S.................	15	750	750
2 Fraser, Thomas Edward....... .... } Miss Jessie Gordon Fraser...... ...... } James John Bremner.. .... }	New Glasgow, N.S......... } Halifax, N.S................. } do .... }	16	800	800
Fraser, William James..........	do	2	100	100
Fraser, Mrs. Jane Maria Pauletta......	Fredericton, N.B............	2	100	100
2 Fulford, Francis Algernon............. Robert Philip Percival Fulford...	The Board of Agriculture, Whitehall Place, London, S.W....................	20	1,000	1,000
Gabriel, John William Wright	Ismid, Penryn Road, Acton, W..........	4	200	200
Gaetz, Mrs. Catherine Maria.	Guysboro', N.S.......	4	200	200
1 Gairdner, Miss Ann Steel...............	Montreal..	12	600	600
1 Galpin, George...	Clarendon Court, Clarendon Road, Bournemouth	7	350	350
1 Galpin, William Dixon..	24 Holland St., Campden Hill, Kensington, W...	5	250	250
4 Gandy, James Gandy .... } Thomas Arthur Carless Attwood... }	Heaves, Co. Westmorland } Carlsruhe, Malvern Wells, Worcestershire.. .... }	100	5,000	5,000
1 Garland, Collins Simpson................	Montreal........................	5	250	250
3 Garland, Rev. George Vallis............	Stone Cottage, Florence Road, Boscombe, Bournemouth	35	1,750	1,750
1 Gay, Rev. Alfred Henry....... .... } Charles Gay Roberts.. .... }	Plaitford Rectory, Romsey, Hants.................. } Collards, Haslemere, Surrey...... .... }	12	600	600
Gedge, Rev. William Wilberforce.....	Care of S. F. Gedge, Esq., 23 Austin Friars, London......	3	150	150
4 Gemmill, James Dunlop.......	Almonte, Ramsay, C.W.	50	2,500	2,500
3 Gibbs, John Dixon.......... .... } Alexander Lachlan Mackintosh...... }	Conservative Club, St. James' St., S W.......... } 15 Bishopsgate St., E.C.. }	40	2,000	2,000
1 Gibson, Thomas Maitland................	Eastney, Rodwell, Weymouth.........	8	400	400
2 Giffard, Miss Fanny	4 Beaumont Villas, Spring Grove, Isleworth.........	15	750	750
Gildersleeve, Miss Lucretia Anna Maria.....................................	Kingston, Canada..........	4	200	200
	Carried forward...	7,190	359,500	359,500

Bank of British North America—Banque de l'Amérique Britannique du Nord.

Names. — Noms.	Residence.	Number of Shares. — Nombre d'Actions.	Amount Paid. — Montant payé.	Amount Subscribed. — Montant souscrit.
			£	£
	Brought forward...	7,190	359,500	359,500
Gillespie, Robert Alexander	3 Plowden Buildings, Temple, E.C.	4	200	200
1 Gillespie, George	90 Philbeach Gardens, Kensington, W.	6	300	300
1 Gillespie, Miss Janet Marion	do	6	300	300
Gillies, Mrs. Isabella	Free Church Manse, Killearnan, Rossshire	2	100	100
1 Gillis, Mrs. Mary Elizabeth	Ottawa	5	250	250
2 Gillon, James	San Francisco	20	1,000	1,000
Gilmour, Miss Abigail Elwell	Halifax, N.S.	3	150	150
1 Gilpin, Mrs. Mary Waters, and James Thomson	Halifax	8	400	400
1 Ginne, George Rowland	2 Wilson Road, Camberwell, S.E.	5	250	250
3 Glennie, Forbes	15 Devonshire St., Portland Place, W.	33	1,650	1,650
3 Gloag, Mrs. Rosa William Ansell Day, deceased	128 Gloucester Terrace, Hyde Park, W. 18 New Bridge St., E.C.	44	2,200	2,200
3 Glyn, Hon. Sidney Carr Charles Hagart Babington Henry Percy St. John	27 Grosvenor Place, S.W. The Brewhouse, Clerkenwell Road, E.C. 94 Belgrave Road, London, S.W.	41	2,050	2,050
3 Glyn, Richard Henry	Finsbury Chambers, 88 London Wall, E.C.	25	1,250	1,250
1 Godfrey, James McNab	Halifax, N.S.	7	350	350
4 Goodbody, Mrs. Hannah Woodcock	Obelisk Park, Blackrock, Co. Dublin	50	2,500	2,500
Goodbody, William Woodcock Henry Perry Goodbody	50 Dame Street, Dublin	3	150	150
1 Goodridge, Mrs. Eliza	Mont Fleury, près Grenoble, France	5	250	250
1 Goodwin, Miss Evelyn Orton	31 Osborne Road, Newcastle-on-Tyne	8	400	400
1 Goodwin, Miss Evelyn Orton Miss Annie Sarah Goodwin	do	10	500	500
1 Goodwin, Miss Annie Sarah	do	10	500	500
1 Goodwin, John Henry Gerrard	Chicago, Illinois	11	550	550
Goold, James Knight	Brantford, Ont.	3	150	150
1 Gordon, Miss Catherine	Wave Lodge, Wicklow	5	250	250
1 Gordon, Colonel Henry Wilson	2 St. Helen's Place, E.C.	14	700	700
4 Gordon, Alexander	Cromarty House, 164 Cromwell Road, S.W.	66	3,300	3,300
1 Gosselin, Corbet Le Marchant	9 Throx Place, Govan, Scotland	5	250	250
Gossip, Charles John, M.D.	Halifax, N.S.	1	50	50
Goudge, Henry	do	4	200	200
1 Gough, General Sir Charles John Stanley, K.C.B., V.C.	London & County Banking Co., Ltd., 21 Lombard Street, E.C.	7	350	350
2 Gould, Miss Caroline	Kemnall Road, Chislehurst, Kent	20	1,000	1,000
1 Gould, Miss Ellen Maria	Ashlands, Burwash, Etchingham	7	350	350
3 Gould, Miss Frances Lydia	Kemnall Road, Chislehurst, Kent	30	1,500	1,500
1 Govett, Adolphus Frederick	18 Albert Hall Mansions, Kensington Gore, S.W.	10	500	500
	Carried forward...	7,668	383,400	383,400

Bank of British North America—Banque de l'Amérique Britannique du Nord.

Names. — Noms.	Residence.	Number of Shares. — Nombre d'Actions.	Amount Paid. — Montant payé.	Amount Subscribed. — Montant souscrit.
			£	£
	Brought forward......	7,668	383,400	383,400
Graham, Miss Eliza	1 Lyons Terrace, Tramore, Co. Waterford............	3	150	150
3 Grahame, James Allan.....................	Victoria, B.C.	33	1,650	1,650
3 Grant, Miss Eweretta Alice Forsyth..	34 Park Place, Cheltenham..............................	34	1,700	1,700
3 Grant, Capt. Frederick Grant Forsyth	Ecclesgreig, Montrose....	33	1,650	1,650
Grant, Robert..	Quebec..............................	4	200	200
2 Graves, Rt. Rev. Charles, D.D., Lord Bishop of Limerick........................	The Palace, Limerick.....	19	950	950
2 Graves, Frederick................................	WestminsterPalaceHotel, Victoria Street, S.W...	15	750	750
1 Gray, Victor Gerrish	Halifax, N.S.....................	5	250	250
Gray, Miss Frances Elizabeth Uniacke	do	1	50	50
1 Gray, Miss Margaret..	West Retford Rectory, Retford	10	500	500
Gray, Miss Mary Grisolda.	Halifax, N.S......................	3	150	150
1 Green, Mrs. Lydia Amelia..................	St. John, N.B.....................	6	300	300
1 Green, Miss Ellen Frothingham........	do	6	300	300
3 Green, John	44 Princes Gate, London, S.W.............................	33	1,650	1,650
3 Greenly, Edward Howorth...............	Titley Court, Titley, Herefordshire.	34	1,700	1,700
Gregson, John Harry	1 New Square, Lincoln's Inn, London................	4	200	200
1 Greswell, Mrs. Elizabeth Anne........	Highfield House, Exmouth, Devon......	5	250	250
Grier, Surgeon-Major Henry............	North Camp, Aldershot..	3	150	150
Grier, Mrs. Sophia.............................	Aldershot	4	200	200
3 Grindley, Richard Roe..........................	Montreal..	25	1,250	1,250
2 Grissell, Thomas de la Garde.	6 Third Avenue. Brighton	20	1,000	1,000
Grove, Miss Eleanor.............................	The College Hall, Byng Place, W......	4	200	200
1 Grove, Miss Penelope.........................	Beaver Bank, N.S............	8	400	400
1 Grundy, Frank..	Sherbrooke, Que......	10	500	500
1 Guermonprez, Miss Harriet Marie Charlotte..	6 Albert Road, Bognor, Sussex..	18	900	900
Guerout, Rev. Narcisse, deceased	Berthier-en-haut	2	100	100
Guinness, Henry Seymour	17 College Green Dublin..	2	100	100
2 Guinness, Richard Seymour......	do ..	20	1,000	1,000
1 Guinness, Howard Rundell	do ..	8	400	400
Guiver, Miss Susan...............................	The Grange, Totteridge, Herts..............................	2	100	100
3 Gumbleton, Mrs. Isabella Matilda.....	Glanatore, near Tallow, Waterford	46	2,300	2,300
1 Gurney, Richard Hanbury Joseph.....	Northrepps, Norfolk.......	8	400	400
1 Gwynne, Charles Nelson, M.D......... Joseph William Sherlock..	Highfield House, Sheffield Castleview, Rushbrooke, Co. Cork.......................	5	250	250
1 Haggie, David Henry...........................	Wearmouth Patent Rope Works, Sunderland.....	10	500	500
Hale, Miss Frances Alicia	Forest House, Hartfield, Tunbridge Wells..........	4	200	200
1 Hale, Miss Henrietta............................	do	10	500	500
1 Haliburton, William................................	Liverpool, N.S......	11	550	550
Halifax Protestant Orphan Home......	Halifax, N.S.....................	2	100	100
Halifax Industrial School.................	do	2	100	100
Hall, John Richard Clark	7 Aspley Road, St. Anne's Hill, Wandsworth........	1	50	50
1 Hall, Mrs. Alice.....................................	17 Collegiate Crescent, Sheffield.....................	5	250	250
	Carried forward....	8,146	407,300	407,300

Bank of British North America—Banque de l'Amérique Britannique du Nord.

Names. — Noms.	Residence.	Number of Shares. — Nombre d'Actions.	Amount Paid. — Montant payé.	Amount Subscribed. — Montant souscrit.
			£	£
	Brought forward...	8,146	407,300	407,300
1 Halley, James	Ballybeg, Waterford	8	400	400
1 Hamilton, Miss Alice Mary	Montreal	11	550	550
4 Hamilton, Edmund Charles	Lieut. 3rd Hussars	62	3,100	3,100
Hamilton, Mrs. Katharine Arabella	4 Kensington Terrace, Ayr, Scotland	2	100	100
Hamilton, Mrs. Emily Mrs. Maria Emily Arnold	.... 5 James Street, Omagh	4	200	200
1 Hamilton, Miss Charlotte Kirk	21 Lammas Park Road, London, W.	9	450	450
3 Hamilton, George Chetwode, deceased	Montreal	27	1,350	1,350
1 Hamilton, Mrs. Rosina Wolf	Guysboro', N S	6	300	300
2 Hamilton, Miss Isabella	Quebec	21	1,050	1,050
2 Hamilton, John George Wellesley Hamilton	do Montreal	22	1,100	1,100
3 Hamilton, Rev. Charles Chetwode	Eastbourne, England	34	1,700	1,700
1 Hamilton, John	Quebec	6	300	300
2 Hamilton, Miss Robina	do	22	1,100	1,100
4 Hamilton, Robert	do	74	3,700	3,700
1 Hamilton, Mrs. Charlotte	21 Lammas Park Road, Ealing, W	7	350	350
1 Hamilton, Robert John Hamilton, jun., and George Hamilton Thomson	Quebec	10	500	500
1 Hamilton, John Rev. Charles Chetwood Hamilton Walter Gibson Pringle Cassels, Q.C	do Eastbourne, Sussex Toronto, Can.	12	600	600
4 Handley, John Rees	Halifax, N.S.	60	3,000	3,000
1 Hanson, Mrs. Emily Jane Crake	Sobraon, St. Helen's Rd., Hastings	6	300	300
Hardy, Miss Anna Sophia Frances	....	3	150	150
1 Harrington, Miss Emily Bevan	Halifax, N.S.	6	300	300
2 Harris, Mrs. Charlotte Marion	Kentville, N.S.	18	900	900
1 Harrison, Hon. Michael, deceased	3 Mountjoy Square, Dublin	10	500	500
1 Harrison, George Edward	Kirkgate, Park Road, Portswood, Southampton	5	250	250
1 Hart, George, deceased	Montreal	8	400	400
4 Hart, Jairus	Halifax, N.S.	65	3,250	3,250
1 Hart, Reuben Ingram	do	12	600	600
Hart, Mrs. Emma Earle	do	3	150	150
1 Hartmann, William	Tangley Mere, Chilworth, Surrey	10	500	500
2 Harvey, Edward Kerrison	20 Esplanade, South Lowestoft, Suffolk	20	1,000	1,000
1 Haswell, George	5 Claremont Terrace, Sunderland	12	600	600
2 Hawker, Miss Mary Frances	174 Castle Hill, Reading	17	850	850
1 Hawley, William Rev. Henry Horace Pereira Capt. William de Courcey Stretton, R. A.	West Green House, Winchfield, Hants St. Lawrence Rectory, Southampton Long Close, Flitwick, Ampthill	10	500	500
1 Hayes, Eugene Clement	Audit Office, Great Northern Railway, King's Cross, N.	5	250	250
	Carried forward	8,753	437,650	437,650

Bank of British North America—Banque de l'Amérique Britannique du Nord.

Names. — Noms.	Residence.	Number of Shares. — Nombre d'Actions.	Amount Paid. — Montant payé.	Amount Subscribed. — Montant souscrit.
			£	£
	Brought forward...	8,753	437,650	437,650
1 Heath, James Dunbar	69 Fleet Street, E.C.			
Jacob Perkins Bacon, deceased	Leytonstone	12	600	600
Charles Edward Malden	2 Harcourt Buildings, Temple			
3 Heath, Mrs. Mary	Bednall, near Stafford, Staffordshire	25	1,250	1,250
Headlam, Mrs. Ellen Percival	33 Pulteney Street, Bath.	4	200	200
Hegan, James Black	St. John, N.B.	3	150	150
Hellmann, Miss Charlotte Lucy	44 Pemberton Gardens, Upper Holloway, N.	4	200	200
1 Hellmann, Miss Maria Christiana	do	5	250	250
1 Henderson, Captain George David Clayhills, R. N.	Care of Messrs. Woodhead & Co., 44 Charing Cross, S.W.	8	400	400
Robert St. Leger Atkins	6 The Crescent, Queenstown			
2 Henderson, Joseph	Toronto, Ont.	18	900	900
George Somerville Wilgress	Huntsville, Ont.			
1 Henry, Mrs. Elizabeth	Toronto	6	300	300
Henry, Miss Isabella	Quebec	1	50	50
1 Hepburn, Miss Josephine Anne Rosalie	27 Weyer Strasse, Gmunden am Fraunsee, Upper Austria	5	250	250
Hepburn, Mrs. Francisca	do	2	100	100
2 Hepburn, Frederick George	Picton	20	1,000	1,000
2 Hepburn, Henry Clarence Montsarat	Coaticook	20	1,000	1,000
2 Herring, William	Quebec	22	1,100	1,100
Herroun, Edward Felix	Riverdale, Humber Road, Westcombe Park, S.E.	1	50	50
1 Herroun, Miss Fanny, and Miss Anna Maria Herroun	do	6	300	300
Herroun, Edward Felix, and Miss Anna Maria Herroun	do	2	100	100
1 Hespeler, Jacob	Waterloo, Ont.	11	550	550
3 Hewat, Grayhurst	St. Cuthbert's, Ross Road, South Norwood-hill, S.E.	30	1,500	1,500
2 Hewat, Miss Margaret, and Richard Alexander Hewat	Warfield Cottage, Bracknell, Berks	20	1,000	1,000
4 Hewat, Michael Grayhurst	St. Cuthbert's, Ross Road, South Norwood-hill, S.E.	105	5,250	5,250
2 Hewat, Mrs. Rebecca, and Miss Isabella Jane Hewat	38 Highbury, New Park, N	18	900	900
4 Hewat, Richard Alexander	Algehr, Adelaide Road, Surbiton	128	6,400	6,400
1 Hickox, Miss Lucy	Bridgeham, Burstow, Surrey	12	600	600
Hicks, Mrs Sophy	The Moorings, Sevenoaks, Kent	4	200	200
1 Hicks, Mrs. Fanny	14 Norland Square, Notting Hill	12	600	600
1 Hill, William Henry	Halifax, N.S.	5	250	250
1 Hill, James Ledger	Bulford Manor, near Amesbury, Wilts	10	500	500
2 Hill, Thomas Stephen	Dartmouth, N.S.	20	1,000	1,000
	Carried forward...	9,292	464,600	464,600

Bank of British North America—Banque de l'Amérique Britannique du Nord.

Names. — Noms.	Residence.	Number of Shares. — Nombre d'Actions.	Amount Paid. — Montant payé.	Amount Subscribed. — Montant souscrit.
			£	£
	Brought forward...	9,292	464,600	464,600
Hill, Lewis Fiske........................	Ship Harbour, Halifax County, N.S................	2	100	100
2 Hillingdon, Viscount........................	67 Lombard Street, E.C..	17	850	850
2 Hilton-Green, Francis........................	Montreal	21	1,050	1,050
George Wellesley Hamilton..........	do			
2 Hime, Humphrey Lloyd, and Francis Ross Jennings........................	City of Toronto, Canada	16	800	800
1 Hitchcock, Miss Gertrude Le Lievre, and Miss Agnes Marie Hitchcock...	St. Clement's, Paignton, Devon........................	6	300	300
4 Hoare, Edward Arthur........................	4 Roland Gardens, South Kensington, London, S.W........................	50	2,500	2,500
2 Hobson, Joseph	The County and City Club, Waterford.........	23	1,150	1,150
1 Hocken, Miss Elizabeth........................	Chatham, N B................	14	700	700
1 Holliday, Henry William................	11 Pittville Street, Cheltenham........................	10	500	500
1 Holmes, Rev. Henry Forrester.........	The Vicarage, Bampton, Devon........................	7	350	350
Home for the Aged of Halifax..........	....	4	200	200
1 Hooker, Mrs. Lucy Elizabeth...........	Ives Cottage, Maidenhead, Berks........................	13	650	650
3 Hooper, Judge, James John, deceased	Thorne, Yeovil............	28	1,400	1,400
Hope, Frank........................	Montreal........................	2	100	100
1 Hopkins, Rev. Frederick................	Haddon Hill, Christ Church, Hants............	14	700	700
Thomson Glover........................	9 Philbeach Gardens, S.W........................			
Hopkins, Sergeant-Major Edward James, R.E........................	Brompton Barracks, Chatham........................	3	150	150
1 Hornick, William	John's Hill, Fethard, County Wexford.........	5	250	250
Horscraft, Mrs. Rebecca	2 Clarence Terrace, Hampton Hill, Middlesex........................	2	100	100
Hossack, Miss Isabella Barbara.........	Quebec........................	4	200	200
1 Hosterman, Miss Mary Etter............	Halifax, N S........................	10	500	500
1 Hovenden, Charles William............	Chester House, Mount Ephraim Road, Streatham, S.W	5	250	250
1 Howard, Mrs. Gertrude Jessie..........	Care of The Agent General for Nova Scotia, 143 Cannon St., London, E.C	5	250	250
1 Howden, Mrs. Eliza........................	Sunnyside, Montrose......	10	500	500
Alexander Lyell..	Gardyne, Forfarshire......			
John Batty Tuke, jr........................	The Cottage, Georgie, Midlothian................			
1 Howden, Miss Helen........................	Ormiston Lodge, near Tranent, Scotland	5	250	250
Howe, Mrs. Florence Maud............	31 Broomgrove Road, Sheffield........................	3	150	150
3 Huddleston, Mrs. Alexandarina Isabella........................	Sawston, Cambridgeshire	30	1,500	1,500
1 Hudson, Rev. Joseph........................	Crosby House, Carlisle...	10	500	500
Lewis Chalmers Lockhart............	Hexham........................			
Hughes, Miss Ellen........................	7 Grosvenor Terrace, Princes Park, Liverp'l	1	50	50
	Carried forward.......	9,612	480,600	480,600

Banques incorporées.

Bank of British North America—Banque de l'Amérique Britannique du Nord.

Names. — Noms.	Residence.	Number of Shares. — Nombre d'Actions.	Amount Paid. — Montant payé.	Amount Subscribed. — Montant souscrit.
			£	£
	Brought forward...	9,612	480,600	480,600
2 Hugonin, Roderick	Alton House, Bishop's Road, Inverness	20	1,000	1,000
1 Hungerford, Richard, Deputy Surgeon General	134 Foregate St. Chester	9	450	450
1 Hunt, James, deceased	Quebec	5	250	250
Hunt, James Johnston	Halifax, N.S	2	100	100
1 Huntley, Stephen Oswald	56 John St., Sunderland	5	250	250
4 Hutchison, Miss Caroline	44 Phillimore Gardens, Kensington, W	66	3,300	3,300
2 Inglis, Mrs. Eliza Mary	Clyde House, Princes St., St. Thomas, Exeter	20	1,000	1,000
Inglis, Mrs. Fanny	Care of George Inglis, Esq., Eliza St., Belfast	4	200	200
1 Irwin, Mrs. Isabella	Ottawa	8	400	400
2 Isherwood, Algernon Felix Ramsbottom	21 Westbourne Gardens, Folkestone	15	750	750
1 Jacks, Mrs. Matilda Ferguson	Crosslet, Dumbarton	8	400	400
Jackson, John	30 Melrose Gardens, Hammersmith	3	150	150
2 Jackson, Frederick Huth	12 Tokenhouse Yard, E.C	15	750	750
1 Jago-Trelawny, Major-General John	Coldrenick, Liskeard, Cornwall	10	500	500
1 Jamieson, Henry	21 Great Winchester St., E.C	10	500	500
Janvrin, Miss Anna Louisa, deceased	41 York Terrace, Regent's Park, N.W	2	100	100
Janvrin, Miss Alice Jane	do do	2	100	100
Janvrin, Miss Laura Ann	do do	2	100	100
Janvrin, Miss Mary Elizabeth	do do	2	100	100
1 Jefferson, Mrs. Louisa Anne	Paris, Ont	6	300	300
1 Jervis-White, Lt.-Col. Henry Jervis	Glendaragh, Wexford, Ireland	10	500	500
Johnson, Miss Mary Ann	43 Charlewood Street, Pimlico, S.W	1	50	50
1 Johnson, Arthur Alexander	2 The Esplanade, Sunderland	14	700	700
1 Johnson, John	Drummondville, Que	6	300	300
2 Johnston, James William, Thomas Ritchie, and the Eastern Trust Co.	Halifax, N.S	15	750	750
1 Johnston, Miss Edith Hannah	Sangeen, Bournemouth	8	400	400
1 Johnston, Miss Jane Annie	Avenue Road, Grantham	10	500	500
Jones, David	41 Wellington Road, Dudley	2	100	100
3 Jones, Thomas Oswald	41 Hill Street, Berkeley Square, W	35	1,750	1,750
3 Jones, John Thomas William	Marsham Lodge, Gerrard's Cross, Bucks	28	1,400	1,400
3 Jones, Miss Mary Emma	do do	40	2,000	2,000
1 Jones, Miss Clara Sophia	Arborfield Rectory, Reading	10	500	500
2 Jones, Mrs. Susanna	do do	20	1,000	1,000
Jones, Robert Landemann	Ardnave, Weston-Super-Mare	2	100	100
1 Jones, Right Rev. Llewellyn, D.D., Bishop of St. Johns	St. Johns, Newfoundland	8	400	400
1 Jones, the Hon. Simeon	St. John, N.B	6	300	300
1 Jordan, Rev. Louis Henry	Metcalfe Street, Montreal	10	500	500
Joscelyne, Edward	High Street, Braintree, Essex	3	150	150
Jost, Henry Marshall	Guysboro', N.S	3	150	150
	Carried forward....	10,057	502,850	502,850

Bank of British North America—Banque de l'Amérique Britannique du Nord.

Names. — Noms.	Residence.	Number of Shares. — Nombre d'Actions.	Amount Paid. — Montant payé.	Amount Subscribed. — Montant souscrit.
			£	£
	Brought forward......	10,057	502,850	502,850
1 Jourdain, Augustin, deceased..........	Quebec	5	250	250
2 Karslake, Rev. William Henry	Kingsland, Carlisle Road, Eastbourne, Sussex......	16	800	800
1 Kaulbach, the Hon. Charles Edwin...	Lunenburg, N.S..............	12	600	600
Kaulbach, Archdeacon James Albert.	Truro. N.S........................	3	150	150
Kaulbach, Mrs. Sophia.................	do	3	150	150
3 Kaye, Sir William Barker, L.C., C.B.	62 Fitzwilliam Square, Dublin	} 39	1,950	1,950
Gerald Surman..........................	35 Lincoln's Inn Fields, London.......................	}		
Kaye, Edmund George..................	St. John, N B..................	3	150	150
1 Keane, Mrs. Frances Louisa............	Hamilton, Bermuda.........	5	250	250
2 Keating, Andres..........................	Koksilah, B.C.................	20	1,000	1,000
Keene, Mrs. Maria Isabella.............	Care of Little & Mills, Stroud, Gloucestershire	2	100	100
3 Keith, Miss Marian Eliza................	Halifax, N.S...................	28	1,400	1,400
3 Kellogg, Warren Benson................	do	25	1,250	1,250
Kelly, Mrs. Louisa........................	Eden Court, Inverness...	2	100	100
1 Kelly, William Marwood, M.D..........	11 Crescent, Taunton.....	12	600	600
1 Kendall, Miss Alice Mary................	26 Palace Gardens Terrace, Kensington, W...	6	300	300
1 Kendall, Miss Emily Blyth..............	do do ...	7	350	350
3 Kendall, Henry John Broughton.......	The Hyde, Hatfield, Herts	25	1,250	1,250
1 Kendall, Miss Agnes.....................	26 Palace Gardens Terrace, Kensington, W ...	6	300	300
3 Kenny, Jeremiah Francis, and Edward George Kenny......................	Halifax..........................	30	1,500	1,500
2 Kenny, Jeremiah Francis................	do	16	800	800
1 Kenny, Edward George, and Hon. Malachi Bowes Daly.....................	do	14	700	700
2 Kenny, Jeremiah Francis................	do	} 30	1,500	1,500
Albert Henry Furniss.....................	Quebec..........................	}		
Kenny, Thomas Edward..................	Halifax, N.S....................	4	200	200
3 Kenny, Thomas Edward, and Michael Dwyer....................................	do	38	1,900	1,900
Kent, Miss Mary............................	Fern Villa, Chilcampton, Bath........................	3	150	150
Kilvington, Orfeur Inglis..................	6 Queen's Gate, South Kensington, W...	4	200	200
3 King, John Gilbert, D.L., J.P..........	Ballylin, Ferbane, King's Co., Ireland...............	38	1,900	1,900
1 King, Miss Isabella.........................	Mount Pleasant, Waterford	10	500	500
1 King, Miss Louisa.........................	do	10	500	500
3 King, Thomas...............................	St. Clare, Madeira Road, Ventnor, Isle of Wight.	30	1,500	1,500
Kingsford, James Henry..................	44 Royal Parade, Eastbourne, Sussex...........	4	200	200
3 Kingsford, John Jeken....................	190 Cromwell Road, S.W.	25	1,250	1,250
1 Kingsford, Miss Edith.....................	39 Wood Vale, Forest Hill.	7	350	350
1 Kingsford, Montague.....................	Littlebourne, near Dover, Kent........................	} 14	700	700
Frederick Augustus Foster...........	Care of Mrs. Mason, Tyndale House, Clarence Square, Cheltenham....	}		
3 Kingsford, Montague, and Cecil Edward Kingsford..........................	16 Watling Street, Canterbury........................	27	1,350	1,350
1 Kingsford, Montague.....................	do	12	600	600
1 Kingsford, Mrs. Annette.................	4 Lewes Crescent, Brighton..........................	5	250	250
	Carried forward ...	10,597	529,850	529,850

Banques incorporées.

Bank of British North America—Banque de l'Amérique Brtannique du Nord.

Names. — Noms.	Residence.	Number of Shares. — Nombre d'Actions.	Amount Paid. — Montant payé.	Amount Subscribed. — Montant souscrit.
			£	£
	Brought forward...	10,597	529,850	529,850
1 Kingsford, Miss Mary Jeken	39 Wood Vale, Forest Hill	6	300	300
Kirkwood, Thomas	St. John, N.B.	2	100	100
1 Kirwan, Mrs. Katharine	Broadhempston, near Totnes	7	350	350
Kittermaster, Miss Edith Harriet	Meriden, Coventry	1	50	50
3 Kittermaster, Rev. Frederick Wilson	Bayston Hill Vicarage, Shrewsbury	34	1,700	1,700
Kittermaster, Rev. Frederick Wilson	do	4	200	200
Rev. Henry Dale, deceased	Wilbie, Northamptonshire			
Klingenfeld, Mrs. Marie Magdalene	Toronto	3	150	150
3 Knatchbull-Hugessen, Mrs. Lumney	Care of H. T. Knatchbull-Hugessen, Esq., M.P., Carlton Club, Pall Mall, S.W	28	1,400	1,400
Rev. Reginald Bridges Knatchbull-Hugessen	West Grinstead Rectory, Horsham, Sussex			
Herbert Thos. Knatchbull-Hugessen	Tynstead, Sittingbourne, Kent			
1 Knowlan, Miss Emma Fraser, and Miss Susan Lucy Knowlan	Halifax, N.S	7	350	350
Knowles, Miss Eunice	do	2	100	100
1 Knox, Robert	Londonderry	7	350	350
1 Kohl, Mrs. Letitia	Montreal	8	400	400
1 Kohl, Mrs. Edith Leverett	do	5	250	250
Krabbé, Frederick James, R.N		2	100	100
3 Laidley, Miss Catherine	10 Rua do Duque de Briganza, Lisbon	40	2,000	2,000
1 Landale, James, Surgeon General	Douro House, Douro Road, Cheltenham	5	250	250
1 Lane, Mrs. Charlotte Florence	14a Upper Wimpole Street, W	8	400	400
Lane, Miss Frances		4	200	200
1 Lang, Capt. John Irvine	107 Ebury Street, S.W	10	500	500
1 Langley, Aaron	65 Kennington Park Road, S.E	6	300	300
Large, Rev. William Somerville	Carnalway Rectory, Kilcullen, Co. Kildare	4	200	200
1 Latter, Charles Northcote	Bank of England, Threadneedle Street, E.C	5	250	250
William Foord Latter	10 College Road, Bromley			
Laurence, Miss Rosa Harriet	St. Gillian's, Chapel Park Road, St. Leonards-on Sea	1	50	50
Laurence, Miss Emily Ann	do	2	100	100
2 Laurie, Mrs. Anne Reid	43 Arundel Gardens, Notting Hill, W	17	850	850
3 Laurie, David Crawford, M.D	152 Cromwell Road, South Kensington, S.W	36	1,800	1,800
1 Lawrie, David	24 Albemarle Road, Beckenham	5	250	250
1 Lawson, William	New York, U.S.A	5	250	250
3 Layton, Charles Temple	Brampton Grange, Huntingdon	29	1,450	1,450
James Charles Warner	Jewry Street, Winchester			
4 Le Brun, John	Arichat, C.B	55	2,750	2,750
1 Le Maire, George Augustus, deceased	Oak Lodge, Andover Road, Newbury, Berks.	10	500	500
James Fenning	Lloyd's, E.C			
Henry William Fisk	Lowther Cottages, Holloway			
	Carried forward....	10,955	547,750	547,750

Bank of British North America—Banque de l'Amérique Britannique du Nord.

Names. — Noms.	Residence.	Number of Shares. — Nombre d'Actions.	Amount Paid. — Montant payé.	Amount Subscribed. — Montant souscrit.
			£	£
	Brought forward...	10,955	547,750	547,750
2 Le Marchant, Mrs. Margaret Anne....	Care of Messrs. H. S. Lefevre & Co., 2 Copthall Buildings, E.C.....	19	950	950
3 Le Marchant, Sir Denis, Bart., dec'd.	Chobham Place, Surrey ..			
Major Thomas Le Marchant, dec'd.	New Lodge, Great Berkhampstead, Herts........	40	2,000	2,000
Henry Shaw Lefevre	2 Copthall Buildings, E.C			
1 Le Mesurier, Mrs. Amelia Brown.......	Old Bushey......................	8	400	400
Le Mesurier, William Gueront..........	Montreal	1	50	50
1 Leon, Miss Emily Rebecca...............	34 Prince's Square, Hyde Park, W.........................	12	600	600
Le Pine. Robert Tudor...........	Halifax, N. S..................	2	100	100
1 Le Vesconte, William	D'Escouse, Cape Breton.	10	500	500
2 Levy, Mrs. Rosetta.	Care of Mr. Chas. Goodland, Tone Bridge House, Taunton, Somerset........	15	750	750
Lewis, Lieut. Ernest Hastings	Cairo	3	150	150
4 Lewis, William Jarrett..	....	68	3,400	3,400
Lewis, Miss Ethel Grace	Care of Capt Howe, 31, Broomgrove rd., Sheffeld.................................	3	150	150
1 Lindsay, Miss Eleanor Jane.............	41 Lower Leeson Street, Dublin..	5	250	250
1 Lindesay, Rev. William O'Neill........	The Rectory, Baronscourt Co. Tryone................	5	250	250
1 Lithgow, James Robert, and Rev. Francis Henry Walter Archbold....	Halifax, N. S..................	5	250	250
1 Little, Miss Margaret.	do	9	450	450
1 Lloyd, Henry Jesse............................	55 Parliament St., S.W...	9	450	450
1 Lloyd, Trevor....................................	17 Ribblesdale Road, Hornsey...........	5	250	250
1 Locke, Miss Jane...............................	133 Leinster Road, Rathmines, Dublin.............	10	500	500
1 Logie, Mrs. Jane Hewat	9 Leamington Terrace, Edinburgh..................	8	400	400
2 Longworth, Israel..............................	Truro, N.S....................	18	900	900
3 Longworth, Israel.............................	do			
John Young Payzant.	Halifax, N.S...................	33	1,650	1,650
Henry McNeil Smith......	do			
2 Longworth, Israel.............................	Truro, N.S.....	17	850	850
Mrs. Margaret Smith..........................	Halifax, N S....................			
Louis Daniel..........	Quebec............................	3	150	150
Louis, Joseph.......................................	do	3	150	150
3 Lovell, Miss Maud Rosalind.............	Hinchesleа, Brockenhurst	30	1,500	1,500
2 Low, Francis Wise..	Kilshane, Tipperary........	15	750	750
1 Lowndes, William Layton	27 Marine Parade, Dover.			
Frederick George Hilton Price......	1 Fleet Street.			
Henry John Morgan	35 Collingham Place, South Kensington.......	11	550	550
D'Arcy Chaytor............................	166 Piccadilly..................			
1 Lowry, Mrs. Emily Rohesia	25 Warrington Crescent, Maida Vale, W....	14	700	700
3 Lubbock, Frederic.............................	16 Leadenhall St., E.C....	25	1,250	1,250
1 Lucas, Miss Helen Blanche Louise.....	12 Churchfield Road East, Acton, W..........	6	300	300
2 Lucas, John Thomas Rashleigh, J.P..	Manor House, Dunmanway, Co. Cork............	20	1,000	1,000
1 Lugar, William Robert..	Halifax, N.S.....................	5	250	250
1 Lundy, Charles William..................	do	8	400	400
1 Lupton, Clifford	3 Newman's Court, Cornhill...........................	5	250	250
	Carried forward...	11,405	570,250	570,250

Bank of British North America—Banque de l'Amérique Britannique du Nord.

Names. — Noms.	Residence.	Number of Shares. — Nombre d'Actions.	Amount Paid. — Montant payé.	Amount Subscribed. — Montant souscrit.
			£	£
	Brought forward...	11,405	570,250	570,250
1 Lupton, Thomas.	Woodside, Arkwright Road, Hampstead.	10	500	500
1 Lushington, Miss Henrietta		10	500	500
3 Luxmoore, Charles Noble	Dial Close, Cookham Dene, Maidenhead			
William James Thompson, William James Thompson, jr., and Harvey St. John Oscar Thompson	38 Mincing Lane, E.C.	35	1,750	1,750
1 Luxmoore, Charles Noble	Dial Close, Cookham Dene, Maidenhead			
William James Thompson, and William James Thompson, jr	38 Mincing Lane, E.C.	10	500	500
1 Lynch, John	Shubenacadie, County Hants, Nova Scotia	14	700	700
Lyne, William Henry	Clay Hill, Enfield, Middlesex	1	50	50
1 Lyon, Miss Jane McDonald	Care of Keith R. Maitland W.S., 5 Thistle Street, Edinburgh	8	400	400
Macan, Reginald Walter	University College, Oxford	4	200	200
3 MacCall, Colonel George	123 Pall Mall, S.W	27	1,350	1,350
2 Macdonald, William Henry	Antigonish, N.S	16	800	800
1 MacDonald, Mrs. Margaret Caroline.	Halifax, N.S	13	650	650
1 MacDougall, Hartland St. Clair	Montreal	10	500	500
3 MacDougall, Mrs. Harriet Lucy	do	36	1,800	1,800
1 MacDougall, Hanbury Leigh	do	12	600	600
Macdougall, Mrs. Margaret Isabella	Berriedale Manze, Caithness	4	200	200
3 Macfarlane, Alexander	Wallace, N.S	30	1,500	1,500
1 MacGarvey, Mrs. Mary	Halifax, N.S	10	500	500
MacGregor, Miss Helen Morrow	do	3	150	150
MacGregor, Miss Mary Cameron	do	3	150	150
Macintosh, Grant	Montreal	1	50	50
2 Macintyre, Peter Morrison	12 India St., Edinburgh	22	1,100	1,100
MacKeen, Mrs. Jane Kate	Little Glace Bay, Cape Breton, N.S	4	200	200
1 Mackesy, George Ivie, M.D	47 Lady Lane, Waterford	5	250	250
3 Mackesy, George Ivie, M.D. / Hayward St. Leger Atkins	Lady Lane, Waterford / The Quay, Waterford	27	1,350	1,350
2 Mackesy, William Lewis, M.D	38 Lady Lane, Waterford	24	1,200	1,200
3 MacKenzie, Hector	Montreal	32	1,600	1,600
3 Mackenzie, James Henry	Pictou, N.S	40	2,000	2,000
1 Mackenzie, Mrs. Mary	Dartmouth, N.S	12	600	600
2 Mackenzie, John Tomas Denison	Kingston, Ont	20	1,000	1,000
Mackintosh, Angus	Care of London and Westminster Bank, Ld., Temple Bar, W.C	4	200	200
4 Mackintosh, James Crosskill	Halifax, N.S	51	2,550	2,550
1 MacLaren, Dr. Murray	St. John, N.B	5	250	250
1 Macleod, John	Elgin, Scotland	5	250	250
1 Macmillan, Eagle Henderson	Caledonian Banking Co., Inverness, Scotland	3	150	150
1 Macnab, Mrs. Elizabeth Gilpin	29 Bramham Gardens, South Kensington	6	300	300
1 Macnab, John	Halifax, N.S	10	500	500
1 Macnair, Mrs. Annie Maria	33 Kilmaurs Road, Edinburgh	10	500	500
1 Macnider, James	Quebec	10	500	500
4 McCalmont, Harry Leslie Blundell	9 Grosvenor Place, London, S.W	276	13,800	13,800
	Carried forward...	12,228	611,400	611,400

Bank of British North America—Banque de l'Amérique Britannique du Nord.

	Names. — Noms.	Residence.	Number of Shares. — Nombre d'Actions.	Amount Paid. — Montant payé.	Amount Subscribed. — Montant souscrit.
				£	£
		Brought forward...	12,228	611,400	611,400
1	McCance, Miss Charlotte Georgianna	Larkfield, Dunmurray, Co. Antrim	5	250	250
	McCance, Miss Jane	16 Rue d'Orleans, Pau, Basses Pyrennees, France	3	150	150
	McColl, Miss Susan Archibald	Halifax, N.S.	1	50	50
1	McComas, Rev. Chas. Ed. Archibald	28 Clyde road, Dublin	5	250	250
1	McCulloch, John James	2 Victoria Mansions, S.W.	8	400	400
2	McDonald, Wallace, and McKinlay, Andrew	Halifax, N.S.	15	750	750
4	McDonald, William Christopher	Montreal	200	10,000	10,000
	McEwen, Miss Edith Annie	Care of G. C. Lake, Esq., The Metropolitan Bank (of England and Wales) Ltd., 33 Parade, Leamington Spa	2	100	100
4	McKenzie, Miss Annie	Quebec	61	3,050	3,050
1	McKenzie, Mrs. Fanny Penton Adèle	Sorel, Que	5	250	250
2	McKenzie, Charles	Quebec	20	1,000	1,000
1	McKenzie, Mrs. Jessie	New Glasgow, N.S.	6	300	300
1	McKinnon, Mrs. Harriett Louisa	Lockeport, N.S.	10	500	500
	McLaggan, John	Melrose, Massachusetts	3	150	150
1	McLaren, Captain Kenneth	Care of Messrs. Cox & Co., 16 Charing Cross, S.W.	6	300	300
2	McLaren, Walter Stowe Bright; Mrs. Eva Maria McLaren; Miss Mary Campbell McLaren	The Nook, Maidenhead	15	750	750
	McLea, Miss Mary Eliza Houston	22 Queen's Mansions, Victoria St., S.W.	2	100	100
	McLea Miss Sarah Jeanie	do do	2	100	100
	McLellan, Mrs. Alma Stuart	259 Peel street, Montreal	2	100	100
	McLeod, Mrs. Augusta Isaac	21 Carlton Vale, N.W.	4	200	200
4	McLeod, Miss Margaret, deceased; Arthur Isaac Trueman, and Robert Chipman Skinner	Halifax, N.S.; St. John, N.B.	55	2,750	2,750
1	McLimont, Miss Anna Felton	Quebec	10	500	500
3	McLimont, Mrs. Sarah Eliza, and John Clapham McLimont	do	27	1,350	1,350
	McLimont, Miss Christina	do	2	100	100
	McLimont, Miss Helena	do	2	100	100
1	McLimont, Miss Alice Henrietta	do	5	250	250
1	McLimont, Miss Sarah Amy	do	5	250	250
	McMichael, Hugh Morton Jack	San Francisco	5	250	250
	McNab, Miss Ellen	Halifax, N.S.	1	50	50
1	McNutt, Mrs. Maggie Louise	do	5	250	250
1	McPhee, John	St. Andrews, Que	10	500	500
	McQueen, Miss Catherine	Halifax, N.S	4	200	200
3	Maitland, Mrs. Mary Ann Addison	156 Westbourne Terrace, Hyde Park, W.	32	1,600	1,600
2	Malcomson, Mrs. Frances Jane	Matale, Ceylon	17	850	850
1	Maling, Edwin Allan	Carlton House, Sunderland	10	500	500
2	Malloch, Archibald Edward, M.D.	Hamilton, Ont	22	1,100	1,100
1	Maltby, Gerald Rivers and Arthur Charles Brown	Lloyd's, E.C.	5	250	250
	Mander, Charles John	9 New Square, Lincoln's Inn	4	200	200
1	Manning, Mrs. Ellen	24 Overston Road, Hammersmith	8	400	400
1	Marks, John Bennett, deceased	Kingston, Ont	7	350	350
		Carried forward ...	12,839	641,950	641,950

Bank of British North America—Banque de l'Amérique Britannique du Nord.

Names. — Noms.	Residence.	Number of Shares. — Nombre d'Actions.	Amount Paid. — Montant payé.	Amount Subscribed. — Montant souscrit.
			£	£
	Brought forward...	12,839	641,950	641,950
4 Marshall, James Archibald	29 Queen's Gate Gardens, S.W.	60	3,000	3,000
3 Marshall, Mrs. Lucy Anne	do do	40	2,000	2,000
1 Marshall, Miss Sarah Jane	Halifax, N.S.	12	600	600
Marshall, Anthony	238 Upper Parliament Street, Liverpool	1	50	50
1 Martel, Thomas	67 Mount Durand, Guernsey	12	600	600
1 Martin, Arthur Robert	31 Queen Victoria Street, E.C.	10	500	500
1 Martley, Mrs. Adelaide Amelia	32 Upper Merrion Street, Dublin	10	500	500
Matheson, Miss Emily	Pictou, N.S.	1	50	50
Matheson, Miss Mary Louisa	do	1	50	50
Mathews, Edmund Ffarington	20 Chester Terrace, Eaton Square, London			
George Alfred Sainte Croix Rose	10 Victoria Street, Westminster	3	150	150
Ernest Mathews	Chequer's Mead, Middlesex			
Mathews, George Hargreave	Herne Bay Club, Herne Bay	3	150	150
Mathews, John Edward Chapman	Chester Studio, Gerald St., Chester Square, W.			
Edmund Ffarington Mathews	20 Chester Terrace, Eaton Square, S.W.			
George Hargreave Mathews	Herne Bay Club, Herne Bay	3	150	150
Ernest Mathews	The Grove, Northaw, Potter's Bar			
3 Matthews, William Hooper	22 Charter House Square, E.C.			
Rev. Henry Hooper	Grafham Rectory, St. Neots	28	1,400	1,400
Thomas James Hooper	Biggleswade			
Maturin, Rev. Edmund, deceased, and Mrs. Charlotte Amelia Maturin	4 Argyle St., Londonderry	3	150	150
Meara, Miss Elizabeth Catherine Charlotte	St. Luke's Vicarage, Maidenhead, Berks	4	200	200
Medley, Miss Ellen Mansfields	6 Elgin Avenue, W.	2	100	100
Medlycott, Miss Maria	Newtown, Waterford	2	100	100
1 Melhuish, Alfred John, and Arthur Charles Brown	Lloyd's, E.C.	5	250	250
1 Mellor, Frank	1 Temple Gardens, Temple	6	300	300
1 Mellor, Sanderson	West Malling, Kent	6	300	300
3 Melville, Sir William Henry	Daledene, Silverdale road, Eastbourne			
Alexander Dundas Ogilvie Wedderburn	Farrar's Buildings, 10 Temple, E.C.	38	1,900	1,900
1 Merivale, Reginald	3 Stone Buildings, Lincoln's Inn, W.C.	10	500	500
1 Michell, George Burgess	Steyning, Sussex			
Thomas Henry Wrensted	Ormond House, Great Trinity Lane, E.C.	12	600	600
Louis Hilary Shore Nightingale	109 Jermyn Street, W.			
3 Millard, Henry Richard	Montreal	49	2,450	2,450
Miller, Frederick Montague, M.D.	Northolme, Upper Clapton, N.E.	4	200	200
	Carried forward	13,164	658,200	658,200

Bank of British North America—Banque de l'Amérique Britannique du Nord.

Names. — Noms.	Residence.	Number of Shares. — Nombre d'Actions.	Amount Paid. — Montant payé.	Amount Subscribed. — Montant souscrit.
			£	£
	Brought forward......	13,164	658,200	658,200
Miller, Robert	67 Queen Victoria Street, E. C.	4	200	200
2 Mills, Thomas	Longdown Lodge, Sandhurst, Berks	15	750	750
1 Mills, William Jennings	Conyer's Green Farm, Great Barton, Bury St. Edmunds, Suffolk	9	450	450
Mills, Miss Dorothea Suckling	Causeway Lodge, Horsham, Sussex	2	100	100
Mills, Miss Augusta	do do	2	100	100
1 Minchin, Frederick Richard	Annagh, Coolbawn, Roscrea, Co. Tipperary	5	250	250
Minchin, George John, D.L.	Busher's Town, Dunkerrin, Roscrea	4	200	200
3 Ministers', Widows' and Orphans' Fund of the Synod, The	In the Maritime Provinces of the Presbyterian Church in Canada	26	1,300	1,300
1 Mitchell, William Fairbanks	Charlottetown, P.E.I.	10	500	500
1 Mitchell, Mrs. Sophia Augusta and George Mitchell	Halifax, N.S	9	450	450
Mitchell, Mrs. Sophia Augusta	do	2	100	100
Mitchell, Mrs. Ida May	do	4	200	200
Mitchell, Mrs. Catherine Jane	do	3	150	150
1 Mitford, Mrs. Louisa Elizabeth	Care of Messrs. Alexander, Fletcher & Co., 2 St. Helen's Place, London, E.C.	14	700	700
1 Moffat, Miss Semiramis Jane	St. Lucia, West Indies	6	300	300
1 Molson, John Thomas	Montreal	12	600	600
Montgomery, Mrs. Rebecca Anne	Seapoint Villas, Monkstown	1	50	50
1 Montgomery, Mrs. Susanna Elizabeth de Courcy		10	500	500
2 Montgomery-Campbell, Henry	Apohaqui, King's County, N.B	17	850	850
1 Montizambert, Miss Caroline Eliza	The Grove, Clonee, Co. Meath, Ireland	12	600	600
2 Montizambert, Frederick, M.D.	Quebec	16	800	800
Moody, Mrs. Catherine Larden	Yarmouth, N. S.	1	50	50
1 Moren, Mrs. Martha Eleanor	Halifax, N.S.	13	650	650
Moren, Alfred Warrick	Liverpool, N.S.	3	150	150
3 Moren, Mrs. Sarah Elizabeth	Halifax, N.S	34	1,700	1,700
2 Morrice, Rev. William David, M.A.	Holy Trinity Vicarage, Weymouth	24	1,200	1,200
Morris, Mrs. Lucy	Halifax, N.S.	2	100	100
1 Morris, Lord	48 Lower Leeson Street, Dublin	10	500	500
1 Morton, Lemuel James	Halifax, N.S.	12	600	600
Moss, Felix	Waterford Union, Waterford	1	50	50
Müller, John	42 Catherine Street, Buckingham Gate, S.W	4	200	200
Müller, Friedrich	8 Cambridge Place, Norfolk Square, W.	4	200	200
3 Munns, Mrs. Emma	5 Evelyn Gardens, South Kensington	25	1,250	1,250
3 Murphy, Patrick	Newry, Co, Down, Ireland	45	2,250	2,250
1 Murphy, Philip	5 Michael Street, Waterford	6	300	300
Murphy, Rev. Charles Henry	Bermuda	2	100	100
	Carried forward...	13,533	676,650	676,650

Banques incorporées.

Bank of British North America—Banque de l'Amérique Britannique du Nord.

Names — Noms.	Residence.	Number of Shares. — Nombre d'Actions.	Amount Paid. — Montant payé.	Amount Subscribed — Montant souscrit.
			£	£
	Brought forward...	13,533	676,650	676,650
Murray, Mrs. Marion Blackwood	Ardenlea, Peebles	2	100	100
Myers, Charles Grey	Halifax, N.S	3	150	150
1 Myers, Henry Beresford	Warminghurst, Pulborough, Sussex	10	500	500
4 Neave, Sheffield Henry Morier	7 Great St Helen's, E.C.			
Reginald James Mure	7 New Square, Lincoln's Inn	65	3,250	3,250
1 Nelms, George	84 Richmond Park Road, Kingston-on-Thames	5	250	250
Nelson, Mrs Mary Elizabeth	18 Brookfield Road, South Hackney, N.E.	1	50	50
Nesbitt, Rev. Allan James	The Rectory, Hollymount, Mayo	2	100	100
4 Nettlefold, Frederick	54 High Holborn, W C			
Thomas Chatfeild Clarke, deceased	132 Westbourne Terrace, W	50	2,500	2,500
Ernest Milliken	4 Catherine Place, Bath			
3 Nettleship, Mrs. Anne Ellen, deceased				
William Francis Nettleship	East Sheen, Surrey			
John William Maclure	Upper Brook Street, Manchester	30	1,500	1,500
Newson, Miss Amabel Lizzie	Lismolin, Glenageary, Dublin	10	500	500
1 Newson, George Arthur	do do	5	250	250
Nicolls, Arthur Henry	19 Newburgh Road, Acton, W	4	200	200
Nicolls, Edmund Griffiths	1 Clifton Villas, Launceston	4	200	200
1 Nichols, Miss Mary Susan	Halifax, N.S			
Rev. Edwin Galpin	do	12	600	600
John George Pyke	Liverpool, N.S.			
1 Nisbet, Mrs. Mary Jane	Halifax, N.S	7	350	350
1 Noble, Major-Gen. Wm. Hatt, R E	Ridgley Oak, Reigate	6	300	300
1 Noble, Alexander	34 Lauder Road, Edinburgh	5	250	250
1 Noel, Mrs. Ethel Maria, and Eugene Frederick Noel	The Manor House, Great Stanmore, Middlesex			
Henry Mapleton Chapman	St. Martin's Priory, Canterbury	10	500	500
Albert Leland Noel	27 Austin Friars, E.C.			
3 Nordbeck, Miss Antoinette	Halifax, N.S	26	1,300	1,300
1 North British Society of Halifax	Nova Scotia	13	650	650
2 Norris, William Edward	Underbank, Torquay	20	1,000	1,000
Nott, Francis Adolphus	Boxgrove House, St. Margaret's	3	150	150
1 Noyes, Mrs. Ellen Mary	Hillcroft, Stamford, Lincolnshire	12	600	600
3 Nunn, Rev. Thomas Partridge	West Pennard, Glastonbury	27	1,350	1,350
1 Nunn, Rev. Thomas Partridge	do do	7	350	350
Thomas Salt	Weeping Cross, Stafford			
Nussey, Antony Foxcroft, and Evelyn Napier Fellowes	1 Great Winchester St., London	3	150	150
1 Nuthall, Miss Elizabeth Sarah	17 Trafalgar Road, Great Yarmouth	6	300	300
Odell, Mrs. Elizabeth Anne	Fort Massey, Halifax, N.S.	2	100	100
1 Ogilvie, Miss Frances Mary	22 Hova Villas, Hove, Brighton	6	300	300
	Carried forward...	13,889	694,450	694,450

Bank of British North America—Banque de l'Amérique Britannique du Nord.

Names. — Noms.	Residence.	Number of Shares. — Nombre d'Actions.	Amount Paid. — Montant payé.	Amount Subscribed. — Montant souscrit.
			£	£
	Brought forwrad...	13,889	694,450	694,450
3 Ogilvie, Mrs. Mary Adelaide	Kingston, Ont	30	1,500	1,500
Ogilvy, David Alexander Nelson	Victoria, B.C	3	150	150
1 Oliver, Rev. Henry Francis	The Vicarage, Scawby, Brigg, Lincolnshire	10	500	500
Orlebar, Miss Fanny Hale	91 Pevensey Road, St Leonards-on-Sea	4	200	200
1 Orlebar, Miss Harriot	do do	7	350	350
1 Orlebar, Rev. Henry Amherst	The Vicarage, Tilsoe, Ampthill	10	500	500
1 Osborne-Webster, Henry Edward / Mrs. Alice Woodley	11 Ringstead road, Rushey Green, Kent / 9 do do	8	400	400
1 Osburn, Henry	24 Cedars Road, Clapham Common, S.W	5	250	250
4 Owen, Major Samuel Richard John	Orielton, Winchester Road, Southampton	51	2,550	2,550
Owen, Mrs. Mary Georgiana	Toftrees Vicarage, Fakenham	3	150	150
1 Owston, Hiram Abiff	Bushloe House, Wigston, Magna, near Leicester	5	250	250
3 Oxley, Frederick Henry / Charles Newton Somers Strickland	.... / Halifax, N.S	32	1,600	1,600
3 Pannel, Charles Lavington	The Lawn, Ryde, Isle of Wight	26	1,300	1,300
Pannell, Miss Jane Elizabeth	Glaslyn Court, Crickhowel, Breconshire	1	50	50
1 Panton, James	25 St. Andrew Street, Dublin	5	250	250
1 Parbury, Miss Emily Rosa	The Anchorage, Felixstowe, Suffolk	9	450	450
Pardey, Miss Frances Amelia	Montreal	2	100	100
1 Pare, John Clement	Hill Crest, Brownlow Road, Parkhill, Croydon	10	500	500
1 Paret, Mrs. Marie Eliza Helen Mallet	St. Lucia, West Indes	6	300	300
Parker, Hon. Daniel McNeil, M.D., and William Frederick Parker	Halifax N.S	4	200	200
2 Parker, Hon. Daniel McNeil, M.D.	do	20	1,000	1,000
1 Parker, Hon. Daniel McNeil, M.D., and Miss Celia Hamilton Black	do	12	600	600
1 Parker, Mrs. Fanny Holmes	do	7	350	350
2 Parker, Francis Grant	do	21	1,050	1,050
1 Parkinson, Mrs. Mary	Care of Thomas Parkinson, 14 King St., Carmarthen	8	400	400
2 Parson, Mrs. Ann Elizabeth / Alexander Hellard / James Maurice Norman	14 King's Terrace, Southsea, Portsmouth / Portsmouth / Hertford House, Uxbridge, Middlesex	23	1,150	1,150
1 Patch, Frederick Osborne Leonard / James Crosskill Mackintosh	Liverpool, N.S / Halifax, N.S	11	550	550
4 Paton, John	4 Stanhope Place, Hyde Park, W	60	3,000	3,000
3 Paterson, Mrs. Rose Emma	Quebec	41	2,050	2,050
2 Patterson, William Seeds	Corn Exchange Buildings, Liverpool	20	1,000	1,000
Patterson, Miss Elizabeth Mary	Halifax, N.S	1	50	50
1 Paull, Miss Helen Roy	54 Upper Grosvenor Road, Turnbridge Wells, Kent	6	300	300
	Carried forward	14,350	717,500	717,500

Banques incorporées.

Bank of British North America—Banque de l'Amérique Britannique du Nord.

Names. — Noms.	Residence.	Number of Shares. — Nombre d'Actions.	Amount Paid. — Montant payé.	Amount Subscribed. — Montant souscrit.
			£	£
	Brought forward...	14,350	717,500	717,500
4 Payzant, John Young	Halifax, N.S.	77	3,850	3,850
1 Payzant, John Young, and Thomas Ritchie	do	10	500	500
1 Pearce, Frank	18 Chapel St., Liverpool	10	500	500
1 Pears, Mrs. Louisa Rose	Weston Cottage, Malvern Link, Malvern, Worcestershire	7	350	350
Pearsall, Howard Devenish	16 Willow Road, Hampstead, N.W.	4	200	200
1 Pearson, Mrs. Jane	23 Upper Phillimore Place, Kensington, W.	5	250	250
1 Pearson, Rev. Alleyne Ward	East Pallant, Chichester	12	600	600
1 Peckham, Miss Cecil Virginia	Angola Cottage, Bognor	5	250	250
1 Peddar, Mrs. Cecilia Frances	37 Fitzjohn's Avenue, Hampstead	9	450	450
1 Peddar, Sydney Hampden	4 Palmerston Buildings, Old Broad St., London			
Rev. Arthur Green and	Longdon, near Tewkesbury, Gloucestershire...	9	450	450
Capt. Alfred Harold Middleton	Bardowie House. Milngavie, Stirlingshire			
Pennington, Mrs. Phebe Elizabeth ...	London, Ont	4	200	200
Percival, John	Webster Grove, St. Louis, Missouri	2	100	100
1 Pereira, Mrs. Sarah Adela de Courcy	The Vicarage, Croydon ..	10	500	500
1 Perkins, Edward John	Toronto	10	500	500
1 Perryn, Lieut.-Col. George Edward ..	Junior United Service Club, S.W.	10	500	500
3 Perryn, Richard Henry	Carisbrooke House, Twickenham	35	1,750	1,750
1 Perryn, Gerald Hatfield	do	5	250	250
2 Peters, Mrs. Mary	Halifax			
Simon Peters, deceased	Quebec	17	850	850
Hon. Hyacinth Hudon Fuller	Halifax			
1 Peters, Mrs. Mary, and Hon. Hyacinth Hudon Fuller	do	10	500	500
1 Phelps, Herbert Dampier	Fowey, Cornwall	8	400	400
2 Phillpotts, James Surtees	The Grammar School, Bedford	15	750	750
1 Phillpotts, Rev. Septimus Buller	Merton House, Bedford...	5	250	250
1 Phipps, Rev. George William	Husband's Bosworth Rectory, Rugby	10	500	500
Piers, Mrs. Letitia Ellen Clayton	23 Wynnstay Gardens, Kensington	4	200	200
1 Pilkington, Edward	Care of Messrs. Lambton & Co., Sunderland	5	250	250
Plant, George Thomas	Far View, Middlecave Road, Malton, Yorks...	1	50	50
1 Plenderleath, Rev. William Charles ..	Mamhead Rectory, Exeter	10	500	500
Pollard, Mrs. Martha Julia	20 Handen Road, Lee, Kent	2	100	100
2 Pollok, Rev. Allan, D.D	Halifax, N.S.	22	1,100	1,100
1 Poole, Henry Skeffington	Stellarton	11	550	550
Poole, Mrs. Mary Eliza	10 Percy Terrace, Waterford	3	150	150
Pope, Mrs. Sarah	12 South Parade, Waterford	3	150	150
Porteous, Miss Margaret	Hamilton, Ont			
Francis Edgar	do	2	100	100
Robert Burns	Wyandotte, Michigan, U.S.A.			
	Carried forward ...	14,702	735,100	735,100

Bank of British North America—Banque de l'Amérique Britannique du Nord.

Names. — Noms.	Residence.	Number of Shares. — Nombre d'Actions.	Amount Paid. — Montant payé.	Amount Subscribed. — Montant souscrit.
			£	£
	Brought forward...	14,702	735,100	735,100
Porter, Classon	Ballygally Castle, Larne, Ireland	4	200	200
Pouliot, Mrs. Julianna	Fraserville	3	150	150
3 Powell, Maurice	2 Kensington Palace Gardens, W.	40	2,000	2,000
3 Powell, Maurice	2 Kensington Palace Gardens, W.			
George Thompson Powell	28 & 29, St. Swithin's Lane, E.C.	30	1,500	1,500
Theodore Ellis Williams	Salterley Grange, Cheltenham			
4 Powell, Rev. Samuel Hopper	Sharow Lodge, Ripon, Yorkshire	64	3,200	3,200
1 Power, Mrs. Martha Ussher	The Castle, Lismore, Co. Waterford	6	300	300
1 Power, Nicholas, and Miss Anne Joseph Power	51 Michael Street, Waterford	5	250	250
Pownall, Miss Mary Ann, and Robert Bolger Pownall	37 Dyke Road, Brighton			
Thomas Francis Wilding	2 Chesterfield St., King's Cross, W.C.	3	150	150
Pownall, Miss Mary Ann	37 Dyke Road, Brighton	2	100	100
1 Prendergast, Miss Kate	Leoville, Waterford	5	250	250
3 Prescott, Byam Martin	Somerset Villa, Homefield Road, Wimbledon	45	2,250	2,250
4 Prescott, Rev. Isaac Philip	The Coigne, Minchinhampton, Stroud, Gloucestershire	54	2,700	2,700
1 Price, Evan John	Quebec	7	350	350
1 Price, Miss Cecilia	do	10	500	500
1 Price, Henry Ferrier	do	10	500	500
Price, William	South Parade, Waterford	3	150	150
3 Primrose, Howard	Toronto	26	1,300	1,300
1 Primrose, Clarence	Pictou, N.S.	14	700	700
Primrose Howard	Toronto			
Pryor, Mrs. Charlotte	Halifax, N.S.	4	200	200
1 Purves, David Henderson	Pictou, N.S.	14	700	700
1 Purves, William	North Sydney, C.B.	10	500	500
2 Pyke, John George				
Henry Greggs Farish	Liverpool, N.S.	20	1,000	1,000
Pyke, John George	do	1	50	50
3 Quinn, Mrs. Susannah, deceased	Quebec	31	1,550	1,550
Radhon, Mrs. Emily Eliza	5 Waldemar Avenue, Fulham	2	100	100
1 Rambaut, Mrs. Melacina Eleanor	Care of Messrs. Holt & Co., 17 Whitehall place S.W.	8	400	400
1 Ransom, William	Fairfield, Hitchin, Herts.	20	1,000	1,000
Read, Miss Sarah Caroline	Staplehurst, Kent	2	100	100
1 Rector, Churchwardens and Vestry of Trinity Church	St. John, N.B.	7	350	350
1 Reeves, James	Halifax, N.S.	10	500	500
1 Renshaw, Alfred George, deceased	2 Suffolk lane, E.C.			
Henry William Forster	2 Cadogan Terrace, London	14	700	700
2 Rent, Reuben George	Halifax, N.S.	20	1,000	1,000
1 Renton, Surg. Lt.-Con. David, A.M.D	The Naval and Military Club, 94 Piccadilly, S.W	10	500	500
1 Reynolds, Capt. Thomas	The Mullans, Ballyshannon	14	700	700
	Carried forward...	15,220	761,000	761,000

Bank of British North America—Banque de l'Amérique Britannique du Nord.

Names. — Noms.	Residence.	Number of Shares. — Nombre d'Actions.	Amount Paid. — Montant payé.	Amount Subscribed. — Montant souscrit.
			£	£
	Brought forward...	15,220	761,000	761,000
Reynolds, Walter Bankier, and Clement Francis Reynolds	....	1	50	50
Rhind, Miss Euphemia Walker	24 St. George's Square, Sunderland	4	200	200
Rhind, John, and Henry Stewart Rhind	10 Bain Square, Dundee..	3	150	150
Rhoades, Miss Eliza	Care of E. G. Saunders, Esq., Warren Lodge, Coombe Wood, Surrey.	4	200	200
Rhoades, Miss Margaret	do do	3	150	150
3 Rhodes, Miss Emily	81 Addison Road, Kensington	31	1,550	1,550
1 Richardson, Miss Emily Stewart	Halifax, N.S	6	300	300
1 Richey, Hon. Matthew Henry	do	6	300	300
1 Ridout, Rev. George, and Mrs. Sophia Louisa Ridout Arthur George Ridout	Sandhurst Rectory, Hawkhurst, Kent... 102 Grey Street, Newcastle-on-Tyne	10	500	500
Ripley, Charles William	Streatham Common, Surrey	4	200	200
1 Ripley, Miss Sophia	do	10	500	500
4 Ritchie, Thomas	Halifax, N.S	58	2,900	2,900
3 Ritchie, Thomas, and George Ritchie	do	27	1,350	1,350
1 Ritchie, Joseph Norman, and Thomas Ritchie	do	6	300	300
4 Ritchie, Joseph Norman, Cathcart Thomson, and John Young Payzant	do	50	2,500	2,500
1 Ritchie, Thomas, and John Young Payzant	do	12	600	600
Rivers, Mrs. Ann Margaret	5 Hervey Villas, Blackheath	3	150	150
1 Roberts, Miss Jane	Quebec	12	600	600
1 Roberts, Miss Jane Wynne	2 Tivolian Villas, Cheltenham	10	500	500
1 Robertson, Duncan	Halifax, N.S	5	250	250
1 Robertson, Alexander	Brantford, Ont	12	600	600
3 Robertson, Mrs. Louisa Catherine, Charles Heathfield Dendy Edward Herbert Sweet Escott	Kelston, Eastbourne 85 Lexham Gardens, Kensington Ivyholme, Dulwich Common	30	1,500	1,500
1 Robertson, William	Halifax, N.S	8	400	400
2 Robiglio, Comte Joseph Hamilton de..	60 Ayrault Street, Newport, Rhode Island, U.S.A	17	850	850
Robinson, Mrs. Catherine Josephine.	Halifax, N.S	4	200	200
1 Robinson, Mrs. Anna Maria	Nashwauksis, N.B	7	350	350
Robinson, Miss Isabella Georgina	121 The Grove, Ealing, W	2	100	100
1 Robinson, Miss Mary Eliza	do do	10	500	500
2 Roche, William	Halifax, N.S	18	900	900
2 Rodger, James George	1 Clairmont Gardens, Glasgow	20	1,000	1,000
2 Rodger, Edward	do do	20	1,000	1,000
Roe, Miss Mary Elizabeth Milly Deane, and Miss Elizabeth Henrietta Emily Florence Roe	15 Victoria Road, Upper Norwood	2	100	100
Rogers, Miss Louisa Elizabeth Arnold Knox Rogers	St. John's Vicarage, Kilkenny Frostproof, Florida, U.S.	1	50	50
	Carried forward ...	15,636	781,800	781,800

Bank of British North America—Banque de l'Amérique Britannique du Nord.

Names. — Noms.	Residence.	Number of Shares. — Nombre d'Actions.	Amount Paid. — Montant payé.	Amount Subscribed. — Montant souscrit.
			£	£
	Brought forward...	15,636	781,800	781,800
1 Rogers, Mrs. Louisa	3 Cameron Place, Guernsey	8	400	400
1 Rolandi, Frederick	20 Berner's Street, Oxford Street, W.	5	250	250
1 Romans, Mrs. Isabel	Londonderry, N.S.	5	250	250
Romans, Miss Sarah	Halifax, N S.	1	50	50
1 Rooke, Mrs. Anne Matilda	Weybridge, Surrey	13	650	650
Ross, Miss Eliza Louisa	Hill Crest, Dorman's Park, Sussex	2	100	100
Ross, Miss Elizabeth Murray	15 South St., Thurloe Sq., South Kensington, S.W	2	100	100
1 Ross, Miss Mary Sophia	Hill Crest, Dorman's Park, Sussex	6	300	300
Ross, Mrs. Margaret	Truro, N.S.	2	100	100
1 Ross, Mrs. Euphemia Scott	Halifax, N S.	6	300	300
Ross, Miss Lelia Mary Matheson	Dartmouth, N.S	1	50	50
3 Ross, Mrs. Harriet Ann Valentine	Quebec	44	2,200	2,200
1 Ross, Miss Harriet Jane, Miss Frances Eveline Ross and Rev. John Algernon Ross	do	11	550	550
3 Ross, John Theodore	do	25	1,250	1,250
Roue, Miss Elizabeth	Halifax, N.S.	4	200	200
1 Rowe, Thomas Smith, M.D	Union Crescent, Margate	7	350	350
1 Rowell, Robert Henry	Houghton-le-Spring, Fence Houses, Durham	9	450	450
Rowlings, George	Musquodoboit Harbour, N.S	3	150	150
1 Rudd, Mrs. Margaret Eliza	Blofield Norwich	7	350	350
1 Ruggles, Stephen Sneden	Bridgetown, Annapolis County, N.S.	7	350	350
1 Russell, Captain Charles, R.A.		10	500	500
1 Russell, William Ernest	Haileybury, Hertford	6	300	300
2 Russell, William Ernest Colonel James Charles Maberly, 2nd Dragoon Guards	do do Hawkley Hurst, Liss, Hants	21	1,050	1,050
3 Sadler, Ralph Alfred William Kelly	Rose Hill, Broomfield, near Bridgewater 29 Bedford Row, W.C.	50	2,500	2,500
1 St. John Protestant Orphan Asylum, the		5	250	250
Salaman, Frederick	Care of London and Midland Bank, Ltd., Waterloo St., Birmingham	2	100	100
2 Samuel, Isaac Bunford	Marlow House, Surbiton, Surrey	20	1,000	1,000
1 Samuel, Mordaunt	2 Derby Road, Nottingham	6	300	300
1 Samuel, Samuel	do do	5	250	250
Sanders, Mrs. Edith Mary	Guthrie, Southborough, Tunbridge Wells	4	200	200
Saunders, Mrs. Emily Elizabeth	Warren Lodge, Coombe Wood, Surrey	3	150	150
Saunders, Mrs. Maria William Creak	Sudbourne Road, Brixton, S W. 6 Clarendon Road, Stockwell, S.W.	2	100	100
1 Savage, Mrs. Sarah Rose	77 Jeffreys Rd., Clapham	10	500	500
1 Sawyer, Manfred John Conrad	Waterville, N.S.	6	300	300
1 Sceales, Miss Agnes Adinston	6 Royal Circus, Edinburgh	7	350	350
	Carried forward...	15,961	798,050	798,050

Bank of British North America—Banque de l'Amérique Britannique du Nord.

Names. — Noms.	Residence.	Number of Shares. — Nombre d'Actions.	Amount Paid. — Montant payé.	Amount Subscribed. — Montant souscrit.
			£	£
	Brought forward...	15,961	798,050	798,050
Scott, David	Victoria Island, Ottawa	2	100	100
2 Scott, Miss Georgiana Louisa	Care of M. G. Hewat, Esq., St. Cuthbert's, Ross Road, South Norwood Hill	15	750	750
1 Scott, Mrs. Louisa Maria	Care of London and South Western Bank, Limited, Croydon	8	400	400
2 Scott, Hugh Arthur	58 South Hill Park, Hampstead			
Miss Sarah Duncalf Furse	7 Westminster Terrace, Plymouth	21	1,050	1,050
2 Scott, Captain Peter Astle, R.N.	Care of W. F. Littlejohns, Esq., R.N., The Limes, Greenwich, S.E.	20	1,000	1,000
Scougall, Mrs. Henrietta Louisa	Quebec	3	150	150
1 Semple, Horace John	15 Upper Wimpole St., W.			
Alfred Bidwell Welch-Thornton	Beaurepaire Park, Basingstoke, Hants	10	500	500
Captain Robert Scarlett Bowen	Shorncliffe			
1 Senkler, Edmund John	St. Catharines, Ontario	10	500	500
1 Sewell, Edmund Durnford	Quebec	6	300	300
1 Sewell, Rev. Edmund Willoughby, deceased	do	10	500	500
1 Seyd, Richard	38 Lombard St., London, E.C.	10	500	500
Seymour, Hugh Horatio, deceased	30 Upper Brook St.			
Francis Horatio Fitzroy	Frogmore Park, Blackwater, Hants			
Capt. John Winston Thomas Spencer, R.A.		25	1,250	1,250
Rev. Edward Gladwin Arnold, deceased	Great Massingham Rectory, Norfolk			
Shackleton, Mrs. Annie Elizabeth	Broomy Hill, Hereford	4	200	200
Sharpe, Odber Herbert	Fredericton, N.B.	5	250	250
1 Sharples, Charles, deceased	Quebec	10	500	500
1 Sharples, Henry Havelock	do	12	600	600
1 Sharples, Mrs. Honoria Ann	do	10	500	500
Shatford, Arthur Wellesley	Hubbard's Cove, N.S.	3	150	150
Shaw, Henry Vincent	Woodville, Inglemere Road, Forest Hill, S.E.	1	50	50
3 Shepard, Miss Marian	Guildown House, Guildford, Surrey	35	1,750	1,750
4 Shepard, Richard Warren	78 Holland Road, Kensington			
Rev. James William Shepard	8 West Kensington Gardens, W.	100	5,000	5,000
Robert Howard Shepard	1 Portland Place, W.			
Miss Marian Shepard	Guildown House, Guildford, Surrey			
3 Shepard, Richard Warren	78 Holland Road, Kensington	25	1,250	1,250
1 Sheridan, Very Rev. Canon Patrick Charles	Bannow, Co. Wexford			
Very Rev. Luke Doyle	St. Peter's College, Wexford	10	500	500
1 Sherlock, Miss Charlotte Patten	Castle View, Rushbrooke, Queenstown, Cork	5	250	250
1 Sherlock, Miss Elizabeth Stephanie	Rushbrooke, Queenstown, Cork	5	250	250
	Carried forward...	16,326	816,300	816,300

Bank of British North America—Banque de l'Amérique Britannique du Nord.

Names. — Noms.	Residence.	Number of Shares. — Nombre d'Actions.	Amount Paid. — Montant payé.	Amount Subscribed. — Montant souscrit.
			£	£
	Brought forward...	16,326	816,300	816,300
1 Sherlock, Joseph William..................	Castle View, Rushbrooke, Queenstown, Cork.....	7	350	350
Sherwood, Mrs. Amelia Mary..	Barrie, Ont..........................	1	50	50
2 Shiell, Mrs. Marion Stirling	9 Malta Terrace, Edinburgh	20	1,000	1,000
1 Shiels, George	Dartmouth, Nova Scotia.	6	300	300
Shillitoe, Francis .... John Barker..	Hitchin, Herts................ Kimpton, Welwyn, Herts	2	100	100
Shreve, Miss Harriet Boggs..............	Halifax, N.S.......................	2	100	100
1 Silver, Wm. Chamberlain, and Wm. Henry Clarke.	Halifax, N.S.........................	6	300	300
Silver, Alfred Ernest and William Lewis Payzant............................	do	6	300	300
Sim, Capt. George Hamilton, R.E.....	Care of Messrs. Cox & Co., 16 Charing Cross, S.W..........................	4	200	200
3 Simms, Francis Henry........................	Montreal..	25	1,250	1,250
1 Simms, Robert..	do	13	650	650
Simon, Horace Francis..	14 Magdeburger Strasse, Berlin............................	4	200	200
1 Sinclair, George Law..	Dartmouth, N.S.............	10	500	500
1 Sinclair, Archibald John..	Kingston, Ont.................	5	250	250
Skelton, Rev. Canon Thomas............	Hickling Rectory, Melton, Mowbray...............	2	100	100
Skelton, Arthur Clement..................	Mont eal	1	50	50
Slade, Mrs. Louisa Sutherland Blanche	Kingswinford Rectory, Wordsley, Stourbridge	4	200	200
Smallwood, Mrs. Elizabeth..	Middleton, N.S..	4	200	200
Smith, Edmund Goudge............	Halifax, N.S......................	2	100	100
Smith, Rev. Thomas Watson..............	do	2	100	100
Smith, Miss Louisa Longley	Truro, N.S..	4	200	200
1 Smith, Mrs. Amelia Jane..	Quebec.	6	300	300
1 Smith, William Oliver........................	Montreal..	12	600	600
1 Smith, Goldwin................................	The Grange, Toronto.. ...	10	500	500
2 Smith, James Barkeley......................	18 Tower Buildings, North Liverpool......	20	1,000	1,000
Smith, Montague Albert Blowers......	Dartmouth, N.S........	2	100	100
Smith, Miss Mary Rachel..	do	2	100	100
Smith, John Wesley..........................	Halifax, N.S...	2	100	100
Smith, Mrs. Mary Catherine............	Chester, Lunenburg Co., N.S........	3	150	150
Smith, Lewis Mortimer......................	Halifax, N.S............	3	150	150
2 Smith, Miss Margaret Helen	Montreal	20	1,000	1,000
Smith, Mrs. Mary Lavinia Rice.........	Lower Stewiacke, N.S...	4	200	200
2 Smith, Edward Freeman......................	Halifax, N.S......................	16	800	800
Smith, Mrs. Margaret	do	6	300	300
4 Smith, Mrs. Louisa, and Henry Chaloner Smith............................	13 Halkin Street West, Belgrave Sqr., S.W.....	80	4,000	4,000
2 Smith, Thomas....................................	5 Stratford Place, W......	20	1,000	1,000
Smith, Mrs. Ellen	48 Mornington Road, Leytonstone	1	50	50
Smith, John, and Mrs. Sara Smith...	Provincial Bank House, Armagh........................	1	50	50
3 Smith, Lady Sarah Maria....	Dorchester, N.B.............	39	1,950	1,950
3 Smith, George Edward..	Halifax, N.S......................	30	1,500	1,500
1 Smith, John Marshall.. .... Charles De Wolf Smith...................... Hamilton Percy Scott .... Edmund Smith....................................	Windsor, N.S...................... do .... do .... Halifax, N.S........	5	250	250
	Carried forward	16,738	836,900	836,900

Banques incorporées.

Bank of British North America—Banque de l'Amérique Britannique du Nord.

Names. — Noms.	Residence.	Number of Shares. — Nombre d'Actions.	Amount Paid. — Montant payé.	Amount Subscribed. — Montant souscrit.
			£	£
	Brought forward...	16,738	836,900	836,900
2 Smith, Joseph Elliot	Wolfville, N.S	16	800	800
1 Smithers, Miss Catherine	143 Upper Grosvenor Road, Tunbridge, Wells	11	550	550
1 Smithers, Miss Sophia Elizabeth	do do	11	550	550
1 Smyth-Pigott, Miss Blanche	3 Wigmore Mansion, 90 Wigmore Street, W.	14	700	700
Snaddon, Miss Charity Christianna	Liverpool, N.S	2	100	100
Snowdon, Hoyes Lloyd, and Ernest Henry Stuart	Montreal	3	150	150
Society for the Propagation of the Gospel in Foreign Parts	19 Delahay Street, Westminster, S.W.	3	150	150
2 Spearman, Rudolph Herries	1 Dr. Johnson's Buildings, Temple	18	900	900
1 Spearman, Colonel Horace Ralph	Care of Lloyds Bank, Limited, 16 St. James' Street, S.W.	5	250	250
1 Spence, Miss Amy Granville	29 Somerleyton Road, Brixton, S. W.	2	100	100
2 Spragge, Mrs. Martha Ann	Montreal	20	1,000	1,000
1 Sprot, Major Alexander	Stravithie, R.S.O. Fife	7	350	350
Stairs, George	Halifax, N.S	3	150	150
Stamer, Miss Eliza Theodosia	Windsor, N.S.	1	50	50
Stanger, Miss Elizabeth	11 London Rd., Maidstone	3	150	150
Stanger, Miss Mary	do do	3	150	150
Stanley, Miss Margaret	Main Street, Cappoquin, Co. Waterford	4	200	200
1 Stanton, Charles Holbrow	Field Place, Stroud, Gloucestershire.	12	600	600
2 Staples, James	Combe Martin, North Devon	15	750	750
1 Starr, Mrs. Alice Elizabeth	Halifax, N.S.	12	600	600
Stayner, Mrs. Carrie Sophia	do	3	150	150
3 Stephenson, Rev. John	St. John's Vicarage, Weymouth, Dorsetshire	30	1,500	1,500
2 Stephenson, Joseph	Elmhurst, Waterford	20	1,000	1,000
1 Sterns, Miss Margaret	Liverpool, N.S.	10	500	500
Stevenson, Mrs. Rosalie Maitland	2 St. Helen's Place, E. C.	3	150	150
1 Stevenson, Thomas	Suffolk House, Lawrence Pountney Hill, E. C.	10	500	500
2 Stewart, Alexander	8 Fowke's Buildings, Great Tower St., E.C.	20	1,000	1,000
1 Stewart, Charles James	Halifax, N.S	14	700	700
3 Stikeman, Harry	Montreal	25	1,250	1,250
Stikeman, Miss Annie	do	2	100	100
Stikeman, Mrs. Agatha Cecilia Constance	Halifax, N.S	4	200	200
1 Stirling, Miss Janet Laurie	100 Buccleuch Street, Glasgow	10	500	500
1 Stirling, Miss Jessie	15 Hamilton Drive, Hill Head, Glasgow	7	350	350
4 Stirling, William John	....	116	5,800	5,800
Stoker, William Coates Rev. William Wyer Honey	14 Gray's Inn Square, W. C. Raithby Rectory, near Louth	3	150	150
1 Stone, Miss Katie Elizabeth	Blofield, Norwich	6	300	300
Storey, John	Quebec	2	100	100
2 Story, Lieut.-Genl. Philip	2 St. Helen's Place, London, E.C	19	950	950
	Carried forward ...	17,207	860,350	860,350

Bank of British North America—Banque de l'Amérique Britannique du Nord

Names. — Noms.	Residence.	Number of Shares. — Nombre d'Actions.	Amount Paid. — Montant payé.	Amount Subscribed. — Montant souscrit.
			£	£
	Brought forward...	17,207	860,350	860,350
2 Strang, William, M. D.	13 St. John's Villas, Penge, S. E.	20	1,000	1,000
Strangman, Miss Eva	Boston	3	150	150
1 Strangman, Miss Nannette Goff	St. Albans, Monkstown, Co. Dublin	10	500	500
1 Strangman, John	Summerland, Waterford	10	500	500
1 Stretton, Capt. William de Courcy, R. A.	Long Close, Flitwick, Ampthill	10	500	500
1 Stretton, Capt. William de Courcy, R. A.	do do			
Rev. Henry Horace Pereira	St. Lawrence Rectory, Southampton	10	500	500
Lowther Bridger	11 Sumner Place, Onslow Square			
3 Stuart, Genl. Edward Andrew	36 Dukestreet W.	37	1,850	1,850
3 Stuart, Sir Charles James, Bart.	20 Chester Square, S.W.	40	2,000	2,000
1 Stuart, Miss Priscilla Amelia	Care of H. E. Stuart, Esq., Harbour View, Passage, Waterford	5	250	250
2 Stuart, Lieut.-Col. William, jun				
Hon. William Stuart Knox	Dungannon	16	800	800
Henry Richard Farrer	46 Eaton Place, S. W.			
Sir William James Farrer	Lincoln's Inn Fields, W. C.			
1 Stuart, Rev. James	Portishead Rectory, Somerset	14	700	700
1 Stuart, Mrs. Mary	Pembroke, Ont	6	300	300
Gustavus George Stuart, Q.C.	Quebec			
Stuart, Gustavus George, Q.C.	do	1	50	50
1 Stubbing, Charles	Halifax, N.S.	6	300	300
2 Stubbs, Alfred	Danby, Ballyshannon	20	1,000	1,000
2 Stubbs, Henry	do	15	750	750
1 Stubbs, Mrs. Maria	1 Silver Street, Tamworth	5	250	250
Stubbs, William	3 Ward Terrace, Sunderland	2	100	100
1 Stubbs, Henry	Danby, Ballyshannon	10	500	500
Charles Ring Horrel	Brighton Square, Rathgar, Co. Dublin			
Stubbs, Henry	57 Beaumont Street, W.	2	100	100
1 Sullivan, Hon. Michael	Kingston, Canada	6	300	300
1 Sykes, Rev. Edward	St. Paul's, West Hartlepool	5	250	250
1 Symons, John Hughs	Halifax, N.S.	10	500	500
4 Tagg, James	129 Peckham Rye, Surrey	51	2,550	2,550
2 Tancred, George	Weens House, Hawick	20	1,000	1,000
3 Tanner, Edmund Fearnley	Hawson court, Buckfastleigh, So. Devon	28	1,400	1,400
1 Tapp, Miss Maria Louisa	Naunton Park Villas, Cheltenham	14	700	700
Tapp, Miss Georgiana Constance Mabel	do	3	150	150
Tapp, James Hanson William	do	3	150	150
Tapp, Miss Harrie Maria Maud	do	3	150	150
1 Taylor, Miss Charlotte Emily	Care of Messrs. Desborough Son & Prichard, 18 Finsbury Pavement, London, E.C.	9	450	450
1 Taylor, Godfrey Lovelace	Grangeville, Fethard, Co. Wexford	12	600	600
Taylor, Miss Elizabeth	14 Altenbury Gardens, Lavender Hill, S.W.	3	150	150
	Carried forward...	17,616	880,800	880,000

Bank of British North America—Banque de l'Amérique Britannique du Nord.

Names. — Noms.	Residence.	Number of Shares. — Nombre d'Actions.	Amount Paid. — Montant payé.	Amount Subscribed. — Montant souscrit.
			£	£
	Brought forward...	17,616	880,800	880,800
Taylor, Mrs. Elizabeth	222 The Portway, West Ham, E	3	150	150
2 Taylor, Godfrey Lovelace, and Mrs. Dorothea Marie Taylor	Grangeville, Fethard, Co. Wexford	22	1,100	1,100
Taylor, Miss Charlotte, and Miss Lucy Anne Taylor	72 Moyne Road, Rathmines, Dublin	1	50	50
3 Taylor, Charles Henry	8 Ship Street, Brighton...	40	2,000	2,000
Taylor, Miss Frances Eliza	222 The Portway, West Ham, E	2	100	100
Taylor, Edward Harbottle	Quebec	2	100	100
Taylor, Jeremy	Fredericton, N.B	4	200	200
1 Tennent, Mrs. Mary Caroline Percy..	Acomb Vicarage, York...	5	250	250
Thistle, Miss Anna Louisa, Miss Frances Mary Thistle, and Miss Edith Thistle	Ottawa	1	50	50
1 Thomas, Jocelyn Henry Watkin, J.P.	Belmont, Carlow	5	250	250
1 Thomas, John Phillips	Warneford Place, Highworth, Wilts	11	550	550
1 Thomas, Francis Wolferstan	Montreal	10	500	500
2 Thompson, Joseph	Wauldby, Hull, Yorks ...	} 10	500	500
George Palmer Hope	Havering Grange, Romford, Essex			
Thomson, Mrs. Maria Edith	Quebec	1	50	50
Thomson, Mrs. Maria Edith, Mrs. Elizabeth Waddell, and Miss Isabella Henry	Quebec	1	50	50
Thomson, Mrs Mary Ann	Halifax, N.S	1	50	50
Thomson, George Albert	do	3	150	150
1 Thomson, George Hamilton	Quebec	12	600	600
1 Thomson, James	Halifax, N.S	6	300	300
1 Thomson, Miss Catherine Bow.	do	6	300	300
3 Thomson, John Cook	Quebec	26	1,300	1,300
3 Thomson, Miss Mary	do	25	1,250	1,250
Thorburn, John	Ottawa	1	50	50
Thornton, Ernest Isaac	31 Peter St., Waterford..	2	100	100
1 Thornton, Miss Frances Catherine ...	8 Montague Square, Hyde Park, W	10	500	500
1 Thornton, Mrs. Anne Eliza	The Grange, John's Hill, Waterford	} 14	700	700
Ernest Isaac Thornton	31 Peter St., Waterford...			
1 Thorold, Mrs. Lora Marsh	Silchester Hall, Reading.	5	250	250
Thorp, Mrs. Louisa	The Green, Esher, Surrey	3	150	150
Tod, Miss Gertrude Dowdeswell	21 Addison Gardens, North Kensington, W..	4	200	200
2 Tollemache, Hon. John Richard Delap	Arthur's, St. James' Street, S.W	20	1,000	1,000
2 Tomkin, Mrs. Eleanor	The Laurels, Higham, Colchester	15	750	750
Tonge, Charles Francis	8 Upper Park Place, Richmond, Surrey	3	150	150
2 Torre, Mrs. Maria Susan	Quebec	16	800	800
4 Touquoy, Damas	Les Choux, Loriet, France	71	3,550	3,550
1 Townsend, Mrs. Isabella, and Miss Alice Kough	Harrow House, Ballybrack, Co. Dublin	13	650	650
1 Townsend, Mrs. Marian Atkin		} 5	250	250
Percival Weldon Townsend	Care of Mrs. Burland, Beachfield Lodge, Clontarf, Co. Dublin			
	Carried forward ...	17,995	899,750	899,750

3—10

Bank of British North America—Banque de l'Amérique Britannique du Nord.

Names. — Noms.	Residence.	Number of Shares. — Nombre d'Actions.	Amount Paid. — Montant payé.	Amount Subscribed. — Montant souscrit.
			£	£
	Brought forward...	17,995	899,750	899,750
1 Trannack, Mrs. Mary	Les Roquettes, St. Peter Port, Guernsey	7	350	350
1 Tristram, Samuel Barrington	Oxford and Cambridge Club, Pall Mall, S.W.			
Charles Edward Hare	The Stamford and Spalding Bank, Ld., Leicester	7	350	350
2 Trollope, Francis Charles	Care of Messrs. Cox & Co., 16 and 17 Charing Cross, S.W.	20	1,000	1,000
2 Troop, Arthur Gordon	Halifax, N.S.			
Henry Thomas Hulbert Hewetson	London, Eng.	24	1,200	1,200
James Pennington	Halifax, N.S.			
1 Tuck, Chief Justice, William Henry	St John, N.B.	5	250	250
4 Tuckett, George Elias	Hamilton, Canada	331	16,550	16,550
1 Tudor, Miss Lucy	....	11	550	550
1 Tufnell, Mrs. Josephine Isabella Louisa	Stanway House, Colchester	5	250	250
Tunmer, Thomas Kettle	Medora Road, Brixton Hill, S.W.	3	150	150
Tupper, Allen	Milton, N.S.	2	100	100
John Hugh Dunlop	Liverpool, N.S.			
Turnbull, Mrs. Caroline Charlotte	Whiteways End, Farnham, Surrey			
Major Allan Shafto Adair	Bank of England, Plymouth	4	200	200
3 Turnbull, Mrs. Elizabeth	Quebec	40	2,000	2,000
Turnbull, John Aitken	Halifax, N S.	2	100	100
1 Turnbull, William Wallace	St. John, N.B.	5	250	250
2 Turner, Richard	Quebec			
Lorenzo Evans	do	17	850	850
Harry Staveley	do			
Tuttiett, Miss Mary Gleed	2 Mount Ararat Road, Richmond, Surrey	2	100	100
Tuzo, Mrs. Rebecca	Horton, N.S.	4	200	200
3 Twining, Mrs. Ada Louisa	Fredericton, N.B.	35	1,750	1,750
4 Twining, William	Halifax, N.S.	81	4,050	4,050
2 Twining, Mrs. Elizabeth Lee	do	13	650	650
3 Twysden, Sir Louis John Francis, Bart.	Freshwater, Isle of Wight	44	2,200	2,200
1 Tylee, Mrs. Mary Elizabeth	14 Essex Street, Strand	6	300	300
Uniacke, Mrs. Mary Alma	Halifax, N.S.	1	50	50
1 Uniacke, Miss Sadie	do	10	500	500
1 Uniacke, Rev. James Boyle	do	5	250	250
1 Uniacke, Robie	do	14	700	700
1 Urlin, Richard Denny	22 Stafford Terrace, Argyle Road, Kensington, W.	6	300	300
1 Urquhart, Robert Douie	42 India Street, Edinburgh	10	500	500
1 Urquhart, John	St George's Channel, Co. Richmond			
Thomas Cameron	West Bay, Co. Inverness, N.S.	6	300	300
Valentine, Miss Mary Ann	Halifax, N.S.	1	50	50
1 Van Buskirk, Miss Charlotte	do	8	400	400
Van Straubenzee, Capt. Arthur Hope, R.E.	Care of Messrs. Cox & Co., Charing Cross, S.W	1	50	50
Van Straubenzee, Miss Edith	Kingston, Ont., Canada	1	50	50
	Carried forward	18,726	936,300	936,300

Bank of British North America—Banque de l'Amérique Britannique ou Nord.

Names. — Noms.	Residence.	Number of Shares. — Nombre d'Actions.	Amount Paid. — Montant payé.	Amount Subscribed. — Montant souscrit.
			£	£
	Brought forward......	18,726	936,300	936,300
Van Straubenzee, Miss Madeline.......	2 Grafton Villas, New Brompton, Chatham ...	1	50	50
Van Straubenzee, Miss Cordelia........	do do ...	2	100	100
2 Vesey, Archdeacon Francis Gerald ..	Castle Hill House, Huntingdon	15	750	750
1 Vickery, Dr. Alice..........................	28 Carson Road, West Dulwich.....................	10	500	500
1 Vipan, Charles..........................	Ford Bank, Albany Road, St. Leonard's-on-Sea...			
Colin Campbell Wyllie	13 De Vere Gardens, Kensington......................	5	250	250
George Gidley Robinson...............	Godalming, Surrey			
1 Vipan, Capt. Charles.........................	Ford Bank, St. Leonard's-on-Sea...	10	500	500
1 Vipan, Mrs. Mary Frances	do do ...	10	500	500
1 Vooght, Thomas	North Sydney, N.S.........	14	700	700
1 Voudy, Miss Agnes Jane..................	Halifax, N.S..................	7	350	350
1 Vroom, Rev. Fenwick William.........	do	6	300	300
Waddell, Mrs. Elizabeth.....................	Quebec..........................	1	50	50
1 Wadson, Thomas John......................	....			
Musson Wainwright.....................	Hamilton, Bermuda	5	250	250
Wainwright, Miss Harriet Forbes......	Lorette, Brunswick Road, Kingston-on-Thames...	4	200	200
3 Wakefield, Charles Marcus.............	Belmont, Uxbridge.........	25	1,250	1,250
Walkem, Richard Thomas	Kingston, Canada	3	150	150
1 Walker, Mrs. Eliza..........................	Holmleigh, Kemnal Road, Chislehurst	10	500	500
2 Walker, Miss Helen Filmer...............	Quebec	17	850	850
1 Wallace, Rev. Charles Hill	3 Harley Place, Clifton, Bristol........	10	500	500
1 Walter, John Brittan	4 Woodhill, Portishead, near Bristol................	8	400	400
1 Ward, George................................	Bryniangolen, Bala, North Wales..........................	7	350	350
1 Warner, Harvey.........	Napanee, Canada..........	5	250	250
2 Warren, Miss Georgiana Clement	Guildown House, Guildford, Surrey	15	750	750
1 Warren, Capt. John Borlase, R.N. ...	Care of Messrs. Woodhead & Co., Charing Cross, S.W..................................	5	250	250
1 Wason, Eugene	Blair, County of Ayr......			
St. George Boswell.....................	Quebec, Canada	5	250	250
1 Waters, William	Bay View House, Pembrey, Carmarthenshire	6	300	300
Watkins, Henry James....................	Coach and Horses, Great Marlow, Bucks...........	2	100	100
1 Watson, John	Pailton, near Rugby	7	350	350
1 Watson, Sir William Renny..............	Glasgow			
George Law..............................	104 New Oxford St., London	7	350	350
2 Webb, William Henry......................	Halifax..........................			
Israel Longworth..........................	Truro	16	800	800
1 Weir, Miss Elizabeth Marion.............	18 Albemarle St., Piccadilly, W........................	5	250	250
1 Weir, Miss Alice Margaret	do do ...	5	250	250
4 Weldon, Mrs. Annie.........................	St. John, N.B.	50	2,500	2,500
Wells, Mrs Jessie Johnston..	Central Park P. O., Vancouver..................	2	100	100
1 Wenham, Francis Herbert	The Beacon, Goldsworth, Woking, Surrey	7	350	350
	Carried forward....	19,033	951,650	951,650

Bank of British North America—Banque de l'Amérique Britannique du Nord.

Names — Noms.	Residence.	Number of Shares. — Nombre d'Actions.	Amount Paid. — Montant payé.	Amount Subscribed. — Montant souscrit.
			£	£
	Brought forward...	19,033	951,650	951,650
1 West, Franklin Seymour Mrs. Claudine May Dalziel George Thomson	Halifax, N.S do Wolfville, N.S	10	500	500
Westcott, Richard	7 Vardens Road, Wandsworth	4	200	200
1 Westlake, John Rev. John William Watson, decea'd Joseph Burton	The River House, Chelsea Embankment, S.W Christ Church Parsonage Folkestone, Kent Woodland Lodge, Blackheath	13	650	650
3 Whatman, George Dunbar	2 Cranley Gardens, S.W.	25	1,250	1,250
Whitaker, Mrs. Emily Charlotte	29 Selborne St., Princes Road, Liverpool	3	150	150
4 Whitaker, William Ingham	Pylewell Park, Lymington, Hants	60	3,000	3,000
4 Whitaker, Benjamin Ingham	Hesley, Hall, Tickhill, Rotherham	50	2,500	2,500
4 Whitaker, John Arthur William Ingham Whitaker	46 Belgrave Square, London, S.W Pylewell Park, Lymington, Hants	61	3,050	3,050
3 White, John Newsom	Rocklands, Waterford	30	1,500	1,500
2 White, Lieut. Godfrey Dalrymple	The Guards' Club, Pall Mall, S.W	20	1,000	1,000
2 White, Mrs. Marianne Veitch	2 Magdala Place, Edinburgh	20	1,000	1,000
4 White, Thomas Robinson	11 King Street, Waterford	53	2,650	2,650
3 White, Mrs. Elizabeth Josephine James Joseph Maclaren Francis Lionel Burder John Winsland Burder	Sion House 5 London Rd., Tunbridge, Kent. 9 Old Square, Lincoln's Inn, W.C 9 Halsey St., Cadogan, Square, W Harcourt Buildings, Temple, E.C	40	2,000	2,000
1 Whitehead, Mrs. Elizabeth	35 Ambler Road, Finsbury Park	10	500	500
3 Whitehead, Mrs. Isabella Louisa	Quebec	29	1,450	1,450
1 Whitley, Mrs. Mabel Diana	Care of National Provincial Bank of England, Limited, 88 Cromwell Road, S.W	5	250	250
Whitman, Arthur Newland, and Mrs. Susan McNeil Whitman	Halifax, N.S	3	150	150
1 Whitton, Mrs. Annie Jane Eliza	2 St. Helen's Place, London, E.C	11	550	550
1 Whyte, James	Wilmot, County of Annapolis, N.S	10	500	500
1 Wickham, Frederic Robert Edward Bazalgette	14 Essex St., Strand Cherney, Lauriston Road, Wimbledon	10	500	500
3 Wickwire, Mrs. Margaret Louisa	Halifax, N.S	26	1,300	1,300
Wickwire, William Nathan	do	2	100	100
1 Wilkes, Mrs. Anna Maria	Elmhurst, Gore Park Avenue, Eastbourne	10	500	500
1 Wilkie, Miss Annabella O'Hara	New Carlisle	8	400	400
1 Wilkie, Miss Margaret Sophia	do	8	400	400
Wilkinson, Miss Gladys Hemminge	241 Shaftesbury Avenue, W.C	4	200	200
	Carried forward...	19,558	977,900	977,900

Bank of British North America—Banque de l'Amérique Britannique du Nord.

Names. — Noms.	Residence.	Number of Shares. — Nombre d'Actions.	Amount Paid. — Montant payé.	Amount Subscribed. — Montant souscrit.
			£	£
	Brought forward...	19,558	977,900	977,900
Wilkinson, Richard, M.D.	26 Parkhurst Road, Holloway, N.	1	50	50
1 Willert, Paul Ferdinand	Headington Hill, Oxford	5	250	250
1 Williams, Isaac Mennell	Oak Villa, St. Mary's Church, Torquay	6	300	300
1 Willis, John	Halifax, N S.	14	700	700
4 Wills, Mrs. Ellen Eliza	Southfield, Hillingdon, Middlesex	136	6,800	6,800
Wilmans, Adolf Philip Arp	14 Flanders Road, Bedford Park, Chiswick	2	100	100
1 Wilson, Mrs. Matilda	Newbottle, Fence Houses, County Durham	} 10	500	500
Samuel Wilson	Fulwell West, House, Sunderland			
1 Wilson, Mrs. Louisa Mary	17 Burlington, Road, London, W.	5	250	250
1 Wilson, John	Parade Quay, Waterford	11	550	550
1 Wilson, Thomas Perceval John Edward Compton-Bracebridge	3 Whitehall Place, Westminster	13	650	650
Wilson, Mrs. Eliza Jane Collingwood	9 The Oaks, Sunderland	3	150	150
1 Winslow, Edward Byron	Fredericton, N.B.	5	250	250
1 Winn, Captain John R. E.	Bermuda	10	500	500
Winter, George Henry	Care of Bank of British North America, Sandon	1	50	50
Winterbourne, Rev. Henry Jackson	Toronto	1	50	50
1 Wiswell, William Henry	Halifax, N.S.	12	600	600
2 Wood, Rev. Edmund, and George Wellesley Hamilton	Montreal	22	1,100	1,100
1 Woodcock, Maj. Gen. Samuel Charles	15 Linden Gardens, London, W.	8	400	400
4 Woodgate, Arthur	9 Brunswick Road, Hove, Brighton	55	2,750	2,750
Woodill, Mrs. Evelina	Halifax, N S.	3	150	150
1 Woollcombe, Miss Ellen	9 Victoria Square, Clifton, Bristol	8	400	400
Worthington, Mrs. Angela Mary	Sparrows Herne, Bushey.	1	50	50
1 Wright, Alfred, M.D., Miss Elizabeth Catherine Wright, and Miss Harriet Wright	4 Glengyle Terrace, Edinburgh	10	500	500
1 Wright, Mrs. Louisa	102 High St., Burton-on-Trent	6	300	300
3 Wybrants, William Geale	Sackville St., Club, Sackville St., Dublin	45	2,250	2,250
3 Wylie, James Leverton	24 Lombard St., E.C.	30	1,500	1,500
Wyllie, Mrs. Mary Janet	Rosslyn House, Derby Road, Burton-on-Trent	2	100	100
Yeoman, Mrs. Elizabeth	Halifax, N S.	3	150	150
Yorston, Frederick Steacy	Truro, N.S.	3	150	150
Yorston, William Gardner	do	4	200	200
Young, Capt. John Owen	Portarlington	4	200	200
Young, James Campbell	27 Highbury Grove, London N.	3	150	150
	Total	20,000	1,000,000	1,000,000

I certify that the above is a correct list of the proprietors as on 31st December, 1897.

A. G. WALLIS,
Secretary.

BANQUE D'HOCHELAGA.

HOCHELAGA BANK.

Valeur de chaque action, $100—Value of Share, $100.

Names. — Noms.	Residence.	Number of Shares. — Nombre d'Actions.	Amount Paid. — Montant payé.	Amount Subscribed. — Montant souscrit.
			$	$
Archambault, Mme Achille	L'Assomption	13	1,300	1,300
Archambault, Paul Wilfrid	Montréal	2	200	200
Archambault, Z	L'Assomption	10	1,000	1,000
Balcer, H. E	Trois-Rivières	10	1,000	1,000
Barreau, Edmond J	Montréal	250	25,000	25,000
Barbeau, Henri	do	82	8,200	8,200
Barrette, Mme Christine	do	2	200	200
Barsalou, Joseph, in trust	do	3	300	300
Beauchemin, C. O., et fils	do	13	1,300	1,300
Beauchemin, H	Sorel	125	12,500	12,500
Beauchemin, Phillippe	do	50	5,000	5,000
Beaudry, A. F. X	Montréal	6	600	600
Beaudry, J. Edouard	do	25	2,500	2,500
Beaugrand, Honoré	do	112	11,200	11,200
Beaumier, H	Vankleek Hill	6	600	600
Béique, F. L	Montréal	35	3,500	3,500
Bélanger, Adolphe	do	25	2,500	2,500
Béliveau-Jacques, Mme Amanda	St-Hyacinthe	26	2,600	2,600
Béliveau, Mme Albertine	Montréal	1	100	100
Béliveau, J. E. Armand, curateur	do	46	4,600	4,600
Bellemare, Raphaël	do	16	1,600	1,600
Bellerose, l'Hon. J. H	St-Vincent de Paul	31	3,100	3,100
Benoit, Mme Marie C	Montréal	110	11,000	11,000
Bernard, Mlle Léontine	Joliette	14	1,400	1,400
Berthelot, Mlle M. Angélique	Montréal	10	1,000	1,000
Bickerdike, Robert	do	275	27,500	27,500
Bohemier, Mme Marguerite	Ste-Anne des Plaines	33	3,300	3,300
Boire, Henri N	Trois-Rivières	12	1,200	1,200
Boucher, Mme P. E	Sorel	8	800	800
Bouillé, J	Deschambault	6	600	600
Bourassa, J. B	Montréal	18	1,800	1,800
Bourdeau, Joseph	do	10	1,000	1,000
Bourdeau-Young, Mme M. Emilie	do	6	600	600
Bourgeois-Lacerte, Mme Adèle	Ottawa	12	1,200	1,200
Bourgoin, J. H	Montréal	1	100	100
Bourque, Dr. E. J	Longue Pointe	15	1,500	1,500
Bowen, Mme Sarita	Beaumont E. M	15	1,500	1,500
Bruchesi, Charles	Montréal	10	1,000	1,000
Burn, William	Trois-Rivières	30	3,000	3,000
Beaudry, Rév. P., in trust	Joliette	10	1,000	1,000
Chaput, Charles	Montréal	125	12,500	12,500
Catana, A	Joliette	10	1,000	1,000
Caron, G	St-Léon	27	2,700	2,700
Caron, Sir Adolphe P., in trust	Ottawa	27	2,700	2,700
Catelli, Angelina Armand	Montréal	6	600	600
Catelli, C. H., in trust	do	1	100	100
Champagne, Alphonse	do	14	1,400	1,400
Chapleau, Z	do	25	2,500	2,500
Chaput, Armand	do	7	700	700
Chaput, Charles, in trust	do	20	2,000	2,000
Chaput, Léandre	Notre Dame de Grâce	33	3,300	3,300
Charlebois, Mlle Ellen M	Montréal	27	2,700	2,700
	Carried forward	1,806	180,600	180,600

Banque d'Hochelaga—Hochelaga Bank.

Names. — Noms.	Residence.	Number of Shares. — Nombre d'Actions.	Amount Paid. — Montant payé.	Amount Subscribed. — Montant souscrit.
			$	$
	Brought forward...	1,806	180,600	180,600
Charlebois, Romuald	Montréal	15	1,500	1,500
Chevrefils, Rev. G.	Ste-Anne de Bellevue	25	2,500	2,500
Collette, Mme Cordélia	Montréal	15	1,500	1,500
Constant, Liboire	Vaudreuil	37	3,700	3,700
Corbeil, Avila	Montrèal	37	3,700	3,700
Corporation, La, du College de l'Assomption	L'Assomption	48	4,800	4,800
Couture, J. D.	Montréal	7	700	700
Crépeau, F. G.	do	5	500	500
Crowley, Mme Jas. J.	Notre-Dame de Grâce	1	100	100
Cunningham, Edward	Montréal	18	1,800	1,800
Cyr, Barnabé	Ste-Marthe	10	1,000	1,000
Dagenais, Mlle Alphonsine	Montréal	15	1,500	1,500
Dalcourt, Mme Nathalie	Joliette	5	500	500
Dastous. E.	do	15	1,500	1,500
Dauth, Rév. Louis Elie	St-Léonard d'Aston	50	5,000	5,000
David, Alphonse	Montréal	56	5,600	5,600
David, Alphonse, en fidei C.	do	54	5,400	5,400
David, Mme Eugénie	do	30	3,000	3,000
David, J. Arthur	do	30	3,000	3,000
David, J. Horace	do	30	3,000	3,000
David, Mme Louisa	do	30	3,000	3,000
David, Ludger	do	30	3,000	3,000
.David, Rév. Emile	do	30	3,000	3,000
Décary, A. C.	do	5	500	500
Deguise, Mme Ursule	St-Henri de Montréal	6	600	600
Delisle, Mme Adeline	Montréal	85	8,500	8,500
DeLorimier, A. E.	do	42	4,200	4,200
DeLorimier, Mme M.	do	5	500	500
Denoncourt, N. L.	Trois-Rivières	20	2,000	2,000
Desaulniers, Mme Mathilde B.	Ottawa	20	2,000	2,000
Desaulniers, Joseph, ptre.	Salida, Colorado	7	700	700
Desforges, Pierre	Montréal	1	100	100
Desmarais, L. J. C.	L'Assomption	13	1,300	1,300
Desnoyers, l'Hon. M. C.	Montréal	5	500	500
Dobell, Henry	do	5	500	500
Drolet, Mme Cornélie	do	10	1,000	1,000
Dubreuil, Féréol	do	22	2,200	2,200
Duchastel, Mme Anita	do	18	1,800	1,800
Dufresne, Athanase	Deschambault	10	1,000	1,000
Duhamel, Mme Blanche G.	Montréal	2	200	200
Dumas, Arthur	do	38	3,800	3,800
Durocher, L. B.	do	40	4,000	4,000
Elliott, J.	do	11	1,100	1,100
Ethier, Lindor	Sorel	15	1,500	1,500
Forget, L. J. & Cie	Montréal	11	1,100	1,100
Faribault, Mme Veuve V. E.	L'Assomption	7	700	700
Faribault, Jos. Ed.	do	8	800	800
Farmer, Frank	Ste-Marthe, Qué	4	400	400
Filiatrault, Dr. Flavien, tuteur	Montréal	2	200	200
Fiske, Edward	Joliette	50	5,000	5,000
Fitzpatrick, Catherine Neagle, exec'trs	Montréal	20	2,000	2,000
Flaherty, Mlle Anna O.	Notre-Dame de Grâce	1	100	100
Fleury, G.	St-Léon	27	2,700	2,700
Fortier, S.	Valleyfield	18	1,800	1,800
Foucher, Mme Eugénie	Montréal	66	6,600	6,600
Foucher, Mme M. V.	Joliette	2	200	200
Frigon, J. A.	St-Prosper	6	600	600
Gadoury, Isaac	Joliette	5	500	500
Gadoury, Moïse	Ste-Elizabeth	12	1,200	1,200
Gagnon, G. Arnoldi, ex. test.	Montréal	22	2,200	2,200
	Carried forward...	3,040	304,000	304,000

Banque d'Hochelaga—Hochelaga Bank.

Names. — Noms.	Residence.	Number of Shares. — Nombre d'Actions.	Amount Paid. — Montant payé.	Amount Subscribed. — Montant souscrit.
			$	$
	Brought forward...	3,040	304,000	304,000
Galarneau, M. C	Montréal	13	1,300	1,300
Gauthier, Léandre	do	5	500	500
Galarneau, Mme Veuve Ed	L'Assomption	12	1,200	1,200
Gentle, Anna H., curatrice	Montreal	20	2,000	2,000
Gernon, Gérald D	St-Benoit	6	600	600
Giroux, C. A	Montreal	12	1,200	1,200
Glackmeyer, Auguste	do	41	4,100	4,100
Glackmeyer, Mme. E. S	do	25	2,500	2,500
Glackmeyer, Mme. Victorine A	do	41	4,100	4,100
Glackmeyer, J. C	do	76	7,600	7,600
Gravel, Arthur	do	10	1,000	1,000
Gravel, Duquette & Duhamel	do	25	2,500	2,500
Grothé, Théodore A	do	12	1,200	1,200
Groulx, Fabien	do	20	2,000	2,000
Guillet, E	Marieville, Q	62	6,200	6,200
Guy, Mme J. F. S	Montréal	56	5,600	5,600
Guy, M. P	do	50	5,000	5,000
Hamilton, Mme Caroline M	do	21	2,100	2,100
Hébert dit Lecompte, Mme. Philomène, usufruitière	do	25	2,500	2,500
Hipp, E. G	Buckingham, Q	50	5,000	5,000
Hurtubise, Edwin	Montréal	56	5,600	5,600
Hurtubise, Isaïc	Notre Dame de Grâce	10	1,000	1,000
Holmes, Mme. Eliza	Montréal	40	4.000	4,000
Jeannotte, H	do	16	1,600	1,600
Labelle, Cyrille	Sorel	30	3,000	3,000
Lacoste, J. C	Montréal	18	1,800	1,800
Lacroix, E	Quebec	70	7,000	,7000
La Banque d'Epargne de la Cite du district de Montreal	Montréal	1,663	166,300	166,300
Laforest, F	do	5	500	500
Lamontagne, Léandre	do	13	1,300	1,300
Lamothe, Gustave	do	11	1,100	1,100
Lamy, P	do	18	1,800	1,800
Languedoc, Alphonse	do	56	5,600	5,600
Larocque, A. A., in trust	Joliette	18	1,800	1,800
Larue, J.-Bte	Montréal	27	2,700	2,700
Latraverse, J.F R	Sorel	10	1,000	1,000
Lavigne, Anthime	Montréal	6	600	600
Lazure, L. P	St. Remi	63	6.300	6,300
Lebel, Joseph P	Montréal	140	14,000	14,000
Lebel, J. P., in trust	do	1	100	100
Leclaire, Alphonse	do	13	1,300	1,300
Leclaire, Bruno	Sorel	25	2,500	2,500
Leduc, J. Antoine Achille	Bécancour	70	7,000	7,000
Leduc, Edouard	Montréal	5	500	500
Lemaire, Melle Jeanne	Ste. Marguerite du lac Masson	12	1,200	1,200
Lemay, Eustache H	Montréal	50	5,000	5,000
Lemieux, Rodolphe	do	22	2,200	2,200
Lemire, Elie	L'Assomption	13	1.300	1,300
Lespérance, Alphonse	Montréal	15	1,500	1,500
Lespérance, Mme M. E. R. de L	Longueuil	26	2,600	2.600
Letang, Anselme, tuteur	Montréal	32	3,200	3,200
Letang, Charlebois Mme S	do	32	3,200	3.200
Letang, Letang & Cie	do	90	9,000	9,000
Letondal, Arthur	do	17	1,700	1,700
Letondal, Mlle Marie S	do	18	1,800	1.800
Levesque, Mme Vve Delphine	do	13	1,300	1,300
Laforce, Evariste	Boucherville	6	600	600
Meredith & Co., Chas	Montréal	10	1,000	1,000
	Carried forward...	6,362	636,200	636,200

Banque d'Hochelaga—Hochelaga Bank.

Names. — Noms.	Residence.	Number of Shares. — Nombre d'Actions.	Amount Paid. — Montant payé.	Amount Subscribed. — Montant souscrit.
			$	$
	Brought forward...	6,362	636,200	636,200
McGillis, A. D	Montréal	5	500	500
McGillis, A. D , in trust	do	5	500	500
Macdonald, Hon. D. A., trustee	do	80	8,000	8,000
Magnan, A	Joliette	5	500	500
Martel, L. Z	L'Assomption	5	500	500
Martin, Moïse	Montréal	37	3,700	3,700
Mathieu frères	do	10	1,000	1,000
Mazotte, Mme F. X	do	28	2,800	2,800
Melançon, Arthur	do	26	2,600	2,600
Mercier, Rolland Mme Alexina	do	13	1,300	1,300
Monette, Chas	do	50	5,000	5,000
Mongenais, J. B. A	do	10	1,000	1,000
Montreal St. Patrick Orphan Asylum	do	135	13,500	13,500
Morasse, Louis	Sorel	62	6,200	6,200
Moreau, Ulrich, enfants de	Montréal	12	1,200	1,200
Morin, A. O. & Cie	do	43	4,300	4,300
Morin, L. E., sr	Longueuil	5	500	500
Morris, David	Ste-Thérèse	35	3,500	3,500
Nantel-Tasse, Mme Emma	Montréal	10	1,000	1,000
Normandin, Bruno	Longueuil	13	1,300	1,300
Normandin-Rosseau, Mme Marie A. E	do	31	3,100	3,100
Ouimet, David	Montréal	12	1,200	1,200
Ouimet, Telesphore	St. Vincent de Paul	3	300	300
Pagé, Charles	Montreal	20	2,000	2,000
Pambrun, W. H	Winnipeg, Man	6	600	600
Papineau, C. Denis, tuteur	Montreal	2	200	200
Papineau, N	St-Thimothé, Que	27	2,700	2,700
Paquette, Jean	Montréal	12	1,200	1,200
Parent, Isidore	Joliette	8	800	800
Patenaude, N. F., in trust	Sorel	5	500	500
Pepin, H. P., in trust	Montréal	13	1,300	1,300
Pominville, Mme Vve J. E., usufruitière	St-Vincent-de-Paul	13	1,300	1,300
Pontbriand, A. E , in trust	Sorel	50	5,000	5,000
Pouliot, Alphonse	Québec	13	1,300	1,300
Préfontaine, Euclide	Belœil	13	1,300	1,300
Prendergast, M. J. A	Montréal	20	2,000	2,000
Prevost, Mme Thérèse	Ste-Geneviève deBatiscan	1	100	100
Price, James	Montréal	78	7,800	7,800
Raza, Alphonse	do	62	6,200	6,200
Rainville, Mme Eugénie Archambault	do	2	200	200
Raymond, C. P	do	5	500	500
Renaud, Joseph E	do	5	500	500
Rhéaume, Napoléon	do	12	1,200	1,200
Richard, Joseph	Joliette	62	6,200	6,200
Ritchot, Narcisse	Montréal	6	600	600
Roberts, Alice Mary	Merrickville	1	100	100
Robitaille, A. and Cie	Montréal	13	1,300	1,300
Robitaille, Louis	Joliette	4	400	400
Rolland, Mlle Blanche	Montréal	1	100	100
Rolland, Hon. J. Damien	do	62	6,200	6,200
Rolland, Léon	do	1	100	100
Rolland, Mlle Ludivine	do	11	1,100	1,100
Rolland, Mlle Maria	do	1	100	100
Roy, Adolphe	do	36	3,600	3,600
Roy, Adolphe V	do	250	25,000	25,000
Roy, Arthur	do	150	15,000	15,000
Roy, F. X	do	50	5,000	5,000
St-Charles, François Xavier	do	62	6,200	6,200
St-Cyr, Alfred	do	27	2,700	2,700
St-Denis, Edouard	do	150	15,000	15,000
St-Louis, Emmanuel	do	143	14,300	14,300
	Carried forward...	8,394	839,400	839,400

Banque d'Hochelaga—Hochelaga Bank.

Names. — Noms.	Residence.	Number of Shares. — Nombre d'Actions.	Amount Paid. — Montant payé.	Amount Subscribed. — Montant souscrit.
			$	$
	Brought forward...	8,394	839,400	839,400
Serecold, Mme. Georgina and Mme. Maria H. Coursol, tutrice	Montreal	2	200	200
Simard, N. Charles	do	18	1,800	1,800
Slack, Robert	do	35	3,500	3,500
Smith, Mme Estelle	do	10	1,000	1,000
Spence, Mme. Clara Louise	do	1	100	100
Sylvestre, C. A	do	18	1,800	1,800
Succession, D. Allard	St-Henri de Mascouche	2	200	200
Succession, D. Archambault	St-Lin	50	5,000	5,000
Succession, Louis Archambault	Montréal	22	2,200	2,200
Succession, C. G. Belisle	do	2	200	200
Succession, Guillaume Cheval	St-Hiliare, Q	10	1,000	1,000
Succession, Jacques Desautels	Montréal	10	1,000	1,000
Succession, Edouard Desjardins, jr	do	11	1,100	1,100
Succession, Arthur Dubuc	do	33	3,300	3,300
Succession, Mme. L. S. F. Fontaine	Joliette	21	1,700	1,700
Succession, L. R. Fortier	Louiseville	11	1,100	1,100
Succession, Jules Labine	Montréal	27	2,700	2,700
Succession, A. J. Lacourcière	St-Stanislas de Batisçan	13	1,300	1,300
Succession, Claude Melancon	Montréal	212	21,200	21,200
Succession, Louis Monat	do	20	2,000	2,000
Succession, George Pagnan	St-Ours	20	2,000	2,000
Succession, Elie Plante	Montréal	30	3,000	3,000
Succession, Joseph D. Rivest	L'Assomption	6	600	600
Succession, Dominique Rotaire	Montréal	30	3,000	3,000
Succession, Séraphin St. Onge	do	74	7,400	7,400
Succession, Robert Simpson	St-Andrews, Qué	54	5,400	5,400
Succession, Louis Tourville	Montréal	10	1,000	1,000
Succession, Edouard C. Wurtele	Sorel	60	6,000	6,000
Succession, Mme. V. S. Yale	Montréal	11	1,100	1,100
Taschereau, Hon. Henri Elzéar	Ottawa	17	1,700	1,700
Tellier, J. M	Joliette	6	600	600
Tellier, Z	do	3	300	300
Terroux, Arthur, in trust	Montréal	5	500	500
Tessier, Jos	do	11	1,100	1,100
Thérien, Louis C.T. Rev., ex. et adm	do	25	2,500	2,500
Thibaudeau, Gédéon	Carillon	15	1,500	1,500
Thivierge, Mme Sophie	Montréal	105	10,500	10,500
Thivierge, Mme Sophie, usufruitière	do	105	10,500	10,500
Tranchemontagne, C. X	do	41	4,100	4,100
Trempe, L. T	Sorel	160	16,000	16,000
Turner, Alfred	Toronto, Ont	2	200	200
Turpin & Cie, W. J	Montréal	20	2,000	2,000
Vadnait, Louis	St Cuthbert	17	1,700	1,700
Vaillancourt, Benjamin	Montréal	26	2,600	2,600
Vaillancourt, J. Arthur	do	125	12,500	12,500
Villeneuve, J. O	do	15	1,500	1,500
West, James	do	3	300	300
Winter, Mme Jane M	Baie de Chaleurs	23	2,300	2,300
Wurtele, Arthur, S. C	Albany, N.Y	38	3,800	3,800
Wurtele, Chas. J. C., in trust	Sorel	20	2,000	2,000
Wurtele, E. C	do	1	100	100
	Total	10,000	999,600	999,600

Certifié correct,

M. J. A. PRENDERGAST,
Gérant Général.

MONTRÉAL, 31 décembre 1897.

LA BANQUE JACQUES-CARTIER.

THE JACQUES CARTIER BANK.

Valeur de chaque action, $25—Value of share, $25.

Names. — Noms.	Residence.	Number of Shares. — Nombre d'Actions.	Amount Paid. — Montant payé.	Amount Subscribed. — Montant souscrit.
			$	$
Amesse, B., estate	Montréal	17	425	425
Arcand, L. J. U	Bécancour	45	1,125	1,125
Archambault, Auguste	Montréal	8	200	200
Archambault, Eugénie	do	3	75	75
Archambault, F. A	New-York	5	125	125
Archambault, Gaspard	Montréal	8	200	200
Archambault, Hermine	Trois-Rivières	8	200	200
Archambault, P. A. O	Montréal	64	1,600	1,600
Archambault, P., estate	L'Assomption	32	800	800
Archambault, Sarah	Montréal	8	200	200
Archambault, Wilfrid	do	3	75	75
Armand, Eléonore	do	1	25	25
Armand, l'Hon. J. F	Rivière des Prairies	4	100	100
Auclair, Rév. M	Montréal	410	10,250	10,250
Aumond, Alphonse	do	100	2,500	2,500
Baillargé, F	Québec	32	800	800
Baptist, Eliza F	Trois-Rivières	6	150	150
Barbeau, H	Montréal	1	25	25
Barrette, Amédée	do	21	525	525
Barsalou, Erasmé	do	3	75	75
Bayeur, Godfroid	Berthier	25	625	625
Beauchemin, L. J. O	Montréal	400	10,000	10,000
Beaudry, Emma Zaïde	do	403	10,075	10,075
Beaudry, Josephine Ida	do	403	10,075	10,075
Beaudry, J. E	do	292	7,300	7,300
Beaudry, J. L., estate	do	220	5,500	5,500
Beaudry, Marguerite	do	19	475	475
Beaudry, Polyxéne	do	403	10,075	10,075
Béliveau, Joseph	St. Gabriel de Brandon	39	975	975
Bélisle, Sévère, estate	Deschambault	9	225	225
Bellerose, H. A	St-Vincent de Paul	1	25	25
Bellerose, l'Hon. J. H	do	4	100	100
Bernard, Dr. A. A	St-Henri-de-Montréal	153	3,825	3,825
Bernard, L. A	Montréal	27	675	675
Bernard, J. M	Cap Santé	9	225	225
Bertrand, Solime, estate	St-Mathias	4	100	100
Bienvenu, Tancrède	Montréal	61	1,525	1,525
Bienvenu, Tancrède, in trust	do	64	1,600	1,600
Biron, Ed., succ	do	65	1,625	1,625
Bissonnette, Esdras	Les Cèdres	3	75	75
Bissonnette, François, sr	do	5	125	125
Boucher de la Bruère, l'Hon	Québec	6	150	150
Bourgault, Benjamin	Longue Pointe	1	25	25
Bourret, Caroline	Montréal	4	100	100
Boyer, J. A. T	do	24	600	600
Boyer, J. A. C	do	24	600	600
Boyer, L. A	do	23	575	575
Boyer, M. E. C	do	24	600	600
Boyer, M. L. A	do	23	575	575
Brière, Angèlique	do	32	800	800
	Carried forward	3,549	88 725	88,725

La Banque Jacques-Cartier—The Jacques Cartier Bank.

Names. — Noms	Residence.	Number of Shares. — Nombre d'Actions.	Amount Paid. — Montant payé.	Amount Subscribed. — Montant souscrit.
			$	$
	Brought forward	3,549	88,725	88,725
Brown, William, estate	Montréal	4	100	100
Brosseau, Dr. A. T.	do	46	1,150	1,150
Burke, Michael	do	25	625	625
Burland, G. B.	do	32	800	800
Bussell, T. W.	Verdun	30	750	750
Bouvier, Arthur	Ste-Cunégonde	365	9,125	9,125
Caisse d'Economie Notre-Dame de Q., in trust	Québec	255	6,375	6,375
Cameron, J. H.	Montréal	3	75	75
Campion, Ellen	do	5	125	125
Caswell, J. N.	Belœil	20	500	500
Chapdelaine, J. B.	Joliette	2	50	50
Chapleau, Z.	Montréal	114	2,850	2,850
Charlebois, Aurelle	do	5	125	125
Charles, Walter, estate	do	114	2,850	2,850
Cholette, J. C.	do	2	50	50
Collin, N. & Cie	do	99	2,475	2,475
Comte, Adélaïde	do	10	250	250
Comte, J. H. D.	do	23	575	575
Comte, L. J. A.	do	23	575	575
Copland and Company	do	7	175	175
Corporation Episcopale Catholique R. de Montreal	do	12	300	300
Corporation du Seminaire St-Joseph	Trois-Rivières	112	2,800	2,800
Coursol, C. J. Q.	Montréal	1	25	25
Coursol, M. H.	do	1	25	25
Courtemanche, Ab., estate of	do	12	300	300
Cressé, A. P.	Trois-Rivières	80	2,000	2,000
Dacier, Joseph, estate	Iberville	14	350	350
Defoy, Emma	Montréal	17	425	425
Delvecchio, P. A., in trust	Longueuil	28	700	700
De Martigny, A.	Montréal	120	3,000	3,000
De Martigny, A., jr.	do	2	50	50
De Martigny, Juliette	do	2	50	50
Demers, Rév. J. B.	Longueuil	172	4,300	4,300
Deschamps, Clément	Lachine	2	50	50
Desjardins, l'Hon. Alph	Montréal	1,499	37,475	37,475
Desjardins, Hortense, B.	do	43	1,075	1,075
Desjardins, Joséphine M.	do	12	300	300
Desjardins, Hubert	do	278	6,950	6,950
Desmarteau, Charles	do	302	7,550	7,550
Dessaulles, F. Lemau	St-Hyacinthe	2	50	50
Drake, W.	Montréal	100	2,500	2,500
Drake, Celina W.	do	50	1,250	1,250
Ducharme, G. N.	do	410	10,250	10,250
Duchesneau, H.	do	60	1,500	1,500
Duchesneau, Julie	do	63	1,575	1,575
Duchesnois, Dr. N.	Varrennes	44	1,100	1,100
Dufort, H.	Montréal	9	225	225
Dumouchel, Marie B.	do	38	950	950
Delisle, A. S.	Ste-Cunégonde	200	5,000	5,000
Eglauch, W. M.	Montréal	150	3,750	3,750
Ethier, H. H.	Laurentides	620	15,500	15,500
Ethier, Jude	do	40	1,000	1,000
Faribault, Dr. Chs. T.	L'Assomption	15	375	375
Filiatreault, F., Es-qualité	Montréal	24	600	600
Filiatreault, F. and L. Dumouchel, ex-test	do	62	1,550	1,550
Fissiault, H. A.	Ottawa	57	1,425	1,425
Fitzpatrick, Kate	Montréal	5	125	125
Forget, Rodolphe	do	555	13,875	13,875
Fortier, Nicholas	do	21	525	525
	Carried forward	9,967	249,175	249,175

La Banque Jacques-Cartier—The Jacques Cartier Bank

Names — Noms.	Residence.	Number of Shares. — Nombre d'Actions.	Amount Paid. — Montant payé.	Amount Subscribed. — Montant souscrit.
			$	$
	Brought forward...	9,967	249,175	249,175
Fortin, Suzanna	Montréal	19	475	475
Franchère, C. Laura	do	31	775	775
Fréchette, M. Antoinette	Quebec	4	100	100
Galarneau, Ed., estate	Montréal	12	300	300
Gareau, O. Elmire	Longueuil	20	500	500
Gatignol, Jean, estate	Chambly-Canton	1	25	25
Gauthier, Léandre	Montréal	4	100	100
Gauthier, Thos.	do	125	3,125	3,125
Gauvreau, C.	Terrebonne	4	100	100
Gentle, W. S.	Montréal	40	1,000	1,000
Gibb, Clarinda H	do	22	550	550
Grioux, C. T	Les Cèdres	7	175	175
Giroux, Malvina	St. Eustache	2	50	50
Glackmayer, Victorine A.	Montréal	113	2,825	2,825
Gravel, E. H	do	7	175	175
Grenier, Jacques	do	45	1,125	1,125
Grenier, M. A	do	5	125	125
Greene, Geo. A	do	50	1,250	1,250
Grotz, Xavier	do	34	850	850
Guy, Julie F.	do	205	5,125	5,125
Guerin, Michael	do	60	1,500	1,500
Hamelin, A. S.	do	560	14,000	14,000
Harcourt, Chs. A.	do	2	50	50
Hingston, Sir Wm H.	do	100	2,500	2,500
Huot, C. H. V.	Belœil	68	1,700	1,700
Huot, Lucien, in trust	Montréal	7	175	175
Huot, T. A.	Belœil	46	1,150	1,150
Hurlbut, Chs. E	Frelighsburg	34	850	850
Hurtubise, Isaïe	Westmount	34	850	850
Johnson, Mrs. Philippe	St-Mathais	9	225	225
Labelle, Revd. A., estate, in trust.	St-Felix de Valois	45	1,125	1,125
Labelle, Revd. A., estate, in trust	do	160	4,000	4,000
La Communauté des Sœurs de la Charité de l'Hopital Général	Montréal	19	475	475
Lacroix, Ed	Quebec	150	3,750	3,750
Lafleur, Ed	Montréal	170	4,250	4,250
Lapierre, Z	do	19	475	475
Laporte, H.	do	200	5,000	5,000
Larose, Anatole	do	155	3,875	3,875
Larose, S. A.	do	50	1,250	1,250
Latour, Pierre	do	4	100	100
Lavie, Geo A.	New York	22	550	550
Laviolette, Dumont	Montréal	332	8,300	8,300
Laviolette, G., estate	do	59	1,475	1,475
Laviolette, Hon. J. G.	do	200	5,000	5,000
Laviolette, J. Gustave	do	200	5,000	5,000
Laviolette, C. A., M.D.	do	177	4,425	4,425
Layton, Mary R	Lachine	11	275	275
Lebel, J. P.	Montréal	60	1,500	1,500
LeBlanc, Ed	L'Epiphanie	19	475	475
Leclaire, Frs.	St-Hyacinthe	22	550	550
Leduc, Joël, estate.	Montréal	778	19,450	19,450
Lenfesty, Louisa M	Hamilton	24	600	600
Les Sœurs de l'Asile de la Providence	Montréal	64	1,600	1,600
Les Religieuses de la Charité, Notre-Dame du Bon Pasteur	do	12	300	300
Letourneau, Rose	St-Rémi	22	550	550
Levesque, Delphine	Montréal	41	1,025	1,025
Levy, Rosetta	Taunton, England	58	1,450	1,450
Levy, J. C. E	Montréal	16	400	400
	Carried forward....	14,726	368,150	368,150

La Banque Jacques-Cartier—The Jacques Cartier Bank.

Names. / — / Noms.	Residence.	Number of Shares. — Nombre d'Actions.	Amount Paid. — Montant payé.	Amount Subscribed. — Montant souscrit.
			$	$
	Brought forward...	14,726	368,150	368,150
Levy, J. C. E., es-qualité	Montreal	16	400	400
Levy, Henri T	do	16	400	400
Levy, Henriette	do	16	400	400
Lindsay, Alfred J	do	11	275	275
Loiselle, Lucie	do	50	1,250	1,250
Lupien, Virginie	do	3	75	75
Mailhiot, Dr. A., estate	do	50	1,250	1,250
Mailhiot, l'hon. H. G	Aylmer	11	275	275
Malo, Frs	St-Eustache	4	100	100
Marcoux, Adèle	Les Cèdres	5	125	125
Marcoux, Josephte	do	5	125	125
Marquette, Philoméne	St-Hyacinthe	5	125	125
Marin, O., and L. H. Davidson, ex. test.	Montréal	163	4,075	4,075
Marin, O., in trust for L. H. Toupin	do	44	1,100	1,100
Marin, O., in trust for Mrs. L. H. Toupin	do	64	1,600	1,600
Marin, O., in trust for Mrs. L. H. Toupin and children	do	160	4,000	4,000
Marsolais, Exerine	do	9	225	225
Marsolais, Exilda	do	3	75	75
Martel, J. Z	L'Assomption	73	1,825	1,825
Martineau, O	Montréal	100	2,500	2,500
Masson, Aimé	Terrebonne	10	250	250
Massue, Jos., estate	Montréal	65	1,625	1,625
Mathieu, Zoé	Grondines	38	950	950
Macfarlane, Cecilia	Montréal	10	250	250
Melançon, C., estate	do	79	1,975	1,975
Melançon, Arthur	St-Ambrose-de-Kildare	5	125	125
Meredith & C. Co	Montréal	858	21,450	21,450
Meredith, Margaret F	do	11	275	275
Molleur, Auglare	do	32	800	800
Moreau, L. A., estate	do	32	800	800
Morin, Rev. J. B	do	173	4,325	4,325
Mount, Mary Jane, in trust	do	9	225	225
Murison, Mary	New Carlisle	3	75	75
Nichols, J. H	Montréal	2	50	50
Papineau, C. D., tutor	do	7	175	175
Papineau, Narcisse	St-Thimothé	68	1,700	1,700
Paquette, Elizabeth	Québec	36	900	900
Paquin, J. R.	Montréal	50	1,250	1,250
Pauzé, Urgel	do	100	2,500	2,500
Pelletier, M. Josephine	do	1	25	25
Perreault, J. X	do	243	6,075	6,075
Perreault, Z., estate	Chateauguay	43	1,075	1,075
Perreault, Delima	Lachine	6	150	150
Picault, Melanie	Montréal	32	800	800
Prévost, Mde Amable	do	17	425	425
Prévost, A. O. Alex	do	5	125	125
Prévost, Chas. A. G	do	6	150	150
Prêvost, E. H. Armand	do	8	200	200
Prévost, Ls. Romeo	do	3	75	75
Prévost, M. E. Adèle	do	7	175	175
Prévost, M. R. Berthe	do	5	125	125
Prévost, T. B. Hector	do	6	150	150
Prévost, Octave	do	1	25	25
Prévost, Hon. W	St-Jérôme	19	475	475
Provencher, J. N., estate of	Montréal	2	50	50
Provost, Philomène	do	8	200	200
Racette, J. B., estate	L'Epiphanie	25	625	625
Raymond, Dame M. A. A. L	St-Hyacinthe	2	50	50
Renaud, Hon. Ls., estate	Montréal	65	1,625	1,625
Ricard, Dr. A. J. A	do	13	325	325
	Carried forward...	17,639	440,975	440,975

La Banque Jacques-Cartier—The Jacques Cartier Bank

Names. — Noms.	Residence.	Number of Shares. — Nombre d'Actions.	Amount Paid. — Montant payé.	Amount Subscribed. — Montant souscrit.
			$	$
	Brought forward...	17,639	440,975	440,975
Robert, Antoine, es-qualité	Montréal	8	200	200
Rolland, C. O., estate	do	8	200	200
Roy, Adolphe	do	1,062	26,550	26,550
Roy, A. V.	do	400	10,000	10,000
Roy, Arthur	do	400	10,000	10,000
Saunders, A.	London, Eng.	100	2,500	2,500
Simard, Mrs. L. A	Montréal	4	100	100
Spence, Blanche H.	do	2	50	50
Spence, Clara Louise	do	6	150	150
Stuart, E.H. & H.L. Snowdon, trustees.	do	5	125	125
St-Dizier, H.	do	5	125	125
Taché, Adèle	Québec	3	75	75
Terroux, C. A., estate	Montréal	65	1,625	1,625
Thériault, J. B.	Lévis	28	700	700
Therien, C., estate	Montréal	34	850	850
Turcot, Seraphin, estate	do	4	100	100
Tylee, Gertrude	do	30	750	750
Valois, A.	do	4	100	100
Vauthier, Marie	do	36	900	900
Viau, Mrs. Louis	do	8	200	200
Viger, Mrs. A. F.	L'Assomption	1	25	25
Villemaire, L. D., estate	Montréal	57	1,425	1,425
Villeneuve, Félix	St-Henri de Mascouche	2	50	50
Waters, J. R., estate	Les Cèdres	7	175	175
Wilson, Hon. Chas., estate	Montréal	80	2,000	2,000
Young, Agnes	Ottawa	2	50	50
	Total	20,000	500,000	500,000

We declare that the above return is made up from the books of the bank, and that to the best of our knowledge and belief it is correct.

TANCREDE BIENVENU,
Gen. Manager.

ALPH. DESJARDINS,
President.

MONTREAL, 31st December, 1897.

THE MERCHANTS BANK OF CANADA.

LA BANQUE DES MARCHANDS DU CANADA.

Value of share, $100—Valeur de chaque action, $100.

Names. — Noms.	Residence.	Number of Shares. — Nombre d'Actions.	Amount Paid. — Montant payé.	Amount Subscribed. — Montant souscrit.
			$	$
Abbott, Sir J. J. C., estate of	Montreal	215	21,500	21,500
Abbott, Mrs. Wm., executors of	do	67	6,700	6,700
Abbott, Mrs. Margaret A	Vancouver, B.C	1	100	100
Abbott, Lady Mary M	Montreal	25	2,500	2,500
Acadia Fire Insurance Co	Halifax	100	10,000	10,000
Acheson, Alexander W.	Montreal	46	4,600	4,600
Ainley, Mrs. Margaret	Almonte, Ont	7	700	700
Aitken, Alexander M	London, England	45	4,500	4,500
Alcorn, Samuel	Toronto	35	3,500	3,500
Alexander, Charles	Montreal	130	13,000	13,000
Alexander, Mrs. Mary A	do	20	2,000	2,000
Allan, Andrew A., in trust for Isabella H. Allan	do	1	100	100
Allan, Andrew A., in trust for A. H. Allan	do	4	400	400
Allan, Andrew, Alex. Allan and Lord Mount Stephen, in trust for B. R. Allan	do	318	31,800	31,800
Allan, Andrew, in trust for Mrs. J. C. Brydges	do	141	14,100	14,100
Allan, Alexander R., trustees of	do	473	47,300	47,300
Allan, Hugh A., Alex. Paterson and A. A. Mackenzie, trustees	do	100	10,000	10,000
Allan, Mrs. Charlotte E	do	27	2,700	2,700
Allan, H. Montagu	do	1,382	138,200	138,200
Allan, Bryce J	Boston, Mass	700	70,000	70,000
Allan, Hugh A. and Andrew A., in trust for Mrs. I. B. Meredith	Montreal	27	2,700	2,700
Allan, Hugh A	do	7	700	700
Allan, Mrs. Margaret E	do	62	6,200	6,200
Allan, Miss Matilda I	Cobourg, Ont	30	3,000	3,000
Allan, John B	Montreal	156	15,600	15,600
Allan, Robert A	do	104	10,400	10,400
Allan, William A.. in trust	Ottawa	27	2,700	2,700
Allan, Archibald A	Montreal	100	10,000	10,000
Allan, Andrew	do	963	96,300	96,300
Allan, Andrew, in trust for Mrs. J. S. Allan	do	7	700	700
Allan, Andrew, in trust for Mrs. W. H. Benyon	do	5	500	500
Allan, Andrew, in trust for Mrs. F. H. Brydges	do	6	600	600
Allan, Andrew, in trust for Mrs. Isabel S Paterson	do	1	100	100
Allan, John R	Ottawa	12	1,200	1,200
Allan, Andrew A	Montreal	29	2,900	2,900
Allan, Andrew A., in trust for Charlotte E. Allan	do	4	400	400
Allanby, Frederick G	Galt	30	3,000	3,000
Alloway, W. F., in trust	Winnipeg, Man	52	5,200	5,200
	Carried forward	5,459	545,900	545,900

The Merchants Bank of Canada—La Banque des Marchands du Canada.

Names. — Noms.	Residence.	Number of Shares. — Nombre d'Actions.	Amount Paid. — Montant payé.	Amount Subscribed. — Montant souscrit.
			$	$
	Brought forward...	5,459	545,900	545,900
Almon, Mrs. Frances A. M.	Halifax, N.S.	15	1,500	1,500
Anderson, Mrs. Annie	Montreal	40	4,000	4,000
Anderson, Jacob D	Abercorn, Que	6	600	600
Anderson, Robert, estate of	Montreal	151	15,100	15,100
Anderson, Robert, President, in trust	do	25	2,500	2,500
Anderson, Robert D	do	14	1,400	1,400
Anderson, Miss Septima	do	20	2,000	2,000
Anderson, Revd. Canon William	do	4	400	400
Anderson, Walter N	Toronto	113	11,300	11,300
Anderson, Mrs. Ann E	Montreal	100	10,000	10,000
Andrews, Mrs. Annie M	Quebec	2	200	200
Angers, Hon. Auguste R.	Montreal	6	600	600
Antrobus, Miss Annie	Berthier en haut	2	200	200
Antrobus, Miss Charlotte	do	7	700	700
Archambault, Hon. Louis, estate	Montreal	20	2,000	2,000
Archbald, Henry, estate late Baroness Van Freisen	do	250	25,000	25,000
Archbald, Miss Louisa G.	do	10	1,000	1,000
Archbald, Henry, in trust for R. Hill.	do	43	4,300	4,300
Archbald, Henry, in trust for Jane E. Hill	do	44	4,400	4,400
Archibald, Mrs. Margaret	North Sydney, C.B.	10	1,000	1,000
Archibald, Sir A. G., estate	Halifax	26	2,600	2,600
Archibald, Mrs. Florence A	Truro, N.S.	4	400	400
Archbold, Francis H. W.	Halifax	2	200	200
Armour, John	Perth	31	3,100	3,100
Armstrong, Mrs. Fanny S	Wilsford, N. S	4	400	400
Armstrong, Rev. John	Valleyfield, Que	10	1,000	1,000
Armstrong, Louis and E. A. Whitehead, executors	Montreal	80	8,000	8,000
Armstrong, Mrs. Margaret C	New York	30	3,000	3,000
Arnott, Mrs. Caroline M	London, England.	12	1,200	1,200
Art Association of Montreal	Montreal	75	7,500	7,500
Atkinson, Miss Clara	do	65	6,500	6,500
Atkinson, Miss Florence	do	62	6,200	6,200
Auld, John	do	13	1,300	1,300
Auld, John S. H. Ewing, and J. C. Simpson, trustees for M. A. Davidson	do	13	1,300	1,300
Auld, John S. H. Ewing and J. C. Simpson, trustees for Edward Auld and children	do	13	1,300	1,300
Auld, John S. H. Ewing, and J. C. Simpson, trustees for Mrs. Jessie McGillis and children	do	13	1,300	1,300
Auld, John S. H. Ewing, and J. C. Simpson, trustees for Mrs. Jane M. Baker and children	do	13	1,300	1,300
Auston, Archer L	Toronto	1	100	100
Avery, Miss Louisa C	Grand Pré, N.S.	20	2,000	2,000
Avon Marine Insurance Co	Windsor, N.S.	42	4,200	4,200
Awty, Mrs. Hannah	Fullarton, Ont	8	800	800
Ayer, Albert A	Montreal	100	10,000	10,000
Bacon, Miss Marion E	do	3	300	300
Badgley, Miss Mary E	do	64	6,400	6,400
Baird, Thomas	Ormstown, Que	29	2,900	2,900
Baker, John C., executors of	Stanbridge, East	45	4,500	4,500
Balcer, Henry E	Three Rivers	25	2,500	2,500
Bankes, Mrs. Helen	London, Eng	5	500	500
Baragar, Mrs. Mary J	Belleville	2	200	200
Barbeau, Edmond J	Montreal	200	20,000	20,000
Barbeau, Henry	do	13	1,300	1,300
	Carried forward....	7,364	736,400	736,400

The Merchants Bank of Canada—La Banque des Marchands du Canada.

Names. — Noms.	Residence.	Number of Shares. — Nombre d'Actions.	Amount Paid. — Montant payé.	Amount Subscribed. — Montant souscrit.
			$	$
	Brought forward...	7,364	736,400	736,400
Barbeau, Louis	Montreal	2	200	200
Barclay, Mrs. Charlotte J	Hamilton	5	500	500
Barker, Samuel	do	20	2,000	2,000
Barnet, Miss Susan	Renfrew	25	2,500	2,500
Barnet, Alexander	do	100	10,000	10,000
Barnet, Alexander, in trust for Mary A. Barnet	do	10	1,000	1,000
Barnet, Alexander, in trust for Grace Barnet	do	10	1,000	1,000
Barnes, Henry W	Halifax	15	1,500	1,500
Barrett, Mrs. Mary A. E	Montreal	104	10,400	10,400
Barrett, Captain Reginald	Liverpool, Eng	30	3,000	3,000
Bartley, Lt.-Col. John C	London, Eng	18	1,800	1,800
Barss, Mrs. Ida P	Halifax	6	600	600
Bastian, Mrs. Charlotte, estate of	Montreal	12	1,200	1,200
Bastian, Mrs. Mary Jane	do	10	1,000	1,000
Bate, Mrs. Catherine	Ottawa	10	1,000	1,000
Bate, Mrs. Florence M	do	8	800	800
Bate, Henry N	do	212	21,200	21,200
Baylis, Mrs. Hilda E	Montreal	30	3,000	3,000
Bayne, Mrs. Margaret, estate	Quebec	8	800	800
Beattie, Mrs. Jeannie E. A	Montreal	20	2,000	2,000
Beaudry, M. J. Ida and F. A. Lusignan curator	do	5	500	500
Beckett, Mrs. Naomi A	London, Eng	5	500	500
Bell, Mrs. Caroline L	Belleville	130	13,000	13,000
Bell, John, Q.C	do	13	1,300	1,300
Bell, Miss Mary	Windham Centre, Me	2	200	200
Bell, Miss Mary	Carleton Place	8	800	800
Bell, Miss Susan	Montreal	6	600	600
Bell, Mrs. Annabella	do	16	1,600	1,600
Bell, Samuel	do	36	3,600	3,600
Benallack, Mrs. Mary A	do	5	500	500
Bender, Albert, usufructuary	Montmagny, Que	2	200	200
Bennet, Misses Agnes and Christiana	New Glasgow, Que	4	400	400
Bennett, Humphrey	Barrie	31	3,100	3,100
Benny, Miss Jean	Montreal	139	13,900	13,900
Benny, Miss Sarah K	do	139	13,900	13,900
Benny, Miss Christianna	do	5	500	500
Benny, Miss Margaret N	do	5	500	500
Benny, Miss Sophia	do	5	500	500
Benny, Walter N	D'Aillebout	5	500	500
Benny, Miss Julia E	do	5	500	500
Benny, James	do	16	1,600	1,600
Benson, Mrs. M. A	Montreal	35	3,500	3,500
Benson, Miss Mary J	Kingston	3	300	300
Benson, Geo. F. curator, and Harriet F. Miller, Institute	Montreal	34	3,400	3,400
Benson, T.M., and G.L. McCaul, trustees	Port Hope	52	5,200	5,200
Benyon, Joseph A	Quebec	10	1,000	1,000
Benyon, William H	Montreal	275	27,500	27,500
Benyon, Mrs. Blanche	Quebec	122	12,200	12,200
Benyon, Joseph A., in trust	do	2	200	200
Bernard, Mrs. Frances D	Richmond	14	1,400	1,400
Berthelot, Mrs M. J. Helene	Montreal	40	4,000	4,000
Bessey, Mrs. Ella C., executrix	Hull	10	1,000	1,000
Bethune, Henry J., trustee	Toronto	2	200	200
Bethune, Strachan, Q.C	Montreal	52	5,200	5,200
Bew, Mrs. Sarah M. G	Baltimore, Md	8	800	800
Bilodeau, Louis	Quebec	42	4,200	4,200
Binmore, Miss Elizabeth	Montreal	9	900	900
	Carried forward	9,311	931,100	931,100

The Merchants Bank of Canada—La Banque des Marchands du Canada.

Names. — Noms.	Residence.	Number of Shares. — Nombre d'Actions.	Amount Paid. — Montant payé.	Amount Subscribed. — Montant souscrit.
	Brought forward...	9,311	931,100	931,100
			$	$
Binmore, Thomas	Montreal	5	500	500
Bindley, Miss Mary E	do	3	300	300
Birch, Miss Isabella	do	8	800	800
Bishop, Mrs Maude B	Ottawa	2	200	200
Black, Miss Celia H	Halifax	12	1,200	1,200
Black, C. H. M., the trustees of	do	33	3,300	3,300
Black, John F	do	13	1,300	1,300
Black, Samuel G	do	15	1,500	1,500
Black, Mrs Florence M	London, Eng	18	1,800	1,800
Black, Miss Mary J	St. Johns, Que	16	1,600	1,600
Black, Major-Gen. Wilsone	London, Eng	8	800	800
Blackader, Charles H	Montreal	15	1,500	1,500
Blackwell, Kennet W	do	20	2,000	2,000
Blackwood, Robert	Martintown	50	5,000	5,000
Blagdon, Mrs. Augusta A	Halifax	10	1,000	1,000
Blair, David	Chicoutimi	10	1,000	1,000
Blair, Flora M. (Mrs. Baptist)	Three Rivers	8	800	800
Blair, Hugh P	do	5	500	500
Blair, J. (Mrs. Houliston)	do	5	500	500
Blais, Louis H	St. Thomas, Montmagny	14	1,400	1,400
Blakeney, Henry	Ottawa	54	5,400	5,400
Boas, Benedix A	Montreal	68	6,800	6,800
Bog, Mrs. Fannie J	Campbellford	8	800	800
Boggs, Major Arthur A	London, Eng	17	1,700	1,700
Bog, Edward A	Campbellford	10	1,000	1,000
Bogart, Miss Anna E	Belleville	14	1,400	1,400
Bogue, Mrs. Anastatia, estate of	Quebec	6	600	600
Bond, William	Bloomfield, Ont	8	800	800
Bond, George W	St. Andrews	4	400	400
Bond, John B	Montreal	40	4,000	4,000
Borden, Robert L	Halifax	10	1,000	1,000
Boswall, Lady P. M. Houstoun	Blackader, Scot	60	6,000	6,000
Boswell, Mrs. Harriet C	London, Eng	21	2,100	2,100
Boswell, Mrs. Ella	Toronto	10	1,000	1,000
Botterell, Mrs. Sarah	Quebec	55	5,500	5,500
Boulanger, Lazare	Ste. Agathe	10	1,000	1,000
Bovey, Mrs. Emily J. B	Montreal	20	2,000	2,000
Bowen, Miss Alicia C. A	Quebec	1	100	100
Bowen, Miss Alicia C. A., and Ed. J. Hale, curator	do	1	100	100
Bowen, Elizabeth, executrix	do	35	3,500	3,500
Bower, Mary H. and Benjamin J. Throop	Hamilton	14	1,400	1,400
Bowie, Robert	Brockville	25	2,500	2,500
Boyce, James G	Toronto	5	500	500
Boyd, Mrs. Mary A	Montreal	31	3,100	3,100
Boyd, Mrs. Laura	Edinburgh, Scot	4	400	400
Bradburn, John	Little Sutton, Eng	54	5,400	5,400
Bradburn, Thomas	Peterborough	78	7,800	7,800
Bradford, John	Granby, Que	14	1,400	1,400
Brady, William H	Montreal	6	600	600
Braine, Robert T., in trust	Halifax	16	1,600	1,600
Braine, Robert T	do	10	1,000	1,000
Braithwaite, Joseph, executors of	Montreal	44	4,400	4,400
Braithwaite, Mary D., executors of	do	10	1,000	1,000
Brault, Mrs. Victoria A	do	3	300	300
Breakey, John	Quebec	309	30,900	30,900
Briggs, Revd. William	Toronto	10	1,000	1,000
Britton, Byron M, Q.C	Kingston	52	5,200	5,200
Brodie, William	Quebec	15	1,500	1,500
Brodie, Robert	do	15	1,500	1,500
Brodie, William, and Robert, executors	do	20	2,000	2,000
	Carried forward	10,772	1,077,200	1,077,200

The Merchants Bank of Canada—La Banque des Marchands du Canada.

Names. — Noms.	Residence.	Number of Shares. — Nombre d'Actions.	Amount Paid. — Montant payé.	Amount Subscribed. — Montant souscrit.
			$	$
	Brought forward...	10,772	1,077,200	1,077,200
Brodie, Hugh	Montreal	20	2,000	2,000
Brockfield, Walter G.	Halifax	15	1,500	1,500
Brooks, Mrs. Ellen A.	Montreal	10	1,000	1,000
Brotherhood, Miss Maria A.	do	1	100	100
Brotherhood, Miss Hilda W.	do	2	200	200
Brown, Miss Mary B.	do	4	400	400
Brown, Charles E., estate of	Halifax	34	3,400	3,400
Brown, Mrs. Ellen G.	Yarmouth, N. S.	4	400	400
Brown, Mrs. Mary, and children	Montreal	6	600	600
Brown, Richard H.	Sydney Mines, N.S.	5	500	500
Brown, Robt., estate of	Ottawa	104	10,400	10,400
Browne, James	Kingston.	29	2,900	2,900
Browne, Bertha L. and Florence M. Robinson	Montreal	2	200	200
Bruce, Robert, estate of	Quebec	20	2,000	2,000
Bryson, A. H., estate of	Perth	12	1,200	1,200
Buchanan, Mrs. Mary J.	Montreal	10	1,000	1,000
Buckley, Mrs Abigail	Halifax	.7	700	700
Buckley, Mrs. Margaret E.	Prescott	56	5,600	5,600
Budden, Henry A.	Montreal	10	1,000	1,000
Buell, Mrs. Margaret S.	Brockville	16	1,600	1,600
Buell, Miss Katrina S.	do	2	200	200
Bureau, Joseph N., deceased	Three Rivers	62	6,200	6,200
Burke, Miss Eliza A.	Montreal	50	5,000	5,000
Burke, John, estate of	do	74	7,400	7,400
Burke, Michael	do	50	5,000	5,000
Burland, George B.	do	156	15,600	15,600
Burland, George B., in trust	do	104	10,400	10,400
Burn, William	Three Rivers	32	3,200	3,200
Burn, William, in trust	do	34	3,400	3,400
Burnham, Henry H.	Port Pope	9	900	900
Burnett & Co.	Montreal	4	400	400
Burns, Rev. Robert F., estate	do	12	1,200	1,200
Burritt, Mrs. Mary M. B.	Denver, U.S.A.	1	100	100
Burstall, Mrs Fanny B.	Quebec	20	2,000	2,000
Burwash, Miss Maria M.	St. Andrews, Que	4	400	400
Burwell, M. G.	Port Burwell, Ont.	3	300	300
Burwell, Mrs. P. Jane	do	5	500	500
Busby, Mrs. Grace McW.	Moncton, N.B.	4	400	300
Busteed, Edwin B., Q.C.	Montreal	8	800	800
Busteed, Edwin B., in trust	do	23	2,300	2,300
Busteed, Edwin B., in trust No. 2	do	14	1,400	1,400
Busteed, Edwin B., in trust No. 3	do	10	1,000	1,000
Butterworth, John G.	Ottawa	60	6,000	6,000
Byers, Mrs. Jane T.	Hawkesbury, Ont.	3	300	300
Bowser, Samuel A.	Grand Pré	12	1,200	1,200
Cameron, Mrs. Annie	Toronto	6	600	600
Cameron, David	Montreal	20	2.000	2,000
Cameron, Charles G.	do	19	1.900	1,900
Cameron, Miss Isabella	Brockville	2	200	200
Cameron, Rev. James	Toronto	20	2,000	2,000
Cameron, John H.	Montreal	5	500	500
Cameron, Mrs. Sarah	Halifax	24	2,400	2,400
Campbell, Mrs. Charlotte	Toronto	16	1,600	1,600
Campbell, Mrs. Mabel G.	Montreal	60	6,000	6,000
Campbell, Arthur J. D.	Brandon, Man.	5	500	500
Campbell, Miss Adelaide M.	Montreal	25	2,500	2,500
Campbell, Donald, estate	Colborne, Ont.	2	200	200
Campbell, Charles S.	Montreal	39	3,900	3,900
Campbell, Miss Emeline	Florence, Italy	2	200	200
Campbell, Miss Catherine M.	Montreal	25	2,500	2,500
	Carried forward....	12,165	1,216,500	1,216,500

The Merchants Bank of Canada—La Banque des Marchands du Canada.

Names. — Noms.	Residence.	Number of Shares. — Nombre d'Actions.	Amount Paid. — Montant payé.	Amount Subscribed. — Montant souscrit.
			$	$
	Brought forward...	12,165	1,216,500	1,216,500
Campbell, Mrs. Flora	Chatham, Ont	8	800	800
Campbell, Mrs. Flora C., usufructuary	London, Eng	2	200	200
Campbell, Mrs. Isabella, in trust	Montreal	3	300	300
Campbell, Mrs. Isabella J	Quebec	50	5,000	5,000
Campbell, Mrs. Maria	Perth	18	1,800	1,800
Campbell, Mrs. Maria, administratrix	do	28	2,800	2,800
Campbell, George, in trust	Truro N.S	52	5,200	5,200
Campbell, Robert, trustee	Quebec	10	1,000	1,000
Campbell, Robert, estate	Montreal	6	600	600
Campbell, Miss Selina	Florence, Italy	2	200	200
Campbell, Margaret H., estate	Montreal	65	6,500	6,500
Campbell, Miss Margaret	Carlisle, Eng	4	400	400
Campbell, Lorne, and John Dunlop, in trust	Montreal	26	2,600	2,600
Campbell, James A	Winnipeg	10	1,000	1,000
Canada Life Assurance Co	Hamilton	665	66,500	66,500
Carman, Mrs. Emma H	Morrisburg	6	600	600
Carmichael, Miss Jessie G	Pictou, N.S	15	1,500	1,500
Carmichael, Miss Margaret C	do	15	1,500	1,500
Carnegie, David	Dumfries, Scot	4	400	400
Carrow, Richard and Charles	Pembroke, Eng	8	800	800
Carson, William, estate	Montreal	15	1,500	1,500
Carswell, James, in trust	Renfrew	42	4,200	4,200
Carstens, Mrs. Charlotte	Montreal	5	500	500
Carter, Mrs. Mary A	Kingston	29	2,900	2,900
Cascels, Larrat G., executor	Oshawa	12	1,200	1,200
Cassils, Mrs. Agnes S	Montreal	40	4,000	4,000
Cassils, John	do	104	10,400	10,400
Cavanagh, Robert, treasurer Municipality of Beckwith	Carleton Place, Ont	10	1,000	1,000
Caverhill, Mrs. Emily M	Montreal	117	11,700	11,700
Caverhill, George	do	2	200	200
Caverhill, John, estate	do	13	1,300	1,300
Cayley, Mrs. Jane I	Toronto	10	1,000	1,000
Chambers, Mrs. Aurelia C	Ottawa	20	2,000	2,000
Charlebois, Mrs. Henriette E. L	Quebec	2	200	200
Charlton, Charles P	St. Alexis, Que	6	600	600
Charlton, Mrs. Catherine L	St. Johns, Que	43	4,300	4,300
Charlton, George R	do	24	2,400	2,400
Chisholm, Mrs. Margaret D	Belleville	85	8,500	8,500
Chisholm, Angus, estate	New Glasgow, N.S	20	2,000	2,000
Christie, Mrs. A. M. P	Bath, Eng	74	7,400	7,400
Christie, Hon. William J	Seeley's Bay, Ont	15	1,500	1,500
Christopher, Telfer	Bermuda	70	7,000	7,000
Church of England Female Orphan Asylum	Quebec	6	600	600
Clark, Miss Agnes S	Montreal	2	200	200
Clark, James	Brockville	8	800	800
Clark, Miss Charlotte F	Prestbury, England	6	600	600
Clark, Rev. W. B., estate	Chesterville, Ont	3	300	300
Clarke, Mrs. Caroline	Montreal	3	300	300
Clarke, Mrs. Elizabeth F., usufructuary	Godmanchester, Que	14	1,400	1,400
Clarke, Harshaw B	Halifax	17	1,700	1,700
Clarke, Rev. Robert F	Brinny Upton, Ireland	10	1,000	1,000
Cleghorn, James P	Montreal	80	8,000	8,000
Cleland, Jane	do	8	800	800
Clerk, Mrs. Harriet B	do	104	10,400	10,400
Cleveland, Edwin	Lisgar, Que	9	900	900
Cloutier, Mrs. Alma	Quebec	6	600	600
Coffin, Mrs. Adele J	Three Rivers	10	1,000	1,000
Coffin, Tristram C., in trust	do	26	2,600	2,600
	Carried forward...	14,132	1,413,200	1,413,200

The Merchants Bank of Canada—La Banque des Marchands du Canada.

Names. — Noms.	Residence.	Number of Shares. — Nombre d'Actions.	Amount Paid. — Montant payé.	Amount Subscribed. — Montant souscrit.
			$	$
	Brought forward	14,132	1,413,200	1,413,200
Colley, Arthur, W., tutor	Quebec	1	100	100
Cole, Mrs. Maria B	Montreal	10	1,000	1,000
Coleman, Charles A	London, Eng	6	600	600
Collins, Robert	Portsmouth, Eng	20	2,000	2,000
Conroy, Mrs. Mary	Martintown, Ont	2	200	200
Cook, Mrs. Louisa	Toronto	19	1,900	1,900
Cook, Miss Margaret E	Hamilton	5	500	500
Cook, Miss Mary S	do	5	500	500
Cook, Miss Matilda	Dunnville, Ont	6	600	600
Cooke, Mrs. Adeline M, usufructuary	Calumet, Que	15	1,500	1,500
Cooke, Mrs. Adeline M	do	3	300	300
Cooke, Mrs. Clara M	Montreal	32	3,200	3,200
Coombs, Miss Mary F	Ottawa	2	200	200
Cooper, Mrs. Mary	Kingston	6	600	600
Corbould, Mrs. Mary M	Orillia, Ont	6	600	600
Coristine, Thomas J., in trust	Montreal	73	7,300	7,300
Corporation Township of Darling	Perth, Ont	2	200	200
Corse, N. B., executors of	Montreal	126	12,600	12,600
Cossitt, Mrs. Eleanor S	Brockville	2	200	200
Costello, Patrick, executors of	Montreal	6	600	600
Coursol, M. C. Joseph	do	2	200	200
Courtney, Mrs. Mary E. S	Ottawa	4	400	400
Cowie, Miss Emily	Montreal	72	7,200	7,200
Coyle, Rev. B., executors of	do	26	2,600	2,600
Crathern, James	do	200	20,000	20,000
Crane, Miss Mary A	Halifax	23	2,300	2,300
Crawford, E. E., estate	Toronto	20	2,000	2,000
Crawford, John	Montreal	300	30,000	30,000
Crawford, John, Arthur Boyer, and L. O. Pelletier, trustees for creditors of La Banque du Peuple	do	200	20,000	20,000
Cream, Daniel, in trust	do	6	600	600
Cream, Miss Rachel	Quebec	10	1,000	1,000
Crerar, Henry H	Antigonish	20	2,000	2,000
Crerar, James P	Ottawa	20	2,000	2,000
Crerar, John	Chicago	20	2,000	2,000
Crerar, William G	Pictou, N.S	54	5,400	5,400
Crisp, Miss Elizabeth H	Halifax	6	600	600
Crisp, Rev. John O	Kingston	5	500	500
Crisp, Miss Sophia J	Halifax	5	500	500
Crisp, Mrs. Catherine E	Kingston	39	3,900	3,900
Crofton, Mrs. Emma K	Halifax	3	300	300
Croil, James	Montreal	64	6,400	6,400
Crookshanks, Miss Eliza S. M	Stirling, Ont	2	200	200
Cross, Alexander G	Montreal	3	300	300
Cross, Miss Janet	Lachine	11	1,100	1,100
Cross, Miss Rebecca W	do	9	900	900
Croskery, Mrs. Sarah	Beachburg, Ont	4	400	400
Croskerry, Miss Mary	Perth	4	400	400
Cross, Miss Julia	Montreal	44	4,400	4,400
Crotty, Michael, deceased	Ottawa	12	1,200	1,200
Cruso, Miss Catherine M	Cobourg	10	1,000	1,000
Cumming, Allan C	Montreal	80	8,000	8,000
Cumming, James C	do	6	600	600
Cunningham, Mrs. Frances A	Point Pleasant, U.S.A	4	400	400
Cunningham, Mrs. Margaret	Kingston	2	200	200
Currie, Mrs. Eliza	Glencoe, Ont	8	800	800
Curry, Mrs. Martha J	Windsor, N.S	10	1,000	1,000
Daly, Mrs. Mary E	Ogdensburg, N.Y	100	10,000	10,000
Dame, Agnes, estate	Quebec	2	200	200
Darling, Andrew	Toronto	2	200	200
	Carried forward	15,991	1,599,100	1,599,100

The Merchants Bank of Canada—La Banque des Marchands du Canada.

Names. — Noms.	Residence.	Number of Shares. — Nombre d'Actions.	Amount Paid. — Montant payé.	Amount Subscribed. — Montant souscrit.
			$	$
	Brought forward...	14,132	1,413,200	1,413,200
Darling, David	Montreal	2	200	200
Davie, John L	Levis	21	2,100	2,100
Davis, Francis	Kingston	10	1,000	1,000
Davis, Melvin H., tutor	Montreal	7	700	700
Dawes, Albert F	Lachine	19	1,900	1,900
Dawes, Andrew J	do	157	15,700	15,700
Dawes, James P	do	136	13,600	13,600
Dawes, James P., in trust	do	6	600	600
Dawes, Thomas A	do	246	24,600	24,600
Dawes, Thomas A., in trust	do	37	3,700	3,700
Dawson, George M	Montreal	11	1,100	1,100
Dawson, Sir John William, and Charles J. Fleet, in trust	do	5	500	500
Dawson, Benjamin, estate	do	25	2,500	2,500
Dawson, Mrs. Martha E	Bridgewater, N S	10	1,000	1,000
Dawson, Mrs. Ella I	do	10	1,000	1,000
Dawson, Lady Margaret A. Y	Montreal	86	8,600	8,600
Dawson, Harold G	do	3	300	300
Dean, William R	Quebec	20	2,000	2,000
De la Bruère, Boucher	do	3	300	300
De Mille, Mrs. Elizabeth A. A	Halifax	2	200	200
Dennistoun, Miss Elizabeth O	Peterboro'	4	400	400
Denny, John	Toronto	17	1,700	1,700
Deschambault, George, executors of	Red River, N.W.T	28	2,800	2,800
Desforges, Anatole	Montreal	15	1,500	1,500
Des Brisay, Mather B	Bridgewater, N. S	12	1,200	1,200
Des Barres, Miss Harriett A	Halifax	7	700	700
Des Barres, Lewis W., and Thomas C. Des Barres, trustees	do	7	700	700
Desjardins, Guillaume H., administrator	Montreal	70	7,000	7,000
Deverell, Mrs. Eleanor F	Winbourne, Eng	8	800	800
Dewé, John	London, Eng	10	1,000	1,000
Dickson, William B, Robert A., and Robert D., trustees	Montreal	285	28,500	28,500
Dickson, Robert A	do	12	1,200	1,200
Dickson, William B	Longue Pointe, Que	30	3,000	3,000
Dickinson, Joseph C	Bermuda	10	1,000	1,000
Dickson, Robert A., tutor	Montreal	119	11,900	11,900
Dickson, Robert A., tutor to his minor children	do	199	19,900	19,900
Dickson, Archibald A., and William B., trustees	do	171	17,100	17,100
Dickson, Archibald A., and William B., trustees to minors of A.A. Dickson	do	199	19,900	19,900
Dickson, William A	do	18	1,800	1,800
Dickson, Miss Jessie E	do	33	3,300	3,300
Dionne, Mrs. Mary L. C	Quebec	18	1,800	1,800
Dixon, Alexander	Toronto	6	600	600
Doane, Frank A	Truro, N.S	3	300	300
Dobell, William M., and Alfred C. in trust	Montreal	5	500	500
Doran, James, estate	do	94	9,400	9,400
Doran, Edward P., executor in trust	Dublin, Ireland	4	400	400
Dorr, Mrs Anne I	Dorchester, Mass	10	1,000	1,000
Dougall, George	Montreal	13	1,300	1,300
Douglass, Eleanor, estate	do	25	2,500	2,500
Dow, Miss Jessie	do	130	13,000	13,000
Dow, Miss Mary	do	140	14,000	14,000
Dowsley, Matthew, in trust	Prescott	2	200	200
Draper, Miss Edith A	Hamilton	8	800	800
	Carried forward	18,519	1,851,900	1,851,900

The Merchants Bank of Canada—La Banque des Marchands du Canada.

Names. — Noms.	Residence.	Number of Shares. — Nombre d'Actions.	Amount Paid. — Montant payé.	Amount Subscribed. — Montant souscrit.
			$	$
	Brought forward	18,519	1,851,900	1,851,900
Drennan, Rev. Alexander	Kingston	35	3,500	3,500
Drummond, Mrs. Elizabeth M.	Montreal	1	100	100
Drummond, James	do	67	6,700	6,700
Duncan, Miss Eliza	do	2,300	230,000	230,000
Duncan, William, estate	do	65	6,500	6,500
Dunlop, John, executor	do	8	800	800
Dunn, Stuart H., in trust	Quebec	4	400	400
Dunn, Timothy H	do	104	10,400	10,400
Dupuis, Mrs. Jeanne A. A., usufructuary	Village des Aulnaies	19	1,900	1,900
Durnford, George, and Augustus D., in trust	Montreal	10	1,000	1,000
DuVernet, Rev. F. H., and R. Vashon Rogers, trustees	Toronto Junction	11	1,100	1,100
DuVernet, Mrs Stella	do	11	1,100	1,100
Dyer, Miss Jessie F. C	Trowbridge, Eng	2	200	200
Eadie, Geo. W., tutor	Montreal	10	1,000	1,000
Eastern Trust Co. trustee	Halifax	15	1,500	1,500
Edwards, Miss Mary S	Covey Hill	1	100	100
Edwards, Miss Amy M. A	Gore's Landing	10	1,000	1,000
Egan, Ann M., trustees	Ottawa	55	5,500	5,500
Egan, Henry K.} in trust	do	8	800	800
Egan, Mrs. Anna M	Montreal	1	100	100
Eglauch, Leonard, estate	do	14	1,400	1,400
Elliott, Mrs. Barbara	do	17	1,700	1,700
Elliott, Mrs. Emma W., tutrix	Liverpool, Eng	18	1,800	1,800
Elliott, Capt. James E., estate	Plymouth, Eng	4	400	400
Elliott, Thomas	Chateauguay	16	1,600	1,600
Elliot, Mrs. Sarah I	Quebec	10	1,000	1,000
Erskine, John S	Cumberland, Ont	4	400	400
Esdaile, Miss Nancy F	Montreal	5	500	500
Evans, Miss Mary E	do	5	500	500
Ewan, Alexander, in trust	do	20	2,000	2,000
Ewan, David A	do	7	700	700
Ewing, Herbert M	do	9	900	900
Ewing, William, jr.	Hawkesbury, Ont	15	1,500	1,500
Fairborn, James A	Montreal	13	1,300	1,300
Fairfield, Mrs. Emily S	Watertown, U.S.A	8	800	800
Fairie, Mrs. Annie L	Montreal	24	2,400	2,400
Fairie, Mrs. Annie L., in trust	do	4	400	400
Falloon, Mrs. Charlotte	Grenville, Que	1	100	100
Farley, Mrs. Margaret	Quebec	12	1,200	1,200
Farley, Mrs. Elizabeth	Belleville	12	1,200	1,200
Farrell, Dominick	Halifax	120	12,000	12,000
Farrell, Letitia	do	24	2,400	2,400
Farrell, Teresa	do	32	3,200	3,200
Fay, Mrs. Wilhelmina	Bridgetown, N.S	10	1,000	1,000
Fedden, Miss Emily S	Quebec	12	1,200	1,200
Ferguson, Alexander, estate of	Lancaster, Ont	4	400	400
Fergusson, Charles W	Ingersoll	6	600	600
Ferguson, Archibald	Montreal	2	200	200
Ferguson, Miss Flora J	do	6	600	600
Ferguson, Miss Margaret F	do	6	600	600
Ferguson, Mrs. Socorro	Galt	12	1,200	1,200
Fetherston, Edward B., administrator	Ravenswood, U.S.A	2	200	200
Filer, Miss Cornelia S	Montreal	8	800	800
Filer, George	do	50	5,000	5,000
Filer, Rufus	do	5	500	500
Filion, Mrs. Ann M	do	17	1,700	1,700
Finck, Mrs. Jane	Lunenburg, N. S	20	2,000	2,000
Fischer, Mrs. Catherine	Montreal	2	200	200
Fisher, Miss Agnes E	do	7	700	700
	Carried forward	21,819	2,181,900	2,181,900

The Merchants Bank of Canada—La Banque des Marchands du Canada.

Names. — Noms.	Residence.	Number of Shares. — Nombre d'Actions.	Amount Paid. — Montant payé.	Amount Subscribed. — Montant souscrit.
			$	$
	Brought forward	21,819	2,181,900	2,181,900
Fisher, Donald	Renfrew	8	800	800
Fisher, Mrs. Susan C	Montreal	52	5,200	5,200
Fisk, N. Cotton	Abbotsford, Que	10	1,000	1,000
Fiske, Edward	Joliette, Que	301	30,100	30,100
Fiske, Mrs. Emma E. S	do	24	2,400	2.400
Fitch, Edson	Quebec	50	5,000	5,000
Fitchett, Alexander	Belleville	6	600	600
Fitzpatrick, John, estate of	Montreal	66	6,600	6,600
Fleet, Mrs. Augusta E	do	24	2,400	2,400
Fletcher, Charles R	Fredericton, N. B	5	500	500
Fletcher, Charles R., in trust	do	10	1,000	1,000
Fletcher, Mrs. Mary C	do	10	1,000	1,000
Fleury, Mrs. Selina	Daillebout	5	500	500
Flint, Jerome T	Rock Island, Que	5	500	500
Folingsby, Joseph B	Toronto	167	16,700	16,700
Forget, L. J. & Co	Montreal	15	1,500	1,500
Forrest, Mrs. Mary	Winnipeg	11	1,100	1,100
Forrest, Rev. John, trustee	Halifax	10	1,000	1,000
Foster, Frederick H	Richmond	8	800	800
Foster, Rev. John	Coaticook	15	1 500	1,500
Forsythe, Rev. Joseph	Cardinal, Ont	21	2,100	2,100
Foulds, Mrs. Mary	Quebec	10	1,000	1,000
Francis, Mrs. Mary B	Mitchell	12	1,200	1,200
Francis, William	Montreal	77	7,700	7,700
Francis, Mrs. Margaret	do	125	12,500	12,500
Franklin, Miss Sarah J	Toronto	8	800	800
Fraser, Miss Annie	New Glasgow, N.S	11	1,100	1,100
Fraser, Mrs. Elizabeth M	Montreal	5	500	500
Fraser, Rev. James W	Pictou, N.S	5	500	500
Fraser, Miss Jessie G	Halifax	11	1,100	1,100
Fraser, John	Perth	4	400	400
Fraser, Selina, estate of	Montreal	4	400	400
Fraser, Thomas E	Toronto	10	1,000	1,000
Fraser, Thomas Ed., Jessie G. and James J. Bremner, in trust	do	28	2,800	2,800
Fraser, William	Grafton, Ont	6	600	600
Fraser, Wm. J., and Lelia M. M. Ross, executors	Halifax	19	1,900	1,900
Fréchette, Mrs. Marie E. and F. A. Lusignan, curator	Montreal	5	500	500
Frémont, Jules J. T	Quebec	30	3,000	3,000
Frigon, Mrs. Helen V	Three Rivers	2	200	200
Fry, Mrs. Mary J	Montreal	25	2,500	2,500
Fuller, Miss Louise E	Sault St. Marie	4	400	400
Fuller, Mrs. Eliza	Hamilton	8	800	800
Fulton, John, estate of	Toronto	35	3,500	3,500
Fulton, Robert R	Woodstock	12	1,200	1,200
Gaetz, Rev. Joseph	Middleton, N.S	8	800	800
Gagnon, George A., in trust	Montreal	10	1,000	1,000
Gairdner, Miss Ann S	do	10	1,000	1,000
Gainsby, Mrs. Agnes B	Toronto	8	800	800
Garneau, Mrs. Laura B	Quebec	3	300	300
Garland, Collins S	Montreal	19	1,900	1,900
Garratt, Mrs. Mary C	do	10	1,000	1,000
Gaudet, Frederick M., Joseph E. and Charles D	do	31	3,100	3,100
Gault, C. Ernest, sequestrator	do	68	6,800	6,800
Gault, Percy R	do	15	1,500	1,500
Gauthier, Mrs. Laura T	St. Thomas, Que	2	200	200
Gauvreau, Joseph F., estate of	Quebec	34	3,400	3,400
Geddes, David	Etang du Nord	5	500	500
	Carried forward	23,321	2,332,100	2,332,100

The Merchants Bank of Canada—La Banque des Marchands du Canada.

Names. — Noms.	Residence.	Number of Shares. — Nombre d'Actions.	Amount Paid. — Montant payé.	Amount Subscribed. — Montant souscrit.
			$	$
	Brought forward...	23,321	2,332,100	2,332,100
Green, Robert, tutor	Montreal	5	500	500
Geggie, David H	Quebec	4	400	400
Gemmill, James D	Almonte	74	7,400	7,400
Gentle, Mrs. Anna H., curatrix	Montreal	23	2,300	2,300
Gibb, Mrs. Clarinda H	do	66	6,600	6,600
Gibb, James	Quebec	14	1,400	1,400
Gibb, James, estate of late	do	52	5,200	5,200
Gibb, James D., estate of	Montreal	182	18,200	18,200
Gibb, Miss M. Caroline	do	40	4,000	4,000
Gibson, Mrs. Elizabeth H	Hamilton	23	2,300	2,300
Gilchrist, William	Perth	7	700	700
Gillies, David	Carleton Place	3	300	300
Gillies, George	Gananoque	3	300	300
Gillies, James	Carleton Place	3	300	300
Gillies, John	Braeside, Ont	4	400	400
Gillies, William	Carleton Place	42	4,200	4,200
Gillies, John, estate of late	do	29	2,900	2,900
Gill, Miss Jane E	Montreal	63	6,300	6,300
Gilmour, James Y	do	172	17,200	17,200
Gilmour, Mrs. Jennie	do	2	200	200
Gilmour, Thomas	Brockville	75	7,500	7,500
Gilpin, Edwin, jr	Halifax	5	500	500
Glackmeyer, Charles	Montreal	13	1,300	1,300
Glackmeyer, Auguste	do	13	1,300	1,300
Glackmeyer, Mrs. Bertha	Quebec	2	200	200
Gladman, Robert	London, Eng	7	700	700
Glass, Mrs. Margaret T	Quebec	20	2,000	2,000
Globensky, Mrs. Ethel L., institute	Montreal	30	3,000	3,000
Gnaedinger, Emanuel W	do	12	1,200	1,200
Goad, Charles E	Toronto	75	7,500	7,500
Godard, Miss Henrietta S	Montreal	2	200	200
Godfrey, Charles H	do	15	1,500	1,500
Godfrey, Miss Mary S	do	2	200	200
Goldie, Miss Rebecca G	Galt	7	700	700
Goldstone, Miss Mary J	Toronto	40	4,000	4,000
Goodwin, Mrs. Emma G	Newcastle, Eng	126	12,600	12,600
Gordon, James, estate	Howick, Que	4	400	400
Gourlay, Mrs. Emily E. E	Hamilton	45	4,500	4,500
Grant, Mrs. Caroline	Quebec	26	2,600	2,600
Grant, Mrs. Jane	Montreal	1	100	100
Grant, Robert	Quebec	26	2,600	2,600
Grantham, Chas. T	Yarmouth, N.S	35	3,500	3,500
Grantham, Mrs. Melinda, executrix	Toronto	4	400	400
Gravel, Joseph	Etchemin, Que	20	2,000	2,000
Gray, Miss Annie A	Toronto	5	500	500
Gray, Archibald, in trust	Montrose, Ont	6	600	600
Gray, Archibald, trustee	do	4	400	400
Gray, Miss Jane	Toronto	5	500	500
Gray, Robert B	Pembroke	10	1,000	1,000
Gray, Rev. John, D.D	Orillia	11	1,100	1,100
Gray, Mrs. Margaret H	Chatham	7	700	700
Gray, Miss Mary U. K	Kingston	5	500	500
Greig, Mrs. Mary J	Lévis	8	800	800
Grier, Charles, M D	London, Eng	83	8,300	8,300
Grier, George A	Montreal	45	4,500	4,500
Griffin, Henry W	Ottawa	15	1,500	1,500
Grier, Mrs. Sophia	Farnborough, Eng	6	600	600
Grove, Miss Penelope	Beaver Bank, N.S	12	1,200	1,200
Guarantee Company of North America	Montreal	100	10,000	10,000
Gurry, Mrs. Helen C., tutrix	Quebec	2	200	200
	Carried forward ...	25,061	2,506,100	2,506,100

The Merchants Bank of Canada—La Banque des Marchands du Canada.

Names. — Noms.	Residence.	Number of Shares. — Nombre d'Actions.	Amount Paid. — Montant payé.	Amount Subscribed. — Montant souscrit.
			$	$
	Brought forward......	25,061	2.506,100	2,506,100
Guy, Mrs. Julia F. S..........	Montreal	20	2,000	2,000
Guy, Michael P., trustee	do	39	3,900	3,900
Guy, Michael P	do	69	6,900	6,900
Guy, Michael P., in trust	do	31	3.100	3,100
Hackland, Mrs Ellen, administratrix	Ottawa	8	800	800
Hagar, Charles W , curator................	Montreal	4	400	400
Hagar, Miss Florence L.........................	do	2	200	200
Hagar, Miss Gertrude M	do	2	200	200
Hague, Mrs. Mary C..................................	do	2	200	200
Hague, George	do	400	40,000	40,000
Hague, Henry J..	do	7	700	700
Haig, Mrs. Marion E................................	New York..........................	5	500	500
Halifax Industrial School, The	Halifax...............................	6	600	600
Halifax Protestant Orphans' Home, The	do	6	600	600
Hale, Jeffery..	Brantford..........................	10	1,000	1,000
Halifax Fire Insurance Co	Halifax	104	10,400	10,400
Hale, Miss Frances A...............................	Tunbridge Wells, Eng	11	1,100	1,100
Hale, Mrs. Louisa G.................................	Brantford	10	1,000	1,000
Hale, Miss Henrietta	Tunbridge Wells, Eng ...	11	1,100	1,100
Hall, Mrs. Caroline M	Quebec	54	5,400	5,400
Hall, Mrs Jane G....................................	Peterborough	8	800	800
Hall, William M..	Montreal	1	100	100
Halliday, David..	Horton, Ont......................	10	1,000	1,000
Halliday, James F J..	Peterborough	4	400	400
Hamilton, Miss Alice M	Montreal	55	5,500	5,500
Hamilton, Miss Annie S	Peterborough	8	800	800
Hamilton, Mrs. Catherine E....................	London, Eng.....................	9	900	900
Hamilton, Right Rev. Charles..................	Ottawa............................	90	9,000	9,000
Hamilton, Rev. Charles C	Quebec............................	52	5,200	5,200
Hamilton, Mrs. C. M	Montreal...........................	9	900	900
Hamilton, Capt. Edmund C......................	do	129	12,900	12,900
Hamilton, John and Charles A. Eliot, in trust	do	82	8,200	8,200
Hamilton, John..	Quebec	35	3,500	3,500
Hamilton, George C., estate	Montreal..........................	98	9,800	9,800
Hamilton, Robert.....................................	Quebec............................	1,032	103,200	103,200
Hamilton, Miss Isabella	do	26	2,600	2,600
Hamilton, George W., deceased, and F. Hilton Green, in trust..................	Montreal	83	8,300	8,300
Hamilton, Robert and John, trustees...	Quebec.............................	84	8,400	8,400
Hamilton, Miss Robina..........................	do	32	3,200	3,200
Hamilton, G. W. & Son	Montreal	2	200	200
Handyside, Charles..................................	do	25	2,500	2,500
Haneberry, Miss Margaret	do	2	200	200
Haneberry, Miss Ellen.............................	do	3	300	300
Hannan, Mrs. Harriet J. A	do	30	3,000	3,000
Harman, Miss Abby M..............................	Ottawa	5	500	500
Harrington, Bernard J., and William Bell Dawson, trustees	Montreal	26	2,600	2,600
Harrington, Mrs. Anna L	do	5	500	500
Harris, Arthur B., and Alfred A., in trust..	Clarkson, Ont..................	34	3,400	3,400
Hart, James, estate	Appleton do	6	600	600
Hart, John, estate	Perth do	4	400	400
Hart, John S...	do do	4	400	400
Hart, Henry E., tutor	Three Rivers....................	12	1.200	1,200
Hart, Mrs. Isabella M.............................	Winnipeg	14	1,400	1,400
Hart, Mrs. Mary......................................	Perth, Ont........................	2	200	200
Hart, Edgar J. A......................................	Ottawa.............................	12	1,200	1,200
Hart, Miss Catherine M..........................	Montreal	2	200	200
	Carried forward......	27,897	2,789,700	2,789,700

The Merchants Bank of Canada—La Banque des Marchands du Canada.

Names. — Noms.	Residence.	Number of Shares. — Nombre d'Actions.	Amount Paid. — Montant payé.	Amount Subscribed. — Montant souscrit.
			$	$
	Brought forward...	27,897	2,789,700	2,789,700
Hart, Miss Henrietta K	Montreal	2	200	200
Hart, Mrs. Kate G	do	2	200	200
Hart, Jairus	Halifax	10	1,000	1,000
Haskins, Wm., estate	Hamilton	8	800	800
Hawthorne, John A., in trust.	Montreal	1	100	100
Haws, Mrs. Elizabeth T	Lévis	14	1,400	1,400
Haws, Miss Calista	do	139	13,900	13,900
Hayunga, Mrs. Elizabeth	Morrisburg	16	1,600	1,600
Heartz, Rev. William H	Halifax	7	700	700
Hedge, Miss Louisa	Montreal	11	1,100	1,100
Hendershot, Mrs. Alice M	St. John, N.B	8	800	800
Henderson, Rev. James, curator	Toronto	12	1,200	1,200
Henderson, John	Ottawa	20	2,000	2,000
Henderson, Miss Margaret E	Montreal	3	300	300
Henderson, John, estate of	do	8	800	800
Henry, Miss Isabella	Quebec	7	700	700
Henry, Miss Amy R	do	10	1,000	1,000
Henry, Arthur R	do	10	1,000	1,000
Henry, Miss Edith M	do	10	1,000	1,000
Henshaw, George H., executor	St. Hyacinthe	8	800	800
Henshaw, Mrs. Florence T	Montreal	10	1,000	1,000
Henshaw, Mrs. Maria L.	do	4	400	400
Herring, Robert	do	5	500	500
Hesson, John	Morrisburg	25	2,500	2,500
Hethrington, Thomas S	Quebec	50	5,000	5,000
Hethrington, Thomas	do	150	15,000	15,000
Hickey, Percy A. S	London, Eng	12	1,200	1,200
Hickson, Miss Catherine M	Montreal	2	200	200
Hickson, Lady Catherine	do	202	20,200	20,200
Hickson, Lady Catherine, in trust	do	5	500	500
Hickson, Joseph W. A	do	4	400	400
Hickson, Miss Annie B	do	3	300	300
Hickson, James C	do	3	300	300
Higgins, David	Toronto	3	300	300
Higgins, Miss Letitia	Montreal	2	200	200
Higgins, William	Woodstock, Ont.	6	600	600
Higginson, Alexander T., in trust	Montreal	12	1,200	1,200
Higginson, Mrs. Anna W	Beaver, B.C	4	400	400
Hill, Hamnett	Ottawa	20	2,000	2,000
Hill, Rev. John E	Shrewsbury, Eng.	32	3,200	3,200
Hill, Miss Margaret	Montreal	2	200	200
Hill, Mrs. Mary	Bayswater, Eng.	10	1,000	1,000
Hilton, Stephen	Cedar Rapids, U.S.A	8	800	800
Hobson, Miss Caroline S	Sherbrooke	2	200	200
Hodgson, Annabella, estate of	Eau Gallée, U.S.A	36	3,600	3,600
Hodgson, Rev. John	Stourbridge, Eng	20	2,000	2.000
Hodgson, Jonathan	Montreal	170	17,000	17,000
Holland, Miss Janet S	Toronto	2	200	200
Holland, Miss Jennie	do	2	200	200
Hollis, Mrs. Charlotte A	Montreal	7	700	700
Holt, George H	St. Johns, Que	35	3,500	3,500
Home for the Aged.	Halifax	10	1,000	1,000
Hood, Thomas D	Montreal	150	15.000	15,000
Hood, Thomas D., in trust	do	104	10,400	10,400
Hooper, John	St. Pierre, Miquelon	6	600	600
Hopper, Mrs. Mary A	Montreal	1	100	100
Horton, Mrs. Angel A	do	2	200	200
Horton, George	De Ramsay, Que	4	400	400
Hossack, Miss Isabella B	Quebec	40	4,000	4,000
Hosken, Mrs. Charlotte P	Millbrook, Ont	2	200	200
Houliston, Alexander	Three Rivers	31	3,100	3.100
	Carried forward ...	29,401	2,940,100	2,940,100

The Merchants Bank of Canada—La Banque des Marchands du Canada.

Names. — Noms.	Residence.	Number of Shares. — Nombre d'Actions.	Amount Paid. — Montant payé.	Amount Subscribed. — Montant souscrit.
			$	$
	Brought forward...	29,401	2,940,100	2,940,100
Howard, Emily S., estate of late	Montreal	25	2,500	2,500
Howard, Miss Julia S. M	Stirling	2	200	200
Howard, Theodore A	Aylmer, Que	2	200	200
Howard, Mrs. Matilda A	Lachine	28	2,800	2,800
Howard, James H., in trust for L. A. Howard	do	1	100	100
Howard, James H., in trust for P. C. Howard	do	1	100	100
Howard, James H., in trust for R. F. Howard	do	1	100	100
Howard, Mrs. Gertrude E	Montreal	150	15,000	15,000
Howe, Mrs. Sarah E	Dartmouth, N.S	28	2,800	2,800
Hunt, J. Johnston	Halifax	4	400	400
Hunter, David	do	31	3,100	3,100
Hunter, John	Greenridge, Man	8	800	800
Hunter, Miss Georgina	Montreal	16	1,600	1,600
Hunter, James, estate of	Halifax	107	10,700	10,700
Husband, Rev. Edgar B	Paspebiac, Que	23	2,300	2,300
Ilsley, Mrs. Emma H	Kentville, N.S	6	600	600
Inglis, Mrs. Eliza M	New Grimsby, Eng	20	2,000	2,000
Irving, Thomas	Montreal	34	3,400	3,400
Irving, Æmilius	Toronto	20	2,000	2,000
Irwin, Lt.-Col., D. T	Ottawa	37	3,700	3,700
Irwin, Mrs. Isabella	do	52	5,200	5,200
Irwin, James, estate of	Prescott	7	700	700
Irwin, Jane, and Marg. Holland, in trust	Montreal	8	800	800
Janes, Miss Erie J. R., usufructuary	do	20	2,000	2,000
Janes, Miss Mary F. R., usufructuary	do	20	2,000	2,000
Jaques, Miss Jane E	Cowansville	2	200	200
Jarvis, Salter M., estate of	Chatham, Ont	25	2,500	2,500
Jarvis, Edward W	Toronto	3	300	300
Jarvis, Æmilius	do	3	300	300
Jemmett, Maria, Arthur R. and Margaret H., trustees	Wimbledon, Eng.	5	500	500
Jemmett, Maria and Arthur R., trustees	do	15	1,500	1,500
Johnson, Miss Fanny	Montreal	1	100	100
Johnston, Mrs. Agnes B	Toronto	19	1,900	1,900
Johnston, Wyatt G., M D	Montreal	31	3,100	3,100
Johnstone, Mrs. Eliza B	St. Andrew's, Que	16	1,600	1,600
Joly, Mrs. Margaretta J	Quebec	5	500	500
Jones, Alfred E. and Henry T., trustees	Halifax	6	600	600
Jones, Andrew, and William J., exrs	Prescott	6	600	600
Jones, Hon. A. G., and Harry T	Halifax	113	11,300	11,300
Jones, Clarkson	Toronto	10	1,000	1,000
Jones, Edwin	Quebec	8	800	800
Jones, Robert W	St. Andrew's, Que	72	7,200	7,200
Jones, William J	Prescott	20	2,000	2,000
Jordan, Rev. Louis H., in trust	Toronto	52	5,200	5,200
Jost, Henry M	Guysborough, N.S	36	3,600	3,600
Jost, George E	do	10	1,000	1,000
Joseph, Mrs. Helen C	Montreal	1	100	100
Jourdain, A	Quebec	8	800	800
Kaulbach, Rev. James A	Truro, N.S	6	600	600
Kaulbach, Mrs. Mary S	do	2	200	200
Kavanagh, Michael, estate of	Montreal	5	500	500
Kay, William, estate of	Toronto	10	1,000	1,000
Keagey, Mrs. Isabella	Dundas, Ont	104	10,400	10,400
Keith, David S	Toronto	10	1,000	1,000
Keith, Donald	Halifax	18	1,800	1,800
Keller, Mrs. Jessie M	Salisbury, N.Y	1	100	100
Kellogg, Warren B., executor	Halifax	10	1,000	1,000
	Carried forward	30,685	3,068,500	3,068,500

The Merchants Bank of Canada—La Banque des Marchands du Canada.

Names. — Noms.	Residence.	Number of Shares. — Nombre d'Actions.	Amount Paid. — Montant payé.	Amount Subscribed. — Montant souscrit.
			$	$
	Brought forward...	30,685	3,068,500	3,068,500
Kellock, James F., and Daniel Glossop, in trust	Perth	4	400	400
Kelly, Frederick W., Ph. D	Montreal	25	2,500	2,500
Kelly, John	Carillon	55	5,500	5,500
Kelly, Patrick	Montreal	4	400	400
Kelley, Mrs. Jean L	do	10	1,000	1,000
Kelso, James	Inverness, Que	15	1,500	1,500
Kennedy, Alexander	Vernon, Ont	2	200	200
Kenny, J. F. and E. J., trustees	Halifax	104	10,400	10,400
Kenrick, Charles	Sherbrooke	27	2,700	2,700
Kent, Mrs. Amelia M.	Kingston	100	10,000	10,000
Kent, William C.	do	19	1,900	1,900
Kerr, Miss Emily M	Toronto	71	7,100	7,100
Kimlin, E. A., estate of late	Maria, N.B	4	400	400
Kimpton, Miss Mary	Brockville	2	200	200
King, Edwin F	Montreal	125	12,500	12,500
King, Miss Emma	Quebec	5	500	500
King, Miss Frances	Kingston	35	3,500	3,500
King, James, and James King, curator	Lyster	20	2,000	2,000
King, Rev. John M	Winnipeg	10	1,000	1,000
King, William F., tutor	Ottawa	1	100	100
Kinghorn, Mrs. Mary E	London, Eng	6	600	600
Kinghorn, George M	Montreal	150	15,000	15,000
Kingsley, Mrs. Elizabeth M	Toronto	35	3,500	3,500
Kinnear, Mrs. Euphemia	Kinnear's Mills	6	600	600
Kippen, Horatio N., estate of late	Lennoxville	24	2,400	2,400
Kirby, James, and Rich'd White, trustees	Montreal	20	2,000	2,000
Kirby, Thomas	do	11	1,100	1,100
Kirkpatrick, Mrs. Harriet B	Kingston	16	1,600	1,600
Kirkpatrick, Lady Isabel L	Toronto	5	500	500
Knight, Mrs. Cordelia E	Kingston	7	700	700
Knox, Mrs. Frances H	Montreal	6	600	600
Kyle, Mrs. Henrietta	do	8	800	800
Labreque, Mrs. Avine V	Quebec	6	600	600
La Caisse d'Economie Notre-dame de Quebec	do	60	6,000	6,000
Lacroix, Edward	do	100	10,000	10,000
Lacy, Col. Richard	Neston, Eng	12	1,200	1,200
Lafleur, Edouard	Montreal	10	1,000	1,000
Lajoie, Henri	Three Rivers	15	1,500	1,500
Lamb, Frederick H.	Hamilton	14	1,400	1,400
Laniere, Charles	Quebec	10	1,000	1,000
Langwill, Miss Susan A	Montreal	14	1,400	1,400
Larmonth, P., in trust	Ottawa	8	800	800
Larue, Mrs. Marie A. A. L	Montreal	5	500	500
Laurie, Mrs. Margaret L	Quebec	45	4,500	4,500
Laurie, John W	Halifax	23	2,300	2,300
Lavicount, Miss Mary L.	Ste. Jerome, Que	26	2,600	2,600
Lawrence, Geo. W., estate of	Stratford	10	1,000	1,000
Laurie, Barbara, estate of late	Montreal	4	400	400
Laurie, Duncan	Quebec	150	15,000	15,000
Laurie, Mrs. Sophia	do	125	12,500	12,500
Lawson, Edward	Montreal	7	700	700
Lawson, Wesley B	Chesterville	5	500	500
Learmont, Miss Agnes	Montreal	10	1,000	1,000
Learmont, Joseph B	do	3	300	300
Learmont, J B., in trust	do	60	6,000	6,000
Learmont, J. B. and W. J., in trust	do	67	6,700	6,700
Learmont, Jane F., estate of late	do	10	1,000	1,000
Learmont, W. J	do	47	4,700	4,700
Leclaire, Jean, estate of late	do	65	6,500	6,500
	Carried forward...	32,528	3,252,800	3,252,800

The Merchants Bank of Canada—La Banque des Marchands du Canada.

Names. — Noms.	Residence.	Number of Shares. — Nombre d'Actions.	Amount Paid. — Montant payé.	Amount Subscribed. — Montant souscrit.
			$	$
	Brought forward......	32,528	3,252,800	3,252,800
Leclaire, Francis A.	St. Hyacinthe	12	1,200	1,200
LeGros, John J	Point St. Peter, Que	1	100	100
LeGros, Thomas A	do do	1	100	100
LeGros, Miss Annie M	do do	1	100	100
Leman, Mrs. Marie A. P., and F. A. Lusignan, curator	Montreal	5	500	500
LeMarquand, Mrs. Alice	Point St. Peter, Que	3	300	300
LeMesurier, Miss Mary C	Quebec	4	400	400
Lemoine, Alexander, estate	do	54	5.400	5,400
Lemoine, Edouard, executor	do	17	1,700	1,700
Leney, Mrs. Lucinda	Montreal	52	5,200	5,200
LePine, Robert T.	Halifax	5	500	500
Leslie, Alexander C., estate	Montreal	26	2.600	2,600
Lesslie, Miss Helen, estate	Toronto	73	7,300	7,300
Levesque, Mrs. Marie L. P	Montreal	8	800	800
Levy Brothers	Hamilton	35	3,500	3,500
Lewin, Mrs. Georgiana	Kingston	10	1,000	1,000
Lewis, D. A. and G. E. Hague, in trust.	Montreal	2	200	200
Lewis, D. A. and G. E. Hague, in trust, No. 2	do	20	2,000	2,000
Lewis, David A	do	2	200	200
Lewis, D. A. and Jas. Crathern, in trust	do	18	1,800	1.800
Lewis, Mrs. Jane H	Yarmouth	6	600	600
Lewis, Mrs. Helen	Kingston	12	1,200	1,200
Lewis, Miss H. Louise	Montreal	2	200	200
Lewis, Mrs. Mary B.	do	1	100	100
Lewis, Miss Ethel Grace	Shefield, Eng	81	8,100	8,100
Lewis, Elizabeth S., estate	Ottawa	18	1,800	1,800
Lightball, Mrs. Margaret	Montreal	24	2,400	2,400
Lindsay Miss Jane	Brantford	4	400	400
Lindsay, Rev. David	Waterloo.	11	1,100	1,100
Lithgow, James R., trustee	Halifax	10	1,000	1,000
Livingstone, John, sr.	Listowel	31	3,100	3,100
Lloyd, George A., tutor	Los Gatos, U S.A.	6	600	600
Lloyd, Mrs. Annie M	Wallbridge, Ont	1	100	100
Locker, George R., in trust	Montreal	2	200	200
Locker, George R.	do	2	200	200
Lockhart, Rev A. D	Ormstown	16	1,600	1,600
Logie, Mrs. Jessie M., executrix	Montreal	4	400	400
Logie, Miss Margaret	Hamilton	104	10,400	10,400
Long, Thomas,	Toronto	100	10,000	10,000
Long, Thomas and John J	Collingwood	40	4,000	4,000
Long, Thomas and Brother	do	60	6,000	6,000
Longworth, Israel, and Arthur N. Whitman, executors	Truro, N.S.	4	400	400
Longworth, Isreal, John Y., Payzant and Henry M. Smith, executors	do	25	2,500	2,500
Lorrain, Right Rev. N. Z	Pembroke, Ont	6	600	600
Louis, Joseph	Quebec	10	1,000	1,000
Lovell Mrs. Sarah	Outremont, Que	24	2,400	2,400
Lowe, Rev. Andrew T	Quebec	1	100	100
Lowell, William L	Newson, U.S.A	15	1,500	1,500
Lowrie, James	Belleville	10	1,000	1,000
Lundy, John J.	Peterborough, Ont	71	7,100	7.100
Lunn, Miss Emma H	Montreal	185	18,500	18,500
Lutyens, Charles H. A	London, Eng	30	3,000	3,000
Lyman, Albert C	Montreal	4	400	400
Lyman, Frederick S., Q.C	do	30	3,000	3,000
Lyman, Frederick S., in trust	do	2	200	200
Lyman, Mrs Mary C	do	20	2,000	2,000
	Carried forward......	33,849	3,384,900	3,384,900

The Merchants Bank of Canada—La Banque des Marchands du Canada.

Names. — Noms.	Residence.	Number of Shares. — Nombre d'Actions.	Amount Paid. — Montant payé.	Amount Subscribed. — Montant souscrit.
			$	$
	Brought forward	33,849	3,384,900	3,384,900
Lyman, Walter E	Montreal	6	600	600
Lynch, Edward	L'Epiphanie, Que	6	600	600
Lynch, Mrs. Janet	Montreal	18	1,800	1,800
Lynk, Donald	Sydney River, C. B	15	1,500	1,500
Lyster, Mrs. Sarah J	Montreal	19	1,900	1,900
Mabee, Robert Y	Vittoria, Ont	4	400	400
Macallum, Rev. Daniel	Kingston	4	400	400
Macculloch, Ferdinand, estate of	Montreal	63	6,300	6,300
MacDonald, John A	Alexandria, Ont	16	1,600	1,600
Macdonald, John A., G. M. Macdonell and John McIntyre, in trust	Kingston		800	800
MacDonald, Mrs. Eleanora C	Winnipeg	10	1,000	1,000
Macdonell, John, estate of	Montreal	2	200	200
MacDougall, Hartland B	do	50	5,000	5,000
MacDougall, H. S. and R. McD. Paterson, trustees	do	87	8,700	8,700
MacDougall Bros	do	12	1,200	1,200
MacDougall, Miss Dora L	do	7	700	700
Macduff, Rev. Alexander R	Lahore, India	27	2,700	2,700
Macduff, Allan J. G	Montreal	3	300	300
Macduff, Mrs. Annie J.	do	2	200	200
Macfarlan, Miss Catherine N	do	26	2,600	2,600
Macfarlan, Miss Jessie J	do	29	2,900	2,900
Macfarlan, Miss Sarah K. B	do	28	2,800	2,800
Macfarlane, Mrs. Ann T., in trust	do	20	2,000	2,000
Macfarlane, Mrs. Ann T	do	12	1,200	1,200
Macfarlane, Robert and Alice	do	17	1,700	1,700
Mackintosh, Preble	do	2	200	200
Macintosh, Preble, in trust	do	2	200	200
Macintosh, John	do	25	2,500	2,500
Macintosh, John and Lansing Lewis, in trust	do	38	3,800	3,800
MacIntyre, Peter M.	Edinburgh, Scot	176	17,600	17,600
Mackay, Mrs. Christina	Montreal	92	9,200	9,200
Mackay, Miss Mary	do	2	200	200
Mackay, Robert	do	100	10,000	10,000
Mackeen, Mrs. Jane K	Glace Bay, C.B	4	400	400
Mackenzie, Hector	Montreal	900	90,000	90,000
Mackenzie, Hector, in trust for M. M. Allan	do	1	100	100
Mackenzie, Hector Bryce J. Allan, and James P. Cleghorn, trustees	do	100	10,000	10,000
Mackenzie, Hector, in trust for H. Allan	do	1	100	100
Mackenzie, A. Allan	do	60	6,000	6,000
Mackerras, Mrs. Margaret	Kingston	68	6,800	6,800
MacLean, John S., estate of	Halifax	6	600	600
Maclennan, Rev. Kenneth	Lévis	2	200	200
Macnaughton, Peter	Montreal	150	15,000	15,000
Macnee, Mrs. Catherine R	Kingston	20	2,000	2,000
Macnicol, Angus	Birkenhead, Eng	19	1,900	1,900
Macnider, James	Quebec	1	100	100
Macnider, James, in trust	do	1	100	100
Macpherson, Mrs. Ann C	Ottawa	10	1,000	1,000
Macpherson, Sir David L., estate of	Montreal	104	10,400	10,400
Macpherson, Donald L	Clinton, Ont	7	700	700
Macpherson, David H	Calgary	5	500	500
Macpherson, Miss Isabella R	Ottawa	10	1,000	1,000
Macpherson, Richard	Kingston	2	200	200
Macpherson, Richard, and W. H. Macpherson, trustees	do	2	200	200
	Carried forward	36,250	3,625,000	3,625,000

The Merchants Bank of Canada—La Banque des Marchands du Canada.

Names. — Noms.	Residence.	Number of Shares. — Nombre d'Actions.	Amount Paid. — Montant payé.	Amount Subscribed. — Montant souscrit.
			$	$
	Brought forward......	36,250	3,625,000	3,625,000
Macpher-on, William M....................	Montreal....................	12	1,200	1,200
Macpherson, William M., in trust..........	....	18	1,800	1,800
Macrae, Miss Ada B..........................	Holborn, Eng.................	43	4,300	4,300
Macrae, Miss Catherine A. L..............	London, Eng..................	17	1,700	1,700
Macrae, John O	Antwerp, Belgium	19	1,900	1,900
Macrae, Miss Lucy C..........................	Horley, Eng....................	19	1,900	1,900
Maguire, Dennis T., usufructuary.........	St. Johns, Que...............	37	3,700	3,700
Maguire, Miss Mary A., usufructuary...	do	37	3,700	3,700
Maguire, Mrs. Isabella M.....................	New Carlisle, Que..........	12	1,200	1,200
Maharg, Miss Kenelmina H	London, Eng	12	1,200	1,200
Maiben, Hector...................................	Howick..........................	27	2,700	2,700
Malcolm, Miss Ernestine......................	Montreal	5	500	500
Malloch, Edward G., Q.C......................	Perth..............................	58	5,800	5,800
Malloch, Archibald E., in trust..............	Hamilton........................	29	2,900	2,900
Malloch, Mrs. Mary S	do	125	12,500	12,500
Malloch, Frances M., estate of..............	do	6	600	600
Malloch, Archibald E	do	5	500	500
Malloch, Mrs. Mary S., trustee............	do	5	500	500
Malloch, Stewart E	do	44	4,400	4,400
Malloch, Miss Alice M..........................	do	44	4,400	4,400
Mansfield, Thomas	Osgoode, Ont.................	20	2,000	2,000
Mansfield, William	do	10	1,000	1,000
Manson, Alex., and Fred W. Boxer, in trust..	Montreal	1	100	100
Manuel, John	Ottawa............................	845	84,500	84,500
Marier, Eloise B. M., estate of late	Terrebonne	1	100	100
Marshall, Mrs. Susannah H	Montreal.	14	1,400	1,400
Martin, Edward, Q.C	Hamilton	52	5,200	5,200
Mason, John	Belvidere, Ill	40	4,000	4,000
Masson, Mrs. Annie M., usufructuary...	Montreal	20	2,000	2,000
Masterman, Mrs. Margaret A	do	22	2,200	2,200
Masterson, Rev. John..........................	Prescott..........................	8	800	800
Matheson, Miss Isabella R..................	Perth..............................	4	400	400
Matheson, Miss Eliza J	do	10	1,000	1,000
Matheson, Hon. R., estate of...............	do	10	1,000	1,000
Matthew, Miss Jessie	Montreal	5	500	500
May, Alice M., and Mrs. Mary E. Lyman	Mt. Vernon, U.S.A........	11	1,100	1,100
Mayberry, John	Prescott..........................	52	5,200	5,200
Mayrand, Henry W..............................	Montreal	17	1,700	1,700
Magill, Miss Mary A............................	do	2	200	200
Meharg, Miss Agnes...........................	do	2	200	200
Meighen, Mrs. Janet...........................	Perth	12	1,200	1,200
Meikle, John H....................................	Morrisburg......................	25	2,500	2,500
Meikle, Miss Kate	Mount Forest..................	6	600	600
Mendels, Mrs. Sarah...........................	Montreal	10	1,000	1,000
Meredith, Mrs. J. Brenda....................	do	1	100	100
Merkley, George M..............................	Morrisburg......................	6	600	600
Methot, E. W	Quebec...........................	26	2,600	2,600
Metzler, Mrs. Margaret.......................	Cardinal, Ont	15	1,500	1,500
Michie, Miss Sophia............................	Toronto..........................	35	3,500	3,500
Mickle, Miss Sarah..............................	do	2	200	200
Milburne, Mrs. Jane C.........................	Brighton, Eng................	60	6,000	6,000
Miller, Wm. R., curator, and Etheldred N. Benson, Institute...........................	Montreal	34	3,400	3,400
Miller, William R., in trust....................	do	52	5,200	5,200
Miller, Peter..	Trenton	2	200	200
Miller, Walter S., curator....................	Glen Miller......................	2	200	200
Mills, James, LL.D	Guelph............................	1	100	100
Mitchell, George, in trust	Halifax............................	3	300	300
Mitchell, George, and Archibald S. Mitchell, trustees................................	do	3	300	300
	Carried forward.......	38,265	3,826,500	3,826,500

3—12

The Merchants Bank of Canada—La Banque des Marchands du Canada.

Names. — Noms.	Residence.	Number of Shares. — Nombre d'Actions.	Amount Paid. — Montant payé.	Amount Subscribed. — Montant souscrit.
			$	$
	Brought forward	38,265	3,826,500	3,826,500
Mitchell, Mary, administratrix	Middleville, Ont.	3	300	300
Mitchell, Miss Constance M	Montreal	4	400	400
Moat, Robert	Eccleshall, Eng	34	3,400	3,400
Moat, R. & Co	Montreal	64	6,400	6,400
Molson, John, in trust	do	25	2,500	2,500
Molson, Mrs. Agnes	Chelmsford, England	60	6 000	6,000
Molson, John W	Montreal	2	200	200
Molson, John Thomas	do	500	50,000	50,000
Molson, Herbert S. S.	do	5	500	500
Molson, Frederick W	do	29	2,900	2,900
Molson, Miss Ida E	Smith's Falls	2	200	200
Molson, Joseph D., estate	Sherbrooke	10	1,000	1,000
Molson, Mrs. Louisa G. F	Montreal	365	36,500	36,500
Molson, Miss Alice C	London, England	9	900	900
Molson, S. E., and wife, trustees of	Montreal	101	10,100	10,100
Molson, Thomas, executors of	do	104	10,400	10,400
Molson, Miss Sarah E	London, England	24	2,400	2,400
Molson, Wm., estate	Montreal	35	3,500	3,500
Molson, John E	do	50	5,000	5,000
Molson, Mrs. Mary E.	Lennoxville	3	300	300
Molson, Herbert	Montreal	1	100	100
Molson, John D	Smith's Falls	9	900	900
Monat, Louis, estate of	Mt. Johnson	14	1,400	1,400
Monk, Mrs. Eliza C.	Westmount	88	8,800	8,800
Monroe, Mrs. Jessie G	St. John's, Nfld	10	1,000	1,000
Montgomerie, Richard C	St. Johns, Que	36	3,600	3,600
Montgomerie, Richard C., in trust	do	59	5,900	5,900
Montgomery, Mrs. Annie M	New Richmond, Que	14	1,400	1,400
Montizambert, Mrs. Mary J.	Quebec	43	4,300	4,300
Montreal City and District Savings Bank	Montreal	842	84,200	84,200
Montreal General Hospital, The	do	10	1,000	1,000
Montreal Protestant Orphan Asylum	do	41	4,100	4,100
Moody, Mrs. Catherine L.	Yarmouth, N.S.	10	1,000	1,000
Mooney, Mrs. Sara B.	Alexandria	34	3,400	3,400
Moore, Aaron	Lacolle, Que	36	3,600	3,600
Moore, Miss Harriet	Montreal	94	9.400	9,400
Moore, James	do	12	1,200	1,200
Moore, Mrs. M. M., trustees of	do	59	5,900	5,900
Moore, Misses Catherine A., Emily and Eleanor S.	Picton, Ont	24	2,400	2,400
Moore, Miss Annie W	Lacolle	7	700	700
Moore, Miss Mary J	do	7	700	700
Moore, Miss Martha P	do	7	700	700
Moore, William B., and John McGillivray, in trust	New Glasgow, N.S.	5	500	500
More, Mrs. D. Boyd	Quebec	15	1,500	1,500
Moren, Mrs. Martha E	Halifax	10	1,000	1,000
Morrin, Miss Amy	St. Augustin, Que	18	1,800	1,800
Morrin, John	do	10	1,000	1,000
Morrin, William, executors of	do	2	200	200
Morrin, Miss Maria	do	1	100	100
Morris, Mrs. Letitia K	Ottawa	26	2,600	2,600
Morris, John	Rochester, U.S.A	6	600	600
Morrison, John	Montreal	62	6,200	6,200
Morris, William	Sherbrooke	2	200	200
Morrow, James B., estate	Halifax	25	2,500	2,500
Morton, David	Hamilton	52	5,200	5,200
Morton, Lemuel J	Halifax	10	1,000	1,000
Mott, Nelson, executors of	St. Johns, Que	62	6.200	6,200
Mott, Miss Elizabeth J	Dartmouth, N S	15	1,500	1,500
	Carried forward	41,472	4,147,200	4,147,200

The Merchants Bank of Canada—La Banque des Marchands du Canada.

Names — Noms.	Residence.	Number of Shares. — Nombre d'Actions.	Amount Paid. — Montant payé.	Amount Subscribed. — Montant souscrit.
			$	$
	Brought forward.....	41,472	4,147,200	4,147,200
Mott, Miss Catherine A.	Dartmouth, N.S	10	1,000	1,000
Mountain, Rev. Jacob J. S.	Montreal	41	4,100	4,100
Mount Hermon Cemetery Corporation.	Quebec	1	100	100
Muckleston, Samuel, estate	Kingston	12	1,200	1,200
Muckleston, Rev. Wm. J.	Perth	6	600	600
Mudge, H. J.	Montreal	20	2,000	2,000
Mudge, Mrs. Margaret K. R.	do	12	1,200	1,200
Mudge, Arthur L.	do	1	100	100
Muir, Mrs. Mary A.	Howick	8	800	800
Muir, Robert	Heathlands, Eng	261	26,100	26,100
Mulligan, John	Port Hope	26	2,600	2,600
Muller, Dr. F., estate	Montreal	43	4,300	4,300
Mullins, Mrs. Elizabeth	do	5	500	500
Munn, Miss Elizabeth	Quebec	10	1,000	1,000
Murchie, F. M.	St. Stephen	36	3,600	3,600
Murchie, Mrs. Nancy B.	do	5	500	500
Murphy, Denis	Ottawa	209	20,900	20,900
Murphy, Joshua	Renfrew	2	200	200
Murray, Miss Agnes	Montreal	2	200	200
Murray, John S	do	52	5,200	5,200
Mussen, Thomas, estate	do	71	7,100	7,100
Mylne, Mrs. Ann	San Diego, U.S.A	70	7,000	7,000
Mylne, Mrs. Ann, in trust	do	8	800	800
McAndrew, John	Toronto	50	5,000	5,000
McCallum, Peter & Son, estate	Cobourg	15	1,500	1,500
McCallum, Peter, jr., estate of	do	2	200	200
McCance, Miss Maria	Crieff, Scotland	52	5,200	5,200
McCarthy, John G	Montreal	67	6,700	6,700
McCarthy, James M.	do	67	6,700	6,700
McClurg, William	do	8	800	800
McColl, Miss Mary	St. Joseph du Lac	14	1,400	1,400
McConkey, Benjamin R.	Guelph	1	100	100
McConnell, John	Montreal	12	1,200	1,200
McCrudden, William	do	24	2,400	2,400
McCuaig, Mrs. Caroline F.	Vankleek Hill	2	200	200
McDiarmid, Miss Catherine	Covey Hill	7	700	700
McDonald, James A., in trust for Mary McDonald	Halifax	3	300	300
McDonald, William C.	Montreal	1,500	150,000	150,000
McDougall, Alexander	do	52	5,200	5,200
McDougall, Alexander, in trust for Mrs. Mary McDougall	do	104	10,400	10,400
McDougall, Alexander, in trust for Mrs. Jane Boyd	do	36	3,600	3,600
McDougall, Daniel	Ormstown	47	4,700	4,700
McDougall, Alexander	do	47	4,700	4,700
McDougall, Isabella, estate of	Montreal	18	1,800	1,800
McDougall, Mrs. Mary	Martintown	4	400	400
McDougall, Miss Mary	Ormstown	4	400	400
McDougall, Mrs. Agnes	Montreal	7	700	700
McEachran, Mrs. Margaret M.	do	60	6,000	6,000
McEntyre, Daniel, estate of.	do	33	3,300	3,300
McEvilla, Mrs. Rebecca B.	Roxton Falls	53	5,300	5,300
McEvoy, Mrs. Janet	L'Orignal	21	2,100	2,100
McEwen, Donald	Ferguson's Falls	6	600	600
McEwen, Mrs. Helen	Carleton Place	21	2,100	2,100
McEwen, Miss Janet	Ferguson's Falls	2	200	200
McFarland, Mrs. Margaret	Parry Sound	4	400	400
McGee, John J.	Ottawa	12	1,200	1,200
McGill, Mrs. Emma	Melbourne	8	800	800
McGillivray, John	Laggan, Ont.	2	200	200
	Carried forward.....	44,748	4,474,800	4,474,800

The Merchants Bank of Canada—La Banque des Marchands du Canada.

Names — Noms.	Residence.	Number of Shares. — Nombre d'Actions.	Amount Paid. — Montant payé.	Amount Subscribed. — Montant souscrit.
			$	$
	Brought forward	44,748	4,474,800	4,474,800
McGinnis, William, jr., in trust	St. Johns, Que	10	1,000	1,000
McGrath, John	Lachine	6	600	600
McGregor James D	New Glasgow, N.S	12	1,200	1,200
McGregor, Mrs. Wilhelmine	Cornhill, Scotland	30	3,000	3,000
McIndoe, Greville E	Granby	10	1,000	1,000
McIntyre, Archibald, in trust for E. R McIntyre	Montreal	1	100	100
McIntyre, Archibald, in trust for M. C. McIntyre	do	1	100	100
McIntyre, Archibald	do	104	10,400	10,400
McIntyre, Gregor, executors of	Renfrew	10	1,000	1,000
McIntyre, Janet, executrix	Winnipeg	6	600	600
McKay, Alister	Chatham	104	10,400	10,400
McKay, Mrs. Annie	do	2	200	200
McKeenan, Mrs. Mary J	Montreal	6	600	600
McKechnie, Robert	Dundas	10	1,000	1,000
McKenna, Annie M., estate of	Montreal	4	400	400
McKenzie, Murdoch	do	275	27,500	27,500
McKenzie, Roderick, estate of	Pictou, N.S	100	10,000	10,000
McLaren, Duncan	Lanark	4	400	400
McLaren, John	Montreal	100	10,000	10,000
McLaren, John, in trust	do	2	200	200
McLaren, James W	Chatham	6	600	600
McLea, Robert P., in trust	Montreal	1	100	100
McLennan, Alexander, in trust	Lancaster	34	3,400	3,400
McLennan, Hugh	Montreal	84	8,400	8,400
McLennan, Mrs. Isabella S	do	18	1,800	1,800
McLeod, Angus	Martintown	10	1,000	1,000
McLeod, Mrs. Annie S	Toronto	14	1,400	1,400
McLeod, Neil	Kingston	10	1,000	1,000
McLimont, John C., in trust	Quebec	40	4,000	4,000
McLimont, John C	do	15	1,500	1,500
McLimont, Miss Alice H	do	20	2,000	2,000
McLimont, Miss Christina	do	10	1,000	1,000
McLimont, Mrs. Sarah E., usufructuary	do	59	5,900	5,900
McLimont, Miss Helena	do	11	1,100	1,100
McLimont, Miss Sarah A	do	10	1,000	1,000
McMartin, Miss Jane	Montreal	4	400	400
McMaster, Mrs. Amelia	do	8	800	800
McMaster, Miss Jessie R	do	2	200	200
McMaster, Miss Sarah J	do	3	300	300
McMaster, William, in trust	do	2	200	200
McMeekin, Rev. Henry	Ottawa	6	600	600
McMillan, Duncan	Grenville	109	10,900	10,900
McMorine, Rev. John K., in trust for M. N. Syme	Kingston	12	1,200	1,200
McMurray, William, estate of	Winnipeg	59	5,900	5,900
McNaughton, Duncan	Montreal	10	1,000	1,000
McNaughton, Mrs. Julia C. M	Chicago	14	1,400	1,400
McPherson, Mrs. Annie	Denver, U.S.A	6	600	600
McTaggart, Miss Jane	Strathroy	4	400	400
McVean, Alexander	Dresden, Ont	50	5,000	5,000
McVean, William M	do	5	500	500
McVean, Miss Alice	do	10	1,000	1,000
McVean, Mrs. Sarah	do	9	900	900
Nelson, Albert D., in trust	Montreal	6	600	600
Nelson, Albert D., in trust, No. 2	do	29	2,900	2,900
Nelson, H. A., the heirs of	do	24	2,400	2,400
Newbery, Mrs. Esther E	Belleville	6	600	600
Nichol, Mrs. Hannah J	Montreal	36	3,600	3,600
Nichols, Caroline and Louisa H	St. Johns, Que	1	100	100
	Carried forward	46,302	4,630,200	4,630,200

The Merchants Bank of Canada—La Banque des Marchands du Canada.

Names. — Noms.	Residence.	Number of Shares. — Nombre d'Actions.	Amount Paid. — Montant payé.	Amount Subscribed. — Montant souscrit.
			$	$
	Brought forward...	46,302	4,630,200	4,630,200
Nichols, Rev. E. E. B., estate of	Halifax	14	1,400	1,400
Nicholson, George C., John S., and John W. Little, trustees	Montreal	30	3,000	3,000
Nicholson, George C	do	100	10,000	10,000
Nicholson, George C., in trust	do	10	1,000	1,000
Nickle, Mrs. Ellen M	Kingston	111	11,100	11,100
Nickle, William F	do	52	5,200	5,200
Norris, Miss Charlotte	Quebec	6	600	600
Norris, Mrs. Emma A	do	17	1,700	1,700
Norris, Miss Helena	do	2	200	200
Norris, Miss Myra L	do	2	200	200
Norris, Thomas H	do	2	200	200
North American Life Assurance Co	Toronto	19	1,900	1,900
O'Brien, Hon. James	Montreal	100	10,000	10,000
O'Connell, Rev. Daniel	Peterborough	4	400	400
O'Connor, James	Montreal	500	50,000	50,000
Ogilvie, Mrs. Agnes (Mrs. Stewart)	New York	27	2,700	2,700
Ogilvie, Archibald B., estate of	Lachine	39	3,900	3,900
Ogilvie, Miss Frances	Montreal	27	2,700	2,700
Ogilvie, Miss Mary A	do	27	2,700	2,700
Ogilvie, William W	do	129	12,900	12,900
Ogilvy, Miss Mary	Foster, Que	8	800	800
Oliver, Mrs Charlotte M	Berlin, Ont	2	200	200
O'Meara, Dominick D	Quebec	8	800	800
Orkney, Miss Elizabeth C	Montreal	104	10,400	10,400
Owens, Mrs. Marion J., usufructuary	Grenville	26	2,600	2,600
Owens, Mrs. Marion J	do	3	300	300
Owens, Mrs. Marion J., in trust	do	9	900	900
Owens, Robert, tutor to his minor children	do	43	4,300	4,300
Owens, Robert, tutor to J.D. Reeves	do	45	4,500	4,500
Page, Miss Amelia G	Brockville	13	1,300	1,300
Page, Miss Elizabeth L	do	13	1,300	1,300
Page, J. Albert	do	12	1,200	1,200
Page, Thomas A., M. D	do	13	1,300	1,300
Pagnuelo, Hector, tutor	St. Hyacinthe	2	200	200
Papineau, Hon. Augustin C	Montreal	8	800	800
Papineau, Mary E., estate of late	Montebello, Que	10	1,000	1,000
Pardey, Amelia F. and Sophia J., executrices	Montreal	6	600	600
Pardey, Miss Sophia J	do	2	200	200
Parker, Mrs. Fanny H	Halifax	48	4,800	4,800
Parsons, John W	Portsmouth, U.S A	4	400	400
Paterson, Mrs. Isabel F., the trustees of	Montreal	78	7,800	7,800
Patterson, John	do	35	3,500	3,500
Patterson, Rev. James, in trust	do	15	1,500	1,500
Patterson, Mrs. Elizabeth B	Carleton Place	21	2,100	2,100
Payzant, John Y., and Gerald B. Ternan, trustees	Halifax	36	3,600	3,600
Payzant, Godfrey P., estate	Windsor, N.S	52	5,200	5,200
Pease, Diana A	Montreal	4	400	400
Peavey, Mary J	do	2	200	200
Peebles, Addie E., and Alice W. Sprague	Winnipeg	6	600	600
Pelton, Godfrey S	Montreal	3	300	300
Penny, E. Goff	do	130	13,000	13,000
Penner, Miss Eliza M. A	Kingston	35	3,500	3,500
Perrigo, John, estate of late	Montreal	22	2,200	2,200
Peters, Mary H. H. Fuller, and William B. Wallace, in trust	Halifax	32	3,200	3,200
Peters, George	Peterborough, Ont	7	700	700
Petrie, Miss Elizabeth W	Cumberland, Ont	5	500	500
	Carried forward...	48,382	4,838,200	4,838,200

The Merchants Bank of Canada—La Banque des Marchands du Canada.

Names. — Noms.	Residence.	Number of Shares. — Nombre d'Actions.	Amount Paid. — Montant payé.	Amount Subscribed. — Montant souscrit.
			$	$
	Brought forward	48,382	4,838,200	4,838,200
Petrie, John	Bobcaygeon	4	400	400
Pettes, Mrs. Narcissa	Knowlton	52	5,200	5,200
Phillips, Sarah A., and Fred. Whitley, curator	Montreal	8	800	800
Pickels, Mrs. Marron	St. Johns, Que	4	400	400
Pine, Mrs. Erla	Crafton, Ont	11	1,100	1,100
Pierce, Miss Elizabeth F	Stanstead, Que	15	1,500	1,500
Pollok, Rev. Allan	Halifax	24	2,400	2,400
Poole, Mrs. Mary A	Hamilton	48	4,800	4,800
Popham, Miss Emma E	Montreal	3	300	300
Popham, Miss Louisa M	do	3	300	300
Popham, Miss Ethel L	do	3	300	300
Porteous, Mrs. Catherine	Galt	24	2,400	2,400
Porter, George	Rock Island, Que	20	2,000	2,000
Poston, Mrs. Susan, estate of late	Ottawa	35	3,500	3,500
Pottinger, Mrs. Jane J	Hamilton	52	5,200	5,200
Pottinger, John	do	52	5,200	5,200
Potts, Mrs. Susan	Grafton, Ont	22	2,200	2,200
Potts, Mrs. Elizabeth T	Hespeler, Ont	8	800	800
Pratt, Frank M	Toronto	2	200	200
Pratt, Fred., in trust	Montreal	15	1,500	1,500
Pratt, John, estate	do	225	22,500	22,500
President and General Manager, in trust for Officers' Guarantee Fund	do	131	13,100	13,100
Preston, Mrs. Elizabeth	Newboro', Ont	5	500	500
Preston, Robert H	do	10	1,000	1,000
Price, Mrs. Henietta K	London, Eng	20	2,000	2,000
Protestant Board of School Commissioners	Montreal	15	1,500	1,500
Protestant Hospital for the Insane	do	30	3,000	3,000
Protestant Hospital for the Insane, Endowment Fund	do	15	1,500	1,500
Protestant Hospital for the Insane, Matthew Campbell Cot Fund	do	7	700	700
Pryor, Miss Emily F	Greenwich, S.E., Eng	4	400	400
Pryor, Miss J. Louisa	Halifax	4	400	400
Pryor, Miss Mary E	do	4	400	400
Ptolemy, W. A., receiver for estate of Alex. H. Murray	Winnipeg	22	2,200	2,200
Puddicombe, John	London, Ont	10	1,000	1,000
Puddicombe, Robert B	New Hamburg, Ont	10	1,000	1,000
Puddicombe, Thomas B	Haysville, Ont	10	1,000	1,000
Purvis, David H	Pictou, N.S	10	1,000	1,000
Quebec Church Society	Quebec	1	100	100
Radford, Mrs. Isabel E	Montreal	33	3,300	3,300
Rae, Miss Edith B	do	6	600	600
Rae, Mrs. Emma	do	14	1,400	1,400
Rae, Mrs. Emma, usufructuary	do	10	1,000	1,000
Rae, Geo. M., and Rusk Harris, trustees	Toronto	6	600	600
Rae, Geo. M., and Rusk Harris, in trust	do	3	300	300
Rae, William, estate	Montreal	20	2,000	2,000
Rae, William, in trust for Mrs. R. R. Rae	do	20	2,000	2,000
Rainville, Paul	Ste. Marie, Que	56	5,600	5,600
Ramsay, Agnes H., estate of late	Montreal	6	600	600
Ramsay, Elizabeth H., estate of	do	20	2,000	2,000
Ramsay, Robt. A., estate	do	58	5,800	5,800
Rannie, Rev. John	British Guiana	6	600	600
Ransom, Howard H., in trust	Montreal	50	5,000	5,000
Ratte, Louis O	Methot Mills, Que	30	3,000	3,000
Raymond, Mrs. Albertine L	St. Hyacinthe	10	1,000	1,000
Raynes, Mrs. Elizabeth	Westmount, Que	10	1,000	1,000
	Carried forward	49,678	4,967,800	4,967,800

The Merchants Bank of Canada—La Banque des Marchands du Canada.

Names. — Noms.	Residence.	Number of Shares. — Nombre d'Actions.	Amount Paid. — Montant payé.	Amount Subscribed. — Montant souscrit.
			$	$
	Brought forward...	49,678	4,967,800	4,967,800
Rayside, Mrs. Margaret	South Lancaster, Ont	3	300	300
Rea, Miss Eleanor B	Montreal	9	900	900
Rea, James McK	do	10	1,000	1,000
Rea, Miss Mary J	do	13	1,300	1,300
Read, Mrs. Frances A	Lachine	15	1,500	1,500
Read, George	St. Félix de Valois	12	1,200	1,200
Ready, Mrs. Ellen	Lennoxville	5	500	500
Reaves, George, estate	Montreal	360	36,000	36,000
Reed, James	Reedsdale	239	23,900	23,900
Reekie, R. J., executors of	Montreal	91	9,100	9,100
Reeve, Robert F	Almonte	10	1,000	1,000
Reid, William	Montreal	16	1,600	1,600
Reid, William, in trust	do	20	2,000	2,000
Reiffenstein, Geo C., trustee for Mrs. Godard	Ottawa	7	700	700
Remon, Mrs. Marie E	do	10	1,000	1,000
Rent, George, estate	Halifax	20	2,000	2,000
Rennick, John A. M., in trust	Montreal	3	300	300
Restall, Mrs. Jane	Toronto	5	500	500
Reynolds, Edmund J	Brockville	6	600	600
Reynolds, Thomas W., M.D	Hamilton	6	600	600
Rhodes, Armitage, and Godfrey W. Rhodes, trustees	Quebec	5	500	500
Rhodes, Mrs. Annie C	do	30	3,000	3,000
Rhodes, William, jr	do	20	2,000	2,000
Rich, Irving B	Richville, U.S.A	10	1,000	1,000
Richards, Mrs. Tercile	Montreal	40	4,000	4,000
Richardson, Mrs. Jane, administratrix	Stouffville	4	400	400
Richardson, Joseph, estate	Stratford	13	1,300	1,300
Richardson, Wm. P., trustee	Port Rush, Ireland	2	200	200
Richardson, Miss Annie	Orillia	12	1,200	1,200
Ridout, Mrs. Kezia M	London	18	1,800	1,800
Ridout, Mrs. Christina	Hamilton	5	500	500
Riley, Enoch W	Montreal	1	100	100
Rinfret, Mrs. Emma A	Quebec	2	200	200
Ritchie, Capt. Joseph	Rothesay, Scot	72	7,200	7,200
Ritchie, Hon. Joseph N	Halifax	40	4,000	4,000
Ritchie, Hon. Jos. N, and James J. Ritchie	do	30	3,000	3,000
Ritchie, Jos. N., and Thos. Ritchie, in trust No. 1	do	26	2,600	2,600
Ritchie, Jos. N., and Thos. Ritchie, in trust No. 2	do	25	2,500	2,500
Ritchie, Mary, estate of	do	13	1,300	1,300
Ritchie, Thos., and John J. Laurie, in trust	do	4	400	400
Ritchie, Thomas, in trust	do	20	2,000	2,000
Ritchie, Thomas	do	2	200	200
Ritchie, Thomas, trustee	do	16	1,600	1,600
Roberts, Miss Mary	Niagara Falls	2	200	200
Robertson, George R	Montreal	9	900	900
Robertson, William S	do	8	800	800
Robertson, Mrs Alice E	do	14	1,400	1,400
Robertson, Mrs. Catherine M	East Hatley	19	1,900	1,900
Robertson, Miss Grace M	Montreal	9	900	900
Robertson, Archie G	do	8	800	800
Robertson, Miss Jane	Kingston	14	1,400	1,400
Robertson, John	Lavant	4	400	400
Robertson, Miss Amy E. S	Montreal	9	900	900
Robertson, Miss Flora E. B	do	9	900	900
Robertson, Miss Helen C	do	9	900	900
	Carried forward...	51,062	5,106,200	5,106,200

The Merchants Bank of Canada—La Banque des Marchands du Canada.

Names — Noms.	Residence.	Number of Shares. — Nombre d'Actions.	Amount Paid. — Montant payé.	Amount Subscribed. — Montant souscrit.
			$	$
	Brought forward...	51,062	5,106,200	5,106,200
Robertson, Miss Susan	Montreal	11	1,100	1,100
Robertson, William J	Toronto	4	400	400
Robins, S. P, LL.D	Montreal	5	500	500
Robinson, George G., in trust	do	17	1,700	1,700
Robinson, Mrs. Elizabeth S	Toronto	10	1,000	1,000
Robinson, George W	Montreal	10	1,000	1,000
Robinson, Joseph O	London, England	52	5,200	5,200
Robinson, Thomas	Montreal	8	800	800
Rodger, Miss Alice J	do	1	100	100
Roe, Henry, executor	Windsor Mills, Que	1	100	100
Roger, Miss Isabella	Peterborough	2	200	200
Romans, George	Acadia Mines	5	500	500
Ross, Mrs. Agnes	Westmount	4	400	400
Rowand, A., estate	Quebec	26	2,600	2,600
Rowe, William E	Veedersburg, U.S.A	14	1,400	1,400
Routledge, Mrs. Edythe M	Georgeville	22	2,200	2,200
Rowley, John W. H., in trust	Yarmouth	2	200	200
Rowley, W. H., in trust	Ottawa	2	200	200
Roy, James	Montreal	55	5,500	5,500
Russell, Miss Elizabeth	do	10	1,000	1,000
Rutherford, George	Hamilton	42	4,200	4,200
Ryan, Hugh	Toronto	104	10,400	10,400
Ryan, Mrs. Margaret	do	56	5,600	5,600
Ridley, Mrs. Catherine M	Hamilton	15	1,500	1,500
Sale, John	Windsor, Ont	10	1,000	1,000
Saer, Agnes, the trustees of	St. John, N.B	23	2,300	2,300
Sanders, Mrs. Edith W	Ealing, England	5	500	500
Savage, Mrs. Mary A	Prescott	50	5,000	5,000
Scherman, Julius	Montreal	5	500	500
Schofield, Mrs. L. L., the trustees of	Brockville	14	1,400	1,400
Scholes, Francis	Montreal	210	21,000	21,000
Scott, Erskine G	Quebec	12	1,200	1,200
Scott, H. C. and E. G., in trust	Montreal	34	3,400	3,400
Scott, H. C. and E. G., in trust No. 2	do	33	3,300	3,300
Scott, John	Ottawa	6	600	600
Scott, Mrs. Mary	Chateauguay	6	600	600
Scott, Rev. William	Charlottetown	10	1,000	1,000
Scott, Rev. Wm., in trust for M. A. Scott	do	5	500	500
Seath, Mrs. Mary P	Montreal	6	600	600
Seels, Mrs. Esther and B. Saunders, in trust	Toronto	4	400	400
Seminary of St. Sulpice	Montreal	32	3,200	3,200
Seminary of Three Rivers	Three Rivers	15	1,500	1,500
Senkler, Miss Agnes C	Brockville	18	1,800	1,800
Senkler, Albert E., M. D	Perth	46	4,600	4,600
Senkler, Judge Edmund J	St. Catharines	16	1,600	1,600
Senkler, Miss Eleanor M	Perth	2	200	200
Senkler, George E	St. Paul, U.S.A	6	600	600
Senkler, Judge William S	Perth	31	3,100	3,100
Sewell, Edward L	Quebec	25	2,500	2,500
Sewell, Mrs. Jane E. H	do	10	1,000	1,000
Sharpe, Miss Blanche	Ottawa	4	400	400
Sharpe, Miss Florence	do	4	400	400
Sharpe, Mrs. Ann H., administrator	do	27	2,700	2,700
Sharples, Henry H	Quebec	25	2,500	2,500
Sharples, Henry H., in trust	do	23	2,300	2,300
Sharples, Hon. John, tutor	do	20	2,000	2,000
Sharples, Charles, estate of	do	25	2,500	2,500
Sharts, Mrs. Elizabeth R	Rhinebeck, U.S.A	2	200	200
Shatford, Arthur W	Hubbard's Cove, N.S	1	100	100
Shatford, Henry A	do	4	400	400
	Carried forward ...	52,309	5 230,900	5,230,900

Banques incorporées.

The Merchants Bank of Canada—La Banque des Marchands du Canada.

Names. — Noms.	Residence.	Number of Shares. — Nombre d'Actions.	Amount Paid. — Montant payé.	Amount Subscribed. — Montant souscrit.
			$	$
	Brought forward...	52,309	5,230,900	5,230,900
Shaw, Charles T., in trust	Montreal	8	800	800
Shaw, Mrs. Sarah G	do	42	4,200	4,200
Shaw, Samuel J	Quebec	156	15,600	15,600
Shepherd, Capt. Henry W	Montreal	76	7,600	7,600
Shepherd, Robert W., estate of	do	54	5,400	5,400
Sherwood, Mrs. Alice	Chicago	2	200	200
Shortt, Mrs. Ellen	Newboro'	7	700	700
Sim, James	Little Metis	3	300	300
Simpson, George	Montreal	10	1,000	1,000
Simpson, John	Alexandria	7	700	700
Simpson, Mrs. Elizabeth	Ottawa	15	1,500	1,500
Sims, Miss Agnes	Montreal	2	200	200
Sims, Miss Margaret	do	2	200	200
Sims, Miss Emma O	do	2	200	200
Sims, Thomas J	Winnipeg	2	200	200
Sinclair, Mrs. Caroline	Collingwood	3	300	300
Sinclair, George L., M.D	Dartmouth	15	1,500	1,500
Sissons, Robert	Lake St. Joseph	15	1,500	1,500
Small, Miss Catherine G	Sarnia	15	1,500	1,500
Small, Joseph S	do	19	1,900	1,900
Smart, Mrs. Annie L	Brockville	13	1,300	1,300
Smart, Catherine S., estate of	Port Hope	6	600	600
Smart, John	do	70	7,000	7,000
Smart, John E	do	10	1,000	1,000
Smith, Mrs. Janet	Martintown	4	400	400
Smith, Bennett, estate of	Windsor, N.S	101	10,100	10,100
Smith, Sir Frank, in trust	Toronto	20	2,000	2,000
Smith, Joseph E	Wolfville	23	2,300	2,300
Smith, Edward F	Halifax	13	1,300	1,300
Smith, Edward, estate of	do	125	12,500	12,500
Smith, Mrs. Emily G	Guelph	5	500	500
Smith, George F. C	Montreal	22	2,200	2,200
Smith, Goldwin, LL.D	Toronto	107	10,700	10,700
Smith, H. B., estate of	Montreal	10	1,000	1,000
Smith, Mrs. Harriet E. M.	Toronto	28	2,800	2,800
Smith, Jas. F., trustee for Mrs. A. G. Barber	do	8	800	800
Smith, James F., estate	do	4	400	400
Smith, John W	Halifax	26	2,600	2,600
Smith, John	Martintown	5	500	500
Smith, George	do	5	500	500
Smith, Larratt W, Q.C	Toronto	31	3,100	3,100
Smith, Miss Louisa L	Truro	11	1,100	1,100
Smith, Mrs. Mary A., executrix	Montreal	17	1,700	1,700
Smith, Mrs. Mary E	Toronto	20	2,000	2,000
Smith, Mrs. Matilda	Quebec	10	1,000	1,000
Smith, Robert A	Montreal	150	15,000	15,000
Smith, R. H., in trust for Mrs. A. Lemesurier	Quebec	4	400	400
Smith, Miss Sarah W	Montreal	10	1,000	1,000
Smith, Rev. Thomas W	Halifax	20	2,000	2,000
Smith, W. Oliver	Montreal	75	7,500	7,500
Smith, W. Oliver, in trust for Margaret Steele	do	21	2,100	2,100
Smith, Mrs. Caroline	do	4	400	400
Smith, Miss Hannah S	do	17	1,700	1,700
Smith, George	Howick	20	2,000	2,000
Smith, Lady Sarah M	Dorchester	47	4,700	4,700
Smith, Arthur M	Kincardine	10	1,000	1,000
Société de Prêts et Placements de Québec	Quebec	3	300	300
	Carried forward ...	53,839	5,383,900	5,383,900

The Merchants Bank of Canada—La Banque des Marchands du Canada.

Names. — Noms.	Residence.	Number of Shares. — Nombre d'Actions.	Amount Paid. — Montant payé.	Amount Subscribed. — Montant souscrit.
			$	$
	Brought forward...	53,839	5,383,900	5,383,900
Somerville, Mrs. Anna M	Lachine	5	500	500
Soper, Warren Y	Ottawa	4	400	400
Spalding, Mrs. Ann	Bay City	4	400	400
Spaulding, Abram	Montreal	25	2,500	2,500
Spencer, Alfred V	Preston	15	1,500	1,500
Spencer, Alfred V., in trust	do	15	1,500	1,500
Spilsbury, Mrs. Selina M., administratrix in trust	Colbourne	12	1,200	1,200
Spinney, Mrs. Annie	Yarmouth	20	2,000	2,000
Spragge, Mrs. Martha E	Montreal	50	5,000	5,000
Spragge, Saltern E. A	do	25	2,500	2,500
Spry, William	Toronto	14	1,400	1,400
St. Andrew's Society of Montreal	Montreal	14	1,400	1,400
St. Andrew's Society of Quebec	Quebec	4	400	400
St. Denis, Miss Alberta A. M	Point Fortune	38	3,800	3,800
St. Denis, Alexander, estate of	Montreal	325	32,500	32,500
St. Denis, Mrs. Henrietta	do	15	1,500	1,500
St. Dizier, Henry	do	14	1,400	1,400
St. George's Society of Quebec	Quebec	22	2,200	2,200
Stairs, Miss Catherine	Halifax	86	8,600	8,600
Stalker, Miss Lavinia F	Pictou, N S	16	1,600	1,600
Stalker, John A	do	11	1,100	1,100
Starnes, Miss Eleanor S	Montreal	61	6,100	6,100
Starr, Gordon A	Brockville	10	1,000	1,000
Starr, Mrs. Alice E	Halifax	16	1,600	1,600
Stayner, Frederick H	Toronto	18	1,800	1,800
Stayner, Rev. Thomas L	Overbury, Eng	4	400	400
Steele, Mrs. Zelie S., usufructuary	Montreal	19	1,900	1,900
Steer, George J	St. Pierre, Miquelon	15	1,500	1,500
Stephen, Capt. J. G., trustees of	Montreal	19	1,900	1,900
Stephens, Pembroke S	London, Eng	104	10,400	10,400
Stephenson, Henry	Lacolle	12	1,200	1,200
Stephen, Mrs. Mary	Picton, Ont	10	1,000	1,000
Stevens, Darwin, estate of	Hawkesbury	6	600	600
Stevenson, Miss Mary	East Hatley	18	1,800	1,800
Stevenson, James, estate of	Quebec	6	600	600
Stephenson, Miss Elizabeth	do	1	100	100
Stevenson, Miss Agnes	do	1	100	100
Stevenson, Miss Maud	do	1	100	100
Stevenson, Miss Alice	do	2	200	200
Stevenson, Miss Mary	do	2	200	200
Stewart, Rev. Alex., estate	Toronto	8	800	800
Stewart, Mrs. Catherine	Ottawa	14	1,400	1,400
Stewart, Rev. Donald	Dunbar	2	200	200
Stewart, Donald M	Montreal	10	1,000	1,000
Stewart, George M	Belleville	120	12,000	12,000
Stewart, George M., in trust	do	53	5,300	5,300
Stewart, Miss Isabella	Ottawa	8	800	800
Stewart, Mrs. Grace J	Hamilton	5	500	500
Stewart, Miss Isabella E	Quebec	10	1,000	1,000
Stewart, James	Toronto	9	900	900
Stewart, Miss Louisa A	Quebec	10	1,000	1,000
Stewart, Mrs. Isabella H	Montreal	19	1,900	1,900
Stewart, William	Port Hope	14	1,400	1,400
Stirling, Miss Jessie	Glasgow	42	4,200	4,200
Stirling, John	Montreal	78	7,800	7,800
Stodart, Mrs. Louisa F. W	New York	14	1,400	1,400
Stott, James, trustee	St. Johns, Newfoundland	9	900	900
Strange, Orlando S., M.D	Kingston	56	5,600	5,600
Strathcona, Rt. Hon. Lord	Montreal	4	400	400
	Carried forward...	55,383	5,538,300	5,538,300

The Merchants Bank of Canada—La Banque des Marchands du Canada.

Names. — Noms.	Residence.	Number of Shares. — Nombre d'Actions.	Amount Paid. — Montant payé.	Amount Subscribed. — Montant souscrit.
			$	$
	Brought forward......	55,383	5,538,300	5,538,300
Strathcona, Rt. Hon. Lord, in trust for J. Sutherland	Montreal	4	400	400
Stuart, Charles	Port Hope	8	800	800
Stuart, Ernest H., and H. L. Snowdon, trustees	Montreal	8	800	800
Sullivan, Michael	Kingston	2	200	200
Sumner, Mrs. Mary C	Carleton Place	2	200	200
Swift, Henry	Quebec	16	1,600	1,600
Sutherland, James	Montreal	7	700	700
Sutherland, James, executor, in trust	do	7	700	700
Symmes, Mrs. Abigail	Drummondville	8	800	800
Synod of Ontario, in trust for Cornwall Female School	Kingston	2	200	200
Tache, Miss Adèle	Quebec	2	200	200
Tait, David	Mille Roches	7	700	700
Tait, Robert	Montreal	12	1,200	1,200
Taylor, Mrs. Elizabeth	Gananoque	12	1,200	1,200
Taylor, Mrs. Georgina R	Ottawa	8	800	800
Taylor, John	Heardingly	20	2,000	2,000
Taylor, Maria and Albert G	Ottawa	21	2,100	2,100
Taylor, Thomas W	Winnipeg	4	400	400
Temporalities Board Church of Scotland	Montreal	45	4,500	4,500
Tennent, Mrs. Mary C. P	York, Eng	11	1,100	1,100
Tessier, Hon. U. J., estate	Quebec	40	4,000	4,000
Tessier, Ulric	do	4	400	400
Thibaudeau, A. A., in trust	Montreal	40	4,000	4,000
Thistle, A. Louisa, F. Mary and Edith	Ottawa	36	3,600	3,600
Thomas, Mrs. Mary M	Quebec	5	500	500
Thompson, Mrs. Catherine	Perth	1	100	100
Thompson, James	do	164	16,400	16,400
Thompson, Mrs. Maria	Coaticook	10	1,000	1,000
Thompson, William	do	2	200	200
Thompson, Miss Margaret F	Perth	1	100	100
Thomson, Rev. Geo., estate	Horton	14	1,400	1,400
Thomson, John C	Quebec	18	1,800	1,800
Thomson, John C., in trust for Jeffrey Hale Hospital	do	37	3,700	3,700
Thomson, Joseph N., heirs of	Montreal	8	800	800
Thomson, Joseph N., in trust for Mrs. George Smith	do	4	400	400
Thomson, Miss Margaret	Renfrew	1	100	100
Thomson, William J	Belleville	7	700	700
Thorburn, John	Ottawa	5	500	500
Thorneloe, Rt. Rev. George	Sault Ste. Marie	8	800	800
Tiffin, John, estate	Montreal	6	600	600
Tofield, William	Lévis	52	5,200	5,200
Tofield, Mrs. Sarah J	do	13	1,300	1,300
Tooker, Mrs. Eliza B	Yarmouth	11	1,100	1,100
Toronto General Trusts Co	Toronto	84	8,400	8,400
Torrance, Marion G., estate	Montreal	8	800	800
Trester, Meyer	do	48	4,800	4,800
Trigge, Mrs. Elizabeth	Cookshire	10	1,000	1,000
Trott, Mrs. Elizabeth J	Montreal	6	600	600
Tucker, Ann, estate	St. John, N.B	6	600	600
Turgeon, Edmond, in trust	Montreal	2	200	200
Turriff, Mrs. Margaret	Little Metis	7	700	700
Turriff, Robert	do	46	4,600	4,600
Twining, Mrs. Ada L	Fredericton	9	900	900
Tweedie, Charles	Montreal	4	400	400
Uniacke, Rev. James B.	Kentville, N.S	30	3,000	3,000
Uniacke, Robie	Halifax	10	1,000	1,000
	Carried forward......	56,346	5,634,600	5,634,600

The Merchants Bank of Canada—La Banque des Marchands du Canada.

Names — Noms.	Residence.	Number of Shares. — Nombre d'Actions.	Amount Paid. — Montant payé.	Amount Subscribed — Montant souscrit.
			$	$
	Brought forward	56,346	5,634,600	5,634,600
Urquhart, Rev. H., the trustees of	Cornwall	28	2,800	2,800
Utting, Mrs. Hannah	Montreal	34	3,400	3,400
Vallée, P., executors of	Quebec	12	1,200	1,200
Vézina, Adolphe	do	5	500	500
Vicat, H. N., estate	Sevenoaks, Eng	5	500	500
Vicat, Mrs. M. F. Kate	do	5	500	500
Victoria College, trustees of	Toronto	2	200	200
Vincent, Rev. Thomas, usufructuary	Winnipeg	8	800	800
Vincent, James, administrator	Port Hope	9	900	900
Vondy, Miss Agnes J	Halifax	10	1,000	1,000
Vroom, Mrs. Agnes J	Windsor, N.S	10	1,000	1,000
Waddell, Mrs. Elizabeth	Quebec	6	600	600
Waddingham, Mrs. Louisa	Kingston	8	800	800
Wadsworth, William R., estate	Toronto	10	1,000	1,000
Wainwright, William, jr	Montreal	3	300	300
Waite, Miss Emma	do	4	400	400
Walker, Mrs. Elizabeth	St. Louis, U.S.A	4	400	400
Walker, Miss Helen F	Quebec	43	4,300	4,300
Walker, Henry S	Toronto	100	10,000	10,000
Walker, Joseph S	London, Ont	10	1,000	1,000
Walker, William E	Montreal	5	500	500
Walker, William, estate	do	5	500	500
Wallace, James, estate	Brockville	21	2,100	2,100
Wallace, Mrs. E. A. Bilbrough	Belleville	17	1,700	1,700
Wanless, Mrs. Harriet	St. Catharines	52	5,200	5,200
Wardell, Miss Marianne H	Winchester, Eng	4	400	400
Warden, Rev. Robert H., D.D	Toronto	100	10,000	10,000
Warner, Mrs. Louisa C	do	66	6,600	6,600
Warren, Mrs. Henrietta	St. Lambert	11	1,100	1,100
Watson, Miss Alice J	Montreal	32	3,200	3,200
Watson, Harriet E. B., estate	do	206	20,600	20,600
Watson, Harrison	do	184	18,400	18,400
Watson, Mrs. Mabel S	Cape Town	80	8,000	8,000
Watson, John	Cornhill, Scotland	12	1,200	1,200
Watson, Miss Mary M	Dresden, Ont	8	800	800
Watson, John C	Montreal	35	3,500	3,500
Watt, James S., estate	do	8	800	800
Watt, Miss Lizzie V	New Bedford, U.S.A	4	400	400
Watt, Miss Edith M	Halifax	4	400	400
Waugh, Mrs. Imogene L	Hamilton	6	600	600
Weaver, Mrs. Mary A., executrix	Montreal	56	5,600	5,600
Webb, Wm H., and Israel Longworth, trustees	Halifax	23	2,300	2,300
Weir, Margaret M., estate	London, Eng	38	3,800	3,800
Weir, Miss Alice L	Cambridge, U.S.A	1	100	100
Weir, Miss M. Maude	do	1	100	100
Weir, Miss Eliza A	do	1	100	100
Weir, Miss Susan D	do	1	100	100
Welch, William, in trust	Roanoke, U.S.A	42	4,200	4,200
Welch, Robert C. and William W., trustees	Quebec	10	1,000	1,000
Weldon, Mrs. Jane A	St. John, N.B	6	600	600
West, James	Montreal	5	500	500
Wheeler, Mrs. Annie	do	28	2,800	2,800
Wheeler, Mrs. Annie, in trust	do	4	400	400
Wheeler, Miss Annie P	do	37	3,700	3,700
Wheeler, Miss Isabella	do	37	3,700	3,700
Wheeler, T. B	do	1	100	100
Wheeler, T. B., in trust	do	2	200	200
Whitby, Oliver R	Paris, Ont	2	200	200
White, Catherine, executrix	Newport, U.S.A	4	400	400
	Carried forward	57,821	5,782,100	5,782,100

The Merchants Bank of Canada—La Banque des Marchands du Canada.

Names. — Noms.	Residence.	Number of Shares. — Nombre d'Actions.	Amount Paid. — Montant payé.	Amount Subscribed. — Montant souscrit.
			$	$
	Brought forward......	57,821	5,782,100	5,782,100
White, Mrs. Mary Ann........................	Glasgow, Scotland	35	3,500	3,500
White, Mrs. Jeanie McF........................	Los Angeles. U.S.A........	20	2,000	2,000
White, Mrs. Marianne V........................	Edinburgh, Scotland......	100	10,000	10,000
White, William, Judge	Sherbrooke	40	4,000	4,000
Whitehead, Mrs. Isabella........................	Quebec........................	10	1,000	1,000
Whitman, Arthur N. and Susan, trustees	Halifax........................	4	400	400
Whyte, James G........................	Ottawa	150	15,000	15,000
Whyte, Andrew, in trust........................	Wilmot........................	20	2,000	2,000
Wickson, Frederick	Toronto	10	1,000	1,000
Wickson, John	do	8	800	800
Wicksteed, Horatio A........................	Ottawa	44	4,400	4,400
Wilby, Charles H........................	Ossett, Eng........................	45	4,500	4,500
Wilkes, Alfred J........................	Brantford........................	2	200	200
Wilkes, Mrs. Barbara........................	Montreal	20	2,000	2,000
Wilkie, Daniel R., trustee for Mrs. A. C. C. Wilkie........................	Toronto	4	400	400
Willan, Miss Maria........................	St. Johns, Que........................	2	200	200
Willett, George........................	Yarmouth, N.S........................	42	4,200	4,200
Williams, James........................	Kingston	4	400	400
Williams, James, in trust for Quebec National Schools Endowment Fund...	Quebec	31	3,100	3,100
Williamson, Miss Emma E........................	Belleville	10	1,000	1,000
Williamson, Mrs. Isabella C........................	Guelph, Ont........................	2	200	200
Williamson, James........................	Montreal	10	1,000	1,000
Wilson, Mrs. Agnes........................	St. John,s Que........................	3	300	300
Wilson, Mrs. Caroline S. B........................	Buckingham, Que........................	31	3,100	3,100
Wilson, Miss Elizabeth........................	Montreal	4	400	400
Wilson, Miss Esther........................	do	9	900	900
Wilson, Frederick J........................	Buckingham, Que	33	3,300	3,300
Wilson, Frederick J., in trust........................	do	14	1,400	1,400
Wilson, Jane S., executrix	Grenville........................	42	4,200	4,200
Wilson, John T........................	do	47	4,700	4,700
Wilson, Joseph, executors of........................	Quebec........................	12	1,200	1,200
Wilson, Miss Mary J........................	Montreal........................	4	400	400
Wilson, Thomas........................	Bennington, N. H........................	25	2,500	2,500
Wilson, William, estate	Cumberland, Ont........................	145	14,500	14,500
Wilson, William, estate of late, in trust	do	1	100	100
Wilson, Walter........................	Montreal	90	9,000	9,000
Wilson, William A........................	Binscarth, Man........................	95	9,500	9,500
Wilson, Mrs. Florence A........................	Quebec........................	60	6,000	6,000
Windsor Marine Insurance Co........................	Windsor, N. S........................	73	7,300	7,300
Withall, William J........................	Montreal	104	10,400	10,400
Withall, Mrs Eleanor........................	do	4	400	400
Wood, Rev. Edmund and R. M. Paterson, in trust	do	78	7,800	7,800
Wood, Robert, estate........................	do	104	10,400	10,400
Woodhouse, Francis V........................	Albury, Eng........................	16	1,600	1,600
Woodrow, Hugh B........................	Montreal	169	16,900	16,900
Woodill, Mrs. Evelina........................	Halifax........................	6	600	600
Woods, Charles C........................	London, Ont	20	2,000	2,000
Worthington, E. B., in trust........................	Sherbrooke........................	12	1,200	1,200
Worthington, Mrs. Mabel J........................	do	13	1,300	1,300
Worthington, Hugh S........................	Aylmer........................	3	300	300
Wreford, John	Newton Abbott, Eng......	24	2,400	2,400
Wright Col. Alfred........................	Paignton, Eng........................	4	400	400
Wright, Henry P., M D........................	Ottawa	34	3,400	3,400
Wright, Mrs. Ellen........................	Perth	4	400	400
Wright, Mrs. Margaret M........................	Montreal	6	600	600
Wylie, James H., trustee for township of Ramsay........................	Almonte........................	12	1,200	1,200
Yates, Burton W	Detroit, Mich........................	34	3,400	3,400
	Carried forward......	59,769	5,976,900	5,976,900

The Merchants Bank of Canada—La Banque des Marchands du Canada.

Names. — Noms.	Residence.	Number of Shares. — Nombre d'Actions.	Amount Paid. — Montant payé.	Amount Subscribed. — Montant souscrit.
			$	$
	Brought forward......	59,769	5,976,900	5,976,900
Yates, B. W., Henry B., and Alex. Robertson, trustees........	Brantford	36	3,600	3,600
Yates, Henry B., M.D........	Montreal	34	3,400	3,400
Young, Kenneth D........	do	24	2,400	2,400
Young, Miss Jean D........	Picton, Ont........	12	1,200	1,200
Young, John R., estate of........	Ottawa........	42	4,200	4,200
Young, Miss Margaret F........	Liverpool........	4	400	400
Yuile, Mrs. Margaret L........	Montreal	30	3,000	3,000
Yuile, William........	do	25	2,500	2,500
Yuile, William, in trust........	do	15	1,500	1,500
Zühlcke, George W. G. R........	do	9	900	900
	Total........	60,000	6,000,000	6,000,000

I hereby certify that the foregoing is a correct list of the shareholders of the Merchants Bank of Canada, as on the 31st December, 1897.

G. HAGUE,
General Manager

MONTREAL, 18th January, 1898.

THE MOLSONS BANK.

LA BANQUE MOLSON.

Value of share, $50—Valeur de chaque action, $50.

Names. — Noms.	Residence.	Number of Shares. — Nombre d'Actions.	Amount Paid. — Montant payé.	Amount Subscribed. — Montant soucrit.
			$	$
Acton, Jane	Montreal	5	250	250
Acton, Jane, and J. McCleary, exec	do	5	250	250
Adams, Francis	do	25	1,250	1,250
Ahern, A. and T. B. Macaulay, in trust	do	10	500	500
Algoma, Lord Bishop of	Sault Ste. Marie	11	550	550
Allan, Andrew	Montréal	8	400	400
Anderson, W. J., exec. and trustee	Ottawa	12	600	600
Archbald, H	Montreal	116	5,800	5,800
Archbald, A., in trust for Ella G. Hill	do	12	600	600
Archbald, A., in trust for J. E. Hill	do	100	5,000	5,000
Armstrong, Mrs. Fanny S	Halifax	2	100	100
Arpin, C., curator to R. Marchand	St. Johns, Que	76	3,800	3,800
Atkinson, Miss Clara	Montreal	83	4,150	4,150
Atkinson, Miss Florence	do	98	4,900	4,900
Audette, Mrs. Mary Grace	Ottawa	2	100	100
Auld, John	Montreal	50	2,500	2,500
Avery, Miss Louisa C	Grand Pré, N.S	70	3,500	3,500
Badgley, Mrs. Mary E	Montreal	2	100	100
Baker, Miss Eliza C	Dunham, Que	20	1,000	1,000
Baker, Joel C	Montreal	200	10,000	10,000
Bankes, Mrs. Helen	Inverness, Scot	521	26,050	26,050
Bankes, Miss Elsie H	Toronto	2	100	100
Bankes, Miss Helen H	do	2	100	100
Barbeau, E. J	Montreal	40	2,000	2,000
Barbeau, H	do	50	2,500	2,500
Barnes, Rev. W. S., in trust	do	10	500	500
Barrett, Mrs. M. A. E., in trust	do	80	4,000	4,000
Bartlett, Miss Laura C	Toronto	2	100	100
Bate, H. Newell	Ottawa	100	5,000	5,000
Bate, Mrs Florence M	do	6	300	300
Baylis, Hilda E., in trust	Montreal	20	1,000	1,000
Beckett, Mrs. Naomi A	Quebec	521	26,050	26,050
Beckett, Miss Naomi E	do	2	100	100
Benny, Miss Christina	Daillebout	28	1,400	1,400
Benny, James	do	41	2,050	2,050
Benny, Miss Julia E	do	30	1,500	1,500
Benny, Miss Margaret N	do	14	700	700
Benny, Miss Sophia	do	14	700	700
Benny, W. N	do	15	750	750
Benson, Mrs. Ethelred N	Montreal	250	12,500	12,500
Benson, G. H., curator, and Mrs. H. F. Miller Institute	do	105	5,250	5,250
Berthelot, Mrs. Helene	do	69	3,450	3,450
Bethune, Strachan	do	30	1,500	1,500
Benthmer, Mrs. Susan C	do	10	500	500
Binmore, Miss Charlotte E	do	12	600	600
Binmore, Miss Florence	do	12	600	600
Binmore, Thos	do	20	1,000	1,000
Black, Miss C. H	Halifax	62	3,100	3,100
Black, G. F., M.D	do	23	1,150	1,150
Black, Samuel G	do	15	750	750
Black, trustees of estate C. H. M	do	12	600	600
	Carried forward	3,025	151,250	151,250

The Molsons Bank—La Banque Molson.

Names. — Noms.	Residence.	Number of Shares. — Nombre d'Actions.	Amount Paid. — Montant payé.	Amount Subscribed. — Montant souscrit.
			$	$
	Brought forward......	3,025	151,250	151,250
Bowie, A. G	Brockville	35	1,750	1,750
Bowie, Robert	do	47	2,350	2,350
Bowie, Robert A., M.D	do	10	500	500
Boyd, Mrs. Laura	Edinburgh	6	300	300
Bradfield, F	Morrisburgh	35	1,750	1,750
Brennan, Margaret	Montreal	30	1,500	1,500
Brewer, H. C	Clinton	5	250	250
Brewer, H. C., in trust	do	8	400	400
Brodrick, A. B., in trust for Mary Ann Brodrick	Ottawa	22	1,100	1,100
Brooks, Mrs. Ellen A	Montreal	20	1,000	1,000
Brown, Miss Cornelia C	Owen Sound	16	800	800
Bryant, Mrs. Sarah M	South Stukely	3	150	150
Buchanan, Mrs. Mary Jane	Montreal	5	250	250
Buell, Mrs. Sophie E	Brockville	10	500	500
Burland, G. B	Montreal	100	5,000	5,000
Burwash, M. Maria	St. Andrews	11	550	550
Burwell, Mrs. P. J	Port Burwell	10	500	500
Cameron, Mrs. Annie	Toronto	7	350	350
Cameron, Mrs. Sarah	Halifax	20	1,000	1,000
Campbell, C. S	Montreal	25	1,250	1,250
Canada Life Assurance Co	Hamilton	40	2,000	2,000
Cass, Luther	Mishawaka, Ind	40	2,000	2,000
Charlton, Miss Maud	Montreal	3	150	150
Clarke, O. L	do	75	3,750	3,750
Clarke, Miss Letitia J	do	10	500	500
Cleghorn, J. P	do	120	6,000	6,000
Clerk, Mrs. H. B	do	120	6,000	6,000
Connally, C. H., administratrix	Morrisburg	21	1,050	1,050
Coplandy& Co	Montreal	15	750	750
Cox, Jane and Barbara, usufructuary legatees	do	300	15,000	15,000
Craig, Mrs. A. Maud	Montmorency Falls	19	950	950
Crawford, David	Montreal	156	7,800	7,800
Crawford, John	do	300	15,000	15,000
Crerar, H. H	Antigonish	40	2,000	2,000
Crerar, J. P	Ottawa	40	2,000	2,000
Crerar, W. Grant	Pictou, N.S	100	5,000	5,000
Crisp, Mrs. Catherine E	Kingston, Ont	80	4,000	4,000
Crisp, Miss E. H	Halifax	10	500	500
Crisp, Rev. John O	Kingston, Ont	10	500	500
Crisp, Miss S. J	Halifax	10	500	500
Cross, Miss Christine L	Ottawa	4	200	200
Cross, W. H	Montreal	12	600	600
Cunningham, C. H., in trust	do	6	300	300
Cunningham, Mrs. P. J	Granboro, Que	5	250	250
Curry, W	Windsor, N.S	70	3,500	3,500
Cuvillier, Miss Luce	Montreal	135	6,750	6,750
Davidson, Mrs. Mary	do	50	2,500	2,500
Davison, C. L	do	13	650	650
Davison, H. H	Toronto	10	500	500
Dawes, Andrew J	Lachine	30	1,500	1,500
Dawes, T. A	do	100	5,000	5,000
Dawson, Mrs. M. E	Bridgewater, N.S	30	1,500	1,500
Dawson, Miss Ella J	do	30	1,500	1,500
Devine, Miss Mary E	Halifax	4	200	200
Dickey, J. A	Amherst, N.S	109	5,450	5,450
Dillon, George, sr	Morrisburgh	2	100	100
Dixon, W. H	Montreal	2	100	100
Dobell, R. R	Quebec	100	5,000	5,000
Dobell, R. R., in trust for C. M. Dobell	do	4	200	200
	Carried forward...	5,675	283,750	283,750

The Molsons Bank—La Banque Molson.

Names. — Noms.	Residence.	Number of Shares. — Nombre d'Actions.	Amount Paid. — Montant payé.	Amount Subscribed. — Montant souscrit.
			$	$
	Brought forward...	5,675	283,750	283,750
Dobell, R. R., in trust for A. C. Dobell	Quebec	4	200	200
Dobell, R. R., in trust for E. N. Dobell	do	10	500	500
Dobell, R. R., in trust for M. H. Dobell	do	11	550	550
Dob-ll, W. M	Montreal	79	3,950	3,950
Dobell, W. M. and A. C., in trust for Mrs. Elizabeth F. Dobell	do	521	26,050	26,050
Dobie, Miss Ellen	do	21	1,050	1,050
Dobie, Miss Eva	do	21	1,050	1,050
Douglas, James	New York	80	4,000	4,000
Dunbar, Mrs. Mary	Montreal	4	200	200
Dunton, R. A	do	1	50	50
Durnford, A. D	do	45	2,250	2,250
Durnford, Geo	do	5	250	250
Durnford, George and A. D., in trust	do	50	2,500	2,500
Durnford, Mrs. Emily	Guernsey	13	650	650
Durnford, Miss Maria G	Montreal	2	100	100
Eastern Trust Co., trustee for estate of A. D. Merkel	Halifax	11	550	550
Ekers, Adelaide H	Montreal	9	450	450
Ekers, Mrs. Hannah Austin	do	5	250	250
Elliot, James	do	225	11,250	11,250
Elliot, James, in trust	do	36	1,800	1,800
Elliot, James, in trust for F. W. E	do	1	50	50
Elliot, James, in trust for W. E. M	do	1	50	50
Elliot, Mrs Sarah J	Quebec	13	650	650
Elliott, Mrs. Barbara	Montreal	18	900	900
Empson, Rev. J	do	60	3,000	3,000
Evans, Miss Lilian Norton	do	4	200	200
Evans, Miss Mabel Norton	do	3	150	150
Evans, Mrs. Nora	do	60	3,000	3,000
Evans, Mrs. Nora, in trust for Gladys Norton Evans	do	1	50	50
Evans, Mrs Nora and Neville Norton Evans, in trust for Gladys Norton Evans	do	1	50	50
Ewing, A. S	do	153	7,650	7,650
Ewing, Mrs. Isabella M	do	50	2,500	2,500
Ewing, S. H	do	500	25,000	25,000
Ewing, S. H., in trust for G. K. E	do	1	50	50
Ewing, S. H, and F. W. Kelly, executors	do	87	4,350	4,350
Ewing, S. W	do	25	1,250	1,250
Estate late—				
Anderson, R	do	64	3,200	3,200
Duncan, W	do	26	1,300	1,300
Filer, Isaac H	do	15	750	750
Fitzpatrick, J	do	60	3,000	3,000
Sewell, A	Quebec	40	2,000	2,000
Von Friesen, Baroness	Montreal	800	40,000	40,000
Watt. Alex	do	20	1,000	1,000
Executors late—				
Adams, W	do	20	1,000	1,000
Badgley, Margaret	Ottawa	11	550	550
Baker, John C	Frelighsburg	100	5,000	5,000
Bayne, Margaret	Quebec	4	200	200
Braithwaite, J	Montreal	312	15,600	15,600
Campbell, Sir Alexander	Toronto	17	850	850
Couillard, Margaret	Montreal	80	4,000	4,000
Corse, N. B	do	100	5,000	5,000
Doran, J	do	120	6,000	6,000
Douglas, Eleanor	do	20	1,000	1,000
	Carried forward...	9,615	480,750	408,750

3—13

The Molsons Bank—La Banque Molson.

Names. — Noms.	Residence.	Number of Shares. — Nombre d'Actions.	Amount Paid. — Montant payé.	Amount Subscribed. — Montant souscrit.
			$	$
	Brought forward...	9,615	480,750	480,750
Executors of late—				
Dow, W.	Montreal	60	3,000	3,000
Evans, W. N.	do	88	4,400	4,400
Foy, Mrs	Sorel	61	3,050	3,050
Gibb, J. D.	Montreal	100	5,000	5,000
Hall, Margaret.	Quebec	102	5,100	5,100
Hartley, J.	Antigonish	10	500	500
Jackson, Margaret	Quebec	18	900	900
Leclaire, Jean	Montreal	40	2,000	2,000
Leslie, A. C.	do	30	1,500	1,500
Marchand, F. H	St. Johns, Que	84	4,200	4,200
Martell, Catherine	Wolfville	13	650	650
Masson, M. G. S.	Terrebonne	400	20,000	20,000
Molson, Thomas	Montreal	1,140	57,000	57,000
Molson, Wm	do	3,650	182,500	182,500
Macculloch, F	do	78	3,900	3,900
Mackay, Catherine M.	Halifax	2	100	100
Macpherson, Sir David L.	Toronto	900	45,000	45,000
McCready, J.	Montreal	296	14,800	14,800
Nicolls, A. D.	Lennoxville	9	450	450
Perrigo, John	Montreal	10	500	500
Sangster, James	Lancaster	28	1,400	1,400
Sculthorp, James	Montreal	25	1,250	1,250
Shepherd, R. W.	do	227	11,350	11,350
Stephen, A	Sorel	24	1,200	1,200
Stocks, A	Leeds, Eng	36	1,800	1,800
Williams, Miles	Montreal	315	15,750	15,750
Wood, Robert	do	160	8,000	8,000
Farlinger, Mrs. Isabella F	Morrisburg	40	2,000	2,000
Farrell, Dominick	Dartmouth	130	6,500	6,500
Filer, Geo	Montreal	70	3,500	3,500
Finley, D	Sorel	100	5,000	5,000
Finley, Samuel	Montreal	400	20,000	20,000
Firth, C	Wetumpka, Ala	40	2,000	2,000
Fleet, Miss M. E.	Montreal	20	1,000	1,000
Fleury, Mrs. Selina	Daillebout	27	1,350	1,350
Flint, Jerome T	Rock Island, Que	10	500	500
Forrest, Mrs. Mary	Winnipeg	22	1,100	1,100
Frame, Mary Ann	Gay's River, N.S	3	150	150
Fraser, Miss Annie	New Glasgow, N.S.	20	1,000	1,000
Fraser, Miss Jessie Gordon	Halifax	15	750	750
Fraser, Thomas E	Toronto	30	1,500	1,500
French, Mrs. Sophia	Prescott	42	2,100	2,100
Fuller, Miss Eunice L.	Sault Ste Marie	25	1,250	1,250
Garratt, Mrs. M. C	Montreal	45	2,250	2,250
Gault, A. F	do	100	5,000	5,000
Gault, C. E., sequestator	do	12	600	600
Gentle, Mrs. Anna H., curatrix, W.S.G.	do	50	2,500	2,500
Gibb, Mrs. C. H.	do	173	8,650	8,650
Gibb, Mrs. Elizabeth A	do	10	500	500
Gibb, Isaac Jones	Como	176	8,800	8,800
Gibb, James	Quebec	61	3,050	3,050
Gibb, Mrs. Mary L	Como	73	3,650	3,650
Gnaedinger, E. W., in trust	Montreal	2	100	100
Gnaedinger, Mrs. E.	do	4	200	200
Godfrey, Mrs. Emily T.	do	38	1,900	1,900
Grant, Mrs. Annie	Pictou, N.S	25	1,250	1,250
Grant, Thomas H	Quebec	40	2,000	2,000
Gray, Mrs. Margaret H.	Chatham, Ont	27	1,350	1,350
Gray, Wm	New York	5	250	250
Greene, Miss. Elizabeth E.	Montreal	10	500	500
	Carried forward ...	19,366	968,300	968,300

The Molsons Bank—La Banque Molson.

Names. — Noms.	Residence.	Number of Shares. — Nombre d'Actions.	Amount Paid. — Montant payé.	Amount Subscribed. — Montant souscrit.
			$	$
	Brought forward...	19,366	968,300	968,300
Grier, Hy	Halifax	15	750	750
Grier, Mrs. Sophia	do	15	750	750
Griffin, Mrs. Maria	Ottawa	40	2,000	2,000
Gudewill, C. E., in trust	Montreal	20	1,000	1,000
Guillet, Mrs. E. B	Mille Roches	28	1,400	1,400
Gzowski, Col. Sir Casimir S., Q A.D.C.	Toronto	200	10,000	10,000
Halifax Fire Insurance Co	Halifax	100	5,000	5,000
Halifax Protestant Orphans' Home	do	4	200	200
Hall, Mrs Mary	Ottawa	30	1,500	1,500
Halpin, Mrs. E	Montreal	13	650	650
Hamilton, C., Lord Bishop of Ottawa	Ottawa	10	500	500
Hamilton, H. C	London, Eng	30	1,500	1,500
Hamilton, Miss Isabella	Quebec	14	700	700
Hamilton, Miss M. E	London, Ont	5	250	250
Harkin, Ellen	Montreal	26	1,300	1,300
Harrington, B. J	do	8	400	400
Harrington, Miss Laura M	St. Andrews	50	2,500	2,500
Heddle, Robert	Brantford	22	1,100	1,100
Hedge, Miss Louisa	St. Lambert	26	1,300	1,300
Heirs-at-law of late Wm. Learmont	Montreal	29	1,450	1,450
Heirs of the late Geo. E. Molson	do	374	18,700	18,700
Heirs of the late J. D. Molson	Lennoxville	420	21,000	21,000
Henry, Amy R	Quebec	13	650	650
Henry, Arthur R	do	13	650	650
Henry, Miss Edith M	do	14	700	700
Henshaw, Mrs. B. H	Montreal	7	350	350
Hicks, Miss Minnie Helen	New York	40	2,000	2,000
Hickson, Miss Catherine M	Montreal	9	450	450
Hickson, J. Claude	do	4	200	200
Hickson, Lady, in trust	do	9	450	450
Hickson, Mrs Annie B	do	4	200	200
Hingston, Sir W. H., M.D	do	14	700	700
Hogan, Hy	do	49	2,450	2,450
Home for the Aged	Halifax	6	300	300
Horton, Geo	DeRamsay	7	350	350
Hossack, Miss Isabella B	Quebec	10	500	500
Hood, T. D., in trust, M. E. Ward	Montreal	101	5,050	5,050
Howard, Mrs. Gertrude E., universal legatee	St. John's	200	10,000	10,000
Hunt, Mrs. A. R	Montreal	655	32,750	32,750
Hunter, Miss Agnes	do	5	250	250
Hunter, Miss Georgina	do	18	900	900
Huron College	London, Ont	8	400	400
Industrial School	Halifax	4	200	200
Irving, George	London, Eng	37	1,850	1,850
Jack, A. MacKinley	Halifax	5	250	250
Jarvis, W. C	Montreal	4	200	200
Jeffrey, Mrs. Augusta Ann, executrix and administrix	London, Ont	50	2,500	2,500
Jones, N. E. and H. T., trustees	Halifax	15	750	750
Jones, R. A. A	London, Eng	36	1,800	1,800
Jost, H. M	Guysboro', N.S	20	1,000	1,000
Kelly, F. W., Ph.D	Montreal	5	250	250
Kemp, D., in trust for Shingwauk Home	Toronto	8	400	400
Kennedy, Mrs. Mary E	Bath, Ont	51	2,550	2,550
Kinghorn, G. M	Montreal	36	1,800	1,800
Kinghorn, G. M., in trust	do	9	450	450
Kinghorn, H. M., M.D	do	5	250	250
Kinnear, Mrs. Euphemia	Coaticook	10	500	500
Kinnear, Jas., jr	Kinnear's Mills	60	3,000	3,000
	Carried forward ...	22,386	1,119,300	1,119,300

The Molsons Bank—La Banque Molson.

Names. — Noms.	Residence.	Number of Shares. — Nombre d'Actions.	Amount Paid. — Montant payé.	Amount Subscribed. — Montant souscrit.
			$	$
	Brought forward	22,386	1,119,300	1,119,300
Kirby, Thos., in trust	Montreal	30	1,500	1,500
Kirkpatrick, Lady Isabel L	Toronto	521	26,050	26,050
Kohl, Mrs. Ida M	Brockville	20	1,000	1,000
Kraus, Rev. E. H.	New York	30	1,500	1,500
Kraus, Rev. E. H., executor	do	25	1,250	1,250
Kraus, Miss. Mary W. B	do	25	1,250	1,250
Lafleur, E	Montreal	10	500	500
Laurie, Duncan	Quebec	150	7,500	7,500
Lawson, E	Montreal	40	2,000	2,000
Lawson, Miss Sarah M	Halifax	1	50	50
Leclaire, M. S. Emma	Montreal	40	2,000	2,000
LeMesurier, W. G., tutor	do	2	100	100
Lemoine, Gaspard	Quebec	10	500	500
LePan, Mrs. Elizabeth	Owen Sound	40	2,000	2,000
LePan, F. N. d'Orr	do	240	12,000	12,000
Leslie, Miss K. A	Montreal	2	100	100
Leslie, Miss Margaret M	do	3	150	150
Leslie, Percy Campbell	do	2	100	100
Leslie, W. S., tutor to F. B. L	do	1	50	50
Leslie, W S., P. C., M. M., et al	do	7	350	350
Lewis, Miss Ethel Grace	Sheffield, Eng	86	4,300	4,300
Lighthall, Mrs. Margaret	Montreal	30	1,500	1,500
Lockhart, Rev. A. D	Ormstown	32	1,600	1,600
Louson, Mrs. Agnes	Montreal	88	4,400	4,400
Lovejoy, Mrs. Mary	do	4	200	200
Lovejoy, G. W., M D	do	10	500	500
Maguire, D. T	St. Johns, Que	50	2,500	2,500
Maguire, Mary Ann	do	50	2,500	2,500
Maharg, Kenelmina H	London, Eng	30	1,500	1,500
Martin, Mrs. Eliza A	South Stukely	10	500	500
Martin, Mrs. Mary	Kinnear's Mills, Que	6	300	300
Massachusetts Institute of Technology	Boston	40	2,000	2,000
Mathews, J. E., and A. R. Johnston, in trust	Montreal	28	1.400	1,400
Maxwell, Archibald	do	10	500	500
May, Miss Alice M	do	2	100	100
Meikle, J. H	Morrisburg	50	2,500	2,500
Methot, E. W	Quebec	50	2,500	2,500
Miller, W. R., curator, and Mrs. E. N. Benson, Institute	Montreal	105	5,250	5,250
Moat, Robert	do	105	5,250	5,250
Moat, Robert, in trust	do	80	4,000	4,000
Molson, Mrs. Agnes	Chelmsford, Eng	150	7,500	7,500
Molson, Mrs. Anne, in trust	Montreal	100	5,000	5,000
Molson, A., in trust for C. A. M	do	3	150	150
Molson, A. do E. G. E. M	do	3	150	150
Molson, A. do H. S. S. M	do	3	150	150
Molson, A. do P. V. M	do	3	150	150
Molson, F. W	do	303	15,150	15,150
Molson, H. Markland	do	300	15,000	15,000
Molson, H. M., and C. E. Sprague, trustees	do	100	5,000	5,000
Molson, H. M., usufructuary legatee, and H. A. Budden, curator	do	28	1,400	1,400
Molson, Herbert	do	1	50	50
Molson, John	do	3	150	150
Molson, John, in trust E. A. M. M	do	10	500	500
Molson, John Durham	Ottawa	40	2,000	2,000
Molson, J. Elsdale, M.D	Chelmsford, Eng	1,425	71,250	71,250
Molson, J. Thomas	Montreal	950	47,500	47,500
	Carried forward	27,873	1,393,650	1,393,650

Banques incorporées.

The Molsons Bank—La Banque Molson.

Names. — Noms.	Residence.	Number of Shares. — Nombre d'Actions.	Amount Paid. — Montant payé.	Amount Subscribed. — Montant souscrit.
			$	$
	Brought forward	27,873	1,393,650	1,393,650
Molson, J. Thomas, tutor	Montreal	400	20,000	20,000
Molson, J. Thomas, in trust for Jane B. Molson	do	9	450	450
Molson, J. Thomas, and C. E. Spragge, trustees	do	100	5,000	5,000
Molson, John William	do	56	2,800	2,800
Molson, Mrs. Louisa G. F.	do	700	35,000	35,000
Molson, Mrs. L. G. F., in trust L. D.	do	40	2,000	2,000
Molson, S. E., and wife, estate of	do	170	8,500	8,500
Molson, Miss Sarah E.	do	21	1,050	1,050
Molson, Dr. W. A., in trust for E. M.	do	2	100	100
Montreal City and District Savings Bank	do	308	15,400	15,400
Montreal Ladies' Benevolent Society	do	5	250	250
Montreal St. Bridget's Refuge	do	61	3,050	3,050
Montreal St. Patrick's Orphan Asylum	do	68	3,400	3,400
Moore, Aaron	Lacolle	75	3,750	3,750
Moore, Misses A. M., M. J. and M. P.	do	78	3,900	3,900
Morris, David	St. Thérèse	50	2,500	2,500
Morton, L. J.	Halifax	80	4,000	4,000
Mott, Nelson	St. Johns, Que	100	5,000	5,000
Mott, Nelson, estate	do	50	2,500	2,500
Murray, Miss Agnes	Montreal	13	650	650
Mylne, Mrs. Anne	San Diego, Cal	9	450	450
Macdonald, Baroness of Earnscliffe	Ottawa	10	500	500
Macdonald, Mrs. H. M. W.	Montreal	80	4,000	4,000
Mackay, Donald	Toronto	20	1,000	1,000
Mackay, Mrs. Jane	Halifax	25	1,250	1,250
Mackay Institute for Protestant Deaf Mutes and the Blind	Montreal	30	1,500	1,500
Mackeen, Mrs. Jane Kate	Glace Bay, N.S.	5	250	250
Mackenzie, J. Henry	Pictou, N.S.	200	10,000	10,000
Macpherson, David H.	Calgary	521	26,050	26,050
Macpherson, Miss Isabella	Ottawa	26	1,300	1,300
Macpherson, W. M.	Quebec	941	47,050	47,050
Macpherson, W. M., in trust H. C. W.	do	50	2,500	2,500
Macpherson, W. M., in trust	do	20	1,000	1,000
Macpherson, W. M., and H. M. Molson, trustees	do	60	3,000	3,000
Macrae, Ada Beatrice	Holborn, Eng	8	400	400
Macrae, Catherine Alice Lennox	Folkestone	8	400	400
Macrae, Lucy Caroline	Horley, Eng	8	400	400
McCarthy, John George, M.D.	Montreal	182	9,100	9,100
McCarthy, J. G. and J. M., trustees	do	125	6,250	6,250
McCarthy, James M.	do	176	8,800	8,800
McCleary, Julia	do	12	600	600
McClelland, Miss M. E.	Parry Sound	5	250	250
McCready, Mrs. Catherine	Montreal	150	7,500	7,500
McDougall, Mrs. Dinah	do	8	400	400
McDougall, Mrs. V. C.	Stanstead	16	800	800
McDowall, Mrs. Cecilia J.	Sault Ste. Marie Ont	20	1,000	1,000
McGregor, J. D.	New Glasgow, N.S.	14	700	700
McKim, Mrs. B. T.	Montreal	25	1,250	1,250
McLachlan, John	Halifax	100	5,000	5,000
McLaren, J. W.	Chatham, Ont	26	1,300	1,300
McLaren, W. D.	Montreal	120	6,000	6,000
McLea, Miss Rosalie M.	do	3	150	150
McLennan, Mrs. Alma	Quebec	2	100	100
McLeod, Dame Annie Sophia, ex'c'trix.	do	10	500	500
McLimont, Miss Alice H.	do	20	1,000	1,000
McLimont, Mrs. S. E.	do	50	2,500	2,500
	Carried forward	33,344	1,667,200	1,667,200

The Molsons Bank—La Banque Molson.

Names. — Noms.	Residence.	Number of Shares. — Nombre d'Actions.	Amount Paid. — Montant payé.	Amount Subscribed. — Montant souscrit.
			$	$
	Brought forward	33,344	1,677,200	1,677,200
McLimont, Miss Christina	Quebec	5	250	250
McLimont, H. J	do	5	250	250
McLimont, Miss Helen	do	5	250	250
McLimont, J. C	do	25	1,250	1,250
McLimont, J. C., in trust	do	25	1,250	1,250
McLimont, Sarah A	do	15	750	750
McLimont, Wm	do	5	250	250
McLimont, S. E., and J. C., in trust for Robert McLimont	do	5	250	250
McLimont, S. E., tutrix to Ronald McLimont	do	5	250	250
McMillan, D	Grenville	44	2,200	2,200
McNaughton, D	Montreal	44	2,200	2,200
McNeil, R	Little Harbour, N.S	24	1,200	1,200
McPhie, Mrs. Catherine	Grenville	6	300	300
McSweeney, D	Montreal	17	850	850
Nelson, A. D., in trust	do	5	250	250
Nicholson, G. C	do	40	2,000	2,000
Nicholson, J. S	do	25	1,250	1,250
Nicholson, G. G	do	8	400	400
Nova Scotia, Lord Bishop of	Halifax	20	1,000	1,000
Orkney, Miss E. C	Montreal	275	13,750	13,750
Owens, Mrs. Marion J	Grenville	17	850	850
Owens, R., tutor	Stonefield	17	850	850
Owens, R., tutor T. D. R	do	21	1,050	1,050
Parker, Mrs. Fanny H	Halifax	21	1,050	1,050
Peardon, Wm	Montreal	100	5,000	5,000
Phillips, Mrs. Sarah	do	10	500	500
Pollok, Allan, D.D	Halifax	31	1,550	1,550
Price, Mrs. H. K	London, Eng	30	1,500	1,500
Primrose, H	Pictou, N.S	14	700	700
Prince, Mrs. S. F	London, Ont	5	250	250
Proud, Mrs. Josephine A	East Saginaw, Mich	6	300	300
Protestant Hospital for the Insane	Montreal	15	750	750
Protestant Hospital for the Insane, F. Frothingham Endowment Fund	do	63	3,150	3,150
Protestant Hospital for the Insane, Mathew Campbell Cot Fund	do	23	1,150	1,150
Protestant Hospital for the Insane, Endowment Fund	do	30	1,500	1,500
Pryor, Miss Emily F	Stroud, Eng	2	100	100
Pryor, Miss I. Louisa	Halifax, N.S	2	100	100
Pryor, Miss Mary E	do	2	100	100
Ramsay, Miss Jane T	Montreal	36	1,800	1,800
Ramsay, Miss Geraldine Clunie	do	37	1,850	1,850
Ramsay, W. M	do	190	9,500	9,500
Rea, Eleanor B	do	12	600	600
Rea, Jas. McK	do	32	1,600	1,600
Rea, Mary Isabella	do	12	600	600
Reid, Wm., in trust	do	10	500	500
Remon, E. P	Ottawa	20	1,000	1,000
Rhind, Miss Elsie	Montreal	10	500	500
Rhodes, Mrs. Annie C	Quebec	50	2,500	2,500
Richardson, Rev. J. E	North Gower	9	450	450
Ridout, Mrs. Cristina M	London, Eng	521	26,050	26,050
Ritchie, Jos. N. and Thos., in trust No. 1	Halifax	30	1,500	1,500
Ritchie, Jos. N. and Thos., in trust No. 2	do	30	1,500	1,500
Ritchie, Thomas, trustee	do	12	600	600
Robertson, A. H	Brookholm, Ont	16	800	800
Robertson, Miss G. M	Montreal	12	600	600
Robertson, Henry	do	20	1,000	1,000
	Carried forward	35,415	1,770,750	1,770,750

The Molsons Bank—La Banque Molson.

Names. — Noms.	Residence.	Number of Shares. — Nombre d'Actions.	Amount Paid. — Montant payé.	Amount Subscribed. — Montant souscrit.
			$	$
	Brought forward...	35,415	1,750,750	1,750,750
Robertson, H. W	St. Andrews, Que	16	800	800
Robertson, Miss I. B	Brookholm, Ont	30	1,500	1,500
Robertson, J. S	Gainsborough, N.W.T	16	800	800
Robertson, R. J	Ingersoll	4	200	200
Robinson, Mrs. E	Toronto	19	950	950
Robinson, G. W	Montreal	100	5,000	5,000
Robinson, J	do	30	1,500	1,500
Robinson, Mrs. Lucy	do	2	200	200
Rogers, G. P	Mascouche Rapids	36	1,800	1,800
Rose, Mrs. Ruth	Morrisburg	6	300	300
Roy, J	Montreal	80	4,000	4,000
Royal Institution for Advancement of Learning	do	40	2,000	2,000
Sample, Mrs. M. E	Chaudière Curve, Que	20	1,000	1,000
Sangster, Geo	Bainsville, Ont	8	400	400
Saunders, A	London, Eng	300	15,000	15,000
Sawyer, Manfred J. C	Halifax	15	750	750
Seminary of Quebec	Quebec	40	2,000	2,000
Sewell, Mrs. J. E. H	do	10	500	500
Sharpley, Mrs. Eliza	Montreal	200	10,000	10,000
Shearer, James	do	64	3,200	3,200
Shepherd, Delesderniers	do	11	550	550
Shepherd, Miss F. A. R	do	7	350	350
Shepherd, Mrs. M. A	do	30	1,500	1,500
Shepherd, Mrs. Mary C	do	58	2,900	2,900
Shepherd, R. W	do	16	800	800
Shepherd, R. W., in trust for E. G	do	10	500	500
Shepherd, R.W., in trust for H. M. S	do	10	500	500
Shepherd, R. W., in trust for M. E	do	10	500	500
Simmons, J. H	Quebec	40	2,000	2,000
Skaife, Adam	Montreal	2	100	100
Slaughter, Mrs. K	do	30	1,500	1,500
Smith, Henry E	Owen Sound	20	1,000	1,000
Smyth, Mrs. Maria	Montreal	1	50	50
Spragge, A.G.M., and W.T.H., trustees	do	100	5,000	5,000
Spragge, C. E., (in trust No. 2)	do	1	50	50
Spragge, Henry	do	36	1,800	1,800
Spragge, Mrs. M. A	do	402	20,100	20,100
Spragge, S. E. A	do	7	350	350
Spry, Wm	Toronto	10	500	500
Stalker, Alex. P. R	Pictou, N.S	10	500	500
Stalker, Alex. P. R., trustee	do	6	300	300
Stalker, J. A. and A. P. R., trustees	do	5	250	250
Stalker, Mrs Lavinia F	do	69	3,450	3,450
Starr, Mrs. A. E	Halifax	12	600	600
Steele, Archibald	Grenville	10	500	500
Stephen, Miss May	Belœil Station	28	1,400	1,400
Stephen, Thomas	do	24	1,200	1,200
Stewart, Agnes O	New York	26	1,300	1,300
Stewart, George M	Montreal	9	450	450
Stewart, Mrs. Isabella H	do	23	1,150	1,150
Stuart, Gustavus G	Quebec	2	100	100
Stuart, Mary, and G. G. Stuart, Q.C., curator	do	8	400	400
Sutherland, Jas., sole executor	Montreal	2	100	100
Taillon, A. A., tutor	Ottawa	3	150	150
Taylor, Jennet, L. sole executrix and universal legatee	Montreal	125	6,250	6,250
Thomas, Mrs. H. A	do	80	4,000	4,000
Trotter, Miss Ada M	do	100	5,000	5,000
Turner, Mrs. Helen	Dover	400	20,000	20,000
	Carried forward...	38,194	1,909,700	1,909,700

The Molsons Bank—La Banque Molson.

Names. — Noms.	Residence.	Number of Shares. — Nombre d'Actions.	Amount Paid. — Montant payé.	Amount Subscribed. — Montant souscrit.
			$	$
	Brought forward...	38,194	1,909,700	1,909,700
Turner, Mrs. Mary E	Lennoxville	17	850	850
Twining, Mrs. Ada L	Fredericton, N.B	23	1,150	1,150
Uniacke, R	Halifax	50	2,500	2,500
Vancortlandt, W. R., tutor	Arnprior	10	500	500
Vooght, Mrs. Janie	North Sydney	30	1,500	1,500
Ward, Mrs. Caroline	Clapham, Que	52	2,600	2,600
Warner, Mrs. L. C	Toronto	52	2,600	2,600
Warren, Mrs. H	St. Lambert	21	1,050	1,050
Watson, A. W	Dunham, Que	10	500	500
Watson, Miss C. J	do	35	1,750	1,750
Watson, Miss D. S	London, Eng.	35	1,750	1,750
Watson, E. L	Dunham, Que	30	1,500	1,500
Watson, J. F	do	45	2,250	2,250
Watson, Rev. T. H. G	Princes Risboro', Eng	100	5,000	5,000
Webster, A. N	Montreal	6	300	300
Welch, Wm., in trust	Roanoke, Va	163	8,150	8,150
White, M. Veitch	Edinburgh	100	5,000	5,000
White, Hon. Wm	Sherbrooke	40	2,000	2,000
Whitehead, C. R		19	950	950
Whitehead, Mrs. L. A	Montreal	38	1,900	1,900
Wilson, Caroline J. B	Buckingham	76	3,800	3,800
Wilson, Daniel	Montreal	180	9,000	9,000
Wilson, Fred. J	Buckingham	6	300	300
Wilson, James	Montreal	50	2,500	2,500
Withall, W. J	do	365	18,250	18,250
Wood, Mrs. Ellen	Halifax	52	2,600	2,600
Woodhouse, Mrs D	Mendham, N.J	36	1,800	1,800
Workman, Mrs. Euphemia A	Stratford	20	1,000	1,000
Workman, Thomas, in trust for Anna C. Kennedy	Ottawa	50	2,500	2,500
Workman, Thomas, in trust for Florence Workman	do	37	1,850	1,850
Worthington, H. S	Sherbrooke	3	150	150
Wotherspoon, Mrs. B	Montreal	35	1,750	1,750
Wright, Mrs. F. R	East Orange, N.J	10	500	500
Wurtele, Miss Catherine	Montreal	10	500	500
	Total	40,000	2,000,000	2,000,000

Certified correct,

EDWARD C. PRATT,
Assistant Manager.

MONTREAL, 31st December, 1897.

BANK OF MONTREAL.

BANQUE DE MONTRÉAL.

Value of share, $200—Valeur de chaque action, $200.

Names. — Noms.	Residence.	Number of Shares. — Nombre d'Actions.	Amount Paid. — Montant Payé.	Amount Subscribed. — Montant souscrit.
			$	$
Abbott, Mrs. Marguerite A., in trust	Vancouver	20	4,000	4,000
Abbott, Lady	Montreal	20	4,000	4,000
Abbott, Mrs. William, executors of	do	16	3,200	3,200
Acheson, Alex. Wm	do	17	3,400	3,400
Acton, Mrs. Jane	do	1	200	200
Acton, Rev. Robt., executors of	do	1	200	200
Adams, Henry F., tutor to minors of A. A. Adams	do	2	400	400
Adams, Hy. F., ex of Mrs. E.L. Adams	do	17	3,400	3,400
Adams, Francis	do	6	1,200	1,200
Adams, Gideon	Cornwall	7	1,400	1,400
Adams, Henry, executors of	Toronto	13	2,600	2,600
Adams, Joel	Cornwall	9	1,800	1,800
Adams, Rev. Thomas	Lennoxville, Que.	5	1,000	1,000
Adams, George C. B., executrix and trustee of the late	England	200	40,000	40,000
Agnew, William, in trust	Montreal	10	2,000	2,000
Ahern, Mrs. Amelia V	Quebec	12	2,400	2,400
Ainley, Mrs. Margaret	Almonte	4	800	800
Aird, Hugh W., in trust	Montreal	4	800	800
Aitken, Alexander M	London, Eng	30	6,000	6,000
Aitken, Miss Agnes	Scotland	19	3,800	3,800
Allan, Mrs. Charlotte E	Montreal	9	1,800	1,800
Aitken, Mrs. Mary	do	60	12,000	12,000
Aitken, Mrs. Mary, in trust for John Aitken Shaw	do	9	1,800	1,800
Alcorn, Miss Anna M	Picton	3	600	600
Allan, Miss Margaret A	Montreal	3	600	600
Allan, Hon. Geo. W., Wm. M. Macpherson, trustees	Toronto / Quebec	33	6,600	6,600
Allan, Miss Helen W	Montreal	3	600	600
Allan, Miss Isabella B	do	3	600	600
Alexander, Charles	do	20	4,000	4,000
Allan, Robert A	do	88	17,600	17,600
Allan, Archibald A	do	44	8,800	8,800
Allan, Miss Wilhelmina B	do	3	600	600
Alford, Mrs. Wilhelmina E	do	5	1,000	1,000
Allan, Jas. B., and Fred. C. Henshaw, in trust	do	5	1,000	1,000
Allan, Andrew, Wm. Rae and Fredk. Mackenzie, trustees	do	30	6,000	6,000
Allan, John	do	21	4,200	4,200
Allan, H. Montagu	do	22	4,400	4,400
Allan, Bryce James	do	11	2,200	2,200
Allan, Miss Margaret W	Harbour Grace, Nfld	5	1,000	1,000
Allan, Andrew, and others, in trust	Montreal	7	1,400	1,400
Allison, Miss Harriet	Halifax, N.S	5	1,000	1,000
Allan, Wm. Munden M. D	Harbour Grace, Nfld	4	800	800
Allan, John	Prince Albert, N.W T	69	13,800	13,800
Almon, Mrs. Frances A. M.	Halifax	5	1,000	1,000
Alston, John Wm	England	1	200	200
Alston, Mrs. Anna M	do	6	1,200	1,200
	Carried forward	887	177,400	177,400

Bank of Montreal—Banque de Montréal.

Names. — Noms.	Residence.	Number of Shares. — Nombre d'Actions.	Amount Paid. — Montant payé.	Amount Subscribed. — Montant souscrit.
			$	$
	Brought forward...	887	177,400	177,400
Anderson, Robt. executors of	Montreal	3	600	600
Anderson, Mrs. Annie	do	4	800	800
Anderson, Alexander, M.D	Army Medical Dept	16	3,200	3,200
Anderson, Rev. Wm	Montreal	20	4,000	4,000
Anderson, Mrs. Ann E	Westmount	20	4,000	4,000
Anderson, Miss Septima H.	Montreal	12	2,400	2,400
Anderson, Mrs. Jane, executors of	do	14	2,800	2,800
Anderson, John	Scotland	15	3,000	3,000
Anderson, Thomas	Hudson Bay Co	6	1,200	1,200
Anderson, Mrs. Elizabeth, executor of	Kemptville, Ont	21	4,200	4,200
Anderson, Mrs. Clementina	Levis, Que	7	1,400	1,400
Andrew's Home	Montreal	114	22,800	22,800
Angers, Real, in trust	do	1	200	200
Angus, Richard B.	do	500	100,000	100,000
Angus, Donald Forbes	do	50	10,000	10,000
Apps, Chas. Overy	Brantford	1	200	200
Archibald, Miss Harriet F	Montreal	20	4,000	4,000
Archer, Robert	do	30	6,000	6,000
Archibald, Sir Adams G., executors of the late	Halifax	50	10,000	10,000
Archibald, Mrs. Florence A	Truro, N.S.	5	1,000	1,000
Armour, Robt., executors and trustees of	Montreal	2	400	400
Armour, Robt., executor and trustee of, in trust	do	7	1,400	1,400
Armstrong, John S. executor of Mrs. Octavia Armstrong	St. John, N.B	10	2,000	2,000
Arnott, Mrs. Mary S	Montreal	5	1,000	1,000
Arnott, Mrs. Caroline M	Bath, Eng	25	5,000	5,000
Arnton, John J., executors of	Montreal	115	23,000	23,000
Atkinson, Rev. Chas. S. and others	England	25	5,000	5,000
Atkinson, Miss Clara	Montreal	20	4,000	4,000
Atkinson, Miss Florence	do	23	4,600	4,600
Auld, John	do	11	2,200	2,200
Auld, Wm. C., executors of	do	9	1,800	1,800
Auld, John, and others, in trust	do	11	2,200	2,200
Auld, John, and others, in trust	do	11	2,200	2,200
Auld, John, and others, in trust	do	11	2,200	2,200
Auld, John, and others, in trust	do	11	2,200	2,200
Aussem, Mrs. Elizabeth, executors of, in trust	Lachine	21	4,200	4,200
Austin, Mrs. Myrrha H.	Inverness, Megantic	1	200	200
Auston, Frederick Wm	Brighton, Ont	3	600	600
Bac, F. Leon	Paris, France	1	200	200
Badgley, James M. T., Lieut.-Col	India	16	3,200	3,200
Bailey, Mrs. Eliza	England	105	21,000	21,000
Bailey, Wilfred	do	20	4,000	4,000
Bain, Miss Mary	Toronto	3	600	600
Bain, Miss Elizabeth M	do	3	600	600
Baker, Mrs. Annette O	Waterbury, Vt	17	3,400	3,400
Baker, Mrs. Harriet E	Dunham, Que	3	600	600
Baker, John C., executor of	Stanbridge, Que	25	5,000	5,000
Balcer, Henry M	Three Rivers	106	21,200	21,200
Balcer, Henry Edward	do	15	3,000	3,000
Balfour, Rev. Andrew J	Quebec	11	2,200	2,200
Ball, Mrs. Emma L	Santa Ana, Fla., U.S.A.	11	2,200	2,200
Ballendine, Mrs. Flora	North-west Territories	1	200	200
Bangs, James S	Ottawa	3	600	600
Banks, Miss Mary Frances	Montreal	3	600	600
Banks, Mrs. Helen	Inverness	32	6,400	6,400
Bannerman, Wm	Hudson Bay Co	2	400	400
Baptist, Miss Helen V	Three Rivers	1	200	200
	Carried forward....	2,495	499,000	499,000

Bank of Montreal—Banque de Montréal.

Names. — Noms.	Residence.	Number of Shares. — Nombre d'Actions.	Amount Paid. — Montant payé.	Amount Subscribed. — Montant souscrit.
			$	$
	Brought forward	2,495	499,000	499,000
Baptist, Mrs. Flora McD	Three Rivers	3	600	600
Baptist, Miss Isabella C	do	1	200	200
Barbeau, Henry	Montreal	10	2,000	2,000
Barclay, Rev. James, and James Tasker, in trust	do	2	400	400
Barclay, John	Carillon, Que	35	7,000	7,000
Barclay, Miss Clarice H	Quebec	1	200	200
Barnston, Miss Margaret	Montreal	11	2,200	2,200
Barnston, Miss Frances S. F	do	21	4,200	4,200
Barrett, Wm. Hy., M.B.C.M	Scotland	225	45,000	45,000
Barrett, Mrs. Mary Ann E	Montreal	400	80,000	80,000
Bartley, Miss Jane H	do	2	400	400
Bartley, Miss Annie G	do	2	400	400
Bascom, Mrs. Anne M	Uxbridge	5	1,000	1,000
Bate, Henry N	Ottawa	25	5,000	5,000
Bate, Henry John	Chicago	7	1,400	1,400
Bate, Mrs. Florence M	Ottawa	6	1,200	1,200
Baylis, Mrs. Hilda E	Montreal	2	400	400
Baylis, Mrs. Hilda E., in trust	do	5	1,000	1,000
Beadnell, Mrs. May	New York	2	400	400
Beattie, Mrs. Jeannie E. A	Montreal	61	12,200	12,200
Beattie, John	do	10	2,000	2,000
Beaudry, Victor, executors of the late	do	75	15,000	15,000
Beaugrand, Honoré, executor late Gustave Glackmeyer	do	8	1,600	1,600
Becher, Francis G	Ottawa	7	1,400	1,400
Beckett, Mrs. Naomi A	London, Eng.	32	6,400	6,400
Beechey, Miss Augusta	England	28	5,600	5,600
Belanger, Horace, executors of	Hudson Bay Co	6	1,200	1,200
Bell, Archibald	Montreal	26	5,200	5,200
Bell, Miss Ann	Lévis, Que	7	1,400	1,400
Bell, Miss Susan	Montreal	18	3,600	3,600
Bell, Miss Mary	Carleton Place, Ont	3	600	600
Belleau, Alfred, executor of	Quebec	100	20,000	20,000
Bellingham, Sydney R	Montreal	18	3,600	3,600
Benallack, Mrs. Mary Ann	Westmount	2	400	400
Bennett, Rev. James	L'Orignal	7	1,400	1,400
Bennetts, Francis K	Ottawa	1	200	200
Bennett, William S., in trust	Milwaukee	15	3,000	3,000
Bennett, William S., in trust	do	45	9,000	9,000
Benning, James, executors and trustees of	Montreal	61	12,200	12,200
Benny, Miss Sophia	Daillebout, Que	20	4,000	4,000
Benny, Miss Margaret N	do	23	4,600	4,600
Benny, Miss Christiana	do	20	4,000	4,000
Benny, Miss Julia E	do	20	4,000	4,000
Benny, James	do	22	4,400	4,400
Benny, Miss Sarah K	Montreal	30	6,000	6,000
Benny, Walter Nicol	Daillebout, Que	43	8,600	8,600
Benson, Mrs. Etheldred N. and William R. Miller, curator	Montreal	20	4,000	4,000
Benson, Mrs. Mary Ann	do	15	3,000	3,000
Benson, Thomas M. and George Lefroy McCaul, trustees	Port Hope and Ottawa	7	1,400	1,400
Benson, William Thomas, executors of	Montreal	20	4,000	4,000
Benson, Mrs. Etheldred N	do	25	5,000	5,000
Benyon, William H	do	26	5,200	5,200
Berczy, Miss Harriet de M	do	2	400	400
Bernard, Mrs. Frances D	Richmond	10	2,000	2,000
Best, Mrs. Frances Mary	Peterborough	4	800	800
Bethune, Miss Maud	Buffalo, N.Y	1	200	200
	Carried forward	4,098	819,600	819,600

Bank of Montreal—Banque de Montréal.

Names. — Noms.	Residence.	Number of Shares. — Nombre d'Actions.	Amount Paid. — Montant payé.	Amount Subscribed. — Montant souscrit.
			$	$
	Brought forward...	4,098	819,600	819,600
Bethune, Meredith B.	Montreal	10	2,000	2,000
Bethune, Strachan, Q.C.	do	50	10,000	10,000
Bickerstaff, Thomas and Edward Holton, in trust	do	31	6,200	6,200
Bigelow, Mrs. Mary Ann	do	1	200	200
Billett, Mrs. Ruth Marion	Quebec	1	200	200
Binmore, Mrs. Jane G.	Montreal	9	1,800	1,800
Binney, Rt. Rev. Hibbert, executors of	Halifax	23	4,600	4,600
Birss, Miss Elizabeth C.	Montreal	4	800	800
Bishop, Mrs. Maud B.	Ottawa	3	600	600
Bissett, Miss Mary Ann	Montreal	6	1,200	1,200
Bissett, Mrs. Phebe	Lachine	19	3,800	3,800
Black, Charles R., and others in trust	Montreal	5	1,000	1,000
Black, Mrs. Ann, executors of	Quebec	1	200	200
Black, Rev. William M.	Scotland	20	4,000	4,000
Black, Miss Celia H.	Halifax	26	5,200	5,200
Black, Samuel Gay	do	21	4,200	4,200
Black, Hibbert Crane	Pugwash, N.S.	3	600	600
Black, Miss Jessie C.	Cobourg	5	1,000	1,000
Blackstock, Thos. G.	Toronto	1	200	200
Blackwood, Mrs. Ann	Tatamagouche, N.S.	4	800	800
Blackwood, Miss Margaret T., executor	Montreal	72	14,400	14,400
Blackwood, Robert	Martintown, Ont.	15	3,000	3,000
Blair, David	St. Octave de Metis	4	800	800
Blatherwick, Thomas	England	6	1,200	1,200
Blathwayt, Chas. P.	Dartmouth, N.S.	6	1,200	1,200
Boake Trust Fund	Toronto	1	200	200
Boas, Bendix A.	Montreal	172	34,400	34,400
Bogart, Mrs. Harriet Ann	Belleville	16	3,200	3,200
Bompas, George Cox	London, Eng.	6	1,200	1,200
Boswell, Andrew W., curator	Quebec	4	800	800
Bond, John Bussell	Montreal	25	5,000	5,000
Boswell, Mrs. Mary Jane	Quebec	17	3,400	3,400
Boswell, Miss Marion	do	1	200	200
Boswell, Miss Martha Ada	do	1	200	200
Boswell, Miss Laura	do	1	200	200
Boswell, Miss Margaret L.	do	3	600	600
Boswell, Vesey	do	25	5,000	5,000
Boswell, Miss Mary	do	18	3,600	3,600
Boswell, Joseph K.	do	1	200	200
Boswell, St. George	do	5	1,000	1,000
Boswell, Andrew Wm.	do	1	200	200
Boswell, Lewis Henry	Montreal	1	200	200
Boswell, Chas. Edward Allan	Quebec	1	200	200
Boswell, William, M.D., executors and trustees of	do	45	9,000	9,000
Botterell, Mrs. Sarah	do	100	20,000	20,000
Bowie, Martinus V. A.	England	7	1,400	1,400
Bowie, Miss Annette J. C.	do	4	800	800
Bowie, Miss Alice G. C. B.	do	3	600	600
Bowie, Miss Agnes M.	do	3	600	600
Bowie, Miss Nina C. L.	do	4	800	800
Bowie, Mrs. Christiana	Montreal	1	200	200
Boulanger Lazare	Ste. Agathe, Que.	5	1,000	1,000
Bovey, Mrs. Emily J. B.	Montreal	12	2,400	2,400
Bovey, Mrs. Emily J. B., in trust, No. 1	do	2	400	400
Bovey, Mrs. Emily J. B., in trust, No. 2	do	2	400	400
Boulton, Henry R., Charlotte C. R., and Elizabeth R., trustees	Perth and Toronto	8	1,600	1,600
Bowen, Miss Alicia C. A., usufructuary, and Edward J. Hale, curator	Quebec	2	400	400
	Carried forward...	4,941	988,200	988,200

Banques incorporées.

Bank of Montreal—Banque de Montréal.

Names. — Noms.	Residence.	Number of Shares. — Nombre d'Actions.	Amount Paid. — Montant payé.	Amount Subscribed. — Montant souscrit.
			$	$
	Brought forward...	4,941	988,200	988,200
Bowen, Miss Alicia C. A	Quebec	2	400	400
Bowles, Joseph, executors of	London, Eng	90	18,000	18,000
Bowen, Mrs. Elizabeth, executrix of Jas. Bowen, jr.	Quebec	3	600	600
Bowles, Mrs. Isabella	Montreal	8	1,600	1,600
Boyd, Robert	Hemmingford	3	600	600
Boyd, William	Scotland	3	600	600
Boyle, Mrs. Isabella	Quebec	17	3,400	3,400
Bradburn, Thomas	Peterboro'	21	4,200	4,200
Bradburn, Thomas E	do	30	6,000	6,000
Bradshaw, Robert C	Manitoba	17	3,400	3,400
Braithwaite, Mrs. Mary, executrix of	Montreal	48	9,600	9,600
Braithwaite, Rev. Joseph, executor of	do	69	13,800	13,800
Brass, William	Hudson Bay Co	8	1,600	1,600
Bray, Mrs. Isabella, executors of, in trust	Sorel	2	400	400
Bray, Mrs. Isabella, executors of, in trust	do	13	2,600	2,600
Bremner, Miss Marian	St. Johns, Nfld	8	1,600	1,600
Bremner, Miss Ethel G	do	8	1,600	1,600
Bremner, Miss Eliza G	Scotland	4	800	800
Bremner, Mrs. Tryphena E. S	St. Johns, Nfld	8	1,600	1,600
Brisset, André, in trust	Montreal	9	1,800	1,800
Bretnor, Mrs. Hannah L	Rockford, Ill	3	600	600
Bridges, Col. Edward S	England	10	2,000	2,000
Brooke, Chas. J., in trust	Hull, Que	15	3,000	3,000
Brooke, Charles J	do	8	1,600	1,600
Brooks, Mrs. Ellen A	Montreal	12	2,400	2,400
Brotherhood, Miss Ethel L	Stratford	5	1,000	1,000
Brotherhood, Mrs. Mary Louisa	do	28	5,600	5,600
Broughton, Wm. K	Hudson Bay Co	13	2,600	2,600
Brotherhood, Roland H	Guelph	5	1,000	1,000
Brotherhood, Miss Maria A	Stratford	3	600	600
Brotherhood, Miss Hilda W	do	5	1,000	1,000
Brown, Wm., and Ed. Smith, in trust	Quebec and Montreal	9	1,800	1,800
Brown, Jonathan	Montreal	15	3,000	3,000
Brown, William H., executors of	Quebec	5	1,000	1,000
Brown, Miss Anna J. C	Montreal	10	2,000	2,000
Brown, Mrs. Cornelia C	Owen Sound	3	600	600
Brown, Robert, executors and trustees of	Ottawa	220	44,000	44,000
Brown, Richard Hy	Sydney, C.B	5	1,000	1,000
Brown, Francis R. F	Moncton	8	1,600	1,600
Browne, Arthur A., M.D	Montreal	15	3,000	3,000
Browne, Daniel M	Halifax, N.S	1	200	200
Browne, Mrs. Isabella	Wilmot, N.S	10	2,000	2,000
Browning, John M., executor Mrs. Margaret McDonald	Montreal	12	2,400	2,400
Bruce, Rev. George	Kinosota, Man	15	3,000	3,000
Bryson, Miss Mary H	Montreal	9	1,800	1,800
Bryson, Frederick	do	9	1,800	1,800
Buchanan, Mrs. M. J	do	10	2,000	2,000
Buchanan, W. J	do	100	20,000	20,000
Buchanan, Mrs. Agnes, executors of late	do	16	3,200	3,200
Buckley, Mark A	Halifax	5	1,000	1,000
Budd, Miss Eliza L	Manitoba	1	200	200
Budd, Miss Alice H. M	do	2	400	400
Budden, Hy. A., in trust	Montreal	58	11,600	11,600
Buell, Mrs. Margaret S	Brockville	39	7,800	7,800
Burges, John Y	Montreal	10	2,000	2,000
Burke, Michael	do	6	1,200	1,200
Burke, Miss Eliza A	do	2	400	400
	Carried forward...	6,014	1,202,800	1,202,800

Bank of Montreal—Banque de Montréal.

Names. — Noms.	Residence.	Number of Shares. — Nombre d'Actions.	Amount Paid. — Montant payé.	Amount Subscribed. — Montant souscrit.
			$	$
	Brought forward...	6,014	1,202,800	1,202,800
Burke, John, executor of	Montreal	25	5,000	5,000
Burland, Geo. B	do	28	5,600	5,600
Burland, Mrs. Flora S	do	33	6,600	6,600
Burmester, Miss Margaret M	Halifax	3	600	600
Burstall, John Forsyth	Quebec	1	200	200
Burnham, Hy. H	Cobourg, Ont	2	400	400
Burns, Rev. Robert F., executors of	Montreal	10	2,000	2,000
Burton, Edward J., M.D., executors of	England	8	1,600	1,600
Burrows, John G., executor of	Montreal	4	800	800
Burwell, Mrs. Phœbe J	Port Burwell, Ont	8	1,600	1,600
Burwell, Mahlon G	do	6	1,200	1,200
Butterfield, Mrs. Balista R	Three Rivers, Que	5	1,000	1,000
Caisse d'Economie de Notre-Dame de Québec, La, in trust	Quebec	37	7,400	7,400
Cambie, Alex. J., executors of	Ottawa	1	200	200
Cameron, Miss Mary, executrices of	Scotland	12	2,400	2,400
Cameron, James A., M.D., executor	England	25	5,000	5,000
Cameron, Peter	Township of Chatham	6	1,200	1,200
Cameron, David	Montreal	5	1,000	1,000
Cameron, Alexander	Banff, Scotland	10	2,000	2,000
Cameron, Miss Grace	Scotland	10	2,000	2,000
Campbell, Alexander, executor	Strathlorne	5	1,000	1,000
Campbell, Sir Alexander, executors and trustees of	Montreal, Toronto and Stratford	25	5,000	5,000
Campbell, Charles S	Montreal	20	4,000	4,000
Campbell, Col. Patrick S	Col. R. A	30	6,000	6,000
Campbell Gen. Sir Frederick A., executors of	England	52	10,400	10,400
Campbell, Mrs. Ada C	Montreal	2	400	400
Campbell, Miss Margaret O	Wimbledon, Eng	16	3,200	3,200
Campbell, Robert, executors of	Hudson Bay Co	75	15,000	15,000
Campbell, Mrs Helen	Montreal	15	3,000	3,000
Campbell, Miss Isabella	Haldimand	2	400	400
Campbell, Miss Susan M	Keene, Ont	14	2,800	2,800
Campbell, Gen. Frederick, executrix of	England	125	25,000	25,000
Campbell, Mrs. Janet	Fenelon Falls	35	7,000	7,000
Campbell, Mrs. Margaret, executors of	Montreal	23	4,600	4,600
Campbell, Miss Victoria S	do	60	12,000	12,000
Campbell, Miss Katharine M	do	60	12,000	12,000
Campbell, Miss Adelaide L	do	60	12,000	12,000
Campbell, Miss Margaret	do	1	200	200
Campbell, Miss Emeline	do	1	200	200
Campbell, Miss Selina	do	1	200	200
Canada Life Assurance Co	Hamilton	308	61,600	61,600
Campbell, Miss Susan L	Digby, N. S	4	800	800
Capel, Mrs. Eliza R	Montreal	1	200	200
Cautley, Lieut.-Col. John C	England	3	600	600
Carlyle, William G	Toronto	5	1,000	1,000
Carlyle, Robert C	do	5	1,000	1,000
Carlyle, Miss Margaret A	do	3	600	600
Carmichael, Miss Helen	Montreal	6	1,200	1,200
Capon, Mrs. Agnes E	Toronto	2	400	400
Carmichael, Miss Isabella	do	7	1,400	1,400
Carmichael, Miss Mary	do	7	1,400	1,400
Carmichael, Mrs. Emma	do	6	1,200	1,200
Carmichael, Mrs. Susan Isabella	Longueuil	42	8,400	8,400
Carpenter, Mrs. Louisa D. T	Epping, N. H	25	5,000	5,000
Carrier, Mrs. Mary Ann, executors of	Quebec	25	5,000	5,000
Carrier, Miss Eugenie	do	18	3,600	3,600
Carter, Mrs. Mary I., usufructuary	Montreal	4	800	800
Carter, Mrs. Catherine	do	20	4,000	4,000
	Carried forward...	7,366	1,473,200	1,473,200

Bank of Montreal—Banque de Montréal.

Names. — Noms.	Residence.	Number of Shares. — Nombre d'Actions.	Amount Paid. — Montant payé.	Amount Subscribed. — Montant souscrit.
			$	$
	Brought forward	7,366	1,473,200	1,473,200
Carter, Mrs. Amelia	England	9	1,800	1,800
Carter, Mrs. Louisa E. L. and her husband Wm. H. Carter, in usufructuary	Quebec	2	400	400
Carter, John T., and R. Macculloch, in trust	Montreal	10	2,000	2,000
Case, Charles A	St. Catharines	3	600	600
Casault, Miss Marie J. V	Quebec	2	400	400
Cassels, Mrs. Susan	Toronto	40	8,000	8,000
Cassie, Rev. John, administrators of	Port Hope	7	1,400	1,400
Caverhill, John, executors and trustees	Montreal	100	20,000	20,000
Cawthra, Joseph, executor and executrix of	Toronto	6	1,200	1,200
Cawley, Miss Sarah	Montreal	2	400	400
Cayley, Mrs. Mary M	Toronto	3	600	600
Cecil, Lord Eustace, Sir Philip F. Rose, Bart., and Jos. S. Montefiore, in trust	London, Eng	100	20,000	20,000
Chadwick, Jos. and Alf. W. Brailsford, trustees	England	3	600	600
Chafee, Miss Frances Ann L	Toronto	7	1,400	1,400
Chafee, Revd. Alexander B	Coboconk, O	11	2,200	2,200
Chafee, Charles Walter	Toronto	5	1,000	1,000
Chaffee, Mrs. Ednah M	Berkshire Centre, Vt	2	400	400
Chamberlain, Mrs. Mary A	Philadelphia	11	2,200	2,200
Chafee, Miss Frances A. L., in trust	Toronto	2	400	400
Chambers, Mrs. Aurelia C	Ottawa	6	1,200	1,200
Chalmers, James	St. Marys	17	3,400	3,400
Chalmers, James, jr	do	20	4,000	4,000
Chandler, Mrs. Mary L., usufructuary	Franklin, Vt	20	4,000	4,000
Chapeleau, Zéphyrin	Montreal	20	4,000	4,000
Chandler, Mrs. Minnie	Dorchester, N.B	2	400	400
Chapleau, Lady	Quebec	11	2,200	2,200
Chapman, Revd. John	England	15	3,000	3,000
Chapleau, The Hon. Sir J. A	Quebec	50	10,000	10,000
Charlebois, Mrs. Henriette E. L	do	5	1,000	1,000
Charles, Walter, usufruct. legatee of	Montreal	45	9,000	9,000
Charlton, Chas. P	St. Alexis de Grande Baie	3	600	600
Chartier, Mrs. Marie P	Paris, France	2	400	400
Chaytor, Revd. Charles	England	18	3,600	3,600
Chaytor, Edward C	do	18	3,600	3,600
Chaytor, Miss Alice	do	18	3,600	3,600
Chaytor, Henry J., executor and executrix of	do	24	4,800	4,800
Chaytor, Robt. J	do	18	3,600	3,600
Chauveau, Hon. Alex	Quebec	1	200	200
Cheney, Gilman	Montreal	174	34,800	34,800
Cheney, Wm. G	do	19	3,800	3,800
Chisholm, William D	Belleville	27	5,400	5,400
Christian, Mrs. Cordelia R	St. John, N.B	9	1,800	1,800
Chisholm, Mrs. Margaret D	Belleville	45	9,000	9,000
Church Society of the Diocese of Quebec Mission Fund	Quebec	5	1,000	1,000
Church of England Male Orphan Asylum	do	8	1,600	1,600
Church Home	Montreal	113	22,600	22,600
Churchill, George	do	2	400	400
Clark, Mrs. Alexandrina A	Toronto	5	1,000	1,000
Clapham, Mrs. Leonora	Quebec	149	29,800	29,800
Clark, Geo. M	Montreal	13	2,600	2,600
Clark, Mrs. Georgina	do	3	600	600
Clark, Miss Mary M	WestSuffield, Conn, U.S.A	62	12,400	12,400
Clarke, Mrs. Margaret	Prescott	6	1,200	1,200
	Carried forward ...	8,644	2,728,800	2,728,800

Bank of Montreal—Banque de Montréal.

Names. — Noms.	Residence.	Number of Shares. — Nombre d'Actions.	Amount Paid. — Montant payé.	Amount Subscribed. — Montant souscrit.
			$	$
	Brought forward...	8,644	1,728,800	1,728,800
Clarke, Miss Emily G., executrix	Dublin	37	7,400	7,400
Clayes, Mrs. Catherine, executrix	Brockville	25	5,000	5,000
Cleary, Hon. Philip	Newfoundland	41	8,200	8,200
Clayes, George	Brockville	7	1,400	1,400
Clerk, Alexander	Montreal	100	20,000	20,000
Clerk, Mrs. Harriet B	do	475	95,000	95,000
Clouston, James	Manitoba	18	3,600	3,600
Cloutier, Mrs. Joséphine	Quebec	2	400	400
Cloutier, Napoléon	do	3	600	600
Cobden, George E	H. M. 30th Regiment	19	3,800	3,800
Cochran, Hon. James, executors and trustees of	Halifax	88	17,600	17,600
Coffin, Tristram C., in trust	Quebec	13	2,600	2,600
Coffin, Mrs Adèle J	do	26	5,200	5,200
Coffin, Mrs. Lottie E	Rapid City, Man	3	600	600
College of Physicians and Surgeons of the Province of Quebec	Quebec	5	1,000	1,000
Collet, Mrs. Annie	Lévis, Que	25	5,000	5,000
Collins, John	Montreal	1	200	200
Collins, Robert, M.D	England	25	5,000	5,000
Collins, Mrs Catherine	Montreal	1	200	200
Colquhoun, William	Cornwall	50	10,000	10,000
Col·, Mrs. Henrietta M	Quebec	70	14,000	14,000
Compain, Adolph S	Toronto	30	6,000	6,000
Connal, Peter	Peterborough	7	1,400	1,400
Connolly, Henry	Hudson Bay Co	2	400	400
Cook, Wm., Q.C	Quebec	2	400	400
Cook, Mrs. Anna M	Montreal	2	400	400
Cook, Archibald H	Quebec	2	400	400
Cook, Rev. John, executors of	do	10	2,000	2,000
Cooke, Mrs Adeline M., usufructuary	Grenville	12	2,400	2,400
Cooke, Mrs. Clara M	Montreal	5	1,000	1,000
Coristine, Mrs. Elizabeth R	do	7	1,400	1,400
Costen, Thomas	do	10	2,000	2,000
Costen, Geo. Wm., executors of	do	6	1,200	1,200
Costen, Thos., and Thos. Wm. Costen, in trust	do	7	1,400	1,400
Costley, John, executors of	Halifax	40	8,000	8,000
Cotter, James, administratrix of	Hudson Bay Co.	12	2,400	2,400
Coughlin, Cornelius	Montreal	20	4,000	4,000
Coursol, Chas. J. Q	do	9	1,800	1,800
Cowie, Miss Emily	do	25	5,000	5,000
Coyle, Ric'd, executors and trustees of	Berthier	58	11,600	11,600
Cramp, Mrs. Marianne and Geo. B. Cramp, in trust	Montreal	14	2,800	2,800
Cramp, Geo. B., Q.C	do	15	3,000	3,000
Cramp, Miss Mary Ann	Wolfville, N.S	27	5,400	5,400
Crawford, Mrs. Caroline S	Brockville	50	10,000	10,000
Crawford, John	Verdun	120	24,000	24,000
Crawford, Mrs. Nancy	Township of Hamilton	21	4,200	4,200
Crawford, Robert	Liverpool, Eng	5	1,000	1,000
Cream, Miss Rachel	Quebec	5	1,000	1,000
Crisp, Mrs. Catherine E	London, Ont	11	2,200	2,200
Crofton, Mrs. Emma C	Halifax, N.S	22	4,400	4,400
Croil, James	Montreal	48	9,600	9,600
Cronan, Daniel, executors of the late	Halifax	18	3,600	3,600
Cross, Wm. H	Montreal	3	600	600
Cross, Hon. Alex., executors of	do	122	24,400	24,400
Cross, Wm. H., in trust	do	10	2,000	2,000
Cross, Mrs. Julia	do	30	6,000	6,000
Cross, Selkirk and Miss M. F., in trust	do	63	12,600	12,600
	Carried forward...	10,528	2,105,600	2,105,600

Bank of Montreal—Banque de Montréal.

Names. — Noms.	Residence.	Number of Shares. — Nombre d'Actions.	Amount Paid. — Montant payé.	Amount Subscribed. — Montant souscrit.
			$	$
	Brought forward.....	10,528	2,105,600	2,105,600
Cross, Selkirk, in trust, No. 3	Montreal	1	200	200
Cross, Selkirk, in trust	do	3	600	600
Cross, Miss Janet	Lachine	6	1,200	1,200
Cross, Miss Rebecca W.	do	6	1,200	1,200
Cross, Edmund L	Bridge End, Ont	16	3,200	3,200
Cross, Alfred E	Calgary	3	600	600
Cumming, Mrs. Jane, executors of	Colborne, Ont	3	600	600
Cumming, Rev. Thomas	Truro, N.S	2	400	400
Cumming, James C	Hudson Bay Co	18	3,600	3,600
Cumming, Mrs. Jane	Scotland	28	5,600	5,600
Cummins, John H., trustee	Lake St. John	6	1,200	1,200
Cunningham, Mrs. Eleanor	Guysboro', N.S.	2	400	400
Cunningham, Mrs. Frances A	Point Pleasant, N.J	5	1,000	1,000
Currie, Mrs. Caroline C	Montreal	10	2,000	2,000
Cusack, Mrs. Katharine	do	13	2,600	2,600
Curtis, Mrs. Bedotha P	Meriden	5	1,000	1,000
Cuvillier, Miss Luce	Montreal	44	8,800	8,800
Dalhousie College, of Halifax, Governors of	Halifax	21	4,200	4,200
Daniel, Rev. Charles A	England	2	400	400
Darey, Pierre Jacques	Ottawa	1	200	200
Darling, David	Montreal	10	2,000	2,000
Darwall, Robert C	England	11	2,200	2,200
Dartnell, Miss Jane S	Kingston	1	200	200
Dartnell, Miss Ellen C	do	1	200	200
David, Alphonse, in trust	Montreal	56	11,200	11,200
David, John Ludger and Raphael Bellemare, curator	Lowell and Montreal	6	1,200	1,200
Davidson, Mrs. Margaret	Montreal	4	800	800
David, Joseph Arthur and Raphael Bellemare, curator	do	6	1,200	1,200
David, Charles Roderick Emile Raphael Bellemare, curator	Ottawa and Montreal	6	1,200	1,200
David, Joseph Horace R., Raphael Bellemare, curator	Montreal	6	1,200	1,200
Davie, Miss Mary E	Lévis, Que	25	5,000	5,000
Davie, George Taylor	do	65	13,000	13,000
Davie, Mrs. Mary E	do	10	2,000	2,000
Davies, Mrs. Frances	Montreal	5	1,000	1,000
Davie, Allison C	Lévis, Que	10	2,000	2,000
Davis, James T	Cornwall	10	2,000	2,000
Davis, Louis, tutor	London, Eng	2	400	400
Davison, Mrs. Augusta M	England	6	1,200	1,200
Dawes, Thomas A., sr	Lachine	100	20,000	20,000
Dawson, Rev. Benjamin, executors of	Montreal	25	5,000	5,000
Dawson, George M	do	15	3,000	3,000
Dawson, Lady	do	10	2,000	2,000
Dawson, John Tempest	do	10	2,000	2,000
Dawson, Miss Mary F	Quebec	10	2,000	2,000
Day, John Wm	Montreal	3	600	600
Dawson, John Thomas, extrix. and usufcty. of	Quebec	5	1,000	1,000
Day, Mrs. Theoda M	Montreal	20	4,000	4,000
Deacon, Mrs. Mona	Kingston, Ont	6	1,200	1,200
Deaf and Dumb, The Institution of	Halifax	24	4,800	4,800
Dean, Mrs. Jessie, trustees of	Quebec	12	2,400	2,400
Dean, Mrs. Anne	do	4	800	800
Debbage, Mrs. Sarah	Bourg Louis, Que	2	400	400
Debbage, Rev. Jas. B., in trust	do	2	400	400
De Blois, Mrs. Luce, executrix and usufructuary	Quebec	12	2,400	2,400
	Carried forward	11,223	2,244,600	2,244,600

Bank of Montreal—Banque de Montréal

Names — Noms.	Residence.	Number of Shares. — Nombre d'Actions.	Amount Paid. — Montant payé.	Amount Subscribed. — Montant souscrit.
			$	$
	Brought forward...	11,223	2,244,600	2,244,600
De Freycinet, Mde. Stephanie C. C. G.	France	5	1,000	1,000
De Léry, Wm. H. B. C.	St. François de la Beauce	17	3,400	3,400
De Léry, Miss Maria E. C. C.	Quebec	17	3,400	3,400
De Léry, Mrs. Maria L., executrix, usufructuary, legatee and tutrix	do	12	2,400	2,400
DeMartigny, Mrs. Charlotte P., executrices of	Varennes	3	600	600
Denison, Reginald, in trust	Toronto	9	1,800	1,800
Desbarats, Miss Violet G.	Montreal	17	3,400	3,400
Deschambeault, Geo., executors of	Hudson Bay Co	113	22,600	22,600
Devine, Miss Mary E	Halifax	1	200	200
Devine, Mrs. Jane	Montreal	33	6,600	6,600
Devine, Jas. Arthur	do	15	3,000	3,000
Dewar, Mrs. Annie J	Port Hope	60	12,000	12,000
Dewar, Miss Florence I	Cornwall	2	400	400
Dewe, John	Ottawa	8	1,600	1,600
DeWitt, Mrs. Louisa B	Erie, Penn., U.S.A.	15	3,000	3,000
Dickson, William B. and others, trustees	Montreal	121	24,200	24,200
Dickson, Robert A	do	20	4,000	4,000
Dickinson, Mrs. Betsy P	Bedford, Que	60	12,000	12,000
Dickson, William Brown	Longue Pointe	20	4,000	4,000
Dickson, Mrs. Harriet, executors of	Montreal	14	2,800	2,800
Dionne, Charles E. L., usufructuary legatee	Rimouski	8	1,600	1,600
Dixon, Wm. H	Montreal	22	4,400	4,400
Dobbs, Mrs. Mary	Kingston	10	2,000	2,000
Dobell, Henry	Montreal	30	6,000	6,000
Dobell, Henry, in trust	do	7	1,400	1,400
Dobell, Hon. Richard R	Quebec	13	2,600	2,600
Dobree, B., and others, trustees	England	10	2,000	2,000
Dobell, William M. and Alfred C. Dobell, in trust	Quebec and Montreal	39	7,800	7,800
Dolbel, Mrs. Eliza M	Jersey	2	400	400
Dolbel, Wm., executrix of	do	15	3,000	3,000
Donaldson, Robert, Royal Navy	Ottawa	12	2,400	2,400
Donaldson, Morley	do	5	1,000	1,000
Donohue, Thomas	Quebec	10	2,000	2,000
Doran, James, executors of	Lachine	50	10,000	10,000
Doran, Mrs. Elizabeth	Quebec	2	400	400
Dougall, George	Montreal	21	4,200	4,200
Douglas, James M.	do	40	8,000	8,000
Douglas, Mrs. Charlotte A	Chicago	5	1,000	1,000
Dow, Alexander	Halifax	10	2,000	2,000
Dow, Wm., executors of	Montreal	280	56,000	56,000
Dow, Miss Jessie	do	75	15,000	15,000
Dow, Miss Mary	do	75	15,000	15,000
Dow, William & Co., in trust	do	3	600	600
Dowsley, Miss Jane M	Brockville	5	1,000	1,000
Draper, Miss Edith A	Montreal	2	400	400
Driscoll, Mrs. Eleanor	Aylmer, Que	15	3,000	3,000
Drummond, Andrew	Ottawa	4	800	800
Drummond, James	Petite Côte	7	1,400	1,400
Drummond, Hon. Geo. A.	Montreal	750	150,000	150,000
Drummond, Andrew, in trust	Ottawa	10	2,000	2,000
Drummond, Miss Jane R.	do	1	200	200
Drummond, Miss Kate H. M.	do	2	400	400
Drummond, Maurice	Montreal	125	25,000	25,000
Drury, John	do	10	2,000	2,000
Duff, Miss Marie E	Toronto	12	2,400	2,400
Duff, Miss Barbara	do	10	2,000	2,000
	Carried forward...	13,482	2,696,400	2,696,400

Bank of Montreal—Banque de Montréal.

Names — Noms.	Residence.	Number of Shares. — Nombre d'Actions.	Amount Paid. — Montant payé.	Amount Subscribed. — Montant souscrit.
			$	$
	Brought forward...	13,482	2,696,400	2,696,400
Duff, Donald W	Toronto	5	1,000	1,000
Duggan, William E	Quebec	30	6,000	6,000
Dumais, Louis V., curator	Fraserville, Que	6	1,200	1,200
Dunbar, Mrs. Emma A	Quebec	3	600	600
Duncan, Miss Eliza	Montreal	175	35,000	35,000
Duncan, Miss Lily	England	7	1,400	1,400
Duncan, James, executor of	Drummondville, Que	4	800	800
Dunfield, Mrs. Helen M. J	St. Johns, Nfld	8	1,600	1,600
Dunn, Mrs. Matilda	Montreal	11	2,200	2,200
Dupuis, Mrs. Jeanne A. A., usufructuary	St Rochs des Aulnais	7	1,400	1,400
Dupuy, Miss Charlotte A	Kingston	3	600	600
Duquet, Mrs. Rose A	Longue Pointe	4	800	800
Durie, Miss Isabella M., for self and in trust	Hintonburg	2	400	400
Eager, William L	Montreal	9	1,800	1,800
Eager, William L., executors of	do	27	5,400	5,400
Earl, Philip, jr., and J. B. LeBaron, judicial advisor	Hadley	8	1,600	1,600
Earle, Henry	Montreal	20	4,000	4,000
Edwards, Miss Mary E	England	11	2,200	2,200
Egan, Mrs. Ann M., executors and trustees of	Ottawa	60	12,000	12,000
Egan, Miss Mary A	do	18	3,600	3,600
Elliott, Mrs. Barbara	Montreal	6	1,200	1,200
Elliott, Mrs. Lydia Jane	Toronto	12	2,400	2,400
Elliot, Robert	Longueuil	8	1,600	1,600
Ellis, Mrs. Jane	Westmount	2	400	400
Ellis, Mrs. Madalene H	Santos, Brazil	3	600	600
Emmerson, Samuel	Hudson Bay Co	4	800	800
Empson, Rev. John	Montreal	15	3,000	3,000
Emslie, Mrs. Rachel	Lachute	1	200	200
Englehart, Jacob Lewis	Petrolia	10	2,000	2,000
Ethier, Mrs. Eugénie P., and Raphaël Bellemare, curator	Montreal	6	1,200	1,200
Evans, Miss Mary E	do	3	600	600
Evans, Mrs Sarah A. M	do	12	2,400	2,400
Evans, Miss Mary A	do	11	2,200	2,200
Evans, Miss Emily J	do	5	1,000	1,000
Evans, William H	Brockville	2	400	400
Evanson, William, executor of	Toronto	22	4,400	4,400
Evanturel, Alfred, and others	Quebec	12	2,400	2,400
Evanturel, Miss Elmire A., and A. B. Siriois, tutor	do	10	2,000	2,000
Ewing, Robert	Montreal	11	2,200	2,200
Fairie, Mrs. Annie L	do	5	1,000	1,000
Fairlie, Rev. John	Hawkesbury	7	1,400	1,400
Farwell, Albert L	St. Johnsbury, Vt, U.S.A.	10	2,000	2,000
Faris, Mrs. S. Jane, executors of	Montreal and Sorel	7	1,400	1,400
Farley, Mrs Margaret	Quebec	65	13,000	13,000
Farley, Mrs. Elizabeth	Belleville	100	20,000	20,000
Faulkner, Mrs. Mary A	Montreal	3	600	600
Fauvel, Miss Clara	Jersey	2	400	400
Fairbanks, Mrs. Mary E	St. Johnsbury, Vt., U.S.A.	16	3,200	3,200
Fauvel, John B	Point St. Peter	7	1,400	1,400
Fauvel, George P	do	5	1,000	1,000
Fauvel, Mrs. Henriette M	Jersey	16	3,200	3,200
Fauvel, Miss Emily	do	2	400	400
Fay Mrs. Wilhelmina	Bridgetown, N.S	11	2,200	2,200
Ferguson, Miss Anna E	Little Métis	2	400	400
Ferguson, Hector, Staff Asst. Surgeon	England	7	1,400	1,400
Ferrington, Miss Elizabeth	Boston, U.S.A	5	1,000	1,000
	Carried forward...	14,325	2,865,000	2,865,000

Bank of Montreal—Banque de Montréal.

Names. — Noms.	Residence.	Number of Shares. — Nombre d'Actions.	Amount Paid. — Montant payé.	Amount Subscribed. — Montant souscrit.
			$	$
	Brought forward	14,325	2,865,000	2,865,000
Finlay, David	Sorel	5	1,000	1,000
Finlayson, Roderick, executors of	Victoria, B.C	25	5,000	5,000
Finlayson, John	Pie River, Ont	6	1,200	1,200
Finley, Samuel, and John Torrance, in trust	Montreal	8	1,600	1,600
Finley, Mrs. Thora D	do	50	10,000	10,000
Firth, Mrs. Penelope	Chatham, N.B	1	200	200
Fiset, Louis Joseph C	Quebec	5	1,000	1,000
Fisher, Mrs. Susannah	Montreal	25	5,000	5,000
Fitzpatrick, John, executors and trustees	do	45	9,000	9,000
Fitchett, Alexander	Township of unt ngd n	3	600	600
Fleet, Charles J., in trust	Montreal H i o	2	400	400
Fleet, Charles J	do	38	7,600	7,600
Fleet, Miss Mary E	do	36	7,200	7,200
Fleet, Mrs. Augusta E	do	37	7,400	7,400
Flett, James	Hudson Bay Co	6	1,200	1,200
Flett, George	do	7	1,400	1,400
Fleury, Mrs. Selina	D'Aillebout	20	4,000	4,000
Foley, Mrs. Margaret A. J	Montreal	3	600	600
Folger, Mrs. Lucretia, administratrix of	Nantucket	3	600	600
Forbes, Miss Sophronia	Montreal	9	1,800	1,800
Forbes, Mrs. Matilda T	do	10	2,000	2,000
Ford, Miss Anastasia	Toronto	1	200	200
Ford, John	Hudson Bay Co	2	400	400
Ford, John, in trust	do	3	600	600
Forget & Co., L. J	Montreal	3	600	600
Forneri, Mrs. Jessie A	do	2	400	400
Fortescue, Miss Elizabeth	England	2	400	400
Fortescue, Joseph	Hudson Bay Co	11	2,200	2,200
Fortescue, Matthew	do	2	400	400
Fortescue, Miss Margaret A	England	2	400	400
Fortin, Mrs. Matilda M	Lewiston, Me	4	800	800
Foster, Rev. John	Coaticook	1	200	200
Foster, George King	Richmond	8	1,600	1,600
Foster, Mrs. Jane M., administratrix	Toronto	6	1,200	1,200
Foster, Mrs. Cynthia E	Richmond	7	1,400	1,400
Foster, Frederick H	do	22	4,400	4,400
Foster, Stephen K	Montreal	10	2,000	2,000
Foulds, Mrs. Elizabeth L. C., executor of	Scotland	15	3,000	3,000
Foulds, Archibald	do	25	5,000	5,000
Fox, Mrs. Ellen	Belleville	3	600	600
Fox, Mrs. Mary, administratrix	Toronto	10	2,000	2,000
Foulds, Archibald, in trust	Glasgow, Scotland	15	3,000	3,000
Fowler, Mrs. Margaret	Montreal	10	2,000	2,000
Fraser, Miss Jessie G	Halifax	6	1,200	1,200
Fraser, William	Red River	11	2,200	2,200
Fraser, Robert Wilson	Halifax	50	10,000	10,000
Fraser, Thos. E., and others, in trust	do	11	2,200	2,200
Fraser, Thos. E., and others, in trust	do	5	1,000	1,000
Fraser, Mrs. Selina, trustees of	Montreal	2	400	400
Fraser, Mrs. Catherine	Quebec	8	1,600	1,600
Fremont, Jules J. T	do	16	3,200	3,200
French, Mrs. Magdalen	Montreal	24	4,800	4,800
French, Mrs. Helen	Los Angeles	10	2,000	2,000
French, Rev. Arthur T.W., usufructuary	Montreal	15	3,000	3,000
Fulford, George T	Brockville	50	10,000	10,000
Fuller, Miss Eunice L	Sherbrooke	13	2,600	2,600
Furlong, Miss Anna E., administrator of	Dolgelly, Merioneth Co.	5	1,000	1,000
Fisher, Roswell C	Montreal	20	4,000	4,000
	Carried forward	15,075	3,015,800	3,015,800

Bank of Montreal—Banque de Montréal.

Names. — Noms.	Residence.	Number of Shares. — Nombre d'Actions.	Amount Paid. — Montant payé.	Amount Subscribed. — Montant souscrit.
			$	$
	Brought forward...	15,075	3,015,800	3,015,800
Gaboury, Augustin, executor, and Wm. N. Campbell, curator	Quebec	21	4,200	4,200
Gaetz, Mrs. Catherine M	Guysboro', N S.	4	800	800
Gagnon, George A., in trust	Montreal	10	2,000	2,000
Gairdner, William F.	Hudson Bay Co.	5	1,000	1,000
Gairdner, Miss Anne S.	Montreal	10	2,000	2,000
Galibert, Mrs. C., executors of	do	12	2,400	2,400
Gardiner, Rev. Joseph P.	England	61	12,200	12,200
Gardner, Wm., trustees and executors of	do	6	1,200	1,200
Gardner, Meopham	Calgary, N.W.T.	6	1,200	1,200
Garland, Collins S.	Montreal	5	1,000	1,000
Garneau, Mrs. Julie G	Quebec	7	1,400	1,400
Garneau, Mrs. Julie G., tutrix	do	5	1,000	1,000
Garneau, Joseph P. Z.	do	5	1,000	1,000
Garratt, Mrs. Mary C.	Montreal	30	6,000	6,000
Garrioch, Miss Jessie	Portage la Prairie	8	1,600	1,600
Garrioch, Miss Winnifred O	do	6	1,200	1,200
Garson, James	Hudson Bay Co	1	200	200
Gaudet, Fred. M. and others	St. Hyacinthe	28	5,600	5,600
Gault, Andrew F	Montreal	150	30,000	30,000
Gault, Percy R	do	2	400	400
Gault, Mrs. Marian A., in trust	do	1	200	200
Gauvreau, Alexandre, executor	Quebec	4	800	800
Gear, Mrs. Ellen B.	St. Johns, Nfld	20	4,000	4,000
Gentle, William S., curatrix of	Montreal	20	4,000	4,000
Geraghty, Mrs. Emeline E., executrix	England	1	200	200
Gernon, Gerald D., M.D	St. Benoit, Que	2	400	400
Gibb, Mrs. Clarinda	Montreal	55	11,000	11,000
Gibb, Miss Magdalen C	do	33	6,600	6,600
Gibb, Miss Magdalen C., in trust	do	10	2,000	2,000
Gibb, Miss Magdalen C., in trust	do	10	2,000	2,000
Gibb, James	Quebec	10	2,000	2,000
Gibb, Miss Julia S	Montreal	6	1,200	1,200
Gibb, Mrs. Margaret, heirs at law of	do	6	1,200	1,200
Gibb, James D., executors of	do	25	5,000	5,000
Gibb, Mrs Mary L	Como, Que	10	2,000	2,000
Gibsone, Miss A. L F	Melbourne, Que	11	2,200	2,200
Gibsone, Miss Mary F	do	11	2,200	2,200
Gibson, Miss Mary A	Montreal	12	2,400	2,400
Gibson, Mrs. Elizabeth	Hamilton	10	2,000	2,000
Gillbard, Thomas	Cobourg, Ont	15	3,000	3,000
Gillespie, Alexander	Royal Navy	5	1,000	1,000
Gillespie, Miss Emily	New York	1	200	200
Gilmor, Miss Abigail E	Halifax	8	1,600	1,600
Gillies, Miss Christina	McNab, Ont.	2	400	400
Gillies, Hy	do	2	400	400
Gilmour, Thomas	Brockville	60	12,000	12,000
Gladman, Robt	London, Eng	4	800	800
Glass, Mrs. Marg't. T., usufructuary	Quebec	1	200	200
Gloag, Mrs. Helen	Scotland	13	2,600	2,600
Goad, Chas. Ed	Montreal	30	6,000	6,000
Godard, Miss Henrietta S	do	12	2,400	2,400
Godchere, Peter	Hudson Bay Co	1	200	200
Goddard, Miss Fanny D	England	10	2,000	2,000
Godfrey, Mrs. Mary A	Actonvale, Que	5	1,000	1,000
Goodhue, Fred. Wm. J	London, Eng	20	4,000	4,000
Goodhue, Miss Louisa M. C	do	20	4,000	4,000
Gordon, Miss Amelia G	Pictou, N.S	17	3,400	3,400
Gordon, Robert	South Africa	3	600	600
Gordon, Miss Ellen	Ireland	1	200	200
Gordon, James	St. Johns, Nfld	10	2,000	2,000
Gough, Alfred, executors of	Montreal	12	2 400	2,400
	Carried forward....	15,970	3,194,000	3,194,000

Bank of Montreal—Banque de Montréal.

Names. — Noms.	Residence.	Number of Shares. — Nombre d'Actions.	Amount Paid. — Montant payé.	Amount Subscribed. — Montant souscrit.
			$	$
	Brought forward......	15,970	3,194,000	3,194,000
Gough, Mrs. Janie	Montreal	5	1,000	1,000
Gough, Miss Emily S	England	13	2,600	2,600
Graham, John A	Winnipeg	3	600	600
Grahame, James A	Victoria, B.C	13	2,600	2,600
Grant, Mrs. Caroline	London, Eng	13	2,600	2,600
Grant, Miss Eueretta A. F	England	16	3,200	3,200
Grant, Miss Jean	Montreal	1	200	200
Grant, Lady	Ottawa	70	14,000	14,000
Grant, Misses Cath. and Isabella	do	9	1,800	1,800
Grant, Miss Isabella	do	9	1,800	1,800
Grant, Miss Catherine	do	9	1,800	1,800
Grant, Mrs. Jane	Montreal	14	2,800	2,800
Grasett, Fred. LeM	Toronto	5	1,000	1,000
Grasett, Henry Jas. and H. H. Strathy, in trust	Barrie	5	1,000	1,000
Gravel, Jean A., in trust	Montreal	21	4,200	4,200
Gray, Mrs. M. H	Chatham, Ont	3	600	600
Gray, Mrs. Jane Harper	Kingston	1	200	200
Greene, George A	Montreal	20	4,000	4,000
Greenshields, E. B	do	52	10,400	10,400
Greenshields, Mrs. Elizabeth M. C	do	10	2,000	2,000
Greenshields, E. B., in trust	do	22	4,400	4,400
Greenshields, Mrs. Mary, in trust	Westmount	1	200	200
Grier, Hy. and Mrs. Sophia	Halifax	24	4,800	4,800
Griffin, Wm. Hy., C.M.G	Brighton, Eng	21	4,200	4,200
Grier, Mrs. Sophia	Halifax	26	5,200	5,200
Griffin, Henry W	Ottawa	10	2,000	2,000
Guarantee Co'y of North America	Montreal	50	10,000	10,000
Gudewill, Charles E	do	5	1,000	1,000
Guillet, Geo., committee of S. C. Guillet	Cobourg	1	200	200
Guillet, John, executors of	do	11	2,200	2,200
Guy, Mrs. Julia F	Montreal	12	2,400	2,400
Gzowski, Col. Sir Casimir S., K.C.M.G.	Toronto	59	11,800	11,800
Hackland, Mrs. Ellen, in trust	Ottawa	2	400	400
Haas, William	Montreal	15	3,000	3,000
Hacquoil, Francis	Jersey	9	1,800	1,800
Hague, Geo	Montreal	15	3,000	3,000
Haldimand, Mrs. Mary A	do	6	1,200	1,200
Hale, Mrs. Louisa G	Brantford	40	8,000	8,000
Hale, Edward J	Quebec	26	5,200	5,200
Hale, Edward J., and Hy. T. Machin, in trust	do	5	1,000	1,000
Hale, Mrs. Ellen	Sherbrooke	22	4,400	4,400
Hale, Mrs. Ethel M	Quebec	22	4,400	4,400
Hale, Miss Frances A	Hartfield, Eng	35	7,000	7,000
Hale, Miss Henrietta	do	34	6,800	6,800
Halifax Fire Insurance Co	Halifax	10	2,000	2,000
Halkett, Miss Ellen E. and Miss Frances A	Scotland	9	1,800	1,800
Hall, Miss Margaret, executors of	Montreal	12	2,400	2,400
Hall, Mrs. Caroline M	do	20	4,000	4,000
Hall, Peter P., and Louis F. Peters, in trust	Quebec	25	5,000	5,000
Hall, Benjamin, estate of	Montreal	57	11,400	11,400
Hall, Mrs. Agnès	do	7	1,400	1,400
Hall, Mrs. Jane G	Peterboro'	4	800	800
Hall, Mrs. Mary	Ottawa	12	2,400	2,400
Hamel, Mrs. Georgina	Quebec	2	400	400
Hamilton, Digby John	Winnipeg	2	400	400
Hamilton, The Right Rev. Charles, Lord Bishop of Ottawa	Ottawa	14	2,800	2,800
Hamilton, Rev. George, trustees of	Quebec	10	2,000	2,000
	Carried forward ...	16,919	3,383,800	3,383,800

Bank of Montreal—Banque de Montréal.

Names. — Noms.	Residence.	Number of Shares. — Nombre d'Actions.	Amount Paid. — Montant payé.	Amount Subscribed. — Montant souscrit.
			$	$
	Brought forward...	16,919	3,383,800	3,383,800
Hamilton, James, executors and trustees of	Longue Pointe	5	1,000	1,000
Hamilton, Mrs. Charlotte S	Montreal	28	5,600	5,600
Hamilton, John	Quebec	100	20,000	20,000
Hamilton, George W., and Frank Hilton-Green, in trust	do	65	13,000	13,000
Hamilton, Richard T	Ireland	18	3,600	3,600
Hamilton, Mrs. Frances L. H	Ottawa	2	400	400
Hamilton, Rev. Chas. C	England	35	7,000	7,000
Hamilton, Edmund Charles	Montreal	111	22,200	22,200
Hamilton, Miss Frances	England	28	5,600	5,600
Hamilton, G. W. and son	Montreal	4	800	800
Hamilton, Miss Isabella	Quebec	22	4,400	4,400
Hamilton, Robert	do	696	139,200	139,200
Hamilton, Miss Robina	do	60	12,000	12,000
Hamilton, Miss Charlotte K	England	9	1,800	1,800
Hamilton, Geo. W., and Rev. Edmund Wood, in trust	Montreal	66	13,200	13,200
Hamilton, Miss Alice M	do	70	14,000	14,000
Hamilton, John and G. W. Hamilton, in trust	Quebec and Montreal	74	14,800	14,800
Hamilton, Geo. C., executors and trustees of	Montreal	184	36,800	36,800
Hamilton, Hon. Robt., executors of	Peterboro'	34	6,800	6,800
Hamilton, Mrs. Ida Mary	Quebec	6	1,200	1,200
Hamilton, Miss Elizabeth	Montreal	10	2,000	2,000
Hanbury, Miss Fanny, administratrix of	Ireland	9	1,800	1,800
Hankey, Mrs. Minna G	Quebec	4	800	800
Harbin, Mrs. Alice E	Hamilton	3	600	600
Hardie, Miss Mary Jane	Actonvale, Q	3	600	600
Hardie, Miss Agnes E	do	3	600	600
Hardisty, Joseph, curator	Montreal	8	1,600	1,600
Hardisty, Joseph	do	30	6,000	6,000
Hardisty, Richard, executors and trustees of	do	60	12,000	12,000
Hardisty, William L., executors of	do	70	14,000	14,000
Hardisty, Joseph, in trust	do	1	200	200
Hardisty, Joseph, in trust	do	2	400	400
Hardisty, Joseph, in trust	do	2	400	400
Hargrave, James, and wife, trustees of	do	131	26,200	26,200
Harkin, Miss Mary A	do	5	1,000	1,000
Harris, Mrs. Josephine A	Syracuse, N.Y	4	800	800
Harris, Miss Augusta J	Hamilton	2	400	400
Harris, Miss Frances J	do	4	800	800
Harris, Miss Mary A	do	2	400	400
Harrower, Mrs. Caroline, executors of	Montreal	5	1,000	1,000
Hart, George, executors of	do	4	800	800
Hart, Miss Henrietta K	do	1	200	200
Hart, Miss Catherine M	do	1	200	200
Hart, Jairus	Halifax, N S	14	2,800	2,800
Hart, Mrs. Isabella M	Winnipeg	1	200	200
Hartford Fire Insurance Co	Hartford, Conn	150	30,000	30,000
Hartney, James, executrices, trustees of	Toronto	53	10,600	10,600
Hartney, Miss Annabella	do	52	10,400	10,400
Hartney, Miss Margaret R	do	53	10,600	10,600
Hastings, Mrs. George R	Montreal	8	1,600	1,600
Hatt, Thomas C., executors of	do	25	5,000	5,000
Haws, Allison D	Lévis, Que	21	4,200	4,200
Haws, Mrs. Elizabeth T	do	20	4,000	4,000
Hawthorne, Mrs. Jessie E	Montreal	2	400	400
Heath, Miss Elizabeth	Cobourg	1	200	200
	Carried forward	19,300	3,860,000	3,860,000

Bank of Montreal—Banque de Montréal.

Names. — Noms.	Residence.	Number of Shares. — Nombre d'Actions.	Amount Paid. — Montant payé.	Amount Subscribed. — Montant souscrit.
			$	$
	Brought forward...	19,300	3,860,000	3,860,000
Heigham, Mrs. Grace C	England	69	13,800	13,800
Helliwell, Thomas	Toronto	10	2,000	2,000
Henderson, Miss Jane C	do	1	200	200
Hendershot, Mrs. Alice M	Liverpool, N.S	10	2,000	2,000
Henderson, James M., in trust	Montreal	11	2,200	2,200
Henderson, Rev. James, curator	do	12	2,400	2,400
Henderson, Mrs. Mar't D., usufructuary.	do	6	1,200	1,200
Henderson, Miss Emma G., and Miss Margaret E. Henderson, jointly or to survivor	England	4	800	800
Henderson, Mrs. Hannah M	Dorchester, Que	3	600	600
Henry, Miss Isabella	Quebec	5	1,000	1,000
Henderson, Miss Margaret E	Montreal	2	400	400
Henderson, George W. S	do	1	200	200
Henry, Mrs. Elizabeth	Toronto	16	3,200	3,200
Henshaw, George H., usufructuary	Montreal	2	400	400
Henry, Mrs Agnes	do	6	1,200	1,200
Henshaw, Mrs. Maria L	do	12	2,400	2,400
Heron, Mrs. Margaret	Rochesterville, Ont	10	2,000	2,000
Heron, William S	Glasgow	20	4,000	4,000
Herring, William	Quebec	50	10,000	10,000
Hetherington, Thomas S	do	70	14,000	14,000
Hethrington, Thomas	do	80	16,000	16,000
Heward, Edmund H	Montreal	8	1,600	1,600
Hewitt, Rev. William J	England	2	400	400
Hickson, Lady	Montreal	2	400	400
Hickey, Percy A. S	London, Eng	103	20,600	20,600
Higinbotham, Mrs. Mary, executrices of	Belleville	10	2,000	2,000
Higgins, Mrs. Theresa, executrix	Quebec	7	1,400	1,400
Higgins, Miss Letitia	Montreal	1	200	200
Higgins, Rev. Thos. A., usufructuary	Wolfville, N. S	10	2,000	2,000
Hill, Miss Helena A	Montreal	19	3,800	3,800
Hill, Charles Gideon, executor of	do	15	3,000	3,000
Hill, Miss Jane E	do	50	10,000	10,000
Hill, Miss Rowena	Highgate, Vt	16	3,200	3,200
Hill, Hamnett, M.D	Ottawa	94	18,800	18,800
Hilton, William	Montreal	5	1,000	1,000
Hilton, Stephen	do	1	200	200
Hodgson, James O., Major R. A	Halifax	4	800	800
Hodgson, John E. M., executor	Florida	12	2,400	2,400
Hodgson, Rev. John	Stonebridge, Eng	17	3,400	3,400
Hogan, Henry	Montreal	205	41,000	41,000
Hogan, Mrs. Margaret E	do	30	6,000	6,000
Hoffecker, John H., trustee	Smyrna, Del	198	39,600	39,600
Hollinshead, Hugh N. B	Montreal	20	4,000	4,000
Holland, Henry M., tutor	do	4	800	800
Hollis, Mrs. Charlotte A	do	6	1,200	1,200
Holme, Mrs. Fanny	England	9	1,800	1,800
Holmes, Miss Matilda	Montreal	5	1,000	1,000
Holt, Mrs. Margaret	do	9	1,800	1,800
Holton, Mrs. Eliza, executors of	do	5	1,000	1,000
Hooper, Mrs. Catherine	do	68	13,600	13,600
Hooper, Angus W., in trust	do	53	10,600	10,600
Hooper, Angus W	do	12	2,400	2,400
Hope, Charles G	do	35	7,000	7,000
Hooper, Geo. R	do	1	200	200
Hope, Chas. G., in trust	do	14	2,800	2,800
Hope, John	do	66	13,200	13,200
Hopkins, Manley	England	13	2,600	2,600
Hopkins, Manley O., Major R. A	do	17	3,400	3,400
Hopkins, Mrs. Katharine H	Oxford, Eng	6	1,200	1,200
	Carried forward...	20,852	4,170,400	4,170,400

Bank of Montreal—Banque de Montréal.

Names. — Noms.	Residence.	Number of Shares. — Nombre d'Actions.	Amount Paid. — Montant payé.	Amount Subscribed. — Montant souscrit.
			$	$
	Brought forward...	20,852	4,170,400	4,170,400
Horden, Mrs. Elizabeth B	Moose Factory	10	2,000	2,000
Horridge, Mrs. Sarah A	England	25	5,000	5,000
Horton, Jas. S., tutor to Minors McLeod	Montreal	6	1,200	1,200
Hosmer, Mrs. Clara J	do	25	5,000	5,000
Houliston, Mrs. Janet	Three Rivers	4	800	800
Housman, Miss Eva V	Quebec	5	1,000	1,000
Howard, Mrs. Gertrude E	St. Johns, Que	29	5,800	5,800
Howard, Robt. P., executors of	Montreal	87	17,400	17,400
Howard, R. J. B., M.D	do	29	5,800	5,800
Howard, Mrs. Emily S., executors of	do	30	6,000	6,000
Howard, Mrs. Maggie C	do	5	1,000	1,000
Howden, John Dowling	H. M. 60th Royal Rifles	10	2,000	2,000
Howe, Mrs. Emma	England	7	1,400	1,400
Hugill, Mrs. Charlotte	Hamilton	1	200	200
Huke, Miss Emma L	Rockford	10	2,000	2,000
Hunt, Mrs. Caroline E	Quebec	12	2,400	2,400
Hunt, Mrs. Anna R	Montreal	200	40,000	40,000
Hunter, Isaac	White River, O.	1	200	200
Hunter, Mrs. Jean, executrix and legatee	England	76	15,200	15,200
Hunter, Michael, jr	do	13	2,600	2,600
Hurlbut, Mrs. Cath. M., usufructuary	St. Armand West	10	2,000	2,000
Huot, Phillippe	Quebec	12	2,400	2,400
Huron, the Lord Bishop of, viz., the Right Rev. Maurice S. Baldwin	London, Ont	5	1,000	1,000
Huston, Mrs. Ellen	Montreal	37	7,400	7,400
Hutton, Mrs. Cornelia M	do	4	800	800
Hyde, Arthur		2	400	400
Ibbotson, Miss Catherine	Montreal	8	1,600	1,600
Inglis, Jas	do	15	3,000	3,000
Innes, Robert	Peterborough	34	6,800	6,800
Irish Protestant Benevolent Society	Montreal	46	9,200	9,200
Irish, David T., and Fred. S. Macfarlane, trustees	do	100	20,000	20,000
Ironside, Geo. A	Port Arthur, O	4	800	800
Irvine, Mathew	Minto, Ont	10	2,000	2,000
Irvine, John	do	10	2,000	2,000
Irvine, David	Labrador	10	2,000	2,000
Irvine, George H., and others	Quebec	2	400	400
Irvine, William	Hudson Bay Co	1	200	200
Irvine, Mrs. Charlotte F. L. A	Quebec	25	5,000	5,000
Irving, Thomas	Montreal	40	8,000	8,000
Irving, Æmilus, Q C	Toronto	5	1,000	1,000
Irwin, Mrs. Eliza B	Montreal	31	6,200	6,200
Irwin, Mrs. Isabella	Ottawa	82	16,400	16,400
Irwin, Miss Emily	Lewiston, Me	12	2,400	2,400
Jack, Andrew M	Halifax	1	200	200
Jackson, Chas. A., tutor	Montreal	3	600	600
Jackson, Rev. Samuel N	Kingston	18	3,600	3,600
Jacobs, Mrs. Lucy P	Moncton, N.B	4	800	800
Jarvis, Miss Jean Christina C	Montreal	4	800	800
Jarvis, Miss Isabella C	do	3	600	600
Jarvis, John Alphens	Fraserville, Que	6	1,200	1,200
Jenaway, Miss Eleanor	England	6	1,200	1,200
Johnson, John	Halifax, N.S	8	1,600	1,600
Johnson, George Macness	St. John's, Nfld	8	1,600	1,600
Johnson, Miss Lucy G	Montreal	1	200	200
Johnston, John, in trust	do	12	2,400	2,400
Johnston, Jas., executors of	do	16	3,200	3,200
Johnston, Peter, in trust	Quebec	3	600	600
Johnston, Mrs. Agnes	Toronto	9	1,800	1,800
Johnston, Mrs. Mary F	Montreal	100	20,000	20,000
	Carried forward...	22,144	4,428,800	4,428,800

Bank of Montreal—Banque de Montréal.

Names. — Noms.	Residence.	Number of Shares. — Nombre d'Actions.	Amount Paid. — Montant payé.	Amount Subscribed. — Montant souscrit.
			$	$
	Brought forward......	22,144	4,428,800	4,428,800
Jolley, Miss Emma A. B.	England	20	4,000	4,000
Jones, Geo. E A., executor in trust..	Quebec..........................	5	1,000	1,000
Jones, Edwin	do	111	22,200	22,200
Jones, Miss Mary............................	Red River	13	2,600	2,600
Jones, Richard A. A.........................	Montreal	28	5,600	5,600
Jones, Alfred G., in trust..................	Halifax.............................	15	3,000	3,000
Jones, Hon. Alfred G., and Harry T. Jones	do	203	40,600	40,600
Jones, Beverly, and Dougall B. Macdougall, executors of Henry Macdougall............................	Toronto	15	3,000	3,000
Jones, Alfred E. and Harry T. Jones, trustees	Halifax.............................	4	800	800
Jordan, Rev. Louis Hy......................	Toronto	2	400	400
Jordon, Rev. Louis Hy., executor and trustee of Mrs. C. M. Lawson	do	28	5,600	5,600
Joseph, Miss Fanny D........................	Montreal..........................	7	1,400	1,400
Joseph, Jacob Hy	do	4	800	800
Joseph, Jesse..................................	do	100	20,000	20,000
Joseph, Mrs. Sophie C.......................	do	15	3,000	3,000
Joseph, Miss Rachel S.......................	do	5	1,000	1,000
Joseph, Mrs. Helen C	do	5	1,000	1,000
Jost, Burton, and others, trustees	Guysboro', N.S	2	400	400
Jost, Henry M..................................	do	12	2,400	2,400
Jost, Henry M., executor Jonathan Hartley..	do	10	2,000	2,000
Jourdain, Augustin............................	Quebec	3	600	600
Judah, Fredk. T., Q.C........................	Montreal	92	18,400	18,400
Kane, Mrs. Henriette.........................	do	65	13,000	13,000
Kaulbach, the estate of Hon. H. A. N ...	Lunenburg, N. S..........	26	5,200	5,200
Kaulbach, Mrs. Sophia	Truro, N. S.......................	26	5,200	5,200
Keating, Mrs. Helen C.......................	St. Catharines..................	2	400	400
Keays, Ansley...................................	Lanark, Ont......................	1	200	200
Keefer, Thos. C., executor..................	Ottawa	2	400	400
Kelly, James, executors and trustees of	Sorel...............................	72	14,400	14,400
Kennedy, Mrs. Mary..........................	Quebec............................	8	1,600	1,600
Kennedy, Mrs. Elizabeth....................	Montreal..........................	50	10,000	10,000
Kennedy, Mrs. Jessie........................	Scotland	10	2,000	2,000
Kent, Mrs. Amelia M	Kingston, Ont.................	40	8,000	8,000
Kerr, Wm., executors and trustees of...	Longue Pointe..............	100	20,000	20,000
Kerr, Miss Emily M...........................	Montreal	46	9,200	9,200
Kerr, Mrs. Fanny W	Rockford	10	2,000	2,000
Kersabiac, La Comtesse de................	Coteau............................	13	2,600	2,600
Kilkelly, Chas. Ed., M. D...................	Ireland............................	6	1,200	1,200
Kimpton, Miss Mary	Brockville	3	600	600
King, Mrs. Anne E.............................	St. John, N. B..................	2	400	400
King, Edwin F..................................	Montreal..........................	100	20,000	20,000
King, Chas., universal legatees of........	Lyster	1	200	200
King, Mrs. Augusta M	Waterville	2	400	400
King, Miss Emma..............................	do	78	15,600	15,600
King, Miss Frances...........................	Kingston..........................	16	3,200	3,200
King, Mrs. Louisa S., tutrix.................	Quebec............................	4	800	800
Kingdom, Mrs. Mary E.......................	England...........................	17	3,400	3,400
King-Harman, Mrs. Annie	do	5	1,000	1,000
Kinnear, James, sr............................	Kinnears Mills, Que........	40	8,000	8,000
Kinnear, George...............................	do	5	1,000	1.000
Kirby, Rev. Wm. W., and Edward M. Hopkins, in trust............................	England	13	2,600	2,600
Kirby, James, and Richard White, in trust	Montreal	2	400	400
Kirkpatrick, Mrs. Harriet B	Kingston..........................	3	600	600
	Carried forward ...	23,611	4,722,200	4,722,200

Bank of Montreal—Banque de Montréal.

Names. — Noms.	Residence.	Number of Shares. — Nombre d'Actions.	Amount Paid. — Montant payé.	Amount Subscribed. — Montant souscrit.
			$	$
	Brought forward...	23,611	4,722,200	4,722,200
Kirk, James F., in trust.....	Toronto.....	20	4,000	4,000
Kirkpatrick, Hon. Sir Geo. A. and Wm. Macpherson, in trust.....	Toronto and Quebec.....	8	1,600	1,600
Kirkpatrick, Hon. Sir Geo. A., and Francis Wotherspoon, trustees.....	do	4	800	800
Kirkpatrick, Alex. K.....	Kingston.....	2	400	400
Kirkpatrick, Andrew.....	Montreal.....	8	1,600	1,600
Kirwan, Mrs. Katharine.....	Sutton West, Co. York...	1	200	200
Kittson, Geo. R. W., and others, in trust.	Montreal.....	30	6,000	6,000
Kittson, Rev. Henry, us'fr'ct'y, legatee	do	3	600	600
Knight, Robert S.....	Brockville.....	5	1,000	1,000
Kohl, Mrs. Letitia.....	Montreal.....	8	1,600	1,600
Kough, Mrs. Margaret.....	Owen Sound.....	16	3,200	3,200
Labatt, Robert P., executors and trustees.....	London	40	8,000	8,000
Lachance, Miss Marie Z. E	St. Francis de la Rivière du sud.....	1	200	200
Lachance, Joseph L.....	do do ...	1	200	200
Lachance, Jacques A.....	Ottawa	1	200	200
Lachance, Arthur.....	St Francis de la Rivière du Sud.....	1	200	200
Lacroix, Miss Adele.....	Sorel	6	1,200	1,200
Lacroix, Edward.....	Quebec.....	25	5,000	5,000
Ladies' Benevolent Society	Montreal	53	10,600	10,600
Ladies' Protestant Orphan Asylum.....	do	9	1,800	1,800
Laflamme, Edmund J.....	Papineauville.....	13	2,600	2,600
Laing, Rev. Robert and George Mitchell, in trust.....	Halifax.....	10	2,000	2,000
Laing, Mrs. Donaldina J. W	England	3	600	600
Lally Mrs. Annie	Barrie, Ont.....	20	4,000	4,000
Lamb, Mrs. Martha Mary	Montreal	14	2,800	2,800
Lamb, Thomas, tutor.....	St. Andrews, Que.....	5	1,000	1,000
Lambert, John.....	Hudson Bay Co.....	2	400	400
Lamére, Charles.....	Quebec.....	4	800	800
Lamplough, Mrs. Margaret.....	Montreal	42	8,400	8,400
Lamplough, Henry T., executors of.....	do	45	9,000	9,000
Langton, Miss Ann, executors of.....	Toronto	10	2,000	2,000
Langwill, Miss Susan Ann.....	Montreal	15	3,000	3,000
Langwill, Miss Susan Ann, in trust.....	do	15	3,000	3,000
Lathrop, Mrs. Elizabeth.....	Lebanon, N.H	2	400	400
Laurie, Frank C., curator.....	Quebec.....	6	1,200	1,200
Laurie, Duncan	do	175	35,000	35,000
Laurie, Mrs. Sophia A.....	do	352	70,400	70,400
Laurie, Mrs. Angelica M.....	Montreal	23	4,600	4,600
Laurie, Mrs. Margaret L. F.....	Quebec.....	16	3,200	3,200
Laurie, Wm. P.....	do	12	2,400	2,400
Lavallée, Mrs. Marie P.....	Montmagny	1	200	200
Laviolette, Mrs. Jessie, usufructuary ...	St. Jérôme.....	2	400	400
Law, James, in trust.....	Montreal.....	59	11,800	11,800
Lawford, Mrs. Ann S	do	55	11,000	11,000
Lawlor, Mrs. Louisa S.....	Kingston	1	200	200
Lawson, Edward.....	Halifax	20	4,000	4,000
Lawson, Miss Sarah M.....	do	1	200	200
Lawrence, Mrs. Jane.....	Quebec.....	8	1,600	1,600
Learmont, Jos. B. and Wm. J. Learmont, in trust.....	Montreal	50	10,000	10,000
Learmont, Wm. J.....	do	25	5,000	5,000
LeBas, Chas. G.....	Island of Jersey	25	5,000	5,000
LeBoutillier, Mrs. H. M.....	Gaspé, Que.....	8	1,600	1,600
Leclerc F. A.....	St. Hyacinthe	11	2,200	2,200
Lee, Mrs. Matilda.....	Montreal.....	9	1,800	1,800
	Carried forward ...	24,912	4,982,400	4,982,400

Bank of Montreal—Banque de Montréal.

Names. — Noms.	Residence.	Number of Shares. — Nombre d'Actions.	Amount Paid. — Montant payé.	Amount Subscribed. — Montant souscrit.
			$	$
	Brought forward...	24,912	4,982,400	4,982,400
LeGros, Thos. Alex	Gaspé, Que	1	200	200
LeGros, John James	do	1	200	200
Legge, Miss Hannah	Toronto	1	200	200
LeMarquand, Mrs. Alice	Point St. Peter	3	600	600
LeGros, Miss Annie M	Gaspé, Que	1	200	200
Leman, Mrs. P., executrix and usufcty.	Montreal	12	2,400	2,400
Lemaire, Miss Jeanne	St. Marguerite	2	400	400
Lemieux, Mrs. Marie E. M	Quebec	8	1,600	1,600
Lemieux, Mrs. Elise	St. Romuald, Que	8	1,600	1,600
Leney, Miss Charlotte D	Montreal	14	2,800	2,800
Leney, John M	do	14	2,800	2,800
Leonard, Miss B. M	Quebec	5	1,000	1,000
Leney, Mrs. Lucinda	Montreal	31	6,200	6,200
Lesage, Simeon, executor	Quebec	5	1,000	1,000
Leslie, Norman S	Montreal	13	2,600	2,600
Leslie, Alexander C., executors of	do	50	10,000	10,000
Leslie, John	St. Marys	5	1,000	1,000
Lethbridge, Miss Mary	England	11	2,200	2,200
Lethbridge, Miss Edith C	do	12	2,400	2,400
Les Sœurs de la Charité de l'Hôpital General de Montreal	Montreal	15	3,000	3,000
Lethbridge, Miss Alice G	Southsea, Eng	11	2,200	2,200
Levesque, Mrs. Marie L	Montreal	11	2,200	2,200
Levey, Chas. E., exrs. and trustees of	Quebec	250	50,000	50,000
Lewis, Miss Ethel G	St. Leonards	28	5,600	5,600
Levy, Mrs. Rosetta	England	35	7,000	7,000
Leviston, Wm., in trust	Enfield, N.H	5	1,000	1,000
Liddell, Mrs. Victoria, and Robert M. Liddell, joint tutors	Montreal	75	15,000	15,000
Little, Miss Mary A	Ireland	4	800	800
Little, Miss Eugenie L	do	3	600	600
Little, Miss Margaret E	do	3	600	600
Lindsay, C. W. A., in trust	Quebec	17	3,400	3,400
Lissotte, M	H. B. Co	1	200	200
Livingstone, John, sr	Listowel, Ont	10	2,000	2,000
Lloyd, Mrs. H., tutrix	Sherbrooke	8	1,600	1,600
Lloyd, Mrs. Frances M	Melbourne	1	200	200
Lobley, Mrs. E. A	England	7	1,400	1,400
Logie, Mrs. Jessie McIntyre, usufructuary	Montreal	2	400	400
Lomas, Robert, executors of	Quebec	5	1,000	1,000
Lonergan, Michael S	Montreal	15	3,000	3,000
Longe, Francis D., in trust	England	13	2,600	2,600
Lorrain, Rev. N. Z	Pembroke	4	800	800
Louis, Daniel	Quebec	50	10,000	10,000
Louis, Joseph	do	30	6,000	6,000
Love, Rev. Andrew T	do	2	400	400
Low, George Skene	Montreal	7	1,400	1,400
Lowry, Major General Robt. Wm., C.B	England	19	3,800	3,800
Ludwig, Carl	Montreal	5	1,000	1,000
Lundie, Mrs. Elizabeth	do	10	2,000	2,000
Lunn, Miss Emma H	do	71	14,200	14,200
Lunn, Miss Emma, executrix of	Hamilton, Ont	14	2,800	2,800
Lutyens, Capt. Charles H. A	England	26	5,200	5,200
Lyman, Albert C	Montreal	6	1,200	1,200
Lyman, Walter E	do	8	1,600	1,600
Lyman, Mrs. Mary	do	157	31,400	31,400
Lyman, Mrs. Florence A	do	10	2,000	2,000
Lyman, Henry	do	3	600	600
Lyman, Hy., and Hon. Geo. A. Drummond, in trust	do	6	1,200	1,200
	Carried forward...	26,056	5,211,200	5,211,200

Banques incorporées.

Bank of Montreal—Banque de Montréal.

Names. — Noms.	Residence.	Number of Shares. — Nombre d'Actions.	Amount Paid. — Montant payé.	Amount Subscribed. — Montant souscrit.
			$	$
	Brought forward...	26,056	5,211,200	5,211,200
Lyman, Frederick S., Q.C	Montreal	50	10,000	10,000
Lynk, Donald	Victoria Mines, C.B.	5	1,000	1,000
Lynch, Miss Margaret	Montreal	2	400	400
Lynch, Edward	L'Epiphanie	5	1,000	1,000
Lynch, Mrs. Janet	Montreal	10	2,000	2,000
Mabe, Mrs. Elizabeth	Gaspé	1	200	200
Macara, John	Quebec	5	1,000	1,000
Macaully, Mrs. Ann	Montreal	3	600	600
Macculloch, Miss Emily	do	8	1,600	1,600
Macculloch, Ferdinand, exec. of the late	do	300	60,000	60,000
Macculloch, Robertson	do	14	2,800	2,800
Macculloch, Mrs. Maria L	do	21	4,200	4,200
Macculloch, Miss Emily E	do	2	400	400
Macdonald, Miss M. H	do	31	6,200	6,200
Macdonald, Miss Anna R	do	32	6,400	6,400
Macdonald, Mrs. Margaret J	do	31	6,200	6,200
Macdonald, Mrs. Georgiana	Winnipeg	5	1,000	1,000
Macdonald, Alexander G. F	Alexandria, Ont	5	1,000	1,000
Macdonald, Mrs. Luce O	Montreal	16	3,200	3,200
Macdonald, Stuart, curator	Winnipeg	7	1,400	1,400
Macdonald, Allan, in trust	St. Andrews, Que	5	1,000	1,000
Macdonald, Charles	Halifax, N.S	7	1,400	1,400
Macdonald, Mrs. Sophia H., executors of	Montreal	11	2,200	2,200
Macdonald, Mrs. Ann	St. Johns, Que	3	600	600
Macdonald, Benjamin, in trust	St. Andrews, Que	5	1,000	1,000
Macdonald, Hon. Donald A., executors and trustees of	Montreal	288	57,600	57,600
Macdonald, John A	do	9	1,800	1,800
MacDonnell, Miss Harriette J	do	4	800	800
MacDonnell, Miss Emily	do	3	600	600
MacDonnell, Richard L., M.D., exec. of	do	25	5,000	5,000
MacDonnell, Mrs. Constance A	do	1	200	200
MacDonnell, Rev. George, executors of	Kingston	2	400	400
MacDonnell, Mrs. Margaret E	Montreal	5	1,000	1,000
MacDougall Bros	do	13	2,600	2,600
MacDougall, Mrs. Mary L	do	78	15,600	15,600
MacDougall, Mrs. Sarah E. D	do	21	4,200	4,200
MacDougall, Hanbury Leigh	England	64	12,800	12,800
Macduff, Rev. Alexander R	Abbotsford	10	2,000	2,000
Macduff, Alexander F	Georgeville	7	1,400	1,400
Macfarlan, Miss Catherine N	Montreal	64	12,800	12,800
Macfarlan, Miss Sarah K. B	do	64	12,800	12,800
Macfarlan, Miss Jessie J	do	63	12,600	12,600
Macfarlane, Mrs. Ann	do	1	200	200
Macfarlane, Hon. Alexander	Wallace, N.S	30	6,000	6,000
Macfarlane, Robert and wife, Alice Smith	Montreal	10	2,000	2,000
Macfarlane, Mrs. Cecilia	do	10	2,000	2,000
MacGarvey, Mrs. Mary	Hamilton	5	1,000	1,000
MacInnes, Mrs Margaret F	Montreal	3	600	600
Macintosh, John, and Chas. J. Fleet, in trust	do	7	1,400	1,400
Macintosh, John, executor	do	34	6,800	6,800
Macintosh, John, curator	do	23	4,600	4,600
MacIntyre, Peter M	Scotland	234	46,800	46,800
Mackay, Mrs. Christina	Montreal	30	6,000	6,000
Mackay, William	Renfrew, Ont.	12	2,400	2,400
Mackay, Wm. M., M.D	Hudson Bay Co	5	1,000	1,000
Mackenzie, Hector, and others, trustees	Montreal	50	10,000	10,000
Mackenzie, George and Alexander G. Mackenzie	Scotland	10	2,000	2,000
	Carried forward...	27,825	5,565,000	5,565,000

Bank of Montreal—Banque de Montréal.

Names. — Noms.	Residence.	Number of Shares. — Nombre d'Actions.	Amount Paid. — Montant payé.	Amount Subscribed. — Montant souscrit.
			$	$
	Brought forward...	27,825	5,565,000	5,565,000
Mackenzie, John, executor of	Cornwall	80	16,000	16,000
Mackenzie, Hector	Montreal	750	150,000	15,0000
Mackenzie, Roderick, executors of	do	4	800	800
Mackenzie, George	England	5	1,000	1,000
Mackenzie, Hector, in trust	Montreal	200	40,000	40,000
Mackenzie, Stephen	England	5	1,000	1,000
Mackenzie, William, in trust	Montreal	1	200	200
Mackenzie, Andrew Allan	do	73	14,600	14,600
Mackerras, Mrs. Margaret	Kingston	10	2,000	2,000
Macmaster, Mrs. Ella V	Montreal	64	12,800	12,800
Macmaster, Donald, Q.C	do	150	30,000	30,000
Macnab, Mrs. Frances A	Ottawa	13	2,600	2,600
Macnachtan, Mrs. Margaret H	Cobourg	5	1,000	1,000
Macnider, Francis	Metis	7	1,400	1,400
Macnider, James, in trust	Quebec	23	4,600	4,600
Macnider, James, executor	do	8	1,600	1,600
Macnider, John	Little Metis, Que	3	600	600
Macnider, James	Quebec	75	15,000	15,000
Macpherson, William M	do	32	6,400	6,400
Macpherson, David H	Calgary	32	6,400	6,400
Macpherson, Sir David L., K.C.M.G., executors of	Toronto	178	35,600	35,600
Macphie, Mrs. Catherine F	Montreal	5	1,000	1,000
Macrae, Mrs. Rose S	do	26	5,200	5,200
Macrae, Miss Catharine A. L	London, Eng	40	8,000	8,000
Macrae, Miss Ada B	do	38	7,600	7,600
Macrae, Mrs. Rose, and Fred. W. Smith, executors	Montreal	13	2,600	2,600
Macrae, Miss Lucy C	Antwerp	39	7,800	7,800
Mactavish, Lockhart	New Zealand	119	23,800	23,800
Magann, George P	Toronto	10	2,000	2,000
Maguire, Annibal	New Orleans	23	4,600	4,600
Maguire, Dennis T., usufructuary	St. Johns, Que	7	1,400	1,400
Malloch, Francis S., and Archibald Malloch, trustees	Hamilton	1	200	200
Malloch, Mrs. Frances M. executors of	do	13	2,600	2,600
Malloch, Miss Alice M	do	1	200	200
Manson, Alex., and Fred. W. Boxer, in trust	Montreal	7	1,400	1,400
Marshall, Mrs. Susannah H	Côte des Neiges	32	6,400	6,400
Marshall, James	Montreal	2	400	400
Martin, Miss Edith	England	6	1,200	1,200
Martin, Miss Annie	do	1	200	200
Martin, Miss Ann	do	10	2,000	2,000
Martin, George	Montreal	5	1,000	1,000
Martin, Joseph, in trust	St. Laurent	1	200	200
Mason, Mrs. Lucy G	England	3	600	600
Masson, Damase, in trust	Montreal	2	400	400
Masson, Mrs. Annie M., usufructuary	do	92	18,400	18,400
Masson, Hon. Joseph, executors and fiduciary legatees of	do	160	32,000	32,000
Masson, Mrs. Marie G. S. R., executors and trustees of	do	201	40,200	40,200
Massue, Mrs. Appoline E	Varennes	52	10,400	10,400
Matheson, Miss Anna	Perth, Ont	5	1,000	1,000
Matheson, Miss Joanna	do	5	1,000	1,000
Matheson, Hon. Roderick, executors of	do	24	4,800	4,800
Matheson, Miss Eliza J	do	4	800	800
Matthews, Mrs. Eliza	Montreal	37	7,400	7,400
Mathieu, Mrs. M. T. Louisa, and Raphaël Bellemare, curator	do	6	1,200	1,200
	Carried forward	36,533	6,106,600	6,106,600

Banques incorporées.

Bank of Montreal—Banque de Montréal.

Names — Noms.	Residence.	Number of Shares. — Nombre d'Actions.	Amount Paid. — Montant payé.	Amount Subscribed. — Montant souscrit.
			$	$
	Brought forward...	30,533	6,106,600	6,106,600
Meacham, James H	Belleville	22	4,400	4,400
Meagher, Nicholas H., and James Thomson	Halifax	36	7,200	7,200
Meighen, Mrs. Janet	Perth, Ont	20	4,000	4,000
Meikle, John H	Morrisburg	40	8,000	8,000
Mercredi, Joseph	Hudson Bay Co	3	600	600
Meredith, Sir William C., executors of	Quebec	23	4,600	4,600
Meredith, William H., executors of	Montreal	100	20,000	20,000
Meredith, Charles, & Co	do	37	7,400	7,400
Meredith, Mrs. Elspeth H	do	50	10,000	10,000
Miller, Mrs. Harriett F., and George F. Benson, curator	do	20	4,000	4,000
Methot, Edward W	Quebec	50	10,000	10,000
Michaud, Rt. Rev. John S	Burlington, U.S.A	29	5,800	5,800
Middleton, Mrs. Elizabeth, usufructuary and executrix	Quebec	4	800	800
Miller, Robert	England	20	4,000	4,000
Miller, Peter	Trenton, Ont	1	200	200
Miller, Walter S., curator	Montreal	1	200	200
Miller, Miss Frances	do	23	4,600	4,600
Miller, Walter, executors of	Ste. Thérèse	4	800	800
Miller, Miss Jane G	Montreal	14	2,800	2,800
Miller & Richard, in trust	Edinburgh	12	2,400	2,400
Miller, Miss Elizabeth F., and Miss Mary L. Miller, jointly	Montreal	1	200	200
Miller, William R., in trust	do	16	3,200	3,200
Miller, Miss Mary Louise	do	1	200	200
Mills, Mrs. Ann	London, Ont	12	2,400	2,400
Milne, Alexander	Hudson Bay Co	1	200	200
Miller, Mrs. Elizabeth	Montreal	5	1,000	1,000
Milner, Mrs Mary	England	27	5,400	5,400
Milroy, Mrs. Susannah S., executors and trustees of	Newfoundland	1	200	200
Milroy, Samuel C	do	1	200	200
Milroy, Arthur	do	1	200	200
Mireau, Mrs. Margaret	Montreal	1	200	200
Ministers, Widows and Orphans' Fund of the Synod in the Maritime Provinces of the Presbyterian Church in Canada	Halifax	10	2,000	2,000
Mitchell, George, and Archibald S. Mitchell, trustees	do	2	400	400
Molson, Miss Sarah H. J., and others	Montreal	67	13,400	13,400
Moat & Co., Robert	do	3	600	600
Moat, Robert	do	245	49,000	49,000
Molson, John, curator	do	40	8,000	8,000
Molson, John, in trust	do	25	5,000	5,000
Molson, John Thomas	do	520	104,000	104,000
Molson, Mrs. Louisa G	do	130	26.000	26,000
Molson, Mrs. Agnes, and Samuel E. Molson, trustees of	do	157	31,400	31,400
Molson, John E	do	180	36,000	36,000
Molson, Wm., trustees and executors of	do	230	46,000	46,000
Molson, Thomas, executors of	do	175	35,000	35,000
Molson, Mrs. Agnes	do	88	17,600	17,600
Moncrieff, David S	Scotland	12	2,400	2,400
Monk, Mrs. Madeline A	Rockburn, Que	7	1,400	1,400
Montagu, Gen. Horace W., R.E	England	8	1,600	1,600
Montgomery, Rev. Hugh, executors of	Phillipsburg	63	12,600	12,600
Montizambert, Mrs. Mary J	Quebec	100	20,000	20,000
Montizambert, Miss Louisa H	do	7	1,400	1,400
	Carried forward...	33,178	6,635,600	6,635,600

Bank of Montreal—Banque de Montréal.

Names. — Noms.	Residence.	Number of Shares. — Nombre d'Actions.	Amount Paid. — Montant payé.	Amount Subscribed. — Montant souscrit.
			$	$
	Brought forward...	33,178	6,635,600	6,635,600
Montizambert, William C.	Quebec	7	1,400	1,400
Montizambert, Frederick, M.D.	do	6	1,200	1,200
Montizambert, Mrs. Alice L., and John L. Gibb, curator	do	35	7,000	7,000
Montizambert, Miss Helen E.	do	1	200	200
Montreal City & District Savings Bank	Montreal	1,689	337,800	337,800
Montreal General Hospital	do	4	800	800
Montreal, Lord Bishop of	do	3	600	600
Montreal, President of the Bank of, in trust	do	14	2,800	2,800
Montreal Auxiliary Bible Society	do	6	1,200	1,200
Montreal St. Patrick's Orphan Asylum	do	105	21,000	21,000
Montreal General Hospital, E. Moss Fund	do	3	600	600
Montreal St. Bridget's Refuge	do	180	36,000	36,000
Montreal Maternity	do	3	600	600
Moody, Mrs. Catherine	Yarmouth, N.S.	1	200	200
Moore, Mrs. Sarah H. B., usufructuary	Moore's Station	14	2,800	2,800
Moore, Mrs. Louisa	Kingston	50	10,000	10,000
Moore, William Jackson	London, Eng.	53	10,600	10,600
Moore, James, treasurer, House of Industry and Refuge	Montreal	5	1,000	1,000
Moore, James	do	5	1,000	1,000
Moren, Mrs. Martha E.	Halifax	15	3,000	3,000
Morrice, David	Montreal	50	10,000	10,000
Morrin, John	St. Augustin, Que.	11	2,200	2,200
Morrin, Miss Maria	do	20	4,000	4,000
Morrin, Miss Amy	do	18	3,600	3,600
Morrin, Wm., executors and trustees of	do	12	2,400	2,400
Morrin, Mrs. Jeannie E.	St. Andrews, Que.	4	800	800
Morris, Alexander W., in trust	Montreal	14	2,800	2,800
Morrison, Hector	Hudson Bay Co	8	1,600	1,600
Morrison, Andrew	do	2	400	400
Morrison, John	Montreal	12	2,400	2,400
Morse, Jay Collins	Chicago	100	20,000	20,000
Mountain, Mrs. Catherine S.	England	20	4,000	4,000
Mountain, Rev. Jacob J. S.	Cornwall	25	5,000	5,000
Mudge, Nicholas R., in trust	Montreal	2	400	400
Mudge, Miss Eliza Laura	do	10	2,000	2,000
Mudge, Mrs. Margaret K. R.	do	2	400	400
Mudge, Henry James	do	5	1,000	1,000
Muir, Robert	England	500	100,000	100,000
Muir, Robert, in trust, 1	do	7	1,400	1,400
Muir, Robert, in trust 2	do	5	1,000	1,000
Muir, Robert, in trust, 3	do	52	10,400	10,400
Muir, Rev. Jas. B.	Huntingdon	4	800	800
Mulligan, John	Port Hope	24	4,800	4,800
Municipality of the Township of Beckwith, Ont.	Beckwith	13	2,600	2,600
Municipality of the Township of Ramsay, Ont.	Ramsay	13	2,600	2,600
Munn, Miss Elizabeth	Quebec	12	2,400	2,400
Munro, Peter, M.D., executor of	Montreal	15	3,000	3,000
Murchie, Fred. M.	St. Stephen, N.B.	7	1,400	1,400
Murdoch, Miss Marian	Toronto	2	400	400
Murphy, Nicholas	Montreal	20	4,000	4,000
Murray, Wm. A. and others	do	1	200	200
Murray, Mrs. Caroline M., executors of	Ottawa	2	400	400
Murray, Wm., executors of	Montreal	600	120,000	120,000
Murray, Alex., executors of	do	74	14,800	14,800
Murray, Wm. F., M. D.	India	6	1,200	1,200
	Carried forward...	37,049	7,409,800	7,409,800

Bank of Montreal—Banque de Montréal.

Names. — Noms.	Residence.	Number of Shares. — Nombre d'Actions.	Amount Paid. — Montant payé.	Amount Subscribed. — Montant souscrit.
			$	$
	Brought forward...	37,049	7,409,800	7,409,800
Murray, Wm. A	Montreal	2	400	400
Murray, Wm. G., executors of	do	74	14,800	14,800
Murray, Mrs. Katherine G	Toronto	2	400	400
Murray, Miss Annabella	Montreal	51	10,200	10,200
Murray, Walter G. and Wm. G. Murray, in trust	do	5	1,000	1,000
Murray, Mrs. Elizabeth M	England	14	2,800	2,800
Murray, Mrs. Jane M	Montreal	10	2,000	2,000
Murray, Mrs. Isabella M	do	2	400	400
Murray, Mrs. Eliza F., curatrix	Massawhippi	7	1,400	1,400
Mussen, Thomas, executors of	Montreal	5	1,000	1,000
Mussen, Henry S	do	86	17,200	17,200
Mylne, Mrs. Ann	Smith's Falls	28	5,600	5,600
Mylne, Mrs. Ann, in trust	do	32	6,400	6,400
McAndrew, John	Toronto	20	4,000	4,000
McArthur, Mrs Margaret	Carleton Place	39	7,800	7,800
McArthur, P., executors and trustees of	Almonte	27	5,400	5,400
McArthur, Wm. B. and Miss Elizabeth J. Stark	Carleton Place	5	1,000	1,000
McCallum, Miss Jessie	Stromness, Ont	8	1,600	1,600
McCallum, Miss Mary	do	8	1,600	1,600
McCallum, Miss Georgia	do	8	1,600	1,600
McCallum, Lachlan	do	8	1,600	1,600
McCallum, Samuel	do	8	1,600	1,600
McCallum, Miss Josephine	do	8	1,600	1,600
McCallum, Peter executors of	Cobourg	15	3,000	3,000
McCallum, Peter jr., executors of	do	22	4,400	4,400
McCarthy, Mrs. Mary E	Montreal	2	400	400
McCarthy, John, executors of	Sorel	25	5,000	5,000
McCarthy, Miss Amy, institute, and James M. McCarthy, curator	Montreal	50	10,000	10,000
McCarthy, Mrs. Catherine I	do	64	12,800	12,800
McCarthy, Miss Catherine E., usufructuary and John G. and James M. McCarthy, institute	Sorel	50	10,000	10,000
McCarthy, John G., institute, and Jno. McCarthy, curator	Montreal	50	10,000	10,000
McCarthy, James M., institute, and Jno. McCarthy, curator	do	50	10,000	10,000
McClintock, Rev. John S, and Wm. F. Sinclair	Ireland	16	3,200	3,200
McConnell, Mrs. Annie B	Brooklyn	15	3,000	3,000
McCormick, Mrs. Christina	Ormstown	6	1,200	1,200
McColl, Miss Mary	St. Joseph du Lac	8	1,600	1,600
McCrea, Mrs. Margaret M., executors of	Warkworth	10	2,000	2,000
McCrea, James N., executors of	Keene, O	12	2,400	2,400
McCready, Miss Ann	Montreal	8	1,600	1,600
McCready, Michael	do	30	6,000	6,000
McCready, Mrs. Kate	do	2	400	400
McCready, James, executors of	do	43	8,600	8,600
McCuaig, Mrs. Caroline F	Vankleek Hill	2	400	400
McCarthy, John G., insiitute	Montreal	50	10,000	10,000
McCarthy, James M., institute	do	50	10,000	10,000
McCarthy, Miss Catherine E., usufructuary	do	50	10,000	10,000
McCulloch, Mrs. Janet, executor of	do	24	4,800	4,800
McCarthy, Miss Amy, institute	do	25	5,000	5,000
McCulloch, Miss Elizabeth, and Miss Jane McCulloch	do	1	200	200
McDonald, Miss Sarah B	Alexandria	7	1,400	1,400
McDonald, Miss Mary	Montreal	2	400	400
	Carried forward....	38,195	7,639,000	7,639,000

Bank of Montreal—Banque de Montréal.

Names. — Noms.	Residence.	Number of Shares. — Nombre d'Actions.	Amount Paid. — Montant payé.	Amount Subscribed. — Montant souscrit.
			$	$
	Brought forward...	38,195	7,639,000	7,639,000
McDonald, Mrs. Caroline	Woodstock, Ont	9	1,800	1,800
McDonald, Wm. C	Montreal	2,050	410,000	410,000
McDonald, John	do	1	200	200
McDougall, Alexander	do	12	2,400	2,400
McDougall, Alex., in trust	do	2	400	400
McDougall, Alexander	Ormstown, Que	22	4,400	4,400
McDougall, Daniel	do	12	2,400	2,400
McDougall, Miss Mary	do	12	2,400	2,400
McDougall, Mrs. Margaret E	St. John's, Nfld	10	2,000	2,000
McDougall, James	Hudson Bay Co	11	2,200	2,200
McDougall, John, usufructuary	do	2	400	400
McDougall, Miss Isabella	Newfoundland	5	1,000	1,000
McDougall, Capt. Alexander	Liverpool, Eng	11	2,200	2,200
McDougall, Miss Sarah C	Newfoundland	5	1,000	1,000
McDougall, Thos., in trust	Montreal	6	1,200	1,200
McDougall, Alexander, in trust	do	20	4,000	4,000
McEachran, Duncan, executor and trustee, M. R. Fraser	do	64	12,800	12,800
McElwaine, Samuel G	do	8	1,600	1,600
McEntyre, Daniel, executors of	do	22	4,400	4,400
McEwan, Patrick A.	Chicago	13	2,600	2,600
McFarlane, David	Montreal	5	1,000	1,000
McFiggins, Malcolm, in trust	Colborne, Ont	25	5,000	5,000
McGee, John Joseph	Ottawa	4	800	800
McGee, Miss Agnes C	Montreal	10	2,000	2,000
McIntyre, Mrs. Jane A. Cassils	do	200	40,000	40,000
McIntyre, Mrs. Janet	Lanark, Ont	6	1,200	1,200
McIntyre, Malcolm	Scotland	50	10,000	10,000
McIntyre, Archibald	Montreal	114	22,800	22,800
McKay, William F	Hudson Bay Co.	3	600	600
McKechnie, Robt	Dundas	7	1,400	1,400
McKean, Edward	St. John, N B.	5	1,000	1,000
McKeeman, Mrs. Mary Jane	Montreal	7	1,400	1,400
McKee, Thos. W	Windsor, Ont	20	4,000	4,000
McKenzie, Alex. R.	Hudson Bay Co	2	400	400
McKenzie, Miss Annie	Quebec	100	20,000	20,000
McKenzie, Hector A. E., executors and administrators of	Hudson Bay Co	8	1,600	1,600
McKenzie, Mrs. Jane, executors of	Melbourne, Que	35	7,000	7,000
McKenzie, Peter	Hudson Bay Co	30	6,000	6,000
McKenzie, Roderick, sr., executor of	Melbourne, Que	25	5,000	5,000
McKenzie, Mrs. Nancy	Manitoba	5	1,000	1,000
McKenzie, Charles	Quebec	40	8,000	8,000
McKenzie, Mrs. Georgiana, as tutrix	Sorel	3	600	600
McKenzie, George	Headingly, Man	16	3,200	3,200
McKenzie, Peter, in trust	Montreal	6	1,200	1,200
McLaren, Hy	do	12	2,400	2,400
McLaren, Peter	Perth, Ont	100	20,000	20,000
McLaren, Jas. W	Chatham, Ont	4	800	800
McLaurin, Mrs. Christy A	Vankleek Hill	7	1,400	1,400
McLean, Allan N., executors of	Toronto	11	2,200	2,200
McLennan, Hugh	Montreal	50	10,000	10,000
McLennan, Mrs. Annie	Ottawa	4	800	800
McLennan, Alex	Lancaster, Ont	8	1,600	1,600
McLennan, Farquhar	Dundee, Que	8	1,600	1,600
McLeod, Mrs. Helen M	Montreal	54	10,800	10,800
McLeod, Mrs. Mary E	Philadelphia	74	14,800	14,800
McLimont, Robert	Quebec	2	400	400
McLimont, John C	do	3	600	600
McLimont, Miss Christina	do	13	2,600	2,600
McLimont, John C., in trust	do	15	3,000	3,000
	Carried forward	41,583	8,316,600	8,316,600

Bank of Montreal—Banque de Montréal.

Names. — Noms.	Residence.	Number of Shares. — Nombre d'Actions.	Amount Paid. — Montant payé.	Amount Subscribed. — Montant souscrit.
			$	$
	Brought forward...	41,583	8,316,600	8,316,600
McLimont, Mrs. Sarah E.	Quebec	26	5,200	5,200
McLimont, Miss Helena	do	9	1,800	1,800
McLimont, Wm., executrix and executor of, in trust	do	3	600	600
McLimont, Mrs. Sarah E., tutrix	do	3	600	600
McLimont, Mrs Sarah E., usufructuary	do	89	17,800	17,800
McLimont, Miss Alice H.	do	9	1,800	1,800
McMaster, Miss Sarah J.	Montreal	1	200	200
McLimont, Miss Sarah A.	Quebec	17	3,400	3,400
McMeekin, Rev. Henry	Ottawa	8	1,600	1,600
McMillan, Duncan	Grenville, Que.	120	24,000	24,000
McMillan, John C.	Toronto	1	200	200
McMorine, Rev. John K.	Kingston	9	1,800	1,800
McMorine, Rev. John K., trustee	do	13	2,600	2,600
McMorine, Rev. Samuel	Portage la Prairie	5	1,000	1,000
McNab, Charles R. S.	March, Ont	1	200	200
McNab, Mrs. Sophia C.	Ottawa, Ont	2	400	400
McNaughton, Miss Agnes	Ormstown, Que	7	1,400	1,400
McNeil, John	Newfoundland	11	2,200	2,200
McNeill, Alexander	Wiarton, Ont.	17	3,400	3,400
McPhail, Miss Charlotte F.	Toronto	1	200	200
McQuesten, Mrs. Mary B.	Hamilton, Ont.	20	4,000	4,000
McTavish, George Tachi.	Hudson Bay Co.	45	9,000	9,000
McWood, William	Montreal	10	2,000	2,000
Nayler, Miss Esther	Toronto	1	200	200
Nairn, Thos. M., in trust	Montreal	6	1,200	1,200
Nash, Mrs. Caroline H.	St. John, Nfld	3	600	600
Neide, Mrs. Mary E.	Cleveland, N.Y.	4	800	800
Neill, Mrs. Christiana	Campbellford, Ont.	7	1,400	1,400
Nelson, Mrs. Emily	Toronto	9	1,800	1,800
Nelson, Albert D., in trust	Montreal	12	2,400	2,400
Nelson, Miss Annie E.	do	2	400	400
Nelson, Miss Jessie S.	do	2	400	400
Newson, Mrs. Louisa R.	Township of Cramahe	2	400	400
Nicolls, Mrs. H. M., executors of	Montreal	7	1,400	1,400
Nicolls, Armine D., executors of	Lennoxville	8	1,600	1,600
Nicolls, Rev. Gustavus G.	Rivière du Loup	7	1,400	1,400
Nicholls, Mrs. Charlotte J., executors of	Peterborough	50	10,000	10,000
Nicholson, Geo. C.	Montreal	50	10,000	10,000
Nicolson, Allan	Hudson Bay Co.	1	200	200
Nimmo, Mrs. Susan	Brockvill	50	10,000	10,000
Noil, Lazare	Quebec	5	1,000	1,000
Nowlan, Mrs. Agathe, executors of	Montreal	125	25,000	25,000
O'Brien, Hon. James	do	510	102,000	102,000
O'Connor, James, executors of	Ireland	12	2,400	2,400
O'Connor, Rev. John S.	Chesterville, Ont	11	2,200	2,200
Odell, Miss Fanny E.	Halifax	3	600	600
Odell, Miss Mary K.	do	3	600	600
Odell, Miss Ella W.	do	3	600	600
Odell, Major Wm. Henry	do	11	2,200	2,200
Odell, Mrs. Elizabeth A.	do	4	800	800
O'Dwyer, Miss Rebecca C.	Granby	3	600	600
Ogden, Mrs. C. A. E.	England	70	14,000	14,000
Ogilvy, Miss Mary A.	Montreal	1	200	200
Ogilvy, Mrs. M. A.	Kingston	11	2,200	2,200
O'Grady, G. de C., and W. R. Mulock, in trust	Woodstock and Winnipeg	1	200	200
Ogilvie, Wm. W.	Montreal	424	84,800	84,800
O'Malley, Lt.-Col. Fredk. W.	Ireland	1	200	200
O'Neil, Mary A., legatees of	Montreal	1	200	200
Ord, Misses Sophia M. and F. M.	England	45	9,000	9,000
	Carried forward	43,475	8,695,000	8,695,000

Bank of Montreal—Banque de Montréal.

Names. — Noms.	Residence.	Number of Shares. — Nombre d'Actions.	Amount Paid. — Montant payé.	Amount Subscribed. — Montant souscrit.
			$	$
	Brought forward......	43,475	8,695,000	8,695,000
O'Reilly, Bernard	Montreal	20	4,000	4,000
O'Reilly, Edward B., M.D	Hamilton	2	400	400
Orkney, Miss Elizabeth C	Montreal	300	60,000	60,000
O'Shaughnessy, Michael	do	8	1,600	1,600
Orr, Mrs. Katherine	Hamilton	4	800	800
Osler and Hammond, in trust	Toronto	10	2,000	2,000
Osler, Edward H., trustee	Cobourg, Ont	12	2,400	2,400
Ottawa Trust and Deposit Co., (Ltd.) trustees	Ottawa	5	1,000	1,000
Oulton, James W	Moncton	10	2,000	2,000
Owens, Mrs Marion J., usufructuary	Grenville	14	2,800	2,800
Owens, Robert, tutor to James D. Reeves, usufructuary	Chatham	20	4,000	4,000
Owens, Robert, tutor to his minor children	do	14	2,800	2,800
Packwood, Mrs. Mary A	Gaspé, Que	1	200	200
Page, E. H	Berkshire, Vt	2	400	400
Pagneulo, Hector, tutor	St. Hyacinthe	1	200	200
Panet, Miss Nancy	Quebec	1	200	200
Pangman, Mrs. Georgiana	Montreal	38	7,600	7,600
Pangman, Miss Marie L	do	5	1,000	1,000
Pardey, Mrs. Amelia, executrices of	do	34	6,800	6,800
Paré, Mrs. M. L., and A. B. Sirios, tutor	Quebec	10	2,000	2,000
Parker, Mrs. Fanny H	Halifax, N.S	28	5,600	5,600
Parker, Mrs. Gertrude	Compton, Que	3	600	600
Parker, Jos., executor	London, Eng	5	1,000	1,000
Parker, Daniel M., and W. F., trustees	Halifax	16	3,200	3,200
Parker, Rev. Geo. H., in trust	Compton	65	13,000	13,000
Parker, Mrs. Grace	Montreal	1	200	200
Parker, Walter M	Manchester, N.H	50	10,000	10,000
Parker, F. G. and W. F., in trust	Halifax	10	2,000	2,000
Parsons, John W., M.D	Portsmouth, N.H	5	1,000	1,000
Parsons, Wm. D	New York	13	2,600	2,600
Parsons, Langdon B	Rye, N.H	5	1,000	1,000
Paterson, Mrs. Bertha	Montreal	50	10,000	10,000
Paterson, Robt. M., and Alex. Paterson, in trust	do	15	3,000	3,000
Paterson, Alex., and wife, trustees of	do	25	5,000	5,000
Paterson, Alex. T	do	56	11,200	11,200
Paterson, John	do	6	1,200	1,200
Paterson, Miss Grace G	do	5	1,000	1,000
Patterson, Rev. George, D.D	Greenhill, N.S	3	600	600
Patterson, Rev. James	Montreal	12	2,400	2,400
Paterson, Mrs. Margaret E	Evanston, Ill	15	3,000	3,000
Patton, Jas., in trust	Montreal	3	600	600
Patton, Chas. J	do	5	1,000	1,000
Payne, Mrs. Ann	Cobourg	20	4,000	4,000
Payne, James	do	20	4,000	4,000
Peavey, Mrs. Mary Jane	Montreal	3	600	600
Peck, Mrs. Margaret, executors of	do	40	8,000	8,000
Peck, James Henry	do	9	1,800	1,800
Peck, Thomas	do	2	400	400
Peniston, Miss Rosina	Ottawa	2	400	400
Peddie, Robert	Montreal	13	2,600	2,600
Pelletier, Joseph E. C., curator	Quebec	10	2,000	2,000
Penny, Mrs. E. E., executors of	Montreal	3	600	600
Penny, Mrs. Helen	do	14	2,800	2,800
Pension Fund Society of the Bank of Montreal	do	150	30,000	30,000
Penny, E. Goff	do	85	17,000	17,000
Penny, Mrs. Helen, executrix	do	10	2,000	2,000
	Carried forward......	44,763	8,952,600	8,952,600

Bank of Montreal—Banque de Montréal.

Names. — Noms.	Residence.	Number of Shares. — Nombre d'Actions.	Amount Paid. — Montant payé.	Amount Subscribed. — Montant souscrit.
			$	$
	Brought forward	44,763	8,952,600	8,952,600
Pentland, Mrs. Margaret	Three Rivers, Que	13	2,600	2,600
Peebles, Mrs. A. E. and Mrs. Alice W. Sprague	Winnipeg	2	400	400
Phelps, Mrs. Emily A	England	51	10,200	10,200
Phillips, Chas. S. J., in trust	Montreal	7	1,400	1,400
Phillips, Hy., executrix of	do	25	5,000	5,000
Philps, Mrs. Emma G	Halifax	2	400	400
Phippen, Miss Kate E	Kingston, Ont	2	400	400
Pick, Mrs. Harriet	Montreal	1	200	200
Piddington, Mrs. Annie	Quebec	1	200	200
Pickering, Edward	Whitbourne, N. F	35	7,000	7,000
Pinhey, Chas. H, executors of	Ottawa	10	2,000	2,000
Pinhey, Mrs. Catherine	do	4	800	800
Pinhey, Horace, executors and trustees of	do	9	1,800	1,800
Pinhey, John H., and Mrs. Constance Pinhey	do	25	5,000	5,000
Pinto, Mrs. Crimea H	London, Eng	5	1,000	1,000
Pipon, Mrs. Maude M	Toronto	2	400	400
Pitts, Mrs. Janet T	Montreal	29	5,800	5,800
Plees, Mrs. Maria E	Quebec	11	2,200	2,200
Plummer, Alfred E., mgr., in trust	Toronto	4	800	800
Plunket Miss Frances	Quebec	4	800	800
Pollok, Rev. Allan, D.D	Halifax	13	2,600	2,600
Polson, John, executors of	Winnipeg	1	200	200
Pope, John A	Exeter, Ont	2	400	400
Pope, Miss Louisa F	Quebec	3	600	600
Pope, Richard, administrators of	Ottawa	8	1,600	1,600
Poole, Mrs. Mary Anne	Toronto	1	200	200
Porter, George	Rock Island	15	3,000	3,000
Pottenger, Mrs. Jane J	Hamilton	14	2,800	2,800
Potts, Miss Mary A., exe'tors of, in trust	Montreal	2	400	400
Powell, Mrs. Ursula	Ottawa	13	2,600	2,600
Power, Patrick, exe'tors and trustees of	Halifax	40	8,000	8,000
Power, Miss Catherine	Montreal	1	200	200
Power, Miss Mary E	do	1	200	200
Pratt, Mrs. Marie M., executors of	do	22	4,400	4,400
Pratt, Robert M	Winnipeg	5	1,000	1,000
Pratt, Fred., in trust	Montreal	15	3,000	3,000
Prendergast, Mrs. Adeline	India	4	800	800
Prentice, Mrs. Elizabeth, executors of, in trust	Montreal	30	6,000	6,000
Prentice, Mrs. Elizabeth, executors of, in trust	do	30	6,000	6,000
Presbyterian College, Halifax, Board of	Halifax, N.S	13	2,600	2,600
Preston, Robert H., M.D	Newboro', Ont	2	400	400
Preston, Mrs. Elizabeth	do	3	600	600
Price, Miss Cecilia	Quebec	1	200	200
Price, Richard, in trust	St. Paul, Minn	20	4,000	4,000
Price, Miss Jane M	Quebec	2	400	400
Price, John B., in trust	England	2	400	400
Price, Miss Charlotte I	Quebec	1	200	200
Price, Evan John, curator	do	2	400	400
Price, the Misses Maria L., C. G., Annie M., and Emily M., jointly	England	8	1,600	1,600
Pride, Mrs. Catherine and Wm. Pride	Montreal	16	3,200	3,200
Proctor, John A	Beaverton, Ont	9	1,800	1,800
Proctor, Geo. R	do	9	1,800	1,800
Purves, Miss Jane A	Three Rivers	6	1,200	1,200
Pyke, Miss Mary Lee	Montreal	5	1,000	1,000
Pyke, Isabella, executors of, in trust	do	2	400	400
	Carried forward	45,326	9,065,200	9,065,200

Bank of Montreal—Banque de Montréal.

Names. — Noms.	Residence.	Number of Shares. — Nombre d'Actions.	Amount Paid. — Montant payé.	Amount Subscribed. — Montant souscrit.
			$	$
	Brought forward...	45,326	9,065,200	9,065,200
Quebec, Corporation of the City of......	Quebec	6	1,200	1,200
Quinlivan, Rev. John, in trust	Montreal	5	1,000	1,000
Quinn, Miss Jane..............................	Longue Pointe......................	10	2,000	2,000
Rabaud, Mrs. Georgina J.....................	Marseilles, France............	60	12,000	12,000
Racey, John, M.D.............................	Ascot, Que.........................	51	10,200	10,200
Ramsay, Mrs. Agnes H., executors of...	Montreal	30	6,000	6,000
Ramsay, Miss Elizabeth A., executors of	do	70	14,000	14,000
Ramsay, Robert A., executors of.........	do	55	11,000	11,000
Ramsay, William M., tutor.................	do	2	400	400
Ramsay, Miss Bella............................	England..............................	2	400	400
Ramsay, Miss Ellen............................	do	3	600	600
Ramsay, Miss Ellen and Miss Bella Ramsay, jointly..............................	do	4	800	800
Ramus, Miss Adelaide E. L. de N.........	do	5	1,000	1,000
Ranken, Mrs. Agnes R., in trust..........	do	2	400	400
Ranken, Mrs. Elizabeth......................	Boston...............................	6	1,200	1,200
Rankin, Mrs. Agnes R........................	Montreal.............................	8	1,600	1,600
Rankin, Miss Georgina E.....................	Quebec................................	27	5,400	5,400
Rankin, Colin....................................	Hudson Bay Co....................	9	1,800	1,800
Rathwell, Miss Sarah M.....................	Montreal.............................	2	400	400
Rawlings, Edward.............................	do	20	4,000	4,000
Rawson, Mrs. Jane A.........................	Quebec................................	4	800	800
Raymond, Mrs. Albertine....................	St. Hyacinthe......................	3	600	600
Raynes, Mrs. Elizabeth......................	Westmount..........................	65	13,000	13,000
Rea, David, sr., executors of...............	Montreal	15	3,000	3,000
Read, Geo., administrator..................	Keene, Ont..........................	14	2,800	2,800
Reaves, Geo., executors of..................	Montreal	250	50,000	50,000
Read, George.....................................	Keene, Ont..........................	10	2,000	2,000
Rea, Miss Eleanor B...........................	Montreal.............................	5	1,000	1,000
Rea, Miss Mary I...............................	do	5	1,000	1,000
Rea, James McK................................	do	5	1,000	1,000
Redpath, Mrs. Annie J........................	do	5	1,000	1,000
Redpath, Mrs. Ada M..........................	do	75	15,000	15,000
Redpath, Mrs. Jane............................	do	110	22,000	22,000
Redpath, Mrs. Grace..........................	do	3	600	600
Redpath, Mrs. Grace..........................	do	500	100,000	100,000
Redpath, John, executors of	do	500	100,000	100,000
Redpath, Miss Jane M........................	Scotland	77	15,400	15,400
Read, Geo., in trust...........................	Keene, Ont..........................	13	2,600	2,600
Read, Geo., in trust...........................	do	14	2,800	2,800
Read, Geo., in trust...........................	do	14	2,800	2,800
Reed, James......................................	Megantic.............................	45	9,000	9,000
Reekie, Mrs. Isabella, in trust.............	Montreal.............................	61	12,200	12,200
Reeve, Mrs. Emma C.........................	Island Pond, U.S.A.	2	400	400
Reid, John...	Hudson Bay Co....................	21	4,200	4,200
Reid, Wm., in trust...........................	Montreal	2	400	400
Reid, Mrs. Julia................................	Sherbrooke	60	12,000	12,000
Reid, Wm..	Montreal	67	13,400	13,400
Reid, Wm. M......................................	do	3	600	600
Reid, Wm..	Hudson Bay Co....................	3	600	600
Reid, Rev. James, executrix of, in trust	Frelighsburg	8	1,600	1,600
Reid, Rev. James, executrix of, in trust	do	32	6,400	6,400
Reid, William D., in trust..................	Montreal	550	110,000	110,000
Reiffenstein, Mrs. Georgiana..............	Ottawa................................	1	200	200
Reiffenstein, Miss R. Julia H..............	do	4	800	800
Reilly, Miss Mary..............................	Montreal	9	1,800	1,800
Reilley, Mrs. Elizabeth	St. Johns, Que.....................	6	1,200	1,200
Remillard, Mrs. Emilie M., and A. B. Siriois, tutor....................................	Quebec	10	2,000	2,000
	Carried forward......	48,274	9,654,800	9,654,800

Bank of Montreal—Banque de Montréal.

Names. — Noms.	Residence.	Number of Shares. — Nombre d'Actions.	Amount Paid. — Montant payé.	Amount Subscribed. — Montant souscrit.
			$	$
	Brought forward......	48,274	9,654,800	9,654,800
Remon, Miss Susan P	St. Heliers, Jersey	1	200	200
Remon, Miss Sophia	do	1	200	200
Remon, Edward P	Ottawa	3	600	600
Remon, Mrs. Mary E	do	2	400	400
Remon, Mrs. Mary E	do	5	1,000	1,000
Rendel, George W	England	29	5,800	5,800
Renshaw, C. Bine	Scotland	10	2,000	2,000
Reynolds, Thomas W., M.D	Hamilton, Ont	13	2,600	2,600
Reynolds, Edmund J	Brockville, Ont	13	2,600	2,600
Reynolds, Edmund J., and Joseph Hardisty, trustees	Montreal	32	6,400	6,400
Rhodes, Armitage, and Godfrey W. Rhodes, trustees of Mrs. C. A. Williams	do	11	2,200	2,200
Rhodes, Mrs. Ann C	Quebec	34	6,800	6,800
Rhodes, Armitage, and Godfrey W. Rhodes, trustees	do	1	200	200
Rhodes, William, jr	do	6	1,200	1,200
Rhodes, Robert D	Leadville	13	2,600	2,600
Rice, Miss Harriet	Kingston, Ont	24	4,800	4,800
Richards, Miss Mary L	Ottawa	3	600	600
Richardson, Mrs. Catherine	Quebec	3	600	600
Richardson, Frederick H	Clinton, U.S.A	2	400	400
Richardson, Robert	Belleville	19	3,800	3,800
Richardson, Mrs. Mary	Lyn, Ont	4	800	800
Richardson, Rev. James E	do	24	4,800	4,800
Richardson, Miss Margaret T	Quebec	1	200	200
Riddell & Co., Alexander F	Montreal	3	600	600
Ridout, Mrs. Christina	London, Eng	32	6,400	6,400
Rielle, Joseph	Montreal	10	2,000	2,000
Rimmer, Mrs. Frances	England	15	3,000	3,000
Ritchie, Mrs. Helen A.	Lévis	2	400	400
Ritchie, Joseph N., and Thomas Ritchie, in trust	Halifax	14	2,800	2,800
Robertson, George R	Montreal	4	800	800
Robertson, William S	do	4	800	800
Robertson, Archie G	do	20	4,000	4,000
Robertson, Miss Isabella B	Brookholm	8	1,600	1,600
Robertson, James Sproule	Gainsboro', N.W.T	3	600	600
Robertson, Arthur H	Brookholm	3	600	600
Robertson, Hugh W.	St. Andrews, Que	3	600	600
Robertson, Hugh	London, Eng	6	1,200	1,200
Robertson, Miss Jane M	Quebec	4	800	800
Robbie, Mrs. Elizabeth	Scotland	17	3,400	3,400
Robertson, Miss Amy E. S	Montreal	25	5,000	5,000
Robertson, Miss Flora E B	do	25	5,000	5,000
Robertson, Miss Helen C	do	25	5,000	5,000
Robertson, Mrs. Alice E	do	26	5,200	5,200
Robertson, Miss Grace M	do	12	2,400	2,400
Robertson, Mrs. Helen I.	do	7	1,400	1,400
Robertson, Hugh	Brookholm, Ont	5	1,000	1,000
Robertson, Miss Susan	Westmount	1	200	200
Robertson, David S	Kingston	12	2,400	2,400
Robertson, William W., Q C	Montreal	65	13,000	13,000
Robertson, Mrs. Ellen	do	15	3,000	3,000
Robertson, William F	do	4	800	800
Robinson, Mrs. Anna M	Nashwaaksis, N.B.	8	1,600	1,600
Robinson, James	Montreal	33	6,600	6,600
Robinson, Mrs. Harriet J., usufructuary legatee	Aylmer, Que	3	600	600
Robinson, Miss Anne	Quebec	3	600	600
	Carried forward......	48,945	9,789,000	9,789,000

Bank of Montreal—Banque de Montréal.

Names. — Noms.	Residence.	Number of Shares. — Nombre d'Actions.	Amount Paid. — Montant payé.	Amount Subscribed. — Montant souscrit.
			$	$
	Brought forward...	48,945	9,789,000	9,789,000
Robinson, George H.	Ernestown, Ont.	1	200	200
Robinson, Miss Eliza	Quebec	1	200	200
Robinson, Miss Mary Jane	Abbotsford, Que	3	600	600
Robinson, Mrs. Elizabeth S.	Toronto	10	2,000	2,000
Robinson, John	Montreal	17	3,400	3,400
Robinson, Christopher	Toronto	5	1,000	1,000
Rodgers, James, and others, in trust	Montreal	9	1,800	1,800
Roe, Mrs. Eliza J., executor of	Lennoxville	6	1,200	1,200
Roe, Mrs. Eliza A.	Montreal	22	4,400	4,400
Roe, Mrs. Eliza J., executor of	Lennoxville	12	2,400	2,400
Rolland, Albert E. de E	Montreal	5	1,000	1,000
Ronaldson, John M.	Scotland	4	800	800
Root, Charles I.	Westmount	2	400	400
Rosen, Ferd. G., and Mrs. Mary B. Honk	Knoxville, Tenn	13	2,600	2,600
Ross, Allan J.	Iroquois	2	400	400
Ross, Alexander	Montreal	9	1,800	1,800
Ross, Miss Harriet J.	Quebec	5	1,000	1,000
Ross, James	Montreal	50	10,000	10,000
Ross, John T., and James G. Scott, trustees	Quebec	50	10,000	10,000
Ross, George D., in trust	Montreal	1	200	200
Ross, Mrs. Harriet A., in trust	Quebec	21	4,200	4,200
Ross, George D., and Jas. S. N. Dougall, in trust	Montreal	7	1,400	1,400
Ross, John T., trustee	Quebec	50	10,000	10,000
Rothwell, Mrs. Martha J.	England	15	3,000	3,000
Routh, William R.	do	4	800	800
Routh, Jules Isham	do	4	800	800
Roy, Mrs. Elizabeth E.	Brantford	50	10,000	10,000
Roy, Miss Jessie	Montreal	8	1,600	1,600
Rowand, Alexander, M.D., executors of	Quebec	60	12,000	12,000
Rowe, Mrs. Katharine A.	South Wales	5	1,000	1,000
Rowley, William H., in trust	Ottawa	1	200	200
Roy, James	Montreal	9	1,800	1,800
Russell, John Cecil, Major-General	England	18	3,600	3,600
Russell, Miss Laura	Quebec	16	3,200	3,200
Russell, Mrs. Harriet, trustees of	Toronto and Arnprior	50	10,000	10,000
Rutherford, Mrs. Mary M., and Edward C. Rutherford, in trust	Toronto	2	400	400
Rutherford, Miss Amy E.	do	3	600	600
Rutherford, Mrs. Mary M.	do	3	600	600
Rutherford, Miss Fannie	do	2	400	400
Ryan, Mrs. Joanna	Montreal	10	2,000	2,000
Ryan, Mrs. Mary	Magog, Que	51	10,200	10,200
Ryan, Hon. Thos., executors of	Montreal	300	60,000	60,000
Sanders, Ed. H.	Port Hope	23	4,600	4,600
Saunders, Mrs. Rebecca	Montreal	2	400	400
Saville, Mrs. Antoinettte	New York	20	4,000	4,000
Sawtell, Miss Maria	Montreal	11	2,200	2,200
Sawyer, Manfred, J. C.	Halifax, N.S.	49	9,800	9,800
Sayer, Edward	Hudson Bay Co.	10	2,000	2,000
Scherman, Julius	Montreal	5	1,000	1,000
Schmidt, Daigity E.	Berlin	1	200	200
Schmidt, Geo.	Pembroke	5	1,000	1,000
Scholes, Francis	Montreal	40	8,000	8,000
Sclater, Mrs. Ethel	Guelph	1	200	200
Scott, Augustus	England	21	4,200	4,200
Scott, Mrs. Mary	St. Joachim de Chateauguay	7	1,400	1,400
Scott, James Philip, in trust	Montreal	5	1,000	1,000
Scott, John	Ottawa	30	6,000	6,000
	Carried forward	50,091	10,018,200	10,018,200

Bank of Montreal—Banque de Montréal.

Names — Noms.	Residence.	Number of Shares. — Nombre d'Actions.	Amount Paid. — Montant payé.	Amount Subscribed. — Montant souscrit
			$	$
	Brought forward...	50,091	10,018,200	10,018,200
Scott, Miss Frances L.	Brooklyn	2	400	400
Scott, Mrs. Hannah	Quebec	25	5,000	5,000
Scott, Mrs. Harriet B.	Brooklyn	2	400	400
Scott, Miss Jane, and Pembroke S. Stephens, jointly or survivor	London, Eng.	35	7,000	7,000
Scott, Miss Marion G.	Brooklyn.	2	400	400
Scott, Mrs. Eleonore	L'Assomption deBerthier	6	1,200	1,200
Scott, Mrs. Eleonore, tutrix	do	2	400	400
Scott, Erskine G., and Henry C. Scott, in trust	Quebec and Montreal	6	1,200	1,200
Scott, Erskine G., and Henry C. Scott, in trust	do	6	1,200	1,200
Scott, Miss Jean H.	Montreal	8	1,600	1,600
Scott, Miss Katharine G	do	8	1,600	1,600
Scott, Miss Elizabeth	do	8	1,600	1,600
Scott, Mrs. Louisa M	England	57	11,400	11,400
Scott, Wm. D. B	H. B. Co	3	600	600
Scott, Miss Josephine	Quebec	8	1,600	1,600
Scougall, Miss Margaret	do	1	200	200
Scott, H. C	Montreal	14	2,800	2,800
Selby, Miss Louisa E	do	2	400	400
Selby, Wm. C. D.	do	2	400	400
Selby, Miss Maria M. J	do	2	400	400
Selby, Miss Annie J	do	2	400	400
Semple, Mrs. Mary A	Quebec	4	800	800
Senkler, Mrs. Frances J.	Brockville, Ont.	25	5,000	5,000
Senkler, Miss Agnes C	do	39	7,800	7,800
Senkler, Albert E. M.D	do	44	8,800	8,800
Senkler, Edmund J.	St. Catharines, Ont.	50	10,000	10,000
Senkler, Mrs. Honor	Perth, Ont.	4	800	800
Senkler, Wm. S.	do	50	10,000	10,000
Setchell, Samuel	Halifax, N.S.	2	400	400
Setterfield, Mrs. Mary M.	England	3	600	600
Seymour, Mrs. Mary L., executrix of	St Albans	5	1,000	1,000
Shakespear, Mrs. Henrietta L.	England	5	1,000	1,000
Shanks, Miss Sarah H	Montreal	1	200	200
Shanly, Walter, in trust	do	45	9,000	9,000
Sharpe, Mrs. Ann H., administratrix	Prescott	10	2,000	2,000
Sharpe, Miss Caroline	England	2	400	400
Sharpe, Miss Blanche.	Ottawa	3	600	600
Sharpe, Miss Florence	do	3	600	600
Sharples, Chas, executor of	Quebec	25	5,000	5,000
Sharples, Hon. John, tutor	do	17	3,400	3,400
Sharpley, Mrs. Eliza	Montreal	25	5,000	5,000
Shaw, Fred W. L	Toronto.	53	10,600	10,600
Shearer, James	Montreal	35	7,000	7,000
Shearly, Nicholas	do	37	7,400	7,400
Shepherd, Henry Wm	do	164	32,800	32,800
Shepherd, Robert W., executors of	do	190	38,000	38,000
Shepherd, Francis J.	do	5	1,000	1,000
Shepherd, Mrs. Mary C	do	10	2,000	2,000
Shepherd, Mrs. Margaret A.	do	7	1,400	1,400
Shortt, Rev. Wm. K.	Wingham	3	600	600
Shortt, Mrs. Ellen	do	7	1,400	1,400
Sibley, Mrs. Ida Eugenie	Montreal	5	1,000	1,000
Sidey, Miss Margaret	Edinboro', Scotland	15	3,000	3,000
Simms, Robert	Montreal	18	3,600	3,600
Simms, Francis H.	do	20	4,000	4,000
Simms, Frank Howard, in trust	St. Johns, Nfld	15	3,000	3,000
Simms, Henry and others in trust	Montreal	24	4,800	4,800
Simms, Mrs. Emelin E	do	1	200	200
	Carried forward...	51,263	10,252,600	10,252,600

Bank of Montreal—Banque de Montréal.

Names. — Noms.	Residence.	Number of Shares. — Nombre d'Actions.	Amount Paid. — Montant payé.	Amount Subscribed. — Montant souscrit.
			$	$
	Brought forward......	51,263	10,252,600	10,252,600
Simons, Wm., executor	Quebec	5	1,000	1,000
Simons, William	do	10	2,000	2,000
Simpson, Wemyss M., executors of	Sault Ste. Marie	36	7,200	7,200
Simpson, Wemyss McK., executors and trustees of, in trust	do	15	3,000	3,000
Simpson, Geo. W., curator to Roderick McKenzie, jr	Montreal	25	5,000	5,000
Simpson, Mrs. Eliza I	Sault Ste. Marie	10	2,000	2,000
Simpson, Geo. W., and Jas. Bissett, in trust	Montreal	8	1,600	1,600
Simpson, George, trustee	Gore's Landing	1	200	200
Simpson, Mrs. Fanny M	Montreal	2	400	400
Sims, Miss Mary E	do	3	600	600
Sims, Miss Agnes	do	3	600	600
Sims, Miss Margaret	do	3	600	600
Sims, Miss Emma O	do	3	600	600
Sims, Thos. Jas	Winnipeg	2	400	400
Sinclair, Mrs. Caroline, administratix	do	19	3,800	3,800
Sinton, Mrs. Elizabeth	St. Lamberts, Que	5	1,000	1,000
Sirois, Louis P., tutor	Quebec	1	200	200
Sinton, Miss Amelia	Montreal	5	1,000	1,000
Sinton, Miss Anna M	do	5	1,000	1,000
Skelton, John G., M.D., executors of	Newfoundland	3	600	600
Skinner, Thos	London, Eng	100	20,000	20,000
Slater, Mrs. Esther	Ottawa, Ont	5	1,000	1,000
Sloggett, Richard, executors of	England	40	8,000	8,000
Small, Miss Cath. G	Rome, Italy	7	1,400	1,400
Smart, Mrs. Catherine S., executors and trustees of	Port Hope	2	400	400
Smart, Alex. M., executor	Syracuse, N.Y	6	1,200	1,200
Smith, Miss Henrietta M	Ottawa	5	1,000	1,000
Smith, Bennet, executors of	Halifax	30	6,000	6,000
Smith, Mrs. Matilda	Quebec	10	2,000	2,000
Smith, Geo. Ed	Halifax	30	6,000	6,000
Strathcona and Mount Royal, Lord, G.C.M.G	Montreal	1,041	208,200	208,200
Smith, Henry Stanley	Quebec	13	2,600	2,600
Smith, Lyndon	Montreal	2	400	400
Smith, Mrs. Mary A	do	15	3,000	3,000
Smith, Miss Elizabeth N	do	33	6,600	6,600
Smith, Mrs. H. N	Ottawa	11	2,200	2,200
Smith, Mrs. Eleanor, Mrs. M. A. Benson and John Mackintosh, curator	Montreal	16	3,200	3,200
Smith, Miss Emma E. E	Quebec	5	1,000	1,000
Smith, Mrs. Wilhelmina	St. John, N.B	8	1,600	1,600
Smith, Mrs. Elizabeth A. C	Petitcodiac, N.B	8	1,600	1,600
Smith, Miss Hannah S	Montreal	4	800	800
Smith, Goldwin	Toronto	15	3,000	3,000
Smith, Mrs. Mary L	Montreal	10	2,000	2,000
Smith, Miss Gertrude M. Bell	Toronto	8	1,600	1,600
Smith, Mrs. Maria L	Montreal	3	600	600
Smith, Miss Mary G. A. Bell	Toronto	15	3,000	3,000
Smith, Mrs. Mary L., in trust	Montreal	12	2,400	2,400
Smith, Herbert D., executor	do	28	5,600	5,600
Smith, Robert A	do	60	12,000	12,000
Smith, Sarah M., widow of Sir Albert	Dorchester	33	6,600	6,600
Smith, Joseph James	Dorval	1	200	200
Smith, George F. C	Montreal	6	1,200	1,200
Smyth, Ross V. B	England	10	2,000	2,000
Snodgrass, Wm. G	Scotland	12	2,400	2,400
Smythe, Mrs. Mary	Montreal	10	2,000	2,000
	Carried forward ...	53,041	10,608,200	10,608,200

Bank of Montreal—Banque de Montréal.

Names. — Noms.	Residence.	Number of Shares. — Nombre d'Actions.	Amount Paid. — Montant payé.	Amount Subscribed. — Montant souscrit.
			$	$
	Brought forward...	53,041	10,608,200	10,608,200
Snodgrass, Miss Elizabeth A	Scotland	12	2,400	2,400
Sœurs de la Charité de l'Hôpital Général de St. Boniface	St. Boniface	8	1,600	1,600
Somerville, Miss Margaret, Miss Isabella and Miss Catherine	Scotland	36	7,200	7,200
Somerville, Misses Maria and Margaret Ann	Montreal	9	1,800	1,800
Somerville, Miss Maria	do	9	1,800	1,800
Somerville, Miss Margaret A	do	9	1,800	1,800
Somerville, George	Toronto	10	2,000	2,000
Spackman, Lovell McI	Montreal	7	1,400	1,400
Spence, William	H. B. Co	5	1,000	1,000
Spence, Gilbert	do	3	600	600
Spence, Henry J., in trust	Tobermory, Ont	5	1,000	1,000
Spencer, James F	H. B. Co	1	200	200
Spencer, Henry T	Montreal	95	19,000	19,000
Spencer, John R., executors of	H. B. Co	6	1,200	1,200
Spencer, Miles	do	2	400	400
Spencer, Miss Margaret A	England	19	3,800	3,800
Spier, Mrs. Annie J	Montreal	11	2,200	2,200
Spragge, Mrs. Elizabeth S., executors of	do	14	2,800	2,800
Spragge, Mrs. Martha A	do	10	2,000	2,000
Spragge, Henry	do	36	7,200	7,200
Spry, William	Toronto	5	1,000	1,000
St. Andrews Society	Montreal	32	6,400	6,400
St. Denis, Miss Alberta A. M., in trust	do	3	600	600
St. Denis, Miss Alberta A. M	do	2	400	400
St. Pierre de la Malbaie No. 2 corporation of	St. Pierre de la Malbaie	3	600	600
Stack, Rev. Thos. L., D.D., executor and trustee of	Ireland	48	9,600	9,600
Stairs, Mrs. Isabella H	Halifax	5	1,000	1,000
Stark, Miss Gertrude F	Ticonderoga	3	600	600
Stanway, William	Montreal	7	1,400	1,400
Starke, executors of, Mrs. Maria, in trust	do	13	2,600	2,600
Starke, executors of, Mrs. Maria, in trust	do	13	2,600	2,600
Starke, executors of, Mrs. Maria, in trust	do	13	2,600	2,600
Starke, George K., executors and trustees of	do	8	1,600	1,600
Statham, William	England	13	2,600	2,600
Starnes, Mrs. Elizabeth S	Montreal	29	5,800	5,800
Stayner, Rev. Thomas L	do	13	2,600	2,600
Steele, Mrs. Zelie S., usufructuary	do	7	1,400	1,400
Steers, Miss Alice J	Midland, Ont	3	600	600
Steeves, Mrs. Mary, George W. Steeves, executor of	England	13	2,600	2,600
Steeves, Miss Carrie	do	10	2,000	2,000
Steeves, George W., in trust	do	15	3,000	3,000
Stephen, John G., trustees of	do	10	2,000	2,000
Stephens, Pembroke S., and Miss Jane Scott	do	68	13,600	13,600
Stephenson, Mrs. Agnes F	Montreal	8	1,600	1,600
Stewart, Mrs. Florence S	Tipperary, Ireland	25	5,000	5,000
Stewart, Rev. Alex	Scotland	59	11,800	11,800
Stewart, Alex., trustee	England	136	27,200	27,200
Stewart, Chas. J	Amherst, N.S	3	600	600
Stewart, Miss Isabella, executors of	Ottawa	1	200	200
Stewart, William	Port Hope	9	1,800	1,800
Stewart, Lewes G	England	34	6,800	6,800
Stewart, Mrs. Catherine	Ottawa	1	200	200
Stewart, Mrs. Isabella H	Montreal	11	2,200	2,200
	Carried forward	53,971	10,794,200	10,794,200

Bank of Montreal—Banque de Montréal.

Names. — Noms.	Residence.	Number of Shares. — Nombre d'Actions.	Amount Paid. — Montant payé.	Amount Subscribed. — Montant souscrit.
			$	$
	Brought forward......	53,971	10,794,200	10,794,200
Stewart, Miss Elizabeth	Montreal	2	400	400
Stewart, Thomas Howard	do	2	400	400
Stewart, Mrs. A. J	do	8	1,600	1,600
Stewart, Mrs. E. J. P	do	2	400	400
Stikeman, Mrs. A. C. C	Halifax	35	7,000	7,000
Stikeman, Alfred Thomas	Montreal	1	200	200
Stirling, James, executors & trustees of	do	14	2,800	2,800
Stirling, Miss Jessie	Scotland	26	5,200	5,200
Stirling, Miss Margaret	do	52	10,400	10,400
Stirling, John	Montreal	120	24,000	24,000
Stodart, Miss H. M	Scotland	5	1,000	1,000
Stodart, Mrs. L. F. W	New York	3	600	600
Stokes, John M	England	1	200	200
Stout, Lewes A	New York	1	200	200
Stout, James H	do	2	400	400
Strange, O. S., M D	Kingston	2	400	400
Strickland, Mrs. C. C	Lakefield, Ont	6	1,200	1,200
Stuart, Rev. James	England	4	800	800
Stuart, Charles	Port Hope, Ont	10	2,000	2,000
Stuart, Sir Charles J., Bart	England	105	21,000	21,000
Stuart, Mrs. Letitia M	Montreal	1	200	200
Sutherland, Honourable John	Manitoba	3	600	600
Sutherland, Louis	Montreal	8	1,600	1,600
Sutton, Miss Emily	Sherbrooke	3	600	600
Suzor, Mrs. Sophia, and A. B. Sirlois, tutor	Quebec	10	2,000	2,000
Swanborough, Abel	Richmond, Que	3	600	600
Swanston, Thomas, executors of	H. B. Co.	22	4,400	4,400
Sweny, Mrs. Alice R	Toronto	10	2,000	2,000
Sykes, Lieut.-Col. Walter H., R.E.	England	15	3,000	3,000
Symmes, Mrs. Abigail	Drummondville, O	15	3,000	3,000
Symmes, Mrs. Abigail, executrix	do	2	400	400
Tait, Rev. Jas., executor in trust	Montreal	65	13,000	13,000
Tait, Mrs E. B	Mille Roches, Ont	3	600	600
Tait, Robert	Manitoba	25	5,000	5,000
Tait, Mrs. Helen	Montreal	1	200	200
Tannahill, Mrs. M. K	Belleville	33	6,600	6,600
Tasker, James	Montreal	5	1,000	1,000
Tate, Mrs. Maria A.	Lakefield	23	4,600	4,600
Taunton, Miss Sarah B	England	12	2,400	2,400
Taylor, Mrs. Elizabeth	Gananoque	3	600	600
Taylor, John, administrator	Manitoba	8	1,600	1,600
Taylor, Andrew T	Montreal	57	11,400	11,400
Taylor, Miss Mary O., in trust	do	24	4,800	4,800
Taylor, Mrs. Catherine, trustee and executrix	Ireland	14	2,800	2,800
Taylor, Miss Alice L	Montreal	6	1,200	1,200
Taylor, William H., executor of	Australia	16	3,200	3,200
Taylor, Miss Anna M	Montreal	3	600	600
Taylor, James W., executors of	do	12	2,400	2,400
Taylor, William, trustees of	Winnipeg	6	1,200	1,200
Taylor, Mrs. Mary S	Montreal	5	1,000	1,000
Taylor, John	do	153	30,600	30,600
Templeton, Mrs. Mary O	Belleville	10	2,000	2,000
Tennant, John and wife, trustees marriage contract of	Scotland	61	12,200	12,200
Tennent, Mrs. Mary C. P	England	15	3,000	3,000
Tett, Benjamin	Newboro', Ont	1	200	200
Theobold, Mrs. Ann I. M	England	13	2,600	2,600
Thistle, William R	Ottawa	3	600	600
Thom, Mrs. Emma	Montreal	8	1,600	1,600
	Carried forward......	55,049	11,009,800	11,009,800

Bank of Montreal—Banque de Montréal.

Names. — Noms.	Residence.	Number of Shares. — Nombre d'Actions.	Amount Paid. — Montant payé.	Amount Subscribed. — Montant souscrit.
			$	$
	Brought forward...	55,049	11,009,800	11,009,800
Thomas, Mrs. Mary M	Quebec	35	7,000	7,000
Thomas, Henry W. and A. C. Thomas, in trust	Montreal	22	4,400	4,400
Thompson, Miss Clara P	Toronto	5	1,000	1,000
Thompson, James	Perth, Ont	6	1,200	1,200
Thompson, Mrs. Catherine	do	1	200	200
Thompson, Mrs. Elizabeth	Indiana, O	7	1,400	1,400
Thompson, Mrs. Elizabeth	Deans, O	4	800	800
Thompson, William	Kinnear's Mills	1	200	200
Thompson, Miss Elizabeth C	Toronto	10	2,000	2,000
Thompson, C. M	New York	4	800	800
Thomson, Malcolm	Montreal	10	2,000	2,000
Thomson, Miss Mary	Quebec	21	4,200	4,200
Thomson, Mrs. Margaret G	do	2	400	400
Thomson, Samuel R., executor and executrix of	St. John, N. B	20	4,000	4,000
Thomson, George H., in trust	Quebec	4	800	800
Thomson, Donald C	do	10	2,000	2,000
Thomson, Mrs. Jane	Côte des Neiges	3	600	600
Thomson, Mrs. Maria E	Quebec	2	400	400
Thomson, Mrs. Mary Ann	Montreal	5	1,000	1,000
Thomson, John Cook, President of the J. Hale Hospital	Quebec	2	400	400
Thorneloe, Rev. George	Sherbrooke	7	1,400	1,400
Thurgar, John V., jr., executors and trustees of	St. John, N.B	18	3,600	3,600
Thorburn, Lady	St. Johns, N.F	1	200	200
Tiffin, Joseph, executors of	Montreal	25	5,000	5,000
Tinkham, Miss Martha F	Portland, Maine, U.S.A	25	5,000	5,000
Tobin, Mrs. Frances	Fergus	8	1,600	1,600
Todd, Richard Cooper, executrix of	Surgeon 60th Rifles	4	800	800
The Toronto General Trusts Co., in trust	Toronto	176	35,200	35,200
Torrance, Rev. Edward F	Peterborough	10	2,000	2,000
Torrance, Mrs. Alice M	Montreal	1	200	200
Tottenham, Mrs. S. A. L., executor of	England	12	2,400	2,400
Tourangeau, Mrs. Victoria A	Quebec	3	600	600
Tovey, Mrs. Maria E	England	14	2,800	2,800
Townsend, Mrs. Jane A. F	Wimbledon, Eng	10	2,000	2,000
Travers, J. N., executors of late	Brockville and Toronto	88	17,600	17,600
Travers, Mrs. Mary I	England	40	8,000	8,000
Trew, Miss Mary	Toronto	4	800	800
Trigge, Miss Kathleen	Hamilton	1	200	200
Trigge, Miss Theodora	do	1	200	200
Trigge, Miss Mary	do	1	200	200
Trigge, Arthur St. Lawrence	Park Hill	1	200	200
Trigge, Arthur St. Lawrence, guardian	do	1	200	200
Trigge, Henry Harcourt	Hamilton	1	200	200
Trotter, Miss Ada M	Montreal	5	1,000	1,000
Tucker, John, executors of the late	St. John, N. B	48	9,600	9,600
Tunstall, Charles Augustus	Barkerville, B.C	5	1,000	1,000
Turcotte, Mrs. Marie E. I., and Alex. Macdonald, curator	Three Rivers, Que	3	600	600
Turnbull, Mrs. Elizabeth	Quebec	114	22,800	22,800
Turnbull, James	Hamilton	8	1,600	1,600
Twining, Mrs. Ada L	Fredericton	12	2,400	2,400
Turner, Mrs. Helen	Dover, Eng	50	10,000	10,000
Tydd, Mrs. Mary E	India	40	8,000	8,000
Urquhart, Hugh, executors of	Cornwall	2	400	400
Usborne, Mrs. Jesse, trustees of	Toronto	23	4,600	4,600
Utting, Mrs. Hannah	Montreal	10	2,000	2,000
Vail, Hon. William B	Halifax	15	3,000	3,000
	Carried forward ...	56,010	11,202,000	11,202,000

Bank of Montreal—Banque de Montréal.

Names. — Noms.	Residence.	Number of Shares. — Nombre d'Actions.	Amount Paid. — Montant payé.	Amount Subscribed. — Montant souscrit.
			$	$
	Brought forward...	56,010	11,202,000	11,202,000
Vallée, Mrs. Honorine C	Quebec	1	200	200
Valpy, Mrs. Drucilla D	Percé, Que	16	3,200	3,200
Van Straubenzie, Lt. Col. Bowen J., in trust	Kingston	6	1,200	1,200
Van Straubenzie, Miss Madeline C. L	do	1	200	200
Van Straubenzie, Miss Edith A	do	1	200	200
Vaughan, Timothy	River St. Pierre	3	600	600
Veasey, George, executor	Quebec	8	1,600	1,600
Veith, John G., tutor	Montreal	1	200	200
Vibert, Philip	Gaspé, Que	1	200	200
Vibert, Peter D	do	1	200	200
Vibert, James	do	12	2,400	2,400
Vincent, James, administrator	Rupert's Land	4	800	800
Vincent, Mrs. Eliza A., executor of	Moose Factory	4	800	800
Vincent, Rev. Thomas	do	22	4,400	4,400
Von Friesen, Baroness, executors of	Montreal	175	35,000	35,000
Von Iffland, Mrs. Harriet S	St. Colomb de Sillery	3	600	600
Waddell, Mrs. Maria C	Montreal	50	10,000	10,000
Waddell, Mrs. Elizabeth	Buckingham	4	800	800
Waddell, Robert	Kingston, Ont	24	4,800	4,800
Wadleigh, Mrs. Sarah A., executors of	Ulverton, Que	9	1,800	1,800
Wainman, Mrs. Evelyn C	England	15	3,000	3,000
Wainwright, Mrs. Harriet I	Ottawa	3	600	600
Waite, Mrs. Emma	Montreal	6	1,200	1,200
Walcott, Sir Stephen, executor of	England	96	19,200	19,200
Walcot, Mrs. Florence M	Quebec	35	7,000	7,000
Waldron, Richard	Kingston, Ont	5	1,000	1,000
Walker, Miss Helen F	Quebec	78	15,600	15,600
Walker, Arthur	England	6	1,200	1,200
Walker, Henry S	Toronto	25	5,000	5,000
Walker, Alfred P	Peterboro'	1	200	200
Wallace, Rev. Robert	Belleville	6	1,200	1,200
Wallace, Mrs. Ellen A. B	do	13	2,600	2,600
Wallis, Miss Katherine E	Peterboro'	5	1,000	1,000
Wallis, Miss Adah	do	5	1,000	1,000
Walmsley, Alexander	St. John's, Que	14	2,800	2,800
Walmsley, Mrs. Sarah M. H	do	10	2,000	2,000
Walsh, John, executor	Ottawa	33	6,600	6,600
Wanklyn, Mrs. Edith M	Montreal	50	10,000	10,000
Wanless Mrs. Harriet	St. Catharines	20	4,000	4,000
Warden, Rev. Robert H., treasurer	Montreal	2	400	400
Wark, Miss Annie S. H	Fredericton, N.B	2	400	400
Wark, Hon. David	do	30	6,000	6,000
Warner, Mrs. Mary L	Montreal	12	2,400	2,400
Warner, Wm. George, in trust	Toronto	4	800	800
Warren, Mrs. Margaret S	Chicago	10	2,000	2,000
Warner, Mrs. Louisa C. and John G. McCarthy, curator	Toronto	50	10,000	10,000
Warren, Mrs. Henrietta	Montreal	1	200	200
Warner, Mrs. Louisa C., institute	Toronto	50	10,000	10,000
Warren, Henry H., executors of	England	6	1,200	1,200
Warrington, Mrs. Marie E. E	Belleville	3	600	600
Washer, Rev. Chas. B	Dixville, Que	1	200	200
Watson, John F	Dunham, Que	2	400	400
Watson, Mrs. Harriet, executors of	Montreal	44	8,800	8,800
Watson, Rev. Thos. H. G	Dunham, Que	25	5,000	5,000
Watson, Alex. W	do	2	400	400
Watson, Edmund L	do	39	7,800	7,800
Watson, Harrison	Montreal	85	17,000	17,000
Watson, James	Brockville	82	16,400	16,400
	Carried forward...	57,232	11,446,400	11,446,400

Bank of Montreal—Banque de Montréal.

Names. — Noms.	Residence.	Number of Shares. — Nombre d'Actions.	Amount Paid. — Montant payé.	Amount Subscribed. — Montant souscrit.
			$	$
	Brought forward...	57,232	11,446,400	11,446,400
Watson, Mrs. Mabel S	South Africa	79	15,800	15,800
Watson, Harrison, in trust	Montreal	13	2,600	2,600
Watson, Edmund L	Lundyville, Man	7	1,400	1,400
Watt, Alex	Montreal	23	4,600	4,600
Watt, James S., exe'tors and trustees of	do	4	800	800
Watt, William H	Hudson Bay Co	43	8,600	8,600
Watt, James M. M	Fergus, Ont	28	5,600	5,600
Way, Charles J	Lausanne, Switzerland	5	1,000	1,000
Weaver, Mrs. Mary Ann, usufructuary	Montreal	12	2,400	2,400
Weir, Thomas C., trustees of	England	3	600	600
Wells, Mrs. Mary M	Hillsborough, N.S	20	4,000	4,000
Welsh, James, H. M., executors of	Montreal	2	400	400
Weir, William, William H. and Godfrey, in trust	Montreal	16	3,200	3,200
West, William P., James Thomson and Augustus W. West	Halifax	25	5,000	5,000
Wheeler, Miss Isabella	Montreal	8	1,600	1,600
Wheeler, Miss Annie P	do	8	1,600	1,600
White, Hon. William	Sherbrooke	20	4,000	4,000
White, Mrs. Catherine	Newport, R.I	19	3,800	3,800
White, Mrs Mary	Montreal	2	400	400
White, George R	Quebec	62	12,400	12,400
Whiteford, Mrs. Margaret C., trustee marriage settlement of	Brockville	19	3,800	3,800
Whitehead, Thos. Henry and Edward R.	Brantford	3	600	600
Whitehead, Mrs. Catherine	Montreal	2	400	400
Whiteway, Sir William V	St. Johns, Nfld	15	3,000	3,000
Whyte, Mrs. Grace A	Kamsack, N.W.T	9	1,800	1,800
Wicksteed, Gustavus W	Ottawa	132	26,400	26,400
Wicksteed, Gustavus W., and Chas. B. Budd, trustees	do	41	8,200	8,200
Wigmore, Mrs. Amy G	Montreal	5	1,000	1,000
Wilgress, George, executors of	Cobourg	12	2,400	2,400
Wilgress, Miss Julia C	Lachine	13	2,600	2,600
Wilgress, Miss Julia C., usufructuary	do	8	1,600	1,600
Wilkie, Daniel Robert, executor of Mrs. A. Wilkie	Toronto	5	1,000	1,000
Willard, Mrs. Agnes F	Boston	7	1,400	1,400
Williames, John Carey	Ireland	13	2,600	2,600
Williams, Miles, executors of	Montreal	25	5,000	5,000
Willson, Mrs. Mary A	Brighton, Eng	7	1,400	1,400
Wilson, Hon. Charles, executors and trustees of	Montreal	38	7,600	7,600
Wilson, Mrs. Caroline S	Buckingham, Que	106	21,200	21,200
Wilson, William, executors of	Cumberland	68	13,600	13,600
Wilson, Andrew, executors of	Montreal	15	3,000	3,000
Wilson, Wm., in trust, executors of	Cumberland	5	1,000	1,000
Wilson, Frederic J	Buckingham, Que	12	2,400	2,400
Wilson, Miss Frances E. M	Belleville	2	400	400
Wilson, Mrs. Clementina L. J	Grenville	8	1,600	1,600
Wilson, Thomas	Philadelphia	3	600	600
Wilson, John T	Grenville, Que	26	5,200	5,200
Wilson, Mrs. Esther	Montreal	100	20,000	20,000
Wilson, Thomas, in trust	do	30	6,000	6,000
Wilson, Thomas, in trust	do	7	1,400	1,400
Wilson, John	Duluth	2	400	400
Wilson, Sir Adam, executors and trustees of	Toronto	3	600	600
Wilson, James, in trust	Montreal	5	1,000	1,000
Wilson, James, in trust	do	5	1,000	1,000
Wilson, James, in trust	do	5	1,000	1,000
	Carried forward...	58,387	11,677,400	11,677,400

Bank of Montreal—Banque de Montréal.

Names. — Noms.	Residence.	Number of Shares. — Nombre d'Actions.	Amount Paid. — Montant payé.	Amount Subscribed. — Montant souscrit.
			$	$
	Brought forward......	58,387	11,677,400	11,677,400
Wilson, John	Carden, Ont.	4	800	800
Wilson, Fred. James, in trust	Buckingham	6	1,200	1,200
Wingate, Mrs. Georgina E.	Florida	4	800	800
Winn, Mrs. Anna M	Montreal	5	1,000	1,000
Wood, James J	Col. 45th Regt.	8	1,600	1,600
Wood, Miss Grace B.	England	31	6,200	6,200
Wood, William Frost	do	80	16,000	16,000
Wood, William Key, usufructuary	Montreal	14	2,800	2,800
Wood, Thomas R	Toronto	51	10,200	10,200
Wood, Mrs. Sarah C	Ottawa	2	400	400
Wood, Miss Mary J., and Miss Marion G. B. Wood, jointly or survivor	St. Catharines	3	600	600
Woodrow, Hugh B	Longueuil	90	18,000	18,000
Woods, Miss Mary M.	Halifax, N.S.	1	200	200
Woodward, Mrs. Catherine E.	Montreal	20	4,000	4,000
Workman, Thomas, in trust	Ottawa	2	400	400
Workman, Thomas, in trust	do	3	600	600
Workman, Thomas, estate of	Montreal	32	6,400	6,400
Worsley, Mrs. Mary L	Brockville	10	2,000	2,000
Worthington, John	Brooklyn, N.Y.	39	7,800	7,800
Wotherspoon, Miss Helena C	Quebec	20	4,000	4,000
Wright, Mrs. Margaret M.	Montreal	33	6,600	6,600
Wright, Mrs. Mary	Hull, Que	5	1,000	1,000
Wurtele, Mrs. Augusta M.	Fergus Falls	1	200	200
Wurtele, Miss M. Gertrude L	Quebec	10	2,000	2,000
Wurtele, Mrs. Marian, in trust	do	3	600	600
Wurtele, Miss Catherine	Montreal	67	13,400	13,400
Wurtele, Miss Mary Ann	do	76	15,200	15,200
Wylde, Mrs. Kate N	do	11	2,200	2,200
Wylie, William	Hudson Bay Co	1	200	200
Wyse, Lucien N. B.	Paris	300	60,000	60,000
Yates, Miss Emily, trustees of	Brantford	30	6,000	6,000
Yeats, Miss Helen M	Parish of Lancaster	5	1,000	1,000
Yeats, Miss Isabella	do	5	1,000	1,000
Yates, Herbert R., trustees of	Brantford	33	6,600	6,600
Yates, Burton Wynn	Detroit	32	6,400	6,400
Young, Mrs. Charlotte L., executor of	Coteau du Lac	10	2,000	2,000
Yates, Henry Brydges	Montreal	32	6,400	6,400
Young, John R., executors of	Ottawa	15	3,000	3,000
Young, Mrs. Kate	do	17	3,400	3,400
Yule, William, administrator of	Chambly	193	38,600	38,600
Zuhlcke, George W. G. R	Montreal	30	6,000	6,000
Zwickl, Francis	Sherbrooke, N.S	10	2,000	2,000
	Total, Montreal Register	59,731	11,946,200	11,946,200
London, England, Register.				
Brown, Ormiston	Paris	36	7,200	7,200
Carter, John Thorold, and Mrs. Amelia Carter	London	120	24,000	24,000
Hamilton, Henry C.	do	2	400	400
Hurst, Major William B., R.E.	do	5	1,000	1,000
Levetus, Sarah I., executrix	Birmingham	2	400	400
Moir, John	Manchester	5	1,000	1,000
Rankin, Miss Isabella E.	Edinburgh	20	4,000	4,000
Rutherford, Mrs. Mary	Vienna	9	1,800	1,800
Simpson, Thomas, administrator	Swindon	10	2,000	2,000
Travers, Mrs. Rosamond St. Leger S. H.	London	18	3,600	3,600
Van der Meerschen, Edmond	Brussels	2	400	400
Woodgate, Arthur	Brighton	40	8,000	8,000
	Total, London Register	269	53,800	53,800

Banques incorporées.

Bank of Montreal—Bauque de Montréal.

Names. — Noms.	Residence.	Number of Shares. — Nombre d'Actions.	Amount Paid. — Montant payé.	Amount Subscribed. — Montant souscrit.
			$	$
Montreal Register............................	....	59,731	11,946,200	11,946,200
London, Eng., Register	....	269	53,800	53,800
	Grand Total..........	60,000	12,000,000	12,000,000

I hereby certify that the foregoing is a correct list of the shareholders of the Bank of Montreal as on the 31st December, 1897.

E. S. CLOUSTON,
General Manager.

MONTREAL, 31st December, 1897.

3—16

LA BANQUE DU PEUPLE.

THE PEOPLE'S BANK.

Valeur de chaque action, $50. Value of share, $50.

Names. — Noms.	Residence.	Number of Shares. — Nombre d'Actions.	Amount Paid. — Montant payé.	Amount Subscribed. — Montant souscrit.
			$	$
Austin, Mrs. M. H	Inverness	12	600	600
Armand, E., Dame Simard	Rivière des Prairies	30	1,500	1,500
Armand, H., Dame Bellerose (heirs)	St-Vincent de Paul	30	1,500	1,500
Anderson, Miss S. H	Montréal	12	600	600
Archambault, F. A	New York	12	600	600
Adams, Francis	Montréal	19	950	950
Allard, L. A. D	Chambly	6	300	300
Armstrong, Louis	Montréal	63	3,150	3,150
Archambault, L., Dame Boulet	Joliette, Qué	51	2,550	2,550
Archambault, P., Dame Faribault	L'Assomption	15	750	750
Archambault, D. D	St-Lin	60	3,000	3,000
Archévêché de Québec	Québec	3	150	150
Atkinson, Miss Jessie	do	7	350	350
Adams, W., estate	Montréal	95	4,750	4,750
Amy, Alfred	Percé, Gaspé	17	850	850
Adams, H. F., executor	Montréal	16	800	800
Adams, H. F., tutor	do	2	100	100
Angers, Dame A. R	Québec	8	400	400
Archambault, E., Dame Rainville	Montréal	3	150	150
Archambault, N. B	L'Assomption	1	50	50
Archambault, W	Montréal	3	150	150
Archbald, H., executor	do	51	2,550	2,550
Archambault, Delle H	do	4	200	200
Archambault, Auguste	do	4	200	200
Archambault, Gaspard	do	4	200	200
Antliffe, J. C	do	30	1,500	1,500
Allard, Chas. A	Chambly	9	450	450
Armand, Hon. Joseph F	Rivière des Prairies	30	1,500	1,500
Bender, Miss Eva	Québec	5	250	250
Bender, Prosper, esqual. pour Ludwig.	do	1	50	50
Bender, Prosper, do do	do	4	200	200
Bousquet, Wilfrid	St-Denis	15	750	750
Bilodeau, Louis	Québec	18	900	900
Baylis, Mrs. H. E	Montréal	30	1,500	1,500
Burland, G. B	do	75	3,750	3,750
Brush, G. S	do	60	3,000	3,000
Brush, G. S., in trust	do	7	350	350
Boulanget, Jos., succ	St-Hyacinthe	54	2,700	2,700
Benoit, François, succ	Montréal	1	50	50
Brousseau, J. B., Dame veuve J. B	Belœil	18	900	900
Beaudry, E. A	Varennes	39	1,950	1,950
Bureau, J. N	Trois-Rivières	124	6,200	6,200
Bond, George W	St. Andrews	20	1,000	1,000
Brown, W. H	Québec	15	750	750
Biron, Samuel, succ	Montréal	1	50	50
Bond, C. H., estate	Vankleek Hill	17	850	850
Bender, A., usufruit	Montmagny, Que	4	200	200
Buell, Mrs. M. S	Brockville	15	750	750
Brown, William, estate	Montréal	9	450	450
Benoit, Alfred	do	82	4,100	4,100
Brown, Mrs. E. W. S	do	13	650	650
Bourassa, J. P	do	15	750	750
	Carried forward	1,239	61,950	61,950

La Banque du Peuple—The People's Bank.

Names. — Noms.	Residence.	Number of Shares. — Nombre d'Actions.	Amount Paid. — Montant payé.	Amount Subscribed. — Montant souscrit.
			$	$
	Brought forward......	1,239	61,950	61,950
Breen, Thos. E	Montreal	12	600	600
Brown, W. M	Caledonia, Ont	180	9,000	9,000
Bender, Albert	Montmagny, Que	4	200	200
Bisaillon, François Joseph	Montréal	10	500	500
Beaudry, J. L., succ	do	45	2,250	2,250
Barsolou, Joseph, in trust	do	13	650	650
Burn, William	do	75	3,750	3,750
Boyer, L. A	do	6	300	300
Boyer, M. E. C., Dame Baby	do	7	350	350
Boyer, M. L. A., Dame Amos	do	6	300	300
Boyer, Hon. J. A. T	do	7	350	350
Boyer, J. C. A., succ	do	7	350	350
Barbeau, H	do	20	1,000	1,000
Blair, D	St-Octave de Métis	3	150	150
Blair, Mrs. J	Three Rivers	3	150	150
Blair, Mrs. F. M. D	do	3	150	150
Boswell, Mrs. H. C	Québec	9	450	450
Baby, H., in trust	Montréal	18	900	900
Boyer, Dame A	do	3	150	150
Bradshaw, R. C	Thornhill, Man	7	350	350
Bradshaw, S. (Mrs. Kaulback)	Truro, N. S	7	350	350
Bulger, E. P., in trust	Montréal	6	300	300
Brien, *dit* Desrochers, M., Dame Dostaler	Berthier, Que	15	750	750
Baylis, James, in trust	Montréal	54	2,700	2,700
Brossard, Dame M	do	21	1,050	1,050
Bonin, Rev. L	Rivière des Prairies	11	550	550
Botterell, Mrs. S	Québec	116	5,800	5,800
Bond, Robert	St. Johns, Nfld	100	5,000	5,000
Beique, Dame C. D	Montréal	18	900	900
Bellefeuille de, C., Dame Panet	Ottawa	6	300	300
Bussell, T. W	Montréal	100	5,000	5,000
Blackburn, Miss M. N	do	17	850	850
Bellefeuille de, C. L	St-Eustache	5	250	250
Burke, Miss E. A	Montréal	30	1,500	1,500
Burke, M	do	23	1,150	1,150
Brosseau, J. B	Sorel	40	2,000	2,000
Black, Mrs. E. B	Montréal	6	300	300
Black, J. F. D., in trust, estate	do	25	1,250	1,250
Bitner, Miss E	St. Johns, Nfld	9	450	450
Baptist, Miss M. B	Three Rivers	2	100	100
Baptist, Miss J. C	do	1	50	50
Beaudry, Mme M. A. S	Montréal	50	2,500	2,500
Bell, Samuel	do	391	19,550	19,550
Bond, W. P. J	do	2	100	100
Benfield, Miss Amelia, in trust	do	5	250	250
Benfield, Miss Amelia	do	2	100	100
Baylis, James	do	155	7,750	7,750
Brodie, Rev. Neil	do	326	16,300	16,300
Binmore, Thomas	do	10	500	500
Borden, T. W	do	6	300	300
Beaupré, Mde M	do	8	400	400
Bruneau, Arthur	do	35	1,750	1,750
Chapleau, Jos	St-Paschal	100	5,000	5,000
Coutu, Marie	Berthier	9	450	450
Cameron, Ann, estate	Montréal	19	950	950
Comte, Jos	do	57	2,850	2,850
Chaffers, H., Dame Levy	do	7	350	350
Collège de St. Hyacinthe	do	79	3,950	3,950
Cameron, J. W	Stonefield	56	2,800	2,800
Carson, John	Montréal	25	1,250	1,250
Carbonneau, C. E	do	1	50	50
	Carried forward......	3,632	181,600	181,600

La Banque du Peuple—The People's Bank.

Names. — Noms.	Residence.	Number of Shares. — Nombre d'Actions.	Amount Paid. — Montant payé.	Amount Subscribed. — Montant souscrit.
			$	$
	Brought forward...	3,632	181,600	181,600
Claxton, Lawrence G.	Montréal.	50	2,500	2,500
Crawford, Alexander, estate.	do	2	100	100
Clément, Dame M. Z. V.	do	105	5,250	5,250
Campbell, Mrs M. P.	L'Avenir.	11	550	550
Campbell, Miss Ruth	Ottawa	12	600	600
Caisse, d'Economie N. D. de Q.	Québec	456	22,800	22,800
Craig, Robert	Cornwall	15	750	750
Clément, Marie, Emilie and Benjamin..	Montréal	15	750	750
Coupal, M., Dame Bousquet	St-Jacques le Mineur	15	750	750
Charlton. C. P.	St-Alexis, Grande-Baie...	4	200	200
Carter, Mrs. L. E. L.	Québec	8	400	400
Cazeau, Delle Antoniette	do	3	150	150
Cheraer, Dames P., and M. J. L.	Montréal	330	16,500	16,500
Courrol, C. J. Q., and R. Kane, in trust	do	9	450	450
Coursol, C. J. Q., and Henriette...	do	7	350	350
Couture, Dame M. P., in trust	do	3	150	150
Chauveau, Hon. Alex	Québec	50	2,500	2,500
Chauveau, Dame A. T.	do	15	750	750
Camern, Alexander	Scotland	16	800	800
Cameron, Marguerite	do	10	500	500
Cameron, Miss Mary	do	26	1,300	1,300
Cameron, Miss Grace	do	26	1,300	1,300
Campbell, Robert, estate	Montréal	25	1,250	1,250
Connolly, Miss M. S.	Québec.	24	1,200	1,200
Clarkson, E. B.	Montréal	28	1,400	1,400
Campbell, Colin, in trust	do	10	500	500
Crawford, John	Verdun	150	7,500	7,500
Curé de Quebec	Québec	6	300	300
Crispo, Francois	Montréal	7	350	350
Cowie, Cathérine, estate.	do	14	700	700
Cherrier, A. A.	do	10	500	500
Clark, A. C.	do	50	2,500	2,500
Chapdelaine, Frs., succ.	Sorel	37	1,850	1,850
Chapleau, Ed.	St-Paschal	95	4,750	4,750
Coutlée, J. L.	Montréal	100	5,000	5,000
Campbell, J. H. M.	Toronto	100	5,000	5,000
Choquette, Dame P. Auguste	Montmagny.	16	800	800
Duncan, Miss D. Grace	Duncan Station	3	150	150
Defoy, Dame Frs.	Québec	7	350	350
Delisle, A. M., succ	Montréal	60	3,000	3,000
Delisle, Dame A. M., succ	do	21	1,050	1,050
Duncan, Francis	Grantham	6	300	300
Desautels, Jacques, succ	Montréal	19	950	950
Département de l'Education	Québec	18	900	900
Deschambault, Geo., succ	do	47	2,350	2,350
Dessaulles, G. C.	St-Hyacinthe	13	650	650
Dessaulles, Dame F. L.	do	7	350	350
Duncan, Mrs. Annie	Drummondville	5	250	250
Darey, P. J.	Montréal	20	1,000	1,000
Daigle, Joseph	do	1	50	50
Delisle, Delle Marie	do	6	300	300
Doran, James, estate	do	30	1,500	1,500
Decelles, Dame M. E.	Ottawa	2	100	100
Delorimier, Delles Zoé and Sophie	L'Assomption	21	1,050	1,050
Demers, G. P., Dame Franchère	Chambly	15	750	750
Delisle, Dame M. E.	Montréal	12	600	600
Duggan, W. E.	Québec	71	3,550	3,550
Davidson, Rev. J. B., in trust	Frelighsburg	15	750	750
Dumont, J. I.	Montreal	60	3,000	3,000
Deschamps, Dame M. L.	do	80	4,000	4,000
Deschamps, A., succ	do	120	6,000	6,000
	Carried forward....	6,151	307,550	307,550

Banques incorporées.

La Banque du Peuple—The People's Bank.

Names — Noms.	Residence.	Number of Shares. — Nombre d'Actions.	Amount Paid — Montant payé.	Amount Subscribed. — Montant souscrit.
			$	$
	Brought forward...	6,151	307,550	307,550
Dupuis, J. B., Dame, Vve	St-Roch des Aulnais	12	600	600
Dupuis, Luc	St. Roch	1	50	50
Dupuis, J. A.	do	1	50	50
Demers, Sarah Dame Fréchette	Montréal	12	600	600
Delislie, Dame H.	do	5	250	250
Davis, Miss Kate	do	12	600	600
Deming, Mrs. L. M.	St-Armands, East	7	350	350
Delorimier, E. N., succ.	Laprairie	18	900	900
Donahue, John	Abbotsford	30	1,500	1,500
Delisle, Miss L. A.	Montréal	40	2,000	2,000
Dinahan, R. M.	New York	71	3,550	3,550
Denoncourt, L. N.	Trois Rivieres	20	1,000	1,000
Delisle, M. Nolan	Montréal	30	1,500	1,500
Dwyer, M.	Carillon	78	3,900	3,900
Delagrave, Henri	Québec	2	100	100
Delagrave, C. G.	do	2	100	100
Desforges, Anotole	Montréal	20	1,000	1,000
Deluga, R. Judith, succ	Québec	120	6,000	6,000
Duhamel, Joseph	Contrecœur	17	850	850
Evanturel, Dame E. M.	Québec	30	1,500	1,500
Evanturel, Dame M. M.	do	30	1,500	1,500
Evauturel, Dame Sophie	do	30	1,500	1,500
Evanturel, Delle E. A.	do	30	1,500	1,500
Evanturel, Dame Frs., succ	do	34	1,700	1,700
Estate, A. L. McBean	Lancaster	23	1,150	1,150
Estate, Miles William	Montréal	207	10,350	10,350
Evans, W. S	do	100	5,000	5,000
Estate, Vital Tétu	Québec	30	1,500	1,500
Estate, L. Eglauch	Montréal	21	1,050	1,050
Estate, G. W. Taylor	do	75	3,750	3,750
Estate, John Fitzpatrick	do	123	6,150	6,150
Estate, Alex. Somerville	Lachine	44	2,200	2,200
Evans, W. H.	Montréal	10	500	500
Filer, Miss C. J.	Noyau, Que	6	300	300
Filer, J. H., estate	Montréal	9	450	450
Fissiault, H. A.	Ottawa	1	50	50
Fauvel, J. P.	Gaspé	8	400	400
Fitzpatrick, Mrs. K.	Montréal	6	300	300
Forrence, Mrs. S. E	Washington	15	750	750
Ferguson, John	Ottawa	33	1,650	1,650
Francis, William	Montréal	300	15,000	15,000
Fortier, J. E.	Québec	11	550	550
Fortier, G. N. A.	Ste-Marie de la Beauce	45	2,250	2,250
Fortier, Réné	Québec	4	200	200
Fortier, F. G.	do	3	150	150
Fortier, Delle Ann	do	4	200	200
Foy, Mrs. Jessie	England	79	3,950	3,950
Foster, J. K.	Richmond	7	350	350
Foster, Mrs. C. E. C.	do	7	350	350
Foster, F. H	do	17	850	850
Frelighsburg, The poor of	Freleigsburg	15	750	750
Fauvel, J. B.	Gaspé	15	750	750
Fafard, Dame Alphonse	L'Islet	1	50	50
Frechette, Dame E. P	Montréal	10	500	500
Frechette, Virginie	do	21	1,050	1,050
Fisk, N. C.	Abbotsford	59	2,950	2,950
Foulds, Archibald	Glasgow, Scotland	50	2,500	2,500
Foulds, Mrs. Archibald	do	50	2,500	2,500
Field, M. E	Montréal	25	1,250	1,250
Foulds, Archibald, jr	Québec	5	250	250
Ferguson & Blaikie	Toronto	20	1,000	1,000
	Carried forward ...	6,262	413,100	413,100

La Banque du Peuple—The People's Bank.

Names. — Noms.	Residence.	Number of Shares. — Nombre d'Actions.	Amount Paid. — Montant payé.	Amount Subscribed. — Montant souscrit.
			$	$
	Brought forward...	8,262	413,100	413,100
Foster, A. M.	Montréal	2	100	100
Grier, Sophia	Halifax, N.S.	13	650	650
Gibb, Miss M. C	Montréal	50	2,500	2,500
Gratton, E.	Ste-Marie	3	150	150
Gault, Mrs. M. E	Montréal	182	9,100	9,100
Gale, Mrs. Ann R.	do	48	2,400	2,400
Galarneau, P. M., succ	do	40	2,000	2,000
Geraldi, Mrs. M. A.	St-Ours	3	150	150
Gentle, Mrs. W. S.	Montréal	40	2,000	2,000
Gibb, J. D., estate John Crawford, executor No. 1	do	260	13,000	13,000
Gibb, Mrs. Clarinda	do	60	3,000	3,000
Gosselin, Rev. Auguste	Ste-Jeanne	18	900	900
Graham, H. H	London, Eng.	72	3,600	3,600
Grenier, Jacques	Montréal	300	15,000	15,000
Grenier, Jacques, in trust	do	26	1,300	1,300
Geddes, Mrs. H., estate	do	18	900	900
Glen, C. W. E.	Chambly	150	7,500	7,500
Gauthier, Dame L. T	Montmagny	4	200	200
Green, G. A.	Montréal	85	4,250	4,250
Gibb, Mrs .M. L	do	105	5,250	5,250
Gibb, Mrs. M. L., in trust	Como	20	1,000	1,000
Gormley, Miss C	Québec	16	800	800
Gilmour, J. Y.	Montréal	50	2,500	2,500
Gibb, J. D., estate No. 2	do	300	15,000	15,000
Gilman, F. E., and J. Raphael, executors Mrs. C. H. Ogilvie's estate	do	62	3,100	3,100
Greenshields, J. N	do	10	500	500
Gibb, Mrs. E. M	do	80	4,000	4,000
Gilman, Hon. F. E.	do	250	12,500	12,500
Gemmill, Mrs. E. H.	Ottawa	12	600	600
Galibert, Dame C. S.	Montréal	4	200	200
Gillies, James	Carleton Place, Ont	40	2,000	2,000
Gillies, William	do	40	2,000	2,000
Gillies, David	do	40	2,000	2,000
Gillies, John	do	40	2,000	2,000
Gillies, George	do	40	2,000	2,000
Gilson, W. R.	Garden Grove, Cal	16	800	800
Grafton, F. B.	Montréal	20	1,000	1,000
Greenwood, Mrs. Mary E	Cornwall, Ont	10	500	500
Glidden, J. Newton	Copper Cliff, Ont	20	1,000	1,000
Hughes, C. M. C	Montréal	4	200	200
Hargrave, J. J.	do	15	750	750
Hill, C. G., estate	do	166	8,300	8,300
Hutchison, M.	do	16	800	800
Hogg, W. L	do	3	150	150
Hurlbut, Abel, estate	St-Armand, Qué	45	2,250	2,250
Huot, Charles	Québec	2	100	100
Huot, A. J.	do	2	100	100
Herbert, C. J., trustee	London, Eng.	324	16,200	16,200
Haldane, Mrs. Amy	Montréal	15	750	750
Hobson, Miss C. S.	Sherbrooke	2	100	100
Hebert, Sophie S., succ.	Montréal	30	1,500	1,500
Huot, T. H.	Belœil	1	50	50
Hamilton, Mrs. C. M.	Montréal	18	900	900
Hill, Adelaide (Mrs. Wigg)	do	133	6,650	6,650
Hill, Miss H. A	do	18	900	900
Hunter, Mrs. Geo	do	18	900	900
Hobson, Geo. H. L	Sherbrooke	5	250	250
Hobson, Richard	do	21	1,050	1,050
Hobson, G. H. L., in trust	do	3	150	150
	Carried forward	11,652	582,600	582,600

La Banque du Peuple—The People's Bank.

Names. — Noms.	Residence.	Number of Shares. — Nombre d'Actions.	Amount Paid. — Montant payé.	Amount Subscribed. — Montant souscrit.
			$	$
	Brought forward......	11,652	582,600	582,600
Irwin, D.	Montréal	21	1,050	1,050
Irwin, George	Québec	6	300	300
Johnson, Mrs. E. B	St. Andrews	37	1,850	1,850
Jones, R. A. A	Montréal	37	1,850	1,850
Jones, E. M., Mrs. Tydd	India	69	3,450	3,450
Jones, C., Mrs. Arnott	Bath, Eng	38	1,900	1,900
Jones, A. E., Mrs. Phelps	Montréal	11	550	550
Jones, H. M., Mrs. McLeod	do	18	900	900
Jones, E. D., estate	St. Andrews	94	4,700	4,700
Jones, Mrs. P. M	Montréal	52	2,600	2,600
Jones, Mrs. Mary	St. Johns, Qué	12	600	600
Joubert, Leon	Terrebonne	10	500	500
Imrie, Thomas	Chicago	58	2,900	2,900
Kerr, Mrs. A. B., estate	Montréal	22	1,100	1,100
Kerr, William	do	67	3,350	3,350
Kemply, H. M	St. Andrews	12	600	600
Koenig, Charles	L'Islet	4	200	200
Kinmond, M. L., and Peter	Lachine	32	1,600	1,600
Kinmond, P. L	do	11	550	550
Kelly, John P	Montréal	2	100	100
Kilpatrick, P. N	Copper Cliff, Ont	20	1,000	1,000
Kerouack, Alphonse	Québec	1	50	50
Lefebvre, Dlle Anne	Montréal	2	100	100
L'Oeuvre de la Fabrique Notre Dame de Quebec	Québec	16	800	800
Leclaire, Jean, succ	Montréal	213	10,650	10,650
Leclaire, Jean Vincent Alphonse	do	200	10,000	10,000
Leclaire, Alph., in trust	do	163	8,150	8,150
Lamoureux, Frs	St. Ours	3	150	150
Lemoine. Dame Victoria	Québec	24	1,200	1,200
Levy, Joseph, succ	Montréal	48	2,400	2,400
Leclere, Francis	St-Hyacinthe	10	500	500
Leblanc, Dame Jos	Montréal	75	3,750	3,750
Lawson, E. D	Halifax	67	3,350	3,350
Levy, Alexandre	London, Eng	256	12,800	12,800
LeMoine, Ed., executor Robt LeMoine	Québec	20	1,000	1,000
Levesque, Dame P., succ	L'Assomption	19	950	950
Lazure, L. P	St-Rémi	66	3,300	3,300
Langevin, Dame C. F	Québec	288	14,400	14,400
Leprohon, Dame L. O	Montréal	47	2,350	2,350
Low, E. A., estate	do	12	600	600
Lawrie, S. A	Québec	229	11,450	11,450
Lamothe, Jules M., succ	St.Hyacinthe, Qué.	15	750	750
Levy, Mrs. R	Quebec	18	900	900
Lackie, Mrs. M	Grantham, Qué	1	50	50
Lacaille, Charles	Montréal	300	15,000	15,000
Lafleur, E	do	20	1,000	1,000
Lesperance, Chas., succession	St-François, Qué	9	450	450
Lacasse, Dame Vve L. G	Montréal	2	100	100
Lemesurier, Dame Vve M. F. S	Québec	60	3,000	3,000
Lamothe, H. G	Ottawa	2	100	100
Louis, Joseph	Québec	16	800	800
Louis, Daniel	do	16	800	800
Lacroix, E	do	123	6,150	6,150
Lajoie, N. E	Trois-Rivières	10	500	500
Leclere, Dame A	St-Hyacinthe, Qué	18	900	900
Lajoie, Dame Vve A. G	Montréal	16	800	800
La Banque du Peuple	do	79	3,950	3,950
Lemoine, Dame Vve Alex	Québec	40	2,000	2,000
Lemoine, Réné	do	8	400	400
Lacroix, Hilaire	Montréal	39	1,950	1,950
	Carried forward......	14,836	741,800	741,800

La Banque du Peuple—The People's Bank.

Names — Noms.	Residence.	Number of Shares — Nombre d'Actions.	Amount Paid. — Montant payé.	Amount Subscribed. — Montant souscrit.
			$	$
	Brought forward......	14,836	741,800	741,800
Lemoine, Delle A. M. G	Québec	3	150	150
Lacerte, Ernest	Yamachiche, Qué	20	1,000	1,000
Lacerte, Arthur	do	20	1,000	1,000
Leduc Dame Jos	Montréal	4	200	200
Langelier, F. X	St-Jean, Qué	3	150	150
Lussier, Dame Vve Paul	Montréal	42	2,100	2,100
Lefebvre, M. F	do	100	5,000	5,000
Longwill, Susan Ann	St. Laurent	24	1,200	1,200
Livingston, Miss Alice	Como	12	600	600
Langevin, Napoleon	Beauport, Qué	9	450	450
Lesperance, Dame Vve P	Québec	3	150	150
Lanfesty, H	Hamilton	25	1,250	1,250
Lamarche, Rev. C. A	L'Assomption, Qué	4	200	200
Lajoie, H. G	Montréal	10	500	500
Marin, O., fides commis C. F. Papineau	do	20	1,000	1,000
Murison, Miss Mary	New Carlisle, Qué	8	400	400
Murison, Miss Elizabeth	do	18	900	900
Murison, Miss Margaret	do	15	750	750
Masson, Joseph, succession	Montréal	12	600	600
Masson, Dame Joseph	do	51	2,550	2,550
Morrough, Delle A. M	do	35	1,750	1,750
Muir, E. B. & Z., estate	do	33	1,650	1,650
Mailhot, A., succession	St-Hyacinthe, Qué	127	6,350	6,350
Martin, P. P	Montréal	81	4,050	4,050
Methot, E. W	Methot Falls, Que	25	1,250	1,250
Molson, E. E	Montréal	9	450	450
Morrison, John	do	150	7,500	7,500
Mailhot, Hon. G. G	Aylmer, Que	30	1,500	1,500
Marmette, Joseph	Montmagny, Qué	4	200	200
Masson, D., & Co	Montréal	345	17,250	17,250
Mullin, W. M	do	2	100	100
McArthur, James	Copper Cliff, Ont	21	1,050	1,050
Montmarquet, M. E., succession	Montréal	120	6,000	6,000
Massue, Joseph	St-Aimé, Qué	18	900	900
Miller, Mrs. Isabella	Perth	40	2,000	2,000
Morand, Dame M. L	Québec	10	500	500
Morand, J. B. Lucien	Lotbinière, Qué	2	100	100
Morand, Dame H	Ste. Marie de la Beauce	9	450	450
Montreal Dispensary	Montréal	20	1,000	1,000
Moore, J. B	do	32	1,600	1,600
Mignault, H. A	St-Hyacinthe, Qué	30	1,500	1,500
McDougall Bros	Montréal	91	4,550	4,550
McDonald, Mrs. H. M	do	60	3,000	3,000
McKenzie, Peter	England	27	1,350	1,350
McKenzie, George	Headingly, Man	6	300	300
McKay Institute	Montréal	75	3,750	3,750
McCorville, John Alexander	do	20	1,000	1,000
McDougall, H. S	do	150	7,500	7,500
McDonald, Archibald John	Cornwall, Ont	24	1,200	1,200
McMaster, D	Montréal	50	2,500	2,500
McNider, Jas., in trust	Québec	20	1,000	1,000
McKibbin, Mrs. M. E	Cardinal, Ont	11	550	550
McConnell, Wm	Montréal	55	2,750	2,750
McMillan, l'Hon. D	Alexandria, Ont	100	5,000	5,000
McClelland, Miss M. E	Parry Sound, Ont	3	150	150
McKeand, A. C	Montréal	20	1,000	1,000
McFarlane, J., executor estate Rev. Jos. Braithwait	Côté St. Antoine	80	4,000	4,000
McCormack, Mary Ann	Montreal	75	3,750	3,750
McEvilla, Mrs. Rebecca	Roxton Falls, Qué	24	1,200	1,200
McAuley, Rev. M	Coaticook, Qué	80	4,000	4,000
	Carried forward...	17,353	867,650	867,650

La Banque du Peuple—The People's Bank.

Names. — Noms.	Residence.	Number of Shares. — Nombre d'Actions.	Amount Paid. — Montant payé.	Amount Subscribed. — Montant souscrit.
			$	$
	Brought forward	17,353	867,650	867,650
McMillan, D.	St. Andrews, Qué	9	450	450
McCallum, Miss Elizabeth	Hastings, Eng	20	1,000	1,000
McRae, Mrs. Catherine	Alexandria, Ont	7	350	350
Mudge, H. J.	Montréal	22	1,100	1,100
McCready, James, estate of	do	100	5,000	5,000
McDonald, Mrs H. M. W.	do	70	3,500	3,500
McPhee, D. Archibald, in trust	Alexandria, Ont	100	5,000	5,000
Newcomb, Wm., estate of, in trust	Montréal	180	9,000	9,000
Nicholson, Mrs. S. W.	Chatham	12	600	600
Norris, Mrs. E. A.	Québec	10	500	500
Newton, W. J., estate of	do	37	1,850	1,850
Nairn, Mrs. L. D.	Montréal	22	1,100	1,100
Ogilvie, Mrs. S. L.	do	40	2,000	2,000
O'Donnell, Rev. Ant.	St-Denis, Qué	6	300	300
Papineau, C. D., tuteur	Montréal	3	150	150
Paré, Frs., succ.	Lachine, Qué	42	2,100	2,100
Prévost, G. M., succ.	Terrebonne, Qué	33	1,650	1,650
Pearson, Isabella	Montréal	34	1,700	1,700
Paré, Hubert	do	30	1,500	1,500
Panet, Dame M. L.	do	15	750	750
Petrie, John	Bobcaygeon, Ont	18	900	900
Papineau, Narcisse	St-Thimothé, Qué	105	5,250	5,250
Pheres, C. E.	Cardinal, Ont	7	350	350
Préfontaine, T.	Montréal	89	4,450	4,450
Papineau, Mrs. M. L. N.	do	6	300	300
Papineau, Delle A. H.	do	9	450	450
Perrault, Dame C. L.	Belœil, Qué	15	750	750
Perrigo, John, estate	Montréal	7	350	350
Phillips, John A.	Ottawa	6	300	300
Pridham, Alexander	Grenville, Qué	64	3,200	3,200
Paquette, T. H.	Montréal	5	250	250
Patterson, Alexander	do	50	2,500	2,500
Préfontaine, Raymond	do	10	500	500
Préfontaine, Euclide	Belœil, Qué	20	1,000	1,000
Pominville, J. T.	Montréal	2	100	100
Pominville, O. M.	do	6	300	300
Pominville, Dame E. H.	do	6	300	300
Prévost, Arthur	do	45	2,250	2,250
Pelletier, Delle M. J.	Québec	24	1,200	1,200
Pelletier, Delle M. J.	do	6	300	300
Papineau, C. F., succession	Montréal	102	5,100	5,100
Parent, E. H.	do	18	900	900
Playfair, Mrs. S. C.	Midland, Ont	5	250	250
Pelletier, J. E. C., curateur	Québec	30	1,500	1,500
Perkins, Miss Ella	Montréal	45	2,250	2,250
Pelletier, Marie E.	St. Raymond	10	500	500
Prentiss, Geo. W.	Grenville	40	2,000	2,000
Payne, F. G.	Montréal	8	400	400
Pelletier, Mrs. C. C.	Québec	32	1,600	1,600
Richer, Benjamin, succession	St-Denis	15	750	750
Renaud, Ignace, succession	Montréal	30	1,500	1,500
Richard, E.	L'Assomption	2	100	100
Roy, Rev. E.	Sabrevois	4	200	200
Robinson, Thos	Montréal	7	350	350
Robertson, Mrs. C. J.	do	3	150	150
Robitaille, O., M.D.	Québec	73	3,650	3,650
Ross, Mrs. John, éstate	do	15	750	750
Roy, H. E., succession	do	3	150	150
Raylings, E.	Montréal	250	12,500	12,500
Racicot, Ernest	Sweetsburg, Ont	25	1,250	1,250
Rowand, Alex., estate	Québec	238	11,900	11,900
	Carried forward	19,608	980,400	980,400

La Banque du Peuple—The People's Bank.

Names. — Noms.	Residence.	Number of Shares. — Nombre d'Actions.	Amount Paid. — Montant payé.	Amount Subscribed — Montant souscrit.
			$	$
	Brought forward...	19,608	980,400	980,400
Ross, Mrs. H. A., executrix	Québec	32	1,600	1,600
Roy, Dame Thos. E	Québec	18	900	900
Roy, Mrs. Marie Justine	Ill-Verte	11	550	550
Robertson, Miss Maria	Lachine, Qué	12	600	600
Robertson, Miss Susan	Montréal	3	150	150
Robillard, Joseph	Lanoraie	18	900	900
Robertson, H	Montréal	35	1,750	1,750
Robidoux, J. E., tuteur	do	2	100	100
Robidoux, Dame Clara S	do	4	200	200
Richer, W	do	28	1,400	1,400
Racicot, Rev. Zotique, in trust	do	198	9,900	9,900
Shaw, S. J	Québec	25	1,250	1,250
Stevens, A. D	Dunham	10	500	500
Smith, Mrs. M. G	Como	20	1,000	1,000
Smith, H. B., estate of	Montréal	600	30,000	30,000
Saucer, J. B., veuve succession	do	41	2,050	2,050
Simmons, John	Québec	40	2,000	2,000
Simmons, Mrs. Jane	do	10	500	500
Shepperd, R. W., senior	Montréal	1	50	50
Sœurs de Charité, Hôtel Dieu	St-Hyacinthe	42	2,100	2,100
Séminaire de Trois-Rivières	Trois-Rivières	30	1,500	1,500
Shepherd, H. W	Montréal	75	3,750	3,750
Sutherland, D	St. Andrews	41	2,050	2,050
Smith, Wm., jr	Martintown	6	300	300
Smith, John	Charlottenburgh	9	450	450
Smith, George	do	9	450	450
Shuter, Miss Ellen	Middlesex, Eng	24	1,200	1,200
Séminaire de Nicolet	Nicolet	12	600	600
Smith, Mrs. E. G	Montréal	39	1,950	1,950
Smith, Mrs. E. G., in trust	do	30	1,500	1,500
Senkler, W. S	Perth, Ont	15	750	750
Smith, Ed., estate	Halifax	75	3,750	3,750
St. Jean, E. N	Montréal	1	50	50
St. Jean, Dame L., succession	do	18	900	900
St. Jean, A. F., succession	do	13	650	650
St. Onge, Urgel, in trust	do	16	800	800
St. Onge, Urgel	do	123	6,150	6,150
Sœurs du St. Nom de Jésus et de Marie	do	12	600	600
Simpson, M. L., executor	St. Andrews	61	3,050	3,050
Salaberry, Delle H	Montréal	4	200	200
Smith, Mrs. Mary L	do	20	1,000	1,000
Sœur St. Odile	Rivière Ouelle	10	500	500
Stevens, Dame D. M	Montréal	42	2,100	2,100
Smith, Miss M. L	Truro	1	50	50
Stevenson, A. W., sequestrator	Montréal	90	4,500	4,500
Strachan, Mrs. J. L	do	51	2,550	2,550
Strachan, Mrs. J. L., in trust	do	1	50	50
Sœurs de la Congrégation Notre-Dame	do	30	1,500	1,500
Simpson, W	do	14	700	700
Sœurs Grises, Hôpital Général	do	30	1,500	1,500
Somerville, Miss Maria	Lachine	6	300	300
Somerville, Margaret	do	6	300	300
Sawtell, Miss Maria	Montréal	26	1,300	1,300
Spencer, Miss M. L	St. Armand East	8	400	400
St. Denis, Alex., succession	Pointe Fortune	25	1,250	1,250
Stewart, Rev. Alex	Scotland	30	1,500	1,500
St. Denis, Dame Emma S	Montréal	12	600	600
Saucer, Guillaume	do	4	200	200
Saucer, Dame Maria	do	4	200	200
Stephens, W. B	do	385	19,250	19,250
Solis, E. H	Valleyfield	25	1,250	1,250
	Carried forward...	22,183	1,109,150	1,109,150

La Banque du Peuple—The People's Bank.

Names. — Noms.	Residence.	Number of Shares. — Nombre d'Actions.	Amount Paid. — Montant payé.	Amount Subscribed. — Montant souscrit.
			$	$
	Brought forward...	22,183	1,109,150	1,109,150
Sawyer, Manfred J. C	Halifax, N. S.	14	700	700
Sweeney, Bridget R	Montréal	26	1,300	1,300
Sirois, Marie J	Fraserville, Que	10	500	500
Stevenson, A. W.	Montréal	73	3,650	3,650
Tessier, U. Z., succ	Québec	200	10,000	10,000
Trudeau, Dame M. L	Montréal	15	750	750
Thomson, Mrs. M. A	do	18	900	900
Thomson, Miss E	do	18	900	900
Thomson, J. N., estate	do	63	3,150	3,150
Thibaudeau, A. A	do	9	450	450
Toupin, Rev. Joseph	do	3	150	150
Turner, Miss Elizabeth	St. Andrews	15	750	750
Turner, Mrs. Mary	do	15	750	750
Taché, Delle A	Montmagny	5	250	250
Tavernier, Delle E	Montréal	30	1,500	1,500
Tessier, Félix	Québec	15	750	750
Taylor, J. B	do	20	1,000	1,000
Turner, Alf	Montréal	20	1,000	1,000
Urquhart, Mrs. Janet	do	2	100	100
Voligny, Felix	Contrecœur	40	2,000	2,000
Valleau, W. B., estate	Québec	3	150	150
Voyer, Henri	Stanfold	12	600	600
Voyer, veuve Ant., succession	Joliette	4	200	200
Villeneuve, Nazaire	Montréal	40	2,000	2,000
Vallée, Arthur	Québec	20	1,000	1,000
Verret, B	do	49	2,450	2,450
Vézina, P	Montréal	20	1,000	1,000
Wurtele, Ernest F	do	10	500	500
Waters, J. R., estate	Cèdres	7	350	350
Watson, Eliz., W. Smith, attorney	Montréal	48	2,400	2,400
Warner, G. W., heirs	do	1	50	50
Wardell, Miss M. H	England	24	1,200	1,200
Watson, Miss Elizabeth	Montréal	25	1,250	1,250
Weaver, Mrs. M. A. O	do	48	2,400	2,400
Weaver, Miss M. A	do	30	1,500	1,500
Weaver, A. O	do	9	450	450
Williams, Mrs. Miles, in trust	do	20	1,000	1,000
Wilkinson, B. W	Brigham, Que	15	750	750
Whitehead, Mrs. I	Québec	16	800	800
Williams, Wm	do	33	1,650	1,650
Watt, Miss Flora S	Montréal	43	2,150	2,150
White, J. S., estate	do	4	200	200
Whitman, Chs	do	65	3,250	3,250
Warren, J. C. B	do	41	2,050	2,050
Warren, Miss Elizabeth	do	13	650	650
Weir, S	do	1	50	50
Watson, A. W	Dunham, Qué	12	600	600
Wilson, Thomas	Montréal	70	3,500	3,500
Wiley, Linden W	Rock Island, Qué	40	2,000	2,000
Ware, W	Montréal	200	10,000	10,000
Watson, J. C., estate	do	250	12,500	12,500
Younie, Miss Isabella	Ormstown, Qué	12	600	600
Young, Mrs. Annie	Montréal	21	1,050	1,050
	Total	24,000	1,200,000	1,200,000

I hereby certify that the foregoing list is a correct list of the shareholders of the Banque du Peuple, as on the 31st December, 1897.

PHIL. DUFRESNE (Fils),
Manager.

Montréal, 8th January, 1898.

BANQUE VILLE-MARIE.

VILLE MARIE BANK.

Valeur de chaque action, $100. Value of share, $100.

Names. — Noms.	Residence.	Number of Shares. — Nombre d'Actions.	Amount Paid. — Montant payé.	Amount Subscribed. — Montant souscrit.
			$	$
Acer, C. M	Montréal	30	3,000	3,000
Anderson, John, Est	do	10	1,000	1,000
Archambault, Aug., usufruitier	do	1	100	100
Archambault, Eugénie	do	4	400	400
Archambault, Hermine	Three Rivers	1	100	100
Archambault, Jos. Azarie	Sherbrooke	2	200	200
Archambault, Jos. Louis	Montréal	1		100
Archambault, Alex. B	do	3	300	300
Archambault, P. A. O	L'Assomption	28		2,800
Archambault, Sarah	Montréal	1	100	100
Archambault, Wilfrid	do	3	300	300
Aubry, Revd. Fortunat	St. John, East	12	1,200	1,200
Beauchamp, J. C., in trust	Montréal	4	400	400
Beaudoin, Alexandre	do	11	1,100	1,100
Beaudry, Louis Zéphirin	Three Rivers	2		200
Bélanger, Clarisse P	Villa Mastaï	5	500	500
Bélanger, J. O	Maskinongé	10	1,000	1,000
Bergeron, O. Isaïe	Larochelle	1		100
Blondin, J. Achille	Bécancour	2		200
Boulet, M. S	Joliette	10	1,000	1,000
Bournival, Thomas	Three Rivers	1		100
Brien, dit Durocher, Isid., Est	Montréal	5	500	500
Brunelle, Ludger	Gentilly	1		100
Buisson, L. F. T	Three Rivers	1		100
Carignan, Onésime	do	2		200
Caron, Georges	St-Léon	20	2,000	2,000
Casgrain, P. F	Montréal	25	2,500	2,500
Charbonneau, Nap	Three Rivers	1		100
Chevalier, Alphonsine	St-Henri de Mascouche	1	100	100
Chevrefils, Rev. Georges	Ste-Anne de Bellevue	5	500	500
Cooke, R. S	Three Rivers	1		100
Cormier, Urgele	L'Assomption	5	500	500
Craig, Adolphe	Faribault, U.S	3	300	300
Dagneau, Nap	Three Rivers	1		100
Dauth, Rev. Elie	St-Leonard d'Aston	10	1,000	1,000
Denoncourt, N. Lefebvre	Three Rivers	1		100
Desaulniers, L. T	do	1		100
Désilets, Gédéon	do	1		100
Dinaham, R. McPherson	Montréal	12	1,200	1,200
Dorion, P. A. A	do	51	5,100	5,100
Doutre, Jos., Est	do	19		1,900
Drolet, Cornélie	do	2	200	200
Dufresne, Athanase	D'Eschambault	2	200	200
Dufresne, Ephrem	Three Rivers	1		100
Dufresne, G. B. R	do	2		200
Duguay, Jos. N	La Baie du Febvre	2	200	200
Dumas, Arthur	Montréal	10	1,000	1,000
Dumoulin, Sévère	Three Rivers	4	400	400
Durand, Marguerite	Montréal	2	200	200
Durand, Nephtali	do	2	200	200
Durand, Neph. Marg. and Adolp	do	2	200	200
Dussault, Louis	Three Rivers	1		100
	Carried forward	338	27,000	33,800

Banque Ville-Marie—Ville Marie Bank.

Names. — Noms.	Residence.	Number of Shares. — Nombre d'Actions.	Amount Paid. — Montant payé.	Amount Subscribed. — Montant souscrit.
			$	$
	Brought forward...	338	27,000	33,800
Desroches, Angéles	Montréal	6	600	600
Fauteux, Léopold	do	1	20	100
Fauteux, Sophie, Est	Louiseville	1	100	100
Featherston, Ellen C	New York	2	200	200
Forest, Jos	L'Assomption	6	600	600
Franchère, Felix	Marieville	10	100	1,000
Frigon, J. G. A	Three Rivers	1	....	100
Frigon, L. G. B	Montréal	1	....	100
Galarneau, Jos. Ed., Est	do	30	3,000	3,000
Garand, U. and W. Weir, in trust	do	837	83,700	83,700
Gatignol, Jean, Est	Duclos	2	200	200
Gaudet, Joseph	Gentilly	1	....	100
Gauthier, Zéphirin	Three Rivers	1	....	100
Gebhardt, Geo. J., Est	Montréal	10	1,000	1,000
Geddes, Chs. & Chs. G	do	2	....	200
Gélinas, C. P. & Bros	Three Rivers	1	....	100
Gérin, E	do	2	....	200
Gervais, Ed. A	do	2	....	200
Giguère, Marie Louise	Montréal	2	200	200
Gingras, Louis	Three Rivers	2	....	200
Girard, Octave	do	1	....	100
Giroux, Chs. H	Nicolet	1	100	100
Giroux, Lena	St. Jacques le Mineur	1	100	100
Godin, J. P	Three Rivers	1	....	100
Gouin, T. P	La Baie du Febvre	1	....	100
Guimond, J. G	Montréal	152	15,200	15,200
Gravel, P. H. A	do	1	....	100
Grenier, Narcisse	Three Rivers	5	500	500
Harvey, Jennie Miss	....	5	500	500
Hilton, Stephen	Montréal	7	700	700
Hurtubise, Isaïe	Toutes-Grâces	8	800	800
Hope, John	Lachute	89	8,900	8,900
Jeannotte, Ant., estate	Contrecœur	5	500	500
Jackson, Mrs. James	....	15	1,500	1,500
Johnson, Joseph	....	10	1,000	1,000
La Banque d'Epargne de la Cité et du District	Montréal	5	500	500
La Barre & Frère Chs	Three Rivers	1	100	100
La Corp. Ep. Ca. R. de T.-Riv	do	15	1,500	1,500
La Corp. Sém. de Nicolet	Nicolet	10	1,000	1,000
Lacourcière, Doscithé	Ste-Geneviève de Batiscan	4	400	400
Laflamme, E. K	St-Antoine	5	500	500
Lafleur, M. L., Alph., in trust	Joliette	5	500	500
Lafleur, M. Rose J. F., in trust	Montréal	5	500	500
Lafontaine, Lady Jane N	do	45	4,500	4,500
Laframboise, M., Est	do	25	....	2,500
Lajoie, Jos. Gérin	Three Rivers	1	....	100
Lambert, Raphaël	Louiseville	5	500	500
Laviolette, Suzanne	Montreal	15	....	1,500
Leblanc, Ed. S	L'Epiphanie	2	200	200
Lenfesty, Hilary, in trust	Hamilton, Ont	8	800	800
Lichtenhein, Edward	Montréal	137	13,700	13,700
Lord, L. A	Yamachiche	2	....	200
Luckerhoff & Bro	Three Rivers	1	....	100
Lynch, Edward	L'Epiphanie	3	300	300
Lemieux, F	....	8	800	800
Malhiot, H. G	Aylmer	6	600	600
Marchessault, Elmire, Est	Montréal	5	500	500
Martel, P. N	Three Rivers	2	....	200
Mignault, H. A	St-Hyacinthe	5	500	500
Matte, P. H	Ste-Victoire	2	200	200
	Carried forward....	1,882	174,120	272,050

Banque Ville-Marie—Ville Marie Bank.

Names. — Noms.	Residence.	Number of Shares. — Nombre d'Actions.	Amount Paid. — Montant payé.	Amount Subscribed. — Montant souscrit.
			$	$
	Brought forward...	1,882	174,120	188,200
Monjeau, Celina Eliza	Roxton Falls	2	.....	200
Morin, Vitaline	Contrecœur	25	2,500	2,500
Meredith, Robt., in trust	Montréal	3	300	300
Morrison, C. F. C., ès-qualité	St-Cyprien	7	700	700
McDougall, Alex	Three Rivers	1	100	100
McDougall, John & Co	Montreal	362	36,200	36,200
McNaughton, Duncan	do	10	1,000	1,000
McAuliff, Michael	do	14	1,400	1,400
O'Farrell, Revd. J. M., Est	do	18	1,800	1,800
Papineau, A. C. D., tutor	do	3	300	300
Papineau, C. F., in trust	do	16	1,600	1,600
Papineau, Henriette	do	32	3,200	3,200
Papineau, Marie	do	3	300	300
Papineau, Mercedés	do	32	3,200	3,200
Papineau, M., in trust	do	1	100	100
Prentice, Alice Hackett	Aylmer	20	2,000	2,000
Prévost, E., Dame A. Benoit	Ottawa	2	200	200
Prévost, Eliza	Montréal	26	2,600	2,600
Primeau, Rev. Joachim	Boucherville	4	400	400
Proulx, J. B. G., Est	Nicolet	13	1,300	1,300
Provencher, J. N., Est	Montréal	5	500	500
Perkins, Ella	do	8	800	800
Reed, J. H	Chateauguay	3	300	300
Rheault, Revd. L. Sévérin	Three Rivers	2	200	200
Rocheleau, Ed. A	do	1	.....	100
Rocher, Bart'ly, curateur estate Z. Archambault	L'Assomption	12	1,200	1,200
Rolland, Chas. O., Est	Marieville	50	.....	5,000
Ross, Isabella, tutrix	Buffalo, U. S	10	1 000	1,000
Rouillard, C. C., in trust	Montréal	2	200	200
Rouleau, Frs. E	St-Barthélémy	1	100	100
Rouleau, Frs	St-Grégoire	1	.....	100
Rousseau, Jos. Chas	Three Rivers	1	.....	100
Ryan, John	do	1	.....	100
Sarrasin, Hercule	Joliette	8	800	800
Seers, Louis A	Beauharnois	10	1,000	1,000
Smith, Jane	St-Antoine	1	100	100
Smith, F. W	Montréal	30	3,000	3,000
Stock, property of the bank	do	1,295	129,500	129,500
St. Laurent, T	Nicolet	2	.....	200
Substitutes, Dame M. Crevier	Pointe Claire	4	400	400
Séminaire, St. Joseph, Trois-Rivières	.....	2	200	200
Teasdale, Ephrem	Three Rivers	1	.....	100
Teasdale, Wilfrid	do	1	.....	100
Toupin, Rev. A., Est	Rivière-des-Prairies	5	500	500
Trudel, Olivier	Three Rivers	1	.....	100
Turcotte, Albert	Gentilly	1	.....	100
Thornton, Ann B	.....	25	2,500	2,500
Vail, Kate H	Long Island, N.Y	14	1,400	1,400
Veuilleux, L. H	Gentilly	1	.....	100
Vinet, Chs. Fabien, usuf	Sault-au-Récollet	12	1,200	1,200
Vinet, Cordélia, usuf	do	12	1,200	1,200
Vinet, J. B	Montréal	2	200	200
Watters, A. L	Chicago	40	4,000	4,000
Weir, Elizabeth Somerville	Montréal	10	1,000	1,000
Weir, Georgie L	do	10	1,000	1,000
Weir, Godfrey	do	37	3,700	3,700
Weir, Godfrey, in trust	do	2	200	200
Weir, Wm	do	372	37,200	37,200
Weir, Wm., in trust	do	261	26,100	26,100
Weir, Somerville	do	18	1,800	1,800
	Carried forward	4,750	454,620	475,000

Banque Ville-Marie—Ville Marie Bank.

Names. — Noms.	Residence.	Number of Shares. — Nombre d'Actions.	Amount Paid. — Montant payé.	Amount Subscribed. — Montant souscrit.
			$	$
	Brought forward......	4,750	454,620	475,000
Wurtele, A. S. C......	Albany......	50	5,000	5,000
Withall, W. J......	Montreal......	200	20,000	20,000
	Total	479,620	479,620	500,000

I hereby certify that the foregoing is a correct list of the shareholders of this bank, as at 31st December, 1897.

WM. WEIR,
President.

F. LEMIEUX,
Chief Accountant.

MONTREAL, 8th January, 1898.

LA BANQUE NATIONALE.

THE NATIONAL BANK.

Valeur de chaque action, $30—Value of Share, $30.

Names. — Noms.	Residence.	Number of Shares. — Nombre d'Actions.	Amount Paid. — Montant payé.	Amount Subscribed. — Montant souscrit.
			$	$
Alain, Edmond	Ancienne Lorette	5	150	150
Alain, Michel	do	4	120	120
Allard, Dlle M. Denise	Québec	17	510	510
Alleyn, l'hon. Charles, succession	do	196	5,880	5,880
Alleyn, Mde Edmund R	Ste-Marie, Beauce	8	240	240
Alleyn, Ernest C	Québec	15	450	450
Amiot, Sévère	do	43	1,290	1,290
Amyot, Guillaume, succession	do	10	300	300
Anctil, Joseph, succession	Ste-Anne de la Pocatière.	80	2,400	2,400
Anctil, Joseph. et Dlle Marie	do do	2	60	60
Andrews, Dlle E. Effie	Québec	4	120	120
Andrews, Dlle Jessie C	do	3	90	90
Andrews, Thomas, succession	do	28	840	840
Angers, l'hon. Auguste R	Montréal	37	1,110	1,110
Angers, Mde Auguste R	do	10	300	300
Angeıs, Charles	Malbaie, Charlevoix	60	1,800	1,800
Annett, John, et Dlle Charlotte	Peninsula, Gaspé	9	270	270
Arcand, Docithée	Québec	100	3,000	3,000
Archambault, Mde Horace	Montréal	2	60	60
Archer, Joseph, jr., in trust, &c	Québec	3	90	90
Archer, Joseph, jr., in trust, &c	do	3	90	90
Archer, Mde Joseph, jr	do	2	60	60
Archer, Robert	Montréal	80	2,400	2,400
Asile du Bon Pasteur	Québec	141	4,230	4,230
Asile du Bon Pasteur	St-Laurent, Isle d'Orléans	2	60	60
Atkinson, Dlle Jessie	Québec	30	900	900
Aubry, A. Eugène	Angers, France	32	960	960
Audet, l'hon. Nicodème	St-Anselme, Dorchester	3	90	90
Audette, Rodolphe	Québec	134	4,020	4,020
Audette, Rodolphe, in trust, &c	do	1,197	35,910	35,910
Auger, Mde Cléophas	Lévis	20	600	600
Babin, Arsène S	Québec	19	570	570
Baby, l'hon. François, succession	do	212	6,360	6,360
Baby, M. William	do	174	5,220	5,220
Bacon, Mde, veuve J. Louis	St-Thomas, Montmagny	93	2,790	2,790
Bacon, Mde J. Louis, tutrice	do do	1	30	30
Bailey, Nicholas, succession	Sandy Beach, Gaspé	40	1,200	1,200
Baillairgé, G. Frédéric	Québec	8	240	240
Baillairgé, Dlle M. Hélène M	do	8	240	240
Baillargeon, Mde, veuve Elzéar	Ste-Anne de la Pocatière.	8	240	240
Baillargeon, Mde Jules	Québec	15	450	450
Baker, François	St-Joseph de Lévis	7	210	210
Barrow, John W	Quebec	40	1,200	1,200
Barry, H. Désire	do	14	420	420
Beaudet, Rév. Placide E	Sherbrooke	33	990	990
Beaudoin, Mde Delphis	St-Henri de Lévis	1	30	30
Beaulieu, A. Telesphore	Lévis	18	540	540
Beaulieu, Dlle M. A. Lucie P	do	50	1,500	1,500
Beaulieu, Thimolaüs, succession	do	120	3,600	3,600
Bédard. J. Baptiste, succession	Québec	24	720	720
Behan, Dlle Ellen Mary	do	5	150	150
Bélanger, Dlle. Elizabeth et autres	St-Valier, Bellechasse	2	60	60
	Carried forward	3,172	95,160	95,160

La Banque Nationale—The National Bank.

Names — Noms.	Residence.	Number of Shares. — Nombre d'Actions.	Amount Paid. — Montant payé.	Amount Subscribed. — Montant souscrit.
			$	$
	Brought forward...	3,172	95,160	95,160
Bélanger, P. E. Emile	Québec	20	600	600
Belleau, Mde Alfred G	do	16	480	480
Belleau, Eusèbe	Lévis	1	30	30
Belleau, Isidore N	do	40	1,200	1,200
Belleau, Isidore N., in trust, &c	do	40	1,200	1,200
Belleau, Sir Narcisse F., succession	Québec	323	9,690	9,690
Bender, F. J. Albert	Montmagny	20	600	600
Bender, F. J. Albert, usufruitier	do	8	240	240
Benyon, Mde Joseph A	Québec	10	300	300
Benyon, Mde J. A., D. F., usufruitière	do	31	930	930
Bernier, Rév. Hilaire J	Ste-Modeste, Témis	13	390	390
Bernier, J. Elzear	Québec	50	1,500	1,500
Bernier, Mde veuve Thomas	do	50	1,500	1,500
Berrouard, François	do	6	180	180
Bertrand, Charles F., succession	Isle-Verte, Témiscouata	49	1,470	1,470
Bidégaré, Mde veuve Pierre	Québec	8	240	240
Bilodeau, Ignace	do	17	510	510
Bilodeau, Louis	do	361	10,830	10,830
Binet, Ulric	do	10	300	300
Bittner, Dlle Emilie	St-David de l'Auberiv....	8	240	240
Blais, Dlle Eléonore	Ste-Foye, Québec	20	600	600
Blais, Dlle Marie-Anne	do do	20	600	600
Blais, Louis	St-Valier, Bellechasse	46	1,380	1,380
Blais, L. Henri	Montmagny	86	2,580	2,580
Blanchet, Rév. Adalbert	St-Antoine de Tilly	50	1,500	1,500
Blanchet, Mde, veuve Joseph G. succession	Lévis	2	60	60
Blondeau, Charles A	St-Pascal, Kamouraska	12	360	360
Blondin, J. Achille	Bécancour, Nicolet	4	120	120
Blouin, Mde. veuve Mathias	Québec	10	300	300
Bolduc, Revd. Majorique	Cacouna, Témiscouata	50	1,500	1,500
Boucher, Antoine A	Ottawa	19	570	570
Boucher, Jean, succession	St-Charles, Bellechasse	11	330	330
Boudreau, Dlle M. E. Corinne	Montreal	13	390	390
Boulet, Dlle Adèle	Québec	3	90	90
Bradshaw, Robert C	Thornhill, Manitoba	20	600	600
Breen, Thomas	Québec	100	3,000	3,000
Brochu, Charles	do	350	10,500	10,500
Brochu, Dlle Obéline	St-Anselme, Dorchester	4	120	120
Brouard, Théophile	St-Henri de Lévis	19	570	570
Brousseau, J. Docile	Québec	38	1,140	1,140
Brousseau, Mde J. Docile	do	80	2,400	2,400
Bruce, Robert, succession	do	41	1,230	1,230
Bureau, J. Napoleon, succession	Trois-Rivières	103	3,090	3,090
Bussières, Paul G	Québec	88	2,640	2,640
Bussières, Samuel	do	2	60	60
Byron, Anthony	Stoke-Centre, Richmond	40	1,200	1,200
Cadrin, J. Baptiste	Ste-Marguerite, Dorch	17	510	510
Cahill, Mde veuve Michael	St-Georges, Beauce	44	1,320	1,320
Caisse d'Economie de Notre-Dame de Québec	Québec	1,238	37,140	37,140
Caisse d'Economie de Notre-Dame de Québec, in trust	do	743	22,290	22,290
Cannon, John F	do	8	240	240
Cannon, Dlle Mathilda	do	66	1,980	1,980
Carcaud, Mde veuve Dan., usufruitière	New-Carlisle, Bonaven	8	240	240
Caron, Sir Adolphe P., in trust	Ottawa	120	3,600	3,600
Caron, Sir Adolphe P., in trust, &c	do	67	2,010	2,010
Carrel, James, succession	Québec	1	30	30
Carrier, Antoine	Lévis	31	930	930
Carrier, Mde veuve C. William	do	12	360	360
	Carried forward....	7,839	235,170	235,170

La Banque Nationale—The National Bank.

Names. — Noms.	Residence.	Number of Shares. — Nombre d'Actions.	Amount Paid. — Montant payé.	Amount Subscribed. — Montant souscrit.
			$	$
	Brought forward...	7,839	235,170	235,170
Carrier, Joseph E	Levis	124	3,720	3,720
Carrier, Dlle Eugénie	Québec	17	510	510
Carrier, Philippe	do	17	510	510
Carroll, Michael B.	Kamouraska	12	360	360
Carter, W. H., et Mde, usufruitiers	Québec	39	1,170	1,170
Casault, Lady L. Napoléon	do	28	840	840
Casgrain, J. P. Baby	Montréal	34	1,020	1,020
Catellier, Mde Laurent J	Québec	8	240	240
Cazeau, Mde Nazaire	do	12	360	360
Chapleau, Edouard	St-Pascal, Kamouraska	178	5,340	5,340
Chapleau, Joseph	Limoilou, Québec	130	3,900	3,900
Charron, Zéphirin	Québec	50	1,500	1,500
Châteauvert, Victor	do	134	4,020	4,020
Chauveau, l'hon. Alexandre	do	160	4,800	4,800
Chauveau, Mde Alexandre	do	99	2,970	2,970
Cauveau, Alexandre, fils	do	15	450	450
Chauveau, Charles A	do	15	450	450
Chinic, Mde veuve Eugène	do	230	6,900	6,900
Chinic, Mde Eugéne N	do	1	30	30
Cinq-Mars, Charles, succession	do	345	10,350	10,350
Clark, Mde Edouard	do	28	840	840
Cloutier, Rév. Charles F	do	100	3,000	3,000
Cloutier, Mde Joseph	St-Ephrem de Tring	23	690	690
Cloutier, J. Vincent, succession	Château-Richer, Montmorency	9	270	270
Collège de Ste-Anne	Ste-Anne de la Pocatière	147	4,410	4,410
Collège de Lévis	Lévis	40	1,200	1,200
Collége Ste-Marie	Montréal	2	60	60
Collet, Rév. C. Allyre	Ste-Anne de la Pocatière	103	3,090	3,090
Collet, Mde veuve C. Arcadius	St-Henri de Lévis	113	3,390	3,390
Communauté des relig. de l'Hôtel-Dieu	Québec	10	300	300
Congrégation des Hommes de St-Roch	do	3	90	90
Connolly, Dlle Margaret S.	do	71	2,130	2,130
Constantin, Jules, et Dlle Eva	Roberval, Lac St-Jean	11	330	330
Corporation Archiépis. Cath. Romaine.	Québec	632	18,960	18,960
Corporation Archiépis C.R.(S.E.St.-J)	do	10	300	300
Corporation Episcopale Cath. Romaine	Sherbrooke	16	480	480
Corporation de la Cité de Québec	Québec	838	25,140	25,140
Corporation du Curé de Notre-Dame	do	85	2,550	2,550
Corporation des Miss. de N.-D.S. de Jésus	do	10	300	300
Corporation des Révds. Oblats de M. I.	do	121	3,630	3,630
Corriveau, Honoré, et Mde et autres	St-Cajetan d'Armagh	28	840	840
Corriveau, Dlle Sophronie	St-Valier, Bellechasse	16	480	480
Corriveau, Mde Théophile	Québec	12	360	360
Côté, Mde veuve François, succession	Lévis	34	1,020	1,020
Côté, F.-Xavier, succession	do	16	480	480
Côté, Narcisse, succession	Québec	40	1,200	1,200
Couët, Adolphe	do	25	750	750
Couët, Arthur E.	do	10	300	300
Couillard, Mde veuve Alphonse	Rimouski	3	90	90
Couillard, E. Thomas	St Pierre, Montmagny	110	3,300	3,300
Couillard, Paul	L'Islet	3	90	90
Coursol, Mde M. C. J., succession	Montréal	7	210	210
Couture, Dlle Angélique	Lévis	30	900	900
Couture, Joseph G.	Québec	3	90	90
Couture, L. Edouard	Lévis	62	1,860	1,860
Couturier, Mde J.-Baptiste, succession	Malbaie, Charlevoix	1	30	30
Couvent de Saint-Sylvestre	St-Sylvestre, Lotbinière	1	30	30
Darveau, Mde veuve A. F. E, tutrice	Québec	40	1,200	1,200
Davis, Louis, tuteur	Montréal	34	1,020	1,020
DeBonald, Mde veuve Guillaume S	do	10	300	300
	Carried forward...	12,344	370,320	370,320

La Banque Nationale—The National Bank.

Names. — Noms.	Residence.	Number of Shares. — Nombre d'Actions.	Amount Paid. — Montant payé.	Amount Subscribed. — Montant souscrit.
			$	$
	Brought forward...	12,344	370.320	370,320
Déchêne, Alphonse A	Québec	139	4,170	4,170
Déchêne, Joseph	do	14	420	420
Déchêne, Mde Pierre	St-Aubert de L'Islet	2	60	60
Delâge, Cyrille F	Québec	11	330	330
Delagrave, Charles G	do	64	1,920	1,920
Delagrave, Henri, tuteur	do	4	120	120
DeLéry, Mde veuve L. C. A. Ch., usufruitière et tutrice	do	36	1,080	1,080
DeLéry, Dlle M. E. Corinne Ch	do	36	1,080	1,080
DeLille, Dion & Cie	do	4	120	120
DeLille, Mde veuve Ferdinand	do	112	3,360	3,360
Delisle, François	do	34	1,020	1,020
Delisle, J Arthur	do	6	180	180
Delisle, Jean	St-Jean, Isle d'Orleans	8	240	240
Delisle, Nicostrate, et autres	Pte-aux-Trembles, Port.	29	870	870
Délorier, Mde Louis	Québec	5	150	150
Demers, Georges	St-Henri de Lévis	450	13,500	13,500
Demers, Mde veuve Isaïe	Lévis	16	480	480
Demers, Mde L. Basile, succession	Québec	12	360	360
Demers, Louis G	do	5	150	150
Demers, Louis J	do	2	60	60
Demers, Louis J., et Mde	do	4	120	120
Demers, Mde Louis J.	do	1	30	30
Demers, L. Robert	do	50	1,500	1,500
Déry, Mde Eugène, usufruitière	Ste-Anne de la Pocatière	18	540	540
Déry, Ignace, succession	St-Jean Deschaillons	41	1,230	1,230
Deschènes, Louis	Québec	28	840	840
Désilets, A. Onésime	Bécancourt, Nicolet	5	150	150
Desjardins, C. Alfred R	St-André, Kamouraska	167	5,010	5,010
De St-Georges, H. Quetton	Cap-Santé, Portneuf	25	750	750
Deveau, Mde veuve Pierre, succession	Trois-Rivières	29	870	870
DeVillers, J. Alfred	Lotbinière	44	1,320	1,320
Dion, Mde veuve F.-Xavier, succession	Québec	32	960	960
Dion, Mde F.-Xavier	do	2	60	60
Dionne, C. E. Léonidas, usufruitier	do	45	1,350	1,350
Dionne, l'hon. Elisée, succession	Ste-Anne de la Pocatière	24	720	720
Dionne, F.-Xavier, succession	St-Thomas, Montmagny	4	120	120
Dionne, Rev. H. Alfred	Québec	10	300	300
Dionne, Honoré	St-Giles, Lotbinière	377	11,310	11,310
Dionne, Mde N. Eutrope	Québec	8	240	240
Donohue, Dlles Ellen, Julia et Em. Yv.	Manchester, N.H., E.U.	167	5,010	5,010
Donohue, Thomas	Québec	43	1,290	1,290
Doucet, Mde J. Eugène	Charlesbourg, Quebec	6	180	180
Doucet, Mde veuve Pierre A	Fraserville, Témiscouata	2	60	60
Drolet, A. Napoleon	Québec	28	840	840
Drolet, Désiré E	do	5	150	150
Drolet, Isidore, succession	Ancienne-Lorette, Que	1	30	30
Drolet, N. Arthur	Québec	50	1,500	1,500
Dubé, Mde J. Edmond	do	13	390	390
Dubé, Mde Paul	Rimouski	6	180	180
Duberger, Mde Georges	Malbaie, Charlevoix	1	30	30
Duchesnay, Mde Théodore J	Québec	5	150	150
Duchesneau, Mde veuve Guillaume	do	40	1,200	1,200
Dufresne, Candide	Montmagny	66	1,980	1,980
Dufresne, J. Marius	Sherbrooke	20	600	600
Dugal, Edouard, succession	Québec	8	240	240
Dugal, J. F. Siméon	do	10	300	300
Duggan, William E	do	56	1,680	1,680
Dumais, L. Vincent, curateur, etc	Fraserville, Témisc.	113	3,390	3,390
Dumas, Louis	Québec	40	1,200	1,200
Dumontier, Mde veuve Pierre	Beauport, Qué	18	540	540
	Carried forward...	14,945	448,350	448,350

La Banque Nationale—The National Bank.

Names. — Noms.	Residence.	Number of Shares. — Nombre d'Actions.	Amount Paid. — Montant payé.	Amount Subscribed. — Montant souscrit.
			$	$
	Brought forward......	14,945	448,350	448,350
Dumoulin, P. B.	Québec	92	2,760	2,760
Dumoulin, Mde P. B.	do	20	600	600
Dunn, T. H.	do	134	4,020	4,020
Dunn, T. H., in trust	do	200	6,000	6,000
Dupuis, A. B.	do	871	26,130	26,130
Dupuis, Georges	Ste-Marie, Beauce	10	300	300
Dupuis, Mde veuve J. B.	St-Roch des Aulnaies	8	240	240
Dupuis, Rév. J. B. C	Prympton, Digby, N.S.	15	450	450
Dupuis, Rév. J. F.	Berthier, Bellechasse	17	510	510
Dupuis, J. A.	St-Roch des Aulnaies	5	150	150
Dupuis, L. F.	do	5	150	150
Dupuis, Mde L. F., usufruitière	do	22	660	660
Dussault, Achille	Québec	100	3,000	3,000
Dussault, Adjutor	do	25	750	750
Dussault, David, succession	do	20	600	600
Dussault, Mde veuve F. X., succession	do	73	2,190	2,190
Duval, Philippe, succession	Paspébiac, Bonaventure	17	510	510
Elliott, William	Québec	10	300	300
Evêché de Trois-Rivières	Trois-Rivières	8	240	240
Fabrique de Notre-Dame de Québec	Québec	115	3,450	3,450
Fabrique de St-Charles	St-Charles, Bellechasse	36	1,080	1,080
Fabrique de St-Jean	St-Jean, Isle d'Orléans	8	240	240
Fabrique de St-Joachim	St-Joachim, Montmor'ncy	13	390	390
Fabrique de St-Joseph	St-Joseph de Lévis	40	1,200	1,200
Fafard, Mde veuve Auguste	L'Islet	5	150	150
Falardeau, Mde M. A.	Québec	6	180	180
Fiset, Charles	Ancienne-Lorette, Que.	6	180	180
Fiset, L. J. C.	Québec	75	2,250	2,250
Fynn, l'hon. E. J.	do	16	480	480
Forbes, Dlle Elizabeth	do	10	300	300
Forbes, Dlle M. J. Odiana	do	10	300	300
Fortier, François, succession	St-Michel de Bellechasse	25	750	750
Fortier, G. N. A.	Ste-Marie, Beauce	29	870	870
Fortier, G. E. R.	Québec	47	1,410	1,410
Fortier, Joseph, succession	St-Gervais, Bellechasse	17	510	510
Fortier, J. E.	Québec	140	4,200	4,200
Fortier, M. F. G.	do	81	2,430	2,430
Fortier, Dlle M. J. J. Anna	do	47	1,410	1,410
Fortier, Nazaire	do	210	6,300	6,300
Fortier, Mde Tancrède	Ste-Marie Beauce	18	540	540
Fortin, Irénée, succession	Québec	50	1,500	1,500
Fraser, Mde William	Fraserville, Témiscouata	10	300	300
Fréchette, Dlle M. C. Antoinette	Québec	53	1,590	1,590
Frémont, J. J. T.	do	349	10,470	10,470
Frenette, Mde veuve Théophile	Ste-Anne de la Pérade	12	360	360
Furois, J. Honoré	St-Michel, Bellechasse	2	60	60
Gaboury, Augustin	Québec	150	4,500	4,500
Gaboury, Augustin, in trust, etc.	do	1	30	30
Gaboury, Augustin, in trust, etc.	do	5	150	150
Gaboury, Augustin, in trust, etc.	do	2	60	60
Gaboury, A., exéc. succession W. Drum	do	105	3,150	3,150
Gaboury, A., prés., et A. Côté, trés.	do	200	6,000	6,000
Gaboury, Hilaire	Cap Rouge, Que.	60	1,800	1,800
Gagné, Herménégilde	Cap St-Ignace, Mont'ny	3	90	90
Gagnon, Rév. F. C.	Québec	3	90	90
Gagnon, Prosper, succession	do	4	120	120
Gagnon, Mde veuve S. A.	do	10	300	300
Gamache, C. Solyme	Cap St-Ignace, Mont'ny	9	270	270
Gamache, Mde Ferdinand	Montmagny	2	60	60
Garceau, Mde J. Edmond	Ste-Anne de la Perade	4	120	120
Garneau, Alfred	Ottawa	1	30	30
	Carried forward	18,586	557,580	557,580

La Banque Nationale—The National Bank.

Names — Noms.	Residence.	Number of Shares. — Nombre d'Actions.	Amount Paid. — Montant payé.	Amount Subscribed. — Montant souscrit.
			$	$
	Brought forward	18,586	557,580	557,580
Garneau, Félix	Cap-Santé, Portneuf	28	840	840
Garneau, Joseph	Québec	58	1,740	1,740
Garneau, J. P. Z	do	15	450	450
Garneau, Mde veuve J. P	do	9	270	270
Garneau, Mde veuve J. P., tutrice	do	15	450	450
Garneau, Mde L. H	do	10	300	300
Garneau, Némèse	do	41	1,230	1,230
Garneau, l'hon. Pierre	do	98	2,940	2,940
Gaucher, Alphonse, in trust	do	24	720	720
Gaumond, Mde Joseph L	do	5	150	150
Gauthier, Jean	Riv. à la Martre, Gaspé	32	960	960
Gauthier, Joseph	Québec	6	180	180
Gauthier, Narcisse	Montmagny	16	480	480
Gauthier, Mde Narcisse	do	8	240	240
Gauvin, Joseph	Québec	14	420	420
Gauvreau, Alexandre	do	47	1,410	1,410
Genest, P. M. A	do	4	120	120
Gingras, Augustin	do	5	150	150
Gingras, Dlle Eliza	St. Albert, Ont	24	720	720
Gingras, F. N., succession	Québec	28	840	840
Gingras, Mde veuve F. N	do	63	1,890	1,890
Gingras, Dlle Hélène A	do	2	60	60
Gingras, Mde veuve J. A., tutrice	do	3	90	90
Gingras, Mde veuve Narcisse	do	4	120	120
Gingras, Rév. T. Z., succession	Lévis	18	540	540
Girard, W. H	Isle de Jersey, Angleterre	58	1,740	1,740
Giroux, Edmond	Québec	195	5,850	5,850
Giroux, Mde veuve P. O	do	40	1,200	1,200
Giroux, Victor	do	40	1,200	1,200
Godbout, Louis, succession	St-Laurent, Isle d'Orléans	43	1,290	1,290
Godin, Mde veuve Elie	St-Pierre les Becquets	46	1,380	1,380
Gosselin, Rév. A. H	St-Charles, Bellechasse	27	810	810
Goulet, Cyrille et Mde	St-Gervais do	4	120	120
Gourdeau, Mde Félix	Québec	6	180	180
Gourdeau, François, succession	do	270	8,100	8,100
Gourdeau, Mde veuve François	do	111	3,330	3,330
Gourdeau, Godfrey	do	25	750	750
Gourdeau, Mde Godfrey, succession	do	4	120	120
Gourdeau, L. Alphonse	do	80	2,400	2,400
Grandbois, P. E., tuteur, etc	Fraserville, Temiscouata	4	120	120
Grant, Robert	Québec	10	300	300
Gravel, L. N	Château-Richer, Mont'cy	74	2,220	2,220
Grondin, Mde Eugène	Québec	2	60	60
Grouard, Mgr Emile	Rivière McKenzie, T.N.O.	139	4,170	4,170
Gurry, Mde veuve James, tutrice	Québec	1	30	30
Hacquoil, François	Isle de Jersey, Angleterre	32	960	960
Hâlée, François, succession	Québec	60	1,800	1,800
Hamel, Abraham, succession	do	29	870	870
Hamel, Mde Abraham, succession	do	29	870	870
Hamel, C. N	do	1	30	30
Hamel, Didace	Ancienne-Lorette, Qué	5	150	150
Hamel, Ernest et Henri	Québec	59	1,770	1,770
Hamel, Ferdinard E., succession	do	18	540	540
Hamel, Mde veuve Ferdinand E	do	18	540	540
Hamel, Jacques, succession	Ancienne-Lorette, Qué	2	60	60
Hamel, Théophile, succession	Québec	36	1,080	1,080
Hamel, Mde veuve Théophile	do	44	1,320	1,320
Hardy, Charles	do	2	60	60
Hardy, Mde veuve François, succession	Ottawa	10	300	300
Hardy, Joseph L	Québec	84	2,520	2,520
Hardy, M. Germain	Grondines, Portneuf	53	1,590	1,590
	Carried forward	20,824	624,720	624,720

La Banque Nationale—The National Bank.

Names. — Noms.	Residence.	Number of Shares. — Nombre d'Actions.	Amount Paid. — Montant payé.	Amount Subscribed. — Montant souscrit.
			$	$
	Brought forward......	20,824	624,720	624,720
Hardy, N. Siméon, succession..............	Québec	33	990	990
Hardy, O. Léon..................................	do	23	690	690
Hardy, Mde veuve Phidime	Pte-aux-Trembles	35	1,050	1,050
Hardy, Mde veuve Pierre-aux-Liens	Québec	67	2,010	2,010
Hatch, Hugh, succession......................	do	27	810	810
Henry, Arthur R.................................	do	30	900	900
Home, Mde veuve William..................	do	4	120	120
Hôpital-Général de Québec................	do	133	3,990	3,990
Horridge, Mde Albert C......................	Cheltenham, Angleterre..	184	5,520	5,520
Hospice de St-Thomas........................	Montmagny	49	1,470	1,470
Hossack, Dlle Isabella B......................	Québec	2	60	60
Hôtel-Dieu du de Sacre-Cœur de Jésus	do	15	450	450
Huard, Joseph....................................	do	10	300	300
Hudon, représ. L. E., usufruitier	Fraserville, Témiscouata	4	120	120
Hudon, L. Denis, usufruitier...............	Québec	4	120	120
Hudon, Théophile, succession..............	do	7	210	210
Hudon, Mde veuve Théophile	do	108	3,240	3,240
Huot, Dlle C. Hermine, succession	do	13	390	390
Huot, J. Emmanuel.............................	do	20	600	600
Huot, Philippe....................................	do	511	15,330	15,330
Irish Protestant Benevolent Society	do	10	300	300
Irvine, Georges, et autres....................	do	41	1,230	1,230
Irvine, Mde veuve Matthew Bell...........	do	25	750	750
Jarvis, John A....................................	Fraserville, Témiscouata	20	600	600
Jarvis, Mde John A., usufruitière	do	20	600	600
Jobin, Charles	Québec	19	570	570
Jobin, Pierre......................................	Ancienne-Lorette, Qué...	16	480	480
Jolicœur, Philippe J...........................	Québec	8	240	240
Joncas, Mde veuve Lazare	Montmagny	20	600	600
Jones, Edwin	Québec	64	1,920	1,920
Joseph, Andrew C...............................	do	14	420	420
Joseph, Montefiore.............................	do	6	180	180
Jourdain, Augustin..............................	St-Zacharie de Metgermet	140	4,200	4,200
Kelly, James.......................................	Québec	15	450	450
Kennedy, Oliver..................................	do	40	1,200	1,200
Kinnear, James, jr..............................	Leeds, Mégantic	4	120	120
Kirouac, François, succession..............	Québec	843	25,290	25,290
Knight, Mde veuve Alfred, usufruitière	do	8	240	240
Koenig, Charles..................................	L'Islet	10	300	300
Laberge, Narcisse, succession	Québec	3	90	90
Labonté, Albert...................................	Lévis	2	60	60
Labranche, Mde Ferdinand..................	Portneuf..........................	7	210	210
Labrecque, Mde veuve Alexis	Québec	10	300	300
Labrèque, Cyprien	do	10	300	300
Labrèque, Mde Cyprien.......................	do	16	480	480
Lacerte, Narcisse................................	Lévis	44	1,320	1,320
Lachance, J. Antoine..........................	Ottawa............................	12	360	360
Lacroix, Edouard................................	Québec	282	8,460	8,460
Lacroix, Rémi.....................................	Champlain	8	240	240
Lafleur, Mde veuve Gédéon B...............	Québec	83	2,490	2,490
Lafrance, Pierre G	do	22	660	660
Lagueux, Dlle Adelaide........................	Lévis	10	300	300
Laliberte, J. Baptiste..........................	Québec	159	4,770	4,770
Lambert, Julien..................................	St-Jean Chrysostôme......	21	630	630
Lambert, Rév. L. Zoel.........................	St-François, Beauce.......	73	2,190	2,190
Lamontagne, Napoléon........................	Ste-Flavie, Rimouski......	32	960	960
Landry, l'hon. A. C. Philippe R...........	La Canardière, Québec...	59	1,770	1,770
Landry, Ernest, usufruitier..................	Québec	61	1,830	1,830
Langevin, Charles F., succession	do	300	9,000	9,000
Langlois, Charles	do	20	600	600
Languedoc, Dlle Angèle........................	St-Michel, Bellechasse.....	9	270	270
	Carried forward......	24,669	740,070	740,070

Banques incorporées.

La Banque Nationale—The National Bank.

Names. — Noms.	Residence.	Number of Shares. — Nombre d'Actions.	Amount Paid. — Montant payé.	Amount Subscribed. — Montant souscrit.
			$	$
	Brought forward......	24,669	740,070	740,070
LaRoche, Dlle Régina....	Québec	40	1,200	1,200
LaRose, Mde O. Edouard	do	6	180	180
L'Arrivée, J. Ernest	Sandy Bay, Matane	40	1,200	1,200
LaRue, Mde veuve Désiré, usufruitière.	St-Gervais, Bellechasse...	27	810	810
LaRue, Eleusippe, succession	Québec	163	4,890	4,890
LaRue, Georges	do	4	120	120
LaRue, G. Antoine, usufruitier	Pte-aux-Trembles	59	1,770	1,770
Larue, l'hon Jules. E	Québec	10	300	300
Larue, Mde Jules E	do	2	60	60
LaRue, Roger	do	11	330	330
LaRue, l'hon V. Winceslas	do	30	900	900
Laterrière, Mde veuve de Sales, usuf....	do	80	2,400	2,400
Lavery, Joseph I	do	26	780	780
Lavoie, Mde Napoléon	do	4	120	120
Lavoie, Wilfrid	Isle aux Grues, M'gny....	22	660	660
Leblanc, J. Alfred	Sherbrooke	5	150	150
LeBœuf, J. Anastase	St-Casimir, Portneuf	8	240	240
LeBoutillier, Mde veuve Alfred P	Los Angeles, Cal., E.-U..	4	120	120
LeBoutillier, Georges, succession	Québec	58	1,740	1,740
LeBoutillier, Mde veuve Georges, succ.	do	6	180	180
Leclerc & Letellier	do	1	30	30
LeDroit, Joseph	do	4	120	120
LeDroit, Théophile	do	215	6,450	6,450
LeDroit, Théophile A	do	22	660	660
Lefèvre, Charles A	do	50	1,500	1,500
LeGrand, Albert E	Paspébiac, Bonaventure..	3	90	90
LeGrand, Arthur S	do	4	120	120
LeGrand, Elias W	Ruisseau LeBlanc, Bon ..	31	930	930
LeGrand, Dlle Ella E	Paspébiac, Bonaventure..	4	120	120
LeGrand, George P	do	4	120	120
LeGrand, Harold C	do	4	120	120
LeGrand, John L. (mineur)	do	2	60	60
LeGrand, Mde veuve John L	do	2	60	60
Lemieux, C. Eusèbe, in trust, &c	Québec	2	60	60
Lemieux, Mde veuvé Narcisse J	do	18	540	540
Lemieux, Mde Piérre E	St-Romuald, Lévis	26	780	780
Lemieux, Victor	Québec	9	270	270
LeMoine, Alexandre, succession	do	80	2,400	2,400
LeMoine, Gaspard	do	300	9,000	9,000
LeMoine, Gaspard, in trust	do	8	240	240
Lepage, F. Xavier	do	20	600	600
Lépine, Eugène E	Montréal	6	180	180
Lépine, Louis	Québec	125	3,750	3,750
Lépine, Louis Georges	do	40	1,200	1,200
LeSage, Dlle Berthe, succession	Montréal	4	120	120
Lespérance Mde veuve Chas., tutrice....	Québec	16	480	480
Lespérance, Mde veuve Michel	St-Thomas, Montmagny..	72	2,160	2,160
Lespérance, Mde veuve Pierre	Québec	53	1,590	1,590
Letellier, Rev. Arthur	Montréal	53	1,590	1,590
Letellier, Mde veuve Charles	St-Marie, Beauce	95	2,850	2,850
Letellier, J. Baptiste E	Québec	136	4,080	4,080
LeVallée, Thomas J	do	40	1,200	1,200
Lévêque, Dlle Henriette	do	19	570	570
Lindsay, Georgo E	do	17	510	510
Lindsay, Mde veuve John	Kingston, Ont	20	600	600
Lomas, Robert, succession	Québec	35	1,050	1,050
Lottinville, Flavien	Trois-Rivières	23	690	690
Louis, Joseph	Québec	30	900	900
Lynott, Patrick, succession	Edmundston, N.B	10	300	300
Lynott, Mde veuve Patrick	do	26	780	780
Macaulay, George H., héritiers	Québec	20	600	600
	Carried forward......	26,923	807,690	807,690

La Banque Nationale—The National Bank.

Names. — Noms.	Residence.	Number of Shares. — Nombre d'Actions.	Amount Paid. — Montant payé.	Amount Subscribed. — Montant souscrit.
			$	$
	Brought forward......	26,923	807,690	807,690
MacDonald, Mde J. Andrew	Montreal	13	390	390
Macnider & Co. James	Quebec	10	300	300
Maheux, Nicholas	do	71	2,130	2,130
Mahony, Dlle Eliza Ann	do	7	210	210
Marcotte, Mde veuve Charles	Fall-River, Mass., E.-U.	15	450	450
Marcotte, Mde François	Ste-Anne de la Pérade	5	150	150
Marcotte, J. Baptiste, succession	Québec	10	300	300
Marcotte, Joseph	Fall-River, Mass., E.-U.	2	60	60
Marmette, Mde veuve Joseph	Montréal	1	30	30
Marett, Mde veuve Jas. L., héritiers de	Québec	51	1,530	1,530
Mathieu, Dlle Zoé	Grondines, Portneuf	28	840	840
Matte, Mde Casimir	Ancienne-Lorette, Qué.	9	270	270
Matte, Mde Siméon	do	9	270	270
Matte, Joseph N. G	Québec	7	210	210
Matte, Dlle M. Alphonsine	do	6	180	180
McAdams, Mde William	Newtonville, Mass., E.-U.	22	660	660
McAdams, Mde William, usufruitière	do	22	660	660
McCone, James	Québec	201	6,030	6,030
McDonnell, Rév. Francis	Lévis	191	5,730	5,730
McLimont, Dlle Alice H	Québec	5	150	150
McLimont, Dlle S. Amy	do	5	150	150
McLimont, William	do	5	150	150
McPherson, William	Port Daniel, Bonaventure	2	60	60
McSweeney, Daniel, usufruitier	Montréal	25	750	750
Mercier, Honoré	Québec	28	840	840
Mercier, Mde veuve J. Baptiste	Berthier, Montmagny	3	90	90
Méthot, Mde Ebens	Boston, Mass., E.-U.	14	420	420
Méthot, E. Wenceslas	Québec	1	30	30
Meunier, Ferdinand	do	22	660	660
Michaud, J. Baptiste	Lévis	3	90	90
Miller, Mde Archibald	Québec	2	60	60
Moffet, Dlle Caroline	do	26	780	780
Montambault, Mde Didier J	do	3	90	90
Montambault, R. Ovide	do	10	300	300
Montminy, Octave	St-Georges, Beauce	115	3,450	3,450
Montreal City and District Savings Bk.	Montreal	50	1,500	1,500
Moraud, J. B. Lucien	Lotbinière	8	240	240
Morin, Charles E	L'Islet	4	120	120
Morin, Telmont	St-Nicolas, Lévis	4	120	120
Morin, Mde Edouard	Québec	5	150	150
Morisset, Rév. Fidèle	St-Anselme, Dorchester	10	300	300
Mossman, Mde veuve William	Québec	10	300	300
Municipalité de Percé	Percé, Gaspé	10	300	300
Munn, Dlle Elizabeth	Québec	30	900	900
Myrand, Léon H	do	15	450	450
Newton, William J., succession	do	25	750	750
Noël, Lazare	do	166	4,980	4,980
O'Grady, Rév. John, succession	Ste-Catherine de Fossambault	40	1,200	1,200
O'Meara, Dlle Joséphine	Québec	31	930	930
O'Neill, William, tuteur	Bowdle, Dak., E.-U.	5	150	150
O'Reilly, Dlle Mary Ann	Québec	4	120	120
Ouellet, Mde Charles	do	1	30	30
Painchaud, Antoine	do	174	5,220	5,220
Painchaud, Mde Antoine	do	173	5,190	5,190
Pampalon, Thomas	do	32	960	960
Papillon, Mde veuve Jacques	do	62	1,860	1,860
Pâquet, Mgr. Benjamin	do	50	1,500	1,500
Pâquet, Ignace	St-Nicolas, Lévis	30	900	900
Pâquet, Joseph, fils de Paul	St-Jean, Isle d'Orléans	8	240	240
Pâquet, Jules N	Ste-Hénédine, Dorchester	5	150	150
	Carried forward......	28,824	864,720	864,720

Banques incorporées.

La Banque Nationale—The National Bank.

Names. — Noms.	Residence.	Number of Shares. — Nombre d'Actions.	Amount Paid. — Montant payé.	Amount Subscribed. — Montant souscrit.
			$	$
	Brought forward.....	28,824	864,720	864,720
Pâquin, C. Rosaire	Québec	7	210	210
Pâquin, Mde J. D. Samuel	Deschambault, Portneuf..	25	750	750
Paradis, Etienne	Québec	523	15,690	15,690
Paradis, Félix	St-Henri de Lévis	41	1,230	1,230
Paradis, G. Arthur	Québec	7	210	210
Paradis, Dlle M. Eva	do	2	60	60
Paré, Dlle Célina	do	313	9,390	9,390
Parent, William A., succession	Sherbrooke	28	840	840
Parent, Mde veuve William A	do	28	840	840
Patronage, Œuvre du	Québec	72	2,160	2,160
Patronage, Œuvre du, in trust, &c	do	4	120	120
Patton, Allan	Lévis	4	120	120
Pellant, Mde Joseph F., succession	Ottawa	2	60	60
Pelletier, Mde Alphonse P	Trois-Pistoles, Témisc'ta	2	60	60
Pelletier, l'Hon. C. A. Panteleon	Québec	10	300	300
Pelletier, Mde veuve Charles P	do	12	360	360
Pelletier, Mde H. Cyrias	do	8	240	240
Pellétier, J. J. Henri, tuteur, &c	St-Raymond, Portneuf...	4	120	120
Pelletier, Mde Joseph E. C	Beaumont, Bellechasse...	40	1,200	1,200
Pelletier, Mde L. Oscar C	Québec	3	90	90
Pelletier, Mde Louis P	do	198	5,940	5,940
Pelletier, Mde Pantaléon	Sherbrooke	1	30	30
Peltier, Mde veuve J. Baptiste	Québec	4	120	120
Peltier, Dlle Julie	do	5	150	150
Petit, J. Baptiste	Chicoutimi	5	150	150
Petitclair, Joseph, succession	St-Augustin, Portneuf...	4	120	120
Pettigrew, Marcellin J	Québec	57	1,710	1,710
Picard, Ovide	do	106	3,180	3,180
Piché, Mde Liboire	Cap-Santé, Portneuf	9	270	270
Picher, Achille	Québec	5	150	150
Picher, Eugène, succession	do	5	150	150
Picher, Mde veuve G. Edouard, usufruitière	do	5	150	150
Pion, Auguste	do	100	3,000	3,000
Plamondon, Apollinaire	do	2	60	60
Plamondon, Jacques	Ancienne-Lorette, Qué...	3	90	90
Plante, Pierre	St-Bernard, Dorchester...	8	240	240
Poirier, Paul E	Fraserville, Témiscouata	20	600	600
Poitras, Ferdinand	Québec	2	60	60
Poitras, Mde Joseph	do	48	1,440	1,440
Poliquin, Mde veuve Honoré	do	5	150	150
Pouliot, Alphonse	do	28	840	840
Pouliot, Rév. Napoléon	do	6	180	180
Pratt, John, succession	Montréal	96	2,880	2,880
Prendergast, Mde veuve John J	Québec	32	960	960
Price, l'hon. Evan John	do	155	4,650	4,650
Price, l'hon. Evan John, curateur	do	73	2,190	2,190
Price, l'hon. Evan John exécuteur	do	10	300	300
Price, Dlle Jane M	do	217	6,510	6,510
Price, Dlle Mary E	do	14	420	420
Prince, J. Evariste	do	2	60	60
Prince, Mde J. Evariste	do	7	210	210
Provencher, Mde veuve Norbert	Montréal	64	1,920	1,920
Pye, Mde veuve T., et hérit, T. R. Kelly	New-Carlisle, Bonavent..	3	90	90
Quebec Fire Assurance Company	Québec	525	15,750	15,750
Ratté, L. Octave	Méthot's Mills, Lotb	20	600	600
Renault, J. Léonce	Québec	6	180	180
Rhéaume, Dlle Alphonsine	do	16	480	480
Richard, Jean	do	1	30	30
Richard, J. Eugène	do	1	30	30
Rinfret, Mde veuve F. Isaïe	Cap-Santé, Portneuf	16	480	480
	Carried forward.....	31,843	955,290	955,290

La Banque Nationale—The National Bank.

Names. — Noms.	Residence.	Number of Shares. — Nombre d'Actions.	Amount Paid. — Montant payé.	Amount Subscribed. — Montant souscrit.
			$	$
	Brought forward...	31,843	955,290	955,290
Rinfret, F. Rémi	Québec	26	780	780
Riopel, Mde Louis J	do	24	720	720
Rioux, Narcisse	do	409	12,270	12,270
Rivard, Adjutor	do	7	210	210
Rivard, Dlle Clothilde	do	7	210	210
Rivard, Dlle Valérie	do	7	210	210
Riverin, Mde veuve Charles	St-Jean, Port-Joli	8	240	240
Rivet, Pierre, succession	Ottawa	74	2,220	2,220
Robinson, Dlle Anne	Québec	65	1,950	1,950
Robinson, Dlle Anne, usufruitière	do	21	630	630
Robinson, Dlle Eliza	Toronto, Ont	22	660	660
Robinson, Dlle Eliza, usufruitière	do	22	660	660
Robitaille, Amédée	Québec	53	1,590	1,590
Robitaille, Arthur	do	15	450	450
Robitaille, F. Elzéar	do	20	600	600
Robitaille, Mde Jacques	Montréal	16	480	480
Robitaille, Olivier, succession	Québec	381	11,430	11,430
Ross, Mde David A., exécutrix et usufr	do	159	4,770	4,770
Ross, l'hon. James G., succession	do	133	3,990	3,990
Rouillard, Eugène	do	16	480	480
Rouillard, Mde Eugène	do	5	150	150
Roumilhac, Edouard	do	10	300	300
Rousseau, L. T. Eugène	St-Casimir, Portneuf	14	420	420
Roussel, Antoine, succession	St-Jean, Isle d'Orléans	41	1,230	1,230
Roussel, Rév. David	Ste-Anne, Chicoutimi	71	2,130	2,130
Roy, Alexandre	Malbaie, Charlevoix	1	30	30
Roy, Dlle Alice	Québec	2	60	60
Roy, Alphonse	Méthot's Mills, Lotbin're	3	90	90
Roy, Antoine	Petit Métis, Matane	50	1,500	1,500
Roy, Charles F., succession	Ste-Anne de la Pocatière	10	300	300
Roy, Mde Charles F., succession	do	10	300	300
Roy, Mde veuve François, succession	Québec	73	2,190	2,190
Roy, Mde veuve Gilbert, succession	St-Henri de Lévis	84	2,520	2,520
Roy, H. Octave	Ancienne-Lorette. Que	2	60	60
Roy, J. Anthyme	Fraserville, Témiscouata	19	570	570
Roy, Mde veuve Léon	Lévis	26	780	780
Roy, Dlle M. Léonie A	Montmagny	10	300	300
Roy, Mde veuve Odilon, succession	Québec	16	480	480
Roy, P. Etienne	do	14	420	420
Roy, Mde veuve Thomas	St-Anselme, Dorchester	12	360	360
Roy, Thomas E., succession	Québec	125	3,750	3,750
Samson, François	Bienville, Lévis	99	2,970	2,970
Samson, Dlle M. Caroline	Québec	4	120	120
Samson, Mde veuve Thomas	do	42	1,260	1,260
Séminaire de St-Germain de Rimouski	Rimouski	8	240	240
Séminaire St-Joseph	Trois-Rivières	40	1,200	1,200
Séminaire de Québec	Québec	354	10,620	10,620
Séminaire de Québec, ès-qualité	do	64	1,920	1,920
Sewell, William S., succession	do	80	2,400	2,400
Shapera, Charles	Roxbury, Mass., E.-U	65	1,950	1,950
Shapera, Mde Charles	do	35	1,050	1,050
Sharples, Henry H., in trust	Québec	40	1,200	1,200
Sharples, Ignatius	do	8	240	240
Sharples, l'hon. John	do	19	570	570
Sharples, l'hon. John, tuteur, &c	do	36	1,080	1,080
Sheppard, Dlle Sophie Elmire	Lévis	2	60	60
Simard, François	Québec	30	900	900
Simard, Mde veuve Georges H	do	40	1,200	1,200
Simmons, Joseph H	Lévis	10	300	300
Simons, William	Québec	26	780	780
Sirois, L. Philippe	do	57	1,710	1,710
	Carried forward	34,985	1,049,550	1,049,550

La Banque Nationale—The National Bank.

Names. — Noms.	Residence.	Number of Shares. — Nombre d'Actions.	Amount Paid. — Montant payé.	Amount Subscribed. — Montant souscrit.
			$	$
	Brought forward...	34,985	1,049,550	1,049,550
Sirois, L. Philippe, tuteur	Québec	297	8,910	8,910
Smith, Mde Paul E	do	16	480	480
Smith, Robert H	do	12	360	360
Société de Construction Permanente	do	6	180	180
Société de Prêts et Placements de	do	224	6,720	6,720
Sœurs de la Charité	Deschambault, Portneuf.	8	240	240
Sœurs de la Charité	Lévis	18	540	540
Sœurs de la Charité	St-Nicolas, Lévis	13	390	390
Sœurs de la Charité	Québec	92	2,760	2,760
Sœurs de la Charité, in trust, &c	do	4	120	120
St-Antoine, Dlle Geneviève	do	8	240	240
Steele, Mde veuve Thos. L., usufruitière	Montréal	22	660	660
Sylvain, Joseph	St. Michel, Bellechasse	2	60	60
Sylvestre, J. Ernest, in trust, &c	Sherbrooke	10	300	300
Taché, Dlle Adèle	Québec	22	660	660
Taché, Mde veuve J. Vinceslas	Kamouraska	16	840	840
Taché, Mde Joseph de L	St-Hyacinthe	5	150	150
Talbot, Mde Aimé, usufruitière	Québec	50	1,500	1,500
Talbot, Mde J.-Baptiste	Berthier, Montmagny	4	120	120
Tanquay, Mde Georges	Québec	13	390	390
Tanguay, Louis, succession	do	6	180	180
Tanguay, Mde veuve Louis	do	6	180	180
Tarte, Mde J. Israël	Ottawa	2	60	60
Taschereau, Mde C. Edmond	Québec	17	510	510
Taschereau, l'hon. J. Thos., succession	do	20	600	600
Taschereau, Jules J	St-Joseph, Beauce	18	540	540
Taschereau, Mde Jules J	do	32	960	960
Taschereau, Mde Léonce E	Québec	72	2,160	2,160
Taylor, Edward H	do	18	540	540
Taylor, Dlle M. Jane	do	16	480	480
Tessier, Auguste	Rimouski	80	2,400	2,400
Tessier, Cyrille	Québec	114	3,420	3,420
Tessier, Cyrille, in trust, &c	do	86	2,580	2,580
Tessier, Mde Cyrille	do	6	180	180
Tessier, Eugène	do	4	120	120
Tessier, Felix	Limoilou, Québec	125	3,750	3,750
Tessier, Mde Georges V	Québec	20	600	600
Tessier, Pierre, succession	do	37	1,110	1,110
Tessier, Mde veuve Pierre	do	12	360	360
Tessier, l'Hon. U. J., succession	do	541	16,230	16,230
Tessier, Ulric	do	138	4,140	4,140
Têtu, Dlle Athaïs	Fraserville, Témiscouata	118	3,540	3,540
Têtu, Mgr. Henri	Québec	18	540	540
Têtu, Prudent, succession	St-Thomas, Montmagny	6	180	180
Têtu, Mde veuve Prudent	do	6	180	180
Têtu, Vital, succession	Québec	150	4,500	4,500
Thériault, J. B	Lévis	24	720	720
Thibaudeau, l'Hon. A. A	Montréal	120	3,600	3,600
Thivierge, Rév. P. N	Québec	72	2,160	2,160
Thompson, William	Leeds, Mégantic	6	180	180
Thompson, Mde William	do	6	180	180
Thomson & Co., D. C	Québec	5	150	150
Thomson, Mde D. C	do	50	1,500	1,500
Tourangeau, enfants de J. Alph. G	do	20	600	600
Townsend, Mme S. W	Montreal	10	300	300
Turcotte, Mde Félix E	Québec	26	780	780
Turcotte, Georges	do	5	150	150
Turcotte, J. B. Abel	do	3	90	90
Turcotte, Mde veuve Nazaire	do	68	2,040	2,040
Turgeon, P. L	do	92	2,760	2,760
Turgeon, Zotique et Odilon	do	22	660	660
	Carried forward....	38,024	1,140,720	1,140,720

La Banque Nationale—The National Bank.

Names. — Noms.	Residence	Number of Shares. — Nombre d'Actions.	Amount Paid. — Montant payé.	Amount Subscribed. — Montant souscrit.
			$	$
	Brought forward...	38,024	1,140,720	1,140,720
Turpin, and Cie, W. J	Montreal	50	1,500	1,500
Vachon, Mde Alphonse	Beauport, Québec	5	150	150
Valin, P. V., succession	Québec	61	1,830	1,830
Valin, Mde veuve P. V	do	233	6,990	6,990
Vallée, Mde Arthur	do	22	660	660
Vallée, Mde Arthur, usufruitière	do	5	150	150
Vallée, Dlle Henriette, usufruitière	do	30	900	900
Vallée, Dlle Suzanne, usufruitière	do	30	900	900
Vallée, Prudent, succession	do	170	5,100	5,100
Vallée, Mde, veuve Prudent	Ange-Gardien, Mont'cy	50	1,500	1,500
Vallée, Mde veuve Prudent, usufruitière	do	40	1,200	1,200
Vallière, Onézime	St-Henri de Lévis	16	480	480
Vallière, Philippe	Québec	254	7,620	7,620
Verge, Charles	do	7	210	210
Verge, Mde Charles	do	10	300	300
Vermette, Joseph, fils	do	100	3,000	3,000
Verreault, Mde veuve Henri	Lévis	2	60	60
Verreault, P. G	St-Jean, Port-Joli	5	150	150
Verreault, Mde P. G	do	7	210	210
Vézina, F. R. A	Québec	64	1,920	1,920
Vézina, Mde veuve J. B	L'Ange-Gardien, Mon'cy	11	330	330
Vézina, Mde veuve Louis	Québec	25	750	750
Villeneuve, J. O	Montréal	150	4,500	4,500
Vocelle, J. B. Alfred	Québec	6	180	180
Vocelle, O. Elzéar, succession	do	6	180	180
Von Iffland, Rev. A. A., in trust, &c	Sillery, Que	40	1,200	1,200
Voyer, J. B	Québec	13	390	390
Wallart, A. L	do	8	240	240
Watters, Mde Arthur	do	5	150	150
Webster, G. M	Montréal	104	3,120	3,120
Whitehead, Mde Joseph	Québec	10	300	300
Winfield, Richard	do	60	1,800	1,800
Winter, l'Hon. Peter, succession	New-Carlisle, Bonav	15	450	450
Withall, William J	Montréal	340	10,200	10,200
Woodley, Mde veuve Samuel	Québec	10	300	300
Wright, Mde William	Montréal	12	360	360
	Total	40,000	1,200,000	1,200,000

Certifié,

P. LAFRANCE,
Gérant.

LA BANQUE NATIONALE,
QUÉBEC, le 31 décembre 1897.

QUEBEC BANK.

BANQUE DE QUÉBEC.

Value of Share, $100—Valeur de chaque action, $100.

Names. — Noms.	Residence.	Number of Shares. — Nombre d'Actions	Amount Paid. — Montant payé.	Amount Subscribed. — Montant souscrit.
			$	$
Ahern, Amelia V	Quebec	7	700	700
Ahern, A., and T. B. Macaulay, in trust	do	2	200	200
Ahern, A., and T. B. Macaulay, in trust	do	32	3,200	3,200
Alexander, Mary	Sandy Beach, Gaspé	4	400	400
Alexander, Elizabeth	do	4	400	400
Alain, Hariette	Quebec	2	200	200
Allard, Henriette C	do	6	600	600
Alleyn, E	do	10	1,000	1,000
Almon, F. A. M	Halifax	2	200	200
Amy, Alfred	Percé	3	300	300
Anderson, Clementina	Lévis	4	400	400
Anderson, Septima H	Montreal	10	1,000	1,000
Anderson, Eliza G	Quebec	10	1,000	1,000
Andrews, Annie	do	9	900	900
Andrews, Agnes J. C	do	1	100	100
Annett, Louis E., curator	Gaspé	8	800	800
Antliff, Rev. J. C., D.D	Montreal	5	500	500
Antrobus, Annie	Three Rivers	8	800	800
Antrobus, Charlotte and Annie	do	7	700	700
Arcand, Ulric	Bécancour	17	1,700	1,700
Armstrong, Elizabeth	Beauce	12	1,200	1,200
Armstrong, Rev. J	Valleyfield	3	300	300
Atkinson, Jessie	Quebec	9	900	900
Audette, Mary G	Ottawa	13	1,300	1,300
Auger, Adelaïde	Lotbinière	7	700	700
Austin, Myrrha H	Megantic	17	1,700	1,700
Austin, Henrietta M	Quebec	10	1,000	1,000
Balcer, Henry M	Three Rivers	243	24,300	24,300
Bald, William A	do	26	2,600	2,600
Bald, Arthur S	do	26	2,600	2,600
Baptist, Helen V	do	4	400	400
Baptist, Isabella C	do	3	300	300
Baptist, Flora McD	do	8	800	800
Baptist, Alexander	do	7	700	700
Barclay, James, tutor	Quebec	8	800	800
Barrow, J. W	do	41	4,100	4,100
Barclay, C. Hilda	do	4	400	400
Barden, Margaret A	do	28	2,800	2,800
Baridon, L. R., tutor	do	15	1,500	1,500
Beaudet, Rev. P. E	Lévis	14	1,400	1,400
Begg, James	Quebec	5	500	500
Begg, Margaret	do	5	500	500
Behan, Andrew J	do	1	100	100
Bell, Margaret A	Chaudière	3	300	300
Bell, Edward A	England	2	200	200
Bell, Mathew D	do	2	200	200
Belleau, Marie Z. E	Quebec	10	1,000	1,000
Bender, A., usufructuary legatee	Montmagny	5	500	500
Bénéteau, Charlotte and Patrick, executors	Quebec	8	800	800
Bertrand, C. F	Isle Verte	5	500	500
Bethune, M. L	England	16	1,600	1,600
	Carried forward	711	71,100	71,100

Quebec Bank—Banque de Québec.

Names. — Noms.	Residence.	Number of Shares. — Nombre d'Actions.	Amount Paid. — Montant payé.	Amount Subscribed. — Montant souscrit.
			$	$
	Brought forward...	711	71,100	71,100
Bettez, Henri	Three Rivers	19	1,900	1,900
Bickell, W. C	Quebec	3	300	300
Billingsley, Mary A. P	do	6	600	600
Bisset, Elizabeth	do	10	1,000	1,000
Black, Jessie C	Cobourg	3	300	300
Blair, David	Chicoutimi	17	1,700	1,700
Blair, Alexander	do	25	2,500	2,500
Blanchet, Rev. A	Quebec	12	1,200	1,200
Bolduc, Rev. M	Cacouna	30	3,000	3,000
Boswell, Harriet C	England	15	1,500	1,500
Boswell, A. W	Quebec	2	200	200
Boswell, Mary Jane	do	18	1,800	1,800
Boswell, Marion	do	1	100	100
Boswell, Martha A	do	1	100	100
Boswell, Laura	do	1	100	100
Boswell, Margaret L	do	1	100	100
Boswell, Joseph K	do	1	100	100
Boswell, Lewis H	do	1	100	100
Boswell, C. E. A	do	1	100	100
Boswell, Vesey	do	50	5,000	5,000
Botterell, Sarah	do	15	1,500	1,500
Boulanger, Lazare	do	44	4,400	4,400
Bourgaize, John	Gaspé	9	900	900
Bowen, G. M., usufructuary legatee	Quebec	9	900	900
Bowen, Elizabeth F., in trust	do	4	400	400
Bowen, Annie B	do	27	2,700	2,700
Bowen, Sarita	Montreal	12	1,200	1,200
Bowen, Elizabeth M	Quebec	4	400	400
Boxer, Mary F	do	10	1,000	1,000
Boyle, Isabella	do	78	7,800	7,800
Bradshaw, R. C	Thornhill, Man	4	400	400
Breakey, George	Quebec	9	900	900
Breakey, John	do	137	13,700	13,700
Breen, Thomas	do	16	1,600	1,600
Bridle, Lily J	Jersey	5	500	500
Brochu, Charles	Quebec	129	12,900	12,900
Brodie, William	do	65	6,500	6,500
Brotherhood, Maria A	Stratford	1	100	100
Brodie, Robert	Quebec	60	6,000	6,000
Brodie, Ann M	do	25	2,500	2,500
Broomer, George	do	10	1,000	1,000
Brousseau, Martha M	do	40	4,000	4,000
Brown, Henrietta	do	10	1,000	1,000
Brown, Ida Mary	do	2	200	200
Brown, John, in trust for Enid E	do	2	200	200
Brown, Mary F	do	24	2,400	2,400
Brown, W. D., in trust	do	2	200	200
Browne, Josephine, executrix	England	40	4,000	4,000
Browne, Amelia	do	7	700	700
Bruce, Mary	Quebec	5	500	500
Buchanan, Mary J	Montreal	4	400	400
Budden, Heber	Quebec	22	2,200	2,200
Budden, Eva M. A	Montreal	9	900	900
Buell, Margaret S	Brockville	21	2,100	2,100
Buell, Susan H. H	Ottawa	3	300	300
Buell, Margaret C. C	do	3	300	300
Bureau, Marie O	Lotbinière	3	300	300
Burn, William	Three Rivers	35	3,500	3,500
Burns, Alice	Quebec	4	400	400
Burns, James	do	30	3,000	3,000
Burns, Michael	do	20	2,000	2,000
	Carried forward...	1,887	188,700	188,700

Quebec Bank—Banque de Québec.

Names. — Noms.	Residence.	Number of Shares. — Nombre d'Actions.	Amount Paid. — Montant payé.	Amount Subscribed. — Montant souscrit.
			$	$
	Brought forward......	1,887	188,700	188,700
Burrell, Gertrude	England	8	800	800
Burstall, Fanny B	Quebec	30	3,000	3,000
Butchart, Ellen	do	30	3,000	3,000
Cahill, Margaret S	Beauce	19	1,900	1,900
Caisse d'Economie N.-D. de Québec, in trust	Quebec	70	7,000	7,000
Caldwell, Martha	New Carlisle	11	1,100	1,100
Caldwell, Sarah	do	11	1,100	1,100
Caldwell, Thomas	do	33	3,300	3,300
Calvin, Annie W	Kingston	1	100	100
Campbell, Isabella J	Quebec	17	1,700	1,700
Campbell, John	do	7	700	700
Campbell, Arthur J. D	do	6	600	600
Cannon, Cecelia E	do	30	3,000	3,000
Cannon, John	do	10	1,000	1,000
Cannon, Matilda	do	3	300	300
Carlile, Louisa A	England	17	1,700	1,700
Caron, F. X	Méthot's Mills	8	800	800
Carrier, Philippe	Quebec	18	1,800	1,800
Carrier, Eugénie	do	10	1,000	1,000
Carter, W. H	do	30	3,000	3,000
Carter, W. H., in trust for A. M. Carter	do	20	2,000	2,000
Carter, Louisa E., and W. H. Carter, usuf. leg	do	25	2,500	2,500
Carter, Louisa E	do	50	5,000	5,000
Carter, Geo. S	Montreal	63	6,300	6,300
Cazeau, Antoinette	Quebec	3	300	300
Chaperon, Samuel and W. J. Miller, in trust	do	8	800	800
Charlton, Charles P	Grand Bay	14	1,400	1,400
Chambers, W. D., H. K. Egan, and W. F., trustees	Ottawa	19	1,900	1,900
Chambers, Alice A	Knowlton	30	3,000	3,000
Chambers, Mrs. A. C	Ottawa	2	200	200
Champion, W. S	Quebec	1	100	100
Chapman, Elizabeth S. M	Lévis	7	700	700
Clapham, Margaret B. S	Quebec	10	1,000	1,000
Chauveau, Adèle T	do	2	200	200
Chauveau, Alex	do	8	800	800
Choquette, Maria B., A. Bender, usufr.	Montmagny	5	500	500
Cinq-Mars, Caroline F	Quebec	20	2,000	2,000
Cinq-Mars, C. F., usufructuary legatee.	do	20	2,000	2,000
Clark, Elizabeth G., administratrix	Winchester	56	5,600	5,600
Clark, Matilda	Hastings	4	400	400
Clearihue, Jean	Quebec	6	600	600
Cloutier, Josephine	Chateau Richer	5	500	500
Clifford, M., Major-General	England	75	7,500	7,500
Clifford, Harriet	do	8	800	800
Clint, Caroline, in trust for Mabel, Effie and Olive	Quebec	7	700	700
Coburn, Wm	Melbourne	2	200	200
Coffin, Adèle J	Quebec	7	700	700
Coffin, T. C., in trust	do	8	800	800
Colley, A. W., tutor	do	9	900	900
Connolly, Margaret S	do	8	800	800
Cook, Jessie	do	10	1,000	1,000
Corporation du Collège de Ste. Anne	Ste. Anne	7	700	700
Corriveau, Sophronie	St. Valier	3	300	300
Côté, Jos., M.D	do	10	1,000	1,000
Cousin, Elizabeth	Bâton Rouge	67	6,700	6,700
Craig, R	Quebec	3	300	300
	Carried forward...	2,858	285,800	285,800

Quebec Bank—Banque de Québec.

Names. — Noms.	Residence.	Number of Shares. — Nombre d'Actions.	Amount Paid. — Montant payé.	Amount Subscribed. — Montant souscrit.
			$	$
	Brought forward...	2,858	285,800	285,800
Crawford, A., in trust	Quebec	14	1,400	1,400
Cream, Robt. F	do	2	200	200
Crofton, Emma C	Halifax	2	200	200
Cross, Eliz. and Emma Jane	Quebec	4	400	400
Davis, Louis, tutor	Montreal	3	300	300
Dawson, Catherine W	England	10	1,000	1,000
Dawson, Fanny A.	Quebec	4	400	400
Dean, Elizabeth M	do	5	500	500
Dean, W. R	do	37	3,700	3,700
Deacon, Matilda D	Pembroke	7	700	700
Dean, A. L	Montana	30	3,000	3,000
Delorier, Célina	Quebec	1	100	100
Delagrave, C. G.	do	22	2,200	2,200
Derbishire, Catherine E	Montreal	57	5,700	5,700
Derbishire, Eliza M	do	20	2,000	2,000
Dery, M. M. C., usufructuary donee	Ste. Anne de la Pocatière	7	700	700
Desilets, Marie J. A	Three Rivers	1	100	100
Dickinson, Margt. L and Jas. M	Cobourg	35	3,500	3,500
Dillingham, W. B	Quebec	18	1,800	1,800
Dionne, C. E. L., usufructuary legatee	Lotbinière	8	800	800
Dionne, J. Bte.	St. Gilles, Lotb	40	4,000	4,000
Dolbel, Alfred W	Gaspé	2	200	200
Dolbel, Eliza M	Jersey	23	2,300	2,300
Donohue, Thos	Quebec	10	1,000	1,000
Donohue, W. T. A., tutor	Chicoutimi	30	3,000	3,000
Dorion, Marie	Quebec	40	4,000	4,000
Droy, Margaret	do	6	600	600
Dubé, Jos	do	10	1,000	1,000
Duberger, Antoinette, usuf. legatee	Malbaie	3	300	300
Dugal, Zoé Guay	Quebec	24	2,400	2,400
Duggan, Mary Susan	do	8	800	800
Duggan, W. E	do	119	11,900	11,900
Dumais, Louis V., curator	Fraserville	65	6,500	6,500
Duncan, Eliza	Montreal	52	5,200	5,200
Dunlop, J. J., in trust	Quebec	1	100	100
Dunn, T. H	do	60	6,000	6,000
Dunn, Laura	do	50	5,000	5,000
Dunn, Stuart H., tutor	do	4	400	400
Dunn, Mary E	do	50	5,000	5,000
Dupont, Mary A	do	22	2,200	2,200
Dupont, Lucy	do	15	1,500	1,500
Durnford, Maria G	Montreal	6	600	600
Durnford, Sophia M	do	6	600	600
Estate of late—				
Alleyn, Zoe A	Quebec	20	2,000	2,000
Andrews, Julia A. E	do	49	4,900	4,900
Bates, William J	do	84	8,400	8,400
Bayne, Margaret	do	14	1,400	1,400
Bogue, Anastasia, heirs of	do	41	4,100	4,100
Brodie, Thos	do	60	6,000	6,000
Brown, William Henry	do	50	5,000	5,000
Bruce, Robert	do	100	10,000	10,000
Burstall, John	do	2	200	200
Cadman, Jas	do	30	3,000	3,000
Caron, Josephine, heirs of	do	15	1,500	1,500
Coursol, E. H. Hélène	Montmagny	9	900	900
Couturier, Flore	Quebec	3	300	300
DeBlois, E. J	do	3	300	300
Delaperrelle, Sarah	Paspebiac	5	500	500
DeVilliers, F. X	Lotbinière	10	1,000	1,000
Douglas, Eleanor	Montreal	6	600	600
	Carried forward	4,292	429,200	429,200

Quebec Bank—Banque de Québec.

Names. — Noms.	Residence.	Number of Shares. — Nombre d'Actions.	Amount Paid. — Montant payé.	Amount Subscribed. — Montant souscrit.
			$	$
	Brought forward...	4,292	429,200	429,200
Estate of late—				
Drum, Wm.	Quebec	66	6,600	6,600
Dunn, C. W. S.	do	30	3,000	3,000
Dunn, L. H.	do	14	1,400	1,400
Fleming, Sophia J.	do	4	400	400
Fraser, Elizabeth H.	Montreal	43	4,300	4,300
Godbout, Louis	Island of Orleans	6	600	600
Hawkins, Catharine	Quebec	12	1,200	1,200
Housman, Rev. G. V.	do	14	1,400	1,400
Hunt, James	do	175	17,500	17,500
Irvine, Hon. Geo., heirs of	do	25	2,500	2,500
Jackson, Margaret	Montreal	11	1,100	1,100
Johnston, Geo.	Quebec	6	600	600
Langevin, C. F.	do	259	25,900	25,900
Langevin, Mary A.	do	1	100	100
Le Grand, John Le C.	Paspebiac	5	500	500
Maclaren, W. M.	Quebec	10	1,000	1,000
McWilliams, Ann	do	1	100	100
Meagher, John	Carleton	150	15,000	15,000
Morrin, J.	Quebec	6	600	600
Neilson, John	do	30	3,000	3,000
Nicolls, Armine D.	Lennoxville	6	600	600
Picher, Eugène, heirs of	Quebec	5	500	500
Pinhey, Chas. H.	Ottawa	20	2,000	2,000
Poston, Susan	Quebec	20	2,000	2,000
Rae, Wm.	do	10	1,000	1,000
Renfrew, G. R.	do	346	34,600	34,600
Robitaille, O. L., M.D.	do	10	1,000	1,000
Roy, Thomas E.	do	2	200	200
Scott, Sophia G., heirs of	do	10	1,000	1,000
Sewell, Alex.	do	12	1,200	1,200
Sewell, James A., M.D.	do	15	1,500	1,500
Sewell, Rev. E. W.	do	27	2,700	2,700
Sewell, Mary E. A.	do	5	500	500
Sharples, Chas.	do	11	1,100	1,100
Shaw, S. J.	do	163	16,300	16,300
Slater, Esther	Ottawa	74	7,400	7,400
Stevenson, James	Quebec	14	1,400	1,400
Stewart, Sarah	Inverness	2	200	200
Swanston, Thomas	Montreal	15	1,500	1,500
Winter, Hon. Judge P.	New Carlisle	7	700	700
Wishart, Maria	Madoc	87	8,700	8,700
Wright, Rosalie	Magog	1	100	100
Young, J. R.	Quebec	100	10,000	10,000
Exr's. of est. of late, Thos. Andrews	do	82	8,200	8,200
Exr's. do Lucretia, Austin	do	61	6,100	6,100
Exr. do Sir N. F. Belleau, K.C.M.G.	do	458	45,800	45,800
Exr's. of est. of late, Ann Black	do	20	2,000	2,000
Exr's. do Jos. K. Boswell	do	35	3,500	3,500
Exr'x. do Jas. Bowen, jr.	do	40	4,000	4,000
Exr. do R. Brown & Trus.	Ottawa	75	7,500	7,500
Exr's. do Rev. J. Cook, DD.	Quebec	4	400	400
Exr. do John Fraser	do	88	8,800	8,800
Exr. do W. H. Griffiths	England	7	700	700
Exr. do Hugh, Hatch	Quebec	12	1,200	1,200
Exr. do John Henderson	Montreal	3	300	300
Exr's. do François Kirouac	Quebec	5	500	500
Exr'x. do George Lawrence	do	30	3,000	3,000
Exr. do Urbain Leclerc	do	3	300	300
Exr's. do Alex. LeMoine	do	1	100	100
Exr's. do A. LeMoine, trust.	do	10	1,000	1,000
	Carried forward ...	7,056	705,600	705 600

Quebec Bank—Banque de Québec.

Names. — Noms.	Residence.	Number of Shares. — Nombre d'Actions.	Amount Paid. — Montant payé.	Amount Subscribed. — Montant souscrit.
			$	$
	Brought forward...	7,056	705,600	705,600
Exr'x. of est. late, Michel Lespérance	St. Thomas	5	500	500
Exr. do F. M. Malloch	Hamilton	8	800	800
Exr's. do Marian Marsh	Quebec	9	900	900
Exr's. do J. McCullen, trust	do	10	1,000	1,000
Exr's. do Mrs. M. Morrin	do	25	2,500	2,500
Exr's. do W. J. Newton	do	20	2,000	2,000
Exr. do Harriet M. Nicolls	Montreal	12	1,200	1,200
Exr. do Annie Patton	Quebec	25	2,500	2,500
Exr's. do Cath. Z. Pentland	do	20	2,000	2,000
Exr's. do Ed. Poston	do	50	5,000	5,000
Exr. do Wm. Poston	do	147	14,700	14,700
Exr. do Susannah Quinn	do	40	4,000	4,000
Exr. do W. S. Sewell	do	120	12,000	12,000
Exr's. do V Têtu	do	31	3,100	3,100
Exr's. do W. R. Thistle	Ottawa	50	5,000	5,000
Exr. do Joseph Wilson	Quebec	20	2,000	2,000
Eager, Agnes	Kinnear's Mills	3	300	300
Eckart, Margaret	Toronto	50	5,000	5,000
Edwards, Mary	Quebec	1	100	100
Egan, Mary Ann	do	3	300	300
Egan, H. K	Ottawa	54	5,400	5,400
Egan, Mary A	do	2	200	200
Elliot, Lydia J	Toronto	23	2,300	2,300
Elliot, Sarah J	Quebec	100	10,000	10,000
Emslie, Rachael	Lachute	20	2,000	2,000
Fairbanks, Elizabeth	Montreal	60	6,000	6,000
Fauvel, John B	Point St. Peter	30	3,000	3,000
Fauvel, G. P	do	14	1,400	1,400
Fauvel, Emily	Jersey	16	1,600	1,600
Fauvel, Clara	do	16	1,600	1,600
Ferguson, Gilbert	Reach, Ont	10	1,000	1,000
Finlay Asylum	Quebec	33	3,300	3,300
Fisher, Roswell C	Montreal	15	1,500	1,500
Fisher, Susan C	do	19	1,900	1,900
Fisher, Marion	Knowlton	8	800	800
Fitch, Mary A	Quebec	40	4,000	4,000
Fleming, Maud G. S	do	7	700	700
Flood, Nicholas	do	10	1,000	1,000
Flynn, Hon. E. J	do	6	600	600
Foley, Annie	do	20	2,000	2,000
Foley, Martin, jr	do	10	1,000	1,000
Foley, Martin, jr., in trust	do	5	500	500
Foote, Isabel	do	5	500	500
Foote, Lilian	do	5	500	500
Foote, Margaret E	do	5	500	500
Forget, L. J	Montreal	2	200	200
Forrest, Annie M	Sault au Cochon	6	600	600
Forrest, G. W	do	9	900	900
Forrest, Alex	Quebec	10	1,000	1,000
Fortier, Jos. E	do	17	1,700	1,700
Fortier, Marie J. J. A	do	6	600	600
Fortier, G. E R., M.D	do	5	500	500
Fortier, M. Felix G	do	6	600	600
Fortier, Eliza	do	9	900	900
Fortier, John	Leeds	2	200	200
Fortin, Philomène usuf. legatee	Quebec	10	1,000	1,000
Foster, Fred H	Richmond	6	600	600
Foster, Cynthia E	do	19	1,900	1,900
Fraser, Ida C. B	Quebec	15	1,500	1,500
Fraser, Jane, in trust	Lachute	10	1,000	1,000
Fraser, Christina	Scotland	16	1,600	1,600
	Carried forward...	8,386	838,600	838,600

Quebec Bank—Banque de Québec.

Names. — Noms.	Residence.	Number of Shares. — Nombre d'Actions.	Amount Paid. — Montant payé.	Amount Subscribed. — Montant souscrit.
			$	$
	Brought forward	8,386	838,600	838,600
Fraser, Anais A	Fraserville	7	700	700
Fréchette, Geneviève H	do	7	700	700
Frémont, Jules Jos. T	Quebec	6	600	600
Fry, Edward C	do	60	6,000	6,000
Fry, Mary E	do	60	6,000	6,000
Fry, Laura	Montreal	14	1,400	1,400
Fuller, Eunice L	Sherbrooke	9	900	900
Fulton, John A., tutor	Montreal	13	1,300	1,300
Gaboury, A., in trust	Quebec	5	500	500
Gale, Thomas	do	10	1,000	1,000
Garneau, Félix	Cap Santé	7	700	700
Garneau, Julie	Montmagny	1	100	100
Gaumond, Marie A	Ste-Anne de la Perade	5	500	500
Gauthier, Jean	Montmagny	26	2,600	2,600
Gauthier, N	do	4	400	400
Gauthier, Laure	do	4	400	400
Geggie, Jas., in trust	Quebec	11	1,100	1,100
Geggie, D. H	do	35	3,500	3,500
Geggie, Agnes H	do	21	2,100	2,100
Geggie, Isabella M	do	3	300	300
General Hospital, Ladies of	do	130	13,000	13,000
Gibb, James	do	36	3,600	3,600
Gibson, Marion	Toronto	5	500	500
Gillespie, Jas., sr	Lucan	27	2,700	2,700
Gillis, Mary E	Vermont	50	5,000	5,000
Gilman, Hon. F. E	Montreal	92	9,200	9,200
Giroux, E	Quebec	25	2,500	2,500
Gingras, Caroline	do	16	1,600	1,600
Gingras, Car., usnf. legatee	do	12	1,200	1,200
Girard, William Henry	Jersey	22	2,200	2,200
Glackemeyer, Bertha	Quebec	4	400	400
Glass, Margaret T	do	33	3,300	3,300
Glass, Margaret T., usnf. legatee	do	7	700	700
Godin, Cléophé	Nicolet	18	1,800	1,800
Goldstone, Mary Jane	Baltimore	38	3,800	3,800
Goldstone, Mary Jane, executrix	do	3	300	300
Graddon, Amelia	Quebec	20	2,000	2,000
Grant, T. H	England	20	2,000	2,000
Grant, Caroline	do	32	3,200	3,200
Grant, Robert	Quebec	20	2,000	2,000
Grasett, F. LeM	Toronto	4	400	400
Grasset, H. J., and H. H. Strathy, trustees	do	8	800	800
Green, J. H	Quebec	30	3,000	3,000
Green, Charlotte	England	32	3,200	3,200
Green, Helena J	Quebec	8	800	800
Grieg, Mary Jane	do	25	2,500	2,500
Griffin, Henry W	Ottawa	20	2,000	2,000
Grist, Amelia Jane	do	20	2,000	2,000
Grist, Henry	do	18	1,800	1,800
Gurry, Helen C., tutrix	Quebec	20	2,000	2,000
Hacquoile, François	Jersey	20	2,000	2,000
Hale, Ellen	Sherbrooke	14	1,400	1,400
Hale, Jeffrey	Brantford	10	1,000	1,000
Hale, Edward J	Quebec	100	10,000	10,000
Hale, E. J., in trust for Mary and Alice Bowen	do	45	4,500	4,500
Hale, E. J., and H. T. Machin, trustees	do	12	1,200	1,200
Hall, Mary	Ottawa	10	1,000	1,000
Hamel, Annie	Quebec	12	1,200	1,200
Hamilton, Robert	do	67	6,700	6,700
	Carried forward	9,759	975,900	975,900

Quebec Bank—Banque de Québec

Names. — Noms.	Residence.	Number of Shares. — Nombre d'Actions.	Amount Paid. — Montant payé.	Amount Subscribed. — Montant souscrit.
			$	$
	Brought forward...	9,759	975,900	975,900
Hamilton, Elizabeth	Quebec	2	200	200
Hamilton, May	Kingston	12	1,200	1,200
Hamilton, Susan	Toronto	26	2,600	2,600
Hammond, Mrs. Elizabeth J. E	Ottawa	6	600	600
Haneberry, Margaret	Quebec	1	100	100
Hannon, Owen	do	1	100	100
Harmon, A. M	Ottawa	2	200	200
Harris, Josephine A	Syracuse, N.Y	4	400	400
Hart, Catharine McL	Montreal	5	500	500
Hart, Henrietta Keddie	do	5	500	500
Healey, Louisa	Quebec	4	400	400
Hatch, Thos	Toronto	2	200	200
Haws, Elizabeth T	Levis	4	400	400
Heigham, Grace C	England	42	4,200	4,200
Henderson, Martha H	Quebec	10	1,000	1,000
Henderson, Margaret E	do	4	400	400
Henderson, Edward D	Dorchester Co	11	1,100	1,100
Henderson, Mary Ann	do	15	1,500	1,500
Henderson, Gilbert	do	15	1,500	1,500
Henry, Amy R	Quebec	100	10,000	10,000
Henry, Arthur R	do	47	4,700	4,700
Henry, Edith M	do	53	5,300	5,300
Hethrington, Thomas	do	95	9,500	9,500
Hickey, P. A. S	England	45	4,500	4,500
Hill, Hammett, M.D	Ottawa	30	3,000	3,000
Hoare, Annie M	Quebec	9	900	900
Hodgson, Rev. John	England	92	9,200	9,200
Hodge, Harriet	Quebec	8	800	800
Holt, John H	do	25	2,500	2,500
Holt, Thos	Montreal	5	500	500
Hood, Thos. D., in trust	do	40	4,000	4,000
Hossack, Alma J	Quebec	2	200	200
Hossack, Helen	do	120	12,000	12,000
Hossack, Martha J	do	33	3,300	3,300
Hossack, I. Barbara	do	25	2,500	2,500
Hossack, John R	do	2	200	200
Hossack, Clara F	do	4	400	400
Hossack, Georgina G	do	4	400	400
Houliston, Janet	Three Rivers	8	800	800
Houliston, Alex	do	18	1,800	1,800
Housman, Eva V	Quebec	6	600	600
Hudon, Marie C	do	13	1,300	1,300
Hudon, Marie C., executrix and usuf. legatee	do	13	1,300	1,300
Hume, Ellen E	Leeds	16	1,600	1,600
Humphrey, Mary Ann	Quebec	2	200	200
Hunt, Caroline E	do	9	900	900
Hunt, May	Beauport	3	300	300
Hunt, A. F., and J. T. Ross, trustees Mount Hermon Cemetery	Quebec	19	1,900	1,900
Huot, A. J., usufructuary legatee	do	1	100	100
Huot, Chas., usufructuary legatee	do	1	100	100
Huot, Philippe	do	10	1,000	1,000
Irvine, Charlotte, F. L. A	do	79	7,900	7,900
Jacobs, Hannah	Montreal	30	3,000	3,000
Janes, Erie J. and Mary F., usufructuary legatees	do	22	2,200	2,200
Jarvis, John A	Rivière du Loup	6	600	600
Jiggins, Isabella	Megantic	37	3,700	3,700
Johnson, A. R., and Rev. B. Watkins, in trust	Montreal	10	1,000	1,000
	Carried forward....	10,992	1,099.200	1,099,200

Quebec Bank—Banque de Québec.

Names — Noms.	Residence.	Number of Shares. — Nombre d'Actions.	Amount Paid. — Montant payé.	Amount Subscribed. — Montant souscrit.
			$	$
	Brought forward...	10,992	1,099,200	1,099,200
Johnston, Peter	Quebec	40	4,000	4,000
Johnston, Marianne	do	25	2,500	2,500
Joly de Lotbinière, Sir H. G	do	50	5,000	5,000
Jones, Reuben P	Boston	17	1,700	1,700
Jones, Edwin	Quebec	57	5,700	5,700
Jones, Grace A	do	11	1,100	1,100
Joseph, Andrew C	do	2	200	200
Joseph, Annette	do	1	100	100
Joseph, Fanny D	Montreal	2	200	200
Joseph, Rachel S	do	2	200	200
Joseph, Sophia C	do	2	200	200
Jourdain, A	Quebec	20	2,000	2,000
Kaulback, Sophia	Truro, N.S	2	200	200
Kane, Henriette	Quebec	105	10,500	10,500
Kean, Eliza Jane	Boston, Mass	208	20,800	20,800
Kelly, William	Quebec	30	3,000	3,000
Kennedy, Oliver	do	2	200	200
King, Edwin F	Montreal	10	1,000	1,000
Kinnear, W	Kinnear's Mills	35	3,500	3,500
Kinnear, Jas., jr	do	30	3,000	3,000
Kinnear, Jno. L	do	42	4,200	4,200
Kinnear, Rev. Geo. F	do	63	6,300	6,300
Kirouac, Julie	Quebec	5	500	500
Lacerte, Arthur	Yamachiche	7	700	700
Lacroix, Ed	Quebec	53	5,300	5,300
Ladies' Protestant Home	do	55	5,500	5,500
Lagueux, Adelaïde	Lévis	1	100	100
Laird, John	Quebec	10	1,000	1,000
Laird, Agnes, in trust for Jno. Laird, jr	do	15	1,500	1,500
Laird, Harriet, in trust for Jno. Laird, jr	do	15	1,500	1,500
Lamb, Martha	Montreal	8	800	800
Lambert, Caroline A	Ottawa	18	1,800	1,800
Lamontagne, Napoléon	Rimouski	8	800	800
Langevin, Sir H. L., K.C.M.G	Quebec	4	400	400
Laurie, Duncan	do	116	11,600	11,600
Laurie, W. P	do	10	1,000	1,000
Laurie, Amelia Jane	do	5	500	500
Laurie, Archd	do	5	500	500
Lawrence, Jane	do	10	1,000	1,000
Layfield, Agnes	Megantic	4	400	400
Learmouth, Helen	Quebec	4	400	400
LeBoutillier, Harriet M	Paspebiac	8	800	800
Le Bas, C. G	Jersey	32	3,200	3,200
LeGros, Annie M	Gaspé	3	300	300
LeGros, John Jas	do	3	300	300
LeGros, Thomas Alex	do	3	300	300
LeGros, P. E	Jersey	31	3,100	3,100
LeHuquet, John	Gaspé	1	100	100
Layton, Mary R	Montreal	14	1,400	1,400
LeMarquand, Alice	Point St. Peter	8	800	800
Lemesurier, Amélia	England	60	6,000	6,000
Lemesurier, W. G., in trust	Montreal	11	1,100	1,100
Lemesurier, W. G, tutor	do	4	400	400
Lemieux, Elise	St. Romuald	11	1,100	1,100
LeMoine, Gaspard	Quebec	40	4,000	4,000
Lennon, Annie	do	4	400	400
Lennon, Jas	do	10	1,000	1,000
Leonard, Rev. Joseph H	South Dakota	7	700	700
Lespérance, Marie E	St. Thomas	9	900	900
Lespérance, Marie E. H	Quebec	3	300	300
Levy, Rosetta	England	100	10,000	10,000
	Carried forward	12,463	1,246,300	1,246,300

Quebec Bank—Banque de Québec.

Names. — Noms.	Residence.	Number of Shares. — Nombre d'Actions.	Amount Paid. — Montant payé.	Amount Subscribed. — Montant souscrit.
			$	$
	Brought forward...	12,463	1,246,300	1,246,300
Lindsay, George E..	Quebec	4	400	400
Lindsay, C. W. A., in trust for Mrs. E. J. Russell	do	35	3,500	3,500
Lindsay, Zoé	do	11	1,100	1,100
Lindsay, Eliza A	Douglastown	11	1,100	1,100
Lindsay, Eliza L	Kingston	26	2,600	2,600
Lloyd, Clara E	Quebec	2	200	200
Lodge, Mary	Metapedia	3	300	300
Logie, Jessie M	Montreal	4	400	400
Logie, Jessie M., usufructuary legatee..	do	5	500	500
Lord Bishop of Quebec, in trust	Quebec	20	2,000	2,000
Lottinville, F	Three Rivers	8	800	800
Louis, Joseph	Quebec	15	1,500	1,500
Louis, Daniel	do	15	1,500	1,500
Love, Rev. A. T	do	3	300	300
Mabé, Jane	Gaspé	3	300	300
Mabé, Elizabeth	do	11	1,100	1,100
MacIntosh, Preble, in trust	Montreal	5	500	500
Mackay, A. R	do	10	1,000	1,000
Mackay, Geo. B	do	9	900	900
Mackay, Robt	do	10	1,000	1,000
Mackenzie, W. J	do	1	100	100
Maclean, Annie S	Toronto	54	5,400	5,400
Macnachtan, Margaret H..	Cobourg, Ont	3	300	300
Macnider, James	Quebec	80	8,000	8,000
Macinder, Jas & Co	do	4	400	400
Maguire, Isabella	New Carlisle	61	6,100	6,100
Maguire, Rev. A. E	do	42	4,200	4,200
Macpherson, Annie C	Ottawa	6	600	600
MacTavish, Flora S	do	3	300	300
Manuel, John	do	26	2,600	2,600
Marsh, Catherine H	Quebec	1	100	100
Marsh, Annie M	do	5	500	500
Marsh, W. A	do	50	5,000	5,000
Martin, Alex	Leeds	3	300	300
Martin, Mary	do	2	200	200
Martindale, B. H., Lieut.-Col., C.B	England	12	1,200	1,200
McCaghey, Mabel	Quebec	9	900	900
McCann, Mary	do	36	3,600	3,600
McCallum, Margaret	do	9	900	900
McClelland, Mary E	Parry Sound, Ont	9	900	900
McClelland, Robert N	Kankakee, Illnois	8	800	800
McConechy, Emma M	Port Stanley	66	6,600	6,600
McConechy, Jane	London, Ont	12	1,200	1,200
McCullen, Ann	Quebec	9	900	900
McDonough, Mary E. J	Chicago	10	1,000	1,000
McDougall, Helen O	Montreal	4	400	400
McDougall, Alice	do	1	100	100
McDougall, George	Drummondville	35	3,500	3,500
McDougall, Martha V	Montréal	1	100	100
McDougall, Thos	do	61	6,100	6,100
McDougall, Thos., G. M., in trust	Quebec	70	7,000	7,000
McDougall, Walter	Hull	16	1,600	1,600
McGie & Son, Daniel	Quebec	4	400	400
McGill, Mary Ann	Montreal	7	700	700
McHarg, John	Leeds	1	100	100
McHarg, Christiana	Quebec	3	300	300
McIntyre, Annie M	Montreal	12	1,200	1,200
McIntyre, Eva	Inverness	6	600	600
McFarlane, Alice M	Montreal	4	400	400
McKenna, Rosanna	Gaspé	17	1,700	1,700
	Carried forward ...	13,436	1,343,600	1,343,600

Quebec Bank—Banque de Québec.

Names — Noms.	Residence.	Number of Shares. — Nombre d'Actions.	Amount Paid. — Montant payé.	Amount Subscribed. — Montant souscrit.
			$	$
	Brought forward	13,436	1,343,600	1,343,600
McKenzie, Margaret	Leeds	2	200	200
McKenzie, Annie, in trust	do	40	4,000	4,000
McKenzie, Charles	Quebec	7	700	700
McLennan, Alma	Montreal	4	400	400
McLimont, Sarah E	Quebec	45	4,500	4,500
McLimont, J. C	do	11	1,100	1,100
McLimont, J. C., in trust	do	63	6,300	6,300
McLimont, Sarah E., usufruct. legatee.	do	30	3,000	3,000
McLimont, Sarah E., tutrix	do	4	400	400
McLimont, Sarah E., and J. C., in trust for Robert	do	4	400	400
McLimont, Christina	do	4	400	400
McLimont, Helena	do	4	400	400
McLimont, Alice H	do	4	400	400
McLimont, Anna F	Ottawa	35	3,500	3,500
McLimont, Sarah Amy	Quebec	8	800	800
McMillan, Duncan	Grenville	12	1,200	1,200
McNaughton, Duncan	Montreal	20	2,000	2,000
McNaughton, W	Pabos Mills	15	1,500	1,500
McPherson, W. A	Port Daniel	10	1,000	1,000
McPherson, W. A., in trust for Fergus	do	2	200	200
McPherson, W. A., in trust for Jas. C.	do	2	200	200
McQuilkin, Mary P. tutrix	Rivière du Loup	14	1,400	1,400
McQuilkin, Mary P., usufruct., legatee.	do	14	1,400	1,400
McWilliam, Eliza	Quebec	6	600	600
Meiklejohn, Elizabeth	Knowlton	8	800	800
Meiklejohn, Grace E	do	7	700	700
Meredith, Margt. F	Montreal	13	1,300	1,300
Messervey, Alex. J., curator	Quebec	6	600	600
Méthot, E. W	Méthot's Mills	50	5,000	5,000
Méthot, Elise M	Boston	50	5,000	5,000
Middleton, Eliz., usufruct. legatee	Richmond	23	2,300	2,300
Miller, H. J., in trust for Ruby R	Montreal	2	200	200
Miller, H. J, in trust for Eva S	do	2	200	200
Miller, Jane	Quebec	12	1,200	1,200
Miller, Eliz. J., usufruct. legatee	do	48	4,800	4,800
Miller, Mathilde T	do	12	1,200	1,200
Miller, Mathilde T., tutrix	do	8	800	800
Moffatt, David	Irvine, Meg	8	800	800
Moffet. R	Quebec	4	400	400
Moir, Gavin R	do	17	1,700	1,700
Montizambert, Alice L., institute, and John L. Gibb, curator	Toronto	51	5,100	5,100
Montreal City and Dist. Savings Bank.	Montreal	126	12,600	12,600
Montreal St. Patrick's Orphan Asylum	do	184	18,400	18,400
Montreal St. Bridget's Refuge	do	30	3,000	3,000
Moore, Helen E. E	London, Eng	1	100	100
Morgan, James	Quebec	24	2,400	2,400
Morgan, Charlotte R	do	40	4,000	4,000
Morin, Georgina	do	5	500	500
Morrison, M. J., in trust	Montreal	34	3,400	3,400
Mossman, Sarah J	Quebec	15	1,500	1,500
Mountain, Catherine S	England	37	3,700	3,700
Mountain, Rev. Jacob J. S	Cornwall, Ont	15	1,500	1,500
Mulholland, Ann	Quebec	11	1,100	1,100
Munn, Wm	do	8	800	800
Murison, Mary	New Carlisle	8	800	800
Murphy, Pierce, in trust	Quebec	8	800	800
Murphy, Ann	do	2	200	200
Murray, Melissa	Boston	4	400	400
Newcombe, G. H	Ottawa	5	500	500
	Carried forward	14,674	1,467,400	1,467,400

Quebec Bank—Banque de Québec.

Names — Noms.	Residence.	Number of Shares. — Nombre d'Actions.	Amount Paid. — Montant payé.	Amount Subscribed. — Montant souscrit.
			$	$
	Brought forward...	14,674	1,467,400	1,467,400
Nelson, Thos. R., in trust	Montreal	15	1,500	1,500
Nicolls, Rev. Gus. G	Rivière du Loup	18	1,800	1,800
Noel, H. V	Ottawa	20	2,000	2,000
Norris, Emma Ann	Quebec	38	3,800	3,800
Norris, T. H	do	45	4,500	4,500
Norris, Charlotte	do	13	1,300	1,300
Norris, Myra L	do	6	600	600
Norris, Helena	do	6	600	600
O'Connell, Mary	do	10	1,000	1,000
O Donnell, Patrick	do	9	900	900
Oliver, Matilda E	do	27	2,700	2,700
O'Meara, Josephine, Henrietta, Mary, Eliza Ellen, and Kathleen, usf. legatees	do	25	2,500	2,500
O'Meara, D. D	do	17	1,700	1,700
Orphan Asylum (male)	do	26	2,600	2,600
Orphan Asylum (female)	do	105	10,500	10,500
Ottawa Trust and Deposit Co	Ottawa	1	100	100
Oughtred, A. R., jud. ad. J. Quick	Richmond	8	800	800
Palmer, Amory Z	Ottawa	46	4,600	4,600
Paré, Celina, universal legatee	Quebec	55	5,500	5,500
Parent, Louis	do	16	1,600	1,600
Parent, F. X	do	17	1,700	1,700
Parke, Chas. S., M.D	do	4	400	400
Parke, Joseph	do	10	1,000	1,000
Parke, Mrs. Mary J	Melbourne	20	2,000	2,000
Paterson, W. S., in trust	Montreal	20	2,000	2,000
Pattee, Gordon B	Ottawa	60	6,000	6,000
Patterson, Rose E	Quebec	26	2,600	2,600
Patton, H. B	do	2	200	200
Patton, Eva E	St. Thomas	4	400	400
Patton, Harriet E. F	Quebec	1	100	100
Patton, Emmy C	do	1	100	100
Patton, Harriet	do	45	4,500	4,500
Patton, Jas., jr	do	19	1,900	1,900
Peebles, Maria	do	95	9,500	9,500
Pelletier, Joseph C	Cacouna	27	2,700	2,700
Pelletier, Joseph	Quebec	1	100	100
Penney, Sarah	do	10	1,000	1,000
Pennington, Elizabeth S	do	25	2,500	2,500
Pentland, C. A	do	35	3,500	3,500
Pentland, C. A., executor estate of R. Lomas	do	3	300	300
Pentland, Margaret	Three Rivers	36	3,600	3,600
Percé, Municipality of	Percé	4	400	400
Perley, H. S	Ottawa	20	2,000	2,000
Petry, Araminta	Quebec	29	2,900	2,900
Phelan, Mary	do	2	200	200
Phillips, Mary C	do	76	7,600	7,600
Picher, Adelaide	do	8	800	800
Picher, Adelaide, usufructuary legatee	do	8	800	800
Piddington, T. A	do	1	100	100
Piddington, Alfred	Montreal	11	1,100	1,100
Piddington, Annie	Quebec	4	400	400
Piddington, S	Ottawa	2	200	200
Pinhey, John H	do	100	10,000	10,000
Pinhey, Catherine	do	8	800	800
Pinto, Crimea H	England	3	300	300
Piper, James	Quebec	10	1,000	1,000
Plees, Maria E	England	74	7,400	7,400
Plunket, Frances	Quebec	5	500	500
Plunket, Mary Jane	do	5	500	500
	Carried forward ...	16,011	1,601,100	1,601,100

Quebec Bank—Banque de Québec.

Names. — Noms.	Residence.	Number of Shares. — Nombre d'Actions.	Amount Paid. — Montant payé.	Amount Subscribed. — Montant souscrit.
			$	$
	Brought forward...	16,011	1,601,100	1,601,100
Poe, Clara L	Montreal	1	100	100
Poitras, Joseph	Méthot's Mills	3	300	300
Pope, Ann, usufructuary legatee	Anticosti	25	2,500	2,500
Pope, Louisa F	Quebec	10	1,000	1,000
Pope, Edwin, in trust	do	1	100	100
Porter, George	Rock Island	20	2,000	2,000
Poston, C. Matilda	Lévis	21	2,100	2,100
Pozer, Wm. John	Beauce	4	400	400
Price, Charlotte Isabella	Quebec	25	2,500	2,500
Price, Mary E	do	5	500	500
Price, Jane M	do	25	2,500	2,500
Price, Cecilia	do	25	2,500	2,500
Price, E. J., curator	do	45	4,500	4,500
Provencher, Louis D	do	22	2,200	2,200
Purves, Jane Ann	Lévis	36	3,600	3,600
Pye, Robt	Sandy Beach	10	1,000	1,000
Pyncheon, Mary	Montreal	9	900	900
Quebec, Archbishop of	Quebec	105	10,500	10,500
Quebec, Bishop of R. C	do	77	7,700	7,700
Quebec Cathedral, Rector and Church Wardens of	do	20	2,000	2,000
Quebec Corporation, in trust	do	765	76,500	76,500
Quebec Corporation of the Curé of the Parish of Notre Dame	do	123	12,300	12,300
Quebec Fire Assurance Co	do	500	50,000	50,000
Quebec, Lord Bishop of	do	15	1,500	1,500
Quebec Irish Protestant Benefit Society	do	12	1,200	1,200
Quebec St. Andrews Society	do	18	1,800	1,800
Quebec Seminary	do	130	13,000	13,000
Quebec W. C. Assn	do	4	400	400
Quebec Y. M. C. Assn	do	2	200	200
Quinn, Mary, usufructuary legatee	do	13	1,300	1,300
Racey, Harriet S	Lennoxville	2	200	200
Racey, John, M.D.E., grevé de substitution	do	14	1,400	1,400
Racey, Jos. R., grevé de substitution	Quebec	14	1,400	1,400
Racey, Rev. G. W., do	Goderich	14	1,400	1,400
Racey, John, M.D.E	Lennoxville	2	200	200
Racey, John, M.D.E., and J. T. Harrower, tutors	do	4	400	400
Racey, Rev. G. W., guardian	Goderich	1	100	100
Ratté, Gilles	do	14	1,400	1,400
Ratté, L. O	Méthot's Mills	25	2,500	2,500
Reeve, Robt. F., in trust	Quebec	7	700	700
Rector and Church Wardens Cathedral Sustentation Fund	do	2	200	200
Renfrew, Eliza	Toronto	3	300	300
Reynolds, T. W	Hamilton	9	900	900
Richardson, Catherine	Quebec	54	5,400	5,400
Richardson, Catherine, in trust Margt. T. Richardson	do	1	100	100
Richardson, Margaret T	do	24	2,400	2,400
Richardson, Isabella C	do	17	1,700	1,700
Richardson, Marion T	do	18	1,800	1,800
Richardson, Frances K	do	8	800	800
Ridd, Ellen S	do	1	100	100
Rinfret, Emma A	do	4	400	400
Ritchie, Margaret S., grevé de subst	do	14	1,400	1,400
Ritchie, Helen A	Lévis	11	1,100	1,100
Ritchie, Margaret S	Quebec	41	4,100	4,100
Roberts, Joseph	England	24	2,400	2,400
	Carried forward	18,410	1,841,000	1,841,000

Quebec Bank—Banque de Québec.

Names. — Noms.	Residence.	Number of Shares. — Nombre d'Actions.	Amount Paid. — Montant payé.	Amount Subscribed. — Montant souscrit.
			$	$
	Brought forward...	18,410	1,841,000	1,841,000
Roberts, Jane	Quebec	14	1,400	1,400
Robertson, Sarah J., usuf. legatee	Hamilton	48	4,800	4,800
Robertson, Rev. James	Quebec	44	4,400	4,400
Robertson, Jane M	do	41	4,100	4,100
Robertson, Alexander	do	4	400	400
Robertson, Alexander, in trust	do	20	2,000	2,000
Robinson, Eliza	Montreal	21	2,100	2,100
Robinson, Anna	Beauport	37	3,700	3,700
Robinson, G. W	Montreal	10	1,000	1,000
Rolland, A. E	do	11	1,100	1,100
R. C. Arch. Corporation of St. Boniface	Manitoba	55	5,500	5,500
Ross, J. T., trustee	Quebec	187	18,700	18,700
Ross, Frank W	do	204	20,400	20,400
Ross, J. T	do	200	20,000	20,000
Ross, Harriet A., executrix	do	216	21,600	21,600
Ross, Harriet J., John A. and Frances E.	do	2	200	200
Ross, Harriet J	do	50	5,000	5,000
Ross, Jane	Inverness	2	200	200
Ross, Martha	do	3	300	300
Ross, Mary	do	2	200	200
Ross, J T., and J. G. Scott, trustees	Quebec	182	18,200	18,200
Ross, Leonora	do	10	1,000	1,000
Rousseau, Rev. Albert, in trust for Mary Noonan	do	3	300	300
Rowley, M. K	do	35	3,500	3,500
Roy, Alice	do	3	300	300
Roy, Alexandre	do	2	200	200
Russell, Laura	do	18	1,800	1,800
Russell, H. A	England	25	2,500	2,500
Russell, Fanny E	Quebec	50	5,000	5,000
Russell, Elizabeth	Lévis	110	11,000	11,000
Sandilands, Louisa Scott	Scotland	40	4,000	4,000
Sandeman, Martha M	Montreal	4	400	400
Saunders, Alexander	England	200	20,000	20,000
Saunders, Rebecca	do	5	500	500
Scholes, Frances	Montreal	50	5,000	5,000
Scott, E. G. and H. C., in trust	Quebec	37	3,700	3,700
Scott, E. G. and H. C., in trust	do	36	3,600	3,600
Scott, E. G	do	39	3,900	3,900
Scott, Rev. William	P. E. Island	29	2,900	2,900
Scott, Hannah	Quebec	75	7,500	7,500
Scott, Josephine, estate late	do	10	1,000	1,000
Scott, H. C., and Felicia O	Bristol, Eng	20	2,000	2,000
Scott, Margaret S	P. E. Island	14	1,400	1,400
Scott, E. G., and G. McMurrich, in trust	Quebec	10	1,000	1,000
Sedgwick, Rev. T	Tatamagouche	12	1,200	1,200
Senkler, A. E	Toronto	21	2,100	2,100
Senkler, Agnes C	Brockville	21	2,100	2,100
Senkler, Honor	Perth	4	400	400
Senkler, W. S., Justice	do	17	1,700	1,700
Senkler, E. J	do	21	2,100	2,100
Sewell, Edmund D	Quebec	8	800	800
Sewell, Henrietta C	England	20	2,000	2,000
Sewell, Edward L	Quebec	20	2,000	2,000
Sewell, Janie E. H	do	27	2,700	2,700
Shanahan, Bridget	do	3	300	300
Sharples, Honoria A	do	45	4,500	4,500
Sharples, H. H., in trust	do	37	3,700	3,700
Sharples, Mary	do	5	500	500
Sharples, Margaret	do	3	300	300
Sharples, H. H	do	8	800	800
	Carried forward...	20,860	2,086,000	2,086,000

Quebec Bank—Banque de Québec.

Names. — Noms.	Residence.	Number of Shares. — Nombre d'Actions.	Amount Paid. — Montant payé.	Amount Subscribed. — Montant souscrit.
			$	$
	Brought forward...	20,860	2,086,000	2,086,000
Shaw, Elizabeth A	Quebec	1	100	100
Shaw, Elizabeth	Montreal	12	1,200	1,200
Shaw, Marion	Quebec	2	200	200
Shaw, John	do	2	200	200
Shaw, Maria Amelia	do	30	3,000	3,000
Sheppard, Sophie E	Montreal	6	600	600
Simard, George, usufructuary legatee	do	11	1,100	1,100
Simard, Alfred	do	15	1,500	1,500
Simmons, J. H	Lévis	40	4,000	4,000
Simons, John	Quebec	10	1,000	1,000
Simon, W., fils d'Abraham	Gaspé	4	400	400
Simon, Mary	do	10	1,000	1,000
Sirois, L. P	Quebec	5	500	500
Sirois, L. P., in trust	do	8	800	800
Sirois, L. P., tutor	do	9	900	900
Sissons, Thomas	Bourg Louis	6	600	600
Sissons, Robert	Valcartier	17	1,700	1,700
Sissons, R., in trust	do	8	800	800
Sisters Good Shepherd	Quebec	8	800	800
Small, Henrietta M	Ottawa	20	2,000	2,000
Smith, Amelia J	Quebec	46	4,600	4,600
Smith, Annie	do	7	700	700
Smith, D., in trust	do	20	2,000	2,000
Smith, Ed., and W. Brown, in trust	Montreal	14	1,400	1,400
Smith, Henry	Quebec	50	5,000	5,000
Smith, H. F., M.D	Scotland	200	20,000	20,000
Smith, Mary P	Montreal	2	200	200
Smith, Mary P., in trust for heirs late Walton Smith	do	20	2,000	2,000
Smith, Matilda F	Quebec	10	1,000	1,000
Smith, Mary	do	30	3,000	3,000
Smith, R. Harcourt	do	1	100	100
Smith, R. H., in trust for E. E. Smith	do	2	200	200
Smith, R. H., in trust for A. B. Smith	do	2	200	200
Smith, R. H., and A. Thomson, trustees	do	30	3,000	3,000
Smith, Robert H	do	144	14,400	14,400
Sœurs de la Congrégation de Notre Dame de St-François	Montmagny	6	600	600
Sœurs de la Charité	Quebec	20	2,000	2,000
Spragge, Martha A	Montreal	50	5,000	5,000
Spence, Blanche H	do	2	200	200
Staveley, Barbara L	Quebec	18	1,800	1,800
Stennett, Julia A. V	Cobourg	48	4,800	4,800
Stephenson, John W. J	Montreal	56	5,600	5,600
Stevenson, Elizabeth	Quebec	27	2,700	2,700
Stevenson, Agnes	do	8	800	800
Stevenson, Alice	do	8	800	800
Stevenson, Mary	do	8	800	800
Stevenson, Maude	do	8	800	800
Stevenson, Josephine E	do	15	1,500	1,500
Stevenson, Agnes S	do	14	1,400	1,400
Stevenson, F. A	Montreal	10	1,000	1,000
Stewart, Louisa A	Quebec	33	3,300	3,300
Stewart, Isabella E	do	19	1,900	1,900
Stewart, Donald M	Montreal	10	1,000	1,000
Stewart, Duncan, executors estate	Inverness	8	800	800
Stewart, Isabella	Ottawa	5	500	500
Stewart, Catherine	do	15	1,500	1,500
Stewart, Florence S	England	15	1,500	1,500
St. George's Society	Quebec	21	2,100	2,100
Storey, John	Ireland	59	5,900	5,900
	Carried forward	22,145	2,214,500	2,214,500

Quebec Bank—Banque de Québec.

Names. — Noms.	Residence.	Number of Shares. — Nombre d'Actions.	Amount Paid. — Montant payé.	Amount Subscribed. — Montant souscrit.
			$	$
	Brought forward......	22,145	2,214,500	2,214,500
Strang, John, in trust	Quebec	3	300	300
Stuart, E. H., and H. L. Snowdon, trustees	Montreal	5	500	500
Stuart, Rev. James	England	36	3,600	3,600
Stuart, G. G.	Quebec	5	500	500
Stuart, Mary, and G. G.	do	17	1,700	1,700
Sutherland, Elizabeth M.	do	30	3,000	3,000
Sutherland, Susan	do	29	2,900	2,900
Sutherland, Catherine Ann	do	28	2,800	2,800
Sutherland, Joseph D.	do	13	1,300	1,300
Sutherland, William J.	do	13	1,300	1,300
Sutherland, George	do	13	1,300	1,300
Sutherland, Munroe	do	13	1,300	1,300
Sutherland, Walter	do	13	1,300	1,300
Sweetland, L. A.	New York	24	2,400	2,400
Sykes, Harriet A.	Quebec	2	200	200
Symmes, Abigail	Drummondville, Ont.	26	2,600	2,600
Taché, Adèle	Montmagny	9	900	900
Taché, Marie L., and J. de la B., tutors	Quebec	14	1,400	1,400
Tait, Rev. D., and R. Brodie, in trust	do	18	1,800	1,800
Tait, Rev. Donald	do	6	600	600
Talbot, Georgina, usufruct'y legatee	do	8	800	800
Tapp, Maria Louisa	England	5	500	500
Tapp, J. Hanson W.	do	1	100	100
Tapp, Harrie Maria M.	do	1	100	100
Tapp, Georgiana C. M.	do	1	100	100
Taschereau, Jules	Beauce	9	900	900
Taylor, J. B.	Quebec	10	1,000	1,000
Taylor, E. & H.	do	50	5,000	5,000
Taylor, Eva I.	do	5	500	500
Taylor, Ed. H.	do	78	7,800	7,800
Tessier, C.	do	14	1,400	1,400
Therien, Emelina	do	5	500	500
Thistle, Anna L., Frances M. and Sheries E.	Ottawa	43	4,300	4,300
Thompson, William	Coaticook	4	400	400
Thompson, Elizabeth	Kinnear's Mills	4	400	400
Thompson, Maria	Coaticook	36	3,600	3,600
Thompson, Wm. R.	Kinnear's Mills	1	100	100
Thompson, James	Leeds	16	1,600	1,600
Thompson, Harriet	do	53	5,300	5,300
Thompson, W., M.D.	do	2	200	200
Thomson, D. C.	Quebec	6	600	600
Thomson, J. C., in trust for J. Hale's Hospital	do	47	4,700	4,700
Thorneloe, Rev. Geo.	Sherbrooke	10	1,000	1,000
Tims, F. D.	Quebec	6	600	600
Tofield, William	do	73	7,300	7,300
Tofield, Sarah J.	do	30	3,000	3,000
Tucker, Mark	do	10	1,000	1,000
Tuckett, Walter	Stayner, Ont.	40	4,000	4,000
Turnor, Mary E.	Lennoxville	15	1,500	1,500
Tweddell, Margaret	Quebec	11	1,100	1,100
Tylee, Gertrude	Montreal	5	500	500
Valin, Célina	Quebec	22	2,200	2,200
Valleau, Georgina	do	44	4,400	4,400
Vallée, Arthur, M.D.	do	5	500	500
Valée, Honorine C.	do	8	800	800
Valpy, Drusilla D.	Gaspé	17	1,700	1,700
Verret, B.	Quebec	44	4,400	4,400
Vibert, James	Percé	77	7,700	7,700
	Carried forward......	23,278	2,327,800	2,327,800

Quebec Bank—Banque de Québec.

Names. — Noms.	Residence.	Number of Shares. — Nombre d'Actions.	Amount Paid. — Montant payé.	Amount Subscribed — Montant souscrit.
			$	$
	Brought forward...	23,278	2,327,800	2,327,800
Vibert, Philip	Perce	2	200	200
Vibert, Peter D	Gaspé	2	200	200
Vibert, George	do	10	1,000	1,000
Vibert, Jessie	do	7	700	700
VonIffland, Rev. A. A., in trust	Quebec	16	1,600	1,600
VonIffland, Rev. A. A	do	9	900	900
VonIffland, Harriet S	do	6	600	600
Waddell, Elizabeth	do	1	100	100
Wakeham, William, M.D	Ottawa	45	4,500	4,500
Walker, Harriet	Montreal	12	1,200	1,200
Wallace, Sarah A	Quebec	5	500	500
Wallace, Beatrice M	St. Catharines	8	800	800
Walsh, Gertrude F	Montreal	9	900	900
Ward, Caroline	Megantic	10	1,000	1,000
Watters, Octavie	Quebec	5	500	500
Webb, John	Montreal	5	500	500
Webster, Sarah R	Quebec	1	100	100
Webster, Margaret D	do	2	200	200
Welch, W. W. and R. C., trustees	do	17	1,700	1,700
Wheeler, Eleanor E	do	6	600	600
Wheeler, Katherine H	do	11	1,100	1,100
Whitaker, Emily C	England	16	1,600	1,600
White, Geo. R	Quebec	75	7,500	7,500
Whitehead, Joseph, in trust	Toronto	9	900	900
Whitehead, Isabella L	do	15	1,500	1,500
Wicksteed, G. W., Q.C	Ottawa	120	12,000	12,000
Wiley, Linden A	Rock Island	24	2,400	2,400
Wilkie, Margaret S	Quebec	50	5,000	5,000
Wilkie, Annabella O'Hara	do	50	5,000	5,000
Wilson, N. Estelle	Montreal	8	800	800
Wilson, Jane	Quebec	5	500	500
Wilson, Margaret	Leeds	8	800	800
Wilson, J. H	Montreal	2	200	200
Wilson, R., jr	do	4	400	400
Winfield, Richard	Quebec	40	4,000	4,000
Wishart, Rev. D	Madoc	10	1,000	1,000
Withall, W. J	Montreal	850	85,000	85,000
Withall, Eleanor	do	12	1,200	1,200
Wood, Wm. C. H	Quebec	2	200	200
Woods, James	do	7	700	700
Woolryche, Eliza J	Toronto	5	500	500
Woodley, Marion, tutrix	Quebec	5	500	500
Woodside, Jessie	do	12	1,200	1,200
Worthington, J	New York	55	5,500	5,500
Wotherspoon, Blanche, in trust	Montreal	15	1,500	1,500
Wright, Mary	Ottawa	73	7,300	7,300
Wright, Margaret M. H	Montreal	50	5,000	5,000
Wurtele, Ernest F	Quebec	5	500	500
Young, Jas	do	1	100	100
Young, Margaret F	England	5	500	500
	Total	25,000	2,500,000	2,500,000

I hereby certify that the foregoing list is a correct copy of the statement of shareholders of the Quebec Bank.

THOMAS McDOUGALL,
General Manager.

QUEBEC, 31st December, 1897.

UNION BANK OF CANADA.

BANQUE UNION DU CANADA.

Value of share, $60—Valeur de chaque action, $60.

Names. — Noms.	Residence.	Number of Shares. — Nombre d'Actions.	Amount Paid. — Montant payé.	Amount Subscribed. — Montant souscrit.
			$	$
Ahern, Daniel	Gaspé	16	960	960
Ahern, Amelia V.	Quebec	14	732	840
Ahern, Arthur, in trust for G. S. Ahern	do	6	360	360
Ahern, Arthur, in trust for D. H. Ahern	do	3	180	180
Alexander, Alice, wife of C. Lemarquand	Gaspé	5	300	300
Alleyn, E. C.	Quebec	18	1,080	1,080
Aylwin, Thos. C.	do	69	4,140	4,140
Aylwin, Thos. C., tutor	do	35	2,100	2,100
Amiot, Sévère	do	20	1,200	1,200
Amyot, Geo. E.	do	50	3,000	3,000
Anctil, Jos	do	6	360	360
Anderson, Mrs. C.	Lévis	7	420	420
Anderson, John, tutor	do	3	180	180
Anderson, Mrs. Eliza G.	Quebec	5	300	300
Andrews, Hon. F. W., executor	do	15	900	900
Andrews, Martha S., wife of Thos. Gale	do	40	2,400	2,400
Andrews, Annie Morris	do	12	720	720
Angers, Emilie L.	Montreal	7	420	420
Antil, Marie	Quebec	12	720	720
Archiepiscopal Corporation of	do	155	9,300	9,300
Archiepiscopal Corporation, R. C. Mission Fund	do	75	4,500	4,500
Argue, Thos. H.	do	5	300	300
Asylum of the Good Shepherd	do	25	1,500	1,500
Atkinson, Miss Jessie	do	10	600	600
Audette, R., president for La Banque Nationale	do	38	2,280	2,280
Austin, Henrietta M.	do	10	600	600
Babin, Elizabeth	do	4	240	240
Baby, M. W.	do	125	7,500	7,500
Bacon, Josephine T.	St. Thomas	38	2,280	2,280
Baile, Mary J.	Quebec	8	480	480
Baile, Mary J. and Esther	do	33	1,980	1,980
Baillargé, Geo. F.	do	9	540	540
Baillarge, Hélène M.	do	4	240	240
Baker, Frs.	do	6	360	360
Baptist, Alex	Three Rivers	9	540	540
Baptist, Alex., minor children of	do	6	360	360
Baquet, Raymond	St. Michel	3	180	180
Ball, Rev. Thos. L.	Waterville	13	780	780
Balfour, Alice C.	Montreal	2	120	120
Bates, W. J.	Quebec	18	1,080	1,080
Barron, J. W.	do	35	2,100	2,100
Bayne, James, executor	do	17	1,020	1,020
Behan, A. J.	do	100	6,000	6,000
Behan, Miss E. M.	do	20	1,200	1,200
Belanger, Mary	St. Joseph	8	480	480
Belleau, A. G.	Quebec	30	1,800	1,800
Belleau, Alice	do	10	600	600
	Carried forward	1,159	69,432	69,540

Union Bank of Canada—Banque Union du Canada.

Names. — Noms.	Residence.	Number of Shares. — Nombre d'Actions.	Amount Paid. — Montant payé.	Amount Subscribed. — Montant souscrit.
			$	$
	Brought forward......	1,159	69,432	69,432
Bettez, Henri	Three Rivers	5	300	300
Bigaouette, Clarisse, wife of D. J. Montambault	Quebec	4	240	240
Bilodeau, Louis	do	53	3,180	3,180
Bilodeau, Louis, in trust	do	10	600	600
Billett, Ruth M	do	10	600	600
Billett, J. Glanville	do	9	540	540
Blair, Flora McD., wife of A. Baptist	Three Rivers	6	360	360
Blair, Janet, wife of A. Honliston	do	6	360	360
Blair, David	Chicoutimi	99	5,940	5,940
Blais, Rev. H., in trust	Quebec	28	1,680	1,680
Blais, Louis H.	Montmagny	16	960	960
Blouin, Emilie	St. Jean	5	300	300
Bogue, Denis	Quebec	10	600	600
Bogue, Denis, in trust	do	6	360	360
Bogue, Mrs. A.	do	2	120	120
Bourassa, F	Lévis	2	120	120
Bowen, Amos	Quebec	7	420	420
Bowen, Alicia, and Hale, E. J. legatees	do	2	120	120
Bowen, Elizabeth F., in trust	do	2	120	120
Bowen, Alicia C. A	do	2	120	120
Bowen, Elizabeth F	do	20	1,200	1,200
Bowen, Elizabeth F., usufruc. legatee	do	40	2,400	2,400
Bowen, George M., usufructuary	London, Eng	25	1,500	1,500
Bowlby, W. H., Q.C.	Berlin, Ont	100	6,000	6,000
Boxer, Mary F	England	10	600	600
Booth, Mary	Norwood, Ont	19	1,140	1,140
Bradshaw, Robert C.	Thornhill, Man.	8	480	480
Brady, Kate E	New York	2	120	120
Breakey, John	Quebec	300	18,000	18,000
Breakey, Devaston	do	52	3,120	3,120
Breakey, John, and Anderson, John, in trust	do	12	720	720
Brochu, Charles	do	170	10,200	10,200
Broomer, Mary J	do	10	600	600
Broomer, George	do	10	600	600
Bruce, Mary	do	10	600	600
Brodie, William	do	50	3,000	3,000
Brodie, Robert	do	35	2,100	2,100
Brophy, Mary J	do	70	4,200	4,200
Browne, Elizabeth M	do	2	120	120
Bruce, Maria	do	48	2,880	2,880
Brunet, Louise B	do	10	600	600
Buchanan, John	do	6	360	360
Budden, J. S, in trust	do	2	120	120
Budden, J. S., in trust	do	1	60	60
Budden, H. A	Montreal	63	3,780	3,780
Budden, H. A., in trust	do	63	3,780	3,780
Budden, Heber	Quebec	21	1,260	1,260
Budden, William	Montreal	5	264	300
Burroughs, G. H., executor	Quebec	239	14,340	14,340
Burrell, Gertude	England	7	420	420
Bureau, Rev. J. A., in trust	St. Michel	15	900	900
Burland, G B	Ottawa	14	840	840
Burn, William	Three Rivers	35	2,100	2,100
Burns, Michael	Quebec	10	600	600
Burstall, Mrs. F. B.	do	37	2,220	2,220
Burstall, Mrs. F. B., usufructuary	do	25	1,500	1,500
Butler, Mary L	do	25	1,500	1,500
Butler, Mary L., usufructuary	do	5	300	300
Butler, James, usufructuary	do	5	300	300
	Carried forward ...	3,024	181,296	181,440

Union Bank of Canada—Banque Union du Canada.

Names. — Noms.	Residence.	Number of Shares. — Nombre d'Actions.	Amount Paid. — Montant payé.	Amount Subscribed. — Montant souscrit.
			$	$
	Brought forward...	3,024	181,296	181,440
Boswell, Miss Margaret.	Quebec	10	600	600
Caisse d'Economie, Notre Dame	do	1,263	75,780	75,780
Campbell, John	do	3	180	180
Campbell, Angus, executor.	New Richmond.	5	300	300
Cannon, Cecile E	Quebec	4	240	240
Cannon, Matilda	do	5	300	300
Carrière, Angèle	St. Anselme	27	1,620	1,620
Cary, Charlotte	Quebec	5	300	300
Carter, Wm. H	do	70	4,128	4,200
Carter, Wm. H., in trust	do	10	600	600
Carter, Miss Ethel	do	5	270	300
Caron, Sir A. P., in trust	Ottawa	30	1,800	1,800
Ca-ault, Marie Julie Vava	Montreal	3	180	180
Cazeau, Antoinette	Quebec	13	744	780
Cathedral Ladies Sewing Guild	do	6	360	360
Chambers, Rev. W. P., and Alice A Hookes	Knowlton, Que	8	480	480
Champion, C. P	Quebec	5	300	300
Champion, C. P., in trust	do	10	600	600
Champion, Constance M	do	1	60	60
Champion, Walter S	do	15	900	900
Charlebois, J. A	do	1	60	60
Charleton, Chas. P	St. Alexis	8	480	480
Chapleau, Edouard	Kamouraska	100	6,000	6,000
Church of England Male Orphan Asylum	Quebec	100	6,000	6,000
Cimon, Ernest	Rivière du Loup	44	2,640	2,640
Cimon, Stella Langevin	do	3	180	180
Cinq-Mars, Mrs. C	Quebec	17	1,020	1,020
Cinq-Mars, Mrs. C., usufructuary legatee	do	13	780	780
Cloutier, J. B., tutor	do	2	120	120
Colley, Mrs. Georgiana	do	7	420	420
Coltin, Mrs Martin	do	13	780	780
Cook, A. H	do	20	1,200	1,200
Cook, Wm	do	30	1,800	1,800
Cooke, Elizabeth	do	4	240	240
Corporation of	St. Charles de Caplan	11	660	660
Corporation Episcopale Catholique et Romaine de	Three Rivers	50	3,000	3,000
Corporation of the College of St. Anne	Ste. Anne	14	840	840
Corporation of the City of Quebec	Quebec	803	48,180	48,180
Corriveau, Octave	St. Valier	1	60	60
Corriveau, Sophranie	do	9	540	540
Corriveau, Honoré, and Delina usufructaries	do	11	660	660
Côté, Antoinette	Quebec	3	180	180
Couture, Angélique	Lévis	15	900	900
Couture, Louis E	do	20	1,200	1,200
County of Carleton, municipality of	Gaspé	24	1,440	1,440
Coursol, Georgena, usufructuary	Ottawa	1	60	60
Crépault, Miss Léa	Quebec	1	60	60
Crofton, Arthur M	do	3	180	180
Cross, Eliza, and Emma J	do	21	1,260	1,260
Church, J. M	Merrickville	4	96	240
Cochran, Frances H	Montreal	27	1,620	1,620
Cousins, Fanny	do	5	300	300
Cumming, Jane, executors of	Colborne, Ont	22	1,320	1,320
Davie, Annie	Lévis	25	1,500	1,500
Davie, Geo. T	do	80	4,800	4,800
Davis, Annie	Brockville	10	600	600
Dean, Andrew Lewis	Helena	27	1,620	1,620
	Carried forward	6,071	363,834	364,260

Union Bank of Canada—Banque Union du Canada.

Names. — Noms.	Residence.	Number of Shares. — Nombre d'Actions.	Amount Paid. — Montant payé.	Amount Subscribed. — Montant souscrit.
			$	$
	Brought forward...	6,071	363,834	364,260
Dean, Elizabeth M.	Quebec	34	2,040	2,040
Dean, Jas., in trust	do	12	720	720
Dean, Miss G. I. Daisy	do	4	240	240
Dean, Wm. R.	do	38	2,280	2,280
Delagrave, Chas. G	do	7	420	420
Delany, Thos	do	12	468	720
Delisle, N	Pointe-aux-Trembles	8	480	480
Déry, Odile	Quebec	8	480	480
DesBrisay, James, executor	Charlottetown	20	1,200	1,200
Desjardins, Delina	St. Helen, Que	30	1,800	1,800
DeVillers, F. X.	Lotbinière	10	600	600
Diamond, Ellen	Quebec	5	300	300
Diamond, Ellen, tutrix	do	11	660	660
Dionne, Hon. E.	St-Anne	19	1,140	1,140
Dionne, Honoré	St. Giles	46	2,760	2,760
Dorey, Mrs. Hannah E.	Sherbrooke	13	780	780
Doran, Elizabeth, executrix	Quebec	32	1,920	1,920
Drysdale, Caroline S.	do	5	300	300
Dufresne, Candide	St. Thomas	21	1,260	1,260
Duggan, Miss Mary S.	Quebec	10	600	600
Duggan, W. E.	do	132	7,920	7,920
Dumas, Louis	do	13	780	780
Dumas. Ferdinand	do	13	780	780
Dumoulin, Sévère	Three Rivers	15	900	900
Dunn, Laura	Quebec	45	2,700	2,700
Dunn, Mary	do	45	2,700	2,700
Dunn, Stuart H	do	10	600	600
Dunn, T. H.	do	250	15,000	15,000
Dunn, T. H., in trust	do	20	1,200	1,200
Dupré, Marie B.	do	5	300	300
Dupuis, Luc	St. Roch des Aulnaies	4	240	240
Dupuis, Jules A.	do do	4	240	240
Dupuis, Revd. J. F.	do do	4	240	240
Dupuis, Mrs. J. B.	do do	10	600	600
Elliott, Sarah J.	Quebec	60	3,600	3,600
Erskine, John S.	Cumberland	6	360	360
Estate late—				
L. Eglauch	Montreal	23	1,380	1,380
C. E. Levey	Quebec	1,047	62,820	62,820
Hon. C. Alleyn	do	45	2,700	2,700
Mrs. C. Alleyn	do	56	3,360	3,360
C. E. Dunn	do	10	600	600
C. W. S. Dunn	do	40	2,400	2,400
Wm. Dyer	do	20	1,200	1,200
Alex. Lemoine	do	10	600	600
T. H. Jones	do	1	60	60
Jas. Hunt	do	44	2,640	2,640
Robert Bruce	do	37	2,220	2,220
Jas. A. Sewell	do	55	3,300	3,300
Thos. Andrews	do	20	1,200	1,200
John Hearn	do	19	1,140	1,140
Thomas Brodie	do	25	1,500	1,500
L. H. Dunn	do	40	2,400	2,400
L. H. Lachance	do	6	360	360
A. R. Roy	do	36	2,160	2,160
James Gibb	do	80	4,800	4,800
F. Gourdeau	do	27	1,620	1,620
Isaac Drum	do	2	120	120
T. Hamel	do	5	300	300
Hon. E. Hale	do	200	12,000	12,000
C. F. Langevin	do	80	4,800	4,800
	Carried forward...	8,980	538,122	538,800

3—19

Union Bank of Canada—Banque Union du Canada.

Names — Noms.	Residence.	Number of Shares. — Nombre d'Actions.	Amount Paid. — Montant payé.	Amount Subscribed. — Montant souscrit.
			$	$
	Brought forward...	8,980	538,122	538,800
Estate late—				
Mrs. Morrin	Quebec	87	5,220	5,220
Robert Lomas	do	31	1,860	1,860
Mrs. LeB. Jackson	do	2	120	120
Rev. E. W. Sewell	do	25	1,500	1,500
M. Harty	do	13	780	780
E. Poston	do	112	6,720	6,720
V. Têtu	do	12	720	720
Sophie Tessier	do	57	3,420	3.420
O. Robitaille	do	40	2,400	2,400
W. H. Brown	do	27	1,620	1,620
R. Mulholland	do	8	480	480
A. D. Nicolls	Montreal	10	600	600
H. A. Nicolls	do	16	960	960
Evans, E. A., in trust	Quebec	42	2,520	2,520
Fafard, Rev. E	Lévis	20	1,200	1,200
Fafard, Mrs. Auguste	St. Roch des Aulnaies	4	240	240
Fabrique de Sillery	Quebec	15	900	900
Farley, Mrs. Margaret	do	100	6,000	6,000
Fauvel, John B	Gaspé	6	360	360
Filer, Geo	Montreal	13	780	780
Filer, Cornelia S	do	2	120	120
Finlay Asylum	Quebec	92	5,520	5,520
Fisher, Marion	Knowlton	12	720	720
Fitch, Edson	Quebec	50	3,000	3,000
Fitch, Mary A	do	10	600	600
Fitzsimmons, Miss E	do	2	120	120
Flanagan, Miss M. H. E	do	10	600	600
Flanagan, Mrs. Mary P	do	138	8,280	8,280
Flanagan, Mrs. Mary P., in trust	do	15	900	900
Flynn, Hon. E. J	do	15	900	900
Forrest, S. L	Smith's Falls	1	60	60
Forrest, Annie M	Waterloo	12	720	720
Forrest, Clara	do	10	600	600
Forrest, Isabella H. R	do	4	228	240
Forrest, Edith M	do	11	624	660
Fortier, G. N. A	Québec	120	7,200	7,200
Fortier, Anna	do	16	960	960
Fortier, Réne	do	4	240	240
Fortin, Mrs. H. Eleanor	Brushtown	63	3,780	3,780
Fortin, Mrs. Iréné, usufructuary legatee	Quebec	20	1,200	1,200
Foster, F. H	Richmond	7	420	420
Fournier, Philomene	Quebec	3	180	180
Fraser, Christina	Scotland	18	1,080	1,080
Fraser, Jane, in trust	Quebec	17	1,020	1,020
Frémont, Jules T	do	33	1,980	1,980
Fry, Jno. S	do	3	180	180
Gadbois, Philomene	Thetford	3	180	180
Gagné, Nathalie	Quebec	1	60	60
Gagnon, Sophie	do	4	240	240
Gagnon, Rev. F. C	do	8	396	480
Gamache, Mrs. E	Cap St. Ignace	12	720	720
Garneau, Félix	Quebec	4	240	240
Garneau, Hon. P	do	63	3,780	3,780
Garneau, P. J. Z	do	4	240	240
Garneau, Julie B	do	5	300	300
Gaspé Bay, North, and Sydenham, South	Gaspé	7	420	420
Gauthier, N	St. Thomas	10	600	600
Gauthier, Laura	do	3	180	180
Gauthier, Jean B	Sillery	5	300	300
Gauvin, Joseph	Quebec	6	360	360
	Carried forward....	10,443	625,770	626,580

Union Bank of Canada—Banque Union du Canada.

Names. — Noms.	Residence.	Number of Shares. — Nombre d'Actions.	Amount Paid. — Montant payé.	Amount Subscribed. — Montant souscrit.
			$	$
	Brought forward...	10,443	625,770	626,580
Gauvreau, heirs	Quebec	45	2,700	2,700
Gauvreau, Marie Odelie	do	10	500	600
Gauvreau, C. F., tutrix	do	4	240	240
Gauvreau, E. P., and Chas., in trust.	do	1	60	60
Gauvreau, E. P., and Chas., executors in trust	do	7	420	420
Geggie, David H	do	12	720	720
Geggie, Mrs. Leila G., in trust	do	6	360	360
General Hospital, Ladies of the	do	101	6,060	6,060
General Manager, in trust for Officers' Guarantee Fund	do	431	25,860	25,860
General Manager, in trust for Registered Letter Fund	do	182	10,920	10,920
Gibson, Marion T	Toronto	6	360	360
Gignac, Leocadie F	Quebec	7	324	420
Gilmour, John D	do	25	1,500	1,500
Girard, W. H	Jersey	4	240	240
Giroux, Marie Louise	Quebec	4	240	240
Giroux, Victor	do	2	120	120
Giroux, E	do	125	7,500	7,500
Giroux, E., in trust	do	4	240	240
Glass, Margaret T	do	8	480	480
Glass, Margaret T., usufruct'ry legatee	do	5	300	300
Godin, J. N	Three Rivers	5	300	300
Goodfellow, Jane	Quebec	5	300	300
Gosselin, Rev. A. H	St. Charles	12	720	720
Grant, Robert	Quebec	12	720	720
Green, Helena	do	19	1,140	1,140
Gregory, J. U	do	28	1,680	1,680
Gronard, Monsignor E	do	35	2,100	2,100
Grundy, Frank	Sherbrooke	100	6,000	6,000
Gunn, Francis	Quebec	44	2,262	2,640
Gurry, Helen C	do	16	960	960
Gurry, Helen C., tutrix	do	16	960	960
Girouard, Râoul	Smith's Falls	10	480	600
Hacquoil, Frs	Jersey	20	1,200	1,200
Hale, E. J	Quebec	600	36,000	36,000
Hale, E. Russell	do	62	3,720	3,720
Hale, E. J., in trust	do	5	300	300
Hale, E. J., and H. T. Machin, in trust.	do	6	360	360
Hale, E. J., in trust	do	52	3,120	3,120
Hamel, Mrs. Théophile	do	2	120	120
Hamel, C. N., in trust	do	4	240	240
Hamilton, Miss Isabella	do	34	2,040	2,040
Hardy, Charles	do	1	60	60
Hart, H. E., tutor	Three Rivers	5	300	300
Hart, E. J. M	Ottawa	5	300	300
Haws, Mrs. E. T	Lévis	68	4,080	4,080
Haws, Miss Calista	do	3	180	180
Haws, Allison D	Quebec	3	180	180
Healey, Louisa	do	11	660	660
Healy, Mary	Portland, U.S.A	2	120	120
Henchey, Mary	Quebec	32	1,920	1,920
Henry, Amy R	do	75	4,289	4,500
Henry, Arthur R	do	100	5,280	6,000
Henry, Edith M	do	75	4,050	4,500
Hees, Geo. H	Toronto	33	1,980	1,980
Higgins, Elizabeth	Montreal	5	300	300
Hilton, Edward	Chicago, U.S	81	4,860	4,860
Higgins, Miss C. M. J	Quebec	3	180	180
Hoare, Mrs. Annie M	do	8	480	480
	Carried forward...	13,029	778 855	781,740

Union Bank of Canada—Banque Union du Canada.

Names — Noms.	Residence.	Number of Shares. — Nombre d'Actions.	Amount Paid. — Montant payé.	Amount Subscribed. — Montant souscrit.
			$	$
	Brought forward...	13,029	778,855	781,740
Hodge, Mrs. Harriet	Quebec	12	720	720
Holland, Nancy Ann	do	4	240	240
Home, Mary	do	76	4,560	4,560
Home, Christian S.	Montreal	42	2,520	2,520
Horsey, Alfred J., M.D.	Ottawa	20	1,200	1,200
Hospital of St. Thomas	Montmagny	4	240	240
Hossack, Helen P	Quebec	20	1,200	1,200
Hossack, Geo. C	do	10	600	600
Housman, Miss Eva V	England	19	1,140	1.140
Hudon, Mrs. Marie C	Quebec	14	840	840
Hunt, Mrs. M. C	Montreal	10	600	600
Hunt, Miss Caroline E	Quebec	6	360	360
Hunt, Frederick F	do	7	420	420
Hunt, Arthur F	do	5	300	300
Hunt, Mrs. May	Beauport, Que	13	780	780
Henderson, J. Marshall	Smith's Falls	5	300	300
Irvine, Hon. George	Quebec	62	3,720	3,720
Irvine, Hon. George, in trust for Lady Russell	do	36	2,160	2,160
Irvine, Charlotte F. A. L	do	30	1,800	1,800
Irwin, Lieut.-Col. D. T.	Ottawa	10	600	600
Isbester, James	do	15	900	900
Jacobs, Mrs. H	Montreal	100	5,820	6,000
Jacques, Miss Frances L	Merrickville	10	600	600
Jones, Grace A	Quebec	8	480	480
Jones, Edwin	do	160	9,600	9,600
Jourdain, Auguste	do	15	900	900
Kane, Marie H., usufructuary	Montreal	1	60	60
Kaulbach, Mrs. M. S.	Truro, N.S.	20	1,200	1,200
Kennedy, Oliver	Quebec	6	360	360
King Brothers	do	75	4,500	4,500
King, Henry	do	1	60	60
King, James	do	125	7,500	7,500
King, Miss Emma	do	52	3,120	3,120
King, James, in trust	do	43	2,580	2,580
King, Mrs. Louisa S	do	22	1,320	1,320
King, Mrs. Louisa S., tutrix	do	22	1,320	1,320
Kinnear, Jas., sr	Kinnear's Mills	36	2,160	2,160
Kinnear, Wm	do	2	84	60 60
Kinnear, Rev. Geo. F	New Richmond	3	180	180
Kinnear, Jas., jr	Kinnear's Mills	116	6,780	6,960
Kirwin, Julia M	Sillery	12	720	720
Knowles, Chas., in trust	Quebec	25	1,500	1,500
Kennedy, Harold	do	15	360	900
Laberge, Octave	L'Ange Gardien	4	240	240
Labrie, Célina	Quebec	2	120	120
Lacerte, Narcisse, M.D	Levis	15	900	900
Lacroix, E.	Quebec	120	7,200	7,200
Ladies' Protestant Home	do	6	360	360
Langevin, Edward J.	Ottawa	26	1,560	1,560
Langevin, Marie L.	Quebec	5	300	300
Langevin, Sir H. L	do	205	12,300	12,300
Lapointe, Marie U., executrix	do	22	1,320	1,320
Larkin, Anne	Ottawa	23	1,380	1,380
LaRue, Marie M	Quebec	53	3,180	3,180
LaRue, G. A., M. D.	do	7	420	420
LaRue, V. W., N.P.	do	36	2,160	2,160
Larue, Maria L. A	do	4	240	240
Lavery, Jos. I	do	5	156	300
Laurie, Duncan	do	43	2,580	2,580
	Carried forward...	14,894	889,675	893,640

Union Bank of Canada—Banque Union du Canada.

Names. — Noms.	Residence.	Number of Shares. — Nombre d'Actions.	Amount Paid. — Montant payé.	Amount Subscribed. — Montant souscrit.
			$	$
	Brought forward...	14,894	889,675	893,640
Lawrence, Jane, executrix	Quebec	10	600	600
Layfield, Miss Agnes	do	3	180	180
Leacock, Annie S.D.	Toronto	2	120	120
Le Boutellier, Mrs. R. J	California	3	144	180
Leclerc, Miss Julie	St. Michel	1	60	60
Léclerc, Henriette L. M	Princeville P.O	6	360	360
Leclaire, J. V. Alphonse	Montreal	8	480	480
Léger, Odilon, in trust	do	60	3,600	3,600
LeGros, John Jas.	Gaspé	1	60	60
LeGros, Thos. Alex.	do	1	60	60
LeGros, Annie Mary	do	1	60	60
Lelièvre, Miss Kate	Quebec	2	120	120
LeMarquand, Chas	Gaspé	5	300	300
LeMay, Germain	St. Croix	6	360	360
Lemieux, Marie M. L	Quebec	60	3,600	3,600
Lemieux, C. E., M.D	do	11	660	660
Lemieux, C. E. M.D., in trust	do	1	60	60
Lemieux, Zoé M	Lévis	13	780	780
Lemoine, Sir J. M	Quebec	19	1,140	1,140
Lemoine, Lady	do	16	960	960
LeMoine, Isabel M	Toronto	17	1,020	1,020
LeMoine, Henriette M	Quebec	60	3,600	3,600
LeMoine, Emma R	do	10	600	600
Letellier, Rev. Arthur	do	35	2,100	2,100
Letellier, Cath. M	Rivière Ouelle	14	840	840
Lennon, Jas	Quebec	25	1,500	1,500
Letarte, Victor, tutor	do	13	780	780
Leveque, Henriette	do	21	1,260	1,260
Lévis College, Corporation of	Lévis	37	2,220	2,220
Levy, Mrs. Rosetta	England	50	3,000	3,000
Lindsay, Geo. E	Quebec	13	780	780
Light, Mary J. T	do	67	4,020	4,020
Lindsay, Mrs. Eliza L	Kingston, Ont	12	720	720
Lloyd, Miss Clara E	Quebec	5	300	300
Lord Bishop of Quebec, in trust	do	25	1,140	1,500
Louis, Daniel	do	60	3,600	3,600
Louis, Joseph	do	75	4,500	4,500
Logie, Jessie M	Montreal	6	360	360
Logie, Jessie M., usufructuary	do	5	300	300
Love, Rev. A. T	Quebec	5	300	300
Macadams, Miss Mary J	do	17	1,020	1,020
Macadam, Mrs. Wm	Newton, Mass	10	600	600
Macadam, Mrs. Wm., usufructuary	do	10	600	600
Macfarlane, Miss E. J	Beauport	5	300	300
McGie & Son, Daniel	Quebec	33	1,980	1,980
MacDougall, Harriet L	Montreal	18	1,080	1,080
Mailley, Mrs. Z. S	do	5	300	300
McCormick, Lauchlin	Alexandria	5	300	300
McSweeney, Daniel	Montreal	50	3,000	3,000
McLelland, R. A	Brockville	52	3,120	3,120
McNaughton, Duncan	Montreal	20	1,200	1,200
Macnider & Co., Jas., in trust	Quebec	65	3,900	3,900
Macinder & Co., Jas	do	5	300	300
Mailley, Jeanne A. A., usufructuary	do	6	360	360
Messervey, A. J. curator	do	11	660	660
Meiklejohn, Elizabeth	Knowlton	6	360	360
Meiklejohn, Grace E	do	7	420	420
Meredith, Mrs. Isabella A	Quebec	10	600	600
Miller, Mathilde T	Chicago	7	420	420
Miller, Mathilde T., tutrix	do	7	420	420
Moffatt, David	Inverness	3	180	180
	Carried forward...	16,030	957,439	961,800

Union Bank of Canada—Banque Union du Canada.

Names. — Noms.	Residence.	Number of Shares. — Nombre d'Actions.	Amount Paid. — Montant payé.	Amount Subscribed. — Montant souscrit.
			$	$
	Brought forward...	16,030	957,439	961,800
Montizambert, Mrs. A. L.	Quebec	58	3,480	3,480
Montizambert, C. E., and H. T. Machin, in trust	do	37	2,220	2,220
Montminy, Octave	Beauce	15	900	900
Montrealy City and District Savings Bank	Montreal	27	1,620	1,620
Morgan, Charlotte R.	Quebec	19	1,140	1,140
Morency, Miss Césarie	do	1	60	60
More, Mrs. Drusilla B.	do	6	360	360
Morin, Mrs Eusèbe	St. Hyacinthe	6	360	360
Morisset, Rev. F.	Quebec	3	180	180
Muir, George B.	Montreal	17	1,020	1,020
Molson, Herbert S. S.	do	5	300	300
Molson, A. E.	Smith's Falls	5	300	300
Molson, A. E., in trust	do	2	120	120
Mountain, Mrs. Armine	England	36	2,160	2,160
Mossman, Sarah J.	Quebec	17	1,020	1,020
Municipality of Maria	Gaspé	42	2,520	2,520
Municipality of Hamilton	Bonaventure	21	1,260	1,260
Munn, William	Quebec	19	1,140	1,140
McDonough, Mrs. M. E. J.	Chicago	20	1,200	1,200
McLimont, John C.	Quebec	12	720	720
McDougall, Susan	Brooklyn, N.Y.	10	600	600
McGrath, Julia	Quebec	9	540	540
McHarg, John	Megantic	7	420	420
McHarg, John, in trust	do	5	300	300
Miller, W. J., and Samuel Chaperon, executors, in trust for Mrs. J. A. E. Chaperon	Quebec	7	420	420
McKenzie, Annie	do	33	1,980	1,980
McKenzie, Charles	do	100	6,000	6,000
Miller, W. J., and Samuel Chaperon, in trust for Mrs. J. A. E. Chaperon	do	22	1,320	1,320
Nadeau, Miss Ursule	St. Jean Chrysôstom	3	180	180
Nicolls, Rev. G. G.	Riv. du Loup, en bas	22	1,320	1,320
Newton, W. J.	Quebec	13	780	780
Neeve, Charles G.	do	2	120	120
Noel, Lazare	do	54	3,240	3,240
Norris, Bertha	do	1	60	60
Norris, Emma Ann	do	10	600	600
Norris, Emma A. (wife of Dr. Rinfret).	do	3	108	180
Norris, Miss Charlotte	do	2	120	120
Norris, Miss Helena	do	1	60	60
Norris, Miss M. L.	do	1	60	60
Norris, Thomas H.	do	15	900	900
O'Brien, Miss Mary	Sillery	9	540	540
O'Connell, Mrs. Mary S.	do	20	1,200	1,200
Oliver, Charlotte, tutrix	Quebec	3	180	180
Oliver, Frederick G., in trust for heirs.	do	1	18	60
O'Meara, C. H.	Ottawa	19	1,140	1,140
O'Meara, D.D.	Quebec	19	1,140	1,140
O'Meara, D. D., in trust	do	20	1,200	1,200
O'Meara, D. D., in trust for Mrs. O'Meara	do	36	2,160	2,160
O'Neill, Thomas H	do	5	300	300
Panet, Miss Nancy	do	1	60	60
Panet, Miss Caroline	do	12	720	720
Panneton, P. E.	Three Rivers	2	120	120
Paradis, Miss Marie E.	Quebec	4	240	240
Paradis, Etienne	do	4	240	240
Parant, Louis N. P.	do	15	900	900
Patton, Miss Florence	do	2	120	120
	Carried forward ...	16,890	1,008,925	1,013,400

Union Bank of Canada—Banque Union du Canada.

Names. — Noms.	Residence.	Number of Shares. — Nombre d'Actions.	Amount Paid. — Montant payé.	Amount Subscribed. — Montant souscrit.
			$	$
	Brought forward...	16,890	1,013,400	1,013,400
Paterson, Rose E............	Quebec............	40	2,400	2,400
Pearson, William............	Merrickville............	67	4,020	4,020
Patton, Mrs. Harriet R............	Quebec............	19	1,140	1,140
Patton, Miss Emmy C............	do	2	120	120
Pelletier, Hon. C. A. P............	do	4	240	240
Pelletier, Mrs. C. P............	do	13	780	780
Pentland, Charles A.............	do	134	8,040	8,040
Pentland, Miss H. M. F............	do	12	720	720
Percival, Roger C............	Merrickville............	50	3,000	3,000
Perreault, Matilde............	Quebec............	30	1,800	1,800
Petry, William H., in trust............	do	9	540	540
Phillips, Mrs. Louisa R............	do	31	1,860	1,860
Phillips, Miss Mary C............	do	31	1,860	1,860
Phillips, Miss Isabella A............	do	31	1,860	1,860
Perley, George H............	Ottawa............	250	15,000	15,000
Perley, Herbert S............	do	62	3,720	3,720
Perley, Georgiana M............	do	20	1,200	1,200
Picard, Ovide............	Quebec............	5	300	300
Picard, Pierre............	do	4	240	240
Picher, Octavie............	do	2	120	120
Picher, Antoinette............	do	2	120	120
Picher, Achille............	do	2	120	120
Picher, Georgiana............	do	2	120	120
Pichette, Léocadie M............	do	3	180	180
Plamondon, Mrs. Edouard............	St. Raymond............	2	120	120
Piddington, Mrs. Annie............	Quebec............	9	435	540
Pope, Miss Louisa F............	do	12	720	720
Power, Bridget............	Chicago............	8	480	480
Power, William, jr............	Quebec............	67	4,020	4,020
Price, Hon. E. J............	do	679	40,740	40,740
Price, Hon. E. J., curator............	do	93	5,580	5,580
Price, Hon. E. J., in trust............	do	105	6,300	6,300
Price, Hon. E. J., in trust for St. Michael's Church Endowment Fund..	do	7	420	420
Price, Hon. E J., in trust for St. Michael's Church "Special Fund"...	do	9	120 420	120 420
Price, Jane M............	do	65	3,900	3,900
Price, Miss C. J............	do	219	13,140	13,140
Price, Cecilia............	do	34	2,040	2,040
Price, Hon. E. J., in trust for Mrs. Armine Mountain............	do	6	360	360
Price Henry F............	do	35	2,100	2,100
Price, Henry F., in trust............	do	10	600	600
Price, Anne............	do	12	720	720
Proulx, Adolphe............	do	19	1,140	1,140
Proulx, Samuel............	St. Thomas............	5	300	300
Provencher, Mrs. Louise D............	Montreal............	7	420	420
Quinn, Mary, usufructuary, and William McKay, executor............	Quebec............	56	3,360	3,360
Quebec Fire Assurance Co............	do	166	9,960	9,960
Ramsay, George B............	Lévis............	20	1,200	1,200
Reid, Mrs. Martha............	Quebec............	3	180	180
Reid, Miss Léonore Jessie............	do	10	600	600
Richardson, Miss Margaret............	do	12	720	720
Robertson, Jane M............	do	19	1,140	1,140
Robertson, Rev. James............	do	6	360	360
Robertson, A., in trust for A. D. Richardson............	do	10	600	600
Robertson, A............	do	16	960	960
Robertson, Henry............	Montreal............	5	300	300
	Carried forward...	19,441	1,161,880	1,166,460

Union Bank of Canada—Banque Union du Canada.

Names — Noms.	Residence.	Number of Shares — Nombre d'Actions.	Amount Paid. — Montant payé.	Amount Subscribed. — Montant souscrit.
			$	$
	Brought forward...	19,441	1,161,880	1,166,460
Robinson, Anna	Quebec	12	720	720
Robinson, Anna, usufructuary	do	10	600	600
Robinson, Eliza	do	10	600	600
Robinson, Eliza, usufructuary	do	10	600	600
Robitaille, Louis	do	13	780	780
Robitaille, L. A	do	7	420	420
Robitaille, Mrs. Emma T.	do	7	420	420
Rocket, Winifred	do	4	240	240
Roman Catholic Episcopal Corporation of	Rimouski	2	120	120
Ross, Miss Harriet J	Quebec	2	120	120
Ross, Miss Frances E.	do	5	300	300
Ross, John	do	5	300	300
Ross, Eliza Janet, heirs of Eliza Janet	do	10	600	600
Rousseau, David, Elzéar, and Marie Letarte	do	2	120	120
Roy, Mrs. M. L. S	St. Jean Port Joli	8	480	480
Roy, Mrs M. L. S., usufructuary	do	6	360	360
Roy, C. S., M.D	Beauport	4	240	240
Russell, Miss Laura	Quebec	7	420	420
Russell, Mrs. Fanny E	do	30	1,800	1,800
Scott, Arthur E	do	7	420	420
Scott, Mrs. Hannah, in trust	do	67	4,020	4,020
Scougall, Miss Margaret	do	4	240	240
Scougall, Mrs. H. L	do	22	1,320	1,320
Séminaire de Québec	do	128	7,680	7,680
Séminaire de Québec, in trust	do	50	3,000	3,000
Sewell, Mrs. Henrietta C	England	127	7,620	7,620
Sewell, Miss Caroline	Quebec	8	480	480
Sewell, Miss Margaret	do	7	400	420
Sewell, W. deQuincy, executor	do	10	600	600
Sewell, Florence D	Marbleton	5	300	300
Sewell, Edward L	Quebec	80	4,800	4,800
Sharples, Archibald	do	43	2,580	2,580
Sharples, Henry H	do	15	900	900
Sharples, Henry H., executor	do	10	600	600
Sharples, Mrs. Euphemia	do	16	960	960
Sharples, Mrs. Euphemia, tutrix	do	10	600	600
Sharples, Mrs. Honoria A	do	63	3,780	3,780
Sharples, Mrs. Margaret A	do	13	780	780
Sharples, John	do	350	21,000	21,000
Sharples, Ignatius	do	37	2,220	2,220
Sharples, John, sole trustee	do	369	22,140	22,140
Sharples, John, and H. H., trustees for Mrs. Duchesnay	do	83	4,980	4,980
Sharples, Miss Mary	do	57	3,420	3,420
Sharples, John, in trust for Alexander and Henry Alleyn	do	4	240	240
Sharples, John, tutor to Minors Alleyn	do	43	2,580	2,580
Shaw, Wm	do	10	456	600
Shaw, Samuel J	do	70	4,200	4,200
Shaw, John	do	10	600	600
Shea, Miss Catherine	do	13	780	780
Simmons, J. H	Lévis	70	4,200	4,200
Simons, John	Quebec	8	480	480
Sirois, L. P., curator	do	4	240	240
Sirois, L. P, N.P	do	1	60	60
Sirois, L. P., tutor	do	30	1,800	1,800
Sissons, Robert	do	15	900	900
Sisters of Charity	do	48	2,880	2,880
Sisters of Charity	St. Nicholas	10	600	600
	Carried forward...	21,512	1,285,976	1,290,720

Banques incorporées.

Union Bank of Canada—Banque Union du Canada.

Names. — Noms.	Residence.	Number of Shares. — Nombre d'Actions.	Amount Paid. — Montant payé.	Amount Subscribed. — Montant souscrit.
			$	$
	Brought forward...	21,512	1,285,976	1,290,720
Sisters of Charity	St. Ferdinand d'Halifax	20	1,200	1,200
Smith, Mrs. M. Vallière	Quebec	13	780	780
Smith, Fred. W.	do	100	6,000	6,000
Smith, David in trust	do	55	2,400	3,300
Smith, Mrs. Mary	do	55	2,812	3,300
Smith, Miss Annie	do	21	900	1,260
Smith, H. Fowle	do	12	720	720
Société de Prêts et de Placements de...	do	2	120	120
Stevenson, Miss Elizabeth	do	33	1,980	1,980
Stevenson, Miss Mary	do	6	360	360
Stewart, Robert	Megantic	10	600	600
Stewart, Mary	Inverness	2	120	120
Stewart, Louisa A.	Quebec	111	6,660	6,660
Stewart, Isabella E.	do	85	5,100	5,100
Sutherland, Miss M. K.	L'Avenir, Que	8	480	480
Sutherland, G.	do	25	1,500	1,500
Swift, Henry	Quebec	63	3,580	3,780
Stewart, Donald McLean	Montreal	25	1,500	1,500
Saunders, Alexander	London, Eng.	38	2,280	2,280
Spragge, Chas. E., in trust, No. 2	Montreal	2	120	120
Taché, Etienne G.	Quebec	2	48	120
Taché, Jules P.	do	30	720	1,800
Taché, Adèle	do	5	228	300
Taschereau, Adèle, usufructuary	do	50	3,000	3,000
Têtu, Edouard	St. Thomas, Que.	6	360	360
Thivierge, Rev. P. N.	Bonaventure	30	1,800	1,800
Thomas, A. H.	Quebec	2	120	120
Thomas, Edith	do	2	120	120
Thomas, Gertrude	do	2	120	120
Thomas, W. S.	do	3	180	180
Thomas, Mary M.	do	97	5,820	5,820
Thompson, Geo. B.	St. Paul, Minn	8	408	480
Thomson, Andrew	Quebec	390	23,400	23,400
Thomson, D. C.	do	200	12,000	12,000
Thomson, Mrs. Annie	do	40	2,400	2,400
Thomson, George H.	do	125	7,500	7,500
Thompson, Miss Isabella	Lévis	18	1,080	1,080
Thompson, William	Kinnear's Mills	12	720	720
Thompson, Wm., M.D.	Leeds, Megantic	2	120	120
Timmony, James, John and Mary J.	Sillery	5	300	300
Tims, Frank D.	Quebec	5	300	300
Tofield, William	do	8	480	480
Tofield, C. W.	do	2	120	120
Toussaint, Justine, executrix	do	2	120	120
Tucker, Mark	do	19	996	1,140
Turcot, Miss Ida M.	do	4	240	240
Turcot, Miss Josephine	do	4	240	240
Turcot, George	do	2	120	120
Turcotte, Mrs. M. E. J.	Montreal	1	60	60
Turnbull, Lieut.-Col. J. F.	Quebec	52	2,724	3,120
Turnbull, Mrs. Elizabeth	do	199	10,608	11,940
Union St. Joseph de St. Sauveur	do	14	840	840
Vallée, A., M.D.	do	15	900	900
Vallière, P.	do	35	1,890	2,100
Veasey, George, executor	do	15	900	900
Veasey, Miss Helen	do	10	600	600
Veasey, Miss Josephine O.	do	10	600	600
Veasey, Mrs. Sarah W.	do	12	720	720
Verreault, Mrs. P. G. J.	St Roch des Aulnaies	5	300	300
Vezina, F. R. A.	Quebec	1	60	60
Vezina, Mrs. Virginie	do	6	360	360
	Carried forward...	23,648	1,408,810	1,418,880

Union Bank of Canada—Banque Union du Canada.

Names. — Noms.	Residence.	Number of Shares. — Nombre d'Actions.	Amount Paid. — Montant payé.	Amount Subscribed. — Montant souscrit.
			$	$
	Brought forward...	23,648	1,408,810	1,418,880
Von Iffland, Catherine E	Quebec	7	420	420
Von Iffland, Harriet S	do	9	540	540
Von Iffland, Rev. A. A	do	20	1,200	1,200
Von Iffland, Rev. A. A., executor	do	20	1,200	1,200
Waddell, Mrs. Elizabeth	do	4	204	240
Webster, George M., & Co	do	3	180	180
Webster, Miss Margaret D	do	2	120	120
Webb, Mrs. Mabel T	do	50	3,000	3,000
Webb, E. E	do	750	45,000	45,000
Welch, Joseph L	do	4	240	240
Welch, Robert C	do	12	720	720
Weippert, Mrs. Ferdinand	do	22	1,320	1,320
Whalen, Mary	do	36	2,160	2,160
White, Miss Alice	do	8	480	480
Wheeler, Miss Eleanor	do	17	1,020	1,020
Wheeler, Miss Kate	do	17	1,020	1,020
Whitehead, W. Morley	do	3	180	180
Whitehead, A. Whiston	do	3	180	180
Whitehead, Alfred B	do	2	120	120
Whitehead, Benjamin J	do	1	60	60
Whitehead, J. Louis	do	1	60	60
Winfield, Richard	do	35	2,100	2,100
Woods, Mary A	Halifax, Megantic	9	540	540
Woodhouse, Mrs. Ann	Quebec	20	1,200	1,200
Whyte, J. G	Ottawa	228	12,024	13,680
Würtele, Miss M. G. L	Quebec	3	180	180
Würtele, Ernest F	do	7	420	420
Wurtele, Ernest F., in trust	do	1	24	60
Wheeler, Kate, in trust	do	3	18	180
Wheeler, Eleanor, in trust	do	3	18	180
Wright, Aimée, Alexander and Edmond	Berthier	2	120	120
Willis, Mrs. Mary M	Quebec	50	3,000	3,000
	Total	25,000	1,487,878	1,500,000

Certified correct.

E. E. WEBB,
General Manager

QUEBEC, 31st December, 1897.

EASTERN TOWNSHIPS BANK.

BANQUE DES CANTONS DE L'EST.

Value of Share, $50—Valeur de chaque action, $50

Names. — Noms.	Residence.	Number of Shares. — Nombre d'Actions.	Amount Paid. — Montant payé.	Amount Subscribed. — Montant souscrit.
			$	$
Abbott, Mrs. M. A., in trust	Vancouver, B.C	4	200	200
Adams, Levi P., executors of	Fitch Bay	40	2,000	2,000
Adams, Rev. Thomas, D.C.L.	Lennoxville	15	750	750
Adams, George A	Adamsville	14	700	700
Adams, George J	do	14	700	700
Adams, George A., tutor	do	28	1,400	1,400
Adams, Mrs. Cynthia	Waterloo	20	1,000	1,000
Adams, Mrs. Betsy	Coaticook	133	6,650	6,650
Adams, Mrs. Laura	Gananoque, Ont	55	2,750	2,750
Adams, Geo. B	New Haven, Conn	16	800	800
Adams, Mrs. Elizabeth	Coaticook	32	1,600	1,600
Adams, Mrs. Elizabeth, in trust	do	16	800	800
Ahern, Arthur, in trust	Quebec	1	50	50
Ahern, Arthur, in trust	do	4	200	200
Ahern, Arthur, in trust	do	1	50	50
Ahern, Mrs. Amelia V	do	6	300	300
Alfred, Hon. Frank E	Newport, Vt	50	2,500	2,500
Allbee, Bushnell B.	Derby Line, Vt.	20	1,000	1,000
Allen, George H.	Waterloo	22	1,100	1,100
Allen, George H. and Daniel L	do	54	2,700	2,700
Allen, Daniel L	do	26	1,300	1,300
Allen, Henry E	do	36	1,800	1,800
Allen, Taylor & Co	do	7	350	350
Antrobus, Miss Annie	Berthier-en-haut	23	1,150	1,150
Antrobus, Miss Mary C	do	8	400	400
Audette, Mrs. Mary G	Ottawa	7	350	350
Austin, Frederick J., M.D	Sherbrooke	40	2,000	2,000
Austin, Mrs. Henrietta	do	14	700	700
Awde, Rev. James	Elora, Ont	12	600	600
Bachelder, Mrs. Hannah L	Hatley	40	2,000	2,000
Bacon, Mrs. Sarah Jane	Montreal	34	1,700	1,700
Bailey, Nelson	Wells River, Vt	32	1,600	1,600
Baker, Ann L. A., executors of	Stanbridge, E	232	11,600	11,600
Baker, J. C., executors of	do	40	2,000	2,000
Baker, Hon. George B	Sweetsburg	2	100	100
Baker, Miss Eliza C	Dunham	20	1,000	1,000
Baker, George D.	do	12	600	600
Baker, E. H. and H. W. Keyes, trustees	Boston, Mass.	10	500	500
Baldwin, Mrs. Lennie A	Stanstead	18	900	900
Baldwin, Stuart A.	Norton Mills, Vt	185	9,250	9,250
Baldwin, Stuart A., in trust	do	5	250	250
Baldwin, Willis K	Baldwin's Mills, Q	40	2,000	2,000
Baldwin, Miss Lilian J	Coaticook.	12	600	600
Ball, Seth F	Stanstead	54	2,700	2,700
Ball, James T	Rock Island	10	500	500
Ball, Mrs. Mary Lee	do	13	650	650
Ball, William L., in trust	Richmond	5	250	250
Ball, William L	do	3	150	150
Bangs, Miss Eva V.	Correctionville, Iowa	1	50	50
Barnard, Jacob W	Andover, Mass	75	3,750	3,750
Barnston, municipality of	Barnston Corner	180	9,000	9,000
Barron, William W	Geneva, N.Y.	8	400	400
	Carried forward	1,749	87,450	87,450

Eastern Townships Banks—Banque des Cantons de l'Est.

Names. — Noms.	Residence.	Number of Shares. — Nombre d'Actions.	Amount Paid. — Montant payé.	Amount Subscribed. — Montant souscrit.
			$	$
	Brought forward...	1,749	87,450	87,450
Bartlett, George R., in trust	Toronto, Ont.	27	1,350	1,350
Bartlett, Miss Isabella P	Melrose, Mass.	1	50	50
Batchelder, George	Stanstead	11	550	550
Baxter, Myron L., M.D	Derby Line, Vt.	5	250	250
Baylis, Mrs. Hilda E	Montreal	50	2,500	2,500
Beard, Miss Ida F	do	1	50	50
Beckett, Miss Elizabeth	Sherbrooke	6	300	300
Beckett, Mrs. Cordelia L.	Montreal	14	700	700
Bédard, Joseph	Richmond	5	250	250
Bengough, Mrs. Julia M	Montreal	14	700	700
Bennetts, Francis	Sherbrooke	40	2,000	2,000
Bennetts, Mrs. Celia	do	60	3,000	3,000
Benson, Mrs. Etheldred N	Montreal	8	400	400
Benson, Mrs. E N. and W. R. Miller, curator	do	100	5,000	5,000
Bernard. Mrs. Frances D	Richmond	87	4,350	4,350
Black, Mrs. Jane	Warden	9	450	450
Blackader, William B., in trust	Montreal	10	500	500
Blake, Mrs. Mary B	New York	24	1,200	1,200
Blanchard, Mrs. Susan B	Minonk, Ill	47	2,350	2,350
Blinn, Nathan M	Stanbridge, E	40	2,000	2,000
Blinn, Charles E	do	13	650	650
Boswell, Albert	London, Eng.	5	250	250
Boswell, Vesy	Quebec.	17	850	850
Boswell, Miss Marion	do	6	300	300
Boswell, Miss Laura	do	3	150	150
Boultbee, Mrs. Henrietta E	Colne, St. Ives, Eng	10	500	500
Bowen, George F	Sherbrooke	40	2,000	2,000
Bowen, George F., executor	do	47	2,350	2,350
Bowen, Mrs. Sarah Jane	do	14	700	700
Boyd, Samuel W., in trust	Montreal	12	600	600
Brackett, Cephas	Littleton, N.H	300	15,000	15,000
Bradford, John	Granby	56	2,800	2,800
Bradshaw, Robert C	Thornhill, Man	20	1,000	1,000
Brainerd, T. D., executors of	Stanstead	40	2,000	2,000
Briggs, W. I	Waterloo.	39	1,950	1,950
Brigham, Mrs. B.. executors of	Brigham	54	2,700	2,700
Brigham, Mrs. Clara A	Derby Line, Vt.	25	1,250	1,250
Brooke, Charles J., in trust	Hull, P.Q	2	100	100
Brooks, Ernest R. H	Sherbrooke	16	800	800
Brooks, Noël E	do	10	500	500
Brooks, E. T. and S. Edgell	do	100	5,000	5,000
Brooks, Miss Florence H	Randolph, Vt	10	500	500
Brown, Miss Ruth A	Sherbrooke	1	50	50
Brown, Mrs. Charlotte M. H.	do	20	1,000	1,000
Brown, Mrs. Ellen J	Lowell, Mass	8	400	400
Brown, Mrs. Sarah E.	Readsboro', Vt	11	550	550
Bruce, Robert, executors of	Quebec	100	5,000	5,000
Buchanan, Agnes, executors of	Montreal	7	350	350
Buck, Mrs. Emma E	East Farnham	3	150	150
Buck, Francis P., in trust	Sherbrooke	1	50	50
Buckland, Erastus A	Coaticook	66	3,300	3,300
Buckland, Hiram O.	Barnston	52	2,600	2,600
Buckland, Pardon B	do	40	2,000	2,000
Buel, Mrs. Sarah A	West Burke, Vt	24	1,200	1,200
Bugbee, Abel G., M. D	Derby Line, Vt	325	16,250	16,250
Bugbee, A. G., in trust	do	2	100	100
Bugbee, Mrs. Nancy R	do	29	1,450	1,450
Bugbee, Alroy L.	Block Island, R. I	28	1,400	1,400
Bundy, Mrs. Betsy A	St. Johnsbury, Vt	37	1,850	1,850
Burns, Mrs. Mary Ann	Boston, Mass	37	1,850	1,850
	Carried forward...	3,938	196,900	196,900

Eastern Townships Bank—Banque des Cantons de l'Est.

Names. — Noms.	Residence.	Number of Shares. — Nombre d'Actions.	Amount Paid. — Montant payé.	Amount Subscribed. — Montant souscrit.
			$	$
	Brought forward...	3,938	196,900	196,900
Burns, Frederick D.	Boston, Mass.	35	1,750	1,750
Butler, Miss Salencia	Brome, Que.	62	3,100	3,100
Butters, Miss Mary Isabella	Stanstead	20	1,000	1,000
Butters, George P., in trust	Stanstead	58	2,900	2,900
Caisse d'Economie de Notre Dame de Québec, in trust	Quebec	95	4,750	4,750
Carter, Mrs. Catherine	Montreal	30	1,500	1,500
Carter, James H.	Massawippi	40	2,000	2,000
Cass, Luther	Mishawaka, Ind.	100	5,000	5,000
Cass, Miss Carrie M.	do	10	500	500
Caswell, George R., in trust	Derby Line, Vt.	12	600	600
Cate, Benjamin, executors of	Griflen, P. Q.	33	1,650	1,650
Cate, Mrs. Martha A.	Stanstead	33	1,650	1,650
Cate, Charles W.	Sherbrooke	20	1,000	1,000
Chaffee, Mrs. Ednah M.	Berkshire, Vt.	19	950	950
Chaffee, Mrs. Mary E	Westmount, Q.	1	50	50
Chalmers, Miss Louisa H	Point St. Charles, Q.	13	650	650
Chamberlin, Miss Rachel	Stanstead	50	2,500	2,500
Chamberlin, Miss Hannah, executors of	do	40	2,000	2,000
Chamberlin, Henry	Newport, Vt.	10	500	500
Chandler, Mrs. Mary L.	Franklin, Vt.	6	300	300
Chandler, Mrs. Emmeline	Brome	39	1,950	1,950
Chandler, Azro H.	do	12	600	600
Chandler, Miss Edith M.	do	2	100	100
Chandler, Miss Jennie E.	do	1	50	50
Chandler, Jennie E. and Edith M.	do	9	450	450
Channell, Mrs. Mary A.	Stanstead	40	2,000	2,000
Chase, Irvin S.	West Randolph, Vt.	70	3,500	3,500
Cheney, Mrs. Sarah McL.	Stanstead Junction	200	10,000	10,000
Child, George M.	Coaticook	100	5,000	5,000
Christie, Mrs. Emmeline	Apple Grove	60	3,000	3,000
Church, Mrs. Cynthia E.	Cambridgeport, Mass.	2	100	100
Clark, Mrs. Helen M.	East Farnham	8	400	400
Clark, Mrs. Nancy J.	Waterloo	7	350	350
Cleveland, Miss Juliana	Richmond	24	1,200	1,200
Cleveland, Henry C.	Coventry, Vt.	25	1,250	1,250
Cleveland, Mrs. Lucy M., usufructuary	Frelighsburg	20	1,000	1,000
Cleveland, Mrs. Abbie J.	Danville	62	3,100	3,100
Clough, Mrs. Mary E., in trust	Lennoxville	85	4,250	4,250
Clough, Mrs. Mary E., in trust	do	85	4,250	4,250
Clough, John G.	Ayer's Flat	6	300	300
Clough, Lorenzo D.	do	4	200	200
Cochran, Miss Frances H.	Barrie, Ont.	11	550	550
Cochrane, Hon. M. H.	Hillhurst Station	166	8,300	8,300
Codd, Miss Gertrude J.	Waterloo	6	300	300
Colby, Hon. Charles C.	Stanstead	150	7,500	7,500
Cooper, Mrs. Mabel B.	Geneva, N.Y.	18	900	900
Cooper, Mrs. Lizzie E.	Stanstead	20	1,000	1,000
Corey, Moses	Stanbridge East	6	300	300
Cotton, Mrs. Selina A.	Sweetsburg	4	200	200
Cowles, C. W., Chas. Lunt and Chas. N. Hill, in trust	Derby Line, Vt.	14	700	700
Cowles, C.W., F.T. Caswell and Chas. N. Hill, in trust	do	28	1,400	1,400
Cowling, Mrs. Emma S.	East Angus	3	150	150
Cox, Carlos	Massawippi	24	1,200	1,200
Crane, Mrs. Dora W.	Middlebury, Vt.	32	1,600	1,600
Crofton, Mrs. Emma C.	Halifax, N. S.	24	1,200	1,200
Crombie, Marcus G	Kingsbury, P.Q.	75	3,750	3,750
Crystal Lake Cemetery Association	Stanstead	23	1,150	1,150
	Carried forward...	6,090	304,500	304,500

Eastern Townships Bank—Banque des Cantons de l'Est.

Names. — Noms.	Residence.	Number of Shares. — Nombre d'Actions.	Amount Paid. — Montant payé.	Amount Subscribed. — Montant souscrit.
			$	$
	Brought forward...	6,090	304,500	304,500
Crystal Lake Cemetery Association, in trust	Stanstead	4	200	200
Cummings, Mrs. Lucretia F	Lynn, Mass	16	800	800
Cummins, Mrs. Josephine	Magog	40	2,000	2,000
Cummins, Nicholas M	do	60	3,000	3,000
Currier, Mrs. Florence A	Ottawa	32	1,600	1,600
Currier, Miss Maude M	East Lebanon, N.H	7	350	350
Curtis, John	Stanstead	43	2,150	2,150
Curtis, Mrs. Myra C	do	12	600	600
Curtis, Amos B	do	12	600	600
Curtis, Mrs. Mary E	do	10	500	500
Curtis, Arthur E	do	10	500	500
Curtis, Mrs. Mabel L	do	5	250	250
Cushing, Chas. J	Barnston	8	400	400
Cushing, Mrs. Amelia C	do	8	400	400
Dale, Mrs. Catherine	Sherbrooke	17	850	850
Dampier, Miss Laura	Waterloo	6	300	300
Darey, Pierre J	Ottawa	25	1,250	1,250
Davidson, H., and T.W. Fuller, trustees	Sherbrooke	13	650	650
Davis, Betsey C., executors of	Coaticook	38	1,900	1,900
Davis, Dudley W., cashier, in trust	Derby Line, Vt	12	600	600
Davis, D. W., and S. Stevens, in trust	Stanstead	31	1,550	1,550
Davis, Dudley, in trust	Coaticook	20	1,000	1,000
Dean, Lewis A	Calumet	2	100	100
Dean, Miss Susan	do	2	100	100
Denison, Miss Helen M	Richmond	15	750	750
Denison, John W., executors of	do	10	500	500
Dennison, William H	Hillsboro' Bridge, N.H	20	1,000	1,000
Derbishire, Miss Elizabeth M	Sherbrooke	100	5,000	5,000
Derrom, Mrs. A. L. L	Patterson, N.J	1	50	50
Dickerman, Jerry E	Newport, Vt	70	3,500	3,500
Dickerson, Miss Elizabeth	Stanstead Junction	53	2,650	2,650
Dickinson, Miss Margaret I	Sherbrooke	25	1,250	1,250
Dinning, Mrs. Elizabeth A	do	5	250	250
Doak, Mrs. Catherine E	Coaticook	13	650	650
Donahue, John	Abbottsford	50	2,500	2,500
Drake, Walter	Montreal	50	2,500	2,500
Drew, Mrs. Carrie H	Lancaster, N.H	40	2,000	2,000
Drury, Mrs. Frances E. M	Sherbrooke	11	550	550
Drury, Edmond H	do	2	100	100
Duncan, Miss Eliza	Montreal	40	2,000	2,000
Dyer, Eugene A	Sutton, Que	76	3,800	3,800
East Hatley Methodist Church	Hatley	12	600	600
Eaton, Ezra B	Warren, N.H	40	2,000	2,000
Edgell, Stephen	Sherbrooke	40	2,000	2,000
Edgell, Miss Katherine M	do	1	50	50
Edgell, Geoffrey S	do	8	400	400
Ela, Mrs. Hannah S	Cambridge, Mass	7	350	350
Elkins, Henry A	Sherbrooke	80	4,000	4,000
Ellis, Miss Charlotte E	Montreal	70	3,500	3,500
Empson, Rev. John	do	20	1,000	1,000
England, Mrs. Ellen	Dunham	23	1,150	1,150
England, Mrs. Ellen, usufructuary	do	23	1,150	1,150
Evans, Mrs. Mary Iva	Kingsey	5	250	250
Farnsworth, Mrs. Eleanor F	Cookshire	8	400	400
Farrell, Miss Teresa	Halifax, N.S	25	1,250	1,250
Farrell, Miss Letitia	do	25	1,250	1,250
Farwell, William	Sherbrooke	50	2,500	2,500
Farwell, Mrs. Elizabeth Jane	do	33	1,650	1,650
Farwell, Mrs. Henrietta	do	2	100	100
Farwell, Miss Florence Winn	do	2	100	100
Farwell, William A., M.D	do	5	250	250
	Carried forward...	7,583	379,150	379,150

Eastern Townships Bank—Banque des Cantons de l'Est.

Names — Noms	Residence.	Number of Shares. — Nombre d'Actions.	Amount Paid. — Montant payé.	Amount Subscribed — Montant souscrit.
			$	$
	Brought forward...	7,583	379,150	379,150
Farwell, Mrs. Calista A	Sherbrooke	40	2,000	2,000
Farwell, Albert L	do	15	750	750
Felton, Catalina, executor of	do	1	50	50
Felton, E. Pellew, Lieut.-Col	do	6	300	300
Field, Miss Lavinia	Stanstead	55	2,750	2,750
Field, Mrs. Annie M	San Diego, Cal	20	1,000	1,000
Finlay, David	Sorel	20	1,000	1,000
Finlay, Miss Sarah J	Dunham	36	1,800	1,800
Fisher, Mrs. Helen M	Stanstead	13	650	650
Fisk, Mrs. Ellen M	Abbotsford	4	200	200
Fisk, Nathaniel C	do	70	3,500	3,500
Flint, George A	Stanstead	87	4,350	4,350
Flint, Jerome T	Rock Island	50	2,500	2,500
Flint, Mrs. Lizzie M	Newport, Vt	22	1,100	1,100
Fogg, Mrs. Nancy V	South Weymouth, Mass	6	300	300
Forrest, Grant E	Waterloo	1	50	50
Fortier, Mrs. Susan B. H	Logan, Utah	13	650	650
Foss, O. R	Everett, Mass	24	1,200	1,200
Foss, Edwin M	Derby, Vt	5	250	250
Foster, Rev. John, M.A	Coaticook	14	700	700
Foster, Mrs. Laura E	do	63	3,150	3,150
Foster, George K	Danville	184	9,200	9,200
Foster, Mrs. Cynthia E	do	50	2,500	2,500
Foster, Stephen, executors of	Derby Line	52	2,600	2,600
Foster, Mrs. Stephen	Rock Island	82	4,100	4,100
Foster, Austin T	do	116	5,800	5,800
Foster, Austin T., in trust	do	16	800	800
Foster, Mrs. Sarah H	do	55	2,750	2,750
Foster, Miss Mary Jane	Derby Line	9	450	450
Foster, John G	do	80	4,000	4,000
Foster, John G., guardian	do	70	3,500	3,500
Foster, Henry E., in trust	do	4	200	200
Foster, Frederick H	Tilton, N.H	164	8,200	8,200
Fourdrinier, Mrs. Jane S	Montreal	28	1,400	1,400
Francis, William	do	310	15,500	15,500
Fraser, Miranda R., executors of	do	29	1,450	1,450
Fraser, John, executors of	Quebec	80	4,000	4,000
Fraser, Miss Margaret	Upper Melbourne	25	1,250	1,250
French, John D	Cookshire	1	50	50
French, John D., usufructuary	do	1	50	50
French, Robert D	do	4	200	200
French, Henry A	Washington Terr	7	350	350
French, John	Eaton Corner	4	200	200
Fricker, Miss Elizabeth C	Philadelphia	20	1,000	1,000
Froste, Miss Caroline	Montreal	7	350	350
Fuller, Miss Eunice L	Sault Ste. Marie	107	5,350	5,350
Fuller, Miss Georgie Rea	Littleton, N.H	30	1,500	1,500
Fullington, Harry C	Johnson, Vt	4	200	200
Fullington, C. C	do	4	200	200
Galer, Jacob N	Dunham	80	4,000	4,000
Gales, Mrs. Anna M	Montreal	13	650	650
Gamsby, John W., executors of	Huntingville	7	350	350
Gamsby, Mrs. Betsy Jane	do	7	350	350
Garland, Collins S	Montreal	2	100	100
Gault, Percy R	do	10	500	500
Gibb, Mrs. Mary L	Como, Que	30	1,500	1,500
Gibb, Mrs. Catherine R	Montreal	20	1,000	1,000
Gibb, Miss M. Caroline	do	40	2,000	2,000
Gibb, James	Quebec	40	2,000	2,000
Gibb, James R., Elizabeth Gibb, Mary E. Gibb and Catherine D. Gibb	Montreal	20	1,000	1,000
	Carried forward ...	9,960	498,000	498,000

Eastern Townships Bank—Banque des Cantons de l'Est.

Names — Noms.	Residence.	Number of Shares. — Nombre d'Actions.	Amount Paid. — Montant payé.	Amount Subscribed. — Montant souscrit.
			$	$
	Brought forward...	9,960	498,000	498,000
Gillies, Miss Esther E., Mrs. L. M. Baker and Rev. A. C. Baker, tutor...	Sawyerville	13	650	650
Gilman, George C., in trust	Newport, Vt	1	50	50
Gilman, Miss Lilian C	do	27	1,350	1,350
Gilman, Joseph H., and John Taylor, executors in trust	Kingsey Falls	18	900	900
Gilson, William R	Santa Ann, Cal	14	700	700
Goodenough, John C	Littleton	14	700	700
Goodenough, Mrs. Mary I	do	21	1,050	1,050
Goodrich, Convers G	Newport, Vt	48	2,400	2,400
Goodwin, John H	Cookshire	20	1,000	1,000
Goodwin, Mrs. Susan	do	10	500	500
Gordon, Andrew J	North Hatley	24	1,200	1,200
Grace Church, rector and wardens	Sutton	43	2,150	2,150
Grant, Mrs. Caroline	Quebec	7	350	350
Gunning, Mrs. Martha	East Hatley	6	300	300
Hackett, Hon. M. F	Stanstead	29	1,450	1,450
Hackett, Hon. M. F., in trust	do	1	50	50
Hackett, Mrs. Florence A	do	18	900	900
Hale, Hon. Edward, executors of	Sherbrooke	200	10,000	10,000
Hale, Miss Elizabeth F	do	5	250	250
Hale, Edward J	Quebec	250	12,500	12,500
Hall, Charles S	Waterloo	20	1,000	1,000
Hall, Miss Mary Jannette	Rock Island	26	1,300	1,300
Hall, Hon. Robert N	Montreal	14	700	700
Hamilton & Son, G. W	do	10	500	500
Hamilton, Henry C	London, Eng	15	750	750
Hamilton, Miss Frances	do	51	2,550	2,550
Hamilton, Mrs. Catherine E	do	2	100	100
Hamilton, Robert	Quebec	140	7,000	7,000
Hanson Bros	Montreal	100	5,000	5,000
Hargrave, William H	St. Hyacinthe	10	500	500
Harris, Mrs. Harriet J	Waterloo	10	500	500
Harris, Miss Florence G	do	10	500	500
Harris, Mrs. Jessie M	Ottawa	60	3,000	3,000
Harris, Robert C., and W. Dale	do	24	1,200	1,200
Harrower, David	Wakefield, R.I	100	5,000	5,000
Hart, Thomas	Richmond	100	5,000	5,000
Hart, Mrs. Mary Jane	E. Farnham	6	300	300
Harvey, Cyrus E	Waterloo	26	1,300	1,300
Harvey, Zephaniah	Granby	4	200	200
Haskell, Mrs. Martha M	Derby Line	274	13,700	13,700
Haskell, Horace S	do	75	3,750	3,750
Hatley, Municipality of	Hatley	150	7,500	7,500
Hawse, Frank M	Somerville, Mass	5	250	250
Hayes, James	do	19	950	950
Heath, Samuel W., executors of	East Douglas, Mass	26	1,300	1,300
Heath, William W., curator	Heathton	10	500	500
Henderson, Mrs. Laura I., deceased	Lennoxville	20	1,000	1,000
Heneker, Richard W	Sherbrooke	240	12,000	12,000
Heneker, Richard W., in trust	do	3	150	150
Henry, Charles S	Lennoxville	21	1,050	1,050
Henry, George	do	13	650	650
Hibbard, Mrs. Jane E., in trust	Stanbridge East	2	100	100
Hibbard, Mrs. Martha	Lowell, Mass	9	450	450
Hill, Mrs. Olie M	Stanstead	100	5,000	5,000
Hill, Mrs. Sarah E	Barnston	10	500	500
Hills, Otis W	Waterloo	73	3,650	3,650
Hitchcock, Paul	Massawippi	40	2,000	2,000
Hodsoll, Joseph, executors of	Cleveland, Ohio	19	950	950
Holland, John C	Rock Island	2	100	100
Holmes, Rev. A. Lee	Coaticook	30	1,500	1,500
	Carried forward	12,598	629,900	629,900

Eastern Townships Bank—Banque des Cantons de l'Est.

Names. — Noms.	Residence.	Number of Shares. — Nombre d'Actions.	Amount Paid. — Montant payé.	Amount Subscribed. — Montant souscrit.
			$	$
	Brought forward...	12,598	629,900	629,900
Holmes, Mrs. Mary W.	Coaticook	50	2,500	2,500
Holmes, Charles W.	Stanstead	40	2,000	2,000
Holmes, Horace D.	Derby Line, Vt.	210	10,500	10,500
Holmes, Horace D., in trust	do	48	2,400	2,400
Holmes, Horace D., trustee	do	44	2,200	2,200
Holmes, Charles Lorenzo	Grand Island, Neb.	14	700	700
Hopkins, Lee C	Derby Line, Vt.	10	500	500
Horskin, Mrs. Mary Ann	Bedford, Que.	5	250	250
Housman, Rev. G. V., executors of	Quebec	10	500	500
Hovey, Mrs. Susanna M.	Rock Island	50	2,500	2,500
Hovey, Edward W.	do	25	1,250	1,250
Howard, Mrs. Clarinda	Apple Grove	10	500	500
Howard, Mrs. Gertrude E.	Montreal	50	2,500	2,500
Hubbard, John H.	Cambridge, Mass.	60	3,000	3,000
Hubbard, Mrs. Lucy D.	Stanstead	5	250	250
Hulburt, Mrs. Hannah L	East Farnham	2	100	100
Humphrey, C. T. A	East Burke, Vt.	20	1,000	1,000
Hunt, Mrs. Fanny L.	Sherbrooke	44	2,200	2,200
Hurd, Augustine S.	do	6	300	300
Hurd, Mrs. Sarah E	do	19	950	950
Hurd, Miss Laura A.	do	13	650	650
Hurd, Edward P., M. D.	Newburyport, Mass.	13	650	650
Hurlbut, Miss Catherine M.	Boston, Mass.	9	450	450
Hutchins, R.	East Farnham	13	650	650
Hyndman, A. W., in trust	Sherbrooke.	2	100	100
Ives, Alfred	Hatley	12	600	600
Jackson, Mrs. Grace.	Bedford	25	1,250	1,250
Jenkins, C. A., in trust	Smith's Mills.	1	50	50
Jenne, Lucien P., in trust	Derby, Vt.	80	4,000	4,000
Johnston, Willard, and J. H.	Lennoxville	6	300	300
Johnston, Mrs. Mary N.	do	1	50	50
Johnston, Mrs. Mary N., tutrix	do	1	50	50
Johnston, Willard	do	15	750	750
Jones, Horace S.	Barton Landing, Vt.	76	3,800	3,800
Jones, Charles H.	do	66	3,300	3,300
Jones, Miss Ann B.	do	140	7,000	7,000
Joslin, Orin H.	Waitsfield, Vt.	32	1,600	1,600
Joslin, Oramel S.	do	32	1,600	1,600
Joslin, Miss Sophia P.	do	32	1,600	1,600
Joslyn, G. S.	Lebanon, N.H.	80	4,000	4,000
Judd, Timothy W.	Coaticook	30	1,500	1,500
Judd, Mrs. Margaret S.	do	33	1,650	1,650
Kathan, William	Geneva, Ohio	60	3,000	3,000
Kathan, Charles H.	Rock Island	48	2,400	2,400
Kaulbach, Mrs. Sophia	Truro, N.S.	20	1,000	1,000
Kellam, Eliza W., executors of	Haverhill, N.H.	10	500	500
Kelsey, Mrs. Lois	Derby, Vt.	20	1,000	1,000
Kent, Mrs. Rebecca P	Charlestown, Mass.	102	5,100	5,100
Keyes, Henry W.	North Haverhill, N. H.	9	450	450
Keyes, George T.	East Pepperill, Mass	10	500	500
Keyes, Charles W.	do	10	500	500
Kimball, Mrs. Catherine	Concord, N.H.	20	1,000	1,000
King, Edwin F	Kingston, Ont.	40	2,000	2,000
King, Lieut.-Col. Charles	Sherbrooke	229	11,450	11,450
Kinnear, Mrs. Lydia W.	Quebec	3	150	150
Kinnear, Mrs. Lydia W., tutrix	do	59	2,950	2,950
Kinnear, James, jr.	Kinnear's Mills.	65	3,250	3,250
Knight, Alson	Boston, Mass.	24	1,200	1,200
Knight, Moran A.	Landaff, N.H.	21	1,050	1,050
Knowlton, Almas A.	Waterloo	40	2,000	2,000
Kraus, Rev. Edward H	New York City	60	3,000	3,000
	Carried forward...	14,882	744,100	744,100

Eastern Townships Bank—Banque des Cantons de l'Est.

Names. — Noms.	Residence.	Number of Shares. — Nombre d'Actions.	Amount Paid. — Montant payé.	Amount Subscribed. — Montant souscrit.
			$	$
	Brought forward...	14,882	744,100	744,100
Lake, Samuel	Eaton, Que.	10	500	500
Lamberton, Mrs. Harriet L.	Belmont, Mass.	17	850	850
Lane, Mrs. Susan M.	Boston, Mass.	75	3,750	3,750
Laraway, Alva	Dunham	60	3,000	3,000
Lasell, Torrance D	Bishop's Crossing	21	1,050	1,050
Laurie, Duncan	Quebec	100	5,000	5,000
Laurie, Mrs. Sophia	do	150	7,500	7,500
Lawrence, Miss Gertrude M.	Newport, Vt	40	2,000	2,000
Lawrence, Miss Ellen B.	Sherbrooke	31	1,550	1,550
Lawrence, George W.	Waterloo	200	10,000	10,000
Learned, Alden	Cookshire	18	900	900
Learned, Mrs. Eliza M.	do	37	1,850	1,850
Leavens, Mrs. Julia L.	Richford, Vt	35	1,750	1,750
LeMesurier, Wm. G., tutor	Montreal	10	500	500
Leonard, Jeremiah	Portland, Me.	12	600	600
Leslie, Mrs. Margaret	Stanstead	12	600	600
Lincoln, Mrs. Sarah, executrix	Abbotsford	12	600	600
Lindsay, Edward N	Bulwer	13	650	650
Lloyd, Mrs. Henrietta	Sherbrooke	36	1,800	1,800
Lloyd, Miss Anabel, curatrix	do	4	200	200
Lobley, Mrs. Elizabeth A	England	40	2,000	2,000
Locke, Mrs. Mary A	Stanstead, Que.	2	100	100
Locke, Miss Ellen E	Heathton	40	2,000	2,000
Locke, Miss Ellen E., in trust	do	20	1,000	1,000
Lodge, Mrs Mary Ann	Richmond	13	650	650
Lombard, Mrs. Ellen L	Colebrook, N.H.	53	2,650	2,650
Lovell, Henry	Coaticook	280	14,000	14,000
Low, Miss Elizabeth	Sherbrooke	8	400	400
Lucke, Mrs. Helen L.	do	19	950	950
Lyford, W. C	New York	50	2,500	2,500
Lyman, Delia A., executors of	Montreal	23	1,150	1,150
Lyman, Charles	do	7	350	350
Lyman, Arthur	do	3	150	150
Lynn, Rachel, executors of	North Hatley	21	1,050	1,050
Macdonald, Mrs. Ann.	St. Johns, Que.	37	1,850	1,850
Macey, Mrs. Laura A	Abbott's Corners	30	1,500	1,500
Macfarlane, Mrs. Ann T	Montreal	25	1,250	1,250
Macfarlane, Henry	Sherbrooke	40	2,000	2,000
Macfarlane, Mary I., executors of	Compton	193	9,650	9,650
Macfarlane, Mrs. Cornelia G	Waterloo	10	500	500
Macintosh, Grant	Montreal	1	50	50
Mack, Mrs. Lestina D	Derby Line, Vt.	100	5,000	5,000
Mackay, Robert	Montreal	600	30,000	30,000
Mackay, Edward, executors of	do	97	4,850	4,850
MacLeay, Donald A	Danville	13	650	650
MacLeay, Mrs. Sarah R.	do	52	2,600	2,600
MacLeay, Miss Agnes M	do	14	700	700
MacLeay, C. R., D. A., and A. M., and Mrs. S. B. H. Fortier	do	7	350	350
Major, Misses C. E. S., and S. J. S., and Mrs. A. J. L. Scott	Montreal	7	350	350
Mansur, Mrs. Maria	Stanstead	100	5,000	5,000
Mansur, Chas. H., in trust	do	6	300	300
Mappin, Frederick T	Richmond	7	350	350
Martin, Benjamin S	Dunham	10	500	500
Maston, Mrs. Lillie D.	St. Johnsbury, Vt	12	600	600
Mathewson, Mrs. Amelia S.	Malden, Mass	16	800	800
Meigs, D. B., Walter Drake, and Mrs. H. L. Harkom, in trust	Melbourne, Que.	60	3,000	3,000
Meigs, Mrs. Elizabeth C. T.	Stanstead, Que.	14	700	700
Meigs, Miss Alice L	do	7	350	350
	Carried forward...	17,812	890,600	890,600

Eastern Townships Bank—Banque des Cantons de l'Est.

Names. — Noms.	Residence.	Number of Shares. — Nombre d'Actions.	Amount Paid. — Montant payé.	Amount Subscribed. — Montant souscrit.
			$	$
	Brought forward	17,812	890,600	890,600
Miller, Mrs. Jessie M	Toronto	9	450	450
Miller, Mrs. Harriett F., and George F. Benson, curator	Montreal	100	5,000	5,000
Miltmore, James	Mansonville	66	3,300	3,300
Mitchell, William	Drummondville	100	5,000	5,000
Mitchell, James S., in trust	Sherbrooke	2	100	100
Mitchell, James S., in trust	do	2	100	100
Mitchell, James S., in trust	do	2	100	100
Moat, Robert	Montreal	100	5,000	5,000
Molson, Joseph D., executors of	Sherbrooke	8	400	400
Molson, Miss Alice C	do	16	800	800
Molson, John D	Smith's Falls, Ont	26	1,300	1,300
Molson, Mrs. Mary E	Lennoxville	20	1,000	1,000
Molson, Mrs. Louisa G. F	Montreal	187	9,350	9,350
Montgomerie, R. C., in trust	St. Johnsbury, Vt	8	400	400
Montreal City & District Savings Bank	Montreal	109	5,450	5,450
Moore, Mrs. Ellen	Magog	60	3,000	3,000
Morey, Mrs. Huldah J	Sherbrooke	128	6,400	6,400
Morey, Samuel F., in trust	do	46	2,300	2,300
Morey, Samuel F., in trust	do	2	100	100
Morey, Samuel F., in trust	do	40	2,000	2,000
Morey, Samuel F., executor	do	35	1,750	1,750
Morey, Samuel F., in trust	do	40	2,000	2,000
Morgan, Mrs. S. A. C	Stanbridge Station	4	200	200
Morgan, Miss Jane P	Montreal	10	500	500
Morris, Benjamin T., executors of	Sherbrooke	69	3,450	3,450
Morris, Mrs. Isabella M	do	46	2,300	2,300
Morris, William	do	54	2,700	2,700
Morris, Miss Anna L	do	23	1,150	1,150
Morris, Richard F	do	22	1,100	1,100
Morris, Miss Mary Ann	Lennoxville	20	1,000	1,000
Morris, Miss Elizabeth M	Melbourne	10	500	500
Morris, Frederick W., administrator	Boston, Mass	5	250	250
Morrison, Mrs. Jennie	Waterville	1	50	50
Morse, J. N	Haverhill, N.H	30	1,500	1,500
Morton, Willis W	Randolph, Vt	48	2,400	2,400
Moss, Samuel and Hyam, in trust	London, England	60	3,000	3,000
Moulton, Miss Fannie R	Sherbrooke	10	500	500
Mound, Miss Lizzie O	Rutland, Vt	25	1,250	1,250
McClary, Mrs. Mary E	Compton	71	3,550	3,550
McClary, Miss Mary A	do	9	450	450
McClelan, Abner R	Riverside, N.B	6	300	300
McDougall, Mrs. Helen O	Montreal	6	300	300
McDougall, Mrs. Victoria C	Stanstead	20	1,000	1,000
McDougall, Charles L	Lennoxville	50	2,500	2,500
McEvilla, Mrs. Rebecca	Roxton Falls	98	4,900	4,900
McGaffey, Susan M., executors of	Stanstead	20	1,000	1,000
McGaffey, Herbert H	do	20	1,000	1,000
McIlwraith, Mrs. Mary	Hamilton, Ont	20	1,000	1,000
McIndoe, Greville E	Granby	40	2,000	2,000
McKechnie, John A	Sherbrooke	14	700	700
McKechnie, J. A., and J. S. Mitchell, executors	do	6	300	300
McKechnie, Mrs. Jane	do	6	300	300
McKee, Mrs. Miriam S	Compton	31	1,550	1,550
McKenzie, Roderick, executors of	Richmond	57	2,850	2,850
McKenzie, Mrs. Jane, executors of	do	5	250	250
McKenzie, Catherine M., executors of	Melbourne	3	150	150
McKenzie, Mrs. Janet	do	14	700	700
McKenzie, Douglas G	Montreal	4	200	200
McKenzie, Melbourne K	Richmond	4	200	200
	Carried forward	19,859	992,950	992,950

Eastern Townships Bank—Banque des Cantons de l'Est.

Names. — Noms.	Residence.	Number of Shares. — Nombre d'Actions.	Amount Paid. — Montant payé.	Amount Subscribed. — Montant souscrit.
			$	$
	Brought forward...	19,859	992,950	992,950
McKenzie, Andrew, in trust	Melbourne	4	200	200
McLean, Albert	Norton Mills, Vt	17	850	850
McLellan, Hiram	Glover, Vt	110	5,500	5,500
McLellan, Mrs. Elvira T	do	46	2,300	2,300
McLellan, Charles	do	46	2,300	2,300
McLellan, John Q. A.	do	36	1,800	1,800
McLellan, Miss Abbie B	do	4	200	200
McLellan, Mrs. Alma	Montreal	7	350	350
McNeil, Mrs. Frances C	North Hatley	20	1,000	1,000
McNicol, John W., in trust	Sherbrooke	20	1,000	1,000
McPherson, Mrs. Eliza A	Derby Line, Vt	2	100	100
Nelson, Charles E	do	20	1,000	1,000
Nelson, Charles E., in trust	do	3	150	150
Nelson, Charles E., in trust	do	2	100	100
Nelson, Mrs. Nellie M	do	4	200	200
Nelson, Asa B	do	50	2,500	2,500
Nelson, Mrs. Miriam A	do	20	1,000	1,000
Nelson, Mrs. Harriet A., in trust	do	1	50	50
Nelson, Mrs. Hattie A	do	11	550	550
Nelson, George E	do	3	150	150
Nelson, Hall & Co	Montgomerie Centre, Vt.	6	300	300
Nelson, Samuel B	Barton, Vt	15	750	750
Nicolls, Harriet M., executors of	Lennoxville	33	1,650	1,650
Nicolls, Rev. Gustavus G., and Miss Mary K. Badgley, executors in trust	do	19	950	950
Nicolls, Rev. Gustavus G.	Rivière du Loup	52	2,600	2,600
North, Mary, executors of, in trust	Sherbrooke	6	300	300
Nourse, Joshua	Sawyerville	23	1,150	1,150
O'Brien, John C	Brigham	18	900	900
O'Connor, John	do	20	1,000	1,000
O'Halloran, Miss Maria E	Cowansville	24	1,200	1,200
Oliver, Adam	do	25	1,250	1,250
Open, Mrs. Annie	Toronto	15	750	750
Open, Mrs. Annie, tutrix	do	15	750	750
O'Rourke, Mrs. Catherine	Rock Island	14	700	700
Orrock, Rev. John M	Brookline, Mass	19	950	950
Osgood, Mrs. Nancy M	Cookshire	10	500	500
Osgood, Stephen J.	do	10	500	500
Osgood, Mrs. Harriet W	Sherbrooke	60	3,000	3,000
Owens, Mrs. Christiana	Stonefield, Que	6	300	300
Paddock Harvlin	St. Johnsbury, Vt	13	650	650
Paddon, Miss Edith H. M.	Lennoxville	162	8,100	8,100
Paddon, Albert A	Chicago, Ill	2	100	100
Paige, Miss Lucy	Lennoxville	5	250	250
Page, Ernest H	Fitchburg, N.H	9	450	450
Page, Herbert E. and Ernest H.	do	1	50	50
Parker, Levi E	Hatley, Que	95	4,750	4,750
Parker, Samuel W	Newport, Vt	22	1,100	1,100
Parker, Mrs. Jane	Sherbrooke	2	100	100
Parker, Albert L	do	12	600	600
Parker, Miss Zeruah L	Barnston, Que	15	750	750
Parker, Peter C., in trust	Lennoxville	74	3,700	3,700
Parker, Peter C	do	11	550	550
Parker, Mrs. Elvira A	Sherbrooke	6	300	300
Paton, William E., tutor	do	81	4,050	4 050
Patton, Mrs. Jane	Stanstead	30	1,500	1,500
Payne, Frederick G	Montreal	10	500	500
Peabody, Mrs. Mary	Lennoxville	12	600	600
Pells, Mrs. Hannah G	do	10	500	500
Pentland, Mrs. Margaret	Three Rivers	18	900	900
Perley, Herbert S	Ottawa	46	2,300	2,300
	Carried forward	21,311	1,065,550	1,065,550

Eastern Townships Bank—Banque des Cantons de l'Est.

Names. — Noms.	Residence.	Number of Shares. — Nombre d'Actions.	Amount Paid. — Montant payé.	Amount Subscribed. — Montant souscrit.
			$	$
	Brought forward...	21,311	1,065,550	1,065,550
Peters, William R	South Stukely	6	300	300
Pettes, Mrs. Narcissa	Knowlton	100	5,000	5,000
Pettes, Jeremiah C	do	20	1,000	1,000
Phelps, Mrs. Prudence M	Stanbridge	2	100	100
Phelps, Mrs. Martha E	Derby Line, Vt	13	650	650
Pierce, Mrs. Mary C., tutrix	Stanstead	2	100	100
Pierce, Miss Elizabeth F	do	20	1,000	1,000
Pierce, Mrs. Mary F	do	40	2,000	2,000
Pierce, George H	Richmond	80	4,000	4,000
Pierce, Mrs. Jennie E	Newton Centre, Mass	105	5,250	5,250
Pike Brothers	Rock Island	5	250	250
Pike, Mrs. Mary C	do	2	100	100
Planche, Mrs. Miriam M	Cookshire	3	150	150
Ployart, Frederick, executors of	Warkworth, Ont	1	50	50
Pomroy, George, executors of	Stanstead	30	1,500	1,500
Pomroy, Mrs. Azubah	do	30	1,500	1,500
Pope, Mrs. Persis B	Cookshire	100	5,000	5,000
Porter, George	Rock Island	160	8,000	8,000
Porter, Samuel S. and Abigail	Waterloo	40	2,000	2,000
Powers, Mrs. Persis	Eaton	20	1,000	1,000
Price, Hon. E. J., curator	Quebec	6	300	300
Price, Miss Cecilia	do	19	950	950
Primrose, Howard	Pictou, N.S	20	1,000	1,000
Prouty, John A	Newport, Vt	16	800	800
Quimby, Mrs. Mary Ann	Stanstead	12	600	600
Ramsay, Sherburn, R. M	Colebrook, N.H	14	700	700
Rand, Artemus	Sawyerville	6	300	300
Rawson, Mrs. Jane A	England	31	1,550	1,550
Read, Matthew	Sherbrooke	80	4,000	4,000
Redfield, Mrs. Helen W	Montpelier, Vt	6	300	300
Reid, Mrs. Julia	Sherbrooke	130	6,500	6,500
Reid, Miss Annie M	do	232	11,600	11,600
Reid, Miss Mary M	Derby Line, Vt	4	200	200
Renaud, Mrs. Emma J	Compton	63	3,150	3,150
Rice, Mrs. Mary S	Boston, Mass	34	1,700	1,700
Richardson, Mrs. Ella F	St. Johnsbury, Vt	14	700	700
Riedell, Mrs. Penelope S	Apple Grove	8	400	400
Roberts, Mrs. Martha	Waterloo	24	1,200	1,200
Roberts, William	Granby	41	2,050	2,050
Robertson, Peter, trustees of	Montreal	10	500	500
Robertson, Mrs. Sarah J	Cookshire	21	1,050	1,050
Robertson, Mrs. Mary R	Groveton, N.H	4	200	200
Robins, Mrs. M. D	Sherbrooke	30	1,500	1,500
Robins, Samuel Paul	Montreal	25	1,250	1,250
Robinson, Mrs. Emily	Waterloo	24	1,200	1,200
Robinson, Mrs. Emma J	do	120	6,000	6,000
Robinson, W. H	Granby	61	3,050	3,050
Robinson, Miss Emily P	Huntingdon	40	2,000	2,000
Robinson, Mrs. Charlotte E	Waterloo	12	600	600
Robinson, Mrs. Mary Jane	Abbottsford	152	7,600	7,600
Robinson, Rev. G. C., executors of	South Denver, Col	80	4,000	4,000
Robinson, L. R	Rock Island	48	2,400	2,400
Robinson, Mrs. Almira B	do	7	350	350
Robinson, J. Henry	Montreal	35	1,750	1,750
Robinson, Miss Anna	Quebec	10	500	500
Robinson, Miss Eliza	Toronto	4	200	200
Rodgers, Mrs. Maria A	Oberlin, Ohio	20	1,000	1,000
Roe, Rev. Henry, D.D	Windsor Mills, Que	59	2,950	2,950
Rogers, Mrs. Clara E	Pawtucket, R.I	30	1,500	1,500
Rose, Mrs. Nancy	Wellington, Mass	10	500	500
Ross, Mrs. Mary	Dublin, Ireland	55	2,750	2,750
	Carried forward....	23,707	1,185,350	1,185,350

Eastern Townships Bank—Banque des Cantons de l'Est.

Names. — Noms.	Residence.	Number of Shares. — Nombre d'Actions.	Amount Paid. — Montant payé.	Amount Subscribed. — Montant souscrit.
			$	$
	Brought forward...	23,707	1,185,350	1,185,350
Ross, Mrs. Harriet A., executrix	Quebec	55	2,750	2,750
Sanborn, Miss Mary A	Sherbrooke	86	4,300	4,300
Sanborn, Mrs. Marion	Derby Line, Vt	10	500	500
Saunders, Miss Clara M	Nashua, N.H	3	150	150
Scagel, Mrs. Helen E	Stanbridge, E	5	250	250
Scarth, Rev. Archibald C	Lennoxville	83	4,150	4,150
Scarth, Rev. A. C., tutor	do	29	1,450	1,450
Scott, John Anderson	Richmond	13	650	650
Shaw, Samuel J	Quebec	50	2,500	2,500
Shearer, Mrs. Cordelia B	Point St. Charles	30	1,500	1,500
Sherbrooke Protestant Hospital	Sherbrooke	12	600	600
Sherman, Mrs. Mary Jane	Newport, Vt	77	3,850	3,850
Short, Miss Susanna	Sherbrooke	20	1,000	1,000
Short, Miss Georgeana	do	40	2,000	2,000
Shurtleff, Mrs. Jennie M	Lancaster, N.H	40	2,000	2,000
Shurtleff, Mrs. Edna L	Coaticook, Que	4	200	200
Shurtleff, William L	do	20	1,000	1,000
Sibley, Miss Hattie F	North Montpelier, Vt	28	1,400	1,400
Simpson, Arthur H. M	Lennoxville	1	50	50
Simpson, George W	Montreal	3	150	150
Slack, Mrs. Marion A	Waterloo	4	200	200
Smith, Mrs. Polly N	Derby Line	6	300	300
Smith, Mrs. Laura R	Thurman, N. Carolina	16	800	800
Smith, Mrs. Annette L	Lyndonville, Vt	24	1,200	1,200
Smith, Mrs. Lilla L	Cassville, Que	32	1,600	1,600
Spaulding, Abram	Montreal	100	5,000	5,000
St. John's Church, incumbent of	West Shefford	2	100	100
St. Luke's Church, wardens of	Waterloo	33	1,650	1,650
St. Mathew's Church, incumbent and wardens of	South Stukely	2	100	100
St. Peter's Church, incumbent and wardens of	Sherbrooke	20	1,000	1,000
Stanstead Methodist Church	Stanstead	8	400	400
Stanton, Miss Louisa H	Stanbridge, E	12	600	600
Stanton, Gardner G	do	4	200	200
Stanton, Orville S	do	4	200	200
Stanton, Mrs. Polly	do	13	650	650
Starr, Gordon A	Brockville, Ont	36	1,800	1,800
Steele, Andrew	Sherbrooke	46	2,300	2,300
Stevens, A. D., M.D	Dunham	20	1,000	1,000
Stevens, Mary, executors of	do	15	750	750
Stevens, Gardner	Waterloo	83	4,150	4,150
Stevens, Sidney, executor	Stanstead	21	1,050	1,050
Stevens, Mrs. Harriet J	do	4	200	200
Stevens, Miss Ruth	do	1	50	50
Stevens, Gardner Green	do	1	50	50
Stevens, Sydney Ruston	do	1	50	50
Stevens, S., and D. W. Davis, in trust	do	71	3,550	3,550
Stevens, S., and D. W. Davis, in trust	do	29	1,450	1,450
Stewart, Horace, executors of	Rock Island	129	6,450	6,450
Stewart, Miss Mary	Inverness	4	200	200
Stirling, John	Montreal	50	2,500	2,500
Stockwell, Isaac W	Danville	113	5,650	5,650
Stone, Miss Diana V	Newton, Mass	8	400	400
Stone, F. G., deceased	....	4	200	200
Streeter, George M., executor of	Philadelphia, Pa	5	250	250
Stuart, Rev. James	Somerset, England	62	3,100	3,100
Stuart, Gustavus G., Q.C	Quebec	7	350	350
Stuart, Mrs. Mary, institute, and G. G. Stuart, curator	do	31	1,550	1,550
Sutherland, William	do	32	1,600	1,600
	Carried forward...	25,369	1,268,450	1,268,450

Eastern Townships Bank—Banque des Cantons de l'Est.

Names. — Noms.	Residence.	Number of Shares. — Nombre d'Actions.	Amount Paid. — Montant payé.	Amount Subscribed. — Montant souscrit.
			$	$
	Brought forward...	25,369	1,268,450	1,268,450
Sutherland, David A	L'Avenir, Que	20	1,000	1,000
Sutherland, Miss Ann	do	12	600	600
Sutherland, Miss Mary	do	8	400	400
Sutherland, George	do	20	1,000	1,000
Sutton, Eliza E., in trust	Cookshire	1	50	50
Symmes, Mrs. Abigail	South Niagara, Ont	54	2,700	2,700
Tabor, Richard A	Pittsburg, N. H	100	5,000	5,000
Taylor, Alfred M	Lennoxville	20	1,000	1,000
Taylor, Mrs. Sophia	Richmond	15	750	750
Taylor, Walter A	Waterloo	172	8,600	8,600
Taylor, Walter A., in trust	do	1	50	50
Taylor Mrs. Ellen M	do	28	1,400	1,400
Taylor, Mrs. Annie A	Cookshire	2	100	100
Taylor, Miss Eva H	do	4	200	200
Taylor, Charles H	Stanstead	27	1,350	1,350
Taylor, Miss Gracie E	do	27	1,350	1,350
Taylor, Mrs. Jeannette M	do	51	2,550	2,550
Taylor, Mrs. Sarah R	Danville	18	900	900
Terrill, Mrs. Harriet	Stanstead	167	8,350	8,350
Terrill, Mrs. Josephine R	Montreal	112	5,600	5,600
Thomas, Newell W	Coaticook	100	5,000	5,000
Thomas, Mrs. Emily B	Stanstead	1	50	50
Thompson, Miss Jessie E	Coaticook	1	50	50
Thompson, Miss Frances L	do	1	50	50
Thompson, William	do	6	300	300
Thompson, A. N., H. E. Channell, and WilliamM. Pike	Stanstead	19	950	950
Thompson, Miss Isabella	Lévis, Que	20	1,000	1,000
Thompson, Hon. Laforrest H	Irasburg, Vt	10	500	500
Thompson & Co., Frank	Sherbrooke	16	800	800
Thomson, Miss Mary	Quebec	40	2 000	2,000
Thorneloe, Mrs. Mary E	Sault Ste. Marie, Ont	109	5,450	5,450
Thornloe, Walter E. G	Montreal	8	400	400
Thornton, John, executors of	Coaticook	100	5,000	5,000
Thornton, John executors of, in trust	do	95	4,750	4,750
Tilley, Sir Samuel L., executors of	St. John, N.B	30	1,500	1,500
Tittemore, Miss Caroline	Frelighsburg	20	1,000	1,000
Tofield, William	Quebec	44	2,200	2,200
Trigge, Mrs. Elizabeth	Cookshire	52	2,600	2,600
Trinity Church, incumbent of	Cowansville	20	1,000	1,000
Tuck, Mrs. Adaline, deceased	Sherbrooke	4	200	200
Tuck, Thomas J	do	109	5,450	5,450
Underhill, Mrs. Sarah A	Concord, N. H	10	500	500
Von Iffland, Rev. A. A	Quebec	20	1,000	1,000
Wadleigh, Mrs. Sarah A	Ulverton	192	9,600	9,600
Wadleigh, Mrs. Louisa	Kingsey	20	1,000	1,000
Wadleigh, Mrs. Louisa, tutrix	do	10	500	500
Wadleigh, Mrs. Louisa, tutrix	do	4	200	200
Wadleigh, George Wilton	do	5	250	250
Wadleigh, William W	do	5	250	250
Wadleigh, Miss Sarah L	do	5	250	250
Wadleigh, John A	Danville	21	1,050	1,050
Wadleigh, Mrs. Miriam J	do	72	3,600	3,600
Wadleigh, John A., and Joseph R. Denison, in trust	do	16	800	800
Walker, Paul E	Norwood, N. Y	14	700	700
Walker, Mrs. Adaline	do	53	2,650	2,650
Wallman, Mrs. Mary	Ascot Corner, Que	5	250	250
Walsh, Mrs. Dora	Bedford, Que	16	800	800
Ward, Thomas	Derby Line, Vt	150	7,500	7,500
Ward, Mrs. Amelia A	Hanover, N.H	32	1,600	1,600
	Carried forward	27,683	1,384,150	1,384,150

Eastern Townships Bank—Banque des Cantons de l'Est.

Names. — Noms.	Residence.	Number of Shares. — Nombre d'Actions.	Amount Paid. — Montant payé.	Amount Subscribed. — Montant souscrit.
			$	$
	Brought forward......	27,683	1,384,150	1,384,150
Wardwell, Mrs. Kittie C. E	Rutland, Vt	75	3,750	3,750
Warren, Elijah	Lennoxville	15	750	750
Washer, Rev. Charles B	Robinson, Q	20	1,000	1,000
Watson, Edmund L	Dunham	100	5,000	5 000
Watson, John Frederick	do	10	500	500
Watson, Rev. Thomas H. G	Bedford, Eng	50	2,500	2,500
Webb, Charles	Danville	60	3,000	3,000
Webster, Mrs. Rebekah E	Haverhill, N.H	20	1,000	1,000
Wells, Epenetus	Waterloo	30	1,500	1,500
Wells, John Perley	Sherbrooke	12	600	600
West, Mrs. Lavina A	Derby Line, Vt	12	600	600
Wheeler, Jennie D	Randolph, Vt	30	1,500	1.500
White, Mrs. Mary C	Sherbrooke	80	4,000	4,000
White, Charles D	do	10	500	500
White, Miss Isabella M	do	10	500	500
White, Francis W	do	10	500	500
White, Miss Eva M	do	10	500	500
Wicksteed, G. W., Q.C	Ottawa	200	10,000	10,000
Wiggett, Mrs. Annie E	Lennoxville	1	50	50
Wightman, Noah	Stanbridge, E	15	750	750
Wilcox, Pardon B., executors of	Coaticook	230	11,500	11,500
Wilder, Mrs. Louvia C	Dorchester, Mass	79	3,950	3,950
Wiley, Lindon A	Rock Island	100	5,000	5,000
Willard, Mrs. Agnes F	Boston, Mass	10	500	500
Willard, Samuel L	Brooklyn, N.Y	10	500	500
Willard, Miss Merab K	do	10	500	500
Willard, Miss Elizabeth P	do	8	400	400
Wiley, Gilbert M	Boston, Mass	27	1,350	1,350
Williams, Henry E	Knowlton	3	150	150
Williams, Miles, executors of	Montreal	69	3,450	3,450
Williams, Miss Julia	Superior, Wis	2	100	100
Williams, David	St. Johnsbury, Vt	140	7,000	7,000
Williamson, George	Kingsbury, Que	75	3,750	3,750
Wilson, Joseph, executors of	Quebec	10	500	500
Wilson, John	Lennoxville	50	2,500	2,500
Wilson, Mrs. Emma	Black Lake, Que	15	750	750
Wilson, Mrs. Margaret H	Marbleton	4	200	200
Winn, Mrs. Abigail M	Woburn, Mass	150	7,500	7,500
Winter, Miss Lizzie	Lennoxville	24	1,200	1,200
Wood, Israel	Sherbrooke	240	12,000	12,000
Wood, Hon. Thomas	Dunham	73	3,650	3,650
Woodbury, Anna S., deceased		11	550	550
Woodhouse, Mrs. Ann	Quebec	36	1,800	1,800
Woods, Mrs. Mary Ann	St. Ferdinand	14	700	700
Woodside, John W	Sherbrooke	73	3,650	3,650
Worthington, Mrs. Mabel I	do	17	850	850
Worthington, Edward B., in trust	do	1	50	50
Worthington, Edward B., in trust	do	1	50	50
Young, William A	Boston, Mass	45	2,250	2,250
Young, John	Newport, Vt	20	1,000	1,000
	Total	30,000	1,500,000	1,500,000

I hereby certify the foregoing to be a correct list of the shareholders of this bank at this date.

WM. FARWELL,
General Manager.

Eastern Townships Bank,
Sherbrooke, 31st December, 1897.

LA BANQUE DE SAINT-HYACINTHE.

ST. HYACINTHE BANK.

Valeur de chaque action, $100—Value of share, $100.

Names. — Noms.	Residence.	Number of Shares. — Nombre d'Actions.	Amount Paid. — Montant payé.	Amount Subscribed. — Montant souscrit.
			$	$
Alix, Dame veuve J. B.	Saint-Césaire.	1	50	100
Allaire, Lactance	Saint-Jude.	5	250	500
Allard, Delle Henriette E.	Québec	5	500	500
Archambault, M.	Saint-Dominique	20	1,000	2,000
Archambault, Jos	Marieville	6	420	600
Archambault, Adeline	Saint-Denis	10	500	1,000
Arrès, Nap	Saint-Césaire	1	50	100
Auclair, Jos	Belœil	5	250	500
Bachand, S	Coaticooke	10	500	1,000
Bartels, F.	Saint-Hyacinthe	10	300	1,000
Bathalon, J. B. S	Saint-Pie.	3	300	300
Bathalon, J. B.	Abbottsford	10	1,000	1,000
Beaudry, Rév. J.	Saint-Marcel.	1	100	100
Beauregard, Dame veuve D.	Saint-Hyacinthe	3	150	300
Beauregard, Chas	La Présentation	2	160	200
Beauregard, Ed	Saint-Pie	4	200	400
Beauregard, Jos., fils J. B.	La Présentation	2	80	200
Beauregard, Jacques	Saint-Césaire	20	2,000	2,000
Beauregard, Adèle	Saint-Denis	2	200	200
Beausoleil, C	Montréal	25	1,250	2,500
Beaudry, O	Saint-Césaire	20	1,000	2,000
Belanger, Dame Rosina	Saint-Pie.	9	450	900
Benoit, Julie	Saint-Barnabé	2	100	200
Benoit, Alfred	Saint-Hyacinthe	5	300	500
Bernard, Alexis	Saint-Damase	5	250	500
Bernard, Rév. A. D.	Warren	94	5,000	9,400
Bergeron, J. L	Saint-Hyacinthe	5	250	500
Bertrand, Naz	Saint-Liboire	10	500	1,000
Bertrand, Rév. A. D.	do	2	100	200
Bernier, Vital	Montréal	6	300	600
Bernier, M. E	Saint-Hyacinthe	385	20,960	38,500
Bernier, Dr. P. H	Saint-Pie.	82	4,700	8,200
Bernier, Alexis	Saint-Barnabé	1	50	100
Bernier, Narcisse	Saint-Hyacinthe	5	250	500
Bernier et Cie	do	14	750	1,400
Blanchard, Dame R. J.	Belœil	5	250	500
Blanchard, Adelphine	Upton	10	700	1,000
Blanchette, Cléo.	La Présentation	1	50	100
Boas, F	Saint-Hyacinthe	180	9,770	18,000
Boulay, J. B.	Saint-Madeleine	13	650	1,300
Bourdage, Emma	Saint-Denis	5	250	500
Bousquet, Jos., fils Jos.	do	10	500	1,000
Brillon, J. R.	Belœil	103	5,060	10,300
Brodeur, Jos	Saint-Hyacinthe	6	600	600
Brodeur, O	Saint-Damase	1	50	100
Brouillette, Marie	Saint-Hilaire	10	500	1,000
Brousseau, Dame A. C. de R	Belœil	5	500	500
Brousseau, J. B.	Saint-Hyacinthe	105	6,250	10,500
Brousseau, Henri	do	5	250	500
Brousseau, Armand	do	5	250	500
Brousseau, Louis	do	42	2,350	4,200
Burnett, Mabel	Montréal	14	710	1,400
Bussière, A	Abbottsford	20	1,200	2,000
	Carried forward	1,330	74,110	133,000

La Banque de Saint-Hyacinthe—St. Hyacinthe Bank.

Names. — Noms.	Residence.	Number of Shares. — Nombre d'Actions.	Amount Paid. — Montant payé.	Amount Subscribed. — Montant souscrit.
			$	$
	Brought forward...	1,330	74,110	133,000
Campbell, B. F.	Saint-Hilaire	2	100	200
Carden, Eliza E.	Saint-Césaire	30	2,400	3,000
Carden, Prexilla	do	10	1,000	1,000
Carpentier, Clément	Saint-Pie	7	700	700
Chaffers, Rév. J.	Saint-Hyacinthe	1	50	100
Chagnon, Jos.	do	1	50	100
Chagnon, Ant.	Belœil	5	250	500
Chagnon, V.	do	5	250	500
Chalifoux, O.	Saint-Hyacinthe	10	500	1,000
Chapdeleine, Elie	Saint-Simon	20	1,000	2,000
Chapdeleine, A., fils	Saint-Barnabé	2	100	200
Chapdeleine, Chs.	Saint-Jude	2	200	200
Charron, Alf.	Fall River	5	350	500
Chartier, Rév. V.	Sainte-Madeleine	1	50	100
Cheval, Dame veuve H. R.	Saint-Hilaire	100	7,000	10,000
Cloutier, Eus.	Saint-Barnabé	12	600	1,200
Cloutier, J. B.	do	3	150	300
Cloutier, Isaac	do	1	50	100
Cloutier, Adèle	do	1	50	100
Comeau, P.	do	1	50	100
Cordeau, Jos.	Saint-Hyacinthe	1	100	100
Cordeau, Dame Z. C.	do	2	200	200
Corporation des Rév. P., Dominicains	do	2	100	200
Courtemanche, Rév. Jos. Is.	Saint-Louis de B	2	200	200
Courtemanche, Léandre	Saint-Jude	2	200	200
Courtemanche, Marie	do	1	100	100
Crevier, P. J. B.	Saint-Denis	45	2,250	4,500
Curé de la cathédrale de	Saint-Hyacinthe	15	1,500	1,500
Daigle, Jos.	Belœil	12	600	1,200
Dame, Georgeanne	Holyoke, Mass	1	50	100
Dame, Marie Anne	do	1	50	100
Danohue, J.	Abbottsford	50	3,000	5,000
Delorme, R.	Saint-Aimé	15	750	1,500
Depot, J.	Saint-Césaire	37	3,000	3,700
Desmarais, Heg.	Marieville	5	250	500
Desrosiers, M., sen.	Saint-Denis	5	500	500
Desrosiers, M., jun.	do	2	200	200
Desrosiers, J. B.	do	5	500	500
Desautels, J. C.	Saint-Hyacinthe	5	250	500
Desautels, J. B.	Saint-Césaire	11	600	1,100
Dessaulles, G. C.	Saint-Hyacinthe	123	6,210	12,300
Dessaulles, G. C., Prés., in trust	do	288	14,180	28,800
Dessaulles, G. C., en fidéi commis	do	20	2,000	2,000
Dessaulles, G. C., in trust	do	1	100	100
Dessaulles, Delle Fanny	do	1	100	100
Dessaulles, Delle Emma	do	1	100	100
Dessaulles, C., fils	do	1	100	100
Dessaulles, Henry	do	1	100	100
Destroismaisons, Rosario	Montréal	10	1,000	1,000
Dragon, Cleo	Saint-Denis	10	600	1,000
Dubois, Elizabeth	Saint-Hyacinthe	14	1,100	1,400
Dubreuil, A.	Saint-Césaire	20	1,000	2,000
Duclos, A. F.	Sainte-Angèle	12	630	1,200
Dutault, Chs.	Acton Vale	2	100	200
Dufresné, Ls.	Saint-Hyacinthe	5	300	500
Dufresne, A. N.	Saint-Césaire	20	1,000	2,000
Evée, Eléonore	Saint-Hyacinthe	5	250	500
Fecteau, T.	do	1	50	100
Fontaine, R. E.	do	1	50	100
Fontaine, L.	Saint-Césaire	5	400	500
Fournier, Aug.	Marieville	10	1,000	1,000
	Carried forward...	2,319	133,780	231,900

La Banque de Saint-Hyacinthe—St. Hyacinthe Bank.

Names. — Noms.	Residence.	Number of Shares. — Nombre d'Actions.	Amount Paid. — Montant payé.	Amount Subscribed. — Montant souscrit.
			$	$
	Brought forward...	2,319	133,780	231,900
Frégeau, Dme veuve Jos	Saint-Hyacinthe	15	675	1,500
Gadbois, A	Montréal	3	300	300
Gagnon, Marie	Acton	1	50	100
Gatien, Rév. J. A	Saint-Hyacinthe	1	50	100
Gaouette, J. B	Saint-Césaire	21	1,575	2,100
Gaucher, C	Saint-Damase	1	50	100
Gauthier, Rémi		2	20	200
Gauvreau, Dame B. Albertine	Saint-Pie	30	3,000	3,000
Germain, Dame E. M	Saint-Hyacinthe	2	200	200
Gervais, Noé	Saint-Charles	7	350	700
Giard, André	Saint-Antoine	1	50	100
Gigault, G. A	Québec	2	100	200
Gingras, Frs., succession	Saint-Césaire	4	400	400
Gingras, Jos	Saint-Paul	2	200	200
Gingras, Clarisse	L'Ange-Gardien	2	200	200
Gingras, Abraham	Farnham	40	2,000	4,000
Girard, André	Saint-Liboire	10	500	1,000
Girard, M	Saint-Hyacinthe	2	20	200
Girouard, Chs	Saint-Barnabé	5	250	500
Gouin, Dme E. M	Montréal	16	800	1,600
Gravel, Rév. J. A	Belœil	104	10,000	10,400
Guay, Alph	Oka	5	350	500
Guertin, Rémi	Saint-Hyacinthe	5	250	500
Guertin, Noël	Saint-Denis	5	450	500
Guillet, Jos	Saint-Hyacinthe	15	750	1,500
Guyon, B	Saint-Charles	5	500	500
Hébert, O	do	10	500	1,000
Hébert, A	do	1	50	100
Héribel L. E	Saint-Hyacinthe	10	500	1,000
Huot, V	Belœil	5	500	500
Ivon, J. B	Saint-Hyacinthe	25	1,250	2,500
Jacques, Ant	Saint-Charles	1	50	100
Jarry, M		5	250	500
Jarret, Adèle	La Présentation	2	200	200
Jodoin, veuve Frs	Saint-Césaire	4	280	400
Labossière, P. E	Putnam	12	1,200	1,200
Lacroix, P	Saint-Simon	2	200	200
Lacroix, Dme veuve Ls	Saint-Ours	10	1,000	1,000
Lacroix, Ed	Saint-Charles	1	50	100
Laflamme, T	Saint-Denis	10	1,000	1,000
Laflamme, Léon	do	2	200	200
Lafontaine, J. L	Roxton Falls	2	180	200
Lagassé, Léon	Saint-Hugues	12	600	1,200
Lamothe, Dme C. M., usufruit	Saint-Hyacinthe	5	250	500
Lamothe, Dme C. M	do	2	200	200
Langevin, P. B	Saint-Pie	10	1,000	1,000
Laplante, J	Saint-Jude	10	500	1,000
Lapointe, C	Acton	1	50	100
Larochelle, Ls	Saint-Simon	20	1,000	2,000
Larose, Adelaïde	Montréal	10	800	1,000
Laurance, Aug	Saint-Hyacinthe	5	250	500
Leblanc, Marie Louise	Saint-Charles	5	250	500
Leblanc, Zoé	Saint-Dominique	12	600	1,200
Ledoux, Chas	Saint-Hyacinthe	183	9,210	18,300
Leduc, Ant	Sainte-Madeleine	1	50	100
Legros, O	Saint-Pie	10	500	1,000
Leman, Dame L. F	Saint-Hyacinthe	4	400	400
Lenoble, H	Paris, France	4	400	400
Lescault, Chas	Saint-Charles	1	50	100
L'Heureux, Ed	Saint-Liboire	2	100	200
Loranger, Dame Caroline	Saint-Hyacinthe	16	800	1,600
	Carried forward ...	3,040	181,290	304,000

La Banque de Saint-Hyacinthe—St. Hyacinthe Bank.

Names. — Noms.	Residence.	Number of Shares. — Nombre d'Actions.	Amount Paid. — Montant payé.	Amount Subscribed. — Montant souscrit.
			$	$
	Brought forward...	3,040	181,290	304,000
Lussier, D	Saint-Hughes	5	250	500
Lussier, Rév. F		1	50	100
Malhiot, Dr. A	Montréal	2	100	200
Malo, C	Saint-Marc	1	50	100
Marchessault, J. T	Coaticook	20	850	2,000
Marcotte, H	Saint-Simon	15	1,500	1,500
Marin, O	Montréal	38	1,900	3,800
Marin, Hormidas	Berry, Vt.	24	1,200	2,400
Marin, Jos	Glen's Falls	6	300	600
Martel, Jos	Marieville	2	100	200
Maynard, Ant., suc	Saint-Hyacinthe	50	2,500	5,000
Maynard, Ed	Saint-Liboire	5	250	500
Maynard, P	Saint-Jude	5	250	500
McEvilla, Dame L. B	Upton	20	1,500	2,000
McKerley, Mary Jane	Abbotsford	5	450	500
Mercier, Thos	Saint-Valérien	5	250	500
Mercier, Dame veuve H., et al, en fidéi-commis	Montréal	50	2,500	5,000
Messier, Michel	Saint-Césaire	2	100	200
Mignault, H. A	Saint-Hyacinthe	30	3,000	3,000
Mignault, R	Lowell, Mass	10	600	1,000
Millette, Elie	Saint-Dominique	20	1,000	2,000
Minette, J	Saint-Charles	7	700	700
Mondelet, Dame M. C	Saint-Hyacinthe	9	900	900
Morin, Jos	do	123	6,210	12,300
Morin, Eus	do	183	11,050	18,300
Morin, O	Saint-Pie	2	100	200
Morin, L. P	Saint-Hyacinthe	11	550	1,100
Morison, L. F	do	175	8,780	17,500
Nadeau, Naz	Saint-Césaire	15	750	1,500
Nadeau, Alf	Iberville	5	250	500
Nault, Jos	Saint-Hyacinthe	127	6,350	12,700
Nault, Dlle Marie Louise	do	10	500	1,000
Nault, Delle Caroline	do	5	500	500
Nault, Dlle Marie Antoinette	do	5	500	500
Nault, Dlle Josephine	do	10	500	1,000
Nault, Arthur	do	10	550	1,000
Noiseux, Felix	L'Ange Gardien	2	100	200
Noiseux, Frederic	Saint-Césaire	2	100	200
Noiseux, Siméon	do	3	140	300
Noiseux, Alph	Rougemont	3	150	300
Noiseux, Augustin	L'Ange Gardien	2	100	200
Orphelinat St. Hyacinthe	Saint-Hyacinthe	3	300	300
Ostigny, E	do	3	150	300
Ouimet, l'hon. G	Québec	10	1,000	1,000
Pagé, L	Saint-Denis	10	600	1,000
Papineau, Marie	Montréal	20	2,000	2,000
Papineau, L. G	do	37	3,700	3,700
Papineau, l'hon. A. C	do	47	4,700	4,700
Paquette, Thos	Saint-Hyacinthe	12	1,000	1,200
Peloquin, J. B	do	4	200	400
Penelle, Eus	Saint-Denis	2	140	200
Perrault, J. C	Belœil	10	500	1,000
Phœnix, Elie	Saint-Denis	10	1,000	1,000
Plamondon, Léon	Saint-Hyacinthe	21	1,050	2,100
Plamondon, M. E	do	3	270	300
Plamondon, Louis	Saint-Césaire	40	2,000	4,000
Plamondon, Albina	Saint-Hyacinthe	6	600	600
Plamondon, Amanda	do	6	600	600
Plante, Dme Céleste	Saint-Damase	3	150	300
Ponton, Selphride	Acton Vale	12	960	1,200
	Carried forward...	4,324	259,690	432,400

Banques incorporées.

La Banque de Saint-Hyacinthe—St. Hyacinthe Bank.

Names. — Noms.	Residence.	Number of Shares. — Nombre d'Actions.	Amount Paid. — Montant payé.	Amount Subscribed. — Montant souscrit.
			$	$
	Brought forward	4,324	259,690	432,400
Pratte, Eus	Saint-Charles	2	120	200
Préfontaine, F., tuteur	South Durham	46	2,450	4,600
Préfontaine, E	Belœil	33	1,650	3,300
Préfontaine, Dme C. D	Saint-Hyacinthe	15	1,200	1,500
Préfontaine, P	Saint-Hilaire	5	250	500
Privé, A	do	87	5,220	8,700
Racine A. et Cie.	Montréal	7	700	700
Reeves, E	Saint-Hyacinthe	6	300	600
Richard, M	Saint-Denis	5	250	500
Richer, T. S	Saint-Hyacinthe	1	10	100
Richer, Maurice	Saint-Denis	5	300	500
Richer, Elise	do	5	300	500
Richer, Henriette	do	5	300	500
Richer, Adeline	do	5	300	500
Richer, Marie	Saint-Hyacinthe	5	250	500
Richer, Alphonse	Saint-Hilaire	20	1,400	2,000
Richer, W	Saint-Denis	3	240	300
Robert, Paul	Abbottsford	4	200	400
Robert, Dme veuve E. D	Sainte-Angèle	2	100	200
Robitaille, Léontine	Saint-Hyacinthe	30	3,000	3,000
Robitaille, Caroline	Upton	15	1,500	1,500
Rouleau, C	Saint-Hyacinthe	6	300	600
Roy, J	do	62	4,950	6,200
Sarazin, L	do	15	1,500	1,500
Sasseville, Frs	do	10	500	1,000
Sauvageau, J. J. E	do	40	2,400	4,000
Scott, Dme veuve Ant	do	5	250	500
Senécal, Malvina	Saint-Charles	1	50	100
Senécal, Arthur	do	1	50	100
Senécal, Palmyre	do	1	50	100
Senécal, Simon	Saint-Césaire	2	100	200
Sicotte, L. V., suc	Saint-Hyacinthe	10	500	1,000
Sicotte, V. B	do	130	12,600	13,000
Sirois, Eléonore	Sainte-Anne	5	250	500
St. Germain, J. H. L	Saint-Hyacinthe	20	1,000	2,000
St. Jacques, Dlle. Josephine	do	30	3,000	3,000
St. Jacques, M	do	3	210	300
St. Jacques, F	do	7	350	700
St. Jacques, E	do	5	500	500
Tremblay, Jos	do	5	500	500
Turcotte, G	do	5	500	500
Vanniewenhuyse, J	Farnham	17	1,700	1,700
Vernon, Rev. J. A	Sainte-Sophie	14	700	1,400
Viens, Paul	Saint-Césaire	5	250	500
Viens, Marie	do	1	50	100
Viens, Joseph	Saint-Hyacinthe	1	50	100
Watkins, W. J	Saint-Germain	10	500	1,000
Wurtele, Rev. L. C	Acton Vale	5	250	500
	Total	5,046	312,790	504,600

I hereby certify that the foregoing is a correct list of the shareholders of this bank, as at 31st December, 1897.

E. R. BLANCHARD,
Cashier.

SAINT-HYACINTHE, 14th January, 1898.

LA BANQUE DE SAINT-JEAN

ST. JOHNS BANK.

Valeur de chaque action, $100—Value of share, $100.

Names. — Noms.	Residence.	Number of Shares. — Nombre d'Actions.	Amount Paid. — Montant payé.	Amount Subscribed. — Montant souscrit.
			$ cts.	$
Beaudoin, Ph	Montréal	85	4,050 00	8,500
Brosseau, W	St-Jean	50	2,500 00	5,000
Brosseau, D. H	L'Acadie	10	500 00	1,000
Bornais, J. Bte	Tilbury Centre, Ont	11	550 00	1,100
Boissonnault, A	St-Blaise	55	2,750 00	5,500
Brien, A. A. L	Montréal	55	3,000 00	5,500
Bertrand, A., héritier	St-Jean	40	2,000 00	4,000
Beauregard, J. B. H	Iberville	2	100 00	200
Boudreau, J. Bte., héritier	Napierville	3	150 00	300
Barette, A	do	2	100 00	200
Bessette, Léon	Iberville	1	100 00	100
Boivin, Exurie	Notre-D. de Stanbridge	17	850 00	1,700
Boivin, Julien	East Hereford	17	850 00	1,700
Boivin, Exurie, jun	Notre D. deStanbridge	3	150 00	300
Boivin, Marcel	St-Valentin	3	150 00	300
Boivin, Odile	St-Sébastien	3	150 00	300
Boivin, Ephrem, héritiers	Farnham	2	100 00	200
Bessette, Auguste	Iberville	1	100 00	100
Bessette, Dame D. Z	Montréal	10	500 00	1,000
Brunet, Joseph	do	200	10,000 00	20,000
Brien, L. A	St-Germain de Grantham	40	2,000 00	4,000
Brunet, J. W. R	Montréal	200	10,000 00	20,000
Bédard, C. A	St-Remi	1	50 00	100
Bouchard, Dame M	Ste-Sabine	2	100 00	200
Bouchard, Jean	Notre D. des Anges de Stanbridge	2	100 00	200
Bouchard, Jean, tuteur	do do	2	100 00	200
Bouchard, Joseph	do do	2	100 00	200
Comté, J. L	Montreal	153	7,650 00	15,300
Carreau, J. P	St-Jean	17	850 00	1,700
Catudal, Narcisse, heritiers	Napierville	59	4,720 00	5,900
Croteau, Dame Desanges	Waterloo	1	100 00	100
Charron, Joseph	St-Sébastien	50	2,500 00	5,000
Charron, Ovila	do	50	2,500 00	5,000
Camaraire, Alfred	St. Jean	3	150 00	300
Decelles, Arcade	do	166	8,300 00	16,600
Désorcy, Rév. O	St-Ours	55	2,750 00	5,500
Dérome, I. I	St-Jean Chrysostôme	5	250 00	500
Dacier, Dame Joséphine	Iberville	6	600 00	600
Dérome, Delle Ursule	St-Jacques le Mineur	2	200 00	200
Dandurand, Rév. D	St-Charles, Man	4	400 00	400
Dérome, Delle Rosalie	Montréal	2	120 00	200
Duclos, A. F	Ste-Angèle, P.Q	11	550 00	1,100
Demers, Narcisse	St-Sébastien	13	1,250 00	1,300
Dionne, Pierre	Iberville	30	1,500 00	3,000
Franchère, Dame F	Marieville	42	982 80	4,200
Favelin, Dame Elizabeth	Iberville	11	550 00	1,100
Fournier, Augustin	Marieville	10	900 00	1,000
Fournier, Oliva	St-Alexandre	17	850 00	1,700
Giroux, Dame Mathilde	St-Sébastien	139	6,950 00	13,900
Gosselin, François, fils	St-Alexandre	110	5,510 00	11,000
Guay, Narcisse, héritiers	Napierville	11	1,100 00	1,100
Guertin, Michel	Rouse's Point, N.Y	20	1,000 00	2,000
Girard, Dame Euphrosine	Napierville	2	100 00	200
Gosselin, J. J. B	Notre-D. de Stanbridge	50	2,500 00	5,000
Gosselin, L. A	Iberville	5	250 00	500
	Carried forward	1,863	96,182 80	186,300

La Banque de Saint-Jean—St. Johns Bank.

Names. — Noms.	Residence.	Number of Shares. — Nombre d'Actions.	Amount Paid. — Montant payé.	Amount Subscribed. — Montant souscrit.
			$ cts.	$
	Brought forward...	1,863	96,182 80	186,300
Gosselin, François, père	St-Alexandre	54	3,240 00	5,400
Girard, Télesphore, héritiers	St-Valentin	13	650 00	1,300
Gamache, Dame Valérie	St-Sébastien	17	850 00	1,700
King, E. F.	Kingston, Ont	2	200 00	200
Lamoureux, Dame Hermine	Napierville	50	4,000 00	5,000
Loiselle, Bénonie	Ste-Angèle	20	1,000 00	2,000
Lamoureux, François	St-Sebastian	150	7,500 00	15,000
La Congrégation Notre-Dame	Montréal	5	250 00	500
Lamoureux, Narcisse	Shefford	1	100 00	100
Luscier, Joseph, fils	St-Sébastien	10	500 00	1,000
L'Italien dit L'Étoile, Delle P	St-Jean	5	270 00	500
Lafaille, Dame Moïse	Coaticook	17	850 00	1,700
La Corporation du College de L'Assomption	L'Assomption	16	1,600 00	1,600
Langelier, J. A	St-Jean	20	1,000 00	2,000
Langelier, F. X	Montréal	20	1,000 00	2,000
Louis, Félix Rév. Frère	Iberville	3	200 00	300
L'Heureux, P. I	St-Jean	10	500 00	1,000
Marchand, Hon. F. G	do	300	15,000 00	30,000
Molleur, Paschal	St-Sébastien	21	1,050 00	2,100
Marchand, C. I	Ste-Agathe des Monts	34	1,700 00	3,400
Messier, Dame J. S.	St-Jean	18	1,080 00	1,800
Moreau, Dr. H	do	60	3,000 00	6,000
Molleur, fils, Joseph	Manchester, E.-U	22	1,100 00	2,200
Molleur, J. E	St-Jean	41	3,050 00	4,100
Monnette, F., héritiers	do	24	1,200 00	2,400
Marchessault, Julien, héritiers	Iberville	19	1,106 56	1,900
Marchand, Gabriel	St-Jean	46	2,300 00	4,600
Marceau, L. T.	Napierville	5	500 00	500
Marceau, Dame A. A	do	4	400 00	400
Marceau, W. F.	do	4	400 00	400
Marceau, J. A.	do	4	400 00	400
Marceau, J. H	do	4	400 00	400
Marceau, Dame M. A.	do	4	400 00	400
Molleur, Louis	St-Jean	300	15,105 00	30,000
McQuillen, Dlle Mary	do	11	1,100 00	1,100
Mitchell, David	Burlington, E.-U	83	4,150 00	8,300
Martelle, Joseph	Ste. Angèle	11	550 00	1,100
Molleur, Adolphe	Grandé Ligne	15	750 00	1,500
Nolin, Dame Marie	St-Sébastien	2	200 00	200
Nadeau, Dame Euphrosine	Michigan, E.-U.	17	960 00	1,700
O'Cain, James	St-Jean	279	14,450 00	27,900
Ouimet, François	St-Alexandre	25	1,250 00	2,500
Paradis, E. Z	St-Jean	109	5,405 00	10,900
Piedalué, N., héritiers	do	32	1,600 00	3,200
Poulin, Dr. L. S	St-Alexandre	4	200 00	400
Patenaude, Etienne	Napierville	9	900 00	900
Roy, Henri	St-Jean	171	9,500 00	17,100
Roy, Dame P. H	Montréal	250	12,500 00	25,000
Roy, C. S.	do	205	10,250 00	20,500
Roy, P. H	do	528	26,400 00	52,800
St. Denis, Dame E	Napierville	1	50 00	100
St. Denis, Emillien	do	17	850 00	1,700
Trudeau, L. H.	Henriville	10	500 00	1,000
Théberge, Pierre	Village Richelieu	1	50 00	100
Tassé, E. C	Henriville	25	1,250 00	2,500
Valiquet et Cie.	Farnham	11	550 00	1,100
	Total	5,002	261,499 36	500,200

Je certifie que les noms ci-dessus mentionnés forment la liste des actionnaires de cette Banque, au 31 décembre 1897.

J. N. GAUTHIER, *Caissier.*

SAINT-JEAN, 15 janvier 1898.

MONTREAL CITY AND DISTRICT SAVINGS BANK.

BANQUE D'ÉPARGNE DE LA CITÉ ET DU DISTRICT DE MONTRÉAL.

Value of share, $400. Valeur de chaque action $400.

Names. — Noms.	Residence.	Number of Shares. — Nombre d'Actions.	Amount Paid. — Montant payé.	Amount Subscribed — Montant souscrit.
			$	$
Archbald, H., executor Mrs. Maria L. Gale	Montreal	150	18,000	60,000
Archer, Robert	do	30	3,600	12,000
Ashworth, Mrs. M. L., widow of C. E. Smith	United States	15	1,800	6,000
Atwater, Mrs. Sarah J., wife of C. Blackman	do	65	7,800	26,000
Atwater, Henry W	Montreal	14	1,680	5,600
Atwater, E., estate	do	58	6,960	23,200
Barbeau, E. J	do	50	6,000	20,000
Barbeau, Henry	do	25	3,000	10,000
Bellemare, Raphael	do	25	3,000	10,000
Benson, Mrs. Ethelred N. (institute) and W. R Miller, curator	do	25	3,000	10,000
Berthelot, Hon. J. A., estate	do	25	3,000	10,000
Bickerdike, Robert	do	7	840	2,800
Blackman, Charles S	United States	10	1,200	4,000
Bolton, Richard	Montreal	50	6,000	20,000
Botterell, John H	Quebec	25	3,000	10,000
Bourne, Mrs. E. J., widow of M. H. Gault	Montreal	50	6,000	20,000
Brisset, André	do	50	6,000	20,000
Burke, Michael	do	61	7,320	24,400
Burke, Michael, executor	do	50	6,000	20,000
Chapleau, Hon. Sir J. A.	Quebec	73	8,760	29,200
Chapleau, Lady M. L. K., wife of Hon. Sir J. A. Chapleau	do	25	3,000	10,000
Charlebois, J. A., in trust	do	50	6,000	20,000
Currie, Mrs M. C., widow of A	Montreal	4	480	1,600
Delisle, A. M., estate	do	340	40,800	136,000
Delisle, Mrs. Adelaide, widow of S. St. Onge	do	13	1,560	5,200
Dunn, Mrs. M., widow of T. Cramp	do	20	2,400	8,000
Evans, Mrs. Sara A. M., widow S. Evans	do	10	1,200	4,000
Garland, C. Simpson	do	2	240	800
Greene, Mrs. Lucy, exers. and trust's of.	United States	72	8,640	28,800
Hickson, Sir Joseph, estate	Montreal	30	3,600	12,000
Hickson, J. W. A	do	5	600	2,000
Hingston, Hon. Sir W. H.	do	250	30,000	100,000
Hingston, Mrs. M., wife of J. Davidson.	do	3	360	1,200
Judah, F. T.	do	502	60,240	200,800
Louis, Joseph	Quebec	25	3,000	10,000
Macculloch, F., executors of estate	Montreal	45	5,400	18,000
Macdonald, Hon. D. A., estate of	do	60	7,200	24,000
Macdougall & Co., John	do	2	240	800
Macintosh, Grant	do	1	120	400
Mackay, Robert	do	35	4,200	14,000
Marler, G. R., in trust	do	3	360	1,200
McLennan, Hugh	do	70	8,400	28,000
McLeod, Mrs. M. E., wife of Rev. John McLeod	do	30	3,600	12,000
Moat, Robert	do	87	10,440	34,800
	Carried forward	2,542	305,040	1,016,800

Montreal City and District Savings Bank—Banque d'Épargne de la Cité et du District de Montréal.

Names. — Noms.	Residence.	Number of Shares. — Nombre d'Actions.	Amount Paid. — Montant payé.	Amount Subscribed. — Montant souscrit.
			$	$
	Brought forward......	2,542	305,040	1,016,800
Molson, John Thomas	Montreal	510	61,200	204,000
Molson, H. Markland	do	100	12,000	40,000
Molson, Mrs. Louisa G. F., widow of John H. R.	do	120	14,400	48,000
Montreal St. Bridget's Refuge, the director, vice-director and trustees	do	266	31,920	106,400
Montreal St. Patrick's Asylum, the directors and trustees	do	22	2,640	8,800
Murphy, Hon. E., estate of	do	400	48,000	160,000
O'Brien, Hon. James	do	220	26,400	88,000
O'Neill, John	do	19	2,280	7,600
Ouimet, Hon. J. Ald.	do	25	3,000	10,000
Ouimet, Estate of Mrs. T. L., wife of Hon. J. A. Ouimet	do	205	24,600	82,000
Parent, Mrs. J., wife of G. Lajoie	do	25	3,000	10,000
Price, Mrs. Caroline, widow of Chas. Hamilton	do	20	2,400	8,000
Perkins, Miss Ella, es-qualite	do	9	1,080	3,600
Ready, Mrs. Ellen, widow Lt.-Col.	Lennoxville	63	7,560	25,200
Ross, G. S., and S. N. Dougall, in trust	Montreal	11	1,320	4,400
Ryan, Hugh	Perth, Ont.	57	6,840	22,800
Schiller, Mrs. J. F., wife of M. P. Guy.	Montreal	125	15,000	50,000
Simpson, Mrs. Lucy, wife of Geo. W.	do	10	1,200	4,000
Sœurs de la Charité (Hôpital Général)	do	50	6,000	20,000
Sœurs de la Providence	do	30	3,600	12,000
Smith, Sir Donald A.	do	60	7,200	24,000
Smith, H. B., estate of	do	20	2,400	8,000
Smith, R. Wilson	do	30	3,600	12,000
St. Onge, S., estate of	do	12	1,440	4,800
Waddell, Mrs. M., widow of S.	do	10	1,200	4,000
Walker, C. J.	do	2	240	800
Woodward, Mrs. C. E. L., widow S.W. Woodward	do	37	4,440	14,800
	Total	5,000	600,000	2,000,000

Certified list of the shareholders of the Montreal City and District Savings Bank.

H. BARBEAU,
Manager.

MONTREAL, 31st December, 1897.

LA CAISSE D'ÉCONOMIE DE NOTRE-DAME DE QUÉBEC.

SAVINGS BANK OF NOTRE-DAME DE QUÉBEC.

Valeur de chaque action, $400—Value of share, $400.

Names. — Noms.	Residence.	Number of Shares. — Nombre d'Actions.	Amount Paid. — Montant payé.	Amount Subscribed. — Montant souscrit.
			$	$
Archêveque de Québec, Son Eminence le Cardinal	Québec	39	3,900	15,600
Archambault, légataires fiduciaires et exécuteurs testamentaires de feu l'hon. Louis	Montréal	25	2,500	10,000
Archer, Robert	do	23	2,300	9,200
Baby, M. W	Québec	100	10,000	40,000
Beaulieu, Rév. L. P	Lévis	5	500	2,000
Beaulieu, Rév. Jos. Albert, executeur testamentâire et fiduciaire	do	5	500	2,000
Beaulieu, A. Télesphore	do	10	1,000	4,000
Bossé, Hon. Jos. G	Québec	25	2,500	10.000
Brousseau, J. D	do	100	10,000	40,000
Caron, Sir Adolphe P., in trust pour Lady Caron	Ottawa	3	300	1,200
Caron, Sir Adolphe P., in trust	do	6	600	2,400
Chinic, Dame Marie-Anne LeBlond	Québec	125	12,500	50,000
Cinq-Mars, Charles, succ	do	75	7,500	30,000
Charlebois, J. A	do	6	600	2,400
Delagrave, Charles G., M.D	do	8	800	3,200
Delagrave-Provencher, Dame M. Louise Emilie	Montréal	8	800	3,200
DeLéry, Dlle M. E. Corinne C	Québec	8	800	3,200
DeLéry, Gustave F. C	do	8	800	3,200
DeLéry, Dame Marie Louise Cumming, tutrice	do	8	800	3,200
Desforges, Anatole	Montréal	15	1,500	6,000
Dumoulin, P. B. tuteur	Québec	50	5,000	20,000
Dupré, H. Edmond, exécuteur testamentaire de feue Dame Alzire Romain Roy	do	15	1,500	6.000
Dussault, David, succ	do	75	7,500	30,000
Fiset, L. J. C	do	25	2,500	10,000
Fortier, J. E., M.D	do	11	1,100	4.400
Fortier, Félix George	do	2	200	800
Fortier, G. E. Réné, M.D	do	10	1,000	4,000
Fortier, Dlle M. J. J. Anna	do	10	1,000	4,000
Gaboury, Hilaire	do Cap Rouge	5	500	2,000
Gaboury, Dame Sophie Renaud	do do	7	700	2,800
Hamel, C. W	do	25	2,500	10,000
Hardy-Beaudet, Dame Georgiana, in trust	do	37	3,700	14,800
Joseph, Dlle Rachel Sarah	Montréal	23	2,300	9,200
Joseph-Pinto, Dame Crimea Harriet	Londres	23	2,300	9,200
Joseph-Sandeman, Dame Martha Maud	Montréal	23	2,300	9,200
Joseph-Pinto, Dame Catherine Octavia	Londres	7	700	2,800
Joseph-Joseph, Dame Sophia Céline	Montréal	23	2,300	9,200
Joseph, Dlle Fanny David	do	22	2,200	8,800
Kirouac, François, succ	Québec	13	1,300	5,200
Labrèque, C	do	25	2,500	10,000
	Carried forward	1,033	103,300	413,200

La Caisse d'Economie de Notre-Dame de Québec.

Savings Bank of Notre-Dame de Québec.

Names. — Noms.	Residence.	Number of Shares. — Nombre d'Actions.	Amount Paid. — Montant payé.	Amount Subscribed. — Montant souscrit.
			$	$
	Brought forward...	1,033	103,300	413,200
Lacroix, Edouard	Québec	50	5,000	20,000
Lamère, C	do	2	200	800
LaRue, l'Hon. V. W	do	32	3,200	12,800
Lavigne-Roy, Dame M. J. D	do	37	3,700	14,800
Ledroit, Théop	do	50	5,000	20,000
Legaré, Rév. Victor P	St-Jean Chrysostôme	30	3,000	12,000
Lemoine, Alex , succ	Québec	50	5,000	20,000
Lemoine-Angers, Dame Emilie	Montreal	8	800	3,200
Louis-Botterell, Dame Sarah	Québec	32	3,200	12,800
Méthot, E. W	do	200	20,000	80,000
Méthot, E. W., Président, in trust	do	8	800	3,200
Moffatt, George	do	11	1,100	4,400
Paquet, Mgr. B	do	25	2,500	10,000
Paquet, Rev. Louis F	do	12	1,200	4,800
Picher, Dame veuve Ed	do	9	900	3,600
Picher, Eugène, succ	do	2	200	800
Picher, Achille	do	2	200	800
Picher-Watters, Dame Octavie	do	2	200	800
Picher-Lavergne, Dame Antoinette	do Lévis	2	200	800
Picher-Morin, Dame Georgiana	do	2	200	800
Picher-Gaumont, Dame Marie Alma	do	2	200	800
Renfrew, George R., succ	do	25	2,500	10,000
Robitaille, Art., M.D., grèvé de substitution	do	40	4,000	16,000
Robitaille, Amédée, grèvé de substitution	do	40	4,000	16,000
Robitaille-Marois, Dame Albertine, grèvé de substitution	do	35	3,500	14,000
Robitaille, Verchères, grèvé de substitution	do	35	3,500	14,000
Ross, Hon. John J	Ste-Anne de la Pérade	25	2,500	10,000
Séminaire de Québec	Québec	50	5,000	20,000
Sharples, Hon John, tuteur	do	8	800	3,200
Shaw, S. J., succ	do	17	1,700	6,800
Shaw, William	do	20	2,000	8,000
Simard, Geo., substitution	St-Michel	17	1,700	6,800
Simard-Côté, Dame Julie	Montréal	42	4,200	16,800
Sirois, Dame Josephine Lapointe	Lévis	25	2,500	10,000
Tessier, Ulric, exécuteur et administrateur	Québec	135	13,500	54,000
Tessier, Dame veuve A. E	St-Jean Port Joli	10	1,000	4,000
Tessier, Cyrille	Québec	66	6,600	26,400
Thibaudeau, l'Hon. Alfred A	Montréal	130	13,000	52,000
Vallée, Prudent, succ	Québec	125	12,500	50,000
Vézina-Garneau, Dame Laura	do	18	1,800	7,200
Vézina-Cloutier, Dame Alma	St-Ephrem de Tring	18	1,800	7,200
Vézina, F. R. A	Québec	18	1,800	7,200
	Total	2,500	250,000	1,000,000

Je soussigné certifie que la liste ci-dessus est une vraie copie de la liste des actionnaires de La Caisse d'Economie de Notre-Dame de Québec, au 31 décembre 1897.

L. C. MARCOUX,
Séc.-Trés.

QUÉBEC, 8 janvier 1898.

HALIFAX BANKING COMPANY.

COMPAGNIE DE BANQUE D'HALIFAX.

Value of share, $20—Valeur de chaque action, $20.

Names. — Noms.	Residence.	Number of Shares. — Nombre d'Actions.	Amount Paid. — Montant payé.	Amount Subscribed. — Montant souscrit.
			$	$
Adams, Ewd. D	Halifax, N. S	60	1,200	1,200
Agnew, Mrs. Ellen M	Liverpool, N. S	20	400	400
Allan, Jane	Halifax N. S	5	100	100
Agnew, Letitia F	Liverpool, N. S	3	60	60
Allen, Eliza Ann	Dartmouth, N.S	30	600	600
Allison, Mrs. Mary Sophia	Hampton, N. B	45	900	900
Armstrong, Fanny S	Halifax, N. S	7	140	140
Allison, J. W., trustee	do	55	1,100	1,100
Anderson, Caroline, executrix	do	15	300	300
Anderson, C. Willoughby	do	225	4,500	4,500
Anderson, Wm., jr	West Petpeswick, N.S	10	200	200
Anderson, Jno., 3rd	East Petpeswick, N.S	10	200	200
Ansell, Rev. E	Arichat, C. B	18	360	360
Avon Marine Insurance Company	Windsor	30	600	600
Aylward, Sarah	do	10	200	200
Aylward, Thos	do	75	1,500	1,500
Armstrong, Jno. R	St John, N. B	18	360	360
Archibald, Mrs. Florence A	New York	44	880	880
Archibald, Chas., and Geoffrey Morrow, trustees	Halifax, N. S	15	300	300
Bayne, Chas. H	do	142	2,840	2,840
Bayne, Andrew N	do	142	2,840	2,840
Bayne, Thos., and John MacNab, trust.	do	128	2,560	2,560
Bowlby, Mrs. Sarah B	Cheltenham, Eng	26	520	520
Barbrick, Lydia S	Maitland, N.S	25	500	500
Barss, J. W	Wolfville, N. S	220	4,400	4,400
Black, S. H., and Geo. Lyde, trustees	Halifax, N.S	60	1,200	1,200
Bauld, Wm., estate	do	240	4,800	4,800
Beverly, Christina E. H	St. John, N.B	10	200	200
Bennett, John S	Newport, N. S	27	540	540
Bigelow, J. W	Wolfville, N. S	120	2,400	2,400
Black, S. H., guardian	Halifax, N.S	2	40	40
Black, Samuel G	do	80	1,600	1,600
Bill, Mrs. Maude M	Shelburne, N.S	50	1,000	1,000
Black, Miss Celia H	Halifax, N.S	104	2,080	2,080
Black, Major-General Wilsone	Hong Kong, China	25	500	500
Bligh, Harris H	Ottawa, Ont	120	2,400	2,400
Bligh, Mrs. Alice Theresa	do	25	500	500
Boyd, Mrs. Errol	Pictou, N.S	17	340	340
Brown, Miss Eliza K	Halifax, N.S	162	3,240	3,240
Brown, John	Herring Cove, N.S	20	400	400
Brown, W. L., in trust	Halifax, N.S	75	1,500	1,500
Brown, Joanna S	do	186	3,720	3,720
Bauld, Gibson & Co	do	5	100	100
Butler, John E	do	5	100	100
Blackadar, Henry D	do	140	2,800	2,800
Board of Presbyterian College	do	39	780	780
Belcher, J. S., and Don Archibald, trustees	do	54	1,080	1,080
Beamish, Mrs. Sarah	do	60	1,200	1,200
Brown, Francis L	Montague, N.S	35	700	700
Burton, Mrs Caroline	Halifax, N.S	6	120	120
Cameron, Rev. John	Bridgetown, N.S	10	200	200
Cochran, James, estate	Halifax, N.S	500	10,000	10,000
Coles, Arthur R. N	England	8	160	160
Collins, B. H	London, Eng	2,800	56,000	56,000
	Carried forward	6,363	127,260	127,260

Halifax Banking Company—Cie de Banque d'Halifax.

Names. — Noms.	Residence.	Number of Shares. — Nombre d'Actions.	Amount Paid. — Montant payé.	Amount Subscribed. — Montant souscrit.
			$	$
	Brought forward...	6,363	127,260	127,260
Cosman, James	Meteghan River, N.S	250	5,000	5,000
Cogswell, Sarah A.	Halifax	15	300	300
Coleman, John B.	Dartmouth	25	500	500
Conroy, John	Halifax, N.S	25	500	500
Corbett, F. D	do	168	3,360	3,360
Cox, Honora	do	64	1,280	1,280
Creighton, Mary E	do	10	200	200
Crerar, Wm. G	Pictou, N.S	200	4,000	4,000
Clark, Mrs. Mary A	Halifax, N.S	32	640	640
Campbell, Eliza	do	26	520	520
Cronan, Catherine	do	30	600	600
Clark, Rev. G. M	do	38	760	760
Crowe, J. M	Maitland, N.S	40	800	800
Campbell, Geo., in trust	Truro, N.S	210	4,200	4,200
Cumming, Rev. Thos	do	23	460	460
Clayton, Miss Elizabeth	Halifax, N.S	10	200	200
Cogswell, Rev. W. H. L	England	35	700	700
Creighton, Sarah K	Berwick, N.S	33	660	660
Carver, Cornelia A	Windsor, N.S	50	1,000	1,000
Curry, M. Jean	do	400	8,000	8,000
Cunningham, A. G., guardian	Halifax, N.S	15	300	300
Christopher, Telfer	Toronto	250	5,000	5,000
Cunningham, A. G., in trust	Halifax, N.S	4	80	80
Coffin, Capt. Peter	Barrington, N.S	15	300	300
Cunningham, Mrs. Frances A	Point Pleasant, U.S.A	44	880	880
Corbett, F. D., and Chas. Archibald, trustees	Halifax, N.S	30	600	600
Corbett, Mary B	do	15	300	300
Cahill, Stephen	do	21	420	420
Campbell, Geo. S	do	20	400	400
Chisholm, Ada	do	34	680	680
Dart, Helen C	Manchester, Eng	25	500	500
DeBlois, Mary S	Wolfville, N.S	9	180	180
DeWolfe, Jas. R	Halifax, N.S	85	1,700	1,700
Dixson, Frances, estate of	do	85	1,700	1,700
Duffus, John	do	50	1,000	1,000
Dolby, Elizabeth	Dartmouth, N. S	40	800	800
Downs, Andrew	Halifax, N.S	75	1,500	1,500
Dick, Clara C	St. John, N.B.	5	100	100
Drake, Sarah A	New Glasgow, N.S	13	260	260
Doane, Mary A	St. John, N.B	47	940	940
Drillio, Kate	Halifax, N.S	10	200	200
Duff, Isabella C	Lunenburg, N.S	4	80	80
Duff, Margaret C	do	4	80	80
Dane, Lois Annette	Yarmouth, N.S	50	1,000	1,000
Dunbar, Wm	Halifax, N.S	135	2,700	2,700
Duncanson, Thos	do	78	1,560	1,560
DeBlois, Henry D	Round Hill, N.S	76	1,520	1,520
Delaney, Mary Josephine	Halifax, N.S	30	600	600
Elliot, Edward	Dartmouth, N.S	120	2,400	2,400
Elliot, F. C., and Edw. Elliot, in trust	Halifax, N.S	100	2,000	2,000
Elliot, Mrs. Mary M	Dartmouth, N.S	82	1,640	1,640
Estate of James Reeves	Halifax, N.S	40	800	800
Elliot, Freeman	do	44	880	880
Elliot, Geo. H	Pictou, N.S	20	400	400
Eastern Trust Co., for Mrs. G. Macdonald	Halifax, N.S	26	520	520
Eastern Trust Co., for estate Thomas Humphrey	do	70	1,400	1,400
Eastern Trust Co., for estate John S. Bessonett	do	214	4,280	4,280
Foster, M. T., in trust	do	69	1,380	1,380
	Carried forward ...	10,101	202,020	202,020

Halifax Banking Company—Cie de Banque d'Halifax.

Names — Noms.	Residence.	Number of Shares. — Nombre d'Actions.	Amount Paid. — Montant payé.	Amount Subscribed. — Montant souscrit.
			$	$
	Brought forward	10,101	202,020	202,020
Foster, M. T	Halifax, N.S	1	20	20
Fairbanks, Ann B	Lunenburg, N.S	64	1,280	1,280
Fairbanks, Miss Laleah	Halifax, N.S	20	400	400
Farish, H. G	Liverpool, N.S	20	400	400
Forrest, Mrs. Annie P	Halifax, N.S	5	100	100
Farquharson, I	do	50	1,000	1,000
Farrish, H. G. and John George Pyke	Liverpool, N.S	35	700	700
Forrest, Rev. John, trustee	Halifax, N.S	90	1,800	1,800
Fawson, Clara, estate of	do	20	400	400
Ferns, Mrs. Ann K	do	57	1,140	1,140
Fletcher, Charles, estate of	Fredericton, N.B	5	100	100
Fife, Miss Anna V	Halifax, N.S	8	160	160
Fay, Fred. R	Bridgetown, N.S	92	1,840	1,840
Forbes, Janet	Pictou, N.S	24	480	480
Forsyth, Alexander, estate of	Windsor, N.S	172	3,440	3,440
Forrest, James and Alexander, trustees	Halifax, N.S	125	2,500	2,500
Forsyth, William Morton	Bridgetown, N.S	41	820	820
Fitzroy, Gertrude Mary	Rugby, Eng	35	700	700
Fraser, Mrs. Bessie T	McLellan's Brook, N S	9	180	180
Fraser, Duncan A	Halifax, N.S	6	120	120
Frieze, Jacob, estate of	Maitland, N.S	70	1,400	1,400
Fraser, Thomas E	Toronto, Ont	30	600	600
Fraser, Miss Jessie G	Halifax, N.S	80	1,600	1,600
Fairie, Annie L	Montreal, Que	44	880	880
Fraser, Mary M	New Glasgow, N.S	90	1,800	1,800
Foreign Mission Committee Eastern Division Presbyterian Church in Canada	Halifax, N.S	28	560	560
Glendinning, Helen J	Dartmouth	23	460	460
Gordon, James	Halifax	75	1,500	1,500
Gossip, William, estate of	do	134	2,680	2,680
Grant, Lilian D	do	60	1,200	1,200
Grant, John W. S	do	40	800	800
Grant, John N., trustee	do	5	100	100
Graham, J. R	Dartmouth	10	200	200
Gibbs, Mrs. Amelia McG	Chicago	5	100	100
Gunn, Robert G	Strathlorne, C.B	5	100	100
Gunn, John Y	Broad Cove, C.B	50	1,000	1,000
Godfrey, Miss Sophia	Annapolis, N.S	75	1,500	1,500
Haire, Rev. Robert	Ireland	103	2,060	2,060
Harrington, W. D	Halifax	25	500	500
Halifax Fire Insurance Company	do	300	6,000	6,000
Hind, Miss Margaret Jane	Windsor	23	460	460
Hart, Jairus	Halifax	50	1,000	1,000
Hennigar, Abbie	Middleton	81	1,620	1,620
Harding, Alvin C., executor	Yarmouth	22	440	440
Hesslein, Euphemia R	Halifax	7	140	140
Hesslein, Mrs. Elizabeth	do	10	200	200
Hill, Wm. H	do	41	820	820
Hogan, Peter	do	10	200	200
Halls, Frederick E	do	10	200	200
Hopkins, John	do	30	600	600
Halls, Mrs. Mary A	do	15	300	300
Hind, Henry Y	Windsor	25	500	500
Hill, Wm. H., trustee	Halifax	118	2,360	2,360
Hunter, David	do	95	1,900	1,900
Holly, Mrs. Regina M	St. John, N.B	50	1,000	1,000
Hunter Church Building Fund	Halifax	60	1,200	1,200
Hunt, Mrs. Minnie E	do	17	340	340
Halifax Association for the Improvement of the condition of the Poor	do	27	540	540
Hartshorne, Hugh, estate of	do	50	1,000	1,000
	Carried forward	12,973	259,460	259,460

Halifax Banking Company—Cie de Banque d'Halifax.

Names. — Noms	Residence.	Number of Shares. — Nombre d'Actions.	Amount Paid. — Montant payé.	Amount Subscribed. — Montant souscrit.
			$	$
	Brought forward...	12,973	259,460	259,460
Hartshorne, Mrs. Arabella	London, Eng	61	1,220	1,220
Hodgers, Miss Jane B	Halifax	30	600	600
Inglis, Wm. M	do	15	300	300
James. Miss Theresa M	do	12	240	240
Hill, Miss Amy	Tunbridge Wells, Eng	8	160	160
Hill, Lewis F	Ship Harbour	56	1,120	1,120
Halifax Protestant Orphans' Home	Halifax	28	560	560
Halifax Protestant Industrial School	do	27	540	540
Halifax Home for the Aged	do	28	560	560
Jost, Mrs. Emma S	do	36	720	720
Jost, Geo. E	Guysboro'	18	360	360
Jacobs, Miss Sophia J., executrix	Annapolis	10	200	200
Jost, Edward, estate of	Halifax	223	4,460	4,460
Jennings, J. J., estate of	do	177	3,540	3,540
Jamison, Geo. A	Ship Harbour	60	1,200	1,200
Jost, Henry M	Guysboro'	60	1,200	1,200
King, Andrew, estate of	Halifax	110	2,200	2,200
King, Harriet R	Victoria, B.C	25	500	500
King, John, estate of	Halifax	65	1,300	1,300
Klingenfeld, Henry	Toronto	30	600	600
Kaulbach, Rev. J. A	Truro	65	1,300	1,300
Krabbe, Mrs. Alice Kate	Halifax	17	340	340
Laidlaw, Mary Ann	do	18	360	360
Lamy, J. R	Amherst	28	560	560
Lawson, Sarah M	Halifax	32	640	640
Little, Miss Margaret	do	22	440	440
Lyle, Alice R	Belle Isle	40	800	800
LeVisconte, W., and F. G. Forbes, trustees	Halifax	35	700	700
Longworth, Israel, and A. N. Whitman, executors	do	39	780	780
Lynch, Peter, estate of	do	450	9,000	9,000
Lewis, Wm. J	do	302	6,040	6,040
Longworth, Israel, trustee	Truro	2	40	40
Longworth, Israel, J. Y. Payzant and H. McW. Smith, executors	Halifax	8	160	160
Longard, E. J	do	43	860	860
Longworth, Israel, trustee	Truro	25	500	500
Lorway, Capt. John	Sydney, C.B	60	1,200	1,200
Longworth, Israel	Truro, N.S	125	2,500	2,500
Longworth, Israel, and Margaret Smith, trustees	do	8	160	160
Longworth, Israel, and W. H. Webb, trustees	do	92	1,840	1,840
Lawlor, A. E., in trust	Dartmouth	2	40	40
Lawlor, Alex. E	do	70	1,400	1,400
McCawley, Rev. Geo., estate of	Halifax	27	540	540
Mitchell, Geo. and Sophia, in trust, No. 2	do	2	40	40
Mitchell, Geo. and Sophia, executors	do	1	20	20
Morse, Miss Mary P	Liverpool	6	120	120
Morton, L. J	Halifax	350	7,000	7,000
Mockler, Wm	Brulé, N.S	42	840	840
Mouchet, Mrs. Jane	West Arichat, C.B	60	1,200	1,200
Mitchell, Geo. and Sophia A. Mitchell, in trust	Halifax	1	20	20
Morrow, Mrs. Louisa M	do	11	220	220
Mitchell, Cath. J	do	12	240	240
Mosher, Saul	do	75	1,500	1,500
Munro, Bessie Gordon	New York	11	220	220
Murphy, Nelson	Maitland	110	2,200	2,200
McIntosh, Margaret	Halifax, N.S	11	220	220
	Carried forward	16,254	325,080	325,080

Halifax Banking Company—Cie de Banque d'Halifax.

Names. — Noms.	Residence.	Number of Shares. — Nombre d'Actions.	Amount Paid. — Montant payé.	Amount Subscribed. — Montant souscrit.
			$	$
	Brought forward...	16,254	325,080	325,080
Mackintosh, J. C	Halifax	6	120	120
McNab, John	do	263	5,260	5,260
Mackeen, Jane Kate	do	12	240	240
Macnair, Annie M	Edinburgh	84	1,680	1,680
McGillivray, Rev. J. D	Halifax, N.S	15	300	300
MacKenzie, John, estate of	do	67	1,340	1,340
McMillan, Rev. Hugh	Elmsdale	53	1,060	1,060
Matheson, Joseph	L'Ardoise, C.B	50	1,000	1,000
McArthur, Maria J	Dartmouth, N.S	35	700	700
McDonald, Wm. A	Lockeport, N.S	35	700	700
McNutt, Mrs. Maggie L	Halifax, N.S	33	660	660
Murphy, Rev. Chas. H	Bermuda	15	300	300
McInnes, Hector, treasurer	Halifax, N.S	25	500	500
Murphy, Chas. W	Yarmouth	50	1,000	1,000
Macaulay, Margaret	River Dennis, C.B	70	1,400	1,400
Mosher, Lucy	Halifax, N.S	50	1,000	1,000
Nelson, A., estate of	do	110	2,200	2,200
Nichols, Rev. E. E. B., estate of	Liverpool, N.S	50	1,000	1,000
Nordbeck, A., treas	Halifax, N.S	20	400	400
O'Brien, Edward, estate of	Windsor, N.S	100	2,000	2,000
Oxley, G. H	Berwick, N.S	2	40	40
Oldright, Gertrude	Halifax, N.S	25	500	500
Oxley, F. H	do	50	1,000	1,000
Oxley, F. H., trustees	do	43	860	860
Payzant, John Y., agent	do	44	880	880
Payzant, John Y., and F. Johnston, trustees	do	13	260	260
Pryor, Mary E	do	7	140	140
Pryor, J. Louisa	do	7	140	140
Peters, John, trustee	do	142	2,840	2,840
Pallister, W. H., estate of	do	100	2,000	2,000
Parker, D. McN	do	100	2,000	2,000
Pauley, Francis H	New York	30	600	600
Pollok, Rev. Allan	Halifax, N.S	100	2,000	2,000
Parker, F. G., and D. McN., executors	do	319	6,380	6,380
Pryor, Emily F	do	7	140	140
Parker, Fanny H	do	112	2,240	2,240
Parker, D. McN., and W. F., trustees	do	64	1,280	1,280
Pitcaithly, W. L	do	2	40	40
Prichard, Jane McC., executors	Truro, N.S	89	1,780	1,780
Putnam, Stephen	Maitland, N.S	40	800	800
Palm, Carl	Halifax, N.S	100	2,000	2,000
Purves, David H	Pictou, N.S	75	1,500	1,500
Putnam, Wm	Maitland, N.S	150	3,000	3,000
Paisley, Louise F	Sackville, N.B	10	200	200
Paisley, Louise H	Halifax, N.S	5	100	100
Philp, Martha A. L	do	14	280	280
Philp, Mary E	do	14	280	280
Philp, S. Kate	do	1	20	20
Ritchie, T	do	25	500	500
Ross, Christiana D	Truro, N.S	10	200	200
Rent, Geo., estate of	Halifax, N.S	20	400	400
Ross, Euphemia S	Truro, N.S	26	520	520
Roche, Wm., estate of	Halifax, N.S	40	800	800
Roche, Wm	do	9	180	180
Ritchie, Geo. and Thos., trustees	do	23	460	460
Reeves, Jas., guardian	do	10	200	200
Richardson, Margaret H	do	18	360	360
Rhind, Harriet	do	20	400	400
	Carried forward...	19,263	385,260	385,260

Halifax Banking Company—Cie de Banque d'Halifax.

Names. — Noms.	Residence.	Number of Shares. — Nombre d'Actions.	Amount Paid. — Montant payé.	Amount Subscribed. — Montant souscrit.
			$	$
	Brought forward...	19,263	385,260	385,260
Scott, Mary M	Halifax, N.S	5	100	100
Scott, Margaret E	do	5	100	100
Stairs, Isabella B	do	5	100	100
Starr, Rebecca A	do	10	200	200
Shiels, Geo	Dartmouth, N.S	200	4,000	4,000
Shiels, John	Halifax, N.S	89	1,780	1,780
Shatford, James E	Indian Harbour, N.S	210	4,200	4,200
Shatford, Sarah Jane	Halifax, N.S	95	1,900	1,900
Shatford, Matilda	Hubbard's Cove, N.S	60	1,200	1,200
Sheppard, W. Jas. Clark, and I. Castle, trustees	Halifax, N.S	10	200	200
Sinclair, N. McL	Liverpool, N.S	66	1,320	1,320
Stubbing, Margaret J	Halifax, N.S	133	2,660	2,660
Smith, Bennett, estate of	Windsor, N.S	705	14,100	14,100
Smith, Sarah	Halifax, N.S	133	2,660	2,660
Smith, Wm., estate of	Windsor, N.S	105	2,100	2,100
Smith, S. S. B., estate of	Halifax, N.S	80	1,600	1,600
Smith, Louisa L	Truro, N.S	2	40	40
Smith, Mary R	Dartmouth, N S	47	940	940
Smith, Margaret	Halifax, N.S	27	540	540
Schaffner, Caleb W., guardian	Truro, N.S	10	200	200
Stalker, A. P. R	Pictou, N.S	10	200	200
Sterns, Margaret	Liverpool, N.S	12	240	240
Stewart, Amelia I	Halifax, N S	26	520	520
Stevens, Thos. G	Dartmouth, N.S	10	200	200
Stevens, Wm., estate of	do	63	1,260	1,260
Sinfield, Aaron, in trust	Halifax, N.S	5	100	100
Symons, John H	do	100	2,000	2,000
Smith, Rachel E	Windsor, N.S	20	400	400
Shatford, Henry A	Hubbard's Cove, N.S	138	2,760	2,760
Simpson, Eliza	Dartmouth, N.S	30	600	600
Smith, Rev. T. W	Halifax, N.S	34	680	680
Smith, Edmund G	do	19	380	380
Smith, J. Wesley	do	24	480	480
Smith, J. Elliott	Wolfville, N.S	13	260	260
Smith, M. A. B	Dartmouth, N.S	47	940	940
Smith, Jessie C	Halifax, N.S	40	800	800
Sweet, R. J., estate of	do	2	40	40
Shatford, Arthur W., in trust	Hubbard's Cove, N.S	5	100	100
Shipowner's Marine Insurance Co	Windsor, N.S	232	4,640	4,640
Stewart, C. J	Halifax, N.S	60	1 200	1,200
Thomson, James, estate	do	125	2,500	2,500
Thomson, W. J. G	do	192	3,840	3,840
Turnbull, John A	do	10	200	200
Tremain, Edward D	Port Hood, C.B	100	2,000	2,000
Thompson, Philip	Halifax, N.S	195	3,900	3,900
Tooker, Mrs. Eliza B	Yarmouth, N.S	25	500	500
Thomson, Catherine B	Halifax, N.S	26	520	520
Thomson, Geo. A	do	50	1,000	1,000
Twining, Ada L	Fredericton, N. B	48	960	960
Thomson, W. K	Halifax, N.S	20	400	400
Uniacke, Rev. I. B	do	150	3,000	3,000
Uniacke, Robie	do	500	10,000	10,000
Uniacke, Robert, trustee No. 2	do	64	1,280	1,280
Valentine, Mary A	do	16	320	320
Vooght, Thos	North Sydney, C B	40	800	800
Wainwright, Amelia S	Halifax, N.S	36	720	720
Wainwright, Susan G	do	12	240	240
Wainwright, Anne	Bermuda	4	80	80
Wainwright, Rev. H. S	do	10	200	200
Wainwright, Fred. G	Halifax, N.S	25	500	500
	Carried forward...	23,798	475,960	475,960

Halifax Banking Company—Cie de Banque d'Halifax.

Names. — Noms.	Residence.	Number of Shares. — Nombre d'Actions.	Amount Paid. — Montant payé.	Amount Subscribed. — Montant souscrit.
			$	$
	Brought forward...	23,798	475,960	475,960
Walker, Emma E	Dartmouth, N.S	24	480	480
Walker, E. M	do	50	1,000	1,000
Walker, Jane	Windsor, N.S	20	400	400
West, J. F., estate of	Halifax, N.S	100	2,000	2,000
Willis, John	do	50	1,000	1,000
Wiswell, H., estate of	do	30	600	600
Wiswell, C. E., estate of	do	24	480	480
Weeks, Elizabeth M	Brooklyn, N.S	20	400	400
Woodgate, A	England	220	4,400	4,400
Winn, Capt. John	Bermuda	42	840	840
Wright, Elizabeth M	Springhill, N.S	15	300	300
Weeks, Saml. M	Newport, N.S	12	240	240
Whitman, Susan McN	Halifax, N.S	20	400	400
Weldon Richard C., in trust	do	3	60	60
Wiswell, W. H	do	75	1,500	1,500
Wilcox, C. S., and Mrs. S. F. Almon, executors	Windsor, N.S	130	2,600	2,600
Worthylake, Jane H	do	23	460	460
Wickwire, W. H., M.D	Halifax, N.S	50	1,000	1,000
Whelan, Mary	do	75	1,500	1,500
Winterbourne, Ida	England	16	320	320
Wallace, H. N	Halifax, N.S	2	40	40
Young, John W., estate of	do	140	2,800	2,800
Zwicker, Hannah F, estate of	do	61	1,220	1,220
	Total	25,000	500,000	500,000

Certified correct,

G. A. THOMSON,
Accountant.

HALIFAX, N.S., 31st December, 1897.

MERCHANTS BANK OF HALIFAX.

BANQUE DES MARCHANDS D'HALIFAX.

Value of share, $100—Valeur de chaque action, $100.

Names. — Noms.	Residence.	Number of Shares. — Nombre d'Actions.	Amount Paid. — Montant payé.	Amount Subscribed. — Montant souscrit.
			$	$
Acadia Fire Insurance Co.	Halifax, N.S.	332	33,200	33,200
Adams, J. A.	do	5	500	500
Adams, E. D.	do	12	1,200	1,200
Agnew, L. F.	Liverpool, N.S.	3	300	300
Anderson, Jean	Boston, U.S.	7	700	700
Anderson, Sophia	Musquodoboit Har., N.S.	8	800	800
Anderson, M. A., trustee	Halifax, N.S.	12	1,200	1,200
Anderson, John H.	Musquodoboit Har., N.S.	6	600	600
Anderson, James	Halifax, N.S.	7	700	700
Anderson, Caroline, executrix	do	4	400	400
Anderson, F. U.	do	6	600	600
Ansell, Rev. Edward	Arichat, C.B.	12	1,200	1,200
Archibald, Florence A.	Toronto, Ont.	8	800	800
Allison, J. W., trustee	Halifax, N.S.	4	400	400
Allison, Mary S.	Hampton, N.B.	9	900	900
Allison, David, in trust	Sackville, N.B.	15	1,500	1,500
Audain, Capt. M. R. P.	London, Eng.	6	600	600
Allan, J. B., and R. McD. Paterson, trustees for Mrs. Alex. Paterson	Montreal, Que.	25	2,500	2,500
Albro, Martha R.	Halifax, N.S.	4	400	400
Armstrong, Fanny S.	do	3	300	300
Barry, Sarah A.	Chester N.S.	2	200	200
Bauld, H. G.	Halifax, N.S.	68	6,800	6,800
Bauld, Robert	do	27	2,700	2,700
Blackadar, C. C.	do	6	600	600
Black, S. G.	do	132	13,200	13,200
Black, Major-Gen. Wilsone	London, Eng.	9	900	900
Black, Celia H.	Halifax, N.S.	60	6,000	6,000
Black, Hibbert C.	Pugwash, N.S.	40	4,000	4,000
Black, Ellen A.	Halifax, N.S.	4	400	400
Blagdon, A. A.	do	11	1,100	1,100
Boak, Hon. Robert	do	90	9,000	9,000
Board of the Presbyterian College	do	36	3,600	3,600
Brookfield, W. H.	do	23	2,300	2,300
Brookfield, W. G.	do	21	2,100	2,100
Brown, W. M. and W. L., trustees	do	37	3,700	3,700
Brown, Eliza K.	do	21	2,100	2,100
Brown, Joanna S.	do	36	3,600	3,600
Brown, Richard H.	Sydney Mines, C.B.	6	600	600
Buist, Geo., and R. Forsyth, trustees	Halifax, N.S.	34	3,400	3,400
Burns, Adam, in trust	do	33	3,300	3,300
Burton, Harriet A.	do	13	1,300	1,300
Butler, James N.	New York, U.S.	140	14,000	14,000
Butler, W. J.	Halifax, N.S.	7	700	700
Bligh, Harris H.	Ottawa, Ont.	15	1,500	1,500
Bayne, Charles H.	Halifax, N.S.	39	3,900	3,900
Bayne, Andrew N.	do	42	4,200	4,200
Boyd, Rev. Stanley	Bath, Eng.	6	600	600
Boyer, Margaret	Halifax, N.S.	5	500	500
Brock, A. E.	Montreal, Que.	10	1,000	1,000
Burchell, H. M.	Sydney, C.B.	10	1,000	1,000
	Carried forward	1,471	147,100	147,100

Merchants' Bank of Halifax—Banque des Marchands d'Halifax.

Names. — Noms.	Residence.	Number of Shares. — Nombre d'Actions.	Amount Paid. — Montant payé.	Amount Subscribed. — Montant souscrit.
			$	$
	Brought forward...	1,471	147,100	147,100
Burchell, J. E., trustee	Sydney, C.B	75	7,500	7,500
Borden, R. L	Halifax, N.S	10	1,000	1,000
Barss, Ida P	do	12	1,200	1,200
Brookman, P., executrix	Sydney, C.B	30	3,000	3,000
Bell, Maria	Halifax, N.S	3	300	300
Cameron, Sarah	do	6	600	600
Cameron, W. M	do	41	4,100	4,100
Carney, Michael	do	300	30,000	30,000
Campbell, Susan L	Weymouth, N.S	15	1,500	1,500
Campbell, George, in trust	Truro, N.S	10	1,000	1,000
Campbell, Eliza	Halifax, N.S	22	2,200	2,200
Campbell, Elizabeth F	Weymouth, N.S	4	400	400
Cochran, Jane	Newport, N.S	16	1,600	1,600
Corbett, F. D	Halifax, N.S	27	2,700	2,700
Crane, Mary A	do	22	2,200	2,200
Creighton, Elizabeth	do	61	6,100	6,100
Cronan, Catherine	do	4	400	400
Cunningham, Frances A	New Jersey, U.S.A	8	800	800
Cunningham, Geo., in trust	Halifax, N.S	6	600	600
Cunningham, A. G., guardian	do	6	600	600
Cunningham, Robert	Clifton, N.S	5	500	500
Currie, Rev. John, D.D	Halifax, N.S	21	2,100	2,100
Currie, R. S	Lunenburg, N.S	10	1,000	1,000
Curry, Rufus, trustee	Windsor, N.S	75	7,500	7,500
Curry Susan	do	5	500	500
Cutler, Eleanor	Halifax, N.S	10	1,000	1,000
Cutler, T. M	do	25	2,500	2,500
Crerar, John	Chicago, Ill	24	2,400	2,400
Crerar, J. P	Ottawa, Ont	24	2,400	2,400
Crerar, H. H	Antigonish, N.S	24	2,400	2,400
Cornish, Edwin	Europe	5	500	500
Cosman, James	Meteghan, N.S	75	7,500	7,500
Cullen, Alicia	Halifax, N.S	6	600	600
Christian, Mary C	Prospect N.S	22	2,200	2,200
Clark, Mary A	Halifax, N.S	24	2,400	2,400
Clark, Rev. G. M	do	6	600	600
Clarke, Annie M	Waltham, Mass	2	200	200
Carver, Cornelia A	Windsor, N.S	25	2,500	2,500
Calkin, John B	Truro, N.S	10	1,000	1,000
Coleman, Charles A	London, Eng	12	1,200	1,200
Cumming, Rev. Thos	Truro, N.S	5	500	500
Dart, Helen	Halifax, N.S	15	1,500	1,500
DesBarres, Harriet A	do	42	4,200	4,200
DesBarres, L. W	do	61	6,100	6,100
DesBarres, Harriet Allison	do	5	500	500
DesBarres, L. W., and T. C., trustees	do	40	4,000	4,000
DeBlois, Mary S	Wolfville, N.S	9	900	900
DeBlois, Elizabeth J	Halifax, N.S	12	1,200	1,200
DeGruchy, Louisa	Jersey, G.B	22	2,200	2,200
Dickey, Hon. R. B	Amherst, N.S	11	1,100	1,100
Dickie, Martin	Truro, N.S	60	6,000	6,000
Dickie, Harriet	do	10	1,000	1,000
Dickie, Cecelia	do	9	900	900
Duffus, John	Halifax, N.S	50	5,000	5,000
Duffus, Catherine D	do	50	5,000	5,000
Duffus, J. Norwood	do	4	400	400
Duncan, D.	do	31	3,100	3,100
Duncan, AnnH L	do	16	1,600	1,600
Duncan, D. H, cashier, in trust	do	17	1,700	1,700
Dwyer, Michael	do	366	36,600	36,600
Dwyer, M., trustee for M. Davys	do	52	5,200	5,200
	Carried forward....	3,446	344,600	344,600

Merchants' Bank of Halifax—Banque des Marchands d'Halifax.

Names. — Noms.	Residence.	Number of Shares. — Nombre d'Actions.	Amount Paid. — Montant payé.	Amount Subscribed. — Montant souscrit.
			$	$
	Brought forward...	3,446	344,600	344,600
Davys, Margaret	Halifax	6	600	600
Daly, Hon. M. B	do	27	2,700	2,700
Daly, M. B., and E G. Kenny, trustees	do	6	600	600
Darwall, Laleah E. A	Dover, Kent, Eng	2	200	200
Dunbar, Jane C	Halifax	75	7,500	7,500
Dane, Lois A	Yarmouth, N.S	14	1,400	1,400
Doull, John, trustee	Halifax	18	1,800	1,800
Dawson, Robert	Bridgewater, N.S	20	2,000	2,000
Dawson, Ellen	Truro, N.S	6	600	600
Dawson, Martha E	Bridgewater, N.S	10	1,000	1,000
Dawson, Ella I	do	10	1,000	1,000
Doyle, Patrick	Halifax	21	2,100	2,100
Dodd, Laura J	Sydney, C. B	18	1,800	1,800
Dalziel, Clandine M	Halifax	8	800	800
Donahoe, James E	do	6	600	600
Donahoe, Edward	do	6	600	600
Elliott, George H	Pictou, N.S	12	1,200	1,200
Executors of James Reeves	Halifax	55	5,500	5,500
Esson, Agnes	Leipzig, Germany	8	800	800
Esson, H. J., and Geo. Mitchell, in trust	Halifax	4	400	400
Eastern Trust Co., for Thomas Humphrey	do	22	2,200	2,200
Eastern Trust Co., for J. S. Bessonett	do	11	1,100	1,100
Eastern Trust Co., for G. Macdonald	do	21	2,100	2,100
Eastern Trust Co., for est. A. D. Markel	do	80	8,000	8,000
Ellis, A. E	Montreal	40	4,000	4,000
Estate of—				
G. R. Anderson	Halifax	22	2,200	2,200
Hon. James Butler	do	290	29,000	29,000
Adam Burns	do	92	9,200	9,200
Rev. R. F. Burns	do	4	400	400
John Campbell	Kentville, N.S	8	800	800
J. B. Duffus	Halifax	123	12,300	12,300
A. M. Cochran	Maitland, N.S	15	1,500	1,500
John Costley	Halifax	11	1,100	1,100
J. B. Fay	Bridgetown, N.S	13	1,300	1,300
James Hunter	Halifax	50	5,000	5,000
Mary G. Longworth	Truro, N.S	8	800	800
Rev. P. G. McGregor	Halifax	10	1.000	1,000
J. B. Morrow	do	21	2,100	2,100
Edward Smith	do	102	10,200	10,200
Bennett Smith	do	227	22,700	22,700
S. S. B. Smith	do	46	4,600	4,600
John Tobin	do	448	44,800	44,800
Alex. Forsyth	Windsor, N.S	13	1,300	1,300
Amelia Muir	Truro, N.S	9	900	900
Edward O'Brien	Windsor, N.S	60	6,000	6,000
W. H. Pallister	Halifax	60	6,000	6,000
Fairbanks, Anna B	do	15	1,500	1,500
Fairie, Annie L	Montreal	10	1,000	1,000
Finck, Jane	Lunenburg, N.S	66	6,600	6,600
Forrest, Samuel S	Halifax	30	3 000	3,000
Forrest, Rev. John, D.D , trustee	do	28	2,800	2,800
Fraser, Thomas E	Toronto	6	600	600
Fraser, F. W., trustee	Pictou, N.S	19	1,900	1,900
Fuller, Hon. H. H	Halifax	60	6,000	6,000
Forbes, Sarah	Liverpool, N.S	6	600	600
Forbes, S. Antonia	do	6	600	600
Forbes, H. Francis	Halifax	2	200	200
Forbes, F. G. and W. Levisconte, trustees	do	30	3,000	3,000
	Carried forward ...	5,862	586,200	586,200

Merchants' Bank of Halifax—Banque des Marchands d'Halifax.

Names. — Noms.	Residence.	Number of Shares. — Nombre d'Actions.	Amount Paid. — Montant payé.	Amount Subscribed — Montant souscrit.
			$	$
	Brought forward...	5,862	586,200	586,200
Farish, H. G., in trust	Liverpool, N.S.	16	1,600	1,600
Folkingham, Eliza	Chelsea, N.S.	16	1,600	1,600
Ferguson, J. H.	Halifax	7	700	700
Foley, Quintina	Montreal	125	12,500	12.500
Fitzgerald, M. J	Halifax	5	500	500
Fullerton, Lucy	do	1	100	100
Falconer, Rev. Alexander	Pictou, N.S.	6	600	600
Forsyth, James E.	Wolfville, N.S.	4	400	400
Gaetz, Rev. Joseph	Middleton, N.S.	7	700	700
Gaetz, Catherine M	Red Deer, Alberta	9	900	900
Gordon, Amelia G.	Pictou, N.S	35	3,500	3,500
Grigor, Emily M	Halifax	17	1,700	1,700
Grant, Laura McN	do	8	800	800
Governors of Dalhousie College	do	8	800	800
Godfrey, Sophia	Annapolis, N.S.	27	2,700	2,700
Haire, Rev. Robert	Limerick, Ireland	7	700	700
Halifax Fire Insurance Co.	Halifax	15	1,500	1,500
Halifax Protestant Orphans' Home	do	2	200	200
Halifax Protestant Industrial School	do	1	100	100
Halifax Home for the Aged	do	1	100	100
Halifax Association for Improving the Conditiôn of the Poor	do	2	200	200
Harris, Emma	Pictou, N.S.	24	2,400	2,400
Harris, J. S	do	8	800	800
Harrington, W. D., and J. B. Wier, trustees	Halifax	9	900	900
Harrington, W. D., and C. H. Longard, trustees	do	17	1,700	1,700
Hart, Jairus	do	6	600	600
Hennigar, Abbie	Canning, N.S.	2	200	200
Hopkins, John	Halifax	10	1,000	1,000
Humphrey, W. M	do	4	400	400
Hunt, Aubrey S	Dartmouth N.S.	20	2,000	2,000
Hartshorne, William	Middleton, N.S	6	600	600
Holly, Regina M	St. John, N.B.	13	1.300	1,300
Howarth, Mary M	Halifax	4	400	400
Hosmer, C. R	Montreal	200	20,000	20,000
Hosmer, Clara J	do	50	5,000	5,000
Holt, H. S	do	100	10,000	10,000
Heartz, Rev. W. H	Halifax	20	2,000	2,000
Haliburton, William	Liverpool, N.S.	5	500	500
Hamilton, Mima	Rockingham, N.S.	8	800	800
Herridge, Rev. W. T	Ottawa	15	1,500	1,500
Howe, Sarah E	Dartmouth, N S.	8	800	800
Harvey, Emily F	N. Cambridge, Mass.	23	2,300	2,300
Huddleston, Alexandrina I	Halifax	6	600	600
Ives, Christiana	Pictou, N.S.	1	100	100
Inglis, John M., jr	Halifax	5	500	500
Imrie, James	do	2	200	200
Jermain, E. J., R.N	Kent, Eng.	33	3,300	3,300
Jones, Kate D	Halifax	2	200	200
Jones, A. E. and H. T., trustees	do	12	1,200	1,200
Jones, A. G. and H. T., trustees	do	10	1,000	1,000
Jost, H. M	Guysboro', N.S.	100	10,000	10,000
Jack, Janet E	Halifax	6	600	600
Keith, Eliza	do	24	2,400	2,400
Keith, Marion E	do	6	600	600
Keith, Donald	do	23	2,300	2,300
Klingenfeld, Maria M	Toronto	16	1.600	1,600
Kemp, Mary	Weymouth, N.S.	15	1,500	1,500
King, H. W. de W	Halifax	6	600	600
	Carried forward...	7,000	700,000	700,000

Merchants' Bank of Halifax—Banque des Marchands d'Halifax.

Names. — Noms.	Residence.	Number of Shares. — Nombre d'Actions.	Amount Paid. — Montant payé.	Amount Subscribed. — Montant souscrit.
			$	$
	Brought forward	7,000	700,000	700,000
Kaulbach, Rev. J. A.	Truro, N.S.	18	1,800	1,800
Kellogg, W. B.	Halifax, N.S.	9	900	900
Kellogg, Frances H. T.	do	14	1,400	1,400
Kellogg, W. B., executor	do	2	200	200
Kenny, J. F.	do	110	11,000	11,000
Kenny, J. F. and E. G., trustees	do	275	27,500	27,500
Kenny, Thos. E.	do	700	70,000	70,000
Kenny, T. E., and M. Dwyer, trustees	do	39	3,900	3,900
Kenny, T. E., and M. Dwyer, trustees, No. 2	do	42	4,200	4,200
Kenny, E. G. and M. B. Daly, trustees	do	26	2,600	2,600
Kenny, Jos. B.	do	10	1,000	1,000
Kenny, Louis F.	do	5	500	500
Kenny, L. F. and J. B., trustees	do	6	600	600
Kenny, J. B. and L. F., trustees	do	10	1,000	1,000
Lawlor, A. E.	do	17	1,700	1,700
Lewis, W. J., M.D.	do	171	17,100	17,100
Longard, E. J.	do	105	10,500	10,500
Longard, E. J., jr	do	22	2,200	2,200
Longard, Geo. E.	do	25	2,500	2,500
Longard, W. H.	do	19	1,900	1,900
Lynch, John	Shubenacadie, N.S.	22	2,200	2,200
Lithgow, J. R. and H. G. Bauld, executors	Halifax	20	2,000	2,000
Longworth, Israel	Truro, N.S.	15	1,500	1,500
Longworth, I., trustee for Mrs. E. B. Smith	do	23	2,300	2,300
Longworth, I., J. Y. Payzant and H. McN Smith, executors in trust for A. Smith	do	50	5,000	5,000
Lawson, Sarah M.	Halifax	3	300	300
Mitchell, G. and A. S., in trust	do	7	700	700
Mitchell, Catherine J.	do	11	1,100	1,100
Mitchell, W. F.	Charlottown, P.E.I.	21	2,100	2,100
Mitchell, Sophia A.	Halifax	11	1,100	1,100
Mitchell, S. A. and G., trustees	do	31	3,100	3,100
Mitchell, S. A. and G., in trust	do	1	100	100
Mitchell, G. McG.	do	3	300	300
Mitchell, George, trustee	do	4	400	400
Mackintosh, John C.	do	10	1,000	1,000
Magnus, G. A., jun.	do	3	300	300
Marshall, Edward, jun.	do	22	2,200	2,200
Matheson, Joseph	L'Ardoise, C.B.	60	6,000	6,000
McColl, Susan	Halifax	5	500	500
McGregor, Adelaide	La Have, N.S.	15	1,500	1,500
McLachlan, John	Halifax	23	2,300	2,300
Ministers', Widows' and Orphans' Fund of the Synod of the Presbyterian Church in Canada	do	47	4,700	4,700
Montgomery, Mary	Bedeque, P.E.I.	2	200	200
Mosher, Saul	Halifax	11	1,100	1,100
Murphy, Chas. W.	Yarmouth, N.S.	15	1,500	1,500
Myers, Peter	West Jeddore, N.S.	5	500	500
Mackeen, Jane K.	Halifax	60	6,000	6,000
Mackeen, Hon. David	do	174	17,400	17,400
Mackenzie, J. H.	Pictou, N.S.	100	10,000	10,000
Mackenzie, Geo. H.	Halifax	17	1,700	1,700
Mackenzie, Mary	Dartmouth, N.S.	12	1,200	1,200
Mackenzie, John C.	Chicago	26	2,600	2,600
Mackenzie, Jessie E.	Halifax	10	1,000	1,000
	Carried forward	9,464	946,400	946,400

Merchants' Bank of Halifax—Banque des Marchands d'Halifax.

Names. — Noms.	Residence.	Number of Shares. — Nombre d'Actions.	Amount Paid. — Montant payé.	Amount Subscribed. — Montant souscrit.
			$	$
	Brought forward......	9,464	946,400	946,400
Mouchet, Jane	West Arichat, C.B	10	1,000	1,000
Mudge, N. R	Montreal	15	1,500	1,500
Munro, N. Margaret	Pictou, N.S	6	600	600
Munro, John C	Margaree, C.B	30	3,000	3,000
Morse, L. S	Digby, N.S	26	2,600	2,600
Morrison, Rev. P. M., agent, in trust	Halifax	2	200	200
Mackinlay, A. and J. N. Ritchie, trustees	do	17	1,700	1,700
Mellish, A. E	do	1	100	100
McCurdy, E. A	Newcastle, N.B	10	1,000	1,000
MacDougall Bros	Montreal	25	2,500	2,500
McLaggan, C. E	Chicago, Ill	3	300	300
McNab, John, trustee A. E. Brownfield	Halifax	25	2,500	2,500
McNab, J., trustee I. C. Kent	do	25	2,500	2,500
McInnes, Hector	do	8	800	800
Menger, John	do	4	400	400
McLeod, Sarah J	St. John, N.B.	8	800	800
McKay, Daniel A	Scotsburn, N. S	36	3,600	3,600
Mott, Catherine A	Dartmouth, N.S	20	2,000	2,000
Mott, Elizabeth J	do	20	2,000	2,000
McGregor, Marion M	Halifax	3	300	300
North British Society	do	2	200	200
Northup, Mary G	Brooklyn, Hanks, N.S	10	1,000	1,000
Northup, Walker C	Halifax	20	2,000	2,000
O'Brien, William	Windsor, N. S	11	1,100	1,100
O'Brien, Kate	do	5	500	500
O'Mullin, Patrick	Halifax	315	31,500	31,500
Oxley, F. H	do	10	1,000	1,000
Oxley, F. H., in trust	do	2	200	200
Oxley, Elizabeth W	do	5	500	500
Page, Alex. C., M.D	Truro, N.S	7	700	700
Parish of St. John	Lunenburg, N.S	27	2,700	2,700
Parker, F. G	Halifax	40	4,000	4,000
Parker, Hon. D. McN.	do	30	3,000	3,000
Parker, Fanny H.	Dartmouth, N.S	77	7,700	7,700
Parker, D. McN. and W. F., trustees	Halifax	60	6,000	6,000
Philp, S. Kate	do	2	200	200
Paint, F. L. M, trustee	Port Hawkesbury, C.B	17	1,700	1,700
Pryor, J. Louisa	Halifax	3	300	300
Pryor, Emily F	Greenwich, Eng	3	300	300
Pryor, Mary E	Halifax	3	300	300
Paw, Emma G	do	48	4,800	4,800
Primrose, Howard	Pictou, N.S	16	1,600	1,600
Primrose, H., trustee	do	5	500	500
Putnam, Alfred	Maitland, N.S	252	25,200	25,200
Putnam, Stephen	do	7	700	700
Putnam, Levi	do	7	700	700
Payzant, J. Y., executor	Halifax	16	1,600	1,600
Payzant, J. Y., G. B. Ternan and R. E. Harris, trustees	do	35	3,500	3,500
Pyke, J. G., and H. G. Farish, trustees	Liverpool, N.S	23	2,300	2,300
Pyke, J. G	do	3	300	300
Peters, Mary, S. Peters and H. H. Fuller, trustees	Halifax	19	1,900	1,900
Peters, Mary, H. H. Fuller and W. B. Wallace, trustees	do	48	4,800	4,800
Pease, Edson L	Montreal	25	2,500	2,500
Pease, Mrs. D. A	do	10	1,000	1,000
Parkes, T. G. A	Guysboro', N.S	5	500	500
Power, L. G., W. Chisholm and N. H. Meagher, trustees	Halifax, N.S	14	1,400	1,400
Pitblado, Eleanor.	do	4	400	400
	Carried forward......	10,944	1,094,400	1,094,400

Merchants' Bank of Halifax—Banque des Marchands d'Halifax.

Names. — Noms.	Residence.	Number of Shares. — Nombre d'Actions.	Amount Paid. — Montant payé.	Amount Subscribed. — Montant souscrit.
			$	$
	Brought forward......	10,944	1,094,400	1,094,400
Phelan, Mary L	Halifax, N.S	20	2,000	2,000
Phelan, F. J.. trustee	do	10	1,000	1,000
Quinn, Henry W	Musquodoboit, N.S.	2	200	200
Ritchie, Thomas	Halifax, N.S	219	21,900	21,900
Ritchie, Hon. J. N. and J. J., trustees	do	31	3,100	3,100
Ritchie, Hon. J. N. and W. B. A., trustees	do	14	1,400	1,400
Ritchie, Hon. J. N	do	102	10,200	10,200
Ritchie, Hon. J. N. and T., trustees No 1	do	50	5,000	5,000
Ritchie, Hon. J. N. and T., trustees No. 2	do	55	5,500	5,500
Ritchie, Thomas, trustee	do	15	1,500	1,500
Ritchie, T. and Hon. J. N., trustees	do	34	3,400	3,400
Ritchie, James D	do	41	4,100	4,100
Ritchie, Laleah A	do	9	900	900
Ritchie, Ella A	do	9	900	900
Ritchie, Mary W	do	9	900	900
Ritchie, Eliza	do	9	900	900
Ritchie, George	do	12	1,200	1,200
Ritchie, T., and B. A. Weston, in trust.	do	55	5,500	5,500
Ritchie, Thos., trustee M. A. Uniacke	do	77	7,700	7,700
Romans, George	Acadia Mines, N.S	15	1,500	1,500
Rowlings, George	Musquodoboit Har., N.S.	4	400	400
Rowlings, George, trustee	do	3	300	300
Rogers, Jane M	Halifax	2	200	200
Ross, Euphemia S	Wolfville, N.S	22	2,200	2,200
Saer, Agnes	Halifax	2	200	200
Saer, Agnes, trustees of	Truro, N.S	46	4,600	4,600
Shatford, James E	Indian Harbour	68	6,800	6,800
Shaw, J. A	Windsor, N. S	30	3,000	3,000
Sheils, Geo	Dartmouth, N. S	1	100	100
Sinclair, Norman	Liverpool, N. S	13	1,300	1,300
Sinclair. Geo. L., M. D	Dartmouth, N. S	25	2,500	2.500
Smith, Wiley	Halifax	400	40,000	40,000
Smith, Wilhelmina	St. John, N.B	21	2,100	2,100
Smith, Florence L	Kentville, N. S	8	800	800
Smith, L. Mortimer	Halifax	230	23,000	23,000
Smith, Louisa L	Truro, N. S	22	2,200	2,200
Smith, George M	Halifax	20	2,000	2,000
Smith, Edward F	do	87	8,700	8,700
Smith, Rachel M	do	340	34,000	34,000
Smith, Sarah M	Dorchester, N.B	93	9,300	9,300
Smith, Margaret	Halifax	23	2,300	2,300
Smith, Joseph E	Wolfville	47	4,700	4,700
Smith, M. A. B	Dartmouth, N.S	38	3,800	3,800
Smith, Mary R	do	36	3,600	3,600
Smith, Geo. E	Halifax	40	4,000	4,000
Smith, Jessie C	do	35	3,500	3,500
Stairs, Hon. Wm. J	do	130	13,000	13,000
Stairs, Catherine M	do	225	22,500	22,500
Stairs, George	do	26	2,600	2,600
Sterns, Margaret	Liverpool, N.S	4	400	400
Stubbing, Margaret J	Halifax	23	2,300	2,300
Sutherland, Margaret	do	5	500	500
Sutherland, W. D., trustee	Windsor, N.S	7	700	700
Sutherland, Ann	Halifax, N.S	42	4,200	4,200
Sutherland, Rev. Donald	Gabarus, C.B	30	3,000	3 000
Symons, John H	Halifax	54	5,400	5,400
Sellers, Eliza	Nictaux, West, N. S	2	200	200
Stewart, John J	Halifax	33	3,300	3,300
Starr, Alice E	do	77	7,700	7,700
	Carried forward......	14,046	1,404,600	1,404,600

Merchants' Bank of Halifax—Banque des Marchands d'Halifax.

Names. — Noms.	Residence.	Number of Shares. — Nombre d'Actions.	Amount Paid. — Montant payé.	Amount Subscribed. — Montant souscrit.
			$	$
	Brought forward...	14,046	1,404,600	1,404,600
Sims, A. Haig	Montreal	50	5,000	5,000
Silver, W. N	Halifax	8	800	800
Sinclair, R. R	Sherbrooke, N.S	16	1,600	1,600
Thomson, Mary Ann	Halifax	14	1,400	1,400
Thomson, Bridgetta	do	68	6,800	6,800
Thomson, Katherine B	do	21	2,100	2,100
Thomson, Walter K	do	15	1,500	1,500
Thomson, W. J. G	do	19	1,900	1,900
Thomson, Mary Alice	do	4	400	400
Thomson, Maria Grace	do	6	600	600
Townend, Rev. A. J	do	9	900	900
Tupper, Maude	do	11	1,100	1,100
Tupper, Annie	Digby, N.S	10	1,000	1,000
Twining, W., and B. G. Gray, trustees	Halifax	16	1,600	1,600
Twining, Wm	do	5	500	500
Twining, Ada L	Fredericton, N.S	30	3,000	3,000
Trustees for Ellie E. McLaughlin	Halifax	117	11,700	11,700
Tate, Harriet	Middleton, N.S	5	500	500
Tooker, Eliza B	Yarmouth, N.S	5	500	500
Taylor, Henry A	Halifax	40	4,000	4,000
Taylor, Minnie	Weymouth, N.S	15	1,500	1,500
Taylor, Martha J	Halifax, N.S	9	900	900
Thompson, Phillip	do	30	3,000	3,000
Turner, Eliza	Dartmouth, N.S	15	1,500	1,500
Torrance, W. B	Halifax	15	1,500	1,500
Tupper, W. H	do	3	300	300
Tobin, Wm., M.D	do	4	400	400
Uniacke, R., in trust	do	1	100	100
Vroom, Agnes J	Windsor, N.S	15	1,500	1,500
Vooght, Thomas	North Sydney, N.S	10	1,000	1,000
Vooght, James H	do	20	2,000	2,000
Vooght, Emma	Sussex, England	7	700	700
Wainwright, F. G	Halifax	10	1,000	1,000
Walker, E. M	Dartmouth, N.S	15	1,500	1,500
Weston, B. A	Halifax	6	600	600
West, James T	Milford, N.S	13	1,300	1,300
West, Samuel T	do	6	600	600
Whitman, S. McN	Halifax	19	1,900	1,900
Whitman, S. McN., trustees of	do	48	4,800	4,800
Wiswell, W. H	do	2	200	200
Wiswell, W. H., trustee	do	12	1,200	1,200
Wier, Eliza A	Cambridge, Mass	23	2,300	2,300
Wier, Alice L	do	23	2,300	2,300
Wier, Susan D	do	23	2,300	2,300
Wier, Mary M	do	23	2,300	2,300
Weir, J. B., and A. Esson, guardians	Halifax	10	1,000	1,000
Wall, Laura	Knock-a-Reagh, Ireland	6	600	600
Woods, Mary M	Halifax	2	200	200
Winn, Capt. J., R.E	Bermuda	30	3,000	3,000
Wickwire, W. N., M.D	Halifax, N.S	25	2,500	2,500
Willis, John	do	10	1,000	1,000
Woodill, Evelina	do	12	1,200	1,200
Wiggins, Mary	Windsor, N.S	10	1,000	1,000
Watt, Edith M	Halifax, N.S	2	200	200
Yeoman, Elizabeth F	do	4	400	400
Zwicker, Hannah F	do	7	700	700
	Total	15,000	1,500,000	1,500,000

I hereby certify the foregoing to be a correct list of the shareholders of this Bank, as on 31st December, 1897.

W. B. TORRANCE, *Assistant Cashier.*

Halifax, 11th January, 1898.

BANK OF NOVA SCOTIA.

BANQUE DE LA NOUVELLE-ECOSSE.

Value of share, $100. Valeur de chaque action, $100.

Names. — Noms.	Residence.	Number of Shares. — Nombre d'Actions.	Amount. Paid. — Montant payé.	Amount Subscribed. — Montant souscrit.
			$	$
Akins, T. B., executors, estate of	Halifax	11	1.100	1,100
Allison, Miss H. F	do	2	200	200
Adlington, Laura	do	4	400	400
Almon, Andrew Uniacke	Ottawa	4	400	400
Almon, Rev. H. P., executors, estate of	Windsor, N.S	24	2,400	2,400
Almon, Thos. R., M.D	Halifax	4	400	400
Almon, Hon. W. J	do	43	4,300	4,300
Anderson, Alexander	Bedeque, P.E.I	3	300	300
Anderson, Caroline, executrix, estate of T. A. Anderson	Halifax	96	9,600	9,600
Anderson, C. Willoughby	do	6	600	600
Anderson, F. U., M.D	do	20	2,000	2,000
Anderson, Mrs. Jean	Roxbury, Mass	5	500	500
Anderson, John, No. 3	Petpeswick Harbour	4	400	400
Anderson, John H	do	5	500	500
Anderson, John H., executors, estate late	Halifax	14	1,400	1,400
Anderson, Sarah Jane	Musquodoboit	20	2,000	2,000
Anderson, Sophia	do	1	100	100
Anderson, Wm. Adr., estate of	do	20	2,000	2,000
Anderson, Wm., jr	Petpeswick Harbour	4	400	400
Ansell, Rev. E	Arichat, N.S	5	500	500
Archbold, Rev. Francis H. W	Halifax	30	3,000	3,000
Archibald, Sir Adams G., executors, estate of	Truro	57	5,700	5,700
Archibald, Charles	Halifax	40	4,000	4,000
Archibald, Chas., and Geoffrey Morrow, trustees	do	6	600	600
Archibald, Mrs. Florence A	Truro	12	1,200	1,200
Archibald, Margaret	North Sydney	25	2,500	2,500
Archibald, W H	do	65	6,500	6,500
Audain, M. R. P	London, Eng	5	500	500
Avery, Louisa C	Grand Pré	20	2,000	2,000
Barnes, H. W	Halifax	7	700	700
Barss, Mrs. Ida Pamelia	do	15	1,500	1,500
Bauer, Mrs. Susan	Dartmouth	24	2,400	2,400
Bauld, Wm., executors, estate of	Halifax	12	1,200	1,200
Bayne, Andrew N	do	50	5,000	5,000
Bayne, Charles H	do	52	5,200	5,200
Bayne, Rev. Ernest S., trustee	Mabou	11	1,100	1,100
Beamish, Sarah	Halifax	3	300	300
Beer, Lemuel L	Charlottetown	15	1,500	1,500
Bell, Mrs. Maria	Halifax	1	100	100
Bennett, J. W., and Lydia, guardians	Dutch Village	10	1,000	1,000
Bentley, Mrs. Anna Van Buskirk	Baltimore, Md	8	800	800
Beverly, Mrs. Christina E. H	St. John, N.B	6	600	600
Binney, Rt. Rev. Hibbert, exrs., estate of	Halifax	40	4,000	4,000
Bishop of Nova Scotia	do	42	4,200	4,200
Black, Miss Celia Hamilton	do	40	4,000	4,000
Black, Mrs. Florence M	Hong Kong	29	2,900	2,900
Black, Samuel Gay	Halifax	41	4,100	4,100
Black, S. H., and Geo. Lyde, trustees	do	25	2,500	2,500
Blair, Thos. B	St. John, N.B	4	400	400
	Carried forward	990	99,000	99,000

Bank of Nova Scotia—Banque de la Nouvelle-Ecosse.

Names — Noms.	Residence.	Number of Shares. — Nombre d'Actions.	Amount Paid. — Montant payé.	Amount Subscribed. — Montant souscrit.
			$	$
	Brought forward...	990	99,000	99,000
Blanchard, Edward Sherburne	Charlottetown	7	700	700
Bland, John Bayley	Halifax	140	14,000	14,000
Bliss, Rev. J. Worthington	Dover, Eng.	66	6,600	6,600
Bliss, Rev. W. B.	Essex, Eng.	66	6,600	6,600
Bligh, H. H., trustee	Halifax	2	200	200
Board of the Presbyterian College	do	149	14,900	14,900
Boggs, Lieut.-Col. Arthur A.	London, Eng.	10	1,000	1,000
Bolton, Anne	Halifax	22	2,200	2,200
Bowlby, Sarah B.	Birmingham, Eng.	22	2,200	2,200
Bowser, Samuel Avery, in trust	Grand Pré	14	1,400	1,400
Boyd, Mrs. Laura	Edinburgh, Scot.	7	700	700
Bradley, Miss Jane	Halifax	7	700	700
Bremner, Mrs. Annie	Charlottetown	1	100	100
Bremner, Miss Eliza G.	Elgin, Scot.	20	2,000	2,000
Bremner, J. J., and George Mitchell, executors	Halifax	9	900	900
Brookfield, W. H.	do	13	1,300	1,300
Brookfield, W. H., in trust	do	8	800	800
Brown, C. E., executor late Hon. Stayley Brown	Yarmouth	90	9,000	9,000
Brown, C. E., executors, estate of	Halifax	55	5,500	5,500
Brown, Eliza K.	do	7	700	700
Brown, Mrs. Ellen G.	Yarmouth	4	400	400
Brown, Joanna Stairs	Halifax	14	1,400	1,400
Brown, R. H.	Sydney Mines	8	800	800
Buckley, Mrs. Abigail	Halifax	9	900	900
Buckley, Rev. F. A.	Bridgewater	3	300	300
Buckley, M. A.	California	30	3,000	3,000
Burgess, Mrs. Rebecca J.	Windsor	3	300	300
Burns, Adam, executors, estate	Halifax	407	40,700	40,700
Burns, Adam, in trust	do	10	1,000	1,000
Burns, Adam, trustee for Ann Macfarlane	do	20	2,000	2,000
Burns, Mrs. Isabella Mitchell, deceased	do	2	200	200
Burns, Mrs. Jedidah G.	Shelburne	10	1,000	1,000
Burns, John	Glasgow, Scot	80	8,000	8,000
Burns, Rev. R. F., D.D., exrs. estate	London, Eng.	16	1,600	1,600
Burns, Miss Winifred Gillies	Halifax	3	300	300
Butler, James N., M.D.	New York	33	3,300	3,300
Calbeck, H. J.	Charlottetown	5	500	500
Calkin, B. H., executors, estate of	Kentville	10	1,000	1,000
Cameron, Sarah	Halifax	50	5,000	5,000
Campbell, Alexander	Annapolis	2	200	200
Campbell, Mrs. Eliza	Halifax	12	1,200	1,200
Campbell, Geo.	Truro	63	6,300	6,300
Campbell, Geo., trustee	do	52	5,200	5,200
Campbell, Geo, trustee for Lucy T. Randall	do	3	300	300
Campbell, Mrs. Helena G., executors of	Broad Cove, C.B.	4	400	400
Campbell, Rev. John	Edinburgh, Scot.	10	1,000	1,000
Campbell, Marguerita B.	do	34	3,400	3,400
Cann, Mrs. Joanna H.	Yarmouth	25	2,500	2,500
Carney, Michael	Halifax	50	5,000	5,000
Carver, Mrs. Cornelia Augusta	Windsor	10	1,000	1,000
Carver, Mrs. Cornelia Augusta, trustee	do	6	600	600
Chalmers, David C.	Fredericton	19	1,900	1,900
Chipman, W. H.	Kentville	2	200	200
Clarke, Geo.	Tatamagouche	10	1,000	1,000
Clarke, John	do	10	1,000	1,000
Clarke, Mary Alice	Halifax	17	1,700	1,700
Clarke, Rev. G. M.	do	8	800	800
	Carried forward...	2,759	275,900	275,900

Bank of Nova Scotia—Banque de la Nouvelle-Ecosse.

Names. — Noms	Residence.	Number of Shares. — Nombre d'Actions.	Amount Paid. — Montant payé.	Amount Subscribed. — Montant souscrit.
			$	$
	Brought forward...	2,759	275,900	275,900
Clarke, Mrs. May E	Alberton, P.E.I.	2	200	200
Clay, Edith Marion	Halifax	8	800	800
Clay, Ellen Florence	do	2	200	200
Clay, Jessie E.	do	4	400	400
Clay, Laura G.	do	11	1,100	1,100
Clerke, C. H., in trust	St. Stephen	6	600	600
Cochran, Sarah C.	Medicine Hat, N.W.T.	1	100	100
Cogswell, Sarah A.	Halifax	5	500	500
Coleman, Miss Alice Maude	do	5	500	500
Coleman, Charles Alfred	London, Eng.	15	1,500	1,500
Coles, Arthur, R.N.	St. Leonard's-on-the-Sea, Eng.	25	2,500	2,500
Collier, Mrs. Emily	Broughty Ferry, Scot.	12	1,200	1,200
Connolly, Owen, executors, estate of	Charlottetown	4	400	400
Connors, David	8-Mile Brook, N.S.	8	800	800
Corbett, F. D.	Halifax	186	18,600	18,600
Corbett, F. D., and Charles Archibald, trustees	do	14	1,400	1,400
Corbett, Mary Beatrice	do	6	600	600
Cosman, James	Meteghan River	75	7,500	7,500
Crane, Mary Avery	Halifax	20	2,000	2,000
Creighton, Henry D., in trust for Frances S. Crichton	do	4	400	400
Crerar, Henry H.	Antigonish	20	2,000	2,000
Crerar, James P.	Ottawa	20	2,000	2,000
Crerar, John	Chicago	20	2,000	2,000
Crisp, Catherine E.	Halifax	50	5,000	5,000
Cronan, Daniel, executors estate	do	94	9,400	9,400
Cumming, Rev. Robert	Westville	5	500	500
Cumminger, Mrs. Margaret Ann	Malvern Square, N.S.	8	800	800
Cunningham, Frances A.	New Jersey, U.S.A.	12	1,200	1,200
Cundall, H. J.	Charlottetown	5	500	500
Currie, Rev. John, D.D.	Halifax	16	1,600	1,600
Dalhousie College, Governors of	do	100	10,000	10,000
Dane, Mrs. Lois Annette	Yarmouth	20	2,000	2,000
Dart, Mrs. Helen	Windsor	15	1,500	1,500
Darwall, R. C.	Dover, Eng.	5	500	500
Davies, George, executors, estate of	Charlottetown	4	400	400
Davis, A. W.	Halifax	5	500	500
DeBlois, Rev. H. D.	Annapolis	32	3,200	3,200
DeBlois, Mrs. Mary S	Wolfville	2	200	200
DeBlois, Rev. S. W., administrators, estate of	do	2	200	200
DesBarres, Harriet A.	Halifax	45	4,500	4,500
DesBarres, L. W.	do	9	900	900
DesBarres, L. W. and T. C., in trust	do	43	4,300	4,300
DesBrisay, James	Charlottetown	3	300	300
DesBrisay, Mather Byles	Bridgewater	10	1,000	1,000
DeWolf, James R., M.D.	Halifax	25	2,500	2,500
DeWolfe, Melville Gordon	Kentville	10	1,000	1,000
Dickson, Catherine, executrix	New Glasgow	4	400	400
Doane, Hervey M.	Halifax	4	400	400
Dobell, Henry, in trust	Montreal	15	1,500	1,500
Dodd, Thomas W.	Charlottetown	10	1,000	1,000
Dogherty, Francis	Port Hill, P.E.I.	2	200	200
Donaldson, Ann, deceased, and John Doull	Halifax	23	2,300	2,300
Doull, A. J.	London, Eng.	124	12,400	12,400
Doull, A. M. K.	Halifax	20	2,000	2,000
Doull, John	do	385	38,500	38,500
Doull, John, and W. N. Wickwire, trustees	do	13	1,300	1,300
	Carried forward...	4,352	435,200	435,200

Bank of Nova Scotia—Banque de la Nouvelle-Ecosse.

Names. — Noms.	Residence.	Number of Shares. — Nombre d'Actions.	Amount Paid. — Montant payé.	Amount Subscribed. — Montant souscrit.
			$	$
	Brought forward...	4,352	435,200	435,200
Downie, G. T., executors, estate of	Truro	10	1,000	1,000
Doyle, Patrick	Halifax	7	700	700
Dunbar, Mrs. Jane C.	do	60	6,000	6,000
Duncanson, Mrs. Laura B.	do	2	200	200
Duncanson, Thomas	do	4	400	400
Dwyer, Michael	do	122	12,200	12,200
Dwyer, Michael, trustee for late John Tobin	do	147	14,700	14,700
Eastern Trust Co., in trust for Mrs. Grace McDonald	do	12	1,200	1,200
Eastern Trust Co., in trust for estate A. D. Merkel	do	12	1,200	1,200
Eastern Trust Co., trustees, estate R. Malcolm	do	5	500	500
Eastern Trust Co., trustees, estate J. S. Bessonett	do	11	1,100	1,100
Eastern Trust Co., in trust for Isabella McKay and Margaret Boyers	do	64	6,400	6,400
Eliot, Frances Ellen Wood	Ottawa	10	1,000	1,000
Elliott, Freeman	Halifax	14	1,400	1,400
Elliott, George H	Pictou	6	600	600
Ellis, A. E	Montreal	30	3,000	3,000
Esson, Mrs. Agnes	Halifax	10	1,000	1,000
Esson, H. J. and Geo. Mitchell, trustees I. B. Prior	do	17	1,700	1,700
Esson, H. J. and Geo. Mitchell, in trust	do	3	300	300
Etter, John B	Shubenacadie	2	200	200
Fairbanks, Charlotte	Dartmouth	8	800	800
Fairbanks, Charlotte A., executors, estate of	do	4	400	400
Fairbanks, William, administrator, estate of	Halifax	2	200	200
Fairie, Mrs. Annie L	Montreal	12	1,200	1,200
Farquhar, Mrs. Jessie	Halifax	2	200	200
Farrell, Letitia	do	11	1,100	1,100
Farrell, Teresa	do	11	1,100	1,100
Fawson, Clara, executors, estate of	do	26	2,600	2,600
Fay, John B., executors, estate of	Bridgetown	2	200	200
Ferguson, John, executors, estate of	Charlottetown	2	200	200
Fisher, L. P	Woodstock	20	2,000	2,000
Fisk, Mrs. Sarah Foster	Montreal	6	600	600
Fitzgerald, R. R	Charlottetown	1	100	100
Fletcher, Charles R	Fredericton	18	1,800	1,800
Fletcher, Charles R., in trust	do	14	1,400	1,400
Fletcher, Mary C	do	32	3,200	3,200
Flinn, James, executors, estate of	Halifax	10	1,000	1,000
Forbes, Sarah	Liverpool	9	900	900
Forbes, Susan A	do	9	900	900
Forbes, Thomas, and Eunice M. Dear, trustees	Halifax	6	600	600
Foreign Missions Committee, Eastern Division, Presbyterian Church in Canada	do	4	400	400
Forrest, Rev. John, D.D., trustee 1	do	13	1,300	1,300
Forrest, Rev. John, D.D., trustee 2	do	25	2,500	2,500
Fraser, Alexander, sr	Harriestfield	20	2,000	2,000
Fraser, Annie	Halifax	43	4,300	4,300
Fraser, James S	New Glasgow	5	500	500
Fraser, Rev. James W	Scotsburn	10	1,000	1,000
Fraser, Jessie Gordon	Halifax	35	3,500	3.500
Fraser, Mrs. Mary Marshall	New Glasgow	60	6,000	6,000
	Carried forward...	5,320	532,000	532,000

Bank of Nova Scotia—Banque de la Nouvelle-Ecosse.

Names. — Noms.	Residence.	Number of Shares. — Nombre d'Actions.	Amount Paid. — Montant payé.	Amount Subscribed. — Montant souscrit.
			$	$
	Brought forward...	5,320	532,000	532,000
Fraser, Thomas Edward	Toronto	35	3,500	3,500
Fraser, Rev. William M.	Halifax	68	6,800	6,800
Fyshe, Thomas	do	100	10,000	10,000
Gaetz, Mrs. Catherine M	Red Deer, N.W.T.	16	1,600	1,600
Gates, John Henry	Charlottetown	26	2,600	2,600
Geldert, John M., jr	Halifax	2	200	200
Gillis, D. J	Indian River, P.E.I	20	2,000	2,000
Gilpin, Rev. Edwin, D. D	Halifax	24	2,400	2,400
Godfrey, Miss Sophia	Annapolis	17	1,700	1,700
Godfrey, Mrs. Susan Baring	do	103	10,300	10,300
Godfrey, James McNab	do	6	600	600
Goldsmith, Lieut.-Col. Ed. P. T	Bombay	6	600	600
Gordon, Hon. Daniel	Charlottetown	13	1,300	1,300
Gordon, James	Halifax	59	5,900	5,900
Goreham Academy Fund	Liverpool	18	1,800	1,800
Gossip, Helen Wells	Halifax	28	2,800	2,800
Gossip, William, executors, estate	do	10	1,000	1,000
Grant, Mrs. Julia E	do	10	1,000	1,000
Grant, Wm. Lawson	Kingston, Ont	3	300	300
Grantham, Chas. T	Yarmouth	24	2,400	2,400
Gray, Emily	Nice, France	16	1,600	1,600
Grier, Henry, M.D	Halifax	16	1,600	1,600
Grier, Mrs. Sophia	do	18	1,800	1,800
Grindon, Emma Louise	Bradford, Eng	8	800	800
Haire, Rev. Robt	Limerick, Ireland	5	500	500
Haliburton, A. A	Halifax	5	500	500
Haliburton, Mrs. Ella	Liverpool	30	3,000	3,000
Halifax Association for Improving the Condition of the Poor	Halifax	4	400	400
Halifax Fire Insurance Co	do	264	26,400	26,400
Halifax Home for the Aged	do	3	300	300
Halifax Protestant Industrial School	do	4	400	400
Halifax Protestant Orphans' Home	do	3	300	300
Halifax School for the Blind	do	4	400	400
Hamilton, Charlotte	Ealing, England	12	1,200	1,200
Hamilton, Eliza	Georgetown, P.E.I	8	800	800
Handley, J. Rees	Halifax	67	6,700	6,700
Hart, Emma E	do	13	1,300	1,300
Hart, Jairus	do	168	16,800	16,800
Hart, Levi	do	10	1,000	1,000
Harding, Alvin C., executor, estate of Helen Byers	Yarmouth	11	1,100	1,100
Hartshorne, William	Guysboro'	28	2,800	2,800
Hazen, Chas., executors, estate of	St. John	16	1,600	1,600
Hazen, Francis B., executors, estate of	do	26	2,600	2,600
Heartz, Rev. Wm. H	Halifax	4	400	400
Hendershot, E. W	St. John	10	1,000	1,000
Holly, Mrs. Regina Maude	Yarmouth	20	2,000	2,000
Home Savings and Loan Co., in trust	Toronto	30	3,000	3,000
Hnddleston, Mrs. Alexandria I	Sawston, Eng	42	4,200	4,200
Humphrey, Mrs. Frances	Halifax	13	1,300	1,300
Hunt, Aubrey S	Dartmouth	10	1,000	1,000
Hunt, W. P	Jamaica	20	2,000	2,000
Hunter Church Building Fund Committee	Halifax	45	4,500	4,500
Hunter, James, executors, estate of	do	36	3,600	3,600
Ilsley, Emma Harriet	Kentville	6	600	600
Ings, John	Charlottetown	77	7,700	7,700
Innes, Peter	Kentville	15	1,500	1,500
Jameson, Geo. Alex	Ship Harbour	20	2,000	2,000
Jermain, Elizabeth M	Belgium	4	400	400
	Carried forward	6,999	699,900	699,900

Bank of Nova Scotia—Banque de la Nouvelle-Ecosse.

Names. — Noms.	Residence.	Number of Shares. — Nombre d'Actions.	Amount Paid. — Montant payé.	Amount Subscribed. — Montant souscrit.
			$	$
	Brought forward...	6,999	699,900	699,900
Jones, Alfred E. and Harry T	Halifax	8	800	800
Jones, Llewellyn, D.D	St. Johns, Nfld	35	3,500	3,500
Jordan, Miss Louisa	Gloucester, Mass	4	400	400
Jost, H. M	Guysboro'	100	10,000	10,000
Jost, H. M., executor	do	10	1,000	1,000
Kaye, Jos., and Louis R. Kaye and W. R. Foster, trustees	Halifax	22	2,200	2,200
Keane, Mrs. Frances Louisa	Bermuda	4	400	400
Keith, Alex., executors, estate of	Halifax	116	11,600	11,600
Keith, Donald	do	114	11,400	11,400
Keith, Miss M. E	do	42	4,200	4,200
Keith, Eliza and Christina Jane	do	34	3,400	3,400
Kellogg, Miss Frances Henrietta Tremam	do	13	1,300	1,300
Kennedy, Archibald	Charlottetown	30	3,000	3,000
Kennedy, F	Montreal	5	500	500
Kenny, T. E., and Michael Dwyer, trustees, estate Jas. Cochran	Halifax	92	9,200	9,200
Kenny, T. E., and M. Dwyer, trustees for Mary Johnston	do	21	2,100	2,100
King, Henrietta Robie	do	10	1,000	1,000
King, John, executors, estate of	do	72	7,200	7,200
King's College, Windsor	Windsor	26	2,600	2,600
Kitchen, Jas., executors, estate of	River John	70	7,000	7,000
Kitchen, Miss Mary P	Pictou	6	600	600
Klingenfeld, Miss Marie M	Toronto	9	900	900
Knowles, Mrs. Jane T	Milton	6	600	600
Lambly, Catherine C	Bloomfield, Ont	6	600	600
Lambly, Rev. Osborne R	do	6	600	600
Lathern, Rev. John	Halifax	5	500	500
Lathern, Mrs. Mary E	do	6	600	600
Law, William	Yarmouth	10	1,000	1,000
Lawson, Sarah	Halifax	5	500	500
LeBrun, John	Arichat, C.B	4	400	400
Lefurgey, Hon. Jno., executors, estate of	Summerside	17	1,700	1,700
Letteney & Bro., G I	Digby	10	1,000	1,000
Lewis, John Stephen	Charlottetown	2	200	200
Lewis, W. J	Sheffield, Eng	75	7,500	7,500
Lindsay, Jessie E	Lunenburg	8	800	800
Lithgow, J., executors, estate of	Halifax	13	1,300	1,300
Lithgow, J. R., and H. G. Bauld, in trust	do	29	2,900	2,900
Little, Margaret	do	14	1,400	1,400
Livingstone, Archibald	Cornwall, P.E.I	2	200	200
Lockie, J. S., and F. S. Sharpe, in trust	Toronto	20	2,000	2,000
Lockie, J. S., manager, in trust	do	45	4,500	4,500
Logan, Mrs. Martha, executors, estate of	Truro	3	300	300
Longard, E. J	Halifax	50	5,000	5,000
Longworth, Geo. D	Charlottetown	40	4,000	4,000
Longworth, H. W	do	5	500	500
Longworth, Israel	Truro	25	2,500	2,500
Longworth, Israel, trustee Mrs. St. Barbe Smith	do	12	1,200	1,200
Longworth, Israel, J. Y. Payzant and Henry M. Smith, executors in trust	do	11	1,100	1,100
Longworth, Israel and Margaret Smith, trustees Agnes Sears	do	11	1,100	1,100
Lynch, John	Shubenacadie	30	3,000	3,000
Lynch, Peter, executors, estate of	Halifax	100	10,000	10,000
Mabon, S. W	do	1	100	100
Macdonald, Prof. Chas	do	13	1,300	1,300
Macdonald, Daniel	Pictou	4	400	400
	Carried forward	8,430	843,000	843,000

Bank of Nova Scotia—Banque de la Nouvelle-Ecosse.

Names. — Noms.	Residence.	Number of Shares. — Nombre d'Actions.	Amount Paid. — Montant payé.	Amount Subscribed. — Montant souscrit.
			$	$
	Brought forward...	8,430	843,000	843,000
Macdonald, James	West Bay	2	200	200
MacDonald, Mrs. Margaret C	Antigonish	19	1,900	1,900
Macdonald, W. H	do	2	200	200
Macfarlane, Hon. Alex	Wallace	146	14,600	14,600
Macgarvey, Mrs. Mary	Hamilton, Ont	20	2,000	2,000
Mack, Stephen	Mill Village	8	800	800
Mackenzie, Mary	Dartmouth	8	800	800
Mackinlay, Andrew, and Hon. J. N. Ritchie, trustees	Halifax	39	3,900	3,900
Mackintosh, J. C	do	55	5,500	5,500
Maclean, Jno. S., executor, estate of	do	140	14,000	14,000
Macleod, George	Denver, Col	5	500	500
Macnab, John	Halifax	28	2,800	2,800
Macnab, John, trustee	do	60	6,000	6,000
Major, Fred'k G	do	10	1,000	1,000
Major, Wm. A	do	10	1,000	1,000
Matheson, Joseph	L'Ardoise	21	2,100	2,100
Matheson, Walter	Charlottetown	21	2,100	2,100
May, Thomas W	do	4	400	400
Menger, John	Halfax	10	1,000	1,000
Metzler, B. J	California	5	500	500
Miller, Chas. John, M.D	New Glasgow	15	1,500	1,500
Miller, P. A	Merigomish	24	2,400	2,400
Miller, Robert	London, Eng	16	1,600	1,600
Ministers', Widows' and Orphans' Fund in the Maritime Provinces of the Presbyterian Church in Canada	Halifax	119	11,900	11,900
Mitchell, Geo., trustee for Mrs. Mary J. Cahan	do	2	200	200
Mitchell, Geo., trustee for Miss Eva Hetherington	do	2	200	200
Mitchell, Geo., in trust	do	5	500	500
Mitchell, Geo., and Archd. S. Mitchell, in trust	do	21	2,100	2,100
Mitchell, Geo., and Sophia A. Mitchell, in trust	do	17	1,700	1,700
Mitchell, Ida May	do	4	400	400
Mitchell, Mrs. Sophia A	do	5	500	500
Mitchell, Mrs. Sophia A. and George Mitchell, trustees	do	29	2,900	2,900
Mockler, Patrick	Brulé, N.S	50	5,000	5,000
Moody, Cath. L	Yarmouth	7	700	700
Moore, Rev. F W., executors, estate of	Charlottetown	10	1,000	1,000
Moore, G. S	Sussex	2	200	200
Moren, Mrs. Martha E	Halifax	18	1,800	1,800
Morris, Mrs. Lucy, executrix	do	10	1,000	1,000
Morton, C. C	do	12	1,200	1,200
Mott, Catherine Ann	Dartmouth	5	500	500
Munro, A. D	Pictou	30	3,000	3,000
Murphy, Chas. W	Yarmouth	20	2,000	2,000
Murphy, Mary Ann	Halifax	2	200	200
McColl, Mrs. Caroline	Islay, Scot	4	400	400
McColl, Miss Susan	Halifax	2	200	200
McCoy, Jessie W. Lawson	do	5	500	500
McDonald, James A	Glenfennon, P.E.I	3	300	300
McDonald, Rev. James C	Charlottetown	12	1,200	1,200
McDonald, R., deceased, and Rev. Geo. Patterson, trustees	New Glasgow	26	2,600	2,600
McDougall, Mrs. Ellen	Clinton, Mass	3	300	300
McDougall, George	New Glasgow	7	700	700
	Carried forward	9,530	953,000	953,000

Bank of Nova Scotia—Banque de la Nouvelle-Ecosse.

Names. — Noms.	Residence.	Number of Shares. — Nombre d'Actions.	Amount Paid. — Montant payé.	Amount Subscribed. — Montant souscrit.
			$	$
	Brought forward......	9,530	953,000	953,000
McDuff, Hannah, executors, estate of.....	Halifax....................	10	1,000	1,000
McGrath, Peter	Hunter River, P.E.I......	12	1,200	1,200
McGregor, Mrs. Eliza	New Glasgow	2	200	200
McGregor, J. D....................	do	6	600	600
McGregor, J. D., executor................	do	14	1,400	1,400
McGregor, Murdoch, M.D................	La Have, N.S...	10	1,000	1,000
McGregor, Peter A....................	New Glasgow	5	500	500
McGregor, R. & Sons.....................	do	50	5,000	5,000
McKenna, Archibald......................	Pictou..	20	2,000	2,000
McKenzie, John..............................	River John..	5	500	500
McKenzie, John, executor, estate of...	Dartmouth..	20	2,000	2,000
McKenzie, Rodk., executor, estate of..	Pictou..	100	10,000	10,000
McLaggan, C. E..........................	Chicago.........................	3	300	300
McLaurin, Miss Barbara	Charlottetown...............	2	200	200
McLean, Donald, executor, estate of...	West Bay.........................	12	1,200	1,200
McLeod, Duncan C.	Charlottetown...............	2	200	200
McLeod, H. C................................	Halifax...........................	50	5,000	5,000
McLeod, Rachel.............................	Kinross, P.E.I..................	4	400	400
McNab, Ellen	Halifax...........................	16	1,600	1,600
McNeil, Robt., executors, estate of......	Little Harbour, N.S.......	20	2,000	2,000
McPhail, Edmund..........................	Pictou............................	5	500	500
McPherson, Mrs. Catherine...............	Charlottetown...............	4	400	400
Nelson, Alexander..........................	Toronto..........................	13	1,300	1,300
Nelson, Arch., deceased, and Alexander Nelson...	do	40	4,000	4,000
Nichols, E. E. B., executors, estate of..	Liverpool.......................	58	5,800	5,800
Nordbeck, Miss A..........................	Halifax...........................	70	7,000	7,000
North British Society of Halifax..........	do	5	500	500
Odell, E. A......................................	do	54	5,400	5,400
Odell, Ella W..................................	do	2	200	200
Odell, Fanny E..............................	do	2	200	200
Odell, Mary K.................................	do	2	200	200
Odell, W. H., executrixes of the late...	do	6	600	600
O'Halloran, Barbara	Charlottetown...............	1	100	100
O'Halloran, M., estate of..................	do	4	400	400
Oldright, Mrs. R. Gertrude................	Ottawa............................	2	200	200
Pallister, W. H., executors, estate of...	Halifax...........................	199	19,900	19,900
Palmeter, Mrs. Louisa H. S................	Wolfville.........................	2	200	200
Parker, D. McN., M. D......................	Halifax...........................	26	2,600	2,600
Parker, D. McN., trustee....................	do	25	2,500	2,500
Parker, D. McN., and W. F. Parker, trustees..	do	12	1,200	1,200
Parker, F. G..................................	do	80	8,000	8,000
Parker, Fanny H.............................	do	25	2,500	2,500
Parr, Ellen M.................................	Yarmouth	26	2,600	2,600
Patterson, Rev. Geo., trustee..............	New Glasgow	11	1,100	1,100
Patterson, Margaret........................	Greenhill	12	1,200	1,200
Payzant, J. Y...................................	Halifax	153	15,300	15,300
Payzant, J. Y., trustee Frances Miller...	do	28	2,800	2,800
Payzant, John Y., trustee for Alice M. K. Purvis..	do	39	3,900	3,900
Payzant, John Y., trustee for Mary Sawyer...	do	19	1,900	1,900
Payzant, John Y., trustee..................	do	4	400	400
Payzant, John Y., and Thomas Ritchie, trustees..	do	13	1,300	1,300
Payzant, John Y. and Gerald B. Ternon and Robt. E. Harris, trustees..	do	39	3,900	3,900
Peters, John, trustee........................	do	12	1,200	1,200
Pethick, H. S..................................	Calais, Me......................	25	2,500	2,500
Pitblado, John................................	Toronto..........................	1	100	100
	Carried forward ...	10,912	1,091,200	1,091,200

Bank of Nova Scotia—Banque de la Nouvelle-Ecosse.

Names. — Noms.	Residence.	Number of Shares. — Nombre d'Actions.	Amount Paid. — Montant payé.	Amount Subscribed. — Montant souscrit.
			$	$
	Brought forward...	10,912	1,091,200	1,091,200
Pitblado, Rev. C. B.	Winnipeg	9	900	900
Plunkett, Mrs. Mary A., trustee	Lowell, Mass.	3	300	300
Pollok, Rev. A., D.D.	Halifax	16	1,600	1,600
Poole, J. T.	Montague, P.E.I.	2	200	200
Primrose, Alex. J	New York	8	800	800
Primrose, Howard	Pictou	40	4,000	4,000
Primrose, Howard, and Geo. Campbell, trustees	do	18	1,800	1,800
Primrose, Howard, trustee, Margaret J. McLean	do	13	1,300	1,300
Primrose, Howard, trustee, Mary F. D. Saegert	do	13	1,300	1,300
Primrose, P. C. H.	Regina, N.W.T.	18	1,800	1,800
Rettie, Alex. Rose	Stillman	8	800	800
Richards, Hon. William	Bideford, P.E.I.	25	2,500	2,500
Richardson, Elizabeth	Halifax	7	700	700
Ritchie, George	do	5	500	500
Ritchie, James D.	do	28	2,800	2,800
Ritchie, J. N., J. Y. Payzant, and Cathcart Thomson, in trust	do	122	12,200	12,200
Ritchie, J. Norman., and J. J. Ritchie, trustees	do	41	4,100	4,100
Ritchie, J. Norman, and Thos. Ritchie.	do	10	1,000	1,000
Ritchie, J. Normand and Thos., Ritchie, in trust	do	10	1,000	1,000
Ritchie, J. Norman, and W. B. A. Ritchie, trustees	do	28	2,800	2,800
Ritchie, Thomas	do	80	8.000	8,000
Ritchie, Thos., and Geo., trustees	do	12	1,200	1,200
Ritchie, Thos., and J. Y. Payzant	do	10	1,000	1,000
Ritchie, Thos., and J. Y., Payzant, trts.	do	10	1,000	1,000
Ritchie, Thos., and J. N. Ritchie, trustees for J. C. C. Almon	do	40	4,000	4,000
Ritchie, Thos., trustee, M. A. Uniacke.	do	11	1,100	1,100
Robbins, Anna E.	Yarmouth	2	200	200
Robinson, Mrs. Catherine J.	Halifax	74	7,400	7,400
Roche, Charles	do	35	3,500	3,500
Roche, William	do	240	24,000	24,000
Rogers, Benjamin	Charlottetown	1	100	100
Rood, C. L.	Pictou	40	4,000	4,000
Ross, Agnes J.	Truro	14	1,400	1,400
Ross, Christina D.	do	19	1,900	1,900
Ross, Mrs. Euphemia S.	do	12	1,200	1,200
Ross, Gordon H., administrator, est. of	Lunenburg	3	300	300
Ross, Frank T	St. Stephen	5	500	500
Ross, James D.	Truro	2	200	200
Ross. Miss Maria Catherine.	Newfoundland	8	800	800
Rowley, Alfred	Fredericton	1	100	100
Rowlings, Geo., trustee	Musquodoboit Harbour	5	500	500
Rowlings. Geo. A. W	Port Petpeswick, N.S.	6	600	600
Roxby, Richard	Shelburne	40	4,000	4,000
Roy, Annie E.	Toronto	20	2,000	2,000
St. Andrews Church	Halifax	70	7,000	7,000
St. James Presbyterian Church	Newcastle	40	4,000	4,000
St. Johns Church	Lunenburg	14	1,400	1,400
Sawyer, Manfred J. C	Halifax	30	3,000	3,000
Sedgewick, Mrs. C. P.	Tatamagouche	16	1,600	1,600
Seeton, R. B.	Halifax	100	10,000	10,000
Shatford, Henry A	Hubbard's Cove	7	700	700
Shatford, James E.	Indian Harbour	26	2,600	2,600
Shaw, Capt. Gilbert	Halifax	4	400	400
	Carried forward...	12,333	1,233,300	1.233,300

Bank of Nova Scotia—Banque de la Nouvelle-Ecosse.

Names. — Noms.	Residence.	Number of Shares. — Nombre d'Actions.	Amount Paid. — Montant payé.	Amount Subscribed. — Montant souscrit.
			$	$
	Brought forward...	12,333	1,233,300	1,233,300
Shiels, George	Dartmouth	5	500	500
Shreve, Mrs. Julia	Halifax	2	200	200
Silver, Alfred E., W. L. Payzant, trustees, Louisa Gilpin	do	6	600	600
Smith, Alice Maud	do	10	1,000	1,000
Smith, Edward F	do	26	2,600	2,600
Smith, Edward, executors, estate of	do	70	7,000	7,000
Smith, Elizabeth	Shubenacadie	4	400	400
Smith, George E	Halifax	10	1,000	1,000
Smith, George M	do	10	1,000	1,000
Smith, J. Elliot	Wolfville	11	1,100	1,100
Smith, Miss Jessie C	Halifax	10	1,000	1,000
Smith, Mrs. Margaret	do	13	1,300	1,300
Smith, J. F. and E. F. Hebden trustees	Montreal	30	3,000	3,000
Smith, Sarah M	Dorchester, N.B	85	8,500	8,500
Smith, S. S. B., executor, estate of	Halifax	14	1,400	1,400
Smith, Mrs. Wilhelmina	St. John	20	2,000	2,000
Snaddon, Miss Charity C.	Charlottetown	5	500	500
Sponagle, J. A	Middleton	6	600	600
Stalker, Hezekiah	Pictou	10	1,000	1,000
Starr, Miss Mira C	St. John	12	1,200	1,200
Starr, Miss Alice E	Halifax	11	1,100	1,100
Starr, R. P., executors, estate of	St. John	16	1,600	1,600
Starr, W. F. and F. P., trustees	do	12	1,200	1,200
Stavert, E. P	Summerside	25	2,500	2,500
Sterns, Robie S., trustee	Liverpool	6	600	600
Sterns, Miss Margaret	do	36	3,600	3,600
Stevens, Thos. G	Dartmouth	20	2,000	2,000
Stevens, Thos. G., trustee	do	20	2,000	2,000
Stevens, W. H	Halifax	20	2,000	2,000
Stewart, Mrs. Amelia	do	6	600	600
Stewart, Lt.-Col. Chas. J	London, Eng	8	800	800
Stewart, Helen	Dartmouth	10	1,000	1,000
Stewart, Mrs. Jane	Summerside	4	400	400
Stewart, William	New Glasgow	14	1,400	1,400
Stirling, W. J	Nice, France	192	19,200	19,200
Stubbing, Margaret J	Halifax	13	1,300	1,300
Story, Mrs. Christina, executrix	do	46	4,600	4,600
Sutherland, Mrs. Ann	West River	40	4,000	4,000
Sutherland, Rev. Donald	Gabarus, C.B	1	100	100
Sutherland, D	Pictou	43	4,300	4,300
Sutherland, Jas	Halifax	5	500	500
Symons, John H	do	10	1,000	1,000
Synod of Nova Scotia Board of Home Missions	do	13	1,300	1,300
Tupper, Annie I	Georgetown, P.E.I.	10	1,000	1,000
Tupper, W. H	Halifax	2	200	200
Tate, Mrs. Harriet	Middleton	5	500	500
Taylor, Mrs. Margaret	Rockingham	6	600	600
Taylor, Thomas G	Charlottetown	10	1,000	1,000
Ternon, Mrs. Johanna M	Bedford	36	3,600	3,600
Thompson, James	Halifax	12	1,200	1,200
Thompson, Philip	do	26	2,600	2,600
Thomson, Agnes Young	Wolfville	22	2,200	2,200
Thomson, Bridgetta	Halifax	6	600	600
Thomson, Catherine B	do	20	2,000	2,000
Thomson, Edith	Wolfville	20	2,000	2,000
Thomson, Miss E. A	do	5	500	500
Thomson, George	do	60	6,000	6,000
Thomson, James, estate of	Halifax	7	700	700
Thomson, James, estate of	do	18	1,800	1,800
	Carried forward...	13,528	1,352,800	1,352,800

Bank of Nova Scotia—Banque de la Nouvelle-Ecosse.

Names. — Noms.	Residence.	Number of Shares. — Nombre d'Actions.	Amount Paid. — Montant payé.	Amount Subscribed. — Montant souscrit.
			$	$
	Brought forward...	13,528	1,352,800	1,352,800
Thomson, Jas., and J. R. Lithgow, trustees for Martha Jean Taylor	Halifax	4	400	400
Thomson, James T.	do	19	1,900	1,900
Thomson, Laliah J.	do	1	100	100
Tilton, Mrs. Frances Mira	Washington, D.C.	62	6,200	6,200
Tooker, Eliza Bell	Yarmouth	14	1,400	1,400
Tremaine, E. D.	Port Hood, C.B.	45	4,500	4,500
Tremaine, Jane	Halifax	13	1,300	1,300
Tremaine, Rebecca, executors of	do	4	400	400
Tremaine, W. H.	Truro	18	1,800	1,800
Twining, Mrs. Ada Louisa	Fredericton	19	1,900	1,900
Twining, William	Halifax	8	800	800
Twining, W., and B. G. Gray, deceased	do	28	2,800	2,800
Twining, W., and B. G. Gray, deceased, in trust	do	16	1,600	1,600
Troop, Arthur G., Henry T. S. Hewetson and James Pennington, trustees.	do	12	1,200	1,200
Tupper, Allan, trustee	Milton, N.S.	36	3,600	3,600
Uniacke, Miss Florence A.	Halifax	16	1,600	1,600
Uniacke, Rev. J. B.	Kentville	40	4,000	4,000
Uniacke, Robie	Halifax	93	9,300	9,300
Uniacke, Robie, in trust	do	40	4,000	4,000
Vondy, Miss Agnes Jean	do	4	400	400
Vooght, Anna	Sussex, Eng.	18	1,800	1,800
Vooght, Emma	do	18	1,800	1,800
Vooght, John	North Sydney	12	1,200	1,200
Vooght, John, trustee	do	18	1,800	1,800
Vooght, James H., guardian	do	2	200	200
Vooght, Thomas	do	100	10,000	10,000
Wainwright, Harriet Isabel	Halifax	8	800	800
Watt, Edith M.	do	10	1,000	1,000
Webb, W. H. and Israel Longworth, trustees	Truro	11	1,100	1,100
Weeks, William, executors, estate of	Charlottetown	10	1,000	1,000
Webster, Barclay	Kentville	25	2,500	2,500
Wentworth, Mrs. Frances Amelia.	Truro	10	1,000	1,000
West, A. W., executors, estate of	Halifax	53	5,300	5,300
West, Chas. E., Geo. W. Borden and A. W. West, deceased, executors	do	61	6,100	6,100
West, John C.	do	10	1,000	1,000
Whelan, Mary	do	48	4,800	4,800
White, Gilbert James Coulter	Annapolis	5	500	500
White, Mrs. Marianne V.	Edinburgh	100	10,000	10,000
Wickwire, Mrs. M. L.	Halifax	22	2,200	2,200
Wier, Joseph B., and Agnes Esson, guardians	do	9	900	900
Wiggins, Mrs Mary	Windsor	35	3,500	3,500
Wigginton, Geo., estate of	Crapaud, P.E.I.	4	400	400
Willis, John	Halifax	5	500	500
Wilson, Alex.	do	20	2,000	2,000
Wilson, Thos., estate of	do	1	100	100
Winn, Capt. John	Bermuda	25	2,500	2,500
Wiswell, Mrs. Emily Sarah	Halifax	14	1,400	1,400
Woodgate, A.	do	88	8,800	8,800
Woodill, Mrs. Evelina	do	15	1,500	1,500
Wright, Major	Bedèque, P.E.I.	24	2,400	2,400
Wyllie, Rev. Alex. L., executors, estate of	Great Village	19	1,900	1,900
Yeoman, Elizabeth	Halifax	16	1,600	1,600
Young, Jno. W., executor, estate of	do	164	16,400	16,400
	Total	15,000	1,500,000	1,500,000

I hereby certify that the foregoing is a correct list of the shareholders of this bank as at 31st December, 1897.

W. H. TAPPER, *Acting Accountant.*

PEOPLE'S BANK OF HALIFAX.

BANQUE DU PEUPLE D'HALIFAX.

Par value of share, $20. Valeur de chaque action, $20.

Names. — Noms.	Residence.	Number of Shares. — Nombre d'Actions.	Amount Paid. — Montant payé.	Amount Subscribed. — Montant souscrit.
			$	$
Archibald, Charles	Halifax	150	3,000	3,000
Archibald, Wm. Henry	North Sydney	187	3,740	3,740
Albro, J. E., and Henry Dolby, executors	Halifax	37	740	740
Archibald, C. B	Truro	43	860	860
Avon Marine Insurance Co	Windsor	70	1,400	1,400
Almon, W. J., S. Seldon, and R. Uniacke, trustees	Halifax	30	600	600
Archibald, Florence A	Toronto	90	1,800	1,800
Albro, Martha Ritchie	Halifax	10	200	200
Archibald, Chas., and Geoffrey Morrow, trustees	do	13	260	260
Anderson, Caroline, executrix	do	110	2,200	2,200
Allison, Emily	do	45	900	900
Archbald, Edward P	do	200	4,000	4,000
Bowlby, Sarah B	Birmingham, Eng	20	400	400
Butler, James N	New York	307	6,140	6,140
Barss, J. W	Wolfville	242	4,840	4,840
Bolton, Mrs. G. S	Halifax	14	280	280
Bauld, Elizabeth M	do	21	420	420
Black, Jane C	do	43	860	860
Black, Celia H	do	259	5,180	5,180
Brine, Wm. E	St. Margaret's Bay	1	20	20
Black, Samuel G	Halifax	149	2,980	2,980
Burton, Harriet A	do	62	1,240	1,240
Buist, G., and R. Forsyth, trustees	do	36	720	720
Bolton, Ann	do	68	1,360	1,360
Boak, Mary Ann	do	15	300	300
Blackadar, C. C	do	50	1,000	1,000
Blackadar H. D	do	186	3,720	3,720
Brown, W. L., trustee	do	32	640	640
Battye, Jessie M	Wallace	21	420	420
Brown, Johanna S	Halifax	58	1,160	1,160
Brown, Eliza K	do	58	1,160	1,160
Borden, Laura S	Wolfville	50	1,000	1,000
Barss, Margaret C	do	116	2,320	2,320
Bishop of Nova Scotia, in trust for Dean and Chapter	Halifax	120	2,400	2,400
Beamish, Sarah	do	7	140	140
Brown, Francis L	Montagu	45	900	900
Buckley F. A	Sydney	14	280	280
Bayne, A. N	Halifax	2	40	40
Borthwick, B	do	45	900	900
Barnes, Henry W., in trust	do	62	1,240	1,240
Bauld, Gibson & Co	do	10	200	200
Blackwood, Annie M	Tatamagouche	20	400	400
Blackwood, Minnie	do	20	400	400
Blackwood, Maggie	do	20	400	400
Buckley, M. A	California	115	2,300	2,300
Braine, R. T., trustee	Halifax	24	480	480
Black, Hibbert C	Pugwash	100	2,000	2,000
Brown, R. H	Sydney Mines	20	400	400
Black, S. H., and Geo. Lyde, trustees	Halifax	60	1,200	1,200
Barnes, Henry W	do	9	180	180
	Carried forward	3,486	69,720	69,720

Peoples Bank of Halifax—Banque du Peuple d'Halifax.

Names. — Noms.	Residence.	Number of Shares. — Nombre d'Actions.	Amount Paid. — Montant payé.	Amount Subscribed. — Montant souscrit.
			$	$
	Brought forward...	3,486	69,720	69,720
Barss, Ida P	Halifax	227	4,540	4,540
Brookfield, Walter G	do	10	200	200
Brookfield, W. Herbert	do	50	1,000	1,000
Burton, John W	do	100	2,000	2,000
Carney, M	do	400	8,000	8,000
Connell, Mary E	Woodstock	5	100	100
Chipman, Mary B	Wolfville	112	2,240	2,240
Coffin, Peter	Petite Rivière	40	800	800
Chipman, Wm. A	Wolfville	19	380	380
Coles, A. R. W	England	75	1,500	1,500
Cowie, Arthur Gordon	Fredericton	10	200	200
Cochrane, Elizabeth A	Halifax	45	900	900
Crosskill, Herbert	do	20	400	400
Cronan, Catherine	do	39	780	780
Cameron, Sarah	do	28	560	560
Corbett, F. D	do	163	3,260	3,260
Cochrane, Charles	Newport	50	1,000	1,000
Campbell, Susan L	Weymouth	150	3,000	3.000
Crofton, Emma Katherine	Halifax	18	360	360
Crofton, E. K., in trust	do	2	40	40
Campbell, Eliza	do	89	1,780	1,780
Campbell, George, trustee	Truro	20	400	400
Creighton, Eliza, in trust	Halifax	190	3,800	3,800
Creighton, Eliza	do	111	2,220	2,220
Creighton, James S	Hartland	24	480	480
Clay, Jessie E	Halifax	20	400	400
Clay, A. T. S	do	7	140	140
Cumminger, Ebenezer	Melvern Square	21	420	420
Clark, Mary A	Halifax	87	1,740	1,740
Corbett, F. D., trustee	do	25	500	500
Conroy, Michael	do	100	2,000	2,000
Church of the Redeemer	do	233	4,660	4,660
Creighton, S. K	Berwick	50	1,000	1,000
Crichton, Ann Mary	Dartmouth	3	60	60
Connors, David	Stillman	43	860	860
Chisholm, Wm., and N. H. Meagher, trustees	Halifax	50	1,000	1,000
Clark, Henry, and Israel Longworth, trustees	Truro	169	3,380	3,380
Cochrane, Sarah C	Medicine Hat	30	600	600
Creighton, H. D., in trust	Halifax	24	480	480
Clarke, H. B	do	100	2,000	2,000
Cunningham, Frances A	Pt. Pleasant, New Jersey	90	1,800	1,800
Campbell, George, in trust	Truro	50	1,000	1,000
Clark, Rev. Geo. M	Halifax	50	1,000	1,000
Corbett, Mary Beatrice	do	13	260	260
Crisp, Catherine Elizabeth	Kingston, Ont	77	1,540	1,540
Cowie, Andrew J	Halifax	120	2,400	2,400
Crichton, J. W., in trust, No. 1	do	3	60	60
Crichton, J. W., in trust, No. 2	do	3	60	60
Crichton, J. W., in trust, No. 3	do	1	20	20
Campbell, Geo., trustee	Truro	20	400	400
Coleman, Charles A	London, England	177	3,540	3,540
Chisholm, Wm	Halifax	200	4,000	4,000
Clayton, E	do	70	1,400	1,400
Clayton, E., in trust	do	69	1,380	1,380
Dart, Helen	England	50	1,000	1,000
Duff, Isabella C	Lunenburg	20	400	400
DeWolfe, Naomi	Halifax	80	1,600	1,600
DeWolfe, M. G	Kentville	100	2,000	2,000
Duffus, Catherine D	Halifax	121	2,420	2,420
	Carried forward ...	7,759	155,180	155,180

People's Bank of Halifax—Banque du Peuple d'Halifax.

Names. — Noms.	Residence.	Number of Shares. — Nombre d'Actions.	Amount Paid. — Montant payé.	Amount Subscribed. — Montant souscrit.
			$	$
	Brought forward...	7,759	155,180	155,180
Duffus, J. Norwood	Halifax	120	2,400	2,400
Dickie, Annie	Musquodoboit	20	400	400
Dalziel, Claudine M.	England	144	2,880	2,880
Dodd, Laura Isabel	Sydney	130	2,600	2,600
Dodge, Annie C.	Cambridge, Mass.	100	2,000	2,000
Donahoe, Edward	Halifax	161	3,220	3,220
Doane, Mary A.	St. John	25	500	500
Donahoe, Edward, & Son	Halifax	100	2,000	2,000
Dunsmore, Robert	Maitland	40	800	800
Educational Board of the Presbyterian Church of the Lower Provinces	Halifax	150	3,000	3,000
Elliott, Mary Matilda	Dartmouth	23	460	460
Eastern Trust Co., in trust for Mrs. Grace Macdonald	Halifax	68	1,360	1,360
Elliott, Edward F. C., in trust	do	91	1,820	1,820
Elliott, George H.	Pictou	15	300	300
Ellis, Mary Jane	Maitland	25	500	500
Estate of—				
Lewis Anderson	Lunenburg	2	40	40
R. F. Burns	Halifax	30	600	600
M. J. Cochrane	do	99	1,980	1,980
James Cochrane	do	393	7,860	7,860
Andrew Downs	do	31	620	620
James Eisenhauer	Lunenburg	5	100	100
James Fraser	Halifax	799	15,980	15,980
Thomas Humphrey	do	86	1,720	1,720
James Hunter	do	150	3,000	3,000
Henry Hesslein	do	20	400	400
James E Lawlor	Dartmouth	37	740	740
John Lithgow	Halifax	121	2,420	2,420
Peter Lynch	do	250	5,000	5,000
Amy Ann Marshall	do	36	720	720
Desiah Marshall	do	28	560	560
John Mulroney	do	74	1,480	1,480
Hugh McDonald	Antigonish	150	3,000	3,000
A. K. Mackinlay	Halifax	200	4,000	4,000
E. E. B. Nichols	do	53	1,060	1,060
Albert Peters	do	35	700	700
Jane M. Prichard	do	50	1,000	1,000
Mary Ritchie	do	80	1,600	1,600
James Reeves	do	100	2,000	2,000
William Roche	do	175	3,500	3,500
Thomas Rhind	do	19	380	380
William Smith	Windsor	75	1,500	1,500
S. S. B. Smith	Halifax	130	2,600	2,600
Bennett Smith	Windsor	740	14,800	14,800
R. J. Sweet	Halifax	2	40	40
Charles E. Wiswell	do	1,258	25,160	25,160
John C. West	do	200	4,000	4,000
Henry Wiswell	do	43	860	860
Augustus W. West	do	539	10,780	10,780
J. W. Young	do	1,050	21,000	21,000
Fillmore, Sabina	Amherst	18	360	360
Fraser, R. W.	Halifax	300	6,000	6,000
Fitzgerald, John	Portuguese Cove	121	2,420	2,420
Forrest, Samuel S.	Halifax	200	4,000	4,000
Fraser, T. E., J. J, Bremner and Jessie G. Fraser, executors	do	24	480	480
Forrest, John, and A. C. A. Tremaine, trustees	do	100	2,000	2,000
Farquharson, John	do	50	1,000	1,000
	Carried forward...	16,844	336,880	336,880

People's Bank of Halifax—Banque du Peuple d'Halifax.

Names. — Noms.	Residence.	Number of Shares. — Nombre d'Actions.	Amount Paid. — Montant payé.	Amount Subscribed. — Montant souscrit.
			$	$
	Brought forward...	16,844	336,880	336,880
Fraser, Jessie G	Halifax	60	1,200	1,200
Fraser, Annie	do	125	2,500	2,500
Fairbanks, Annie B	do	78	1,560	1,560
Farquhar, Jessie	do	24	480	480
Fraser, Thomas E	Toronto	114	2,280	2,280
Fraser, Mary M	New Glasgow	40	800	800
Folkingham, Eliza	Musquodoboit	18	360	360
Fairie, Annie L	Montreal	90	1,800	1,800
Fisher, Lewis P	Woodstock	87	1,740	1,740
Fearon, James	Halifax	16	320	320
Freeman, Louisa F	Milton	50	1,000	1,000
Foreign Mission Committee, Eastern Division, Presbyterian Church in Canada	Halifax	40	800	800
Foster, Sarah	do	150	3,000	3,000
Forsyth, James Ernest	Wolfville	33	660	660
Gaetz, Catherine M	Guysboro'	52	1,040	1,040
Gordon, James	Halifax	46	920	920
Gossip, Helen W	do	7	140	140
Gunn, John Y	Broad Cove, C.B	25	500	500
Gilpin, Rev. Edwin	Halifax	62	1,240	1,240
Godfrey, Susan B	Weymouth	8	160	160
Godfrey, Sophia	do	1	20	20
Gilpin, B., Joseph Kaye and E. K. Brown, executors	Halifax	150	3,000	3,000
Garrison, Louisa	do	20	400	400
Goudge, Henry	do	20	400	400
Gregor, Emily M	do	3	60	60
Hart, Jairus	do	50	1,000	1,000
Hart, Reuben J	do	134	2,680	2,680
Hesslein, A. G. and L. J	do	22	440	440
Hunter, David	do	175	3,500	3,500
Hamilton, Rosine Wolf	Manchester	4	80	80
Harvie, Mary A	Hantsport	10	200	200
Hales, F. E	Cookshire	30	600	600
Hamilton, Charlotte K	London, Eng	89	1,780	1,780
Humphrey, W. M	Halifax	60	1,200	1,200
Halifax Fire Insurance Co	do	58	1,160	1,160
Haire, Robert	Limerick, G.B	14	280	280
Harrington, W. D	Halifax	120	2,400	2,400
Haliburton, Alfred A	do	35	700	700
Haliburton, H. H	do	20	400	400
Hales Mary A	do	25	500	500
Hasslein, Elizabeth	do	24	480	480
Harrington, W. H., in trust	do	43	860	860
Harrington, Emily B	do	35	700	700
Hamilton, Mina	Rockingham	20	400	400
Halifax Association for Improving the Condition of the Poor	Halifax	32	640	640
Halifax Protestant Orphans' Home	do	32	640	640
Halifax Protestant Industrial School	do	32	640	640
Halifax Home for the Aged	do	32	640	640
Hart, George R	do	150	3,000	3,000
Irving, Geo. W. T	do	25	500	500
Institution for the Deaf and Dumb	do	379	7,580	7,580
Jost, Rev. Cranswick	Sydney	29	580	580
Jost, Mary E	Guysboro'	52	1,040	1,040
Jamieson, Geo. A	Ship Harbour	18	360	360
Jermaine, Edward J	Deal, Eng	134	2,680	2,680
Jones, A. G., and H. T. Jones, in trust	Halifax	50	1,000	1,000
	Carried forward ...	20,096	401,920	401,920

People's Bank of Halifax—Banque du Peuple d'Halifax.

Names. — Noms.	Residence.	Number of Shares. — Nombre d'Actions.	Amount Paid. — Montant payé.	Amount Subscribed. — Montant souscrit.
			$	$
	Brought forward	20,096	401,920	401,920
Jones, A. G., and H. T. Jones, in trust, No. 2	Halifax	50	1,000	1,000
Jones, A. G., and H. T. Jones, in trust, No. 3	do	20	400	400
Jones, Blanche Hildred	do	5	100	100
Jost, Emma S	do	40	800	800
Jost, T. J., C. S. Jost and J. S. Burchell, in trust	do	45	900	900
Jost, Matilda	do	45	900	900
Jubien, Arthur E	do	10	200	200
Kellogg, W. B.; in trust	do	61	1,220	1,220
Knowlan, Lucy A., trustee	Bedford	36	720	720
Kelly, Denis	Halifax	27	540	540
King, Sophia J	do	15	300	300
Kellogg, Frances H. T	do	5	100	100
Kerr, Charlotte S	do	16	320	320
Klingenfeld, Marie M	Toronto	51	1,020	1,020
Kaulbach, James A	Truro	85	1,700	1,700
Knight, Emma	Halifax	14	280	280
Lithgow, Helen C	do	35	700	700
Lithgow, Margaret E	do	35	700	700
Longworth, Israel, and Margaret Smith, trustees	Truro	219	4,380	4.380
Lewis, W. J	England	299	5,980	5,980
Longworth, Israel	Truro	100	2,000	2,000
LeBrun, John	Arichat	54	1,080	1,080
Little, Margaret	Halifax	26	520	520
Longworth, Israel, and A. N. Whitman, executors	do	19	380	380
Lawson, Sarah M	do	26	520	520
Longworth, Israel, trustee	Truro	119	2,380	2,380
Longworth, I., J. Y. Payzant and H. McN. Smith, in trust	Halifax	214	4,280	4,280
Menger, John	do	4	80	80
Marshall, Edward	do	64	1,280	1,280
Mitchell, Catherine Jane	do	4	80	80
Morton, L. J	do	150	3,000	3,000
Maguire, John H	do	37	740	740
Mott, Catherine A	Dartmouth	89	1,780	1,780
Morris, D. H	Windsor	63	1,260	1,260
Myers, Peter	Jeddore	64	1,280	1,280
Mott, Elizabeth I	Dartmouth	89	1,780	1,780
Morris, Conrad W	Wallace	18	360	360
Morris, F. Augustus	do	35	700	700
Morris, Charles Kerr	do	17	340	340
Morris, John W	do	100	2,000	2,000
Matheson, Joseph	L'Ardoise	58	1,160	1,160
Mosher, Saul	Halifax	100	2,000	2,000
Mouchet, Jane	Arichat	50	1,000	1,000
Murphy, Nelson	Maitland	48	960	960
Mitchell, Sophia A., and George, trus.	Halifax	72	1,440	1,440
Mitchell, Sophia A., and George, trustees No. 2	do	6	120	120
Ministers' Widows' and Orphans' Fund of the Synod of the Maritime Provinces of the Presbyterian Church of Canada	do	15	300	300
Mitchell, George, and H. J. Esson	do	68	1,360	1,360
Mackenzie, Jessie E	Dartmouth	230	4,600	4,600
Macdonald, W. A	Lockeport	35	700	700
McDonald, William Henry	Antigonish	124	2,480	2,480
McMillan, Hugh	Elmsdale	22	440	440
	Carried forward	23,359	467,180	467,180

People's Bank of Halifax—Banque du Peuple d'Halifax.

Names. — Noms.	Residence.	Number of Shares. — Nombre d'Actions.	Amount Paid. — Montant payé.	Amount Subscribed. — Montant souscrit.
			$	$
	Brought forward......	23,359	467,180	467,180
McDougall, Barbara B	Halifax	15	300	300
Mackinlay, A. K, trustee	do	50	1,000	1,000
Mackintosh, J. C	do	412	8,240	8,240
Moren, Frances F	do	17	340	340
Moren, Emily A	do	5	100	100
Morrison, John A	Fredericton	25	500	500
Morton, L. J., trustee	Halifax	150	3,000	3,000
Munro, John C	Pictou	60	1,200	1,200
Mitchell, George, trustee M. J. Cahan	Halifax	7	140	140
Mitchell, George, trustee Eva Hetherington	do	7	140	140
McCoy, Jessie W	do	100	2,000	2,000
Morrison, Rev. P. M., agent	do	6	120	120
Murphy, Charles H	Bermuda	16	320	320
Manley, O. J., trustee No. 1	Halifax	4	80	80
Manley, O. J., trustee No. 2	do	4	80	80
Manley, O. J., trustee No 3	do	4	80	80
McKenzie, C. I	Maitland	78	1,560	1,560
McDougall, Margaret	do	50	1,000	1,000
Morrow, James	Halifax	50	1,000	1,000
McDonald, Sarah J. C	Newark, N.J	27	540	540
O'Mullin, Patrick	Halifax	1,237	24,740	24,740
O'Mullin, John C	do	100	2,000	2,000
O'Mullin, Robert	do	100	2,000	2,000
O'Brien, E. A	Maitland	100	2,000	2,000
Pyke, J. G., and H. G. Farish, trustees	Liverpool	171	3,420	3,420
Parker, D. McN., trustee	Dartmouth	73	1,460	1,460
Primrose, Howard, trustees	Pictou	7	140	140
Parker, D. McN., and W. F., trustees	Halifax	84	1,680	1,680
Peters, Elizabeth A	do	29	580	580
Peters, John, trustee	do	135	2,700	2,700
Palm, Carl	do	159	3,180	3,180
Payzant, G. P., estate of	Windsor	86	1,720	1,720
Payzant, J. Y., and C. B. Bullock, trustees	Halifax	15	300	300
Parker, Fanny H	Dartmouth	147	2,940	2,940
Parker, D. McN	do	198	3,960	3,960
Pauley, Francis H	Halifax	8	160	160
Parker, D. McN., and F. G. Parker, executors	do	95	1,900	1,900
Purves, William	North Sydney	60	1,200	1,200
Paisley, C. H., trustee	Halifax	30	600	600
Powers, Ada L	Lunenburg	6	120	120
Powers, Frank	do	2	40	40
Purves, David H	Pictou	50	1,000	1,000
Pearman, H W	Halifax	3	60	60
Paisley, C. H	do	5	100	100
Pinckney, Mary	do	2	40	40
Richey, M. H	do	149	2,980	2,980
Roche, William	do	100	2,000	2,000
Rhind, Harriet	do	25	500	500
Rudolf, M. Catherine	Lunenburg	10	200	200
Ritchie, J. Norman	Halifax	100	2,000	2,000
Ritchie, James D	do	31	620	620
Rowlings, Geo. A. W	Port Peswick	7	140	140
Rowlings, George	Musquodoboit Harbour	13	260	260
Reynolds, Helen E	do	25	500	500
Ray, Adam, and Frederick Frieze, trustees	Maitland	35	700	700
Ross, Euphemia S	Truro	73	1,460	1,460
	Carried forward	27,916	558,320	558,320

People's Bank of Halifax—Banque du Peuple d'Halifax.

Names. — Noms.	Residence.	Number of Shares. — Nombre d'Actions.	Amount Paid. — Montant payé.	Amount Subscribed. — Montant souscrit.
			$	$
	Brought forward...	27,916	558,320	558,320
Reynolds, John Grant	Musquodoboit	15	300	300
Starr, Rebecca A., J. Herbert Starr, Israel Longworth and Charles H. Paisley, executors	Halifax	94	1,880	1,880
Smith, Elizabeth	Shubenacadie	35	700	700
Smith, John M	Windsor	63	1,260	1,260
Smith, Minnie Digby	England	300	6,000	6,000
Symons, John H	Halifax	200	4,000	4,000
Simmonds, James	Dartmouth	100	2,000	2,000
Smith, Edward T	Halifax	110	2,200	2,200
Shatford, Matilda	Hubbard's Cove	66	1,320	1,320
Smith, Florence Lucy	Kentville	33	660	660
Smith, Louisa L	Truro	50	1,000	1,000
Sherar, George	Halifax	74	1,480	1,480
Shatford, James E	Indian Harbour	200	4,000	4,000
Shaw, Gilbert	Halifax	15	300	300
Stubbings, Margaret J	do	7	140	140
Sinclair, Norman McL	Liverpool	25	500	500
Smith, Rev. T. Watson, D.D	Halifax	37	740	740
Smith, Isabella S	Musquodoboit	7	140	140
Spencer, Margaret Ann	Great Village	5	100	100
Smith, J. Wesley	Halifax	14	280	280
Smith, E. G	do	25	500	500
Stevens, Thomas G	do	46	920	920
Stewart, John J	do	700	14,000	14,000
Stearns, Margaret	Liverpool	20	400	400
Smith, Margaret	Halifax	83	1.660	1,660
Shiels, George	Dartmouth	152	3,040	3,040
Shiels, John	Halifax	6	120	120
Shreve, Hattie B	do	41	820	820
Swynmer, Sarah Jane	Lunenburg	56	1,120	1,120
Shipowner's Marine Ins. Co	Windsor	299	5,980	5,980
Shatford, Jessie M. J	Halifax	101	2,020	2,020
Steer, George J	St. Pierre	49	980	980
Smith, Marie Aimée	do	60	1,200	1,200
Smith, J. Elliott	Wolfville	213	4,260	4,260
Shatford, A. Wesley	Hubbard's Cove	3	60	60
Shepherd, Walter, Isaac Castle and Jas. Clark, trustees	Halifax	5	100	100
Stewart, J. J., in trust	do	450	9,000	9,000
Stairs, J. F. and Jos. Sloy, executors	do	34	680	680
Taylor, Margaret P	Rockingham	46	920	920
Tupper, Maude	Halifax	45	900	900
Thomson, Katherine B	do	98	1,960	1,960
Tate, Harriet	Middleton	18	360	360
Turner, Eliza	Dartmouth	23	460	460
Twining, Wm	Halifax	15	300	300
Troop, George J	do	125	2,500	2,500
Tremaine, Jane	do	5	100	100
Tremaine, W. H	Truro	6	120	120
Thompson, Philip	Halifax	320	6,400	6,400
Thompson, James	do	100	2,000	2,000
Tupper, Nathan	Milton	26	520	520
Tupper, Jedidah G	do	46	920	920
Tupper, Jane	do	21	420	420
Tupper, Caroline	do	5	100	100
Taylor, Minnie	Brigus, Nfld	23	460	460
Thomson, Jas. and J. R. Lithgow, trustees	Halifax	52	1,040	1,040
Thomson, W. J. G	do	10	200	200
Tupper, Susan	do	175	3,500	3,500
	Carried forward...	32,868	657,360	657,360

People's Bank of Halifax—Banque du Peuple d'Halifax.

Names. — Noms.	Residence.	Number of Shares. — Nombre d'Actions.	Amount Paid. — Montant payé.	Amount Subscribed. — Montant souscrit.
			$	$
	Brought forward...	32,868	657,360	657,360
Tupper, Wilfred E.	Halifax	5	100	100
Thomson, James	do	25	500	500
Twining, Wm., and B. G. Gray, in trust	do	44	880	880
The Rector, Wardens and Vestry of the Parish of Trinity Church of Liverpool, N.S	Liverpool	20	400	400
Trigge, Elizabeth	Cookshire	50	1,000	1,000
Uniacke, Robie	Halifax	116	2,320	2,320
Vaughan, Emily F.		76	1,520	1,520
Vondy, Agnes J.	Halifax	14	280	280
Vooght, Janie	North Sydney	40	800	800
Vooght, Thomas	do	50	1,000	1,000
Van Buskirk, Charlotte	Paris, France	130	2,600	2,600
Wiswell, Elizabeth	Halifax	30	600	600
West, John C.	do	108	2,160	2,160
West, Sarah A.	do	65	1,300	1,300
West, Jean	do	82	1,640	1,640
Wiswell, Wm. H.	do	151	3,020	3,020
Wiswell, W. H., trustee	do	211	4,220	4,220
Wiswell, Emily S.	do	15	300	300
Wiswell, Blanche	do	17	340	340
Wood, Lola	do	5	100	100
Wyman, Marie E.		53	1,060	1,060
Wainwright, Chas. E.	Halifax	5	100	100
Wainwright, F. G.	do	8	160	160
Walker, Edmund M.	Dartmouth	29	580	580
Wood, Margaret C.		30	600	600
West, Ina M.	Halifax	5	100	100
Willet, Helen		4	80	80
Webb, W. H., and I. Longworth, trustees	Halifax	214	4,280	4,280
Woodill, F. C.	do	1	20	20
Whitman, Susan McNeil	do	52	1,040	1,040
Whyte, Andrew	Wilmot	50	1,000	1,000
Winn, J.	Halifax	58	1,160	1,160
Whitman, A. N., and Susan McN. Whitman, trustees	do	19	380	380
Wainwright, Susan G.	do	13	260	260
Webb, Wm. H.	do	154	3,080	3,080
Woodill, Evelina	do	127	2,540	2,540
Wainwright, L. G.	do	8	160	160
Young, Wm.	Lunenburg	8	160	160
Yorston, Fred'k S.	Truro	20	400	400
Yorston, Wm. G.	do	20	400	400
	Total	35,000	700,000	700,000

Certified correct,

D. R. CLARKE,
Accountant.

HALIFAX, N.S., 10th January, 1898.

UNION BANK OF HALIFAX.

BANQUE UNION D'HALIFAX.

Value of share, $50. Valeur de chaque action, $50.

Names. — Noms.	Residence.	Number of Shares. — Nombre d'Actions.	Amount Paid. — Montant payé.	Amount Subscribed. — Montant souscrit.
			$	$
Acadia Fire Insurance Co	Halifax	304	15,200	15,200
Albro, Martha Ritchie	Brookline, Mass	19	950	950
Allison, Emily	Sydney, C.B	16	800	800
Ansell, Rev. Edward	Arichat, C.B	11	550	550
Archibald, Charles	Halifax	12	600	600
Archibald, C. and G. Morrow, trustees.	do	2	100	100
Archibald, C. B	Truro	10	500	500
Archibald, Mrs. Florence A	Toronto	15	750	750
Armstrong, Fanny	Halifax	2	100	100
Barss, Ida P	do	13	650	650
Barss, John W	Wolfville, N.S	135	6,750	6,750
Bauld, Elizabeth	Halifax	16	800	800
Bauld, Henry Gibson	do	4	200	200
Bessonette, Mary E	New York	19	950	950
Black, Celia H	Halifax	52	2,600	2,600
Black, S. G	do	15	750	750
Black, S. H., and G. Lyde, trustees	do	8	400	400
Blackadar, C. C	do	144	7,200	7,200
Blagdon, Augusta Amelia	do	10	500	500
Blair, C. A	Truro	16	800	800
Blanchard, Miss Eliza R	Halifax	5	250	250
Boak, A. B	do	20	1,000	1,000
Boak, Louise	do	10	500	500
Boak, Mary A	do	12	600	600
Boak, Hon. Robert	do	164	8,200	8,200
Board of Presbyterian College	do	100	5,000	5,000
Bond, Margaret, executrix	Chester, N.S	2	100	100
Boole, Rachel A	Liverpool, N.S	20	1,000	1,000
Bowes, Sarah	Carrol's Corners	7	350	350
Brown, Eliza K	Halifax	45	2,250	2,250
Brown, Joanna S	do	25	1,250	1,250
Brown, Richard Henry	Sydney Mines, C.B	10	500	500
Burns, Rev. R. F., D.D	Halifax	17	850	850
Boyle, George Herbert	Tonawanda, Penn	40	2,000	2,000
Cabot, Richard	Halifax	10	500	500
Caldwell, Maria E	do	8	400	400
Campbell, Eliza	do	25	1,250	1,250
Campbell, George	Truro, N.S	10	500	500
Campbell, George, trustee	do	65	3,250	3,250
Campbell, Sarah E	Halifax	5	250	250
Campbell, Susan L	Boston	45	2,250	2,250
Cameron, Sarah	Halifax	70	3,500	3,500
Carmichael, Anna M	New Glasgow, N.S	1	50	50
Chase, W. H	Wolfville, N.S	53	2,650	2,650
Chipman, G. Maud	Halifax	2	100	100
Christie, Eliza J	Bras d'Or, C.B	38	1,900	1,900
Clark, Rev. G. M	Halifax	21	1,050	1,050
Clark, Mary A	do	33	1,650	1,650
Coburn, Maria	Highlandville, Mass	7	350	350
Coffin, Peter	Petite Rivière	5	250	250
Cole, Louisa A	Caledonia	10	500	500
Coleman, Chas. Alfred	London, G.B	13	650	650
Corbett, Mary B	Halifax	2	100	100
Corbett, F. D., trustee	do	3	150	150
	Carried forward	1,726	86,300	86,300

Union Bank of Halifax—Banque Union d'Halifax.

Names. — Noms.	Residence.	Number of Shares. — Nombre d'Actions.	Amount Paid. — Montant payé.	Amount Subscribed. — Montant souscrit.
			$	$
	Brought forward...	1,726	86,300	86,300
Costley, C, executrix, W. Compton, and D. M. Gordon, executors	Halifax	76	3,800	3,800
Creighton, Elizabeth Maria	do	12	600	600
Creed, Harriet S	do	31	1,550	1,550
Cronan, J., and T. J. Crockett, exec'rs	do	36	1,800	1,800
Crow, Margaret, administratrix	do	5	250	250
Cunningham, Frances A	Point Pleasant, N.J	15	750	750
Dart, Helen	New Westminster, B.C	40	2,000	2,000
Dart, Rev. John	do	10	500	500
De Blois, Rev. H. D	Annapolis	10	500	500
Dickson, Catherine	Stellarton, N.S	10	500	500
Dixon, Francis	Halifax	15	750	750
Donkin, Christy Ann	Truro	16	800	800
Dunbar, Jane C	Halifax	80	4,000	4,000
Duncan, Lucy	Mahone Bay	7	350	350
Dwyer, Michael	Halifax	10	500	500
Dwyer, Michael, trustee	do	10	500	500
Dwyer (Tobin), M., trustee	do	205	10,250	10,250
Duffers, John	do	7	350	350
Eastern Trust Co., Bessonett	do	48	2,400	2,400
Eastern Trust Co., Malcolm	do	67	3,350	3.350
Eastern Trust Co., Merkel	do	50	2,500	2,500
Eastern Trust Co., McDonald	do	25	1,250	1,250
Eastern Trust Co., Humphrey	do	130	6,500	6,500
Elliott, Geo. H	Pictou, N.S	4	200	200
Elliot, Margaret J	Dartmouth	5	250	250
Esson, Agnes	Halifax	7	350	350
Fairbanks, Chas. R	do	11	550	550
Fairie, Annie L	Montreal	15	750	750
Faulkner, Geo. E	Halifax	50	2,500	2,500
Foreign Mission Committee, Eastern Division Presbyterian Church in Canada	do	5	250	250
Forrest, Annie P	do	1	50	50
Forrest, John, trustee	do	20	1,000	1,000
Forsyth, S. E., executor	Windsor, N.S	9	450	450
Forsythe, Janet	Halifax	6	300	300
Forsythe, William	do	4	200	200
Foster, Amy	Dartmouth	5	250	250
Fraser, Annie	Halifax	60	3,000	3,000
Fraser, Jessie G	do	50	2,500	2,500
Fraser, Thomas E	Toronto, Ont	50	2,500	2,500
Fuller, H. H	Halifax	10	500	500
Fultz, Sarah A., executrix	do	74	3,700	3,700
Gaetz, Catherine M	Guysboro', N.S	18	900	900
Gilpin, Rev. Edwin, D.D	Halifax	16	800	800
Glendenning, Helen J	Dartmouth	10	500	500
Godfrey, Susan B	Annapolis, N.S	1	50	50
Gossip, William, estate of	Halifax	26	1,300	1.300
Goudge, Agnes, guardian	do	14	700	700
Goudge, Henry	Dartmouth	6	300	300
Grier, Sophia	Aldershot, G. B	2	100	100
Grant, Julia E	Halifax	40	2,000	2,000
Haire, Rev. Robert	Whitegate, Ireland	7	350	350
Halifax Fire Insurance Co	Halifax	340	17,000	17,000
Halifax Association for the Improvement of the Condition of the Poor	do	6	300	300
Halifax Protestant Orphans' Home	do	5	250	250
Halifax Protestant Industrial School	do	2	100	100
Halls, Frederick E	Cookshire, Que	6	300	300
Halls, Mary Ann	Halifax	8	400	400
Halls, Ada H	do	3	150	150
	Carried forward...	3,537	176,850	176,850

Union Bank of Halifax—Banque Union d'Halifax.

Names — Noms.	Residence.	Number of Shares. — Nombre d'Actions.	Amount Paid. — Montant payé.	Amount Subscribed. — Montant souscrit.
			$	$
	Brought forward...	3,537	176,850	176,850
Hamilton, Charlotte Kirk	England	5	250	250
Handley, John R	Halifax	80	4,000	4,000
Harris, Emma	Pictou	20	1,000	1,000
Harding, Alvin C., executor	Yarmouth	9	450	450
Hart, Jairus	Halifax	46	2,300	2,300
Harrison, Margaret	do	10	500	500
Hartshorne, Arabella and Mary A	England	68	3,400	3,400
Hartshorne, William	Middleton	5	250	250
Harvie, Mary Ann	Hantsport	8	400	400
Heartz, William H	Halifax	60	3,000	3,000
Hesslein, Elizabeth	do	10	500	500
Home for the Aged	do	6	300	300
Howe, Fanny W	Middleton	4	200	200
Howe, Sarah E	Dartmouth	35	1,750	1,750
Hunt, J. J., executor	Halifax	4	200	200
Jacobs, Amelia	do	31	1,550	1,550
Jones, A. G	do	20	1,000	1,000
Jones, A. G., and H. T. Jones, trustees	do	22	1,100	1,100
Jones, A. G., and H. T. Jones, in trust	do	23	1,150	1,150
Jones, A. G., and H. T. Jones, in trust	do	53	2,650	2,650
Jost, B., J. McG. Cunningham, and R McKeen, trustees	Guysboro'	8	400	400
Jost, H. M	do	8	400	400
Jost, Mary E	do	18	900	900
Jost, Matilda	Sydney	16	800	800
Jost, T.J., J. E. Burchell and C. S. Jost, trustees	do	10	500	500
Kaulbach, Rev. J. A	Truro	40	2,000	2,000
Kaye, Mary R	Halifax	10	500	500
Keefe, M. E	do	18	900	900
Kenny, J. F	do	30	1,500	1,500
Kenny, T. E., trustee	do	50	2,500	2,500
Kenny, J. F., and E. G. Kenny, trustees	do	100	5,000	5,000
Kerr, Charlotte S	do	5	250	250
Knowles, Eunice	do	20	1,000	1,000
Laidlaw, Mary Ann	do	5	250	250
Lawlor, A. E	Dartmouth	30	1,500	1,500
Lawlor, Isabella, executrix	do	5	250	250
Lessell, C. M., and F. H. Reynolds, executors	Halifax	6	300	300
Lithgow, J. R., and H. G. Bauld, executors	do	113	5,650	5,650
Lithgow, J. R., executor	do	20	1,000	1,000
Lithgow, J. R., trustee	do	17	850	850
Lithgow, J. R., and F. H. W. Archbold, trustees	do	27	1,350	1,350
Lithgow, J. R., trustee	do	50	2,500	2,500
Locke, Jonathan	Lockeport	8	400	400
Longworth, Israel	Truro	71	3,550	3,550
Longworth, I., and H. Clarke, trustees	do	18	900	900
Longworth, I., and M. Smith, trustees	Halifax	34	1,700	1,700
Longworth, I., J. Y Payzant, and H. M. Smith, executors, trustees	do	34	1,700	1,700
Longworth, I., R. Craig, and S. H. Craig, executors	do	12	600	600
Longworth, I., trustee	Truro	15	750	750
Major, Fanny V	Dartmouth	2	100	100
Marvin, Sarah, executrix	Halifax	87	4,350	4,350
Matheson, Joseph	Lower L'Ardoise	53	2,650	2,650
Miller, Robert	London, G.B	196	9,800	9,800
	Carried forward...	5,192	259,600	259,600

Union Bank of Halifax—Banque Union d'Halifax.

Names. — Noms.	Residence.	Number of Shares. — Nombre d'Actions.	Amount Paid. — Montant payé.	Amount Subscribed. — Montant souscrit.
			$	$
	Brought forward...	5,192	259,600	259,600
Miller, William	London, G.B.	195	9,750	9,750
Ministers', Widows' and Orphans' Fund of the Synod of the Maritime Provinces of the Presbyterian Church in Canada	Halifax	60	3,000	3,000
Mitchell, George	do	10	500	500
Mitchell, George, executor	do	3	150	150
Mitchell, George, in trust	do	6	300	300
Mitchell, George, in trust	do	1	50	50
Mitchell, George. A. S. Mitchell and W. Mitchell, trustees	do	30	1,500	1,500
Mitchell, George, and Henry J. Esson, trustees	do	21	1,050	1,050
Mitchell, Anna	do	1	50	50
Mitchell, S A., and G. Mitchell, in trust	do	7	350	350
Mitchell, S. A., and G. Mitchell, tr'tees	do	4	200	200
Mitchell, S. A., and G. Mitchell, tr'tees	do	8	400	400
Moren, Alfred W	Liverpool	16	800	800
Moren, Martha E	Halifax	47	2,350	2,350
Moren, Sarah E	do	64	3,200	3,200
Moren, Zeba	Liverpool	25	1,250	1,250
Morse, A. Maria	Bridgetown	5	250	250
Mosher, Saul	Halifax	20	1,000	1,000
Muir, D. H., administratrix	Truro	6	300	300
Mulroney, C., and M. Hayden	Halifax	10	500	500
Murphy, Rev. C. H	Bermuda	28	1,400	1,400
Murphy, Nelson	Maitland	30	1,500	1,500
Myers, Peter	Jeddore, N.S	3	150	150
Mylins, Nathalie	Halifax	6	300	300
Mackintosh, J. C	do	3	150	150
McColl, Susan	do	6	300	300
McDonald, Maria	Liverpool	10	500	500
McDougall, B. D	Halifax	24	1,200	1,200
McEwan, James	do	70	3,500	3,500
McFarlane, Alexander	Wallace	10	500	500
McGillivary, Caroline A	McLellan's Brook	20	1,000	1,000
McGregor, Daniel	Brookville	40	2,000	2,000
McGregor, E. A	New Glasgow	8	400	400
McGregor, Helen Morrow	Halifax	1	50	50
McGregor, J. G. and D., executors	do	8	400	400
Mackenzie, Jessie E	do	40	2,000	2,000
McLean, Donald	Boulardarie	30	1,500	1,500
McNab, Sarah C	Dartmouth	4	200	200
MacNab, John	Halifax	4	200	200
MacCoy, J. W. Lawson	do	20	1,000	1,000
McKinnon, H. L	Lockeport	4	200	200
Narraway, H. R	Canso	4	200	200
Narraway, Hannah Mary	St. John	12	600	600
Nichols, M. S., E. Gilpin, executors	Halifax	17	850	850
North British Society	do	17	850	850
O'Brien, A. E	Noel	8	400	400
O'Brien, Osmond	do	200	10,000	10,000
O'Brien, E. W	do	38	1,900	1,900
O'Connor, Mary	Halifax	8	400	400
Osman, John	do	10	500	500
Oxley, F. H., and C. N. S. Strickland, trustees	do	177	8.850	8,850
Parker, D. McN., and W. F. Parker, trustees	do	12	600	600
Parker, Fanny H	do	21	1,050	1,050
Pauley, F. H	Dartmouth	4	200	200
	Carried forward...	6,628	331,400	331,400

Union Bank of Halifax—Banque Union d'Halifax.

Names — Noms	Residence.	Number of Shares. — Nombre d'Actions.	Amount Paid. — Montant payé.	Amount Subscribed. — Montant souscrit.
			$	$
	Brought forward...	6,628	331,400	331,400
Payne, Mary	Halifax	37	1,850	1,850
Penton, Bessie B	do	4	200	200
Peters, John, executor	do	12	600	600
Peters, M., W. B. Wallace and H. H. Fuller	do	23	1,150	1,150
Pickup, C. G., and S. W. W. Pickup, executors	Annapolis	10	500	500
Prescott, Ann	Enfield	20	1,000	1,000
Pryor, Emily F	Lincoln, G.B	2	100	100
Pryor, J. Louisa	Halifax	2	100	100
Pryor, Mary E	do	2	100	100
Reeves, James, executor	do	61	3,050	3,050
Rent, George	do	10	500	500
Ritchie, Eliza	do	6	300	300
Ritchie, Ella	do	6	300	300
Ritchie, George	do	6	300	300
Ritchie, James D	do	2	100	100
Ritchie, Laleah	do	6	300	300
Ritchie, Mary W	do	6	300	300
Ritchie, J. Norman	do	30	1,500	1,500
Ritchie, J. N., and J.J. Ritchie, trustees	do	4	200	200
Ritchie, Thomas, trustee	do	13	650	650
Ritchie, T., and J. N. Ritchie	do	2	100	100
Ritchie, T., and B. A. Weston, trustees	do	50	2,500	2,500
Ritchie, Thomas, trustee	do	50	2,500	2,500
Robertson, William	do	60	3,000	3,000
Robinson, Kate J	do	50	2,500	2,500
Roche, Charles	do	25	1,250	1,250
Roche, William	do	400	20,000	20,000
Ross, Euphemia S	Scotland	27	1,350	1,350
Ross, Maria C	Germany	12	600	600
Ruggles, T. D	Bridgetown	4	200	200
Rynd, Edith	Oxford, G.B	22	1,100	1,100
Saer, Agnes	Cornish, Me	22	1,100	1,100
Sawyer, M. J. C	Halifax	4	200	200
Scott, Margaret E	do	3	150	150
Scott, Mary M. L	do	3	150	150
Shatford, Jno E	Indian Harbour	25	1,250	1,250
Shatford, J. M. I	Halifax	10	500	500
Shaw, Sarah	Truro	9	450	450
Sheppard, Watty, James Clark, and Isaac Caithy, trustees	Halifax	4	200	200
Shields, George	Dartmouth	36	1,800	1,800
Sinclair, Matilda	Liverpool	10	500	500
Sirois, Louis P	Quebec	25	1,250	1,250
Smith, Alice M	Halifax	50	2,500	2,500
Smith, E. F	do	34	1,700	1,700
Smith, J. E	Wolfville	72	3,600	3,600
Smith, L. Longley	Truro	20	1,000	1,000
Smith, Margaret	Halifax	31	1,550	1,550
Stairs, W. J	do	120	6,000	6,000
Stairs, W. J., trustee	do	60	3,000	3,000
Stalker, Elizabeth, administratrix	Lockeport	4	200	200
Stalker, Alex. P. R	Pictou	2	100	100
Starr, Alice E	Halifax	50	2,500	2,500
Sterns, Margaret	Liverpool	30	1,500	1,500
Stevens, Thos. G	Dartmouth	24	1,200	1,200
Stubbing, Margaret J	Halifax	7	350	350
Sutherland, Margaret	do	21	1,050	1,050
Sutherland, Ann	do	141	7,050	7,050
Stokes, Edith Mary	Plymouth, G.B	4	200	200
	Carried forward ...	8,413	420,650	420,650

Union Bank of Halifax—Banque Union d'Halifax.

Names. — Noms.	Residence.	Number of Shares. — Nombre d'Actions.	Amount Paid. — Montant payé.	Amount Subscribed. — Montant souscrit.
			$	$
	Brought forward...	8,413	420,650	420,650
Symons, John H	Halifax	96	4,800	4,800
Simmonds, James	Dartmouth	10	500	500
Tate, Harriet	Middleton	5	250	250
Taylor, Martha Jean	Halifax	160	8,000	8,000
Taylor, Minnie	Baltimore	30	1,500	1,500
Thompson, Philip	Halifax	114	5,700	5,700
Thomson, Katherine B	do	25	1,250	1,250
Thompson, James	do	26	1,300	1,300
Thomson, James	do	3	150	150
Thomson, Walter K	do	5	250	250
Thomson, W. J. G	do	5	250	250
Thomson, James, and J. R. Lithgow, trustees	do	10	500	500
Todd, Jerusha	Lockeport	10	500	500
Trenaman, Thomas	Halifax	10	500	500
Tupper, Caroline McL	Truro	15	750	750
Turner, Eliza	Dartmouth	52	2,600	2,600
Twining, William	Halifax	61	3,050	3,050
Twining, Wm., and B. G. Gray, "Ingraham"	do	80	4,000	4,000
Twining, W., and B. G. Gray, "Hensley"	do	40	2,000	2,000
Twining, W., trustee, "Wry"	do	22	1,100	1,100
Twining, W., and B. G. Gray, "Chearnsley"	do	40	2,000	2,000
Twining, Wm., trustee	do	22	1,100	1,100
Umlah, Charlotte J	do	23	1,150	1,150
Uniacke, Robie	do	60	3,000	3,000
Valentine, Mary Ann	do	8	400	400
Vroom, Agnes J	Windsor	16	800	800
Waddell, Mary L., executrix	Dartmouth	6	300	300
Wainwright, Fred G	Halifax	8	400	400
Walker, Emma E	Dartmouth	10	500	500
Walker, H. Reginald	do	3	150	150
Webb, W. H., and I. Longworth, trustees	Halifax	22	1,100	1,100
Willis, John	do	34	1,700	1,700
Willis, Elizabeth	do	10	500	500
Wiswell, W. H., in trust	do	122	6,100	6,100
Wiswell, W. H	do	39	1,950	1,950
Woodill, Evalina	do	13	650	650
Woodgate, Arthur	Brighton	40	2,000	2,000
Wright, H. E., and R. C. Wright, exec	New Glasgow	41	2,050	2,050
Wright, R. C., and J. McMillan, trustees	do	277	13,850	13,850
Wyllie, Robert	Folly Village	14	700	700
	Total	10,000	500,000	500,000

I certify the foregoing to be a true copy of the shareholders' register of this bank on the 31st December, 1897.

C. N. S. STRICKLAND,
Chief Accountant.

BANK OF YARMOUTH, N.S.

BANQUE DE YARMOUTH, N.-E.

Value of share, $75—Valeur de chaque action, $75.

Names. — Noms.	Residence.	Number of Shares. — Nombre d'Actions.	Amount Paid. — Montant payé.	Amount Subscribed. — Montant souscrit.
			$	$
Abbott, B.	Yarmouth	2	150	150
Allen, E. E.	do	4	300	300
Allen, Lewis	do	13	975	975
Allen, Maria A.	do	1	75	75
Anderson, J. C.	do	22	1,650	1,650
Anderson, Caroline	do	2	150	150
Baker, L. E.	do	227	17,025	17,025
Baker, Mary E.	do	6	450	450
Bingay, M. J.	do	3	225	225
Bingay, Annie	do	98	7,350	7,350
Blauvelt, J. R.	Tusket	5	375	375
Blauvelt, J. S.	do	5	375	375
Bond, J. B., estate of	Yarmouth	31	2,325	2,325
Bond, Sarah	Tusket	7	525	525
Bridgeo, A.	Yarmouth	5	375	375
Brown, C. E.	do	80	6,000	6,000
Brown, C. E., and C. E. Stoneman	do	1	75	75
Brown, C. E., and G. F. Ladd	do	1	75	75
Brown, C. E., and M. F. Brown	do	1	75	75
Brown, Ellen H.	do	2	150	150
Burrill, H. L.	do	128	9,600	9,600
Burrill, G. M.	do	3	225	225
Burrill, R. H.	do	5	375	375
Caie, R.	do	5	375	375
Caie, Sophia	do	109	8,175	8,175
Cain, S.	do	10	750	750
Campbell, S L.	Weymouth	5	375	375
Cann, Hugh	Yarmouth	115	8,625	8,625
Cann, E. M.	do	40	3,000	3,000
Cann, H. B.	do	40	3,000	3,000
Cann, C. W.	do	44	3,300	3,300
Cann, A. M.	do	40	3,000	3,000
Cann, Frank	do	1	75	75
Cann, E. J.	do	40	3,000	3,000
Cann, Lydia	do	4	300	300
Cann, G. B.	do	2	150	150
Cann, Harriet E.	do	7	525	525
Cann, Joanna H.	do	177	13,275	13,275
Cann, Hugh E.	do	26	1,950	1,950
Cann, A., and J. Lovitt	do	1	75	75
Cann, S. McL.	do	12	900	900
Cann, Eleanora	do	41	3,075	3,075
Cann, Joseph H.	do	8	600	600
Cann, Elizabeth	do	15	1,125	1,125
Caskey, W.	do	13	975	975
Chipman, Lewis	do	16	1,200	1,200
Churchill, N.G.	do	4	300	300
Clark, G. M.	Halifax	10	750	750
Coggins, A.	Westport	1	75	75
	Carried forward	1,438	107,850	107,850

Bank of Yarmouth, N.S.—Banque de Yarmouth, N.-E.

Names. — Noms.	Residence.	Number of Shares. — Nombre d'Actions.	Amount Paid. — Montant payé.	Amount Subscribed. — Montant souscrit.
			$	$
	Brought forward...	1,438	107,850	107,850
Collins, A. E.	Westport	1	75	75
Collins, Hannah	do	4	300	300
Collins, Elizabeth	do	1	75	75
Collins, A. J. and C. W. Collins	do	3	225	225
Cook, Olive	Yarmouth	1	75	75
Cook, F. G	do	7	525	525
Cook, S. E.	do	3	225	225
Corbett, S. B	do	40	3,000	3,000
Corning, M. J.	do	5	375	375
Corning, T. E., and J. Burrill	do	3	225	225
Crosby, E., estate of	do	14	1,050	1,050
Crosby, Jos. H	do	15	1,125	1,125
Crosby, Silas	do	1	75	75
Crosby, I. M.	do	19	1,425	1,425
Crosby, J. H.	do	2	150	150
Crosby, H. H	Hebron	28	2,100	2,100
Crowell, S. A	Yarmouth	77	5,775	5,775
Crowell, Jane, estate of	do	6	450	450
Currier, W.	do	8	600	600
Dart, Helen	England	5	375	375
Davis, E.	Westport	5	375	375
Dennis, J. D.	Yarmouth	1	75	75
Eakins, R. S., guardian	do	30	2,250	2,250
Ellis, B. F.	do	5	375	375
Ewan, E. R.	do	3	225	225
Farish, J. C., estate of	do	64	4,800	4,800
Farish, H. G.	Liverpool	4	300	300
Farish, F. J	do	16	1,200	1,200
Flint, T. B.	Yarmouth	2	150	150
Goudey, Margaret	do	25	1,875	1,875
Goudey, Almira A.	do	10	750	750
Guest, Mary E.	do	113	8,475	8,475
Haley, H. E.	do	1	75	75
Harris, S. J.	do	2	150	150
Hatfield, J. L	do	76	5,700	5,700
Hatfield, S. J	Arcadia	6	450	450
Hatfield, P. L	Tusket	8	600	600
Heartz, W. H.	do	95	7,125	7,125
Hibbert, W. J	Yarmouth	4	300	300
Hibbert, M. J	do	4	300	300
Homer, J.	do	3	225	225
Hood, H. A., estate of	do	5	375	375
Hood, J. B.	do	53	3,975	3,975
Huestis, Margery	do	12	900	900
Jeffery, S. H., and J. S. Blauvelt	Tusket	18	1,350	1,350
Kennedy, E	New Zealand	35	2,625	2,625
Killam, Clara	Yarmouth	64	4,800	4,800
Killam, Frank	do	20	1,500	1,500
Killam, J. H.	do	20	1,500	1,500
Kirby, Thomas, estate of	Tusket	18	1,350	1,350
Knowles, Caroline	do	6	450	450
Law, B B.	Yarmouth	16	1,200	1,200
Law, Agnes M	do	6	450	450
Lovitt, John.	do	155	11,625	11,625
Lovitt, Ann	do	318	23,850	23,850
Lovitt, Elizabeth	do	7	525	525
Lovitt, G. H.	do	273	20,475	20,475
Lovitt, Annie and John	do	1	75	75
Lovitt, Mary and John	do	1	75	75
Lovitt, Helen and John	do	1	75	75
Lovitt, E. and J.	do	1	75	75
	Carried forward	3,188	239,100	239,100

Bank of Yarmouth, N.S.—Banque de Yarmouth, N.-E.

Names. — Noms.	Residence.	Number of Shares. — Nombre d'Actions.	Amount Paid. — Montant payé.	Amount Subscribed. — Montant souscrit.
			$	$
	Brought forward	3,188	239,100	239,100
Lovitt, H. and J. Lovitt	Yarmouth	1	75	75
Lovitt, W. L	do	109	8,175	8,175
Lovitt, I. M	do	128	9,600	9,600
Lovitt, M. E	do	46	3,450	3,450
Lovitt, J. L	do	32	2,400	2,400
Lovitt, E. T	do	32	2,400	2,400
McCormack, N. K	do	1	75	75
McDormand, C	do	1	75	75
McLaren, J. F	Argyle	1	75	75
McLaughlin, J., and W. Thomson	Yarmouth	10	750	750
Marshall, L. C	Paradise	4	300	300
Moody, C. L.	Yarmouth	17	1,275	1,275
Moody, J. I	do	6	450	450
Moody, E. B	do	11	825	825
Moody, E. L	do	17	1,275	1,275
Morrell, C	do	10	750	750
Moses, S	do	3	225	225
Murphy, M. E	do	1	75	75
Murphy, J. E	do	6	450	450
Murray, L	Milton, Queens	14	1,050	1,050
Newall, Thomas	Barrington	3	225	225
Owen, L. C	Halifax	6	450	450
Parr, E. M	Yarmouth	6	450	450
Patten, N. E	do	20	1,500	1,500
Peters, C. C	do	1	75	75
Pinckney, D	do	1	75	75
Pinkney, M. E	do	3	225	225
Purney, M. E	do	4	300	300
Raymond, G. P	Boston	10	750	750
Redding, H	Yarmouth	20	1,500	1,500
Rice, H. D	Westport	4	300	300
Richards, F. C	Yarmouth	14	1,050	1,050
Ritchie, L	do	7	525	525
Robbins, A. C	do	25	1,875	1,875
Robbins, A. H	do	7	525	525
Robbins, A. E	do	5	375	375
Sanderson, G. G	do	8	600	600
Saunders, S	do	8	600	600
Scott, J. E	do	1	75	75
Scott, H. W	do	1	75	75
Scott, M. H	do	11	825	825
Simonson, E. C	Tusket	2	150	150
Smith, W. B	Barrington	2	150	150
Smith, Margery	Yarmouth	6	450	450
Snow, J. W	Digby	9	675	675
Spinney, A. W	Yarmouth	10	750	750
Sykes, J	do	6	450	450
Taylor, M	Baltimore	5	375	375
Thorburn, M. J. I	Ottawa	1	75	75
Thurston, W.	Yarmouth	9	675	675
Thurston, H	do	4	300	300
Tooker, J. C	do	1	75	75
Tooker, E. B	do	5	375	375
Tooker, H. K., and W. A. Chase	do	14	1,050	1,050
Trask, J. P	do	30	2,250	2,250
Trefry, G. K	do	4	300	300
Trinity Church	do	9	675	675
Vroom, A. J	Windsor	5	375	375
Weston, L., estate of	Yarmouth	1	75	75
Weston, W. C	do	10	750	750
	Carried forward	3,936	295,200	295,200

Bank of Yarmouth, N. S.—Banque de Yarmouth, N.-E.

Names. — Noms.	Residence.	Number of Shares. — Nombre d'Actions.	Amount Paid. — Montant payé.	Amount Subscribed. — Montant souscrit.
			$	$
	Brought forward......	3,936	295,200	295,200
Wickwire, S. J.	Kentville.	32	2,400	2,400
Williams, B. R.	Yarmouth	2	150	150
Wilson, S., estate of	do	1	75	75
Young, L	do	29	2,175	2,175
	Total	4,000	300,000	300,000

The foregoing is a correct list of the shareholders of the Bank of Yarmouth, N.S., 31st December, 1897.

T. W. JOHNS,
Cashier.

EXCHANGE BANK OF YARMOUTH, N.S.

BANQUE D'ÉCHANGE DE YARMOUTH, N.-E.

Value of shares, $70—Valeur de chaque action, $70.

Names. — Noms.	Residence.	Number of Shares. — Nombre d'Actions.	Amount Paid. — Montant payé.	Amount Subscribed. — Montant souscrit.
			$ cts.	$
Allen, James G	Yarmouth	15	1,050 00	1,050
Allen, James E	do	4	234 50	280
Allen, Gideon	do	3	210 00	210
Anderson, John C	do	32	2,240 00	2,240
Anderson, Caroline	do	10	700 00	700
Andrews, Etola I	do	10	700 00	700
Bain, Mary R	do	1	70 00	70
Baker, L. E	do	18	1,260 00	1,260
Baker, Mary E	do	2	140 00	140
Bingay, Jacob	do	52	2,775 50	3,640
Bingay, Annie	do	7	490 00	490
Bingay, Thomas S	Port Maitland	6	420 00	420
Bond, J. B., estate of	Yarmouth	9	630 00	630
Bond, J. M., estate of	Tusket	2	140 00	140
Brooks, Mary	Yarmouth	4	266 00	280
Brown, George W., estate of	do	30	2,100 00	2,100
Brown, Ellen H	do	2	140 00	140
Brown, Ellen G	do	1	70 00	70
Brown, Charles L	do	2	140 00	140
Burrill, William, estate of	do	5	350 00	350
Burrill, Jane J	do	10	700 00	700
Burrill, Hannah L	do	22	1,540 00	1,540
Burrill, R. Heber	do	12	570 50	840
Burrill, Guy D	do	1	70 00	70
Burrill, J. Donald	do	1	70 00	70
Burrill, Kenneth L	do	1	70 00	70
Caie, Robert	do	171	9,376 50	11,970
Caie, Sophia	do	24	1,680 00	1,680
Caie, Clara A	do	1	24 50	70
Cain, Stephen	do	4	280 00	280
Cain, Albert, and T. E. Corning, executors	do	60	4,200 00	4,200
Cain, Emily	do	2	140 00	140
Cain, William A., estate of	do	20	1,400 00	1,400
Cann, Hugh D	do	93	6,510 00	6,510
Cann, Elizabeth	do	71	4,613 00	4,970
Cann, Hugh E	do	33	2,310 00	2,310
Cann, Joanna H	do	20	1,400 00	1,400
Cann, Augustus	do	5	133 00	350
Cann, Eleanora	do	24	1,659 00	1,680
Cann, Mary J	do	10	700 00	700
Cann, Joseph H	do	20	1,375 50	1,400
Cann, Harriet A	do	2	140 00	140
Cann, George B	do	9	630 00	630
Cann, Eunice	do	2	140 00	140
Cann, Charles W	do	8	560 00	560
Caskey, William	do	21	1,470 00	1,470
Cavanah, Eleanor	do	5	350 00	350
Coggins, W., guardian	Westport	4	280 00	280
Collins, John E., estate of	do	4	280 00	280
Churchill, George W	Yarmouth	8	455 00	560
Churchill, Julia P	do	6	378 00	420
	Carried forward	889	57,630 00	62,230

Exchange Bank of Yarmouth, N.S.—Banque d'Échange de Yarmouth, N.-E.

Names — Noms.	Residence.	Number of Shares. — Nombre d'Actions.	Amount Paid. — Montant payé.	Amount Subscribed. — Montant souscrit.
			$ cts.	$
	Brought forward...	889	57,630 00	62,230
Cook, William H.	Yarmouth	3	210 00	210
Cook, F. G	do	13	616 00	910
Corning, J. B. B.	do	2	140 00	140
Corning, T. E., and James Burrill, executors	do	18	1,123 50	1,260
Crosby, Sarah B.	do	1	70 00	70
Crosby, Annie L.	do	1	70 00	70
Crosby, N. R. and H. H	do	2	140 00	140
Crosby, Josiah	do	4	280 00	280
Crosby, W. W.	do	1	70 00	70
Crosby, H. H., and G. A. Harris, executors	do	8	560 00	560
Crosby, Isabella	do	3	210 00	210
Crosby, Isabella M.	do	28	1,855 00	1,960
Crosby, Samuel	do	2	140 00	140
Crosby, Edward	do	2	140 00	140
Crosby, Silas	do	3	203 00	210
Crosby, Jesse H	do	3	203 00	210
Crosby, Silas K.	do	18	910 00	1,260
Crosby, Joseph H	do	21	1,333 50	1,470
Crosby, Harris H	do	25	1,120 00	1,750
Crawley, John, estate of	do	3	73 50	210
Crowell, Jane, estate of	do	8	560 00	560
Crowell, Samuel A	do	1	63 00	70
Crowell, Jane C.	do	11	486 50	770
Currier, Norman B.	do	4	143 50	280
Currier, William	do	20	980 00	1,400
Comeau, Mark	Meteghan	7	490 00	490
Comeau, Rosalie	do	6	420 00	420
Cleland, J. R.	Yarmouth	23	1,519 00	1,610
Davis, Sarah S.	Westport	1	70 00	70
Davis, Ethel	do	16	1,120 00	1,120
Davison, O. S.	Yarmouth	5	350 00	350
Davison, Mary E.	do	5	175 00	350
Dennis, E. C.	do	7	483 00	490
Dennis, Lois K.	do	11	756 00	770
D'Entremont, Agnes, trustee	Pubnico	4	252 00	280
Doucette, Elizabeth	do	7	490 00	490
Dugas, Volusian	Meteghan	1	70 00	70
Durland, John	Yarmouth	2	140 00	140
Durkee, Elizabeth W.	do	4	280 00	280
Doull, Eliza C	do	3	210 00	210
Eakins, Elizabeth	do	8	423 50	560
Earl, Emma E.	do	1	70 00	70
Earl, Ella M.	do	1	70 00	70
Eldridge, J. Harvey	do	2	140 00	140
Ellis, Benjamin F	do	20	1,400 00	1,400
Elwell, John	Argyle	1	70 00	70
Farish, James C., estate of	Yarmouth	30	2,100 00	2,100
Farish, Henry G.	Liverpool, N.S	12	840 00	840
Ferguson, Lydia R.	Yarmouth	10	245 00	700
Ferguson, Robert M.	do	9	595 00	630
Fleet, Sarah J	do	40	1,750 00	2,800
Gardner, Freeman C	do	10	700 00	700
Goodwin, Isaac	Annapolis	2	140 00	140
Goudey, Elmira A.	Yarmouth	10	700 00	700
Goudey, Lois B.	do	2	49 00	140
Goudey, Margaret	do	5	350 00	350
Goudey, Mary E.	do	1	70 00	70
Guest, Jane	do	15	1,029 00	1,050
Guest, Mary E.	do	7	490 00	490
	Carried forward	1,382	87,388 00	96,740

Exchange Bank of Yarmouth, N.S.—Banque d'Échange de Yarmouth, N.-E.

Names — Noms.	Residence.	Number of Shares. — Nombre d'Actions.	Amount Paid. — Montant payé.	Amount Subscribed. — Montant souscrit.
			$ cts.	$
	Brought forward	1,382	87,388 00	96,740
Guest, George H	Yarmouth	2	140 00	140
Gullison, Benjamin	do	10	700 00	700
Hatfield, Sarah E	do	2	140 00	140
Hatfield, Job	do	6	238 00	420
Hatfield, Frank	do	1	70 00	70
Hatfield, Samuel J	do	39	2,257 50	2,730
Hatfield, Peter Lent	do	8	560 00	560
Hatfield, Forman	do	6	420 00	420
Hatfield, J. Lyons	do	50	3,311 00	3,500
Hatfield, Abram M	do	5	122 50	350
Haley, Lucinda J	do	10	700 00	700
Haley, Margery H	do	1	70 00	70
Hamilton, Annie M	do	3	210 00	210
Heartz, W. H	Halifax	90	6,300 00	6,300
Hemeon, Clarence	Yarmouth	2	140 00	140
Hennigar, Abigail C	Halifax	12	840 00	840
Hibbert, Mary J	Yarmouth	29	1,659 00	2,030
Hibbert, William	Berwick	15	577 50	1,050
Hibbert, William J	Yarmouth	2	123 00	140
Hibbert, Elizabeth M	do	1	70 00	70
Hibbert, Hattie W	do	3	157 50	210
Hines, Lovitt	do	2	140 00	140
Hobbs, Lemuel	do	6	420 00	420
Hood, Henry A., estate of	do	6	378 00	420
Hood, Eleanor	do	6	378 00	420
Hood, George A	do	7	490 00	490
Hood, Jane B	do	32	1,890 00	2,240
Hopkins, Nathan C	do	2	140 00	140
Holmes, Ruth H	do	1	70 00	70
Horton, Deborah L	do	18	1,260 00	1,260
Hurlburt, Joseph, estate of	do	6	210 00	420
Hilton, S. R	do	13	560 00	910
Hilton, B. R	do	12	612 50	840
Johnson, Alice	do	6	420 00	420
Killam, Frank	do	22	1,204 00	1,540
Killam, Thomas	do	29	1,827 00	2,030
Killam, John H	do	55	3,850 00	3,850
Killam, Ernest C	do	1	63 00	70
Killam, Lydia	do	1	63 00	70
Killam, Charles H	do	1	63 00	70
Killam, Carrie B	do	7	441 00	490
Killam, Samuel, estate of	do	207	14,490 00	14,490
Kirby, Thomas, estate of	Tusket	35	2,450 00	2,450
Kelley, C. B., guardian	Shelburne	2	140 00	140
Knowles, Charles, estate of	Tusket	10	700 00	700
Knowles, Caroline	do	4	280 00	280
Landers, George, estate of	Yarmouth	5	350 00	350
LeBlanc, Stephen	Tusket	1	70 00	70
Lewis, N. B	Yarmouth	92	5,295 50	6,440
Lewis, Henry	do	42	2,261 00	2,940
Lewis, Esther	do	23	934 50	1,610
Lewis, Geo. C	do	22	875 00	1,540
Lewis, Beatrice L	do	5	350 00	350
Lewis, Violet E	do	12	612 50	840
Lewis, Harry K	do	3	210 00	210
Lewis, Henry and May C	do	3	210 00	210
Lewis, Sheldon, estate of	do	24	1,438 50	1,680
Law, Agnes M	do	12	651 00	840
Law, Winnie E	do	2	49 00	140
Law, B. B	do	113	5,701 50	7,910
Lovitt, Wm. L	do	203	14,203 00	14,210
	Carried forward	2,732	171,953 00	191,240

Exchange Bank of Yarmouth, N.S.—Banque d'Échange de Yarmouth, N.-E.

Names. — Noms.	Residence.	Number of Shares. — Nombre d'Actions.	Amount Paid. — Montant payé	Amount Subscribed. — Montant souscrit.
			$ cts.	$
	Brought forward...	2,732	171,955 00	191,240
Lovitt, Israel M	Yarmouth	217	15,141 00	15,190
Lovitt, Abigail	do	2	140 00	140
Lovitt, John	do	17	927 50	1,190
Lovitt, Maria E	do	4	280 00	280
Lovitt, James L	do	3	157 50	210
Lovitt, Emily T	do	4	175 00	280
Messenger, Agnes	do	2	140 00	140
Miller, Mary J., estate of	do	4	280 00	280
Moody, Charlotte	do	1	70 00	70
Moody, Catherine L	do	17	1,190 00	1,190
Moody, Josephine J	do	6	420 00	420
Moody, Annie, estate of	do	4	259 00	280
Mood, Cornelius	do	2	49 00	140
Morrell, Charles	do	4	280 00	280
Moses, Sabra	do	19	1,172 50	1,330
Murphy, John E	do	2	49 00	140
Murphy, Sarah L	do	3	210 00	210
Murray, Lucy	Milton, Queen's Co	6	420 00	420
Marshall, Lydia C	Annapolis	8	560 00	560
McDormond, Cormac	Westport	6	420 00	420
McGill, Annie G	Shelburne	1	70 00	70
McGill, Joseph H	Yarmouth	3	210 00	210
McHenry, Robert	Port Maitland	5	350 00	350
McLarren, John F	Lower Argyle	11	770 00	770
McLarren, Ella E	do	2	140 00	140
McLaughlin, James, and W. Thomson, executors	Yarmouth	28	1,960 00	1,960
Newell, Thos	Cape Island	12	840 00	840
Nickerson, Heman	do	3	203 00	210
Old Ladies' Home Society, Ltd	Yarmouth	15	1,050 00	1,050
Owen, Isabella A	Annapolis	5	350 00	350
O'Brien, George L., estate of	Hebron	14	980 00	980
O'Brien, George L., executor	do	5	315 00	350
Patten, N. E	Yarmouth	20	1,316 00	1,400
Payson, Arthur C	Westport	4	280 00	280
Perrin, Mary	Yarmouth	1	59 50	70
Peters, Adelaide M	do	1	70 00	70
Peters, Almira J	do	1	70 00	70
Peters, Maurice D	do	4	175 00	280
Phillips, J. I	Hebron	4	189 00	280
Pinkney, Maria E	Yarmouth	7	490 00	490
Pinkney, Wm. G	do	4	252 00	280
Purney, Mary E	do	10	325 50	700
Reid, Elizabeth M	Digby	1	70 00	70
Redding, Henry G	Hebron	7	315 00	490
Redding, Rufus H	do	2	126 00	140
Rice, Hannah D	Westport	3	210 00	210
Ritchie, Letitia E	Yarmouth	3	210 00	210
Ritchie, Thomas	do	7	490 00	490
Rogers, Lyman J	do	5	350 00	350
Rogers, Chloe, estate of	do	1	70 00	70
Robbins, A. C	do	81	3,797 50	5,670
Robbins, Josephine H	do	6	420 00	420
Robbins, C. S. P., and R. S. Eakins, executors	do	1	70 00	70
Ryder, Edgar, and S. A	do	1	70 00	70
Ryder, M. E., and S. A	do	1	70 00	70
Ryder, Sarah A	do	6	420 00	420
Ryder, Clementina	do	2	140 00	140
Ryerson, Edith	do	8	378 00	560
Ryerson, Annie S	do	3	189 00	210
	Carried forward...	3,361	212,156 00	235,270

Exchange Bank of Yarmouth, N.S.—Banque d'Échange de Yarmouth, N.-E.

Names. — Noms.	Residence.	Number of Shares. — Nombre d'Actions.	Amount Paid. — Montant payé.	Amount Subscribed. — Montant souscrit.
			$ cts.	$
	Brought forward	3,361	212,156 00	235,270
Saunders, Edwin	Yarmouth	2	140 00	140
Saunders, Maria	do	2	140 00	140
Sanderson, G. G., trustee	do	9	630 00	630
Sanderson, Fanny F	do	2	140 00	140
Sanderson, Claude L	do	1	70 00	70
Scott, Lois K., executrix	do	48	2,905 00	3,360
Scott, Annie	do	1	70 00	70
Scott, Martha H	do	13	910 00	910
Scott, Edward H	do	1	70 00	70
Slocomb, O. W	Argyle	5	350 00	350
Smith, William B	Barrington	4	280 00	280
Smith, Sarah	Yarmouth	3	210 00	210
Spinney, Edgar K	do	34	1,606 50	2,380
Spinney, Emma	do	4	280 00	280
Spinney, Jane	do	3	210 00	210
Spinney, Anne W	do	66	3,850 00	4,620
Spinney, Daniel, estate of	do	2	126 00	140
Spinney, Penina	do	2	140 00	140
Spinney, Amial	do	8	357 00	560
Sterns, Rev. Henry	do	31	1,018 50	2,170
Stoddard, Enos M	Marshfield Hills, Mass	10	700 00	700
Stoddard, Charles D	do	10	700 00	700
Stone, Lillian M	Yarmouth	5	350 00	350
Strickland, Norman C	do	13	591 50	910
Sulis, Sarah	do	5	350 00	350
Suttie, Dora M	do	1	35 00	70
Stoneman, A. F	do	82	3,587 50	5,740
Swanson, James	do	10	700 00	700
Tooker, Julia C	do	1	63 00	70
Tooker, Eliza B	do	7	476 00	490
Tooker, Jane H	do	2	140 00	140
Tooker, Beatrice	do	2	140 00	140
Taylor, James	do	1	70 00	70
Tilley, John A	do	13	910 00	910
Tilley, Sarah J	do	2	140 00	140
Titus, Susan	Westport	4	280 00	280
Tedford, Miranda A	do	3	210 00	210
Tedford, Harvey G	Yarmouth	1	70 00	70
Tedford, Henry	do	2	140 00	140
Thomson, Helen	Shelburne	4	280 00	280
Thurston, William	Yarmouth	10	700 00	700
Thurston, Abram	do	12	840 00	840
Trask, Annie E	do	4	280 00	280
Trask, James P	do	12	819 00	840
Trask, S. Maude	do	5	350 00	350
Trefry, George K	do	4	280 00	280
Trefry, Joshua P	do	5	350 00	350
Trefry, Margery	do	4	280 00	280
Trefry, N. C	do	3	210 00	210
Tyrrell, Flora B	Cochituate, Mass	2	140 00	140
Townsend, W. H., estate of	Yarmouth	54	3,780 00	3,780
Waterman, Mary	do	5	329 00	350
Weston, W. C	do	15	1,050 00	1,050
Weston, Leonard, estate of	do	2	140 00	140
Watters, Douglas	do	6	420 00	420
Webster, Helen O. G	do	1	70 00	70
White, A. C., estate of	do	4	280 00	280
Willet, George	do	66	3,850 00	4,620
Wickwire, Sarah J. L	Kentville	4	175 00	280
Whitehouse, Annie C	Argyle	2	140 00	140
	Total	4,000	250,075 00	280,000

Certified correct as at 31st December, 1897.

EXCHANGE BANK, THOS. V. B. BINGAY, *Cashier.*
YARMOUTH N.S., 6th January, 1898.

COMMERCIAL BANK OF WINDSOR.

BANQUE COMMERCIALE DE WINDSOR.

Value of share, $40. New share, $20. Valeur de chaque action, $40. Nouvelle action, $20.

Names. — Noms.	Residence.	No. of Shares. — Nº d'Actions.	No. of Shares. — Nº d'Actions.	Amount Paid. — Montant payé.	Amount Subscribed. — Montant souscrit.
		Old.	New.	$	$
Avon Marine Insurance Co	Windsor	75	734	17,680	32,360
Armstrong, Wm., estate of	Falmouth	26		1,040	1,040
Aylward, Capt. Thos	Windsor	10		400	400
Acadia Fire Insurance Co	Halifax	20		800	800
Akins, George	Falmouth	44	55	2,860	3,960
Barss, Jno. W	Wolfville	300		12,000	12,000
Blagdon, Augusta Amelia	Halifax	5		200	200
Bishop of Nova Scotia	do	13		520	520
Bullock, F. W., and C. B., executors	do		35	280	1,400
Bigelow, Jas. W	Wolfville		100	2,000	4,000
Blanchard, W. H	Windsor	70	116	5,120	7,440
Blanchard, Mrs. Alice M	Truro		16	320	640
Blanchard, George A, estate of	Kentville	120	32	5,440	6,080
Blanchard, Mrs. Hannah B	Windsor	26		1,040	1,040
Burgess, Joseph, estate of	do		10	200	400
Bezanson, Mrs. Frances	Mount Denson	3	2	160	200
Brown, Chas. W	Maitland	35		1,400	1,400
Card, Jno., of Enos	Kempt	8	22	760	1,200
Card, Walter H	do	6	4	320	400
Churchill, Geo. W	Hantsport	155	105	8,300	10,400
Churchill, Jno. W	do	155	105	8,300	10,400
Churchill, Ezra	do		4	80	160
Cochran, Capt. James	Ste. Croix	4		160	160
Coffin, Peter	Petite Rivière	10		400	400
Cochran, Jas. F., estate of	Newport	20		800	800
Coffill, Mrs. Harris	Falmouth		10	200	400
Collins, Jno., estate of	Windsor	10	4	480	560
Creed, Mrs. Harriott	Halifax	12	4	560	640
Curren, Jno. E	Windsor		25	500	1,000
Crisp, Mrs. Catherine Eliz.	Kingston, Ont		155	3,100	6,200
Curry, Rufus	Windsor	40	56	2,720	3,840
Cusack, Major J	Wolfville		10	80	400
Dart, Bishop	British Columbia	25	75	2,500	4,000
Daniels, Orlando T	Bridgetown		10	200	400
Densmore, R. T	Maitland		19	380	760
DeWolf, Mrs. M. A., estate of	Windsor	20	18	1,160	1,520
Dimock, William, estate of	do	75	30	3,600	4,200
Dimock, E. W., estate of	do	92	361	10,900	18,120
Dimock, Shubael, estate of	do	5	20	600	1,000
Dimock, Noah A	Scotch Village		10	200	400
Dimock, W. Ker	Windsor		10	160	400
Dimock, Chas. Hy	do		12	240	480
Dimock, Edmund H	do	3	1	140	160
Dimock, Lewis E	do	6	145	3,140	6,040
Dimock, Clarence H	do	75	7	3,140	3,280
Dimock, Mrs. C. Annie	do	16	153	3,700	6,760
Dimock, Mrs. Sarah Ellen	do	12		480	480
Dimock, Mrs. Laura C	do	9	57	1,500	2,640
Dimock, Wilford E	do		100	2,000	4,000
Donaldson, Mrs. Mary E	Port Williams	8	2	360	400
Doyle, Capt. Michael	Windsor	100	10	4,200	4,400
Dodge, Stephen D., M.D	Halifax		40	800	1,600
	Carried forward	1,613	2,684	117,620	171,880

Commercial Bank of Windsor—Banque Commerciale de Windsor.

Names. — Noms.	Residence.	No. of Shares. — Nº d'Actions.	No. of Shares. — Nº d'Actions.	Amount Paid. — Montant payé.	Amount Subscribed. — Montant souscrit.
		Old.	New.	$	$
	Brought forward..	1,613	2,684	117,620	171,880
Eastern Trust Co , in trust	Halifax	7		280	280
Ellis, Capt. James	Maitland		125	2,500	5,000
Elliott, Mary Matilda	Dartmouth	10		400	400
Fielding, Thos., estate of	Windsor	10	14	568	960
Fraser, Thos. E.	Toronto	35		1,400	1,400
Fraser, Mrs. Mary M	New Glasgow	15	17	940	1,280
Farish, H. G., M.D	Liverpool, N.S.		72	1,440	2,880
Farish, Frances Jane	do	63		2,520	2,520
Foster, Miner T., in trust	Halifax		8	160	320
Gibson, Thomas	Windsor		10	200	400
Harvie, Jno. A., estate of	Avondale		30	600	1,200
Harvie, Abel	Newport		5	100	200
Harvie, Ruth M	do		5	100	200
Harvie, Robert P	Mulgrave		5	100	200
Halifax Protestant Orphans' Home	Halifax	8		320	320
Hart, Jairus	do	63	56	3,640	4,760
Hart, Reuben I.	do	60	60	3,600	4,800
Hamilton, Mary Jane	Windsor	10	4	480	560
Hind, Prof. H. Y	do	40	30	2,200	2,800
Hiram Chapter No. 3	do		5	100	200
Holmes, Mrs. Anne	Springville, Pictou.	50		2,000	2,000
How, Rev. Henry	Annapolis		2	40	80
Hennigar, Mrs Abbie	Middleton		17	340	680
How, Mrs. Louisa Mary	Port Williams	35	53	2,460	3,520
Keith, Donald	Halifax	10		400	400
Keith, John	Windsor	130	67	6,540	7,880
Keith, Alexander	Halifax		29	580	1,160
Lockhart, Capt. Eph	Hantsport	10		400	400
Martin, Mrs. Drusilla	Ste. Croix	3	2	160	200
Martin, Joseph S	do		5	100	200
Mann, Percival	Burlington		13	260	520
Mann, Capt. Jas., estate of	do		16	192	640
Mitchell, Mrs. Catherine Jane	Halifax	12	48	1,440	2,400
Mitchell, Geo. McGregor	do		4	80	160
Mitchell, Ida M	do		4	80	160
Mitchell, Anna McColl	do		4	80	160
Morris, Mrs. Matilda, estate	Windsor		10	80	400
Morris, D. H	do	10	4	480	560
Mosher, N., sr., estate of	Newport	30	12	1,440	1,680
Mosher, James, estate of	do	20		800	800
Mosher, Matilda	do		25	500	1,000
Mounce, Capt. Geo	Avondale	90	185	7,300	11,000
Murphy, Nelson V	Kentville	20	8	960	1,120
Murphy, Nelson	Maitland		33	660	1,320
Morrow, Matilda, W. J. Stairs and Robert Morrow, executors of J. R. Morrow	Halifax	25		1,000	1,000
McCawley, Rev. Geo., D.D., estate	do	50	20	2,320	2,800
McLellan, Capt. Jno	Walton	10	4	480	560
McNealy, R. W	Summerville		12	240	480
Mackintosh, Jas. C	Halifax	52	153	5,140	8,200
McKenzie, Capt. C. J	Maitland		27	540	1,080
Nicolson, Rev. A. W	New Glasgow		25	500	1,000
Nichols, Rev. E. E. B., estate of	Liverpool, N.S.		150	3,000	6,000
North, J. B	Hantsport		25	500	1,000
O'Brien, William	Windsor	50	70	3,400	4,800
O'Brien, Milton	Noel	50	44	2,880	3,760
Payzant, G. P., estate of	Windsor		766	15,320	30,640
Paulin, Mrs. Robt	do	10	20	800	1,200
Paulin, Robt., W. H. Payzant and L. E. Dimock, in trust	do	503		20,120	20,120
	Carried forward..	3,104	4,987	222,880	323,640

Commercial Bank of Windsor—Banque Commerciale de Windsor.

Names. — Noms.	Residence.	No. of Shares. — Nº d'Actions.	No. of Shares. — Nº d'Actions.	Amount Paid. — Montant payé.	Amount Subscribed. — Montant souscrit.
		Old.	New.	$	$
	Brought forward..	3,104	4,987	222,880	323,640
Paulin, C. Bradshaw, trustees of.	Windsor	250	....	10,000	10,000
Pickup, Samuel W. W.	Granville Ferry	20	38	1,560	2,320
Paulin, Nellie K., trustees	Windsor	187	....	7,480	7,480
Phillips, Andrew, estate of	Halifax	5	25	700	1,200
Paw, Mrs. Georgina S.	do	30	....	1,200	1,200
Payne, Mrs. Mary	Woodville, Hants	32	....	1,280	1,280
Putnam, Stephen	Maitland	11	40	1,240	2,040
Putnam, Charles, in trust for Joseph Sanderson	do	....	95	1,900	3,800
Putnam, Alfred	do	76	138	5,800	8,560
Putnam, William, estate	do	100	41	4,820	5,640
Redden, Mrs. Elizabeth	Windsor	2	4	160	240
Redden, John Otis, estate of	do	4	....	160	160
Rines, Joseph	Walton	5	10	400	600
Riley, Edward, estate of	Hantsport	50	10	2,200	2,400
Riley, Mrs. Rachel	do	40	....	1,600	1,600
Ritchie, Thos., trustee M. A. Uniacke.	Halifax	8	....	320	320
Sanford, Arnold, M.D	Brooklyn, N.Y	....	10	120	400
Smith, Capt. Edward	Mount Denson	10	5	500	600
Smith, Oscar	do	....	5	100	200
Shaw, Agnes M	Round Hill, Ann	10	....	400	400
Scott, John M, estate of	Windsor	20	160	4,000	7,200
Shand, Andrew P	do	82	20	3,680	4,080
Shand, Joseph C	do	20	10	1,000	1,200
Shand, Mrs. E. D	do	....	80	1,600	3,200
Smith, Bennett, estate of	do	210	284	14,080	19,760
Smith, Joshua H	do	....	30	480	1,200
Smith, Mrs. Frank	Truro	....	50	600	2,000
Smith & Co., A. W	Halifax	....	10	200	400
Smith, Mrs. Mary Ann	do	5	2	240	280
Spence, Nathaniel	Ste. Croix	5	5	300	400
Sponagle, J. A., M. D	Middleton	....	25	500	1,000
Starr, Alice E	Halifax	6	....	240	240
Stephens, William	Walton	10	5	500	600
Sterling, John	Windsor	10	40	1,200	2,000
Stirling, John W., M.D	Montreal	7	....	280	280
Sterns, Miss Margaret	Liverpool, N.S	26	74	2,520	4,000
Stairs, Hon. W. J	Halifax	25	265	6,300	11,600
Storrs, Robert W	Wolfville	14	....	560	560
Shipowners Marine Insurance	Windsor	104	92	6,000	7,840
Twining, Wm., and B. G. Gray, in trust for Sarah W. Hensley	Halifax	50	....	2,000	2,000
Twining, Wm., and B. G. Gray, in trust for estate of Wm. Chearnley	do	50	....	2,000	2,000
Timlin, Isabel	Windsor	....	25	500	1,000
Tufts, Prof. J. F	Wolfville	....	35	700	1,400
Wiggins, Mrs. George C	Windsor	20	10	1,000	1,200
White, Mrs. Mary C	Annapolis	....	32	640	1,280
Wiswell, W. H	Halifax	23	10	1,120	1,320
Wilcox, Charles S	Windsor	57	36	3,000	3,720
Windsor Marine Insurance Co	do	130	578	16,760	28,320
Willets, Miss M. F. C., estate of	do	1	....	40	40
Wilson, Alexander	Pugwash	....	10	200	400
Woodworth, Mrs. Charlotte	Windsor	40	....	1,600	1,600
Young, J. W., estate of	Halifax	37	89	3,260	5,040
Young, Charles E	Falmouth	90	80	5,200	6,800
Yeoman, Mrs. Elizabeth	Halifax	14	....	560	560
Zwicker, Mrs. Hannah, estate of	do	....	35	700	1,400
	Total	5,000	7,500	348,380	500,000

I certify the above list to be correct.

WALTER LAWSON, *Cashier.*

31st December, 1897.

THE BANK OF NEW BRUNSWICK.

LA BANQUE DU NOUVEAU-BRUNSWICK.

Value of share, $100.—Valeur de chaque action, $100.

Names. — Noms.	Residence.	Number of Shares. — Nombre d'Actions.	Amount Paid. — Montant payé.	Amount Subscribed. — Montant souscrit.
			$	$
Adams, Arthur W	St. John, N.B	10	1,000	1,000
Adams, Julia A	do	5	500	500
Allison, Helen M	do	5	500	500
Allison, Joseph	do	31	3,100	3,100
Allison, Mary	London, Ont	16	1,600	1,600
Anderson, John M	St. John, N.B	6	600	600
Ansell, A. F Madeleine	London, Eng	8	800	800
Ansell, Sarah Elizabeth	do	8	800	800
Armstrong, George	Fredericton, N.B	2	200	200
Baird, George F	St John, N.B	7	700	700
Barnes, Ethel	do	12	1,200	1,200
Barnhill, Alexander P	do	4	400	400
Barnhill, Annie S	do	2	200	200
Bayard, Edith	England	7	700	700
Bayard, Harriet F	do	7	700	700
Bayard, Sophia L	do	7	700	700
Bayard, Reginald	British Army	7	700	700
Bayard, William, M.D	St John, N.B	6	600	600
Beddome, Helen	London, Ont	15	1,500	1,500
Bent, Joseph B	West Somerville, Mass	4	400	400
Bent, Mary E	Tupperville, N. S	9	900	900
Betts, Albert, deceased, estate of	St. John, N.B	1	100	100
Bishop of Fredericton, in trust	Fredericton, N.B	8	800	800
Bookhout, Sarah	Los Angeles, Cal	2	200	200
Botterell, Sarah	Quebec	50	5,000	5,000
Boyd, Chipman	Bath, Eng	22	2,200	2,200
Boyd, Rev. Stanley	do	17	1,700	1,700
Boyd, Rev. Stanley, trustee for Mrs. Albina Dora Nobbs	do	14	1,400	1,400
Bradley, Jane Ann	St. John, N.B	5	500	500
Bradley, Thomas	do	5	500	500
Braine, R. T., trustee for Mrs. Annie M. DeWitt	Halifax, N.S	20	2,000	2,000
Brice, Frederick R	Boston, Mass	7	700	700
Brice, Walter C	do	7	700	700
Brigstocke, Ven. Archdeacon F. H. J	St John, N.B	2	200	200
Brown, Isabel D	do	2	200	200
Brown, Minnie R	do	3	300	300
Bruckhof, William	do	3	300	300
Bunting, William F., deceased, estate of	do	1	100	100
Burpee, John, deceased, estate of	Nashwaaksis, N.B	1	100	100
Calhoun, Henry A	Albert Mines, N.B	1	100	100
Calhoun, Lydia J	do	23	2,300	2,300
Calhoun, Sarah L	St. John, N.B	56	5,600	5,600
Calhoun, William	St Martin's, N.B	3	300	300
Canby, Mary A	Fredericton, N.B	84	8,400	8,400
Central Fire Insurance Co	do	8	800	800
Christian, Cordelia Elizabeth	St. John, N.B	15	1,500	1,500
Christie, Emma	do	1	100	100
Clark, Kate Ruel	do	2	200	200
Coster, Albinia	do	20	2,000	2,000
Court, Joseph	do	10	1,000	1,000
	Carried forward	571	57,100	57,100

The Bank of New Brunswick—La Banque du Nouveau-Brunswick.

Names. — Noms.	Residence.	Number of Shares. — Nombre d'Actions.	Amount Paid. — Montant payé.	Amount Subscribed. — Montant souscrit.
			$	$
	Brought forward...	571	57,100	57,100
Court, William P	St. John, N.B	8	800	800
Crookshank, Catherine R	do	3	300	300
Daniel, John W., M.D., trustee for Mary Elizabeth Daniel	do	13	1,300	1,300
Dean, John	do	26	2,600	2,600
Dearborn, Charles H	do	6	600	600
Dearborn, Harry N.	do	23	2,300	2,300
DeVeber, Gabriel	Gagetown, N.B	20	2,000	2,000
DeVeber, Gabriel, and Adam P. Macintyre, trustees for Leverett DeVeber	do	21	2,100	2,100
DeVeber, Gabriel, and Adam P. Macintyre, trustees for Nathaniel D. DeVeber	do	21	2,100	2,100
DeVeber, L. H., deceased, estate of	St. John, N.B	9	900	900
DeVeber, Maria E	do	5	500	500
DeVeber, Rev. W. H	do	14	1,400	1,400
Dimock, Annie M	St. Martin's, N.B	3	300	300
Diocesan Church Society	St. John, N.B	3	300	300
Dunn, Elbridge G	do	28	2,800	2,800
Earle, Allen O	do	4	400	400
Eastern Trust Co., trustees for estate A. D. Merkel, deceased	Halifax, N.S	5	500	500
Eaton, Aaron, deceased, estate of	St. John, N.B	144	14,400	14,400
Elkin, Frances J	do	5	500	500
Ellison, Charlotte, deceased, estate of	Apohaqui, N.B	1	100	100
Emerson, Robert B	St. John, N.B	30	3,000	3,000
Estabrooks, Hannah A	do	4	400	400
Fairweather, Chas. H., trustee for heirs of Florence Fairweather	do	1	100	100
Fairweather, George E.	do	3	300	300
Fitzrandolph, Robert S., deceased, estate of	Digby, N. S	3	300	300
Fleming, Robert H	St. John, N.B	4	400	400
Ford, Susan, deceased, estate of	Florence, Italy	27	2,700	2,700
Forsyth, Adelia M., deceased, estate of	Digby, N. S	1	100	100
Fotherby, Mary A	St. John, N.B	3	300	300
Fraser, J. M. Pauletta	Fredericton, N.B	8	800	800
Gallagher, Francis	St. John, N.B.	20	2,000	2,000
Ganong, Annie R	Long Reach, N.B.	1	100	100
Gaynor, James	St. John, N.B	16	1,600	1,600
Gerow, Bridget Agnes	do	2	200	200
Gilbert, James S	do	16	1,600	1,600
Gilchrist, Mrs. Thomas, trustee of	Fredericton, N.B	6	600	600
Gilmour, Andrew, deceased, estate of	St. John, N.B	23	2,300	2,300
Gilpin, Wm. Sawry, deceased, estate of	Halifax, N. S	31	3,100	3,100
Girvan, Clarissa	New York, N.Y	10	1,000	1,000
Girvan, Samuel	St. John, N.B	4	400	400
Girvan, William	do	29	2,900	2,900
Godfrey, Susan B	Annapolis, N.S	22	2,200	2,200
Godsoe, Thomas A	St. John, N.B.	10	1,000	1,000
Gray, Ann E., trustees of	do	60	6,000	6,000
Green, Ellen Frothingham	do	11	1,100	1,100
Green, Lydia Amelia	do	11	1,100	1,100
Gregory, Hannah	do	1	100	100
Guest, Jessie Grey	Yarmouth, N.S	1	100	100
Hamilton, Charles, trustee for Charles Russell Hamilton	St. John, N.B	28	2,800	2,800
Hamilton, John, deceased, estate of	do	22	2,200	2,200
Hanington, Augustus H	do	5	500	500
Hanington, Catherine M	do	2	200	200
Hanington, Edith L	do	3	300	300
	Carried forward	1,351	135,100	135,100

The Bank of New Brunswick—La Banque du Nouveau-Brunswick.

Names. — Noms.	Residence.	Number of Shares. — Nombre d'Actions.	Amount Paid. — Montant payé.	Amount Subscribed. — Montant souscrit.
			$	$
	Brought forward	1,351	135,100	135,100
Hanington, Jane E	St. John, N.B	3	300	300
Harding, W. S., M.D	do	2	200	200
Hall, Mrs. Havilah S	do	4	400	400
Hatheway, F. Beatrice	do	49	4,900	4,900
Hazen, Francis B., deceased, estate of	do	75	7,500	7,500
Hazen, Margaret	do	20	2,000	2,000
Heales, Stephen Payson	Wolfville, N.S	8	800	800
Hegan, James B	St. John, N.B	2	200	200
Hilyard, Henry	do	30	3,000	3,000
Hilyard, Teresa	do	5	500	500
Hippisley, Edward, deceased, estate of	do	30	3,000	3,000
Holden, John	do	11	1,100	1,100
Horncastle, Catherine	do	6	600	600
Howard, Annie Jane	Sackville, N.B	3	300	300
Hunt, Ariana L	St. John, N.B	17	1,700	1,700
Hutchi-on, Richard, deceased, estate of	Newcastle, N.B	10	1,000	1,000
Jack, Caroline A	Fredericton, N B	10	1,000	1,000
Jardine, Alex., deceased, estate of	St. John, N.B	9	900	900
Jewett, Harriett	Sheffield, N.B	1	100	100
Johnson, Harriet M., deceased, estate of	St. John, N. B	14	1,400	1,400
Jones, Josiah Edgar, M.D	Digby, N.S	1	100	100
Jones, Simeon	New York	46	4,600	4,600
Kenney, Margaret	do	8	800	800
King, Anne E	St. John, N.B	13	1,300	1,300
King, Eleanor L	do	15	1,500	1,500
King, Charles W	do	11	1,100	1,100
King, Horace	do	11	1,100	1,100
Lamb, Martha M. B	Montreal	20	2,000	2,000
Langstroth, Bethiah H	Nauwigewauk, N.B	10	1,000	1,000
Langstroth, Samuel H	do	20	2,000	2,000
Lawton, Charles	St. John, N.B	13	1,300	1,300
Lawton, Sarah Ann	do	3	300	300
Leavitt, Catherine M. A., deceased, estate of	do	13	1,300	1,300
Lee, Elizabeth Chipman	Halifax, N.S	4	400	400
Lewin, Hon. James D	St John, N.B	100	10,000	10,000
Lockhart, Mabel W, trustees of	Montreal	4	400	400
Logmaid, Sophia	St. John, N.B	4	400	400
Lovett, Arthur W	do	20	2,000	2,000
Mackay, W. H. Campbell	do	2	200	200
Macnab, Elizabeth G	London, England	8	800	800
Manchester, James	St. John, N.B	138	13,800	13,800
Medley, Rt. Rev. John, D.D., deceased, estate of	Fredericton, N.B	2	200	200
Merritt, Emma North	St. John, N.B	2	200	200
Merritt, Julia Harrison	do	3	300	300
Merritt, Rev. Robert N., deceased, estate of	Toronto	9	900	900
Merritt, Thomas, deceased, estate of	St John, N.B	38	3,800	3,800
Merritt, Thomas G	do	3	300	300
Methodist Church, The	do	32	3,200	3,200
Miller, Harry	do	14	1,400	1,400
Millidge, Thomas	do	31	3,100	3,100
Milligan, Robert	do	8	800	800
Milner, Catherine E	Brooklyn, N.Y	10	1,000	1,000
Moore, Helen J	Lynn, Mass	4	400	400
Moran, Hannah	Montreal	16	1,600	1,600
Moran, Hannah, trustee for Madena Vaughan	do	15	1,500	1,500
Morrisey, George	Wilmslow, England	4	400	400
Morrison, Catherine G	Fredericton, N.B	5	500	500
	Carried forward	2,320	232,000	232,000

The Bank of New Brunswick—La Banque du Nouveau-Brunswick.

Names. — Noms.	Residence.	Number of Shares. — Nombre d'Actions.	Amount Paid. — Montant payé.	Amount Subscribed. — Montant souscrit.
			$	$
	Brought forward...	2,320	232,000	232,000
Murray, Christopher	Isle of Wight, England	5	500	500
Murray, Isabel Louisa	St. John	25	2,500	2,500
Murray, Margaret O	do	12	1,200	1,200
Murray, Maria	do	12	1,200	1,200
Murray, William H	do	16	1,600	1,600
McAvity, Thomas	do	5	500	500
McCarthy, Timothy, deceased, estate of	Fredericton, N.B	4	400	400
McCawley, Rev. Geo., deceased, estate of	Halifax, N.S	8	800	800
McCullough, Elizabeth	Brooklyn, N.Y	9	900	900
McDonald, Arthur	St. John, N.B	9	900	900
McDonald, Arthur, deceased, estate of	do	6	600	600
McDonald, Charles	do	6	600	600
McIntosh, Elizabeth A	do	31	3,100	3,100
McIntosh, John R., M.D	do	5	500	500
McIntyre, William C	do	4	400	400
McIntyre, Robert C	do	4	400	400
McLean, Charlotte W	do	2	200	200
McLean, Eliza	do	15	1,500	1,500
McLean, Mary Ann, deceased, estate of	Toronto, Ont	7	700	700
McLellan, Fanny B	St. John, N.B	11	1,100	1,100
McLeod, Wm., deceased, estate of	do	33	3,300	3,300
Narraway, Hannah Mary	do	2	200	200
Narraway, Mary Maud	do	5	500	500
Neales, Elizabeth	do	1	100	100
Norman, Elizabeth, trustees of	do	113	11,300	11,300
Noyes, Catherine, deceaesd, estate of	do	13	1,300	1,300
O'Brien, Margaret Thorburn	Windsor, N.S	10	1,000	1,000
O'Brien, Richard	St. John, N.B	1	100	100
Odell, Elizabeth A	Halifax, N.S	67	6,700	6,700
Odell, Ella W	do	4	400	400
Odell, Fanny E	do	4	400	400
Odell, Mary Kearny	do	4	400	400
Owen, Laura C	do	3	300	300
Parker, Jane, deceased, estate of	St. Andrews, N.B	32	3,200	3,200
Parker, Lavinia, trustees of	St. John, N.B	2	200	200
Peters, Mary B	Gagetown, N.B	4	400	400
Peters, Isabella Grace	Victoria, B.C	6	600	600
Pickup, Samuel W. W	Granville Ferry, N.S	32	3,200	3,200
Prescott, Gideon, deceased, estate of	St. John, N.B	65	6,500	6,500
Puddington, Jane	do	4	400	400
Rainnie, William	do	6	600	600
Rankine, Thomas A	do	19	1,900	1,900
Reade, Alfred	England	18	1,800	1,800
Reading, Walter B	Boston, Mass	1	100	100
Rector and wardens, Trinity Church	St. John, N.B	40	4,000	4,000
Rector and wardens, Trinity Church	do	7	700	700
Reed, Thomas L	do	2	200	200
Reid, Peter, deceased, estate of	do	3	300	300
Reynolds, James	do	25	2,500	2,500
Ritchie, Thomas, trustee for M. A. Uniacke	Halifax, N.S	5	500	500
Roberts, Jane Elizabeth	St. John, N.B	3	300	300
Robertson, Amelia J	do	5	500	500
Robinson, Anna Maria	Fredericton, N.B	16	1 600	1,600
Robinson, Emily E	St. John, N.B	25	2,500	2,500
Robinson, Geo. L., deceased, estate of	do	18	1,800	1,800
Robinson, Henry Barclay	do	2	200	200
Robinson, Lucy Helen	do	13	1,300	1,300
Robinson, Philipe Clinton	do	1	100	100
	Carried forward	3,129	312,900	312,900

The Bank of New Brunswick—La Banque du Nouveau-Brunswick.

Names. — Noms.	Residence.	Number of Shares. — Nombre d'Actions.	Amount Paid. — Montant payé.	Amount Subscribed. — Montant souscrit.
			$	$
	Brought forward	3,129	312,900	312,900
Robinson, T. Barclay, in trust for Guy DeLancey Robinson	St. John, N.B.	1	100	100
Robinson, T. Barclay, in trust for Frederick Gerald Robinson	do	1	100	100
Romans, Sarah J., trustees of	Halifax, N.S.	6	600	600
Roop, Sarah Ann, deceased, estate of	Clementsport, N. S.	24	2,400	2,400
Rootes, Iden	St. John, N.B.	1	100	100
Rourke, Charlotte	St. Martin's, N.B.	11	1,100	1,100
Rourke, Rachel E	do	10	1,000	1,000
Ruddock, Charlotte	St. John, N.B.	7	700	700
Ruddock, Mary A	do	3	300	300
Ruel, James R	do	70	7,000	7,000
Ruel, William Henry, Charles Percival Ruel, Edward Arthur Ruel, and Frederick Charles Smith Ruel	Hants, England	22	2,200	2,200
Sayre, Frederick E	St. John, N B.	20	2,000	2,000
Schofield, Bertha J	do	1	100	100
Schofield, George A	do	16	1,600	1,600
Schofield, Mrs. Geo. A., trustees of	do	3	300	300
Scott, Eliza S	Cooperstown, N. Y.	7	700	700
Secord, Mary E	St. John, N.B.	1	100	100
Seeds, James A	do	4	400	400
Shives, Kilgour	Campbellton, N.B.	12	1,200	1,200
Skillen, Annie Mary	St. Martin's, N.B.	10	1,000	1,000
Skillen, Mary Ann	do	10	1,000	1,000
Smith, Benjamin, deceased, estate of	do	22	2,200	2,200
Smith, Bennett, deceased, estate of	Windsor, N. S.	16	1,600	1,600
Smith, Bowyer S.	St. John, N.B.	5	500	500
Smith, Elizabeth Ann	do	1	100	100
Smith, Ethel S	do	6	600	600
Smith, Frances C. S	do	6	600	600
Smith, Frances Mary	do	25	2,500	2,500
Smith, Francis	do	29	2,900	2,900
Smith, George Sidney	do	53	5,300	5,300
Smith, H F. Digby	London, Eng.	4	400	400
Smith, Helen S	St. John, N.B.	6	600	600
Smith, Mabel S	do	6	600	600
Smith, Mary	do	35	3,500	3,500
Smith, Wilhelmina	do	28	2,800	2,800
Starr, Alice E	Halifax, N.S.	6	600	600
Starr, Maria G	Salem, Mass	6	600	600
Stetson, Henry N	St. John, N.B.	2	200	200
Stone, Jessie E	do	15	1,500	1,500
Straton, Lulu A. R	do	11	1,100	1,100
Taylor, Mary Jane	London, Eng.	7	700	700
Taylor, Mrs. Eliza A., trustees for	St. John, N.B.	3	300	300
Thomas, James U., deceased, estate of	do	30	3,000	3,000
Thomas, William	do	10	1,000	1,000
Thompson, Janie N	Portland, Maine	7	700	700
Thomson, Elizabeth W	Rothsay, N.B.	3	300	300
Thomson, Helen G	do	3	300	300
Thomson, James	Halifax, N.S.	3	300	300
Thomson, Robert	St. John, N.B.	30	3,000	3,000
Thomson, Sam. R., deceased, estate of	do	121	12,100	12,100
Thorne, James	Granville, N.S.	8	800	800
Thurgar, J. Venner, deceased, est. of	St. John, N.B.	13	1,300	1,300
Tilley, Lady Alice	do	5	500	500
Tilley, Sir S. L., deceased, estate of	do	5	500	500
Tobin, Jacob Noyes	do	8	800	800
Tucker, John, deceased, estate of	do	41	4,100	4,100
Tupper, Susannah B	Tupperville, N.S.	4	400	400
	Carried forward	3,953	395,300	395,300

The Bank of New Brunswick—La Banque du Nouveau-Brunswick.

Names. — Noms.	Residence.	Number of Shares. — Nombre d'Actions.	Amount Paid. — Montant payé.	Amount Subscribed. — Montant souscrit.
			$	$
	Brought forward...	3,953	395,300	395,300
Turnbull, Wm. W	St. John, N.B	500	50,000	50,000
Twining, Ada Louisa	Fredericton, N.B	16	1,600	1,600
Vassie, John	Torquwhunston, Scot	20	2,000	2,000
Vaughan, Amelia	St. John, N.B	46	4,600	4,600
Vaughan, David	St. Martin's, N.B	10	1,000	1,000
Vaughan, Hannah	St. John, N.B	4	400	400
Wall, Laura	Knock-a-reagh, Ireland	10	1,000	1,000
Warre, George Acheson and Eliot Arthur DePass	London, Eng	4	400	400
Warre, George Acheson and Vincent Bailey	do	4	400	400
Watson, Eliza V	Southsea, Eng	11	1,100	1,100
Weldon, Annie	St. John, N.B	6	600	600
Weldon, Charles W., deceased, estate of	do	74	7,400	7,400
Weldon, Susan	Halifax, N.S	10	1,000	1,000
Wetmore, Maud H	St. John, N.B	13	1,300	1,300
White, James E	do	4	400	400
Whiteside, Richard	do	16	1,600	1,600
Wickwire, Annie A	Halifax, N.S	7	700	700
Wiggins, George C., deceased, estate of	Windsor, N.S	7	700	700
Wiggins, George C., trustees of	do	23	2,300	2,300
Wiggins, Mary, trustee	do	60	6,000	6,000
Wilson, Elizabeth	St. John, N.B	23	2,300	2 300
Wilson, Sarah A	Reading, Mass	4	400	400
Woodman, Charles F	St John, N.B	33	3,300	3,300
Wooster, Mary, deceased, estate of	Granville, N.S	4	400	400
Wright, Rev. Octavius C	Shipton-on-Stour, Eng	80	8,000	8,000
Wright, Chas H., Alice J. A. Wright, and John H. M., Neville C., Alice F. and Harold W. Wright, trustees for	Ealing, England	16	1,600	1,600
Yeats, Helen M	St. John, N.B	12	1,200	1,200
Yeats, Isabella	do	12	1,200	1,200
Yeats, Mary E	do	18	1,800	1,800
	Total	5,000	500,000	500,000

J. CLAWSON,
Cashier.

St. John, N.B., 31st December, 1897.

PEOPLE'S BANK OF NEW BRUNSWICK.

BANQUE DU PEUPLE DU NOUVEAU-BRUNSWICK.

Value of share, $150—Valeur de chaque action, $150.

Names. — Noms.	Residence.	Number of Shares. — Nombre d'Actions.	Amount Paid — Montant payé	Amount Subscribed — Montant souscrit.
			$	$
Armstrong, George	Lower St. Mary's	1	150	150
Allan, Margaret Ann	St. John	8	1,200	1,200
Brown, John	Eureka, California	1	150	150
Babbitt, Geo. N	Fredericton	20	3,000	3,000
Babbitt, D. L	do	2	300	300
Ball, George	New Maryland	6	900	900
Bridges, Eliza	Fredericton	20	3,000	3,000
Burpee, Louise C	Bangor, Me	35	5,250	5,250
Calder, Alex	Fredericton	119	17,850	17,850
Colter, Alex., estate of	Keswick	10	1,500	1,500
Central Fire Insurance Co	Fredericton	6	900	900
Currie, Jno. Z., M.D	Cambridge, Mass	21	3,150	3,150
Coulthard, G. E., M.D	Fredericton	5	750	750
Dayton, Samuel, estate of	St. Mary's Ferry	3	450	450
Edgecombe, F. B.	Fredericton	20	3,000	3,000
Edgecombe, A. W	do	5	750	750
Estey, H. G., estate of	do	1	150	150
Estey, Emma L	do	18	2,700	2,700
Fenety, Geo. E	do	10	1,500	1,500
Forester, V. E	Toronto	15	2,250	2,250
Grosvenor, Mrs. C. A	Meductic	12	1,800	1,800
Goodspeed, Benj	Nashwaak	4	600	600
Goodspeed, Luther	do	6	900	900
Goodspeed, Hattie E	do	1	150	150
Griffiths, John	Cardigan	16	2,400	2,400
George, D. F	Fredericton	2	300	300
Hilyard, Bertha I.	do	18	2,700	2,700
Hazen, F. B., trustees	St. John	30	4,500	4,500
Henry, Mrs. Catherine	Prince William	1	150	150
Jaffrey, Louise	St. Mary's Ferry	4	600	600
Kilburn, John	Mactaquac	5	750	750
McPherson, J. D	Fredericton	7	1,050	1,050
Morrison, Catherine G	do	10	1,500	1,500
Murray, E. S Raney	Spring Hill	7	1,050	1,050
Murray, Isabella Louisa	St. John	7	1,050	1,050
Murray, Margaret Olivia	do	7	1,050	1,050
Murray, Wm. H	do	9	1,350	1,350
McLean, John, estate of	Nashwaak	2	300	300
McCarthy, Timothy, estate of	Fredericton	20	3,000	3,000
McGibbon, Julia W	Douglas	2	300	300
McFarlane, Peter, estate of	Nashwaaksis	2	300	300
Pickard, John, estate of	Fredericton	62	9,300	9,300
Perley, Sophia J	do	7	1,050	1,050
Perley, Charlotte H	do	7	1,050	1,050
Perley, Alice E	Boston	6	900	900
Randolph, A. F	Fredericton	229	34,350	34,350
Randolph, Mrs. A. D. F.	do	86	12,900	12,900
Randolph, A. H. F	do	20	3,000	3,000
Richey, Elizabeth S	do	1	150	150
Scully, W. H	do	2	300	300
	Carried forward	918	137,700	137,700

People's Bank of New Brunswick—Banque du Peuple du Nouveau-Brunswick.

Names. — Noms.	Residence.	Number of Shares. — Nombre d'Actions.	Amount Paid. — Montant payé.	Amount Subscribed. — Montant souscrit.
			$	$
	Brought forward......	918	137,700	137,700
Sharkey, Owen	Fredericton	10	1,500	1,500
Turnbull, W. W	St. John	61	9,150	9,150
Turnbull, Julia C	do	40	6,000	6,000
Temple, Thomas	Fredericton	70	10,500	10,500
Tibbits, James	do	20	3,000	3,000
Thompson, Eliza P	do	8	1,200	1,200
Thompson, Fred. P	do	16	2,400	2,400
Turner, Elizabeth A	do	5	750	750
Vanwart, Wesley	do	2	300	300
Wark, Annie E	do	50	7,500	7,500
	Total......	1,200	180,000	180,000

J. W. SPURDEN,
Cashier.

FREDERICTON, N.B., 15th January, 1898.

ST. STEPHEN'S BANK.

BANQUE DE SAINT-ETIENNE

Value of share, $100—Valeur de chaque action, $100.

Names. — Noms.	Residence.	Number of Shares. — Nombre d'Actions.	Amount Paid. — Montant payé.	Amount Snbscribed. — Montant souscrit.
			$	$
Andrews, Elizabeth	St. Stephen	8	800	800
Andrews, F. W	do	2	200	200
Atherton, M. E.	do	3	300	300
Balkam, E. H	do	30	3,000	3,000
Blair, S. H	do	50	5,000	5,000
Blair, S. H., in trust	do	1	100	100
Blair, Alice J	do	10	1,000	1,000
Blair, F. I	do	10	1,000	1,000
Blair, F. I., in trust	do	26	2,600	2,600
Bolton, H. C	do	20	2,000	2,000
Boardman, G. A	Calais, Me	38	3,800	3,800
Brewer, Frances J	Boston, Mass	8	800	800
Bixby, Ann, estate of	St. Stephen	3	300	300
Cook, Sarah E	Calais, Me	8	800	800
Creighton, Sarah K	Berwick, N.S.	13	1,300	1,300
Copeland, Sarah	Calais, Me	16	1,600	1,600
Copeland, Henry C	do	4	400	400
Chipman, Florence	London, Eng.	20	2,000	2,000
Chipman, Jessie	St. Stephen	10	1,000	1,000
Chipman, John D.	do	40	4,000	4,000
Chipman, Mary	do	26	2,600	2,600
Chipman, Winkworth, estate of	Wolfville, N.S	21	2,100	2,100
Colter, Annie	St. Stephen	20	2,000	2,000
Davis, Hubbard, estate of	Yarmouth, N.S.	1	100	100
Dibblee, Mrs. Geo. O		1	100	100
DeWolfe, Hannah A	Boston, Mass	3	300	300
Deinstadt, W. M	St. Stephen	5	500	500
Duncan, A. H	do	2	200	200
Eaton, H. F., estate of	Calais, Me	13	1,300	1,300
Forsyth, William	St. Stephen	5	500	500
Forsyth, Barbara	do	1	100	100
Gilpin, W. S	Halifax, N.S	24	2,400	2,400
Grant, Caroline E	St. Stephen	2	200	200
Grant, Mary estate of	do	3	300	300
Grant, Hattie J	do	2	200	200
Grant, Kate	do	20	2,000	2,000
Grant, C. C	do	25	2,500	2,500
Gallagher, Francis	St. John	5	500	500
Grimmer, W. W., estate of	St. Stephen	6	600	600
Gardner, Geo. R., executor	Calais, Me	2	200	200
Gardner, Geo. R	do	1	200	200
Hayward, K. W	Boston, Mass	1	100	100
Harris, Mary H	Nashua, N.H	3	300	300
Harmon, Ida K	Milltown	4	400	400
Harmon, D. K	do	4	400	400
Hamilton, Charles	St. John	30	3,000	3,000
Hazen, Charles	do	12	1,200	1,200
Hill, Emily J., estate of	Calais, Me	3	300	300
Hill, Alma J	do	2	200	200
Hill, Lavinia J., estate of	St. Stephen	4	400	400
Hill, Henry E	do	5	500	500
Hill, Geo. F	do	10	1,000	1,000
Hill, Joanna U	do	1	100	100
	Carried forward	587	58,700	58,700

St. Stephen's Bank—Banque de Saint-Etienne.

Names. — Noms.	Residence.	Number of Shares. — Nombre d'Actions.	Amount Paid. — Montant payé.	Amount Subscribed. — Montant souscrit.
			$	$
	Brought forward...	587	58,700	58,700
Hill, Laura H., estate	St. Stephen	4	400	400
Horan, Martin	do	2	200	200
Howland, Laura M	Toronto	20	2,000	2,000
Johnson, Rev. J	Ottawa	12	1,200	1,200
Johnson, L. H	do	2	200	200
Kelley, Mary C	Calais, Me	20	2,000	2,000
Lindsay, Robert	Cincinnati, O	15	1,500	1,500
Lowell, Geo. A	Calais, Me	15	1,500	1,500
Lowell, Sarah E	do	15	1,500	1,500
Merritt, T. R N. and H. K., executors and trustees	St. John	14	1,400	1,400
Merritt, David P	do	14	1,400	1,400
Merritt, Emma N	do	13	1,300	1,300
Merritt, Thos., estate	do	60	6,000	6,000
Morrison, Frank J		1	100	100
Marks, Matilda	St. Stephen	41	4,100	4,100
Marks, Hannah H	do	2	200	200
Maxwell, J. Archibald	do	35	3,500	3,500
Maxwell, J. Archibald, in trust	do	8	800	800
Maxwell, John S.	do	27	2,700	2,700
Methodist Church	do	2	200	200
Mills, Eliza A	do	10	1,000	1,000
Moore, Jessie W	do	7	700	700
Mitchell, Janet C	do	4	400	400
Mitchell, Frank A	do	2	200	200
Mitchell, Mary Ann	do	8	800	800
Murchie, Andrew, estate	do	5	500	500
Murchie, Nancy	do	2	200	200
Murchie, Ella, estate	do	28	2,800	2,800
Murchie, James	do	15	1,500	1,500
McGregor, Mary B	St. John	6	600	600
McCrea, Sarah	Milltown	6	600	600
McAllister, Ann, estate	St. Stephen	5	500	500
McAllister, W. E., estate	do	9	900	900
McAllister, Geo. C., estate	do	4	400	400
McAllister, S. H., estate	do	2	200	200
McAllister, E. L	do	6	600	600
McAllister, Mary G	do	5	500	500
McBride, M	do	12	1,200	1,200
McCulley, Frances P	Calais, Me	15	1,500	1,500
McCallum, Cecilia	St. Stephen	2	200	200
Neill, Laura A	Calais, Me	12	1,200	1,200
Peabody, Mary H	do	24	2,400	2,400
Pike, Helen M	do	4	400	400
Pickup, Rev. S., estate	Granville, N.S	5	500	500
Perkins, Mary A	Calais, Me	10	1,000	1,000
Porter, Joseph N	St. Stephen	1	100	100
Porter, Sarah E	do	25	2,500	2,500
Porter, Geo. M	do	15	1,500	1,500
Purvis, Henrietta B.	St. John	9	900	900
Randall, L. M., estate	St. Stephen	25	2,500	2,500
Roop, Sarah	St. John	5	500	500
Ryder, John	St. Stephen	7	700	700
Ross, Frank T	do	9	900	900
Ross, Henry B	Calais, Me	7	700	700
Ross, Louisa T	do	27	2,700	2,700
Rounds, Harriet N	do	10	1,000	1,000
Stevens, J. G.	St. Stephen	5	500	500
Stevens, J. G., in trust	do	1	100	100
Stevens, J. G., jr	do	30	3,000	3,000
Stevens, Annie H	do	25	2,500	2,500
	Carried forward ...	1,318	131,800	131,800

St. Stephen's Bank—Banque de Saint-Etienne.

Names. — Noms.	Residence.	Nnmber of Shares. — Nombre d'Actions.	Amount Paid. — Montant payé.	Amount Subscribed. — Montant souscrit.
			$	$
	Brought forward...	1,318	131,800	131,800
Strange, Caroline	St. Stephen	5	500	500
Strange, Charlotte	do	5	500	500
Strange, Isabella	do	5	500	500
Strange, Joseph	do	4	400	400
Stewart, Mary E	do	12	1,200	1,200
Swan, C. E	Calais	10	1,000	1,000
Smith, T. J	St. Stephen	20	2,000	2,000
Smith, Mary E	Chatham	3	300	300
Tilley, Julia	Toronto	5	500	500
Tilley, Alice	St. John	30	3,000	3,000
Thompson, Elizabeth	London, Eng	4	400	400
Thompson, Geo. J., estate of	do	26	2,600	2,600
Thompson, S. R., estate of	St. John	10	1,000	1,000
Thompson, Georgina	St. Stephen	20	2,000	2,000
Todd, Edwin B	do	74	7,400	7,400
Todd, Frank	do	40	4,000	4,000
Todd, Georgiana	do	31	3,100	3,100
Todd, Henry F	do	51	5,100	5,100
Todd, Mary W	do	35	3,500	3,500
Todd, Margaret A	do	25	2,500	2,500
Todd, W. H., estate of	do	45	4,500	4,500
Todd, Harriet T	do	20	2,000	2,000
Todd, Ellen T	do	15	1,500	1,500
Todd, Irving R., in trust	do	1	100	100
Townsend, Laura McA	Calais	8	800	800
Webber, May R., estate of	St. Stephen	3	300	300
Webber, Nellie S	do	2	200	200
Webber, Veazie & Stevenson	do	5	500	500
Weldon, C. W., estate of	St. John	15	1,500	1,500
Wetmore, C. J	St. Stephen	15	1,500	1,500
Whiting, Ellen	Augusta, Me	5	500	500
Wilder, C. P.	do	20	2,000	2,000
Wall, G. S	St. Stephen	23	2,300	2,300
Whitlock, J. T	do	1	100	100
Yates, Helen M	St. John	10	1,000	1,000
Young, Addie	St. Stephen	74	7,400	7,400
Vaughan, Emma H	New York	4	400	400
Hill, Laura M	St. Stephen	1	100	100
	Total	2,000	200,000	200,000

J. F. GRANT, *Cashier.*

St. Stephen, N.B.,
January, 18th 1898.

BANK OF BRITISH COLUMBIA.

BANQUE DE LA COLOMBIE-BRITANNIQUE.

Value of shares, £20—Valeur de chaque action, £20.

Names, — Noms.	Residence.	Number of Shares. — Nombre d'Actions.	Amount Paid — Montant payé.	Amount Subscribed. — Montant souscrit.
			£	£
Anderson, James, deceased	Late of Frognal Park, N.W.	300	6,000	6,000
Acworth, E., deceased	Late of Victoria St., S.W.	35	700	700
Andrews. James	Prince Arthur Rd., N.W.	60	1,200	1,200
Allport, W. M.	63 St. James St., S.W.	12	240	240
Andrien, Mrs. E. A.	Rue de la Trinité, Paris	60	1,200	1,200
Anderson, John	78 Porchester Terrace, W.	132	2,640	2,640
Aste, J.	Ross Rd., Norwood	30	600	600
Greenaway, F. E., and another	Elgin Crescent, W.	25	500	500
Arnold, Miss E. A.	15 Ferningham Rd., S.E.	12	240	240
Armitage, Rev. A.	Breckenbrough	88	1,760	1,760
Almack, Rev. W.	Faversham	55	1,100	1,100
Amys, Mrs. H.	222 Strand, W.C.	12	240	240
Allsop, T.	15 Sergeant's Inn, E.C.	20	400	400
Applegate, A.	Northern Gr., Manchester	12	240	240
Alexander, Miss A. J. H.	Trillick, Tyrone	1	20	20
Alexander, J. B.	do	9	180	180
Atkinson, Miss G.	Lansdown Rd., Dublin	7	140	140
Alexander, Mrs J. P.	Oak Bank, Surbiton	20	400	400
Alexander, Miss C. M. E.	Tempford, Sandy	6	120	120
Addison, Mrs. E.	11 Eaton Gdns., Hove	69	1,380	1,380
Ambrose, Mrs. L. G.	12 Kensington Court, W.	30	600	600
Anderson, Miss S. J.	Netherhall Gdns., N.W.	8	160	160
Akroyd, C. H.	13 St. James Sq., S.W.	56	1,120	1,120
Alexander, S. C., and Mrs	Oak Bank, Surbiton	50	1,000	1,000
Addison, Mrs. R. M.	16 Charing Cross, S.W.	34	680	680
Agnew, Col. G. A., and another	East Warriston, Edinburgh	35	700	700
Armstrong, G. K.	St. Lawrence Rd., Clontarf	5	100	100
Andrewes, Col. W. G.	Pulboro'	10	200	200
Allen, G.	King's Rd., Wimbledon	10	200	200
Allen, R. C.	do	7	140	140
Alton, J. P., and Mrs	Rathgar, Dublin	2	40	40
Atkinson, H. S. T.	Woodcote House, Reading	4	80	80
Angus, Gen. J. A.	Church Hill, Edinburgh	30	600	600
Armitage, J. W. B.	Salendine Nook, Huddersfield	4	80	80
Anderson, Mrs. H. M.	Norden Rd., Blackheath	10	200	200
Binney, Bishop H., deceased	Late Bishop of Nova Scotia	40	800	800
Birch, Rev. A. F.	Berkhampstead	146	2,920	2,920
Boxall, E.	Ship St., Brighton	27	540	540
Bousfield, Rev. A	Princess Risborough	30	600	600
Baron, J.	Bodmin	36	720	720
Bushby, J. W.	3 Halkin St., S.W.	40	800	800
Bedford, Mrs. S. E.	326 Camden Rd., N.W.	9	180	180
Baker, William, deceased	Late of St. Leonard's	50	1,000	1,000
Butler, Charles	3 Connaught Place, W.	885	17,700	17,700
Bentley, J. W. N.	7 Camden Sq., N.W.	711	14,220	14,220
Bradley, C. J.	Kemerton Rd., Beckenham	12	240	240
	Carried forward	3,246	64,920	64,920

Bank of British Columbia—Banque de la Colombie-Britannique.

Names. — Noms.	Residence.	Number of Shares. — Nombre d'Actions.	Amount Paid. — Montant payé	Amount Subscribed. — Montant souscrit.
			£	£
	Brought forward...	3,246	64,926	64,926
Bushe, Col. C. J	Old Charlton	24	480	480
Blackett, Rev. S	Wareham, Dorset	9	180	180
Brydone, H. G	Petworth	20	400	400
Bird, W. H	Lansdowne P . e, Cheltenham ....lac	5	100	100
Bird, W. H., and Mrs	do	5	100	100
Butler, Miss A	Dyke Rd., Brighton	35	700	700
Bowring, H	Don Terrace, Jersey	24	480	480
Birkett, E. L	Emsworth	17	340	340
Byrne. J. A., Q.C	Lower Leeson St, Dublin	120	2,400	2,400
Blower, Mrs. C. W	Bedford	4	80	80
Brooker, C. A. B	Fairfield Road, Croydon	1	20	20
Byrne, Miss A. J	Omagh, Tyrone	5	100	100
Beardmore, A	Tean, Stoke-on-Trent	8	160	160
Bird, Rev. R. H	Tram Inn, R.S.O	8	160	160
Batchelar, Miss D	Great Berkhamsted	10	200	200
Bourke, M. J	Lower Baggot St., Dublin	6	120	120
Bowring, V. H	30 Eaton Place, S.W	3	60	60
Bowring, Mrs. E	do	60	1,200	1,200
Brooker, W. H., deceased	Late of Worthing	12	240	240
Broadbent, J. W	Care of Chd. Bank of India, E.C	10	200	200
Brown, S	Dunloy, Belfast	18	360	360
Borradaile, Rev. R. H	Tandridge, Godstone	60	1,200	1,200
Brooker, Mrs. E	78 St. Augustines Rd., N.W	3	60	60
Burnside, S. R	Monaghan	22	440	440
Bone, J. G	Hayle	6	120	120
Bell, J	Appleby	60	1,200	1,200
Bourke, M. J., and Mrs	Lower Baggot St., Dublin	3	60	60
Bailey, J	Silvertown	32	640	640
Beale, J. S., and another	28 Gt. George St., S.W	90	1,800	1,800
Bradshaw, Rev. W. H., deceased	Late of Booterstown	6	120	120
Brown, G., and others	Sayer's Farm, Ongar	4	80	80
Bastable, Mrs. M	Kanturk	10	200	200
Barnes, Miss S	Anglesea Rd., Ipswich	1	20	20
Butler, Miss J. S	Southampton Pl., Reading	5	100	100
Binney, Rev. W. H., and another	Northwich Vicarage	8	160	160
Bellman, Henry, deceased	Late of Bungay	2	40	40
Baker, Col. R. B	First Av., Brighton	20	400	400
Bridge, V	Roscrea	5	100	100
Bellamy, Rev. H	Euston Road, Yarmouth	26	520	520
Busch, Mrs. H. M	Horsham	2	40	40
Barrow, R. P	26 Old Broad St., E.C	300	6,000	6,000
Benson, C. W	66 New Broad St., E.C	35	700	700
Breach, W. P	Steyning	10	200	200
Bischoff, T. W	4 Gt. Winchester St., E.C	34	680	680
Baker, A	Collingbourne, Kingstone	6	120	120
Brown, F	Hamble, Southampton	10	200	200
Baker, Mrs. M	3 Pimlico Road, S.W	3	60	60
Brett, J	No address known	3	60	60
Brennan, Miss E	Carrickbeg	1	20	20
Browne, Mrs. R. E., and others	Kingsthorpe, N'thampton	9	180	180
Bowyer, Miss S. E	Thurlow Pk. Rd., Dulwich	20	400	400
Bowles, Miss M. J	Gordon Villas, Woking	4	80	80
Bucknill, S. P. B	Chancery Lane, E.C	15	300	300
Bridger, Miss M. R	Fisherton Hol, Salisbury	15	300	300
Boyd, S	Lexham Gardens, S.W	36	720	720
Bennett, Miss M	Albion Place, Ramsgate	10	200	200
Bowyer, Miss J. H., deceased	Late of Dulwich	7	140	140
	Carried forward	4,533	90,660	90,660

Banques incorporées.

Bank of British Columbia—Banque de la Colombie-Britannique.

Names. — Noms.	Residence.	Number of Shares. — Nombre d'Actions.	Amount Paid. — Montant payé.	Amount Subscribed. — Montant souscrit.
			£	£
	Brought forward...	4,533	90,660	90,660
Brown, G., and Mrs	Lenthall Rd., Dalston	3	60	60
Bieler, Miss H. E	Birthwood, Biggar	5	100	100
Bruce, C. R. H	Usk, Mon	81	1,620	1,620
Bush, Capt. P. W., R.N	Duloe, R.S.O	5	100	100
Bates, Mrs. E	Hagley Rd., Birmingham	3	60	60
Boyd, Judge W	Merrion Sq., Dublin	10	200	200
Bruce, E. K	Damerham, Salisbury	70	1,400	1,400
Butler, W. G	Oakleigh, Walton	19	380	380
Butler, A. J	Woodend, Weybridge	19	380	380
Bruce, Major A. C	16 Charing Cross, S.W	52	1,040	1,040
Booker, Sir W. L, C.M.G	St. James Club, W	40	800	800
Berthond, A. H	41 Threadneedle St., E.C	25	500	500
Brayley, J. H	123 Chancery Lane, W.C	15	300	300
Brooke, C. B	16 Leadenhall St., E.C	55	1,100	1,100
Bradford, T	Alexandra Terrace, Derry	5	100	100
Brady, Miss A. F	Rockcorry, Co. Monaghan	10	200	200
Brown, H. and another	13 Victoria St., S.W	40	800	800
Brady, R	Rockcorry, Co. Monaghan	10	200	200
Bolden, Geo	Fountain St., Manchester	40	800	800
Baines, Miss M. M	Fairholme, Epping	10	200	200
Burns, John	P.O. Box 119, Vancouver	80	1,600	1,600
Butcher, F. J	Ivanhoe, Clapman	30	600	600
Benn, I. H	27 Clements Lane, E.C	20	400	400
Barnes, Rev. C. E	Saffron, Walden	15	300	300
Binyon, B	Princes St., Ipswich	18	360	360
Bolitho, T. B., M.P	Penzance	20	400	400
Bishop, F. C	36 Nicholas lane, E.C	10	200	200
Brown, A	Hyndhope, Selkirk	10	200	200
Bickmore, H. C	Ladbroke Crecent, W	1	20	20
Black, Miss M. O., and others	Strathview, Perth	10	200	200
Blake, Miss G. B	Whitegate, Limerick	5	100	100
Cobley, Miss M. A., deceased	Late of Waltham Cross	7	140	140
Carlisle, Rev. H. H	Maldon	10	200	200
Cable, Geo., deceased	Late of Southampton	15	300	300
Cumming, Col. R. O	Coulter, Cheltenham	150	3,000	3,000
Cox, S. M	Honiton	75	1,500	1,500
Coe, A. F	14 Hart St., Bloomsbury	95	1,900	1,900
Cornish, Canon T. B	Ufton Rectory, Reading	20	400	400
Cornish, Miss S. B	Castle Cres., Reading	7	140	140
Colby, Miss M	Hurle Cres., Clifton	4	80	80
Carter, W. H	Naval & Mil. Club, W	84	1,680	1,680
Coleman, E	Ampthill	24	480	480
Cutcliffe, J. E	Kimbolton Rd., Bedford	30	600	600
Chevallier, A. J	Bungay	5	100	100
Claypole, H. T	Sittingbourne	55	1,100	1,100
Cargin, Alex, deceased	Late of Dromore	20	400	400
Clutterbuck, Miss C. P	Chalford, Glos	12	240	240
Craig, Mrs. A	Glenageary, Kingstown	9	180	180
Craig, Miss A. B. D	do	6	120	120
Clarke, Miss S. F	Parade, Banbury	6	120	120
Cornish, Rev. J. F	11 Carlyle Mansions, S.W	33	660	660
Cutcliffe, Geo	Witheridge	150	3,000	3,000
Cubitt, Miss A	19 Hobart Place, S.W	50	1,000	1,000
Cuppage, Miss E. C. G	Hampton Ct. Palace	17	340	340
Cooke, Miss M. S	Priory Mansions, Kilburn	5	100	100
Cutcliffe, Geo. and others	Witheridge	20	400	400
Caton, E. S	Gracechurch St., E.C	10	200	200
Conybeare, Rev. J. W. E	Barrington, V. Camb'dge	16	320	320
Challis, Capt. H G., R.N	Hayter Rd. Brixton	110	2,200	2,200
Cook, Fred'k., deceased	Late of Haverstock Hill	24	480	480
Challis, C. E	St. Saviours Rd., Brixton	30	600	600
	Carried forward...	6,368	127,360	127,360

Bank of British Columbia—Banque de la Colombie-Britannique.

Names. — Noms.	Residence.	Number of Shares. — Nombre d'Actions.	Amount Paid. — Montant payé.	Amount Subscribed. — Montant souscrit.
			£	£
	Brought forward...	8,368	127,360	127,360
Campbell, Mrs. M	Dummurry, Antrim	33	660	600
Curtis, Mrs. A., deceased	Late of Carmarthen	16	320	320
Coolican, E. and F	Bridge St. Ballina	49	980	980
Cumming, R. and Mrs	Alexandra Rd., Norwood	1	20	20
Coward, Miss S	73 Warrington Crest, W.	20	400	400
Curwen, E. S., and T. C	Change Alley, E.C	5	100	100
Colman, Col. G. B. T., deceased	Late of Kensington	12	240	240
Cutcliffe, Miss A	Witheridge	5	100	100
Cutcliffe, Miss Grace	do	11	220	220
Cutcliffe, Miss Gertrude	do	3	60	60
Craig, David, J. P.	Oakslodge, Derry	6	120	120
Clarke, Mrs. M. T	1 Brompton Sq., S.W	30	600	600
Cookson, F	Army and Navy Club, SW	105	2,100	2,100
Cookson, W. R	Bracknell	75	1,500	1,500
Cookson, H. T.	Warminister	60	1,200	1,200
Cargin, Rev. J	Derry	15	300	300
Couper, J., M.D	80 Grosvenor St., W	60	1,200	1,200
Coveney, Miss E	Boughton, Monchelsea	11	220	220
Coveney, Mrs. A.	do	7	140	140
Cooke, W. H	Elmfield Ter., Halifax	6	120	120
Cartwright, Lt.-Col. R. A	68 Lombard St., E.C	23	460	460
Croasdaile, Miss M. E	Shinrooe, King's Co	5	100	100
Cargin, Mrs. A., and others	Wellington Pk., Belfast	4	80	80
Chaplin, Alex	Chapel Pk. Rd, St. Leonards	10	200	200
Cullen, Mrs. A	Care of Lon. and County Bk., Bayswater	2	40	40
Chaplin, Mrs. R. M	Chapel Pk. Rd. St. Leonards	5	100	100
Crowder, C. F	Waterloo St., Birmingham	35	700	700
Croasdaile, R. T	Shinrone, King's Co	5	100	100
Cook, T. G	Avondale Villas Cheltenham	2	40	40
Charles, Miss M. D	Worcester Lodge, Clifton	20	400	400
Crean, Surgeon-Maj. J. J	United Service Club, Dublin	5	100	100
Curwen, J. S	Frognal, Gardens, N.W.	20	400	400
Carroll, Wm., C.E	West Wickham	7	140	140
Campbell, W. H.	30 Lancaster Gate, W	50	1,000	1,000
Chaplin, E., and others	37 Lombard St., E.C	100	2,000	2,000
Coutts, R	Plymouth Gr., Manchest'r	10	200	200
Claypole, Mrs. E. L	Sittingbourne	4	80	80
Crowder, Mrs. F. J	Oak Bank, Surbiton	30	600	600
Chute, F. J	Kingstown	7	140	140
Clemow, K	317 Seven Sisters Rd., N.	7	140	140
Curwen, J. F	Kendal	3	60	60
Catchpool, Miss S. G	Castle Cres., Reading	10	200	200
Coppinger, A. J	42 Halfmoon St., W.	100	2,000	2,000
Campbell, Mrs. J	Greencroft Gardens Hampstead	15	300	300
Cook, J	Burngrove, Weston	16	320	320
Carey, Capt. H. C., R.E	16 Charing Cross, S.W	7	140	140
Carey, Mrs. K. M	do	30	600	600
Castellan, Mrs. L., and another	Gidea Hall, Romford	400	8,000	8,000
Caesar, Julius	Stratford House, Tun Wells	50	1,000	1,000
Capel, Hon. R. A., and another	105 Winchester Ho'se, E.C	100	2,000	2,000
Carpenter, E., and R. S	13 Bishopsgate St, E.C.	1	20	20
Crozier, Miss C. A	Edgbaston Vic., B'gham.	9	180	80
Collard, D. J	The Eagles, Highgate	50	1,000	1,000
	Carried forward	8,040	160,800	160,800

Banques incorporées.

Bank of British Columbia—Banque de la Colombie-Britannique.

Names. — Noms.	Residence.	Number of Shares. — Nombre d'Actions.	Amount Paid. — Montant payé.	Amount Subscribed. — Montant souscrit.
			£	£
	Brought forward......	8,040	160,800	160,800
Crozier, J. E	Edgbaston, Vic., B'gham	5	100	100
Croft, H. A	Victoria Tce., Kendal	5	100	100
Chichester, Miss M. C. C	43 Pelham St., S.W.	15	300	300
Chambers, Thos.	Cooley Villa, Greenore	6	120	120
Crew, E	Macclesfield	11	220	220
Cook, J	77 Digby Rd., N	10	200	200
Colman, Rev. E. F. P	Guernsey	10	200	200
Caldecott, Col. C. T., and another	Rugby	50	1,000	1,000
Coghlan, Mrs. C. M.	MontpellierVillas, B'gton	10	200	200
Colmer, Mrs. M. C	29 Eldon Rd., W	2	40	40
Clarke, G	Rayne	15	300	300
Clementson, J	English St., Carlisle	5	100	100
Chamberlain, F. F	Ambrose Farm, Ramsb'ry	5	100	100
Colby, John	Aberystwyth.	3	60	60
Cobbold, E. S	Church Stretton, R.S.O.	10	200	200
Cork, N	18 Birchin Lane, E.C	20	400	400
Crane, W. J. R	73 Dresden Road, N	1	20	20
Dutton, G. T	More Close, Tooting	4	80	80
Dewar, T	Blackford Rd., Edinburgh	30	600	600
Dagg, John	Freshfield Rd., Brighton.	20	400	400
Dodgson, General Sir D. S.	United Service Club, S.W.	30	600	600
Davis, E	The Elms, Cheltenham	150	3,000	3,000
Dunn, Miss M	Halley Rd., Forest Gate	18	360	360
Darley, E. G	113 Westbourne Tce., W.	120	2,400	2,400
Dusgate, R. D	3 Halkin St., S.W.	50	1,000	1,000
Dyke, Mrs. M	Sittingbourne	66	1,320	1,320
Diggle, W. N	Efford, Lymington	720	14,400	14,400
Drysdale, C. R., M.D	Carson Rd., Dulwich	12	240	240
Drysdale, Geo., M.D.	do	18	360	360
Duncan, Miss E., and another	48 Dame St., Dublin	11	220	220
Duncan, Mrs. M., and others	White Abbey, Belfast	18	360	360
Down, T. C	Care of Birkbeck Bk., W.C	2	40	40
Dennehy, Mrs. F. I	St. Lucia, W.I.	14	280	280
Dendy, A	University Coll., Oxford.	4	80	80
Dudgeon, J. S	St. Boswells, N.B.	30	600	600
Dring, S	Glanmire, Cork	12	240	240
Devany, H.	Ballina	6	120	120
Dixon, F. M	Prestonville Tce., B'ghton	12	240	240
Duck, J	Burton Hill, Malmesbury	59	1,180	1,180
Dunnett, E. P	Vincents Rd., Dorking	3	60	60
Dolphin, J	The Paragon, Blackheath	30	600	600
Dockray, Mrs. S M. L	Stoke Headington	8	160	160
Douglas, C. C	38 Fenchurch St., E.C.	2	40	40
Dixon, John	Boreham Manor, Chelmsford	34	680	680
Down, Mrs. F. S	Care of Birkbeck Bk., W.C	1	20	20
Dunn, G. C	Cookham, Dean	20	400	400
Duncan, A. G	Bideford	12	240	240
Dowdall, Rev. L. D	Sackville Rd., Hove	3	60	60
Daman, Rev. H	Eton	2	40	40
Dunnett, Mrs. F	Clarence Rd., Tun. Wells	5	100	100
Denholm, Miss E. G	Biggar, N.B.	19	380	380
De Carteret, Capt. F.	Gnernsey	5	100	100
Davey, Mrs. E	Bow, Devon	3	60	60
Donnell, S	Castle St., Derry	10	200	200
Denholm, Miss L	Biggar, N. B.	18	360	360
Denholm, Miss M. J	do	19	380	380
Davis, J	Tuffley Lawn, Gloucester	5	100	100
Deane, H. C	Pulteney St., Bath	60	1,200	1,200
Draeger, A	106 East Dulwich Rd., S.E	20	400	400
Donnell, S. and W. J	Castle St., Derry	10	200	200
	Carried forward...	9,918	198,360	198,360

Bank of British Columbia—Banque de la Colombie-Britannique.

Names. — Noms.	Residence.	Number of Shares. — Nombre d'Actions.	Amount Paid. — Montant Payé.	Amount Subscribed. — Montant souscrit.
			£	£
	Brought forward......	9,918	198,360	198,360
Donnell, W. J	Asylum St., Derry	5	100	100
Dring, J	57 Chancery Lane, E.C.	10	200	200
Dysart, J. J	Galliagh, Derry	10	200	200
De Blaquière, Lord	Woodboro' House, Bath	23	460	460
Drake, Capt. H. D., R.M.A	Admiralty, S.W	2	40	40
De Bernardy, A	25 Bedford Row, W.C	5	100	100
De Bernardy, L	do	5	100	100
de Montagnac, Baronne	Francheval, France	25	500	500
Drake, Hon. M. W. T	Victoria, B C	25	500	500
Davidson, Capt. D. F	Dess, Aberdeenshire	120	2,400	2,400
Dring, Wm	Station Rd, Kettering	10	200	200
Elder, Geo	Knock Castle, Greenock	290	5,800	5,800
Elder, William, deceased	Late of Queensferry	100	2,000	2,000
Evershed, G. H	RoundHillCres.,Brighton	18	360	360
English, R C	Springhill, Bournemouth	117	2,340	2,340
English, Miss A. G	11 Eaton Gardens, Hove	58	1,160	1,160
Egerton, Capt. F. W., R.N	Alresford	60	1,200	1,200
Elder, Mrs M. E	Hyde Park Gardens, W	60	1,200	1,200
Elder, W. G., and others	7 St. Helen's Place, E.C.	54	1,080	1,080
Edwards, Miss A. M	Shifnal	5	100	100
Eustace, J., M D	Elmhurst, Glasnevin	36	720	720
Evans, Mrs J., deceased	Late of Wimbledon	80	1,600	1,600
Ellis, Mrs. L. D	Queen Anne Grove, Chiswick	3	60	60
Elger, J	Clayton Court, Liss	15	300	300
East, Miss E. M	Morningside, Prestbury	12	240	240
Elliott, Miss F. M	Ladbroke Square, W	6	120	120
Elwen, T. H	Hurworth-on-Tees	7	140	140
Egerton, Capt A. F	16 Charing Cross, S W	5	100	100
Eade, Cyril, and another	1 Grays Inn Square, W.C.	10	200	200
Evans, W. J	Carmarthen	10	200	200
Edgell, H	Holly Rd., Ipswich	20	400	400
Fox, Mrs. B	Quay, Carrickbeg	2	40	40
Foster, E. M	Florence Rd., Brighton	15	300	300
Froste, R. P	Harcourt St., Dublin	10	200	200
Fisher, J., deceased	late of Brompton Rd	10	200	200
Finch, D. S	63 Larkhall Lane, S.W	100	2,000	2,000
Falkiner, Dr. F. J	Naas, Kildare	12	240	240
Fowler, Mrs. E. S	Bray, Wicklow	7	140	140
Freeman, J. C	Maldon	17	340	340
Fleming, P. D	Lower Baggot St., Dublin	3	60	60
Fenton, Rev. S	Bellaghy, Derry	5	100	100
Farquharson, J. C	Anchor Gate Ho., Portsea	10	200	200
Forbes, Lieut. A., R. A	Shoeburyness	5	100	100
Francis, Mrs. C	Yiewsley, Uxbridge	5	100	100
Firth, Dr. C	Parrock St., Gravesend	5	100	100
Ford, Mrs. L. M	Fellows Rd., Hampstead	12	240	240
Papillon, Mrs. E. L. W	Pevensey Rd., St. Leon'ds	13	260	260
Forsyth, A. M., and Mrs	Ness House, Surbiton	52	1,040	1,040
Fisher, Mrs. M. F	222 Strand, W.C	12	240	240
Fry, Miss M. L	Sypsies, Mayfield	13	260	260
Forwood, Sir W. B	Blundellsands	20	400	400
Fry, Miss J. C	Sypsies, Mayfield	6	120	120
Fry, H. R. A	do	16	320	320
Ferguson, Geo	Stock Exchange, London	172	3,440	3,440
Fussell, Mrs. E. M	Bycullah Rd, Enfield	20	400	400
Fuller, Rev. W. H., and Mrs	Newquay	20	400	400
Ford, W. P	3 Clements Lane, E.C	10	200	200
Fasson, Miss M. A. H	17 Whitehall Pl., S.W	7	140	140
Fry, T. B	Poona, India	15	300	300
Fellows, A	Vicarage Rd., Harborne	50	1,000	1,000
	Carried forward ...	11,768	235,360	235,360

Bank of British Columbia—Banque de la Colombie-Britannique.

Names. — Noms.	Residence.	Number of Shares. — Nombre d'Actions.	Amount Paid — Montant payé.	Amount Subscribed. — Montant souscrit.
			£	£
	Brought forward...	11,768	235,360	235,360
Fenton, R. C	Prospect Ho., Waterford	5	100	100
Gillespie, Sir R.	11 Eaton Gardens, Hove.	85	1,700	1,700
Guinness, R. S.	College Green, Dublin....	50	1,000	1,000
Greenaway, F. E	Elgin Crescent, W	36	720	720
Goodall, W. C.	Burymead Gdns., Action	18	360	360
Gundry, F.	Care Bk. of Montreal, E.C	5	100	100
Graves, Rev. C. E	Cambridge	120	2,400	2,400
Greenfield, Mrs. A. M., deceased	Late of Hornsey	9	180	180
Gwatkin, Rev. T.	St. Paul's Rd., Cambridge	24	480	480
Gore, Rev. C. F.	Edenbridge	46	920	920
Gwyther, J. H.	Hatton Court, E.C	26	520	520
Gwatkin, H. M.	Scrope Ter'ce Cambridge	35	700	700
Goodbody, M., deceased	Late of Blackrock	100	2,000	2,000
Garnette, T	Bideford	30	600	600
Gooding, J. C., M.D	Stanmer Ho, Cheltenham	30	600	600
Galwey, Miss I. F.	Moville, Derry	1	20	20
Gascoigne, Genl. W. J.	16 Charing Cross, S.W...	14	280	280
Gordon, J.	St. Ronan's, Headingley.	4	80	80
Groves, J., M.D.	Carisbrooke	30	600	600
Gillespie, T. G.	90 Philbeach Gdns. S.W.	85	1,700	1,700
Godden, A. G. E.	Highcroft Villas, Brighton	12	240	240
Gibbes, W.	38 Throgmorton St., E.C	5	100	100
Gillies, Mrs. T.	Killcarnan.	5	100	100
Green, A. C., deceased	Late of Plumstead	1	20	20
Green, Miss L. F	Anerley Hill, S E.	5	100	100
Gillespie, T. G., and R. A.	90 Philbeach Gdns, S.W.	50	1,000	1,000
Gallafent, Miss A. M.	Waterloo St., Brighton...	10	200	200
Gower, H. B.	29 Mark Lane, E.C	30	600	600
Garbett, F.	Rugby Road, Brighton....	12	240	240
Gale, H. L	Valetta, Malta	36	720	720
Graves, F.	Westminster Palace Hotel, S.W	40	800	800
Cooke, Mrs. S. G.	Rathgar Rd., Dublin	5	100	100
Gillespie, Miss J. M	90 Philbeach Gdns. S.W.	33	660	660
Gillespie, Miss J.	11 York Bldgs, Edinb'gh	20	400	400
Gillespie, Miss M.	do do	17	340	340
Gillespie, Miss A.	do do	25	500	500
Gascoyne, W. W., decased	Late of Sittingbourne	13	260	260
Gaynor, Mrs. A	Tully Baylin, Athlone	2	40	40
Geach, W. G	S. Craven Av., Plymouth	2	40	40
Good, Miss M	Trelawny Rd., Bristol	5	100	100
Green, W.	Bickley, Kent	15	300	300
Graham, Sir R. J., Bart	Longtown	82	1,640	1,640
Gordon, T., deceased	Late of Edinburgh	130	2,600	2,600
Goddard, D. F	Ipswich	50	1,000	1,000
Gardiner, Capt. J. A. M	Junior Army and Navy Club, S.W	14	280	280
Griffith, W. H	Bramham Gdns., S.W	7	140	140
Griffith, W. S	do	8	160	160
Gillespie, Miss E	Marchbank Ter. Dumfries	31	620	620
Gandy, Mrs. F	Penrith	26	520	520
Groves, Rev. J.	Redcar Vic'ge, Yorks	6	120	120
Gillespie, D.	Marchbank T'r., Dumfries	10	200	200
Griffith, J. L	Frondey, Holyhead	8	160	160
Gillespie, Miss C. M	Inverness	8	160	160
Gilson, W. R	Santa Ana, Cal	19	380	380
Gaynor, Rev. J. E., and others	St. Vincents, Cork	10	200	200
Guinness, H. R.	College Green, Dublin	8	160	160
Guinness, H. S.	do do	12	240	240
Guinness, Col. H. C., A.M.S	Cheltenham	26	520	520
Gardiner, H. J	70 Basinghall St., E.C	110	2,200	2,200
	Carried forward	13,429	258,580	268,580

Bank of British Columbia—Banque de la Colombie-Britannique.

Names. — Noms.	Residence.	Number of Shares. — Nombre d'Actions.	Amount Paid. — Montant payé.	Amount Subscribed. — Montant souscrit.
			£	£
	Brought forward...	13,429	268,580	268,580
Gillespie, T. P., and another	Armdale, N.B	39	780	780
Glasbrook, I. T	Norton Ho., Swansea	40	800	800
Green, Mrs. S. I	Auckland Rd., Norwood	10	200	200
Greenfield, G	Hazelville Rd., Hornsey	5	100	100
Green, G. F	5 Lawrence, Pountney Hill, E.C	15	300	300
Galloway, W	Northampton Park, N	10	200	200
Gordon, Mrs. A	ConnaughtRd,Harlesden	8	160	160
Graham, Mrs. S	Tisbury Rd., Hove	72	1,440	1,440
Green, Miss Z. F	Auckland Rd., Norwood	5	100	100
Grimwade, C. J	Hadleigh	10	200	200
Graham, J. O	Kamloops, B C	30	600	600
Gascoigne, Major R. F. T	Aberford, Leeds	30	600	600
Griffiths, Rev. W., and another	Shelsley, Worcester	10	200	200
Gibbs, S. M., deceased	Late of St. Leonards	56	1,120	1,120
Hissey, J., deceased	Late of Kingston	10	200	200
Hutchinson, Miss J. M., and another	155 Shooters Hill Rd. S.E	9	180	180
Hutchinson, Miss J. M., and another	do do	42	840	840
Hunter, Sir R	G. P. O	7	140	140
Harrison, R. M., deceased	Late of Welshpool	15	300	300
Hoare, F. P	Care of Lloyds Bk., St. James' St., S.W	22	440	440
Henderson, W. G	Maguire's Bridge, Fermanagh	12	240	240
Henderson, J	Sunderland	24	480	480
Harcourt, J	Kingstown, Ireland	18	360	360
Hieatt, Mrs. E	Witney	14	280	280
Haggie, G. A	Sunderland	10	200	200
Harley, Mrs. H	Pembroke Rd., Dublin	10	200	200
Hamilton, C. H	Larbert, N.B	200	4,000	4,000
Hayes, Miss E. G	Queensboro' Tce., W	32	640	640
Hayes, Miss F M	do do	24	480	480
Hett, R. T	Darlington	24	480	480
Harvey, T. S	Ellerslie, Maidstone	2	40	40
Clayton, Mrs. E. C	Ringstead Rd., Catford	4	80	80
Henderson, Miss H	Adelaide V., Lewisham	4	80	80
Henderson, Miss A. L. C	225 Upper Thames st., E.C	4	80	80
Hodson, R. E	Bandon, Cork	4	80	80
Hunt, R	162 Lewisham High Rd	12	240	240
Hatt, Miss E. E	Thornlaw Rd., Norwood.	5	100	100
Howard, J	143 Cannon St., E.C	20	400	400
Haylock, Mrs. S	Guildford Rd., Greenwich	12	240	240
Howard, J B	Warwick Rd., Barnet	8	160	160
Hore, Mrs. L. A	Charles Rd., St. Leonards	30	600	600
Hissey, J. J	Gandick Rd, Eastbourne	2	40	40
Harrison, G. D	Welshpool	13	260	260
Hallsey, Mrs. C. A	Darnley Rd, Gravesend	5	100	100
Hutchison, Gen. C. S	Kidbrook Pk. Rd., S.E	1	20	20
Hannah, Miss S. J	Goldstone Villas, Hove	1	20	20
Hamilton, Rev. J., deceased	Late of Sittingbourne	10	200	200
Harwood, A	Ipswich	13	260	260
Hayward, B	Marlborough	15	300	300
Heyworth, Mrs. G	Huskisson St., Liverpool	10	200	200
Healy, G	Ormond Quay, Dublin	10	200	200
Hawkins, Capt. A. D. C	Care of Grindlay and Groom, Bombay	9	180	180
Hitchcock, Mrs. M. C	Banbury Rd, Oxford	10	200	200
Hitchcock, Mrs. F. A	Carlaton Road, Ealing	10	200	200
Huey, William	Ture, Donegal	10	200	200
Hoppe, J. R	28 a Basinghall St., E.C.	12	240	240
Hill, Rev. W. S	Manwich Ter., St. Leon'ds	6	120	120
	Carried forward...	14,484	289,680	289,680

Bank of British Columbia—Banque de la Colombie-Britannique.

Names. — Noms.	Residence.	Number of Shares. — Nombre d'Actions.	Amount Paid. — Montant payé.	Amount Subscribed. — Montant souscrit.
			£	£
	Brought forward...	14,484	289,680	289,680
Harding, H. W	Care of Lloyd's Bank, E. Grinstead	4	80	80
Hopkins, R.E. Ser.-Maj. E. J	Brompton B'ks, Chatham	11	220	220
Hills, T	Egham	10	200	200
Hopkins, Rev. F. L.	Winchcomb, R.S.O.	20	400	400
Hamilton, G. T. E.	East Dereham	86	1,720	1,720
Hughes, D. W	Care of N. P. Bank, Colwyn Bay	10	200	200
Holland, E. J	Mount View Rd., N	5	100	100
Hastings, R	Derry	5	100	100
Haverty, T	863 Fulham Rd., S.W	3	60	60
Howard, E. J	Richmond Rd., Cardiff	18	360	360
Hughes, Prof. D. E., F.R.S.	69 Pall Mall, S.W.	50	1,000	1,000
Hamley, Miss B. J	Chester Ter., S.W	10	200	200
Hunt, H.	Cantwell Rd., Plumstead	5	100	100
Hamilton, T. B	Ballymoney, Antrim	41	820	820
Hampton, J. A	21 Gt. Winchester St., E.C	7	140	140
Hammond, H. D	3 Clement's Lane, E.C	5	100	100
Howard, Mrs. C	16 Charing Cross, S.W.	20	400	400
Holtby, Miss M	183 King's Rd., S.W	10	200	200
Halliday, J	Fishers, Harrow	25	500	500
Hollis, W. H., and Mrs	Victoria Rd., Eltham	10	200	200
Hulbert, Lieut. A. R., R.N.	Care of Admiralty, S.W.	53	1,060	1,060
Holms, Wm., and another	Albyn Place, Edinboro'	90	1,800	1,800
Heath, Miss H. M. H	Hucclecote Gloucester	15	300	300
Hylton, R. E. A	Buluwayo, S. A	2	40	40
Hunt, Mrs. H	Campbell Tc., Woolwich	5	100	100
Holt, Miss H	Rumplestown, Carlow	5	100	100
Hopewell, S	Tudor Rd., Hackney	35	700	700
Imrie, W. B.	Arbroath	54	1,080	1,080
Jones, A. G	Tokenhouse Yard, E.C.	12	240	240
Jackson, Mrs. J	Mattock Lane Ealing	20	400	400
Johnston, T.	Netherby, Longtown	25	500	500
Johnson, Lt.-Col. Wm	Murtle, N. B	18	360	360
Jones, S.	Rue de la Paix Nice	15	300	300
James, W. G., deceased	Late of Ladbroke Sq., W.	9	180	180
Jupp, C	Avenue, Eastbourne	4	80	80
Jackson, E	Queensboro' Terrace, W.	4	80	80
Jones, W	Somerleigh, Twickenham	3	120	120
Jamieson, H.	21 Gt. Winchester st., E.C	8	160	160
Johnston, Mrs. L	Harding st., Derry	6	120	120
Johnson, A. A	Esplanade, Sunderland	10	200	200
Jarvis, J	Fulbourne Lge., Eastb'ne	50	1,000	1,000
James, Miss A M	Edgbaston, Vic., B'ham.	9	180	180
James, Miss H. M	do	9	180	180
James, Mrs. M. A. D	do	2	40	40
Johnson, R	Euston Rd., Yarmouth	30	600	600
Icke, T. C	Gold'n Hillock Rd. Bir'h'm	5	100	100
James, D. T	Mount St., Taunton	10	200	200
Jones, C. S	Stanford Av., Brighton	2	40	40
Kay, D. J	Dumfries	200	4,000	4,000
Knowles, F. E	217 Westbourne, Grove, W	36	720	720
Kimpton, Mrs. L	Hatfield	4	80	80
Kislingbury, Miss E	Stanmore	7	140	140
King, T	Madeira Rd., Ventnor	120	2,400	2,400
Kerin, J. S	Oranmore, Galway	12	240	240
Karslake, Rev. W. H	Carlisle Rd., Eastbourne.	160	3,200	3,200
Karslake, E. K., deceased	Late of Lincolns Inn	854	17,080	17,080
Knox, Mrs. M. I	Strabane	13	260	260
Keating, A	Care of Devon & Corn. bk., Torquay	30	600	600
	Carried forward	16,788	335,760	335,760

Bank of British Columbia—Banque de la Colombie-Britannique.

Names. — Noms.	Residence.	Number of Shares. — Nombre d'Actions.	Amount Paid. — Montant payé.	Amount Subscribed. — Montant souscrit.
			£	£
	Brought forward...	16,788	335,760	335,760
Krall, J. B.	St Mary's Schools Balham	6	120	120
Karslake, Miss F. E.	Care of Lon. & West Bk., St. James Square	134	2,680	2,680
Thorold, Mrs. J. P.	Southmolton, Devon	136	2,720	2,720
Keane, Lady	Cappoquin	5	100	100
Kelly, E.	Adelphi Hotel, Waterford	6	120	120
Kermack, G.	Hill St., Edinburgh	12	240	240
King, C. S., J. P.	Templeogue	15	300	300
Karslake, J. B. P.	Temple, E.C.	4	80	80
Kirk, G. A.	33 Finsbury Circus, E.C.	2	40	40
Knight, A.	Doncaster	8	160	160
Knight, H., and another	Newton Abbott	5	100	100
Knapp, F. A.	Knollys Rd., Streatham	35	700	700
Last, C. J.	Windsor	48	960	960
Lee, Miss S. A., deceased	Late of Hammersmith	7	140	140
Lloyd, R. G. D.	46 Westbourne Pk. Villas	30	600	600
Lazonby, J.	Addison St., Nottingham	18	360	360
Large, Rev. W. S.	Kilcullen, Kildare	4	80	80
Langford, Capt. J. C.	Kingstown, Dublin	15	300	300
Lloyd, Comdr. C.	Elton Rd., Clevedon	14	280	280
Logan, W.	Wickham Av., Bexhill	7	140	140
Lewis, J.	West St., Farnham	17	340	340
Lewis, Miss M. A.	Rhayader, S. Wales.	13	260	260
Livingston, J. G.	Caledonia Pl., Clifton	70	1,400	1,400
Leslie, A. M.	Blackrock, Dublin	5	100	100
L'Estrange, Miss Maria	Swords, Dublin	15	300	300
Low, F. W.	Kilshane, Tipperary	30	600	600
Littlejohns, W. T., R.N.	The Limes, Greenwich	12	240	240
Lloyd, H.	Cannon Hill House, Birmingham	10	200	200
Lennon, L. T.	Athy	3	60	60
Loftus, Capt. F. C. C.	21 Granville Place, W.	30	600	600
L'Estrange, Miss Mary	Swords, Dublin	1	20	20
Langton, F. A. R.	G. P. O.	4	80	80
Lloyd, T. E., and another	Ballingarry, Limerick	7	140	140
Lawless, Hon. F.	St. James Club, W.	5	100	100
Lee, Miss M. B.	Waltham Abbey	3	60	60
Locke, Miss J.	Leinster Rd., Rathmines.	12	240	240
Le Gros, T. A.	Frome	40	800	800
Lee, A. B.	Waltham Abbey	10	200	200
Liddon, E., M.D.	Taunton	8	160	160
Lake, Mrs. J.	Park St., Weymouth	3	60	60
Lush, Mrs. L.	Maresfield Gdns., Hampstead	9	180	180
Littlejohn, Miss D. E.	Ladbroke Rd., Redhill	55	1,100	1,100
Lyne, W. H.	Clay Hill, Enfield	4	80	80
Lewis, Miss A. W.	Westgate Winchester	22	440	440
Hill, Mrs. E.	do	15	300	300
Latimer, Miss C. E., deceased	Iffley Rd., Oxford	5	100	100
Lipscomb, O.	10 Bush Lane, E.C.	5	100	100
Lewis, W. J.	31 Bromsgrove Rd., Sheffield	86	1,720	1,720
Lovegrove, P.	New Windsor	7	140	140
Lawrie, D.	Albemarle Rd., Beck'ham	5	100	100
Lang, Capt. J. I., R.E.	16 Charing Cross, S.W.	34	680	680
Lamb, Miss J.	Alton, Moffat	20	400	400
Leetham, Capt. A.	92 Mount St., W.	70	1,400	1,400
Lynes, Mrs. F.	Holmwood, Henley	71	1,420	1,420
Little, J. B.	Temple, E.C.	24	480	480
Luard, Lady C.	The Lodge, Witham	4	80	80
Lobb, Mrs. M. McD.	Esquimault, B.C.	5	100	100
	Carried forward...	18,038	360,760	360,760

Bank of British Columbia--Banque de la Colombie-Britannique.

Names. — Noms.	Residence.	Number of Shares. — Nombre d'Actions	Amount Paid. — Montant payé.	Amount Subscribed. — Montant souscrit.
			£	£
	Brought forward...	18,038	360,760	360,760
Lee, Mrs. K	39 Gunsterton Rd., W	15	300	300
Leadbetter, J G., deceased	Late of Edinburgh	100	2,000	2,000
Lee, Dr. R. J., and Mrs	39 Gunsterton Rd., W	10	200	200
Large, Col. B. W. S	Stillorgan Rd, Dublin	12	240	240
Lapidge, S. C	Old Town, Clapham	3	60	60
Moore, Capt R., R.N	Somerset Ho., Guildford.	24	480	480
Mackinnon, D. C	Lloyds, E.C	30	600	600
Dunleath, John, Lord, deceased	Late of Eaton Sq	120	2,400	2,400
Macdougall, P S	Churchfield Rd., Ealing	10	200	200
Marindin, Miss K. I	Chesterton, Bridgnorth	21	420	420
Marindin, Miss A. M	do	5	100	100
Miall, J. D., deceased	Late of Redhill	6	120	120
Maberly, Miss L. E	Cuckfield	38	760	760
McCutchan, J	Bassett, Hants	25	500	500
Maberly, Major T. A	Cuckfield	90	1,800	1,800
Moon-Parker, Mrs. C. E	59 Wall St., New York	14	280	280
Mortimer, Col. W. P	Royal Parade, Cheltenhm	40	800	800
Moffatt, Miss S. J	St. Lucia, W.I	12	240	240
Morris, Michael, Lord	Dublin	40	800	800
Moriarty, Miss A. B. D	Wellington Rd., Dublin	18	360	360
Mairis, Gen. G., R.M., and Mrs	44 Charing Cross, S.W	15	300	300
McAdoo, J	St. Johnston, Derry	7	140	140
Morse, Miss P. F. J	Leighton Buzzard	4	80	80
Maberly, Col. J. C	222 Strand, W.C	13	260	260
McCance, Miss C. G	Dunmurray, Antrim	32	640	640
Mullens, Miss J	Bramham Gardens, S.W	69	1,380	1,380
Gallagher, W	Ballina	24	480	480
Mitchell, Miss I. B	Colinton, N.B	30	600	600
Murphy, M	Coulson Av., Rathgar	12	240	240
McComas, Rev. C. E. A	Clyde Rd., Dublin	6	120	120
McGuire, J. F	Listowel	5	100	100
Mackintosh, A	Care of London & West Bk., Strand	15	300	300
Millar, A. P., M.D	Carr Rd., Nelson, Burnley	6	120	120
Mullens, J	Carrickbeg	12	240	240
Morgan, Mrs. K	Thicket Road, Anerley	20	400	400
Morgan, Miss K. A. F	do	40	800	800
McCallum, Capt. J	Whitewich, Glasgow	40	800	800
McLea, Miss S. J	22 Queen's Mans'ns, S.W.	1	20	20
McLea, Miss M. E. H	do	1	20	20
Mulligan, S	Camden St., Belfast	14	280	280
Macnamara, F. N., M.D	45 Campden Ho. Rd., W	29	580	580
Murphy, P	Newry	12	240	240
Masterman, E	50 Cambridge Ter., W	125	2,500	2,500
Milton, W. R	1 Tothill St., S.W	12	240	240
Martin, Mrs. C. E	Penleonard Ho., Exeter	36	720	720
Morley, Rt. Hon. A., M. P	7 Stratton Rd., W	55	1,100	1,100
Monkhouse, Mrs. C. A	Robertson Ter., Hastings	30	600	600
Morley, C	46 Bryanston Sq., W	100	2,000	2,000
Mosley, T	Bangors, Uxbridge	65	1,300	1,300
Morgan, R. W	Ore, Hastings	50	1,000	1,000
Macnamara, M	Ennis	10	200	200
MacFarlane, J	Musgrave Cres., Fulham	10	200	200
Micklem, T	Hoddesdon	40	800	800
MacCulloch, C	W. George St., Glasgow.	40	800	800
Matthews, J. W	Frankfort Cham., Plymouth	30	600	600
McCarthy, C	Charleville	7	140	140
Murray, A. G	Rothsay Ter., Edinburgh	95	1,900	1,900
Milner, W. D., deceased	Late of Borough, High St	27	540	540
McLachlan, C., deceased	Late of Ealing	5	100	100
	Carried forward ...	19,815	396,300	396,300

Bank of British Columbia—Banque de la Colombie-Britannique.

Names. — Noms.	Residence	Number of Shares. — Nombre d'Actions.	Amount Paid. — Montant payé.	Amount Subsfribed. — Montant souscrit
			£	£
	Brought forward...	19,815	396,300	396,300
Manning, Mrs. A. F	Farnham Rd., Guildford.	11	220	220
Macdonald, J. K	Alroy Rd., Harringay	40	800	800
McCoy, Mrs. J	Elm Grove V., Southsea.	12	240	240
Moore, J. T	Rousdon. Anerley	5	100	100
McIntosh, J. J	Burt, Donegal	15	300	300
Mickle, A. W. F. F	549 Commercial Rd., E..	6	120	120
Morley, H	18 Wood St., E.C	200	4,000	4,000
Mitchell, Miss G. I	St. Jas. Mans. Hampstead	21	420	420
Mitchell, Miss M. O	do do	21	420	420
Mitchell, A. B	Grove Hill Cotge. Harrow	25	500	500
Mitchell, Rev. F. J	do do	21	420	420
McElhinney, Miss M	Elmwood Tce., Derry	4	80	80
Marsham, Hon. H	Jr. Carlton Club, S.W	40	800	800
McCoy, Miss T. E. C. A	Lorne Rd., Southsea	30	600	600
McCoy, Miss A. H. E	do	30	600	600
Moore, Miss A. C	45 Ladbroke Rd., W	6	120	120
Moore, R. W., deceased	Rockcorry, Monaghan	35	700	700
Morris, Mrs. M. R	28 Castle St., Edinburgh	44	880	880
McLachlan, T	47 Campden House, Court, W	50	1,000	1,000
Mackay, J. H	St. George's Tce., N.W.	25	500	500
Morley, S. H	18 Wood St., E.C	100	2,000	2,000
Milchard, Mrs. S. A	Canterbury	10	200	200
Main, W. A	Hatton Court, E.C	50	1,000	1,000
Michell, G. L	Grays	15	300	300
Macdonald, J	Bk. of Liverpool, Liverp'l	40	800	800
McCullagh, R	Bishop St., Derry	5	100	100
Sutton, C. J. E. and another	Harcourt St., Dublin	21	420	420
Molony, Miss J. M	Loretto Abbey. Gorey	5	100	100
Moore, R. B., M.D	Rockcorry, Monaghan	50	1,000	1,000
Mair, J	Hope St., Glasgow	10	200	200
MacCarthy, Mrs. L. J. W	Hardrick, Ellesmere	72	1,440	1,440
Micklem, Gen. E. and others	7 Lothbury, E.C	120	2,400	2,400
Mullens, J. A	Weybridge	164	3,280	3,280
Mackinnon, Miss S. J	Alwyne Place Canonbr'y	24	480	480
Millington, W. P	Ingleside, Wimbledon	30	600	600
Millington, Rev. W	St. Pauls Vic., Southport	25	500	500
Nourse, H., deceased	Late of St. James St	50	1,000	1,000
Nairne, P. A	3 Crosby Sq., E.C	66	1,320	1,320
Nesbitt, Rev. A. J	Holymount, Mayo	10	200	200
Nixon, Miss M. E	Marlboro' Rd., Sheffield..	2	40	40
Nixon, Miss E. A	do	1	20	20
Norsworthy, G	Maidenhead	5	100	100
Noble, H	Henley	33	660	660
Neill, Mrs. B. E. T		6	120	120
Neill, J. W	Holland Park Gdns., W.	25	500	500
Newton, R. A	R. N. College, Greenwich	80	1,600	1.600
Newdigate, Gen. Sir H. R. L	care Parr's Bk., Lombard St	110	2,200	2,200
O'Reilly, M., and Mrs. B	Knox St., Ballina	6	120	120
O'Reilly, Hon. P	Victoria, B.C	116	2,320	2,320
O'Donohoe, J	Belmullet, Mayo	30	600	600
Owston, H. A	Wigtown Magna. Leicestr	12	240	240
O'Brien, J	Lismore	9	180	180
O'Connell, Mrs. C	Church St., Listowel	9	180	180
Oakley, Rev. E	St. Helen's, Vic., Ipswich	8	160	160
Pierson, H. C., deceased	Late of Plymouth	60	1,200	1,200
Pitman, Capt. J. C., R.N	Hill Side, Guildford	70	1,400	1,400
Phelps, Rev. R., deceased	Late of Cambridge	100	2,000	2,000
Prescott, Rev. I. P	Minchinhampton, Glos	45	900	900
Price, Mrs. S. F	Edward St., Bath	79	1,580	1,580
	Carried forward...	22,129	442,580	442,580

Bank of British Columbia—Banque de la Colombie-Britannique.

Names. — Noms.	Residence.	Number of Shares. — Nombre d'Actions.	Amount Paid. — Montant payé.	Amount Subscribed. — Montant souscrit.
			£	£
	Brought forward...	22,129	442,580	422,580
Phelps, E. L	Park Tce., Cambridge....	12	240	240
Payne, T	Kemerton Rd., Becken'm	18	360	360
Park, Rev. W	University St., Belfast....	10	200	200
Prosser, H	The Common, Ealing.....	10	200	200
Pepper, J. W	Cahir, Tipperary	24	480	480
Prosser, Miss C	32 Sinclairs Rd., W..	7	140	140
Paret, Mrs. M. E. H. M	St. Lucia, W.I	12	240	240
Pearse, E. C., deceased	Late of Weedon	14	280	280
Painter, Mrs. L	8 Hamilton Tce., N.W...	44	880	880
Pace, A. O	Gatton Point Redhill...	18	360	360
Paterson, A. B	York Bldgs., Edinburgh.	22	440	440
Paterson, T. H	Victoria, B.C	17	340	340
Pierce, G., M.D	Newcastle, Limerick.	12	240	240
Proctor, P. F	13 Bishopsgate St., E.C..	15	300	300
Pulley, Mrs. H. A	31 Threadneedle St.,E.C.	25	500	500
Pope, Wm	Cloyne, Cork	20	400	400
Pledger, J. P., deceased	Late of Springfield	12	240	240
Prince, J. C	Up. Wimpole St., W	60	1,200	1,200
Pilkington. Sir G. A., and Lady	Southport	300	6,000	6,000
Pinching, Miss R. E	Terrace, Gravesend	7	140	140
Phelps, E. L., and others	15 Park Tce., Cambridge	20	400	400
Penhall, Maud., deceased	Broadwas-on-Teme	4	80	80
Penhall, Miss Monica	do	4	80	80
Pattenden, H. E	Farlingh Road, Stoke Newington	16	320	320
Poulter, E. C	Lee Park, Blackheath.....	5	100	100
Poulter, Miss N. C	do do ...	3	60	60
Philpott, Mrs. R. W	Linton, Maidstone	15	300	300
Pool, G	Market Jew St., Penzance	10	200	200
Potter, F. J	Rosemount Muswell Hill.	5	100	100
Pullen, G. H	Witheridge	16	320	320
Popham, B	Long Quay Kinsale	6	120	120
Powell, Rev. E. P	Egerton Park, Rockferry	10	200	200
Parr, L	Dockyard, Devonport.....	15	300	300
Pilkington, Sir G. A	Southport	32	640	640
Paterson, A. B., and A. G	York Bldgs., Edinburgh.	10	200	200
Payne, Sir C. R. S., Bart	Wellingborough	10	200	200
Pegram, W. H	Kamloops, B.C	2	40	40
Purefoy, Mrs. A. M	Morehampton Rd., Dublin	10	200	200
Price, Miss G. E. R	Saxmundham	10	200	200
Powell, C. A	Ashmount Rd., Hornsey..	5	100	100
Pearson, A. N	Bellenden, Rd., Peckham	4	80	80
Price, H	Himley Rd., Dudley	16	320	320
Penton, G. H	5 Great Winchest St.E.C.	10	200	200
Pellew-Harvey, W	Vancouver, B.C	15	300	300
Pegram, E	Beacon Hill, Camden Rd.	2	40	40
Philips, W. H	Aldford, Chester	6	120	120
Powell, W	Berkeley, Cal	12	240	240
Paine, G	Rockingham Villa, Sidmouth	2	40	40
Richardson, M., deceased.	Lt. Stock Exch'nge, Lon.	72	1,440	1,440
Russell, G	Viewfield, Wandsworth..	48	960	960
Rubie, J	Castle Hotel, Bath	6	120	120
Rolandi, F	20 Berner's St., W	34	680	680
Reeves, J	41Threadneedle St., E.C	20	400	400
Rogers, Miss M. R., deceased	late of Eastbourne	12	240	240
Rogers, Miss E. S	Sussex Gdns, Eastbourne	19	380	380
Rice, Miss E	Plympton Rd., Brondesbury	27	540	540
Redmond, H. M., deceased	Late of Athy	24	480	480
	Carried forward...	23,325	466,500	466,500

Bank of British Columbia—Banque de la Colombie-Britannique.

Names. — Noms.	Residence.	Number of Shares. — Nombre d'Actions.	Amount Paid. — Montant payé.	Amount Subscribed. — Montant souscrit.
			£	£
	Brought forward...	23,325	466,500	466,500
Rhind, Miss E. W	St. George's Sq., Sunderland	5	100	100
Ridsdale, Col. W. H. E	16 Charing Cross, S.W	20	400	400
Ryder, Mrs. C	Gertrude St., Chelsea	10	200	200
Robertson, G. W	23 Rutland Gate, S.W	100	2,000	2,000
Rooker, Miss M	Mount View, Plymouth	7	140	140
Rooker, Miss A., deceased	Late of do	8	160	160
Robertson, J. R., deceased	do Hampstead	1	20	20
Ransom, H. E., deceased	do Norwood	53	1,060	1,060
Roffe, Miss E. A	St. Paul's Rd., Camden Terrace	1	20	20
Russell, Mrs. S. C	Markham St., Toronto	8	160	160
Blick, Mrs. A. G	The Warren Hayes Common	3	60	60
Rickard. J., J.P	Cookstown	6	120	120
Rennie. J. K	49 Queen's Gate, S W	24	480	480
Robinson, J., J.P	Delgany, Wicklow	20	400	400
Richardson, W., M.D	Creffield Rd., Ealing	6	120	120
Ronaldson, T	34 Leadenhall St., E.C	2	40	40
Roe, H. J. D	New Ross	7	140	140
Reed, Miss M. L	19 Redland Grove, Bristol	5	100	100
Roadway, G	Nibley Villa, Bath	13	260	260
Ransom, Miss S. C	Church Rd., Norwood	23	460	460
Reynolds, Major J. C	16 Charing Cross, S W	46	920	920
Richardson, G. D	43 Wellclose Sq., E	6	120	120
Rae, Mrs. C. J. A	1 Queen Victoria St. E.C	12	240	240
Rogers, Miss E. A	Glenville, Fermoy	5	100	100
Richardson, J. O	Linden Grove, Peckham.	30	600	600
Russell, H B	Budleigh. Salterton.	10	200	200
Robertson, H	Care of Bank Montreal, London	5	100	100
Rattenbury, F. M	Victoria, B.C	25	500	500
Rudd, J. M	Nanaimo, B C	25	500	500
Rielti, Miss A	Whitchurch, Hants	10	200	200
Russell, G. S	Axminster	10	200	200
Stuart, Major Burleigh	Omagh, Tyrone	120	2,400	2,400
Roberts, Mrs. S. H	Oakley St., Chelsea	10	200	200
Skinner, Rev. J., deceased	Late of Great Malvern	53	1,060	1,060
Salkeld, Miss F. E	Blandford	50	1,000	1,000
Stirling, Mrs. E	7 Observatory Av., W	11	220	220
Sharpe, Miss. C	90 Richmond Rd., W	26	520	520
Scott, J. N., deceased	Late of Stock Exch. E.C	100	2,000	2,000
Scott, P. C., M.B	38 Shooter's Hill Rd., S.E	40	800	800
Scott, Rev. A. N.	Thornbury, R.S.O	40	800	800
Sasse, Miss F. G	Chapter Rd., Willesden.	30	600	600
Stewart, Sir A. D., deceased	Late of Murtley Castle	332	6,640	6,640
Skerrett, P. P	Mary St., Galway	3	60	60
Smith, D. R	47 Belgrave Sq., S.W	84	1,680	1,680
Strange, Canon C	Edgbaston Vic., Birmingham	35	700	700
Stedman, W	Dominica, W.I	80	1,600	1,600
Sasse, Miss M. M	Chapter Rd., Willesden	25	500	500
Smith, Miss C. G	Hampstead Hill Gardens, N.W	28	560	560
Smith, Miss L. C	do do	33	660	660
Smith, Miss M. A	do do	28	560	560
Schultzer, Miss E	Findhorn Pl., Edinburgh	12	240	240
Stanley, Mrs. C. A. S	Care of Drummond & Co., Charing Cross	25	500	500
Stoney, Miss A. M. E	Westport, Mayo	10	200	200
Smyth, J	Cookstown	6	120	120
	Carried forward	25,012	500,240	500,240

Bank of British Columbia—Banque de la Colombie-Britannique.

Names. — Noms.	Residence.	Number of Shares. — Nombre d'Actions.	Amount Paid. — Montant payé.	Amount Subscribed. — Montant souscrit.
			£	£
	Brought forward...	25,012	500,240	500,240
Smithers, G.	1 Duke Street, S.E.	24	480	480
Salaman, F	Care of Lon. & Mid. Bk., Birmingham	3	60	60
Stubbs, Miss M. A. C.	Grove Rd., Burgess Hill.	4	80	80
Shillingford, W. H.	Gloucester Rd., Brighton	10	200	200
Smith, J.	AddisonRd.,Birmingham	10	200	200
Stucley, Sir G. S., Bart.	Bideford	60	1,200	1,200
Smith, Miss F	Leeson Pk , Dublin	6	120	120
Stanley, C., J.P.	Roughan Pk. Dungannon	7	140	140
Seth-Smith, N.	Ashley Stockbridge	5	100	100
Smith, Miss A	Stockwell St. Leek	2	40	40
Stodart, A., and Mrs.	Plympton Rd., Brondesbury	15	300	300
Smith, Miss M. A.	The Drive, Brighton	10	200	200
Snell, S.	Broomhall Pk., Sheffield.	14	280	280
Stemkopff, E.	47 Berkeley Sq., W.	200	4,000	4,000
St. Marceaux, de, A.	Av. de Villiers, Paris	12	240	240
Scroope, Mrs. M.	The Laurels Castlerea	8	160	160
Stahlschmidt, T. L.	19 Buckingham St., W.C.	17	340	340
Smithers, H.	Lee Park Blackheath	4	80	80
Shand, J.	Elm Park Gardens, S.W.	30	600	600
Stevenson, Mrs C. T.	Care of Nat. Prov. Bank, London	12	240	240
Stahlschmidt, C. B.	19 Buckingham St., W.C	10	200	200
Smyth, Mrs. E. E.	Woodbury Park, Tunbridge Wells	10	200	200
Sharpe, Miss J.	326 Camden Rd., N	6	120	120
Smithers, G. H.	1 Duke St. S. E.	1	20	20
Stewart, H. M.	Kamloops, B.C	6	120	120
Shipp, Mrs. C. M.	Blandford	6	120	120
Shipp, Mrs. J	do	6	120	120
Smith, T. R.	Victoria, B.C.	6	120	120
Sternberg, Mrs. M	Tyndalls Pk,, Bristol	12	240	240
Sweeny, T. C	G.James St., Derry	5	100	100
Scott, Miss E. H.	1 Lombard St., E.C	2	40	40
Scott, Miss P. A	do	2	40	40
Shaw, W. T.	Campden Hill, W.	30	600	600
Hawkins, Mrs. S. J. W.	Care of Williams, &c. Bk., Charing Cross	6	120	120
Scott, H. A., and another	S. Hill Park, Hampstead.	20	400	400
Smith, B. G. O.	1 Lombard St., E.C.	25	500	500
Soden, J.	122 Leadenhall St., E C.	30	600	600
Sommerville, Mrs. E.	Dumfries.	26	520	520
Scott, J.	Marlboro' St., Derry.	10	200	200
Smyth, Miss H. E. D.	Whitegate, Midleton	2	40	40
Skilbeck, C. O.	1 G. Portman Mansions, W	7	140	140
Spooner, Mrs. M. J.	1 K. Hyde Pr Mans ,N. W	13	260	260
Wark, Miss J.	Alexandria Tce., Derry	62	1,240	1,240
Stevenson, Mrs. L. P.	Cumberland Rd., Kew	14	280	280
Scruby, Mrs. M.	Oxford Rd., Gunnersbury	15	300	300
Sternberg, F.	G. Charles St., Bir'ham.	10	200	200
Slader, G.	5 Fenchurch Av., E.C.	20	400	400
Shier, Serg. Maj. T.	Rl. Scots Greys, Edinburgh	4	80	80
Strange, Mrs. M.	Edgbaston Vic., Birmingham	2	40	40
Seymour, Mrs. F. M.	51 Onslow Gardens, S.W.	20	400	400
Stainton, R. W. G.	Bitteswell, Lutterworth.	33	660	660
Stone, E. G. and another	The Avenue, Beckenham.	20	400	400
Stuart, Rev. J.	Portishead Rec., Somerset	10	200	200
Smith, P. V.	116 Westbourne Ter., W.	60	1,200	1,200
	Carried forward ...	25,976	519,520	519,520

Bank of British Columbia—Banque de la Colombie-Britannique.

Names. — Noms.	Residence.	Number of Shares. — Nombre d'Actions.	Amount Paid. — Montant payé.	Amount Subscribed. — Montant souscrit.
			£	£
	Brought forward......	25,976	519,520	519,520
Smith, Mrs. E. F..	116 Westbourne Ter., W.	36	720	720
Stoddart, R.N., Lieut. A. P.	do	107	2,140	2,140
Stainstreet, Canon A. H., and another.	Rectory, Killaloe	14	280	280
Stevenson, L. C., and Miss	Cumberland Rd., Kew	3	60	60
Stubbs, W	Ward Tce., Sunderland	6	120	120
Stubbs, H	Beaumont St., W.	7	140	140
Stubbs, R. P	Ward Tce., Sunderland	7	140	140
Serrell, Miss A. F	Stalbridge	215	4,300	4,300
Stone, Dr. H. S	Sandfield, Reigate	27	540	540
Sale, Mrs M	Wick Episcopi., Worcest.	60	1,200	1,200
Scott, Miss A. R	20 Kidbrook Grove, S.E.	25	500	500
Scott, C. J	Hilgay, Guildford	25	500	500
Saunders, E. V	31 Stile Hall Gdns., W.	30	600	600
Sasse, Rev. A. E.	Cardiff Road, Sutton	10	200	200
Tufnell, T. R	18 Moorgate St., E. C.	70	1,400	1,400
Tottenham, Col. C. G	Ashford, Wicklow	50	1,000	1,000
Thompson, Rev Sir P., Bart.	Cottenham Ho., Wimbledon	143	2,860	2,860
Tanner, E. F.	Buckfastleigh	59	1,180	1,180
Thomson, Col. R.	Curragh Camp	6	120	120
Tireman, Rev. F. S	Doncaster	57	1,140	1,140
Thursby, A. H	Culverlands, Reading	37	740	740
Thresher, J	Vallis Cottage, Frome	13	260	260
Tweed, R	Ballymoney	6	120	120
Tupper, Sir C., Bart., etc	Care of British Linen Bk E.C	140	2,800	2,800
Thomson, J	Cookstown	6	120	120
Taylor, W	Leiston	6	120	120
Trotter, Mrs. E. M	Coleford	6	120	120
Taylor, Mrs. J., and another	Ballymoney	4	80	80
Thurburn, C. A	16 Kensington Park Gardens, W.	25	500	500
Tunnard, Mrs. B. E	The Elms, Rugby	9	180	180
Traill, H. D	Care of Union Bk., Chancery Lane	6	120	120
Trotter, L. B	Coleford	10	200	200
Terry, T.	Carrick-on-Suir	3	60	60
Thornton, E. I	Lady Lane, Waterford	7	140	140
Taylor, Rev. H. A	Redcliffe Gdns, Southsea	5	100	100
Taylor, J	The Hollies, Chertsey	12	240	240
Trafford, de G. C	1 Fleet St., E C	15	300	300
Thompson, F. C	Kidbrook Grove, S.E.	5	100	100
Tollemache, Hon. S.	North Leigh, Ipswich	61	1,220	1,220
Thorold, Mrs. L. M	Silchester Hall Reading	123	2,460	2,460
Tollemache, Hon. J. R. D	Arthur's Club, S.W.	25	500	500
Talbot-Ponsonby, C. W	Petersfield	10	200	200
Tireman, Rev. F. S.	Doncaster	15	300	300
Taunton, Miss S. B.	Stockbridge	25	500	500
Tottenham, L. R.	59 Strand, W C	64	1,280	1,280
Tillard, C	Cheltenham	10	200	200
Thurburn, Capt. H.	Stonehaven, N.B.	30	600	600
Tireman, Mrs. J	Doncaster	5	100	100
Tonge, G. A.	Castleman's, Twyford	20	400	400
Taunton, Mrs. E.	Ashley, Stockbridge	9	180	180
Tindal, C. G	Winchfield	120	2,400	2,400
Thornewell, Rev. C. F	Whitchurch, Salop	10	200	200
Thompson, Rev. R. B.	Fence Houses, Durham	19	380	380
Topham, L. T	Lutterworth	89	1,780	1,780
Urwick, B., Paymaster Fleet, R.N.	44 Charing Cross, S.W.	9	180	180
Unwin, H., deceased	Late of King William St.	7	140	140
	Carried forward...	27,899	557,980	557,980

Bank of British Columbia—Banque de la Colombie-Britannique.

Names. — Noms.	Residence.	Number of Shares. — Nombre d'Actions.	Amount Paid. — Montant payé.	Amount Subscribed. — Montant souscrit.
	Brought forward...	27,899	£ 557,980	£ 557,980
Unwin, Mrs. S	Care of London & South West Bank, E.C	2	40	40
Usborne, T., M.P	Chelmsford	200	4,000	4,000
Verdon, M. J., deceased	Late of Strand, W.C	36	720	720
Van der Meerschen, E	Avenue Louise, Brussels.	5	100	100
Vesey, Rev. T. A	Richmond, York	16	320	320
Varenne, de Baron C. E. R. B	rue Pierre Charron, Paris	30	600	600
Viney, J. M	Downs Pk. Rd., Clapton.	20	400	400
Walker, Miss S., deceased	Late Gloucester St, S.W.	8	160	160
Watt, S., deceased	Late of Derry	10	200	200
Wallace, Mrs. M. A	Harley Place, Clifton	30	600	600
Walker, V. E	Arnos Grove, Southgate	36	720	720
Wooldridge, E., deceased	Late of Patcham	24	480	480
Watson, G. T	Holland Rd., Kensington	18	360	360
Woollaston, E. O., deceased	Scotter, Bournemouth	100	2,000	2,000
Wighton, Miss C	Hardwicke Rd., Reigate	18	360	360
Wilson, J	Tiamore, Waterford	24	480	480
Waters, W	Pembrey, Burry Pt. R., S.O	13	260	260
Winder, Miss S	Gopsall St. Leicester	6	120	120
Wood, E., and Mrs	Eridge Road, Croydon	16	320	320
Walford, W. G., M.D	120 Finchley Road, N.W	50	1,000	1,000
White, Lady A. E	106 Eaton Square, S.W	40	800	800
White, Miss M. M	Marden Ash, Bournem'th	42	840	840
Walker, Mrs. R	Woodbridge	2	40	40
Wynne, E. M. P	R. I. C. Barracks, Cashel	45	900	900
White, Lieut. G. D	Marden Ash, Bournem'th	68	1,360	1,360
Wood, W. P	92 Queen's Gate, S.W	25	500	500
Washington, J	257 Coldharbour L., S E	10	200	200
Wallace, Rev. C. H	3 Harley Place, Clifton	20	400	400
Whittingham, T	Poplar Grove, New Malden	12	240	240
Walsh, E., deceased	late of Wexford	2	40	40
Watson, J	Victoria Cres't Belfast	61	1,220	1,220
Windover, C. S	Huntingdon	24	480	480
Wyllie, Mrs. M. J	Derby Road, Burton	5	100	100
Wynne, Mrs. A. E	Topsham Rd., Exeter	44	880	880
Wright, F	WaverleySt, Nottingham	48	960	960
White, Gen. Sir G. S., G. C. B.	17 Whitehall Place, S.W.	12	240	240
Ward, W	Croham Rd., Croydon	24	480	480
White, J	Temple, E.C	12	240	240
Watson, Miss L. M.	Upton Park Slough	19	380	380
Watson, Miss F. C	The Lodge, Llandaff	12	240	240
Wilson, J., deceased	late of Co., Durham	10	200	200
Watt, Mrs. J	Bay View Terrace, Derry	2	40	40
Wooldridge, Mrs. A. M., deceased	late of Patcham	4	80	80
Walker, R., M.D	Budleigh, Salterton	10	200	200
Wills, Sir F., Bart	53 Holborn Viaduct, E.C	70	1,400	1,400
Wrigley, W. S	Pellatt Grove, Wood Green	30	600	600
Willcocks, Miss A	90 Philbeach G'dns, S.W	5	100	100
Wardman, R	English St., Carlisle	10	200	200
Waldo-Sibthorp, Col. F. R	Union Club, S.W	52	1,040	1,040
Williams, Rev. S. B. G	Durham	4	80	80
Walker, W	Whitehaven	50	1,000	1,000
Wadsworth, S	Uplands, Westerham	8	160	160
Wark, Miss J	Alexandria Tce., Derry	8	160	160
Wansey, E	Cranborne, Salisbury	5	100	100
Woodhams, R	Shaa Road, Acton	11	220	220
Wylie, Miss R	Antrim Road, Belfast	2	40	40
Williams, J. A	Asylum Road, Derry	25	500	500
Wood, H. G. D	Queen's D'wn Rd., Cl'ptn	36	720	720
	Carried forward	29,430	588,600	588,600

Bank of British Columbia—Banque de la Colombie-Britannique.

Names, — Noms.	Residence.	Number of Shares. — Nombre d'Actions.	Amount Paid. — Montant payé.	Amount Subscribed. — Montant souscrit.
			£	£
	Brought forward...	29,430	588,600	588,600
Wood, Mrs. A	Church Road, Hove	20	400	400
Wood, G	Mostyn Road, Brixton	20	400	400
Whigham, Mrs. M. M	Galgorm, Antrim	2	40	40
Williamson, S	Princess St., Derry	1	20	20
Weir, Miss A. M	18 Albemarle St., W	15	300	300
Weir, Miss E. M	do	15	300	300
Wright, C., and another	Spilsby Rd., Boston	50	1,000	1,000
Woods, W. W	Listowel	10	200	200
Windover, A. V	Manningham Lane, Bradford	1	20	20
Warmington, R	Lon. C. and D. Railway, Victoria Station	5	100	100
Whitburn, S. S	Redruth	4	80	80
White, G. T	Stock Exchange, E.C	23	460	460
Walbrun, J. T	Victoria, B.C	10	200	200
Ward, W. C	Essendon, Rec., Hatfield	63	1,260	1,260
Ward, R	4 Holland Villas Rd., W	164	3,280	3,280
Wallis, W. A	Coombeh'st Basingstoke	48	960	960
Young, J., deceased	Late of Islington	24	480	480
Young, Wm., deceased	Late of Paris	50	1,000	1,000
Yeomans, J	Petty Cury, Cambridge	10	200	200
Young, Capt. J. O	Portarlington	15	300	300
Young, Mrs. A	Hursley Vic., Winchester	2	40	40
Young, T. G	Spring Ba'k, Kilmarnock	15	300	300
Young, W. B	5½ Adams Court, E C	3	60	60
	Total	30,000	600,000	600,000

We hereby certify that the above and foregoing nineteen sheets of paper contain a full and accurate list of the shareholders of this Bank with their holding on the 31st December last.

S. CAMERON ALEXANDER,
Secretary and Manager.

GEO. PICKETT,
Accountant.

60 Lombard Street, E.C., London, 8th January, 1898.

SUMMERSIDE BANK.

BANQUE DE SUMMERSIDE.

Value of Share, $16.22 2/9. Valeur de chaque action, $16.22 2/9.

Names. — Noms.	Residence.	Number of Shares. — Nombre d'Actions.	Amount Paid. — Montant payé. $	cts.	Amount Subscribed. — Montant souscrit. $	cts.
Anderson, Alexander	Bedeque	10	162	22 2/9	162	22 2/9
Burns, George	Freetown	12	194	66 6/9	194	66 6/9
Burns, Isaac	Lower Freetown	5	81	11 1/9	81	11 1/9
Black, Charles	Bedeque	25	405	55 5/9	405	55 5/9
Batch, Elizabeth Ann	Milton	10	162	22 2/9	162	22 2/9
Cairns, Janet	Freetown	30	486	66 6/9	486	66 6/9
Crabb, Thomas, estate of	Summerside	40	648	88 8/9	648	88 8/9
Convent de Notre Dame	do	25	405	55 5/9	405	55 5/9
Forristal, John	Burlington	10	162	22 2/9	162	22 2/9
Glover, Robert	Summerside	10	162	22 2/9	162	22 2/9
Gillis, J. P., estate of	Miscouche	30	486	66 6/9	486	66 6/9
Gillis, Archibald F	do	5	81	11 1/9	81	11 1/9
Gillis, Roderick, estate of	Summerside	4	64	88 8/9	64	88 8/9
Greenough, William P	Portneuf, Que	10	162	22 2/9	162	22 2/9
Greenough, James B	Cambridge, Mass	10	162	22 2/9	162	22 2/9
Gillis, D. J	Indian River	70	1,135	55 5/9	1,135	55 5/9
Hooper, D. R. M	Milton, Lot 32	10	162	22 2/9	162	22 2/9
Hinton, John S	Summerside	187	3,033	55 5/9	3,033	55 5/9
Holman, Robert T	do	61	989	55 5/9	989	55 5/9
Johnston, William	Long River	60	973	33 3/9	973	33 3/9
Muirhead, John	Tryon	10	162	22 2/9	162	22 2/9
Muirhead, Zilla	Summerside	5	81	11 1/9	81	11 1/9
Muirhead, James	do	30	486	66 6/9	486	66 6/9
Morshead, Mary	Knutsford	5	81	11 1/9	81	11 1/9
McDonald, Michael	Lot 14	6	97	33 3/9	97	33 3/9
McDonald, Stephen	do	6	97	33 3/9	97	33 3/9
McDonald, R. B	Rustico	62	1,005	77 7/9	1,005	77 7/9
McDonald, D. H	Bedeque	185	3,001	11 1/9	3,001	11 1/9
McFadyen, Finlay	Augustine Cove	20	324	44 4/9	324	44 4/9
McFadyen, Mary Jane	do	20	324	44 4/9	324	44 4/9
McLeod, James	Summerside	80	1,297	77 7/9	1,297	77 7/9
McLeod, Henry M	Dunstaffnage	31	502	88 8/9	502	88 8/9
McLeod, R. C	Summerside	185	3,001	11 1/9	3,001	11 1/9
McMillan, Angus	Charlottetown	245	3,974	44 4/9	3,974	44 4/9
MacNutt, Peter	Malpeque	20	324	44 4/9	324	44 4/9
McQuarrie, Neil	Summerside	30	486	66 6/9	486	66 6/9
O'Halloran,, Martin, estate of	Charlottetown	20	324	44 4/9	324	44 4/9
Palmer, Charles	do	40	648	88 8/9	648	88 8/9
Ramsay, Archibald	Hamilton	30	486	66 6/9	486	66 6/9
Saunders, Margaret	Summerside	32	519	11 1/9	519	11 1/9
St. Bernard's Society	Charlottetown	82	1,330	22 2/9	1,330	22 2/9
Sharp, James A	Summerside	75	1,216	66 6/9	1,269	66 6/9
Sharp, John A	do	185	3,001	11 1/9	3,001	11 1/9
Stavert, F. L	do	196	3,179	55 5/9	3,179	55 5/9
Stavert, E. P	do	244	3,958	22 2/9	3,958	22 2/9
Stavart, H. W. B	do	55	892	22 2/9	892	22 2/9
Stavert, R. McC	do	132	2,141	33 3/9	2,141	33 3/9
Strong, Wm. G	do	51	827	33 3/9	827	33 3/9
Stewart, Isabella	Charlottetown	31	502	88 8/9	502	88 8/9
Stewart, Alice D	Windsor, N.S	185	3,001	11 1/9	3,001	11 1/9
Tanton, Benjamin W	St. Eleanors	20	324	44 4/9	324	44 4/9
	Carried forward	2,942	47,725	77 7/9	47,725	77 7/9

Summerside Bank—Banque de Summerside.

Names. — Noms.	Residence.	Number of Shares. — Nombre d'Actions.	Amount Paid. — Montant payé.	Amount Subscribed — Montant souscrit.
			$ cts.	$ cts.
	Brought forward...	2.942	47,725 $77\frac{7}{9}$	47,725 $77\frac{7}{9}$
Tuplin, Thomas R.	Margate	10	162 $22\frac{2}{9}$	162 $22\frac{2}{9}$
Wise, Mrs. Eliza	Anoka, Minn.	6	97 $33\frac{3}{9}$	97 $33\frac{3}{9}$
Wright, Major	Bedeque	20	324 $44\frac{4}{9}$	324 $44\frac{4}{9}$
Williams, Benjamin, estate of	Charlottetown	2	32 $44\frac{4}{9}$	32 $44\frac{4}{9}$
Wyatt, J. E.	Summerside	20	324 $44\frac{4}{9}$	324 $44\frac{4}{9}$
	Total	3,000	48,666 $66\frac{6}{9}$	48,666 $66\frac{6}{9}$

ROBT. McC. STAVERT,
Cashier.

SUMMERSIDE, P.E.I., 8th January, 1898.

MERCHANTS BANK OF PRINCE EDWARD ISLAND.

BANQUE DES MARCHANDS DE L'ILE DU PRINCE-EDOUARD.

Value of Share, $32.44. Valeur de chaque action, $32.44.

Names. — Noms.	Residence.	Number of Shares. — Nombre d'Actions	Amount Paid. — Montant payé.	Amount Subscribed. — Montant souscrit.
			$ cts.	$ cts.
Aitken, Wm. H., and C. E. McKinnon, executors	Charlottetown	27	876 00	876 00
Beales, James	do	41	1,330 22	1,330 22
Beer, L. L	do	331	10,739 13	10,739 13
Beer, Mrs. Rachel M	do	5	162 22	162 22
Beer, W. W	do	102	3,309 35	3,309 35
Bradshaw, Mrs. Mary E.	Hiawatha, Kan	14	454 21	454 21
Callbeck, H. J	Charlottetown	120	3,893 34	3,893 34
Campbell. Robert J.	do	15	486 67	486 67
Caseley, Thomas.	do	41	1,330 22	1,330 22
Clark, Miss Mary E	Cavendish	14	454 22	454 22
Clements, Mrs. Elizabeth W	Murray Harbour	45	1,460 00	1,460 00
Coffin, W. M	Charlottetown	81	2,628 01	2,628 01
Coyle, P. P	do	14	454 22	454 22
Crawford, Rev. Henry	Dublin Shore, N.S.	41	1,330 22	1,330 22
Crosby, Miss Elizabeth	West River	7	227 11	227 11
Davies, Sir L H	Ottawa	273	8,857 40	8.857 40
Davies, Lady	do	62	2,011 56	2,011 56
Davison, Henry	Charlottetown	25	811 12	811 12
Dawson, W. E	do	14	454 22	454 22
Deinstadt, Mrs. Rebecca	Yarmouth, N.S.	14	454 22	454 22
Dodd, Thomas W	Charlottetown	7	227 11	227 11
Dodd, William	do	80	2,595 56	2,595 56
Doyle, Mrs. Susan	do	55	1,784 45	1,784 45
Easton, James, executor	Georgetown	27	876 00	876 00
Fairchild, Joseph	do	55	1,784 44	1,784 44
Farquharson, Donald	Charlottetown	164	5,320 89	5,320 89
Farquharson, Mrs. Sarah	do	14	454 21	454 21
Featherstonehaugh, Rev. Thomas	Exeter, England	62	2,011 55	2,011 55
Ferguson, Donald, executor	Marshfield	11	356 88	356 88
Fraser, Capt. Robert	Montreal	27	876 00	876 00
Gardiner, Miss Minnia J	Charlottetown	7	227 11	227 11
Hawkins, Miss Elizabeth	Murray Harbour	14	454 22	454 22
Haszard, F. L	Charlottetown	93	3,017 32	3,017 32
Hamilton, Miss Eliza	Georgetown	20	648 89	648 89
Heard, Mrs. Elizabeth J.	Charlottetown	14	454 22	454 22
Heartz, Benjamin	do	181	5,872 43	5,872 43
Heartz, Frank R	do	30	973 33	973 33
Heartz, Rev. William H.	Truro, N.S.	40	1,297 78	1,297 78
Hooper, J. M. & D. C., executors	Milton	10	324 44	324 44
Hooper, David C	do	20	648 89	648 89
Hooper, Henry	do	10	324 45	324 45
Hooper, James M	do	15	486 66	486 66
Horne, Alexander	Charlottetown	14	454 22	454 22
Horne, Alexander, administrator	do	14	454 22	454 22
Hutcheson, W. A	do	30	973 34	973 34
Hyde, Henry	West River	9	292 00	292 00
Hyde, Lemuel	do	15	486 67	486 67
Hyde, Samuel, estate of late	do	31	1,005 77	1,005 77
Ings, John	Charlottetown	34	1,103 11	1,103 11
Irving, David P., administrator	Vernon River Bridge.	68	2,206 23	2,206 23
Irving, George	Orwell Cove	75	2,433 33	2,433 33
Johnson, Richard, M.D	Charlottetown	10	324 45	324 45
Kennedy, Archibald	do	25	811 11	811 11
	Carried forward	2,537	83,284 94	83,284 94

Merchants Bank of Prince Edward Island—Banque des Marchands de l'Ile du Prince-Edouard.

Names. — Noms.	Residence.	Number of Shares. — Nombre d'Actions.	Amount Paid. — Montant payé.	Amount Subscribed. — Montant souscrit.
			$ cts.	$ cts.
	Brought forward	2,537	83,284 94	83,284 94
Lefurgey, Mrs. Dorothea, executrix	Summerside	41	1,330 22	1,330 22
Lewis, John S.	Sussex, N B.	4	129 78	129 78
Longworth, Miss Agnes Jane	Charlottetown Royalty	14	454 22	454 22
Longworth, Mrs. Elizabeth W., administratrix	do	55	1,784 45	1,784 45
Longworth, Miss Fanny H.	do	13	421 78	421 78
Longworth, George D.	do	5	162 23	162 23
Longworth, Henry W	do	48	1.557 33	1,557 33
Longworth, Israel	Truro, N.S.	461	14,956 89	14,956 89
Lowther, Cornelius	Crapaud	19	616 44	616 44
Livingstone, Archibald	Clyde River	27	876 00	876 00
May, Thomas W.	Charlottetown	27	876 00	876 00
Miller, Warren J.	San Diego, Cal.	15	486 67	486 67
Monaghan, Hugh	Charlottetown	56	1,816 86	1,816 86
Moore, F. S.	do	27	876 00	876 00
Moore, Mrs. Eliza B.	do	14	454 22	454 22
Muirhead, James	Summerside	14	454 22	454 22
Mutch, William	Hopeton	7	227 10	227 10
Murphy, Nicholas	Charlottetown	23	746 22	746 22
McBeath, Mrs. Ann, administratrix	St. Peter's Road	27	876 00	876 00
McDonald, Rev. James, treasurer	St. Andrew's	20	648 89	648 89
McDonald, Æneas A.	Charlottetown	5	162 22	162 22
McDonald, Andrew A.	do	6	194 67	194 67
McGregor, Alex., and John A. Ferguson, executors	Marshfield	6	194 66	194 66
McKinley, Daniel C.	North River	14	454 23	454 23
McKenna, Mrs. Elizabeth	Charlottetown	26	843 56	843 56
McKinnon, Charles E.	do	7	227 11	227 11
McInnis Augustine.	Gallas Point	48	1,557 34	1,557 34
McLaurin, Miss Barbara C	Charlottetown	9	292 00	292 00
McLean, William	do	38	1,232 90	1,232 90
McLean, William, executor	do	30	973 33	973 33
McLeod, Henry M.	St. Peter's Road	20	648 89	648 89
McMillan, Hugh	New Haven	14	454 22	454 22
McNutt, F. L.	Charlottetown	10	324 44	324 44
McPhail, John	do	27	876 00	876 00
McPhail, Mrs. Sophia	do	15	486 66	486 66
McWade, Miss Isabella H.	Souris West	45	1,459 99	1,459 99
Paruther, Mrs. Margaret Ann	St, John, N.B.	14	454 21	454 21
Palmer, Charles	Charlottetown	49	1,589 78	1,589 78
Palmer, H. J.	do	5	162 22	162 22
Patterson, James	do	37	1,200 44	1,200 44
Perkins, Frederick	do	79	2,563 12	2,563 12
Peters, Frederick, trustee	do	137	4,444 88	4,444 88
Peters, Arthur, trustee	do	100	3,244 44	3,244 44
Phelan, Rev. James	Montague Cross	48	1,557 33	1,557 33
Poole, L. M.	Charlottetown	14	454 22	454 22
Prowse, Mrs. Ada A.	Murray Harbour	20	648 89	648 89
Prowse, Albert P.	do	50	1.622 23	1,622 23
Prowse, Mrs. Louisa J.	do	30	973 33	973 33
Prowse, Samuel	do	120	3,893 33	3.893 33
Prowse, Samuel W.	do	53	1,719 55	1.719 55
Prowse, William Henry	do	30	973 32	973 32
Richards, Mrs. Isabel	Charlottetown	77	2,498 22	2,498 22
Richards, James W.	Bideford	7	227 11	227 11
Richards, William	do	68	2,206 22	2,206 22
Rogers, Benjamin	Charlottetown	10	324 44	324 44
Ross, Daniel	Rustico	20	648 89	648 89
Russell, W. A., and R. C. Tait, administrators	Shediac, N.B.	29	940 89	940 89
Smallwood, Mrs. M. B.	Charlottetown	27	876 00	876 00
	Carried forward	4,828	156,641 74	156,641 74

Merchants Bank of Prince Edward Island—Banque des Merchands de l'Ile du Prince-Edouard.

Names. — Noms.	Residence.	Number of Shares. — Nombre d'Actions.	Amount Paid. — Montant payè.	Amount Subscribed. — Montant souscrit.
			$ cts.	$ cts.
	Brought forward......	4,828	156,641 74	156,641 74
Snaddon, Miss C. C........	Charlottetown..........	6	194 67	194 67
Sterns, A. W..........	do	62	2,011 56	2,011 56
Sullivan, W. W., F. Peters, and A. A. McDonald, trustees..........	do	366	11,874 68	11,874 68
Taylor, F. P., M.D..........	do	93	3,017 33	3,017 33
Taylor, Mrs. Mary Ann..........	do	82	2,660 44	2,660 44
Taylor, Capt. Thomas G..........	do	13	421 78	421 78
Vessey, George..........	Little York..........	14	454 22	454 22
Vessey, Hammond S. and Arthur A. Vessey, administrators..........	do	14	454 22	454 22
Warren, Mrs. Lottie..........	Bedeque, P.E.I..........	14	454 23	454 23
Walbank, Mrs. Isabel M..........	Montreal..........	41	1,330 22	1,330 22
Weeks, W. A..........	Charlottetown..........	182	5,904 90	5,904 90
Weeks, W. A., jr., executor..........	do	27	876 00	876 00
Wellner, W. W..........	do	62	2,011 56	2,011 56
Welsh, William..........	do	214	6,943 10	6,943 10
West, Martin..........	do	17	551 55	551 55
Wightman, George..........	Montague..........	68	2,206 23	2,206 23
Wise, Joseph..........	Milton..........	21	681 35	681 35
Yeo, John..........	Port Hill..........	41	1,330 22	1,330 22
	Total..........	6,165	200,020 00	200,020 00

Certified correct.

J. M. DAVISON,
Cashier.

CHARLOTTETOWN, 31st December, 1897.

RELEVÉ

DES

DIVIDENDES IMPAYÉS

ET DES

MONTANTS OU DES SOLDES NON RÉCLAMÉS

DANS LES

BANQUES AUTORISÉES

DU

CANADA

Depuis cinq ans et plus avant le 31 décembre 1897

PUBLIÉ EN CONFORMITÉ DE L'ARTICLE 88 DE L'ACTE 53 VICTORIA, CHAPITRE 31, "ACTE CONCERNANT LES BANQUES ET LE COMMERCE DE BANQUE."

COMPILÉ PAR
N. S. GARLAND, M.S.S., M.S.A.
Commis à la statistique financière.

OTTAWA
IMPRIMÉ PAR S. E. DAWSON, IMPRIMEUR DE SA TRÈS EXCELLENTE MAJESTÉ LA REINE.
1898

Dividendes impayés

A Son Excellence le très honorable sir John Campbell Hamilton-Gordon, C.P., LL.D., comte d'Aberdeen, gouverneur général du Canada, etc., etc., etc.

PLAISE À VOTRE EXCELLENCE :

En conformité de l'Acte 53 Victoria, chapitre 31, intitulé : "Acte concernant les banques et le commerce de banque", le soussigné a l'honneur de présenter à Votre Excellence un relevé des dividendes impayés et des montants ou soldes restés en état, ou sur lesquels il n'avait pas été payé d'intérêt depuis cinq ans et plus au 31 décembre 1897 dans les banques autorisées du Canada.

Respectueusement soumis,

W. S. FIELDING,
Ministre des finances.

MINISTÈRE DES FINANCES,
OTTAWA, 14 juillet 1898.

Dividendes impayés.

TABLE DES MATIÈRES.

PROVINCE D'ONTARIO.

PROVINCE DE QUÉBEC.

PROVINCE DE LA NOUVELLE-ÉCOSSE.

PROVINCE DU NOUVEAU-BRUNSWICK.

TABLE DES MATIÈRES—*Fin.*

PROVINCE DE LA COLOMBIE-BRITANNIQUE.

PROVINCE DE L ILE DU PRINCE-EDOUARD.

Dividendes impayés.

Nom de la banque.	1896.		1897.	
	Dividendes impayés.	Soldes non réclamés.	Dividendes impayés.	Soldes non réclamés.
	$ c.	$ c.	$ c.	$ c.
Banque de la Colombie-Britannique	....	2,805 20	....	3,753 79
do de l'Amérique Britannique du Nord	353 06	36,919 13	353 06	48,985 10
do d'Hamilton	102 96	5,153 67	102 96	10,425 35
do de Montréal	1,456 69	68,504 63	460 21	73,477 38
do du Nouveau-Brunswick	....	4,027 24	....	381 36
do de la Nouvelle-Ecosse	16 22	36,377 80	16 22	33,172 72
do d'Ottawa	4 00	449 54	8 00	1,456 47
do de Toronto	....	6,552 11	....	4,054 17
do de Yarmouth	....	5,508 30	....	1,237 42
Banque de Saint-Hyacinthe	18 90	2,922 46	46 20	3,729 80
do Saint-Jean	....	....	....	....
do du Peuple	744 19	238 64	487 69	273 64
do d'Hochelaga	558 00	1,350 19	633 00	348 25
do Jacques-Cartier	....	2,297 51	39 37	482 83
do Nationale	1,025 64	940 65	129 06	2,116 02
do Ville-Marie	....	213 06	....	66 28
Caisse d'Economie de Notre-Dame de Québec	....	18,439 81	....	18,231 31
Banque Canadienne de Commerce	53 39	6,067 25	53 39	6,184 89
do d'Epargne de la Cité et du District	....	132,965 66	....	80,351 06
do Commerciale de Windsor	18 00	366 42	22 80	1,322 31
do Dominion	....	1,693 43	....	1,726 22
do des Cantons de l'Est	1,223 57	22,652 38	1,416 07	23,556 28
do d'Echange de Yarmouth	....	200 05	2 10	200 00
Compagnie de Banque d'Halifax	....	2,274 94	....	4,144 50
Banque Impériale du Canada	....	4,120 28	....	4,043 05
do des Marchands du Canada	56 00	17,584 14	87 50	21,771 17
do do d'Halifax	....	16,073 29	....	6,029 66
do do de l'Ile du P.-E.	....	47 63	....	557 63
do Molson	....	10,326 58	....	6,499 98
do Ontario	146 00	2,492 37	20 00	1,658 27
do du Peuple d'Halifax	5 15	5,564 73	5 15	3,375 24
do do du Nouveau-Brunswick	....	57 39	....	57 39
do de Québec	443 29	6,978 09	....	8,029 97
do de St. Stephen	....	....	....	....
do Standard	43 50	1,880 83	43 50	726 04
do de Summerside	....	94 50	....	94 50
do des Négociants du Canada	56 16	1,108 26	77 16	2,368 42
do Union du Canada	....	580 65	....	4,681 53
do Union d'Halifax	....	1,125 34	....	8,006 03
do de l'Ouest du Canada	....	154 69	....	92 08
Total	6,324 72	427,108 79	4,003 44	387,668 11

CANADIAN BANK OF COMMERCE.

STATEMENT of Dividends remaining unpaid and Amounts or Balances in respect to which no transactions have taken place or upon which no interest has been paid for five years and upwards.

NOTE.—In case of moneys deposited for a fixed period, the five years are reckoned from the termination of said fixed period.

BANQUE CANADIENNE DE COMMERCE.

ÉTAT des dividendes restant impayés et montants ou balances au sujet desquels il n'y a pas eu de transactions, ou sur lesquels aucun intérêt n'a été payé pendant cinq ans ou plus.

NOTE.—Dans le cas de deniers déposés pour une période fixe, les cinq ans seront calculés depuis l'expiration de la dite période fixe.

Name of Shareholder or Creditor. — Nom de l'actionnaire ou du créancier.	Amount of Dividends unpaid for 5 years and over. — Dividende impayé pendant 5 ans et plus.	Balances standing for 5 years and over. — Balances restant depuis 5 ans ou plus.	Last Known Address. — Dernière adresse connue.	Agency at which the last transaction took place. — Agence où la dernière transaction s'est faite.	Date of last transaction. — Date de la dernière transaction.
	$ cts.	$ cts.			
Finlay, A.	....	3 00	Oro	Barrie	Mar. 2, '78
Riddell, M	....	13 32	Barrie	do	May 22, '79
Gillespie, J. G	....	15 00	do	do	Sept. 11, '80
Mills, J	....	5 85	do	do	Oct. 14, '81
Master, G	....	0 97	do	do	April 29, '82
Houston, J	....	6 39	do	do	Mar. 11, '72
McLaughlin, S.	....	8 20	Foxboro'	Belleville	Oct. 26, '80
Scott, S. G	....	4 75	Belleville	do	Dec. 15, '80
*a*Sutherland, John	....	4 22	do	do	Oct. 29, '81
Dunning, G	....	2 96	do	do	Sept. 21, '81
McCuaig, J. S	....	1 34	Picton	do	Aug. 5, '81
Parent, A	....	1 46	Trenton	do	Sept. 26, '81
*a*Clark, J. A	....	3 92	....	do	Feb. 4, '82
Loveridge, J. W., treasurer.	....	6 18	New York	do	Nov. 7, '82
Finnegan, James	....	57 57	Belleville	do	May 31, '87
McAulay, John	....	2 50	do	do	Jan. 26, '85
Delong, Simon H.	....	1 40	Mountain View	do	Nov. 28, '92
Ketcheson, Esther P	....	0 30	Belleville	do	June 1, '91
Moodie, Julia	....	0 78	do	do	do 9, '90
Redick, Fred. E., treasurer	....	0 53	do	do	Mar. 25, '92
Watson, Jas. A	....	186 90	Berlin	Berlin	Aug. 8, '89
Dotzenrod, Catherine	....	0 15	Buffalo	do	do 6, '89
Stewart, A. J	....	6 92	Brantford	Brantford	Oct. 3, '82
Elliott, George	....	2 79	do	do	Dec. 17, '85
Tresham, Eliza	....	0 25	do	do	Oct. 27, '91
Vanderlip, E. W.	....	11 49	Langford	do	do 13, '91
Cooper, A	....	15 00	Chatham	Chatham	Dec. 22, '82
Remers, H	....	23 82	New York	do	Jan. 2, '83
*a*Smith, B	....	30 00	Chatham	do	Feb. 5, '81
*b*Brown, John	....	651 51	Thorold	do	Nov. 27, '73
Porter, James	....	100 00	Chatham	do	Oct. 23, '88
Currie, Rev. Neil	....	215 05	River Fall, Wis.	do	Mar. 29, '92
Peterham, C. B	....	9 90	Collingwood	Collingwood	July 13, '83
Carried forward	....	1,394 42			

a Dead. *b* Dead; estate administered by Court. Parties interested know of this.

Canadian Bank of Commerce—Banque Canadienne de Commerce.

Name of Shareholder or Creditor. — Nom de l'actionnaire ou du créancier.	Amount of Dividends unpaid for 5 years and over. — Dividende impayé pendant 5 ans et plus.	Balances standing for 5 years and over. — Balances restant depuis 5 ans ou plus.	Last Known Address. — Dernière adresse connue.	Agency at which the last transaction took place. — Agence où la dernière transaction s'est faite.	Date of last transaction. — Date de la dernière transaction.
	$ cts.	$ cts.			
Brought forward		1,394 42			
Rape, Thos.		1 37	Collingwood	Collingwood	Nov. 2, '88
Logan, Geo.		348 50	Sturgeon River	do	Dec. 21, '92
Hayes, D.		0 70	Dunnville	Dunnville	June 30, '85
Ontario Plaster Co		1 16	do	do	July 24, '79
Clark, Mary		0 73	Galt	Galt	do 25, '89
Fowler, Nathan T.		0 38	Branchton	do	Mar. 21, '91
Oliver, George		0 08	Galt	do	Feb. 6, '91
Parks, Eliza		0 22	do	do	July 30, '91
Buchanan, Alex.		1 75	Branchton	do	May 27, '92
O'Connor, M.		500 00	Galt	do	Aug. 26, '91
Huron Salt Well		23 27	Goderich	Goderich	April 28, '92
Carroll & McCartney		0 19	Guelph	Guelph	July 1, '76
McKay, estate of J.		0 18	do	do	April 8, '79
Dyer, J.		1 92	do	do	Oct. 7, '76
Dunn, A.		0 51	do	do	Aug. 18, '85
Fearnley, L.		0 57	do	do	Sept. 6, '80
Hawes, G.		0 64	do	do	Dec. 5, '80
Kennick, J.		3 48	do	do	Nov. 18, '80
Murray, R.		0 37	do	do	Mar. 1, '82
May, H. B		5 00	do	do	Feb. 27, '82
McDonald, A. D.		2 85	do	do	Nov. 24, '79
Owens, Mrs. E.		0 04	do	do	Sept. 17, '82
Patterson, J		0 36	do	do	May 3, '80
Penton, J.		1 43	do	do	do 31, '80
Taylor, W.		9 85	do	do	Mar. 1, '76
Thompson, J.		1 19	do	do	Nov. 27, '80
Ware, F. W		1 66	Acton	do	Aug. 11, '80
Allen, C.		0 21	Guelph	do	Oct. 1, '81
Boles, T.		0 82	Eden Mills	do	July 20, '89
Brayton, C. J.		0 31	Guelph	do	Nov. 26, '81
Curren, J. P., jun		0 14	do	do	July 10, '76
Down, J. P		0 01	do	do	May 8, '85
Evans, R		0 71	do	do	Aug. 5, '87
Goddard, F.		0 72	Mossboro'	do	Nov. 12, '81
Gowdy, David		0 65	Guelph	do	Nov. 15, '84
Harley, H		0 51	do	do	Sept. 25, '75
Henderson, R.		0 74	do	do	Jan. 17, '80
Hornbottle, E. C.		0 01	do	do	May 1, '85
Jarvis, C.		2 61	do	do	June 29, '81
Johnston, J. W		0 67	do	do	May 6, '85
Kenich, R.		5 49	do	do	Oct. 22, '75
Laing, E. C.		0 05	do	do	Jan. 23, '84
Munn, C		0 07	do	do	Sept. 24, '79
Martin, J. W.		0 70	do	do	do 28, '75
Mugridge, Haidie		0 23	do	do	Feb. 1, '89
McCaig, E.		0 09	do	do	Aug. 24, '80
Nelson, S.		0 08	Acton	do	Mar. 22, '80
Rice, J.		0 41	Guelph	do	June 10, '78
Rolson, Thos. W		0 31	do	do	Oct. 2, '88
Russell, R. W		0 05	do	do	Dec. 23, '75
Smith, G.		0 23	Eden Mills	do	do 22, '87
Spiers, J.		0 71	Guelph	do	Sept. 29, '79
Stewart, D.		0 77	Bethany	do	May 3, '89
Ward, S.		0 59	Guelph	do	July 29, '85
Wood, L. C.		0 07	do	do	Jan. 29, '80
Howse, Wm		0 21	Ponsonby	do	Nov. 29, '89
Pettiford, Geo. P.		0 37	Guelph	do	Mar. 26, '90
Ariss, James		1 43	Arkell	do	Oct. 4, '90
Carried forward		2,322 82			

Canadian Bank of Commerce—Banque Canadienne de Commerce.

Name of Shareholder or Creditor. — Nom de l'actionnaire ou du créancier.	Amount of Dividends unpaid for 5 years and over. — Dividende impayé pendant 5 ans et plus.	Balances standing for 5 years and over. — Balances restant depuis 5 ans ou plus.	Last Known Address. — Dernière adresse connue.	Agency at which the last transaction took place. — Agence où la dernière transaction s'est faite.	Date of last transaction. — Date de la dernière transaction.
	$ cts.	$ cts.			
Brought forward		2,322 82			
Dana, G. A		0 10	Brockville	Guelph	Mar. 20, '88
Crombie, J. H		0 62	London	do	Nov. 12, '80
McLean, Jas. or Janet		0 98	Morriston	do	Mar. 6, '91
Stewart, Mary C		0 87	Guelph	do	Nov. 14, '91
Bryan, Ellen		1 80	St. Jos. Hospital	do	Mar. 9, '92
Allison, Jos. B		0 27	Moffatt	do	Sept. 10, '92
Bragg, Wm. B		1 81	Rockwood	do	July 14, '92
*a*Betcove, D. S		4 88	Hamilton	Hamilton	Sept. 11, '79
Canada and Ohio Oil Co		100 00		do	Nov. 5, '72
Gilray, J		0 18	Grimsby	do	Sept. 3, '84
*a*Kirkpatrick, J		8 40	Hamilton	do	Dec. 31, '77
Roach-Wilson, executors		2 70	do	do	Jan. 24, '77
Smith, Thos		595 00	do	do	Aug. 10, '70
Tory, J. M.		1 93	do	do	April 3, '80
Morrice, R		2 84	do	do	May 10, '73
Macdonald, R		0 16	do	do	June 4, '72
Leggo, R. H		0 30	do	do	do 29, '69
Stewart, W		0 59	do	do	do 1, '72
Williams, H		0 48	do	do	May 6, '70
McConnell, M		0 75	do	do	April 6, '70
King, C		0 67	Ancaster	do	Sept. 3, '72
Milne, T. J		0 27	Hamilton	do	Feb. 11, '73
Murray, R		0 19	do	do	do 3, '73
Dillon, C		0 07	do	do	Aug. 16, '73
Wergand, J		0 81	do	do	May 27, '75
Bates, Geo		0 23	do	do	Feb. 15. '77
Kile, H		0 56	Morriston	do	Oct. 13, '75
Lardman, S		0 90	Binbrook	do	Jan. 30, '77
Sharpe, J		1 34	Ancaster	do	Jan. 9, '77
Barrington, E		2 16	Hamilton	do	June 15, '76
Rowe, J		1 03	do	do	Jan. 5, '77
Butler, S		0 06	do	do	April 30, '79
Lynch, J		1 62	do	do	Feb. 20, '80
Nelson, W		12 48	Grimsby	do	Dec. 24, '74
McKenna, Anna		0 09	Hamilton	do	June 19, '82
Weber, G. & M		1 32	do	do	Feb. 11, '82
McNaughton, A		0 62	do	do	Sept. 13, '82
Richardson, M. & S		1 26	Ancaster	do	June 30, '85
Donnelly, Anne		0 43	Hamilton	do	Oct. 9, '80
O'Donnell, Teresa		0 29	do	do	Jan. 7, '80
*a*Kerr, Robt. W		8 76	do	do	July 29, '72
*b*McKellar & Stewart		7 20	London	London	do 6, '67
Walker, M		10 00		do	Dec. 30, '67
Noble, N		22 00		do	May 4, '68
Smith, J		71 63		do	April 29, '70
Simpson, J. F		11 52		do	Aug. 7, '71
Dranger, J		37 44		do	do 7, '71
Hardy, E		25 75		do	Sept. 1, '72
Gale, E		0 68	London	do	Aug. 17, '81
Hargreaves, E. E		0 30	do	do	Sept. 10, '81
Bowden, G		0 52	do	do	July 4, '80
Mackenzie, A		3 57	Appin	do	Aug. 19, '79
Fraser & Fraser		0 01	London	do	Oct. 4, '82
*a*Lauranson, M		1 06	do	do	July 12, '82
Clarke, G		0 38	do	do	do 5, '83
Norrie, J. L		20 00	do	do	Nov. 8, '82
McGregor, J		1 82	Rockwood	do	Sept. 26, '71
Hill, Rev. J. G		2 33	London	do	Dec. 12, '78
Carried forward		3,298 85			

a Dead. *b* Both dead.

Canadian Bank of Commerce—Banque Canadienne de Commerce.

Name of Shareholder or Creditor. — Nom de l'actionnaire ou du creancier.	Amount of Dividends unpaid for 5 years and over. — Dividende impayé pendant 5 ans et plus.	Balances standing for 5 years and over. — Balances restant depuis 5 ans ou plus.	Last Known Address. — Dernière adresse connue.	Agency at which the last transaction took place. — Agence où la dernière transaction s'est faite.	Date of last transaction. — Date de la dernière transaction.
	$ cts.	$ cts.			
Brought forward	....	3,298 85			
*a*Eisenburg, Gotlieb	....	461 55	Komoka	London	Jany. 21, '92
Torrance, Mrs. C. M.	....	0 01	Montreal	Montreal	June 23, '83
Tomkins, M. K. & Co	....	0 92	do	do	April 20, '83
Dillon, R	....	0 38	do	do	Sept. 10, '85
Moseley, F. W	....	2 61	do	do	June 23 '88
O'Leary, Walter	....	0 57	do	do	April 25, '91
Turnbull, Wm. A	....	0 35	do	do	May 30, '90
McGlinn, Wm	....	0 78	do	do	June 16, '92
Young, Emily	....	2 20	do	do	April 24, '92
Deriere, Lucy	....	8 44	do	do	Jany. 18, '92
Godlieff, Leo	....	0 03	do	do	June 2, '92
Paquette, Aime	....	0 02	do	do	do 7, '92
Jolivette, Hermine	....	1 16	do	do	Nov. 8, '92
Sanders, Geo	....	0 07	do	St. Lawrence	Oct. 25, '92
Morgan, W	....	47 50	Norwich	Norwich	July 15, '82
Armstrong, W	....	0 87	....	Orangeville	Mar. 13, '73
Allen, James	....	2 42	....	do	July 2,, '83
Brown, Geo	....	4 40	....	do	1 '83
Bernard, Margaret	....	0 85	....	do	1, '80
Culbert, Geo	....	0 36	....	do	Jane 21, '80
Culbert & Rosevear	....	0 30	....	do	Ap y. 2, '82
Dodds, J. J	....	0 05	....	do	ril 22, '84
Davidson, Jos	....	0 91	....	do	May 1, '8
Doyle, J. H	....	0 10	....	do	April 5' '82
Eastman, G. A	....	0 08	....	do	do 16, '82
Goldie, Jas	....	0 75	....	do	do 2, '82
Galbraith, W. S	....	1 50	....	do	Dec. 30, '81
Hughson, A	....	0 85	....	do	Jany. 15, '82
Hardy, Wm	....	0 42	....	do	Aug. 10, '81
Hazzard, Jno	....	2 87	....	do	Mar. 24, '81
Liddell, W. F	....	2 66	....	do	Oct. 6, '81
Little, Thos	....	0 32	....	do	July 23, '84
Morphy, W. S	....	0 60	....	do	Aug. 14, '83
Murdock, A. F	....	0 07	....	do	Nov. 12, '84
Mills, J	....	6 90	....	do	July 14, '80
Muttleberger, E. E	....	0 05	....	do	Mar. 11, '83
Perratt, M.	....	1 31	....	do	Jany. 30, '82
Parsons, Wm	....	0 80	....	do	April 1, '82
Rastell, Wm	....	0 01	....	do	Mar. 9, '84
St. Alban's Church	....	3 03	....	do	do 6, '83
Strycker, Hy	....	1 28	....	do	Feb. 17, '80
Twidle, J. W	....	0 05	....	do	Jany. 10, '81
Wright, Jos	....	1 25	....	do	June 9, '84
Whaley, Eri	....	0 67	....	do	Oct. 29, '83
Wilkins, M. J	....	0 22	....	do	Dec. 24, '84
Ferguson, John	....	7 25	Caledon	do	April 21, '73
*a*Watson, Sarah	....	1 41	Orangeville	do	Mar. 11, '75
Gordon, Robt	....	1 39	do	do	April 13, '75
O'Neil, Frank	....	0 57	Hockley	do	do 12, '87
*a*Culham, Turpin	....	0 40	Orangeville	do	Oct. 5, '74
*a*Hughson, Alex	....	2 20	do	do	Mar. 31, '79
Mill, Geo. B	....	2 85	Amaranth Stat'n	do	Aug. 1, '77
Griffis, Thos	....	0 46	Orangeville	do	Feb. 4, '80
Davidson, L. B	....	9 99	Camilla	do	Dec. 10, '80
Tucker, Mrs. B	....	0 30	Orangeville	do	Sept. 22, '80
*a*Holden, Mrs. Ruth	....	2 97	do	do	Feb. 6, '82
*a*Sterry, Wm	....	0 32	do	do	Dec. 14, '82
Holmes, Jennie	....	0 44	Waldemar	do	July 18, '84
Carried forward	....	3,891 94			

a Death.

Dividendes impayés.

Canadian Bank of Commerce—Banque Canadienne de Commerce.

Name of Shareholder or Creditor. — Nom de l'actionnaire ou du créancier.	Amount of Dividends unpaid for 5 years and over. — Dividende impayé pendant 5 ans et plus.	Balances standing for 5 years and over. — Balances restant depuis 5 ans et plus.	Last Known Address. — Dernière adresse connue.	Agency at which the last transaction took place. — Agence où la dernière transaction s'est faite	Date of last transaction. — Date de la dernière transaction.
	$ cts.	$ cts.			
Brought forward		3,891 94			
McCarston, E.		1 99	Mono Centre	Orangeville	Dec. 20, '88
Palmer, John		0 04	Horning's Mills	do	Jan. 31, '87
*a*Bourget J.		6 48	Ottawa	Ottawa	July .. '74
Bruce, G. C.		2 30	do	do	Dec. 16, '75
Hillman, G. L.		0 46	do	do	March 5, '77
Johnston, S. M.		0 50	do	do	Sept. 17, '78
Ratty, Avis & Co.		0 70	do	do	do .. '74
Sparrow, C., jr		2 62	do	do	April 28, '76
Stockdale, W.		0 93	do	do	July 22, '75
McDougall, J. A.		0 14	do	do	June 24, '77
Eastwood & Boyden		2 18	do	do	May 26, '77
*a*Battle, M.		0 25	do	do	June .. '85
Griguard, A.		0 13	do	do	Aug. .. '84
Skead, R.		0 25	do	do	May .. '85
*b*Young, Bros., estate of		1 40	Paris	Paris	Aug. 6, '81
Fairbairn, T. M		0 39	Peterboro'	Peterboro'	April 2, '72
Fisher & Griffiths		3 76	do	do	Oct. 31, '70
Kadd, A. B.		0 29	do	do	Mar. 28, '72
Morrison, W. J.		0 55	do	do	Oct. 23, '76
Hall, W.		0 03	Longford	do	July 28, '80
McBain, W. H.		0 09	Peterboro'	do	Mar. 30, '81
McKeiver, T		0 25	do	do	Jan. 13, '81
Swanton, W		0 86	do	do	Dec. 30, '72
Speed, H.		0 02	do	do	Mar. 31, '73
Howden, J.		0 53	do	do	June 29, '74
Brown, J. L.		0 09	do	do	Jan. 2, '83
Collins, H		0 07	do	do	Dec. 30, '82
Potts, Mrs. F. S.		0 16	do	do	Aug. 24, '82
Vinnett & Lee		0 18	do	do	Dec. 13, '83
Fraser, A.		0 96	do	do	do 31, '83
*a*Dean. M. P		7 04	do	do	do 2, '80
Wood, Geo. A.		75 80	do	do	June 2, '81
Primoe, Mary E.		1 85	do	do	Jan. 30, '82
Traviss, Nathaniel		1 85	Ennismore	do	Dec. 17, '85
Bowen, Anne		2 03	Auburn Mills	do	April 27, '92
Dobbin, John		1 13	Peterboro'	do	do 23, '92
Fowler, Annie		1 90	Bridgenorth	do	do 2, '92
Jeffries, Julia		59 62	Peterboro'	do	Aug. 2, '92
Crossley, Ellen		20 50	do	do	Jan. 5, '92
*c*Morton, H. R., assignee est. Thomas.		427 85	St. Catharines	St. Cath'ines	Mar. 5, '84
*c*Richardson, M., assignee est. W. Boles.		17 89	do	do	Dec. 30, '78
Sherren, Mary		3 52	Vigil	do	Nov. 1, '92
Booth, Jennie St. John		2 83	Chicago	do	July 25, '92
Beckett, Edith May		76 00	St. Catharines	do	Feb. 12, '91
McDougall, Jno		16 16	Sarnia	Sarnia	Oct. 2, '72
*a*Carroll, P. S.		0 33		Seaforth	May 21, '85
*a*Gibbings, Mary		7 24	Seaforth	do	June 14, '92
Kellum, Geo		9 00		Simcoe	April 9, '78
Upper, J. S.		0 48		do	Sept. 17, '77
McNaughton, D.		0 88		do	Oct. 22, '74
Gibbons, M.		0 75		do	Sept. 17, '77
Scott, Miss K. S.		0 14	Port Dover	do	Nov. 25, '80
Todd, Wm.		0 25	Simcoe	do	Jan. 27, '82
Winter, Eliza		10 00		do	Aug. 14, '86
Chappell, W.		6 30	Vittoria	do	Nov. 24, '71
Doan, M.		0 12	Simcoe	do	July 28, '90
Powell, W.		0 31	do	do	Feb. 12, '90
Russell, Wm. Geo		36 96	do	do	Mar. 14, '91
Carried forward		4,709 27			

a Dead. *b* Insolvent. *c* The bank is chief creditor of these insolvent estates.

Canadian Bank of Commerce—Banque Canadienne de Commerce.

Name of Shareholder or Creditor. — Nom de l'actionnaire ou du créancier.	Amount of Dividends unpaid for 5 years and over. — Dividende impayé pendant 5 ans et plus.	Balances standing for 5 years and over. — Balances restant depuis 5 ans et plus.	Last Known Address. — Dernière adresse connue.	Agency at which the last transaction took place. — Agence où la dernière transaction s'est faite	Date of last transaction. — Date de la dernière transaction.
	$ cts.	$ cts.			
Brought forward		4,709 27			
Lufton, W		0 17	Stratford	Stratford	July 21, '83
Foster, James		0 63	Winnipeg	do	Sept. 22, '82
Cooper, James		3 70	Stratford	do	Aug. 4, '80
Easson, R. P		0 10	do	do	July 12, '82
Bunscho, J		1 03	Milverton	do	Jan. 30, '83
Anderson, R		0 60	Stratford	do	Dec. 15, '83
Haughton, W. F		0 42	do	do	Aug. 26, '85
McInnes, Robt. C. and Emma		1 65	do	do	Feb. 4, '91
Fraser, Jas. H		5 04	do	do	July 29, '92
Fitzpatrick, James		0 88	Strathroy	Strathroy	June 30, '75
Douglas, O		0 03	Adelaide	do	do 30, '79
*a*Brown, Jno		0 50	Strathroy	do	April 8, '76
Chandler, W		0 72	do	do	May 19, '75
Brown, R		0 59	do	do	April 17, '75
Baskerville, R		0 46	do	do	June 25, '75
Clarke, A		0 02	do	do	July 6, '75
*a*Irvine, S		0 02	do	do	June 12, '75
Campbell, J		0 09	do	do	do 29, '78
Anderson, C		0 96	do	do	Aug. 23, '78
*a*Orris, J		0 96	do	do	Sept. 17, '78
Gateby, Thos		0 84	do	do	Mar. 10, '76
Campbell, D		0 25	Keyser	do	do 14, '79
Merson, J. G		0 17	Crathie	do	Jan. 25, '79
*a*Munro, J		0 22	Strathroy	do	do 22, '79
Butler, W		0 88	do	do	Oct. 18, '83
Johnston, Alex		1 16	do	do	Feb. 28, '91
Kittredge & Johnston		0 58	do	do	do 6, '91
McNaughton, J		5 10	Thorold	Thorold	Mar. 26, '77
McNaughton, J		0 90	do	do	June 30, '76
Ptolemy, J. H		1 64	do	do	do 10, '76
Crick, Chas		1 44	Fenwick	do	Sept. 4, '76
Lasson, Hy		11 09	Allanburg	do	do 23, '80
*a*Brown, Alex		58 63		do	June 22, '85
Wondo, Matelu		1 44	Thorold	do	do 22, '85
Bain, Alex		3 29	do	do	Feb. 14, '85
Gibson, Peter		0 42	do	do	do 11, '86
McFarland, Mrs. A. M		3 26	do	do	Dec. 30, '87
Adamson, J		1 24	Toronto	Toronto	July 3, '68
Arnson, J		0 04	do	do	May 1, '71
Bain, M		1 00	do	do	Sept. 14, '78
Banks, J		0 86		do	July 13, '76
Barnard, B		1 95		do	Dec. 31, '73
Barnard, G. A		0 10		do	June 2, '76
Barry, J. W., jun		4 91		do	April 3, '70
Bradley, R. S		0 17	Toronto	do	Jan. 9, '75
Bruce, R		0 32	do	do	May 3, '72
Burnett, E		0 20	do	do	Jan. 21, '74
Burns, C		0 02	do	do	May 20, '79
Bailey, J. R		0 70	do	do	Oct. 6, '79
Barrate, C		0 79	do	do	do 1, '80
Bryan, T		0 34	do	do	Jan. 11, '81
Burnell, M		95 30		do	Oct. 4, '79
Campbell, D. F		0 56		do	Dec. 23, '68
Carre, W		2 07		do	Nov. 6, '72
Capling, H		1 65		do	Oct. 16, '71
Clements, C. R		4 54		do	May 21, '69
Compton, E. H		0 49		do	Mar. 23, '70
Caswell, W		0 45	Toronto	do	June 24, '76
Carried forward		4,933 85			

a Dead.

Dividendes impayés.

Canadian Bank of Commerce—Banque Canadienne de Commerce.

Name of Shareholder or Creditor. — Nom de l'actionnaire ou du créancier.	Amount of Dividends unpaid for 5 years and over. — Dividende impayé pendant 5 ans et plus.	Balances standing for 5 years and over. — Balances restant depuis 5 ans ou plus.	Last Known Address. — Dernière adresse connue.	Agency at which the last transaction took place. — Agence où la dernière transaction s'est faite.	Date of last transaction. — Date de la dernière transaction.
	$ cts.	$ cts.			
Brought forward		4,933 85			
Crawford, A.		0 02		Toronto	May 26, '70
Cumming, M.		1 54		do	July 25, '72
Cuppage, T. W. S.		0 78		do	Mar. 23, '70
Craig, J. R		4 18	Toronto	do	April 19, '77
Caston & Galt		0 57	do	do	June 20, '80
Christian Helpers Printing and Pub. Co.		0 90	do	do	Aug. 14, '80
Davies, L. A.		0 02	do	do	Sept. 13, '77
Davies, J. C.		0 72	do	do	Aug. 9, '80
Davies, J. B.		0 04	do	do	April 13, '75
Dickey, N		0 31	do	do	Nov. 21, '71
Ellis, Jas.		1 00		do	June 10, '74
Evans, Mrs. J		2 63		do	Feb. 11, '69
Flood, R.		2 98		do	Nov. 2, '72
Ferguson, D.		0 78		do	July 23, '81
Wood, G., trustee est. J. C. Lawless		2 57	Toronto	do	June 28, '80
Lloyd, W. & A., assigness E. & J. Donaldson		1 79	do	do	do 17, '80
Robins, W., assignee est. T. R. Reid.		11 29	do	do	Jan. 25, '79
Kerr, J., est. J. Randolph		4 34	do	do	May 27, '79
Evans, W. B		0 34	do	do	July 22, '91
Gibson, Mrs. S.		0 19		do	Mar. 26, '77
Greer, J		0 44		do	April 4, '77
Graham, R.		5 16		do	Oct. 31, '71
Grant, A.		0 33		do	Jan. 21, '71
Harwood & Co.		0 23		do	Aug. 7, '79
Helliwell, C. J		0 30	Toronto	do	May 1, '71
Hendry, W. F. & R.		6 14		do	April 27, '72
Hickman, E.		0 80		do	June 30, '74
Hindes, Rev. R. W.		0 04		do	Nov. 17, '77
Holwell, H. J. S.		0 13		do	Dec. 31, '73
Howard, W. P., trust. est. H. W. Hogg		25 08	Toronto	do	June 5, '74
Haldan, J. F. C.		0 25	do	do	Sept. 9, '80
Kiely, W. F.		0 31	do	do	April 29, '74
Kirkpatrick, J. C		0 07	do	do	July 3, '74
Knox, T. D. & Co		2 95		do	Dec. 20, '70
Kushl, C. H. O.		0 80		do	Mar. 19, '74
Lamb, J.		1 15		do	June 28, '73
Latch, W		0 56		do	Nov. 30, '75
Lewis, H. H		0 39		do	Jan. .., '70
Martin, J. & Son.		0 58		do	Sept. 10, '70
Matthew, J. W		4 08		do	Nov. 20, '73
Matthew, R.		0 12		do	July 30, '74
Maughan, J. W., jun		0 97	Toronto	do	Aug. 28, '69
Melville, Fair & Co		0 56	Collingwood	do	Jan. 2, '74
Meredith, T		1 59		do	Nov. 4, '70
Millard, C		0 39		do	Aug. 14, '69
Moberley, C. W.		0 05		do	Dec. 1, '79
Milligan, W. A		4 84	Toronto	do	Mar. 23, '81
Muirhead, O. N.		0 53		do	Sept. 17, '80
McCrae & Douglas		0 51		do	Aug. 21, '74
McCallum & Grant		0 57		do	Dec. 13, '73
Oliphant, D		0 25	Toronto	do	April 23, '75
Osborne, J. B. & Son		0 50		do	do 29, '75
Pacific Junction Railway		47 42		do	July 20, '72
Paterson, W. & Co.		0 29	Toronto	do	Nov. 3, '74
Pearson, Jno		1 90		do	July 2, '68
McCormack, O.		63 00		do	Aug. 23, '70
McDonald, J		0 08		do	Mar. 11, '73
McMahon & Smith		0 46		do	June 15, '75
Carrried forward		5,144 66			

Canadian Bank of Commerce—Banque Canadienne de Commerce.

Name of Shareholder or Creditor. — Nom de l'actionnaire ou du créancier.	Amount of Dividends unpaid for 5 years and over. — Dividende impayé pendant 5 ans et plus.	Balances standing for 5 years and over. — Balances restant depuis 5 ans ou plus.	Last Known Address. — Dernière adresse connue.	Agency at which the last transaction took place. — Agence où la dernière transaction s'est faite.	Date of last transaction. — Date de la dernière transaction.
	$ cts.	$ cts.			
Brought forward		5,144 66			
McQuarrie, D. B		0 53	Halifax	Toronto	Jan. 4, '76
McKay, R		1 00		do	July 4, '72
McKim & Franklin		0 04		do	Mar. 18, '68
Noble, G. W		0 26		do	Dec. 5, '72
O'Hanley, J. M		1 60		do	April 29, '75
Phillips, W. H		0 01	Toronto	do	Jan. 11, '79
Phillips & McPhie		0 10	Chatham	do	Oct. 17, '78
Pearse, C. W. & Co		0 18	Oakville	do	Nov. 7, '81
Pyne, T		0 70	Toronto	do	April 8, '80
Reid, W		0 76		do	Dec. 13, '69
Rogers, Sam		1 53	Cincinnati	do	do 30, '75
Rundle, C. R		0 08	Toronto	do	Jan. 13, '76
Ruthan, T. W		0 91	do	do	Sept. 13, '81
Simpson, J		1 05		do	Mar. 9, '68
Sloed, A		2 09		do	June 26, '68
Skervey, W. J		0 08		do	Nov. 13, '72
Small, J. C		1 73		do	April 13, '80
Smith, A. M		1 71		do	Oct. 1, '70
Smith, D. W		0 04		do	Nov. 5, '78
Snodgrass, W. O		0 49	Toronto	do	July 4, '78
Staunton, F		0 47	do	do	May 6, '72
Steiner, R. L		0 28	do	do	June 8, '75
Steward, T. B		0 78		do	do 16, '76
Storm, W. T		0 22		do	April 29, '71
Sutherland, D		2 14		do	do 25, '72
Taylor, R		0 11		do	May 22, '73
Thomas, W		1 53		do	Dec. 27, '75
Toronto House Building Society		1 98	Toronto	do	Nov. 15, '80
Turner, T		5 30	do	do	April 26, '73
Turner, A. M		2 38		do	do 27, '75
Tyson, T. W		0 13		do	Oct. 5, '68
Trustees Spadina Ave. Meth. Church		0 06	Toronto	do	May 2, '81
Watt, J		0 04		do	Oct. 12, '71
Whitney, J		0 40		do	Mar. 7, '70
Whithouse, C		0 05		do	Sept. 30, '71
Wheeler, G		0 05		do	Aug. 4, '81
Williams, R. M		0 09		do	Dec. 18, '79
Wooler & Finck		0 38		do	do 21, '75
Youmans, estate J. H		3 71		do	April 30, '72
Vaughan, W		0 03	Sault Ste. Marie.	do	Nov. 22, '80
Villiers & McCord		1 95	Toronto	do	July 25, '70
Virtue, George		0 07	do	do	April 12, '77
Brelsford, A		0 90	do	do	Nov. 25, '78
English & Colonial Insurance Co.		1 52		do	Jan. 14, '82
McGregor, P		0 36		do	Dec. 31, '81
McCaw, W. F		0 11		do	April 18, '82
Oberholtzer & Co		0 07		do	Sept. 29, '82
Saddler, J. J		0 04	Bethany	do	Nov. 1, '81
Thom, J. C		0 37		do	Dec. 3, '81
Wood, H. L		0 69	Toronto	do	do 8, '81
Scarth, Cochrane & Co		0 30	do	do	Aug. 7, '80
Booth, W. C		0 57	do	do	Jan. 19, '84
Battle, Merritt & Co		0 15	Thorold	do	Mar. 3, '83
Churchill & Co		0 67	Toronto	do	Feb. 16, '83
Eakin, George		0 15	do	do	Nov. 17, '82
Fairbairn, R		0 03	do	do	do 14, '82
Fraser, C. F		0 08	do	do	Mar. 6, '82
Cooper, H. C., jun		0 25	do	do	July 6, '83
Carried forward		5,187 96			

Dividendes impayés.

Canadian Bank of Commerce—Banque Canadienne de Commerce.

Name of Shareholder or Creditor. — Nom de l'actionnaire ou du créancier.	Amount of Dividends unpaid for 5 years and over. — Dividende impayé pendant 5 ans et plus.	Balances standing for 5 years and over. — Balances restant depuis 5 ans ou plus.	Last Known Address. — Dernière adresse connue.	Agency at which the last transaction took place. — Agence où la dernière transaction s'est faite.	Date of last transaction. — Date de la dernière transaction.
	$ cts.	$ cts.			
Brought forward		5,187 96			
Carpmael & Co.		3 62	Toronto	Toronto	Aug. 22, '82
Mahoney & Bolster		0 01	do	do	May 14, '83
Miller, F. C		0 26		do	Dec. 12, '83
Martin, J. E.		0 09		do	Aug. 21, '83
Price, R. C.		0 20	Toronto	do	June 6, '83
Ryder, J.		5 41	do	do	Dec. 18, '82
Reeve, J.		0 52	do	do	Sept. 29, '83
Shapter & Jeffrey		0 01	do	do	June 30, '85
Shields, J		1 17	do	do	Nov. 10, '82
Stephenson, E. F.		0 10	do	do	Feb. 5, '83
Adamson, J. R.		0 27	do	do	July 18, '84
Allan, J. D		0 02	do	do	May 17, '83
Bain, W		0 97	do	do	Aug. 8, '83
Banks, J.		0 19	do	do	April 28, '69
Davidson, W. E		11 95		do	Oct. 29, '83
Harding, G.		3 87	Toronto	do	Aug. 7, '84
Hawley, J		4 68	do	do	June 26, '84
Hawes, J. E. & Co		1 00	do	do	Nov. 24, '84
Henderson, C. W. & Co		0 22	do	do	Oct. 22, '84
Kilmer, E.		0 48		do	June 23, '83
Sutton & Angus.		10 40		do	Nov. 2, '69
Sinclair, A		0 02		do	Oct. 8, '85
Law, E. M.		0 12	Victoria Harbor	do	April 24, '86
McLean, C. A		0 20	Oakville	do	do 15, '85
Wood, S. P		0 99	Toronto	do	Aug. 31, '86
Mowat & Lyon		0 22	do	do	Dec. 5, '85
Parker & Laird		2 04	do	do	Nov. 17, '85
Charlton, John		0 43	Lynedock.	do	June 12, '88
Lord, W. C.		0 25	Toronto	do	Sept. 11, '89
Webster, J.		1 75	do	do	Jan. 7, '90
York, E. T. L		0 44	do	do	April 5, '90
Hinds, A.		0 01	do	do	July 4, '88
Hutton, M.		0 03	do	do	Feb. 7, '88
Lailey, Watson & Co.		0 01	do	do	Nov. 7, '88
Robinson, Jos., commissioner estate of J. S. Drake, a lunatic		1 00	do	do	April 6, '87
Hoskins, R.		0 69	do	do	Feb. 18, '87
Banks, J		0 02	do	do	do 2, '87
Kerby, Hy		0 01	do	do	Oct. 3, '88
Toronto Drop Forge Co		0 04	do	do	Feb. 23, '87
Woodward, C.		0 01	Gore Bay.	do	July 23, '89
Wood, A.		0 21	Toronto	do	Dec. 4, '89
Youell & Harvey		1 91		do	April 17, '89
Kerr, J., assignee, estate Geo. Randolph		6 98		do	July 28, '82
Jenkins, J., assignee.		23 45		do	Jan. 7, '83
Phillips, J. W		4 87	Toronto	do	Nov. 30, '85
Barr, Frank A.		0 77	do	do	Sept. 17, '90
Colbrain, Alex.		1 50	do	do	do 25, '91
Hays, Rich.		1 49	do	do	Nov. 30, '91
Denney, J. R.		2 23	do	do	Feb. 28, '91
Dow, Johanna.		12 25	London, Eng.	do	Aug. 30, '92
Jones, J. W		6 36	Toronto	do	May 3, '92
Parrott, Wm.		4 51	do	do	Sept. 15, '92
Montgomery, W. R. P		0 98	do	do	Oct. .., '92
Palmer, J.		1 70	Toronto Juncti'n	do	Feb. .., '92
Shelburne, E. E		1 08	Toronto	do	Jan. .., '92
Cowan, R. C.		0 26	Montreal.	do	Aug. .., '92
Martin, E. F		1 67	Toronto	N Toronto	Oct. 10, '90
Carried forward		5,313 90			

Canadian Bank of Commerce—Banque Canadienne de Commerce.

Name of Shareholder or Creditor. — Nom de l'actionnaire ou du créancier.	Amount of Dividends unpaid for 5 years and over. — Dividende impayé pendant 5 ans et plus.	Balances standing for 5 years and over. — Balances restant depuis 5 ans ou plus.	Last Known Address. — Dernière adresse connue.	Agency at which the last transaction took place. — Agence où la dernière transaction s'est faite.	Date of last transaction. — Date de la dernière transaction.
	$ cts.	$ cts.			
Brought forward		5,313 90			
Tear, Fred		0 97		E Toronto	Sept. 8, '88
Fogarty, Jno		0 28		do	do 19, '88
Jones, W		0 05		do	do 17, '90
Gamersoll, Jno		1 87		do	Feb. 11, '89
Robinson, W. F		0 61		do	do 3, '90
Muncaster, J. L		0 67		do	Dec. 7, '89
McCutcheon, M. A		0 14		do	Feb. 9, '90
Gilmore, Jos		0 24		do	do 7, '90
Hume, Christina		0 07		do	Jan. 20, '90
Smith, L. N		0 13		do	Sept. 5, '90
Thompson, D		5 68		do	June 2, '90
Lewis, D. V		1 11		do	Nov. 2, '88
Smith, Thos		0 32		do	Mar. 16, '90
Smith, Jno		0 23		do	do 1, '90
*a*Abell, Rowland D		0 08	Toronto	do	May 7, '90
Brigden, N. E		0 87	do	do	Feb. 10, '91
Coulter, Wm. A		0 44	do	do	June 16, '91
Landroum, C. M		0 28	do	do	Jan. 4, '92
Bullock, Alex		1 83	East Toronto	do	Nov. 11, '91
Craig, Cassie		0 24	Toronto	do	July 25, '92
Carnaghan, Jno		0 39	do	do	May 13, '89
Johnson, Eliza		0 22	do	do	Nov. 6, '91
Pinkham, Bertha		0 19	do	do	Sept. 12, '91
Roper, Hy		0 92	Woburn	do	Oct. 29, '91
Smith, Jno. A		0 55	Toronto	do	do 10, '92
Thorne, E		0 10	do	do	May 23, '91
Ware, Ellen		0 10	do	do	Nov. 6, '91
Brown, Mrs. L. A		0 81	Hamilton	NW Toronto	May 26, '90
Hill, Mrs. A		0 58	Toronto	do	Dec. 11, '89
Shanklin, W. S		0 46	do	do	June 30, '90
Suter, W. J		0 45	do	do	Mar. 30, '89
Crawford, G. H		0 10	do	do	do 12, '90
Scott, J. H		0 23	do	do	Dec. 4, '88
Armstrong, Mrs. S. A		1 87	do	do	Mar. 11, '90
Manning, Hy. W.		10 00	do	do	Feb. 12, '90
Phillips, J. W		5 00	do	do	July 31, '90
Smith, W. E		1 83	do	do	Nov. 10, '90
Chander, R		0 51	do	do	Dec. 4, '90
Ager, S. D		0 30	do	do	Jan. 31, '91
West, E		12 38	do	do	Mar. 28, '91
Kennedy, J		2 71	do	do	June 6, '91
Smith, R. O		0 71	do	do	do 8, '91
Thompson, W. J		0 76	do	do	July 15, '91
Chander, S		0 26	do	do	Aug. 11, '91
Warden, F		0 55	do	do	Dec. 5, '91
Baker, C. B		0 16	do	do	Feb. 2, '92
Holywell, W. C		0 55	do	do	Oct. 26, '92
McBride, T. J		0 02	do	do	Nov. 3, '92
Bell, Mary		0 31	do	do	Sept. 7, '92
Balm, C. H		0 93	do	do	Dec. 12, '92
Rolls, Jos		444 21	do	do	May 9, '92
Thompson, Sarah		1 14	do	Parliam't st.	Jan. 25, '92
Macpherson, Maggie		1 70	do	do	Oct. 12, '92
McCarthy, Kate		1 10	do	do	do 3, '92
McCarter, Chas		7 60	Durham	Walkerton	Nov. 3, '77
Bush, C. L.		2 12	Windsor	Windsor	May 5, '79
Scott, Eliza. May		79 62	do	do	Dec. 31, '80
Nantem, Carrie		1 16	do	do	June 20, '90
Carried forward		5,912 61			

a Dead.

Dividendes impayés.

Canadian Bank of Commerce—Banque Canadienne de Commerce.

Name of Shareholder or Creditor. — Nom de l'actionnaire ou du créancier.	Amount of Dividends unpaid for 5 years and over. — Dividende impayé pendant 5 ans et plus.	Balances standing for 5 years and over. — Balances restant depuis 5 ans ou plus.	Last Known Address. — Dernière adresse connue.	Agency at which the last transaction took place. — Agence où la dernière transaction s'est faite.	Date of last transaction. — Date de la dernière transaction.
	$ cts.	$ cts.			
Brought forward		5,912 61			
Wilkinson, Mrs. W. A		0 17	Windsor	Windsor	Dec. 24, '88
Barnum Wire Works, Est. of E. T		5 85	do	do	Aug. 23, '84
*a*Chamberlain, C		0 22		do	Sept. 8, '86
Irwin, W. J		0 15		do	May 14, '87
Garner & Co		0 95		do	July 22, '87
*a*Crickmore, C. G		5 00		do	Nov. 19, '89
Smith, S		1 83	Windsor	do	Jan. 10, '83
Brundage, W. H		0 04	do	do	Mar. 22, '92
Winter, W. T		1 18	do	do	April 28, '92
McLeod, Mabel J		11 76	do	do	Mar. 9, '92
Blackfield, Mary		1 11	do	do	July 21, '92
Graham, D. C		12 35	do	do	May 28, '90
Hurst, F		2 25	Sandwich	do	Oct. 10, '91
Castle, Hy		1 35	Woodstock	Woodstock	Mar. 3, '81
Hardy, W. R		0 32	do	do	Jany. 4, '81
Hill, Geo		0 03	do	do	April 3, '81
Austen, T. H		10 02	do	do	Jany. 6, '79
Brickon, G. R		0 65	do	do	Oct. 19, '79
Davidson, Wm		0 20	do	do	Nov. 15, '78
Bruce, James		34 16	do	do	Sept. 29, '79
Carroll, H. J		0 65	do	do	May 14, '83
Gissing, F. J		0 05	do	do	Aug. 31, '79
Hinton, Jas		4 09	do	do	May 3, '83
Schell, D		0 22	do	do	June 4, '83
Ingram, W. J		0 90	Winnipeg	do	Feb. 6, '83
Clendinnan, A. C		1 90	Woodstock	do	June 7, '84
Dunlop, Jno		0 01	do	do	Feb. 3, '84
Hall & Co		0 47	do	do	Mar. 20, '84
Weaver, R. T		0 96	do	do	Oct. 23, '83
Dickens Bros		0 09	Belleville	do	Dec. 22, '84
Woolverton & Mills, executors		0 05	Woodstock	do	do 30, '84
Wilson, J. H		11 25	do	do	June 30, '76
Fairgrieve, F. J		1 52	do	do	do 30, '76
Chute, E		0 48	do	do	do 5, '77
West, W		87 29	Strathallan	do	Nov. 29, '79
Drury, D		0 88	Woodstock	do	Feb. 21, '79
Forbes, A. M		0 49	Eastwood	do	Dec. 5, '79
Brocke, J. W		1 08	Ann Harbour	do	July 23, '80
McLeod, Leda		0 48	Woodstock	do	do 23, '81
Thompson, W		0 95	do	do	Oct. 23, '86
Muma, E. J		9 50	Drumbo	do	May 30, '89
*a*Tallon, M		59 38	Woodstock	do	April 18, '90
Beehig, James	0 75		London	Toronto	Jany. 2, '68
Beehig, James	0 60		do	do	July 1, '68
Beehig, James	0 60		do	do	Jany. 2, '69
Beehig, James	0 60		do	do	July 1, '69
Mitchell, James	3 02		do	do	Jany. 2, '68
McDougall, John	1 69		Komoka	do	do 2, '68
McKellar, John	0 65		do	do	do 2, '68
Rudd, C. B	0 67		London	do	do 2, '68
Rudd, C. B	0 80		do	do	July 1, '68
Schultz, R	0 67		McGillivray	do	Jany. 2, '68
Elliott, Wm	3 66		London	do	July 1, '68
Atkinson, J. F	3 28		Mitchell	do	do 1, '69
Atkinson, J. F	4 00		do	do	Jany. 2, '70
Campbell, Mrs. E	12 00		Ingersoll	do	July 2, '69
Keays, R. F	0 40		Arva	do	do 2, '69
Dickson, J. G	6 00		Niagara	do	do 2, '71
Carried forward	39 39	6,184 89			

a Dead.

Canadian Bank of Commerce—Banque Canadienne de Commerce.

Name of Shareholder or Creditor. — Nom de l'actionnaire ou du créancier.	Amount of Dividends unpaid for 5 years and over. — Dividende impayé pendant 5 ans et plus.	Balances standing for 5 years and over. — Balances restant depuis 5 ans et plus.	Last Known Address. — Dernière adresse connue.	Agency at which the last transaction took place. — Agence où la dernière transaction s'est faite	Date of last transaction. — Date de la dernière transaction.
	$ cts.	$ cts.			
Brought forward....	39 39	6,184 89			
Walker, J. D.	6 00	....	Hamilton......	Toronto	July 2, '73
Edmondes, Lillias.....................	8 00	....	Seneca	do	do 2, '81
	53 39	6,184 89			

I declare that the above statement has been prepared under my direction and is correct according to the books of the bank.

DOUGLAS SIMPSON,
Chief Accountant.

We declare that the above return is made up from the books of the bank, and that to the best of our knowledge and belief it is correct.

GEO. A. COX,
President.

B. E. WALKER,
General Manager.

TORONTO, this fourth day of January, 1898.

DOMINION BANK.

STATEMENT of Dividends remaining unpaid and Amounts or Balances in respect to which no transactions have taken place or upon which no interest has been paid for five years and upwards.

NOTE.—In case of moneys deposited for a fixed period, the five years shall be reckoned from the termination of said fixed period.

BANQUE DE LA PUISSANCE.

ETAT des dividendes restant impayés et montants ou balances au sujet desquels il n'y a pas eu de transactions, ou sur lesquels aucun intérêt n'a été payé pendant cinq ans ou plus.

NOTE.—Dans le cas de deniers déposés pour une période fixe, les cinq ans seront calculés depuis l'expiration de la dite période fixe.

Name of Shareholder or Creditor. — Nom de l'actionnaire ou du créancier.	Amount of Dividends unpaid for 5 years and over. — Dividende impayé pendant 5 ans et plus.	Balances standing for 5 years and over. — Balances restant depuis 5 ans et plus.	Last Known Address. — Dernière adresse connue.	Agency at which the last transaction took place. — Agence où la dernière transaction s'est faite.	Date of last transaction. — Date de la dernière transaction.
	$ cts.	$ cts.			
Adamson, C.	....	9 00	Toronto	Toronto	Dec. 5, '85
Aikins, E.	....	4 33	do	do	June 23, '82
Annaux, Ed	....	4 00	do	do	Feb. 24, '82
Baxter, M.	....	10 69	do	do	Dec. 9, '86
Body, C. W. E	....	10 00	New York	Dundas St., Toronto	June .. '92
Bond, R.	....	70	Toronto	Toronto	April 29, '84
Brandon, Jos	....	6 94	Priceville	do	Feb. 5, '85
Bruce, J.	....	0 42	Toronto	do	Aug. 23, '83
Buckle, L	....	0 30	do	do	do 14, '84
Bullen, W. C	....	0 17	do	do	Oct. 4, '84
Burgess, Wm	....	0 34	do	do	Mar. 3, '84
Carnarvon Township	....	0 77	....	do	Oct. 5, '85
Collier, W	....	3 03	Port Dover	do	May 8, '83
Conger, Janet C	....	0 06	Toronto	do	July 10, '86
Creighton, J	....	0 23	do	do	do 5, '84
Cronin, Kate	....	125 00	do	do	June 5, '89
Curzon & Co.	....	0 05	do	do	Dec. 30, '71
Davey, P. N. Foundry	....	9 00	do	do	April 22, '84
Davidson, W. J.	....	3 44	do	do	June 3, '90
Despond, T.	....	0 07	Credit	do	Oct. 4, '82
D'Eye, G	....	0 43	Carleton	do	do 6, '84
Digby, Geo	....	0 36	Toronto	do	Feb. 22, '83
Eagle, Thos.	....	0 25	Weston	do	July 9, '84
Elliott, D. H., secretary	....	2 88	Kingston	do	Dec. 12, '81
Esson, Mrs. J	....	0 30	Toronto	do	Aug. 28, '84
Farley, Jno. L.	....	300 00	do	do	do 16, '81
Fleming, A. & R.	....	0 09	do	do	June 8, '85
Fletcher & Cochrane	....	0 09	do	do	Nov. 5, '84
Flint, Geo	....	2 47	do	do	April 19, '86
Fyfe, J. C.	....	0 43	Woodbridge	do	Dec. 10, '84
Garvin, Martha, in trust	....	5 97	Toronto	do	Oct. 16, '90
Gracey, T. J	....	100 00	do	Dundas St., Toronto	Aug. .. '91
Hastings, A. W.	....	1 00	do	Toronto	April 22, '95
[a] Hollingshead, Jos., act'g executor	....	8 61	Schomberg	do	Oct. 27, '90
Carried forward	....	611 42			

[a] Est. of Wm. Proctor, deceased.

Dominion Bank—Banque de la Puissance.

Name of Shareholder or Creditor. — Nom de l'actionnaire ou du créancier.	Amount of Dividends unpaid for 5 years and over. — Dividende impayé pendant 5 ans et plus.	Balances standing for 5 years and over. — Balances restant depuis 5 ans ou plus.	Last Known Address. — Dernière adresse connue.	Agency at which the last transaction took place. — Agence où la dernière transaction s'est faite.	Date of last transaction. — Date de la dernière transaction.
	$ cts.	$ cts.			
Brought forward		611 42			
Holmes, Richard		0 02	Toronto	Toronto	Oct. 22, '84
Hornby, A. M		0 05	do	do	Sept. 7, '85
Hutchinson, A		0 11	do	do	June 18, '86
Johns, J. F		0 10	do	do	May 14, '83
Johnston, A. S		1 05	Willowdale	do	M'rch 24, '86
Keiley, W. T		4 28	Toronto	do	Jan. 28, '86
Kerr, Jas		0 09	do	do	June 2, '86
Laidlaw, A		2 34	do	do	Feb. 5, '83
Lant, James		0 81	do	do	May 4, '86
Lazarus, Alex		0 23	Montreal	do	Aug. 29, '89
Lee, R		0 04	Connor	do	June 3, '86
Lennox, L. J		0 61	Toronto	do	March 4, '84
*b*Lumbers, W., sr., est. late		10 00	do	do	June 13, '90
Malton & Co		2 80	do	do	Dec. 31, '85
Mimico Public Hall		2 00	Mimico	do	Feb. 9, '85
Montgomery, W. A. D., est. deceased		1 89	Toronto	do	July .. '82
Morgan, Arthur		220 00	Thornhill	do	Dec. 2, '92
Moyes, Mrs. E. D		9 09	Toronto	do	Aug. 18, '92
McBurney, F. C		30 00	Niagara Falls	Lindsay	April 20, '92
McCann, J. C		0 46	Toronto	Toronto	Nov. 25, '85
McComb, Sarah		112 10	Not known	Lindsay	Oct. 5, '91
McKinley, A		1 00	Toronto	Toronto	Nov. 5, '85
McWilliams, J		5 97	do	do	July 26, '83
Nichol, August		100 00	do	do	Sept. 9, '85
O'Connor, Jno		1 28	do	do	Oct. 15, '86
Ogden, W., trustee		0 83	do	do	Jan. 30, '86
Page, S. D		0 70	do	do	Aug. 15, '86
Porteous, R. A		0 01	do	do	Nov. 1, '86
Pratt, W. H		0 59	Rosseau	do	Aug. 20, '84
Price & Lucas		0 17	Toronto	do	Jan. 25, '86
Punshon, M		0 10	do	do	May 9, '85
Quinn, E. H		0 88	Deer Park	do	Oct. 11, '86
Robertson, Chas		29 70	Toronto	do	Dec. 6, '82
Robinson, G. H		0 06	do	do	April 4, '85
*c*Rogers & Foster, assignees		13 16	do	do	May 28, '84
Sharpe, Jas		4 56	do	do	April 8, '84
*a*Smith, S. B., est. deceased		208 40	do	do	Dec. 16, '90
Smith, S. B., est. real estate		9 99	do	do	June 30, '91
Souville, Dr. M		6 10	do	do	M'ch 20, '85
Steel Association of Ontario		6 90	do	do	Oct. 10, '82
Stewart, Wm		0 04	do	do	April .. '85
Syme, James		0 28	Brockton	do	Jan. 22, '84
Taylor, Eliza Ann		50 00	Norway	do	Feb. 20, '90
Taylor, F. C		25 00	Toronto	do	April 21, '83
Todd, D		1 25	Woodbridge	do	Sept. .. '83
Toronto Patent Wheel Co		3 28	Toronto	do	July 13, '83
Trustees Bow River Railway		5 00	do	do	Dec. 12, '82
Walker & Creighton		0 04	Schomberg	do	July 16, '84
Warren, E		0 11	Toronto	do	do 8, '98
Walsh, J., jun		0 06	do	do	April 30, '85
Webster, S		7 37	do	do	Dec. 31, '91
Whaley, Jno		6 21	do	do	June 12, '86
Whitehead, Thomas		2 31	do	do	Aug. 15, '81
Whyte, W		31 08	Montreal	do	Dec. 1, '86
Wilson, Gilman		2 41	Toronto	do	Oct. 20, '80
Winfield, Hy		0 45	do	do	Sept. 27, '86
Wootten, D		0 50	do	do	Nov. 5, '83
Wright & Willson		0 15	do	do	July 14, '86
Carried forward		1,535 43			

b H. Thos. and Wm. Lumbers, executors. *c* Estate not known. *a* B. R. Nelles, and W. Horace Lee, executors.

Dividendes impayés.

Dominion Bank—Banque de la Puissance.

Name of Shareholder or Creditor. — Nom de l'actionnaire ou du créancier.	Amount of Dividends unpaid for 5 years and over. — Dividende impayé pendant 5 ans et plus.	Balances standing for 5 years and over. — Balances restant depuis 5 ans ou plus.	Last Known Address. — Dernière adresse connue.	Agency at which the last transaction took place. — Agence où la dernière transaction s'est faite.	Date of last transaction. — Date de la dernière transaction.
	$ cts.	$ cts.			
Brought forward..........	....	1,535 43			
Yorkville Gravel Road................	.....	1 39	Toronto........	Toronto....	June 9, '86
Yorkville and Vaughan Road..........	....	189 40	do	do	do 13, '92
Total	....	1,726 22			

I declare that the above statement has been prepared under my directions and is correct according to the books of the bank.

EVAN A. BEGG,
Asst. Inspector.

We declare that the above return is made up from the books of the Bank, and that to the best of our knowledge and belief is correct.

FRANK SMITH,
President.

R. D. GAMBLE,
General Manager.

TORONTO, this 10th day of January, 1898.

IMPERIAL BANK OF CANADA.

STATEMENT of Dividends remaining unpaid and Amounts or Balances in respect to which no transactions have taken place, or upon which no interest has been paid for five years and upwards.

NOTE.—In case of moneys deposited for a fixed period, the five years shall be reckoned from the termination of said fixed period.

BANQUE IMPÉRIALE DU CANADA.

ETAT des dividendes restant impayés et montants ou balances au sujet desquels il n'y a pas eu de transactions, ou sur lesquels aucun intérêt n'a été payé pendant cinq ans ou plus.

NOTE.—Dans le cas de deniers déposés pour une période fixe, les cinq ans seront calculés depuis l'expiration de la dite période fixe.

Name of Shareholder or Creditor. — Nom de l'actionnaire ou du créancier.	Amount of Dividends unpaid for 5 years and over. — Dividende impayé pendant 5 ans et plus.	Balances standing for 5 years and over. — Balances restant depuis 5 ans ou plus.	Last Known Address. — Dernière adresse connue.	Agency at which the last transaction took place. — Agence où la dernière transaction s'est faite.	Date of last transaction. — Date de la dernière transaction.
	$ cts.	$ cts.			
Munzie, W.		5 35	Toronto	Toronto	Jan. 29, '77
Morrison, N.		10 00	do	do	June 11, '78
Potts, R.		10 00	do	do	Oct. 6, '79
McCade, J.		3 90	do	do	Mar. 8, '79
U. S. Railway		20 82	do	do	do 8, '79
Wright, C.		42 77	do	do	April 25, '79
Miller, L.		49 00	do	do	May 31, '80
Tichbourne, H.		25 87	do	do	do 31, '80
Emersley, W.		51 75	do	do	Feb. 14, '82
Kilwell, J.		12 28	do	do	Dec. 30, '82
Ryan, W.		9 61	do	do	Sept. 20, '84
Moore, J. P.		26 63	do	do	May 28, '85
Allan, Crombie & Hay		44 82	do	do	Nov. 4, '85
aGowell & Co., estate of, insolvents		6 31	do	do	do 30, '82
Haymen, H. M., estate of		2 46	do	do	do 30, '82
bLynn, G. M., estate of, insolvent		164 39	do	do	do 30, '82
Estate of Lennox, Williams & Smith		7 09	do	do	do 30, '82
c do Northcote Bros., insolvents		4 82	do	do	do 30, '82
c do C. O. Vanderburg, insolvent		2 34	do	do	May 19, '85
Driffiles, S.		137 72	do	do	Nov. 30, '84
Clark, H.		27 23	do	do	Sept. 29, '84
Davies, W. H.		10 73	do	do	do 8, '86
Mills, J.		22 75	do	do	Aug. 8, '86
Phœnix Mutual Fire Insurance Co.		75 02	do	do	May 28, '85
Ontario Rubber Co.		19 61	do	do	do 19, '87
Brockton, S. S. Board.		8 21	do	do	Oct. 29, '84
City of Toronto P. B. & S. Co.		85 95	do	do	Dec. 11, '84
Equity Life Reserve Fund		4 46	do	do	Oct. 14, '87
Walls, W. C.		6 00	do	do	Aug. 16, '88
Laidlaw, George		10 45	do	do	Dec. 17, '88
Lloyd's Underwriters Association		16 65	do	do	do 17, '88
Can. Sulphite Co.		9 92	do	do	Nov. 7, '88
Holland, Mrs. L. M. M.		21 52	do	do	Sept. 10, '91
Rowley, R. J. M.		10 09	do	do	Jan. 16, '91
Toronto Importing Co.		28 30	do	do	June 16, '90
Little, J., estate		32 46	do	Yonge St.	do 16, '92
Carried forward		1,027 28			

a J. Cooper, assignee. b J. B. Boustead, assignee. c W. Robins, trustee.

Imperial Bank of Canada—Banque Impériale du Canada.

Name of Shareholder or Creditor. — Nom de l'actionnaire ou du créancier.	Amount of Dividends unpaid for 5 years and over. — Dividende impayé pendant 5 ans et plus.	Balances standing for 5 years and over. — Balances restant depuis 5 ans ou plus.	Last Known Address. — Dernière adresse connue.	Agency at which the last transaction took place. — Agence où la dernière transaction s'est faite.	Date of last transaction. — Date de la dernière transaction.
	$ cts.	$ cts.			
Brought forward		1,027 28			
Huddart, W. L.		1 05	Toronto	N. Toronto.	April 22, '91
Mighton, J. S. A		4 76	do	do	May 5, '91
Johnson, W		14 80	do	do	Sept. 12, '91
Noble, C. L		3 82	do	do	June 8, '92
Denton, R., deceased		6 62	St. Catharines	St. Cath'ines	May 15, '79
McDonald, A. W		2 79	do	do	Nov. 29, '84
Mittleberger, C. A		1 61	Chicago	do	June 28, '88
Brennan, J		30 00	St. Catharines	do	Jan. 22, '86
Carroll, N		3 65	do	do	Dec. 31, '88
Martin, J., coll. account		10 34	Ingersoll	Ingersoll	Jan. 20, '82
McKane & Reavelsy, executors		19 00	do	do	do 20, '80
Fraser, J., farmer		7 63	do	do	Nov. 14, '82
Gordon, N		22 00	do	do	Dec. 4, '77
Leecham, John, clothier.		5 65	do	do	Sept. 17, '87
Nicholls, M.		15 00	do	do	Aug. 17, '87
Ewart, W., executor of		2 25	do	do	Nov. 18, '87
Tripp, M. E.		3 14	do	do	Feb. 1, '90
Sidebottom, R.		5 00	Port Colborne.	Pt. Colborne	April 24, '81
Nagle, L.		5 46	do	do	Mar. 16, '84
Anthes, A., carpenter.		4 75	do	do	Sept. 15, '87
Wilson & Reavelsy		4 27	do	do	Jan. 15, '89
Spurr, C. E., baker		23 00	St. Thomas	St. Thomas.	Oct. 21, '86
Ross, J. M.		100 00	Woodstock	Woodstock.	July 28, '79
Maynard, D		75 00	Ayer	do	Mar. 24, '84
Burgess, M., deceased		8 30	Woodstock	do	May 14, '87
Coope, G. A		24 94	Norwich	do	Dec. 4, '86
Harris, W. P.		5 30	Welland	Welland	May 20, '84
Buchner, P. M., farmer		2 77	do	do	Feb. 2, '85
Campbell, M. J.		2 40	Marshville	do	Feb. 11, '85
Hill, W., estate of		2 64	Welland	do	do 2, '85
Hill, J. C		2 98	do	do	Aug. 29, '85
a Township of Bertie		0 29	do	do	Dec. 2, '86
Priestman, J., jun., deceased		0 30	do	do	April 30, '87
Carroll, J. F., administrator		24 35	Brit'sh Columbia	do	Aug. 17, '86
Clarkson, M.		1 96	Welland	do	July 23, '88
Coleman, C. N., deceased		3 25	do	do	May 11, '89
Anderson, A. W		181 50	Winnipeg	Winnipeg	Aug. 1, '82
Armstrong, S. A.		79 85	do	do	Sept. 15, '82
Aikin & Scott, blacksmiths		28 57	do	do	Aug. 1, '82
Burns, G. A.		4 81	do	do	Dec. 12, '82
Bessy, J. B., real estate		14 25	do	do	Mar. 31, '82
Barrowclough, J. W		3 50	do	do	Dec. 5, '82
Christie, H. L		4 93	Whitewood	do	May 9, '89
Douglas, K.		100 00	Winnipeg	do	Aug. 22, '82
Dowley, J. J		3 90	do	do	Nov. 9, '83
Hewill & Co.		0 23	Moosomin	do	Aug. 24, '83
Jennings, J. E.		0 16	Winnipeg	do	do 8, '82
Johnston, W. R		21 10	do	do	Oct. 30, '82
Lake, J		74 00	do	do	June 3, '85
McDonald, J., real estate		22 46	do	do	Dec. 23, '81
McDougall, J. E.		33 68	do	do	Oct. 6, '82
McDougall, F. M.		29 75	do	do	July 20, '83
McLean, D.		3 11	St. Charles	do	May 14, '89
Norby, W		95 00	Winnipeg	do	Nov. 30, '82
Pioneer Mining Co.		59 61	do	do	Oct. 23, '86
Ross, E. M.		16 58	Toronto	do	Jan. 3, '86
Smith, H. J		51 80	Winnipeg	do	May 1, '85
Starkey & Co.		3 28	do	do	June 1, '89
Thorn, D. S., real estate		4 98	do	do	April 14, '83
Carried forward		2,315 40			

a R. Disher, treasurer.

Imperial Bank of Canada—Banque Impériale du Canada.

Name of Shareholder or Creditor. — Nom de l'actionnaire ou du créancier.	Amount of Dividends unpaid for 5 years and over. — Dividende impayé pendant 5 ans et plus.	Balances standing for 5 years and over. — Balances restant depuis 5 ans et plus.	Last Known Address. — Dernière adresse connue.	Agency at which the last transaction took place. — Agence où la dernière transaction s'est faite.	Date of last transaction. — Date de la dernière transaction.
	$ cts.	$ cts.			
Brought forward		2,315 40			
Talbot, A. H		4 72	Winnipeg	Winnipeg	Feb. 11, '89
Winter, J. P., farmer		1 65	do	do	April 16, '89
Barnet, A		500 00	do	do	Feb. 29, '82
Kerr, R		2 40	do	do	Sept. 22, '90
Lemon, L. G		3 75	do	do	do 19, '89
Bryson, A. C		1 75	do	do	Dec. 20, '89
Cochrane, R		1 13	do	do	Nov. 21, '90
Braun, J. N., trust		153 10	do	do	April 5, '90
Chaffey, J. F		28 50	do	do	Sept. 22, '91
Dominion Coal, Coke & Iron Co		16 81	do	do	July 23, '90
King, J		46 15	do	do	Dec. 4, '90
Kershaw, F		3 33	do	do	do 14, '91
Baldwin, W. G		2 04	do	do	June 20, '91
Stuart, J		1 67	do	do	Jan. 24, '89
Nicholson, M		3 17	do	do	Aug. 29, '90
Porter, A. E		3 15	do	do	do 5, '90
Van Blaricon & Clark		5 99	do	do	Jan. 25, '90
Wallace, P. R		2 56	do	do	Dec. 18, '89
Balmoral Church		1 93	do	do	April 2, '90
McKenzie, G., secretary-treasurer		10 83	do	do	Sept. 9, '90
Russell, J		17 70	do	do	Dec. 1, '90
Municipality of Rosedale		2 68	do	do	do 21, '89
Wolfgang, H		2 00	do	do	Nov. 19, '90
Morrison, G. W., treasurer		4 40	do	do	April 16, '91
Olafson & Co		8 69	do	do	Mar. 24, '92
Ponton, D., & Co., trust		16 50	do	do	Dec. 3, '91
Pell, E. C		7 25	do	do	Aug. 1, '91
Price, R. W		40 05	do	do	Mar. 8, '92
Prestwick School District		2 07	do	do	do 12, '92
Rowley, R. M. J		9 00	do	do	May 16, '91
Taylor, J		9 30	do	do	July 23, '91
Young, F. S		1 10	do	do	Oct. 9, '91
Can. Anthracite Coal Co		20 81	do	do	May 15, '91
Benson, A		186 00	Brandon	Brandon	Dec. 15, '92
Westhead, C		9 33	do	do	Aug. 19, '90
Jackson, F. H		9 02	Wapella	do	Oct. 11, '90
Hector, R. W		12 00	Brandon	do	April 20, '90
Henderson, W		7 05	do	do	do 21, '90
Haston, George		3 31	do	do	Nov. 4, '90
Carson, W. F		1 15	Norwold	do	Dec. 3, '90
Gauley, George		6 32	Brandon	do	Mar. 9, '91
Higginbotham, J		11 15	Hill View	do	Feb. 10, '91
Nugent, H		42 10	Souris	do	Mar. 5, '91
Rowe, A. W		49 12	Brandon	do	April 29, '90
McLean, M. J		10 80	do	do	Feb. 16, '92
McGregor, Rev. J. D		17 75	do	do	do 16, '92
McAdoo, S., junior		9 00	do	do	Mar. 1, '92
Spain, O. G. V		11 83	Beulah P. O	do	April 19, '92
Spain, B		2 59	do	do	do 22, '92
Hetherington, R. B		17 74	Douglas	do	July 20, '92
Sharp, J., junior		10 00	Brandon	do	May 27, '91
Hopkins & La Birrie		26 98	Niagara Falls	Niagara F'ls	April 27, '91
Carrick, J		13 54	Galt	Galt	Jan. 27, '91
Strickland, J. W		1 65	do	do	April 13, '91
Clemens, D. S. & Co		0 59	Winterbourne	do	Oct. 22, '91
Keys, J		9 90	Galt	do	Sept. 15, '91
Ffolkes, R. W		24 75	Port'ge la Prairie	P. la Prairie	Dec. 6, '89
Anderson, J		1 19	do	do	do 23, '90
Carried forward		3,746 44			

Dividendes impayés.

Imperial Bank of Canada—Banque Impériale du Canada.

Name of Shareholder or Creditor. — Nom de l'actionnaire ou du créancier.	Amount of Dividends unpaid for 5 years and over. — Dividende impayé pendant 5 ans et plus.	Balances standing for 5 years and over. — Balances restant depuis 5 ans ou plus.	Last Known Address. — Dernière adresse connue.	Agency at which the last transaction took place. — Agence où la dernière transaction s'est faite.	Date of last transaction. — Date de la dernière transaction.
	$ cts.	$ cts.			
Brought forward	....	3,746 44			
Fraser, J. A.		2 65	Port'ge la Prairie	P. la Prairie	Feb. 26, '91
Ferguson & McMurtry		34 67	Calgary	Calgary	May 30, '88
Morrison, J. H.		22 90	do	do	Aug. 16, '90
Cowan, A. G		7 67	do	do	June 24, '90
Hockin, W. J.		24 00	do	do	do 7, '92
Bowen, J. L., trust account		22 90	do	do	Nov. 25, '92
Anderson, T.		5 75	do	do	Feb. 17, '90
Armstrong & McNaughton		53 00	do	do	Jan. 1, '91
Mann, D. D.		31 61	do	do	Dec. 7, '92
Mitchell, S		14 96	do	do	Oct. 1, '91
McMillan, J.		25 00	do	do	April 6, '92
Revelstoke Lumber Co.		11 89	do	do	Sept. 1, '92
McDiarmid, A. E.		14 80	do	do	Dec. 23, '92
Baker, R., grocer.		0 08	Rat Portage	Rat Portage	Nov. 17, '91
Linn, Robert		2 30	do	do	Dec. 28, '91
Gordon, G		10 00	Prince Albert	Prince Alb't	May 31, '92
Ross, W. G.		12 43	Ft. Saskatchew'n	Edmonton	April 11, '92
	....	4,043 05			

I declare that the above statement has been prepared under my direction and is correct according to the books of the bank.

C. H. WETHEY, *Chief Accountant*

We declare that the above return is made up from the books of the bank, and that to the best of our knowledge and belief it is correct.

H. S. HOWLAND, *President.*
D. R. WILKIE, *General Manager.*

TORONTO, this third day of January, 1897.

ONTARIO BANK.

STATEMENT of Dividends remaining unpaid and amounts or balances in respect to which no transactions have taken place, or upon which no interest has been paid for five years and upwards.

NOTE—In case of moneys deposited for a fixed period, the five years shall be reckoned from the termination of said fixed period.

BANQUE ONTARIO.

ETAT des dividends restant impayés et montants ou balances au sujet desquels il n'y a pas eu de transactions, on sur lesquels aucun intérêt n'a été payé pendant cinq ans ou plus.

NOTE—Dans le cas de deniers déposés pour une période fixe, les cinq ans serout calculés depuis l'expiration de la dite période fixe.

Name of Shareholder or Creditor. — Nom de l'actionnaire ou du créancier.	Amount of Dividends unpaid for 5 years and over. — Dividende impayé pendant 5 ans et plus.	Balances standing for 5 years and over. — Balances restant depuis 5 ans et plus.	Last Known Address. — Dernière adresse connue.	Agency at which the last transaction took place. — Agence où la dernière transaction s'est faite.	Date of last transaction. — Date de la dernière transaction.
		$ cts.			
Codd & Co., estate of. insolvent		10	Bowmanville	Bowm'nville	Jan. 2, '84
Judd, W. N., estate of, insolvent		4 75	do	do	Sept. 1, '83
Ling, E., estate of, insolvent, deceased		1 00	do	do	do 1, '83
Jackson, J. S		15 00	Tyrone	do	Oct. 3, '84
Peggott, Geo., estate of, deceased		0 37	Bowmanville	do	Sept. 1, '83
Morrison & Boardman		0 25	St. Hyacinthe	Montreal	April 7, '84
Lalumniére & Dufresne		1 20	Montreal	do	Oct. 28, '84
Rochon, E. D., estate of, deceased		5 00	Hawkesbury	do	April 30, '88
Armstrong, Mary A.		0 45	Montreal	do	June 19, '89
Lancaster & Co., J. E		4 74	do	do	Mar. 8, '89
Diamond, J. S., M.D		8 84	Toronto	Toronto	May 18, '73
Field, John		16 19	do	do	July 22, '73
Scott, Wm.		43 28	do	do	May 19, '73
Beck, Capt. John		15 08	do	do	Sept. 29, '73
Beaty, James		7 39	do	do	Mar. 12, '77
Spry, D., in trust		46 09	do	do	May 4, '76
McRae, Philip		6 12	do	do	Aug. 11, '88
Patton, Miss Jane		63 91	16 Gloucester St.	do	Dec. 7, '87
Barwick, W., J. W. McDonald, R. Snelling, A. McKenzie		10 56	Toronto	do	do 1, '88
Garthwaite, Frank		35 00	36 Adelaide W.	do	Oct. 4, '89
Price, Mrs. Lavinia		20 31	Toronto	do	Aug. 26, '89
Inventors and Patentees Association		7 00	do	do	June 13, '92
Neriam, A. M		11 98	Guelph	Guelph	April 10, '87
Scott, John, estate of, deceased		19 09	Toronto	Toronto	do 2, '85
Lyons, Mrs. Bridget		400 00	Aylmer, Que.	Ottawa	Nov. 27, '89
McKay, W. M.		100 00	Longtinville	do	Dec. 3, '91
Knox, W		33 00	Unknown	Peterboro'	Mar. 31, '69
Davis, C.		10 00	Lakefield	do	Aug. 23, '82
Lingfield, W. S		5 00	Springville	do	Feb. 25, '85
McDonald, John		29 21	Port Arthur	Port Arthur	June 29, '85
Campbell, Guy		4 25	do	do	Sept. 3, '84
Pim, J. P.		15 85	do	do	Oct. 7, '84
Kennedy, Alex.		47 00	do	do	May 12, '75
Purcell, Saml.		20 00	do	do	Aug. 25, '81
Vincent, Wm. H.		75 00	do	do	do 27, '83
Dallas, Wm.		50 00	do	do	do 29, '83
Carried forward		1,133 01			

Dividendes impayés.

Ontario Bank—Banque Ontario.

Name of Shareholder or Creditor. — Nom de l'actionnaire ou du créancier.	Amount of Dividends unpaid for 5 years and over. — Dividende impayé pendant 5 ans et plus.	Balances standing for 5 years and over. — Balances restant depuis 5 ans et plus.	Last Known Address. — Dernière adresse connue.	Agency at which the last transaction took place. — Agence où la dernière transaction s'est faite	Date of last transaction. — Date de la dernière transaction.
	$ cts.	$ cts.			
Brought forward		1.133 01			
Killer, Fred		80 00	Port Arthur	Port Arthur	Oct. 24, '83
Smith, Jas.		19 44	Winnipeg	Winnipeg	May 15, '76
Batterden, J		17 70	do	do	do 15, '76
Teter, C. A. D		95 45	do	do	do 15, '79
McDonald, Duncan		24 45	Fort Pelly	do	Dec. 27, '81
Erwin, Thomas		40 45	Winnipeg	do	May 15, '76
Miller, John J		25 08	do	do	April 30, '77
McGovern, Edward		6 50	do	do	Dec. 9, '81
McDonald, Alex		21 93	do	do	Feb. 2, '82
Murch, Jas		11 90	do	do	Jan. 16, '83
Pearce, George		91 75	do	do	Dec. 21, '83
Pearson, Alfred		9 65	do	do	July 8, '83
Johnson, Mary		6 75	Odunah	do	Nov. 13, '83
Huss, G. J		2 65	Winnipeg	do	April 15, '84
Ferguson, J. L		3 95	do	do	do 16, '86
Wilson, Annie, estate of, deceased		3 50	Cornwall	Cornwall	Sept. 30, '89
Fencham, Mary.		31 90	do	do	Dec. 31, '89
Richmond, F		12 16	Canton, N.Y.	do	Nov. 16, '86
McDonald, D. D		7 08	Williamstown	do	Dec. 31, '89
McQuillan, Ann		2 97	Dickinson's Ldg.	do	Jan. 6, '91
aRichardson, Miss Eliza	6 00		Wardsville	Toronto	do 10, '84
bHumphries, Ann, estate of, deceased	7 00		Brockville	do	June 6, '90
bHumphries, Ann, estate of, deceased	7 00		do	do	do 6, '90
	$20 00	$1,658 27			

aThos. and Mary Elizabeth English, guardians. bGeorge and John Humphries, executors, Brockville.

I declare that the above statement has been prepared under my direction and is correct according to the books of the bank.

J. G. LANGTON, *Chief Accountant.*

We declare that the above return is made up from the baoks of the bank, and that to the best of our knowledge and belief it is correct.

GEORGE R. R. COCKBURN, *President*
C. McGILL, *General Manayer.*

TORONTO, 14th January, 1898.

STANDARD BANK OF CANADA.

STATEMENT of Dividends remaining unpaid and amounts or balances in respect to which no transactions have taken place or upon which no interest has been paid for five years and upwards.

NOTE.—In case of moneys deposited for a fixed period, the five years shall be reckoned from the termination of said fixed period.

BANQUE STANDARD DU CANADA.

ETAT des dividends restant impayés et montants ou balances au sujet desquels ils n'y a pas eu de transactions, ou sur lesquels aucun intérêt n'a été payé pendant cinq ans ou plus.

NOTE.—Dans le cas de deniers déposés pour une période fixe, les cinq ans seront calculés depuis l'expiration de la dite période fixe.

Name of Shareholder or Creditor. — Nom de l'actionnaire ou du créancier.	Amount of Dividends unpaid for 5 years and over. — Dividende impayé pendant 5 ans et plus.	Balances standing for 5 years and over. — Balances restant depuis 5 ans et plus.	Last Known Address. — Dernière adresse connue.	Agency at which the last transaction took place. — Agence où la dernière transaction s'est faite.	Date of last transaction. — Date de la dernière transaction.
	$ cts.	$ cts.			
Walls, J	22 50		Toronto	Toronto	June 30, '76
Ross, D. G	3 00		do	do	do 30, '76
Crouter, E	4 50		do	do	Dec. 31, '76
Donnelly, A	1 50		do	do	do 31, '76
Crouter, E	4 50		do	do	June 30, '77
Crouter, E	4 50		do	do	do 30, '78
Robinson, C	3 00		do	do	do 30, '80
Young, G. A		17 30	do	do	Mar. 28, '83
Walker, C. G		16 50	do	do	Sept. 26, '83
Brearton, J. L. & Co		16 99	do	do	do 6, '83
Preston, H.		34 50	do	do	do 26, '83
Meridan, J.		46 58	do	do	Dec. 9, '86
Bell, J. G		16 90	do	do	do 29, '87
Robinson, C. B.		10 75	do	do	Jan. 2, '88
Turner, J		8 35	do	do	Dec. 26, '89
Christie, P		30 43	do	do	April 29, '90
Black, J. R		7 18	do	do	do 29, '90
Black, J. R., in trust		22 00	do	do	do 29, '90
Grooves, J. W		11 50	do	do	Dec. 31, '90
Hirst, R		9 83	do	do	do 31, '90
Toronto Coal Co		9 16	do	do	do 31, '90
Hughes, J. L.		3 75	do	do	May 9, '91
Ellis, M. J.		48 88	do	do	do 9, '91
Turnbull, J		7 83	do	do	Dec. 27, '91
Monk, G. W., in trust		3 19	do	do	do 27, '91
Reeve & Woodworth		3 65	do	do	May 26, '92
Pendrith, J. H.		3 82	do	do	do 26, '92
Strutt, W. J		34 05	Unknown	Bowm'nville	Nov. 15, '85
*a*Pearce, W. H		31 00	do	do	Sept. 20, '86
Davis, J		58 35	Newcastle	Newcastle	Nov. 30, '89
Bald, Miss M. B		4 40	Brantford	Brantford	do 30, '92
Flack, C. H. & Co		7 18	do	do	Mar. 17, '92
Labell, Sarah		24 91	Meyersburg	Campbellf'd	Dec. 17, '90
Haig, Peter		3 84	Campbellford	do	July 25, '91
Carried forward	43 50	448 82			

a Deceased.

Dividendes impayés.

Standard Bank of Canada—Banque Standard du Canada.

Name of Shareholder or Creditor. — Nom de l'actionnaire ou du créancier.	Amount of Dividends unpaid for 5 years and over. — Dividende impayé pendant 5 ans et plus.	Balances standing for 5 years and over. — Balances restant depuis 5 ans ou plus.	Last Known Address. — Dernière adresse connue.	Agency at which the last transaction took place. — Agence où la dernière transaction s'est faite.	Date of last transaction. — Date de la dernière transaction.
	$ cts.	$ cts.			
Brought forward....	43 50	448 82			
Dingman, insolvent, estate of...	....	58 82	Colborne	Colborne ...	May 29, '79
McRae & Brown, insolvents, estate of..	....	8 73	do	do ..	June 19, '80
Minto Farmers' Prov. Drainage Ass'n..	....	65 00	Harriston	Harriston ..	Nov. 13, '86
*a*Stanford, Edward.	....	24 60	Unionville.....	Markham ..	April 13, '88
Pettingill, A. H	....	45 07	Demorestville ..	Picton	July 4, '88
Linden, Mrs. F. C.....................	....	25 00	Bloomfield	do	do 16, '92
Newman Cecilia	....	50 00	Allisonville.....	do	Sept. 17, '92
	43 50	726 04			

a Deceased.

I declare that the above statement has been prepared under my direction and is correct according to the books of the bank.

CLARENCE A. DENISON,
Chief Accountant.

We declare that the above return is made up from the books of the bank, and that to the best of our knowledge and belief it is correct.

JOHN BURNS,
Vice President.

GEO. P. REID,
General Manager.

TORONTO, 14th January, 1898.

BANK OF TORONTO.

STATEMENT of Dividends remaining unpaid and amounts or balances in respect to which no transactions have taken place, or upon which no interest has been paid for five years and upwards.

NOTE.—In case of moneys deposited for a fixed period, the five years shall be reckoned from the termination of said fixed period.

BANQUE DE TORONTO.

ETAT des dividendes restant impayés et montants ou balances au sujet desquels il n'y a pas eu de transactions, ou sur lesquels aucun intérêt n'a été payé pendant cinq ans ou plus.

NOTE.—Dans le cas de deniers déposés pour une période fixe, les cinq ans seront calculés depuis l'expiration de la dite période fixe.

Name of Shareholder or Creditor. — Nom de l'actionnaire ou du créancier.	Amount of Dividends unpaid for 5 years and over. — Dividende impayé pendant 5 ans et plus.	Balances standing for 5 years and over. — Balances restant depuis 5 ans et plus.	Last Known Address. — Dernière adresse connue.	Agency at which the last transaction took place. — Agence où la dernière transaction s'est faite	Date of last transaction. — Date de la dernière transaction.
	$ cts.	$ cts.			
Watson, Wm		214 00	Toronto	Toronto	April 2, '81
Clendenning, J		5 00		do	Feby. 14, '89
Barron, Alex		100 00	Buttonville	do	April 6, '89
Treasurer of Municipality of Gordon, Sinking Fund		67 50	Gore Bay	do	Mar. 19, '88
do do do		67 50	do	do	Jany. 26, '89
do do do		67 50	do	do	Dec. 13, '89
do do do		67 50	do	do	do 8, '90
Treasurer of Town of Gore Bay		67 50	do	do	Oct. 29, '92
Man, Thos		586 00	Tullamore	do	do 20, '92
Cahill & Co., M. S		38 07	Montreal	Montreal	Dec. 10, '90
Davidson, Mrs		149 25	do	do	Jany. 2, '83
Tate, J. S		17 00	do	do	June 4, '90
Thomas, F. M		18 63	Barrie	Barrie	May 4, '89
Brown, E., treasurer		17 00	do	do	July 7, '91
Wilson, W. H		87 50	do	do	April 27, '92
*a*Herrill, Mrs. M		6 75	do	do	Mar. 14, '92
Johnston, W. S		20 00	do	do	July 15, '92
*b*Bagnalls, Mrs. Jane		100 00	Chatham	do	Sept. 3, '92
*b*Bagnalls, Mrs. Jane		100 00	do	do	June 8, '92
*b*Grant, Hugh		300 00	Cookstown	do	Mar. 29, '92
Miller, Mrs. Janes		1,066 00	Minesing	do	June 29, '86
McAvoy, J. T		170 00	Hillsdale	do	do 29, '92
Arnold, Charles		30 00	Creemore	Collingwood	Oct. 14, '87
Spears, W		8 55	Duntroon	do	Aug. 26, '89
Bell, W		25 00	Peterboro'	Peterboro'	Sept. 14, '91
*b*Robertson, Mrs. K		19 84	Toronto	do	April 2, '92
Anderson, W		1 33	Petrolia	Petrolia	Nov. 22, '92
Waddell, Miss Mary		40 00	Port Hope	Port Hope	July 7, '85
Fitzpatrick, Charles		354 50	do	do	June 11, '89
*c*Goheen, Miss Ruth		64 00	do	do	Nov. 2, '91
Smith, Mary E		59 25	St. Catharines	St. Cathar'ns	June 15, '92
Carried forward		3,935 17			

a Said to be insane. *b* Since paid. Insane.

Dividendes impayés.

Bank of Toronto—Banque de Toronto.

Name of Shareholder or Creditor. — Nom de l'actionnaire ou du créancier.	Amount of Dividends unpaid for 5 years and over. — Dividende impayé pendant 5 ans et plus.	Balances standing for 5 years and over. — Balances restant depuis 5 ans et plus.	Last Known Address. — Dernière adresse connue.	Agency at which the last transaction took place. — Agence où la dernière transaction s'est faite.	Date of last transaction. — Date de la dernière transaction.
	$ cts.	$ cts.			
Brought forward..........	....	3,935 17			
Stanton, M. J., in trust for J. O. McPherson....	....	1 00	Jordan Station..	St. Catharn's	Dec. 27, '92
Zoury, Charles..........	....	54 00	St. Catharines..	do	Nov. 15, '90
Zoury, Charles..........	....	64 00	do ..	do	Jany. 2, '92
	....	4,054 17			

I declare that the above statement has been prepared under my direction and is correct according to the books of the bank.

J. HENDERSON, *Inspector.*

We declare that the above return is made up from the books of the bank, and that to the best of our knowledge and belief it is correct.

GEO. GOODERHAM, *President.*
D. COULSON, *General Manager.*

TORONTO, 12th January, 1898.

TRADERS BANK OF CANADA.

STATEMENT of dividends remaining unpaid and amounts or balances in respect to which no transactions have taken place, or upon which no interest has been paid for five years and upwards.

NOTE.—In case of moneys deposited for a fixed period, the five years shall be reckoned from the termination of the said fixed period.

BANQUES DES NÉGOCIANTS DU CANADA.

ÉTAT des dividendes restant impayé et montants ou balances au sujet desquels il n'y a pas eu de transactions, ou sur lesquels aucun intérêt n'a été payé pendant cinq ans ou plus.

NOTE.—Dans le cas de derniers déposés pour une période fixe, les cinq ans seront calculés depuis l'expiration de la dite période fixe.

Name of Shareholder or Creditor. — Nom de l'actionnaire ou du créancier.	Amount of Dividends unpaid for 5 years and over. — Dividends impayé pendant 5 ans et plus.	Balances standing for 5 years and over. — Balances restant depuis 5 ans et plus.	Last Known Address. — Dernière adresse connue.	Agency at which the last transaction took place. — Agence où la dernière transaction s'est faite.	Date of last transaction. — Date de la dernière transaction.
	$ cts.	$ cts.			
Learn, C. O		3 08	Aylmer	Aylmer	Jan. — '92
Gunn, J. D		0 19	Springfield	do	do — '92
Hemstreet, R. H		0 07	New York	do	Sept. — '92
Helstrop, R		18 57	Toronto	do	Feb. — '92
Godwin, H. T		1 95	Bayham	do	do — '92
Chambers, H		0 75	Springfield	do	Nov. — '92
Gooding, D. H		2 90	Aylmer	do	Oct. — '92
*a*Clark, D., estate		1 14	do	do	April — '92
Huber, F		631 40	Berlin	Elmira	Aug. 12, '92
Ott, Jos		1 57	Floradale	do	Nov. 21, '92
Ranahan, Catherine		265 57	Linwood	do	Oct. 24, '90
Kirby, R. A		1 46	Guelph	Guelph	May 30, '90
Ewen, S. E		1 26	do	do	do 30, '91
Austin, D. M		0 42	do	do	Feb. 5, '90
Edwards, Sarah		0 10	do	do	do 5, '90
McNickle, Mrs. A. J		1 45	do	do	do 5, '90
Buscarlet, S. W		0 53	do	do	Nov. 30, '91
Burgess, Jennie		0 45	do	do	Feb. 5, '90
Farr, A		0 58	do	do	Nov. 30, '91
Merenether, H. D		0 09	do	do	do 30, '91
Newstead, Wm.		0 03	do	do	do 30, '91
Robertson, A		0 32	Eden Mills	do	do 30, '92
McKay, Rev. Geo		0 22	Guelph	do	May 30, '92
Martin, Powell		1 50	Hamilton	Hamilton	do 17, '86
Thomson, J. J., assignee		1 98	do	do	Mar. 2, '89
Smith, A. S		4 08	do	do	do 31, '90
Shipman & Son		2 88	do	do	May 27, '91
Ross, W. W		1 43	do	do	Sept. 7, '91
Milne, Jno		3 32	do	do	Nov. 9, '92
Dewey, D. R		4 74	do	do	Dec. 14, '92
Wright, F		2 05	do	do	do 23, '92
Mills, Miss A		4 89	do	do	do 16, '85
Parmenter, R.		1 33	do	do	do 8, '88
Crerar, P. D		1 24	do	do	Sept. 24, '90
Rumple W. E		0 17	do	do	Feb. 5, '87
Carrried forward		963 71			

a Dead.

Dividendes impayés.

Traders Bank of Canada—Banque des Négociants du Canada.

Name of Shareholder or Creditor. — Nom de l'actionnaire ou du créancier.	Amount of Dividends unpaid for 5 years and over. — Dividendes impayés pendant 5 ans et plus.	Balances standing for 5 years and over. — Balances restant depuis 5 ans et plus.	Last Known Address. — Dernière adresse connue.	Agency at which the last transaction took place. — Agence où la dernière transaction s'est faite.	Date of last transaction. — Date de la dernière transaction.
	$ cts.	$ cts.			
Brought forward	....	963 71			
Stewart, Maggie G.		0 23	Hamilton	Hamilton	Dec. 24, '87
King, Hy.		1 98	do	do	Aug. 1, '90
Irwin, M. E.		0 11	do	do	May 1, '90
Smith, Mary A.		0 12	do	do	April 23, '90
Quinn, Lucy.		0 21	do	do	July 11, '90
Koeber, Rose		0 22	do	do	do 30, '90
Holleran, Pat.		0 40	do	do	Aug. 27, '90
Simon, Charles		0 25	do	do	Sept. 12, '90
Keafey, Jennie G.		0 10	do	do	June 17, '90
Shouldig, Melinda		0 44	do	do	July 11, '91
Quinn, E. J		1 14	do	do	Dec. 11, '91
Fisher, F. E.		0 18	do	do	do 24, '91
Witherspoon, Harriet.		0 17	do	do	Sept. 3, '91
Coil, Martha		0 39	do	do	July 2, '91
Baxter, J. E.		0 25	do	do	Aug. 4, '92
Freeman, J. D.		0 62	do	do	Sept. 17, '92
Wilson, C. H.		0 14	do	do	July 12, '92
Goldike, Geo.		0 16	do	do	Dec. 31, '92
Eager, Mrs. Emma		0 19	Leamington	Leamington.	May 20, '91
Bedford, D. H.		0 57	Windsor	do	Sept. 2, '92
Black, Rev. J. W.		0 09	Port Stanley	do	do 28, '92
Bank of London		1 32	....	Orillia	Feb. 1, '88
Kinnon, Sarah		0 02	Orillia	do	Oct. 24, '87
Minardus, W.		0 46	Gravenhurst	do	April 29, '87
Millar & Maynard		0 20	Orillia	do	Nov. 26, '87
McDonald, A.		0 20	do	do	Jan. 6, '88
Newton, J. P.		0 12	do	do	Aug. 29, '87
Tudhope, W. R.		0 19	Gravenhurst	do	May 13, '89
Walker Bros		0 47	Orillia	do	June 16, '87
Zufelt, Hy.		1 12	Jarrat's Corners.	do	Jan. 18, '87
Brace & McClennan		0 64	Housey's Rapids	do	Oct. 13, '87
Brace, P. J		0 83	do	do	Nov. 19, '88
Brace, P. J.		0 42	do	do	Nov. 1, '88
Campbell & Morris.		0 41	Orillia	do	Feb. 18, '88
Jefferies, J.		0 02	Ardtrea	do	June 29, '88
Murton, A		0 02	do	do	Sept. 1, '88
Williamson, G.		0 02	do	do	Aug. 4, '88
Musgrave, W.		0 80	do	do	April 21, '87
Carrick Bros		0 20	Fawkham	do	May 27, '89
Henderson, D. J		1 68	Orillia	do	do 28, '89
Warner, S. C.		0 12	do	do	do 25, '89
Hamilton, G. R.		0 24	do	do	Jan. 14, '89
Gregg, A.		7 39	do	do	Sept. 17, '89
Menzies, J.		0 61	Burk's Falls	do	do 17, '89
Stephenson, A.		0 89	Orillia	do	do 17, '89
Hewitt, J. H.		16 00	do	do	Jan. 12, '88
*a*Gordon, A. M., deceased		0 12	do	do	Oct. 30, '89
McDermott, J.		3 00	Victoria Harbour	do	Mar. 8, '89
Brandon, W		0 10	Orillia	do	Jan. 13, '90
Arnold, J. C.		1 45	do	do	Mar. 21, '89
Brandon, W		1 60	do	do	Feb. 26, '91
Thomson, W. J. D		0 03	do	do	April 21, '91
Wilson, J. G		0 21	do	do	Mar. 15, '90
Warner & Co.		0 08	do	do	Nov. 7, '91
Coldwater Manufacturing Co.		1 61	Coldwater	do	Sept. 12, '90
Royal Arcanum		1 18	Orillia	do	Feb. 8, '89
Arnold, J. C.		1 58	Coldwater	do	Sept. 7, '92
Chew, Jos.		0 18	Midland	do	April 13, '92
Hewitt, Jas.		26 50	Orillia	do	July 14, '92
Ritchie, W.		1 25	do	do	Mar. 11, '91
Carried forward		1,044 95			

a Dead

Traders Bank of Canada—Banque des Négociants du Canada.

Name of Shareholder or Creditor. — Nom de l'actionnaire ou du créancier.	Amount of Dividends unpaid for 5 years and over. — Dividende impayés pendant 5 ans et plus.	Balances standing for 5 years and over. — Balances restant depuis 5 ans ou plus.	Last Known Address. — Dernière adresse connue.	Agency at which the last transaction took place. — Agence où la dernière transaction s'est faite.	Date of last transaction. — Date de la dernière transaction.
	$ cts.	$ cts.			
Brought forward		1,044 95			
Hewson, E		0 25	Toronto	Port Hope	Mar. 28, '90
O'Connell, Jane		0 20	Port Hope	do	Aug. 23, '90
Mills, R		0 40		do	Sept. 4, '90
Ray, Jas. J		0 03	Rochester, N.Y.	do	do 19, '90
Goheen, Hy		0 28		do	Oct. 18, '90
Baldwin, Geo		0 32	Port Hope	do	do 25, '90
Bickle, Hy., jun		0 02	do	do	Sept. 16, '90
*a*Stephens, Mary Ann or Mary		0 35	Chicago, Ill.	do	Nov. 7, '90
Boughen, Ellen		0 36	Port Hope	do	do 1, '90
Fox, Mary		0 09	do	do	do 8, '90
Lang, Mary Ann		85 27	do	do	Jan. 21, '91
Henderson, Louisa or Fred		0 17	do	do	Feb. 28, '91
Barrowclough, J		0 94	Wesleyville	do	Mar. 10, '91
Sloggett, Mary C		0 96	Port Hope	do	do 24, '91
Brand, Geo		0 01	do	do	April 26, '91
Outram, F., in trust for Lillian Outram		19 38	do	do	May 13, '91
Noble, Jno., in trust for Ethel Noble		1 25	Canton	do	do 16, '91
do do Mary Noble		1 25	do	do	do 16, '91
Fry, Thos., sen. and jun		7 13		do	June 16, '91
*b*Chalk, R., estate of, deceased		28 53	Port Hope	do	Aug. 10, '91
Green, A. T		0 14	do	do	do 31, '91
McMann, Mary		0 10	do	do	Oct. 4, '91
Birch, L		0 27	do	do	do 13, '91
McAllister, J		0 23	Bewdley	do	do 24, '91
Rowe, Jos		0 25	Port Hope	do	Nov. 3, '91
Hawkey, F		1 33	do	do	do 7, '91
Beatty, W		0 35	Elizabethville	do	do 7, '91
Meadows, Ernest		0 06	Wesleyville	do	Dec. 19, '91
Philp, Mrs. M. J		123 09	Port Hope	do	do 30, '91
Wilcox, Wilbert		0 07	Canton	do	Jan. 2, '92
Clark, Thos		0 07	Newtonville	do	do 15, '92
Bebee, Tallman		0 13	Charlecote	do	do 2, '92
Crowhurst, Dav		0 15	Port Hope	do	do 16, '92
Church, W. L		0 03	Canton	do	do 16, '92
Furman, Geo		0 20	Port Hope	do	Mar. 4, '92
Cooper, A. M		0 89	do	do	do 14, '92
Ferguson, Martha J.		8 50	Garden Hill	do	April 16, '92
Coulson, Jno		0 24	Newcastle	do	May 13, '92
Hudspeth, H. Gertrude		6 00	Port Hope	do	do 14, '92
Johnston, Mrs. J		0 15	do	do	July 14, '92
Richardson, Jos		0 30	do	do	Nov. 5, '92
Barron, Ed.		0 25	do	do	do 19, '92
Anderson, G. A		0 14	Canton	do	Dec. 7, '92
Gray, Wm		0 14	do	do	do 29, '92
Doughty, R		0 50	Port Hope	do	do 24, '89
Eddy, W. F		0 04		do	July 14, '90
Payne, H. H		1 94	Colborne	do	Nov. 1, '90
Wood, Ellen		0 05		do	June 26, '90
Winslow, A., treasurer		1 00	Port Hope	do	Mar. 22, '90
Quinlan, J. W		0 35	do	do	Dec. 23, '92
Jack, Martha A		30 75	Drayton	Drayton	Aug. 1, '92
Johnston, Sam		197 53	Stirton	do	Mar. 28, '92
Johnston, Jno		746 60	do	do	do 28, '92
Blizard & Co		1 82	Toronto	Toronto	'90
Barnum, S. P		2 02	Madoc	Madoc	'89
Davidson, F. B	2 32		Glencoe		May 31, '87
Duncanson, D	2 84		Wendiyo		do 31, '87
Ball, T. H	3 00		Wallaceburg		Mar. 30, '89
Carried forward	8 16	2,368 42			

a Dead. *b* Jas. Eakins and J. B. Chalk executors.

Dividendes impayés.

Traders Bank of Canada—Banque des Négociants du Canada.

Name of Shareholder or Creditor. — Nom de l'actionnaire ou du créancier.	Amount of Dividends unpaid for 5 years and over. — Dividende impayé pendant 5 ans et plus.	Balances standing for 5 years and over. — Balances restant depuis 5 ans ou plus.	Last Known Address. — Dernière adresse connue.	Agency at which the last transaction took place. — Agence où la dernière transaction s'est faite.	Date of last transaction. — Date de la dernière transaction.
	$ cts.	$ cts.			
Brought forward.........	8 16	2,368 42			
Burgess, Mrs. A......................	3 00	....	Wallaceburg....	....	Mar. 30, '89
McCallum, N........................	6 00	....	Clachan........	....	May 31, '90
Simmonds, Jane.....................	3 00	....	Drayton........	....	do 31, '90
Foster, J..........................	3 00	....	Lieury.........	....	Nov. 30, '90
McCallum, N., estate of, deceased.....	6 00	....	Clachan........	....	do 30, '90
McCallum, N., estate of, deceased......	6 00	....	do	....	May 31, '91
Henry, F. B........................	15 00	....	Winona.........	....	Nov. 30, '91
McCallum, N., estate of, deceased.....	6 00	....	Clachan........	....	do 30, '91
Hemingway, T. A....................	3 00	....	Aylmer.........	....	May 31, '92
McCallum, N., estate of, deceased.....	6 00	....	Clachan........	....	do 31, '92
McCallum, N., estate of, deceased......	6 00	....	do	....	Nov. 30, '92
McIntyre, Geo......................	6 00	....	Glencoe........	....	do 30, '92
	77 16	2,368 42			

I declare that the above statement has been prepared under my direction and is correct according to the books of the bank.

H. J. COLEMAN, *Chief Accountant.*

We declare that the above return is made up from the books of the bank, and that to the best of our knowledge and belief it is correct.

CHAS. D. WARREN, *President.*

H. S. STRATHY, *General Manager.*

TORONTO, 14th January, 1898.

BANK OF HAMILTON.

STATEMENT of Dividends remaining unpaid and Amounts or Balances in respect to which no transactions have taken place, or upon which no interest has been paid for five years and upwards.

NOTE.—In case of moneys deposited for a fixed period, the five years are reckoned from the termination of said fixed period.

BANQUE D'HAMILTON.

ETAT des dividendes restant impayés et montants ou balances au sujet desquels il n'y a pas eu de transactions, ou sur lesquels aucun intérêt n'a été payé pendant cinq ans ou plus.

NOTE.—Dans le cas de deniers déposés pour une période fixe, les cinq ans seront calculés depuis l'expiration de la dite période fixe.

Name of Shareholder or Creditor. — Nom de l'actionnaire ou du créancier.	Amount of Dividends unpaid for 5 years and over. — Dividende impayé pendant 5 ans et plus.	Balances standing for 5 years and over. — Balances restant depuis 5 ans et plus.	Last Known Address. — Dernière adresse connue.	Agency at which the last transaction took place. — Agence où la dernière transaction s'est faite.	Date of last transaction. — Date de la dernière transaction.
	$ cts.	$ cts.			
McNallie, Sarah Jane	....	0 50	Hamilton	Hamilton	Dec. 31, '74
Comer, Lavel	....	0 01	do	do	do 2, '72
Mitchell, Wm	....	0 65	do	do	do 31, '76
Glenny, Hy. Wallis	....	0 12	do	do	do 31, '73
McLellan, Robert	....	0 02	Toronto Junct'n	do	do 31, '73
Noyer, Joseph	....	0 18	Hamilton	do	do 31, '74
Walsh, Robert	....	0 17	do	do	do 31, '73
Abey, Jarvis	....	0 10	do	do	do 31, '74
Spencer, Charles	....	0 02	do	do	do 31, '73
Ahrens, H. F	....	0 51	do	do	May 20, '74
Hillard, George	....	0 28	do	do	Dec. 31, '76
Quinn, Michael	....	0 46	do	do	do 31, '74
Morris, John G., jun	....	0 12	do	do	do 31, '75
McGinn, Michael	....	0 24	do	do	do 31, '74
Kilvington, Geo	....	1 96	do	do	do 31, '80
Pitt, Amos	....	16 29	do	do	do 31, '85
Maneily, James	....	0 19	do	do	do 31, '75
Sadlier, H. H	....	0 28	do	do	do 31, '76
Lusk, R	....	0 16	do	do	do 31, '76
Jones, John W	....	0 20	do	do	do 31, '77
Campbell, Mrs. Catherine R	....	0 45	Oakville	do	do 31, '78
Anderson, Eliza B	....	0 40	Hamilton	do	Aug. 30, '81
Fireman's Benevolent Association	....	2 36	do	do	Jan. 2, '85
Swayze, Miss Mary Ann	....	0 08	do	do	Dec. 31, '83
Bailey, George	....	0 45	do	do	do 31, '81
Leaycraft, Mrs	....	1 71	Burlington	do	do 31, '84
Brennan, H. T	....	0 70	Hamilton	do	do 31, '83
Hunter, Mrs. Maggie	....	0 64	do	do	do 31, '83
Minck, Mrs. Mary	....	0 51	do	do	do 31, '84
Corley, Ann	....	1 90	do	do	do 31, '84
Walker, Miss Jane H	....	0 20	do	do	do 31, '84
Odell, Mrs. Elizabeth	....	0 05	do	do	do 31, '84
Magill, Frederick	....	0 10	do	do	do 31, '84
James, Joseph, trustee	....	2 88	do	do	do 31, '84
Parkhill, Thomas	....	0 24	do	do	Jan. 30, '85
Carried forward	....	35 13			

Dividendes impayés.

Bank of Hamilton—Banque d'Hamilton.

Name of Shareholder or Creditor. — Nom de l'actionnaire ou du créancier.	Amount of Dividends unpaid for 5 years and over. — Dividende impayé pendant 5 ans et plus.	Balances standing for 5 years and over. — Balances restant depuis 5 ans et plus.	Last Known Address. — Dernière adresse connue.	Agency at which the last transaction took place. — Agence où la dernière transaction s'est faite.	Date of last transaction. — Date de la dernière transaction.
	$ cts.	$ cts.			
Brought forward		35 13			
Lavery, M. J		0 58	Hamilton	Hamilton	Aug. 31, '86
Lewis, James		4 44	Glanford	do	Sept. 18, '85
Martin, Joseph		1 23	Hamilton	do	Dec. 31, '84
Hamilton Literary Association, trustee		0 66	do	do	Jan. 1, '84
Cheney, James		0 13	do	do	do 31, '84
McKenzie, James		0 17	do	do	Dec. 31, '83
Truman, Francis A		1 01	do	do	do 31, '84
Barnard, Maria A		0 45	do	do	do 31, '83
Bayley, Janet		2 03	do	do	Jan. 31, '84
Tucker, Chas. J		0 36	do	do	Dec. 31, '83
Jaggard, Elizabeth		0 78	do	do	do 31, '86
McLaughlin, Honore		1 20	do	do	do 31, '87
Macfadden, Rev. T. J		2 70	do	do	do 31, '87
Middleton, T		1 39	do	do	do 31, '88
Jutten, T. W., jun		0 53	do	do	do 31, '88
Snider, Mrs. Minnie		10 00	do	do	Oct. 14, '90
Leimans, Morris		0 56	do	do	Dec. 31, '90
Evans, W. H.		0 71	do	do	Jan. 2, '91
Shields, Mrs. Margaret		0 40	do	do	Dec. 31, '90
Donovan, Mrs. Kate		0 85	do	do	do 31, '91
Woods, Marion		0 42	do	do	do 31, '91
Griffin, Miss Mary Ann		0 10	do	do	do 31, '91
Snoddy, Mrs. Mary		0 27	do	do	do 31, '91
O'Connor, James		1 83	do	do	Jan. 2, '91
Kelly, R. R		5 69	Ancaster	do	do 2, '91
Steinberg, L.		2 00	Hamilton	do	do 2, '89
Izzard, E		0 78	do	do	Dec. 31, '86
Mackay, Margaret		56 06	Paris, Ont	do	Jan. 2, '91
Turner, Agnes		4 70	Hamilton	do	do 2, '91
Mitchell, Isabella		1 36	do	do	do 2, '89
Matthews, John		1 48	do	do	do 2, '91
Cook, Joseph		4 29	do	do	do 2, '91
Ayerst, H		1 32	Palermo	do	do 2, '89
Patterson, John J.		1 25	Hamilton	do	do 2, '89
Palmer, G. H.		3 30	Ancaster	do	do 2, '91
Purdy, James		1 48	Winona	do	do 2, '91
Wynn, Annie		0 14	Hamilton	do	do 2, '91
Morris, Annie		1 50	do	do	do 2, '91
Eaglesham, Mrs. R		0 22	do	do	do 2, '91
McRae, K. J		2 34	Smithville	do	do 2, '91
Bowman, J. J		0 75	Hamilton	do	Oct. 30, '74
Bradley, Wm		0 63	do	do	May 23, '74
James, J. M		0 92	do	do	Sept. 30, '74
Mackenzie, T. H.		0 02	do	do	do 29, '74
Scott, Archibald A		0 35	do	do	July 25, '74
Speikett, Thos. G		0 01	do	do	do 3, '74
Warde, Charles F		0 50	do	do	Jan. 15, '74
White, Henry		0 50	do	do	Dec. 13, '73
Booker, John		0 25	do	do	Mar. 12, '77
Mayhew, T		0 55	Renforth	do	June 7, '77
Mackay, R. H		0 36	Hamilton	do	Dec. 21, '76
Speers, Oliver		0 82	do	do	Sept. 5, '77
Powis, Miss F		0 07	do	do	May 1, '77
Finling, Mrs. M. W		0 73	do	do	April 3, '77
Hoddy, P		1 30	do	do	Dec. 24, '75
Kern, Samuel		0 14	do	do	July 11, '76
Muir, John F. & Co		0 09	do	do	April 28, '76
Hewitt, J		15 93	do	do	Mar. 10, '77
Barton Bros		19 63	Toronto	do	Nov. 13, '77
Douglas, W., & Co.		3 48	Hamilton	do	Mar. 8, '78
Carried forward		202 87			

Bank of Hamilton—Banque d'Hamilton.

Name of Shareholder or Creditor. — Nom de l'actionnaire ou du créancier.	Amount of Dividends unpaid for 5 years and over. — Dividende impayé pendant 5 ans et plus.	Balances standing for 5 years and over. — Balances restant depuis 5 ans et plus.	Last Known Address. — Dernière adresse connue.	Agency at which the last transaction took place. — Agence où la dernière transaction s'est faite.	Date of last transaction. — Date de la dernière transaction.
	$ cts.	$ cts.			
Brought forward		202 87			
Lawless, Thomas		0 04	Hamilton	Hamilton	July 11, '78
Gilhousen, P. T.		6 08	do	do	April 2, '77
Abercrombie, W		0 42	do	do	June 29, '78
Dempsey, G., in trust		0 03	do	do	Dec. 16, '78
Dorenwent & Frenz		1 21	do	do	Nov. 30, '78
Lewis, Thomas		0 08	do	do	Dec. 16, '78
White & Stock		0 09	do	do	Nov. 21, '79
McNeilly, J., jun		1 00	do	do	Dec. 10, '78
Brierly & Co.		0 16	do	do	do 31, '79
Barry, A. B		0 45	do	do	May 2, '79
Mutchmore, T. W		0 15	Oneida	do	Sept. 23, '79
Alanson, John		0 62	Hamilton	do	July 28, '79
Bullock, J		47 75	do	do	Mar. 4, '78
Marshall, F		20 00	do	do	May 31, '79
Dickson, M.		0 35	do	do	Nov. 19, '80
Hamilton, J. M		0 25	do	do	Aug. 9, '80
Mullholland, W		0 11	do	do	Jan. 5, '80
Boyd, James		1 87	do	do	Nov. 30, '81
Shelly, E. R. & Co.		0 02	do	do	Dec. 22, '81
Kerns, Wilbur		2 35	Burlington	do	Nov. 26, '81
Lawson, Henry		1 07	Hamilton	do	Feb. 25, '82
Patterson, George		0 34	do	do	May 15, '82
Atkinson, J		0 80	do	do	Mar. 16, '83
Burke, Dav.		1 28	do	do	May 8, '83
Gibson, Rebecca		0 70	Burlington	do	July 21, '83
Horning, estate of		0 01	Hamilton	do	April 16, '83
Palmer, R. P		0 01	do	do	Dec. 20, '83
Patterson, J. P		0 14	do	do	Sept. 29, '83
O'Reilly, J. E., receiver		0 81	do	do	Oct. 21, '82
Jones, E. C.		0 08	do	do	July 11, '84
Connitan, G. W		0 14	do	do	Feb. 9, '84
Mills, S., estate of, deceased		0 03	do	do	Jan. 18, '84
Newlands, A. W		0 81	Ancaster	do	Nov. 20, '83
Skinner, W. E.		2 25	Hamilton	do	Feb. 28, '84
Watts, J. A		0 16	do	do	Jan. 12, '84
Frett, George		0 06	do	do	April 18, '85
Foster, John		0 94	do	do	Sept. 3, '85
Foster, Charles		0 78	do	do	Mar. 13, '85
Gray, William		0 56	do	do	Aug. 3, '85
Martin, J. & A.		0 40	do	do	Sept. 8, '85
Skilley, F. E.		0 05	do	do	Feb. 28, '85
Thompson, J.		0 90	do	do	Sept. 19, '85
Turkish Swimming Baths		1 35	do	do	Aug. 18, '85
Wentworth Fish and Game Association		0 60	do	do	Mar. 16, '85
Reid, G. G		92 28	do	do	Sept. 6, '84
Reid, Robert		64 85	do	do	Dec. 20, '84
Walker, F.		0 03	do	do	May 14, '85
Davidson & Modlin		0 49	do	do	Feb. 13, '86
Cockle, H. R		0 83	do	do	Oct. 26, '85
Kelly, E. G		0 10	Ancaster	do	June 3, '86
Dominion Suspender Manufacturing Co.		0 21	Hamilton	do	do 18, '86
Dunn, J. S		0 44	do	do	Jan. 5, '86
Guger, William		0 02	do	do	Aug. 21, '86
Hamilton Mining Syndicate		4 08	do	do	Dec. 31, '84
Metherell, Bauer & Co.		3 50	do	do	June 25, '86
Murphy, T.		0 90	do	do	do 29, '86
Tucker & Haygarth		0 20	do	do	May 10, '86
Barnes, E. B.		0 01	do	do	Aug. 31, '87
Barrett, I. L		0 15	do	do	Jan. 3, '87
McKenzie, A. M.		4 18	do	do	Sept. 2, '86
Carried forward		472 44			

Dividendes impayés.

Bank of Hamilton—Banque d'Hamilton.

Name of Shareholder or Creditor. — Nom de l'actionnaire ou du créancier.	Amount of Dividends unpaid for 5 years and over. — Dividende impayé pendant 5 ans et plus.	Balances standing for 5 years and over. — Balances restant depuis 5 ans et plus.	Last Known Address. — Dernière adresse connue.	Agency at which the last transaction took place. — Agence où la dernière transaction s'est faite.	Date of last transaction. — Date de la dernière transaction.
	$ cts.	$ cts.			
Brought forward	....	472 44			
Morton, G.	....	3 05	Hamilton	Hamilton	Oct. 17, '87
McAdams, H. L.	....	0 72	do	do	Mar. 1, '88
McLeary, F.	....	0 93	do	do	Jan. 21, '88
O'Loughlan, J. O.	....	2 22	do	dc	Oct. 31, '87
Phillips, J. A.	....	0 54	do	do	May 3, '88
Schwartz, E. L.	....	0 37	do	do	Jan. 11, '88
Roach & Teetzel, trustees	....	0 04	do	do	July 14, '88
McRoberts, H.	....	6 74	Toronto	do	Aug. 23, '87
Legault, Servoss & Kelly	....	3 56	Caledonia	do	Dec. 29, '86
Lewis, R. V	....	0 61	Hamilton	do	Nov. 27, '86
Little & Fowler	....	0 31	do	do	do 24, '87
McKenzie, A.	....	0 90	do	do	June 4, '88
Schmidt, E.	....	0 69	do	do	Mar. 19, '88
Smith, Thomas	....	1 34	do	do	Oct. 25, '88
Wood, W. F. & Co	....	0 65	oo	do	June 15, '88
Baker, H. F.	....	0 05	Grimsby	do	Apr. 28, '88
Bates, K.	....	1 00	Burlington	do	Jan. 12, '88
Guest, H. G	....	1 00	do	do	do 13, '87
Couture, John	....	0 02	Hamilton	do	Feb. 11, '88
Evans & Co	....	0 54	do	do	June 18, '88
Barnfather, R.	....	0 04	do	do	Nov. 5, '88
Longhurst, H. & Co.	....	0 62	do	do	July 8, '88
McDonald, Emma	....	0 15	do	do	Feb. 13, '89
Pearer, Edward	....	0 94	do	do	Mar. 7, '89
Petit, M	....	1 95	do	do	Jan. 31, '89
Searlis, F. C.	....	0 35	do	do	May 23, '88
Spencer, J. E.	....	0 47	Aldershot	do	Dec. 22, '88
Thompson, M.	....	0 74	Hamilton	do	May 10, '89
Belknap, A. M	....	0 16	do	do	Dec. 8, '88
Brown, M., president	....	0 75	do	do	Jan. 30, '89
Cline, W. J	....	0 56	Bartonville	do	Oct. 18, '89
Ecclestone, W.	....	0 03	Hamilton	do	Feb. 20, '89
Ellis, George	....	0 59	do	do	Jan. 28, '89
Eyres, J. & Son	....	0 19	do	do	Nov. 19, '88
Findlay, J. F.	....	0 96	Ancaster	do	Mar. 18, '89
Flitcroft, A. W.	....	0 01	Hamilton	do	Feb. 15, '89
Gregory, Mrs. E	....	0 67	do	do	Aug. 31, '89
McLaren, D	....	15 45	do	do	Jan. 15, '87
New, J. H	....	1 92	do	do	June 27, '90
Leishman, Thos.	....	0 30	do	do	Feb. 28, '90
Nellis, S. A	....	0 10	do	do	do 17, '90
Vansickle, C	....	0 64	Jerseyville	do	May 16, '90
McCoy Bros	....	3 67	Hamilton	do	Jan. 4, '90
Allen, R	....	29 65	do	do	Feb. 20, '90
Beddoe, T. D.	....	0 38	do	do	Jan. 22, '89
Barnard, P. B	....	0 05	do	do	Apr. 10, '90
Campbell, D.	....	1 81	Nelson, P.O.	do	Jan. 2, '90
Cline, W. J	....	0 62	Bartonville	do	Nov. 8, '90
Croy, W. B	....	0 83	Hamilton	do	Apr. 22, '90
Hurley & Wilson	....	1 47	do	do	Dec. 28, '89
Jones, A. G., treasurer	....	4 64	do	do	do 28, '88
Annis, W. G	....	0 04	do	do	July 3, '90
Baker, Francis	....	5 33	do	do	Nov. 30, '88
Blair, J. B	....	0 97	do	do	May 5, '90
Booker, C. G.	....	0 39	do	do	Feb. 12, '91
Clark, W. J	....	0 14	Trenton	do	Dec. 30, '91
Frid & Fanning	....	0 45	Hamilton	do	Jan. 23, '91
Galt Ray and Metal Coy	....	2 49	do	do	do 23, '91
Great Central Fair	....	9 61	do	do	Dec. 5, '91
Hancock, R.	....	1 76	do	do	Sept. 11, '91
Carried forward	....	589 61			

Bank of Hamilton—Banque d'Hamilton.

Name of Shareholder or Creditor. — Nom de l'actionnaire ou du créancier.	Amount of Dividends unpaid for 5 years and over. — Dividende impayé pendant 5 ans et plus.	Balances standing for 5 years and over. — Balances restant depuis 5 ans ou plus.	Last Known Address. — Dernière adresse connue.	Agency at which the last transaction took place. — Agence où la dernière transaction s'est faite.	Date of last transaction. — Date de la dernière transaction.
	$ cts.	$ cts.			
Brought forward		589 61			
Hebert, F. G		0 65	Grimsby	Hamilton	April 27, '91
Gray, Edwin		6 82	Hamilton	do	Sept. 2, '90
Hemmingway, E. B		0 10	do	do	Jan. 21, '91
Burus, L. M		1 89	do	do	May 2, '91
Ayres, S		2 30	do	do	April 11, '91
Myer, Carl		0 60	do	do	Nov. 29, '90
Moore, S. G		3 98	do	do	Dec. 27, '90
Park & Montgomery		0 58	do	do	Jan. 3, '91
Reid, John		0 04	do	do	Mar. 14, '91
Ramsay, Mrs. M. A		0 60	do	do	July 21, '91
Turner, Dugald		0 06	do	do	May 21, '91
Wetherspoon, R. W		0 43	do	do	Nov. 3, '91
Wallis, W. & Co		0 43	do	do	June 9, '91
Yeo, F. and J. B		0 70	Ryckman's Cor's	do	Nov. 24, '90
Tucker, F. W		1 00	Hamilton	do	April 18, '91
Taylor, J. E		0 05	do	do	Sept. 28, '91
Bell, G. M		0 28	do	do	Dec. 23, '92
Gallagher, Dr. D		1 89	Barton	do	do 14, '91
Hinck, G. H		0 04	Hamilton	do	do 17, '91
Kent, J		0 57	do	do	Aug. 12, '91
Fothergill, John		0 85	do	do	do 8, '92
Hendrie, W., petty account		0 15	do	do	Oct. 6, '92
Spittal, T		0 90	do	do	Sept. 24, '90
Lees, G., executor Ramaye's estate		0 01	Dundas	do	Dec. 4, '91
Lees, G., executor Lee's estate		0 01	do	do	do 11, '91
Wilson, Thomas		0 27	Hamilton	do	do 5, '91
Tinling, C. W., trustee Bicycle Atnletic Club		5 76	do	do	July 31, '91
Pettit, A. C		0 60	Burlington	do	Feb. 6, '92
Lewis, J. B		0 02	Hamilton	do	Sept. 2, '92
Upton, Fannie		0 45	do	do	June 7, '92
Cuzner, John		500 00	do	do	May 10, '90
Vanderburgh, John		550 00	Balmoral	do	Dec. 2, '90
Adam, Isabella		300 00		do	Feb. 5, '91
Lewis, W. B		50 00	Hamilton	do	Mar. 18, '91
Burton, George		242 00	do	do	July 29, '91
Conn, Matilda		200 00	York	do	Oct. 19, '92
Stewart, Henry		16 00	Alliston	Alliston	
Wilkinson, J. J. Reide		2 00	West Essa	do	Feb. 23, '87
*a*Boakes, Benj., estate of, deceased		0 91		do	Nov. 8, '89
McDevitt, Wm		49 75	not known	do	Oct. 10, '90
Crawford, J. T.		0 31	Wiarton	Chesley	June 25, '91
Bohnsack, Chas		0 26	Elmwood	do	May 21, '90
Crawford, Delmora A		22 07	Granton	do	June 7, '92
Leggett, Benj. C		0 15	Chesley	do	Jan. 1, '91
Fortune, R. H		0 13	Vesta	do	do 1, '91
Campbell, Wm		0 21	do	do	do 1, '93
Birchell, Robert		1 61	Georgetown	Gergetown	May 19, '75
Blacklock & Co		5 63	Toronto	do	Jan. 16, '77
Graham, W. B		3 45	Unknown	do	June 27, '83
Graham, J		15 00	do	do	Sept. 18, '90
McDonald, A		12 75	do	do	Nov. 10, '85
Orr, John		1 00	do	do	June 30, '90
Ladies Aid, Glen Williams		370 01	Glen Williams	do	Dec. 1, '92
Appelbe, John		31 07	Esquesing	do	April 14, '92
Brown, Charles		1,158 10	Hornby	do	Dec. 15, '92
Moore, Jas. A		52 00	Georgetown	do	May 21, '90
Wilson, John		50 00	do	do	July 6, '91
Bailey, Thomas		50 00	do	do	Nov. 20, '91
Wilson, John		150 00	do	do	May 4, '91
Carried forward		4,456 05			

a Executors live at Weston, Ont.

Bank of Hamilton—Banque d'Hamilton.

Name of Shareholder or Creditor. — Nom de l'actionnaire ou du créancier.	Amount of Dividends unpaid for 5 years and over. — Dividende impayé pendant 5 ans et plus.	Balances standing for 5 years and over. — Balances restant depuis 5 ans et plus.	Last Known Address. — Dernière adresse connue.	Agency at which the last transaction took place. — Agence où la dernière transaction s'est faite	Date of last transaction. — Date de la dernière transaction.
	$ cts.	$ cts.			
Brought forward		4,456 05			
Wilson, John		75 00	Georgetown	Georgetown	Jan. 21, '92
Johnston, Miss E. H		60 00	Brantford	do	July 7, '92
Bettshaw, J		0 21	Listowel	Listowel	Nov. 12, '84
Skale, J		0 20	do	do	Feb. 19, '77
Leason & Wynn		0 88	Newry	do	do 11, '76
McCormick, Mrs. S.		0 57	Listowel	do	Mar. 17, '77
Shields, J		0 06	do	do	April 27, '77
Burton & Forster		0 01	do	do	Feb. 16, '78
Norton, P		4 02	do	do	Aug. 4, '77
Tremaine & Co.		0 85	do	do	April 30, '78
Dunham, Wilson & Co		0 40	do	do	Mar. 29, '79
Stuart, P. M.		2 00	do	do	do 27, '78
Gibson, W		0 39	do	do	Sept. 13, '79
Tremaine, J		0 08	do	do	Jan. 31, '80
Thompson, W		15 35	do	do	May 14, '79
Palmer, F. W		0 19	do	do	Nov. 28, '81
Adams, George, Chairman		1 40	do	do	July 28, '81
Davis, A. E		0 23	do	do	June 26, '83
Huber, G. T		0 79	do	do	July 25, '83
Sammers, Ed		0 25	do	do	Feb. 19, '84
Kayes, J. J		0 09	do	do	June 30, '84
Austin & Bell		0 01	do	do	Aug. 19, '86
Bundscho & Baeschler		0 26	Milverton	do	do 9, '86
Gee, M. D		0 16	Listowel	do	do 13, '87
Wead, A		8 00	do	do	do 10, '86
Ravielle, W		0 85	do	do	Feb. 21, '88
Brisben, J., treas		0 36	do	do	do 12, '90
Medill, J. N		85 75	do	do	June 24, '89
Buskert, J		0 02	do	do	Oct. 22, '88
Patterson, R.		0 25	do	do	Aug. 8, '90
Beattie, G. H		0 50	do	do	Nov. 15, '90
Campbell, A		0 25	do	do	Feb. 21, '90
Brown, N		0 30	do	do	Mar. 24, '92
McDonald, W		0 60	do	do	Aug. 23, '92
Ussher, Ed., trust		0 06	Gore Bay	do	Dec. 1, '92
Ronard, Bruce		0 02	Listowel	do	Nov. 9, '92
Cesar, E. L. O		0 30	Newcastle	do	June 12, '92
Coulter, Samuel		400 00	St. Helen's	Lucknow	April 12, '92
Vansickle, Mrs. Martha, in trust		10 00	Lanes	do	Nov. 6, '91
Took, Charles		35 00	Lucknow	do	Mar. 21, '92
McDonald, Miss Janet C., treas.		2 50	St. Helen's	do	do 16, '92
*a*Ross, David M, deceased		200 00		do	Oct. 22, '92
Sims, George		25 00	Unknown	Milton	Aug. 2, '89
McCallum, Mrs. James, adm'x		14 34	Owen Sound	do	Jan. 10, '90
Simpson, Thomas, executor		638 00	Moffatt	do	May 21, '91
Robinson, Mrs. Mary		1 08	Milton	do	Feb. 28, '91
Joyce, Clarkson		9 35	Manswood	do	Mar. 14, '91
Dennis, Miss Edna		5 75	Ash	do	Dec. 12, '91
Hardy, John L.		9 94	Ashgrove	do	Jan. 25, '92
Hardy, George D		9 94	do	do	do 25, '92
Hardy, William A		9 93	do	do	do 25, '92
Petch & Shaw		0 02	Orangeville	Orangeville	Mar. 16, '87
Bennett, E. H. W		0 08	do	do	April 20, '87
Gray, W		0 48	do	do	Sept. 16, '87
Gardiner, George		0 20	do	do	do 16, '87
Smith, Charles		0 95	Moosejaw, N.W.T.	do	May 27, '86
Thompson, George		75	Orangeville	do	Oct. 4, '87
Carried forward		6,090 02			

a Deceased. John S. McDonald, Ripley, and W. C. Johnston, Lucknow, executors.

Bank of Hamilton—Banque d'Hamilton.

Name of Shareholder or Creditor. — Nom de l'actionnaire ou du créancier.	Amount of Dividends unpaid for 5 years and over. — Dividende impayé pendant 5 ans et plus.	Balances standing for 5 years and over. — Balances restant depuis 5 ans ou plus.	Last Known Address. — Dernière adresse connue.	Agency at which the last transaction took place. — Agence où la dernière transaction s'est faite.	Date of last transaction. — Date de la dernière transaction.
	$ cts.	$ cts.			
Brought forward		6,090 02			
Armstrong, W		0 55	Mono Mills	Orangeville	Oct. 19, '88
Atkinson, J		0 24	Orangeville	do	Sept. 5, '89
Deland, John		0 50	do	do	do 12, '90
McCutcheon, D.		1 33	do	do	May 29, '90
Shirley, W. A		0 50	Erin	do	do 2, '89
Howard, John		3 95	Orangeville	do	Feb. 7, '91
Hall, J. P		0 34	Unknown	Owen Sound	July 20, '89
Brown, Fanny		0 16	Owen Sound	do	Sept. 4, '91
Inglehart, E. B		0 20	do	do	Dec. 2, '91
King & Wilson		0 55	do	do	do 8, '91
Redfern, D. R		0 27	do	do	April 4, '92
Durie, H		0 51	do	do	Sept. 24, '92
O'Reilly, H. N., treasurer yacht races		3 00	Orangeville	do	Oct. 24, '92
Hastings, John B		1 96	Grand Narrows, B.C	do	April 22, '90
Slote, A		0 22	Port Elgin	Port Elgin	Sept. 12, '90
Eby, Hilda Clara		11 94	do	do	Oct. 29, '89
Fyfe, Elis		91 99	Guelph	do	Sept. 6, '90
Craig, James		91 41	Buffalo, N.Y	do	Oct. 10, '92
McBride, Finlay		200 00	Burgoyne	do	Nov. 5, '90
McBride, Finlay		1,742 00	do	do	June 28, '91
Milan, James		6 65	Rochester, N.Y	do	do 5, '91
Scott Act License Fund accout		1 60	Port Elgin	do	Sept. 14, '90
Wooley, W. McF		0 39	Pt. Ryerse	Simcoe	Nov. 30, '88
Grassett, Mrs. J. W		0 16	Simcoe	do	May 31, '89
Coles, R. D.		0 25	do	do	June 1, '89
Geager, Mrs. Mary		0 62	do	do	May 28, '91
Carey, Rev. R. M		0 30	Ottawa	do	Nov. 3, '90
Carey, Rev. T. H		0 12	Simcoe	do	Oct. 3, '91
Moffatt, Robt.		0 52	Silver Hill	do	Nov. 31, '90
Innes, Mrs. Betsy		0 07	Simcoe	do	May 31, '91
Lampey, E. N		0 08	do	do	Nov. 30, '90
McBride, J. A		0 20	do	do	May 31, '90
Klepper, J		0 21	do	do	do 31, '90
Donavan, J., executor		0 85	do	do	do 30, '91
Mills, Mrs. Eliza		0 50	do	do	do 31, '92
Babcock, Hyman		0 24	do	do	Nov. 30, '91
Farr, Elisha		0 18	do	do	May 30, '91
Maybee, H. A		0 47	Vittoria	do	Nov. 30, '91
Butler, J. K		0 43	Simcoe	do	do 30, '91
Youmans, Maggie		0 23	Fort William	do	May 31, '91
Woolly, Jas., jr		0 15	Charlotteville	do	Nov. 30, '91
Culner, Chas. H		0 79	Simcoe	do	May 30, '92
Ryerson, Ethel A		0 11	do	do	Nov. 30, '91
Watts, J. V., treasurer		0 05	Walsh	do	May 3', '92
Barber, J. V		0 33	Simcoe	do	June 6, '89
Finch, J. D		2 43	do	do	do 15, '89
Banslaugh, J		0 10	do	do	do 15, '89
Eagles, Catherine F		2 11	Delhi	do	Nov. 9, '91
McDonogh, J. A		34 75	Simcoe	do	Oct. 12, '91
Becker, J. A		33 68	Port Rowan	do	Feb. 5, '92
Brown, W. H		1 28	Delhi	do	do 27, '92
Roberts, Percy		0 88	Toronto	Toronto	June 18, '90
Prutell, Thomas		0 23	do	do	Sept. 12, '91
St. Stephens Church Organ Fund, M. Wedd, treasurer		0 67	do	do	Apr. 20, '91
Freeman, A. O. C., jr		0 44	do	do	Jan. 28, '92
Middleton, E		0 70	do	do	Feb. 27, '92
Caldwell, W. H		0 31	do	do	Jan. 5, '92
Bonsall, W. F		0 31	do	do	June 20, '92
Carried forward		8,335 03			

Dividendes impayés.

Bank of Hamilton—Banque d'Hamilton.

Name of Shareholder or Creditor. — Nom de l'actionnaire ou du créancier.	Amount of Dividends unpaid for 5 years and over. — Dividende impayé pendant 5 ans et plus.	Balances standing for 5 years and over. — Balances restant depuis 5 ans ou plus.	Last Known Address. — Dernière adresse connue.	Agency at which the last transaction took place. — Agence où la dernière transaction s'est faite.	Date of last transaction. — Date de la dernière transaction.
	$ cts.	$ cts.			
Brought forward		8,335 03			
Breuls, H. H		0 08	Toronto	Toronto	Mar. 28, '92
Hope, Miss Janet		0 97	do	do	May 9, '92
Haskins, D		0 21	do	do	do 18, '92
Buckley, Julia		0 40	do	do	Nov. 24, '92
Clandye, Charles		0 15	do	do	do 3, '92
Bryans, Mrs. A. J		415 00	Lambton Mills	do	Mar. 12, '91
Bixby, M. G. & Co		0 95	Toronto	do	June 18, '89
Gammage, A. E		0 18	do	do	Nov. 6, '89
Givens, S. W. & Co		0 04	do	do	Apr. 10, '89
Hall, A. G		0 20	Eglington	do	June — '90
Hicks, Jno. E		6 41	Toronto	do	July 2, '90
McWilliams, W. G		0 45	do	do	Dec. 7, '90
Moodie, R. B		1 40	do	do	do 31, '90
Toronto Sign Printing Co		0 15	do	do	Jan. 27, '90
Toronto Sign Co		3 81	do	do	Aug. 3, '90
Boyd & Winchell		0 66	do	do	Apr. 8, '90
Nichol, W. B		0 75	do	do	Nov. 11, '90
Shea, T		0 39	do	do	Dec. 4, '90
Blackwell, J. H		0 18	do	do	do 17, '90
Godard, P. C		2 67	do	do	Sept. 8, '90
Holman, A		0 17	do	do	May 2, '91
Lovey, J. E		0 85	Rosedale	do	Jan. 30, '91
Martins, T. H. A		0 38	Toronto	do	do 5, '91
Pratt, G. L. & Co		0 68	Buffalo, N.Y	do	May 8, '91
Toshack, E. A		0 62	Toronto	do	Sept. 18, '91
McLaren, H. & Sons		0 35	do	do	Mar. 4, '92
Rolston, Emily J		0 20	Shelburne	do	July 14, '92
Anderson, G. & W. C. Harvey, trustees		0 10	Not known	do	Apr. 9, '92
Bengough & Warrimer		0 17	Toronto	do	do 18, '92
Rogers, James		0 90	do	do	Nov. 5, '92
Thomson, J. F		2 33	do	do	Jan. 8, '92
Banks, G. W., in trust		3 03	do	do	do 28, '92
Griffith Sawle & Co		0 99	do	do	May 4, '92
Roberts, W. L., Mgr		3 15	do	do	Sept. 20, '92
Pollard, A		0 10	do	do	Nov. 7, '92
Cameron, John Home		1 75	do	do	May 30, '92
Donavan, J. A		0 96	do	do	April 28, '92
Henderson Delivery Coy		0 81	do	do	July 28, '92
Howard, T. W		2 82	Kingston	do	Feb. 23, '91
Mowat, R., jun		0 80	Toronto	do	April 22, '92
Ontario Produce Co		0 06	do	do	May 1, '92
Peard, F. T		0 13	do	do	July 11, '92
Poulton, Margaret		0 72	do	do	Mar. 11, '92
Rose Cartage Co		0 78	do	do	April 1, '92
Shilton, J		2 28	do	do	do 17, '91
American Oil Coy		0 14	do	do	Mar. —, '92
Blair, J. B		0 04	do	do	do —, '92
White, F		2 94	do	do	Aug. 12, '92
Boulton, A. C. F		0 86	do	do	Mar. 12, '90
Smedley, A. S		0 08	do	do	Sept. 12, '91
Lane, A. H		1 12	do	do	Oct. 15, '91
Qua, F		0 05	do	do	Aug. 1, '91
Heighington & Urquhart		0 39	do	do	Dec. 12, '90
Estate of J. J. Findlay		0 02	do	do	Nov. 21, '92
MacLean, Wallace		0 87	do	do	April 16, '92
Can. Press Agency		4 10	do	do	Aug. 1, '91
Ontario Casket Co		22 25	do	do	Nov. 7, '91
Halloway, F		0 25	Wingham	Wingham	April 18, '87
Johnson, J. B		1 12	do	do	Mar. 10, '87
Mullen, Wm		0 10	do	do	June 13, '86
Caybee, Wm		5 59	do	do	April 9, '87
Carried forward		8,835 13			

Bank of Hamilton—Banque d'Hamilton.

Name of Shareholder or Creditor. — Nom de l'actionnaire ou du créancier.	Amount of Dividends unpaid for 5 years and over. — Dividende impayé pendant 5 ans et plus.	Balances standing for 5 years and over. — Balances restant depuis 5 ans et plus.	Last Known Address. — Dernière adresse connue.	Agency at which the last transaction took place. — Agence où la dernière transaction s'est faite.	Date of last transaction. — Date de la dernière transaction.
	$ cts.	$ cts.			
Brought forward		8,835 13			
Turner, A		0 49	Wingham	Wingham	April 24, '87
Frazer, R		10 70	do	do	do 10, '85
McIndoo, J. P		0 93	do	do	Aug. 25, '88
Black, E. F		0 85	Lincoln, Neb	do	Oct. 21, '88
Robertson, J		0 45	not known	do	Mar. 19, '87
Diamond, Wm		0 13	Wingham	do	Dec. 10, '87
Johnson & Turner		4 83	do	do	July 26, '87
Wingham Cricket Club		0 05	do	do	do 14, '87
Corayll, M		0 35	do	do	Mar. 6, '89
McDonald, J		0 15	do	do	Dec. 14, '88
Bellingsley, F		0 74	do	do	Feb. 16, '89
Gurster, E. G		0 75	Winnipeg	do	Dec. 2, '89
Kerr, George		0 08	Lucknow	do	June 9, '89
Tynar, Thos		0 35	not known	do	Oct. 15, '90
Boag, A. P		0 35	Wroxeter	do	April 29, '89
Scott, Bros		1 66	Wingham	do	Aug. 6, '90
Scott, C. A		1 00	do	do	July 17, '90
Ambler, M		0 33	do	do	April 27, '92
Gibson, A. H		0 01	do	do	June 23, '91
Lay, G. T. & Co		0 20	do	do	Feb. 21, '91
McIndoo, R., treasurer		2 74	do	do	May 14, '91
Sanderson, J		1 40	Wroxeter	do	Aug. 4, '90
Smith, M. R		1 49	Wingham	do	April 7, '97
Yemen, T		0 11	do	do	Sept. 1, '91
Johnson, J		0 39	do	do	Aug. 11, '91
Nash, C		1 00	do	do	Aug. 20, '89
Anderson, J. J		0 06	do	do	Sept. 15, '91
McIntyre, H		0 50	do	do	May 2, '91
McIlwain, J		2 50	do	do	June 4, '91
Neelands, J., assignee		3 52	do	do	Sept. 4, '91
McEwen, C		0 20	do	do	Nov. 12, '92
Inglis, James		20 00	do	do	Mar. 11, '87
Coulter, Samuel		600 00	St. Helen's	do	June 9, '90
Nicol, Maggie		50 00	Belgrave	do	May 21, '91
Ferguson, Wm		200 00	Gorrie	do	Sept. 21, '91
Martin, John		400 00	Wingham	do	Nov. 12, '92
Clegg, Sarah Jane		182 00	Sunshine	do	do 15, '92
Mason, John		100 00	Belgrave	do	Dec. 19, '92
Mitchell, Richd	80 21		Guelph	Hamilton	June 1, '83
Jeffery, J., in trust	17 50		London	do	Dec. 1, '81
Heath, Chas., in trust	5 25		Winnipeg	do	do 1, '82
	$ 102 96	$10,425 35			

I declare that the above statement has been prepared under my direction and is correct according to the books of the bank.

F. E. KILVERT, *pro Chief Accountant.*

We declare that the above return is made up from the books of the bank and to the best of our knowledge and belief it is correct.

A. J. RAMSAY, *Vice-President.*

J. TURNBULL, *Cashier.*

HAMILTON, 15th January, 1898.

Dividendes impayés.

BANK OF OTTAWA.

STATEMENT of dividends remaining unpaid and amounts or balances in respect to which no transactions have taken place or upon which no interest has been paid for five years and upwards.

NOTE.—In case of moneys deposited for a fixed period, the five years shall be reckoned from the termination of said fixed period.

BANQUE D'OTTAWA.

EEAT des dividendes restant impayés et montants ou balances au sujet desquels il n'y a pas eu de transactions, ou sur lesquels aucun intérêt n'a été payé pendant cinq ans ou plus.

NOTE.—Dans le cas de deniers déposés pour une période fixe, les cinq ans seront calculés depuis l'expiration de la dite periodé fixe.

Name of Shareholder or Creditor. — Nom de l'actionnaire ou du créancier.	Amount of Dividends unpaid for 5 years and over. — Dividende impayé pendant 5 ans et plus.	Balances standing for 5 years and over. — Balances restant depuis 5 ans et plus.	Last Known Address. — Dernière adresse connue.	Agency at which the last transaction took place. — Agence où la dernière transaction s'est faite	Date of last transaction. — Date de la dernière transaction.
	$ cts.	$ cts.			
*a*Adams, W. H	....	0 02	Ottawa	Ottawa	Aug. 4, '85
Barnard, R	....	0 48	do	do	Mar. 31, '91
*a*Barrett, James W	....	190 20	East Templeton	do	Nov. 30, '91
Bilderman, Wm	....	75 00	Lake Doré	Pembroke	April 23, '92
Bott, C. J	....	0 10	Ottawa	Ottawa	Jan. 22, '90
Curran, Margaret	....	266 75	do	do	May 21, '90
*b*Currier, estate T. W., D. S. Eastwood, ass	....	45 86	do	do	Dec. 24, '80
*b*Eastwood, D. S., in trust	....	14 50	do	do	Dec. 19, '78
Easton, Hiram	....	0 05	do	do	Aug. 12, '83
Farquhar, W	....	19 94	do	do	Feb. 7, '76
Fetherston, W	....	1 39	North Bay	Pembroke	Nov. 28, '90
Finn Bros	....	0 08	Ottawa	Ottawa	Nov. 12, '84
Featherson, —	....	2 87	do	do	Feb. 21, '84
Fitch, R. R	....	1 01	do	do	July 15, '87
Garrow & McDonald	....	3 25	do	do	do 3, '85
Gee, Church & Co	....	0 66	do	do	Sept. 23, '81
Gibbons, Mary E	....	71 40	Arnprior	Arnprior	Oct. 5, '92
Gibson, Adeline	....	219 55	Ottawa	Ottawa	Sept. 22, '82
*a*Gowan, J. H	....	4 86	do	do	March 7, '76
Heney, P. J	....	0 09	Rockliffe	Pembroke	Nov. 10, '91
Jack, James	....	100 00	Fort Coulonge	do	Feb. 5, '92
Lough, W. & D	....	0 86	Ottawa	Ottawa	March 5, '83
*b*Legault, estate D. S. Eastwood, ass	....	23 69	do	do	Feb. 18, '85
LeRoy, H. Curator	....	0 87	do	do	M'ch 12, '88
Mason, R	....	23 38	do	do	May 9, '92
O'Connor & Flannery	....	0 32	Sudbury	Pembroke	April 28, '91
Pease, A, & Co	....	0 06	Ottawa	Ottawa	May 14, '77
*a*Roy, C. H	....	0 50	Hull	do	July 19, '77
Robertson, Alex	....	204 00	Arnprior	Arnprior	Feb. 5, '92
Robertson, W., Mgr	....	3 50	Montreal	Ottawa	do 3, '78
Simpson, J. M	....	0 45	Ottawa	do	May 14, '86
Spiznoco, M	....	92 70	do	do	do 15, '86
Carried forward	....	1,368 39			

a Dead. *b* Eastwood dead.

Bank of Ottawa—Banque d'Ottawa.

Name of Shareholder or Creditor. — Nom de l'actionnaire ou du créancier.	Amount of Dividends unpaid for 5 years and over. — Dividende impayé pendant 5 ans et plus.	Balances standing for 5 years and over. — Balances restant depuis 5 ans ou plus.	Last Known Address. — Dernière adresse connue.	Agency at which the last transaction took place. — Agence où la dernière transaction s'est faite.	Date of last transaction. — Date de la dernière transaction.
	$ cts.	$ cts.			
Brought forward		1,368 39			
Smillie, John		2 55	Ottawa	Ottawa	Dec. 20, '92
Taché, J. C.		3 85	do	do	Aug. 7, '88
Tanguay, Francis		75 00	Chichester, Que.	Pembroke	Mch. 23, '92
Victoria Turf Club		2 70	Ottawa	Ottawa	July 14, '79
Wells, James P.		2 29	do	do	April 10, '75
*a*Washburn, A. S.		1 55	Winnipeg	do	July 9, '86
*a*Waller, W. H., Exec.		14	Ottawa	do	Nov. 6, '77
Devine, Felix	4 00		Renfrew	do	June 1, '90
Bate, H. A., in trust	4 00		Ottawa	do	do 1, '92
	$8 00	$1,456 47			

a Dead.

I declare that the above statement has been prepared under my direction and is correct according to the books of the bank.

L. C. OWEN,
for Chief Accountant.

We declare that the above return is made up from the books of the bank, and that to the best of our knowledge and belief it is correct.

CHARLES MAGEE,
President.

GEO. BURN,
General Manager.

OTTAWA, 15th January, 1898.

WESTERN BANK OF CANADA.

STATEMENT of dividends remaining unpaid and amounts or balances in respect to which no transactions have taken place or upon which no interest has been paid for five years and upwards.

NOTE.—In case of moneys deposited for a fixed period, the five years shall be reckoned from the termination of said fixed period.

BANQUE DE L'OUEST DU CANADA.

ETAT des dividendes restant impayés et montants ou balances au sujet desquels il n'y a pas eu de transactions, ou sur lesquels aucun intérêt n'a été payé pendant cinq ans ou plus.

NOTE—Dans le cas de deniers déposés pour une période fixe, les cinq ans seront calculés depuis l'expiration de la dite période fixe.

Name of Shareholder or Creditor. — Nom de l'actionnaire ou du créancier.	Amount of Dividends unpaid for 5 years and over. — Dividende impayé pendant 5 ans et plus.	Balances standing for 5 years and over. — Balances restant depuis 5 ans ou plus.	Last Known Address. — Dernière adresse connue.	Agency at which the last transaction took place. — Agence où la dernière transaction s'est faite.	Date of last transaction. — Date de la dernière transaction.
	$ cts.	$ cts.			
Ellist, Jno	....	1 45	Brownsville	Tilsonburg	Jan. 10, '89
*b*Kipp, W. H	....	0 25	Tilsonburg	do	Aug. 21, '88
Bromley, R. G	....	0 50	Peterboro'	do	May 28, '88
Hadcock, J. A	....	0 43	Mount Elgin	do	Aug. 30, '88
*b*McIntosh, W. R	....	0 33	Tilsonburg	do	Nov. 26, '88
*b*Fluhrer, J. M	....	0 27	Lyndoch	do	July 3, '88
*a*Hunsberger, Rebecca	....	0 18	Tilsonburg	do	do 19, '88
*b*Crandall, H	....	0 64	Mabee	do	do 3, '88
*b*Stillwell, Sarah E	....	0 51	Eden	do	do 19, '88
*b*Ballantyne, J	....	0 09	Tilsonburg	do	Mar. 14, '88
*b*Brown, Maria	....	2 76	Brownsville	do	Aug. 24, '91
*b*Edwards, W. H	....	0 50	Tilsonburg	do	Feb. 1, '88
Stone, James	....	0 03	do	do	Sept. 2, '88
Smith, C. S	....	1 63	do	do	Aug. 1, '90
*b*Waggoner, H. S	....	4 14	Oshawa	Oshawa	June 18, '83
*b*Smith, Jno	....	0 93	do	do	do 30, '84
*a*Steel, J. S	....	0 73	do	do	do 26, '84
*b*Rogers, J. W	....	0 78	Kingsmill	do	do 7, '83
Wilson, J. B	....	0 57	Oshawa	do	July 22, '86
*b*Brooks, S. F	....	0 04	do	do	June 1, '88
*b*Johnston, S. F	....	4 47	Columbus	do	Oct. 19, '89
English, Mary	....	0 79	Philadelphia	do	June 13, '90
*b*Andrews, J	....	0 20	Toronto	do	Dec. 2, '89
*a*Gillies, Jno	....	24 87	Sault Ste. Marie	Paisley	Sept. 29, '88
*b*King, J. J	....	17 65	Tara	do	July 10, '91
*b*McRae & Sons	....	0 19	Port Perry	Port Perry	June 7, '89
*b*Lunde, Jas	....	0 26	Toronto	do	Oct. 29, '89
*b*Agar, C. J	....	1 00	do	do	July 15, '89
*b*Vipond, Jno	....	0 30	Manchester	do	Feb. 15, '91
*b*Williams & Simpson	....	2 75	Myrtle	do	Aug. 12, '90
*b*Burke, Jno	....	0 86	Greenbank	do	June 18, '91
*b*Bartley, Ellen	....	0 30	Port Perry	do	Nov. 5, '91
*b*Phillips' M	....	0 19	do	do	June 5, '93
*b*Byan, W. H	....	0 20	do	do	Aug. 31, '98
Carried forward	....	70 97			

*a*Dead. *b*Unknown.

Western Bank of Canada—Banque de l'Ouest du Canada.

Name of Shareholder or Creditor. — Nom de l'actionnaire ou du créancier.	Amount of Dividends unpaid for 5 years and over. — Dividende impayé pendant 5 ans et plus.	Balances standing for 5 years and over. — Balances restant depuis 5 ans ou plus.	Last Known Address. — Dernière adresse connue.	Agency at which the last transaction took place. — Agence où la dernière transaction s'est faite.	Date of last transaction. — Date de la dernière transaction.
	$ cts.	$ cts.			
Brought forward	....	70 79			
*a*Wood, Thos	....	1 20	Blackstock	Port Perry	Feb. 28, '90
*a*Heard, L. H	....	0 10	Port Perry	do	Mar. 18, '89
*a*Sweetnam, D	....	0 70	Scugog	do	Feb. 28, '88
*a*Dunn, L	....	1 50	Port Perry	do	Aug. 31, '89
*a*Liddy, J	....	1 50	Myrtle	do	Feb. 28, '90
Sinclair, Eliz	....	0 25	Port Perry	do	Aug. 31, '89
Walker, R	....	1 70	Greenbank	do	Feb. 28, '91
*a*Akhurst, R	....	0 60	do	do	do 28, '91
*a*Bunt, C. H	....	0 60	Scugog	do	do 28, '91
Robertson, R	....	0 45	Port Perry	do	Sept. 1, '91
McLean, Lottie	....	0 10	Indianapolis	do	Feb. 28, '92
*a*Elliott, Thos	....	0 34	Midland	Midland	Oct. 2, '93
*a*Crossfield, S. B	....	0 45	Penetang	do	Sept. 28, '95
*a*Kitchen, P	....	3 71	Midland	do	Dec. 15, '97
Kavin, P	....	0 09	Penetang	do	Jan. 5, '95
*b*Midland Trade Ass'n	....	8 00	Midland	do	do 5, '95
	....	$ 92 08			

*a*Unknown. *b*Not in existence.

I declare that the above statement has been prepared under my direction and is correct according to the books of the bank.

J. P. OWENS, *Chief Accountant.*

We declare that the above return is made up from the books of the bank, and that to the best of our knowledge and belief it is correct.

WM. COWAN, *President.*
T. H. McMILLAN, *Cashier.*

OSHAWA, 14th January, 1898.

BANK OF BRITISH NORTH AMERICA.

STATEMENT of dividends remaining unpaid and amounts or balances in respect to which no transactions have taken place or upon which no interest has been paid for five years and upwards.

NOTE.—In case of moneys deposited for a fixed period, the five years shall be reckoned from the termination of said fixed period.

BANQUE DE L'AMERIQUE BRITANNIQUE DU NORD.

ETAT des dividendes restant impayés et montants ou balances au sujet desquels il n'y a pas eu de transactions ou sur lesquels aucun interêt n'a été payé pendant cinq ans ou plus.

NOTE.—Dans le cas de deniers déposés pour une période fixe, les cinq ans seront calculés depuis l'expiration de la dite période fixe.

Name of Shareholder or Creditor. — Nom de l'actionnaire ou du créancier.	Amount of Dividends unpaid for 5 years and over — Dividende impayé pendant 5 ans et plus.	Balances standing for 5 years and over. — Balances restant depuis 5 ans ou plus.	Last Known Address — Dernière adresse connue.	Agency at which the last transaction took place. — Agence où la dernière transaction s'est faite.	Date of last transaction. — Date de la dernière transaction.
	$ cts.	$ cts.			
Thomas, T. W., and Grant, A.	....	0 01	London, Ont	London, O.	Nov. 30, '65
Craig, Thomas	....	30 22	do	do	May 31, '57
Emerson, W. H., & Co	....	29 03	do	do	Dec. 16, '58
Odell, S. L. & W	....	40 83	do	do	Nov. 13, '57
Sutton, D	....	0 36	McGillivray	do	Oct. 31, '61
Joyce, E	....	0 16	Corn Exchange Bank, N. Y.	do	Dec. 29, '63
aElliott, W., estate of	....	8 15	London, Ont	do	July 2, '63
Finlay & Wilder	....	15 00	Toledo, Ohio	do	Oct. 8, '63
Massey, H. J	....	1 97	London, Ont	do	Aug. 28, '65
Stonehouse, E	....	0 02	Strathroy	do	do 28, '65
Hayden, A	....	1 39	do	do	Aug. 14, '66
Kashener, P	....	0 03	Stratford	do	June 4, '66
Smith, H. A	....	0 01	Lucan	do	Feb. 1, '66
Southgate, J. L. L	....	0 03	Bothwell	do	Nov. 9, '66
Fairbairn, H. G	....	8 70	do	do	Sept. 5, '66
Lancey, H. W	....	0 38	Petrolia	do	Dec. 31, '66
Wood & Kirkland	....	3 29	Aylmer	do	Feb. 20, '66
Brough, R. R	....	0 10	London, Ont	do	May 17, '67
Macaulay, J. K	....	1 52	do	do	July 24, '67
Pearson, Thomas	....	3 98	Dorchester	do	June 1, '67
Stanley, Deight & Co	....	0 02	Lucan	do	Dec. 9, '67
Stonehouse, E	....	0 42	Strathroy	do	July 5, '67
Whateley, G	....	0 06	London	do	June 14, '67
Stanley, B	....	0 23	Lucan	do	Jan. 11, '68
Bruce, H	....	0 86	London	do	May 23, '68
Meredith, Conn	....	0 40	Tyrconnel	do	Dec. 22, '68
Cunningham, J	....	2 00	Duart	do	Mar. 23, '68
Elgin County Co-operative Co	....	0 40	Port Stanley	do	Jan. 2, '68
Heathfield & Priestly	....	0 16	London, Ont	do	Aug. 31, '68
Tuck, E	....	0 32	Mount Brydges	da	May 7, '68
Whately, Harriet	....	0 09	London, Ont	do	June 14, '67
Waldock, W. G	....	1 00	do	do	Oct. 12, '74
Burridge, James	....	0 12	do	do	Mar. 6, '74
Carried forward	....	151 26			

aNo particulars obtainable; Elliott was a flour merchant.

Bank of British North America—Banque de l'Amérique Britannique du Nord.

Name of Shareholder or Creditor. — Nom de l'actionnaire ou du créancier.	Amount of Dividends unpaid for 5 years and over. — Dividende impayé pendant 5 ans et plus.	Balances standing for 5 years and over. — Balances restant depuis 5 ans ou plus.	Last Known Address. — Dernière adresse connue.	Agency at which the last transaction took place. — Agence où la dernière transaction s'est faite.	Date of last transaction. — Date de la dernière transaction.
	$ cts.	$ cts.			
Brought forward	....	151 26			
Twogood, J. B.		16 10	Warwick	London, O.	Dec. 19, '77
Watson, M.		1 46	Seaforth	do	do 23, '76
Thomas, A.		43 35	Petrolia	do	July 31, '72
People's Building Society		99 70	London, Ont.	do	Nov. 29, '69
Farncomba, F., jun.		1 14	do	do	July 28, '83
Smith, J. K		111 92	do	do	Nov. 18, '80
Flanagan, W		5 38	do	do	Aug. 6, '83
Richardson, Hugh		6 48	Woodstock, Ont.	do	Dec. 27, '73
O'Neil, R.		9 00	London, Ont.	do	June 29, '89
Weatherill & Newman		31 43	do	do	Sept. 2, '91
*a*Ryan, Bridget		590 00	do	do	Nov. 7, '91
*a*Cohoe, Eliza A		35 00	Lobo	do	April 2, '92
*a*Hackett, Anne		80 00	London, Ont.	do	Oct. 17, '92
*b*Davis, J. C.		32 35	Buffalo, N.Y.	Brantford	June 26, '67
*b*McGiverin, W., assignee		22 44	Hamilton	do	Aug. 27, '68
*b*Vanderlip, M		2 14	Brantford	do	Dec. 11, '75
Verrall, H. P.		1 61	do	do	do 3, '86
Wells, H. H		10 00	do	do	Oct. 8, '83
*c*Finlayson, H., & Co., estate of		31 31	Paris	Paris, Ont.	April 20, '87
*d*O'Reilly, Miles, M.D.		0 50	Preston	do	Feb. 27, '88
Hart, Henry / Lang, James } Ex'utors of J. Watts, dec.		1 83	Portland, Or. / Chicago, Ill.	do	Sept. 4, '75
Pequegnat, P		0 41	Brantford	Paris	July 28, '88
Thornton & Fisher		1 72	Dundas	Dundas	Feb. 1, '66
*e*Buckham, M.		25 17	Hamilton	Hamilton	Aug. 7, '46
Gentry & Brown		0 45	do	do	Sept. 10, 57
Griffin, Absolom		3 08	do	do	April 10, '55
Great Western Railway Coal-Co., R.W. Dunstan, Manager		5 00	do	do	Jan. 31, '57
Forbes, A		0 44	do	do	Dec. 22, '66
Hill, C. P.		0 19	Clinton	do	June 15, '58
Holland, G. F		16 65	Hamilton	do	Nov. 28, '60
Kerr, John A.		1 32	do	do	Mar. 31, '53
Massingbird, Rev. Hompisch		2 58	do	do	Oct. 18, '53
Mellville, H. M.		1 88	do	do	April 5, '61
Minty, R. H. & G		1 23	do	do	Jan. 8, '55
McMonies, J., treasurer		0 01	East Flamboro'	do	Feb. 20, '67
McKinnon, R.		0 47	Caledonia	do	Jan. 2, '68
Nixon & Swales		19 55	Hamilton	do	Dec. 10, '56
Parker, C		1 40	do	do	Oct. 6, '48
Patterson, David		1 61	do	do	do 30, '46
Smith, Robert McN		0 10	do	do	Nov. 27, '66
Smith, A. G		0 37	do	do	Sept. 6, '56
Taylor, Isaac R.		0 11	do	do	July 6, '65
Walton, R. C. & Co.		8 85	do	do	do 17, '57
Wilson, Thomas, deceased; trustee estate of Thomas Rae, deceased		239 28	do	do	Aug. 11, '51
Woodruff, A. L. & Co.		2 44	do	do	Oct. 7, '65
Whitby, N. B		0 98	Beamsville	do	Nov. 24, '63
Gage, J. W.		0 26	Barton	do	Jan. 15, '72
Hagerman, W. E		0 18	Oakville	do	Mar. 16, '72
Innes, W. P		1 64	Dundas	do	Oct. 27, '71
Jardine, Joseph		0 95	Hamilton	do	May 1, '71
Long, James		9 25	Marston	do	Oct. 16, '72
McKinnon, J. M		0 31	Caledonia	do	Dec. 12, '71
Stauffler, C		1 46	Hamilton	do	Sept. 12, '73
White, James		14 58	Toronto	do	Feb. 8, '72
Wilson, J. D.		2 16	Hamilton	do	Jan. 8, '75
Carried forward		1,645 98			

*a*Deposit receipt. *b*Dead. *c*Failed in 1887; H. Finlayson dead; counter claim on estate $30.47. *d*J. S. Gilkison of Brantford believed to be legal representative of Miles O'Reilly, deceased. *e* deceased.

Bank of British North America—Banque de l'Amérique Britannique du Nord.

Name of Shareholder or Creditor. — Nom de l'actionnaire ou du créancier.	Amount of Dividends unpaid for 5 years and over. — Dividends impayés pendant 5 ans et plus.	Balances standing for 5 years and over. — Balances restant depuis 5 ans ou plus.	Last Known Address. — Dernière adresse connue.	Agency at which the last transaction took place. — Agence où la dernière transaction s'est faite.	Date of last transaction. — Date de la dernière transaction.
	$ cts.	$ cts.			
Brought forward		1,645 98			
Bremner, J		0 89	Hamilton	Hamilton	Nov. 24, '74
Brinckman, G. F. E		3 56	do	do	May 22, '74
Benson, H. B		2 00	Palermo	do	Feb. 19, '76
Allanson, John		0 21	Hamilton	do	June 3, '80
Dinnen, J. R		3 10	do	do	Mar. 31, '79
McDonald, W. & C		0 18	do	do	do 21, '79
Hewson, G. H		1 57	Smithville	do	May 1, '82
*b*O'Brien, Arthur		125 00	Hamilton	do	Oct. 17, '54
*b*Stewart, Colin		4,894 00	Munlochy, near Inverness, Scotland	do	Aug. 4, '88
*b*Stewart, Hugh		2,560 85	do	do	do 4, '88
*b*Stewart, Alex		2,712 00	do	do	do 4, '88
*b*Stewart, Hugh		500 00	do	do	do 4, '88
Armstrong, J. G		0 02		Toronto	Jan. 15, '58
Adshead, J. E		0 75		do	April 20, '58
Arnold, J		81 37		do	May 10, '54
Baby, F		17 17		do	Dec. 1, '57
Burns, Mary S		0 66		do	Nov. 11, '54
Caldecott & King		0 75	Toronto	do	Sept. 9, '61
Caldwell, F. A		48 60	do	do	May 2, '57
Carroll, J. R		0 95		do	Apr. 28, '54
Chapman, G		0 04	Sutton	do	Oct. 6, '63
Cotton, J		6 30		do	Nov. 4, '51
Commissariat		4 18		do	Sept. 14, '54
Crewe, Dr. W		14 08	Cooksville	do	Apr. 17, '61
Deering, W.		6 04		do	Feb. 2, '43
Eastly, Wm		0 60		do	Dec. 22, '57
Findlay, J. A		1 12		do	May 20, '57
Fraser, W		1 70		do	Jan. 15, '56
Fuller, F. J		23 10		do	Feb. 12, '53
Graham, J. J		1 80		do	Aug. 20, '52
Green, W. P		0 11	York Mills	do	June 15, '63
Hastings, R		1 45		do	Nov. 6, '57
Hyde, J. C		20 00		do	Jan. 29, '47
Jamieson, W		8 00		do	Oct. 6, '57
Knowles, Thos		1 33	Barrie	do	May 28, '61
Lamb, Thos		2 18		do	Sept. 18, '56
Lett, Rev. S		0 58		do	Apr. 15, '59
Lenfesty, P		0 22		do	Dec. 1, '56
Liddle, J		40 54		do	Aug. 27, '53
Matheson & Fitzgerald		0 19	Toronto	do	May 25, '60
Mitchell, C		0 25	Scarborough	do	do 2, '59
Morrison, D		0 82		do	Feb. 11, '59
Montgomery, S		0 22	Port Hope	do	Oct. 23, '61
McGlashan, A		0 17		do	Sept. 7, '58
McKay, J		11 47	Toronto	do	Aug. 25, '59
McKendrick, Mrs. A		0 04	Kincardine	do	Sept. 10, '63
Newton, W. H		4 16	Toronto	do	Oct. 30, '48
Rogers, R		26 00		do	Jan. 10, '44
Simpson, J		1 55		do	Dec. 11, '47
Sinclair, J		0 02		do	do 23, '56
Smart, J		5 60	Toronto	do	Feb. 25, '59
Smith, A		22 00		do	Nov. 26, '53
Stoneman, Sarah		40 00		do	Dec. 26, '44
Stabback, J		6 44	Toronto	do	Oct. 19, '42
Denyer, W		0 90	do	do	Dec. 30, '64
Tully, J. A		5 50	do	do	Jan. 5, '64
Watson, J		0 43		do	Mar. 31, '63
Carried forward		12,858 72			

b Deposit receipt.

Bank of British North America—Banque de l'Amérique Britannique du Nord.

Name of Shareholder or Creditor. — Nom de l'actionnaire ou du creancier.	Amount of Dividends unpaid for 5 years and over. — Dividende impayé pendant 5 ans et plus.	Balances standing for 5 years and over. — Balances restant depuis 5 ans ou plus.	Last Known Address. — Dernière adresse connue.	Agency at which the last transaction took place. — Agence où la dernière transaction s'est faite.	Date of last transaction. — Date de la dernière transaction.
	$ cts.	$ cts.			
Brought forward		12,858 72			
Norris, Rev. W.		1 44	Scarborough	Toronto	Jan. 6, '65
Rae, W		22 35	New Market	do	do 27, '51
Hill, T. S		28 50	Toronto	do	Mar. 25, '63
French, W. W		100 81	Guelph	do	Apr. 7, '62
Lewis, Arnott		39 63	Petrolia	do	Jan. 13, '73
Bridges, C. C		1 60	Bradford	do	Dec. 1, '71
Burns, A. G		1 56	Toronto	do	Apr. 16, '72
Bryce, J. B.		0 12		do	do 16, '72
Compton & Coyne, executors of estate of J. Shannon, deceased		0 02		do	Nov. 25, '70
Colles, Sir W. H. G.		1 44		do	Aug. 12, '71
Carter, Scott & Co.		0 54	Toronto	do	Oct. 23, '72
Dane, Paul		1 30	Alport	do	do 26, '71
Fraser, Mary T.		142 31		do	July 30, '70
Forbes, E. M. C.		0 75		do	do 30, '70
Grainger, John		0 26	Toronto	do	Aug. 15, '68
Goldie, G. R		4 84		do	July 27, '71
Godson, George		0 20		do	Mar. 14, '72
Gurty, John		77 44		do	Dec. 13, '73
Harding, George		20 00		do	June 1, '71
Herring, E. H		0 08	Wastage	do	Oct. 11, '71
Hallen, S. W		0 69	Penetanguishene	do	Nov. 7, '73
Leger, E. A		11 13		do	June 6, '67
Lazard, James		0 46	Orillia	do	Sept. 14, '71
Scott, R. W., manager on account of		27 06		do	Oct. 4, '72
Myers, A. H., Jr		0 31	Toronto	do	June 17, '68
Morse, J. W		2 00		do	do 17, '68
Miller & Anderson		2 96	Toronto	do	April 13, '71
Meakin, W		8 44		do	Jan. 3, '72
Miller, David		0 60	Toronto	do	April 10, '72
Onslow, J. N		0 06		do	Aug. 3, '69
Pearce, M. A		104 68		do	July 23, '72
Palen, R. & Co		0 29	Toronto	do	June 11, '69
Paterson, James		0 98		do	Nov. 25, '71
Ryerson, Rev. G. and O. S		0 01		do	May 2, '71
Rathbone, W. H		0 02	Barrie	do	do 6, '74
Shaw, Martha		37 84	Toronto	do	July 8, '70
Short, Clark & Co.		2 00	do	do	June 22, '74
Sutherland, W		4 19		do	Jan. 18, '73
Trotter, R. J		0 81	Toronto	do	Nov. 7, '70
Thorn, W		0 85	do	do	do 7, '71
Thompson, David		2 62	Etobicoke	do	Feb. 17, '72
Finley, G. E		0 39	do	do	Sept. 9, '73
Webster, W. W. H		66 52	Cobourg	do	June 10, '71
Wendall, A		0 15	Toronto	do	July 30, '74
Whitely, J		1 78	do	do	April 25, '73
Jolliffe, J		4 87		do	May 19, '76
Layton, F. C		0 46		do	Dec. 21, '76
Lang, J. B		12 00		do	Nov. 10, '76
Marling, T. H		0 10		do	do 9, '75
Strange, F. W		3 14		do	May 27, '76
Tuckett, T		0 67		do	July 20, '77
Ward, E. C		0 13		do	Sept. 17, '75
Parkinson, A. G		0 01		do	June 29, '78
Brown, Jos		0 53		do	Oct. 26, '75
Kerrick, E		26 81		do	May 15, '77
Coutellier, E. S		0 07	Toronto	do	Feb. 24, '80
Cubbold, A. W		0 11	Eastwood.	do	Dec. 22, '80
Livingstone, W		0 02	Bracebridge	do	Oct. 22, '81
Strain, F		25 00		do	Aug. 17, '80
Rowe, G. D		7 88		do	July 19, '80
Morrison, John		5 10	Toronto	do	Feb. 8, '82
Carried forward		13,667 67			

Dividendes impayés.

Bank of British North America—Banque de l'Amerique Britanique du Nord.

Name of Shareholder or Creditor. — Nom de l'actionnaire ou du créancier.	Amount of Dividends unpaid for 5 years and over. — Dividende impayé pendant 5 ans et plus.	Balances standing for 5 years and over. — Balances restant depuis 5 ans ou plus.	Last Known Address. — Dernière adresse connue.	Agency at which the last transaction took place. — Agence où la dernière transaction s'est faite.	Date of last transaction. — Date de la dernière transaction.
	$ cts.	$ cts.			
Brought forward	....	13,667 67			
Silberstein, J		0 62	Toronto	Toronto	Mar. 28, '82
Nicol, G. D		0 30	do	do	July 24, '82
Jones, S		150 48	San Francisco	do	Aug. 29, '82
Wilmot, E. M		88 27	Guelph	do	Jan. 24, '83
Easton, J. R		1 33	Ilfracombie	do	June 9, '86
Gardner, Gordon		1 04	Toronto	do	Nov. 22, '87
Case, Mary E		0 10	do	do	May 16, '83
Cook, George		0 25	Leslieville	do	Mch 15, '83
Gardner, W		5 31		do	June 28, '83
Evans, George		0 13		do	do 23, '83
Brown & Co., Wm. manager on acc't of		4 87	Toronto	do	Jan. 2, '90
Collins, H. Guest		5 06	Berlin, Germany	do	Oct. 30, '90
*a*Bridge, J. F. & M		1,150 00	Toronto	do	May 30, '92
Barry, A. B		0 49	do	do	Aug. 2, '92
Porter, D. H		0 66	Argyle, Ont.	do	April 30, '92
Seymour, J. W		3 00	Texas, U.S.A.	do	April 1, '92
*b*Breakenridge, John		3 52	Kingston	Kingston	Jan. 22, '49
*b*Brown, G		36 58	do	do	Sept. 27, '51
Canniff, Joseph		5 87	Belleville	do	July 30, '52
*c*Gardner, J. O. & Co		2 50	Kingston	do	Jan. 22, '85
*b*Miller, C. H		0 53	Newburgh	do	Oct. 26, '64
McDonald, John		0 78	Belleville	do	May 21, '52
Stevens, S		0 25	do	do	July 26, '52
Seldon & Gordon		2 10	Kingston	do	do 1, '52
*f*Urquhart, Archibald		4 72	do	do	Jan. 17, '57
Walker, Francis		2 00	do	do	Sept. 13, '53
Godson, W. F		2 44	Winnipeg	do	July 17, '90
*a*Paterson, John		40 00	Kingston	do	May 16, '74
*a*Martin, David W		100 00	Sydenham	do	Oct. 23, '90
*a*Hamilton, F. S		103 43	Stella	do	June 21, '92
*a*Smith, Ada		100 00	Kingston	do	Sept. 13, '92
*a*Collins, Ellen		1,305 95	do	do	Oct. 4, '92
*d*Cassels, J. H		1 93	Kenmore	Ottawa	Nov. 24, '69
*e*Stewart, John		4 48	Ottawa	do	April 21, '71
f McCarthy, James		4 23	do	do	Dec. 6, '69
Lawson Bros		0 42	do	do	Feb. 23, '74
f Morrison, A. M		8 00	do	do	Mch. 27, '75
Kent, Maria A		0 04	do	do	May 3, '75
Edwards & Rutledge		0 49	do	do	July 5, '75
*g*Fingland, Wm., assignee W. Mills		1 58	do	do	Nov. 30, '75
Murphy, James, assignee P. Valiquette		6 50	do	do	April 20, '77
*h*McConnell, Renaldo		2 14	do	do	Feb. 15, '66
Ahern, James		4 00	Montreal	Montreal	April 4, '55
Adlington, R. M. D		0 65	do	do	Dec. 10, '63
Atkinson, H		339 88	do	do	Oct. 21, '46
Aylmer, W		0 02	do	do	Sept. 4, '55
Armstrong, Rev. J. G		0 11	do	do	Mch 12, '59
Beckett, J. C		2 36	do	do	Aug. 11, '62
Bell, W. H		12 63	Perth	do	Mch 1, '44
Bennett, Griggs & Lathorp		1 58	Montreal	do	June 26, '55
Begley, T. W., exec'r estate M. Walker		10 20	do	do	May 6, '53
Boody, Stone & Co		2 88	do	do	Oct. 17, '48
Brooks, Wm		1 67	do	do	Feb. 8, '56
Brown & Hartey		0 15	do	do	Nov. 3, '46
Bruneau, J		3 77	do	do	Aug. 29, '46
Castle & Co		0 02	do	do	Aug. 18, '64
Carried forward	....	17,199 98			

*a*Deposit receipt. *b*Dead. *c*Insolvent. *d*Left the country; address unknown. *e*Died intestate. No address of administration. *f*Failed; estate wound up. *g*Fingland dead. *h*Insolvont, F. Clemow assignee; McConnell dead.

Bank of British North America—Banque de l'Amérique Britannique du Nord.

Name of Shareholder or Creditor. — Nom de l'actionnaire ou du créancier.	Amount of Dividends unpaid for 5 years and over. — Dividende impayé pendant 5 ans et plus.	Balances standing for 5 years and over. — Balances restant depuis 5 ans ou plus.	Last Known Address. — Dernière adresse connue.	Agency at which the last transaction took place. — Agence où la dernière transaction s'est faite.	Date of last transaction. — Date de la dernière transaction.
	$ cts.	$ cts.			
Brought forward....	....	17,199 98			
Carter, Vevasseur & Rex	....	13 70	Montreal.....	Montreal...	Dec. 12, '54
Cassey, E	....	5 00	do	do ...	Aug. 17, '46
Crawford & Wilkinson......	....	9 30	do	do ...	Nov. 2, '42
Crossley, W. E...	....	2 38	do	ds ...	June 9, '46
Crowther, W.........................	....	0 10	do	do ...	Dec. 24, '57
Day, C. D...........................	....	2 58	do	do ...	Aug. 2, '53
Dodds, M. A. C....................	....	2 74	do	do ...	May 14, '61
Evered, W	....	3 73	do	do ...	Dec. 4, '61
Fleck, A	....	1 54	do	do ...	April 30, '64
Foster, J..........................	....	16 13	do	do ...	Mar. 8, '47
Frances, B	....	0 13	do	do ...	Aug. 14, '46
Frost, Thos., & Co..................	... .	16 13	do	do ...	Oct. 21, '45
Goold, W............................	....	0 51	do	do ...	Nov. 15, '61
Goold, R. W.........................	....	0 03	do	ds ...	Nov. 5, '61
Graham, W...........................	....	0 05	do	do ...	Feb. 16, '47
Hingston, J., & Co...........	....	0 80	do	do ...	Nov. 17, '64
Hall, E.............................	....	0 13	do	do ...	Mar. 26, '46
Cumming, W. B. } Hill, C. G. } Assignee estate of A. Hamilton.	....	6 28	do	do ...	May 2, '48
Leeming, John } Sabine, A. F. } Estate of J. Harding..	....	0 15	do	do ...	April 14, '51
Hepburn, William, M.D..............	....	0 40	New York	do ...	Oct. 6, '55
Hobson, R..........	....	6 11	Montreal.......	do ...	April 16, 61
Holmes, B., N.P.....................	....	185 92	do	do ...	Jan. 19, '56
Huron Bay Copper Co	....	1 37	do	do ...	Dec. 26, '48
Macfarlane, Archd., assignee estate of J. R. Hutchins	....	13 23	do	do ...	Sept. 14, '49
Innes, R....	....	1 92	do	do ...	Sept. 28, '47
Kelly, J., & Co.....................	....	2 45	do	do ...	June 4, '46
Kelly & Smithers....................	....	8 67	do	do ...	Sept. 8, '52
Kinder, J. W........................	....	0 01	do	do ...	May 12, '62
Kyle, A.............................	....	0 20	do	do ...	Sept. 13, '60
Larue, A., trustees of............ ...	....	0 48	do	do ...	July 16, '53
Laurie, W	....	0 32	do	do ...	Dec. 9, '45
Leaycroft & Co......................	....	3 17	do	do ...	Nov. 18, '46
Peck, Thomas } Walker, Jos. } Estate of W. F. Leste..	....	0 12	do	do ...	July 4, '54
Long, John..........................	....	8 00	do	do ...	Jan. 5, '54
Lynch, O. & J.	.. ..	1 25	do	do ...	May 11, '61
Morris, E	....	0 56	do	do ...	Sept. 17, '64
Masson, F., & Co....................	....	0 17	do	do ...	Jan. 8, '51
Mills, W. H.........................	....	0 80	do	do ...	July 25, '46
Morgan, James....	....	4 35	do	do ...	Jan. 6, '55
Mobray, A. C	....	0 17	do	do ...	July 28, '54
McDonnell, D....	....	1 35	do	do ..	Nov. 6, '43
McDougall, J........................	....	2 85	do	do ...	Jan. 25, '55
McKechine, M	....	1 00	do	do ...	Feb. 28, '54
McLeod, J	....	4 00	Quebec.........	do ...	Nov. 23, '43
McPherson, R. D.....................	....	2 00	Montreal.......	do ...	Nov. 14, '50
McPherson, A........................	....	1 80	do	do ...	Feb. 18, '51
Payne, S. W. S.................	....	0 40	Louisville, Ken.	do ...	Sept. 20, '63
Perkins, R. H.......................	....	8 47	Montreal. ...	do ...	Oct. 11, '42
Porter, James	....	2 00	do	do ...	June 13, '55
Reid & Merkins............	....	2 98	do	do ...	Nov. 15, '50
Ronald, Alexander.....	....	0 92	do	do ...	Dec. 30, '54
Schofield & Son	....	4 00	do	do ...	Mar. 17, '47
Scott, R	....	1 95	do	do ..	Nov. 20, '49
Sharpe, J. B........................	....	2 70	do	do ...	do 14, '54
Stevenson, A........................	....	1 95	do	do ...	do 5, '50
Stevenson, Sutherland & Co..........	....	0 39	do	do ...	Aug. 10, '58
Carried forward...........	.. ..	17,559 82			

Bank of British North America—Banque de l'Amérique Britannique du Nord.

Name of Shareholder or Creditor. — Nom de l'actionnaire ou du créancier.	Amount of Dividends unpaid for 5 years and over. — Dividende impayé pendant 5 ans et plus.	Balances standing for 5 years and over. — Balances restant depuis 5 ans et plus.	Last Known Address. — Dernière adresse connue.	Agency at which the last transaction took place. — Agence où la dernière transaction s'est faite.	Date of last transaction. — Date de la dernière transaction.
	$ cts.	$ cts.			
Brought forward		17,559 82			
Sutherland, J. S.		0 73	Montreal	Montreal	Dec. 3, '51
Sykes, de Berges & Co		0 48	do	do	Nov. 2, '54
Teafe, Theodora		0 69	do	do	do 24, '66
Telfer, W.		2 92	do	do	June 22, '47
Thornton, J.		0 45	do	do	May 3, '48
Twiname, D.		0 35	do	do	do 29, '49
Weir, R. & Co		2 42	do	do	Aug. 31, '48
Wood, J. & W.		0 15	do	do	Nov. 20, '50
Wheeler, Edward		0 24	do	do	do 12, '77
Ross, Robert		1 69	do	do	Oct. 16, '76
Alexander, Murphy & Cuddihy		1 16	do	do	Mar. 1, '75
Grafton, T. E.		0 50	do	do	June 11, '75
Privett, H. E.		2 62	do	do	July 16, '75
Nathan, Robert		2 72	do	do	Mar. 17, '75
Davis, Capt. C. A.		1 26	do	do	Dec. 28, '77
Phelps, Geo. F.		1 40	do	do	Sept. 17, '78
Swales, F. G.		0 96	do	do	Mar. 7, '78
Gebhardt, G. J. & Co		2 70	do	do	May 16, '81
Macdonald, C & Co		0 43	do	do	Aug. 4, '81
Morkill, R. D., jr		0 04	do	do	Feb. 26, '80
Hayes, Andrew		0 13	do	do	do 17, '81
Gibson, W. M.		1 15	do	do	Jan. 15, '77
Farigana, F. J.		1 54	do	do	June 8, '81
Bogue, Brault & Co		0 48	do	do	July 18, '84
Boyd, Egan & Co		0 77	do	do	Dec. 28, '82
Johnson, J. W.		0 24	do	do	do 6, '83
Hood, J. & Co		0 44	do	do	Jan. 25, '83
Thurston, J. D.		0 54	do	do	Nov. 15, '82
Wright, H. S. & Co		0 83	Jersey, Beauce County, P.Q.	do	Dec. 10, '83
Tanner, C. A.		0 59	Montreal	do	do 31, '84
Gibb Wire & Iron Co		0 87	do	do	do 31, '85
Linsley, D. C.		15 79	do	do	do 31, '85
Hall, A. S.		17 47	do	do	May 9, '85
Huckvale, W.		0 20	do	do	Aug. 9, '86
*a*Caron, Judge R. E.		1 08	do	do	Jan. 1, '54
Geddes, est. of C.		125 48	do	do	do 1, '55
Smith, Alexander		2 30	do	do	July 4, '68
Quintal, P.		6 05	do	do	Mar. 12, '69
Sinclair, J., and Bryson, T. M.		0 30	do	do	Dec. 15, '69
Bowman, J. C.		0 16	do	do	Mar. 19, '72
Hawkes, Lt.-Col. R. P.		0 15	do	do	May 16, 71
Harrison, F. H.		0 31	do	do	June 30, 71
Bindley, W. G.		0 50	do	do	Sept. 25, '74
Gibson, C. A.		3 46	do	do	do 12, '74
Fraser, J		56 35	do	do	May 5, 73
Alexander, R.		2 64	do	do	April 4, '74
Yorkshire Varnish Co		10 00	do	do	Feb. 22, '87
O'Brien, John		40 69	L'Orignal	do	Dec. 7, '71
*b*Lundy, E. R		1 78	Montreal	do	July 30, '87
Watkins, John		0 29	Hochelaga	do	April 28, '85
Bonnefoy, Clerc, fils & Janvier		0 23	Montreal	do	Dec. 31, '85
Bruce, A. H. N.		1 54	do	do	Jan. 17, '88
*b*Goodwin, F. W. W		0 08	St. Polycarpe, Qu	do	Aug. 22, '88
Watts, W. T.		7 06	Montreal	do	Sept. 23, '89
Smith, P. W.		1 33	do	do	June 10, '90
Sterling, A.		3 86	do	do	Nov. 30, '90
*c*Forman, Barbara		3,029 00	do	do	Feb. 20, '90
Carried forward		20,919 41			

a Dead. *b* Failed. *c* Deposit receipt.

Bank of British North America—Banque de l'Amérique Britannique du Nord.

Name of Shareholder or Creditor. — Nom de l'actionnaire ou du créancier.	Amount of Dividends unpaid for 5 years and over. — Dividende impayé pendant 5 ans et plus.	Balances standing for 5 years and over. — Balances restant depuis 5 ans et plus.	Last Known Address. — Dernière adresse connue.	Agency at which the last transaction took place. — Agence où la dernière transaction s'est faite.	Date of last transaction. — Date de la dernière transaction.
	$ cts.	$ cts.			
Brought forward		20,919 41			
*b*Ekins, Eliz		100 00	Montreal	Montreal	May 28, '91
*b*Fraser, D		800 00	do	do	June 6, '91
*b*McLennan, John		850 00	Kenyon, Ont.	do	July 17, '91
*b*Christie, Mrs. A. M.		1,993 20			Dec. 22, '91
*b*McDonald, Ann		200 00	Mt. Royal Vale.	do	do 1, '92
*b*Maxwell, Mrs. Johan		500 00	Montreal	do	June 26, '90
*b*Maxwell, Mrs. Johan		150 00	do	do	July 20, '92
*b*Anglo Provincial Telegraph Co		1,250 00	do	do	Sept. 22, '92
Gilkison, Robt	37 33		Niagara	do	Jan. —, '40
Halket, Fred	7 47		Toronto	do	do —, '40
Brooks, Samuel	26 90		Sherbrooke	do	July —, '41
Gueront, Marie Josette Wilsey	133 70		St. Denis River, Chambly	do	Jan. —, '43
*c*Hodges, J. M	123 88		5 Charlotte Sqr., Edinburgh	do	July —, '46
Dean, James	11 62		Quebec	do	Jan. —, '43
Murchy, D. M		85 00	Napanee	Napanee	Aug. 7, '72
Ash & Denys		0 43	Centreville	do	Mar. 19, '77
Daly, C		2 85	Napanee	do	Nov. 17, '77
Gilmour, R		8 00	do	do	June 16, '75
Henry & Hagar		0 86	Enterprise	do	Jan. 11, '76
Sexsmith, Thomas		2 65	Napanee	do	Nov. 6, '75
Lepper, S., F. X. Methot, H. Burstall, assignees Allan & Reid, insolvents		17 39	Quebec	Quebec	Dec. 18, '45
Atkinson, E. W		10 82	do	do	Nov. 13, '54
Blair, A. T		5 00	do	do	Mar. 8, '65
Brown, G. G		1 50	do	do	Oct. 4, '70
Buchannan, A		11 58	do	do	Nov. 19, '68
*d*Lemesurier, N., J. Bonner, H. W. Weld, assignees, estate of David Burnet, insolvent		3,059 95	do	do	Jan. 7, '52
Carson, J		0 01	do	do	July 11, '62
Collingwood, E		7 22	do	do	Oct. 30, '54
Côte & Son		0 20	do	do	Feb. 4, '82
Dacres, S. R		8 03	do	do	April 6, '50
*c*Dean, Jas, estate of		7 22	do	do	May 11, '67
Dumoulin, P. B.		1 93	do	do	Dec. 17, '49
Faulkenberg & McBlain		0 83	do	do	May 6, '68
Flannagan & Roche		3 86	do	do	do 4, '67
Fleming, B. P		1 60	do	do	Nov. 27, '82
Forsyth, J. B. & Co.		1 52	do	do	do 19, '67
Fraser, J. M.		6 00	do	do	April 20, '60
Frechette, J. B.		0 44	do	do	Nov. 17, '66
Freebody, M. G.		5 46	do	do	Dec. 9, '78
Gales & Hoffman		11 40	do	do	Jan. 24, '53
*c*Gillespie, James, estate of		13 57	do	do	May 4, '68
Garnham, R. E		0 40	do	do	Nov. 5, '50
Gorman, M		6 00	do	do	do 16, '42
Harbord, C		3 00	do	do	Oct. 9, '79
Home Mission Fund, Church of Scotland		20 24	do	do	Aug. 20, '66
Hyman, W.		0 03	do	do	April 2, '57
Irvine, W. H		1 22	do	do	Oct. 3, '57
Jones, J		1 45	do	do	Mar. 18, '54
Jones, H. N		0 77	do	do	Aug. 17, '60
Keller & Gorsley		0 50	do	do	Sept. 9, '44
Langevin, E		1 25	do	do	April 8, '58
Laroche, A		0 60	do	do	June 29, '59
Lortie & frere		1 03	do	do	do 28, '70
Carried forward	340 90	30,074 42			

b Deposit receipt. *c* Dead. *d* Set off against this amount.

Dividendes impayés.

Bank of British North America—Banque de l'Amérique Britannique du Nord.

Name of Shareholder or Creditor. — Nom de l'actionnaire ou du creancier.	Amount of Dividends unpaid for 5 years and over. — Dividende impayé pendant 5 ans et plus.	Balances standing for 5 years and over. — Balances restant depuis 5 ans et plus.	Last Known Address. — Dernière adresse connue.	Agency at which the last transaction took place. — Agence où la dernière transaction s'est faite.	Date of last transaction. — Date de la dernière transaction.
	$ cts.	$ cts.			
Brought forward	340 90	30,074 42			
Maxwell, E		20 38	Québec	Québec	Aug. 17, '81
McDonald, J.		8 50	do	do	Nov. 1, '52
Munn, J		0 53	do	do	Dec. 24, '55
McDonald, W		1 40	do	do	May 10, '48
McDougall, J		0 10	do	do	Aug. 23, '55
McDonald & Logan		1 10	do	do	Mar. 27, '52
McAdams, A		0 60	do	do	Oct. 5, '57
Noad, H. J., Newton, W. J		1 10	do	do	Nov. 4, '51
O'Neill, P		3 57	do	do	July 20, '59
Panet, Hon. Justice		5 35	do	do	Aug. 4, '51
Patton, H. N		66 87	do	do	do 28, '47
Bristow, W. & J. B. Forsyth, trustees estate of Richard Peniston, insolvent.		4 00	do	do	July 10, '39
Peterson, M		0 12	do	do	Sept. 24, '81
Rogers, C		0 13	do	do	Oct. 31, '54
Ryan, M		0 07	do	do	do 10, '55
Rooke, O. C		3 36	do	do	July 22, '64
Shapnell, H. N. T		6 67	do	do	June 28, '62
Shepperd, M. & Co.		26 80	do	do	July 10, '46
Smith, C. C		2 37	do	do	Jan. 12, '78
Fraser, J. M. & A. Gillespie, administrators estate of Charles Stuart, deceased		92 18	do	do	April 2, '51
Dow, A. B		100 00	do	do	Jan. 23, '54
Henderson, E		4 85	do	do	June 15, '54
*a*Synay, J		100 68	do	do	do 10, '50
Tomlinson, G		1 25	Gilbert River	do	Nov. 4, '79
Turcotte, H		1 43	Quebec	do	May 29, '56
Valliant, R		3 63	do	do	Nov. 7, '63
Vandervroot, G. M		15 00	do	do	June 4, '80
Way, E. & Co		4 68	do	do	May 6, '48
Wilson, A		25 87	do	do	Sept. 26, '62
Wilson, J. T		17 54	do	do	Nov. 8, '58
Neilson, H		7 90	St. John	St. John	Dec. 31, '47
Whitney, J. W.		0 26	do	do	do 30, '50
Woolhampton, B.		4 18	do	do	Oct. 12, '49
Robertson, Jas., sr		0 16	do	do	April 25, '48
Jacob, E.		2 30	do	do	July 15, '54
Heusties, L		4 01	do	do	Nov. 2, '54
McDonald & Co		3 88	do	do	Aug. 11, '54
Warwick, W. & George Eaton, administrators estate George Chadwick, deceased		1 80	do	do	April 14, '55
Robinson, T. E		0 18	do	do	Dec. 17, '55
Robinson, J		5 37	Digby, N. S.	do	Apr. 10, '56
Lanton, B		2 45	St. John, N. B.	do	Jan. 19, '56
Olive, W		16 65	do	do	do 2, '56
Connor, J		2 95	do	do	Nov. 5, '56
Macdonald, D		5 15	do	do	do 5, '59
Short, W		0 22	do	do	do 19, '61
Smith, W. M		2 88	do	do	May 17, '61
Evans, J		0 35	do	do	Oct. 31, '61
Lough, J		5 45	do	do	Apr. 26, '60
Peters, E. P		3 74	do	do	Sept. 21, '63
Bezant, C		6 41	do	do	Apr. 15, '67
Garby, G		0 60	do	do	Dec. 10, '66
Gray, J. H		1 65	do	do	Apr. 10, '66
Broad, E. and H		1 95	do	do	Jan. 16, '67
Carried forward	340 90	30,675 04			

a Deposit receipt.

Bank of British North America—Banque de l'Amérique Britannique du Nord.

Name of Shareholder or Creditor. — Nom de l'actionnaire ou du créancier.	Amount of Dividends unpaid for 5 years and over. — Dividende impayé pendant 5 ans et plus.	Balances standing for 5 years and over. — Balances restant depuis 5 ans ou plus.	Last Known Address. — Dernière adresse connue.	Agency at which the last transaction took place. — Agence où la dernière transaction s'est faite.	Date of last transaction. — Date de la dernière transaction.
	$ cts.	$ cts.			
Brought forward	340 90	30,675 04			
Armstrong, R.		25 63	St. John, N.B.	St. John, N.B.	July 8, '59
Coventry, J. W.		59 48	do	do	Nov. 28, '74
DeWolf, T. A. S.		4 36	do	do	July 21, '71
Grant, Jas. A.		0 01	do	do	June 6, '77
Notman, Jas.		1 45	do	do	July 10, '75
McLeod, E., assignee of J. W. Cudlip		4 17	do	do	April 26, '75
do do J. E. Haunn		3 81	do	do	Jan. 26, '75
Robertson, D. D. & Co.		1 20	do	do	Aug. 14, '75
Scovil, W. E.		11 03	do	do	Nov. 15, '70
Miller, E. N.		1 09	Moncton, N.B.	do	May 28, '77
Thompson, R.		6 25	St. John, N.B.	do	Mch. 31, '76
Elder, W.		0 18	do	do	Sept. 7, '76
Dickson, J. E.		0 30	Hopewell, N.B.	do	July 11, '77
Stockton, S. H.		1 30	St. John, N.B.	do	April 4, '77
Goddard, A.		0 04	do	do	Dec. 10, '77
Ferguson, Rankine & Co.		0 54	Bathurst, N.B.	do	April 27, '78
Macfarlane, J. R.		0 10	St. John, N.B.	do	May 2, '78
Wallace, W. & R.		2 20	Black River, N.B.	do	Feb. 19, '78
Fallowes, J. J.		2 82	St. John, N.B.	do	Nov. 30, '78
Breed, J. N.		0 02	do	do	Feb. 19, '80
Jenkins, G. F.		0 25	do	do	Nov. 13, '79
Wand, T. P.		1 69	do	do	July 26, '79
Allan Brothers		0 14	do	do	Aug. 9, '87
Collier, W. E., account of Pitts		0 45	do	do	Dec. 27, '87
Fowler, H. J.		0 05	do	do	Jan. 30, '88
Killam, A. E.		0 40	Moncton, N.B.	do	Jan. 26, '88
Murphy, W.		0 94	St. John, N.B.	do	June 6, '87
Stone, A.		0 64	Penobsquis, N.B.	do	Mch. 27, '85
aThompson, W., Treasurer Relief Fund Lancashire Operatives		190 92	St. John, N.B.	do	May 8, '63
Gladstone, W. C.		1 28	Buctouche, N.B.	do	Nov. 8, '68
Smith, John		0 18	St. John, N.B.	do	June 8, '68
Harding, Col. P., 22nd Reg't		0 85	do	do	Feb. 22, '69
Burdett, W. F.		0 36	do	do	Mch. 31, '71
Lyon, J. A.		0 19	Kings Co., N.B.	do	July 13, '71
Beer, S.		0 06	Sussex, N.B.	do	June 12, '69
Laurilliard, A. D.		138 46	Sanfrancisco, Cal	do	Nov. 4, '72
Robertson, A. D.		2 16	St. John, N.B.	do	Jan. 30, '75
Stockton, S. H.		4 34	do	do	Oct. 31, '73
Harney, E., executor D. McGuire		13 19	do	do	April 13, '74
Robinson Bros.		12 34	do	do	May 19, '71
Bray, J. C.		0 03	Alma, N.B.	do	Dec. 18, '88
McBride Samuel		3 23	St. John, N.B.	do	Feb. 21, '90
Seaforth, Charles		0 14	do	do	Oct. 8, '90
Street, W. W.		0 03	do	do	April 8, '91
McCafferty & Daly		123 81	do	do	Dec. 11, '91
bMcKenney, Annie		227 00	do Duke st	do	Aug. 23, '87
bMcCarthy, Margaret, and McCarthy, John		200 00	do	do	Jan. 6, '91
Lee, G. Herbert		617 22	do	do	Dec. 24, '92
bKennedy, Jas., and Kennedy, Phœbe A.		520 94	Monument Settlement, N.B.	do	Jan. 13, '92
bRush, John		170 00	Kingsville, N.B.	do	April 2, '92
bSadleir, Thos. Otway		1,240 00	Elliot House, Toronto	do	May 20, '92
bRush, John		100 00	Milford, N.B.	do	Sept. 20, '92
bMcLeod, Mrs. Sarah Ann		150 00	Norton, King's Co., N.B.	do	Dec. 6, '92
Carried forward	340 90	34,522 31			

a Since paid. b Deposit receipt.

Dividendes impayés.

Bank of British North America—Banque de l'Amérique Britannique du Nord.

Name of Shareholder or Creditor. — Nom de l'actionnaire ou du créancier.	Amount of Dividends unpaid for 5 years and over. — Dividende impayé pendant 5 ans et plus.	Balances standing for 5 years and over. — Balances restant depuis 5 ans ou plus.	Last Known Address. — Dernière adresse connue.	Agency at which the last transaction took place. — Agence où la dernière transaction s'est faite.	Date of last transaction. — Date de la dernière transaction.
	$ cts.	$ cts.			
Brought forward	340 90	34,522 31			
Hooper, N. D.	....	1 55	Montreal.	Fredericton.	Sept. 1, '84
*a*Sullivan, Timothy	....	40 00	Fredericton, N.B	do	Mar. 14, '77
*b*Fowler, O. T.	....	60 00	Welsford, N.B.	do	Jan. 2, '79
*a*Barker, J. W., jr.	....	81 00	Up. Kingslear, N. B.	do	May 3, '80
*a*Currie, Eliza G., and Currie, Louisa	....	300 00	Oromocto, N.B.	do	Feb. 25, '91
*a*Donnelly, Hugh	....	50 00	Burton, N.B.	do	Aug. 19, '91
*a*Curry, Jane O	....	120 00	Tobique River, Victoria Co.	do	Oct. 12, '91
*a*Bridges, W.J., and Bridges, Mary Ann	....	129 00	Sheffield, N.B.	do	Dec. 23, '91
*a*Block, Catherine	....	100 00	Fredericton	do	Jan. 12, '92
*a*Johnston, Robert	....	100 00	Lincoln, N.B.	do	June 29, '92
*a*Young, Eva C.	....	100 00	Fredericton	do	April 12, '92
*a*Miller, Hugh	....	400 00	Dalhousie, N.B.	do	Aug. 4, '92
*a*Miller, Hugh	....	100 00	do	do	do 30, '92
*a*Miller, Hugh	....	288 00	do	do	Oct. 10, '92
*a*Johnston, Robert	....	50 00	Lincoln, N.B.	do	Nov. 12, '92
*a*Besse, Mrs. Susie	....	806 69	Holbrook, Mass.	do	do 12, '92
Mynoritz, Henry, & Co.	....	0 42	Halifax, N.S.	Halifax.	Feb. 25, '67
Foules, Sir J. F., Lieut. 17th Regt.	....	1 21	do	do	April 1, '67
Margorson, Miss	....	24 33	do	do	June 3, '67
Ryan, Wm.	....	1 54	do	do	do 30, '67
Haliburton, A. T.	....	0 48	Baddeck, C.B.	do	July 4, '67
Paton, J.	....	10 48	Kingston.	do	Sept. 12, '68
Luck, A., Capt. 84th Regt.	....	2 26	Halifax.	do	May 6, '70
DeChair, D.	....	4 89	do	do	July 18, '70
Thompson, John	....	7 30	do	do	do 30, '70
L'Estrange & Bradley	....	0 12	do	do	Dec. 2, '70
Dunlop, Henry	....	0 24	Pictou, N.S.	do	Feb. 24, '71
Victoria Coal Co.	....	0 14	do	do	Mar. 7, '71
Powell, L. Y	....	38 64	Halifax, N.S.	do	June 23, '71
Main, M. B	....	9 73	do	do	July 18, '71
Carew, John	....	1 21	do	do	Dec. 31, '71
Addler, S. E.	....	119 45	do	do	May 10, '72
McLeod, Hugh	....	0 80	Sydney, N.S.	do	Aug. 22, '74
*c*McKenzie, D.	....	2 45	Antigonish.	do	Sept. 17, '76
Allen, James G.	....	2 00	Liverpool, N.S.	do	Oct. 25, '79
Bradley, Henry	....	1 11	do	do	Mar. 22, '81
Symes, Edmund	....	0 89	Halifax.	do	May 31, '81
*d*Main, W. D. & Co.	....	1 12	Amherst, N.S.	do	Oct. 17, '71
Sedger, Horace	....	1 23	Halifax	do	Aug. 31, '81
Anderson, W. E.	....	3 64	Dartmouth	do	Dec. 18, '83
*e*Freeman, S. & Sons	....	13 48	Milton.	do	July 6, '74
*e*Halls, G. W	....	7 48	Halifax	do	Aug. 13, '75
*f*Morton, S., estate of	....	1 36	do	do	May 26, '75
*g*Chambers, C., estate of	....	5 29	do	do	Mar. 3, '85
Squires, George	....	5 33	St. Pierre Miq.	do	Oct. 3, '84
Watson, Thomas	....	0 97	Waverly	do	May 5, '77
Lilley, J. J	....	0 24	Halifax	do	do 15, '78
Salterio, J. W	....	0 06	do	do	Feb. 26, '78
Fitch, R. R., agent	....	5 88	Halifax Atlantic Railway	do	Dec. 6, '79
Watson, J.	....	20 55	Cole Har. Dyke.	do	Feb. 8, '79
Hutt, J. W., agent	....	0 41	Halifax Royal Insurance Co.	do	Mar. 3, '80
Yates, J. B.	....	15 09	New York	do	Jan. 18, '80
Carried forward	340 90	37,560 37			

a Deposit receipt. *b* Deposit receipt; dead. *c* Insolvent; McGillivray, A., assignee. *d* Insolvent; A. R. Dickie, assignee. *e* Insolvent. *f* Insolvent; W. Ford, assignee. *g* Insolvent; John A. Markle, assignee.

Bank of British North America—Banque de l'Amérique Britannique du Nord.

Name of Shareholder or Creditor. — Nom de l'actionnaire ou du créancier.	Amount of Dividends unpaid for 5 years and over. — Dividende impayé pendant 5 ans et plus.	Balances standing for 5 years and over. — Balances restant depuis 5 ans ou plus.	Last Known Address. — Dernière adresse connue.	Agency at which the last transaction took place. — Agence où la dernière transaction s'est faite.	Date of last transaction. — Date de la dernière transaction.
	$ cts.	$ cts.			
Brought forward	340 90	37,560 37			
Graham, Robert	6 08	....	City and County Lunatic Asylum, Bristol, Somerset	Halifax	July 18, '79
Graham, Robert	6 08	....		do	Jan. 18, '80
Bennett, John	....	0 37	Ravenlake, Man.	Winnipeg	May 30, '89
Bowman, H. J	....	0 05	Greenwood, Man	do	Aug. 10, '89
Campbell, John	....	0 13	Holland, Man.	do	do 3, '89
Moses, Marcus	....	0 01	Winnipeg, Man.	do	Mar. 19, '88
eWhittaker, Mrs. Henrietta S.	....	3 86	Headingly, Man.	do	do 14, '89
Wright, Frank S	....	0 30	Strathclair, Man.	do	Jan. 9, '89
Asbury, R. V	....	0 25	Whitewater, M.	do	May 17, '90
Kimber, C. W.	....	0 07	Wapella, N.W.T	do	June 22, '91
Wright, Robert	....	1 40	Brandon, Man.	Brandon	Sept. 12, '90
Sheepshanks, J	....	80 67	N. Westminster.	Victoria	Aug. 6, '67
Esquimalt District, Board of Road Commissioners	....	2 48	Victoria	do	Mar. 5, '69
fHall, Barbara	....	620 00	Brandon	Brandon	Sept. 1, '92
Gibson, Samuel	....	4 48	Victoria	Victoria	do 5, '67
Shirpser, D	....	0 50	do	do	May 30, '67
British North American Assurance	....	0 75	do	do	July 25, '62
Cary, G. H	....	0 36	do	do	Sept. 7, '60
Dickson, J. M. D	....	2 15	do	do	April 25, '61
Jenkinson & Co	....	3 17	London, Eng.	do	Dec. 27, '62
Kershaw & Cowsill	....	1 66	Victoria	do	Aug. 18, '63
Levy, B. S., and Wilkie, J., assignee, estate of Brown & Matthews	....	12 39	do	do	Dec. 15, '65
Mayer, C. W	....	0 48	do	do	Oct. 18, '64
Milligan, D. S	....	0 79	do	do	July 22, '65
Pirani & Hall	....	15 37	do	do	Aug. 11, '63
Burnaby, R. & Stahlschmidt, assignees of W. H. Quincy	....	1 16	do	do	July 18, '66
Robson, Thomas	....	2 72	do	do	Sept. 11, '63
Willis, R. C	....	2 00	do	do	May 2, '65
Wilson, J	....	0 42	do	do	Aug. 31, '68
Cox, W. G	....	0 32	do	do	Feb. 19, '69
Dalby, W. & Co	....	5 44	do	do	Sept. 3, '73
Eyre, C. A	....	2 05	do	do	Nov. 13, '76
Jenkinson, R., and McNiff, W	....	6 91	do	do	Mar. 10, '74
Goodfellow, John, assignee, estate of Wallace & Hutcheson	....	4 11	do	do	Jan. 26, '75
Bruce, R. T. Hamilton	....	3 65	do	do	Nov. 12, '78
Rickman, A	....	0 69	do	do	do 4, '72
Cohen & Hoffman	....	3 54	Barkerville	do	June 26, '72
Board of Education	....	6 50	Victoria	do	May 25, '71
Beck, W	....	1,330 67	do	do	Feb. 9, '74
Daly, W	....	0 24	Rapid City	Brandon	Sept. 22, '92
Lewis, A. E	....	0 05	Souris	do	Jan. 13, '92
Bullen, W. F., E. G. Prior and J. Spratt, executors, estate H. C. Wilson	....	9 69	Victoria	Victoria	Sept. 16, '85
Bruce, J. C. L. K	....	31 41	do	do	Dec. 18, '86
Herring, Armine	....	5 00	Kamloops	do	July 11, '87
Bell & Newland	....	1 81	Clinton	do	Feb. 2, '76
Turk, J. H	....	6 25	Cassiar	do	Aug. 1, '76
Cohen, L. S	....	0 55	Victoria	do	Nov. 4, '78
aStuart, H. McNabb	....	0 25	do	do	Dec. 8, '84
Barry, Thos. A	....	0 82	California	do	Jan. 18, '84
British Union Packing Company, W. B. Adair, manager	....	3 80	New Westmins'r	do	Sept. 27, '83
Carried forward	353 06	39,742 11			

e Dead; no executor appointed. f Deposit receipt. a. Dead.

Dividendes impayés.

Bank of British North America—Banque de l'Amérique Britannique du Nord.

Name of Shareholder or Creditor. — Nom de l'actionnaire ou du créancier.	Amount of Dividends unpaid for 5 years and over. — Dividende impayé pendant 5 ans et plus.	Balances standing for 5 years and over. — Balances restant depuis 5 ans ou plus.	Last Known Address. — Dernière adresse connue.	Agency at which the last transaction took place. — Agence où la dernière transaction s'est faite.	Date of last transaction. — Date de la dernière transaction.
	$ cts.	$ cts.			
Brought forward	353 06	39,742 11			
*a*Chadwick, Thos.	....	1 00	Victoria	Victoria	Jan. 29, '83
Gold, Louis	....	43 95	Yale	do	Aug. 16, '81
Leacroft, A. C. H.	....	4 89	Victoria	do	May 31, '84
*a*Morley, John	....	5 44	Cowichan	do	June 4, '83
Staltho Chuck Flume Mining Company, per W. Teague and H. A. Powers	....	53 14	Yale	do	Jan. 31, '84
Fussell, A. H	....	1 90	Chilliwhack	do	April 9, '86
Kempster Bros	....	9 57	Victoria	do	July 18, '85
Nuttall, Reginald	....	1 70	do	do	Nov. 17, '85
*b*Pendola & Valletti	....	9 18	Savonas Ferry	do	Feb. 17, '85
Switzer, Ralph	....	0 35	Seattle	do	May 9, '87
*a*Valetti, John	....	14 70	Savonas Ferry	do	Feb. 17, '85
Wood, H	....	18 00	Victoria	do	Jan. 23, '73
Hocking, Samuel	....	500 00	do	do	April 25, '72
Pickett, R. F. & Co	....	17 20	do	do	May 3, '75
Lesh, James	....	17 20	Bank Field Hse., Treleth, Camford, England.	do	Dec. 12, '73
Cargill, W. & H	....	4 55	Cowichan	do	Sept. 30, '87
Brown, John	....	1 33	Victoria	do	Dec. 1, '88
*c*Mar, Leon	....	200 00	do	do	Oct. 14, '78
*d*McNeill, Malcolm	....	10 00	Nicola Valley	do	July 18, '81
Gray, S	....	60 00	Chemainus	do	Nov. 30, '89
Hoste, Lady Alice	....	0 36	Victoria	do	July 16, '89
*e*Connor, Patrick	....	2,000 00	Burrard Inlet	do	Mar. 27, '89
*e*Spreadborough, W. T	....	600 00	Victoria	do	do 13, '91
*e*Rowlinson, S. H. F	....	24 00	do	do	July 15, '91
Elton, R. F	....	0 25	Alberni	do	April 13, '91
Fraser, Rev. D	....	0 26	Victoria	do	May 22, '91
Sheppard, H. H.	....	0 35	do	do	do 29, '91
Winslow, J. E	....	0 19	do	do	Mar. 12, '91
Shakespeare, P. W	....	21 00	do	do	May 21, '92
Carter, T. W. and G. A Perrior	....	11 65	do	do	April 6, '92
Carter, T. W. and L. F. Perrior	....	2 10	do	do	June 7, '92
Russell, Chas. T	....	3 45	do	do	Dec. 31, '92
*e*Chaplin, James	....	1,450 00	do	do	Feb. 11, '92
*e*Rowlinson, Seymour A. F	....	22 00	do	do	April 5, '92
Gullingsend, P. H	....	0 04	Vancouver	Vancouver	Sept. 19, '90
Stoddart, W. J	....	4 78	do	do	July 17, '90
Gazley, H	....	0 55	do	do	May 28, '91
Simonds, F. H.	....	2 00	do	do	do 2, '91
Stewart, James A. and Burton, R. S	....	4 34	do	do	Sept. 3, '91
Wood, Alex	....	2 00	do	do	Jan. 21, '91
*e*Yorster, J. M	....	40 00	do	do	June 13, '90
*e*Bryce, Wm	....	250 00	do	do	Oct. 17, '90
*e*Johnson, James	....	160 00	do	do	Dec. 23, '90
Ball, J. B	....	181 00	Seattle, Wash'ton	do	Nov. 16, '88
McCaul, J. B	....	5 75	Vancouver	do	June 22, '88
Anderson, W	....	0 25	Steveston, B.C.	do	do 10, '90
*e*Johnson, James	....	40 00	Vancouver	do	Dec. 23, '90
*e*McNab, Ellen	....	120 00	Savonas	do	Jan. 13, '91
*e*McLean, Angus D	....	205 00	Vancouver	do	Feb. 12, '91
*e*McLean, Angus D	....	120 00	do	do	Feb. 10, '91
*e*Gotan, Philip	....	956 35	do	do	Mch. 16, '91
*e*Gotan, Philip	....	770 40	do	do	do 16, '91
*c*Wilson, Thomas L	....	60 00	do	do	May 14, '92
*e*Wilson, Thomas L	....	30 00	do	do	Oct. 31, '92
Carried forward	353 06	47,804 68			

*a*Dead. *b*Both dead. *c*Deposit receipt; supposed to have been drowned. *d*Deposit receipt; dead. *e*Deposit receipt.

Bank of British North America—Banque de l'Amérique Britannique du Nord.

Name of Shareholder or Creditor. — Nom de l'actionnaire ou du créancier.	Amount of Dividends unpaid for 5 years and over. — Dividende impayé pendant 5 ans et plus.	Balances standing for 5 years and over. — Balances restant depuis 5 ans ou plus.	Last Known Address. — Dernière adresse connue.	Agency at which the last transaction took place. — Agence où la dernière transaction s'est faite.	Date of last transaction — Date de la dernière transaction.
	$ cts.	$ cts.			
Brought forward..........	353 06	47,804 68			
aMcLeod, Alex....................	....	500 00	Vancouver......	Vancouver..	Nov. 24, '92
Banks, C. W	....	0 96	do	do ..	July 27, '92
Barnes, Alfred....................	....	0 15	do	do ..	Aug. 26, '92
Campbell, James	....	1 80	Caché Creek, B.C	do ..	Sept. 14, '92
Chambers, George	....	5 01	Vancouver......	do ..	May 16, '92
bSadlier, Thomas Otway..............	....	672 50	Toronto	St. John, N.B	Dec. 30, '92
Total....................	353 06	48,985 10			

a Deposit receipt. *b* Deposit receipt; since paid.

I declare that the above statement has been prepared under my directions and is correct according to the books of the bank.

H. B. MACKENZIE,
Assistant Inspector.

We declare that the above return is made up from the books of the bank, and that to the best of our knowledge and belief it is correct.

H. STIKEMAN,
General Manager.

E. ELMSLY.
Inspector.

MONTREAL, 18th January, 1898.

Dividendes impayés.

BANQUE D'HOCHELAGA.

ETAT des dividendes restant impayés et montants ou balances au sujet desquels il n'y a pas eu de transactions, ou sur lesquels aucun intérêt n'a été payé pendant cinq ans ou plus.

NOTE.—Dans le cas de deniers déposés pour une période fixe, les cinq ans seront calculés depuis l'expiration de la dite période fixe.

HOCHELAGA BANK.

STATEMENT of dividends remaining unpaid and amounts or balances in respect to which no transactions have taken place, or upon which no interest has been paid for five years and upwards.

NOTE.—In case of moneys deposited for a fixed period, the five years shall be reckoned from the termination of said fixed period.

Name of Shareholder or Creditor. — Nom de l'actionnaire ou du créancier.	Amount of Dividends unpaid for 5 years and over. — Dividende impayé pendant 5 ans et plus.	Balances standing for 5 years and over. — Balances restant depuis 5 ans ou plus.	Last Known Address. — Dernière adresse connue.	Agency at which the last transaction took place. — Agence où la dernière transaction s'est faite.	Date of last transaction. — Date de la dernière transaction.
	$ cts.	$ cts.			
Howley, J		20 00	Montréal	Montréal	Sept. 2, '78
Thompson, J		0 66	do	do	Jan. 25, '86
Sorin, Rev. C. V		0 76	do	do	Mars 6, '86
Dubord, J. E.		0 10	do	do	Mai 8, '86
McKean & Bastien		0 05	do	do	do 2, '85
Gannon & Cie		3 03	do	do	Août 2, '78
Girouard & McGibbon		1 08	do	do	Mai 8, '85
Jackson, T.		0 39	do	do	Juin 2, '87
Fitzgerald, T.		0 08	do	do	Fév. 4, '87
Dubrule, J. A		0 01	do	do	Mai 8, '88
Galarneau & Cie		0 04	do	do	Sept. 2, '86
Hamilton, S. D.		0 33	do	do	Mars 18, '87
Ritchot & Richot		0 16	do	do	Jan. 2, '88
Perrault & Cie, D		0 34	do	do	Août 4, '87
Laurin, E		0 01	do	do	Juil. 18, '87
Goldstein, S		9 88	do	do	Mai 19, '86
Grignon & Levesque		1 12	do	do	Fév. 4, '88
Boisseau & Cie		0 72	do	do	Nov. 20, '88
Gascon, J. A.		0 32	dc	do	Oct. 15, '88
Bourbounais, A. G		0 27	do	do	Déc. 3, '88
Augé & Lafortune		0 33	do	do	Mars 11, '89
Girard & Cie, A		0 14	do	do	Juil. 6, '88
Cockburn & Co., R.		0 89	do	do	Mai 16, '88
Jean & Auger		0 41	do	do	Juil 18, '88
Freeman & Livingstein		6 01	do	do	Mars 16, '89
Griffin, G. H.		2 97	do	do	Oct. 3, '88
Fortin, E. succ.		0 62	do	do	Mai 9, '87
Lefebvre, H		0 60	do	do	Nov. 3, '89
Lamontague Frère		0 18	do	do	do 3, '86
Massicotte, J. O		0 30	do	do	Juil. 20, '89
Lalonde, C		1 20	do	do	Déc. 2, '86
O'Leary, D		0 46	do	do	Fév. 3, '88
Lanthier & Co		0 78	do	do	Oct. 21, '89
Lanthier, N. A		0 93	do	do	Jan. 4, '89
Trudeau, N		13 00	do	do	Juil. 9, '88
Cousineau, M		3 03	do	do	Oct. 19, '89
Desjardins, tuteur, A		2 80	do	do	Août 27, '87
Caron, D		5 15	do	do	Mai 20, '89
Carried forward		79 15			

Banque d'Hochelaga—Hochelaga Bank.

Name of Shareholder or Creditor. — Nom de l'actionnaire ou du créancier.	Amount of Dividends unpaid for 5 years and over. — Dividende impayé pendant 5 ans et plus.	Balances standing for 5 years and over. — Balances restant depuis 5 ans ou plus.	Last Known Address. — Dernière adresse connue.	Agency at which the last transaction took place. — Agence où la dernière transaction s'est faite.	Date of last transaction. — Date de la dernière transaction.
	$ cts.	$ cts.			
Brought forward		79 15			
Desilets, L		0 02	Montreal	Montreal	Jan. 11, '89
Clark, E., in trust		0 22	do	do	do 17, '90
Gravel, J		3 82	do	do	Nov. 23, '88
Laurin, J. L		0 71	do	do	Sept. 3, '90
Marston, R. M		0 14	do	do	Mars 12, '90
Pelletier & Malette		1 00	do	do	Sept. 2, '90
Roberts, J		0 06	do	do	Juin 12, '90
Morache, J		0 31	do	do	Nov. 20, '90
Ratze, F de		0 55	do	do	do 23, '89
Perrin, H		0 50	do	do	Juil 25, '90
Quevillon, J		0 08	do	do	Déc. 22, '92
Quevillon & Cie, J		0 28	do	do	Nov. 7, '92
Robert, L		0 78	do	do	Sept. 23, '92
Mayo, J. H		0 62	do	do	Mars 7, '92
Massicotte & Cie, O		0 05	do	do	Juil 5, '92
Renaud, N		0 15	do	do	Mars 27, '92
Robert & Chouinard		1 14	do	do	Nov. 27, '91
Lamontagne, C. O		0 14	do	do	Juil 11, '92
Wright, C. H		1 00	do	do	Sept. 30, '92
Lamothe, C		0 86	do	do	Oct. 12, '92
Girouard, N		0 04	do	do	Nov. 9, '92
Bélair & Cie		3 24	do	do	Mch. 23, '92
Bérard & Major		0 74	do	do	do 12, '92
Brunet, P		0 01	do	do	Août 13, '92
Cloutier, D		0 20	do	do	do 31, '92
Earle & Co		0 05	do	do	Déc. 11, '92
Falk & Gross		1 02	do	do	Mai 27, '92
Gravel, A		1 00	do	do	Avril 9, '92
Gauthier, S		0 76	do	do	Fev. 6, '92
Herarel, L. J		0 03	do	do	Juli 2, '92
Johns, F		0 62	do	do	Avril 24, '92
Jacob, J		3 04	do	do	Janv. 8, '92
Jobin, N. E		0 28	do	do	Août 14, '92
Kimbal, H		9 85	do	do	Juli 15, '92
Gonée, U. T		2 55	do	do	Nov. 2, '89
Gonée, H		5 14	do	do	Jan. 9, '91
Hoolahan, J		1 36	do	do	Juin 21, '92
Cousineau, G		9 00	do	do	Déc. 14, '92
Lamoureux, R. T		2 19	do	do	Nov. 10, '91
Yale & Co., G. H		0 84	do	do	Janv. 11, '92
Cie Tabac S. Jacques		1 04	do	do	Fev. 15, '92
Sarrasin, F. L		0 86	do	do	Juli 3, '92
Lapointe, L. J		2 39	do	do	Déc. 3, '92
[a]Archambault Estate, Z	25 00		L'Assomption	do	Janv. 2, '82
do	25 00		do	do	Juli 3, '82
do	30 00		do	do	Janv. 2, '83
do	30 00		do	do	Juli 3, '83
do	30 00		do	do	Janv. 2, '84
do	30 00		do	do	Juli 2, '84
do	30 00		do	do	Janv. 2, '85
do	30 00		do	do	Juli 2, '85
do	30 00		do	do	Janv. 2, '86
do	30 00		do	do	Juli 2, '86
do	30 00		do	do	Juli 2, '87
do	30 00		do	do	Janv. 2, '89
do	30 00		do	do	Juli 2, '89
do	30 00		do	do	Jan. 2, '90
do	30 00		do	do	Juli 2, '90
Carried forward	440 00	137 77			

[a] Deceased. B. Roche, curator.

Dividendes impayés.

Banque d'Hochelaga—Hochelaga Bank.

Name of Shareholder or Creditor. — Nom de l'actionnaire ou du créancier.	Amount of Dividends unpaid for 5 years and over. — Dividende impayé pendant 5 ans et plus.	Balances standing for 5 years and over. — Balances restant depuis 5 ans ou plus.	Last Known Address. — Dernière adresse connue.	Agency at which the last transaction took place. — Agence où la dernière transaction s'est faite.	Date of last transaction. — Date de la dernière transaction.
	$ cts.	$ cts.			
Brought forward	440 00	137 77			
*a*Archambault Estate, Z	30 00		L'Assomption	Montreal	Jan. 2, '91
do	25 00		do	do	Juin 2, '91
do	30 00		do	do	Déc. 2, '91
do	30 00		do	do	Juin 2, '92
do	30 00		do	do	Déc. 2, '92
*b*Denis Estate, M	12 00		Coteau St. Pierre	do	Juli 2, '84
do	12 00		do	do	Jan. 2, '90
Barrette, Mrs C	9 00		Montreal	do	Dec. 1, '91
Laforce, E	15 00		do	do	Juin 1, '92
Slucker, J. E		0 77	Valleyfield	Valleyfield	Janv. 18, '88
Sauvé, R		0 39	do	do	Mars 1, '88
Madore, D		0 85	St. Anne de Bellevue	do	Juli 3, '88
French, E		0 50	Montreal	do	do 9, '88
Chauvin, J. A		0 05	do	do	Juillet 7, '88
Lecavalier, H		1 00	St-Stanislas	do	Sept. 29, '88
Daignault, C		0 25	Valleyfield	do	Jan. 2, '89
French, Tel.		0 10	Montréal	do	Feb. 4, '89
Lafond, Rév. E		0 14		do	Mai 10, '89
Anderson, J. D		1 95	Valleyfield	do	Oct. 18, '89
Leduc, J. A		0 04	do	do	Fev. 13, '90
Despocas, Louis		0 44	do	do	Nov. 1, '90
Beauregard, L		0 04	do	do	do 2, '90
Depocas, Dame V		0 65	do	do	Déc. 31, '90
Allin, A		0 04	Aubry Station	do	Nov. 26, '90
Daoust, A., jr		1 05	Oak Lake	do	Juil. 24, '90
Carrière, E		0 39	Valleyfield	do	Avril 22, '91
Dumouchel, A		0 15	do	do	Juin 15, '91
Monette, V		0 15	do	do	Oct. 9, '91
Michaud, J. J		0 25	do	do	Déc. 5, '91
Desparois, P. E		1 42	do	do	Jan. 15, '92
Cardinal, F. C		5 16	do	do	do 22, '92
Queen's Park Co		0 74	do	do	Juin 30, '92
Commissaires d'Ecole Trois Rivières		7 14	Trois Rivières	Trois Riv	Jan. 30, '86
Desilets, S		0 12	St-Léonard	do	Août 31, '91
Lavalee & Cie, E		0 77	Trois Rivières	do	Mai 9, '90
Mercier, J		1 00	Montréal	do	Mars 26, '89
Rheault, H		175 00	St-Maurice	do	Juin 4, '92
Vezinas & Cie, J		1 39	Joliette	do	do 18, '92
Lebbec, E. S		1 25	do	Joliette	Nov. 5, '88
Mirchaud & Frère		3 84	St-Gabriel	do	Jan. 26, '88
Latendresse, M		0 85	Joliette	do	Oct 11, '88
Marcil, M		0 20	do	do	Déc. 31, '86
Leblanc, E.		0 14	L'Epiphanie	do	Jan. 24, 87
Neilson, F. A		2 26	Trois Rivières	do	do 31, '87
Total	633 00	348 25			

a Deceased. B. Roche, curator. *b* N. and H. Mills, heirs.

I declare that the above statement has been prepared under my direction, and is correct according to the books of the bank.

C. W. GIROUX, *Chief Accountant.*

We declare that the above return is made up from the books of the bank, and that to the best of our knowledge and belief it is correct.

M. J. A. PRENDERGAST, *General Manager.*

F. X. ST. CHARLES, *President.*

MONTREAL, 17th January, 1898.

BANQUE JACQUES-CARTIER.

ETAT des dividendes restant impayés et montants ou balances au sujet desquels il n'y a pas eu de transactions, ou sur lesquels aucun intérêt n'a été payé pendant cinq ans ou plus.

NOTE—Dans le cas de deniers déposés pour une périod fixe, les cinq ans seront calculés depuis l'expiration de la dite période fixe.

JACQUES CARTIER BANK.

STATEMENT of dividends remaining unpaid and amounts or balances in respect to which no transactions have taken place or upon which no interest has been paid for five years and upwards.

NOTE—In case of moneys deposited for a fixed period, the five years shall be reckoned from the termination of said fixed period.

Name of Shareholder or Creditor. — Nom de l'actionnaire ou du créancier.	Amount of Dividends unpaid for 5 years and over. — Dividende impayé pendant 5 ans et plus.	Balances standing for 5 years and over. — Balances restant depuis 5 ans ou plus.	Last Known Address. — Dernière adresse connue.	Agency at which the last transaction took place. — Agence où la dernière transaction s'est faite.	Date of last transaction. — Date de la dernière transaction.
	$ cts.	$ cts.			
*a*Josephte Marcoux	4 37			Montreal	Dec. 1, '88
do	4 38			do	June 1, '89
do	4 37			do	Dec. 1, '89
do	4 37			do	June 2, '90
do	4 37			do	Dec. 1, '90
do	4 38			do	June 1, '91
do	4 37			do	Dec. 1, '91
do	4 38			do	June 1, '92
do	4 38			do	Dec. 1, '92
Cie d'Assurance Montmagny		1 18		do	June 17, '84
L. B. de Gonzague		3 30		do	July 3, '86
Ferd. Gaulin		3 22		do	Oct. 14, '84
H. Johnson		6 68		do	Sept. 9, '84
L. Archambault		4 12		do	May 13, '73
Avon Gold Mining Co		36 32		do	June 7, '71
Joseph Beauchamp		7 07		do	April 1, '75
Thomas Burwast		8 92		do	Jan. 1, '75
J. L. E. Faribault		7 67		do	Mch. 13, '82
Adeline Gendron		12 48		do	May 2, '83
John Robb		18 92		do	Jan. 10, '92
Soc. Const. Montrélaises		4 38		do	do 10, '92
Thomas Wilson		11 38		do	do 10, '92
Laganière & Schambier		4 89		do	Sept. 15, '89
A. Martin		150 93		do	Nov. 2, '75
C. Magher, jun		3 73		do	Sept. 15, '91
Marcotte & Cie		10 91		do	Nov. 10, '90
L. A. Piché		4 43		do	July 21, '90
C. Prévost		9 45		do	April 11, '91
F. X. Roy		36 66		do	Dec. 16, '87
Omer Bousquet		4 78		Beauharnois	do 11, '90
Souscription pour Incendies		22 75		do	April 29, '90
Pierre Daoust		4 83		do	do 1, '86
D. Rossignol		5 40	Fraserville	Fraserville	Oct. 22, '88
Carried forward	39 37	384 40			

a Dead.

Dividendes impayés.

Banque Jacques Cartier—Jacques-Cartier Bank.

Name of Shareholder or Creditor. — Nom de l'actionnaire ou du créancier.	Amount of Dividends unpaid for 5 years and over. — Dividende impayé pendant 5 ans et plus.	Balances standing for 5 years and over. — Balances restant depuis 5 ans ou plus.	Last Known Address. — Dernière adresse connue.	Agency at which the last transaction took place. — Agence où la dernière transaction s'est faite.	Date of last transaction. — Date de la dernière transaction.
	$ cts.	$ cts.			
Brought forward	39 37	384 40			
J. E. Genereux		14 86	Matane	Fraserville	May 22, '91
Geo. H. Phillips		9 81	Valleyfield	Valleyfield	Nov. 29, '92
Dme. P. Hebert		47 63	Etats-Unis	Victoriaville	Mch. 18, '92
T. Charpentier		3 25	Montréal	Rue Ontario	April 30, '92
S. Duverges		2 24	do	do	June 1, '92
Rev. L. Parent		2 26	do	St. Jean Bte	July 27, '89
Jos. St. Jean		2 79	do	do	Dec. 14, '91
D. Malbœuf		2 15	475 Marie Anne	do	April 13, '91
L. Meunier		2 05	771 St. Elizabeth	do	Feb. 3, '90
J. Chagnon		2 77	406 Rivard	do	Dec. 15, '91
Bigras & Paquette		2 25		do	April 6, '91
F. Hamelin		2 28		do	Aug. 23, '87
C. Charbonneau		2 59	791 Sanguinet	do	July 13, '91
F. Dufresne		1 50	104 Panthaléon	do	June 29, '92
	39 37	482 83			

I declare that the above statement has been prepared under my directions and is correct according to the books of the bank.

E. G. ST. JEAN, *Chief Accountant.*

We declare that the above return is made up from the books of the bank, and that to the best of our knowledge and belief it is correct.

ALPH. DESJARDINS, *President.*

TANCRÉDE BIENVENU, *General Manager.*

MONTREAL, 5th January, 1898.

MERCHANTS BANK OF CANADA.

STATEMENT of dividends remaining unpaid and amounts or balances in respect to which no transactions have taken place or upon which no interest has been paid for five years and upwards.

NOTE—In case of moneys deposited for a fixed period, the five years shall be reckoned from the termination of said fixed period.

BANQUE DES MARCHANDS DU CANADA.

ETAT des dividendes restant impayés et montants ou balances au sujet desquels il n'y a pas eu de transactions, ou sur lesquels aucun intérêt n'a été payé pendant cinq ans ou plus.

NOTE—Dans le cas de deniers déposés pour une période fixe, les cinq ans seront calculés depuis l'expiration de la dite période fixe.

Name of Shareholder or Creditor. — Nom de l'actionnaire ou du créancier.	Amount of Dividends unpaid for 5 years and over. — Dividende impayé pendant 5 ans et plus.	Balances standing for 5 years and over. — Balances restant depuis 5 ans ou plus.	Last Known Address. — Dernière adresse connue.	Agency at which the last transaction took place. — Agence où la dernière transaction s'est faite.	Date of last transaction. — Date de la dernière transaction.
	$ cts.	$ cts.			
Haworth, Rich	14 00		Manchester, Eng	Montreal	June 1, '90
do	14 00		do	do	Dec. 1, '90
do	14 00		do	do	June 1, '91
do	14 00		do	do	Dec. 1, '91
do	14 00		do	do	June 1, '92
do	14 00		do	do	Dec. 1, '92
Hart, Mrs. Julia	3 50		Three Rivers	do	do 1, '92
Thomson, David E		6 17	Montreal	do	Oct. —, '92
Lafrican, Geo		38 12	do	do	
Macfarlane, R. F		18 18	do	do	Nov. —, '90
Mackay, Abram		3 65	do	do	Nov. —, '92
Learmont, Wm. J		16 40	do	do	Feb. —, '91
Asselein, Louis F		0 95	do	do	Sept. —, '91
Mayrand, G. C. C		0 80	St. Andrews, P.Q	do	Nov. —, '90
Allan, Matilda jr		2 42	Montreal	do	June —, '91
Cairns, Wm., in trust		10 00	do	do	Jan. —, '83
Campbell, Bruce F., in trust		0 91	St. Hilaire	do	Mar. —, '89
Fitzgerald, O. S		0 69	St. Catharines, O.	do	Dec. —, '92
Stewart, Mary		0 35	Montreal	do	May —, '92
McEachran, Esther		0 87	do	do	Sept. —, '90
Maloney, John		1 69	do	do	May —, '91
Nicolls, Armine, and G. W. F. Carter, in trust		0 75	do	do	Mar. —, '89
Macfarlane, Clement H		0 94	do	do	Oct. —, '90
Montreal Botanic Gardens		134 71	do	do	July —, '89
Smith, N. S		41 45	Scotstown	do	Oct. —, '92
English Workingmen's B. S		0 37	Montreal	do	April 11, '88
Kane, C		0 70	do	do	Aug. 7, '88
Collington, M.		7 43	do	do	Mar. 31, '88
Reid, J. M		1 00	do	do	
Brown, J		1 30	do	do	
Patterson, James		0 57	do	do	
Ladouceur, O		3 15	do	do	
Ladouceur, M		9 89	do	do	
Carried forward	87 50	303 46			

Dividendes impayés.

Merchants' Bank of Canada—Banque des Merchands du Canada.

Name of Shareholder or Creditor. — Nom de l'actionnaire ou du créancier.	Amount of Dividends unpaid for 5 years and over. — Dividende impayé pendant 5 ans et plus.	Balances standing for 5 years and over. — Balances restant depuis 5 ans et plus.	Last Known Address. — Dernière adresse connue.	Agency at which the last transaction took place. — Agence où la dernière transaction s'est faite.	Date of last transaction. — Date de la dernière transaction.
	$ cts.	$ cts.			
Brought forward.... ...	87 50	303 46			
Beatty, J. R.		1 12	Montreal	Montreal	July 29, '90
Girard, M. A		0 28	do	do	April 1, '89
Molson, A		5 95	do	do	
Cooper, J		1 49	do	do	
Reid, W		4 67	do	do	Aug. 9, '92
Ogilvy, C. G		0 26	do	do	April 11, '88
Moremy, L		2 06	do	do	Nov. 10, '89
Smith, L. W		0 23	do	do	
Nelson, E		3 57	do	do	July 23, '89
Atkinson, F. W		0 50	do	do	Aug. 17, '88
Hatchell, M. M		2 71	do	do	
Lawrie, W. H		0 23	do	do	do 19, '88
Gardner, R., jr. in trust		5 71	do	do	
Birket, H. B		0 21	do	do	
Spence, A		0 12	do	do	Mar. 14, '90
Hamilton, F		0 13	do	do	April 30, '89
Higginson, A. T., in trust		1 78	do	do	June 11, '88
Fenwick, W		0 60	do	do	
King, H. W., in trust		0 65	do	do	May 7, '88
McGrail, M. T		0 87	do	do	Nov. 10, '90
Wanless, W. S		1 97	do	do	Dec. 11, '88
Ambrose, J. D. L		0 46	do	do	May 10, '90
Boas, A. B		2 55	do	do	April 1, '92
McDougall, M		5 00	do	do	
Robbin, M.		5 30	do	do	
McRae, J. A.		0 61	do	do	
Chapman, E. J		9 58	do	do	July 4, '89
Mackenzie, W. E		0 02	do	do	
Vanlan, H. A.		0 51	do	do	
Lewis, S. J		5 00	do	do	
Leonard, J		0 40	do	do	Feb. 2, '91
Johnston, N. P.		0 53	do	do	Dec. 3, '90
Harper, W. S.		4 70	do	do	Nov. 26, '91
Meldon, G.		1 30	do	do	
Fitzpatrick, J		6 00	do	do	
Muir, A. E		2 16	do	do	
Gall, J		3 80	do	do	
Robertson, G. R		2 00	do	do	
Mas, G. H.		6 53	do	do	May 6, '90
Lichtenhein, B.		1 37	do	do	
Anderson, J		10 65	do	do	Nov. 14, '88
Lewis, E., treasurer		1 29	do	do	Sept. 10, '90
Pluckey, B		0 17	do	do	June 17, '92
Wilks, A. W.		1 23	do	do	Sept. 30, '92
Maloney, D.		9 22	do	do	Feb. 27, '90
Thomson, M. E.		5 58	do	do	June 29, '92
Hayes, J		3 76	do	do	do 6, '89
Morrison, W.		1 68	do	do	Mar. 10, '91
Strachan, J		1 31	do	do	Mar. 4, '90
Macfarlane, P.		2 46	do	do	April 27, '91
Auld, E. E.		1 09	do	do	do 18, '89
Rotherden, H. E		0 73	do	do	May 3, '90
MacDonald, E		2 63	do	do	Dec. 21, '92
Cass, G. J		8 17	do	do	Aug. 19, '89
Scott, E. M.		2 05	do	do	Dec. 3, '89
Brown, C.		1 11	do	do	April 3, '89
Coolican, A		19 63	do	do	July 18, '91
McRae, D		1 29	do	do	Nov. 28, '88
McNeil, F.		1 22	do	do	April 25, '90
Rohr, M.		3 62	do	do	Mar. 3, '92
Carried forward	87 50	475 28			

Merchants' Bank of Canada—Banque des Marchands du Canada.

Name of Shareholder or Creditor. — Nom de l'actionnaire ou du créancier.	Amount of Dividends unpaid for 5 years and over. — Dividende impayé pendant 5 ans et plus.	Balances standing for 5 years and over. — Balances restant depuis 5 ans ou plus.	Last Known Address. — Dernière adresse connue.	Agency at which the last transaction took place. — Agence où la dernière transaction s'est faite.	Date of last transaction. — Date de la dernière transaction.
	$ cts.	$ cts.			
Brought forward	87 50	475 28			
Dobbin, J. F.		0 50	Montreal	Montreal	July 10, '89
Cook, W. J., in trust		7 50	do	do	Feb. 13, '89
Fiddis, E.		13 12	do	do	Oct. 26, '92
Mooney, P.		1 05	do	do	May 9, '92
Hales, G. P.		8 22	do	do	Dec. 10, '89
Reay, S. Y.		1 00	do	do	Sept. 13, '90
Reynolds, D.		3 02	do	do	Dec. 18, '90
Bishop, G.		0 35	do	do	Oct. 8, '89
Ryan, M.		1 00	do	do	May 9, '91
Patton, I., in trust		1 14	do	do	do 14, '90
McCleary, J.		9 20	do	do	Dec. 16, '91
Oppenhemier, M.		4 67	do	do	Sept. 6, '92
Hulbled, J. J.		1 00	do	do	Aug. 5, '92
Wales, L.		10 55	do	do	Nov. 19, '90
Walison, T.		0 95	do	do	Jan. 16, '92
Watt, A. M. T.		4 86	do	do	April 28, '90
Mathieu, A., in trust		2 00	do	do	do 22, '90
Lazarus, A.		5 00	do	do	July 17, '90
Burland, G. B.		9 49	do	do	June 11, '90
Kirk, T.		0 66	do	do	do 9, '91
Janson, H.		2 12	do	do	May 18, '91
Hana, G.		0 98	do	do	Mar. 31, '92
Dick, J. J.		1 16	do	do	Aug. 31, '91
McEachran, W.		0 39	do	do	Mar. 28, '92
Buchanan, W. P.		1 65	do	do	July 18, '92
Watson, J.		0 67	do	do	Mar. 28, '92
Gordon, C. B.		5 37			
Bothwitt, D. A.		4 68			
Hervey, P.		0 10			
Thomas, T. C.		0 77	do	do	Dec. 13, '88
McCarn, D.		0 50	do	do	do 6, '88
Crombie, J. H., in trust		0 01	do	do	Jan. 4, '89
Allan, J. S.		4 18	do	do	Dec. 6, '89
Drayner, L. Y.		0 01	do	do	Oct. 6, '91
Hervill, B. L. & Co.		0 08	do	do	
Webb & Co.		17 77	do	do	
Thompson, J.		0 54	do	do	
Wales, C. T.		0 04	do	do	
Bell, W. J.		3 87	do	do	
Brydges, F. H.		2 94	do	do	
Budd, C. H.		2 27	do	do	
Bigland, S. H.		0 86	do	do	
Carslake & Hutcheson, trustes		2 78	do	do	
Cager, F.		2 68	do	do	
Canada Plating Co.		3 99	do	do	
District Supply Association		0 34	do	do	
Dewitt, John, jun.		4 19	do	do	
Geroux, Jules		2 22	do	do	
Hyde, John, curator, P. A. Gouin		1 55	do	do	
Lachute Lumber Co.		0 59	Lachute	do	
Lane, C.		1 36	Montreal	do	
Mills & McMaster		1 00	do	do	
Minto Levigne & Co., in liq.		2 78	do	do	
Mountain Street Methodist Church		1 79	do	do	
Mount Royal Park Incline Ry.		5 26	do	do	
Major, John & Son		2 75	do	do	
Murphy, L. W.		2 08	do	do	
McNaughton Bros.		1 00	do	do	
Gravel, A.		0 91	do	do	
Girard, A.		1 26	do	do	
Carried forward	87 50	650 05			

Merchants' Bank of Canada—Banque des Marchands du Canada.

Name of Shareholder or Creditor. — Nom de l'actionnaire ou du creancier.	Amount of Dividends unpaid for 5 years and over. — Dividende impayé pendant 5 ans et plus.	Balances standing for 5 years and over. — Balances restant depuis 5 ans ou plus.	Last Known Address. — Dernière adresse connue.	Agency at which the last transaction took place. — Agence où la dernière transaction s'est faite.	Date of last transaction. — Date de la dernière transaction.
	$ cts.	$ cts.			
Brought forward	87 50	650 05			
Gordon, Melville		0 40	Montreal	Montreal	
McCuaig, M		11 93	Vankleek Hill	do	
Haskom, J. W.		0 27	Richmond, Que.	do	
Henderson Bros		3 92	Montreal	do	
Leavens, C. C.		0 05	do	do	
Lane, P		3 19	Lachute	do	
Leach, D. S.		1 77	Montreal	do	
Beckworth, M. B.		362 17	Central City, S.D	Belleville	July 30, '91
Brown, Miss G. A.		14 00	Brampton	Brampton	Dec. 26, '91
Huston, Mrs. Jane		101 25	do	do	Jan. 9, '91
Armstrong, J		200 00	Cooksville	do	April 16, '88
Dogson, W		5 70	Brampton	do	May '90
Charter, W		0 05	do	do	May, '90
Justin, E. M.		2 20	do	do	
Alexander, Mrs. R		3 50	do	do	
Hutcheson, J		0 80	do	do	
Ward, A		0 15	do	do	
Brown, A. W		0 83	do	do	
Foster, W		5 31	do	do	
Course, W		0 69	do	do	
Carburry, C. M		1 20	do	do	
Mackness, R		13 01	do	do	
Rutherford, W. J		2 19	do	do	
Fleming, P		1 70	do	do	
Topham, G		2 13	do	do	
Harrison, J		2 25	do	do	
Lyons, A		1 31	do	do	
Riorder, J. A. G		25 00	Millford	Brandon	Jany. 31, '91
McKenzie, Mrs. E		2 00	Brandon	do	Nov. 13, '91
Harim, G. D		5 00	Souris	do	Feby. 29, '92
Buckley, John		200 00	do	do	do 24, '92
Carter, H. W		300 00	Los Angelos	do	May 10, '92
Sutherland, H. N.		3 96	Brandon	do	do '90
Cavanagh, T. D		2 51	do	do	
McGregor, J		2 93	Griswold	do	
Budd, D		2 98	Hamiota	do	
Marshall, A. J		3 57	Chater	do	
McQueen, J		2 93	Carrievale	do	
Hill, Mrs. C		10 50	Chatham	Chatham	Feby 13, '90
McAllum, John.		275 00	North Buxton	do	April 21, '92
Shaw, A. J. C		2 44	Toronto	do	Jany. 12, '92
Stewart, J. B		0 54	Fletcher	do	
Braytmann, L		1 75	Chatham	do	
Crystler, W		0 67	do	do	
Hyslop, R		1 94	do	do	
Rannie, W		0 01	do	do	
Heald, W		0 55	Parry Sound	do	
Houston, M		0 97	Chatham	do	June 11, '89
Wrighton, M. T. & Co.		2 20	do	do	June 13 '91
Paile, C		0 41	do	do	
Knight, D. H		0 85	do	do	
West, P. B		0 10	Wallaceburg	do	June, 91
Dickson, J. H		0 80	Detroit	do	
Ross, W. D. A		0 23	Chatham	do	
Dayers, T		0 20	Charing Cross	do	
Marks, T., in trust		0 26	Chatham	do	
Brooke Estate (Timber account)		8 01	do	do	
Waugh, J. S		2 01	do	do	— June, 91
Gullen, J		1 48	do	do	
Northwood, A		0 32	do	do	
Carried forward	87 50	2,254 14			

3a—5

Merchants' Bank of Canada—Banque des Marchands du Canada.

Name of Shareholder or Creditor. — Nom de l'actionnaire ou du créancier.	Amount of Dividends unpaid for 5 years and over. — Dividende impayé pendant 5 ans et plus.	Balances standing for 5 years and over. — Balances restant depuis 5 ans ou plus.	Last Known Address. — Dernière adresse connue.	Agency at which the last transaction took place. — Agence où la dernière transaction s'est faite.	Date of last transaction. — Date de la dernière transaction.
	$ cts.	$ cts.			
Brought forward	87 50	2,254 14			
Greig, J		0 05	Dover Centre	Chatham	
Disney, R. R		7 05	Chatham	do	
A. O. U. W		5 02	do	do	
Coyne, C		0 99	do	do	
Riddle, F. Robert		165 00	Clyde	Galt	Jany. 25, '92
Erb. A. A., Exr. J. Buhtel, estate		49 40	Preston	do	May, '90
Rogers, J. H		1 07	Galt	do	
Simpson, M. J		0 60	do	do	
Scadding, F. N		0 14	do	do	
Hay, T. A		1 45	do	do	
Porteous, E. E		0 13	do	do	
Ferguson, J		2 36	do	do	
Welsh, H. B		0 20	do	do	
Shedin, J		0 80	do	do	
Whittham, G. S.		0 30	do	do	
McNally, H		0 25	do	do	
McNichol, W. G		1 15	do	do	
Averill, H		1 25	do	do	
Horton, W		0 65	do	do	
McPhail, A. R.		3 35	do	do	
Marshall, E. A		2 90	do	do	
St. Clair, L		0 35	do	do	
Murray, Robt		0 10	do	do	
Enticknap, W		0 50	do	do	
Goudy, John		0 43	do	do	
Barnes, Mrs. Jane		4 47	East Flamboro'.	Hamilton	Dec. 14, '91
Fraser, Wm		1,031 43	342 West 21st St. Erie, Pa.	do	Aug. 12, '92
Mulholland, Wm		105 41	127 West Avenue Hamilton.	do	June 23, '91
Stinson, Mrs. Kate		241 67	Fort Gratiot	do	July 10, '91
Galvin, Miss Mary A		300 00	24 Victoria Ave. North Hamilton.	do	Apl. 28, '91
do do		200 00	do	do	Oct. 16, '91
Hunt, G. M., Agent		0 22	Hamilton	do	Dec. '88
Hamilton Sewer Company		0 07	do	do	
Townshend, W. G		1 88	do	do	May 29, '90
Baner, L		0 02	do	do	April 25, '92
Douglas, G		0 03	do	do	Dec. 21, —
Hargrove, J		0 06	do	do	Nov. 19, '91
Hills, C. H		0 86	do	do	Dec. 30, '90
Pennington, M. A		0 10	do	do	June 30, '93
Russell, W		1 49	do	do	May 6, '90
Smith & Co.		1 92	do	do	Aug. 2, '92
Zingsheim, J., treasurer		0 92	do	do	Nov. 23, '91
Borland, E		0 06	Ingersoll	Ingersoll	May —, '90
Western Lumber Co.		0 40	do	do	
Griggs, S		1 75	do	do	
Bailey, A.		0 26	do	do	
Cavanagh, M		0 53	do	do	
McNames, S		0 48	do	do	
McLeod, T. H		1 03	do	do	
Gray, M H		0 28	do	do	
Sutherland, D. M.		0 08	do	do	
O'Keefe, Judith		3 67	do	do	
Roberts, George		0 30	do	do	
Kenny, Wm		12 17	Kincardine	Kincardine	Aug. 11, '88
Portice, Richard		7 93	do	do	Mar. 22, '91
Portice, Thomas		7 93	do	do	do 22, '91
Carried forward	87 50	4,427 05			

Merchants' Bank of Canada—Banque des Marchands du Canada.

Name of Shareholder or Creditor. — Nom de l'actionnaire ou du créancier.	Amount of Dividends unpaid for 5 years and over. — Dividende impayé pendant 5 ans et plus.	Balances standing for 5 years and over. — Balances restant depuis 5 ans ou plus.	Last Known Address. — Dernière adresse connue.	Agency at which the last transaction took place. — Agence où la dernière transaction s'est faite.	Date of last transaction. — Date de la dernière transaction.
	$ cts.	$ cts.			
Brought forward	87 50	4,427 05			
Featherstone, Margaret		122 62	Ripley	Kincardine	April 28, '92
Ritchie, Eliza		30 00	Kincardine	do	June 15, '92
Middleton, J. T., assignee estate J. Vanstone, insolvent		11 52	Hamilton	do	Feb. 10, '91
Knox Church Organ Fund		0 95	Kincardine	do	May —, '90
Baird, Robert		0 35	do	do	
do special		0 23	do	do	
Chadburn, D		0 12	Barrie	do	
Hildred, Samuel		0 15	do	do	
McLeod, A		0 50	Kincardine	do	
Scott, J. H		0 07	do	do	
Moore, Mrs. Eliza A		0 32	Kingston	Kingston	May 14, '91
McCammon Bros		0 01	do	do	
Donaldson, J. R		0 04	do	do	
Harrison, D. E		1 00	do	do	May —, '90
McDonald, J		0 10	do	do	
do		0 03	do	do	
Tierney, Owen, treasurer S.S.B		0 93	do	do	
do treasurer Big Fund		0 43	do	do	
McRossie, Wm., special account		1 75	do	do	
Moreland, S. R		0 38	do	do	
Birch, Samuel		0 30	do	do	
Share, Frank R		0 50	White Oak, P.O.	London	Dec. 20, '90
Hargraves, J. H		0 67	London	do	Aug. 15, '91
McVickars, P		233 79	Lobo	do	Feb. 9, '88
Jupp, A. A		174 56	Petrolia	do	do 9, '88
Montague, A. J		23 42	London	do	April 30, '90
Rutledge, T. J		2 76	do	do	Oct. 15, '91
Eisler, C. H., jr		100 00	Mitchell	Mitchell	Mar. 10, '91
do		100 00	Mitchell	do	do 10, '91
Chown, Jane		40 00	do	do	do 30, '92
Eisler, C. H., jr		575 00	do	do	April 19, '92
Wilkinson, John		100 00	Sillsburg	do	May 3, '92
Eisler, C. H., jr		100 00	Mitchell	do	May 4, '92
Campbell, M. R. T		150 00	do	do	June 30, '92
Amery, E. B		263 16	Camden East	Napanee	July 30, '92
York, Harmon and Eliza		123 00	Roblin	do	
Valleau, F. W		0 02	Selby	do	
O'Connor, —		0 25	Napanee	do	
Perry, Mrs. Maggie		0 10	do	do	
Maybee, Helen L		0 38	do	do	
Nales, Miss Matey		0 18	do	do	
Mason, D		22 24	Osgoode, Ont	Ottawa	Mar. 9, '92
McKay, Wm		74 66	St. Onge	do	Oct. 31, '92
Cook, N. E		6 30	Ottawa	do	Aug. 27, '91
Robinson, H		38 56	do	do	Nov. 29, '90
Bacon, S. G		4 60	do	do	Feb. 9, '92
McKenzie, Donald		2 28	North Bay	Owen Sound	Oct. 5, '91
McLean, J. W		55 00	Walter's Falls	do	June 1, '92
Chambers, Hannah J		350 00	Owen Sound	do	do 6, '92
do		50 00	do	do	do 6, '92
Price, W. H		0 75	Manitowaning	do	Sept. 18, '86
Kilburn, Bishop & Co		0 21	Owen Sound	do	June 29, '82
Atkinson, H		0 55	do	do	Mar. 5, '91
Lang, J		0 03	do	do	Oct. 17, '91
Machell, A. J		0 21	do	do	Oct. 22, '89
McKnight, R		0 32	do	do	Nov. 21, '91
Vance, J		0 10	Hepworth	do	Dec. 6, '89
McCullough, T. A., in trust		16 00	Pincher Creek	Perth	Feb. 5, '92
Thompson, Mrs. Mary		20 00	Perth	do	do 19, '92
Carried forward	87 50	7,227 55			

Merchants Bank of Canada—Banque des Marchands du Canada.

Name of Shareholder or Creditor. — Nom de l'actionnaire ou du créancier.	Amount of Dividends unpaid for 5 years and over. — Dividende impayé pendant 5 ans et plus.	Balances standing for 5 years and over. — Balances restant depuis 5 ans et plus.	Last Known Address. — Dernière adresse connue.	Agency at which the last transaction took place. — Agence où la dernière transaction s'est faite.	Date of last transaction. — Date de la dernière transaction.
	$ cts.	$ cts.			
Brought forward	87 50	7,227 55			
Campbell, Jos., estate of		212 60	Drummond	Perth	April 13, '92
Willows, Martha		175 00	Balderson	do	July 26, '92
Rathwell, Mary		100 00	Perth	do	Dec. 22, '92
Richmond, Isabella and John		93 00	do	do	June 8, '91
Philips, Robt		205 00	do	do	Feb. 3, '92
Barrie, Thomas		316 00	do	do	May 20, '92
Collins, Simon		80 00	do	do	July 4, '92
Moore, W. E		2 25	Maberly	do	Mar. 4, '91
O'Connor, Kate		5 00	Perth	do	May 21, '87
Cameron, A		5 00	do	do	
Neagle, R		12 50	do	do	Oct. 30, '9
Cameron, J.		8 85	do	do	June 30, '92
Murphy, M		1,135 00	Prescott	Prescott	Jan. 23, '91
McCoy, J		140 00	do	do	Mar. 1, '92
Burk, Mrs. R		120 00	do	do	do 29, '92
McCoy, J		200 00	do	do	May 4, '92
Moore, Geo		350 00	Cardinal	do	Dec. 6, '92
Miller, G. H		1 00	Prescott	do	May —, '90
McKeown, H. F		1 20	do	do	
Jackson, E. S		0 50	do	do	
White & Baker		0 01	do	do	
McGrath, J. J		0 45	do	do	
Walsh, W. E., Treas		1 21	Spencerville	do	
Demers & Riverier		4 80	Quebec	Quebec	June 30, '90
Canadian Packing Co		232 14	do	do	Aug. 2, '89
McKenzie, E. M		0 82	St. Gervais	do	May 31, '88
Mussen, Jane D		9 10	Quebec	do	do 2, '—
Cap Rouge Pier Co		0 62	do	do	do 31, '89
Labreque, N		0 58	St. Anselm	do	July 21, '92
Dubé, Emile		0 70	Fraserville	do	Mar. 9, '92
Beemer, H. J		0 46	Quebec	do	Aug. 1, '92
Restigouche Spool Co		0 77	do	do	do 23, '92
Rogers, W. B		1,231 17	do	do	Jan. 12, '92
Staunton, M		50 00	Calabogie	Renfrew	Nov. 6, '88
do		100 00	do	do	Aug. 22, '89
Temple, W		50 00	Gratton	do	May 27, '91
Kennelly, M		1,556 00	Renfrew	do	July 2, '91
Thompson, N		150 00	Matawatchin	do	Dec. 18, '91
Barrie, Mrs. M		50 00	Admaston	do	Sept. 15, '92
Hanaghan, J		400 00	Mt. St. Patrick	do	do 20, '92
Walsh, Mrs. Mary		358 96	Sherbrooke	Sherbrooke	Jan. 15, '89
Wadliegh, H., in trust for C. C. Wadliegh		14 04	East Bolton	do	May 4, '83
McGibbon, John		29 94	Lake Megantic	do	Nov. 21, '83
Mack, Mrs. E. M		36 06	Brompton, P.Q	do	do 12, '84
Hunt, Mrs. E. J. K		1 65	Sherbrooke	do	Dec. 19, '91
Kilmartin, Miss H. M		1 00	East Sherbrooke	do	June 18, '91
Chillas, Geo. J		15 00	Sherbrooke	do	Oct. 29, '92
Bougue, J. & Frere		1 58	Brompton, P.Q	do	July 2, '92
Turgeon, N. T		2 26	Sherbrooke	do	do 2, '92
Powers, G. W		3 75	do	do	Dec. 18, '91
Howard, A. L		0 32	Capelton, P.Q	do	
Allard, J. F. F		0 75	Sherbrooke	do	
Taylor, C. W		0 41	Cookshire	do	
Beaudoin, P. E. & Co		0 44	Thetford Mines	do	
Herbert, Miss F. S		0 66	Lennoxville, P.Q	do	
Labranche, F. X. & Co		3 52	Thetford Mines	do	
Scott, R., in trust		0 17	Scotstown	do	Dec. 18, '91
Allard, F. & Co		0 45	Sherbrooke	do	
Cairns, H. N		2 50	Sawyerville	do	
Carried forward	87 50	14,702 74			

Dividendes impayés.

Merchants Bank of Canada—Banque des Marchands du Canada.

Name of Shareholder or Creditor. — Nom de l'actionnaire ou du créancier.	Amount of Dividends unpaid for 5 years and over. — Dividende impayé pendant 5 ans et plus.	Balances standing for 5 years and over. — Balances restant depuis 5 ans ou plus.	Last Known Address. — Dernière adresse connue.	Agency at which the last transaction took place. — Agence où la dernière transaction s'est faite.	Date of last transaction. — Date de la dernière transaction.
	$ cts.	$ cts.			
Brought forward	87 50	14,702 74			
Anderson, E. C.		0 30	Stratford	Stratford	May —, '90
Eidt, E. H.		0 81	do	do	
Fox, J.		0 18	do	do	
Hodd, J.		0 58	do	do	
Matthews, D.		0 10	do	do	
Mabee & Grains, special		0 87	do	do	
Mowat, R.		0 01	do	do	
Sylvester, R., jr.		0 25	do	do	
Toton, & Co.		0 14	do	do	
Winter, F. E.		0 15	do	do	
Weidrhold & Hendrick		0 05	do	do	
Warden, J.		0 04	do	do	
Wood, H. V.		0 01	do	do	
Stock Estate		1 52	do	do	
Ballard, R. J.		0 80	do	do	
Holmes, M. J.		0 60	do	do	
Powell, X. J.		1 18	do	do	
Daly, H. M.		1 70	do	do	
Bowler, Wm.		0 59	St. Johns	St. Johns	Aug. 30, '89
Pearson, Wm. J.		8 19	do	do	May —, '90
McGinnis, R. H.		0 48	do	do	
Delagrave, Jos.		1 43	do	do	
Tasse, D.		3 94	do	do	
McGinnis, M. A.		1 50	do	do	
Beauregard, J. R. H., in trust		1 77	do	do	
Marbleau, E.		2 42	do	do	
Beauregard, J. B.		1 25	do	do	
Miller, Mrs. E.		0 16	do	do	
Walsh, E.		0 05	do	do	
Perchard, H. L.		0 07	do	do	
Trudeau, L. A.		3 76	do	do	
Maguire, T.		8 75	do	do	
Campbell, R. H.		1 59	do	do	
Walsh, A.		3 93	do	do	
Guay, D.		1 25	do	do	July 2, '92
Dunn, S.		2 79	do	po	
Sheridon, John		4 80	do	do	
Futvoye, J. B., in trust		1 65	do	do	
Brunel, M.		10 29	do	do	
Stone, J. H.		2 01	do	do	
Pierce, Amy H.		0 31	do	do	
Ryder, M. L., in trust		1 34	do	do	July 2, '92
Thenot, Pierre		0 90	do	do	
Frenette, L. E.		0 98	do	do	
Wood, W. W.		0 15	do	do	
Lesperance, E. O.		0 91	do	do	
Wood, J. E.		0 40	do	do	
Whalley, J. L.		1 67	do	do	
Radford, F. W.		0 02	do	do	
Davis, W. H.		400 00	Alvingston	St. Thomas	June 24, '92
Kettle, Nelson		0 11	St. Thomas	do	May —, '90
Gillies, Archibald		17 64	Iona	do	do —, '90
Kettle, Nelson		0 32	St. Thomas	do	Nov. —, '91
Graham, R. M.		0 63	do	do	May —, '90
Locke, James		0 44	do	do	
Welter, Montford		1 71	Middlemarch	do	
Johnson, Herman		1 16	Inwood	do	
Smith, estate H. M. Smith, Mary, and G. A., Philip, Exrs		4 31	Sparta	do	
Cottington, Lorne C.		2 40	Springfield	do	
Carried forward	87 50	15,210 10			

Merchants' Bank of Canada—Banque des Marchands du Canada.

Name of Shareholder or Creditor. — Nom de l'actionnaire ou du créancier.	Amount of Dividends unpaid for 5 years and over. — Dividende impayé pendant 5 ans et plus.	Balances standing for 5 years and over. — Balances restant depuis 5 ans ou plus.	Last Known Address. — Dernière adresse connue.	Agency at which the last transaction took place. — Agence où la dernière transaction s'est faite.	Date of last transaction. — Date de la dernière transaction.
	$ cts.	$ cts.			
Brought forward	87 50	15,210 10			
Darling, A.		34 88	Toronto	Toronto	Aril 19, '92
McKenzie, Wm.		2 43	do	do	Sept. 12, '92
Hatwig, Louisa		172 39	do	do	Jan. 19, '91
Hyanis, H. P		2 04	do	do	May —, '90
Knight, S		0 21	do	do	
Smith, J. Austin		0 13	do	do	
Watson, Jas		21 14	do	do	
Gamble, A. B.		1 01	do	do	
Henderson, A. C.		0 65	do	do	
Hubbard, Wm		1 23	do	do	
Simpson, R. T		0 30	do	do	
Trotman, M. H		0 57	do	do	
Lee, J. W		0 25	do	do	
Cameron, Elizabeth		61 25	Walkerville	Walkerville.	Oct. 30, '90
White, N		1 60	do	do	May —, '90
Rumstaettler, S		0 27	do	do	
Segmiller, J., deceased		0 56	do	do	
Cords, Charles		0 50	do	do	
Hildred, Sarah		1 50	do	do	
Smith, Alice J		1,168 97	Blue Island, Ill.	Windsor	Aug. 9, '92
Caldwell, F. R		20 25	Amherstburg	do	Sept. 6, '92
Hanafin, T. J		0 17	Windsor	do	May —, '90
Little, Bros.		3 44	do	do	
Mayor, P. M		0 62	Price	do	
Soper, J. M		0 10	Windsor	do	
Soper, A		0 12	do	do	May —, '90
Wilkinson, M. A.		2 50	do	do	
Wheeler, M		5 38	do	do	
Girouard, H		0 19	do	do	
Williams, W. H		11 65	do	do	
Frank, Fred		9 79	do	do	
Parent, Neal A.		1 00	do	do	
Baillie, J. W		0 33	Detroit	do	
McGregor, Mrs. N. M		0 61	Windsor	do	
Hubbard, Rufus		2 20	Detroit	do	
Drake, Mrs. Rachel		0 74	Windsor	do	
Wye, Geo. V.		1 00	Buffalo	do	
Lawrence, Geo		534 95	Winnipeg	Winnipeg	Jan. 10, '88
McGregor, D.		32 00	do	do	Aug. 14, '89
McQuarrie, estate of Wm., deceased		359 20	Balmoral	do	July 4, '91
Henderson, R.		44 69	Winnipeg	do	Sept. 21, '91
Canadian Order of Foresters, Court Erin		73 55	Gladstone	do	Jan. 23, '93
Mutch, John		133 90	Birtle	do	Feb. 4, '92
Fullerton, Wm., in trust		100 00	Manitou	do	May 9, '90
do do		100 00	do	do	
do do		100 00	do	do	
do do		100 00	do	do	
Caste, Henri		242 00	Fort Ellise	do	Apri. 5, '92
McLennan, Matilda		2,000 00	Winnipeg	do	June 20, '92
Morgan, Mrs. Margaret		300 00	do	do	Oct. 3, '92
Woodman, Wm.		600 00	West Selkirk	do	do 22, '92
Allard, Rev. J		6 35	Winnipeg	do	May —, '90
Barrett, M.		0 80	do	do	
Baker, W. R., treasurer		1 20	do	do	
Carpenter, E. A		1 20	do	do	
Campbell, A. M		0 09	do	do	
Elliott, D. R.		0 05	do	do	
Forrester, D		0 49	do	do	
Girdlestone, G. W		1 34	do	do	
Carried forward	87 50	21,473 88			

Merchants' Bank of Canada—Banque des Marchands du Canada.

Name of Shareholder or Creditor. — Nom de l'actionnaire ou du créancier.	Amount of Dividends unpaid for 5 years and over. — Dividende impayé pendant 5 ans et plus.	Balances standing for 5 years and over. — Balances restant depuis 5 ans et plus.	Last Known Address. — Dernière adresse connue.	Agency at which the last transaction took place. — Agence où la dernière transaction s'est faite.	Date of last transaction. — Date de la dernière transaction.
	$ cts.	$ cts.			
Brought forward	87 50	21,473 88			
Gisborne, H., District Supt		1 25	Winnipeg	Winnipeg	
Hanly, J		0 33	do	do	
Knowles, M. J		0 09	do	do	
Gisborne, H		3 65	do	do	
Gisborne, H., special		2 60	do	do	
Gaudet, L		1 50	do	do	
Crisp, R. J		3 75	do	do	
Cassin, T		5 07	do	do	
Kerchen, C. J		40 00	do	do	
Bedard, J		1 40	do	do	
Mathews, F. W., manager		0 04	do	do	
Manderville, A. E		0 14	do	do	
Mackay, Rev. J. A		0 48	do	do	
Palmer, R. M		4 24	do	do	
Prudhomme, J. F		0 35	do	do	
Reid, A		0 40	do	do	
Santaro, P		0 23	do	do	
Stebbens, A. G		0 37	do	do	
Thompson & Co.		0 13	do	do	
Trant, W		0 25	do	do	
Walley, W		4 71	do	do	
Webster, J. L		0 60	do	do	
Wananesa School District		0 25	do	do	
Leishman, W. H		4 64	do	do	
Lake, Andrew		0 10	do	do	
Mann, D. D		4 97	do	do	
Winaard, E		0 92	do	do	
Taylor, J. W		4 43	do	do	
Adams, C		0 03	do	do	
Anderson, J. H.		0 43	do	do	
Alchester School District		0 52	do	do	
Andrews, G. A. F		0 34	do	do	
Agricultural Society of Cartier		2 39	do	do	
Moon, J. J		1 29	do	do	
Mitchell, E. J		12 50	do	do	
Moore, M		14 92	do	do	
Moodie, J. D		29 60	do	do	
Power, E. M		1 50	do	do	
Redpath, E. R		1 65	do	do	
Ross, H. A		0 07	do	do	
Simpson, W		0 05	do	do	
Stewart, D. D		2 45	do	do	
Sloan, Miss J		1 00	do	do	
Stebbing, W. G		0 35	do	do	
Trant, W		0 18	do	do	
Thomson, W		2 46	do	do	
Wilson, C		1 25	do	do	
Lynn, W. R		1 00	do	do	
Lynden, T		5 00	do	do	
Nichol, Mrs. J		0 13	do	do	
Nicholson, J		0 78	do	do	
Noel, L. W. P		0 03	do	do	
Nanteuil, V. E		0 40	do	do	
Maculey, Higginbotham & Co		6 04	do	do	
Mitchell, Mrs. F. A		1 39	do	do	
McDonald & Shea		7 39	do	do	
McDonald, M		0 50	do	do	
McMillan Bros. & Co		12 40	do	do	
Mahon, F. H		0 12	do	do	
Carried forward	87 50	21,668 93			

Merchants' Bank of Canada—Banque des Marchands du Canada.

Name of Shareholder or Creditor. — Nom de l'actionnaire ou du créancier.	Amount of Dividends unpaid for 5 years and over. — Dividende impayé pendant 5 ans et plus.	Balances standing for 5 years and over. — Balances restant depuis 5 ans ou plus.	Last Known Address. — Dernière adresse connue.	Agency at which the last transaction took place. — Agence où la dernière transaction s'est faite.	Date of last transaction. — Date de la dernière transaction.
	$ cts.	$ cts.			
Brought forward....	87 50	21,668 93			
Morrison, G. H.		0 01	Winnipeg	Winnipeg	
Osborne, J. A		0 32	do	do	
O'Keefe, M.		0 11	do	do	
Power, E.		0 30	do	do	
Pedlar, G. C.		0 40	do	do	
Plaston, C. & W.		0 10	do	do	
Page, Rev. Joseph		0 12	do	do	
Proctor, H. F.		1 04	do	do	
Pearson, J. H		0 65	do	do	
Rogers, G. W.		0 98	do	do	
Roberts, Wm.		0 32	do	do	
Richardson, C. S.		0 29	do	do	
Rowand, E. R. T.		0 09	do	do	
Rothwell, W		0 53	do	do	
Sinnott, J.		0 12	do	do	
Stubbings, W. G.		0 78	do	do	
St. Andrew's Church		0 50	do	do	
Sinclair, A L.		0 11	do	do	
Stevens, W. A.		0 01	do	do	
Tucker, W. A.		1 00	do	do	
Turgeon, L. A.		0 60	do	do	
Williamson, H. A.		3 92	do	do	
Walker, C. H.		0 69	do	do	
Wilson, F.		0 26	do	do	
Young, C. A.		2 45	do	do	
Young & Co.		0 85	do	do	
Eyre, C		0 89	do	do	
Fisher, L. G.		0 14	do	do	
Campbell, G. H.		14 70	do	do	
Campbell, D		7 18	do	do	
Cole, Emory & Co		0 18	do	do	
Fleming & Co., A. B.		1 00	do	do	
Harrison & McD.		2 62	do	do	
Copper, D. W.		1 80	do	do	
Jardine, W.		1 58	do	do	
Jones, M.		0 45	do	do	
Jackson, F		13 90	do	do	
Ley, Miss J. G.		0 20	do	do	
Longstreet & Co., G. C.		0 01	do	do	
Lagamodière, E.		0 43	do	do	
Prixly, E. L.		6 87	do	do	
Pigott, Hyde, R.		0 87	do	do	
Smith, H. E. R.		0 80	do	do	
Taylor, J. L.		2 39	do	do	
Walls, John		0 41	do	do	
Walter, John		0 44	do	do	
Wright, John		0 18	do	do	
Wright, C. J		0 60	do	do	
Wright, T. R.		0 50	do	do	
Connery, James		0 38	do	do	
Harrison, H. B.		0 04	do	do	
Municipality of Gimli		0 25	do	do	
McDonald, Ewan		0 17	do	do	
McCheyne, Miss		10 75	do	do	
McDonald, A. A.		0 35	do	do	
Paré, Théo., trust account		5 57	do	do	
Paré, Théo., private account		8 55	do	do	
Rosemount School District		0 30	do	do	
Town of Emerson		0 33	do	do	
Carried forward	87 50	21,770 31			

Dividendes impayés.

Merchants' Bank of Canada—Banque des Marchands du Canada.

Name of Shareholder or Creditor. — Nom de l'actionnaire ou du créancier.	Amount of Dividends unpaid for 5 years and over. — Dividende impayé pendant 5 ans et plus.	Balances standing for 5 years and over. — Balances restant depuis 5 ans ou plus.	Last Known Address. — Dernière adresse connue.	Agency at which the last transaction took place. — Agence où la dernière transaction s'est faite.	Date of last transaction. — Date de la dernière transaction.
	$ cts.	$ cts.			
Brought forward.........	87 50	21,770 31			
Winkler, V.........	....	0 01	Winnipeg.......	Winnipeg...	
Jones, L. M........................	....	0 85	do	do ..	
Total	87 50	21,771 17			

I declare that the above statement has been prepared under my directions and is correct according to the books of the bank.

J. GILLESPIE MUIR, *Chief Accountant.*

We declare that the above return is made up from the books of the bank, and that to the best of our knowledge and belief it is correct.

ANDREW ALLAN, *President.*

G. HAGUE, *General Manager.*

MONTREAL, 17th January, 1898.

MOLSONS BANK.

STATEMENT of dividends remaining unpaid and amounts and balances in respect to which no transactions have taken place or upon which no interest has been paid for five years and upwards.

NOTE.—In case of moneys deposited for a fixed period, the five years shall be reckoned from the termination of said fixed period.

BANQUE MOLSON.

ETAT des dividendes restant impayés et montants ou balances au sujet desquels il n'y a pas eu de transactions, ou sur lesquels aucun intérêt n'a été payé pendant cinq ans ou plus.

NOTE—Dans le cas de deniers déposés pour une période fixe, les cinq ans seront calculés depuis l'expiration de la dite période fixe.

Name of Shareholder or Creditor. — Nom de l'actionnaire ou du créancier.	Amount of Dividends unpaid for 5 years and over. — Dividende impayé pendant 5 ans et plus.	Balances standing for 5 years and over. — Balances restant depuis 5 ans ou plus.	Last Known Address. — Dernière adresse connue.	Agency at which the last transaction took place. — Agence où la dernière transaction s'est faite.	Date of last transaction. — Date de la dernière transaction.
	$ cts.	$ cts.			
Clapton, David		52 54	Aylmer	Aylmer	Oct. 21, '91
Robertson, Kladdy		6 03	do	do	Feb. 6, '92
Laur, Mrs. Lydia A.		298 83	do	do	Mar. 15, '92
Walley, J. W., ex'r estate Adam Heyler		300 41	do	do	Oct. 26, '92
Smith, Elizabeth		23 85	do	do	Dec. 16, '92
Wylie, D., manse account		8 98	Brockville	Brockville	Feb. 6, '78
Archer, R., mgr., in trust		7 67	Exeter	Exeter	do 8, '89
O'Byrne & Co.		7 10	do	do	Sept. 16, '78
*a*Burk, Annie		155 00	Dashwood	do	May 3, '92
*a*Hicks, M. J. and S. J.		5 44	Exeter	do	July 15, '92
Henderson, Mrs.		12 35	Hamilton	Hamilton	Mar. 22, '84
Gage, A.		11 13	do	do	July 5, '84
Kay Electric Company		6 18	do	do	Mar. 31, '90
Cooper, W. W.		21 72	do	do	July 21, '90
Lawson & Co.		23 61	London	London	April 30, '73
Stewart, J.		7 90	do	do	Feb. 23, '73
Taylor, J.		13 59	do	do	April 30, '73
Granger & Myer		30 87	do	do	do 30, '73
Brown, J.		66 88	do	do	Mar. 10, '74
London Sewing Machine Company		13 34	do	do	May 21, '74
Petroleum Refining Company		7 91	do	do	July 12, '74
Wright, J. W.		10 00	do	do	Oct. 14, '75
Delton, R.		8 37	do	do	Nov. 27, '80
McKenzie, J.		5 66	do	do	July 31, '77
McGuffie, ——		11 84	do	do	do 31, '77
Brown, J.		22 72	do	do	do 31, '79
Mack, T.		5 03	do	do	do 31, '79
Smyth, W.		6 32	do	do	Sept. 30, '82
McKay, G.		8 04	do	do	Feb. 21, '85
Johnson, A.		72 87	do	do	April 24, '79
Warde, F.		21 13	do	do	July 13, '88
Wilson, Edith		22 60	do	do	Jan. 6, '80
Burwell, M. A.		16 39	do	do	April 6, '80
Grau, H., executor		101 36	Westminster	do	Nov. 16, '75
Egan, Mary		5 90	London	do	Aug. 22, '89
McLeod, Duncan P.		5 95	do	do	July 14, '92
Carried forward		1,405 51			

*a*Since paid.

Dividendes impayés.

Molsons Bank—Banque Molson.

Name of Shareholder or Creditor. — Nom de l'actionnaire ou du créancier.	Amount of Dividends unpaid for 5 years and over. — Dividende impayé pendant 5 ans et plus.	Balances standing for 5 years and over. — Balances restant depuis 5 ans et plus.	Last Known Address. — Dernière adresse connue.	Agency at which the last transaction took place. — Agence où la dernière transaction s'est faite.	Date of last transaction. — Date de la dernière transaction.
	$ cts.	$ cts.			
Brought forward		1,405 51			
McMillan, A. H		274 32	Morrisburg	Morrisburg	Sept. 12, '77
Hogg, W		12 50	do	do	Aug. 3, '78
Logan, W. A		20 00	do	do	do 8, '78
Russell, J		6 65	do	do	do 15, '78
Watson, Mrs. L. E		6 70	do	do	Mar. 29, '78
Elliott, F		8 80	do	do	Sept. 25, '85
Philpot, C. M		10 00	do	do	Oct. 1, '84
Steen, R		28 13	do	do	May 11, '86
McMillan, Jane		313 00	Aultsville	do	April 29, '90
Steen, J. C		5 75	Farrans Point	do	May 10, '92
Cole, A		17 72	Owen Sound	Owen Sound	do 21, '72
Craig & Betzure		5 99	do	do	Sept. 16, '73
Degrasse, A		24 99	do	do	May 13, '73
Buckland, G		12 10	do	do	Mar. 20, '71
Cowper, J		8 79	do	do	Oct. 27, '75
Cunningham, W		17 17	do	do	Dec. 16, '75
Bentley, R		28 48	do	do	April 16, '77
Allen & Scully		5 78	do	do	Mar. 9, '79
McKay, W		20 00	do	do	Dec. 31, '78
McClurg, W		30 00	do	do	Jan. 8, '81
Peto, J		35 50	Manitowaning	do	May 22, '78
Shaw & Son		5 27	Owen Sound	do	Jan. 2, '84
Patterson, F. L		16 35	do	do	Sept. 15, '84
Cameron, M		5 00	do	do	Jan. 16, '80
Blain, Thos		5 00	do	do	Oct. 31, '89
Hall, Chas		9 00	do	do	April 24, '88
Ross, Geo		400 00	do	do	Nov. 29, '84
Greene, R		372 00	Dakota	do	May 7, '85
Scott, J		5 66	Smith's Falls	Smith'sFalls	do 12, '75
Road, S		9 59	do	do	April 3, '77
Percival, S. N		5 32	do	do	Sept. 21, '87
Glader, V		5 09	Sorel	Sorel	Nov. 20, '76
Denis, P		7 48	do	do	Oct. 2, '80
Ethier, Paul		12 01	do	do	June 5, '79
Fuller, M		7 28	do	do	do 5, '79
Thibaudeau, Julie		23 07	do	do	Jan. 1, '89
Peloquin, O		56 00	do	do	Dec. 17, '87
Champagne & Deelar		7 65	St. Hyacinthe	St. Hyac'the	Nov. 7, '87
Pagnuelo, C., in trust		17 02	do	do	Feb. 21, '91
Taylor, G. A		111 15	St. Thomas	St. Thomas	Jan. 15, '77
Clark, G. H		24 37	do	do	Dec. 23, '77
Cole, J		11 89	do	do	Mar. 27, '77
Warren, J		49 75	do	do	July 14, '85
McBrady, Patrick		50 00	do	do	Jan. 6, '91
McCallum, Bess		100 00	Fingal	do	do 20, '92
Edwards, P. L		16 67	Toronto	Toronto	April 2, '72
Sanderson & Co		7 72	do	do	Dec. 12, '72
Prince, A		10 00	do	do	Mar. 12, '74
Hanson, J		36 03	do	do	do 31, '74
Hamilton, ——		11 06	do	do	Dec. 21, '75
Furniss, M. L. P		5 21	do	do	Mar. 3, '77
Welland Revenue acc.		5 00	do	do	April 14, '77
Bailey & Co., E. R		11 20	do	do	Nov. 25, '86
Moody, T		49 75	do	do	Aug. 14, '85
Mortimer, G		25 00	do	do	Feb. 14, '89
Lomas, Thos		25 00	do	do	Mar. 15, '88
Cramer, Ira J		8 79	do	do	do 14, '92
Playter & Arnold		12 83	do	do	Feb. 23, '91
Johnson, R. A		11 22	do	do	Oct. 23, '90
N. Y. & Ont. Commission Co., Buffalo		5 96	Buffalo	do	Dec. 11, '91
Carried forward		3,855 57			

Molsons Bank—Banque Molson.

Name of Shareholder or Creditor. — Nom de l'actionnaire ou du créancier.	Amount of Dividends unpaid for 5 years and over. — Dividende impayé pendant 5 ans et plus.	Balances standing for 5 years and over. — Balances restant depuis 5 ans ou plus.	Last Known Address. — Dernière adresse connue.	Agency at which the last transaction took place. — Agence où la dernière transaction s'est faite.	Date of last transaction. — Date de la dernière transaction.
	$ cts.	$ cts.			
Brought forward	....	3,855 27			
Pemberton, Col. W. W	....	19 43	Toronto	Toronto	Aug. 20, '92
Stephens, H. S., Liq. Ont. Exp. Co	....	65 81	do	do	June 17, '92
Dewar, Mary A	....	647 00	do	do	Sept. 27, '89
Ogle, D	....	18 00	do	do	June 5, '91
Shunk, A	....	9 32	Maple	Toronto J'n.	April 23, '91
Leigh, R. J., in trust	....	13 26	Toronto Junct'n.	do	May 23, '91
Rowntree, J. H	....	5 20	do	do	Nov. 9, '91
Billings, G. M	....	9 00	Trenton	Trenton	Dec. 30, '89
Heuther, F	....	20 31	Waterloo	Waterloo	Jan. 14, '84
Doran, Wright & Co	....	10 00	do	do	Oct. 31, '89
Haack, E	....	18 55	do	do	Aug. 19, '89
Teetzel, W. T	....	5 63	Revelstoke	Winnipeg	Sept. 19, '91
Walters, A	....	5 85	Winnipeg	do	do 23, '92
Lawson, ——	....	8 40	Ingersoll	Ingersoll	Mar. 15, '78
Gatling, J. J	....	6 42	Woodstock	Woodstock	Oct. 19, '88
Biette & Allenby	....	9 97	do	do	Aug. 27, '88
Tucker, Miss L	....	74 62	do	do	Sept. 5, '91
Johnston S	....	5 00	Millbrook	Millbrook	Oct. 21, '80
Kitchen, A	....	20 00	Windsor	Windsor	April 23, '78
Watson, R	....	10 00	do	do	do 23, '78
Moore, M	....	159 11	do	do	do 23, '78
Bannatyne, J	....	93 07	Montreal	Montreal	July 8, '79
Bane, F	....	166 21	do	do	Aug. 13, '78
Bissett, J	....	13 66	do	do	Oct. 30, '78
Blackwell, J. E	....	12 88	do	do	do 30, '78
Brady, T	....	13 23	do	do	Jan. 15, '78
Brown, T. H	....	5 92	do	do	Oct. 30, '78
Butters & Co., D	....	6 81	do	do	Jan. 15, '78
Charlebois, P	....	7 65	do	do	Oct. 30, '78
Clarke, A	....	33 40	do	do	do 30, '78
Catudal, M	....	5 09	do	do	Jan. 27, '81
Davies, W. H. A	....	10 00	do	do	Oct. 30, '78
Davies, W. H. A., trustee	....	6 75	do	do	do 30, '78
Dunmore, Agnes, in trust for J. Binder	....	33 09	do	do	do 30, '78
Easton, A	....	31 69	do	do	do 30, '78
Excelsior Copper Co	....	25 00	do	do	Feb. 26, '90
Foster, John	....	16 98	do	do	do 26, '80
Grossett, Alex	....	5 96	do	do	Sept. 13, '86
Glasgow & London Association	....	5 00	do	do	Jan. 9, '91
Houghlin, J. G. R	....	13 53	do	do	Oct. 30, '78
Hutchinson, M	....	13 11	do	do	do 30, '78
Hurlbut, C. Abel	....	7 60	do	do	Sept. 15, '81
Hearn, M. J	....	12 84	do	do	May 1, '84
Herriott, B	....	7 89	do	do	Nov. 1, '84
Imperial Mutual Building Society	....	8 05	do	do	Dec. 13, '84
Lambe, Jas	....	42 08	do	do	Oct. 30, '78
Last Long & Co.	....	11 73	do	do	do 23, '74
Marcotte & Henderson	....	14 68	do	do	.... .. '69
Moore, T	....	9 32	do	do	.... .. '69
Morland, J	....	33 63	do	do	.... .. '69
Morrison & Co., Allan	....	58 35	do	do	.... .. '69
Munn, F. E	....	9 24	do	do	Sept. 10, '87
McLaren, W. P	....	6 41	do	do	Jan. 4, '62
Nelson, E. A	....	59 25	do	do	Oct. 11, '70
Nelson Monument Fund	....	47 98	do	do	.... .. '69
Nichols, J. & N	....	16 91	do	do	.... .. '69
Parker, W	....	56 98	do	do	.... .. '69
Pease & Son	....	13 76	do	do	June 14, '73
Robertson & Co	....	13 70	do	do	.... .. '69
Rooklidge & Co	....	6 59	do	do	Dec .. '74
Carried forward	....	5,952 17			

Dividendes impayés.

Molsons Bank—Banque Molson.

Name of Shareholder or Creditor. — Nom de l'actionnaire ou du creancier.	Amount of Dividends unpaid for 5 years and over. — Dividende impayé pendant 5 ans et plus.	Balances standing for 5 years and over. — Balances restant depuis 5 ans ou plus.	Last Known Address. — Dernière adresse connue.	Agency at which the last transaction took place. — Agence où la dernière transaction s'est faite.	Date of last transaction. — Date de la dernière transaction.
	$ cts.	$ cts.			
Brought forward..........		5,952 17			
Rose & Monk..........................	....	10 00	Montreal.....	Montreal...	.... .. '69
St. Julien, A	....	14 88	do	do ..	April 21, '77
Scott, W., in trust..................	....	16 49	do	do ..	Oct. 22, '80
Van Bokum, H..........................	....	8 41	do	do ..	Feb. 1, '78
Woodford, Esther.....................	....	31 59	do	do ..	Sept. 15, '81
Wilson, Edith A......................	....	5 72	do	do ..	Feb. 14, '84
Hurtubise, T. H.	....	9 13	do	do ..	Jan. 2, '91
Barnard, Anne M	....	9 49	do	do ..	Nov. 4, '92
Rodger, Mrs. M. J., in trust..........	....	16 40	do	do ..	do 10, '90
Davis, Sarah..........................	....	27 11	Bell River......	do ..	Jan. 19, '92
Kadwell, Mrs. C. B....................	....	152 19	Montreal.......	do ..	June 13, '92
McWillie, Helen.......................	....	195 15	Mile End	do ..	do 1, '92
Beanfoy, Stewart, in trust....	....	40 27	Sault au Recollet	do ..	Sept. 18, '79
Ferguson, John M.....................	....	10 98	Montreal.......	do ..	Jan. 21, '90
Total....................		$6,499 98			

I declare that that the above statement has been prepared under my directions and is correct according to the books of the bank.

H. A. HARRIES, *Head Office Accountant.*

We declare that the above return is made up from the books of the bank, and that to the best of our knowledge ond belief it is correct.

WM. M. MACPHERSON, *President.*

F. WOLFERSTAN THOMAS, *General Manager.*

MONTREAL, 18th January, 1898.

BANK OF MONTREAL.

STATEMENT of dividends remaining unpaid and amounts or balances in respect to which no transactions have taken place or upon which no interest has been paid for five years and upwards.

NOTE.—In case of moneys deposited for a fixed period, the five years shall be reckoned from the termination of said fixed period.

BANQUE DE MONTRÉAL.

ETAT des dividendes restant impayés et montants ou balances au sujet desquels ils n'y a pas eu de transactions, ou sur lesquels aucun intérêt n'a été payé pendant cinq ans ou plus.

NOTE.—Dans le cas de deniers déposés pour une période fixe, les cinq ans seront calculés depuis l'expiration de la dite période fixe.

Name of Shareholder or Creditor. — Nom de l'actionnaire ou du créancier.	Amount of Dividends unpaid for 5 years and over. — Dividende impayé pendant 5 ans et plus.	Balances standing for 5 years and over. — Balances restant depuis 5 ans ou plus.	Last Known Address. — Dernière adresse connue.	Agency at which the last transaction took place. — Agence où la dernière transaction s'est faite.	Date of last transaction. — Date de la dernière transaction.
	$ cts.	$ cts.			
Buck & Stewart, insolvent, estate of	....	35 60	Belleville	Belleville	Jan. 17, '79
Dunham, E	....	100 00	do	do	do 1, '58
Jacobs, R	....	13 50	do	do	April 16, '86
Marmora Foundry Co	....	479 54	Marmora	do	Oct. 1, '62
Meacham, J. H., advance account	....	20 35	Belleville	do	Aug. 9, '77
McFarlane, D	....	18 25	do	do	Oct. 22, '83
Palmer, W. J	....	5 55	do	do	May 13, '73
Smith, G. A., insolvent, estate of	....	84 55	do	do	June 6, '70
Muir, J	....	10 50	do	do	May 31, '90
Gilmans, J	....	12 80	Bowmanville	Bowmanv'le	June 30, '78
Muir, John, insolvent, estate of	....	105 00	do	do	do 30, '78
Roberts, A	....	5 50	Chatham, Ont	Brantford	May 28, '85
Hossie, Annie H	....	30 63	Brantford	do	Dec. 31, '92
King, H. A	....	5 64	Brockville	Brockville	June 15, '72
Kilran, F	....	126 00	do	do	Oct. 14, '79
McDonald, J. B	....	28 53	do	do	Jan. 15, '66
McPherson, J. B., in trust	....	20 00	do	do	do 23, '69
Stewart, W. W	....	14 00	do	do	Aug. 14, '79
Wellington & McKenzie	....	5 65	Calgary, N.W.T.	Calgary	July 26, '88
Jarvis, John	....	25 00	Donald, B.C	do	Oct. 31, '89
Sharpe, A. J	....	9 00	Calgary	do	do 31, '89
Rupert, E. H	....	17 65	Kootenay, B.C	do	April 30, '91
Baugh, R. D	....	1 16	Calgary	do	Aug. 7, '92
Cannan, H. J	....	4 26	Golden, B.C	do	Nov. 7, '92
Totman, R	....	6 14	Calgary	do	June 18, '92
Bell, J. H	....	11 11	Richibucto, N.B.	Chatham, N.B.	Sept. 8, '82
Buckley, D	....	9 67	Newcastle, N.B.	do	April 21, '83
Noonan, J	....	8 60	Chatham, N.B.	do	Aug. 8, '77
Case, C. M	....	5 62	do Ont	Chatham, O.	do 1, '84
Powell, Mrs. A., executrix	....	5 68	do	do	do 1, '84
Ward, C. H	....	26 72	do	do	do 1, '84
Bennett, E	....	5 87	Cobourg	Cobourg	May 31, '81
Drake, E	....	10 50	do	do	do 31, '81
Carried forward	....	1,268 57			

Bank of Montreal—Banque de Montréal.

Name of Shareholder or Creditor. — Nom de l'actionnaire ou du creancier.	Amount of Dividends unpaid for 5 years and over. — Dividende impayé pendant 5 ans et plus.	Balances standing for 5 years and over. — Balances restant depuis 5 ans et plus.	Last Known Address. — Dernière adresse connue.	Agency at which the last transaction took place. — Agence où la dernière transaction s'est faite.	Date of last transaction. — Date de la dernière transaction.
	$ cts.	$ cts.			
Brought forward	....	1,268 57			
Donovan, C	....	148 00	Cobourg	Cobourg	do 31, '81
Henry, W	....	36 41	do	do	do 31, '81
Munn, G	....	10 60	do	do	do 31, '81
Mutual Insurance Co	....	9 53	do	do	do 31, '81
McGill, J. & G	....	13 89	do	do	do 31, '81
McDonald, John	....	140 00	do	do	do 31, '81
Radcliffe, J. D	....	5 51	do	do	do 31, '81
Smith, J. W	....	5 63	do	do	do 31, '81
Shannon, W	....	5 96	do	do	do 31, '81
Taylor, Wm	....	20 75	do	do	do 31, '81
McDonnell, J. A	....	7 75	Cornwall	Cornwall	Oct. 30, '76
Lewis, J. L	....	9 00	Elora	Elora	Jan. 31, '72
Berry, Thos	....	5 02	Goderich	Goderich	Dec. 28, '59
Robinson & Wilkinson, insol., estate of	....	17 16	do	do	Feb. 19, '73
Hilliard, Geo	....	7 86	do	do	Mch. 11, '76
Porter, John	....	88 55	do	do	May 27, '62
Shaw, F. C	....	6 39	London	do	Aug. 4, '70
Johnstone, J	....	15 00	Guelph	Guelph	Nov. 16, '75
McFarlane, D	....	5 00	do	do	April 18, '59
McLagan, J. C	....	5 10	do	do	Nov. 18, '78
Mackinson, J. C	....	29 75	do	do	Oct. 16, '89
McLeod, Mrs. C	....	8 37	do	do	Nov. 30, '89
Barrer, M	....	100 00	do	do	Jan. 2, '75
Brown, F. S	....	146 36	N. Sydney, N.S.	Halifax	Sept. 16, '72
Canteen, P. W. O	....	6 04	Halifax	do	Feb. 27, '84
Freeman & Sons, S	....	46 57	Milton, N.S	do	June 13, '73
McPhil, P	....	6 28	Halifax	do	July 31, '71
Tobias, J. C	....	14 18	Annapolis	do	Sept. 4, '72
Paulsen, S	....	48 25	Halifax	do	Oct. 24, '90
Fraser, Lucy	....	229 57	Harrietsfield	do	Dec. 22, '90
Officers Mess, 1st Leicestershire Regt	....	88 20	Macnab's Island	do	Aug. 18, '92
McDonald, C. E	....	60 85	Harrigan's Cove.	do	July 31, '91
Eldrige, Mrs. Sophia	....	1,053 27	Lockport	do	Aug. 18, '92
Dingwall, Mrs. M. J	....	23 10	Magdalen Isl'ds.	do	Nov. 25, '92
Avery, J	....	6 67	Hamilton	Hamilton	Aug. 11, '69
Bruce, A	....	5 57	Paris	do	June 10, '69
Cotton & Rowe	....	20 05	Hamilton	do	Nov. 1, '58
Drey, S	....	67 75	do	do	Mar. 25, '67
Estate of McIntyre, ins	....	343 08	do	do	Sept. 4, '67
Farren, T. A	....	32 00	do	do	Nov. 1, '58
Good, Allan	....	7 05	do	do	do 1, '58
Helliwell, P. S	....	13 93	do	do	do 1, '58
Kirby, J	....	6 45	do	do	do 1, '58
Kendall, J	....	5 45	do	do	do 1, '58
Kingsley, L	....	13 00	do	do	Feb. 28, '79
Muggeridge, J. H	....	38 40	do	do	Nov. 1, '58
Moore, E	....	12 32	do	do	do 1, '58
Morrise, J. B.	....	100 00	Thorold	do	Oct. 31, '63
Macnab, A. N	....	5 32	Hamilton	do	Nov. 1, '58
Patton, W.	....	25 24	do	do	Feb. 1, '79
Roskelly, R.	....	40 00	do	do	Nov. 1, '58
Ranney, J. L	....	6 12	do	do	do 1, '58
Ritchie, E	....	10 76	do	do	Oct. 20, '66
Smithurst, J	....	30 00	Minto, Ont.	do	do 20, '66
Treadwell, J. S	....	27 25	Hamilton	do	Nov. 1, '58
Tyler, J. K	....	5 00	Buffalo, N.Y	do	Jan. 9, '62
Wilson, J	....	40 00	Hamilton	do	Nov. 1, '58
Whifford, W	....	21 63	do	do	do 1, '58
Dean, N	....	7 00	do	do	June 12, '88
Ayer, Mrs. M	....	40 00	Loughboro'	Kingston	Oct. 19, '76
Carried forward	....	4,622 51			

Bank of Montreal—Banque de Montréal.

Name of Shareholder or Creditor. — Nom de l'actionnaire ou du creancier.	Amount of Dividends unpaid for 5 years and over. — Dividende impayé pendant 5 ans et plus.	Balances standing for 5 years and over. — Balances restant depuis 5 ans et plus.	Last Known Address. — Dernière adresse connue.	Agency at which the last transaction took place. — Agence où la dernière transaction a été faite.	Date of last transaction. — Date de la dernière transaction.
	$ cts.	$ cts.			
Brought forward.... ...	....	4,622 51			
Campbell, J	....	5 10	Kingston.	Kingston.	do 1, '54
Corbett, T. W., special account	....	45 33	do	do	May 28, '67
Dickerson & Co	....	47 33	do	do	Nov. 1, '51
Fenwick, Hendry & Co., and T. H. Semple, in trust	....	8 12	do	do	Feb. 17, '77
Hales, C	....	5 09	do	do	Jan. 20, '58
Kingston Iron Axle Co	....	5 35	do	do	Feb. 2, '57
Long, W	....	6 62	do	do	Aug. 17, '66
McAuley, Hugh	....	45 00	do	do	June 14, '66
Price, J	....	14 43	do	do	Aug. 19, '75
Robinson, D. M	....	28 46	do	do	May 11, '63
Strachan, J	....	7 27	do	do	Dec. 31, '59
Shearer, J	....	5 00	Napanee.	do	Feb. 22, '57
Strachan, J., ins., estate of	....	16 24	Kingston.	do	April 20, '64
St. Paul's Church	....	7 39	do	do	Nov. 20, '64
Turner, R. N	....	8 00	do	do	Oct. 22, '55
Wallinger, M	....	10 27	do	do	Feb. 24, '57
Davidson, N	....	10 00	do	do	do 2, '57
Douglas, T	....	50 00	Lindsay.	Lindsay.	Aug. 16, '77
Ault, J	....	96 82	London.	London.	Sept. 30, '70
Booking, J. H	....	12 02	do	do	do 7, '68
Court, J	....	14 00	do	do	April 9, '66
Connor, A. A	....	7 81	Ingersoll.	do	July 7, '71
Board of Health	....	17 60	London.	do	Aug. 16, '54
Carey, W	....	5 49	Ballymote	do	Mch. 31, '74
Elison, A	....	26 88	London.	do	July 1, '55
Elliott, W	....	10 94	do	do	do 1, '55
Est. Falconer, ins	....	52 62	do	do	Mch. 1, '53
Goodhue, Louisa	....	5 12	do	do	Nov. 15, '79
Holland, C	....	15 32	do	do	May 5, '67
Hodgins, G	....	25 09	do	do	July 7, '71
Joyce, E	....	192 30	do	do	Sept. 1, '60
Kittridge, W. H	....	8 70	Strathroy.	do	July 28, '77
Lewis, E	....	37 80	London.	do	May 1, '55
Lichfield, E	....	11 43	do	do	Dec. 12, '55
Mitchell, J	....	10 02	Bothwell.	do	July 4, '66
Moffatt & Co., J	....	14 25	London.	do	June 26, '67
McCarthy, Jane	....	5 18	do	do	May 2, '70
McDonald, J	....	6 00	do	do	July 29, '70
McLaughlin, Mary	....	11 31	do	do	Dec. 11, '72
McLeod, Sibbla	....	62 01	do	do	Mch. 24, '78
O'Neill, J	....	7 23	do	do	May 1, '55
Phillips, J	....	17 22	do	do	Mch. 3, '51
Parker, Eliz	....	20 00	do	do	July 20, '54
Robertson, M	....	5 83	do	do	May 1, '55
Robinson, Thos	....	9 70	do	do	Feb. 5, '71
Rudd, C. B	....	7 00	do	do	Oct. 11, '75
Robinson, Thos	....	7 75	do	do	Feb. 28, '78
Smart, J	....	40 00	do	do	Oct. 18, '51
Smith, W	....	47 91	do	do	do 8, '56
Smith, J	....	11 75	do	do	July 15, '68
Stevens, Alice	....	14 45	do	do	June 29, '70
Todd, R. C	....	19 00	do	do	July 22, '67
Thompson, R	....	45 50	do	do	April 14, '70
Thompson, W. J	....	29 57	do	do	Dec. 30, '86
Unsworth, J	....	20 00	Edwardsburg	do	Nov. 27, '55
Vodden, W	....	5 00	London.	do	Sept. 8, '55
Wright, Marianne	....	53 00	do	do	Mch. 31, '68
Nova Scotia Relief Fund	....	51 42	do	do	Dec. 9, '91
Carried forward.... ...	....	6,008 55			

Bank of Montreal—Banque de Montréal.

Name of Shareholder or Creditor. — Nom de l'actionnaire ou du creancier.	Amount of Dividends unpaid for 5 years and over. — Dividende impayé pendant 5 ans et plus.	Balances standing for 5 years and over. — Balances restant depuis 5 ans et plus.	Last Known Address. — Dernière adresse connue.	Agency at which the last transaction took place. — Agence où la dernière transaction s'est faite.	Date of last transaction. — Date de la dernière transaction.
	$ cts.	$ cts.			
Brought forward		6,008,55			
Allison, J		5 63	Montreal	Montreal	Aug. 19, '53
Allison, Jas		17 67	do	do	Jan. 17, '46
Andrews & Co		12 45	Peterboro'	do	Oct. 20, '75
Anglo-Saxon Gold Mining Co		15 41	Montreal	do	Nov. 4, '71
Amyrault, T		6 07	do	do	Aug. 1, '83
Armstrong & Grier, ins., estate of		39 27	do	do	Jan. 6, '49
Atcherley, Lt.-Col		11 38	do	do	Aug. 9, '67
Aylwin, C. F		18 03	do	do	Jan. 10, '55
Armour, J		10 00	do	do	Sept. 26, '49
Andrews, Jane		392 00	do	do	Nov. 15, '53
Barrow, Lt.-Col., F. S		20 00	do	do	June 1, '33
Bayley, Helena		29 80	do	do	Feb. 19, '39
Bank of St. Albans		12 50	St. Alban's	do	April 19, '41
Barron, L. P		88 89	Montreal	do	Jan. 15, '68
Bateman, A. H		5 00	do	do	do 5, '85
Bellingham, Isabella		5 00	do	do	Aug. 7, '51
Begley, J. A		22 96	do	do	Mch. 5, '50
Berry & Co., E		33 53	do	do	July 8, '61
Beattie, James, trustees of		454 88	do	do	Aug. 26, '42
Bidwell, M. J		533 77	do	do	June 1, '37
Blackwood, J. M		8 84	do	do	May 9, '43
Bockus, C. M		6 61	do	do	Oct. 13, '60
Board of Health		256 77	do	do	Feb. 2, '33
Bridgeman, G		6 39	do	do	May 29, '43
Brewster, W. & Co		5 97	do	do	July 8, '54
Bradburn, F		18 52	do	do	Sept. 9, '73
Brassard Bros		39 75	do	do	Nov. 24, '79
Brown & Co		11 12	do	do	Feb. 6, '80
Brown, Dunbar and J. Watts		70 00	do	do	Nov. 2, '77
Buck, Robertson & Co		31 81	do	do	Feb. 4, '69
Burwell, L		101 71	do	do	do 23, '75
Buchanan, Ellen		10 00	do	do	Sept. 17, '80
Blair, J		72 00	do	do	Feb. 13, '96
Blackburn, R		6 50	do	do	July 24, '95
Campbell, Mrs		250 00	do	do	Jan. 7, '50
Campbell, A. C		8 66	do	do	June 10, '62
Campbell, Archibald		10 60	do	do	April 14, '56
Campbell, Gen. F		14 25	do	do	Dec. 16, '55
Campbell, P. J.		66 00	do	do	do 8, '57
Campbell, Lt.-Col. A		143 44	do	do	Jan. 28, '62
Can. Inland For. and Ins. Co		8 28	do	do	Mar. 29, '37
Can. Plumbago Co		12 29	do	do	Oct. 14, '74
Casey, W		12 69	do	do	Dec. 9, '45
Cathcart, Hon. Col. G		7 55	do	do	Sept. 22, '38
Cathcart, Lady G		54 72	do	do	Mar. 9, '39
Caron, R. E		9 44	do	do	Dec. 20, '53
Catlin, H. W		88 50	do	do	Nov. 1, '50
Charles, P		5 70	do	do	June 27, '37
Chamberlain, Walker & Co		7 67	do	do	Aug. 19, '48
Chamberlain & Thompson		9 84	do	do	do 9, '58
Christian, T. R., in trust		340 00	do	do	May 4, '76
Claremont, E. S.		31 30	do	do	do 26, 51
Coté et Fils		20 63	do	do	Nov. 20, '78
Creelman, W. & Co		13 37	do	do	do 1, '45
Cramp, T., treas. N. S. Relief Fund		51 49	do	do	May 30, '68
Culver & Cameron		21 35	do	do	Jan. 5, '42
Cunningham, Mrs. C		5 00	do	do	July 22, '58
Curtis. P. L., mess account 60th Rifles		25 20	do	do	Oct. 16, '63
Chamberlain, Jos		120 00	do	do	July 7, '49
David, D., ins., estate of		58 78	do	do	do 14, '41
Carried forward		9,785 43			

Bank of Montreal—Banque de Montréal.

Name of Shareholder or Creditor. — Nom de l'actionnaire ou du creancier.	Amount of Dividends unpaid for 5 years and over. — Dividende impayé pendant 5 ans et plus.	Balances standing for 5 years and over. — Balances restant depuis 5 ans et plus.	Last Known Address. — Dernière adresse connue.	Agency at which the last transaction took place. — Agence où la dernière transaction s'est faite.	Date of last transaction. — Date de la dernière transaction.
	$ cts.	$ cts.			
Bronght forward		9,785 43			
Desrivièrès, Hy		5 53	Montreal	Montreal	Nov. 24, '47
Dick, Jas. & Co		10 44	do	do	May 26, '45
Douglas, W		6 97	do	do	Oct. 16, '32
Douglas, T		6 90	do	do	Feb. 25, '47
Doolittle, L		6 95	do	do	May 18, '50
Drolet, J. J		37 70	do	do	Sep. 23, '37
Drummond, R		65 02	do	do	Jan. 8, '33
Drummond, W. D		8 87	do	do	June 9, '74
Dunn, Susan M		5 70	do	do	Feb. 1, '53
Dunlop, Hy		30 00	do	do	Oct. 7, '72
Donaldson, Mrs		40 00	do	do	Mar. 6, '56
Eddie, C		12 25	do	do	do 7, '36
Edmonstone, W., Manse and Glebe ac't		64 03	do	do	July 6, '58
Elliott, John		7 39	do	do	June 8, '43
European Assurance Co		179 87	do	do	Oct. 9, '68
Fairfield, Lieut. C		9 67	do	do	Jan. 30, '65
Fisher, D		14 42	do	do	Feb. 6, '45
Fitzpatrick, John		22 62	do	do	Aug. 5, '46
Footner, W		7 30	do	do	June 16, '48
Forbes, C. J		6 21	do	do	May 5, '83
Brown, Dr. W. M., atty. heirs Robertson		21 11	do	do	Dec. 13, '60
Ferguson, John		21 78	do	do	Feb. 17, '53
Garant, F		44 45	do	do	July 30, '39
Geddes & Heward, in liquidation		8 58	do	do	May 5, '49
Gilbert, J. M		8 12	do	do	Mar. 23, '55
Gillespie & Co		10 16	do	do	Feb. 6, '60
Glennon, John		18 90	do	do	May 31, '38
Gore, J. A. C		8 67	do	do	Sept. 18, '51
Grant, C. J. J		11 12	do	do	Mar. 17, '52
Greive, Ed		11 37	do	do	do 27, '43
Grant, J. C., executors of		10 02	do	do	Feb. 22, '38
Hall, Richard		40 00	do	do	Sept. 27, '43
Hall, T. D		6 22	do	do	May 14, '55
Haldimand, Louis		17 75	do	do	Dec. 26, '45
Harris, Lieut.		6 28	do	do	Sept. 14, '67
Havelock, Sir Hy		22 00	do	do	May 31, '70
Hardie, W. & J. H		8 55	do	do	June 16, '45
Henderson, John		6 45	Philipsburg	do	Oct. 9, '67
Heery, P. F		10 28	Montreal	do	June 24, '69
Hibbard & Washburn		12 44	do	do	July 16, '59
Hodge, W		8 15	do	do	Sept. 24, '30
Hopkins, W., & Co		5 55	do	do	Aug. 29, '43
Holdsworth, A. B. A		5 00	do	do	June 13, '63
Howell, M. L		100 00	do	do	April 16, '67
Hyde, W. H		8 00	do	do	Dec. 1, '51
Ivory, Valentine		120 00	do	do	April 16, '67
Jackson, R. M		10 00	do	do	Dec. 10, '66
Jervoise, A. C		19 67	do	do	May 28, '83
Johnson, Lt.-Col. C.		6 60	do	do	April 26, '39
Johnston, Col. C. C		31 28	do	do	Jan. 21, '43
Johnson, M. T		23 44	do	do	Oct. 4, '44
Johnson, T.		5 52	do	do	June 15, '77
Jones & Burland		9 70	do	do	May 3, '80
Kane, R., in trust		5 50	do	do	July 7, '85
Keown, Lieut. H		15 65	do	do	Jan. 22, '40
Kell, W		6 70	do	do	April 16, '51
Kinmar, T		9 20	do	do	Sept. 27, '36
Lefebvre, Jos		60 31	Belleville	do	Oct. 7, '68
Lester, F. W		12 77	Montreal	do	Mar. 30, '44
Lionais, H		7 07	do	do	June 14, '49
Carried forward		12,107 63			

Bank of Montreal—Banque de Montréal.

Name of Shareholder or Creditor. — Nom de l'actionnaire ou du creancier.	Amount of Dividends unpaid for 5 years and over. — Dividende impayé pendant 5 ans et plus.	Balances standing for 5 years and over. — Balances restant depuis 5 ans et plus.	Last Known Address. — Dernière adresse connue.	Agency at which the last transaction took place. — Agence où la dernière transaction s'est faite.	Date of last transaction. — Date de la dernière transaction.
	$ cts.	$ cts.			
Brought forward		12,107 63			
Lindsay		34 92	Montreal	Montreal	Jan. 16, '57
Lynch, O		7 62	do	do	July 5, '60
Long, M		14 60	do	do	do 5, '60
Hunter, Mary		69 00	do	do	do 5, '60
Mather, R		21 90	do	do	do 5, '60
Bigg, G		7 90	do	do	do 5, '60
Fortye, Mrs. Jane		97 33	do	do	do 5, '60
Campbell, Capt, F. F.		340 67	do	do	do 5, '60
Brooks, E. T. B		48 67	do	do	do 5, '60
Manuel, W		6 80	do	do	Oct. 5, '40
Martcau, L		12 07	do	do	Sept. 21, '36
Malcolm, J.		120 00	do	do	Jan. 18, '59
Matthie, Robertson & Co.		17 93	do	do	May 21, '53
Mills, T. R.		7 65	do	do	do 15, '49
Middleton, W., & Co.		8 07	do	do	Mar. 17, '47
Miller, J. & J.		7 97	do	do	do 16, '50
Michaels, estate Mrs. F., deceased		10 83	do	do	Feb. 1, '41
Metropolitan Bank, in liq		13 15	do	do	Jan. 5, '83
Montreal Library		24 80	do	do	Sept. 26, '28
Montreal Waterworks		64 90	do	do	Feb. 6, '42
Montreal City Police		43 10	do	do	Nov. 1, '53
Montreal Gold Mining Co		14 60	do	do	July 15, '70
Mowatt, John		8 00	do	do	Jan. 10, '38
Morin, A. N., Stayner, T. A. and A. Lavigne		35 62	do	do	do 14, '50
Munro, W. T. B. or Sarah		10 00	do	do	July 2, '39
McAndrew, R., insolvent, estate of		19 43	do	do	Mar. 21, '57
McDonnell, Holmes & Co., ins., estate of		109 27	do	do	Sept. 28, '55
McDonald & McLennan		25 00	do	do	Dec. 7, '68
McFarlane, W. S., insolvent, estate of		15 42	do	do	Mar. 27, '52
McFarlane, A		8 39	do	do	May 29, '44
McFarlane, Thompson & Co		15 38	do	do	Sept. 22, '73
McKay, D., insolvent, estate of		28 72	do	do	June 21, '49
McKay, A. W		162 57	do	do	do 30, '45
McGill, Capt. R. C. Rifles		27 38	Kingston	do	Jan. 11, '61
McIver, M		8 00	Montreal	do	May 5, '47
McOwan, F., & Co		38 39	do	do	Sept. 14, '67
McTavish, Mrs. Sarah, executors		398 78	do	do	July 28, '73
McCrea, John		100 00	do	do	Nov. 23, '35
McLennan, D. L		11 40	do	do	Aug. 14, '85
Nairn, J., & Co.		835 85	do	do	Dec. 31, '37
Neave, Arundel		15 02	do	do	May 3, '48
O'Brien, J., jun.		6 36	do	do	June 5, '61
O'Donahue, W.		80 00	do	do	Jan. 13, '42
Parkyn, W		19 22	do	do	May 4, '50
Peck, J. & J. W., & Co		8 00	do	do	Nov. 5, '50
Perrault, Aug.		16 73	do	do	Nov. 21, '50
Pring, W		5 13	do	do	Feb. 19, '34
Procter, George		12 40	do	do	Jan. 19, '27
Prevost, G. B., Capt., Pres		70 00	do	do	Oct. 15, '67
Queen's Statue		5 00	do	do	Feb. 10, '62
Radford, W., Capt		13 47	do	do	Aug. 4, '40
Reiplinger, J		6 26	do	do	June 18, '81
Reynolds, F. C.		38 48	do	do	Dec. 30, '81
Rigney, James		6 20	do	do	Mar. 18, '52
Riley, W		5 09	do	do	June 5, '67
Bobertson, Donald		111 80	do	do	do 5, '28
Rose, John		38 45	do	do	Aug. 19, '53
Roy, John, & Co		18 88	do	do	Feb. 21, '50
Rodgers, Kelly & Co		17 09	do	do	May 7, '77
Oarried forward		14,453 29			

Bank of Montreal—Banque de Montréal.

Name of Shareholder or Creditor. — Nom de l'actionnaire ou du creancier.	Amount of Dividends unpaid for 5 years and over. — Dividende impayé pendant 5 ans et plus.	Balances standing for 5 years and over. — Balances restant depuis 5 ans et plus.	Last Known Address. — Dernière adresse connue.	Agency at which the last transaction took place. — Agence où la dernière transaction a été faite.	Date of last transaction. — Date de la dernière transaction.
	$ cts.	$ cts.			
Brought forward		14,453 29			
Ryall, O. R.		16 22	Montreal	Montreal	June 14, '55
Ryan, John		80 20	do	do	Aug. 11, '45
Rogers, Samuel		200 00	do	do	Mar. 7, '53
Scott, John		5 10	do	do	Dec. 27, '48
Scallon & Leprohon		8 75	do	do	Feb. 10, '55
Simpson, C. S		86 90	do	do	June 1, '49
Simpson, A., cashier		6 00	do	do	Dec. 4, '50
Small, P.		121 00	do	do	Jan. 25, '53
Smith, C. W.		13 59	London	do	June 11, '59
Soupras & Marchand		23 43	Montreal	do	Mar. 27, '38
Society Promoting Christian Knowledge		6 80	do	do	May 21, '28
Spence, Rev. Alexander		169 45	Ottawa	do	Nov. 25, '57
Stuart, Calcott & Co., insolvent, estate of		123 62	Montreal	do	July 30, '33
Stevenson, W.		13 99	do	do	June 2, '34
Stevenson, H.		9 58	do	do	Feb. 28, '77
Stewart, Henry		5 60	do	do	April 20, '48
Stuart, Andrew		6 80	do	do	Jan. 18, '40
Strobridge, George		175 53	do	do	June 13, '43
Stevens, Mrs. B. B.		40 00	do	do	July 25, '34
Stevens, trustees of, deceased		45 55	do	do	Jan. 24, '37
Stackpool, H		24 22	do	do	July 4, '82
Strong, S. H.		5 35	do	do	do 9, '84
Subordinate Fund		17 25	do	do	do 9, '33
Taylor, C. C., Lt.-Col		22 92	do	do	do 3, '41
Taylor, H., and R. McKay, in trust		17 23	do	do	May 17, '44
Taylor, H., executor T. C. Cameron		312 50	do	do	Dec. 3, '46
Telfer, James		15 47	do	do	May 3, '45
Thomson, Johnston		6 83	do	do	Aug. 10, '55
Thomas, S., jun		17 47	do	do	Oct. 3, '36
Thornton, J		5 27	do	do	Sept. 27, '48
Tilton, S. P. D., & Co., insol., est. of		7 65	do	do	Dec. 27, '49
Tice, John		6 67	do	do	Oct. 3, '36
Tremaine, Benjamin		21 20	do	do	Nov. 13, '45
Trudeau & Grenier		8 28	do	do	Mar. 11, '47
Thom, Rev. James		35 82	do	do	May 3, '53
Urquhart, J		14 45	do	do	Jan. 2, '73
Warren, James		100 00	do	do	July 26, '30
Watson, G. D		18 57	do	do	Oct. 5, '57
Weld, L.		21 33	Dublin	do	June 15, '40
Whyte, James		55 93	Montreal	do	April 2, '50
Wilson, James		51 00	do	do	May 8, '76
Wilkinson, J. J		8 75	do	do	Mar. 9, '47
Williams, T		7 38	do	do	May 14, '55
Williams, T., special account		16 67	do	do	Oct. 24, '54
Williams, Hawley		9 00	do	do	May 11, '36
Worthington, J. & C		8 43	do	do	Mar. 7, '70
Bruce, Hon. O. R.		48 60	do	do	Dec. 15, '49
Harford, J. A		40 00	do	do	July 4, '87
Logan, L.		50 00	do	do	Sept. 10, '88
Guibord, G.		9 75	do	do	Jan. 4, '88
McLaren, W. D.		6 42	do	do	July 23, '88
Seguin, B.		19 52	do	do	do 23, '88
White & Gilbert		46 66	do	do	April 29, '89
Christiania, B		31 57	do	do	July 17, '86
Blyer, C. E		10 00	do	do	Jan. 15, '89
Can. Co-op. Supply Association		56 03	do	do	Mar. 20, '88
Euclid, Matthew		15 00	do	do	June 16, '90
Meagroy, Portier		511 68	do	do	April 22, '90
Aksisawa, S		9 50	do	do	Oct. 26, '91
Macdonald, G. S.		7 80	do	do	Dec. 31, '90
Carried forward		17,309 57			

Bank of Montreal—Banque de Montréal.

Name of Shareholder or Creditor. — Nom de l'actionnaire ou du creancier.	Amount of Dividends unpaid for 5 years and over. — Dividende impayé pendant 5 ans et plus.	Balances standing for 5 years and over. — Balances restant depuis 5 ans et plus.	Last Known Address. — Dernière adresse connue.	Agency at which the last transaction took place. — Agence où la dernière transaction s'est faite	Date of last transaction. — Date de la dernière transaction.
	$ cts.	$ cts.			
Brought forward		17,309 57			
Hodgins, James, & Sons	....	21 53	Ottawa	Montreal	do 30, '91
Lynch, A	....	148 96	Montreal	do	do 22, '89
Abbott, Mrs. Sarah	....	7 05	do	do	Oct. 25, '80
Arthur, Miss Maggie	....	148 45	St. Lambert	do	May 17, '83
Atkinson, M. B., in trust	....	34 02	St. Henri	do	Dec. 31, '91
Barrett, Miss Margaret	....	64 66	Montreal	do	Sept. 29, '65
Bullery, Mary	....	20 96	do	do	Feb. 10, '68
Brown, Thos	....	17 43	do	do	July 22, '74
Blackwood, Mrs. M	....	29 58	do	do	Oct. 15, '70
Belanger, B	....	8 68	do	do	May 28, '87
Badenach, W. F	....	9 40	do	do	Dec. 17, '88
Boyer, Jos	....	8 12	do	do	Mar. 27, '88
Brophy, Miss H	....	6 23	do	do	Dec. 31, '91
Barret, Miss M	....	448 49	do	do	do 31, '92
Brown, John	....	21 71	do	do	do 31, '92
Brandt, Miss Elise	....	57 05	New York	do	do 31, '92
Cribb, Mrs. Eliza	....	23 48	Montreal	do	May 3, '77
Campbell, D	....	131 75	do	do	Jan. 27, '69
Casseulet, J	....	17 15	do	do	May 20, '75
Caragher, Mrs. Mary	....	90 13	do	do	do 25, '80
Coudreau, Catherine	....	30 92	do	do	Sept. 24, '87
Charest, Philomene	....	22 02	St. Martins	do	Aug. 27, '88
Cameron, Miss Christy	....	417 06	South Huntind'n	do	Dec. 31, '92
Currie, Mrs. Agnes	....	22 44	Montreal	do	do 31, '92
Caverhill, Mrs. Jane	....	462 80	Verdun	do	do 31, '91
Cameron, Miss Christy	....	124 68	Cayersville	do	do 31, '92
Dunlop, Mrs. Margaret	....	35 47	Montreal	do	Aug. 23, '79
Donovan, Cornelius	....	1,021 07	St. Gabriel de Brandon	do	Aug. 14, '58
Dennistoun, Mrs. Margt	....	17 68	Montreal	do	June 26, '84
DeLisle, C. A	....	13 26	do	do	Nov. 8, '89
Donahoe, Thos	....	6 51	do	do	May 29, '89
Daniel, Rev. C. A. & C. G. Geddes	....	23 69	do	do	Dec. 31, '91
Dandurand, R	....	16 59	do	do	do 31, '91
Dooner, Miss Ellen	....	27 34	do	do	do 31, '91
Fitzgibbon, Maurice	....	1,151 06	do	do	Oct. 8, '77
Fraser, Alex	....	470 01	do	do	Nov. 27, '69
Fosburgh, Isabella	....	15 14	do	do	April 6, '86
Francis, Miss Mary	....	71 69	do	do	Jan. 26, '80
Fitzsimmons, James	....	18 03	do	do	Sept. 8, '80
Foster, F. S	....	6 21	Longueuil	do	Feb. 23, '87
Finney, John	....	97 27	Montreal	do	Dec. 4, '89
Fisher, Mrs. Sarah	....	6 18	do	do	do 31, '91
Fair, J. R	....	14 46	do	do	do 31, '92
Gilmour, R	....	278 94	do	do	Jan. 3, '63
Gauthier, R	....	540 31	St. Césaire	do	Aug. 11, '82
Gibbs, W. F	....	7 95	Montreal	do	Feb. 4, '89
Gardner, R	....	1,115 88	do	do	Dec. 31, '92
Hart, Mrs. Eliza N	....	102 05	do	do	April 9, '80
Hill, J. J	....	116 10	do	do	Nov. 16, '89
Hill, D., in trust	....	8 42	do	do	Aug. 31, '89
Hardy, J. T. or Mary	....	2,203 82	do	do	Dec. 31, '91
Humphries, A	....	5 65	do	do	do 31, '91
Halcro, Mrs. Jane	....	268 59	do	do	do 31, '91
Hunter, Alex	....	78 07	Paris, France	do	do 31, '91
Holland, Mrs. O	....	1,717 01	Montreal	do	do 31, '92
Harris, Charlotte	....	5 64	do	do	do 31, '92
Johnson, Matthew	....	146 43	Lachine	do	July 21, '73
Johnson, Catherine	....	382 55	Cornwall	do	Aug. 23, '66
Johnston, Mary Anne	....	15 15	Montreal	do	Mar. 12, '60
Carried forward	....	29,708 54			

Bank of Montreal—Banque de Montréal.

Name of Shareholder or Creditor. — Nom de l'actionnaire ou du creancier.	Amount of Dividends unpaid for 5 years and over. — Dividende impayé pendant 5 ans et plus.	Balances standing for 5 years and over. — Balances restant depuis 5 ans et plus.	Last Known Address. — Dernière adresse connue.	Agency at which the last transaction took place. — Agence où la dernière transaction s est faite.	Date of last transaction. — Date de la dernière transaction.
	$ cts.	$ cts.			
Brought forward	....	29,708 54			
Johnston, Mary	....	61 18	Montreal	Montreal	June 21, '90
Jones, S., or Fanny I. Smith	....	1,838 39	do	do	Sept. 10, '87
Kelly, Alice or J. J	....	22 19	do	do	do 30, '78
King, Miss Fanny	....	163 29	do	do	Dec. 31, '91
Latour, Mrs. M. J	....	21 76	do	do	Aug. 4, '73
Lambe, Mary	....	6 95	do	do	July 4, '92
Lafleur, Mrs. Helen	....	744 33	do	do	May 30, '92
Montreal Prop. School	....	36 82	do	do	Mar. 31, '77
Mudge, Mrs. Sarah E., in trust	....	24 18	do	do	Dec. 9, '80
Martin, A., or Maria	....	238 84	Sorel	do	May 20, '86
McDonald. Mary, in trust	....	6 62	Montreal	do	Oct. 1, '84
Mantell, Mrs. Elmire	....	19 38	do	do	do 3, '89
Mercille, Maria L	....	6 05	do	do	do 2, '90
Mercer, Theresa A	....	17 07	do	do	Dec. 23, '90
Major, J. W., in trust	....	41 37	do	do	July 25, '90
Montreal Agricultural Society	....	101 51	do	do	Dec. 31, '91
Montreal Boulevard Co.	....	2,022 64	do	do	do 31, '91
Montreal Plumbago Mining Co	....	7 28	do	do	Feb. 4, '92
Meldrum, W. E.	....	8 41	do	do	Dec. 31, '92
Mullaracy, Mrs. Mary	....	45 77	do	do	Oct. 5, '92
Mullaracy, Miss Kate	....	13 53	do	do	do 5, '92
McDonald, Miss Susannah	....	61 33	do	do	Mar. 7, '72
McKinnon, Ellen	....	630 85	do	do	June 30, '65
McGregor, Mrs. Margt	....	30 16	do	do	Aug. 15, '70
McKay, William	....	585 55	Beauharnois	do	Feb. 25, '63
McClatchey, Mary	....	7 47	Montreal	do	Oct. 14, '87
McCormack, Anna	....	5 56	do	do	Dec. 14, '89
McKay, Ellen	....	33 94	do	do	do 31, '91
McCorkill, Margt	....	10 21	West Farnham	do	do 31, '91
McDonald, R. A	....	289 88	Glen Nevis, Ont.	do	Dec. 31, '92
McEachren, A. and Rev. A. D. Lockhart, in trust	....	1,553 87	Ormstown, Que.	do	do 31, '92
McKenzie, Alex.	....	270 20	Greenfield, Ont.	do	do 31, '92
McGowan, D. M., in trust	....	7 06	Montreal	do	do 27, '92
Orr, J. and J. E. Beckett.	....	58 07	do	do	Mar. 22, '58
Patchet, W. C	....	140 32	do	do	June 24, '72
Paterson, A. B	....	425 78	do	do	May 7, '80
Patterson, A	....	9 13	do	do	Jan. 22, '90
Patterson, Mrs. Janet	....	27 77	do	do	June 10, '91
Peel, J. W	....	59 14	do	do	Dec. 31, '92
Police Relief Fund	....	10 05	do	do	May 27, '87
Reckins, Mrs. Kate M.	....	5 62	do	do	do 15, '89
Ross, Mrs. Ellen	....	4 95	do	do	Nov. 13, '90
Reid, Mrs. Margt	....	114 45	do	do	Dec. 31, '91
Ross, Murdo, executor P. Grant	....	74 00	do	do	Oct. 4, '92
Robert, Mrs. Amelia	....	569 03	Longueuil	do	Jan. 13, '92
Spence, Rev. G. A	....	247 01	Ottawa	do	Dec. 14, '67
Simpson, Wm.	....	166 95	Montreal	do	Nov. 18, '62
Smith, Mrs. Mary A	....	11 86	do	do	Feb. 2, '82
Seargeant, Eliz	....	102 03	do	do	do 3, '88
Seath, D. and G. Daveluy	....	186 43	do	do	do 27, '90
Steere, Espey	....	813 06	do	do	Dec. 31, '91
Shallow, F. D	....	32 15	do	do	do 31, '91
Scott, Mrs. Margt	....	90 46	do	do	do 31, '92
Tait, Geo., in trust	....	41 02	New Paisley	do	do 17, '85
Tate, Mrs. Margt	....	37 83	Montreal	do	June 9, '75
Trevor, R. D.	....	5 74	do	do	Mar. 8, '88
Turner, Mary	....	21 26	do	do	Dec. 31, '90
Thibault, Hermine	.. ..	575 38	do	do	Mar. 6, '90
Von Bokwin, H.	....	37 02	do	do	June 30, '79
Carried forward	....	42,508 69			

Dividendes impayés.

Bank of Montreal—Banque de Montréal.

Name of Shareholder or Creditor. — Nom de l'actionnaire ou du creancier.	Amount of Dividends unpaid for 5 years and over. — Dividende impayé pendant 5 ans et plus.	Balances standing for 5 years and over. — Balances restant depuis 5 ans et plus.	Last Known Address. — Dernière adresse connue.	Agency at which the last transaction took place. — Agence où la dernière transaction s'est faite.	Date of last transaction. — Date de la dernière transaction.
	$ cts.	$ cts.			
Brought forward		42,508 69			
White, And.		132 59	Colorado Springs	Montreal	May 27, '82
Wood, Mary		191 59	Montreal	do	Dec. 15, '87
Wellstead, Eliz		5 77	do	do	Jan. 5, '88
White, Mrs. F. S. M.		568 68	Monte Video	do	July 4, '92
Young, Jos		10 96	Montreal	do	Feb. 1, '82
Robinson, Geo		5 00	Newcastle, N.B.	Newcastle	April 27, '75
Dixon, C. W.		236 70	New Westmins'r	N. Westm'r.	do 13, '91
Milton, Miss N		17 25	do	do	Nov. 6, '91
Evans, H. Sugden		5 24	Ottawa	Ottawa	Feb. 18, '86
Leclare, T.		30 00	do	do	April 12, '70
Large, Major J. E.		6 73	do	do	Nov. 9, '69
Macfarlane, Hy		40 34	do	do	do 2, '75
Pratt & Brooks		7 23	do	do	April 11, '86
Stannage, J.		7 68	do	do	Dec. 14, '80
McKenzie, John		24 85	do	do	Nov. 15, '83
Allan, T.		7 62	Br. Columbia	Perth	May 4, '76
Coulter, T.		15 14	Perth	do	do 11, '73
Kemp, John		6 51	do	do	June 15, '70
McMillan, John		22 00	Chicago	do	April 23, '77
Tennant & Co.		5 63	Perth	do	June 15, '70
Willoughby, T.		47 77	do	do	do 15, '70
Stewart, John		16 00	Balderson, Ont.	do	April 13, '91
Hall, G. B., insolvent, estate of		6 44	Peterboro', Ont.	Peterboro'.	Dec. 17, '60
Dougall, W.		5 19	Picton, Ont.	Picton	Jan. 12, '74
Fox, P.		55 24	Demorestville	do	May 4, '71
Goulet, N. P.		10 26	Picton, Ont.	do	April 11, '72
Dawson, J. and A. W., executors		7 05	Port Hope, Ont.	Port Hope	Oct. 31, '88
Peplow, E.		15 00	Cobourg, Ont.	do	do 31, '88
Buchanan, E. R.		20 78	Quebec	Quebec.	May 23, '73
Chaudière Mining Co.		5 63	do	do	April 20, '54
Clark, McKenzie, ins. est. of		118 40	do	do	Sept. 15, '71
Davidson, J.		6 20	do	do	June 1, '49
Dunn, R.		24 07	do	do	Nov. 7, '52
Fraser, A		7 90	do	do	May 1, '51
Fraser, John		10 34	do	do	Nov. 15, '73
Grant, Capt. F. A.		61 50	do	do	April 12, '52
Hardie & Gortie		8 55	do	do	May 16, '73
Hedge, W.		7 95	do	do	Oct. 31, '55
House of Industry		163 53	do	do	June 1, '49
Hunter, R		29 17	do	do	May 16, '73
Hunter, J. & A		49 75	do	do	April 16, '70
Jeffery, Mrs. H., estate of		33 91	do	do	June 13, '49
Kendall, W. A.		9 29	do	do	Nov. 15, '49
Kellar & Gorthie		9 21	do	do	do 15, '49
Lepper, Paul		34 83	do	do	June 1, '49
Lowey, W.		27 34	do	do	May 14, '73
Mercier, D.		7 79	do	do	Sept. 24, '52
Michon, E.		38 55	do	do	Nov. 12, '52
Morris, J.		6 31	do	do	Mch. 28, '52
McCallum, D.		25 21	do	do	May 1, '59
McPherson, C.		19 40	do	do	do 5, '59
Norris, L.		5 00	do	do	do 31, '73
Oliver & Co.		6 12	do	do	do 1, '73
Plamondon, C. E		24 00	do	do	Nov. 12, '52
Roblin, D.		6 10	do	do	May 3, '59
Sadler, W.		59 00	do	do	do 1, '59
Scott, W. F		15 61	do	do	do 1, '59
Sproatt, R.		7 00	do	do	Mch. 6, '60
Thomson, A. C.		100 00	do	do	June 8, '50
Webster, J.		20 26	do	do	May 1, '59
Carried forward		44,987 85			

Bank of Montreal—Banque de Montréal.

Name of Shareholder or Creditor. — Nom de l'actionnaire ou du créancier.	Amount of Dividends unpaid for 5 years and over. — Dividende impayé pendant 5 ans et plus.	Balances standing for 5 years and over. — Balances restant depuis 5 ans et plus.	Last Known Address. — Dernière adresse connue.	Agency at which the last transaction took place. — Agence où la dernière transaction s'est faite.	Date of last transaction. — Date de la dernière transaction.
	$ cts.	$ cts.			
Brought forward	....	44,987 85			
Woolrich, E. P., ins. est. of		16 50	Quebec	Quebec	do 12, '51
Smith, P		9 84	do	do	Mch. 6, '60
Smith, J. W		33 44	Regina, N.W.T.	Regina	June 4, '84
Tubby, T		50 00	Moosejaw	do	May 21, '84
Whiteway, J. T		6 40	Regina	do	Nov. 3, '83
Williams, A. J		19 50	do	do	June 27, '85
McArthur, A		20 00	do	do	April 22, '87
McKenzie, D		50 00	do	do	July 14, '90
Dauncey & Foster		5 20	Sarnia	Sarnia	Dec. 28, '85
Higginbotham, J., ins. est. of		49 00	do	do	Oct. 15, '69
Langhorn, E		20 00	do	do	July 3, '83
McPhee, A		6 20	do	do	April 3, '84
Bargett, E		73 00	Stratford	Stratford	Feb. 15, '73
Clark, A		20 06	do	do	April 10, '82
Dickie, R. A		50 00	do	do	Aug. 1, '73
Horne & Burch		7 87	do	do	July 29, '79
Rice, R		17 41	do	do	Dec. 20, '74
Reid, A. G		5 00	do	do	April 13, '80
Thompson, D. D		262 72	do	do	Aug. 15, '92
Johnston, Y. H		50 01	St. Catharines	St. Cath's	Jan. 11, '69
Miller & Miller		12 24	do	do	do 11, '69
Wallace, W. P		10 86	do	do	do 11, '69
Ames & Longmore		6 06	St. John, N.B.	St. John	April 7, '74
Spencer, C		7 84	do	do	Mch. 2, '72
Guy, Bevan & Co		6 56	do	do	July 25, '87
Ingraham, Mrs. S		8 42	Cambridgeport	do	Sept. 23, '91
Borland, J		95 36	St. Mary's, Ont.	St. Marys	Jan. 31, '88
Brown, S		20 18	St. Thomas	St. Thomas	Oct. 31, '59
Hogan, J. A		20 83	do	do	do 31, '59
Marlett, J. B		31 08	do	do	do 31, '59
Adamson, W		14 85	Port Credit	Toronto	Feb. 16, '50
Archer, N		9 44	Toronto	do	April 2, '72
Bainbridge, R., & Co		7 35	London, Eng	do	Jan. 4, '54
Bathurst, L		20 06	Toronto	do	do 4, '54
Biggam, Capt. W		7 99	do	do	do 15, '73
Calves & Cameron		7 78	do	do	Dec. 2, '43
Commissariat Dept		5 89	do	do	Feb. 16, '71
Cotton, J		26 50	do	do	Oct. 13, '53
Duffett, J. R		6 00	do	do	Aug. 12, '48
Ellis, George		6 79	do	do	Dec. 16, '74
Forman, E. J		11 02	do	do	May 27, '75
Foster, H		5 16	Oshawa, Ont	do	Oct. 7, '78
Golsemann, J. G		6 58	Toronto	do	Sept. 30, '85
Grant, D. A		20 00	Red River	do	May 20, '75
Hamilton, D		8 00	Toronto	do	Feb. 8, '48
Jones, G. S		8 72	do	do	Nov. 9, '57
Kelly, G. M		6 17	do	do	May 2, '64
Lennon, Henry		27 45	do	do	Oct. 30, '75
Logan, F		5 12	do	do	April 14, '46
Murray, A		30 25	do	do	Oct. 31, '63
Reford, R		7 15	do	do	April 19, '64
Robertson, J. H		7 23	do	do	Feb. 13, '54
Rogers, N. F		5 50	do	do	July 29, '92
Stewart, Thomas		60 00	do	do	Oct. 11, '40
Sweeney, T		23 00	do	do	Nov. 15, '72
Sutherland, J		5 68	do	do	July 7, '67
Sutherland, J		26 08	do	do	April 1, '57
Treadwell, T. S		268 35	do	do	Oct. 11, '51
Toronto Lamplight Co		36 75	do	do	Nov. 20, '85
Vaughan, J. W		26 85	do	do	Aug. 9, '82
Carried forward	....	46,687 14			

Dividendes impayés.

Bank of Montreal—Banque de Montréal.

Name of Shareholder or Creditor. — Nom de l'actionnaire ou du creancier.	Amount of Dividends unpaid for 5 years and over. — Dividende impayé pendant 5 ans et plus.	Balances standing for 5 years and over. — Balances restant depuis 5 ans et plus.	Last Known Address. — Dernière adresse connue.	Agency at which the last transaction took place. — Agence où la dernière transaction s'est faite	Date of last transaction. — Date de la dernière transaction.
	$ cts.	$ cts.			
Brought forward	....	46,687 14			
Wallace, F. W	....	8 27	Toronto	Toronto	do 29, '76
White, Thomas	....	22 42	do	do	do 7, '72
White, T., Ranever, J., and J. White	....	12 64	do	do	June 24, '72
Wood, Grant & Co	....	7 03	do	do	May 9, '46
Hoste, Lady Alice	....	5 52	Vancouver, B.C.	Vancouver	Oct. 10, '88
McLea, D. R	....	5 00	do	do	June 14, '90
Hardment, J	....	74 00	do	do	Aug. 26, '90
Robinson, J. E	....	9 08	do	do	Jan. 21, '91
Blake, J	....	5 00	do	do	April 9, '91
Texada Lime Co	....	5 27	do	do	Sept. 19, '91
Morrell, E. C., assignee	....	29 17	do	do	April 9, '92
British Pacific Investment Co	....	5 75	do	do	Jan. 19, '92
Lynd, C	....	13 43	Whitby, Ont	Whitby	Dec. 31, '68
Allan, L. D	....	60 00	Winnipeg, Man.	Winnipeg	April 8, '82
Bailey, W. T	....	15 00	do	do	Jan. 2, '85
Barnard, A	....	9 23	Westbourne, M.	do	Dec. 21, '81
Baynes, E. A	....	6 35	Winnipeg, Man.	do	Oct. 9, '83
Burdette, J. H	....	5 78	Birtle, Man	do	do 22, '83
Burnett & Barnard	....	5 00	Westbourne, M.	do	Sept. 20, '80
Campbell, T	....	22 78	Winnipeg, Man.	do	Oct. 15, '84
Cocks, H. T. L. (E. H. C.)	....	37 71	do	do	do 9, '85
Collins, C. F	....	12 04	do	do	Aug. 30, '83
Corcoran, J	....	10 00	do	do	July 29, '86
Delaney, E	....	10 09	do	do	Dec. 11, '82
Denis, D. A	....	14 96	Oak River	do	Aug. 29, '81
Doyle, F	....	10 00	Winnipeg, Man.	do	Nov. 25, '86
Dundas, S. F	....	7 50	do	do	May 15, '82
Fitzpatrick, C	....	28 75	do	do	Sept. 5, '85
Gibb, D	....	6 09	Minnedosa	do	July 9, '83
Gibson, T. J	....	9 00	Regina	do	Mar. 20, '86
G. N. W. Land Co	....	6 60	Winnipeg	do	Feb. 5, '84
Hammond, H. B	....	6 00	Regina	do	Aug. 11, '85
Harvey, J	....	16 30	Winnipeg	do	Sept. 29, '83
Hislop, R	....	7 36	do	do	July 13, '86
Hocd, W. N	....	20 90	do	do	May 28, '84
Hood, W N., Secy	....	7 09	do	do	July 31, '82
Kaye, Sir J. L	....	9 23	London, Eng.	do	Sept. 4, '86
Logan, C. H	....	21 00	Winnipeg	do	Feb. 12, '83
Man, Col. Ry. Co	....	50 00	do	do	July 31, '82
Milton, J. A. B	....	15 29	do	do	Jan. 20, '85
McCarthy, E	....	49 50	do	do	Feb. 2, '84
McDonald, J	....	8 50	do	do	July 31, '83
Napier, W	....	6 49	Prince Albert	do	May 22, '86
Price, W. P	....	8 03	Carman	do	do 21, '85
Rutledge, T	....	14 44	Rosseau	do	Jan. 9, '86
Sabine, H. L	....	13 91	Winnipeg	do	June 1, '83
Sherwood, W. J	....	5 00	do	do	Jan. 4, '81
Smith, J	....	5 00	Emerson	do	do 5, '81
Starr, E. G. L	....	6 66	Winnipeg	do	May 31, '83
Stone, T. H	....	9 90	do	do	Jan. 12, '84
Stobo, J. B	....	15 63	do	do	June 21, '83
Symes, A. T	....	30 00	do	do	July 31, '80
Towers, H	....	10 00	Regina	do	May 15, '86
Toynbee, C. S	....	5 67	Winnipeg	do	Mar. 2, '82
Webster, H. M	....	8 90	do	do	May 31, '83
Wells, C. H	....	10 00	do	do	July 9, '85
Williams, A. G	....	3 50	do	do	Dec. 30, '85
Wood, R	....	39 75	Qu'Appelle	do	Sept. 4, '84
Wood, W. L	....	11 90	Winnipeg	do	May 15, '84
Wrighton, H	....	8 02	do	do	Mar. 29, '83
Carried forward	....	47,590 57			

Bank of Montreal—Banque du Montréal.

Name of Shareholder or Creditor. — Nom de l'actionnaire ou du creancier.	Amount of Dividends unpaid for 5 years and over. — Dividende impayé pendant 5 ans et plus.	Balances standing for 5 years and over. — Balances restant depuis 5 ans et plus.	Last Known Address. — Dernière adresse connue.	Agency at which the last transaction took place. — Agence où la dernière transaction s est faite.	Date of last transaction. — Date de la dernière transaction.
	$ cts.	$ cts.			
Brought forward		47,590 57			
Wyatt, C. J		17 20	Winnipeg	Winnipeg	July 18, '84
Hoggard, J.		5 75	Springfield	do	May 9' '87
McIntyre, Martin		75 00	Winnipeg	do	Nov. 7, '87
Stewart, Sir W. H		21 84	London, Eng	do	do 18, '87
Mills, P		5 81	Treherne	do	July 16, '88
McArthur, G. J.		15 00	Winnipeg	do	May 26, '88
Williams, C. W		10 32	Killarney	do	Mar. 26, '88
Needham, J. C.		75 80	Winnipeg	do	July 12, '88
Bennett, J. P		15 15	do	do	Oct. 28, '91
McKenzie, D		37 99	do	do	Mar. 9, '91
Forbes, Lewis		221 77	Neche, Dakota.	do	April 1, '91
Calk, T		17 25	Armstrongs L'ke	do	Dec. 1, '91
Woodgales, W. G		22 00	Winnipeg	do	Jan. 29, '92
Walton, J		58 60	do	do	Aug. 8, '92
Albro, W. R		10 00	do	do	Nov. 21, '87
Fairbanks, L		39 95	Woodstock	Woodstock	Dec. 31, '59
Sloan, Irving		8 00	do	do	do 31, '59
Cole, Edwin		32 00	Belleville	Belleville	Oct. 7, '85
Secord, E.		357 00	Brantford	Brantford	June 18, '92
Barr, Edwin		100 00	Calgary	Calgary	do 6, '92
Johnston, W. J		150 00	do	do	Oct. 10, '92
Sales, B		157 00	Lindsay	Lindsay	June 2, '85
Neil, W.		1,000 00	Omemee	do	July 9, '92
Neil, W		300 00	do	do	Aug. 12, '92
Warren, R. A.		30 00	Duluth, Minn	do	Sept. 16, '89
Grace, W. G. or B		200 00	Lindsay	do	Oct. 17, '90
Berney, E		1,300 00	Omemee	do	Sept. 11, '91
Berney, E		771 00	do	do	do 11, '91
Graham, A.		100 00	Ballyduff	do	Dec. 12, '91
McNevan, R		21 00	Fenelon Falls	do	Jan. 4, '92
English, Eliz		2,000 00	London, Ont	London	do 29, '91
Ryan, B		340 00	do	do	Dec. 31, '91
Gillan, Ann		73 00	Ottawa	Ottawa	April 28, '63
Hamilton, Jane		118 00	do	do	April 28, '63
Brown, Ann		140 00	do	do	May 16, '87
Stephens, John		300 00	do	do	do 3, '90
Howie, Rev. G. B.		180 00	do	do	Dec. 4, '90
McIntyre, Lemuel		1,000 00	Smith's Falls	do	Jan. 4, '92
McDonald, P.		2,050 00	N. Edinburg	do	April 6, '92
Stevenson, H.		100 00	Perth	Perth	do 10, '83
Jackson, M.		149 00	Harper	do	Nov. 22, '88
Crimmons, B.		150 00	Michigan	Peterboro'	Aug. 15, '81
Crimmons, B.		40 00	do	do	do 19, '81
Mann, S		30 00	Victoria, B.C	do	April 1, '91
Currie, Neil		150 00	Cass City, Mich.	Sarnia	Feb. 22, '81
Robinson, Jos		500 00	Fish Creek	St. Mary's	April 7, '92
Harris, R		1,922 00	St. Mary's	do	May 20, '88
Bell, W. A		700 00	Stratford	Stratford	do 6, '92
Richards, Jane		330 00	do	do	do 16, '91
Bedard, J		220 00	Toronto	Toronto	Nov. 18, '90
Whites, R. E.		900 00	do	do	April 2, '91
Gibson, M		150 00	Vancouver	Vancouver	Mch. 9, '89
Howcroft, J		300 00	do	do	Dec. 31, '89
Robertson, M. C.		600 00	do	do	Mch. 7, '90
Robichau, M. C		400 00	do	do	May 16, '90
McLeod, A		150 00	do	do	Feb. 5, '91
Oughton, M		300 00	do	do	April 29, '91
Harvey, J. V		370 00	do	do	Sept. 6, '92
Robichau, M. C		600 00	do	do	Nov. 18, '92
Graham R		50 00	Winnipeg	do	Mch. 4, '87
Carried forward		67,078 00			

Dividendes impayés.

Bank of Montreal—Banque de Montréal.

Name of Shareholder or Creditor. — Nom de l'actionnaire ou du creancier.	Amount of Dividends unpaid for 5 years and over. — Dividende impayé pendant 5 ans et plus.	Balances standing for 5 years and over. — Balances restant depuis 5 ans et plus.	Last Known Address. — Dernière adresse connue.	Agency at which the last transaction took place. — Agence où la dernière transaction s'est faite.	Date of last transaction. — Date de la dernière transaction.
	$ cts.	$ cts.			
Brought forward.........	....	67,087 00			
Watson, D..................	....	4,000 00	Louisville, Ky..	Montreal...	July 4, '65
Cameron, A..................	....	500 00	Montreal......	do ...	Oct. 17, '86
Cameron, A..................	....	150 00	do	do ...	do 17, '86
Grant, John..................	....	250 00	Silver City, N.M	do ...	Sept. 7, '83
Grant, John..................	....	250 00	do	do ...	Nov. 20, '83
Grant, John..................	....	250 00	do	do ...	Jan. 29, '84
Grant, John..................	....	250 00	do	do ...	July 28, '84
Grant, John..................	....	250 00	do	do ...	June 22, '85
Grant, John..................	....	249 38	do	do ...	Jan. 4, '86
Grant, John..................	....	250 00	do	do ...	June 28, '86
Cook, Mrs. Jane..................	12 00	....	Montreal.......	do ...	do 1, '48
McTavish, Mrs. Jean..................	30 00	....	do	do ...	do 1, '48
McTavish, Mrs. Jean..................	30 00	....	do	do ...	Dec. 1, '48
Wales, C..................	12 00	....	St. Andrew's...	do ...	do 1, '51
McChlery, I..................	7 00	....	Georgetown	do ...	do 1, '52
Christie, Mrs. A. M. P..................	46 61	....	St. John's	do ...	June 1, '53
Anderson, T. B., in trust Green.......	32 00	....	Montreal.....	do ...	do 1, '57
Fitzgerald, A. J..................	48 00	....	Quebec.........	do ...	Dec. 1, '57
Tipson, John..................	6 40	....	Montreal.......	do ...	June 1, '59
Rutherford, W..................	120 00	....	do	do ...	do 1, '60
Low, Jas..................	36 00	....	Lachine........	do ...	do 1, '77
McChlery, John, Exor. of............	10 00	....	London.........	do ...	do 1, '88
Browne, D. M..................	10 00	....	Halifax.	do ...	Dec. 1, '89
Browne, D. M..................	10 00	....	do	do ...	June 1, '90
Browne, D. M..................	10 00	....	do	do ...	Dec. 1, '90
Browne, D. M..................	10 00	....	do	do ...	June 1, '91
Browne, D. M..................	10 00	....	do	do ...	Dec. 1, '91
Browne, D. M..................	10 00	....	do	do ...	June 1, '92
Browne, D. M..................	10 00	....	do	do ...	do 1, '92
Total	460 01	73,477 38			

I declare that the above statement has been prepared under my direction and is correct according to the books of the bank.

C, L. THOMSON,
Chief Accountant.

We declare that the above return is made up from the books of the bank, and that to the best of our knowledge and belief it is correct.

GEO. A. DRUMMOND,
Vice President.

E. S. CLOUSTON,
General Manager.

MONTREAL, 12th January, 1898.

BANQUE VILLE-MARIE.

ETAT des dividendes restant impayés et montants ou balances au sujet desquels il n'y a pas eu de transactions, ou sur lesquels aucun intérêt n'a été payé pendant cinq ans ou plus.

NOTE.—Dans le cas de deniers déposés pour une période fixe, les cinq ans seront calculés depuis l'expiration de la dite période fixe.

VILLE MARIE BANK.

STATEMENT of dividends remaining unpaid and amounts or balances in respect to which no transactions have taken place, or upon which no interest has been paid for five years and upwards.

NOTE.—In case of moneys deposited for a fixed period, the five years shall be reckoned from the termination of the said fixed period.

Name of Shareholder or Creditor. — Nom de l'actionnaire ou du creancier.	Amount of Dividends unpaid for 5 years and over. — Dividende impayé pendant 5 ans et plus.	Balances standing for 5 years and over. — Balances restant depuis 5 ans et plus.	Last Known Address. — Dernière adresse connue.	Agency at which the last transaction took place. — Agence où la dernière transaction s'est faite.	Date of last transaction. — Date de la dernière transaction.
	$ cts.	$ cts.			
Lafleur, J. B.		0 52	Laprairie	Montreal	Oct. 18, '92
Lamontagne, G. A.		0 68	Montreal.	do	do 24, '92
Lanthier, D		0 50	do	do	Dec. 11, '92
Lapalme, Alex		1 36	do	do	Jan. 7, '92
Lapierre, Chas		0 75	do	do	May 4, '92
Laramé & Parent		0 69	do	do	do 8, '91
Larivière, Amédée		22 88	Nicolet	Nicolet	Nov. 30, '92
Provost, Eva		20 88	do	do	do 30, '92
Provost, Albert		10 26	do	do	do 30, '92
Gauvreau, M.		0 21	Montreal	Montreal	Dec. 4, '92
Charron, H., et fils		0 90	do	do	do 3, '92
Courtemanche, J., et Cie		0 23	do	do	do 7, '92
Crépeau & Matte		0 11	do	do	Jan. 1, '91
Descary, Marg		1 05	do	do	do 19, '91
Godoin, Alex		0 74	do	do	Mar. 4, '91
Larivé, L., pere		0 82	do	do	Dec. 3, '93
Lafrance, G		0 98	do	do	do 6, '92
Loranger, Albina		1 00	do	do	do 1, '93
Marceau, J. H. & Co		0 19	do	do	June 4, '91
Moore & Honey		0 20	do	do	do 1, '91
Parent, D., & Co		0 34	do	do	July 7, '91
Roy, M. N.		0 07	do	do	do 1, '92
Silcock, F. C.		0 67	do	do	Dec. 23, '92
Simpson, R. N.		0 25	do	do	do 4, '92
Total		66 28			

I declare that the above statement has been prepared under my direction, and is correct according to the books of the bank.

F. LEMIEUX, *Chief Accountant.*

I declare that the above return is made up from the books of the bank, and that to the best of my knowledge and belief it is correct.

W. WEIR, *President and General Manager.*

MONTREAL, 5th January, 1898.

BANQUE DU PEUPLE.

État des dividendes restant impayés et montants ou balances au sujet desquels il n'y a pas eu de transactions, ou sur lesquels aucun intérêt n'a été payé pendant cinq ans ou plus.

Note—Dans le cas de deniers déposés pour une période fixe, les cinq ans seront calculés depuis l'expiration de la dite période fixe.

PEOPLE'S BANK.

Statement of dividends remaining unpaid and amounts or balances in respect to which no transactions have taken place or upon which no interest has been paid for five years and upwards.

Note—In case of moneys deposited for a fixed period, the five years shall be reckoned from the termination of said fixed period.

Name of Shareholder or Creditor. — Nom de l'actionnaire ou du creancier.	Amount of Dividends unpaid for 5 years and over. — Dividende impayé pendant 5 ans et plus.	Balances standing for 5 years and over. — Balances restant depuis 5 ans et plus.	Last Known Address. — Dernière adresse connue.	Agency at which the last transaction took place. — Agence où la dernière transaction s'est faite.	Date of last transaction. — Date de la dernière transaction.
	$ cts.	$ cts.			
Bernard, Lucie	37 75	....	Montréal	Montréal	Mar. 10, '70
Benson, H. E.	1 25	....	do	do	Sept. 1, '51
Charmard, Ol.	18 00	....	Yamaska	do	Mar. 6, '54
*a*Crawford, Alexander, estate of	45 00	....	Windsor, Ont	do	June 27, '84
Drouin, Jos	12 00	....	Berthier, Que	do	April 9, '56
Duncan, Annie	22 50	....	Drummondville	do	Sept. 7, '91
Gérout, L. & G.	4 00	....	Québec	do	Mar, 28, '57
Heward, Augustus	4 00	....	Montréal	do	Sept. 22, '57
Huot, Clothilde H	2 00	....	Québec	do	Mar. 7, '67
LeBouthillier, Ed	10 00	....	Gaspé	do	do 4, '61
Lafricain, Trefflé	0 66	....	Montréal	do	Nov. 8, '61
Lackie, Margaret	23 50	....	Grantham	do	Sept. 3, '83
Laurent, Adeline	12 50	....	Montréal	do	Mar. 21, '84
Laurent, David	12 75	....	do	do	Aug. 2, '82
Mack, G. W	64 00	....	do	do	April 1, '61
Meredith, Hon. W	3 75	....	do	do	Mar. 4, '52
Maitland, John	6 00	....	do	do	Sept. 4, '54
Monk, S. W	12 00	....	do	do	April 9, '62
Phaneuf, P. C	13 53	....	St.-Damase	do	do 3, '61
Rossin, Michael	112 00	....	Montréal	do	Dec. 17, '49
Sterling, James	4 00	....	Vankleek Hill	do	Oct. 15, '62
Thorn, Elizabeth, and J. W. Seal	1 50	....	Montréal	do	Sept. 4, '53
Wilson, Chasles	4 00	....	do	do	do 9, '86
Warner, G. W., heirs	61 00	....	do	do	July 24, '76
Babinet, A	....	1 00	Not known	do	Oct. 17, '71
Birs & Colborne	....	12 05	do	do	Nov. 15, '72
Breston, A	....	5 75	do	do	Sept. 12, '73
Bleau, L	....	10 83	Montréal	do	do 24, '70
Bouthillier, F	....	7 63	Not known	do	Oct. 14, '76
Brissette, E	....	2 78	do	do	Dec. 31, '79
Brillion, J. R	....	0 21	Belœil	do	Sept. 19, '86
Boudreault, Mélanie	....	0 25	Not known	do	Dec. 5, '87
Barbeau, G	....	0 64	do	do	Aug. 15, '89
Conseil d'Agriculture	....	22 93	do	do	Jan. 23, '80
Cook, J	....	3 14	do	do	Dec. 15, '74
Campbell, B. F	....	0 18	Montréal	do	Jan, 1, '84
Dunlop, C. L	....	2 17	do	do	do 16, '73
Carried forward	487 69	69 56			

a Deceased

Banque du Peuple—People's Bank.

Name of Shareholder or Creditor. — Nom de l'actionnaire ou du creancier.	Amount of Dividends unpaid for 5 years and over. — Dividende impayé pendant 5 ans et plus.	Balances standing for 5 years and over. — Balances restant depuis 5 ans et plus.	Last Known Address. — Dernière adresse connue.	Agency at which the last transaction took place. — Agence où la dernière transaction s'est faite.	Date of last transaction. — Date de la dernière transaction.
	$ cts.	$ cts.			
Brought forward	487 69	69 56			
Dempsey, J		2 62	Not known	Montréal	Dec. 18, '70
Davis, F. & Co		0 52	do	do	Jan. 19, '88
Duchesnay, N		1 97	do	do	May 20, '84
Elwes, C. F		0 72	Chicago	do	Aug. 23, '84
Girard & Cie		1 94	Montréal	do	April 11, '90
Graves, R		0 12	do	do	May 30, '92
Kane, R., in trust		1 96	do	do	Nov. 18, '82
Kane, R., in trust		10 10	do	do	do 17, '86
Kane, R		2 12	do	do	Mar. 3, '86
Hart, J.		9 03	Not known	do	Dec. 16, '76
Hagar, A		2 62	do	do	April 24, '75
Holson, G		1 79	do	do	Dec. 16, '86
Hurtubise, B		2 08	do	do	do 21, '76
Imprimerie Générale		16 64	do	do	do 5, '86
Jack, F		0 32	do	do	May 28, '87
Jubinville, J		1 34	do	do	Feb. 19, '74
Labelle, G. E		2 77	Montréal	do	June 8, '92
Lanigan, D		3 18	Not known	do	Aug. 1, '73
Lambert, N. & Co		0 20	do	do	Aug. 31, '87
Lamontagne, G. E		0 39	Montréal	do	Feb. 8, '86
Lapage, D		0 86	do	do	Sept. 4, '88
Martineau, J		1 80	Not known	do	do 18, '88
Malo, Eug		2 07	Montréal	do	Nov. 23, '92
Mitchell, Louis		0 58	Not known	do	Dec. 24, '92
Moretti, P		0 34	Montréal	do	Nov. 11, '92
Ouellette, G		1 86	do	do	do 13, '82
Ouimet, D		1 00	do	do	Dec. 2, '86
Oliver, P. S., in trust		1 23	Not known	do	Jan. 26, '87
Ouimet, J. A		10 89	Montréal	do	Feb. 16, '92
Parent & Lachapelle		0 74	Not known	do	June 7, '89
Prévost, W		27 17	St-Jérôme	do	Oct. 29, '92
Ross, P. H		3 68	Not known	do	Sept. 1, '84
St. Pierre & Crépeau		12 54	do	do	May 19, '83
Shanks & Co		0 85	do	do	do 18, '89
Snowdon & Parker		10 25	Montréal	do	Aug. 1, '92
Tremblay & Lalonde		2 71	Not known	do	July 14, '87
Labelle, J. C		5 19	Montréal	do	April 13, '90
Leclaire, J. A		1 00	do	do	Dec. 9, '90
Prevost, W., fidéi-commis		0 38	do	do	Sept. 14, '90
Prefontaine, N		5 80	do	do	July 27, '90
Soc. Const Métropolitaine		49 29	do	do	Dec. 1, '90
Versailles, N		1 42	do	do	May 28, '88
	487 69	273 64			

I declare that the above statement has been prepared under my direction, and is correct according to the books of the bank.

L. M. LAMAIRE, *Chief Accountant.*

We declare that the above return is made up from the books of the bank, and that from the best of our knowledge and belief it is correct.

J. GRENIER, *President.*

PHIL. DUFRESNE, JR., *Manager.*

MONTREAL, 8th January, 1898.

LA BANQUE NATIONALE.

ETAT des dividendes restant impayés et montants ou balance au sujet desquels il n'y a pas eu de transactions, ou sur lesquels aucun intsérêt n'a été payé pendant cinq ans ou plus.

NOTE—Dans le cas de deniers déposés pour un période fixe, les cinq ans seront calculés depuis l'expiration de la dite période fixe.

THE NATIONAL BANK.

STATEMENT of dividends remaining unpaid and amounts or balances in respect to which no transactions have taken place or upon which no interest has been paid for five years and upwards.

NOTE—In case of moneys deposited for a fixed period, the five years shall be reckoned from the termination of said fixed period.

Name of Shareholder or Creditor. — Nom de l'actionnaire ou du creancier.	Amount of Dividends unpaid for 5 years and over. — Dividende impayé pendant 5 ans et plus.	Balances standing for 5 years and over. — Balances restant depuis 5 ans et plus.	Last Known Address. — Dernière adresse connue.	Agency at which the last transaction took place. — Agence où la dernière transaction s'est faite	Date of last transaction. — Date de la dernière transaction.
	$ cts.	$ cts.			
*a*Carrel, James, suc. feu	9 90		Québec	Québec	Mai 1, '91
Couillard, Paul	24 30		L'Islet	do	do 2, '91
Deveau, Georges et Mde Arthur Prieur	1 20		Montreal and Ottawa	do	Nov. 2, '92
*b*Deveau, Wilfrid	28 06		Trois-Rivières	do	Mai 2, '87
*c*Hamel, Jacques, suc. feu	65 60		Ancienne-Lorette	do	Nov. 2, '77
Alexander, James, suc. feu		29 12	Québec	do	May 17, '76
Pâquet, Rév. C. A. Henri		3 30	St-Casimir, Portneuf	do	Fév. 1, '76
Auger, Oliva (fils d'Hubert)		6 24	Ecureuils, Portneuf	do	Juin 3, '91
Bergeron, Thomas		2 70	St - Apollinaire, Lotbinière	do	Oct. 20, '90
Berouard, François		30 46	Québec	do	Janv. 26, '91
Blais, J. Phidime, suc. feu		5 09	Kamouraska	do	Oct. 25, '90
Boiteau, Joseph.		2 80	Québec	do	do 22, '91
Charbonneau, J. B. T		7 41	Isle de la Madeleine	do	Sept. 14, '87
Caron, Mde. Hermine, P		0 46	Québec	do	Août 7, '90
Casault, G. N		1 69	St-Thomas, Montmagny	do	Mai 10, '92
Catellier, Télesphore		4 66	St-Valier, Bellechasse	do	Nov. 2, '92
Chouinard, Pierre		5 48	L'Islet	do	Août 22, '88
Coté, Rév. Georges		3 43	Ste-Croix, Lotbinière	do	Mars 26, '92
Déchêne, F. G. Miville		3 02	Québec	do	Oct. 17, '89
Dionne, Mde. Cyprien		1 90	St-Pierre, Montmagny	do	Dec. 13, '92
Dionne, Joseph		2 20	St-Denis, Kamouraska	do	Juin 23, '88
Dubuc, Dlle Evangéline et M. Laudia		144 87	St-Raymond, Portneuf	do	Mai 28, '92
Carried forward	129 06	254 83			

*a*His son is aware of this. *b* Absent. His mother is aware of this. *c* The heirs are aware of this.

La Banque National—The National Bank.

Name of Shareholder or Creditor. — Nom de l'actionnaire ou du creancier.	Amount of Dividends unpaid for 5 years and over. — Dividende impayé pendant 5 ans et plus.	Balances standing for 5 years and over. — Balances restant depuis 5 ans et plus.	Last Known Address. — Dernière adresse connue.	Agency at which the last transaction took place. — Agence où la dernière transaction s'est faite.	Date of last transaction. — Date de la dernière transaction.
	$ cts.	$ cts.			
Brought forward	129 06	254 83			
Fabrique de St-Patrice		30 29	Rivière du Loup, Témiscouata	Québec	Oct. 17, '84
Faucher, Gratien		214 02	Deschambault	do	do 28, '92
Godbout, Dllc Delphine		46 51	St-Laurent, Isle d'Orléans	do	Nov. 16, '89
Hardy, Léon		3 66	St-Basile, Portneuf	do	Mars 27, '90
Hébert, F. X		48 36	Berthier, Bellechasse	do	Mai 22, '90
Hogan, John jr.		3 55	Québec	do	Jany. 9, '92
LaRue, Georges		12 28	do	do	Juil 29, '92
Martin, E. O		8 58	St-Octave de Métis	do	Oct. 31, '88
Mathieu, Joseph		0 47	Québec	do	Mars 29, '90
McCorkell, Arthur		2 17	do	do	Feby. 24, '91
Roy, Delle Ernestine		44 43	St-Anastasie de Lyster	do	Mars 18, '85
Roy, Georges		9 32	St-Valier Bellechasse	do	Nov. 9, '92
Savard, Guillaume		5 12	Québec	do	Oct. 10, '92
Gaumond, Alphonse		4 37	St-Jean Deschaillons	do	Avril 16, '90
Pelchat, François		14 71	St-Alexandre, Kamouraska	do	Sept. 11, '91
Société de Construction des Artisans		3 00	Québec	do	Avril 11, '91
Aubin, S		112 25	Montréal	Montréal	Sept. 21, '92
Barry, W. A		0 34	do	do	Juin 24, '91
Beauset, E		0 58	do	do	Sept. 4, '91
Brown, E		2 64	do	do	Feby. 9, '91
Carignan, A. A		0 69	do	do	Sept. 11, '90
Craig, J. A. I		8 85	do	do	Aug. 7, '91
Davis, T. & Co		2 57	do	do	Sept. 25, '91
Dépatie, A.		0 16	do	do	Fév. 23, '91
Huguenin, Dlle E		2 11	do	do	Avril 30, '92
Lamoureux et Racicot		0 39	do	do	Août 8, '91
Lapalme, Alex., in trust		0 53	do	do	Avril 30, '92
Parent, E		5 87	do	do	Fév. 25, '89
Poirier, H. F		13 39	do	do	Juin 24, '91
Pouliot, C. E		1 10	do	do	do 4, '91
Poupart, F		0 29	do	do	Sept. 2, '90
Sénécal, E		0 35	do	do	Mai 25, '91
Société de Publication Commerciale		0 57	do	do	Juin 30, '90
Squire, W. W. & J. M. Ferguson		9 75	do	do	Juil 18, '92
Thivierge, Louis		0 19	do	do	Mai 23, '91
Thompson, Edgar		1 91	do	do	July 24, '91
Valentine, F		0 78	Trois-Rivières	do	Oct. 25, '90
Whelan, John P. & Co.		0 66	Montréal	do	do 11, '90
Alleau, Rev. T. (par O. Dionne)		27 65	Ottawa	Ottawa	Fév. 22, '92
Beeson & Co		0 15	do	do	Juin 4, '84
Béland, Mde Napoléon		3 96	do	do	Avril 24, '89
Boulet, Napoléon		0 03	do	do	June 12, '83
Cook & Waddell		5 93	do	do	do 23, '79
Coursolle, L. J		0 06	do	do	Nov. 1, '84
Deslauriers, Isidore		1 00	do	do	Juin 9, '92
Gingras, Philomène		1 22	do	do	Juil 28, '87
Gowan, John		0 02	do	do	June 28, '87
Langlois, Rev. J. B		32 63	do	do	Sept. 27, '90
Noël, Julie		2 24	do	do	Mars 22, '90
Ross, Thomas		7 22	do	do	May 21, '90
Ryan Bridget		140 65	do	do	Dec. 31, '72
Carried forward	129 06	1,094 40			

Dividendes impayés.

La Banque Nationale—The National Bank.

Name of Shareholder or Creditor. — Nom de l'actionnaire ou du creancier.	Amount of Dividends unpaid for 5 years and over. — Dividende impayé pendant 5 ans et plus.	Balances standing for 5 years and over. — Balances restant depuis 5 ans et plus.	Last Known Address. — Dernière adresse connue.	Agency at which the last transaction took place. — Agence où la dernière transaction s'est faite.	Date of last transaction. — Date de la dernière transaction.
	$ cts.	$ cts.			
Brought forward..........	129 06	1,094 40			
Stubb, W. H....................	....	0 15	Ottawa.........	Ottawa.....	Sept 11, '83
Belanger, Célina....................	....	62 04	Sherbrooke......	Sherbrooke.	Mars 11, '90
Boyle, John O	....	5 75	do	do	Aug. 22, '91
C. M. B. A., T. Roux, trés	....	3 11	do	do	Mars 12, '90
Gentilhomme, Pierre................	....	19 75	....	do	Juin 12, '90
Leclaire, Urbain....................	....	611 30	Lyndonville, Vt.	do	Mars 7, '90
Millette, Mde Emilie Labonté.........	....	318 16	Magog..........	do	do 1, '88
Paquin, Alexandre	....	1 36	Brampton Falls.	do	Août 3, '89
Total....................	129 06	2,116 02			

I declare that the above statement has been prepared under my direction, and is correct according to the books of the bank.

M. J. HUOT, *Chief Accountant.*

We declare that the above return is made up from the books of the bank, and that to the best of our knowledge and belief it is correct.

R. AUDETTE, *President.*

P. LAFRANCE, *General Manager.*

QUEBEC, 15th January, 1898.

QUEBEC BANK.

STATEMENT of dividends remaining unpaid and amounts or balances in respect to which no transactions have taken place or upon which no interest has been paid for five years and upwards.

NOTE.—In case of moneys deposited for a fixed period, the five years shall be reckoned from the termination of said fixed period.

BANQUE DE QUÉBEC.

ETAT des dividendes restant impayés et montants ou balances au sujet desquels il n'y a pas eu de transactions, ou sur lesquels aucun intérêt n'a été payé pendant cinq ans ou plus.

NOTE.—Dans le cas de deniers déposés pour une période fixe, les cinq ans seront calculés depuis l'expiration de la dite période fixe.

Name of Shareholder or Creditor. — Nom de l'actionnaire ou du creancier.	Amount of Dividends unpaid for 5 years and over. — Dividende impayé pendant 5 ans et plus.	Balances standing for 5 years and over. — Balances restant depuis 5 ans et plus.	Last Known Address. — Dernière adresse connue.	Agency at which the last transaction took place. — Agence où la dernière transaction s'est faite.	Date of last transaction. — Date de la dernière transaction.
	$ cts.	$ cts.			
Akerman, W		0 57	686 Craig St., Montreal	Montreal	Jan. 14, '92
Anctil, Jos. N		15 16	River du Loup	Quebec	June 15, '92
Andrews, T. and J		0 01	Thornbury	Toronto	Dec. 2, '70
Anderson, A		0 58	Toronto	do	May 7, '77
Abrey, W. R		3 43	Manitowaning	do	Jan. 25, '79
Adamant Manufacturing Co		3 45	Toronto	do	Sept. 7, '94
Archer & Co		11 27	Montreal	Montreal	do 1, '84
Armstrong, L		1 26	Quebec	Quebec	do 7, '71
Aubin, A. L		0 30	Newmarket	Pembroke	Oct. 22, '92
Baller, W		7 00	Toronto	Toronto	Sept. 7, '65
Bank of Prince Edward Island		2 56		Montreal	Oct. 1, '93
Barnes, W. C		43 75		do	Sept. 1, '84
Barbour, W		0 95	Quebec	Quebec	Mar. 31, '75
Bates, Mrs. Orilla		15 19	Daly St., Ottawa	Ottawa	July 4, '86
Beaupre, L		0 69	Quebec	Quebec	Sept. 15, '33
Bell, D		1 40	Chaudiere	do	Aug. 7, '67
Bender, M. E		1 77	Montmagny	do	Oct. 2, '88
Bedard, Simon		14 31	Quebec	do	Mar. 15, '86
Benedict, Ellen		17 46	City of Hull, P.Q.	Ottawa	May 5, '92
Berg, Louis		0 32	Quebec	Quebec	Feb. 1, '70
Bernhardt, J		0 90	do	do	May 11, '81
Bernier, E		0 32	do	do	Aug. 15, '79
Bird, H. W		4 26	Toronto	Toronto	Sept. 15, '80
Blackwood, Ann		0 32	Quebec	Quebec	Dec. 27, '64
Bloem, Rev. J		0 57	North Bay	Pembroke	Not known.
Burk, D. F		14 58	Port Arthur	Toronto	Mar. 25, '89
Bois, E		1 11	Quebec	Quebec	do 21, '91
Boist, M. J. & Co		80 37	Toronto	Toronto	Nov. 28, '63
Bradner, R. & Co		0 31	Magnetawan	do	July 15, '85
Briggs Bros		0 23	Toronto	do	Feb. 25, '67
Briswell & Co		0 11	do	do	Jan. 29, '95
Browning, T. B		1 58	do	do	July 8, '91
Buck, W. T		0 06	Wabashene	do	Dec. 9, '72
Buchall, J		0 02	Toronto	do	June 13, '74
Bull, P. B		0 23	do	do	Jan. 21, '79
Carried forward		246 40			

Dividendes impayés.

Quebec Bank—Banque de Québec.

Name of Shareholder or Creditor. — Nom de l'actionnaire ou du créancier.	Amount of Dividends unpaid for 5 years and over. — Dividende impayé pendant 5 ans et plus.	Balances standing for 5 years and over. — Balances restant depuis 5 ans et plus.	Last Known Address. — Dernière adresse connue.	Agency at which the last transaction took place. — Agence où la dernière transaction s'est faite	Date of last transaction. — Date de la dernière transaction.
	$ cts.	$ cts.			
Brought forward	....	246 40			
Brown, G. C	....	4 07	....	Montreal	Mar. 13, '79
Bryan, Bishop & Co	....	0 16	....	do	Sept. 24, '85
Brown, Daniel	....	4 31	City of Hull, Que.	Ottawa	Feb. 26, '75
Brown, M	....	1 21	Quebec	Quebec	do 4, '74
Brown, W	....	1 66	Beauport	do	Sept. '8, '76
Brown, W	....	0 09	Quebec	do	Oct. 15, '86
Brown, Rachel	....	1 49	do	do	Nov. 14, '87
Bradley, K. M	....	0 09	do	do	Aug. 27, '70
Bradley, A	....	1 58	do	do	April 9, '75
Bradley, A. B	....	2 21	do	do	May 18, '74
Britton, J	....	0 08	do	do	Oct. 16, '64
Boyes, T	....	12 26	Three Rivers	Three Rivers	April 28, '91
Burns, J	....	0 29	....	Pembroke	Feb. 24, '79
Bullock, W. J	....	1 09	St. Catharines	St. Cath'ines	Jan. 11, '73
Brown, Wm	....	1 34	do	do	Aug. 4, '74
Book, Jacob, jr	....	2 84	Grimsby	do	Dec. 3, '75
Campbell, A	....	3 09	Quebec	Quebec	May 19, '70
Carrel, J	....	1 07	do	do	do 21, 71
Connolly, M	....	2 93	do	do	Mar. 8, '71
Cohoon, M	....	1 79	do	do	Nov. 10, '74
Church, C. P. E	....	2 44	do	do	June 27, '74
Choldich, J	....	0 29	do	do	July 2, '77
Cricket Club	....	1 55	do	do	Sept. 3, '78
Courtney, C	....	0 61	do	do	do 10, '83
Carson, Mary	....	0 08	do	do	Dec. 4, '86
Clarke, Ellen	....	2 22	do	do	May 28, '68
Cloutier, Fabien	....	0 48	do	do	Feb. 16, '69
Cameron, J	....	1 40	....	Montreal	do 27, '85
Caverhill, G	....	33 51	Montreal	do	Dec. 31, '92
Chamard, L. N	....	0 25	....	do	Feb. 28, '78
Cushing & Co	....	0 27	63 King St., Mon	do	Sept. 17, '95
Cowan, Henry	....	4 64	Leitrim, Ont	Ottawa	Mar. 3, '92
Casey & Co	....	0 02	Quebec	Toronto	April, 3, '79
Cohen, Mrs. M. L	....	0 74	Toronto	do	Aug. 5, '79
Cole, T. S	....	1 14	do	do	do 2, '83
Crawford, Mrs. E. E	....	0 29	do	do	June 5, '94
Charest, A. J. N	....	0 15	Three Rivers	Three Rivers	May 0, '92
Cloutier, N	....	1 16	do	do	June 9, '89
Cormack, J. E	....	0 05	North Bay	Pembroke	Not k own.
Collins, R	....	0 16	Saginaw City, M.	do	Mar. 5, '80
Caffrey, S	....	1 51	Thorold	St. Cath'ines	Feb. 27, '71
Caskey, G. J	....	5 25	St. Catharines	do	do 7, '71
Campbell, D. P	....	1 15	do	do	Mar. 16, '74
Crow, Mary A	....	1 03	do	do	May 26, '76
Claus, Warren	....	0 48	do	do	Mar. 21, '77
Cook, C. J	....	5 15	do	Thorold	May 27, '80
*a*Clark, Donald	....	1 84	Thorold	do	Sept. 19, '84
Cory, John	....	2 72	Stamford	do	Aug. 14, '86
*b*Cochand, Victor	....	354 60	St. Catharines	St. Cath'ines	Sept. 1, '77
Delisle, Joseph	....	7 05	Deschambault	Quebec	May 2, '91
Desjardins, Louis P.	....	9 06	Malbaie	do	Dec. 27, '83
Dionne, N	....	3 50	Quebec	do	May 13, '84
Dundon, J	....	0 96	do	do	Aug. 21, '90
Donn, J	....	0 20	do	do	July 2, '78
Dumaresq, Esther	....	0 57	New Carlisle	do	Sept. 19, '82
DeMoulpied, Jos., Rev	....	1 16	Nicolet	do	July 15, '70
Dempsey, C	....	1 54	Quebec	do	Sept. 2, '70
Dolley, T. N	....	0 69	Toronto	Toronto	April 16, '66
Carried forward	....	739 96			

a Dead. *b* Received notice of death Sept. 29th, 1877; representatives not known.

Quebec Bank—Banque de Québec.

Name of Shareholder or Creditor. — Nom de l'actionnaire ou du creancier.	Amount of Dividends unpaid for 5 years and over. — Dividende impayé pendant 5 ans et plus.	Balances standing for 5 years and over. — Balances restant depuis 5 ans et plus.	Last Known Address. — Dernière adresse connue.	Agency at which the last transaction took place. — Agence où la dernière transaction s'est faite.	Date of last transaction. — Date de la dernière transaction.
	$ cts.	$ cts.			
Brought forward	....	739 96			
Duncan, G. J. C	....	3 86	Toronto	Toronto	Dec. 18, '66
Danefield, J. M.	....	0 22	do	do	May 30, '76
Davidson, C.	....	0 04	do	do	Oct. 10, '89
Donaldson, J.	....	0 87	do	do	do 16, '89
Desilets, P. A.	....	0 09	....	Three Rivers	Jan. 7, '71
aDoorley, J. N.	....	0 76	St. Catharines	St. Cathar'es	May 29, '71
Doane, M.	....	1 37	Port Robinson	do	April 20, '68
Enright, Thos	....	0 90	Port Daniel	Quebec	May 27, '85
Ellett, M.	....	1 12	Quebec	do	Dec. 5, '70
Ellis, J.	....	0 95	do	do	June 6, '70
Esson, J.	....	3 07	....	Montreal	April 29, '87
Evans, Sherwood & Co.	....	0 88	Toronto	Toronto	Feb. 21, '70
aEtte, W.	....	2 61	St. Catharines	St. Cathar'es	do 1, '75
Fitzgerald, J.	....	0 78	Quebec	Quebec	Mar. 8, '66
Flanagan, Christopher	....	0 08	do	do	Nov. 21, '66
Farrell, Mary	....	0 05	do	do	Mar. 4, '69
Fitzgerald, R.	....	1 06	do	do	Feb. 6, '70
Falck, J.	....	0 13	do	do	Feb. 3, '72
Fitzgerald, J. M.	....	0 06	do	do	Mar. 2, '74
Flynn, R.	....	6 24	do	do	May 21, '75
Forsythe, W. G.	....	1 58	....	Montreal	Oct. 21, '75
Fowles, R.	....	4 31	Toronto	Toronto	Nov. 30, '68
Fox, A. H. C.	....	0 11	do	do	June 19, '72
Forest, Josie A. S.	....	9 25	City of Hull, P.Q	Ottawa	Aug. 11, '86
aFraser, D.	....	0 46	Pembroke	Pembroke	Not known.
Ferrar, Eliza M.	....	1 14	St. Catharines	St. Cathar'es	May 15, '72
Frontier Lodge, No. 8	....	1 37	do	do	April 20, '72
Fairbrother, G. F.	....	1 24	Beamsville	do	do 21, '76
Garneau, Elmon J.	....	14 47	Wolfe's Town	Quebec	Nov. 18, '90
Graham, Henrietta	....	1 29	Quebec	do	June 22 '89
Gallagher, Catherine	....	0 84	do	do	April 28, '68
Gamble, Wm.	....	0 75	do	do	Mar. 31, '65
Goux, H. F.	....	0 53	do	do	do 6, '74
Goodwin, E. G.	....	1 66	do	do	Nov. 14, '73
Griffin, Thos	....	2 61	do	do	July 10, '90
Givernand, L.	....	0 62	31 GreenSt., N.Y	Montreal	Aug. 4, '90
Gorham, E. H.	....	1 06	Toronto	Toronto	Nov. 20, '68
Goldsmiths, G. M.	....	0 16	do	do	do 6, '72
Gagnon, A.	....	2 84	Three Rivers	Three Rivers	Jan. 1, '68
aGerin, E.	....	0 40	do	do	May, 25, '81
Graham, P.	....	1 00	....	Pembroke	Not known.
aGray, W. L.	....	0 25	Chapeau	do	Oct. 25, '79
Glinz, Wm	....	12 05	Fonthill	St. Cathar'es	June 1, '75
Girven, Chas	....	7 63	Wainfleet	do	July 12, '71
Glavin, Jno.	....	223 91	Thorold	Thorold	Sept. 17, '77
bGlavin, Jno	....	250 56	do	do	July 15, '76
Gilbert, Mrs. G. A., in trust	....	1 80	do	do	Jan. 15, '77
Gillespie, J. C.	....	18 50	St. Catharines	St. Cathar'es	April 18, '79
Golden, John	....	126 41	Bayonne, N.Y.	Thorold	Oct. 24, '60
Harris, C.	....	0 63	Quebec	Quebec	Dec. 31, '70
Holt, J.	....	1 07	do	do	Feb. 9, '71
Henderson, W.	....	2 15	do	do	July 18, '76
Hughes, P.	....	14 78	do	do	Sept. 15, '71
Hearn, C.	....	0 34	do	do	Jan. 21, '89
Hunter, M. M.	....	1 34	do	do	July 2, '85
Hunter, Rachel	....	9 87	do	do	Aug. 16, '67
Horan, Honora	....	0 66	do	do	do 12, '69
Henry, B.	....	0 21	....	Montreal	Feb. 28, '78
Carried forward	....	1,484 95			

a Dead. b Amer. Cy.

Dividendes impayés.

Quebec Bank—Banque de Québec.

Name of Shareholder or Creditor. — Nom de l'actionnaire ou du creancier.	Amount of Dividends unpaid for 5 years and over. — Dividende impayé pendant 5 ans et plus.	Balances standing for 5 years and over. — Balances restant depuis 5 ans et plus.	Last Known Address. — Dernière adresse connue.	Agency at which the last transaction took place. — Agence où la dernière transaction s'est faite	Date of last transaction. — Date de la dernière transaction.
	$ cts.	$ cts.			
Brought forward		1,484 95			
Hutchison, G. G. & Co		5 42		Montreal	Dec. 14, '85
Hutchison, T.		38 00	Toronto	Toronto	Aug. 15, '59
Harton, T. A		4 37	do	do	May 25, '66
Harvey, G. H		0 03	do	do	July 15, '66
Haigh, G. T		0 86	do	do	Aug. 22, '77
Henderson, W. F		0 69	Winnipeg	do	April 26, '82
Hawkey, Exr. L. C		0 45	Toronto	do	Nov. 28, '91
Henderson, C		0 03	do	do	Aug. 10, '92
Hynes, M. J		0 42	do	do	April 5, '92
Hachett, Margt.		455 46	Ottawa	Ottawa	Jan. 2, '81
*a*Hamilton, Jane		1,143 89	do	do	Sept. 27, '92
Hall, G. B. & Co		0 85	Three Rivers	Three Rivers	Feb. 4, '89
Hetu, E		48 52	do	do	June 29, '89
*b*Hughes, Est.		5 67	Winnipeg	Pembroke	Dec. 11, '80
Halpenny & Washburn		0 61		do	June 16, '91
Henry, Mrs. J. W		1 68	Grimsby	St. Cathar'es	April 28, '75
Heaslip, A		8 21	Wellandport	do	May 21, '80
Hutton, Jno		1 05	St. Catharines	do	Mar. 19, '78
Hopper & Co., H.		12 12	do	Thorold	Mar. 3, '80
Hunter, Mrs. W		3 57	Thorold	do	Feb. 21, '77
Joy, Johannah		1 14	Quebec	Quebec	April 27, '67
Johnson, R		0 29	St. Jean, Chry'm	do	April 18, '70
Johnson, E.		1 22	Quebec.	do	Sept. 5, '71
Jacobs, G. H.		1 39	do	do	Dec. 16, '72
Jackson, J		7 26	do	do	do 17, '73
Judge, C., in trust		0 56	do	do	do 3, '89
Johnston, F. G.		1 00	Toronto	Toronto	Aug. 14, '72
Johnston, H		0 02	Stouffville	Stouffville	July 5, 77
Joy, S. C		0 21	Toronto	Toronto	Aug. 7, '79
Jones, R.		3 62	Ottawa	Ottawa.	May 6, '76
Joseph, M		0 25	Pembroke	Pembroke	Aug. 18, '81
Joyce, M		5 00	do	do	Not known.
Johnstone, Mrs		114 51	St. Catharines	St. Cath'ines	Oct. 24, '70
Kennedy, Bridget		28 37	Quebec.	Quebec.	Aug. 9, '79
Knight, A		0 77	do	do	do 10, '67
Kennedy, Patrick		0 07	do	do	Nov. 12, '68
Kane, Robert		3 75	do	do	April 4, '91
Knight, E		0 80	do	do	Aug. 20, '83
Kane, John.		13 39	do	do	Dec. 23, '70
Kerr Bros. & Co		5 00		Montreal.	May 30, '81
King, H. M.		0 51		Three Rivers	Feb. 9, '78
King, Mrs. J. W		1 32	St. Catharines	St. Cath'ines	April 26, '79
Keefer, Louise		13 72	do	Thorold	Nov. 30, '92
Kirkpatrick, J. J., estate of		2 25	do	St. Cath'ines	Jan. 24, '71
King, John		1 11	do	do	Aug. 13, '70
Lundy, J. B		0 38	Quebec.	Quebec.	Mar. 29, '66
Laverdiere, Theo.		1 80	do	do	Jan. 2, '69
Lemesurier, E. V		0 60	do	do	Oct. 10, '84
Letarte, N		0 94	do	do	June 22, '86
Lunnie, F		3 02	do	do	Jan. 23, '76
Leader, George		0 33	do	do	Nov. 6, '76
Lindsay, John		0 97	do	do	do 27, '76
Lennan, E		1 38	do	do	July 8, '81
Lindsay, Mrs. E. L.		0 61	do	do	Nov. 14, '82
Labbe, E.		0 71	do	do	Mar. 2, '83
Langevin, E, A.		0 29	do	do	July 16, '83
Laurie, A. B.		0 50		Montreal.	Feb. 28, '78
Leveque, J.		10 00		do	Aug. 31, '84
Carried forward		3,445 91			

a Reported dead. *b* Address—Michael Hughes, Winnipeg, Man.

Quebec Bank—Banque de Québec.

Name of Shareholder or Creditor. — Nom de l'actionnaire ou du créancier.	Amount of Dividends unpaid for 5 years and over. — Dividende impayé pendant 5 ans et plus.	Balances standing for 5 years and over. — Balances restant depuis 5 ans et plus.	Last Known Address. — Dernière adresse connue.	Agency at which the last transaction took place. — Agence où la dernière transaction s'est faite.	Date of last transaction. — Date de la dernière transaction.
	$ cts.	$ cts.			
Brought forward	....	3,445 91			
Low, Mrs. A. J	....	152 67	Montreal	Montreal	Aug. 31, '91
Leith, Kennedy	....	0 33	Toronto	Toronto	do 5, '74
Leith, E. G	....	14 28	do	do	Nov. 30, '71
Leslie, Joseph	....	4 47	do	do	July 16, '79
Lindner, J	....	0 04	do	do	Feb. 14, '83
Liquor Tea Co	....	0 16	do	do	April 12, '89
Liquor Tea Co	....	0 03	do	do	Mar. 12, '90
*a*Langevin, Augustus	....	35 09	Ottawa	Ottawa	Oct. 2, '91
*b*Lynch, Mrs. Mary Ann	....	5 05	Nepean	do	April 30, '91
Labelle, L	....	20 67	Three Rivers	Three Rivers	July 24, '89
Lynch, J. A	....	0 21	do	do	April 13, '86
*a*Lynch, Rev. J. C	....	0 04	Chapeau	Pembroke	Not known.
Lynch, E	....	20 00	....	do	April 22, '92
Lic Fund, Nipissing	....	1 46	Mattawa	do	Not known.
Lambert, Caleb	....	5 75	Pelham	St. Cath'ines	May 17, '73
Maloney, Michael	....	9 43	Quebec	Quebec	June 17, '84
Maguire, T. M	....	3 70	do	do	July 20, '91
McKenna, E	....	0 02	do	do	Mar. 10, '65
Mills, Elizabeth	....	0 96	do	do	Jan. 30, '69
McNeill, Donald	....	0 62	do	do	June 10, '69
Mullins, John	....	0 81	do	do	Sept. 2, '69
McLaughlin, J	....	0 95	do	do	Jan. 16, '72
Montizambert, E. L	....	0 78	do	do	Feb. 7, '76
Murphy, E	....	0 40	do	do	Dec. 20, '77
Moodie, S. C	....	0 43	do	do	Aug. 23, '79
Moodie, W	....	1 15	do	do	do 23, '79
Menard, Theophile	....	4 32	do	do	July 28, '84
McGibbon, A. B	....	2 77	Levis	do	Mar. 31, '91
McColl, O. G., in trust	....	1 45	....	Montreal	April 22, '85
McDougall, James	....	0 07	....	do	Mar. 13, '79
Moore, W	....	13 47	Toronto	Toronto	May 2, '65
Marsden, J. W	....	0 20	do	do	April 6, '66
McCauley, W. J	....	0 10	do	do	Nov. 17, '71
Marshall, W	....	0 58	do	do	May 21, '75
Mason, W. T	....	0 80	do	do	Feb. 14. '76
Mitchell, T., jr	....	2 94	do	do	do 25, '81
Mortimer, A. W	....	0 84	do	do	Aug. 9, '80
Mount Hope Cemetery Co	....	0 75	de	do	Nov. 2, '81
Martin, Sons & Co	....	0 06	do	do	June 14, '88
Martin, J. E	....	0 08	do	do	Nov. 2, '87
Meyers, G. W., trust account	....	0 12	do	do	Jan. 14, '91
MacArthur, A. D	....	12	do	do	Mch. 5, '92
Michelen, M	....	1 59	Three Rivers	Three Rivers	Nov. 4, '92
Marshall, J	....	0 06	Cobden	Pembroke	Not known.
Murrays & Tuffy	....	0 03	do	do	July 8, '91
*a*Marion, P	....	0 25	Pembroke	do	Not known.
Murphy, M. E	....	0 26	Allumette Island	do	do
McIntyre, D. & Co	....	0 01	....	do	do
McKenzie & Purcell	....	0 50	....	do	do
McFarlane, M	....	0 01	....	do	do
McCallum, Mrs. A	....	2 30	St. Catharines	St. Cath'ines	Dec. 28, '72
*a*McIntyre, James	....	2 01	do	do	Jan. 11, '75
McNeil, Sarah	....	0 99	do	do	Nov. 17, '75
McNeil, Maggie	....	0 81	do	do	Feb. 15, '76
McIndoe, H	....	16 89	do	Thorold	Jan. 2, '77
McCann, Hoag	....	92 88	do	St. Cath'ines	Feb. 1, '75
McLeod, Angus	....	1 00	Thorold	Thorold	Sept. 10, '74
Carried forward	....	3,873 66			

a. Dead. *b*. *Nee* Mary Ann O'Neill.

Quebec Bank—Banque de Quebec.

Name of Shareholder or Creditor. — Nom de l'actionnaire ou du creancier.	Amount of Dividends unpaid for 5 years and over. — Dividende impayé pendant 5 ans et plus.	Balances standing for 5 years and over. — Balances restant depuis 5 ans et plus.	Last Known Address. — Dernière adresse connue.	Agency at which the last transaction took place. — Agence où la dernière transaction s'est faite.	Date of last transaction. — Date de la dernière transaction.
	$ cts.	$ cts.			
Brought forward	....	3,873 66			
McIntosh, J	....	52 33	St. Catharines	St. Cath'ines	Jan. 22, '76
McLellan, H	....	27 22	do	do	Feb. 7, '78
McGuire, B	....	2 20	do	do	do 9, '74
Marchand, Mrs	....	50 00	do	do	do 1, '75
Naughton, E	....	1 80	Toronto	Toronto	Mch. 23, '80
Nihan, Henry	....	29 12	St. Catharines	St. Cath'ines	Aug. 17, '72
Nihan, John	....	2 15	do	do	Feb. 19, '78
Nicholas, E	....	1 66	St. Johns	Thorold	April 27, '74
O'Connell, J	....	1 63	Quebec	Quebec	Feb. 22, '65
O'Brien, M	....	0 98	do	do	do 28, '66
O'Neil, W	....	0 12	do	do	April 12, '70
O'Donohue, J	....	1 97	do	do	Nov. 2, '88
O'Donnell, J	....	1 35	do	do	Oct. 30, '88
Ouimet, G	....	1 06	do	do	Mch. 14, '91
Orr, Robert	....	0 15	do	do	April 11, '78
O'Neil, W	....	0 27	do	do	Sept. 23, '78
Ott, C	....	0 44	Toronto	Toronto	May 6, '67
O'Hara, R. H	....	1 33	Three Rivers	Three Rivers	do 17, '90
Osborne, S. W	....	1 05	Thorold	St. Cath'ines	Dec. 14, '70
Parke, Jas., est. late	....	66 24	Levis	Quebec	June 12, '76
Pelletier, J. E. C., est. late	....	3 91	Quebec	do	Oct. 13, '83
Palmer, E. G	....	4 60	do	do	April 22, '67
Powers, Margt	....	5 09	do	do	Jan. 30, '66
Peverley, J	....	0 53	do	do	Mch. 6, '74
Poulin, T	....	0 67	do	do	Dec. 18, '83
Patton, Deborah	....	0 84	do	do	Aug. 22, '91
Paxton, S. & Co	....	7 16	....	Montreal	Feb. 16, '86
Paristein & Sclater	....	0 45	....	do	do 28, '78
Phillips, Mrs. M	....	0 39	Toronto	Toronto	Aug. 20, '66
Parry, R. P	....	0 31	Bracebridge	do	Nov. 11, '89
Prittie, R. W. & Co	....	0 24	Toronto	do	Feb. 26, '90
Paynter, D	....	98 84	Ottawa	Ottawa	Jan. 26, '65
Pearce, S. J	....	15 52	do	do	Oct. 28, '68
Power, Lawrence	....	1,623 98	Templeton, Que.	do	do 15, '84
*a*Poupore, J	....	0 01	Ottawa	Pembroke	Not known.
Paul, John	....	1 86	St. Catharines	St. Cath'ines	Nov. 9, '77
Palmer, W. S	....	0 56	Queenston	do	April 30, '79
Pocock, T	....	1 34	St. Catharines	do	May 15, '79
Powell, Geo	....	1 31	Niagara Falls, S.	Thorold	Mch. 16, '92
Ptolmy, J. H	....	1 31	Thorold	do	June 10, '76
Pew, Nelson	....	0 76	Hamilton	do	Oct. 19, '83
Putland, E. W	....	0 83	Thorold	do	Feb. 18, '88
Roy, Ernestine	....	136 00	Lyster	Quebec	Aug. 7, '89
Reynolds, Wm	....	0 38	Quebec	do	Dec. 18, '65
Reilly, Thos	....	0 29	do	do	do 18, '65
Rees, M	....	1 27	do	do	Oct. 31, '66
Ramsay, Mary	....	0 14	do	do	April 13, '69
Rusk, J	....	1 11	do	do	Dec. 10, '69
Robinson, S	....	0 14	do	do	Nov. 10, '70
Rusk, J	....	1 83	do	do	Aug. 15, '76
Robitaille, E	....	2 51	do	do	Dec. 2, '78
Reason, E	....	1 38	do	do	Feb. 16, '78
Rusk, John	....	1 38	do	do	Aug. 1, '82
Ridd, E	....	0 33	do	do	Nov. 16, '90
Robertson, Kerr & Co	....	375 00	....	Montreal	Sept. 1, '84
Ross, M. Lee	....	15 77	London, Eng	do	Aug. 31, '91
Rylands, R. T. & Co	....	1 39	....	do	Oct. 1, '83
Reesor, D	....	2 78	Markham	Toronto	Mch. 28, '63
Carried forward	....	6,428 94			

a Dead.

Quebec Bank—Banque de Québec.

Name of Shareholder or Creditor. — Nom de l'actionnaire ou du creancier.	Amount of Dividends unpaid for 5 years and over. — Dividende impayé pendant 5 ans et plus.	Balances standing for 5 years and over. — Balances restant depuis 5 ans et plus.	Last Known Address. — Dernière adresse connue.	Agency at which the last transaction took place. — Agence où la dernière transaction s'est faite.	Date of last transaction. — Date de la dernière transaction.
	$ cts.	$ cts.			
Brought forward	....	6,428 94			
Ross, W. & Co	....	4 54	Toronto	Toronto	July 28, '66
Robin, Thos	....	0 57	do	do	Nov. 12, '70
Ramsey, F. D	....	2 06	do	do	Sept. 27, '77
Reid & Co	....	0 53	do	do	July 16, '79
Russell & Co	....	3 81	do	do	Oct. 28, '81
Ross, J. M	....	0 22	Manitoulin	do	Aug. 28, '88
Radford & Goyer	....	4 87	Ottawa	Ottawa	June 3, '74
Robishon et fils	....	0 08	Three Rivers	Three Riv	Feb. 13, '75
Robertson, Robert	....	1 65	Port Robinson	St. Cath'ines	Jan. 15, '72
Roberts, Robert	....	0 59	St. Catharines	do	Feb. 11, '73
Rider, Josiah	....	1 23	Chippawa	do	Dec. 19, '74
Ross, Hector	....	0 65	St. Catharines	do	Aug. 31, '74
*a*Ross, Wm	....	1 17	do	do	July 8, '73
Rower, James	....	2 93	Thorold	Thorold	Sept. 15, '73
Ramsay, Wm	....	0 78	do	do	Jan. 9, '75
Rice, M. B	....	0 52	do	do	Nov. 28, '78
Robinson, D	....	0 72	do	do	July 10, '85
Reid, L. B	....	5 50	St Catharines	St. Cath'ines	Dec. 11, '77
Schwartz, W. A., in trust	....	46 50	Quebec	Quebec	Oct. 8, '79
Sheppard, Sophie E.	....	20 38	do	do	Sept. 9, '91
Sheriden, J	....	2 99	do	do	Mar. 29, '66
Stewart, John	....	4 48	do	do	Jan. 9, '69
Sbire, Matt	....	0 22	do	do	Mar. 2, '68
Shea, Jas	....	0 22	do	do	Sept. 1, '69
Sinjohn, A.	....	0 73	do	do	Nov. 14, '70
Shaw, J	....	0 02	do	do	Jan. 17, '71
Smith, C. F.	....	0 05	do	do	Sept. 15, '71
Scott, A	....	0 43	do	do	Aug. 11, '76
Shaw, C	....	0 37	do	do	Feb. 20, '77
Saul, C	....	1 81	do	do	Oct. 3, '78
Stewart, Geo.	....	0 76	do	do	Nov. 28, '78
Sears, J	....	1 56	do	do	May 14, '81
Stock, J	....	2 39	do	do	Aug. 24, '85
Simard, T	....	1 46	do	do	Dec. 31, '91
St. James Methodist Church	....	13 76	....	Montreal	Not known.
Samson, J. L	....	1 20	....	do	Oct. 1, '83
Samuels, N	....	0 20	....	do	do 17, '84
Scott, W. P	....	0 25	....	do	do 1, '83
Smith, Lewis	....	0 26	Toronto	Toronto	July 17, '66
Simpson, M	....	0 82	St. Catharines	do	Dec. 10, '73
Summerfelt, W	....	26 03	Toronto	do	Aug. 25, '69
Smellie, M. L	....	1 98	do	do	July 16, '79
Spencer, T. H	....	0 40	do	do	June 7, '81
Smith, D.	....	0 08	Gravenhurst	do	Aug. 18, '86
Sorley, J. M	....	0 07	Toronto	do	Dec. 12, '90
Sterling, C. J. R	....	1 10	Kingston.	do	Feb. 7, '90
Sheard, Thos	....	0 78	Toronto	do	Nov. 14, '91
Smith, M., agent	....	0 05	Three Rivers.	Three Riv	May 13, '80
Spencer & Hackett	....	0 59	do	do	April 28, '87
*a*Sweezey, B.	....	1 75	Sudbury	Pembroke	Not known.
Sweezey, A. and C	....	4 90	Powassan	do	Nov. 27, '80
Shields, S.	....	0 26	Pembroke	do	Not known.
Stevenson, C. M	....	11 66	St. Catharines	St. Cath'ines	May 13, '67
*a*Smith, Geo.	....	2 11	do	do	Nov. 1, '71
Snooks, W	....	2 93	Niagara Falls, S.	do	May 31, '72
Smith, W	....	1 06	St. Catharines	do	Sept. 11, '75
Smith, Mrs. L. M.	....	2 23	do	do	Aug. 21, '76
Stull, J. H.	....	2 00	Homer	do	Oct. 26, '76
Carried forward	....	6,622 20			

*a*Dead.

Dividendes impayés.

Quebec Bank—Banque de Québec.

Name of Shareholder or Creditor. — Nom de l'actionnaire ou du creancier.	Amount of Dividends unpaid for 5 years and over. — Dividende impayé pendant 5 ans et plus.	Balances standing for 5 years and over. — Balances restant depuis 5 ans et plus.	Last Known Address. — Dernière adresse connue.	Agency at which the last transaction took place. — Agence où la dernière transaction s'est faite	Date of last transaction. — Date de la dernière transaction.
	$ cts.	$ cts.			
Brought forward....	....	6,622 20			
Strachan, Joseph	....	0 69	Merritton	St. Cathar'es	Dec. 3, '77
Skimmin, Mary	....	1 34	Effingham......	do ..	Nov. 5, '79
Ritchie, Harriett	....	7 08	St. Jean Chrysostime.......	Quebec....	May 4, '69
Turgeon, Jos	....	62 16	Quebec..........	do	Dec. 23, '73
Terreau, Julie	....	5 00	do	do	June 6, '72
Tremblay, Joseph	....	3 22	St. Henri de Lauzon....	do	April 3, '84
Tache, Lady G., estate late	....	0 85	Quebec..........	do	do 14, '86
Tanner, C. A.	....	0 27	Lévis	do ..	July 14, '87
Taylor, B. T.	....	0 86	Quebec..........	do	Dec. 2, '89
Tucker, C. C.	....	0 15	Pembroke	Pembroke ..	Not known.
Thompson, J.	....	4 75	Chapeau......	do ..	do
Tindall, H.	....	1 13	Thorold	Thorold ...	April 20, '75
Vezina, O	....	0 33	Quebec..........	Quebec.....	June 26, '82
Valpy & Le Bas..	....	0 84	Gaspé	Montreal...	Jan. 30, '92
Vincent, S.	....	1 00	Toronto	Toronto	May 9, '70
Vanallan, R....	....	3 56	....	Pembroke ..	Not known.
Warren, Charlotte	....	0 30	Quebec..........	Quebec.....	Jan. 14, '67
Walters, Francis	....	2 17	do	do ...	May 13, '69
Wood, Wm	....	0 28	do	do ...	Feb. 18, '69
Wilson, J. B..	....	0 65	do	do ..	Sept. 24, '75
Woodhouse, W	....	2 52	do	do	May 28, '77
Warren, Jeanie S.	....	0 30	do	do	July 9, '84
Wotherspoon, Helen C.	....	0 73	do	do	Aug. 1, '85
Willett, W. T	....	0 25	Chambly.......	....	Mar. 13, '79
Wheeler, J. P.	....	1 47	Toronto........	Toronto	Sept. 7, '65
Wood, G. C	....	0 91	do	do ..	Aug. 18, '71
Wells, F. J.	....	4 93	do	do	Mar. 16, '91
Williamson, M. J	....	0 90	do	do	Aug. 12, '91
Wade, J.	....	10 20	Ottawa..........	Ottawa.....	April 19, '76
Waddell, Margaret	....	1,198 93	do	do	do 6, '76
West, H. A., & Co	....	83 49	....	Pembroke ..	Feb. 7, '91
Wallace, E. N	....	0 56	Niagara	St. Cath'ines	May 6, '75
Wells, John..	....	3 44	St. Catharines ..	do ..	Nov. 4, '75
Warner, James, sen	....	1 95	Homer........	do ..	Aug. 30, '79
Walker, James	....	0 65	Stamford	Thorold ..	Oct. 12, '75
Total...............	....	8,029 97			

I declare that the above statement has been prepared under my direction and is correct according to the books of the bank.

W. H. SCOTT,
Chief Accountant.

We declare that the above return is made up from the books of the bank, and that to the best of our knowledge and belief it is correct.

JOHN BREAKEY,
President.

THOS. McDOUGALL,
General Manager.

QUEBEC, 18th January, 1898.

UNION BANK OF CANADA.

STATEMENT of dividends remaining unpaid and amounts or balances in respect to which no transactions have taken place or upon which no interest has been paid for five years and upwards.

NOTE.—In case of moneys deposited for a fixed period, the five years shall be reckoned from the termination of said fixed period.

BANQUE UNION DU CANADA.

ETAT des dividendes restant impayés et montants ou balances au sujet desquels il n'y a pas eu de transactions, ou sur lesquels aucun intérêt n'a été payé pendant cinq ans ou plus.

NOTE.—Dans le cas de deniers déposés pour une période fixe, les cinq ans seront calculés depuis l'expiration de la dite période fixe.

Name of Shareholder or Creditor. — Nom de l'actionnaire ou du créancier.	Amount of Dividends unpaid for 5 years and over. — Dividende impayé pendant 5 ans et plus.	Balances standing for 5 years and over. — Balances restant depuis 5 ans et plus.	Last Known Address. — Dernière adresse connue.	Agency at which the last transaction took place. — Agence où la dernière transaction s'est faite	Date of last transaction. — Date de la dernière transaction.
	$ cts.	$ cts.			
Bates, Sarah A.		1 80	Quebec	St. Louis St. Branch	May 27, '85
Brown, Matthew		0 65	Valcartier	do	do 31, '84
Baldwin Martha		0 64	Quebec	do	Feb. 22, '22
Babie, Antóine		2 00	do	do	Nov. 3, '74
Boule, M		2 75	do	do	Jan. 8, '75
Beaubien, Louis		1 10	Charlesbourg	do	Feb. 3, '75
Butt, Mary A		1 55	Quebec	do	Dec. 31, '78
Caulfield, M. J		0 75	do	do	do 28, '86
Couture, C		2 83	Pont Rouge	do	May 4, '86
Carr, Jno		1 50	Quebec	do	April 22, '86
Coate, P. J		5 35	do	do	May 18, '83
Cowan, Rebecca J		2 95	do	do	Oct. 18, '86
Chouinard, V. A		0 05	do	do	July 9, '81
Cairns, Albert		0 20	do	do	Oct. 28, '78
Collins, Ann G		0 80	do	do	Feb. 3, '79
Crotty, Margaret		1 23	do	do	Nov. 2, '78
Couture, Albert		2 77	do	do	July 28, '73
Christiansen, G		0 40	do	do	April 21, '79
Chevrier, Josephine		5 35	do	do	Sept. 9, '76
Campbell, M. G		1 62	do	do	May 6, '85
Dugal, Mary		0 25	do	do	Mar. 1, '91
Dumlin, Ann		0 95	do	do	June 6, '83
Dowling, Elizabeth		0 75	do	do	Aug. 8, '84
Doyle, Patrick		0 75	do	do	Sept. 1, '80
Deroche, E.		1 00	do	do	Feb. 17, '81
Dickenson, Margaret		6 15	do	do	Aug. 12, '76
Day, Sarah		0 05	do	do	April 22, '76
Darwin, J. C.		3 50	do	do	Oct. 27, '82
Enright, Jas.		3 80	Gaspé	do	June 5, '73
Fortin, Thos		1 10	Quebec	do	Feb. 9, '74
Geary, Bridget		0 93	do	do	May 7, '86
Girard, Mary		1 00	do	do	Nov. 7, '84
Groven, Mary		0 10	do	do	April 19, '84
Gibb, Lizzie, M		0 85	do	do	May 31, '83
Grant, Richard		1 06	do	do	Feb. 3, '81
Carried forward		58 53			

Dividendes impayés.

Union Bank of Canada—Banque Union du Canada.

Name of Shareholder or Creditor. — Nom de l'actionnaire ou du créancier.	Amount of Dividends unpaid for 5 years and over. — Dividende impayé pendant 5 ans et plus.	Balances standing for 5 years and over. — Balances restant depuis 5 ans et plus.	Last Known Address. — Dernière adresse connue.	Agency at which the last transaction took place. — Agence où la dernière transaction s'est faite.	Date of last transaction. — Date de la dernière transaction.
	$ cts.	$ cts.			
Brought forward		58 53			
Giles, Mary		3 25	Hadlow Cove	St. Louis St. Branch	Feb. 4, '85
Green, C		3 45	do	do	Nov. 27, '78
Hanley, M. A		1 75	Quebec	do	Dec. 17, '84
Huot, Margaret A		0 70	do	do	May 1, '85
Heatley, Ellen		1 26	do	do	July 9, '83
Holden, Mary		0 60	do	do	do 7, '85
Hall, Elizabeth		0 92	do	do	Dec. 22, '80
Hall, Mary Ann		1 35	do	do	do 22, '80
Heavens, C		1 76	do	do	Oct. 3, '78
Hines, Elizabeth		0 85	do	do	July 8, '78
Harrington, Joan		0 95	do	do	Jan. 31, '74
Hickman, Wm		1 45	do	do	Nov. 20, '79
Hinton, Lawrence B		2 40	do	do	do 18, '72
Heatley, Mary		2 00	do	do	Sept. 24, '74
Hanafin, Mary		1 33	do	do	Aug. 17, '80
Jackson, Allison E		0 62	do	do	do 9, '82
Jewell, Ann		0 50	do	do	Dec. 27, '76
Johnson, M		1 55	do	do	Feb. 20, '77
Kane, J. A		1 67	Murray Bay	do	Dec. 3, '86
Kelly, Ed		1 20	Quebec	do	Nov. 17, '80
Karr, Mary A		3 30	do	do	Dec. 2, '78
Langevin, Eliza M		3 35	do	do	Mar. 1, '90
Lamonde, E		0 30	do	do	May 12, '83
Leclerc, F		0 58	St. Romuald	do	Mar. 14, '81
Larue, G. V		0 05	Quebec	do	Oct. 2, '79
Levy, Julia		0 78	do	do	Aug. 13, '81
Lynch, L		0 77	do	do	Nov. 14, '78
Leaycraft, Ida		1 28	do	do	do 2, '80
Lennon, Mary		0 05	do	do	Oct. 5, '75
Maloney, Matthew		0 90	do	do	Nov. 7, '78
Maher, Edward		1 45	do	do	June 9, '84
Mann, Thos. J		2 50	do	do	May 18, '85
Martin, Jane		3 30	do	do	Nov. 21, '74
Machelletti, E. A		2 55	do	do	Dec. 29, '77
Mountain, H. J		0 80	do	do	July 30, '85
Mullins, Mary A		0 15	do	do	do 22, '86
Modler, W		0 90	do	do	Oct. 5, '80
Miller, Cath		0 50	do	do	Aug. 29, '72
Myles, Percy P		0 40	do	do	Jan. 15, '79
Mackay, Ellen		0 50	do	do	July 24, '85
McLean, Mary		2 83	do	do	Jan. 5, '81
McDonald, J. C		0 50	Inverness	do	Mar. 13, '77
McLean, Jos		2 87	Quebec	do	Mar. 7, '78
McCausland, Matilda		1 40	do	do	Oct. 25, '78
McAvee, Maria H		2 57	do	do	April 18, '74
McKeichan, R		1 30	do	do	May 21, '75
McCormick, Catherine		0 65	do	do	Aug. 31, '74
McCabe, W		3 80	do	do	Mar. 1, '90
Newton, Annie		0 50	do	do	June 30, '79
Oliver, Henry H		0 05	do	do	Oct. 4, '79
O'Connor, Patrick		1 90	do	do	Aug. 18, '76
O'Brien, William		0 15	do	do	Sept. 2, '73
O'Riley, John		0 35	do	do	Aug. 7, '75
Pennington, Wm		1 50	do	do	Oct. 15, '74
Peverley, Isabella		8 95	do	do	Mar. 1, '91
Rourk, J		2 65	Valcartier	do	do 1, '78
Roche, Mary		0 20	Quebec	do	April 29, '86
Reynan, Kate		0 55	do	do	do 4, '85
Rawson, Mabel		0 40	do	do	July 16, '81
Carried forward		135 62			

Union Bank of Canada—Banque Union du Canada.

Name of Shareholder or Creditor. — Nom de l'actionnaire ou du créancier.	Amount of Dividends unpaid for 5 years and over. — Dividende impayé pendant 5 ans et plus.	Balances standing for 5 years and over. — Balances restant depuis 5 ans et plus.	Last Known Address. — Dernière adresse connue.	Agency at which the last transaction took place. — Agence où la dernière transaction s est faite	Date of last trans ction. — Date de la dernière transaction.
	$ cts.	$ cts.			
Brought forward....	....	135 62			
Richardson, Jno. R.		0 25	Quebec	St. Louis St. Branch	May 17, '81
Redmond, Margaret		0 95	do	do	July 14, '76
Ryan, Ann		1 35	do	do	Jan. 30, '75
Renaud, Jos		1 25	do	do	Sept. 25, '73
Ratte, Margaret		1 80	do	do	June 17, '73
Richardson, Matilda		0 80	do	do	July 6, '73
Smith, Emma		0 36	do	do	Jan. 23, '85
Savage, Mary A.		0 18	do	do	May 25, '82
Strange, Henry		0 50	do	do	Sept. 5, '79
Strange, Alex		0 22	do	do	do 5, '79
Savard, Ed.		0 50	Chicoutimi	do	May 17, '80
Smith, Jno		0 55	Quebec	do	do 3, '78
Skinner, M. A		1 35	do	do	Nov. 26, '79
Shaw, Mary		0 45	oo	do	Sept. 30, '73
Thomas, Phillip		0 65	do	do	Jan. 30, '83
Thompson, Geo		3 40	Leeds	do	Dec. 7, '82
Turcotte, Honore		1 24	Quebec	do	do 4, '80
Touhy, Mary		0 55	do	do	Jan. 26, '80
Vaughan, Annie C		1 95	do	do	April 25, '73
Walsh, Mary		0 45	do	do	June 25, '83
Wallace, Sarah A		1 95	do	do	Mar. 25, '75
Welch, Margaret J		0 65	do	do	Nov. 11, '74
Wilson, Jno		2 35	do	do	Aug. 31, '74
Morrison, M. D		0 30	Dalhousie Mills	Alexandria	Mar. 2, '90
Sheehan, Jno		0 23	Alexandria	do	April 18, '91
Falconer, C. S		0 10	do	do	Dec. 36, '91
Davis, Alex		1 00	do	do	July 30, '88
Edwards, W. A		3 15	Macleod	Lethbridge	Mar. 31, '87
Halliwell, W. E		1 00	Lethbridge	do	April 28, '87
Payne, Rufus		5 11	do	do	May 17, '87
Matte, R		4 50	do	do	do 11, '88
Allfrey, E. A		0 50	Great Falls	do	Nov. 23, '89
Whitehead, L. E		1 00	Sherbrooke	do	Sept. 6, '89
Brasier, Grace		7 20	Lethbridge	do	Nov. 25, '90
Gibbs & Brasier		4 22	do	do	do 25, '90
Watkins, C. W		3 84	do	do	do 29, '90
Barker, E. M		6 31	New York	do	Dec. 1, '91
Grant, R. S		0 55	Pincher Creek	do	Aug. 20, '91
Lowther & Carter		1 98	Lethbridge	do	Dec. 17, '91
Watson, J. P.		0 30	do	do	June 15, '91
Whear, F. W		1 25	do	do	May 27, '91
Routhier, A.		3 53	Pincher Creek	do	Aug. 25, '92
Wright, S		2 50	Lethbridge	do	Oct. 15, '92
Gilruth, J. A		0 80	do	do	June 14, '92
Lyall, W. C		0 32	Victoria	do	May 26, '92
Goforth, Frank		0 38	Pincher Creek	do	June 20, '92
Irwin, C. H		1 16	Lethbridge	do	Nov. 25, '92
Hutchison, O. H		43 04	Ottawa	Ottawa	May 21, '74
Duhamel, L., president		54 14	do	do	Nov. 25, '86
Butchers' Association		2,487 55	do	do	Jan. 7, '92
O'Keefe, D.		50 04	do	do	Nov. 17, '89
Caron, Sir A. P.		14 61	do	do	June 3, '90
Botherell, Geo		830 65	Butte City, Montana	do	Mar. 31, '91
Campbell, M.		37 40	Ottawa	do	July 14, '92
Railway Safety Appliance Co		555 23	do	do	1888
Bell, Jas. manager		4 05	Renfrew	do	Aug. 31, '86
Snow, C. H.		1 78	Ottawa	do	May 27, '88
McInnis, H		3 01	do	do	Nov. 27, '89
Carried forwerd	....	4,283 05			

Dividendes impayés.

Union Bank of Canada—Banque Union du Canada.

Name of Shareholder or Creditor. — Nom de l'actionnaire ou du creancier.	Amount of Dividends unpaid for 5 years and over. — Dividende impayé pendant 5 ans et plus.	Balances standing for 5 years and over. — Balances restant depuis 5 ans et plus.	Last Known Address. — Dernière adresse connue.	Agency at which the last transaction took place. — Agence où la dernière transaction s'est faite.	Date of last transaction. — Date de la dernière transaction.
	$ cts.	$ cts.			
Brought forward	....	4,283 05			
Charlebois, A. & Co	....	4 88	Ottawa	Ottawa	Aug. 2, '90
Savard & Co	....	0 88	do	do	April 30, '91
Smith, G. R	....	0 05	do	do	June 10, '91
Foster, T. W	....	2 00	Montreal	Montreal	Jan. 16, '91
Gordon, W	....	0 01	do	do	Oct. 31, '90
Henderson Lumber Co	....	3 53	do	do	April 23, '90
Hyde, Jas. G., in trust	....	99 45	do	do	Sept. 7, '88
Hemming & Co	....	0 01	do	do	July 23, '90
Levey, C. E	....	1 14	do	do	Jan. 21, '89
Quintal & Lemay	....	0 02	do	do	June 17, '90
Scheak, A	....	0 30	do	do	Aug. 16, '91
Waud, Mrs. A. Mc	....	1 30	do	do	Jan. 13, '91
Whitehead, E. A. & Co	....	1 43	do	do	May 9, '91
Arnott, J. R	....	1 38	do	do	Nov. 10, '91
Anderson, McK. & Co	....	3 00	do	do	Sept. 8, '91
Brook, J. A. & Co	....	1 54	do	do	Dec. 10, '91
King, Geo	....	1 10	do	do	Nov. 8, '92
Simmons, W. G	....	0 66	do	do	May 30, '92
Wright, Jno	....	0 10	do	do	April 13, '89
Torrance, D	....	116 20	do	do	Dec. 8, '91
Janes, Mary T	....	0 39	Quebec	Quebec	do 28, '88
Racine, L. S., in trust	....	0 13	do	do	do 21, '89
Webster, C. C. and P. McEwan	....	0 08	do	do	May 12, '86
Hunter, M. T	....	0 30	do	do	Jane 17, '85
Ferland, Marie L	....	0 20	do	do	Feb. 20, '84
Gale, J. V., attorney	....	0 52	do	do	April 15, '89
Racine, L. S	....	0 15	do	do	do 15, '89
Charlebois, J. A., in trust	....	0 21	do	do	Dec. 4, '89
Whelan, Mary	....	0 64	do	do	Oct. 16, '85
Hough, Geo	....	0 74	do	do	Nov. 8, '88
Pacaud, E	....	0 20	do	do	Feb. 20, '84
Duhamel, G	....	0 22	do	do	Dec. 10, '88
Kane, J. A. C	....	1 06	do	do	do 9, '85
De Verez, R. O	....	7 55	do	do	July 4, '84
Kerr, Rev. G., guardian	....	8 18	do	do	do 20, '80
Coulombe, C	....	2 13	do	do	Jan. 8, '84
Marcoux, J. D	....	3 40	do	do	Nov. 8, '82
Cathcart, J. A	....	25 66	do	do	do 4, '85
Fraser, Annie	....	38 55	do	do	Dec. 3, '84
Hughes, W. J., secretary	....	57 45	do	do	do 2, '87
Amey, Wm	....	11 74	do	do	June 12, '72
	....	4,681 53			

I declare that the above statement has been prepared under my direction, and is correct according to the books of the bank.

FRED. W. SMITH, *Chief Accountant.*

We declare that the above return is made up from the books of the bank, and that to the best of our knowledge and belief it is correct.

A. THOMSON, *President.*
E. E. WEBB, *General Manager.*

Dated at Quebec this 19th day of January, 1898.

EASTERN TOWNSHIPS BANK.

STATEMENT of dividends remaining unpaid and amounts or balances in respect to which no transactions have taken place or upon which no interest has been paid for five years and upwards.

NOTE.—In case of moneys deposited for a fixed period, the five years are reckoned from the termination of said fixed period.

BANQUE DES CANTONS DE L'EST.

ÉTAT des dividendes restant impayés et montants ou balances au sujet desquels il n'y a pas eu de transactions, ou sur lesquels aucun intérêt n'a été payé pendant cinq ans ou plus.

NOTE.—Dans le cas de deniers déposés pour une période fixe, les cinq ans seront calculés depuis l'expiration de la dite période fixe.

Name of Shareholder or Creditor. — Nom de l'actionnaire ou du créancier.	Amount of Dividends unpaid for 5 years and over. — Dividends impayés pendant 5 ans et plus.	Balances standing for 5 years and over. — Balances restant depuis 5 ans et plus.	Last Known Address. — Dernière adresse connue.	Agency at which the last transaction took place. — Agence où la dernière transaction s'est faite	Date of last transaction. — Date de la dernière transaction.
	$ cts.	$ cts.			
Bourgeois & Roy	1 40	....	South Stukely	Sherbrooke	July 4, '60
Burns, A. D	0 35	....	Sherbrooke	do	do 4, '60
Browning, Samuel	6 00	....	Montreal	do	do 1, '63
Boyle, William	0 70	....	Newport	do	do 2, '64
Cleveland, G. W	0 80	....	Danville	do	do 1, '61
Cutter, F. A.	4 85	....	Sutton	do	do 2, '64
Deacon, C. F., M.D.	12 00	....	Montreal	do	Jan. 2, '77
Eaton, B. C., insolvent estate of	1 00	....	Sherbrooke	do	July 4, '60
Ellis, J. C	2 00	....	Frost Village	do	do 4, '60
Frost, W	3 90	....	Granby	do	do 4, '60
*a*Flint, Alvin, deceased, estate of	21 87	....	....	do	Jan. 2, '65
Gardner, M	3 00	....	Stanbridge	do	do 2, '61
Henderson, F.	1 38	....	Sherbrooke	do	July 4, '60
Hungerford, S. L	3 40	....	West Brome	do	do 1, '63
Jones, J. M	0 30	....	Stanbridge	do	Jan. 2, '61
Jordon, C. F	7 00	....	Newport	do	July 4, '60
Lay, J. B	0 80	....	Waterloo	do	do 4, '60
Lay, A. F	1 03	....	Warden	do	do 4, '60
Martindale, Asa	5 10	....	Stanbridge	do	Jan. 2, '61
Mooney, John	0 20	....	Knowlton	do	July 4, '60
McLaughlin, D	0 55	....	do	do	do 4, '60
Newton, D.	2 50	....	Adamsville	do	do 4, '60
Newton, M.	0 80	....	Compton	do	do 4, '60
Patterson, M.	0 35	....	Knowlton	do	do 4, '60
Patterson, E.	0 35	....	do	do	do 4, '60
Patterson, G	0 35	....	do	do	do 4, '60
Patterson, J	0 35	....	do	do	do 4, '60
*b*Pope, R., deceased, estate of	4 00	....	Cookshire	do	do 4, '60
Pope, D. H.	0 80	....	Eaton	do	do 1, '61
Ruiter, James	0 80	....	Cowansville	do	do 1, '61
Shepherd, W. H	0 20	....	Frost Village	do	do 4, '60
Carried forward	88 13	....			

*a*Mrs. Sophia Flint, Stanstead. *b*Alden Learned, Cookshire.

Dividendes impayés.

Eastern Townships Bank—Banque des Cantons de l'Est.

Name of Shareholder or Creditor. — Nom de l'actionnaire ou du créancier.	Amount of Dividends unpaid for 5 years and over. — Dividende impayé pendant 5 ans et plus.	Balances standing for 5 years and over. — Balances restant depuis 5 ans et plus.	Last Known Address. — Dernière adresse connue.	Agency at which the last transaction took place. — Agence où la dernière transaction s'est faite.	Date of last transaction. — Date de la dernière transaction.
	$ cts.	$ cts.			
Brought forward	88 13	....			
Shepherd, J	0 30	....	South Stukely	Sherbrooke	do 4, '60
Smith, J. H	2 40	....	Frelighsburg	do	do 2, '62
Somers, David	0 15	....	Sherbrooke	do	Jan. 2, '61
Squires, A. C	8 50	....	Sutton	do	July 2, '62
Stone, F. G., deceased, estate of	282 00	....	Stanbridge	od	Jan. 2, '74
Sutton, John	4 00	....	Barnston	do	do 2, '68
Tebay, R. B	1 20	....	Sherbrooke	do	July 1, '61
Tetu, C	0 75	....	North Stukely	do	do 4, '60
Wood, A	2 00	....	Frost Village	do	do 4, '60
Wood, T. B	1 64	....	East Farnham	do	Jan. 2, '65
Woodbury, Anna S., deceased	605 00	....	Frelighsburg	do	July 2, '77
Macfarlane, Henry	420 00	....	Sherbrooke	do	Jan. 2, '90
Pattison, W. M., assignee R. W. Hutchins estate	....	8 15	Clarenceville	Waterloo	Oct. 12, '71
Pattison, W. M., assignee E. Longley estate	....	15 01	do	do	do 10, '71
Pattison, W. M., assignee W. McKean estate	....	1 54	do	do	Nov. 19, '70
Foster, A. B., assignee A. Wood estate.	....	18 00	Waterloo	do	Aug. 1, '72
Lefebvre, J., assignee Z. S. Laurence estate	....	1 01	do	do	Nov. 20, '76
Lefebvre, J., assignee	....	3 50	do	do	do 20, '76
Whyte, A	....	2 96	do	do	July 30, '77
Foster, A. B	....	15 66	do	do	Sept. 12, '77
Scott, G. L	....	18 43	do	do	July 31, '68
Grangers Co. Society	....	21 93	do	do	Sept. 5, '77
Maithiot, F. X., collateral account	....	23 25	North Stukely	do	April 29, '89
Gilmour, James A., in trust	....	65 41	Derby Line, Vt.	Stanstead	Dec. 31, '92
Jenkins, C. A., executor C. Poole estate	....	154 37	Smith's Mills, Q.	do	do 9, '92
Heath, Wm. M	....	31 69	Stanstead	do	Nov. 2, '83
Morse, Louvia A	....	9 66	Lyttleton, N.H.	do	Oct. 26, '88
Allison, Charles.	....	3 87	Georgeville, Que	do	Dec. 23, '90
Mansur, Charles H	....	19 85	Rock Island	do	Feb. 7, '89
Harvie, W. G.	....	2 74	Fitch Bay	do	Sept. 20, '89
Papineau, Miss Helen	....	529 18	Brandon, N.Y.	do	do 16, '88
Murdock, Mrs. Samuel	....	232 09	Stanstead, Que.	do	Dec. 12, '92
Comstock & Co	....	4 00	....	Stanbridge	May 11, '67
Prince, Charles, estate of	....	43 00	....	do	do 11, '67
Foster, Paige, estate of	....	7 50	....	do	do 11, '67
Pattison, W. M., assignee of insolvent estate Thorpe	....	10 79	....	do	April 23, '74
Pattison, W. M., assignee of insolvent estate H. Horskin	....	28 70	....	do	Mar. 4, '75
Kilner, Rev. C. G.	....	28 00	....	Cowansville.	July 4, '81
Benham, A. E., in trust	....	8 81	Sheffield	do	Dec. 10, '83
Boyd, Peter	....	0 92	Scottsmore	do	Oct. 3, '85
Bidwell, Mrs. Jane	....	119 38	Cowansville	do	May 29, '91
Cahill, Bernard	....	400 28	do	do	do 6, '81
Carter, Edley	....	92 67	East Farnham	do	do 6, '92
Charbonneau, J. A.	....	73 39	Bedford	do	June 2, '87
Cotton, Mary S	....	7 05	Cowansville	do	do 9, '88
Bullard, Beatrice E	....	6 46	Iron Hill	do	Jan. 5, '88
Douglas, Wm. James	....	16 42	Farnham	do	Oct. 8, '92
Fuller, Maggie W	....	241 84	Sweetsburg	do	Nov. 29, '92
Fuller, Alice A	....	116 74	do	do	Dec. 2, '92
Fordyce, A	....	52 25	East Farnham	do	Mar. 22, '92
Grant, Miss Florence, sec.-treas.	....	1 05	Brigham	do	Aug. 22, '89
Jackson, W. H	....	2 30	Cowansville	do	May 29, '89
Laraway, Jonas A	....	5 80	do	do	Jan. 30, '92
Carried forward	1,416 07	2,445 65			

Eastern Townships Bank—Banque des Cantons de l'Est.

Name of Shareholder or Creditor. — Nom de l'actionnaire ou du créancier.	Amount of Dividends unpaid for 5 years and over. — Dividende impayé pendant 5 ans et plus.	Balances standing for 5 years and over. — Balances restant depuis 5 ans et plus.	Last Known Address. — Dernière adresse connue.	Agency at which the last transaction took place. — Agence où la dernière transaction s'est faite.	Date of last transaction. — Date de la dernière transaction.
	$ cts.	$ cts.			
Brought forward	1,416 07	2,445 65			
*a*Massie, John, jun., in trust		35 71	Cowansville.	Cowansville.	Mar. 22, '89
Moffatt, R. E. H		12 88	Sweetsburg	do	Sept. 5, '91
Mansfield, Henry		5 19	East Farnham	do	Nov. 6, '89
Mandigo, Samuel B		68 73	Brome	do	Sept. 15, '92
Patch, Amelia		6 06	do	do	July 15, '90
Patch, Charles E		6 00	do	do	Oct. 15, '90
Watson, John C		1 88	East Farnham	od	Jan. 4, '86
Wells, R. D., in trust		24 10	Sweetsburg	do	do 9, '92
*b*Balwin, Phoebe R		208 12	Coaticooke	Coaticooke	Feb. 13, '91
Buckland, Harry L		19 50	Barnston	do	July 20, '92
Corliss, James M.		313 78	Corliss, Que	do	Nov. 28, '92
Demers, Marie J		28 47	Coaticooke	do	do 2, '92
*c*Earle, Philip		13 81	Hatley, Que	do	Sept. 7, '81
Fiske, Mrs. A. E		10 41	Coaticooke	do	Nov. 5, '92
*d*Ives, Lorenzo		17 67	Hatley, Que	do	Jan. 5, '92
*e*Sutton, Mrs. E. E., in trust		118 89	do	do	June 15, '91
*e*Sutton, Mrs. E. E., in trust		43 88	do	do	Jan. 13, '92
Shurtleff, O., and A. McIntosh, exec'tors		63 52	Coaticooke	do	Aug. 1, '92
Booth, Ephram, in trust		1 29	Melbourne	Richmond	July 19, '87
Colville, William		16 75		do	June 19, '76
Desaulniers, Louis		78 75	Melbourne	do	Mar. 2, '81
Jesnait, Alexis		111 27	Ely	do	Aug. 9, '80
Kerr, William		12 06	Windsor Mills	do	June 30, '91
Lynch, Michael.		341 78	Soutland, Ore.	do	Oct. 31, '92
Middleton, Edward		42 88	Neverton	do	Feb. 24, '80
McKenzie, Annabella		12 74	Melbourne	do	July 27, '83
Poirier, Gustave		2 28	Richmond Stat'n	do	Aug. 19, '92
Poirier, Armande		2 28	do	do	July 25, '92
Ricken, Mrs		9 13		do	April 26, '76
Roberts, W. H		1 12	Rockland	do	Oct. 15, '91
Ross, William		17 58	Richmond	do	Nov. 16, '91
Stratton, John F., in trust		26 71	do	do	June 21, '87
Weston, Albert Henry		3 08	Richmond Stat'n	do	Oct. 26, '81
Williamson, N. H		582 30	Richmond	do	do 19, '92
Wilson, William		2 61	do	do	Nov. 24, '82
Boyd, Miss Euphemia C		343 75	Granby	do	Sept. 21, '92
Fisk, Miss Edith Sarah		25 65	Abbotsford	do	do 29, '92
Fisk, Miss Laura Wheeler		20 00	do	do	do 29, '92
Hackett, John, deceased		115 00	do	do	Dec. 1, '86
Bedford Building Society		8 75	Bedford	Bedford	April 23, '84
Dufresne, C. A		0 26	Farnham	Farnham	June 4, '87
Hibbard, A. S		0 73	do	do	do 4, '87
Patch, A. C		0 03	do	do	do 4, '87
Trahar, Isadore		4 99	Bedford	Bedford	Feb. 19, '89
Vient, A		2 75	Farnham	Farnham	June 4, '87
DeKelpyn, M.		18 50	Huntingdon	Huntingdon	do 20, '91
Maw, Maggie		451 47	Ormstown	do	Dec. 30, '92
McGinnis Brothers, insolvent		3 85	Athelstan	do	Jan. 29, '91
St. Lawrence and Adirondack Railway Company		2,700 00	St. Stanislas	do	June 24, '91
Adam, Charles		99 50	Sherbrooke	Sherbrooke	do 6, '76
Aldrich, Thaddeus A		5 34	Huntingville	do	Jan. 17, '85
Barker, Sarah M.		1,159 01	Lime Ridge	do	May 16, '92
Barker, Ella G.		1,159 01	do	do	do 13, '92
Beacher, Mrs. Elizabeth H		51 38	Randboro	do	Aug. 2, '92
Carried forward	1,416 07	10,878 83			

*a*Deceased; J. C. Massie and J. Mackinnon executors. *b*Dead; W. J. Kinney, Coaticook, J. L. Dolloff, Dixville. *c*Japhet LeBaron, curator, Hatley. *d*Dead; Avery Ives, Hatley, H. F. Pope, Hatley. *e*Dead; J. J. Sutton, Barnston, Mrs. A. H. Robertson, Cookshire.

Eastern Townships Bank—Banque des Cantons de l'Est.

Name of Shareholder or Creditor. — Nom de l'actionnaire ou du créancier.	Amount of Dividends unpaid for 5 years and over. — Dividende impayé pendant 5 ans et plus.	Balances standing for 5 years and over. — Balances restant depuis 5 ans et plus.	Last Known Address. — Dernière adresse connue.	Agency at which the last transaction took place. — Agence où la dernière transaction s'est faite.	Date of last transaction. — Date de la dernière transaction.
	$ cts.	$ cts.			
Brought forward	1,416 07	10,878 83			
aBerwick, Edward C., deceased		680 83	Sherbrooke	Sherbrooke	April 4, '91
Bishop, W. B.		12 00	do	do	June 6, '76
Bond, William		9 13	do	do	Oct. 22, '92
Booth, Frank		1 42	do	do	Nov. 18, '87
Bowman, Wm. F		15 66	Scotstown	do	Feb. 23, '91
Brault & Co.		28 74	Sherbrooke	do	Mch. 22, '86
Brennan, A. M. S. and J		2 10	Lennoxville	do	July 2, '78
Bringlor, Edward		1,000 82	Capelton	do	do 27, '92
Brooks, Harry A.		8 58	Indian Head, N.W.T.	do	Mar. 13, '79
Brooks, Lawrence A		7 49	Barnston	do	Feb. 12, '83
Brown, Mrs. Louisa		137 73	Brompton	do	Sept. 23, '91
Brundrete, Seth		1 00	East Angus	do	April 15, '85
Burke, atrick		4 69	Sherbrooke	do	Aug. 3, '85
Burns, Mrs. Nina E.		534 84	Enosburg Falls, Vt.	do	June 26, '91
Bryant, J. A.		1 78	North Hatley	do	Feb. 18, '88
Brown, Joseph		4 81	Sherbrooke	do	Sept. 30, '90
Campbell, John J.		1 94	do	do	Mar. 31, '91
Campbell, Miss Mary		121 59	Stornoway	do	July 20, '92
Cattell, Edward P		1 15	Sherbrooke	do	June 5, '91
Cavirs, Miss Ellen S.		10 55	East Clifton	do	Jan. 25, '90
Chartien, F., in trust		0 03	Agnes	do	Mar. 14, '87
Chesney, C. H.		11 26	Sherbrooke	do	Feb. 15, '77
Chillas, George J		4 36	do	do	June 4, '89
Cleveland, E. E.		8 51	do	do	April 18, '89
Cochrane, Mrs. Margaret		1,509 83	do	do	Mar. 14, '89
Cochrane, Mrs. Margaret, in trust		24 63	Compton	do	do 14, '90
Consolidated Bank of Canada		104 96	Montreal	do	Nov. 3, '79
Coté, J. L., in trust		8 00	Sherbrooke	do	Mar. 13, '90
Dale, Frederick W		2 71	do	do	July 24, '88
Dale, F. J.		1 43	do	do	do 24, '88
Daly, C.		0 74	do	do	Dec. 11, '76
Davidson, Robert, in trust		11 06	do	do	Mar. 31, '83
Davidson, Henry, in trust		64 31	do	do	Feb. 3, '92
Davis, A. U., estate of, deceased		0 12	Dudswell	do	May 19, '80
Dejouffroy, George		0 52	Capelton	do	Mar. 4, '80
Digby, F. A		5 87	Ascot	do	Oct. 3, '83
Dufresne, A. E. and J. D. Griffith, in trust		120 00	Sherbrooke	do	June 19, '72
Fissette, E.		1 07	do	do	Jan. 17, '79
French, Mrs. Harriett, tutrix		477 06	Gould	do	Nov. 4, '90
Green, Walter B.		22 23	Sherbrooke	do	Oct. 5, '86
Hale, W. A., in trust		1 15	do	do	April 1, '98
Harvey, R. L. & Co.		11 20	do	do	July, 3, '86
Hepburn, Mrs. J.		1 00	do	do	Nov. 15, '77
Hepburn, Mrs. Helen J		353 27	Milby	do	May 5, '92
Hearn, Joseph		547 26	Cookshire	do	April 29, '90
Herring, Winnie B.		5 77	Bulwer	do	June 11, '92
Hodge, Sarah J., estate of, deceased		53 88	Sawyerville	do	Mar. 5, '85
Hommell, John, in trust		1 01	Sherbrooke	do	Dec. 14, '89
Innes, Mrs. Sarah J.		4 09	Eaton	do	Mar. 28, '84
Kenrick, Charles		2 71	Ascot	do	July 5, '90
Labaree, Edwin		18 76	Sherbrooke	do	Feb. 8, '77
Lapointe, Mrs. Delina		459 16	do	do	Aug. 30, '92
Leavitt, J., in trust		14 35	East Hatley	do	Nov. 13, '84
Lebourveau & Co., estate of, insolvent		6 24	Eaton	do	Mar. 18, '88
LeRoy, George		1 70	Sherbrooke	do	do 23, '83
Carried forward	1,416 07	17,325 93			

a E. C. Hale and W. H. Fuller, Sherbrooke, executors.

Eastern Townships Bank—Banque des Cantons de l'Est.

Name of Shareholder or Creditor. — Nom de l'actionnaire ou du créancier.	Amount of Dividends unpaid for 5 years and over. — Dividende impayé pendant 5 ans et plus.	Balances standing for 5 years and over. — Balances restant depuis 5 ans et plus.	Last Known Address. — Dernière adresse connue.	Agency at which the last transaction took place. — Agence où la dernière transaction s'est faite.	Date of last transaction. — Date de la dernière transaction.
	$ cts.	$ cts.			
Brought forward........	1,416 07	17,325 93			
Levinson, A...	....	0 31	Sherbrooke...	Sherbrooke.	Jan. 8, '91
Long, E. A.	....	2 81	do	do	Oct. 9, '88
Macfarlane, Henry	....	72 57	do	do	Sept. 20, '89
Mattice, G., in trust for W. Mattice	....	2 96	Montreal	do	Feb. 17, '83
Miller, S. M	....	2 44	Sherbrooke	do	Jan. 8, '91
Moore, W. R	....	6 91	Cookshire	do	Mar. 24, '89
Morey, S. F., treasurer, Sherbrooke Horticultural Society	....	11 00	Sherbrooke	do	Mar. 6, '84
Morrison, Malcolm	....	165 30	Agnes	do	June 24, '84
Mowle, John R	....	14 23	Cookshire	do	July 29, '79
Mullins, Thomas	....	5 64	Magog	do	Aug. 24, '92
McAuley, Edith May	....	12 14	Spring Hill	do	do 22, '90
McCaskill. Alexander	....	851 15	Keith	do	Mar. 11, '92
McCaw, T. M., in trust	....	14 00	Montreal	do	Jan. 5, '92
McCurdy, Eliza Jane	....	212 51	Lennoxville	do	Aug. 22, '90
McCurdy, William H	....	57 41	do	do	do 24, '92
McDonald, J	....	2 50	Sherbrooke	do	Dec. 22, '74
McDonald, Mrs. Arabella	....	8 74	Gould	do	Aug. 17, '91
McDonald, Norman N	....	237 70	Stornoway	do	June 25, '91
McFarlane, Malcolm	....	8 88	Stratford, Ont.	do	Jan. 27, '90
McFee, D. E., deceased	....	1 27	Lennoxville	do	Nov. 30, '87
McGibbon, John	....	150 03	Agnes	do	Feb. 21, '91
McIver, Malcolm	....	381 14	Sherbrooke	do	Mar. 31, '91
McLeod, Donald B.	....	180 54	Hampden	do	Sept. 3, '89
McLeod, M. R.	....	20 00	....	do	Feb. 24, '92
Newnes, Herbert	....	5 02	Sherbrooke	do	April 2, '89
Nicholson, Kenneth M	....	1 14	Lingwick	do	Aug. 4, '92
Nicholson, John D	....	1 14	do	do	do 4, '92
Nicholson, Donald G	....	1 14	do	do	do 4, '92
Nicholson, William A	....	1 14	do	do	do 4, '92
O'Connor, John, jr	....	241 34	Farnham	do	Dec. 20, '90
Ord, Miss Mary A	....	2,200 86	Sherbrooke	do	Sept. 29, '92
Parker Brothers	....	15 42	Scotstown	do	Oct. 26, '89
Priest, George	....	33 02	Sherbrooke	do	Dec. 13, '81
Pegg, Henry	....	3 01	do	do	Oct. 7, '90
Robillard, A., and J. Murphy	....	123 97	do	do	Sept. 12, '83
Rogers, Isadore M	....	311 23	Compton	do	Nov. 30, '89
Roy, Onèsime	....	2 48	Sherbrooke	do	Oct. 3, '90
Sampson, Annie Helen	....	6 49	North Hatley	do	Mar. 1, '88
Savage, Fred	....	2 02	Sherbrooke	do	Oct. 22, '92
Severance. Miss Jessie M	....	38 33	do	do	Mar. 28, '92
Sawyer, Horace, in trust	....	61 25	North Hatley	do	Feb. 23, '89
Shannon, Joseph	....	4 71	....	do	do 5, '92
Sherbrooke, E. T. and K. Ry. Co	....	37 22	Sherbrooke	do	Nov. 26, '72
Sherbrooke Turf Club	....	5 00	do	do	June 4, '88
Short, John, prothonotary, deceased	....	3 55	do	do	Oct. 12, '85
Sias, Mrs. W. H	....	7 08	do	do	May 27, '76
Smith, Marion	....	3 33	do	do	do 8, '89
Snell, H. T	....	0 23	Richmond	do	July 14, '77
Somers, Thomas	....	7 74	Sherbrooke	do	Sept. 1, '92
Spendlove, F. M. R	....	4 66	Hatley	do	May 4, '78
Stuart, Alexander	....	322 96	Marsden	do	Dec. 27, '89
St. Barnabas Church, Wardens of	....	94 84	Milby	do	Apri 11, '91
Tamblyn, Harry	....	2 53	Capelton	do	Dec. 26, '91
Triste,yWilliam	....	30 76	W. Brompton	do	April 9, '90
Triste, Margaret	....	78 65	Sherbrooke	do	May 21, '91
Waters, George	....	1 36	do	do	Oct. 22, '92
Webb, Sheriff W. H., deceased	....	1 08	do	do	Nov. 8, '90
Webster, James	....	61 00	....	do	May 1, '90
Webster, Adrial, deceased	....	21 00	Waterloo	do	June 3, '89
Carried forward...........	1,416 07	23,484 81			

Dividendes impayés.

Eastern Townships Bank—Banque des Cantons de l'Est.

Name of Shareholder or Creditor. — Nom de l'actionnaire ou du créancier.	Amount of Dividends unpaid for 5 years and over. — Dividende impayé pendant 5 ans et plus.	Balances standing for 5 years and over. — Balances restant depuis 5 ans et plus.	Last Known Address. — Dernière adresse connue.	Agency at which the last transaction took place. — Agence où la dernière transaction s'est faite	Date of last transaction. — Date de la dernière transaction.
	$ cts.	$ cts.			
Brought forward..........	1,416 07	23,484 81			
Weston, Mrs. E. R..............	....	3 51	Scotstown.......	Sherbrooke.	do 26, '89
Willard, Albro I...........	....	17 94	E. Angus.......	do ..	Dec. 11, '91
Wilson, Clifford..........	....	5 98	do	do ..	Jan. 17, '91
Wilson, William F......	....	5 98	do	do ..	do 17, '91
Wilson, Frederick................. ...	....	3 90	Sherbrooke......	do ..	July 2, '86
Wilson, James B.................. .	....	9 36	Agnes	do ..	Mar. 10, '85
Wilson, A. J. H.	....	17 43	Sherbrooke.	do ..	Feb. 6, '80
Woodward, Joseph G..................	....	5 00	New York......	do ..	Jan. 21, '92
Dussault, N. T., in trust......	....	2 37	Sherbrooke.....	do ..	June 21, '92
	1,416 07	23,556 28			

I declare that the above statement has been prepared under my direction and is correct according to the books of the bank.

SAML. MOREY, *Accountant.*

We declare that the above return is made up from the books of the bank, and that to the best of our knowledge and belief it is correct.

R. W. HENEKER, *President.*

WM. FARWELL, *General Manager.*

SHERBROOKE, 17th January, 1898.

BANQUE DE SAINT-HYACINTHE.

ETAT des dividendes restant impayés et montants ou balances au sujet desquels il n'y a pas eu de transactions, ou sur lesquels aucun intérêt n'a été payé pendant cinq ans ou plus.

NOTE.—Dans le cas de deniers déposés pour une période fixe, les cinq ans seront calculés depuis l'expiration de la dite période fixe.

BANK OF ST. HYACINTHE.

STATEMENT of dividends remaining unpaid and amounts or balances in respect to which no transactions have taken place or upon which no interest has been paid for five years and upwards.

NOTE.—In case of moneys deposited for a fixed period, the five years shall be reckoned from the termination of said fixed period.

Name of Shareholder or Creditor. — Nom de l'actionnaire ou du créancier.	Amount of Dividends unpaid for 5 years and over. — Dividende impayé pendant 5 ans et plus.	Balances standing for 5 years and over. — Balances restant depuis 5 ans et plus.	Last Known Address. — Dernière adresse connue.	Agency at which the last transaction took place. — Agence où la dernière transaction s'est faite.	Date of last transaction. — Date de la dernière transaction.
	$ cts.	$ cts.			
L. Richard		41	St-Césaire	St-Césaire	Nov. 7, '77
Ant. Charron		7 69	do	do	Feb. 18, '84
J. Vigeaut		12 00	do	do	Jan 15, '84
A. Loiselle		0 03	do	do	June 11, '83
A. J. Cormeau		0 64	St-Hyacinthe	St-Hyac'the	July 31, '88
L. Beauregard		0 08	do	do	Jan. 29, '89
Benoit & Bérard		0 03	do	do	Nov. 11, '87
Ledoux & Cie		0 28	do	do	June 17, '89
Dame L. A. Gagnon		0 37	do	do	May 2, '89
Aff. L. H. Mercier		19 36	do	do	Feb. 8, '92
Aff. M. Phaneuf		0 95	do	do	Dec. 31, '91
J. H. Bernard		0 03	do	do	April 30, '90
Morrison & Desmarais		0 94	do	do	Nov. 30, '91
Brodeur & Frére		0 03	do	do	Sept. 5, '91
Succ. J. H. Doherty		14 40	do	do	Jan. 29, '88
M. Richard		36 46	do	do	Aug. 14, '89
J. Couture & Cie		0 52	do	do	Jan. 4, '90
H. Green, M. I. Co'y		1 00	do	do	Sept. 29, '90
Brousseau & Decelles		9 25	do	do	Oct. 27, '90
Ed. Morin		0 58	do	do	July 26, '92
J. A. McDonald		0 10	do	do	Oct. 29, '92
M. E. Bernier, *re* Hébert		225 20	do	do	Jan. 31, '85
M. Boas		41 71	do	do	Dec. 14, '92
Louise Chartier		0 70	St-Rosalie	do	Nov. 28, '92
L. Fugére		3 60	St-Dominique	do	Feb. 1, '90
Chas. Boulay		4 50	St-Pie	do	May 17, '85
P. Choquette		3 43	St-Hyacinthe	do	Mar. 19, '86
W. Choquette		11 43	do	do	do 19, '86
H. Cloutier		16 00	do	do	Aug. 7, '90
H. Dussault		1 95	do	do	Jan. 10, '91
D. Dumaine		1 85	do	do	April 25, '92
H. Cordeau		0 58	St-Denis	do	July 14, '90
J. Chagnon		14 00	Belœil	do	April 10, '87
P. Cadoret		1 20	St-Hyacinthe	do	Jan. 10, '90
W. Duchesneau		0 90	do	do	Nov. 9, '89
Carried forward		432 20			

Dividendes impayés.

Banque de Saint-Hyacinthe—Bank of St. Hyacinthe.

Name of Shareholder or Creditor. — Nom de l'actionnaire ou du créancier.	Amount of Dividends unpaid for 5 years and over. — Dividende impayé pendant 5 ans et plus.	Balances standing for 5 years and over. — Balances restant depuis 5 ans et plus.	Last Known Address. — Dernière adresse connue.	Agency at which the last transaction took place. — Agence où la dernière transaction s'est faite	Date of last transaction. — Date de la dernière transaction.
	$ cts.	$ cts.			
Brought forward	....	432 20			
C. Bénoit	....	3 50	St-Hyacinthe	St-Hyaci'the	Sept. 4, '88
L. Adam	....	4 60	do	do	Jan. 3, '89
R. Demers	....	0 85	do	do	Aug. 5, '89
H. Cormier	....	1 25	do	do	Sept. 3, '89
M. Choquette	....	1 72	do	do	May 14, '89
E. Blais	....	0 55	St-Pie	do	Jan. 25, '90
Alf. Corbeil	....	1 40	St-Rosalie	do	June 21, '90
Raymond Brien	....	10 75	St-Marcil	do	Dec. 19, '90
M. Ducharme	....	33 45	St-Denis	do	Nov. 14, '90
Helene Demers	....	0 25	St-Hyacinthe	do	Aug. 5, '91
Frs. Beaudoin	....	1 10	St-Dominique	do	do 13, '91
J. Brosseur	....	1 18	St-Valérien	do	June 4, '92
J. Buckly	....	0 10	St-Hyacinthe	do	Sept. 7, '92
Arth. Cloutier	....	2 10	St-Dominique	do	Oct. 29, '92
L. Caneau	....	0 77	St-Hyacinthe	do	Nov. 24, '91
E. Beaudry	....	2 84	Acton	do	Jan. 30, '84
Brigade du Feu	....	41 53	St-Hyacinthe	do	April 8, '74
Fred. Bordua	....	2 65	St-Charles	do	July 3, '86
J. B. Bachand	....	7 39	St-Hyacinthe	do	Feb. 9, '96
Geo. Birtz	....	0 92	St-Simon	do	Jan. 23, '84
M. Fontaine	....	2 49	St. Hyacinthe	do	July 6, '80
M. E. Bernier, Sy	....	0 38	do	do	Aug. 2, '76
Leop. Faneuf	....	0 05	St-Césaire	do	Feb. 22, '78
Fab de St-J. Bte. de Roxton Falls	....	1 00	Roxton	do	Aug. 15, '78
Frs. Belanger	....	1 37	St-Hyacinthe	do	Sept. 27, '76
H. Bienvenu	....	0 73	Salem	do	Oct. 25, '84
A. Côté Fils	....	0 82	St-Dominique	do	May 10, '79
Rev. A. Dumesnil	....	0 24	St-Hyacinthe	do	Feb. 5, '81
H. Arpin	....	1 05	Ste-Madeleine	do	July 19, '84
A. Archambault	....	0 90	St-Césaire	do	Nov. 19, '84
E. Dupont	....	0 09	St-Damase	do	Dec. 3, '78
A. Beauregard	....	7 49	St-Pie	do	May 7, '81
A. Bussière	....	1 40	St-Dominique	do	Nov. 16, '83
C. A. Duclos	....	0 40	St-Pie	do	Oct. 21, '81
H. Blanchette	....	1 42	La Présentation.	do	Jan. 31, '82
J. Archambault	....	0 56	St-Hyacinthe	do	Mar. 20, '82
R. Faneuf	....	4 66	La Présentation.	do	Oct. 31, '85
E. Chartier	....	0 65	St-Hyacinthe	do	Dec. 12, '82
L. Finlay	....	0 30	do	do	Mar. 10, '83
P. J. Beauregard	....	0 30	do	do	do 19, '83
Ant. Bouthillier	....	2 88	Ste-Cécile	do	June 13, '83
J. C. Belanger	....	0 14	St-Hyacinthe	do	April 28, '82
D. Dion	....	0 10	do	do	Aug. 2, '83
A. Côté	....	0 77	do	do	Jan. 22, '84
F. X. Beaudet	....	0 57	St-Marcil	do	Feb. 12, '84
E. Brodeur	....	1 70	St-Hyacinthe	do	July 21, '84
A. Boulay	....	0 08	La Présentation.	do	Aug. 14, '85
P. Boucher	....	2 40	St-Marcil	do	Oct. 31, '85
A. Fredette	....	0 57	Ste-Madeleine	do	Mar. 13, '86
P. Fournier	....	0 05	St-Hyacinthe	do	Feb. 5, '86
P. Dion	....	5 37	do	do	Aug. 24, '86
Fabrique de St-Damase	....	1 18	St-Damase	do	Mar. 16, '85
J. Cordeau	....	4 30	St-Hyacinthe	do	Nov. 2, '87
J. Chartier	....	0 50	do	do	do 6, '86
Bte. Chaput	....	2 52	do	do	May 30, '86
Flavien Côté	....	1 88	St-Damase	do	do 2, '87
W. R. Belisle *dit* Vasseur	....	4 66	Ste-Rosalie	do	Dec. 31, '81
Elisa Choquette	....	1 07	St-Hyacinthe	do	Mar. 16, '87
A. Durocher	....	5 60	St-Denis	do	July 23, '86
N. Belanger	....	3 17	St-Hyacinthe	do	do 12, '86
Carried forward	....	616 91			

Banque de Saint-Hyacinthe—Bank of St. Hyacinthe.

Name of Shareholder or Creditor. — Nom de l'actionnaire ou du créancier.	Amount of Dividends unpaid for 5 years and over. — Dividende impayé pendant 5 ans et plus.	Balances standing for 5 years and over. — Balances restant depuis 5 ans et plus.	Last Known Address. — Dernière adresse connue.	Agency at which the last transaction took place. — Agence où la dernière transaction s'est faite.	Date of last transaction. — Date de la dernière transaction.
	$ cts.	$ cts.			
Brought forward		616 91			
J. Dufresne		33 97	St-Pie	St-Hyaci'the	May 13, '85
Leandre Courtemanche		7 50	St-Judes	do	Jan. 29, '87
Alex. Besse		0 97	St-Denis	do	Mar. 28, '87
J. Benoit, jun		1 50	St-Hyacinthe	do	Aug. 5, '87
Pierre Boulay		0 43	St-Pie	do	Mar. 5, '87
Philomene Chaput		5 45	St-Damase	do	Dec. 18, '84
Etienne Chartier		150 20	St-Hugues	do	Nov. 2, '91
Frs. Ducharme		36 10	St-Ours	do	July 31, '86
Suc. Ant. Chagnon		244 75	Béloeil	do	Dec. 28, '92
Paul Ferland		138 55	St-Hyacinthe	do	Mar. 1, '88
E. Lafontaine		2 95	St-Hugues	do	April 13, '89
J. Guilmain		65 00	St-Césaire	do	Aug. 11, '85
M. Halde		1 23	St-Hyacinthe	do	Feb. 28, '91
P. Langelier		2 75	Ste-Rosalie	do	May 7, '90
L. Huard		78 45	St-Denis	do	June 31, '87
Lse. Lussier		96 35	St-Hyacinthe	do	Mar. 20, '79
J. Jodoin		16 90	St-Césaire	do	do 11, '79
Jules Legros		2 90	St-Pie	do	Nov. 26, '92
P. Handfield		1 05	St-Hyacinthe	do	Jan. 14, '90
S. Lapointe		9 15	Waterbury	do	Aug. 12, '90
P. A. Lussier		1 12	St-Dumase	do	Oct. 12, '92
A. de St. Félix		2 90	St-Charles	do	May 13, '85
J. B. Ledoux		0 32	St-Dumase	do	Oct. 9, '86
P. L. Gauvreau		0 01	Rimouski	do	do 19, '80
F. Lemonde		0 08	Ste. Rosalie	do	Aug. 21, '76
Pr. Larivière		1 13	St-Barnabé	do	July 25, '84
J. Larivière		0 40	do	do	May 2, '78
Vve. J. Lecours		1 00	St-Hyacinthe	do	July 3, '77
Arz. Lafontaine		0 53	do	do	June 4, '83
André Luc		0 10	do	do	Mar. 21, '81
M. L. Legros		0 89	St-Césaire	do	April 11, '85
J. Lupien		1 39	St-Hyacinthe	do	Dec. 3, '80
J. Germain		1 10	La Présentation	do	Oct. 10, '84
Eug. Gauthier		0 98	St. Paul	do	April 5, '84
Alp. Lussier		2 17	St-Charles	do	Oct. 22, '84
Ad. Girouard		4 06	St. François	do	Dec. 2, '82
Mary Gauthier		1 89	Manchester	do	Nov. 27, '82
Alp. Girard		0 53	do	do	do 12, '81
Dom. Ledoux		2 98	St-Dominique	do	April 14, '83
H. Leclerc		1 28	St-Antoine	do	Nov. 25, '84
J. Jubinville		0 95	St-Hyacinthe	do	do 18, '87
Rév. J. M. Laflamme		0 11	do	do	Sept. 7, '85
Ad. Henrichon		1 10	do	do	Oct. 20, '86
Paul Girouard		1 58	St-Pie	do	July 31, '86
Victor Hébert		1 18	St-Hyacinthe	do	Dec. 22, '83
F. A. Girouard		0 97	do	do	Nov. 6, '83
Eus. Godére		2 49	St-Damase	do	May 2, '87
J. Guillette		0 12	St-Hyacinthe	do	Feb. 17, '87
J. Bte. Lavoie		24 20	St-Philippe	do	July 20, '86
L. Larochelle		0 45	St-Hyacinthe	do	Dec. 5, '85
Jos. Halle		0 08	St-Dominique	do	Aug. 3, '88
O. Gendron		1 24	St-Hyacinthe	do	do 13, '89
Jos. Girard		10 60	St-Rosalie	do	Nov. 9, '89
J. Langelier, fils Nap		73 90	St-Hyacinthe	do	Sept. 2, '91
Julien Gamache		58 55	St-Liboire	do	Dec. 22, '92
M. L. Larivière		3 05	St-Hyacinthe	do	June 23, '92
O. Larivière		3 10	do	do	do 23, '92
L. Robitaille		0 34	do	do	Sept. 1, '84
J. Shehan, jr		1 00	do	do	July 7, '83
Jane F. Tampest		0 10	do	do	Sept. 15, '83
Carried forward		1,723 03			

Dividendes impayés.

Banque de Saint-Hyacinthe—Bank of St. Hyacinthe.

Name of Shareholder or Creditor. — Nom de l'actionnaire ou du créancier.	Amount of Dividends unpaid for 5 years and over. — Dividende impayé pendant 5 ans et plus.	Balances standing for 5 years and over. — Balances restant depuis 5 ans ou plus.	Last Known Address. — Dernière adresse connue.	Agency at which the last transaction took place. — Agence où la dernière transaction s'est faite.	Date of last transaction. — Date de la dernière transaction.
	$ cts.	$ cts.			
Brought forward		1,723 03			
Alf. Sylvestre		0 16	Ste-Héléne	St-Hyacint.	do 5, '84
Wilf. Secotte		0 25	St-Hyacinthe	do	Oct. 31, '83
Gus Richer		0 05	do	do	Dec. 22, '83
Morison & Bernier		2 66	do	do	July 4, '84
Louise Tetreault		0 23	do	do	Oct. 13, '84
Raymond Vary		0 55	Boston	do	Aug. 2, '88
F. X. St. Jean		2 30	St-Barnabé	do	June 22, '85
C. G. St. Germain		0 25	St-Hyacinthe	do	Mar. 5, '86
Eus. Morelle		0 60	St-Dominique	do	Oct. 5, '86
Jos. Mailloux		0 46	St-Hyacinthe	do	May 2, '85
E. D. Tétreault		1 50	Acton	do	Mar. 16, '89
Alf. Ménard		1 53	St-Hyacinthe	do	July 23, '86
Joachim Petit		0 10	LaPresentation	do	Aug. 6, '87
G. P. Plamondon		1 00	Cross Point	do	Oct. 8, '88
J. N. Poulin		12 13	Ste-Marie	do	May 1, '77
Frs. Tarte		71 20	St-Hyacinthe	do	April 22, '82
J. A. Morin		0 61	St-Charles	do	Nov. 19, '88
Gus. St. Jean		3 28	St-Hyacinthe	do	May 1, '75
J. B. Poivez		0 05	do	do	Mar. 29, '75
Rev. J. D. Michon		2 24	St-Ours	do	May 16, '77
Alexis Martin		0 25	St-Hyacinthe	do	April 21, '83
E. E. Mailhoit		0 57	Assumption, R.I.	do	Mar. 19, '75
Sem. de St. Hyacinthe		1 98	Yamaska	do	Sept. 11, '87
Lamb. Sarazin		0 94	St-Hyacinthe	do	Nov. 15, '77
T. Tétreault		0 48	St-Dominique	do	Aug. 12, '84
J. T. Poitras		1 34	Ste-Héléne	do	May 5, '78
Geo. A. Morrison		1 41	St-Hyacinthe	do	July 7, '80
A. H. Vincent		3 11	do	do	June 6, '82
Soc. Construction		16 62	Yamaska	do	Dec. 29, '80
Rev. F. Santerre		0 64	Roxton Falls	do	Sept. 26, '85
Ignace Rosseau		4 26	St-Hugues	do	Nov. 16, '78
F. St. Germain		3 20	St-Denis	do	Sept. 16, '81
J. St. Pierre		1 80	St-Pie	do	Mar. 29, '84
N. Vincent		1 23	St-Hyacinthe	do	Oct. 14, '81
L. Richer		0 15	do	do	Dec. 24, '83
P. E. Roy		0 96	St-Pie	do	Jan. 7, '84
Odile Pion		0 05	St-Hyacinthe	do	Mar. 10, '84
Hon. L. V. Sicotte		1 26	do	do	Oct. 16, '84
J. B. Richer		1 00	do	do	Nov. 22, '89
Rev. J. J. Prune		250 40	do	do	Aug. 27, '92
Roch Meunier		35 20	St-Simon	do	July 12, '90
Alma Vignault		26 60	St-Hyacinthe	do	Oct. 22, '91
Frs. Morissette		1 23	Ste-Rosalie	do	Jan. 31, '91
Alp. Richer		75 40	St-Denis	do	Feb. 23, '92
Jac. Mathieu		9 44	St-Roch	do	Nov. 4, '79
J. Plante		63 80	St-Hyacinthe	do	April 3, '89
Mineurs Michael Doherty		9 00	do	do	Sept. 2, '89
Urb. Mâilloux		0 52	do	do	Dec. 31, '88
Eud. Martel		25 90	do	do	June 15, '91
Marg. McArthur		0 30	Roxton Falls	do	May 30, '90
Ephriam Scott		2 55	St-Hyacinthe	do	Dec. 18, '91
Wm. Vincent		0 80	LaPresentatlon	do	do 15, '90
Stella Maillet		27 00	St-Hyacinthe	do	Aug. 5, '92
Virginie Maher		61 60	do	do	June 30, '90
P. Phaneuf		1 07	LaPresentation	do	Nov. 3, '90
S. H. Tétu		0 20	Roxton Falls	do	Oct. 7, '92
Isaïe Audette		170 40	LaPresentation	do	Mar. 4, '90
Celeste Choquette		200 00	Ste-Marie	do	Feb. 19, '92
Solomon Lambert		100 00	St-Liboire	do	Dec. 10, '92
Frs. Allard, in trust for Alf. Allard		0 35	Fall River	St-Césaire	Nov. 23, '88
Carried forwaad		2,927 19			

Banque de Saint-Hyacinthe—Bank of St. Hyacinthe.

Name of Shareholder or Creditor. — Nom de l'actionnaire ou du créancier.	Amount of Dividends unpaid for 5 years and over. — Dividende impayé pendant 5 ans et plus.	Balances standing for 5 years and over. — Balances restant depuis 5 ans ou plus.	Last Known Address. — Dernière adresse connue.	Agency at which the last transaction took place. — Agence où la dernière transaction s'est faite.	Date of last transaction. — Date de la dernière transaction.
	$ cts.	$ cts.			
Brought forward	....	2,927 19			
Arbee Damase, jr., in trust for Damase, sr	....	6 68	Farnham	St-Césaire	May 2, '88
Alex. Noel	....	1 03	Marieville	do	July 9, '88
Archambault, Anthime	....	0 61	St-Césaire	do	Sept. 21, '88
Blain, Célestin	....	1 15	do	do	Jan. 4, '92
Brault, Delle Aglaé	....	1 05	Ste-Angéle	do	Aug. 16, '90
Bourbeau, Elzear, in trust for J. B. Gerard	....	0 65	St-Césaire	do	Feb. 6, '90
Brault, Isaac	....	0 25	Rougemont	do	Jan. 11, '89
Choquette, Odile	....	1 70	Marieville	do	Oct. 25, '90
Chicoine, Elsie	....	0 25	do	do	Dec. 22, '90
Desnoyers, Séraphin	....	0 67	L'Ange Gardien	do	Sept. 29, '87
Desmarais, Joseph, fils Théophile	....	2 60	Ste-Angéle	do	do 24, '87
Dubé, J. Bte. sen	....	0 85	L'Ange Gardien	do	Oct. 17, '87
Dupont, Dame Mathilde	....	0 45	St-Césaire	do	do 9, '90
Dupuis, Virginie	....	1 85	do	do	July 22, '91
Alex, Antoine	....	0 20	Ste-Angéle	do	do 22, '90
Dextraze, L. M	....	0 90	Ste-Brigide	do	April 5, '90
Barsalou, E.	....	1 20	St-Césaire	do	Feb. 15, '90
Decelles, Jos.	....	1 15	do	do	April 8, '90
Brouillette, Absolom	....	0 25	Ste-Angéle	do	Oct. 25, '90
Gauthier, Adolphe	....	0 40	St-Césaire	do	Nov. 8, '90
Bussière, Solime fils de Michael	....	1 75	Marieville	do	Oct. 31, '90
Hulte, Alex., in trust	....	0 85	St-Damase	do	Sept. 7, '91
Jetté, Marie	....	0 12	St-Cèsaire	do	July 14, '87
Jourdain, Agathe	....	1 35	do	do	do 4, '91
Deguire, Oct	....	0 65	Rougemont	do	Nov. 8, '90
Blanchard, J. E.	....	0 55	West Warren	do	July 6, '91
Lambert, Frs.	....	0 20	St-Césaire	do	Oct. 13, '90
Lacoste, Jos	....	1 30	do	do	Nov. 3, '91
Leduc, Agathe	....	0 25	Ste-Brigide	do	Jan. 14, '89
Langevin, M. in trust for V. Chabot	....	0 85	St-Paul	do	Oct. 24, '91
Cardin, Mrs. George	....	0 15	Rougemont	do	Dec. 22, '88
Leroux, Antoine	....	0 95	do	do	do 18, '89
Ledoux, Olivier	....	0 95	Ste-Angéle	do	Mar. 6, '88
Mercure, Pierre	....	0 45	L'Ange Gardien.	do	July 11, '90
Marcoux, Louis	....	0 15	St-Paul	do	June 17, '88
Monast, Noël	....	0 45	do	do	Feb. 25, '89
Missier, Jacques	....	1 25	St-Césaire	do	Mar. 25, '91
Lussier, Marie	....	0 70	do	do	May 2, '91
Noiseux, Félix	....	1 65	L'Ange Gardien.	do	Nov. 13, '88
Noiseux, Anna	....	0 10	Rougemont	do	Dec. 31, '88
Quintin, Eusébe	....	5 30	Marieville	do	Mar. 7, '90
Poulet, Phillippe	....	1 80	L'Ange Gardien.	do	Nov. 2, '89
Robert, Jean, in trust	....	0 40	St-Césaire	do	July 10, '90
Sœurs Ste. Famille Sr. Nathalie, pro	....	0 20	do	do	Aug. 12, '87
Standish, John E., in trust	....	0 15	Rougemont	do	Mar. 4, '91
Standish, Precilla	....	0 15	do	do	Dec. 27, '90
St. Onge, William	....	0 15	St-Césaire	do	Mar. 5, '91
St. Onge, Celina	....	2 30	Marieville	do	July 30, '90
Charron, Marie Louise	....	0 10	L'Ange Gardien.	do	Mar. 2, '91
Sansoncy, Guillaume	....	0 15	Rougemont	do	April 20, '91
Guertin, L. A., Libraire	....	0 10	St-Césaire	do	May 8, '90
Paquette, Isaac	....	1 15	do	do	July 2, '91
Gingras, Pierre	....	0 65	do	do	Oct. 23, '91
Courtemanche, Antoine	....	0 60	Ste-Marie	do	do 3, '91
Vincent, Alexandre	....	0 90	St-Paul	do	April 19, '90
Ostigny, Napoléon	....	0 55	St-Césaire	do	Nov. 9, '91
Viens, André	....	0 25	do	do	Jan. 23, '89
Guertin, L. A	....	0 25	do	do	Sept. 25, '91
Brodeur, Frs	....	59 90	Putnam	do	Nov. 16, '92
Dupont, Médéxise	....	0 60	St-Michel	do	June 21, '92
Carried forward	....	3,041 45			

Dividendes impayés.

Banque de Saint-Hyacinthe—Bank of St. Hyacinthe.

Name of Shareholder or Creditor. — Nom de l'actionnaire ou du créancier.	Amount of Dividends unpaid for 5 years and over. — Dividende impayé pendant 5 ans et plus.	Balances standing for 5 years and over. — Balances restant depuis 5 ans et plus.	Last Known Address. — Dernière adresse connue.	Agency at which the last transaction took place. — Agence où la dernière transaction s'est faite.	Date of last transaction. — Date de la dernière transaction.
	$ cts.	$ cts.			
Brought forward		3,041 45			
Dion, Pierre		1 20	St-Césaire	St-Césaire	Oct. 27, '92
Huot, Célormie		605 25	do	do	Mar. 29, '92
Lemaire, Valérie		3 50	do	do	Dec. 2, '92
Lereux, J. Bte		0 35	Rougement	do	Nov. 2, '92
Monty, Jos		1 25	L'Ange Gardien.	do	Oct. 31, '92
Othote, Augustus		43 30	North Cambr'ge.	do	May 2, '91
Ste-Marie, Olivier		30 95	Marieville	do	Nov. 3, '90
Saurette, J. Bte		0 60	Holyoke	do	Dec. 14, '92
Trudeau, Joseph		1 85	St-Césaire	do	Nov. 3, '92
Treham, Marie		0 10	Rougement	do	May 7, '92
Jos. Beauregard	2 40		La Présentation.		Aug. 1, '89
do	2 40		do		Feb. 1, '90
do	2 40		do		Aug. 1, '90
do	2 40		do		Feb. 1, '91
do	2 40		do		Aug. 1, '91
do	2 40		do		Feb. 1, '92
do	2 40		do		Aug. 1, '92
M. Girard	0 60		St. Pie		Feb. 1, '88
do	0 60		do		Aug. 1, '88
do	0 60		do		Feb. 1, '89
do	0 60		do		Aug. 1, '89
do	0 60		do		Feb. 1, '90
do	0 60		do		Aug. 1, '90
do	0 60		do		Feb. 1, '91
do	0 60		do		Ang. 1, '91
do	0 60		do		Feb. 1, '92
do	0 60		do		Aug. 1, '92
Adele, Janet	6 00		La Présentation.		do 1, '92
C. Lapointe	1 50		Acton		Feb. 1, '92
Chs. Lescault	1 50		St. Charles		Aug. 1, '90
do	1 50		do		Feb. 1, '91
do	1 50		do		Aug. 1, '91
do	1 50		do		Feb. 1, '92
do	1 50		do		Aug. 1, '92
A. Noiseux	1 20		Farnham		do 1, '89
do	1 20		do		Feb. 1, '90
do	1 20		do		Aug. 1, '90
do	1 20		do		Feb. 1, '91
do	1 20		do		Aug. 1, '91
do	1 20		do		Feb. 1, '92
do	1 20		do		Aug. —, '92
Total	46 20	3,729 80			

I declare that the above statement has been prepared under my directions and is correct according to the books of the bank.

C. S. LEDOUX,
Chief Accountant.

We declare that the above return is made up from the books of the bank, and that to the best of our knowledge and belief is correct.

G. C. DESSAULES,
President.

E. R. BLANCHARD,
General Manager.

St. Hyacinthe, this 14th day of January, 1898.

LA BANQUE DE ST. JEAN.

ST. JEAN, P.Q., 18th January, 1898.

J. M. COURTNEY, Esq.,
Deputy Minister of Finance,
Ottawa.

DEAR SIR,—I beg to inform you that this bank has no unclaimed balances to report in conformity with article 88 of the Banking Act.

I have the honour to be, sir,

Yours respectfully,

J. N. GAUTHIER,
Cashier.

MONTREAL CITY AND DISTRICT SAVINGS BANK.

STATEMENT of Dividends remaining unpaid and Amounts or Balances in respect to which no transactions have taken place, or upon which no interest has been paid for five years and upwards.

NOTE.—In case of moneys deposited for a fixed period, the five years shall be reckoned from the termination of said fixed period.

BANQUE D'ECONOMIE DE LA CITÉ ET DU DISTRICT DE MONTREAL.

ETAT des dividendes restant impayés et montants ou balances au sujet desquels il n'y a pas eu de transactions, ou sur lesquels aucun intérêt n'a été payé pendant cinq ans ou plus.

NOTE—Dans le cas de deniers déposés pour une période fixe, les cinq ans seront calculés depuis l'expiration de la dite période fixe.

Name of Shareholder or Creditor. — Nom de l'actionnaire ou du créancier.	Amount of Dividends unpaid for 5 years and over. — Dividende impayé pendant 5 ans et plus.	Balances standing for 5 years and over. — Balances restant depuis 5 ans et plus.	Last Known Address. — Dernière adresse connue.	Agency at which the last transaction took place. — Agence où la dernière transaction s'est faite	Date of last transaction. — Date de la dernière transaction.
	$ cts.	$ cts.			
*a*Abbott, Thérèse E. P	....	34 13	Berthier	Head Office	Mar. 15, '66
Atcheson, Anthony	....	7 87	Beauharnois	do	Nov. 14, '66
Anderson, W. J	....	1 54	Montreal	do	Mar. 2, '67
Aitken, Rev. Wm	....	19 21	Smith's Falls	do	July 20, '68
Avery, Myron W	....	3 56	Montreal	do	Nov. 5, '72
Amiot, Génevieve (Mrs. L. Lacas)	....	1 86	do	do	June 13, '76
Akin. Wm	....	7 02	do	do	Oct. 23, '77
Alexander, Margaret E. (Mrs. E. H.)	....	6 57	do	do	Nov. 24, '75
Adams, Francis T	....	1 79	do	do	Feb. 27, '78
Archambanlt, François	....	1 91	do	do	do 8, '78
Armstrong, Margaret (Mrs. W. Rutherford	....	3 31	do	do	Aug. 6, '79
Archambault, Jos. R	....	1 78	do	do	Mar. 18, '80
Anderson, Wm	....	4 44	do	do	Sept. 23, '78
Archibald, S. (in trust for Barbara Scott)	....	3 10	do	do	Jan. 28, '78
Archambault, Sarah	....	2 90	L'Assomption	do	Nov. 15, '83
Atwater, Albert N	....	2 69	Montreal	no	Feb. 21, '81
Adams, Sidney E	....	1 58	do	do	Dec. 19, '84
Adelin, Flavien	....	2 14	Deschambeault	do	Jan. 8, '84
Ascher, H. S. G. (in trust for daughter Beatrice	....	1 79	Montreal	do	May 20, '85
Ahronson, Joseph M	....	1 45	do	do	April 20, '81
Andrews, Alfred	....	13 20	Bridewell	do	do 16, '85
Atwater, Julia, (Mrs. A. W.)	....	118 24	Montreal	do	Jan. 12, '81
Adams, Martha (Mrs. Bulger)	....	6 97	do	do	Dec. 24, '87
Archambault, Philomène (Mrs. W. Murray	....	2 08	do	do	Nov. 24, '87
Armstrong, C. N	....	3 51	do	do	Dec. 31, '87
Achim, Justine	....	27 90	St. Lamberts	do	Mar. 5, '87
Allen, Alexander	....	1 30	Montreal	do	Sept. 10, '88
Ahern, Frank T	....	1 29	do	do	Feb. 27, '89
Alporr, Mary (Mrs. P. Alporr)	....	7 57	do	do	July 19, '89
Aquin, John	....	4 46	Longueuil	do	Dec. 16, '89
Abbott, Mathilda	....	13 22	Montreal	do	May 14, '90
Asselin, Elizabeth (Mrs. N.W. Rond)	....	3 94	do	do	Oct. 21, '90
Carried forward	....	314 32			

---

a Dead.

Montreal City and District Savings Bank—Banque d'Economie de la Cité et du District de Montréal.

Name of Shareholder or Creditor. — Nom de l'actionnaire ou du créancier.	Amount of Dividends unpaid for 5 years and over. — Dividende impayé pendant 5 ans et plus.	Balances standing for 5 years and over. — Balances restant depuis 5 ans et plus.	Last Known Address. — Dernière adresse connue.	Agency at which the last transaction took place. — Agence où la dernière transaction s'est faite.	Date of last transaction. — Date de la dernière transaction.
	$ cts.	$ cts.			
Brought forward		314 32			
Achim, Luc		39 33	Longueuil	Head Office	July 18, '91
Allan, Lizzie		9 31	Montreal	do	Sept. 17, '91
Arless, G. R		1 13	do	do	June 27, '91
Archambault, Alexis		1 92	St. Vincent de Paul	do	April 21, '91
Adams, Arthur		1 34	Montreal	do	May 9, '91
Arthur, Charles W		1 51	do	do	June 20, '91
Archambault, G. A		60 18	Ste. Julienne, Co. Montcalm	do	Sept. 21, '91
Archibald, John S		2 44	Montreal	do	do 7, '91
Ashford, Cyrus		11 00	do	do	July 11, '92
Allan, Henry		16 82	do	do	May 2, '92
Aubry, David		1 23	do	do	Jan. 26, '92
Allard, Cléophas (in trust for Julie Giroux, Noé T. Lepine		11 68	do	do	Sept. 9, '92
Alexander, John F. (in trust for son John B)		17 09	do	do	Nov. 15, '92
Aird, Jane (Widow J. Wilkinson, in trust for daughter Jeanie)		11 89	do	do	Jan. 14, '92
Benoit, Pierre		16 38	do	do	Sept. 11, '51
Bussiéres, Flavien		1 42	do	do	Aug. 13, '63
Butler, Thomas (in trust for Mary E. Fennell)		7 07	do	do	Feb. 29, '64
Burns, Edward, McGrath, John and George Murphy, trustees		5 17	do	do	May 28, '64
Berthelot, Alphonse		3 82	do	do	Dec. 10, '64
Benoit, Edward		15 19	do	do	do 4, '65
Beaudry, E. A. (in trust pour la succession St. George		33 09	do	do	Feb. 23, '65
Batavoie, Jules		1 68	do	do	Jan. 31, '67
Beaudry, E. A. (in trust pour la chapelle de Varennes)		3 87	do	do	April 20, '68
Bertrand, Arsène		7 70	do	do	Aug. 16, '70
Butchard Bros		2 81	do	do	Feb. 6, '69
Barnes, John H		2 69	Hochelaga	do	Jan. 18, '71
Bureau, Joseph E		9 14	Montreal	do	July 12, '71
Blackburn, E. A		3 14	do	do	June 11, '71
Barker, Bridget (widow P. Darragh)		47 61	do	do	Feb. 10, '73
Boissey, Henry E		8 37	Memramcook, N. B.	do	Nov. 5, '72
Bracken, Joseph		6 08	Montreal	do	Aug. 10, '72
Butland, Wm. H		2 76	do	do	Feb. 6, '72
Bennett, Robert		2 17	Hochelaga	do	Oct. 2, '74
Boudrias, Louis		3 72	Montreal	do	Dec. 16, '74
Belanger, Hon. L., Judge		3 47	do	do	Aug. 9, '74
Brailey, A. C		11 07	Kingston	do	Jan. 7, '74
Bacon, Nelson, in trust		2 37	Montreal	do	April 26, '76
Brunelle, Laura (Mrs. G. Doutre)		3 04	do	do	Jan. 19, '76
Burns, Andrew		3 00	do	do	Sept. 6, '77
Bell, John		6 93	do	do	Sept. 2, '76
Blakely, John		22 41	do	do	Mar. 21, '77
Boudrias, Joseph D. G		2 56	do	do	do 26, '77
Bell, Mary		5 32	do	do	Aug. 4, '77
Blaiklock, Wm. M		4 03	do	do	Oct. 14, '78
Bristow, Leonard V		3 83	do	do	July 27, '75
Burns, George H		3 48	do	do	Mar. 6, '74
Birks, Albert		4 33	do	do	May 19, '73
Ballantyne, J. T		1 79	do	do	June 13, '73
Bowman, Wm. F		71 49	do	do	Nov. 21, '74
Carried forward		834 19			

Dividendes impayés.

Montreal City and District Savings Bank—Banque d'Economie de la Cité et du District de Montréal.

Name of Shareholder or Creditor. — Nom de l'actionnaire ou du créancier.	Amount of Dividends unpaid for 5 years and over. — Dividende impayé pendant 5 ans et plus.	Balances standing for 5 years and over. — Balances restant depuis 5 ans ou plus.	Last Known Address. — Dernière adresse connue.	Agency at which the last transaction took place. — Agence où la dernière transaction s'est faite.	Date of last transaction. — Date de la dernière transaction.
	$ cts.	$ cts.			
Brought forward	....	834 19			
Boire, Henri	....	4 03	Montreal	Head Office.	Oct. 24, '73
Brunelle, Elmire (widow C. Roy)	....	18 29	Lachine	do	June 21, '78
Brown, Henry	....	9 91	Montreal	do	Nov. 30, '75
Bell, Ross	....	6 27	do	do	Aug. 17, '76
Boomer, Mary Ann (Mrs. Chas. Walker)	....	14 11	do	do	June 22, '77
Barbeau, Jean-Bte	....	3 09	St. Isidore	do	Aug. 5, '79
Beuthner, Ed. W	....	2 14	Montreal	do	June 18, '79
Bennett, Archibald C.	....	8 84	do	do	Dec. 5, '74
Benoit, Marguerite M. (widow M. Libercent)	....	13 96	Ste. Scholastique	do	Aug. 12, '79
Brunet, Damase	....	1 26	Montreal	do	Nov. 25, '81
Burland, J. B.	....	2 01	do	do	Jan. 27, '80
Bartley, Wm.	....	11 26	do	do	Aug. 26, '79
Blaiklock & Bros	....	3 66	do	do	Nov. 10, '79
Bury, George (assignee estate J. O. Lawlor)	....	5 47	do	do	Aug. 30, '79
Bricault, François	....	8 06	Isle Ste. Thérèse	do	Oct. 21, '81
Bates, Edward C. E.	....	1 88	Montreal	do	June 14, '80
Beaudry, J. A. N	....	10 13	do	do	July 23, '81
Bell, Isabella C.	....	1 23	do	do	Nov. 9, '81
Bourbonnière, Charles	....	3 40	Westmount	do	Sept. 7, '82
Bouthillier, Epiphané	....	11 51	St. Hubert	do	April 27, '83
Bigras, Louis	....	5 80	Coteau St. Pierre	do	Dec. 17, '84
Booth, Charles N	....	1 29	Montreal	do	Nov. 3, '84
Boisseau, Marie (Mrs. A. Daoust	....	4 51	do	do	do 19, '86
Berthiaume, Trafflé	....	4 72	do	do	Sept. 21, '85
Bouillonne, Charles	....	1 49	do	do	Dec. 10, '86
Browning, Thomas	....	3 23	do	do	Mar. 7, '83
Berry, William	....	2 90	do	do	Nov. 13, '79
Beauchemin, F. X	....	5 48	do	do	April 25, '85
Bolton, Richard	....	13 71	Lachine	do	Aug. 28, '79
Brady, Ellen (Mrs. W. Barnes)	....	2 83	Montreal	do	Sept. 13, '83
Bowe, James N	....	4 81	do	do	June 20, '84
Boudreau, Michel	....	2 50	River Beaudette	do	Dec. 19, '85
Bulger, Emery	....	3 23	Montreal	do	Oct. 25, '88
Belanger, Pierre	....	9 70	do	do	Dec. 5, '79
Bowen, Richard	....	1 27	do	do	May 19, '85
Burch, Frank	....	1 73	do	do	Dec. 27, '80
Bennett & Co	....	6 92	do	do	Aug. 26, '79
Brien, Jean-Baptiste	....	1 32	do	do	Feb. 6, '81
Brown, F. J. (in trust for Delima Couillard)	....	1 33	do	do	do 26, '85
Bourgeault, Georges S.	....	2 48	do	do	Dec. 2, '79
Brien dit Desrochers, Marie (Mrs. A. Greene)	....	4 64	do	do	do 13, '83
Bourcier, Félicitée (Mrs. J. Dorais)	....	1 43	Longue Pointe	do	Mar. 20, '85
Bigonèse, Eléonore	....	160 36	Montreal	do	April 23, '84
Belanger, Rev. Alfred	....	9 27	Coteau St. Louis	do	do 21, '85
Barclay, Thomas D.	....	3 82	Montreal	do	May 3, '86
Brunet dit Belhumeur, Louis	....	1 89	do	do	June 11, '83
Bergin, Michael	....	1 75	do	do	Nov. 13, '84
Brown, Ann (Mrs. Geo. Macdonald)	....	3 00	do	do	May 15, '84
Bourdon, Charles	....	1 38	do	do	July 6, '83
Beaudry, Alexandre Geo	....	4 16	do	do	Nov. 15, '82
Bowles, Harriet M.	....	1 49	do	do	Dec. 24, '81
Bristowe, William	....	187 07	Ottawa	do	May 12, '77
Brogan, Anthony (in trust for John Lawlor)	....	4 77	Montreal	do	Sept. 4, '78
Carried forward	....	1,440 98			

Montreal City and District Savings Bank—Banque d'Economie de la Cité et du District de Montréal.

Name of Shareholder or Creditor. — Nom de l'actionnaire ou du creancier.	Amount of Dividends unpaid for 5 years and over. — Dividende impayé pendant 5 ans et plus.	Balances standing for 5 years and over. — Balances restant depuis 5 ans et plus.	Last Known Address. — Dernière adresse connue.	Agency at which the last transaction took place. — Agence où la dernière transaction s'est faite.	Date of last transaction. — Date de la dernière transaction.
	$ cts.	$ cts.			
Brought forward	....	1,440 98			
Berthiaume & Sabourin	....	1 39	Montreal	Head Office	Aug. 6, '86
Benefit Society of Chanteloupe's employees	....	1 72	do	do	do 28, '83
Bower dit Laderoute, Christine (Mrs. F. Lapierre)	....	5,540 03	do	do	do 25, '86
Boivin, Leonard S	....	13 64	do	do	do 24, '81
Benallack, H., & Co	....	3 41	do	do	Oct. 20, '80
Bouthillier, Louise	....	1 57	do	do	Jan. 5, '84
Brown, Jennie (Mrs. S. Brown)	....	1 43	do	do	Mar. 1, '86
Bourret, Arthur	....	2 93	do	do	June 1, '86
Byrne, John J	....	1 71	do	do	Oct. 23, '83
Boisseau, Edouard	....	100 67	do	do	Feb. 20, '86
Boissonnault, Philomène	....	2 46	St. Valentin	do	June 30, '86
Brogan, Maggie	....	17 27	Hemmingford	do	May 7, '86
Belair, Ludger	....	1 26	Montreal	do	Nov. 24, '83
Badgley, Claudine (in trust for Laura L. Moore)	....	13 96	do	do	Aug. 14, '86
Burnett, Martha (Mrs. Graham)	....	3 65	do	do	July 21, '87
Birks, Frederick (in trust for Edith D.)	....	13 64	do	do	May 10, '87
Bertrand, Mathilde (Widow Rolson)	....	2 29	St. Andrews, P.Q	do	Aug. 16, '87
Beaupré, Edmond	....	3 85	Montreal	do	Oct. 25, '87
Brown, Emma (Mrs. W. Flockton)	....	4 39	do	do	June 20, '87
Bachand, N. W	....	3 30	do	do	April 30, '87
Bonhomme, Jean-Baptiste	....	1 29	Dorval	do	May 2, '87
Beaudoin, Emma	....	68 82	Longue Pointe	do	April 25, '82
Blumenthal, Eva (Mrs. W. Forcimmer)	....	2 15	Montreal	do	May 16, '87
Bayley, Ellen (Mrs. John Manning)	....	3 84	do	do	Sept. 16, '87
Baker, Catherine (Mrs. J. B. Murphy)	....	1 55	do	do	April 2, '87
Barrett, Mary Frances (Wid. G. Ward)	....	2 21	do	do	Oct. 19, '86
Behrends, Oscar	....	4 49	do	do	Nov. 30, '87
Brand, William E	....	8 58	do	do	Aug. 4, '87
Brunet, Philomène	....	7 06	do	do	Nov. 14, '88
Bourduas, Felix	....	1 32	St. Augustin	do	Jan. 17, '88
Black, J	....	2 40	Montreal	do	Aug. 1, '88
Bertholon, Louis	....	3 20	do	do	Feb. 17, '88
Bousquet, Julie (Mrs. H. Dubois)	....	1 53	do	do	Mar. 23, '88
Bohrer, William	....	2 59	do	do	Oct. 25, '88
Blackwell, K. W	....	2 10	do	do	May 8, '88
Boyle, Thomas	....	8 12	do	do	Jan. 4, '88
Brown, William	....	4 69	do	do	Feb. 4, '88
Burland, J. H. and J. F. Mackie (in trust for "University Gazette" Co.)	....	2 42	do	do	Aug. 4, '88
*a*Bertelle, Marie-Anne (Mrs. B. Berthelot)	....	19 71	Côte des Neiges	do	April 13, '88
Barrette, Joseph	....	6 96	St. Vincent de P.	do	Mar. 15, '88
Bedard, W. T	....	1 36	Montreal	do	Feb. 14, '88
Bavard, T., & Co	....	19 78	St. Henri	do	Dec. 13, '88
Baril, Gédéon	....	1 28	Montreal	do	do 29, '88
Brais, Alexis	....	3 16	St. Hubert	do	Oct. 30, '89
Brock, Kate (Mrs. George Bury)	....	4 30	Longueuil	do	do 1, '89
Brault, L. H	....	1 46	Montreal	do	Nov. 12, '89
Brault, P. A. O	....	3 02	do	do	do 2, '89
Bolton, Frances M	....	2 09	St. Sylvestre	do	May 13, '89
Butler, Thomas P., (in trust for his daughter Marie-Louise)	....	11 62	Montreal	do	Jany. 24, '89
Butler, Thomas P., (in trust for his son Ernest)	....	11 41	do	do	do 24, '88
Butler, Thomas P., (in trust for his son Percy)	....	6 58	do	do	June 27, '89
Burland, Elizabeth	....	1 26	do	do	Dec. 16, '89
Carried forward	....	7,397 90			

a Dead.

Montreal City and District Savings Bank—Banque d'Economie de la Cité et du District de Montréal.

Name of Shareholder or Creditor. — Nom de l'actionnaire ou du créancier.	Amount of Dividends unpaid for 5 years and over — Dividende impayé pendant 5 ans et plus.	Balances standing for 5 years and over. — Balances restant depuis 5 ans ou plus.	Last Known Address — Dernière adresse connue.	Agency at which the last transaction took place. — Agence ou la dernière transaction s'est faite.	Date of last transaction. — Date de la dernière transaction.
	$ cts.	$ cts.			
Brought forward........	....	7,397 90			
Bergeron, Leandre		5 10	St. Martin	Head Office.	Jany. 2, '89
Benoit, Philippe		1 30	Montreal.	do	Mar. 31, '88
Beaulieu, Alfred		11 79	do	do	do 15, '89
Ballette, E., and Jules Goudron (for the French Refuge and Mutual Society)		1 45	do	do	do 16, '89
Brown, Joseph		1 70	do	do	May 31, '89
Bélanger, Alexis		1 51	do	do	Nov. 5, '89
Brown, George C.		1 18	do	do	Oct. 12, '89
Berriman, John		3 88	do	do	do 23, '89
Belanger, Emerance (Mrs. M. Miller)		1 97	St. Vincent de P.	do	Feb. 9, '89
Barryro, Florencio		2 01	Terrebonne.	do	Aug. 17, '89
Boyle, Bella		4 84	Montreal.	do	Sept. 2, '89
Bowie, Mathilda C., (Mrs. McB. Taylor, in trust for daughter Isabella Frances)		6 38	do	do	July 18, '89
Burns, Elliott		6 08	do	do	Nov. 4, '89
Boxer, F. W		1 47	do	do	Sept. 18, '88
Barry, Addy (Widow E. T. Barry)		1 36	do	do	do 23, '89
Butler, Thos. P., (in trust for daughter Maggie)		5 19	do	do	Jan. 24, '89
Bousquet, A., & Berthiaume		1 24	do	do	Aug. 14, '89
Barré, Edgar		2 04	do	do	July 10, '89
Bergin, Catherine (Mrs. Peter Smith)		2 10	do	do	Aug. 5, '90
Birtz, Alphonsé		1 88	Boucherville	do	Mar. 11, '89
Bissonnette, A. C		1 44	Montreal.	do	Jan. 4, '90
Bergeron, Joseph		2 00	St. Didace, Co. Maskinongé	do	Dec. 22, '90
Bennett, Robert E		2 1	Montreal.	do	Jan. 8, '90
Benson, Mary Eleanor		9 4	do	do	Aug. 8, '90
Bourret, Catherine, widow E. Jacques		186 53	do	do	Feb. 19, '90
Bland, Jonathan, in trust for son, Robert A. E		1 82	do	do	May 21, '90
Brennan, Bridget		2 24	do	do	Aug. 1, '90
Barr, Sarah Jane		13 98	do	do	May 7, '90
Barr, Andria F		7 27	do	do	do 7, '90
Buckle, John W		4 20	Outremont	do	June 23, '90
Breard, Josephine (Mrs. J. Welsh)		288 42	Montreal	do	Nov. 19, '90
Barry, Lizzie (Mrs. E. H. Bissett)		3 48	do	do	Dec. 27, '90
Barnard, Charles A., in trust for "University Gazette"		1 80	do	do	Oct. 9, '90
Biffin, Edward		2 03	do	do	Sept. 22, '90
Brunnett, Henry		2 20	do	do	April 25, '90
Barnes, Rev. W. S., in trust for Samaritan Society		17 30	do	do	Dec. 1, '90
Bissell, Melissa (widow P. Pollica)		9 06	Franklin, Cou'ty Huntingdon	do	Nov. 13, '90
Bergeron, Isaïe		1 87	Sault au Recollet	do	July 18, '90
Bleau, Léon		3 42	St. Joseph, Riv. des Prairies	do	Feb. 11, '90
Bintley, Julia		125 29	Montreal	do	Aug. 31, '91
Brown, David		4 40	do	do	Nov. 10, '91
Brooke, John E.		2 55	do	do	May 5, '91
Beaudry, Henri		1 35	do	do	July 22, '91
Beïqué, F. L.		16 59	do	do	May 1, '91
Brennan, Catherine (Mrs. P. Cummings)		2 04	do	do	Oct. 12, '91
Brault, Léonida		2 76	Chateauguay	do	do 2, '91
Brail, Geo. E		26 87	Hochelaga	do	June 20, '91
Bruchesi & St. Julien		8 79	Montreal	do	Feb. 27, '91
Bastien, Arthur		1 45	Lachenaie	do	Mar. 20, '91
Bourdeau, Marie (Mus. A. Doyon)		36 93	St. Isidore	do	Feb. 28, '91
Carried forward		8,252 20			

Montreal City and District Savings Bank—Banque d'Economie de la Cité et du district de Montréal.

Name of Shareholder or Creditor. — Nom de l'actionnaire ou du créancier.	Amount of Dividends unpaid for 5 years and over. — Dividende impayé pendant 5 ans et plus.	Balances standing for 5 years and over. — Balances restant depuis 5 ans ou plus.	Last Known Address. — Dernière adresse connue.	Agency at which the last transaction took place. — Agence où la dernière transaction s'est faite.	Date of last transaction. — Date de la dernière transaction.
	$ cts.	$ cts.			
Brought forward	....	8,252 20			
Beaubien, Louis G	....	2 43	Outremont	Head Office	do 4, '91
Bethune, Strachan	....	3 92	Montreal	do	Dec. 15, '91
Blais, Josephine (widow Abel Simard)	....	4 50	do	do	July 6, '91
Burke, Mary	....	181 26	do	do	do 9, '91
Bouchard, Étienne	....	1 70	Laprairie	do	Mar. 31, '91
Bélisle, Marie Louise	....	2 24	Montreal	do	Aug. 8, '91
Beaulieu dit Montpelier, Alderic	....	2 18	St. Laurent	do	Dec. 4, '91
Bentley, Edwin C	....	2 42	Montreal	do	do 24, '91
Behaque, Alice J	....	1 85	do	do	June 30, '91
Burns, Michael	....	1 35	do	do	Nov. 13, '91
Bernard, Joseph H	....	1 19	do	do	Aug. 10, '91
Boucher, Léon	....	1 20	do	do	May 23, '91
Bernston, James M	....	1 68	do	do	Sept. 29, '91
Brais, Pierre, in trust for Blanche alias Hermine Goyette	....	65 42	Longueuil	do	Oct. 1, '91
Bairns, Catherine (Mrs. F. Rafferty)	....	6 14	Montreal	do	Dec. 13, '92
Brousseau, Antoine O	....	2 68	do	do	July 11, 92
Brophy, Thomas	....	9 31	do	do	Jan. 8, '92
Bell, Samuel	....	255 98	do	do	May 4, '92
Buller, Francis, M.D	....	4 73	do	do	Oct. 22, '92
Brennan, Catherine	....	2 49	do	do	May 13, '92
Brennan, James	....	2 49	do	do	do 13, '92
Bent, J. Edward	....	2 73	do	do	April 23, '92
Boyd, Elizabeth (Mrs. Wm. Wylie)	....	12 29	do	do	July 27, '92
Brandt, Elise (widow J. D. Detule)	....	58 85	New York	do	June 22, '92
Bastien, Frs. de Sales	....	7 61	Montreal	do	Aug. 18, '92
Bayard, Alfred	....	7 72	do	do	June 30, '92
Beck, Helen Eliza (Mrs. W. Powell)	....	3 80	St. Lamberts	do	Jan. 27, '92
Bourrett, Stephanie (Mrs. N.C. Cadieux, in trust for son, Joseph R)	....	32 00	Montreal	do	do 16, '92
Brown, Alfred	....	124 40	Dorval	do	June 11, '92
Brennan, Ellen	....	2 27	Montreal	do	April 7, '92
Brown, Peter	....	3 05	do	do	July 14, '92
Boulé, George	....	1 59	do	do	April 16, '92
Burton, Henry L	....	9 15	do	do	Mar. 17, '92
*a*Boyd, Maggie	....	13 00	do	do	July 21, '92
*a*Clark, W. R	....	34 51	do	do	Dec. 26, '51
Carroll, Thomas	....	269 43	do	do	Mar. 19, '52
*a*Curran, Ellen	....	69 33	do	do	Nov. 17, '56
Connolly, Bridget	....	344 54	do	do	Oct. 5, '57
Conseil Central de Tempérance	....	33 01	do	do	May 10, '62
Cusack, Walter, in trust	....	4 93	do	do	July 17, '63
*a*Cuthbert, John	....	18 31	do	do	Jan. 13, '68
Coulombe, Catherine	....	67 35	do	do	Mar. 24, '65
Chevalier, Eliza (Mrs. Gierch)	....	11 19	do	do	Dec. 7, '65
Carré, Marie	....	7 95	Sorel	do	Aug. 2, '70
Clark, William	....	2 78	Côte St. Luc	do	Mar. 4, '70
Cholette, Rév. Flavien	....	2 99	St. Polycarpe	do	June 12, '66
Carlysle, J. & W. C	....	16 19	Montreal	do	July 18, '66
Clarke, Octavia H. Y	....	5 54	do	do	do 1, '69
Chauveau, Pierre	....	2 20	Quebec	do	Feb. 11, '70
Costello, Mary A. (Mrs. O. A. Clark)	....	25 23	Montreal	do	June 3, '70
Crevier, Louis C	....	2 51	do	do	April 28, '71
Clark, O. H. E	....	5 60	do	do	Oct. 2, '71
Cohen, Lawrence	....	16 25	do	do	Dec. 11, '72
Canada West Mining Co	....	15 37	do	do	Aug. 6, '72
Cameron, Alexander	....	97 71	do	do	do 6, '72
Carroll, Patrick	....	2 68	do	do	Oct. 11, '72
Carried forward	....	10,143 42			

a Dead.

Dividendes impayés.

Montreal City and District Savings Bank—Banque d'Economie de la Cité et du District de Montréal.

Name of Shareholder or Creditor. — Nom de l'actionnaire ou du créancier.	Amount of Dividends unpaid for 5 years and over. — Dividende impayé pendant 5 ans et plus.	Balances standing for 5 years and over. — Balances restant depuis 5 ans ou plus.	Last Known Address. — Dernière adresse connue.	Agency at which the last transaction took place. — Agence où la dernière transaction s'est faite.	Date of last transaction. — Date de la dernière transaction.
	$ cts.	$ cts.			
Brought forward	....	10,143 42			
Conover, Evelyn		6 23	Montreal	Head Office	Feb. 2, '72
Carter, Edward, in trust for est. Brooks		10 71	do	do	Oct 1, '72
Chapman, Elizabeth (Mrs. N. Lapham)		5 94	Cornwall, Eng.	do	July 3, '72
Clifford, Milcha (widow P. Dawson)		2 90	Yorkshire, Eng.	do	June 28, '73
Carter, Mary E. (Mrs. G. P. Brimley)		18 99	Montreal	do	July 3, '72
Cain, Joseph		3 73	do	do	May 23, '74
Clark, Randolph		3 87	do	do	Oct. 20, '74
Curran, Margaret (Mrs. D. Curran)		9 72	do	do	Dec. 31, '74
Cooke, C. M. (Mrs. M. W. Cooke)		15 80	Chicago, Ill.	do	Nov. 19, '75
Clancy, Margaret (Mrs. Walsh)		1 53	Montreal	do	Mar. 25, '75
Clark, James		3 67	do	do	June 27, '77
Charron, Charles		1 85	do	do	April 14, '74
Church, Sarah		7 89	do	do	Aug. 2, '77
Clarke, James		2 00	do	do	do 1, '78
Choquette, Clara		40 09	do	do	Mar. 6, '74
Crawford, Victoria E. (Mrs. John Mordon)		3 57	do	do	Sept. 30, '75
Coulombe, Lse. Emerance (widow F. A. Beauchamp)		1 61	Outremont	do	Jan. 3, '77
Curran, John		2 04	Montreal	do	July 5, '75
Cleary, Catherine (Mrs. J. Flynn)		88 86	do	do	Juge 15, '81
Charlebois, Alphonse, (in trust for his father, Arsène)		18 39	do	do	Aug. 19, '80
Cronin, William F		2 71	do	do	Mar. 22, '77
Cunningham, Eliza		2 90	do	do	Aug. 17, '76
Curtis, Joseph W		1 35	Montreal	do	April 27, '77
Charrette, Marie		27 80	do	do	Sept. 13, '77
Cooper, Jane		2 61	do	do	July 4, '77
Cook, Albert		23 50	do	do	Aug. 18, '81
Carmody Brothers		1 85	do	do	Jan. 12, '81
Chapleau, Alphonse		2 23	do	do	May 12, '79
*a*Conroy, His Excel'cy the Right Rv. Geo		1 35	do	do	Dec. 13, '77
Coffin, Lucie (Mrs. P. Lamothe)		4 01	do	do	July 4, '84
Charest, Angelina		2 59	do	do	Nov. 15, '80
Clement, Delima (Mrs. M. Poirier)		5 82	Lacolle	do	Oct. 30, '79
Courtney, Alexander		2 16	Montreal	do	Aug. 30, '75
Carlyle, Frances E. (Mrs. S. McConkey)		1 27	do	do	Feb. 19, '81
Crawford, Vict. E. (Mrs. J. H. Madden)		4 82	do	do	Oct. 1, '79
Chaput, Josephine (Mrs. A. Hudon)		7 61	Westmount	do	July 12, '80
Craig, Charles J		2 26	Montreal	do	Dec. 24, '79
Clarke, James		12 06	do	do	April 15, '79
Chaturn, James		3 89	do	do	June 15, '80
Conogham, John M		1 49	do	do	Sept. 17, '85
Clerk, Emélie (Mrs. H. Jeannotte)		3 93	do	do	Feb. 15, '86
Clark, Alexander H		6 47	do	do	June 30, '82
Carmel, L. A. E		3 19	do	do	do 30, '83
Chaffey, Catherine		3 56	do	do	Dec. 29, '82
Cheffer, Télesphore		7 26	St. Polycarpe	do	July 23, '81
Côté, Joseph D.		2 91	Tannerie West	do	June 3, '82
Chatillon, Louis		1 48	Longue Pointe	do	April 3, '86
Cullinan, Johanna B		1 98	Montreal	do	Nov. 27, '82
Carroll, Elizabeth (Mrs. W. McNiece)		8 56	do	do	May 7, '85
Corriveau, C. J.		152 64	do	do	Nov. 24, '85
Courtemanche, Amélie		1 73	do	do	Dec. 19, '81
Cléroux, François		3 01	St. Martin	do	Sept. 15, '83
Coderre, Télesphore		1 72	Montreal	do	May 16, '85
Carroll, Rev. Thos. M., in trust		2 92	Contrecœur	do	do 23, '81
Corporation of Women's Hospital		15 67	Montreal	do	June 14, '82
Carried forward		10,724 12			

a Dead.

Montreal City and District Savings Bank—Banque d'Economie de la Cité et du District de Montréal.

Name of Shareholder or Creditor. — Nom de l'actionnaire ou du créancier.	Amount of Dividends unpaid for 5 years and over. — Dividende impayé pendant 5 ans et plus.	Balances standing for 5 years and over. — Balances restant depuis 5 ans et plus.	Last Known Address. — Dernière adresse connue.	Agency at which the last transaction took place. — Agence où la dernière transaction s'est faite.	Date of last transaction. — Date de la dernière transaction.
	$ cts.	$ cts.			
Brought forward	....	10,724 12			
Corporation du Séminaire	....	7 06	St. Hyacinthe	Head Office	May 9, '84
Charest, Emery	....	5 29	Montreal	do	Aug. 17, '85
Clearihue, Alexander N.	....	1 45	do	do	May 22, '83
Court, James, assignee, estate J. Smith	....	7 39	do	do	July 22, '78
Charron, Tharsille	....	4 40	Longueuil	do	July 9, '84
Chenier, Benjamin	....	1 90	Montreal	do	May 12, '86
Cullinan, Andrew (in trust for daughter Catherine)	....	4 82	do	do	Jan. 20, '86
Coverton, Frederick	....	1 20	do	do	Nov. 5, '81
Crathern, John C.	....	1 52	do	do	Dec. 4, '85
Cooke, Joseph	....	2 31	do	do	May 11, '82
Chisholm, Thomas J.	....	2 70	do	do	Feb. 23, '79
Cleary, Peter Joseph	....	3 89	do	do	Dec. 28, '76
Charrette, Caroline	....	19 91	do	do	Feb. 25, '78
Cullinan, Andrew	....	5 79	do	do	Jan. 20, '86
Cooke, G. L.	....	3 69	do	do	do 31, '77
Colquhoun, Victoria	....	2 67	do	do	June 20, '82
Charest, Henriette	....	7 47	Longue Pointe	do	do 23, '86
Craik, Robert, Mary F. Howden and James Howden	....	14 55	Montreal	do	Dec. 6, '78
Carmichael, John D.	....	26 62	do	do	Oct. 5, '86
Clark, Mary W. (Mrs. J. W. Sault)	....	1 34	St. Albans, Vt.	do	Dec. 15, '86
Clément, Onézime	....	2 11	St. Henry	do	June 19, '85
Carrière, Louis	....	3 21	Montreal	do	Feb. 8, '83
Crevier, Sophie (Mrs. G. Cousineau)	....	2 54	St. Laurent	do	Nov. 14, '87
Cholette, Philomène	....	1 89	Montreal	do	June 24, '87
Conway, Catherine	....	83 34	do	do	Mar. 31, '87
Cullinan, Andrew (in trust for son A. P.)	....	12 44	do	do	Feb. 17, '87
Clerk, Edmund	....	2 21	do	do	May 13, '87
Coburn, Mary	....	5 82	do	do	June 22, '86
Connolly, Mary Ann	....	50 01	do	do	Oct. 10, '87
Carroll, Elizabeth (wid. Wm. McNeill)	....	2 42	do	do	May 23, '87
Cooper, Frederick	....	1 36	do	do	April 26, '87
Cassant, Philomène (Mrs. R. Frigon)	....	12 06	do	do	Nov. 5, '88
Cassidy, Mary (wid. Francis Gillies)	....	8 04	do	do	June 15, '88
Cormier, Urgèle	....	4 98	L'Assomption	do	do 18, '88
Creighton, James W.	....	1 50	Montreal	do	April 7, '88
Campbell, Jane (Mrs. M. Haynes)	....	2 41	do	do	Dec. 29, '88
Cleroux, Rosanna (Mrs. D. Benard)	....	2 30	do	do	April 10, '88
Crosby, Frank E.	....	3 77	do	do	Mar. 6, '88
Chapleau, Hall, Nichols, Brown, Carter & Goldstein	....	135 12	do	do	April 17, '88
Campbell, William	....	1 65	do	do	do 28, '88
Chaput, Delia (Mrs. A. Dumoulin)	....	2 23	do	do	do 13, '89
Carroll, H. F. (Mrs. George Carroll)	....	1 63	do	do	Feb. 8, '89
Canadien, John A.	....	2 47	Caughnawaga	do	Aug. 31, '89
Caron, Amelia (Mrs. J. A. Beaudry)	....	4 85	Montreal	do	Oct. 4, '89
Cadorette, Cyrillia (Mrs. N. Perrault)	....	1 50	do	do	Sept. 3, '89
Campbell, Marg't Mary (Mrs. A. Jeffrey in trust for son Ernest Leslie)	....	28 14	do	do	Aug. 9, '89
Cameron, Hugh	....	2 23	do	do	Mar. 29, '89
Chaput, Helena (Mrs. Jas. Baxter)	....	5 83	do	do	May 27, '89
Cater, Elizabeth (Mrs. J. B. Sparrow)	....	3 98	do	do	July 15, '89
Clendinneng, Rachel Amelia (Mrs. W. G. Withiers)	....	1 52	do	do	April 29, '89
Comte, Marie	....	4 92	do	do	Oct. 22, '90
Carson, George	....	1 21	do	do	July 31, '90
Campbell, William	....	2 10	do	do	Mar. 21, '90
Choquette, Jean-Bte	....	3 01	Verchères	do	Feb. 20, '90
Carried forward	....	11,253 89			

Dividendes impayés.

Montreal City and District Savings Bank—Banque d'Economie de la Cité et du District de Montréal.

Name of Shareholder or Creditor. — Nom de l'actionnaire ou du créancier.	Amount of Dividends unpaid for 5 years and over — Dividende impayé pendant 5 ans et plus.	Balances standing for 5 years and over. — Balances restant depuis 5 ans ou plus.	Last Known Address — Dernière adresse connue.	Agency at which the last transaction took place. — Agence où la dernière transaction s'est faite.	Date of last transaction. — Date de la dernière transaction.
	$ cts.	$ cts.			
Brought forward	....	11,253 89			
Cross, John M		6 21	Allan's Corners	Head Office	July 9, '90
Cross, George		6 21	do	do	do 9, '90
Cross, Barbara B		6 21	do	do	do 9, '90
Cross, Maggie M		6 21	do	do	do 9, '90
Charbonneau, Pierre		5 01	St. Fran. de Sales	do	Sept. 26, '90
aChester, Wilhelmina (Mrs. Wm. New, in trust for son Chester		21 76	Montreal	do	do 25, '90
Chairm, François		12 67	St. Hubert	do	July 21, '90
Charlebois, Emma L. (Mrs. J. A. Charlebois		11 79	Quebec	do	April 18, '90
Côté, Marguerite (Mrs. A. Paquette)		1 72	Montreal	do	Oct. 11, '90
Cohen, Abraham		15 55	do	do	Dec. 29, '91
Colombe, Helmina (Mrs. Geo. Coutellier, in trust for daughter Coloma)		1 67	do	do	Sept. 1, '91
Crawford, John M		3 67	Verdun	do	July 9, '91
Cushing, Charles		12 42	Montreal	do	April 28, '91
Cameron, Charles		1 67	do	do	Feb. 7, '91
Cunningham, Edward		10 98	do	do	Feb. 24, '91
Corbeil, Hilaire		4 21	do	do	June 1, '91
Campbell, Mary N. (Mrs. Geo. A.)		44 24	do	do	May 16, '91
do Kenneth		6 96	do	do	June 30, '91
Coulson, R. B		3 66	do	do	do 26, '91
Chartrand, Pierre		2 25	do	do	Mar. 11, '91
Coffin, Ann		8 08	do	do	Jan. 3, '91
Coulson, Elizabeth E		2 37	do	do	Dec. 10, '91
Cadieux, Wilfrid		1 22	do	do	Sept. 12, '91
Cavillier, Maurice		7 50	do	do	Feb. 20, '91
Cusson, Napoléon		1 43	do	do	Nov. 10, '88
Coffey, Mary (Mrs. T. P. Tansey)		1 79	do	do	June 11, '91
Cummings, Rhoda S		2 32	do	do	July 24, '91
Connell, James		9 86	do	do	June 26, '91
Corcoran, Mary Ann (Mrs. J. P. Bramford)		2 90	do	do	Dec. 2, '92
Comté, Sophie		7 30	do	do	May 25, '92
Chapple, Reginald J. E		3 91	do	do	do 27, '92
Cooper, Emma		4 51	do	do	Aug. 4, '92
Caron, Amelia (Mrs. Jas. Landry)		6 54	St. Ours, County Richelieu	do	Nov. 7, '92
Clément, Alfred		2 74	Lachine	do	Oct. 9, '92
aCarmichael, R. A		5 57	Montreal	do	Feb. 1, '92
Cooper, Wm., in trust		9 96	Longueuil	do	Jan. 14, '92
Champagne, Charles L., in trust for son Ferdinand		37 55	Montreal	do	April 5, '92
Clendenning, Elizabeth Jane		3 45	do	do	Jan. 21, '92
Champagne, Mathias		1 46	do	do	Nov. 4, '92
Cushing, Charles, in trust		1 24	do	do	June 21, '92
Comté, Joseph		86 02	do	do	Oct. 17, '92
aCatelli, Charles		199 48	do	do	Dec. 17, '92
Carignan, Benjamin		3 33	Chateauguay	do	Feb. 2, '92
Coffey, Nellie (Mrs. John Miller)		1 27	Montreal	do	Dec. 10, '92
DeGolyer, Anna M		3 30	do	do	Aug. 11, '63
DeGolyer, Kate E		3 84	do	do	June 23, '64
Donahue, Mary (Mrs. R. Sparkles)		36 43	do	do	Mar. 17, '69
Davis, Jane		2 85	do	do	June 11, '67
Dubois, Maurice A		28 38	do	do	April 21, '70
DeBeaujéu & DeBeaujéu, R		1 54	do	do	June 11, '70
Decarie, Marguerite		20 55	Côte des Neiges	do	Jan. 30, '71
Doherty, Thomas		2 49	Montreal	do	Feb. 8, '72
Carried forward	....	11,951 14			

a Dead.

Montreal City and District Savings Bank—Banque d'Economie de la Cité et du District de Montréal.

Name of Shareholder or Creditor. — Nom de l'actionnaire ou du créancier.	Amount of Dividends unpaid for 5 years and over. — Dividende impayé pendant 5 ans et plus.	Balances standing for 5 years and over. — Balances restant depuis 5 ans ou plus.	Last Known Address. — Dernière adresse connue.	Agency at which the last transaction took place. — Agence où la dernière transaction s'est faite.	Date of last transaction. — Date de la dernière transaction.
	$ cts.	$ cts.			
Brought forward	....	11,951 14			
Dorion, Marie Louise	....	7 69	L'Assomption	Head Office	Dec. 11, '73
Dubois, E. A.	....	1 79	Côte des Neiges	do	June 3, '74
DeGaspé, Adelaide C. (wid. DeBeaujéu)	....	1 96	Montreal	do	Jan. 15, '74
Dean, Eliza	....	3 60	do	do	May 2, '73
DeGaspé, Adelaide C. (wid. DeBeaujéu)	....	1 76	do	do	Jan. 15, '74
Delva, Cyrille	....	11 72	do	do	Mar. 7, '74
Davis, John	....	2 59	do	do	Oct. 27, '77
Dufresne, Joseph	....	2 79	St. Johns, P.Q.	do	do 23, '73
Dupont, Marie Louise	....	3 63	St. Clet	do	Mar. 25, '75
Desmarais, Philomène (Mrs. Benoit)	....	8 14	Montreal	do	Jan. 2, '78
DeBeaujeu, G. R., in trust	....	2 38	Coteau du Lac	do	Nov. 5, '75
Dubreuil, Joseph	....	65 43	Pte. aux Tremb's	do	Mar. 27, '84
Douglas, Margaret (Mrs. J. Ramage)	....	2 73	Côte des Neiges	do	May 27, '79
Denis, Joseph	....	1 90	Montreal	do	June 1, '80
Dunlop, John	....	3 82	do	do	May 21, '81
Duggan, Ann	....	2 33	do	do	Nov. 15, '81
David, Alfred	....	7 48	Laprairie	do	June 1, '74
DeBeaumont, Alfred L.	....	1 47	Montreal	do	do 24, '79
DeSola, Abraham, in trust	....	4 10	do	do	July 20, '80
Drugan, John	....	5 81	do	do	May 7, '76
Deacon, E.	....	31 99	Red Rock	do	Jan. 13, '85
DeCastian, Victor	....	1 93	Montreal	do	Sept. 3, '83
Ducharme, Michel	....	4 90	do	do	July 19, '81
Devine, Ellen, (wid. Jas. Corcoran)	....	5 51	do	do	June 8, '80
Donegan, James & Annie Harker	....	3 42	do	do	Feb. 10, '85
Donnelly, Hugh	....	95 20	do	do	Dec. 20, '77
Dompierre, Henriette	....	7 84	do	do	Mar. 24, '84
Donnelly, Eliza	....	2 73	do	do	Jan. 14, '86
Decarrie, Pierre C.	....	8 68	St. Laurent	do	July 18, '84
Darling, Adam, in trust	....	3 26	Montreal	do	Sept. 3, '86
Desjardins, Cyrille	....	2 60	Ste. Rose	do	July 14, '86
Donnelly, Michael	....	11 17	Montreal	do	Mar. 10, '84
Duffy, Annie (Mrs. J. Byrne)	....	3 37	do	do	June 25, '85
Dion, J. O.	....	3 41	Chambly Basin	do	Sept. 18, '85
Ducharme, L. (Mrs. F. Hardy)	....	3 56	Montreal	do	June 18, '79
Dumouchel, Cyprien	....	2 01	do	do	May 4, '86
Donegan, Mary (Mrs. A. M. McDonald)	....	86 53	Lachine	do	Aug. 17, '85
Dansereau, Louis	....	3 12	Montreal	do	Nov. 23, '83
Dauphin, Henri	....	2 52	do	do	July 14, '84
Duff, J. W., in trust for Mrs. Mary Flanagan	....	4 62	do	do	Sept. 28, '82
Dufresne, Joseph O.	....	1 66	do	do	July 2, '80
Doherty, John	....	13 70	do	do	Oct. 28, '84
Dorval, Lumina	....	1 20	do	do	Dec. 28, '86
Devane & O'Brien	....	3 57	do	do	Sept. 2, '75
Dryden, Thomas	....	50 88	Dunham	do	Dec. 2, '75
Davidson, Walter	....	4 85	Montreal	do	Sept. 5, '85
Demers, Alphonse	....	4 96	do	do	July 2, '86
Daigneault, Rev. J. C.	....	17 56	Ste. Julie	do	June 16, '84
Davidson, Margaret	....	81 13	Montreal	do	Jan. 24, '85
Davidson, A. E. (Mrs. Robt. Davidson)	....	69 56	Frelighsburg	do	April 2, '84
Demers, Jean Bte	....	2 77	Montreal	do	Aug. 13, '84
Dominion Leather Board Company	....	4 71	do	do	April 13, '85
Daoust, Exilda (Mrs. René Arbour)	....	1 87	do	do	July 24, '83
Dowdall, John	....	4 33	do	do	April 3, '84
Demers, Augustin P.	....	20 31	do	do	Nov. 4, '81
Davis, M. B.	....	1 33	do	do	Oct. 26, '85
Drummond, Hon. L. T.	....	1 24	do	do	May 23, '78
Carried forward	....	12,668 26			

Dividendes impayés.

Montreal City and District Savings Bank—Banque d'Economie de la Cité et du District de Montréal.

Name of Shareholder or Creditor. — Nom de l'actionnaire ou du créancier	Amount of Dividends unpaid for 5 years and over. — Dividende impayé pendant 5 ans et plus.	Balances standing for 5 years and over. — Balances restant depuis 5 ans ou plus.	Last Known Address — Dernière adresse connue.	Agency at which the last transaction took place. — Agence où la dernière transaction s'est faite.	Date of last transaction. — Date de la dernière transaction.
	$ cts.	$ cts.			
Brought forward	....	12,668 26			
Dervericker, Mary Ellen (Mrs. J. Robinson), in trust for Eliza Robinson	....	6 89	Montreal.	Head Office.	Dec. 1, '86
Delorme, Edouard	....	2 42	do	do	Sept. 7, '81
Derome, L. J. A. & Cyrille Laurin.	....	1 29	do	do	Dec. 1, '86
Duncan, Mary	....	7 63	do	do	May 18, '83
Dubé, Elmire (Mrs. R. Andegrave dit Champagne)	....	2 89	do	do	June 13, '87
Décarie, Mélame (Mrs. C. P. Chagnon)	....	1 36	do	do	Dec. 21, '87
Deschamps, Clément	....	5 19	Lachine	do	May 5, '87
Durocher, Rose (Mrs. J. L. Latour)	....	1 34	Montreal.	do	Mar. 26, '87
Donnelly, Eliza (Mrs. C. Dowling)	....	1 40	do	do	Nov. 7, '87
Dillon, Ann (Mrs. John Dillon)	....	430 59	do	do	Dec. 21, '87
Dowling, Charles	....	1 98	do	do	May 4, '87
Deguire dit Larose, Paul	....	1 87	do	do	May 10, '87
David, Magloire	....	1 29	do	do	Jan. 25, '88
Dunphy, M.	....	510 54	do	do	July 4, '88
Dezouche, J. A. (Mrs. F. C. Dezouche)	....	106 82	do	do	May 14, '88
Doyle, Warren A.	....	4 47	do	do	Nov. 23, '87
Daguette, W. F.	....	11 31	do	do	do 22, '88
Dolphe, Pierre	....	4 90	Varennes.	do	Sept. 28, '88
DeLamiraude, Charles E	....	3 67	Montreal.	do	do 24, '88
Dubé, Philomene	....	1 80	Longueuil	do	June 26, '88
Descarries, Marie	....	1 25	Notre Dame de Grace	do	April 4, '88
Doucet. H. G. (for Ste. Anne's Boating Club)	....	1 34	Montreal	do	Dec. 20, '88
Deguay, J. E.	....	1 61	do	do	April 28, '88
Driver, Edward	....	1 21	do	do	Nov. 2, '88
Dunn, Mary (widow N. Hubert)	....	3 61	do	do	Jan. 12, '89
Doray, Joseph L. E. (in trust)	....	4 12	do	do	Mar. 13, '89
Davis, Hannah, (widow Isaac) in trust for Dora Brown	....	4 15	do	do	June 26, '89
Darican, Augustus	....	1 93	do	do	Sept. 19, '88
Desautels, Alphonsine (Mrs. Tellison)	....	13 37	do	do	Oct. 24, '89
Dubois, William	....	2 54	do	do	July 9, '89
Desmarchais, Sylvia (Mrs. J. E. Bourget)	....	2 19	Côte des Neiges.	do	Sept. 10, '89
Dostaler, Martin d'Augeville	....	13 18	Joliette	do	May 10, '89
Durand, Philomène L., in trust for nephew, Jos. Legault	....	5 24	Montreal	do	Feb. 4, '89
Dessaulles, Caroline (Mrs. L. F. Béique)	....	34 31	do	do	Dec. 17, '89
Duverger, Henri	....	1 20	do	do	Feb. 19, '89
DeGaspé, Elmire (widow Q. de Beaujeu)	....	1 63	Coteau du Lac	do	Sept. 15, '90
Dunn, Josephine	....	2 17	Côte St. Paul	do	Mar. 26, '90
Deschambault, Letitia F	....	3 27	Montreal.	do	do 3, '90
David, Julie	....	20 53	Sault au Recollet	do	Nov. 28, '90
Dolé, Aimé	....	22 41	Namur, Co. Ott.	do	Mar. 12, '90
Defoy, Cécile	....	1 62	Longue Pointe	do	Sept. 17, '90
Dance, Augusta (Mrs. Hy. Collison)	....	2 49	Montreal.	do	Mar. 5, '90
Diament, Dona, in trust for Ladie Esse Lupzie	....	22 61	do	do	June 7, '90
Desmarteaux, David	....	1 81	Longueuil	do	Nov. 12, '89
Delorier, Nelson L.	....	1 51	Montreal	do	Dec. 20, '90
Denman, Eliza Ann (Mrs. H. Denman)	....	1 51	do	do	Aug. 27, '90
Deneberg, Moses, J. Rutenberg and J. Myers, in trust for the Beher Cholin Society	....	5 52	do	do	Sept. 2, '90
Demers, Benjamin	....	3 90	Ste. Genevieve	do	Mar. 11, '91
Demers, George and Deschamps, T. R.	....	1 08	Montreal	do	Feb. 5, '91
Deslauriers, Louise (Mrs. Denis Alix)	....	1,269 87	do	do	Oct. 23, '91
Carried forward	....	15,231 09			

Montreal City and District Savings Bank—Banque d'Economie de la Cité et du District de Montréal.

Name of Shareholder or Creditor. — Nom de l'actionnaire ou du créancier.	Amount of Dividends unpaid for 5 years and over. — Dividende impayé pendant 5 ans et plus.	Balances standing for 5 years and over. — Balances restant depuis 5 ans ou plus.	Last Known Address. — Dernière adresse connue.	Agency at which the last transaction took place. — Agence où la dernière transaction s'est faite.	Date of last transaction. — Date de la dernière transaction.
	$ cts.	$ cts.			
Brought forward		15,231 09			
Devricks, Ellen (Mrs. W. J. Robinson)		1 73	Côte des Neiges	Head Office	May 1, '91
Devricks, Ellen (Mrs. W. J. Robinson), in trust for daughter Ellen		1 06	do	do	do 1, '91
Donovan, Frank		3 60	do	do	Jan. 30, '91
Dunn, Mary (Mrs. F. Scholes)		4,207 10	do	do	Feb. 9, '91
Déguay, Timothée		15 38	do	do	April 30, '91
Dutil, Louis		72 21	do	do	Jan. 14, '91
Desrosiers, Joseph A		3 13	do	do	Sept. 21, '91
Duquette, Napoléon		1 90	Lachine	do	Aug. 29, '91
Dunn, Gertrude		6 47	Montreal	do	Oct. 19, '91
Dailleboust, Joseph		2 24	Caughnawaga	do	Aug. 28, '91
DeChantel, Olivier		1 39	Montreal	do	July 25, '91
Dunn, Olive and Isabella		16 04	do	do	April 17, '91
Desrosiers, Anna (Mrs. F. Joly), in trust		6 30	do	do	Dec. 23, '92
Dufault, Sergius		3 09	do	do	April 9, '92
DeMontgolfier, Leon		49 60	do	do	July 7, '92
Douglas, Hamilton, in trust for son, Wm. J		102 24	do	do	Jan. 4, '92
Dinahan, Ann (Mrs. Joseph Coté)		149 14	do	do	Feb. 5, '92
Dunlop, Bernard		12 22	do	do	July 4, '92
Donahue, Bridget (Mrs. John O'Leary)		3 16	do	do	Jan. 4, '92
Dagenais, Louis W		6 47	do	do	Dec. 19, '92
Dixon, Emelina C		7 08	do	do	Nov. 9, '92
Daffin, Mary		175 38	Fort Covington	do	Oct. 11, '92
Douglas, Hamilton, in trust for son Hamilton		15 85	Keewatin	do	Jan. 4, '92
Desjardins, Charlotte		16 67	Montreal	do	do 11, '92
Doherty, T. J., and Thos. Gauthier, trustees, estate late D. M. Canaghan		156 98	do	do	Mar. 31, '92
Esdaile, Alexander M		2 07	do	do	June 18, '75
Elliott, Robert		4 15	Norton Creek	do	do 24, '77
Ewan, Isabella		4 35	Montreal	do	Dec. 19, '81
Easton, Fred. W		3 47	do	do	July 17, '79
Elliott, John		12 94	do	do	Oct. 6, '85
Elliott, A. G		6 56	do	do	do 6, '84
Evans, Beatrice		13 66	do	do	do 4, '84
Easton, Annie (Mrs. Higgins)		1 77	do	do	Mar. 3, '85
Elliott, Martin		5 48	do	do	Feb. 8, '84
Ewan, William		1 86	do	do	June 25, '81
Elliott, Wm. L		2 52	do	do	Mar. 2, '77
Ennis, Geo. B., in trust for son		1 34	do	do	Dec. 15, '86
Ellis, William		1 34	do	do	do 8, '86
Elliott, Alfred G., in trust for E. Elliott		6 10	do	do	Nov. 8, '87
Evans, David G		27 58	do	do	Mar. 17, '88
Elles, Jacob		4 86	do	do	July 5, '88
Evers, Margaret		2 27	Côte St. Paul	do	Mar. 22, '89
Ethier, Elise (Mrs. Elzéar Plante)		1 09	Montreal	do	Feb. 2, '91
English, David		1 26	do	do	June 10, '91
Economic Light Manufacturing Co		5 70	do	do	July 30, '91
Elliott, H. G., in trust		10 34	do	do	June 6, '91
Emerson, Fanny		1 24	do	do	Jan. 12, '91
Ethier, J. A. C		1 48	Ste. Scholastique	do	Oct. 21, '92
Finlay, Cornelia A		23 69	Montreal	do	May 11, '55
Fisher, R., sr., in trust		21 57	do	do	Nov. 17, '57
*a*Fitzmaurice, Jane		144 15	do	do	May 11, '66
Flanagan, William		24 82	do	do	Mar. 15, '68
*a*Flynn, Thomas		38 25	do	do	April 9, '69
Footner, Harold J		3 37	do	do	Aug. 21, '69
Carried forward		20,646 80			

a Dead.

Dividendes impayés.

Montreal City and District Savings Bank—Banque d'Economie de la Cité et du District de Montréal.

Name of Shareholder or Creditor. — Nom de l'actionnaire ou du créancier.	Amount of Dividends unpaid for 5 years and over. — Dividende impayé pendant 5 ans et plus.	Balances standing for 5 years and over. — Balances restant depuis 5 ans ou plus.	Last Known Address. — Dernière adresse connue.	Agency at which the last transaction took place. — Agence où la dernière transaction s'est faite.	Date of last transaction. — Date de la dernière transaction.
		$ cts.			
Brought forward		20,646 80			
Barr, Lizzie W		1 30	Montreal	Head Office	Feb. 11, '88
McLean, John J		5 87	do	do	Dec. 3, '92
Nicholson, Fred. H		6 76	Maisonneuve	do	Aug. 3, '87
Fletcher, Rose (Mrs. J. Parker)		9 10	Montreal	do	July 13, '72
Filion, Henri D		2 88	do	do	Jan. 31, '73
Fortier, Alfred		1 67	Longueuil	do	July 7, '74
Froste, Caroline C		1 61	Montreal	do	April 28, '74
Fitchew, Eliza		8 47	do	do	Jan. 14, '77
Fitch, Aubry		2 38	do	do	June 30, '76
Fraser, Isabella (Mrs. Z. Street)		2 54	do	do	April 11, '77
Fryer, John W		1 49	do	do	Dec. 15, '77
Finch, A. E. (Wid. Chas. Berezy)		1 29	do	do	Aug. 16, '76
Feneglio, Caroline		1 35	do	do	Nov. 23, '77
Fitzgerald, Ann (Mrs. C. King)		10 76	do	do	Sept. 3, '77
Fulton, Henrietta		3 92	Huntingdon	do	July 26, '79
Forman, John, (in trust for G. T. R. Rifle Association)		12 18	Montreal	do	Aug. 8, '79
Freeland, Robert		7 00	do	do	May 20, '75
Fitzpatrick, William		18 47	Portland, Me	do	Aug. 19, '82
Fulton, Rev. James		2 00	Montreal	do	Jan. 8, '81
Fulton, Frederick		11 53	Huntingdon	do	Aug. 3, '78
Ferguson, J. H		1 46	Little Métis	do	do 27, '84
Fitzpatrick, Francis W		1 36	Montreal	do	June 9, '83
Frechette, Edmond		2 09	do	do	April 9, '83
Frew, F. C		8 15	do	do	Oct. 17, '83
Flattery, Maria (Mrs. McCrotty)		4 64	do	do	Aug. 24, '85
do do		1 87	do	do	do 24, '85
Ford, Thomas		4 41	do	do	May 1, '86
Fishel, S., & Kortosh, B., (in trust for Temple Emmanuel)		4 06	do	do	Mar. 1, '84
Flood, Frederick Wm		1 74	do	do	April 11, '85
Foley, Annie (Mrs. J. Lawlor)		1 35	do	do	June 6, '83
Farrell, Julia		2 00	do	do	Nov. 18, '81
Fallon, David		1 54	do	do	Jan. 24, '84
Fees, John		6 86	do	do	Dec. 24, '86
Findlay, Frederick W		1 60	do	do	Mar. 17, '86
Foster, Carrie P., (Mrs. P. Foster in trust for son John)		3 68	St. Simon	do	Nov. 19, '87
Fauteux, R. A		1 38	Montreal	do	Aug. 22, '87
Fyfe, Azilda (Mrs. Chas. Lambert)		2 49	do	do	Oct. 10, '87
Fauteux, Melina		3 00	do	do	Sept. 23, '87
Falardeau, Marie Louise (Mrs L. Payette)		1 46	do	do	Oct. 3, '87
Flood, Mary		2 97	do	do	Mar. 5, '86
Filion, Joseph		1 30	do	do	Aug. 25, '87
Freeland. Laura, (Mrs. A W. Grant in trust for daughter Charlotte)		30 13	do	do	Oct. 24, '88
Ford, James A		3 91	do	do	June 25, '88
Farmer, Frank		2 61	Coté St. Paul	do	Feb. 10, '88
Fortier, Jean-Bte		4 24	St. Henry	do	April 24, '88
Finnigan, James		101 37	Montreal	do	June 1, '89
Forrester, James L		2 77	do	do	Sept. 27, '79
Frigon, Cléophile		5 05	Batiscan	do	Mar. 4, '89
Frechette, Aurore, (Mrs. A. J. Tellier in trust for son George)		1 25	Montreal	do	July 13, '89
Fletcher, Norman		1 77	do	do	do 9, '89
Finlayson, John A		2 30	do	do	May 9, '89
Furlong, Annie		87 52	do	do	June 21, '89
Fontaine, Adrien		2 47	do	do	Jan. 23 '90
Carried forward		21,064 17			

Montreal City and District Savings Bank—Banque d'Economie de la Cité et du District de Montréal.

Name of Shareholder or Creditor. — Nom de l'actionnaire ou du créancier.	Amount of Dividends unpaid for 5 years and over. — Dividende impayé pendant 5 ans et plus.	Balances standing for 5 years and over. — Balances restant depuis 5 ans ou plus.	Last Known Address. — Dernière adresse connue.	Agency at which the last transaction took place. — Agence où la dernière transaction s'est faite.	Date of last transaction. — Date de la dernière transaction.
	$ cts.	$ cts.			
Brought forward....	....	21,064 17			
Fraser, Bridget, (Mrs. Chas. Moffatt)...	....	1 27	Montreal......	Head Office.	Feb. 5, '90
Fabré. Mary Ann (Mrs. G. R. Fabré in trust for daughter Marie)...........	....	2 21	do	do ..	Sept. 29, '91
Fuggett, George..........	....	1 25	do	do ..	July 15, '91
Frigge, Augusta E. (Mrs. H. G. Lee)..	....	4 25	St. Jean Bte. V.	do ..	Sept. 5, '91
Foy, Annie E. C..........	....	1 33	Montreal.....	do ..	Mar. 21, '91
Fyfe, Philisa	....	6 00	St. Constant....	do ..	Sept. 26, '91
Fraser, Ellen..........	....	95 93	Montreal......	do ..	May 2, '91
Fleurant, Julie (in trust for Oliva Bisson)..........	....	30 04	do	do ..	Oct. 10, '91
Fortier, Joseph	....	7 96	do	do ..	April 7, '92
Feeney, Peter G..........	....	19 59	do	do ..	May 2, '92
Gay, Antionette	....	24 52	do	do ..	Mar. 28, '56
*a*Gadoury, Augustin..........	....	9 91	do	do ..	Feb. 15, '68
Gierch, Ernest..........	....	19 54	do	do ..	June 10, '70
Grimard, Victorine..........	....	8 21	do	do ..	Dec. 31, '67
Geddes, C. & C. G	....	16 00	do	do ..	Jan. 3, '70
Griffin, Charles..........	....	23 04	do	do ..	July 13, '70
Gilbride, Elizabeth..........	....	3 29	do	do ..	Mar. 1, '71
Gauthier, George W..........	....	3 84	do	do ..	Feb. 13, '72
Gatien, F. H. (in trust for B. Langevin)	....	112 31	S Marie Monnoir	do ..	Nov. 26, '72
Gauvreau, Joseph S.	....	10 58	Montreal.......	do ..	Oct. 7, '72
Gariépy, F. X., & Frères..........	....	9 58	do	do ..	May 2, '74
Greene, Francis..........	....	1 86	do	do ..	June 16, '77
Graham, Thomas..........	....	15 62	do	do ..	Oct. 27, '75
Greene, John..........	....	2 10	do	do ..	May 27, '76
Gauvin, Michel..........	....	2 29	do	do ..	April 18, '77
Goodhugh, Eliza (in trust for son Wm).	....	2 88	do	do ..	Jan. 26, '75
Goulet, Amélie (Mrs. L. Piché)........	....	3 57	do	do ..	Feb. 24, '76
Gaylor, Edmund..........	....	1 70	do	do ..	Dec. 13, '77
Garlick, Thos. H. (in trust for B. Jardine)..........	....	2 22	do	do	Sept. 19, '77
Garlick, Thos. H. (in trust for George Jardine)..........	....	1 77	do	do ..	do 19, '77
Gagnon, Clementine	....	2 38	Rivière Ouelle..	do ..	Jan. 19, '77
Gibb, Clarinda H. (Mrs. J. D. Gibb)...	....	7 13	Montreal.......	do ..	Oct. 2, '74
Giroux, Napoleon	....	2 87	do	do ..	April 21, '73
Gerhart, John..........	....	1 82	do	do ..	May 17, '79
Gregory, Samuel..........	....	3 93	do	do ..	do 15, '76
Gough, Edwin N..........	....	1 80	do	do ..	July 19, '76
Goyette, Francois, in trust..........	....	1 46	do	do ..	Dec. 14, '78
Grimes, Margaret..........	....	1 39	St. Colomban...	do ..	April 11, '81
Gordon, William..........	....	1 99	Montreal......	do ..	Jan. 21, '82
Grant, Albert J..........	....	1 61	do	do ..	Sept. 30, '82
Gibb, George E..........	....	2 30	do	do ..	Oct. 4, '81
Gray, Walter	....	2 35	do	do ..	May 29, '80
Gilbert, Léon..........	....	1 53	do	do ..	July 6, '81
Gauthier, Adelaide, A. L..........	....	1 84	do	do ..	May 19, '80
Gardiner, Robert, S..........	....	43 97	do	do ..	Feb. 6 '79
Gunn, Alexander..........	....	8 60	do	do ..	June 30, '81
Gagnon, Charles E..........	....	3 82	do	do ..	Mar. 9, '80
Galipeau, Marie..........	....	7 22	do	do ..	June 26, '74
Goodman, Jacob..........	....	1 40	do	do ..	April 7, '74
Girdwood, C. R..........	....	1 95	do	do ..	Aug. 10, '83
Gauthier, Louis..........	....	20 80	do	do ..	Dec. 12, '82
Gilmour, Mary	....	1 27	do	do ..	June 23, '83
Gilmour, Jennie (Mrs. Smart)..........	....	5 20	do	do .	Mar. 17, '84
Carried forward..... ...	....	21,637 46			

a Dead.

Dividendes impayés.

Montreal City and District Savings Bank—Banque d'Economie de la Cité et du District de Montréal.

Name of Shareholder or Creditor. — Nom de l'actionnaire ou du créancier.	Amount of Dividends unpaid for 5 years and over — Dividende impayé pendant 5 ans et plus.	Balances standing for 5 years and over. — Balances restant depuis 5 ans ou plus.	Last Known Address. — Dernière adresse connue.	Agency at which the last transaction took place. — Agence où la dernière transaction s'est faite.	Date of last transaction. — Date de la dernière transaction.
	$ cts.	$ cts.			
Brought forward		21,637 46			
Goodhugh, Henry S. W		32 36	Montreal	Head office	Nov. 2, '81
Grisdale, Joseph N.		3 09	Ste. Marthe, Vaudreyil	do	do 10, '82
Gagnon, Elise (Mrs. Paul Letondal)		1 54	Montreal	do	May 26, '84
Gadue, Marie-Anne		64 19	do	do	Dec. 17, '84
Gannon, C. W		1 38	do	do	July 5, '86
Greene, Mary E. (wid. Robt. Greene)		1 95	do	do	Aug. 15, '85
Goodhugh, Wm., in trust		1 39	do	do	do 15, '85
Gauthier, Séraphin		2 49	do	do	June 15, '80
Gougeon, T. A		5 28	St. Henri	do	Dec. 29, '85
Golden, Edith M		37 00	Montreal	do	Mar. 26, '85
Gamble, James		6 25	do	do	Dec. 2, '79
Galt, Elizabeth (Mrs. W. Brown)		1 78	Pointe Fortune	do	Feb. 28, '81
Glass, R. M		1 83	Montreal	do	Mar. 20, '84
Gaboury, Rev. Joseph O		2 15	L'Assomption	do	Feb. 5, '86
Gauthier dit St. Germain, Joseph		2 16	Montreal	do	Jan. 14, '79
Grimes, Matthew		2 16	do	do	June 7, '84
Girard, Paul		1 38	do	do	July 30, '85
Greer, James (in trust for son Ernest Wm.)		7 48	St. Eustache	do	Nov. 6, '83
Geoffrey, Rev. F. X.		5 91	St. Sophie	do	Oct. 16, '84
Glenn, Alexander		1 29	Montreal	do	Mar. 10, '82
Gooding, Charles E.		1 62	do	do	April 26, '83
Griffin, Louisa J		1 97	do	do	May 26, '75
Gordon, James A. & Co		3 09	do	do	July 28, '82
Girard, Zacharie		1 52	do	do	June 28, '82
Gibb, Patrick		2 26	do	do	Nov. 22, '84
Gibson, Agnes L.		1 50	do	do	June 1, '82
Garneau, Aurélie (wid. L. Chartrand)		1 49	do	do	May 30, '84
Gray, Agnes, (Mrs. J. W. Sanctuary), in trust for daughter Mabel		3 89	do	do	Oct. 13, '86
Greene, W. N		15 63	do	do	do 2, '84
Goulet, Mathilde P. (Mrs. G. A. Raymond)		3 17	do	do	April 20, '87
Gosselin, Fleury, in trust for daughter Abéona		2 71	do	do	Mar. 7, '87
Gray, John, in trust for Elizabeth		13 00	do	do	Sept. 12, '87
Greene, Mary Ann (Mrs. M. W. Done)		1 51	do	do	June 24, '84
Gibb, James R., in trust		5 91	do	do	Sept. 10, '87
Goulet, Alfred		3 79	Sorel	do	Nov. 10, '88
Gentesse, Camille		5 82	Montreal	do	Oct. 29, '88
Galloghey, Margaret T		21 44	do	do	June 7, '88
Gore, William		8 91	do	do	May 9, '88
Gault, M. Edith		2 74	do	do	Dec. 14, '88
Girdwood, Dora Ethel.		3 74	do	do	April 27, '88
Gauthier, Arthur		3 45	do	do	Mar. 14, '88
Guy, Leonie (Mrs. Alfred Paré)		1 73	Lachine	do	May 15, '88
Gregory, Mary B. (Mrs. H. H. Whitney)		6 31	Montreal	do	June 11, '87
Giroux, Gilbert		2 52	do	do	May 21, '88
Goulette, Isidore		1 98	St. Henri de Mascouche	do	Aug. 8, '88
Graham, Marion		3 48	Montreal	do	Dec. 21, '88
Guillaume, Marie, in trust		1 36	do	do	April 30, '88
Gosselin, Zelie (Mrs. P. Wiallard), in trust for Adrienne		25 68	do	do	June 17, '89
Gosselin, Zélie (Mrs. Paul Wiallard), in trust for daughter Josephine.		25 68	do	do	do 17, '89
Gosselin, Zélie (Mrs. P. Wiallard), in trust for daughter Pauline		25 68	do	do	do 17, '89
Carried forward		22,024 10			

Montreal City and District Savings Bank—Banque d'Economie de la Cité et du District de Montréal.

Name of Shareholder or Creditor. — Nom de l'actionnaire ou du créancier.	Amount of Dividends unpaid for 5 years and over. — Dividende impayé pendant 5 ans et plus.	Balances standing for 5 years and over. — Balances restant depuis 5 ans ou plus.	Last Known Address. — Dernière adresse connue.	Agency at which the last transaction took place. — Agence où la dernière transaction s'est faite.	Date of last transaction. — Date de la dernière transaction.
	$ cts.	$ cts.			
Brought forward....	....	22,024 10			
Gosselin, Zélie (Mrs. P. Wiallard), in trust for son Réné......	....	25 68	Montreal......	Head office..	do 17, '89
Godin, Joseph, in trust for l'Abbé Provencher	....	2 27	do	do ..	Nov. 11, '89
Gibeau, Rev. A., in trust for Philomène Perras.......	....	132 83	do	do ..	April 5, '89
Gagnon, Rev. Jerome..........	....	15 76	Ste. Barbe .. .	do ..	May 3, '89
Gascon, Ephrem	....	2 97	St. François de Sales.........	do ..	July 26, '89
Gazanski, Halter	....	2 20	Montreal.......	do ..	Dec. 30, '89
Gervais, Dina	....	8 19	Longue Pointe..	do ..	July 30, '89
Gregory, Edith (Mrs. R. G. Stevenson), in trust for daughter Edith.........	....	1 24	Montreal.....	do ..	Nov. 14, '89
Gantvoort, H J....	....	2 81	do ...	do ..	June 1, '89
Goyette, Alexis.......	....	32 70	Longueuil......	do ..	Nov. 2, '89
Green, William..........	....	7 58	Montreal.......	do ..	do 4, '89
Goldstein, A. and J. Hirsch, in trust for estate late Noah Friedman	....	5 55	do	do ..	Jan. 3, '89
Groulx, Benjamin..........	....	1 51	St. Laurent.....	do ..	April 27, '89
Greene, James..........	....	2 13	Montreal.. ..	do ..	Aug. 16, '89
Gunn, Annie (Mrs. J. Bond), in trust for daughter Lillie	....	3 88	do	do ..	Jan. 2, '89
Gunn, Annie (Mrs. J. Bond), in trust for daughter Rita..........	....	2 57	do	do ..	do 2, '89
Gauthier, Malvina..........	....	1 35	do	do ..	June 19, '89
Greene, E. K..........	....	64 80	do	do ..	Mar. 18, '89
Girouard, Evariste..........	....	2 16	St. Benoit......	do ..	April 9, '90
Girard, Joseph..........	....	15 24	St. Lazare......	do ..	do 11, '90
Goldie, George..........	....	5 48	Montreal.......	do ..	June 18, '90
Germain, E. P..........	....	7 61	St. Thérèse de Blainville.....	do ..	Feb. 3, '90
Guertin, Arzelie (Mrs. A. Montplaisir).	....	2 09	Montreal.......	do ..	July 15, '90
Gosse, Onezime..........	....	5 36	do	do ..	do 3, '90
Greening, Frederick	....	1 23	do	do ..	Sept. 2, '90
Guyon de la Nafeterie, Eliza (Mrs. A. Monnier)..........	....	3 61	do	do ..	July 17, '90
Girard, Michel..........	....	1 22	do	do ..	May 28, '90
Greenshields, Robt. A. E..........	....	3 70	do	do ..	Mar. 3, '90
Gray, Julia..........	....	6 05	do	do ..	Oct. 6, '91
Gaudry, Amable..........	....	2 85	do	do ..	May 15, '91
Gooley, James..........	....	1 49	do	do ..	Mar. 14, '91
Greenleese, Stephen T..........	....	2 21	do	do ..	Sept. 19, '91
Grant, Wm. A..........	....	1 52	do	do ..	do 11, '91
Greene, Frank J..........	....	7 50	do	do ..	Nov. 5, '91
Girouard, James..........	....	11 82	do	do ..	Dec. 3, '91
Guérin, Narcisse..........	....	3 33	do	do ..	June 24, '91
Godfrey, C. H. and J. W. Bangs, in trust for E. Co., 1st Prince of Wales Rifles.	....	2 65	do	do ..	Mar. 17, '91
Gordon, James Roy..........	....	3 21	do	do ..	Dec. 5, '91
Giroux, Virginie	....	1 89	do	do ..	Nov. 4, '91
Grant, Gregory E	....	1 46	do	do ..	Feb. 5, '91
Gall, Charles, in trust for son Chas. T..	....	1 18	Cote St. Paul Road.........	do ..	Dec. 24, '91
Grafton, Grace (Mrs. A. F. Bishop)....	....	5 54	Montreal..... ..	do ..	Oct. 17, '92
Golden, Christopher N..........	....	51 87	do	do ..	June 18, '92
Glen, James G..........	....	2 38	do	do ..	Aug. 15, '92
Goodfellow Mary (Mrs. W. Nicholson).	....	1 55	do	do ..	Oct. 19, '92
Gault, C. E..........	....	19 73	do	do ..	Mar. 8, '92
Gendron, Norbert.	....	2 67	Magog	do ..	June 28, '92
Carried forward..........	....	22,518 72			

Montreal City and District Savings Bank—Banque d'Economie de la Cité et du district de Montréal.

Name of Shareholder or Creditor. — Nom de l'actionnaire ou du créancier.	Amount of Dividends unpaid for 5 years and over. — Dividende impayé pendant 5 ans et plus.	Balances standing for 5 years and over. — Balances restant depuis 5 ans ou plus.	Last Known Address. — Dernière adresse connue.	Agency at which the last transaction took place. — Agence où la dernière transaction s'est faite.	Date of last transaction. — Date de la dernière transaction.
	$ cts.	$ cts.			
Brought forward	....	22,518 72			
Grondines, Louis S.	....	992 36	Montreal	Head Office.	Sept. 22, '92
Gervais, Delima (Mrs. W. A. Rivet, in trust for daughter Jeanne)	....	15 97	do	do	Jan. 8, '92
Gariépy, Elise	....	16 72	Lachenaie	do	June 7, '92
Gilligan, Annie	....	8 30	Montreal.	do	April 29, '92
Grimsdale, Harry	....	6 78	Outremont	do	June 8, '92
Gabbler, R. & Co.	....	10 49	Montreal	do	Dec. 20, '92
Hardy, James	....	30 91	do	do	June 17, '51
House of Industry	....	261 74	do	do	Jan. 4, '56
Heery, John	....	73 82	do	do	Dec. 9, '62
Henderson, Robert,	....	17 66	do	do	Jan. 13, '63
Housgen, Emmanuel, in trust	....	17 05	do	do	April 6, '64
Hawkins, John	....	3 22	Hochelaga	do	Jan. 26, '65
Houghton, John J. R.	....	7 83	Montreal	do	Nov. 24, '66
Hardie, Catherine N. (Mrs. G. Grenton)	....	13 53	Hochelaga	do	Oct. 23, '67
Hamilton, Wm. Russell	....	9 83	Montreal	do	May 25, '69
Healy, James	....	131 18	do	do	Sept. 22, '70
Harvey, William & Co.	....	23 31	Augusta, Me.	do	Dec. 30, '72
Hemming, E. J. W.	....	2 42	Drummondville.	do	Jan. 15, '72
Hitchins, Frederick	....	5 12	Montreal.	do	June 13, '72
Hosken, Frederick J.	....	7 01	do	do	do 30, '73
Harris, Samuel, N. B.	....	2 88	do	do	Dec. 11, '73
Hope, George	....	5 15	do	do	July 13, '74
Hart, Eleanor E. T.	....	36 34	do	do	Dec. 9, '74
Hunter, Margaret (wid. J. Fisher)	....	32 50	do	do	June 30, '74
Houlette, Henri	....	2 77	do	do	Sept. 6, '78
Horne, Jas. (in trust for son Frederick)	....	2 41	do	do	May 21, '76
Hovenden, J	....	7 68	do	do	Sept. 4, '77
Hurst, W. J.	....	2 24	do	do	Aug. 2, '75
Hillwell, J. B.	....	3 29	do	do	Sept. 26, '73
Hackett, Eliza	....	543 90	do	do	do 6, '73
Holt, N. R., in trust	....	25 28	do	do	June 30, '76
Holiday, James	....	2 23	do	do	Mar. 28, '76
Hall, Charles W.	....	1 84	do	do	April 27, '75
Hudon, Genevieve	....	3 01	do	do	Dec. 28, '77
Hughes, John	....	254 66	do	do	May 17, '76
Hoare, Mary	....	1 85	do	do	Nov. 14, '77
Higgins, Andrew	....	2 11	do	do	Jan. 17, '76
Hibbard, John	....	1 85	St. John's, P.Q.	do	Nov. 11, '75
Hincks, Grace	....	1 67	Montreal	do	Jan. 11, '79
Hall, Margaret	....	4 30	do	do	April 1, '78
Hopkins, J. W. (in trust for daughter Florence)	....	5 88	do	do	Jan. 16, '76
Hoonan, Helen, (Mrs. Thos. Mansfield)	....	1 84	do	do	April 8, '78
Hawksett, Edmund	....	3 67	do	do	Aug. 12, '80
Hunt, George	....	1 76	do	do	May 17, '80
Hughes, John W.	....	9 98	do	do	Nov. 8, '81
Hart, Bridget (Wid. J. Scanlan	....	1 53	do	do	Jan. 31, '82
Huguet Latour, Julie C. (wid. J. T. Trudeau)	....	32 24	do	do	Nov. 13, '83
Hennessey, Anna.	....	4 40	do	do	Mar. 14, '78
Hopper, John	....	3 03	do	do	July 14, '85
Hayes, Thomas	....	3 31	do	do	May 8, '86
Haynes, William	....	1 34	do	do	do 4, '86
Hoener, A. H.	....	1 25	do	do	July 18, '84
Huot, Tancrède A.	....	12 19	Belœil	do	Dec. 26, '83
Heye, Joseph	....	29 15	Montreal.	do	Mar. 2, '82
Hamilton, John, in trust	....	1 40	do	do	April 14, '85
Haldimand, W. L.	....	3 40	do	do	do 17, '78
Carried forward	....	25,229 30			

Montreal City and District Savings Bank—Banque d'Economie de la Cité et du District de Montréal.

Name of Shareholder or Creditor. — Nom de l'actionnaire ou du créancier.	Amount of Dividends unpaid for 5 years and over — Dividende impayé pendant 5 ans et plus.	Balances standing for 5 years and over. — Balances restant depuis 5 ans ou plus.	Last Known Address. — Dernière adresse connue.	Agency at which the last transaction took place. — Agence où la dernière transaction s'est faite.	Date of last transaction. — Date de la dernière transaction.
	$ cts.	$ cts.			
Brought forward		25,229 30			
Hudson, Wm		3 63	Petite Côte	Head Office	Sept. 5, '79
Hagar, Eliza (Mrs. W. Hagar)		7 01	Montreal	do	Aug. 19, '81
Holmes, Gertrude Z.		2 52	do	do	do 1, '79
Harper, Elizabeth (Mrs Jos. Cunningham, in trust for son James)		2 66	Lancaster, Ont.	do	July 22, '84
Hall, Colson Wm.		3 91	Petite Côte	do	May 20, '86
Harvey, Charles C		1 71	Montreal	do	Dec. 23, '81
Hurtubise, Alphonse		2 32	do	do	Mar. 25, '75
Herriman, Hezekiah		2 37	do	do	April 23, '85
Howard, T. W.		1 39	do	do	Dec. 14, '85
Hill, George		3 89	do	do	Jan. 15, '81
Huberdeau, Mathilde (Mrs. A. Lippé)		6 40	do	do	Oct. 5, '85
Harvie, William		2 34	do	do	Aug. 16, '84
Holmes, Morris		1 54	Toronto	do	Oct. 14, '81
Hart, Maria Anna (Mrs. A. Hart)		2 19	Montreal	do	Feb. 8, '84
Hebert, Joseph Jerôme.		4 47	do	do	July 7, '84
Hendricks, Erdwine.		6 55	do	do	Dec. 3, '85
Hood, Rev. Ed. (in trust for L. Geddes)		2 00	do	do	April 30, '87
Holmes, Arthur F.		6 46	do	do	Aug. 24, '83
Hébert, Napoléon		2 32	do	do	July 19, '87
Hickok, Caroline (Mrs. H. Bourret)		1 62	do	do	April 29, '86
Hornier, Lévradie (Mrs. A. Archambault)		1 73	L'Assomption	do	Sept. 2, '87
Hemsley, Richard		14 43	Montreal	do	Oct. 7, '87
Harper, James R.		6 60	do	do	May 21, '88
Harding, Florence L. (Mrs. A. S. Campbell)		1 93	do	do	July 17, '88
Hubbard, Walker R.		20 53	do	do	Mar. 15, '88
Hayes, Mary Ann		6 20	do	do	June 14, '88
Hillman, Alfred		28 59	Pagamasing	do	Dec. 10, '88
Houston, Robert		93 57	English River	do	do 4, '88
Hewitt, Edward J		40 87	Montreal	do	Sept. 24, '88
Harmington, Joseph H.		1 32	do	do	Dec. 21, '88
Hall, Harriet M. (Mrs. Ed. Vennor)		6 73	do	do	July 10, '88
Hedge, Elizabeth (wid. Hon. W. Hedge)		1 20	do	do	do 23, '88
Harris, Charles A. E.		4 25	do	do	do 12, '89
Hogue, Joseph B		15 07	do	do	April 16, '89
Hogan, Henry A		1 52	do	do	Sept. 3, '89
Hébert, Celina (Mrs. J. B. Lenoir)		1 24	do	do	Oct. 28, '89
Howard, Emily S. (Mrs. D. R. Howard, in trust for daughter Gwendoline M).		348 68	do	do	Jan. 15, '89
Handrahan, Norah (Mrs. T. Kane)		1 62	do	do	Dec. 31, '89
Hounslow, Ellen (Mrs. T. Bagg)		2 32	do	do	Feb. 3, '90
Holiday, Andrew		8 62	do	do	Nov. 26, '90
Howard, Martin		1 82	do	do	Sept. 10, '90
Horton Charles B		1 28	do	do	Feb. 4, '90
Harris, Abraham		3 80	do	do	Nov. 10, '90
Hodginson, James L		1 91	do	do	Jan. 29, '90
Houle, Ferdinand		1 98	do	do	Mar. 31, '90
Hunt, Thomas		1 90	Cote St. Paul	do	Jan. 16, '90
Hamel, Philoméne		7 16	Pteaux Trembles	do	Oct. 8, '90
Hicks, Edward (in trust for No. 4 Co., Victoria Rifles)		1 40	Montreal	do	Jan. 7, '90
Howard, Emily S. (Mrs. R. P. Howard) (in trust for A. E. Palmer Howard)		151 95	do	do	do 7, '90
Hagar, Charles W. & Lewis L. Hagar		1,414 77	do	do	Feb. 28, '90
Hoolahan, Eliza		116 33	do	do	July 20, '90
Harris, John M.		2 98	do	do	Nov. 18, '90
Hamilton, Annie B		8 42	do	do	Oct. 6, '90
Carried forward		27,619 32			

Dividendes impayés.

Montreal City and District Savings Bank—Banque d'Economie de la Cité et du District de Montréal.

Name of Shareholder or Creditor. — Nom de l'actionnaire ou du créancier.	Amount of Dividends unpaid for 5 years and over. — Dividende impayé pendant 5 ans et plus.	Balances standing for 5 years and over. — Balances restant depuis 5 ans et plus.	Last Known Address. — Dernière adresse connue.	Agency at which the last transaction took place. — Agence où la dernière transaction s'est faite.	Date of last transaction. — Date de la dernière transaction.
	$ cts.	$ cts.			
Brought forward	....	27,619 32			
Hayes, Mildred M.		1 26	Montreal	Head Office	May 18, '90
Hutton, Ethel L. (Mrs. G. A. Kohl)		1 85	do	do	Jan. 28, '90
Hayes, Mildred Clare		120 63	do	do	Aug. 28, '90
Hart, R. A. B. (in trust for Marguerite Y.)		28 71	do	do	Mar. 26, '90
Hicks, Frank (in trust for F. Griffith)		3 56	do	do	Dec. 24, '90
Hardisty, Henry E., in trust for son Henry		23 62	do	do	Jan. 19, '92
Harding, Eliza (Mrs. J. Harding)		2 35	do	do	July 6, '92
Holland, Ellen		624 94	do	do	June 9, '92
Hewson, Henry		14 96	Clarenceville, PQ	do	April 28, '92
Henry, Hugh		2 82	Montreal	do	Mar. 10, '92
Hooper, George Robertson		18 31	do	do	do 23, '92
Herigault, Sophie (Mrs. H. A. Powell)		1 23	do	do	Nov. 8, '92
Hall, Ann		347 70	St. Louis de Gonzagur	do	Sept. 20, '92
Holiday, Allison		1 27	Montreal	do	July 2, '92
Hammond, Margaret (Mrs. N. Russell)		39 36	do	do	May 18, '92
Irving, Mary		8 18	do	do	do 17, '57
Irwin, W. N.		5 84	do	do	do 26, '76
Irish, Emma C. (Mrs. Wm. Lister)		3 58	do	do	Sept. 12, '85
Irwin, Edward		71 03	do	do	July 15, '91
Irwin, Ethel Clare		18 15	do	do	do 3, '91
*a*Innes, James R.		61 16	do	do	Feb. 15, '92
Irwin, David		1 59	do	do	Mar. 23, '92
Johnson, A. R.		3 37	Chambly	do	May 5, '65
Johnston, J. A.		1 87	Montreal	do	July 6, '72
Johnston & McGee		13 20	do	do	Nov. 24, '73
Johnston, Matthew		1,587 20	do	do	Sept. 13, '73
Gutman, Annie (Mrs. W. Gutman)		8 30	do	do	Mar. 14, '73
Johnston, Eliza P.		18 35	do	do	Oct. 16, '74
James, J. C.		3 37	Kingston	do	do 14, '74
Jacobs, M.		6 55	Montreal	do	Sept. 29, '74
Johnston, William		2 15	do	do	June 11, '77
Jordan, John F.		1 86	do	do	July 19, '76
James, Alfred L.		4 22	Huntingdon	do	Dec. 11, '77
Jenkins, Amelia (Mrs. A. Sawtell)		2 31	Montreal	do	Feb. 26, '78
Jeffreys, John J.		1 36	do	do	Oct. 24, '79
Joseph & Burroughs		2 41	do	do	Feb. 24, '79
Joss, James		12 47	do	do	July 2, '79
Jeuchereau, Olivier		1 98	do	do	Dec. 21, '75
Joseph, Ellen (Mrs. L. Davis), in trust for Edith Rebecea		3 45	do	do	Oct. 6, '82
Joseph, Ellen (Mrs. L. Davis), in trust for Florence Naomi		3 07	do	do	Dec. 14, '86
Jenning, Mary (Wid. late John Claxton)		9 12	Longueuil	do	Jan. 29, '77
Judah, Wurtelle & Branchaud		2 74	Montreal	do	Oct. 11, '84
Jennings, Sydney		8 95	do	do	Mar. 22, '84
Johnson, Sarah Jane		6 97	Magog	do	May 31, '87
Jackson, Mary		4 57	Montreal	do	do 14, '83
Jones, Reginald Frs.		1 31	do	do	Feb. 25, '87
Jones, Reverley, Earle		1 32	do	do	do 25, '87
Johnson, Sir W. G.		21 87	do	do	June 19, '88
Joubert, Jacques C.		1 98	St. Leonard, Port Maurice	do	Mar. 14, '88
Jones, William		37 16	Montreal	do	Aug. 31, '88
Jackson, Oscar D.		1 52	do	do	Dec. 4, '88
Johnson, John		6 47	St. Andrews	do	Feb. 26, '89
Carried forward	....	30,802 89			

a Dead.

Montreal City and District Savings Bank—Banque d'Economie de la Cité et du District de Montréal.

Name of Shareholder or Creditor. — Nom de l'actionnaire ou du creancier.	Amount of Dividends unpaid for 5 years and over. — Dividende impayé pendant 5 ans et plus.	Balances standing for 5 years and over. — Balances restant depuis 5 ans ou plus.	Last Known Address. — Dernière adresse connue.	Agency at which the last transaction took place. — Agence où la dernière transaction s'est faite.	Date of last transaction. — Date de la dernière transaction.
	$ cts.	$ cts.			
Brought forward		30,802 89			
Jodoin, M. Philoméne (Mrs. C. W. Valen)		28 20	Beloeil	Head Office.	Jan. 25, '89
Jacques, Martine (Wid. J. Michaud)		11 66	Montreal	do	Aug. 27, '89
Jenner, Edith (Mrs. W. J. Furlough)		6 33	do	do	Oct. 24, '89
Jodoin, Honoré		1 84	do	do	April 8, '89
Johnston, W. F., in trust		2 96	do	do	Dec. 30, '89
Johnson, Hattie		36 65	do	do	Sept. 2, '89
Joint, Germain		4 00	St. Polycarpe	do	Nov. 14, '90
Jacques, C. Arthur (in trust for son Frank)		2 60	Montreal	do	April 19, '90
do do do daughter Lillian		1 23	do	do	do 19, '90
Johnston, Violet F. T		21 95	do	do	Dec. 28, '91
Jamieson, Janet (Mrs. A. Jamieson)		266 98	do	do	do 21, '91
Jacques, C. A. (in trust for son Meredith)		14 27	do	do	Feb. 14, '91
Jubin, Eugéne		1 23	do	do	Nov. 16, '91
Jordan, Mary (in trust for niece Mary Crowe)		59 96	do	do	Oct. 31, '91
Jubin, Philomène (Mrs. M. Aubin)		5 06	do	do	May 4, '92
Kenny, Edward J		2 36	do	do	Jan. 11, '92
Keene, John T		1 16	do	do	Oct. 3, '90
King, James		1 72	do	do	Mar. 19, '91
Kemp, Howard D		2 30	do	do	Sept. 23, '92
Kerr, Ann		10 87	Port Lewis	do	Aug. 30, '66
Kenny, James		3 87	Montreal	do	Mar. 13, '66
Keating, Thomas		5 92	do	do	do 13, '66
King, Patrick		5 39	do	do	Aug. 4, '69
Kendall, George N		2 69	do	do	Mar. 31, '77
Knapp, Charles		1 81	do	do	April 6, '76
Kane, Robert		3 82	do	do	do 28, '74
Kelly, Agnes (Mrs. Fosgrave)		1 75	Terrebonne	do	do 29, '75
Knibb, Benjamin		3 30	Montreal	do	June 30, '77
Kennedy, John		2 65	do	do	Aug. 15, '77
Kane, Roland		3 83	do	do	Mar. 30, '80
Kingsley, Margaret (Mrs. J. St. Germain)		2 18	Turcot Village	do	Aug. 26, '80
Killen, Nellie		1 75	Montreal	do	Mar. 18, '85
Kearney, Thomas		2 97	do	do	Feb. 2, '85
Korth, George		2 88	do	do	April 12, '86
Kennedy, William		1 87	do	do	Oct. 17, '85
Kerry, Viola (in trust)		13 24	do	do	April 28, '83
Koehn, Ferdinand		3 95	do	do	Feb. 3, '86
Kerr, Margaret (Wid. J. H. Evans)		3 89	Westmount	do	Nov. 2, '83
Kaufman, A., Fisher, A., Kaufman, M., Lauterman, W.B., Lightstone, J. H., in trust		3 73	Montreal	do	July 23, '83
Kyle, John		757 34	do	do	Jan. 12, '84
McKallagan, Maggie		1 91	do	do	Feb. 20, '83
Keating, Charles		8 56	do	do	do 9, '81
Kendall, G. N., (for heirs estate late McCloskey)		3 53	do	do	Mar. 5, '85
Kerr, W. H., (in trust for Grace Atkin)		7 01	do	do	May 19, '86
Kennedy, James T		1 31	do	do	June 25, '87
Kaufman, Isaac		13 64	do	do	April 26, '84
Kelpin, C. P		2 73	do	do	Feb. 26, '87
Kimball, Katie		13 54	do	do	Sept. 17, '88
Kavanagh, H. J., in trust		3 14	do	do	Aug. 13, '88
Kellert, Joseph		2 19	do	do	July 27, '88
Keenan, John, (in trust for Glendwynne Cloran)		65 25	do	do	Dec. 21, '88
Kent, James		6 28	do	do	do 19, '89
Kenna, Timothy		8 93	do	do	Aug. 21, '88
Kellert, Rebecca		1 62	do	do	Dec. 11, '90
Carried forward		32,254 69			

Dividendes impayés.

Montreal City and District Savings Bank—Banque d'Economie de la Cité et du District de Montréal.

Name of Shareholder or Creditor. — Nom de l'actionnaire ou du créancier.	Amount of Dividends unpaid for 5 years and over — Dividende impayé pendant 5 ans et plus.	Balances standing for 5 years and over. — Balances restant depuis 5 ans ou plus.	Last Known Address. — Dernière adresse connue.	Agency at which the last transaction took place. — Agence où la dernière transaction s'est faite.	Date of last transaction. — Date de la dernière transaction.
	$ cts.	$ cts.			
Brought forward		32,254 69			
Knight, Annie (Mrs. M. Gunwall)		1 50	Montreal	Head Office.	Mar. 3, '90
Kenfield, Bessie		1 83	do	do	July 1, '90
Kennedy, Mary J. (Mrs. J. Barry)		2 81	do	do	June 10, '90
Kernan, Mary (widow J. Doyle)		245 76	do	do	Feb. 10, '91
Lewis, Margaret (Mrs. M. F. Lewis)		24 41	do	do	April 21, '90
Laplante, Edmond		2 78	do	do	Feb. 3, '90
Lapierre, Joseph		1 27	do	do	Dec. 13, '90
Leduc, Marie-Lse. (wid. E. Prud'homme)		8 31	Coté St. Luc	do	Sept. 22, '91
Lacaille, Samuel		3 46	Montreal	do	Oct. 31, '90
Lapierre, Josephine (Mrs. A. Regimbal)		2 39	do	do	do 29, '90
Lecavalier, Joseph J		14 79	do	do	July 28, '91
Leblanc, Amanda		1 55	do	do	Feb. 9, '91
Lovie, Christine (Mrs. T. Starr)		1 79	do	do	Dec. 4, '90
Larivière, A. C.		1 54	do	do	Oct. 17, '90
Love, Elizabeth Jane (Mrs. J. B. Smeath)		2 04	do	do	Mar. 1, '90
Leclaire, Eliza (Mrs. Jérémie Hotte, in trust for son Arthur)		4 92	do	do	July 7, '90
Lefebvre, Rev. Daniel J		12 19	L'Annonciation	do	May 29, '90
Labelle, Joseph		1 36	Slt aux Recollets	do	July 12, '90
Lemire, Elie		73 64	L'Assomption	do	do 30, '90
Little, Sarah E. (Mrs. Alex. Miller, in trust for daughter Elizabeth T.)		12 44	Cotê St. Michel	do	do 30, '90
Langevin, Louis C		1 84	Montreal	do	Oct. 29, '90
Levesque, Estelle (Mrs. A. Rocher		1 10	do	do	Mar. 24, '91
Labranche, Napoléon		4 17	do	do	April 7, '91
Lachapelle, Marcel J		1 21	do	do	May 21, '90
Latraverse, Rev. Narcisse		1 74	do	do	June 6, '90
Leach, Wm. H		9 47	do	do	May 23, '90
Lalonde, Napoleon		4 37	do	do	Aug. 4, '90
Logan, Isabella (Mrs. James Logan)		2 47	Westmount	do	June 23, '90
Leste, A. A.		23 67	Montreal	do	Sept. 2, '50
Lyman, William		35 98	do	do	Dec. 28, '53
Lamoureux, Lea		3 19	do	do	Jan. 27, '63
Levey, Charles L		8 51	do	do	Feb. 17, '66
Lowdon, Robert C		10 12	do	do	May 15, '69
Laframboise, Hon. M		3 09	do	do	Nov. 20, '68
Lynn, William S		2 95	do	do	Jan 17, '70
Lafleur, Charles		2 55	do	do	Mar. 1, '70
Leduc, Gilbert		2 64	Coteau St. Pierre	do	Feb. 8, '71
Lachapelle, J. Omer		4 21	Montreal	do	April 23, '91
Lalonde, Joseph		2 46	do	do	Sept. 11, '91
Leslie, James W. S.		11 00	do	do	Feb. 4, '91
Lesser, Joseph W		24 15	do	do	Jan. 4, '72
Legault dit Deslauriers, Marie (widow Jos. Poirier		22 14	Lachine	do	Dec. 23, '76
Lafleur, C.		2 54	Montreal	do	Nov. 20, '74
Lapierre, Jean-Bte. (in trust for son)		1 98	Holyoke, Mass.	do	Jan. 11, '75
Lamontagne, Caroline		1 88	Beauharnois	do	Aug. 29, '76
Lowe, John W.		1 93	Montreal	do	May 31, '77
Lyon & Co., Oliver H		4 93	do	do	June 13, '73
Lecavalier, Dumase		2 96	St. Laurent	do	Oct. 10, '91
L'Heureux, John		2 09	Montreal	do	do 2, '77
Lee, Annie		3 73	do	do	July 29, '74
Levesque, Jules		3 14	do	do	April 2, '91
Lamothe, Henri Pierre		1 71	do	do	do 27, '77
Lefebvre, M. Eulalie (widow W. Cinq-Mars)		2 99	do	do	June 6, '76
Lemay, Paul		3 79	Village St. Jean Baptiste	do	April 8, '78
Carried forward		32,892 17			

Montreal City and District Savings Bank—Banque d'Economie de la Cité et du District de Montréal.

Name of Shareholder or Creditor. — Nom de l'actionnaire ou du créancier.	Amount of Dividends unpaid for 5 years and over. — Dividende impayé pendant 5 ans et plus.	Balances standing for 5 years and over. — Balances restant depuis 5 ans et plus.	Last Known Address. — Dernière adresse connue.	Agency at which the last transaction took place. — Agence où la dernière transaction s'est faite	Date of last transaction. — Date de la dernière transaction.
	$ cts.	$ cts.			
Brought forward	....	32,892 17			
Lynch, Harold J	....	1 86	Montreal	Head Office	Feb. 5, '79
Lonsdale, Muriel D. (Mrs. T. H. Lonsdale)	....	35 46	do	do	Aug. 28, '91
Lapointe, François	....	1 64	Côte de Neiges	do	July 10, '82
Lefebvre, Philibert	....	1 61	Montreal	do	Nov. 2, '91
Levey, Rebecca (Mrs. A. Saunders)	....	9 84	do	do	Dec. 26, '79
Langevin, Marie Lse	....	4 92	Varennes	do	July 24, '91
Lamothe, Amélie	....	2 49	Montreal	do	Aug. 7, '80
Lauzon, Clothilde	....	1 34	do	do	June 18, '79
Lynch, Michael C	....	2 24	do	do	do 1, '78
Lee, Thomas J	....	16 98	Boston, Mass	do	Dec. 27, '78
Leslie, James	....	3 51	Montreal	do	May 4, '82
Loughry, Mary	....	276 33	do	do	July 27, '91
Lewes, Eleamor (Mrs. Thos. Lewis)	....	2 59	do	do	Sept. 19, '85
Lowe, Catherine (Mrs. Geo. Gordon)	....	7 72	do	do	Feb. 12, '91
Laird, Isabella (Mrs. James Maher)	....	7 21	do	do	do 21, '84
Lefebvre, Benjamin	....	4 26	Lachine	do	do 21, '83
Lafleur, Hector	....	1 90	Montreal	do	Oct. 8, '85
Longtin, Jean-Bte	....	3 91	do	do	April 4, '91
Leath, Ellen (Mrs. D. Smith)	....	7 03	do	do	do 28, '86
Legault did Deslauriers, Rachel	....	1 93	do	do	Aug. 4, '86
Leduc, J. D. and Langlois, J. E	....	2 38	Ste. Scholastique	do	Oct. 14, '91
Labarre, Marie A. E	....	3 67	Three Rivers	do	Dec. 29, '83
Legault, Odile	....	2 30	Montreal	do	Jan. 1, '85
Leprohon, Lucie (Mrs. D. McDonald)	....	1 52	do	do	Mar. 5, '84
Lemieux, Pascal	....	4 91	do	do	June 18, '85
Logan, Robert J	....	2 81	Outremont	do	May 10, '81
Lathé, Bell M	....	4 91	Montreal	do	Feb. 23, '82
Labelle, Louis	....	4 13	do	do	Mar. 12, '79
Lane, Campbell, in trust	....	3 83	do	do	Dec. 4, '91
Lefebvre, Gabriel	....	151 55	St. Laurent	do	Sept. 26, '91
Leclerc, Caroline	....	4 37	Acton Vale	do	July 29, '81
Lefebvre, Arthur, in trust	....	1 30	Montreal	do	Feb. 10, '85
Lamère, Hercule	....	2 25	do	do	April 2, '83
Larue, Edmond	....	1 34	do	do	Sept. 6, '86
Legault, Victoria	....	7 29	do	do	Aug. 4, '91
Lefebvre, M. X	....	1 96	do	do	Jany. 4, '86
Loucks, George H	....	3 40	Mile End	do	July 15, '81
Laframboise, Hon. Maurice	....	3 29	Montreal	do	June 28, '79
Larivière, Olive (widow Jos. Bourrett)	....	1 76	do	do	April 12, '79
Lamarche, Jean	....	2 29	do	do	May 1, '82
Larente, Louise	....	136 19	do	do	Feb. 11, '91
Legru, Hector	....	3 08	do	do	Mar. 27, '85
Legru, Louise (Mrs. H. Legru)	....	2 85	do	do	April 15, '85
Levesque, Joseph (in trust for Alex. Levesque)	....	3 93	do	do	Nov. 25, '85
Lessard, Marie	....	2 98	do	do	Oct. 19, '83
Lyman, Arthur (in trust for Ethel L.)	....	10 83	do	do	July 15, '85
Lachapelle, Elizabeth (Mrs. C. Lacasse)	....	7 90	St. Léonard	do	June 15, '81
Lawless, Maggie	....	1 63	Montreal	do	May 19, '83
Leroux, Alphonse (in trust for sister Emélie)	....	10 64	do	do	Aug. 6, '91
Lebel, Aimée (Mrs. Landry)	....	2 02	do	do	Jan. 11, '86
Lyons, Catherine	....	2 22	do	do	Aug. 1, '85
Langevin, Elizabeth (Mrs. T. Burdett)	....	1 20	do	do	do 30, '83
Loughren, John	....	8 11	do	do	June 17, '80
Lydon, James	....	3 93	do	do	Mar. 6, '77
Leroy, J. B.	....	1 39	do	do	May 27, '82
Letourneaux, François E	....	3 25	do	do	Aug. 7, '80
Carried forward	....	33,700 35			

Dividendes impayés.

Montreal City and District Savings Bank—Banque d'Economie de la Cité et du District de Montréal.

Name of Shareholder or Creditor. — Nom de l'actionnaire ou du créancier.	Amount of Dividends unpaid for 5 years and over. — Dividende impayé pendant 5 ans et plus.	Balances standing for 5 years and over. — Balances restant depuis 5 ans et plus.	Last Known Address. — Dernière adresse connue.	Agency at which the last transaction took place. — Agence où la dernière transaction s'est faite.	Date of last transaction. — Date de la dernière transaction.
	$ cts.	$ cts.			
Brought forward	....	33,700 35			
Lapointe, Hormisdas (in trust for son)	....	121 32	Longue Pointe	Head Office.	July 31, '91
Larin, Rev. Ambroise	....	21 66	Varennes	do	Nov. 4, '80
Lussier, André	....	4 99	Boucherville	do	Oct. 28, '85
Lawrence, John	....	1 96	Montreal	do	April 26, '83
*a*Landrigan, Mary (Mrs. Lawrence)	....	2 95	do	do	May 12, '88
Louson, John (in trust for T. Ryan)	....	5 23	do	do	Sept. 7, '82
Lefebvre, Luc	....	1 31	St. Philippe	do	Oct. 23, '85
Lyall, Henry J	....	8 55	Montreal	do	Sept. 6, '84
Lavoie, Ulric	....	7 46	do	do	do 24, '84
Leroux, Ada (Mrs. V. Girouard)	....	1 87	do	do	April 9, '91
Lynch, Joseph A. (in trust for estate late Alex. Dufresne)	....	7 18	do	do	Sept. 6, '83
Lajeunesse, Joseph, in trust	....	4 40	do	do	do 1, '84
Lovell, Frank F	....	8 74	do	do	do 5, '85
Lapointe, Hormisdas (in trust for son Alexandre)	....	61 32	Longueuil	do	July 31, '91
Laporte, André	....	2 52	Montreal	do	Dec. 23, '87
Lang, Andrew (in trust for daughter Mabel)	....	8 02	Chateauguay Basin	do	Nov. 24, '87
Lucas, Lucy	....	12 56	Montreal	do	do 21, '91
Lanctot, Oscar	....	2 88	do	do	Mar. 19, '85
Lacombe, Sophie (Mrs. F. Lebeau)	....	2 54	do	do	Sept. 6, '87
Lamarche, Rev. Godefroi (in trust for La Fabrique)	....	1 70	St. Bruno	do	July 15, '87
Laframboise, Léon	....	4 49	St. Laurent	do	do 30, '87
Logan, John Ed	....	1 89	Montreal	do	Sept. 11, '91
Leonard, J. A. R	....	4 25	do	do	Nov. 22, '87
Laforce, Eugène	....	2 52	do	do	Mar. 14, '87
Lovell, Edward	....	3 82	do	do	Dec. 28, '88
Lippé, A. H	....	15 13	do	do	May 2, '88
Lonsdale, Amelia D. (Mrs. T. H. Lonsdale, in trust for daughter Dorothy B)	....	6 21	do	do	do 1, '91
Lammerts, Rev. F. Van Buren	....	3 41	do	do	do 1, '88
Lefebvre, Louis	....	2 64	do	do	June 19, '88
Lefrançois, Almanda	....	2 51	do	do	April 9, '88
Lacourcière & Murphy	....	2 44	do	do	July 24, '88
Langlois, Eliza B. (Mrs. F. Buller)	....	8 69	do	do	Dec. 24, '88
Latraverse, J. E	....	5 14	do	do	Nov. 8, '88
Lebeau, Alphonse	....	4 99	St. Laurent	do	June 28, '89
Learmont, Agnes	....	6 74	Montreal	do	Aug. 1, '89
Lepage, Philomène (Mrs. C. Lamoureux)	....	2 24	do	do	Oct. 18, '89
Lasizerail, Amélie A. (Mrs. E. Gauthier)	....	1 60	do	do	May 18, '89
Leslie, Georgiana, and John Henderson, executors to estate Kate Leslie	....	92 98	do	do	Nov. 23, '89
Laurin, Cyrille	....	8 10	do	do	July 6, '89
Lanthier, Auguste	....	8 83	do	do	Oct. 29, '89
Lavigne, Emile	....	4 43	do	do	Aug. 2, '89
Leclair, Hermas	....	1 58	Ste. Thérèse de Blainville	do	Jan. 11, '89
Levy, Joseph (in trust for estate Jean Gay)	....	6 59	Montreal	do	Sept. 24, '89
Leber, Esther (Mrs. Jos. Pagnuelo)	....	3 30	do	do	Jan. 22, '89
Leclerc, Caroline (Mrs. Hy. Hamilton)	....	13 32	do	do	Feb. 12, '89
Limoges, Médéric	....	2 00	do	do	Jan. 28, '89
Lacas, Léocadie (Mrs. M. Lachapelle), in trust for daughter Lumina	....	2 55	do	do	July 15, '89
Carried forward	....	34,211 90			

a Dead.

Montreal City and District Savings Bank—Banque d'Economie de la Cité et du District de Montréal.

Name of Shareholder or Creditor. — Nom de l'actionnaire ou du créancier.	Amount of Dividends unpaid for 5 years and over. — Dividende impayé pendant 5 ans et plus.	Balances standing for 5 years and over. — Balances restant depuis 5 ans ou plus.	Last Known Address. — Dernière adresse connue.	Agency at which the last transaction took place. — Agence où la dernière transaction s'est faite.	Date of last transaction. — Date de la dernière transaction.
	$ cts.	$ cts.			
Brought forward		34,211 90			
Ludwig, Elizabeth		31 97	Montreal	Head Office	Aug. 21, '89
Lafleur, Marie		31 87	do	do	Oct. 4, '89
Leach, W. H., in trust		12 92	do	do	Mar. 19, '89
Lefebvre, Rev. D. J., in trust		6 69	do	do	May 29, '90
Lacoste, Wilfrid		1 31	do	do	June 3, '90
Lovell, Mary		2 92	do	do	Nov. 14, '90
Laidlaw, John		1 20	do	do	May 20, '92
Lovejoy, George S		207 47	do	do	June 20, '92
Longpré, Zélie		1 59	do	do	July 19, 92
Leblanc, Prospère		3 33	St. Henry	do	Jan. 27, '92
Lebœuf, Fiaminia		69 04	Montreal	do	May 2, '92
Lumsden, Robert		3 62	do	do	April 21, '92
Lacombe, Alphonsine		60 80	Longueuil	do	Mar. 26, '92
Leonard, Flavie (widow J. F. Pominvile)		17 52	St. Vincent de Paul	do	Nov. 4, '92
Lee, John		3 98	Montreal	do	Dec. 23, '92
Longhi, Lorenzo D		4 83	do	do	Mar. 2, '92
Lavoie, Alphonsine (Mrs. Jos. Condon, in trust for daughter Marie Louise)		1 87	do	do	do 21, '92
Lanctot, Charles		4 40	do	do	April 20, '92
Leblanc, Marguerite		5 02	do	do	Dec. 21, '92
Lacroix, J. C. N		21 85	do	do	Oct. 21, '92
Lamb, Augusta		480 10	do	do	July 15, '92
Lighthall, Wm. D		1 59	do	do	June 18, '92
Laurin, Edouard		1 12	do	do	Aug. 27, '92
Lefebvre, Edouard		5 30	St. Laurent	do	Nov. 18, '92
Léonard, P. L		1 12	Ste. Rose	do	Jan. 8, '92
Lamb, Alex. W		3 91	Montreal	do	Nov. 30, '92
Lanthier, Adeline		983 52	do	do	July 13, '92
Lee, James		13 31	do	do	June 25, '92
McEvenne, Annie (Mrs. W. J. Turner)		14 86	do	do	Sept. 22, '90
McBean, W		4 01	Danville, Que	do	July 29, '91
McCarthy, Mary (widow Pennington)		5 21	Montreal	do	Dec. 23, '91
Macaulay, Lily M. (Mrs. Chas. Cushing in trust for son Robertson M)		11 85	do	do	April 30, '92
Moore, Lydia (Mrs. J. Keene)		1 59	do	do	Oct. 3, '90
McDonnell, F. S. (in trust for daughter Ellen)		6 18	St Luke, P.Q	do	Sept. 27, '90
McQuillen, Annie		1 57	St. Vin't de Paul	do	May 2, '90
Maynard, Jessie		2 45	Montreal	do	Dec. 18, '90
Moane, Alexander		1 23	do	do	May 13, '90
McDiarmid, J. C		8 50	do	do	Oct. 15, '90
McDonald, Alexander		2 44	do	do	Dec. 29, '90
McLynn, Lizzie (Mrs. John McNally)		4 32	do	do	July 9, '92
McGraw, William		2 20	do	do	Feb. 3, '90
McPherson, John		1 40	do	do	April 11, '90
McRae, Elsie (Mrs. Geo. McAuley)		3 07	do	do	June 2, '90
McCrowe, Mary M. (Mrs. D. McGovern)		4 49	do	do	Aug. 14, '91
McLennan, Marian		4 24	do	do	do 23, '90
Mattinson, Joseph		5 53	do	do	June 1, '92
MacNamara, Mary		63 07	do	do	Oct. 8, '90
May, Mary Eliza		5 05	do	do	Sept. 25, '90
Malsbury, John R		12 71	do	do	April 29, '91
Mackay, James A		1 79	do	do	Oct. 13, '90
Mitchell, J. E. Albert		1 18	do	do	June 15, '92
Monriz, Jules		2 67	Ste. Monique Co. Two Mountains	do	April 23, '90
Malbœuf, Frederick		1 93	Montreal	do	Nov. 15, '90
Monarque, Rosalie		330 31	do	do	Oct. 15, '92
Carried forward		36,699 92			

Dividendes impayés.

Montreal City and District Savings Bank—Banque d'Economie de la Cité et du District de Montréal.

Name of Shareholder or Creditor. — Nom de l'actionnaire ou du créancier.	Amount of Dividends unpaid for 5 years and over. — Dividende impayé pendant 5 ans et plus.	Balances standing for 5 years and over. — Balances restant depuis 5 ans ou plus.	Last Known Address. — Dernière adresse connue.	Agency at which the last transaction took place. — Agence où la dernière transaction s'est faite.	Date of last transaction. — Date de la dernière transaction.
	$ cts.	$ cts.			
Brought forward		36,699 92			
Mazurette, Julie (Mrs. J. D. Porcheron)		2 83	Montreal	Head Office	Jan. 4, '90
McIver, Annabella		1 44	do	do	Feb. 19, '89
Morrison, John		1 26	do	do	Sept. 15, '90
McDonald, A. Roy (in trust for son Everett)		3 15	do	do	do 9, '90
McAffee, Grace		24 33	Coteau St. Augustin	do	do 10, '91
*a*Montgomery, Elizabeth (wid. S. Bain)		164 03	Montreal	do	Dec. 18, '90
Moreau Emilia (Mrs. J. Constantineau)		8 66	do	do	Sept. 5, '90
Mooney, A. J		4 59	do	do	July 16, '90
Morin, Marie Antoinette		1 24	do	do	Jan. 22, '90
Marcotte, Alphonse		2 42	do	do	Mar. 26, '89
McRae, Cristian		5 12	do	do	June 17, '89
Muir, George H		7 96	Côte St. Lambert	do	Oct. 18, '92
Morrison, Anna J. (Mrs. J. J. Hannah)		8 00	Montreal	do	Dec. 15, '90
Mosely, E. F. (in trust for dau. Grace)		14 19	do	do	Oct. 20, '90
McCuay, Christy Ann		308 52	do	do	Mar. 6, '90
McKin, John		7 89	do	do	Dec. 3, '90
Mercier, Maximin		5 30	St. Martin	do	do 30, '89
Morin, Adèle		24 79	Montreal	do	Oct. 9, '91
McNamara, Katie		24 68	do	do	Aug. 24, '92
Michele, Henri		1 25	do	do	Oct. 9, '89
Morin, Rev. J. (pour la Fabrique)		2 85	St. Jacques le Mineur	do	Aug. 23, '90
Murray, James N		10 66	Montreal	do	
McDonald, Mary		132 09	do	do	May 3, '90
McDonnell, Owen		21 66	do	do	June 7, '92
McKenzie, Sarah (wid. R. McKenzie)		18 62	Outremont	do	Nov. 19, '89
Mercille, Noël (tutor to heirs of Jos. Lesperance)		2 46	St. Lambert	do	May 31, '89
Mount, Sarah Jane		3 88	Montreal	do	do 8, '89
Macpherson, Graham B		3 60	do	do	do 27, '89
McGilvray, Mary		91 53	do	do	June 18, '89
Mercille, Joseph		14 77	Longueuil	do	Nov. 11, '89
Murphy, Mary		45 85	Westmount	do	Jan. 16, '92
Mathieu, Alex.		1 77	Montreal	do	do 24, '89
Murray, Maria		863 32	do	do	Oct. 23, '89
Marcoux, Delphine (Mrs. A. Beauchamp)		14 83	do	do	Aug. 5, '89
McPhail, Mary (Mrs. M. McGarr, in trust for nephew J.J. Doherty)		12 69	do	do	Nov. 29, '89
Merrier, Joseph		1 22	do	do	June 2, '91
McMurry, Stéphanie (Mrs. J.C. Mitchell)		1 32	do	do	May 1, '89
Martel, Marie A. (Mrs. C. Gratton in trust for daughter Mariette)		11 50	do	do	Aug. 23, '92
Molson, Gertrude		2 24	do	do	Oct. 23, '91
McDonald, A. Roy		29 12	do	do	July 2, '89
McLeod, Pierre		2 03	Coteau St. Louis	do	Dec. 10, '89
Macpherson, Christina M		79 85	Montreal	do	July 4, '92
McDonnell, Honora (wid. E. Lyons)		1 27	do	do	May 14, '89
Mailley, Zélie (Mrs. John Steele)		4 61	Sault au Recollet	do	Dec. 5, '91
MacDonnell, R. L		16 07	Montreal	do	April 8, '91
McGillis, John		6 88	do	do	Mar. 7, '89
McMahon, Minnie (Mrs. H. W. Bochant)		1 38	do	do	July 23, '89
McGinnis, Patrick (in trust for son Hugh)		12 84	Athelstan	do	June 25, '89
Mount, Allen Edgar		7 18	Montreal	do	July 9, '92
*a*Martin, Salomé		14 45	do	do	Nov. 17, '92
Mondou, Marie Louise		1 94	do	do	May 7, '89
McDermott, J. B		406 92	do	do	Jan. 31, '91
Carried forward		39,162 97			

a Dead.

Montreal City and District Savings Bank—Banque d'Economie de la Cité et du District de Montréal.

Name of Shareholder or Creditor. — Nom de l'actionnaire ou du créancier.	Amount of Dividends unpaid for 5 years and over. — Dividende impayé pendant 5 ans et plus.	Balances standing for 5 years and over. — Balances restant depuis 5 ans ou plus.	Last Known Address. — Dernière adresse connue.	Agency at which the last transaction took place. — Agence où la dernière transaction s'est faite.	Date of last transaction. — Date de la dernière transaction.
	$ cts.	$ cts.			
Brought forward		39,162 97			
*a*McDunnough, Maggie (Mrs. R. Baker)		5 29	Montreal	Head Office	April 16, '88
Monette, Philomene (Mrs. J. Fitzgibbon)		238 85	St. Laurent	do	Aug. 1, '88
McMahon, James		1 64	Montreal	do	Feb. 25, '88
McArthur, Colin (in trust for mother)		3 15	do	do	Sept. 11, '89
Mann, Clara R. E. (Mrs. W. Patrick, in trust for son Allan)		10 27	do	do	Aug. 31, '89
Montreal Typographical Society		113 42	do	do	do 26, '54
Moran, Catherine, in trust		17 62	do	do	Mar. 26, '60
McCarthy, Mrs. Mary		17 15	Three Rivers	do	Sept. 20, '60
Miller, Mrs. James L.		33 78	Montreal	do	do 30, '61
Mailhot, Chas. E.		58 51	do	do	May 16, '64
Morrison, James N.		27 43	do	do	Feb. 18, '65
Maher, Eleanor		62 85	do	do	Sept. 3, '66
*a*Murray, Robert B.		2 10	do	do	June 12, '66
Myers, Patrick		306 94	do	do	do 4, '66
McPherson, John		1 86	do	do	Feb. 28, '67
McDonald, R.		45 37	do	do	Dec. 3, '67
McKillican, Wm. P.		2 40	Danville	do	July 31, '70
Marchand, S. G.		28 16	St. Paul l'Ermite	do	Feb. 20, '91
Morris, James		2 93	Montreal	do	July 29, '69
Macrae, William		15 86	do	do	Nov. 2, '70
Miller, John S. (in trust for daughter Louisa)		29 11	do	do	June 27, '71
*a*Mussen, Thomas		953 16	do	do	Dec. 17, '92
Munro, Catherine		44 93	do	do	Sept. 9, '71
McLaughlin, Patrick		8 30	do	do	May 8, '71
Marchand, Charles		2 63	do	do	June 18, '72
McLea, James		2 38	do	do	July 19, '72
*a*McRae, Ann		77 26	Glengarry	do	Jan. 28, '84
Marquis, Leopold		5 19	Montreal	do	April 29, '73
Morin, Joseph H.		2 33	do	do	July 30, '74
McCool, Ann		3 72	do	do	Dec. 20, '74
McClellan, Alexander		95 55	do	do	Nov. 17, '97
Morris, John H.		6 23	do	do	July 25, '76
Merrill, Caroline		1 42	do	do	Jan. 29, '75
Mullin, John		6 00	do	do	Mar. 29, '77
McDunnough, Frank		2 87	do	do	Nov. 27, '76
Middlemiss, Mary M. (Mrs. Anderson)		1 68	do	do	Mar. 30, '74
McDonald, D. Wm.		1 34	do	do	May 2, '74
Morgan, Mary (wid. Wm.)		1 47	do	do	Feb. 2, '74
McGarvey, Owen		29 35	do	do	Oct. 5, '77
Munroe, Thomas		1 75	do	do	Jan. 12, '75
Mullins, W. P. (in trust for father)		7 88	do	do	Aug. 23, '75
Murphy, Ann		4 83	do	do	July 5, '92
Murphy, James		5 18	do	do	do 17, '76
McCuaig, Flora		1 67	Glengarry	do	Nov. 4, '75
*a*McDonald, Cecilia Ellen		61 32	Montreal	do	do 5, '75
McCormick, Kate A. (wid. James)		1 94	do	do	June 23, '75
Miller, William		8 60	do	do	Oct. 4, '77
McShane, Kate		2 62	do	do	July 6, '74
Marchand, Ernestine		1 94	St. John, P.Q.	do	June 1, '91
Moore, John C.		5 13	Montreal	do	July 14, '73
Moussette, S. P.		1 84	do	do	Feb. 12, '76
Moyna, John		3 61	do	do	June 30, '73
McMahon, Arthur		2 83	do	do	Sept. 16, '76
McGregor, Ellen (Mrs. Alex. Rose)		9 84	do	do	Dec. 23, '73
Murray, Mary B. (Mrs. T. Carmody)		5 32	do	do	Jan. 22, '75
Mallock, Jane A. (Mrs. Mewhart)		8 51	do	do	Nov. 21, '73
Carried forward		41,568 28			

a Dead.

Dividendes impayés.

Montreal City and District Savings Bank—Banque d'Economie de la Cité et du District de Montréal.

Name of Shareholder or Creditor. — Nom de l'actionnaire ou du créancier.	Amount of Dividends unpaid for 5 years and over. — Dividende impayé pendant 5 ans et plus.	Balances standing for 5 years and over. — Balances restant depuis 5 ans ou plus.	Last Known Address. — Dernière adresse connue.	Agency at which the last transaction took place. — Agence où la dernière transaction s'est faite.	Date of last transaction. — Date de la dernière transaction.
	$ cts.	$ cts.			
Brought forward	....	41,568 28			
Mathieu, Edmond	....	2 69	Montreal	Head Office.	Feb. 1, '76
Muir, Joseph	....	1 34	do	do	Sept. 21, '75
McGregor, James	....	2 05	do	do	Oct. 15, '77
*a*McDonald, Maggie	....	9 68	do	do	Jan. 21, '86
Mansell, Wm. and Henry Wooley	....	6 41	do	do	April 30, '91
Morrison, James, in trust	....	1 45	do	do	May 23, '92
Mulholland, Joseph (in trust for St. Paul Royal Arch Chapter)	....	2 16	do	do	April 3, '78
McArthur, James D. (in trust for J.C.E. Roberts)	....	13 38	do	do	Nov. 5, '92
Murphy, Mary A., (Mrs. G. Laforce)	....	25 22	do	do	July 21, '70
Mondoe, Adelaide	....	1 54	do	do	April 3, '79
Rennie, McGregor & Co.	....	2 65	do	do	June 12, '82
Graham, Thos. McLeay	....	2 71	do	do	do 24, '80
Mousseau, Maria	....	4 78	do	do	July 28, '80
McLean, William	....	2 88	do	do	June 22, '78
McNamee, Jane (Mrs. A. Lockett)	....	3 83	do	do	July 2, '78
McDunnough, Ethel	....	1 20	do	do	Dec. 5, '91
McConliff, William	....	2 10	do	do	Oct. 27, '79
McDonald, W. G	....	4 94	do	do	Jan. 9, '78
Maguire, Mary Ann	....	19 71	do	do	Aug. 8, '79
Milne, George	....	3 66	do	do	Feb. 25, '91
Mathie, William S. C	....	1 67	do	do	July 10, '82
Marcotte, Honoré	....	16 40	do	do	Oct. 6, '91
Montreal Butchers' Association	....	2 78	do	do	Dec. 15, '80
McKergow, Arthur	....	10 39	do	do	Aug. 28, '91
McCuaig, C. W.	....	1 58	do	do	Dec. 7, '81
McGlinn, Jane (Mrs. J. Galley)	....	2 54	do	do	Aug. 26, '86
Miller, Marie Louise	....	1 42	do	do	July 24, '85
Morris, George C	....	2 90	do	do	June 18, '83
Medical Faculty	....	10 72	do	do	Dec. 20, '84
McGilvray, Hannah	....	2 04	do	do	Feb. 16, '84
McMillen, John	....	17 96	do	do	Jan. 6, '86
McDonald, Annie (Mrs. Leckie)	....	9 97	do	do	Nov. 22, '82
Mulligan, Maggie	....	1 25	do	do	July 30, '84
McKiernan, Ellen	....	4 37	do	do	Dec. 2, '85
McGowan & Higgins	....	8 38	Cote St. Paul	do	Oct. 13, '85
Martel, Angèle	....	7 36	Montreal	do	Aug. 1, '84
McNiece, Margaret	....	1 81	do	do	Jan. 14, '80
McKergaw, Percival	....	1 19	do	do	Aug. 28, '91
McColman, Colin	....	1 91	Longueuil	do	May 23, '83
Manning, May	....	1 97	Montreal	do	Mar. 9, '85
Morasse, Flore	....	6 15	United States	do	Sept. 21, '85
McBean, William	....	48 15	Montreal	do	Oct. 9, '91
Mann, William (in trust for son Fred)	....	1 43	do	do	do 1, '84
McLaughlin, John	....	5 70	Lachine	do	May 8, '83
McGill Medical Society	....	2 04	Montreal	do	Oct. 12, '82
McCormick, James	....	2 58	do	do	Sept. 13, '79
Murphy, William J	....	3 42	do	do	April 13, '91
Montreuil, Sophronie (Mrs. J. Fisher)	....	2 68	do	do	July 19, '86
Muir, George H	....	3 67	do	do	Jan. 8, '84
Minogue, Michael	....	7 36	do	do	Oct. 31, '84
McDougall, Helena (Mrs. P.)	....	4 84	do	do	Jan. 3, '85
McGarvey, Owen	....	17 27	do	do	Dec. 18, '82
McMillen, John (in trust for grandson Alex)	....	7 06	do	do	Jan. 8, '86
Martin, Louis Gustave	....	7 54	do	do	June 30, '79
Marling, Sarah	....	4 30	do	do	Dec. 7, '86
Carried forward	....	41,915 46			

*a*Dead.

Montreal City and District Savings Bank—Banque d'Economie de la Cité et du District de Montréal.

Name of Shareholder or Creditor. — Nom de l'actionnaire ou du créancier.	Amount of Dividends unpaid for 5 years and over. — Dividende impayé pendant 5 ans et plus.	Balances standing for 5 years and over. — Balances restant depuis 5 ans ou plus.	Last Known Address. — Dernière adresse connue.	Agency at which the last transaction took place. — Agence où la dernière transaction s'est faite.	Date of last transaction. — Date de la dernière transaction.
	$ cts.	$ cts.			
Brought forward	....	41,915 46			
McDonald, Archibald	....	21 17	Lachine	Head Office.	Aug. 17, '86
McGarvey, Owen, for estate Greene	....	4 60	Montreal	do	Sept. 29, '81
McIntosh, John	....	4 44	do	do	do 5, '85
Malary, Ellen (Mrs. M. O'Neill)	....	3 20	do	do	June 22, '86
Muir, Rollo C	....	3 18	do	do	do 13, '84
McDonald, C. H	....	2 53	do	do	Sept. 16, '85
Mignault, Rose D. (Mrs. O. Lefaivre)	....	5 88	do	do	April 8, '84
Muir, Rollo C. (in trust for son George)	....	3 38	do	do	June 13, '84
McNeill, Eliza	....	45 04	do	do	do 10, '91
McGanley, Patrick	....	1 88	do	do	Nov. 10, '81
Michaud, Marie Louise (in trust for brother Thomas	....	1 76	do	do	Aug. 28, '91
McNeill, W. Dunn	....	6 49	do	do	Oct. 17, '82
McNulty, Elizabeth (Mrs. Chas. Robertson)	....	4 39	do	do	Mar. 25, '91
Mulligan, Mrs. Catherine	....	3 07	do	do	July 22, '85
Mulligan, Margaret (Mrs. W. Larim, in trust for son Chas. Ed)	....	2 87	do	do	do 22, '85
McGee, Margaret (Mrs. Geo. Mulligan)	....	1 76	do	do	do 22, '85
Mariée, Pierre A	....	3 36	do	do	Oct. 21, '86
McIntosh, John	....	2 18	do	do	Jan. 22, '80
McDonald, Wm	....	6 22	do	do	Dec. 3, '85
Meunier, Louis	....	1 95	do	do	Nov. 28, '85
McNamee, Catherine (Mrs. Frs. Reilly, in trust for daughter Kate)	....	4 33	do	do	Sept. 1, '86
Montmarquet, Donalda	....	1 20	do	do	April 10, '85
McElhenny, Charles and John	....	10 33	do	do	Sept. 27, '86
Murphy, T. B	....	2 23	do	do	Dec. 12, '85
Monast, Joseph	....	1 58	do	do	Sept. 11, '80
McBlatney, Annabella (Mrs. J.T. Logan)	....	1 83	do	do	do 20, '92
Muir, George A. (in trust for daughter Mary)	....	2 65	do	do	Jan. 8, '84
Morgan, Edward	....	3 34	do	do	Dec. 30, '84
McNamee, Mary Jane (Mrs. A. Lockett)	....	1 52	do	do	Oct. 5, '82
Mills, Frederick W	....	2 44	do	do	do 6, '85
McElhenny, John	....	6 32	do	do	July 22, '85
Millar, John S	....	387 47	do	do	Nov. 25, '91
Moyse, Charles E	....	2 88	do	do	May 16, '82
Mayo, Daniel C	....	3 48	do	do	June 27, '82
Martin, Ellen	....	1 77	do	do	do 11, '79
Matthews, F. B. (in trust for Mrs. C. McCulloch)	....	1 18	do	do	July 19, '86
Martineau, Ulric J	....	1 21	do	do	May 10, '78
Mann, W. F. J	....	4 69	do	do	June, 14, '92
Madore, J. A	....	2 77	Hochelaga	do	Nov. 23, '82
Massey, Frederick (in trust for E. E. Massey)	....	7 88	Montreal	do	April, 18, '82
Mooney, Alice	....	1 81	do	do	do 7, '77
May, Miriam	....	1 99	do	do	July 11, '85
McEllgott, Johanna	....	2 56	do	do	Dec. 19, '91
McDonald, Alexander	....	1 58	do	do	Aug. 2, '86
McLeod, Clara	....	4 95	do	do	Mar. 2, '85
Measures, George	....	40 98	do	do	June 18, '87
Monk, Milley	....	1 34	Varennes	do	Sept. 1, '86
Mongeau, Rev. J. L	....	21 74	do	do	Jan. 27, '87
Macdonald, Alexander	....	9 83	Montreal	do	Dec. 1, '82
McCaffrey, Maggie	....	6 82	do	do	April 18, '87
Merry, H. A., in trust	....	12 48	do	do	Nov. 20, '78
McEachran, Chas., in trust	....	4 65	do	do	Feb. 19, '87
Carried forward	....	42,600 64			

Montreal City and District Savings Bank—Banque d'Economie de la Cité et du District de Montréal.

Name of Shareholder or Creditor. — Nom de l'actionnaire ou du créancier.	Amount of Dividends unpaid for 5 years and over. — Dividende impayé pendant 5 ans et plus.	Balances standing for 5 years and over. — Balances restant depuis 5 ans ou plus.	Last Known Address. — Dernière adresse connue.	Agency at which the last transaction took place. — Agence où la dernière transaction s'est faite.	Date of last transaction. — Date de la dernière transaction.
	$ cts.	$ cts.			
Brought forward		42,606 64			
Mailley, Zélie (Mrs. Thos. Steele, in trust for son John)		8 13	Montreal	Head Office	Aug. 20, '87
Maloney, Margaret (Mrs. J. Brogan)		8 09	do	do	May 7, '86
Monk, C. L		9 58	do	do	Nov. 5, '87
Migneron, J. H		1 23	do	do	Mar. 21, '91
Martin, William G		2 26	do	do	June 10, '87
McNally, B		1 50	do	do	Feb. 8, '87
Marrotte, Samuel		1 88	do	do	Oct. 21, '87
McKenna, Margaret		6 90	Ste. Marie Monnoir	do	Feb. 12, '87
Mathieson, Louisa C., in trust for niece, Harriet A. Bulger		18 01	Hudson, P.Q.	do	July 18, '83
Matthewson, R. D		1 31	Montreal	do	Sept. 1, '87
Munroe, Edward K., in trust		2 71	do	do	Feb. 3, '87
Massé, Napoléon		3 80	do	do	April 14, '91
McCarragher, Owen and wife, Julia Farrell		580 95	Ste. Justine de Newton	do	Oct. 27, '87
Morineau, Felix		1 55	Montreal	do	May, 12, '86
McCord, David R., in trust		5 74	do	do	July 23, '91
McKay, David R., in trust		2 30	do	do	Oct. 15, '87
Midgeley, Charles T		1 79	do	do	do 5, '91
Macaulay, Lily M. (Mrs. C. Cushing), in trust for son Dougal		1 46	do	do	do 18, '87
Moore, George W		1 40	do	do	May, 12, '88
McArthur, James		2 46	do	do	July 27, '88
McMartin, M.		7 05	Portland, Me.	do	Feb. 27, '88
Mooney, Henry		1 81	Montreal	do	Dec. 27, '87
Molson, Eliza A. (Mrs. Alex. Molson)		6 80	do	do	Mar. 17, '88
McLaren, D. W., in trust		53 19	do	do	Oct. 6, '88
Mills, Ann		19 05	do	do	Sept. 14, '91
Moffatt, Samuel		1 58	do	do	do 15, '85
Murray, Albert		1 76	Iberville	do	June 10, '88
Mongeau, Vitaline (Mrs. H. Hebert)		2 65	South Durham	do	Aug. 4, '88
Murphy, Hannah (Mrs. Jas. Fitzgerald)		1 38	Montreal	do	Jan. 13, '88
McDonald, Rebecca		5 08	do	do	Oct. 6, '88
Menard, Euclide		3 35	do	do	July 31, '88
McCorkill, J. C		3 21	do	do	Dec. 13, '88
Millar, William		1 78	do	do	Nov. 3, '88
McCawley, Ella (Mrs. R. A. Wilson)		19 11	do	do	Aug. 1, '88
Maile, Frank		1 36	do	do	April 18, '87
Malouin, Luce		1 48	do	do	Dec. 12, '88
McInerney, Matthew		68 04	do	do	Nov. 12, '88
Murison, Darnley D.		9 00	do	do	Mar. 22, '88
Mease, W. E.		2 00	do	do	Nov. 21, '91
McPherson, LeMoyne		4 74	Riv. des Prairies	do	Feb. 18, '88
Moyse, Charles		1 24	Montreal	do	Jan. 5, '88
Newman, John		43 61	do	do	Sept. 2, '51
McGrath, Kate		1 18	do	do	Dec. 28, '91
Noack, Robert C		18 17	do	do	Jan. 7, '63
Nagle, John		5 75	do	do	Mar. 27, '67
Newcomb, S. E. (Mrs. E.A. Whitehead)		16 75	do	do	Jan. 22, '72
Nelson, Mary Ann		1 60	do	do	May 7, '75
Nevé, Emily (Mrs. F. S. Nevé)		2 79	Grenville, P.Q.	do	Oct. 24, '73
Nelson, Sarah (Mrs. R. McDonald)		8 63	Montreal	do	April 13, '77
Nixon, Edward		2 06	do	do	June 20, '82
Noonan, Mary A.		2 29	do	do	do 17, '81
Nugent, John P. (in trust for cousin, John Kerr)		4 39	do	do	Jan. 19, '86
Carried forward		43,592 57			

Montreal City and District Savings Bank—Banque d'Economie de la Cité et du District de Montréal.

Name of Shareholder or Creditor. — Nom de l'actionnaire ou du créancier.	Amount of Dividends unpaid for 5 years and over. — Dividendes impayés pendant 5 ans et plus.	Balances standing for 5 years and over. — Balances restant depuis 5 ans ou plus.	Last Known Address. — Dernière adresse connue.	Agency at which the last transaction took place. — Agence où la dernière transaction s'est faite.	Date of last transaction. — Date de la dernière transaction.
	$ cts.	$ cts.			
Brought forward		43,592 57			
Nelson, George W		1 62	Montreal	Head Office	May 28
Nowlan, Bridget (Mrs. T. Brown)		364 80	do	do	June 14, '81
Neilson, Jane C. (Mrs. M. Dickinson)		11 14	do	do	Oct 14, '86
Norris, John F		7 04	do	do	May 23, '88
Nadeau, Joseph G		1 24	do	do	Dec. 20, '89
Niven, Robert P. (in trust for son, E. McKillin)		12 96	do	do	June 2, '89
Nash, Fred., in trust		3 61	do	do	Dec. 11, '90
Nolan, Thomas		1 41	do	do	Jan. 11, '90
Neven, Bruno		1 47	Ste. Geneviève	do	Mar. 13, '91
Nelson, Electa F. M		4 03	Montreal	do	do 6, '91
Normandin, Horace		33 03	do	do	Feb. 7, '92
Nelson, John M. (in trust for daughter Grace)		1 58	do	do	Aug. 19, '92
Normandin, P. E., in trust		3 74	do	do	July, 8, '92
aO'Brien & Sadlier		48 16	do	do	Dec. 1, '57
Owen, James		12 22	do	do	Sept. 30, '67
O'Halloran, Mary		413 58	do	do	Mar. 8, '70
O'Brien, Richard		69 19	do	do	Mar. 14, '71
O'Neill, Hugh		7 60	do	do	Jan. 8, '73
Ouimet dit LarivièreS., (insolvent estate of)		44 68	do	do	do 14, '69
O'Brien, Robert		1,616 49	do	do	July 16, '84
Ossant, Ferdinand		12 40	do	do	June 15, '74
Organ, Jabez		17 19	do	do	do 28, '75
Olivier, D. L. V		2 23	do	do	Mar. 13, '77
Ouelette, Louis		6 55	do	do	Aug. 11, '73
Ostelle, Thomas		1 97	do	do	Nov. 25, '80
O'Grady, N. Charles		2 04	Chambly Road	do	July 30, '81
O'Reilly, Phillip		115 01	Montreal	do	Dec. 6, '80
Odell, L. S.		1 59	do	do	Aug. 21, '82
Ouimet, J. Alphonse		6 54	do	do	June 8, '80
O'Brien, D. C		1 68	do	do	Jan. 16, '83
Oliver, Berthe H		2 17	do	do	July 11, '84
O'Sullivan, Armand L		3 87	do	do	May 5, '86
O'Brien, William		4 44	do	do	July 22, '85
O'Neil, Elizabeth (Mrs. H. Hynes)		3 06	do	do	June 15, '86
O'Leary, Patrick C		9 17	do	do	April 22, '80
O'Rourke, Michael		1 47	do	do	June 20, '87
O'Brien, Patrick		10 37	do	do	Dec. 24, '88
O'Brien, Mary		2 48	do	do	do 10, '88
O'Rourke, Edward		1 66	do	do	Mar. 5, '89
O'Brien, Mary Bridget		291 90	do	do	Oct. 29, '89
O'Neill, Timothy		6 24	West Farnham	do	April 23, '90
O'Grady, Margaret		1 29	Montreal	do	May 31, '90
O'Brien, Joseph		5 89	do	do	do 22, '90
O'Donnell, John		1 63	do	do	July 3, '90
Ostell, Albertine		20 65	do	do	Sept. 10, '89
Ostell, Marie Jeanne		21 98	do	do	do 10, '89
O'Leary, Patrick		6 25	do	do	Dec. 12, '91
Ogilvie, John H. C		1 71	do	do	April 27, '91
Ouimet, Hon. J. H		2 60	Sorel	do	Aug. 26, '91
Ouellet, Mélanie		71 98	Montreal	do	Oct. 27, '91
O'Shea, Edward		3 21	do	do	do 11, '92
Panet, Charlotte E		3 72	do	do	June 6, '65
Prevost, Rev. T. S		4 85	Isle aux Noix	do	Feb. 10, '66
Peterson, George H		9 98	Montreal	do	Sept. 28, '69
Pret, Paul		233 84	do	do	April 18, '70
Carried forward		47,145 80			

a Both dead.

Dividendes impayés.

Montreal City and District Savings Bank—Banque d'Economie de la Cité et du District de Montréal.

Name of Shareholder or Creditor. — Nom de l'actionnaire ou du créancier.	Amount of Dividends unpaid for 5 years and over. — Dividende impayé pendant 5 ans et plus.	Balances standing for 5 years and over. — Balances restant depuis 5 ans et plus.	Last Known Address. — Dernière adresse connue.	Agency at which the last transaction took place. — Agence où la dernière transaction s'est faite.	Date of last transaction. — Date de la dernière transaction.
	$ cts.	$ cts.			
Brought forward		47,145 80			
Pierce, Hannah		2 65	Petite Cote	Head Office.	Jan. 26, '71
Plummer, W. H		26 72	Montreal	do	Aug. 6, '72
Pigeon, Louis		3 74	Pointe aux Trembles	do	May 1, '73
Power, Augustine		2 62	Montreal	do	Nov. 2, '72
Paré, Louis		8 47	do	do	Aug. 7, '74
Payette, Elzéar		1 82	do	do	June 13, '74
Peladeau, Alphonse		4 25	do	do	Mar. 8, '75
Pearce, James H		10 98	do	do	Feb. 17, '75
Philbin, Mary Ann		32 85	do	do	Jan. 27, '75
Pitts, Cecily J. (Mrs. L. N. Bristowe)		1 56	do	do	Nov. 13, '75
Pierce, Lizzie (Mrs. J. H. Pierce)		2 54	do	do	Jan. 26, '74
Pageau, Caroline (Mrs. A. Gagnon)		2 76	do	do	Feb. 25, '75
Perreault, C. O., (in trust for estate Guy)		9 13	do	do	Aug. 16, '77
Platt, George F		2 80	do	do	Dec. 1, '76
Phillips, Thomas		9 42	do	do	Feb. 9, '77
Patton, James		4 54	do	do	Nov. 4, '77
Phillips, Robert		55 05	do	do	Sept. 5, '78
Poitras, Louisa		4 79	do	do	May 23, '78
Pilon, Anthime		5 08	St. Eustache	do	Sept. 14, '77
Pelletier, Philippe, in trust		2 12	Montreal	do	Aug. 20, '80
Pinsonnault, Edouard		1 78	do	do	June 13, '80
Papineau, Gordon D		3 97	do	do	Nov. 12, '83
Papineau, Mércedés L		2 23	do	do	June 13, '81
Pawson, Eléanor C. (Mrs. L. H. Davidson)		13 92	do	do	April 23, '80
Proulx Félix		1 72	Isle Bizard	do	Mar. 11, '86
Pageau, Louis		2 52	Montreal	do	Sept. 14, '85
Pepin, Charles		1 50	Chambly Basin	do	do 29, '83
Paiement, Joseph H.		4 17	Montreal	do	June 23, '85
Peltier, Pierre		2 04	do	do	Aug. 13, '86
Perkins, Harriet (Mrs. Arthur Perkins)		1 27	do	do	June 27, '85
Paradis, Octavie (Mrs. Gagnon)		1,060 22	do	do	July 25, '85
Perreault, J. C		1 97	Belœil	do	Oct. 11, '81
Phelan, Thomas, in trust		2 17	Montreal	do	Apr. 17, '85
Poirier, Clément		2 81	St. Augustin	do	Mar. 15, '83
Pinkerton, Robert C		4 72	Montreal	do	Dec. 22, '83
Prefontaine, Napoléon		1 79	do	do	Mar. 5, '85
Potvin, George		1 55	St. Anne la Pocatière	do	June 9, '85
Poulin, Arthur		1 25	Montreal	do	Nov. 20, '83
Prefontaine, Toussaint		1 38	do	do	July 29, '86
Pariseau, Malvina		7 06	do	do	Dec. 30, '86
Perry, Ellen		2 74	do	do	June 2, '77
Pescod, Thomasina (Mrs. P. Rooney)		4 92	Lower Lachine Road	do	July 7, '86
Paquette, Edmond		3 46	Montreal	do	Oct. 31, '87
*a*Parent, Herminie		15 57	Coteau St. Pierre	do	Nov. 6, '82
Perreault, Juliene		1 23	Montreal	do	Oct. 27, '87
Penfold, Minnie		1 48	Westmount	do	June 17, '87
Patenaude, Siméon		4 88	Laprairie	do	Mar. 8, '87
Paquette, Romeo		1 34	Montreal	do	Jan. 5, '87
Paquette, Annonciade		1 34	do	do	do 5, '87
Plouffe, Alfred		8 60	do	do	Aug. 25, '88
*a*Paterson, Rosanna (Mrs. Chas. Stevens)		5 13	Boston, Mass	do	June 4, '88
Pyke, James		1 58	Montreal	do	Nov. 13, '88
Paul, J. W		12 46	do	do	Apr. 28, '88
Price, Richard		13 01	do	do	Jan. 26, '88
Perras, Hubert		1 25	do	do	June 30, '88
Carried forward		48,538 72			

a Dead.

Montreal City and District Savings Bank—Banque d'Economie de la Cité et du District de Montréal.

Name of Shareholder or Creditor. — Nom de l'actionnaire ou du créancier.	Amount of Dividends unpaid for 5 years and over. — Dividende impayé pendant 5 ans et plus.	Balances standing for 5 years and over. — Balances restant depuis 5 ans ou plus.	Last Known Address. — Dernière adresse connue.	Agency at which the last transaction took place. — Agence où la dernière transaction s'est faite.	Date of last transaction. — Date de la dernière transaction.
		$ cts.			
Brought forward..........	....	48,538 72			
Palmer, Sarah Ann..........	....	3 40	New Richmond, P. Q..........	Head Office.	Oct. 27, '88
Primeau, H. C., (in trust for son Joachim)..........	....	6 60	St. Bruno......	do ..	Apr. 27, '88
Patton, George C..........	....	1 93	Montreal.......	do ..	do 30, '88
Peterson, Peter A..........	....	17 75	do	do ..	June 9, '88
Paquette, Eusèbe..........	....	4 09	Ste. Thérèse. ..	do ..	April 30, '89
Price, Mary (Mrs. R. Ryan)..........	....	3 82	Montreal.......	do ..	Dec. 3, '89
Park, Mary Ann	....	140 22	do	do ..	April 1, '89
Picard, Cypriac (Wid. B. Picard).......	....	3 82	do	do ..	Oct. 7, '89
Perreault, Dosithée..........	....	1 31	Cote des Neiges	do ..	Jan. 16, '89
Palmer, Elizabeth (Mrs. Chas. Palmer) in trust for son Robert C..........	....	7 80	Cornwall, O....	do ..	July 9, '89
Piazza, Charles..........	....	3 82	Montreal.......	do ..	Oct. 17, '89
Patenaude, Antionette (Mrs. James Renaud, ...	....	1 32	do	do ..	Nov. 13, '89
Patenaude, L. W..........	....	1 27	do	do .	Sept. 10, '89
Paquin, Alfred.	....	2 62	St. Eustache....	do ..	May 3, '89
Paquette, Clément..........	....	7 47	Montreal.......	do ..	April 2, '89
Perrault, J. X., in trust..........	....	80 71	do	do ..	do 1, '89
Parker, Arthur H..........	....	6 59	do	do ..	Mar. 7, '89
Peterkin, Annie (Mrs. T. Finnie)......	....	1 51	do	do ..	Aug. 25, '90
Pitre, Philippe L..........	....	8 82	St. Isidore......	do ..	Jan. 9, '90
Pigeon, Louis B..........	....	10 62	Lachine........	do ..	Aug. 30, '90
Pilon, Joseph..........	....	2 01	Ste. Anne de Bellevue......	do .. do ..	Mar. 24, '90
Pilon, Adrien A..........	....	2 19	Lachine........	do ..	Oct. 25, '90
Prevost, Napoléon..........	....	1 24	Montreal.......	do ..	June 20, '90
Pominville, Christine (Mrs. J. Barrette)	....	1 20	do	do ..	Mar. 31, '90
Pepen, Henri..........	....	1 78	Riv. des Prairies.	do ..	April 30, '90
Paterson, James..........	....	19 29	Montreal.......	do ..	May 1, '91
Provost, Florence..........	....	3 10	do	do ..	June 13, '91
Pinckney, E. M..........	....	5 05	do	do ..	April 25, '91
Préfontaine, Octave	....	1 22	Longueuil.	do ..	Oct. 17, '91
Patterson, Maggie B. (Mrs. D. L. McDougall)..........	....	2 94	Montreal.......	do ..	April 1, '91
Pelletier, Joseph	....	2 20	do	do ..	Jan. 3, '91
Pepin Zoé (wid. Germain..........	....	5 85	do	do ..	Aug. 17, '91
Prenoveau, Elie..........	....	4 03	Coteau St. Louis	do ..	June 25, '91
Perrault, H. M. & E. L. Bond (in trust for Bellevue Club)..........	....	30 40	Montreal.......	do ..	do 24, '91
Pierce, Charles (in trust for daughter Rebecca)	....	6 00	do	do ..	Sept. 21, '91
Parsons, Helen..........	....	1 53	do	do ..	April 9, '92
Pinet, Marie Lse. (Mde. Limoges)......	....	6 36	do	do ..	Sept. 10, '92
Pepin, Elénore (Mrs. C. Labelle). ...	....	3 04	St. Jérôme	do ..	Mar. 16, '92
Phelan, Harriet..........	....	2 97	Montreal.......	do ..	April 20, '92
Préfontaine, Nazaire..........	....	2 15	Longueuil......	do ..	Mar. 11, '92
Philippe, Paul	....	23 89	Montreal.......	do ..	Jan. 20, '92
Pauzé, Urgel F..........	....	1 16	do	do ..	Mar. 21, '92
Purcell, Clara..........	....	236 53	do	do ..	July 9, '92
Penfold, Henry J. V..........	....	3 89	Westmount.....	do ..	Dec. 21, '92
Pyke, James W..........	....	8 38	Montreal.......	do ..	Jan. 7, '92
Peltier, Louis	....	2 55	Sault au Recollet	do ..	Aug. 5, '92
Querier, Angélique (wid. R. Lavallée)..	....	9 18	Montreal.......	do ..	June 13, '66
Quesnel, Francois..........	....	2 37	do	do ..	Sept. 27, '78
Quetin, *dit* Dubois, Félix..........	....	11 20	Varennes.......	do ..	Nov. 7, '84
Quelch, Honora (Mrs. P. Fogart)	....	120 56	Montreal.......	do ..	June 24, '87
Quinn, M. J. F..........	....	3 09	do	do ..	July 16, '89
Carried forward..........	....	49,381 56			

Montreal City and District Savings Bank—Banque d'Economie de la Cité et du District de Montréal.

Name of Shareholder or Creditor. — Nom de l'actionnaire ou du créancier.	Amount of Dividends unpaid for 5 years and over. — Dividende impayé pendant 5 ans et plus.	Balances standing for 5 years and over. — Balances restant depuis 5 ans ou plus.	Last Known Address. — Dernière adresse connue.	Agency at which the last transaction took place. — Agence où la dernière transaction s'est faite.	Date of last transaction. — Date de la dernière transaction.
	$ cts.	$ cts.			
Brought forward		49,381 56			
Quinn, Mary		3 71	Montreal	Head Office	June 16, '90
Quesnel, Eugène		2 95	do	do	July 15, '92
O'Connor, Roger		193 97	Fitzroy Harbour	do	do 29, '57
Robertson, Alexander		4 25	Montreal	do	Dec. 17, '62
Richard, Mary		287 89	do	do	July 23, '62
Rooklidge, James W		8 46	do	do	Jan. 30, '69
Ross, Arthur		17 50	do	do	Oct. 20, '70
Reilly, Thomas		2 60	do	do	May 29, '72
Ross, Gavin		6 25	do	do	Oct. 15, '73
*a*Robertson, John		140 71	do	do	July 23, '74
Robert, Francois		1 28	Longueuil	do	Feb. 3, '74
Rollason, B.		2 79	Montreal	do	Dec. 21, '74
Robert, Auguste		2 53	do	do	Sept. 4, '77
Renaud, Arthur		4 39	do	do	May 26, '76
Renaud, Fabien		17 15	do	do	Oct. 29, '75
Richot, Jean-Bte		19 41	do	do	July 8, '73
Riel, Emélie		3 96	Hochelaga	do	Aug. 8, '75
Rush, Maggie		3 70	Montreal	do	July 13, '73
Robert & Lafrance		1 54	do	do	Mar. 19, '77
Rutherford, Douglas and Wm. (in trust for estate late J. Rutherford)		7 47	do	do	Aug. 6, '79
Robertson & Fleet		4 44	do	do	do 18, '81
Réel, Adolphe		4 49	do	do	do 14, '79
Ruthven, G. S.		2 34	Picton, Ont	do	Oct. 9, '83
Richer, Domithilde		1 39	Montreal	do	June 10, '81
Rothwell, Edmund		2 20	do	do	Sept. 2, '81
Ross, Ann (wid. J. Mathewson)		3 61	do	do	do 16, '79
Robillard, Paul E.		2 10	do	do	May 18, '80
Ramage, Letitia (Mrs. Wm. Gunn)		2 81	do	do	do 1, '80
Rogers, George		2 52	do	do	April 19, '73
Russell, W. S.		2 01	do	do	Mar. 5, '85
Reilly, Kate Frances		5 82	do	do	Dec. 6, '86
Ross, M. A		4 30	do	do	Feb. 2, '82
Rowe, Frank Walter		3 57	do	do	Jan. 10, '84
Robinson, Jane (in trust for daughter Jane)		3 18	do	do	Feb. 14, '83
Ross, Alexander P		1 65	do	do	Jan. 17, '80
Raby, Olive (Mrs. A. Foubert)		22 39	Cumberland	do	Mar. 2, '77
Riley, E. N.		2 49	Montreal	do	Oct. 21, '84
Rowland, Lizzie		5 65	do	do	June 7, '84
Racine, Alfred		94 20	do	do	do 10, '86
Richard, Moïse		1 72	Village St. Jean Baptiste	do	July 10, '83
Rodgers, W. P.		1 35	Montreal	do	Oct. 18, '82
Richer, J. B. (in trust for Frs. Vermette)		9 46	do	do	May 1, '82
Row, Lucy		3 10	do	do	Dec. 23, '86
Row, John		2 59	do	do	May 10, '84
Rodier, Sophronie (Mrs. L. J. Rodier)		1 48	St. Henry	do	June 26, '85
Rutherford, Thomas		29 39	Montreal	do	Mar. 16, '82
Russell, Chas. (in trust for son Edwin)		77 65	do	do	July 23, '81
Russell, Chas. (in trust for daughter Annie)		17 18	do	do	Nov. 10, '79
Roch, Elizabeth (Mrs. J. Roy)		6 66	Westmount	do	June 19, '80
Reid, Eliza A. (in trust for John Furnell)		7 89	Montreal	do	Dec. 26, '83
Reynolds, William		49 70	do	do	June 26, '83
Roy, Pierre		2 52	do	do	Dec. 7, '83
Rousseau, Avila		3 02	do	do	Aug. 8, '87
Rollin, George		5 41	do	do	Nov. 25, '86
Carried forward		50,504 35			

*a*Dead.

Montreal City and District Savings Bank—Banque d'Economie de la Cité et du District de Montréal.

Name of Shareholder or Creditor. — Nom de l'actionnaire ou du créancier.	Amount of Dividends unpaid for 5 years and over. — Dividende impayé pendant 5 ans et plus.	Balances standing for 5 years and over. — Balances restant depuis 5 ans et plus.	Last Known Address. — Dernière adresse connue.	Agency at which the last transaction took place. — Agence où la dernière transaction s'est faite.	Date of last transaction. — Date de la dernière transaction.
	$ cts.	$ cts.			
Brought forward..........	....	50,504 35			
Rollin, Henri	....	2 00	Montreal......	Head Office.	do 25, '86
Rollin, Alice	....	2 00	do	do	do 25, '86
Riepert & Co.	....	2 16	do	do	Mar. 8, '87
Richard, Eulalie (wid. Ls. Frechette)	....	7 62	Cap Santé......	do	Dec. 21, '87
Ramsay, Almon N	....	4 06	Montreal......	do	Nov. 11, '85
Rodier, E., in trust	....	10 64	do	do	Sept. 19, '87
Robitaille, Charles R	....	3 23	St Félix de Valois	do	Mar. 11, '87
Roach, Maggie	....	5 41	Montreal......	do	June 15, '87
Ross, Christina Mary	....	9 53	do	do	Nov. 18, '87
Robert, Joseph	....	2 33	do	do	July 12, '87
Ramsay, J. Edward	....	3 74	do	do	May 10, '87
Rice, George H	....	1 49	do	do	June 14, '87
Rainault, Antoine.	....	3 03	do	do	July 27, '87
Richardson, George	....	2 12	do	do	June 1, '87
Roy, Philippe A	....	5 96	do	do	April 7, '88
Ross, Marion	....	3 06	do	do	Dec. 6, '87
Richer, Louise (Mrs. A. Charbonneau)	....	2 26	Cote des Neiges.	do	do 7, '88
Rohr, Julius	....	2 31	Montreal......	do	do 29, '88
Rice, Eliza	....	8 32	do	do	May 14, '88
Rognial, LeBaron	....	17 62	do	do	Mar. 31, '88
Rambie, John S	....	20 71	do	do	do 21, '88
Raymond, Ernestine	....	6 19	do	do	April 4, '88
Robertson, Robert A	....	9 34	do	do	Aug. 3, '88
Rasor, Mary A (Wid. A. Fitzpatrick)	....	3 14	do	do	July 9, '88
Ross, Ernest T.	....	3 30	do	do	Sept. 14, '88
Robertson, Kate J	....	40 59	do	do	May 18, '88
Reilly, Mary	....	7 22	do	do	Oct. 26, '89
Rodden, Mary J. (Mrs. W. Rodden)	....	3 09	do	do	Nov. 29, '89
Roy, Albina (Mrs. Ls. Brondini)	....	2 98	do	do	Oct. 18, '89
Robert, Mathilde	....	7 50	do	do	April 11, '89
Ramsay, Allan (in trust for son Allan)	....	1 43	do	do	Nov. 14, '89
Rodier, Joseph	....	4 49	do	do	July 2, '89
Rigby, Emma (Wid. Thos. Root)	....	3 16	do	do	Oct. 11, '89
Richardson, Mary, (Mrs. G. Veith, in trust for daughter Stella)	....	14 14	do	do	Nov. 5, '90
Richard Karl	....	4 35	do	do	Dec. 23, '90
Racicot, Albert G	....	2 56	Chambly Canton	do	Aug. 9, '90
Robitaille, Joseph H	....	1 31	Montreal......	do	Mar. 20, '90
Roy, Adolphe	....	3 84	do	do	Oct. 13, '90
Reindeau, Delphine (Wid. J. W. Forest)	....	2 53	do	do	Nov. 25, '90
Roussin, Eliza	....	1 54	Ste. Rose......	do	May 13, '90
Ryder, J. W	....	2 91	Iberville......	do	Feb. 4, '90
Reeves, Sophie (Wid. Jos. Lacroix)	....	1 76	Montreal	do	do 20, '90
Robinson, Margaret Ann	....	1 24	do	do	Aug. 22, '90
Robertson, Harry C.	....	3 11	do	do	Jan. 3, '90
Robertson, Maria (in trust for Esther A)	....	6 57	do	do	do 3, '90
Robertson, Maria (in trust for Carrie)	....	7 95	do	do	do 3, '90
Ryan, Ellen May	....	5 11	do	do	Nov. 28, 90
Richardson, James O	....	1 67	do	do	Oct. 16, '91
Robertson, Jane E. (Mrs. J. Caldwell).	....	24 09	do	do	Nov. 26, '91
Ross, Jeanie	....	6 60	do	do	April 11, '91
Redman, J. C	....	3 51	do	do	Oct. 27, '91
Raffert James	....	1,238 32	Côte St. Luc....	do	July 25, '91
Ransome, Elizabeth (Mrs. J. G Kennedy)	....	42 68	Montreal......	do	Oct. 23, '91
Ready, Maggie (Mrs. W. G. Verner)	....	1 46	do	do	Nov. 7, '91
Ross, A. S	....	2 84	do	do	Oct 21, '91
Roy, Rosario	....	5 89	do	do	Nov. 4, '91
Routh, Frank	....	11 14	do	do	Feb. 9, '91
Carried forward..........	....	52,113 51			

Dividendes impayés.

Montreal City and District Savings Bank—Banque d'Economie de la Cité et de District de Montréal.

Name of Shareholder or Creditor. — Nom de l'actionnaire ou du créancier.	Amount of Dividends unpaid for 5 years and over. — Dividende impayé pendant 5 ans et plus.	Balances standing for 5 years and over. — Balances restant depuis 5 ans ou plus.	Last Known Address. — Dernière adresse connue.	Agency at which the last transaction took place. — Agence où la dernière transaction s'est faite.	Date of last transaction. — Date de la dernière transaction.
	$ cts.	$ cts.			
Brought forward		52,113 51			
Ritchie, Charles F. P		6 01	Montreal	Head Office	Sept. 9, '91
Robertson, W. F		17 41	do	do	June 27, '91
Robertson, William		3 77	do	do	April 30, '91
Ressouche, Amelia (Mrs. J. Mandurat)		77 73	do	do	Mar. 31, '92
Robin, Louis		2 50	do	do	Feb. 23, '92
Roy, Alphonsine (Wid. W. Dumas)		47 56	do	do	Nov. 2, '92
Rodgers, Wm., in trust		23 44	do	do	Aug. 6, '92
Rioux, Napoléon		2 54	do	do	Oct. 31, '92
Read, Robert H		35 90	S. Félix de Valois	do	Jan. 21, '92
Read, Leonard H		11 91	do	do	do 21, '92
Read, Edward S		11 91	do	do	do 21, '92
Roy, James, J. (in trust for son)		38 39	Bordeau, P.Q.	do	Mar. 8, '92
St. Martin, Maria		112 27	Montreal	do	July 2, '57
Smith, James		26 03	do	do	Jan. 27, '60
Smith, Whitman, R		12 00	do	do	Oct. 13, '62
Sullivan, Francis		3 07	do	do	Mar. 19, '66
Swain, Henry		3 67	do	do	April 24, '67
St. Germain, Philéas		2 72	do	do	do 28, '69
Sauvageau, Tancrède (assignee for estate L. S. Tessier)		8 12	do	do	Aug. 23, '69
Sauvageau, Tancrède (assignee for estate F. X. Dufaux)		290 98	do	do	July 29, '69
Shipway, George		5 48	do	do	Oct. 18, '70
Sheepstone, George E		4 41	do	do	June 18, '70
Sauvageau, Tancrède (for estate J. Bellefleur)		4 69	do	do	July 13, '70
Stevenson, Captain M		41 22	do	do	June 27, '72
Séguin, Rév. Joseph		6 83	Verchères	do	Jan. 9, '73
Seybold, Edward		28 05	Montreal	do	July 4, '73
a Scott, Lizzie		47 15	do	do	Feb. 13, '74
Simpson, Lucy M. (Mrs. C. Brown)		8 63	do	do	Mar. 23, '74
Starnes, Elizabeth, (in trust for L. J. Graham Abbott)		10 99	do	do	Feb. 16, '74
Schreider, Joseph		5 46	do	do	Oct. 19, '74
Simpson, R. W		1 98	do	do	May 9, '87
Sutton, Elizabeth		11 38	do	do	Feb. 9, '77
Samuel, Jacob (in trust for J. de Sola)		9 33	do	do	June 4, '75
Street, F. B		4 53	do	do	Sept. 15, '77
Stuart, Rachel B. (Mrs. R. C. Lowden)		2 95	do	do	Dec. 23, '73
Stilwell, Charles		2 59	do	do	May 1, '74
Slicer, Mathilda		2 98	do	do	Dec. 15, '77
Sargent, George		26 90	do	do	Sept. 16, '75
Smith, James H		9 86	Fredericksburgh	do	April 29, '73
Société Mutuelle de Construction		1 42	Soulanges	do	Mar. 22, '77
Sweeney, James and Parrish, Chas		1 87	Montreal	do	Aug. 19, '78
Scott, Chas. R., (in trust for Evelyn E. Cooley)		1 72	do	do	April 13, '78
Stewart, Wm.		2 38	do	do	Dec. 23, '80
Société Francaise des Phosphates du Canada		2 29	Buckingham	do	Mar. 24, '85
Street, Joseph A		4 99	Montreal	do	July 14, '79
Surgeon, John		1 47	do	do	Mar. 4, '79
St. Amour, Marie (Mrs. J. Paquet)		121 58	St. Albans, Vt.	do	Feb. 21, '80
Seath, David		1 96	Montreal	do	April 14, '80
Sutherland, Daniel		1 53	do	do	Sept. 5, '81
Snow, William		4 69	do	do	do 8, '85
Smillie, Jane (Mrs. Wm. Smillie)		9 79	do	do	Aug. 3, '86
Séminaire de Nicolet		8 36	Nicolet	do	Sept. 24, '83
Carried forward		53,250 90			

a Dead.

Montreal City and District Savings Bank—Banque d'Economie de la Cité et du District de Montréal.

Name of Shareholder or Creditor. — Nom de l'actionnaire ou du créancier.	Amount of Dividends unpaid for 5 years and over. — Dividende impayé pendant 5 ans et plus.	Balances standing for 5 years and over. — Balances restant depuis 5 ans ou plus.	Last Known Address. — Dernière adresse connue.	Agency at which the last transaction took place. — Agence où la dernière transaction s'est faite.	Date of last transaction. — Date de la dernière transaction.
	$ cts.	$ cts.			
Brought forward		53,250 90			
St. Jean Marceline (Mrs. Lefebvre)		1 81	Montreal	Head Office.	April 3, '86
Stewart, James		4 14	do	do	Dec. 11, '86
Senecal, Philomène (Mrs. J. Laflamme)		1 86	do	do	Oct. 4, '86
Stancliffe, Emily		3 83	do	do	July 3, '85
Schinner, Adolphe		16 17	do	do	April 18, '82
Sauvé, Louise		4 83	do	do	May 26, '84
St. Pierre, Telesphore		2 01	Ste-Geneviève	do	July 12, '83
Smith, Margaret J		17 30	Côte St. Luc	do	Feb. 27, '77
Singleton, George		1 78	Montreal	do	Dec. 5, '82
Ste. Marie, Néré		2 16	Longueuil	do	Nov. 8, '80
Steele, Margaret		1 38	Montreal	do	Sept. 30, '86
Shorey, Elizabeth (Mrs. L. Shorey)		2 66	do	do	Feb. 3, '86
Spriggins, William		1 55	do	do	Oct. 24, '81
Smith, W. A., in trust		16 61	do	do	July 10, '77
Sinton, Jas. C. (for est. W. J. Porteous)		24 88	do	do	Oct. 4, '84
Smith, John B. & Co		1 50	do	do	Aug. 2, '79
Scott, Elizabeth (Mrs. D. Scott)		3 01	do	do	June 15, '83
Seale, John		2 70	do	do	May 29, '83
Selby, Olivier		23 83	do	do	Aug. 3, '78
Searl, M. E		1 67	do	do	Oct. 17, '85
St. Jean, J. A. G		1 73	do	do	June 23, '86
Smith, Florence		13 60	do	do	Oct. 9, '83
Shanley, Edward		129 55	do	do	May 26, '85
Spaulding, Wm.		1 98	do	do	July 7, '86
Senecal, Eusèbe		1 87	do	do	Feb. 5, '81
Smith, W. R		1 19	do	do	Oct. 26, '83
Selby, Victoria		16 83	do	do	Sept. 6, '75
Stinson, Charles (in trust for cousin J. B. Winder)		67 27	do	do	do 19, '85
Sincennes, Damase		1 73	do	do	Nov. 4, '84
St. Amour, Francis		1 62	do	do	May 12, '82
Senecal, Henry		1 63	do	do	do 28, '83
Stewart, A. B. (assignee for estate late C. E. Pariseau)		2 84	do	do	Dec. 9, '78
Spaulding, James		1 77	do	do	Sept. 22, '82
Stephens, H. R. (Mrs. G. C. Stephens)		15 41	do	do	Oct. 2, '85
Somerville, Margaret C		1 68	do	do	Feb. 18, '86
Savariat, Ambroise		8 13	Varennes	do	Oct. 30, '84
Sequin, Jules		1 80	Montreal	do	Aug. 10, '83
Scheffer, Cornélie		1 41	do	do	Sept. 6, '86
Scholes, Henry H		7 58	do	do	July 11, '87
St. Aubin, Belzance		5 86	do	do	Oct. 21, '87
Superior, Raphaël		1 78	do	do	July 25, '88
Sicotte, Louis W		4 69	do	do	May 1, '88
Seale, Sarah W		1 47	do	do	Sept. 25, '88
Smith, John		4 49	St. Sulpice	do	do 28, '89
Smith, William		1 27	Montreal	do	May 7, '88
Scully, Rev. John J		2 46	New Glasgow	do	Dec. 18, '88
Sicotte, Léonide and Napoléon		1 34	Boucherville	do	July 2, '89
Smith, Melina (Mrs. Merrill)		2 56	Montreal	do	Mar. 18, '89
Scanlan, Frank		6 37	do	do	Sept. 9, '89
Saunders, Ellen M. (Mrs. J. Fogarty)		4 01	do	do	Jan. 24, '89
Sabourin, Narcisse		6 88	St. Urbain, Chateauguay	do	Aug. 12, '89
Stuart, Mary (Mrs. Ed. Stuart)		6 40	Chambly Canton	do	Oct. 15, '89
Sutton, John		1 91	St. aux Recollets	do	do 7, '89
Stenhouse, Walter		15 50	Montreal	do	June 27, '89
Stenhouse, Eva A		15 50	do	do	do 27, '89
Sparrow, J. B		9 15	do	do	Aug. 10, '89
Carried forward		53,757 82			

Dividendes impayés.

Montreal City and District Savings Bank—Banque d'Economie de la Cité et du District de Montréal.

Name of Shareholder or Creditor. — Nom de l'actionnaire ou du créancier.	Amount of Dividends unpaid for 5 years and over. — Dividende impayé pendant 5 ans et plus.	Balances standing for 5 years and over. — Balances restant depuis 5 ans et plus.	Last Known Address. — Dernière adresse connue.	Agency at which the last transaction took place. — Agence où la dernière transaction s'est faite.	Date of last transaction. — Date de la dernière transaction.
	$ cts.	$ cts.			
Brought forward..........	....	53,757 87			
Sykes, Delaney (in trust for son Edward)	....	53 18	Montreal.......	Head office.	Jan. 7, '89
Sœur Marie de St. Raphaël..........	....	5 02	do	do	June 22, '89
Steinberg, Jabob..........	....	4 24	do	do	Mar. 5, '89
Schmidt, Auguste F..........	....	2 30	do	do	April 5, '89
Shapter, Thomas B..........	....	2 58	do	do	Aug. 19, '89
Smith, Annie	....	72 64	do	do	Oct. 1, '90
Stancliffe, Frederick	....	1 21	do	do	Feb. 10, '90
Stuart, Flora A..........	....	15 23	do	do	Sept. 23, '90
Simpson, William H..........	....	1 14	do	do	May 2, '90
Senecal, Adelard..........	....	2 01	Varennes......	do	do 31, '90
Sproule, Marion A. (Mrs. W. J. Sproule)	....	14 38	Montreal.......	do	June 25, '90
Stephens, George C	....	23 40	do	do	Aug. 14, '90
Smith, Richard F..........	....	15 45	do	do	May 20, '90
Starnes, Margaret B. (Mrs. S. P.). in trust for daughter Margaret..........	....	8 50	do	do	Nov. 10, '90
Starnes, Margaret B. (Mrs. S. P.), in trust for daughter Grace..........	....	6 94	do	do	do 10, '90
Shea, Julia (Mrs. M. Sweeney)..........	....	2 69	do	do	July 17, '90
St. Pierre, Elizabeth	....	137 78	do	do	Aug. 6, '90
Schmide, Marie C. (Mrs. A. H. Merrill)	....	20 01	do	do	Oct. 28, '91
Sauriol, Arthur..........	....	6 91	St. Martin......	do	May 21, '91
Samson, Rosalie..........	....	1 70	Montreal.......	do	Mar. 10, '91
Stinson, Charles (in trust for Florence).	....	155 06	do	do	Feb. 7, '91
Slater, George A.	....	8 70	do	do	July 4, '91
Saunders, Elizabeth R. (Mrs. J. Morin)	....	1 37	do	do	Sept. 12, '91
Stephen, Ronald McDonald..........	....	3 82	Mt. Royal Vale.	do	do 17, '91
Stephen, Caroline E	....	3 46	do	do	do 17, '91
Senecal, Bernadette..........	....	111 79	Montreal.	do	do 4, '91
Senecal, Henri	....	112 83	do	do	do 4, '91
Samson, Rosalie (Mrs. P. Chartrand), in trust for son Pierre..........	....	2 42	do	do	Feb. 16, '91
Steele, Florence..........	....	2 59	do	do	Mar. 25, '91
Steele, Charles W..........	....	2 59	do	do	do 25, '91
Steele, Mabel..........	....	1 20	do	do	do 25, '91
St. Aubin, Stanislaus..........	....	1 63	St. Laurent.....	do	April 1, '91
Scott, Wm. L., in trust for daughter Cecile..........	....	1 98	Sorel	do	May 20, '91
Savage, John G., in trust for Winifred..	....	20 80	Montreal.......	do	June 18, '91
Sœur St. Patrice, in trust for J. G. C. Wilson)	....	20 07	do	do	Jan. 5, '91
Staton, E. D	....	1 69	do	do	Feb. 9, '92
Sauriol, Wilfrid..........	....	2 50	do	do	Nov. 21, '92
Scott, Thomas..........	....	1 27	do	do	Dec. 19, '92
Scullion, William..........	....	5 08	do	do	do 17, '92
Ste. Marie, P. Z. (in trust for father).	....	38 07	Longueuil ...	do	do 6, '92
Swinburne, Victoria (Mrs. M. Liddell).	....	6 02	Montreal. ...	do	Jan. 13, '92
Smith, Robert..........	....	9 40	do	do	Sept. 20, '92
Sharpe, William (in trust for son W. E.)	....	10 29	do	do	Feb. 3, '92
Sharpe, William (in trust for daughter Viola)..........	....	10 58	do	do	do 3, '92
Smith, Catherine E. (Mrs. Ed. Auld)...	....	25 61	do	do	Mar. 28, '92
Sheeran, Margaret (Mrs. J. Redmond).	....	1 44	do	do	Nov. 16, 92
Stroud, Jessie (Mrs. W. H. Chapman)..	....	49 96	do	do	Jan. 18, '92
Smith, Minnie (Mrs. Thos. Conroy)....	....	3 88	do	do	Nov. 30, '92
St. Germain, Joseph..........	....	5 85	Westmount.....	do	Aug. 20, '92
Stanley, John Wm..........	....	238 85	Montreal.	do	Sept. 5, '92
Sicotte, François X..........	....	12 27	St. Bruno. ..	do	Dec. 1, '92
Trudel, J. B	....	59 49	Ste. Genevieve..	do	Nov. 10, '47
Tessier, Olivier..........	....	160 95	Rivière St. Pierre	do	Sept. 8, '46
Carried forward..........	....	55,258 69			

Montreal City and District Savings Bank—Banque d'Economie de la Cité et du District de Montreal.

Name of Shareholder or Creditor. — Nom de l'actionnaire ou du créancier.	Amount of Dividends unpaid for 5 years and over. — Dividende impayé pendant 5 ans et plus.	Balances standing for 5 years and over. — Balances restant depuis 5 ans et plus.	Last Known Address. — Dernière adresse connue.	Agency at which the last transaction took place. — Agence où la dernière transaction a est faite.	Date of last transaction. — Date de la dernière transaction.
	$ cts.	$ cts.			
Brought forward		55,258 69			
Turner, Robert		43 70	Montreal	Head Office	July 14, '54
Thomson, Alexander		67 62	do	do	do 26, '54
Tilton, Malvina H. (in trust for children)		7 64	do	do	Jan. 4, '61
Trudel, Joseph		3 70	do	do	Mar. 9, '66
Tanner, Ellen		62 33	do	do	Sept. 27, '66
Thayer, Jesse		18 48	do	do	Dec. 30, '67
Taylor, Robert		3 24	do	do	April 18, '67
Trust and Loan Co. of Upper Canada		25 72	do	do	Aug. 22, '71
Tomski, Joseph, in trust		28 85	do	do	June 13, '72
Tacbury, G. M		9 43	do	do	Sept. 5, '77
Tomsky, Joseph		3 20	do	do	July 10, '77
Tetreault, Antoine		2 98	do	do	Nov. 11, '78
Turgeon, L. G		1 47	do	do	Aug. 17, '81
Thompson, Charles E		2 52	do	do	May 25, '82
Taillefer, Wilfrid		1 43	St. Martin	do	Jan. 31, '85
Trépannier, Siméon		1,192 55	Montreal	do	May 9, '77
Therrien, Malvina (Mrs. A. Moreau)		1 62	do	do	July 17, '83
Taylor, Susan (wid. John Irving)		514 95	do	do	Dec. 14, '81
Tees, James		2 94	do	do	Aug. 19, '81
Turgeon, Joseph O		3 67	do	do	Sept. 18, '82
Troy, Catherine (Mrs. R. Norris)		130 95	do	do	May 26, '85
Tunstall, Augustus		1 18	do	do	Sept. 13, '86
Turpin, W. J. & Co		3 46	do	do	Jan. 2, '84
Tunstall, G. C		8 27	St. Anne Bout de l'Isle	do	Oct. 11, '82
Tessier, Rezida		8 35	Montreal	do	June 25, '80
Theoret, Alderic		2 20	Ste. Geneviève	do	May 4, '84
Tapprel, S. E		3 47	Montreal	do	Nov. 3, '84
Thompson, Stephen, in trust		1 24	do	do	Jan 21, '86
Tunstall, Mary E.		5 21	do	do	Mar. 11, '87
Thompson, Alexander		2 00	do	do	Sept. 19, '87
Tunstall, Jessie, (Mrs. G. C. Tunstall)		2 93	Bout de l'Isle	do	May 4, '83
Temper, Rose Anne (Mrs. P. Buller)		1 88	Montreal	do	Oct. 3, '87
Thouin, Amedée		2 11	do	do	June 3, '87
Thomas, Alphonse		19 31	Ste. Thérèse	do	Oct. 2, '88
Tyler, Albert E		1 21	Montreal	do	June 2, '88
Turcot, Jules		4 00	do	do	Sept. 17, '88
Therrien, Hormisdas		4 80	do	do	May 11, '88
Therrault, Marie J. L		3 52	do	do	Feb. 1, '88
Thomas, Samuel		21 77	do	do	Jan. 14, '88
Tessier dit Lavigne, Octave		3 76	St. Leonard	do	June 13, '87
Tison, Charles		2 04	Montreal	do	July 21, '88
Tellier, Rita (Mrs. L. E. deCarnfel)		3 91	do	do	July 31, '89
Thibeault, Alexandre		6 65	do	do	Jan. 2, '89
Tiernan, Patrick		4 51	St. Laurent	do	July 18, '89
Tyrell, James		1 46	Montreal	do	July 8, '89
Taylor, Laura J. M		6 38	do	do	July 18, '89
Tassé, Gustave F		12 54	do	do	Oct. 10, '89
Timmons, Leonard P		1 54	St. Lambert	do	Mar. 20, '89
Turgeon, Margaret J. (Mrs. F. X. Letang), in trust for Virginia Nolette		97 02	Pointe Claire	do	Jan. 15, '89
Trudeau, Moise		2 17	St. Isidore Junc.	do	June 12, '89
Tucker, Rev. L. N		1 76	Montreal	do	do 9, '90
Tucker, Mary Jane		2 77	do	do	July 14, '90
Trudeau, Charles		4 85	do	do	Jan. 11, '90
Turner, P. J		1 55	do	do	Aug. 19, '90
Tucker, Norman		11 47	do	do	May 8, '90
Trestler, C. F. F. and Brewster C. (in trust for Province of Quebec Dental Association)		4 51	do	do	Jan. 17, '90
Carried forward		57,643 48			

Montreal City and District Savings Bank—Banque d'Economie de la Cité et du District de Montréal.

Name of Shareholder or Creditor. — Nom de l'actionnaire ou du créancier.	Amount of Dividends unpaid for 5 years and over. — Dividende impayé pendant 5 ans et plus.	Balances standing for 5 years and over. — Balances restant depuis 5 ans et plus.	Last Known Address. — Dernière adresse connue.	Agency at which the last transaction took place. — Agence où la dernière transaction s'est faite.	Date of last transaction. — Date de la dernière transaction.
	$ cts.	$ cts.			
Brought forward	....	57,643 48			
Torrance, John	....	7 19	Montreal	Head Office	do 3, '90
Turcott, Emma (Mrs. D. Gareau)	....	1 46	do	do	Sept. 16, '91
Turcot, Rev. L.	....	5 42	Isle Perrot	do	June 9, '91
Thomas, W.	....	2 27	Montreal	do	April 2, '91
Tourville, Malvina (Mrs. E. A. Clerk)	....	2 37	do	do	Aug. 17, '91
Taylor, Marguerite (Mrs. Drummond)	....	21 36	do	do	Oct. 27, '91
Traves, Nellie (Mrs. Robt. Boa), in trust for son George	....	6 02	Cartierville	do	Aug. 5, '91
Traves, Nellie (Mrs. Robt. Boa), in trust for son Andrew	....	12 07	do	do	do 5, '91
Tremblay, Napol'n (in trust for daughter)	....	11 96	Montreal	do	Nov. 24, '91
Tanguay, Rev. Cyprien	....	8 08	do	do	April 27, '92
Thauvette, Honoré	....	83 39	St. Lazare, Vaudreuil	do	June 24, '92
Tanguay, Joseph R	....	6 14	Montreal	do	do 13, '92
Turcotte, Alphonse	....	76 29	do	do	July 21, '92
Taylor, Alice (Mrs. Jos. Waldie)	....	811 38	do	do	Feb. 16, '92
Turner, William Hy.	....	29 96	do	do	May 31, '92
Turpin, W. J	....	14 32	do	do	April 21, '92
Thompson, Caroline C.	....	9 02	do	do	do 21, '92
Trepanier, Caroline (Mrs. A. Dussault)	....	2 91	do	do	June 28, '92
Tyndale, W. H	....	2 19	do	do	Nov. 20, '92
Troy, Mary Ann	....	2 35	do	do	Feb. 16, '92
Valois, M. F. E. and Frère	....	2 27	do	do	April 7, '75
Viau, Napoleon	....	4 90	St. Laurent	do	Jan. 27, '79
Vass, Clarence	....	6 55	Chateauguay Basin	do	Feb. 7, '78
Vellot, Lucien	....	1 85	Montreal	do	Aug. 7, '84
Verville, Alphonse	....	1 66	do	do	Dec. 30, '84
Voyer, Charles	....	1 39	do	do	July 14, '82
Vipond, Eveline Elizabeth (Mrs. J. Kent), in trust for son Robert R. Kent	....	1 43	do	do	Nov. 5, '84
Valois de, Jos. F., Rev	....	1 39	do	do	Jan. 16, '85
Vaillant, Marie Lse. (Mrs. Granger)	....	1 19	do	do	Dec. 1, '87
Virtue, H. S	....	4 70	do	do	do 24, '87
Viau, Eleonore (wid. Chas. N. Snow)	....	1 36	Mile End	do	April 14, '87
Valois, Anatalie	....	2 03	Montreal	do	do 14, '88
Vien, Zulma (Mrs. Thos. Allard)	....	1 31	Coteau St. Louis	do	Oct. 20, '89
Valiquette, Angeline	....	2 05	Isle Perrot	do	Jan. 18, '89
Vanier, J. E.	....	1 45	Montreal	do	Mar. 5, '89
Verrault, Rev. H. A	....	2 46	do	do	Sept. 19, '90
Valiquette, Victorine	....	10 14	do	do	Nov. 29, '90
Vallée, Marie (Mrs. E. Desmarteaux)	....	133 18	do	do	Mar. 17, '90
Villeneuve, Edouard	....	1 58	do	do	do 26, '91
Viau, Adelaide (Mrs. D. Martin)	....	3 00	St. Laurent	do	Dec. 29, '92
Vaillancourt, Benjamin	....	17 76	St. Jean Baptiste village	do	Oct. 17, '92
Valade, Marie (Mrs. Joseph Brisson)	....	1 37	Montreal	do	April 29, '92
Vallée, Marie Anne	....	59 35	Belœil	do	Nov. 7, '92
Valiquette, Eglantine	....	3 06	Montreal	do	Dec. 13, '92
*a*Wilbrenner, P. A	....	25 99	do	do	June 5, '52
Walkem, Ellen (Mrs. W. Bartlett)	....	3 06	do	do	Oct. 7, '69
Wadsworth, T. W	....	5 80	do	do	Dec. 29, '70
Wilson, Eliza G.	....	7 42	do	do	April 20, '72
Walkem, Charles W	....	2 23	do	do	Nov. 11, '72
Westgate, Thomas	....	2 23	do	do	May 2, '72
White, R. S.	....	1 70	do	do	Nov. 30, '74
White, Ann	....	2 49	do	do	M'ch 26, '74
Carried forward	....	59,077 98			

a Dead.

Montreal City and District Savings Bank—Banque d'Economie de la Cité et du District de Montréal.

Name of Shareholder or Creditor. — Nom de l'actionnaire ou du creancier.	Amount of Dividends unpaid for 5 years and over. — Dividende impayé pendant 5 ans et plus.	Balances standing for 5 years and over. — Balances restant depuis 5 ans et plus.	Last Known Address. — Dernière adresse connue.	Agency at which the last transaction took place. — Agence où la dernière transaction s'est faite.	Date of last transaction. — Date de la dernière transaction.
	$ cts.	$ cts.			
Brought forward	....	59,077 98	.....		
Wilson, William G	....	1 72	Montreal	Head Office	Feb. 22, '79
Walker, James (in trust)	....	31 81	do	do	do 11, '76
Wurtelle, J. W. L	....	1 36	do	do	Oct. 3, '77
Whitham, James (in trust)	....	6 80	do	do	Aug. 26, '74
Wren, William M	....	3 18	do	do	April 11, '74
White, Wm	....	8 21	do	do	Mar. 21, '76
Wilson, Robert W	....	16 40	do	do	Dec. 6, '76
Whyte, Joseph A	....	31 10	do	do	Mar. 5, '73
Webster, Ann C	....	3 02	do	do	Nov. 2, '77
Wurtele, Mary Ann	....	1 71	do	do	Feb. 19, '78
*a*Wolton, Wm. T	....	21 41	Outremont	do	Dec. 9, '76
Whitney, Henry F	....	2 66	Lachine	do	Sept. 25, '76
Whyte, Joseph A	....	2 48	Montreal	do	June 26, '80
Webster, Arthur	....	2 22	do	do	April 20, '80
Wright, John R	....	2 28	do	do	Dec. 12, '77
Workman, Wm. (in trust for E. McGuire)	....	1 94	do	do	Aug. 9, '75
Workman, Wm. (in trust for T. McGuire)	....	1 94	do	do	do 9, '75
Wood, Rev. Edmund and John O. Wilgress (in trust for Wm. Reed)	....	2 46	do	do	Jan. 4, '81
Wiggins, Esther	....	10 46	do	do	Aug. 19, '80
Wood, F. O	....	3 86	do	do	May 6, '81
Watson, Theresa (Mrs. Jackson)	....	1 48	do	do	do 22, '77
Wynne, Stephen	....	4 24	do	do	Feb. 19, '86
Walsh, Jane (Mrs. Matthews)	....	9 86	do	do	Aug. 1, '83
Wall, Michael J	....	1 66	Ste. Cunégonde	do	Oct. 6, '85
Walker, Wm. George	....	26 75	Montreal	do	Aug. 4, '85
Walker, Maggie (Mrs. T. Conten)	....	5 73	do	do	June 9, '80
Whyte, Robert A	....	5 62	do	do	Oct. 19, '84
White, Ellen	....	2 10	do	do	May 23, '83
Wood, Robert B	....	1 46	do	do	July 19, '86
Whyte, Stephen (in trust for Whyte & Donnelly)	....	3 21	do	do	do 2, '80
Walkers, Ida	....	1 47	do	do	Aug. 7, '84
Webb, Elizabeth (Mrs. A. T. Evans)	....	1 56	do	do	July 18, '85
Whelan, John P., Joseph and James D., (trustees for estate John Whelan)	....	18 18	do	do	Oct. 17, 84
Winfield, William	....	7 74	do	do	Mar. 22, '86
Waddell, J. and G	....	1 97	do	do	May 5, '80
Wright, Alfred	....	2 33	do	do	Jan. 31, '85
Webster, William John	....	10 12	do	do	Mar. 19, '87
Wood, Rev. Edmund and Hugh Jackson	....	23 63	do	do	Aug. 4, '87
Walsh, Kate	....	408 45	do	do	May 25, '88
Ward, Charles E	....	2 35	do	do	Sept. 8, '88
Wood, Rev. Edmund	....	17 05	do	do	Aug. 15, '88
Wolff, Conrad E	....	1 36	do	do	Nov. 10, '88
Walters, Lena	....	2 40	do	do	Dec. 19, '88
Wilson, Jane (Mrs. Thos. Lindall)	....	2 80	do	do	do 1, '88
Wright, Henry	....	2 55	do	do	June 18, 89
Whiffen, Edgar Jas.	....	3 67	do	do	Mar. 9, '89
Walton, Elizabeth	....	1 39	Outremont	do	May 20, '89
Walker, Julia	....	29 54	Montreal	do	July 2, '89
Audet, Alphonse	....	1 90	do	St. Cath'rine Branch	Mar. 6, '77
Angers, Marie M. (Mrs. L. Ferland)	....	1 82	do	do	Feb. 5, '83
Arpin, Rev. Louis	....	15 07	St. Jean de Dieu Témiscouata	do	Sept. 14, '88
Carried forward	....	59,854 46			

a Dead.

Dividendes impayés.

Montreal City and District Savings Bank—Banque d'Economie de la Cité et du District de Montreal.

Name of Shareholder or Creditor. — Nom de l'actionnaire ou du créancier.	Amount of Dividends unpaid for 5 years and over. — Dividende impayé pendant 5 ans et plus.	Balances standing for 5 years and over. — Balances restant depuis 5 ans et plus.	Last Known Address. — Dernière adresse connue.	Agency at which the last transaction took place. — Agence où la dernière transaction s'est faite.	Date of last transaction. — Date de la dernière transaction.
	$ cts.	$ cts.			
Brought forward	....	59,854 46			
Audet, Alphonse A.	....	1 45	Montreal.	St. Cath'rine	June 16, '88
Angers, Edmond	....	6 28	do	do	Dec. 28, '78
Aubry, Rev. N	....	3 93	St. Calixte	do	Oct. 24, '85
Archambault, Elizabeth (Dame J. B. Ethier)	....	1 31	Montreal.	do	May 23, '88
Ainse, Charlotte (veuve Delisle)	....	3 89	do	do	do 7, '90
Achim, Philomène (veuve. J. Marchand)	....	1 86	do	do	Jan. 9, '91
Armstrong, Douglas	....	1 15	do	do	Sept. 1, '90
Archambault, Zoé (Dame O. Hébert)	....	....	do	do	
Aubertin, Rose Delima (Dame T. Allaire)	....	6 64	do	do	July 6, '93
Auclair, Rev. M	....	2 78	do	do	Feb. 18, '93
Auclair, Rev. M	....	2 71	do	do	do 18, '93
Beaupré. W	....	2 64	do	do	Nov. 28, '85
Brunet, Joseph	....	1 69	do	do	Jan. 10, '86
Burlow, A. L	....	19 82	do	do	June 10, '86
Beauchette, Philias	....	2 07	do	do	Dec. 28, '87
Bureau, Alexis	....	2 44	do	do	Oct. 31, '84
Bourbonnais, Alderic	....	1 67	do	do	June 15, '87
Biron, Etienne	....	1 77	do	do	do 9, '85
Benoit, Alfred	....	1 53	do	do	May 15, '85
Beaudoin, Clementine Dame E. Lefrançois)	....	1 88	do	do	June 22, '85
Belanger, Napoleon	....	1 41	do	do	Aug. 9, '86
Binet, Alphonsine	....	2 33	St. Philippe	do	Nov. 29, '83
Bertrand, Xavier	....	7 60	Montreal.	do	Oct. 20, '83
Bourbon, Caroline (Mrs. B. Caron)	....	6 31	do	do	Jan. 7, '87
Beaudry, Lucy (Mrs. N. Matte)	....	1 63	do	do	Feb. 7, '85
a Bluteau, J. B	....	2 14	do	do	April 20, '85
Beaudoin, Charles	....	4 25	do	do	Nov. 2, '80
Beauchamp, Charles	....	4 50	do	do	Jan. 2, '76
Bourbonnière, Philias	....	10 52	do	do	Mar. 10, '79
Blanchard, Joseph	....	2 42	do	do	July 11, '83
Bruneau, Rosa	....	2 33	do	do	April 18, '76
Brazeau, Josephine	....	2 82	do	do	Aug. 29, '87
Beaudry, J. H	....	1 30	do	do	Nov. 2, '86
Barrette, Xavier	....	1 98	do	do	July 4, '88
Brouillet, Angelina (Dame T. Poirier)	....	1 28	do	do	April 12, '88
Betournay, Joseph	....	1 83	do	do	Aug. 4, '88
Bellefleur, Marie-Louise (Mrs. J. B. Chartrand)	....	1 78	do	do	Oct. 20, '88
Berthiaume, Isidoré	....	31 76	Verchères	do	do 9, '85
Bergeron et frère	....	3 61	Montreal.	do	Dec. 29, '78
Bourassa, L. J. B	....	6 46	do	do	Nov. 10, '85
Brouillet, Theotiste (Mrs. C. Allard)	....	1 22	St. Henri de Mascouche	do	Mar. 5, '83
Benoit, Marie A. (Mrs. O. Jacques)	....	2 06	Montreal.	do	July 3, '82
Beaulieu, Edouard	....	3 31	do	do	Dec. 14, '83
Barrette, Cordelia (Mrs. S. Beaudry)	....	4 86	do	do	July 27, '87
Belanger, Magloire	....	4 40	St. Vincent de P.	do	Dec. 13, '83
Boucher, Azaire	....	5 84	Montreal.	do	July 26, '84
Blondin, Marie	....	1 39	do	do	Sept. 25, '86
Butler, John	....	1 30	do	do	July 23, '88
Boyer, Zoel	....	1 77	St. Isidore	do	June 16, '88
Berthelet, Rosalba	....	181 12	Montreal.	do	Mar. 26, '88
Beauchamp, Mathilde (Mrs. Labrecque)	....	4 28	do	do	Sept. 10, '89
Blanchet, Alphonse	....	1 71	do	do	Aug. 23, '89
Belanger, Olévine	....	75 32	do	do	July 6, '89
Brodeur, Zephirine	....	154 60	Shefford	do	Dec. 3, '89
Carried forward	....	60,463 41			

a Dead.

Montreal City and District Savings Bank—Banque d'Economic de la Cité et du District de Montreal.

Name of Shareholder or Creditor. — Nom de l'actionnaire ou du creancier.	Amount of Dividends unpaid for 5 years and over. — Dividende impayé pendant 5 ans et plus.	Balances standing for 5 years and over. — Balances restant depuis 5 ans et plus.	Last Known Address. — Dernière adresse connue.	Agency at which the last transaction took place. — Agence où la dernière transaction s est faite.	Date of last transaction. — Date de la dernière transaction.
	$ cts.	$ cts.			
Brought forward	....	60,463 41			
Beaulien, Theophéle	....	5 11	St. Laurent	St. Cath'nSt.	Aug. 1, '90
Beauchamp, Rosanna	....	2 74	Montreal	do	April 5, '90
Blais, Adalbert	....	1 23	do	do	Sept. 20, '90
Bayard, Dayra	....	2 44	do	do	Mar. 8, '90
Barcelo, Delphine (Mrs. N. Lefebvre)	....	1 48	do	do	Sept. 18, '90
Brunet, Marcelline (Mrs. Messier)	....	1 69	do	do	May 28, '89
Blanchard, Gaspard L. F.	....	1 35	do	do	Nov. 19, '90
Brodeur, A. M	....	1 37	do	do	Oct. 1, '90
Brosseau, Joseph	....	1 39	do	do	June 26, '90
Boisvert, Philomène	....	2 82	do	do	Dec. 14, '91
Boudrias, Emma	....	8 64	do	do	do 15, '91
Bourdon, Ant	....	1 79	do	do	Jan. 15, '91
Bourdeau, Joseph	....	9 32	do	do	Nov. 9, '91
Belisle, Joseph A	....	1 20	do	do	Mar. 24, '91
Brazeau, Phelomene	....	41 73	do	do	July 7, '91
Bonin, Rev. R	....	8 53	do	do	Sept. 11, '91
Bertrand, Henri	....	2 62	do	do	June 6, '91
Bisson, Francois	....	33 15	do	do	Nov. 30, '91
Baker, Frank Melville	....	3 39	do	do	July 16, '91
Brault, Belzimire	....	36 68	do	do	Feb. 21, '91
Baker, W. Hartold	....	3 01	do	do	July 6, '91
*a*Belanger, Joseph	....	40 23	do	do	Mch. 22, '92
Bergeron, Alf. D	....	2 65	do	do	July 19, '92
Brousseau, Louis G	....	133 49	do	do	Nov. 4, '92
*b*Belanger, Exilda (Dme. Cy. Patenaude)	....	235 92	do	do	Sept. 19, '92
Besaillon, Zoé	....	1 25	do	do	July 21, '92
Bouchard, Josephine (Dme. D. Demerse)	....	1 54	do	do	Sept. 27, '92
Corbeil, Marguerite (Mrs. J. B. Charest)	....	2 24	Ste-Rose	do	Mar. 14, '87
Cusson, Belanger & Cie	....	4 02	Montreal	do	do 8, '87
Cajetan, Christine (Mrs. Hamel)	....	1 62	St Jean Belleville	do	Dec. 3, '87
Cadieux, Jeremie	....	1 59	Montreal	do	Aug. 20, '85
Comartin, Ovila	....	1 77	do	do	June 9, '85
Cadieux, Isaac	....	2 43	do	do	Aug. 14, '83
Chaput, Achilles	....	4 15	do	do	Sept. 30, '82
Chriptal, A	....	4 87	do	do	June 2, '76
Chaput, Arthur	....	6 61	do	do	Oct. 1, '75
Chaperon, Marie Louise	....	1 64	do	do	Nov. 5, '81
Cartier, Gilbert	....	5 45	do	do	Sept. 26, '83
Charron, J. E. T	....	4 01	St. Hubert	do	Oct. 13, '87
Corbeil, Calixte	....	1 35	St. Henri de Mascouche	do	Dec. 21, '87
Contant, Joseph & J. Lasalle	....	140 40	L'Assomption	do	July 2, '86
Cormier, Sergius	....	2 14	Contrecoeur	do	Oct. 29, '82
Chiquette, Marie L. (Mrs. A. Laurier)	....	1 34	Montreal	do	Aug. 24, '86
Cardinal, Aurelie (Mrs. J. Beauvais)	....	3 35	do	do	Nov. 15, '83
Charbonneau, Joseph	....	1 99	do	do	May 12, '84
Charrette, Thomas		....	do	do	....
Carle, Marie	....	1 24	do	do	Sept. 25, '83
Campbell, William	....	1 60	do	do	July 2, '87
Charbonneau, Israel	....	3 66	do	do	Nov. 19, '87
Chaffers, Joseph	....	1 28	do	do	July 24, '86
Cheydler, Elsie (Mrs. J. Robitaille)	....	56 28	Roxton	do	April 19, '88
Courteau, Delima	....	5 21	Montreal	do	Oct. 16, '88
Cadieux, J. B	....	9 99	do	do	Sept. 11, '88
Coté, J. M. G	....	1 46	do	do	May 23, '88
Charbonneau, Eleonore	....	2 62	Coteau St. Louis	do	Nov. 16, '89
Cusson, Alfred	....	6 49	Montreal	do	Oct. 22, '89
Cordeau, Wilfred	....	1 29	do	do	April 26, '89
Carried forward	....	61,332 31			

a Dead. *b* In trust.

Dividendes impayés.

Montreal City and District Savings Bank—Banque d'Economie de la Cité et du District de Montreal.

Name of Shareholder or Creditor. — Nom de l'actionnaire ou du creancier.	Amount of Dividends unpaid for 5 years and over. — Dividende impayé pendant 5 ans et plus.	Balances standing for 5 years and over. — Balances restant depuis 5 ans et plus.	Last Known Address. — Dernière adresse connue.	Agency at which the last transaction took place. — Agence où la dernière transaction s'est faite	Date of last transaction. — Date de la dernière transaction.
	$ cts.	$ cts			
Brought forward		61,332 31			
Champagne, Emelie		1 27	Montreal	St.Cath'nSt.	do 9, '89
Cyphiot, Theodule		1 38	do	do	Nov. 6, '89
Charron, Denis (Mrs. N. Charron)		1 58	do	do	Mar. 26, '89
Charbonneau, Theophile		12 04	St-Frs. de Sales.	do	Sept. 24, '89
Chartrand, estate late Jos		330 52	Montreal	do	July 22, '89
Champoux, Domithilde (Mrs. J.F. Duval)		1 82	do	do	June 3, '90
Carrignan, Archibald		1 25	do	do	Jan. 4, '90
Chaput, Joseph		2,279 45	do	do	July 2, '90
Cusson, Clara (Mrs. J. B. Patenaude)		1 82	do	do	April 16, '90
Coté, Eugene		2 91	do	do	Mar. 29, '90
Crosbý, Richard		3 89	do	do	Dec. 30, '91
Courtemariche, Olivier		13 63	do	do	Oct. 28, '91
Charlebois, Eliza (Mrs. Aug. Labelle)		1 49	do	do	Jan. 8, '91
Champagne, Regis		8 39	do	do	do 23, '91
Coté, Alphonse		1 95	do	do	Aug. 10, '91
Capelle, Luigi G		6 40	do	do	Nov. 13, '91
Clement, J. E		1 91	do	do	Mar. 3, '91
Collin, D. & Cie		6 66	do	do	Oct. 7, '91
Carpenter, S. H		3 29	do	do	June 18, '91
Coyer, Exilda (Wid. A. Boyer)		1 23	do	do	do 4, '91
Choquette, Lucie (Mrs. Jos. Archambault)		4 68	Long Point	do	May 13, '91
Caisse, F		56 05	Montreal	do	Feb. 29, '92
Carrière, Elzear		2 05	Boucherville	do	May 25, '92
Curby, Anastasia (Wid. E. Whelan)		307 58	Montreal	do	Dec. 21, '92
Clement, Josephine (Mrs. A. Blanchard)		1 87	do	do	June 13, '92
Courtois, Louis		3 13	do	do	Sept. 19, '92
Cusson, Achilles		4 11	do	do	July 23, '92
Charest, F. X. Hervé		1 17	do	do	May 16, '92
Chagnon, Joseph		1 94	do	do	Jan. 21, '92
Chaffers, John		5 36	do	do	Oct. 31, '92
Corbeil, Moise		2 72	do	do	Aug. 9, '92
Carrière, Mathilde (Mrs. E. Renaud)		2 50	do	do	Oct. 7, '92
Chartrand, Elmire (Wid. P. Pagé)		2 90	do	do	Aug. 19, '92
Dupuis, E. M		2 02	do	do	Dec. 1, '86
Douvis, Louis		1 37	do	do	Nov. 15, '86
Derome, Eliza (Mrs. H. Allaire)		1 61	do	do	Mar. 30, '86
Deziel det Labrecque, Joseph		1 69	do	do	Aug. 1, '87
Dufresne, Hormisdas		1 66	do	do	Oct. 30, '82
Delage, Emelia		1 39	do	do	June 11, '89
Desmarteau, Damase		1 61	do	do	do 11, '89
Dauphin, Charles fils		4 13	Chicago	do	do 2, '83
Durand, Mary		1 49	Montreal	do	do 25, '83
Desrosiers, Maria (Mrs. T. Pratt)		2 13	do	do	Aug. 5, '84
Delfosse, Melaine		2 55	St. Henri de Mascouche	do	July 26, '82
Dupras, Sophronie (Mrs. A. Wilhelmy)		7 83	Montreal	do	Mar. 10, '83
Duclos, Amedee		1 25	do	do	Feb. 20, '79
Desemerille, J. B		2 20	do	do	May 21, '81
Duffy, Elizabeth (Mrs. E. Boswell)		2 72	do	do	Jan. 23, '77
Deery, Joseph		1 59	do	do	June 5, '84
Donais, Clèophas		2 80	do	do	July 14, '85
Dubuc, Urgèle		1 45	do	do	Mar. 24, '87
Daunais, Gaspard		18 91	do	do	July 22, '80
David, Philèmon		1 33	do	do	May 5, '83
*a*Duquette, Moise		22 08	do	do	Feb. 20, '87
DeLamothe, Edouard		6 36	do	do	May 28, '83
Denis, Paul		1 81	do	do	Sept. 30, '82
Deslongchamps, Frs., fils		1 26	do	do	June 1, '83
Carried forward		64,504 49			

*a*Dead.

Montreal City and District Savings Bank—Banque d'Economie de la Cité et du District de Montréal.

Name of Shareholder or Creditor. — Nom de l'actionnaire ou du creancier.	Amount of Dividends unpaid for 5 years and over. — Dividende impayé pendant 5 ans et plus.	Balances standing for 5 years and over. — Balances restant depuis 5 ans et plus.	Last Known Address. — Dernière adresse connue.	Agency at which the last transaction took place. — Agence où la dernière transaction s est faite	Date of last transaction. — Date de la dernière transaction.
	$ cts.	$ cts.			
Brought forward	....	64,504 49			
Delorme, Amelia		2 09	Montreal	St. Catherine St. Branch	Mar. 31, '84
Dandurand, Joseph		3 82	do	do	May 14, '88
Dasylva, Zoël		1 59	do	do	do 15, '88
Daoust, Sophie (Mrs. N. Fafard), in trust		7 43	do	do	Sept. 10, '88
David, Cecile		6 97	do	do	May 28, '89
Desautels, Joseph		2 52	do	do	Aug. 6, '89
Desautels, Esther (Mrs. J. B. Filiatreault)		8 16	do	do	Dec. 16, '89
Desjardins, Célina (Mrs. R. Labelle)		1 35	do	do	Nov. 16, '89
Desourdif, Denise		3 94	do	do	Oct. 30, '90
DeRosting, Jules		25 42	Point Claire	do	July 6, '90
Desjardins, Valerie		21 05	Montreal	do	Sept. 20, '90
Davis, Elizabeth		2 00	do	do	Feb. 23, '91
Desormeaux, J. B. Z		3 29	do	do	June 9, '91
Deragon, Arthur, fils		12 18	St. Bazile le Grand	do	Sept. 11, '91
Deguire, Rev. P		2 48	Montreal	do	Aug. 20, '89
Drolet, Hector Gascon		4 11	do	do	June 13, '91
Desparois, Delia (Dame. E. Girard), in trust		1 73	do	do	Aug. 10, '91
David, Jos. H. A		....	do	do	....
Decary, Adolphe		2 21	do	do	Aug. 21, '91
Dupuis, Gustave		4 89	do	do	Jan. 3, '91
Dupuis, Alfred		3 66	do	do	do 3, '91
Dupuis, Georges		3 66	do	do	do 3, '91
Descary, Alfred, in trust		2 90	do	do	do 21, '91
Dauphin, Marie-Lse. (Mrs. Leprohon)		1 68	do	do	April 22, '92
Doutre, Flora		1 30	do	do	do 1, '92
Desrosier, J		93 94	do	do	June 30, '92
Desrochers, Adolphe		6 51	Pt. aux Trembles	do	June 2, '92
Depocas, C. A		1 18	Montreal	do	May 3, '92
Dugas dit Labrecque, Mathilde (Mrs. L. Lachance)		1 43	do	do	Sept. 22, '92
Dupont, Victor		1 18	do	do	Jan. 2, '92
Daviau, J. S		4 44	do	do	Aug. 22, '92
Dompierre, Philomène (Mrs. Masse)		5 10	do	do	June 3, '92
Desjardins, Albina		307 25	do	do	Sept. 29, '92
Ethier, Sophie		1 49	do	do	Dec. 22, '87
Emond, Marie (Mrs. P. Picotte)		1 28	do	do	July 10, '83
Elie, Elmina (Mrs. A. A. Desroches)		2 49	do	do	Feb. 17, '90
Franck, Raphaël		3 20	do	do	Aug. 15, '86
Foisy, Louis Israël		1 71	Upton, Co. Bagot	do	Mar. 7, '87
Frenette, Laurent		1 64	Montreal	do	Oct. 27, '82
Frenette, Henri		1 41	do	do	May 8, '82
Ferns, Robert		1 84	do	do	Oct. 1, '75
Forget, Charles		1 68	do	do	May 1, '82
Favreau, Ernestine (Mrs. J. Ste.-Marie)		1 49	do	do	Aug. 28, '83
Fortier, Aline		2 26	do	do	Dec. 5, '83
Forget, Marie Antoinette		4 04	do	do	Jan. 7, '89
Forget, Marie R		5 74	do	do	July 3, '89
Fournier, William		177 97	do	do	Jan. 28, '90
Fournier, Hyacinthe		2 50	do	do	May 14, '91
Finn, Patrick		1 66	do	do	Sept. 12, '91
Faille, Amable		2 06	do	do	Nov. 28, '92
Fiset, Didace		4 16	Rigaud	do	April 7, '92
Filiatreault, Josephine		175 07	Montreal	do	Dec. 27, '92
Guilbault, Alfred		1 67	do	do	Oct. 27, '87
Gravel, Edmond		1 71	do	do	April 21, '81
Giroux, Augustine (Mrs. A. Ouimet)		2 74	do	do	do 18, '87
Carried forward	....	65,455 76			

Dividendes impayés.

Montreal City and District Savings Bank—Banque d'Economie de la Cité et du District de Montréal.

Name of Shareholder or Creditor. — Nom de l'actionnaire ou du créancier.	Amount of Dividends unpaid for 5 years and over. — Dividende impayé pendant 5 ans et plus.	Balances standing for 5 years and over. — Balances restant depuis 5 ans et plus.	Last Known Address. — Dernière adresse connue.	Agency at which the last transaction took place. — Agence où la dernière transaction a été faite.	Date of last transaction. — Date de la dernière transaction.
	$ cts.	$ cts.			
Brought forward........	....	65,455 76			
Gagnon, P. H	....	1 56	Montreal......	St. Catherine St. Branch	Dec. 12, '87
Gravel, Martin	....	3 92	do	do	Aug. 23, '84
Grignon, Arthur	....	2 90	do	do	Dec. 7, '86
Gatin, Henriette (Mrs. W. Marcheterre)	....	2 60	do	do	Mar. 13, '85
Gignac, Philomène	....	1 98	do	do	July 6, '83
Greaves, Hilda	....	1 51	do	do	Oct. 23, '85
Gontrau dit Larochelle, Denis	....	2 08	do	do	July 8, '88
Gauthier, Joseph	....	1 68	do	do	Mar. 11, '86
Green, Mary (Mrs. Vincent)	....	2 77	do	do	Aug. 30, '86
Gascon, J. A	....	3 19	do	do	Nov. 17, '86
Giroux, Ferdinand	....	15 38	Longue Point...	do	Jan. 22, '85
Gariepy, Angeline (Mrs. F. Leclerc)	....	1 62	Montreal......	do	May 21, '83
*a*Girouard, Hormisdas	....	234 88	do	do	April 24, '88
*a*Gravel, Sophie	....	13 13	do	do	Oct. 12, '88
Guilbault, Malvina (Mrs. Leveille)	....	1 95	do	do	Nov. 30, '89
Grenier, Melina	....	2 70	do	do	Oct. 23, '89
Gatien, Sophie (Mrs. Archambault), in trust	....	3 89	do	do	Jan. 26, '89
Gatien, Sophie (Mrs. Archambault), in trust	....	3 90	do	do	do 26, '89
Guibord, J. E. F	....	1 31	do	do	Aug. 15, '89
Gervais, Antonio	....	1 78	do	do	do 4, '90
Gibeau, Arthur	....	1 21	do	do	Mar. 10, '90
Gamarche, Eleonore (wid. G. Rousseau)	....	1 63	do	do	Aug. 1, '90
Gagnon, Majorique	....	1 37	do	do	Jan. 31, '89
Gaouette, Herménégilde	....	5 20	do	do	May 21, '90
Godmaire, Isidore	....	1 59	do	do	Jan. 23, '90
Galarneau, Albert	....	2 44	do	do	Oct. 24, '90
Guertin, Pierre	....	2 05	do	do	June 20, '90
Gaudreau, André	....	4 87	do	do	May 12, '91
Gravel, Raphael	....	15 44	do	do	Aug. 4, '91
Gauvreau, Eleonore	....	8 98	do	do	Jan. 3, '91
Guilbault, Delia	....	2 29	do	do	Mar. 3, '90
Gobeille, Laura	....	1 71	do	do	July 21, '91
Grenon, Arthur	....	3 61	do	do	Oct. 29, '92
Groulx, Fabien	....	4 18	do	do	April 5, '92
Guenette, Malvina (Mrs. J. Peltier)	....	23 01	do	do	June 27, '92
Guerin, Josephine (Mrs. O. Dubrule), for her son Joseph	....	2 95	do	do	Jan. 4, '92
Grant, Herminie	....	2 71	do	do	Mar. 24, '92
Girouard, Theo	....	5 05	do	do	May 20, '92
Graham, Francis	....	1 25	do	do	Aug. 4, '92
Halligan, Mary Ann (Mrs. J. O. Bray)	....	14 53	do	do	Feb. 25, '85
Huot, Arthemise (Mrs. J. O. Robert)	....	1 59	do	do	Aug. 4, '87
Harnois, Rosanna	....	4 08	do	do	May 2, '83
Hebert, Emile	....	2 34	do	do	Sept. 22, '86
Handfield, Edward	....	3 63	do	do	July 21, '83
Hoy, Mary A. (wid. C. King)	....	2 78	do	do	June 4, '85
Herdt, W. P.	....	2 24	do	do	Nov. 6, '76
Hurtubise, Hormisdas	....	1 82	do	do	Aug. 28, '80
Hyde, John	....	3 15	do	do	Nov. 25, '82
Hogue, Zephirina	....	1 29	do	do	April 5, '89
Hetu, Azarie A.	....	1 62	do	do	Dec. 11, '89
Hogue, Gustave	....	4 43	do	do	April 28, '90
Hoolahan, James	....	1 73	do	do	May 7, '90
Carried forward	....	65,897 26			

a Dead.

Montreal City and District Savings Bank—Banque d'Economie de la Cité et du District de Montreal.

Name of Shareholder or Creditor. — Nom de l'actionnaire ou du creancier.	Amount of Dividends unpaid for 5 years and over. — Dividende impayé pendant 5 ans et plus.	Balances standing for 5 years and over. — Balances restant depuis 5 ans et plus.	Last Known Address. — Dernière adresse connue.	Agency at which the last transaction took place. — Agence où la dernière transaction s'est faite	Date of last transaction. — Date de la dernière transaction.
	$ cts.	$ cts.			
Brought forward		65,897 26			
Hoolahan, James		3 80	Montreal	St. Cath'rine St. Branch	Mar. 31, '90
Hebert, Alfred		3 34	do	do	April 10, '90
Hart, Owen		34 92	do	do	Jan. 7, '91
Hensley, Mary Louise		16 91	do	do	May 22, '91
Hetu, Marguerite		637 31	do	do	Oct. 10, '92
Hebert, Charles		3 10	do	do	do 24, '92
Hebert, Charles		8 53	do	do	do 15, '89
Hyde, John		3 33	do	do	July 17, '92
Hoolahan, John		1 60	do	do	April 25, '92
Hinton, Arthur		6 37	do	do	Jan. 9, '92
Idler, Sophia		7 95	do	do	do 18, '94
Julette, Vitaline, (Mrs. J. Levesque)		1 60	do	do	Mar. 28, '89
Jobin, Chas. E		2 06	do	do	July 16, '89
Julette, Vitaline (Mrs. J. Levesque), for her son Roch		3 20	do	do	Oct. 12, '86
Jacques Cartier Normal School		3 82	do	do	June 24, '85
Jacques, Marie (Mrs. Morin)		2 42	do	do	Sept. 7, '85
Jullette, Joseph		1 45	do	do	Mar. 29, '80
Jobin, Alfred		43 16	do	do	do 18, '86
Jeannotte, Arthemise		1 34	do	do	Dec. 4, '91
Jacques, Philomène (Mrs. E. Comartin)		1 51	do	do	Mar. 9, 91
Jobin, Delphine (Mrs. C. Girard)		6 60	do	do	Aug. 9, '91
Koenig, Delima		1 72	do	do	Sept. 14, '86
Lemay dit Delorme, Edwidge		7 56	do	do	Oct. 5, '85
Lamoureux, François		3 37	do	do	Feb. 10, '86
Lord, Moïse		1 47	do	do	Sept. 19, '87
Lefebvre, Joseph		1 83	do	do	Jan. 12, '86
Lonergan, John		2 12	St. Thérèse	do	July 18, '83
Levesque, Emélie		5 56	Cacouna	do	Aug. 24, '81
Lamoureux, Lucie (Mrs. F. Bérubé)		1 58	Montreal	do	Oct. 27, '81
Lavallée, Ubaldé		1 55	do	do	do 21, '80
Lafranchise, W.		1 50	do	do	May 16, '87
Leblanc, Joseph		1 35	do	do	Aug. 4, '87
Landry, F (in trust)		6 77	do	do	do 15, '87
Labelle, N. B		1 41	do	do	April 9, '83
Larose, Marie Louise (Mrs. I. Labelle)		3 89	do	do	July 25, '84
Labrecque, Edmond		1 56	do	do	Jan. 12, '80
Leclerc, Caroline (Mrs. F. Lamarche)		1 54	do	do	May 28, '85
Lamarche, N. L. C.		1 32	do	do	Mar. 10, '86
Lusignan, Josephte		1 67	do	do	Nov. 7, '83
L'Africian, J. T		1 21	do	do	May 2, '84
Leveillé, Toussaint		1 89	St. Henri de Mascouche	do	do 21, '84
Labelle, Edmond.		1 99	Montreal	do	Jan. 9, '85
Laporte, Arthur		2 24	Pte aux Trembles	do	May 21, '84
Lonergan, Rev. James (in trust for new Irish church)		1 64	Montreal	do	Mar. 3, '82
Laramée Damase		1 46	do	do	Aug. 15, '79
Lefebvre, Benjamin		1 90	do	do	Mar. 19, '80
Larrivée, Bastien C.		1 18	do	do	Nov. 18, '75
Lebeau, Evelnia		1 18	do	do	Mar. 9, '82
Lacroix, W		3 82	do	do	Feb. 14, '83
Lalande dit Latreille, François		6 90	do	do	Mar. 19, '84
Lambert, Joseph fils		1 57	do	do	Feb. 11, '86
Laurin, Gedeon		2 14	do	do	April 9, '78
Lafrenière, Antoine		2 13	do	do	July 9, '78
Lebeau, Auguste		2 96	do	do	May 23, '76
Lamarche, Emelie		1 74	do	do	Aug. 10, '80
Carried forward		66,771 30			

Dividendes impayés.

Montreal City and District Savings Bank—Banque d'Economie de la Cité et du District de Montréal.

Name of Shareholder or Creditor. — Nom de l'actionnaire ou du creancier.	Amount of Dividends unpaid for 5 years and over. — Dividende impayé pendant 5 ans et plus.	Balances standing for 5 years and over. — Balances restant depuis 5 ans et plus.	Last Known Address. — Dernière adresse connue.	Agency at which the last transaction took place. — Agence où la dernière transaction s'est faite	Date of last transaction. — Date de la dernière transaction.
	$ cts	$ cts.			
Brought forward		66,771 30			
Lafleur, Honoré		1 64	Montreal	St. Cath'rine St. Branch	Nov. 29, '86
Leveque, Joachim		1 49	do	do	June 5, '87
Lamoureux, Joseph (for daugh'r Yvonne)		4 80	do	do	Jan. 13, '88
Lamoureux, Joseph (for daughter Lucie)		6 12	do	do	do 13, '88
Landry, Diana		1 64	do	do	April 26, '88
Lupé, Isidore		1 29	do	do	Nov. 21, '88
Lacroix, Ferrol		1 39	do	do	Mar. 1, '88
Lecavalier, Philom'e (Mrs. A. Chartrand)		13 32	do	do	Aug. 13, '88
Latour, Eulalie (Mrs. Z. Segouin) in trust for Jos. Latour		1 58	do	do	May 12, '88
Lamarche, Marie (Mrs. Jos. Dumont)		1 47	do	do	do 18, '87
Landry, Joseph		14 39	do	do	Dec. 1, '84
Labelle, Marie Louise (Mrs. J. Archambault)		37 10	do	do	Aug. 12, '79
Leblanc, Philomène (Mrs. Ferland)		1 60	do	do	Dec. 29, '87
Lamoureux, Adele		19 49	do	do	May 13, '82
Lonergan, Rev. J.		1 53	do	do	Mar. 3, '82
Lasalle, Theophile		2 43	do	do	Jan. 18, '83
Lefebvre, Arthur		1 50	do	do	Sept. 3, '82
Laroche, J. B.		3 11	do	do	Feb. 14, '82
Limogés, Eva		1 29	do	do	Nov. 21, '83
*a*Larue, Adjutor		21 23	do	do	Aug. 14, '85
Lavigne, Honoré		1 67	do	do	Mar. 30, '87
Lareau, Sophranie (Mrs. A. Jette)		13 14	do	do	July 24, '81
Laflamme, Roch		5 51	do	do	Dec. 4, '86
Labelle, Daniel		2 57	Ste. Rose	do	May 22, '83
Lefebvre, Joseph		2 11	Coteau St. Louis	do	Sept. 25, '85
Labranche, Victoria		1 31	Montreal	do	Jan. 26, '87
Lord, Gustave		7 20	Clara's Creek	do	May 19, '85
Lefebvre, Louis J		2 13	Montreal	do	Dec. 12, '88
Larose, Emile		1 55	do	do	Aug. 1, '88
Lemoine, L. H		1 23	do	do	Dec. 6, '88
Lacasse, Zacharie		5 86	do	do	Oct. 18, '88
Latour, A. H		3 59	do	do	April 25, '88
Lamalire, Sophie		1 49	do	do	do 16, '89
Leboeuf, Samuel Z		3 63	do	do	Aug. 16, '89
Local Union No. 24		1 64	do	do	June 28, '89
Lapierre, Josephine (Mrs. A. Regimbal)		1 30	do	do	May 22, '89
Lanoie, Joseph		3 89	do	do	Jan. 18, '89
Lalumière, Melina		8 20	do	do	Oct. 3, '89
Lafrenière, Euclide		2 87	do	do	April 26, '90
Laurier, Jules		8 54	L'Achenaie	do	Dec. 10, '90
Laurier, Jules (in trust for Dina Rochon)		14 88	do	do	July 27, '90
Labelle, G. E.		4 46	Montreal	do	Dec. 4, '90
Laurin, Zephérine		1 45	do	do	April 28, '90
Laflamme, Eucharistе		5 16	do	do	Sept. 2, '90
Labelle, Jean		1 54	do	do	Dec. 6, '90
Leclerc, Robert		1 71	do	do	Nov. 25, '89
Labelle, Marie Louise (wid. J. Christin)		1 65	do	do	do 19, '89
Laporte, L. N		1 76	do	do	Jan. 4, '89
Limoges, R. E		8 50	do	do	May 6, '90
Leonard, Philomène (Mrs. J. B. Filiatreault)		1 50	Ste. Rose	do	June 23, '90
Lindsay, Rev. R. (in trust)		1 46	Montreal	do	Mar. 10, '90
Latour, Eugenie		1 27	do	do	Aug. 11, '91
Labelle, François		7 93	do	do	do 9, '91
Laurence Antoine		24 42	do	do	Jan. 23, '91
Carried forward		67,066 83			

*a*Dead.

Montreal City and District Savings Bank—Banque d'Economie de la Cité et du District de Montréal.

Name of Shareholder or Creditor. — Nom de l'actionnaire ou du creancier.	Amount of Dividends unpaid for 5 years and over. — Dividende impayé pendant 5 ans et plus.	Balances standing for 5 years and over. — Balances restant depuis 5 ans et plus.	Last Known Address. — Dernière adresse connue.	Agency at which the last transaction took place. — Agence où la dernière transaction s'est faite.	Date of last transaction. — Date de la dernière transaction.
	$ cts.	$ cts.			
Brought forward		67,066 83			
Lalongé, Luce (Mrs. A. Martin)		1 25	Montreal	St. Cath'rine St. Branch	Mar. 4, '91
*a*Landry, Lumina (Mrs. J. L. Maillet)		24 55	do	do	do 17, '91
Laurendeau, J. B		1 20	do	do	Dec. 15, '91
Leonard, Leonidas		2 35	do	do	Sept. 25, '91
Loiseau, J. E. A		1 48	do	do	July 25, '91
Lacroix, Joseph		1 25	do	do	Nov. 26, '91
Laurin, Delima (Mrs. Chs. Bougie)		1 86	do	do	Mar. 21, '90
Lalande, Louise (Mrs. Jos. Huot)		2 88	do	do	Jan. 20, '91
Leclerc, Desiré		1 26	do	do	Mar. 19, '91
Lanterne, Joseph		19 44	do	do	June 18, '90
Lamontagne, Philomène		30 83	do	do	May 11, '91
Lecompte, Maria		365 20	Ste. Thérèse de Minville	do	June 7, '92
Lebeau, Auguste		6 76	Montreal	do	May 31, '92
Lagarde, Philomène (Mrs. H. Mathieu)		1 72	do	do	Aug. 18, '92
Lepine, Rosalie (Mrs. Ed. Mousseau)		7 89	do	do	Dec. 9, '92
Lord, Edmond		3 23	do	do	Mar. 23, '92
Longpré, Edmond		4 41	do	do	April 21, '92
Lamquin, Joseph		2 30	do	do	May 9, '92
Lavigne, Louis		2 83	do	do	April 4, '92
Langlois, Chs. L		13 06	do	do	do 27, '92
Langlois, Frs		1 17	do	do	do 30, '92
Laporte, Albert		1 63	do	do	do 20, '92
L'Archevêque, Jean		30 31	St. aux Recollets	do	Oct. 19, '92
Laurendeau, Pierre		1 29	Montreal	do	Nov. 11, '92
Labelle, Joseph		2 08	do	do	May 4, '92
*a*Laporte, Georgianna		34 13	do	do	Oct. 7, '92
Leclerc, Euchariste		1 37	do	do	Jan. 8, '92
Lortie, Benjamin		4 96	do	do	June 14, '92
Lemay, Ephrem (in trust)		2 34	do	do	April 12, '92
Mitchell, John		3 61	do	do	Jan. 14, '85
Morin, Zoé (Mrs. E. Charbonneau)		3 26	do	do	Aug. 15, '83
Massy, Elmire (Mrs. N. Larivée)		3 79	do	do	do 7, '82
Mianult, Fabien		6 13	Rawdon	do	July 4, '82
Meunier, Adelard		1 32	Montreal	do	Feb. 1, '87
Maillé, F. X. (In trust for son Horace		1 57	do	do	May, 11, '84
Moreau, Joseph		1 39	do	do	April 6, '82
Mireault, Narcisse		2 25	do	do	Aug. 20, '83
McKay, James		16 02	do	do	July 13, '85
Mallette, Valerie		2 17	do	do	Aug. 30, '86
McKay, Victoria (Mrs. A. Lefort, in trust for son Auguste)		1 63	do	do	Feb. 3, '79
McInnis, Mary		1 55	do	do	Oct. 18, '88
Michaud, Arthur		1 21	do	do	do 19, '88
Mayer, Hermenegilde		1 41	do	do	Feb. 1, '88
Murphy, Helen		81 44	do	do	May 4, '84
Moulin, Joseph Hyacinthe		1 61	do	do	Jan. 3, '87
Maillé, Alphonsine (Mrs. J. B. Pepin)		1 46	do	do	Nov. 5, '87
McDuff, Joseph		1 81	do	do	June 5, '82
McCall, Thomas		3 80	do	do	Dec. 9, '85
Meunier, Louis		1 39	do	do	Mar. 15, '87
McKay, M. E		3 67	do	do	Dec. 5, '87
Morin, Georgianna (Mrs. Mongeau)		2 86	do	do	Aug. 4, '85
Mercille Antoine		1 51	do	do	Sept. 19, '87
Marin, Eulalie (Mrs. A. Brunet)		1 56	do	do	April 25, '84
Malloy, John		1 31	do	do	June 21, '83
Carried forward		67,791 59			

*a*Dead.

Dividendes impayés.

Montreal City and District Savings Bank—Banque d'Economie de la Cité et du District de Montréal.

Name of Shareholder or Creditor. — Nom de l'actionnaire ou du créancier.	Amount of Dividends unpaid for 5 years and over. — Dividende impayé pendant 5 ans et plus.	Balances standing for 5 years and over. — Balances restant depuis 5 ans et plus.	Last Known Address. — Dernière adresse connue.	Agency at which the last transaction took place. — Agence où la dernière transaction s'est faite	Date of last transaction. — Date de la dernière transaction.
	$ cts.	$ cts.			
Brought forward		67,791 59			
Marceau, Malvina		1 33	Montreal	St. Catherine St. Branch.	April 2, '86
Matte, Alphonse		2 43	do	do	July 11, '85
Marteau, Leocadie (Mrs. M. Gaudet)		4 49	do	do	Sept. 5, '89
Maheu, Philomène		1 55	do	do	Dec. 30, '89
Montreuil, Eustache		2 17	do	do	Nov. 14, '89
Morin, J. B.		3 19	St. Frs. du Lac.	do	Dec. 23, '89
Marchand, Joséph		6 80	Montreal	do	June 6, '89
Marchand, J. N. E		2 13	do	do	Mar. 5, '89
Michaud, Eugenie		2 29	do	do	Oct. 21, '90
Mailhot, Hercules		1 68	do	do	Nov. 3, '90
Mongeau, Louis		1 25	do	do	April 21, '90
Marchand, Georges		4 45	do	do	June 14, '90
Marchand, Arthur		3 15	do	do	Jan. 15, '91
Morin, Melina (wid. Frs. Gauthier)		7 15	St. Lin	do	Feb. 23, '91
Moussette, Avila		11 75	Montreal	do	Dec. 9, '91
Mantha, Virginie		2 24	Ste. Rose	do	Jan. 1, '91
Mireault, David		2 56	Montreal	do	Dec. 20, '91
Mailloux, Joseph		2 84	do	do	Oct. 24, '91
Martineau, J. B.		4 04	do	do	July 21, '91
Marcil, Edward et Cie		2 11	do	do	Nov. 30, '91
Minier, Louis		1 45	do	do	June 30, '91
Martel, Marie Louise		2 01	do	do	Sept. 9, '91
Miller, Napoleon		1 55	do	do	Nov. 27, '91
Martin, Joseph		1 93	do	do	June 30, '91
Marsan dit Lapierre, Julie (widow P. Homond)		1 19	do	do	July 6, '91
Murphy, Mina		1 21	do	do	Jan. 3, '91
Martin dit Ladouceur, Joseph		1 31	do	do	April 13, '91
Michaud, Armentine (Mrs. V. Grenon)		2 41	do	do	July 7, '92
Martineau, Emmanuel		1 37	do	do	Aug. 2, '92
Methot, Wilfrid		2 13	do	do	July 13, '92
Marsan dit Lapierre, André		2 58	do	do	May 3, '92
Manard, Alex		1 24	do	do	Aug. 18, '92
Morache, Mathilde (Mrs. L. Labossière)		1 72	do	do	Feb. 24, '92
Masse, J. B.		1 43	do	do	Sept. 24, '92
Martel, Euphemie		4 83	do	do	Mar. 23, '92
Melançon, Gust		2 51	do	do	Oct. 16, '91
Narbonne, Eloi		2 45	Longueuil	do	do 1, '86
Nolan, Michael		1 96	Montreal	do	do 5, '83
Neveu, Ernest		1 19	do	do	April 7, '84
Narbonne, Louis J. N.		1 17	do	do	June 22, '82
Nantel, Joseph		2 18	do	do	May 15, '91
Nantel, Charles		1 23	do	do	Feb. 3, '91
O'Keefe, Mary P. (Mrs. M. B. Campion)		1 67	do	do	Nov. 2, '80
Ouimet, Wilfrid		1 39	do	do	Dec. 9, '87
Ouellette, Melina (Dme. L. Desjardins)		1 25	do	do	Sept. 17, '88
Orphelins Catholiques		4 40	do	do	Sept. 5, '89
Olivier, J. E.		3 03	do	do	Aug. 6, '92
Pelletier, Aurelie (Mrs. A. Deveau)		8 99	do	do	Oct. 15, '86
Petit, Arthur		8 78	do	do	Nov. 18, '84
Paquet, J. Bte		2 82	do	do	do 25, '85
Pageau, Francis		1 88	do	do	April 26, '86
Perreault, Exilda		1 39	do	do	Aug. 23, '86
Painchaud, F. H		1 62	do	do	Jan. 2, '85
*a*Papineau, H. B		4 31	do	do	do 16, '86
Papineau, J. G.		2 25	do	do	Nov. 13, '86
Pilon, Olivine		4 81	do	do	Dec. 2, '82
Carried forward		67,950 83			

a In trust.

Montreal City and District Savings Bank—Banque d'Economie de la Cité et du District de Montréal.

Name of Shareholder or Creditor. — Nom de l'actionnaire ou du creancier.	Amount of Dividends unpaid for 5 years and over. — Dividende impayé pendant 5 ans et plus.	Balances standing for 5 years and over. — Balances restant depuis 5 ans et plus.	Last Known Address. — Dernière adresse connue.	Agency at which the last transaction took place. — Agence où la dernière transaction s'est faite.	Date of last transaction. — Date de la dernière transaction.
	$ cts	$ cts.			
Brought forward	....	67,950 83			
Paré, Ulric	....	11 38	Montreal	St. Catherine St. Branch.	Oct. 31, '81
Provost, Ursule	....	4 21	Varennes	do	Jan. 6, '76
Prud'homme, Joseph	....	3 33	Montreal	do	June 9, '76
Parizeau, Philomène (Mrs. J. B. Larivée)	....	4 98	do	do	do 27, '81
Pepin, Eugenie (Mrs. J. Marchand)	....	4 43	do	do	May 22, '88
*b*Paré, Elmire (Mrs. L. Landry)	....	2 45	do	do	Mar. 9, '88
Poitvin, Alfred	....	12 06	do	do	Jan. 23, '88
Primeau, Louis	....	2 29	do	do	Aug. 15, '88
Pellerin, Francois	....	5 29	do	do	Nov. 17, '86
Papineau, Hortense	....	17 77	L'Assomption	do	Jan. 20, '87
Perreault, Nazaire	....	1 98	Montreal	do	do 16, '86
Pepin, Edmond	....	2 93	do	do	Sept. 18, '80
Pinsonnault, Alexander	....	1 41	do	do	Aug. 23, '82
Pilotte, Clovis	....	5 70	do	do	Dec. 4, '83
Prevost, Arthur	....	1 58	do	do	Mar. 27, '85
Pelletier, Joseph	....	5 11	do	do	Aug. 16, '86
Potvin, Alfred	....	4 17	do	do	Dec. 28, '85
Pagé, Delima	....	19 73	do	do	do 5, '83
Poliquin, Xavier	....	1 64	do	do	Feb. 13, '88
*c*Pellerin, J. J	....	20 06	do	do	July 31, '88
Piché, Louis	....	2 56	Ste. Thérèse	do	July 30, '89
Proulx, Alphonsine	....	5 63	Montreal	do	Feb. 21, '89
Papineau, C. F., exeteur, suc. feu Jacob Hall	....	3 05	do	do	Sept. 22, '89
Patenaude, Anastasie (Mrs. A. Daigneault)	....	1 41	do	do	Feb. 18, '89
Perron, J. A	....	1 30	do	do	April 18, '89
Paquin, Hercules	....	1 65	do	do	Sept. 3, '89
Perreault, Joseph	....	4 21	do	do	Jan. 21, '90
Pelletier, Alice (Mrs. C. Racette)	....	2 34	do	do	do 5, '91
Proulx, A. N	....	2 47	do	do	June 16, '91
Pompanon, Pierre	....	2 70	do	do	Mar. 3, '91
Provost, Joseph	....	12 95	do	do	Nov. 16, '91
Paquette, Mathilde (Mrs. O. Morin)	....	3 82	do	do	April 28, '91
Perreault, Marie Aglaé (widow J. O. Leclerc)	....	4 89	do	do	June 3, '91
Pigeon, Alphonse	....	1 59	Sault aux Recl'ts	do	May 16, '90
Pelletier, Fortunat	....	3 62	Montreal	do	June 4, '91
Prairie, Marie Anna	....	11 11	do	do	Jan. 28, '91
Patenaude, Charles	....	2 13	do	do	Mar. 21, '92
Pilon, Alphonsine	....	1 65	do	do	Sept. 23, '92
Penault, Joseph	....	1 24	do	do	Jan. 21, '90
Poitras, Joseph	....	1 22	do	do	Mar. 7, '92
Papineau, Marguerite	....	3 77	do	do	do 26, '92
Quevillon, Genereux	....	2 95	do	do	Oct. 14, '90
Quevillon, Alice (Mrs. N. Longpie)	....	23 76	do	do	Feb. 24, '92
Renaud, L. N	....	3 24	do	do	Dec. 10, '87
Rousseau, Charles	....	1 30	do	do	Nov. 30, '86
Rouleau, Sophie	....	1 99	do	do	June 27, '83
Roch, Elizabeth	....	1 27	do	do	July 9, '79
Robert, Rose	....	3 26	do	do	Sept. 12, '83
Robert, Augustin	....	2 63	do	do	Nov. 15, '87
Roy, Alphonsine (Mrs. R. Dumas)	....	1 41	do	do	June 16, '82
Renaud, Roch	....	1 79	do	do	April 27, '88
*d*Rainville, Henri	....	....	do	do	do 28, '88
Raveaux, Damase	....	2 50	do	do	Aug. 4, '87
Rondeau, Rose A. (Mrs. J. Watier)	....	1 59	do	do	June 6, '84
Carried forward	....	68,206 33			

b In trust for son, Gustave. *c* In trust for son, Joseph. *d* In trust for daughter, Berthe.

Montreal City and District Savings Bank—Banque d'Economie de la Cité et du District de Montréal.

Name of Shareholder or Creditor. — Nom de l'actionnaire ou du créancier.	Amount of Dividends unpaid for 5 years and over. — Dividende impayé pendant 5 ans et plus.	Balances standing for 5 years and over. — Balances restant depuis 5 ans et plus.	Last Known Address. — Dernière adresse connue.	Agency at which the last transaction took place. — Agence où la dernière transaction s'est faite	Date of last transaction. — Date de la dernière transaction.
	$ cts.	$ cts.			
Brought forward	....	68,206 33			
Renaud, Julienne	....	38 52	Montreal	St. Catherine St. Branch.	April 9, '83
Renaud, Delima (Mrs. T. Dupont)	....	10 68	do	do	Dec. 24, '88
Robert, Jean B	....	2 92	do	do	June, 5, '88
Rheaume, Marie Blanche	....	1 24	do	do	Jan. 10, '90
Rheaume, Chs. Philippe	....	1 24	do	do	do 10, '90
Roch, Lucie (Mrs. L. Deslongchamps)	....	95 51	do	do	Mar. 11, '90
Rivet, Georgianna (Mrs. E. Desrochers)	....	7 42	do	do	Aug. 26, '90
Roy, Mary	....	1 64	do	do	April 12, '90
Reid, Catherine (Mrs. Rafferty)	....	1 76	do	do	Jan. 7, '90
Roy, Albina (Mrs. LeBrodeur)	....	2 33	do	do	July 9, '91
Renaud, Emma (Mrs. André)	....	1 18	do	do	May 14, '91
Reed, Rosianne (Mrs. J. Lamarche)	....	2 33	do	do	Sept. 19, '91
Renaud, J. B	....	2 23	do	do	Oct. 22, '91
Renaud, Joseph	....	2 83	do	do	June 27, '91
Rochon, Theodore	....	1 16	do	do	Mar. 1, '90
Rickner, Malvina	....	2 02	do	do	Sept. 24, '89
Richer, Philomène (Mrs. A. Paquin)	....	3 74	do	do	June 10, '91
Richard, Exilda (Mrs. Jos. Honier)	....	1 79	do	do	Feb. 24, '91
Racette, Philomène (Mrs. J. Lapierre)	....	7 89	do	do	Mar. 19, '92
Roy, Emelia	....	333 35	do	do	April 30, '92
Slicer, Amanda (widow C. Bourdon)	....	2 42	do	do	Oct. 24, '84
Sœur, Frs. Xavier, Rev. de	....	1 93	do	do	May 14, '84
St. Hilaire, Cléophas	....	1 49	do	do	do 27, '82
Ste. Marie, Eliza (Mrs. N. Richer)	.....	1 63	do	do	June 27, '88
Sylvestre, Joseph	....	2 61	do	do	Oct. 26, '88
Slattery, John	....	168 15	do	do	do 19, '86
e Sœur, Hypolite, Rev. de	....	6 15	do	do	April 6, '86
f Sœur, Hypolite, Rev. de	....	2 63	do	do	do 6, '86
g Sicard, Christine E. (Mrs. A. Wilson)	......	6 73	do	do	Oct. 10, '87
Semper, Herminie (Mrs. A. Montreuil)	....	5 35	do	do	do 31, '87
Seguin, Adolphie	....	9 83	do	do	April 28, '85
Sanders, Albert	....	21 01	do	do	Sept. 20, '86
St. Georges, Sophie (Mrs. Wm. Wall)	....	1 91	do	do	Jan. 14, '82
Salfranque, Clement	....	1 62	do	do	April 9, '86
h Sicard, Christine (Mrs. A. Wilson)	....	21 64	do	do	Aug. 8, '87
Société, Francaise d'Hygiene	....	1 42	no	do	July 8, '87
Sicard, J. Bte	....	1 77	do	do	May 6, '84
St. Jean, Philomène	....	8 16	do	do	Mar. 18, '85
Selby, Lawrence	....	2 91	do	do	May 11, '88
St. Pierre, Exorée (Mrs. A. Favreau)	....	3 11	do	do	do 3, '90
Sauvageau, Herminie (Mrs. J)	....	148 44	do	do	Oct. 14, '89
Smith, Frances	....	15 29	do	do	May 12, '91
Simard, Pepin	....	3 90	L'Assomption	do	Dec. 26, '91
St. Martin, Albert	....	4 24	Montreal	do	Apl. 27, '91
St. Pierre, Elmire	....	331 54	do	do	Jan. 16, '91
Surprenant, Wilfrid	....	1 19	do	do	Dec. 11, '91
St. Arnaud, Urseline (Mrs. P. Massicotte, in trust for son Joseph)	....	30 66	do	do	Mar. 2, '91
Ste. Marie, Rose Delima (Mrs. N. Belanger, in trust for son Aurele)	....	6 18	do	do	May 11, '92
Smith, George	....	4 86	do	do	do 11, '92
Senez, Adolphe	....	1 37	do	do	do 25, '92
Strachan, Wm	....	287 16	do	do	July 7, '92
Tardif, Samuel	....	1 51	do	do	Dec. 7, '85
Thimeus, Exilda (Mrs. J. A. Sanders)	....	6 81	do	do	Jan. 18, '87
Carried forward	....	69,813 73			

e In trust for Maurice Bazinet. *f* In trust for Louisa Jodoin. *g* In trust for daughter, Marie Cornellier. *h* In trust for Marguerite Cornellier.

Montreal City and District Savings Banks—Banque d'Economie de la Cité et du District de Montréal.

Name of Shareholder or Creditor. — Nom de l'actionnaire ou du créancier.	Amount of Dividends unpaid for 5 years and over. — Dividende impayé pendant 5 ans et plus.	Balances standing for 5 years and over. — Balances restant depuis 5 ans et plus.	Last Known Address. — Dernière adresse connue.	Agency at which the last transaction took place. — Agence où la dernière transaction s'est faite.	Date of last transaction. — Date de la dernière transaction.
	$ cts.	$ cts.			
Brought forward	....	69,813 73			
Tellier dit Lafortune, Urgele	....	1 67	Montreal	St. Cath'rne St Branch	Mar. 10, '86
Tessier, Hilaire	....	4 54	St. Leonard	do	Aug. 27, '86
Trempe, Albert	....	1 34	Montreal	do	Jan. 15, '87
Touzin, Liboire	....	4 36	do	do	Mar. 12, '86
Thouin, J. B	....	1 43	do	do	Oct. 13, '84
Tisdale, Onias	....	1 24	St. Charles Lachenaie	do	do 2, '86
Turcot Napoleon	....	1 65	Montreal	do	Aug. 13, '83
Tessier, Marcelline (Mrs. T. Lecompte.)	....	20 54	do	do	Oct. 1, '89
Tetrault, Eulalie (Mrs. O. Monette)	....	135 52	do	do	Nov. 30, '89
Theriault, Joseph	....	3 73	do	do	do 19, '90
Thibault, Philias	....	79 66	do	do	Dec. 5, '90
Truteau, Alfred	....	8 04	do	do	Mar. 23, '90
Troie, Alexis	....	1 22	do	do	Nov. 27, '91
*a*Toussaint, Madeleine (Widow N. Julien)	....	5 70	do	do	do 28, '91
Theriault, Zotique	....	2 72	do	do	Feb. 9, '91
Tellier dit Lafortune, Delima	....	1 29	do	do	Nov. 21, '91
Tremblay, Virginie (Mrs. Jos. Lacroix)	....	1 53	do	do	May 23, '92
Tardif, Jean	....	81 89	do	do	Oct. 7, '92
Taylor, George	....	16 75	do	do	June 18, '92
Union des Commis Epiciers	....	1 73	do	do	July 7, '82
Union des Coupeurs de Cuir	....	4 48	do	do	Oct. 1, '83
Vincent, Mathilde	....	2 86	do	do	Jan. 17, '81
Vezina, H	....	1 86	do	do	Feb. 25, '81
Vezina, Auguste	....	1 55	do	do	Mar. 17, '81
Viger, Marguerite (Mrs. R. Viau)	....	1 74	do	do	July 27, '85
Vaillancourt, Alphonse J	....	1 27	do	do	June 21, '85
Villeneuve, Georgianna (Mrs. J. Latour)	....	1 97	do	do	Sept. 19, '88
Verreau, Rev. H	....	2 11	do	do	Nov. 19, '89
Vincent, Alphonsine (Mrs. A. Charette)	....	1 49	do	do	Mar. 27, '89
Villeneuve, Rose (Mrs. D. Gauthier)	....	2 56	do	do	do 4, '89
*a*Valois, Anna	....	102 94	do	do	Sept. 7, '89
Vingeili, Jiovanni	....	2 11	do	do	July 28, '91
Villeneuve, Alphonsine	....	22 07	do	do	do 18, '92
Verreault, Sophie	....	1 14	do	do	Sept. 12, '92
Whelan, Thomas F	....	1 37	do	do	Mar. 23, '80
Wait, C. A	....	1 78	do	do	June 30, '84
Whelan, Helen (Mrs. D. Whelan)	....	1 28	do	do	Dec. 23, '82
Wilcot, André	....	93 55	do	do	Jan. 14, '80
Webb, Robert W	....	2 32	do	do	Aug. 1, '90
Williamson, Ellen	....	1 28	do	do	Oct. 17, '91
Winn, Annie	....	1 64	do	do	Mar. 29, '92
Youlds, Lucie	....	9 03	do	do	Aug. 15, '90
Archambault, Felix	....	3 06	do	N D'me W B	Dec. 18, '78
Aubry, Séraphin	....	1 62	do	do	April 3, '84
Achim, Zotique	....	4 46	do	do	Nov. 5, '87
Aubin, George	....	1 77	do	do	Jan. 20, '85
Alloway, Johnston (in trust for Surgical Fund, Montreal Dispensary)	....	1 73	do	do	June 23, '86
Association des Bouchers de Montreal	....	5 83	do	do	Feb. 20, '91
Achim, Elzévina (in trust)	....	4 79	do	do	Sept. 22, '91
Auld, C. S	....	6 84	do	do	Aug. 25, '92
Aubin, Cléophee (Dame O. Robillard)	....	7 15	do	do	Dec. 27, '92
Beaulieu, Joseph	....	1 39	do	do	April 20, '85
Brogan, Daniel	....	1 90	do	do	May 10, '78
Benoit, Zephirin	....	2 10	do	do	April 13, '87
Blondin, Alcide	....	1 66	do	do	May 12, '82
Carried forward	....	70,526 98			

*a*Dead.

Montreal City and District Savings Bank—Banque d'Economie de la Cité et du District de Montréal.

Name of Shareholder or Creditor. — Nom de l'actionnaire ou du creancier.	Amount of Dividends unpaid for 5 years and over. — Dividende impayé pendant 5 ans et plus.	Balances standing for 5 years and over. — Balances restant depuis 5 ans et plus.	Last Known Address. — Dernière adresse connue.	Agency at which the last transaction took place. — Agence où la dernière transaction s'est faite.	Date of last transaction. — Date de la dernière transaction.
	$ cts.	$ cts.			
Brought forward		70,526 98			
Baune, Martine (Dame N. Patenaude)		4 28	Montreal	Notre Dame, West Branch	Dec. 24, '84
Bélanger, Antoine		1 85	Côte des Neiges	do	Nov. 6, '82
Bougie, Joseph		7 66	Montreal	do	Sept. 6, '83
Beaudry, Emilie (Mrs. John McLean)		2 09	do	do	do 22, '85
Bernier, Alphonse		1 57	do	do	June 4, '81
Brossard, Octave		1 59	Laprairie	do	July 18, '83
Bishop, George A		2 13	Montreal	do	June 30, '84
Baron, Monique (Mme. J. Laprairie)		2 66	do	do	Mar. 12, '83
Boucher, Odilon		1 77	do	do	Aug. 13, '84
Burket, Sarah Ann		2 81	do	do	Oct. 17, '85
Bélanger, Angèle		1 48	do	do	Nov. 17, '83
Briggs, C. R		1 92	do	do	Oct. 21, '87
Brouillet, T. H		1 75	do	do	Jan. 18, '88
Boileau, Isaac		1 91	do	do	June 12, '87
Boardman, Alice		2 82	do	do	Aug. 15, '87
Barrette, Albert		1 98	do	do	Mar. 23, '87
Boudrias, Eulalie (Mrs. W. Hodge)		3 80	St. Laurent	do	Sept. 15, '83
Brosseau, Marcelline (Mrs. F. Lamb)		14 16	Montreal	do	June 8, '87
Blanchard, Charles		2 58	do	do	Sept. 28, '87
Bertrand, Adrienda		1 89	St. Laurent	do	June 24, '85
Brien dit Durocher, Henri		1 92	St. Henri	do	May 5, '85
Bouvrette, Adrien		1 53	Montreal	do	do 13, '86
Bourdon, Mélina (Mme. E. Labelle)		3 91	Sault aux Recl'ts	do	Sept. 10, '87
Bourdeau, Philomène (Mme. Dubuc)		1 38	Montreal	do	Aug. 28, '85
Beauchamp, Marguerite (Mme. Porter)		2 87	Granville	do	Oct. 22, '84
Bergevin, Rose Denise (Mme. J. Pinsonneault)		1 62	Montreal	do	Feb. 24, '88
*a*Bedford, Thos. J., in trust		1 50	do	do	Nov. 19, '88
Barbeau, Rosa (Mme. Flavien)		1 45	do	do	Feb. 19, '86
Bertrand, Esther		2 66	do	do	Aug. 27, '87
Brabant, Ovila		1 70	Ste-Cunégonde	do	do 1, '87
Bonneville, Louis		3 27	do	do	do 27, '87
Boyle, Mary (in trust)		4 09	Montreal	do	Feb. 22, '87
Briggs, Samuel		1 32	do	do	Nov. 7, '87
Barbeau, Albert		8 02	St. Henri	do	May 19, '88
Bélanger, Cyrille		1 58	Montreal	do	Dec. 6, '87
Brown, Robert A		5 11	do	do	do 5, '87
Blanchette, Louis		6 47	St. Henri	do	July 7, '88
Bourbonnais, Octave		6 58	Montreal	do	May 19, '88
Bouadeau, Yoville		1 17	do	do	April 26, '88
Butler, Tobias		1 22	do	do	July 24, '89
Barr, Audria F		6 37	do	do	Aug. 30, '89
Barbeau, Délima		1 30	do	do	April 5, '89
Boisvert, Mathilde (Mrs. A. Leroux)		2 29	do	do	June 7, '89
Boudreau, Cécilia (Mrs. A. Leroux)		1 32	do	do	May 26, '88
Barrette, Alexandre		3 36	do	do	April 12, '87
Brisebois, Isidore		1 72	do	do	Sept. 25, '90
Barbeau, Médard		2 68	do	do	May 16, '90
Bodfish, Joseph		1 38	do	do	Sept. 16, '89
Barry, Phillipp		3 15	do	do	Jan. 27, '90
Bourne, Auguste		4 06	do	do	June 23, '91
Boileau Jos		1 69	do	do	Mar. 12, '90
Boudrais, Hébert		1 84	do	do	do 5, '90
Barrette, Sylva		1 81	do	do	June 1, '91
Boudrias, Honore		1 21	Côte St. Paul	do	Jan. 2, '91
Bienvenue, Théophile		2 02	Montreal	do	May 7, '90
Brazeau, Noé		4 11	do	do	Jan. 2, '91
Carried forward		70,689 36			

a Dead.

Montreal City and District Savings Bank—Banque d'Economie de la Cité et du District de Montreal.

Name of Shareholder or Creditor. — Nom de l'actionnaire ou du creancier.	Amount of Dividends unpaid for 5 years and over. — Dividende impayé pendant 5 ans et plus.	Balances standing for 5 years and over. — Balances restant depuis 5 ans et plus.	Last Known Address. — Dernière adresse connue.	Agency at which the last transaction took place. — Agence où la dernière transaction s'est faite.	Date of last transaction. — Date de la dernière transaction.
	$ cts.	$ cts.			
Brought forward		70,689 36			
Beauvais, Alex		1 99	Montreal	Notre Dame, West Branch	Aug. 29, '90
Bourdeau, Zotique		10 02	do	do	Dec. 23, 90
Barret, W. E		6 01	do	do	Aug. 26, '91
*a*Boudrias, Pascal		15 18	do	do	Oct. 16, '91
Brien dit Durocher, Louis		11 91	do	do	do 3, '91
Bussieres, Fleurien		3 09	do	do	Nov. 6, '91
Bertrand, Anna (Mrs. Desparais)		2 54	do	do	Mar. 31, '91
Brais, Henriette		1 17	do	do	June 25, '91
Beaulieu, F. X		1 33	Ste. Anne de Bellevue	do	Sept. 23, '91
Benjamin, Célina (Mrs. René)		3 08	Montreal	do	Aug. 26, '91
Bertrand, Julie (Mrs. J. B. Chretien)		1 87	do	do	Oct. 7, '91
Brunet, Joseph		1 24	do	do	Dec. 4, '90
Brunet, Alfred		2 57	do	do	Aug. 13, '90
Bissonnette, Eric		7 08	do	do	April 24, '91
Bellefeuille, Raoul		6 44	do	do	Sept. 1, '90
Bédard, Henri		1 83	do	do	do 6, '88
Bénette, Adolphe		1 96	do	do	April 28, '92
Bénette, Esther (Mrs. Décary)		4 87	do	do	Jan. 28, '92
Bonhomme, François		1 26	do	do	Nov. 23, '92
Caron, Louis		1 95	do	do	Dec. 22, '74
Charlebois, Ludger		4 73	do	do	July 8, '79
Corbin, Elzéar		1 52	do	do	do 27, '83
Campbell, Hugh		4 32	do	do	Dec. 9, '81
Clément, Christine (Mrs. J. B. Rochon)		2 03	Vaudreuil	do	do 24, '85
Charbonneau, F. X		1 92	Montreal	do	May 17, '82
Clark, Richard		2 29	do	do	do 14, '84
Charlebois, J. Bte		4 28	do	do	Nov. 15, '82
Charbonneau, J. B		7 07	do	do	Feb. 16, '83
Carter, Isabella		3 52	do	do	Dec. 28, '83
Charbonneau, Charles		1 69	do	do	Sept. 24, '82
Cooper, Thomas		1 44	do	do	Nov. 14, '87
Code, Thomas		1 44	do	do	do 14, '87
Champaux, Rev. L. Z., in trust		4 29	do	do	June 16, '83
Coupal, Sophie (Veuve A. Lefebvre)		8 61	Côte St. Paul	do	Sept. 25, '83
Campeau, Louia C. (Mrs. Marion)		4 77	Montreal	do	June 18, '85
Clément, Onézime		3 64	do	do	Dec. 28, '86
Cockford, Bella (Mrs. A. Cockford)		1 43	do	do	Feb. 23, '88
Cardinal, Joseph		3 32	do	do	July 10, '85
Cantois, Eugénie		332 94	do	do	Aug. 10, '85
Chalifoux, Francis		2 26	do	do	April 27, '87
Cloutier, Antoine		1 45	Côte des Neiges	do	May 31, '86
Cooley, Kate		2 08	Montreal	do	July 10, '86
Coté, Joseph		5 30	Ile Verte	do	Feb. 24, '86
Charbonneau, Louis E		3 18	Montreal	do	Nov. 26, '85
Campbell, James		2 92	do	do	May 14, '87
Conroy, Mary Ann (Mrs. Gaffrey)		1 33	do	do	Aug. 31, '86
Cusson, Sophie (Mrs. G. Perrault)		2 78	Ste. Cunégonde	do	May 25, '87
Caldwell, Chs. Hy		3 53	Montreal	do	July 6, '88
Cleghorn, Wm		14 02	do	do	Aug. 5, '87
Chartrand, Agnes		1 27	do	do	Feb. 14, '89
Charron, George		4 65	St. Laurent	do	Aug. 8, '89
Cavallier, Vitaline (Mrs. O. Versailles)		1 41	Montreal	do	June 15, '89
Charbonneau, Joseph Léon		2 21	do	do	May 11, '89
Caron, F. X		2 42	do	do	Sépt. 26, '89
Charrette, Clothilde		2 46	do	do	Aug. 7, '89
Cartier, Norbert		13 32	St. Henri	do	Nov. 25, '89
Carried forward		71,238 59			

a Dead. This balance is payable to Adeline Baudrias.

Dividendes impayés.

Montreal City and District Savings Bank—Banque d'Economie de la Cité et du District de Montréal.

Name of Shareholder or Creditor. — Nom de l'actionnaire ou du créancier.	Amount of Dividends unpaid for 5 years and over. — Dividende impayé pendant 5 ans et plus.	Balances standing for 5 years and over. — Balances restant depuis 5 ans ou plus.	Last Known Address. — Dernière adresse connue.	Agency at which the last transaction took place. — Agence où la dernière transaction s'est faite.	Date of last transaction. — Date de la dernière transaction.
	$ cts.	$ cts.			
Brought forward	....	71,238 59			
Charlebois, A		2 41	Montreal	Notre Dame WestBranch	Oct. 29, '89
Coote, Albert W		1 91	do	do	do 5, '88
Chagnon, Adelard		1 54	do	do	Mar. 21, '88
Collings, Alfred		5 15	do	do	do 26, '89
Consolidated Bank		102 69	do	do	....
Choiguard, Chas		1 61	do	do	April 27, '89
Clary, John		2 62	do	do	July 4, '91
Cadieux, Wilbrod		1 89	do	do	Oct. 31, '90
Caille, Ernest		1 31	do	do	April 1, '89
Call, Chs. J		7 72	do	do	July 30, '90
Courville, Emelie (Mrs. L. Goyer)		61 28	St. Henri	do	Sept. 28, '91
Caron, Neil		1 33	Montreal	do	April 14, '91
Callen, Chs		1 21	do	do	Jan. 16, '91
Carrier, Marguerite (Mrs. Germain)		3 04	do	do	May 8, '91
Couillard, Adeline (Mrs. Lecuyer)		2 43	do	do	Dec. 29, '90
Courville, Joseph		1 24	do	do	May 3, '90
Cléroux, Désiré		4 89	do	do	April 6, '91
Charbonneau, Délima (Mrs. L. Lavoie)		1 63	do	do	Sept. 5, '91
Charrette, Clarisse (Mrs. A. Beauchamp)		1 20	do	do	do 2, '92
Carriére, André		1 43	Ste. Justine de Newton	do	July 4, '92
Cutler, Peter		1 64	Montreal	do	Oct. 18, '92
Charrette, Alexina (Mrs. H. Bernier)		3 53	do	do	Jan. 4, '92
Cador, Joseph		1 67	do	do	June 6, '92
Casey, W. F., in trust		2 88	do	do	Oct. 8, '92
Carroll, Matt		1 38	do	do	July 30, '92
Caron, Joseph		2 23	do	do	Nov. 9, '92
Durocher, Jos. O		4 60	do	do	Aug. 30, '87
Daunais, Joséphine		34 59	do	do	Nov. 15, '79
Delisle, Olivier		4 27	do	do	May 6, '79
Décarie, Rose Alba		5 85	do	do	do 26, '85
Décarie, Joseph		16 15	do	do	do 26, '85
Décarie, Corinne		5 42	do	do	do 26, '85
Dubé, William		1 99	do	do	Sept. 19, '85
Dickinson, Maggie		1 58	do	do	Oct. 30, '80
Duquette, Rosanna (Mrs. O. Painchaud)		1 64	do	do	Sept. 1, '80
Desjardins, Israël		2 13	St. Henri	do	Dec. 10, '85
Duhamel, James A		2 38	Montreal	do	Dec. 1, '84
Dame, Peter		4 85	Côte St. Antoine	do	April 1, '84
Dorais, Alphonse		8 11	Montreal	do	Feb. 25, '82
Décarie, Jules		1 57	Côteau St. Pierre	do	May 20, '82
Deschamps, J. H		1 96	Montreal	do	Feb. 22, '84
Dunn, Catherine (Mrs. Haddlesey)		2 44	do	do	Jan. 31, '84
Desormeaux, Chas		9 90	do	do	Dec. 4, '84
Duggan, James		2 59	do	do	May 4, '86
Denault, Eupheme (Mrs. B. Marando)		1 32	do	do	Jan. 8, '87
Duperreault, Amanda		1 30	do	do	Aug. 11, '86
Dufour, Alexandre		1 58	do	do	Nov. 16, '86
Doherty, Wm		1 85	do	do	Sept. 9, '85
Dansereau, Hormisdas		10 65	do	do	do 25, '88
Dufresne, Ovide, jun. (in trust for daughter Marie A. A.)		3 12	do	do	Jan. 7, '88
Décary, Eugène		1 33	do	do	May 26, 86
Duggan, James		3 56	do	do	do 3, '87
Desforges dit St. Maurice, Albina		1 31	St. Laurent	do	June 15, '87
Deschamps, Maxime		1 73	Ste. Anne de Bellevue	do	Feb. 21, '87
Daly, Annie		3 11	Montreal	do	April 14, '88
Carried forward	....	71,593 33			

3a—12

Montreal City and District Savings Bank—Banque d'Economie de la Cité et du District de Montréal.

Name of Shareholder or Creditor. — Nom de l'actionnaire ou du créancier.	Amount of Dividends unpaid for 5 years and over. — Dividende impayé pendant 5 ans et plus.	Balances standing for 5 years and over. — Balances restant depuis 5 ans et plus.	Last Known Address. — Dernière adresse connue.	Agency at which the last transaction took place. — Agence où la dernière transaction s'est faite.	Date of last transaction. — Date de la dernière transaction.
	$ cts.	$ cts.			
Brought forward	....	71,593 33			
Dubois, Louis		1 45	Montreal	Notre Dame WestBranch	Mar. 26, '88
Dufresne, Angèle (Mrs. A. Charbonneau)		1 27	do	do	Aug. 5, '89
Dion & Patry		2 24	do	do	April 8, '89
Dagenais, Ferdinand		1 49	do	do	Feb. 25, '89
Dextras, Frédéric		9 13	do	do	Jan. 26, '89
Doré, Eugène		5 58	do	do	June 27, '89
Décarie, Romain		4 15	Notre Dame de Grâces	do	Oct. 22, '88
*a*Dompierre, Louis		3 26	Montreal	do	April 3, '89
Dubrule, Onésime		2 87	do	do	Dec. 21, '87
Doran, Robert		3 77	do	do	Nov. 19, '89
Duhamel, Louise		20 80	do	do	Oct. 30, '91
Décarie, Benjamin		4 00	do	do	June 20, '90
Desrosiers, G. J. P.		2 55	do	do	Oct. 1, '90
Dubé, Joseph		1 33	do	do	May 31, '90
Dubé, Oscar		1 33	do	do	do 31, '90
Désormeaux, Edesse		2 19	do	do	Mar. 16, '91
Desparois, Joseph		1 59	do	do	Nov. 13, '91
Desjardins, André		11 09	do	do	May 4, '90
Dandelin, Alfred		1 11	do	do	Feb. 21, '91
Dougherty, Maggie		1 99	do	do	Jan. 29, '91
Dufresne, Joseph		2 58	do	do	June 21, '89
Deragon, Alexandre		1 88	do	do	do 7, '90
Dubois, Marie Louise (Mme. J. Cusson)		11 53	do	do	July 29, '90
Décarie, Gustave		4 08	do	do	Jan. 10, '90
Delaurontaye, Jacques		1 29	do	do	June 25, '90
Donnelly, Rev. John E		19 02	do	do	Nov. 6, '91
Dagennais, Amable		3 66	do	do	Oct. 2, '90
Donesmard, Eugène		2 71	do	do	Mar. 7, '92
Duffy, John		3 21	do	do	Sept. 29, '92
Ethier, Olivier		3 24	do	do	April 11, '82
Elliott, Ruben		2 93	do	do	Feb. 19, '86
Ethier, Gilbert		1 58	do	do	Jan. 13, '75
Ethier, Benjamin		1 28	do	do	Sept. 20, '89
Forget, David		4 56	do	do	Dec. 18, '74
Francis, Isabella (Mrs. A. Young)		3 79	St. Jean Chrysostôme	do	Nov. 29, '76
Flemour, Adèle		1 63	Montreal	do	May 4, 76
Forsyth, Thos. M		1 69	do	do	Dec. 7, '83
Flood, Luke		6 00	do	do	June 5, '88
Francœur, Pierre		3 83	St. Henry	do	Aug. 4, '87
Foster, Kate Ann (Mrs. Kane)		3 03	do	do	Nov. 14, '87
Fitzsimons, Isabella		1 33	Montreal	do	April 11, '88
Fletcher, Margaret Ann (Mrs. James Curran)		3 28	do	do	Oct. 28, '87
Flynn, Edward		3 34	do	do	Sept. 6, '88
Fortier, Lédia (Mme. O. Daugon)		2 82	do	do	Nov. 13, '89
Fitzmaurice, Liza		14 40	do	do	Jan. 16, '90
Filiatreault, Jos		2 37	do	do	Dec. 22, '91
Faille, Esimer		142 38	do	do	Nov. 22, '92
Fennell, Michael		1 08	do	do	Oct. 6, '92
Gaugeon, Léocadie		7 94	St. Henry	do	Mar. 28, '81
Guay, Joseph		3 82	Montreal	do	Sept. 14, '83
Gauthier, Hilarien		1 60	do	do	Jan. 21, '83
Gianelli, Marie (Mrs. Muti)		1 47	do	do	June 2, '83
Grandchamps, Celina (Mrs. Jas. Plante)		1 38	do	do	May 19, '85
Carried forward	....	71,957 25			

a Dead.

Montreal City and District Savings Bank—Banque d'Economie de la Cité et du District de Montréal.

Name of Shareholder or Creditor. — Nom de l'actionnaire ou du créancier.	Amount of Dividends unpaid for 5 years and over. — Dividende impayé pendant 5 ans et plus.	Balances standing for 5 years and over. — Balances restant depuis 5 ans ou plus.	Last Known Address. — Dernière adresse connue.	Agency at which the last transaction took place. — Agence où la dernière transaction s'est faite.	Date of last transaction. — Date de la dernière transaction.
	$ cts.	$ cts.			
Brought forward		71,957 25			
Gilles, Bennett		2 31	Montreal.	Notre Dame WestBranch	Oct. 1, '84
Girouard, Napoléon		2 31	do	do	Aug. 5, '84
Gougeon, Damase (Mrs.)		1 67	St. Henry	do	May 21, '85
Guy, J. Bte		3 40	Montreal	do	Aug. 8, '87
Goyer, Selvenis		6 83	St. Henry	do	Nov. 2, '86
Garnier, Honoré		4 38	Montreal.	do	May 21, '87
Gervais, Caroline (Mrs. B. Bissonnette)		2 26	do	do	Sept. 8, '84
Gervais, Stanislas		4 39	do	do	Nov. 23, '83
Granville, Maggie (Mrs. J. Cunningham)		1 93	do	do	Oct. 4, '83
Giroux, F. A		2 37	do	do	Mar. 29, '86
Guimond, Joseph		7 19	do	do	Dec. 15, '85
Girard, Xavier		5 08	do	do	June 23, '86
Garaud, Emérance (Mrs. Legault)		3 03	do	do	do 3, '85
Gladu, Sinaï		12 37	do	do	Nov. 9, '87
Giroux, Frédérica		2 64	do	do	Aug. 17, '87
Gill, J. G. B.		3 22	do	do	June 5, '88
Groulx, Alexis		1 58	do	do	Nov. 6, '88
Gardner, Barbara		257 43	do	do	May 17, '88
Guthrie, Ann		1 51	do	do	June 13, '89
Graham, Wm.		11 38	do	do	Mar. 18, '89
Gauthier, Maria Alice		13 40	do	do	July 10, '89
Gagné, Jos		1 19	do	do	April 12, '88
Goosens, J. B.		8 83	do	do	May 14, '89
Gohier, A		6 13	do	do	do 9, '88
Graham, P		4 33	Hudson	do	Aug. 17, '88
Genest, Ferdinand		2 69	Montreal.	do	July 18, '89
Gougeon, Louise, (veuve Languedoc)		381 45	do	do	Mar. 15, '90
Gagné, Guillaume		1 32	do	do	May 1, '91
Gagne, Amanda (Mrs. A. Lacroix)		1 76	do	do	Nov. 9, '91
Gauthier, Alexis		2 10	do	do	Sept. 6, '90
Gervais, Servain		6 75	do	do	Feb. 7, '91
Groulx, Celanère		1 98	do	do	June 23, '90
Godin, Jos. (in trust for Eudore)		4 67	Cote St. Paul	do	Aug. 11, '92
Gleeson, Wm		53 91	Montreal	do	April 18, '91
Goulet, F. X		3 48	do	do	July 29, '92
Gervais, Joseph		1 46	do	do	May 4, '92
Galbert, Leda (Mme. Imbleau)		3 73	do	do	June 21, '92
Gagnon, Wm.		1 35	do	do	Apri 28, '97
Hurteau, J. Bte.		4 91	do	do	Dec. 2, '81
Hanlan, Skating Rink		2 08	do	do	Feb. 3, '86
Harkin, Bernard		1 86	do	do	Mar. 9, '86
Hughes, Michael		2 22	Cote St. Paul	do	Dec. 24, '82
Hébert, Antoine		1 84	Montreal	do	Mar. 8, '87
Harnois, François		2 32	do	do	Dec. 5, '87
Hébert, Osine (Mrs. N. Tremblay)		2 23	do	do	Nov. 11, '86
Hamelin, Hercule		1 80	Champlain	do	Dec. 4, '86
Hack, Edward		1 61	Montreal	do	Nov. 12, '87
Hickey, Nellie		1 41	do	do	Dec. 13, '89
Howell, Louise J		1 28	do		May 2, '88
Hogue, Joseph		1 31	do		Dec. 22, '80
Haril, Jean Olivier		1 49	do		Aug. 27, '90
Hawley, B. A.		1 44	do	ι	April 21, '91
Hunt, Susan O. (Mrs. C. W. Davis)		1 58	do	αc	July 24, '90
Huston, Bridget		2 32	do	do	Mar. 8, '89
Harris, Maria		2 15	do	do	do 31, '90
Hamel, Nellie (Mrs. F. Moore)		1 23	do	do	April 1, '90
Hersey, Arthur H		1 68	do	do	July 4, '92
Hickey, Martin		4 08	do	do	Feb. 13, '92
Carried forward		72,835 90			

Montreal City and District Savings Bank—Banque d'Economie de la Cité et du District de Montréal.

Name of Shareholder or Creditor. — Nom de l'actionnaire ou du créancier.	Amount of Dividends unpaid for 5 years and over. — Dividende impayé pendant 5 ans et plus.	Balances standing for 5 years and over. — Balances restant depuis 5 ans et plus.	Last Known Address. — Dernière adresse connue.	Agency at which the last transaction took place. — Agence où la dernière transaction s'est faite.	Date of last transaction. — Date de la dernière transaction.
	$ cts.	$ cts.			
Brought forward..........	....	72,835 90			
Hurtibise, Louis..........	....	4 74	Montreal.......	Notre Dame WestBranch	Nov. 26, '92
Iron Moulders' Union..........	....	2 37	do	do	May 6, '85
Imbleau, Arsène..........	....	1 75	do	do	do 13, '86
Johnson, Eliza..........	....	11 07	do	do	Mar. 6, '82
Jackson, Augustine May..........	....	3 73	do	do	June 19, '85
Johnson, Lizzie..........	....	1 42	do	do	Feb. 11, '84
Jacob, Joseph..........	....	2 20	do	do	do 23, '86
Jasmin, David..........	....	5 09	do	do	July 19, '86
Joly, Louis..........	....	2 48	do	do	Oct. 5, '87
Jolivet, Théophile..........	....	3 04	do	do	April 25, '88
Jasmin, Gilbert..........	....	1 94	do	do	Aug. 23, '88
Jeffrey, Ida M..........	....	2 65	do	do	Oct. 18, '88
Jacques, Wilfrid..........	....	2 03	do	do	Sept. 23, '85
Jodoin, Isidore..........	....	2 57	do	do	Aug. 16, '90
Kavanagh, Patrick..........	....	3 30	do	do	Jan. 3, '81
Kelly, Edmund C..........	....	8 76	do	do	Dec. 29, '83
Kilroy, John..........	....	3 13	do	do	April 30, '85
Kennedy, W. S..........	....	1 30	do	do	July 9, '88
Kiely, Eliza..........	....	3 20	do	do	Oct. 9, '88
Kavanagh, Emma..........	....	370 82	do	do	Mar. 30, '91
Leduc, Gilbert..........	....	1 69	do	do	May 10, '86
Labrecque, O..........	....	4 32	do	do	Oct. 13, '83
Laganniére, Lumina..........	....	1 96	do	do	May 1, '74
Larche, Joseph..........	....	4 47	Blue Bonnett....	do	April 23, '79
*a*Laurin, Chas..........	....	6 07	Montreal.......	do	Jan. 20, '81
Leriche, Anatalie..........	....	4 11	do	do	Mar. 11, '80
Laurin, Léandre..........	....	2 31	do	do	Feb. 8, '86
Leduc, Dominique..........	....	1 69	Coteau St. Pierre	do	Dec. 20, '87
Lefebvre, Stanislas..........	....	1 76	Montreal.......	do	April 16, '80
Lacasse, Bédini..........	....	2 33	do	do	May 7, '83
Lecompte, Josephine..........	....	1 33	do	do	Dec. 7, '87
Ladouceur, Isidore..........	....	5 14	St. Athanase....	do	Mar. 12, '87
Léonard, Corinne (Mrs. Jos. Leveillé)..	....	1 63	Montreal.......	do	Oct. 18, '82
Lefebvre, Alexandre..........	....	2 22	do	do	Nov. 2, '83
Lefebvre, Herménégilde..........	....	3 36	do	do	do 2, '80
Lacoste, Eustache..........	....	2 50	do	do	Jan. 8, '80
Laframboise, Olive (Mrs. O. Tassé)....	....	1 44	do	do	July 29, '87
Legault, Antoine..........	....	4 03	Riv. des Prairies	do	May 18, '85
Langlin, Mélina..........	....	1 35	Montreal.......	do	Aug. 4, '86
Lepage, Domithilde..........	....	2 05	do	do	May 25, '85
Leroux, Hormisdas..........	....	2 35	do	do	June 30, '82
Laroche, Claudemire..........	....	2 93	do	do	Sept. 11, '86
Lefebvre, Rose..........	....	2 09	do	do	July 26, '82
Lebœuf, Cordelia (Mrs. Daoust)..........	....	2 28	do	do	Feb. 27, '84
Lebrun, Eliza..........	....	1 59	do	do	May 4, '84
Labelle, Moise..........	....	3 22	Coteau St. Pierre	do	do 15, '85
Leduc, Gédéon..........	....	1 62	Montreal.......	do	Aug. 14, '84
Leveillé, Ovila..........	....	1 45	do	do	Jan. 29, '83
Lazau, J. B..........	....	1 58	do	do	Sept. 24, '85
Le Club de Crosse "Le Canadien"....	....	1 38	do	do	do 2, '86
Leduc, Sophie..........	....	1 33	do	do	Feb. 11, '86
Lafontaine, C..........	....	1 27	do	do	Aug. 18, '88
Languedoc, Alphonse..........	....	1 78	do	do	Nov. 30, '88
Lush, Maggie..........	....	6 56	do	do	Feb. 17, '87
Labrosse, Alphonse..........	....	5 36	Ste. Geneviève..	do	Mar. 28, '85
Lalonde, Délima (Mrs. Catelle)..........	....	1 63	Montreal.......	do	May 15, '84
Lachapelle, Alexandre..........	....	1 50	do	do	Mar. 8, '87
Lafrenière, Edmond..........	....	1 58	do	do	Sept. 10, '83
Carried forward..........	....	73,370 75			

*a*Dead.

Dividendes impayés.

Montreal City and District Savings Bank—Banque d'Economie de la Cité et du District de Montréal.

Name of Shareholder or Creditor. — Nom de l'actionnaire ou du créancier.	Amount of Dividends unpaid for 5 years and over. — Dividende impayé pendant 5 ans et plus.	Balances standing for 5 years and over. — Balances restant depuis 5 ans et plus.	Last Known Address. — Dernière adresse connue.	Agency at which the last transaction took place. — Agence où la dernière transaction s'est faite	Date of last transaction. — Date de la dernière transaction.
	$ cts.	$ cts.			
Brought forward	....	73,370 75			
Ledoux, G. N.	....	2 90	Montreal	Notre Dame West Branch	June 25, '87
Leonard, John James	....	35 54	do	do	May 18, '85
Lecavalier, Placide	....	2 21	Cote des Neiges	do	Oct. 17, '87
Lallemand, Edouard	....	1 42	Montreal	do	Nov. 6, '86
Leriche, Marie	....	2 02	do	do	July 4, '87
Legrand, Philippe	....	18 49	do	do	Feb. 18, '86
Lacroix, Napoleon	....	1 44	do	do	May 3, '86
Limoges, Antoine	....	1 31	do	do	do 5, '87
Lafontaine, Séraphine (Mrs. Bélanger)	....	4 61	do	do	Sept. 5, '87
Lemire dit Marsolais (Dame Vve. Payette)	....	1 54	Ste. Cunégonde.	do / do	Mar. 14, '87
Laliberte, Zêlouise	....	1 51	Montreal	do	May 10, '86
Lacoste, Eustache	....	9 11	do	do	Jan. 12, '85
Lymburner, J. G	....	1 58	do	do	Nov. 2, '87
Legault Alexandre (in trust)	....	8 75	do	do	May 21, '86
Langevin dit Lacroix, J. B	....	8 93	St. Laurent	do	July 3, '86
Labonté, J. B	....	3 00	Montreal	do	Oct. 11, '88
Lamontagne, Dolphis	....	1 33	do	do	Dec 23 '86
Les Chevaliers du Travail	....	2 22	Ste. Cunégonde.	do	Oct. 5, '86
Leblanc, Petrouille (Mrs. Belanger)	....	1 91	Montreal	do	Feb. 29, '88
Leblanc, Moise	....	4 58	Blue Bonnett	do	Jan. 4, '88
Lacroix, Elzéar	....	1 77	Montreal	do	Dec. 23, '87
Legault, Alphonse	....	5 27	do	do	Mar. 17, '88
Labelle, Adéline (Mrs. J. Archambault)	....	6 36	do	do	Oct. 23, '88
Lapierre, Ovila	....	1 66	do	do	Mar. 21, '88
Larin, Hormisdas	....	4 48	do	do	Sept. 24, '89
Lebrun, Xavier	....	2 55	do	do	June 3, '89
Lanktree, John E	....	2 38	do	do	April 23, '89
Loynachan, D. H	....	20 51	do	do	Nov. 13, '89
Legault, Albert	....	12 84	do	do	Dec. 9, '89
Leduc, Léon	....	3 70	do	do	Nov. 9, '89
Lussier, Louis.	....	3 38	do	do	April 10, '88
Larivière, Félix	....	2 63	do	do	Sept. 4, '89
*a*Lafarière, Flavie	....	1 44	do	do	May 22, '89
Laberge, Lucie (Mrs. F. Brisebois)	....	7 63	do	do	Nov. 23, '89
*a*Lemieux, Ludger	....	12 03	do	do	June 13, '89
Legault, Marie (Mrs. J. B. Ratapan)	....	6 82	do	do	May 26, '90
Labrèche dit Dubois, Eugenie (Mrs. A. Jacques)	....	2 14	do	do	Dec. 28, '91
Laurin, Léontine (Mrs. W. Delage)	....	1 31	do	do	Feb. 5, '91
Lapointe, Aristide	....	2 53	do	do	July 14, '91
Lyall, Wm.	....	2 63	do	do	Mar. 18, '90
Langlois, Alexandre	....	1 88	do	do	Dec. 14, '91
Larivière, Sauveur	....	2 99	do	do	Feb. 7, '90
Larin, Léon (in trust for son Léon)	....	13 25	do	do	do 14, '89
Lefebvre, Josephine (Mrs. J. B. Raby)	... .	1 63	do	do	Oct. 17, '90
Lafrance, Cleophée (Mrs. E. Brosseau)	... .	1 10	do	do	do 9, '90
Lilley, Louis	....	1 62	do	do	do 23, '90
Lefebvre, Emile	....	1 74	do	do	Sept. 2, '90
Lauzon, Albert	....	1 32	do	do	Dec. 16, '90
Leriche, Marie (Mrs. O. Bériault)	....	1 91	do	do	Sept. 29, '90
Lecavalier, Stephanie (Mrs. G. Desforges)	.. . .	2 74	do	do	May 21, '92
Lebeau, Délima (Mrs. E. Fortier)	.. ..	3 78	Notre Dame de Graces	do	Feb. 26, '92
Liffiton, Arthur	....	1 18	Montreal	do	Jan. 13, '92
Larue, Alma	....	1 32	do	do	May 17, '92
Lefebvre, Arthur	....	1 09	do	do	April 30, '92
Carried forward	....	73,626 76			

*a*Dead.

Montreal City and District Savings Bank—Banque d'Economie de la Cité et du District de Montréal.

Name of Shareholder or Creditor. — Nom de l'actionnaire ou du créancier.	Amount of Dividends unpaid for 5 years and over. — Dividende impayé pendant 5 ans et plus.	Balances standing for 5 years and over. — Balances restant depuis 5 ans et plus.	Last Known Address. — Dernière adresse connue.	Agency at which the last transaction took place. — Agence où la dernière transaction s'est faite	Date of last transaction. — Date de la dernière transaction.
	$ cts.	$ cts.			
Brought forward		73,626 76			
Langlcis, Joseph		1 18	Montreal	Notre-Dame WestBranch	Jan. 12, '92
Lachapelle, Marie Lse		18 60	do	do	Nov. 3, '92
Langlois, Louise		3 13	do	do	Jan. 28, '92
Maguire, Herbert		2 67	do	do	Oct. 25, '80
Monette, Alphonse		4 01	St-Henry	do	Jan. 14, '76
McArthur, Patrick		1 65	Montreal	do	Dec. 30, '79
McMahon, Bridget		12 25	do	do	April 23, '84
McKinley, John		2 50	do	do	Feb. 10, '87
Maisonneuve, Hilaire		2 58	do	do	Oct. 14, '87
Madigan, James		1 71	do	do	April 25, '84
Mullen, Thos		1 53	do	do	June 10, '82
Marquis of Lorne, A.O.F		2 29	Côte St. Paul	do	July 19, '83
Martin, Carrie M.		1 43	Montreal	do	June 7, '86
Major, Antoine		2 62	do	do	Sept. 5, '82
Major, Dominique		1 56	do	do	Oct. 18, '82
McCuaig, Robert		2 12	do	do	May 3, '82
Michaud, Cléophas		1 34	do	do	Aug. 29, '85
McNiece, Margaret (Mrs. J. Watson)		1 72	do	do	Oct. 29, '85
Mullin, Thomas		1 62	do	do	July 15, '85
Mallette, Quincrant		2 07	do	do	Oct. 30, '86
McGibbon, John		65 24	do	do	Sept. 3, '81
Montreuil, Francois		4 78	do	do	Aug. 24, '85
Mitchell, Heloïse		3 37	do	do	Oct. 1, '87
Moodie, Walter James		5 43	do	do	do 23, '86
McKeown, Richard		1 25	do	do	Aug. 8, '85
McDonald, Rachel (Mrs. Armstrong)		3 64	do	do	Dec. 26, '88
Mathieu, Marie (Mrs. V. Lavigne)		1 37	do	do	April 3, '86
Mullin, Thomas		1 57	do	do	Sept. 28, '87
Magnan, Beloni		1 48	St. Henry	do	April 18, '88
Mirault, G.		4 95	Montreal	do	Oct. 2, '81
McMillan, Annie		2 50	do	do	do 2, '89
Morin, P. G		1 34	do	do	Mar. 11, '89
McMullin, Mary Jane		1 98	do	do	June 3, '89
Molchelohs, Louis		2 44	do	do	Sept. 15, '88
McDuff, Pierre		3 41	do	do	April 21, '90
Mott, Arthur		1 33	do	do	Mar. 19, '90
Marigué, Israël		3 48	do	do	July 30, '90
Malchelasse, Emma (Mrs. J. Labonté)		1 28	do	do	Aug. 12, '90
Marchand, Joseph		6 07	Rouse's Point	do	Sept. 21, '91
McMitchell, Israël		96 81	Montreal	do	Mar. 28, '91
Monahan, Alice, in trust		1 79	do	do	do 31, '91
Myers, S. J. (Mrs. Muir)		1 26	do	do	Jan. 20, '90
Meunier, Mathilde (Mrs. Plamondon)		1 71	do	do	July 16, '90
McGale, B.C. (in trust for Mary Hinster)		11 19	do	do	Feb. 9, '91
McClary, Mary Jane (Mrs. Joslin)		1 61	do	do	Aug. 20, '90
Massé, Elzéar		6 23	do	do	Mar. 29, '92
McCamber, Arthur		1 40	do	do	Oct. 20, '92
McRae, Catherine (Mrs. Reid)		1 63	do	do	May 17, '92
Montpellier dit Beaulien, J-Bte		3 36	do	do	Feb. 1, '92
Morel, Honoré		1 53	do	do	Aug. 13, '92
Maheux, Michel		1 09	do	do	Feb. 9, '92
Mathieu, Irénée		79 83	do	do	Oct. 31, '92
Nicholls, Rev. John		2 41	do	do	May 31, '82
Nuttall, William		2 18	do	do	Oct. 22, '86
Nulty, James		2 79	do	do	July 22, '84
Narbonne, Joseph		3 99	do	do	Nov. 7, '85
Normandeau, Elzear		4 77	Pointe Claire	do	July 17, '85
Nulty, Annie		1 62	Montréal	do	April 8, '89
Noel, Marie (Mrs. C. Wilson)		24 34	do	do	June 3, '91
Carried forward		74,063 79			

Dividendes impayés.

Montreal City and District Savings Bank—Banque d'Economie de la Cité et du District de Montréal.

Name of Shareholder or Creditor. — Nom de l'actionnaire ou du creancier.	Amount of Dividends unpaid for 5 years and over. — Dividende impayé pendant 5 ans et plus.	Balances standing for 5 years and over. — Balances restant depuis 5 ans et plus.	Last Known Address. — Dernière adresse connue.	Agency at which the last transaction took place. — Agence où la dernière transaction s'est faite.	Date of last transaction. — Date de la dernière transaction.
	$ cts.	$ cts.			
Brought forward		74,063 79			
Normandin, Eloïse (Mrs. C. Barbeau)		4 42	Montreal	Notre Dame West Branch	April 18, '91
Ouellette, Thomas		1 22	do	do	Oct. 15, '79
Ostell, J. B.		1 96	do	do	June 24, '80
Orr, John		1 58	do	do	Mar. 6, '88
Oligny, J. D. & Co		3 76	do	do	Nov. 25, '85
Ouellette, Pierre		1 46	St. Henry	do	Jan. 5, '88
O'Hara, James J		2 54	Montreal	do	June 22, '89
O'Neil, Mathilda (Mrs. D. Gallery)		6 39	do	do	Feb. 18, '91
Olympic, Pavilion		1 34	do	do	May 12, '91
O'Hara, James (in trust for daughter Lilly Ethel Marguerite)		5 64	do	do	do 8, '89
Poirier, Aglaée		6 34	do	do	Sept. 28, '84
Papineau, Louis Adrien		2 05	St. Henry	do	April 11, '85
Pauzé, Charles		17 75	Montreal	do	Sept. 13, '81
Prud'homme, Eustache		5 07	Coteau St. Pierre	do	April 3, '78
Pietrie, Frederick		4 53	Montreal	do	Jan. 4, '76
Polworth, Jennie (Mrs. A. Lajeunesse)		4 55	do	do	Sept. 20, '76
Paré, Alfred		4 90	do	do	July 28, '76
Pilot, Wilbrod		1 54	do	do	Jan. 25, '81
Poirier dit Lafleur, Mathilde		3 67	do	do	Feb. 20, '83
Perreault, Maria		1 92	do	do	July 15, '83
Patenaude, Antoinette (Mrs. X. Bruneau)		2 43	do	do	June 17, '81
Pywell, John		2 01	do	do	do 28, '86
Payment, Hermas		1 46	do	do	Oct. 23, '83
Prud'homme, Félix		2 55	Côte des Neiges	do	May 5, '85
Paradis, François		9 84	Lachine	do	July 20, '85
Portelance, Wilfrid		1 46	Montreal	do	June 1, '83
Patenaude, Elzear		1 58	do	do	Jan. 8, '84
Pelletier, Délima		1 66	do	do	Mar. 19, '88
Porcheron, Edmond		4 48	do	do	June 25, '87
Payette, Rosario		1 98	do	do	May 7, '86
Plessis dit Bélair, Napoléon		37 53	do	do	Dec. 7, '88
Parker, Lizzie (Mrs. F. Pugsby in trust for daughter Mary Margaret)		1 34	do	do	June 26, '86
Payette, Clarisse (Mrs. Lescargault)		1 19	do	do	May 4, '85
Palos, Pierre		2 40	St. Henry	do	do 31, '87
Picard, Rosalie		4 83	Montreal	do	Dec. 10, '83
Prud'homme, François		2 98	do	do	April 5, '88
Prezeau, Victor		11 39	Lachine	do	July 17, '89
Pollock, Walter		5 32	Montreal	do	May 23, '89
Pringle, R. E. F		2 48	do	do	Dec. 24, '89
Pepin, Alfred		4 52	do	do	May 11, '89
Poirier, Régis		1 75	Coteau St. Pierre	do	Dec. 24, '88
Presseau, Nicholas		1 32	Montreal	do	Mar. 2, '88
Papineau, Joseph		7 00	do	do	Dec. 5, '90
Paridis, Joseph		1 15	do	do	Nov. 24, '90
Pickering, Wm.		3 36	do	do	Oct. 22, '90
Poitevin, Azilda (Mrs. C. Verdon)		6 10	do	do	Jan. 10, '91
Parker, Delphima		2 95	do	do	do 2, '91
Poirier, Alex.		1 82	do	do	Oct. 14, '91
Poirier, Léonide (Mrs. A. Prud'homme) in trust		2 36	do	do	Sept. 25, '91
Pelletier, Elzéar		1 64	do	do	Nov. 12, '90
Polan, Patrick		2 65	do	do	July 6, '89
Prud'homme, Azilda (Mrs. J. Levert)		5 23	do	do	Dec. 19, '90
Patenaude, Antoine		10 25	do	do	June 6, '90
Phaneuf, Gédéon		4 31	do	do	Oct. 25, '90
Prud'homme, Charles		2 30	do	do	April 5, '90
Paquette, Adèle (Mrs. E. Roy)		3 14	do	do	do 23, '92
Carried forward		74,307 18			

Montreal City and District Savings Bank—Banque d'Economie de la Cité et du District de Montréal.

Name of Shareholder or Creditor. — Nom de l'actionnaire ou du créancier.	Amount of Dividends unpaid for 5 years and over. — Dividende impayé pendant 5 ans et plus.	Balances standing for 5 years and over. — Balances restant depuis 5 ans et plus.	Last Known Address. — Dernière adresse connue.	Agency at which the last transaction took place. — Agence où la dernière transaction s est faite.	Date of last transaction. — Date de la dernière transaction.
	$ cts.	$ cts.			
Brought forward		74,307 18			
Pelletier, Jas. E		1 18	Montreal	Notre Dame WestBranch	Mar. 10, '92
Paquin, Eugène		13 28	do	do	Aug. 17, '92
Peloquin, Octavieu		1 97	do	do	July 19, '92
Pigeon, Wilfrid		1 30	do	do	Jan. 2, '92
Prezeau, Délima (Mrs. J. Girard)		2 31	do	do	Nov. 16, '92
Papineau, Anatole		11 88	do	do	July 6, '92
Quintal, Délima (Mrs. C. Sicotte)		7 26	do	do	Dec. 12, '83
Quinn, W. J		1 51	do	do	July 24, '83
Quinn, Annie		1 97	do	do	Mar. 23, '87
Quevillon, Marguerite		17 10	St. Joseph	do	Aug. 23, '89
Quevillon, Amanda (Mrs. C. Emond)		18 04	Montreal	do	Sept. 18, '91
Quevillon, Delphine (Mrs. J. Laberge)		29 38	St. Henri	do	July 12, '92
Ratelle, Achille		1 96	Montreal	do	Dec. 5, '84
Rawson, Richard		3 91	do	do	Feb. 10, '85
Rivell, Lawrence		2 14	do	do	Aug. 13, '73
Ritcher, Wm. A		3 88	do	do	July 7, '74
Raymond, Olive		1 50	do	do	Aug. 20, '79
Richard, T. H		2 07	do	do	May 17, '75
Roy, Michel		3 96	do	do	Aug. 9, '79
Roy, Louis		1 23	do	do	Nov. 29, '79
Rousseau, Eustache		3 95	Hemmingford	do	April 23, '84
Roy, Virginie		1 40	Montreal	do	Sept. 3, '87
Richer, Bénoni		3 66	St. Isidore	do	Nov. 25, '82
Robitaille, Phillippe		1 58	Montreal	do	May 9, '83
Rivet, Sophie (Mrs. P. Dupuis)		1 53	do	do	Dec. 30, '83
Robertson, James S		3 29	do	do	Mar. 28, '84
Ranger, François		1 33	Notre Dame de Grace	do	Oct. 4, '87
Robertson, Joseph		2 13	Montreal	do	Mar. 8, '85
Rivet, Wm. B		1 45	do	do	April 16, '85
Reilly, Margaret (Mrs. G. Williams)		1 93	do	do	May 3, '84
Richard, Wilfrid		4 37	do	do	Oct. 8, '85
Richard, George		2 31	do	do	Sept. 16, '86
Rankin, D. N		1 33	do	do	July 19, '87
Robillard, Adeline		5 72	do	do	Oct. 21, '85
Richelieu, Henriette (Mrs. J. Barry)		2 61	do	do	May 7, '86
Roy, Adolphe		1 30	do	do	Aug. 16, '87
Rodgers, John		4 04	do	do	May 29, '88
Roy, Rosanna (Mrs. G. Charron)		1 33	do	do	April 9, '87
Rodger, James		3 34	do	do	Sept. 24, '88
Rolland, Pamela (Mrs. Goderre)		1 87	St. Cunégonde	do	June 11, '89
Roberts, J. N		4 71	Montreal	do	July 2, '89
Roy, Louise		3 44	do	do	Jan. 2, '89
Rochon, David		4 71	do	do	Dec. 17, '89
Rodgers, Catherine		4 50	do	do	Oct. 1, '91
Rodier, Edmond		1 57	do	do	Jan. 16, '91
Robert, Adélard		1 20	do	do	do 23, '91
Roy, Joseph		14 67	do	do	July 21, '91
Robert, Scholastique (Mrs. Major in trust for son Alphonse)		1 30	do	do	June 28, '87
Renaud, Louis		1 11	do	do	Jan. 7, '91
Ratto, Joseph		2 31	do	do	Aug. 10, '91
Riviere, Heloise		274 65	do	do	Jan. 11, '92
Robitaille, Gonzague		1 13	Côte St. Luc	do	Aug. 1, '92
Sénécal, Lumina		1 71	Montreal	do	April 28, '84
Sauvé, Caroline (Mrs. A. Rielle)		2 75	do	do	Oct. 5, '84
Scanlan, Thomas		6 90	do	do	July 5, '82
St. Hilaire, Antoine		2 29	do	do	May 2, '82
Smith, Samuel		1 36	do	do	do 15, '86
Carried forward		74,815 79			

Dividendes impayés.

Montreal City and District Savings Bank—Banque d'Economie de la Cité et du District de Montréal.

Name of Shareholder or Creditor. — Nom de l'actionnaire ou du créancier.	Amount of Dividends unpaid for 5 years and over. — Dividende impayé pendant 5 ans et plus.	Balances standing for 5 years and over. — Balances restant depuis 5 ans et plus.	Last Known Address. — Dernière adresse connue.	Agency at which the last transaction took place. — Agence où la dernière transaction s'est faite.	Date of last transaction. — Date de la dernière transaction.
	$ cts.	$ cts.			
Brought forward		74,815 79			
Simpson, Elizabeth (Mrs. B. Lamb)		1 90	Montreal	NotreDame, WestBranch	July 19, '82
Simard, Zèphirine		3 89	do	do	Oct. 23, '85
Sharp, Elizabeth (Mrs H. Elliott)		1 63	do	do	May 21, '86
St. Denis, Sarah		3 02	do	do	April 8, '87
Silvas, Olivier		5 22	do	do	Nov. 2, '85
Sutherland, Ruth (Mrs. Conway)		1 91	do	do	Sept. 9, '84
St. Maurice, Théophile		1 38	do	do	Dec. 29, '87
Sénécal, Ludger		4 92	do	do	Jan. 3, '92
Savoie, François		1 74	do	do	April 26, '88
Sauvé, Julia		2 26	do	do	Sept. 19, '85
St. Aubin, François		1 33	do	do	Mar. 22, '90
Sarault, Sophie		1 28	do	do	April 30, '90
Smith, John		1 87	do	do	Dec. 12, '89
St. Jean Délima (Mrs. A. C. Décary)		46 43	do	do	Nov. 27, '90
Soc. St. V. de Paul, Paroisse St. Joseph		6 95	do	do	May 6, '90
St. Germain, Ovila		2 71	do	do	April 13, '91
Springle, John A		1 38	do	do	April 20, '91
Snyder, J. C. (in trust for son, J. W. Snyder)		2 42	do	do	Feb. 11, '91
Schrammell, Frank		2 95	do	do	July 24 '91
Sheridan, Michael F		1 59	do	do	May 14, '91
Schwartz, Julie		1 86	do	do	April 24, '88
Simard, Emile Edmond		4 94	do	do	Jan. 9, '89
Serault, Berthe		1 33	do	do	do 8, '90
Schultz, Ada		1 40	do	do	April 4, '92
Seguin, Edmond		88 00	do	do	Aug. 2, '92
Swell, Bessie (Mrs. S. O'Neil)		1 17	do	do	Mar. 8, '92
Trottier, Joseph A		3 66	do	do	Aug. 8, '83
*a*Thibaudeau, Emma		60 16	do	do	do 26, '81
Théoret, Magloire		7 02	Ste. Geneviève	do	May 18, '83
Thibaudeau, J. D		1 65	Montreal	do	Feb. 18, '84
Tremblay, Napoléon		8 77	do	do	Nov. 15, '86
Tierney, Michael		12 30	do	do	May 11, '86
Tourville, Louis A		8 65	do	do	Oct. 11, '85
Trépanier, Louis		3 20	do	do	Dec. 13, '86
Théoret, J. B		10 22	Pointe Claire	do	Nov. 29, '86
Tyerner, Elie		1 46	Montreal	do	April 3, '88
Tremblay, Ferdinand		1 89	do	do	do 29, '89
Trépanier, Joseph		1 37	do	do	do 29, '91
Trépanier, Pacifique		1 18	do	do	Oct. 30, '91
Tremblay, Joseph		5 07	do	do	Aug. 14, '90
Thibaudeau, Jean		42 86	do	do	May 16, '90
Thivierge, Bazile		1 86	do	do	Oct. 12, '92
Valade, Joseph		2 09	do	do	Mar. 13, '75
Vallée, Philomène		1 61	Ste. Philomène	do	do 18, '78
Valiquette, Isidore		2 11	Montreal	do	May 2, '81
Vallée, J.-Bte		2 64	do	do	July 13, '87
Vary, Honoré		8 42	St. Isidore	do	Oct. 3, '84
Vincent, Maxime		1 76	Montreal	do	Jan. 30, '84
Vernier, Julie (Mrs. Thérrien)		1 34	do	do	April 10, '85
Varin, Eugénie (Mrs. Desjardins, in trust for son Raoul)		4 22	do	do	Feb. 18, '86
Vincent, Délia (Mrs. P. Leduc)		1 77	do	do	Aug. 6, '88
Vanier & Frère, J.		1 47	do	do	May 3, '88
Villeneuve, M. M. A. (Mrs. F. X. Roy)		1 40	do	do	Dec. 28, '89
Venne, Moïse		1 49	do	do	April 20, '89
Verdon, Israël		1 44	do	do	May 14, '90
Vary, Isaïe		4 63	do	do	April 2, '90
Carried forward		75,218 98			

a Dead.

Montreal City and District Savings Bank—Bank d'Economie de la Cité et du District de Montréal.

Name of Shareholder or Creditor. — Nom de l'actionnaire ou du créancier.	Amount of Dividends unpaid for 5 years and over. — Dividende impayé pendant 5 ans et plus.	Balances standing for 5 years and over. — Balances restant depuis 5 ans et plus.	Last Known Address. — Dernière adresse connue.	Agency at which the last transaction took place. — Agence où la dernière transaction s'est faite.	Date of last transaction. — Date de la dernière transaction.
	$ cts.	$ cts.			
Brought forward		75,218 98			
Vallée, J. O		3 30	Montreal	Notre Dame WestBranch	Jan. 27, '90
Vallée, Aurélie (Mrs. A. Fortier)		5 24	do	do	Sept. 29, '92
Wiggins, Rebecca (Mrs. B. Robinson)		6 62	do	do	July 14, '80
Walterson, Robert		3 29	do	do	Sept. 8, '87
White, Mary		1 94	do	do	Feb. 28, '88
Wilskam, S. Chrs		5 24	do	do	Dec. 14, '88
Wilcox, David		13 70	do	do	Sept. 16, '87
Wilson, Joseph, jun		4 68	do	do	Nov. 4, '89
Watson, John		2 36	do	do	Jan. 27, '90
Williams, Geo		1 14	do	do	Dec. 13, '89
Wall, Michael James		1 22	do	do	May 19, '92
Warlton, Lydia (Mrs. Ibbottson)		1 19	do	do	Jan. 11, '92
Young, Christiana C		5 73	do	do	Nov. 29, '79
Yoffer, Alex		4 63	do	do	May 20, '91
Armstrong, Henry		4 21	do	Point St. Charles Br.	do 30, '89
Anderson, David		3 98	do	do	Nov. 13, '91
Beswick, Emily		237 72	do	do	Feb. 25, '92
Burns, Patrick		3 28	do	do	Dec. 11, '78
Barclay, John		3 89	do	do	Oct. 6, '79
Bernard, H. R. & Sarah Frank		1 83	do	do	Dec. 6, '82
Berry, Alice		2 35	do	do	May 17, '87
Basthère, Flavien		2 28	do	do	Feb. 25, '88
Buchanan, Agnes		2 61	do	do	July 13, '88
Bolton, C. W. & W. J. Percival		5 93	do	do	Jan. 21, '90
Brisset, Rev. Hyacinthe		2 84	do	do	May 14, '91
Bourcier, Joseph		1 92	do	do	Dec. 27, '92
Courville, Nares		1 58	do	do	May 2, '87
Chrisholm, Alex		4 99	do	do	Feb. 28, '82
Coté, H. D		2 47	do	do	Jan. 26, '86
Conroy, Henry		1 71	do	do	Sept. 30, '79
Coté, H. D. and Rev. J. J. Salmon		33 57	do	do	do 11, '85
Choquette, Azarie		4 88	do	do	do 11, '91
Clarke, William		1 67	do	do	Dec. 11, '88
Collins, Thomas		2 87	do	do	Mch. 21, '85
Cahill, Michael		9 51	do	do	Jan. 12, '88
Corner, Charles		2 42	do	do	May 7, '88
*a*Casey, James		179 74	do	do	April 17, '91
Crevier, Albina		4 06	do	do	July 5, '89
Cullimore, Mary (wid. C. Thomas)		1 70	do	do	Oct. 30, '90
Cronshaw, John, in trust		31 76	do	do	June 5, '91
Cadnish, Fred		1 75	do	do	Oct. 20, '92
Dunn, Joseph		18 93	Côte St. Paul	do	May 31, '82
Dansereau, Dominique		2 15	Montreal	do	Feb. 24, '91
Dickson, George		4 03	do	do	Dec. 24, '87
Deschamps, Alfred		1 93	do	do	do 24, '82
Dickson, Mary Ann, in trust		1 26	do	do	do 23, '92
Dansereau, Alfred		4 22	do	do	do 1, '92
Egan, John P.		27 12	do	do	Aug. 24, '87
Edmonds, Herbert A.		4 90	do	do	Jan. 15, '91
Foster, Mary, in trust		2 02	do	do	Dec. 15, '82
Finlow, A. J		2 86	do	do	Oct. 5, '86
*a*Favreau, George		141 21	do	do	July 5, '82
Fournier, J. M		6 08	do	do	May 14, '91
Forest, James		418 97	do	do	June 13, '92
Gervais, Philoméne (wid. P. Duquette)		10 71	do	do	July 17, '89
Glickman, Moses		2 77	do	do	May 16, '89
Grace Church Band of Hope		3 50	do	do	do 21, '91
Carried forward		76,489 44			

a Dead.

Dividendes impayés.

Montreal City and District Savings Bank—Bank d'Economie de la Cité et du District de Montréal.

Name of Shareholder or Creditor. — Nom de l'actionnaire ou du creancier.	Amount of Dividends unpaid for 5 years and over. — Dividende impayé pendant 5 ans et plus.	Balances standing for 5 years and over. — Balances restant depuis 5 ans et plus.	Last Known Address. — Dernière adresse connue.	Agency at which the last transaction took place. — Agence où la dernière transaction s est faite	Date of last transaction. — Date de la dernière transaction.
	$ cts.	$ cts.			
Brought forward	....	76,489 44			
Henry, John	....	140 91	Montreal	Point St. Charles Br	April 11, '89
Hall, T. J	....	6 15	do	do	Dec. 13, '86
Hayes & Co., Daniel	....	23 69	do	do	Feb. 1, '86
Hill, Arthur	....	1 54	do	do	May 29, '89
Highmore, Thos. and Sarah Smith	....	1 60	do	do	Feb. 19, '84
Hayes, Lucy	....	3 12	do	do	May 19, '90
Hayes, Michael	....	5 05	do	do	June 20, '90
Hostler, Georgina	....	9 36	do	do	Dec. 30, '30
Hicks, Fred	....	1 52	do	do	do 15, '92
Jones, Patrick	....	1 16	do	do	Nov. 6, '89
Johnson, Robert	....	1 98	do	do	Oct. 1, '86
Jacques, James O	....	1 25	do	do	Feb. 18, '90
Kennedy, Peter and Joseph	....	11 28	do	do	Jan. 11, '92
King, Lizzie	....	1 83	do	do	Sept. 5, '87
Kelly, Catherine (Mrs. T. Callaghan)	....	3 18	do	do	June 14, '80
Kingstone, Elizabeth	....	5 08	do	do	Jan. 7, '91
Kelly, Elizabeth	....	2 49	do	do	Dec. 7, '85
Laprairie, Robert	....	1 48	do	do	Jan. 18, '87
Lloyd, Thomas	....	158 45	do	do	June 1, '82
Lander, Robert	....	113 56	do	do	Sept. 11, '91
Lefebvre, M	....	116 86	do	do	Dec. 1, '90
Montrerl Workingmen Yearly Benefit Society	....	1 72	do	do	Oct. 23, '86
Manhire, Charles	....	1 58	do	do	do 11, '89
Murphy, Minnie	....	2 18	do	do	Dec. 16, '84
Milton, Thomas, in trust	....	6 37	do	do	Oct. 19, '81
*a*Meehan, Michael	....	15 15	do	do	Feb. 26, '91
Morgan, Mary (Mrs. P. Flood)	....	1 32	do	do	May 2, '89
Mann, Wm., in trust	....	3 04	do	do	Feb. 21, '91
Mann, Wm., in trust	....	3 04	do	do	do 21, '91
Moss, James	....	1 16	do	do	May 29, '92
McCormack, Bessie	....	29 39	do	do	Dec. 8, '88
McGowan, I	....	2 06	Ponsonby, Ont.	do	April 18, '83
McGinnis, (wid. P. O'Brien)	....	536 01	Montreal	do	Feb. 16, '82
McCullough, Mary E	....	1 39	do	do	May 3, '81
McCarthy, Anne	....	1 75	do	do	July 3, '77
McGiverin, John	....	5 58	do	do	Aug. 3, '81
McNabb, James	....	108 70	do	do	Sept. 15, '87
McMahon, Guards	....	6 53	do	do	Mar. 20, '79
McCabe, Ernest	....	1 43	do	do	do 14, '91
McFarlane, John	....	158 58	do	do	Sep. 23, '83
McCarthy, Mary Ann, in trust	....	2 37	Lachine	do	Aug. 19, '92
Nevin, Jessie	....	6 72	Montreal	do	May 7, '92
O'Neill, Daniel	....	37 25	do	do	do 30, '92
Ouellette, Joseph	....	2 37	do	do	Aug. 3, '79
O'Hagerty, Ellen (Mrs. J. McNamara, in trust)	....	1 37	do	do	Jan. 27, '87
O'Neill, Mary	....	44 19	do	do	Aug. 16, '84
O'Connor, John	....	3 38	do	do	Feb. 13, '82
*a*O'Rorke, Thomas	....	6 19	do	do	Jan. 31, '91
O'Brien, Michael	....	1 92	do	do	May 20, '81
O'Brien, Annie (Mrs. P. Burns	....	7 72	do	do	June 27, '91
Pew, John	....	1 81	do	do	Dec. 30, '76
Prowse, Leonard	....	14 67	do	do	Oct. 9, '88
Powles, J. B	....	13 84	do	do	Dec. 1, '82
Power, Ann (Mrs. Thos. Skelly)	....	1 87	do	do	Oct. 30, '90
Pariseau, Joseph	....	1 45	do	do	Nov. 8, '88
Carried forward	....	78,135 08			

*a*Dead.

Montreal City and District Savings Bank—Banque d'Economie de la Cité et du District de Montréal.

Name of Shareholder or Creditor. — Nom de l'actionnaire ou du creancier.	Amount of Dividends unpaid for 5 years and over. — Dividende impayé pendant 5 ans et plus.	Balances standing for 5 years and over. — Balances restant depuis 5 ans et plus.	Last Known Address. — Dernière adresse connue.	Agency at which the last transaction took place. — Agence où la dernière transaction s'est faite.	Date of last transaction. — Date de la dernière transaction.
	$ cts.	$ cts.			
Brought forward	....	78,135 08			
Prendergast, Martha	....	1 47	Montreal	Point St. Charles Br.	Dec. 17, '88
Poupart, Pierre	....	6 42	do	do	May 16, '90
Pringle, Robert W	....	2 10	do	do	July 13, '92
Penk, George F.	....	3 19	do	do	Dec. 1, '91
Perkins, Henry	....	12 80	do	do	May 28, '92
Rennie, Margaret	....	4 03	do	do	Aug. 7, '80
Rogers, James	....	2 80	do	do	Mar. 14, '88
Rose, James	....	13 33	do	do	Sept. 11, '91
Rosevear, W. A., in trust	....	2 61	St. Lambert	do	Mar. 5, '91
Rosevear, W. A., in trust	....	2 57	do	do	do 5, '91
Ryan, James and Johanna	....	317 78	Montreal	do	do 11, '92
Rutherford, Marshall	....	1 44	do	do	Feb. 1, '92
St. Gabriel's Band	....	15 73	do	do	Nov. 24, '86
Singleton, Sarah	....	6 85	White River	do	Jan. 20, '87
Stewart, Edith M.	....	1 21	Montreal	do	do 30, '89
Sugrue, John	....	35 15	do	do	May 27, '89
Summerskill, E. W., in trust	....	1 51	do	do	July 4, '87
Stewart, George	....	69 70	do	do	Aug. 15, '84
Sorenson, Edward	....	2 14	do	do	Oct. 10, '89
Scott, D., in trust	....	1 51	do	do	do 29, '92
Sanderson, John	....	2 08	do	do	April 1, '91
Singleton, Wm. J., in trust	....	13 10	Chapleau, Ont.	do	Oct. 20, '88
Trudeau, Victor	....	1 43	St. Laurent	do	Mar. 22, '87
Turner, William	....	1 64	Montreal	do	Aug. 21, '90
Turner, Susan	....	1 48	do	do	Sept. 4, '89
Taylor, Mary	....	4 47	do	do	Jan. 13, '83
Tremblay, M.	....	3 47	do	do	Aug. 30, '92
Triebel, Frederick	....	5 13	do	do	Dec. 23, '92
Victoria Mutual Benefit Society	....	86 18	do	do	Jan. 9, '90
Walsh, Margaret (wid. P. O'Brien)	....	8 01	do	do	May 30, '91
Woods, Robert	....	6 12	do	do	Dec. 30, '82
Williamson, Wm. S.	....	2 89	do	do	do 30, '82
White, S. C	....	5 74	do	do	April 13, '92
Legault, Ovila	....	2 56	do	do	Sept. 8, '92
Allan, R. L	....	1 44	do	Notre Dame St., East	April 15, '85
Brisset, Alex	....	1 34	do	do	April 24, '89
Bourdeau, G.	....	1 18	do	do	Oct. 27, '91
Bessette, Francois X	....	2 45	do	do	do 24, '90
Bachand, B.	....	2 95	do	do	Dec. 1, '88
Burgess, F.	....	2 98	do	do	June 25, '88
Chaussé, J. A.	....	1 35	do	do	Feb. 27, '91
Cadieux, A.	....	2 56	do	do	Oct. 30, '91
Coderre, E	....	1 24	do	do	Mar. 22, '92
Caron, J	....	213 22	do	do	Oct. 5, '92
Cameron, A	....	1 21	do	do	do 3, '92
Chaput, R.	....	1 20	do	do	April 26, '87
Cook, D	....	12 96	do	do	May 29, '89
Charbonneau, Celina	....	2 09	do	do	Nov. 25, '90
Christin, Joseph	....	1 53	do	do	Jan. 20, '89
Charretier & Morrissette	....	2 55	do	do	May 21, '87
Chevrot, W.	....	1 30	do	do	April 19, '89
Dupont, A.	....	1 14	do	do	Sept. 13, '90
Dutil, L.	....	2 65	do	do	April 2, '89
East End Workingmen's Benefit Association	....	2 72	do	do	do 16, '89
Faucher, Z.	....	1 95	do	do	Nov. 21, '92
Forest, E.	....	2 25	Longue Point	do	April 20, '88
Gannon, P. T.	....	1 46	Montreal	do	May 28, '88
Carried forward	....	79,049 44			

Dividendes impayés.

Montreal City and District Savings Bank—Banque d'Economie de la Cité et du District de Montréal.

Name of Shareholder or Creditor. — Nom de l'actionnaire ou du creancier.	Amount of Dividends unpaid for 5 years and over. — Dividende impayé pendant 5 ans et plus.	Balances standing for 5 years and over. — Balances restant depuis 5 ans et plus.	Last Known Address. — Dernière adresse connue.	Agency at which the last transaction took place. — Agence où la dernière transaction s'est faite	Date of last transaction. — Date de la dernière transaction.
	$ cts.	$ cts.			
Brought forward		79,049 44			
Guy, J		8 17	Longue Point	Notre Dame St East Br.	Aug. 10, '92
Guerin, J		14 96	Montreal	do	Dec. 24, '86
Huet, Euclide		1 31	St. Bruno	do	Oct. 19, '89
Hamelin, Adjutor		7 39	Montreal	do	Nov. 3, '92
Hull, May		1 20	do	do	do 7, '92
Johnston, Vitaline		126 57	do	do	Sept. 4, '91
Lapierre, Joseph		2 64	do	do	Nov. 4, '91
Lavoie, P		1 31	do	do	June 11, '92
Lafleur, O		1 81	do	do	Jan. 12, '91
Laroche, H		1 15	do	do	do 3, '92
Lafrance, Joseph		21 98	do	do	April 15, '92
Lacroix dit Langevin, L		2 40	do	do	Dec. 9, '92
Lafranchise, V		1 62	do	do	July 14, '88
Lemoine, Philomène		1 59	do	do	Sept. 14, '87
Latreille, D.		1 28	do	do	Oct. 29, '88
*a*McCabe, Catherine		9 05	do	do	Jan. 2, '92
Martin, E		1 39	do	do	May 13, '92
Mathieu, Azilda		37 42	do	do	Sept. 10, '92
Marcoux, F		1 14	do	do	May 18, '89
O'Brien, Patrick		2 41	do	do	Oct. 9, '91
O'Flaherty, M. P		3 29	do	do	Dec. 1, '88
Pepin, Octave		1 14	Longue Point	do	May 2, '92
Planté, P		1 24	Montreal	do	Dec. 22, '90
Phaneuf, Prisque		2 77	do	do	April 26, '89
Ramsay, G. H		1 98	do	do	June 10, '86
Racicot, C		1 19	do	do	Nov. 4, '88
Robert, E		1 85	Boucherville	do	Oct. 31, '87
Renaud, C		2 61	Montreal	do	April 12, '92
Smith, J. A		3 23	do	do	July 4, '91
St. Martin, F		1 41	do	do	Dec. 10, '85
Senécal, A		2 03	do	do	April 1, '91
Tope, Alice		5 13	do	do	July 5, '89
Terrault, Celina		1 50	do	do	Nov. 10, '91
Trudeau, Augustine		1 48	Longueuil	do	May 16, '93
Thompson, W. H		1 39	Montreal	do	April 27, '85
Taschereau, F. H		4 79	do	do	May 30, '88
Trudel, T		1 55	do	do	Sept. 30, '86
Valade, Auguste		1 17	do	do	Feb. 4, '92
Valiquette, Jean-Bte		4 64	do	do	July 27, '85
Weatherington, Mary J. (Mrs. D. O'Brien)		1 54	do	Head Office	Dec. 7, '89
Welsh, D. H		5 71	do	do	June 26, '89
Wilkes, Edward T. (in trust for daughter Florence Lse)		1 27	do	do	Jan. 3, '89
Westgate, Effie W		8 66	do	do	June 3, '89
Wigrin, Charles		1 70	do	do	Sept. 3, '89
Wilson, Archibald		1 85	do	do	Aug. 1, '90
Wilson, Agnes (Mrs. Alex. Henry, in trust for son Alexander)		12 93	do	do	Mar. 20, '90
Wade & Wade		1 87	do	do	June 4, '90
Wilkes, Amelia (Mrs. T. Lonsdale, in trust for son Henry)		10 48	do	do	Aug. 28, '90
Wells, James		145 76	do	do	Nov. 19, '91
Walsh, Jessie (Mrs. Bain)		765 11	Huntingdon	do	June 9, '91
Wilkes, Amelia D. (Mrs. T. H. Lonsdale, in trust for son James W)		7 28	Montreal	do	May 1, '91
Wright, Robert T		1 44	do	do	June 24, '91
Watt, Jane		1 62	do	do	April 2, '91
Carried forward		80,307 84			

*a*Dead.

Montreal City and District Savings Bank—Banque d'Economie de la Cité et du District de Montréal.

Name of Shareholder or Creditor. — Nom de l'actionnaire ou du creancier.	Amount of Dividends unpaid for 5 years and over. — Dividende impayé pendant 5 ans et plus.	Balances standing for 5 years and over. — Balances restant depuis 5 ans et plus.	Last Known Address. — Dernière adresse connue.	Agency at which the last transaction took place. — Agence où la dernière transaction a est faite	Date of last transaction. — Date de la dernière transaction.
	$ cts.	$ cts.			
Brought forward	....	80,307 84			
Wilson, Annie	....	7 41	Montreal	Head Office.	Nov. 20, '91
Watson, R. H	....	1 58	do	do	May 18, '91
Widgington, John R	....	1 28	do	do	do 11, '91
Waldron, Serapis	....	1 70	do	do	Aug. 31, '91
Walbank, W. McLea, in trust	....	1 26	do	do	Jan. 11, '91
Walters, Charles H. (in trust for daughter Maud)	....	6 79	do	do	do 7, '92
Walker, Frederick James (in trust for Ada W. Walker)	....	2 42	do	do	Oct. 22, '92
Weaver, Archibald O	....	3 81	do	do	April 7, '92
Westgate, Joseph J	....	5 17	do	do	Oct. 1, '92
Yuill, Martha S. (Mrs. Jas. Yuill)	....	3 75	do	do	Dec. 16, '82
*a*Young, Cecil	....	3 47	do	do	Mar. 5, '84
Young, Mary, (widow Wm.)	....	1 78	do	do	Jan. 13, '88
Yppersiel, Léon	....	1 34	Montebello	do	Dec. 14, '89
Young, Victor H	....	1 46	Montreal	do	Jan. 10, '90
Total	....	80,351 06			

a Dead.

I declare that the above statement has been prepared under my directions and is correct according to the books of the bank.

CHAS. STUART, *Chief Accountant.*

We declare that the above return is made up from the books of the bank, and that to the best of our knowledge and belief it is correct.

W. H. HINGSTON, *President.*

HY. BARBEAU, *General Manager.*

A. P. LESPERANCE, *Inspector.*

MONTREAL, this 13th day of January, 1898.

CAISSE D'ÉCONOMIE DE NOTRE-DAME DE QUÉBEC.

ETAT des dividendes restant impayés et montants ou balances au sujet desquels il n'y a pas eu de transactions ou sur lesquels aucun intérêt n'a été payé pendant cinq ans au plus.

NOTE.—Dans le cas de deniers déposés pour une période fixe, les cinq ans seront calculés depuis l'expiration de la dite période fixe.

SAVINGS BANK OF NOTRE-DAME DE QUEBEC.

STATEMENT of dividends remaining unpaid and amounts or balances in respect to which no transactions have taken place or upon which no interest has been paid for five years and upwards.

NOTE.—In case of moneys deposited for a fixed period, the five years shall be reckoned from the termination of said fixed period.

Name of Shareholder or Creditor. — Nom de l'actionnaire ou du creancier.	Amount of Dividends unpaid for 5 years and over. — Dividende impayé pendant 5 ans et plus.	Balances standing for 5 years and over. — Balances restant depuis 5 ans et plus.	Last Known Address. — Dernière adresse connue.	Agency at which the last transaction took place. — Agence où la dernière transaction s'est faite.	Date of last transaction. — Date de la dernière transaction.
	$ cts.	$ cts.			
Hamel, Marie, veuve de Wilfrid Huard.	....	1,018 08	Lévis	Bureau chef.	Oct. 24, '92
Gosselin, Laurent.	....	1 28	St-Pierre, I. O..	do ..	Fév. 13, '91
Levasseur, L. H	....	0 70	Rimouski	do .	Sept. 28, '92
Bell, David.....	....	0 11	Petite Rivière...	do ..	Déc. 22, '91
aSociété de Colonisation des Terres du Saguenay	....	7 62	....	do ..	Sept. 7, '89
Pelletier, Arthur.................... .	....	1 46	Rue St-Louis, Québec	do ..	Mai 25, '92
Gagnon, Antoine......................	....	10 19	St-Fabien, Rimouski... .	do ..	Oct. 30, '89
Lambert, Pierre, in trust......... .. .	....	9 87	St-Roch, Qué....	do ..	Fév. 20, '80
Walker, Wm. McDonald...............	....	11 79	Québec	do ..	Avril 31, '91
Martin, Anna, veuve de W. W. Scott..	....	34 65	Chemin St-Louis	do ..	Juin 7, '92
Lemieux, F. X., in trust	....	9 81	Avocat, Qué....	do ..	Avril 6, '83
bFabr. St. Pierre de Broughton........	....	0 12	....	do ..	Juin 23, '92
Moisan, Eleonore..	....	0 52	St-Roch	do ..	Avril 4, '92
King Brothers....	....	6 82	Québec	do ..	Juin 4, '81
cFabr. St. Mathieu..................	.. . ...	24 08	Cté. Rimouski..	do ..	Mars 3, '92
Dupuis, Seph.	....	8 25	Mascouche	do ..	Avril 7, '81
Blais, Marie Anne....................	....	9 58	St-Foye	do ..	Déc. 6, '90
Duchesneau, Marguerite..............	....	0 75	St-Francois, Montmagny ..	do ..	Nov. 2, '92
Garneau, Alex................	. ...	2 87	Notaire, Qué....	do ..	Mars 11, '89
dTalbot, Désiré.....	....	3 09	Natashquan	do ..	Oct. 8, '91
Alleyn, R., in trust.....	....	7 39	Avocat, Qué....	do ..	Jan. 19, '81
Stevenart, L., Ptre..................	....	12 52	Ste-Rose, Cté. Témiscouata..	do ..	Déc. 11, '82
Gagné, Louis.........................	....	0 23	Berthier (en bas).	do ..	Juin 25, '91
Larrivée, Georgiana.	....	18 34	St-Joseph Lévis.	do ..	Jan. 9, '89
Roberge, Thos., Ptre............... .	....	4 19	Chicoutimi	do ..	Oct. 13, '89
Carried forward..... . .	....	1,204 31			

a Par Geo. Lefaivre, Sec.-Tres. b Par Rév. L. Sirois, Ptre. c Par Rév. Ls. C. H. Tremblay, Ptre. d Par A. Letellier.

Caisse d'Economie de Notre-Dame de Québec—Savings Bank of Notre Dame de Quebec.

Name of Shareholder or Creditor. — Nom de l'actionnaire ou du créancier.	Amount of Dividends unpaid for 5 years and over. — Dividende impayé pendant 5 ans et plus.	Balances standing for 5 years and over. — Balances restant depuis 5 ans et plus.	Last Known Address. — Dernière adresse connue.	Agency at which the last transaction took place. — Agence où la dernière transaction s'est faite.	Date of last transaction. — Date de la dernière transaction.
	$ cts.	$ cts.			
Brought forward	......	1,204 31			
Legaré, Jean	....	38 05	Ange Gardien	Bureau chef.	Déc. 11, '91
Asselin, Désiré	....	0 08	St-François, I.O.	do	Juin 19, '91
Larue, Alfred	....	1 24	Côté Lamontagne, Qué	do	Mai 27, '91
Poulin, Féréol	....	8 30	St-François, Beauce	do	Sept. 3, '85
Coté, Ernest	....	0 13	Rue St-Paul, Qué	do	Déc. 17, '91
Doyle, Maria	....	23 89	S. de L. A. Boisvert	do	Nov. 14, '90
Paradis, Henriette	....	263 19	St-Pierre, I.O.	do	Mai 25, '91
Legendre. Raymond	....	0 86	St-Jean, I.O.	do	Avril 17, '91
Fortin, Antoine	....	3 82	St-Valier	do	Sept. 26, '86
Roy, Louis N	....	57 29	do	do	Oct. 15, '89
Brisher, Thomas	....	8 59	St-Roch, Qué	do	Mars 24, '73
Vigneau, veuve Vital	....	16 76	Pte. aux Esquimaux	do	do 7, '92
Warren, Henriette	....	9 09	Lévis	do	Déc. 23, '73
Thomas, C. F. W	....	93 64	do	do	Mai 25, '91
Moore, Alex	....	0 41	Petite Rivière, Qué	do	Juill. 31, '90
*e*Blais, Sophranie	....	223 08	Rivière du Loup.	do	Oct. 23, '91
McNider, James	....	48 68	Courtier, Qué	do	Nov. 26, '72
Martin, Georges	....	10 92	Chicoutimi	do	Juill. 28, '79
*f*Thomas, Herbert Ed.	....	59 18	Québec	do	Mai 25, '91
Carller, Désiré	....	14 31	Etats-Unis	do	Jan. 10, '74
*g*Soc. d'Assurance Mutuelle des Comtés de Montmagny, Bellechasse et l'Islet.	....	0 25	....	do	Déc. 3, '91
King, James	....	17 72	Lyster	do	Mai 25, '91
Rioux, Narcisse	....	177 15	Rue St-Paul, Qué	do	Oct. 13, '13
Lemesurier, John	....	128 06	Paspébiac	do	Août 3, '92
Gagné, Angélina, veuve de Chs. Binet	....	2 31	St-Sauveur, Qué.	do	Mars 28, '91
Verret, J. D	....	2 84	St-Ambroise	do	Mai 2, '91
Lachance, Louis H	....	7 01	St-Michel.	do	Avril 21, '87
Blouin, Eléonore	....	7 27	St-Jean, I.O.	do	Mai 25, '91
Lemoignan, Philippe	....	18 08	Grande-Rivière, Gaspé	do	do 25, '91
Ahern, Daniel	....	21 14	Cape Cove	do	Oct. 31, '92
*h*Corporation St. Edouard de Frampton Ouest	....	8 61	....	do	do 28, '80
Dubois, Délima	....	79 18	Rue Latourelle, Qué	do	Janv. 11, '77
Bernier, Euloge	....	0 88	Cap St-Ignace	do	Nov. 20, '90
Roy, Louis	....	0 03	Cap Chat	do	Juill. 6, '92
Chapados, Théophile	....	8 71	Paspébiac	do	Nov. 5, '83
Blais, H.	....	17 99	St-Charles	do	Juill. 10, '77
Graham, Elizabeth (épouse de Wm. Jacques)	....	12 72	Faubourg St-Louis	do	Mai 25, '91
*i*Syndics de St. Henri.	....	13 52	....	do	Juin 17, '76
Girard, Mathew	....	424 08	Malbaie	do	Déc. 10, '92
Seguin, M. E. L. Josephine	....	6 31	Asile de Beauport	do	do 12, '83
Savard, J. B.	....	0 69	Ste-Foye	do	Juill. 20, '91
Boulet, Ed. O.	....	2 98	Rue d'Aiguillon, Qué	do	Oct. 31, '92
Verret, Ol	....	0 23	St-Ambroise	do	do 7, '90
Bossé, Mde J. N.	....	78 76	Inconnue	do	Janv. 23, '71
Carried forward	....	3,122 34			

e Epouse de J. B. Pouliot. *f* Par James King. *g* Par M. Oliva, Président. *h* Victor Lacroix, Sec.-Trés. *i* Chas. D. Collet, Président.

Dividendes impayés.

Caisse d'Economie de Notre-Dame de Québec—Savings Bank of Notre Dame de Québec.

Name of Shareholder or Creditor. — Nom de l'actionnaire ou du créancier.	Amount of Dividends unpaid for 5 years and over. — Dividende impayé pendant 5 ans et plus.	Balances standing for 5 years and over. — Balances restant depuis 5 ans ou plus.	Last Known Address. — Dernière adresse connue.	Agency at which the last transaction took place. — Agence où la dernière transaction s'est faite.	Date of last transaction. — Date de la dernière transaction.
	$ cts.	$ cts.			
Brought forward		3,122 34			
Béchard, Eliza		7 86	Québec	Bureau Chef	Mars 3, '82
Dubé, Odina		65 68	Anse St-Jean, Saguenay	do	Nov. 6, '91
Renaud, Chs.		0 08	St-Ambroise	do	do 21, '92
*d*Société de l'Agriculture, Co. L'Islet		3 74		do	Oct. 13, 92
Dallaire, Camille		5 58	Sillery	do	Janv. 29, '91
Boivin, Hubert		3 64	Rue de la Reine, Qué	do	Sept. 19, '89
Ménard, Mde H		0 76	Richardson, Qué.	do	Oct. 14, '90
Moras, Eliza		95 86	Québec	do	Juin 16, '62
Grenier, Sophie		148 39	do	do	Déc. 3, '89
Soulard, Joseph		1 54	Rue Ste-Claire, Qué	do	do 27, '92
Costolow, Catherine M.		0 24	St-Olivier.	do	Fév. 27, '92
Robertson, Daniel		9 01	Melbourne	do	Sept. 13, '73
Harvey, Philomène		7 59	Asile de Beauport	do	Avril 7, '72
Petitclerc, J		126 53	Québec	do	do 20, '63
Martineau, Louis		8 87	Rue Champlain, Qué	do	Sept. 9, '76
Marcoux, J. D		0 04	Beauport	do	do 5, '92
Pagé, Louis de G.		21 20	Deschambault	do	do 12, '65
Brewster, Wm		7 30	Rue Albert, Qué.	do	Janv. 24, '73
Leclerc, Victoire (épouse de J.B. Leclerc)		12 80	Baie des Chaleurs	do	do 31, '79
Langlois, Zoé		202 60	St-Sylvester	do	Juill. 10, '91
Gleeson, Michael		40 71	Québec	do	Avril 31, '66
Roark, John		0 71	Valcartier	do	Oct. 27, '90
Campeau, Octavie		7 25	Inconnue	do	Août 11, '90
Woodside, Eliza Ann		70 30	St-Sylvester	do	Juill. 10, '91
Jobin, Jacques		12 20	St-Augustin	do	Avril 26, '90
Farrell, David		6 45	Charlesbourg	do	Août 24, '84
*b*Mainguy, F., héritiers		26 82	Ste-Foye	do	Fév. 2, '92
*a*Marois, Camique		124 89	St-Augustine	do	Mai 13, '91
Robitaille, Siméon		1 38	Rue Scott	do	Nov. 26, '92
Voyer, Thomas		5 81	Rue St-Jean	do	Déc. 13, '92
Giroux, Honoré		6 77	Beauport	do	Oct. 26, '91
Cloutier, Félicité		53 24	Bon Pasteur, Qué	do	Nov. 27, '82
Girard, Rev. Jos., Ptre.		0 70	St-Lambert	do	Mai 18, '92
Lachance, Joseph		9 32	Inconnue	do	do 28, '72
c Héritiers de Gaspé, P. A		357 82	St-Pierre les Becquets	do	Juill. 7, '80
*a*Hill, Robert		22 67	Québec	do	Déc. 6, '81
*e*Fabrique Notre-Dame Hébertville		0 80		do	Oct. 13, '91
f Murphy, Maria		0 96	Rue Ste-Angèle, Québec	do	Sept. 10, '92
*g*Langlois, Alfred		49 95	Rue St-Joseph, Québec	do	Oct. 13, '91
*h*McDonald, Robert D. M.		24 37	Rue St-Jean, Qué	do	Mai 25, '92
Lavalleé, Narcisse		45 67	St-Jean, Port Joli	do	Oct. 14, '92
Confrèrie du mois de Marie		0 42	Ste-Foye	do	Nov. 30, '91
*i*Rondeau, Eliza		0 44	Rue St-Olivier, Québec	do	Fev. 17, '92
Carried forward		4,721 30			

a Décédé. *d* Par. Agus. Verreault. *b* Par Pierre Mainguy. *c* Par Félix Bédard. *e* Par B. E. Leclerc, Ptre. *f* Epouse de Daniel Carry. *g* Par J. A. Langlois. *g* Par R. C. Wilkins. *i* Epouse de Jean Chs. Robitaille.

Caisse d'Economie de Notre-Dame de Québec—Savings Bank of Notre-Dame de Québec.

Name of Shareholder or Creditor. — Nom de l'actionnaire ou du créancier.	Amount of Dividends unpaid for 5 years and over. — Dividende impayé pendant 5 ans et plus.	Balances standing for 5 years and over. — Balances restant depuis 5 ans et plus.	Last Known Address. — Dernière adresse connue.	Agency at which the last transaction took place. — Agence où la dernière transaction s'est faite	Date of last transaction. — Date de la dernière transaction.
	$ cts.	$ cts.			
Brought forward		4,721 30			
Paradis, Léocadie		1 59	Couvent Congrégation St-Roch	Bureau Chef	do 19, '92
St. Amant, Alfred		5 18	Deschambault	do	Mai 5, '90
*a*Langevin, Justine		2 00	Québec	do	Mars 26, '91
Paquet, Jacques		9 65	Rue du Roi, Qué.	do	Avril 25, '81
Chalifour, Antoine		2 27	Cambridge, Mass	do	Mai 2, '91
Lemay, Adéline		5 76	Québec	do	Juill. 9, '87
Desroches, Delphine		82 93	Lévis	do	Nov. 29, '92
Grenier, Marie Anne (veuve de Edouard Bélanger)		2 90	Rue du Roi, Qué.	do	Sept. 9, '92
Juneau, Moïse		81 26	St. Augustin	do	do 29, '91
Drolet, Rev. P. O., ptre		0 44	St-Félix du Cap Rouge	do	Août 2, '92
Trudelle, Rosalie		178 36	Rue Ste-Claire, Québec	do	Juin 30, '90
Corriveau, Benjamin		3 63	Buffalo	do	Fév. 21, '91
Côté, Victoria (épouse de Alex. Boisse)		51 34	Québec	do	Avril 29, '91
Trudel, Zéphirin		1 33	Rue St-Olivier, Québec	do	Août 26, '91
Guillot, David		2 24	Beauport	do	Avril 22, '92
Vezina, Rosalie and Marceline		35 67	Québec	do	Déc. 7, '91
*l*Stadacona Building Society		277 97	do	do	Juin 19, '85
Dallaire, Delphis		3 62	Rue St-Jean, Qué	do	Déc. 15, '88
*c*Société Bienveillante des ouvriers, Québec		5 12	Québec	do	Mars 7, '88
*d*Cantin, Prosper		41 32	St-Augustin	do	Août 31, '91
*e*Tanguay, Geo. A. P		7 61	Québec	do	Nov. 12, '92
*f*Tay, Catherine		4 53	Rue St-Jean, Qué	do	do 5, '89
Paquet, Alfried		7 28	Québec	do	Août 27, '74
*g*Héritiers de P. C. Pelletier		0 27	St-Ferdinand d'Halifax	do	Déc. 19, '91
Lepage, Isaïe Enoch		0 50	Rimouski	do	Mai 23, '92
*h*Casgrain, Joseph		30 60	Rue Sherbrooke, Montréal	do	Août 16, '91
Vezina, Napoléon		0 15	Ancienne Lorette	do	Déc. 7, '91
Walsh, Robert		0 46	Ste-Foye	do	Juill. 22, '92
Matte, Damien		0 31	Québec	do	Déc. 28, '92
Bouler, J. B., M.D		0 03	do	do	Août 11, '92
Hughes, Robert J.		30 29	Kennebec Road	do	do 25, '74
Marceau, Raphilia (épouse de L. Drolet)		0 06	Québec	do	Juin 24, '92
Kenny, Bridget		0 18	do	do	Juill. 12, '92
Dorval, Louise (épouse de Jean Dorval)		0 13	Rue Signaï, Qué.	do	Nov. 3, '91
Tessier, Jules		22 04	3 Rue du Parloir, Québec	do	Sept. 1, '92
Garant, Eléonore		0 38	59 Rue Turgeon, Québec	do	do 24, '92
Belleau, Honoré		110 87	Ste-Foye	do	Juill. 11, '91
*i*Dussault, J. A.		0 10	Quebec	do	Juin 12, '91
Blouin, Joseph		0 13	Ste-Famille, I.O.	do	Août 29, '91
Fabrique St. Antonin		8 45	Temiscouata	do	Oct. 13, '90
Maltais, Elie		0 06	Malbaie	do	Sept. 26, '92
Couture, François		0 25	St-Augustin	do	Avril 30, '91
Cloutier, Marie		0 33	Hotel Dieu, Qué.	do	Juin 27, '92
Rinfret, P. F.		0 06	Québec	do	Jan. 30, '92
Pelletier, Marie		8 92	Rue St-Louis, Q.	do	Mai 8, '82
Beland, Eugène		2 00	Rue St-Valier, Q.	do	Juin 3, '92
Carried forward		5,751 87			

a Par son père Alfred Langevin. *b* W. Miller, trésorier, décédé. *c* Par Sam. Benoit, décédé. *d* Par O. Cantin. *e* Etudiant en médecine. *f* Par Clarisse Brown. *g* Par J. M. Bernier, Ptre. *h* Par J. B. Casgrain. *i* Par son père F. X. Dussault.

Dividendes impayés.

Caisse d'Economie de Notre-Dame de Québec—Savings Bank of Notre Dame de Québec.

Name of Shareholder or Creditor. — Nom de l'actionnaire ou du creancier.	Amount of Dividends unpaid for 5 years and over. — Dividende impayé pendant 5 ans et plus.	Balances standing for 5 years and over. — Balances restant depuis 5 ans et plus.	Last Known Address. — Dernière adresse connue.	Agency at which the last transaction took place. — Agence où la dernière transaction s'est faite	Date of last transaction. — Date de la dernière transaction.
	$ cts.	$ cts.			
Brought forward..........	....	5,751 87			
*a*Lindsay, Clara (veuve de R. S. M. Bouchette)	....	1 26	Rue Haldimand.	Bureau Chef	Jan. 13, '92
Cummings, Samuel.......	....	1 52	Rue St-Jean....	do ..	Sept. 6, '89
Boisvert, Ferdinand...	....	25 58	Rue Ste-Croix ..	do ..	Nov. 3, '87
b Association des Jeunes Gens..........	....	0 69	Rue Ste-Foye...	do ..	do 30, '91
Drolet, Henriette....................	....	7 07	St-Félix, Cap Rouge	do ..	Juill. 29, '89
Gosselin, Flavie (veuve de Jean Ferland)	....	4 37	St-Pierre, I.O...	do ..	Oct. 17, '91
Richard, J. E........	....	6 53	St-Foye	do ..	Déc. 26, '88
*a*Sasseville, Rev. J., ptre..........	....	1 68	do	do ..	Mai 17, '88
*c*Sasseville, Rev. J., ptre ...	....	8 81	do	do ..	Déc. 28, '92
Poire, Louis	....	38 57	N. D. Victoire, Lévis	do ..	Mai 25, '91
Huot, Joseph.	....	2 22	Ange Gardien...	do ..	Déc. 20, '90
*a*Powell, Suzan	....	0 05	Rue Delany, Q..	do ..	Juin 13, '91
Dessaue, Antoine	....	1 43	Grande Allée, Q.	do ..	Mai 12, '92
Girard, Marie (épouse de Wilfrid Tremblay).....	....	0 13	Québec........	do ..	Nov. 6, '91
Paquet, Jacques A	....	8 84	Rue Arago, Q...	do ..	Avril 24, '77
Guérard, Marie M. (épouse de Joseph Blondeau, succ.)........	....	11 08	Ste-Foye	do ..	Mai 25, '89
Paradis, Jean	....	4 11	Rue Ste-Marie, Q	do ..	Avril 23, '88
*a*Pampalon, Arthur..................	....	0 09	Rue Ste-Geneviève.........	do ..	Jan. 22, '92
Rhéaume, Joseph.	....	0 93	St-Edouard, Lotbinière.......	do ..	Oct. 25, '90
Fabr. St. Aléxis......	....	9 27	....	do ..	Nov. 2, '75
Neilson, N. R......	....	0 48	Cap Rouge, Q...	do ..	Sept. 18, '91
O'Grady, succ. John ..	....	58 54	Métis	do ..	Oct. 22, '84
Touchette, Josephine................	....	121 34	Rue du Pont, Q.	do ..	Août 15, '92
Voyer, Philomène....	....	68 74	AncienneLorette	do ..	Juin 14, '90
Côté, Alvina (épouse de Jos. Mercier)..	....	0 79	St-Augustin	do ..	Sept. 7, '91
Méthot, Elisa......................	....	31 19	St-Pierre les Becquets	do ..	Juin 22, '92
Fabr. Ste-Catherine de Fossambault...	....	0 44	....	do ..	Juill. 6, '91
Gauvin, Joseph...	....	10 04	AncienneLorette	do ..	Jan. 17, '82
Akins, Jeannet..............	....	90 40	Valcartier	do ..	Mars 3, '86
Bélanger, M. L.	....	4 13	Rue St-Valier, Q	do ..	Déc. 17, '92
Jobin, Louis....................	....	2 71	St-Augustin	do ..	Août 5, '91
Bédard, Jean.................	....	44 92	Tewkesbury	do ..	Mai 25, '91
Fortin, J. Achille.	....	22 59	St-Joseph, Be'ce.	do ..	Jan. 5, '85
Bélanger, Elise	....	0 13	Rue du Roi, Q..	do ..	Août 24, '92
Denis, Joseph.......	....	10 74	AncienneLorette	do ..	Jan. 26, '78
Rochette, Louise	....	0 04	Unknown	do ..	Juin 6, '92
Perreault, J. S..	....	1 42	Malbaie	do ..	Fév. 2, '92
Cantin, Joseph	....	0 58	Rue St-Olivier, Q	do ..	Nov. 12, '92
*d*Drolet, Flore ...	....	0 75	Inconnue.	do ..	Août 2, '92
Donati, Caroline (épouse de Edouard Proteau)...	....	19 63	Pte aux Trembles	do ..	Oct. 28, '91
Bédard, Simon	....	5 82	Rue St-Nicholas, Qué	do ..	do 8, '88
Vigeau, Rev. Alfred	....	13 95	Rimouski... ..	do ..	Mai 18, '75
e Hardy (succ. Nap. et son épouse Caroline Casault)...................	....	79 40	....	do ..	Mars 31, '92
Rowley, James ...	....	4 00	St. Ambroise....	do ..	Nov. 21, '91
McWood, Mary Jane	....	42 87	Québec	do ..	Fév. 29, '79
Tondreau, Alvine, épouse de J. J. Jobin	....	2 14	118 rue Scott, Qué	do ..	Août 7, '90
Carried forward..... ...	....	6,523 88			

*a*Décédé. *b*Par Rev. Sasseville, ptre., décédé. *c*Décédé; pour la Fabr. Ste-Foye. *d*Par L. O. Drolet, ptre. *e*Par Louis Bilodeau, Québec.

Caisse d'Economie de Notre-Dame de Québec—Savings Bank of Notre Dame de Québec.

Name of Shareholder or Creditor. — Nom de l'actionnaire ou du creancier.	Amount of Dividends unpaid for 5 years and over. — Dividende impayé pendant 5 ans et plus.	Balances standing for 5 years and over. — Balances restant depuis 5 ans ou plus.	Last Known Address. — Dernière adresse connue.	Agency at which the last transaction took place. — Agence où la dernière transaction s'est faite.	Date of last transaction. — Date de la dernière transaction.
	$ cts.	$ cts.			
Brought forward	....	6,523 88			
*a*Société St. Joseph		9 17	Québec	Bureau Chef	Mars 5, '75
Roussel, Fréderick		7 60	Chantier Knight, Qué	do	Fév. 21, '81
*b*Huot, L. E.		84 84	Emp. à la Douane Qué	do	Sept. 8, '92
Alain, Elmire		0 05	Ancienne Lorette	do	Juin 6, '90
Grenier, François		2 33	Beauport	do	Mars 19, '92
Bedard, Pierre		3 64	Québec	do	Juill. 16, '91
Quesnel, Eugène		0 21	do	do	Nov. 5, '92
Gingras, Nazaire		0 13	St. Nicholas	do	Juin 23, '91
Langevin, Caroline		7 27	Beauport	do	Mai 2, '85
Delisle, Xavier		17 21	St. Roch, Qué	do	Juin 4, '91
Martel, Gaspard		0 03	83 rue St. Monique, Qué	do	Août 9, '92
Langlois, Nap		0 19	Rue Ste. Claire, Qué	do	Mars 23, '91
Collins, Sarah		11 78	Rue St-Jean, Qué	do	Fév. 9, '88
Gagnon, Télesphore		4 21	Ancienne Lorette	do	Oct. 28, '92
Morrow, Wm. James		2 90	Bourg Louis, Portneuf	do	Déc. 17, '91
Garneau, Alda, épouse de J. B. D. Légaré		0 76	Rue St-Augustin, Qué	do	Oct. 13, '90
Leclerc, N. Théophile		5 17	Rue St-Paul, No. 48, Qué	do	Fév. 14, '91
Carbonneau, F. X		0 05	Rue St-Jean, Qué	do	Déc. 19, '92
Tanguay, Marie L		17 10	Inconnue	do	Juin 12, '82
Les Syndics de la Paroisse de St. Alban Cap Rosier		7 92	......	do	Août 30, '83
Duval, Louis		0 73	St. Nicholas	do	Sept. 30, '91
Tessier, Jules, in trust		8 29	Rue du Parloir, Qué	do	do 1, '91
Tremblay, Clémentine, épouse de Ed. Moreau		6 60	Sault Montmorency, Qué	do	Oct. 23, '83
Lachance, Sophie, épouse de André Drolet		0 15	Cap Blanc, Qué	do	Sept. 12, '91
Morissette, Alfred		0 50	St-Basile	do	Déc. 10, '92
Talbot, Wilfrid		1 29	Cap St-Ignace	do	Juill. 24, '90
*c*Caouette, J. O		0 35	Québec	do	Oct. 10, '91
Laverdure, Urbain		7 21	Ste-Foye	do	Déc. 20, '90
Dumas, Emma		0 71	St-Lambert	do	Sept. 7, '91
Lilois, William		62 31	Inconnue	do	Nov. 9, '92
Marceau, Etienne		0 23	Rue Richardson, Qué	do	Déc. 27, '92
Syndics de la paroisse St. Basile		5 09	......	do	Oct. 10, '87
*d*Angers, Eugène		35 98	Montréal	do	Jan. 14, '92
*e*Préfecture Apostolique du Golfe St. Laurent		98 38	......	do	Mai 25, '91
*f*Société des Croix		338 11	St-Basile	do	Oct. 20, '91
Garneau, Arthur		4 08	Rue Haldimand, Qué	do	Mai 13, '88
Thibault, Philomène, épouse de Elz. Martel		2 72	Rue St-Patrice, Qué	do	Oct. 19, 88
*g*Thomas, Arthur H		8 20	......	do	Jan. 30, '83
Tourangeau, Caroline (veuve de Fred. Gauvreau)		0 30	Rue Brébœut, Qué	do	Juin 18, '92
Gagnon, Alice		3 38	Grand Allée, Qué	do	Déc. 29, '92
Vincent, Ferdinand		6 10	Malbaie	do	Août 4, '87
Carried forward	....	7,297 15			

a Par Brother Romens. *b* Décédé. *c* Employé à l'Archevêche. *d* Fils de A. R. Angers. *e* Par Mgr. F. X. Bossé, Pr. Apos. *f* Par L. P. Chabot, Pr. *g* Par Chs. King.

Dividendes impayés.

Caisse d'Economie de Notre-Dame de Québec—Savings Bank of Notre Dame de Québec.

Name of Shareholder or Creditor. — Nom de l'actionnaire ou du créancier.	Amount of Dividends unpaid for 5 years and over. — Dividende impayé pendant 5 ans et plus.	Balances standing for 5 years and over. — Balances restant depuis 5 ans ou plus.	Last Known Address. — Dernière adresse connue.	Agency at which the last transaction took place. — Agence où la dernière transaction s'est faite.	Date of last transaction. — Date de la dernière transaction.
	$ cts.	$ cts.			
Brought forward		7,297 15			
Dorval, Adjutor		10 06	AncienneLorette	Bureau Chef	Fév. 26, '90
Tessier, Cyrille, Notaire.		44 95	Rue St-George, Qué	do	Juill. 4, '88
*a*Malouin, M. Lse		2 16	25 rue St-Olivier, Qué	do	Janv. 12, '92
Gauthier, Omer		12 38	Sillery	do	Avril 16, '86
Germain, Augustus.		13 50	Portneuf	do	Janv. 29, '84
Boivin, Pierre		7 26	St-François, Montmagny	do	Oct. 15, '90
Paquet dit Lavallée, Chs		49 76	St-Michel.	do	Nov. 8, '87
*b*Vocelle, Eva.		19 72	Mont Pleasant	do	Mai 25, '91
Berthelot, Dme Jane M. (succ. feue)		6 61	Québec	do	Juill. 31, '84
Bossé, Kathteen F		1 48	do	do	Féb. 2, '91
Tarte, Emélia		0 35	Montreal	do	Déc. 29, '92
Labreque, Alma (épouse de Irénée Marcotte)		0 47	Québec	do	do 9, '91
Labreque, Mary		1 58	Rue St-Jean, Qué	do	Août 17, '92
Cantin, Marie		0 10	St-Romuald	do	Mai 25, '92
Boucher, Mathilda (épouse de Augustin Montminy)		29 84	New Market, N. H	do	June 17, '92
Côté, Jean.		0 79	St-Henri	do	Juill. 11, '91
Nolin, François		2 56	Ste-Foye	do	Mai 28, '90
Desbiens, Démery		542 48	St-Siméon, Baie des Rochers	do	Oct. 18, '92
Marcoux, J. D		0 56	Beauport.	do	do 22, '91
Frechette, Olivier.		0 69	St-Agapit	do	do 29, '92
Carpenter, J. S		8 24	Quebec and Lake St. John Ry.	do	Déc. 6, '86
Grenier, Victoria		40 49	Beauport	do	Oct. 28, '91
Asselin, Pierre		0 34	St-Lambert	do	Avril 2, '92
Petitclair, Jean		14 94	AncienneLorette	do	Oct. 8, '90
Sansfaçon, Julie (veuve de feu Chs. Pageau)		8 54	St-Ambroise	do	Janv. 14, '89
Cass, Jos. Alf		6 95	Cape Cove	do	Oct. 27, '91
Forgues, Phil. (épouse de Alcide Montreuil)		1 92	RueSt-Adélaide, St-Sauveur	do	Août 2, '92
Moffett, Emélie Genev. (épouse de Jos. Légaré)		285 40	Rue St-Valier, Qué	do	Janv. 11, '92
*c*Fortin, G. N. A		2 82	Rue d'Anteuil, Qué	do	Mars 7, '87
Picard, Ovide.		16 73	Rue St-Jean, Qué	do	do 18, '90
Ouellet, Victoire		24 05	Rue d'Aiguillon, Qué	do	Août 1, '92
Trudel, Joséphine (veuve Geo. Lépine)		2 20	Rue Claire Fontaine, Qué	do	Avril 29, '92
Paris, Delphine		0 36	St-Jean Deschaillons	do	Oct. 28, '91
Plante, Joseph		2 92	Rue St-Flavien, Qué	do	Nov. 19, '88
Laberge, Antoine		3 13	Ste-Foye	do	Mai 6, '92
Fiset, Odélie		2 67	Rue Latourelle, Qué	do	Août 3, '88
Montreuil, Jac. C		1 98	AncienneLorette	do	do 2, '89
*d*Ecole Normale Laval		3 22	Québec	do	do 27, '89
Carried forward		8,471 35			

a Par Phil. Malouin. *b* Par sa mère Victoria Côté. *c* Pour Taschereau & Fortier, par J. E. Fortier. *d* Par Théodore Poulin.

Caisse d'Economie de Notre-Dame de Québec—Savings Bank of Notre-Dame de Québec.

Name of Shareholder or Creditor. — Nom de l'actionnaire ou du creancier.	Amount of Dividends unpaid for 5 years and over. — Dividende impayé pendant 5 ans et plus.	Balances standing for 5 years and over. — Balances restant depuis 5 ans et plus.	Last Known Address. — Dernière adresse connue.	Agency at which the last transaction took place. — Agence où la dernière transaction s'est faite.	Date of last transaction. — Date de la dernière transaction.
	$ cts.	$ cts.			
Brought forward	....	8,471 35			
Bureau, Alfred	....	0 12	AncienneLorette	Bureau Chef	Mai 25, '92
Picher, Alice (épouse de G. A. Lafrance, N.P)	....	9 98	Rue St-Jean, Que	do ..	Juill. 7, '91
eFabr. St-Jean d'Eschaillons	....	10 98	St-Jean d'Eschaillons	do ..	Mai 25, '92
Turcot, Lazare	....	1 32	Québec	do ..	Juill. 14, '91
fFabrique de Matane	....	14 44	....	do ..	Sept. 11, '91
Rouleau, Ovide	....	7 20	St-Jean Chrysostôme	do ..	Mars 15, '88
Lapointe, Nazaire	....	5 62	Hôtel-Dieu, Qué.	do ..	Oct. 24, '90
Fortier, Joseph	....	8 06	Sillery	do ..	Mai 3, '89
Buteau, Sophie	....	0 20	101 rue St-Olivier, Qué.	do ..	do 13, '91
gCorneil, C. Albert	....	1 34	Regina, N.-O.	do ..	Nov. 2, '88
Savard, Joseph	....	0 50	St-Ambroise	do ..	Déc. 12, '91
Sirois, L. P., N.P.	....	0 10	Québec	do ..	Janv. 21, '89
Gingras, Abraham	....	2 21	5 rue Dalhousie, Qué.	do ..	Août 21, '89
Montniny, P. O.	....	0 69	St-François, Beauce	do ..	Déc. 22, '90
Dumas, Blanche (fille de L. G. Dumas)	....	11 41	Québec	do ..	Jan. 7, '92
Boyce, Ellen (épouse de E. D. C. Gauthier)	....	1 38	Rue du Palais	do ..	Fév. 12, '90
Defoy, Arthémise	....	0 16	Chez Juge Casault, Qué.	do ..	Juill. 14, '90
aGrenon, Malvina	....	0 42	51 rue Ste-Anne, Qué.	do ..	Juin 20, '91
bRobitaille, Euphémie	....	0 09	Rue Richelieu, Q	do ..	do 6, '92
Simard, Luc	....	1 60	Ursulines, Qué.	do ..	do 24, '89
Ennis, Jane (veuve de S. Kennedy)	....	6 43	Inconnue	do ..	Juill. 6, '87
Moreau, Anna (épouse de L. Bergeron)	....	3 76	St-Apolinaire	do ..	do 9, '89
cCasgrain, P. B	....	0 21	Québec	do ..	Nov. 28, '92
Côté, Jos. Arthur	....	0 17	79 Côte Ste-Geneviève, Qué.	do ..	Avril 12, '90
Côté, Marcel	....	0 28	Ste-Anne, Chicoutimi	do ..	Juill. 7, '90
Rossignol, Damase	....	13 14	Fraserville	do ..	Jan. 11, '87
Burroughs, Adine	....	3 79	Ste-Foye	do ..	do 9, '92
Drouin, Henri	....	1 81	Ange Gardien	do ..	Sept. 24, '89
Boucher, Séraphine (ép. de Ed. Bernier)	....	0 61	St-Joseph, Lévis	do ..	Nov. 21, '90
Simonneau, Rose (veuve de Dénis Letourneau)	....	0 14	St-Joachim, Q	do ..	Juill. 4, '91
Lapointe, Philomène (veuve de Théop. Carbonneau)	....	20 24	Berthier en bas	do ..	Oct. 29, '90
Berthiaume, Odile	....	0 90	Ste-Foye	do ..	do 20, '91
Darveau, Anastasie	.. ....	0 05	126 rue d'Aiguillon, Qué.	do ..	Nov. 5, '90
Grégoire, Joseph D.	....	1 48	Victoriaville	do ..	Juill. 16, '88
Dempsay, Jane (ép. de J. O. Sullivan)	....	611 69	Rue Elgin, Q.	do ..	Nov. 9, '92
Vacarie, Anselme	....	8 38	Rue Charest, Q.	do ..	Jan. 8, '92
dFaucher, Pierre	....	5 85	Rue d'Aiguillon, Qué.	do ..	Déc. 12, '92
Lortie, Hélène (veuve de Chs. Garneau)	....	0 14	Ste-Foye	do ..	Oct. 13, '90
eGiroux, Laura R.	....	12 78	Québec	do ..	Mars 8, '92
Jobin, Pierre	....	0 01	34 rue Victoria, Qué.	do ..	Mai 30, '91
Turcotte, Pierre	....	3 32	Ste-Famille, I.O.	do ..	Fév. 4, '88
Carreault, Rosanna	....	1 40	St-Augustin	do ..	Oct. 22, '91
Carried forward	....	9,245 75			

ePar Rév. P. O. Drolet, Ptre. fPour Bazar, par N. Levesque, Ptre. gPolice Montée. aPar J. T. Lambert. bFille de Ls. Robitaille. cEn fidée commis. dLaitier. eChez M. V. Giroux.

Dividendes impayés.

Caisse d'Economie de Notre-Dame de Québec—Savings Bank of Notre-Dame de Québec.

Name of Shareholder or Creditor. — Nom de l'actionnaire ou du créancier.	Amount of Dividends unpaid for 5 years and over. — Dividende impayé pendant 5 ans et plus.	Balances standing for 5 years and over. — Balances restant depuis 5 ans et plus.	Last Known Address. — Dernière adresse connue.	Agency at which the last transaction took place. — Agence où la dernière transaction s'est faite	Date of last transaction. — Date de la dernière transaction.
	$ cts.	$ cts.			
Brought forward	....	9,245 75			
Beaupré, Joseph		1 50	AncienneLorette	Bureau Chef	do 4, '92
*f*Paquet, E. Théodore		1 40	Grande Allée, Q.	do ..	do 22, '89
Dupuis, Luce (épouse de Etienne Côté).		1 85	Rue Ste-Marguerite, Qué.	do ..	Déc. 1, '92
Picher, Josephine		1 95	27 Mont Carmel, Qué.	do ..	Oct. 3, '89
Fabrique de Ste-Claire		8 54	....	do ..	Sept. 23, '87
Malouin, Georgiana (ép. de J. MacLean)		0 05	Rue Hébert, Q.	do ..	Juill. 4, '91
Beaudoin, Marie		0 03	St-Anselme	do ..	do 9, '92
Paquet, Rev. Ls. Honoré		0 06	Seminaire de Q.	do ..	Oct. 24, '92
Fortin, Delphine		1 38	St-Tite des Caps.	do ..	do 23, '90
*g*Lambert, J. Thomas		1 49	St-Romuald	do ..	Mars 7, '89
Lemieux, Philomène (ép. de Jos. Audette)		0 13	Rue Ste-Claire, Q	do ..	Déc. 14, '92
Robinson, Eliza		3 55	361 rue St-Jean, Qué.	do ..	Nov. 28, '91
Desmeules, Jean C.		0 11	Malbaie	do ..	Déc. 14, '91
Jackson, Samuel		0 10	B Battery, Qué.	do ..	Fév. 14, '87
*a*Chapelle du Sacré-Cœur		0 16	Québec	do ..	Mai 28, '90
Lépine, George		0 03	....	do ..	Jan. 4, '89
Robitaille, Napoléon		0 02	Rue St-Eustache, Qué.	do ..	Fév. 14, '87
Marcotté, George P.		0 99	Québec & L. St. John Ry.	do ..	Mars 2, '88
Olivier, Nazaire		11 03	St-Nicholas.	do ..	Déc. 24, '88
*b*Syndics de N. D., d'Hébertville		0 06	....	do ..	Oct. 15, '90
Dubuc, Caroline		0 10	12 rue St-André, Qué.	do ..	Août 3, '87
Hardy, Georgiana (ép. de E. Beaudet).		0 57	38 rue St-Louis, Qué.	do ..	Déc. 30, '89
Breton, Thomas		0 59	7 rue Ste-Marie, Qué	do ..	Mars 16, '87
Hamel, Honoré		0 17	37 Ramparts, Qué	do ..	Jan. 11, '88
Laughray, Marguerite		0 22	130 rue Ste-Anne, Qué	do ..	Oct. 13, '89
Nolin, Joseph		2 43	28 rue Ste-Anne, Qué.	do ..	Déc. 21, '89
Moisan, Alma (épouse de Alf. Cantin)		0 24	114 rue Latourelle, Qué	do ..	Mars 12, '89
LeBel, Jos. A.		4 33	Gaspé	do ..	Mai 2, '88
Raymond, Ezilda		0 19	Rue St-Olivier, Qué.	do ..	Déc. 9, '91
Demers, Roméo		0 76	Lévis	do ..	Juill. 20, '87
*c*Boucher, Célanire		5 28	5 L'Esplanade, Q	do .	Mai 17, '90
Renaud, Eugénie (ép. de Arthur Prévost)		0 13	37 Ramparts, Qué	do ..	Déc. 19, '91
Nadeau, Léa (épouse de O. J. Begin)		0 23	116 rue d'Aiguillon, Qué.	do ..	Mai 4, '87
Gingras, Eugénie (épouse de Ls. Drolet)		0 91	35 rue Scott, Qué.	do ..	Août 21, '92
Fournier, Honorine		0 11	37 St-Eustache, Q	do ..	Juin 25, '87
Bourbeau, Etienne		0 23	13 Notre-Dame, Qué	do ..	Déc. 1, '87
Demers, Ida		0 67	Lévis	do ..	Juill. 20, '87
Garneau, Marie Louise		0 26	Inconnue.	do ..	Oct. 14, '87
Rousseau, Philomène		1 18	Ste-Pétronille, I. Orleans	do ..	Sept. 28, '92
Parent, Joséphine		0 14	AncienneLorette	do ..	do 19, '88
Girouard, Adée (épouse de John Collins)		0 63	74 rue St-Jean, Qué	do ..	do 27, '87
Martel, Frédéric		0 21	54 rue Caron, Q.	do ..	Déc. 27, '92
Carried forward		9,299 76			

*f*En fidée commis. *g*Décédé. *a* Par Mde H. C. Vallée. *b* Par Rév. B. E. Leclerc. *c* Servante.

Caisse d'Économie de Notre-Dame de Quebec—Savings Bank of Notre-Dame de Québec.

Name of Shareholder or Creditor. — Nom de l'actionnaire ou du créancier.	Amount of Dividends unpaid for 5 years and over. — Dividende impayé pendant 5 ans et plus.	Balances standing for 5 years and over. — Balances restant depuis 5 ans et plus.	Last Known Address. — Dernière adresse connue.	Agency at which the last transaction took place. — Agence où la dernière transaction s'est faite.	Date of last transaction. — Date de la dernière transaction.
	$ cts.	$ cts.			
Brought forward	....	9,299 76			
Tremblay, Auphilia	....	3 50	Rue Henderson, Que.	Bureau Chef	Mai 29, '89
Moisan, Jacques	....	0 05	114 rue Latourelle, Qué.	do	Juin 23, '91
Audette, Gustave	....	0 43	1 rue Collins, Q.	do	Oct. 31, '91
Boiteau, Alphonse	....	0 16	Gardien à la Prison, Qué.	do	Mai 17, '87
Hardy, Georgiana (ép. de E. Beaudet)	....	0 04	38 rue St-Louis, Qué.	do	Déc. 24, '88
Robitaille, Joseph	....	0 14	59 rue Scott, Qué.	do	Juin 26, '88
Murphy, Elzéar	....	1 51	38 rue Ste-Claire, Qué.	do	Mai 4, '90
Matte, Alfred	....	7 09	Ancienne Lorette	do	Nov. 4, '88
Galibois, François	....	0 73	41 rue Sous le Fort, Qué.	do	Oct. 7, '91
Aubert, Toussaint	....	2 26	145 rue Scott, Q.	do	do 15, '85
Blais, Télesphore	....	0 21	49 rue Sous le Fort, Qué.	do	Mai 1, '90
Mohr, Philippine (ép. de Henry Harris)	....	0 03	132 rue Ste-Anne, Qué.	do	Juill. 2, '92
Fortin, Edouard	....	0 78	Malbaie	do	Oct. 9, '90
Fortin, Irma	....	11 94	do	do	do 9, '90
Cloutier, Marie (ép. de C. Chouinard)	....	0 11	343 rue St. Valier, Qué.	do	Août 1, '87
Fergusson, Georgie	....	0 17	Rue St. Ursule, Qué	do	Sept. 5, '87
Ménard, Théophil	....	0 23	9 rue Burton, Q.	do	Juill. 27, '87
Tremblay, Alphonse	....	0 05	Rue St. Jean, Q.	do	do 3, '88
Bourget, Irma	....	0 23	53 rue d'Aiguillon Qué	do	Oct. 20, '87
Lessard, Marie Louise	....	0 42	Inconnue	do	Fév. 14, '88
Coté & Cie, Edouard	....	1 91	Cote Ste-Généviève, Qué.	do	Nov. 10, '87
Vezina, Ephrem	....	5 47	Isles aux Grues.	do	Avril 18, '89
Lambert, Alexandre	....	4 40	Maria B des Chaleurs	do	Sept. 8, '91
Lamontagne, Napoléon	....	0 60	Bergerville	do	Oct. 28, '87
St. Hilaire, Olivier	....	2 53	Etchmin	do	Mai 13, '91
Gauvin, Anastasie	....	1 38	Ste. Foye.	do	Août 22, '87
Bogue, John	....	0 12	Bergerville	do	Déc. 14, '89
Lemay, Malvina (épouse de E. Levillee)	....	0 25	3 Cote de la Négresse, Qué.	do	do 2, '90
Giroudias, Gabriel	....	6 34	Hotel St. Louis, Qué.	do	Sept. 16, '89
Bussière, Ada	....	0 18	Ste-Jeanne Neuville	do	do 7, '87
Bélanger, Victor	....	0 38	Lotbinière	do	Nov. 8, '87
Coté, Léda (épouse de Jos. Laforce)	....	0 20	7 rue Plessis, Q.	do	Avril 21, '92
Jean, Elise	....	0 27	137 rue d'Aiguillon, Qué	do	Jan. 16, '88
aMercier, L'Hon. H.	....	7 43	Québec	do	
Corriveau, Mathilda	....	0 15	St-Michel	do	Déc. 17, '87
Jobin, Judith (veuve de F. Bédard)	....	0 49	St-Ambroise	do	Juin 16, '88
bBaillargeon, P., M.D.	....	0 95	Rue Ste-Ursule, Qué	do	Juill. 19, '87
Belleau, Luce (épouse de T. Menard)	....	0 56	9 rue Burton, Q.	do	Nov. 22, '87
Pageau, Delphine (épouse de M. Fiset)	....	0 01	37 rue Boisseau, Q	do	Juill. 14, '87
Carried forward	....	9,363 46			

a Décédé par Paul de Cazes. b Décédé.

Dividendes impayés.

Caisse d'Économie de Notre-Dame de Quebec—Savings Bank of Notre-Dame de Quebec.

Name of Shareholder or Creditor. — Nom de l'actionnaire ou du créancier.	Amount of Dividends unpaid for 5 years and over. — Dividende impayé pendant 5 ans et plus.	Balances standing for 5 years and over. — Balances restant depuis 5 ans et plus.	Last Known Address. — Dernière adresse connue.	Agency at which the last transaction took place. — Agence où la dernière transaction s'est faite.	Date of last transaction. — Date de la dernière transaction.
	$ cts.	$ cts			
Brought forward		9,363 46			
Redmond, Mary Joseph		0 20	108 rue St-Jean, Qué	Bureau Chef	Nov. 24, '87
Huot, Blanche		0 83	39 rue Desjardins, Qué.	do	Août 24, '91
Couture, Augustin		1 57	St-Jean Chrysostôme	do	Déc. 13, '88
Mullen, Ellen (épouse de T. A. Patton)		0 40	24 Rue Laval, Q.	do	Sept. 13, '88
Butteau, Alex		0 98	Berthier en Bas.	do	Avril 9, '88
O'Sullivan, Jeremiah J		16 93	18 Rue Elgin, Q.	do	Jan. 29, '91
Lapierre, Napoleon		0 83	140rue St-Olivier Qué	do	Fév. 27, '88
Moudina, Henriette (veuve de André Galibois)		0 06	41 rue Sous le fort, Qué.	do	Août 5, '92
Auclair, Jean		0 47	Inconnue	do	Fév. 28, '87
Beaudet, Eugène		0 02	34 Ste-Famille, Q	do	Déc. 29, '88
Audet, Olive (veuve de Jean Morin)		0 07	9 St-Michel, Q.	do	Juin 11, '88
Masson, Lucie		0 47	9 rue Plessis, Q.	do	Fév. 13, '88
Letarte, Philias		0 05	21 rue Plessis, Q.	do	Oct. 13, '87
Bernier, Joseph		2 06	188 rue de la Reine, Qué	do	Déc. 10, '89
Jobin, Odias		5 81	245 rueRichelieu, Qué	do	Oct. 26, '92
Garneau, L. H., jr		0 25	Rue Ste-Julie, Q.	do	Août 12, '87
McWilliams, Michael		0 17	Hotel St-Louis, Qué	do	Oct. 31, '90
Jacques, Eugénie		0 05	199rue de l'Eglise Qué	do	Jan. 25, '88
Boissonneault, Philomène (épouse de F. X. Champagne)		0 02	25rue Ste-Hélène Qué	do	Juin 2, '88
Hardy, Pierre A.		0 49	260 rueSt-Jean, Q	do	Juill. 9, '90
Laperrière, Edmond		0 32	140rueSt-Olivier, Qué	do	do 26, '89
LaRue, Joseph G.		0 04	95rue d'Aiguillon Qué	do	Juin 18, '90
cSociéte d'Histoire Naturelle		59 62		do	Juill. 18, '89
Ménard, Théophile		0 03	Rue Jupiter, Q.	do	Juin 4, '88
Gingras, Caroline		132 82	92 rue Richelieu, Qué	do	Oct. 11, '92
Guimond, Victoria		0 47	Rue Turgeon, Q.	do	Sept. 3, '90
Donati, Odilon		0 14	182 rue Richelieu Qué	do	Oct. 11, '90
Gignac, Marie (épouse de Alfred Blais)		65 65	Port Daniel.	do	do 5, '92
St. Denis, Hermine (épouse de Paul de Cazes)		0 30	Rue Brébœuf, Q.	do	Juill. 20, '88
Charland, Alphonse		0 03	243rueSt-Olivier, Qué	do	Juin 15, '88
Sirois, Adèle		0 10	Québec	do	Avril 16, '88
aThibault, Onésime		0 45	do	do	Jan. 4, '88
Dugal, Alma (épouse de Chs. Claret)		0 02	St-Michel.	do	Juin 7, '88
Parent, J. B		0 05	211rueSt-Valier, Qué	do	Août 18, '88
Dumont, Joseph		0 07	44 rue Ste-Famille, Q	do	Sept. 20, '92
Langlois, Eulalie (épouse de Phidéline Blouin)		0 22	St-Jean, I. Orl.	do	do 1, '90
Lacroix, Antoine		0 13	St-Michel	do	Nov. 8, '87
Richard, Marie Louise		3 62	344rueSt-Valier, Qué	do	Déc. 28, '87
Carried forward		9,659 27			

c Par le Rev. L. Provencher, Ptre. a Police Revenue.

Caisse d'Économie de Notre-Dame de Québec—Savings Bank of Notre-Dame de Québec.

Name of Shareholder or Creditor. — Nom de l'actionnaire ou du creancier.	Amount of Dividends unpaid for 5 years and over. — Dividende impayé pendant 5 ans et plus.	Balances standing for 5 years and over. — Balances restant depuis 5 ans et plus.	Last Known Address. — Dernière adresse connue.	Agency at which the last transaction took place. — Agence où la dernière transaction s'est faite	Date of last trans ction. — Date de la dernière transaction.
	$ cts.	$ cts.			
Brought forward	....	9,659 27			
Tremblay, Médéric		1 57	St-Irinée	Bureau Chef	Jan. 12, '31
*b*Fournier, Elmire		0 13	117 GrandeAllée, Qué	do	Juin 25, '92
Ready, Eugénie		0 16	54 rue Ste-Marguerite, Q	do	Juill. 2, '89
Haldane, Arthur		0 54	229 rueSt-Valier, Qué	do	Nov. 5, '88
Webster, Nellie		0 55	36 rue St-Michel, Que	do	Avril 9, '88
Magnan, J. Elz		1 43	Charlesbourg	do	Mai 1, '89
Drolet, Philippe		0 50	Côte Lamontagne, Qué.	do	Août 29, '90
Desharnais, Arthur		3 15	47 rue des Prairies, Qué	do	Avril 2, '91
*c*Morin, J. B		2 01	Rue St-Jean, Q.	do	Féb. 11, '92
Turcot, François		0 10	St-Jean, I. Orl.	do	Août 27, '90
Smith, Arthémise		0 18	112 rue St-François, Qué	do	Sept. 23, '91
Jobin, Edouard		0 19	245rue Richelieu, Qué	do	Féb. 17, '90
Boiven, Célina, veuve de J. Langelier		0 10	169 rue St-Louis, Qué	do	Juin 28, '88
Beauchamps, Louis		2 04	9 rue St-Pierre	do	Avril 23, '88
Jolicœur, Emile		0 12	41 rue St-Anne, Qué	do	Oct. 25, '92
Couture, Alexandre		0 01	St-Henri	do	Juin 8, '89
Kavanagh, Bridget (ép. de Ignace Jordan)		0 82	48 rue St-Jean, Q.	do	Avril 25, '88
Power, James		0 31	280 rue Champlain, Q	do	Mars 26, '88
Naubért, W. C		0 30	27 rue O'Connell, Qué	do	Jan. 22, '89
Archambault, Sara (ép. de A. Plamondon)		0 01	148 rue d'Aiguillon, Q	do	Juin 29, '89
Gingras, Adélard		0 43	Rue Garneau, Q.	do	Déc. 17, '91
Cassil, Emile		0 02	15 rue Hébert, Q.	do	do 30, '90
Cantin, Eudore		0 51	St-Augustin	do	do 27, '88
Legrand, Harol		7 85	Paspebiac	do	Jan. 29, '91
Bertrand, F. A		0 49	St-Patrice	do	Mai 14, '88
Dancasse, Hélène		0 06	St-Anne des Monts	do	Avril 18, '88
Brennan, Edward		121 02	Cranburn	do	Oct. 26, 92
Savard, Jérome		3 25	Malbaie	do	Déc. 11, '88
Gale, George, and Edward Little and J. H. Poitras		0 30	70 rue St-Joachim, Q	do	Avril 23, '88
Lemieux & Cie, Oct		0 80	Rue St. Jean	do	Mars 25, '88
Dubé, Flore		3 25	63 rue Buade, Q.	do	Mai 25, '92
Davis, Adèle		8 15	Pointe aux Trembles	do	Déc. 18, '91
Jobidon, Louis		0 11	Chateau Richer.	do	Oct. 18, '90
Lessard, Vitaline		0 04	Rue Ste-Ursule, Qué	do	Sept. 5, '88
Souscription pour éveche Chicoutimi		0 70	Chicoutimi	do	Féb. 16, '88
Garneau, Annie		0 76	30 rue Ste-Hélène, Québec	do	Nov. 26, '88
Fournier, Edmond		0 30	74 rue Couillard, Québec	do	Jan. 25, '90
Carried forward	....	9,821 53			

b Servant chez M. W. Patterson. *c* Pharmacien.

Dividendes impayés.

Caisse d'Economie de Notre-Dame de Québec—Savings Bank of Notre-Dame de Quebec.

Name of Shareholder or Creditor. — Nom de l'actionnaire ou du creancier.	Amount of Dividends unpaid for 5 years and over. — Dividende impayé pendant 5 ans et plus.	Balances standing for 5 years and over. — Balances restant depuis 5 ans et plus.	Last Known Address. — Dernière adresse connue.	Agency at which the last transaction took place. — Agence où la dernière transaction s'est faite	Date of last transaction. — Date de la dernière transaction.
	$ cts.	$ cts.			
Brought forward	.....	9,821 53			
Malone, Maurice		0 07	Sillery	Bureau Chef	Avril 11, '88
Lapointe, Angèle		0 03	St-André, Kam.	do	Nov. 4, '89
Hallée, J.-Bte., Ptre		0 19	do do	do	do 4, '89
Fabr. St. André		12 76	do do	do	Mai 13, '90
Gagnon, Ephrem		1 46	St-Michel	do	Sept. 15, '92
Germain, Napoléon		0 41	AncienneLorette	do	Jan. 10, '90
Woodside, Hugh		0 13	33 rue St-Jean, Québec	do	do 17, '89
Chartré, Emelie		0 05	167 rue St-Jean, Québec	do	Juill. 11, '91
*a*Demers, M. A.		0 19	Grande Allée, Québec	do	Oct. 5, '89
*b*Demers, Arthur		24 54	Grande Allée, Québec	do	do 25, '90
Turcotte, Léonidas		0 42	9 rue St-Luc and Bonaventure	do	do 19, '91
Têtu, F. H		0 34	St-Adélaïde de Pabos	do	Juin 15, '92
Matte, Joseph		0 40	Rue St-George, Québec	do	Nov. 21, '81
Patry, Ferdinand		3 35	Rue Richelieu, Q	do	Mai 12, '90
Lizotte, Joseph		0 12	10rueSte-Ursule, Québec	do	Juin 6, '88
Bourbeau, Alfred		0 69	Charlesbourg	do	Oct. 25, '88
Desrochers, J.-B.		1 33	St-Flavien	do	Sept. 9, '90
Ross, Walter T.		0 30	7 rue Port Dauphin, Québec	do	Juin 23, '88
Richard, Alma		0 64	Rue St-Flavien, Québec	do	Nov. 17, '90
Lepire, Edmond		0 18	Rue Claire Fontaine, Quebec	do	Juin 18, '90
Carrier, Lydia		0 18	237 rue Richelieu, Québec	do	Mai 20, '91
Lapierre, Célestin		9 60	St-Laurent, I.O.	do	Mars 23, '89
Dion, L. Arthur		0 13	Côte Lamontagne, Québec	do	Juill. 30, '89
Bacon, Delphis		0 31	Rue Arago, Qué.	do	Nov. 14, '90
Langlois, Théophile		0 29	Ottawa	do	Juin 13, '89
Guérard, Marguerite		0 46	Ste-Foye	do	Oct. 29, '89
Shea, James		0 24	52 rue St-Eustache, Québec	do	Nov. 29, '92
Proulx, Hector		0 71	Ste-Anne de la Pocatière	do	Sept. 26, '90
Hill, Thomas		0 75	Rue du Palais, Q.	do	Fév. 11, '90
*c*Taché, Jule de Ls		4 32	23 rue du Palais, Québec	do	Nov. 12, '92
*d*Fabr. Ste. Perpétue		0 41	Ste-Perpétue	do	Sept. 11, '81
Henchey, J. H.		0 02	Rue Notre-Dame, Québec	do	Juin 7, '90
Leclerc, Rev. A. H,, Ptre		10 63	Ste-Catherine	do	Fév. 10, '91
Landry, Elmère		0 83	26 rue St-Louis	do	Sept. 2, '92
Langlois, Pierre		0 96	Isle aux Grues	do	Oct. 18, '88
Picher, Edouard		0 31	Rue St-Gabriel, Québec	do	Sept. 11, '89
Maheux, Nap.		0 28	Rue Berthelot, Québec	do	Fév. 12, '89
Leitch, J. G.		0 08	Hotel de Ville, Q.	do	Juin 18, '89
Carried forward	.....	9,899 64			

a Fils mineur de L. J. Demers. *b* Fils mineur de L. J. Demers, St. Sauveur. *c* Notaire. *d* Par Rév. Pouliot, Ptre.

Caisse d'Economie de Notre-Dame de Québec—Savings Bank of Notre-Dame de Québec.

Name ot Shareholder or Creditor. — Nom de l actionnaire ou du creancier.	Amount of Dividends unpaid for 5 years and over. — Dividende impayé pendant 5 ans et plus.	Balances standing for 5 years and over. — Balances restant depuis 5 ans et plus.	Last Known Address. — Dernière adresse connue.	Agency at which the last transaction took place. — Agence où la dernière transaction s'est faite	Date of last transaction. — Date de la dernière transaction.
	$ cts.	$ cts.			
Brought forward	....	9,899 64			
Morin, Théophile	....	8 24	Boston	Bureau Chef	Jan. 22, '90
Bouchard, Jas. J	....	0 08	Rue Couillard, Québec	do	Oct. 18, '89
eRameau, —	....	7 45	Inconnue	do	do 27, '88
fBoisvert, Marie	....	0 16	Portneuf	do	Juin 26, '88
Bénoit, Zénophile	....	1 95	Deschambault	do	Déc. 29, '90
Jacques, Ferdinand	....	2 04	St-Apolinaire	do	Fév. 3, '90
Ratté, Godfroi	....	0 46	Pont-Rouge	do	Déc. 21, '90
Ross, Louis N	....	1 42	Michigan	do	Fév. 12, '90
gLegrand, Arthur S	....	6 02	Paspébiac	do	Avril 1, '89
Richard, Edouard	....	0 04	St-Jean Chrysostôme	do	Juin 7, '92
Caron, Julie	....	6 03	Rue St-Jean, Qué	do	Août 22, '91
hBazar du Cap Rouge	....	0 35	....	do	do 11, '88
Thibault, Adjutor	....	0 52	Rue des Commissaires, Qué	do	Jan. 30, '91
Fontaine, Ad., in trust	....	2 43	40 Côte St-Généviève, Qué	do	Avril 9, '91
aRussell, Executor W. E	....	8 92	Rue St-Louis	do	Sept. 23, '89
Lapierre, Félix	....	0 62	Cap. St-Ignace	do	Mars 26, '89
Genest, Edmond	....	0 67	AncienneLorette	do	Avril 27, '89
Ledieu, Léon	....	0 68	Employé Civil	do	Nov. 19, '88
bPageot, Auréle.	....	8 46	Rue St-Jean, Que	do	Fév. 11, '92
Emond, Z. Zéphirin	....	0 14	Rue de la Chapelle, Qué	do	Juin 14, '89
Mercier, Louis	....	0 41	Rue Henderson	do	Sept. 22, '88
Paquet, Jas	....	0 58	Inconnue	do	Fév. 21, '89
Hamel, L. Nap	....	0 07	AncienneLorette	do	Nov. 6, '88
Cloustoun, Sarah	....	2 30	St-Romuald	do	Déc. 7, '92
Coulombe, Clémentine	....	0 02	Inconnue	do	Sept. 3, '88
Angers, Marie (ép. de J. C. Demeules)	....	0 29	Malbaie	do	do 10, '88
Bergeron, Samuel	....	0 13	Rue St-Jean, Qué	do	do 4, '88
Sylk, James	....	0 48	15 rue St-Gabriel, Qué	do	Août 19, '89
cMission St-Magloire	.. ..	3 90	St-Magloire	do	do 30, '89
Déchene, Meville Odille	....	2 57	Riv. du Loup (en bas)	do	do 2, '89
Laforce, Wilbrod	....	0 13	Rue Plessis, Qué	do	Oct. 11, '88
Lafontaine, Jos	....	0 65	Church St., Qué.	do	Juill. 8, '89
Turcotte, Jos.	....	0 08	St-Jean, I. Orl.	do	Août 22, '91
DesBecquets, Sarah	....	0 04	Rue St-Pierre, Q	do	Sept. 4, '90
Marois, Rév. V. O	....	2 92	Cap Rouge	do	Déc. 21, '89
Gingras, Joseph	....	0 95	Rue St-Olivier, Q	do	Sept. 21, '92
dClub des Jeunes Conservateurs	....	0 03	....	do	Oct. 17, '92
Lepage, Joseph	....	1 78	St-François, I. O	do	Nov. 6, '91
Taschereau, J. L	.. ..	0 52	Ste-Marie Bea'ce	do	Déc. 22, '88
Lefevre, Philippe	....	1 87	Rue Richelieu, Q	do	Avril 16, '89
Dénéchaud, Oscar	....	2 57	Rue NotreDame, Montreal	do	Mars 26, '89
Dubuc, D	....	1 93	Rue Plessis, Qué	do	Fév. 9, '91
Gourdeau, Eléonore (épouse de Arthur Baillargeon)	......	0 15	Ste-Pétronille, I. Orl	do	do 5, '92
Ménard, Clara	....	7 67	Côte Ste-Généviéve	do	Avril 21, '91
Bogue, Annie	....	0 79	Chemin Gomin	do	Oct. 23, '90
Dussault, Lévis	....	0 38	Rue Richelieu	do	Avril 14, '92
Carried forward	....	9,988 93			

e Par Mgr. J. B. Z. Bolduc, décédé. f Epouse de S. Gignac. g Fils mineur. h Par Mde Meville Déchêne. a Décédé. b Peintre. c Pr. Rév. J. B. Boulet, Ptre. d Pr. H. Chassé.

Dividendes impayés.

Caisse d'Économie de Notre-Dame de Québec—Savings Bank of Notre Dame de Québec.

Name of Shareholder or Creditor. — Nom de l'actionnaire ou du créancier.	Amount of Dividends unpaid for 5 years and over. — Dividende impayé pendant 5 ans et plus.	Balances standing for 5 years and over. — Balances restant depuis 5 ans et plus.	Last Known Address. — Dernière adresse connue.	Agency at which the last transaction took place. — Agence où la dernière transaction s'est faite.	Date of last transaction. — Date de la dernière transaction.
	$ cts.	$ cts.			
Brought forward		9,988 93			
Bourré, Jean-Bte		0 36	Rue Arago, Qué.	Bureau Chef	Déc. 21, '88
Allard, Emilie		0 52	AncienneLorette	do	Nov. 18, '89
Bourbeau, Aug		0 02	St-Augustin	do	Juin 11, '89
Minguy, J. A. F		0 41	Rue St-Valier, Q	do	Fév. 25, '90
French, Wm		1 36	Côte du Palais, Q	do	Juill. 21, '91
*e*Succ. feu. M. Blouin		0 03	Québec	do	do 3, '89
Lindsay, F. X		1 58	St-Valier, Bellechasse	do	do 25, '92
Lafrance, Rév. A		4 62	Sault-au-Cochon	do	Mars 10, '90
Dempsey, Joseph E		0 14	Rue St-Jean, Q.	do	Mai 2, '90
Hébert, Marie H. (ép. de H. Fréchette)		0 43	Rue Lachevrotière, Qué	do	Oct. 13, '92
Taschereau, Gabriel		2 57	Ste-Marie Bea'ce	do	do 18, '88
Tessier, Cyr (inré Barabé)		0 09	Rue St-George, Q	do	Déc. 17, '88
Chamberland, Auxélia		0 16	Rue Richelieu, Q	do	Août 31, '89
Tanguay & Lafleur		1 29	Rue St-Nicholas, Qué	do	Avril 15, '91
Roy, Jos		0 74	Université Laval, Qué	do	do 10, '91
Fournier, Arthur		1 42	St-Thos., Montmorency	do	Mars 22, '90
Bourgard, Joseph		0 20	St-Michel Bellechasse	do	Fév. 4, '89
Dupont, Xavier		0 59	St-Aubert	do	Jan. 11, '89
Mars, Barthélemi		0 96	St-Appolinaire	do	Déc. 23, '90
Delisle, Joseph		26 22	Deschambault	do	Mai 2, '91
*a*Duhamel, George		35 00	Esplanade	do	do 5, '91
Rousseau, Théod		0 18	St-Agapit	do	Juil. 19, '90
Girouard, Siméon		0 57	Rue d'Aiguillon, Qué.	do	Avril 29, '89
Gauthier dit Larouche, Jos		0 03	Chicoutimi	do	Juill. 11, '89
Drolet, Eugène		9 65	Rue St-Jean, Qué.	do	Oct. 10, '89
Drolet, Emina, (ép. de J. H. Hardy)		5 47	do	do	do 10, '89
Lemay, Frédelie		0 26	Rue Desjardins, Que.	do	Sept. 8, '90
Vezina, Chs		1 92	Isle aux Grues	do	Avril 18, '89
Lalibertie, Luce, (veuve de Ovide Lachance)		0 23	St-Laurent, Ile d'Orleans	do	Nov. 12, '90
McCarthy, D		0 02	Rue St-Valier, Qué.	do	Avril 20, '89
Moisau, Hector		0 40	AncienneLorette	do	Fév. 28, '89
Matte, Julie (veuve de Ferd. Deslauriers)		0 31	Isle aux Grues	do	Août 28, '91
Lapierre, Ada		6 74	Rue St-Pierre, Qué.	do	Avril 9, '91
Trudelle, Joseph		0 15	Rue Sutherland, Qué.	do	Fév. 4, '89
Delisle, L. T., Capt		18 36	Trois Pistoles	do	Déc. 14, '91
McGarry, Anne (ép. de Ed. Littlejohn)		0 07	Maple Avenue	do	Avril 16, '92
Donn, John		0 08	Ste-Foye	do	Nov. 2, '89
Handford, Emilie (ép. de A. Trépanier)		0 13	Côte Ste-Geneviève	do	Mai 17, '89
Bergeron, Louis		0 81	Cap St-Ignace	do	Mars 19, '90
Voyer, Annie (ép. de F. Weippert)		0 07	Rue St-Jean	do	Juill. 9, '90
Taillon, Marie		53 90	St-Féreol	do	Août 13, '92
Guay, Lydia		0 06	St-Joseph, Lèvis	do	Nov. 3, '91
Nadeau, Marie		0 04	Rue Ferland	do	Juin 18, '92
Carried forward		10,167 09			

e Pr. Math. Blouin and V. W. LaRue, Ex. *a* Décédé.

Caisse d'Economie de Notre-Dame de Québec—Savings Bank of Notre Dame de Québec.

Name of Shareholder or Creditor. — Nom de l'actionnaire ou du creancier.	Amount of Dividends unpaid for 5 years and over. — Dividende impayé pendant 5 ans et plus.	Balances standing for 5 years and over. — Balances restant depuis 5 ans et plus.	Last Known Address. — Dernière adresse connue.	Agency at which the last transaction took place. — Agence où la dernière transaction s'est faite.	Date of last transaction. — Date de la dernière transaction.
	$ cts.	$ cts.			
Brought forward		10,167 09			
Boucher, Victoria (ép. Louis Langelier)		0 07	Rue Couillard	Bureau Chef	Mars 21, '89
Heynberg, M. Anne		0 14	do	do	do 1, '89
Gauthier, Eléonore		0 58	Port Neuf	do	Sept. 12, '90
Maranda, Jos		0 74	Rue Ste-Hélène	do	Mars 15, '90
Pageau, Odule		0 59	Spencerwood	do	Oct. 10, '92
Martel, A. Marie		0 75	Rue Chrystie, Q.	do	Jan. 4, '90
Joncas, Luc		0 72	St-François Montmagny	do	Oct. 1, '89
Angers, E. J., in trust		0 15	Rue St-Pierre	do	Sept. 3, '89
Vallée, Salomée (ép. de Moïse Lortie)		0 14	Beauport	do	Juill. 18, '91
Falardeau, Louis		0 25	Rue St-Valier, Que.	do	Mai 3, '89
Langlois, Alexina		0 28	Dr. Venner, Qué	do	Sept. 6, '91
Blouin, Sara (ép. de F. X. Langevin)		0 03	Rue St-George, Q	do	Juill. 18, '91
Bussières, J. F		0 44	Ste-Jeanne, Neuville	do	do 5, '89
*a*Société de la St. Ephrem de Tring		1 48		do	Mars 10, '90
*b*Mission Ste-Méthode d'Adstock		0 05		do	Avril 27, '89
Couture, François		4 17	St-Ambroise	do	Sept. 24, '90
Boivin, Joseph		0 06	Ste-Foye	do	Juill. 3, '91
Hamel, Daniel		0 18	Mont Plaisant	do	do 22, '92
Dickner, Ernest		0 56	St-Epiphane	do	Nov. 4, '89
*c*Fréchette, Marie A		0 43		do	Sept. 20, '92
Tessier, Cyrille		0 01	Rue d'Aiguillon	do	Oct. 25, '89
*d*Union Mutuelle des Cochers		0 57		do	Nov. 5, '89
Sevigny, Henriette (ép. de Aug. Dallaire)		0 06	Rue St-Olivier	do	Sept. 12, '89
Jobin, François		1 85	do	do	Fév. 26, '90
Beaupré, Bénoni		0 91	Ancienne Lorette	do	Déc. 31, '92
Boivin, Jean		1 54	Ste-Catherine	do	Mars 26, '91
Elliott, Jos		0 14	Rue Champlain, Qué.	do	Août 29, '89
*e*Gaboury, Mary		252 78	Rue St-Augustin Que.	do	Sept. 29, '91
Cumming, John H		14 67		do	Nov. 20, '89
DeFoy, Homéline		140 68	Rue Angèle, Que	do	Juill. 22, '91
Blais, Rev. A., Mgr.		2 37	Rimouski	do	Jan. 24, '90
Cantin, Jos. H		0 41	Rue Albert, Qué.	do	Oct. 27, '90
Myrand, Delima		0 13	Ste-Foye	do	Juin 15, '91
Métivier, Edouard		0 22	Rue St. George	do	do 30, '91
Garneau, Césarine		0 61	Chemins St-Foye	do	Nov. 18, '90
Lapointe, Frs. S		2 42	Ste-Foye	do	Jan. 15, '90
Evarts, Esther (épouse Arth. Côté)		0 09	Unknown	do	Mars 26, '92
Deslisle, Emile		0 19	Rue St-Gabriel, Q	do	Sept. 18, '90
Langlois, Clara (épouse Jos. Gingras)		0 05	Rue St-Olivier, Q	do	Août 8, '92
Plamondon, Rosalie		0 13	do	do	do 31, '92
Pelletier, Edgar		1 18	Beaumont	do	Avril 25, '91
Magnan, D. M. A., Ptre		0 10	Baie St-Paul	do	Juin 9, '92
Breton, Geo		2 34	Eustache Hill	do	Mai 25, '92
Paradis, F. X		0 22	Rue St-Real	do	Sept. 29, '90
*f*DeBlois, l'Hon. Pierre Ant.		4 21	Beauport	do	Fév. 25, '91
Angers, Elie N. P		0 12	Malbaie	do	Mars 6, '91
Dallaire, Philippe		0 15	Rue Ste-Julie	do	Juin 10, '90
Bernard, Siméon		0 18	Lotbinière	do	Nov. 10, '90
LaRue, Léda		0 77	St-Augustin, Co. Portneuf.	do	Juill. 16, '89
Dupuis Jos. N		0 47	St-Henri (st'tion)	do	do 26, '90
Guérard, Louis		0 28	Rue St-Ursule)	do	Sept. 28, '89
Carried forward		10,608 75			

a and *b* Par Rev. L. M. Morisset, Ptr. *c* Par Mde H. H. Frechette. *d* Par Ferd. Bertrand and Louis Mollet. *e* Hudson Bay Co., Lake St. John. *f* Curateur aux biens J. Warren.

Dividendes impayés.

Caisse d'Économie de Notre-Dame de Québec—Savings Bank of Notre-Dame de Québec.

Name of Shareholder or Creditor. — Nom de l'actionnaire ou du creancier.	Amount of Dividends unpaid for 5 years and over. — Dividende impayé pendant 5 ans et plus.	Balances standing for 5 years and over. — Balances restant depuis 5 ans et plus.	Last Known Address. — Dernière adresse connue.	Agency at which the last transaction took place. — Agence où la dernière transaction s'est faite	Date of last transaction. — Date de la dernière transaction.
	$ cts.	$ cts.			
Brought forward..........	....	10,608 75			
Dionne, Philoméne....................	....	5 75	St-Antoine Tilly	Bureau Chef	Nov. 12, '92
Larivé, Hosanna (veuve de L. T. Dussault)	....	0 38	234 rue St-Jean, Que	do ..	Sept. 18, '89
Binet, Polycarpe	....	0 72	Beauport.......	do ..	Oct. 30, '91
Desrochers, Remi...................	....	3 22	St-Croix..	do ..	do 10, '92
Daigle, Alphonsine..	....	0 23	St-Antoine.. ...	do ..	Juill. 30, '92
Dion & frère, L. A	....	1 30	Côté du Palais, Q	do ..	Oct. 27, '91
Castolow, George....................	....	0 30	185 rue St. Olivier Que...	do ..	Août 9, '91
Légaré, succ. de Dme. Jacques	....	0 19	2 rue Stuart, Q..	do ..	Juill. 13, '92
Moisau, Etienne	....	0 06	St-Raymond....	do ..	do 2, '92
Gourdeau, Justine (ép. de Isaac Gourdeau)	....	0 36	Ste - Pétronille, I. O......... ..	do ..	Nov. 5, '89
Goherty, Bella (épouse de John Ahern).	....	6 17	20 rue Conroy, Q.	do ..	Oct. 26, '91
Campeau, Arthémise (épouse de Ed. de LaSalle *dit* Sanschagrin)........	....	0 13	288 rue Richelieu, Que	do ..	Nov. 21, '90
O'Sullivan, Marie Louise........	.. ....	0 40	26 rue Ste-Julie, Que	do ..	Jan. 31, '91
Pomerleau, Adéline.........	....	1 83	Ste-Marie, Beauce.	do ..	Mars 12, '90
Demers, Marie C. (ép. de Nap. G. Gray).	....	0 06	St-Romuald	do ..	Juill. 22, '91
Savard, Joseph........	....	0 02	150 rue St-Patrice	do ..	Nov. 13, '89
Coveney, Bridget (ép. de Hugh O'Donnell)	....	0 10	Québec....... .	do ..	Déc. 14, '89
Côté, Jos. Ths. L..	....	0 01	Montreal.. ..	do ..	Mai 17, '92
Anger, Cléophas.....	....	7 59	Ste-Croix..	do ..	Fév. 1, '92
Gauvreau, Lucien.........	....	0 11	Québec........	do ..	Avril 20, '91
Gauvreau, Pierre...	....	0 18	do	do ..	do 20, '91
Lanouette, Louis C.............. ...	.. ..	1 26	268 rue Richelieu, Qué	do ..	Mai 8, '91
Laroche, Napoléon..................		0 67	Hedleyville. ...	do ..	Jan. 24, '90
Blais, Alexandre.................. ..	....	0 30	Mountain Hill, Q	do ..	Fév. 6, '90
Sergerie, Alfred................. .. .	....	0 32	75 Sault au Matelot, Qué	do .	Mars. 14, '92
Bertrand, Louis........	....	0 03	93 rue Scott, Q..	do ..	Juill. 26, '90
*a*Larose Amanda........	....	0 12	36 do ..	do ..	Nov. 4, '89
Laberge, Joseph	....	0 65	Ange Gardien ..	do ..	Jan. 25, '90
Dupuis, Adjutor.....................	....	0 03	26 rue Berthelot, Qué	do ..	Mars 17, '90
Laverdière, Omer....................	....	0 14	St-Raphael.....	do ..	Avril 24, '92
Brosseau, Catherine.........	....	0 15	57 rue Ste-Anne, Qué	do ..	Août 25, '90
Leclerc, Marie P.	....	0 32	Hôtel Dieu, Qué.	do ..	Sept. 24, '91
Veilleux, Léontine..................	....	0 18	10 rue Hébert, Q.	do ..	Fév. 12, '91
Lessard, Délia..............	....	0 47	Petite Rivière, Q.	do ..	Nov. 22, '90
Vallière, Edouard...................	. ....	0 78	128 rue St-Augustin, Qué.....	do ..	Déc. 15, '91
Drolet, Alphonse	....	1 31	33 rue St-Jean, Q	do ..	Avril 29, '90
Normand, Richard	....	671 20	St-Thomas, Montmagny	do ..	Sept. 11, '89
Reason, Mary (épouse de C. O'Leary) ..	....	0 01	12 rue du Pont, Qué.........	do ..	Nov. 22, '92
Larochelle, Jos.	.. ..	4 34	St-Michel......	do ..	Fév. 27, '90
Fortier, Antoine....................	....	0 86	Rue Victoria, Q.	do ..	Sept. 17, '92
Musson, Henry D.................. ...	....	0 41	Rue Conroy, Qué	do ..	Mai 18, '91
Gagnon, Cléophée....................	....	6 66	St-Joachim.....	do ..	Fév. 16, '92
Moriss, Roch.......................	....	0 19	Côté Lamontagne, Qué....	do ..	Nov. 26, '89
Lacasse, Arthur..	....	0 12	St-Romuald.....	do ..	Fév. 20, '92
Carried forward...........	....	11,328 38			

a Épouse de Theo. Mesnard.

Caisse d'Economie de Notre-Dame de Québec—Savings Bank of Notre-Dame de Québec.

Name of Shareholder or Creditor. — Nom de l'actionnaire ou du créancier.	Amount of Dividends unpaid for 5 years and over. — Dividende impayé pendant 5 ans et plus.	Balances standing for 5 years and over. — Balances restant depuis 5 ans et plus.	Last Known Address. — Dernière adresse connue.	Agency at which the last transaction took place. — Agence où la dernière transaction s'est faite.	Date of last transaction. — Date de la dernière transaction.
	$ cts.	$ cts.			
Brought forward....	....	11,328 38			
Hamel, Charles...............	....	0 17	Rue Arago, Qué.	Bureau Chef.	Jan. 3, '90
Haude, Rémi..............	... .	0 06	Lotbinière, Qué....	do ..	Nov. 13, '89
Pépin, Rosalie	....	0 77	Rue Scott, Qué..	do ..	do 18, '90
Mercier, Pierre...............	....	2 13	Rue Ste-Thérèse, Qué	do ..	Mai 15, '90
Pépin, Jérémie	....	0 15	Charlesbourg ...	do ..	Nov. 9, '89
LeBlanc, J. Maurice.............. .	....	0 33	Port Daniel.....	do ..	do 16, '89
Trudel, Marie (veuve E. Ferland) ...	....	7 37	St-Pierre, I. Orl.	do ..	Jan. 9, '92
Olivier, Naz. N............	....	6 19	Rue Ferland, Q.	do ..	Oct. 25, '92
Gagnon, Phil..	....	4 27	Baie St-Paul. ..	do ..	Nov. 5, '90
Blais, Rosanna..............	....	0 89	Ancienne Lorette	do ..	Fév. 9, '91
Perreault, Henriette (veuve de Louis Royer).......	....	0 03	Ste-Marie, Beauce.......	do ..	Juin 8, '91
Rév. Sr. St-Vincent de Paul..........	....	1 60	Bon Pasteur....	do ..	Jan. 2, '90
Bégin, Herbert	....	0 34	St-David, Lévis.	do ..	do 22, '90
Bégin, Henriette...............	....	0 74	do ..	do ..	Juill. 4, '90
Rochon, Louisa (épouse de Maurice Mallone)........	....	1 56	Sillery Hill.....	do ..	Mars 28, '90
Dionne, Zéphirin..................	....	7 58	Séminaire de Québec..... ..	do ..	Avril 6, '92
Dubois, Arcade.............	....	0 52	Lotbinière.....	do ..	Sept. 8, '90
McKnight, P. W., in trust	....	0 09	33 rue St-Stanislas, Qué . .	do ..	Avril 13, '91
Levêque, Pierre...........	....	11 63	85 rue d'Aiguillon, Qué	do ..	Déc. 18, '90
Delisle, Diana......	....	0 27	Pointe aux Trembles.....	do ..	Nov. 8, '90
Bégin, Anne Marie (épouse de A. Caron)	....	6 27	Rue St-Paul, Q..	do ..	Sept. 28, '92
Minard, Marie (épouse de Louis Chabot)	....	2 34	St-Henri........	do ..	Nov. 5, '90
Marquis, Rév. Caliste................	....	0 66	St-Célestin.. ..	do ..	Sept. 26, '91
Caron, Marguerite G	....	0 80	23 rue St-Jean ..	do ..	Mai 7, '92
Horan, Ange (épouse de Moore Higgins)	....	0 93	35 rue Dauphin..	do ..	Avril 21, '92
Boilard, Rév. A. E............... ..	....	1 27	Séminaire de Québec......	do ..	Mai 18, '91
*a*Caron, Edouard	....	0 64	L'Islet........	do ..	Déc. 1, '90
Lortie, Joséphine.....................	....	0 27	130 rue Ste-Anne	do ..	Juill. 26, '92
Boily, Marie Lse......	....	27 17	Ancienne Lorette	do ..	Août 6, '92
Boily, Joseph.........	....	27 16	do ..	do ..	do 16, '92
Parke, Charlotte (veuve de James Thomson)	....	0 05	457 rue St-Jean, Qué	do ..	Déc. 30, '90
Reason, Jane (épouse de G. B. Lawrence)	....	0 17	525 rue St-Jean, Qué.........	do ..	do 13, '92
Lagrieux, Louis.	....	0 04	St-Nicholas.....	do ..	Juin 27, '90
Bédard, Philippine..................	....	7 50	Inconnue . .	do ..	Nov. 7, '91
Brousseau, Arthur	....	0 21	Québec.........	do ..	Fév. 27, '91
Auclair, Joseph.................	....	0 22	49 rue Richelieu, Qué	do ..	Juill. 15, '92
Gingras, Philippe....................	....	0 73	371 rue St-Jean, Qué	do ..	Août 21, '90
Coté, Joséphine (ép. de J. A. Tourgeon)	....	0 07	335 rue St-Jean, Qué.........	do ..	Sept. 1, '92
Ménard, Joséphine..........	....	0 18	173 rue Richardson, Qué......	do ..	Déc. 14, '92
Doré, Agnus.....	....	0 11	Cap Santé ...	do ..	Juin 21, '90
Doré, Zélire	. ...	0 07	do ...	do ..	do 21, '90
Carried forward.....	....	11,451 93			

a Par Mde. Hermine P. Caron.

Dividendes impayés.

Caisse d'Economie de Notre-Dame de Québec—Savings Bank of Notre Dame de Québec.

Name of Shareholder or Creditor. — Nom de l'actionnaire ou du créancier.	Amount of Dividends unpaid for 5 years and over. — Dividende impayé pendant 5 ans et plus.	Balances standing for 5 years and over. — Balances restant depuis 5 ans et plus.	Last Known Address. — Dernière adresse connue.	Agency at which the last transaction took place. — Agence où la dernière transaction s'est faite.	Date of last transaction. — Date de la dernière transaction.
	$ cts.	$ cts.			
Brought forward		11,451 93			
Forgues, Chs. E		0 08	Malbaie	Bureau Chef	Mars 18, '90
Dugal, Emilie		0 23	40 rue Ste-Angèle, Qué	do	Juill. 30, '91
Dugal, Caroline		0 46	do	do	Oct. 30, '91
Fortier, Joseph		100 01	Marche Finlay, Q	do	Déc. 19, '92
Tarte, J. Israël		11 80	Ottawa	do	Juill. 19, '90
Blondeau & Cie, D		2 79	Rue St-Jean, Q.	do	Mars 12, '91
Rémillard, Jos. A		501 71	31 rue Couillard, Qué	do	Juill. 2, '92
aCasgrain, Rev. René		0 25	Hotel Dieu, Qué	do	Mars 5, '91
Guay, Mgr. Chs		3 28	Rimouski	do	Fév. 16, '92
John E. Walsh & Turner & Bros		0 07	Rue St-Jean, Q.	do	Mai 31, '90
Hudlet, Alfred		3 11	226 do	do	Sept. 17, '90
Chabot, Odélie		72 67	Buckland	do	do 26, '92
Desroches, Florida (ép. de Ferd. Savary)		7 32	390 rue St-Jean, Qué	do	Oct. 21, '92
Gosselin, F. X		1 83	58 rue Latourelle, Qué	do	Nov. 9, '91
Coté, Jos. E		1 66	96 rue Richelieu, Qué	do	do 28, '92
Moisan, Joséphine		0 03	114 rue Latourelle, Qué	do	Août 20, '91
Leveillé, Joseph		1 73	61 rue St. Olivier, Qué	do	Nov. 4, '92
Richard, Ulphie		0 04	Portneuf	do	Juin 14, '92
McCready, Emma		2 30	187 rue St-Olivier Qué	do	Mai 12, '91
Robitaille, Joseph		0 11	Rue d'Aiguillon, Qué	do	Oct. 30, '90
Convent N. D. des Laurentides Charlesbourg		2 29	Charlesbourg	do	do 19, '91
Morin, Florida		0 51	5 rue Petit Champlain, Qué	do	do 23, '90
Jobin, Louis		0 07	11 rue de Salaberry, Q	do	Sept. 6, '90
Prémont, Antoinette		0 20	Serv. de Juge Chauveau, Q.	do	Nov. 20, '90
Rochette, Pierre		0 50	Riv. a Pierre	do	Mars 20, '90
Godin, François		2 41	73 rue Lachevrotière, Qué	do	Déc. 24, '91
Elliott, Chs. E		0 60	Rue Ste-Ursule, Qué	do	Oct. 15, '92
Lemieux, Alexina (ve. de N. E. Laforce)		0 06		do	Sept. 27, '92
Downday, Mary (ép. de Pat. McDonald)		0 03	Ste-Catherine	do	Juill. 2, '91
Asile du Bon Pasteur		2 06	Québec	do	Oct. 14, '91
Dionne, Anne Marie		0 04	St-Raymond	do	Juin 13, '91
Demers, Louis		0 03	17 rue St-Jean, Qué	do	do 10, '90
Garneau, Zotique		0 33	4 rue St-Jean, Q.	do	Août 4, '90
Gauvin, Joseph		0 10	Ancienne Lorette	do	Juill. 2, '90
Pichette, Louis, alias Paul		0 11	Rue Signaï, Qué.	do	Juin 23, '91
Leclerc, Rosario		0 08	77 rue St-Valier, Qué.	do	Fév. 28, '91
Tanguay, Benjamin		0 74	43 rue Napoléon, Qué	do	Jan. 7, '91
Leclerc, Euchariste		0 51	Hotel Dieu, Qué.	do	Août 16, '91
Wright, Sarah M., (épouse de Edouard Haberson)		0 28	12 rue St-Flavien, Qué	do	do 21, '90
Carried forward		12,174 36			

a Exécuteur de Dme. E. Casgrain.

3a—14

Caisse d'Économie de Notre-Dame de Québec—Savings Bank of Notre-Dame de Québec.

Name of Shareholder or Creditor. — Nom de l'actionnaire ou du creancier.	Amount of Dividends unpaid for 5 years and over. — Dividende impayé pendant 5 ans et plus.	Balances standing for 5 years and over. — Balances restant depuis 5 ans et plus.	Last Known Address. — Dernière adresse connue.	Agency at which the last transaction took place. — Agence où la dernière transaction s'est faite	Date of last transaction. — Date de la dernière transaction.
	$ cts.	$ cts.			
Brought forward	....	12,174 36			
Paul, Peter		0 12	Rue Champlain, Qué	Bureau Chef	Oct. 31, '92
Greffard, Cyrille		0 06	College St-Patrick	do	Juin 30, '90
Leduc, Emile (ép. de E. L. Bourget)		0 63	St-Joseph, Lévis	do	do 27, '90
Levesque, J. B		1 48	St. Antoine de Tilley	do	Juill. 31, '90
Carbonneau, Pierre		0 13	Lévis	do	Oct. 8, '91
Raymond, Marie (veuve de Samuel Rioux)		0 60	4 Rue Hébert, Q.	do	Sept. 7, '92
Moreau, Sophie		1 20	AncienneLorette	do	Mai 14, '90
aChapelle St-Thomas, Florid		1 36	Floride	do	Août 8, '90
Bussières, Louis		0 07	Hotel Dieu, Qué.	do	Mai 27, '92
Dorion, Louis N		0 04	serv. de Garneau Fils et cie	do	do 30, '90
Blais, Jules		2 15	Berthier (en bas)	do	Déc. 16, '90
Gagné, Antoine		0 83	27 rue Ste Madeleine, Qué	do	Juill. 17, '91
Cary, Mary Jane (veuve de L. A. Cannon)		0 39	18 rue d'Aiguillon, Qué	do	Sept. 16, '92
Faucher, Stanislas		2 39	St. Michel, Qué.	do	Nov. 26, '90
Drouin, Marceline		0 16	Rue Ste. Marguerite, Qué	do	Sept. 30, '90
Roumilhac, Ernest		0 36	Rue Ste-Jean, Q.	do	Déc. 3, '91
Nadeau, Mathilda (veuve de Aug. Lauzé)		0 02	Lotbinière	do	Jan. 11, '91
LeBel, T. Michel T.		0 67	Kamouraska	do	Août 8, '91
Sutton, Frances (épouse de P. Flanigan)		0 13	....	do	Sept. 6, '90
bDélorme, Léon		0 56	Québec	do	Avril 4, '92
Chartré, Louise (épouse de Frank Reinhardt)		0 03	50 rue St-Patrice, Qué	do	Août 5, '90
Coté, Pierre		1 84	13 rue St-Michel, Qué	do	Avril 21, '92
Larue, Thomas		0 12	8 rue St-François Qué	do	Jan. 5, '91
Lafontaine, Joseph		0 87	AncienneLorette	do	Mai 9, '91
Fiset, Josephine		0 06	40 rue Garneau, Q	do	Mars 11, '91
Asile Ste. Bridget		8 43	Québec	do	Août 10, '91
Chantal, Joseph		0 21	19 rue Alfred, Qué	do	Juill. 20, '92
Johnston, Catherine W		3 00	Charlesbourg	do	Mars. 2, '91
Guay, Arthur		0 87	St-Joseph Lévis.	do	do 20, '91
Poitras, Omer		0 07	Rue d'Aiguillon, Qué	do	Juill. 21, '91
Dussault, Joseph A.		28	423 rue St-Jean, Q	do	do 27, '91
Rigalt, John		0 03	112 rue St-Jean, Q	do	Déc. 26, '90
Allard, Sara		0 86	St-Ambroise	do	Août 24, '92
Béchard, Narcisse		0 04	21 rue St-Réal, Q.	do	do 20, '91
Roy, Arthur		0 03	1 rue du Trésor, Q	do	Nov. 26, '90
Vézina, Louis, suc		0 08	Ange Gardi n	do	Juill. 9, '92
Lizotte, Joseph		0 05	90 rue St-Georges, Qué	do	do 8, '91
Rochon, Jean		2 37 0	253 rue Richelieu Qué	do	Jan. 28, '91
Fréderick, Rebecca		0 20	21 rue Jupiter, Q.	do	Déc. 31, '91
Devarennes, Sophie		0 49 0	20 rue St. Geneviève, Qué	do	Oct. 13, '92
Shaw, Peter		0 06	St-Raymond	do	Déc. 31, '92
Talbot, Alfred		1 95	Cap St. Ignace	do	Sept. 7, '92
Carried forward	....	12,209 65			

a Par Mme. Chs. Sharples. b Décédé.

Dividendes impayés.

Caisse d'Economie de Notre-Dame de Québec—Savings Bank of Notre-Dame de Québec.

Name of Shareholder or Creditor. — Nom de l'actionnaire ou du creancier.	Amount of Dividends unpaid for 5 years and over. — Dividende impayé pendant 5 ans et plus.	Balances standing for 5 years and over. — Balances restant depuis 5 ans et plus.	Last Known Address. — Dernière adresse connue.	Agency at which the last transaction took place. — Agence où la dernière transaction s'est faite.	Date of last transaction. — Date de la dernière transaction.
	$ cts.	$ cts.			
Brought forward..	....	12,209 65			
cSociété Belge de Bienfaisance et Protection pour les Immigrants		79 74	....	Bureau Chef	Nov. 25, '92
Baker, Peter D.		0 50	15 rue St-George, Que	do	do 26, '91
Blanchette, Euphémie (épouse de Samuel Martineau)		1 24	St-Romuald	do	do 11, '90
Collette, Ulric		0 40	St-Basile	do	do 4, '90
Blouin, Pièrre (fils d'Irénée)		0 58	St-Jean, I. Orl.	do	Sept. 25, '91
Dion, Narcisse		2 40	AncienneLorette	do	Déc. 10, '92
Caron, A. P., et Cie.		0 15	12 rue St-Jean, Q	do	do 23, '90
Talbot, Georgina		0 02	St-Anselme	do	Juin 9, '91
St. Pierre, Juliana, (veuve de P. Xavier Bertrand)		8 70	160 Rue St. Olivier, Qué	do	Fév. 19, '92
Devarennes, Jos		0 03	AncienneLorette	do	Oct. 15, '90
Fortier, Joseph		0 28	45 Rue Arago, Q.	do	Juill. 11, '91
Olivier, Benjamin		0 04	St. Nicholas.	do	Juin 13, '91
Vézina, Albertine		3 15	55 Rue St. Gabriel, Qué	do	Mars 7, '91
Turgeon, Arthur		32 10	St. Joseph, Levis	do	Sept. 12, '90
Verret, Ignace		1 28	Petite Rivière, Q.	do	do 11, '91
Turgeon, J. J. B.		0 01	31 rue Lachevrotiére, Qué.	do	Juin 27, '91
Michon, Théophile		0 58	226 Rue St. Jean, Qué	do	Fév. 26, '91
St. Laurent, Merilda, (ép. de Elie Brunelle)		0 16	112 Rue Scott, Q.	do	Nov. 11, '90
Labbé, François		0 15	St. Romuald	do	Juill. 21, '91
Richard, Elisé		1 41	Spencerwood	do	Oct. 21, '92
Marcoux, Sophie		0 88	86 Rue St. Augustin, Qué.	do	Mai 10, '92
Perkins, Richard		1 82	58 RueRichmo'd, Qué	do	Sept. 7, '92
Murphy, Angus		13 09	123 Rue St. Valier, Qué	do	Avril 20, '92
Auger, Léa		0 03	51 Rue St. Eustache, Qué	do	Déc. 9, '90
Savard, Edmond		0 10	18 Rue Berthelot, Qué	do	Oct. 24, '92
Vaillancourt, Célestin		0 12	158 Rue d'Aiguillon, Qué	do	Sept. 29, '92
Brulotte, Zélia		0 16	St. Joseph, Lév.	do	Déc. 10, '91
Parent, Pierre		1 26	22 RueSt. George, Qué	do	Avril 16, '92
Carpentier, Joseph		0 89	174 Rue St. Boisseau, Qué	do	Déc. 14, '91
Déchenes, Alphonse		0 46	St. François, I.O.	do	Août 15, '91
Landry, J. B. Hubert		0 23	St. Romuald	do	Jan. 26, '81
aDaigle, Rosalie		93 38	Marché Finlay, Q	do	Dec. 19, '92
Fortier, Rosanna		27 65	do	do	do 19, '92
Fortier, Mélina		27 65	do	do	do 19, '92
François, Alfred		0 51	Hotel Blanchard, Qué		
Poitras, Michel		0 10	97 Rue St. Olivier	do	Sept. 24, '92
Poitras, Adolphe		0 37	38 Rue O'Connell	do	Dec. 28, '91
Grenier, David		0 61	Beauport	do	Avril 9, '92
Fafard, Auguste		1 38	L'Islet	do	Oct. 27, '92
Roy, F. Louis		0 16	33 Rue St. Gabriel, Qué	do	Avril 14, '91
Hamel, Augustine		0 03	11 Rue Collin, Q.	do	do 16, '92
bRousseau, Alexina Marie		5 05	St. Pierre, I. O.	do	do 8, '91
Carried forward.		12,518 50			

c G. Macquet, pres.; A. Filaine, tres. a Veuve de Remi Martineau. b Veuve de F. Gosselin.

Caisse d'Economie de Notre-Dame de Québec—Savings Bank of Notre-Dame de Québec.

Name of Shareholder or Creditor. — Nom de l'actionnaire ou du créancier.	Amount of Dividends unpaid for 5 years and over. — Dividende impayé pendant 5 ans et plus.	Balances standing for 5 years and over. — Balances restant depuis 5 ans et plus.	Last Known Address. — Dernière adresse connue.	Agency at which the last transaction took place. — Agence où la dernière transaction s'est faite.	Date of last transaction. — Date de la dernière transaction.
	$ cts.	$ cts.			
Brought forward	....	12,518 50			
Pageot, E. Jacques		0 62	AncienneLorette	Bureau Chef	Juill. 20, '92
St. Onge, Lucien		0 05	Ste. Catherine	do	Juin 20, '92
Rousseau, Honoré		0 27	Lotbinière	do	Fév. 18, '91
Petitclèrc, Hélène		0 34	62 Rue St. Augustin, Que	do	Avril 9, '92
Frenette, Isaie		1 34	Cap Santé	do	Jan. 29, '91
Morosse, Antoine		0 32	St. Augustin	do	Avril 24, '94
Alarie, Augustus		8 62	165 Rue Grant, Qué	do	do 9, '92
Langlois, J. A. Thomas		0 01	Employee C.P.R	do	Juin 10, '91
Ryan, Agnes		0 19	21 Rue Ferland, Qué	do	Nov. 13, '91
Hamel, François		0 82	AncienneLorette	do	Oct. 26, '91
Bergeron, Jos. Hector		3 42	Archeveche de Québec	do	Mai 25, '92
Doré, Jean		0 02	St. Basile	do	do 25, '92
Loisel, F. John		0 04	659 Rue Champlain, Qué	do	do 25, '91
Tessier, R. McKenzie		37 59	— Rue d'Aiguillon	do	Juill. 9, '92
Dorion, Eric		0 52	50 Rue Coullard, Qué	do	Mai 27, '92
Robert, Emerilda		0 48	Beauport	do	do 25, '92
Asselin, F. X		22 13	Montreal	do	do 25, '92
Lamontagne, Louis		0 04	133 Rue Richelieu, Qué	do	do 25, '91
Langlois, Onésime		0 06	Berthier en bas	do	Oct. 19, '91
Beaudoin, Elzéar		0 20	Quebec	do	Mai 25, '92
Paré, Emma		0 85	4 rue Ste-Famille, Qué	do	do 25, '92
Baker, Annie		0 69	16 rue Laberge, Q	do	Mars 31, '92
*a*Fabrique de St-Charles de Caplan		66 89	....	do	do 17, '92
Paradis, Fernand		0 82	38 rue St-Eustache, Qué	do	Oct. 28, '92
Rousseau, Marie Louise and Alphonsine		0 32	St-Thomas, Montmagny	do	Sept. 26, '91
Leclerc, Sophronie		1 28	St-Romuald	do	Août 19, '91
Bernier, Zéphirin		0 45	L'Islet	do	Oct. 19, '92
Duffie, Ethel		0 21	31 rue St-Jean, Qué	do	Juill. 20, '91
Savard, Marie		0 86	59 rue St-George, Qué	do	Avril 20, '92
Leclerc, Caroline		0 14	77 rue Latourelle, Qué	do	Août 8, '9[illegible]
Simard, Arthur		0 58	22 rue St-Jean, Qué	do	Mai 5, '92
Marticotte, Emma		0 17	15 rue Latourelle, Qué	do	Oct. 3, '92
Lafrance, Joseph		0 16	AncienneLorette	do	Déc. 19, '91
Robitaille, Rémi		1 19	266 rue Richelieu, Qué	do	Sept. 19, '92
St. Pierre, Adélaïde		1 27	152 rue Côte d'Abraham, Q.	do	Nov. 16, '92
Bachand, Alfred		0 15	108 rue St-Augustin, Qué	do	Sept. 9, '91
Plante, Vincent		2 42	84 rue St-Pierre, Qué	do	do 28, '91
Carried forward	....	12,674 03			

a Par Mgr. F.-X. Bossé.

Dividendes impayés.

Caisse d'Economie de Notre-Dame de Québec—Savings Bank of Notre-Dame de Québec.

Name of Shareholder or Creditor. — Nom de l'actionnaire ou du créancier.	Amount of Dividends unpaid for 5 years and over. — Dividende impayé pendant 5 ans et plus.	Balances standing for 5 years and over. — Balances restant depuis 5 ans et plus.	Last Known Address. — Dernière adresse connue.	Agency at which the last transaction took place. — Agence où la dernière transaction s'est faite	Date of last transaction. — Date de la dernière transaction.
	$ cts.	$ cts.			
Brought forward..........	....	12,674 03			
Desroches, Joséphine	....	0 64	417 rue St-Jean, Qué..........	Bureau Chef	Juill. 7, '91
Decourcy, Edouard......	....	0 01	37 rue St-Réal, Qué	do ..	Dec. 23, '91
Létourneau, Alice........	....	1 94	Matane	do ..	Mai 25, '92
Gaffney, Thomas..	....	439 37	Bergeville	do ..	do 27, '91
Hardy, Jos. Ed..................... .	....	0 48	57 rue St-Olivier, Qué	do ..	Jan. 21, '92
Gravel, Théodule	....	0 03	24 rue Latourelle, Qué.........	do ..	Nov. 3, '91
*b*Lecomte, Catherine	....	4 26	St-François . . .	do ..	Sept. 28, '92
Dupuis, Nathalie........	....	0 09	247 rue Richardson, Qué	do ..	Juill. 18, '91
Letellier, Léonie.....................	... .	8 07	Ste-Marie, Bea'ce	do ..	Mars 16, '92
Godbout, Pierre.......................	....	0 61	4 rue St-Pierre, Qué.....	do ..	Déc. 28, '92
Petitclerc, Jos. Francis.........	. ....	0 06	93 rue Scott, Qué.	do ..	Juill. 5, '92
*c*Bourget, Anastasie................	....	445 26	St-Joseph, Lévis	do ..	do 21, '92
Baillargeon, Jules	....	36 17	Rue Ste-Ursule, Qué....	do ..	Jan. 16, '92
Baillargeon, Thersille	....	12 37	do ..	do ..	Juin 23, '91
*d*Garant, Héloise.........	....	3 16	St-François.....	do ..	Nov. 24, '92
Plante, Edouard.....................	... .	0 05	213 rue St-Jean, Qué..........	do ..	Déc. 18, '91
St. George Henri Quétoude.....	....	4 79	Cap Santé	do ..	Nov. 21, '91
Vallerand, Charles......................	....	0 03	St-Nicholas......	do ..	Sept. 12, '91
*e*Gregory, Louise.........	....	89 40	Rue St-Augustin, Qué	do ..	Juill. 14, '91
Angers, Marie.......	....	0 13	Notre-Dame, Lévis	do ..	Nov. 28, '91
*b*Marois, Elzéar.	....	0 55	St-Thomas	do ..	Juin 27, '92
Drolet, Joseph.......	....	1 64	Sté-Foye	do ..	Avril 23, '92
Lefebvre, Jean....	....	0 40	St-Ambroise....	do ..	Août 18, '91
Dussault, Lévis................	......	0 71	215 rue Richelieu, Que.	do ..	Juin 13, '92
Boivin. Elz. Louis.	....	0 26	62 rue St-Joachim, Qué	do .	Sept. 2, '92
Dubé, Mary..........................	....	1 19	Cap Blanc . ..	do ..	Mai 18, '92
Vallière, Philippe.......................	.. ..	34 11	Rue St-Valier...	do ..	Jan. 23, '92
Janveau, Joséphine...............	.. ...	0 27	Belvedère	do ..	Sept. 10, '92
Lawlor, Mary.........................	....	0 60	39 rue St-George, Qué.........	do ..	Nov. 24, '92
Voyer, Angèle...	....	0 31	214½ rue Richelieu, Qué. . ..	do ..	Déc. 22, '92
Perkins, Richard................ .. .	....	1 31	50 rue Ste-Cécile, Qué.........	do ..	do 19, '91
Gaboury, Blanche......................	....	5 41	Rue St-Jean, Q..	do ..	Oct. 26, '91
Dussault, Fabiola....	....	0 05	244 do ..	do ..	Sept. 8, '91
Fortin, Elzéar	....	0 50	St-Valier.... ...	do ..	Nov. 17, '92
Lefrançois, Charles....................	....	0 89	Québec.	do ..	Sept. 21, '91
McNeil, M. Louisa....	....	1 41	St-Colomb Sill'ry	do ..	Fév. 22, '92
LeBlond, Joseph Louis.......	....	0 12	140 rue d'Aiguillons, Qué....	do ..	Oct. 27, '92
Chrétien, Gédeon..	....	0 04	Ste-Croix. .	do ..	Juin 10, '92
Dion, Desnéiges.....	.. ..	1 17	St-Romuald ..	do ..	Août 29, '92
*a*Hammond, Pierre..................	....	0 05	Employe à la Cie du Richelieu..	do ..	Sept. 22, '91
Bélanger, William..................	....	0 04	76 rue Parent, Q.	do ..	Mars 12, '92
Carried forward..........	....	13,771 98			

b Montmagny. *c* Veuve de Joseph Carrier. *d* Rivière du Sud. *e* Veuve de G. B. DeBoucherville. *a* Montreal.

Caisse d'Economie de Notre-Dame de Québec—Savings Bank of Notre Dame de Québec.

Name of Shareholder or Creditor. — Nom de l'actionnaire ou du créancier.	Amount of Dividends unpaid for 5 years and over. — Dividende impayé pendant 5 ans et plus.	Balances standing for 5 years and over. — Balances restant depuis 5 ans et plus.	Last Known Address. — Dernière adresse connue.	Agency at which the last transaction took place. — Agence où la dernière transaction s'est faite.	Date of last transaction. — Date de la dernière transaction.
	$ cts.	$ cts.			
Brought forward		12,771 98			
Alphonsine, Duquet		0 04	1 rue St-Jean, Q.	Bureau Chef	Jan. 19, '92
Duchesneau, L's. C., Ptre		0 50	Séminaire de Q.	do	Juill. 26, '92
Dunn, Mary		0 17	Rue du Palais, Q	do	Août 26, '92
Leblanc, Ernest		0 54	Ursuline de Qué.	do	Juill. 2, '92
*b*Fonds des Incendies de N.D. de la Garde		1 27	Québec	do	Nov. 5, '91
Laventure, John		0 58	Stanfold	do	Mars 22, '92
Vezina, Henriette		0 42	29 rue Ste-Claire, Qué	do	Nov. 27, '91
Bureau Blanche		1 21	19 rue Notre-Dame, Qué	do	Fév. 4, '92
Turner, Annie		7 62	38 rue de la Fabrique, Qué	do	Oct. 9, '91
Shirley, Charles		1 55	272 Grande Allée, Qué	do	Déc. 12, '91
Hatch, Edith		0 35	298 rue St-Jean, Qué	do	Fév. 27, '92
Noreau, Alfred		0 71	Sillery	do	Avril 22, '92
Guay, Israel		0 06	St-Romuald	do	Nov. 26, '91
Dion, David		3 38	do	do	Sept. 7, '92
Fraser, A. Ferdinand		0 58	Rue Sous le fort, Bt	do	Jan. 27, '92
Pouliot, Joséphine		0 15	Rampart, Qué	do	Juin 13, '92
Andrean, Henriette		0 04	Cap Blanc, Qué.	do	Déc. 24, '91
Soulard, Ida		0 29	St-Augustin	do	Juin 15, '92
Laurin, Prosper		0 59	St-François, I.O.	do	Mai 25, '92
Plamondon, Raoul Pierre		0 10	427 rue St-Jean, Qué	do	Jan. 2, '92
Bacon, Louis, Ptre		0 21	L'Islet	do	Juill. 7, '92
Barnwell, Mary (ép. de Joseph Moran)		0 32	6 rue du Marché, Qué	do	Fév. 20, '92
Beaudry, Joseph		0 02	205 rue St-Jean, Qué	do	Sept. 2, '92
Mercier, Mathilde		1 33	Montreal	do	Avril 19, '92
Lemieux, Théophile		0 56	154 rue Ste-Olivier, Qué.	do	Jan. 19, '92
c Anctil, Joseph		6 05	Ste-Petronille, I. Orl	do	Nov. 28, '91
Lizotte, Marie		0 02	Rue Ferland, Q.	do	Juill. 2, '92
Boivin, Mathilde (ép. de J. B. Sioux)		0 06	Hedleyville, Q.	do	Fév. 17, '92
Croteau, Philoméne		1 13	101 rue Latourelle, Qué.	do	Déc. 4, '91
Massue, Henriette (veuve de Alex. Lemoine)		672 40	Rampart, Qué.	do	Mai 28, '92
*d*Anderson, Heritiers, W. H		0 62	Québec	do	do 5, '92
Myrand, Jérome		0 05	Ste-Foye	do	Déc. 24, '91
Beaumont, Louise (épouse de Jos. P. Don Carlos)		0 59	35 rue Napoléon, Qué	do	Fév. 22, '92
LaRue, Marie L		11 56	38 rue Ste-Famille, Qué	do	Oct. 12, '92
Charland, Alphonsine (épouse de L. N. Mollet)		0 10	Rue Racine and St-Olivier, Q.	do	Avril 19, '92
Lavoie, Camméline (vve. de D. Belleau)		0 24	Pointe aux Trembles	do	Fév. 18, '92
Pelletier, F. X		4 61	28 rue Turgeon, Q	do	Oct. 3, '92
Demers, Albert		3 17	Chien d'or, Qué.	do	Sept. 6, '92
McKnight, Annie (ép. de Jos. Picard)		1 19	10 rue Christie, Q	do	Août 22, '92
McKnight, Maggie		0 25	33 rue St-Stanislas, Qué.	do	Avril 6, '92
Carried forward		14,496 61			

b Par. Chs. Richard, Ptre. *c* Par Dame H. Anctil. *d* Par F. E. Blondeau.

Dividendes impayés.

Caisse d'Economie de Notre-Dame de Québec—Savings Bank of Notre-Dame de Québec

Name of Shareholder or Creditor. — Nom de l'actionnaire ou du creancier.	Amount of Dividends unpaid for 5 years and over. — Dividende impayé pendant 5 ans et plus.	Balances standing for 5 years and over. — Balances restant depuis 5 ans et plus.	Last Known Address. — Dernière adresse connue.	Agency at which the last transaction took place. — Agence où la dernière transaction s'est faite	Date of last transaction. — Date de la dernière transaction.
	$ cts.	$ cts.			
Brought forward		14,496 61			
Héroux, J. O. A.		1 35	36 rueSt-Gabriel, Qué	Bureau Chef	Août 6, '92
Fabr, St. Philémon		2 26	St-Philemon	do	Sept. 29, '92
Côté, Jean Bte		0 03	Grondines	do	Juill. 2, '92
Boiteau, Alviana		0 02	140 rue Latourelle, Qué	do	Août 6, '92
Lambert & Vézina		0 81	St-Joseph, Bce	do	Mars. 17, '92
Boivin, Louis		0 22	204 rueRichelieu, Qué	do	Avril 16, '92
Lefebvre, Alphonse		0 53	144 rue d'Aiguillon, Qué	do	Nov. 7, '92
Lefebvre, Joseph		0 53	do	do	do 7, '92
Lefebvre, Gracia		0 53	do	do	do 7, '92
Lefebvre, Anna		0 53	do	do	do 7, '92
Lefebvre, Pierre Stanislas		0 53	do	do	do 7, '92
Lefebvre, Alphonsine		0 53	do	do	do 7, '92
Lefebvre, M. L'se Yvonne		0 54	do	do	do 7, '92
Fortier, Joséphine		0 10	144 St-Olivirr, Q.	do	Mars 29, '92
Gosselin, Henriette		1 72	St-Joseph, Bce	do	Juill. 16, '92
Turcotte, Magloire		0 59	St-Jean, I. Orl.	do	Juin 18, '92
Bureau, Louise		60 91	108 rue Latourelle, Que	do	Fév. 17, '92
Beaulieu, Alix. (ép. de J. J. T. Frémont)		0 61	Rampart, Que	do	Nov. 3, '92
Dynes, Maud H		0 15	49 rue St-Jean, Q.	do	Avril 21, '92
Turcotte, Félix Eug		0 03	Grande Alleé, Q.	do	Juin 6, '92
Hardy, George		0 02	Marche Finlay, Q	do	Août 1, '92
Jalbert, Fortunat		1 43	Serv. de Chinic & Cie, Que	do	Nov. 28, '98
Morin, Aimé		21 77	St-Leon de Standon, Que	do	Mars 17, '98
Letellier, Anais (ép. de A. Malouin)		0 07	50 rue d'Aiguillon, Que	do	Mai 10, '92
Tessier, Jules, in trust *re* Germain		1 74	Québec	do	Juill. 20, '92
Ruthven, Fred		0 88	50 rue Couillard, Que	do	Oct. 21, '92
Fortin, Edmond		1 94	404 rue St-François, Que	do	Juin 18, '92
Fortin, Pierre		9 91	297 rue Prince Edouard, Que.	do	Août 30, '92
Trudel, Caroline (ep. de Jos. Marmen)		0 72	29 rue Ste-Claire, Que	do	Nov. 23, '92
Legaré, Jean Bte		0 23	Ste-Foye	do	Juill. 19, '92
Lindsay, Mary Caroline		2 32	Rue Berthelot, Q.	do	Août 12, '92
Vallée, Lactitia		0 06	St-Thomas	do	Juin 17, '92
Filion, Arthur		0 34	Rue St-Valier, Q.	do	Oct. 19, '92
Buse, Annie (ep. de Christie Knoppel)		0 07	12 rue Collins, Q.	do	Juill. 9, '92
Brennan, Thomas		0 45	7 rue St-Patrice, Que	do	Sept. 22, '92
Joanette, Honoré		0 03	52 rue St-Jean, Q	do	Juin 24, '92
Roy, Eva		0 05	2 Côte Ste-Geneviene, Que	do	Dec. 9, '92
Bergeron, Rev. Nap. W.		0 48	Séminaire de Qué	do	Fev. 21, '92
Thibault, Clémentine		0 12	483 rueSt-Jean, Q	do	Juill. 21, '92
Beurrerie du Cap Santé		3 31	Cap. Santé	do	Dec. 17, '92
Collin, Alphonsine		0 16	14rue St-Flavien, Que	do	Nov. 4, '92
Maguire, A. E., Ptre		1 50	Sillery	do	do 8, '98
Latimer, Sarah E.		0 07	42 rue Ste-Anne, Que	do	Août 16, '98
Côté, Jean		0 79	St-Henri Lauzon	do	Sept. 24, '92
Carried forward		14,617 59			

Caisse d'Economie de Notre-Dame de Québec—Savings Bank of Notre-Dame de Québec.

Name of Shareholder or Creditor. — Nom de l'actionnaire ou du creancier.	Amount of Dividends unpaid for 5 years and over. — Dividende impayé pendant 5 ans et plus.	Balances standing for 5 years and over. — Balances restant depuis 5 ans et plus.	Last Known Address. — Dernière adresse connue.	Agency at which the last transaction took place. — Agence où la dernière transaction s'est faite.	Date of last transaction. — Date de la dernière transaction.
	$ cts.	$ cts.			
Brought forward		14,617 59			
Jackson, François		0 03	Beauport	Bureau Chef	Sept. 5, '94
LaRue, C. Alphonse		0 09	St-Samuel, Bce.	do	Août 4, '92
O'Leary, Bella, neé Maguire		0 87	153 rue St-Olivier, Qué	do	Dec. 17, '92
Labranche, Alma		0 02	3 rue Ste-Famille	do	Oct. 14, '92
Blais, Georges		0 04	58½ rue St-Joseph, Que	do	Nov. 21, '92
Plante Célestin		0 06	St-Sauveur, Que.	do	do 8, '92
Gale, Ernest		5 86	27 rue St-Stanislas, Qué	do	Août 20, '92
Gale, Mueral		5 86	do	do	do 20, '92
Gale, Percy		5 86	do	do	do 20, '92
Godbout, Léonidas		0 21	St-Laurent, I. Orl	do	Déc. 30, '92
Lavoie, Charles		0 49	Baie St-Paul	do	Oct. 10, '92
Begin, Michel, sr		0 03	St-Jean Chrysostôme	do	do 11, '92
*a*Routier, Alfred Chs		0 18	Côte Lamontagne, Qué	do	do 1, '92
Pichette, Caroline M		0 17	Boston	do	Déc. 13, '92
Chasseur, Aurelie		0 08	Hotel Florence, Que	do	Nov. 8, '92
Grondin, Blanche		9 12	South Durham	do	Oct. 4, '92
*b*Cloutier, Elodie		3 42	Rue St-Olivier, Qué	do	Nov. 30, '92
Bédard, Chs		0 09	St-Raymond	do	do 4, '92
Dérome, Lucien		11 73	Ave. des Erables Qué	do	do 23, '92
Longlais, J. A		3 83	Rue St-Joseph	Bur. St-Roch	Juill. 12, '92
Morel, Casimir		30 21	do	do	Avril 7, '92
Leroux, Octave		0 80	90 rue du Roi	do	do 9, '91
L'Héreault, Joseph		1 15	Rue St-Gertrude	do	Mai 23, '92
St. Hilaire, George		2 37	Rue St-Dominique	do	Mars 30, '92
Legaré, Narcisse		0 52	Rue St-Valier	do	Août 30, '90
Dassylva, Antoine		0 65	Rue Ste-Hélène	do	Nov. 26, '90
Lessard, Louis		9 52	Rue du Pont	do	Juill. 28, '74
Lachance, Adélaide		0 12	89 rue des Commissaires	do	do 16, '91
Côté, Edouard		41 07	33 rue Ste-Geneviève	do	Nov. 25, '92
Martineau, Joseph		0 75		do	Déc. 10, '91
Pageau, Emélie		1 47	Rue Ste-Marguerite	do	Mars 5, '92
St. Pierre, Léopold		0 04	St-Valier	do	Août 5, '91
Mercier, François		0 10	Ste-Anne de Beaupré	do	Juin 24, '90
Sanfaçon, L. Esther		0 04	227 rue St-Jean	do	Nov. 3, '91
Robitaille, Marie		260 08	Rue Octave	do	Sept. 2, '90
Rouillard, Eugéne		3 37	St-François	do	Juill. 6, '92
Godbout, Jean		0 13	49 rue Desfossés	do	Août 28, '90
DesVarennes, C. T.		0 01	12 rue Arago	do	Juill. 4, '92
Roy, Josephine		0 74	46 rue Ste-Dominique	do	Août 27, '91
Huot, Marguerite		10 08	Rue du Pont	do	Sept. 4, '75
Legaré, Ignace		3 06	55 rue St-Valier	do	Mars 15, '92
Tessier dit Laplante Elzéar		0 58	18 rue du Roi	do	Juill. 21, '91
Gravel, Irénée		0 44	51 rue Grant	do	Mars 29, '92
Routier, Télesphore		0 45	Rue Arago	do	Déc. 20, '92
Carried forward		15,033 38			

a Ex. test. de succ. Vve. N. Laforce. *b* Ep. de J. C. Magnan décédé.

Dividendes impayés.

Caisse d'Économie de Notre-Dame de Québec—Savings Bank of Notre-Dame de Québec.

Name of Shareholder or Creditor. — Nom de l'actionnaire ou du créancier.	Amount of Dividends unpaid for 5 years and over. — Dividende impayé pendant 5 ans et plus.	Balances standing for 5 years and over. — Balances restant depuis 5 ans et plus.	Last Known Address. — Dernière adresse connue.	Agency at which the last transaction took place. — Agence où la dernière transaction s'est faite	Date of last transaction. — Date de la dernière transaction.
	$ cts.	$ cts.			
Brought forward		15,033 38			
Poitras, Magdeleine		13 13	17 rue St-Gabriel	Bur St-Roch	Mai 31, '90
Emon, Marie		18 28	Rue St-Anselme.	do	Juin 18, '85
Morency, Léandre		1 22	39 rue des Commissaires	do	Janv. 13, '92
Michaud, Lucie		0 09	Beauport	do	Juin 19, '90
Bouffard, Louis		8 55	73 rue Caron	do	Fév. 20, '82
Picard, André		1 80	Rue St-Joseph	do	Nov. 24, '90
Demers, Jos. O		0 11	Bramont	do	Oct. 6, '92
Verreault, François		1 11	AsiledeBeauport	do	Janv. 1, '93
Drolet, Charlotte		0 02	42 rue St-Joseph.	do	Juin 4, '91
Lapointe, A		0 39	Rue Arago	do	Nov. 5, '91
Petit Hilaire dit St. Pierre		1 17	54 rue Ste-Anne.	do	do 8, '92
Larochelle, H		0 05	Rue de la Reine.	do	Juin 10, '92
Veilleux, Théophile		0 18	Rue Richardson.	do	Juill. 6, '91
Chamberland, Octave		0 09	Rue St-Monique	do	Juin 22, '91
Savard, François		0 22	Ste-Anne de Beaupré	do	Nov. 29, '90
Hudon, Blanche Amélie		1 13	Rue St-Joseph	do	do 25, '92
LeBourdais, Augustin		22 55	Rue Champlain.	do	Juill. 15, '80
Dassylva, Philias		0 02	163 rue St-François	do	Juin 3, '91
Martel, Adolphe		0 01	St-Roch	do	Mai 29, '91
Alaire, Ursule		166 44	Rue des Commissaires	do	Juin 18, '89
Marcoux, Elmina		7 27	Rue de la Reine.	do	Mai 3, '88
Laporte, Caroline		0 03	22 rue Fleury	do	Juill. 19, '92
Belleau, Honoré Georges		3 25	St-Roch	do	Fév. 6, '91
Mercier, Joseph		2 12	Rue du Roi	do	Mars 18, '91
Beaucher, Narcisse		103 29	Asile de Beauport	do	Nov. 5, '92
Leclerc, Octave		0 65	130 rue Richardson	do	Mai 2, '92
Vezina, Joseph		23 01	28 rue St-François	do	Fév. 27, '90
Ruel, George		0 02	43 rue Ste-Anne.	do	Jan. 5, '91
Vallée, Philomène		0 64	9 rue St-Stanislas	do	Nov. 21, '92
Ratté, Philomène		0 83	278 rue St-François	do	Sept. 3, '92
Legaré, Malvina		0 96	8 rue St-Ovide	do	Déc. 18, '89
Legaré, Antoine		2 30	253 rue St-Valier	do	Oct. 5, '91
Parent, Victor		0 26	St-Sauveur	do	do 11, '92
Plante, Frs. X		0 03	St-François, I.O.	do	Juin 13, '91
Provencal, Caroline		0 29	Rue Coulombe	do	Juill. 10, '91
Tremblay, Elie		0 14	311 rue St Paul	do	Nov. 6, '91
Plante, Félix		3 44		do	Mai 21, '83
Verreault, Charles		0 62	Chateau Richer.	do	Nov. 26, '92
Trudel, Délina		2 47	107 rue des Commissaires	do	Mars 10, '91
Bernier, J. B.		0 18	96 rue Fleury	do	Déc. 27, '92
Pineault, James.		0 04	372 rue St-Joseph	do	Juill. 15, '91
Verret, Charles		1 41	103 rue de la Reine	do	Mars 22, '83
Robitaille, Et (succ.)		0 27	St-Romuald	do	Nov. 14, '92
Fortier, Nap.		1 84	Lotbinière	do	do 2, '89
Gray, Anna.		0 19	Asile Beauport	do	Oct. 12, '91
Brèton, Nap		0 02	61 rue Bédard	do	Juin 3, '91
Lavoie, Florida Aurélie		0 58	12 rue St-Charles	do	Mars 26, '91
Gagnon, Ursule.		0 11	57 rue de la Reine	do	Déc. 13, '92
Decourcy, Chrysostôme		0 11	76 rue St-Joseph	do	Sept. 16, '91
Marquis, Marie.		52 87	St-Romuald	do	Mars 31, '91
Carried forward.		15,479 18			

Caisse d'Economie de Notre-Dame de Québec—Saving Bank of Notre Dame de Québec.

Name of Shareholder or Creditor. — Nom de l'actionnaire ou du creancier.	Amount of Dividends unpaid for 5 years and over. — Dividende impayé pendant 5 ans et plus.	Balances standing for 5 years and over. — Balances restant depuis 5 ans et plus.	Last Known Address. — Dernière adresse connue.	Agency at which the last transaction took place. — Agence où la dernière transaction s'est faite.	Date of last transaction. — Date de la dernière transaction.
	$ cts.	$ cts.			
Brought forward	....	15,479 18			
Soucy, Joseph	....	0 03	26 rue Ste-Marguerite	Bur. St-Roch	Juill. 12, '92
L'Heureux, Emélie	....	0 26	26 rue Ryland	do	Nov. 4, '92
Domilson, Sophie	....	0 01	250 rue du Roi	do	Sept. 9, '91
Brousseau, Napoléon	....	0 01	Rue St-Joseph and Parent	do	Juin 15, '91
Hurns, Caroline	....	0 22	93 rue St-Joseph	do	Mai 27, '91
Marceau, Aurélie	....	10 33	243 rue Richardson	do	Avril 19, '92
Gauvin, Lizzie	....	0 15	151 rue St-Marguerite	do	Mai 17, '92
Lamontagne, Jules	....	53 01	51 rue Coulombe.	do	Jan. 25, '90
Gauvin, Etienne	....	0 09	235 rue St-Joseph	do	Sept. 28, '90
Tessier, Laurent	....	1 41	Rue du Pont	do	Juin 20, '84
Côte, Blanche	....	0 21	208 rue St-François	do	Août 31, '92
Côte, Léda	....	0 96	53 rue Notre-Dame des Anges	do	Déc. 19, '92
Huot, L. Philias	....	0 45	St-Roch	do	Nov. 3, '91
Goulet, Marie Anna	....	0 02	227 rue de la Reine	do	Juin 27, '92
Baillargeon, Julienne	....	30 02	74 rue Desfossés.	do	Avril 1, '90
Morency, Eva	....	0 09	50 rue Ste-Hélène	do	Déc. 24, '92
Dorval, Siméon Georges	....	1 06	16 rue St-Valier.	do	Fév. 6, '92
Rousseau, Michel	....	0 15	Sault Montmorency	do	Oct. 30, '91
Guay, Théophile	....	0 15	33 rue Grant	do	Août 31, '91
Lavoie, Louis	....	0 06	Kamouraska	do	Juill. 21, '91
Vézina, Alma Marie	....	0 03	39 rue St-François	do	Sept. 19, '92
Belleau, Rose	....	0 03	215 rue du Roi	do	do 8, '92
Vallière, Malvina	....	0 72	66 rue du Pont	do	Juill. 22, '91
Tremblay, Wilbrod.	....	0 02	18 do	do	Sept. 25, '91
Hardy, Adèlie	....	0 02	10 rue Chenest	do	Juin 15, '91
Plourde, Esther	....	0 04	St-Roch	do	Avril 7, '92
Normandeau, Lucie	....	33 92	Rue Hermaine and Bayard	do	Mai 19, '86
Grégoire, Joseph	....	0 69	23 rue des Commissaires	do	Juin 25, '92
Faucher, Marie.	....	1 38	Rue Ste-Marie	do	Août 26, '92
Dallaire, Joseph	....	0 35	Rue Scott	do	Féb. 19, '91
Soucy, Clarisse	....	0 63	101 rue de la Chapelle.	do	Nov. 11, '91
Union Lambillotte Société Musical, St-Sauveur	....	0 02	St-Sauveur	do	Juin 22, '91
Grégoire, Joseph A	....	0 05	23 rue des Commissaires	do	do 22, '92
Blais, Alexandre	....	0 12	228 rue St-Oliver	do	Juill. 16, '92
Turcotte, Angèle	....	0 11	25 rue de la Reine	do	do 5, '90
Berniér, Philias H	....	2 52	195 rue Desfossés	do	Nov. 7, '92
Fiset, Louis	....	0 43	99 rue de l'Eglise	do	Déc. 19, '91
Bilodeau, Ernestine	....	2 47	....	do	Nov. 23, '92
Ruel, Marie	....	0 48	8 rue Hermine	do	Avril 22, '91
Létourneau, Elzère	....	0 19	139 rue Richardson.	do	Juill. 11, '91
Tessier, Félix	....	3 89	Gros Pin, Charlesbourg	do	Mai 25, '92
Lachance, Adélaide	....	73 44	89 rue des Commissaires	do	Août 24, '91
Carried forward	....	15,708 42			

Dividendes impayés.

Caisse d'Economie de Notre-Dame de Québec—Savings Bank of Notre Dame de Québec.

Name of Shareholder or Creditor. — Nom de l'actionnaire ou du creancier.	Amount of Dividends unpaid for 5 years and over. — Dividende impayé pendant 5 ans et plus.	Balances standing for 5 years and over. — Balances restant depuis 5 ans et plus.	Last Known Address. — Dernière adresse connue.	Agency at which the last transaction took place. — Agence où la dernière transaction s'est faite	Date of last transaction. — Date de la dernière transaction.
	$ cts.	$ cts.			
Brought forward	....	15,708 42			
Weir, Ellen, succ.	....	0 66	6 rue St-Ours	Bur. St-Roch	Oct. 31, '92
Beland, Emélie	....	1 28	87 rue Hermine	do	Avril 22, '91
Drolet, Eugène	....	0 04	115 rue Grant	do	Août 30, '92
Perry, Charles	....	1 24	200 rue N.-Dame	do	Déc. 6, '86
Huot, Julie	....	357 98	Rue Desfossés	do	Féb. 4, '91
Gravel, Philias	....	0 15	Chateau Richer	do	Mars 10, '92
Poitras, Célina	....	0 87	Rue de la Reine	do	Sept. 10, '92
Pépin, Victor	....	4 05	Petite Rivière	do	Mai 10, '92
Fortin, Adélaïde	....	0 04	St-Laurent, N.D.	do	Oct. 12, '91
Larouche, Henriette	....	5 88	368 rue St-Valier	do	Sept. 21, '88
Patry, Edmond	....	0 74	60 rue du Pont.	do	Déc. 1, '92
Giroux, Fortunat	....	0 01	17 rue Boisseau	do	Mai 30, '91
Côté, Victoria	....	0 21	87 rue de l'Eglise	do	Déc. 1, '90
Dupuis, Sara	....	0 65	35 rue Smith	do	Juill. 13, '92
Roberge, Jean	....	2 07	Rue Félix	do	Juin 4, '92
Chesiau, Obéline	....	0 62	106 rue Parent	do	Oct. 14, '90
Royer, Marceline	....	0 79	St-Famille I. Orl.	do	Août 12, '92
Savard, Geneviève	....	0 43	40 rue St-Joseph	do	Sept. 29, '91
L'Heureux, Joseph	....	0 02	Ste-Ambroise Lorette	do	Juin 9, '92
Dubois, Louis	....	0 29	Village St-Charles	do	Janv. 5, '92
Hamel, Antoine	....	10 60	44 rue des Prairies	do	Avril 18, '89
Bouchard, Hedwidge	....	0 16	14 rue Massue	do	Juill. 7, '92
Bédard, Sophie	....	0 24	77 rue du Roi	do	Nov. 20, '91
Morel, Godiose	....	15 18	....	do	Avril 7, '92
Caret, Emélie	....	0 47	Rue de la Couronne	do	Nov. 14, '90
Labonté, Edmond	....	0 19	36 rue des Commissaires	do	Avril 20, '91
Lachance, Joseph	....	0 17	Rue du Pont	do	Sept. 13, '92
Faucher, Sara	....	0 32	St-Joseph	do	Juill. 5, '92
Petit, Ulric	....	0 04	Asile Beauport	do	Oct. 11, '90
Larouche, Malanie	....	0 43	Rue Desfossés	do	do 30, '90
Darveau, Ls. Charles	....	0 05	13 rue St-Ours	do	Avril 20, '92
Dery, Pierre, jr	....	0 67	Charlesbourg	do	do 20, '92
Rousseau, Edmond	....	0 60	90 rue Fleury	do	Oct. 10, '90
Levesque, Zoé	....	0 16	Rue Metcalfe	do	do 21, '92
Lemieux, Joseph	....	0 07	5 rue Ovide	do	Août 28, '90
Goulet, Joseph	....	0 72	Chateau Richer	do	Nov. 22, '90
Gosselin, Marie	....	0 24	152 rue Sauvageau	do	Juill. 14, '92
Gosselin, Odile	....	0 01	152 do	do	do 14, '92
Landry, Noré	....	14 65	St-Sylvestre	do	Avril 27, '92
Normand, Marie	....	0 41	St-François I.O.	do	Août 8, '90
Fiset, Jérome	....	0 16	....	do	Déc. 1, '91
Barbeau, Joseph	....	0 01	Rue St-Paul	do	Mai 28, '90
Julien, Paul	....	0 43	99 rue de la Reine	do	Oct. 3, '92
Lapointe, Joseph Ed	....	1 59	79 rue Richardson	do	Déc. 17, '91
Gravel, Philéas	....	1 17	Chateau Richer	do	Mars 10, '92
Pageau, Edouard	....	0 01	Rue du Pont	do	Juill. 16, '91
Boure, Marie Lousie	....	4 02	77 rue N.-Dame des Anges	do	....
Leclerc, Alderic	....	0 33	148 rue dé la Reine	do	Sept. 9, '90
Goulet, David	....	0 16	73 rue Richardson	do	Août 1, '92
Gauthier, Hélène	....	0 11	363 rue St-Joseph	do	Sept. 12, '92
Roy, Etienne	....	0 66	St-Germain	do	do 16, '90
Carried forward	....	16,140 47			

Caisse d'Economie de Notre-Dame de Québec—Savings Bank of Notre-Dame de Québec.

Name of Shareholder or Creditor. — Nom de l'actionnaire ou du créancier.	Amount of Dividends unpaid for 5 years and over. — Dividende impayé pendant 5 ans et plus.	Balances standing for 5 years and over. — Balances restant depuis 5 ans et plus.	Last Known Address. — Dernière adresse connue.	Agency at which the last transaction took place. — Agence où la dernière transaction s'est faite.	Date of last transaction. — Date de la dernière transaction.
	$ cts.	$ cts.			
Brought forward	....	16,140 47			
Durand, Jacques	....	4 04	St-Ambroise Lorette	Bur. St-Roch	Fév. 18, '90
Ouellet, Damase	....	0 04	do do	do	Nov. 19, '91
Guimont, Josephine	....	0 90	12 rue Turgeon	do	Déc. 2, '92
Rouleau, Arthur	....	0 08	122 rue de la Reine	do	Juill. 9, '92
Gosselin, Felicité	....	0 74	156 rue de la Reine	do	Août 4, '91
Goulet, Marie	....	1 24	68 rue Fleury	do	Mai 4, '91
Robitaille, Gaudiose	....	0 06	Grant and Desfosses	do	Juill. 4, '90
Delisle Audette	....	0 31	111 rue N.-Dame des Anges	do	Août 27, '92
Turcotte, E	....	0 07	111 rue St-Joseph	do	Oct. 14, '90
Levesque, Marie	....	2 94	Beauport	do	do 8, '90
Lessard, Adolphe	....	8 04	Black Riv., Mich	do	Mars 2, '92
Blouin, Pierre	....	0 42	93 rue St-Héléne	do	Déc. 4, '91
Grenier, Pamphile	....	3 23	219 rue St. Paul.	do	Avril 14, '91
Goulet, Onésime	....	0 15	227 rue de la Reine	do	Août 11, '92
Goudreau, Joseph	....	0 15	Beauport	do	Oct. 13, '90
Beaumont, Emelie	....	0 41	302 rue St-Joseph	do	do 16, '90
Custeau, Hilaire	....	0 01	St-Agapit	do	Août 26, '90
Jacques, Sophie	....	0 03	Place St-Pierre	do	Juin 22, '91
Lemieux, Alfred	....	0 30	20 rue St. Anne	do	Mars 26, '92
Forgues, J. B	....	0 71	110 rue St-Valier	do	Juill. 25, '92
Leclerc, Napoléon	....	0 94	Rue St-Ours	do	Sept. 3, '91
Vallée, Edouard	....	2 74	Beauport	do	Nov. 30, '92
Gagnon, Adèle	....	0 48	91 rue Grant	do	do 3, '90
Beaulieu, Elmire	....	0 58	117 rue Prince Edouard	do	Déc. 29, '91
Vocelle, Ccrinne	....	14 83	27 rue St-Marguerite	do	Août 17, '92
Gaulin, Rose Anna	....	0 77	113 rue St-Valier	do	Oct. 24, '92
Migner, Albert	....	0 05	53 rue N.-Dame des Anges	do	do 3, '88
Sanfaçon, Xavier	....	0 19	Beauport	do	Août 6, '91
Masson, Philippe	....	0 05	187 rue Prince Edouard	do	Sept. 26, '91
Lauriot, Marie	....	0 11	98 rue Massue	do	Juill. 9, '90
Doyon, Philippe	....	0 70	85 rue du Roi	do	Déc. 19, '90
Aubert, Arthur	....	0 33	N.-Dame Levis	do	Sept. 21, '92
Fraser, W. J. B	....	0 36	27 rue Ste-Dominique	do	Fév. 20, '92
Pepin, Joseph	....	0 09	252 rue St-Joseph	do	Oct. 22, '89
Blais, Régis	....	8 08	89 rue Ste-Marguérite	do	Nov. 5, '88
Bédard, Zéphir	....	0 01	82 rue de la Reine	do	Jan. 20, '92
Bernier, Arthur	....	0 53	Cap St-Ignace	do	Juin 22, '91
Dion, Valmare	....	0 38	....	do	Sept. 6, '90
Fleury, Edouard	....	1 39	126 rue Richm'nd	do	Avril 22, '92
Côté, Emile	....	2 52	Ange Gardien	do	Sept. 5, '92
Gingras, Théophile	....	0 19	42½ rue Sauvageau	do	Août 15, '90
Letarte, Ademard	....	0 34	60 rue St-Franç's	do	Sept. 19, '91
Terrien, Belzemire	....	0 03	Stadocana	do	Nov. 4, '92
Alarie, Olivier	....	0 08	Ottawa	do	Août 4, '91
Barbeau, Célina	....	3 41	7 rue de l'Eglise	do	Avril 7, '91
Renaud, Emilie	....	0 21	28 rue Desfossés	do	do 11, '90
Carried forward	....	16,203 73			

Dividendes impayés.

Caisse d'Economie de Notre-Dame de Québec—Savings Bank of Notre-Dame de Québec.

Name of Shareholder or Creditor. — Nom de l'actionnaire ou du créancier.	Amount of Dividends unpaid for 5 years and over. — Dividende impayé pendant 5 ans et plus.	Balances standing for 5 years and over. — Balances restant depuis 5 ans et plus.	Last Known Address. — Dernière adresse connue.	Agency at which the last transaction took place. — Agence où la dernière transaction s'est faite.	Date of last transaction. — Date de la dernière transaction.
	$ cts.	$ cts.			
Brought forward	....	16,203 73			
Launière, Joséphine	....	0 09	....	Bur. St-Roch	Déc. 1, '92
Lavoie, Jean-Bte	....	0 13	87 rue Dallaire	do	do 18, '91
Débigaré, Joséphine	....	42 75	115 rue Dorchester	do	Avril 12, '89
Lavoie, Joseph	....	0 42	145 rue de la Reine	do	Août 28, '90
Allard, Oscar	....	0 03	149 rue St-Joseph	do	do 24, '91
Langlois, Emilie	....	0 08	10 rue St-Fabien	do	Juin 18, '91
Morand, Marie-Louise	....	1 77	Rue Ste-Anne	do	Juill. 5, '92
Savard, Joseph	....	0 51	20 rue Desfosses	do	Avril 1, '92
Paquet, Wilfrid	....	0 02	44 rue St-Charles	do	Août 5, '92
Plante, Noël	....	1 87	Rivière Noir Lac St-Jean	do	Fév. 5, '92
St-Hilaire, Abel	....	1 06	12 rue Anderson	do	Juill. 15, '92
Guilmet, Georges	....	0 01	25 rue Ste-Marguerite	do	Nov. 10, '92
Casgrain, E. Marie	....	3 06	159 rue St-Valier	do	Jan. 29, '92
Marcoux, Elizabeth	....	0 29	Beauport	do	Déc. 12, '92
Grenon, Arthur	....	0 10	Ste-Famille, Isle Orleans	do	Juin 21, '90
Chamberland, Charles	....	1 62	Beauport	do	Fév. 1, '92
Jobin, Alice	....	0 05	28 rue Nelson	do	Avril 13, '92
Perron, Léa	....	0 59	16 rue du Pont	do	Déc. 18, '91
Lamothe, Audélard	....	1 79	Canardiere	do	Avril 25, '91
Bernatchez, Louis N	....	0 10	St-Thos. Montmagny	do	do 1, '91
Guimont, Xavier	....	0 04	Charlesbourg	do	Sept. 10, '92
Boutin, Séphranie	....	0 66	Ancienne Lorette	do	Avril 6, '92
Poitras, Michel	....	0 34	123 rue St-Olivier	do	Sept. 16, '90
Pepin, Jérémie	....	0 01	Charlesbourg	do	do 15, '91
Lamontagne, Marie Odel	....	0 08	22 rue Richards'n	do	Juill. 14, '90
Dallaire, Lucie	....	0 80	Sillery	do	Déc. 7, '91
McLean, Joseph	....	0 38	40 rue du Prince Edouard	do	do 26, '90
Ouimet, Calixte	....	0 01	4 rue St-Joseph	do	Jan. 5, '93
Goulet, Emma	....	0 32	81 rue de la Chapelle	do	Nov. 11, '90
Lamarre, Casarie	....	1 61	68 rue St-Anselme	do	Août 15, '91
Caron, Philéa	....	1 31	68 do	do	do 4, '91
Roy, Georges	....	0 01	Isle au Grues	do	Nov. 12, '92
Renaud, F.-X	....	0 42	Stoneham	do	Mai 20, '92
Falardeau, Eugène	....	1 76	37 rue Scott	do	Fév. 27, '92
Bisson, Délima	....	0 04	St-Charles Bellechasse	do	Juill. 7, '91
Power, John	....	0 12	Hedleyville	do	Mai 20, '90
Brochu, Stéphanie	....	0 64	St-Joseph Lévis	do	Nov. 7, '90
Bouchard, Sophie	....	0 17	Rue Massue	do	Oct. 17, '92
Chevalier, Lumina	....	0 12	177 rue de la Reine	do	Nov. 26, '90
Mountain, John	....	0 01	59½ St-Eustache	do	Juin 12, '91
Gagnon, Marie-Anné	....	1 29	Beauport	do	Mars 22, '92
Simard, Adélard	....	0 23	253 rue St-Paul	do	Sept. 28, '92
Boucher, William	....	0 21	51 rue Arago	do	Nov. 17, '91
Charpentier, Anna	....	0 23	348 rue St. Joseph	do	Déc. 9, '90
Simard, Pierre	....	0 11	111 rue de la Reine	do	Juill. 14, '92
Fortin, Oscar	....	0 29	103 rue St. Valier	do	Jan. 22, '92
Dugal, Ferdinand	....	1 35	147 rue Fleury	do	Mai 2, '91
Carried forward	....	16,272 63			

Caisse d'Economie de Notre-Dame de Québec—Savings Bank of Notre-Dame de Québec

Name of Shareholder or Creditor. — Nom de l'actionnaire ou du creancier.	Amount of Dividends unpaid for 5 years and over. — Dividende impayé pendant 5 ans et plus.	Balances standing for 5 years and over. — Balances restant depuis 5 ans et plus.	Last Known Address. — Dernière adresse connue.	Agency at which the last transaction took place. — Agence où la dernière transaction s'est faite.	Date of last transaction. — Date de la dernière transaction.
Brought forward	....	16,272 63			
Vézina, Phidime		0 04	St. Michel Bellechasse	Bur.St-Roch	Août 24, '92
Laroche, Marie Adelina		0 73	Rue Caron et Richardson	do	Mars 6, '91
Lachance, Joseph		0 12	169 rue de la Reine	do	Juill. 28, '90
Paquet, Léda		0 02	387 rue St. Joseph	do	Déc. 31, '91
McCaughry, Mary		3 41	154 rue St. Valier	do	Fév. 11, '91
Giroux, Rosalie		0 37	117 rue Arago	do	Nov. 4, '90
Rousseau, Marie Louise		2 28	113 rue Prince Edouard	do	Mai 2, '90
Pépin, Octave		0 14	Charlesbourg	do	Juill. 25, '91
Godin, Adélaide		0 04	76 rue Caron	do	Août 3, '91
Galarneau, Zéphirine		0 12	Pont Rouge	do	do 29, '91
Duteil, Cyprien		0 29	Isle Madeleine	do	Sept. 8, '92
Michaud, A		0 07	Hospital General	do	Oct. 28, '91
Gallagher, Esther		8 30	Asile Beauport	do	Mai 26, '90
Mathurin, A		0 97	234 rue Prince Edouard	do	Mars 22, '92
Giguire, Orphir		0 01	151 rue Desfossés	do	Juill. 15, '92
Drouin, Joseph		0 16	68 rue Fleury	do	do 2, '92
Cotnam, Charles		0 07	Stadacona	do	do 15, '91
Couillard, Georges		1 16	180 rue St. Valier	do	Avril 20, '82
Bouchard, L. P		0 29	235 rue Prince Edouard	do	Sept. 10, '90
Roussin, Arthur		1 14	119 rue du Roi	do	Mai 17, '92
Roussin, Cesarine		0 01	219 do	do	Juin 4, '91
Duchesneau, Pierre		2 57	47 rue Demers	do	Déc. 3, '91
Perreault, Delia		0 12	93 rue Latourelle	do	Juin 6, '91
Gaulin, Emma		0 59	21 rue Richardson	do	Oct. 24, '92
Blouin, Honoré		0 02	212 rue St. Valier	do	Déc. 5, '91
Lacasse, Belzémire		1 82	78 rue Bagot	do	Jan. 5, '92
Langlois, Belzémire		0 88	43 rue de la Reine	do	Mars 17, '91
Labranche, Eliza		7 17	Asile Beauport	do	Sept. 8, '92
Lefrançois, Marie		0 33	17 rue Fleury	do	Nov. 7, '90
McKay, Alice		1 42	59 rue Grant	do	Oct. 22, '92
Renaud, Athénaise		0 72	98 do	do	Jan. 1, '93
Roy, Georges		0 13	36 do	do	Sept. 22, '92
Gauthier, L-andre		0 03	120 rue Richardson	do	Juin 17, '92
Bell, Marie		0 06	58 rue St. Dominique	do	Déc. 21, '92
Chouinard, Mathilde		0 08	21 rue St. Félix	do	Nov. 4, '90
Leclerc, Cléophas		6 17	356 rue St. Joseph	do	Août 20, '92
Gagnon, Antoine		0 23	58 rue Franklin	do	Déc. 11, '90
St. Hilaire, Augustin		0 09	150 rue Ste. Marguerite	do	Nov. 3, '90
Brousseau, Adolphe		0 57	33 rue St. Réal	do	Déc. 5, '91
Tardivel, Jules Paul		3 77	Chemin Ste. Foye	do	Mars 21, '91
Lacouline, Mathilda		0 02	Chateau Richer	do	Déc. 6, '90
Gagnon, William		0 03	Baie St. Paul	do	Nov. 22, '90
Tardif, Emile		0 54	136 rue du Roi	do	Sept. 9, '92
Charanel, Alfred		1 29	206 rue St. Valier	do	Oct. 28, '92
Dubuc, Jessie		0 01	107 rue du Pont	do	Août 26, '91
Baillargeon, Antoine		0 76	47 rue Ste. Marguerite	do	Jan. 28, '90
Hudon, Leopoldine Marie		0 03	190 do	do	Juin 18, '92
Porteous, William G		1 97	64 rue St. François	do	Mars 28, '91
Dugal, Cyrille		0 99	611 rue St. Valier	do	do 26, '91
Carried forward	....	16,324 83			

Dividendes impayés.

Caisse d'Economie de Notre-Dame de Québec—Savings Bank of Notre-Dame de Québec.

Name of Shareholder or Creditor. — Nom de l'actionnaire ou du créancier.	Amount of Dividends unpaid for 5 years and over. — Dividende impayé pendant 5 ans et plus.	Balances standing for 5 years and over. — Balances restant depuis 5 ans et plus.	Last Known Address. — Dernière adresse connue.	Agency at which the last transaction took place. — Agence où la dernière transaction s'est faite.	Date of last transaction. — Date de la dernière transaction.
	$ cts.	$ cts.			
Brought forward......	....	16,324 83			
Emond, Félix	....	0 21	206 rue du Roi..	Bur St-Roch	Mars 29, '92
Pelletier, Edouard....	....	1 74	111 rue Coulombe	do ..	Oct. 1, '92
Mercier, Frs. X........	....	0 02	84 rue St-Joseph.	do ..	Août 14, '91
Giguére, François....	....	1 33	120 rue dela Reine	do	do 21, '91
Gauvreau, Marie Ursule. ...	....	0 06	7 rue St-Roch...	do ..	Mars 17, '91
Rhéaume, Adéline ...	....	0 19	210 rue des Commissaires......	do ..	Juill. 15, '92
Bilodeau, Eugénie....	....	0 24	21 rue St-Jérôme	do ..	Oct. 13, '92
Beaudoin, Adèle	....	0 16	Beauport.. .. .	do ..	Juill. 13, '91
Eliot dit Juliers Angélina........	....	0 03	172 rue Ste-Hélène..........	do ..	Oct. 4, '92
Pageau, Marie Louise....	....	0 03	194 rue St-Olivier	do ..	Nov. 2, '91
Lapointe, Edouard	....	0 52	188 rue Ste-Marguerite........	do ..	Dec. 14, '91
Fortier, Edmond.....	....	0 37	111 rue N. D. des Anges..	do ..	Oct. 10, '92
Boudreau, François..	....	0 47	325 rue St-Joseph	do ..	Avril 24, '91
Gariepy, Olive	....	6 56	325 rue Ste-Hélène.....	do ..	Juin 15, '92
Gauvin, Malvina	....	0 45	Petite Rivière ..	do ..	Sept. 30, '92
Boissonneault, Emelienna.. .	....	0 43	112 rue N. Dame	do ..	Mars 23, '92
Cloutier, Siméon	....	0 98	492 rue St-Valier	do ..	Août 5, '91
Lapointe, Nazaire....	....	0 71	131 rue Roi.....	do ..	do 3, '91
Maguy, Marie..	....	0 11	107 rue Hamel	do ..	Mars 28, '91
Sylvain, Antoine....	....	0 03	442 rue St. Valier	do ..	Juill. 25, '92
L'Heureux, Bruno....	....	0 19	Rue Fleury. . .	do ..	Déc. 19, '92
Guy, Hermine....	....	1 87	81 rue Ste-Marguerite.. .	do ..	Mars. 12, '92
Genois, Joseph....	....	0 34	132 rue de l'Eglise	do ..	Nov. 9, '91
Ernsted de Aurore....	....	0 14	Rue Richardson & Dorchester .	do ..	Avril 13, '92
Hudon, Napoléon....	....	0 07	46 rue Ste-Claire	do ..	Oct. 30, '91
Tessier, Alice....	....	0 36	31 rue du Pont..	do ..	Jan. 28, '92
Ratté, Pierre....	....	0 17	124 rue Fleury..	do ..	Oct. 6, '91
Lefebvre, Arthur	....	0 14	28 rue Desfossés	do ..	Dec. 7, '91
Lepage, Alexandre....	....	0 36	388 rue St-Joseph	do ..	Avril 12, '92
Coté, Jean Bte....	....	0 01	Ange Gardien ..	do ..	Mai 19, '91
Evrell, Emma	....	6 16	223 rue Ste-Marguerite..	do ..	Juill. 14, '92
Dussault, Achille....	....	0 01	33 rue Sutherland	do ..	June 8, '92
Drolet, Henri.	....	0 11	114 rue Richardson	do ..	Juill. 2, '91
Chavanel, Mary L	....	0 71	206 rue St-Valier	do .	Oct. 28, '92
Mathieu, Joseph..	....	0 65	Rue St-François	do ..	Juill. 11, '91
Boucher, Virginie....	....	0 64	394 rue St. Valier	do ..	Août 27, '91
Tremblay, Georgianna	....	0 65	Petite Rivière...	do ..	Avril 16, '92
Ouellet, Onésime....	....	0 58	Cap St-Ignace..	do ..	Dec. 29, '92
Marmen, Delvina....	....	1 93	70 rue Richelieu.	do ..	Nov. 3, '91
Fortin, Adelphine.	....	0 07	275 rue St-Valier	do ..	Juill. 31, '91
Tremblay, Amateur	....	0 47	St-Joachims	do ..	Juin 20, '92
Lonot, Emile....	....	0 31	171 rue Grant ..	do ..	Sept. 5, '91
Loupin, Josephine.	....	0 48	304 rue du Roi..	do ..	Jan. 11, '92
Tierney, William....	....	1 13	71 rue St-Roch .	do ..	Août 16, '92
Duverger, Edgar..	....	0 04	93 rue St-Joseph	do ..	do 19, 91
Municipalité Scolaire St-Bernadin de Scienne....	....	0 21	....	do ..	Juin 28, '92
Dunn, Arthur....	....	1 79	332 rue Richardson	do ..	Mars 7, '92
Carried forward....	....	16,353 06			

Caisse d'Economie de Notre-Dame de Québec—Savings Bank of Notre-Dame de Québec.

Name of Shareholder or Creditor. — Nom de l'actionnaire ou du creancier.	Amount of Dividends unpaid for 5 years and over. — Dividende impayé pendant 5 ans et plus.	Balances standing for 5 years and over. — Balances restant depuis 5 ans et plus.	Last Known Address. — Dernière adresse connue.	Agency at which the last transaction took place. — Agence où la dernière transaction s'est faite.	Date of last transaction. — Date de la dernière transaction.
	$ cts.	$ cts.			
Brought forward	....	16,353 06			
Samson, Delima		0 69	4 rue Ste-Dominique	Bur. St-Roch	Nov. 16, '92
Racine, Napoleon		0 01	Asil. de Beauport	do	Août 26, '91
Lachance, Philomène Marie		0 02	135 rue Richardson	do	Juin 2, '92
Moisan, Alfred		0 33	45 rue St-Nicholas	do	Mars 7, '92
Jobin, Albert		0 18	94 rue Dorchester	do	Oct. 6, '91
Plamondon, Honoré		0 15	131 rue St-Germain	do	Août 28, '91
Guénard, Josephine		0 60	260 rueSt-Joseph	do	Dec. 21, '92
Société des Tailleurs de Pierres		0 09	.. ..	do	Nov. 5, '91
Cloutier, Amarilda		0 02	287 rue Richardson	do	Juin 17, '92
Bellerive, Joseph		1 17	161 rue du Pont	do	Juill. 31, '91
Dechéne, Thomas		0 70	111 rue Massue	do	Avril 11, '92
Vadeboncœur, Ed.		0 01	528 rue St-Valier	do	Juin 17, '92
Turcotte, Jos. O.		0 13	119 rue delaReine	do	Nov. 18, '92
Legaré, Narcisse		0 31	St. Ambroise Jeune Lorette	do	do 3, '91
Landry, Ferdinand		0 59	Rue Desfossés	do	Août 12, '92
Gingras, Delima		0 51	Beauport	do	Déc. 30, '92
Ferland, Pauline		1 07	Asile Beauport	do	do 27, '92
Guimond, Achille		0 05	47 rue Jérome	do	Nov. 17, '92
Ouelette, Angélina		0 64	12 rue Laberge	do	Mai 10, '92
Jobin, Raoul		0 06	12 rue Fontaine	do	Juill. 16, '92
Lafontaine, Adjutor		0 65	146 rue Fleury	do	Fév. 27, '92
Gagnon, Georges		0 22	2 rue St-Roch	do	Nov. 19, '91
Thibault, Frs. X		0 31	15 rue Smith	do	Mai 7, '92
Lefrançois, Joseph		0 07	Ange Gardien	do	Oct. 6, '91
Raymond, Thomas		0 01	144 rue Notre-Dame	do	Juin 15, '92
Turcotte, Jean Bte		0 64	147 ruedelaReine	do	Déc. 30, '91
Guay, Hubert		0 24	103 rue Aiguillon	do	do 10, '91
Richard, Amanda		0 13	210 ruedelaReine	do	Oct. 4, '92
Campbell, Amos		0 19	123 ruedel'Eglise	do	Jan. 15, '92
Bédard, Cyrille		0 05	171 rue de Commissaires	do	Sept. 5, '92
Perron, Pierre		0 95	St. Lambert	do	Fév. 11, '92
Nadeau, Exilda		0 59	366 ruedélaReine	do	Mai. 3, '92
Lavoie, Joseph Paradis		1 62	187 rue Désfosses	do	Sept. 11, '92
Bélanger, Joseph		0 62	256 rue du Roi	do	Déc. 30, '91
Roy, Uldéric Joseph		0 04	123 rue Grant	do	do 21, '91
LeBrun, Philias		0 11	56 rue Nelson	do	Nov. 22, '92
Toussaint, Alida		0 04	85 rue Richardson	do	Août 24, '92
Dupuis, Gabriel		0 11	366 rue du Roi	do	Jan. 25, '92
Breton & Cie, J. E.		0 21	217 rue St-Paul	do	Déc. 14, '92
Allard, Joseph Nap		0 16	St. Agapit	do	Août 23, '92
Boivin, Joseph		0 02	151 rueSt-Joseph	do	Mai 23, '92
Plante, Moïse		0 07	Sault Montmorency	do	Sept. 10, '92
Corriveau, Ludger		0 15	30 rue Bellair	do	Mars 19, '92
Boilard, Clara		0 04	7 rue Daulac	do	Juill. 14, '92
Bélanger, Esther		0 49	Beauport	do	Nov. 8, '92
Grenier, Jos. Oct		0 73	129 rue Prince-Edouard	do	Mars 14, '92
Labreque, Alphonsine		0 24	St-Philémon	do	Juill. 9, '92
Côté, Léa		0 05	129 rue Prince Edouard	do	Jan. 7, '32
Carried forward	....	16,369 14			

Dividendes impayés.

Caisse d'Économie de Notre-Dame de Québec—Savings Bank of Notre-Dame de Québec.

Name of Shareholder or Creditor. — Nom de l'actionnaire ou du créancier.	Amount of Dividends unpaid for 5 years and over. — Dividende impayé pendant 5 ans et plus.	Balances standing for 5 years and over. — Balances restant depuis 5 ans ou plus.	Last Known Address. — Dernière adresse connue.	Agency at which the last transaction took place. — Agence où la dernière transaction s'est faite.	Date of last transaction. — Date de la dernière transaction.
	$ cts.	$ cts.			
Brought forward	....	16,369 14			
Paré, Adolphe		2 50	Ste-Anne Beau pré	Bur. St-Roch	Mai 16, '92
Guillot, Alfred		0 30	St-Michel, Beauport	do	Août 6, '92
Bouchard, Ovide		0 02	106 rue St-Joseph	do	do 30, '92
Lefebvre, Philomène		0 03	198 rue Arago	do	Juin 3, '92
Lépine, Euclide		36 57	234 rue St-Valier	do	Jan. 19, '92
Veilleux, Vatiline		0 26	Canardière	do	Nov. 30, '92
Gosselin, Edouard		1 48	St-Laurent, I.O.	do	Mai 21, '92
Lenghen, Amanda		0 62	164 rue N.-D. des Anges	do	Nov. 12, '92
Aubert, Toussaint		0 02	319 rue St-Joseph	do	Juin 6, '92
Chrétien, Lumina		0 03	190 rue Desfossés	do	Sept. 13, '92
Boucher, Aloine		106 23	St-Féréol	do	Mars 26, '92
Adams, Thomas		0 09	Valcartier	do	Juill. 23, '92
Martel, Jacques		0 02	205 rue Richardson	do	Juin 7, '92
Boissonneault, Lida		1 17	131 rue Dorchester	do	Oct. 15, '92
Bédard, Eléocadi		0 47	Beauport	do	Juin 25, '92
Lessard, Marie		0 03	40 rue Richardson	do	do 7, '92
Turcotte, Albert		0 07	41½ rue St-Joseph	do	Déc. 27, '92
Guay, Eva		1 10	St-Valier	do	do 30, '92
Michaud, Aurélius		7 66	215 rue Richardson	do	Juin 4, '92
Moisan, Joseph D.		1 17	Hedleyville	do	Nov. 30, '92
Chabot, Charles		0 09	St-Charles Bellechasse	do	Août 19, '92
Faveur, Honore		0 05	19 rue Colbert	do	do 10, '92
Bédard, Ezilda		0 35	61 rue Desfossés	do	do 15, '92
Cantin, Célina		3 78	124 rue du Pont	do	Déc. 31, '92
Beaudet, Elizabeth		47 97	Grande-Rivière	do	Juin 25, '92
Morency, Alma		2 23	80 r. St-Anselme	do	Déc, 30, '92
Fortin, Ulric		0 14	351 rue Richardson	do	Nov. 4, '92
Gingras, Cléophas		0 03	Jeunne Lorette	do	Août 13, '92
Lessard, Sophie		0 08	Asile Beauport	do	Oct. 31, '92
Blais, Caroline		0 18	150 rue du Roi	do	do 24, '92
Peney, Elizabeth		0 04	156 rue des Commissaires	do	do 24, '92
Lefebvre, Alphonse Joseph		0 14	Charlesbourg	do	do 25, '92
Pelletier, Auguste		0 25	51 rue Desfossés	do	Déc. 3, '92
Gastonguay, Théodore A.		296 69	18 rue St-Joseph	do	Oct. 27, '92
Blais, Nazaire		59 23	35 rue des Commissaires	do	Nov. 2, '92
Audet, Adélard		11 70	St-Edouard Frampton	do	do 8, '92
Blais, Marie M. T		0 10	Ste-Flavie	do	Juin 5, '91
Cogger, Mde Geo		0 71	Grand Trunk Ry	Lévis	Fév. 2, '92
Bourget, Baptiste		0 05	St. Joseph, Lévis	do	Sept. 22, '91
Nolet, Louis		0 12	do	do	do 5, '92
Garant, Alphonse		0 67	Bienville, Lévis	do	Mai 17, '90
Cantin, Louis		0 05	St-Jean Chrysostôme	do	do 17, '90
Carbonneau, Cyrille		1 40	Deschambault	do	Déc. 24, '92
Lamontagne, Napoléon		0 30	Quartier St-Laurent	do	Fév. 12, '91
Mercier, Célérine		0 08	Bienville	do	Juil. 15, '92
Bourget, François		0 27	St-Joseph, Lévis	do	Mars 31, '92
Carried forward	....	16,955 68			

Caisse d'Économie de Notre-Dame de Québec—Savings Bank of Notre-Dame de Québec.

Name of Shareholder or Creditor. — Nom de l'actionnaire ou du créancier.	Amount of Dividends unpaid for 5 years and over. — Dividende impayé pendant 5 ans et plus.	Balances standing for 5 years and over. — Balances restant depuis 5 ans et plus.	Last Known Address. — Dernière adresse connue.	Agency at which the last transaction took place. — Agence où la dernière transaction s'est faite.	Date of last transaction. — Date de la dernière transaction.
	$ cts.	$ cts.			
Brought forward		16,955 68			
Roy, Honoré		0 15	N.-Dame, Lévis.	Lévis	Sept. 22, '92
Carrier, Louis		0 88	St-Joseph, Lévis.	do	do 16, '92
Couture, Frs. X		0 24	do	do	Déc. 22, '92
Breakey, May Thérese		0 20	Chaudière Mills.	do	Juil. 6, '91
Goudreau, Marcelus		0 26	St-Henri Lauzon	do	Août 10, '92
Hamel, Cléophas		3 04	N.-Dame, Lévis.	do	do 6, '92
Guay, Adèle, and Jos. Anctil		0 96	do	do	Déc. 9, '92
Morin, Marie		1 76	do	do	Nov. 14, '91
Guay, Napoléon		0 18	do	do	Oct. 31, '91
Labreque, Onésime		0 68	St-Etienne de Beaumont	do	do 28, '90
Morris, Philomène		0 53	Hospice St-Joseph de la Dél., Lévis	do	Déc. 16, '90
Beaulieu, Xavier		0 19	Village Bienville	do	Juin 18, '90
Dagneau dit Laprise, Jean		2 23	St-Jean Chrysostôme	do	Fév. 17, '90
Couture, Isidore		0 05	Notre-Dame	do	Août 17, '91
Bourget, Albert		0 23	St-Joseph, Lévis.	do	Mai 13, '92
Turcotte, Arthémise		6 37	N.-Dame, Lévis.	do	do 26, '90
Carbonneau, David		0 17	do	do	Sept. 10, '92
Paradis, Pierre		0 36	St-David	do	Déc. 10, '91
Martin, Herménégilde		4 30	Notre-Dame	do	Jan. 4, '88
Guay, Odilon		0 16	Village Bienville	do	Juil. 4, '87
St. Pierre, Edwidge (ép. de Frs. Ouelet)		0 12	St-Joseph, Lévis.	do	do 12, '92
Mercier, Emilie		1 55	N.-D. Lévis	do	Mars 2, '87
Turgeon, Célina (veuve de André Brochu)		0 30	St-Joseph, Levis	do	Oct. 13, '90
Plante, Joseph		3 80	N.-D. Lévis	do	Fév. 9, '89
Morency, Arthur		2 78	St-David d.l'Aub	do	do 6, '90
Lemieux, Michel		0 04	St-Jean Chrysostôme	do	Août 24, '89
Plante, David		9 26	Quartier Lauzon	do	Sept. 5, '91
Carrier, Onésime		0 20	N.-D. Lévis	do	Nov. 27, '89
Guay, Marcel		10 02	Ste-Anastasie de Nelson	do	do 13, '88
Roberge, Herménégilde		9 70	St-David d.l'Aub	do	Mars 11, '87
Blais, Arcadus		2 42	Notre-Dame	do	Janv. —, '89
Roy, Flaviana		0 22	do	do	Oct. 22, '92
Biancullo, François		37 03	Québec	do	do 22, '86
Bouchard, Etienne		0 78	St-Henri de Lauzon	do	do 20, '91
Lawlor, Mary		0 89	St-Edouard de Frampton	do	Juill. 7, '91
Guay, Pierre		2 87	St-Joseph, Lévis	do	Mai 5, '88
Pelletier, Marie		1 36	do	do	Janv. 25, '89
Bonneau, Arthur		0 23	St-David d.l'Aub	do	Août 22, '90
Richard, Adélard		3 94	St-Joseph, Lévis	do	Janv. 10, '90
Maguire, Ellen		0 40	N.-D. Lévis	do	Oct. 21, '89
aSr. St. Célestin		0 53	St-Joseph, Lévis	do	Juill. 7, '88
Lavallière, Edouard		2 46	Quartier Lauzon	do	Avril 20, '92
Audet, Omer		0 51	St-Gervais	do	Août 23, '87
Auger, Honorius		3 46	Quartier St-Laurent	do	Sept. 19, '88
Boisvert, William		0 04	N.-D. Lévis	do	Déc. 7, '92
Bégin, Charles		0 26	St-David d.l'Aub	do	Juin 17, '91
Drapeau, François		0 22	St-Romuald	do	Déc. 29, '92
Carron, Zoël		2 80	N.-D. Lévis	do	Août 27, '91
Carried forward		17,076 81			

a Par Réligieuse Couvent de Jésus-Marie.

Dividendes impayés.

Caisse d'Économie de Notre-Dame de Québec—Savings Bank of Notre-Dame de Québec.

Name of Shareholder or Creditor. — Nom de l'actionnaire ou du créancier.	Amount of Dividends unpaid for 5 years and over. — Dividende impayé pendant 5 ans et plus.	Balances standing for 5 years and over. — Balances restant depuis 5 ans et plus.	Last Known Address. — Dernière adresse connue.	Agency at which the last transaction took place. — Agence où la dernière transaction s'est faite.	Date of last transaction. — Date de la dernière transaction.
	$ cts.	$ cts.			
Brought forward	.. ..	17,076 81			
Paquet, Catherine	....	0 06	N.-D. Lévis	BureauLévis	Sept. 20, '90
Bilodeau, Marie	....	0 55	do	do	Avril 16, '92
Fournier, Joseph	....	3 34	Ste-Marie, B'uce	do	Mars 14, '89
Fortier, Henriette (veuve de feu Ed. Larivre)	....	5 58	Gardby	do	Fév. 3, '92
Lachance, Joseph	....	0 95	N.-D. Lévis	do	Déc. 27, '92
Morency, Joseph	....	0 20	St-Joseph, Lévis	do	Juill. 28, '91
Paradis, Luce	....	0 21	N.-D. Lévis	do	Août 1, '89
Guenette, Louise	....	0 37	St-Laur'nt, Lévis	do	Sept. 9, '90
Létellier, Edmond	....	0 61	do	do	Nov. 21, '92
Emond Eléonore	....	0 11	St-François, I.O.	do	Juin 10, '90
Roy, Catherine (ép. de Michel Ladrière)	....	6 04	Bienville, Lévis	do	Avril 30, '89
Plante, Joseph	....	3 80	N.-D. Lévis	do	Fév. 9, '89
Fortin, Aloine	....	2 94	St-Joseph, Lévis	do	Nov. 2, '91
Lamothe, David	....	0 82	St-David d. l'Aub	do	Sept. 21, '89
Rouleau, Jean	....	0 85	St-Jean Chrysostôme	do	Déc. 19, '91
Marcoux, Félix	....	0 20	Sault de la Chaudière	do	do 26, '90
Pageau, Xavier	....	0 04	N.-D. Lévis	do	Juill. 3, '91
Farmer, Louis Alonzo	....	0 44	do	do	Oct. 22, '88
Landry, Magloire, jr	....	0 86	St-Romuald	do	Août 9, '89
Turcotte, Théodure	....	6 25	St-Lamb't, Lévis	do	Nov. 3, '89
Brochu, Elzéar	....	3 75	N.-D. Lévis	do	Juin 15, '91
Martin, Marie (veuve de Louis Bélanger)	....	2 00	do	do	Déc. 2, '91
Morin, Philias	....	0 74	St-Anselme, Dorchester	do	Juin 25, '92
Fortier, Cédulie	....	0 06	RueCarri'r, Lévis	do	Mai 26, '91
Bruneau, Chrysologue	....	0 10	St-Isidore, Dorchester	do	Juin 14, '90
Couture, Napoléon	....	0 33	St-David l'Aub., Rivière	do	Déc. 28, '91
Blais, Pierre	....	4 06	N.-D. Lévis	do	Fév. 28, '90
Mercier, Virginie	....	0 49	Village Bienville	do	Mars 14, '92
Bouchard, Thersile (veuve de Gédeon Mignault)	....	4 92	N.-Dame, Lévis	do	Nov. 17, '89
Letourneau, Joseph	....	2 10	Hadlow Cove	do	Avril 9, '90
Desaillier, Philomène	....	0 62	Couvent de Lévis	do	Oct. 20, '90
Begin, Onésime	....	3 98	N.-Dame, Lévis	do	Mai 7, '90
Gosselin, Jean	....	24	St. Isidore, Dorchester	do	Sept. 6, '88
Bourassa, Ed. Alphonse, ptre	....	8 26	College, Lévis	do	Mars 19, '90
Lachance, Pierre	....	3 70	N.-Dame, Lévis	do	Jan. 11, '90
Chouinard, Agathe	....	0 49	Hospice St. Joseph, Lévis	do	Oct. 16, '90
Russell, Robert Ward Shipman	....	13 20	N.-Dame, Lévis	do	do 13, '91
Gagné, Marie (ép. de Antoine Gagné)	....	0 17	do do	do	Jan. 15, '91
Dunn, Mary Mabel	....	0 17	do do	do	Mars 4, '91
Gagné, Marceline (ép. de Olivier Goulet)	....	0 27	St-Lambert, Lévis	do	Août 14, '90
Morin, Anselme	....	6 95	N.-Dame, Lévis	do	Nov. 27, '88
Veilleux, Adolphe	....	0 13	do do	do	Août 17, '89
Després, Thomas	....	0 13	St-Joseph, Lévis	do	Juin 22, '89
Charland, William, jr	....	43 68	do do	do	Jan. 27, '90
Harpe, Stanislas	....	2 90	N.-Dame, Lévis	do	do 15, '90
Brochu, Henriette	....	0 37	do do	do	Avril 15, '91
Beaulieu, Praxède	....	0 45	do do	do	Déc. 11, '90
Paradis, Antoine	....	0 19	St-Isidore, Dorchester	do	Août 13, '92
Gregoire, Joseph	....	0 14	St-Sylvestre, Lotbinière	do	Nov. 6, '91
Carried forward	....	17,215 62			

Caisse d'Economie de Notre-Dame de Québec—Savings Bank of Notre-Dame de Québec.

Name of Shareholder or Creditor. — Nom de l'actionnaire ou du créancier.	Amount of Dividends unpaid for 5 years and over. — Dividende impayé pendant 5 ans et plus.	Balances standing for 5 years and over. — Balances restant depuis 5 ans ou plus.	Last Known Address. — Dernière adresse connue.	Agency at which the last transaction took place. — Agence où la dernière transaction s'est faite.	Date of last transaction. — Date de la dernière transaction.
	$ cts.	$ cts.			
Brought forward		17,215 62			
Samson, Marie		0 16	St-David de l'Aub Rivière	BureauLévis	Oct. 25, '90
Couture, Onésime		1 95	St-Hénédine, Dorchester	do	Mars 15, '90
Morency, Ludivine (ép. de feu Désiré Lavallières)		0 16	St-Etienne, Beaumont	do	Août 7, '90
Perreault, Delina (épouse de Philippe Berubé)		0 25	St-Laurent, Lévis	do	do 18, '91
Francœur, Adrien		3 95	N.-Dame, Lévis.	do	Mars 12, '90
Lacroix, Joseph		0 17	do do	do	Juin 10, '91
St. Pierre, Césaire		1 42	Etats-Unis	do	Juill. 22, '91
Barras, Adjutor		0 22	St-Joseph, Lévis	do	Nov. 9, '89
Samson, Paul		2 68	St-Jean Chrysostôme	do	Avril 5, '92
Bélanger, Félix		0 04	Butte City, Montana, E.U.	do	Juin 11, '90
Grégoire, Joseph		0 12	St-François, Beauce	do	do 16, '90
Desrochers, Marie (épouse de Hubert Bisson)		5 92	N.-Dame, Lévis.	do	Nov. 10, '90
Roy, Aloine (ép. de Wilbrod Blouin)		0 26	do do	do	do 25, '91
Levesque, Charles		0 33	Québec	do	do 13, '91
Bourassa, Elise (épouse de Frs. Forgues)		0 36	St-David de l'Aub Riv.	do	Mars 9, '92
Bégin, Joseph		0 04	N.-Dame, Lévis.	do	Juin 6, '90
Chandonnet, Lucie (ép. de Alp. Moreau)		0 66	do do	do	Sept. 10, '90
Robichaud, Joseph		635 70	Waterbury, Canada	do	Mars 3, '86
Brochu, Odile (épouse de Félix Paradis)		0 38	St-Henri Lauzon	do	Juill. 8, '89
Boutin, Anna (épouse de Ed. Bolduc)		0 10	N.-Dame, Lévis.	do	Nov. 5, '91
Williamson, John		0 74	do do	do	Jan. 28, '91
Filteau, Louis		2 22	Montréal	do	Feb. 4, '90
Thivierge, Amanda (ép Honoré Morin)		0 30	N.-Dame, Lévis.	do	do 4, '90
DeLasale, Belzémire (ép. de G. H. Brochu)		9 71	do do	do	Avril 29, '92
Lacombe, Ludger		0 11	St-Laurent, Lévis	do	do 16, '91
Dumas, Ernest		2 69	St-Laurent, Lévis	do	do 24, '90
Harvey, Elzéar		0 18	Murray Bay, Chicoutimi	do	Nov. 11, '89
Bégin, Alphonse		0 56	N.-Dame, Lévis.	do	do 20, '91
Sargeant, William		66 49	St-Malachie, Dorchester	do	Oct. 2, '91
Sévigny, Nap		0 50	Ste-Claire, Dorchester	do	Nov. 8, '89
Myrand, Jean Bte		0 85	St-Joseph, Lévis	do	Mars 7, '91
Desprès, Georges		0 05	N.-Dame, Lévis.	do	Déc. 9, '89
Roy, Emérance		0 27	St-Ansèlme, Dorchester	do	Oct. 23, '90
Couture, Restitue		0 72	St-Gervais, Bellechasse	do	Août 9, '90
Assemblée Lévis No. 10123, Chevaliers du Travail		4 53	N.-Dame, Lévis.	do	do 24, '90
Pichette, Edouard		0 18	St-Jean Chrysostôme	do	Juil. 14, '90
Carbonneau, Joseph		0 07	do	do	Oct. 28, '89
Cantin, Florida		0 10	N.-Dame, Lévis.	do	Nov. 18, '90
Turgeon, Adélard		0 20	St-Romuald	do	Juin 28, '90
Fournier, Albertine		0 40	do	do	Déc. 18, '89
Laliberté, Joseph		1 91	St-David de l'Aub Riv.	do	Avril 7, '91
Langlois, George		0 31	Bienville, Lévis.	do	Mars 11, '90
Carried forward		17,963 58			

Dividendes impayés.

Caisse d'Economie de Natre-Dame de Québec—Savings Bank of Notre-Dame de Québec.

Name of Shareholder or Creditor. — Nom de l'actionnaire ou du créancier.	Amount of Dividends unpaid for 5 years and over. — Dividende impayé pendant 5 ans et plus.	Balances standing for 5 years and over. — Balances restant depuis 5 ans ou plus.	Last Known Address. — Dernière adresse connue.	Agency at which the last transaction took place. — Agence où la dernière transaction s'est faite.	Date of last transaction. — Date de la dernière transaction.
	$ cts.	$ cts.			
Brought forward		17,963 58			
Levesque, Thomas		0 13	St-Laurent, Lévis	BureauLévis	Août 25, '90
Lemieux, Joseph		0 83	St-David de l'Aub Riv	do	Déc. 18, '89
Roy, Télesphore		0 04	St-Etienne du Saguenay	do	Juil. 4, '90
Parent, Eugène		0 77	St-Isidore, Dorchester	do	do 9, '90
Vézina, Jean		95 19	St-Joseph, Lévis	do	Juin 8, '91
Vézina, Séraphine (épouse de P. Beabien)		0 17	Village Bienville	do	Juil. 10, '91
Poliquin, Edouard		1 42	N.-Dame, Lévis.	do	Jan. 12, '91
Lacroix, Narcisse and Joseph		0 03	do	do	Déc. 28, '89
Bélanger, J. Bte		0 54	West Toron, Me.	do	Juin 21, '90
Samson, Clarinda		0 15	N.-Dame, Lévis.	do	Sept. 11, '91
Bourassa, Joseph		0 28	do	do	do 3, '90
Guay, Edmond		0 05	St-Joseph, Harlaka	do	Août 27, '90
Grenier, Rev. Louis A., ptre		0 28	St-George, B'uce	do	Sept. 8, '90
Turgeon, J. C. A.		6 08	St-Henri, Lévis	do	Mars 26, '91
Dion, Cléophas		0 52	St-David de l'Aub Riv	do	Déc. 29, '90
Lacasse, André		0 63	St-Alphonse de Stanf.	do	Juil. 2, '91
Léocadie, Coté (veuve Frs. Guenette)		0 07	N.-Dame, Lévis.	do	Juin 27, '90
Couture, F. A		0 06	do	do	do 27, '90
Beaulieu, Edouard		0 35	VillageBienville, Lévis	do	Août 14, '90
Aymong, Amanda (épouse de Joseph Côté		1 29	N.-Dame, Lévis	do	Mai 8, '91
Marny, Edouard		0 72	St-Joseph do	do	Août 12, '90
Couture, Marie (épouse de Jean Frader)		0 12	St-Romuald do	do	Juin 11, '90
Morin, Delphine		1 50	N.-Dame do	do	Sept. 25, '91
Witkinson, J. A		1 60	do do	do	Nov. 24, '91
Laverrière, Emilie		2 38	St-Romuald do	do	Jan. 12, '91
Bouchard, Félix		0 42	St-Henri	do	Août 15, '91
Boutin, J. Paul		0 50	St-Isidore, Dorchester	do	Sept. 1, '91
Knight, A. Mabel		0 27	N.-Dame, Lévis.	do	Fév. 9, '91
Cloutier, Adélard		0 37	Grand Trunk Ry	do	Avril 28, '90
Lessard, J. B		0 05	St-Joseph, Lévis	do	Juill. 27, '91
Prevost, Dénise		0 57	St-Romuald do	do	Jan. 15, '91
Fournier, Wildégonde (veuve de feu Rémi Légaré)		0 19	N.-Dame do	do	Nov. 14, '91
Carrier, Hubert		0 21	St-Jean Chrysostôme	do	Juin 18, '90
Morency, Geo. Elie		5 21	N.-Dame, Lévis.	do	Avril 30, '91
Berubé, Joseph		1 89	Rivière Ouelle, Kamouraska	do	Mai 2, '91
LeBlond, Alphonse Geo		0 22	St-François, Riv. du Sud	do	Août 12, '90
Bouchard, David		0 07	St-Joseph, Lévis	do	Juill. 30, '90
Hallée, Hedivige (épouse de Johnny Lamontagne)		0 10	VillageBienville, Lévis	do	Sept. 3, '90
Laflamme, Jean		0 03	St-Joseph, Lévis	do	do 15, '90
Samson, Léon		0 82	do do	do	Mars 31, '91
Larochelle, Michel		0 03	St-Ansèlme do	do	Juill. 31, '91
Shipman, Marguerite E.		0 04	N.-Dame do	do	Oct. 10, '91
Roy, Alphonse		0 49	St-Joseph do	do	Sept. 25, '90
Carrier, Xavier		0 13	PinTendre, Bienville	do	Nov. 15, '91
Carried forward		18,090 39			

Caisse d'Economie de Notre-Dame de Québec—Savings Bank of Notre-Dame de Québec.

Name of Shareholder or Creditor. — Nom de l'actionnaire ou du créancier.	Amount of Dividends unpaid for 5 years and over. — Dividende impayé pendant 5 ans et plus.	Balances standing for 5 years and over. — Balances restant depuis 5 ans ou plus.	Last Known Address. — Dernière adresse connue.	Agency at which the last transaction took place. — Agence où la dernière transaction s'est faite.	Date of last transaction. — Date de la dernière transaction.
	$ cts.	$ cts.			
Brought forward	....	18,090 39			
Plourde, Pierre	....	1 66	St. Joseph, Bienville	Bureau Lév.	Mars 7, '91
Moore, Walter	....	0 18	2 St. Laurent, Bienville	do	do 6, '90
Huard, Amielie (ep. de Alph. Bégin)	....	2 03	Lewiston, Maine	do	Déc. 22, '91
Maurice, Desanges (ep. de Od. Lecours)	....	0 88	Village Bienviile	do	Août 3, '91
Letourneau, Emma	....	0 61	N.-Dame, Lévis.	do	Nov. 28, '91
Vallieres, Onésime	....	62 70	Beaumont, Bellechasse	do	Mai 29, '91
Dionne, Virginie	....	0 11	N.-Dame, Lévis.	do	Juin 8, '91
Blouin, Cléophas	....	1 47	do	do	Avril 27, '91
Godbout, Marie (ep. de Elz. Fradet)	....	1 55	St. Gervais	do	Mars 14, '91
Desrochers, Mathilda	....	0 09	St-Athanas, Iberville	do	Oct. 1, '90
Payne, Edouard	....	0 08	St-Joseph, Lévis	do	Jan. 10, '91
Lamontagne, Jean	....	0 23	Bienville	do	Sept. 8, '91
Hughs, Catherine	....	0 14	Frampton	do	Nov. 17, '90
Robitaille, Rosanna	....	2 42	St-Romuald	do	Oct. 13, '91
Carrier, Augustin	....	0 04	N.-Dame, Lévis.	do	Déc. 31, '90
Bégin, Joseph	....	0 19	St-Laurent, Lév.	do	do 6, '90
Moriss, Belzémire	....	0 40	N.-Dame, Lévis.	do	Avril 20, '91
Garneau, Narcisse	....	0 67	St-Croix, Lotbin.	do	Juin 23, '91
Thivierge, Louis	....	1 31	Pin Tendre	do	Juill. 11, '91
Shipman, Geo. H	....	6 47	N.-Dame, Lévis.	do	Déc. 31, '91
Lemieux, Délima (ép. de Jacques Lamontagne)	....	0 04	Chantier, Russell	do	Août 4, '91
Cauchy, Malvina (ép. de Louise Lachance)	....	0 30	St-Roch, Qué	do	Mai 1, '91
Bourassa, Henri	....	6 21	N.-Dame, Lévis.	do	Mars 2, '81
Lavoie, Philias	....	0 59	do	do	Août 20, '91
Morency, Ludivine (veuve de feu Desire Lavallière)	....	0 22	Lisbonne, Etats du Sud	do	Sept. 8, '91
Trudelle, Octave	....	2 83	N.-Dame, Lévis.	do	Déc. 10, '91
Fournier, Rosanna	....	0 29	do	do	Août 24, '91
Gingras, Magloire	....	0 03	do	do	Juin 4, '91
Ringuet, Léonidas	....	0 04	St-Laurent, Lév.	do	Oct. 12, '91
Hunter, Agnes M	....	0 12	N.-Dame, Lévis.	do	Nov. 25, '91
Carrier, Omer	....	13 73	do	do	Août 3, '91
Carrier, Henri	....	4 08	do	do	Oct. 31, '91
Mitivier, Philemon	....	10 24	St-Henri	do	Nov. 11, '91
Brousseau, Frs	....	0 37	Jackmontown, Maine	do	Sept. 2, '91
Wallace, Catherine (ép. de James Burns)	....	0 44	N.-Dame, Lévis.	do	Nov. 11, '91
Walker, Isabella M	....	0 52	do	do	Sept. 22, '91
Leclerc, Louis	....	0 17	St-Charles, Bellechasse	do	Juin 10, '91
Parent, Joseph	....	0 11	Isle Verte	do	Oct. 23, '91
Genest, George	....	0 71	St-Antoine de Tilly	do	Déc. 18, '91
Evans, W. E. D	....	0 13	Hadlow Cove	do	Sept. 17, '91
Martin, George	....	0 18	N.-Dame, Lévis.	do	Oct. 23, '91
Morin, Auguste	....	0 10	do	do	Déc. 21, '91
Dumont, Geo	....	0 03	St-Isidore, Dorchester	do	Nov. 5, '92
Dorval, Joseph	....	0 55	N.-Dame, Lèvis.	do	Sept. 1, '92
Lacroix, Jean	....	3 64	St-Raphael, Bellechasse	do	Jan. 12, '92
Pelletier, Alphonse	....	1 21	Beaumont, Bellechasse	do	do 28, '92
Patry, Romuald	....	0 37	do	do	Oct. 22, '92
Carried forward	....	18,220 87			

Dividendes impayés.

Caisse d'Economie de Notre-Dame de Québec—Savings Bank of Notre-Dame de Québec.

Name of Shareholder or Creditor. — Nom de l'actionnaire ou du créancier.	Amount of Dividends unpaid for 5 years and over. — Dividende impayé pendant 5 ans et plus.	Balances standing for 5 years and over. — Balances restant depuis 5 ans ou plus.	Last Known Address. — Dernière adresse connue.	Agency at which the last transaction took place. — Agence où la dernière transaction s'est faite.	Date of last transaction. — Date de la dernière transaction.
	$ cts.	$ cts.			
Brought forward....	....	18,220 87			
Lemieux, Arthur	......	0 26	St-Jean, Chrysôstome......	BureauLévis	Juill. 6, '92
Bussiere, P	....	0 62	do ..	do ..	Nov. 5, '92
Giguére, P	....	0 14	N.-Dame, Lévis.	do ..	do 5, '92
Blouin, L. H	......	0 07	St-Henri......	do ..	Oct. 20, '92
Laplante, Virginie	....	0 49	Beauport, Qué..	do ..	Nov. 22, '92
Cauchy, George	....	0 42	N.-Dame, Lévis.	do ..	Mars 26, '92
Cogger, Annie.	....	1 53	do ..	do ..	Fév. 20, '92
Morin, Ovide	....	0 18	St-Lambert, Lév	do ..	Juin 9, '92
Guay, Théodore	....	0 34	St-Joseph, Lévis	do ..	Juill. 25, '92
Dumont, Edmond	....	0 29	St-Isidore, Dorchester......	do ..	Mars 17, '92
Lacasse, Ovide	....	0 77	St-Lambert, Lév	do ..	Dec. 15, '92
Paradis, George	....	0 02	St-Isidore, Dorchester......	do ..	Juin 25, '92
Carrier, Georgianna	....	0 11	N.-Dame, Lévis.	do ..	Août 26, '92
Mercier & Cie, F. X	....	5 20	St-Joseph, Lévis.	do ..	Mai 7, '92
Total	....	18,231 31			

I declare that the above statement has been prepared under my direction, and is correct according to the books of the bank.

A. GOURDEAU, *Chief Accountant.*

We declare that the above return is made up from the books of the bank, and that to the best of our khowledge and belief it is correct.

G. D. BROUSSEAU,
Vice-President.

L. C. MARCOUX,
Secretary-Treasury.

QUEBEC, 17th January, 1898.

HALIFAX BANKING COMPANY.

STATEMENT of dividends remaining unpaid and amounts or balances in respect to which no transactions have taken place or upon which no interest has been paid for five years and upwards.

NOTE.—In case of moneys deposited for a fixed period, the five years shall be reckoned from the termination of said fixed period.

COMPAGNIE DE BANQUE D'HALIFAX.

ETAT des dividendes restant impayés et montants ou balances au sujet desquels il n'y a pas eu de transactions, ou sur lesquels aucun intérêt n'a été payé pendant cinq ans ou plus.

NOTE.—Dans le cas de deniers déposés pour une période fixe, les cinq ans seront calculés depuis l'expiration de la dite période fixe.

Name of Shareholder or Creditor. — Nom de l'actionnaire ou du créancier.	Amount of Dividends unpaid for 5 years and over. — Dividende impayé pendant 5 ans et plus.	Balances standing for 5 years and over. — Balances restant depuis 5 ans ou plus.	Last Known Address. — Dernière adresse connue.	Agency at which the last transaction took place. — Agence où la dernière transaction s'est faite.	Date of last transaction. — Date de la dernière transaction.
	$ cts.	$ cts.			
Shears, Andrew	......	290 00	Halifax	Halifax	Oct. 14, '82
Bowman, Augustus	......	90 00	Tracadie	Antigonish	Dec. 31, '92
Atkinson, Caroline, deceased	......	5 00	Barrington	Barrington	Jan. 6, '92
Hopkins, John D., deceased	......	100 00	do	do	Mar. 3, '92
Graham, Jane A., in trust	......	20 00	Woodside, Halifax Co.	N. Glasgow.	Nov. 1, '92
Coghill, James W	......	200 00	Bristol, Conn.	Springhill	do 17, '92
McKinnon, Mrs. Ann	......	55 00	Springhill	do	Mar. 31, '92
McKinnon, Mrs. Ann	......	50 00	do	do	Aug. 24, '92
Gammell, Robert	......	237 00	Truro	Truro	do 22, '92
Custance, Josiah, in trust	......	125 00	Rawdon	Windsor	April 10, '91
Harvey, Mary S	......	500 00	Avondale	do	June 19, '91
Hiltz, John	......	200 00	Cambridge	do	Aug. 19, '91
Card, Ralph	......	5 00	Burlington	do	Sept. 21, '91
Simpson, William	......	152 50	Avondale	do	Feb. 22, '92
Scott, David, estate of, deceased	......	45 00	Windsor	do	May 3, '92
Allison, C. W	......	120 00	do	do	June 7, '92
Porter, A. B	......	100 00	Hantsport	do	do 7, '92
Hiltz, John	......	250 00	Cambridge	do	July 23, '92
*a*Curry, S. J	......	1,500 00	Avondale	do	Sept. 6, '92
Hiltz, John	......	100 00	Cambridge	do	Dec. 28, '92
Total	......	4,144 50			

a Since paid.

I declare that the above statement has been prepared under my direction, and is correct according to the books of the bank.

G. A. THOMSON,
Chief Accountant.

We declare that the above return is made up from the books of the bank, and that to the best of our knowledge and belief it is correct.

R. UNIACKE,
President.

H. N. WALLACE,
Cashier.

HALIFAX, N.S., 31st December, 1897.

MERCHANTS' BANK OF HALIFAX.

Statement of dividends remaining unpaid and amounts or balances in respect to which no transactions have taken place or upon which no interest has been paid for five years and upwards.

Note.—In case of moneys deposited for a fixed period, the five years shall be reckoned from the termination of said fixed period.

BANQUE DES MARCHANDS D'HALIFAX.

Etat des dividendes restant impayés et montants ou balances au sujet desquels ils n'y a pas eu de transactions, ou sur lesquels aucun intérêt n'a été payé pendant cinq ans ou plus.

Note.—Dans le cas de deniers déposés pour une période fixe, les cinq ans seront calculés depuis l'expiration de la dite période fixe.

Name of Shareholder or Creditor. — Nom de l'actionnaire ou du créancier.	Amount of Dividends unpaid for 5 years and over. — Dividende impayé pendant 5 ans et plus.	Balances standing for 5 years and over. — Balances restant depuis 5 ans ou plus.	Last Known Address. — Dernière adresse connue.	Agency at which the last transaction took place. — Agence où la dernière transaction s'est faite.	Date of last transaction. — Date de la dernière transaction.
	$ cts.	$ cts.			
McKenzie, Whidden & Co.		0 53	Antigonish, N.S.	Antigonish	Feb. 9, '84
Bown & Wood		2 86	St. Johns, Nfld.	do	do 15, '84
Flynn, E. P.		0 54	Arichat, C. B.	do	Aug. 3, '90
Cameron, Flora		66 00	Glen Alpine, N.S	do	Oct. 26, '91
McGillivray, Johanna		50 00	15 Mile Stream, N.S	do	Nov. 11, '91
Chisholm, James T.		40 00	Linwood, N.S.	do	Jan. 13, '92
Delory, Mary E.		369 00	Tracadie, N.S.	do	Oct. 14, '92
Gaul, John		100 00	Getson's Pt., N.S	Bridgewater	Mar. 7, '89
Mcssman, Mary A.		100 00	Riversdale, N.S.	do	Aug. 12, '90
Stearns, Presd't. F. G.		0 54	Middleton, N.S.	do	June 25, '84
Nicol, T. G.		0 48	MahoneBay, N.S	do	Jan. 24, '91
Ehler, Jane		60 00	Crow Harb., N.S	Guysboro	Dec. 5, '88
Murphy, Lawrence		80 00	Riverside, N.S.	do	May 28, '91
Wellwood, Mrs. M.		112 00	Weldford, N. B.	Kingston Kent Co.	do 20, '92
Bailey, George R		6 82	do	do	June 5, '90
Johnson, James		0 48	Mill Creek, Buctouche, N.B.	do	Dec. 31, '91
Reid, John W.		472 00	California, USA.	Maitl'd, N.S.	Aug. 24, '92
Reagon, Con		250 00	Millerton, N.B.	Newcastle	do 6, '92
McCulloch, D.		0 20	Pictou, N. S.	Pictou	do 29, '84
McDonald, Jno. D. and Dwyer, C.		0 01	do	do	Dec. 11, '86
Gordon, J. A.		0 38	do	do	April 22, '87
McKenzie, A.		0 09	River John, N.S	do	Dec. 19, '87
Pope, T. H.		0 69	Pictou, N. S.	do	June 7, '88
McDonald, James, treasurer.		0 27	do	do	Nov. 4, '89
Stewart & Tanner		1 52	do	do	Dec. 24, '91
McDonald & Ives		1 50	do	do	Jan. 11, '92
Murray, Jessie		100 00	do	do	Aug. 16, '90
Skinner, James A.		300 00	do	do	Mar. 24, '92
Johnston, Mrs. M. A.		40 00	do	do	May 10, '92
Town of Pictou		388 00	do	do	do 16, '92
Skinner, James A		60 00	do	do	Dec. 3, '92
Carried forward		2,603 92			

Merchants' Bank of Halifax—Banque des Marchands d'Halifax.

Name of Shareholder or Creditor. — Nom de l'actionnaire ou du créancier.	Amount of Dividends unpaid for 5 years and over. — Dividende impayé pendant 5 ans et plus.	Balances standing for 5 years and over. — Balances restant depuis 5 ans ou plus.	Last Known Address. — Dernière adresse connue.	Agency at which the last transaction took place. — Agence où la dernière transaction s'est faite.	Date of last transaction. — Date de la dernière transaction.
	$ cts.	$ cts.			
Brought forward	....	2,603 92			
McEachern, Arch	....	100 00	Port Hawkesbury, C.B.	Pt. Hawkesbury, C.B.	Feb. 19, '90
Morrison, Sarah	....	80 00	Loch Lomond, C. B.	do	June 12, '90
McLennan, Mrs. Mary	....	302 00	Quincy, Mass.	do	do 21, '90
Donkin, H. F. (construction acct.)	....	1 89	Glace Bay, C.B.	do	Feb. 21, '92
McNeil, John S, assignee	....	453 00	Big Pond, C.B.	Sydney	Dec. 8, '91
Weymouth, Marine Insurance Co	....	174 00	Weymouth, N.S.	Weymouth	Jan. 4, '84
Miller, J. Y	....	0 15	Paquiock, N.B.	Woodstock	Dec. 11, '89
Hicks, M. B	....	0 15	Centreville, N.B	do	July 25, '89
Miller Extract Co	....	5 71	Paquiock, N. B.	do	Mar. 27, '90
Ross, A	....	0 99	Montreal	Montreal	July 16, '89
McLaren, J. R., jr	....	0 47	do	do	Dec. 5, '89
Hill, J. P.	....	0 99	do	do	May 7, '90
Radford Bros. & Co	....	38 59	do	do	June 24, '90
McIver, C	....	4 24	do	do	Aug. 27, '90
Edison General Electric Co.	....	79 73	Toronto	do	Dec. 27, '90
Curtis, K. R	....	1 16	Montreal	do	do 27, '90
Cote, M. M	....	11 34	Rangoon, Burmah	do	Mar. 1, 91
Star Collar & Box Co	....	3 62	Montreal	do	Dec. 28, '91
Shipton, F	....	4 51	do	do	Feb. 25, '92
Robertson, John	....	29 57	do	do	April 2, '92
Barr, M. D. & Co	....	2 97	Toronto	do	Sept. 3, '92
Deslauriers, J. E	....	4 80	Montreal	do	Dec. 30, '92
Buchanan, A. E	....	0 67	do	Montreal westend bch	Sept. 3, '92
Bissonnette & Co	....	0 18	do	do	Nov. 2, '91
Desjardins, A	....	6 91	do	do	Jan. 8, '91
Desrochers, N	....	0 50	do	do	Dec. 18, '91
Desrochers, A	....	0 25	do	do	March 2, '92
Dixon, J. H	....	0 99	do	do	Aug. 9, '92
Deslage, A	....	0 19	do	do	June 22, '92
Gohier & Co., E	....	0 20	St. Laurent	do	April 20, '91
Lebeau, A	....	4 03	Montreal	do	July 6, '91
Legendre & Co., L. O	....	0 13	do	do	May 18, '92
Leduc, L	....	1 47	do	do	April 27, '92
Mireau, E	....	0 18	do	do	do 25, '92
Mathieu, L. Z	....	0 35	do	do	July 19, '92
Rodier, E	....	0 50	do	do	Oct. 31, '92
Vidal, A. O	....	0 41	do	do	Sept. 29, '92
Warden & Hick	....	0 59	do	do	do 9, '91
Willoughby Bros	....	2 28	do	do	Jan. 16, '92
Nish, William	....	150 00	Cote St. Antoine	do	Aug. 13, '90
do	....	250 00	do	do	Feb. 2, '91
do	....	200 00	do	do	March 2, '91
do	....	250 00	do	do	May 1, '91
McKinnon, Dr. D. R	....	681 33	Halifax, N.S.	Halifax, N.S	Feb. 26, '70
Severence, Henry	....	100 00	Fourchu, C.B.	do	Dec. 6, '83
Dewis, Isaac	....	425 00	Shubenacadie	do	do 24, '89
Foster & Co	....	5 37	Halifax	do	July 26, '72
Routledge, William	....	1 49	do	do	Sept. 24, '74
LeBlanc, J. M	....	1 49	do	do	Dec. 8, '74
N. S. Concentrating and Reducing Co.	....	1 95	do	do	June 8, '86
Fulton, George	....	0 35	do	do	Dec. 7, '86
Esson & Co	....	3 75	do	do	June 20, '87
Imperial Federation League	....	4 70	do	do	May 31, '88
Poulain, E	....	0 86	do	do	Aug. 14, '88
Hunt, J. J., trustee	....	8 81	do	do	Sept. 13, '88
Stephen, Alexander	....	1 89	do	do	Nov. 30, '89
Carried forward	....	6,010 62			

Dividendes impayés.

Merchants' Bank of Halifax—Banque des Marchands d'Halifax.

Name of Shareholder or Creditor. — Nom de l'actionnaire ou du créancier.	Amount of Dividends unpaid for 5 years and over. — Dividende impayé pendant 5 ans et plus.	Balances standing for 5 years and over. — Balances restant depuis 5 ans et plus.	Last Known Address. — Dernière adresse connue.	Agency at which the last transaction took place. — Agence où la dernière transaction s'est faite.	Date of last transaction. — Date de la dernière transaction.
	$ cts.	$ cts.			
Brought forward.... .. .	....	6,010 62			
Stephen, A. & Son....................	....	1 16	Halifax.........	Halifax, N.S	Dec. 10, '89
Cragg Bros. & Co....................	... .	1 56	do	do ..	do 18, '89
Ozoon, C. A.......	....	0 71	do	do ..	April 21, '90
Mumford, W. B. & Sons...............	....	0 24	do	do ..	do 26, '90
Lamont, William......................	....	0 02	do	do ..	Jan. 23, '91
Hirschfield, Geo................	....	5 72	do	do ..	July 8, '91
Salter, B. W..........................	....	0 27	do	do ..	do 25, '91
Wright, R. C..........................	... .	0 07	do	do ..	Nov. 22, '91
Almon, C. M.........	....	0 19	do	do ..	March 7, '92
O'Brien, Archbishop (house fund)......	....	1 16	do	do ..	do 23, '92
Manoleate Manufacturing Co...... ...	....	1 86	do	do ..	June 6, '92
Farrell, Mary.........................	....	5 80	do	do ..	Aug. 27, '92
Fraser, R. H....	....	0 28	do	do ..	Nov. 12, '92
Total................. ...	....	6,029 66			

I declare that the above statement has been prepared under my direction and is correct according to the books of the bank.

W. B. TORRANCE,
Chief Accountant.

We declare that the above return is made up from the books of the bank, and that to the best of our knowledge and belief is correct.

T. E. KENNY,
President.

D. H. DUNCAN,
Cashier.

HALIFAX, 12th January, 1898.

BANK OF NOVA SCOTIA.

STATEMENT of dividends remaining unpaid and amounts or balances in respect to which no transactions have taken place or upon which no interest has been paid for five years and upwards.

NOTE.—In case of moneys deposited for a fixed period, the five years shall be reckoned from the termination of said fixed period.

BANQUE DE LA NOUVELLE-ÉCOSSE.

ÉTAT des dividendes restant impayés et montants ou balances au sujet desquels il n'y a par eu de transactions, ou sur lesquels aucun intérêt n'a été payé pendant cinq ans ou plus.

NOTE.—Dans le cas de deniers déposés pour une période fixe, les cinq ans seront calculés depuis l'expiration de la dite période fixe.

Name of Shareholder or Creditor. — Nom de l'actionnaire ou du créancier.	Amount of Dividends unpaid for 5 years and over. — Dividende impayé pendant 5 ans et plus.	Balances standing for 5 years and over. — Balances restant depuis 5 ans ou plus.	Last Known Address. — Dernière adresse connue.	Agency at which the last transaction took place. — Agence où la dernière transaction s'est faite.	Date of last transaction. — Date de la dernière transaction.
	$ cts.	$ cts.			
*a*Brown, C.		400 00	Amherst, N.S.	Amherst	Sept. 3, '88
*a*Wells, John S.		80 00	Point de Bute	do	Jan. 2, '89
*a*Brundige, Mrs. Elizabeth		25 00	Tidnish, N.S.	do	Sept. 23, '92
Atkinson, A. & Co		1 45	Southampton	do	Jan. 27, '83
Crane & Harper		0 94	Bayfield	do	July 31, '84
Sherman, F. T.		12 25	Pugwash	do	Mar. 6, '85
*b*Porter, J		0 65	River Hebert	do	Nov. 15, '86
Hamilton, C. L.		0 88	Brooklyn	do	July 26, '87
Gillespie, G. W.		0 23	River Philip	do	June 18, '89
*c*Little, Andrew		0 46	Amherst	do	Feb. 27, '90
Trustees School Section No. 40		5 00	do	do	Jan. 2, '90
Gould, W. B		0 40	do	do	Mar. 10, '90
Cooke, Thomas		21 53	do	do	June 12, '90
Little, T. A		7 66	do	do	do 19, '90
O'Rourke, J. F		0 14	do	do	Feb. 11, '91
Symmes, H. C		104 15	St. Catharines, O	do	Mar. 23, '91
Baker, B. W.		210 68	Amherst	do	June 3, '91
Y. M. C. A. Building Fund		15 00	do	do	do 29, '92
Black, Chas. F		3 74	Boston	do	July 6, '92
*e*Mack, Henry		30 31	Mill Village	Annapolis	Dec. 8, '88
*f*Miller, Geo. F		1 72	Bear River	do	Feb. 14, '90
Parker, Gilbert		0 80	Caledonia	do	June 18, '90
*a*Rowter, Ada		193 02	Maitland	do	Feb. 18, '92
Dunn, E. F.		1 15	St. John	Campbellton	May 17, '94
*a*Cantley, Rebecca		128 00	Campbellton	do	Aug. 27, '91
*a*Ferguson, Mary		100 00	Athol	do	Sept. 17, '90
*a*Wall, James		180 00	Campbellton	do	Dec. 22, '91
*a*Jamieson, Sarah		100 00	Kempt Road	do	Jan. 4, '92
*a*Miller, Hugh		1,200 00	Campbellton	do	do 25, '92
*a*Diote, Alex.		300 00	do	do	May 25, '92
*a*Levique, Edward		300 00	do	do	June 1, '92
*a*Levique, Edward		2,580 00	do	do	do 2, '92
*a*Savoid, Louis		309 00	do	do	do 28, '92
*g*Archibald, Elakrim	8 11		Charlottetown	Charlottet'n	Mar. 4, '74
*g*Archibald, Elakrim	8 11		do	do	do 18, '74
Gregor, P., estate of		1 00	do	do	July 17, '85
Webster, Barclay		0 03	Kentville	do	Oct. 8, '85
Beaton, Angus		0 04	East Point	do	Dec. 7, '85
Taylor, Thomas		0 25	New York	do	Feb. 26, '86
Carried forward	16 22	6,315 48			

a Deposit receipt. *b* Dead. *c* Deceased. *d* Paid January 4, 1898. *e* Deceased, Mrs. Henry Mack, Mill Village, legal representative. *f* Died about a fortnight ago; no legal representative as yet. *g* Unpaid dividend Union Bank of Prince Edward Island.

Bank of Nova Scotia—Banque de la Nouvelle-Écosse.

Name of Shareholder or Creditor. — Nom de l'actionnaire ou du créancier.	Amount of Dividends unpaid for 5 years and over. — Dividende impayé pendant 5 ans et plus.	Balances standing for 5 years and over. — Balances restant depuis 5 ans ou plus.	Last Known Address. — Dernière adresse connue.	Agency at which the last transaction took place. — Agence où la dernière transaction s'est faite.	Date of last transaction. — Date de la dernière transaction.
	$ cts.	$ cts.			
Brought forward	16 22	6,315 48			
McRae, John		0 45	North Tryon.	Charlottet'n.	do 27, '87
Strong, G. R		0 28	Charlottetown	do	June 9, '88
Seaman, J. J		0 26	do	do	Oct. 15, '89
Sherry, Patrick		600 00	do	do	May 5, '91
Daw, Eli		10 10	Bay Roberts, Nfld	do	Dec. 15, '91
Baynes, Dr. G. A.		0 01	Charlottetown	do	Oct. 3, ,92
Avard, Woodford		0 06	do	do	Nov. 2, '92
*a*Griffin, Thos		50 00	North Wiltshire.	do	do 17, '74
*a*Steele, Mary		168 56	Savage Harbour.	do	July 12, '82
*a*Taylor, Andrew		97 00	Granville.	Digby	Oct. 5, '86
*a*Saunders, Ralph M		250 00	Bear River	do	Jan. 11, '92
*a*Saunders, Ralph M		600 00	do	do	Feb. 10, '92
*a*Robertson, Kathleen		82 00	St. John	do	Nov. 9, '92
*a*Holmes, Whitman		83 00	Centreville	do	Dec. 22, '92
*a*Kennikle, James		200 00	Port Williams	Kentville	Nov. 9, '92
Leslie, John A., assignee S. Freeman & Sons		11 82	Liverpool	Liverpool	Oct. 6, '80
Glaskin, E.		1 70	Buctouche, N.B.	Moncton	June 26, '88
*b*Wilmot, A. W.		0 57	Moncton	do	Feb. 19, '92
*c*Bass, Elizabeth and H. L.		400 (0	do	do	Dec. 27, '92
Brown, W. L		0 39	Montreal	Montreal	Nov. 20, '88
Campbell & Jackson		2 05	do	do	Dec. 17, '88
Gannon, A		2 97	do	do	April 20, '89
Lallemand Manufacturing Co.		2 00	do	do	Feb. 14, '89
Campbell & Jackson, collateral account.		75 40	do	do	Mar. 19, '89
Inglis, R.		0 02	do	do	May 2, '91
Peard, J. A		23 93	do	do	Sept. 30, '91
Taylor, F. P.		25 00	do	do	July 16, '91
Cushing, C		0 14	do	do	Feb. 11, '92
Richardson & Henderson		0 23	do	do	June 21, '92
Sweet, S. L.		0 38	do	do	Jan. 30, '92
Russell, Samuel		2 24	Derby	Newcastle	do 21, '91
*a*Leithead, James		400 00	New Glasgow	N. Glasgow.	do 3, '89
*a*Cavanagh, Christie		200 00	do	do	Sept. 18, '89
Fraser, D. C., assignee (Chisholm & Meikle)		2 18	do	do	Dec. 8, '90
*a*Matheson, Chas		1,000 00	San Francisco	do	Jan. 7, '91
*a*Kitchen, Capt. Andrew		100 00	New Glasgow	do	June 19, '91
*a*Kitchen, Capt. Andrew		45 00	do	do	July 2, '91
*a*McLeod, Mrs. Wm		85 00	West River Stn.	do	Aug. 7, '91
Dunlop. J. H.		56 58	New Glasgow	do	do 31, '91
*a*Melville, Rev. P		1,000 00	Hopewell	do	Oct. 1, '91
*a*Kitchen, A. G		100 00	New Glasgow	do	Nov. 11, '91
*a*Kitchen, A. G		100 00	do	do	do 30, '91
*a*Matheson, Finlay		547 00	Lansdowne	do	Dec. 15, '91
*a*McKenzie, Wm		627 00	Stellarton	do	Mar. 31, '92
*a*McKay, Robert		350 00	Lorne	do	April 16, '92
*a*Melville, Mrs. Joseph M		547 00	Cape John	do	do 20, '92
*a*McLean, Neil		100 00	Basin of River Dennis	N. Sydney	Feb. 11, '88
*a*McLean, Neil		100 00	do	do	April 24, '88
*a*McLean, Neil		200 00	do	do	Jan. 17, '89
Grant. A. J		0 64	North Sydney	do	Feb. 21, '89
*a*McKinnon, Neil.		170 00	Whycocomagh	do	May 20, '89
*a*Serroul, Baptiste		180 00	Little Bras d'Or.	do	Dec. 23, '90
*a*Johnston, Mrs. Mary		800 00	do	do	Oct. 2, '91
*a*Johnston, William G.		540 00	do	do	do 2, '91
Carried forward	16 22	16,256 44			

a Deposit receipt. *b* Since withdrawn. *c* Since renewed ; deposit receipt.

Bank of Nova Scotia—Banque de la Nouvelle-Écosse.

Name of Shareholder or Creditor. — Nom de l'actionnaire ou du créancier.	Amount of Dividends unpaid for 5 years and over. — Dividende impayé pendant 5 ans et plus.	Balances standing for 5 years and over. — Balances restant depuis 5 ans ou plus.	Last Known Address. — Dernière adresse connue.	Agency at which the last transaction took place. — Agence où la dernière transaction s'est faite.	Date of last transaction. — Date de la dernière transaction.
	$ cts.	$ cts.			
Brought forward	16 22	16,256 44			
*a*Johnstone, Murdoch		200 00	Barachois	N. Sydney	Feb. 22, '92
*a*O'Handley, John Allan		500 00	Long Island	do	April 4, '92
*a*Adamson, James A.		250 00	Pictou	Pictou	Jan. 24, '73
*a*Morrill, Samuel		365 00	Brooklyn	do	June 4, '89
*a*Morrill, Sarah Jane		500 00	do	do	do 4, '89
*a*MacDonald, Capt. M. A		1,000 00	Pictou	do	do 17, '89
*a*Campbell, Mary A.		233 50	Watervale	do	Aug. 21, '91
*a*Langill, Mary Eliza		150 00	River John	do	Oct. 19, '91
*a*Mackenzie, Irene S		10 00	Meadowville	do	Dec. 24, '92
Sweeney, J		92 64	Pictou	do	April 17, '78
Harris, W. S		393 03	do	do	Mar. 5, '90
Sutherland, D. (secretary)		279 26	do	do	Dec. 16, '92
Arnold R.		20 42	St. John	St. John	Aug. 6, '87
Bevan, Guy, & Co.		0 66	do	do	Mar. 10, '87
Bowden, John		3 00	do	do	Aug. 18, '87
Calhoun, John		1 35	do	do	Jan. 24, '85
Chandler, E. B., estate of		5 07	Dorchester, N.B	do	Oct. 25, '80
Corbett, Geo		0 02	St. John	do	do 3, '89
Dow, J. W		0 73	Fredericton, N.B	do	Apr. 9, '82
Ferguson, A. R., estate of		131 95	St. John	do	do 9, '88
Harrison, Peters & Co.		0 85	do	do	Dec. 14, '83
Hatheway, H. A		0 13	do	do	do 13, '80
Munro, D. R		0 48	do	do	Mar. 10, '82
Murray, C		0 42	do	do	Oct. 24, '81
McBride, Samuel		0 74	do	do	May 27, '89
McEvoy, P. J		0 76	do	do	June 22, '87
McGregor, D		20 00	Halifax, N.S.	do	Mar. 13, '81
McLeod, W. D		0 86	St. John, N.B.	do	July 14, '84
Nixon, John		0 27	do	do	Feb. 14, '85
Robertson, R., & Co		0 06	do	do	Dec. 31, '81
Wilson, A., & Co		1 00	do	do	Oct. 1, '83
Young, G. L		0 86	do	do	Sept. 28, '83
Young, J. H		0 51	do	do	Feb. 15, '82
Ganong, W. B		0 98	do	do	do 29, '92
Foster, Thos		270 00	St. Martin, N.B.	do	Nov. 29, '92
Williams, Mary.		0 50	Milltown, N.B.	St. Stephen.	Dec. 31, '88
Colmer, Wallace & Co.		0 40	St. George, N.B.	do	Mar. 18, '89
Maxwell, Robert		2 35	Westville.	Stellarton.	Sept. 6, '92
*a*McKenzie, Wm.		100 00	Stellarton.	do	Apr. 21, '91
*a*McKenzie, Wm.		481 00	do	do	Sept. 15, '91
*a*Trustees of Temperance Hall		164 00	do	do	May 31, '92
*a*Gorrill, Mrs. Eleanor		50 00	Lot 8, P.E.I	Summerside	June 17, '92
Gaffney, J. H.		3 75	Sussex	Sussex	July 21, '84
Wheaton, J. A., & Co.		5 90	do	do	Sept. 5, '87
Barras, Geo.		0 25	Winnipeg.	Winnipeg.	
Bayne, Geo. A		0 92	Regina.	do	
Bliss, Geo. P.		0 64	Winnipeg.	do	
Boultbee, Reginald		1 13	do	do	
Cartwright, Sir R. J		0 18	Kingston, Ont.	do	
Cohn, S. J		0 06	Winnipeg.	do	
Copeland, W. C		0 28	do	do	
Deacon, C. B.		0 03	do	do	
Earle, A. O.		0 25	St. John	do	
Grant, Geo. W		2 62	Winnipeg.	do	
Hooper, James		0 11	do	do	
Kobold & Co		0 02	do	do	Mar. 28, '85
Ludington, Tracey		0 01	Toronto	do	
Lynskey, T. J		0 20	Winnipeg.	do	
Marshalsay, Chas		1 51	Whitewood	do	
Carried forward	16 22	21,507 10			

a Deposit receipt.

Dividendes impayés.

Bank of Nova Scotia—Banque de la Nouvelle-Ecosse.

Name of Shareholder or Creditor. — Nom de l'actionnaire ou du créancier.	Amount of Dividends unpaid for 5 years and over. — Dividende impayé pendant 5 ans et plus.	Balances standing for 5 years and over. — Balances restant depuis 5 ans ou plus.	Last Known Address. — Dernière adresse connue.	Agency at which the last transaction took place. — Agence où la dernière transaction s'est faite.	Date of last transaction. — Date de la dernière transaction.
	$ cts.	$ cts.			
Brought forward	16 22	21,507 10			
Maloney, John		0 56	Troy	Winnipeg	Mar. 28, '85
Murray, Geo. P		0 06	Indian Head	do	
McLean, A. L		0 39	Winnipeg.	do	
McLean, Donald		0 02	Moose Jaw	do	
Neelands, H. E		0 05	Winnipeg.	do	
Pearson, G. F		0 61	Selkirk	do	
Pugsley, G. R		0 80	St. John	do	
Ross, A. J		0 43	Calgary	do	
Rutherford, W. T., & Co		0 75	London.	do	Dec. 9, '84
Stanger, J. H		1 89	St. Ann's	do	
Smith, W. F		0 02	Winnipeg.	do	Nov. 8, '84
Thompson & Noble		1 26	do	do	April 27, '85
Thorne, D. S		1 14	do	do	
Willoughby, Walter		7 47	Regina.	do	Mar. 10, '84
Parker, J. E		8 20	Woodstock, N.B.	Woodstock	Oct. 3, '88
*a*Schriver, William		500 00	do	do	April 30, '89
*a*Dickison, Adam		500 00	Kirkland	do	Sept. 19, '92
Gammon, J. E		0 53	Yarmouth.	Yarmouth.	April 5, '88
McGill, O		5 94	do	do	Oct. 12, '91
Shand, J. M		2 58	do	do	Nov. 19, '91
*a*Hines, Caleb		1,000 00	Pubnico Head	do	April 8, '91
*a*Nickerson, H. A		90 00	Yarmouth	do	May 19, '91
*a*Brown, Ellen G		1,060 00	do	do	do 28, '91
*a*Nickerson, H. A		37 00	do	do	June 19, '91
*a*Reynard, C. C		100 00	Tusket	do	Dec. 7, '92
Battye, Thomas		3 08	Wallace	Halifax	do 29, '74
Tully, W. H		1 82	Halifax	do	Jan. 20, '75
Leslie & Snow		0 36	do	do	Mar. 31, '75
Maynard, G. F		0 19	do	do	July 3, '75
Metzler, G		0 04	Sydney Mines	do	do 5, '75
Tremaine, R		0 93	Halifax	do	do 28, '75
McInnes, A., & Co		0 32	do	do	May 15, '76
Scanlan, F. D		2 42	do	do	Oct. 3, '76
Freeman, J. H		0 06	Liverpool	do	Nov. 1, '76
Young & Thompson		0 10	Halifax	do	Dec. 4, '76
Naylor, John		0 48	do	do	May 3, '77
Black & Co., G. P. Travis, estate W. H. Blanchard, T. Fyshe, W. H. Blanchard, W. Headley and W. D. Bentley & Co.		21 13	Windsor	do	Feb. 1, '78
Rowley, J. W. H.		0 02	Halifax	do	do 6, '78
Hart & Murray		0 16	do	do	Oct. 6, '79
McGillivray, A. A		0 20	Baddeck	do	July 25, '81
Ayr, J. G		99 75	Halifax	do	Oct. 7, '81
Offey, Shore		0 42	London, Eng.	do	Dec. 1, '81
Stirling, C		1 75	Halifax	do	Sept. 2, '82
Barrett, Lawrence		0 42	do	do	Dec. 30, '82
Gorman, Joseph		3 93	St. Pierre.	do	July 10, '83
Freeman, Julia, & Co		0 38	Halifax	do	Dec. 31, '83
Bentley, W. D., & Co		1 69	do	do	Oct. 29, '84
Bremner, A. G.		0 04	do	do	June 15, '85
Stringer, J. E., & Co		4 28	St. Pierre.	do	Jan. 23, '86
Stringer, Mrs. C. L		15 71	do	do	Feb. 20, '86
McDonald, W. B., trustee.		40 19	Halifax	do	June 8, '87
Campbell, L. G		0 01	Baddeck	do	do 15, '87
Partington, G. F		0 21	Halifax	do	Oct. 1, '87
Landry, C		0 10	St. Pierre.	do	Dec. 16, '87
Halifax Soap Co.		0 55	Halifax	do	Jan. 8, '88
Wiswell, F. A		0 58	do	do	do 24, '88
McKay, A		0 39	do	do	Feb. 6, '88
Carried forward	16 22	25,028 51			

a Deposit receipt.

Bank of Nova Scotia—Banque de la Nouvelle-Ecosse.

Name of Shareholder or Creditor. — Nom de l'actionnaire ou du créancier.	Amount of Dividends unpaid for 5 years and over. — Dividende impayé pendant 5 ans et plus.	Balances standing for 5 years and over. — Balances restant depuis 5 ans ou plus.	Last Known Address. — Dernière adresse connue.	Agency at which the last transaction took place. — Agence où la dernière transaction s'est faite.	Date of last transaction. — Date de la dernière transaction.
	$ cts.	$ cts.			
Brought forward	16 22	25,028 51			
Ellis, Rev. G. A		0 75	Halifax	Halifax	Jan. 24, '89
Sheppard, W. A		2 05	do	do	Aug. 2, '89
Belcher, E. A., executor		22 51	do	do	Nov. 11, '90
Craig, J. H		20 85	do	do	Feb. 20, '91
Joyce, A. L		0 80	do	do	Mar. 6, '91
*a*Marland, E		233 60	do	do	July 26, '62
*a*Freeman, M		194 67	do	do	April 27, '69
*a*Forrest, Peter		97 33	do	do	Mar. 25, '70
*a*McKenzie, Wm		132 00	do	do	Sept. 21, '71
*a*Ritchie, Mrs. Nellie		100 00	do	do	Mar. 26, '77
*a*Ritchie, Mrs. Nellie		100 00	do	do	July 6, '77
*a*Ritchie, Mrs. Nellie		50 00	do	do	Sept. 17, '77
*a*Ritchie, Mrs. Nellie		100 00	do	do	April 15, '78
*a*Ritchie, Mrs. Nellie		140 00	do	do	June 25, '78
*a*D'Eposité, Angels		55 00	do	do	Dec. 20, '78
*a*Gardiner, James		100 00	Pine Hill	do	May 11, '89
*a*Johnston, C		1,000 00	Yarmouth	do	Mar. 4, '91
*a*McKenzie, James W		523 88	Barney's River	do	May 23, '91
*a*Tupper, Susan		1,000 00	Halifax	do	July 9, '91
*a*Bell, Charles A		400 00	Bay of Islands, Nfld	do	Sept. 18, '91
*a*Robinson, Mary, guardian		1,300 00	Chester	do	Oct. 27, '91
*a*Richardson, Nelson		1,000 00	Liverpool, Eng.	do	April 29, '92
*a*Fraser, Alex		100 00	Herrietsfield	do	May 9, '92
*a*Gardner, James		100 00	Pine Hill	do	do 20, '92
*a*Davies, Rev. Samuel		75 00	Seaforth, N.S.	do	July 20, '92
*a*Armstrong, W. F		427 90	Halifax	do	Nov. 16, '92
*a*Farquhar, Jas., and J. J. Hunt, trustees		531 98	do	do	do 22, '92
	16 22	32,836 83			
*b*Toilier, J. N		52 70	New York	Amherst	Feb. 3, '81
*c*Wallock, J. H		9 00	do	Annapolis	Mar. 4, '80
d —		7 35	Halifax	do	do 7, '87
*e*Payson, Wheelock		30 00	Boston	Bridgetown	Aug. 2, '85
*f*Weedon, H. C		24 45	do 84 North St	Halifax	Feb. 19, '86
*g*Buckley, Daniel		41 00	New York	do	Aug. 3, '87
*h*Sawyer, Mrs. Louise		25 00	Boston	Kentville	Jan. 30, '77
*i*Neaves, Mary A		10 00	Bridgetown, N.S.	Kingston, Jamaica	Sept. 16, '91
*j*McLearn, J. D		10 00	New York	Liverpool	Aug. 7, '82
*k*Church, W. H		100 00	Kentville	St. John	Sept. 10, '77
*l*Grant, J. M		17 64	London, Eng.	do	May 19, '83
*m*Best Mfg. Co., E. P		8 75	New York	Yarmouth	Nov. 28, '89
	16 22	53,172 72			

a Deposit receipt. *b* Draft No. 804 on Bank of New York, New York. *c* Draft No. 1020 on New York (Bank of New York). *d* Draft No. 22509 on Bank of Nova Scotia, Halifax. *e* Draft No. 5666 on Merchants National Bank, Boston. *f* Draft No. 2405 on Merchants National Bank, Boston. *g* Draft on 1040 on Bank of New York, New York. *h* Draft No. 5342 on Merchants National Bank, Boston. *i* Draft No. 320 on Bank Nova Scotia, Bridgetown. *j* Draft No. 2683 on Bank of New York, New York. *k* Draft No. 1808 on Bank of Nova Scotia, Kentville. *l* Draft No. 7051 on Williams, Deacon & Co., £3 12s. 6d. *m* Draft No. 6653 on Bank of New York, New York.

I declare that the above statement has been prepared under my directions, and is correct according to the books of the bank.

W. CALDWELL, *Chief Accountant.*

We declare that the above return is made up from the books of the bank, and that to the best of our knowledge and belief it is correct.

JOHN DOULL, *President.*
H. McLEOD, *Cashier.*

HALIFAX, 14th January, 1898.

PEOPLE'S BANK OF HALIFAX.

STATEMENT of dividends remaining unpaid and amounts or balances in respect to which no transactions have taken place or upon which no interest has been paid for five years and upwards.

NOTE.—In case of moneys deposited for a fixed period, the five years shall be reckoned from the termination of said fixed period.

BANQUE DU PEUPLE D'HALIFAX.

ETAT des dividendes restant impayés et montants ou balances au sujet desquels il n'y a pas eu de transactions, ou sur lesquels aucun intérêt n'a été payé pendant cinq ans ou plus.

NOTE.—Dans le cas de deniers déposés pour une période fixe, les cinq ans seront calculés depuis l'expiration de la dite période fixe.

Name of Shareholder or Creditor. — Nom de l'actionnaire ou du créancier.	Amount of Dividends unpaid for 5 years and over. — Dividende impayé pendant 5 ans et plus.	Balances standing for 5 years and over. — Balances restant depuis 5 ans ou plus.	Last Known Address. — Dernière adresse connue.	Agency at which the last transaction took place. — Agence où la dernière transaction s'est faite.	Date of last transaction. — Date de la dernière transaction.
	$ cts.	$ cts.			
Robert Leek	1 75	.....	Halifax	Halifax	April 25, '65
*a*Estate of Lewis Anderson	3 40	.....	Lunenburg	do	Sept. 1, '90
W. P. Hennessey	.....	150 00	Halifax	do	Jan. 26, '80
Mrs. Catherine Coyle	.....	65 00	do	do	Aug. 8, '89
Alice Cullen	.....	200 00	do	do	July 4, '90
Matilda Backman	.....	100 00	do	do	do 17, '90
*a*A. B. Sheraton	.....	1 49	do	do	Jan. 31, '90
*a*J. P. Mott (insurance)	.....	11 00	do	do	Feb. 8, '90
*a*H. C. Betcher	.....	0 03	do	do	Sept. 13, '90
R. T. Murray	.....	2 75	do	do	Jan. 27, '91
N. S. Telegraph Co.	.....	5 00	do	do	Mar. 17, '91
D. Roche	.....	1 19	do	do	April 13, '91
Alex. Fraser, jun.	.....	278 00	Harrietsfield	do	July 6, '91
John W. Burton, trustee	.....	220 23	Halifax	do	Mar. 1, '92
Henry A. Shatford	.....	1,000 00	Hubbard's Cove.	do	Dec. 14, '92
Wm. McMillan	.....	0 57	.....	do	Jan. 2, '92
J. D. Shatford	.....	4 63	Halifax.	do	Feb. 27, '92
J. B. Naylor	.....	0 19	do	do	do 27, '92
Eastern S. S. Co	.....	2 62	do	do	May 3, '92
John T Gunn	.....	1 34	Broad Cove, C.B.	do	June 10, '92
T. F. Tobin	.....	3 72	Halifax	do	do 13, '92
Annie Conlon	.....	2 53	Boston	do	do 23, '92
J. C. Harlow	.....	0 91	Shelburne	do	July 12, '92
*a*Estate of H. Lawson	.....	23 80	Halifax	do	do 25, '92
J. N. Freeman	.....	51 37	.....	do	Aug. 11, '92
J. T. Ross	.....	36 16	Halifax	do	do 22, '92
Hart and Murray	.....	0 09	do	do	Nov. 9, '92
J. W. Kenty	.....	0 42	Elmsdale	do	Dec. 21, '92
Chas. W. Allison	.....	32 00	Windsor	Windsor	April 5, '92
Ira Sanford	.....	507 31	do	do	do 26, '92
John P. McFarlane	.....	115 44	Margaree	Port Hood	Sept. 15, '91
Mary Cameron	.....	30 00	Black River, C.B.	do	May 16, '92
R. W. Langille	.....	10 00	Mahone Bay	Lunenburg	Sept. 6, '90
Trustees Wives' and Daughters' Assoc'n	.....	126 00	do	do	Aug. 3, '91
John Tanner	.....	25 00	Indian Point	do	Feb. 20, '92
Sebastian Cross	.....	100 00	Tancook	do	June 13, '92
F. D. Rogers	.....	0 38	Lunenburg	do	Feb. 23, '91
Carried forward	5 15	3,109 17			

a Deceased.

People's Bank of Halifax—Banque du Peuple d'Halifax.

Name of Shareholder or Creditor. — Nom de l'actionnaire ou du créancier.	Amount of Dividends unpaid for 5 years and over. — Dividende impayé pendant 5 ans et plus.	Balances standing for 5 years and over. — Balances restant depuis 5 ans ou plus.	Last Known Address. — Dernière adresse connue.	Agency at which the last transaction took place. — Agence où la dernière transaction s'est faite.	Date of last transaction. — Date de la dernière transaction.
	$ cts.	$ cts.			
Brought forward........ ...	5 15	3,109 17			
Simon Vaughan...............	....	0 16	Vancouver, B.C.	Wolfville...	April 30, '88
W. S. Fielding, guardian....	....	12 27	Ottawa.........	do ...	June 1, '92
*a*Aug. Brown, estate of	....	0 32	Wolfville.	do ...	April 7, '83
Wm. O'Toole......	....	0 72	Halifax.........	Halifax	Feb. 22, '92
Wm. Curtis......	....	2 32	do	North End	Nov. 21, '91
Sarah Pace.....................	....	63 35	Hammond's Plains.......	do ..	Oct. 1, '91
Ernest R. Sweet......	....	18 27	Halifax.........	do ..	Dec. 29, '92
Georgina G. Hoody....	....	12 31	do	do ..	Mar. 29, '92
Kathleen O'Leary....................	....	8 37	do	do ..	Dec. 6, '92
Thos. A. Miner....	....	1 25	do	do ..	Oct. 19, '92
Anna E. Hart.........................	....	6 02	do	do ..	July 15, '92
Clarence E. Boutilier.....	....	7 01	Sable Island....	do ..	Sept. 29, '92
Clarke J. Boutilier..	....	7 01	do	do .	do 29, '92
Clara C. Duncan.....................	.. ..	42 23	Halifax.........	do ..	Dec. 8, '92
Lilla D. Duncan.......................	....	42 23	do	do ..	do 8, '92
Addena E. Duncan...	....	42 23	do	do ..	do 8, '92
Total....................	5 15	3,375 24			

a Deceased. Fred Brown, Ex., deceased.

I declare that the above statement has been prepared under my direction, and is correct according to the books of the bank.

D. R. CLARKE,
Chief Accountant.

We declare that the above return is made up from the books of the bank, and that to the best of our knowledge and belief it is correct.

PATRICK O'MULLIN,
President.

JOHN KNIGHT,
Cashier.

HALIFAX, N.S., 11th January, 1898.

UNION BANK OF HALIFAX.

STATEMENT of dividends remaining unpaid and amounts or balances in respect to which no transactions have taken place, or upon which no interest has been paid for five years and upwards.

NOTE.—In case of moneys deposited for a fixed period, the five years shall be reckoned from the termination of said fixed period.

BANQUE UNION D'HALIFAX.

ETAT des dividendes restant impayé et montant ou balances au sujet desquels il n'y a pas eu de transactions, ou sur lesquels aucun intérêt n'a été payé pendant cinq ans ou plus.

NOTE.—Dans le cas de derniers déposés pour une périod fixe, les cinq ans seront calculés depuis l'expiration de la dite période fixe.

Name of Shareholder or Creditor. — Nom de l'actionnaire ou du créancier.	Amount of Dividends unpaid for 5 years and over. — Dividende impayé pendant 5 ans et plus.	Balances standing for 5 years and over. — Balances restant depuis 5 ans ou plus.	Last Known Address. — Dernière adresse connue.	Agency at which the last transaction took place. — Agence où la dernière transaction s'est faite.	Date of last transaction. — Date de la dernière transaction.
	$ cts.	$ cts.			
Battye, George	....	0 04	Wallace, N.S.	Halifax	May 13, '93
Bishop, F. A	....	0 34	Halifax	do	April 9, '69
Blois, W. H., trustee	....	4 77	do	do	Dec. 28, '91
Bonnyn, W. W., secretary	....	5 95	St. John, Nfld	do	Sept. 22, '91
Chisholm, Joseph A	....	115 12	Halifax	do	June 15, '92
Commissioners Public Mines and Works	....	600 00	do	do	Dec. 21, '91
Crossman, A. W	....	0 60	do	do	do 22, '92
*a*Cummings, J. D., estate	....	3 96	do	do	May 7, '79
DeChair, Dudley	....	2 33	do	do	Aug. 3, '70
Douglas & Co., B	....	0 85	do	do	do 10, '67
Ellis, Nathan	....	123 25	Windsor Road	do	do 10, '91
Gaetz, James	....	236 83	Dartmouth	do	Nov. 22, '92
Gilpin, E., treasurer	....	200 00	Halifax	do	Dec. 3, '92
Graham, J. E	....	10 15	do	do	Sept. 17, '83
Graham, H. M	....	0 23	Sackville, N.S	do	Jan. 22, '92
Greaves, J. L	....	3 37	Halifax	do	do 20, '91
Hall, Lewis F	....	308 29	Ship Harbour	do	Aug. 14, '91
Hartlen, John J	....	1 08	Halifax	do	Jan. 6, '91
Hitchins, W. H	....	0 02	do	do	Aug. 28, '84
Hopeworth, C. H	....	0 10	do	do	Dec. 17, '75
How W., and others, trustees	....	186 78	Annapolis	Annapolis	Feb. 29, '92
Hutchinson, Agnes	....	1 01	Dartmouth	Halifax	May 26, '92
Hutt, J. W	....	0 02	Halifax	do	Aug. 29, '79
Inglis, Jessie	....	60 67	do	do	Dec. 30, '91
Johnson, D. B	....	6 93	do	do	May 6, '92
Lanigan, Mary	....	147 22	do	do	April 27, '92
Long, F. W	....	0 06	do	do	Jan. 25, '76
Marks, J. T	....	0 53	do	do	Oct. 3, '92
Marrayat, Jacob F	....	176 16	Pennant	do	do 8, '92
Marshall, J. A	....	504 35	Halifax	do	Jan. 15, '92
Morash, James H., trustee	....	6 01	Margarets Bay	do	Dec. 3, '91
Morton, Janet	....	370 00	New Glasgow	N. Glasgow	Sept. 16, '92
Carried forward	....	3,076 42			

a Deceased.

Union Bank of Halifax—Banque Union d'Halifax.

Name of Shareholder or Creditor. — Nom de l'actionnaire ou du créancier.	Amount of Dividends unpaid for 5 years and over. — Dividende impayé pendant 5 ans et plus.	Balances standing for 5 years and over. — Balances restant depuis 5 ans ou plus.	Last Known Address. — Dernière adresse connue.	Agency at which the last transaction took place. — Agence où la dernière transaction s'est faite.	Date of last transaction. — Date de la dernière transaction.
	$ cts.	$ cts.			
Brought forward	....	3,076 42			
Murray, John G	....	3,427 87	Port Richmond	Halifax	May 6, '92
MacDonald, H	....	2 73	Halifax	do	Mar. 10, '64
MacDonald, J. J	....	200 00	Christmas Island	Nth. Sydney	July 12, '92
McCormack, Dan	....	0 33	Leitches Creek	do	Oct. 5, '92
McDougall, R. and C. Campbell	....	100 00	Blue Mountain	N. Glasgow	Jan. 11, '92
McKenzie, Frank	....	2 36	Boston	Annapolis	May 25, '83
McLean, R., & Son	....	3 52	Halifax	Halifax	do 30, '60
*a*McKenzie, estate J	....	0 85	do	do	July 7, '71
McLeod, W	....	41 22	do	do	June 27, '77
O'Sullivan, M	....	2 42	do	do	May 7, '57
Parker, J. F	....	0 97	do	do	Jan. 1, '61
Pye, Adelina	....	575 00	do	do	Oct. 20, '92
Queen Gold Mining Co	....	1 82	do	do	Jan. 15, '69
Quinn, Elizabeth	....	11 96	do	do	Dec. 30, '91
Reilly, H. S	....	0 43	do	do	do 17, '75
Richardson, J. R	....	0 01	do	do	May 28, '72
Robinson, T. E	....	4 48	do	do	April 15, '67
Scovill, S. C	....	0 37	do	do	do 11, '61
Schwarschild, H	....	0 32	do	do	Nov. 18, '91
Stevens, F. W	....	8 55	Dartmouth	Dartmouth	Aug. 29, '92
Taylor, Arthur B	....	6 07	Rockingham	Halifax	Dec. 31, '91
Thompson, K. B	....	26 45	Halifax	do	Jan. 6, '92
Trahey, T	....	100 00	do	do	Mar. 2, '75
Verge and Morse	....	0 02	do	do	Dec. 31, '60
Verge, Levi H	....	0 51	do	do	June 12, '63
Walsh, T. W	....	0 63	do	do	Nov. 19, '86
Whiteley, Thos	....	187 49	Dartmouth	do	April 6, '91
Williams & Starr	....	0 97	Halifax	do	Jan. 9, '58
Wyman, Ernest	....	222 26	Yarmouth	do	Aug. 25, '91
Total		8,006 03			

a Deceased.

I declare that the above statement has been prepared under my direction, and is correct according to the books of the bank.

C. N. S. STRICKLAND,
Chief Accountant.

We declare that the above return is made up from the books of the bank, and that to the best of our knowledge and believe it is correct.

W. J. STAIRS,
President.

E. L. THORNE,
General Manager.

HALIFAX, 14th January, 1898.

BANK OF YARMOUTH, N.S.

STATEMENT of dividends remaining unpaid and amounts or balances in respect to which no transactions have taken place, or upon which no interest has been paid for five years and upwards.

NOTE.—In case of moneys deposited for a fixed period, the five years shall be reckoned from the termination of said fixed period.

BANQUE DE YARMOUTH, N.-E.

ETAT des dividendes restant impayés et montant ou balances au sujet desquels il n'y a pas eu de transactions, ou sur lesquels aucun intérêt n'a été payé pendant cinq ans ou plus.

NOTE.—Dons le cas de deniers déposés pour une période fixe, les cinq ans seront calculés depuis l'expiration de la dite période fixe.

Name of Shareholder or Creditor. — Nom de l'actionnaire ou du créancier.	Amount of Dividends unpaid for 5 years and over. — Dividende impayé pendant 5 ans et plus.	Balances standing for 5 years and over. — Balances restant depuis 5 ans ou plus.	Last Known Address. — Dernière adresse connue.	Agency at which the last transaction took place. — Agence où la dernière transaction s'est faite.	Date of last transaction. — Date de la dernière transaction.
	$ cts.	$ cts.			
*a*F. S. Warren	....	2 85	....	Head Office.	Mar. 18, '85
*b*C. McDormand	....	25 00	Westport, N.S.	do	Sept. 30, '86
W. Crowell	....	100 00	Argyle, N.S.	do	Mar. 16, '91
James Grant	....	300 00	Brazil Lake	do	Oct. 28, '91
Lois K. Dennis	....	459 57	Rochville	do	Jan. 14, '92
Enos Hatfield	....	50 00	Kemptville	do	July 2, '92
F. L. Trefry	....	300 00	Arcadia	do	Sept. 12, '92
Total	....	1,237 42			

a Stranger. *b* Is a stockholder.

I declare that the above statement has been prepared under my direction, and is correct according to the books of the bank.

H. G. FARISH, *Chief Accountant.*

We declare that the above return is made up from the books of the bank, and that to the best of our knowledge and belief it is correct.

L. E. BAKER, *President.*

T. W. JOHNS, *General Manager.*

YARMOUTH, N.S., 31st December, 1897.

EXCHANGE BANK OF YARMOUTH, N.S.

STATEMENT of dividends remaining unpaid and amounts or balances in respect to which no transactions have taken place, or upon which no interest has been paid for five years and upwards.

NOTE.—In case of moneys deposited for a fixed period, the five years shall be reckoned from the termination of said fixed period.

BANQUE D'ÉCHANGE DE YARMOUTH, N.-É.

ETAT des dividendes restant impayés et montants ou balances au sujet desquels il n'y a pas eu de transactions, ou sur lesquels aucun intérêt n'a été payé pendant cinq ans ou plus.

NOTE.—Dans le cas de deniers déposés pour une période fixe, les cinq ans seront calculés depuis l'expiration de la dite période fixe.

Name of Shareholder or Creditor. — Nom de l'actionnaire ou du créancier.	Amount of Dividends unpaid for 5 years and over. — Dividende impayé pendant 5 ans et plus.	Balances standing for 5 years and over. — Balances restant depuis 5 ans et plus.	Last Known Address. — Dernière adresse connue.	Agency at which the last transaction took place. — Agence où la dernière transaction s'est faite.	Date of last transaction. — Date de la dernière transaction.
	$ cts.	$ cts.			
*a*Bain, Mary R	2 10	....	Woodstock, Yarmouth Co.	Yarmouth	Feb., '92
*b*Grant, James	.. ....	200 00	Brazil Lake, N.S	do	do 9, '86
Total	2 10	200 00			

a Dead, no legal representatives apppointed. *b* Deposit receipt.

I declare that the above statement has been prepared under my direction, and is correct according to the books of the bank.

T. V. B. BINGAY, *Chief Accountant.*

We declare that the above return is made up from the books of the bank, and that to the best of out knowledge and belief it is correct.

ROBERT CAIE, *President.*

T. V. B. BINGAY, *General Manager.*

YARMOUTH, N.S., 6th January, 1898.

COMMERCIAL BANK OF WINDSOR.

STATEMENT of dividends remaining unpaid and amounts or balances in respect to which no transactions have taken place, or upon which no interest has been paid for five years and upwards.

NOTE.—In case of moneys deposited for a fixed period, the five years shall be reckoned from the termination of said fixed period.

BANQUE COMMERCIALE DE WINDSOR.

ÉTAT des dividendes restant impayés et montants ou balances au sujet desquels il n'y a pas eu de transactions, ou sur lesquels aucun intérêt n'a été payé pendant cinq ans ou plus.

NOTE.—Dans le cas de deniers déposés pour une période fixe, les cinq ans seront calculés depuis l'expiration de la dite période fixe.

Name of Shareholder or Creditor. — Nom de l'actionnaire ou du créancier.	Amount of Dividends unpaid for 5 years and over. — Dividende impayé pendant 5 ans et plus.	Balances standing for 5 years and over. — Balances restant depuis 5 ans ou plus.	Last Known Address. — Dernière adresse connue.	Agency at which the last transaction took place. — Agence où la dernière transaction s'est faite.	Date of last transaction. — Date de la dernière transaction.
	$ cts.	$ cts.			
Smith, Edward		5 61	N.W. Territories	Windsor	July 18, '82
Vaughan, James A		1 56	Burlington	do	Dec. 26, '84
Hatchard, George		2 74	Boston, Mass	do	Sept. 27, '84
Denison, James H., M.D., est., deceased		0 32	Brooklyn, Hants	do	Dec. 13, '89
Chambers, F. H., estate, insolvent		45 57	Newport Station	do	Aug. 4, '90
Dimock, F. W		0 04	Windsor	do	May 12, '91
Mosher, Thos. A		5 32	do	do	do 18, '91
Keep, C. Hugh L		2 75	Newport	do	June 26, '91
Church School Tennis Club		9 25	Windsor	do	do 29, '91
Cochran, Benjamin		0 76	Newport Station	do	Sept. 20, '91
St. George's Society		6 72	Windsor	do	Dec. 8, '91
Kennedy, Emma (Mrs. G. D. K.)		45 00	do	do	July 25, '92
Brown, Hugh		0 45	Newport	do	Oct. 24, '92
Boyd, Emily A		156 12	do	do	Nov. 18, '92
Campbell, John		9 06	Douglas	do	Jan. 14, '92
Curry, Chas. W		3 48	Windsor	do	Mar. 17, '92
Francis, George		5 51	do	do	Aug. 2, '92
Hodgson, E. J		13 99	Charlottetown	do	Jan. 12, '92
Martin, I. L		0 20	Windsor	do	July 23, '92
McLalan, Edgar		0 09	Moose Brook	do	June 12, '91
Wood, Fred. B		7 12	St. John's, Nfld.	do	Feb. 2, '92
Carroll, John		0 65	Windsor	do	Dec. 10, '92
Simpson, William		1,000 00	Avondale	do	do 16, '92
Cusack, Major Jno	2 40		Wolfville	do	Mar. 1, '89
Cusack, Major Jno	2 40		do	do	Aug. 24, '89
Harvey, Ezekiel N	1 20		Newport	do	do 24, '89
Cusack, Major Jno	2 40		Wolfville	do	Mar. 1, '90
Cusack, Major Jno	2 40		do	do	Aug. 24, '90
Cusack, Major Jno	2 40		do	do	Mar. 1, '91
Cusack, Major Jno	2 40		do	do	Aug. 24, '91
Morris, Matilda, estate, deceased	2 40		Windsor	do	do 24, '91
Cusack, Major Jno	2 40		Wolfville	do	Mar. 1, '92
Cusack, Major Jno	2 40		do	do	Aug. 24, '92
Total	22 80	1,322 31			

I declare that the above statement has been prepared under my direction, and is correct according to the books of the bank.

WALTER LAWSON, *Acting Chief Accountant.*

We declare that the above return is made up from the books of the bank, and that to the best of our knowledge and belief it is correct.

A. P. SHAND, *President.*

WALTER LAWSON, *General Manager.*

WINDSOR, N.S., 6th January, 1898.

BANK OF NEW BRUNSWICK.

STATEMENT of dividends remaining unpaid and amounts or balances in respect to which no transactions have taken place, or upon which no interest has been paid for five years and upwards.

NOTE.—In case of moneys deposited for a fixed period, the five years shall be reckoned from the termination of said fixed period.

BANQUE DU NOUVEAU-BRUNSWICK.

ÉTAT des dividendes restant impayés et montants ou balances au sujet desquelsilsn'y a pas eu de transactions, ou sur lesquels aucun intérêt n'a été payé pendant cinq ans ou plus.

NOTE.—Dans le cas de deniers déposés pour une période fixe, les cinq ans seront calculés depuis l'expiration de la dite période fixe.

Name of Shareholder or Creditor. — Nom de l'actionnaire ou du créancier.	Amount of Dividends unpaid for 5 years and over. — Dividende impayé pendant 5 ans et plus.	Balances standing for 5 years and over. — Balances restant depuis 5 ans ou plus.	Last Known Address. — Dernière adresse connue.	Agency at which the last transaction took place. — Agence où la dernière transaction s'est faite.	Date of last transaction. — Date de la dernière transaction.
	$ cts.	$ cts.			
Stephen S. Day	....	37 00	Unknown	St. John, NB	July 5, '78
Moses Lawrence	....	0 18	Deceased	do	do 28, '92
*Michael Maher	....	120 00	St. John, N.B.	do	Dec. 31, '89
*Hugh Morris, jr	....	100 00	Unknown	do	May 28, '72
E. McLeod, assignee Driscoll Bros	....	11 79	St. John, N.B.	do	Oct. 3, '79
E. McLeod, assignee R. Flaherty & Co.	....	3 94	do	do	June 7, '83
E. McLeod, assignee Petitcodiac Lumber Co	....	86 15	do	do	July 30, '92
A. P. Rouse	....	0 32	Unknown	do	do 9, '91
F. C. Russell	....	2 55	do	do	May 26, '91
Alexander Shaw	....	17 43	do	do	Feb. 16, '90
J. W. Smith	....	2 00	do	do	Jan. 9, '89
Total	....	381 36			

*Deposit receipt outstanding.

I declare that the above statement has been prepared under my direction, and is correct according to the books of the bank.

B. C. BARCLAY BOYD,
Chief Accountant.

We declare that the above return is made up from the books of the bank, and that to the best of our knowledge and belief it is correct.

J. S. LEWIN,
President.

GEO. A. SCHOFIELD,
General Manager.

J. CLAWSON,
Cashier.

ST. JOHN, N.B., 31st December, 1897.

Dividendes impayés.

PEOPLE'S BANK OF NEW BRUNSWICK.

STATEMENT of dividends remaining unpaid and amounts or balances in respect to which no transactions have taken place, or upon which no interest has been paid for five years and upwards.

NOTE.—In case of moneys deposited for a fixed period, the five years shall be reckoned from the termination of said fixed period.

BANQUE DU PEUPLE DU NOUVEAU-BRUNSWICK.

ETAT des dividendes restant impayés et montants ou balances au sujet desquels ils n'y a pas eu de transactions, ou sur lesquels aucun intérèt n'a été payé pendant cinq ans ou plus.

NOTE.—Dans le cas de deniers déposés pour une période fixe, les cinq ans seront calculés depuis l'expiration de la dite période fixe.

Name of Shareholder or Creditor. — Nom de l'actionnaire ou du créancier.	Amount of Dividends unpaid for 5 years and over. — Dividende impayé pendant 5 ans et plus.	Balances standing for 5 years and over. — Balances restant depuis 5 ans ou plus.	Last Known Address. — Dernière adresse connue.	Agency at which the last transaction took place. — Agence où la dernière transaction s'est faite.	Date of last transaction. — Date de la dernière transaction.
	$ cts.	$ cts.			
*a*Estate Dr. Somerville, deceased	....	8 93	Fredericton	Fredericton.	May 20, '67
*a*Lake George Antimony Co..........	....	48 46	Lake George, N.B..........	do ..	April 27, '81
Total	....	57 39			

a Legal representatives not known.

I declare that the above statement has been prepared under my directions, and is correct according to the books of the bank.

D. LEE BABBIT,
Chief Accountant.

We declare that the above return is made up from the books of the bank, and that to the best of our knowledge and belief it is correct.

A. T. RANDOLPH,
President.

J. W. SPURDEN,
Cashier.

FREDERICTON, N.B., 12th January, 1898.

ST. STEPHEN'S BANK.

STATEMENT of Dividends remaining unpaid and Amounts or Balances in respect to which no transactions have taken place or upon which no interest has been paid for five years and upwards.

NOTE.—In case of moneys deposited for a fixed period, the five years shall be reckoned from the termination of said fixed period.

BANQUE DE SAINT-ETIENNE.

EEAT des dividendes restant impayés et montants ou balances au sujet desquels il n'y a pas eu de transactions ou sur lequels aucun intérêt n'a été payé pendant cinq ans ou plus.

NOTE.—Dans le cas de deniers déposés pour une période fixe, les cinq ans seront calculés depuis l'expiration de la dite période fixe.

No dividends remaining unpaid or unclaimed for five years or upwards.

No amounts or balances in respect to which no transactions have taken place or upon which no interest has been paid for five years or upwards.

I declare that the above statement has been prepared under my direction, and is correct according to the books of the bank.

J. F. WHITLOCK,
Chief Accountant.

We declare that the above return is made up from the books of the bank, and that to the best of our knowledge and belief it is correct.

FRANK TODD,
President.

J. E. GRANT,
Cashier.

ST. STEPHEN, N.B., 17th January, 1898.

Dividendes impayés.

BANK OF BRITISH COLUMBIA.

STATEMENT of dividends remaining unpaid and amounts or balances in respect to which no transactions have taken place or upon which no interest has been paid for five years and upwards.

NOTE.—In case of moneys deposited for a fixed period, the five years shall be reckoned from the termination of said fixed period.

BANQUE DE LA COLOMBIE-BRITANNIQUE.

ETAT de dividendes restant impayés et montants ou balances au sujet desquels il n'y a pas eu de transactions, ou sur lesquels aucun intérêt n'a été payé pendant cinq ans ou plus.

NOTE.—Dans le cas de deniers déposés pour une période fixe, les cinq ans seront calculés depuis l'expiration de la dite période fixe.

Name of Shareholder or Creditor. — Nom de l'actionnaire ou du créancier.	Amount of Dividends unpaid for 5 years and over. — Dividende impayé pendant 5 ans et plus. £ s. d.	Balances standing for 5 years and over. — Balances restant depuis 5 ans ou plus. £ s. d.	Last Known Address. — Dernière adresse connue.	Agency at which the last transaction took place. — Agence où la dernière transaction s'est faite.	Date of last transaction. — Date de la dernière transaction.
*a*Tabor, Miss Annabella	2 0 0	... .	Portland Villas, Lr. Edmonton	Head Office.	....
*b*Johnston, James	8 15 0	....	....	do ..	....
*c*Spencer, W	7 13 0	.. ..	....	do ..	....
*d*Pryce, Miss Margaret	11 0 0	....	Chesterfield Ho., Gt. Tower St., E.C.... ...	do ..	....
*e*Roe, E. T., M.D.	8 0 0	....	2 Warnford C'rt, London......	do ..	....
*e*Pixley, Stewart	8 0 0	. ...	27 Old Broad St., E.C.........	do ..	. ...
*f*Emmens & Cheeswright	16 16 0	....	[illegible] Ludgate Hill, E.C.........	do ..	....
f do do	3 0 0	....	do ..	do ..	....
*g*Bencridge, Miss Margaret	2 0 0	.. ..	....	do ..	....
*h*Walker, Misses S. & M	2 10 0	... .	17 Gloucester St., Warwick Sq., W	do ..	....
*i*Mark, Mrs. P. R	6 0 0	....	....	do ..	... .
Stubbs, Miss M. A. C	3 4 0	.. ..	Sunny Bank, Grove Road, Burgess Hill..	do ..	....
Kelly, Edward	3 4 0	....	Adelphi Hotel, Waterford. ...	do ..	....
*j*British Columbia Smelting Co	....	1 12 11	....	do ..	Jan. 25, '90
Thorburn, R. H	....	3 8	Care Harris Bros, 3 Crosby Sq., E.C., and The Baltic, E.C. ..	do ..	Mar. 3, '91
Fraser River Gold Gravels Syndicates	....	20 5 0	165 Fenchurch St., E.C ...	do ..	Dec. 31, '91
Bennett, John	....	1 6 6	52*a* Bow Lane, Cheapside, E.C.	do ..	July 13, '92
*k*Alaska Gold Co	....	1 6 5	....	do ..	Oct. 22, '89
Total.	82 2 0	24 14 6			

*a*Died 11th Sept., '64; ex'or., Rev. D. Russell, 8 Queen's Road, Lr. Edmonton. *b*Died 28th April, '68; exec'x., Miss A. C. Johnston, Baker St. W., Derby, Liverpool. *c*Bankrupt, account closed, 1870, by transfer of shares to creditors' assignee, A. C. Jeffery, 8 Clifton Rd., Twickenham. *d*Account closed. *e*Deceased, account closed. *f*Account closed Jan., '91. *g*Died 24th May, '75; account closed in 1875; adm'x., Janet Brunton, 232 Strand, W.C. *h*Mary Walker, died 26th July, '85; exec'x., Sophia Walker, died 7th March, '89; ex'ors., Rev. H. Walker, Victoria House, Hunstanton, and W. H. Oliver, Carey St., W.C. *i*Died 4th April, '76; ex'ors., Josh. Mark Stock Exchange, London, and Capt. J. K. Hall, Adelaide Rd., Hampstead; account closed. *j*In liquidation; liquidator, A. O. Miles, acct., 28 King St., E.C. *k*No address known.

I declare that the above statement has been prepared under my direction, and is correct according to the books of the bank.

T. CAMERON ALEXANDER, *Secretary and Manager.*

I declare that the above return is made up from the books of the bank, and that to the best of my knowledge and belief it is correct.

GEO. PICKETT, *Accountant.*

8th January, 1898.

(This return refers to the bank's business in Canada only.)

BANK OF BRITISH COLUMBIA.

STATEMENT of dividends remaining unpaid and amounts or balances in respect to which no transactions have taken place or upon which no interest has been paid for five years and upwards.

NOTE.—In case of moneys deposited for a fixed period, the five years shall be reckoned from the termination of said fixed period.

BANQUE DE LA COLOMBIE-BRITANNIQUE.

ÉTAT des dividendes restant impayés et montants ou balances au sujet desquels il n'y a pas eu de transactions, ou sur lequels aucun intérêt n'a été payé pendant cinq ans ou plus.

NOTE.—Dans le cas de deniers déposés pour une période fixe, les cinq ans seront calculés depuis l'expiration de la dite période fixe.

Name of Shareholder or Creditor. — Nom de l'actionnaire ou du créancier.	Amount of Dividends unpaid for 5 years and over. — Dividende impayé pendant 5 ans et plus.	Balances standing for 5 years and over. — Balances restant depuis 5 ans ou plus.	Last Known Address. — Dernière adresse connue.	Agency at which the last transaction took place. — Agence où la dernière transaction s'est faite.	Date of last transaction. — Date de la dernière transaction.
	$ cts.	$ cts.			
*a*Assignees of J. Wilkie and B. S. Levy	....	45 84	Victoria.......	Victoria....	Dec. 31, '68
Aldgridge, A. G., *re* A. C. Perry .. .	.... . .	23 62	Not known.....	Vancouver..	Feb. 21, '89
Aldous, Geo. Washington..............	... .	7 52	do	do ..	Oct. 1, '88
Brown, John..............	. ...	29 75	Victoria..	Victoria....	Jan. 23, '89
*b*Botterill, Mrs. Mary................	... .	550 00	Chemainus......	do	Mar. 12, '88
Berwick, E........................	. ...	4 92	Not known. ...	Vancouver..	do 5, '90
B.C. Prospecting and Manufacturing Co.	....	13 40	New Westmin'tr	N. Westm'tr	Aug. 26, '86
B.C. Mining Co........	....	16 18	Victoria........	Victoria....	June 24, '86
Crompton, F.	....	3 00	do	do	April 20, '92
*b*Clarke, Charles.....	... .	903 15	Fort Steele.	do	May 7, '90
b do	....	200 00	do	do .. .	Dec. 23, '92
Coigdarripe, J	....	3 51	Victoria........	do	do 31, '88
Cartier, H. J., & Son.......	....	5 00	Not known.....	Vancouver..	July 30, '87
Carscallan, G.	....	5 18	do	do ..	Dec. 13, '89
Clarke, A. C........................	....	20 49	New Westmin'tr	N. Westm'tr	do 26, '91
Davies, H. F........................	... .	24 87	Victoria.	Victoria....	Oct. 30, '91
Dumbleton, L. G.....................	... ...	5 07	Portland, Or....	do	Jan. 3, '89
Finney, J. A., trust account.	....	4 15	Not known......	Vancouver..	July 30, '87
Flemming, A. G....................	....	10 50	New Westmin'tr	N. Westm'tr	Dec. 31, '86
Graff, T. W........................	....	3 50	Victoria.......	Victoria....	Jan. 3, '89
*d*Gray, Samuel	....	27 27	Chemainus......	Nanaimo ..	Aug. 7, '89
Goodwin & Arkel....................	....	6 07	Not known......	Vancouver..	July 6, '89
*c*Holin, Paul	....	100 00	Victoria..... .	Victoria....	Nov. 7, '76
*d*Harvey, James......	....	17 78	Nanaimo	Nanaimo ...	Dec. 7, '89
Hensworth, F. G.	....	4 65	do	do	Mar. 11, '90
Herald Printing and Publishing Co....	....	7 00	Not known......	Vancouver..	Sept. 29, '88
Haney, M. J..............	... .	19 13	Seattle, Wash...	Victoria...	Dec. 13, '89
*c*Jensen, Peter.......................	....	400 00	Victoria........	do	Oct. 22, '80
Jacobson, J. H......................	....	3 25	Nanaimo	Nanaimo ...	June 27, '88
Lindsay, William A..	....	19 05	Wellington......	do	Sept. 29, '92
Carried forward......... .	....	2,483 85			

a Balance of a bankrupt estate. *b* Deposit receipt. *c* Certificate of deposit. *d* Deceased.

Dividendes impayés.

Bank of British Columbia—Banque de la Colombie Britannique.

Name of Shareholder or Creditor. — Nom de l'actionnaire ou du créancier.	Amount of Dividends unpaid for 5 years and over. — Dividende impayé pendant 5 ans et plus.	Balances standing for 5 years and over. — Balances restant depuis 5 ans et plus.	Last Known Address. — Dernière adresse connue.	Agency at which the last transaction took place. — Agence où la dernière transaction s'est faite.	Date of last transaction. — Date de la dernière transaction.
	$ cts.	$ cts.			
Brought forward..........	....	2,483 85			
LeBlanc, J. N..........	....	5 00	Glacier.........	Kamloops..	Feb. 9, '89
Martin, S. J..........	....	9 53	Nanaimo......	Nanaimo...	April 6, '91
Mathieson, R., jun..........	....	3 89	Not known......	Vancouver..	July 11, '91
McKenzie, J. F..........	....	7 22	do	do ..	Jan. 3, '90
Morrison, W..........	....	35 98	Victoria......	Victoria....	Dec. 20, '89
Patterson, J..........	....	34 50	do	do	do 17, '89
*b*Price, Thomas..........	....	100 00	do	do	Sept. 2, '76
*b*Robichau, M. C..........	....	125 00	do	do	Dec. 10, '87
b do	....	125 00	do	do	Feb. 12, '88
*b*Rossignor, Peter..........	....	400 00	do	do	Dec. 1, '90
Routledge & Co..........	....	5 96	Nanaimo......	Nanaimo...	Mar. 24, '91
*d*Reardon, W. P..........	....	11 58	Not known......	Vancouver..	April 17, '89
Russell, Joseph Ambrose..........	....	6 58	do	do ..	May 5, '91
Sir M. B. Begbie, account Herman..........	....	108 40	Victoria........	Victoria....	Nov. 28, '72
Sheldon, A. A..........	....	5 55	do	do	Aug. 3, '89
Storey, Thomas..........	....	5 86	Not known......	Vancouver..	May 25, '88
Sullivan, E..........	....	69 39	New Westmin'tr	N. Westm'tr	Sept. 8, '87
*c*Smith, C..........	....	37 00	do ..	do ..	June 4, '91
Symon, P. H..........	....	6 20	Victoria........	Victoria....	Mar. 13, '88
*b*Tayleur, Ellen..........	....	50 00	New Westmin'tr	do	Mar. 17, '91
Thorburn, Thory Vincent..........	....	8 04	Not known......	Vancouver..	May 7, '91
*e*Vancouver Rowing Club..........	....	94 00	Victoria.. .. .	Victoria....	Mar. 20, '73
Watson, Eliza A..........	......	5 01	Not known......	Vancouver..	Nov. 21, '90
Watson, Mrs. M..........	....	10 25	Victoria........	Victoria....	June 21, '92
Total..........	....	3,753 79			

b Deposit receipt. *c* Certificate of deposit. *d* Deceased. *e* Boating Club now defunct.

I declare that the above statement has been prepared under my direction, and is correct according to the books of the bank.

J. SIMON,
Chief Accountant.

We declare that the above return is made up from the books of the bank, and that to the best of our knowledge and belief it is correct.

GEO. GILLESPIE,
Manager.

E. B. WYLD,
Assistant Manager.

VICTORIA, 9th January, 1898.

SUMMERSIDE BANK.

STATEMENT of dividends remaining unpaid and amounts or balances in respect to which no transactions have taken place, or upon which no interest has been paid for five years and upwards.

NOTE.—In case of moneys deposited for a fixed period, the five years are reckoned from the termination of said fixed period.

BANQUE DE SUMMERSIDE.

ÉTAT des dividendes restant impayés et montants ou balances au sujet desquels il n'y a pas eu de transactions, ou sur lesquels aucun intérêt n'a été payé pendant cinq ans ou plus.

NOTE.—Dans le cas de deniers déposés pour une période fixe, les cinq ans seront calculés depuis l'expiration de la dite période fixe.

Name of Shareholder or Creditor. — Nom de l'actionnaire ou du créancier.	Amount of Dividends unpaid for 5 years and over. — Dividende impayé pendant 5 ans et plus.	Balances standing for 5 years and over. — Balances restant depuis 5 ans et plus.	Last Known Address. — Dernière adresse connue.	Agency at which the last transaction took place. — Agence où la dernière transaction s'est faite.	Date of last transaction. — Date de la dernière transaction.
	$ cts.	$ cts.			
Sweeny, James	....	94 50	....	....	Aug. 20, '77
Total	....	94 50			

I declare that the above statement has been prepared under my direction, and is correct according to the books of the bank.

H. W. B. STAVERT,
Chief Accountant.

We declare that the above return is made up from the books of the bank, and that to the best of our knowledge and belief it is correct.

E. P. STAVERT,
President.

ROBT. McC. STAVERT,
General Manager.

SUMMERSIDE, 7th January, 1898.

MERCHANTS' BANK OF PRINCE EDWARD ISLAND, CHARLOTTETOWN.

STATEMENT of dividends remaining unpaid and amounts or balances in respect to which no transactions have taken place, or upon which no interest has been paid for five years and upwards.

NOTE.—In case of moneys deposited for a fixed period, the five years are reckoned from the termination of said fixed period.

BANQUE DES MARCHANDS DE L'ILE DU PRINCE-ÉDOUARD, CHARLOTTETOWN.

ÉTAT des dividendes restant impayés et montants ou balances au sujet desquels il n'y pas eu de transactions, ou sur lesquels aucun intérêt n'a été payé pendant cinq ans ou plus.

NOTE.—Dans le cas de deniers deposés pour une période fixe, les cinq ans seront calculés depuis l'expiration de la dite période fixe.

Name of Shareholder or Creditor. — Nom de l'actionnaire ou du créancier.	Amount of Dividends unpaid for 5 years and over. — Dividende impayé pendant 5 ans et plus.	Balances standing for 5 years and over. — Balances restant depuis 5 ans ou plus.	Last Known Address. — Dernière adresse connue.	Agency at which the last transaction took place. — Agence où la dernière transaction s'est faite.	Date of last transaction. — Date de la dernière transaction.
	$ cts.	$ cts.			
W. W. Sullivan, treasurer	....	47 40	Charlottetown...	Charlottet'n	Nov. 20, '90
*a*John McQueen	....	0 23	Victoria Cross, P.E.I.	do	do 7, '91
Rev. Wm. Phelan	....	310 00	Montague, P.E.I	do	April 28, '92
A. R. Macdonald	....	200 00	Souris, P.E.I....	do	Dec. 6, '92
Total	....	557 63			

a Assigned to D. G. Cameron, Montague, P.E.I.

I declare that the above statement has been prepared under my direction, and is correct according to the books of the bank.

P. N. MACDONALD,
Chief Accountant.

We declare that the above return is made up from the books of the bank, and that to the best of our knowledge and belief it is correct.

BENJAMIN HEARTZ,
President.

J. M. DAVISON,
Cashier.

CHARLOTTETOWN, 10th January, 1898.

Lightning Source UK Ltd.
Milton Keynes UK
UKHW020104051218
333419UK00006B/116/P

9 780260 849359